SEITE
62

REISEZI
GRIECH

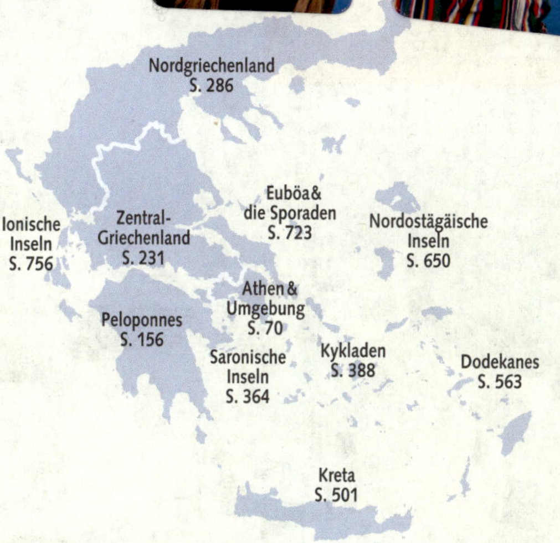

SEITE
881

PRAKTISCHE INFORMATIONEN

SCHNELL NACHGESCHLAGEN
Tipps für Unterkünfte, sicheres Reisen, Smalltalk und vieles mehr

Korina Miller,
Kate Armstrong, Alexis Averbuck, Michael Stamatios Clark,
Chris Deliso, Des Hannigan, Victoria Kyriakopoulos,
Andrea Schulte-Peevers, Richard Waters

Willkommen in Griechenland

Die Sinne befriedigen

Es ist nicht allzu schwierig, das Griechenland zu finden, das man sich zu entdecken erhofft hat, ob es nun die pulsierenden Nachtclubs von Mykonos oder die Feierlichkeit von Meteora, die Erhabenheit von Delphi oder die Urtümlichkeit von Metsovo, die zerklüfteten Hügel Kretas oder die Wildblumen im Frühling sind. Rasch wird man vertraut mit der Melancholie des *rembetika* (Blues), und die antiken Sehenswürdigkeiten beflügeln die Fantasie. In Galerien, bei Livemusik und in modernen Museen finden sich aber auch nachdenklich stimmende Momente und eine lebendige zeitgenössische Musikszene. Griechenland gelingt es wie nur wenigen anderen Ländern, Vergangenheit, Gegenwart und Zukunft zu vereinen. Das Ergebnis ist ein Land mit unendlich vielen kulturellen Möglichkeiten.

Den Appetit anregen

Die Griechen sind stolz auf ihre Küche und besonders gastfreundlich. Sie scheuen keine Mühen, um für das leibliche Wohl ihrer Gäste zu sorgen. Hausgemachtes *tzatziki* und gegrilltes *souvlaki* sind nur der Anfang. Die griechische Speisekarte quillt über von leckeren und abwechslungsreichen Gerichten. Grundzutaten wie Fetakäse und Olivenöl sind immer dabei. Was eine Reise durch das Land zu einem kulinarischen Vergnügen macht, ist vor allem die regionale Küche. In vielen Gerichten findet sich das türki-

HOLGER LEUE / LONELY PLANET IMAGES ©

Hier warten endlose Kilometer aquamarinblauer Küste, sonnengebleichte alte Ruinen, kräftiger Feta und noch kräftigerer Ouzo. Die Landschaft Griechenlands begeistert, und die Griechen wiederum begeistern sich für Politik, Kaffee, Kunst, aber auch für Klatsch und Tratsch.

(links) Oia (S. 464), Santorin (Thira)
(unten) Karyatiden (S. 84), Erechtheion, Akropolis, Athen

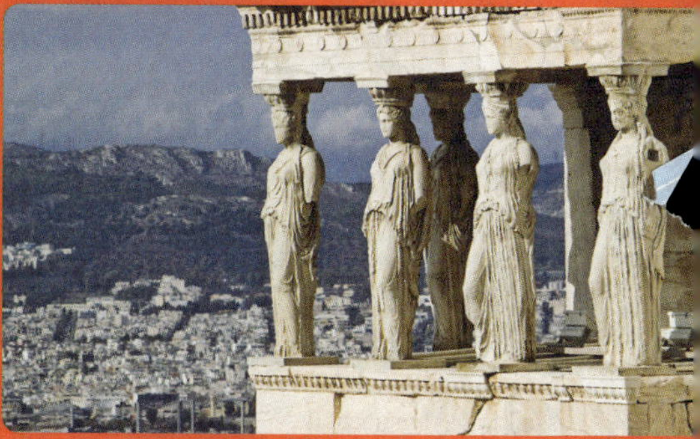

GEORGE TSAFOS / LONELY PLANET IMAGES ©

sche und italienische Erbe, und verschiedene Inseln oder Städte sind für ihre individuellen Zutaten bekannt. Kasesorten, Kräuter und Gemüsesorten aus den Bergen ergänzen örtliche Gerichte mit Meeresfrüchten, Fleisch oder vegetarische Speisen. Viele der Zutaten finden sich oft im Garten hinterm Haus. Durch die Rückbesinnung auf traditionelle Zubereitungsarten greifen heutzutage einige Chefköche auf althergebrachte Rezepte zurück, um sich zu neuen kulinarischen Höhenflügen aufzuschwingen.

Den Körper bewegen

Es ist wirklich leicht verständlich, warum derart viele Sagen über Götter und Riesen in dieser weiten und abwechslungsreichen Landschaft entstanden sind, wo der Himmel offen und das Meer mit Inseln gespickt ist, wo die Tage nahtlos ineinander übergehen, während man die von Palmen gesäumten Strände mit weißem Sand genießt. Griechenland hat jedoch auch zahllose Aktivitäten im Angebot und zieht alle magnetisch an, die Freude an Bewegung in freier Natur mitbringen: am Herumstreifen auf gepflasterten byzantinischen Fußwegen, an Wanderungen in Vulkankrater hinein, an der Beobachtung von Delfinen und Meeresschildkröten oder am Radfahren durch üppige Wälder. Zudem bietet Griechenland einige der weltweit besten Locations für Kitesurfen, Tauchen und Felsklettern. Also: nur Mut und Begeisterung nach griechischem Vorbild.

› Griechenland

Thessaloniki
Griechenlands dynamische zweitgrößte Stadt (S. 284)
Zagorochoria
Charmante Dörfer aus Stein und Schiefer (S. 351)
Meteora
Hoch aufragende Felsen, von Klöstern gekrönt (S. 272)
Antikes Delphi
Wo sich Mythologie und Geschichte treffen (S. 237)
Die Akropolis
Das kultigste Monument des antiken Griechenland (S. 77)
Die Mani
In maniotische Geschichte eintauchen und perfekt zum Wandern (S. 197)
Chania
Ein Labyrinth aus großartiger venezianischer Architektur (S. 532)
Samaria-Schlucht
Unendlich tief in die Felsen geschnitten (S. 541)
EHEMALIGE JUGOSLAWISCHE REPUBLIK MAZEDONIEN
ALBANIEN
ITALIEN
GRIECHENLAND
Adria
TIRANA
MITTELMEER
Promahonas
Exochi
Doïrani
Kilkis
Serres
Evzoni
Niki
Florina
Edessa
Giannitsa
MAKEDONIEN
Kotas
Kristallopigi
Naoussa
Alexandria
Thessaloniki
Kalamaria
Kastoria
Veria
Vergina
Ptolemaida
Chalkidiki
Kozani
Katerini
Litochoro
Golf von Kassandra
Aliakmonas-See
Olymp
Halbinsel Kassandra
Mertziani
Konitsa
Kakavia
Metsovo
Meteora
Korfu
Korfu-Stadt (Kerkyra)
Sagiada
Ioannina
Kalambaka
Tirnavos
Larissa
EPIROS
Trikala
THESSALIEN
Volos
Halbinsel Pilion
Igoumenitsa
Karditsa
Alonni
Parga
Arta
Skiathos
Skopel
Sporaden
Kremasta-See
Karpenisi
Lamia
Agios Konstantinos
Preveza
Lefkada-Stadt
STEREA ELLADA
Iti
Mytikas
Antikes Delphi
Lefkada
Agrinio
Parnassos
Eub
Ithaki
Messolongi
Nafpaktos
Delphi
Thiva (Thebes)
Maratho
Sami
Patras
Golf von Korinth
Parintha
Argostoli
Kefallonia
Diakofto
Perahora
ATHEN
IONISCHE INSELN
Loutraki
Piräus
Kyllini
Korinth
ATTI
Agios Nikolaos
Amaliada
Zakynthos-Stadt
Mykene
Epidauros
Ägina
Zakynthos
Pyrgos
Olympia
Nafplio
Saroni
Poros
Tripoli
Megalopoli
Kyparissia
PELOPONNES
Spetses
Ydra
Sparta
Kalamata
Geraki
Mystras
Pylos
Gythio
Monemvasia
Areopoli
Neapoli
Lakonischer Golf
Myrto
Kythira
Antikyt
Paleocho
41°N
40°N
39°N
38°N
37°N
36°N
35°N
19°E
20°E
21°E
22°E
23°E

BULGARIEN
Ormenio
Kastanies
Edirne
Orestiada
Didymotiho
THRAKIEN
Soufli
Xanthi
Komotini
Kipi
Kavala
Alexandroupolis
Istanbul
HÖHEN
4000 m
3000 m
2000 m
1000 m
500 m
0
Marmara-Meer
28°E
29°E
Thasos
Thrakisches Meer
Dardanellen
Samothraki
Halbinsel Gallipoli
0
100 km
26°E
Imvros (Gökçeada)
40°N
Chaldikiki
Schöne Strände und abwechs-lungsreiche Kulisse (S. 303)
Myrina
Limnos
NORDOSTÄGÄISCHE INSELN
TÜRKEI
Idra-Stadt
Eine der bezauberndsten Inselstädte Europas (S. 376)
Agios Efstratios
Lesbos
Mytilini
39°N
Santorin (Thira)
Kultur vermischt sich mit atemberaubender Land-schaft (S. 455)
Skyros
Psara
Chios
Ägäis
Chios-Stadt
Çeşme
Izmir
a Styra
Karystos
38°N
Altstadt von Rhodos
Ummauerte mittelalterliche Stadt mit gewundenen Gässchen (S. 568)
Kuşadası
Gavrio
Andros
Samos
Kea
Tinos
Ikaria
Fourni-Inseln
Syros
Mykonos
Patmos
Milas
ythnos
Delos
KYKLADEN
Chora (Naxos)
Leros
erifos
Antiparos
Donoussa
37°N
Bodrum
Kalymnos
Marmaris
Sifnos
Paros
Naxos
Kos-Stadt
Halbinsel Datça
Kleine Kykladen
Kos
Datça
Kimolos
Amorgos
Symi
Sikinos
Ios
Astypalea
Nisyros
Milos
Folegandros
Rhodos-Stadt
Anafi
Tilos
Kastellorizo (Megisti)
Karpathisches Meer
Ägäis
Chalki
Rhodos
Santorin (Thira)
36°N
Lindos
Kattavia
MITTELMEER
Preveli-Strand
Sandig, großartig – mit einem malerischen Kloster (S. 530)
DODEKANES
Saria
Olymbos
Olymbos
Buntes Dorf, das an einer Bergklippe hängt (S. 593)
Kretisches Meer
Karpathos
Pigadia
nia
Kreta
Kasos
Knossos
Der rekonstruierte minoische Palast entzückt die Besucher (S. 518)
Rethymno
Iraklion
akias
Moni Arkadiou
Knossos
Sitia
Agia Galini
Agios Nikolaos
Ierapetra
Matala
vdos
27°E

21 TOP-ERLEBNISSE

Tempo rausnehmen

1 Beim Besuch einiger griechischer Küsten, die ruhiger oder abgelegener sind, sorgt das Inselleben für eine gewisse Entschleunigung. Man trifft Einheimische, die im Kaffeehaus über das Leben philosophieren oder entspannt sich an einem abge legenen Strand. Hier locken keine Sehenswürdigkeiten, sondern der andere Lebensrhythmus. Lero (S. 633) lockt mit seinem farbenfrohen Hafen und trendigen Bars und Cafés, die winzige Insel Psara (S. 686) mit ihren Stränden oder die buschreiche Insel Samothraki (S. 709) mit ihrer Vegetation. An solchen Orten scheint die Zeit stillzustehen – oder sich zumindest nur sehr langsam weiterzudrehen.

Die Akropolis erleben

2 Die Akropolis (S. 77) ist noch immer das ureigentliche Wahrzeichen der westlichen Zivilisa on – sie ist einfach spektakulär. Ob bei einem mor gendlichen Bummel über ihre Hügelseiten oder v der Terrasse eines Restaurants aus, die Akropolis verkörpert mit dem beleuchteten und glorreicher Parthenon eine Harmonie, Kraft und Schönheit, d jeden anspricht. Außer dem Parthenon sind noch intimere Flecken zu finden wie der Niketempel, de frisch restauriert in neuem Glanz erstrahlt. Gut zu Geltung kommen die Artefakte im Akropolis-Mus um (S. 94) mit seiner glatten Fassade und den fre en Blickachsen, welche die ätherische Anmut der Statuen und Metopen noch unterstreichen.

1

CHRIS CHRISTO / LONELY PLANET IMAGES ©

2

Meteora

3 Unvergesslich bleibt der erste Blick auf das herrliche Meteora (S. 272) – hoch in den Himmel aufragende Felssäulen und eine Handvoll Klöster auf den Gipfeln (einige stammen aus dem 14. Jahrhundert). Die Strickleitern, auf denen die Mönche früher nach oben kletterten, wurden längst durch in den Fels gehauene Stufen ersetzt. Heute locken diese spektakulären Steintürme Felskletterer aus aller Welt an.

Antike Amphitheater

4 Wenige Theater der Welt lassen Geschichte so greifbar werden und wirken so Ehrfurcht gebietend wie dieses. Man sitzt auf den Marmorstufen des Odeon des Herodes Atticus (S. 88) mit der angestrahlten Akropolis als Kulisse und genießt z. B. die Aufführung eines antiken Dramas oder die Vorstellung einer weltweit führenden Balletttruppe. Nicht weit davon liegt auf dem Peloponnes das Theater von Epidauros aus dem 3. Jahrhundert v. Chr. (S. 178), dessen Akustik einfach perfekt ist. Es liegt mitten in den pinienbewachsenen Hügeln und ist eine weitere eindrucksvolle Kulisse für eine Theatervorstellung.

3

4

5

JEAN-PIERRE LESCOURRET / LONELY PLANET IMAGES ©

6

IMAGEBROKER ©

7

KRZYSZTOF DYDYNSKI / LONELY PLANET IMAGES ©

Das antike Delphi

5 Es lohnt sich, möglichst früh am Tag hierherzukommen, um die fast magischen Sonnenstrahlen über dem Heiligtum der Athena Pronaia (S. 238) in Delphi zu erleben, dem Zentrum der antiken griechischen Welt. Von dem herrlichen Heiligtum sind nur drei Säulen erhalten, sie reichen jedoch aus, um die Fantasie zu beflügeln. In der Nähe schlängelt sich die Heilige Straße hinter dem Apollon-Tempel (S. 238) vorbei, wo das Orakel von Delphi Prophezeiungen verbreitete, die Armeen in den Kampf schickten und Liebende in Verzückung geraten ließen.

Wandern auf der Mani

6 Zwar kann die Mani (S. 197) nicht länger als „entlegen" beschrieben werden, doch hat sie sich einen einzigartigen Zauber bewahrt. Jahrhundertelang befehdeten sich hier Familien, was sehr zur einzigartigen maniotischen Kultur beigetragen hat. Die Fußwege und Landschaften der Mani locken Wanderer aus aller Welt an. Hier gibt es alles von zerklüfteten felsigen Höhen bis hin zu üppigen Oasen, von kleinen Fischtavernen bis hin zu bombensicheren Turmhäusern. Dieser Landstrich auf dem Peloponnes sollte mit Muße erkundet werden. Vathia (S. 201)

Die schicke Hauptstadt

7 Das Leben in Athen (S. 71) vermischt Antike und Moderne. Zu Füßen der majestätischen Fassaden ehrwürdiger Wahrzeichen strotzt die Stadt vor Leben und Kreativität. Die Athener lieben es auszugehen und sich an allem zu erfreuen. Galerien und Clubs zeigen Ausstellungen, Vorführungen und Installationen der boomenden Kunstszene dieser Stadt. Restaurants und Tavernen servieren feine Kost. Überall gibt es Kneipen, in denen stylische Einheimische verkehren, das Angebot reicht von Punk Rock bis Haute Couture. In den vielen Diskos und Kneipen pulsiert das Leben bis in die Morgenstunden.

Abendrot auf Santorin

8 Santorin (S. 455) hat einiges zu bieten, und doch ist diese Insel, die von der Lava prähistorischer Eruptionen geformt wurde, vor allem für seine Sonnenuntergänge berühmt. An Sommerabenden drängen sich auf den Felskuppen in den Städten Fira (S. 457) und Oia (S. 464) die Besucher, um den blutroten Westhimmel zu bestaunen. Das Schauspiel ist jedoch von jedem Punkt des Klippenrands auch ohne Menschenmenge zu erleben. Kaum weniger überwältigend ist es, sich beim ersten Lichtschein gen Osten zu wenden, um den Sonnenaufgang zu bewundern …

Die Altstadt von Rhodos

9 Es ist ein Muss, sich in der Altstadt von Rhodos (S. 568) zu verlaufen und durch die verwinkelten Gassen durch Torbögen und über Plätze zu flanieren. In den verborgenen Winkeln erhält die Fantasie Flügel und entschwebt bei der Erkundung der einstigen Rittergegend oder des alten Jüdischen und des Türkischen Viertels ins Mittelalter. In Tavernen gibt's traditionelle Livemusik und in hübschen Gartenlokalen frische Meeresfrüchte. Beim Flanieren auf der Stadtmauer liegt auf einer Seite das Meer, während sich zur anderen Seite dieses lebendige Museum präsentiert.

WAYNE WALTON / LONELY PLANET IMAGES ©

CHRIS CHRISTO / LONELY PLANET IMAGES ©

MARKA / ALAMY ©

'reveli-Strand

10 Der Preveli-Strand (S. 530) besteht aus einem sandigen Küstenabschnitt it hohem Wiedererkennungswert. Den Pre- li-Strand, der von einem Süßwasserzustrom veigeteilt und von Klippen mit Brandungs- hlen flankiert wird, umspült das Libysche eer. Die klaren Wasserflächen entlang der mit lmen gesäumten Flussufer eignen sich per- kt zur Abkühlung. Der Strand liegt tief unter m Blick eines imposanten Klosters. Dieses schauliche Bauwerk, das einst das Zentrum s antiosmanischen Widerstands war und äter den alliierten Soldaten als Unterschlupf ente, bietet eine herrliche Aussicht.

Osterfeierlichkeiten

11 Der griechische Kalender ist rappelvoll mit Festivals und Feiertagen. Das bei Weitem größte Ereignis in der griechisch-orthodoxen Kirche ist Ostern. Dörfer, Groß- und Kleinstädte kommen mit Feuerwerk, Straßentänzen, riesigen Lammbraten im Freien und jeder Menge Ouzo in Schwung. Die Feierlichkeiten beginnen an Karfreitag mit den bewegenden Prozessionen bei Kerzenschein, bei denen mit Blumen gefüllte Bahren getragen werden. Samstagnacht ertönen die Rufe *Christos Anesti* (Christ ist erstanden), und es werden in kräftigem Rot gefärbte Eier geknackt. Für eine Teilnahme an den Festlichkeiten ist Patmos (S. 638) auf dem Dodekanes am besten geeignet.

Insel-Hopping

12 Eine ganz besondere Erfahrung ist es, von Inseln mit temperamentvollem Nachtleben zu solchen mit berühmten Zufluchtsorten oder winzigen, verstreuten Fleckchen abgelegener Sandstrände zu hüpfen. Übersät mit antiken Ruinen, sagenhaften Burgen, üppiger Landschaft und seltener Fauna verteilen sich die Inseln wie Juwelen im Meer. Am besten die Inseln markieren, die einen am meisten reizen, und dann diese Punkte anfahren, entweder mit einem Katamaran im Eiltempo über das Ägäische Meer oder gemütlich schaukelnd auf einer alten Fähre.

Die Samaria-Schlucht

13 Die tief eingegrabene Samaria-Schlucht (S. 541) beginnt in der Omalos-Hochebene und zieht sich in einem ehemaligen Flussbett bis zum Libyschen Meer hin. Sie ist der am meisten durchwanderte Canyon Kretas und Heimat für viele Tierarten und im Frühjahr für zahlreiche Wildblumen. Die Wanderung ist eine Tagestour (rund sechs Stunden), zu der man zeitig aufbrechen muss, aber sie formt den Charakter. Wer es etwas einsamer liebt, begibt sich in eine der weniger bekannten Schluchten, wie die Aradena-Schlucht (S. 544), die fast parallel zur Samaria-Schlucht verläuft.

12

13

ALAN BENSON / LONELY PLANET IMAGES ©

GEORGE TSAFOS / LONELY PLANET IMAGES ©

DIANA MAYFIELD / LONELY PLANET IMAGES ©

Kochkunst

14 Auch wer kein Fan von Tintenfisch und Ouzo ist, wird Gefallen an der griechischen Küche finden (S. 49, 859). Neben türkischen und italienischen Einflüssen wird sie von lokalen Erzeugnissen inspiriert. Traditionelle griechische Backwaren, wie mit Honig getränktes Gebäck, lassen einem das Wasser im Mund zusammenlaufen. Dorfrestaurants bieten ihren Gästen hausgemachte Braten, frischen Fisch und Salate aus dem eigenen Garten. Einige Chefköche begeistern heute mit verlockenden Kombinationen aus traditionellen Rezepten mit kreativen Aromen. Es wären das vor Ort gepresste Olivenöl, der frische Feta und der starke Kaffee nicht Versuchung genug.

Farbenfrohes Thessaloniki

15 Das stylische Thessaloniki (S. 284) ist und bleibt die lebendigste Stadt in Nordgriechenland. Dies verdankt sie ihren Universitäten, der Kulturszene, den Künsten und dem Nachtleben. Die Stadt kann problemlos zu Fuß erkundet werden. Besonders schön ist es, sich die Stadt in der Abenddämmerung vom Aussichtspunkt an der Byzantinischen Stadtmauer im alten Stadtviertel zu Gemüte zu führen, bekannt als Ano Poli (Oberstadt). Ein farbenfrohes Stadtviertel, durch das sich kleine Straßen winden, deren Bild von weiß gekalkten Häusern, trägen Katzen und byzantinischen Kirchen geprägt wird.

Ydra

16 Ydra (S. 374) ist nur auf dem Seeweg zu erreichen. Es gibt keinen Flughafen und keine Autos. Beim Anlegen erblickt man in einer natürlichen Bucht ein umwerfend gut erhaltenes Steindorf mit weißgoldenen Häusern, die sich an die Flanken der Berge schmiegen. Dann taucht man ein in das bewegte Hafenleben: Segelboote, Kaiks und Mega-Yachten füllen die Kais von Ydra. Die Hafencafés werden von einer bunt gemischten Gästeschar bevölkert, die das Treiben beobachtet. Hier, nur eineinhalb Stunden von Athen entfernt, gibt´s großartigen Cappuccino und eine reiche Seefahrts- und Architekturgeschichte sowie die Meeresküste, die zum Schwimmen einlädt.

CHRISTIAN ASLUND / LONELY PLANET IMAGES ©

Chania

17 Die Erkundung der früheren venezianischen Hafenstadt Chania (S. 532), Kretas schönster und besonders geschichtsträchtiger Stadt, ist absolut lohnend. Die pastellfarbenen Gebäude am Hafen schimmern mit dem Meer um die Wette. Dahinter liegt ein Netz stimmungsvoller gewundener Steinstraßen, gesäumt von restaurierten venezianischen und türkischen Bauwerken. Hier ist einkaufen, besichtigen, essen und entspannen angesagt: Chania kann in allen diesen Bereichen mit ausgezeichneten Angeboten punkten.

Gipfelkultur

18 Von den Sandküsten ins Landesinnere: Abgelegene Bergdörfer haben eine einzigartige Kultur entwickelt. Olymbos (S. 593), hoch oberhalb der steilen und felsigen Küste, sieht besonders gewagt aus. Sind die Tagesausflügler erst einmal fort, verströmt das Dorf eine gewisse Ruhe. An schmalen, gepflasterten Gassen backen Frauen in Gemeinschaftsöfen Brot, während die Männer auf den Stufen vor den Haustüren sitzen und schnitzen. Sie sind gekleidet wie vor Hunderten von Jahren. In einer schrumpfenden Welt gibt es nicht mehr viele Orte wie Olymbos. Von diesem Zauber sollte man etwas in sich aufnehmen, solange er noch erhalten ist.

Die Zagorochoria

19 Nach der Fahrt durc eine scheinbar endlose Reihe von Tunnels führt die Autobahn Egnatia Odos i die zerklüftete Region Epiru mit dem Pindosgebirge und der Zagorochoria (S. 351) – eine Region mit makellos er haltenen traditionellen Dörfern, die sich über die Kämme neben Europas tief tem Canyon, der Vikos-Schlucht (S. 354), verteilen. Hier ist die Luft klar, frisch und kühl, und die Ausblicke sind verblüffend. Die Regior lässt sich auf Wanderungen oder mit dem Mountainbike erkunden, wer dazu keine Lust hat, kann sich auch mi einem geselligen Beisammensein in einem der vieler rustikalen B&Bs der Regior begnügen.

Knossos

20 Begegnung mit den Geistern der Minoer, einem Volk der Bronzezeit, deren Zivilisation vor rund 4000 Jahren ein sehr hohes Niveau erreichte. Von ihrer Hauptstadt Knossos (S. 518) aus herrschten sie über weite Teil der Ägäis. Bis zu den Ausgrabungen Anfang des 20. Jahrhunderts lag ein außergewöhnlicher Reichtum an Fresken, Skulpturen, Schmuck, Siegeln und weiteren Relikten unter der Erde Kretas verborgen. Trotz der umstrittenen Teilrekonstruktion ist Knossos noch immer eine der wichtigsten archäologischen Stätten im Mittelmeerraum und Kretas meistbesuchte Touristenattraktion.

Chalkidiki & Berg Athos

21 Nordgriechenland streckt seine „drei Finger" in die Ägäis aus: Die Halbinsel Chalkidiki (S. 303) verbindet Strände, Nachtleben, Campingplätze und historische Stätten. Der erste Finger, Kassandra, brennt im Sommer geradezu mit Open-Air-Diskos und Stränden mit Flutlicht, der zweite, Sithonia, ist mit seinen sandigen Ufern sehr viel ruhiger. Ouranoupoli auf dem dritten Finger, Athos, bietet familienfreundliche Strände. Hier befindet sich auch der stark bewaldete Berg Athos mit seiner Mönchsrepublik (S. 307), die sich ihre byzantinischen Rituale seit über 1000 Jahren erhält. Berg Athos (S. 307)

20

NEIL SETCHFIELD / LONELY PLANET IMAGES ©

21

GOGONG / GETTYIMAGES ©

Gut zu wissen

Währung
» Euro (€)

Sprache
» Griechisch

Reisezeit

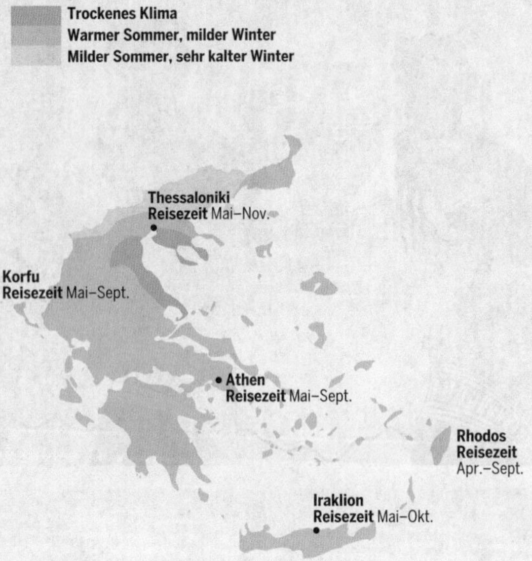

Hochsaison
(Mai–Aug.)

» Für Unterkünfte gelten in dieser Zeit die Höchstpreise.

» Es ist überfüllt und heiß.

» Das gilt (bis auf die Temperatur) auch für Ostern.

Zwischensaison
(April & Sept.)

» Unterkünfte sind bis zu 20 % billiger.

» Mildere Temperaturen

» Inlandsflüge und Fähren mit reduzierten Fahrplänen

» Weniger überlaufen

Nebensaison
(Okt.–März)

» Viele Hotels, Sehenswürdigkeiten und Restaurants haben geschlossen.

» Unterkünfte bis zu 50 % billiger

» Fahrpläne der Fähren sehr mager

» Es wird kälter, es kann sogar schneien

Tagesbudget

Günstig – unter € 60

» Bett im Schlafsaal 10–20 € und domatia (griechisches B&B) ab 25 €

» Essensstände am Straßenrand und auf Märkten sind günstig.

» In der Zwischensaison gibt es mehr fürs Geld.

Mittelteuer € 60–100

» Doppelzimmer in Mittelklassehotels für 35–60 €

» Herzhafte Kost zu moderaten Preisen in vielen örtlichen Tavernen

» Der Eintritt zu den meisten Sehenswürdigkeiten ist recht günstig.

Teuer – über € 150

» Doppelzimmer in Spitzenklassehotels ab 90 €

» Ausgezeichnetes Essen: Einige Restaurants schmücken sich mit Michelin-Sternen.

» Aktivitäten wie Tauchen und Segeln

» Nachtleben und Cocktailbars satt

Geld

» Geldautomaten sind häufig zu finden. Kreditkarten werden in größeren Geschäften und Urlaubsorten akzeptiert. In Dörfern und auf kleineren Inseln ist Bargeld angesagt.

Einreise

» Griechenland ist Schengen-Mitglied, bei der Einreise brauchen Deutsche, Österreicher und Schweizer nur einen Personalausweis.

Handy

» In europäischen Handys können örtliche SIM-Karten genutzt werden.

Autofahren

» Es herrscht Rechtsverkehr.

Infos im Internet

» **EOT** (Griechische Zentrale für Fremdenverkehr; www.gnto.gr) Hier finden sich nützliche Touristeninformationen, kurz und verständlich präsentiert (auf Deutsch).

» **Fähren** (www.greekferries.gr) Diese Seite bietet aktuelle Informationen sowohl über internationale als auch über griechische Fährverbindungen (auf Deutsch).

» **Greek Travel Pages** (www.gtp.gr) Zugriff auf die Fahrpläne der Fähren und auf Unterkünfte (auf Griechisch und Englisch).

» **Kulturministerium** (www.culture.gr) Aktuelle Informationen über kulturelle Events und interessante Sehenswürdigkeiten (auf Englisch).

» **Lonely Planet** (www.lonelyplanet.de; www.lonelyplanet.com) Topaktuelle Informationen zu den Reisezielen und Zimmerreservierungen sowie der persönliche Austausch in einem Forum für Reisende.

Ankunft in Griechenland

» **Athen Internationaler Flughafen Eleftherios Venizelos**
Die Fahrtstrecken zwischen dem Internationalen Flughafen, der Innenstadt und Piräus werden rund um die Uhr von Express-Linienbussen bedient.
Halbstündlich verkehrt zwischen 5.30 und 23.30 Uhr die Metro zwischen der Innenstadt und dem Flughafen.
Die Fahrtkosten für ein Taxi in die Stadtmitte belaufen sich auf 30 € (eine Stunde).

» **Thessaloniki Makedonia Airport**
Die Busse der Linie 78 bedienen im halbstündlichen Rhytmus die Wegstrecke vom Makedonia Airport über den Hauptbahnhof zum wichtigsten Busbahnhof.
Die Fahrtkosten für ein Taxi in die Innenstadt belaufen sich auf 12 €.

Wichtige Telefonnummern

In Griechenland muss immer die Ortsvorwahl gewählt werden, d.h. es wird immer die komplette zehnstellige Nummer gewählt.

Landesvorwahl	✆ 30
Internationale Zugriffsnummer	✆ 00
Krankenwagen	✆ 166
Straßenrettung (ELPA)	✆ 104
Polizei	✆ 100
Touristenpolizei	✆ 171

Sicherheit in Griechenland

Griechenland ist insgesamt ein sicheres Land. Die größte Gefahr sind Taschendiebe in den Großstädten und Taxifahrer, die für die Fahrt vom Flughafen in die Innenstadt Wucherpreise verlangen. Zu weiteren, weniger häufigen Gefahren gehören auf vielen Inseln Trinkwasser zweifelhafter Qualität, in Athen und auf internationalen Partymeilen gepanschte Drinks sowie ein Hitzschlag am schattenlosen Strand. Wer ein Privatboot besteigt, sollte immer kontrollieren, dass adäquate Schwimmwesten an Bord sind, und beim Faulenzen an belebten Stränden ist es angebracht, auf seine Habseligkeiten gut aufzupassen. Die Pässe am besten im Hotelsafe lassen. Potenziell gefährlich sind nicht nur Aktivitäten wie Tauchen und Klettern, äußerste Vorsicht ist in Griechenland auch angesagt, wenn man sich hinters Lenkrad setzt.

Griechenland für Einsteiger

Wer ein Land erstmals besucht, kann durchaus Hilfe gebrauchen. Es gibt gewisse Standardsätze zu lernen, Bräuche, an die man sich zu gewöhnen hat, und Benimmregeln, die man kennen sollte. Der folgende Abschnitt trägt dazu bei, einige Geheimnisse Griechenlands zu lüften, sodass die erste Reise so reibungslos verläuft, als wäre es bereits die fünfte.

Sprache

Der Tourismus ist für Griechenland ein wichtiger Geschäftszweig, daher beherrschen viele geschäftstüchtige Griechen Englisch und teilweise auch Deutsch. In Großstädten und beliebten Kleinstädten kommt man mit ein paar Brocken Griechisch durch, in abgelegeneren Dörfern und Inseln sind einige Sätze hilfreich. Die Griechen schätzen es sehr, wenn man sich bemüht, ihre Sprache zu sprechen.

Im Voraus buchen

Im Voraus für ein oder zwei Nächte eine Unterkunft zu buchen erleichtert die Ankunft. Außerhalb der Hochsaison ist dies besonders wichtig, da viele Hotels einige Monate in Folge schließen. In der Hochsaison ist es jedoch ebenso wichtig, da die Hotels weit im Voraus ausgebucht sein können. Mit den folgenden Sätzen sollte die telefonische Buchung auch dann gelingen, wenn der Gesprächspartner am anderen Ende der Strippe kein Englisch spricht.

Hallo	Γειά σας	*ya* ·sas
Ich würde gerne reservieren ...	Θα ήθελα να κλείσω ...	tha *i* ·the·la na *kli* ·so ...
ein Einzelzimmer	ένα μονόκλινο δωμάτιο	e ·na mo· *no* ·kli·no dho· *m* a·ti·o
ein Doppelzimmer	ένα δίκλινο δωμάτιο	e ·na *dhi* ·kli·no dho· *ma* ·ti·o
Ich heiße ...	Με λένε ...	me *le* ·ne ...
von ... bis ... (Datum)	Από ... μέχρι ...	*a* ·po ... *me* ·khri ...
Wie viel kostet es ...?	Πόσο κάνει ...?	*po* ·so *ka* ·ni ...?
pro Nacht	τη βραδυά	ti·vra· *dhya*
pro Person	το άτομο	to *a* ·to·mo
Vielen Dank.	Ευχαριστώ (πολύ).	ef·ha·ri· *sto* (po· *li*).

Kleidung

Die Athener sind gepflegt trendy. Aber man kommt in Athen und anderen Städten, wie Rhodos, Thessaloniki und Iraklion, auch mit Freizeitkleidung durch. In Bars, Clubs oder schicken Restaurants sieht das schon anders aus. Zwar ist die Kulisse oft nicht besonders elegant, aber doch stylisch, also eher zu etwas Schickerem greifen. An abgelegeneren Orten ist Freizeitkleidung völlig in Ordnung. Für die Sommerhitze eignen sich schnell trocknende, leichte Sachen. Die Kopfsteinpflasterstraßen verlangen nach festem Schuhwerk.

Unbedingt mitnehmen

» Personalausweis

» wasserfester Geldgürtel

» Kredit- und Bankkarten

» Führerschein

» kleines Wörterbuch

» Tauchscheine

» Ladegerät fürs Handy

» Stromadapter

» Vorhängeschloss

» leichter Regenschutz

» Medikamente gegen Seekrankheit

» Sonnenschutzmittel

» Sonnenhut und Sonnenbrille

» Mückenschutzmittel

» Badebekleidung

» Schnorchel und Tauchflossen

» Wäscheklammern und Wäscheleine

» Ohrstöpsel

Checkliste

» Gültigkeit der Reisepapiere überprüfen

» alle erforderlichen Reservierungen für Unterkunft und Reise vornehmen

» Gepäckbestimmungen der Fluggesellschaft (einschließlich Regionalflüge) überprüfen

» Kredit-/Bankkarteninstitute über die Reisepläne informieren

» eine Reiseversicherung abschließen (s. S. 307)

» vorab klären, ob das Handy genutzt werden kann (s. S. 887)

Umgangsformen

» **Essen** Das Essen wird in der Regel auf den Tisch gestellt und geteilt. Wer in ein Restaurant oder Café eingeladen wird, sollte ein angebotenes Getränk immer annehmen und nie darauf bestehen, selbst zu bezahlen, denn dies würde die Gastgeber beleidigen. Das Tempo des Personals in Restaurants mag langsam wirken, in Griechenland ist das Auswärtsessen jedoch eine langwierige Angelegenheit, und es wäre unhöflich zu versuchen, die Bedienung zu mehr Eile aufzufordern.

» **Fotografieren** In Kirchen sollte auf den Blitz ebenso verzichtet werden wie auf Aufnahmen des Hauptaltars, der als tabu gilt. Bei archäologischen Stätten wird man oft an der Nutzung eines Stativs gehindert, denn es kennzeichnet die Profifotografen und erfordert eine besondere Genehmigung.

» **Kirchen** Für die Besichtigung von Kirchen ein Tuch oder etwas Langärmliges und einen langen Rock oder eine lange Hose mitnehmen, um sich als Zeichen des Respekts zu bedecken.

» **Körpersprache** Ein Kopfschütteln bedeutet „Ja" und ein kurzes Anheben des Kopfes oder der Augenbrauen bedeutet „Nein", häufig begleitet von einer Art Zungenschnalzen „ts".

Trinkgeld

» **Restaurants** Ist in der Rechnung eine Servicegebühr enthalten, wird ein kleines Trinkgeld geschätzt. Wenn die Bedienung nicht enthalten ist, am besten 10–20 % des Rechnungsbetrages geben.

» **Taxi** Taxifahrer erwarten in der Regel, dass der Fahrpreis aufgerundet wird – ein paar Euros reichen aus. Eine kleine Gebühr fällt für das Gepäckverladen an; dabei handelt es sich um eine offizielle Gebühr, nicht um ein Trinkgeld.

» **Hotel** Hotelangestellte oder Stewards auf Fähren erwarten normalerweise ein kleines Trinkgeld von 1–3 €.

Geld

In Großstädten und größeren Hotels, Restaurants und Geschäften kann fast immer mit Bank- und Kreditkarten bezahlt werden. Visa und MasterCard werden in Griechenland weitgehend akzeptiert. American Express und Diners Club werden in größeren Urlaubsgebieten akzeptiert, sind andernorts jedoch unbekannt. In kleineren Familienbetrieben, insbesondere in entlegenen Gegenden, wird das Plastikgeld nicht akzeptiert, und man braucht Bargeld. In den meisten Städten gibt es zwar Geldautomaten, diese können jedoch tagelang außer Betrieb sein. Es ist daher klug (und nötig), immer etwas Bargeld sicher verwahrt dabeizuhaben, beispielsweise in einem Geldgürtel. Achtung, einige Karteninstitute sperren die Karten im Ausland automatisch nach dem ersten Fehlversuch, um Betrug vorzubeugen. Um dies zu vermeiden, sollte die Bank im Voraus über die Reisepläne informiert werden.

Was gibt's Neues?

Für diese Neuauflage Griechenland haben unsere Autoren Jagd gemacht auf Neues, Verändertes, Großartiges und Angesagtes. Hier nun einige unserer Favoriten. Brandaktuelle Empfehlungen sind im Internet zu finden unter lonelyplanet.com/Greece.

Tempel der Athena Nike, Athen

1 Nach zehnjährigen Arbeiten ist auf der Akropolis nun das Gerüst am Niketempel aus dem 5. Jahrhundert v. Chr. endlich verschwunden. Das schlanke Bauwerk ist ein Blickfang und lohnt einen erneuten Besuch (S. 82).

Selene, Santorin

2 Das Restaurant Selene hat hart dafür gearbeitet, sich in Gourmetkreisen einen Namen für inspirierte, kreative Küche zu erkämpfen. Die köstlichen Gerichte lassen einem immer noch das Wasser im Mund zusammenfließen, inzwischen hat auch die Location durch einen Umzug ins Bergdorf Pyrgos (S. 477) aufgeholt und kann nun mit der berühmten Speisekarte mithalten.

Schwammtauchen, Kalymnos

3 Ein faszinierender Tag auf dem Meer, an dem man an Bord eines Bootes von einer alteingesessenen Schwammtaucherfamilie viel über diese gefährliche Beschäftigung erfährt (S. 628).

Poseidonion Grand Hotel, Spetses

4 Jeder von uns würde sich so einem neuen Styling unterziehen, wenn er wüsste, wie gut er anschließend aussieht. Fünfjährige Restaurierungsarbeiten haben aus dem ursprünglich glanzvollen, am Wasser gelegenen Hotel ein absolutes Luxushaus gemacht (S. 385).

Marmormuseum, Tinos

5 Kunsthandwerker und Historiker werden gleichermaßen beeindruckt sein von diesen ausgezeichneten Exponaten, die viel über Hintergrund, Bearbeitungstechniken und den Einsatz des wunderschönen Marmors aus dieser Gegend erzählen (S. 397).

En Plo, Kreta

6 Ein fantastisches Restaurant im venezianischen Hafen Rethymno. Traditionelle kretische Gerichte mit unerwarteten Zutaten (S. 525).

Kastaniahöhle, Peloponnes

7 Außergewöhnliche Höhlen, versteckt auf dem eindrucksvollen südlichen Peloponnes (S. 195). Hier sind im Laufe von Jahrmillionen perfekte Stalaktiten und Stalagmiten entstanden.

Kulturzentrum der Onassis-Stiftung, Athen

8 Das Zentrum zählt zu einer Reihe neuer Veranstaltungsorte für Kunstevents in der Hauptstadt und bietet alles von Tanz über Popgruppen und Malerei bis hin zu Lesungen (S. 93).

Jackie O', Mykonos

9 Die Suche nach der berühmt-berüchtigten Schwulenkneipe hat sich in ein aussichtsloses Unterfangen verwandelt. Jackie O' hat nämlich seine Sachen gepackt und ist in eine brandneue Location am Ufer umgezogen, wo die Kneipe weiterhin so heiß ist wie gehabt (S. 411).

Akropolis von Agios Andreas, Sifnos

10 Die märchenhafte Aussicht von der Bergkuppe und der faszinierende mykenische Bau machen eine Erkundung der neu ausgegrabenen Ruine aus dem 13. Jahrhundert v. Chr. zu einer lohnenden Sache (S. 491).

Boschetto Hotel, Lefkada

11 Für den ultimativen Luxus: Boutique-Hotel in einem restaurierten Gebäude aus dem frühen 20. Jahrhundert, das als Familienbetrieb geführt wird. Balkone zum Meer hin (S. 779).

Wie wär's mit …

Kunst

Griechenland und Kunst gehören zusammen. Wer sich für die ältesten künstlerischen Ausdrucksformen interessiert, besichtigt die archäologischen Museen mit Skulpturen und Bronzestatuen, von denen viele aus der Ägäis geborgen wurden. Die Top-Museen Athens können mit Galerien in ganz Europa konkurrieren.

Nationalgalerie Eindeutigster Anwärter für künstlerische Glückseligkeit ist diese Sammlung (S. 101), welche die Geschichte des kreativen Schaffens Griechenlands umfasst. Aus den Beständen konnte sogar noch das Archäologische Nationalmuseum (S. 99) versorgt werden, aber auch Galerien in Nafplio (S. 170), Sparta (S. 186) und Larissa (S. 255).

Byzantinische Ikonografie Diese Kunstrichtung floriert in den Galerien, die von Künstlern mit goldfarbenen Kunstwerken versorgt werden. Interessant sind jene in Uranopoli (S. 306) in der Nähe vom Berg Athos, auf Patmos (S. 641) und in der Altstadt von Rhodos (S. 568).

Moderne Kunst Ein guter Start ist das Nationale Museum für Moderne Kunst (S. 102). Die moderne Kunstszene der Hauptstadt lässt sich auch bei Events und in Galerien erleben (S. 93).

Wandern

Ob beim Bummel auf der alten Promenade in Athen, einer Wanderung auf einem windgepeitschten Saumpfad oder einem alten Wanderweg zwischen Olivenbäumen und Zypressen: Griechenland ist ein Traum für Outdoor-Freunde. Über die meisten Inseln führen Trampelpfade, während viele Stätten, wie Delphi und Meteora, von tollen Wanderwegen umgeben sind.

Kretas Schluchten Die Wanderer strömen in die spektakuläre Samaria-Schlucht (S. 541); ebenfalls atemberaubend ist die benachbarte Aradena-Schlucht (S. 544), die durch üppig bewachsenes Gelände bis ans Libysche Meer reicht.

Berg Olymp Auf Wanderwegen, die noch aus alter Zeit stammen, gelangt man über dicht bewaldete Hänge hinauf zum wolkenverhüllten Gipfel, dem einstigen Sitz der antiken griechischen Götter (S. 316).

Die Mani Eine kulturell und optisch faszinierende Landschaft mit Wanderwegen, die in Täler, auf Berggipfel, in Höhlen oder an Strände führen (S. 197)

Halbinsel Pilion Auf Saumpfaden geht's im Zickzack über sanft geschwungene Hügel zu ruhigen Sandbuchten und in altertümliche Dörfer (S. 261).

Das Leben am Wasser

Griechenland hat bestes Küstenleben zu bieten, ob an langen Sandstränden oder in farbenfrohen Hafenstädten. Das glänzendblaue Wasser lockt, ob man sich nun die Füße nass machen möchte oder lieber nur die Aussicht genießt.

Aktivitäten Problemlos in die Tat umzusetzen sind eine Fahrt im Kajak oder ein Tauchgang in die farbenprächtigen Tiefen, um ein altes Wrack zu erkunden (S. 55).

Strände Faulenzen im dunklen Sand an den überfüllten Stränden auf Santorin (S. 455), an den unberührten und abgelegenen Stränden an Kretas Südküste (S. 531), den vergessenen Buchten auf Lesbos oder vor relaxter Kulisse auf Kos (S. 613): Es gibt endlos viele Möglichkeiten.

Loutra Edipsou Eine Kurstadt mit herrlichen Stränden, wo sich das therapeutisch genutzte Thermalwasser ins kristallklare Meer ergießt und das Badevergnügen bereichert (S. 728).

Kreuzfahrten Ob mit der eigenen Yacht oder bei einer dreitägigen Kreuzfahrt: Das Leben auf dem Meer verschafft das ultimative Ozeanabenteuer (S. 41).

» Ohne geht es nicht: der griechische Salat

Gutes Essen

Griechenlands Küche ist authentisch hausgemacht, angefangen bei üppigem *mousaka* über gegrillte *souvlaki* bis hin zu *baklava*. Frische Produkte, Olivenöl und Kräuter sorgen für den Geschmack traditioneller Gerichte. Die Köche einiger Gourmetrestaurants erweitern das Spektrum durch raffinierte Kreationen.

Osmanisch inspiriert In der nordgriechischen Küche ist der türkische Einfluss deutlich, wie beim *yiaourtlou*-Kebab (gegrilltes Rindfleisch in Pitabrot mit Joghurt) oder Süßigkeiten, wie den fruchtig-süßen Würfeln *loukoumi* (Turkish delight; S. 864).

Italienisch inspiriert Von den Römern haben die Griechen ihre Pasta, die diese zu eigenen Gerichten verarbeiten, wie *makarounes* (Pasta mit Käse und Zwiebeln) (S. 575, S. 766).

Meeresfrüchte Küchen in Hafennähe angeln sich alles von Makrelen über Sepia und Seeigeln bis zu Kalmaren. Lecker gegrillt, gebraten, gebacken oder gefüllt mit Käse und Kräutern (S. 859).

Griechischer Salat Köstlich und immer wieder anders. Abgesehen davon, dass Feta und Oliven absolut frisch sind, gibt es kleine Überraschungen, wie Peperoni, Kapern oder *horta* (Grünzeug aus den Bergen; S. 862).

Livemusik

Überall im Land verpflichten die Clubs traditionelle *rembetika*-Bands, die den stimmungsvollen griechischen Blues spielen, während moderne griechische Musiker Karriere in den Charts machen. Livemusik wird häufig mit Essen oder Ouzo zu einer runden Sache kombiniert.

Thessaloniki Von traditioneller *bouzoukia* über internationale Top-Events bis zu Musikvorführungen an den eigenartigsten Orten, vom Jazztrio im Buchladen bis zur Punkband in einer chaotischen Kellerbar (S. 298)

Cafe Chantant In diesem stimmungsvollen Club in der Altstadt von Rhodos entfachen die Musiker ein Feuerwerk dynamischer Klänge, die Einheimischen wiegen sich an langen Holztischen im Takt und lassen sich den Ouzo schmecken (S. 577).

Rockwave Festival Bekannte Bands und massenweise Zuhörer versammeln sich draußen in einem Park, der Traum jedes Rockers (S. 111).

Shoppen

Wer gerne shoppen geht wird von den Angeboten Griechenlands überrascht sein. Neben schicken und teuren Läden in den Großstädten bietet nicht nur Athen überquellende Märkte, in denen Einkaufen zu einem kulturellen Vergnügen wird – praktisch an jedem Urlaubsort ist ein Markt zu finden, der die Neugier weckt.

Lederwaren Riemchensandalen, Handtaschen, Gürtel, kretische Stiefel – die Qualität griechischer Lederwaren ist ausgezeichnet, der Kauf unterstützt die örtliche Wirtschaft, und die Produkte sehen auch noch gut aus (S. 137).

Marktstände Hüte, Oliven, Kunst, Schmuck, Bekleidung und Postkarten – griechische Märkte ähneln riesigen Trödelmärkten, wobei die Lebensmittelmärkte vor allem kulturelle Aha-Erlebnisse bieten und den Magen erfreuen (S. 136).

Silber Ioannina hat eine lange Tradition in der manuellen Herstellung verzierter Silberwaren, die unter der griechischen Sonne glänzen (S. 349).

Lokale Erzeugnisse Lokal produzierte Gewürze, Kräuter, Pistazien und Honigsorten sind wunderbare Mitbringsel (S. 859).

Monat für Monat

Top-Events

1 **Ostern,** April

2 **Hellenic Festival,** Juni bis August

3 **Karneval,** Februar

4 **Internationales Filmfestival Thessaloniki,** November

5 **August Moon Festival,** August

Januar

Während die meisten Inseln im Winter ruhen, sind die Hauptstadt und ihr Umland wach und begrüßen Gäste mit Festivals, die Einblicke in das Leben vor Ort geben. Es darf mit warmherziger Gastfreundschaft gerechnet werden, nicht jedoch mit Sonnenwärme.

Fest des hl. Basilius (Agios Vasilios)

Am ersten Januar findet ein wichtiger Gottesdienst statt, gefolgt vom Austausch von Geschenken, von Gesang, Tanz und Festessen. Die *vasilopita* (golden glasierter Silvesterkuchen) wird angeschnitten, und wer Glück hat, findet die eingebackene Münze und kann damit rechnen, ein glückliches Jahr vor sich zu haben.

Epiphanias (Segnung der Gewässer)

Christi Taufe durch Johannes den Täufer wird am 6. Januar gefeiert. Das Meer, die Seen und Flüsse werden gesegnet, die größte Zeremonie findet in Piräus statt (S. 145).

Gynaikokratia

In den Dörfern der Präfektur Rodopi, Kilkis und Seres in Nordgriechenland werden am 8. Januar die Rollen getauscht: Die Frauen verbringen den Tag im *kafeneio* (Kaffeehaus), während die Männer zu Hause bleiben und die Hausarbeit erledigen.

Februar

Der Februar ist nicht der typische Monat für eine Griechenlandreise, aber wer gerne Party macht und die Reise auf den Karneval abstimmen kann, wird es nicht bereuen.

Karnevalssaison

Die Karnevalssaison beginnt drei Wochen vor der Fastenzeit, sie dauert also von Mitte Januar bis Ende Februar oder Anfang März. Eine Reihe kleinerer Events gipfelt in einem wilden Wochenende mit Kostümparaden, bunten Festwagen, Schlemmereien und traditionellen Tänzen. Bei den Feierlichkeiten gibt es regionale Unterschiede: Patras ist die Karnevalshochburg (S. 224), während auf Skyros der skurrilste Karneval gefeiert wird (S. 748).

Rosenmontag

Kathara Deftera, der „saubere Montag", leitet die österliche Fastenzeit ein. Dann strömen die Menschen überall in Griechenland in die Berge, veranstalten ein Picknick und lassen Drachen steigen.

März

Auf den Inseln ist noch alles ruhig, aber es wird allmählich wärmer, sodass sich der März für eine ruhige, entspannte Reise eignet. Der nationale Festkalender ist zwar weitgehend leer, aber es gibt zahllose religiöse Feste, die in Städten und auf Inseln mit Begeisterung begangen werden. Am besten vor Ort erkundigen und bei den einzelnen Orten nachlesen.

Unabhängigkeitstag

Jeden 25. März wird mit Paraden und Tänzen der Tag gefeiert, an dem die Unterstützer der Unabhängigkeit in Moni Agias Lavras die griechische Flagge gehisst haben. Mit diesem revolutionären Akt begann der Unabhängigkeitskrieg.

April

Ostern ist in Griechenland ein besonderes Fest, an dem das Land und vor allem die Inseln ihren Winterschlaf beenden. An diesem Feiertagswochenende ist die Hölle los, die Griechen sind per Flieger und Schiff unterwegs und die Hotels ausgebucht – also nicht vergessen, rechtzeitig zu buchen.

Das orthodoxe Osterfest

Die Gemeinden feiern die Auferstehung Jesu, beginnend an Karfreitag mit Prozessionen bei Kerzenschein. Eine der eindrucksvollsten Prozessionen führt auf den Lykavittos-Hügel (S. 103) in Athen. Am Ostersonntag endet die 40-tägige Fastenzeit mit dem Aufschlagen der rot gefärbten Ostereier, Feuerwerk, gutem Essen und Tanz. Besonders eindrucksvoll sind die Festlichkeiten im Johanneskloster auf Patmos (S. 641).

Fest des hl. Georg (Agios Georgios)

Der Festtag des hl. Georg, des Schutzpatrons Griechenlands und der Schäfer, fällt auf den 23. April oder auf den ersten Dienstag nach Ostern. Besonders ausgelassen wird das Fest in Arachova (S. 243) in der Nähe von Delphi gefeiert mit Tanz, gutem Essen und echter Partystimmung.

Mai

Der Mai ist eine super Reisezeit für alle, die auf Wanderwegen losziehen möchte. Die Temperaturen sind noch relativ mild, und die Wildblumen sorgen für gewaltige Farbkleckse. In Griechenlands Küchen wird das lokale Obst und Gemüse verarbeitet.

Maifeiertag

Am 1. Mai strömen die Griechen aufs Land zum Picknick. Es werden Wildblumen gepflückt und zu Kränzen gebunden, um die Häuser zu schmücken.

Juni

Festivalfreunde, die sich eher für moderne Events als für traditionelle Dorffeste interessieren, finden im Juni ihr Glück auf dem Festland. Nationale Top-Künstler treten bei Tanz-, Musik- und Theatervorführungen auf.

Woche des Meeres

Anfang Juni feiern Fischerdörfer und -häfen im ganzen Land mit nachgespielten historischen Szenen und Festen ihren uralten Bezug zum Meer.

Nafplio-Festival

Einer der stimmungsvollsten Veranstaltungsorte für dieses Festival klassischer Musik ist die Palamidi-Festung (S. 170). Hier treten griechische und internationale Künstler auf. Termine und Einzelheiten stehen auf www.nafplion festival.gr

Fest Johannes' des Täufers

Am 24. Juni werden überall in Griechenland Freudenfeuer entzündet, bei denen die Kränze verbrannt werden, die man für den Maifeiertag gebunden hatte.

Rockwave Festival

Das Festival (S. 111) Ende Juni mit internationalen Künstlern (wie Moby, The Killers und Mötley Crüe) und Menschenmassen findet auf einem riesigen Parkgelände am Rande Athens statt. Einzelheiten unter www.rockwavefestival.gr

Hellenic Festival

Bei diesem griechischen Sommerfestival werden nationale und internationale Musik-, Tanz- und Theateraufführungen im Odeon des Herodes Atticus (S. 88) an den Hängen der Akropolis in Athen und im Amphitheater von Epidaurus (S. 178) in der Nähe von Nafplio auf dem Peloponnes präsentiert. Das Festival dauert von Juni bis August. Einzelheiten und Tickets unter www.greekfestival.gr

Juli

Die Temperaturen steigen, und an den Inselstränden herrscht Highlife, während Open-Air-Kinos und riesige Strandclubs die Besucher ins Nachtleben von Athen locken. Wer sich in Wassernähe aufhält, ist gut beraten, sich den Bauch mit Meeresfrüchten vollzuschlagen, die tagsüber gefangen wurden.

Wein- und Kulturfestival

Das Festival (S. 730) findet im Juli und August in Euböas Küstenstadt Karystos statt. Auf dem Programm stehen Theateraufführungen, traditioneller Tanz, Musik und bildende Kunst. Abschließend gibt es eine Probe mit allen lokalen Weinen.

Speed World Cup

Kitesurfer aus aller Welt kommen im Juli oder August nach Karpathos (S. 586) wegen der ausgezeichneten Bedingungen, die dort herrschen und dem hohen Preisgeld. Die Veranstaltungstermine ändern sich von Jahr zu Jahr; Einzelheiten unter www.speedworldcup.com.

Delphi Kulturfestival

Jedes Jahr im Juli ist das Europäische Kulturzentrum Delphi Gastgeber für ein zehntägiges Kulturfestival mit bildender Kunst, einem Skulpturenpark und Theateraufführungen im eigenen Open-Air-Theater (S. 240).

August

Die Augusthitze sollte man nicht unterschätzen, sondern etwas weniger unternehmen, sich etwas langsamer bewegen und den Schwerpunkt aufs Relaxen verlagern. Wer Mitte des Monats herumreisen möchte, sollte zeitig im Voraus buchen, denn in dieser Zeit sind sehr viele Griechen auf Straßen und Schiffen unterwegs.

August Moon Festival

Im Schein des hellsten Vollmonds des Jahres öffnen historische Veranstaltungsorte in Athen ihre Pforten für kostenlose Mondlicht-Aufführungen. Auf der Akropolis oder in der Römischen Agora gibt es Theater, Tanz und Musik. Auch andere Städte und Gegenden Griechenlands feiern dieses Fest, Einzelheiten jeweils vor Ort erfragen.

Mariä Himmelfahrt

Am 15. August wird Mariä Himmelfahrt als Familienfest gefeiert. Die gesamte Nation scheint rund um diesen Tag unterwegs zu sein. Tausende pilgern auf die Insel Tinos zur wundertätigen Ikone von Panagia Evangelistria (S. 395).

November

Im Herbst sinken die Temperaturen, und auf den Inseln kehrt Ruhe ein, während das schnelle Stadtleben weitergeht. Auf Kreta beispielsweise ist die Olivenernte in vollem Gang, und die Feta-Produktion läuft, sodass absolut frischer Käse probiert werden kann.

Internationales Filmfestival Thessaloniki

Mitte November gibt es an verschiedenen Veranstaltungsorten der Stadt ein zehntägiges Filmprogramm, vollgepackt mit rund 150 Filmen (S. 291). Der Fokus liegt auf unabhängigen Filmemachern, das Festival wird zunehmend bekannt. Einzelheiten unter www.filmfestival.gr

Reise-routen

Ob man sechs oder 60 Tage zur Verfügung hat: Diese Reiserouten sind ein guter Ausgangspunkt für eine Traumreise. Weitere Inspirationen erwünscht? Es gibt unter lonelyplanet.de/forum die Möglichkeit, sich mit anderen Reisenden auszutauschen.

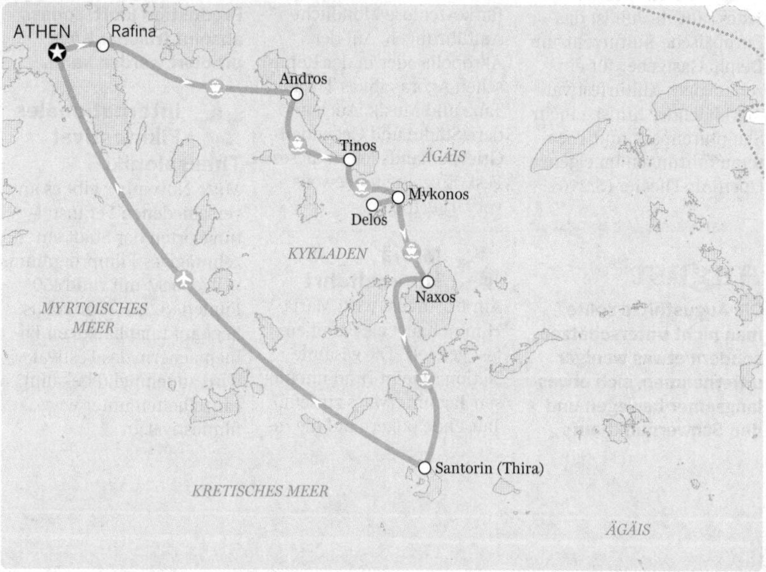

10 Tage

Athen & die Inseln

Die Tour mit ein paar Tagen in Athen mit einigen der wichtigsten antiken Stätten und Museen der Welt beginnen. Dabei Athens Märkte sowie die zeitgenössische Kunstszene und das Nachtleben nicht verpassen. Von Athen aus werden die Kykladen angesteuert. In Rafina geht es mit der Fähre für ein oder zwei Tage auf die noble Insel **Andros** weiter, um deren schöne Strände und Kunstgalerien zu genießen. Weiter geht's auf die Insel **Tinos** (ein Wallfahrtsort für orthodoxe Christen) mit ihrer dramatischen Landschaft und unzähligen venezianischen Taubenschlägen. Danach ist **Mykonos** an der Reihe, bekannt für seinen farbenfrohen Hafen, seine Kneipen und Strände. In einem Tagesausflug kann von hier aus die heilige Insel **Delos** angesteuert werden, um dort die antiken Ruinen zu erkunden. Mit einer Fähre geht's weiter nach **Naxos**. Sie ist die grünste und fruchtbarste Kykladeninsel und ein Paradies für Wanderer.

Letztes Ziel ist **Santorin (Thira).** Die steilen Felsen ihrer Caldera sind durch einen der gewaltigsten Vulkanausbrüche entstanden. Von dort aus kann man abends die Sonne im Meer versinken sehen. Mit dem Flieger geht's zurück nach Athen.

Ein Monat

Die große Tour

Ein Monat reicht aus, um die gewaltige Vielfalt an Sehenswürdigkeiten und Aktivitäten zu erleben, die Griechenland zu bieten hat.

Wer ein paar Tage lang das trubelige **Athen** erkundet hat, steuert als Nächstes die hübsche venezianische Stadt **Nafplio** auf dem Peloponnes an. Nafplio war die erste Hauptstadt des unabhängigen Griechenlands und ist die perfekte Ausgangsbasis für Tagesausflüge ins **Antike Mykene** und zum **Theater von Epidauros,** bekannt für seine perfekte Akustik. Hier finden im Sommer verschiedene Aufführungen statt. Von hier geht's Richtung Süden in das Fischerörtchen **Gythio,** wo die Fähren in das verschlafene **Kissamos-Kastelli** auf Kreta ablegen. Unterwegs bietet sich ein Zwischenstopp auf der reizvollen, unberührten Insel **Kythira** an. Auf Kreta angekommen einen Mietwagen nehmen und Richtung Süden an den **Elafonisi**-Strand fahren – Kretas tollsten Sandstreifen. Von hier geht's an der Nordküste entlang zurück über **Chania** mit seinem schönen Hafen und einem Labyrinth kleiner Seitenstraßen. Anschließend die Autofahrt zur Hauptstadt **Iraklion** und den nahe gelegenen herrlichen minoischen Ruinen von **Knossos** fortsetzen.

Von Iraklion mit der Fähre nach **Santorin (Thira)** übersetzen. Sehenswert ist diese Insel wegen ihrer Vulkanlandschaft und der faszinierenden Dörfer. Anschließend für ein paar Tage auf einer der kleineren Inseln wie **Anafi** und **Koufonisia** am Strand abhängen. Sind die Batterien wieder aufgeladen, stürzt man sich in **Mykonos** in die Kneipen und Clubs. Von Mykonos gehen wöchentliche Flüge in die coole und kultivierte nordgriechische Stadt **Thessaloniki.** Hier gibt es römische und byzantinische Architektur zu bestaunen, die osmanisch inspirierte Küche zu kosten (vor allem das Gebäck!) und die lebendige Kunstszene zu genießen. An den benachbarten Hängen des **Olymp** (2918 m), Griechenlands höchstem Gipfel und dem ersten Nationalpark, werden die angefutterten Pfunde wieder abgearbeitet. Entlang dieser alten Pfade trifft man auf eine Vielfalt von Pflanzen und Vögeln. Als Nächstes steht eine Besichtigung der Klöster von **Meteora** auf dem Programm, die hoch oben auf schmalen Felsnadeln thronen und früher von Eremitenmönchen bewohnt waren. Letzter Stopp ist das **Antike Delphi,** wo einst das Orakel von Delphi beheimatet war. Der stimmungsvolle und geschichtsträchtige Ort ist bestens geeignet zum Überlegen, wohin es danach gehen soll. Die Rückreise von Delphi nach Athen ist kurz.

Drei Wochen
Ionische Inseln & der Peloponnes

Wer sich nach Inselleben sehnt, mit schönen mittelalterlichen Städten, antiken historischen Sehenswürdigkeiten und fantastischen Landschaften, findet auf einer Tour über die Ionischen Inseln und den Peloponnes die absolute Erfüllung. Dies gilt doppelt, wenn man ein paar Outdoor-Aktivitäten in die Reise einbauen möchte.

Die Tour beginnt auf **Korfu**, wo ein paar Tage damit zugebracht werden können, in der Mischung aus italienischer, französischer und britischer Architektur der Altstadt von Korfu-Stadt zu bummeln, sich von der Feinschmeckerküche verwöhnen zu lassen, malerische Küstendörfer zu erkunden und auf Sandstränden zu faulenzen. Wer etwas mehr Energie investieren möchte, kann surfen oder durch das gebirgige Innenland der Insel radeln. Von Korfu mit der Fähre nach **Kefallonia** übersetzen, im malerischen Dorf Fiskardo übernachten, mit dem Kajak an goldenen Stränden anlegen und den bekannten örtlichen Wein kosten.

Von Kefallonia ist es nur eine kurze Überfahrt mit der Fähre bis Kyllini auf dem Peloponnes. Dort ist das Heiligtum des **Antiken Olympia** zu besichtigen, und man steht ehrfürchtig in dem Stadion, in dem die ersten Olympischen Spiele ausgetragen wurden. In der Stadt kann man gut übernachten und einige der Museen besuchen. Richtung Süden geht's weiter zu den Ruinen von **Mystra,** die in die Liste des Weltkulturerbes eingetragen sind. Die wuchtige antike Festungsstadt war das letzte Bollwerk des Byzantinischen Reiches.

Die Tour in südlicher Richtung fortsetzen auf die zerklüftete **Mani.** Beeindruckend sind die Architektur einiger Dörfer und die Überreste der maniotischen Kultur. Die Region ist mit dem Taygetosgebirge und abgelegenen Buchten ein Paradies für Wanderer. Am **Kap Tenaro** liegt einer der südlichsten Punkte des europäischen Festlandes – bekannt durch Homers „Ilias". An der Ostküste entlang geht's weiter zum **Monemvasia,** der griechischen Version des Mont St. Michel. Hier gilt es, ausgiebig die mittelalterlichen Gassen zu erkunden und eine Nacht in einer der Unterkünfte innerhalb der Stadtmauer zu verbringen.

Nächstes Ziel ist das nördlich gelegene **Nafplio** mit schönen Villen, Museen und seinem quirligen Hafen. Von hier können Tagesausflüge zur Akropolis in **Tiryns** und zur Zitadelle von **Mykene** unternommen werden. Östlich von hier liegt das antike Theater von **Epidauros.** Dort lohnt der Besuch einer klassischen Theateraufführung unter dem Sternenhimmel. Vom benachbarten Methana geht's mit der Fähre zum Endpunkt der Reise: **Athen.**

Zwei Wochen

Nord- & Zentralgriechenland

Diese Region hat neben einigen von Griechenlands größten antiken Stätten einzigartige Dörfer, umwerfende Landschaften, angesagte Städte und jede Menge Sandstrände zu bieten, die sich zum Chillen eignen. Daneben gibt es viele Gelegenheiten zum Faulenzen, und die Tour lässt sich mit ein bis zwei Wanderwochen ausdehnen.

Startpunkt ist **Thessaloniki,** eine relaxte Stadt mit einer innovativen Kunstszene. Schnell sind ein paar Tage damit zugebracht, die Seitenstraßen zu erkunden, sich mit der Architektur zu befassen und sich von der köstlichen, osmanisch beeinflussten Küche verwöhnen zu lassen. Es folgen ein paar Tage in **Sithonia** auf der Halbinsel Chalkidiki – umgeben von aquamarinblauem Wasser, Kiefernwäldern und langen Sandstränden.

Weiter geht's Richtung Westen in die luftigen Höhen des Göttersitzes, des **Olymps.** Wanderer können sich an den Hängen austoben oder einfach nur im benachbarten **Litochoro** in einem Haus im mazedonischen Stil übernachten, um sich an der Aussicht von einem traditionellen Holzbalkon zu erfreuen. Fortgesetzt wird die Reise nach **Meteora:** Diese alten Klöster oben auf den scheinbar wackligen Felsnadeln kennt jeder von Bildern – aber in der Realität sind sie trotzdem absolut faszinierend. Im benachbarten **Kastraki** lohnt eine Übernachtung, um die Sonne hinter den Felsen aufgehen zu sehen.

Weiter westlich folgen das Pindosgebirge und die Region **Zagorochoria** mit vielen Wandermöglichkeiten und zeitlosen Stein- und Schieferdörfern. Danach sorgen ein paar Tage in **Ioannina** wieder für Belebung. Die Stadt hat eine faszinierende Lage am See vor einer reinen Gebirgskulisse. Das stimmungsvolle Altstadtviertel zeigt bei einem Bummel seine byzantinische und osmanische Architektur, und es erschließen sich die lebhafte Kulturszene und das Nachtleben, das von den vielen Studenten der Stadt geprägt wird.

Richtung Süden führt die Reise ins magische **Delphi,** dem antiken Vorzeigeort Griechenlands mit seinem Orakel. Hier startet eine Reihe lohnender Spaziergänge; in der Nähe bietet sich aber auch der **Parnassos-Nationalpark** zum Skifahren, Felsklettern, Wandern oder einfach nur für jede Menge Frischluft an. Nun geht's Richtung Norden zurück nach Thessaloniki mit einem mehrtägigen Zwischenstopp auf der **Halbinsel Pilion.** Kopfsteinplasterwege führen hier zwischen Dörfern hindurch zu abgelegenen Sandbuchten, wo man sich die Zehen vom Meerwasser umspülen lässt, bevor es zurückgeht ins wirkliche Leben.

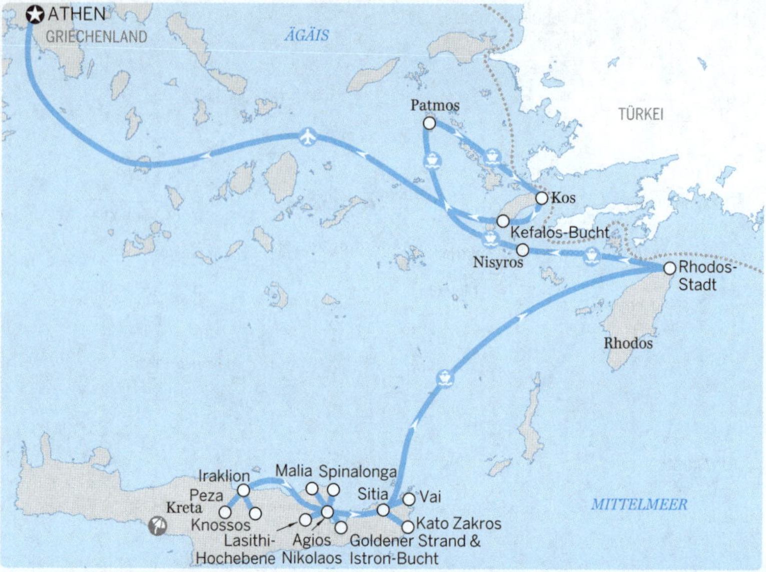

Zwei Wochen

Kreta & Dodekanes

Kretas Osthälfte wurde früher wenig bereist, dabei besitzt sie einige Sehenswürdigkeiten und Städte, die diesen Teil der Insel zunehmend zu einer attraktiven Region machen. Von hier ist es nur eine kurze Überfahrt auf den facettenreichen Dodekanes. Schnelle Katamarane machen das Inselhüpfen zu einem Vergnügen.

Zuerst in **Iraklion** das archäologische Museum besichtigen und einen Tagesausflug zu den minoischen Ruinen von **Knossos** unternehmen. Es lohnt sich, unterwegs die umliegende Weingegend **Peza** nicht zu ignorieren, die sich in eine Landschaft aus wohlgeformten Hügeln, ausgedörrten Hängen und üppigen Tälern schmiegt. Von Iraklion an der Nordküste entlang Richtung Osten weiterfahren in die relaxte Touristenstadt **Agios Nikolaos,** die reizvoll und angesagt ist. Zudem eignet sie sich bestens als Ausgangsbasis für die Erkundung der umliegenden Region. Beachtung verdienen wegen ihrer langen Sandstrände der **Goldene Strand** (Voulisma-Strand) und die **Istron-Bucht** sowie die Festung auf der **Insel Spinalonga.** Dieser faszinierende Ort wird nach einer kurzen Fahrt mit der Fähre über den Golf von Mirabello erreicht. Ein Besuch bei den umliegenden minoischen Ruinen bietet sich an, beispielsweise beim noch immer von Geheimnissen umgebenen Palast von **Malia.** Mit einem Leihfahrrad lassen sich die ruhigen Dörfer der fruchtbaren **Lasithi-Hochebene** erkunden, die behaglich zwischen Bergketten liegt. Hier wurde übrigens Zeus geboren.

Weiterfahren nach **Sitia,** von dort lässt sich der weiße Sand von **Vai** ansteuern, Europas einziger Strand mit natürlichem Palmenwald. Südlich davon liegt **Kato Zakros,** wo die Möglichkeit besteht, durch das dramatische Tal der Toten zu wandern.

Von Sitia aus die zehnstündige Überfahrt mit der Fähe nach **Rhodos** buchen. Mit der Erkundung der Altstadt von Rhodos-Stadt, die von mittelalterlichen Mauern umgeben ist, und der Strände und byzantinischen Kapellen ist man ein paar Tage beschäftigt. Nun einen Platz auf dem einmal pro Tag ablegenden Katamaran zur üppigen Insel **Nisyros** ergattern, um in deren brodelnder Caldera die Tiefe zu erkunden. Weiterfahren nach **Patmos,** dort die künstlerische und religiöse Stimmung dieser Insel erleben und die Höhle aufsuchen, wo der hl. Johannes seine Offenbarung schrieb. Nun geht's zurück auf die Insel **Kos,** um ein paar Tage in der tollen und sandigen **Kefalos-Bucht** zu verbringen und auf den Plätzen Kaffee und Cocktails zu schlürfen. Von Kos-Stadt gibt es Anschlussflüge nach **Athen.**

Insel-Hopping

Die besten Inseln für Kulturgenuss

Delos Ausgrabungsstätten erleben
Karpathos Das Bergdorf Olymbos mit seiner einzigartigen dorischen Kultur besuchen
Patmos In die Höhle klettern, in der Johannes seine Offenbarung niederschrieb
Rhodos Die mittelalterliche Altstadt erleben
Kreta Den Palast in Knossos erkunden

Die besten Inseln für Aktivitäten

Mykonos Mit Delfinen tauchen
Kreta Europas längste Schlucht erwandern
Karpathos Kitesurfing versuchen
Keffalonia Im Kajak zu entlegenen Buchten oder Stränden paddeln
Kalymnos Felsenwege erklettern

Die besten Inseln für die Nebensaison

Santorin Sonnenuntergänge genießen
Ydra Athen entkommen
Kreta Städte und Bergdörfer erkunden
Lesbos Sich auf der einsamen Insel finden

Das Gepäck für Reisen zu entlegenen Inseln

Tauchschein
Zusätzliches Bargeld
Taucherbrille und Schnorchel
Gute Wanderschuhe
Insektenspray

Wichtiges für die Planung

In Griechenland ist das Reisen an sich schon ein Abenteuer, und das Insel-Hopping gehört ganz wesentlich dazu. Ob man in einen Hafen mit buntem Treiben einläuft, die Sonne auf Deck und die Brandung darunter genießt oder in einer kleinen Propellermaschine knapp über dem blauen Meer fliegt, immer ist es ein Abenteuer. Man kann sich beim Insel-Hopping dem geruhsamen Lebensstil anpassen, und mit ein wenig Planung kommt man sehr weit. Wer vorab entscheidet, wohin es wann gehen soll, und sich eine Route überlegt, hat es dann auf der Reise einfacher.

Flexibel sein

Das Reisen in Griechenland ist weitaus angenehmer für alle, die zeitlich flexibel sind und sich treiben lassen können. Abfahrtszeiten werden überall schnell geändert, aber für Griechenland gilt dies ganz besonders. Viele Ereignisse, vom Sturm bis zu streikenden Arbeitern, führen regelmäßig zu kurzfristigen Verspätungen oder Streichungen bei Flügen und Schiffen. Die Fahrpläne von Fähr- und Fluggesellschaften ändern sich von Jahr zu Jahr, von Saison zu Saison, und die Fährgesellschaften „gewinnen" häufig die Lizenzen für verschiedene Routen nur für ein Jahr. Beim Insel-Hopping ist es wichtig, sich darüber bewusst zu sein, dass kein Fahrplan wasserdicht ist.

Das heißt aber nicht, dass Reisende einfach ihre Hände in den Schoß legen und nichts mehr tun sollen. Wichtiger ist es, eine gewisse Flexibilität beim eigenen Zeitplan zu haben und seine Reiseziele sorgfältig auszuwählen. Enge Zeitpläne bringen in der Regel Stress; eine entspannte Reiseplanung bedeutet dagegen, längere Zeit auf einer Insel, die man wirklich mag, zu verbringen und nicht in Panik zu geraten, wenn starke Winde den Abflug um einen Tag verzögern. Wer nicht viel Pufferzeit hat, sollte Inseln mit regelmäßigem Fährverkehr wählen – tägliche Katamaranfahrten statt einmal wöchentlich. Wer einen internationalen Flug erreichen möchte, sollte mindestens einen Tag vor dem Abflug in der Stadt sein und nicht zu knapp planen. Wenn alles gut geht, ist noch Zeit für die Erkundung der Stadt – oder man dankt den griechischen Göttern, wenn man durch einen Streik oder geänderte Fahrpläne seinen Flug verpasst hätte.

Reisen zu Fuß oder mit dem Auto

Zwar werden fast alle Inseln von Autofähren angefahren, doch sind diese teuer, und um sicher einen Platz zu erhalten, müssen die Tickets weit im Voraus gebucht werden. Flexibler ist, wer als Passagier zu Fuß auf das Schiff geht und sich dann auf der Insel ein Auto mietet. Es ist relativ günstig, sich für ein oder zwei Tage ein Auto zu mieten, und es gibt praktisch auf jeder Insel eine entsprechende Autovermietung (oder die Insel ist so klein, dass sie leicht zu Fuß durchquert werden kann). Eine Überfahrt ohne Auto ist auch billiger, und sollte die geplante Fähre ausfallen, findet sich leichter eine Alternative, wie zum Beispiel eine reine Passagierfähre oder ein Flugzeug.

Reisezeit

Hochsaison

In der Osterwoche und von Juni bis September verbinden viele Schiffe und Flugzeuge die Inseln untereinander und mit dem Festland. In dieser Zeit scheint die Sonne, ist das Meer warm und finden Touristen alles, was sie brauchen; die Hotels, Restaurants und Sehenswürdigkeiten auf den Inseln sind geöffnet und freuen sich über Besucher. Aber wer zu den Spitzenzeiten und zwischen kleineren Inseln und Inselgruppen reist, sollte die Reise sorgfältig planen, denn sowohl die Überfahrten als auch die Hotels können manchmal bereits Monate im Voraus ausgebucht sein. Dies gilt insbesondere für die sehr beliebten Inseln und für größere Distanzen. Beispielsweise sind die Nachtfähren von und nach Athen häufig mehrere Wochen im Voraus ausgebucht, zumindest wenn man nicht nur Deckklasse fahren möchte. Viele örtliche Reisebüros können noch eine Überfahrt und die Übernachtung vermitteln, helfen bei der Zusammenstellung der Route und buchen alle notwendigen Tickets.

Nebensaison

Außerhalb der Hauptsaison ist es noch wichtiger vorauszuplanen. Es verkehren deutlich weniger Schiffe und Flugzeuge, und zahlreiche Hoteliers und Restaurantbesitzer schließen ihr Haus und fahren nach Athen. Im Winter ist bis auf die beliebtesten Inseln praktisch alles geschlossen. Vor der Abfahrt sollte daher geprüft werden, ob die Schiffe oder Flugzeuge verkehren, und ob die Hotels auch tatsächlich geöffnet haben und Zimmer verfügbar sind. Außerhalb der großen Städte sind die Museen und Sehenswürdigkeiten häufig geschlossen oder haben nur sehr eingeschränkte Öffnungszeiten. Nur wer absolut abgehärtet ist, kann ein kurzes Bad im Meer wagen.

Zwischensaison

April, Mai, September und Oktober eignen sich besonders für das Insel-Hopping. Das Wetter ist frühlingshaft, die meisten Unterkünfte, Restaurants und Sehenswürdigkeiten sind geöffnet, und man gelangt trotz einiger eingeschränkter Fahrpläne mit öffentlichen Verkehrsmitteln zu den meisten Zielen. Und was noch wichtiger ist: Es sind weniger Menschen unterwegs, und alles ist etwas billiger.

Übers Meer

Die Schiffe

Griechenland besitzt ein umfassendes und verzweigtes Netz von Fährverbindungen, und jede bewohnte Insel wird angesteuert. Die langsamen Seelenverkäufer, die früher die Meere unsicher machten, gehören praktisch der Vergangenheit an. Es gibt immer noch langsame Schiffe, aber es gibt auch immer mehr Expressfähren, die auf den meisten der beliebten Routen fahren. Örtliche Fähren, Ausflugsboote und kleine, private Boote, Kaiks, verkehren häufig zwischen be-

DER SEEKRANKHEIT TROTZEN

Auch der unempfindlichste Magen kann Probleme bekommen, wenn ein Schiff in schwere See gerät. Hier ein paar Tipps, wie man dem flauen Gefühl im Magen vorbeugen kann:

» Auf den Horizont schauen, nicht auf das Meer. Nicht lesen und nicht auf einen Gegenstand schauen, von dem das Gehirn denkt, dass er nicht schwankt

» Viel trinken und nur Leichtes essen. Viele Menschen sagen, dass Ingwerplätzchen und Ingwertee den Magen beruhigen.

» Kein Fernglas benutzen

» Wenn möglich, an der frischen Luft bleiben – nicht unter Deck gehen; der Nachteil von Tragflügelbooten ist, dass Passagiere sich hier nur in einem Innenraum aufhalten können.

» An andere Dinge denken

» Wer leicht seekrank wird, kann sich spezielle Akupressur-Bänder für das Handgelenk kaufen.

nachbarten Inseln. Auch Wassertaxis bringen die Touristen zu einsamen Stränden und Buchten. Tragflächenboote und Katamarane verkürzen die Reisezeit deutlich. Tragflächenboote sind nicht mehr ganz so modern, werden aber immer noch regelmäßig zwischen abgelegenen Inseln und Inselgruppen eingesetzt. Immer häufiger fahren jedoch Katamarane; sie bieten mehr Komfort und können auch noch bei relativ schlechtem Wetter fahren.

Für eine weite Überfahrt gibt es immer noch die Möglichkeit, eines jener langsamen Schiffe zu nehmen, die von Insel zu Insel tuckern, und sich in seinem Schlafsack auf Deck zu legen, um eine Übernachtung zu sparen. Aber die Inlandsfähren in Griechenland haben sich in den vergangenen zehn Jahren radikal verändert, und inzwischen reisen die Passagiere mit gewissem Komfort und in annehmbarer Geschwindigkeit. Hinzu kommt selbstverständlich, dass eine lange Strecke auf See relativ teuer ist. Eine Übernachtung in einem Kabinenbett von Piräus nach Rhodos kann teurer sein als ein günstiges Flugticket. Die Preise für die Deckklasse sind aber immer noch moderat, Kabinen sind wie Hotelzimmer, und das Erlebnis, eine Nacht auf einem Schiff zu verbringen, sollte man auf jeden Fall mitnehmen. Entscheidend ist die richtige Auswahl – es gibt immer noch die Abenteuerfahrten, bei denen es die ganze Nacht über laut ist und die Toiletten dreckig sind; es gibt aber durchaus auch Schiffe, die eher an das Traumschiff erinnern.

Tickets

Da es bei Fähren immer wieder Verspätungen gibt oder Verbindungen gestrichen werden, empfiehlt es sich bei kurzen Reisen oft, das Ticket erst zu kaufen, wenn sicher ist, dass die Fähre auch wirklich ausläuft. Wer allerdings in der Hochsaison reist oder ein Auto mitnehmen möchte, sollte auf jeden Fall vorab buchen. Expressboote, wie Katamarane, sind in der Regel schneller ausgebucht als langsame Schiffe. Bei Nachtfähren ist es immer besser, vorab zu buchen, insbesondere wer eine Kabine oder eine spezielle Unterbringung möchte. Wird die Verbindung gestrichen, kann in der Regel auf die nächste verfügbare Fähre der Gesellschaft umgebucht werden.

Bei zahlreichen Fährgesellschaften hat man die Möglichkeit, online zu buchen; die Tickets gibt es aber auch bei den örtlichen Büros der Gesellschaften und bei den meisten Reisebüros in Griechenland. Verkaufsagenturen finden sich meist im Hafenbereich, aber kaum eine verkauft Tickets für alle Schiffe und gibt umfassend Auskunft über alle Verbindungen. Bei den meisten hängen die Fahrpläne außen aus; hier sieht man, welches Schiff als Nächstes ausläuft; man kann aber auch bei der *limenarchio* (Hafenpolizei) fragen.

Genaue Informationen, wo Fahrkarten gekauft werden können, sowie weitere Details über die Inseln sind in dem Absatz An- & Weiterreise des Kapitels über die jeweilige Insel aufgeführt.

ES GEHT AUCH OHNE FÄHRE

Eine der eher ungewöhnlichen Touren in Griechenland bietet ein Insel-Hopping mit eigener Muskelkraft. Swim Trek (www.swimtrek.com) organisiert einen Abenteuerurlaub, bei dem sportliche Leute von einer Kykladeninsel zur nahe gelegenen nächsten Insel schwimmen können. Das Unternehmen auf den Kleinen Kykladen ist etwas ganz Besonderes und inspiriert von den Schwimmabenteuern des Dichters Lord Byron, der den Hellespont – heute die Dardanellen in der Türkei – durchschwamm (wie auch Simon Murie) und auch die Gewässer der Kykladen zwischen dem Niederschreiben von ein oder zwei Gedichten gemeistert haben soll. Die Teilnehmer schwimmen etwa 5 km pro Tag zusammen mit Delfinen, Schildkröten und Mönchsrobben an einsamen Küsten entlang. Die Kosten für eine Sieben-Tage-Tour beginnen bei 900 Euro, inklusive Halbpension, Schwimmführer und Analyse der Schwimmtechnik. Nur die Badehose oder der Badeanzug muss selbst mitgebracht werden.

Fahrpreise

Die Fährpreise werden von der Regierung festgesetzt und sind abhängig von der Entfernung zwischen Start- und Zielhafen. Die kleinen Preisunterschiede zwischen den einzelnen Agenturen entstehen, weil einige auf einen Teil ihrer Provision verzichten, um sich „Billiganbieter" nennen zu können (der Discount beträgt selten mehr als 0,50 €). Im Fahrpreis enthalten sind die Hafensteuer, ein Beitrag zur NAT (der Gewerkschaft der Seeleute) sowie die Mehrwertsteuer. Um die Fähren für die Reisenden attraktiver zu machen, wurden die Hafensteuern in vielen Häfen eingefroren und in Einzelfällen sogar leicht gesenkt.

Schnellfähren und Tragflügelboote kosten etwa 20 Prozent mehr als traditionelle Fähren, Katamarane kosten oft ein Drittel mehr oder das Doppelte von langsameren Schiffen. Kaiks und Wassertaxis sind in der Regel sehr günstig, während Ausflugsboote recht teuer, aber dafür auch sehr sinnvoll sein können, um eine abgelegene Inseln zu erreichen. Kinder unter fünf sind frei, zwischen fünf und zehn Jahren zahlen sie in der Regel den halben Preis.

Zu fast allen Inseln gibt es auch Autofähren, aber sie sind teuer. Beispielsweise kosten Fahrzeuge bis zu einer Länge von 4,25 m auf der Strecke Piräus–Mykonos 80 €, Piräus-Kreta (Chania und Iraklion) 90 € und Piräus–Samos 85 €. Die Überfahrt eines großen Motorrads kostet etwa so viel wie das Deckklassenticket für eine Person.

Klassen

Auf kleineren Schiffen, Tragfügelbooten und Katamaranen gibt es immer nur eine Klasse, und sogar auf den größeren Schiffen gehören unterschiedliche Klassen mittlerweile der Vergangenheit an. Alle öffentlich zugänglichen Bereiche auf den moderneren Schiffen stehen heute meist allen offen. Unterschiede gibt es nur noch bei der Unterbringung auf Nachtfähren.

Ein Deckklassenticket bietet in der Regel Zutritt zu den Decks, aber nicht zu den Kabinen. Dies ist immer noch eine sehr günstige Reisemöglichkeit, und wer zu den Ersten gehört, die auf das Schiff gehen können, findet in der Regel innen oder auf Deck einen Platz, an dem er seinen Schlafsack ausrollen kann. Die etwas bessere Ticketvariante ist ein reservierter Sitz wie in einem Flugzeug, den man zum Schlafen etwas zurücklegen kann. Dann kommt die Unterbringung in den unterschiedlichen Kabinenkategorien Vierbett-, Dreibett- oder Zweibettkabine, wobei hier jeweils die Innenkabinen günstiger sind als vergleichbare Außenkabinen mit Bullauge. Auf den meisten Schiffen sind die Kabinen sehr komfortabel, sie sind wie kleine Hotelzimmer mit einem eigenen Bad. Diese kosten etwa so viel wie ein günstiges Flugticket – aber auch bedenken, dass auf diese Weise eine Übernachtung gespart wird. Dann gibt es natürlich auch noch die Luxuskabinen mit Blick auf den Bug des Schiffes. Diese bieten den Standard der Kabinen auf Kreuzfahrtschiffen und sind im Allgemeinen sehr teuer.

Wer nichts anderes verlangt, erhält automatisch ein Ticket für die Deckklasse. Hier angegeben sind, sofern nicht anders angegeben, die Preise für Deckklassentickets.

Informationen

Die von der Athener EOT (im Ausland bekannter als GNTO – Greek National Tourist

Organisation oder GZF – Griechische Zentrale für Fremdenverkehr) herausgegebene Liste der Abfahrtszeiten von Piräus ist so genau wie möglich. Auf den Inseln gibt es dagegen die aktuellsten Infos zu den Fähren bei der örtlichen *limenarhio*, deren Büro in der Regel am Kai oder ganz in der Nähe davon ist.

Viele Informationen über die Fährverbindungen gibt es auch im Internet, und viele der größeren Fährgesellschaften haben eine eigene Website. Vor der Abfahrt am besten immer online gehen und bei der Gesellschaft oder beim Reisebüro die aktuellen Informationen abfragen.

Nützliche Websites sind auch:

» Danae Travel (www.danae.gr) Eine gute Seite, um Fährtickets zu buchen

» Greek Travel Pages (www.gtp.gr) mit einer hilfreichen Suchfunktion und Links zu Fährgesellschaften

Flugzeug

Flughäfen

Auf den meisten der großen und beliebten Inseln gibt es Flughäfen, auf den kleineren eher nicht. Die Flugzeiten zwischen den Inseln sind kurz, die Flugzeuge klein, und der Flug nicht immer ganz angenehm. Der überwiegende Teil der Inlandsflüge wird von der griechischen Fluggesellschaft Olympic Air (☎801 801 0101; www.olympicair.com) und deren wichtigstem Mitbewerber Aegean Airlines (☎801 112 0000; www.aegeanair.com) abgewickelt. Beide bieten Linienflüge und günstige Tickets an. Neben diesen nationalen Fluggesellschaften gibt es eine Reihe Kleinunternehmer, die Flüge in Wasserflugzeugen anbieten und zusätzlich auf den beliebtesten Routen fliegen.

Viele Reisende buchen für ihre Insel-Hopping-Reise ein paar Flüge, was sich meist auch auszahlt. Ein Flug spart mehrere Stunden auf See und bietet großartige Ausblicke auf die Inselgruppen. Es erweist sich als sehr sinnvoll, die längste Strecke zum am weitesten entfernten Ziel zu fliegen und den restlichen Weg von Insel zu Insel mit dem Schiff zurückzulegen.

Tickets & Fahrpreise

Am einfachsten werden Tickets online bei der entsprechenden Gesellschaft gebucht. Man kann die Flugtickets auch bei den meisten Reisebüros in Griechenland kaufen, und Olympic Air besitzt auch Niederlassungen in den Städten, die sie anfliegen, sowie in anderen wichtigen Städten. Die hier genannten Preise gelten für ein normales Economy-Ticket inklusive der Inlandssteuern und Gebühren. Es gibt Rabatte für Rückflugtickets, wenn man unter der Woche fliegt (zwischen Montag und Donnerstag), und noch preisgünstiger wird es, wenn zwischen Hin- und Rückflug eine Samstagnacht liegt. Ausführliche Infos mit Flugplänen gibt es auf den Webseiten der Fluggesellschaften.

Auf Inlandsflügen darf Freigepäck zwischen 15 und 20 kg mitgenommen werden, wenn der Inlandsflug Teil einer grenzüberschreitenden Reise ist. Olympic bietet Studenten einen Rabatt von 25 Prozent auf Inlandsflüge an, aber auch nur, wenn der Inlandsflug Teil einer grenzüberschreitenden Reise ist.

Informationen

Aktuelle Informationen über Flugpläne finden sich am besten online. Fluggesellschaften besitzen häufig lokale Niederlassungen auf den Inseln (siehe jeweils die Informationen in dem entsprechenden Kapitel).

» Aegean Airlines (☎801 112 0000, 210 626 1000; www.aegeanair.com)

» Athens Airways (☎801 801 4000, 210 669 6600; www.athensairways.com)

» Greek Travel Pages (www.gtp.gr) mit einer nützlichen Suchfunktion und Links zu Flügen

» Olympic Air (☎801 801 0101; www.olympicair.com)

» Sky Express (☎2810 223500; www.skyexpress.gr)

Ziele & Verbindungen

Natürlich ist es möglich, einen internationalen Flug direkt auf eine Reihe der großen Inseln, wie Korfu oder Rhodos, zu buchen. Viele Reisende beginnen jedoch ihre Inseltour in Athen; von hier aus findet sich leicht eine Verbindung zu den nahegelegenen Festlandhäfen Piräus, Rafina und Lavrio. Unzählige Fähren, Katamarane und Tragflügelboote verbinden diese Häfen mit den meisten Inselgruppen. Auch Nachtschiffe zum weiter entfernten Kreta und Kastellorizo laufen hier aus.

Fährverbindungen

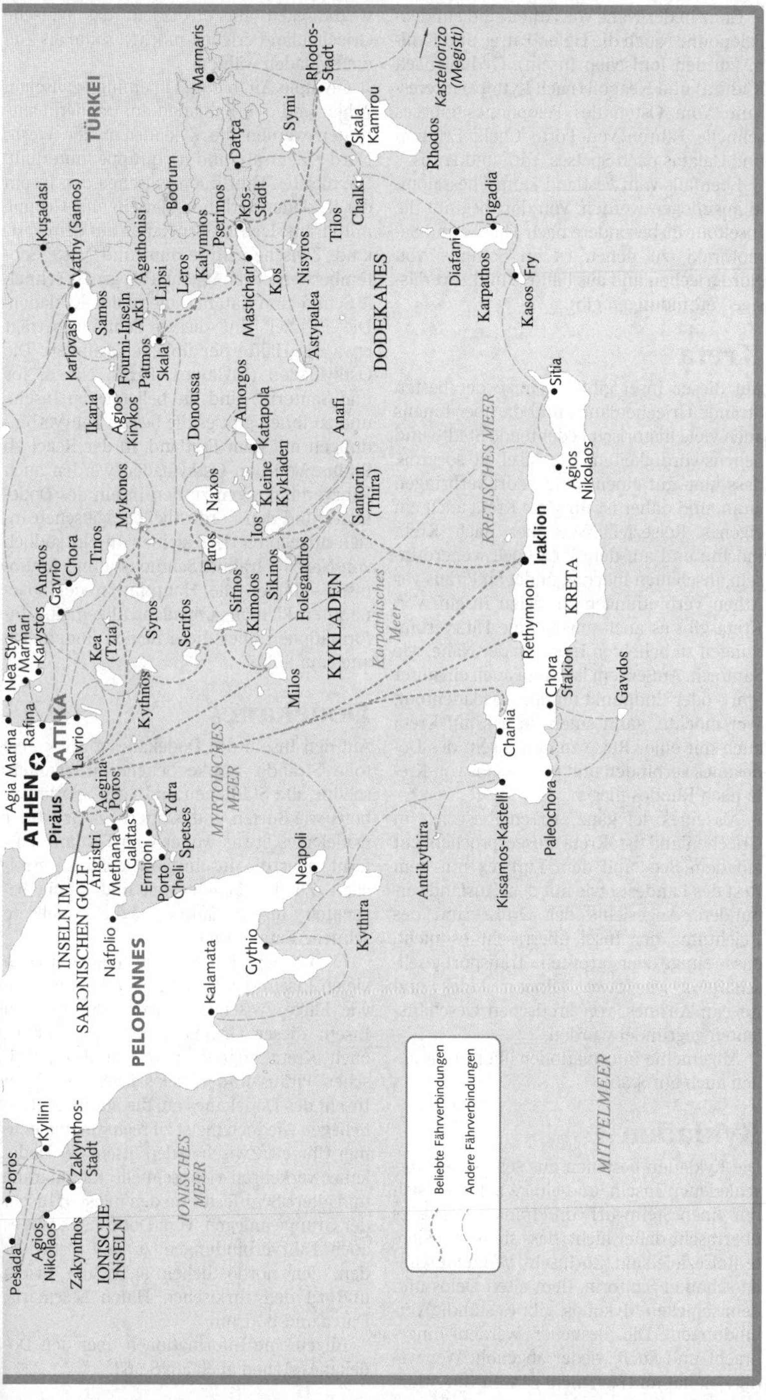
TÜRKEI
Marmaris
Rhodos-Stadt
Kastellorizo (Megisti)
Datça
Symi
Skala Kamirou
Rhodos
Bodrum
Kos-Stadt
Pserimos
Tilos
Chalki
Kuşadasi
Vathy (Samos)
Agathonisi
Kalymnos
Nisyros
Pigadia
Diafani
Karlovasi
Samos
Fourni-Inseln
Arki
Lipsi
Leros
Mastichari
Kos
Astypalea
DODEKANES
Karpathos
Kasos
Fry
Ikaria
Agios Kirykos
Patmos
Skala
Donoussa
Amorgos
Katapola
Anafi
Sitia
Mykonos
Naxos
Ios
Kleine Kykladen
Santorin (Thira)
KRETISCHES MEER
Agios Nikolaos
Andros
Gavrio
Chora
Tinos
Paros
Sifnos
Kimolos
Sikinos
Folegandros
KYKLADEN
Iraklion
Karpathisches Meer
Nea Styra
Marmari
Karystos
Kea (Tzia)
Syros
Serifos
Milos
Rethymnon
KRETA
Agia Marina
Rafina
ATHEN
Piräus
ATTIKA
Lavrio
Kythnos
Chora Sfakion
Gavdos
Chania
MYRTOISCHES MEER
Aegina
Poros
Angistri
Methana
Galatas
Ydra
Ermioni
Spetses
Porto Cheli
Neapoli
Antikythira
Kissamos-Kastelli
Paleochora
INSELN IM SARONISCHEN GOLF
Nafplio
PELOPONNES
Kythira
Gythio
Kalamata
Beliebte Fährverbindungen
Andere Fährverbindungen
MITTELMEER
Kyllini
Poros
Zakynthos-Stadt
IONISCHES MEER
Agios Nikolaos
Pesada
Zakynthos
IONISCHE INSELN

Ganz in der Nähe von Athen sind auf dem Peloponnes auch die Häfen Patras und Kyllini (zu den Ionischen Inseln), Gythio (nach Kythira) und Neapoli (nach Kythira) interessant. Vom Osten des Peloponnes gibt es schnelle Fähren von Porto Cheli, Ermioni und Galatas nach Spetses, Ydra und Poros.

Ebenfalls vom Festland kann Thessaloniki angeflogen werden. Von dort beginnt die Inseltour insbesondere nach Thasos und Samothraki, zu denen es im Sommer von Nordgriechenland aus häufige und zuverlässige Verbindungen gibt.

Kreta

Auf dieser Insel gibt es einige der besten Strände Griechenlands und darüber hinaus auch viele historisch bedeutende Städte und Sehenswürdigkeiten. Die Insel ist so groß, dass man gut einen Monat dort verbringen kann, und daher ist für viele Kreta auch ein eigenes Reiseziel. Wer aber nach Kreta möchte und auf dem Weg noch weitere Inseln anschauen möchte, findet ab Piräus vor Athen Verbindungen zu vielen Inseln. Von Kreta gibt es auch angenehme Fährverbindungen zu beliebten Inseln in der Nähe, wie Santorin. Außerdem ist Kreta auch ein guter Start- oder Endpunkt für eine Kykladentour. Wer möchte, kann einen Besuch auf Kreta auch mit einer Reise zu den Inseln des Dodekanes verbinden und problemlos von Kreta nach Rhodos fliegen.

Als eines der ganz großen Reiseziele in Griechenland ist Kreta ausgesprochen gut auf dem See- und dem Luftweg mit dem Rest des Landes sowie mit dem Ausland verbunden. Angesichts der Größe und des Reichtums der Insel überrascht es nicht, dass einige der größten Transportgesellschaften, wie etwa Minoan Lines und Aegean Airlines, von kretischen Geschäftsleuten gegründet wurden.

Allgemeine Informationen über Kreta stehen auch auf S. 501.

Kykladen

Die Kykladen bestehen aus sehr vielen verschiedenen Inseln, und einige befinden sich nur einen Steinwurf von Piräus entfernt. Es überrascht daher nicht, dass sie sehr beliebte Reiseziele sind. Zu Inseln, wie dem wunderschönen Santorin, dem alten Delos und dem schicken Mykonos, gibt es ständig Verbindungen. Die Besucher werden hingebracht und auch wieder abgeholt. Wer wenig Zeit hat und sich nicht zu weit von Athen wegbewegen aber trotzdem das typische Griechenland erleben möchte, sollte als Ziel die Kykladen wählen.

Olympic Air bietet Linienflüge zwischen Athen und den Kykladen an. Bei den Fährrouten werden die Kykladen in die West-, Nord-, Zentral- und Ostgruppe unterteilt. Die meisten Fährlinien zwischen den Inseln der Kykladen verbinden jeweils eine Gruppe mit Piräus, Lavrio oder Rafina auf dem Festland. Zwischen Mitte Juni und Mitte September verkehren regelmäßig große, schnelle Schiffe und Katamarane zu den Kykladen. Die Fahrzeit auf diesen Schiffen beträgt etwa die Hälfte der üblichen Fahrzeit. Die Ostkykladen (Mykonos, Paros, Naxos, Ios und Santorin) sind die beliebtesten Inseln, und zu ihnen gibt es die besten Fährverbindungen mit dem Festland, in der Regel ab Piräus. Von den Ostkykladen werden auch Fährverbindungen zu den Inseln des Dodekanes und den nordöstlichen ägäischen Inseln angeboten. Die kleinen Inseln südlich von Naxos – Iraklia, Schinoussa und Koufonisia – bilden die Hauptinseln der sogenannten kleinen Kykladen. Allgemeine Informationen über diese Region finden sich auch auf S. 388.

Dodekanes

Auf den Inseln des Dodekanes gibt es viele tolle Strände, antike Sehenswürdigkeiten, schöne alte Städtchen und viele Sportangebote, wie Surfen und Klettern. Zwar ist der Dodekanes etwas weiter vom Festland entfernt, aber die Inseln sind leicht zu erreichen. Zu den beliebtesten und häufig besuchten Inseln fahren täglich mehrere schnelle Katamarane.

Es werden Liniendirektflüge zwischen vielen Inseln des Dodekanes und Athen sowie Flüge zwischen einigen der größeren Inseln dieser Gruppe sowie von Rhodos nach Kreta angeboten. Nachtfähren zwischen Piräus und Rhodos legen an vielen Inseln des Dodekanes an, die auf ihrer Route liegen – jedoch meist zu recht unangenehmer Uhrzeit. Zwischen den Inseln des Dodekanes verkehren viele schnelle Katamarane und ältere Schiffe, die an den meisten Inseln der Gruppe anlegen. Vom Dodekanes gibt es auch Fährverbindungen zu den Ostkykladen, den nordöstlichen ägäischen Inseln und zu den türkischen Häfen Marmaris, Datca und Bodrum.

Allgemeine Informationen über den Dodekanes stehen auch auf S. 563.

Euböa & die Sporaden

Diese Inseln sind zwar sehr beliebt bei den griechischen Touristen, aber ausländische Besucher kamen bislang eher weniger dorthin. Der Film *Mamma Mia* hat dies geändert. Sie sind problemlos von Athen aus zu erreichen und bieten erstaunlich weite Sandstrände – also eine gute Wahl für alle, die wenig Zeit haben, aber das Inselfeeling erleben möchten.

Inlandsflüge und ein paar internationale Flüge landen auf den Flughäfen von Skiathos und Skyros. Vom Busbahnhof Terminal B in Athen (S. 141) fahren Busse nach Chalkida und Paralia Kymis mit Ziel Skyros und nach Agios Konstantinos mit Ziel Sporaden. Vom Busbahnhof Mavromateon in Athen (S. 141) fahren häufig Busse nach Rafina mit Ziel Euböa.

Täglich fahren Fähren von Agios Konstantinos und Volos sowie wöchentlich von Thessaloniki auf die Sporaden, außerdem verbinden regelmäßige Fährrouten Euböa mit dem Festland. Täglich fahren mehrere Tragflügelboote von Agios Konstantinos und Volos zu den nördlichen Sporaden (nur Skiathos, Skopelos und Alonissos). Es gibt auch eine Verbindung zwischen Skopelos, Alonnisos und Skyros (über Paralia Kymis, Euböa). Allgemeine Informationen über diese Region finden sich auch auf S. 723.

Ionische Inseln

Aufgereiht vor der Ostküste Griechenlands bieten die Ionischen Inseln goldene Sandstrände. Sie sind durch ihre Nähe zum Festland schon immer beliebte Reiseziele. Es ist auch möglich, in einer langen Überfahrt von hier nach Kreta zu fahren, aber die meisten Besucher der Ionischen Inseln finden hier ausreichend Ziele für ihren Urlaub.

Auf Korfu, Kefallonia und Zakynthos gibt es Flughäfen, wobei auf Korfu auch internationale Flüge landen. Lefkada besitzt keinen Flughafen, aber der Flughafen von Aktion, in der Nähe von Preveza auf dem Festland, ist nur etwa 20 km entfernt. Alle vier Flughäfen werden häufig von Athen angeflogen. Zwischen den Inseln gibt es Flugverbindungen zwischen Korfu und Preveza, Preveza und Kefallonia sowie zwischen Kefallonia und Zakynthos.

Auf dem Peloponnes gibt es zwei Häfen, von denen Fähren zu den Ionischen Inseln ablegen: Von Patras fahren Fähren nach Korfu, Kefallonia und Ithaki und von Kyllini nach Kefallonia und Zakynthos. Der Hafen von Epirus, Igoumenitsa, hat Verbindungen nach Korfu (Insel) und Paxi; die Sterea Ellada besitzt einen Hafen, Astakos, mit Verbindungen nach Ithaki und Kefallonia (nur in der Hochsaison).

KTEL-Überlandbusse verbinden jede größere Insel mit Athen und Thessaloniki sowie in der Regel auch mit Patras oder Kyllini auf dem Peloponnes. Busse nach Korfu, Lefkada, Kefallonia, Ithaki und Zakynthos fahren vom Busbahnhof Terminal A in Athen ab.

Allgemeine Informationen über diese Region stehen auch auf S. 756.

Nordostägäische Inseln

Wer etwas abseits der ausgetretenen Pfade reisen möchte und ausreichend Zeit zur Verfügung hat, für den bieten die nordostägäischen Inseln erstaunliche und beeindruckende Landschaften und Sehenswürdigkeiten. Diese Inseln sind über mehrere Häfen recht gut mit dem Festland und anderen Inselgruppen verbunden, insbesondere den Kykladen und dem Dodekanes. Untereinander sind viele dieser Inseln jedoch nicht gut miteinander verbunden, und hier müssen Reisende viel Geduld und Flexibilität bei der Planung ihrer Reise mitbringen. Die nördlichsten Inseln, Thassos und Samothraki, sind nur vom nordgriechischen Festland aus erreichbar, wobei Fährverbindungen dem Kampf zwischen den großen Fährgesellschaften zum Opfer fallen. Plötzlich gibt es neue Linien und Gesellschaften, andere fallen weg, und nicht fahrplanmäßige „Geisterschiffe" legen in den frühen Morgenstunden ab. Sinnvoll ist es daher, ein paar zusätzliche Tage einzuplanen, um auf der sicheren Seite zu sein, insbesondere wenn man auf die kleineren und abgelegeneren Inseln reist. Außerhalb der Sommermonate verkehren nur wenige Fähren, und bei schlechten Witterungsverhältnissen gibt es häufig lange Verspätungen.

Nur auf fünf nordostägäischen Inseln gibt es Flughäfen (Samos, Chios, Lesbos, Limnos und Ikaria), von hier gibt es Direktflüge nach Athen und Thessaloniki. Flüge zwischen den Inseln sind zwar möglich, jedoch gehen die meisten Flüge über Athen; nur die kleine Fluggesellschaft Sky Express bietet auch mehrere Direktflüge zwischen den Inseln an.

Von den nordostägäischen Inseln verkehren zahlreiche Schiffe zu den Ferienorten und Ausgrabungsstätten an der türkischen

Küste. Informationen über diese und andere Ausflugsschiffe und spezielle Kurzstreckenlinien finden sich jeweils bei den einzelnen Inseln im Kapitel nordostägäische Inseln, S. 650.

Saronische Inseln

Die Saronischen Inseln mit der eher ruhigen Insel Ydra und den großartigen Landschaften von Poros liegen eng beieinander und sind, auch wenn man sich dort nahezu wie in einer anderen Welt fühlt, nicht weit vom Festlandhafen Piräus entfernt. Aus diesem Grund sind sie das ideale Reiseziel für einen kurzen Insel-Hopping-Urlaub. Wer nur gerade so viel Zeit hat, von Athen aus eine Insel zu besuchen, trifft mit Ydra eine ausgezeichnete Wahl.

Bei den Saronischen Inseln gibt es Liniendienste sowohl zwischen den Inseln als auch nach Piräus. Eine andere Variante, nach Poros, Ydra und Spetses zu gelangen, ist die Reise über Land durch den Peloponnes, um dann mit einer örtlichen Fähre auf die Insel seiner Wahl überzusetzen. Allgemeine Informationen über diese Region sind auch auf S. 264 aufgelistet.

Kreuzfahrten

Angesagte Kreuzfahrtlinien für ...

Sightseeing Monarch Classic Cruises steuert in drei Tagen fünf oder sechs griechische Inselhäfen an.

Kultur Silversea bietet exklusive Touren, die auch Sprach- und Kochkurse, Gastvorträge und ein Unterhaltungsprogramm in den örtlichen Häfen beinhalten.

Freiheit Azamara bietet Kreuzfahrten mit Top-Service, ansonsten werden nur wenige Aktivitäten organisiert.

Luxus Beim Seadream Yacht Club werden die Gäste von einer Crew, die zahlenmäßig fast an die Passagierzahl heranreicht, megamäßig verwöhnt.

Reifere Reisende Saga Holidays bietet speziell Kreuzfahrten für (meist britische) Reisende 50+ an.

Klein & persönlich Variety Cruises reist mit maximal 50 Gästen, hier dient das Meer als Swimmingpool.

Unkonventionell Star Clippers bietet Kreuzfahrten auf den größten Vollschiffen (Großsegler mit vollständig rahgetakelten Masten) der Welt an.

Warum eine Kreuzfahrt?

Die über 1400 Inseln, die sich über das azurblaue Wasser Griechenlands verteilen, lechzen geradezu danach, mit Schiffen angefahren zu werden. Kein Wunder also, dass Kreuzfahrten bei Touristen, die das Land kennenlernen möchten, zunehmend an Beliebtheit gewinnen. Bei einer Kreuzfahrt spart man sich den Stress, selbst die Fahrten von Insel zu Insel, Übernachtung, Essen und Reiserouten organisieren zu müssen und sticht einfach in See, den *meltemi* (Nordwind) im Rücken und immer wieder eine neue Insel am Horizont. Je nachdem, welche Kreuzfahrt gebucht wird, eröffnet sich eventuell auch die Möglichkeit, an Kulturprogrammen und Erlebnissen teilzunehmen, auf die sich sonst kein Zugriff bietet und Ziele aufzusuchen, an die man sich alleine nicht gewagt hätte.

Die richtige Kreuzfahrt auswählen

Kreuzfahrten haben sich verändert und sind mit Sicherheit nicht mehr die Domäne von konservativen älteren Herrschaften oder Spielautomaten. Kreuzfahrten wenden sich heute an eine anspruchsvolle und ständig wachsende Kundschaft und werden auf spezifische Interessen und Nischen abgestimmt.

Mehr Wettbewerb bedeutet zudem bessere Ausstattung, abwechslungsreichere Exkursionen, lohnende Unterhaltung an Bord und eine größere Vielfalt beim Essen. Ob man in den 30ern ist und Kinder im Schlepptau hat, auf der Suche nach etwas Luxus ist oder einfach den Wunsch hat, einen preiswerten Abenteuerurlaub zu erleben: Wer Gefallen an der Idee findet, an Bord eines Kreuzfahrtschiffs zu gehen, hat beste Aussichten, dafür das perfekte Passagierschiff zu finden.

Wissen, was man möchte

Bevor die Entscheidung für die eine oder andere Kreuzfahrt fällt, lohnt es sich, einiges zu bedenken, damit die Erwartungen letztlich auch erfüllt werden.

» Wie wird die Kreuzfahrt beworben? Reist man etwa mit Kindern, sollte eine familienfreundliche Fahrt ausgesucht werden. Wer sich hingegen nach Ruhe sehnt, sollte prüfen, ob hauptsächlich Disko- und Partygänger angesprochen werden.

» Soll die Kreuzfahrt in erster Linie zur Fortbewegung von A nach B dienen und möglichst viel vom Land zeigen, oder ist das Erlebnis Kreuzfahrt an sich erwünscht und so wichtig wie das Ziel? Bei einigen Kreuzfahrten ist man tagelang auf See, während andere pro Tag ein oder zwei Häfen ansteuern.

» Wer möglichst viel oder die überwiegende Zeit an Bord und nicht an Land verbringen möchte, sollte prüfen, ob das Schiff den erwünschten Komfort bietet.

» Wo beginnt und wo endet die Kreuzfahrt? Ist es eine Rundreise? Das ist für Passagiere besonders wichtig, die vor und nach der Kreuzfahrt alleine an- und abreisen möchten.

» Auf wie viel Organisation wird Wert gelegt? Sind feste Essenszeiten, tägliche Aktivitäten an Bord und ständige Touren und Exkursionen erwünscht?

» Welche Sehenswürdigkeiten oder Exkursionen stehen auf der Wunschliste? Gibt es spezielle Häfen, auf deren Besuch Wert gelegt wird?

Schiffsgröße

Entgegen anderen Aussagen: Die Größe ist sehr wohl wichtig – zumindest bei der Wahl eines Kreuzfahrtschiffs. Die Schiffsgröße sagt viel aus über das Reiseerlebnis, Megaschiffe mit ein paar tausend Menschen an Bord wirken eher wie schwimmende Urlaubsorte, während kleine Passagierschiffe weniger als 50 Reisende aufnehmen.

Große oder Megaschiffe

Diese Schiffe sind in der Lage, 1000 Passagiere und mehr aufzunehmen und bieten meist rund um die Uhr ein vielfältiges Angebot an Aktivitäten und Unterhaltung. Zudem kann hier fast jede erdenkliche Laune der Passagiere befriedigt werden. An Bord finden sich Kasinos, Restaurants, Spas, Theater, Kinderclubs, Diskos, Bars, Cafés und Geschäfte. Auf Kreuzfahrten dieser Art ist das Ziel eher Nebensache oder eine Aktivität unter anderen und weniger der Fokus der Reise. Man verbringt mindestens ebenso viel Zeit auf See wie im Hafen. Da sich diese großen Schiffe nicht in einige der kleineren Inselhäfen zwängen können, besuchen sie die größten und beliebtesten Häfen (und selbst dort werden die Passagiere häufig in kleineren Booten an Land gebracht). Die Inseln ziehen bei der Ankunft solcher Schiffe alle Register und öffnen Tür und Tor. Allerdings kann eine Insel plötzlich sehr klein wirken, wenn ein Megaschiff doppelt so viele Passagiere an Land spült, wie dort Einheimische leben.

Mittelgroße Schiffe

Mittelgroße Schiffe, die für 400 bis 1000 Passagiere ausgerichtet sind, konzentrieren sich in der Regel mehr auf ihr Reiseziel als ihre großen Geschwister. Sie bieten mehr Hafenstopps, mehr Exkursionen und weniger Aktivitäten an Bord an. Auch diese Schiffe verfügen über ein Spa, diverse Restaurants und Bars und bieten ebenso meist auch ein Kasino. Diesen Schiffen ist es in der Regel eher möglich, auch kleinere Inselhäfen anzulaufen, und durch die kleinere Anzahl Passagiere, die an Land gehen, ist mit einem authentischeren Inselerlebnis zu rechnen.

Kleine Schiffe

Kleinere Schiffe, die auch lauschige Häfen anlaufen können, bieten ein alternatives Erlebnis. Ihre Reiserouten sind häufig abwechslungsreicher, da sie nicht nur in den beliebten, sondern auch in abgelegenen Häfen einen Stopp einlegen können. In der Regel ist die Atmosphäre entspannter und der Kontakt zwischen Passagieren und der Crew enger. Diese Schiffe haben keine Angebote im großen Stil, sondern konzentrieren sich häufig auf eine spezielle Nische, ob dies nun der Schwerpunkt Luxus oder Aktivurlaub ist. Kein Wunder, dass solche Kreuzfahrten häufig gleich teuer oder sogar kostspieliger sind als auf großen Schiffen. Pool oder Spa

TÜRKISCHES VERGNÜGEN

Von vielen griechischen Inseln aus ist am Horizont die Türkei zu sehen. Gelegentlich wirkt sie zum Greifen nah – und viele Kreuzfahrten bringen ihre Passagiere tatsächlich dorthin. Eine Reihe türkischer Häfen liegt auf den Reiserouten der Kreuzfahrten und verschafft den Reisenden einen flüchtigen Eindruck von der reichen Kultur gleich nebenan. Nachfolgend einige dieser Optionen:

» **Istanbul** Die kosmopolitische Stadt ist voller Sehenswürdigkeiten, dazu gehören das Hippodrom, die Blaue Moschee, der Topkapi-Palast und der Gewürzmarkt. (Weitere Infos gibt es unter shop.lonelyplanet.com, dort kann das Istanbulkapitel des Türkeiführers erworben und als PDF heruntergeladen werden).

» **Kuşadasi** ist einer der bei Kreuzfahrten beliebtesten türkischen Häfen. Es bleibt keine andere Wahl, als mit dem Touristenstrom mitzuschwimmen, das Alte Viertel zu erkunden und in der Nähe die antike Stätte von Ephesus zu besuchen.

» **Dikeli** Der winzige Hafen wird nur von kleinen Kreuzfahrtschiffen angelaufen und hat noch jede Menge Charme und türkische Gastfreundschaft zu bieten. Zudem gibt es hier einen wunderschönen Strand.

» **Marmaris** Dieser Touristen-Hotspot besitzt einen quirligen Hafen und Basar, ein reges Nachtleben und ist der wichtigste Yachthafen der Türkei. Nicht weit davon liegt eine unberührte azurblaue Küste vor einer Bergkulisse mit Kiefernwäldern.

» **Datça** ist mit seinen kleinen Sandstränden und dem hübschen Hafen ein familienfreundliches Reiseziel. Sehenswürdigkeiten sucht man hier vergebens, dafür ist es der ideale Ort, um auszuspannen und türkische Kultur aufzunehmen.

» **Bodrum** Zwar ist dies eine große und überlaufene Touristenstadt, aber sie hat trotzdem viel Charme, stylische Restaurants und eine herrliche moderne Marina. Sehenswert ist das Museum für Unterwasserarchäologie.

sucht man hier vergebens, die Kabinen sind meist eher klein, und die Speisekarte hat nicht unendlich viele Alternativen zu bieten, dafür können die Passagiere jedoch davon ausgehen, Griechenland sehr authentisch zu erleben.

Reiserouten

Internationale Kreuzfahrtgesellschaften besuchen Griechenland meist kombiniert mit den Häfen anderer Länder – in der Regel Italien, Türkei, Kroatien, Ägypten und Israel, wobei Start- und Endpunkt häufig nicht identisch sind. Griechische Kreuzfahrtgesellschaften konzentrieren sich in der Regel ausschließlich auf Häfen in Griechenland und bieten Rundreisen an. Diese Kreuzfahrten sind oft sehr viel stärker auf das jeweilige Reiseziel konzentriert, und es stehen täglich ein oder zwei Zwischenstopps auf dem Programm. Die Crew setzt sich meist aus Griechen zusammen, was für mehr Authentizität sorgt. Küche und Unterhaltungsprogramm sind stärker regional orientiert und werden durch internationale Beigaben ergänzt. Interessante griechische Kreuzfahrtgesellschaften sind:

Golden Star (www.golden-star-cruises.com)

Louis Cruise Line (www.louiscruises.com)

Mediterranean Cruises (www.royal-olympic-cruises.com)

Variety Cruises (www.varietycruises.com)

Windstar Cruises (www.windstarcruises.com)

Weitere Einzelheiten unter Who's who auf dem Wasser (S. 45)

Beliebte Zwischenhäfen

» **Piräus** (S. 145) ist der nächstgelegene Hafen von Athen. Von hier können Kreuzfahrtteilnehmer antike Stätten erkunden, aber auch das moderne Griechenland erleben.

» **Mykonos** (S. 404) Die Stadt ist für ihr Nachtleben und ihren Glamour bekannt. Am besten einmal hier übernachten, um etwas davon mitzubekommen.

» **Delos** (S. 414) Die winzige Insel ist von antiken Ruinen übersät, die bei einem halbtägigen Aufenthalt erkundet werden können.

» **Korfu** (S. 758) Hier gibt es fantastische Architektur zu bestaunen und die Gelegenheit, Aktiv-Exkursionen an fantastische Strände zu erleben.

» **Santorin** (S. 455) Vom Besuch verschiedener Dörfer und Strände, über Wanderungen auf dem Vulkan bis hin zur Sunset-Cocktailbar ist hier alles zu finden.

» **Kreta** Das stimmungsvolle Chania (S. 532) oder Iraklion (S. 506) sind perfekte Ausgangspunkte für Exkursionen nach Knossos.

» **Katakolon** ist der nächstgelegene Hafen, um den Olymp zu besteigen (S. 316).

» **Nafplio** Von hier geht's zur herrlichen Stätte von Mykene (S. 168).

» **Itea** ist der nächstgelegene Hafen der inspirierenden Stätte des antiken Delphi (S. 235).

» **Rhodos** Hier lässt sich die quirlige, von mittelalterlichen Mauern umgebene Altstadt erkunden (S. 568).

» **Patmos** Ein Hafen der Kunst und eine Wallfahrtsstätte, wo der hl. Johannes seine Offenbarung schrieb (S. 638).

Ausflüge

Kreuzfahrten werden häufig durch die angebotenen Ausflüge lohnend und sind dafür ausgelegt, aus den oft nur kurzen Landgängen ein Maximum herauszuholen. Daher am besten eine Kreuzfahrt wählen, die auch wirklich die Sehenswürdigkeiten im Programm hat, auf die man scharf ist, und die Kosten für diese Exkursionen von den reinen Reisekosten abziehen. Interessanter sind die Exkursionen meist dann, wenn die Sehenswürdigkeiten nicht in Hafennähe zu finden sind oder wenn ein Kulturfachmann die Tour führt. Manche Reisende möchten aber vielleicht auch selbstständig unterwegs sein, um die öffentlichen Verkehrsmittel zu erleben und alles im eigenen Tempo abzuklappern. Dort, wo sich alles Sehenswerte in Hafennähe befindet, ist es oft lohnend und entspannter, auf eigene Faust loszuziehen – mit viel mehr Unabhängigkeit. Wer gerne selbstständig auf Erkundung geht, sollte vor der Buchung alles besonders sorgfältig prüfen. Einige der großen Kreuzfahrtschiffe ankern in entfernteren Häfen, und es wird dann schwierig, die Sehenswürdigkeiten oder Hauptstädte der Insel auf eigene Faust zu erreichen.

Exkursionen werden in der Regel vor dem Ablegen gebucht oder sobald man an Bord gegangen ist. Dabei gilt die Regel „wer zuerst kommt, mahlt zuerst". Wer also seine Kreuzfahrt wegen der angebotenen Exkursionen ausgesucht hat, sollte diese so frühzeitig wie möglich buchen. Buchungen können in der Regel nicht storniert werden, daher sollte die Wahl gut geprüft werden, einschließlich der Frage, wie gut man in Form sein muss (z. B. ob anstrengende Gehzeiten oder Fahrradstrecken enthalten sind oder ob viele Treppen erklommen werden müssen). Die Preisspanne für die Touren liegt in der Regel zwischen 35 € und 60 € für einen halben Tag oder 70 € bist 110 € für einen ganzen Tag. Touren, die Aktivitäten wie Mountainbike oder Kajakfahren beinhalten, sind normalerweise teurer, bei einem halben Tag ist mit rund 100 € zu rechnen.

SPA-BUCHUNG

Die meisten Aktivitäten an Bord sind im Preis enthalten und für alle Passagiere zugänglich. Wer sich jedoch im Spa an Bord verwöhnen lassen möchte, bucht die Behandlungen am besten im Voraus. Die beliebtesten Behandlungen und Termine (z. B. an Tagen, die man komplett auf See verbringt oder in der Zeit zwischen den Exkursionen und dem Abendessen) sind rasch ausgebucht. Falls eine Buchung im Voraus nicht möglich ist, sollte man sie gleich am ersten Tag an Bord vornehmen.

Kalkulation

Die Preise einer Kreuzfahrt unterscheiden sich je nach Jahreszeit sehr stark. Eine Buchung für die Nebensaison mag zwar ein gutes Geschäft sein, bedeutet jedoch, dass man wahrscheinlich nur die größten und geschäftigsten Häfen wird anlaufen können, da praktisch alle kleineren Inselhäfen außerhalb der Hauptsaison schließen. Weitere Faktoren, welche die Kosten deutlich in die Höhe treiben oder senken können, sind die Fragen, mit wie vielen Personen man die Kabine zu teilen bereit ist und welchen Kabinentyp man wählt. Kinder zahlen häufig nur die Hafengebühr, wenn sie bei den Eltern einquartiert sind.

Es gibt bei den Kreuzfahrten eine breite Preisspanne, je nachdem, ob man auf einem Luxusliner in See stechen möchte oder eine einfache Alternative vorzieht. Günstige Kreuzfahrten kosten zwischen 60 € und 144 € pro Tag, mittelteure zwischen 145 € und 359 €, der Preis auf einem Luxusliner

WHO'S WHO AUF DEM WASSER

GESELLSCHAFT	KONTAKT	SCHIFFS-GRÖSSE	DAUER DER KREUZFAHRT	REISEZIELE	PREIS-KLASSE
Azamara	www.azamara clubcruises.com	mittel	7–10 Tage	Griechenland, Türkei	€
Celebrity Cruises	www.celebrity.com	megagroß	10–13 Tage	Griechenland, Italien, Türkei, Ägypten, Israel	€
Costa Cruise Lines	www.costakreuz-fahrten.de	groß	7 Tage	Griechenland, Italien, Türkei, Kroatien, Zypern	€
Crystal Cruises	www.crystalcruises.com	groß	7–12 Tage	Griechenland, Italien, Türkei, Kroatien	€€
Cunard Line	www.cunard.de	groß	12 Tage	Griechenland, Italien, Kroatien, Türkei	€€€
Golden Star	www.golden-star-cruises.com	mittel	3–4 Tage	Griechenland, Türkei (Rundreise)	€
Holland America Line	de.hollandamerica.com	groß	12 Tage	Italien, Griechenland, Spanien	€
Louis Cruise Lines	www.louiscruises.com	mittel & groß	3–10 Tage	Griechenland	€€
MSC	www.msc-kreuz fahrten.de	groß	7 Tage	Griechenland, Türkei, Kroatien, Italien	€
Oceania Cruises	www.oceaniacrui ses.com	mittel	12 Tage	Griechenland, Türkei	€€
Princess Cruises	www.princess.com	mittel & groß	7–12 Tage	Griechenland, Kroatien, Italien, Türkei, Monaco	€
Regent Seven Sea Cruises	www.rssc.com	mittel	7–14 Tage	Griechenland, Italien, Türkei, Kroatien, Ägypten, Israel	€€€

fängt bei 360 € an und reicht bis 560 € pro Tag. Die Preise, die im Internet und in Broschüren angegeben werden, sind häufig überhöht, man zahlt tatsächlich weniger. Interessant sind „Two-for-one"-Angebote, Preise, bei denen Flug oder Hotel enthalten sind, sowie Frühbucherangebote.

Die Preise für Kreuzfahrten beinhalten die Mahlzeiten, die Aktivitäten an Bord, Unterhaltung, Hafengebühren und Transporte, manchmal kommen aber noch zusätzliche Treibstoffkosten hinzu. Nicht vergessen darf man bei der Kalkulation außerdem die Kosten für Flug, Trinkgelder, Alkohol, die Unterkunft vor und nach der Kreuzfahrt und Exkursionen.

Buchen

Für alle, die sich im Internet sicher zurechtfinden und wissen, worauf sie bei der Kreuzfahrt Wert legen, kann die Onlinebuchung eine gute und schnelle Option sein. Allerdings bringt sie nicht unbedingt eine Ersparnis, und wer das erste Mal eine Kreuzfahrt unternimmt, ist möglicherweise besser beraten, über ein Reisebüro zu buchen. Sicher lohnt es sich, im Internet nach möglichen Touren und Erfahrungsberichten zu schauen, ein sachkundiger Reisevermittler kann einem jedoch gute Dienste dabei leisten, bei der Fülle an Alternativen das Richtige zu finden. Reisevermittler kennen sich auch mit Extragebühren für Exkursionen und Aufpreisen aus, die man bei einer Onlinebuchung eventuell übersieht.

Häufig werden günstige Tarife für Frühbucher angeboten, in diesem Fall ist die Auswahl an Kabinen, Exkursionen, Mahlzeiten usw. auch noch größer. Auch interessante Last-minute-Angebote sind erhältlich, in diesem Fall ist im Bezug auf Reisedatum und Optionen aber eine gewisse Flexibilität gefragt.

Bei Buchung über ein Reisebüro bekommt man eventuell ein paar Tage in Athen dazu und vielleicht sogar noch zusätzlich einen Billigflug. Versuchen kann man dies bei:

» **Brendan Tours** (www.brendanvacations.com)

» **Fantasy Travel** (www.fantasytravelofgreece.com)

» **Seafarer Cruises** (www.seafarercruises.com)

Wird der Flug über die Kreuzfahrtgesellschaft gebucht, wird man in aller Regel am Flughafen abgeholt und zum Schiff gebracht, und falls der Flug oder das Gepäck Verspätung haben, wird auf Passagier oder Gepäck gewartet oder diese werden zum ersten Hafen gebracht.

Wahl der Kabine

Bei der Wahl der Kabine sind drei Dinge zu berücksichtigen: das verfügbare Budget, wie viel Zeit man in der Kabine zuzubringen gedenkt und welchen Komfort man sich wünscht. Standardkabinen ähneln in ihrem Komfort sehr kleinen Hotelzimmern mit voll eingerichtetem Bad, Doppelbett und einem Plätzchen zum Auspacken. Die billigste Option ist eine „Innenkabine" (d.h. ohne Fenster). Sie eignet sich in der Regel für Billigreisende, die nicht vorhaben, sich längere Zeit in ihrem Zimmer aufzuhalten. Wer unter Platzangst leidet, muss deutlich mehr für

SELBSTSTÄNDIGE KREUZFAHRT

Wer zwischen den griechischen Inseln kreuzen möchte, ohne an Bord eines Kreuzfahrtschiffs zu gehen, hat die Alternative zu segeln: Dies ist eine umwerfende Art, das Meer zu befahren. Es gibt einem die Freiheit, auch entlegene oder unbewohnte Inseln zu besuchen. Falls das Budget den Kauf einer Yacht nicht hergibt, stehen mehrere Optionen offen. Man kann einfach nur ein Boot mieten (eine Yacht ohne Mannschaft), wenn zwei Mitglieder der Crew einen Segelschein besitzen. Die Preise beginnen bei 1200 € pro Woche; siehe unter **Set Sail Holidays** (www.setsail.co.uk). Wer lieber möchte, dass jemand anders das Segeln für ihn übernimmt, findet bei **Trekking Hellas** (☎210 331 0323; www.trekking.gr; Rethymnou 12, Exarhia, Athens) eine voll eingerichtete Yacht mit kompletter Mannschaft und zehn Schlafplätzen für 3400 € pro Tag. **Tasemaro** (www.tasemarosailing.eu) nimmt maximal vier Passagiere auf, sodass man in die Segeltätigkeit nach Wunsch eingebunden (oder eben nicht eingebunden) wird. Hier beginnen die Preise bei 650 € pro Person und Woche.

Die kostenlose Broschüre *Sailing the Greek Seas* von der EOT (Griechische Fremdenverkehrszentrale) enthält jede Menge Informationen über Wetterbedingungen, Wetterberichte, Ein- und Ausreiseformalitäten, Ein- und Ausreisehäfen und Richtlinien für Yachtbesitzer. Die Broschüre ist in jedem EOT-Büro im Ausland oder in Griechenland erhältlich. **Hellenic Yachting Server** (www.yachting.gr) verfügt über allgemeine Informationen zum Segeln rund um die Inseln und viele Links, einschließlich von Informationen zum Chartern einer Yacht.

Die Segelsaison dauert von April bis Oktober, am beliebtesten ist allerdings die Zeit zwischen Juli und September. Leider bläst in dieser Jahreszeit aber auch der *meltemi* (Nordwind) am stärksten. Auf dem Ionischen Meer ist dies kein Problem, denn hier ist der wichtigste Sommerwind der *maistros*, ein leichter bis mäßiger Nordwestwind, der nachmittags auffrischt und sich bei Sonnenuntergang in der Regel legt.

Um etwas über die Geschichte und den Einfluss des Segelns auf den griechischen Inseln zu erfahren, holt man sich ein Exemplar von *From the Deck of Your Own Yacht* (2009) von Mike Jakeways. Der Autor segelt seit 20 Jahren über die Meere Griechenlands.

eine „Außenkabine" zahlen. Dort hat man entweder ein Fenster oder ein Bullauge, je nach Alter des Schiffs. Ab hier steigen Preis und Größe der Kabinen, wobei Mittelklassekabinen etwas mehr Platz bieten und Suiten relativ geräumig sind. Die Preise steigen mit jeder Schiffsetage, genau wie die Schiffsbewegungen. Wer unter Seekrankheit leidet, wählt also besser ein tieferes Deck, denn dort schwankt das Schiff weniger.

Die Kabinenpreise gelten für zwei Personen. Wer alleine reist, bezahlt einen Aufschlag, und wer als Gruppe zu dritt oder viert reist und eine Kabine teilen möchte, kann deutliche Rabatte herausschlagen. Bei den Kojen unterscheidet man zwischen oberen und unteren Kojen, ansonsten gibt es ein Doppelbett oder zwei Einzelbetten, die zu einem Doppelbett zusammengeschoben werden können. Manchmal stehen Familienunterkünfte in Form von Verbindungskabinen zur Verfügung.

In der Regel sind die Kabinen mit einem Minikühlschrank, Safe, Fön und DVD-Player ausgestattet. Man sollte mit dem Reisevermittler aber genau klären, ob das Leben auf See auch ohne diese Annehmlichkeiten zu ertragen wäre. Außerdem ist zu prüfen, wie nah sich die Kabine an der Disko befindet und, falls ein Aufpreis für ein Fenster bezahlt wird, ob die Aussicht durch ein Rettungsboot versperrt ist.

Leben an Bord

Einschiffen: Was erwartet einen?

» eine Check-in-Zeit von zwei oder drei Stunden bevor die Anker gelichtet werden

» Der Reisepass wird für die Einreiseformalitäten einbehalten.

» In der Kabine liegt das Programm für den ersten Tag und ein Deckplan.

» das Angebot, an einer Schiffsführung teilzunehmen

» die für alle Schiffe gesetzlich vorgeschriebene Sicherheitsübung

» die Möglichkeit, ein Bordkonto einzurichten

» die Zuteilung des Platzes im Speisesaal

Mahlzeiten

Feste Essenszeiten und zugeteilte Plätze sind auf den meisten Schiffen noch immer die Regel. Bei der Buchung kann man die bevorzugte Essenszeit und Tischgröße wählen. Größere Schiffe bieten bis zu vier Essenszeiten an, wobei zum frühesten Termin nur wenige Gäste kommen und es ruhiger ist und man beim letzten Termin am wenigsten unter Zeitdruck steht. Auf kleineren und gehobeneren Kreuzfahrtschiffen geht die Tendenz zunehmend dahin, eine freie Platzwahl anzubieten, sodass man essen kann, wo und wann man möchte. Auf Megaschiffen kann man gelegentlich zwischen bis zu zehn Restaurants wählen, während es auf den kleinsten Schiffen eher nur einen Essensbereich gibt und das Abendessen häufig an Deck serviert wird.

Auf zahlreichen Schiffen werden auch weiterhin formelle Dinnerabende veranstaltet, die genauen Angaben zur Kleiderordnung sind in dem täglichen Mitteilungsblatt zu finden, das jeden Morgen in die Kabine gebracht wird. Zum formellen Dinner trägt man klassisch Smoking, Anzug, Cocktailkleid oder Abendkleid. Zu einem formlosen Dinner trägt man Jackett und Krawatte, Kleid oder Rock. Zwanglos bedeutet mehr oder weniger alles, Jeans und Shorts sind in der Regel jedoch verpönt. Auf einigen kleineren Schiffen gilt immer die All-Casual-Regel, während auf anderen alternative Essensoptionen angeboten werden für diejenigen, die an formellen Abenden kein Interesse haben. Das Mittagessen ist deutlich weniger förmlich und wird häufig als Büffet an Deck angeboten.

Trinkgeld

Der Kapitän oder die Offiziere bekommen kein Trinkgeld. Das wäre so ähnlich, als würde man seinem Zahnarzt oder dem Flugpiloten ein Trinkgeld geben. Am letzten Tag der Kreuzfahrt findet man in der Kabine wahrscheinlich Richtlinien für das Trinkgeld. Es ist keine Pflicht, Trinkgeld zu geben, dieses macht jedoch einen großen Teil der Einkünfte des Servicepersonals aus und wird erwartet, solange der Service nicht wirklich schlecht war. Hat man ein Bordkonto eingerichtet, wird das vorgeschlagene Trinkgeld häufig automatisch auf die Rechnung aufgeschlagen, es sei denn, man verlangt etwas anderes. Die Höhe liegt in der Regel bei 8 bis 10 € pro Person und pro Tag. Rechnungen von der Bar enthalten in der Regel bereits 15 Prozent Trinkgeld, das Spa-Personal sollte sein Trinkgeld direkt nach einer Behandlung bekommen.

Von Bord gehen

Wahrscheinlich ergeht die Bitte, am Abend vor der Ankunft das fertige Gepäck draußen vor die Kabine zu stellen. Man findet es am Terminal in der Empfangshalle wieder. Kreuzfahrtgesellschaften verfahren mit dem Gepäck ähnlich wie Fluglinien, man sollte daher nichts Zerbrechliches in die Koffer packen und dafür sorgen, Lebensnotwendiges (wie Medikamente) im Handgebäck zu haben.

Am Abend vor dem Ende der Reise bekommt man die Rechnung für das Bordkonto. Soll diese mit der Kreditkarte bezahlt werden, die für die Einrichtung des Kontos verwendet wurde, muss man gar nichts weiter tun. Andernfalls ist die Rechnung an diesem Abend zu begleichen.

Essen wie die Einheimischen

Reisezeit

Kulinarische Jahreszeiten

Inselrestaurants laufen im Sommer auf Hochtouren. Im Winter ist Athen angesagt, oder *mezedhopolia* (Restaurants, die kleine *mezedhes*-Platten anbieten) in Thessaloniki. Erntezeiten sind Frühling und Sommer, aber viele Weingüter, Bio-Olivenölhersteller, landwirtschaftliche Kooperativen und Käsehersteller empfangen ganzjährig Besucher.

Kulinarische Festivals

Fischerfeste finden von August bis Oktober statt, wie das Heringsfestival *maridha* auf Ithaki und Sardinenfestivals auf Lesbos und anderen Inseln. In Leonidio findet im August das Auberginenfestival, in Ägina Mitte September das Fistikifest statt. Raki- oder *tsikoudia*-Festivals werden nach der Traubensaison Ende November in Voukolies oder andernorts auf Kreta gefeiert – gleichzeitig findet die Olivenernte statt.

Beste Märkte

Ganzjährig geht's auf dem Zentralmarkt in Athen heiß her, ebenso auf dem Modiano-Markt in Thessaloniki und auf dem historischen Markt in Chania auf Kreta (Markttavernen ausprobieren!). Ein Muss: die Wochenmärkte, wo in regelmäßigem Turnus Bauern ihre Erzeugnisse anbieten.

In Griechenland ist auswärts essen und das Essen im Familien- und Freundeskreis ganz besonders wichtig. Für viele Touristen ist deshalb das Ausgehen nach griechischer Manier ein unerwartetes Highlight: Es ist eine Mischung aus guter Stimmung, Lebensart und Gaumenerlebnis. Das Schlemmen zieht sich in die Länge – insgesamt eine lässige und gesellige Angelegenheit, die gelegentlich schon festlich anmutet, denn immer treffen sich ganze Familien, um bis spät in die Nacht zu feiern.

Traditionellerweise teilt man sich die *mezedhes* (Appetithäppchen) oder kleine Vorspeisenteller – das macht innerhalb der Gruppe nicht nur mehr Spaß, sondern ist auch eine tolle Möglichkeit, ein paar neue oder vertraute Leckerbissen zu kosten. Hauptgerichte werden in der Regel für den ganzen Tisch bestellt; deshalb verkaufen die meisten Lokale Fleisch und Fisch pro Kilogramm und nicht pro Portion.

Späte Mittagessen sind oft die Hauptmahlzeit des Tages, und oft begegnet man einer *parea* (Gruppe von Freunden und Bekannten), die den ganzen Nachmittag mit *mezedhes* und Ouzo (oder ihrem Lieblingsgetränk) dahintrödeln, bevor sie sich eine Siesta gönnen.

Dabei ist die Location nicht das Allerwichtigste. Während es an schicken Restaurants mit fantastischen Ausblicken aufs Meer oder auf antike Tempel nicht mangelt, liegen einige der besten und authentischsten Lokale im Herzen der Innenstadt – meist sind es unscheinbare Tavernen oder Lokale ohne Schnickschnack – nur einen Häuserblock hinter der Bilderbuchkulisse.

Ob man nun im Freien an einem wackligen Tisch Platz nimmt, während der Meeresschaum quasi die Füße umspült, guten Wein zu moderner griechischer Küche in einem Athener Trendlokal schlemmt oder geschmortes Ziegenfleisch in einem Bergdorf: in Griechenland geht es nicht nur darum, was man isst, sondern um das sinnliche Erlebnis drumherum.

Mehr Informationen zu griechischer Küche siehe S. 859.

PREISE

Preisangaben beziehen sich auf den Durchschnittspreis eines Hauptganges:

» € gut und günstig < € 15

» €€ Mittelklasse € 15–40

» €€€ Spitzenklasse > € 40

Gaumenerlebnisse

Immer schon ist in Griechenland das Schlemmen von Meeresfrüchten in einer Taverne direkt an der Küste eine unübertroffene Gaumenfreude. Andere kulinarische Genüsse bestehen einfach darin, dass Tomaten in dieser Gegend so schmecken, wie sie eben schmecken sollten.

Wer bis an den Ursprung authentischen Geschmacks vordringen will, folge den Spuren der Einheimischen bis hinauf in die Bergdörfer, um Fleisch vom Bauernhof zu essen oder in die Fischerdörfer am Meer, wo fangfrischer Fisch köstlich zubereitet wird. Lohnenswert sind außerdem die Tavernen, wo das Gemüse, der Wein und das Olivenöl aus der Eigenproduktion stammen oder wo die Kartoffeln frisch geschält und geschnitten werden bzw. der Fisch vom Gastwirt selbst (oder auch seinem Bruder, Cousin etc.) gefangen wird; allerdings gibt es dergleichen heute immer seltener.

Griechen spezialisieren sich gerne auf eine Sache – in Athen findet man beispielsweise Tavernen, in denen nur Schweinekoteletts zubereitet werden (siehe Telis, S. 125), oder auch spezielle *pita*-Läden (siehe Ariston, S. 122). In den *souvlaki*-Kaschemmen brummt das Geschäft (siehe Kostas, S. 122).

Gastfreundschaft ist das A und O der griechischen Esskultur. Zahlreiche Tavernen bieten zusätzlich ein Gläschen Likör und/oder Obst oder ein Dessert zur Abrundung einer Mahlzeit an.

SCHLEMMEN WIE IM HIMMEL

Einige der kulinarischen Highlights gehen einher mit einem spektakulären Ausblick oder einer einzigartigen Atmosphäre.

» **Varoulko** (S. 125) Herausragende Meeresfrüchte, zubereitet von einem der bekanntesten Sterneköche des Landes, mit Blick auf die Akropolis im nächtlichen Flutlicht.

» **Koukoumavlos** (S. 462) und **1800** (S. 473) Beide Restaurants befinden sich auf Santorin. Obendrein kann man von der Steilklippe aus über die Caldera hinweg atemberaubende Sonnenuntergänge beobachten und dabei innovative griechische Küche genießen.

» **Selene** (S. 477) In einem neuen, hoch oben gelegenen Küstendorf Santorins hat sich das Selene dank seiner kreativen Küche auf Basis heimischer Zutaten einen Namen gemacht.

» **Portes** (S. 538) bietet Flair und eine herrliche Kulisse in einer ruhigen, schmalen Gasse unterhalb der Stadtmauern der Altstadt von Chania – das Essen ist natürlich typisch kretisch.

» **Levantis** (S. 421) serviert ausgezeichnete moderne griechische Küche mit Bezug zur Ägäis, in einem reizvollen Innenhofgarten auf Paros.

» **Klimataria** (S. 770) In dem idyllischen Fischerdorf Benitses auf Korfu werden in der unscheinbaren griechischen Taverne herausragende Gerichte serviert; das Essen ist stets frisch und einfach zubereitet.

» **Tassia** (S. 792) ist bekannt für seine exquisite Küche und die ausgezeichneten Desserts; es befindet sich im malerischen Fiskardo auf Kefallonia.

RESTAURANTS IM ÜBERBLICK

Griechische Tavernen gibt es in vielen verschiedenen Varianten – eine **psarotaverna** ist auf Fisch und Meeresfrüchte spezialisiert, eine **psistaria** oder **hasapotaverna** auf Fleisch vom Holzkohlengrill oder vom Drehspieß.

Ein **mayireio** (Kantine) ist auf Eintöpfe, Geschmortes und Aufläufe nach traditioneller Art spezialisiert (bekannt als mayirefta). In Städten haben diese auch tagsüber geöffnet, um Büroangestellte in der Mittagspause zu verköstigen.

Ein **estiatorio** ist ein Restaurant mit ähnlichen Gerichten wie in einer Taverne oder *mayireio* (unten), jedoch teurer; allerdings mit schönerer Kulisse und formellem Service. Heutzutage kann ein *estiatorio* durchaus mithalten mit einem anspruchsvollen Restaurant, das internationale Küche serviert.

Um ein echtes Gemeinschaftserlebnis zu erfahren, bietet das **mezedhopoleio** jede Menge kleinere Platten mit *mezedhes* (Appetithäppchen). Eine ähnliche Atmosphäre herrscht in der **ouzerie.** Serviert werden traditionellerweise zu der Ouzo-Runde kleine *mezedhes*-Teller. Das Pendant auf Kreta heißt *rakadhiko* (dort gibt es statt Ouzo den Raki), während man im Norden die sogenannten *tsipouradhika* findet (dort wird *tsipouro* getrunken, eine Variation des griechischen Feuerwassers).

Bar-Restaurants gehorchen einem eher städtischen Gastronomiekonzept jüngeren Datums; nach 23 Uhr wird's hier unglaublich laut.

Das **kafeneio** (Kaffeehaus) ist eine der ältesten Institutionen; es bietet nichts weiter als griechischen Kaffee, Schnaps und Liköre (allerdings gibt es in Dörfern auf dem Land evtl. auch was zum Essen); es ist nach wie vor weitestgehend eine Männerdomäne.

Günstige Snacks

Souvlaki ist nach wie vor der Favorit der Fastfood-Gastronomie; sowohl als *gyros* als auch als Fleischspieß mit Pitta-Brot, Tomate, Zwiebel und *tzatziki*.

In Bäckereien und Snackläden findet man auch *tyropita* (herzhaften Käsekuchen) und *spanakopita* (Spinatkuchen) sowie andere Variationen.

Straßenhändler verkaufen *koulouria* (frisches Laugenbrot) zusammen mit saisonabhängigen Snacks, wie gerösteten Kastanien oder Mais.

Kochkurse

Bekannte Kochbuchautoren und Köche veranstalten auf verschiedenen Inseln und in Athen meist im Frühling und im Herbst Kochkurse.

» **Glorious Greek Kitchen Cooking School** (www.dianekochilas.com) Die preisgekrönte griechisch-amerikanische Kochbuchautorin und Köchin Diane Kochilas veranstaltet jedes Jahr im Juli und August einwöchige Kurse auf Ikaria sowie Kochkurse und kulinarische Touren in Athen, auf Kreta und auf den Kykladen.

» **Kea Artisanal** (www.keartisanal.com) Aglaia Kremezi und ihre Freunde öffnen auf der Insel Kea ihre Küchen und Gärten für praxisnahe Kochworkshops.

Culinary Sanctuaries (www.cookingincrete.com) auf Kreta, betrieben vom griechisch-amerikanischen Koch und Kochbuchautoren Nikki Rose, hat kombinierte Angebote von Kochkursen, geführten Touren zu Bauernhöfen, Wandertouren und kulturellen Ausflügen rund um die Insel.

Zu Hause kochen

Während es die meisten frischen Zutaten für griechische Rezepte auch zu Hause gibt, sollte dennoch ein bisschen Platz im Koffer für einige Landesdelikatessen sein, vorausgesetzt Zoll und Quarantäneregeln lassen den Export zu. Zu den kulinarischen Souvenirs sollten folgende Dinge gehören: Oliven und natives Olivenöl von Kleinbauern; aromatischer Thymianhonig; getrocknete Kräuter, wie stark duftender Oregano und Bergkräutertee oder Kamillenblüten, sowie getrockneter Haferzwieback. Schwer zu findende Kapernblätter eignen sich bestens zum Abschmecken von Salaten und Obstkonserven oder als „süßes Dessert zum Löffeln" – als Sauce über einen griechischen Joghurt oder Eiscreme gegossen.

Lokale Spezialitäten

Angefangen bei Käse und Olivenöl bis hin zu Rohkost – unterwegs in Griechenland wird man viele regionale Abwandlungen und

ESSEN IM FREIEN

Da in Griechenland die Sommer lang sind und die Winter mild, gehört das Essen im Freien zu den wichtigsten Gaumenfreuden in Griechenland. Die meisten Menschen essen lieber unter freiem Himmel als in klimatisierten Räumen – die Tische stehen draußen auf dem Kopfsteinpflaster, auf Straßen, Plätzen, Stränden und überall, wo ein bisschen Platz dafür ist.

Während des Essens mit schönen Ausblicken und Atmosphäre an lauen Sommernächten ist es nicht ungewöhnlich, dass man sich die Plätze im Freien mit Rauchern teilen muss; das Rauchen ist nämlich in geschlossenen Räumlichkeiten wie Restaurants, Cafés und im öffentlichen Raum verboten, jedoch dürfen die eifrigsten Raucher der EU draußen ohne Weiteres rauchen.

Spezialitäten auf den Teller bekommen. Kreta ist zweifelsohne das, was einer griechischen Gourmetdestination am nächsten kommt – mit den landwirtschaftlichen Erzeugnissen, welche die Insel hervorbringt, hat Kreta mit seiner kulinarischen Tradition einen ganz eigenen Charakter, während andere Inseln und das Festland wieder mit anderen Gaumenfreuden aufwarten.

Dabei sollte man unbedingt überall nach lokalen Gerichten fragen bzw. nach Käse und Erzeugnissen aus nächster Umgebung. Mehr praktische Informationen zur Regionalküche, siehe S. 863.

Essen & Ausgehen wie die Einheimischen

Griechische Lebensart aufzusaugen ist nicht schwierig. In Griechenlands Ausgehszene geht's entspannt und gastfreundlich zu.

Beste Zeit zum Essen

Griechen essen gerne zu später Stunde. Im Sommer denkt keiner daran, vor Sonnenuntergang auszugehen; wenn es dunkel wird, schließen auch die Geschäfte. Die Restaurants werden meist erst nach 22 Uhr richtig voll. Am besten ist es, sich an die örtlichen Gepflogenheiten anzupassen, um die Gaumenfreuden in ihrer ganzen Bandbreite zu erleben. Ein Lokal, das gegen 19 Uhr noch fast leer ist, kann gegen 23 Uhr brechend voll sein.

Während sich durch veränderte Geschäftszeiten auch die traditionellen Essenszeiten verschoben haben, ist in Griechenland das Mittagessen nach wie vor die wichtigste Mahlzeit des Tages, es fängt allerdings nicht vor 14 Uhr an.

Die meisten Tavernen haben den ganzen Tag geöffnet, viele Spitzenrestaurants hingegen öffnen erst abends.

In den Cafés herrscht nachmittags nach der Siesta Hochbetrieb.

Griechenland hat keine große Frühstückstradition – es sei denn, man nennt eine Tasse Kaffee, eine Zigarette und dazu noch möglicherweise ein *koulouri* oder *tyropita* auf die Hand „frühstücken". In Hotels und touristischen Gegenden gibt es allerdings kontinentale Frühstückskultur.

Wo finden sich die besten Restaurants?

Gekonnt einen Bogen um touristische Restaurants zu machen gehört zur besonderen Herausforderung für jeden, der in Griechenland gut essen gehen will; allerdings ist auch ein wenig Geschick erforderlich, In-Lokale mit meist überzogenen Preisen gleich als solche zu erkennen oder Restaurants zu meiden, die zwar bezahlbar, dafür aber auch ziemlich schäbig sind. Zum Glück gibt es jede Menge Optionen zwischen den beiden Extremen.

Der Schlüssel zur richtigen Restaurantwahl liegt darin, ein Lokal zu finden, in dem auch Einheimische essen. Im Allgemeinen sollte man Plätze vermeiden, wo sich Kundenfänger herumtreiben; genauso wenig bringt es was, sich von großen indirekt beleuchteten Speisekarten verleiten zu lassen. Auch wer im Hotel nach einem Restaurant fragt, kann der Empfehlung auf den Leim gehen, denn manchmal haben die Hotels mit bestimmten Restaurants eine besondere Vereinbarung. Restaurants müssen ihre Speisekarten und Preise gut sichtbar am Eingang präsentieren.

Am gängigsten und beliebtesten sowohl bei Touristen als auch bei Einheimischen ist und bleibt die traditionelle Taverne. Die Atmosphäre ist lässig, das Essen preiswert, und oft sind Tavernen familiengeführt und damit auch kinderfreundlich. Da kommt der Ober gleich angerannt, schon ist eine Papiertischdecke ausgebreitet und Brotkorb samt Besteck stehen auf dem Tisch! Dabei sollte man Tavernen mit kleinerer Auswahl den Vorzug geben (dort wird das Essen eher frisch zubereitet); bei größerem Speiseangebot hingegen ist das oft nicht der Fall.

„Moderne" Tavernen im oberen Preissegment haben eine bessere Weinkarte; dort ist auch das Interieur schicker und die griechischen Gerichte werden innovativ verfeinert. Allerdings erweisen sich Lokale, die sich als „kreativ" und „moderner" bezeichnen, oft auch als Reinfall. Besser hält man sich also an etablierte Restaurants. Die größeren Inseln und große Tourismusresorts haben preisgekrönte Restaurants mit griechischer und internationaler Küche, gutem Wein und tadellosem Service.

Etikette & Tischmanieren

» In griechischen Tavernen geht es so erfrischend leger zu, dass man sich dem nicht entziehen kann. In den Feriengegenden werden lässige Klamotten getragen, aber in den Städten und in Spitzenrestaurants werfen sich die Einheimischen in Schale.

» Der Service kann im Verhältnis zu westlichen Standards langsam sein (manches Mal lässt er auch zu wünschen übrig), aber in Griechenland ist es durchaus üblich, dass das Personal nicht besonders flink ist. Man sollte deshalb nicht schüchtern sein und den Ober durch Winkzeichen auf sich aufmerksam machen.

» Tische werden in der Regel so lange nicht abgeräumt, bis man um die Rechnung bittet; in traditionellen Lokalen wird die Rechnung zusammen mit zusätzlichem Obst und Süßigkeiten gebracht und gelegentlich mit einem Glas Likör. Quittungen landen gelegentlich schon zu Beginn des Essens auf dem Tisch für den Fall, dass einmal Steuerinspektoren vorbeischauen.

» Griechen bechern ordentlich zum Essen (Alkohol darf an Jugendliche ab 16 ausgeschenkt werden), Trunkenheit in der Öffentlichkeit kommt jedoch selten vor und wird auch nicht gern gesehen.

» Bei Spitzenrestaurants oder beliebten Touristentreffpunkten sind Reservierungen ratsam, in den meisten Tavernen ist das wiederum nicht nötig.

» Servicezuschläge sind in der Rechnung enthalten, aber die meisten Leute geben ein kleines Trinkgeld, um die Rechnung aufzurunden – 10 bis 15 Prozent sind akzeptabel. Wer die Rechnung mit anderen teilen will, sollte das besser innerhalb der Gruppe austüfteln. Eher streiten Griechen hitzig darüber, wer mit der Zeche an der Reihe ist, als dass sie die Rechnung mühsam aufteilen.

» Griechen sind großzügige und stolze Gastgeber. Einen Kaffee oder ein Getränk also auf keinen Fall ablehnen – das ist eine Geste der Gastfreundschaft und des guten Willens. Bei Einladungen ins Restaurant wird der Gastgeber normalerweise auch für alle bezahlen. Wer zu Hause eingeladen wird, sollte ein kleines Geschenk mitbringen (Blumen oder Süßigkeiten) und dem Gastgeber dadurch Respekt erweisen, dass alles aufgegessen wird, was auf dem Teller liegt – denn nichts anderes wird auch erwartet.

Speisekarten

In touristischen Gegenden haben die meisten Restaurants Speisekarten auf Englisch und anderen Sprachen. Abseits ausgetretener Pfade jedoch könnte es sein, dass es nur Speisekarten in griechischer Schrift gibt; dann erklärt das Personal, was an dem Tag serviert wird. In einigen ist es möglich, auch einen Blick in die Küche zu werfen und in die Kochtöpfe zu schauen, andernorts werden auf großen Tabletts die *mayirefta* (Tagesgerichte) auf den Tisch gestellt.

Brot und gelegentlich auch kleine Dips oder Häppchen werden gleich am Anfang serviert. Auch wenn man es gar nicht wollte, kommt es mit auf die Rechnung.

ZEIT FÜR EINEN OUZO!

Ouzo ist Griechenlands berühmtester Schnaps mit Anisaroma. Das Trinken von Ouzo ist für die meisten Griechen Inbegriff von Geselligkeit und gehört zu einem guten Essen einfach dazu. Am besten schmeckt er ihnen an einem faulen, langen Sommernachmittag am Strand zusammen mit *mezedhes*.
Ouzo wird langsam genippt, um wie in einem Ritual den Geschmack zwischen zwei verschiedenen Vorspeisen zu neutralisieren. Serviert wird Ouzo in kleinen Flaschen oder *karafakia* (Karaffen) mit Wasser und einer Schüssel mit Eiswürfeln, wo sich seine Farbe in milchiges Weiß verwandelt.

Ouzo wird aus Traubenmaische hergestellt, außerdem schmeckt man beim Ouzo auch die Reste von Obst, Getreidekörnern, Kartoffeln und anderen Zutaten heraus, insbesondere aber Anis, was ihm das typische Liköraroma verleiht. Der beste Ouzo wird auf Lesbos (Mytilini) hergestellt.

Ein Drei-Gänge-Menü ist kein unbedingtes Muss; meistens teilen sich die Griechen ein paar verschiedene Vorspeisen und Hauptgerichte (die Vorspeisen können aber auch eine komplette Mahlzeit ersetzen). Eine spezielle Reihenfolge gibt es nicht, und man kann auch noch während des Essens nachbestellen.

Tiefgeforenes, besonders Meeresfrüchte, wird gewöhnlich auf der Speisekarte markiert (mit einem Sternchen oder mit *kat* auf Speisekarten mit griechischer Schrift).

Fische werden normalerweise nach Gewicht und nicht nach Portionen verkauft; in der Regel werden sie im ganzen Stück gegart und nicht in Form von Filets. Außerdem ist es üblich, den Fisch direkt in der Küche auszuwählen (auf festes Fleisch und schimmernde Augen achten). Was zählt ist das Rohgewicht, und das sollte man vorher auch kontrollieren, um sicher zu sein, was auf der Rechnung stehen wird; denn Fisch wird pro Kilogramm verkauft, und frischer Fisch hat einen Aufpreis.

Outdoor-Aktivitäten

Die besten Stellen zum Wandern

Samaria-Schlucht Zwischen Hängen und Wildblumen
Tilos Wanderwege an versteckte Buchten
Nisyros Wanderungen durch üppiges Laub und tief hinab in die Caldera
Samos Zwischen Wäldern und Wasserfällen
Skopelos Durch Olivenhaine und Wiesen

Die besten Orte für Koryphäen

Santorin Tauchen mit Schluchten, Canyons und Höhlen, die man durchschwimmen kann
Naxos Wanderungen zur Zeus-Höhle
Amopi Weltmeisterschaft im Kitesurfen
Peloponnes Radfahren auf Gebirgsstraßen

Die besten Schauplätze für Neulinge

Vasiliki Windsurfen für Anfänger
Amopi Ebenfalls Surfen für Anfänger
Poros Wasserski
Paxi Spaziergänge durch alte Olivenhaine
Kos Radfahren in flachem Gelände

Weitere Infos

www.diving-greece.net Infos zu Tauchzentren, Tauchgelände, Links und Artikel
www.gwa.gr Kitesurfen und Wakeboarden
www.trekking.gr Wandern, Rafting
www.snowreport.gr Infos zur Schneelage

Wassersport

Tauchen & Schnorcheln

Schnorcheln kann man eigentlich überall entlang der griechischen Küsten, und die Ausrüstung ist preiswert zu bekommen. Besonders günstige Stellen, um Flossen anzuziehen, sind Monastiri auf Paros, Paleokastritsa auf Korfu, Amopi im Südteil von Karpathos, die Xirokambosbucht auf Leros und überall vor der Küste von Kastellorizo (Megisti). Zahlreiche Tauchschulen befördern Schnorchelgruppen auf ihren Booten auch an Top-Plätze.

Die griechischen Gesetze verlangen, dass ausschließlich unter der Aufsicht einer Tauchschule getaucht werden darf. So sollen die zahlreichen Altertümer geschützt werden, die in der Tiefe des Mittelländischen und des Ägäischen Meers ruhen. Bis vor Kurzem waren die Tauchplätze streng begrenzt, doch inzwischen wurden zahlreiche weitere eröffnet, und die Tauchschulen machen gute Geschäfte. Es gibt jede Menge Tauschschulen, insbesondere auf den Inseln Korfu, Euböa, Ydra, Leros, Milos, Mykonos, Paros, Rhodos, Santorin und Skiathos; in Agios Nikolaos und Rethymno auf Kreta; in Glyfada in der Nähe von Athen und in Parga auf dem Festland.

Die Tauchausbildungsorganisation **Professional Association of Diving Instructors** (PADI; www.padi.com) stellt eine Menge nützlicher Informationen zur Verfügung, darunter findet sich auch eine Liste aller von der PADI anerkannten Tauchzentren Griechenlands.

Windsurfen

Windsurfen ist in Griechenland ein ganz besonders beliebter Wassersport. Chrysi Akti auf Paros und Vasiliki auf Lefkada wetteifern um den Ruf als bester Strand für Windsurfer. Vasiliki halten einige für einen der besten Plätze der Welt, um diese Sportart zu erlernen.

Zahlreiche weitere hervorragende Locations sind rund um die Inseln zu finden, dazu gehören die Afiartis-Bucht auf Karpathos, Ormos Korthiou auf Andros, der Kalafatis-Strand auf Mykonos, Agios Georgios auf Naxos, der Milopotas-Strand auf Ios, Cape Prasonisi auf dem Südteil von Rhodos, die Umgebung von Tingaki auf Kos, Kokkari auf Samos, die Umgebung von Skala Sotira auf Thasos und der Koukounaries-Strand auf Skiathos.

Nahezu überall finden sich Möglichkeiten, Surfbretter zu leihen. Die Leihgebühr liegt je nach Qualität und Location zwischen 10 und 25 €. Dort, wo man die Ausrüstung leihen kann, werden für Neulinge meist Kurse angeboten. Bretter können aus anderen EU-Staaten ungehindert eingeführt werden. Theoretisch muss man bei der Einfuhr angeben, unter welcher Adresse man während des Aufenthalts zu erreichen ist, damit gewährleistet ist, dass man das Surfbrett auch wieder ausführt. Nähere Infos sind erhältlich beim griechischen Windsurfverband: **Hellenic Windsurfing Association** (☎210 323 3696; Filellinon 4, Syntagma, Athen).

Surfen

Mit konstantem Starkwind und nahezu perfekten Bedingungen ist der Strand Amopi auf Karpathos ein Magnet für die Top-Talente in diesem Sport. Der Strand eignet sich auch ideal, um hier die Kunst des Kitesurfens zu erlernen.

Wasserski

Auf drei Inseln gibt es Wasserskizentren: Kythira, Paros und Skiathos.

Wegen des relativ ruhigen und flachen Wassers bei den meisten Insellocations und dem in der Regel warmen Wasser des Mittelmeers kann Wasserski eine äußerst angenehme Aktivität sein. Der August ist gelegentlich ein etwas komplizierter Monat, denn in dieser Zeit sorgt der *meltemi* (Nord-

IN DIE GESCHICHTE EINTAUCHEN

In den letzten fünf Jahren wurden die griechischen Tauchgesetze gelockert, sodass Taucher sich an sehr viel mehr Unterwasserplätzen tummeln dürfen. Während die meisten Taucher und Tauchverbände dies als positive Tendenz werten, sind Historiker und Archäologen zunehmend alarmiert und fordern eine Rückkehr zu den Gesetzen, die vor 2007 galten und das Tauchen streng auf eine Handvoll Gebiete beschränkten. Ihre Gründe? Die Plünderung der archäologischen Stätten unter Wasser.

Die griechische Unterwasserwelt birgt eine Fülle an historischen Funden. Im Lauf der Jahrhunderte wurde eine große Menge der Statuen an Land zu Waffen und Münzen eingeschmolzen. Eine Folge davon ist, dass viele der größten antiken Statuen, die in griechischen Museen zu sehen sind, erst im letzten Jahrhundert aus den Tiefen des Wassers geborgen wurden. Das Meer ist inzwischen die größte archäologische Stätte des Landes. Etwa 100 bekannte Unterwasserstätten sind geschützt, Historiker behaupten jedoch, dass wahrscheinlich tausend weitere noch auf ihre Entdeckung warten. Der Meeresboden Griechenlands ist die Grabstätte unzähliger Schiffswracks, die dort teilweise seit der Antike ruhen und nicht nur faszinierende Tauchplätze, sondern auch archäologische Fundgruben sind.

Obgleich es ein Gesetz aus dem Jahr 1932 gibt, wonach alle gefundenen Artefakte dem Staat gehören, heißt es, dass Taucher immer wieder mit Skulpturen, Schmuck, Kriegerhelmen und weiteren Objekten auftauchen. Dabei behaupten die Archäologen, dass alleine schon die Wegnahme des banalsten Objekts eine solche Stätte beeinträchtigen oder sogar zerstören kann.

Die Moral von der Geschicht'? Taucher sollen keine modernen Piraten mit Tauchermaske und Flossen werden. Das Motto muss also lauten: Schauen, aber nichts anfassen.

ostwind) in der zentralen Ägäis gerne mal für schwierige Bedingungen. Ein besonders gut organisierter Schauplatz ist Poros, in der Nähe von Athen. Die dortige Organisation, **Passage** (☎22980 42540; www.passage.gr; Neorion Bay), verfügt über eine beliebte Schule und ein Slalomzentrum.

Wildwasser-Rafting

In den letzten Jahren sind Wildwasser-Rafting und andere Abenteuer-Wassersportarten immer beliebter geworden und auch immer mehr griechische Stadtbewohner, insbesondere Athener, machen sich auf, um die wilde Kraft des Wassers zu erleben.

Trekking Hellas (www.trekking.gr) hat ein halbes Dutzend Alternativen im Angebot, dazu gehören die Flüsse Ladonas und Alfios auf dem Peloponnes, der Arachthos in Epirus und der Acheloos in Thessalien. **Alpin Club** (☎210 675 3514/5; www.alpinclub.gr) ist auf die Flüsse Alfios und Evinos in der Nähe von Nafpaktos in der Region Sterea Ellada spezialisiert. **Eco Action** (☎210 331 7866; www.ecoaction.gr; Agion Anargyron, Psyrri) bietet Rafting und Kajakfahren auf dem Ladonas, wo 2004 die Olympischen Spiele ausgetragen wurden, sowie auf drei weiteren Flüssen Griechenlands.

Aktivitäten an Land

Wandern

Der größte Teil Griechenlands ist gebirgig und in vielerlei Hinsicht ein Wanderparadies. Die beliebtesten Routen werden viel begangen und gepflegt, allerdings ist der **EOS** (Griechischer Alpenverein; ☎210 321 2429; Plateia Kapnikareas 2, Athen) mit viel zu geringen Mitteln ausgestattet, sodass viele der weniger bekannten Wanderwege überwuchert und unzureichend markiert sind. EOS-Geschäftsstellen sind zu finden in Epiros (S. 349), auf Kreta (Griechischer Bergsteigerverband, S. 537) und Euböa (Alpenverein Chalkida, S. 727). Infos zu Wanderkarten stehen auf S. 885.

Zwei der besten Orte auf Griechenland, die sich zu Fuß erkunden lassen, sind die Lousios-Schlucht und die Mani, beide auf dem Peloponnes.

Besonders lohnend ist außerdem das Wandern auf den Inseln. Die kleinen bieten eine Vielfalt an Wanderwegen, darunter die *kalderimia*. Dabei handelt es sich um Pflaster- oder Plattenwege, die bereits in Byzantinischer Zeit die Siedlungen miteinander verbanden. Außerdem gibt es Hirtenwege *(monopatia)*, die Siedlungen mit Schafställen verbinden oder holprige und unmarkierte Pfade zwischen entlegenen Siedlungen. Aber Achtung: Schaf- oder Viehpfade sind in vielen Fällen sehr steil und schwer begehbar – also Vorsicht.

Wer sich abseits ausgetretener Pfade wagen möchte, braucht unbedingt eine gute Wanderkarte. Leider sind die meisten Karten, die auf den Inseln verkauft werden, völlig unzureichend. Die besten Wanderkarten für die Inseln werden von **Anavasi** (www.anavasi.gr) produziert, einem in Athen ansässigen Kartenverlag.

Der Frühling (April bis Mai) ist die beste Zeit zum Wandern, die Landschaft ist vom Winterregen grün und frisch und von Wildblumen übersät. Auch der Herbst (September bis Oktober) ist eine günstige Zeit, im Juli und August jedoch, wo die Temperaturen beständig um die 40 °C liegen, macht das Wandern absolut keinen Spaß. Egal in welcher Jahreszeit man sich aufmacht: unverzichtbar sind ein Paar feste Wanderschuhe, um das holprige und steinige Gelände zu bewältigen, ein Sonnenhut mit breiter Krempe, eine Wasserflasche und Sonnenschutz mit hohem Lichtschutzfaktor.

Eine ganze Reihe von Unternehmen bietet organisierte Wandertouren an. Das größte ist **Trekking Hellas** (www.trekking.gr), es bietet vielfältige Wanderungen an, vom vierstündigen Bummel durch das Lousios-Tal bis zu einer einwöchigen Wanderung um den Olymp und Meteora. Auch Kreta und die Kykladen stehen auf dem Programm.

Radfahren

Mit über 4000 km Küstenstraße alleine auf dem Festland und 80 Prozent gebirgigem Terrain, gewinnt Griechenland zunehmend an Beliebtheit als Reiseziel für Radfahrer. Fahrräder können für einen Tag geliehen werden, viele entscheiden sich aber auch für Radfahren als hauptsächliche Fortbewegungsart. In der Regel werden Räder kostenlos in Zügen und auf Fähren transportiert. Immer mehr Reiseveranstalter spezialisieren sich inzwischen auf Fahrradurlaub.

Cycle Greece (www.cyclegreece.gr) organisiert fast überall in Griechenland Fahrrad- und Mountainbike-Touren verschiedener Schwierigkeitsgrade. **Hooked on Cycling** (www.hookedoncycling.co.uk/Greece/greece.html) hat Schiffs- und Fahrradreisen zwischen

TOP-INSELWANDERUNGEN

INSELGRUPPE	ZIEL	SCHWIERIGKEITSGRAD	BESCHREIBUNG
Dodekanes	Tilos	leicht–mittel	Unzählige traditionelle Pfade an dramatischen Felskuppen entlang und zu einsamen Strände hinunter. Ein Paradies für Vogelfreunde
Dodekanes	Nisyros	leicht–mittel	Eine üppige Vulkaninsel, auf der man in die zischenden Krater des Polyvotis wandern kann
Euböa	Steni	mittel–schwierig	Tageswanderungen und ernsthaftere Trekkingmöglichkeiten auf den Dirfys, den höchsten Berg auf Euböa
Ionische Inseln	Paxi	leicht	Pfade, die an alten Olivenhainen entlangführen und sich zwischen Bruchsteinmauern dahinschlängeln. Die perfekte Flucht vor Menschenmassen
Ionische Inseln	Ithaki	leicht–mittel	Fans der Mythologie können hier von einer Stätte zur nächsten wandern, die mit Odysseus, dem Helden des Trojanischen Krieges verknüpft sind.
Kreta	Samaria-Schlucht	leicht–mittel	Eine der beliebtesten Wanderungen in Europa mit 500 m hohen senkrechten Felswänden, unzähligen Wildblumen und vom Aussterben bedrohter Fauna (von Mitte Okt.–Mitte April unpassierbar)
Kreta	Zakros & Kato	leicht–mittel	Der Wanderweg durch das geheimnisvolle Tal der Toten führt zu der entlegenen Ausgrabungsstätte eines minoischen Palastes.
Kykladen	Tragaea, Naxos	leicht–mittel	Eine ausgedehnte zentrale Ebene mit Olivenhainen, unberührten Dörfern und jeder Menge Wanderwege
Kykladen	Filoti, Naxos	mittel–schwierig	Anstrengender Anstieg zur Zeus-Höhle (eine natürliche Höhle, an den Hängen des Bergs Zeus/Zas gelegen)
Nordostägäische Inseln	Samos	leicht–mittel	Erkundung des ruhigen Inneren dieser ägäischen Insel mit ihren Bergdörfern und den bewaldeten Nordhängen des Ampelos
Saronische Inseln	Hydra	leicht	Eine autofreie Insel mit einem gut gepflegten Netz von Wanderwegen an Strände und zu Klöstern
Sporaden	Alonnisos	leicht	Ein Netz bewährter Wanderwege an unberührte Strände

und auf den Inseln und Touren auf dem Festland im Angebot. **Bike Greece** (www.bikegreece.com) ist auf Mountainbiketouren spezialisiert mit verschiedenen einwöchigen Touren für Anfänger und Fortgeschrittene.

Viele Gegenden Griechenlands sind sehr abgelegen. Also nicht vergessen, Flickzeug und ein Erste-Hilfe-Set dabeizuhaben. Die Autofahrer sind als Raser bekannt und fahren nicht immer auf der erwarteten Fahrspur. Besondere Vorsicht ist an Straßenecken und auf schmalen Straßen angesagt. Im Juli und August legen die meisten Radler zwischen 12 und 16 Uhr eine Pause ein, um einen Sonnenstich und Austrocknung zu vermeiden.

Allgemeine Informationen zu den Kosten für den Kauf oder das Leihen von Fahrrädern, siehe S. 898.

Skifahren

Griechenland bietet einige der preiswertesten Skigebiete in Europa. 16 Wintersportorte werden auf dem griechischen Festland im Gebirge, vor allem im Norden, verzeichnet. Die Hauptskigebiete sind der Berg Parnassos, 195 km nordwestlich von Athen und der Vermio, 110 km westlich von Thessaloniki. Pauschalangebote aus dem Ausland gibt es für diese Skigebiete nicht, sie werden hauptsächlich von Griechen besucht. Die Orte verfügen über die Grundausstattung und bilden eine erfreuliche Alternative zu den schicken Wintersportorten in Nordeuropa.

Die Skisaison ist natürlich von den jeweiligen Schneebedingungen abhängig, erstreckt sich aber etwa von Januar bis Ende April. Wer weitere Informationen benötigt, sollte sich am besten bei der griechischen Tourismuszentrale EOT ein Exemplar von *Greece: Mountain Refuges & Ski Centres* besorgen. Informationen erteilt darüber hinaus der griechische Skiverband **Hellenic Skiing Federation** (☎210 323 0182; press@ski.org.gr; Karageorgi Servias 7, Syntagma, Athen).

Reisen mit Kindern

Die besten Regionen für Kinder

Athen

Hier stehen die Top-Ruinen des Landes, in denen Kinder herumtoben können, und es gibt kindgerechte Museen und Sehenswürdigkeiten. Außerdem bietet die Stadt große Parks und Gärten, Essen jeglicher Art und Hotels, die sich speziell auf Familien einstellen.

Kreta

Die Insel hat lange Sandstrände, Knossos beflügelt die kindliche Fantasie – das alles kann von einem Ausgangspunkt aus erkundet werden, spart also das ständige Packen und Weiterreisen.

Dodekanes

Ideal für Familien ist der Dodekanes mit märchenhaften Festungen und Burgen, Stränden, kleinen Inseln und schnellen Katamaranen, die ihn täglich anfahren. Nicht zu vergessen der italienische Einfluss und folglich die Fülle kinderfreundlicher Nudelgerichte.

Nordgriechenland

Hier ist es im Sommer etwas kühler, außerdem sind das osmanische Gebäck und die Strände von Chalkidiki ein Erlebnis. Das lockere Thessaloniki eignet sich bestens als Ausgangsbasis.

Griechenland für Kinder

Sehenswertes & Aktivitäten

Griechenland ist nicht in dem Maß auf Kinder ausgerichtet wie einige andere Länder – es gibt hier nicht an jeder Ecke einen Freizeitpark oder massenweise Kindergerichte. Stattdessen ist festzustellen, dass Kinder einfach willkommen sind und überall einbezogen werden. Da die Familie in der griechischen Gesellschaft einen wichtigen Stellenwert einnimmt, werden Kinder aktiv dazu ermuntert, an den meisten Erlebnissen teilzunehmen. So kann man beobachten, dass Familien auch spätabends noch gemeinsam auswärts essen, und Kinder in Galerien und antiken Stätten ungehindert ihrem Forschungsdrang nachgehen können. In der Regel machen die Griechen viel Aufhebens um Kinder, die immer wieder mit kleinen Geschenken und Leckereien bedacht werden. Bringt man den Kids auch noch ein paar Worte Griechisch bei, werden sie noch mehr gehätschelt.

Während selbst die modernsten griechischen Museen häufig bis unters Dach mit Relikten und Objekten vollgestopft sind, für die Kinder sich nicht wirklich begeistern können, sind die antiken Stätten vielfach faszinierend, denn hier können die Kinder durch die antiken, z. T. palastähnlichen Gebäude spazieren. Auch die Geschichten, die sich hinter den verschiedenen Objekten verbergen, können für Kinder fesselnd sein – antike Statuen, die man aus den Meerestiefen geborgen hat oder Helme, die einmal auf den Köpfen von Gladiatoren saßen. Noch beliebter als die Museen sind in der Regel die zahlreichen antiken Sehenswürdigkeiten, wo Kinder gerne herumklettern und alles erkunden.

Für Kinder ist in Griechenland der Strand am unterhaltsamsten. Im Sommer werden an vielen der größeren und beliebten Strände Bodyboards, Surfbretter, Schnorchelausrüstungen und Windsurfausrüstungen verliehen. Vielfach werden auch Kurse oder Fahrten auf Booten oder Wasserbananen angeboten. An einigen Stränden geht es sehr steil ins tiefe Wasser, oder es gibt starke Strömungen, in der Regel hat jede Insel jedoch auch eine ruhigere Seite oder flache, geschützte Buchten, zu denen einem die Einheimischen den Weg weisen können.

Die meisten Städte haben zumindest einen kleinen Spielplatz, Großstädte sind häufig mit fantastischen modernen Spielparks ausgestattet. Vielfach lässt sich die angeborene Fähigkeit der Kinder beobachten, Sprachbarrieren beim Spielen zu überwinden, sodass die Eltern inzwischen im Café, das dem Spielpark angegliedert ist, Kaffee und Kuchen genießen können. Einige der größeren und beliebteren Reiseziele (wie Rhodos, Kreta und Athen) haben auch Wasserparks zu bieten.

Auswärts essen

Isst man mit Kindern in Griechenland auswärts, zeigt sich sehr schnell, dass das Fehlen spezieller Kindergerichte im Grunde ein Segen ist. In Griechenland wird beim Essen sehr gerne geteilt, daher am besten einige *mezedhes* (kleine Gerichte) bestellen; so können Kinder die einheimische Küche kosten und ihre Lieblingsgerichte finden. Es gibt aber auch eine Menge kinderfreundlicher Optionen, wie Pizza und Pasta, Omelett, Pommes, Brot, herzhafte Kuchen und Joghurtspeisen.

Der gute Service in den meisten Restaurants ist eine feine Sache, für alle, die hungrige Kinder satt bekommen möchten. Tavernen sind ausgesprochen familienfreundlich, die Inhaber sind in der Regel absolut gewillt, dem Kindergeschmack entgegenzukommen. Zutaten wie Nüsse und Milchprodukte sind in vielen Gerichten enthalten. Leiden Kinder an einer ernsthaften Allergie, ist es daher hilfreich, dies von jemandem in korrektem Griechisch aufschreiben zu lassen und dann dem Servicepersonal im Restaurant vorzulegen.

Unterkunft

In zahlreichen Hotels sind die Übernachtungen für Kinder kostenlos, es wird einfach ein zusätzliches Bett ins Zimmer gequetscht. Fast in jedem noch so kleinen Hotel gibt es Kinderreisebetten, es ist jedoch besser, dies im Voraus abzuklären, wenn es für die Familie eine wichtige Voraussetzung ist. In größeren Hotels, Großstädten und Urlaubsorten werden häufig Pauschalangebote für Familien angeboten. Dort ist man in der Regel sehr gut auf Kinder eingestellt und bietet Kinderbetreuung, Nebenzimmer, Planschbecken, Reisebetten und Hochstühlchen an. Auch im kleinsten Hotel sind die Inhaber meist in die Kinder vernarrt und bedenken sie großzügig mit hausgemachtem Gebäck und strahlendem Lächeln.

Sicherheit

Griechenland ist sicher und unkompliziert für Reisen mit Kindern. Griechische Kinder genießen sehr viel Freiheit und dürfen oft bis spätabends draußen spielen. Trotzdem sollte man auf der Reise mit Kindern sehr wachsam sein und dafür sorgen, dass sie immer wissen, wohin und an wen sie sich wenden könnten, um Hilfe zu bekommen. Dies gilt besonders an Stränden oder auf Spielplätzen, wo Kinder leicht die Orientierung verlieren. Vorsichtshalber sollten Kinder auch keine Taschen, Kleidung, Handtücher etc. bei sich tragen, auf denen ihr Name oder andere persönliche Angaben (wie die Nationalflagge) stehen, denn derartige Informationen könnten von potenziellen Übeltätern genutzt werden.

Größere Gefahr laufen Kinder allerdings, sich einen Hitzschlag, durch Wasser übertragenes Ungeziefer oder Krankheiten, Mückenstiche oder Schnittwunden und Schrammen durch das Klettern auf antiken Ruinen und maroden Burgen einzufangen. Auf den meisten Inseln gibt es ein Krankenhaus, die Öffnungszeiten können jedoch sehr unregelmäßig sein, daher ist es auf jeden Fall praktisch, ein Erste-Hilfe-Set mit Standardmedikamenten und Verbandmaterial dabei zu haben.

Highlights für Kinder

Beschäftigung

» **Schiffsfahrten** Ob im Katamaran im Eiltempo übers Meer, schaukelnd in einem Fischerboot oder bei einem Tagesausflug im Segelboot in eine abgelegene Bucht

DAS GEHÖRT INS GEPÄCK

- ☐ Reise-Sitzerhöhung (ein leichtes, aufblasbares Modell, das sich gut verstauen lässt und für Restaurants ideal ist)
- ☐ Leichtes Reisebett für Babys (bei Reisen an entlegene Orte)
- ☐ Kinderautositz (Autoverleihfirmen sind da nicht immer verlässlich, insbesondere auf kleinen Inseln oder bei kleinen örtlichen Geschäftsstellen)
- ☐ Plastikbecher und -besteck für Kleinkinder
- ☐ Medikamente, Inhalationsgerät etc. mit entsprechender Beschreibung
- ☐ Medikamente gegen Reisekrankheit, Mückenschutz
- ☐ Sonnenhut, wasserfester Sonnenschutz, Sonnenbrille und Wasserflasche

» **Nisyros' Vulkan** aus der Nähe brodeln sehen und zischen hören

» **Kajakfahren** Neben Delfinen herpaddeln und Piratenbuchten vor Kefallonia besuchen

» **Am Strand** über Wellen hüpfen, Sandburgen bauen und schnorcheln

» **Radfahren** Mit Pedalkraft über die flachen, fahrradfreundlichen Straßen auf Kos

Erkundung

» **Akropolis** Der frühe Morgen ist die beste Zeit, die Heimat der griechischen Götter ausgiebig zu erkunden.

» **Mittelalterliche Burgen** Die Insel Rhodos ist vollgestopft mit bröckelnden Burgen, auf Klippen hoch über dem Meer, auf denen es sich herrlich klettern und in einer Fantasiewelt leben lässt.

» **Knossos** Die jugendliche Fantasie läuft in diesem Labyrinth auf Hochtouren.

Essen

» **Yemista** Mit Reis gefülltes Gemüse (in der Regel Tomaten)

» **Pastitsio** Buttermakkaroni mit gehacktem Lammfleisch

» **Tzatziki** Soße oder Dip aus Gurke, Joghurt und Knoblauch

» **Loukoumadhes** Krapfenbällchen, serviert mit Honig und Zimt

» **Galaktoboureko** Mit Vanillecreme gefülltes Gebäck

» **Politiko pagoto** Eiscreme à la Konstantinopel (leicht zäh), die mit Mastix hergestellt wird

Angesagte Kultur

» **Karnevalssaison** Ein raffiniertes Kostüm, Paraden und traditionelle Tänze halten selbst noch die größten Kinder bei Laune.

» **Fußball** Tickets für ein Match organisieren und etwas Nationalgefühl einfangen

» **Hellenic Children´s Museum** sorgt in Athen für beste Unterhaltung. Die Kinder können griechische Koch- und Handwerkskurse besuchen.

Planung

Die Zwischensaison (April/Mai und September/Oktober) eignet sich wegen der milderen Temperaturen und geringeren Touristenmassen besonders gut für Reisen mit Kindern. Mit entsprechenden Büchern oder DVDs können Kinder im Voraus ausgezeichnet auf die Ferien vorbereitet und ihr Interesse an dem Reiseziel geweckt werden. Viele kleinere Kinder begeistern sich für Geschichten über griechische Götter und für griechische Mythen, etwas ältere Kinder stellen sich auf die Griechenlandferien wahrscheinlich lieber mit Filmen ein, wie *Mamma Mia* oder *Lara Croft Tomb Raider*. Es gibt auch Kinderbücher über das Leben in Griechenland, in denen ein paar einfache Sätze auf Griechisch stehen, an denen sich Kinder versuchen können.

Für Kinder, die noch nicht lange genug selbst laufen können, sollte am besten eine Rückentrage mitgenommen werden, denn einen Buggy (oder Kinderwagen) zu schieben wird in Städten und Dörfern mit glattem Kopfsteinpflaster und hohen Bordsteinkanten zu einem echten Kampf. Bei stabilen, geländegängigen Kinderwagen sollte diese Aufgabe mit etwas zusätzlichem Schub jedoch auch zu bewältigen sein.

Kinder unter vier Jahren reisen auf Fähren, in Bussen und Zügen kostenlos. Den halben Fahrpreis zahlen Kinder bis zehn Jahre (Fähre) bzw. bis zwölf Jahre (Bus und Bahn). Bei älteren Kindern wird der volle Preis fällig. Inlandsflüge kosten 10 Prozent des Erwachsenenpreises für ein Kind unter zwei Jahren, das man auf den Schoß nimmt. Kinder von zwei bis zwölf Jahren zahlen den halben Preis. Wer ein Auto mieten möchte, sollte seinen eigenen Kindersitz mitbringen, denn viele kleinere Autovermieter haben keine Kindersitze.

Frischmilch gibt es in allen größeren Städten und Touristengegenden, auf kleineren Inseln kann es damit hingegen schwierig werden. Am besten versucht man sein Glück in Supermärkten. Säuglingsnahrung ist praktisch überall zu bekommen, ebenso auch Kondens- oder H-Milch. Auch Höschenwindeln bekommt man in der Regel überall, besser ist es jedoch, auf entlegenere Inseln einen kleinen Vorrat solcher Dinge mitzunehmen, falls es dort einmal einen Engpass gibt.

Matt Barrett hat über viele Jahre hinweg sein Wissen über Griechenland im Internet kundgetan. Seine Website **Travel Guide to Greece** (www.greektravel.com) enthält eine Menge nützlicher und informativer Tipps für Eltern, während seine Tochter Amarandi einige Tipps für Kinder zusammengetragen hat, zu finden auf **Greece 4 Kids** (www.greece4kids.com).

Griechenland im Überblick

Athen & Umgebung

Antike Ruinen ✓✓✓
Nachtleben ✓✓✓
Museen ✓✓✓

Antike Ruinen

Ein Bummel durch die Ruinen auf dem Hügel der Akropolis ist ein Erlebnis, das sich natürlich niemand entgehen lassen sollte, während jeder Theaterliebhaber beim Besuch einer traditionellen griechischen Theateraufführung im Odeon des Herodes Atticus Gänsehaut bekommt. Das ist aber noch längst nicht alles – die Hauptstadt und die umliegende Region sind übersät mit weiteren Ruinen, die auf ihre Erkundung warten, angefangen bei der antiken Agora im Stadtzentrum bis hin zum Poseidontempel auf Kap Sounion.

Nachtleben

Man muss keine Nachteule sein, um Athen nach Einbruch der Dunkelheit zu genießen, aber es erleichtert die Sache. Diese Stadt verweigert sich dem Schlaf mit glanzvollen Strandclubs, wo Tausende zur Musik internationaler DJs tanzen, intimen *rembetika*-Clubs, wo griechischer Blues, aber auch Ouzo aufgesaugt werden kann – mit allen denkbaren Zwischenschattierungen.

Museen

Hereinspaziert in das früher private Wohnhaus der Familie Benaki, das angefüllt ist mit Funden aus der Bronzezeit, Arbeiten von El Greco und regionalen Trachten. Lohnend ist auch ein Bummel durch die überwältigende Sammlung im Byzantinischen Museum. Zahllose Altertümer sind im Archäologischen Museum zu bewundern, während das ultramoderne Akropolis-Museum verloren geglaubte Schätze dieser Stätte zeigt. Athen ist von großer Bedeutung für die weltweite Museumsszene. Dort findet jeder ein Museum, auf das er abfährt.

S.70

Peloponnes

Antike Ruinen ✓✓✓
Architektur ✓✓✓
Aktivitäten ✓✓✓

Antike Ruinen

Auf dem Peloponnes wird die Vergangenheit lebendig, etwa im Heiligtum des antiken Olympia – dem Geburtsort der Olympischen Spiele –, bei den Zitadellen von Mykene und Tiryns oder einer Theateraufführung in Epidauros.

Architektur

Diese Region ist mit architektonischen Schmuckstücken übersät, von byzantinischen Städten bis hin zu venezianischen Festungen. Über einen Damm erreicht man Monemvasia, eine zauberhafte Festung vor der Küste. Zu den Sehenswürdigkeiten gehören auch die traditionellen Turmhäuser aus dem 17. Jahrhundert.

Aktivitäten

Die Mani, der südliche Bereich der Halbinsel, ist eine beliebte Wandergegend mit Bergen, von denen man eine umwerfende Aussicht auf die Küste genießt. Nordwestlich davon trifft man bei einer Wanderung durch die Lousios-Schlucht auf reizende Klosterdörfer.

S.156

Zentral-griechenland

Antike Stätten ✓✓✓
Aktivitäten ✓✓✓
Strände ✓✓

Antike Stätten
Die Region ist die Heimat von zwei der stimmungsvollsten architektonischen Stätten Griechenlands: Das Heiligtum von Delphi liegt an den Hängen des Parnassgebirges mit Aussicht auf Olivenhaine und das Meer. Die benachbarten Klöster von Meteora, die im 14. Jh. von Mönchen erbaut wurden, sitzen auf Felsspitzen.

Aktivitäten
Wandern auf der Halbinsel Pilion, auf Kopfsteinplasterpfaden vorbei an Dörfern und durch Wälder, Rafting über Stromschnellen oder mit dem Kajak auf dem Fluss Acheloos, in die Fußstapfen von Herkules treten und in die Tiefen des Nationalparks Iti vordringen.

Strände
Zentralgriechenland hält seine schönen Strände gerne geheim. Einfache Urlaubsorte säumen den Golf von Korinth und die Halbinsel Pilion, wo versteckte Sandbuchten und lange Sandstrände den Furchtlosen erwarten.

S.231

Nord-griechenland

Essen & Wein ✓✓
Aktivitäten ✓✓✓
Strände ✓✓✓

Essen & Wein
Hier wird die Kultur der *mezedhes* gepflegt, dabei haben Flüchtlinge aus Kleinasien spezielle Gewürze mitgebracht. Es gibt aber auch Muschelpilaw, Flusskrebse, Käse sowie Wein aus makedonischen Weinbergen. In den Cafés und Konditoreien in Thessaloniki unbedingt die osmanischen Süßigkeiten kosten.

Aktivitäten
Zeus' Geschichte treibt Wanderer in die Wolken des Olymp, des höchsten Bergs Griechenlands. In der Zagorochoria lässt es sich zwischen 46 erhaltenen sagenumwobenen Weilern im Pindosgebirge wandern.

Strände
Mit Sandstränden, Gelegenheiten zu Inselausflügen und Städten mit italienischem Einfluss ist Parga ein typischer Urlaubsort der Region – beliebt, aber entspannt, familienfreundlich, aber auch mit bestem Nachtleben. Lieber Ruhe? Dann bieten sich die Sandbuchten von Chalkidiki an.

S.280

Saronische Inseln

Aktivitäten ✓✓✓
Architektur ✓✓
Museen ✓✓

Aktivitäten
Tauchen ist in diesen Gewässern einfach märchenhaft. Delfinsafaris, gesunkene Piratenschiffe und Unterwasserhöhlen sind nur der Anfang. Wer sich eher vom Festland locken lässt, kann die Wälder von Poros, Ydra und Spetses erkunden oder auf Berge klettern.

Architektur
Ydra hat es verstanden, gut für sich zu sorgen: Die traditionellen Gebäude ziehen sich in Stufen bis zum hübschen Hafen hinunter, und abgeklärte alte Klöster zieren die benachbarten Berge. Nebenan auf Spetses sind traditioneller Bootsbau und eindrucksvolle, alte Herrenhäuser zu sehen.

Museen
Auf Ydra gibt es ein restauriertes Herrenhaus, Marinesammlungen und ein Museum mit goldverkrusteten Kirchenutensilien zu besichtigen. Auf Spetses gibt's ein traditionelles Seemannshaus, in Baltiza steht ein Museum für Wasserfahrzeuge vom Kaik bis zur Yacht.

S.364

Kykladen

Antike Ruinen ✓✓✓
Küche ✓✓
Nachtleben ✓✓✓

Antike Ruinen

Die heiligen Relikte von Delos, die zu den wichtigsten archäologischen Stätten des Landes zählen, werden auf ihrer eigenen Privatinsel präsentiert. Ähnlich stimmungsvoll ist Thira auf Santorin mit Mosaiken, Tempeln und phänomenalen Ausblicken.

Küche

Räucheraal und Speck, luftgetrockneter Schinken, Weichkäse und Wildpilze stehen auf den Speisekarten auf Mykonos und Paros. Die Küche strotzt von kulinarischen Highlights und modernen Varianten traditioneller Gerichte, sodass man immerzu von der nächsten Mahlzeit träumt.

Nachtleben

Das Nachtleben auf Mykonos ist legendär, ein glamouröser Schauplatz. Ios ist weniger protzig, aber klasse, mit vielen Clubs und Strandpartys. Auf Santorin befinden sich oberhalb der Caldera Cocktailbars mit unvergleichlichem Blick auf die Sonnenuntergänge.

S.388

Kreta

Antike Ruinen ✓✓✓
Aktivitäten ✓✓
Strände ✓✓✓

Antike Ruinen

Die Insel wird von den Ruinen der minoischen Zivilisation geschmückt, dazu gehören der spektakulär restaurierte Palast in Knossos und das Labyrinth, das man aus der griechischen Mythologie kennt. Die entlegeneren Stätten wirken noch immer sehr geheimnisvoll.

Aktivitäten

Die Samaria-Schlucht ist die längste Schlucht Europas und gehört zu den Anziehungspunkten auf Kreta. Die Insel hat zum Wandern und Felsklettern aber auch noch andere Schluchten zu bieten, die ruhiger, aber ebenso eindrucksvoll sind. Das Landesinnere ist gebirgig und wartet mit Eremiten-Höhlen und verwunschenen Wäldern auf.

Strände

Kretas Strände sind von Palmen gesäumte Streifen mit Pulversand. An einigen drängen sich die Sonnenanbeter, andere sind abgeschiedene Oasen, aber überall macht es Spaß, die Zehen in den Sand zu stecken.

S.501

Dodekanes

Architektur ✓✓✓
Aktivitäten ✓✓✓
Küche ✓✓✓

Architektur

Märchenschlösser auf Berggipfeln, mit Fresken ausgestattete byzantinische Kirchen und die mittelalterliche, von einer Stadtmauer umgebene Altstadt von Rhodos. Zudem bietet die Inselgruppe abgeschiedene Gebirgsdörfer, in denen Piraten hausten, Ruinen antiker Tempel und italienisch beeinflusste Hafenstädte.

Aktivitäten

Der Dodekanes eignet sich bestens für Felsklettern, Kitesurfen, Strandgutsammeln, Tauchen und Wandern. Auf uralten Pfaden sieht man bedrohte Vogelarten, kann in die Caldera eines Vulkans wandern und auch wunderbar surfen.

Küche

Wer die griechische Küche mit italienischen Einflüssen mischt, erhält leckere Gerichte, wie Pizza, Pasta, Eintopf und gefülltes Gemüse, Käsesorten, Honig und Wildkräuter, Meeresfrüchte und Grillfleisch. Einige Restaurants beziehen ihre Zutaten von Bio-Bauern.

S.563

Nordostägäische Inseln

Aktivitäten ✓✓
Küche ✓✓
Strände ✓✓✓

Aktivitäten
Das klare Wasser, das diese Inseln umspült, ist perfekt zum Tauchen. Verlockend ist es auch, zu Wasserfällen in baumreicher Landschaft zu wandern, durch Flüsse zu waten und zu Fuß oder mit dem Fahrrad uralte Wälder zu erkunden.

Küche
Frische Meeresfrüchte gehören hier täglich auf den Speiseplan. Venusmuscheln, Seeigel, Flusskrebs, gegrillter Kabeljau und Hummer werden mit viel Ouzo und dem süßen lokalen Wein von Samos hinuntergespült. Überall gibt es örtliche hausgemachte Mahlzeiten, darunter Grillgerichte, Käse, Torten und Desserts.

Strände
Ob an der entlegenen Küste von Ikaria mit weißen Kieseln, den versteckten Buchten der Fourni-Inseln, den makellosen Sandstränden auf Chios oder Seebädern auf Samos – nie ist man weit von einem Strand an der aquamarinblauen Ägäis entfernt.

S.650

Euböa & die Sporaden

Aktivitäten ✓✓
Küche ✓✓
Nachtleben ✓✓

Aktivitäten
Eintauchen in die Thermalwasser einiger Strände oder Spas, Delfine beobachten beim Schaukeln auf dem Wasser eines Meeresparks und durch Olivenhaine und über Wiesen wandern. Die Region ist auch bekannt für ausgezeichnete Bedingungen zum Scuba-Tauchen.

Küche
Unbedingt den örtlichen Honig probieren, vor allem die Sorten *elatos* (Tanne) und *pefko* (Pinie). Es gibt auch absolut frischen Fisch – man wählt ihn direkt aus dem Netz und verspeist ihn am Kai. Vor Ort gezogenes Gemüse und erzeugtes Olivenöl sind Bestandteil der Hausmannskost, die schmeckt wie bei Muttern.

Nachtleben
Nachtleben muss nicht gleichbedeutend sein mit Clubbesuchen. Hier geht's eher darum, in einer einfachen Weinkneipe einem der besten bouzouki-Spieler des Landes zu lauschen und die Sonne am Horizont untergehen zu sehen.

S.723

Ionische Inseln

Architektur ✓
Aktivitäten ✓
Küche ✓

Architektur
Korfu-Stadt ist eine Sinfonie aus venezianischen Herrenhäusern, britischer neoklassizistischer Architektur und offenen Arkaden, was sie zu einer der schönsten griechischen Städte macht. Hier gibt es auch eine Festung aus dem 6. Jahrhundert sowie zahlreiche historische Herrenhäuser, während die Nachbarinseln die traditionellen, weiß gekalkten Dörfer und uralten Windmühlen vorweisen können.

Aktivitäten
Mit dem Kajak entlegene Buchten erreichen, über die blaue Ägäis segeln, durch Olivenhaine spazieren und im Gebirge wandern. Herrliche Küstenstreifen und das ruhige Inselinnere locken abenteuerlustige Reisende.

Küche
Zart geschmortes Fleisch, viel Knoblauch, frisches Brot, Risotto mit Meeresfrüchten und handgemachte Nudeln zeigen den italienischen Einfluss in der Küche, die hier keine türkische Prägung aufweist.

S.756

❯ Sämtliche Einträge sind Anregungen unserer Autoren. Ihre Lieblingsplätze sind dabei zuerst aufgelistet.

❯ Empfehlungen von Lonely Planet:

LP TIPP Das empfiehlt unser Autor

Nachhaltig und umweltverträglich

GRATIS Hier bezahlt man nichts

Im Register werden alle Reiseziele aufgelistet, die in diesem Buch vorgestellt werden.

Reiseziele

Athen & Umgebung

Inhalt »

Gut essen

» Café Avyssinia (S. 124)
» Spondi (S. 127)
» Hytra (S. 124)
» Tzitzikas & Mermingas (S. 122)

Schön übernachten

» Magna Grecia (S. 114)
» Athens Gate (S. 118)
» NEW (S. 112)
» Hotel Grand Bretagne (S. 113)

Auf nach Athen!

Antike und Moderne, Schmutz und Pracht – Athen (Αθήνα) ist ein aufregender Mix aus Geschichte und Innovation, belebten Cafés und Restaurants, Kultstätten und Topmuseen – es macht einfach Spaß. Das verkehrsfreie historische Zentrum ist praktisch ein Freiluftmuseum, doch auch das kulturelle und gesellschaftliche Leben findet rund um die antiken Denkmäler statt, gleich einer Brücke zwischen Vergangenheit und Gegenwart. Die Akropolis – Zeugin der wechselvollen Stadtgeschichte – erhebt sich majestätisch über der Metropole.

Nach den Olympischen Spielen im Jahr 2004 ist Athen reicher, moderner und weltoffener geworden: stilvolle neue Restaurants, hippe Geschäfte und Hotels sowie Stadtviertel mit Kunst neben Industrie und neue Vergnügungs- und Ausgehviertel sind entstanden.

Die Region Attika birgt spektakuläre Bauten der Antike, wie den Poseidontempel, aber auch Strände, insbesondere nahe dem geschichtsträchtigen Städtchen Marathon.

Eine Entdeckungsreise durch Athen und Umgebung lohnt sich – das Angebot an Attraktionen ist geradezu überwältigend!

Reisezeit

Athen

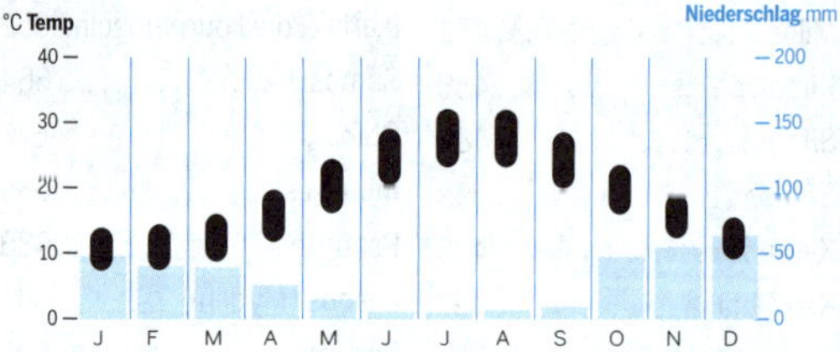

Juni In der antiken Stadt versinken und danach auf zum Inselhüpfen inklusive Sonne tanken!

Ende Mai–Okt. Das Hellenische Festival lockt mit einem vielfältigen Theater- und Musikprogramm!

Sept. Das Wetter kühlt ab, während sich die Stadt aufheizt: Viele Athener kehren aus den Ferien zurück.

ATHEN ΑΘΗΝΑ

3,8 MIO. EW.

Geschichte

FRÜHGESCHICHTE

Die Frühgeschichte Athens ist so tief mit der Mythologie verwoben, dass es unmöglich ist, Fakten und Fiktion zu entwirren. Nachgewiesen ist jedoch, dass zwei ergiebige Wasserquellen auf dem Akropolis-Hügel schon in der Jungsteinzeit die ersten Siedler anzogen. Nach einer friedlichen Phase der bäuerlichen Bewirtschaftung folgte die Gründung von kampfbereiten Stadtstaaten. Die Akropolis war ideal, da sie sich optimal verteidigen ließ.

Um 1400 v.Chr. hatte sich die Akropolis zu einer mächtigen mykenischen Stadt entwickelt. Zwar überstand sie den Angriff der Dorer im Jahr 1200 v.Chr., jedoch entkam sie nicht dem finsteren Zeitalter, das Griechenland in den nächsten vier Jahrhunderten überschatten sollte. Nachdem dieses dunkle Kapitel der Geschichte im 8. Jahrhundert v.Chr. abgeschlossen war, folgte eine Zeit des Friedens, in der sich Athen vor allem mit Keramik zum Zentrum des Kunsthandwerks entwickelte.

Bis ins 6. Jahrhundert v.Chr. stand Athen unter der Herrschaft von Aristokraten und Generälen. Arbeiter und Bauern hatten bis zur Ernennung von Solon, dem Vater der athenischen Demokratie, keine Rechte. Solon wurde im Jahr 594 v.Chr. zum *archon* (Oberster Stadtverwalter) ernannt und trat für eine Verbesserung der Lebensumstände der Armen ein, die er durch Reformen, wie die Aufhebung von Schulden und die Einführung eines Schiedsgerichts, durchsetzte. Trotzdem riss die Welle der Unruhen nicht ab. Schließlich lieferte das dem Despoten Peisistratos, der zuvor an der Spitze des Militärs stand, einen Vorwand, 560 v.Chr. die Macht an sich zu reißen.

Peisistratos rüstete die Marine auf und erweiterte Athens Einfluss über seine Grenzen hinaus. Als Gönner und Mäzen der Schönen Künste ließ er das Fest der Großen Dionysien veranstalten, ein Vorläufer des attischen Schauspiels. Er beauftragte Architekten mit dem Bau einer Vielzahl von spektakulären Bauten – die meisten wurden jedoch später von den Persern zerstört.

Im Jahr 528 v.Chr. trat Peisistratos' Sohn Hippias die Nachfolge an und setzte damit die Tyrannenherrschaft fort. Athen gelang es jedoch, sich im Jahr 510 v.Chr. mithilfe der Spartaner von seinem Unterdrücker zu befreien.

DAS GOLDENE ZEITALTER ATHENS

Nachdem Athen schließlich das Persische Reich in den Schlachten von Salamis (480 v.Chr.) und Plataä besiegt hatte (wieder mithilfe Spartas), kannte der Machthunger des Stadtstaates kaum noch Grenzen.

Im Jahr 477 v.Chr. schloss Athen einen Pakt mit der heiligen Insel Delos und verlangte von den umliegenden Inseln Tribute als Beitrag zum Schutz gegen die Perser. Der Geldschatz wurde im Jahr 461 v.Chr. nach Athen gebracht und von Perikles (Herrscher von 461–429 v.Chr.) dazu genutzt, die Stadt umzubauen. Diese Epoche ging später als Goldenes Zeitalter in die Geschichtsbücher ein – sie war der Höhepunkt der Antike.

Die meisten heute noch sichtbaren Bauwerke auf der Akropolis gehen auf diese fruchtbare Zeit zurück. Schauspiel und Literatur erreichten mit den Tragödien von

WETTSTREIT UM ATHEN

Athens Stadtgeschichte rankt sich um den Mythos von Athene, die Namensgeberin und Schutzgöttin der Stadt. Der Sage nach wurde Athene diese Ehre im Wettstreit mit Poseidon zuteil. Nachdem der Phönizierkönig Kekrops eine Stadt auf einem riesigen Felsen am Meer gegründet hatte, verlangten die Götter des Olymp, er solle die Stadt nach dem Gott benennen, der den Sterblichen das kostbarste Erbe hinterlassen würde. Athene, die unter anderem auch die Göttin der Weisheit war, pflanzte einen Olivenbaum als Symbol für Frieden und Wohlstand. Poseidon, der Gott des Meeres, rammte seinen Dreizack in den Felsen, und heraus sprudelte Salzwasser (einige behaupten es sei ein Pferd herausgesprungen).Die Götter befanden aber, dass Athenes Geschenk den Bürgern der Stadt besser nütze, da es Nahrung, Öl und Holz in sich vereinte. Bis heute beherrscht die Gestalt der Athene die griechische Mythologie, und die größten Bauwerke der Stadt sind ihr geweiht.

Highlights

1. Aufstieg zur Ehrfurcht gebietenden **Akropolis** (S. 77)
2. Spaziergang durch die Gassen von Plaka, Monastiraki und Thissio im **historischen Stadtkern von Athen** (S. 88)
3. Und los geht's – ab in Athens aufregendes **Nachtleben** (S. 132). Dazu gehören Bars und Diskos, wo es schon mal eng wird, sowie Strandbars und Kino bei Mondschein
4. Eine Reise durch die prachtvolle Kunst der Antike im Vergleich zur Moderne, angefangen beim **Archäologischen Nationalmuseum** (S. 99) über das **Museum der Zykladischen Kunst** (S. 101) bis hin zum **Benaki-Museum** (S. 100) und zu Athens multikulturellen Zentren (S. 93)
5. Besuch einer Bühnenhow im Rahmen des **Athenfestivals** (S. 110) im Odeon des Herodes Atticus
6. Abendessen in **Thissio** oder **Makrygianni** (S. 121) mit Blick auf die angestrahlte Akropolis
7. Besichtigung des fabelhaften modernen **Akropolis-Museums**, um den majestätischen Charakter der Skulpturen im Parthenon zu bewundern (S. 95)

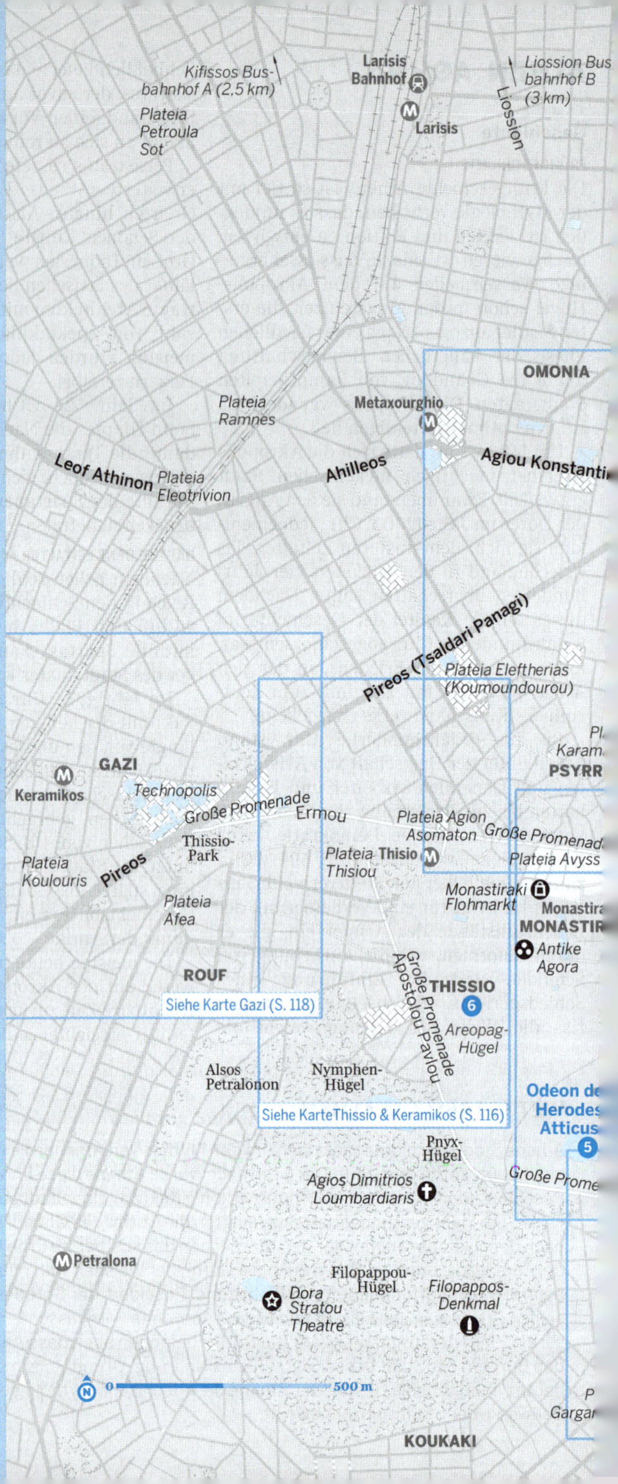

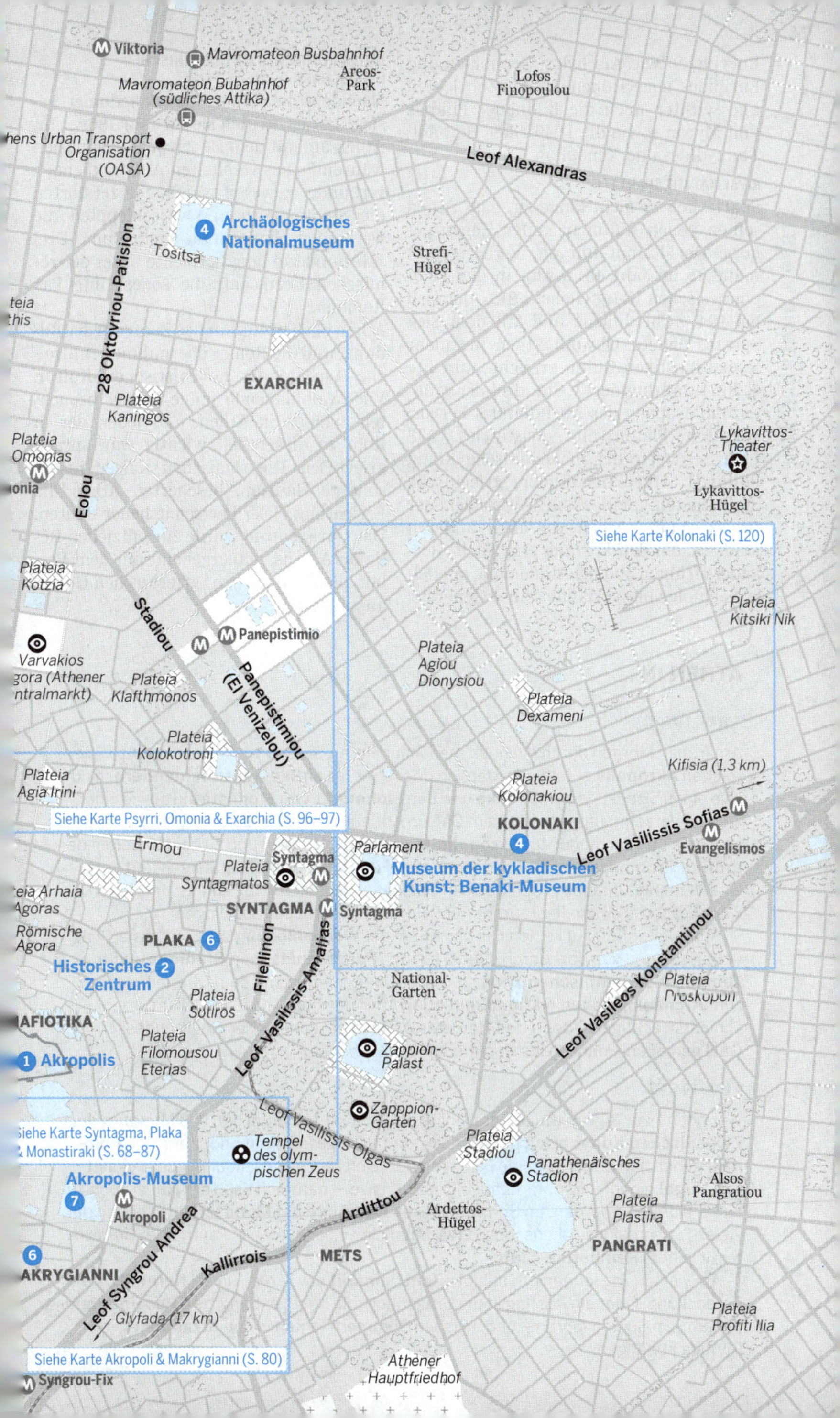

Viktoria

Mavromateon Busbahnhof

Mavromateon Bubahnhof
(südliches Attika)

Areos-
Park

Lofos
Finopoulou

Athens Urban Transport
Organisation
(OASA)

Leof Alexandras

**Archäologisches
Nationalmuseum** 4

Tositsa

Strefi-
Hügel

teia
this

Plateia
Kaningos

EXARCHIA

Lykavittos-
Theater

Lykavittos-
Hügel

Plateia
Omonias

onia

Plateia
Kotzia

Stadiou

Panepistimio

Plateia
Klafthmonos

Plateia
Kolokotroni

Plateia
Agia Irini

Siehe Karte Kolonaki (S. 120)

Plateia
Kitsiki Nik

Plateia
Agiou
Dionysiou

Plateia
Dexameni

Kifisia (1,3 km)

Plateia
Kolonakiou

KOLONAKI 4

Eolou

Panepistimiou
(El Venizelou)

Siehe Karte Psyrri, Omonia & Exarchia (S. 96–97)

Varvakios
gora (Athener
ntralmarkt)

Ermou

Plateia
Syntagmatos

Syntagma

Parlament

Leof Vasilissis Sofias

Evangelismos

**Museum der kykladischen
Kunst; Benaki-Museum** 4

eia Arhaia
goras

Römische
Agora

PLAKA 6

SYNTAGMA

Syntagma

Leof Vasileos Konstantinou

Plateia
Proskopon

AFIOTIKA

**Historisches
Zentrum** 2

Filellinon

Plateia
Sotiros

National-
Garten

Akropolis 1

Plateia
Filomousou
Eterias

Leof Vasilissis Amalias

Zappion-
Palast

Zapppion-
Garten

Plateia
Stadiou

Panathenäisches
Stadion

Alsos
Pangratiou

Akropolis-Museum

7

Akropoli

Siehe Karte Syntagma, Plaka
& Monastiraki (S. 68–87)

Tempel
des olym-
pischen Zeus

Leof Vasilissis Olgas

Plateia
Plastira

Ardittou

Ardettos-
Hügel

PANGRATI

6

AKRYGIANNI

Leof Syngrou Andrea

Kallirrois

METS

Glyfada (17 km)

Siehe Karte Akropoli & Makrygianni (S. 80)

Athener
Hauptfriedhof

Plateia
Profiti Ilia

Syngrou-Fix

Koryphäen wie Aischylos, Sophokles und Euripides neue Höhen. In der Zeit lebten und wirkten auch die Bildhauer Phidias und Myron sowie die Historiker Herodot, Thukydides und Xenophon.

RIVALITÄT MIT SPARTA

Sparta ließ es nicht lange zu, dass Athen seinen neuen Ruhm in vollen Zügen genoss. Der Kampf um die Vorherrschaft mündete im Jahr 431 v. Chr. in den Peloponnesischen Krieg (siehe S. 818), der sich bis 404 v. Chr. hinzog und mit dem Sieg Spartas endete. Obwohl Athen nie mehr seinen einstigen Ruhm erreichte, brachte es im 4. Jahrhundert v. Chr. drei der größten Philosophen des Abendlandes hervor: Sokrates, Platon und Aristoteles. 338 v. Chr. eroberte der makedonische König Philip II. Athen und andere griechische Stadtstaaten. Sein Sohn Alexander der Große räumte Athen vor allen anderen Stadtstaaten den Vorrang ein. Nach Alexanders frühem Tod fiel Athen ohne offizielle Nachfolge in die Hände seiner Generäle.

UNTER RÖMISCHER & BYZANTINISCHER HERRSCHAFT

Nachdem die Römer die Makedonier besiegt hatten, griffen sie im Jahr 186 v. Chr. Athen an, mit dem sie zuvor in Kleinasien während eines vereitelten Aufstands noch verbündet gewesen waren. Sie zerstörten die Stadtmauern und verschleppten die wertvollen Skulpturen nach Rom. Drei Jahrhunderte lang herrschte unter der römischen Herrschaft die sogenannte Pax Romana.

Athen blieb weiterhin das Zentrum der Bildung, und die Römer übernahmen zahlreiche Aspekte der hellenistischen Kultur. Viele wohlhabende junge Römer besuchten Schulen in Athen, und jeder, der in Rom zu dieser Zeit wichtig war, sprach griechisch. Die römischen Kaiser, insbesondere Hadrian, bescherten Athen die Errichtung vieler herrschaftlicher Bauten. Das Christentum wurde zur offiziellen Religion Athens, einhergehend mit dem Verbot, die „heidnischen" griechischen Götter anzubeten.

ATHEN IN …

zwei Tagen

Am frühen Morgen durch die noch menschenleeren Gassen von Plaka hinauf zur glorreichen **Akropolis** aufsteigen, danach quer über die **antike Agora schlendern** inklusive eines Streifzugs durch **Plaka** und den **Flohmarkt von Monastiraki** sowie einer kleinen Verschnaufpause in einem Café in Adrianou. Nach diesem Auftakt die Meisterwerke des Parthenon im **Akropolis-Museum** besichtigen und zu beiden Seiten der **großen Promenade** flanieren, danach zum **Filopappu-Hügel** aufsteigen und dort eine Verschnaufpause in den Cafés in **Thissio** einlegen. Der Tag könnte bei einem Abendessen in einem Restaurant mit Blick auf die Akropolis ausklingen.

Am zweiten Tag auf keinen Fall das Ritual der **Wachablösung** am Syntagma-Platz verpassen und von dort durch die Gärten des **Panathenäischen Stadions** und zum **Tempel des Olympischen Zeus** spazieren. Weiter geht's mit dem Oberleitungsbus zum **Archäologischen Nationalmuseum**. Am Abend ein Theaterstück im geschichtsträchtigen **Odeon des Herodes Atticus** besuchen oder ein Abendessen im **Gazi** genießen – danach ins Nachtleben eintauchen.

vier Tagen

Wer noch zwei Tage mehr Zeit hat, sollte das **Benaki-Museum** und das **Museum der Zykladischen Kunst** besuchen; danach zum Mittagessen und Shoppen nach **Kolonaki** gehen. Ein Erlebnis ist die Fahrt mit der *teleferik* (Standseilbahn) zum **Lykavittos-Hügel** hinauf – Panoramaausblicke inklusive –, natürlich kann der Hügel auch zu Fuß erklommen werden. Im Sommer locken **Kinofilme bei Mondschein** in einem der vielen Freilichtkinos Athens, oder **Live-Musik** in einer Taverne in Psyrri oder (im Winter) in einem **Rembetika-Club**.

Am vierten Tag lohnen der belebte **Zentralmarkt** sowie das Viertel **Keramikos** die Entdeckung. Oder ein Ausflug in die Umgebung: die Küste entlang zum **Poseidontempel** am Kap Sunion fahren – und an lauen Sommernächten in den **Strandbars** von Glyfada abhängen.

Nach der Aufteilung des römischen Reiches in Ost- und Westreich blieb Athen nach wie vor ein bedeutendes kulturelles und geistiges Zentrum, bis Kaiser Justinian die Philosophieschulen im Jahr 529 n. Chr. schloss.

Ab da verkam die Stadt zu einem Außenposten des Byzantinischen Reiches. Zwischen 1200 und 1450 war Athen immer wieder Zielscheibe für Invasionen – zuerst fielen die Franken ein, dann die Katalanen, die Florentiner und zuletzt die Venezianer, alle beschäftigten sich hauptsächlich mit der Eroberung von Fürstentümern, als die Grundfeste des Byzantinischen Reiches bereits zu bröckeln begannen.

OSMANISCHE HERRSCHAFT & UNABHÄNGIGKEIT

Im Jahr 1456 wurde Athen von den Türken eingenommen. Von da an stand die Stadt fast 400 Jahre lang unter osmanischer Herrschaft. Die Akropolis diente dem türkischen Gouverneur als Wohnsitz; der Parthenon wurde in eine Moschee umgewandelt, das Erechtheion diente als Harem.

Am 25. März 1821 zettelten die Griechen den Unabhängigkeitskrieg an (1822 wurde die Unabhängigkeit erklärt). In den Straßen von Athen brachen heftige Kämpfe aus. Die Machthaber wechselten sich mehrere Male ab. Schließlich schritten Großbritannien, Frankreich und Russland ein und zerstörten im Oktober 1827 in der berühmten Bucht von Navarino die türkisch-ägyptische Flotte.

Zunächst wurde Nafplio zur neuen Hauptstadt Griechenlands ernannt. Allerdings intervenierten nach der Ermordung des gewählten Präsidenten Ioannis Kapodistrias im Jahr 1831 erneut Großbritannien, Frankreich und Russland und riefen in Griechenland die Monarchie aus.

Aus Neutralitätsgründen wurde der 17 Jahre alte Prinz Otto von Bayern auf den Thron gesetzt. Dieser verlagerte seinen ganzen Hofstaat nach Athen – im Jahr 1834 stieg Athen dann zur Hauptstadt Griechenlands auf. Zu dieser Zeit war Athen kaum mehr als ein verschlafenes Dorf mit etwa 6000 Einwohnern, denn die meisten waren nach der Besetzung von 1827 geflohen. Bayerische Architekten schufen eine Stadt mit imposanten klassizistischen Prachtbauten, dreispurigen Boulevards und Plätzen. Die am besten erhaltenen Beispiele hierfür sind an der Leoforos Vasilissis Sofias und an der Panepistimiou zu sehen.

> **NOCH MEHR INFOS**
>
> Wer detailliertere Infos, Rezensionen und Empfehlungen mit einem Klick auf dem Touchscreen haben möchte, kauft sich im Apple App Store die iPhone-App *Athen City Guide* von Lonely Planet.

Otto wurde nach einer Zeit der Unzufriedenheit im Jahr 1862 gestürzt. Seinem Sturz gingen Machtkämpfe voraus, in die das Militär verwickelt war und die zudem von außen beeinflusst wurden. Insbesondere die britischen und französischen Besatzer in Piräus verfolgten das Ziel, die Pläne für die „Große Idee" zu vereiteln – eine Vision, mit der Griechenland seine Expansionsabsichten deutlich gemacht hatte. Der neu eingesetzte Herrscher war der dänische Prinz Wilhelm, der 1863 als Georg I. zum König von Griechenland gekrönt wurde.

DAS 20. JAHRHUNDERT

Ab der zweiten Hälfte des 19. Jahrhunderts und bis in die Anfänge des 20. Jahrhunderts wuchs Athen beständig. Im Jahr 1923 musste Athen in Folge der Lausanner Verträge fast eine Million griechische Flüchtlinge aus der Türkei aufnehmen.

Während der Besatzung im Zweiten Weltkrieg durch die Nazis hatte Athen entsetzlich zu leiden. In dieser Zeit starben mehr Athener an Hunger als durch feindliche Angriffe. Die fürchterlichen Gräuel setzten sich im darauffolgenden erbitterten Bürgerkrieg fort.

Das in den 1950er-Jahren mit Hilfe der US-Regierung eingeleitete Industrialisierungsprogramm gab dem Bevölkerungswachstum einen weiteren Schub. Zahlreiche Insulaner und Dorfbewohner des Festlandes zogen auf der Suche nach Arbeit nach Athen.

Der Militärjunta (1967–74; siehe S. 833) – einer Regierungsform, die sich unter anderem durch Ignoranz für Denkmalschutz auszeichnet – fielen im Stadtviertel Plaka jede Menge alte türkische Häuser zum Opfer, aber auch neoklassizistische Bauten aus der Zeit König Ottos wurden rücksichtslos niedergerissen. Es gelang ihr nicht, die chronischen Infrastrukturprobleme in den Griff zu bekommen, die das schnelle Wachstum in den 1950er-Jahren mit sich brachte.

Die nachfolgend gewählten Regierungen machten ihre Arbeit keineswegs besser. Ende der 1980er-Jahre hatte Athen ein trauriges Renommee erlangt: Es zählte zu den Städten mit den meisten Verkehrsstaus und der höchsten Luftverschmutzung in ganz Europa. Es funktionierte gar nichts mehr.

Die Wende vollzog sich schließlich in den 1990er-Jahren, als Politiker endlich zu radikalen Lösungen bereit waren. Die Behörden ließen sich auf eine ehrgeizige Agenda ein, um die Stadt würdig ins 21. Jahrhundert hinüberzuführen. Durch die Bewerbung für die Olympischen Spiele wurde die Deadline für zahlreiche Projekte, die schnell umgesetzt werden sollten, auf 2004 festgelegt; Teil der Agenda waren der Ausbau des Straßenverkehrsnetzes, die Erweiterung des Metronetzes sowie der Bau eines neuen internationalen Flughafens. Es kam auch zu einigen Zwangsmaßnahmen quer durch den öffentlich-privaten Sektor. Als Migrantenstadt mit über 600 000 legalen und illegalen Zuwanderern steht auch das soziale Gewebe der Stadt nunmehr vor ganz neuen Herausforderungen.

DAS NEUE JAHRTAUSEND

Das olympische Erbe spiegelt sich in einer Stadt wider, die heute attraktiver, sauberer, grüner und funktionsfähiger ist als je zuvor. Durch die Spiele fanden die Athener wieder zu ihrem Stolz und Optimismus zurück, getragen von einer Dekade des Konjunkturbooms.

Allerdings waren der Optimismus und die fiskalisch guten Zeiten von kurzer Dauer: die weltweite Finanzkrise, politisches Unbehagen und die weit verbreitete Desillusionierung über den Regierungsstil im Lande – all diese Faktoren kommen nun zusammen. Die außergewöhnlichen Aus-

Akropolis

Sehenswertes

1 Agrippa-Monument B2
2 Altes Akropolis-Museum B2
3 Asklepion B2
4 Beulé-Tor A2
5 Dionysos-Theater A2
6 Erechtheion A2
7 Karyatiden B2
8 Odeon des Herodes Atticus B2
9 Panagia Chrysospiliotissa B2
10 Parthenon B2
11 Propyläen B2
12 Statue der Athena Promachos B2
13 Stoa des Eumenes B2
14 Tempel der Athena Nike B2

Akropolis

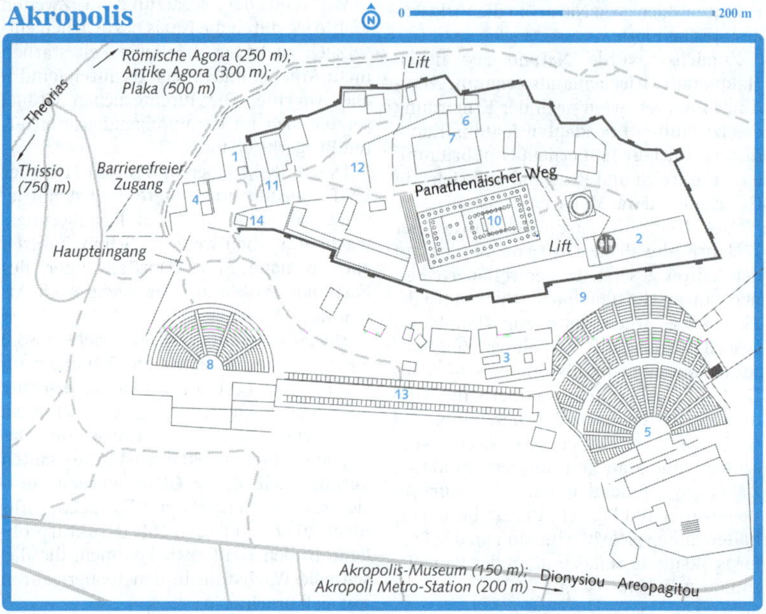

schreitungen im Dezember 2008, ausgelöst durch den gewaltsamen Tod eines Teenagers aus Exarchia im Kugelhagel der Polizei, gehören zu den dunkelsten Kapiteln in der Geschichte Athens und waren die schlimmsten sozialen Unruhen in den letzten Jahrzehnten.

Nachdem die Regierung und damit die Quelle der Reformen im Jahr 2010 und 2011 Rettungsfonds forderte, die von der Europäischen Kommission, dem Internationalen Währungsfonds und der Europäischen Zentralbank mit der Auflage gestützt wurden, einen strikten Sparkurs zu fahren, finden in Athen regelmäßig Streiks und Demonstrationen statt. Nichtsdestotrotz halten sich kleine Unternehmen über Wasser, und der Improvisationskunst Athens scheinen alle Widrigkeiten nichts anhaben zu können.

Sehenswertes

Die Plateia Syntagmatos (Syntagma-Platz; auf Deutsch Platz der Verfassung) ist das pulsierende Herz des modernen Athen; über dem Platz ragt das Parlamentsgebäude auf. Die meisten größeren Sehenswürdigkeiten sind lediglich ein paar Gehminuten von hier entfernt. Südlich des Syntagma-Platzes beginnt das alte türkische Viertel Plaka; als Athen zur Hauptstadt Griechenlands ausgerufen wurde, war Plaka die einzige städtische Siedlung, die bereits existierte. Die engen Kopfsteinpflastergassen schmiegen sich am nordöstlichen Hang des Akropolishügels hinauf, vorbei an vielen antiken Stätten. Zwar ist Plaka touristisch überlaufen, aber immer noch der Teil Athens mit dem authentischsten Charakter.

In der Gegend gleich westlich vom Syntagma-Platz grenzt die Plateia Monastirakiou (Monastiraki-Platz) an; dort geht's schmuddeliger zu, nichtsdestoweniger ist die Athmosphäre typisch für ein Marktviertel. Psyrri, gleich nördlich von Monastiraki, hat sich in ein belebtes Ausgehviertel gewandelt – mit Bars, Restaurants und Theatern.

Die Promenade Apostolou Pavlou in Thissio ist eine reizvoll begrünte Fußgängerzone unterhalb der Akropolis; dort locken jede Menge gut besuchter Cafés und Bars mit jungem Publikum. Kolonaki, ein Stadtviertel, das sich östlich des Syntagma-Platzes unterhalb des Lykavittos-Hügels im Häusermeer verbirgt, ist ausgesprochen schick. In den Straßen und Gassen gibt es jede Menge niveauvolle Modeboutiquen und private Kunstgalerien sowie Dutzende von Cafés und hippe Restaurants. Östlich der Akropolis liegt das unprätentiöse Wohnviertel Pangrati mit interessanten Musikclubs, Cafés und Restaurants.

Die ruhigen Wohnviertel Makrygianni und Koukaki, südlich der Akropolis und rund um das neue Akropolis-Museum sind erfrischend untouristisch. Das Geschäftsviertel rund um Omonia gehörte einst zu den schickeren Gegenden, jedoch ist es trotz fortlaufender Bemühungen, die Straßen sauber zu halten, nach wie vor super anrüchig, besonders nachts – Vorsicht ist angesagt! Exarchia, das unkonventionelle, brodelnde Graffitiviertel, das sich zwischen den Hügeln Polytechnio und Strefi hineinzuzwängen scheint, ist bei Studenten, Künstlern und Linksintellektuellen sehr beliebt.

Die Wiederbelebung von Gazi fing mit der Umgestaltung der historischen Gaswerke in ein kulturelles Zentrum an. Die rote Neonbeleuchtung der Kaminschlote taucht die umliegenden Straßen in ein atmosphärisches Licht. Dort finden sich zudem jede Menge Bars und Restaurants. Inzwischen ist es eines der Stadtviertel, in denen sich die Schwulen- und Lesbenszene ausbreitet.

Die protzigen Vorstädte Kifisia (Hinterland) und Glyfada (Küste) haben ihre eigene Shopping- und Ausgehszene mit Cafés und Nachtleben.

Antike Ruinen

LP TIPP Akropolis WAHRZEICHEN, ANTIKE STÄTTE

(Karte S. 76; ☎210 321 0219; http://odysseus.culture.gr; Erw./Kind 12/6 €; ⊙April–Okt. 8–20 Uhr, Nov.–März 8.30–15 Uhr; Ⓜ Akropoli) Die Akropolis ist die wichtigste antike Stätte der westlichen Welt. Auf dem Hügel thront der Parthenon, der wie ein Wachposten über der Stadt schwebt und von fast allen Seiten gut zu sehen ist. Die Monumente aus Pentelischem Marmor leuchten in der Sonne und wirken im Licht der langsam untergehenden Sonne honigfarben. Nachts erheben sich die angestrahlten Monumente magisch über der Stadt. Bei diesem Anblick geht einem das Herz auf.

So inspirierend diese Monumente der Antike auch sind, heute sind sie nur noch Relikte der einstigen Stadt von Perikles.

Die Akropolis

Mithilfe nebenstehender Abbildung gelingt eine gedankliche Zeitreise – zweieinhalb Jahrtausende zurück – um sich die Majestät der Akropolis auszumalen. Ihr berühmtes und geheiligtes Monument, der Parthenon – der Göttin Athena geweiht –, stand stolz über der kleinen Stadt, und überstrahlte sie mit seiner anmutigen Schönheit. In der Blütezeit der Akropolis im 5. Jahrhundert v. Chr. beteten die Pilger und Priester in den hier abgebildeten Tempeln – die meisten sind in unterschiedlichen Restaurierungsstadien heute noch erhalten. Viele waren in kräftigen Farben bemalt, und über und über mit bildlichen Meisterwerken aus Elfenbein, Gold und Halbedelsteinen geschmückt.

Wer die Stätte heute betritt, sieht als erstes zur Rechten – leicht erhöht – eines der am besten restaurierten Gebäude der Akropolis: den zierlichen **Tempel der Athena Nike** 1. Der Panathenäische Weg, dem der Besucher folgt, führt durch die Propyläen und windet sich in Richtung Parthenon – eine Ikone der westlichen Welt. Seine **majestätischen Säulen** 2 führen hinauf zu den damals kunstvollsten Schnitzereien der Welt: umlaufende **Pedimente, Metopen und ein Fries** 3. Beim Bummel um den Tempel bietet sich eine spektakuläre Aussicht auf Athen und Piräus, die einem zu Füßen liegen.

Zurück in der Mitte der Anlage, fallen die renovierten hübschen Damen am Erechtheion auf, die **Karyatiden** 4. An der Nordseite des Erechtheions liegt der fast vergessene **Tempel des Poseidon** 5; er steht an der genialen **Mauer des Themistokles** 6. Wer zur Westseite des Erechtheions geht, sieht Athenas Geschenk für die Stadt: **drei Olivenbäume** 7.

TOP-TIPP

» **Die Akropolis** ist ein Muss für jeden Athen-Besucher. Wer früh am Morgen oder später am Nachmittag kommt, umgeht die Massen.

ALEXIS AVERBUCK

Mauer des Themistokles
Der schlaue General Themistokles (524–459 v. Chr.) wollte schnellstens eine Schutzmauer um die Akropolis bauen. Um die Dinge zu beschleunigen, nutzte er Teile von antiken Tempeln für die Mauer; es sind z. B. Teile von Säulen zu erkennen.

Tempel des Poseidon
Auch wenn er nicht die Herrschaft über die Stadt gewann, wurde Poseidon doch an der Nordseite des Erechtheion verehrt. Hier ist immer noch das Mal seines Dreizacks zu sehen. Seinerzeit war die Vorhalle mit bunten Farben bemalt.

ALEXIS AVERBUCK

Halle der Karyatiden

Sie sind wahrscheinlich das Skulpturenelement mit dem höchsten Wiedererkennungswert auf der Akropolis: die majestätischen Karyatiden (etwa 415 v. Chr.). Modell für die Gestalten standen Frauen aus Karyai (heute Karyes, in Lakonien); möglicherweise hielten sie in der einen Hand eine Trankopferschale, und mit der anderen ihr Kleid zusammen.

ALEXIS AVERBUCK

Pedimente, Metopen & Fries am Parthenon

Die Pedimente am Parthenon (die dreieckigen Elemente oben an der Ost- und der Westfassade) waren mit kunstvoll geschnitzten, dreidimensionalen Skulpturen verziert. Die Westseite zeigte Athena und Poseidon in ihrem Wettstreit über die Herrschaft der Stadt, die Ostseite stellte Athenas Geburt aus dem Kopf des Zeus dar. Bei den Metopen handelt es sich um quadratische Fliesen, die zwischen den gekerbten Triglyphen (Zierplatten) saßen. Sie zeigten Kampfszenen, darunter die Eroberung Trojas und den Streit zwischen den Lapithen und den Zentauren. Die Cella wurde von einem ionischen Fries geschmückt, ein durchgehendes „Skulpturenband", das die Panathenäische Prozession darstellte.

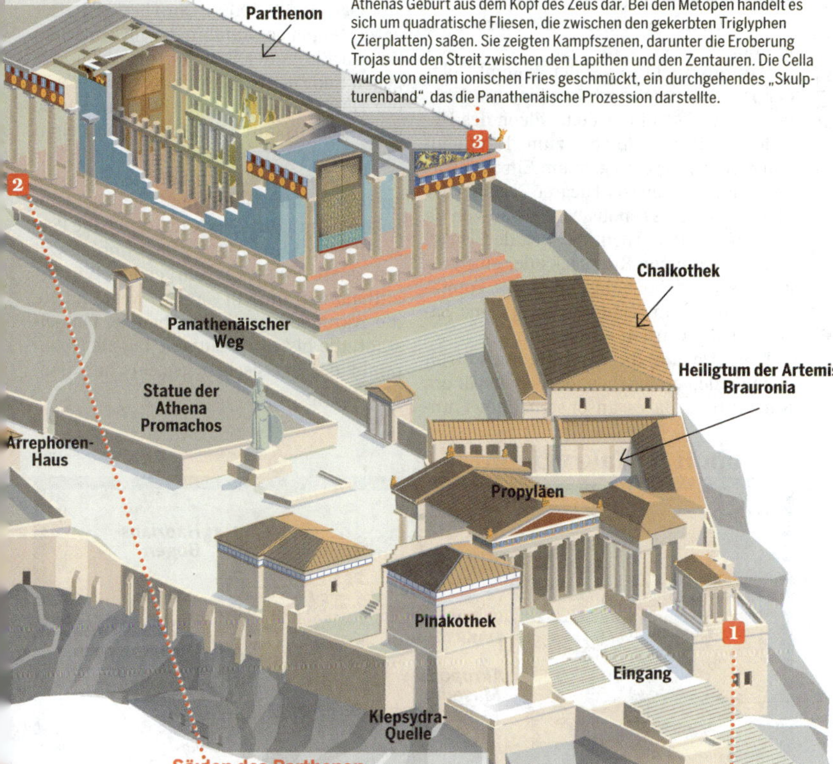

Säulen des Parthenon

Der Parthenon hat eine raffinierte architektonische Formgebung: Alle horizontalen Linien sind in der Mitte leicht nach oben gewölbt, womit sie optisch gerade erscheinen. Die dorischen Säulen wirken auch deshalb auf den Betrachter so elegant, weil sie sich nicht gleichmäßig, sondern nach oben stärker verjüngen, zudem stehen sie bewusst leicht nach innen geneigt.

Tempel der Athena Nike

Dieser zierliche – und erst kürzlich renovierte – Tempel aus Pentelischem Marmor wurde um das Jahr 425 v. Chr. von Kallikrates erbaut. In der Cella stand eine Holzstatue der Athena als Siegbringerin (Nike), und der äußere umlaufende Fries zeigte Siege der Athener.

Athenas Olivenbäume

er gut gedeihende livenbaum neben dem rechtheion soll der eilige Baum sein, den thena hervorbrachte, m die Herrschaft über then zu erlangen.

ALEXIS AVERBUCK

ALEXIS AVERBUCK

Der berühmte Feldherr scheute keine Kosten – für den Aufbau der Stadt verwendete er nur die besten Materialien. Im Zeichen des Athene-Kults engagierte er die besten Architekten, Bildhauer und Künstler.

Die Stadt war ein Schaufenster für kolossale Bauten, die aufwendig mit Farben gestaltet wurden. Beeindruckend waren auch die riesigen Statuen, darunter einige aus Bronze, andere aus Marmor, verziert mit Goldplatten und Edelsteinintarsien.

Die Akropolis lässt sich von verschiedenen Seiten aus besteigen. Der Hauptzugangsweg führt von Plaka aus die Verlängerung der historischen Straße Dioskouron hinauf.

Wer aus Richtung Süden kommt, folgt der Dionysiou Areopagitou bis zum Weg, der sich direkt hinter dem Odeon des Herodes Atticus befindet, zum Haupteingang; oder aber man geht am Eingang vorbei zum Dionysos-Theater nahe der Metrostation Akropolis weiter und von da aus auf einem Serpentinenweg den Hügel hinauf. Wer einen Rucksack oder eine große Tasche trägt (einschließlich Fototaschen) muss am Haupteingang seine Sachen an der Garderobe abgeben.

Es ist ratsam, die Besichtigung so früh wie möglich zu machen, oder erst spät am Nachmittag, da es ansonsten immer unglaublich voll ist. Die Wege rund um die Tempelanlage sind uneben und rutschig, also am besten Schuhe mit Gummisohlen anziehen. Rollstuhlfahrer können an der Nordseite über einen schmiedeeisernen Aufzug die Felswand nach oben fahren. Wer Unterstützung braucht, meldet sich am Haupteingang.

Die Eintrittskarte zur Akropolis beinhaltet auch den Besuch anderer Stätten (siehe Kasten S. 81).

Geschichte

Die Akropolis wurde erstmals in der Jungsteinzeit (4000–3000 v. Chr.) besiedelt. Der erste Tempel entstand in der mykenischen Zeit zu Ehren der Stadtgöttin Athene. Bis gegen Ende des 6. Jahrhunderts v. Chr. war der Hügel bewohnt. Um 510 v. Chr. wurde die Akropolis durch das Orakel von Delphi den Göttern zugesprochen.

Nachdem die Bauten auf der Akropolis am Vortag der berühmten Schlacht von Salamis (im Jahr 480 v. Chr.) durch die Perser in Schutt und Asche gelegt worden waren, setzte Perikles ein ehrgeiziges Wiederaufbauprogramm in Gang. Er verwandelte die Akropolis in die prachtvolle Tempelstadt, die bis zum heutigen Tag als Höhepunkt der klassischen griechischen Baukunst gilt.

Akropoli & Makrygianni

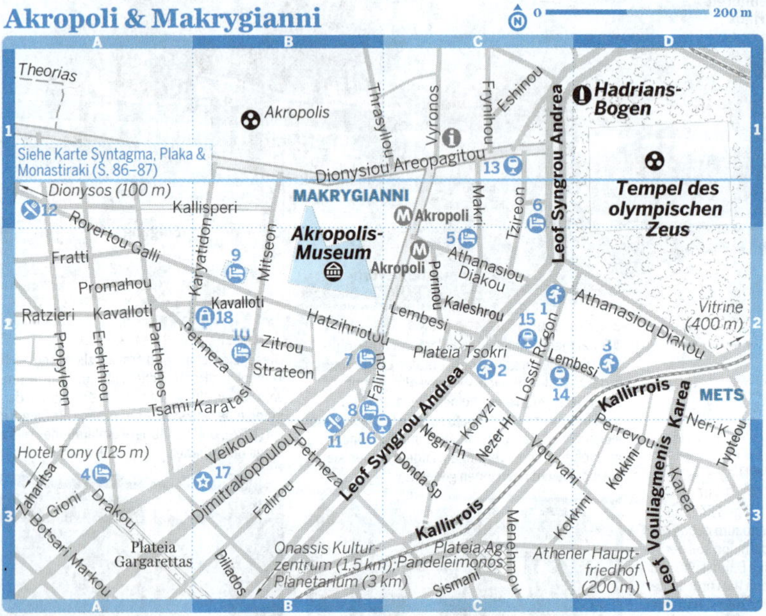

Verwüstungen im Zuge der ausländischen Besatzungen, rücksichtslose Plünderungen durch ausländische Archäologen, völlig unangemessene Renovierungsarbeiten, nachdem die Unabhängigkeit Griechenlands ausgerufen worden war, die sorglosen Füße von unzähligen Besuchern jedes Jahr, zerstörerische Erdbeben, und in der jüngsten Vergangenheit saurer Regen und Luftverschmutzung – all diese Faktoren haben unübersehbare Spuren auf den verbliebenen Baudenkmälern hinterlassen.

Den schlimmsten Grad der Zerstörung erlitt die Akropolis im Jahr 1687, als die Venezianer die Türken angriffen und das Feuer auf den Tempelhügel eröffneten. Der Parthenon, in dem die Türken ihr Schießpulver gelagert hatten, explodierte mit großer Wucht und beschädigte auch die umliegenden Gebäude.

Nach wie vor werden Sanierungsprojekte größeren Umfangs durchgeführt. Viele der Originalstatuen wurden ins Akropolis-Museum gebracht und durch Gipsabdrücke ersetzt. Im Jahr 1987 erhielt die Akropolis ihren festen Platz in der Liste der Weltkulturerbestätten.

Beulé-Tor & Agrippa-Monument

Vom Haupteingang führt ein kurzer Fußweg nach links bis zum Beulé-Tor, welches seinen Namen dem französischen Archäologen Ernest Beulé verdankt, der es im Jahr 1852 freilegte. Auf dem acht Meter hohen Sockel auf der linken Seite, auf halbem Weg zur im Zickzack verlaufenden Rampe zu den Propyläen, befand sich einst das Agrippa-Monument: Die Bronzestatue zeigte den römischen Feldherrn Agrippa in einem Streitwagen. Die Statue wurde im Jahr 27 v. Chr. in Andenken an Agrippas Sieg bei den Panathenäischen Spielen errichtet.

Propyläen

In der Antike waren die Propyläen der repräsentative Eingang zur Akropolis. Sie

> **SECHS ZUM PREIS VON EINEM**
>
> Das Kombiticket zu 12 € für die Akropolis beinhaltet außerdem den Eintritt zu den Hauptattraktionen des antiken Athen. Dazu gehören die griechische und römische Agora, Kerameikos, der Tempel des Olympischen Zeus und das Dionysos-Theater. Das Ticket gilt vier Tage; danach muss jeder Eintritt regulär bezahlt werden. Die Kontrollen sind allerdings nicht besonders streng. Die Öffnungszeiten sind überall gleich: April bis Oktober von 8 bis 20 Uhr, November bis März von 8.30 bis 15 Uhr. Um nicht vor verschlossener Tür zu stehen, aber besser vorher genau nachfragen, denn im Sommer ändern sich die Öffnungszeiten von Jahr zu Jahr. Am ersten Sonntag des Monats (außer im Juli, August und September) und an bestimmten (Feier-)Tagen ist der Eintritt frei.

Akropoli & Makrygianni

Highlights
- Akropolis-Museum ... B2
- Hadrians-Bogen ... D1
- Tempel des Olympischen Zeus ... D1

Aktivitäten, Kurse & Touren
- 1 GO Tours ... C2
- 2 Hop In Sightseeing ... C2
- 3 Key Tours ... D2

Schlafen
- 4 Art Gallery Hotel ... A3
- 5 Athens Backpackers ... C2
- 6 Athens Gate ... C1
- 7 Athens Studios ... B2
- 8 Hera Hotel ... B2
- 9 Herodion ... B2
- 10 Philippos Hotel ... B2

Essen
- 11 Mani Mani ... B3
- 12 Strofi ... A1

Ausgehen
- 13 Duende ... C1
- 14 Granazi ... C2
- 15 Lamda Club ... C2
- Sports Club ... (siehe 7)
- 16 Tiki ... B3

Unterhaltung
- 17 Small Music Theatre ... B3

Shoppen
- 18 Greece Is For Lovers ... B2

PANATHENÄISCHER FESTZUG

Der Höhepunkt des Panathenäischen Festes bestand im Panathenäischen Festzug, dem größten Jahresereignis im antiken Athen, das zu Ehren der Göttin Athene stattfand. Die farbenfrohen Szenen des Festzugs sind auf dem 160 m langen Fries des Parthenon im neuen Akropolis-Museum zu sehen.

Eigentlich gab es zwei verschiedene Feste zum gleichen Anlass: das Kleinere Panathenäische Fest fand jedes Jahr anlässlich des Geburtstags der Athene statt, das Große Panathenäische Fest hingegen wurde nur jedes vierte Jahr zum gleichen Anlass abgehalten.

Das Große Panathenäische Fest begann mit Tänzen, gefolgt von Leichtathletikwettkämpfen und Musik- oder Schauspielwettbewerben. Am letzten Tag setzte sich der Panathenäische Festzug im Töpferviertel Kerameikos in Bewegung. An der Spitze schritten Männer, die Opfertiere für Athene trugen, gefolgt von Jungfern mit hornähnlichen Opfergefäßen *(rhytonen)* und von Mädchen nobler Abstammung, die den heiligen *peplos* (ein prächtiger safrangelber Schrägmantel) trugen. Begleitet wurden sie von Musikanten, die eine Fanfare spielten. Die Übergabe des *peplos* an Athena Polias im Erechtheion galt als festes Ritual im großen Finale.

wurden zwischen 437 und 432 v.Chr. von Mnesikles erbaut. In ihrer architektonischen Brillanz stehen sie auf einem Niveau mit dem Parthenon. Die Proyläen bestehen aus einer zentralen Säulenhalle mit zwei Flügeln zu beiden Seiten. Jeder Bereich hatte ein Tor; in der Antike bildeten die fünf Tore den einzigen Zugang zur „Oberstadt".
Das mittlere Tor führte auf den Panathenäischen Weg. Das Westtor schloss mit einer Doppelreihe aus sechs Säulen: außen mit dorischen, innen mit ionischen Doppelsäulen. Die vierte Säule wurde wieder aufgebaut. Die Decke der zentralen Halle war mit goldenen Sternen auf dunkelblauem Hintergrund bemalt. Der Nordflügel beherbergte eine *pinakothiki* (Gemäldegalerie). Der Südflügel diente als Durchgang zum Tempel der Athena Nike.

Propyläen und Parthenon liegen auf einer Linie – zum ersten Mal in der Architekturgeschichte wurden zwei Bauwerke aufeinander bezogen. Bis ins 13. Jahrhundert hinein blieb diese Konstruktion erhalten, danach fügten verschiedene Besatzer nach und nach Anbauten hinzu. Den schwersten Schaden richtete eine Explosion im 17. Jahrhundert an; Ursache war eine durch eine feindliche Kanonenkugel ausgelöste Explosion im Schießpulverlager der Türken. Der Archäologe Heinrich Schliemann ließ im 19. Jahrhundert auf eigene Kosten den Frankenturm abreißen. In den Jahren zwischen 1909 und 1917 und dann wieder nach dem Zweiten Weltkrieg wurden die Bauten restauriert.

Tempel der Athena Nike

Der kleine, fein proportionierte Tempel der Athena Nike steht hoch oben auf einer Plattform am Rand der südwestlichen Ecke der Akropolis, gleich rechts von den Propyläen. Der Tempel wurde im Jahr 2003 im Zuge einer kontroversen Debatte nach und nach abgetragen, um ihn an anderer Stelle zu renovieren. Nach einer aufwendigen Rekonstruktion erstrahlt er inzwischen wieder in seinem alten Glanz. Seit seinem Bestehen wurde der Tempel insgesamt dreimal abgetragen und wieder aufgebaut. Die Türken nahmen ihn im Jahr 1686 komplett auseinander und stellten eine riesige Kanone auf die Plattform. In den Jahren zwischen 1836 und 1842 wurde er dann wieder mit großer Umsicht aufgebaut; allerdings wurde er 60 Jahre später erneut abgebaut, weil die Plattform Risse hatte.

Erbaut wurde der Tempel von 427 bis 424 v.Chr. aus Pentelischem Marmor nach einem Entwurf von Kallikrates. Das fast quadratische Gebäude ist an jeder Seite von vier grazilen, ionischen Säulen eingefasst. Nur vom Fries sind noch Fragmente erhalten, darunter sind Szenen aus der Mythologie, der Schlacht von Plataä (479 v.Chr.) und von den Kämpfen der Athener gegen die Böotier und Perser zu sehen. Teile des Frieses sowie einige Reliefstatuen sind heute im Akropolis-Museum zu bestaunen; dazu gehört auch die wunderschöne Statue der Athena Nike, die ihre Sandale zubindet. Im Tempel stand früher eine Statue aus Holz.

Statue der Athena Promachos

Wer den Panathenäischen Weg weiterläuft, entdeckt auf der linken Seite Podeste von Statuen, die einst den Weg säumten, darunter ein Sockel, auf dem die von Phidias geschaffene 9 m hohe Statue der Athena Promachos (*promachos* bedeutet „Sieger) stand. Die helmtragende Göttin mit einem Schutzschild in der linken und einem Speer in der rechten Hand steht für die Unbesiegbarkeit der Athener im Kampf gegen die Perser. Die Statue wurde von Kaiser Theodosius im Jahr 426 n. Chr. nach Konstantinopel verschleppt. Im Jahr 1204 kam der Speer abhanden. Da die Hand aussieht, als winke sie dem Betrachter zu, glauben die Einwohner Konstantinopels, dass die Statue die Kreuzfahrer in die Stadt gelockt hätte – aus Wut zerstörten sie die Statue.

Parthenon

Der Parthenon dürfte wohl am ehesten unsere Vorstellung vom Glanz des antiken Griechenlands verkörpern. Parthenon bedeutet etwa Wohnstätte der Jungfrau. Der Tempel war Athena Parthenos geweiht, der Stadtgöttin, die für Macht und Prestige stand. Es handelt sich um den größten dorischen Tempel, der je in Griechenland erbaut wurde, und um den einzigen, der vollständig – bis auf das Holzdach – aus Pentelischem Marmor bestand; die Bauzeit betrug 15 Jahre.

Der Tempel entstand auf dem höchsten Punkt der Akropolis und erfüllte damit einen doppelten Zweck: er beherbergte die große Athene-Statue, die im Auftrag von Perikles errichtet wurde, und er diente darüber hinaus als neues Schatzhaus. Der Parthenon wurde an der Stelle errichtet, an der zuvor bereits vier Athene-Tempel gestanden hatten. Nach einem Entwurf von Iktinos und Kallikrates sollte er das markanteste Denkmal auf der Akropolis sein. Anlass für seine Erbauung waren die Großen Panathenäischen Spiele von 438 v. Chr. – bis dahin sollte der Tempel fertiggestellt sein.

An beiden Schmalseiten standen je acht kannelierte dorische Säulen bzw. jeweils 17 an den Längsseiten. Um die ideale Form zu erzielen, spielten die Architekten mit einer optischen Täuschung: die Säulenpodeste sind leicht nach innen geneigt, also konkav, die Säulen selbst leicht konvex – so sieht beides insgesamt gerade aus. Phidias überwachte auch die Bildhauer Agorakritos und Alkamenes, die an den Giebeln, Friesen und Metopen des Parthenon arbeiteten. Der Fries wurde leuchtend bemalt und mit Gold verziert.

Die Metopen an der Ostseite zeigen die Olympischen Götter im Kampf gegen die Giganten. An der Westseite ist Theseus zu sehen, der die Athener Jungsoldaten in der Schlacht gegen die Amazonen anführte. Auf der Südseite kämpfen auf der Hochzeit des Peirithoos Lapithen gegen Kentauren, auf der Nordseite ist die Plünderung Trojas szenisch dargestellt.

Zahlreiche Teile des Frieses mit Szenen der Panathenäischen Prozession fielen im Jahr 1687 der Explosion zum Opfer oder wurden später von den Christen entstellt. Heute befindet sich der herrlichste, über 75 m lange Abschnitt aus verschiedenen Marmorarten im Britischen Museum in London. Die britische Regierung ignoriert nach wie vor sämtliche Versuche, ihn zurückzuholen.

Die Decken des Parthenon und der Propyläen waren mit Sternen auf blauem Hintergrund verziert. Am östlichen Ende befand sich die heilige Cella (Bezeichung für das innere Zimmer eines Tempels), das nur einige Privilegierte betreten durften. In der Cella befand sich die Statue, für die der gesamte Tempel erbaut worden war: Athena Polias (Athene der Stadt), eines der antiken Weltwunder. Der Bildhauer Phidias

ANTIKE PROMENADE

Waren die Straßen der historischen Athener Altstadt früher im Dunst der Autoabgase kaum zu erkennen, führt nun ein 3 km langer herrlicher Fußweg vorbei an den bedeutsamsten antiken Bauten der Stadt. Hier genießen Athener und Touristen ihre abendliche *volta* (Bummel) entlang des atemberaubenden Kulturerbepfads – eine der längsten Fußgängerzonen Europas – mit Blick auf die angestrahlte Akropolis.

Die **große Promenade** beginnt in der Dionysiou Areopagitou gegenüber dem Tempel des Olympischen Zeus, führt südlich zu Füßen der Akropolis weiter bis zur antiken Agora, zweigt danach von Thissio nach Kerameikos ab nach Gazi und verläuft nördlich entlang der Adrianou bis Monastiraki und Plaka.

Antike Agora

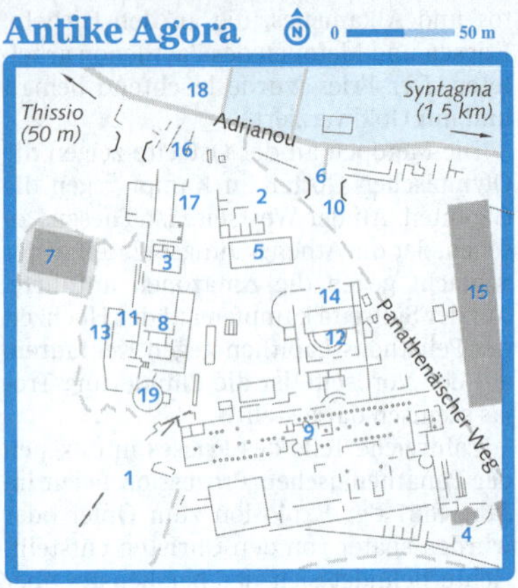

Antike Agora

Sehenswertes

- **1** Abwasserkanal B2
- **2** Altar der zwölf Götter B2
- **3** Apollon-Tempel A2
- **4** Apostelkirche B2
- **5** Ares-Tempel B2
- **6** Eingang A2
- **7** Hephaistos-Tempel B2
- **8** Metroon B2
- **9** Mittlere Stoa A2
- **10** Mosaik, das den Wiederaufbau der Agora zeigt B2
- **11** Neues Bouleuterion B2
- **12** Odeon des Agrippa B2
- **13** Plan des Geländes B2
- **14** Stoa der Riesen B2
- **15** Stoa des Attalos & Agora-Museum B2
- **16** Stoa des Basileios B2
- **17** Stoa des Zeus Eleutherios B2
- **18** Stoa Poikile B2
- **19** Tholos B2

vollendete die Skulptur im Jahr 432 v. Chr. Die Statue stand auf einem Sockel, war fast 12 m hoch und bestand aus einem mit Blattgold verkleidetem Holzgerüst. Gesicht, Hände und Füße waren aus Elfenbein gefertigt, die Augen aus Edelsteinen. Athene trug ein langes, goldenes Gewand; ihre Brust zierte eine Elfenbeinplatte mit dem Kopf der Medusa. In ihrer rechten Hand hielt sie eine Statuette der Siegesgöttin Nike, in der Linken einen Speer, den sie auf eine Schlange stütze. Auf ihrem Kopf trug sie einen Helm mit einer Sphinx und Reliefs von Greifen an den Seiten.

Im Jahr 426 n. Chr. wurde die Statue nach Konstantinopel geschafft und verschwand dort spurlos. Eine römische Kopie (Athena Varvakeion) ist im Archäologischen Nationalmuseum zu sehen.

Erechtheion

Zwar war der Parthenon eines der beeindruckendsten Monumente auf der Akropolis, er diente aber vor allem der Repräsentation. Das eigentliche Heiligtum war das Erechtheion, das an der heiligsten Stelle der Akropolis erbaut wurde: Dort trug sich der Gründungsmythos der Stadt Athen zu, wonach Poseidon seinen Dreizack in den Boden rammte und seine Kontrahentin Athene einen Olivenbaum pflanzte (siehe Kasten S. 71). Der Name geht auf den mythischen Athener König Erechtheus zurück, der hier zusammen mit Athene und Poseidon verehrt wurde.

Was beim Erechtheion sofort ins Auge fällt, sind die sechs überdimensionalen Jungfernsäulen, die den südlichen Portikus der Korenhalle stützen, die sogenannten **Karyatiden** (benannt nach Karyai bei Sparta, dem heutigen Karyes in Lakonien). Die heute sichtbaren Skulpturen sind lediglich Nachbildungen aus Gips. Die Originale wurden alle ins Akropolis-Museum (S. 95) gebracht. Eine einzige wurde von Lord Elgin nach Großbritannien geschafft und steht heute im Britischen Museum.

Das Erechtheion hatte Perikles geplant, jedoch machte ihm der Peloponnesische Krieg einen Strich durch die Rechnung. Erst 421 v. Chr. wurden die Bauarbeiten aufgenommen – da war Perikles bereits seit acht Jahren tot. Vermutlich wurde der Tempel um 406 v. Chr. vollendet.

Architektonisch gesehen ist das Erechtheion das ungewöhnlichste Baudenkmal auf der Akropolis – es ist ein Paradebeispiel ionischer Baukunst. Der Tempel steht auf mehreren Ebenen, um auf geniale Weise die Unebenheiten des Untergrunds auszugleichen.

Der Haupttempel besteht aus **zwei cellae** – ein Tempelteil ist der Athene gewidmet, der andere dem Poseidon – quasi als Symbol ihrer Versöhnung im Kampf um die Herrschaft über die Stadt. In Athenes Cella stand eine Statue der Athena Polias aus Olivenholz; sie trug ein Schutzschild verziert mit einem Gorgonenhaupt. Dieser Statue wurde auf dem Höhepunkt der Großen Panathenäischen Spiele der heiligen *peplos* (ein Schrägmantel in Form eines safrangelben Schals, der symbolisch für den Ruhm stand) umgehängt.

Die **nördliche Vorhalle** zieren sechs ionische Säulen. Auf dem Boden sind Risse zu sehen, die angeblich von einem Gewitter herrühren, das Zeus aufkommen ließ, um den König Erechtheus mit einem Blitzschlag zu töten. Südlich davon befand sich das Kekropion – das Grabmal des Königs Kekrops.

Das Erechtheion war das letzte öffentliche Gebäude, das auf der antiken Akropolis erbaut wurde – mit Ausnahme eines kleinen Tempels zu Ehren Roms und des Kaisers Augustus.

Altes Akropolis-Museum

Mittlerweile sind die Schätze der Akropolis im neuen Akropolis-Museum untergebracht. Für das alte Museum ist nun eine Ausstellung geplant, welche die mehr als 30 Jahre dauernde Restaurierung dokumentieren soll. Gezeigt werden sollen neben Inschriften und Fotografien auch interessante Gegenstände, die an den Hängen rund um den Heiligen Felsen gefunden wurden.

SÜDHANG DER AKROPOLIS

Dionysos-Theater

ANTIKE STÄTTE

(Karte S. 76; ☎210 322 4625; Dionysiou Areopagitou; Eintritt 2 €, kostenlos mit Akropolis-Pass; ⌚April–Okt. 8–20 Uhr, Nov.–März 8.30–15 Uhr; Ⓜ Akropoli) Die Bedeutung des Theaters im athenischen Stadtstaat erkennt man an den Dimensionen des riesigen Dionysos-Theaters am Südosthang der Akropolis.

Das erste Theater an dieser Stelle war noch aus Holz gebaut und entstand irgendwann im 6. Jahrhundert v. Chr., nachdem der Tyrann Peisistratos die Dionysischen Spiele ins Leben gerufen hatte. Fast die ganze Stadt schaute zu, wie die in Ziegenfell gewandeten Männer sangen und tanzten. Es folgten wilde Gelage und ausgelassene Feste.

Im 5. Jahrhundert v. Chr., dem Goldenen Zeitalter der Antike, gehörten die Dionysien zu den wichtigsten Ereignissen des Jahres. Politiker sponserten nicht nur Bühnenstücke von Theaterdramaturgen, wie Aischylos, Sophokles und Euripides, sondern auch die derben Komödien eines Aristophanes mit obszönen und sinnlichen Inhalten. Aus ganz Attika strömten die Zuschauer in die Stadt; für die Kosten kam der Staat auf.

Lykurg ließt das Theater in den Jahren zwischen 342 und 326 v. Chr. aus Stein und Marmor wieder aufbauen. In den 64 Rängen hatten 17000 Zuschauer Platz – heute sind nur noch 20 Reihen erhalten. Bis auf die in der ersten Reihe bestanden die Sitze aus Kalkstein aus Piräus. Hier saßen die normalen Bürger Athens; den Frauen wurden allerdings die hinteren Reihen zugewiesen. Die 67 **Ehrenplätze** der ersten Reihe waren aus feinstem Pentelischem Marmor gehauen. Hier nahmen wichtige Priester und die Leiter der Festpiele Platz. Der schönste Logenplatz, überdacht mit einem Baldachin als Sonnenschutz, war dem Priester des Dionysos vorbehalten. Noch heute verrät sich sein Platz durch die gut erhaltenen Löwenkrallen zu beiden Seiten. In der Römerzeit fanden in dem Theater neben den üblichen Vorstellungen auch Staatsakte und Zeremonien statt.

Die Reliefs hinter der Bühne, meist Figuren ohne Kopf, stammen aus dem 2. Jahrhundert v. Chr. Sie stellen die Taten von Dionysos dar. Nur zwei kräftige, leicht gebückte Figuren haben ihren Kopf nicht verloren. Es sind *selini,* einer der Jünger des mythischen Selinos, dem ausschweifenden Vater der Satyrn – sein bedeutendstes Merkmal war ein überdimensionaler Phallus. Seine Lieblingsbeschäftigung war es, durch die Berge zu jagen und Nymphen zu verführen.

Asklepieion & Eumenes-Stoa

RUINEN

Oberhalb des Dionysos-Theaters führt eine Treppe hinauf zum Asklepieion, einem Tempel, der um eine heilige Quelle erbaut wurde. Der Verehrungskult um Asklepios, dem Arzt und Sohn des Apollon, hat seine Ursprünge in Epidauros. Als 429 v. Chr. die Pest ausbrach, kamen viele Menschen auf der Suche nach Heilung hierher.

VIRTUELLE AGORA

Im **Hellenic Cosmos** (S. 106) können Besucher auf einer interaktiven, virtuellen 3D-Reise einen faszinierenden Einblick in das Leben auf der antiken Agora gewinnen. Die 45-minütige Show findet unter der High-Tech-Kuppel Tholos statt. Die Zeitreise umspannt verschiedene Epochen von der Antike bis zur Römerzeit und bietet einen einzigartigen Einblick in das kulturelle und politische Leben im antiken Athen.

Syntagma, Plaka & Monastiraki

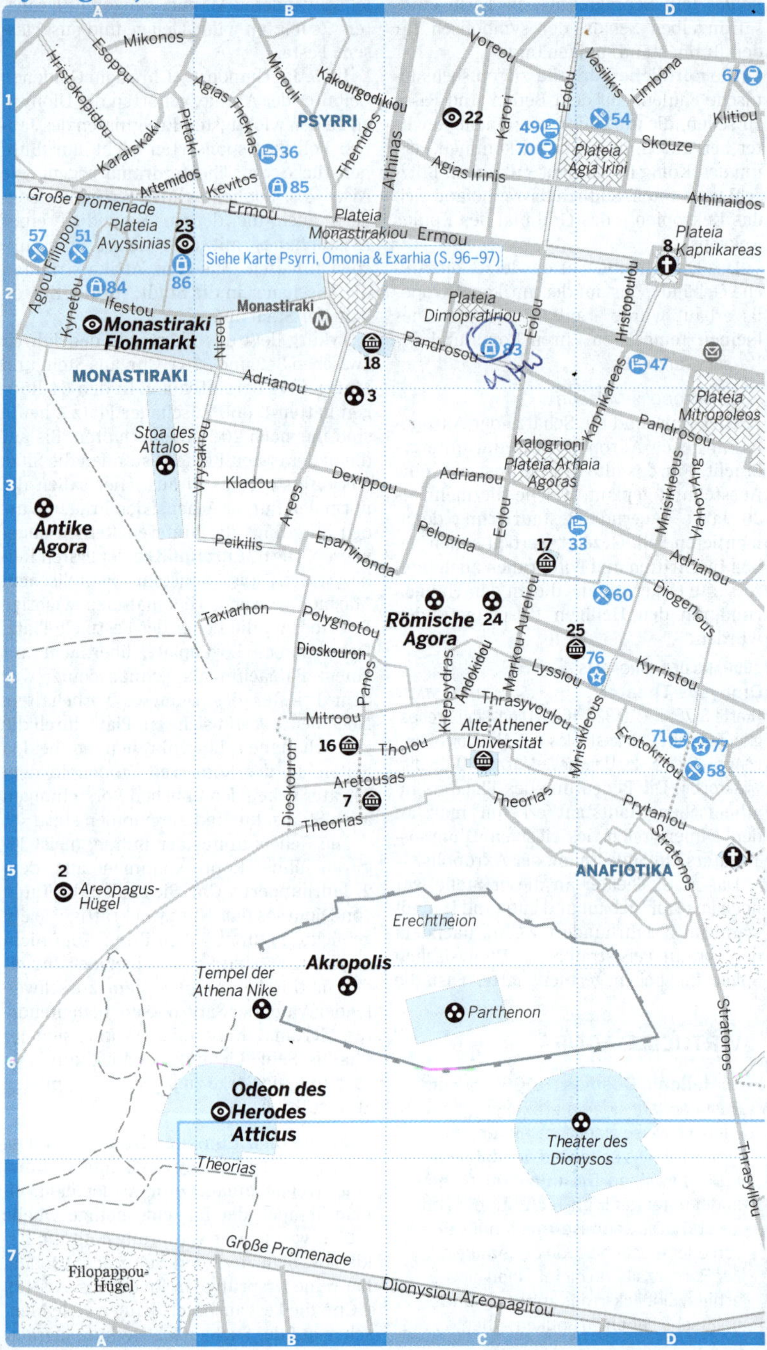

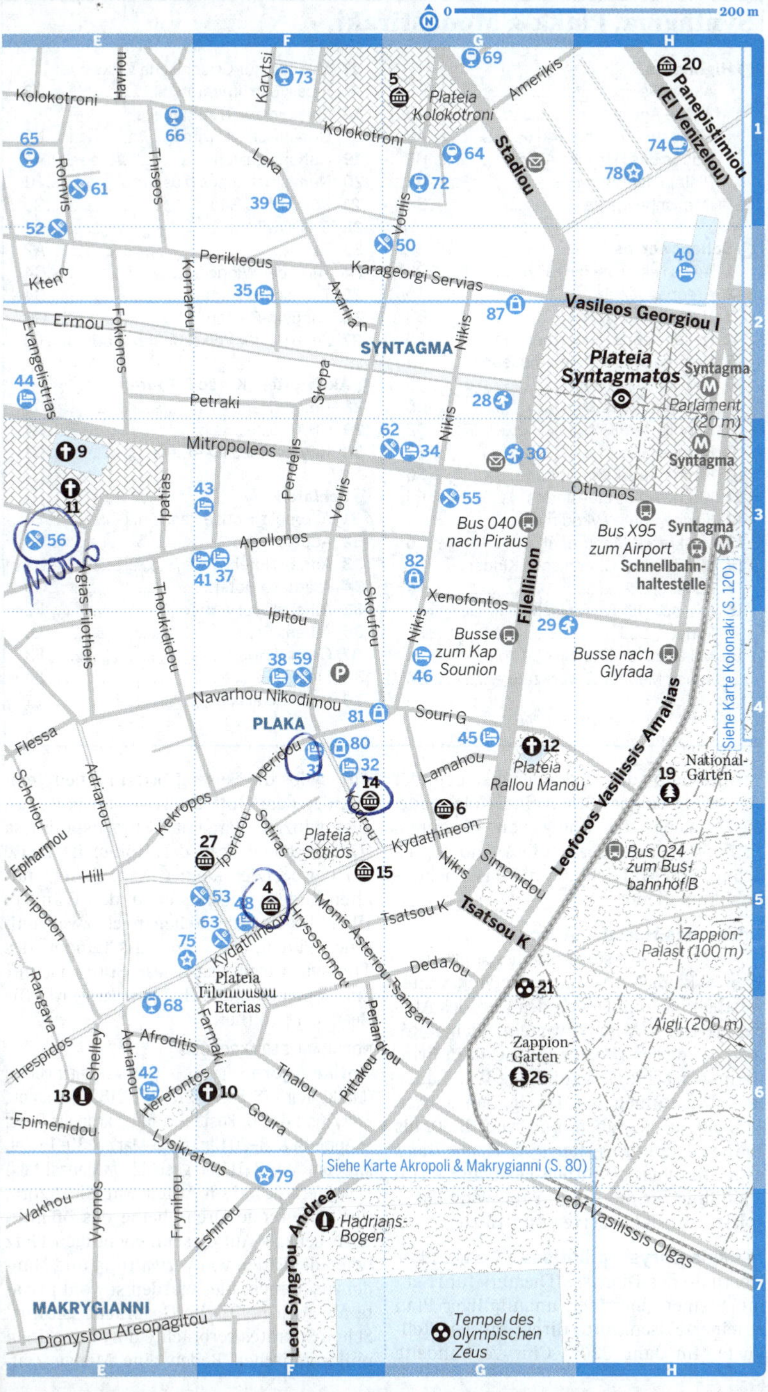
0
200 m
E
F
G
H
1
2
3
4
5
6
7
Kolokotroni
Havriou
Karytsi
73
5
Plateia Kolokotroni
Amerikis
69
20
Panepistimiou (El Venizelou)
65
66
Thiseos
Leka
64
Stadiou
74
Romvis
61
39
72
78
52
Voulis
50
Perikleous
Karageorgi Servias
40
Ktena
Kornarou
35
Axarlian
87
Vasileos Georgiou I
Ermou
Fokionos
SYNTAGMA
Nikis
Plateia Syntagmatos
Evangelistrias
Syntagma
44
Petraki
Skopa
28
Parlament (20 m)
Mitropoleos
62
34
Nikis
30
Syntagma
9
Pendelis
43
55
Othonos
11
Ipatias
Voulis
Bus 040 nach Piräus
Bus X95 zum Airport
Syntagma
56
Apollonos
82
Schnellbahn-haltestelle
41
37
Filellinon
Agias Filotheis
Thoukididou
Xenofontos
Ipitou
Skoufou
Nikis
29
Busse zum Kap Sounion
Busse nach Glyfada
38
59
46
Siehe Karte Kolonaki (S. 120)
Navarhou Nikodimou
81
Souri G
Flessa
PLAKA
80
45
12
Plateia Rallou Manou
Leoforos Vasilissis Amalias
Iperidou
32
Lamahou
19
National-Garten
Adrianou
Scholiou
14
Kodrou
6
Kekropos
27
Iperidou
Sotiras
Plateia Sotiros
Kydathineon
Epiharmou
15
Nikis
Simonidou
Bus 024 zum Busbahnhof B
Hill
53
4
48
Tripodon
63
Hrysostomou
Monis Asteriou
Tsatsou K
Tsatsou K
Zappion-Palast (100 m)
75
Kydathineon
Rangava
Plateia Filomousou Eterias
Dedalou
Sangari
21
68
Periandrou
Aigli (200 m)
Afroditis
Farmaki
Zappion-Garten
Thespidos
Shelley
Adrianou
42
Herefontos
Thalou
26
13
10
Pittakou
Goura
Epimenidou
Lysikratous
Siehe Karte Akropoli & Makrygianni (S. 80)
79
Vakhou
Vyronos
Frynihou
Eshinou
Andrea
Hadrians-Bogen
Leof Vasilissis Olgas
Leof Syngrou
MAKRYGIANNI
Dionysiou Areopagitou
Tempel des olympischen Zeus

Syntagma, Plaka & Monastiraki

Unterhalb des Asklepieions befindet sich die Eumenes-Stoa, eine Kolonnade, die Eumenes II., König von Pergamon (197–159 v. Chr.), erbauen ließ, und die als Schutz und Wandelhalle für das Theaterpublikum diente.

Odeon des Herodes Atticus

HISTORISCHES GEBÄUDE, ANTIKE STÄTTE

Vom Asklepieion verläuft der Weg weiter westlich bis zum Odeon des Herodes Atticus. Herodes Atticus war ein reicher Römer, der dieses Theater 161 n. Chr. in Erinnerung an seine Gemahlin Regilla erbauen ließ. Die Ruinen wurden in den Jahren 1857–58 ausgegraben und von 1950 bis 1961 vollständig restauriert. Heute dient es im Rahmen des Athen-Festivals (S. 110) als Bühne für die Aufführung von Schauspielen, Musikkonzerten und Tänzen.

Panagia Chrysospiliotissa

ANTIKE STÄTTE

Oberhalb des Dionysos-Theaters führt ein mit Steinen übersäter, unauffälliger Pfad zu einer Felsengrotte direkt an der Steilküste. Im Jahr 320 v. Chr. verwandelte Thrasyllos die Felsengrotte in einen Tempel, der dem Gott Dionysos geweiht war. Die winzige Panagia Chrysospiliotissa (Unsere Liebe Frau der Höhle) ist heute ein bewegender kleiner Andachtsort mit alten Bildern und Ikonen an den Wänden. Über der Kapelle stehen noch zwei ionische Säulen, die an den Tempel des Thrasyllos erinnern. Diese Stätte ist nur am Namenstag der Heiligen Jungfrau für Besucher geöffnet.

NORDHANG DER AKROPOLIS

Antike Agora

WAHRZEICHEN, RUINEN

(Markt; Karte S. 84; ☎210 321 0185; Adrianou; Erw./Kind 4/2 €, kostenlos mit Akropolis-Pass; ⏲April–Okt. 8–20 Uhr, Nov.–März 8.30–15 Uhr, Museum Mo. 8–11 Uhr geschl.; Ⓜ Monastiraki)

Das Herz des alten Athen war die Agora, die pulsierende Drehscheibe des öffentlichen Lebens. Auf diesem lebendigen Platz liefen die Fäden von Verwaltung und Handel zusammen, hier wurden sowohl private als auch politische Gespräche geführt. Schon Sokrates verbrachte dort mit seinen philosophischen Reden eine Menge Zeit.

40 Hotel Grande Bretagne ... H2
41 Hotel Hermes ... F3
42 Hotel Phaedra ... E6
43 John's Place ... F3
44 Magna Grecia ... E2
45 NEW ... G4
46 Niki Hotel ... G4
47 Plaka Hotel ... D2
48 Student & Travellers' Inn ... F5
49 Tempi Hotel ... C1

Essen
50 Ariston ... G2
51 Café Avyssinia ... A2
52 Filema ... E2
53 Glykis ... F5
54 Kostas ... D1
55 Lena's Bio ... G3
56 Mono ... E3
57 Ouzou Melathron ... A2
58 Palia Taverna tou Psara ... D4
59 Paradosiako ... F4
60 Platanos ... D4
60 Platanos ... D4
61 Pure Bliss ... E1
62 Tzitzikas & Mermingas ... G3
63 Vizantino ... F5

Ausgehen
64 42 ... G1
65 Baba Au Rum ... E1
66 Bartessera ... E1
67 Booze ... D1
68 Brettos ... E6
69 Galaxy Bar ... G1
70 Magaze ... C1
71 Melina ... D4
72 Seven Jokers ... G1
73 Toy ... F1
74 Zonar's ... H1

Unterhaltung
75 Cine Paris ... E5
76 Mostrou ... D4
77 Palea Plakiotiki Taverna Stamatopoulos ... D4
78 Pallas ... H1
79 Perivoli Tou Ouranou ... F6

Shoppen
80 Amorgos ... F4
81 Compendium ... F4
82 Eleftheroudakis ... G3
83 Hellenisches Kunsthandwerks-zentrum ... C2
84 John Samuelin ... A2
85 Melissinos Art ... B1
86 Olgianna Melissinos ... A2
87 Public ... G2

Im Jahr 49 n. Chr. versuchte der Heilige Paulus hier, die Athener zum Christentum zu bekehren.

Der Versammlungsplatz existierte bereits im 6. Jahrhundert v. Chr., wurde jedoch im Jahr 480 v. Chr. von den Persern verwüstet. Daraufhin wurde im nahtlosen Übergang an der gleichen Stelle eine neue Agora angelegt. Unter Perikles kam der Platz zu seiner vollen Blüte. Die Agora stand bis ins Jahr 267 n. Chr. im Mittelpunkt, d. h. bis zu ihrer Zerstörung durch die Heruler, einem ostgermanischen Volksstamm.

Zu einem späteren Zeitpunkt gründeten die Türken an der gleichen Stelle eine Siedlung. Nachdem Athen unabhängig geworden war, ließen Archäologen die Ruinen abtragen. Es folgten weitere Ausgrabungen in tieferen Schichten, um Fragmente aus der Antike und teilweise aus der Jungsteinzeit freizulegen.

Heute lädt die Stätte als üppig grüne Ruheoase, übersät mit wunderschönen Bauten, zu einer erfrischenden Verschnaufpause ein fern von den verkehrsverstopfen Straßen Athens. Es steht dort eine Reihe von Eingängen zur Auswahl, aber der praktischste ist der Nordeingang von der Adrianou aus.

Attalos-Stoa

Eine Stoa ist eine überdachte Promenade oder ein Säulengang, und die Attalos-Stoa gilt als erste Einkaufsarkade der Welt. König Attalos II. von Pergamon ließ sie in den Jahren 159 bis 138 v. Chr. erbauen; die majestätisch anmutende Arkade besteht aus einer Reihe von 45 Säulen; im Erdgeschoss sind es dorische, in der oberen Galerie ionische Säulen. Während des Panathenäischen Festzuges, der alle viere Jahr stattfand, versammelten sich Schaulustige in der Arkade.

In den Jahren zwischen 1953 und 1956 veranlasste die Amerikanische Hochschule für Archäologie eine authentische Rekonstruktion; die Fassade besteht heute aus naturbelassenem Pentelischen Marmor (früher waren die Säulen rot und blau gestrichen).

Das herausragende **Agora-Museum**, heute untergebracht in der rekonstruierten Attalos-Stoa, ist ein sehr geeigneter Ausgangspunkt, um sich einen Überblick über die gesamte Stätte zu verschaffen. Im Museum, das eine Sammlung von Fundstücken beherbergt, steht auch ein Modell der Agora.

Hephaistos-Tempel

Der am besten erhaltene dorische Tempel in Griechenland ist der Hephaistos-Tempel am westlichen Rand der Agora, der dem Gott der Schmiedekunst geweiht und von Gießereien und Metallgeschäften umgeben war. Der Tempel war eines der ersten Gebäude des Wiederaufbauprogramms unter der Aufsicht von Perikles. Erbaut wurde er im Jahr 449 v.Chr. von Iktinos, einem der Architekten des Parthenon. Der Tempel bestand aus 34 Säulen und einem Fries an der Ostseite. Darauf sind zwölf Heldentaten des Herakles abgebildet. Im Jahr 1300 n.Chr. wurde der Tempel christianisiert und in die Kirche Agios Georgios umfunktioniert. Der letzte Gottesdienst fand im Jahr 1834 zu Ehren von König Otto von Bayern anlässlich seiner Ankunft in Athen statt.

Nordöstlich des Tempels befinden sich die Grundmauern der **Halle des Zeus Eleutherios.** Auch dort gab Sokrates seine philosphischen Reden zum Besten. Weiter nördlich befinden sich die Fundamente der **Stoa Basileios** (Königshalle) und der **Stoa Poikile** (bunte Säulenhalle). Die „bunte Halle" verdankt ihren Namen Wandmalereien mit mythologischen Motiven und Darstellungen von historischen Schlachten. Sie stammen von führenden Künstlern jener Zeit.

Südöstlich vom Hephaistos-Tempel lag das **Neue Bouleuterion** (Ratsgebäude), wo sich der Senat (die von Solon gegründete Versammlung) traf, während sich die Regierung südlich davon im runden **Tholos** versammelte.

Apostelkirche

In der Nähe des Südeingangs steht die reizende Kirche Agii Apostoli. Sie wurde zu Beginn des 10. Jahrhunderts an der Agora erbaut und soll an die Predigten des Heiligen Paulus erinnern. Von 1954 bis 1957 wurden die Anbauten aus dem 19. Jahrhundert wieder entfernt, um die Kirche in ihrer urprünglichen Form erscheinen zu lassen. Im Inneren sind schöne byzantinische Fresken zu bestaunen.

Römische Agora & Turm der Winde

RUINEN

(Karte S.86; ☎210 324 5220; Ecke Pelopida & Eolou; Erw./Kind 2/1 €, kostenlos mit Akropolis-Pass; ⌚April–Okt. 8–20 Uhr, Nov.–März 8.30–15 Uhr; Ⓜ Monastiraki) Der Eingang zur **Römischen Agora** führt durch das gut erhaltene **Tor der Athena Archegetis** mit vier dorischen Säulen. Es wurde unter anderem von Julius Cäsar finanziert und entstand irgendwann Ende des 1. Jahrhunderts v.Chr. Von der restlichen Römischen Agora ist kaum noch etwas zu erkennen. Rechts vom Eingang befinden sich die Fundamente einer öffentlichen Latrine aus dem 1. Jahrhundert, südöstlich des Platzes der Rest eines Propylons und einer Ladenzeile. Der gut erhaltene **Turm der Winde** wurde im 1. Jahrhundert v.Chr. von einem syrischen Astronomen namens Andronikos erbaut.

Das achteckige Monument aus Pentelischem Marmor ist eine geniale Komposition aus Sonnenuhr, Wetterfahne, Wasseruhr und Anzeiger der Himmelsrichtung. Jede Seite steht für eine Himmelsrichtung und ist mit dem Relief einer fliegenden Gestalt verziert; sie symbolisieren die Winde, die aus dieser Richtung kommen. Unter den Reliefs sind die verblassten Markierungen der Sonnenuhr zu sehen. Auf der Turmspitze drehte sich vor langer Zeit als Wetterfahne ein Triton aus Bronze – er ist längst verschwunden. In der Türkenzeit lebten hier die Derwische.

Hadriansbibliothek

RUINEN

(Karte S.86; Eintritt 2 €; Ⓜ Monastiraki) Nördlich der Römischen Agora befindet sich die riesige Bibliothek aus dem 2. Jahrhundert n.Chr. Es ist das größte Gebäude, das Hadrian je erbauen ließ. Dazu gehörte ein Kreuzgang, der mit 100 Säulen an einen Innenhof grenzt. Im Zentrum des Hofes war ein Bassin angelegt. Das Gebäude diente nicht nur der Archivierung von Büchern; daneben gab es auch noch Musik- und Lesesäle sowie ein Theater.

Kerameikos

ANTIKE STÄTTE

(Karte S.116; ☎210 346 3552; Ermou 148, Kerameikos; Erw./Kind inkl. Museum 2 €/kostenlos, kostenlos mit Akropolis-Pass; ⌚April–Okt. 8–20 Uhr, Nov.–März 8.30–15 Uhr; Ⓜ Thissio) Kerameikos war der städtische Friedhof ab dem 12. Jahrhundert v.Chr. bis in die Römerzeit. Ursprünglich war Kerameikos eine Siedlung, in der sich Töpfer niedergelassen hatten, die aus dem Flussbett des

Iridanos Lehm für ihr Kunsthandwerk schöpften. Aufgrund der ständigen Überschwemmungen wurde das Gelände letzten Endes in einen Friedhof umgewandelt. Im Jahr 1861 wurde Kerameikos beim Bau der Hafenstadt Piräus wiederentdeckt. Heute ist es eine begrünte, ruhige Stätte mit einem erstklassigen Museum.

Heiliges Tor & Dipylon

Hinter den Toren führt der Weg rechts weiter eine kleine Anhöhe hinauf, wo sich eine Übersichtskarte für die ganze Anlage befindet. Von da führt ein Weg rechts hinunter zu den Überresten einer **Stadtmauer,** die Themistokles im Jahr 479 v. Chr. erbauen und Konos im Jahr 394 v. Chr. wieder aufbauen ließ. Die Mauer wird von den Fundamenten zweier Stadttore unterbrochen. Beide sind mit kleinen Beschriftungen versehen.

Das erste, das **Heilige Tor** überspannte den Heiligen Weg und wurde von den Pilgern aus Eleusis genutzt, die während der jährlichen Eleusischen Prozession in die Stadt strömten. Das zweite Tor, das **Dipylon,** nordöstlich vom Heiligen Tor, war der Haupteingang zur Stadt und Startpunkt der Panathenäischen Festzüge. Hier hielten sich auch die Prostituierten der Stadt auf, um erschöpften Reisenden ihren Aufenthalt zu versüßen.

Auf einem Podest außerhalb des Dipylon hielt Perikles seine berühmte Rede, in der er die Tugenden der Athener pries und die Gefallenen des ersten Jahres des Peloponnesischen Krieges ehrte.

Zwischen dem Heiligen Tor und dem Dipylon befinden sich die Fundamente des **Pompeion,** das den Teilnehmern des Panathenäischen Festzuges dazu diente, sich für die Festlichkeiten umzuziehen.

Gräberstraße

Von der Heiligen Straße zweigt nach links die aus der Stadt führende Gräberstraße ab. Neben dieser Straße ließen sich die vornehmsten Athener bestatten. Die erhaltenen Stelen befinden sich heute im Archäologischen Nationalmuseum. Bei den vor Ort ausgestellten Stelen handelt es sich meist um Kopien. Die erstaunliche Ansammlung von Grabmälern, verziert mit auffälligen Basreliefs, sind eine eingehende Betrachtung wert.

Gewöhnliche Bürger wurden im Randbereich des Friedhofs abseits der Gräberstraße beerdigt. Eine gut erhaltene Stele (auf den Steinstufen der nördlichen Seite) zeigt ein kleines Mädchen mit ihrem Lieblingshund. Die größte Stele gehört zum Grab der Schwestern Demetria und Pamphile.

Kerameikos-Museum

Das kleine Kerameikos-Museum wurde von dem Deutsch-Amerikaner Gustav Oberlaender, einem Strumpfhersteller, gestiftet. Die sehenswerte Sammlung besteht aus Stelen und Skulpturen der historischen Stätte sowie aus Vasen und Terrakottafigürchen.

SÜDÖSTLICH DER AKROPOLIS

Tempel des Olympischen Zeus

WAHRZEICHEN, RUINEN

(Karte S. 80; ☎210 922 6330; Erw./Kind 2 €/kostenlos, kostenlos mit Akropolis-Pass; ⏲April–Okt. 8–20 Uhr, Nov.–März 8.30–15 Uhr; Ⓜ Syntagma) An diesem auffälligen Juwel mitten im Stadtzentrum von Athen kommt keiner vorbei! Der Tempel des Olympischen Zeus ist der größte Tempel Griechenlands. Der Tempelbau begann im 6. Jahrhundert v. Chr. unter der Aufsicht von Peisistratos; allerdings ging zwischenzeitlich das Geld aus, und das Gelände lag brach. Verschiedene Herrscher machten Anläufe, den Bau zu Ende zu bringen, aber erst 700 Jahre später wurde der Tempel 131 n. Chr. unter Hadrian schließlich vollendet.

Der Tempel beeindruckt schon allein durch seine Größe: Er bestand aus 104 korinthischen Säulen (17 m hoch mit einem Basisdurchmesser von 1,70 m); übrig geblieben sind davon 15 Säulen – eine Säule wurde im Jahr 1852 von einem Sturm umgerissen. Teile davon liegen auf dem Boden. Hadrian ließ in der Cella eine kolossale Zeus-Statue aufstellen und – Bescheidenheit gehörte nicht zu seinen Tugenden – eine gleich große von sich selbst daneben errichten.

Hadriansbogen

DENKMAL

(Karte S. 80; Ecke Leoforos Vasilissis Olgas & Leoforos Vasilissis Amalias; Ⓜ Syntagma) Der römische Kaiser Hadrian fühlte sich der Stadt Athen sehr verbunden. Zwar sorgte er dafür, dass viele klassische Kunstwerke in Richtung Rom verschwanden, er schenkte der Stadt jedoch als Gegenleistung viele Bauten im Stil der klassischen Architektur. Der Hadriansbogen, ein erhabenes Denkmal aus Pentelischem Marmor, steht an der Kreuzung zweier belebter Straßen: der Leoforos Vasilissis Olgas und der Leoforos Vasilissis Amalias. Hadrian ließ das Tor im Jahr 132 errichten, wahrscheinlich um an die Weihe des Tempels des Olympischen Zeus zu erinnern. Die Inschriften zeigen, dass das Tor auch als Trennlinie zwischen der alten griechischen und der neuen römischen Stadt vorgesehen war. Der Nordwestfries trägt die Inschrift: „Das ist Athen, die antike Stadt des Theseus", auf dem Südostfries steht: „Das ist die Stadt des Hadrian und nicht des Theseus."

GRATIS **Panathenäisches Stadion**

HISTORISCHES GEBÄUDE, ANTIKE STÄTTE

(Karte S. 72; Pangrati; Ⓜ Akropoli) Das imposante Panathenäische Stadion befindet sich zwischen zwei von Pinien bewachsenen Hügeln zwischen den Stadtvierteln Mets und Pangrati. Ursprünglich diente das Bauwerk im 4. Jahrhundert v. Chr. als Veranstaltungsort für die Panathenäischen Leichtathletikwettkämpfe. Angeblich sollen anlässlich Hadrians Krönung im Jahr 120 n. Chr. Tausende von wilden exotischen Tieren in der Arena niedergemetzelt worden sein. Die Sitze ließ Herodes Atticus aus Pentelischem Marmor wiederherstellen.

Nachdem es Hunderte von Jahren vergessen war, ließ ein wohlhabender Grieche namens Georgios Averof im Jahr 1895 das Stadion komplett sanieren. Im darauffolgenden Jahr konnten hier die ersten modernen Olympischen Spiele stattfinden. Es handelt sich um einen getreuen Nachbau des ursprünglichen Panathenäischen Stadions. Die Sitze bestehen aus Pentelischem Marmor, und das Stadion bietet 70 000 Zuschauern Platz. Die Sportanlagen bestehen aus einer Laufbahn und einem Spielfeld in der Mitte für Wettkämpfe verschiedenster Art. Während der Olympischen Spiele 2004 bot das Stadion eine atemberaubende Kulisse für den Wettkampf im Bogenschießen und für den Marathon-Endspurt. Gelegentlich werden hier heute Konzerte und andere Events veranstaltet, und es ist Schauplatz des Zieleinlaufs des jährlichen Athener Marathons.

GRATIS **Römische Thermen**

RUINEN

(Karte S. 86; Ⓜ Syntagma) Bei den Ausgrabungsarbeiten für einen Lüftungsschacht der Metro wurden gut erhaltene Ruinen einer weit ausgedehnten Anlage römischer Thermen freigelegt. Die Badeanlagen reichten bis in den heutigen Nationalgarten. Die Thermen entstanden nach den Überfällen der Heruler im 3. Jahrhundert n. Chr. am Fluss Ilissos; im 5. Jahrhundert wurden sie zwar zerstört, im darauffolgenden Jahrhundert wurden sie jedoch wieder instandgesetzt.

Byzantinisches Athen

Im heutigen Athen gibt es nur noch wenige Spuren byzantinischer Architektur. Als das Römische Reich geteilt wurde, war Athen quasi zu einer Provinzstadt zusammengeschrumpft. Das bedeutendste byzantinische Gebäude ist das **Kloster in Dafni,** 10 km nordwestlich von Athen, mit seiner Kirche aus dem 11. Jahrhundert. Im Jahr 1999 wurde es durch ein Erdbeben stark beschädigt und ist seither geschlossen. Eine der ältesten Kirchen Athens ist die **Apostelkirche** aus dem 10. Jahrhundert an der antiken Agora.

Die meisten der im Folgenden vorgestellten Kirchen haben keine festen Öffnungszeiten.

Agios Eleftherios

KIRCHE

(Kleine Mitropolis; Karte S. 86; Plateia Mitropoleos, Plaka; Ⓜ Monastiraki) Die Kirche aus dem 12. Jahrhundert gilt als die schönste der ganzen Stadt. Sie besteht teilweise aus Pentelischem Marmor, der Fassadenfries ist mit Basreliefs verziert. Darauf sind Allegorien in Gestalt von Ungeheuern zu erkennen. Ursprünglich war die Kirche Panagia Gorgoepikoos geweiht (was so viel heißt wie „die rasch erhörende Jungfrau") und diente als Kathedrale; heute jedoch steht die Kirche im Schatten der viel größeren neuen **Mitropolis.**

Kapnikarea-Kirche

KIRCHE

(Karte S. 86; Ermou, Monastiraki; ⌚ Di, Do & Fr 8–14 Uhr; Ⓜ Monastiraki) Die kleine Kirche aus dem 11. Jahrhundert steht unvermittelt an der belebten Einkaufsstraße Ermou. Die Universität Athen rettete die Kirche rechtzeitig vor den Planierraupen und sorgte für ihre Restaurierung. Die Kuppel wird von vier großen römischen Säulen getragen.

Agii Theodori

KIRCHE

(Karte S. 96; Ecke Dragatsaniou & Agion Theodoron, Syntagma; Ⓜ Panepistimio) Die Kirche aus dem 11. Jahrhundert hat eine mit Ziegeln gedeckte Kuppel und einen hübschen Terrakottafries, auf dem Tiere und Pflanzen zu sehen sind. Sie steht hinter dem Klafthmonos-Platz.

ABSTECHER

EIN FEUERWERK DER KUNST

Seit geraumer Zeit blüht in Athen die moderne Kunstszene. Auch wenn die Stadt mit anderen Aspekten des politischen und gesellschaftlichen Lebens zu kämpfen hat, so hat sich doch eine neue Generation an Mehrzweckgalerien herausgebildet, die quer durch alle Disziplinen Raum für Inszenierungen bieten, wie etwa für griechische Musiker, darstellende und visuelle Künstler. Einige wirken wie Museen, andere wie Nachtclubs, und anderswo wiederum kommt es darauf an, zu welcher Tageszeit geöffnet ist.

Theocharakis-Stiftung für die Schönen Künste & Musik (Karte S. 120; ☎210 361 1206; www.thf.gr; Leoforos Vasilissis Sofias 9, Kolonaki; Erw./Kind 6 €/kostenlos; ⏲Mi & Fr–So 10–18, Do 10–22 Uhr; Ⓜ Syntagma) Dieses ausgezeichnete Kunstforum befindet sich in einem restaurierten neoklassizistischen Gebäude, hat drei Ausstellungsebenen mit Werken griechischer und internationaler Künstler aus dem 20. und 21. Jahrhundert, ein Theater, einen Kunstladen und ein angenehmes Café. Musikvorführungen finden zwischen September und Mai statt.

Taf (Kunststiftung; Karte S. 86; ☎210 323 8757; www.theartfoundation.gr; Normanou 5, Monastiraki; ⏲13 Uhr–Mitternacht; Ⓜ Monastiraki) Das Souterrain-Café Taf profitiert von seinem morbiden Setting. Es ist umgeben von Backsteingebäuden aus den 1870er-Jahren – dort tummelt sich immer ein eklektisches junges Publikum. Der Rest funktoniert als ein Raum für Kunst, Musik und Theater, wo Vorführungen und Screenings oft kostenlos sind.

Six DOGS (Karte S. 86; ☎210 321 0510; www.sixdogs.gr; Avramiotou 6, Monastiraki; Ⓜ Monastiraki) Hier greift die kleine Netzwerktheorie, jeder ist mit jedem über sieben Ecken verbunden. Der ländliche Garten im rückwärtigen Innenhof bietet Gelegenheit für ruhige Plauderstündchen bei Kaffee oder einem Drink; abends drängelt sich das Publikum draußen vor der Bar ... Geboten werden auch Theater und Kunst.

Onassis Cultural Centre (außerhalb Karte S. 80; ☎210 924 9090; www.sgt.gr; Leoforos Syngrou 109, Neos Kosmos; Ⓜ Syngrou-Fix) Das Zentrum für visuelle und darstellende Kunst, ein Multimillioneneuroprojekt, beherbergt sehenswerte Produktionen und Installationen namhafter Künstler. Es befindet sich 1,5 km südwestlich der Metrostation Syngrou-Fix.

Bios (Karte S. 116; www.bios.gr; Pireos 84, Gazi; Ⓜ Thisio) In einem alten Industriegebäude im Bauhaus-Stil nahe Gazi befindet sich eine mehrstöckige Mietskaserne mit einer Bar, Live-Spektakel, Kunst- und Multimediaausstellungen, einem Souterrain-Club, einem winzigen Autorenkino und einem Dachgarten – alles mit einem Touch künstlerische Avantgarde.

Technopolis (Karte S. 118; ☎210 346 7322; Pireos 100, Gazi; Ⓜ Keramikos) In den früheren Gaswerken, die in ein Kulturzentrum umgewandelt wurden, finden heute Multimedia-Ausstellungen, Konzerte und Spezialevents statt.

Agios Nikolaos Rangavas KIRCHE
(Karte S. 86; Ecke Prytaniou & Epiharmou, Plaka; Ⓜ Akropoli) Die reizvolle Kirche aus dem 11. Jahrhundert gehört zum Palast der Familie Rangavas. Zu ihren Mitgliedern zählte Michael I., der Herrscher von Byzanz. Nach der Befreiung von den Türken wurde in diesem Gebäude zum ersten Mal eine Kirchenglocke in Athen angebracht, was zuvor verboten war. Die Glocke erstmals im Jahr 1833, um die Befreiung Athens zu verkünden.

Sotira Lykodimou KIRCHE
(Karte S. 86; Plateia Rallou Manou, Plaka; Ⓜ Syntagma) Die einzigartige Kirche aus dem 11. Jahrhundert mit der imposanten Kuppel, heute die Kathedrale der russisch-orthodoxen Kirche, ist die einzige achteckige byzantinische Kirche.

Sehenswert sind weitere Kirchen aus dem 11. und 12. Jahrhundert, wie die Agia Ekaterini (Karte S. 86) in Plaka in der Nähe des Lysikrates-Monumentes zu Ehren der Choregen, und die Agios Dimitrios

GEHEIMTIPP

DER KÜNSTLER ANGELO PLESSAS

„Athen hat mittlerweile eine sehr internationale Kunstszene entwickelt", bemerkt der Künstler Angelo Plessas, der nach vier Jahren in New York jetzt wieder in Athen zu Hause ist. „Als griechischer Künstler muss man nicht mehr unbedingt ins Ausland gehen. Inzwischen hat sich alles geändert. Wir haben hier die Biennale, das Museum für Zeitgenössische Kunst, und wir haben die großen Sammlungen. Ausländische Künstler, die nach Athen kommen, beschreiben die Stadt als erfrischend und lebendig. In ihren Augen passiert hier immer jede Menge. Athen hat eine gute Energie, und das ist für Künstler das Wichtigste. Die Menschen hier sind leidenschaftlich, was für die Kreativität und den Austausch gut ist."

Kunstevents

» **Art-Athina** (www.art-athina.gr) Internationale Messe moderner Kunst im Mai

» **Athener Biennale** (www.Athenbiennial.org) Alle zwei Jahre von Juni bis Oktober

» **Remap** (www.remap.org) Parallel zur Biennale finden Ausstellungen in leer stehenden Gebäuden statt.

Kunstgalerien

Unter www.athensartmap.net sind sämtliche Galerien und Kunsträume verzeichnet; in Galerien und Cafés der Stadt liegt außerdem die kostenlose Athens Contemporary Art Map aus.

» **AMP** (Karte S. 96; ☎210 325 1881; www.a-m-p.gr; Epikourou 26, Ecke Korinis, Psyrri; ⏲Di–Fr 12–18, Sa 12–16 Uhr)

» **Athinais** (☎210 348 0000; www.athinais.com.gr; Kastorias 36, Gazi; ⏲9–21 Uhr)

» **Bernier-Eliades** (Karte S. 116; ☎210 341 3935; www.bernier-eliades.gr; Eptachalkou 11, Thisio; ⏲Di–Fr 10.30–20, Sa 12–16 Uhr).

» **Breeder** (☎210 331 7527; www.thebreedersystem.com; Iasonos 45, Metaxourghio; ⏲Di & Sa 12–18, Mi–Fr 12–20 Uhr)

» **Rebecca Camhi Gallery** (Karte S. 96; ☎210 523 3049; www.rebeccacamhi.com; Leonidou 9, Metaxourghio; ⏲nach Vereinbarung)

Loumbardiaris (S. 104) aus dem 15. Jahrhundert auf dem Filopappos-Hügel.

Die Besichtigung des byzantinischen Klosters **Moni Kaisarianis** (S. 106) ist ebenfalls empfehlenswert.

Klassizistisches Athen

Athen ist stolz auf eine Vielzahl schöner klassizistischer Bauwerke, die aus der Zeit nach der Unabhängigkeit stammen. Besonders erwähnenswert ist die berühmte Athener Trilogie an der Panepistimiou, auf halber Höhe zwischen dem Omonia- und dem Syntagmaplatz.

Herzstück ist die herrliche **Universität Athen** (Karte S. 96; Ⓜ Panepistimio), die nach einem Entwurf des dänischen Architekten Christian Hansen entstand und im Jahr 1864 vollendet wurde. Bis heute dient sie als zentrales Verwaltungsgebäude der Universität. Daneben befindet sich die **Akademie der Wissenschaften**, die auf einen Entwurf von Hansens Bruder Theophile zurückgeht und im Jahr 1885 fertiggestellt wurde. Der ionische Eingang ist dem östlichen Eingang zum Erechtheion nachempfunden. Die Gebäude sind für die Öffentlichkeit nicht zugänglich.

Die Athener Trilogie wird durch die **Nationalbibliothek** (Karte S. 96; ☎210 338 2541; www.nlg.gr; Panepistimiou 32, Syntagma; Eintritt frei; ⏲Mo–Do 9–20, Fr & Sa 9–14 Uhr; Ⓜ Panepistimio) vervollständigt. Ihr Hauptmerkmal ist der Korridor, der zum Lesesaal führt: Zu beiden Seiten steht jeweils eine Reihe dorischer Säulen, die nach dem Vorbild des Hephaistos-Tempels in der antiken Agora gestaltet wurden.

Museen & Galerien

Akropolis-Museum ARCHÄOLOGISCHES MUSEUM (Karte S. 80; ☎210 900 0901; www.theacropolismuseum.gr; Dionysiou Areopagitou 15, Akropoli; ⏲Di–So 8–20, Fr bis 22 Uhr; Eintritt 5 €; 📶;

Ⓜ Akropoli) Das seit Langem erwartete Akropolis-Museum wurde 2009 mit Fanfarenklängen unterhalb des Südhangs der Akropolis eröffnet. Die Anlage ist zehnmal größer als der Vorgängerbau, das imposante modernistische Gebäude bringt die meisten noch erhaltenen Schätze der Akropolis an einem Ort zusammen, darunter auch Exponate, die zuvor in anderen Museen oder Lagerhallen standen sowie Stücke, die aus dem Ausland in ihre Heimat zurückgeholt wurden. Während die Sammlung Objekte aus der griechischen Antike und den römischen Perioden umfasst, liegt der Schwerpunkt auf der Akropolis des 5. Jahrhundert – denn diese Ära gilt als die Apotheose des künstlerischen Genies Griechenlands.

Das 130-Mio.-Euro-Museum entstand nach einem Entwurf des in Amerika lebenden Architekten Bernard Tschumi in Zusammenarbeit mit seinem griechischen Kollegen Michael Photiadis. Es präsentiert im Rahmen einer klug konzipierten Chronologie verschiedene Phasen der Geschichte, die quasi über den Ruinen schwebt, die Akropolis stets im Blickfeld. So können die Besucher die Meisterwerke im historischen Zusammenhang wahrnehmen.

Direkt unterhalb des Eingangs befinden sich die Ruinen eines alten Athener Stadtviertels, die clever in die Museumsstruktur integriert wurden, nachdem sie im Zuge der Ausgrabungen freigelegt worden waren.

Auf der ersten Ebene sind Funde von den Hängen der Akropolis ausgestellt. Der Glasboden der Galerie schwingt sich nach oben, als ahme der den Aufstieg zum heiligen Berg nach, während er den Blick zu den darunterliegenden Ruinen ermöglicht. Zu den Exponaten gehören bemalte Vasen und Votivgaben von den Heiligtümern, die den Göttern geweiht waren, sowie neuere Objekte, die bei der Ausgrabung der Siedlung gefunden wurden, darunter Tonfiguren der Siegesgöttin Nike gleich hinter dem Eingang.

Die **Archaische Galerie** ist in natürliches Licht getaucht – ein wahrhaftiger Statuenwald, meist mit Votivgaben zu Ehren der Stadtgöttin Athene. Dazu gehören verblüffende Beispiele der *kore* (Mädchen) aus dem 6. Jahrhundert, Statuen junger Frauen in drapierten Gewändern und mit raffinierten Borten; gewöhnlich halten sie einen Granatapfel, einen Kranz oder einen Vogel in der Hand. Die meisten wurden aus einer Grube auf der Akropolis geborgen, wo die Athener sie nach der Salamis-Schlacht vergraben hatten.

Der Jüngling mit Kalb, eine Statue aus dem Jahr 570 v. Chr., ist eine der seltenen männlichen Statuen, die in dieser Gegend gefunden wurden. Daneben wurden außerdem Bronzefigürchen und Fundstücke

KOSTENLOSE KUNSTSCHAU

Museum für Griechische Volksmusikinstrumente (Karte S. 86; ☎210 325 4119; Diogenous 1–3, Plaka; ⊙Di & Do–So 10–14, Mi 12–18 Uhr; Ⓜ Monastiraki) Das Museum für Griechische Volksmusikinstrumente zeigt eine vielfältige Auswahl an traditionellen Musikinstrumenten; dazu gehören auch Aufnahmen griechischer Musik von großen Virtuosen zum Anhören. Daneben sind noch einige festliche Kostüme für besondere Anlässe ausgestellt. Im Innenhof finden im Sommer unter der Woche Konzerte statt. Das restaurierte *hammam* im Souvenirshop ist eines der wenigen Türkischen Bäder in Athen, die noch vollständig erhalten sind.

Epigraphisches Museum (☎210 821 7637; Tositsa 1, Exarhia; ⊙Di–So 8.30–15 Uhr; Ⓜ Viktoria) Die bedeutendste Sammlung griechischer Inschriften kann in der Epigraphischen Sammlung bestaunt werden. Es handelt sich um eine richtige Bibliothek mit Steinplatten, gleich neben dem Archäologischen Nationalmuseum.

Zentrum für Volkskunst und Tradition (Karte S. 86; ☎210 324 3987; Hatzimihali Angelikis 6, Plaka; ⊙Di–Fr 9–13 & 17–21, Sa & So 9–13 Uhr; Ⓜ Syntagma) Atemberaubend schönes Türkenhaus mit interessanten Wechselausstellungen.

Maria-Callas-Museum (Karte S. 118; ☎210 346 1589; Technopolis, Pireos 100, Gazi; ⊙Mo–Fr 10–15 Uhr; Ⓜ Keramikos) Das Maria-Callas-Museum ist der berühmten Operndiva gewidmet. Zu sehen sind Briefe, unveröffentlichte Fotografien sowie persönliche Erinnerungsstücke, Bücher und Videos.

Psyrri, Omonia & Exarchia

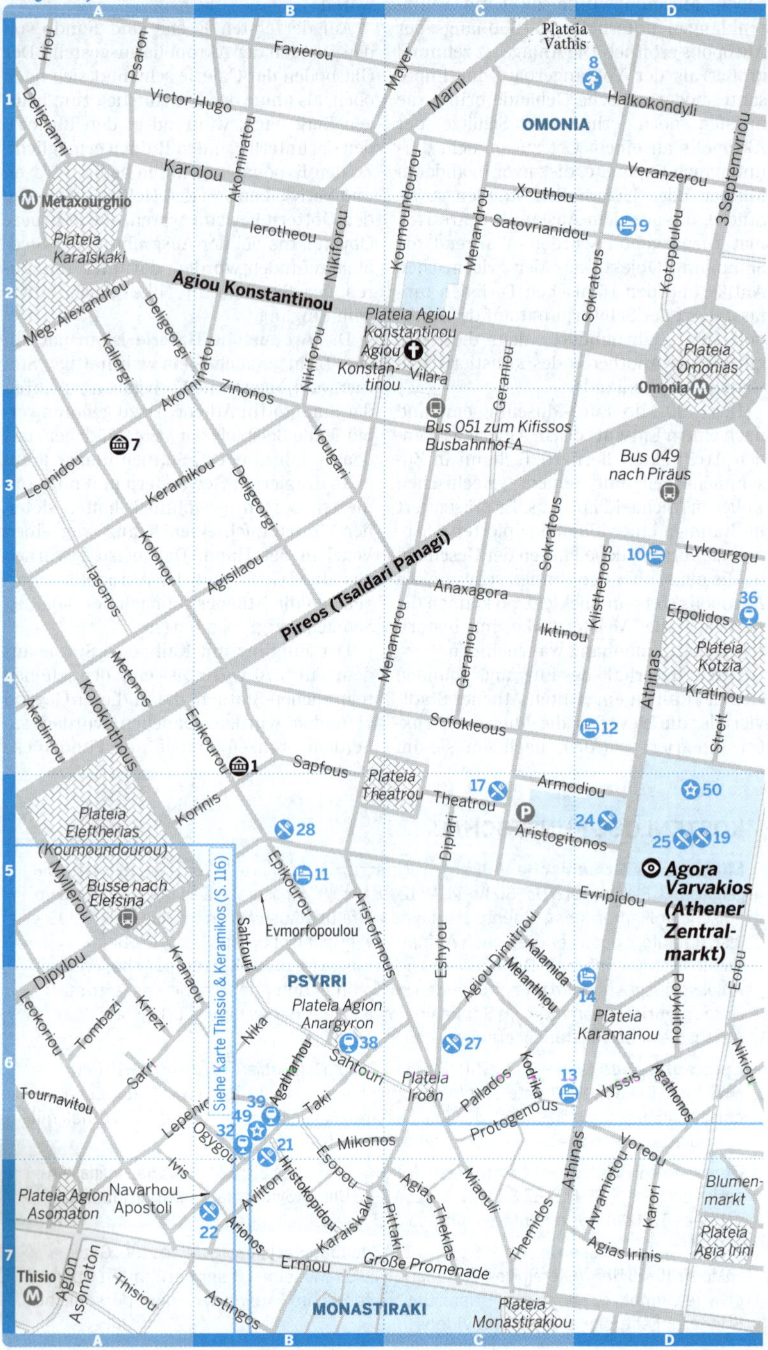

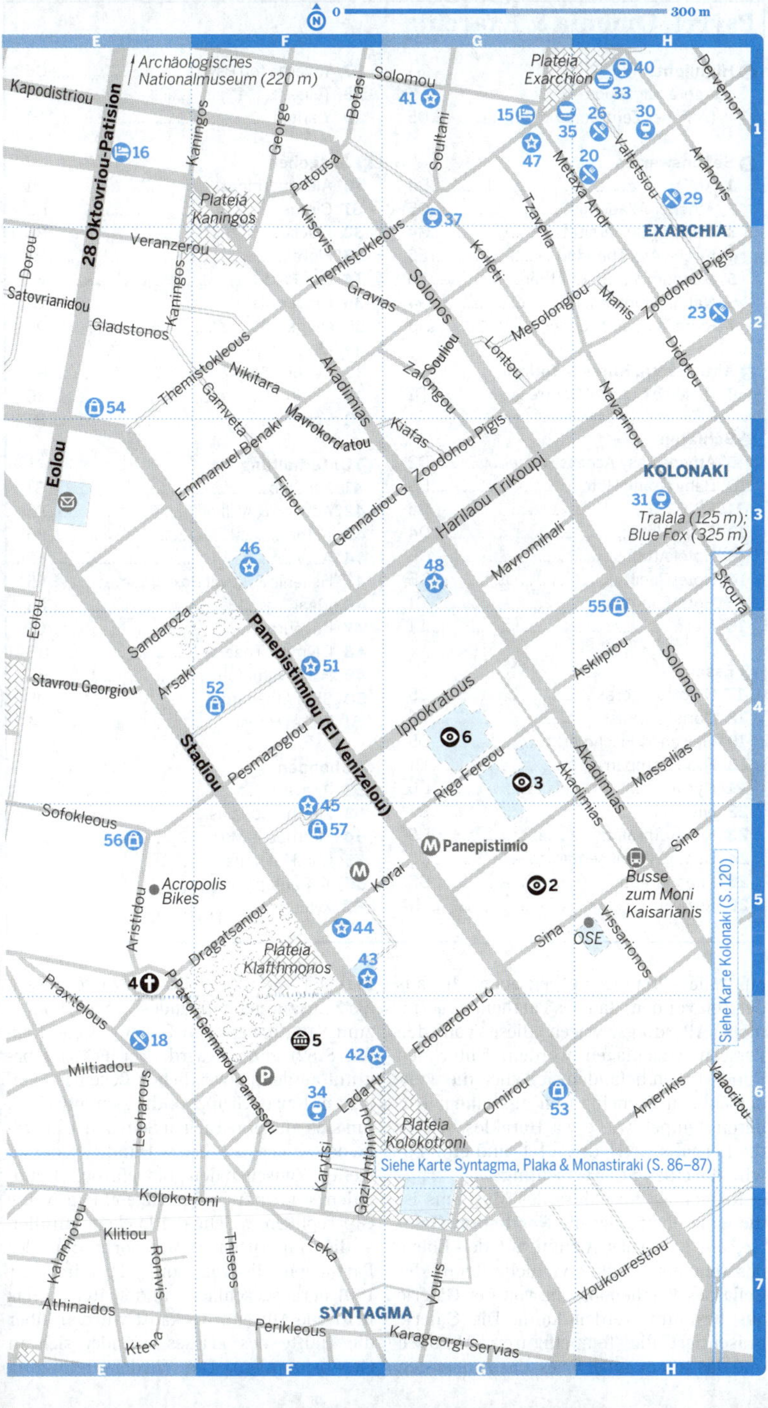
0
300 m
E
F
G
H
1
2
3
4
5
6
7
Archäologisches Nationalmuseum (220 m)
Kapodistriou
28 Oktovriou-Patision
Kaningos
George
Botasi
Solomou
41
Soultani
Plateia Exarchion
40
33
15
26
30
35
47
20
Dervenion
Valtetsiou
Metaxa Andr
Arahovis
29
16
Plateia Kaningos
Patousa
Klisovis
37
Tzavella
Kolleti
EXARCHIA
Veranzerou
Dorou
Themistokleous
Gravias
Solonos
Satovrianidou
Kaningos
Gladstonos
Mesolongiou
Manis
Zoodohou Pigis
23
Souliou
Lontou
Didotou
Themistokleous
Nikitara
Gamveta
Akadimias
Zalongou
Navarinou
54
Mavrokordatou
Kiafas
Zoodohou Pigis
Emmanuel Benaki
Eolou
Fidiou
Gennadiou G
Harilaou Trikoupi
KOLONAKI
31
Tralala (125 m); Blue Fox (325 m)
46
48
Mavromihali
Skoufa
Eolou
55
Sandaroza
Panepistimiou (El Venizelou)
51
Asklipiou
Solonos
Stavrou Georgiou
Arsaki
52
Ippokratous
Stadiou
6
Pesmazoglou
Riga Fereou
3
Akadimias
Akadimias
Massalias
Sofokleous
45
57
56
Panepistimio
Sina
Acropolis Bikes
Korai
2
Busse zum Moni Kaisarianis
Aristidou
Dragatsaniou
44
Sina
OSE
Vissarionos
Plateia Klafthmonos
43
4
P Patron Germanou
Praxitelous
Siehe Karte Kolonaki (S. 120)
18
5
Edouardou Lo
42
Miltiadou
Parnassou
Leoharous
34
Lada Hr
Omirou
53
Amerikis
Valaoritou
Plateia Kolokotroni
Karytsi
Gazi Anthimou
Siehe Karte Syntagma, Plaka & Monastiraki (S. 86–87)
Kolokotroni
Kalamiotou
Klitiou
Thiseos
Leka
Romvis
Voulis
Voukourestiou
Athinaidos
SYNTAGMA
Perikleous
Karageorgi Servias
Ktena

Psyrri, Omonia & Exarchia

Highlights
Agora Varvakios (Athener Zentralmarkt) D5

Sehenswertes
1 AMP B4
2 Athener Akademie G5
3 Athener Universität G4
4 Kirche Agii Theodori E5
5 Museum der Stadt Athen F6
6 Nationalbibliothek G4
7 Rebecca Camhi Gallery A3

Aktivitäten, Kurse & Touren
8 Hellenic Cultural Centre D1

Schlafen
9 Athens Easy Access Hostel D2
10 Baby Grand Hotel D3
11 EP16 B5
12 Fresh Hotel D4
13 Hotel Attalos C6
14 Hotel Cecil D6
15 Hotel Exarchion G1
16 Melia E1

Essen
17 Diporto Agoras C5
18 Doris E6
19 Fleisch- & Fischmarkt D5
20 Food Company H1
21 Hytra B6
22 Ivis B7
23 Kimatothrafstis H2
24 Obst- & Gemüsemarkt D5
25 Papandreou D5
26 Rozalia H1
27 Taverna tou Psyrri C6
28 Telis B5
29 Yiantes H1

Ausgehen
30 Alexandrino H1
31 Circus H3
32 Fidelio B6
33 Floral H1
34 Gin Joint F6
35 Ginger Ale G1
36 Higgs D4
37 Mo Better G1
38 Second Skin B6
39 Thirio B6
40 Vox H1

Unterhaltung
41 AN Club G1
42 Apollon & Attikon F6
43 Astor F5
44 Asty F5
45 Hellenic Festival Box Office F5
46 Ideal F3
47 Kavouras G1
48 Olympia Theater G3
49 Paliogramofono B6
50 Stoa Athanaton D5
51 Ticket House F4

Shoppen
52 Anavasi F4
53 Eleftheroudakis G6
54 Metropolis Music E2
55 Road Editions H3
56 To Pantopoleion E5
57 Xylouris F5

aus einem Tempel ausgegraben, die aus der Zeit vor dem Bau des Parthenons stammen. Allerdings waren diese von den Persern zerschlagen worden. Unter den Fundstücken befanden sich auch die wunderschönen Giebelfiguren aus einem früheren Tempel, wie etwa Herakles, wie er die Lernaiische Hydra tötet, und eine Löwin, die einen Stier verschlingt.

Krönender Abschluss des Museums ist die ganz oben gelegene **Parthenon-Galerie,** ein gläsernes Atrium auf der Ebene des Tempels und eine virtuelle Replik der Cella des Parthenons, die von der Galerie aus bestaunt werden kann. Die Galerie präsentiert die Tempelfiguren, Metopen und das 160 m lange Fries, das zum ersten Mal seit über 200 Jahren gewissermaßen als zusammenhängendes „Storyboard“ zum Panathenäischen Festzug (siehe Kasten S. 82) gezeigt wird. Der Festzug beginnt an der südwestlichen Ecke des Tempels mit zwei Gruppen, die sich aufteilen, um sich an der östlichen Seite zur Übergabe des *peplos* in Athenas Hände wieder zu treffen. Zwischen den goldgefärbten Originalen sind markant nachgebildete weiße Gipsrepliken, welche die Lücken auffüllen – die umstrittenen Marmorfiguren des Parthenon, die von Lord Elgin im Jahr 1801 herausgeschlagen und später an das Britische Museum verkauft wurden (über die Hälfte des Frieses befindet sich in Großbritannien). Die Wiedervereinigung aller Elemente ist nach wie vor ein Problem, das auf eine Lösung wartet.

Weitere Highlights des Museums sind die fünf Koren, auch **Karyatiden** genannt, Mädchenfiguren also, die als Säulen das Erechtheion stützten (die sechse Säule befindet sich im Britischen Museum), sowie ein riesiges florales *akrotirion* (ein dekoratives Element auf Ziegelstein am Ende des Giebels des antiken Gebäudes), das einst den südlichen First des Parthenon-Frieses krönte. Auf keinen Fall den **Film** verpassen, der die Geschichte der Akropolis beschreibt.

Das **Restaurant** bietet herrliche Ausblicke (und ein überraschend gutes Preis-Leistungsverhältnis), und es gibt auch einen tollen **Museumsladen.**

Archäologisches Nationalmuseum

ARCHÄOLOGISCHES MUSEUM

(außerhalb Karte S. 96; ☎210 821 7717; www.namuseum.gr; 28 Oktovriou-Patision 44, Exarhia; Erw./Kind 7 €/kostenlos; ⏲April–Okt. Mo 13.30–20, Di–So 8–20 Uhr, Nov.–März 8.30–15 Uhr; Ⓜ Viktoria) Als eines der bedeutendsten Museen der Welt beherbergt es die schönste Sammlung griechischer Antiquitäten, darunter Schätze wie exquisite Skulpturen, Töpferware, Schmuck, Fresken und Artefakte, die in ganz Griechenland gefunden wurden. Ihre Herkunft lässt sich auf verschiedene Perioden datieren, angefangen bei der Jungsteinzeit bis hin zur Klassik. Das Museum ist in einem imposanten klassizistischen Gebäude aus dem 19. Jahrhundert untergebracht. Nach dem Erdbeben im Jahr 1999 wurde es rundherum saniert. Die neuesten Galerien öffneten im Jahr 2009 ihre Pforten und zeigen Sammlungen, die die Welt noch nicht gesehen hat. Die wunderbar präsentierte Ausstellung ist größtenteils thematisch sortiert.

Wer den gesamten Bestand der unzähligen Exponate des Museums mit 10 000 m^2 Ausstellungsfläche sehen will, muss öfter kommen. Für einen Rundgang zu den Highlights genügt ein halber Tag.

Gleich gegenüber dem Museumseingang befindet sich die **prähistorische Sammlung** mit einigen der bedeutendsten Fundstücke mykenischer, jungsteinzeitlicher und kykladischer Kunst.

Die sagenhafte **Mykenische Antikensammlung** (Galerie 4) gehört zu der *tour de force* durch das Museum. Der erste Raum zeigt die berühmte **Maske des Agamemnon,** die in Mykene von Heinrich Schliemann ausgegraben wurde, zusammen mit aufschlussreichen Fundstücken aus dem Gräberrund A, darunter Bronzedolche mit fein gearbeiteten Jagdszenen. Die exquisiten **Goldbecher von Vafio** zeigen Szenen mit Männern, die wilde Stiere zähmen. Die Gefäße gelten als die schönsten noch erhaltenen Beispiele mykenischer Kunst. Gefunden wurden sie in einem Kuppelgrab in Vafio bei Sparta (einem sogenannten *tholos*), das aussah wie ein Bienenkorb.

Die **Kykladen-Sammlung** in Galerie 6 umfasst herrliche Stauetten aus dem 3. und 2. Jahrhundert v. Chr., die schon Künstler wie Picasso inspirierten.

Der Rundgang führt zurück zum Eingang der Galerien links vom Haupteingang. Dort befinden sich die ältesten und bedeutendsten Exponate der **Skulpturensammlung.** In den Galerien 7 bis 13 sind schöne Beispiele archaischer Kunst ausgestellt, wie etwa die *kouroi* (männliche Statuen). Sie stammen aus der Zeit vom 7. Jahrhundert v. Chr. bis 480 v. Chr. Darunter befindet sich die Kolossalstatue des **Kouros von Sunion** (Saal 8) etwa aus dem Jahr 600 v. Chr., die im Poseidon-Tempel von Sunion gefunden wurde. Die aus Naxischem Marmor gehauene Statue stellt einen Jüngling im archaischen Stil dar. Sie war Poseidon gewidmet und stand einst als Votivgabe vor dem Tempel.

Im Mittelpunkt der Galerie 15 steht die bronzene **Statue des Zeus oder Poseidon** aus dem Jahr 460 v. Chr. Gefunden wurde sie in den Küstengewässern vor Euböa. Sie zeigt einen Gott mit ausgestrecktem Arm; ob er einen Donnerkeil oder einen Dreizack in der rechten Hand hält, ist nicht mehr erkennbar. Deshalb ist auch unklar, um welchen Gott es sich handelt.

In Raum 21 kann die auffällige **Statue eines Pferdes mit einem jungen Reiter** aus dem 2. Jahrhundert v. Chr. bestaunt werden. Sie wurde aus einem Schiffswrack am Kap Artemision im Meer vor Euböa geborgen. Dem Pferd gegenüber befrindet sich eine **Aphrodite-Statue.** Die schüchterne Aphrodite versucht verschämt, ihr Gewand über ihre Nacktheit zu drapieren.

Von der Galerie 21 führt der Weg links die Treppe hinauf zu einem weiteren großen Publikumsmagneten des Museums, den spektakulären **Minoischen Fresken** aus Santorin (Thira). Die Fresken – die *bo-*

xenden Knaben, die Wand mit der *Frühlingsfreske* (rote Lilien und ein Schwalbenpärchen, das sich in der Luft küsst) sowie die *Antilopen* – wurden in der prähistorischen Siedlung Akrotiri ausgegraben, die Ende des 16. Jahrhunderts v. Chr. bei einem Vulkanausbruch unter den Lavamassen verschwand. Die Thira-Galerie zeigt auch Videos zum Vulkanausbruch im Jahr 1926 sowie zu den Ausgrabungen in Akrotiri und von den Restaurationsarbeiten an den Fundstücken.

Ebenfalls im ersten Stock wird die fantastische **Keramiksammlung** ausgestellt. Sie dokumentiert besonders eindrucksvoll die Entwicklung der Töpferkunst von der Bronzezeit über die protogeometrische und geometrische Periode bis hin zum Aufkommen der berühmten attischen Keramikkunst aus dem 6. Jahrhundert v. Chr. mit ihren schwarzen Figuren und den roten Figuren, die gegen Ende des 5. Jahrhunderts/Anfang des 4. Jahrhunderts v. Chr. entstanden sind. Einzigartig für Athen sind die attischen *lekythoi* (Vasen) mit dunklen Figuren auf weißem Hintergrund, die häufig Grabszenen darstellen.

In der Mitte der Galerie 56 befinden sich sechs **Panathenäische Amphoren,** die den Gewinnern der Panathenäischen Spiele überreicht wurden. Jede Amphore enthielt Olivenöl von den heiligen Olivenbäumen Athens. Siegreiche Sportler erhielten häufig bis zu 140 Stück. Bemalt sind sie mit Szenen der jeweiligen Sportart (in diesem Fall Ringen) – auf der Rückseite ist eine bewaffnete Athena Promachos zu sehen.

Ebenfalls im ersten Stock befinden sich mehrere Galerien, die erst vor Kurzem eröffnet wurden, darunter z. B. eine Sammlung mit **Hellenischer Töpferkunst, Zypriotischen Antiquitäten** sowie ein atemberaubendes Repertoire an **Goldschmuck,** darunter fein gearbeitete Kränze. In den neuen Galerien sind Privatsammlungen von Vlastos-Serpieris und Stathatos zu sehen. Die **Terrakottasammlung** umfasst Nike- und Eros-Statuetten aus dem 2. Jahrhundert v. Chr. und Theatermasken. Die aus zwei Sälen bestehende **Ägyptische Sammlung** präsentiert die beste und bedeutungsvollste Sammlung im ganzen Museum, darunter Mumien, Porträts aus Fayum und Bronzefigürchen.

Wieder zurück im Erdgeschoss führt der Rundgang rechts in die Galerie 36 zur **Bronzesammlung.** In Raum 39 befindet sich die riesige Statue der **Frau aus Kalymnon** aus dem 2. Jahrhundert v. Chr., die eine lange Tunika mit Faltenwurf trägt. Sie wurde im Jahr 1994 in sehr schlechtem Zustand von einem Fischer vor der Insel Kalymno aus dem Meer geborgen.

Viele der kleineren Bronzestücke sind Meisterwerke aus führenden Schmiedewerkstätten des antiken Griechenland. Die Statue der **Athena Varvakeion** aus dem Jahr 200 v. Chr. ist die berühmteste Kopie der Statue der Athena Polias von Phidias – allerdings ist sie wesentlich kleiner als das Original, das einst im Parthenon stand.

Im Untergeschoss gibt es einen Souvenirshop und ein Café mit einem angenehmen Garten im Innenhof.

Das Museum ist nur zehn Gehminuten von der Metrostation Viktoria entfernt; wer lieber mit dem Oberleitungsbus fährt, steigt in die Linie 2, 4, 5, 9 oder 11. Die Busse fahren vor der Kathedrale St. Denis an der Panepistimiou ab. Die Ausstiegshaltestelle heißt Polytechnio.

Benaki-Museum KUNSTMUSEUM

(Karte S. 120; ☎210 367 1000; www.benaki.gr; Koumbari 1, Ecke Leoforos Vasilissis Sofias, Kolonaki; Erw./Kind 6 €/kostenlos, Do kostenlos; ⌚Mo, Mi, Fr & Sa 9–17, Do 9–24, So 9–15 Uhr; Ⓜ Syntagma) Griechenlands schönstes privates Museum besteht aus einer umfangreichen Sammlung, die dem Privatier Antonis Benakis gehörte. Dieser reiste 35 Jahre lang quer durch Europa und Asien, um seiner Sammlerleidenschaft zu frönen. Im Jahr 1931 verwandelte er das Familienhaus in ein Museum und stiftete es dem griechischen Staat. Neben Werken von El Greco umfasst die Sammlung Fundstücke aus Mykene und Thessalien. Die meisten stammen aus der Bronzezeit; des Weiteren zeigt das Museum Kircheninterieurs aus Kleinasien, Töpferkunst sowie Exponate aus Kupfer, Silber und Holz aus Ägypten, Kleinasien und Mesopotamien und zu guter Letzt eine atemberaubende Sammlung volkstümlicher griechischer Trachten.

Um vielfältige Sammlungen aufzunehmen, wurde das Museum um mehrere Bereiche erweitert und ist damit zur Nummer eins in der Athener Kulturszene geworden. Die Ausstellungen wechseln im regelmäßigen Turnus.

Im **Benaki Museum Pireos Annexe** (Karte S. 118; ☎210 345 3111; Pireos 138, Ecke Andronikou, Rouf; Eintritt 5 €; ⊙Do & So 10–18, Fr & Sa 10–22 Uhr, Aug. geschl.; Ⓜ Kerameikos) finden internationale Ausstellungen statt. Es ist regelmäßig Gastgeber für verschiedene Veranstaltungen visueller, kultureller und historischer Art. Das beeindruckende Gebäude, einst eine Fabrik, hat ein Café und einen ausgezeichneten Souvenirshop.

Museum für Islamische Kunst

KULTURMUSEUM

(Karte S. 116; ☎210 325 1311; Ecke Agion Asomaton 22 & Dipylou 12, Kerameikos; Erw./Kind 5 €/kostenlos, Do Eintritt frei; ⊙Di & Do–So 9–15, Mi 9–21 Uhr; Ⓜ Thisio) Das Museum für Islamische Kunst präsentiert eine der bedeutendsten Sammlungen für Islamische Kunst auf der ganzen Welt. Die Sammlerstücke von Antonis Benakis stammen größtenteils aus dem 19. Jahrhundert. In zwei restaurierten klassizistischen Patrizierhäusern nahe Kerameikos präsentiert das Museum über 8000 Exponate aus 700 Jahren (12. bis 19. Jahrhundert), darunter Gewebtes, Schnitzereien, Gebetsteppiche, Kacheln und Keramik. In der dritten Etage befindet sich ein Audienzraum aus dem 17. Jahrhundert mit einem Marmorboden aus einer Villa in Kairo mit feinen Intarsien. Ein sehr angenehmes Café auf dem Dach bietet einen Ausblick über Kerameikos und im Souterrain kann ein Teil der Themistokleischen Mauer bestaunt werden.

Museum für Kykladische Kunst

ARCHÄOLOGISCHES MUSEUM

(Karte S. 120; ☎210 722 8321; www.cycladic.gr; Neofytou Douka 4, Ecke Leoforos Vasilissis Sofias, Kolonaki; Erw./Kind 7 €/kostenlos; ⊙Mo, Mi, Fr & Sa 10–17, Do 10–20, So 11–17 Uhr; Ⓜ Evangelismos) Dieses private Museum zeigt eine Sammlung kykladischer Kunst, deren Bedeutung beinahe an die der Ausstellung im Archäologischen Nationalmuseum heranreicht. Die Kykladische Sammlung aus der Zeit von 3000 bis 2000 v. Chr., die sich im ersten Stock befindet, umfasst Marmorstatuetten mit verschränkten Armen, die durch ihre Schlichtheit und Formreinheit viele Künstler des 20. Jahrhunderts, wie etwa Picasso und Modigliani, inspirierten. Der Rest des Museums besteht aus Fundstücken griechischer Kunst aus der Zeit um 2000 v. Chr. bis ins 4. Jahrhundert n. Chr. Die Ausstellung im 4. Stock zeigt Alltagsszenen der Antike sowie Artefakte und Filme über das Leben im antiken Griechenland.

Das angrenzende Anwesen aus dem 19. Jahrhundert beherbergt Ausstellungen zeitgenössischer Kunst.

Byzantinisches & Christliches Museum

RELIGIÖSES MUSEUM

(Karte S. 120; ☎210 721 1027; www.byzantinemuseum.gr; Leoforos Vasilissis Sofias 22, Kolonaki; Erw./Kind 4 €/kostenlos; ⊙Mai–Okt. Di–So 8–20 Uhr, Nov.–April Di–So 8.30–15 Uhr; Ⓜ Evangelismos) Dieses ausgezeichnete und interessante Museum präsentiert eine wertvolle Sammlung christlicher Kunst aus dem 3. bis 20. Jahrhundert Thematische Momentaufnahmen aus der Byzantinischen Welt und der Zeit danach widmen sich einem Teil der griechischen Geschichte, der oft zugunsten der antiken Vergangenheit ignoriert wird; hier jedoch werden die Exponate im Rahmen einer umfangreichen Galerie auf mehreren Ebenen präsentiert. Die neuesten Ausstellungsräume öffneten 2009 ihre Pforten. Zur Sammlung gehören Ikonen, Fresken, Skulpturen, Textilien, Manuskripte, Gewänder und Mosaike. Das Museum steht auf dem Grundstück der früheren Villa Ilissia. Es ist eine grüne Oase mitten in der Stadt, die in einen Kulturpark mit Freiluftamphitheater, Ausstellungen im Freien und antiken Ruinen verwandelt wurde. Bemerkenswert sind auch der Aquädukt des Peisistratos und das daran angrenzende **Aristoteles-Lyzeum.**

Nationalgalerie

KUNSTMUSEUM

(außerhalb Karte S. 120; ☎210 723 5857; www.nationalgallery.gr; Leoforos Vasileos Konstantinou 50, Kolonaki; Erw./Kind 6,50 €/kostenlos; ⊙Mo & Mi–Sa 9–15, So 10–14 Uhr; Ⓜ Evangelismos) Griechenlands führende Kunstgalerie präsentiert eine reiche Sammlung griechischer Kunst aus vier Jahrhunderten ab der Byzantinischen Zeit. Ein neuer Gebäudeflügel beherbergt die ständige Sammlung. Sie erlaubt es den Besuchern, Schlüsselmomente der Kunstentwicklung in ihrer zeitlichen Abfolge zu erforschen. Im 1. Stock sind Werke aus der Zeit nach der byzantinischen Herrschaft ausgestellt. Sehenswert sind außerdem die Gemälde von El Greco, darunter *Kreuzigung* und *Engelskonzert*, für welche die

Galerie hoch geschätzt wird; es sind auch Werke aus der Ionischen Ära zu sehen sowie Exponate aus der Zeit bis 1900. Im zweiten Stock sind führende Künstler des 20. Jahrhunderts ausgestellt, darunter Werke von Parthenis, Moralis, Maleas und Lytras. Die Galerie zeigt außerdem Werke europäischer Meister wie Picasso. In der Nationalgalerie finden auch größere internationale Ausstellungen statt.

Die Skulpturensammlung der Galerie steht 8 km südöstlich der in der **Nationalen Glyptothek** (Glyptotheque; ☎210 770 9855; Katehaki; Erw./Kind €6/kostenlos; ⏲Mo & Mi–Sa 9–15, So 10–14 Uhr; Ⓜ Katehaki).

Nationalmuseum für Zeitgenössische Kunst

KUNSTMUSEUM

(Karte S. 120; ☎210 924 2111; www.emst.gr; Leoforos Vas Georgiou B 17-19, Kolonaki, Eingang von der Rigilis aus; Erw./Kind 3 €/kostenlos; ⏲Di, Mi & Fr–So 11–19, Do 11–22 Uhr; Ⓜ Evangelismos) Periodische Ausstellungen sowie Ausstellungen zeitgenössischer Kunst (griechische und internationale Sammlungen) mit Exponaten aus diesem Museum werden in seiner vorübergehenden Galerie im Konservatorium Athen gezeigt. Dazu gehören Gemälde, Installationen, Fotografien, Videos und Neue Medien sowie Beispiele experimenteller Architektur. Das Museum wird in naher Zukunft in die alte Brauerei Fix an der Leoforos Syngrou umziehen.

Herakleidon-Museum

KUNSTMUSEUM

(Karte S. 116; ☎210 346 1981; www.herakleidon-art.gr; Herakleidon 16, Thisio; Erw./Kind 6 €/kostenlos; ⏲Di–Sa 13–21, So 11–19 Uhr; Ⓜ Thisio) Dieses private Museum stellt den Prozess künstlerischen Schaffens aus, in dem es veranschaulicht, wie sich der Künstler mit seinem Kunstwerk während seiner Entstehung auseinandersetzt. Im Rahmen von Ausstellungen in dem restaurierten klassizistischen Prachtbau wurden bereits Werke von Munch sowie griechischen und zeitgenössischen internationalen Künstlern gezeigt, zur ständigen Sammlung gehören auch Werke von M. C. Escher.

Kanellopoulos-Museum

ANTIQUITÄTENMUSEUM

(Karte S. 86; ☎210 321 2313; Theorias 12, Ecke Panos, Plaka; Erw./Kind 2 €/kostenlos; ⏲Di–So 8–15 Uhr; Ⓜ Monastiraki) Das ausgezeichnete Museum in einem Patrizierhaus aus dem 19. Jahrhundert befindet sich am Nordhang der Akropolis und beherbergt die umfangreiche Antiquitätensammlung der Familie Kanellopoulos, die im Jahr 1976 dem griechischen Staat gestiftet wurde. Die beeindruckende Sammlung umfasst Schmuck, Ton- und Steinvasen, Figürchen, Waffen, byzantinische Ikonen sowie Kunstgegenstände aus Bronze und *objets d'art* aus anderen Materialien.

Museum für Griechische Volkskunst

MUSEUM

(Karte S. 86; ☎210 322 9031; Kydathineon 17, Plaka; Erw./Kind 2 €/kostenlos; ⏲Di–So 9–14.30 Uhr; Ⓜ Syntagma) Dieses Museum präsentiert eine Sammlung säkularer und religiöser Volkskunst, hauptsächlich aus dem 18. und 19. Jahrhundert. Im ersten Stock befinden sich Exponate wie Stickereien, Töpferware, Webereien und Puppen, während im zweiten Stock die Rekonstruktion eines traditionellen Dorfes mit naiver Malerei von Theophilos zu sehen ist. In den oberen Etagen sind traditionelle griechische Trachten ausgestellt.

Auch dieses Museum hat einen Anbau: das **Museum für Griechische Volkskunst: Männer & Werkzeuge** (Karte S. 86; ☎210 321 4972; Panos 22, Plaka; Ⓜ Monastiraki) zeigt, wie der Name schon sagt, eine Ausstellung über Männer und Werkzeug. Eine weitere Außenstelle ist das **Museum für Traditionelle Griechische Keramik** (Karte S. 86; ☎210 324 2066; Areos 1, Monastiraki; Ⓜ Monastiraki) in der alten Moschee mit einer schönen Keramiksammlung.

Historisches Nationalmuseum

GESCHICHTSMUSEUM

(Karte S. 86; ☎210 323 7617; www.nhmuseum.gr; Stadiou 13, Syntagma; Erw./Kind 3 €/kostenlos, So Eintritt frei; ⏲Di–So 9–14 Uhr; Ⓜ Syntagma) Dieses Museum zeigt Memorabilien aus dem Unabhängigkeitskrieg. Zu den Exponaten gehören Byrons Helm und Schwert. Auf mehreren Bildern sind Ereignisse verewigt, die zum Krieg führten. Ergänzt wird die Sammlung durch byzantinische und mittelalterliche Exponate sowie durch Fotografien und Königsporträts. Das Museum ist im alten Parlamentsgebäude an der Plateia Kolokotroni untergebracht. Auf der Treppe zum Parlament fiel Premierminister Theodoros Deligiannis 1905 einem Attentat zum Opfer.

Numismatisches Museum

MÜNZMUSEUM

(Karte S. 86; ☎210 363 2057; www.nma.gr; Panepistimiou 12, Syntagma; Erw./Kind 3 €/kostenlos; ⏲Di–So 8.30–15 Uhr; Ⓜ Syntagma) Das großartige klassizistische Patrizierhaus lohnt auch dann einen Besuch, wenn man sich nicht besonders für Münzen interessiert. Das Museum zeigt 400 000 Münzen aus verschiedensten Zeitperioden (griechische Antike, Römerzeit, hellenische und byzantinische Zeit). Es handelt sich um das frühere Wohnhaus des berühmten Archäologen Heinrich Schliemann. Das idyllische, schattige Café im Garten ist eine kleine Oase.

Museum der Stadt Athen STADTMUSEUM
(Karte S. 96; ☎210 323 1397; www.athenscitymuseum.gr; Paparigopoulou 7, Syntagma; Erw./Kind 3 €/kostenlos; ⏲Mo & Mi–Fr 9–16, Sa & So 10–15 Uhr; Ⓜ Panepistimio) Das Stadtmuseum ist in zwei miteinander verbundenen historischen Gebäuden untergebracht; dazu gehört auch der Palast, in dem König Otto zwischen 1830 und 1846 residierte. Das Museum zeigt eine umfangreiche Sammlung königlichen Mobiliars, Antiquitäten, Gemälde und persönliche Andenken sowie ein Modell der Stadt Athen aus dem Jahr 1842 und eine großformatige Vedute Athens aus der Zeit vor der Zerstörung durch die Venezianer im Jahr 1687. Die Galerie im 2. Stock bietet Platz für temporäre Ausstellungen.

Jüdisches Museum KULTURMUSEUM
(Karte S. 86; ☎210 322 5582; www.jewishmuseum.gr; Nikis 39, Plaka; Erw./Kind 6 €/kostenlos; ⏲Mo–Fr 9–14.30, So 10–14 Uhr; Ⓜ Syntagma) Das Museum dokumentiert die Geschichte der Jüdischen Gemeinde in Griechenland seit dem 3. Jahrhundert v. Chr. anhand einer Sammlung religiöser und ethnischer Exponate und Dokumente. Zum Museumskomplex gehört auch eine Synagoge.

Türkisches Bad THERMEN
(Karte S. 86; ☎210 321 1340; Kyrristou 8, Plaka; Eintritt 2 €; ⏲Mi–Mo 9–14.30 Uhr; Ⓜ Monastiraki) Das renovierte Badehaus aus dem 17. Jahrhundert ist die einzige öffentliche Badeanstalt aus der Osmanischen Zeit, die noch erhalten ist. Eine hilfreiche, kostenlose Audiotour versetzt den Besucher zurück in die Zeit der Badehäuser.

Kriegsmuseum MILITÄRMUSEUM
(Karte S. 120; ☎210 725 2975; www.warmuseum.gr; Rizari 2, Ecke Leoforos Vasilissis Sofias, Kolonaki; Eintritt 2 €; ⏲Di–So 9–14 Uhr; Ⓜ Evangelismos) Das Kriegsmuseum ist ein Relikt aus der Zeit der Militärdiktatur und zugleich eine architektonische Reminiszenz an Zeiten des Krieges. Die Besucher können sich einen Überblick über alle Epochen machen – von der mykenischen Zeit bis in die Gegenwart. Zu den Exponaten zählen Waffen, Karten, Rüstungen und Modelle.

Die Hügel von Athen

Das Athener Talbecken ist von Bergketten umgeben, die im Norden mit dem Berg Parnitha ihren höchsten Punkt erreichen. Das Becken ist im Nordosten vom Berg Pendeli, im Westen vom Gipfel des Egaleos, und im Osten vom Berg Ymittos begrenzt. Die Innenstadt Athens ist geprägt von kleineren Hügeln wie dem Lykavittos (277 m) und der Akropolis (156 m).

Lykavittos-Hügel WAHRZEICHEN, PARK
(Karte S. 120; Ⓜ Evangelismos) Der Name Lykavittos heißt so viel wie „Wolfshügel". Er stammt aus der Antike, als der Hügel noch von unbesiedelter Landschaft und Berghängen umgeben war. Dort gab es Kiefernwälder, in denen wilde Wölfe herumstreiften. Heute erhebt sich der Hügel aus dem Betonmeer der Stadt, um seinen Besuchern die schönsten Panoramablicke auf Athen zu bescheren. Falls gerade kein furchtbarer *nefos* (Smog) herrscht, sind die Stadt, das attische Talbecken und die umgebenden Berge sowie die Inseln Salamis und Ägina zu sehen. Ein Fußweg führt bis auf den Hügel hinauf. Wer nicht laufen will, nimmt die **Standseilbahn** (☎210 721 0701; hin & zurück 6 €; ⏲9–3 Uhr, alle 30 Min.), die hier *teleferik* heißt und am Ende der Ploutarhou in Kolonaki abfährt.

Auf dem Gipfel sitzt wie ein Vogelnest die kleine **Kapelle Agios Georgios**, die nachts wie ein Leuchtfeuer über der Stadt aufflackert. Das Café am Gipfel und das erstklassige Restaurant **Orizontes** (☎210 722 7065; Hauptgerichte 23–38 €) bieten spektakuläre Ausblicke. Im **Lykavittos-Theater** (Karte S. 72), einer Freiluftbühne nordöstlich vom Gipfel, finden im Sommer Konzerte statt.

Areopag WAHRZEICHEN, PARK
(Karte S. 86; Ⓜ Monastiraki) Der Areopag ist eine Felsnase unterhalb der Akropolis mit Blick auf die Antike Agora – beliebt bei Verliebten und Touristen, die nach geeigneten Fotomotiven Ausschau halten. Der Mythologie nach wurde hier Ares vom Rat der Götter wegen des Mordes an Halirrhothios, dem Sohn des Poseidons, vor Gericht gestellt. Der Rat akzeptierte seine Verteidigung und sprach ihn frei: Er habe den Gott getötet, um seine Tochter

Alkippe vor unerwünschten Annäherungsversuchen zu schützen. Später fanden auf dem gleichen Hügel Prozesse wegen Mordes, Verrats und Bestechung statt, die vor dem Rat des Areopag abgehalten wurden.

Im Jahr 51 n.Chr. hielt der Heilige Paulus auf diesem Hügel seine berühmte „Rede an einen unbekannten Gott". Mit Dionysos gelang es ihm, den ersten Athener zu bekehren; daraufhin avancierte der Konvertit zum Schutzheiligen der Stadt. Auf den Gipfel führt die ausgetretene, rutschige Marmortreppe (gegenüber dem Haupteingang zur Akropolis), die in den Fels gehauen wurde. Alternativ bietet sich die Treppe an, die erst kürzlich gleich daneben angelegt wurde.

Filopappos-Hügel WAHRZEICHEN, PARK

(Karte S.72; Ⓜ Akropoli) Der Filopappos-Hügel, auch Musenhügel genannt, ist im Südwesten der Akropolis am **Gipfeldenkmal von Filopappos** erkennbar. Das Wahrzeichen wurde zwischen 114 und 116 n.Chr. zu Ehren von Julius Antiochus Filopappos errichtet – einem prominenten römischen Konsul und Gouverneur.

Die mit Kiefern bewachsenen Hänge eignen sich hervorragend für einen Spaziergang. Sie bieten außerdem gute Ausblicke auf die Ebene und auf die Berge von Attika und den Saronischen Golf; auch die majestätische Akropolis ist von hier oben besonders fotogen. Rund um den Hügel verlaufen kleine Pfade, der gepflasterte Weg zum Gipfel fängt aber in der Nähe des *periptero* (Straßenkiosk) auf der Dionysiou Areopagitou an. Nach 250 m führt der Pfad an der Kirche **Agios Dimitrios Loumbardiaris** vorbei. Das Gotteshaus zieren ein paar schöne Fresken.

Pnyx-Hügel WAHRZEICHEN, PARK

(Karte S.116; Ⓜ Thisio) Nördlich des Filopappos-Hügels erhebt sich der felsige Pnyx-Hügel. Im 5. Jahrhundert v.Chr. war er Versammlungsplatz des Demokratischen Rates. Dort traten große Redner wie Aristides, Demosthenes, Perikles und Themistokles auf. Die weniger besuchte Stätte bietet großartige Ausblicke über Athen bei einem friedlichen Spaziergang.

Nymphenhügel WAHRZEICHEN, PARK

(Karte S.116; Ⓜ Thisio) Nordwestlich des Nymphenhügels befindet sich die **Alte Athener Sternwarte**, die im Jahr 1842 erbaut wurde.

Parks & Gärten

Die Gegend rund um den Syntagmaplatz und das historische Zentrum ist überraschend grün. Dem restlichen Stadtbild von Athen fehlt es jedoch unglücklicherweise an Parks und Grünflächen. Spaziergänge sind am Fuß der Akropolis sowie rund um den Filopappos-Hügel und den Pnyx-Hügel möglich.

LP TIPP **Nationalgarten** PARK, GÄRTEN

(Karte S.86; Eingänge an der Leoforos Vasilissis Sofias & Leoforos Vasilissis Amalias, Syntagma; ⌚7 Uhr–Dämmerung; Ⓜ Syntagma) Ein willkommenes, schattiges Sommerrefugium stellt der Nationalgarten dar. Der einstige Königspark entstand nach einem Entwurf der Königin Amalia. Die sehr schöne Anlage ist auch mit einem großen, gut ausgestatteten **Kinderspielplatz**, einem hübschen Ententeich und einem schattigen **Café** ausgestattet.

Zappeion-Garten GARTEN

(Karte S.86; www.zappeion.gr; Eingänge an der Leoforos Vasilissis Amalias & Leoforos Vasilissis Olgas, Syntagma; Ⓜ Syntagma) Zwischen dem Botanischen Garten und dem alten Olympiastadion liegt der Zappeion-Garten. Der Park wurde mit einem Netzwerk breiter Spazierwege rund um den majestätischen **Zappeion-Palast** angelegt. Der Palast wurde in den 1870er-Jahren für den Wegbereiter der modernen Olympischen Spiele erbaut, mit Geldern, die der wohlhabende griechisch-rumänische Mäzen Konstantinos Zappas stiftete. Im Zappeion-Garten finden Konferenzen, Events und Ausstellungen statt; es gibt dort ein gutes Café und ein Restaurant. Nebenan befindet sich das **Freiluftkino Aigli.**

Noch mehr Attraktionen

Plateia Syntagmatos PLATZ, DENKMAL

(Karte S.86; Syntagma; Ⓜ Syntagma) Athens zentraler Platz (Syntagma oder zu Deutsch „Platz der Verfassung") verdankt seinen Namen dem Umstand, dass König Otto eben an diesem Platz am 3. September 1943 dem griechischen Volk eine demokratische Verfassung zugebilligt hat. Heute dient der Platz als bedeutende Verkehrsdrehscheibe, als Standort für den Sitz der Regierung und somit auch als Epizentrum für Demonstrationen und Streiks. Rund um den Platz befinden sich Spitzenklassehotels, Banken und das Parlamentsgebäude (östlich davon und am Hang); das

ATHEN MIT KINDERN

Zwar fehlt es in Athen an Spielplätzen, aber man kann mit Kindern eine Menge unternehmen. Im schattigen **Nationalgarten** (S. 104) gibt es einen Spielplatz, einenEntenteich und einen Minizoo. Im **Zappeion-Garten** (S. 104) befindet sich ebenfalls ein voll eingezäunter, schattiger Kinderspielplatz. Im **Kriegsmuseum** (S. 103) können Kinder in das Cockpit eines Flugzeugs aus dem 2. Weltkrieg klettern oder andere Flugzeuge im Hof bestaunen. Das **Hellenische Kindermuseum** (Karte S. 86; ☎210 331 2995; www.hcm.gr; Kydathineon 14, Plaka; Eintritt frei; ⏲Di–Fr 10–14, Sa & So 10–15 Uhr; Ⓜ Syntagma) ist eher ein Freizeitforum mit Räumen zum Spielen und einer Reihe von „Installationen" – wie etwa ein nachgebauter Metrotunnel – ein Abenteuer für Kinder! Daneben gibt es noch Werkstätten zum Backen oder Seifenblasenpusten. Die Kinder müssen jedoch jederzeit unter der Aufsicht der Eltern bleiben.

Das **Museum für griechische Kinderkunst** (Karte S. 86; ☎210 331 2621; www.childrensartmuseum.gr; Kodrou 9, Plaka; Eintritt frei; ⏲Di–Sa 10–14, So 11–14 Uhr, Aug. geschl.; Ⓜ Syntagma) hat ein Extrazimmer, in dem Kinder ihre kreative Energie so richtig ausleben oder etwas über die alten Griechen erfahren können.

Darüber hinaus gibt es noch den riesigen **Allou Fun Park & Kidom** (außerhalb Karte S. 72; ☎210 425 6999; www.allou.gr; Ecke Leoforos Kifisou & Petrou Rali, Renti; Eintritt frei, Fahrten 2–4 €; ⏲Mo–Fr 17–1, Sa & So 10–1 Uhr), Athens größter Vergnügungspark; das Kidom ist auch für kleinere Kinder geeignet.

Der **Attica Zoological Park** (☎210 663 4724; www.atticapark.gr; Yalou, Spata; Erw./Kind 15/11 €; ⏲9 Uhr bis Sonnenuntergang) hat zahlreiche große Raubkatzen, Vögel, Reptilien und andere Tiere; dazu gehört ein Affenwald und ein Cheetah-Land (Krokodil- und Gepardenfarm). Der 19 ha große Zoo liegt in der Nähe des Flughafens östlich der Stadt; ab der Metrostation Doukissis Plakentias mit Bus 319 oder mit dem Shuttlebis (5 €) ab der Plateia Syntagmatos (siehe Website des Zoos).

Der Hitze kann man gut entfliehen, indem man die Kinder auf eine Reise durch die virtuelle Realität des antiken Griechenlands im **Hellenic Cosmos** (S. 106) mitnimmt oder das Universum im beeindruckenden **Planetarium** (S. 106) erforscht.

Gesamtbild beherrschen ein Marmorspringbrunnen in der Mitte des Platzes sowie der Metroeingang und zwei Cafés – VIP-Treffs zum Sehen und Gesehenwerden! An der westlichen Seite des Platzes beginnt eines der Hauptgeschäftsviertel Athens entlang der verkehrsfreien Einkaufsmeile Ermou.

Parlament

(Karte S. 120; Plateia Syntagmatos, Syntagma; Ⓜ Syntagma) Das Griechische Parlament wurde von 1836 bis 1842 nach einem Entwurf des bayerischen Architekten Friedrich von Gärtner erbaut; ursprünglich diente es als Königspalast. Vom Balkon des Parlamentspalastes aus wurde am 3. September 1843 die *syntagma* (Verfassung) ausgerufen. 1935 wurde der Prachtbau Sitz des Parlaments, die Königsfamilie zog in einen neuen Palast um. Nach Abschaffung der Monarchie wurde der Palast 1974 zum Präsidentenpalast erkoren. Nur die **Bibliothek** ist für die Öffentlichkeit noch zugänglich; allerdings finden auch **Ausstellungen** im Eleftherios-Venizelos-Saal statt.

Grabmal des unbekannten Soldaten

(Karte S. 120; Plateia Syntagmatos, Syntagma; Ⓜ Syntagma) Das Kriegsdenkmal im Vorhof, bekannt als das Grabmal des unbekannten Soldaten, wird von den berühmten *evzonen*, der Garde des Präsidenten bewacht. In ihren Uniformen mit kurzen Kilts und Bommelschuhen, die den Gebirgsjägern im Unabhängigkeitskrieg, den sogenannten *klephten* nachempfunden sind, wirken sie wie Statuen. Nach jeder Stunde ist **Wachablösung;** sonntags um 11 Uhr findet ein erweitertes Zeremoniell mit vollem Pomp, begleitet von einer Militärkapelle statt.

Olympisches Sportzentrum

BEMERKENSWERTE GEBÄUDE

(Karte S. 152; ☎210 683 4777; www.oaka.com.gr; Marousi; Ⓜ Irini) Das Stadion fällt auf durch eine besondere Dachkonstruktion aus Glas und Stahl, die nach einem Entwurf des

WAS IST LOS IN ATHEN

Auf folgenden englischsprachigen Webseiten sind alle möglichen Events verzeichnet inklusive Links für den Kartenvorverkauf im Internet:

» **www.breathtakingathens.gr** offizielle Tourismuswebsite von Athen.

» **www.elculture.gr** Kunst- und Kulturevents von A–Z; nur auf Griechisch.

» **www.tickethour.com** auch Sportveranstaltungen und Turniere.

» **www.tickethouse.gr** Rockwave- und andere Festivals.

» **www.ticketservices.gr** breite Palette von Events.

spanischen Architekten Santiago Calatrava entstand. Im Olympischen Sportzentrum, einem Paradestück der Olympia-Architektur, wurde 2004 das Gros der Spiele ausgetragen. Zum weitläufigen Stadion-Sportkomplex gehört die futuristische **Wand der Nationen.** Das Hauptstadion ist heute ein Austragungsort größerer Fußballspiele und Sportevents sowie eine Freiluftbühne für Konzerte. Das Gelände kann im Rahmen **geführter Touren** für Gruppen (mindestens 15 Teilnehmer; 3 € pro Person) besichtigt werden, aber es ist auch ein Besuch der Sportstätte ohne Führung möglich.

Moni Kaisarianis BYZANTINISCHES KLOSTER

(Karte S. 152; ☎210 723 6619; Berg Hymettos; Erw./Kind 2 €/kostenlos; ⏲Do–So 8.30–14.45 Uhr, Klostergelände Di–So 8.30 Uhr bis Sonnenuntergang) Das Moni Kaisarianis aus dem 11. Jahrhundert klebt wie ein Vogelnest an den Hängen des Bergs Ymettos, 5 km von Athen entfernt. Das Heiligtum ist umgeben von einer friedvollen und idyllischen Atmosphäre. Der ummauerte Gebäudekomplex hat einen zentralen Innenhof, um den die Küche, das Refektorium, die Mönchszellen und das Badehaus angeordnet sind. Der Grundriss des *katholikon* (Hauptkirche) mit Kuppel ist als Kreuz angelegt. Die Kirche wurde auf den Fundamenten eines antiken Tempels erbaut, die Kuppel wird von vier Säulen des alten Tempels getragen. Die meisten der gut erhaltenen Fresken stammen aus dem 17. und 18. Jahrhundert An Wochenenden kann es schnell voll werden, wenn ganze Schwärme von Picknickfreunden unterwegs sind. Bus 224 fährt ab der Plateia Kaningos (nördliches Ende der Akadimias) bis zur Endhaltestelle. Ab da sind es etwa 30 Minuten zu Fuß bis zum Kloster – oder einfach ein Taxi nehmen.

Erster Athener Friedhof FRIEDHOF

(außerhalb Karte S. 80; Anapafseos, Trivonianou, Mets; ⏲7.30 Uhr bis Sonnenuntergang; Ⓜ Syngrou-Fix) Der alte Friedhof, letzte Ruhestätte zahlreicher berühmter Griechen und Philhellenen, ist ein faszinierender und friedvoller Ort, den zu erkunden sich lohnt. Die meisten Grabmäler und Mausoleen sind extrem aufwendig gestaltet. Einige sind kitschig und sentimental, andere wiederum sind wahre Kunstwerke, hauptsächlich aus dem 19. Jahrhundert Zahlreiche Werke stammen von führenden griechischen Bildhauern wie etwa Halepas' Schlafende Jungfrau, ein Grabstein für ein junges Mädchen. Unter den berühmten Verstorbenen ist auch der Archäologe Heinrich Schliemann (1822–90). Sein Grabmal verzieren Szenen des Trojanischen Krieges.

Hellenic Cosmos UNGEWÖHNLICH SEHENSWERTES

(außerhalb Karte S. 72; ☎212 254 0000; www.hellenic-cosmos.gr; Pireos 254, Tavros; Erw. 5–10 €, Kind 3–8 € pro Show, Tagespass Erw./Kind 15/12 €; ⏲Mo–Fr 9–16, So 10–15 Uhr, Mitte Aug. 2 Wochen geschl.; Ⓜ Kalithea) Um die Ruinen und Museen in den richtigen Zusammenhang zu bringen, eignet sich ein Abstecher zur futuristischen Stiftung Hellenische Welt. Dort lässt sich das antike Griechenland bei einem virtuellen Trip erkunden. Die Stiftung befindet sich etwa 2 km vom Stadtzentrum entfernt. Das **Tholos-Theater der virtuellen Realität** nimmt die Besucher mit auf eine interaktive Tour rund um die antike Agora und vermittelt eindrucksvoll ein Gefühl dafür, wie die Menschen im alten Athen gelebt haben. Die **Kivotos-Zeitmaschine** ist vom Boden bis zur Decke mit 3D-Leinwänden ausgestattet. Ein Moderator, der live zugeschaltet ist, begleitet die Zuschauer auf einen Rundgang durch das antike Olympia und Milet. Ab Omania bedienen die Busse 049 oder 914 oder die Metro die Strecke bis Kalithea.

Planetarium PLANETARIUM

(außerhalb Karte S. 80; ☎210 946 9600; www.eugenfound.edu.gr; Leoforos Syngrou 387, Palio Faliro; Erw. 6–8 €, Kind 4–5 €; ⏲Mi–Fr 17.30–

20.30, Sa & So 10.30–20.30 Uhr, Mitte Juli–Ende August geschl.) Athen rühmt sich, das größte und modernste digitale Planetarium der Welt sein Eigen zu nennen; es bietet Platz für 280 Zuschauer. Unter der 950 m² großen hemisphärischen Kuppel werden virtuelle 3D-Trips durch die Galaxie simuliert, oder es laufen IMAX-Filme und andere High-Tech-Shows. Eine Simultanübersetzung in Englisch (1 €) wird angeboten. Das Planetarium gehört zur Eugenides-Stiftung, einem fortschrittlichen wissenschaftlichen Bildungsinstitut. Mit der U-Bahn bis Syngrou-Fix fahren, dort in den Bus 550 oder B2 umsteigen und weiter bis zur Haltestelle Onassio. Von dort aus geht's durch eine Unterführung auf die andere Straßenseite. Der Eingang ist an der Penteli.

Strände

Athen verfügt über eine Reihe von Stränden, die leicht vom Stadtzentrum aus erreichbar sind. Der Strand von **Glyfada**, ungefähr 17 km südöstlich von Athen, markiert den Anfang eines Küstenstreifens, auch bekannt als Apolloküste, mit einer ganzen Reihe schöner Strände und erstklassiger Sommerresorts südlich des Kaps Sunion. Hierher strömen die Athener im Sommer, um sich abzukühlen, und hier findet im Sommer auch größtenteils das Athener Nachtleben statt.

Die besseren Strände sind privat und gebührenpflichtig (Eintrittspreise zwischen 4 € und 15 € pro Erw.). Normalerweise sind sie zwischen 8 Uhr und der Abenddämmerung geöffnet, von Mai bis Oktober während der Hitzewellen oft länger. An den Stränden können (oft gegen Gebühr) Sonnenliegen und Sonnenschirme ausgeliehen werden; dort gib's auch Umkleiden, Kinderspielplätze und Cafés.

Der aufregendste und exklusivste Tummelplatz für Sommerbadegäste ist der **Astir Beach** (Karte S. 152; ☎210 890 1621; www.astir-beach.com; Erw./Kind Mo–Fr 15/8 €, Sa & So 25/13 €); dort können alle möglichen Arten von Wassersport ausgeübt werden, und es stehen jede Menge Geschäfte und Restaurants zur Verfügung. Online-Buchung ist möglich.

Zu folgenden Stränden fahren Straßenbahnen bzw. Busse ab Glyfada oder Voula:

Akti Tou Iliou (☎210 985 5169; Alimo; Erw./Kind Mo–Fr 6/3 €, Sa & So 8/4 €)

Asteras Beach (☎210 894 1620; www.asterascomplex.com; Glyfada; Mo–Fr Erw./Kind 6/3 €, Sa & So 7/3 €)

Yabanaki (☎210 897 2414; www.yabanaki.gr; Varkiza; Mo–Fr Erw./Kind 7/4,50 €, Sa & So 8/4,50 €)

In Palio Faliro (Edem), Kavouri und Glyfada gibt es auch kostenlose Strände. In Shinias, Marathon und Vravrona im Norden lässt es sich gut im offenem Meer schwimmen (ohne Strandgebühr), der Weg dorthin ist jedoch viel länger; also am besten mit dem Auto fahren.

Ganzjährig ist schwimmen auch im Quellwassersee **Limni Vouliagmenis** (Karte S. 152; ☎210 896 2239; Leoforos Vouliagmenis; Erw./Kind 8/5 €; ⏲7–20 Uhr) möglich. Das Wasser ist teils salzhaltig, teils entspringt es den Quellen. Die Temperatur sinkt gewöhnlich nie unter 20 °C. Die Thermalquellen sind aufgrund des hohen Mineralgehalts des Wassers bekannt für ihre therapeutische Wirkung. Das Setting ist atemberaubend schön: Der See liegt im Windschatten einer riesigen, vorspringenden Steilküste mit Blick aufs Meer, und es herrscht hier eine Atmosphäre wie anno dazumal, dank der etwas betagteren Stammgäste in Frotteebademänteln und mit Bademützen.

Aktivitäten

Tauchen

Die Ausrüstung ist bei folgenden Anbietern im Preis inbegriffen.

Aegean Dive Centre (☎210 894 5409; www.adc.gr; Zamanou 53, Ecke Pandoras, Glyfada; PADI-Zertifikat ab 390 €, Tages-/Nachttauchgänge 35/100 €) organisiert Tauchgänge zwischen Vouliagmeni und Kap Sunion.

Planet Blue Dive Centre (☎229 202 6446; www.planetblue.gr; Velpex Factory, Lavrio; PADI Tauchschein ab 300 €, Tauchgänge 35–80 €) ist bei erfahrenen Tauchern beliebt. Getaucht wird auf jedem Niveau in den Tauchgründen rund ums Kap Sunion.

Ski fahren

Die Skigebiete in nächster Nähe von Athen sind am Berg Parnassos (S. 243) im Nordwesten und bei Kalavryta (S. 228) auf der Halbinsel Peloponnes zu finden. Die Saison dauert gewöhnlich von Mitte Januar bis Ende März. Tagesausflüge nach Parnassos und Kalavryta ab Athen werden von **Trekking Hellas** (☎210 331 0323; www.trekking.gr) und **Klaoudatos** (☎210 578 1880; www.klaoudatos.gr) organisiert.

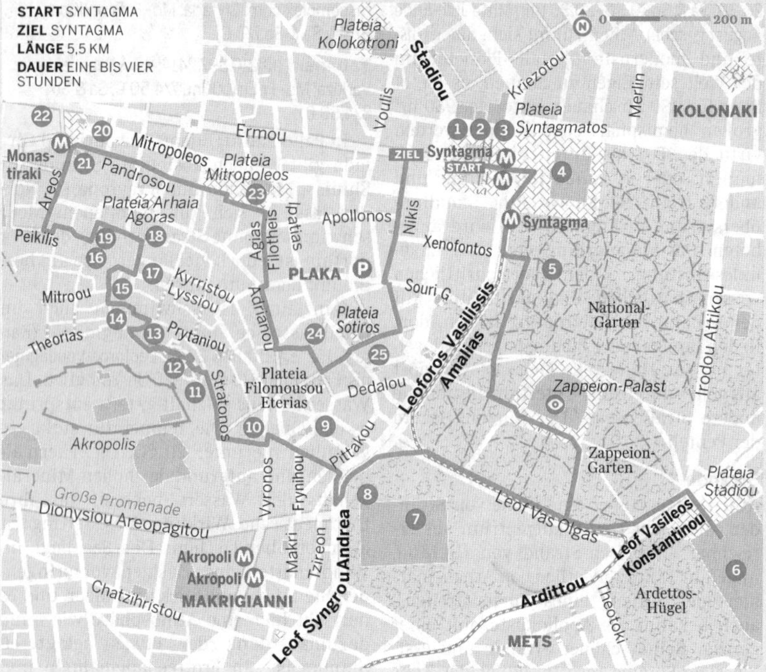

Spaziergang durch die **Innenstadt**

Auf der Route lassen sich links und rechts des Weges Sehenswürdigkeiten erkunden. Die Tour beginnt am Springbrunnen auf der ❶ **Plateia Syntagmatos.** Auf dem Platz finden bis heute Protestkundgebungen statt, seit König Otto vom Balkon des Königspalasts dem Druck der Massen nachgab und den Griechen eine Verfassungsreform zugestand. Im Jahr 1944 begann hier der Bürgerkrieg, nachdem der kommunistische Aufstand unter Polizeibeschuss geraten war. Im Jahr 1954 fand die erste Demonstration statt, auf der die *enosis* (Vereinigung) Zyperns mit Griechenland eingefordert wurde.

Das Grande Bretagne – unter Athener Hotels der schönste Prachtbau – wurde 1862 als Herrenhaus mit 60 Zimmern erbaut, um hohe Staatsgäste zu empfangen. 1872 wurde es zum Hotel, in dem die großen Staatsmänner logierten. Während des Zweiten Weltkrieges richteten die Nazis hier ihr Hauptquartier ein. 1944 war es Schauplatz eines Bombenattentats auf Winston Churchill.

Links vom Metroeingang fällt der Blick auf einen Ausschnitt des Alten Friedhofs und das ❷ **Peisistratos-Aquädukt,** welches während der Tunnelbauarbeiten für den Ausbau des U-Bahn-Netzes ausgegraben wurde.

Eine Metropassage führt zum Parlament, nicht ohne Zwischenhalt an der ❸ **Metrostation Syntagma.** In Glasvitrinen am südlichen Ende der Halle sind Fundstücke ausgestellt, die während der Ausgrabungen entdeckt wurden. Die westliche Mauer wurde so belassen, wie sie nach den Ausgrabungen aussah – ähnlich einem Graben.

Nach dem Ausgang steht rechts der frühere Königspalast, heute das ❹ **Parlament.** Vor dem Parlament fallen die oft fotografierten *evzones*, die Wachgarde des Präsidenten, auf. Sie halten Wache vor dem auffälligen Grabmal des unbekannten Soldaten; es zeigt einen getöten Soldaten sowie Inschriften mit Auszügen aus Perikles' Epitaph. Die Wachablösung findet jede volle Stunde statt – bei der Routenplanung unbedingt berücksichtigen.

Weiter geht's durch die Oase des ❺ **Nationalgartens** bis zum Ausgang am Zappion-Palast – das Gelände diente im Rahmen der zweiten modernen Olympischen Spiele als Olympisches Dorf. Der Spaziergang setzt sich fort vorbei am Kinderspielplatz; dahinter geht's links ab, bis zum 6 **Panathenäischen Stadion**, wo im Jahr 1896 die ersten modernen Olympischen Spiele stattfanden.

Zurück im Garten führt ein Weg am Rand entlang bis zum Eingang des imposanten 7 **Tempels des Olympischen Zeus.** Auf dem Weg nach Plaka rückt der 8 **Hadriansbogen** ins Blickfeld. Einst kennzeichnete das Tor die Grenze zum Athen Hadrians.

Von da aus geht's über die Leoforos Vasilissis Amalias und weiter rechts nach Lysikratous; links davon liegt Plaka. Rechts vor einem stehen die Ruinen eines römischen Denkmals im Vorhof der 9 **Agia Ekaterini.**

Von da aus geht's weiter bis zum 10 **Lysikrates-Monument,** auch die „Laterne des Diogenes" genannt. Erbaut wurde es im Jahr 334 v. Chr. Die Reliefs erinnern an den Sieg im Rahmen eines Knabenchorwettbewerbs; sie zeigen die Schlacht zwischen Dionysos und den Tyrrenischen Piraten, die Gott in Delfine verwandelt hatte. Das Denkmal steht heute da, wo ursprünglich die Straße der Dreifüße verlief (Modernes Tripodon), und wo Gewinner altertümlicher Bühnenaufführungen und Chorwettbewerbe den Siegespreis des Lysikrates, einen vergoldeten Bronze-Dreifuß, Dionysos widmeten. Im 18. Jh. wurde das Denkmal in die Bibliothek des französischen Kapuzinerklosters intergriert. Dort schrieb Lord Byron während seines Aufenthalts von 1810 bis 1811 *Childe Harolds Pilgerfahrt.* 1890 brannte der Konvent nieder.

Gegenüber dem Denkmal führt ein Weg in die Epimenidou. Oben auf der Treppe angelangt, geht's weiter rechts in die Stratonos, welche die Akropolis säumt. Dort ragt die 11 **Georgskirche auf dem Felsen** (Agios Georgios) auf, die den Eingang zum Stadtviertel 12 **Anafiotika** markiert. Das Labyrinth kleiner Häuser ist das Erbe von Steinmetzen, die von der Kykladeninsel Anafi kamen, um nach der Unabhängigkeit den Königspalast zu bauen. In den winzig kleinen Gärten sprießen im Sommer bunte Blumen aus angemalten Olivenölgefäßen.

Wer dem Pfad um die Häuser folgt, stößt auf die 13 **Agios Simeon** und lässt sich von den Wegweiser zur Akropolis führen. Danach geht's zuerst rechts und dann links in die Prytaniou, und nach 50 Metern scharf rechts in die Tholou. Das Gebäude in der Tholou Nr. 5 ist die 14 **Alte Universität Athen,** die von den Venezianern erbaut wurde. Die Türken nutzten es als Verwaltungsgebäude, die Universität war dort von 1837 bis 1841.

Nach ein paar Metern die gleiche Straße entlang, geht's rechts in die Klepsidras, wo eine Treppe zum 15 **Klepsidra Café** in der Thrasyvoulou Nr. 9 hinunterführt. Das Café bietet sich für eine kleine Verschnaufpause an. Wer keine Pause braucht, läuft weiter zu den Ruinen der 16 **Römischen Agora.**

Rechts vom Turm der Winde in der Kyrristou befindet sich das 17 **Türkische Bad,** während das 18 **Museum der Griechischen Volksmusikinstrumente** gleich davor in der Diogenous eines der wenigen erhaltenen privaten *hammams* (Türkisches Bad) in seinem Geschenkeladen hat. Ein Stück weiter in der Pelopida fällt das 1721 erbaute Tor des Moslemischen Seminars auf, das 1911 durch einen Brand schwer beschädigt und danach restauriert wurde, sowie die 19 **Fethiye-Mosche** auf dem Gelände der Agora.

Von der Straße rund um die Agora zweigt nach rechts die Peikilis ab. Danach geht's rechts in die Areos. Dort ragen die Ruinen der 20 **Hadriansbibliothek** auf. Nebenan befindet sich das 21 **Museum für Traditionelle Griechische Keramik,** das in der Moschee Tzistarakis von 1759 untergebracht ist. Nach der Unabhängigkeit wurde das Minarett entfernt, und das Gebäude diente als Gefängnis.

Jetzt folgt Monastiraki, ein farbenfroher chaotischer Platz, wo es von Straßenverkäufern nur so wimmelt. Linker Hand hat der 22 **Flohmarkt von Monastiraki** sein Areal.

Rechts geht's weiter zur Moschee in der Pandrosou. Dieses Relikt des alten türkischen Basars ist voller Geschenkeläden. Die Straße ist nach König Kekrops' Tochter Pandrosos benannt, die erste Priesterin Athens. Die Pandrosou führt zur Kathedrale von Athen. Architektonisch gesehen ist der Dom keine Glanzleistung, jedoch steht gleich daneben die kleinere geschichtlich bedeutendere 23 **Agios Eleftherios** aus dem 12. Jh., auch als Kleine Mitropolis bekannt. Es geht weiter an dieser Kirche vorbei und rechts ab in die Agias Filotheis, eine von Funktionsbauten gesäumte Straße, die der griechischen Kirche gehören. Das Herrenhaus mit der fein gearbeiteten vergoldeten Pforte ist die Residenz des Erzbischofs von Griechenland.

In der Adrianou angelangt, geht's bei der Hatzimihali Angelikis links ab zum 24 **Zentrum für Volkskunst & Tradition** in einem Türkenhaus, wie es für Plaka typisch ist.

Von hier aus führt eine Abkürzung über die Kydathineon auf die Plateia Filomousou Eterias; dort geht's links weiter bis zum 25 **Griechischen Volkskunstmuseum.**

Der Weg führt die Kydathineon entlang und dann links in die Nikis, von da in die Ermou oder zum Syntagma-Platz zurück.

Sprachkurse

Wer ernsthaft vorhat, Griechisch zu lernen, kann an verschiedenen Schulen Intensivkurse für Anfänger oder Fortgeschrittene belegen. Die meisten bieten ein- bis zehnwöchige Immersionskurse (von 370 bis 900 €) sowie Konversations-, Business- und Grammatikkurse:

Athen Centre (☎210 701 2268; www.athenscentre.gr; Arhimidous 48, Mets; Ⓜ Akropoli)

Hellenic American Union (Karte S. 120; ☎210 368 0900; www.hau.gr; Massalias 22, Kolonaki; Ⓜ Panepistimio)

Hellenic Cultural Centre (Karte S. 96; ☎210 523 8149; www.hcc.edu.gr; Halkokondyli 50, Omonia; Ⓜ Omonia)

Geführte Touren

Citysightseeing Athens BUSTOUREN
(Karte S. 86; ☎210 922 0604; www.city-sightseeing.com; Plateia Syntagmatos, Syntagma; Erw./Kind 18/8 €; ⏲alle 30 Min. 9–20 Uhr; Ⓜ Syntagma) Die oben offenen Doppeldeckerbusse fahren im Rahmen einer 90-minütigen Rundfahrt quer durch die Stadt. Ausgangspunkt ist der Syntagma-Platz. Man kann mit einem 24-Stunden-Ticket an 15 Haltestellen zu- und aussteigen.

Athen Happy Train MINIZUG
(Karte S. 86; ☎210 725 5400; www.Athenhappytrain.com; Plateia Syntagmatos, Syntagma; Erw./Kind 6/4 €; ⏲9–24 Uhr; Ⓜ Syntagma) Die Gesellschaft bietet Stadtrundfahrten mit Minizügen, die in Monastiraki, auf der Akropolis und am Panathenäischen Stadion halten. Wer nicht zwischendurch aussteigt, ist mit dieser Tour eine Stunde unterwegs – über einen Zeitraum von fünf Stunden kann man aber immer wieder zu- und aussteigen. Die Züge fahren alle 30 Minuten am oberen Ende der Ermou ab.

Trekking Hellas AUSFLÜGE
(☎210 331 0323; www.trekking.gr; Rethymnou 12, Exarchia; Ⓜ Viktoria) Die Aktivitäten reichen von geführten Stadtrundgängen in Athen (22 €) bis zu zweistündigen Fahrradtouren (35 €) und Bungee-Jumping im Kanal von Korinth (60 €).

Athen: Adventures GEFÜHRTE TOUREN
(☎210 922 4044; www.athensadventures.gr) Dieser Tourenveranstalter hat seinen Sitz im Athens Backpackers (S. 119); angeboten werden Spaziergänge durch Athen für 5 € sowie Tagesausflüge nach Nafplio and Delphi (50 € pro Ausflug).

Vier Betriebe bieten fast identische, aber auch teure Rundfahrten quer durch Athen in klimatisierten Bussen an sowie Ausflüge zu nahe gelegenen Sehenswürdigkeiten:

CHAT (Karte S. 86; ☎210 323 0827; www.chatours.gr; Xenofontos 9, Syntagma; Ⓜ Syntagma)

GO Tours (Karte S. 80; ☎210 921 9555; www.gotours.com.gr; Athanasiou Diakou 20, Makrygianni; Ⓜ Akropoli)

Hop In Sightseeing (Karte S. 80; ☎210 428 5500; www.hopin.com; Syngrou 19, Makrygianni; Ⓜ Akropoli)

Key Tours (Karte S. 80; ☎210 923 3166/266; www.keytours.com; Kaliroïs 4, Makrygianni)

Die Touren (ab 54 €) beinhalten einen halben Tag Sightseeing in Athen. Dabei passiert gewöhnlich nicht viel mehr, als dass auf die wichtigsten Sehenswürdigkeiten gezeigt wird. An der Akropolis wird kurz angehalten; dann gibt es noch die Tour „Athen bei Nacht" (62 €) inklusive einem Abendessen in einer Taverne in Plaka mit volkstümlicher Tanz-Show. Außerdem werden Halbtagesfahrten ins antike Korinth (57 €) und zum Kap Sunion (42 €) angeboten; Tagestouren führen nach Delphi (89 € inklusive Mittagessen), zum Kanal von Korinth, nach Mykene, Nafplio und Epidauros (ähnliche Preise) und überteuerte Kreuzfahrten nach Ägina, Poros und Ydra (99 € inklusive Mittagessen). Hotels nehmen für mindestens einen Anbieter Buchungen entgegen und gewähren Rabatte. Wer mutig genug ist, kann ein Rad mieten oder auch an einer geführten Radtour teilnehmen (S. 143).

Feste & Events

Hellenic Festival DARSTELLENDE KUNST
(www.greekfestival.gr; ⏲ Ende Mai–Okt.) Griechenlands führende Kulturevents, die jährlich im Rahmen des Hellenic Festivals stattfinden, heben sich durch ein erstklassiges Repertoire an Veranstaltungen mit griechischer und internationaler Musik, Tanz und Theater hervor.

Größere Shows im Rahmen des **Athen-Festival** finden im herrlichen Odeon des Herodes Atticus (S. 88) statt, eine der geschichtsträchtigsten Bühnen der Welt, mit einer in Flutlicht getauchten Akropolis als Kulisse. Die Intendanten sitzen auf Kissen auf den abgesessenen Marmorplätzen, auf denen sich die Athener bereits vor Jahrhunderten unterhalten ließen. Das Festival ist seit über 50 Jahren als feste Größe in der Kulturszene der Stadt etabliert. Das international anerkannte Programm ist vielfältig und reicht von antikem Schauspiel und klassischer Musik bis hin zu zeitgenössischem Tanz. Außerdem locken Events auch in verschiedenen modernen Theatern und auf anderen Bühnen quer durch die Stadt.

Das **Epidauros-Festival** zeigt griechische und internationale Produktionen sowie antike griechische Schauspiele auf der Bühne des berühmten antiken Theaters von Epidauros (S. 178), einem Küstenort auf dem Peloponnes, etwa zwei Stunden westlich von Athen. Aufführungen finden von Juli bis August immer am Feitag- und Samstagabend statt.

Das Festival **Musical July Festival** findet ebenfalls im Küstenort Epidauros statt. Als Bühne dient das romantische Kleine Theater aus dem 3. Jahrhundert v. Chr., das in einem Olivenhain hinter Pinien versteckt liegt. Aufführungen, immer freitags und samstags, reichen von griechischer Musik bis hin zu klassischen Arrangements.

Das Festivalprogramm sollte ab April auf der Festivalwebsite abrufbar sein und im **Hellenic Festival Box Office** (☎210 327 2000; Arcade, Panepistimiou 39, Syntagma; ⊙Mo–Fr 8.30–16, Sa Juli & Aug. 9–14 Uhr; Ⓜ Panepistimio) ausliegen. Tickets sind online oder telefonisch buchbar oder auch am Tag der Vorstellung an den Kartenbüros direkt im Theater erhältlich. Allerdings bilden sich dort oft sehr lange Warteschlangen. Für Studenten und Schüler gibt es gegen Vorlage eines entsprechenden Ausweises auf die meisten Vorstellungen Rabatt.

Nach Epidauros fahren spezielle **KTEL-Busse** (hin & zurück 20 €), die freitags und samstags vom Busterminal A abfahren und nach der Vorstellung nach Athen zurückkehren. Karten sind am Vortag im Kartenbüro im Vorhof der Kirche Agiou Konstantinou (Karte S. 96) erhältlich.

Rockwave Festival MUSIK
(☎210 882 0426; www.rockwavefestival.gr; ⊙Jun–Jul) Das jährliche internationale Rockwave Festival hat an Umfang und Beliebtheit gewonnen. Rockfans können einige Weltklasseaufführungen erwarten – das Repertoire im Jahr 2011 reichte von Editors, Cake und The Stranglers bis hin zu griechischen Künstlern wie Yiannis Angelakas. Das Rockwave findet im Terra Vibe statt, einer riesigen Parklandschaft in Malakassa am Stadtrand von Athen. Das Gelände liegt direkt auf Höhe des 37. Kilometers der Stadtautobahn Athen–Lamia. Karten sind online auf www.ticketpro.gr oder im **Ticket House** (☎210 360 8366; www.tickethouse.gr; Panepistimiou 42, Syntagma; Ⓜ Panepistimio) in Athen erhältlich. Zum Festival fahren Sonderbusse. Für Karteninhaber steht auch ein günstiger Campingplatz zur Verfügung.

Technopolis KUNST, THEATER UND TANZ
(Karte S. 118; ☎210 346 7322; Pireos 100, Gazi; Ⓜ Kerameikos). Im Sommer findet eine Reihe von Festivals und kulturellen Events im Technopolis statt, den früheren Gaswerken, die in ein Kulturzentrum umgewandelt wurden.

European Jazz Festival MUSIK, TANZ
(www.cityofathens.gr; ⊙Mai–Juni) Das sechstägige European Jazz Festival Ende Mai/Anfang Juni und das zweitägige **Internationale Tanzfestival** im Juli finden unter der Ägide der Stadt Athen statt, die auch kostenlose Konzerte sowie Musikkonzerte und Tanzvorstellungen quer durch die Stadt organisiert.

Synch Electronic Musik & Digital Arts Festival MUSIK, KUNST
(☎210 628 6287; www.synch.gr; ⊙Juni oder Juli) Das dreitägige internationale Synch Festival, eine bunte Mischung aus elektronischer Musik und digitaler Kunst, findet im Technopolis und auf anderen Bühnen quer durch die Stadt statt.

European Musik Day MUSIK
(www.musicday.gr; ⊙Juni) Im Juni werden im Rahmen des Europäischen Musiktags fünf Tage lang kostenlose Konzerte und Events an verschiedenen Plätzen überall in der Stadt geboten.

August Moon Festival MUSIK
(⊙Aug.) Jeden August finden in der Vollmondnacht vor der Kulisse verschiedener Hauptsehenswürdigkeiten Konzerte statt, so auch auf der Akropolis, in der Römischen Agora und an anderen historischen Stätten quer durch Griechenland. Einzelheiten werden in der Regel in letzter Minute angekündigt.

Internationales Filmfestival Athen FILM
(☎210 606 1413; www.aiff.gr; ⊙Sept.) Das jährliche Internationale Filmfestival zeigt Retrospektiven, Premieren, internationales Arthouse-Kino und Dokumentarfilme.

Im Rahmen zweier Sommerfestivals treten führende griechische Künstler und internationale Stars in atemberaubend schönen Locations auf – beispielsweise vor der Kulisse faszinierender ehemaliger Steinbrüche: Das **Vyronas-Festival** (☎210 760 9340; www.festivalbyrona.gr, in Griechisch) findet im Theatro Vrahon in der Vorstadt Vyronas statt; das **Petras Festival** (☎210 506 5400) im Westen der Stadt. Programme und Tickets sind für beide erhältlich im Metropolis Music Store, bei Public und in Konzertagenturen (siehe Kasten S. 106).

Sommerkonzerte finden auch im Lykavittos-Theater und im Panathenäischen Stadion statt.

Schlafen

Der Standard der Unterkünfte in Athen hat sich seit der Olympiade im Jahr 2004 entscheidend verbessert. Heute bietet die Stadt alle möglichen Kategorien, allerdings lässt der Service manchmal zu wünschen übrig.

Plaka ist das bei Touristen beliebteste Viertel und bietet eine gute Auswahl an Unterkünften in allen Preiskategorien. Die meisten Spitzenhotels sind rund um den Syntagmaplatz angesiedelt. Darüber hinaus gibt es einige Pensionen und Mittelklassehotels südlich der Akropolis in den ruhigen Stadtvierteln Makrygianni und Koukaki.

Rund um Omonia sind zahlreiche Hotels durchaus aufgewertet worden. Allerdings befinden sich diese in Gegenden, die – besonders nachts – etwas anrüchig sind, was im Zusammehang mit Drogen und Prostitution steht.

Athen ist eine laute Stadt, in der die Menschen erst spät den Weg nach Hause antreten. Deshalb finden sich die meisten hier ausgewählten Hotels in eher ruhigen Gegenden, Fußgängerzonen oder Seitenstraßen.

In den Sommermonaten Juli und August sind die besten Zimmer schnell ausgebucht; es ist also ratsam, im Voraus zu buchen, um eine fruchtlose Zimmersuche in der Sommerhitze zu vermeiden. Die Preise gelten für die Hochsaison, doch es gibt meistens beträchtliche Rabatte, insbesondere in der Nebensaison, bei längeren Aufenthalten und bei Online-Buchung. Das Nichtraucherverbot wird oft recht lasch gehandhabt, wenn es überhaupt eingehalten wird.

PLAKA & SYNTAGMA

LP TIPP **NEW** BOUTIQUEHOTEL €€

(Karte S. 86; ☎210 628 4565; www.yeshotels.gr; Filellinon 16, Plaka; EZ/DZ ab 150/160 €, Suite 240 €; P ❄ 📶; M Syntagma) Das hippe NEW hat sich kurz nach der Eröffnung gleich in einen echten Schickimicki-Treffpunkt verwandelt. Hier wabert ein Hauch von Dekadenz durch die Luft, was dazu beiträgt, die Fantasie zu beflügeln: Ob man sich dabei nun in die edlen Topdesignermöbel von Campana Brothers lümmelt oder sich das Frühstück ans Bett bringen lässt (immer schön sagen, wie sehr man das alles genießt!) Das NEW gehört zu einer renommierten Designerhotelkette und ist eines der neuesten Neuzugänge in der Spitzenhotellerie Athens.

Central Hotel BOUTIQUEHOTEL €€

(Karte S. 86; ☎210 323 4357; www.centralhotel.gr; Apollonos 21, Plaka; EZ/DZ inkl. Frühstück ab 80/100 €; ❄ @; M Syntagma) Dieses stilvolle Hotel ist geschmackvoll in leichten, modernen Farbtönen gehalten. Es bietet komfortable Zimmer mit ordentlichen Badezimmern. Eine reizvolle Dachterrasse mit kleinem Spa, Sonnenliegen und Ausblick auf die Akropolis lädt zum Verweilen ein. Das Central liegt praktisch zwischen Syntagma und Plaka.

Electra Palace LUXUSHOTEL €€€

(Karte S. 86; ☎210 337 0000; www.electrahotels.gr; Navarhou Nikodimou 18, Plaka; EZ/DZ/Suite inkl. Frühstück ab 160/180/295 €; P ❄ @ 📶 ≋; M Syntagma) Plakas schickstes Hotel ist wie gemacht für Romantiker. In den vorderen Deluxe-Zimmern mit Balkon kann man quasi am Fuß der Akropolis frühstücken, im Dachterrassenrestaurant wird das Abendessen serviert. Das Hotel wurde mit klassischer Eleganz komplett renoviert, die Zimmer sind geschmackvoll und mit Lärmschutzisolation. Außerdem gibt es ein Hallenbad und einen Fitnessraum sowie einen Dachterrassenpool mit Ausblick auf die Akropolis.

Hotel Phaedra HOTEL €

(Karte S. 86; ☎210 323 8461; www.hotelphaedra.com; Herefontos 16, Plaka; EZ/DZ/3BZ 80/80/95 €; ❄ @ 📶; M Akropoli) Viele der Zimmer in diesem kleinen, familiengeführten Hotel haben einen Balkon mit Blick auf eine Kirche oder auf die Akropolis. Das Hotel wurde für die Olympischen Spiele auf Vordermann gebracht. Die Einrichtung ist geschmackvoll, die Zimmer sind eher klein, aber gemütlich. Einige Zimmer haben ein eigenes Bad gegenüber auf der Etage. Mit der herrlichen Dachterrasse, dem freundlichen Personal und der guten Lage gehört das Phaedra zu den besseren Optionen in Plaka.

Niki Hotel HOTEL €€
(Karte S. 86; ☎210 322 0913; www.nikihotel.gr; Nikis 27, Syntagma; EZ/DZ/3BZ inkl. Frühstück 89/89/105 €; ❄@📶; ⓂSyntagma) Dieses kleine Hotel, das an Plaka angrenzt, gehört zu den Häusern, die in dieser Gegend durch mehrere Renovierungsaktionen an Stil gewonnen haben. Das Design und die Möbel sind auf der Höhe der Zeit. Die Zimmer sind gut ausgestattet und für Familien gibt es eine Suite (190 €) mit Balkon und Ausblicken auf die Akropolis.

Hotel Grande Bretagne LUXUSHOTEL €€€
(Karte S. 86; ☎210 333 0000; www.grandebretagne.gr; Vasileos Georgiou 1, Syntagma; Zi./Suite ab 275/960 €; P❄@📶; ⓂSyntagma) Wer wohlhabend ist oder das Beste vom Besten haben will, sollte unbedingt einmal im Hotel Grande Bretagne rechts vom Syntagmaplatz logieren – denn hier war schon immer der Jetset zu Hause. Das Luxushotel wurde 1862 erbaut, um Staatsoberhäupter zu empfangen. Es hält bis heute seinen Rang unter den Grand Hotels der Welt. Kein anderes Hotel in Athen kann sich einer so reichen Geschichte rühmen. Auch nach seiner Rundumerneuerung hat es nichts von der Grandezza aus der alten Welt verloren. Zum Hotel gehören ein himmlisches **Spa** (www.gbspa.gr), ein **Dachterrassenrestaurant** und eine **Bar** – unbedingt ausprobieren, auch für externe Nutzer, die nicht im Hotel wohnen.

Acropolis House Pension HOTEL €€
(Karte S. 86; ☎210 322 2344; www.acropolishouse.gr; Kodrou 6–8, Plaka; EZ/DZ/3BZ/4BZ inkl. Frühstück 70/87/114/136 €; ❄📶; ⓂSyntagma) Diese atmosphärische Familienpension ist in einem Haus aus dem 19. Jahrhundert untergebracht, das wunderbar erhalten ist, es verfügt über zahlreiche originelle Details und schön bemalte Wände. Für Aufenthalte von drei und mehr Tagen gibt es Preisnachlass. Einige Zimmer haben das Bad gleich gegenüber auf der Etage (60/70 €).

Adonis Hotel HOTEL €€
(Karte S. 86; ☎210 324 9737; www.hotel-adonis.gr; Kodrou 3, Plaka; EZ/DZ/3BZ inkl. Frühstück 70/95/120 €; ❄@📶; ⓂSyntagma) Diese komfortable, wenn auch etwas fade Pension liegt an einer ruhigen, verkehrsfreien Straße in Plaka. Die einfachen Zimmer sind sauber und mit TV ausgestattet; die Badezimmer sind klein, jedoch nach Renovierung picobello. Die Zimmer im 4. Stock haben einen tollen Ausblick auf die Akropolis. Das Frühstück wird auf der Dachterrassenbar serviert. Bezahlung mit Kreditkarte ist nicht möglich.

STUDIOS & APARTMENTS

Wer sich länger in Athen aufhält oder mit Familie reist, musst nicht unbedingt ein Hotelzimmer buchen. Ein möbliertes Studio oder Apartment zu mieten ist oft die günstigere Alternative.

Nahe der Akropolis bietet **Athens Studios** (Karte S. 80; ☎210 923 5811; www.athensstudios.gr; Veïkou 3a, Makrygianni; Apt. inkl. Frühstück 80–120 €; @📶; ⓂAkropoli) komfortable, moderne Studios in verschiedenen Konfigurationen und mit täglichem Reinigungsservice.

In Psiri vermietet **Athens Style** (S. 115) gut ausgestattete Studios (75 bis 115 €) mit Kochnische, Flachbildschirm-TVs, stilvollen modernen Bädern und großen Balkonen mit Blick auf die Akropolis.

Wer fern der Heimat gemütlich wohnen will, wird sich in den vier wunderbar renovierten, geräumigen Apartments von **EP16** (Karte S. 96; ☎6976484135; www.boutiqueathens.com; Epikourou 16, Psiri; Apt. 90–210 €, für einen Aufenthalt von mind. drei Tagen; ❄📶) wohlfühlen. Sie liegen über einem nostalgischen Knoblauchladen. Eine Wendeltreppe führt zu den Wohnungen hoch. Die Räume sind mit modernen Designermöbeln ausgestattet, große Küchen und Marmorbäder sind hier Standard. Auf dem großzügigen Dachterrassengarten mit Blick auf die Akropolis laden Sonnenliegen zum Verweilen ein. Dort steht auch ein Grill, und der Kühlschrank ist immer mit Bier aufgefüllt. EP16 vermietet auch noch Apartments in Gazi.

Adrian Hotel HOTEL €€
(Karte S. 86; ☎210 322 1553; www.douros-hotels.com; Adrianou 74, Plaka; EZ/DZ/3BZ inkl. Frühstück 105/120/147 €, EZ/DZ mit Ausblick 130/155 €; ❄@📶; Ⓜ Monastiraki) Dieses kleine Hotel im Herzen von Plaka serviert Frühstück auf einer reizvollen schattigen Terrasse mit Blick auf die Akropolis. Die renovierten, gut ausgestatteten Zimmer sind recht angenehm, jedoch schon etwas abgelebt. Die Zimmer mit großem Balkon im 3. Stock sind die besten: Von dort aus schweift der Blick über den Platz.

Plaka Hotel HOTEL €€
(Karte S. 86; ☎210 322 2096; www.plakahotel.gr; Kapnikareas 7, Ecke Mitropoleos, Plaka; EZ/DZ/3BZ inkl. Frühstück 120/135/145 €; ❄📶; Ⓜ Monastiraki) Die Ausblicke auf die Akropolis vom Garten der Dachterrasse aus sind kaum zu übertreffen; aber auch die Zimmer in der obersten Etage verfügen über eine günstige Lage. Alle Zimmer dieses renovierten Hotels sind mit leichten Holzmöbeln und -böden ausgestattet und haben Sat-TV. Allerdings sind die Badezimmer eher klein und eng.

Athens Cypria Hotel HOTEL €€
(Karte S. 86; ☎210 323 8034; www.athenscypria.com; Diomias 5, Syntagma; EZ/DZ 83/120 €; ❄@📶👪; Ⓜ Syntagma) Dieses kleine, familienfreundliche Hotel liegt versteckt in einer Seitenstraße abseits der Ermou. Zwar ist es ein bisschen unscheinbar, aber dafür modern und komfortabel, mit guten Annehmlichkeiten und sehr praktisch gelegen. Es gibt Familienzimmer (142 bis 210 € inkl. Frühstück) und Rabatte für Kinder. Einige Zimmer haben Balkon, aber keinen tollen Ausblick.

Student & Travellers' Inn HOSTEL €
(Karte S. 86; ☎210 324 4808; www.studenttravellersinn.com; Kydathineon 16, Plaka; B 20–24 €, EZ/DZ/3BZ 55/63/80 €, DZ/3BZ ohne Bad 58/74 €; ❄@📶; Ⓜ Syntagma) Die Lage im Herzen von Plaka macht diese seit Langem etablierte Herberge zu einer beliebten Unterkunft für alle Altersgruppen. Es handelt sich um einen freundlichen Ort mit einem angenehmen, schattigen Innenhof und einem praktischen Reiseservice. Es gibt verschiedene sehr einfache Mehrbett- und Standardzimmer, darunter einige mit eigenem Bad und Klimaanlage; die Gemeinschaftsbäder sind allerdings etwas heruntergekommen. Oft beschweren sich Gäste über mangelnde Sauberkeit.

Hotel Hermes BOUTIQUEHOTEL €€
(Karte S. 86; ☎210 323 5514; www.hermeshotel.gr; Apollonos 19, Plaka; EZ/DZ/3BZ inkl. Frühstück 120/145/165 €; ❄@📶; Ⓜ Syntagma) Das Hermes befindet sich gleich neben dem Central und bietet ähnliche Annehmlichkeiten, ist dabei aber nicht gar so todschick.

Hotel Achilleas HOTEL €€€
(Karte S. 86; ☎210 323 3197; www.achilleashotel.gr; Leka 21, Syntagma; EZ/DZ/4BZ inkl. Frühstück €137/159/185; ❄@📶; Ⓜ Syntagma) Von der schicken Marmorlobby mit Schachbrettmusterboden bis hin zu den schön eingerichteten Zimmern ist das Achilleas ein Hotel, das mit Businesshotels mithalten kann, und obendrein in angenehmer Lage. Einiger Zimmer haben Balkon und Blick auf den Garten.

Arethusa Hotel HOTEL €€
(Karte S. 86; ☎210 322 9431; www.arethusahotel.gr; Mitropoleos 6, Ecke Nikis, Syntagma; DZ inkl. Frühstück 85 €; 📶; Ⓜ Syntagma) Das Arethusa ist ein einfaches aber angenehmes Hotel in zentraler Lage.

John's Place HOTEL €
(Karte S. 86; ☎210 322 9719; Patroou 5, Plaka; EZ/DZ/3BZ mit Bad 35/50/75 €; ❄; Ⓜ Syntagma) Wer eine einfache Budgetunterkunft sucht, ist in diesem kleinen, nostalgischen Familienbetrieb gleich westlich vom Syntagmaplatz genau richtig. Zwar sind die Zimmer extrem schlicht, aber jedes hat ein älteres Handwaschbecken und einige sogar eine Klimaanlage; alle Badezimmer werden gemeinschaftlich genutzt und sind sehr einfach.

MONASTIRAKI & THISSIO

LP TIPP **Magna Grecia** BOUTIQUEHOTEL €€
(Karte S. 86; ☎210 324 0314; www.magnagreciahotel.com; Mitropoleos 54, Monastiraki; EZ 110 €, DZ 135–180 € inkl. Frühstück; ❄📶; Ⓜ Monastiraki) Dieses Boutiquehotel mit persönlichem Flair ist in einem historischen Gebäude gegenüber der Kathedrale untergebracht. Es bietet herrliche Ausblicke auf die Akropolis von den vorderen Zimmern und der Dachterrasse aus. Zwölf individuell dekorierte Zimmer mit Wandmalereien sind nach den griechischen Inseln benannt und bieten ausgezeichnete Annehmlichkeiten inklusive bequemer Matratzen, DVD-Player und Minibar. Das Personal ist freundlich, und das Hotel sprüht vor Charisma.

Hotel Cecil

HOTEL €

(Karte S. 96; ☎210 321 7079; www.cecil.gr; Athinas 39, Monastiraki; EZ/DZ/3BZ inkl. Frühstück 60/80/110 €; ❄@📶; Ⓜ Monastiraki) Dieses charmante alte Hotel ist ebenfalls an der belebten Athinas gelegen. Die Räume sind hoch und haben eine wunderschöne Form, die Böden sind aus poliertem Holz. Es steht ein originaler Jugenstilaufzug mit Gitter zue Verfügung. Die einfachen Zimmer sind geschmackvoll möbliert, haben jedoch keinen Kühlschrank. Zwei miteinander verbundene Zimmer haben ein Gemeinschaftsbad und sind damit ideal für Familien.

Hotel Erechthion

HOTEL €

(Karte S. 116; ☎210 345 9606; www.hotelerechthion.gr; Flammarion 8, Ecke Agias Marinas, Thissio; EZ/DZ/3BZ inklusive Frühstück 40/70/100 €; ❄📶; Ⓜ Thissio) Das Hotel Erechthion bietet einfache, sauber Zimmer mit TV, Kühlschrank und furnierten Möbeln – die Badezimmer lassen allerdings zu wünschen übrig. Viel beeindruckender sind da schon die fantastischen Ausblicke auf die Akropolis vom Balkon aus, die niedrigen Preise und das herrliche Stadtviertel.

Phidias Hotel

HOTEL €€

(Karte S. 116; ☎210 345 9511; www.phidias.gr; Apostolou Pavlou 39, Thissio; EZ/DZ/3BZ inkl. Frühstück 55/70/80 €; ❄📶; Ⓜ Thissio) Diese Unterkunft befindet sich ziemlich genau auf halber Höhe entlang der prächtigen Fußgängermeile im Stadtviertel Thissio. Das Phidias Hotel bietet nicht nur freundlichen Service, sondern darüber hinaus auch sehr gepflegte, schlichte Zimmer, die in einem herrlichen Gebäude untergebracht sind.

Tempi Hotel

HOTEL €

(Karte S. 86; ☎210 321 3175; www.tempihotel.gr; Eolou 29, Monastiraki; DZ/3BZ 64/78 €, EZ/DZ mit Bad 42/57 €; ❄📶; Ⓜ Monastiraki) Die gute Lage und die günstigen Preise sind die Stärken dieses älteren Familienbetriebs, der an der verkehrsfreien Eolou liegt. Die vorderen Balkone bieten einen Ausblick auf die Kirche an der Plateia Agia Irini sowie Seitenblicke auf die Akropolis. Die einfachen Zimmer sind mit Sat-TV ausgestattet, aber die Ausstattung der Badezimmer ist einfach. Die Zimmer in der Dachetage sind klein, und der Weg dorthin ist beschwerlich. Es gibt eine Gemeinschaftsküche.

PSIRI

Athens Style

HOSTEL, APARTMENTS €

(Karte S. 86; ☎210 322 5010; www.athenstyle.com; Agias Theklas 10, Psiri; B 21–25 €, EZ/DZ 51/75 €, Apt. 75–115 €; ❄@; Ⓜ Monastiraki) Als neueste Herberge in der Stadt bietet diese helle Unterkunft mit künstlerischem Flair geschmackvolle, gut ausgestattete Studios und Betten. Das Hotel verfügt über eine besonders praktische Lage, denn es sind lediglich ein paar Schritte zur Metro, und auch die größeren Sehenswürdigkeiten sowie einige gute Restaurants sind nicht weit entfernt. In jedem Mehrbettzimmer stehen Schließfächer zur Verfügung; von einigen Balkonen aus bietet sich ein wunderschöner Blick auf die Akropolis. Im Empfangsbereich wurden die Wände von Künstlern bemalt; im Untergeschoss befindet sich eine künstlerisch gestaltete Lounge mit Kunstausstellungen, Billardtisch, Heimkino und Internetecke. Die kleine Dachterrassenbar ist ideal für einen Drink am Abend mit Blick auf die Akropolis. Zur Happy Hour ist hier immer jede Menge los.

Hotel Attalos

HOTEL €€

(Karte S. 96; ☎210 321 2801; www.attaloshotel.com; Athinas 29, Psiri; EZ/DZ/3BZ 70/85/99 €; ❄@📶; Ⓜ Monastiraki) Zwar war das Dekor noch nie die Stärke des Hotels Attalos, doch das durchaus komfortable Hotel liegt sehr zentral. Das Beste ist jedoch immer noch die Dachterrassenbar mit wundervollen Ausblicken auf die Akropolis. Auch die hinteren Zimmer (mit 9 € Aufpreis) bieten vom Balkon aus einen Blick auf die Akropolis.

GAZI

Eridanus

BOUTIQUEHOTEL €€€

(Karte S. 116; ☎210 520 5360; www.eridanus.gr; Pireos 78, Gazi; Zi. inkl. Frühstück ab 195 €; P❄@📶; Ⓜ Kerameikos) Diejenigen, die in Gazi oder im benachbarten Psiri die Nacht durchgefeiert haben, fühlen sich hinterher, eingewickelt in einen kuscheligen weißen Bademantel oder in der luxuriösen marmornen Badewanne und bei einer Entspannungspause auf der Ruheliege so richtig wohl! Ein hilfsbereites Servicepersonal kümmert sich wirklich um jeden noch so kleinen Wunsch, und vom Dachterrassengarten aus erblickt man die Akropolis. Der einzige wirkliche Nachteil an dieser Unterkunft ist der Straßenlärm – denn Pireos ist sehr laut.

Thissio & Keramikos

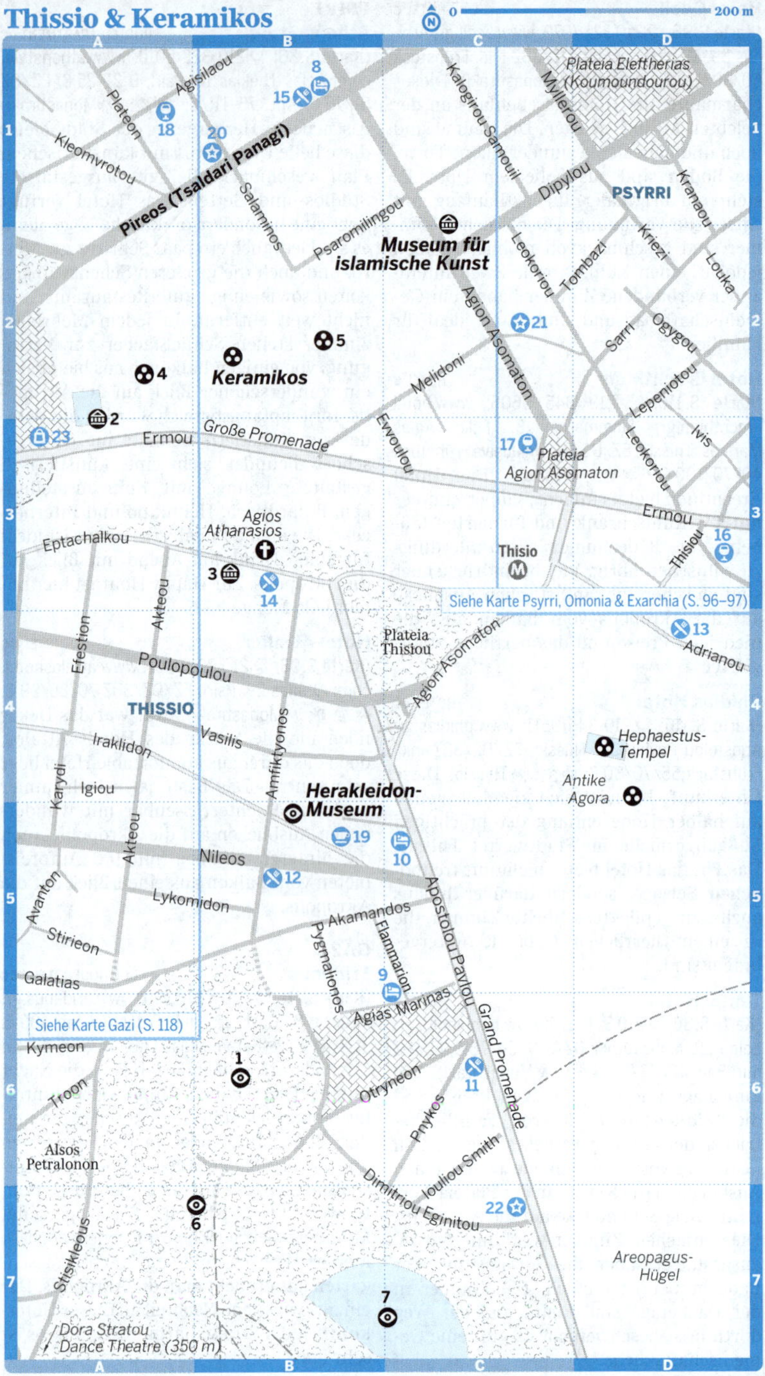

Thissio & Keramikos

Highlights
Herakleidon-Museum B5
Kerameikos B2
Museum für Islamische Kunst C1

Sehenswertes
1 Altes Athener Observatorium B6
2 Archäologisches Museum Kerameikos A3
3 Bernier-Eliades B3
4 Gräberstraße A2
5 Heiliges Tor & Dipylon B2
6 Nymphen-Hügel B7
7 Pnyx-Hügel C7

Schlafen
8 Eridanus B1
9 Hotel Erechthion C5
10 Phidias Hotel C5

Essen
11 Filistron C6
12 Gevomai Kai Magevomai B5
13 Kuzina D4
14 To Steki tou Ilia B3
15 Varoulko B1

Ausgehen
Belafonte .... (siehe 18)
16 James Joyce D3
17 Loop C3
18 Nixon Bar A1
19 Stavlos B5

Unterhaltung
20 Bios B1
21 El Pecado C2
22 Thission C7

Shoppen
23 Flohmarkt am Sonntag A3

OMONIA & EXARCHIA

Hotel Exarchion HOTEL €
(Karte S. 96; 210 380 0731; www.exarchion.com; Themistokleous 55, Exarchia; EZ/DZ/3BZ inkl. Frühstück 50/65/85 €; ; Omonia) Direkt im Herzen des Bohème-Viertels Exarchia ragt dieses gesichtslose, aber komfortable Hotelhochhaus aus den 1960er-Jahren auf. Die Zimmer sind renoviert und gut ausgestattet. Auf der Dachterrasse gibt's ein Café, und gleich vor der Haustür bieten sich jede Menge Ausgeh- und Unterhaltungsmöglichkeiten an.

Fresh Hotel BOUTIQUEHOTEL €€
(Karte S. 96; 210 524 8511; www.freshhotel.gr; Sofokleous 26, Ecke Klisthenous, Omonia; Zi/Suite inkl. Frühstück ab 110/320 €; ; Omonia) Wer die Prostituierten, die nachts vorm Hotel auf Kundschaft warten, unbekümmert übersieht, fühlt sich in diesem lässigen Hotel so richtig wohl – es ist das erste der hippen Hotels, die in der schmuddeligen Umgebung von Omonia eröffnet haben. Einmal über die Schwelle getreten, ist man an der bonbonfarbenen Rezeption nur noch von schickem Design umgeben. Das lässt die Schäbigkeit, die auf der Straße herrscht, schnell vergessen. Die hellen Zimmer und Suiten haben alle modernen Annehmlichkeiten. Die fantastische Dachterrasse – mit Pool, Bar, Restaurant und Blick auf die Akropolis – könnte sich nicht extremer von der Welt unten vor der Hotelpforte unterscheiden.

Baby Grand Hotel BOUTIQUEHOTEL €€
(Karte S. 96; 210 325 0900; www.classicalhotels.com; Athinas 65, Omonia; EZ/DZ inkl. Frühstück ab 92/100 €; ; Omonia) Eine Kreation aus zwei Mini-Coopern, welche die Rezeption bilden, gibt in dieser witzig gestalteten Unterkunft bereits bei der Ankunft den Ton an. Die Flure und Zimmer ziert originelle Graffiti-Kunst. Auf den Zimmern gibt es die Möglichkeit, den iPod aufzuladen. Einige Zimmer haben Designermöbel, das Dekor ist eklektisch – angefangen bei Kronleuchtern bis hin zu unechten Tierfellen.

Melia BUSINESSHOTEL €€
(Karte S. 96; 210 332 0100; www.melia.com; Halkokondyli 14, Ecke 28 Oktovriou-Patision, Omonia; DZ ab 100 €; ; Omonia) Professionelles Personal, gepflegte Zimmer, Dachterrasse mit Akropolisblick und dazu noch eine Bar mit Whirlpool: All das macht das Melia zu einem großartigen Refugium mitten in der Stadt. Das Hotel befindet sich auf halber Höhe zwischen Omonia und Exarchia.

Athens Easy Access Hostel HOSTEL €
(Karte S. 96; 210 524 3211; Satovrianidou 26, Omonia; B 14–18 €, DZ/3BZ/4BZ pro Person 25/23/18 €, alle inkl. Frühstück; ;

Gazi

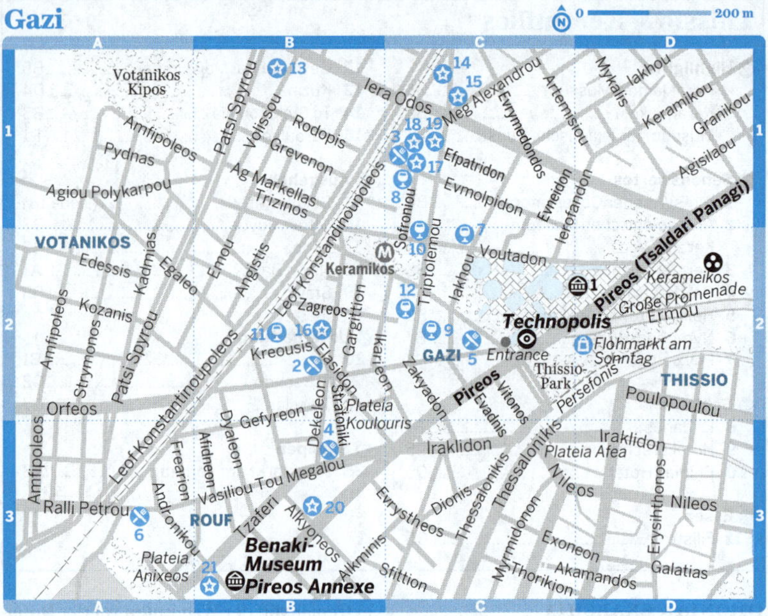

Gazi

Highlights

- Benaki-Museum Pireos Annexe B3
- Technopolis C2

Sehenswertes

1 Maria-Callas-Museum D2

Essen

2 Jamon B2
3 Kanella C1
4 Oina Perdamata B3
5 Sardelles C2
6 Skoufias A3

Ausgehen

7 45 Moires C2
8 A Liar Man C1
9 Gazaki C2
10 Hoxton C2
11 K44 .... B2
12 Tapas C2

Unterhaltung

13 BIG B1
14 Blue Train C1
15 Greek Film Archive C1
16 Letom B2
17 NoizClub C1
18 S-cape C1
19 Sodade C1
20 Venue B3
21 Villa Mercedes B3

Ⓜ Omonia) Diese einfache Unterkunft befindet sich direkt hinter der Plateia Omonias (Omonia-Platz). Das Hotel ist eine gute Option für Rucksacktouristen – allerdings nur für den Fall, dass alle anderen Herbergen schon ausgebucht sind, denn es gibt durchaus bessere. Der Frühstücksraum verwandelt sich am Abend in eine Happy-Hour-Bar mit günstigem Bier und Mahlzeiten.

MAKRYGIANNI & KOUKAKI

LP TIPP **Athens Gate** BUSINESS HOTEL €€
(Karte S. 80; ☎210 923 8302; www.athensgate.gr; Leoforos Syngrou 10, Makrygianni; Zi. inkl. Frühstück 110–185 €; ❄@📶; Ⓜ Akropoli) Mit atemberaubendem Blick auf den Tempel des Olympischen Zeus von den geräumigen vorderen Zimmern, aber auch wegen seiner praktischen (wenn auch etwas belebten) Lage, bietet dieses rundherum re-

novierte Hotel eine tolle Option in dieser Gegend. Die schicken, stilvollen Zimmer sind tipptopp mit allen modernen Annehmlichkeiten. Das Personal ist freundlich und das Frühstück wird auf einer herrlichen Dachterrasse serviert, inklusive Panoramablick über Athen.

LP TIPP Athens Backpackers HOSTEL €

(Karte S. 80; ☎210 922 4044; www.backpackers.gr; Makri 12, Makrygianni; B inkl. Frühstück 24–29 €; ❄@📶; Ⓜ Akropoli) Mit ihrer beliebten Dachterrassenbar, günstigen Getränken und herrlichem Blick auf die Akropolis ist dies eine bei Backpackern besonders beliebte Unterkunft. Die freundliche, von Australiern geführte Herberge befindet sich in nächster Nähe zur U-Bahn-Station Akropolis. Im Innenhof steht ein Grill, die Küche ist gut ausgestattet, und auch abends herrscht reges Treiben, sei es an der Bar oder bei Filmabenden. Das blitzsauberee Sechsbettzimmer ist mit Bad/Dusche/WC ausgestattet; in den Schließfächern liegt Bettwäsche bereit, aber die Handtücher kosten 2 € extra. In modernen, nahegelegenen Studios werden auch noch Mehrbettzimmer zu günstigen Preisen angeboten.

Herodion HOTEL €€€

(Karte S. 80; ☎210 923 6832; www.herodion.com; Rovertou Galli 4, Makrygianni; EZ/DZ/3BZ inkl. Frühstück 155/170/210 €; ❄@📶; Ⓜ Akropoli) Dieses elegante Vier-Sterne-Hotel ist für gut betuchte Reisende und Geschäftsleute gerüstet. Die Zimmer sind zwar klein, dafür aber sehr gut ausgestattet mit allem möglichen Komfort sowie mit superbequemen Betten. Auf dem Dach befinden sich ein Spa und eine Lounge mit unschlagbaren Ausblicksmöglichkeiten auf die Akropolis. Das Gebäude ist barrierefrei; außerdem gibt es für Rollstuhlfahrer beträchtliche Rabatte.

Hera Hotel BOUTIQUEHOTEL €€

(Karte S. 80; ☎210 923 6682; www.herahotel.gr; Falirou 9, Makrygianni; EZ/DZ ab 110/130 €, Suite ab 250 €, inkl. Frühstück; ❄@📶; Ⓜ Akropoli) Dieses elegante Boutiquehotel ist nur ein paar Gehminuten von der Akropolis und Plaka entfernt. Das Gebäude wurde rundherum renoviert, das nüchterne Interieurdesign kann es durchaus mit der attraktiven klassizistischen Fassade aufnehmen. Die Ausstattung besteht größtenteils aus Messing, Holz und einem stilvollen klassischen Mobiliar. Der Dachterrassengarten, das Restaurant und die Bar bieten spektakuläre Ausblicke.

Marble House Pension PENSION €

(☎210 923 4058; www.marblehouse.gr; Zini 35a, Koukaki; EZ/DZ/3BZ 39/49/59 €, DZ/3BZ ohne Bad 45/55 €; ❄📶; Ⓜ Syngrou-Fix) Dieses Budgethotel hat das beste Preis-Leistungsverhältnis in ganz Athen. Es liegt in einer ruhigen Sackgasse, allerdings ziemlich weit entfernt vom touristischen Rummel (jedoch nahe an der Metro). Die Zimmer, neuerdings mit schmiedeisernen Bettgestellen und Möbeln, haben seit ihrer Renovierung ein eher künstlerisches Flair. Die Badezimmer sind ebenfalls frisch renoviert und mit Marmor ausgestattet. In allen Zimmern gibt's einen Kühlschrank und Deckenventilatoren, einige haben auch eine Klimaanlage (9 € extra).

Art Gallery Hotel PENSION €€

(Karte S. 80; ☎210 923 8376; www.artgalleryhotel.gr; Erehthiou 5, Koukaki; EZ/DZ/3BZ/4BZ ab 70/90/115/135 €; ❄📶; Ⓜ Syngrou-Fix) Diese reizvolle Familienpension verbreitet eine absolut heimische Atmosphäre. Die Gemeinschaftsbereiche sind immer noch mit Originalmöbeln aus den 1960er-Jahren ausgestattet. Einige Zimmer sind ein wenig klein, aber der Balkon in der oberen Etage hat einen Blick auf die Akropolis. Einige Zimmer mit Gemeinschaftsbad sind günstiger.

Philippos Hotel HOTEL €€

(Karte S. 80; ☎210 922 3611; www.philipposhotel.com; Mitseon 3, Makrygianni; EZ/DZ/3BZ inkl. Frühstück 110/138/171 €; ❄@📶; Ⓜ Akropoli) Die Zimmer in diesem Hotel nahe der Akropolis sind klein, aber gut ausgestattet Das kleine Doppelzimmer auf dem Dach hat eine Terrasse. Bei Online-Buchung wird es eventuell billiger.

Hotel Tony HOTEL, APARTMENT €

(☎210 923 0561; www.hoteltony.gr; Zaharitsa 26, Koukaki; EZ/DZ/3BZ 50/60/75 €; ❄📶; Ⓜ Syngrou-Fix) Die Zimmer in dieser sauberen, gut geführten Pension haben alle einen Kühlschrank, ein TV-Gerät und eine Klimaanlage (9 € extra). Warmwasser fließt nicht zu jeder Tageszeit. Das Tony bietet außerdem gut ausgestattete, geräumige Studios mit ähnlichen Preisen in nächster Nähe (EZ/DZ/3BZ 60/80/90 €). Die Ferienwohnungen eignen sich bestens für Familien oder Leute, die einen längeren Aufenthalt planen.

KOLONAKI & PANGRATI

LP TIPP **Periscope** BOUTIQUEHOTEL €€
(Karte S. 120; ☎210 729 7200; www.periscope.gr; Haritos 22, Kolonaki; EZ/DZ/Suite inkl. Frühstück ab 126/140/210 €; ❄📶; ⓂEvangelismos) Diese Unterkunft liegt direkt im schicken Kolonaki. Das Periscope mit Blick auf den Lykavittos-Hügel ist ein pfiffiges Boutiquehotel, das durch sein industrielles Dekor auffällt. Zum interessanten Design gehören witzige und detailreiche Vorrichtungen, einschließlich einer Diashow in der Lobby und Luftaufnahmen von der Stadt an den Decken. Die biologisch abbaubaren Hygieneartikel sind von Korres. Das neue hippe Restaurant **Pbox** trägt zum allgemeinen Wohlfühlambiente bei. Das private Penthouse-Spa auf der Dachterrasse bietet sensationelle Ausblicke.

Hilton HOTEL €€€
(außerhalb Karte S. 120; ☎210 728 1000; www.athens.hilton.com; Leoforos Vasilissis Sofias 46, Ilissia; Zi./Suite ab 179/399 €; P❄@📶🏊; ⓂEvangelismos) Der riesige Betonklotz ist bei Geschäftsreisenden sehr beliebt. Das Interieur strotzt nur so von Marmor und Bronze, ausladenden Kronleuchtern und Designerteppichen, bei deren Mustern einem schwindelig wird. Abgerundet wird das Luxusambiente durch das edle Restaurant **Milos,** die dekadente Penthouse-Bar **Galaxy** und einen hinreißenden Swimmingpool.

Pangration Youth Hostel HOSTEL €
(☎210 751 9530; www.athens-yhostel.com; Damareos 75, Pangrati; B 15 €; 📶) Die Schlafsäle in dieser Jugendherberge sind sehr einfach und etwas in die Jahre gekommen. Die Unterkunft befindet sich allerdings in einer heiteren Umgebung mitten in einem Wohnviertel. Der gastfreundliche Inhaber Yiannis ist ein kleiner Philosoph, und Gäste steuern auch ihre Weisheiten bei, in dem sie Sprüche auf der Infotafel hinter-

Kolonaki

0 — 200 m

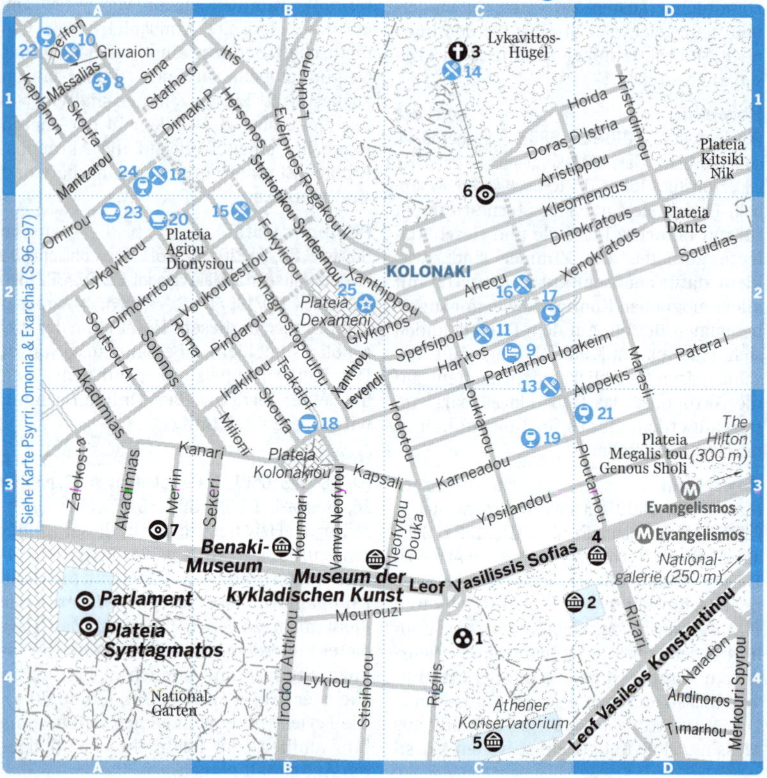

lassen. Es gibt eine Gemeinschaftsküche, ein Fernsehzimmer, einen Waschsalon und eine Münzdusche (0,50 € für sieben Minuten). Zur Herberge fahren die Oberleitungsbusse 2 oder 11 ab dem Syntagmaplatz, an der Haltestelle Filolaou in der Frinis aussteigen.

ANDERE VIERTEL

Hostel Aphrodite HOSTEL €
(außerhalb Karte S.72; ☎210 881 0589; www.hostelaphrodite.com; Einardou 12, Stathmo Larisis; B/DZ 15/46 €, DZ/3BZ/4BZ pro Person ohne Bad 21/18/16 €; ❄@📶; Ⓜ Viktoria) Zwar liegt das Hostel nicht zentral, doch es ist gut geführt und hat günstige Tarife. Die belebte Bar ist ein beliebter Treffpunkt für Traveller. Die Zimmer sind sauber, die Mehrbettzimmer schön geräumig, und einige Zimmer haben sogar ein Bad. Es gibt auch Doppelzimmer mit und ohne Bad – darunter viele mit Balkon. Die Unterkunft liegt zehn Gehminuten von der Bahnhaltestelle und U-Bahn-Station Larisis entfernt und fünf Minuten von der Haltestelle Viktoria.

Camping

Im Innenstadtbereich von Athen gibt es keine Campingplätze. In der EOT-Broschüre *Camping in Greece* sowie auf www.travelling.gr sind alle Campingplätze in der Region Attika verzeichnet. Die meisten Campingplätze in diesem Gebiet bieten einfache Anlagen und entsprechen in der Regel nicht dem europäischen Standard. Die besseren Campingoptionen liegen weiter außerhalb von Athen, in Shinias und am Kap Sunion.

Athens Camping CAMPINGPLATZ €
(☎210 581 4114; www.campingathens.com.gr; Leoforos Athinon 198, Haidari; Stellplätze pro Erw./Zelt 8,50/5 €; ⏱ganzjährig; 📶) Das Gelände dieses Campingplatzes, der 7 km westlich vom Stadtzentrum an der Straße nach Korinth liegt, ist nicht attraktiv. Aber er ist der nächstgelegene Campingplatz zu Athen. Die Anlagen sind in vernünftigem Zustand.

Essen

Athen verfügt über eine pulsierende Gastronomieszene und eine Ausgehkultur, zu der lässige und gemütliche Abende im Freien gehören. Die Leute treffen sich zum Essen, Trinken und Plaudern – das ist die hauptsächliche Freizeitbeschäftigung der Griechen –, und unzählige Lokale stehen zur Wahl.

Das kulinarische Angebot hat sich in den letzten zehn Jahren stark verändert, einhergehend mit einer Renaissance der

Kolonaki

Highlights
- Benaki-Museum ... B3
- Museum der Kykladischen Kunst ... B3
- Parlament ... A4
- Plateia Syntagmatos ... A4

Sehenswertes
1 Aristoteles-Lyzeum ... C4
2 Byzantinisches & Christliches Museum ... D4
3 Kirche Agios Georgios ... C1
4 Kriegsmuseum ... D3
5 Nationalmuseum für Zeitgenössische Kunst ... C4
6 Standseilbahn ... C1
7 Theocharakis-Stiftung für die Schönen Künste & Musik ... A3

Aktivitäten, Kurse & Touren
8 Hellenic American Union ... A1

Schlafen
9 Periscope ... C2

Essen
10 Il Postino ... A1
11 Kavatza ... C2
12 Nice N' Easy ... A1
13 Oikeio ... C2
14 Orizontes ... C1
15 Papadakis ... B2
16 Philippos ... C2

Ausgehen
17 City ... C2
18 Da Capo ... B3
19 Doors ... C3
20 Filion ... A2
21 Mai Tai ... D3
22 Mommy ... A1
23 Petite Fleur ... A2
24 Rosebud ... A1

Unterhaltung
25 Dexameni ... B2
La Boom ... (siehe 19)

STRASSENIMBISS

Fliegende Händler verkaufen oft *koulouria* (frisches Brot, ähnlich wie Brezeln), gegrillte Maiskolben oder Kastanien. Nicht nur dank zahlreicher Fast-Food-Ketten herrscht in Athen nie Mangel an kleinen Happen für zwischendurch.

Mit den griechischen *tiropitas* (Käseteigtaschen) in verschiedenen Variationen macht man nie etwas verkehrt. Das **Ariston** (Karte S. 86; ☎210 322 7626; Voulis 10, Syntagma; Pies 1,40–2 €; ⏲Mo–Fr 10–16 Uhr; Ⓜ Syntagma) gibt es schon seit 1910; besser sind die Teigtaschen nirgends. Die breite Palette besteht aus schmackhaften, frisch gebackenen Teigtaschen mit allen möglichen Füllungen.

Griechenlands beliebtester und bester Imbiss ist jedoch das *souvlaki* – das unbestreitbar leckerste Essen unter 2,50 €! Wenn im Souvlaki-Eldorado von Monastiraki die Aromen durch die Luft wabern, kann kaum einer widerstehen. Die besten Souvlaki-Spieße in ganz Athen gibt es in dem winzigen Lokal **Kostas** (Karte S. 86; ☎210 323 2971; Plateia Agia Irini 2, Monastiraki; Souvlaki 2 €; ⏲5–17 Uhr; Ⓜ Monastiraki). Es liegt an einem angenehmen Platz gegenüber der Kirche Agia Irini. Besonders lecker schmecken die frischen Schweinefleisch-Spieße und Kebabs mit scharfer Tomatensauce aus Meisterhand.

griechischen Küche und dem Aufkommen verschiedener Restaurants mit Fusionsküche und gehobenem Niveau. Eine neue Generation von Köchen holt sich ihre Inspirationen aus Griechenlands Regionalküche und greift gerne auf heimische Erzeugnisse zurück. Inzwischen hat das Kochen nach Großmutters Art Einzug in die feinsten Küchen der Stadt gehalten. Angesagte neugriechische Restaurants konkurrieren mit traditionellen Tavernen, *ouzerien* (Lokalen, in denen Ouzo und Snacks serviert werden) und orginellen, altmodischen *mayireia* (Kochhäusern).

Es gibt allerdings auch einige Restaurants, die mehr Wert auf Dekor und Flair legen als auf das Essen selbst. Diese schicken Lokale verlangen oft mehr für durchschnittliche Tavernengerichte. Selbst bei minimalem Ambiente lässt sich dagegen in aller Sachlichkeit eine möglicherweise unvergessliche Mahlzeit verspeisen.

Es ist schwer, in dem atmospärischen Viertel Plaka einer Mahlzeit zu widerstehen, das Essen ist dort aber meist überteuert und nicht zu empfehlen. Bessere Lokale finden sich überall in der Stadt. In Gazi gibt es viele moderne Tavernen, die für eine gute Unterlage sorgen, wenn eine ganze Ausgehnacht in den Nachtclubs rund ums Viertel bevorsteht, während Lokale mit ewig gestrigem Flair in der Innenstadt vor allem Büroangestellte anziehen; einigen mangelt es auch keineswegs an Ambiente. In Monastiraki – das Ende der Mitropoleos ist ein Souvlaki-Drehkreuz – tragen Musiker gelegentlich zum pulsierenden Ambiente bei. *Mezedhopoleia* (auf *mezedhes* spezialisierte Restaurants) und gehobenere Restaurants finden sich rund um die Adrianou, entlang der Bahnlinie nach Thissio sowie in Psiri. Exarchias beliebte Tavernen bekochen größtenteils Einheimische; im schicken Kolonaki liegen hingegen einige der besten Optionen für feines Essen.

Der Schwerpunkt auf folgender Liste liegt auf Restaurants mit griechischer bzw. mediterraner Küche in der Innenstadt von Athen. Wenn nicht anders vermerkt, gilt für alle hier aufgeführten Restaurants, dass sie täglich zum Mittag- und Abendessen geöffnet sind. In Spitzenrestaurants läuft ohne Reservierung gar nichts.

PLAKA & SYNTAGMA

LP TIPP **Tzitzikas & Mermingas** TAVERNE €

(Karte S. 86; ☎210 324 7607; Mitropoleos 12-14, Syntagma; *mezedhes* 6–11 €; Ⓜ Syntagma) In diesem heiteren, modernen *mezedhopoleio* im Herzen der Athener Innenstadt tummeln sich meist Einheimische. In den Wandregalen sind griechische Produkte aufgereiht. Sie bietet eine ganze Palette köstlicher und kreativer *mezedhes* wie etwa den mit Honig beträufelten Käse im Speckmantel.

Filema TAVERNE €

(Karte S. 86; ☎210 325 0222; Romvis 16, Syntagma; Hauptgerichte 7,50–10 €, *mezedhes* 3,50–6,50 €; ⏲Mo–Sa Mittag- & Abendessen, So 12–20 Uhr; Ⓜ Syntagma) Dieser beliebte *mezedhopoleio* erstreckt sich über zwei

Ladenfronten mit Tischen zu beiden Seiten einer engen Gasse. Tagsüber herrscht hier geschäftiges Treiben, wenn die Läden schließen, wird es ruhiger. Geboten wird eine breite Palette an *mezedhes*, wie fette *keftedhes* (kleine Hackfleischbällchen, lecker!) und gegrillte Sardinen.

Paradosiako TAVERNE €

(Karte S. 86; ☎210 321 4121; Voulis 44a, Plaka; Hauptgerichte 5–11 €; Ⓜ Syntagma) Besser schmeckt's nirgends, wenn es um traditionsreiche Kost geht. Diese unauffällige, schmucklose Taverne am Rande von Plaka ist unschlagbar. Draußen im Freien stehen auch einige Tische. Die Speisekarte ist einfach, die Tagesangebote, wie frische, köstliche Meeresfrüchte in Gerichten wie Garnelen-Saganaki, sind immer gut. Das bei den Einheimischen beliebte Lokal füllt sich schnell – besser früh kommen!

Doris TAVERNE €

(Karte S. 96; ☎210 323 2671; Praxitelous 30, Syntagma; Hauptgerichte 4–9 €; ⏲Mo–Sa 8–18.30 Uhr; Ⓜ Panepistimio) Die Athener Institution wurde 1947 als *galaktopoleio* (Laden für Milcherzeugnisse) eröffnet. Später wandelte sich das Doris zu einem traditionellen *mayireio*, einem Lokal für Büroangestellte. Abgesehen von den rosarot gestrichenen Wänden herrscht mit den klassichen Marmortischen, historischen Fotografien und altmodisch gekleideten Obern eine authentische Retro-Atmosphäre. Am besten eines der Tagesgerichte wählen, z. B. den ausgezeichneten Kichererbseneintopf; die englische Speisekarte umfasst nur Standardgerichte, darunter das berühmte Dessert *loukoumadhes* (Krapfenbällchen mit Honig und Zimt)

Mono GEHOBENE KÜCHE €

(Karte S. 86; ☎210 322 6711; Paleologou Venizelou 4, Plaka; Hauptgerichte 8–15 €; ⏲Mo–Sa; Ⓜ Monastiraki) Diese schicke Taverne am Rand von Plaka nahe der Kathedrale ist eine der neuen Restaurantschöpfungen mit raffinierter, moderner griechischer Küche. Die Deko ist leicht griechisch angehaucht; es gibt einen idyllischen Innenhof. Sowohl Präsentation als auch Atmosphäre sind Spitzenklasse!

Glykis TAVERNE €

(Karte S. 86; ☎210 322 3925; Angelou Geronta 2, Plaka; *mezedhes* 5,50–6 €; ⏲10.30–1 Uhr; Ⓜ Akropoli) In einer ruhigen Ecke in Plaka gelegen wird dieses lässige *mezedhopoleio*, das einen schattigen Innenhof bietet, meist von Studenten und Einheimischen besucht. Hier gibt es eine köstliche Auswahl an *mezedhes* einschließlich traditioneller Gerichte, wie etwa *briam* (im Ofen überbackener Gemüseauflauf) und Tintenfisch in Wein.

Lena's Bio CAFÉ €

(Karte S. 86; ☎210 324 1360; Nikis 11, Syntagma; Salate & Sandwiches 6–9 €; ⏲Mo–Fr 6–19, Sa 8–16 Uhr; Ⓜ Syntagma) Eine rundherum attraktive Option mit einer köstlichen Palette an Bio-Salaten, Snacks und Säften – wer keinen Tisch mehr ergattert, kann das Essen auch mitnehmen.

Platanos TAVERNE €

(Karte S. 86; ☎210 321 8734; Diogenous 4, Plaka; Hauptgerichte 7–12 €; Ⓜ Syntagma) Diese uralte Taverne in Plaka liegt abseits der Touristenströme. Im Hof steht – wie auf einem Dorfplatz – eine riesige Platane, in deren Schatten die Tische stehen. Die Speisekarte in verschiedenen Sprachen ist etwas antiquiert und schlecht übersetzt. Das Essen ist solide und deftig – wie aus Mutters Kochtopf, z. B. Hühnchen mit Okraschoten. Keine Kreditkarten

Pure Bliss CAFÉ €

(Karte S. 86; ☎210 325 0360; www.purebliss.gr; Romvis 24a, Syntagma; Snacks und Speisen 3–9 €; ⏲Mo–Sa 10–1, So 17–21 Uhr; 📶; Ⓜ Syntagma) Eines der wenigen Lokale in Athen, wo man in lässiger Atmosphäre Bio-Kaffee mit Fair-Trade-Label, exotischen Tee und Sojaprodukte genießen kann, außerdem viele gesunde Salate, Sandwiches und Smoothies. Die Speisen sowie der Wein und die Cocktails werden überwiegend in Bioqualität angeboten.

Palia Taverna tou Psara TAVERNE, MEERESFRÜCHTE €€

(Karte S. 86; ☎210 321 8734; Erehtheos 16, Plaka; Hauptgerichte 12–24 €; Ⓜ Akropoli) Die Taverne, von der Qualität her deutlich besser als andere, liegt abseits vom hektischen Treiben in Plaka; deswegen breitet sich das Lokal mit seinen Tischen auf die Straße und Terrasse aus, bis zum Haus nebenan. Es gibt eine Auswahl an *mezedhes*, aber bekannt ist die Taverne vor allem für die besten Fisch- und Meeresgerichte (frischer Fisch in Spitzenqualität 65 € pro Kilogramm) in ganz Plaka.

Vizantino TAVERNE €

(Karte S. 86; ☎210 322 7368; Kydathineon 18, Plaka; Hauptgerichte 7–9 €; Ⓜ Akropoli) Trotz der Trickbetrüger, die hier herumschwirren, ist das Lokal ein Renner. Zwar ist es sehr touristisch, aber das Vizantino ist das beste Restaurant rund um die Plateia Filomousou Eterias. Tagesgerichte probieren!

MONASTIRAKI & THISSIO

LP TIPP Café Avissinia GEHOBENE KÜCHE €€
(Karte S. 86; ☎210 321 7047; www.avissinia.gr; Kynetou 7, Monastiraki; Hauptgerichte 10–16 €; ⌚Di–Sa 11–1, So 11–19 Uhr; Ⓜ Monastiraki) Dieses unkonventionelle *mezedhopoleio* liegt etwas versteckt abseits der farbenprächtigen Plateia Avyssinias inmitten eines Flohmarkts. In puncto Atmosphäre, Essen und freundlicher Service erhält es allerdings Bestnoten. Das Café hat sich auf regionale griechische Küche spezialisiert, angefangen bei warmen *fava* bis hin zu Auberginen mit Tomate und Käse überbacken. Die Auswahl an Ouzos ist großartig; daneben gibt es noch *raki* (Feuerwasser aus Kreta) und *tsipouro* (ähnlicher Schnaps wie der Ouzo, jedoch gewöhnlich hochprozentiger). Oft spielt Livemusik im Stil von Manos Hatzidakis bis *rembetik*a (griechischer Blues). Von den Plätzen oben am Fenster ist der Ausblick auf die Akropolis einfach fantastisch.

LP TIPP Kuzina TAVERNE €€
(Karte S. 116; ☎210 324 0133; www.kuzina.gr; Adrianou 9, Monastiraki; Hauptgerichte 12–25 €; ⌚Di–So; Ⓜ Thissio) Hier dringt Licht durch die großflächigen Glasfenster, was auch im Winter eine warme Atmosphäre verbreitet. Im Sommer hingegen sitzen die Gäste draußen in der verkehrsfreien Adrianou. Die moderne Stimung und die Musik geben den Ton an für eine innovative griechische Fusionsküche. Dazu gehören z. B. Pappardelle aus Kreta oder Hühnchen mit Feigen und Sesam.

Gevomai Kai Magevomai TAVERNE €€
(Karte S. 116; ☎210 345 2802; www.gevome-magevome.gr; Nileos 11, Thissio; Hauptgerichte 11–18 €; Ⓜ Thissio) In einer Seitenstraße außerhalb der Fußgängerzone liegt dieses kleine Restaurant mit Marmortischen. Es ist eines der besten Lokale mit hausgemachten, einfachen Gerichten aus frischen Zutaten. Die Anwohner wissen das zu schätzen.

Filistron MEZEDHES €€
(Karte S. 116; ☎210 346 7554; Apostolou Pavlou 23, Thissio; *mezedhes* 8–14 €; ⌚Di–So; Ⓜ Thissio) Am besten bucht man im Voraus einen der begehrten Tische auf der Dachterrasse dieses ausgezeicheten *mezedhopoleio* mit atemberaubenden Ausblicken auf die Akropolis und den Lykavittos-Hügel. Das Filistron hat sich auf Regionalküche spezialisiert und bietet eine große Palette an schmackhaften *mezedhes* – unbedingt probieren: das gegrillte Gemüse mit Haloumi (11 €) oder die Mytiline-Zwiebeln, gefüllt mit Reis und Minze. Die Weinkarte mit griechischen Edeltropfen ist auch sehr umfangreich.

To Steki tou Ilia TAVERNE €
(Karte S. 116; ☎210 345 8052; Eptachalkou 5, Thissio; Koteletts pro Portion/kg 9/30 €; ⌚ab 20 Uhr; Ⓜ Thissio) Oftmals sieht man Leute, die auf einen Tisch in dieser *psistaria* warten, denn das Lokal ist berühmt für seine schmackhaften Lamm- und Schweinskoteletts vom Grill. Die Tische stehen unter schattenspendenden Bäumen an der ruhigen Fußgängerzone gegenüber der Kirche. Der Wein kommt aus dem Fass. Es werden einfache Dips, Chips und Salate dazu serviert.

Ouzou Melathron TAVERNE €
(Karte S. 86; ☎210 324 0716; Agiou Filipou 10, Ecke Astingos, Monastiraki; *mezedhes* 5–7 €; Ⓜ Monastiraki) Die berühmte-Kette aus Thessaloniki ist auch im Geschäftsviertel mitten auf dem Monastiraki-Platz vertreten und seit jeher ein Hit. Hier macht das Essen so richtig Spaß: Auf einer überdimensionalen, humorvoll gestalteten Speisekarte werden nicht nur schmackhafte *mezedhes* angeboten. Dort stehen auch Gerichte wie Transvestitenlamm, womit Hühnchen gemeint ist.

PSIRI

LP TIPP Hytra GEHOBENE KÜCHE €€€
(Karte S. 96; ☎210 331 6767; www.hytra.gr; Navarhou Apostoli 7, Psiri; Hauptgerichte 28–34 €; ⌚Di–So Abendessen; Ⓜ Thissio) Dieses winzige Lokal ist ein echtes Juwel – die Wände sind vollgepflastert mit Ölgemälden, auf denen Fahrräder und Motorräder zu sehen sind ... und obendrein hat es noch einen Michelin-Stern. Hytra ist einer der Geheimtipps der Haute-Cuisine – hier werden griechische Spezialiätten mit moderner Note aufgetischt. In der Hochsaison zieht das Restaurant in den Küstenort Vouliagmeni westlich von Athen um, nämlich ins Astir Palace Strand Resort.

Ivis MEZEDHES €€

(Karte S. 96; ☎210 323 2554; Navarhou Apostoli 19, Psiri; *mezedhes* 4–10 €; Ⓜ Thissio) Dieses gemütliche *mezedhopoleio* am Straßeneck mit seiner hellen, kunstvollen Deko bietet eine kleine Auswahl an einfachen, frisch zubereiteten *mezedhes* – lecker! Besser die Tagesgerichte probieren, denn die handgeschriebenen Hieroglyphen auf der Speisekarte sind kaum zu lesen, außer für Muttersprachler. Ein Lichtblick: Verschiedene Ouzos machen die Auswahl signifikant größer!

Telis TAVERNE €

(Karte S. 96; ☎210 324 2775; Evripidou 86, Psiri; Schweinekotelett 7 €; ⏲Mo–Sa 8–2 Uhr; Ⓜ Thissio) Einfacher als in dieser *psistaria* (Grillrestaurant) geht's nicht. Das trifft vor allem auf die Ausstattung zu, die aus Neonröhren, kahlen Wänden und Papiertischdecken besteht. Der Inhaber Telis versteht was vom Grillen, denn seit 1978 gibt's feine Sachen vom Holzkohlengrill, auf dem auch seine berühmten Schweinekoteletts brutzeln. Anderes steht nicht auf der Speisekarte – nur Fleisch, Pommes und griechischer Salat, hinuntergespült mit einem rustikalen Hauswein oder Bier.

Taverna tou Psiri TAVERNE €

(Karte S. 96; ☎210 321 4923; Eshylou 12, Psiri; Hauptgerichte 6,50–9 €; Ⓜ Monastiraki) Diese fröhliche Gaststätte abseits der Plateia Iroön bringt ordentliche, traditionelle Tavernenkost ohne Schnickschnack auf den Tisch. Die Taverne ist abseits der Plateia Iroön gelegen.

GAZI & ROUF

LP TIPP **Skoufias** TAVERNE €

(Karte S. 118; ☎210 341 2252; Vasiliou tou Megalou 50, Rouf; Hauptgerichte 5–9 €; ⏲21 Uhr–spät in die Nacht; Ⓜ Kerameikos) Zwar liegt die Taverne an der Bahnstrecke ein bisschen ab vom Schuss, jedoch ist die Einkehr lohnenswert – das Lokal ist ein echtes Juwel! Die Speisekarte ist von der Küche Kretas beeinflusst, die Auswahl an regionaltypischen Gerichten ist kunterbunt; dazu gehören auch Gerichte, die man in keiner Touristenfalle findet – wie etwa der superleckere Gockel mit Ouzo oder *tsigariasto* (Lamm vom Holzkohlengrill) mit *horta* (wildem Grünzeug) und Kartoffelsalat mit Orange. In der Sommerzeit sitzen die Gäste auch draußen an den Tischen gegenüber einer Kirche.

Varoulko GEHOBENE KÜCHE €€€

(Karte S. 116; ☎210 522 8400; www.varoulko.gr; Pireos 80, Kerameikos; Hauptgerichte 35–60 €; ⏲Mo–Sa ab 8.30 Uhr; Ⓜ Thissio) Wer es auf ein berauschendes Erlebnis mit griechischer Esskultur abgesehen hat, sollte dieses Restaurant undbedingt ausprobieren: Die Michelin-Sterne gelten nicht nur den köstlichen Meeresgerichten von Lefeteris Lazarou, sondern auch den fantastischen Ausblicken auf die Akropolis. Der Service ist einwandfrei, die Weinkarte himmlisch. Das Restaurant hat eine herrliche Dachterrasse.

Oina Perdamata TAVERNE €

(Karte S. 118; ☎210 341 1461; Vasiliou tou Megalou 10, Gazi; Hauptgerichte 6–9 €; Ⓜ Kerameikos) Unprätentiöse, täglich frische Tagesgerichte sind das Markenzeichen dieses Lokals abseits der hektischen Pireos. Unbedingt probieren sollte man Klassiker, wie Kabeljau aus der Pfanne mit Knoblauchdip und gegrilltem Gemüse oder Schweineeintopf, Kaninchen und Gockel.

Kanella TAVERNE €

(Karte S. 118; ☎210 347 6320; Leoforos Konstantinoupoleos 70, Gazi; Gerichte 7–10 €; ⏲13.30 Uhr–spät in die Nacht; Ⓜ Kerameikos) Hausgemachtes Dorfbrot, wild zusammengewürfeltes Retrogeschirr und Tischdecken aus braunem Papier geben in dieser trendigen Taverne den Ton an. Hier wird griechische Regionalküche zubereitet. Das freundliche Personal serviert überbackene Spezialitäten, wie etwa Zitronenlamm mit Kartoffeln, oder auch einen ausgezeichneter Zucchini-Avocado-Salat.

Sardelles TAVERNE, MEERESGERICHTE €€

(Karte S. 118; ☎210 347 8050; Persefonis 15, Gazi; Fischgerichte 10–17 €; Ⓜ Kerameikos) Diese Taverne hat sich auf einfach zubereitete *mezedhes* mit Meeresfrüchten spezialisiert. Die Tische draußen stehen gleich gegenüber den beleuchteten Gaswerken. Auch die Deko weist schöne Details auf, wie etwa Papiertischdecken vom Fischhändler und Souvenirtöpfe mit Basilikum. Unbedingt probieren: den gegrillten *thrapsalo* (Tintenfisch) und das ausgezeichnete *taramasalata* (ein dickes Fischrogen-Püree mit Kartoffeln, Öl und Zitronensaft). Fleischesser sollten sich bis nebenan vorwagen – dort befindet sich das Gegenstück zum Fischparadies, der **Butcher Shop** (☎210 341 3440; Persefonis 19, Gazi; Ⓜ Kerameikos).

Jamon TAPAS €
(Karte S. 118; ☎210 346 4120; www.jamon.gr; Dekeleon 15, Ecke Orfeos, Gazi; Tapas 1,75–7 €; ⌚ab 11 Uhr) Leckere Tapas und Paella (10 €), serviert mit spanischen Weinen, bei flackernden Windlichtern.

OMONIA & EXARCHIA

Die Straßen rund um die farbenfrohe und belebte **Agora Varvakios** (Athen Central Markt; Karte S. 96; Athinas, Omonia; ⌚Mo–Sa; Ⓜ Monastiraki) sind ein Genuss für alle Sinne. Der **Fleisch- und Fischmarkt** befindet sich im historischen Gebäude an der Ostseite, der **Obst- und Gemüsemarkt** auf der gegenüberliegenden Straßenseite. Es klingt womöglich etwas seltsam, auf dem Fleischmarkt essen zu gehen, aber dort gibt es Tavernen – wie etwa das **Papandreou** (☎213 008 2297; Aristogitonos 1; Hauptgerichte 7–8 €; ⌚24 Std.), – eine Athener Institution, die ihre Gäste mit riesigen Mengen schmackhafter, traditioneller Gerichte verwöhnt. Hier isst ein bunt gemischtes Publikum, angefangen bei hungrigen Marktleuten bis hin zu Paaren in schicken Klamotten, die um 5 Uhr früh aus den Nachtclubs kommen – meist auf der Suche nach einem Katerfrühstück in Form einer *patsas* (Kuttelsuppe).

LP TIPP **Yiantes** TAVERNE €€
(Karte S. 96; ☎210 330 1369; Valtetsiou 44, Exarchia; Hauptgerichte 12–18 €; Ⓜ Omonia) Diese moderne Taverne befindet sich in einem idyllischen Innenhof mit Garten. Die weißen Tischdecken sind mit frischen Schnittblumen dekoriert. Das Yiantes ist für Exarchia Topniveau, das Essen – größtenteils mit Bio-Erzeugnissen zubereitet – ist einfach spitze. Darüber hinaus wird interessantes Blattgemüse, wie etwa *almirikia*, angeboten; der Fisch ist perfekt gegrillt, die Miesmuscheln und Kalamari mit Safran schmecken köstlich.

LP TIPP **Diporto Agoras** TAVERNE €
(Karte S. 96; ☎210 321 1463; Ecke Theatrou & Sokratous, Omonia; Platten 5–6 €; ⌚Mo–Sa 8–18 Uhr, 1.–20. Aug. geschl.; Ⓜ Monastiraki) Diese schrullige alte Taverne ist ein echter Geheimtipp in Athen. Das Lokal ist nicht ausgeschildert; es geht durch zwei Türen in einen rustikalen Keller. Eine Speisekarte gibt es nicht, denn das Angebot umfasst nur ein paar Gerichte und hat sich seit Jahren nicht verändert. Die Spezialität des Hauses heißt *revythia* (Kichererbsen), gewöhnlich gefolgt von gegrilltem Fisch – dazu Wein, der aus den riesigen Fässern an der Wand fließt. Die Bedienung vertut sich oft, aber gerade das macht auch den besonderen Charme aus.

Kimatothrafstis CAFÉ €
(Karte S. 96; ☎213 030 8274; Harilaou Trikoupi 49, Exarchia; kleine/große Platte 3/6 €; ⌚8–23 Uhr, So-abends geschl.; Ⓜ Omonia) Hier stimmt das Preis-Leistungsverhältnis ohne Frage! In dem hellen, modernen Café herrscht eine lässige Atmosphäre: Die Gäste sitzen an Gemeinschaftstischen. Serviert wird eine breite Palette an griechischen Gerichten und andere Leckereien. Im Rahmen eines vielfältigen Tagesbuffets; es können auch kleine und große Portionen bestellt werden.

Rozalia TAVERNE €
(Karte S. 96; ☎210 330 2933; Valtetsiou 58, Exarchia; Hauptgerichte 5–11 €; Ⓜ Omonia) Das alteingesessene Lieblingslokal des Viertels liegt an einer belebten Fußgängerzone. Die familiengeführte Taverne bietet eine konventionelle Speisekarte mit Grillgerichten und Hausmannskost, wie etwa *pastitsio* (Makkaroni-Auflauf mit gut gewürztem Lammhack). Der große Garten im Innenhof ist im Sommer beliebt; dann wird Wasser versprüht, um den Gästen etwas Erfrischung zu bieten.

Food Company CAFÉ €
(Karte S. 96; ☎210 380 5004; Emmanuel Benaki 63–65, Exarchia; Gerichte 6–8 €; Ⓜ Omonia) Wer sich einen gesunden Salat oder einen Berg Pasta einverleiben will, ist hier genau richtig. Das Mittagessen gibt's immer zum Fixpreis (9 €).

MAKRYGIANNI & KOUKAKI

LP TIPP **Mani Mani** TAVERNE €€
(Karte S. 80; ☎210 921 8180; www.manimani.com.gr; Falirou 10, Makrygianni; Hauptgerichte 9,50–16 €; ⌚Di–Fr 15–24, Sa 13–24, So 13–17.30 Uhr; Ⓜ Akropoli) In diesem reizvollen, modernen Restaurant geht's zur Not auch mal ohne Ausblick, denn in den Gasträumen oben herrscht eine entspannte Atmosphäre. Das Lokal hat sich auf Regionalküche aus Mani (Halbinsel des Peloponnes) spezialisiert. Die Ravioli mit Mangold, Kerbelkraut und Käse und die scharfen Mani-Würstchen mit Orangenaroma sind echte Knüller. Das Preis-Leistungsverhältnis ist top; fast alle Vorspeisen und Hauptgerichte können auch in halben Portionen

bestellt werden (zum halben Preis), damit für weitere Kostproben noch genug Platz im Magen bleibt.

Strofi GEHOBENE KÜCHE €
(Karte S. 80; ☎210 921 4130; www.strofi.gr; Rovertou Galli 25, Makrygianni; Hauptgerichte 11–15 €; Ⓜ Akropoli) Wer in diesem besonderen Lokal einen Tisch mit Blick auf das Parthenon ergattern will, sollte vorab reservieren – denn die Dachterrasse dieses stilvoll restaurierten Reihenhauses ist schnell ausgebucht. Auf der Speisekarte stehen einfache griechische Gerichte, die Deko besteht hingegen aus eleganten weißen Tischdecken, weinrot gestrichenen Wänden, origineller Kunst und liebenswürdigem Service – alles in allem ein romantisches Esserlebnis!

Dionysos GEHOBENE KÜCHE €€
(außerhalb Karte S. 80; ☎210 923 1939; www.dionysoszonars.gr; Rovertou Galli 43, Makrygianni; Hauptgerichte 18–28 €; Ⓜ Akropoli) Restaurant in bester Lage – kaum zu toppen! Durch die großen Fensterfronten schweift der Blick unverstellt über den Südhang der Akropolis. Die Preise sind gesalzen, der Service jedoch ist zuvorkommend. Am Abend ideal für ein Date!

KOLONAKI & PANGRATI

LP TIPP **Spondi** GEHOBENE KÜCHE €€€
(Karte S. 120 ☎210 752 0658; Pironos 5, Pangrati; Hauptgerichte 35–50 €; ⏲ab 20 Uhr) Spondi hat sich seine zahlreichen Auszeichnungen als bestes Restaurant Athens in jeder Hinsicht verdient, so auch die zwei Michelin-Sterne. Hier wird hohe mediterrane Kochkunst mit stark französischer Note geboten. Das Lokal mit dem entspannten, aber dennoch noblen Ambiente befindet sich in einem Haus mit nostalgischem Flair. Es gibt eine Reihe von Abendmenüs mit passendem Wein zu *prix fixes*. Das Restaurant hat eine reizende Gartenterrasse, auf der im Sommer Bougainvillea blüht. Noch Fragen? Nix wie hin – aber nicht ohne Reservierung. Mit dem Taxi geht's leichter, öffentliche Verkehrsmittel sind eher schwierig.

LP TIPP **Oikeio** TAVERNE €€
(Karte S. 120; ☎210 725 9216; Ploutarhou 15, Kolonaki; Specials 7–13 €; ⏲Mo–Sa 13–2.30 Uhr; Ⓜ Evangelismos) Mit ausgezeichneter Kochkunst nach Art des Hauses wird diese moderne Taverne auch ihrem Namen gerecht: *Oikeo* heißt nämlich „häuslich". Drinnen ist es gemütlich, draußen auf dem Gehsteig stehen Tische, von denen aus gut Leute zu beobachten sind, und es ist günstiger als sonst in Kolonaki üblich. Es gibt Pasta-Gerichte, Salate und etwas internationalere Gerichte, am besten sind die *mayirefta*-Spezialitäten, z. B. die ausgezeichneten gefüllten Zucchini. Das Lokal ist immer gut voll – also besser vorab reservieren!

Il Postino ITALIENISCH €
(Karte S. 120; ☎210 364 1414; Grivaion 3, Kolonaki; Pasta 8–12 €; Ⓜ Panepistimio) Für einige Leute ist Il Postino das beste italienische Lokal in ganz Athen, denn die Qualität ist wirklich authentisch. Wer eine Clubbing-Nacht geplant hat, findet hier die richtige Unterlage, wie etwa einen riesigen Teller hausgemachter Gnocchi mit Pesto (12 €). Ein Abstecher in die kleine Seitenstraße lohnt sich – umgeben von Schwarz-Weiß-Fotografien des alten „Roma" schlemmt es sich hier besonders gut.

Philippos TAVERNE €
(Karte S. 120; ☎210 721 6390; Xenokratous 19, Kolonaki; Hauptgerichte 8–12 €; ⏲Mo–Sa 13–17, Mo–Fr 20.30 Uhr–Mitternacht; Ⓜ Evangelismos) Warum ändern, was sich seit jeher bewährt hat? Seit 1923 serviert Philippos leckere griechische Gerichte. Weiße Tischdecken und herzhafte Küche – was will man mehr? Und das alles im Herzen des schicken Stadtviertels Kolonaki.

Alatsi KRETISCH €€
(☎210 721 0501; Vrasida 13, Ilissia; Hauptgerichte 12–16,50 €; Ⓜ Evangelismos) Kretisches Essen liegt voll im Trend. Gleich hinter dem Hilton repräsentiert Alatsi die Riege der neuen Edelrestaurants mit typischen Gerichten aus Kreta, wie etwa *gamopilafo* (Hochzeits-Pilau) mit Lamm oder seltene *stamnagathi* (wildes Grünzeug). Essen und Service sind ausgezeichnet. Hier gehen Athener in schicken Klamotten ein und aus. Das Restaurant befindet sich nahe dem Hilton.

Cucina Povera MEDITERRAN €
(☎210 756 6008; www.cucinapovera.gr; Euforionos 13, Pangrati; Hauptgerichte 9–14 €; ⏲ Di–Sa abends, So Brunch) Gelegentlich sind die Gerichte etwas zu scharf gewürzt (wenn auch nicht grundsätzlich); so etwa der Salat mit Avocado, Birne und Ziegenkäse. Der Gastraum in diesem In-Lokal verströmt Lässiges, und auch die Weinkarte hat es in

sich. Zur Orientierung am besten auf der Website nachschauen.

Kavatza TAVERNE €
(Karte S. 120; ☎210 724 1862; Spefsipou 10, Kolonaki; Hauptgerichte 4–8 €; Ⓜ Evangelismos) Herzhafte griechische Küche bei gutem Preis-Leistungsverhältnis.

Nice N' Easy CAFÉ €
(Karte S. 120; ☎210 361 7201; Omirou 60, Ecke Skoufa, Kolonaki; Sandwiches 5–10 €; ⏲ Mittag- & Abendessen tgl., Sa & So Frühstück; Ⓜ Panepistimio) Wer auf Bio steht, kann sich hier so richtig verwöhnen, sei es mit frischen Sandwiches, Salaten oder beim Brunch mit *huevos rancheros* – unter dem wachsamen Blicken von Louis Armstrong und Marilyn Monroe.

Papadakis MEERESFRÜCHTE €€
(Karte S. 120; ☎210 360 8621; Fokylidou 15, Kolonaki; Hauptgerichte 18–38 €; ⏲ Mo–Sa) Am Fuß des Lykavittos-Hügels befindet sich dieses von Understatement geprägte und auf Fisch und Meeresfrüchte spezialisierte Restaurant. Es bietet kreative Gerichte an, wie Kalamari-Eintopf mit Honig und süßem Wein, köstlichen *salatouri* (Fischsalat) mit kleinen Fischen und einen Meeresfrüchtesalat (mit einer Art von grünen Meeresalgen/Seespargel). Allerdings wirken die Bedienungen manchmal etwas versnobt.

Ausgehen

Cafés

Diese sind eigentlich immer voll mit Athenern (bzw. Griechen), weil diese nichts lieber tun, als auf einen Kaffee einzukehren. So ist es auch nicht schwer zu verstehen, dass bei der hohen Nachfrage hier in den überfüllten Cafés der teuerste Kaffee in ganz Europa geschlürft wird (zwischen 3 und 5 €). Eine Erklärung dafür ist, dass man quasi die Platzmiete mitbezahlt, denn oft sitzen die Leute stundenlang vor einer einzigen Tasse Kaffee. Im Benaki- und Akropolis-Museum sowie in der Stiftung Theocharaki laden ebenfalls reizvolle Cafés zum Verweilen ein.

KOLONAKI

Da Capo CAFÉ
(Karte S. 120; Tsakalof 1; Ⓜ Syntagma) Die hervorragende Lage am Hauptplatz eignet sich hervorragend, um Leute zu beobachten. Hier heißt es, Tisch belegen und dann sich selbst bedienen!

Filion CAFÉ
(Karte S. 120; Skoufa 34; Ⓜ Syntagma) Trotz des unaufdringlichen Dekors zieht das Filion konsequent intellektuelles Publikum an, darunter Künstler, Schriftsteller und Filmemacher.

Petite Fleur CAFÉ
(Karte S. 120; Omirou 44; Ⓜ Panepistimio) Petite Fleur, ein ruhiges Café mit einem Ambiente fast ein wenig wie in Paris, tischt große Tassen mit heißer Schokolade auf sowie Kaffeespezialitäten (Cappuccino und dergleichen).

THISSIO

Die Cafés in der verkehrsfreien Flaniermeile Apostolou Pavlou in Thissio bieten alle herrliche Ausblicke auf die Akropolis.

Stavlos CAFÉ
(Karte S. 116; Iraklidon 10; Ⓜ Thissio) Hier tummel sich junges Publikum – kein Wunder bei dem Beat wie in einer Disko; dazu starker Kaffee und Tische im Freien mit Blick auf die Akropolis. Cool!

SYNTAGMA, PLAKA & MONASTIRAKI

In der Adrianou im Stadtviertel Monastiraki reiht sich ein Café ans andere die ganze Antike Agora entlang; an den schattigen Tischen sitzen meist junge Leute.

Melina CAFÉ
(Karte S. 86; Lysiou 22, Plaka; Ⓜ Akropoli) Eine Ode an die große Mercouri: Abseits der Hektik des pulsierenden Zentrums bietet das Melina viel Charme und dazu persönliches Flair.

Zonar's CAFÉ
(Karte S. 86; Voukourestiou 9, Ecke Panepistimiou, Syntagma; Ⓜ Syntagma) Zonar's, ein Café im Stil der 1920er-Jahre, hat hohe Preise, dafür aber schmeckt das hausgemachte Gebäck ausgezeichnet.

EXHARIA

Ginger Ale CAFÉ, BAR
(Karte S. 96; Themistokleous 80, Ⓜ Omonia) In diesem Lokal wird die Erinnerung an die 1950er-Jahre wieder wach. In dem Nachtcafé wird nicht nur Kaffee geschlürft, sondern auch gerockt. Für einen Espresso zwischendurch auch tagsüber geeignet, nachts jedoch eine gute Adresse für Live-Musik. Die Bands wechseln sich in stetem Rhythmus ab.

Floral CAFÉ, BUCHLADEN
(Karte S. 96; Themistokleous 80, Ⓜ Omonia) Das Café Floral ist – wie der Name schon sagt

SCHWULE & LESBEN IN ATHEN

Im Großen und Ganzen ist die Athener Schwulen- & Lesbenszene eher unauffällig, wenn auch seit 2005 im Juni die alljährliche Parade Athen Pride (www.athenspride.eu) stattfindet, die mit Festlichkeiten rund um den Klafthmonosplatz einhergeht. Mehr dazu steht auf den Webseiten www.athensinfoguide.com, www.gay.gr oder in einer Ausgabe des *Greek Gay Guide*, einer Broschüre die an den *periptera* (Zeitungskiosken) erhältlich ist.

Quer durch die Stadt steht eine neue Generation an einschlägigen Nachtclubs Schwulen & Lesben offen, die meisten aber in Makrygianni, Psiri, Gazi, Metaxourghio und Exarchia.

In Gazi zieht das winzige, gepflegte **Sodade** (Karte S. 118; ☎210 346 8657; www.sodade.gr; Triptolemou 10) tanzfreudiges Publikum an. Im **S-cape** (Karte S. 118; ☎210 341 1003; www.s-cape-club.blogspot.com; Megalou Alexandrou 139) tummelt sich immer jede Menge Jungvolk. Frauen gehen gerne in den **NoizClub** (Karte S. 118; ☎210 342 4771; www.noizclub.gr; Evmolpidon 41, Ecke Konstantinoupoleos). Direkt an der Bahnstrecke befindet sich das **Blue Train** (Karte S. 118; ☎210 346 0677; www.bluetrain.gr; Leoforos Konstantinoupoleos) mit einem Nachtclub im Obergeschoss. Das **BIG** (Karte S. 118; ☎694 628 2845; www.bigbar.gr; Falesias 12) hingegen hat sich zum pulsierenden Drehkreuz der Athener Szene entwickelt.

In Monastiraki bietet das **Magaze** (Karte S. 86; ☎210 324 3740; Eolou 33) mit Ausblicken auf die Akropolis zu jeder Zeit ein gastfreundliches Ambiente, ob an den Tischen draußen auf dem Trottoir oder nach Sonnenuntergang drinnen in der belebten Bar.

In Makrygianni befinden sich der alte Klassiker **Granazi** (Karte S. 80; ☎210 924 4185; www.granazi.blogspot.com; Lembesi 20) und der betriebsame **Lamda Club** (Karte S. 80; ☎210 942 4202; Lembesi 15, Ecke Leoforos Syngrou) mit drei Ebenen – das ist was für Leute mit echtem Durchhaltevermögen.

In Metaxourghio ist das **Mirovolos** (☎210 522 8806; Giatrakou 12), eine Mischung aus Café, Bar und Restaurant, ein beliebter Treffpunkt für Lesben. Abgeschleppt wird auch gerne im **Koukles** (☎694 755 7443; www.koukles-club.gr; Zan Moreas 32) im Stadtviertel Koukai.

Am **Limanakia-Strand** unterhalb der Felsbuchten nahe Varkiza befindet sich ein beliebter Treffpunkt für Schwule. Dorthin geht's mit der Straßenbahn oder dem Expressbus A2/E2 nach Glyfada; dann in den Bus 115 oder 116 umsteigen und bis zur Haltestelle Limnakia B fahren.

– geblümt, mit entsprechender Wanddeko. Die grauschattierten Bilder mit Szenen von anno dazumal machen den besonderen Charme aus. Hier kommen Einheimische vorbei, um Bücher zu lesen, zu plaudern und Leute zu beobachten.

Bars

In Athen verschwimmen oft die Unterschiede zwischen Café und Bar, denn in beiden kehren die Leute allerorts und zu jeder Zeit auf ein Getränk ein. Einige Bars sind zugleich Restaurants, die sich nachts in einen Club verwandeln. Viele Bars sind vor 23 Uhr noch recht unbelebt, dann aber bis spät in die Nacht geöffnet. Jedes Stadtviertel bietet eine eigene Auswahl an Bars. Wie so oft in Athen lässt die Anziehungskraft von Trendlokalen bald wieder nach, und die Ausgehszene verlagert sich in stetem Wechsel auf andere Stadtviertel. Zum gegenwärtigen Zeitpunkt ist Gazi am angesagtesten, während Kolonaki wie eh und je trendbewusstes Publikum anzieht. **Galaxy,** die Skybar im Hilton bietet fantastische Panoramablicke auf Athen, allerdings sind die Preise ebenfalls – nomen est omen – in galaktischen Höhen. Verschiedene Galerien und Locations der Kunstszene, die je nach Event umgestaltet werden (siehe Ein Feuerwerk der Kunst, S. 93) bieten ebenfalls pulsierende Ambiente-Bars. Bei dem angespannten Finanzklima besser auf Schritt und Tritt aufpassen, dass einem nicht hinterrücks das Portemonnaie stibitzt wird.

GAZI

Um nach Gazi zu gelangen, steigt man an der U-Bahn-Haltestelle in Kerameikos aus, und schon landet man mitten im Getümmel der Ausgehszene. In den frühen Morgenstunden – wenn keine U-Bahn mehr fährt – sind Taxis die bessere Wahl. Für welches Transportmittel man sich auch immer entscheidet, auf keinen Fall mit dem eigenen Auto losfahren – einen der raren Parkplätze finden zu wollen gleicht einem Albtraum.

Hoxton BAR
(Karte S. 118; Voutadon 42; Ⓜ Kerameikos) Wer in die hippe Kunstszene eintauchen und in hautnahen Kontakt mit Künstlern treten möchte, ist hier genau richtig – beim Smalltalk in nüchternen Räumen mit Eisenkonstruktion und Ledersofas, umgeben von originellen Kunstwerken.

A Liar Man BAR
(Karte S. 118; Sofroniou 2; Ⓜ Kerameikos) Nicht weit vom Hoxton tummeln sich in der lässigen Bar „A Liar Man" ebenfalls jede Menge Kunstsinnige, jedoch ist die Atmosphäre etwas gedämpfter.

Gazaki BAR
(Karte S. 118; Triptolemou 31; Ⓜ Kerameikos) Diese Dachterassenbar war schon vor dem Durchbruch Gazis im Athener Nachtleben der Trendsetter schlechthin – hierher kommen meist echte Griechen, die immer gut drauf sind.

Tapas BAR
(Karte S. 118; Triptolemou 31; Ⓜ Kerameikos) Ganze Berge von leckeren Tapas und himmlische Cocktails – und das alles bei sanfter Hintergrundmusik, drinnen oder draußen auf dem Balkon.

45 Moires BAR
(Karte S. 118; Iakhou 18, Ecke Voutadon; Ⓜ Kerameikos) Hard-Rock-Fans kommen in dieser Bar voll auf ihre Kosten – nicht zuletzt auch wegen der herrlichen Ausblicke von der Terrasse aus über die neonbeleuchteten Schornsteine und hinauf zur Akropolis.

Nixon Bar BAR
(Karte S. 116; Agisilaou 61b; Ⓜ Thissio) Schicker geht's kaum: In der Nixon Bar kann man gepflegt essen oder auch nur Cocktails schlürfen. Gleich daneben befindet sich das Tanzlokal Belafonte.

K44 BAR
(Karte S. 118; Konstantinoupoleos 44; Ⓜ Kerameikos) Wer eine der heißesten Partynächte Athens erleben will, geht ins K44 – das wechselnde Programm gibt die Bühne für Live-Bands frei oder überlässt es den DJs, so richtig einzuheizen – meist verkehrt in diesem Lokal ein ziemlich junges Publikum, darunter auch jede Menge hübscher Mädchen.

KOLONAKI

Kolonaki hat zwei größere Ausgehmeilen mit Bars und Kneipen: Die eine befindet sich ganz am oberen Ende der Skoufa; der andere Hotspot der Nachtschwärmer sind die winzigen Bars an der Haritos.

Mai Tai BAR
(Karte S. 120; Ploutarhou 18; Ⓜ Evangelismos) In dieser engen Bar verkehren nur Leute in den allerschicksten Klamotten – das merkt man spätestens dann, wenn die Gäste aus dem übervollen Lokal zur Straße hinausdrängen. Mai Tais Motto ist „sehen und gesehen werden".

City BAR
(Karte S. 120; Haritos 43; Ⓜ Evangelismos) Beim Barhopping an der Haritos sticht das City ganz besonders heraus, was Cocktails betrifft, sehr zu empfehlen ist der ausgezeichnete *mastiha*.

Rosebud BAR
(Karte S. 120; Omirou 60, Ecke Skoufa; Ⓜ Panepistimiou) Im Rosebud trifft sich die Schickeria – ein niveauvolles Publikum, das den Feierabend unter seinesgleichen verbringen will – in einer Cocktailbar mit authentischem Flair.

Mommy BAR
(Karte S. 120; Delfon 4; Ⓜ Panepistimiou) Ein Stück weiter an der Skoufa versteckt sich in einer Seitenstraße das Mommy. Die Bar ist bei Englisch sprechenden Einheimischen beliebt. Jede Woche gibt's dort eine Nacht mit 80er-Hits.

Circus BAR
(Karte S. 96; www.circusbar.gr; Navarinou 11; Ⓜ Panepistimiou) Im Mittelpunkt der Bar steht eine Symbolfigur aus Drahtgeflecht: die Gottheit Ganesha, eine menschliche Gestalt mit Elefantenrüssel. Im Circus geht's immer entspannt zu: tagsüber bei einem Kaffee, nachts bei einem Cocktail.

Doors BAR
(Karte S. 120; Karneadou 25–29; Ⓜ Evangelismos) Diese Bar lädt an Werktagen zu einem gemischten Programm ein: Abendessen mit Theater und natürlich jeden Abend auf einen Drink. Das Doors liegt direkt neben

La Boom, einer Disko mit Hits aus den 1980ern, die im Sommer nach Agios Kosmas (bei Akrotiri) umzieht.

PSIRI

Die Ausgehszene von Psiri blühte mal auf und erfuhr dann wieder einen leichten Rückgang, jedoch haben sich einige Bars als feste Größen gehalten.

Second Skin BAR
(Karte S.96; www.secondskinclub.gr; Plateia Agion Anargyron 5; ⓂThissio) Athens Hotspot der Gothic-Szene – dort finden unter anderem Gartenpartys statt – zum Gruseln!

Fidelio BAR
(Karte S.96; Ogygou 2; ⓂThissio) Unter dem ausfahrbaren Dach trifft sich ein gemischtes Mainstreampublikum zum Absacker.

Thirio BAR
(Karte S.96; Lepeniotou 1; ⓂThissio) Im beliebten Thirio wird es immer schnell voll – kein Wunder. Es handelt sich um eine winzige Kaschemme, aber die Bar ist sehr hübsch dekoriert mit Steinoptik und heiteren Wandmalereien.

SYNTAGMA & PLAKA

In den dunklen Gassen und ehemals einsamen Straßen des Zentrums von Athen sind flippige Bars aus dem Boden geschossen.

Seven Jokers BAR
(Karte S.86; Voulis 7, Syntagma; ⓂSyntagma) Das belebte Seven Jokers steht im Mittelpunkt der Barszene rund um den Syntagmaplatz. Wie im geräumigen **42** gleich ums Eck – einer überaus gemütlichen Cocktailbar mit Holzvertäfelung – trifft sich hier ein bunt gemischtes Publikum in Feierlaune.

Bartessera BAR
(Karte S.86; Kolokotroni 25, Syntagma; ⓂSyntagma) In diesem lässigen Lokal – einer Mischung aus Bar und Café – läuft immer tolle Musik. Das Bartessera liegt versteckt am Ende einer schmalen Arkade.

Baba Au Rum BAR
(Karte S.86; Klitiou 6, Syntagma; ⓂSyntagma) Hinter dem Bartessera gleich ums Eck mixen fabelhafte Barkeeper Cocktails nach individuellen Wünschen – ein Traum!

Brettos BAR
(Karte S.86; Kydathineon 41, Plaka; ⓂAkropoli) Eventbars gibt es in Plaka nicht. Allerdings ist das Brettos eine höchst angenehme Bar und Destillerie von anno dazumal. Dort reihen sich an einer riesigen Wand bunte Flaschen und riesige Fässer aneinander. Als Kostprobe gibt es hauseigenen Ouzo, Brandy und andere Spirituosen sowie hauseigenen Wein.

Booze BAR
(Karte S.86; Kolokotroni 57, Syntagma; ⓂSyntagma) Das ganztägig geöffnete Booze, auch bei Schwulen und Lesben beliebt, hat ein stark künstlerisches Ambiente und dient verschiedenen Zwecken. Im Untergeschoss gibt es Galerieräume, oben einen Nachtclub – unvergesslich!

Gin Joint BAR
(Karte S.96; Lada 1, Syntagma; ⓂSyntagma) Die Bar trägt nicht umsonst den Namen Gin Joint: Hier gibt es 60 Gins zu verkosten oder andere ausgefallene Getränke – darunter einige mit Hinweisen auf Historie und Herkunft.

Galaxy Bar BAR
(Karte S.86; Stadiou 10, Syntagma; ⏲ So geschl.; ⓂSyntagma) Nicht zu verwechseln mit der Skybar im Hilton! Diese süße, kleine Bar mit Holzvertäfelung hat einen heimeligen Saloncharakter.

Toy BAR
(Karte S.86; Karytsi 10, Syntagma; ⓂSyntagma) An diesem Trenspot tummelt sich 30+-Publikum – tagsüber auf einen Kaffee, nachts bei raffinierten Cocktails.

MONASTIRAKI

In Monastiraki verwandeln sich Mehrzweckräume wie die im Taf oder Six DOGS (siehe S.93) von Galerien in Cafés oder flippige Eventbars – nachts herrscht oft auch großer Andrang. Dann feiern die Gäste schon mal draußen auf der Straße.

James Joyce PUB
(Karte S.116; ☎210 323 5055; Astingos 12; Hauptgerichte 9–14 €; ⓂMonastiraki) In diesem Irish Pub gibt es anständiges Essen und dazu ein Guinness gratis – die Live-Musik lockt Touristen wie auch Expats in Scharen an.

THISSIO

Eine große Sogwirkung hat auch die Bar- und Cafémeile in Thissios Fußgängerzone an der Iraklidon.

Loop BAR
(Karte S.116; Plateia Agion Asomaton 3; ⓂThissio) Hier sorgen Top-DJs dafür, dass die ganze Nacht durchgerockt wird – das Loop befindet sich in einer halbgewerblichen Zone.

EXARCHIA & OMONIA

Exarchia ist ein gutes Viertel für alle, die belebte Bars mit jungem Publikum an der Plateia Exarhion mögen. Günstiger sind allerdings die Bars an der nahegelegenen Mesolongiou, die bei Studenten und Anarchos beliebt sind. Omonia hingegen ist inzwischen besonders gefährlich geworden – für Nachtschwärmer zumindest!

Vox BAR

(Karte S. 96; Themistokleous 80, Exarchia; Ⓜ Omonia) Vox bietet sich als erste Anlaufsstelle am Platz und für einen guten Start in eine Kneipentour an – tagsüber kann man sich bei einer Tasse Kaffee entspannen, nachts unter die Einheimischen mischen, um gemeinsam zu bechern.

Alexandrino BAR

(Karte S. 96; Emmanuel Benaki 69, Exarchia; Ⓜ Omonia) Kleines französisch angehauchtes Bistro mit ausgezeichneten Weinen und Cocktails.

Blue Fox BAR

(außerhalb Karte S. 96; Asklipiou 91, Exarchia; Ⓜ Omonia) Kaum zu glauben, dass es so etwas in Athen gibt, aber das Blue Fox ist einfach großartig: Im Blue Fox herrscht eine Atmosphäre wie in den 1950er-Jahren, in denen Swing und Rock'n Roll angesagt waren, inklusive Vesparoller und Petticoats.

Tralala BAR

(außerhalb Karte S. 96; Asklipiou 45, Exarchia; Ⓜ Omonia) Hier gehen Schauspieler ein und aus. In dem lässigen Lokal namens Tralala geht's immer recht gesellig zu. Die Inhaber sind sehr um ihre Gäste bemüht. Das Dekor – Original-Kunstwerke effektvoll platziert – trägt zum Ambiente bei.

Mo Better BAR

(Karte S. 96; Kolleti 32, Ecke Themistokleous, Exarchia; Ⓜ Omonia) Hier gibt's classic Rock in einem klassizistischen Gebäude – ein Ohrenkitzel!

Higgs BAR

(Karte S. 96; Efpolidos 4, Omonia; Ⓜ Omonia) Dieses alte *kafeneio* (Kaffeehaus) hat sich in eine alternative Bar verwandelt, in der nachts die Musik laut aufgedreht wird – mit Blick auf den Plateia Kotzia.

MAKRYGIANNI

Duende BAR

(Karte S. 80; Tziraion 2; Ⓜ Akropoli) In dieser heimeligen Bar fühlt man sich fast wie in einer Pariser Brasserie. Sie liegt in einer ruhigen Seitenstraße versteckt.

Tiki BAR

(Karte S. 80; www.tikiathens.com; Falirou 15; Ⓜ Akropoli) Was wäre das Leben ohne eine gute Tiki-Bar?

Sports Club BAR

(Karte S. 80; Veikou 3a; Ⓜ Akropoli) Americanos, Americanos, Americanos! Wer bis jetzt Yankees vermisst hat, findet hier ein ganzes Rudel. Die Bar wird von den Eigentümern des Athens Backpackers betrieben.

☆ Unterhaltung

Englischsprachige Infos rund um Veranstaltungen und Entertainment sind in der täglich erscheinenden *International Herald Tribune*-Beilage der Zeitung *Kathimerini* aufgelistet, aber auch in *Athens News* und *Athens Plus*. Auf den Webseiten (siehe Kasten S. 106) stehen ebenfalls Events und Konzerte, die über die Stadt verteilt stattfinden.

Die Athener Kunst- und Kulturszene ist in voller Blüte. In vielen Mehrzweckräumen (siehe Kasten S. 93) finden alle Art von Events und Aktionen statt.

Nachtclubs

Ab Mitternacht geht's im Athener Nachtleben richtig los. Lebhafte Bars und Tanzclubs bieten für jeden Musikgeschmack etwas. Die Vielfalt der Musikstile reicht von den neuen Tanzrhythmen bis zu Pop und Rock mit Indie-Sound sowie klassischer *bouzouki* oder *skyladika* (wörtlich „Hundehütte", hier treten aufstrebende Schnulzensänger auf). Der Eintritt zu den Clubs kostet meist zwischen 10 bis 15 €, normalerweise ist ein Getränk im Preis inbegriffen. Die meisten Spitzenclubs sind im Sommer geschlossen oder ziehen an die Strände um.

LP TIPP **Venue** CLUB

(außerhalb Karte S. 118; ☎ 210 341 1410; www.venue-club.com; Pireos 130, Rouf; ⌚ Sept.–Mai; Ⓜ Kerameikos) Im zweifellos größten Athener Tanzclub finden auch die größten Partys statt, und zwar mit den bekanntesten DJs. Dann tobt sich das energiegeladene Publikum auf den drei Tanzflächen aus.

Letom CLUB

(Karte S. 118; ☎ 699 224 0000; Dekeleon 26, Gazi; Ⓜ Kerameikos) Nachtschwärmer strömen scharenweise zu den Tanzpartys in diesem angesagten Club in Gazi. Ein besonderer Blickfang ist der riesige Elefant aus Spiegelmosaik. Die Musik wird von DJs aus aller Welt und einheimischen Stars aufgelegt. Der Club ist schwulen- und lesbenfreundlich, das Publikum hip und jung.

El Pecado CLUB
(Karte S. 116; ☎210 324 4049; www.elpecado.gr; Tournavitou 11, Psiri; ⏲geschl. Juni–Sept.; Ⓜ Thissio) Um das 30+-Publikum anzufeuern, läutet tatsächlich eine Kirchenglocke. Wer die ganze Nacht durchtanzen will, ist hier genau richtig. Im Sommer zieht der Club an den Strand von Glyfada um.

Villa Mercedes CLUB
(Karte S. 118; ☎210 342 2886; www.mercedes-club.gr; Tzaferi 11, Ecke Andronikou, Kerameikos; Ⓜ Kerameikos) Wer einen ultra-protzigen Abend verbringen will, könnte in diesem dekadent-prätentiösen und superschicken Club zum Abendessen und auf einen Cocktail oder zum Tanzen bleiben. Die Tische im Freien sind höchst angenehm. Reservierungen von Vorteil.

Vitrine CLUB
(außerhalb Karte S. 80; ☎210 924 2444; www.vitrine.gr; Markou Mousourou 1, Mets; ⏲Okt.–Juni; Ⓜ Akropoli) Das Vitrine ist eine feste Größe unter den Nachtclubs der Athener Innenstadt – mit Blick auf die Akropolis und über die Dächer von Athen.

SOMMERCLUBS

In Athen gibt es einige tolle Open-Air-Bühnen, doch im Sommer verlagert sich das Nachtleben eher in die Schickimickiclubs am Strand. Viele dieser Clubs sind mit der Straßenbahn zu erreichen, die freitags und samstags bis 2.30 Uhr fährt. Wer einen Tisch zum Abendessen reserviert, zahlt keinen Eintritt; ansonsten liegen die Eintrittspreise meist zwischen 10 und 20 € inklusive einem Getränk. Wer an den Türstehern vorbeikommen will, sollte sich ein bisschen in Schale werfen.

Akrotiri CLUB
(☎210 985 9147; www.akrotirilounge.gr; Vasileos Georgiou B 5, Agios Kosmas) Dieser Strandclub, der in der Clubszene ganz vorne rangiert, ist für 3000 Besucher konzipiert. Es gibt Bars, ein Restaurant und Lounges auf mehreren Ebenen. Bei den großartigen Partys legen einheimische und internationale DJs mit Topniveau auf. Tagsüber finden beschwingte Partys am Pool statt.

Balux CLUB
(☎210 894 1620; www.baluxcafe.com; Leoforos Poseidonos 58, Glyfada) Man muss diesen glamourösen Strandclub unbedingt einmal gesehen haben – er ist einfach unglaublich: Am Rand des Pools stehen Lounges und Baldachinbetten mit wehenden Moskitonetzen. Nachts sorgen Spitzen-DJs für den richtigen Sound – gleich nebenan im **Akanthus** (☎210 968 0800; www.akanthus.gr).

Island CLUB
(☎210 965 3563; www.islandclubrestaurant.gr; Varkiza, 27. km, Straße Athen–Sunion) Das Island ist ein traumhaftes Sommerclub-Restaurant direkt am Strand mit herrlichem Inseldekor.

Livemusik

ROCK

Athen hat eine gesunde Rock-Musik-Szene, die einen festen Platz auf den Europatourplänen der verschiedensten Bands hat. Im Sommer sind auch die Spielpläne des Rockwave-Festivals (S. 111) und anderer Festivals interessant.

LP TIPP **Gagarin 205 Club** ROCK
(außerhalb Karte S. 72; www.gagarin205.gr; Liosion 205, Thymarakia; Ⓜ Agios Nikolaos) Der Club ist in erster Linie eine Rock-Bühne mit Live-Auftritten an Freitag- und Samstagabenden; in der Regel treten führende Rock- und Underground-Musikbands auf. Kartenvorverkauf findet bei **Ticket House** (Karte S. 96; ☎210 360 8366; www.tickethouse.gr; Panepistimiou 42, Syntagma; Ⓜ Panepistimio) statt.

AN Club ROCK, POP
(Karte S. 96; ☎210 330 5056; www.anclub.gr; Solomou 13-15, Exarchia; Ⓜ Omonia) Der kleine AN Club lässt weniger bekannte internationale und interessante griechische Bands auftreten.

Mike's Irish Bar ROCK, WELTMUSIK
(☎210 777 6797; www.mikesirishbar.gr; Sinopis 6, Ambelokipi; Ⓜ Ambelokipi) Bei den Expats ist das Irish Pub schon seit Langem ein Renner – im Mike's wird an den meisten Abenden Live-Musik gespielt.

Fuzz ECLECTIC
(www.fuzzclub.gr; Pireos 209, Tavros; Ⓜ Akropoli) Im Fuzz finden heiße Jam-Sessions mit internationalen Bands statt, wie den Wailers oder der Gypsy-Punk-Band Gogol Bordello.

JAZZ & WELTMUSIK

In Athen kann man in kleinen Clubs quer durch die Stadt eine eklektische Auswahl an Musik hören. Je nach Bühne und Programm ändern sich die Eintrittspreise. Im Juli und August sind die Clubs normalerweise geschlossen.

LP TIPP **Half Note Jazz Club** JAZZ
(☎210 921 3310; www.halfnote.gr; Trivonianou 17, Mets; ⓂAkropoli) Das stilvolle Half Note gegenüber dem Athener Friedhof ist die Nummer eins in Sachen Jazz. Dort spielen immer wieder internationale Jazzgrößen.

Alavastro Café LIVEMUSIK
(☎210 756 0102; Damareos 78, Pangrati) Das Alavastro bietet seinen Gästen eine bunte Mischung aus modernem Jazz, Weltmusik und niveauvoller griechischer Musik in einem lässigen, persönlichem Ambiente.

Small Music Theatre LIVEMUSIK
(Karte S. 80; ☎210 924 5644; Veïkou 33, Koukaki; ⓂSyngrou-Fix) Auf dieser kleinen Bühne spielen Bands mit interessanter Besetzung, meist Jazz und Fusion.

Palenque LATIN
(☎210 775 2360; www.palenque.gr; Farandaton 41, Ambelokipi; ⓂAmbelokipi) Hier weht ein Hauch von Havanna durch Athen; das Palenque präsentiert zum Tanzen anregende Livemusik mit Künstlern aus aller Welt. Zum Programm gehören auch Salsa-Partys und Flamenco-Shows.

GRIECHISCHE MUSIK

Athen bietet die tolle Gelegenheit, großartigen *rembetika* (griechischen Blues) in persönlicher, inspirierender Atmosphäre kennenzulernen. Die meisten Rembetika-Clubs sind von Mai bis September geschlossen; im Sommer sind die Livemusik-Tavernen rund um Psiri und Plaka eine gute Adresse (und zwar auch mit heiterer Musik am Sonntagnachmittag). Die meisten Arrangements bestehen aus einer Kombination aus *rembetika* und *laika* (beliebte städtische Musik). Vorführungen finden meist ab 23.30 Uhr statt; oft ist der Eintritt kostenlos, die Getränke sind dann aber teurer. Im Café Avyssinia (S. 124) wird ebenfalls an den meisten Abenden und am Wochenende Livemusik gespielt.

Bouzoukia-Shows der Extraklasse bieten jedes Jahr ein anderes Repertoire, sind aber teure, extravagante Spektakel, wie ein Zirkus für Erwachsene; Termine stehen in den Programmheften.

LP TIPP **Stoa Athanaton** REMBETIKA-CLUB
(Karte S. 96; ☎210 321 4362; Sofokleous 19, Omonia; ⌚ Mo–Sa 15–18 & Mitternacht–6 Uhr früh, Juni–Sept. geschl.; ⓂOmonia) Die fast legendäre Stoa Athanaton befindet sich in einer Halle über dem zentralen Fleischmarkt. Es ist eine beliebte Location, wo klassischer *rembetika* und *laika* von einer angesehenen Band gespielt werden – meist geht's schon am Nachmittag los. Hinein geht's über einen Aufzug in der Arkade.

Perivoli Tou Ouranou REMBETIKA-CLUB
(Karte S. 86; ☎210 323 5517; Lysikratous 19, Plaka; ⌚ Do–So ab 21 Uhr, Juli–Sept. geschl.; ⓂAkropoli) Ein Szenetreff der Livemusik-Fans an einem rustikalen, nostalgischen Veranstaltungsort, an dem man zu Abend essen kann (Hauptgerichte 18 bis 29 €) und dabei den authentischen Blues-Klängen, wie *laika* und *rembetika*, lauscht.

Kavouras REMBETIKA-CLUB
(Karte S. 96; ☎210 381 0202; Themistokleous 64, Exarchia; ⌚ Do–Sa ab 23 Uhr, Juli & Aug. geschl.; ⓂOmonia) Über dem beliebten Souvlaki-Lokal in Exarchia befindet sich dieser lebhafte Club, in dem bis in die frühen Morgenstunden Livemusik dargeboten wird. Das Publikum besteht meist aus Studenten.

Palea Plakiotiki Taverna Stamatopoulos TAVERNE MIT LIVEMUSIK
(Karte S. 86; ☎210 322 8722; Lyssiou 26, Plaka; ⌚ Mo–Sa 19–2, So 11–2 Uhr; ⓂMonastiraki) Eine echte Institution in Plaka, in die auch Einheimische gerne gehen. Je später der Abend, desto voller kann's werden; also besser früh kommen, um einen Tisch zu ergattern!

Mostrou TAVERNE MIT LIVEMUSIK
(Karte S. 86; ☎210 322 5558; Mnisikleous 22, Ecke Lyssiou, Plaka; ⌚ Do–So ab 21 Uhr; ⓂMonastiraki) Das beliebte Mostrou hat eine große Bühne und eine Tanzfläche. Im Sommer wird auf der Terrasse etwas gesetztere Livemusik gespielt.

Paliogramofono TAVERNE MIT LIVEMUSIK
(Karte S. 96; ☎210 323 1409; Navarhou Apostoli 8, Psiri; ⓂThissio) Die Qualität des Essens kann sich sehen lassen; das Paliogramofono ist eine der vielen Musiktavernen Athens.

Kinos

Die Athener sind eifrige Kinogänger. In den meisten Kinos laufen die neuesten Fil-

NICHT VERSÄUMEN

SOMMERKINO

Die Freiluftkinos, die in Athen eine lange Tradition haben, sind an warmen Sommerabenden ein wahrer Genuss. Bei Mondschein oder unterm Sternenhimmel laufen die neuesten Hollywoodfilme oder Arthouse-Kultfilme. In den Parks und auf den Dächern von Athen sind immer noch viele der ursprünglichen Open-Air-Kinos in Betrieb. Nach erfolgreicher Renovierung sind sie heute mit modernen Soundsystemen ausgestattet.

Das Highlight unter den historischen Freiluftkinos ist das **Aigli** (außerhalb Karte S. 86; ☎210 336 9369; Zappion-Garten, Syntagma; Ⓜ Syntagma) im üppig-grünen Zappion-Garten. Dort lässt sich eine Filmnacht mit einem Glas Wein in der Hand stilvoll genießen.

Das Kino **Dexameni** (Karte S. 120; ☎210 362 3942; Plateia Dexameni, Kolonaki; Ⓜ Evangelismos) in Kolonaki befindet sich an einem ruhigen Platz.

Auf dem Dach des **Cine Paris** (Karte S. 86; ☎210 322 0721; Kydathineon 22, Plaka; Ⓜ Akropoli) in Plaka sollte man unbedingt versuchen, einen Platz mit Blick auf die Akropolis zu ergattern (ganz rechts), oder man begibt sich über verschlungene Wege ins **Thission** (Karte S. 116; ☎210 342 0864; Apostolou Pavlou 7, Thissio; Ⓜ Thissio).

me in Originalsprche (unsynchronisiert) mit griechischen Untertiteln. In den Sommermonaten sind Open-Air-Kinos beliebt (siehe Kasten S. 135). Die Eintrittspreise liegen zwischen 7 und 8 €. Außerdem gibt es ein IMAX-Theater im Planetarium (S. 106). Das **Griechische Filmarchiv** (Tainiothiki tis Ellados; Karte S. 118; www.tainiothiki.gr; Iera Odos 48, Gazi; Ⓜ Kerameikos) zeigt spezielle Filmreihen.

Folgende Kinos liegen im Stadtzentrum Athens:

Apollon & Attikon (Karte S. 96; ☎210 323 6811; Stadiou 19, Syntagma; Ⓜ Panepistimio)

Astor (Karte S. 96; ☎210 323 1297; Stadiou 28, Syntagma; Ⓜ Panepistimio)

Asty (Karte S. 96; ☎210 322 1925; Korai 4, Syntagma; Ⓜ Panepistimio)

Ideal (Karte S. 96; ☎210 382 6720; Panepistimiou 46, Omonia; Ⓜ Omonia)

Klassik & Oper

Im Sommer findet im historischen Odeon des Herodes Atticus und an anderen Locations unter der Ägide des **Hellenic Festivals** (S. 110) ein buntes Kulturprogramm statt.

Megaron Mousikis KONZERTE
(Athens Concert Hall; außerhalb Karte S. 120; ☎210 728 2333; www.megaron.gr; Kokkali 1, Ecke Leoforos Vasilissis Sofias, Ilissia; Kartenbüro ⏲Mo–Fr 10–18, Sa 10–14 Uhr; Ⓜ Megaro Mousikis) Die modernste Konzerthalle der Stadt bietet auch in den Wintermonaten ein reichhaltiges Programm mit Opern und Konzerten von Weltstars und griechischen Künstlern. Im Opernrestaurant **Fuga** (☎210 724 2979) verwöhnt der mit Michelin-Sternen ausgezeichnete Koch Andrea Berton seine Gäste mit mediterran-italienischer Küche.

Griechische Nationaloper OPER
(Ethniki Lyriki Skini; ☎210 360 0180; www.nationalopera.gr) Die Bühnensaison läuft von November bis Juni. Die Aufführungen finden gewöhnlich im **Olympia Theater** (Karte S. 96; ☎210 361 2461; Akadimias 59, Exarchia; Ⓜ Panepistimio) statt, in den Sommermonaten teilweise auch im Odeon des Herodes Atticus.

Theater & Tanz

Athen hat mehr Theater zu bieten als irgendeine andere europäische Stadt, aber natürlich sind alle Aufführungen in griechischer Sprache. Theaterbegeisterte können trotzdem eine Inszenierung eines alten Lieblingsstücks auch ohne Sprachkenntnisse genießen, sofern sie den Inhalt bereits gut genug kennen.

Nationaltheater THEATER
(Karte S. 96; ☎210 522 3243; www.n-t.gr; Agiou Konstantinou 22-24, Omonia; Ⓜ Omonia) Aufführungen moderner Bühnenstücke, aber auch Inszenierungen antiker Dramen finden in einem der feinsten klassizistischen Gebäude Athens statt, aber auch in Locations rund um die Stadt. Im Sommer werden überall in Griechenland auf antiken Bühnen Stücke gespielt, so auch in Epidauros (S. 177).

Dora Stratou Dance Theater GRIECHISCHER VOLKSTANZ

(außerhalb Karte S.116; ☎210 921 4650; www.grdance.org; Filopappou Hill; Erw./Kind 15/5 €; ⌚Mi–Fr Aufführungen 21.30 Uhr, Ende Mai–Mitte Sept. Sa & So 20.15 Uhr; Ⓜ Petralona) Jeden Sommer führt die Dora Stratou Company überall in Griechenland und auf ihrer Freiluftbühne am Westhang des Filopappos ihr Repertoire auf. Mit ihrem Bildungsauftrag, griechische Folklore zu erhalten, hat sich die Theatergesellschaft in Sachen Authentizität und Professionalität einen internationalen Ruf erspielt. Im Sommer finden auch entsprechende Tanzworkshops statt. Das Theater ist ausgeschildert; es liegt am westlichen Ende der Dionysiou Areopagitou.

Pallas THEATER

(Karte S.86; ☎210 321 3100; www.ellthea.gr; Voukourestiou 5, Syntagma; Ⓜ Syntagma) Eines der führenden Theater Athens ist das zentral gelegene Pallas. Das Repertoire besteht aus großen Bühnenproduktionen, oft in griechischer Sprache.

Sport

Die Olympischen Spiele 2004 hinterließen Athen einige Sportstadien der Weltklasse. Inzwischen zieht die Stadt internationale und europäische Sportveranstaltungen an, darunter auch Leichtathletik-Wettbewerbe. Fußball und Basketball sind die beliebtesten Sportarten. Sportfans informieren sich am besten direkt bei den lokalen Clubs und Vereinen, über die englischsprachige Lokalpresse oder auf www.sportingreece.com

FUSSBALL

Die besten griechischen Fußballvereine sind Panathinaikos Athen, AEK und Olympiakos Piräus, die alle drei schon in der Champions League gespielt haben. Wichtige Spiele finden im **Olympic Stadium** in Marousi oder im **Karaiskaki Stadium** in Piräus statt, dem besten Fußballstadion des Landes.

In der Regel gibt es die Tickets für die Spiele an der Tageskasse; für einige Spiele werden die Karten auch unter www.tickethour.gr verkauft. Infos stehen auf den Webseiten der Clubs und auf www.greeksoccer.com

BASKETBALL

Die größten Basketballspiele finden im **Stadion des Friedens und der Freundschaft** (außerhalb Karte S.146; ☎210 489 3000; Ethnarhou Makariou; Ⓜ Faliro) in Palio Faliro statt.

Informationen zu Basketballspielen sind am besten bei interessierten Einheimischen oder auf der Webseite der **Hellenic Basketball Association** (www.basket.gr) zu bekommen.

LEICHTATHLETIK

Der jährliche **Athen Marathon** (www.athensclassicmarathon.gr) findet Anfang November statt und endet im historischen Panathenäischen Stadion. Mehr als 3000 Läufer aus der ganzen Welt messen sich auf der 42 km langen, historischen Strecke. Im Jahr 490 v.Chr. lief Pheidippides vom Schlachtfeld in Marathon bis nach Athen, um die Nachricht vom Sieg über die Perser zu überbringen, danach brach er zusammen und starb an Erschöpfung.

Shoppen

Die Innenstadt von Athen ist ein einziges, pulsierendes Konsumparadies mit einer vielfältigen Auswahl an Geschäften und besonderen Einkaufszeilen. Die Ermou, die Fußgängerzone zwischen Syntagma und Monastiraki, ist die wichtigste Einkaufsmeile der Stadt mit Läden für jeden Geschmack.

Rund um Syntagma haben führende Designermarken aus aller Welt und Schmuckgeschäfte ihren festen Platz, angefangen mit dem Kaufhaus Attika an der verkehrsfreien Voukourestiou bis zu den Modeboutiquen von Kolonaki. Plaka und Monastiraki locken mit jeder Menge Souvenirläden und Streetwear. Die großen Kaufhäuser befinden sich an der Stadiou, die von Syntagma bis Omonia verläuft. Kifissia und Glyfada bieten hervorragende Einkaufsmöglichkeiten im Luxussegment.

Außerdem bietet der farbenprächtige Zentralmarkt (S.126) im Herzen der Stadt eine verführerische Auswahl an kulinarischen Köstlichkeiten und Gewürzen sowie jede erdenkliche Art von Haushaltswaren in den Nebenstraßen rund um den Marktplatz.

Monastiraki Flea Markt MARKT

(Karte S.86; Adrianou, Monastiraki; ⌚tgl.; Ⓜ Monastiraki) Athens traditioneller Flohmarkt in Monastiraki ist ein Fest für die Sinne. Die Stände mit Antiquitäten, Möbeln und Sammlerstücken sind die ganze Woche über geöffnet und laden zum Stöbern ein. In den Straßen rund um den Bahnhof und an der Adrianou stellen fliegende Händler ihre Stände auf – meist mit Schmuck, Kunsthandwerk und Schnickschnack.

Sonntagsflohmarkt MARKT
(Karte S.116; Ermou, Thissio; ⌚ So Morgendämmerung–14 Uhr; Ⓜ Thissio) Der große Sonntagsflohmarkt findet inzwischen am Ende der Ermou kurz vor Gazi statt. Hier preisen fliegende Händler ab dem Morgengrauen ihre Waren an. Mit etwas Glück sind gute Schnäppchen drin; dann finden sich unter dem Ramsch auch interessante Sammlerstücke und herrlicher Kitsch – kurzum ein Ort, um herauszufinden, wie gut man im Feilschen ist.

To Pantopoleion ESSEN & TRINKEN
(Karte S.96; ☎ 210 323 4612; Sofokleous 1, Omonia; Ⓜ Syntagma) Der geräumige Laden verkauft traditionelle Lebensmittel aus ganz Griechenland – von Kapern aus Santorin bis zu exklusiven Olivenölen und Zwieback aus Kreta. Gefäße mit Süßigkeiten und anderen essbaren Souvenirs sowie ein breites Angebot an griechischen Weinen und Schnäpsen warten auf ihre Abnehmer.

Amorgos KUNSTHANDWERK
(Karte S.86; ☎ 210 324 3836; www.amorgosart.gr; Kodrou 3, Plaka; Ⓜ Syntagma) In dem reizenden Geschäft sammeln sich griechische Volkskunst, Plunder, Keramik und Stickereien. Der Eigentümer stellt geschnitzte Möbel her.

Hellenisches Kunsthandwerkszentrum KUNSTHANDWERK
(Karte S.86; ☎ 210 321 3023; Pandrosou 36, Plaka; Ⓜ Monastiraki) Das Hellenische Kunsthandwerkszentrum bietet tolle Beispiele traditioneller Keramik, Skulpturen und Kunsthandwerk aus allen Regionen Griechenlands. Im gleichen Gebäude befinden sich eine *ouzerie* und eine Galerie.

Melissinos Art KLEIDUNG, ACCESSOIRES
(Karte S.86; ☎ 210 321 9247; www.melissinos-art.com; Agias Theklas 2, Psiri; Ⓜ Monastiraki) Der Künstler Pantelis Melissinos führt die Tradition seines berühmten Vaters Stavros – eines Poeten und Sandalenmachers – fort. Melissinos hatte schon die Beatles, Sophia Loren und Jackie Onassis als Kunden. Seine Tochter bertreibt mittlerweile das hervorragende Lederwarengeschäft **Olgianna Melissinos** (Karte S.86; ☎ 210 331 1925; Normanou 7, Monastiraki; Ⓜ Monastiraki) mit einem breiten Sortiment. Es wird auch auf Bestellung produziert.

Xylouris MUSIK
(Karte S.96; ☎ 210 322 2711; www.xilouris.gr; Arcade, Panepistimiou 39, Panepistimio; Ⓜ Syntagma) Diese Fundgrube für Musik wird vom Sohn und der Witwe der kretischen Legende Nikos Xylouris geführt. Georgios ist eine unerschöpfliche Informationsquelle rund um die griechische Musik, führt also seine Kunden fachmännisch durch das vielfältige Repertoire traditioneller und moderner Klänge des Landes – dazu gehören ausgewählte und seltene Aufnahmen sowie bunte Weltmusik. Traditionelle griechische Musik ist auch im neuen Spezialgeschäft erhältlich, das sich im Museum für griechische Volksinstrumente (S.95) befindet.

John Samuelin MUSIK
(Karte S.86; ☎ 210 321 2433; www.musikshop.gr; Ifestou 36, Monastiraki; Ⓜ Monastiraki) Musikinstrumente bis an die Decke, griechische oder andere klassische Instrumente. Der Laden liegt zentral.

Metropolis Musik MUSIK
(Karte S.96; ☎ 210 383 0804; Panepistimiou 64, Omonia; Ⓜ Omonia) Dieses größere Musikgeschäft führt ein breites Sortiment an griechischen und internationalen CDs; außerdem gibt's hier einen Kartenvorverkauf für Konzerte.

Greece Is For Lovers SOUVENIRS
(Karte S.80; ☎ 210 924 5064; www.greeceisforlovers.com; Karyatidon 13a, Makrygianni; Ⓜ Akropoli) Dieses Ladenkonzept haben sich pfiffige Designer ausgedacht. Das Sortiment besteht aus griechischem Kitsch – angefangen bei Hanteln in Form korinthischer Säulen bis zu gehäkelten iPod-Hüllen.

Compendium BÜCHER
(Karte S.86; ☎ 210 322 1248; Navarhou Nikodimou 5, Ecke Nikis, Plaka; Ⓜ Syntagma) Athens führende Buchhandlung für fremdsprachige Bücher hat sich auf englische Literatur spezialisiert und bietet darüber hinaus eine beliebte gut sortierte Abteilung für gebrauchte Bücher.

Eleftheroudakis BÜCHER
Syntagma (Karte S.96; ☎ 210 331 4180; Panepistimiou 17; Ⓜ Syntagma); Plaka (Karte S.86; ☎ 210 322 9388; Nikis 20; Ⓜ Syntagma) Das siebenstöckige Panepistimiou ist die größte Buchhandlung in Athen; ein ganzes Stockwerk ist englischsprachigen Büchern gewidmet.

Anavasi BÜCHER
(Karte S. 96; ☎210 321 8104; www.anavasi.gr; Stoa Arsakiou 6a, Panepistimiou; Ⓜ Panepistimio) Laden mit Reiseliteratur und umfangreichem Kartenmaterial über ganz Griechenland (Wanderkarten und Freizeitführer).

Road Editions BÜCHER
(Karte S. 96; ☎210 361 3242; www.road.gr; Solonos 71, Kolonaki; Ⓜ Panepistimio) Große Palette an Reiseliteratur und das gesamte Kartensortiment von Road Editions.

Public BÜCHER
(Karte S. 86; ☎210 324 6210; Plateia Syntagmatos, Syntagma; 📶; Ⓜ Syntagma) Ein Multimediakoloss inklusive Computer- und Büromaterialabteilung sowie englischsprachige Bücher (im 3. Stock).

ℹ Praktische Informationen

Gefahren & Ärgernisse

Die Kriminalität hat in Athen seit Beginn der Finanzkrise zugenommen. Obwohl Gewaltverbrechen nach wie vor selten sind, sollten Touristen besonders nachts beim Streifzug durch die Straßen die Augen offen halten und über die weiter unter geschilderten Gaunereien informiert sein. Besonders nachts gilt es, die Straßen rund um Omonia zu meiden, denn die ganze Gegend ist deutlich zwielichtiger geworden; dort treiben sich zunehmend Prostituierte, Drogensüchtige und illegale Einwanderer herum.

TASCHENDIEBE Die begehrtesten Reviere von Taschendieben sind die U-Bahn, insbesondere an der Metrolinie Piräus–Kifissia, und die belebten Straßen rund um Omonia und Athinas sowie der Flohmarkt von Monastiraki.

TAXIFAHRER Athener Taxifahrer haben einen schrecklichen Ruf, und das mit Sicherheit nicht zu Unrecht – nach wie vor ähnelt es einem Glückspiel, ob man gerade in den Genuss eines höflichen, effizienten und ehrlichen Fahrdienstes kommt oder an einen Schwindler gerät. Aber aufgepasst: Gerade die freundlichen Taxifahrer können sich als die schlimmsten Rüpel erweisen! Die meisten Abzockfahrten (aber nicht alle) passieren mit Taxifahrern, die spät abends am Flughafen, in Busbahnhöfen oder am Hafen von Piräus um Fahrgäste werben. Einige Fahrer stellen noch nicht einmal den Taxameter ein und verlangen so viel, wie sie durchsetzen können. Feilschen kann nur, wer genau weiß, wie teuer der reguläre Fahrpreis ist; ansonsten ist es besser, sich ein anderes Taxi zu suchen. In Piräus sollte man die Taxifahrer meiden, die Reisende von sich aus ansprechen, um ihre Fahrdienste anzubieten – am besten ein paar Schritte weitergehen und an der Straße ein Taxi herbeiwinken!

In Extremfällen sind die Taxameter falsch eingestellt, ticken also schneller oder sind bei Tag auf Nachtrate umgeschaltet (Tarif 2 leuchtet auf). Einige Taxifahrer schlagen auf den Fahrpreis gleich das Trinkgeld auf. Man überprüfe auch den Aufschlag für die Abholung vom Flughafen sowie Mautgebühren; normalerweise sind das feste Preise, die in jedem Taxi gut sichtbar angeschrieben sein müssen.

Die beste Möglichkeit, sich selbst zu schützen, ist immer noch, das Taxikennzeichen zu notieren und nach einer obligatorischen Quittung zu fragen – in den meisten Taxis sind elektronische Quittungsautomaten installiert (auch wenn viele nicht funktionieren). Bei einem Streit einfach die Polizei anrufen (☎100) oder beim Fahrer darauf bestehen, zur nächsten Polizeistation zu fahren, um die Angelegenheit zu schlichten, oder die Taxinummer aufschreiben und damit zur Touristenpolizei gehen.

TAXISCHLEPPER Einige Taxifahrer stecken mit überteuerten drittklassigen Hotels rund um den Omonia-Platz unter einer Decke; allerdings ist ihr Aktionsradius nicht besonders groß. Die Gaunerei besteht darin, dass die involvierten Taxifahrer den spät ankommenden Fahrgästen weismachen, die Hotels seien trotz Reservierung ausgebucht. Der Taxifahrer tut so, also rufe er das Hotel an, verkündet lauthals, dass es ausgebucht sei, und schlägt eine Alternative vor. Dann hilft nur eins: Selbst mit dem Hotelportier telefonieren oder einfach darauf bestehen, zum gebuchten Hotel gefahren zu werden.

KRUMME TOUREN Einige Reisebüros im Stadtviertel Plaka/Syntagma engagieren Schwindler, um „günstige" Pauschalreisen zu den Inseln zu verkaufen. Die beauftragten Gauner hängen an den Bus- und Metrohaltestellen herum und hoffen darauf, naive Neuankömmlinge zu angeln. Sie üben etwas Druck auf sie aus, damit diese beim beteiligten Reisebüro die überteuerte Pauschalreise buchen. Wer sich seine Insel selbst aussucht, wird immer einen besseren Preis aushandeln können. Besteht Anlass zu glauben, dass alles ausgebucht ist, kann man sich ein Angebot aus diesem Reiseführer heraussuchen und versuchen, direkt zu buchen.

ZECHPRELLER Ahnungslose Reisende haben sich schon oft von Schwindlern in Bars übers Ohr hauen lassen, insbesondere rund um den Syntagma-Platz in der Athener Innenstadt. Eine typische Abzocke läuft wie folgt ab: Ein freundlicher Grieche spricht einen männlichen Einzelreisenden an und fragt ihn, woher er komme. Der freundliche Grieche erzählt, er komme auch nicht aus Athen, und versucht es mit dem „ein Vetter von mir lebt in Deutschland"-Trick. Dann schlägt er vor, an der Bar etwas zu trinken. Danach tauchen Frauen auf, es werden noch mehr Getränke bestellt, und der Schwindler macht sich aus dem Staub. Der zurückbleibende „Gast" bleibt auf der exorbitant hohen Rechnung sitzen.

Schon bald ist es mit dem Lächeln vorbei, und die Atmosphäre wirkt bedrohlich.

Andere Bars locken angeheiterte Männer mit Sex-Versprechen, doch alles, was sie bekommen, sind überzogenene Rechnungen.

GEPANSCHTE DRINKS In einigen Bars und Clubs in Athen werden sogenannte *bombes* ausgeschenkt. Dabei handelt es sich um gepanschten Alkohol auf Methanolbasis oder zumindest verdünnten, günstigen Fusel mit Katergefahr. Wer dieses Risiko vermeiden will, greift zu Flaschenbier oder anderen abgefüllten alkoholischen Getränken; das bestellte Getränk sollte ein bestimmtes, identifizierbares Aroma haben – am besten immer eine bestimmte Marke bestellen.

Geld

Größere Banken haben Filialen rund um Syntagma, Geldautomaten gibt es überall in der Stadt.

Eurochange Syntagma (☎210 331 2462; Karageorgi Servias 2; ⌚8–21 Uhr; Ⓜ Syntagma); Monastiraki (☎210 322 2657; Areos 1; Ⓜ Monastiraki) Einlösen von Reiseschecks und Geldüberweisungen

National Bank of Greece (☎210 334 0500; Ecke Karageorgi Servias & Stadiou, Syntagma; Ⓜ Syntagma) Geldwechselautomat rund um die Uhr in Betrieb

Gepäckaufbewahrung

Die meisten Hotels bewahren das Gepäck für Gäste kostenlos auf, allerdings beschränkt sich dieser Service bei vielen auf die Stapelung der Gepäckstücke im Foyer. Am Flughafen sowie an den Metrostationen Omonia, Monastiraki, Syntagma und Piräus gibt es offizielle Gepäckaufbewahrungsstellen, und es werden Schließfächer angeboten.

Pacific Travel Luggage Storage (☎210 324 1007; Nikis 26, Syntagma; 2 € pro Tag; ⌚Mo–Sa 8–20 Uhr; Ⓜ Syntagma)

Infos im Internet

Kulturministerium (www.culture.gr) Museen, archäologische Stätten und Kulturevents

Kunst und Kultur (www.elculture.gr) Zweisprachige Webseite inklusive Spielpläne für Theater- und Musikbühnen sowie Kinoprogramm

Kurzvideos (www.athensliving.net) Videoclips zum Athener Stadtleben

Offizielle Webseite für Tourismus (www.breathtakingathens.gr) Aktuelle Verzeichnisse und praktische Informationen rund um den Tourismus, herausgegeben vom Amt für Tourismusentwicklung

Internetzugang

Die meisten Hotels haben Internetzugang und WLAN-Anschluss. Kostenlose Hotspots für drahtloses Surfen im Internet sind Syntagma, Thissio, Gazi, Plateia Kotzia und der Hafen von Piräus.

Bits & Bytes Internet Café (☎210 382 2545; Kapnikareas 19, Monastiraki; pro Std. 2,50 €; ⌚24 Std.; Ⓜ Monastiraki)

Cyberzone (☎210 520 3939; Satovrianidou 7, Omonia; pro Std. 2 €; ⌚24 Std.; Ⓜ Omonia)

Ivis Internet (Mitropoleos 3, Syntagma; pro Std. 3 €; ⌚8 Uhr–Mitternacht; Ⓜ Syntagma)

Medien

Athens News (www.athensnews.gr) Erscheint freitags; Veranstaltunsverzeichnis rund um Events und Entertainment

Athens Plus (www.ekathimerini.com) Wochenzeitung mit englischprachigen Nachrichten und Veranstaltungsteil; jeden Freitag neu, herausgegeben von *Kathimerini*, auch online abrufbar

Insider (www.insider-magazine.gr) Hochglanzmagazin, das monatlich erscheint – Zielgruppe: Touristen und Expats

Kathimerini (www.ekathimerini.com) Die *International Herald Tribune* gibt in Zusammenarbeit mit der griechischen Tageszeitung Kathimerini eine achtseitige englischsprachige Beilage mit einem Nachrichtenteil sowie Veranstaltungstipps rund um Kunst und Kultur heraus; dazu gehören auch ein Kinoverzeichnis und aktuelle Fahrpläne für Schiffe und Fähren.

Odyssey (www.odyssey.gr) Griechisches Diasporamagazin, dass jeden zweiten Monat erscheint; praktischer Reiseführer für Athen, der gut durch den Sommer führt

Medizinische Versorgung

Ambulanz/Erste Hilfe (☎166)

Apotheken (☎1434, auf Griechisch) In den Schaufenstern der Apotheken sind Details zu den nächstgelegenen Notapotheken angeschrieben. Am Flughafen gibt es eine Apotheke, die rund um die Uhr geöffnet ist.

Bereitschaftsärzte & Krankenhäuser (☎1434, auf Griechisch) Siehe aktuelles Verzeichnis in der *Kathimerini*-Beilage.

SOS-Ärzte (☎1016, 210 821 1888; ⌚24 Std.) Kostenpflichtiger Ärzte-Service (auf Englisch)

Notfall

ELPA Pannen- und Abschleppdienst (☎10400)

Notrufnummer (☎112) Kostenlose Rufnummer rund um die Uhr, auf Englisch

Polizei (☎100)

Polizeistation Central (☎210 770 5711/17; Leoforos Alexandras 173, Ambelokipi; Ⓜ Ambelokipi); Syntagma (☎210 725 7000; Plateia Syntagmatos, Syntagma; Ⓜ Syntagma)

Touristenpolizei (✆rund um die Uhr: 171, 210 920 0724; Veikou 43–45, Koukaki; ⌚ 8–22 Uhr; Ⓜ Syngrou-Fix)

Post

Paketpostamt (Karte S. 86; Stadiou 4, Syntagma; ⌚Mo–Fr 7.30–14 Uhr; Ⓜ Syntagma) Pakete über 2 kg unverpackt mitbringen, denn der Inhalt wird überprüft.

Postamt Syntagma (Karte S. 86; Plateia Syntagmatos, Syntagma; ⌚Mo–Fr 7.30–20, Sa 7.30–14 Uhr; Ⓜ Syntagma)

Telefon

Es stehen überall öffentliche Telefonzellen zur Verfügung, von denen aus ins Ausland telefoniert werden kann. Telefonkarten sind an Kiosken erhältlich.

Touristeninformation

EOT (Griechische Landesbehörde für Tourismus; Karte S. 80; ✆210 331 0347/0716; www.visitgreece.gr; Dionysiou Areopagitou 18–20, Makrygianni; ⌚9–19 Uhr; Ⓜ Akropoli) Hier ist ein kostenloser Stadtplan erhältlich. Außerdem gibt es eine praktische Broschüre mit nützlichen Informationen rund um den öffentlichen Nahverkehr; außerdem einen Prospekt zu *Athen & Attika*.

ℹ An- & Weiterreise

Aus den nachfolgenden Tabellen sind ungefähre Häufigkeit der Verbindungen sowie Grundtarife inklusive Steuer ersichtlich.

Auto & Motorrad

Dank der neuen Attiki Odos, der modernisierten Nationalstraße (Ethniki-Odos) und verschiedener Ringstraßen ist es für Selbstfahrer deutlich einfacher geworden, stadtein- und auswärts zu kommen.

Am äußersten Ende der Leoforos Syngrou, nahe dem Tempel des Olympischen Zeus, reiht sich eine Autoverleihfirma an die andere. Griechische Unternehmen haben oft günstigere Preisangebote als internationale Branchengrößen. Es lohnt sich also, alle einmal abzuklappern, um den besten Preis zu bekommen. Der Durchschnittspreis für ein kleineres Auto

Athens Metrolinien

TOURISTEN-TICKET

Für Besucher, die sich nur kurz in Athen aufhalten, gibt es die Tageskarte für 4 € und das Wochenticket zu 14 €, gültig für eine unbegrenzte Anzahl an Fahrten im Verbundsystem des öffentlichen Nahverkehrs innerhalb Athens, außer auf der Flughafenstrecke.

liegt etwa bei 45 € pro Tag, bei einer Mietdauer von drei oder mehr Tagen sind die Tarife jedoch deutlich niedriger.

Auto- und Motorradverleihfirmen:

Athen Airport Car Rentals (☎210 602 2002; www.athensairport-car-rentals.com; Spata)

Avis (☎210 322 4951; Leoforos Vasilissis Amalias 46, Makrygianni; Ⓜ Akropoli)

Budget (☎210 921 4771; Leoforos Syngrou 8, Makrygianni; Ⓜ Akropoli)

Europcar (☎210 921 1444; Leoforos Syngrou 25, Makrygianni; Ⓜ Akropoli)

Hertz (☎210 922 0102; Leoforos Syngrou 12, Makrygianni; Ⓜ Akropoli)

Kosmos (☎210 923 4695; www.kosmos-carrental.com; Leoforos Syngrou 9, Makrygianni; Ⓜ Akropoli)

Motorent (☎210 923 4939; www.motorent.gr; Rovertou Galli 1, Makrygianni; Ⓜ Akropoli) Motorräder von 50cm^3 bis 250cm^3 (ab 18 € pro Tag) – nur mit Führerschein und Nerven aus Stahl.

Bus

Athen verfügt über zwei große **KTEL**-Busbahnhöfe (☎14505; www.ktel.org) für Städteverbindungen (IC). Terminal B befindet sich 5 km, Termina A liegt 7 km nördlich von Omonia. An der Touristeninformation sind Fahrpläne erhältlich.

Kifissos Terminal A (außerhalb Karte S. 72; ☎210 512 4910; Kifissou 100, Peristeri; Ⓜ Agios Antonios) Ab dem Terminal A bedienen Busse die Strecken zum Peloponnes, zu den Ionischen Inseln und in den Westen des Landes, wie etwa nach Igoumenitsa, Ioannina, Kastoria und Edessa. Bus 051 fährt zwischen 5 Uhr morgens und Mitternacht im 15-Minuten-Takt in die Athener Innenstadt (Kreuzung Zinonos/Menandrou, nahe Omonia). Eine Taxifahrt nach Syntagma kostet ca. 8 €.

Liossion Terminal B (außerhalb Karte S. 72; ☎210 831 7153; Liossion 260, Thymarakia; Ⓜ Agios Nikolaos) Ab diesem Busbahnhof verkehren Busse nach Zentral- und Nordgriechenland, wie beispielsweise nach Trikala (Fahrtziel Meteora), Delphi, Larisa, Thiva, Volos und zu anderen Destinationen. Die Strecke zum Busbahnhof bedient Bus 024 ab dem Haupteingang zum Nationalgarten in der Amalias. An der Haltestelle KTEL-Praktoria bittet man den Fahrer anzuhalten, damit man aussteigen kann. Der Busbahnhof befindet sich an der Gousiou, einer Seitenstraße der Liosion 260. Von 23.40 bis 5 Uhr früh verkehren keine öffentlichen Verkehrsmittel; eine Taxifahrt nach Syntagma kostet ca. 8 €.

Mavromateon Terminal (Karte S. 72; ☎210 880 8000, 210 822 5148; Ecke Leoforos Alexandras & 28 Oktovriou-Patision, Pedion Areos; Ⓜ Viktoria) Busse für Reiseziele im südlichen Attika fahren ab dem Busbahnhof Mavromateon etwa 250 m nördlich vom Archäologischen Nationalmuseum. Nach Rafina, Lavrio und Marathon fahren die Busse im nördlichen Bereich des Busbahnhofs Mavromateon ab (nur 150 m weiter nördlich).

WICHTIGE BUSVERBINDUNGEN AB KIFISSOS TERMINAL A

REISEZIEL	DAUER	PREIS	HÄUFIGKEIT
Alexandroupolis	11 Std.	71 €	1-mal tgl.
Epidauros	2½ Std.	12,50 €	3-mal tgl.
Ioannina	7 Std.	39 €	7-mal tgl.
Igoumenitsa	7½ Std.	44,50 €	4-mal tgl.
Ithaki*	7½ Std.	39,70 €	2-mal tgl.
Kalavryta	3 Std.	16,70 €	2-mal tgl.
Kefallonia*	7 Std.	45 €	4-mal tgl.
Korfu*	9½ Std.	44,30 €	3-mal tgl.
Lefkada	5½ Std.	33,80 €	4- mal tgl.
Monemvasia	6 Std.	29,50 €	2-mal tgl.
Nafplio	2½ Std.	13,10 €	stündl.
Olympia	5½ Std.	29,80 €	2-mal tgl.
Patras	3 Std.	18,30 €	halbstündl.
Thessaloniki	7 Std.	42 €	12-mal tgl.
Zakynthos*	6 Std.	34,60 €	4-mal tgl.

*inklusive Ticket für Schiff/Fähre

WICHTIGE BUSVERBINDUNGEN AB LIOSSION TERMINAL B

REISEZIEL	DAUER	PREIS	HÄUFIGKEIT
Agios Konstantinos	2½ Std.	14,70 €	stündl.
Chalkida	1¼ Std.	6,90 €	halbstündl.
Delphi	3 Std.	15,50 €	5-mal tgl.
Karpenisi	4½ Std.	25 €	3-mal tgl.
Paralia Kymis	4½ Std.	15,30 €	1-mal tgl.
Trikala	4½ Std.	28 €	6-mal tgl.
Volos	4½ Std.	25,10 €	11-mal tgl.

WICHTIGE BUSVERBINDUNGEN AB MAVROMATEON TERMINAL

REISEZIEL	DAUER	PREIS	HÄUFIGKEIT
Hafen Lavrio	1½ Std.	5,20 €	halbstündl.
Hafen Rafina	1 Std.	3 €	halbstündl.
Kap Sunion (Küstenstraße)	1½ Std.	6,50 €	halbstündl.
Marathon	1¼ Std.	4,50 €	halbstündl.

Flugzeug

Der internationale Flughafen von Athen **Eleftherios Venizelos** (ATH; Karte S. 152; ☎210 353 0000; www.aia.gr) liegt 27 km östlich von Athen in Spata. Wer besonders viel Zeit totzuschlagen hat, sollte das kleine archäologische Museum im ersten Stock über der Abflugshalle (über der Check-in-Halle) besuchen.

INLANDSFLÜGE Durchschnittliche Tarife für einen einfachen Flug betragen zwischen 56 und 140 €; sie unterliegen jedoch starken saisonabhängigen Schwankungen. Die Schnäppchensuche lohnt sich also, und – wenn möglich – sollte man im Voraus buchen. Mehr Informationen zu Tarifen und Häufigkeit der Verbindungen unter „An- & Weiterreise" in den jeweiligen Reisezielkapiteln.

Olympic Air bietet Flüge zu allen Inseln mit Flughäfen an, beliebtere Inseln werden auch von Aegean Airlines und Athens Airways angeflogen.

Aegean Airlines (☎801 112 0000, 210 626 1000; www.aegeanair.com; Othonos 10, Syntagma; Ⓜ Syntagma)

Athen Airways (☎801 801 4000, 210 669 6600; www.athensairways.com)

Olympic Air (☎801 801 0101, 210 926 4444; www.olympicair.com; Filellinon 15, Syntagma; Ⓜ Syntagma)

Sky Express (☎281 022 3500; www.skyexpress.gr) Kretische Fluglinie mit Inlandsflügen zu griechischen Destinationen.

INTERNATIONALE FLÜGE Auskunft zum internationalen Flugverkehr ab Athen, siehe S. 892.

Schiff/Fähre

Die meisten Fähren, Tragflächenboote und Hochgeschwindigkeitskatamarane legen im großen Hafen von Piräus (S. 145) an und ab.

Nach Euböa und zu den Kykladen verkehren auch kleine Fähren und Hochgeschwindigkeitsboote ab den kleineren Häfen Rafina (S. 150) und Lavrio (S. 150).

Tickets können an Ständen neben der jeweiligen Fähre direkt am Kai gekauft werden; darüber hinaus sind sie auch telefonisch oder online buchbar; außerdem gibt es in jedem Hafen eine Reihe von Reisebüros, die ebenfalls Tickets verkaufen.

Zug

Die Intercity-Züge nach Zentral- und Nordgriechenland fahren ab dem zentralen **Bahnhof Larisis** (Karte S. 72) ab, der etwa 1 km nordwestlich des Omoniaplatzes liegt.

Zum Peloponnes fährt die S-Bahn nach Kiato, dort auf andere OSE-Züge umsteigen oder nach den verfügbaren Linien ab dem Bahnhof Larisis erkundigen.

Achtung: Zur Zeit der Recherche wurde das Athener Bahnsystem aufgrund der Finanzkrise gerade umstrukturiert. Das führte u. a. zur Einstellung internationaler Bahnverbindungen; aktuelle Fahrpläne für den Inlandsbahnverkehr sowie Tarife sind bei den **OSE-Büros** (☎1110; www.ose.gr; ⏲24 Std.) in Syntagma (☎210 362 4402/5; Sina 6, Syntagma; ⏲Mo–Sa 8–15 Uhr; Ⓜ Panepistimio); und in Omonia (☎210 529 7005; Karolou 1, Omonia; ⏲Mo–Fr 8–15 Uhr; Ⓜ Metaxourghio) erhältlich. Die folgende Tabelle dient nur der groben Orientierung.

REISEZIEL	DAUER	PREIS	HÄUFIGKEIT
Alexandroupolis	12¼ Std.	39 €	2-mal tgl. (via Thessaloniki)
Alexandroupolis (IC)	11 Std.	56 €	2-mal tgl. (via Thessaloniki)
Chalkida	1½ Std.	6,50 €	19-mal tgl.
Kiato (S-Bahn)*	1 Std. 40 Min.	8 €	13-mal tgl.
Kiato-Patras	2 Std.	7,50 €	5-mal tgl.
Kiato-Patras (IC)	1 Std. 40 Min.	9 €	4-mal tgl.
Korinth (S-Bahn)	1 Std. 20 Min.	6 €	13-mal tgl.
Thessaloniki	6 Std.	20 €	1-mal tgl.
Thessaloniki (IC)	5 Std.	36 €	6-mal tgl.
Volos (IC)	5 Std.	25 €	7-mal tgl. (via Larisa)

*ab Kiato, umsteigen in Linienzüge oder in den Intercity (IC).

ℹ Unterwegs vor Ort

Vom/zum Flughafen

Metro und S-Bahn sorgen für schnelle Verbindungen auf den Strecken zwischen den Vororten und der Innenstadt von Athen. Am günstigsten sind Fahrten mit dem Bus, auch wenn diese etwas länger dauern. Die S-Bahn fährt auch nach Piräus.

BUS

Expressbusse bedienen rund um die Uhr die Strecken zwischen dem Flughafen, dem Stadtzentrum, Piräus und den KTEL-Busbahnhöfen. Fahrkarten sind am Flughafen in der Nähe der jeweiligen Haltestellen am Ticketschalter erhältlich (5 €; nicht gültig für andere öffentliche Verkehrsmittel).

Plateia Syntagmatos Bus X95, 60 bis 90 Min., alle 30 Min., rund um die Uhr. Die Haltestelle am Syntagma-Platz ist in der Othonos; s. Karte S. 86

Kifissos Terminal A Busbahnhof Bus X93, 60 Min., alle 30 Min., rund um die Uhr

Metrolinie 3 am Bahnhof Ethniki Amyna Bus X94, 25 Min., alle 10 Min., 7.30 bis 23.30 Uhr

Piräus Bus X96, 90 Min., alle 20 Min., rund um die Uhr, bis Plateia Karaiskaki

Kifissia Bus X92, ca. 45 Min., alle 45 Min., rund um die Uhr

Metrolinie 2 am Bahnhof Dafni Bus X97, 1 Std., alle 30 Min., rund um die Uhr

METRO

Zum Flughafen fährt die Metrolinie 3. Einige Züge enden bereits vorher an der Haltestelle Doukissis Plakentias; dort aussteigen und auf den Anschlusszug Richtung Flughafen warten (Anzeigen im Zug und auf dem Bahnsteig beachten).

Die Züge fahren halbstündlich zwischen 5.50 Uhr und Mitternacht ab Monastiraki, die Flughafenlinie verkehrt hingegen zwischen 5.30 und 23.30 Uhr.

Eine einfache Metrofahrt bis zum Flughafen kostet für Erwachsene 8 €, eine Rückfahrkarte 14 € (das Ticket ist allerdings nur 48 Stunden gültig). Bei zwei oder mehreren Passagieren kostet die Fahrt 7 € für jeden, es lohnt sich also Gemeinschaftstickets zu kaufen (das Gleiche gilt auch für die S-Bahn). Das Flughafenticket gilt für 90 Minuten im gesamten Verbundsystem. Die Karte muss im zuletzt benutzten Verkehrsmittel noch einmal abgestempelt werden, um zu zeigen, dass es sich immer noch um die gleiche Fahrt handelt.

S-BAHN

S-Bahnen (1 Std.; gleicher Preis wie in der Metro, jedoch gilt eine Rückfahrkarte noch bis zu einem Monat nach der Entwertung) verkehren ab dem Hauptbahnhof Athen (Larisis). In Ano Liosia oder ab Neratziotissa gibt es Umsteigemöglichkeiten in die Flughafenlinie (Metrolinie 1). Die Metro hat ebenfalls Anschluss zum Flughafen bei Doukissis Plakentias (Linie 3). Die Züge zum Flughafen fahren von 6 Uhr bis Mitternacht, in entgegengesetzter Richtung zwischen 5.10 und 23.30 Uhr. Die Züge verkehren alle 15 Min. ab Neratziotissa. Außerdem fahren S-Bahnen vom Flughafen direkt nach Piräus (Umsteigen in Neratziotissa) und nach Kiato auf dem Peloponnes (über Korinth).

TAXI

Leider kommt es bei einer Taxifahrt vom Flughafen oft zu Streitigkeiten wegen der Fahrtkosten (siehe S. 138). Beim Einsteigen unbedingt darauf achten, dass der Tarif richtig eingestellt ist. Eine Fahrt zum Flughafen ist verbunden mit einem Aufschlag von 3,77 €, die City-Maut beträgt 2,70 €, der Zuschlag pro Gepäckstück über 10 kg 0,38 €. Je nach Verkehr fallen die Taxikosten immer mal anders aus. Normalerweise kostet eine Fahrt vom Flughafen bis ins Stadtzentrum 30 bis 50 € und bis Piräus 30 €. Beide Fahrten sollten nicht länger als eine Stunde dauern, bei hohem Verkehrsaufkommen dauert es länger.

Olympic Air bietet einen Online-Buchungsservice für Taxis an.

Auto & Motorrad

Athens berühmt-berüchtigte Verkehrstaus, verwirrende Beschilderung, ungeduldige oder orientierungslose Fahrer und viele Einbahnstraßen im Zentrum lassen Fahrten durch die Stadt schon mal zu abenteuerlichen Odysseen ausarten. Athener Autofahrer verstehen Verkehrsregeln und Parkverbote eher als Aufforderung für Kavaliersdelikte. Im Gegensatz zu dem, was man sieht, ist es tatsächlich verboten, an gelb markierten Straßenrändern, auf dem Gehweg oder in einer Fußgängerzone zu parken – Athener halten sich aber nicht dran. Die Tickets für die Parkplätze sind an Kiosken erhältlich.

Hinweise zu Autovermietungen in Athen stehen auf S. 140.

Fahrrad

Selbst für erfahrene Radfahrer kann Athen eine echte Herausforderung sein. Die Leihgebühren betragen 12 bis 15 € pro Tag.

Acropolis Bikes (☎210 324 5793; www.acropolis-bikes.gr; Aristidou 10–12, Omonia; Ⓜ Panepistimio)

Funky Rides (☎211 710 9366; www.funkyride.gr; Dimitrakopoulou 1, Koukaki; Ⓜ Akropoli)

Öffentliche Verkehrsmittel

Athen verfügt über ein gut ausgebautes und preiswertes System öffentlicher Verkehrsmittel: Es gibt Busse, Metros (U-Bahn), Oberleitungsbusse und S-Bahnen im Verbundsystem. Netz- und Fahrpläne sind am EOT (Tourismusamt), am Flughafen und an Bahnhöfen erhältlich bzw. können von der Webseite der **Athener Verkehrsgesellschaft** (OASA; ☎185; www.oasa.gr; Metsovou 15, Exarchia/Mouseio; ⏲Mo–Fr 6.30–23.30 Uhr, Sa & So 7.30–22.30 Uhr) heruntergeladen werden. Der Hauptsitz der Gesellschaft befindet sich nahe dem Archäologischen Nationalmuseum.

TICKETS Tickets für eine Fahrtdauer von 90 Minuten (1,40 €), ein Pauschalticket für einen Tag (4 €) und ein Wochenticket (14 €) sind im gesamten öffentlichen Nahverkehr gültig, außer für Fahrten zum/vom Flughafen. Tickets für (Oberleitungs-)Busse (1,20 €) gelten nicht in der U-Bahn. Kinder unter sechs Jahren fahren kostenlos; Leute unter 18 und über 65 zahlen den halben Fahrpreis. Die Fahrkarten sind an den U-Bahn-Stationen oder an Kiosken der Verkehrsgesellschaft erhältlich oder an den meisten Zeitungskiosken, den *periptera*. Die Tickets müssen beim Einstieg in das jeweilige Verkehrsmittel entwertet werden.

BUS & OBERLEITUNGSBUS

Die blau-weißen Express- und Linienbusse bzw. die elektrisch betriebenen Oberleitungsbusse verkehren im 15-Minutentakt von 5 Uhr bis Mitternacht. Im kostenlos erhältlichen OASA-Netzplan sind die meisten Routen eingetragen.

In der Regel verkehren die **BUSSE NACH PIRÄUS** im Stundentakt rund um die Uhr, zwischen 6 Uhr früh und Mitternacht sogar alle 20 Minuten:

Ab Syntagma Bus 040, Ecke Syntagma/Filellinon (siehe Karte S. 86) mit Fahrtziel Akti Xaveriou.

Ab Omonia Bus 049 am Omonia-Platz, am Ende der Athinas, mit Fahrziel Plateia Themistokleous.

METRO

Das Metronetz ist hervorragend ausgebaut, und die überall aushängenden Netzpläne sind leicht verständlich (mit Piktogrammen und englischsprachigen Übersetzungen); allerdings sind manche Streckenabschnitte im Zuge von Ausbauarbeiten geschlossen. Die Züge verkehren von 5 Uhr früh bis Mitternacht (in den Stoßzeiten im 4-Minuten-Takt, sonst alle 10 Minuten); freitags und samstags verkehren die Linien 2 und 3 bis 2 Uhr früh. Nähere Auskunft geben die Webseiten www.amel.gr oder www.ametro.gr, speziell für die Linie 1 www.isap.gr. Der Zugang zu den Bahnsteigen ist barrierefrei.

Line 1 (Grün) Die alte Linie Kifisia–Piräus, auch bekannt als Ilektriko, fährt langsamer als die anderen Züge und auch nicht im Tunnel, sondern oberirdisch. Umsteigemöglichkeiten in die Linie 2 gibt es an den Bahnhöfen Omonia und Attiki, und in Monastiraki in die Linie 3. In Neratziotissa ist das Umsteigen in die S-Bahn möglich. In der Nacht fährt auf der gleichen Strecke ein Bus der Linie 500 (Piräus–Kifisia); die Haltestellen befinden sich jeweils vor den Bahnhöfen.

Line 2 (Rot) Linie 2 bedient die Strecke von Agios Antonios im Nordwesten nach Agios Dimitrios im Südosten. In Attiki und Omonia gibt es die Möglichkeit, in die Linie 1 umzusteigen, in Syntagma kann man in die Linie 3 wechseln.

Line 3 (Blau) Linie 3 fährt in Egaleo ab und bedient die Strecke nach Nordosten bis Doukissis Plakentias; dort angekommen heißt es Umsteigen in den Flughafenzug. In Monastiraki kann man in die Linie 1 umsteigen, in Syntagma in die Linie 2.

S-BAHN

Eine schnelle und bequeme **S-Bahn** (☎1110; www.trainose.gr) verbindet Athen mit dem Flughafen, Piräus, den Vorstädten und dem nördlichen Peloponnes. An den Haltestellen Larisis, Doukissis Plakentias und Neratziotissa kann man in die Metro umsteigen. Die Fahrt vom Flughafen bis Kiato dauert 1¾ Std. und kostet 14 €.

STRASSENBAHN

Die Athener **Straßenbahn** (www.tramsa.gr) fährt auf einer malerischen Route die Küste entlang über Glyfada bis nach Faliro und Voula; sie gehört allerdings nicht zu den schnellsten Verkehrsmitteln.

Sie fährt von Sonntag bis Donnerstag zwischen 5.30 und 1 Uhr alle 10 Minuten auf den Strecken Syntagma–Faliro (45 Min.), Syntagma–Voula (1 Std.) und Faliro–Voula, freitags und samstags hingegen zwischen 5.30 und 2.30 Uhr nur alle 40 Min.

Der zentrale Bahnhof (Syntagma-Terminal) liegt an der Leoforos Vasilissis Amalias gegenüber dem Nationalgarten. Fahrkarten sind an den Ticketautomaten auf den Bahnsteigen erhältlich.

Taxi

Obwohl es auf den belebten Straßen der Stadt vor gelben Taxis nur so wimmelt, kann es kniffelig werden, eines zu ergattern, besonders während der Stoßzeiten. Ein energisches Herbeiwinken reicht womöglich nicht ganz aus …, wer dringend ein Taxi braucht, stellt sich auf den Gehweg und ruft dem Fahrer den Namen seines Zielortes zu. Aufpasst: Der Taxameter muss eingeschaltet werden, wenn man einsteigt.

Selbst wenn das Taxi bereits Fahrgäste befördert, werden die Fahrtkosten nicht geteilt: Jeder Einzelne bezahlt den Fahrpreis, der auf dem Taxameter angezeigt wird, abzüglich der Umwege, die für individuelle Fahrtziele genommen werden müssen (am besten vorm Einsteigen abklären!). Kurze Fahrten quer durch die Innenstadt kosten ca. 5 €. Weitere Hinweise zu Abzockmethoden siehe S. 138.

» Grundgebühr 1,16 €

» Zuschlag für Fahrten ab den Häfen, Bahnhöfen oder Busbahnhöfen 1,05 €

» Zuschlag für Fahrten vom/zum Flughafen 3,77 €

» Tagesgebühr pro Kilometer (Tarif 1 gem. Taxameter) 0,66 €

» Nachtgebühr pro Kilometer (Tarif 2 gem. Taxameter) 1,16 € (Mitternacht bis 5 Uhr früh)

» Gepäckaufschlag 0,38 € pro Stück über 10 kg

» Feiertagstarif (Ostern, Weihnachten) 1 €

» Mindestgebühr 3,10 €.

Funktaxis verlangen 1,88 € Aufschlag. Folgende Taxiunternehmen kommen in Frage:

Athina 1 (☎210 921 2800)
Enotita (☎801 115 1000)
Ikaros (☎210 515 2800)
Kosmos (☎18300)
Parthenon (☎210 532 3000)

HÄFEN VON ATHEN

Piräus Πειραιάς

178 570 EW.

Das Highlight in Griechenlands Haupthafen und Drehkreuz für den Fährverkehr ist die schier endlose Armada von Fähren, Schiffen und Tragflügelbooten an den scheinbar endlosen Kais. Piräus liegt 10 km südwestlich der Athener Innenstadt und ist der Hafen mit dem größten Passagieraufkommen am Mittelmeer; jährlich werden hier über 20 Millionen Passagiere abgefertigt. Die Stadt dient als Drehscheibe für den Fährverkehr in der Ägäis, ist das Zentrum des griechischen Im- und Exports auf dem Seeweg und Heimathafen einer großen Handelsflotte. War Piräus früher noch eine eigenständige Stadt, stellt sie heute beinahe einen Vorort von Athen dar, dessen Randgebiete sich immer weiter ausdehnen und fast mit Piräus verschmelzen.

In Piräus selbst halten sich nur wenige Touristen über einen längeren Zeitraum auf; denn die Stadt versinkt geradezu im Verkehrschaos. Hinter den Fassaden der Schiffahrtsagenturen, Banken und Funktionsbauten liegt ein Wirrwarr an Fußgängerzonen, Einkaufszeilen und eher schäbigen Gegenden. Die attraktivsten Teile von Piräus sind das östliche Viertel rund um Zea Marina (Freizeithafen) und der von Touristen überlaufene Hafen Mikrolimano mit einer ganzen Reihe von Cafés, Restaurants, Bars und Nachtclubs.

Geschichte

Piräus ist seit der Antike der Hafen Athens. Themistokles verlegte die athenische Flotte aus dem gefährdeten Hafen Phaleron (heute Faliro) in die sichere Bucht von Piräus. Nach seinem Sieg über die Perser in der berühmten Schlacht von Salamis im Jahr 480 v. Chr. ließ Themistokles die drei Naturhäfen von Piräus befestigen. Perikles verlängerte die Mauern im Jahr 445 v. Chr. bis nach Athen und Phaleron. Diese Langen Mauern wurden nach dem Ende des Peloponnesischen Krieges auf Verlangen der Spartaner im Rahmen eines Friedensabkommens geschleift, aber 394 v. Chr. aufs Neue errichtet.

Während der Antike stellte Piräus einen florierenden Handelshafen dar, bis ihm in der Römerzeit Rhodos, Delos und Alexandria den Rang abliefen. Im Mittelalter und zur Zeit der Türken versank Piräus in die Bedeutunglosigkeit. Als Griechenland unabhängig wurde, war Piräus ein winziges Fischerdorf mit weniger als 20 Einwohnern.

Im Jahr 1834, als Athen zur Hauptstadt des unabhängigen Griechenlands wurde, begann der Wiederaufstieg. Zu Anfang des 20. Jahrhunderts hatte Piräus die Insel Syros als wichtigsten Hafen Griechenlands abgelöst. Mit den 100 000 Griechen, die 1923 aus der Türkei vertrieben wurden, nahm die Zahl der Einwohner sprunghaft zu. Piräus wurde zu einer verkommenen Stadt mit Bordellen und Haschischhöhlen, aber auch mit einem gewissen romantischen Charme, der im griechischen Blues *rembetika* zum Ausdruck kam – in dem Film *„Sonntags ... nie!“* (1960) wird dies lebendig porträtiert.

Sehenswertes

Archäologisches Museum Piräus MUSEUM
(☎210 452 1598; Harilaou Trikoupi 31; Eintritt 3 €; ⏲Di–So 8.30–15 Uhr) Hauptattraktion des Museums ist die großartige Apollon-Statue, der berühmte *kouros* von Piräus. Es ist die älteste überlebensgroße, hohle Bronzestatue der Welt. Das Kunstwerk aus der Zeit um 520 v. Chr. wurde 1959 unter Bauschutt in Piräus entdeckt. Andere bedeutende Funde aus der Gegend sind feine Grabreliefs aus der Zeit zwischen dem 4. und 2. Jahrhundert vor Chr.

Hellenisches Schifffahrtsmuseum MUSEUM
(☎210 451 6264; Akti Themistokleous, Plateia Freatidas, Zea Marina; Eintritt 3 €; ⏲Di–So 8.30–13 Uhr) Das Schifffahrtsmuseum lässt Griechenlands maritime Vergangenheit wieder aufleben. Modelle antiker und moderner Schiffe, Gemälde von führenden griechischen Malern aus dem 19. und 20. Jahrhundert, Kanonen, Flaggen und Seekarten sowie ein Teil eines U-Bootes erzählen die Geschichte der Seefahrt.

GRATIS **Museum der Elektrischen Eisenbahn** MUSEUM
(☎210 414 7552; ⌚9–14 & 17–20 Uhr) In der Metrostation Piräus ist am Ende der Plattform ein Museum eingerichtet, das der Geschichte, der Entwicklung und dem Eisenbahnbetrieb im Allgemeinen gewidmet ist.

Schlafen

Wer eine frühe Fähre nehmen oder nicht in der Innenstadt bleiben will, findet Hotels rund um den Großen Hafen (Megas Limin). Die meisten sind schäbig; hier finden Seeleute eine Bleibe und Affären bleiben unentdeckt – auf Touristen ist man weniger spezialisiert. Niemals im Freien übernachten – dafür dürfte Piräus die gefährlichste Stadt Griechenlands sein!

Piraeus Theoxenia LUXUSHOTEL €€€
(☎210 411 2550; www.theoxeniapalace.com; Karaoli Dimitriou 23; EZ & DZ 89–139 €, 3BZ 156 €; ❄@📶) Das protzigste Hotel in ganz Piräus liegt ganz zentral. Zum Verwöhnprogramm gehören kuschelige Bademäntel und Sat-TV; wer online bucht, macht die besten Schnäppchen.

Hotel Triton HOTEL €€
(☎210 417 3457; www.htriton.gr; Tsamadou 8; EZ/DZ/3BZ inkl. Frühstück 55/70/80 €; ❄@) Dieses renovierte Hotel mit schicken Zimmern für Geschäftsleute ist eine echte Verwöhnoase im Vergleich zu den üblicherweise heruntergekommenen Absteigen in Piräus. Einige Zimmer haben Blick auf den belebten Marktplatz.

Pireaus Dream Hotel BUSINESSHOTEL €€
(☎210 411 0555; www.piraeusdream.gr; Filonos 79–81; EZ/DZ/3BZ inkl. Frühstück 55/65/85 €; ❄@) Dieses renovierte Hotel mit ruhigen Zimmern ab dem 4. Stock liegt etwa 500 m vom Bahnhof entfernt. Zu den besonderen Annehmlichkeiten gehören Laptops und die Vermietung von Play Stations sowie ein großes amerikanisches Frühstück.

Piräus

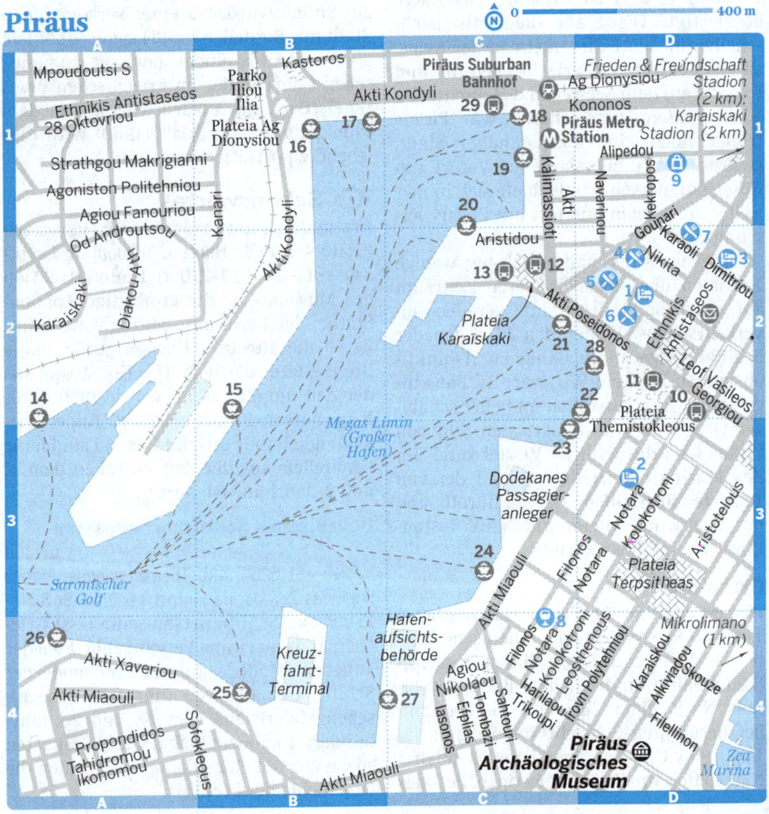

Essen & Ausgehen

Am Kai rund um den Großen Hafen reihen sich jede Menge bodenständiges Cafés, Restaurants und Fast-Food-Lokale aneinander, die besseren Restaurants befinden sich aber in den Seitenstraßen oder etwas weiter weg in den Häfen von Mikrolimano und Zea Marina sowie entlang der Küstenpromenade in Freatida.

Rakadiko TAVERNE €
(☎210 417 8470; Stoa Kouvelou, Karaoli Dimitriou 5; Hauptgerichte €12–20; ⏰Di–Sa Mittag- & Abendessen) Unter einer Weinpergola lässt es sich in Ruhe schlemmen. Es gibt *mezedhes* aus allen Regionen Griechenlands. Am Wochenende wird *rembetika* gespielt.

Mandragoras DELIKATESSEN €
(☎210 417 2961; Gounari 14; ⏰Mo, Mi & Sa 7.30–16, Di, Do & Fr bis 20 Uhr) Im Herzen des zentralen Lebensmittelmarktes befindet sich diese tolle Delikatessenoase mit einer erlesenen Auswahl an Gourmetfreuden, angefangen bei Käse und fertig zubereiteten *mezedhes* bis hin zu Gewürzen, Olivenölen und Eingemachtem zum Mitnehmen.

Margaro MEERESFRÜCHTE €€
(☎210 451 4226; Hatzikiriakou 126; Hauptgerichte 25–28 €; ⏰tgl. Mittagessen, Mo–Sa Abendessen) Beliebt wie eh und je ist dieses Restaurant, das sich mit Bergen von köstlichen fangfrischen Langusten einen Namen gemacht hat.

Plous Podilatou MEERESFRÜCHTE €€
(☎210 413 7910; www.plous-podilatou.gr; Akti Koumoundourou 42, Mikrolimano; Hauptgerichte 12–20 €) Dieses moderne Restaurant in Mikrolimano hat eine mediterrane Speisekarte mit Fokus auf fein zubereitetem frischen Fisch und Meeresfrüchten.

Allgemeiner Markt MARKT €
(Dimosthenous; ⏰Mo–Fr 6–16 Uhr) Der Straßenmarkt an der Dimosthenous verkauft ein breites Sortiment an Lebensmitteln und Trödel.

Piraikon SUPERMARKT €
(Ippokratous 1; ⏰Mo–Fr 8–20, Sa 8–16 Uhr) Dieser einfache Supermarkt hat jede Menge Proviant für längere Ausflüge.

Flying Pig Pub PUB
(☎210 429 5344; Filonos 31) Dieser beliebte Pub namens „Fliegendes Schwein" wird von einem freundlichen Australier mit griechischen Wurzeln geführt. Die Auswahl der Biere ist sagenhaft. Hier gibt es aber auch herzhafte Gerichte und ein üppiges englisches Frühstück.

Piraeus

Highlights
Archäologisches Museum D4

Schlafen
1 Hotel Triton D2
2 Piraeus Dream Hotel D3
3 Piraeus Theoxenia D2

Essen
4 Mandragoras D2
5 Markt D2
6 Piraikon Supermarkt D2
7 Rakadiko D2

Ausgehen
8 Flying Pig Pub C4

Shoppen
9 Flohmarkt D1

Transport
10 Bus 040 nach Syntagma D2
11 Bus 049 nach Omonia D2
12 Bus X96 zum Flughafen C2
13 Busbahnhof C2
14 Gate E1 – Fähren zum Dodekanes A2
15 Gate E2 – Fähren nach Kreta & Nordostägäische Inseln B2
16 Gate E3 .... B1
17 Gate E4 – Fähren nach Kreta B1
18 Gate E5 .... C1
19 Gate E7 – Fähren zu den Westlichen & Zentralen Kykladen C1
20 Gate E7 - Katamarane/Fähren zu den Westlichen Kykladen C1
21 Gate E8 – Fähren zu Inseln im Saronischen Golf C2
22 Gate E9 – Fähren zu den Kykladen D2
23 Gate E9 – Fähren zu den Kykladen & Nordostägäischen Inseln (Samos & Ikaria) C3
24 Gate E10 .... C3
25 Gate E11 .... B4
26 Gate E12 .... A4
27 Internationale Fähren C4
28 Katamarane & Tragflächenboote zum Peloponnese & Saronischen Golf D2
29 Kostenloser Shuttlebus zu Gates E1 bis E3 .... C1

Shoppen

Das Epizentrum der Konsumwelt von Piräus befindet sich in der verkehrsfreien Shopping-Meile Sotiros Dios. Dort gibt es ausgezeichnete Einkaufsmöglichkeiten.

Flohmarkt Piräus MARKT
(Ecke Alipedou & Skylitsi Omiridou; ⌚So 7–16 Uhr) Der Flohmarkt ist ein quirliger Sonntagsmarkt, der mit seinem berühmten Pendant in Athen rivalisiert. Neben Ständen, an denen Ramsch feilgeboten wird, finden sich hier auch Läden, die Schmuck, Keramik und Antiquitäten verkaufen.

Praktische Informationen

An der Metrostation gibt es Schließfächer (3 € für 24 Std.).

GELD Jede Menge Geldautomaten und Geldwechsler rund um den Großen Hafen

Emporiki Bank (Ecke Antistaseos & Makras Stoas) Die Geldautomaten sind rund um die Uhr in Betrieb.

National Bank of Greece (Ecke Antistaseos & Tsamadou)

INTERNETZUGANG Kostenloser WLAN-Anschluss rund um den Hafen

POST Postamt (Ecke Tsamadou & Filonos; ⌚Mo–Fr 7.30–20, Sa 7.30–14 Uhr)

An- & Weiterreise

Die Metros und S-Bahnen aus Athen enden an der nordöstlichen Ecke des Großen Hafens an der Akti Kalimassioti. Die meisten Fähranleger sind nur einen kurzen Fußmarsch über die Fußgängerbrücke von hier entfernt. Wer nach dem Verlassen der Metrostation links abbiegt, kommt nach 250 m zur Plateia Karaiskaki; hier fahren die Busse zum Flughafen ab.

Bus

Mehr praktische Informationen zum Busverkehr in Athen siehe S. 143. Bus X96, die Express-Verbindung zum Flughafen (5 €) fährt ab der südwestlichen Ecke des Plateia Karaiskaki ab und hält auch in der Kalimassioti.

Mehr Informationen rund um den Busverkehr von Athen zu anderen Inlandszielen siehe S. 141.

Metro

Die Metro ist die schnellste und einfachste Möglichkeit, vom Großen Hafen in die Athener Stadtmitte zu gelangen (1,40 €, 30 Min., alle 10 Min., 5 Uhr bis Mitternacht). Der Bahnhof befindet sich am nördlichen Ende der Akti Kalimassioti nahe den Fähren. Reisende sollten auf dieser Strecke besonders aufpassen, denn zwischen Piräus und Monastiraki sind bekanntermaßen Taschendiebe am Werk.

S-Bahn

Piräus ist an die S-Bahn (siehe S. 143) angebunden; der Bahnhof der S-Bahn befindet sich gegenüber der Metrostation. Wer zum Flughafen oder auf den Peloponnes fährt, steigt in Neratziotissa um.

Schiff/Fähre

Piräus ist derjenige Hafen mit dem größten Verkehrsaufkommen in ganz Griechenland. Die Anzahl der Schiffe und Fähren, die hier täglich ablegen, einschließlich der täglichen Überfahrten zu den Inselgruppen (mit Ausnahme der Ionischen Inseln, siehe Patras und Igoumenitsa) und der Sporaden (siehe Rafina und Lavrio) ist verblüffend. Die Ablegedocks sind auf der Karte S. 146 eingetragen, jedoch sollten verlässliche Infos immer beim Ticketverkaufsbüro eingeholt werden.

Nach Kreta stehen zwei verschiedene Ablegestellen in Piräus zur Verfügung: Die Fähren nach Iraklion stechen am westlichen Ende der Akti Kondyli in See, die Fähren zu den anderen Häfen auf Kreta legen dort aber nur gelegentlich an und ab.

TICKETS Alle Fährgesellschaften haben Online-Fahrpläne und Stände an den jeweiligen Kais. Im April, Mai und Oktober verkehren weniger Fähren, im Winter auch manchmal gar keine, wenn es sich um kleinere Inseln handelt. Tickets können auch online bei www.openseas.gr oder auf den Websites der jeweiligen Fährgesellschaften eingekauft werden bzw. auch direkt per Telefon bei den Agenturen (siehe Transport S. 899) mit Adressen einzelner Fährgesellschaften und Informationen unter „An- & Weiterreise" mit Verweisen auf verschiedene Inselreisebüros. Außerdem ist auch gerne die **Hafenbehörde von Piräus** (☎1441; www.olp.gr) bei der Reiseplanung behilflich.

FÄHRVERBINDUNGEN NACH KRETA

REISEZIEL	DAUER	PREIS	HÄUFIGKEIT
Iraklion	8 Std.	37 €	2-mal tgl.
Iraklion*	6½ Std.	36 €	tgl.
Kissamos-Kastelli	12 Std.	26 €	2-mal wöchentl.
Sitia	16½ Std.	33,30 €	1-mal wöchentl.
Souda (Chania)	8½ Std.	36 €	tgl.
Souda (Chania)*	7¼ Std.	27,50 €	tgl.

*Hochgeschwindigkeitsfähren

FÄHRVERBINDUNGEN ZU DEN KYKLADEN

REISEZIEL	DAUER	PREIS	HÄUFIGKEIT
Amorgos*	8 Std.	57 €	1-mal tgl.
Amorgos	11 Std.	31–34,50 €	4-mal wöchentl.

REISEZIEL	DAUER	PREIS	HÄUFIGKEIT
Anafi	11 Std. 20 Min.	31	3-mal wöchentl.
Donousa	7 Std. 10 Min.	31	4-mal wöchentl.
Folegandros*	3¼ Std.	56,20 €	1–3-mal tgl.
Folegandros	7¼ Std.	30 €	4-mal wöchentl.
Ios	7 Std.	32,50	4–5-mal tgl.
Ios*	3 Std. 20Min.	53–56 €	3-mal tgl.
Iraklia	7 Std. 20Min.	31 €	1–2-mal tgl.
Kimolos	8½ Std.	26 €	5-mal wöchentl.
Kimolos*	3¾ Std.	52 €	3-mal wöchentl.
Koufonisia	8 Std.	31 €	1–2-mal tgl.
Koufonisia*	7 Std. 20 Min.	57 €	1-mal tgl.
Kythnos	3 Std. 10 Min.	19,50 €	1–2-mal tgl.
Milos	7 Std. 20 Min.	34 €	1–2-mal tgl.
Milos*	2½ Std.	53–50 €	2–3-mal tgl.
Mykonos	5¼ Std.	31,50 €	2-mal tgl.
Mykonos*	3 Std.	50–54,50 €	3-mal tgl.
Naxos	5¼ Std.	31 €	4–5-mal tgl.
Naxos*	3¾ Std.	48–52 €	3-mal tgl.
Paros	4¼ Std.	29–30 €	4-mal tgl.
Paros*	3 Std.	46–50 €	6-mal tgl.
Santorin (Thira)	9 Std.	33–34,50 €	4–5-mal tgl.
Santorin (Thira)*	5¼ Std.	58–61,50 €	3-mal tgl.
Schinousa	7½ Std.	31 €	1–2-mal tgl.
Serifos	5 Std.	22,50 €	2-mal tgl.
Serifos*	2 Std.	42,50 €	2-mal tgl.
Sifnos	5¼ Std.	31 €	5-mal tgl.
Sifnos*	3 Std.	48 €	3-mal tgl.
Sikinos	8 Std. 25 Min.	31 €	4-mal wöchentl.
Syros	4 Std.	27 €	4-mal tgl.
Syros*	2 ½ Std.	42,50–45 €	3-mal tgl.
Tinos	4½ Std.	29 €	1-mal tgl.
Tinos*	4 Std.	48–51 €	3-mal tgl.

*Hochgeschwindigkeitsfähren

FÄHRVERBINDUNGEN ZUM DODEKANES

REISEZIEL	DAUER	PREIS	HÄUFIGKEIT
Astypalea	10 Std.	34 €	5-mal wöchentl.
Kalymnos	13 Std.	48 €	3-mal wöchentl.
Karpathos	17 Std.	41 €	2-mal wöchentl.
Kasos	19 Std.	37 €	3-mal wöchentl.
Kos	10 Std.	48 €	1-mal tgl.
Leros	8 Std.	39 €	3-mal wöchentl.
Nisyros	18 Std.	47 €	2-mal wöchentl.
Patmos	7 Std.	37 €	4-mal wöchentl.
Rhodos	13 Std.	59 €	1-mal tgl.
Symi via Rhodos	15 Std.	48 €	2-mal wöchentl.
Tilos	19½ Std.	48 €	2-mal wöchentl.

FÄHRVERBINDUNGEN ZU DEN NORDÖSTLICHEN INSELN IN DER ÄGÄIS

REISEZIEL	DAUER	PREIS	HÄUFIGKEIT
Chios*	6–9 Std.	32 €	1-mal tgl.
Fourni*	5½ Std.	37 €	2-mal wöchentl.
Ikaria (Agios Kirykos)*	5 Std.	37 €	2-mal wöchentl.
Lesbos (Mytilini, Stadt)	8½–13 Std.	35 €	1-mal tgl.
Samos (Vathy)	7–13 Std.	48,50 €	3–4-mal wöchentl.

*Hochgeschwindigkeitsfähren

FÄHRVERBINDUNGEN ZU DEN SARONISCHEN INSELN

REISEZIEL	DAUER	PREIS	HÄUFIGKEIT
Aegina	1 Std. 10 Min.	9,50 €	stündl.
Aegina*	40 Min.	13,50 €	stündl.
Angistri	1½ Std.	10,50 €	2–3-mal tgl.
Angistri*	55 Min.	13,50 €	6-mal tgl.
Poros	2½ Std.	12,80 €	2–3-mal tgl.
Poros*	1 Std.	22,50 €	5–6-mal tgl.
Spetses*	2 Std. 10 Min.	35 €	5–6-mal tgl.
Ydra*	1–2 Std.	25,50 €	7–8-mal tgl.

*Hochgeschwindigkeitsfähren

FÄHRVERBINDUNGEN ZUM PELOPONNES

REISEZIEL	DAUER	PREIS	HÄUFIGKEIT
Ermioni*	1¾–2¼ Std.	29,50 €	3–4-mal tgl.
Methana	2 Std.	11,30 €	2–3-mal tgl.
Monemvasia	5¼ Std.	20 €	2-mal wöchentl.
Porto Cheli*	2–3 Std.	36 €	3-mal tgl.

*Hochgeschwindigkeitsfähren

FÄHRVERBINDUNGEN ZU DEN IONISCHEN INSELN

REISEZIEL	DAUER	PREIS	HÄUFIGKEIT
Kythira	6½ Std.	24 €	2-mal wöchentl.

Unterwegs vor Ort

Der Hafen ist riesengroß. Deshalb verkehrt ab der Metrostation regelmäßig ein kostenloser Shuttlebus zwischen den Fährterminals und den Passagierbahnhöfen (siehe Anschlagtafeln mit Karten).

Piräus hat sein eigenes Busverkehrsnetz. Die für Touristen interessanten Verbindungen dürften vor allem die Linien 904 und 905 zwischen Zea Marina und der Metrostation sein.

Rafina Ραφήνα

Rafina ist der größte Fischereihafen an Attikas Ostküste und der zweitgrößte Hafen für Personenfähren. Der Hafen ist viel kleiner als Piräus und weniger verwirrend. Die Fährpreise sind auch etwa 20 Prozent günstiger – aber der Bus braucht eine Stunde bis zum Hafen.

Hafenpolizei Rafina (☎229 402 2300) in einem Kiosk nahe dem Kai

An- & Weiterreise

BUS Ab dem Busbahnhof Mavromateon (3 €, 1 Std., 5.45 bis 22.30 Uhr) verkehren regelmäßig Busse zwischen Athen und Rafina (S. 141).

SCHIFF/FÄHRE Die **Hafenbehörde Rafina** (☎229 402 8888) gibt Auskunft zum Fährverkehr.

FÄHRVERBINDUNGEN AB RAFINA

REISEZIEL	DAUER	PREIS	HÄUFIGKEIT
Andros	2 Std.	15 €	4-mal tgl.
Euböa (Marmari)	1 Std.	7 €	2-mal tgl.
Ios*	4 Std.	53–56 €	5-mal wöchentl.
Mykonos	4½ Std.	22,50 €	2–3-mal tgl.
Mykonos*	2 Std. 10 Min.	52,50–56,50 €	4–5-mal tgl.
Naxos*	3 Std.	52,50–56,50 €	1-mal tgl.
Paros*	3 Std.	52,80 €	1-mal tgl.
Santorin (Thira)*	4¾ Std.	58–62 €	1-mal tgl.
Tinos*	1¾ Std.	49–54,50 €	4–5-mal tgl.
Tinos	4 Std.	20,50 €	4-mal tgl.

*Hochgeschwindigkeitsfähren

Lavrio Λαύριο

Lavrio, eine Industriestadt an der Küste 60 km südöstlich von Athen gelegen, ist ein Fährhafen für Überfahrten nach Kea und Kythnos, aber in der Hochsaison auch An- und Ablegestelle für die Katamarane, die in Richtung westliche Kykladen in See stechen. Aus Lavrio soll in naher Zukunft ein größerer Containerhafen mit Anbindung an den Schienenverkehr nach Athen werden. In der Antike stellte Lavrio ein wichtiges Bergbaustädtchen dar; die Silberbergwerke lieferten das Material für die Ausstattung großartiger Gebäude in Athen und trugen zum Sieg gegen die Perser bei. Einige der Bergbaustollen und Schächte sind immer noch sichtbar. Bekannt ist Lavrio darüber hinaus als Paradies für Windsurfer.

Die Stadt hat ein kleines **Archäologisches Museum** (☎229 202 2817; Sepieri; Eintritt 2 €; ⏲Di–So 10–15 Uhr) und ein **Mineralogisches Museum** (☎229 302 6270; Iroön Polytehniou; Eintritt 1,20 €; ⏲Mi, Sa & So 10–12 Uhr).

Im Ort gibt es zahlreiche Fischrestaurants (Tavernen) und *ouzerien* sowie einen großen Fischmarkt.

An- & Weiterreise

BUS Busse nach Lavrio (5,20 €, 1½ Std., alle 30 Min.) fahren vom Mavromateon-Terminal in Athen (S. 141) ab.

SCHIFF/FÄHRE Bei der **Hafenbehörde Lavrio** (☎229 202 5249) sind Informationen zum Fährverkehr erhältlich. Reiseziele:

Kea (Tzia) 50 Min., 10,40 €, 3–5-mal tgl.

Kythnos 2 Std., 12 €, 2-mal tgl.

Limnos 9½–bis 14 Std., 27 €, 2-mal wöchentl.

RUND UM ATHEN

Im Großraum Athen und Piräus leben die meisten Einwohner der Präfektur Attika. Die attische Ebene ist von Landwirtschaft und Weinbau geprägt; außerdem gibt es mehrere große Siedlungen. Die Region hat auch einige Strände, insbesondere entlang der Apollonküste und bei Shinias, nahe Marathon.

Bis ins 7. Jahrhundert hinein befanden sich in Attika eine Reihe kleinerer Herrschaftsgebiete, beispielsweise Eleusis (Elefsina), Rhamnous und Brauron (Vravrona). Die archäologischen Relikte dieser Städte bilden nach wie vor die Hauptattraktion der Region, verblassen jedoch neben dem herrlichen Poseidon-Tempel am Kap Sunion.

Viele dieser Sehenswürdigkeiten können mit einem der regelmäßig verkehrenden Stadtbusse erreicht werden; zu anderen fahren die KTEL-Busse ab dem Busbahnhof Mavromateon (S. 141).

Kap Sunion Ακρωτήριο Σούνιο

LP TIPP **Poseidon-Tempel** WAHRZEICHEN, RUINEN

(☎229 203 9363; Erw./Kind 4 €/Eintritt frei; ⏲9.30–20 Uhr) Die götterfürchtigen Griechen der Antike wussten sehr genau, wo die besten Standorte für ihre Tempel waren. Das ist nirgendwo deutlicher als am Kap Sunion, 70 km südlich von Athen. Der Poseidon-Tempel steht auf einem Felssporn, der 65 m tief ins Meer abfällt. Er wurde 444 v. Chr. erbaut, zur gleichen Zeit wie der Parthenon; möglicherweise von Itkinos, der auch den Hephaistos-Tempel in der antiken Agora in Athen erbaut hat. Der Tempel mit seinen schlanken dorischen Säulen – 16 davon sind erhalten – besteht aus dem heimischen Marmor von Agrilesa. Vom Meer aus ist der weiß leuchtende Tempel von weither erkennbar: Die Seeleute der Antike nutzten ihn als Landmarke – wer ihn sah, durfte sicher sein, seine Heimat bald erreicht zu haben. Die Ausblicke vom Tempel sind nicht minder beeindruckend. An klaren Tagen sind Kea, Kythnos und Serifos im Südosten, Ägina und der Peloponnes im Westen zu sehen. Am selben Standort sind auch die spärlichen Überreste eines Torturms (*propylon*) und im Nordosten ein Athene-Heiligtum aus dem 6. Jahrhundert erhalten.

Am schönsten ist der Besuch am frühen Morgen vor dem Touristenandrang – oder zum Sonnenuntergang; dann kann man am besten die Stimmung des Gedichts *Don Juan* des englischen Dichters Lord Byron nachfühlen: „Stell mich auf Sunions Marmorkap, dass ich allein an öder See mit ihr betraure Hellas' Grab."

Byron war von Sunion so überwältigt, dass er seinen Namen in eine der Säulen ritzte – wie leider auch viele andere nicht so berühmte Touristen nach ihm.

Direkt unterhalb des Tempels gibt es mehrere Tavernen. So lässt sich die Besichtigung mit einem Mittagessen oder einem Strandbesuch verbinden.

ℹ An- & Weiterreise

Von Athen aus fährt ein Bus quer durchs Binnenland, ein anderer entlang einer malerischen Küstenstraße bis zum Kap. Der Küstenbus (6,50 €, 1½ Std.) fährt halbstündlich (und weniger oft am Abend) am Busbahnhof Mavromateon in Athen ab (S. 141). Die Busse halten 10 Minuten später auch an der Filellinon/Ecke Xenofontos, sind dann aber regelmäßig überfüllt.

Eleusis (Elefsina) Ελευσίνα

Antikes Eleusis RUINEN

(☎210 554 6019; Erw./Kind 3 €/Eintritt frei; ⏲Di–So 8.30–15 Uhr) Die Ruinen des antiken Eleusis liegen ohne einen Hauch von Romantik zwischen Ölraffinerien und Fabriken am Rand der Industriestadt Elefsina, 22 km westlich von Athen. Wie Eleusis in der Antike ausgesehen hat, ist kaum mehr vorstellbar. Es klebte am Hang eines niedrigen Hügels an der Küste des Saronischen Golfes um das **Demeter-Heiligtum.** Der Ursprung des Demeterkultes geht bis in die mykenische Zeit zurück. Damals war Demeter eine der wichtigsten Göttinnen Griechenlands. In der Antike wurde sie im Rahmen eines riesigen Festes gefeiert, das Tausende von Pilgern anzog. Sie alle wollten in die eleusischen Mysterien eingeweiht werden. Während der Eleusinen zog ein Festzug von der Akropolis in Athen über den Heiligen Weg vorbei an Statuen und Weihedenkmälern bis nach Eleusis. Die Eingeweihten mussten bei Todesstrafe schwören, die Riten nicht zu verraten. Tatsächlich wurden die Geheimnisse 1400 Jahre lang – so lange wurde das Heiligtum genutzt – niemals verbreitet. Erst der römische Kaiser Theodosius ließ das Heiligtum im 4. Jahrhundert n. Chr. schließen.

Verschiedene Modelle der antiken Stadt im **Museum** helfen dabei, etwas Ordnung in die verstreuten Ruinen zu bringen. Die Buslinien A16 oder B16 fahren von der Plateia Eleftherias (Koumoundourou), nördlich von Monastiraki alle 20 Minuten nach Eleusis. Bei normalem Verkehr brauchen sie etwa eine halbe Stunde.

Parnitha Πάρνηθα

Der dicht bewaldete **Nationalpark Parnitha** (www.parnitha-ng.gr) befindet sich etwa 25 km nördlich von Athen und bildet die höchste Bergkette um die Stadt. Er dient Athen als „grüne Lunge". Während der Waldbrände im Jahr 2007 fielen tragischerweise über 4200 ha Tannen- und

Kiefernwälder den verheerenden Flammen zum Opfer. Danach hat der Staat die Gesamtfläche des Nationalparks verdreifacht und ein größeres Aufforstungsprojekt in die Wege geleitet. Dennoch wird es Jahrzehnte dauern, bis sich die Vegetation erholt haben wird.

Zum Bergmassiv von Parnitha gehört eine Reihe kleinerer Gipfel, der höchste Punkt, auf dem in den Wintermonaten auch der Schnee liegen bleibt, ist der Gipfel des Karavola (1413 m). Im Park verlaufen kreuz und quer zahlreiche wunderschöne Wanderpfade; deshalb ist der Park mit sei-

Attika

nen zwei Schutzhütten auch ein beliebtes Ausflugsziel zum Wandern und Mountainbiken. Die Wanderpfade sind auf der Umgebungskarte von *Road Editions* verzeichnet. Im Park finden sich zahlreiche Höhlen und wilde Tiere, darunter auch Rehe und Hirsche.

Die meisten Besucher kommen mit der Seilbahn, die an der Talstation in der Athener Vorstadt Thrakomakedones abfährt. Die Bergstation liegt kurz unterhalb des **Regency Casino Mont Parnes** (☎210 242 1234; www.regencycasinos.gr; ⌚24 Std.). Das Casino setzt einmal täglich einen kostenlosen Shuttlebus ein, der ab Omonia, dem Hilton und in Piräus abfährt. Bus 714 verkehrt ab dem südlichen Ende der Aharnon, nahe dem Omonia ebenfalls bis zur Seilbahnstation.

Marathon & Umgebung Μαραθώνας

In der Ebene rund um das unscheinbare Städtchen Marathon, 42 km nordöstlich von Athen, fand eine der bedeutendsten Schlachten der Weltgeschichte statt: Im Jahr 490 v. Chr. schlug hier ein Heer von 9000 Griechen und 1000 Platäern die 25 000 Mann starke Persische Armee zurück. Damit war bewiesen, dass die Perser keineswegs unbesiegbar waren. Die Griechen verdankten ihren Sieg dem genialen Strategen Miltiades. Er veränderte die übliche Schlachtordnung und stellte weniger Soldaten in die Mitte als an die Flügel. Die Perser glaubten, leichtes Spiel zu haben, brachen im Zentrum durch und wurden von den Griechen aus dem Hinterhalt in den Flanken überrannt. Die Bilanz des Tages waren 6000 tote Perser und nur 192 griechische Gefallene. Nach der Überlieferung wurde ein Bote nach Athen entsandt, um den Sieg zu verkünden. Er konnte gerade noch *Enikesame!* („Wir haben gesiegt!") rufen, dann brach er zusammen und starb. Der Marathonlauf geht auf dieses historische Ereignis zurück.

Grab von Marathon DENKMAL
(☎229 405 5462; Grabstätte & Museum Erw./Kind 3 €/Eintritt frei; ⌚Di–So 8.30–15 Uhr) Vier Kilometer außerhalb der Ortschaft, 350 m von der Straße Athen–Marathon entfernt, steht das 10 m hohe Hügelgrab von Marathon. Im antiken Griechenland wurden die Leichen der Gefallenen normalerweise zu ihren Familien zurückgebracht und privat begraben. Um jedoch die Opfer der Schlacht zu ehren, verbrannte man die 192 getöteten Soldaten und bestattete sie in einem gemeinsamen Hügelgrab. Die Schlacht ist neben historischen Informationen als Modell nachgestellt.

Näher zur Stadt hin befindet sich das hervorragende **Museum von Marathon** (☎229 405 5155). Es stellt Funde aus verschiedenen Epochen aus, von neolithischer Keramik aus der Höhle des Pans bis zu Funden aus dem Grab der Athener. Unter den neueren Funden sind mehrere, gut erhaltene, überlebensgroße Statuen aus einem ägyptischen Heiligtum. Unter einem großen hangarartigen Schutzdach, das sich neben dem Museum befindet, läuft man über Plattformen und Hochwege über einen prähistorischen Grabkreis. Der Weg zum Museum führt an einem weiteren Hangar vorbei, der über einem frühen helladischen Begräbnisplatz errichtet wurde.

Rhamnous ANTIKE STÄTTE

(☎229 406 3477; Erw./Kind 2 €/Eintritt frei; ⏲8.30–15 Uhr) Die Ruinen des Antiken Hafens in Rhamnous liegen etwa 10 km nordöstlich von Marathon. Es handelt sich um eine bewegende, abgeschiedene Stätte, die schon halb zugewachsen ist, mitten auf einem malerischen Plateau mit Ausblick aufs Meer. Unter den Ruinen befinden sich die Überreste des dorischen Nemesis-Tempels (435 v. Chr.), in dem einst eine riesige Statue der Rachegöttin Nemesis stand, die die menschliche Hybris bestrafte. Zugleich war sie die Mutter der trojanischen Helena. Daneben gibt es noch Ruinen eines kleineren Tempels aus dem 6. Jahrhundert, der Themis, der Göttin der Gerechtigkeit, geweiht war.

Ein weiterer Abschnitt der Stätte führt 1 km entlang eines malerischen Pfades bis zu einer gut erhaltenen **Festung** auf einer Steilküste nahe dem Meer mit Überresten der Stadt, eines Tempels, einer Sportstätte und eines Theaters. Rhamnous befindet sich abseits ausgetretener Pfade, deshalb ist es eine der vom Tourismus am wenigsten verdorbenen antiken Stätten. Hierher geht's nur mit dem eigenen Auto.

Shinias STRAND

Der lange, von Pinien gesäumte Sandstrand von Shinias, südöstlich von Marathon, ist der attraktivste Küstenabschnitt von Attika und folglich an Wochenenden sehr beliebt. Der **Campingplatz Rhamnous** (☎229 405 5855; www.ramnous.gr; Leoforos Marathonas 174, Nea Makri; Stellplätze pro Erw./Auto/Zelt 7,50/3,50/7 €; ⏲April–Okt.) liegt etwa 1 km vom Strand von Shinias entfernt und ist mit seinen Büschen und Bäumen der angenehmste Campingplatz in Attika. Es gibt einen Minisupermarkt, eine Bar/Restaurant, einen Spielplatz, einen Waschsalon und Leihzelte.

Der Bus nach Marathon hält am Eingang zum Campingplatz; von da sind es nur ein paar Schritte zum Strand.

Marathonsee WAHRZEICHEN

Etwa 8 km westlich von Marathon liegt der Marathonsee. Bis 1956 wurde Athen nur durch diesen Stausee hinter dem mächtigen Staudamm mit Trinkwasser versorgt. Die im Jahr 1926 vollendete Staumauer ist mit dem berühmten Pentelischen Marmor verkleidet, aus dem auch der Parthenon besteht. Sie sieht eindrucksvoll aus: über 50 m hoch und über 300 m lang. Der Marathonsee ist nicht ans öffentliche Verkehrsnetz angeschlossen.

ℹ An- & Weiterreise

Busse aus Athen fahren stündlich (nachmittags halbstündlich) vom Busbahnhof Mavromateon Richtung Marathon (4,50 €, 1¼ Std.). Grab und Museum liegen einen kurzen Fußweg von den Haltestellen entfernt (den Fahrer bitten zu halten). Bis zum Marathonsee fahren keine Busse.

Vravrona Βραυρώνα

Artemis-Heiligtum RUINEN

(☎229 902 7020; Erw./Kind 3 €/Eintritt frei; ⏲Di–So 8.30–15 Uhr) Der Artemis-Tempel war eine beliebte Pilgerstätte für Anhänger der Göttin der Jagd. Sie war die Beschützerin der Frauen während der Niederkunft sowie der Neugeborenen. Der Tempel gehört zu den Denkmälern der jungsteinzeitlichen Siedlung. Das Museum zeigt außergewöhnliche Funde von der Tempelanlage und den Ausgrabungen in der Umgebung. Zur Zeit der Recherche war das Museum geschlossen.

Von Athen fährt die Metrolinie 3 bis Nomismatikopio, danach geht's weiter mit Bus 304 bis nach Loutsa. Von dort sind es noch 10 Minuten mit dem Taxi bis Vravrona. Auf dem Weg dorthin liegt ein wunderbarer Strandabschnitt.

Peania & Umgebung Παιανία

Die Stadt Peania ist der Geburtsort des griechischen Staatsmanns Demosthenes (384–322 v. Chr.). Heute ist Peania vor allem wegen der Höhle sowie seinem Kunst- und Kulturmuseum bekannt.

LESERTIPPS WILLKOMMEN!

Ein tolles Restaurant entdeckt, das man nicht verpassen sollte? Nicht einverstanden mit unseren Empfehlungen? Oder einfach das Bedürfnis, über die letzte Reise zu plaudern?

www.lonelyplanet.de bietet die Gelegenheit, Erfahrungsberichte zu posten, im Forum Fragen zu diskutieren, Fotos und Tipps mit anderen zu teilen oder sich einfach mit gleichgesinnten Reisenden auszutausen. Also, nur zu!

Koutouki-Höhle WAHRZEICHEN

(☎210 664 2910; www.culture.gr; Erw./Kind 5 €/ Eintritt frei; ⏰Mo–Fr 9–15, Sa & So 9.30–14.30 Uhr) Zwar ist die Anlage insgesamt etwas heruntergekommen, dennoch gehört die zwei Millionen Jahre alte Höhle zu den schönsten in ganz Griechenland. Die gut ausgeleuchtete Tropfsteinhöhle umfasst auf 3300 m² ein Meer aus Stalagmiten und Stalaktiten. Geführte Touren enden mit einem Finale aus Lichtspielen, untermalt von klassischer Musik.

Am besten ist die Höhle mit dem Auto erreichbar. Des Weiteren fahren die Buslinien 125 und 308 ab der Metrostation Nomismatikopio (Athen) bis nach Peania; von da sind es noch mal 4,5 km bis zur Höhle.

Vorres-Museum MUSEUM

(☎210 664 2520; www.culture.gr; Parodos Diadohou Konstantinou 4, Peania; Erw./Kind 4,40 €/ Eintritt frei; ⏰Sa & So 10–14 Uhr) Dieses private Museum vereint moderne Kunst mit griechischer Volkskunst. Es befindet sich auf einem wunderbaren 32 ha großen Grundstück, das Ion Vorres gehört. Vorres wanderte als junger Mann nach Kanada aus, baute sich hier jedoch im Jahr 1963 sein eigenes Anwesen. In seinem Eifer, nationales Erbe zu bewahren, fing er an, Kunst (in der modernen Galerie), Möbel, Artefakte, Textilien und historische Objekte aus ganz Griechenland zu sammeln.

Bus 308 fährt ab der Athener Metrostation Nomismatikopio bis Koropi-Peania.

Peloponnes

Inhalt »

Gut essen

» Kapilio Ton Athanaton (S. 182)
» Antica Gelateria di Roma (S. 174)
» Taverna Piteros (S. 180)
» Taverna Akrogiali (S. 203)
» Elies (S. 204)

Schön übernachten

» Pension Marianna (S. 174)
» Mpelleiko (S. 182)
» Monopati Rooms & Apartments (S. 194)
» Hotel Kirimai (S. 201)

Auf zum Peloponnes

Der Peloponnes (Πελοπόννησος) ist der Stoff, aus dem Legenden sind. Zahlreiche Mythen entstanden und spielten hier – hier schalteten und walteten viele griechische Götter, erlebten ihre Abenteuer. Heute ist diese Region weit von allem Mythischen entfernt. Es wimmelt aber immer noch von historischen Stätten, klassischen Tempeln, mykenischen Palästen, byzantinischen Städten sowie fränkischen und venezianischen Festungen.

Die Region zieht den Besucher mit ihrer natürlichen Schönheit in den Bann, mit dem verzaubernden Anblick hoher, schneebedeckter Berge, mit tiefgrünen Schluchten, Tälern mit Zitrushainen und Weinhängen sowie Zypressenbäumen, und sie lockt mit sonnenverwöhnten Stränden. Jahrhundertelang bekämpften Griechen alle Eindringlinge in ihr peloponnesisches Paradies, aber heute werden Fremde alles andere als vertrieben.

Filoxenia (Gastfreundschaft) ist hier – wie überall im Land – stark ausgeprägt, und die Küche gehört zu den besten Griechenlands. Die Einheimischen sind sich sicher: Sie haben von allem das Beste zu bieten. Und das ist beileibe kein Mythos.

Reisezeit

Nafplio

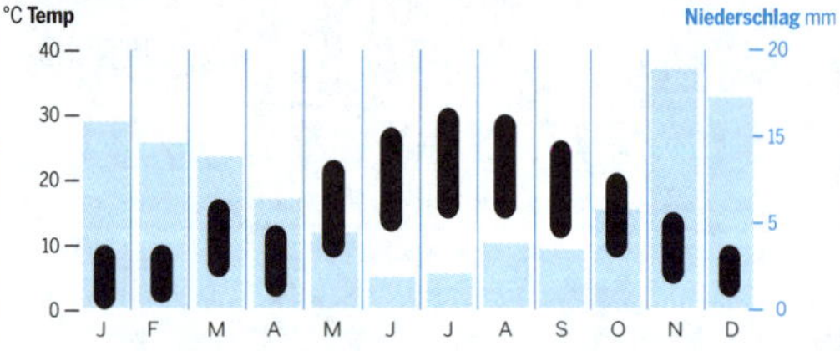

April–Juni Wildblumenparadies; ideale Zeit für Ausflüge auf eigene Faust

Sept.–Okt. Strände und Sonne genießen, wenn die Touristenmassen weg sind

Ostern Die Feierlichkeiten und das Essen während des orthodoxen Osterfestes sind unvergesslich

Geschichte

Der Peloponnes hat von alters her eine besonders wichtige Rolle in der griechischen Geschichte gespielt. Als nach 1450 v. Chr. der Niedergang der minoischen Kultur begann, verlagerte sich das Machtzentrum der Ägäis von Kreta zu den Hügelfestungen von Mykene und Tiryns auf dem Peloponnes. Wie überall in Griechenland gingen die 400 Jahre nach dem kulturellen Wandel hin zu den Dorern im 12. Jahrhundert v. Chr. als „dunkles Zeitalter" in die Geschichte ein. Als der Peloponnes im 7. Jahrhundert v. Chr. schließlich wieder aus der Finsternis auftauchte, hatte Athens Erzrivale Sparta Mykene als mächtigste Stadt auf dem Peloponnes abgelöst. Das Zeitalter allgemeinen Friedens und Wohlstands unter römischer Herrschaft (146 v. Chr. bis etwa 250 n. Chr.) wurde von einer Reihe Invasionen der Goten, Awaren und Slawen abgelöst.

Es nahm einige Zeit in Anspruch, bis die Byzantiner schlißlich auf den Peloponnes vordrangen; sie setzten sich erst im 9. Jahrhundert endgültig fest. Nach der Eroberung Konstantinopels im Jahr 1204 teilten die Führer der fränkischen Kreuzritter Wilhelm von Champlitte und Gottfried von Villehardouin die Region in zwölf Lehnsgüter auf, die an verschiedene Adlige aus Frankreich, Flandern und Burgund fielen. Diese Lehnsgüter standen wiederum unter der Herrschaft Villehardouins, des selbsternannten Fürsten von Morea, wie die Region im Mittelalter genannt wurde – wahrscheinlich wegen der Maulbeerbäume, die auf dem Peloponnes besonders gut gedeihen, denn Mouria heißt Maulbeerbaum.

Die Byzantiner eroberten Morea nach und nach zurück, und obgleich sich das Reich als Ganzes endgültig im Niedergang befand, erlebte es auf dem Peloponnes eine glorreiche Renaissance. Mystra (siehe S. 189) wurde zum Sitz der byzantinischen Regierung in der Region.

Im Jahr 1460 fiel Morea an die Türken, und es folgten jahrhundertelange erbitterte Kämpfe zwischen Türken und Venezianern. Venedig hatte bereits seit Langem ein Auge auf Morea geworfen, und es war ihnen gelungen, in Methoni, Pylos, Koroni und Monemvasia profitable Handelsstützpunkte zu errichten.

Man hat sich darauf geeinigt, dass der griechische Unabhängigkeitskrieg auf dem Peloponnes begann, als Bischof Germanos von Patras am 25. März 1821 bei Kalavryta die Flagge der Revolution hisste. Die ägyptische Armee unter der Führung von Ibrahim Pascha schlug den Aufstand blutig nieder und setzte im Jahr 1825 die türkische Herrschaft wieder ein.

Vom Leiden der Griechen bewegt und unter dem Einfluss der Philhellenen, besonders unter dem Eindruck des Todes des Dichters Byron im Jahr 1824, bildeten die Länder Großbritannien, Frankreich und Russland im Jahr 1827 eine Dreierallianz und kamen dem Land zur Hilfe. In der Schlacht von Navarino gelang es ihnen, die türkisch-ägyptische Flotte zu zerstören, und damit war die türkische Vorherrschaft in der Region beendet.

Der Peloponnes wurde zu einem Teil des unabhängigen Griechenlands und Nafplio (in Argolis) zur ersten Hauptstadt des Landes. Ioannis Kapodistrias, Griechenlands erster Präsident, wurde im Oktober des Jahres 1831 auf den Stufen der Kirche Agios Spyridonas ermordet. Der neue König Otto verlegte im Jahr 1834 die Hauptstadt nach Athen.

Ebenso wie das übrige Gebiet Griechenlands hatte auch der Peloponnes stark unter dem Zweiten Weltkrieg zu leiden; ein Ereignis zeigt das tragische Ausmaß dieses Teils der Geschichte besonders deutlich: Im Bergdorf Kalavryta wurden nahezu alle männlichen Einwohner über 15 massakriert (siehe S. 228).

Der Bürgerkrieg (1944–49) brachte weitere Zerstörungen mit sich, was dafür sorgte, dass in den 1950er-Jahren zahlreiche Dorfbewohner nach Athen, Australien, Kanada, Südafrika und in die USA auswanderten.

KORINTH

Korinth (Κορινθία) hat trotz seiner reichen und bewegten Vergangenheit, die es weitgehend seiner strategisch günstigen Lage am Isthmus von Korinth zu verdanken hat, enttäuschend wenige Sehenswürdigkeiten zu bieten. Im Laufe der Zeit haben in dieser Gegend mehrere Reiche um die Herrschaft über den Peloponnes gekämpft; die Römer errichteten eine mächtige Mauer quer über den Isthmus; viele Jahrhunderte später wurde sie von den Türken zerstört. So gut wie jeder der Beteiligten hat versucht, einen Kanal durch den

Highlights

1. Ein Streifzug durch die Vergangenheit und die Gegenwart von **Nafplio** (S. 170) und **Monemvasia** (S. 192)
2. Das Heiligtum des **antiken Olympia** (S. 217), der Geburtsstätte der Olympischen Spiele, bestaunen
3. Durch die zerklüfteten **Mani** (S. 197) wandern und die maniotischen Wohntürme besichtigen
4. Zu den Klöstern der **Lousios-Schlucht** (S. 184) wandern und die bezaubernden Bergdörfer **Stemnitsa** (S. 182), **Dimitsana** (S. 183), **Karitena** (S. 181) und **Andritsena** (S. 220) entdecken
5. Durch das verlassene **Mystra** (S. 190), eine Weltkulturerbestätte, bummeln
6. Die Zitadellen des **antiken Mykene** (S. 167), von **Tiryns** (S. 177) sowie das Theater von **Epidauros** (S. 177) erkunden
7. Mit der einizigartigen Zahnradbahn durch die wilde **Vouraikos-Schlucht** (S. 227) zum historischen Dorf Kalavryta hochfahren

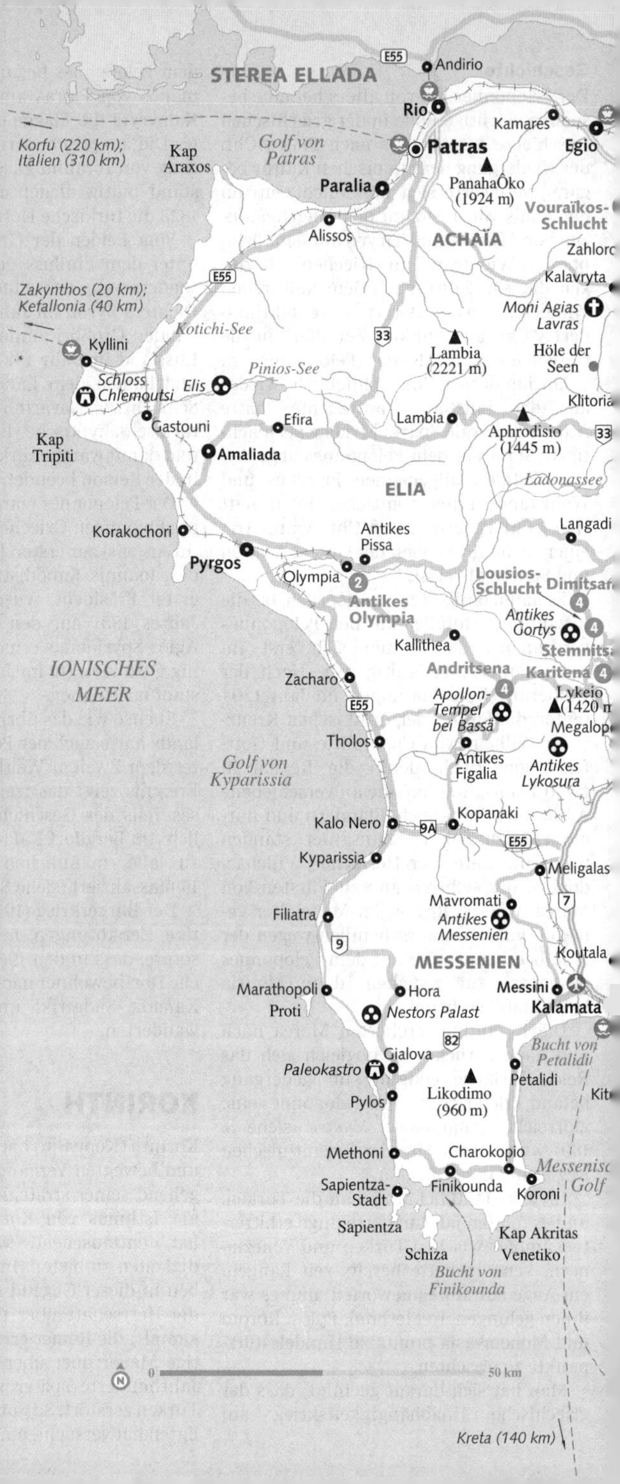

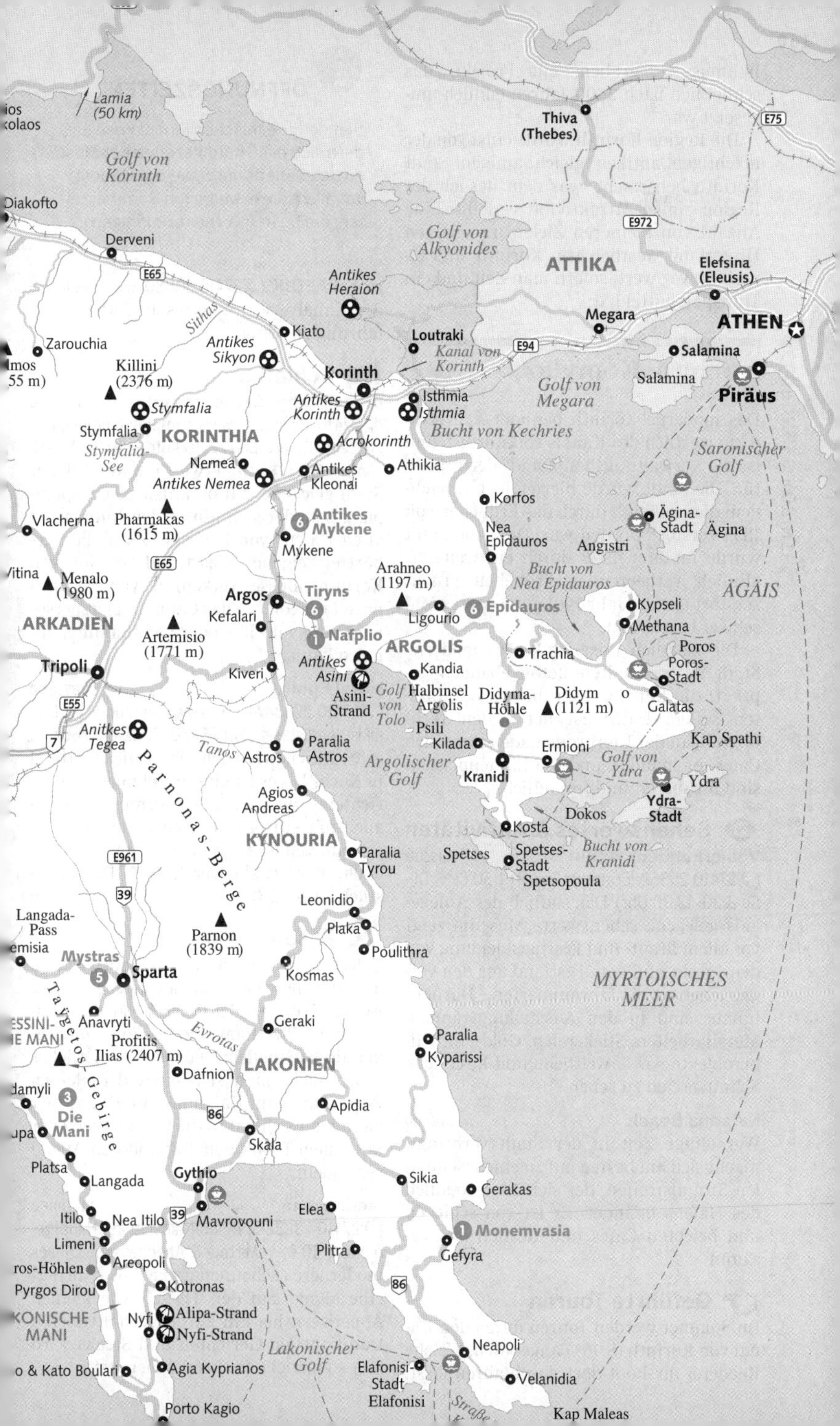

Lamia
(50 km)
Thiva
(Thebes)
E75
Golf von
Korinth
Diakofto
E972
Derveni
Golf von
Alkyonides
ATTIKA
Elefsina
(Eleusis)
E65
Antikes
Heraion
Sithas
Kiato
Megara
ATHEN
Zarouchia
Antikes
Sikyon
Loutraki
E94
Salamina
Kanal von
Korinth
Killini
(2376 m)
Korinth
Salamina
Golf von
Megara
Piräus
Stymfalia
Antikes
Korinth
Isthmia
Isthmia
Stymfalia
KORINTHIA
Acrokorinth
Bucht von Kechries
Stymfalia-
See
Saronischer
Golf
Nemea
Antikes
Kleonai
Athikia
Antikes Nemea
Korfos
Pharmakas
(1615 m)
Antikes
Mykene
Ägina-
Stadt
Ägina
Vlacherna
Mykene
Nea
Epidauros
Angistri
E65
Bucht von
Nea Epidauros
Arahneo
(1197 m)
Vitina
Menalo
(1980 m)
Argos
Tiryns
ÄGÄIS
Epidauros
Kypseli
Ligourio
Kefalari
ARKADIEN
Nafplio
Methana
Artemisio
(1771 m)
ARGOLIS
Poros
Trachia
Poros-
Stadt
Tripoli
Antikes
Kandia
Kiveri
Asini
Golf
Halbinsel
Didyma-
Didym
Asini-
von
Argolis
Höhle
(1121 m)
Galatas
E55
Strand
Tolo
Psili
Anitkes
Tegea
Kap Spathi
Paralia
Kilada
Ermioni
Tanos
Astros
Astros
Golf von
7
Argolischer
Ydra
Golf
Kranidi
Ydra
Parnonas-Berge
Agios
Ydra-
Andreas
Stadt
Dokos
KYNOURIA
Kosta
Spetses-
Bucht von
Paralia
Spetses
Stadt
Kranidi
E961
Tyrou
Spetsopoula
39
Leonidio
Langada-
Plaka
Pass
Parnon
(1839 m)
Poulithra
Mystras
Sparta
Kosmas
MYRTOISCHES
MEER
Anavryti
Taygetos-Gebirge
Geraki
Profitis
Ilias (2407 m)
Evrotas
Paralia
Kyparissi
Dafnion
LAKONIEN
Die
Mani
86
Apidia
Skala
Platsa
Langada
Gythio
Sikia
Gerakas
Mavrovouni
Elea
Itilo
Nea Itilo
39
Monemvasia
Limeni
Gefyra
Areopoli
Plitra
Pyrgos Dirou
86
Kotronas
Alipa-Strand
Nyfi
Nyfi-Strand
Neapoli
Lakonischer
Golf
Elafonisi-
Stadt
Agia Kyprianos
Velanidia
Elafonisi
Straße
Porto Kagio
Kap Maleas

Isthmus zu graben, ein Projekt, das schließlich nach 2600 Jahren endlich umgesetzt war.

Die Region Korinth wurde einst von der mächtigen antiken gleichnamigen Stadt Korinth beherrscht, was dem Besuch der Region einige Attraktivität verleiht. Eine Anzahl von kleineren Zielen im schönen Hinterland westlich von Korinth sind einen Umweg wert, sofern man Zeit und ein Transportmittel hat.

Korinth Κόρινθος

29 787 EW.

Das moderne Korinth befindet sich etwa 6 km westlich des Kanals von Korinth und ist die Verwaltungshauptstadt der Präfektur. Die Stadt wurde hier errichtet, nachdem die alte Stadt durch das Erdbeben von 1858 zerstört worden war. Die neue Stadt wurde im Jahr 1928 durch ein weiteres, ähnlich verheerendes Erdbeben erneut zerstört und im Jahr 1981 ein weiteres Mal schwer beschädigt.

Die ziemlich unspektakuläre moderne Stadt ist von kalten Betongebäuden geprägt, die künftigen Erdbeben standhalten sollen. Dafür ist der Hafen recht hübsch, an der Uferpromenade reihen sich Cafés aneinander, und die Einheimischen sind hilfsbereit und freundlich.

Sehenswertes & Aktivitäten

Völkerkundemuseum MUSEUM
(☎27410 25352; Ermou 1; Eintritt 1,50 €; ⌚Di–So 8.30–13.30 Uhr) Das südlich des Anlegekais gelegene sehenswerte Museum zeigt vor allem Braut- und Festtagskleidung von den Inseln und vom Festland aus den vergangenen drei Jahrhunderten. Darüber hinaus sind in den Ausstellungsräumen Metallarbeiten, Stickereien, Gold- und Silberobjekte sowie weltliche und kirchliche Schnitzereien zu sehen.

Kalamia Beach STRAND
Wer einige Zeit in der Stadt verbringt, macht sich am besten auf zu einem schmalen Strandstreifen, der sich 1 km westlich des Hafens befindet. Er ist von schicken und belebten Cafés und Restaurants gesäumt.

Geführte Touren

Im Sommer werden Touren durch den Kanal von Korinth (S. 164) angeboten. Welche Reederei ihr Boot dort durchfahren lässt, ist bei **AEDIK** (☎27410 30880; www.aedik.gr), der Kanalverwaltungsgesellschaft, in Erfahrung zu bringen.

> **ÖFFNUNGSZEITEN**
>
> Seit der griechischen Finanzkrise ändern sich die Öffnungszeiten der Museen und Sehenswürdigkeiten ständig, vor allem die erweiterten Sommerzeiten; am besten vorher erkundigen.

Schlafen

Blue Dolphin Campground CAMPINGPLATZ €
(☎27410 25766/7; www.camping-blue-dolphin.gr; Zeltplatz pro Erw./Zelt/Auto 6,50/5/3,50 €; ⌚April–Okt.; 📶) Der etwa 4 km westlich der Stadt gelegene, gut organisierte Campingplatz befindet sich hinter den Ruinen des alten Hafens von Lecheon. Zum Platz gehört ein eigener Kiesstrand am Golf von Korinth. Busse verkehren von Korinth nach Lecheon, wo das Campingplatzpersonal Gäste vom Bus oder vom Bahnhof abholen kann.

Hotel Ephira HOTEL €€
(☎27410 22434/4021; www.ephirahotel.gr; Ethnikis Andistasis 52; EZ/DZ73BZ €45/60/70; ❄📶) Dies ist vielleicht das schickste Hotel in Korinth – es ist eine zweckmäßig eingerichtete Business-Style-Nummer, wenn auch mit ein paar Einschränkungen. Die geräumigen Suiten in der 5. Etage sind jedoch etwas exklusiver (150 €). Das Frühstück kostet 5 €.

Essen

Cafés sind über die ganze Stadt verteilt, und die meisten Esslokale liegen an der Agiou Nikolaou oder in ihrer Nähe. Die Cafés an der Pilarinou sind bei jüngeren Einheimischen beliebt. Für ein gemütliches Essen sucht man sich eines der kleinen Restaurants am Kalamia-Strand aus; hier kann man sich gut in die Sonne legen oder mit einem Drink den Tag und den Abend vertrödeln.

Mediterané TAVERNE €
(☎27410 73232-5; Agiou Nikolaou 29; Hauptgerichte 6–10 €; ⌚Mittag- & Abendessen) Dieses modernere, scheunenartige Lokal bringt eine Menge auf den Tisch – von kleinen Appetizern bis hin zu den gehaltvolleren traditionellen Gerichten und Steaks wird hier so manche Leckerei zubereitet.

Korinth

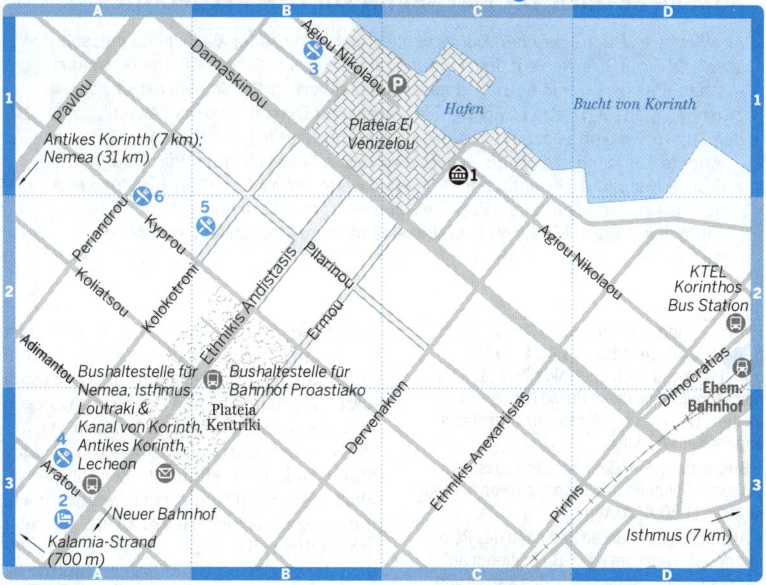

Korinth

Sehenswertes
1 Völkerkundemuseum C1

Schlafen
2 Hotel Ephira A3

Essen
3 Mediterané B1
4 O Gigantes A3
5 Vasilopoulos Supermarkt B2
6 Wochenmarkt A2

O Gigantes TAVERNE €
(Aratou 41; Hauptgerichte 6–8 €; ⏲Mittagessen) Dieses kleine, nette Speiselokal serviert abwechslungsreiche Hausmannskost – gut und bekömmlich, aber nichts für eine Kochshow im Fernsehen.

Für Selbstversorger ist der **Supermarkt Vasilopoulos** (Kolokotroni 8; ⏲Mo–Fr 8–21, Sa 8–18 Uhr) die beste Adresse in der Stadt. Der **Wochenmarkt** (Ecke Kyprou & Periandrou) ist der Hauptmarkt für Obst und Gemüse, Fleisch, Käse und viele andere frische Produkte.

Praktische Informationen

Korinth besteht aus einem Netz breiter Straßen, das sich vom Ufer her ins Inland erstreckt. Das gesellschaftliche Leben konzentriert sich auf die Fußgängerzone Pilarinou, an der sich Cafés aneinanderreihen, und den nahe gelegenen Strand von Kalamia, der sich 1 km westlich des Hafens befindet. Die kürzlich renovierte Plateia El Venizelou am Hafen ist vielleicht der wichtigste Platz, aber keineswegs ein Zentrum städtischen Lebens. Die Verwaltungsgebäude liegen an der Ethnikis Andistasis.

Es gibt in Korinth kein Tourismusbüro.

National Bank of Greece (Ethnikis Andistasis) Mit Geldautomaten.

Polizei (☎27410 22290; Ermou 51, Plateia Kentriki) Im Gebäude der Touristenpolizei.

Post (Adimantou 33; ⏲Mo–Fr 7.30–14 Uhr)

Touristenpolizei (☎27410 23282; Ermou 51, Plateia Kentriki; ⏲8–14 Uhr)

An- & Weiterreise

Auto

Im Stadtzentrum gibt es mehrere Autovermietungen, z. B. **Vasilopoulos Rent a Car** (☎27410 25573, 6944 654760; www.cars-hire.gr; Adimantou 39).

Bus

Die Busse nach Athen (8 €, 1½ Std.) verkehren stündlich vom Busbahnhof **KTEL Korinthos** (☎27410 75424; Dimocratias 4) aus. Von hier fahren außerdem die Busse nach Altkorinth (1,60 €, 20 Min., stündl.), nach Lecheon (1,60 €,

AUSSER BETRIEB: DIE EISENBAHN AUF DEM PELOPONNES

Als wir dieses Buch schrieben, sanierte die griechische nationale Eisenbahngesellschaft OSE die Strecken auf dem Peloponnes gerade von Grund auf. Nur eine Linie – Athen–Patras – war in Betrieb, doch selbst hier verkehrten Schienenersatzbusse zwischen Kiato und Patras (wichtig: Sie fahren über Diakofto, wo man Anschluss an den Zug von Diakofto nach Kalavryta hat, der fahrplanmäßig fährt, siehe S. 227).

Andere Ausnahmen sind: der zuverlässige *Proastiakos* (Athener Vorortzug), der zwischen Kiato (über Korinth) und Athen und weiter zum internationalen Flughafen Athen verkehrt; und die lokale Bahn zwischen Pyrgos und Olympia.

Einfach gesagt: KTEL-Fernbusse sind eine bessere Möglichkeit, in diese Region zu kommen.

15 Min., stündl.), nach Nemea (4,50 €, 1 Std., 5-mal tgl.), nach Isthmia (1,40 €, 15 Min., 3-mal tgl.) und nach Loutraki 1,70 €, 10 Min., halbstündl.). Alle diese Busse können auch an der Ecke Aratou und Ethnikis Andistasis angehalten werden.

Busse zum/vom Bahnhof des *Proastiakos* (Athener Schnellbahn) fahren zu/von der Plateia Kentriki (1,50 €, 20 Min.).

Alle Busse zu anderen Regionen des Peloponnes starten vom KTEL-Busbahnhof auf der peloponnesischen Seite des Kanals von Korinth; sie heißen KTEL Corinth Isthmus (siehe Kasten unten rechts). Von Korinth geht's dorthin mit einem der häufig verkehrenden lokalen Busse nach Loutraki.

Zug & Bus

Der Proastiakos-Zug bedient die Strecke zwischen Korinth und dem Athener Flughafen (12 €, 1 Std., 8-mal tgl.).

Diakofto liegt an der Hauptstrecke von Korinth nach Patras; zurzeit verkehren OSE-Busse anstelle der Züge (5 €); siehe S. 161. Nach Diakofto ist der Schienenersatzbus der OSE die beste Verbindung, da zur Zeit unserer Recherche der fahrplanmäßige Busverkehr von Patras nach Athen an Diakofto auf der Neuen Nationalstraße vorbeifuhr.

Nach Pyrgos, Patras, Olympia und Tripolis bieten fahrplanmäßige KTEL-Busse die besten Verbindungen an; die Bushaltestelle befindet sich am KTEL-Busbahnhof am Isthmus von Korinth (siehe Kasten rechts).

Altkorinth & Akrokorinth Αρχαία Κόρινθος & Ακροκόρινθος

Altkorinth stellte eine reiche und mächtige Stadt in seinem ersten goldenen Zeitalter dar, als griechische Kaufleute mit dem Handel zu beiden Seiten des Isthmus zu Wohlstand gelangten und, mehrere Jahrhunderte später, die Römer den Ort schließlich wieder aufbauten. Sie hatten die Stadt zunächst in Schutt und Asche gelegt, als Rache für die Widersetzung gegen die Herrschaft ein paar Jahrzehnte zuvor. Nach zerstörerischen Erdbeben und jahrhundertelangen Plünderungen blieb von dem alten Korinth nur noch wenig stehen, mit Ausnahme der Überreste einiger einst großartigen Bauwerke, die 7 km südwestlich der modernen Stadt liegen. Rundwege, Infotafeln vor Ort und ein hübsches Museum (unterteilt in die klassische und die römische Periode) machen die wunderbare antike Stadt zu einem faszinierenden Ausflugsziel.

Um diese Stätte herum liegt das Dorf Altkorinth. Auf einem 575 m hohen Kalksteinfelsen thront eindrucksvoll die Festung Akrokorinth. Von dort aus bietet sich ein herrlicher Ausblick auf die umliegenden Täler und Berge. Die attraktive Festung ist einen Besuch unbedingt wert. Auf dem unebenen Boden ist festes Schuhwerk erforderlich.

KTEL-BUSBAHNHOF AM ISTHMUS VON KORINTH (PELOPONNES): DAS TOR ZUM PELOPONNES

Direkt an einer Hauptstraße auf der peloponnesischen Seite des Kanals von Korinth befindet sich der **KTEL-Busbahnhof am Isthmus von Korinth (Peloponnes)** (☎27410 83000, 27410 73987). Hier muss umsteigen, wer nach Süden in den restlichen Peloponnes fahren will. Offizielle Fahrpläne sind nicht erhältlich; alle Busse, die von Athen auf den Peloponnes fahren, halten hier.

Geschichte

Im 6. Jahrhundert v. Chr. gehörte Korinth dank seiner strategisch günstigen Lage am Isthmus von Korinth zu den reichsten Städten im antiken Griechenland. Dank seiner beiden Häfen, einer an der Ägäis (Kenchreai, bei Kechries) und einer am Ionischen Meer (Lecheon), konnte es im gesamten Mittelmeerraum Handel treiben. Die Stadt überlebte den Peloponnesischen Krieg und blühte unter makedonischer Herrschaft auf, wurde jedoch 146 v. Chr. vom römischen Konsul Mummius in Schutt und Asche gelegt, weil sie gegen die römische Herrschaft rebelliert hatte. Im Jahr 44 v. Chr. begann Julius Cäsar mit dem Wiederaufbau der Stadt, die nun wieder ein blühender Hafen wurde.

In der Römerzeit verehrten die Korinther, wenn sie nicht gerade ihren Geschäften nachgingen, die Göttin der Liebe, Aphrodite, in einem ihr geweihten Tempel. Eine vornehme Umschreibung dafür, dass sie sich mit den Tempelprostituierten vergnügten – und zwar sowohl Männlein als auch Weiblein. Der Apostel Paulus war vom gottlosen Treiben der Korinther dermaßen entsetzt, dass er ihnen über einen Zeitraum von 18 Monaten – meist vergeblich – Moral predigte.

Sehenswertes

Altkorinth ARCHÄOLOGISCHE RUINEN

(☎27410 31207; Stätte & Museum Erw./erm. 6/3 €; ⏲April–Okt. 8–20 Uhr, Nov.–März 8.30–15 Uhr) Die Ruinen liegen mitten im heutigen Dorf. Dank der überschaubaren Größe des Gebiets (allerdings sind die Ausgrabungen noch in vollem Gange) und der exzellenten Beschriftungen in englischer Sprache, ergänzt durch Schaubilder, ist ein Besuch der Stätte ein erfreuliches und fesselndes Erlebnis.

Die Überreste stammen überwiegend aus der Römerzeit. Eine Ausnahme ist der auffallende dorische **Apollon-Tempel** aus dem 5. Jahrhundert v. Chr. Südlich des Tempels liegt eine riesige **Agora** (Forum), die an ihrer Südseite von den Grundmauern einer **Stoa** (Säulenhalle) abgeschlossen wird. Sie wurde für die Würdenträger errichtet, die Philip II. im Jahr 337 v. Chr. hierher beorderte, damit sie Makedonien den Treueeid schworen. In der Mitte der zentralen Reihe aus Ladengeschäften steht eine **Bema,** ein Podium aus Marmor, von dem aus römische Beamten zum Volk sprachen. Am Ostende der *agora* sieht man noch die Überreste der **Julianischen Basilika.** Nördlich davon befindet sich die **Untere Peirene-Quelle** – die Obere Peirene-Quelle befindet sich auf dem Akrokorinth. In der Mythologie heißt es, Peirene habe so sehr geweint, als ihr Sohn Kenchrias von Artemis getötet wurde, dass die Götter beschlossen, all das kostbare Nass nicht zu verschwenden, sondern in einem Brunnen zu sammeln, eigentlich handelt es sich dabei um eine Quelle. Die Wasserbehälter oder Zisternen sind in einem Brunnenhaus mit sechsbogiger Fassade verborgen.

Westlich des Brunnens führt eine Treppe zur **Lecheon-Straße,** früher die wichtigste Durchgangsstraße zum Hafen von Lechaion. An der Ostseite der Straße liegt der **Apollon-Peribolos,** ein Hof, der von einigen teilweise restaurierten ionischen Säulen flankiert ist. Ganz in der Nähe befindet sich eine **öffentliche Latrine** mit einigen noch erhaltenen Sitzen.

Südlich des Museums stehen noch immer einige Säulen des **Tempels E,** auch Octavia-Tempel genannt; laut Pausanias war er Octavia, der Schwester des Augustus, geweiht.

Das **Museum** der Stätte verfügt über drei Haupträume: Die ersten beiden beherbergen hervorragende griechische und römische Statuen, Mosaiken, Figurinen, Reliefs und Friese. Im dritten Raum, der dem Museum als Letztes hinzugefügt wurde, sind die Funde der Ausgrabungen im nahe gelegenen Asklepios-Heiligtum ausgestellt, einem Tempel aus dem 5. Jahrhundert v. Chr. Zu den interessantesten Stücken gehören Grabtafeln und Genitalien darstellende Votivgaben aus dem 4. Jahrhundert v. Chr.

Gegenüber dem Eingang befinden sich das **antike Theater** aus dem 5. Jahrhundert v. Chr., das bis zu 15 000 Zuschauern Platz bietet und im Laufe der Geschichte mehrmals verändert wurde, sowie das **Odeion** (überdachtes Theater), ein römisches Bauwerk aus dem 1. Jahrhundert n. Chr. Beide Gebäude sind von der Straße aus zu sehen.

GRATIS **Akrokorinth** RUINEN

(⏲8.30–15 Uhr) Auf einem hohen Kalkberg liegt Akrokorinth, eine der schönsten natürlichen Festungen im alten Griechenland. Bis heute steht es als beeindruckende

PELOPONNESISCHE MYTHOLOGIE LEICHT GEMACHT

Wer sich für eine faszinierende Landschaft angefüllt mit griechischer Mythologie interessiert, der ist auf dem Peloponnes mit seinen zahlreichen sagenhaften Orten genau richtig.

Man muss sich erst mal an die vielen Straßenschilder zu legendären Stätten wie Mykene (S. 167), Tiryns (S. 177) oder dem Nestorpalast (S. 213), zu den Heimen von Homers Helden und Schurken aus der Ilias und zu Orten von realer historischer Bedeutung sowie von mythologischem Interesse gewöhnen.

Wer den Eingang in die Unterwelt sucht, kann im Nordosten Arkadiens den Styx erkunden, den die modernen Griechen Mavroneri nennen. Wer sich eher für den Geburtsort der Aphrodite interessiert, ist an einer wunderbaren Stelle auf der entlegenen Insel Kythira (S. 802) genau richtig.

Sogar die Gegend selbst ist nach einer mythischen Gestalt benannt – Pelops – der nach der Legende König von Elis wurde, nachdem er seinen Vorgänger, König Oimanaos, bei einem Wagenrennen mit einer List (indem er sich heimlich an dessen Wagenrädern zu schaffen machte) besiegte und mit dem nachfolgende Herrscher nur allzugern verwandt sein wollten.

Auch Götter und Halbgötter tummelten sich hier: Im bukolischen Arkadien stellte Pan den Nymphen nach, und Herakles, der als eine Art übernatürlicher Schädlingsbekämpfer fungierte, befreite die Gegend um Argos von der neunköpfigen Hydra und erwürgte den furchterregenden Nemeischen Löwen. Laut dem antiken griechischen Schriftsteller Plutarch hat sogar Zeus selbst hier gefeiert, nachdem er seinen Vater Kronos in den allerersten Olympischen Spielen im antiken Olympia (S. 217) im Ringkampf besiegt hatte.

Ruine, die eine wunderbare Sicht auf die Umgebung bietet.

Die ursprüngliche Festung stammt aus der Antike. Sie wurde jedoch im Laufe der Jahre von verschiedenen Eroberern immer wieder verändert. Daher bestehen die Ruinen aus einer Mischung von beeindruckenden römischen, byzantinischen, fränkischen, venezianischen und türkischen Wehranlagen, die neben Überresten byzantinischer Kapellen auch türkische Häuser und Moscheen umfassen.

Auf dem höheren der beiden Gipfel, über die sich Akrokorinth erstreckt, steht der **Aphrodite-Tempel,** wo die heiligen Kurtisanen – worin sie sich von ihren weniger heiligen Kolleginnen unterschieden, ist nicht so ganz klar – die Wünsche der unersättlichen Korinther erfüllten. Vom Tempel ist nicht mehr viel übrig, aber die Aussicht ist atemberaubend.

Der Aufstieg zur Festung beträgt (machbare) 4 km. Busse verkehren keine, aber mit etwas Glück kann man per Anhalter fahren oder erwischt im Dorf ein Taxi.

Schlafen

Die meisten Besucher tauchen hier nur für einen kurzen Besuch in geführten Gruppen auf und verschwinden dann wieder, doch es gibt mehrere Möglichkeiten, hier zu übernachten.

Rooms to Rent Tasos PENSION €
(27410 31225; kkondili@hotmail.com; EZ/DZ 30/45 €, 3BZ 55–60 €; ❄) In der Ortsmitte über der Taverna O Tasos. Die Zimmer sind einfach, sauber und zweckmäßig.

Marinos Rooms PENSION €
(27410 31180; www.marinos-rooms.com; EZ/DZ/3BZ inkl. Frühstück 45/50/70 €; P) Marinos ist etwas anspruchsvoller als die Taverna O Tasos und hat einen schönen, schattigen Garten, kann aber im Juni ausgebucht sein, wenn Archäologiestudenten hier Zimmer mieten.

Kanal von Korinth Διώρυγα της Κορίνθου

Die Idee, einen Kanal durch den Isthmus von Korinth zu graben und dadurch das Ionische Meer mit der Ägäis zu verbinden, kam im 7. Jahrhundert v. Chr. erstmals dem korinthischen Tyrannen Periander. Der Bau scheiterte an der Größe des Vorhabens, und Periander ließ stattdessen eine gepflasterte Gleitbahn (Diolkos) bau-

GUTE TROPFEN ÜBERALL

Die Region Nemea im sanften Hügelland südwestlich von Korinth gehört zu Griechenlands besten Weinanbaugebieten, berühmt für die schweren Rotweine, die aus der einheimischen Rebsorte Agiorgitiko gekeltert werden. Bemerkenswert sind auch die Weißweine aus der einheimischen Roditis-Rebe.

Nemea ist seit mykenischer Zeit für seine guten Weine bekannt. Der mykenische Königshof bezog seinen Wein aus dem nahen Phlius. Rund ein halbes Dutzend Weingüter bieten Weinproben für Besucher an (normalerweise gratis, einige mit Terminabsprache). Dazu gehören **Skouras** (☎27510 23688; www.skouraswines.com; ⌚9–15 Uhr) nordwestlich von Argos, **Ktima Palivou** (☎27460 24190; www.palivos.gr; ⌚10–18 Uhr) im Antiken Nemea und **Lafkioti** (☎27460 31244; www.lafkiotis.gr; ⌚11–15 Uhr) im antiken Kleonai, 3 km östlich vom Antiken Nemea.

Im Norden von Nemea liegt im reizvollen Hügelland das Weingut **Gaia Wines** (☎21080 55642/3, 27460 22057; www.gaia-wines.gr; Koutsi; ⌚Weinproben 9–16 Uhr), das ungefilterte Weine herstellt – vom preiswerten Landwein bis zu teuren Qualitätsweinen mit dem Schutzsiegel Appellation d'Origine Controlée (AOC).

Noch etwas weiter die Straße entlang folgt in herrlicher Lage die **Domaine Helios** (☎27460 20360; www.semeliwines.gr), die verschiedene Rot- und Weißweine sowie Rosé herstellt.

en, über die kleine Schiffe über Rollen von einem Meer zum anderen gezogen werden konnten, eine Methode, die bis ins 13. Jahrhundert praktiziert wurde.

In den dazwischen liegenden Jahren spielten viele Herrscher, darunter auch Alexander der Große und Caligula, mit dem Gedanken an einen Kanal, aber erst Nero begann im Jahr 67 tatsächlich zu graben. In der ihm eigenen größenwahnsinnigen Manier machte er höchstpersönlich mit einer goldenen Spitzhacke den ersten Spatenstich. Die übrige Schwerarbeit überließ er dann 6000 jüdischen Gefangenen. Das Projekt kam zum Stillstand, als die Gallier einfielen. Erst im 19. Jahrhundert (1883–93) vollendete eine französische Ingenieursfirma den Kanal.

Der Kanal von Korinth, der durch massiven Felsen geschlagen wurde, ist über 6 km lang und 23 m breit. Die senkrechten Seitenwände ragen 90 m über dem Wasser auf. Durch den Kanal gewann Piräus als Mittelmeerhafen noch an Bedeutung. Er bietet einen beeindruckenden Anblick, vor allem wenn ihn gerade ein Schiff passiert. Periandros (S. 160) in Korinth bietet Fahrten durch den Kanal an.

Wer über ein eigenes Transportmittel verfügt, sollte zum nahen Isthmia zur **Senkbrücke,** einer von zwei Brücken über den Kanal (die andere ist bei Loutraki), fahren. Von hier aus hat man einen exzellenten perspektivischen Blick auf den Kanal, und die nahen Ufer sind optimale Aussichtspunkte, wenn man das Glück hat, dass gerade ein Schiff über die in den Kanal abgesenkte Brücke fährt.

ℹ An- & Weiterreise

Am einfachsten kommt man zum Kanal mit dem Loutraki-Bus, der vom modernen Korinth (S. 225) zur Kanalbrücke fährt. Alle Busse und Züge zwischen Korinth und Athen passieren die Brücke.

Antikes Nemea
Αρχαία Νεμέα

Am nordöstlichen Ortsrand des modernen Nemea liegt das **Antike Nemea** (☎27460 22739; Stätte, Museum & Stadion Erw./erm. 4/2 €, Stätte & Museum Erw./erm. 3/2 €; ⌚Museum 8.30–15 Uhr, Museum Mo vormittags geschl.), 31 km südwestlich von Korinth. Der Legende nach verrichtete Herakles an diesem Ort die erste seiner Aufgaben: Er erschlug den Löwen, den Hera gesandt hatte, um Nemea zu zerstören. Der Löwe wurde von Hera als Sternbild Löwe an den Himmel versetzt – jede der zwölf Aufgaben des Herakles nimmt Bezug auf ein Tierkreiszeichen.

Wie Olympia war auch Nemea keine Stadt, sondern ein Heiligtum; es war die Austragungsstätte für die alle zwei Jahre stattfindenden Nemeischen Spiele, die zu Ehren von Zeus veranstaltet wurden. Die Spiele wurden von der nahe gelegenen

Stadt Kleonai ausgetragen und gehörten schon bald zu den großen Panhellenischen Spektakeln. Von dem dorischen **Zeus-Tempel** aus dem 4. Jahrhundert v. Chr. sind noch drei Originalsäulen erhalten; inzwischen wurden zwei weitere Säulen von einem amerikanischen Team aus Bruchstücken wieder zusammengesetzt. Weitere Ruinen sind das **Badehaus,** das wahrscheinlich u. a. von den Athleten genutzt wurde, um sich vor dem Wettkampf einzuölen, sowie ein **Gästehaus.**

Im zur Fundstätte gehörigen **Museum** sind zwei Modelle der antiken Stätte zu sehen – sie zeigen, wie Nemea 573 v. Chr. bzw. 500 n. Chr. aussah. Die Erklärungen dazu sind auf Englisch. Das Glanzstück ist im wahrsten Sinne des Wortes der **Schatz von Aidonia:** erlesene Goldringe, Siegel und Perlen von der Fundstätte Aidonia in der Nähe von Nemea. Nicht das Video verpassen, das die Funktionsweise der sehr fortschrittlichen Startmaschinen (mit englischen Untertiteln) erklärt.

Das **Stadion** (nur Stadion Erw./erm. 2/1 €; ⏲8.30–15 Uhr) befindet sich 500 m weiter vorne an der Straße und war einst über einen heiligen Weg mit dem Heiligtum verbunden. Die Startlinie für die Athleten und die Entfernungsmarkierungen sind hier noch immer zu sehen. Auf die antiken „Graffiti" im Tunnel, den die Athleten benutzten, achten. Achtung: Der Tunnel liegt ein wenig verborgen.

ℹ An- & Weiterreise

Nemea ist am besten mit einem eigenen Fahrzeug erreichbar. Busse von Korinth (4,50 €, 1 Std., 5-mal tgl.) halten vor der Stätte auf dem Weg zum modernen Nemea, einer betriebsamen landwirtschaftlich geprägten Stadt, etwa 4 km nordwestlich der Fundstätte gelegen.

ARGOLIS

Die Halbinsel Argolis (Αργολίδα), die den Saronischen vom Argolischen Golf trennt, ist eine wahre Schatztruhe für Archäologie-Fans, Geschichtsliebhaber und alle, die etwas Faszinierendes erleben wollen. Die Stadt Argos, nach der die Region benannt ist, gilt als älteste dauerhaft bewohnte Stadt Griechenlands. Argolis war der Sitz des mykenischen Reiches, das von 1600 bis 1100 v. Chr. über Griechenland herrschte. Zu den Hauptattraktionen der Region gehören die Festungen Mykene und Tiryns sowie das berühmte Theater von Epidauros. Eine gute Ausgangsbasis für Streifzüge ist die bezaubernde alte venezianische Stadt Nafplio.

Argos Αργος

24 239 EW.

Die antike Stadt Argos ist beeindruckende 6000 Jahre alt. Heute sind die Überreste der ruhmreichen Vergangenheit jedoch unter der modernen Stadt begraben. Argos wird von der Nachbarstadt Nafplio in den Schatten gestellt; für die meisten Besucher dient es nur als Verkehrsknotenpunkt für Busse.

Argos ist jedoch eine äußerst angenehme, lebhafte Stadt, und es lohnt sich, einen Blick auf das dortige Museum, die Ruinen und die Festungsanlage zu werfen. Für Preisbewusste ist Argos als Ausgangspunkt für Touren in die Region eine weit preisgünstigere Alternative als Nafplio.

Sehenswertes

Archäologisches Museum MUSEUM

(☎27510 68819; Plateia Agiou Petrou; Erw./erm. 2/1 €; ⏲Di–So 8.30–15 Uhr) Das Archälogische Museum am zentralen Platz umfasst drei Stockwerke und einen schönen Garten. Die Sammlung verfügt über einige hervorragende und vollständig erhaltene römische Mosaike und Skulpturen sowie Bronzegegenstände aus den mykenischen Gräbern. Zu den Highlights gehören die Statuette einer Göttin, das Mosaik der vier Jahreszeiten im Hof, eine Bronzerüstung aus dem 8. Jahrhundert v. Chr. und einige schöne neolithische, mykenische und geometrische Keramiken, darunter einige herausragende grau-braune Vasen aus Argos aus der Zeit vor 1600 v. Chr.

GRATIS **Römische Ruinen & Burg Larissa** RUINEN

(⏲8.30–15 Uhr) Beeindruckende römische Ruinen erstrecken sich zu beiden Seiten der Straße (nach Tripolis). Vom zentralen Platz aus geht's an der Danaou entlang etwa 500 m in Richtung Süden, dann rechts in die Theatrou einbiegen. Diese mündet in die Straße (nach Tripolis) direkt gegenüber der Hauptattraktion: Das riesige **Theater,** in dem bis zu 20 000 Menschen Platz fanden (mehr als in Epidauros). Das Bauwerk stammt aus der Antike, wurde aber von den Römern erheblich verändert. Gleich in der Nähe liegen die Überreste eines **Odeions** aus dem 1. Jahrhundert und **römischer Thermen,** gegenüber befindet sich die **Antike Agora.** Der Komplex wurde unlängst auf Vordermann gebracht – die Beschilderung umfasst jetzt auch deutliche Schaubilder und bezieht die Umgebung ein.

Von den Ruinen blickt man hoch zur **Burg Larissa.** Sie ist eine Mischung aus byzantinischer, fränkischer, venezianischer und türkischer Architektur und steht auf den Fundamenten der ersten antiken Zitadelle der Stadt. Eine Straße führt zur Burg hinauf; sie ist von der Stadtmitte und vom Nordende der Stadt aus ausgeschildert und windet sich über 5 km um die Rückseite der Burg.

Schlafen & Essen

Hotel Apollon HOTEL €
(☎27510 68065; www.hotelapollonargos.blogspot.com; Papaflessa 13; EZ/DZ/3BZ inkl. Frühstück 30/40/60 €; P ❄ 📶)

Die beste Wahl für Budgetreisende liegt in einer Seitenstraße hinter dem zentralen Platz. Die Zimmer sind einfach, aber makellos sauber und haben TV.

Hotel Mycenae HOTEL €
(☎27510 68332; mycenae@otenet.gr; Plateia Agiou Petrou 10; EZ/DZ/3BZ inkl. Frühstück 30/50/60 €; ❄) Das im Stil der 1970er-Jahre gehaltene Hotel Mycenae liegt am zentralen Platz und hat große, pastellfarbene Zimmer. Es gibt Rabatte und Zimmer für „Studenten".

Hotel Morfeas HOTEL €
(☎27510 68317; www.hotel-morfeas.gr; Danaou 2, Ecke Plateia Agiou Petrou; EZ 40 €, DZ 50–60 €, inkl. Frühstück; ❄ @ 📶) Hübsche, etwas ältere Unterkunft, zu deren Service einige kleine Toilettenartikel und andere Extras zählen; besonders geeignet für Geschäftsreisende.

Restaurant Aigli GRIECHISCH, BURGER €
(☎27510 67266; Plateia Agiou Petrou 6; Hauptgerichte 6–12 €) Während Argos einen Boom cooler Cafés am Hauptplatz erlebt, ist das Restaurant Aigli eher traditionell und serviert *mezedhes* (Vorspeisen), Burger und traditionelle griechische Gerichte. Tische und Stühle stehen draußen gegenüber der Kirche am Hauptplatz, perfekt zum Beobachten von Leuten.

Im Stadtzentrum stehen mehrere Supermärkte zur Auswahl. Auf der Tsokri findet mittwochs und samstags ein Wochenmarkt statt.

Praktische Informationen

Prunkstück und Mittelpunkt von Argos sind die große zentrale Plateia Agiou Petrou mit ihren Jugendstil-Straßenlaternen, Zitronenbäumen und Palmen sowie der beeindruckenden Kirche Agios Petros. Abgesehen davon ist Argos eher eine typische Büro- und Verwaltungsstadt.

Der KTEL-Busbahnhof liegt südlich des zentralen Platzes an der Kapodistriou; der Bahnhof befindet sich am südöstlichen Stadtrand an der Straße nach Nafplio.

Am Hauptplatz befindet sich die Alpha Bank. Es gibt weder eine Touristeninformation noch eine Touristenpolizei.

Netp@rk (Mistakopoulou 1; pro Std. 2€; ⏲ab 9 Uhr) Hier kann man seine E-Mails checken.

Polizei (☎100) Die reguläre Polizei – für alle Fälle

Post (⏲Mo–Fr 7.30–14 Uhr) Auf der Kapodistriou deutlich ausgeschildert, südöstlich des zentralen Platzes

Anreise & Unterwegs vor Ort

Bus

Gleich südlich vom Hauptplatz fahren Busse von **KTEL Argolis** (☎27510 67324; Kapodistriou 8) nach Nafplio (1,60 €, 30 Min., stündl.), Mykene (1,60 €, 30 Min., 3-mal tgl.) und Nemea (3 €, 1 Std., donnertags nur zwei).

Es gibt auch Busverbindungen nach Athen zwischen 5.30 und 8.30 Uhr (12 €, 2 Std., stündl.) über den Kanal von Korinth (5 €, 50 Min.) und nach Tripolis (7 €, 1 Std., 4-mal tgl. außer So).

Die Linien nach Astros (3 €, 1 Std.) und Leonidio (8 €, 2¼ Std.) werden von KTEL Arkadia betrieben. Im Café **Sweet Corner** (☎27510 23162; Theatrou 40), das sich auf dem Weg zu den Ruinen befindet, erkundigen. Täglich verkehren auf dieser Strecke drei Busse (sonntags nur zwei).

Mykene Μυκήνες

450 EW.

Das moderne Dorf Mykene liegt 12 km nördlich von Argos und etwas östlich der Nationalstraße Argos–Korinth. Der Ort ist ganz auf die Horden von Pauschaltouristen eingestellt, die das antike Mykene besuchen, und hat eigentlich nicht viel zu bieten außer seiner Nähe zur antiken Fundstätte, die sich 2 km nördlich davon befindet. An der Hauptstraße gibt's einen Geldautomaten.

Sehenswertes

Antikes Mykene RUINEN

(☎27510 76585; Zitadelle, Schatzhaus des Atreus & Museum 8€; ⌚Sommer 8–20 Uhr, Winter 8.30–15 Uhr) Auf den kahlen Ausläufern der Berge Agios Ilias (750 m) und Zara (600 m) befinden sich die düsteren und mächtigen Ruinen des antiken Mykene. 400 Jahre lang (1600–1200 v. Chr.) war dies das mächtigste Königreich Griechenlands. Es herrschte über Argolis (was der heutigen Präfektur Argolis entspricht) und hatte auch Einfluss auf die anderen mykenischen Reiche.

Geschichte & Mythologie

Die Weltkulturerbestätte muss in einem Atemzug mit Homer und Schliemann genannt werden. Im 9. Jahrhundert v. Chr. beschreibt Homer in seinen epischen Dichtungen Ilias und Odyssee Mykene als „golddurchwirkt“ und „mit prangenden Häusern“. Diese Dichtungen wurden bis ins 19. Jahrhundert lediglich als fesselnde und schöne Legenden betrachtet. Aber in den 1870ern traf der Amateur-Archäologe Heinrich Schliemann (1822–90), über den professionelle Archäologen zuvor noch gespottet hatten, genau ins Schwarze, zuerst in Troja, danach in Mykene. Heute hat Schliemanns Ruf jedoch Schaden genommen, weil Zweifel an der Herkunft einiger seiner Informationen aufkamen und er wurde beschuldigt, einige seiner Funde gefälscht zu haben, damit sie seine Theorie stützten.

In Mykene sind Mythos und Geschichte untrennbar miteinander verbunden. Laut Homer wurde Mykene von Perseus, dem Sohn von Danae und Zeus, gegründet. Perseus' größte Heldentat bestand in der Tötung der grässlichen, schlangenhaarigen Medusa, bei deren Anblick jeder zu Stein erstarrte. Die Perseiden-Dynastie wurde schließlich von Pelops gestürzt, dem Sohn des Tantalus. Das mykenische Königsgeschlecht des Atreus stammte vermutlich von Pelops ab, aber Mythos und Geschichte sind hier so miteinander verwoben, und die genealogische Linie ist dermaßen komplex, dass es niemand mit Sicherheit sagen kann. Wie immer die Verwandtschaftsverhältnisse tatsächlich aussahen, zu Agamemnons Zeiten war das Königsgeschlecht der Atreiden das mächtigste unter den Achäern (so nannte Homer die Griechen). Die Dynastie endete schließlich, weil sich der Fluch erfüllte, den Pelops durch eine Freveltat auf sich gezogen hatte.

Die historischen Tatsachen besagen, dass Mykene schon im 6. Jahrtausend v. Chr. von jungsteinzeitlichen Menschen besiedelt wurde. Zwischen 2100 und 1900 v. Chr., in der Bronzezeit, fielen indoeuropäische Völker über Anatolien und Kleinasien in Griechenland ein. Die Invasoren brachten eine höhere Kultur ins damals noch primitive Mykene und in andere Siedlungen auf dem Festland. Nach dem mächtigsten Königreich wird diese neue Zivilisation heute als mykenisch bezeichnet. Zu den übrigen Königreichen auf dem Peloponnes gehörten Pylos, Tiryns, Korinth und Argos. Weitere Zeugnisse der mykenischen Kultur fanden sich darüber hinaus in Thiva (Theben) und Athen.

Die Stadt Mykene bestand aus einer befestigten Zitadelle mit umliegender Siedlung. Wegen der schieren Größe der Zitadellenmauer (13 m hoch und 7 m dick), die aus bis zu 6 t schweren Steinblöcken bestand, glaubten die Griechen in der Antike, sie sei von einem Zyklopen gebaut worden, einem der Riesen, die Homer in seiner Odyssee beschreibt.

Archäologische Funde weisen darauf hin, dass die Paläste der mykenischen Könige um 1200 v. Chr. verfielen und dass der Palast von Mykene selbst 1100 v. Chr. in Brand gesetzt wurde. Ob sie durch Eindringlinge oder durch interne Zwistigkeiten zwischen den verschiedenen mykenischen Königreichen zerstört wurden, ist weiterhin ungeklärt.

Erkundung der Anlage

Bevor man die Stätte erkundet, sollte man sich das beeindruckende **Museum** (Eintritt inkl. Fundstätte 8 €; ⌚Mo 12–20, Di–So 8–19.30 Uhr) anschauen. Die Ausstellungsstücke, zu denen faszinierende Ausgrabungsfunde wie Keramik, Waffen und Schmuck gehören, werden sehr gut auf Englisch erklärt. Ausgestellt sind auch die bedeutenden frühen Tontafeln, die in Linear B beschrieben sind, einer frühen Schriftform, die erstmals in Knossos entdeckt wurde. Die Tafeln zeugen nicht nur von Reichtum und Macht des Königreichs, sondern auch von seiner effizienten Verwaltung.

Burg von Mykene

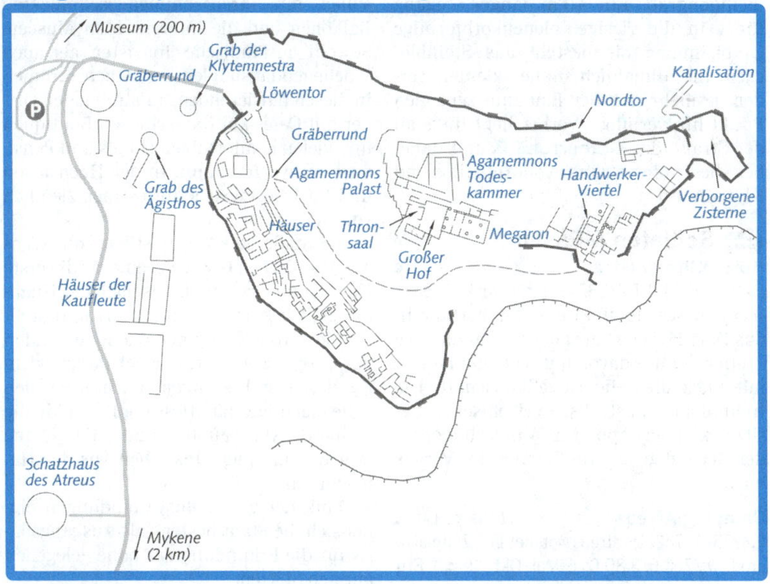

Bei dem reichen Goldschmuck der Ausstellung, zu dem auch die sogenannte Totenmaske des Agamemnon gehört, handelt es sich allerdings um Kopien, die Originale sind im Archäologischen Nationalmuseum (S. 99) in Athen zu sehen.

Der Eingang zur **Zitadelle von Mykene** ist das eindrucksvolle **Löwentor,** erbaut aus gewaltigen Steinblöcken, auf denen sich zwei große Löwinnen aufrichten. Vermutlich war dieses Motiv das Herrschersymbol des Königshauses der Atreiden.

Im Innern der Zitadelle befindet sich rechts vom Eingang das **Gräberrund A.** Dies war der königliche Begräbnisplatz, der ursprünglich sechs Schachtgräber enthielt. Fünf Schachtgräber wurden in den Jahren zwischen 1874 und 1876 von Schliemann freigelegt, der dabei den berühmten und prächtigen Goldschatz fand, zu dem auch eine gut erhaltene Totenmaske gehörte. Eilends sandte er ein Telegramm an den griechischen König mit den Worten: „Ich habe ins Antlitz des Agamemnon geschaut." Wie sich allerdings herausstellen sollte, war es die Maske eines unbekannten Königs, der 300 Jahre vor Agamemnon gelebt hatte.

Südlich vom Gräberrund A sind die Überreste einer Gruppe von Häusern zu sehen. In einem wurde die berühmte Kriegervase entdeckt, die Schliemann wegen der lebendigen Darstellung der legendären Krieger Mykenes für eine seiner wichtigsten Entdeckungen hielt.

Der Hauptweg führt hinauf zum **Palast des Agamemnon,** in dessen Mitte der **Große Hof** liegt. Die nach Norden weisenden Räume waren die königlichen Privatgemächer. In einem davon soll Agamemnon ermordet worden sein. Zum **Thronsaal** westlich des Großen Hofs führte ursprünglich vermutlich eine große Treppe. An der Südostseite des Palastes befindet sich das **Megaron** (Empfangshalle).

An der nördlichen Begrenzung der Zitadella ragt das **Nordtor,** durch das Orest geflohen sein soll, nachdem er seine Mutter ermordet hatte. In der äußersten Nordostecke der Zitadelle liegt die **unterirdische Zisterne,** die mit einer Taschenlampe besichtigt werden kann, aber Vorsicht – die Stufen sind rutschig.

Bis ins späte 15. Jahrhundert v. Chr. bestatteten die Mykener ihre königlichen Toten in Schachtgräbern. Dann erfanden sie eine neue Bestattungsart – die *tholos*, deren Form an einen Bienenstock erinnert. An der Straße ins moderne Mykene befindet sich das am besten erhaltene Beispiel, das **Schatzhaus des Atreus** oder Agamemnongrab. Ein 40 m langer Zugang führt in die riesige, bienenkorbförmige Grabkammer. Sie besteht aus Steinblöcken, die allmählich immer kleiner werden, je mehr sich der Bau zum zentralen Punkt hin verjüngt. Vorher liegt links an der Straße das **Gräberrund B** und daneben die **Tholos-Gräber** von Aigisthos und Klytaimnestra.

Schlafen & Essen

Hotel Klitemnistra HOTEL €

(☎27510 76451; DZ/3BZ inkl. Frühstück 45/55 €; ❄📶) Dieses Hotel an der Hauptstraße in das Dorf Mykene hat saubere, komfortable Zimmer, einige davon mit schönem Balkon mit Blick über die Hügellandschaft. Die freundlichen australisch-griechischen Besitzer können Tipps für Wanderungen in der Gegend geben. Im Sommer im Voraus buchen.

Camping Atreus CAMPINGPLATZ €

(☎27510 76221; atreus@otenet.gr; Zeltplätze pro Erw./Zelt 6/3.80 €; ⏲Mai–Okt.; 🅿🏊) Ein gut ausgestatteter, schattiger Campingplatz am Ortsrand, an der Hauptstraße nach Fichtio. Die freundlichen Besitzer sprechen Englisch.

Alle Tavernen im Ort servieren Standard-Grillgerichte (Hauptgerichte 8 bis 15 €), allerdings gibt es überall Massen von Touristen.

An- & Weiterreise

Täglich verkehren drei Busse von Nafplio (2,60 €, 1 Std.) und Argos (1,60 €, 30 Min.) nach Mykene. Die Busse halten an Haltestellen im Dorf und direkt an der antiken Stätte.

Andere Buslinien, beispielsweise Athen–Nafplio, halten im Dorf Fichtio an der Nationalstraße, von dort aus sind es allerdings noch weiter 3 km bis zum Dorf Mykene, von wo aus es bis zur Fundstätte Mykene noch einmal 2 km sind.

Nafplio Ναύπλιο

13 822 EW.

Ob es einem gefällt oder nicht, Nafplio, eine der schönsten und romantischsten Städte Griechenlands, ist längst kein Geheimtipp mehr. Die Lage an einem kleinen Hafen, zu Füßen der Festung Palamidi, ist einfach umwerfend, ebenso die attraktiven, schmalen Gassen, die eleganten venezianischen Häuser, die klassizistischen Villen mit ihren blumengeschmückten Balkonen und die interessanten Museen. Sowohl ausländische Touristen als auch Wochenendausflügler aus Athen strömen in diesen pulsierenden, aufstrebenden Ort, der mit Cafés am Kai, schicken Boutiquen und vielen komfortablen Hotels und Pensionen aufwarten kann. In der Hochsaison und an Feiertagen kann es hier ziemlich voll werden.

Die Stadt, 12 km südöstlich von Argos am Argolischen Golf gelegen, war die erste Hauptstadt Griechenlands nach der Unabhängigkeit (von 1833 bis 1834) und stellt seit der Bronzezeit einen wichtigen Hafen dar. Ihre Lage war strategisch derart wichtig, dass drei Festungen errichtet wurden – die mächtige Hauptfestung Palamidi, die kleinere Akronauplia und die kleine Bourtzi auf einem Inselchen vor der Hafeneinfahrt.

Dank der guten Busverbindungen eignet sich die Stadt bestens als Ausgangsbasis für die Erkundung der nahe gelegenen antiken Stätten.

Sehenswertes & Aktivitäten

Palamidi-Festung FESTUNG

(Erw./erm. 4/2€; ⏲Sommer, 8–19.30, Winter 8–16.30 Uhr) Die gewaltige und spektakuläre Festung erhebt sich auf einer 216 m hohen Anhöhe mit hervorragender Aussicht über das Meer und das umgebende Land. Sie wurde in den Jahren zwischen 1711 und 1714 von den Venezianern erbaut und gilt als Meisterwerk der Militärarchitektur. Innerhalb der Mauern ist eine Reihe unabhängiger Bastionen an strategisch günstigen Stellen auf der Anhöhe platziert. Die wichtigste und am besten erhaltene ist die **Agios-Andreas-Bastion** im Westen, die von der Stadt aus über eine Treppe zu erreichen ist. Sie war der Sitz des Kommandanten der Garnison und wurde nach der kleinen Kirche in ihrem Innenhof benannt. Von den Mauern der Bastion geht der Blick auf die Festung Akronauplia und auf die Altstadt.

Die **Miltiades-Bastion** im Nordosten ist die größte der Anlage. In den Jahren zwischen 1840 und 1920 wurde sie als Gefängnis für verurteilte Verbrecher genutzt. Hier verbrachte Theodoros Kolokotronis, ein Held des Unabhängigkeitskriegs, mehrere Jahre als Gefangener, nachdem er wegen Verrats verurteilt worden war.

IN SACHEN AGAMEMNON

Agamemnon ist einer der wichtigsten Helden in Homers Ilias und taucht in der griechischen Mythologie immer wieder auf. Er war der Sohn des Atreus und König von Mykene. Im Trojanischen Krieg führte er die Griechen an. Er und sein Bruder Menelaos waren mit Töchtern des Königs von Sparta verheiratet – Klytaimnestra und Helena. Der Legende nach raubte Paris, der Sohn des trojanischen Königs, die schöne Helena und löste damit den Trojanischen Krieg aus. Agamemnon rief die anderen griechischen Fürsten zu einem vereinten Rachefeldzug auf. Zur selben Zeit aber war auch Artemis, die Göttin der Jagd, auf Rache an Agamemnon aus und schickte der auslaufenden Flotte widrige Winde. Um Artemis zu versöhnen, sah sich Agamemnon gezwungen, ihr seine Tochter Iphigenie zu opfern. Als Artemis daraufhin wieder für gute Winde sorgte, segelten die Schiffe von Aulis nach Troja – so begann die zehnjährige Belagerung Trojas. Im letzten Kriegsjahr stritten sich Agamemnon und Achilles eifersüchtig um die Gunst einer Gefangenen. Schließlich kehrte Agamemnon siegreich mit seiner Beute – darunter auch die trojanische Prinzessin Kassandra – nach Argolis zurück. Sein Sieg war jedoch von kurzer Dauer: Als er heimkehrte, wurde er von Klytaimnestra und ihrem Liebhaber Aigisthos ermordet. Jahre später rächten Agamemnons Tochter Elektra und ihr Bruder Orestes den Tod ihres Vaters, indem sie Klytaimnestra und Aigisthos umbrachten.

Zwei Wege führen zur Festung hinauf: einer mit dem eigenen Fahrzeug oder einem Taxi auf der Straße (die Kosten für eine einfache Taxifahrt belaufen sich auf etwa 8 €) und der andere ist ein Fußweg über eine scheinbar endlose Treppe für Energiegeladene, der südöstlich der Bushaltestelle beginnt. Die genaue Anzahl der Stufen kann man nur vermuten. Die Einheimischen behaupten, es seien 999, was viele Besucher dazu veranlasst, selbst nachzuzählen. Die meisten kommen auf eine weit niedrigere Zahl. Die Einheimischen erwidern darauf, dass es bis zur Kirche Agios Andreas 999 Stufen seien. Wie auch immer – am besten, früh losgehen und einen ausreichend großen Wasservorrat mitnehmen.

Akronauplia-Festung FESTUNG

Die Festung Akronauplia auf dem Burgberg oberhalb der Altstadt ist die älteste der drei Burgen in Nafplio. Allerdings gibt es hier weniger zu sehen als in den beiden anderen. Die unteren Abschnitte der Mauern stammen aus der Bronzezeit. Bis zur Ankunft der Venezianer lag die Stadt innerhalb der Mauern. Die Türken nannten die Festung Iç Kale („innere Burg"). Sie wurde von 1936 bis 1956 als politisches Gefängnis benutzt.

An der Plateia Poliko Nosokomiou am Westrand der Stadt steht ein Aufzug zur Festung zur Verfügung – Flaggen markieren den Eingang zum Tunnel, der zum Aufzug führt. Er endet in einem schicken Hotel (Nafplia Palace), von wo aus man zur Festung hochgehen kann. Das alte Tor der Festung ist von einem schönen venezianischen Löwen-Emblem gekrönt und befindet sich am Ende der Potamianou, der Treppe, die von der Plateia Agios Spiridonos nach oben führt.

Bourtzi FESTUNG

Die Inselfestung Bourdzi liegt etwa 600 m westlich des Hafens. Die meisten noch erhaltenen Bauwerke stammen von den Venezianern. Die Boote zur Insel (hin & zurück 4 €) legen am nordöstlichen Ende der Akti Miaouli ab.

Peloponnesisches Völkerkundemuseum MUSEUM

(Vasileos Alexandrou 1; Eintritt 2 €; ⏲Mo & Mi–Sa 9–15 & 18–21, So 9.30–15 Uhr, Di vormittags geschl.) Nafplios preisgekröntes Musuem besteht aus einer wunderschön präsentierten Sammlung von Trachten und Haushaltsgegenständen aus der Vergangenheit Nafplios, die man sich auf keinen Fall entgehen lassen sollte. Im Erdgeschoss gibt es einen Museumsshop.

Kriegsmuseum MUSEUM

(Amalias 22; Eintritt frei; ⏲Di–So 9–14 Uhr) Zeichnet Griechenlands Militärgeschichte ab dem Unabhängigkeitskrieg anhand einer umfassenden Sammlung bestehend aus Fotografien, Gemälden, Uniformen und ausgewählten Waffen nach.

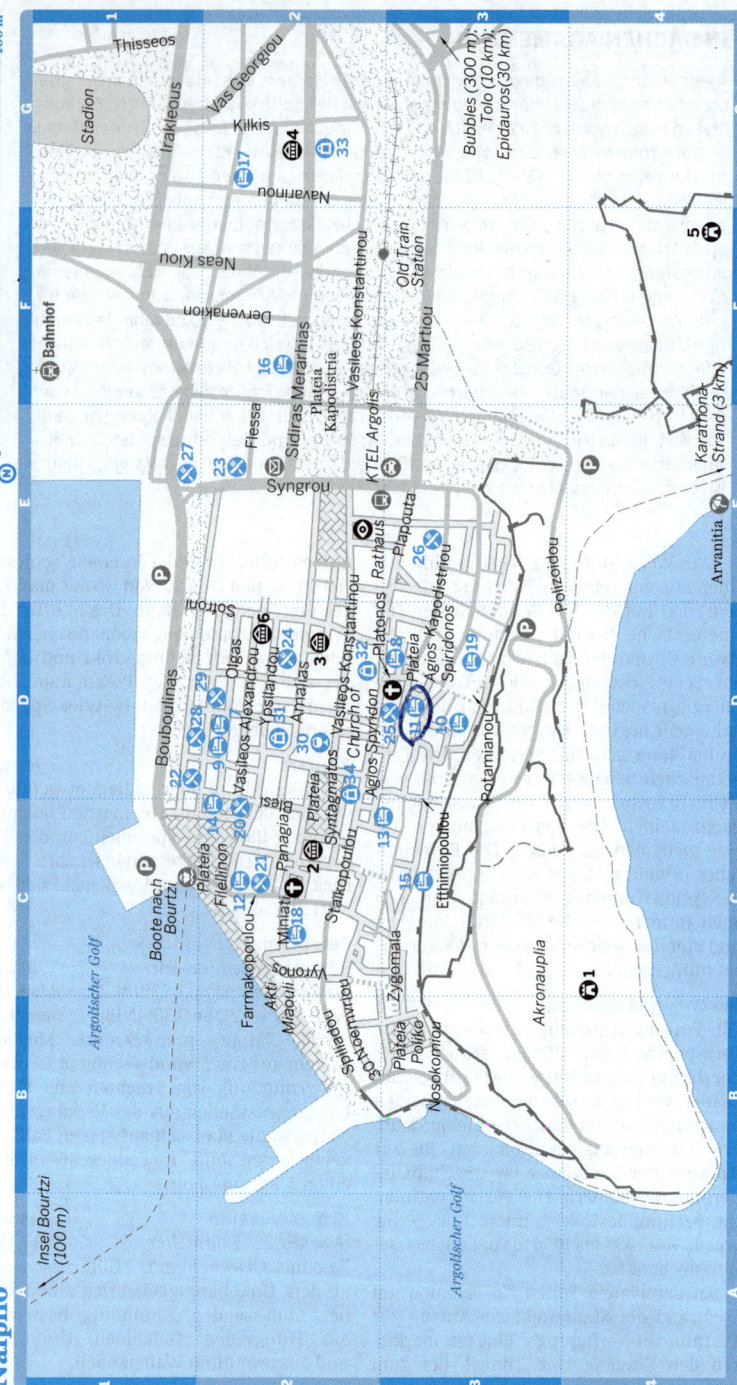

Nafplio
0
400 m
Thisseos
Stadion
Irakleous
Vas Georgiou
Kilkis
Navarinou
Neas Kiou
Dervenakion
Bahnhof
Sidiras Merarhias
Plateia Kapodistria
Vasileos Konstantinou
Old Train Station
25 Martiou
Bubbles (300 m); Tolo (10 km); Epidauros(30 km)
Flessa
KTEL Argolis
Syngrou
Karathona Strand (3 km)
Arvanitia
Rathaus
Plapouta
Polizoidou
Sofroni
Bouboulinas
Olgas
Vasileos Alexandrou
Ypsilandou
Amalias
Vasileos Konstantinou
Church of Agios Spyridon
Platonos
Plateia Agios Kapodistriou
Agios Spiridonos
Potamianou
Plateia Syntagmatos
Plateia Filellinon
Panagia
Staikopoulou
Efthimiopoulou
Miniati
Farmakopoulou
Akti Miaouli
Vyronos
Zygomala
Spiliadou
30 Noemvriou
Plateia Poliko
Nosokomiou
Akronauplia
Boote nach Bourtzi
Argolischer Golf
Insel Bourtzi (100 m)
Argolischer Golf

Nafplio

Sehenswertes

1	Akronauplia-Festung	C4
2	Archäologisches Museum	C2
3	Kriegsmuseum	D2
4	Nationalgalerie – Alexandros-Soutzos-Museum	G2
5	Palamidi-Festung	F4
6	Peloponnesisches Volkskunde-museum	D2

Schlafen

7	Adiandi	D2
8	Aetoma	D3
9	Amimome	D2
10	Bekas Dimitris	D3
11	Hotel Byron	D3
12	Hotel Grande Bretagne	C2
13	Hotel Ilion	C3
14	Hotel Latini	C2
15	Hotel Leto	C3
16	Hotel Nafsimedon	F2
17	Hotel Rex	G2
18	Ippoliti	C2
19	Pension Marianna	D3

Essen

20	Alaloum	C2
21	Antica Gelateria di Roma	C2
22	Arapakos	D1
23	Carrefour	E2
24	Epi Skinis	D2
25	Kotesti	D3
26	Mezedopoleio O Noulis	E3
27	Nafplios	E1
28	Omorfi Poli	D1
29	To Omorfo Tavernaki	D2

Ausgehen

30	Lathos	D2

Shoppen

31	Karonis	D2
32	Komboloi-Museum	D2
33	No Name Bookshop	G2
34	Odyssey	D2
	Peloponnesisches Volkskunde-museum	(siehe 6)

Archäologisches Museum MUSEUM
(Plateia Syntagmatos; Erw./erm. 2/1 €; ⌚Di–So 8.30–15 Uhr) Das an der Plateia Syntagmatos gelegene Museum wurde nach siebenjährigen Renovierungsarbeiten 2009 wieder eröffnet. In zwei luftigen Stockwerken werden schöne Exponate präsentiert. Die ältesten Ausstellungsstücke sind Feuerstellen, die auf 32 000 v. Chr. zurückgehen. Ein weiteres Highlight ist die einzige Bronzerüstung, die aus der Gegend von Mykene noch erhalten ist; sie stammt aus dem 12. oder 13. Jahrhundert v. Chr.

Nationalgalerie – Alexandros-Soutzos-Museum KUNSTGALERIE
(Sidiras Merarhias 23; Erw./erm. 3/2 €, Mo Eintritt frei; ⌚Mo, Do & Sa 10–15, Mi & Fr 10–15 & 18–21, So 10–14 Uhr) Diese Dependance der Athener Nationalgalerie ist in einem sehr gut restaurierten klassizistischen Gebäude untergebracht. Gezeigt werden Werke über den Griechischen Unabhängigkeitskrieg von 1821, darunter Gemälde der griechischen Maler Vryzakis und Tsokos, die als die wichtigsten Künstler der Nachkriegsjahre gelten. Die Gemälde sowie einige Skulpturen und Artefakte sind nach Themen geordnet: Schlachten, sterbende Helden, siegreiche Seeschlachten, die Kriegsfolgen im täglichen Leben und die Ideologie des Freistaats.

Strände STRAND
Der **Arvanitia-Strand** ist ein kleiner Kiesstrand, von der Stadt aus Richtung Süden in nur 10 Minuten zu Fuß zu erreichen und hinter der Festung Akronauplia gelegen. Wer auf etwas Bewegung Lust hat, hat die Möglichkeit, in Richtung Osten an der Küste entlangzugehen. Nach etwa einer Stunde (ungefähr 3 km) gelangt man so an den sandigen **Karathona-Strand** auf der anderen Seite der Festung Palamidi. Der Spaziergang ist sehr schön, und schön wäre auch der Strand, wenn der viele Müll nicht wäre.

Festivals & Events

Nafplio veranstaltet zwischen Ende Mai und Anfang Juli ein **Festival der klassischen Musik** (www.nafplionfestival.gr), bei dem griechische und internationale Interpreten auftreten. Die Festung Palamidi ist einer der Veranstaltungsorte. Weitere Informationen und die genauen Daten stehen auf der Webseite.

Nafplio ist darüber hinaus ein geeigneter Ausgangspunkt für alle, die beim **Epidauros-Festival** (siehe S. 179) in den Monaten Juli und August die Aufführungen in dem berühmten Theater besuchen wollen. Das Epidauros-Festival findet im Rahmen des größeren Hellenischen Kulturfestivals statt.

Schlafen

LP TIPP Pension Marianna HOTEL €€
(☎27520 24256; www.pensionmarianna.gr; Potamianou 9; EZ/DZ/3BZ inkl. Frühstück 70/85/100 €; P ❄ 📶) Diese wirklich schöne Unterkunft ist die erste Wahl in Nafplio, wenn nicht sogar in ganz Griechenland. Die freundlichen und warmherzigen Zoto-Brüder sind die Besitzer und Gastgeber; sie verkörpern geradezu die griechische *filoxenia* (Gastfreundschaft) und haben in ihrem heiteren Speiseraum außer einem köstlichen Frühstück (die hausgemachte Biolimonade unbedingt probieren!) noch viel mehr zu bieten, nämlich auch informative Reiseberatung. Die sauberen und komfortablen Zimmer (alle unterschiedlich gestaltet und einige kleiner als die anderen) öffnen sich auf Terrassen, von denen man eine absolut traumhafte Aussicht genießen kann, das Hotel liegt auf einer Anhöhe. Um das Hotel zu erreichen, muss man ein bisschen Treppen steigen. Parkmöglichkeiten gibt's hinter dem Haus an der Straße zur Festung. Ohne Frühstück beträgt der Übernachtungspreis pro Person 5 € weniger.

Hotel Grande Bretagne HOTEL €€
(☎27520 96200; www.grandebretagne.com.gr; Plateia Filellinon; EZ/DZ inkl. Frühstück 130/180 €; ❄) Eleganz in Nafplio – das vornehme Hotel im traditionellen Stil liegt inmitten von Cafés am belebten Kai.

Ippoliti BOUTIQUEHOTEL €€€
(☎27520 96088; www.ippoliti.gr; Miniati 9; Zi €120–180; ❄) Die 19 Zimmer in diesem dezent luxuriösen Hotel sind mit geschmackvollen toskanischen Möbeln mit klassizistischem Einschlag ausgestattet. Es gibt in den Zimmern sogar Kaminfeuer hinter Glas (kostet extra). Man fühlt sich wie in einer Boutique-Pension mit Hotelservice inkl. Fitness-Studio.

Hotel Byron HOTEL €€
(☎27520 22351; www.byronhotel.gr; Platonos 2; DZ 50–70 €, 3 BZ 80 €; ❄) Das Byron ist in einem schönen venezianischen Gebäude untergebracht. Es ist eine beliebte Bleibe und verfügt über gepflegte Zimmer mit Eisenbetten und altmodischen Möbeln. Das Frühstück kostet 5 €.

Bekas Dimitris PENSION €
(☎27520 24594; Efthimiopoulou 26; EZ/DZ/3Z 24/32/42 €) Eine gute, freundliche und zentral gelegene Budgetunterkunft. Die sauberen, gemütlichen Zimmer verfügen über eine erstklassige Lage an den Hängen der Akronauplia.

Hotel Leto HOTEL €€
(☎27520 28093; www.leto-hotel.com; Zygomala 28; EZ 40 €, DZ 50–70 €, 3BZ 80€) Das Hotel hat außen mehr Charme als innen (die Inneneinrichtung stammt etwa aus den 1980er-Jahren), aber seine Lage in der Altstadt macht es attraktiv.

Hotel Nafsimedon HOTEL €€
(☎27520 25060; www.nafsimedon.gr; Sidiras Merarhias 9; EZ 60 €, DZ 74–100 €, 3BZ 90–120 €, inkl. Frühstück; ❄) Unprätentiöse Unterkunft in einer attraktiven klassizistischen Villa mit antiken Teppichen, Holzfußböden und in die Jahre gekommenen Möbeln.

Hotel Rex HOTEL €€
(☎27520 26907; www.rex-hotel.gr; Bouboulinas 21; EZ/DZ/3BZ inkl. Frühstück 65/80/100 €) Diese Unterkunft ist eine moderne Alternative zu den älteren Hotels im venezianischen Stil. Es liegt in der Neustadt und ist oft von Reisegruppen ausgebucht.

Hotel Ilion BOUTIQUEHOTEL €€
(☎27520 25114; www.ilionhotel.gr; Kapodistriou 4; DZ inkl. Frühstück 90–180 €) Üppige Verzierungen im Rokokostil mit Antiquitäten, Fresken, etwas durchgelegenen Matratzen und zimmereigenen Fresken.

Essen

Trotz all der passablen Restaurants wird man in Nafplio erstaunlicherweise kaum etwas finden, das sterneküchentauglichen Gaumenkitzel präsentiert. In den Straßen der Altstadt finden sich dafür jedoch Dutzende von Restaurants, die alle herzhaftes Tavernenessen servieren. Die Touristenlokale an der Staikopoulou bieten mittags und abends authentisches Tavernenessen zu vernünftigen Preisen, doch in den kleinen Gassen verbergen sich ein paar exzellente Überraschungen.

LP TIPP Antica Gelateria di Roma EIS €
(☎27520 23520; www.anticagelateria.gr; Ecke Farmakopoulou & Komninou) Unser Lieblingseisladen in Nafplio ist dieser hier, wo der italienische Eis-Maestro Marcello Raffo mit seiner Frau Claudia die Gäste mit den freundlichen Worten begrüßt: „Buongiorno – dies ist eine italienische Eisdiele!" Nur für den Fall, dass man die bunte Fülle des besten (jawohl besten!) traditionellen

BOUTIQUEHOTELS

In Nafplio schossen in den letzten Jahren Boutiquehotels wie Pilze aus dem Boden. Dabei handelt es sich meist um renovierte ehemalige Herrenhäuser, die auf die Bedürfnisse reicher Athener und auswärtiger Wochenendurlauber zugeschnitten sind. Die meisten Hotels haben vier bis acht (oft beengte) Zimmer mit moderner, stilechter oder kitschiger Einrichtung. Kabelfernsehen ist im Preis inbegriffen. Achtung: In allen diesen Häusern sind die Treppen steil. Unter den vielen vorhandenen Boutiquehotels sind Folgende eine Überlegung wert (es ist reiner Zufall, dass so viele davon mit *alpha* – A – beginnen):

» **Aetoma** (☎27520 27373; www.nafplionhotel.com; Plateia Agios Spiridonos 2; DZ 90–110 €, 3BZ 130 €, inkl. Frühstück; ❄📶) Klein, aber komfortabel, mit dunklem und stilvollem Mobiliar. Üppiges traditionelles Frühstück.

» **Adiandi** (☎27520 22073; www.hotel-adiandi.com; Othonos 31; Zi inkl. Frühstück 75–130 €; ❄📶) Die Zimmer in diesem witzig eingerichteten, recht gediegenen Hotel haben lustige, mit Türen dekorierte Betthäupter und viel modernes Dekor. Unten befindet sich ein flippiges Café mit Frühstücksraum.

» **Amymone** (☎27520 99477; www.amymone.gr; Othonos 39; Zi inkl. Frühstück 75–130 €; @📶) Das Schwesterhotel des Adiandi hat ebenfalls bunt gestaltete Zimmer mit etwas traditionellerem Touch, z. B. schmiedeeiserne Betten.

» **Hotel Latini** (☎27520 96470; www.latinihotel.gr; Othonos 47; EZ/DZ/Apt./Suite inkl. Frühstück 45/75/105/110 €; ❄📶) Liegt an der schönen Plateia Agiou Nikolaou, mit sonnigen Zimmern, Balkonen und prima Aussicht.

Speiseeises außerhalb Italiens noch nicht gerochen und gesehen (und wetten, auch gleich probiert) hat. Diesem Eis kann keiner widerstehen!

To Omorfo Tavernaki TAVERNE €
(☎27520 25944; Olgas 1; Hauptgerichte 7–14 €; ⏲Winter Di–So, im Sommer täglich Mittag- & Abendessen) Etwas kleinere Portionen von hausgemachten Köstlichkeiten in einem geselligen Restaurant voller antiker Gegenstände. Die *mezedhes*-Platten sind besonders gut.

Nafplios TAVERNE €
(☎27520 97999; Ecke Bouboubilas & Syngrou; Hauptgerichte 7–13 €; ⏲Mittag- & Abendessen) Dieses anspruchslose, aber gut besuchte Lokal liegt am Parkplatz. Herzhafte Gerichte – alle traditionell – werden aus großen Pfannen serviert.

Omorfi Poli TAVERNE €€
(☎27520 29452; Bouboulinas 75; Hauptgerichte 9–17,50 €; ⏲Abendessen) Der Küchenchef dieses netten Lokals zaubert griechische und italienische Gerichte. Die *mezedhes* (ab 5 €) haben einen leichten nichtgriechischen Einschlag – es gibt Pilzrisotto plus typisch griechische Gerichte wie z. B. *saganaki* (gebratener Käse) und Würstchen in Ouzo (6 €). Die *mousakas* (geschichtete Auberginen oder Zucchini, Hackfleisch und Kartoffeln mit Käse überbacken) sind köstlich.

Arapakos MEERESFRÜCHTE €€
(☎27520 27675; Bouboulinas 81; Hauptgerichte 8–15 €, Fisch pro kg 35–85 €; ⏲Mittag- & Abendessen) Fischliebhaber finden in diesem schönen Lokal Fisch und Meeresfrüchte in bester Qualität zubereitet.

Epi Skinis MEZEDHES €
(☎27250 21331; Amalias 19a; Hauptgerichte 6–16 €; ⏲Mo geschl.) Der Name bedeutet „auf der Bühne"; die Wände sind über und über mit Theaterrequisiten bedeckt. Die *mezedhes* geben hier eine hervorragende Vorstellung.

Alaloum REGIONAL €€
(☎27520 29883; Papanikolaou 10; Hauptgerichte 8–17 €; ⏲Mi–Mo Mittag- & Abendessen) Das Alaloum liegt an einer hübschen Stelle am baumbestandenen Platz und bringt griechische Mittelmeerkost auf den Tisch.

Kotetsi KEBABS €
(☎27520 27788; Staikopoulou 34; Snacks 2,50–9 €; ⏲Mittag-& Abendessen ⏲tgl., Nov–Feb Fr–So) Ein sachlich kühles Lokal für Pita, Gyros, *souvlaki* und preiswerte Gerichte. Es gibt auch einen hervorragenden griechischen Salat (6,50 €). Dort essen oder mitnehmen.

Mezedopoleio O Noulis MEZEDHES €
(☎27520 25541; Moutzouridou 22; *mezedhes* 3–10 €; ⊙ Okt.–April Mo–Sa 10–16 Uhr, Mai–Sept. 10–15 & 19–23 Uhr) Dieses Lokal bietet eine gute Auswahl an schmackhaften und frischen – wenn auch etwas teureren – *mezedhes*. Der Schnupperteller mit zehn verschiedenen leckeren Häppchen (8 €) ist allerdings schon eine vollständige Mahlzeit für sich.

Für Selbstversorger steht eine begrenzte Auswahl an Supermärkten in Nafplio selbst zur Auswahl – zu empfehlen ist der **Carrefour** (Ecke Syngrou & Flessa). Wer einen fahrbaren Untersatz hat, findet größere Supermärkte an der Straße von Nafplio nach Argos.

Ausgehen

Obwohl sich in Nafplio Cafés und Bars dicht aneinander drängen, scheint das Angebot kaum für die Scharen schicker Partylöwen auszureichen, die im Sommer in die Stadt einfallen. Die meisten Möglichkeiten bieten sich auf der Bouboulinas – hier kann man sich einfach treiben lassen, bis man ein Lokal nach seinem Geschmack findet und eine Musiklautstärke, der man gewachsen ist.

Eine Alternative zu den trendigen Lokalen, die allesamt ziemlich identisch ausgestattet sind, ist das **Lathos** (Vasileos Konstantinou 3; ⊙Mi–Mo ab 20 Uhr), eine witzige Kneipe, die vollgestopft ist mit ferngesteuerten Automaten vom Schrottplatz. Wenn er in Laune ist, legt der philosophisch veranlagte Besitzer/DJ Tassos gute Beats auf.

Shoppen

In den Gassen von Nafplios Altstadt zwischen der Plateia Syntagmatos und dem Kriegsmuseum findet sich eine Reihe von Boutiquen für Kleidung, Schmuck und Accessoires, dazu den unvermeidlichen Krimskrams für Touristen. Alltagseinkäufe erledigt man am besten in der Argous St. Hier gibt es alles von der Apotheke bis zum Schuhladen.

Karonis ESSEN & TRINKEN
(☎27520 24446; www.karoniswineshop.gr; Amalias 5) Weinenthusiasten finden hier eine gute Auswahl an Weinen aus dem ganzen Land, vor allem roten nemeischen Wein und Spirituosen. Weinproben werden angeboten.

Komboloi-Museum SOUVENIRS
(☎27520 21618; www.komboloi.gr; Staikopoulou 25; Erw./erm. 3 €/frei; ⊙9.30–20 Uhr, Öffnungszeiten ändern sich jahreszeitlich) In diesem Laden werden *komboloi* (typische griechische Perlenketten), Amulette und Zauber gegen den bösen Blick verkauft. Über dem Laden befindet sich darüber hinaus ein kleines Privatmuseum.

Peloponnesisches Völkerkundemuseum SOUVENIRS
Das Museum beherbergt im Parterre einen attraktiven Museumsshop, in dem alles Mögliche, darunter auch Bücher aus Griechenland und der ganzen Welt, verkauft wird (siehe S. 179).

Odyssey BÜCHER
(☎27520 23430; Plateia Syntagmatos) In diesem Geschäft wird eine gute Auswahl an internationalen Zeitungen, Kartenmaterial und eine kleinere Auswahl an Romanen auf Englisch, Französisch und Deutsch angeboten.

No Name Bookshop BÜCHER
(Sidiras Merarhias) Dieser Buchladen, gegenüber dem Alexandros-Soutzos-Museum gelegen, führt in seinem Sortiment ein reichhaltiges Angebot an internationalen Zeitungen, Zeitschriften und Sprachführern, falls das Gesuchte nicht gleich zu finden ist, einfach nachfragen.

Praktische Informationen

Alle größeren Banken haben Filialen in der Stadt; die folgenden Banken verfügen über Geldautomaten.

Alpha Bank (Amalias) Am Westende der Straße

Krankenhaus (☎27520 98100; Ecke Asklipiou & Kolokotroni)

National Bank of Greece (Plateia Syntagmatos)

Post (Ecke Syngrou & Sidiras Merarhias; ⊙Mo–Fr 7.30–14 Uhr)

Staikos Travel (☎27520 27950; www.staikostravel.gr; Bouboulinas 50; ⊙8.30–14 & 17.30–21 Uhr, im Winter So geschl.) Ein Reisebüro, das auch gern bei allgemeinen Touristenfragen behilflich ist.

To Kentrikou (Hauptplatz) Nafplio hat erstaunlicherweise nur wenige Möglichkeiten des Internetzugangs. Am besten hierher gehen: eine Bar, wo man für ein, zwei Drinks fröhlich browsen kann.

Touristenpolizei (☎27520 28131, 27520 98727/8; Eleftheriou 2)

An- & Weiterreise

Vom **Busbahnhof KTEL Argolis** (☎27520 27323; Syngrou 8) fahren Busse nach Athen (13,10 €, 2½ Std., stündl.) über den KTEL-Busbahnhof Isthmus von Korinth (Peloponnes; bei Korinth; 6,50 €, 1½ Std.), Argos (1,60 €, 30 Min., halbstündl.), Tolo (1,60 €, 15 Min., stündl.), Epidauros (2,60 €, 45 Min., 3-mal tgl., 1-mal So), Mykene (2,60 €, 1 Std., 2-mal tgl.), Kranidi (8 €, 2 Std., 4-mal tgl. außer So) und Galatas (8,20 €, 2 Std., Mo–Fr 2-mal tgl.). Weitere Ziele sind Tripolis (6 €, 1½ Std., 2-mal tgl.). Achtung: An Wochenenden gilt häufig ein eingeschränkter Fahrplan.

Unterwegs vor Ort

Taxis bekommt man unter der Telefonnummer ☎27520 24120 oder am Taxistand an der Syngrou.

Autovermietungen gibt's u.a. folgende (Achtung: die Preise sind in der Saison und an Feiertagen höher):

Avis (☎27520 24160/1; www.carrental-greece.gr; Bouboulinas 51) Arbeitet von allen am professionellsten

Bounos Rent a car (☎27520 24390; www.bounos-carrental.com; Dervenakion 7)

Hermes Car Rental (☎27520 25308; www.hermestravel.gr; Amalias 1)

Tiryns Τίρυνθα

Etwas östlich der Straße von Nafplio nach Argos, etwa 4 km von Nafplio entfernt, befindet sich die beeindruckende Akropolis von **Tiryns** (☎27520 22657; Erw./erm. 3/2 €; ⌚Sommer 8–20 Uhr, Winter 8–15 Uhr), eine bedeutende, aber unterbewertete mykenische Akropolis und doch gleichzeitig der Höhepunkt mykenischer Baukunst, insbesondere wegen ihrer massiven Mauern. Diese sind stellenweise ganze 7 m dick und wurden der Mythologie zufolge von Zyklopen erbaut.

Ebenso wie Mykene steht Tiryns auf der Weltkulturerbeliste der UNESCO, auch wenn es nicht ganz so Ehrfurcht gebietend ist. Die Anlage einiger Ruinen erschließt sich dem Besucher leicht, und nur selten kommen Menschenmassen hierher. Bislang gibt es noch keine Schilder oder Beschreibungen, deshalb lohnt es sich, am Kartenhäuschen einen Führer zu erstehen, z.B. Tiryns (von Dr. Alkestis Papademetriou; 7 €). Die Ausgrabungen dauern noch an, deshalb ist der Zugang für Besucher auf die Untere und die Obere Zitadelle sowie (seit Kurzem) auf einen großen Bereich beschränkt, in dem in der Antike Wasser gespeichert wurde.

Jeder Bus, der die Strecke von Nafplio nach Argos bedient, kann Fahrgäste vor der Stätte absetzen.

Epidauros Επίδαυρος

In seiner Glanzzeit war **Epidauros** (☎27530 22009; Erw./erm. 6/3 €; ⌚Winter 8–17 Uhr, Sommer 8–19.30 Uhr), 30 km östlich von Nafplio gelegen, bis ins ferne Rom berühmt wegen der zahlreichen Heilungen, die in dieser Gegend stattfanden. Besucher und Pilger kamen von weit her zu diesem Heiligtum des Asklepios, dem Gott der Heilkunst, um Heilung für ihre Leiden zu finden. (Epidauros wird auf Hinweisschildern manchmal als Heiligtum des Asklepios bezeichnet.)

Heute strömen Besucher vor allem wegen des erstaunlich gut erhaltenen Theaters hierher, das beim Hellenischen Festival (S.110) als Veranstaltungsort für klassisches griechisches Theater (neben moderneren Stücken, Opern und Musik) dient, das hier erstmals von rund 2000 Jahren aufgeführt wurde. Die Stätte liegt in wunderbarer Umgebung zwischen von Pinien bewachsenen Hügeln. Es überrascht nicht, dass Epidauros in die Liste des UNESCO-Weltkulturerbes aufgenommen wurde.

Wer Epidauros mit dem eigenen Auto besucht, sollte sich nicht von dem Schild nach P. Epidauros (Paleia Epidavros), was so viel wie Antikes Epidauros bedeutet, verwirren lassen, und als ob das Ganze nicht schon kompliziert genug wäre: Das sogenannte „kleine Theater", in dem einige Festival-Veranstaltungen stattfinden, befindet sich tatsächlich in Paleia Epidauros; das im Festivalprogramm aufgeführte „große Theater" befindet sich hingegen im Hauptteil der Stätte (siehe S.178), der wiederum als Theater von Epidauros ausgeschildert ist.

Geschichte

Der Legende nach war Asklepios der Sohn von Apollon and Koronis. Bei Asklepios' Geburt wurde Koronis vom Blitz getroffen und verstarb. Apollon brachte daraufhin seinen Sohn auf den Berg Pelion, wo der Heiler Chiron den Jungen in der Heilkunst unterwies.

In mykenischer und archaischer Zeit huldigte man in Epidauros dem Gott Apollon, aber ab dem 4. Jahrhundert v. Chr. ging diese Verehrung auf seinen Sohn über. Epidauros wurde als Geburtsort von Asklepios bekannt. Obwohl es überall in Griechenland Heiligtümer gab, an denen die Kranken und Gebrechlichen zu Asklepios beteten, galten die Heiligtümer in Epidauros und auf der Insel Kos als die wichtigsten. Der Ruf des Heiligtums verbreitete sich rasch, und als in Rom die Pest ausbrach, suchten Livius und Ovid in Epidauros Hilfe.

Angeblich gehörte zu den dortigen Heilmethoden, dass sich der Kranke von Schlangen ablecken ließ. Asklepios ist deshalb üblicherweise mit einer Schlange abgebildet; ihre Häutung galt als Symbol der Verjüngung. Andere Behandlungsmethoden, die an der heiligen Stätte betrieben wurden, umfassten Diätvorschriften und Kräutermedizin; manchmal wurde auch operiert. Daneben diente das Heiligtum auch als Ort der Unterhaltung: Alle vier Jahre fanden in Epidauros die Asklepischen Spiele statt, bei denen Dramen aufgeführt und athletische Wettkämpfe ausgetragen wurden.

Sehenswertes

Theater von Epidauros HISTORISCHE STÄTTE

Heute ist es weniger das Heiligtum als vielmehr das Theater aus dem 3. Jahrhundert v. Chr., das Besucher nach Epidauros lockt. Es ist das am besten erhaltene antike griechische Bauwerk, das für seine exzellente Akustik bekannt ist; wenn in seinem Zentrum eine Münze fällt, ist dies auch noch auf den obersten Rängen zu hören. Das aus Kalkstein gebaute Theater bietet bis zu 14 000 Zuschauern Platz. Der Eingang ist von restaurierten **korinthischen Säulen** flankiert. Im Rahmen des jährlich stattfindenden Hellenischen Festivals (S. 110) werden hier antike Dramen aufgeführt.

Heiliger Bezirk RUINEN

In den Ruinen des Heiligen Bezirks ist das Gedränge nicht ganz so groß wie im sehr viel stärker frequentierten Theater. Im Süden befindet sich das riesige **Katagogeion**, ein Gästehaus für Pilger und Patienten. Im Westen davon ist das enorme **Gymnasion** zu bestaunen, das die Römer zum **Odeon** umbauten. Hier fanden die Spiele zu Ehren des Asklepios statt. Gegenüber befindet sich das **Stadion**, in dem die athletischen Wettbewerbe der Spiele ausgetragen wurden. Dies ist einer von mehreren Bereichen, die zurzeit aufwendig instand gesetzt werden; zur Zeit der Recherche zu diesem Buch war eine Seite davon fertig.

Im Norden stehen die Fundamente des **Asklepios-Tempels** (während unserer Recherche waren sie wegen bevorstehender Ausgrabungen von Erde bedeckt) und daneben das **Abaton**. Die Therapien, die hier stattfanden, scheinen auf dem Einfluss des Geistes über den Körper beruht zu haben. Man nimmt an, dass der Priester die Patienten zunächst mit der Heilkunst des Asklepios vertraut machte; danach legten sie sich zum Schlafen im *abaton* nieder, um im Traum dem Gott zu begegnen. Den Schlüssel zur Heilung sollten sie dann in diesem Traum finden.

Im Osten befindet sich das **Heiligtum des Apollon der Ägypter**, das darauf hinweist, dass der Asklepios-Kult auf den in Ägypten für seine Heilkräfte verehrten Imhotep zurückgeht. Im Westen des Asklepios-Tempels sind die Überreste einer **Tholos** (360–320 v. Chr. errichtet) zu besichtigen, deren Funktion allerdings unbekannt ist.

Man kann sich durchaus vorstellen, dass sich das Heiligtum auf den grünen Ausläufern des Berges Arachneo, wo es verführerisch nach Kräutern und Pinien durftet, positiv auf die Heilung von Kranken auswirkte. Wenn man den Zustand des heutigen griechischen Gesundheitssystems betrachtet, sollte man vielleicht erwägen, das alte Zentrum wieder aufleben zu lassen.

Zur Zeit der Recherche zu diesem Buch wurden einige der Gebäude, darunter die *tholos* und das *abaton*, gerade teilweise rekonstruiert. Dabei werden Säulenabschnitte hinzugefügt, und mancherorts werden Teile der Ruinen in ihrer Gesamtheit wieder hergestellt. Je nach Standpunkt verstärkt diese umstrittene Praxis das Raumgefühl, da Besucher sich dadurch den Ort in seiner ursprünglichen Gestalt besser vorstellen können, oder aber sie zerstört die romantische Vorstellung davon, wie Ruinen auszusehen haben, und bringt den Betrachter um die Gelegenheit, die Fantasie spielen zu lassen. Jedenfalls haben die Archäologen absichtlich andersfarbiges Gestein eingesetzt, damit klar zu unterscheiden ist, was neu ist und was nicht.

Museum MUSEUM

Das sehenswerte Museum, das sich zwischen dem Heiligtum und dem Theater befindet, beherbergt interessante Statuen, Inschriften in Stein, die von Wunderheilungen berichten, chirurgische Instrumente, Votivgaben und eine Teilrekonstruktion der einst kompliziert aufgebauten *tholos* des Heiligtums. Schriftliche Informationen sind nur spärlich vorhanden, aber einige der Statuen und Marmorbrocken belegen die frühere Bedeutung des Heiligtums. Nach dem Theater dürfte wohl die *tholos* das eindrucksvollste Bauwerk der Stätte gewesen sein. Fragmente der schönen, fein gearbeiteten Deckenreliefs sind hier ebenfalls ausgestellt. Die meisten der Stauen sind Kopien, die Originale stehen im Archäologischen Nationalmuseum in Athen.

Festivals & Events

Das Theater von Epidauros ist der Veranstaltungsort sowohl für modernes Theater als auch für antike griechische Dramen während des jährlich im Juli und August (die genauen Daten sind veränderlich) stattfindenden **Epidauros Festivals,** das zum größeren Hellenischen Festival gehört. Tickets gibt's in Epidauros im **Kartenbüro** (☎27530 22026; www.greekfestival.gr/en; ⏲Sommer Mo–Sa 9–19 Uhr) oder im Kartenbüro des Hellenischen Festivals (S. 111) in Athen. Die Preise sind je nach Sitzplatz unterschiedlich; Studenten erhalten eine Ermäßigung. Sonderbusse fahren von Athen (ca. 23 €, 2 Std.) und Nafplio (ca. 8 €, 45 Min.).

Schlafen & Essen

Hotel Avaton HOTEL €

(☎27530 22178; www.avaton.com.gr; Zi inkl. Frühstück 60 €; P❄📶) Wer die antike Stätte in den Morgenstunden besichtigen möchte, ist mit diesem kleinen, sauberen und modernen Hotel bestens bedient. Die Unterkunft liegt lediglich 1 km entfernt an der Kreuzung, an der die Straße nach Kranidi und die Straße zu den antiken Stätten von Epidauros aufeinandertreffen.

An der Hauptstraße von Ligourio, mehrere Kilometer von Epidauros entfernt, sorgen mehrere Restaurants für das leibliche Wohl nach der Erkundung der historischen Stätten.

An- & Weiterreise

Von Nafplio fahren Busse nach Epidauros (3 €, 45 Min., 3–5-mal tgl.). Vom nahen Ligourio fahren täglich zwei bis drei Busse nach Athen (ca. 13 €, 2½ Std.). **Taxis** (☎27530 23322) von Ligourio kosten ungefähr 6 €; wir empfehlen nicht, von hier aus zu Fuß nach Epidauros zu laufen, denn man muss an der Hauptverkehrsstraße entlanglaufen.

Südwestliche Argolis

Nur wenige Reisende nehmen sich die Zeit, bis zur Südwestspitze der Halbinsel Argolis zu fahren. Das Zentrum dieser Region bildet das landwirtschaftlich geprägte Städtchen **Kranidi,** das 90 km südöstlich von Nafplio liegt. Die Region ist berühmt für ihre Granatäpfel, die bei den milden Wintertemperaturen vortrefflich gedeihen. Die rubinroten Früchte werden im November reif.

Die kleinen Urlaubsorte **Porto Cheli,** 4 km südlich von Kranidi, und **Ermioni,** 4 km östlich von Kranidi, bieten gute Verbindungen zu den Inseln Ydra und Spetses im Saronischen Golf.

Etwa 1 km westlich des Dorfes Didyma sollte man sich einen Besuch der **Didyma-Höhlen** (Eintritt frei) auf keinen Fall entgehen lassen. Es handelt sich dabei um zwei Dolinen, d. h. trichterförmige Vertiefungen der Erdoberfläche, die vor tausenden von Jahren entstanden sind. Eine davon enthält eine sensationelle Überraschung: Eine winzige byzantinische Kirche, die unter einem Felsspalt errichtet wurde. Der Weg zu den Höhlen sind gut ausgeschildert.

An- & Weiterreise

Bus

Es gibt **Busverbindungen** (☎27540 21237) zwischen Kranidi und Nafplio (8 €, 2 Std., 4-mal tgl. außer So). Regionalbusse fahren von Kranidi nach Ermioni (1,60 €, 10 Min., 3-mal tgl. außer So) und Porto Cheli (1,60 €, 10 Min., 3–4-mal tgl.).

Schiff/Fähre

Tragflächenboote fahren in jeder Saison andere; zur Zeit unserer Recherche machte **Hellenic Seaways** (☎27540 32408) das Rennen. Normalerweise gibt's regelmäßige Verbindungen von Porto Cheli nach Piräus über Spetses und Ydra sowie von Ermioni nach Piräus über Ydra. Kaiks verkehren zwischen Galatas und Poros (0,80 €, 5 Min., 7–23 Uhr).

REISEZIEL	HAFEN	DAUER	PREIS	HÄUFIGKEIT
Poros	Methana	30 Min.	Person/ Auto 4,30/ 11,30 €	2–3-mal tgl.
Spetses*	Porto Cheli	15 Min.	5,50 €	3-mal tgl.
Spetses*	Ermioni	20–30 Min.	7,50 €	3-mal tgl.
Ydra	Ermioni	20–40 Min.	9,50 €	3–4-mal tgl.
Ydra	Porto Cheli	1 Std.	15 €	3-mal tgl.

*Schnellverbindungen

ARKADIEN

Die malerisch-ländliche Präfektur Arkadien (Αρκαδία) nimmt weite Teile des zentralen Peloponnes ein. Der Name lässt an grüne Weiden, bewaldete Berge, gurgelnde Bäche und schattige Grotten denken – glücklicherweise entspricht das auch nach den verheerenden Waldbränden von 2007 noch weitgehend dem Landschaftsbild. Der Gott Pan liebte Arkadien; in dem sonnigen, bukolischen Idyll spielte er Flöte, hütete seine Herden und tollte mit den Nymphen herum.

Da Arkadien fast ganz von Bergen umgeben ist, blieb es in der Antike weitgehend unbehelligt von den Schlachten und Intrigen des übrigen Griechenland. Es war die einzige Region auf dem Peloponnes, die nicht von den Dorern geprägt wurde. Die Gegend ist von verfallenden mittelalterlichen Dörfern, abgelegenen Klöstern und fränkischen Burgen übersät und bei Frischluftfanatikern äußerst beliebt. Zudem umfasst das Gebiet etwa 100 km zerklüftete, unberührte Küste am Argolischen Golf, die sich von der hübschen Stadt Kiveri in Richtung Süden nach Leonidio zieht.

Tripolis Τρίπολη

48 500 EW.

Die gewaltsame jüngere Geschichte der arkadischen Hauptstadt Tripolis steht in einem krassen Kontrast zu ihrer friedlichen und ländlichen Umgebung. Während des Unabhängigkeitskrieges wurde die Stadt im Jahr 1821 von Kolokotronis eingenommen, die in dieser Gegend lebenden 10 000 Türken wurden brutal ermordet. Drei Jahre später nahmen die Türken die Stadt wieder ein und brannten sie nieder, bevor sie sich im Jahr 1828 wieder von dort zurückzogen.

Tripolis selbst ist kein Ort, an dem Touristen gerne verweilen, dafür aber ein wichtiger Verkehrsknotenpunkt des Peloponnes, deshalb kommen alle hier vorbei, die auf öffentliche Verkehrsmittel angewiesen sind.

Sehenswertes

Archäologisches Museum MUSEUM

(☎2710 242148; Evangelistrias 2; Erw./erm. 2/1 €; ⊙Di–So 8.30–15 Uhr) Das sehr interessante Archäologische Museum der Stadt ist an der Vasileos Georgiou, hinter dem Hotel Alex, deutlich ausgeschildert und einen Besuch wert. Zu sehen gibt es dort Fundstücke aus den umliegenden antiken Stätten Megalopolis, Gortys, Lykosoura, Mantinea und Paliokastro sowie einige wichtige prähistorische Funde, wie die neolithischen Fruchtbarkeitsfiguren und verzierte Speicherkrüge und Skulpturen von Herodes Atticus. Interessant sind auch die kleinen Votivgaben aus arkadischen Schreinen.

Schlafen & Essen

Arcadia Hotel HOTEL €€

(☎2710 225551; www.arcadiahotel.com.gr; Plateia Kolokotroni 1; EZ/DZ/3BZ inkl. Frühstück 65/90/100 €) Tripolis' neues Designhotel ist das hochmoderne Arcadia, dessen piekfeines Interieur und die Dekorationselemente mehr Formen aufweisen als eine Spielzeugkiste im Kinderzimmer. Es ist fünf Gehminuten vom wichtigsten Platz der Stadt entfernt. Preise sind ohne Frühstück niedriger.

Hotel Alex HOTEL €€

(☎2710 223465; Vasileos Georgiou A26; EZ/DZ/3BZ 45/65/85 €; P ❄) Zentral gelegene, einfache und geräumige Zimmer mit TV, die ihr Geld wert sind.

LP TIPP **Taverna Piteros** TAVERNE €€

(☎2710 222058; Kalavryton 11a; Hauptgerichte 6–9 €; ⊙Mittag- & Abendessen) Diese gut besuchte und stimmungsvolle Taverne soll die älteste in Tripolis sein. Sie liegt im Schatten einer Weinpergola an der Kalavrytou, der nördlichen Verlängerung der Ethnikis Andistasis, hinter dem Park mit der alten Dampfeisenbahn. Zu der großen Auswahl an leckeren Hauptgerichten gehören *kouneli stifadho* (süßer Kanincheneintopf mit Tomaten und Zwiebeln), Rindfleischtopf, Kabeljau und sogar Zöpfe aus Lammdarm.

Kouros GRIECHISCH €
(☎2710 223534; Dareiotou 18; Hauptgerichte 5–13 €; ⏲Mittag- & Abendessen) Fragt man Einheimische, empfehlen sie alle diese geschmackvolle, zentrale Taverne mit traditioneller Küche.

Praktische Informationen

In Tripolis unterhalten alle wichtigen Banken Filialen an der Plateia Koloktroni oder an der Plateia Vasileos Georgiou.

Polizei (☎2710 230540; OHE Ave) Am Westrand der Stadt zwischen dem Bahnhof und dem Busbahnhol KTEL Arkadia.

Post (Ecke D. Plapouta & Nikitara; ⏲Mo–Fr 7.30–20 Uhr)

An- & Weiterreise

Der **Busbahnhof KTEL Arkadia** (☎2710 222560; Plateia Kolokotroni), 1 km westlich vom Stadtzentrum, ist die wichtigste Busstation. Täglich fahren hier 15 Busse nach Athen (15 €, 2¼ Std.) über den Isthmus von Korinth (8,20 €, 1 Std.). Darüber hinaus fahren täglich zwei Busse Richtung Westen nach Olympia (12,40 €, 3 Std.) und zwei nach Pyrgos (14 €, 3½ Std.) und zwei weitere in Richtung Osten nach Argos (6,70 €, 1 Std.) und nach Nafplio (6 €, 1½ Std.). Busse fahren auch nach Patras (13 €, 3½ Std., 1-mal tgl. außer So).

Regionalbusse fahren nach Megalopolis (4 €, 40 Min., 10-mal tgl.) und Stemnitsa (4,10 €, 1 Std., Mo–Fr 1-mal tgl.). Zweimal täglich verkehrt ein Bus nach Dimitsana (5 €, 1½ Std.; einer über Vitina 6,15 €), zwei nach Andritsena (9 €, 1½ Std.) über die Abzweigung nach Karitena (6,70 €) und nach Leonidio (9,20 €, 2½ Std.).

Von der **Bushaltestelle** (☎2710 242086) an der Lagopati gibt's Abfahrten nach Sparta (5,40 €, 1 Std., 8-mal tgl.) und Kalamata (8,10 €, 2 Std., 7-mal tgl., an Wochenenden weniger).

Megalopolis Μεγαλόπολη

5114 EW.

Trotz seines Namens ist von Megalopolis (Große Stadt) nicht viel übrig geblieben, was die einstige Größe widerspiegeln könnte. Die Stadt wurde im Jahr 371 v. Chr. als Hauptstadt eines vereinten Arkadien gegründet und liegt in einem grünen Tal. Heute befinden sich die Ruinen neben einem riesigen Kraftwerk mit qualmenden Schornsteinen, das von Kohle aus dem Tagebau in den umliegenden Ebenen gespeist wird.

Trotz seines herrlichen alten Theaters (inzwischen geschlossen) fungiert die Stadt eigentlich nur noch als Verkehrsknotenpunkt auf der Strecke von Tripolis nach Kalamata und Pyrgos. Die KTEL-Bushaltestelle liegt einen Häuserblock vom Platz entfernt. Es gibt Busverbindungen nach Athen (19 €, 3 Std., 6- bis 7-mal tgl.) über Tripolis (4 €, 40 Min.) und Kalamata (5 €, 1 Std.) sowie nach Andritsena (4,60 €, 1¼ Std. 2-mal tgl.) über Karitena (1,70 €).

Zentral-Arkadien

Das Gebiet westlich von Tripolis besteht aus einem Gewirr aus mittelalterlichen Dörfern, steilen Schluchten und engen Straßen, die sich durch die Täler des Menalon-Gebirges schlängeln. Dies ist das Herz der Präfektur Arkadien, in der sich einige der atemberaubendsten Landschaften des Peloponnes befinden. Die Region liegt hoch über dem Meeresspiegel, deshalb können die Nächte selbst in den Sommermonaten recht kalt sein. Im Winter fällt häufig Schnee.

Am besten kommt man mit dem Auto hierher, aber die drei wichtigsten Dörfer – Karitena, Stemnitsa und Dimitsana – sind von Tripolis auch mit öffentlichen Verkehrsmitteln zu erreichen.

KARITENA KAPITAINA

379 EW.

Hoch über der Straße von Megalopolis nach Andritsena liegt das schöne mittelalterliche Dorf Karitena. Eine Treppe führt vom Hauptplatz hoch zur **fränkischen Burg** aus dem 13. Jahrhundert, die auf einem mächtigen Felsen thront. Unterwegs kommt man an der hübschen **byzantinischen Kirche** Agios Nikolaos vorbei – den Schildern folgen. Die Burg wurde von griechischen Truppen unter Kolokotronis zu Anfang des Unabhängigkeitskriegs eingenommen und spielte eine tragende Rolle im weiteren Verlauf des Krieges.

Bevor der Euro eingeführt wurde, war Karitena für seine schöne Steinbogenbrücke über den Fluss bekannt, die den 5000-Drachmen-Schein zierte. Heute versteckt sich die alte Brücke unter einer riesigen modernen Betonbrücke.

Schlafen & Essen

Vrenthi Rooms PENSION €
(☎27910 31650; DZ/3BZ 50/65 €) Das attraktive Steingebäude gehört zu den wenigen

Häusern, in denen man absteigen kann. Deshalb könnte es horrende Preise verlangen – tut es aber nicht, das Preis-Leistungsverhältnis ist absolut in Ordnung. Als Rezeption dient auch das nahe Café Vrenthi.

Stavrodromi TAVERNE €
(☎27910 31284; Hauptgerichte 7–8 €; ⊙Mittag- & Abendessen) Stavrodromi bedeutet Straßenkreuzung – und an selbiger liegt diese zuverlässige Alternative, wo es warme, sättigende Gerichte gibt, wenn die Dorftaverne zu hat. Nach unserer Erfahrung hält das Restaurant sich nicht immer an die Öffnungszeiten. Es befindet sich unten am Hügel an der Kreuzung (eigenes Fahrzeug empfohlen).

An- & Weiterreise

Ein täglicher Bus befährt die Strecke zwischen Karitena und Tripolis in beiden Richtungen (über Megalopolis; 6 €, 1 Std.). Ein Bus fährt weiter nach Andritsena (2,60 €) – nach dem Fahrplan im Café Vrenthi erkundigen. (Achtung: Einige Busse fahren nicht bis ins Dorf, sondern halten unten an der Straßenkreuzung – der Fußweg ins Dorf kann ganz schön anstrengend sein).

STEMNITSA ΣΤΕΜΝΙΤΣΑ

412 EW.

Stemnitsa, 16 km nördlich von Karitena gelegen, ist ein beeindruckend schönes Bergdorf mit Steinhäusern und byzantinischen Kirchen. Wer am Flussufer entlang zum **antiken Gortys** geht, trifft unterwegs auf mehrere Klöster. Das Gebiet ist ein guter Ausgangspunkt für Wanderungen in die Lousios-Schlucht (siehe Kasten S. 184).

Das Dorf kann mit einem kleinen **Museum für Volkskunst** aufwarten, das allerdings unregelmäßig geöffnet ist (Schild beachten). In der hügeligen Umgebung gibt es sage und schreibe 40 Kirchen. Für die Wichtigsten davon kann man sich nach dem Schlüssel erkundigen.

Schlafen & Essen

Überall im Dorf sind *domatia* ausgeschildert. In der Bäckerei und in manchen Cafés gibt's Infos und Wegbeschreibungen.

LP TIPP **Mpelleiko** DOMATIA €€
(☎6976607967; www.mpelleiko.gr; EZ/DZ/3BZ inkl. Frühstück 80/95/110 €; 📶) Hervorragend im Design und in luftiger Höhe gelegen, ist dieses wunderbar renovierte Haus hinter dem Dorf bei Weitem die originellste aller Übernachtungsmöglichkeiten. Die freundliche und Englisch sprechende Wirtin Nena hat aus dem Haus ihrer Familie (von 1650) eine geschmackvolle, moderne Pension gemacht. Man kann sogar im früheren „Eselskeller" schlafen. Zum Frühstück werden selbstgemachte Bioprodukte in einem geschmackvollen Frühstücksraum mit offenem Kamin serviert. Auskunft erhält man im Marmeladen-Shop am Südrand des Dorfes, über dem ein „B&B"-Schild hängt.

ZWISCHENSTOPP IN STEMNITSA

Für alle, die auf der Ost-West-Strecke die Region durchqueren, ist Stemnitsa eine exzellente Übernachtungsmöglichkeit auf dem Weg zum Antiken Olympia.

Hotel Trikolonion BOUTIQUEHOTEL €€
(☎27950 29500/1; www.countryclub.gr; DZ inkl Frühstück 120–180 €; P📶) Das Trikolonion gehört zur Country-Club-Gruppe. Das große, aus Natursteinen errichtete Gebäude bietet Luxus im Stil einer Lodge. Die Zimmer sind mit dunklen Holzmöbeln, gedeckten Farben und schweren Stoffen gestaltet. Freitags und samstags schießen die Preise in die Höhe.

Xenonas Tsarbou BOUTIQUEHOTEL €€
(☎27950 81406; www.xenonas-tsarbou.gr, auf Griechisch; DZ inkl. Frühstück 85–100 €; P📶) Der neueste Zugang zu Stemintsas Schlafszene ist dieses superfeine Hotel, dessen Interieur nicht ganz zu dem umgebauten historischen Steinbau passt. Etwas vollgestellte, aber schöne Zimmer mit Gold- und Samt. Im Parterre erwartet den Gast eine lauschige Bar mit Kamin.

Sarakiniotis Rooms PENSION €
(☎6974451200; www.sarakiniotis.gr; EZ/DZ/3BZ 40/50/ 65 €) Zu den wenigen Budgetunterkünften der Stadt gehören diese einfachen, ein wenig dunklen Zimmer.

LP TIPP **Kapilio Ton Athanaton** TAVERNE €
(☎6972523908; Zigovisti; Hauptgerichte 6–9 €; ⊙Mittag- & Abendessen, Sept.–Mai Do–Mo; Juni–Aug. tgl.) Es lohnt sich, zu diesem schönen Geheimtipp in dem kleinen, rund 9 km von Stemnitsa entfernten Dorf Zigovisti zu fahren. Dieses lauschige Lokal

liegt am kleinen Hauptplatz, ist innen mit viel Holz gestaltet und bewirtet die Gäste mit Hochgenüssen zu unglaublich günstigen Preisen. Den Wirt nach den Tagesgerichten fragen – von Grill- bis zu Winterwildgerichten (16 €). Der Name bedeutet „Unsterbliche Kneipe". Vorsicht beim Genuss des *krasi* (Wein) und vor allem nachts beim Autofahren, denn die Straße ist voller Serpentinen.

I Stemnitsa TAVERNE €
(☎27950 81371; Hauptgerichte 4–14 €; ⏲Mittag- & Abendessen) Möglicherweise die einzige Taverne, die ganzjährig geöffnet ist, und man könnte es durchaus schlechter treffen. Die Gäste sitzen unter gigantischen Regenschirmen und genießen die guten, handfesten (wenn auch sich wiederholenden) Gerichte. Das Lokal gehört dem einheimischen Metzger, deshalb kann man mit qualitativ gutem, herzhaftem Fleisch rechnen.

ℹ An- & Weiterreise

An jedem Wochentag verkehrt ein Bus zwischen Stemnitsa und Tripolis (4,10 €, 1 Std.). Der Bus nach Tripolis fährt auch nach Dimitsana (5 €). Die Abfahrzeiten ändern sich saisonal. Ein Taxi nach Dimitsana kostet rund 10 €.

DIMITSANA ΔΗΜΗΤΣΑΝΑ

230 EW.

Am Eingang der Lousios-Schlucht, 11 km nördlich von Stemnitsa gelegen, schmiegt sich das herrliche mittelalterliche Dorf Dimitsana wie ein Amphitheater an zwei Hügel. Der kleine Ort spielte eine bedeutende Rolle im Kampf des Landes um Selbstbestimmung. Seine im Jahr 1764 gegründete griechische Schule bot einen wichtigen Nährboden für die Gedanken, die zum Aufstand gegen die Türken führten. Unter ihren Schülern waren Bischof Germanos von Patras und Patriarch Gregor V., der von den Türken als Vergeltung für das Massaker von Tripolis gehängt wurde. Im Dorf wurden mehrere Pulverfabriken betrieben, und es gab eine Niederlassung der geheimen Filiki Eteria (Freundesgesellschaft), in der die Griechen über die Revolution diskutierten.

In der Nebensaison ist das Dorf ein verschlafenes Nest, aber an den Wochenenden und in den Sommermonaten erwacht es zum Leben, wenn eifrige Wanderer und Ausflügler kommen, um die Umgebung und die umliegenden Wanderstrecken zu genießen.

Sehenswertes

Open-Air-Wasserkraftmuseum MUSEUM
(☎27950 31630; www.piop.gr; Erw./erm. 3/1,50 €; ⏲Sommer Mi–Mo 10–18 Uhr, Winter Mi–Mo 10–17 Uhr) Es mag nicht besonders verlockend klingen, aber dieses ausgezeichnete kleine Museum stellt sehr eindrucksvoll die vorindustrielle Vergangenheit der Region vor.

Es befindet sich im alten Agios-Yiannis-Mühlenkomplex, 1,5 km südlich des Dorfes (ist ausgeschildert). Früher lieferte dort ein Quellbach die Energie für mehrere Mühlen am Hügelhang. Eine Getreidemühle, eine Pulvermühle und eine Walkmühle für die Behandlung von Wolle wurden wieder funktionstüchtig gemacht. Darüber hinaus gibt es hier eine alte Lederfabrik. Eine neue Halle soll bald zeitgenössische Ausstellungen zeigen.

Verständliche und anschauliche Erklärungen und Videos (beide auf Englisch) beschreiben die Prozesse der Schwarzpulver- und Lederherstellung.

Schlafen & Essen

Hotel Dimitsana HOTEL €€
(☎27950 31518; www.hoteldimitsana.gr; EZ/DZ/3BZ inkl. Frühstück 60/100/110 €; P 📶) Liegt etwa 1 km südlich des Ortes an der Straße nach Stemnitsa. Das Hotel wirkt wie eine gigantische Skihütte mit weichen Sofas, üppigen Stoffen und offenem Kamin. Die komfortabel eingerichteten Zimmer bieten eine herrliche Aussicht über das Lousios-Tal.

Methexis Boutique Hotel
BOUTIQUEHOTEL €€€
(☎27950 31317; www.methexis-hotel.gr; Zi inkl. Frühstück 170–180 €; ❄📶) Wer Ruhe und Erholung sucht und nicht gestört werden möchte, der ist in diesem neuen Boutiquehotel genau richtig: Kamine, Spiegel, Lehnsessel, Perser und Skulpturen füllen Aufenthaltsräume und Hotelzimmer. Jede Suite ist etwas anders eingerichtet, und einige verfügen über eine kleine Kochnische. Die Preise werden außer im Juni und August stark reduziert. Es befindet sich gleich hinter der Abzweigung zum Wasserkraftmuseum.

Tsiapas Rooms to Rent PENSION €
(☎27950 31583; DZ 65 €) Die Zimmer sind so sauber, dass man vom Boden essen könnte. Sie verfügen über einen Kühlschrank und Herdplatten. Im gemeinsamen Wohnzimmer gibt es einen Kamin – perfekt für

EINMAL VERAUSGABEN?

Wandern

Wandern ist in dieser reizvollen Umgebung eine beliebte Freizeitaktivität. Es gibt einige wunderbare Strecken durch die Lousios-Schlucht; die besten Zugänge bieten sich in Stemnitsa (S. 182) oder Dimitsana (S. 183). Hierbei gibt es viele Varianten – von Wanderstrecken, die in einer Stunde zu bewältigen sind, bis hin zu eintägigen Touren durch teils hügeliges Gelände, die durch die gesamte Schlucht führen und Klöster wie das Kloster Prodromou und das alte und neue Kloster Philosophou mit einbeziehen. Weitere Strecken führen über die Schlucht hinaus in die Bergdörfer. Wanderstrecken in Hülle und Fülle sind in der englischen Broschüre Walker's Map of the River Lousios Valley (4,50 €) beschrieben, die im Open-Air-Wasserkraftmuseum (S. 183) in Dimitsana erhältlich ist.

Rafting & Kajakfahren

Im Dorf Dimitsana bietet **Trekking Hellas of Arcadia** (☎27910 25978, 6974459753; www.trekkinghellas.gr) verschiedene Aktivitäten an, z. B. Wildwasser-Rafting (50–80 €) auf den nahe gelegenen Flüssen Lousios und Alfios, Wandern in der Schlucht (20–50 €) und Fluss-Trekking (45 €). Es gelten Mindestsätze.

Nicht mehr in der Schlucht, sondern weiter im Norden am Fluss Ladonas, 20 km südlich von Klitoria (und am besten von Klitoria aus zu erreichen) bietet **Eco Action** (in Athen ☎210 331 7866; www.ecoaction.gr) Rafting oder Kajakfahren (jeweils 45–50 €) auf dem schönen Ladonas an. Auch Mountainbike-Ausflüge stehen auf dem Programm. Das Basislager am Fluss ist 7,5 km vom hübschen Bergdorf **Dafni** entfernt Normalerweise schließt man sich einer Gruppe an, damit eine Mindestzahl an Teilnehmern zustande kommt.

Hinter dem Basislager bietet **Ladonas Homes** (☎6972849530; www.dafneos.gr; DZ/3BZ 70/80 €) komfortable Selbstversorger-Steinhütten in etwa 100 m Entfernung zum Fluss an. Zum nahen **Ladonas-Stausee** lohnt eine Fahrt mit dem Auto.

Vorsicht: Freizeitaktivitäten auf dem Fluss sollte man nicht auf die leichte Schulter nehmen. Es kommt immer wieder zu tödlichen Unfällen.

kalte Abende. Ausgeschildert ab der Plateia Agias Kyriakis.

Zwischen den Tavernen des Dorfes sind kaum Unterschiede festzustellen – alle servieren bodenständige, wenn auch ähnliche Gerichte wie in Rotwein geschmortes Hähnchen und *fasoladha* (Bohnensuppe).

ℹ An- & Weiterreise

Es gibt Busse von Tripolis nach Dimitsana (5 €, 1½ Std., 2-mal tgl.); einer davon über Vitina (6,50 €) und einer täglich (außer an Wochenende) von Dimitsana nach Tripolis.

Kynouria Κυνουρία

Kynouria ist die Küstenregion von Arkadien. Bei dieser Region handelt es sich um den schmalen Landstrich, der südlich des Dörfchens Kiveri, 41 km östlich von Tripolis, beginnt und sich bis Kosmas im Parnonas-Gebirge erstreckt. Weite Teile des Landes sind stark zerklüftet, die Küstenebene ist schmal, und es gibt nur sehr wenig fruchtbaren Boden.

In der Antike war die Region von Argos und Sparta umkämpft – Argos herrschte im Norden, und die Spartaner kontrollierten den Süden. Heutzutage gelangt man am besten von Argos aus nach Kynouria.

VON KIVERI BIS LEONIDIO ΚΙΒΕΡΙ ΠΡΟΣ ΛΕΩΝΙΔΙΟ

Südlich der Kreuzung, an der sich die Straßen von Tripolis aus dem Osten und von Argos aus dem Süden treffen, befindet sich Kiveri, nur ein winziger Fleck auf der Landkarte. Von dort führt die Straße 64 km meist direkt an der Küste entlang in Richtung Süden nach Leonidio. Sie verläuft oberhalb mehrerer kleiner Dörfer, die an Kiesstränden liegen.

Der erste etwas größere Ort heißt **Astros,** er befindet sich 28 km südlich von Argos in den Bergen. Die Hauptattraktion ist hier die **Villa des Herodes Atticus,**

4,5 km von der Abzweigung nach Tripolis (bzw. 2,5 km von der Ortsmitte von Astros) entfernt. Erbaut wurde die Villa im 2. Jahrhundert n. Chr. für den reichen Römer Herodes Atticus (S. 88), der in Athen das berühmte gleichnamige Odeon stiftete. Ausgrabungen, die vor einigen Jahren unternommen wurden, legten mehr als 10 000 Quadratmeter Mosaike frei. Zur Zeit der Recherche waren sie zugedeckt und abgesperrt. Bis auf einige atemberaubende Küstenszenerien gibt es zwischen Astros und dem Urlaubsort **Paralia Tyrou,** 29 km weiter südlich, nicht viel zu sehen.

LEONIDIO ΛΕΩΝΙΔΙΟ

3224 EW.

Leonidio liegt 76 km südlich von Argos in spektakulärer Lage am Eingang der Badron-Schlucht. Die winzige Plateia 25 Martiou ist ein urtypischer, unverfälschter, weißgetünchter griechischer Dorfplatz. Manche ältere Menschen sprechen hier noch immer *tsakonika* – einen sehr ausgeprägten Dialekt, dessen Wurzeln im antiken Sparta liegen.

In den nahe gelegenen Küstendörfern **Plaka** und **Poulithra** gibt's einige schöne Strände. Plaka, das 5 km von Leonidio entfernt und eigentlich der Hafen des Ortes ist, besteht nur aus einer Ansammlung von Gebäuden um einen kleinen Platz. Das fruchtbare Schwemmland der Flussniederungen zwischen Leonidio und der Küste wird intensiv bewirtschaftet.

Leonidio ist berühmt für seine tsakonischen Auberginen: Jeden Sommer findet hier das **Auberginen-Fest** statt.

Schlafen & Essen

Es gibt in der Stadt Apartments zu mieten, aber die meisten Urlauber fahren lieber nach Plaka an den Strand, wo es mehrere *domatia* gibt. Anständige Mahlzeiten bekommt man in den etwa fünf Tavernen, wo frischer Fisch und traditionelle Gerichte serviert werden.

Hotel Dionysos HOTEL €

(☎27570 23455, 6970804050; EZ 30–35 €, DZ & 3BZ 45–50 €) Das einzige Hotel in Plaka liegt gegenüber dem Hafen. Hier kann man gut ausspannen und ein paar Tage lang das Nichtstun genießen.

Eucalyptus TAVERNE €

(☎6936537323; Hauptgerichte 6–12 €; ⏰Frühstück, Juli & Aug. tgl. Mittag- & Abendessen; ganzjährig Sa & So) Eine Art Feinschmeckerversion der griechischen Standardgerichte – sowie etwas bescheidenere Portionen – serviert dieses schöne Lokal, das am Wasser und um einen riesigen Eukalyptusbaum herum liegt.

An- & Weiterreise

Von und nach Argos (8 €, 2¼ Std., 3-mal tgl.) und Tripolis (9,20 €, 2½ Std., 2-mal tgl.) verkehren Busse, die an der Küste entlangfahren. Im Sommer fahren Busse fahrplanmäßig zwischen Plaka und Leonidio (1,60 €, 10 Min.). Die KTEL-Bushaltestelle befindet sich an der **Café Bar 2 Porto** (☎27570 22255; Thiporto)

SÜDLICH VON LEONIDIO

Die Straße, die südlich von Leonidio über das Parnonas-Gebirge in das 48 km entfernte Dorf Geraki in Lakonien führt, gehört zu den idyllischsten Strecken auf dem Peloponnes. Die ersten 12 km schlängelt sich die Straße gen Westen durch die **Badron-Schlucht,** wobei sie sich immer weiter vom Fluss entfernt, bis dieser manchmal nur noch weit unten als silbernes Band zu erkennen ist. Dann verlässt die Straße die Badron-Schlucht und steigt in dramatischen Haarnadelkurven in Richtung Kosmas steil an. Daneben sieht die Rennstrecke von Monaco geradezu wie eine Landebahn aus.

Kurz vor dem Gipfel, führt links eine gesperrte Straße zum **Moni Panagias Elonis,** einem lohnenswerten kleinen Kloster, das spektakulär am Berghang klebt. Besucher sind dort willkommen, vorausgesetzt, sie sind angemessen gekleidet.

Vom Kloster aus erreicht man nach weiteren 14 km das hübsche, friedliche Bergdorf **Kosmas.** Hier finden sich mehrere Übernachtungsmöglichkeiten, beispielsweise die **Selinounta Studios** (☎27570 31355; www.selinounta.gr; Hauptplatz, Kosmas; RZ/Z/3BZ/4BZ 55/60/65/70 €). Von jedem dieser fünf Studios (mit Kochgelegenheit), die sich in einem schmucken Steingebäude befinden, kann man das Dorfleben an sich vorüberziehen lassen. Zum Haus gehört ein gemütlicher Gemeinschaftsraum mit offenem Kamin. Im Laden nebenan nachfragen (hier spricht man kein Englisch). Doch auch wer nicht über Nacht bleibt, sollte sich die Spezialität des Dorfes (Ziege) in einer der Tavernen unter den riesigen Platanen auf dem Dorfplatz nicht entgehen lassen.

Hinter Kosmas führt die Straße wieder abwärts – dieses Mal sanfter – bis zum

Dorf **Geraki.** Auch hier empfiehlt sich eine kurze Rast, um die reizenden Kirchen zu besichtigen und den Einheimischen auf dem belebten Platz beim Spielen zuzuschauen. Von hier geht's entweder weiter ins 40 km westlich gelegene Sparta oder aber weiter nach Süden über Skala, Molai und Sikia nach Monemvasia, das ebenfalls in Lakonien liegt.

Zwischen Leonidio und Kosmas gibt es keine öffentlichen Verkehrsmittel.

LAKONIEN ΛΑΚΩΝΙΑ

Die Region Lakonien entspricht beinahe genau dem Gebiet des mächtigen Gebirgsreichs, über das in mykenischer Zeit König Menelaos geherrscht hatte. Sie ist die Heimat zahlloser Legenden, hier liegen Sparta und die spektakulären Ruinen von Mystra, dem letzten Stützpunkt des byzantinischen Kaiserreichs.

Die Landschaft ist von zwei massiven Bergketten geprägt, dem Taygetos-Gebirge im Westen und dem Parnonas-Gebirge im Osten. Sie verjüngen sich zum „Mittelfinger" des Peloponnes.

Zwischen den Gebirgsmassiven befindet sich das fruchtbare Flusstal des Eurotas, das für seine Oliven und Orangen berühmt ist. Seit dem Neolithikum siedelten sich in diesem Tal Menschen an, und hier lag das mykenische Sparta, die Heimat von König Menelaos und seiner Frau Helena, deren Antlitz „tausend Schiffe in Bewegung setzte". Homers berühmte Ilias erzählt vom Trojanischen Krieg, den Paris von Troja durch die Entführung der schönen Helena auslöste.

Wo genau das mykenische Sparta lag, ist nicht bestätigt, aber man vermutet seinen Standort in Pellana, 27 km nördlich des heutigen Sparta. Die Dorer gründeten die Stadt zu Beginn des 1. Jahrtausends v. Chr. an ihrer heutigen Stelle neu. Das dorische Sparta liegt jedoch leider unter der modernen Stadt, weshalb es nur wenig erforscht ist. Dafür wird man aber durch die prachtvollen byzantinischen Kirchen und Klöster von Mystra in den westlichen Ausläufern des Taygetos-Gebirges mehr als entschädigt. Ebenfalls sehenswert ist die mittelalterliche Festungsstadt Monemvasia im Südosten.

Den Lakoniern verdankt die deutsche Sprache das Wort „lakonisch" für kurz angebunden, wortkarg.

Sparta Σπάρτη

14 817 EW.

Das strikt gitterförmig angelegte Straßensystem des modernen Sparta spiegelt vielleicht die Disziplin (siehe Kasten S. 816) wider, die den Vorfahren der Spartaner nachgesagt wird, doch glücklicherweise nicht auch deren entbehrungsreiches Leben. Die leichtlebige, wenn auch eher unauffällige Stadt im Herzen des Eurotas-Tals ist von Oliven- und Zitrushainen umgeben. Das bis Anfang Juni schneebedeckte Taygetos- Gebirge bildet im Westen eine atemberaubende Kulisse.

Als König Otto die Entscheidung getroffen hatte, seinen Hof von Nafplio nach Athen zu verlegen, wurde Sparta auf sein Geheiß hin im Jahr 1834 neu gegründet.

König Otto und sein Gefolge waren sehr geschichtsbewusst. Wenn Athen wieder in seiner alten Pracht erstrahlen sollte, dann musste auch Sparta wieder auferstehen. An seine frühere Glanzzeit erinnern noch ein schöner Platz, ein faszinierendes Ölmuseum sowie einige Ruinen. Die meisten Besucher machen sich zwar sofort auf den Weg ins nahe Mystra, aber es lohnt sich, auch in Sparta ein paar Stunden zu verbringen.

Sehenswertes

Antikes Sparta RUINEN

Ein Spaziergang durch die spärlichen Ruinen des antiken Sparta bestätigt die Prophezeiung des Thukydides.

> „Wenn Sparta verödete und nur die Tempel und Grundmauern der Bauten blieben, würden gewiss die Späteren nach Verlauf langer Zeit voller Unglauben seine Macht im Vergleich zu seinem Ruhm bezweifeln."
>
> Thukydides, *Der Peloponnesische Krieg*

Wer der Paleologou in Richtung Norden folgt, gelangt zur **Statue des Königs Leonidas,** die kriegerisch vor einem Fußballstadion steht. Westlich des Stadions weisen Schilder den Weg zum Südeingang der **Akropolis.**

Die Schilder nach links (Richtung Westen) weisen den Weg durch Olivenhaine zum **antiken Theater** aus dem 2. oder 3. Jahrhundert v. Chr., das im Vergleich zu den anderen Ruinen der Stätte noch relativ gut zu erkennen ist. Einen rekonstruierten Grundriss des Theaters findet man im Restaurant Elysse (S. 188).

Sparta

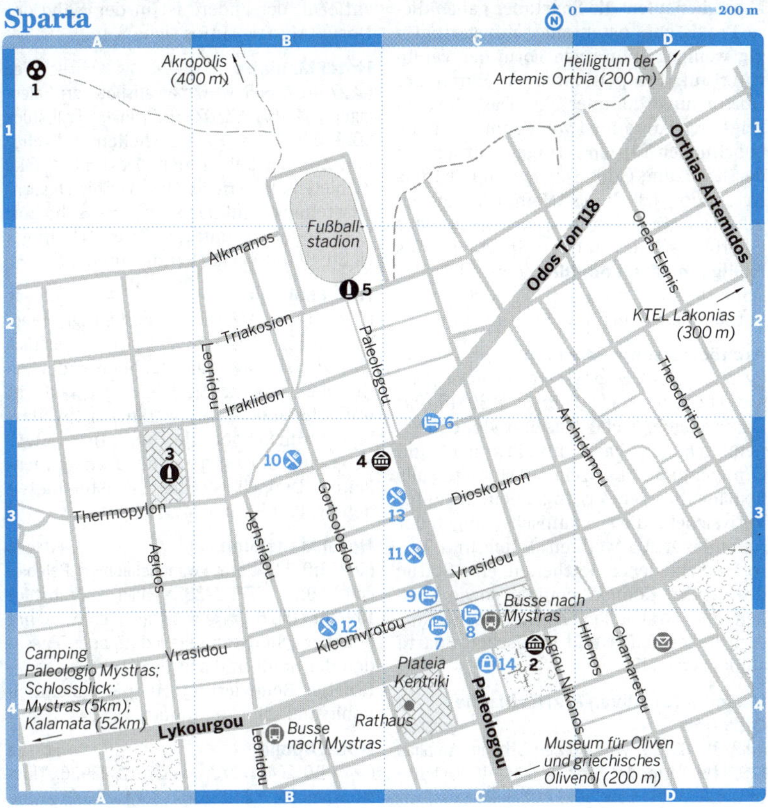

Der Kopfsteinpflasterweg führt nach Norden zur Akropolis (ein Teil davon ist abgesperrt), vorbei an der **Byzantinischen Kirche von Christus dem Erretter;** auf der Spitze des Hügels liegt das **Heiligtum der Athene Chalkioikos.** Hier wurden einige der wichtigsten Funde zutage gefördert, die heute im archäologischen Museum der Stadt ausgestellt sind. Von hier aus ist auch das Theater zu sehen bzw. zu besichtigen. Die Aussicht auf die schneebedeckten Gipfel des Taygetos-Gebirges ist atemberaubend.

Die Geschichte des **Heiligtums der Artemis Orthia** am nordöstlichen Rand der Stadt ist interessanter als die Fundstätte selbst. Wie die meisten Gottheiten der griechischen Mythologie besitzt auch die Göttin Artemis zahlreiche Gesichter; eine ihrer Erscheinungsformen war die Artemis Orthia. In der Frühzeit verehrte man diesen Aspekt der Göttin noch durch

Sparta

Sehenswertes
- 1 Antikes Theater A1
- 2 Archäologisches Museum C4
- 3 Heiligtum des Leonidas A3
- 4 Koumantarios-Kunstgalerie B3
- 3 Statue von König Leonidas B2

Schlafen
- 6 Hotel Apollo C3
- 7 Hotel Lakonia C4
- 8 Hotel Maniatis C4
- 9 Hotel Menelaion C3

Essen
- 10 AB Supermarket B3
- 11 Diethnes C3
- 12 Markt B4
- 13 Restaurant Elysse C3

Shoppen
- 14 Laikos Books C4

Menschenopfer. Die Spartaner gaben diese Praxis zugunsten einer nur geringfügig weniger grausamen Form der Verehrung auf: Sie peitschten zu Ehren der Göttin junge Männer aus. Das Museum zeigt eine Sammlung von Tonmasken, die bei rituellen Tänzen getragen wurden. An der Kreuzung Odos Ton 118 und Orthias Artemidos ist dieses Heiligtum ausgeschildert. Ein weiteres noch erhaltenes Überbleibsel des antiken Sparta ist das **Heiligtum des Leonidas,** obwohl weder seine Herkunft noch der Zweck, den es im antiken Sparta erfüllte, bekannt sind.

Archäologisches Museum MUSEUM

(☎27310 28575; Ecke Lykourgou & Agiou Nikonos; Erw./erm. 2/1 €; ⏲Di–So 8.30–15 Uhr) Das archäologische Museum steht in einem schönen Park mit Brunnen und Orangenhain. Es zeigt Artefakte aus Spartas illustrer Vergangenheit, darunter Votivsicheln, die spartanische Jungen der Artemis Orthia weihten, Köpfe und Torsos verschiedener Gottheiten, eine Statue des großen Königs Leonidas sowie Masken und Grabstelen. Auch Mosaike aus dem hellenischen und römischen Sparta sind ausgestellt.

Museum für Oliven & griechisches Olivenöl MUSEUM

(☎27310 89315; www.piop.gr; Othonos Amalias 129; Erw./ erm. 3/1.50 €; ⏲März–15. Okt 10–18 Uhr, 16. Okt.–Febr. 10–17 Uhr) Dieses fantastisch gestaltete Museum lässt in Bezug auf Oliven keine Fragen offen. Die informativen Erklärungen auf Englisch zeichnen die Geschichte der Olive von ihrem ersten Erscheinen im Mittelmeerraum bis in die heutige Zeit nach. Ausgestellt sind einige wundervolle alte Ölpressen sowie eine Reihe funktionierender Modelle, welche die Entwicklung der Presstechniken aufzeigen. Das Café unten im Haus serviert guten Kaffee.

GRATIS **Koumantarios-Kunstgalerie in Sparta** KUNSTGALERIE

(☎27310 81557; Paleologou 123; ⏲Mi–Sa & Mo 9–15, So 10–14 Uhr) Die kuriose Koumantarios-Galerie ist eine Zweigstelle der Nationalgalerie in Athen und zeigt eine Dauerausstellung mit 40 Gemälden sowie Wechselausstellungen.

Schlafen

Es gibt zwei Campingplätze in der Nähe: Der eine liegt 2 km vom Zentrum Spartas entfernt, der andere ist in der Nähe des Dorfes Mystra. (Infos siehe S. 192).

Hotel Maniatis HOTEL €€

(☎27310 22665; www.maniatishotel.gr; Paleologou 72-76; EZ/DZ/3BZ inkl. Frühstück 80/100/120 €; ❄📶) Diese hellen und schönen Zimmer haben mehr Designerstücke zu bieten als manche New Yorker Designausstellung, und der Service ist sehr gut. Das Spitzenrestaurant Zeus (Hauptgerichte 8–15 €) gehört zum Hotel.

Hotel Lakonia HOTEL €€

(☎27310 28951/2; www.lakoniahotel.gr; Paleologou 89; EZ/DZ/3BZ inkl. Frühstück 45/65/85 €; ❄📶) Die 32 hochmodernen Zimmer sind für die Schickeria gedacht und alles andere als spartanisch. Zweifarbige Stühle, Spotlights und Internetzugang sind nur ein paar der Annehmlichkeiten. Doppelt verglaste Fenster halten den Straßenlärm fern.

Hotel Menelaion HOTEL €€

(☎27310 22161-5; www.menelaion.gr; Paleologou 91; EZ/DZ/3BZ inkl. Frühstück 109/146/180 €; ❄@🏊) Das Gebäude hat eine der schönsten klassizistischen Fassaden der Stadt und seit der 2009 durchgeführten Renovierung ein paar ziemlich noble und schicke Zimmer.

Hotel Apollo HOTEL €

(☎27310 22491/2/3; Fax 27310 23936; Thermopylon 84; EZ/DZ/3BZ 35/45/60 €) Eine anständige, schlichte, aber feine Budgetunterkunft.

Essen

Zu den meisten größeren Hotels gehört ein Restaurant. Offensichtlich essen die Spartaner zu Hause, bevor sie dann abends in Scharen in die Cafés der Stadt strömen. Von den Speiselokalen an der Paleologou – von denen keines besonders hervorsticht – sind die folgenden beiden zwar „alte Schule", aber passabel.

Restaurant Elysse TAVERNE €

(☎27310 29896; Paleologou 113; Hauptgerichte 5,50–9,50 €; ⏲Mittag- & Abendessen) Das seit langer Zeit bewährte Lokal bietet herzhafte Hausmannskost, darunter auch einige lakonische Spezialitäten. Auch das beliebte französische Gericht *petit cochon aux aubergines* (Schweinefleisch mit Aubergine), eine moderne Version von dem, was die Spartaner gegessen haben sollen (was zumindest die Wirte behaupten).

Diethnes TAVERNE €
(☎27310 28636; Paleologou 105; Hauptgerichte 7–9 €; ⊙Mittag- & Abendessen) Der Laden läuft bereits seit über 60 Jahren (so alt scheint auch das Mobiliar zu sein), bietet aber solide einheimische Kost und hat nach hinten hin einen Garten.

Selbstversorger finden in Sparta gut sortierte Supermärkte in Hülle und Fülle. Der **AB Supermarkt** (Ecke Thermopylon & Gortsologlou) gegenüber vom Sparta Inn ist größer und besser sortiert als die meisten anderen. Außerdem wird ein **Markt** (Kleomvrotou) mit frischen Lebensmitteln veranstaltet.

Shoppen

Laikos Books (☎27310 23687; Paleologou 62) Gut für Landkarten und ausländische Zeitungen

Praktische Informationen

Cosmos Internet/Cosmote (Paleologou 34; pro Std. 2 €) Hier kann man im Netz surfen.

National Bank of Greece (Ecke Paleologou & Dioskouron) Hat einen Geldautomaten

Post (Archidamou 10; ⊙Mo–Fr 7.30–14 Uhr)

Touristenpolizei (☎27310 89580; Theodoritou 20)

An- & Weiterreise

Von Spartas gut organisiertem **Busbahnhof KTEL Lakonia** (☎27310 26441; an der Ecke Lykourgou & Thivronos) fahren Busse nach Athen (19,60 €, 3¼ Std., 8-mal tgl.) über Korinth (2 Std.), Gythio (4,30 €, 1 Std., 6-mal tgl.), Neapoli (14,20 €, 3 Std., 3- bis 4-mal tgl.), Tripolis (5,40 €, 1 Std., 4-mal tgl.), Geraki (4 €, 45 Min., 2- bis 3-mal tgl.) und Monemvasia (10 €, 2 Std., 4-mal tgl.).

Wer nach Kalamata (1 Std., 2-mal tgl.) möchte, muss in Artemisia (3,20 €, 40 Min., 2-mal tgl.) auf der Messenischen Seite des Langada-Passes umsteigen.

Fahrten auf die Halbinsel Mani sind mit den Bussen nach Gerolimenas (10,30 €, 2¼ Std., 3-mal tgl.), nach Areopoli (6,90 €, 2 Std., 4-mal tgl.) sowie mit dem 9-Uhr-Bus zu den Höhlen von Pyrgos Dirou (8 €) möglich; die Zeiten für die Rückfahrt können sich ändern.

Außerdem gibt es Busse nach Mystra (1,60 €, 30 Min., 11-mal tgl.). Zusteigen kann man auf dem Weg nach Mystra an der Haltestelle vor dem OTE-Gebäude an der Lykourgou oder an der Haltestelle an der Leonidou.

Mystra Μυστράς

Die eindrucksvollen Ruinen von Kirchen, Bibliotheken, Burgen und Palästen in der befestigten Stadt Mystra, einem Ort, der Teil der Welterbeliste ist, erstrecken sich auf einem Hügel im Vorfeld des Taygetos-Gebirges 7 km westlich von Sparta. Historisch betrachtet ist die Stätte eine der wichtigsten auf dem gesamten Peloponnes. Hier erlebte die künstlerische und intellektuelle Kultur des byzantinischen Reiches ihre letzte große Blütezeit, bevor es 1000 Jahre nach seiner Gründung schließlich von der osmanischen Armee überrannt wurde.

Achtung: Die meisten Einrichtungen für Touristen sind im Dorf Mystra zu finden, das sich etwa 1 km unterhalb der antiken Stätte befindet.

Geschichte

Der fränkische Fürst Gottfried von Villehardouin ließ die Festung im Jahr 1249 erbauen. Als die Byzantiner Morea von den Franken zurückerobert hatten, machte Kaiser Michael VIII. Palaiologos Mystra zur Hauptstadt und zum Regierungssitz. Auf der Suche nach Schutz vor den Slawen zogen Siedler aus den umliegenden Ebenen hierher. Von da an und bis sich Dimitrios im Jahr 1460 schließlich den Türken ergeben musste, residierte ein Despot von Morea (normalerweise war das ein Sohn oder Bruder des jeweiligen byzantinischen Kaisers) in Mystra und herrschte über Morea.

Während das Byzantinische Reich anderswo mehr und mehr verfiel, erlebte Mystra unter den Despoten eine Renaissance. Gemistos Plethon (1355–1452) gründete hier eine Schule für humanistische Philosophie. Deren aufgeklärtes Gedankengut, das beispielsweise die Lehren von Platon und Pythagoras wiederaufnahm, lockte Intellektuelle aus allen Gegenden des Byzantinischen Reiches an. Nachdem die Türken Mystra belagert hatten, zogen Plethons Schüler nach Rom und Florenz, wo sie einen bedeutenden Beitrag zur italienischen Renaissance leisteten. Darüber hinaus erlebten Kunst und Architektur eine Blüte, wie die herrlichen Gebäude und Fresken, die im Ort zu bestaunen sind, zeigen.

Unter türkischer Herrschaft verfiel Mystra zusehends, bis die Stadt nach ih-

Mystras

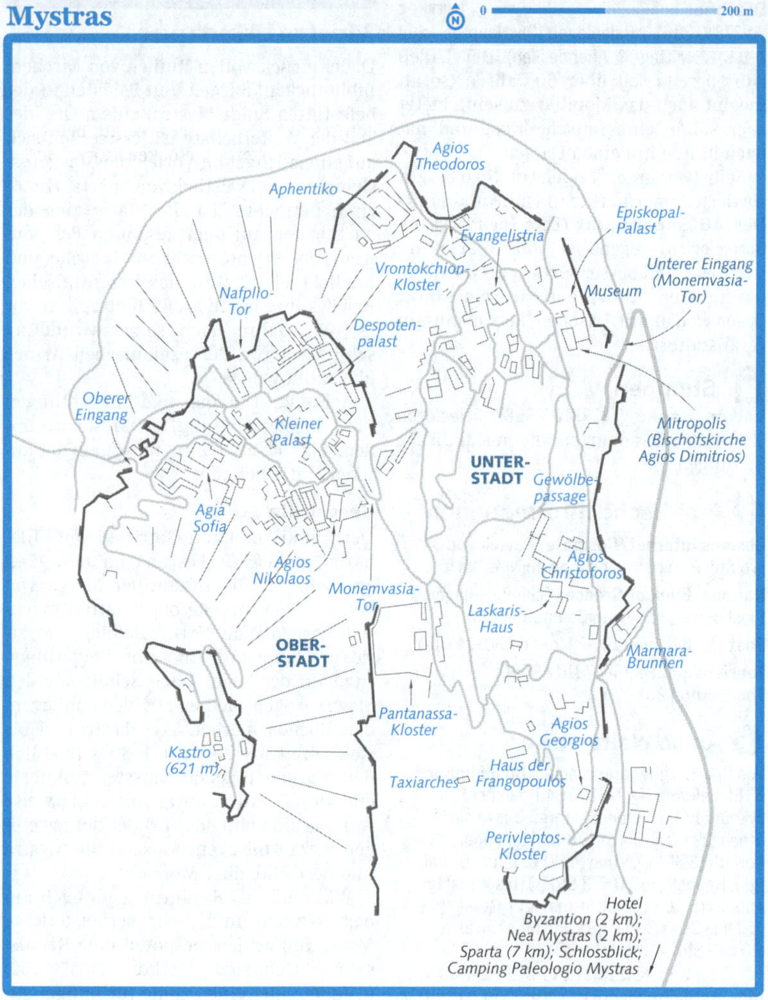

rer Einnahme durch die Venezianer im Jahr 1687 erneut eine Glanzzeit erlebte und eine florierende Seidenindustrie entwickelte. Die Bevölkerung wuchs auf 40 000 Einwohner an. Im Jahr 1715 fielen die Türken erneut ein, und ab da ging es steil bergab; 1770 brannten die Russen die Stadt nieder, 1780 die Albaner, und was dann noch übrig war, setzte Ibrahim Pascha im Jahr 1825 in Brand. Als Griechenland unabhängig wurde, war Mystra eine weitgehend verlassene Ruine. Seit den 1950ern sind Restaurierungsarbeiten in Gang, die bis heute andauern; im Jahr 1989 wurde die Statte zum Weltkulturerbe der UNESCO erklärt.

Sehenswertes

Ruinen von Mystra RUINEN

(27310 83377; Erw./erm. 5/3 €; Sommer 8–19.30 Uhr, Winter 8.30–15 Uhr) Man braucht mindestens einen halben Tag, um die Ruinen von Mystra zu erkunden. Vernünftige Schuhe und reichlich Wasser mitbringen. Die Stätte gliedert sich in drei Bereiche: das *kastro* (die Burg auf dem Gipfel), die *chora* (Oberstadt) und die *kato chora* (Unterstadt). Gleichgültig, in welcher Reihenfolge die Ruinen besichtigt werden – von oben nach unten oder umgekehrt –, anstrengend wird es allemal. Wer mit dem eigenen Auto kommt und von oben nach unten vorgeht, muss am Ende der Besichtigung wieder nach oben, zurück zum Auto. Eine Alternative wäre, zuerst die obere Hälfte zu besichtigen und dann nach unten zu fahren, um die untere Hälfte zu erkunden. Jedoch kommt man auf diese Weise nicht darum herum, ein Stück bergauf zu gehen; das Ticket berechtigt zum Wiedereintritt. Wer mit dem Taxi aus Sparta kommt, lässt sich am besten oben absetzen, damit er bergab gehen kann.

Kastro & Oberstadt

Gegenüber dem Kartenverkauf am oberen Eingang führt ein Weg zur Burg hinauf (ausgeschildert mit *kastro*). Sie wurde von den Franken erbaut und von den Türken erweitert. Der Weg vom Kartenhäuschen abwärts führt zur **Agia Sofia,** die als Palastkirche diente. In ihr sind einige Fresken erhalten geblieben. Von der Kirche aus führen Stufen hinunter zu einer T-Kreuzung.

Nach links geht's zum **Nafplio-Tor.** In der Nähe des Tores, das zur Zeit der Recherche wegen Restaurierung geschlossen war, befindet sich der riesige **Despotenpalast,** ein Komplex aus mehreren Gebäuden unterschiedlichen Alters.

Vom Palast schlängelt sich ein Kopfsteinpflasterweg hinunter zum **Monemvasia-Tor,** das den Eingang zur Unterstadt markiert.

Unterstadt

Durch das Monemvasia-Tor geht's rechts zum gut erhaltenen **Pantanassa-Kloster** aus dem 14. Jahrhundert. Es hat eine wunderschön verzierte Steinfassade und wird noch immer von Nonnen bewohnt, den einzigen Bewohnern Mystras. Das kunstvolle, perfekt proportionierte Gebäude wirkt nirgends überladen. Seine exquisiten, farbenprächtigen Fresken aus dem 15. Jahrhundert gehören zu den hervorragendsten Beispielen spätbyzantinischer Kunst. Unter der großen Ikone der Jungfrau Maria sollte man Ausschau halten nach den winzigen Votivgaben aus geprägtem Silber und Gold. Auf den winzigen Täfelchen sind Augen, Ohren, Arme, Beine, Brüste und sogar Häuser abgebildet, je nachdem für welche Probleme sich der Gläubige göttliche Hilfe erhofft; meist geht es um die Gesundheit. Von der Säulenterrasse an der Nordfassade bietet sich eine wundervolle Aussicht auf die vollkommen flache, intensiv bewirtschaftete Ebene von Lakonien. Die Nonnen bitten darum, vor dem Eintritt nackte Beine mit den bereitliegenden Röcken zu bedecken.

Der Pfad geht weiter abwärts zum **Perivleptos-Kloster** (⏲Sommer), das in einen Felsen gebaut wurde. Die Fresken aus dem 14. Jahrhundert in seinem Inneren sind, wie die in Pantanassa, praktisch vollständig erhalten geblieben. Die Kirche verfügt über eine sehr hohe Kuppel; in ihrem Zentrum befinden sich der von den Aposteln umgebene Christus Pantokrator (in der byzantinischen Vorstellungswelt war Christus ein allmächtiger Weltenherrscher) und die Jungfrau Maria, die von zwei Engeln flankiert wird.

Der Weg abwärts zur Mitropolis führt vorbei an der **Agios Georgios,** einer der vielen privaten Kapellen in Mystra. Weiter unten, links über dem Pfad, steht das **Laskaris-Haus,** ein typisch byzantinisches Wohnhaus.

Die **Mitropolis** (Kathedrale Agios Dimitrios) ist ein Gebäudekomplex, der von einer hohen Mauer eingefasst ist. Die ursprüngliche Kirche wurde um 1200 gebaut, aber im 15. Jahrhundert stark verändert. Sie steht in einem hübschen Hof, der von Stoen und Balkonen umgeben ist. Zu ihren beeindruckenden kirchlichen Ornamenten und Möbeln gehören eine Ikonostase aus Marmor, ein Holzthron mit feinen Schnitzereien und eine Bodenplatte aus Marmor, auf der ein zweiköpfiger Adler abgebildet ist. Dieses Symbol von Byzanz befindet sich genau an der Stelle, an der Kaiser Konstantin XI. gekrönt wurde. Außerdem sind einige herrliche Fresken erhalten geblieben. Das angrenzende kleine, aber moderne **Museum** beherbergt einige skurrile Ausstellungsstücke, darunter Frauenhaar, Knöpfe, Stickereien und andere alltägliche Gegenstände der Bewohner von Mystra.

Hinter der Mitropolis steht das **Vrontokhion-Kloster.** Früher war es das reichste Kloster Mystras und das Zentrum kultureller Aktivitäten. Außerdem wurden hier die Despoten bestattet. Von den beiden Kirchen, **Agios Theodoros** und **Aphentiko,** ist die Letztere mit ihren faszinierenden Fresken am beeindruckendsten.

Vor dem unteren Eingang von Mystra verkauft die *kantina* (mobiles Café) Snacks und Getränke.

Schlafen & Essen

Außer den folgenden Lokalen gibt's im Ort mehrere *domatia* und eine Reihe von Cafés und Tavernen.

Hotel Byzantion HOTEL €€
(☎27310 83309; www.byzantionhotel.gr; EZ/DZ/3BZ inkl. Frühstück 45/60/70 €;) Das im Zentrum der modernen Ortschaft Nea Mystras gelegene Hotel mit seinen 26 ansprechenden Zimmern bietet eine Alternative zur Übernachtung in Sparta. Das Management ist hilfsbreit, es gibt einen hübschen Garten nach hinten raus, und die hellen, erst kürzlich renovierten Zimmer haben einen Balkon, der einen schönen Blick auf das Tal und die Berge bietet. Es ist etwa 1 km von der Stätte entfernt.

Camping Paleologio Mystras CAMPINGPLATZ €
(☎27310 22724; Fax 27310 25256; Zeltplätze pro Erw./Zelt/Auto 7/4/4 €; ganzjährig;) Liegt 2 km westlich von Sparta und fast 4 km von der Ortschaft Mystra entfernt. Busse halten hier auf Wunsch.

Castle View CAMPINGPLATZ €
(☎27310 83303; www.castleview.gr; Zeltplätze pro Erw./Zelt/Auto 6/4/4 €, 2-Pers.-Bungalow 30€, April–Okt.;) Dieser Campingplatz bekommt von Lesern immer wieder ein positives Feedback. Er liegt etwa 1 km vor dem Dorf Nea Mystras inmitten von Olivenbäumen. Busse halten hier auf Wunsch.

An- & Weiterreise

Von Sparta fahren regelmäßig Busse nach Mystra (1,60 €, 30 Min., 11-mal tgl.). Ein Funktaxi von Sparta zum unteren Eingang von Mystra (Xenia Restaurant) kostet rund 12 €, zum oberen Eingang etwas mehr. Billiger ist es, ein **Taxi** (☎27310 25300) von Mystra aus zu nehmen, allerdings ist es hier manchmal schwer, eines zu erwischen.

Langada-Pass
Ορεινή Διάβαση Λαγκάδα

Die 59 km lange Straße von Sparta nach Kalamata gehört zu den eindrucksvollsten Strecken Griechenlands. Sie überquert das Taygetos-Gebirge über den Langada-Pass.

Die Straße beginnt ab dem Dorf **Trypi,** 9 km westlich von Sparta, deutlich anzusteigen; dort führt sie nämlich in die wilde **Langada-Schlucht.** Nördlich dieser Schlucht ist die Stelle, an der die antiken Spartaner die Babys aussetzten, die zu schwach oder missgebildet waren, um später als gute Soldaten ihr Leben zu lassen (S. 816).

Ab Trypi folgt die Straße dann dem Fluss Langada, bevor sie sich über eine Reihe von Haarnadelkurven nach oben schlängelt, um in ein geschütztes Tal einzumünden. Dies ist eine gute Stelle, um anzuhalten und unter den Platanen am Flussufer einen Spaziergang zu machen. Dann steigt die Straße wieder steil an, bis sie schließlich bei 1524 m den höchsten Punkt erreicht und unterwegs die Grenze von Lakonien nach Messenien überquert. Hier oben gibt es Übernachtungsmöglichkeiten. Die Fahrt hinunter nach Kalamata ist ähnlich atemberaubend.

Wer die Strecke mit dem Bus zurücklegen will, muss in Artemisia umsteigen, dem Ort, der auf messenischer Seite dem Gipfel am nächsten ist.

Wer ein Bett und etwas zu essen braucht, kann im freundlichen **Hotel Taygetos** (☎27210 99236; Fax 27210 98198; EZ/DZ/3BZ 30/40/50 €) einchecken. Es hat eine herrliche Lage ganz oben am Langada-Pass. Dazu gehört ein gutes Restaurant mit Spezialitäten, wie gebratene Ziege, Huhn in Rotwein und Hasen-*stifadho*. Von Sparta ist es 24 km entfernt.

Monemvasia & Gefyra
Μονεμβάσια & Γέφυρα

Das gewaltige, beeindruckende, spektakuläre Monemvasia ist das griechische Gegenstück zum französischen Mont Saint Michel. Diese perfekte Festung ragt auf einem Felsen auf, der wie ein Eisberg vor der Küste liegt und nur über einen einzigen, gut zu verteidigenden Damm zu erreichen ist. Die steilen Klippen erheben sich hoch über das Meer.

Heute umfasst Monemvasia sowohl den Felsen, dessen mittelalterliches Dorf sich innerhalb der Mauern des *kastro* befindet, als auch das moderne Dorf Gefyra auf dem Festland, das über den Damm zu erreichen ist. In den Sommermonaten wimmelt es an beiden Orten nur so von Besuchern. Glücklicherweise sind das außergewöhnliche Flair des mittelalterlichen Dorfes – und der Reiz, es zu erkunden – größer als die Effekte des Massentourismus. Der standhafte kommunistische Dichter Yannis Ritsos wurde hier geboren, und insgesamt wohnen hier nur sieben Menschen dauerhaft.

Von Gefyra aus ist nur wenig von der Festung zu sehen. Aber wer den Damm überquert und der Straße um den Felsen herum folgt, gelangt zu ihrem offiziellen Eingang, einem engen Tunnel, der durch eine massive Festungsmauer führt. Der Tunnel ist L-förmig angelegt, daher entzieht sich der magische Ort den Blicken, bis man am anderen Ende blinzelnd ins Freie tritt.

Geschichte

Bis zu einem Erdbeben im Jahr 375 n.Chr. war der Felsen von Monemvasia mit dem Festland verbunden. Der griechische Name bedeutet „einziger Zugang" (*moni* – einzeln, *emvasia* – Eingang), da es nur eine Möglichkeit gibt, in die mittelalterliche Stadt zu gelangen.

Während der Überfälle der Barbaren im 6. Jahrhundert waren die Menschen in der Umgebung gezwungen, sich in diese natürliche Felsenfestung zurückzuziehen. Im 13. Jahrhundert wurde der Ort zum wichtigsten Handelszentrum des byzantinischen Morea und bildete damit das Gegenstück zu Mystra, dem spirituellen Zentrum. In Europa war Monemvasia vor allem wegen seines Weins berühmt, dem hoch geschätzten Malvasier.

In den folgenden Jahrhunderten fielen dort die Franken, Venezianer und Türken ein. Im Unabhängigkeitskrieg wurden die türkischen Bewohner massakriert, nachdem sie sich nach dreimonatiger Belagerung ergeben hatten.

Sehenswertes

Kastro – Mittelalterliche Stadt
HISTORISCHES GEBIET

„In dieser Stadt bekommt man alles, was man sich nur wünschen kann – nur kein Wasser."
Türkischer Reisender des 18. Jhs.

Die engen Kopfsteinpflastergassen sind von Souvenirläden und Tavernen gesäumt. Ein Netz von Treppen schlängelt sich zwischen den Steinhäusern mit ihren ummauerten Gärten und Höfen nach oben. Die Hauptstraße führt zum zentralen Platz und zur **Kathedrale Christos Elkomenos** (Christus in Ketten) aus dem 13. Jahrhundert Gegenüber steht die im Jahr 956 erbaute **Kirche Agios Pavlos.** Ein Stück weiter an der Hauptstraße folgt die **Kirche Myrtidiotissa.** In der Ruine flackert trotzig eine Kerze auf dem kleinen Altar. Über dem Meer steht die kürzlich restaurierte, weiß getünchte Kirche **Panagia Chrysafitissa** aus dem 16. Jahrhundert.

Am Hauptplatz weist ein Schild zu den Treppenstufen, die links zur **Festung** und zur **Oberstadt** hinaufführen. Abgesehen von der Kirche **Agia Sofia,** die auf einer steilen Klippe thront, ist die Oberstadt heute ein großes und faszinierend ungeordnetes Ruinenfeld.

GRATIS **Archäologischs Museum** MUSEUM
(☎27320 61403; ⏲Winter Di–So 8.30–15 Uhr, Sommer Di–So 8–20 Uhr) Das kleine Museum zeigt eine detaillierte Karte von Monemvasia, anhand derer man sich gut orientieren kann. Außerdem beherbergt es Fundstücke, die bei Ausgrabungen oder Bautätigkeiten in der Altstadt zutage gefördert wurden. Glanzstück der Ausstellung ist das **Templon** (Altarschranke) aus einer Kirche des 11. Jahrhunderts, die beim Tor zum Meer stand. Bemerkenswert sind außerdem noch ein Marmortürrahmen aus der Kirche Agia Sofia sowie zahlreiche schöne Keramiken.

Schlafen

Im *kastro* selbst gibt es zwar keine besonders günstigen Unterkünfte, aber in Anbetracht der außergewöhnlichen Lage bieten einige Hotels eine ganze Menge für ihr Geld, wo sonst auf der Welt kann man in bzw. so nahe bei einer Weltkulturerbestätte übernachten? Die Preise sind hier alles andere als in Stein gemeißelt, je nach Angebot und Nachfrage können sie sich drastisch ändern. Die Hotels selbst sind nahezu identisch: im Boutiquestil eingerichtet, hübsch in Holz möbliert und in den Farben gedämpft.

Wer vorhat, auf dem spärlich beleuchteten *kastro* mit seinen Kopfsteinpflasterwegen zu übernachten, sollte eine Taschenlampe und vernünftige Schuhe mitbringen.

Wem das *kastro* zu teuer ist, der findet in Gefyra billigere Hotels und zahlreiche *domatia.*

LP TIPP Monopati Rooms & Apartments
DOMATIA €€

(☎27320 61772; www.byzantine-escapade.com; Monemvasia; Apt. 70–85 €, „kleines Haus" 110–140 €) Diese beiden Steinhäuser strahlen persönlichen Charme aus, genauso wie die Besitzer. Sie sind mit sicherem Stilgefühl eingerichtet, und sowohl die Wohnungen als auch das Haus verfügen über eine kleine Küche. Die Preise variieren je nach Anzahl der Übernachtenden. An Ostern, im Juli und im August sind sie ein wenig höher. Das Frühstück (6 €) kann man sich wo und wann man möchte servieren lassen.

Hotel Byzantino
HOTEL €€

(☎27320 61254/351; Monemvasia; EZ/DZ/3BZ 60/100/120 €; ❄) Ein hilfsbereites, Englisch sprechendes Management ist zuständig für die sehr eleganten, stimmungsvollen Zimmer, die alle mit Antiquitäten eingerichet sind und über mehrere historische Gebäude verteilt sind. Manche haben einen Balkon zum Meer hin, andere nicht, doch diese sind im Sommer erfreulich kühl. Das Frühstück kostet 6 €.

Malvasia Hotels
HOTEL €€

Die Malvasia-Häuser sind so vielfältig wie ihr Preissystem; die Preise sind je nach Art des Zimmers und – wie bei allen Unterkünften in Monemvasia – nach der Jahreszeit unterschiedlich. Hinter **Malvasia (Stellaki)** und **Malvasia (Ritsou)** (☎27320 61160; malvasia@otenet.gr; Monemvasia) verbergen sich sehr schöne und unterschiedliche Zimmer in allen Größen und Formen, die über das ganze Dorf verteilt sind. Die Zimmerpreise beginnen bei etwa 60 € (DZ) mit Frühstück in den Zimmern etwas älteren Stils, und 80 bis 90 € in den restaurierten Häusern. Inzwischen gibt's das **New Malvasia** (☎27230 63007/8; www.malvasia-hotel.gr; Zi inkl. Frühstück 85–120 €), das in jeder Hinsicht etwas einfacher ist – die Zimmer sind modern und im Stil eines Motels eingerichtet. Es liegt ganz am Ende des Dorfes.

Hotel Lazareto
HOTEL €€€

(☎27320 61991; www.lazareto.gr; Monemvasia; EZ 135 €, DZ 160–205 €, Suite 380 €; ❄) Liegt außerhalb der Festungsmauern am Eingang zum Felsen vor dem Damm und ist in den schönen Steinbauten eines ehemaligen Quarantänehospitals untergebracht. Das Lazareto ist das luxuriöste Hotel in dieser Gegend. Die Einrichtung der gut ausgestatteten Zimmer ist stilvoll und elegant. Allerdings muss man auf seinen Kopf achten – die Türrahmen sind für kleine Menschen gemacht. Im Preis ist das Frühstück inbegriffen.

Ardarmis
HOTEL €€

(☎27320 61887; www.ardamis.gr; Monemvasia; DZ 160 €, 4BZ 250–450 €) Besonders beliebt bei griechischen Urlaubern. In den Zimmern verschmilzt Altes mit Modernem, es gibt hier eine bizarr anmutende Beleuchtung, um der Architektur des Raumes Akzente zu verleihen. Die Besitzer sind freundlich, und ein idyllischer Garten bietet eine Abwechslung vom Meerblick.

Hotel Akrogiali
HOTEL €

(☎27320 61360; Gefyra; EZ/DZ mit Dusche 40/45 €) Das einfache, aber makellose Hotel neben der National Bank of Greece an der Spartis hat die günstigsten Zimmer im gesamten Ort.

Essen

Taverna Trata
MEERESFRÜCHTE €€

(Gefyra; Hauptgerichte 5–10 €, Fisch pro kg 45–60 €) Auf der rechten Seite, gleich, nachdem man den Damm in Richtung Gefyra überquert hat. Von der Decke hängende Möwen und Segelschiffmodelle thematisieren das Meer – das Restaurant ist für seine Fischgerichte berühmt.

Tavernas
GRIECHISCH €

Drei Tavernen liegen in Monemvasias Altstadt dicht nebeneinander: **Matoula** (☎27320 61660), **Marianthi** (☎27320 61371) und **To Kanoni** (☎27320 61387). Bei allen dreien kann man nichts falsch machen, es sei dann, man hat etwas gegen Dorfkatzen – die Entscheidung am besten anhand der Gerichte (alle traditionell griechisch) oder nach dem Ambiente treffen. Die Hauptgerichte kosten etwa 8 bis 14 €.

Selbstversorger finden alles, was sie brauchen, im Lefkakis Supermarkt gleich hinter der Post in Gefyra.

Praktische Informationen

Alle wesentlichen Einrichtungen befinden sich in Gefyra. Die Hauptstraße, 23 Iouliou, führt vom Damm an der Küste entlang nach Süden. Die Spartis führt an der Küste entlang nach Norden und geht in die Straße nach Molai über.

In Gefyra halten die Busse vor dem Reisebüro Malvasia Travel, kurz vor dem Damm. Mehrere Geldautomaten und das **Postamt** (⏲Mo–Fr 7.30–14 Uhr) sind gleich gegenüber. Die **Polizei** (☎27320 61210; Spartis 137) befindet sich in einem der wenigen Gebäude der Stadt, die eine Hausnummer haben.

An- & Weiterreise

Busse fahren vor **Malvasia Travel** (☎27320 61752; malvtrv@otenet.gr) ab, direkt am Damm in Geyfra; Malvasia verkauft auch Tickets. Es gibt Busse nach Athen (30 €, 6 Std., 4- bis 5-mal tgl.) über Sparta (10 €, 2½ Std.), Tripolis (15,50 €, 3½ Std.) und den Isthmus von Korinth (22,90 €, 4½ Std.).

Unterwegs vor Ort

Das mittelalterliche *kastro* von Monemvasia ist für Autos und Motorräder gesperrt, sie können aber über den Damm fahren. Parken ist außerhalb der Altstadt an der schmalen, um den Felsen führenden Straße möglich. Manchmal ist es sinnvoller, in Gefyra zu parken, um das Gedränge zu meiden.

Zwischen Geyfra und dem *kastro* verkehrt ein **Shuttlebus** (⌚Juni–Sept., Weihnachten & Ostern 8–24 Uhr).

Autos können bei **Kypros Rent a Car** (☎6934609700; www.kypros-rentacar.gr, houtris@otenet.gr) gemietet werden.

Neapoli Νεάπολη

2727 EW.

Neapoli befindet sich 42 km südlich von Monemvasia an der Südspitze des östlichen Fingers des Peloponnes. Obwohl die Stadt an einer großen, hufeisenförmigen Bucht liegt, ist sie eher nüchtern und wenig reizvoll. Die meisten Besucher aus dem Ausland kommen nur nach Neapoli, um mit der Fähre auf die Insel Kythira zu fahren, die man von der Küste aus deutlich erkennen kann.

Die Westflanke der Bucht bildet die kleine Insel **Elafonisi**, die für ihre weißen Strände, die sonnenbadenden Nudisten und die Unechten Karettschildkröten *(Caretta caretta)*, die hier vorbeikommen, bekannt ist. Fahrplanmäßige **Fähren** (☎27340 61061; pro Person/Auto 1/10€) verkehren von dem kleinen, etwa 13 km westlich von Neapoli gelegenen Hafen Viglafia aus in zehn Minuten dorthin.

Hotel Aivali (☎27340 22287; www.aivali-neapoli.gr; Akti Voion 164; DZ 50 €; ❄📶) ist ein kleines Familienhotel in idealer Lage direkt am Meer und in der Nähe des Fähranlegers nach Kythira.

Am Ufer gibt es zahlreiche gut besuchte *ouzerien* (Lokale, in denen Ouzo und Häppchen angeboten werden); sie servieren eine lokale Spezialität: köstlichen gegrillten Oktopus.

Täglich verkehren zwei Fähren von Neapoli nach Diakofti auf Kythira (11 €, 1¼ Std.). Tickets verkauft die **Vatika Bay Shipping Agency** (☎27340 24004), 350 m vor der kleinen Brücke. Der Laden ist ziemlich schwierig zu finden.

Busse von **KTEL** (☎27340 23222) fahren von Neapoli nach Athen (34 €, 3-mal tgl.) über Sparta (14,80 €, 3 Std., 3-mal tgl.) und Molai (7 €, 1¼ Std.). In Molai in die Busse nach Monemvasia umsteigen.

Rent a Moto Elafonisos (☎27340 61377, 6981238633) könnte eine nützliche Adresse sein, für alle, die vorhaben, Elafonisi zu besuchen.

DIE HÖHLE VON KASTANIA ΣΠΗΛΑΙΟ ΚΑΣΤΑΝΙΑ

Die wunderschöne **Höhle von Kastania** (☎27343 22226; ⌚Sa & So 10–15 Uhr, Juli & Aug. tgl.; Erw./erm. 7/3 €), am Ende einer Straße gelegen, die sich in spektakulären Windungen über 17 km nordöstlich von Neapoli erstreckt (eine halbe Stunde muss einkalkuliert werden), enthält eines der besten Beispiele von seltenen Stalaktiten und Stalagmiten in Europa. Die Stalaktiten sind schätzungsweise rund drei Millionen Jahre alt; ein Stalaktit braucht hundert Jahre, um einen Zentimeter zu wachsen. Besucher können 1500 Quadratmeter Stalaktiten bestaunen, während sie auf dem erhöhten und beleuchteten, 300 m langen Rundweg gehen. Große Bereiche der Höhle sind noch nicht erforscht.

Englischsprachige Führungen beginnen stündlich (letzte Tour 14.30 Uhr). Der auswendig heruntergeleiterte Text des Guides kann wissenschaftlich Interessierte nicht zufriedenstellen; die Informationen beschränken sich eher auf komische Ähnlichkeiten der Formationen als auf geologische Fakten. Aber man sollte sich deswegen nicht von dem Ehrfurcht gebietenden Ausblick ablenken lassen.

Der lokalen Überlieferung zufolge wurde die Höhle um die Jahrhundertwende entdeckt, als ein Bauer bemerkte, dass Bienen in einer Felsspalte verschwanden und erfrischt wieder herausflogen. Weil er Wasser benötigte beschloss er, die Spalte weiter zu öffnen – auf diese Weise entdeckte er die Höhle. Jahrzehntelang holte er hier sein Wasser, bevor ihm in den 1950er-Jahren die Bedeutung seines Fundes bewusst wurde.

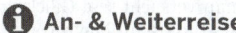

Die Höhle wurde 2004 für Besucher geöffnet. Offenbar wurde viel Forschungsarbeit betrieben, um die Auswirkungen des Besucherstroms auf die Höhle gering zu halten, aber die Tatsache ist schwerlich zu ignorieren, dass der Rundweg und die Treppen Formationen zerstörten.

Gythio Γύθειο

4489 EW.

Gythio, einst der Hafen des antiken Sparta, ist das Tor zur lakonischen Halbinsel Mani. An der belebten Uferpromenade des reizvollen Fischerdorfs stehen pastellfarbene Gebäude aus dem 19. Jahrhundert. Hinter ihnen liegen verfallende türkische Häuser und marode Straßen an einem steilen, bewaldeten Hügel.

◉ Sehenswertes & Aktivitäten

Insel Marathonisi HISTORISCHES GEBIET

Der griechischen Mythologie zufolge, ist die ruhige Insel Marathonisi mit ihren schattigen Pinienhainen das antike Kranae, der Ort, an dem die Affäre zwischen Paris (Prinz von Troja) und Helena (Frau des Menelaos) begann, die den Trojanischen Krieg auslöste. Der **Tzanetakis-Grigorakis-Turm** in der Mitte der Insel beherbergt ein kleines **Museum zur Geschichte der Mani** (Erw./erm. 2/1 €; ◷8–14.30 Uhr). Es zeigt maniotische Geschichte, gesehen mit den Augen europäischer Reisender, welche die Halbinsel zwischen dem 15. und 19. Jahrhundert bereisten. Wer sich für Architektur interessiert, findet im ersten Stock eine faszinierende Sammlung von Plänen der Burg und der maniotischen Wehr- und Wohntürme.

Antikes Theater RUINEN

Das kleine, aber gut erhaltene antike Theater von Gythio ist neben einem Militärstützpunkt am nördlichen Ortsrand zu finden. Ab der Ermou ist es ausgeschildert; der Arheou Theatrou (nach der Post rechts abbiegen) folgen. Wer hinter dem Theater den Hügel hinaufklettert, gelangt zur sehenswerten **antiken Akropolis,** die ganz und gar überwuchert ist. Ein Großteil des antiken Gythio ist im nahen Lakonischen Golf versunken.

Strände STRAND

An den 6 km langen Sandstränden, die sich 2 km südlich von Gythio ab dem Dorf Mavrovouni erstrecken, kann man gefahrlos schwimmen.

🛏 Schlafen

Am Ufer stehen jede Menge *domatia*-Schilder, oder man versucht sein Glück in einem der vielen Studios am Mavrovouni-Strand.

Saga Pension HOTEL €

(☑27330 23220; www.sagapension.gr; Kranais; DZ 50 €; ❄) Das ist eine ordentliche, preiswerte Bleibe mit Balkonen. Sie ist 150 m vom Hafen entfernt, mit Blick auf die Insel Marathonisi. Das Restaurant Saga im Parterre gehört zur gehobenen Kategorie (Hauptgerichte 9–15 €, Fisch pro kg 40–60 €). Frühstück 5 €.

Matina's PENSION €€

(☑27330 22518; DZ/3BZ 60/65 €) Etwas zu teuer, was die Zimmer angeht, aber es ist sauber und komfortabel und hat eine großartiger Lage mitten in der Stadt. Die Wirtin Matina spricht kein Englisch, ist dafür aber sehr freundlich.

Camping Meltemi CAMPINGPLATZ €

(☑27330 23260; www.campingmeltemi.gr; am Strand von Mavrovouni; Zeltplätze pro Erw./Zelt/Auto 6/5/4 €, Bungalows 40–60 €; ◷April–Okt.) Sehr gut organisiert und der beste der drei Campingplätze in Mavrovouni. Er befindet sich 3 km südwestlich von Gythio und liegt direkt am Strand, im Schatten von 3000 gut gepflegten Olivenbäumen. Es gibt Bungalows mit Küche, Klimaanlage und TV. Die Busse nach Areopoli halten vor dem Eingang.

Xenia Karlaftis Rooms to Rent PENSION €

(☑27330 22719, 27230 22991; EZ 25 €, DZ & 3 BZ 40 €) Diese Budget-Unterkunft ist etwas abgewohnt, liegt aber ideal gegenüber von Marathonisi. In der Gemeinschaftsküche gibt's einen Kühlschrank und einen kleinen Herd, auf dem Tee und Kaffee zubereitet werden können.

🍴 Essen

Fischgerichte und Meeresfrüchte sind hier ganz klar die erste Wahl. Im Hafengebiet reiht sich ein Fischrestaurant an das andere. Vor allem die Insel Kranai wird für Touristen wegen der Kellner, die aufdringlich um Kundschaft werben, häufig zum Spießrutenlauf.

Palai (o) Polis TAVERNE €

(☑27330 23322; Irakeous 10; Hauptgerichte 6–14 €; ◷Mittag- & Abendessen) Gythios neuester Zuwachs ist beliebt, schon allein wegen seiner Ausstattung – tradtionelle Objekte und Leuchter sind typisch griechisch. Unter den Tagesspezialitäten findet jeder etwas. Den Besitzer nach der Bedeutung des Namens fragen.

Poulikakos Restaurant-Grill TAVERNE €
(☎27330 22792; Hauptgerichte 6–14 €, Fisch pro kg 40–60 €) Auch in diesem Restaurant gilt: Wer die traditionelle Küche liebt, bestellt sich am besten eine der griechischen Spezialitäten. Die Ausstattung ist schlicht, die Portionen sind gigantisch, die Qualität ist gut – und die Preise sind angemessen.

Taverna O Potis TAVERNE €
(☎27330 23245; Hauptgerichte 8–10 €; ⊙April–Okt., Do geschl.) Dieses Lokal in Schiffsform gegenüber der Insel Marathonisi hat eine blitzsaubere Küche und üppige Portionen, die Einheimische in Scharen anlocken.

Empfehlenswerte Supermärkte für Selbstversorger sind **Kourtakis** (Irakleos) um die Ecke vom Busbahnhof und **Karagiannis** (Ecke Vasileos Georgiou & Orestou).

Prakische Informationen

EOT (☎/Fax 27330 24484; Vasileos Georgiou 20; ⊙Mo–Fr 8–14.30 Uhr) Die Touristeninformation erinnert an den Monty-Python-Sketch im Käseladen: Wonach man auch fragt, man bekommt nichts. Das ist selbst für EOT-Standards erbärmlich.

Polizei (☎27330 22100; Akti Vasileos Pavlou)

Post (Ecke Ermou & Arheou Theatrou)

An- & Weiterreise

Bus

Der **Busbahnhof KTEL Lakonia** (☎27330 22228; Evrikleos) befindet sich im Nordwesten am Wasser, gleich beim Café Jande. Es gibt Busverbindungen in Richtung Norden nach Athen (23,80 €, 4½ Std., 6-mal tgl.) oder über Sparta (4,30 €, 1 Std.) und Tripolis; in Richtung Süden nach Areopoli (2,60 €, 30 Min., 4-mal tgl.), Gerolimenas (6 €, 1¼ Std., 3-mal tgl.), zu den Diros-Höhlen (3,70 €, 1 Std., 1-mal tgl.) und nach Vathia (6,80 €, 1½ Std., 1-mal wöchentl.).

Das hilfsbereite Personal erklärt, wie man von Gythio aus an einem Tag die Mani am besten kennenlernt. Nach Kalamata zu fahren kann verzwickt werden; man muss entweder in Itilo (3,80 €, 45 Min.) oder Sparta einen Anschlussbus erreichen. Nach Itilo fahren täglich (5 und 13 Uhr) außer sonntags zwei Busse (beim 13-Uhr-Bus muss man eventuell in Areopoli umsteigen). Nach Monemvasia in Sparta umsteigen.

Schiff/Fähre

LANE Lines (www.lane.gr, griechisch) betreibt im Sommer nur eine wöchentliche Fähre nach Kreta über Kythira und Antikythira. Über den ständig wechselnden Fahrplan gibt **Rozakis Travel** (☎27330 22207; rozakis-agency@hol.gr) am Hafen in der Pavlou 5 Auskunft.

Unterwegs vor Ort

Moto Makis (☎27330 25111; Kranais) vermietet Mopeds und Motorroller.

Rozakis Travel (☎27330 22207; rozakis_agency@hol.gr) vermietet Autos.

Taxis (☎27330 23400) Taxis stehen gegenüber vom Busbahnhof.

DIE MANI

Die Mani (Η Μάνη), die mittlere Halbinsel im Süden des Peloponnes, ist eine unwegsame, raue Region; und Griechen aus anderen Landesteilen behaupten, so seien auch ihre Bewohner. Der Ruf der Bewohner der abgelegenen inneren Mani war so schrecklich, dass potenzielle Eroberer sie lieber in Ruhe ließen.

Jahrhundertelang lebten die Manioten nach ihren eigenen Gesetzen. Sie waren dafür bekannt, dass sie ihre geliebte Unabhängigkeit mit Zähnen und Klauen verteidigten, dass sie es übelnahmen, wenn jemand sie beherrschen wollte, und dass sie untereinander erbitterte, spektakuläre Blutfehden austrugen. Überall im Land – besonders in der inneren Mani – trifft man auf Siedlungen mit Wohn- und Wehrtürmen, die während der Familienfehden ab dem 17. Jahrhundert als Rückzugsorte erbaut wurden.

Zum Glück gehören diese Fehden, von denen einige von ganzen Armeen beigelegt werden mussten, inzwischen längst der Vergangenheit an, und die Manioten sind so nett und gastfreundlich wie alle anderen Griechen auch. Die Architektur besteht jedoch fort: Die Manioten halten an ihren Natursteinfassaden fest, und momentan kann man sogar von einem kleinen Bau-Boom sprechen.

Es lohnt sich, die Region in die Reiseplanung mit einzubeziehen. Die steil abfallenden Ausläufer des Taygetos-Gebirges (durchzogen von herrlichen Wanderwegen) und die kleinen Buchten und Häfen zwischen ihnen bilden zusammen eine spektakuläre Landschaft, die man nicht so schnell vergisst. Abgesehen von den Wohntürmen gibt es auch wunderbare Kirchen und Höhlen.

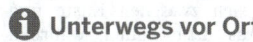

Die Mani wird im Allgemeinen in die Messenische (oder äußere) und die Lakonische (innere) Mani unterteilt. Die Messenische Mani beginnt südöstlich von Kalamata und zieht sich zwischen Küste und Taygetos-Gebirge nach Süden, während die Lakonische Mani den Rest der Insel südlich von Itilo bedeckt.

Jeder Besucher der Mani sollte sich unbedingt eine Ausgabe von *Mani. Reise ins unentdeckte Griechenland* von Patrick Leigh Fermor besorgen, eine lebhafte und äußerst lehrreiche Beschreibung des Gebiets, der Autor liebte die Gegend so sehr, dass er sich dort niederließ. Eifrige Entdecker sollten in den Läden vor Ort nach den englischen Büchern *Inside The Mani: A Walking Guide* von Mat Dean und *The Mani* von Bob Barrow und Mat Dean fragen. Die Bücher enthalten eine Unmenge wertvoller Tipps und Informationen zu Wanderrouten und zu den Dörfern, Wohntürmen und Kirchen der Region. Lesenswert ist außerdem *Deep into Mani* von Eliopoulis und Greenhold.

Geschichte

Die Bewohner der Mani betrachten sich als die direkten Nachfahren der Spartaner. Nach dem Niedergang Spartas zogen sich die Bürger, die sich den Gesetzen Lykurgs, der die spartanische Verfassung schuf, verpflichtet fühlten, lieber in die Berge zurück, als sich fremden Eroberern zu beugen. Später stießen Flüchtlinge zu ihnen, die unter den Besatzungsmächten litten. Alle zusammen wurden Manioten genannt, und das Wort „Maniot" ist von alters her gleichbedeutend für Mut und Tapferkeit.

Die Manioten behaupten von sich, die einzigen Griechen zu sein, die sich niemals einer Fremdherrschaft gebeugt haben. Das mag vielleicht ein wenig übertrieben sein, aber immerhin genossen sie stets eine gewisse Unabhängigkeit und hielten an ihrer Lebensweise fest. Bis zur Unabhängigkeit Griechenlands lebten die Manioten in Familienclans, die jeweils von einem Oberhaupt angeführt wurden. Fruchtbares Land war so rar, dass erbittert darum gekämpft wurde. Blutfehden gehörten zum täglichen Leben, und die Familien errichteten Wohn und Wehrtürme als Zufluchtsorte.

Selbst die Türken scheiterten bei dem Versuch, die Manioten zu unterwerfen, die sich mit Feuereifer am Unabhängigkeitskrieg beteiligten. Nach dem Jahr 1834 wurden sie jedoch Teil des neuen Königreichs und gaben ihre Unabhängigkeit nur sehr widerwillig auf.

Lakonische Mani

Graue Felsen, die nur von ein paar standhaften grünen Büschen unterbrochen werden, charakterisieren die an Schottland erinnernden Berge der inneren Mani. Kultivierbares Land ist knapp, hier wachsen allenfalls ein paar kümmerliche Oliven- und Feigenbäume. Die Wildblumen, die im Frühling die Täler bedecken und aus den Felsspalten sprießen, zeigen die Widerstandsfähigkeit der Natur.

Die zerklüfteten Klippen an der Küste fallen steil zum Meer ab, und felsige Landzungen schützen die Kiesstrände. Die wilde, karge Naturlandschaft wird lediglich von strengen, eindrucksvollen Wohntürmen unterbrochen, von denen inzwischen eine ganze Reihe restauriert ist. Noch immer erheben sie sich wie stumme Wächter über der Landschaft.

Mit dem eigenen Fahrzeug kann die Mani über die gewundene Straße erkundet werden, die an der Westküste vom Hauptort Areopoli bis nach Gerolimenas führt; zurück führt dann die Strecke an der Ostküste entlang (oder umgekehrt). Es gibt zwar öffentlichen Nahverkehr, doch nur ziemlich eingeschränkt.

AREOPOLI ΑΡΕΟΠΟΛΗ

774 EW.

Areopoli ist der Hauptort der Mani. Der Name geht passenderweise auf den Kriegsgott Ares zurück. Den Hauptplatz, die Plateia Athanaton, dominiert eine Statue von „Petrobey" Petros Mavromichalis, der die Manioten zum Aufstand gegen die Türken aufrief. Zur selben Familie gehörten Konstantinos und Georgios Mavromichalis (1765–1848), die Kapodistrias ermordeten. In dem Ort gibt es zahlreiche weitere Zeugnisse seiner bewegten Vergangenheit.

Sehenswertes & Aktivitäten

Kirchen HISTORISCHE GEBÄUDE

In den engen Gassen um die Plateia 17 Martiou stehen einige schöne Beispiele maniotischer Architektur.

Zuerst die Kirche **Taxiarhes** aus dem 18. Jahrhundert an der Südseite des Platzes: Durch den vierstöckigen Glockenturm wird sie zur bedeutendsten unter den Kirchen des Ortes. Die Reliefdarstellungen über dem Haupteingang sind besonders gut erhalten. Die weit ältere Kirche **Agios Ioannis** am Südrand des Ortes beherbergt einen Freskenzyklos, der das Leben Jesu darstellt. Sie wurde von der Familie Mavromichalis erbaut.

Wohntürme HISTORISCHE GEBÄUDE

Es gibt auch zahlreiche Wohntürme – einige davon sind in miserablem Zustand, andere sind in schicke Wohnungen umgewandelt worden. Der **Mavromihalis-Turm** (Tzani Tzanaki) im Süden der Plateia 17 Martiou war einst der mächtigste Wohnturm im Ort. Heute ist er jedoch in bedauernswertem Zustand.

Am Südrand des Ortes (nach dem Weg fragen) befindet sich das **Pikoulakis-Wohnturm-Museum** (www.culture.gr; Eintritt frei; ⏲Di–So 8.30–14.30 Uhr), dessen Besuch ein absolutes Muss ist. Es ist in einem restaurierten Turm untergebracht und umfasst erlesene byzantinische Objekte, die aus maniotischen Kirchen stammen, darunter auch schöne Handschriften und Schmuck.

Wanderwege WANDERN

In der Umgebung gibt es einige hervorragende Wanderstrecken; Wanderer sollten einen Kompass und die geeignete Ausrüstung haben, da die Wege vielleicht nicht gut in Schuss sind.

Schlafen

Londas Pension DOMATIA €€

(☎27330 51360; www.londas.com; DZ/3BZ inkl. Frühstück 80/110 €) Dieser 200 Jahre alte Turm ist unbestritten König des Schlosses: stilvolle, weißgetünchte Zimmer, in deren Einrichtung Antikes mit Modernem geschmackvoll verbunden ist. Das kleine rostige Schild in der Nähe der Kirche Taxiarhes ist nicht einfach zu entdecken.

Hotel Trapela HOTEL €€

(☎27330 52690; www.trapela.gr; EZ/BZ/3BZ 60/80/90 €; ❄) Dieses kleine 12-Zimmer-Hotel wird als „neues Hotel im traditionellen Stil" angepriesen – und das ist es in der Tat. Die komfortablen Holz-und-Stein-Zimmer sind in geschmackvollen gedämpften Farben gehalten. Das Design orientiert sich am maniotischen Stil.

Areos Polis Boutique Hotel BOUTIQUEHOTEL €€

(☎27330 51028; www.areospolis.gr; EZ/BZ/3BZ 45/70/95 €) Dieses Boutiquehotel ist neu im Dorf und liegt am Hauptplatz. Jedes Zimmer ist anders und reicht von moderneren zu solche mit schmiedeeisernen Betten und ziemlich viel Schnörkelkram.

Hotel Petrounis HOTEL €€

(☎27330 51151; www.petrounis.gr; DZ 65–70 €, 3BZ 90 €; ❄📶) Dieses restaurierte Haus bietet eine etwas wirre Mischung aus maniotischem und modernem Stil, ist aber angenehm gemütlich und liegt darüber hinaus sehr zentral.

Hotel Kouris HOTEL €

(☎27330 51340; Fax 27330 51331; Plateia Athanaton; EZ/DZ 50/60 €) Zwischen den maniotischen Türmen ist dieser Betonklotz völlig fehl am Platz, aber trotzdem eine gute Budget-Unterkunft.

Essen

Nicola's Corner Taverna TAVERNE €

(☎27330 51366; Plateia Athanaton; Hauptgerichte 8–10 €; ⏲Mittag- & Abendessen) Der Speisekarte am besten gar keine Beachtung schenken – das beliebte Lokal am Hauptplatz serviert eine gute Auswahl köstlicher Tagesgerichte, die täglich wechseln. Nicht entgehen lassen: die hausgemachten Makkaroni mit gebratenem (dadurch salzigem) Käse aus der Region.

To Katoi TAVERNE €€

(☎27330 51201; Hauptgerichte 7–10 €) Das gemütliche Lokal ist wegen seiner Tagesgerichte, die nicht auf der Speisekarte stehen, empfehlenswert. Seine Lage an der Kirche Taxiarchis ist wunderschön.

Selbstversorger finden im kleinen Supermarkt Koilakos in der Nähe der Plateia Athanaton alles, was sie brauchen.

Shoppen

Invincible Mani (☎27330 53670; Plateia Athanaton) Hat eine hervorragende Auswahl an Landkarten und Büchern über die Region

Praktische Informationen

Der Ort gliedert sich in zwei Teile: die neue Oberstadt um die Plateia Athanaton und die alte Unterstadt um die Plateia 17 Martiou. Die beiden Plätze sind durch eine „Hauptstraße" miteinander verbunden (früher hieß sie Kapetan Matapan, heute hat sie keinen offiziellen Namen). Es gibt weder eine Touristeninformation noch eine Touristenpolizei.

National Bank of Greece (Petrobey Mavromihali) Die einzige Bank hier; sie verfügt über einen Geldautomaten.

Post (Petrobey Mavromihali; ⏲Mo–Fr 7.30–14 Uhr) Am nördlichen Ortsrand

An- & Weiterreise

Zur Zeit der Recherche sollte der **Busbahnhof** (☎27330 51229; Plateia Athanaton) gerade in die Nähe der Oberschule am Nordrand der Stadt verlegt werden. Dort fahren Busse nach Gythio (2,60 €, 30 Min., 4-mal tgl.) und von dort weiter nach Athen (27 €). Außerdem gibt's Busverbindungen nach Itilo (1,60 €, 20 Min., Mo–Sa 2-mal tgl., So fahren keine Busse) über Limeni, nach Gerolimenas (3,40 €, 45 Min., 3-mal tgl.), zu den Diros-Höhlen (1,60 €, 15 Min., 1-mal tgl.; Rückfahrt 12.45 Uhr), nach Lagia (3,70 €, 40 Min., 1-mal tgl.) und nach Vathia (4,20 €, 1 Std., 2-mal wöchentl.).

LIMENI ΛΙΜΕΝΙ

Das kleine Dorf Limeni liegt 3 km nördlich von Areopoli an der Südflanke der wunderschönen **Limeni-Bucht.**

Hoch auf dem Hügel an der Südseite der Limeni-Bucht befindet sich das **Limeni Village** (☎27330 51111/2; www.limenivillage.gr; EZ/DZ/3BZ inkl. Frühstück 80/120/140 €; P ❄ ≋), ein schöner Komplex aus nachgebauten Mani-Türmen mit spektakulärer Aussicht auf die Bucht, die Hügel und das Dorf. Das Restaurant ist von Mai bis September geöffnet.

Über dem Wasser lockt in toller Lage das Restaurant **Takis** (☎27330 51327; Fisch pro kg 40–60 €; ⏲Mittag- & Abendessen April–Okt.) Gäste an; es ist das beste Fischrestaurant der Gegend.

ITILO & NEA ITILO
ΟΙΤΥΛΟ & ΝΕΟ ΟΙΤΥΛΟ

331 EW.

Itilo liegt 11 km nördlich von Areopoli und war im Mittelalter die Hauptstadt der Mani. Das Dorf ist ein beschauliches Provinznest und schmiegt sich an den Nordrand einer tiefen Schlucht, die traditionell als natürliche Grenze zwischen der äußeren und inneren Mani gilt. Auf einer Anhöhe gegenüber erhebt sich die mächtige **Burg Kelefa** aus dem 17. Jahrhundert, von der aus die Türken die Manioten bezwingen wollten. Sie ist über die Straße von Nea Itilo erreichbar. In der Kirche des nahen **Klosters Dekoulou** sind farbenprächtige Fresken zu bewundern (falls geöffnet).

Das 4 km entfernte Nea Itilo grenzt an die abgeschiedene Limeni-Bucht.

Täglich außer sonntags verkehren drei Busse nach Areopoli (1,60 €, 20 Min.) und nach Kalamata (4 €, 2¼ Std.). Die Busstrecke Areopoli–Itilo führt über Nea Itilo und Limeni.

HÖHLEN VON DIROU
ΣΠΗΛΑΙΟ ΔΙΡΟΥ

Die berühmte Tropfsteinhöhle Dirou – unvergleichliche Farbenpracht, ineinander verschlungene Stalagmiten und Stalaktiten, faszinierendes Formenspiel. Gleich dahinter die kleine Bucht von Mezaros, übersät von verfallenen, düster-grauen Türmen. Im Hintergrund, auf einem hohen Felsvorsprung die Große Maina, die Frankenburg, die der Mani ihren Namen gegeben hat.

Diese außergewöhnlichen **Höhlen** (☎27330 52222; Erw./erm. inkl. Führung 12/7 €; ⏲Juni–Sept. 8.30–17.30 Uhr, Okt.–Mai 8.30–15 Uhr) liegen 11 km südlich von Areopoli und sind in der Nähe der Ortschaft **Pyrgos Dirou** ausgeschildert.

Der natürliche Eingang zu den Höhlen befindet sich am Strand, und die Einheimischen mögen der Legende glauben, dass sie sich Richtung Norden bis nach Sparta ausdehnt (Höhlenforscher schätzen, dass die Höhle 14 km lang ist; Touristen bekommen nur 1,5 km davon zu sehen). Die Höhlen waren bereits in der Jungsteinzeit bewohnt, wurden aber nach einem Erdbeben im Jahr 4 v. Chr. verlassen und erst 1895 wieder entdeckt. Die systematische Erkundung begann 1949. Die Höhlen sind für ihre Stalaktiten und Stalagmiten bekannt, die so poetische Namen wie Palmenwald, Kristalllilie und die Drei Weisen bekommen haben.

Leider ist die halbstündige Führung durch die Höhlen enttäuschend kurz – sie deckt nur den Bereich um den See ab und umgeht die meisten der spektakulären Formationen der trockenen Bereiche.

Das nahe **Neolithikum Museum Dirou** (☎27330 52233; Erw./erm. 2/1 €; ⏲Öffnungszeiten unzuverlässig) zeigt Gegenstände, die in einer in der Nähe liegenden steinzeitlichen Höhle, der **Alepotrypa-Höhle,** gefunden wurden.

VON PYRGOS DIROU NACH GEROLIMENAS
ΠΥΡΓΟΣ ΔΙΡΟΥ ΠΡΟΣ ΓΕΡΟΛΙΜΕΝΑΣ

Fährt man von Pyrgos Dirou an der Westküste der Mani entlang in Richtung Süden nach Gerolimenas, wird die karge Landschaft nur von verlassenen Siedlungen mit mächtigen Türmen unterbrochen. Wer 9 km südlich von Pyrgos Dirou rechts abbiegt, kommt hinunter zur **Bucht von Mezapos,** die nach Osten hin von der pfannenförmigen Tigani-Halbinsel geschützt wird. Die Ruinen auf der Insel sind die der **Burg Maina,** die von dem fränkischen Fürsten Gottfried von Villehardouin im Jahr 1248 errichtet und später von den Byzantinern übernommen wurde.

In **Kita,** 13 km südlich von Pyrgos Dirou, gibt es unzählige Ruinen von Wehrtürmen und befestigten Häusern. Vor dieser Kulisse spielte sich die letzte große Familienfehde ab, die in der Mani dokumentiert wurde: Sie brach 1870 aus, und es bedurfte der Intervention der Armee samt Artillerie, um einen Waffenstillstand zu erzwingen.

GEROLIMENAS ΓΕΡΟΛΙΜΕΝΑΣ

55 EW.

Gerolimenas ist ein verschlafenes Fischerdorf, das um eine kleine, geschützte Burg an der Südwestspitze der Halbinsel gebaut wurde. Der perfekte Ort, um idyllische Einsamkeit zu genießen.

Schlafen & Essen

Hotel Kirimai LUXUSHOTEL €€€

(☎27330 54288; www.kyrimai.gr; DZ 110–210 €, Suite 240–340 €; P ❄ ≋) Das luxuriöse Kirimai gehört zu den edelsten Hotels in ganz Griechenland. Es liegt in idyllischer Umgebung am südlichen Ende des Hafens. Die Zimmer mit Steinfußboden und Balkendecke sind individuell ausgestattet und sehen aus wie aus einem Einrichtungsmagazin. Das Restaurant kann auch besuchen, wer nicht im Hotel wohnt (Hauptgerichte 15–25 €).

Hotel Akrotenaritis HOTEL €€

(☎27330 54205; EZ 60–65 €, DZ 75–80 €, 3BZ 85 €; ❄) Das Hotel sieht von außen nicht sehr einladend aus, aber innen ist es gemütlich wie in einer Skilodge. Im älteren Gebäude daneben gibt's günstigere, aber ebenfalls sehr ansprechende Zimmer (EZ 25–30 €, DZ 40 €).

Hotel Akrogiali HOTEL €€

(☎27330 54204; www.gerolimenas-hotels.com; EZ 25–30 €, DZ 50–80 €, 3 BZ 70–120 €, 2-/3-/4-Personen-Apt. 80/100/120 €; ❄) Das Akrogiali hat eine einmalige Lage über der Bucht am Westrand des Dorfes. Es bietet verschiedene Übernachtungsmöglichkeiten: Die Doppelzimmer im Hotelgebäude sind OK, die Zimmer im neueren Steinflügel sind besser. In der Nähe stehen darüber hinaus Apartments zur Verfügung. Das Frühstück kostet 6 €.

> **UMSTEIGEN**
>
> Wer zwischen dem Lakonischen und dem Messinischen Mani reisen will, muss in Itilo in einen anderen Bus steigen.

Xenonas Laoula BOUTIQUEHOTEL €€

(☎27330 54271; www.gerolimenas.net; DZ/3BZ/Suite 120/120/250 €) Die sieben Zimmer in dieser Boutique-Bleibe haben einen ländlichen Charme und bieten ein entspanntes Ambiente.

Kyrimi B&B DOMATIA €€

(☎27330 53078; www.kyrimi.com; Zi. inkl. Frühstück 100–150 €; ❄) Nicht zu verwechseln mit dem Hotel Kirimai (das sich nebenan befindet). Dieser Neuling bietet verschiedene hübsche, mit Holz und Marmor gestaltete Zimmer sowie einen schön eingerichteten Aufenthaltsraum und einen Patio im Freien.

An der Uferpromenade gibt's einen kleinen Supermarkt sowie ein paar Cafés und Tavernen.

An- & Weiterreise

Von Gerolimenas verkehren täglich drei Busse nach Areopoli (5 €, 45 Min.) – und weiter nach Athen (30 €), Gythio (10 €, 1¼ Std.) und Sparta (2¼ Std.). Die Bushaltestelle befindet sich vor dem Hotel Akrotenaritis; die Fahrkarten sind beim Busfahrer zu lösen.

VON GEROLIMENAS NACH PORTO KAGIO ΓΕΡΟΛΙΜΕΝΑΣ ΠΡΟΣ ΠΟΡΤΟ ΚΑΓΙΟ

Südlich von Gerolimenas führt die Straße noch 4 km weiter zum Dörfchen Alika, wo sie sich teilt. Die eine Straße überquert das Gebirge bis zur Ostküste, die andere führt Richtung Süden nach Vathia und Porto Kagio. Diese südliche Straße folgt der Küste, vorbei an Kiesstränden. Dann wendet sie sich steil ins Inland bis **Vathia,** das eindrucksvollste unter den traditionellen Mani-Dörfern. Auf einem Felsvorsprung drängen sich hier dicht an dicht die alten Wohntürme.

Eine Abzweigung nach rechts, 9 km südlich von Alika, führt nach **Marmari,** wo es zwei Sandstrände gibt, während die

Hauptstraße die Halbinsel überquert und zum kleinen Fischerdorf **Porto Kagio** führt, das in einer hufeisenförmigen Bucht liegt. Die drei Unterkunftsmöglichkeiten liegen so abgelegen, wie es auf dem Peloponnes nur irgendwie möglich ist.

Nach einem 10-minütigen Spaziergang kommt man auf eine Halbinsel, auf der eine ganz kleine Kirche steht, **St. Nicholas.** Robustere Wanderer können weiter an einen der südlichsten Punkte Europas marschieren, das **Kap Tenaro** (oder Kap Matapan), dessen schöner Leuchtturm kürzlich restauriert wurde. Das Kap ist schon seit Jahrtausenden von großer Bedeutung und wurde erstmals in Homers Ilias erwähnt. Ab Porto Kagio den Schildern folgen; vom Parkplatz aus dauert der Fußweg 45 Minuten.

Akroteri Domatia (☎27330 52013; www.porto-kagio.gr; Porto Kagio; DZ inkl. Frühstück 60–80 €) ist die Art von Unterkunft, die man spontan bucht. Die großen Zimmer mit Balkon blicken auf die grandiose Bucht. Der Besitzer Niko bietet auch Bootstouren an.

Andere Übernachtungsmöglichkeiten sind das **Porto Kale** (☎6980 755807, 27330 54202; Porto Kagio; DZ 80–90 €, 3BZ 110–120 €), mit sauberen Zimmern, und das **Hotel Psamathous** (☎27330 55221; www.portokayio.com; Porto Kagio; DZ/3BZ inkl. Frühstück 70/90 €; ❄), ein modernes maniotisches Natursteingebäude. Das Hotel gehört den Besitzern der Porto Taverna. Das Haus liegt etwas vom Meer zurückgesetzt und verfügt über eine Ausstattung in hervorragendem Design: Die Betten thronen auf Steinsockeln, und das Gebäude ist durch Mezzanine stilvoll ergänzt.

Wer Appetit auf die Früchte des Meeres hat, kann unter drei ufernahen Tavernen wählen. Die Preise sind bei allen mehr oder weniger gleich (Hauptgerichte 7–17 €, Fisch pro kg 40–70 €).

OSTKÜSTE

Die Ostküste ist noch schroffer und kahler als die Westküste. Der Hauptort ist das optisch besonders ansprechende **Lagia,** das 12 km nordöstlich der Abzweigung nach Alika liegt. Das etwa 400 m über dem Meeresspiegel gelegene Lagia war einst die Hauptstadt der südöstlichen Mani. Einige der Türme sind heute baufällig, aber viele werden momentan restauriert.

Hinter Lagia schlängelt sich die Straße – immer wieder mit spektakulären Ausblicken – hinunter zum kleinen Fischerdorf **Agios Kyprianos** – ein kurzer Abstecher von der Hauptstraße. Das nächste Dorf ist **Kokala,** ein betriebsamer Ort mit zwei Kiesstränden. Der beste Strand liegt weiter nördlich bei **Nyfi,** wo eine Abzweigung nach rechts zum geschützten **Strand von Alipa** führt. Fährt man weiter nach Norden, führt eine Abzweigung hinter Flomochori hinunter nach **Kotronas,** während die Hauptstraße zurück über die Halbinsel nach Areopoli führt.

Es gibt mehrere saisonale Hotels in Kokala und Kotronas, die den Aufenthalt aber nicht lohnen.

Öffentlicher Verkehr ist spärlich – es gibt eine Busverbindung zwischen Areopoli und Lagia (3,70 €, 40 Min., 1-mal tgl.).

Messinische Mani

Die Messenische Mani – oder äußere Mani – schließt sich im Norden an ihr Lakonisches Pendant an. Sie liegt eingezwängt zwischen dem Taygetos-Gebirge und der Westküste der Halbinsel Mani. Am nördlichen Ende der Halbinsel liegt Kalamata. Die schroffe Küste wird von kleinen Buchten und Stränden unterbrochen. Dahinter liegen die Berge, deren Gipfel bis Ende Mai schneebedeckt sind. Hier hat man atemberaubende Ausblicke und hervorragende Wandermöglichkeiten.

STOUPA ΣΤΟΥΠΑ

625 EW.

Das ehemalige Fischerdorf Stoupa, 10 km südlich von Kardamyli, ist ein fast schon ein wenig überentwickelter Ferienort, der gern von (hauptsächlich britischen) Pauschaltouristen gebucht wird. Der Ort ist zwar nicht so malerisch wie Kardamyli, verfügt aber über zwei herrliche Sandstrände.

Der berühmte Schriftsteller Nikos Kazantzakis lebte eine Weile hier und ließ den Titelhelden seines Romans Alexis Sorbas als Aufseher in einer Kohlemine in Pastrova in der Nähe von Stoupa arbeiten.

Für Wanderer empfiehlt sich das englische Buch *Walks in the Stoupa Area* von Lance Chilton, das in den Reisebüros erhältlich ist.

🛏 Schlafen & Essen

Die wachsende Anzahl von Pensionen und auf Touristen zugeschnittene *domatia* in Stoupa wird immer häufiger komplett von

Pauschalanbietern gebucht. Bei der Zimmersuche können eventuell die Reisebüros weiterhelfen. Ansonsten kann man es bei den folgenden Hotels probieren, die sowohl sauber als auch komfortabel sind – nicht mehr, nicht weniger.

Hotel Lefktron HOTEL €€
(☎27210 77322; www.lefktron-hotel.gr; EZ/DZ inkl. Frühstück 90/110 €; ❄☒) An der südlichen Zufahrtsstraße nach Stoupa ausgeschildert

Hotel Stoupa HOTEL €€
(☎27210 77308; www.web-greece.gr/hotels/hotel stoupa/; DZ 75€; ❄) Ein paar Häuserblocks hinter dem Strand

LP TIPP **Taverna Akrogiali** TAVERNA €
(☎27210 77335; Hauptgerichte 7–12 €; ⏲Frühstück, Mittag- & Abendessen) Diese Taverne – ein beliebter Treffpunkt der Einheimischen – hat eine Toplage am Südende des Strands. Auf der umfangreichen Speisekarte dominieren Fisch und Meeresfrüche (Platte für 12 €) und gute regionale Gerichte. Die ältere Matriarchin beaufsichtigt immer noch die Küche.

Voula's Yesterday & Today TAVERNA €
(☎27210 77535; Hauptgerichte 5–12,50 €; ⏲Abendessen) Voula kocht, wie sie sagt, „mit dem Herzen". Sie serviert traditionelle Gerichte aus vergangenen Zeiten, aber auch moderne Küche. Auf der Speisekarte stehen Lamm aus dem Ofen, geräuchertes Schweinefleisch mit Pesto und Mozarella und hausgemachte Pasteten.

Supermärkte gibt's an der Hauptstraße hinter Stoupa.

Praktische Informationen

Stoupa liegt 1 km westlich der Straße von Areopoli nach Kalamata, zu der es im Norden und Süden der Stadt jeweils einen Zubringer gibt. Beide Straßen führen auch zum größeren der beiden Hauptstrände in Stoupa – einem Halbmond aus goldenem Sand. Es gibt keine Touristeninformation.

Katerina's Supermarket (☎27210 77777) Dient auch als Post; tauscht Geld und verkauft Telefonkarten.

Thomeas Travel (☎27210 77689; www.thomeastravel.gr) Tauscht Geld und kann Autovermietung organisieren.

An- & Weiterreise

Stoupa befindet sich an der Hauptbuslinie zwischen Itilo und Kalamata. Täglich fahren 3 bis 4 Busse nach Itilo (40 Min.) und nach Kalamata (4 €, 1¼ Std.). Busse halten an den Einmündungen der südlichen und nördlichen Zubringerstraße, sie fahren nicht in den Ort hinein.

KARDAMYLI ΚΑΡΔΑΜΥΛΗ

400 EW.

Man versteht sofort, weshalb Kardamyli eine der sieben Städte war, die Agamemnon Achilles anbot. Das winzige Dorf zwischen dem blauen Wasser des Messenischen Golfs und dem Taygetos-Gebirge bietet eine der schönsten Kulissen des Peloponnes. Die **Vyros-Schlucht,** die im Norden des Dorfes beginnt, setzt sich bis zum Fuß des Berges **Profitis Ilias** (2407 m) fort, welcher der höchste Gipfel des Taygetos-Gebirges ist. Heute sind die Schlucht und ihre Umgebung bei Wanderern sehr beliebt. Im Sommer kommen besonders viele Besucher.

Aktivitäten

Wandern WANDERN
Das Wandern ist eindeutig zum größten Trumpf von Kardamyli geworden. Die Hügel hinter dem Dorf sind von einem umfangreichen Netz aus farbkodierten Wanderwegen durchzogen. Viele Gästehäuser im Dorf bieten Wanderkarten (in unterschiedlicher Ausführlichkeit und Qualität) an. Die meisten Wanderungen hier in der Gegend sind anstrengend, deshalb ist gutes Schuhwerk ein Muss, um die Fußknöchel auf dem oft gnadenlos unebenen Untergrund zu schützen, vor allem wenn man sich in die mit Felsbrocken übersäte Schlucht wagt. Außerdem unbedingt reichlich Trinkwasser mitnehmen.

Viele der Wanderwege führen durch das Bergdorf **Exochorio,** das sich in einer Höhe von 450 m an den Rand der Vyros-Schlucht schmiegt. Wer nicht wandern möchte, kann das Dorf auch mit dem Auto erreichen. Von hier aus ist es auch nicht so anstrengend, die Gegend zu erkunden. Die Abzweigung nach Exochorio befindet sich 3 km südlich von Kardamyli.

Für alle, die nicht allein wandern möchten, bietet die coole **2407 Mountain Activities** (☎27210 73752; www.2407m.com) eine Reihe von Aktivitäten an, z. B. Wanderungen (20–30 € pro Person; Mindestanzahl 4 Personen) und Mountainbiketouren (20–30 €) im und um das Taygetos-Gebirge. Die Touren wagen sich in „geheime" Wald- und Bergregionen vor. Die Besitzer haben alte Eselspfade gesäubert und sind stolz darauf, sich an „Reisende und nicht an

Touristen" zu wenden. Sie führen beispielsweise keine Menschenmassen in die Dörfer und ziehen es vor, an ihren geheimen Orten zu bleiben. Das Büro der Organisation befindet sich etwa in der Mitte der Hauptstraße.

Schlafen

An der Hauptstraße gibt es zahlreiche *domatia*-Schilder. Außerhalb der Hauptsaison sind die Preise für Übernachtungen beträchtlich niedriger.

Kalamitsi Hotel HOTEL €€
(27210 73131; www.kalamitsi-hotel.gr; DZ/Suite110/160 €) Das Hotel liegt 1 km südlich des Ortes. Das herrliche moderne Steingebäude verfügt über heitere, gut ausgestattete Zimmer (erhältlich sind auch Familienbungalows, 220 €). Auf dem schattigen Gelände führen Wege hinunter zum hoteleigenen Kiesstrand. Für Hotelgäste gibt's hausgemachtes Abendessen (festes Menü 20 €, nur für Gäste) und ein frisches Frühstücksbüffet (10 €).

Hotel Vardia HOTEL €€
(27210 73777; www.vardia-hotel.gr; Studio 85 €, Apt. 120–170 €) Dieser einladende Steinbau ist ein elegantes Hotel (in der Nähe eines früheren Wachturmes und auf einer Anhöhe hinter dem Dorf gelegen). Von den 18 Zimmern ergibt sich eine herrliche Aussicht auf den Messenischen Golf. Für alle Reisenden, die motorisiert sind, lohnt es sich, den Hügel in Angriff zu nehmen. Die Zufahrt befindet sich südlich des Ortes.

Elies APARTMENT €€
(27210 73140; www.elieshotel.gr; 2-Personen-Apt. 120 €, 4-Personen-Apt. 140–170 €, 6-Personen-Apt. 220 €; ❄) Dieser geschmackvolle Komplex im Landhausstil mit Maisonetten, rund 11 km nördlich des Dorfes gelegen, ist modern und stilistisch schön eingerichtet. Er liegt in einem Olivenhain, der zur Hochsaison zu einem Parkplatz wird, was der einzige Nachteil ist). 'Angeschlossen, aber in einiger Entfernung, ist das Restaurant Elies, das an Wochenenden zum Mittagessen gut besucht ist.

Olympia Koumanakou Rooms PENSION €
(27210 73623/21026; EZ/DZ 30/40 €) Olympia liebt seine Budget-Reisenden (und das beruht auf Gegenseitigkeit) und bietet saubere, komfortable Zimmer sowie eine Gemeinschaftsküche.

Volvere Studios (Stratis Bravakos Rooms) APARTMENT €
(27210 73326; www.yvolvere.gr; DZ 45–50 €, 3BZ 60–65; ❄) Volvere, direkt gegenüber dem Olympia, bietet ebenfalls günstige und absolut saubere Studio-Apartments mit Kochnische.

Essen

In und rund um Kardamyli herrscht kein Mangel an wirklich hervorragenden Restaurants. In den im Binnenland gelegenen Dörfern Saidona, Mileu und Exochori finden sich ebenfalls ein paar hervorragende Tavernen.

LP TIPP **Elies** TAVERNE €
(27210 73140; Hauptgerichte 6–12 €; Mittagessen) Die Lage ist alles: direkt am Strand, 1 km nördlich des Ortes, mitten zwischen Olivenhainen. Es hat die Atmosphäre eines provinziellen, mediterranen Privatgartens und serviert superköstliche Speisen, wie Zitronen-Lamm-Schmortopf (7 €). Hier lohnt es sich, einen ganzen Nachmittag zu verbringen.

O Perivoulis TAVERNE €
(27210 73713; Hauptgerichte 6–12 €; Mo geschl.) Was ihm an Meerblick fehlt (es liegt im Dorf), macht dieses Restaurant durch ein gemütliches Interieur, einen schönen Garten und hervorragende Tavernen-Gerichte mehr als wett.

Taverna Dioskouri TAVERNE €
(27210 73236; Hauptgerichte 7–12 €) Dieses Lokal ist eine gute Wahl und hat gute Preise. Der Besitzer ist ausnehmend freundlich, und die Aussicht schlägt einfach alles – am Südende der Stadt vom Hang über das Meer.

Am Nordrand des Dorfes befinden sich zwei Supermärkte nebeneinander.

Praktische Informationen

Kardamyli liegt an der Straße von Areopoli nach Kalamata. Der zentrale Platz, Plateia 25 Martiou 1821, befindet sich am Nordende der Durchfahrtsstraße.

Zum wichtigsten Strand von Kardamyli, der mit Kies und Steinen bedeckt ist, gelangt man über die Straße nach Kalamata; hinter der Brücke am Nordrand des Ortes links abbiegen. Die Straße hinauf nach Alt- (oder Ober-)Kardamyli befindet sich vor der Brücke rechts. Das **Postamt** (Mo–Fr 7.30–14 Uhr) befindet sich an der Hauptstraße.

Weitere Infos liefert die nützliche Website www.kardamili-greece.com

An- & Weiterreise

Kardamyli liegt an der Buslinie zwischen Itilo und Kalamata (ca. 4 €, 1 Std., 2- bis 5-mal tgl.). Der Bus hält am Hauptplatz am nördlichen Ende der Durchfahrtsstraße und vor dem Buchladen am südlichen Ende.

Nur einmal täglich fährt ein Bus ins nahe Exochorio (1,60 €; Abfahrtszeiten ändern sich); die meisten Reisenden nehmen lieber ein Taxi (etwa 18 €).

MESSENIEN

Die Strände, die sich an der Südwestspitze des Peloponnes in Messenien (Μεσσηνία) aufreihen, sind außergewöhnlich schön, und während Dörfer wie Finikounda und Koroni die Last des Pauschaltourismus zu spüren bekommen, stellen die alten venezianischen Städtchen Pylos und Methoni noch immer herrliche Hideaways dar.

Die Grenzen Messeniens wurden im Jahr 371 v. Chr. festgelegt, nachdem Theben die Spartaner in der Schlacht bei Leuktra besiegt hatte. Die Niederlage beendete fast 350 Jahre spartanischer Herrschaft auf dem Peloponnes – zahlreiche Einwohner Messeniens waren während dieser Zeit ausgewandert und hatten die Stadt Messina auf Sizilien gegründet. Nun waren die Messenier frei und konnten in der Region westlich des Taygetos-Gebirges ihr eigenes Königreich aufbauen. Hauptstadt wurde das antike Messene, etwa 25 km nordwestlich von Kalamata an den Hängen des Ithomi.

Kalamata Καλαμάτα

49154 EW.

Kalamata ist die Hauptstadt Messeniens und die zweitgrößte Stadt auf dem Peloponnes. Verglichen mit der paradiesischen Umgebung ist sie für Besucher eher nichtssagend, aber wer etwas für Museen und Shoppen übrig hat, wird hier auf seine Kosten kommen. Die Stadt wurde über dem antiken Pharai errichtet und erhielt ihren modernen Namen von einer wundertätigen Ikone der Jungfrau Maria, die man *kalo mata* (gutes Auge) nannte. Die Ikone wurde in den Ställen des osmanischen *aga* (Gouverneurs) gefunden, der aufgrund der Wunder, die sie vollbracht haben soll, zum Christentum konvertierte. Heute steht die Ikone in der etwas zu groß geratenen Kathedrale der Stadt, der Ypapantis-Kirche.

Unter dem *kastro* erstreckt sich die kleine, aber reizvolle Altstadt, die im Unabhängigkeitskrieg von den Türken dem Erdboden gleich gemacht und in den 1830ern von französischen Ingenieuren wieder aufgebaut wurde. Am 14. September 1986 wurde Kalamata durch ein Erdbeben zerstört; 20 Menschen kamen dabei ums Leben, hunderte wurden verletzt und mehr als 10 000 Häuser zerstört.

Sehenswertes

Kastro FESTUNG

(Eintritt frei; Mo–Fr 8–14, Sa & So 9–15 Uhr) Hoch über der Stadt wacht das *kastro* aus dem 13. Jahrhundert Erstaunlicherweise hat es das Erdbeben von 1986 überstanden. Am beeindruckendsten ist das Eingangstor. Viel mehr gibt's dort aber auch nicht zu sehen; von den Wehrgängen hat man eine gute Aussicht.

Archäologisches Museum Messenien MUSEUM

(27210 83485; www.archmusmes.gr; Benaki & Agiou Ioannou; Eintritt 3€; Winter Di–So 8.30–15 Uhr, Sommer Mo 13.30–20, Di–So 8–20 Uhr) Dieses wunderbare, kinderfreundliche Museum, das erst kürzlich nach jahrelanger Renovierung wieder eröffnet wurde, sollte man keinesfalls auslassen. Es ist vor allem für jene interessant, die bemüht sind, sich ein einigermaßen klares Bild von Griechenlands Geschichte und Kulturschätzen zu verschaffen. Die Ausstellungen sind nach Regionen der Provinz – Kalamata, Pylia, Messini and Trifylia – gegliedert, und man folgt einem Pfad, der die Besucher sicher durch die Fülle von Skulpturen und Mosaiken sowie Beschreibungen und Bildern führt. Gleich nördlich der Plateia 23 Martiou.

Historisches & volkskundliches Museum Kalamata MUSEUM

(27210 28449; Ioannou 12, Ecke Kyriakou; Erw. Erm. 2/1 €; Di–Sa 9–13, So 10–13 Uhr) Dieses eierschalenfarbige Gebäude enthält eine erlesene Sammlung von gestifteten Artefakten aus der Region – von Werkzeugen und Webstühlen über Haushaltsgegenstände bis hin zu Kleidung –, die einen interessanten Einblick in die Vergangenheit von Kalamata gewähren. Es ist professionell geführt und verdient jede Unterstützung.

Kalamata

Kalamata

Sehenswertes
1 Archäologisches Museum Messenien B2
2 Historisches & Volkskundliches Museum B1
3 Kastro B1
4 Ypapantis-Kirche B1

Schlafen
5 Hotel Rex A2

Essen
6 AB A6
7 I Milopetra B2
8 Markt B1

GRATIS **Militärmuseum** MUSEUM

(☎27210 21219; Mitropolitou Meletiou 10; ⊙Di–Sa 9–14, So 11–14 Uhr) Dieses Museum spannt einen weiten chronologischen Bogen über die griechische Geschichte von der türkischen Besatzung (dargestellt in schauerlichen Gemälden) bis ins 21. Jahrhundert. Führungen werden angeboten (englischsprachige Führer soll es geben, aber leider sind alle Beschriftungen auf Griechisch).

Festivals & Events

Jedes Jahr im Juli findet das **Internationale Tanzfestival Kalamata** (www.kalamatadancefestival.gr) statt. Seine hervorragenden Aufführungen in traditioneller Musik und traditionellem Tanz ziehen große Besucherscharen an. Zu den Veranstaltungsorten gehört auch das Amphitheater des *kastro*. Tickets kosten zwischen 12 und 25 €. Veranstaltungsdaten und weitere Infos stehen auf der Website.

Schlafen & Essen

Es gibt nur wenige gute Übernachtungsmöglichkeiten in Kalamata; die Uferstraße östlich der Faron ist von langweiligen C-Klasse-Hotels (2 Sterne) gesäumt. An der Marina liegen die meisten Fischrestaurants und Tavernen mit unterschiedlichem Stil- und Preisniveau.

Hotel Rex HOTEL €€

(☎27210 94440; www.rexhotel.gr; Aristomenous 26; DZ/Suite inkl. Frühstück ab 100/200 €; ❄@) Das Rex ist unbestritten die beste Adresse (mit dem langsamsten Lift) in Kalamata. Es ist in einem klassizistischen Gebäude untergebracht und bietet Reisen-

OLIVEN AUS KALAMATA

Kalamata verleiht seinen Namen der bekannten Kalamata-Olive, einer mandelförmigen, dunklen Sorte, die überall auf der Welt in Delikatessengeschäften verkauft wird und auch flächendeckend (aber nicht ausschließlich) im benachbarten Lakonien angebaut wird. Die verlässlichen Niederschläge im Winter und die heiße Sommersonne der Region liefern perfekte Bedingungen für den Olivenanbau.

Der Kalamata-Olivenbaum unterscheidet sich vom normalen Olivenbaum (zur Ölherstellung) durch die Größe seiner Blätter. Wie seine Früchte sind die Blätter des Kalamata-Olivenbaumes doppelt so groß wie die anderer Sorten und haben einen dunkleren Grünton.

Die Kalamata-Oliven dürfen nicht wie die anderen Sorten grün geerntet werden. Sie werden Ende November reif und müssen von Hand gepflückt werden, um Quetschungen zu vermeiden. Auf den Märkten von Kalamata kann man die berühmten Oliven probieren und kaufen.

den zweckmäßige – allerdings etwas enge – und moderne Zimmer mit allen Bequemlichkeiten, darunter Satellitenfernsehen.

Hotel Haikos HOTEL €€
(☎27210 88902; www.haikos.gr; Navarino 115; EZ/DZ/3BZ 50/70/80 €) Eine der besten Unterkünfte am Wasser ist dieses nüchterne, moderne Hotel, das erst kürzlich renoviert wurde. Die Zimmer nach vorne können Straßenlärm abbekommen. Das Frühstück kostet 6 € extra.

I Milopetra REGIONAL €
(☎27210 98950; Hauptgerichte 5–10 €; ⏲Mittag- & Abendessen) Ein kosmopolitisches, feines Cafés mit Oliven-Thema in günstiger Lage nahe der Plateia 23 Martiou in der Altstadt. Serviert Gourmet-Snacks und Produkte auf Olivenbasis.

Routsis MEERESFRÜCHTE €
(☎27210 80830; Navarino 127; Hauptgerichte 7–10 €; Mittag-& Abendessen) Dieses Speiselokal ist bei Expats beliebt und hat traditionelle Kost – von Fisch bis Fleischbällchen – zu günstigen Preisen auf der Karte.

Selbstversorger sollten sich unbedingt auf dem **Markt** (Nedontos) umsehen. Er ist über die Brücke vom Busbahnhof KTEL Messinia aus zu erreichen. Kalamata ist bekannt für seine Oliven, Olivenöl und Feigen (siehe Kasten). Über die Stadt verteilt gibt's Dutzende von Supermärkten. Der **AB** (Kritis 13) ist der größte und beste.

Praktische Informationen

National Bank of Greece (Aristomenous, Hauptplatz; Ecke Akrita and Navarinou)

Post (Olgas & Navarinou; ⏲Mo–Fr 7.30–14 Uhr) Am Hafen.

The Web (Stathmou 19; www.theweb.gr; pro Std. 2 €; ⏲24 Std.)

Touristenpolizei (☎27210 44680; Messinis; ⏲Mo–Fr 8–21 Uhr)

An- & Weiterreise

Bus

Vom **Busbahnhof KTEL Messinia** (☎27210 28581; Artemidos) fahren Busse nach Athen (23€, 4½ Std., 13-mal tgl.) über den Isthmus von Korinth (16 €, 2½ Std.), Tripolis (8 €, 1¼ Std., 5-mal tgl.), Kyparissia (7 €, 1¼ Std., 4-mal tgl.) und Patras (23€, 4 Std., 2-mal tgl.) über Pyrgos (14 €, 2 Std.).

In Richtung Westen fahren Busse nach Koroni (5 €, 1½ Std. 8-mal tgl.), Finikounda (8 €, 1¾ Std., 2-mal tgl.), Methoni (6 €, 1½ Std., 5-mal tgl.) und Pylos (5 €, 1¼ Std., 7-mal tgl.).

Wer in Richtung Osten über den Langada-Pass nach Sparta (5 €, 45 Min., 2-mal tgl.) will, muss in Artemisia umsteigen. Ein bis drei Busse fahren täglich nach Itilo (7 €, 2¼ Std.) in der Messinischen Mani über Kardamyli (4€, 1 Std.) und Stoupa (5 €, 1¼ Std.).

Achtung: An Wochenenden gibt's auf allen Strecken sehr viel weniger oder überhaupt keine Busverbindungen.

Flugzeug

Flugverbindungen nach Kalamata ändern sich mit dem Wind, wie es scheint. Zur Zeit der Recherche flog **Aegean Airlines** (www.aegeanair.com) zwischen Kalamata und Athen bzw. Thessaloniki.

Schiff/Fähre

Eine wöchentliche Fährverbindung mit LANE Lines besteht von Kalamata nach Kreta über Kythira (pro Person/Auto 20/48 €). Bei **SMAN Travel/Maniatis** (☎27210 20704; smantrv@otenet.gr; Psaron) am Hafen wegen der Abfahrzeiten erkundigen.

Unterwegs vor Ort

Vom/Zum Flughafen

Kalamatas Flughafen liegt 10,5 km westlich der Stadt bei Messini. Es gibt keinen Shuttlebus zum Flughafen. Ein Taxi kostet ungefähr 20 €.

Auto & Motorrad

In Kalamata kann man gut Fahrzeuge mieten, da zwischen den Agenturen am meerseitigen Ende der Faron ein harter Konkurrenzkampf herrscht. Empfohlene Verleihe:

Alpha Rent a Bike (27210 93423; www.alphabike.gr; Vyronos 143) Die angebotenen Maschinen liegen zwischen 50 und 500 ccm.

Avis (27210 20352; Kesari 2)

Verga Rent a Car (27210 95190; Faron 202)

Bus

Die städtischen Busse fahren vom Busbahnhof KTEL Messinia ab. Besonders praktisch ist die Linie 1, die in Richtung Süden bis zum Meer fährt und dann in Richtung Osten auf der Navarinou bis zum Hotel Filoxenia. Fahrkarten gibt's an Kiosken oder beim Busfahrer.

Antikes Messene (Mavromati) Αρχαία Μεσσήνη (Μαυρομάτι)

388 EW.

Die faszinierenden Ruinen des antiken Messene sind über ein kleines Tal unterhalb des hübschen Dorfes Mavromati verstreut. Sie befinden sich 25 km nordwestlich von Kalamata. Der Name des Dorfes geht auf eine Quelle auf dem Hauptplatz zurück; das Wasser sprudelt dort aus einer Öffnung im Felsen, die wie ein schwarzes Auge (*mavro mati* auf Griechisch) aussieht. In neuerer Zeit spricht man immer seltener von „Mavromati" und benutzt stattdessen den Namen „Antikes Messeni", sowohl für die antike Fundstätte als auch für die Ortschaft.

Wer an dieser interessante Stätte verweilen möchte, kann in **Likourgos Rooms** (27240 51297; DZ/3BZ 50/70 €) sein Glück versuchen. Von den Vorderzimmern der großen und komfortablen Unterkunft bietet sich ein faszinierender Blick auf die Ruinen. Der hilfsbereite Besitzer spricht etwas Englisch.

Neben ein paar *kafeneia* (Kaffeehäuser) ist die **Taverna Ithomi** (Hauptgerichte 6–12 €; Mittag- & Abendessen, Dez. & Jan. nur Sa & So) das einzige Restaurant am Ort.

Geschichte

Das antike Messene wurde 371 v. Chr. gegründet, nachdem der thebanische Feldherr Epaminondas Sparta in der Schlacht von Leuktra besiegt und damit die Messenier von fast 350-jähriger spartanischer Herrschaft befreit hatte. Die neue Hauptstadt Messeniens wurde auf einer frühere nFestungsanlage erbaut und gehörte zu einer Kette von Verteidigungsanlagen, die Sparta unter Beobachtung halten sollten. Epaminondas selbst half bei der Planung der Befestigungen: Eine mächtige Mauer, die sich 9 km lang über die Hügelkämme zog, schloss die Stadt vollständig ein.

Aber das antike Messene war nicht nur für sein Verteidigungspotenzial berühmt, sondern wurde auch von den Göttern bevorzugt. Einheimische Mythen besagen, dass Zeus hier – und nicht auf Kreta – geboren und von den Nymphen Neda und Ithomi aufgezogen wurde, die ihn in der Quelle badeten, welcher das moderne Dorf seinen Namen verdankt.

Sehenswertes

Antikes Messene HISTORISCHE STÄTTE

Die beste Aussicht auf die schöne, völlig unterschätzte Stätte bietet sich vom Hauptplatz des Dorfes aus; es lohnt sich, sich von oben einen Überblick zu verschaffen, bevor man hinuntergeht, um die Anlage genauer anzuschauen. Zur Stätte geht's über die Straße beim Museum, etwa 300 m nordwestlich des Platzes.

Das **Museum** (Erw./erm. 2/1 €; Sommer 8.30–20.30 Uhr, Mo vorm. geschl.) beherbergt eine kleine, interessante Sammlung von Objekten, die in der Stätte gefunden wurden, überwiegend Statuen aus dem *asklepeion* (antiker Heilstättenkomplex). Dazu gehören auch zwei Statuen, die vermutlich Machaon und Podaleiros, die Söhne von Asklepios, darstellen. Sie gelten als die Werke des Bildhauers Damophon, der auf überdimensionierte Götter- und Heldenstatuen spezialisiert war und für viele der Statuen, die das antike Messene schmückten, verantwortlich zeichnete.

Bevor man zur Anlage hinuntergeht, lohnt es sich, nach dem Museum noch 800 m weiter die Straße entlangzugehen, um sich das berühmte **Arkadische Tor** anzusehen. Dieses Tor mit einem runden Innenhof bewachte einst die antike Straße nach Megalopolis – heute die moderne Straße in Richtung Norden nach Meligalas und Zerbisia, die durch das Tor hindurch verläuft. Vom Tor aus zieht sich der besterhaltene Abschnitt der mächtigen, von Epaminondas errichteten Stadtmauer den Hügel hinauf. Mit ihren kleinen, viereckigen Türmen ist sie auch heute noch ein beeindruckender Anblick, und der sanft ansteigende Weg vom Dorf herauf lohnt sich unbedingt.

Die **Stätte** (Eintritt frei) selbst ist das umfangreichste Ausgrabungsgebiet in Griechenland. Zu den eindrucksvollsten Bereichen gehört das **Asklepeion** im Herzen der antiken Stadt. Der ausgedehnte Baukomplex ist um einen **dorischen Tempel** herum angeordnet, der einst eine goldene Statue der Ithomi beherbergte. Das moderne Zeltdach westlich des Tempels schützt das **Artemision,** wo Fragmente einer kolossalen Statue der Artemis Orthia gefunden wurden. Zu den Bauwerken östlich des Asklepeions gehört das **Ekklesiasterion,** das einst als Versammlungshalle diente. Zwei **Ampitheater** ermöglichen einen Blick auf die Stätte.

Der Hauptweg der Stätte führt vom Asklepeion den Hügel hinunter zu einem beeindruckenden **Stadion,** das von den sehenswerten Ruinen eines riesigen **Gymnasiums** umgeben ist.

An- & Weiterreise

Es gibt zwei Busse zwischen dem Antiken Messene/Mavromati und Kalamata (2,50 €, 1 Std., nur Mo–Fr), einer am frühen Morgen und einer am Nachmittag. Da sich der Fahrplan ständig ändert, in der Taverna Ithomi nachfragen.

Koroni Κορώνη

1668 EW.

Koroni ist ein reizvolles venezianisches Hafenstädtchen, 43 km südwestlich von Kalamata an der Messenischen Bucht gelegen. Die idyllischen schmalen, gewundenen Gassen sind von mittelalterlichen Häusern und Kirchen gesäumt. Sie führen zu einer Landzunge, auf der eine ausgedehnte Burganlage steht.

Sehenswertes & Aktivitäten

Burg BURG

Weite Teile der alten Burg werden vom **Timios-Prodromos-Kloster** eingenommen. Wenn es geöffnet ist, kann man eintreten (korrekte Kleidung erforderlich). Bemerkenswert ist der beeindruckende gotische Eingang der Burg. Die kleine Landzunge vor dem Bauwerk eignet sich für einen geruhsamen Spaziergang. Von hier bietet sich ein herrlicher Ausblick über den Messenischen Golf zum Taygetos-Gebirge.

Zaga-Strand STRAND

Koronis Hauptattraktion ist der Zaga-Strand, ein langer, goldgelber Sandbogen südlich der Stadt. Zu Fuß dauert es etwa 20 Minuten zum Strand – entweder die Abkürzung durch die Burg nehmen oder der Straße folgen. Am besten die Einheimischen nach dem Weg fragen.

Auch nach Koroni kommen die Unechten Karettschildkröten und legen ihre Eier in der Nähe von Zaga ab. Weitere Infos über diese bedrohte Tierart, siehe S. 800.

Schlafen & Essen

In Koroni gibt es nicht besonders viele Übernachtungsmöglichkeiten. Die meisten Zimmer konzentrieren sich auf einige *domatia* am Meer, am östlichen Ende der Hauptstraße. Weitere *domatia* gibt's am Strand von Zaga; sie sind im Sommer allerdings oft völlig ausgebucht.

Hotel Diana HOTEL €

(☎/Fax 27250 22312; www.dianahotel-koroni.gr; EZ/DZ 30/50 €; ❄) Das Hotel ist mit vergoldeten byzantinischen Barhockern, Ikonen und Ähnlichem gesegnet (oder gestraft?). Die Zimmer sind nicht ganz so prunkvoll, gerade noch erträglich. Das Hotel liegt abseits vom Hauptplatz, fast am Wasser.

Sofotel HOTEL €

(☎27250 22230; www.koroni-holidays.com; d €60) Koronis modernes, orange- und cremefarben gehaltenes Hotel ist neu und hat 12 Zimmer zu bieten, alle mit dem erforderlichen Komfort ausgestattet, und einige verfügen über einen Balkon.

Camping Koroni CAMPINGPLATZ €

(☎27250 22119; www.koronicamping.com; Zeltplätze pro Erw./Zelt und Auto 8/8 €; ❄) Nur 200 m von Koroni entfernt, in Strandnähe und mit guter Ausstattung.

Zaga Apartments APARTMENT €€

(☎27250 22722, 6973754036; Zaga-Strand; 2-/4-/6-Personen-Apt. 70/85/125 €; P❄) Nette Apartments mit Küche, Balkon und Blick auf den Strand von Zaga.

Agia Playa TAVERNE €

(☎27520 41565; Falanthi; Hauptgerichte 6–13 €; ⏲Nov.–Sept. Abendessen, Okt. Mo geschl.) Das hübsche, 5 km von Koroni entfernt in Falanthi gelegene Speiselokal ist wie aus dem Märchenbuch: Springbrunnen, Weinranken, Platanen, ein Bach. Und was gibt's zu essen? Gegrilltes und anderes, aber das ist bei dieser Umgebung nicht so wichtig. Auf zu den Nymphen – die sind hier ganz bestimmt irgendwo.

Praktische Informationen

Die Busse halten auf dem Hauptplatz vor der Kirche Agios Dimitrios, einen Häuserblock vom Hafen entfernt. Die Hauptstraße (ihr offizieller, aber nur wenig bekannter Name lautet Perikli Ralli) verläuft vom Platz aus Richtung Osten, einen Häuserblock vom Meer entfernt.

Es gibt keine Touristeninformation, aber auf dem großen Stadtplan an der Mauer der Kathedrale ist die Lage der beiden Banken und auch der **Post** (Mo–Fr 7.30–14 Uhr) markiert. Es gibt keine Touristenpolizei.

An- & Weiterreise

Täglich fahren sieben Busse nach Kalamata (5 €, 1½ Std.) und einer nach Athen (27,20 €). Fahrkarten werden in der Konditorei Elite am Hauptplatz verkauft.

Finikounda Φοινικούντα

560 EW.

Finikounda – auf halber Strecke zwischen Koroni und Methoni – hat alles, was an seine Vergangenheit als Fischerdorf erinnert, so gut wie verloren und erwacht nur im Sommer zum Leben, wenn die Pauschalurlauber anrücken und es voller Windsurfer und Sonnenhungriger ist. Zum Glück gibt es hier noch keine hässlichen Hochhäuser, aber die Hauptstraße schneidet hinter dem Dorf eine breite Schneise. Auf beiden Seiten des Dorfes erstrecken sich schöne Strände.

Überall im Dorf hängen *domatia*-Schilder, und an der Hauptstraße gibt's zahlreiche Zeltplätze, aber in Koroni oder Methoni kann man angenehmer wohnen.

Hotel Finikounda (27230 71208; Fax 27230 71018; EZ 40 €, DZ 50–60 €;) Das Hotel liegt zwar nicht am Meer, aber die ordentlichen Zimmer mit Kiefernholzbetten und Balkon sorgen für ein gutes Preis-Leistungsverhältnis.

Als Alternative bieten sich ein kleines Stückchen vom Strand entfernt die **Akti Studios** (27230 71316; Zi. 65 €; P) mit 9 komfortablen Studios mit Kochgelegenheit an.

Das attraktive und bewährte Fischrestaurant **Oinoysses** (27230 71446; Hauptgerichte 6,50–10 €; April–Okt.) liegt über dem Sandstrand am Ostrand des Dorfes.

An- & Weiterreise

Busse fahren nach Kalamata (8 €, 1¾ Std., etwa 2-mal tgl.), einer über Koroni, der andere über Methoni (2,60 €, 15 Min.) und Pylos (1,80 €, 30 Min.).

Die Haltestelle liegt vor dem Hotel Finikountas, 100 m vom Hafen entfernt.

Methoni Μεθώνη

1169 EW.

Methoni, 12 km südlich von Pylos, gehörte ebenfalls zu den sieben Städten, die Achilles von Agamemnon angeboten wurden. Homer beschrieb den Ort als „reich an Reben". Heute ist Methoni ein hübsches Städtchen am Meer mit einem beliebten Sandstrand, in dessen Nähe eine mächtige venezianische Festung aus dem 15. Jahrhundert steht.

Sehenswertes

GRATIS **Festung** FESTUNG

(8–15 Uhr) Dieses prächtige *kastro*, ein großartiges Beispiel der Militärarchitektur, ist riesig und romantisch. Innerhalb der Mauern befinden sich ein türkisches Bad, eine Kathedrale, ein Haus, eine Zisterne, Wehrgänge und unterirdische Gänge. Überall begegnet man dem Löwen von St. Markus.

Die Festung wurde auf einer Landzunge südlich der modernen Stadt errichtet, auf drei Seiten von Meer umgeben und vom Festland durch einen Graben getrennt. Die mittelalterliche Hafenstadt, die sich innerhalb der Festungsmauern befand, war der erste und am längsten gehaltene Besitz der Venezianer auf dem Peloponnes. Darüber hinaus stellte sie eine Zwischenstation für Pilger auf ihrem Weg ins Heilige Land dar. Im Mittelalter waren die beiden Festungen Methoni und Koroni als die „Augen der Serenissima" bekannt.

Von der Festung führt ein kurzer Damm zur winzigen, achteckigen Burg Bourtzi auf einem angrenzenden Inselchen.

Schlafen & Essen

Apartments Melina APARTMENT €€

(27230 31505; melina_apartments@yahoo.gr; Studio 65–75 €, 2-/3-/4-Pers.-Apt. 75/85/90 €;

6-Pers.-„Villa“ 120 €) Makellos saubere, geräumige Apartments gleich gegenüber vom Strand mit einem gepflegten Garten, in dem Weinreben, Rosen und Palmen wachsen. Die Besitzer sind sehr freundlich und sprechen Englisch.

Hotel Achilles HOTEL €€
(☎/Fax 27230 31819; www.achilleshotel.gr; EZ/DZ/3BZ 55/70/84 €; ⏲ganzjährig; ❄) Das beste einer Reihe kleiner Familienhotels am Ort. Die 13 komfortablen, modernen Zimmer verfügen alle über einen Balkon und eine gute Aussicht. Darüber hinaus gibt's einen hellen, luftigen Essbereich. Das Frühstück kostet 6 €.

O Nikos TAVERNE €
(☎27230 31282; Miaouli; Hauptgerichte 5–11 €; ⏲ganzjährig) „Gut, sauber, billig und mit großen Portionen“ – das macht dieses nüchterne Lokal aus. Darauf kann man sich verlassen.

Taverna Klimatari TAVERNE €
(☎27230 31544; Miaouli; Hauptgerichte 6–13 €; ⏲April–Okt.) Einheimische sind sich einig: Wer typisch griechisch essen will, geht hierher. Die Taverne befindet sich in einem alten Wohnhaus – mit Plätzen auf der Veranda oder im Hof. Zu den typischen Gerichten gehören Zwiebelkuchen, gefüllte Zucchiniblüten und Kabeljau mit Spinat.

Praktische Informationen

Die Straße aus Pylos gabelt sich am Ortsrand und bildet die beiden Hauptstraßen von Methoni, die parallel zueinander durch den Ort und zur Festung führen. Von Pylos kommend bildet die rechte der beiden Straßen die Haupteinkaufsstraße. Dort sind zahlreiche Geschäfte angesiedelt, *kafeneia*, eine Zweigstelle der National Bank of Greece (und ein Geldautomat der ATE-Bank) sowie ein Supermarkt. Die linke Straße führt an der **Post** (⏲Mo–Fr 7.30–14 Uhr) vorbei direkt zum Parkplatz der Festung.

Es gibt weder eine Touristeninformation noch eine Touristenpolizei. In Notfällen an die reguläre **Polizei** (☎27230 31203) wenden.

An- & Weiterreise

In Methoni fahren die Busse an der Gabelung der beiden Hauptstraßen ab (am Ortsausgang Richtung Pylos). Es gibt Busse nach Pylos (1,80 €, 15 Min.), Kalamata (6 €, 1½ Std., 3-bis 6-mal tgl.) und Finikounda (2,60 €, 15 Min., 1- bis 2-mal tgl.). Unglaublicherweise gibt es keine direkte Busverbindung zwischen Methoni und Koroni; man kann aber in Finikounda umsteigen – vorausgesetzt der Fahrplan wird eingehalten. Der Bus nach Kalamata hält auch in Charakopio, 4,5 km von Koroni entfernt. Informationen zu den Busverbindungen gibt es unter ☎27230 22230.

Pylos Πύλος

2104 EW.

Pylos liegt an der Küste, am südlichen Ende einer großen Bucht, 51 km südwestlich von Kalamata. Mit seinem großen Naturhafen, der fast von der Insel Sfaktiria geschlossen wird, seinem angenehmen, schattigen Hauptplatz, den beiden Burgen und den umgebenden, pinienbedeckten Hügeln ist Pylos eines der idyllischsten Städtchen auf dem Peloponnes.

In der Bucht feuerten am 20. Oktober 1827 die britische, die französische und die russische Flotte unter dem Kommando von Admiral Codrington aus kürzester Entfernung auf Ibrahim Paschas vereinte Flotte aus türkischen, ägyptischen und tunesischen Schiffen. Die Angreifer versenkten auf diese Weise 53 Schiffe und töteten 6000 Mann, ohne wesentliche Verluste auf eigener Seite zu erleiden.

Der Angriff ging als Schlacht von Navarino (dem früheren Namen der Stadt) in die Geschichte ein. Die Schlacht war für den Unabhängigkeitskrieg entscheidend, dabei war niemals eine Schlacht geplant gewesen. Die alliierte Flotte wollte Ibrahim Pascha und seine Flotte lediglich zum Abzug bewegen, aber das Ganze lief irgendwie aus dem Ruder. Als George IV. von dem Unglück erfuhr, sprach er von einem „bedauerlichen Missverständnis“.

Sehenswertes & Aktivitäten

Neo Kastro BURG
(☎27230 22010; Erw./erm. 3/2 €; ⏲Di–So 8.30–15 Uhr) Auf jeder Seite der Bucht von Navarino steht eine Burg, aber diese, auf dem Hügel am Südrand von Pylos an der Straße nach Methoni gelegen, ist am leichtesten zugänglich.

Sie wurde im Jahr 1573 von den Türken erbaut und später als Ausgangspunkt für die Invasion in Kreta genutzt. Die Burg ist noch immer in gutem Zustand, vor allem die Respekt einflößenden Wehrmauern. Innerhalb der Mauern befinden sich eine Zitadelle, eine in eine Kirche umgewandelte Moschee und ein Burghof, der von Kerkern umgeben ist (hier waren bis ins 20. Jahrhundert Gefangene untergebracht). Im dazugehörigen Museum hat eine Gemäldesammlung die Schlacht von

Navarino zum Thema; sie wurde von René Puaux (1878–1937) gestiftet. Er hinterließ dem Museum seine Sammlung aus Porzellan, Stichen und Lithographien unter der Bedingung, dass sie in Pylos, in der Nähe des Schlachtfelds, ausgestellt würden. Die Straße vom Hauptplatz nach Methoni führt an der Burg vorbei. Für eine Besichtigung sollte man ein paar Stunden einplanen.

Auf die andere Burg, das antike Paleokastro, 6 km nördlich von Pylos, wird auf S. 213 eingegangen.

Club Boats BOOTSAUSFLÜGE
(☎27230 23155, 6972263565; Kiosk am Kai) Veranstaltet Bootsausflüge um die Bucht von Navarino und zur Insel Sfaktiria. Der Preis für eine Schifffahrt hängt von der Anzahl der Passagiere ab, aber es kostet etwa 15 € pro Person (Mindestanzahl von Teilnehmern erforderlich). Auf der Fahrt um die Insel sind Zwischenstopps an Gedenkstätten für die Admirale der Alliierten möglich. Auch Napoleons Neffe und gefallene Briten sind hier begraben. Wenn das Wasser ruhig ist, halten die Boote an, sodass man die schlammbedeckten türkischen Schiffe sehen kann, die hier gesunken sind.

Schlafen

Hotel Nilefs HOTEL €
(☎27230 22518; Fax 27230 22575; Rene Pyot, EZ/DZ/3BZ inkl. Frühstück 40/60/75 €; ⏲April–Okt.; ❄) Dieses preiswerte Hotel, geführt von einer netten Frau (die kein Englisch spricht) ist tipptopp in Ordnung. Die sauberen Zimmer haben Balkon. Es liegt etwas weiter weg vom Ufer an der Burgseite des Platzes.

Karalís Beach Hotel HOTEL €€
(☎27230 23021; www.karalisbeach.gr; Paralia; DZ/3BZ ab 240/300 €) Man muss dieses Hotel schon allein wegen seiner Lage mögen – es liegt unterhalb der Festungsmauer an einem Hang über dem Wasser. Zur Zeit der Recherche wurde es gerade von Grund auf renoviert; es lohnt sich bestimmt, es auszuprobieren.

Essen

Es findet sich eine ganze Menge Tavernen mit den Standardgerichten; wer beim Geruch von Meeresluft sofort an Fisch denkt, wird hier finden, was er sucht. Die Preise schwanken während der Saison beträchtlich.

Koukos TAVERNE €
(☎27230 22950; Hauptgerichte 6,50–9 €) Eine einfache, nüchterne und etwas betagte Taverne, in der kräftige Portionen von gegrillten oder im Ofen gebackenen Gerichten serviert werden, mit wechselnder Speisekarte.

Restaurant Grigoris TAVERNE €
(☎27230 22621; Hauptgerichte 7–13 €) Eine prima Alterantive zu den Lokalen an der Plateia Trion Navarhon (Platz der drei Admiräle). Man braucht die Speisekarte nicht – der Koch lässt sich gern in die Töpfe gucken. In der Sommerzeit wird im schattigen Garten gegessen. An einem ruhigen Ort eine Straße nördlich vom und parallel zum Hafen.

Praktische Informationen

Alle wichtigen Ziele sind nur wenige Gehminuten vom Hauptplatz, der Plateia Trion Navarhon (Platz der drei Admiräle) entfernt, der unten am Meer liegt.

ATE Bank (Plateia Trion Navarhon) Mit Geldautomat

Internet P@ndigit@l (Episkopou 17; pro Std. 2,50 €; ⏲Mo–Sa 8–14 & 17–21 Uhr)

National Bank of Greece (Plateia Trion Navarhon) Mit Geldautomat

Polizei (☎27230 23733/2316) Am Hauptplatz

Post (Nileos; ⏲Mo–Fr 7.30–14 Uhr)

An- & Weiterreise

Der **Busbahnhof KTEL Messinia** (☎27230 22230) liegt an der inländischen Seite des Hauptplatzes. Vom Busbahnhof fahren Busse nach Kalamata (5 €, 1¼ Std., 8-mal tgl.), Kyparissia (6,10 €, 1¼ Std., 4-mal tgl.) über den Nestorpalast (2 €, 30 Min., 2- bis 4-mal tgl.) und Chora (2 €, 35 Min., 2- bis 4-mal tgl.), Methoni (1,60 €, 20 Min., 3- bis 5-mal tgl.) und Finikounda (1,80 €, 30 Min., Mo–Sa 3-mal tgl., So kein Bus). Zweimal täglich fahren Busse nach Athen (28 €, 5 Std.). Nach Patras gibt es eine Verbindung pro Tag in Kyparissia. Am Wochenende fahren weniger oder gar keine Busse. Leider besteht keine Busverbindung zwischen Pylos und Koroni.

Gialova Γιάλοβα

260 EW.

Das Dorf Gialova liegt 8 km nördlich von Pylos am nordöstlichen Rand der Bucht von Navarino. Es bietet einen schönen Sandstrand, und in der geschützten Bucht kann man gefahrlos schwimmen. Im Winter ist die Lagune von Gialova ein hervorragender Ort, um Vögel zu beobachten (siehe S. 216).

Schlafen & Essen

Hotel-Restaurant Zoe HOTEL €€

(☎27230 22025; www.zoeresort.com; Zi. inkl. Frühstück ab 65 €, Apt. ab 85 €; ⏲April–Okt.; ❄🏊) Das einstmals kleine Familienhotel am Ufer in der Nähe des Piers wird immer größer. Wir mögen die älteren Zimmer mit den kleinen Balkonen nach vorne, auch wenn es hier manchmal etwas lauter zugehen kann, wenn in Zoes Taverne im Freien viel los ist.

Elia REGIONAL €

(Hauptgerichte 6–14 €) Die Bezeichnung griechische Gourmetküche trifft wohl am ehesten das, was in diesem modernen, mediterranen Lokal serviert wird. Gefüllte Brasse und Tintenfisch können nur noch durch das Ambiente mit seinen trendigen Designerlampen und Blumentöpfen übertroffen werden.

Navarino Camping CAMPINGPLATZ €

(☎27230 22761; www.navarino-beach.gr; Zeltplätze pro Erw./Zelt/Auto 6/5/3 €) Dieser kleine, rustikal gestaltete Campingplatz liegt direkt am Strand.

Camping Erodios CAMPINGPLATZ €

(☎27230 23269; www.erodioss.gr; Zeltplätze pro Erw./Zelt/Auto 7/6/4 €, 2-/4-Bett-Hütten 65/75 €; 📶) Dieser blitzsaubere Campingplatz nennt einen Strandabschnitt an der Bucht von Navarino Bay sein Eigen und hat hervorragende Einrichtungen. Er befindet sich nordwestlich vom Dorf an der Straße, die hinaus zur Lagune und nach Paleokastro führt.

An- & Weiterreise

Täglich fahren mehrere Busse in Richtung Süden nach Pylos (2 €, 15 Min.) und mehrere in Richtung Norden nach Kyparissia über den Nestorpalast und Chora. Ein Taxi zwischen Giavola und Pylos kostet rund 12 €.

Rund um Gialova

Sehenswertes

Paleokastro RUINEN

Die Ruinen dieser antiken Burg befinden sich 5 km westlich von Gialova auf dem zerklüfteten **Kap Koryphasion,** das eine natürliche Verteidigungsstellung des nördlichen Eingangs zur Bucht von Navarino war.

Die Straße zur Burg ist am nördlichen Dorfrand ausgeschildert. Sie überquert die schmale Landzunge, welche die Bucht von Navarino von der Gialova-Lagune trennt, und endet an einem Parkplatz am Südende des Hügels. Schilder kennzeichnen den Anfang eines Weges, der sich den steilen Hang bis zum Eingang der Burg hochschlängelt.

Die Burg wurde Ende des 13. Jahrhundert von den Franken an der Stelle der Akropolis des antiken Pylos erbaut. Spanische Söldner aus Navarra besetzten sie 1381; nach ihnen wurde die Bucht benannt.

Der Parkplatz ist auch der Ausgangspunkt eines anderen Pfades, der um den Fuß des Kaps herum zum **Voidokilia-Strand** führt. Die schöne, hufeisenförmige Bucht gilt als Homers „sandiges Pylos". Hier wurde Telemachos herzlich empfangen, als er kam, um den weisen König Nestor nach dem Verbleib seines lang verschollenen Vaters Odysseus, des Königs von Ithaka, zu fragen.

Ein weiterer Pfad führt an der Südseite des Strandes an der **Nestorhöhle** vorbei zur Burg hinauf. Der Mythologie nach verbarg Hermes hier das Vieh, das er Apollon gestohlen hatte. In der Höhle gibt's einige Stalaktiten.

Der Strand von Voidokilia ist auch über eine Straße vom Dorf **Petrochori** aus zu erreichen, die 6 km nördlich von Gialova von der Straße nach Chora abzweigt.

Nestorpalast RUINEN

(☎27630 31437; nur Stätte Erw./erm. 3/2 €, Stätte & Museum Erw./erm. 4/2 €; ⏲8.30–15 Uhr) Dieser Ort heißt so, weil man glaubt, dass dies der Königshof des mythischen Helden Nestor war, der am Zug der Argonauten teilnahm und im Trojanischen Krieg kämpfte. Der Nestorpalast ist der am besten erhaltene aller mykenischen Paläste. Ursprünglich handelte es sich um ein zweistöckiges Gebäude; davon stehen noch 1 m hohe Mauern, die eine gute Vorstellung von der Anlage des mykenischen Palastkomplexes vermitteln. Der Hauptpalast in der Mitte bestand aus zahlreichen Räumen. Im größten davon, dem **Thronsaal,** erledigte der König seine Regierungsgeschäfte.

In seinem Zentrum befand sich ein kreisrunder Feuerplatz, umgeben von vier verzierten Säulen, die eine Galerie im ersten Geschoss stützten. Einige der schönen

Wandmalereien, die hier gefunden wurden, werden heute im Museum des nahen Dorfes Chora (siehe unten) ausgestellt. Um den Thron herum sind das sehenswerte Wachhäuschen, eine Vorratskammer, ein Warteraum, ein Vestibül und sogar ein regelrechtes Badezimmer mit Tonbadewanne angeordnet.

Zu den wichtigsten Funden gehören etwa 1200 Tontafeln mit Linear-B-Schrift – die Ersten, die auf dem Festland gefunden wurden. Einige davon sind im Museum von Chora zu sehen. Der Palast wurde später als die anderen mykenischen Stätten ausgegraben, erst zwischen 1952 und 1965. Der Grabungsleiter Carl Blegen hat ein hervorragendes Buch darüber geschrieben, das hier verkauft wird.

Der Nestorpalast liegt 17 km nördlich des modernen Pylos. Die Busse von Pylos nach Kyparissia halten am Nestorpalast (1,60 €, 30 Min.).

Archäologisches Museum Chora MUSEUM (☎27632 31358; nur Museum Erw./erm. 2/1 €, Museum & Stätte Erw./erm. 4/2 €; ⏲Di–So 8.30–15 Uhr) Choras interessantes, kleines Museum liegt 4 km nordöstlich des Nestorpalastes und beherbergt Fundstücke aus dem Palast sowie von anderen mykenischen Stätten in Messenien. Glanzstücke sind die unvollständigen Fresken aus den Thronsälen des Nestorpalastes und die Linear-B-Tafeln (auch wenn es sich dabei um Kopien handelt).

Busse von Pylos nach Kyparissia halten in Chora.

OLYMPIA

Die meisten Leute kommen nur aus einem einzigen Grund nach Olympia (Ολυμπία): Sie wollen die historisch bedeutende und beeindruckende Geburtsstätte der Olympischen Spiele sehen, die im Westen der Präfektur liegt. Ansonsten ist Elis (Ελιά) ein weitgehend landwirtschaftlich geprägtes Gebiet.

Das antike Elis verdankt seinen Namen dem mythischen König Helios. Seine Hauptstadt Elis ist heute eine vergessene Ruinenstätte, die sich an der Straße von Gastouni zum Piniossee befindet. Als die Franken hierher kamen, machten sie Andravida zur Hauptstadt ihres Fürstentums Morea. Pyrgos ist heute die – langweilige – Hauptstadt.

Von Tholos nach Pyrgos Θόλος προς Πύργος

Auf der Reise von Messenien Richtung Norden nach Elis, verschwinden die Berge im Osten allmählich und machen besiedelten Ebenen Platz, an deren Küste sich lange Sandstrände erstrecken. Diese gehören zu den längsten Stränden Griechenlands, auch wenn sich hier und da ein Kiesstrand oder eine Felsklippe dazwischenmogelt. Hinter dem Strand schießen leider immer mehr Gebäude in die Höhe, welche die potenziell schöne Aussicht versperren. Zu den besten Stränden im Süden gehören **Tholos**, **Kakovatos** und **Kouroutas.** Jedes Dorf am Meer bietet zahlreiche Übernachtungsmöglichkeiten an, meistens handelt es sich jedoch um eher langweilige Betongebäude.

Ein Schild vor Tholos weist auf das Bergdorf Nea Figalia hin, das 14 km weiter im Inland liegt. Von dort sind es dann noch weitere 21 km bis zur friedlichen, überwucherten Stätte des **antiken Figalia,** das hoch über dem Fluss Neda liegt. Lorbeersträucher, Zypressen und Zitronenbäume wachsen nun zwischen den Ruinen des antiken Marktplatzes Arkadiens, an dem noch die Überreste von Türmen, einer kleinen Akropolis und eines Tempels des Dionysos, des Weingottes, zu sehen sind. Ein Teil der Stadtmauer (die früher etwa 4,5 km lang war) ist noch erhalten, man kann ihn von der Straße aus sehen. Nur wenige Menschen verirren sich hierher, deshalb können Besucher hier nach Herzenslust wandern; allerdings ist es im Sommer sehr heiß. Von Nea Figalia führt eine Straße 19 km in Richtung Osten nach Andritsena.

Pyrgos Πύργος

23 274 EW.

Pyrgos, die Hauptstadt der Präfektur Elis, liegt 98 km südwestlich von Patras und 24 km von Olympia entfernt. Außer einer Fülle von Bekleidungsgeschäften hat die betriebsame Stadt dem Besucher nicht viel zu bieten. Allerdings landen die meisten Reisenden wahrscheinlich früher oder später hier: Sowohl die Busse als auch der Zug Pyrgos–Olympia fahren hier ab. Bahnhof und Busbahnhof sind etwa 600 m voneinander entfernt. Der Bahnhof liegt am Nordrand der Stadt an der Ypsilantou, und

Antikes Olympia

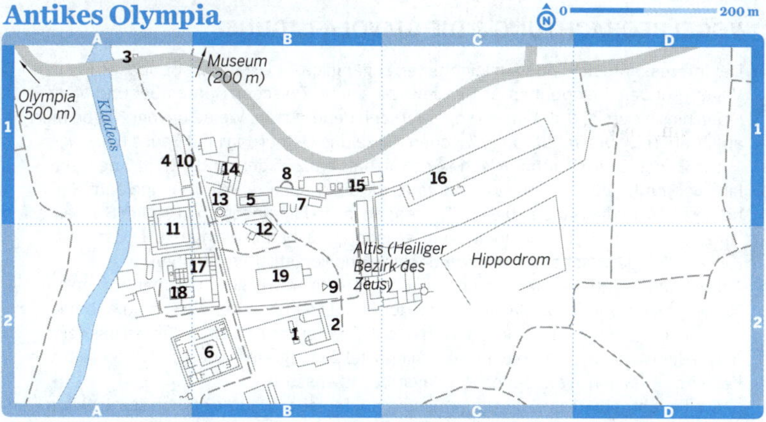

Antikes Olympia

1	Altar des Olympischen Eides	B2
2	Bouleuterion (Rathaus)	B2
3	Eingang	A1
4	Gymnasion	A1
5	Hera-Tempel	B1
6	Leonidaion	B2
7	Metroon	B1
8	Nymphäum	B1
9	Ort der Siegerehrung	B2
10	Östlicher Portikus des Gymnasions	A1
11	Palaistra (Ringerschule)	A2
12	Pelopion	B2
13	Philippeion	B1
14	Prytaneum	B1
15	Schatzhäuser	B1
16	Stadion	C1
17	Theokoleon (Haus der Priester)	B2
18	Werkstatt des Phidias	A2
19	Zeus-Tempel	B2

der gut organisierte Busbahnhof liegt auf der anderen Seite der Bahngleise, nordwestlich des Bahnhofs.

Wer hier verweilen muss, findet an den Straßen, die in die Stadt führen, abseits der Ypsilantou, mehrere nüchterne und leicht überteuerte Unterkünfte, die auf den Bedarf von Geschäftsreisenden zugeschnitten sind.

ℹ An- & Weiterreise

Bus

Täglich fahren bis zu 16 Busse nach Olympia (2,20 €, 30 Min.) sowie acht nach Athen (27,70 €, 4 Std.), zehn nach Patras (10 €, 2 Std.) und zwei nach Andritsena (6,20 €, 2 Std.), Kyllini (5,40 €, 1 Std.), Kyparissia (6,10 €, 1¼ Std.) und Kalamata (13,10 €, 2 Std.). An den Wochenenden gilt ein eingeschränkter Fahrplan.

Zug

Ein kleiner Zug auf der Nebenlinie nach/von Olympia (2 €, 40 Min., 2-mal tgl.) fährt hier ab bzw. kommt hier an.

Rund um Pyrgos

Das Weinanbaugebiet Nemea ist nicht die einzige Region auf dem Peloponnes, die einen hervorragenden Wein hervorbringt (weitere Details siehe Kasten S. 165). Auch das hübsche **Weingut Mercouri** (☎26210 41601; www.mercouri.gr; Weinprobe 10 €; ⏲Mo–Sa 9–14 Uhr), 1 km nördlich von Korakochori und etwa 15 km von Pyrgos entfernt, lohnt einen Besuch. Es produziert einen trockenen weißen Foloi und außerdem einen preisgekrönten, gehaltvollen Roten – sein Aushängeschild Domaine Mercouri. Außerdem werden Führungen durch die Anlage angeboten (vorher buchen).

Olympia Ολυμπία

1000 EW.

Mit seinen unzähligen überteuerten Souvenirläden und Lokalen schlägt das moderne Dorf Olympia ungeniert Kapital aus den hunderttausenden Touristen, die auf ihrem Weg ins Antike Olympia hier durch den Ort kommen. Trotzdem ist das Städtchen weit davon entfernt, kitschig zu sein. Lediglich 500 m südlich der gepflegten, schattigen Straßen, auf der anderen Seite des Flusses Kladeos, liegt das Antike

VOGELBEOBACHTUNG & DIE GIAVOLA-LAGUNE

Der interessanteste – und am leichtesten zugängliche – Ort für die Beobachtung von Vögeln auf dem Peloponnes ist die Gialova-Lagune. Zwischen September und März leben hier bis zu 20 000 Wasservögel verschiedener Arten. Viele Zugvögel legen hier auf ihrer Frühjahrswanderung zwischen Afrika und Osteuropa eine Pause ein.

Die Griechische Ornithologische Gesellschaft hat 265 der rund 400 in Griechenland vorkommenden Arten dokumentiert, darunter auch zehn Enten- und acht Reiherarten. Watvögel landen hier zu Tausenden, dazu Flamingos und Braune Sichler. Unter den Greifvögeln sind auch der international als bedroht eingestufte Östliche Kaiseradler, der Fischadler, der Wanderfalke und verschiedene Weihen.

Die Lagune und die angrenzenden Feuchtgebiete erstrecken sich über 700 ha am Nordende der Bucht von Navarino. Von der Bucht trennt sie nur ein schmaler Landstreifen, der bis zum Kap Koryphasion reicht. Sie werden von zwei Flüssen gespeist, die an der Nord- und Ostseite in die Schilfgürtel der Lagune fließen und unterhalb des Kaps Koryphasion in die Bucht von Navarino entwässern.

Die Feuchtgebiete und die umgebenden Küstenlebensräume stehen seit 1997 unter Naturschutz. Das alte Pumpenhaus, das früher einmal im Zentrum eines schlecht durchdachten Entwässerungssystems stand, dient heute als Informationszentrum und ist der Ausgangspunkt für zwei Wanderwege, die Besucher durch eine Fülle von unterschiedlichen Lebensräumen führen.

Olympia. Die Umgebung der Stätte brannte zwar tragischerweise bei den Waldbränden von 2007 ab, sodass hier keine Bäume mehr stehen, doch dank des Einsatzes der Einheimischen und der Feuerwehrleute überlebte das Antike Olympia; deshalb ist es auch heute noch eine üppig grüne und schöne, historisch bedeutende Stätte.

Sehenswertes

Vier Museen haben sich auf den Hype um das Antike Olympia (und die Olympischen Spiele) eingelassen. Das Archäologische Museum Olympia und das Museum zur Geschichte der Olympischen Spiele in der Antike sollte man sich auf keinen Fall entgehen lassen; die beiden anderen lohnen sich nur, wenn man Zeit totschlagen muss oder ein besonderes Interesse daran hat. All das bietet Olympia, bevor man auch nur einen Fuß auf das eigentliche Gelände gesetzt hat.

LP TIPP Museum zur Geschichte der Olympischen Spiele in der Antike MUSEUM

(Eintritt frei; Mai–Okt. Mo 12.30–19.30, Di–So 8–19.30 Uhr, Nov.–April Mo 10.30–17, Di–So 8.30–15 Uhr) Dieses Museum öffnete 2004 seine Tore (nach den Olympischen Spielen in Athen). In den schön gestalteten Räumlichkeiten wird die Geschichte der Wettkämpfe sowie der nemeischen, panathenäischen und natürlich der Olympischen Spiele gezeigt. Alle Skulpturen, Mosaike und anderen Ausstellungsobjekte haben mit Athleten und ihrem Sport zu tun. Frauen und ihre Beteiligung – bzw. Nicht-Beteiligung – werden ebenfalls berücksichtigt.

GRATIS Museum der Geschichte der Ausgrabungen in Olympia MUSEUM

(April–Okt. Mo 13.30–20, Di–So 8–20 Uhr, Nov.–März Mo 8.30–15, Di–So 8.30–15 Uhr) Neben dem Museum der Geschichte der Olympischen Spiele ist dieses Museum in einem kleinen historischen Gebäude untergebracht. Die Ausstellung ist eher etwas für Archäologie- und Geschichte-Fans und zeigt Gegenstände, die sich auf die deutschen Ausgrabungen im 19. Jahrhundert beziehen.

LP TIPP Archäologisches Museum Olympia MUSEUM

(/Fax 26240 22742; Erw./erm. 6/3 €, inkl. Besuch der Stätte 9/5 €; April–Okt. Mo 13.30–20, Di–So 8–20 Uhr, Nov.–März Mo 10.30–17, Di–So 8.30–15 Uhr) Dieses tolle Museum – das Museum zur Archäologie des historischen Olympia – befindet sich etwa 200 m nördlich des Ticketkiosks am Heiligtum. Am besten ist es, hier mit der Besichtigung des antiken Olympia zu beginnen –, aber auch als Ausklang des Besuchs ist das Museum sehenswert.

Es gibt ein maßstabsgetreues Modell der Stätte. Sehr eindrucksvoll sind auch die wieder zusammengesetzten Giebeldreiecke und Metopen aus dem Zeus-Tempel (auch wenn sie nicht vollständig sind). Auf dem **östlichen Giebeldreieck** ist das Wagenrennen zwischen Pelops und Oinomaos dargestellt, das **westliche Giebeldreieck** zeigt den Kampf zwischen den Kentauren und den Lapithen. In den **Metopen** sind die zwölf Taten des Herkules dargestellt.

Auf keinen Fall verpassen: die Statue des **Hermes des Praxiteles** aus dem 4. vorchristlichen Jahrhundert, ein Meisterwerk klassischer Bildhauerei aus dem Hera-Tempel. Hermes wurde bestraft, weil er den kleinen Dionysos auf den Berg Nysa entführt hatte.

Darüber hinaus gibt es faszinierende Sammlungen winziger, aber wunderbar gestalteter Votivgaben zu sehen, die an der Stätte gefunden wurden, sowie die Skulptur eines **Kopfes der Hera.**

Modernes Museum der Olympischen Spiele MUSEUM

(☎26240 22544; Erw./erm. 2 €/frei; ⌚8–15.30 Uhr) Nur echte Olympia-Fans oder passionierte Sammler werden sich für dieses Museum begeistern können, das der Olympischen Akademie gehört. Es zeigt eine Sammlung von Erinnerungsstücken an alle modernen Olympischen Spiele bis zum heutigen Tag, einschließlich Fotos, Poster, Münzen, Briefmarken und olympische Fackeln. Das Museum befindet sich zwei Häuserblocks westlich der Praxitelous Kondyli, gegenüber der Kreuzung Agerinai und Kosmopoulou.

Stätte des antiken Olympia ANTIKE STÄTTE, RUINEN

(☎26240 22517; Erw./erm. 6/3 €, Stätte & archäologisches Museum 9/5 €; ⌚April–Okt. 8–20 Uhr, Nov.–März 8.30–15 Uhr) Die Olympischen Spiele waren zweifellos die größte Sportveranstaltung der antiken Welt. Während sie stattfanden, wurden sogar Kämpfe zwischen Krieg führenden Staaten vorübergehend eingestellt, Mäzene versuchten, sich gegenseitig auszustechen, und siegreiche Wettkämpfer erlangten enormen Ruhm und ein beträchtliches Vermögen. Zum modernen Pendant gibt es im Prinzip nur einen wesentlichen Unterschied: Damals durften nur Männer an den Wettkämpfen teilnehmen – und zwar nackt. Mindestens 1000 Jahre lang fanden die Spiele alle vier Jahre statt, bis sie Spielverderber Kaiser Theodosius I. im Jahr 394 abschaffte. Das antike Olympia steht auf der UNESCO-Liste des Weltkulturerbes. Man erkennt noch immer die Tempel, die Wohnhäuser der Priester und die öffentlichen Gebäude. Innerhalb des Geländes finden sich Tafeln mit hervorragenden Erläuterungen. Auf ihnen ist abgebildet, wie die Gebäude wohl ausgesehen haben (mit Plan und Beschreibung auf Englisch).

Geschichte & Mythologie

Die Ursprünge Olympias reichen weit bis in mykenische Zeit zurück. Hier wurde im 1. Jahrtausend v. Chr. die Große Göttin Rhea verehrt. In der griechischen Klassik wurde Rhea von ihrem Sohn Zeus abgelöst. Ab dem 11. Jahrhundert v. Chr. feierte man in Olympia ein kleines, regionales Fest, das wahrscheinlich auch sportliche Wettkämpfe umfasste.

König Iphitos von Elis eröffnete im Jahr 776 v. Chr. die ersten offiziellen, im 4-Jahres-Turnus veranstalteten Olympischen Spiele. Ab 676 v. Chr. durften alle männlichen Griechen daran teilnehmen; 576 v. Chr. erreichten die Spiele ihre Blüte. Sie fanden Zeus zu Ehren statt, der gemeinhin als Gründer der Spiele galt. Ausgetragen wurden sie jeweils um den ersten Vollmond im August.

Die Wettkämpfe dauerten fünf Tage und umfassten die Disziplinen Ringen, Wagen- und Pferderennen, Fünfkampf (Ringen, Diskus- und Speerwerfen, Weitsprung und Laufen) sowie Pankratium, eine brutale Form des Faustkampfs.

Ursprünglich durften nur gebürtige Griechen teilnehmen, später auch Römer. Sklaven und Frauen hatten weder als Teilnehmer noch als Zuschauer Zutritt zum Heiligtum. Wagte dennoch eine Frau, sich hereinzuschleichen, wurde sie von einem nahen Felsen geworfen.

Doch die Olympischen Spiele waren nicht nur sportliche Wettkämpfe: Schriftsteller, Dichter und Historiker lasen vor großem Publikum aus ihren Werken, und die Bürger verschiedener Stadtstaaten lernten sich kennen. Händler schlossen Geschäfte ab; die Oberhäupter der Stadtstaaten kamen in dieser Festatmosphäre miteinander ins Gespräch, sodass viele Konflikte durch Diskussion beigelegt wurden, anstatt in bewaffneten Auseinandersetzungen.

Die Spiele wurden auch in den ersten Jahren der römischen Herrschaft weiterhin fortgesetzt. Allerdings hatten sie an

Bedeutung verloren, und dank Nero ging es bei den Spielen auch weniger fair zu: Im Jahr 67 nahm Nero mit einem Gespann aus zehn Pferden am Wagenrennen teil und erlaubte seinen Gegnern nicht mehr als vier Pferde. Trotz dieses Vorteils stürzte er und brach das Rennen ab; dennoch erklärten ihn die Kampfrichter hinterher zum Sieger.

Zum letzten Mal fanden die Spiele im Jahr 394 statt, bevor Kaiser Theodosius I. sie zu einem heidnischen Spektakel erklärte und abschaffte. Im Jahr 426 gab Theodosius II. den Befehl, die Tempel von Olympia zu zerstören.

Seit 1896 gibt es die modernen Olympischen Spiele. Seitdem finden sie regelmäßig alle vier Jahre (nur nicht während der beiden Weltkriege) in Städten auf der ganzen Welt statt, unter anderem auch 2004 (zur großen Begeisterung der Griechen) in Athen. Vor den Spielen wird an der antiken Stätte das Olympische Feuer entzündet und dann von Läufern an den jeweiligen Austragungsort gebracht.

Die Anlage entdecken

Das Antike Olympia ist in der modernen Ortschaft ausgeschildert. Der Eingang befindet sich jenseits der Brücke über den Fluss Kladeos. Dank Theodosius II. und verschiedenen Erdbeben ist von den herrlichen Gebäuden des antiken Olympia nicht mehr viel übrig geblieben, doch immer noch genug für einen faszinierenden Besuch in einer idyllischen, schattigen Stätte; der Besuch dauert mindestens einen halben Tag. Wer zuvor das archäologische Museum (S. 216) besucht, kann sich besser vorstellen, wie die antiken Gebäude ausgesehen haben.

Die erste Ruine, auf die man trifft, ist das **Gymnasion,** das auf das 2. Jahrhundert v. Chr. zurückgeht. Südlich davon befindet sich die teilweise restaurierte **Palaistra** (Ringerschule), in der die Wettkämpfer übten und trainierten. Das nächste Gebäude war das **Theokoleon** (Priesterhaus). Dahinter folgt die **Werkstatt des Phidias,** wo die gewaltige Zeus-Statue aus Gold und Elfenbein geschaffen wurde, eines der Sieben Weltwunder der Antike. Archäologen identifizierten die Werkstatt anhand der Werkzeuge und Formen, die dort gefunden wurden. Hinter dem Theokoleon befindet sich das **Leonidaion,** das größte Gebäude, in dem die Würdenträger untergebracht waren.

Östlich des Weges erstreckt sich die **Altis,** der **Heilige Bezirk des Zeus,** Ihr wichtigstes Gebäude war der riesige dorische **Zeus-Tempel** aus dem 5. Jahrhundert v. Chr., der die Zeus-Statue des Phidias beherbergte, die später von Theodosius II. nach Konstantinopel gebracht wurde, wo sie 475 einem Feuer zum Opfer fiel. Eine Säule des Tempels wurde restauriert und wieder aufgerichtet, um einen Eindruck von der Größe des Tempels zu vermitteln.

Südlich des Zeus-Tempels steht das **Buleuterion** (Versammlungsort des Rates) mit dem **Altar,** an dem die Wettkämpfer schworen, sich an die Regeln zu halten, die der Olympische Rat erlassen hatte.

Östlich der Altis befindet sich das **Stadion,** das man durch einen Bogen betritt. Die Start- und die Ziellinie für den 120-m-Lauf und die Sitzgelegenheiten für die Schiedsrichter sind erhalten. Im Stadion fanden mindestens 45 000 Zuschauer Platz. Sklaven und Frauen mussten sich damit zufrieden geben, vom Kronoshügel aus zuzuschauen.

Nördlich des Zeus-Tempels befand sich das **Pelopion,** ein kleiner bewaldeter Hügel mit einem Pelops-Altar. Er ist von einer Mauer umgeben, die noch die Überreste des dorischen Portikus enthält. Zahlreiche Objekte, die heute im Museum untergebracht sind, wurden auf diesem Hügel gefunden.

Noch weiter nördlich steht der dorische **Hera-Tempel** aus dem 6. Jahrhundert v. Chr., der am besten erhaltene Bau der Anlage. Hera wurde neben Rhea verehrt, bis sie beide durch Zeus abgelöst wurden.

Das **Nymphäum** im Osten des Tempels ließ der reiche römische Mäzen Herodes Atticus 156–160 n. Chr. errichten. Wie fast alle Bauwerke, die von römischen Gönnern erbaut wurden, war es bombastisch: Es bestand aus einem halbrunden Gebäude mit dorischen Säulen, das auf jeder Seite von einem runden Tempel flankiert wurde. Das Gebäude beherbergte Statuen von Herodes Atticus und seiner Familie. Trotz allen Prunks erfüllte das Nymphäum aber auch einen ganz praktischen Zweck: Es diente als Brunnenhaus, das Olympia mit frischem Quellwasser versorgte.

Hinter dem Nymphäum und einer Steintreppe erstrecken sich bis zum Stadion 12 **Schatzhäuser.** Sie wurden von jeweils einem Stadtstaat als Lagerhaus errichtet und markieren die Nordgrenze der Altis.

Am Fuß dieser Treppe haben sich die spärlichen Überreste des **Metroons** aus dem 5. Jahrhundert v. Chr. erhalten, eines der Göttermutter Rhea geweihten Tempels. Offensichtlich wurden dort im Antiken Griechenland Orgien zu Ehren der Göttin veranstaltet.

Westlich des Hera-Tempels bilden die Überreste eines Rundbaus mit ionischen Säulen die Fundamente des **Philippeion,** das der makedonische König Philipp II. zum Andenken an die Schlacht von Chaironeia (338 v. Chr.) errichten ließ, in der er die vereinigten Armeen Athens und Thebens besiegte. Das Gebäude enthielt Statuen von Philipp und seiner Familie.

Im **Prytaneion,** nördlich des Philippeion, befand sich der Sitz des Rates. Hier ließen sich die siegreichen Athleten unterhalten und feiern.

Schlafen

LP TIPP **Hotel Pelops** HOTEL €

(☎/Fax 26240 22543; www.hotelpelops.gr; Varela 2; EZ/DZ/3BZ/Suite inkl. Frühstück 40/55/75/105 €; ❄📶) Das Hotel gegenüber der Kirche gehört mit seinen komfortablen Zimmern zu den besten Unterkünften in Olympia. Die netten griechisch-australischen Besitzer bieten einen freundlichen Service und außerdem ein Frühstücksbüffet, das eines Athleten würdig wäre. Auf Bestellung bekommt man eine Pelops-Platte mit einer üppigen Auswahl köstlicher *mezedhes*.

Hotel Kronio HOTEL €

(☎26240 22188; www.hotelkronio.gr; Tsoureka 1, EZ 45 €, DZ/3BZ inkl. Frühstück 50/66 €; ❄@📶) Das Hotel wurde im Jahr 2008 renoviert. Sein modernes Aussehen und die hellen, freundlichen Zimmer machen es zu einer sehr guten Wahl. Obendrein ist der Besitzer hilfsbereit und spricht mehrere Sprachen.

Best Western Hotel Europa International HOTEL €€

(☎26240 22650; www.hoteleuropa.gr; EZ/DZ/3BZ 80/105/125 €; P❄📶🏊) In dieser Unterkunft steigen vor allem Reisegruppen ab. Die Zimmer sind unterschiedlich, was Größe und Qualität angeht – die größeren Zimmer mit Balkon und Aussicht sind luxuriöser. Eine Bar, ein Swimmingpool und eine nette Taverne am Pool im Schatten von Olivenbäumen werten diese Bleibe ungemein auf.

> **GELD SPAREN**
>
> Es gibt eine Eintrittskarte, die für die olympische Stätte und für das Archäologische Museum zusammen gilt. Achtung: Die Eintrittszeiten ändern sich jedes Jahr und nach Jahreszeiten; bei Ankunft in der Touristeninformation erkundigen. Eine praktische Webseite für die Region ist www.ancientolympiahotels.gr

Pension Posidon PENSION €

(☎26240 22567; Stefanopoulou 9; EZ 35 €, DZ 40–45€, 50 €)

Ein hilfsbereites Paar betreibt diese zentral gelegene Pension, deren einfache, helle und freundliche Zimmer einen Balkon haben. Das Frühstück kostet 5 €.

Camping Diana CAMPINGPLATZ €

(☎26240 22314; www.campingdiana.gr; Zeltplätze pro Erw./Zelt/Auto 8/6/5 €; 🏊) Ein gut geführter Platz mit reizenden Besitzern und üppigem Baumbestand; 250 m westlich des Dorfes und gut ausgeschildert

Hotel Hermes PENSION €

(☎26240 22577; EZ/DZ/3BZ inkl. Frühstück 30/40/50 €; ❄) Preiswertes, freundliches Familienhotel mit einfachen, aber makellosen Zimmern mit Linoleumboden. Wenn man von Süden her in den Ort fährt, liegt es auf der rechten Seite hinter der BP-Tankstelle.

Essen

Absolute Lieblingsrestaurants gibt es in Olympia keine; da so viele der Gäste lediglich einen Tag hier sind, fehlt den Köchen wohl der Anreiz, nach Höherem zu streben. In einem der umliegenden Dörfer trifft man es besser, z. B. im 1,5 km weiter im Norden gelegenen Floka und dem antiken Pissa. Um ins antike Pissa zu gelangen, folgt man auf der Nationalstraße den Schildern.

Takis Tyropitas GRIECHISCH €

(Praxitelis Kondilis 36; Snacks 1,50€; ⌚7–15 Uhr) Dieses schwer zu beschreibende und unauffällige Lokal hält sich schon seit 20 Jahren hier, und das aus guten Grund. Der Wirt Takis macht die besten *tyropita* (mit Schafskäse gefüllte Teigtaschen) und anderen hausgemachten Spezialitäten im Peloponnes – manch einer meint, in ganz Griechenland.

O Thea TAVERNE €+
(☎26240 23264; Floka; Hauptgerichte 6–11 €; ⌚ganzjährig Abendessen, Mai–Okt. auch Mittagessen) Es lohnt sich (selbst zu Fuß), den Hügel hinauf in das kleine Dorf Floka zu gehen, 1,5 km nördlich von Olympia, um herzhafte, traditionelle Tavernenkost zu genießen. Auf der großen Terrasse sitzt man bei Gegrilltem und Zucchinibällchen mit Blick auf Floka. Wenn einem die Einheimischen nicht die besten Plätze wegschnappen. Außerhalb der Hochsaison sind die Öffnungszeiten unregelmäßig.

Taverna Bacchus TAVERNE €
(☎26240 22298; www.bacchustavern.gr; Antikes Pissa; Hauptgerichte 7–11 €; ⌚Mittag- & Abendessen; P ❄ ☒) Der Weingott Bacchus hat hier sein Angebot erweitert: Das schmucke Lokal in einem Steingebäude im nahe gelegenen antiken Pissa serviert herrliche Köstlichkeiten aus frischen Zutaten. Die Taverne strebt eher nach einem internationalen als nach einem lokalen Ambiente, aber das Essen ist gut.

Mithos KEBABS €
(☎6975959890; Hauptgerichte 6–8 €; ⌚Mittag- & Abendessen) Ein von Einheimischen empfohlenes Lokal abseits der Touristenmassen. Hier gibt's erstklassiges Gegrilltes zwischen die Zähne.

Selbstversorger finden bei der Shell-Tankstelle einen guten Supermarkt.

ℹ Praktische Informationen

Cafe Zeus (Praxitelous Kondyli) Eines von mehreren Cafés mit WLAN

EOT Olympia (☎26240-22262; www.eot.gr; Praxitelous Kondyli; ⌚Mai–Okt. Mo–Fr 8.30–19.30 Uhr) Leider nur an Wochentagen geöffnet. Fahrpläne (auch für Fähren von Kyllini und Patras) hängen im Schaufenster.

National Bank of Greece (Ecke Praxitelous Kondyli & Stefanopoulou) Eine von vier Banken am Ort

Post (Pierre Coubertin 3)

Touristenpolizei (☎26240 22550; Spiliopoulou 5)

ℹ An- & Weiterreise

Auto

Drei Strecken sind zwischen Olympia und Athen und/oder Nafplio möglich. Die erste ist die nördliche Küstenstraße über Patras; die zweite verläuft über die Mautstraße Richtung Tripolis über Megalopolis und Kalo Nero. Die letzte und zugleich kurvenreichste führt über die Mautstraße Richtung Tripolis. Nach dem Artemisio-Tunnel dem Schild nach rechts zum antiken Olympia (Archaia Olympia) folgen und dann auf der Straße durch die Berge Arkadiens weiterfahren. Diese Strecke ist extrem kurvenreich. Achtung: Alle Strecken sind ziemlich anstrengend; im Hotel nach ungefährem Zeitaufwand erkundigen (und mindestens eine Stunde für geringere Geschwindigkeit und Fotostopps einrechnen).

Bus

Es gibt keine Direktverbindung von Olympia nach Athen. Etwa acht der 16 Busse (sonntags sind es weniger) fahren über Pyrgos (1,90 €, 30 Min.), wo genügend Zeit bleibt, einen Anschluss nach Athen zu finden (siehe S. 215). Außerdem fahren montags und freitags Busse von Olympia in Richtung Osten nach Tripolis (11,10 €, 3 Std., mind. 2-mal tgl.) und nach Dimitsana (6,50 €, 2½ Std.); an allen anderen Tagen gehen Busse ins 5 km von Dimitsana entfernte Karkalou. Achtung: Für Fahrkarten nach Tripolis muss man einen Tag vorher einen Platz bei KTEL Pyrgos (☎26210 20600) bestellen; Hotels rufen dort für ihre Gäste an.

Zug

Züge nach/von Olympia fahren nur nach Pyrgos – täglich gibt es zwei oder drei Abfahrten (1 €, 30 Min.). Also hier besser mit dem Bus losfahren.

Andritsena Ανδρίτσαινα

575 EW.

Das Dorf Andritsena liegt 65 km südöstlich von Pyrgos an einem Hügelhang mit Blick über den Fluss Alfios. Verfallende Steinhäuser – einige davon mit wackeligen Holzbalkonen – säumen die engen Kopfsteinpflasterstraßen, und quer über den Hauptplatz, die Plateia Agnostopoulou, fließt und gurgelt ein Bach; die Quelle entspringt dem Stamm einer riesigen Platane. Andritsena ist ein reizvoller Ausgangspunkt für Besucher, die den Apollon-Tempel bei Bassä besichtigen wollen, der in die Weltkulturerbeliste aufgenommen wurde; er liegt etwa 14 km vom Dorf entfernt.

Sehenswertes

GRATIS **Nikolopoulos-Bibliothek in Andritsena** BIBLIOTHEKSMUSEUM
(☎26260 22242; ⌚Di–Sa 8.30–14 Uhr) Auch wer nicht unbedingt eine Leseratte ist, schätzt das beeindruckende Erbe von Nikolopoulos. Im Jahr 1838 vermachte er der Heimatstadt seines Vaters 4000 seltene und wertvolle Bücher, um damit eine

Schule zu gründen. Damals war dies eine der größten Privatbibliotheken Europas. Zu ihr gehörten auch ein Buch aus dem Jahr 1502 und eine Bibel von 1657 mit seltener Bindung. Das nahe gelegene Dorf Stemnitsa spendete weitere 4000 Bücher; heute ist die Sammlung zusammen mit Handschriften aus der griechischen Unabhängigkeitsbewegung von 1821 ausgestellt. Es gibt ein erklärendes Video auf Englisch, das man sich unbedingt anschauen sollte. Die Bibliothek befindet sich über der Leihbücherei des Dorfes hinter dem Hotel Theoxenia.

Heimatmuseum MUSEUM
(☎6937591445; ⌚11–14 & 18–20 Uhr) Das viel beworbene, aber selten geöffnete Museum beherbergt eine kuriose Sammlung einheimischer Gegenstände, von Möbeln bis hin zu traditioneller Kleidung.

Apollon-Tempel bei Bassä HISTORISCHE STÄTTE
(☎26260 22275; Erw./erm. 3/2 €; ⌚8–20 Uhr) Der 14 km von Andritsena entfernt an einer wilden, abgelegenen Stelle inmitten schroffer Berge gelegene Apollon-Tempel bei Bassä gehört zu den romantischsten und schönsten archäologischen Stätten Griechenlands und ist eine Weltkulturerbestätte. Von Andritsena aus steigt die Straße einen Bergrücken hinauf, umgeben von einer immer dramatischeren Landschaft, bis sie den Tempel erreicht, der auf einer Höhe von 1200 m liegt.

Im Rahmen eines unglaublich langwierigen Restaurierungsprogramms ist der eindrucksvolle und gut erhaltene Tempel von einem riesigen Zelt mit Stahlstützen (zum Teil dauerhaft) umgeben; dadurch büßt er einiges von seiner Pracht und unmittelbaren Wirkung ein – trotzdem ist er großartig.

Der Tempel wurde im Jahr 420 v. Chr. von den Einwohnern des nahe gelegenen Phigaleia zu Ehren von Apollon Epikourios (dem Helfer) errichtet, der das Dorf von der Pest befreit hatte. Der Entwurf für den Tempel stammt von Iktinos, dem Baumeister des Parthenons. Er kombinierte kunstvoll dorische und ionische Säulen mit einer einzelnen korinthischen Säule – die erste ihrer Art.

Zum Apollon-Tempel bei Bassä verkehren keine öffentlichen Busse. Es bietet sich daher an, Mitreisende zu suchen, mit denen man sich die Kosten für ein Taxi teilen kann.

ÜBERNACHTEN

Die Fahrt im Auto nach Olympia von so weit entfernten Orten wie Athen, Nafplio oder Kalamata ist zeitraubend und ziemlich anstrengend. Wir schlagen deshalb vor, hier mindestens eine Übernachtung einzuplanen.

Schlafen & Essen

An der Hauptstraße gibt es ein halbes Dutzend einfacher Tavernen und Grilllokale.

Epikourios Apollon HOTEL €
(☎26260 22840; www.diakoporama.gr; Plateia Agnostopoulou; ES/DZ/3Z inkl. Frühstück 50/60/75 €; ⌚ganzjährig) Dieses Restaurant mit Hotel hat gut ausgestattete, freundliche Zimmer mit Blick über den Hauptplatz oder das Tal dahinter.

Praktische Informationen

ATE Bank (in der Nähe des Hauptplatzes) Mit Geldautomaten

Post (in der Nähe des Hauptplatzes)

An- & Weiterreise

Busse fahren nach Pyrgos (ca. 5,50 €, 1½ Std., 2-mal tgl. außer So) und Athen (ca. 20,50 €, 2 Std., 2-mal tgl.) über Karitena, Megalopolis, Tripolis und den Isthmus von Korinth.

Kyllini Κυλλήνη

Der Hafen Kyllini, der 78 km südwestlich von Patras gelegen ist, ist lediglich als Abfahrtspunkt für Fähren nach Kefallonia und Zakynthos erwähnenswert. Die meisten Reisenden kommen mit dem Bus aus Patras, um von dort an Bord einer Fähre weiterzufahren.

Es gibt Boote nach Zakynthos (pro Person/Auto 6,50/29,90 €, 1¼ Std., im Sommer bis zu 4-mal tgl.), nach Poros (pro Person/Auto 11,50/61€, 1½ Std., im Sommer bis zu 4-mal tgl.) und Argostoli (2 Std., nur im Sommer 1-mal tgl.) auf Kefallonia. Bei www.ionianferries.gr nachsehen, da sich die Fahrpläne ständig ändern.

Von Pyrgos fahren zweimal täglich Busse (6 €, 1 Std.) und vom Busbahnhof KTEL Zakynthos in Patras drei- bis viermal täglich Busse (8 €, 1¼ Std.) ab. Einige haben Anschluss an die Fähren nach Zakynthos (Bus und Fähre 15,90 €). Achtung: Es gibt keine Busse von Kyllini nach Patras. Die

DIE WANDERUNGEN DES PAUSANIAS

Schon vor beinahe 20 Jahrhunderten hat es jemand Lonely Planet und seinen Konkurrenten vorgemacht: Der Reisende und Geograf Pausanias (2. Jahrhundert n. Chr.) schrieb den vermutlich ersten – und maßgeblichsten – „Reiseführer". Sein Werk, die *Beschreibung Griechenlands,* besteht aus zehn Büchern, in denen er einen Großteil Griechenlands beschreibt, so wie er es (in den Jahren von 143 bis 161) erlebte. Dabei deckte er die Regionen Attika, Böotien, Phokis und das westliche Lokris (Lokris Ozolia) ab sowie den Großteil des Peloponnes – Korinth, Lakonien, Messenien, Elis, Achaia und Arkadien. Klassische griechische Gelehrte, Historiker und Archäologen betrachten es als äußerst wichtiges historisches Werk, da es Aufschluss gibt über Orte, Menschen, Monumente und Stätten und viele dazugehörige Fakten und Legenden liefert. Man nimmt an, dass Pausanias aus Lydien in Kleinasien stammte und ausgiebig durch Griechenland, Makedonien, Italien und Teile Asiens und Afrikas reiste.

Kosten für ein **Taxi** (☎6973535678) nach Patras belaufen sich auf etwa 60 €.

ACHAIA

Inzwischen haben auch die Touristen aus Übersee die Schönheiten von Achaia (Αχαΐα) für sich entdeckt. Die eindrucksvolle Region umfasst eine Reihe von Ferienorten an der Küste und hohe Berge, in denen man Skifahren kann, eine fantastische Zahnradbahn führt hinauf. Die boomende Hauptstadt Patras ist quirlig und kosmopolitisch.

Der Name Achaia geht auf das Volk der Achäer zurück, indo-europäische Einwanderer, die sich auf dem griechischen Festland ansiedelten und die als „mykenisch" bekannte Kultur schufen. Durch das Vordringen der Dorer wurden die Achäer in die nordwestliche Ecke des Peloponnes gedrängt, wo sie ihrerseits die dort lebenden Ionier vertrieben.

Der Legende nach gründeten die Achäer zwölf Städte, aus denen später der mächtige Achäische Bund entstand, der bis in die Römerzeit überlebte. Die wichtigsten Städte waren die Häfen Patras und Egio (an der Küste des Golfs von Korinth).

Patras (Patra) Πάτρα

167 600 EW.

Patras ist die größte Stadt auf dem Peloponnes und die Hauptstadt von Achaia. Der Name geht auf König Patreas zurück, der um 1100 v. Chr. über Achaia herrschte. Trotz seiner 3000 Jahre langen, ereignisreichen Geschichte gehört Patras nicht unbedingt zu den bevorzugten Touristenzielen; viele Besucher kommen nur auf der Durchreise hier vorbei, wenn sie an oder von Bord der Fähren gehen, die zwischen hier und Italien oder den Ionischen Inseln verkehren.

Aber wer ein oder zwei Nächte hier bleibt, wird feststellen, dass Patras eine kosmopolitische Stadt mit einer pulsierenden Café- und Club-Szene ist, dazu tragen auch die 40 000 Studenten der Universität bei. Außerdem gibt es einige interessante Sehenswürdigkeiten, gute Shopping-Möglichkeiten und einen regen Kunst- und Kulturbetrieb.

Schön ist Patras auf den ersten Blick nicht unbedingt – die Stadtlandschaft ist von einem riesigen Hafen, nichtssagenden Betonmietshäusern aus den 1950er-Jahren, wenigen klassizistischen Häusern aus dem 19. Jahrhundert und von Verkehrsstaus geprägt. Aber es gibt auch bezaubernde Plätze und architektonische Wahrzeichen, wie das Apollon-Theater und die imposante Hängebrücke Rion-Antirion, welche die Stadt mit dem Westen des griechischen Festlands verbindet.

Sehenswertes & Aktivitäten

GRATIS **Archäologisches Museum von Patras** MUSEUM
(☎2610 420 645; Ecke Amerikis & Patras–Athens National Rd; ⌚Di–So 8.30–15 Uhr) Dieses Museum aus dem Raumfahrtzeitalter mit metallisch glänzenden Kuppeln und hochmodernen Gebäuden ist das zweitgrößte Museum des Landes. Seine Sammlungen – über drei Themenhallen verteilt – enthalten Objekte aus prähistorischer bis römischer Zeit, einschließlich Mosaike, Sarkophage und Schmuck aus Patras und

Umgebung. Auch beherbergt das Museum eine besonders wertvolle Sammlung mykenischer Schwerter.

GRATIS **Kastro** FESTUNG

(🕒Di –So 8.30–15 Uhr) Das *kastro* befindet sich an der Stelle der alten Akropolis des antiken Patras. Die spätantiken Römer waren die Ersten, die hier um 550 n. Chr. eine Festung errichteten. Der heutige Bau ist fränkischen Ursprungs und wurde im Lauf der Jahrhunderte viele Male von Byzantinern, Venezianern und Türken umgestaltet. Bis zum Zweiten Weltkrieg wurde er als Verteidigungsstellung genutzt. Das

Patras

Sehenswertes

1 Kastro D5

Schlafen

2 Hotel Byzantino A4
3 Nikos Pension A4
4 Olympic Star Hotel C4
5 Primarolia Art Hotel B3

Essen

6 Dia Discount Supermarket B3
7 Estragon B3

Patras

kastro befindet sich in einem Park mit schlanken Säulenzypressen; hinauf führt eine Treppe mit mindestens 190 Stufen, die am südöstlichen Ende der Agiou Nikolaou beginnt. Als Belohnung winkt die großartige Aussicht auf die Ionischen Inseln Zakynthos und Kefallonia.

Agios Andreas KIRCHE
(Agiou Andreou) Die Kirche, in der 5500 Menschen Platz finden, ist eine der größten Kirchen des Balkans. Das sakrale Gebäude beherbergt religiöse Ikonen und Gemälde sowie den Schädel des hl. Andreas und einen Teil des Kreuzes, an dem er hingerichtet wurde.

Hamam BADEHAUS
(2610 274 267; Boukaouri 29; nur im Winter Mo–Sa 9–21 Uhr) Dieser *hamam* (türkisches Bad) ist privat geführt. Hier kann man sich abschrubben lassen, wie es die Türken schon um 1500 taten.

Festivals & Events

Während des jährlichen **Karnevals von Patras** (www.carnivalpatras.gr) feiern die Einwohner der Stadt, was das Zeug hält. Zum Programm gehören eine Menge kleinerer Veranstaltungen, die Ende Februar oder Anfang März in einem wilden Wochenende mit Kostümumzügen, farbenfrohen Festwagen und Partys gipfeln. Das Ereignis lockt Massen an; wer über Nacht bleiben möchte, sollte deshalb unbedingt ein Zimmer reservieren. Da das Datum jedes Jahr anders ist, vorher auf der Website informieren.

Das **Internationale Festival von Patras** (www.infocenterpatras.gr) findet von Juni bis September statt und bietet viele Konzerte und andere Veranstaltungen mit internationalen Künstlern.

Schlafen

Es gibt einige Budgetunterkünfte, und wer bereit ist, ein bisschen mehr springen zu lassen, findet so manche kuschelige Schlafgelegenheit. Zur Karnevalszeit sind die Preise doppelt so hoch.

Nikos Pension PENSION €
(2610 623 757; Ecke Patreos & Agiou Andreou; EZ/DZ/3BZ 30/40/50 €, mit Gemeinschafsbad 25/35/45 €;) Außen blättert bei dieser zentral gelegenen Budget-Pension im Stil der 1960er-Jahre zwar die Farbe von den Fensterläden, aber drinnen hat Nikos den Laden mit sauberen Zimmern auf mehreren Stockwerken und einer netten Dachterrasse fest im Griff.

Hotel Marie Palace HOTEL €
(2610 331 302; www.mariepalace.gr; Gouvari 6, EZ/DZ inkl. Frühstück 45/70 €;) Das hilfsbereite, freundliche Personal schafft einen Ausgleich zum einen oder anderen Mangel in den schlichten, aber sauberen Zimmern, die bei kostenbewussten Geschäftsreisenden beliebt sind. Die nach vorne liegenden Zimmer haben zwar Balkon, können aber nachts laut sein.

Olympic Star Hotel HOTEL €
(2610 622 939; www.olympicstar.gr; Agiou Nikolaou 46; EZ/DZ/3BZ inkl. Frühstück 55/80/105 €;) Dieses moderne Hotel scheint mehr auf Geschäftsreisende eingerichtet zu sein, die hier gern absteigen, aber es ist dennoch eine gute Wahl. Die sehr ordentlichen Zimmer sind mit Hydroduschen und Flatscreen-PCs ausgestattet. Ohne Frühstück wird es billiger.

Hotel Byzantino HOTEL €€
(2610 243 000; www.byzantino-hotel.gr; Riga Fereou 106; EZ/DZ/3BZ inkl. Frühstück 82/95/150 €;) Das Byzantino setzt sich angenehm von den umliegenden eintönigen Betonbauten ab. Das restaurierte klassizistische Gebäude bietet ordentliche Zimmer, die mit Metallbettgestellen, Holzfußböden und etwas altmodischem Mobiliar ausgestattet sind.

Primarolia Art Hotel BOUTIQUEHOTEL €€
(2610 624 900; www.arthotel.gr; Othonos Amalias 33; EZ 80€, DZ 100–120 €, inkl. Frühstück;) Je nach Laune kann man es sich im Muschelzimmer gemütlich machen, im Pilzzimmer an die schöne Natur denken oder im Kartenzimmer vom Reisen träumen. Das Hotel bietet Indivualität, auch wenn es schon erste Anzeichen der Abnutzung aufweist, mit Zimmern, die von nüchtern und minimalistisch bis hin zu romantisch und barock rangieren. Alle verfügen über TV mit internationalen Kanälen, eine Minibar, einen Safe und eine Espressomaschine. Es gibt sogar eine Sauna im Haus.

Essen

Der beste Frappé (eiskalter griechischer Kaffee) wird an der Agiou Nikolaou angeboten. Wer auf der Suche nach gutem Essen ist, sollte in Richtung Südosten zur Trion Navarhon gehen. Billige Studentenlokale finden sich an der Gerokostopoulou.

LP TIPP Mythos GEHOBENE KÜCHE €
(☎2610 329 984; Ecke Trion Navarhon & Riga Fereou; Hauptgerichte 8–14 €; ⏲Abendessen) Petunien und andere blühende Pflanzen schaffen draußen eine wahre Oase; mediterrane Antiquitäten, Lampen und andere Überraschungen erwarten den Gast drinnen. Aber alles ist ohne Kinkerlitzchen, die aufgetischten Gerichte sind köstlich. Spitzenreiter sind der *Mythos*-Auflauf mit Hühnchen, Feta und frischem Gemüse und das Schokoladensoufflé.

Estragon TAVERNE €€
(☎2610 224 411; Paparigopoulou 2; Hauptgerichte 7,50–15 €) Dieses Restaurant im Herzen der Stadt ist mal eine Bar und dann wieder ein tavernenartiges Speiselokal. Es ist bei den Einheimischen wegen der qualitativ guten griechischen und internationalen Küche – von Risotto und Pasta bis zu Salaten und Grillgerichten – beliebt.

Wer sich selbst versorgen möchte, geht in den **Dia Discount Supermarkt** (Agiou Andreou 29). Der Markt liegt ideal für Reisende, die sich Proviant für unterwegs kaufen wollen.

Ausgehen

Bei Sonnenuntergang verwandelt sich Patras in eine kosmopolitische, quirlige Stadt mit Cafés und schick angezogenen Menschen. Sehen und gesehen werden ist das Motto in den dutzenden Lokalen an der Agiou Nikolaou, der breiten Fußgängerzone, die zum Hafen führt, oder an der **Riga Fereou** (Michalakopoulou), die kürzlich modernisiert wurde und wo sich haufenweise trendige Café-Bars angesiedelt haben. Die Radinou ist eine kurze, lebendige, schmale Straße mit zahlreichen Bars (einige mit DJs), die bis spät in die Nacht geöffnet sind und sich in den Abendstunden schnell mit Studenten füllen.

Praktische Informationen

Internet-Cafés gibt's reichlich rund um die Plateia Olgas.

Erste-Hilfe-Zentrum (☎2610 277 386; Ecke Karolou & Agiou Dionysiou; ⏲8–20 Uhr)

Infos im Internet (www.infocenterpatras.gr) Hinter dem Busbahnhof KTAL Achaia

National Bank of Greece (Plateia Trion Symachon; ⏲Mo–Do 8–14.30, Fr 8–14 Uhr) Gegenüber dem Bahnhof

Post (Ecke Zaïmi & Mezonos; ⏲Mo–Fr 7.30–20, Sa & So 7.30–14 Uhr)

Touristenpolizei (☎2610 695 191; 3. OG, Gounari 52, Ecke Ypsilandou; ⏲7.30–21 Uhr)

An- & Weiterreise

Zur Zeit der Recherche waren die Züge auf dem Peloponnes noch ständig Änderungen unterworfen; in vielen Bereichen fahren Schienenersatzbusse. Der zuverlässige *Proastiakos* (Athener Schnellbahn) fährt direkt vom/zum internationalen Flughafen über das Zentrum von Athen vom Bahnhof Korinth (die Fahrpläne ändern sich ständig, zur Zeit der Recherche fuhren diese Züge stündlich; ungefähr 12 €; 1½ Std.). Eine andere Möglichkeit sind die KTEL-Busse.

Bus

Vom **Busbahnhof KTEL Achaia** (☎2610 623 886; www.achaiaktel.gr; Othonos Amalias) fahren Busse nach:

Athen (19 €, 3 Std., halbstündl.) über den Isthmus von Korinth (12,60 €, 1½ Std.)

Ioannina (23,20 €, 4½ Std., 2-mal tgl.)

Kalamata (22,80 €, 4 Std., 2-mal tgl.)

Kalavryta (7 €, 2 Std., mind. 2-mal tgl.)

Pyrgos (9,80 €, 2 Std., 10-mal tgl.)

Thessaloniki (44,20 €, 7 Std., 3- bis 4-mal tgl.).

Von/nach Athen verkehren Busse zwischen dem Busbahnhof KETL Achaia in Patras und dem Terminal A (auch bekannt als Kiffisou) in Athen, von wo aus häufig Busse vom/zum internationalen Flughafen fahren.

Vom **Busbahnhof KTEL Kefallonia** (☎2610 274 938, 2610 277 854; Ecke Othonos Amalias & Gerokostopoulou) fahren Busse zu den Ionischen Inseln Lefkada (16,20 €, 2-mal wöchentl., 3 Std.) und Kefallonia. Von Kefallonia geht's weiter über den Hafen von Kyllini, von wo aus man Anschluss an Fähren nach Poros (1½ Std.) hat, und dann weiter auf der Straße nach Argostoli (1 Std.). Vom der Station KTEL Kefallonia fahren auch Busse nach Amfissa (für Delphi; 13,60 €, 3 Std., montags bis samstags 2-mal tgl., einer sonntags).

Der **Busbahnhof KTEL Zakynthos** (☎2610 220 129; www.ktel-zakynthos.gr; Othonos Amalias 84) verbindet mit Zakynthos, über den Hafen von Kyllini (einschl. Fähre; 17 €, 3½ Std., 3 bis 4 Busse tgl.).

Achtung: Die Fahrzeiten sind je nach Jahreszeit anders.

Schiff/Fähre

Die Bahnhöfe von Bussen und Bahnen sowie die Agenturen, die Fährtickets verkaufen, liegen an der Iroön Polytehniou und der Othonos Amalias. Ein zweiter (neuer) Hafen ist seit 2011 in Betrieb; er liegt ein paar Kilometer südlich des alten Hafens und wird vor allem als Fährhafen genutzt.

INLAND In Patras legen die Fähren nach Kefallonia, Ithaki und Korfu ab.

Strintzis Lines (☎2610 240 000) bedient die Linie nach Kefallonia (Sami; 2-mal tgl., 2¾ Std., pro Person/Auto 18,80/64 €). Der gleiche Fährdienst fährt nach Ithaki (Pisoaetos; 2-mal tgl., 3½ Std.).

ANEK Lines (☎2610 226 053; www.anek.gr; Othonos Amalias 25) und **Minoan Lines** (☎2610 426 000; Iroön Polytehniou 50) betreiben Fähren nach Korfu, die alle um Mitternacht ablegen (pro Person/Auto 24/64 €, 6½ Std., 1-mal tgl.).

INTERNATIONAL Patras ist Griechenlands Hauptanlaufhafen für Fähren aus und nach Italien – Ancona, Bari, Brindisi und Venedig. Die meisten dieser Fähren legen in Igoumenitsa und Korfu an – leider haben Reisende keine Möglichkeit für einen Zwischenstopp auf Korfu.

Superfast/Blue Star Ferries (☎2610 622 500; www.superfast.com; Othonos Amalias 12) fährt nach Ancona (ab 78 €, 21 Std.) und Bari (ab 75 €, 15½ Std.)

Minoan Lines (☎2610 426 000; www.minoan.gr/en; Iroön Polytehniou 50) und **ANEK Lines** (☎2610 226 053; www.anek.gr; Othonos Amalias 25) haben Fähren nach Ancona (ab 70 €, 22 bis 24 Std.) und Venedig (ab 65 €, 20 Std.).

Endeavor Lines (☎2610 622 676; www.endeavor-lines.com/en/schedules; Ecke Pantanassis & Othonos Amalias) bedient Brindisi (ab 70 €, 17½ Std.).

Achtung: Die hier angegebenen Preise beziehen sich auf Deckspassagen; die Preise für Pullmansitze und Kabinen sind höher. Die Fahrpläne ändern sich ständig – am besten auf dem Webseiten informieren.

Zug

Wer nach Athen möchte, kann mindestens siebenmal täglich einen Zug von Patras nach Kiato nehmen, dort dann in den Proastiakos umsteigen, die Schnellbahn Athens, die zum internationalen Flughafen weiterfährt. Zur Zeit der Recherche waren Schienenersatzbusse statt der Züge eingesetzt (siehe S. 162). Alle Züge zwischen Patras und Korinth oder Patras und Kiato halten in Diakofto. Achtung: Bei Ankunft in Athen kann die Fahrkarte für den *Proastiako* noch 1½ Stunden für die Metro benutzt werden; dafür muss das Ticket aber unbedingt entwertet werden, sonst bezahlt man Strafe.

ℹ Unterwegs vor Ort

Die städtischen Busse fahren auf der Plateia Georgiou ab.

Gut organisierte Firmen für Autovermietungen sind:

Avis (☎2610 275 547; 28 Oktovriou 16)

Europcar (☎2610 226 053; Othonos Amalias 25) Im Büro von ANEK Lines

Hertz (☎2610 220 990; www.hertz.gr; Akti Dimaion 40)

Diakofto Διακοφτό

2290 EW.

Diakofto ist ein idyllisches Dorf 55 km östlich von Patras und 80 km nordwestlich von Korinth. Es liegt zwischen steilen Bergen und dem Meer, inmitten von Zitronen- und Olivenbäumen. An seiner Ostseite befindet sich ein kleiner Strand; im Sommer fallen viele Urlauber hier ein. Der Bahnhof liegt mitten im Dorf.

Der wichtigste Grund für einen Besuch in Diakofto ist die einzigartige Zahnradbahn, die durch die Vouraikos-Schlucht bis nach Kalavryta fährt (siehe Kasten).

Schlafen & Essen

Hotel Chris-Paul HOTEL €€

(☎26910 41715/855; www.chrispaul-hotel.gr; EZ/DZ/3BZ 40/70/84 €; P❄📶🏊) Ein modernes, schlichtes Hotel mit freundlichem Management, das nur einen Häuserblock vom Bahnsteig entfernt ist – erste Anlaufstelle für Bahnreisende. Die meisten Zimmer haben einen Balkon mit Ausblick auf Garten und Pool. Frühstück kostet 6 €.

Hotel Lemonies HOTEL €

(☎26910 41229/820; Fax 26910 43710; EZ/DZ/3BZ €35/45/54; P❄📶) Das schlichte, angenehme Hotel hat freundliche Besitzer und einfache, aber geräumige, komfortable Zimmer mit Kühlschrank und TV. Es liegt 500 m nördlich des Bahnhofs an der Straße, die zum Strand führt. Frühstück kostet 6 €. Zu den Zimmern geht's über eine steile Treppe.

O Kostas TAVERNE €

(☎26910 43228; Hauptgerichte 5–9 €; ⏲Mittag- & Abendessen) Diese beliebte *psistaria* (Grillrestaurant) in der Nähe der Nationalbank ist, was das Essen anbelangt, eine gute Wahl. Die freundlichen griechisch-australischen Besitzer bieten Essen im Tavernenstil und das übliche Grillfleisch an. Es ist bekannt für seine *dolmadhes* mit Reis oder auch manchmal mit Fleisch gefüllte Weinblätter; 7,50 €.

Gegenüber dem Bahnhof gibt es einen Supermarkt, in dem sich Wanderer mit Proviant eindecken können. Zu Fuß sind

MIT DER BAHN VON DIAKOFTO NACH KALAVRYTA

Ein Erlebnis, das man auf dem Peloponnes auf keinen Fall verpassen sollte, ist die Fahrt mit der einzigartigen **Schmalspurbahn** (☎in Diakofto 26910 43228), die von Diakofto nach Kalavryta fährt. Reisende erleben eine unvergessliche Fahrt durch die beeindruckende **Vouraikos-Schlucht.** Der Zug überwindet auf 22,5 km einen Höhenunterschied von 700 m. Auf den Steilstrecken wird ein Zahnradsystem eingesetzt, bei dem die zwischen den Bahnschienen verlaufende Zahnstange zum Einsatz kommt. Die Bahn wurde zwischen 1885 und 1895 von einer italienischen Firma gebaut und war damals ein Meisterwerk der Ingenieurskunst, das weltweit nur wenig Vergleichbares hatte, das bekannteste Beispiel in den Schweizer Alpen. Zwischen 2007 und 2009 fuhren keine Züge auf der Strecke, da der gesamte Schienen- und Zahnradabschnitt komplett ausgetauscht wurde. Vier neue, moderne Züge wurden gebaut, um die alten Wagen zu ersetzen.

Die Strecke verläuft kurvenreich unter dem Blätterdach von Platanen durch die Schlucht. Wo diese enger wird, verschwindet der Zug in einem langen Tunnel, insgesamt gibt es sieben Tunnel, und taucht auf einer schmalen Kante wieder auf, die über dem Fluss zu hängen scheint.

Die Fahrt dauert nur etwas über eine Stunde, mit einem Zwischenstopp in Zachlorou. Zur Zeit der Recherche zu diesem Buch kostete ein Ticket 10/20 € einfach/hin & zurück. Aktuelle Informationen stehen auf der Website www.odontotos.com, die von passionierten Trainspottern betrieben wird.

Die Dampfloks, die die Strecke ursprünglich befuhren, wurden in den frühen 1960ern durch Diesellokomotiven ersetzt, aber die alten Loks kann man noch immer vor den Bahnhöfen in Diakofto und Kalavryta bewundern.

es 10 Min. zum Strand, wo es direkt am Meer eine Reihe guter Tavernen gibt, die einen Besuch wert sind.

An- & Weiterreise

Bus & Zug

Stündlich fahren KTEL-Busse zwischen Patras und Athen (über den Isthmus von Korinth, wo man einsteigen kann; siehe S. 161), halten in Diakofto (1 Std.), aber aufgepasst: Schnellbusse von Athen nach Patras fahren auf der Neuen Nationalstraße an Diakofto vorbei.

Diakofto liegt an der einzigen „funktionierenden" Bahnlinie: Korinth–Patras; OSE-Busse fahren zurzeit anstelle der Züge zwischen Diakofto und Kiato (5 €) –, von wo man den Zug nach Korinth und Diakofto–Patra nehmen kann (5 €).

Die **Diakofto-Kalavryta-Bahn** (☎26910 43206) fährt täglich auf der Zahnradbahnstrecke nach Kalavryta mit einem wechselnden Fahrplan über Zachlorou. Siehe Kasten oben.

Zachlorou Ζαχλωρού

50 EW.

Das malerische und ursprüngliche Dorf Zachlorou, das sich auf halber Strecke der Bahnlinie Diakofto–Kalavryta befindet, erstreckt sich zu beiden Seiten der Bahnlinie und des Flusses. Viele fahren mit der Bahn hierher und wandern dann zurück nach Diakofto – ein Fußweg, der etwa vier Stunden dauert.

Sehenswertes

Moni Megalou Spileou KLOSTER

(Kloster der Großen Höhle; Eintritt frei) Von Zachlorou führt ein steiler Pfand zum Megalou Spileou. Das ursprüngliche Kloster wurde 1934 zerstört, als Pulvervorräte explodierten, die während des Unabhängigkeitskriegs hier gelagert waren. Das neue Kloster beherbergt leuchtende Evangelien und Reliquien sowie die wundertätige Ikone der Jungfrau Maria, die wie viele andere Ikonen des Landes angeblich von Lukas selbst gemalt wurde. Die Heiligen Theodor und Simeon sollen die Ikone im Jahr 362 in der nahe gelegenen Höhle gefunden haben. Der 3 km lange Fußweg nimmt etwa eine Stunde in Anspruch.

Schlafen & Essen

Taverna Oneiro TAVERNE €

(☎6945776821; www.villa-oneiro.gr; villa ab 50 €) Diese Unterkunft zählt zu den etwas anspruchsvolleren und befindet sich auf dem Hügel hinter dem Bahnsteig. Gleich neben der Taverne stehen die acht vornehmen neuen „Villen" und in der Nähe noch einige ältere Apartments. Man sollte jedoch zuerst abklären, in welchen Monaten geöffnet ist.

Von den beiden Budgetunterkünften, die sich direkt am Bahnhof befinden, wird das **Zachlorou** (☎26920 22789, 6983125616; www.zachlorou.gr; Zi. ab 55 €) dem ziemlich rußigen **Hotel Romantzo** (☎6986885779; Zi. ab 55 €) vorgezogen – beides sind aber keine Luxushotels.

An- & Weiterreise

Sämtliche Züge der Strecke Diakofto-Kalavryta halten in Zachlorou. Mit dem Auto geht's über eine schmale Straße, die etwa 7,5 km nördlich von Kalavryta von der Strecke Diakofto-Kalavryta abzweigt, nach Zachlorou.

Kalavryta Καλάβρυτα

1747 EW.

Der wahrhaft zauberhafte Ferienort Kalavryta liegt 756 m über dem Meeresspiegel. Kalavryta wartet mit frischer Gebirgsluft, sprudelnden Quellen und einem von Bäumen beschatteten Dorfplatz auf. Besonders bei den Athenern, die an den Wochenenden und in der winterlichen Skisaison in Scharen hier einfallen, ist der Ort beliebt. Daher können die Preise im Vergleich zu anderen Dörfern etwas höher ausfallen, und die Einheimischen scheinen der Touristen fast ein wenig überdrüssig zu sein.

Zwei Ereignisse der jüngeren Geschichte haben dem Städtchen einen Platz im Herzen aller Griechen gesichert. Obwohl erwiesen ist, dass anderswo die Kämpfe längst in Gang gekommen waren, begann hier am 25. März 1821 offiziell der Unabhängigkeitskrieg gegen die Türken, als Bischof Germanos von Patras die griechische Flagge über dem 6 km von Kalavryta entfernten Moni Agias Lavras hisste. Das zweite Ereignis, das am 13. Dezember 1943 stattfand, gehört zu den schlimmsten Gräueltaten des 2. Weltkriegs: Die Nazis setzten die Stadt in Brand und töteten als Strafe für die Aktivitäten des Widerstands alle männlichen Bewohner über 15 (insgesamt 498 Männer). Die Zeiger der alten Kirchenuhr stehen für immer auf 14.34 Uhr, dem Zeitpunkt, an dem das Massaker begann. Im alten Schulhaus erinnert ein ernstes und bewegendes Museum an die Menschen, die in diesem Massaker oder anderswo in der Region getötet wurden (insgesamt 700 Menschen).

Sehenswertes

Museum für die Opfer von Kalavryta

MUSEUM

(☎26920 23646; www.dmko.gr; 1–3 Syngrou; Eintritt 3 €; ⏲Di–So 9–16 Uhr) Dieses außergewöhnliche Museum sollte sich jeder Besucher des Dorfes unbedingt anschauen. Es erinnert höchst eindringlich an die schätzungsweise 700 Menschen, die im Zweiten Weltkrieg in dieser Region von der Deutschen Wehrmacht ermordet wurden, vor allem an die Opfer des Massakers vom 13. Dezember 1943. Das Museum ist würdevoll und unaufdringlich gestaltet und legt ein aufrüttelndes Zeugnis ab vom Kampf zwischen der Besatzungsmacht und den Partisanen in dieser Gegend sowie von den Ereignissen, die zu dem Massaker führten. Anlass für diese Gräueltat soll die Hinrichtung einer Gruppe deutscher Gefangener durch die Partisanen gewesen sein.

Auf jeden Fall sollte man sich eine Weile die Videos anschauen, die überall in der Ausstellung in einer Endlosschleife gezeigt werden. Sie zeigen sehr aufschlussreiche Augenzeugenberichte überlebender Dorfbewohner, die dem Massaker entkamen oder mit ihren Müttern im Schulhaus (dem Museumsgebäude) eingeschlossen waren, wo sie offenbar bei lebendigem Leibe verbrannt werden sollten. Sie entkamen und begruben die Toten. Besonders bewegend ist die Bilderwand mit den Porträts der getöteten Dorfbewohner von Kalavryta.

Märtyrerdenkmal

DENKMAL

Ein großes weißes Kreuz auf einem mit Zypressen bestandenen Hügel im Osten der Stadt kennzeichnet die Stelle des Massakers von 1943. Unter diesem beeindruckenden Monument befindet sich ein bewegender kleiner Schrein zur Erinnerung an die Opfer. Ab der Konstantinou ist das Denkmal ausgeschildert.

Schlafen

Die meisten Unterkünfte befinden sich außerhalb des Dorfes; im Dorf selbst gibt es nur wenige Übernachtungsmöglichkeiten. Die Hauptreisezeit ist die Skisaison (November bis April), dann sind Reservierungen unverzichtbar. Reservieren sollte man das ganze Jahr über auch an den Wochenenden, wenn die Athener die kühle Gebirgsluft genießen wollen. Außerhalb dieser Zeiten sinken die Preise um bis zu 50 Prozent. Die Website der Hotelvereinigung www.kalavrita-hotels.gr führt einige gute Adressen auf.

Die preiswerteste Übernachtungsmöglichkeit sind die *domatia* in den Straßen hinter dem Bahnhof.

Hotel Filoxenia HOTEL €€
(☎26920 22422; www.hotelfiloxenia.gr; Ethnikis Andistasis 10; EZ/DZ/3BZ inkl. Frühstück 80/100/120 €; ❄📶) Eine Art altmodische Skilodge – alt, braun und ein bisschen langweilig, aber durchaus komfortabel und freundlich. Die Zimmer verfügen über einen Balkon.

Hotel Kynaitha HOTEL €€
(☎26920 22609; www.kynaitha.gr; Ethnikis Andistasis 11; EZ/DZ/3BZ/Suite inkl. Frühstück 75/95/105/140 €; ❄📶) Modernes und komfortables Hotel mit geräumigen und attraktiv eingerichteten Zimmern mit Minibar, Haartrockner und Fernseher sowie strahlend weißen Badezimmern und schicken Toilettenartikeln.

Hotel Helmos HOTEL €€
(☎26920 29222; www.hotelhelmos.gr; Plateia Eleftherias 1; EZ/DZ/3BZ 80/110/145 €; ❄📶) Das renovierte Hotel, das in einem der faszinierenden historischen Häuser des Dorfes untergebracht ist, sorgt in modernem Ambiente für einen angenehmen Aufenthalt. An Wochentagen und in der Nebensaison sinken die Preise (auch bei Buchung übers Internet); im Winter ist eine Reservierung unverzichtbar.

Finday Boutique Hotel BOUTIQUEHOTEL €€
(☎26920 24552; www.findayhotel.gr; DZ inkl. Frühstück 80–150 €) Dieses neue, anspruchsvolle Hotel ist besonders gut für längere Aufenthalte geeignet, mit eleganten Zimmern und Studios voller schicker Extras – Daunendecken und schmiedeeisernen Betten beispielsweise – plus eine herrliche Aussicht auf den Ort. Bei Griechen für die Flitterwochen beliebt.

Essen

Die meisten Restaurants sind in der 25 Martiou zu finden; einmal auf und ab gehen und dann am allerbesten dort einkehren, wo die Griechen essen. Auch außerhalb der Skisaison gehört Kalavryta zu den Wochenendzielen der Athener, deshalb gibt es hier trendige Bars und Cafés in Hülle und Fülle.

To Spitikou TAVERNE €
(Hauptgerichte 6–10 €; ⌚Mittag- & Abendessen) Dieses gemütliche Lokal mit dem Ambiente einer Skilodge liegt gegenüber dem Busbahnhof und abseits der Touristenpfade. Auf den Tisch kommen traditionelle Tavernengerichte guter Qualität, von denen viele von der Mutter des Eigentümers gekocht werden.

Gri Gri Café KONDITOREI €
(25 Martiou; Snacks 1,50–3 €; ⌚8–20 Uhr) Gegenüber dem Museum hat sich dieser gute (wenig trendbewusste) Familienbetrieb angesiedelt. Besonders empfehlenswert sind die köstlichen süßen und herzhaften hausgemachten Snacks, wie Käsetaschen, *baklava* und leckere *crèma* (süßer Vanillepudding).

Ellinikon BÄCKEREI €
(Snacks 1,50–4 €) Eine wunderbare Bäckerei in der Nähe der Tankstelle, die stadtauswärts an der Straße nach Patras und Klitoria liegt. Hier gibt's alles für ein gelungenes Picknick: wunderbares Brot, Minipizzen und dutzende Arten von süßem Gebäck.

Praktische Informationen

Der Bahnhof befindet sich am nördlichen Stadtrand, gegenüber dem Museum. Rechts vom Museum beginnt die Fußgängerzone Syngrou/25 Martiou. Links vom Museum liegt die Konstantinou.

Der zentrale Platz, die Plateia Kalavrytou, ist zwei Häuserblocks vom Bahnhof entfernt. Der Busbahnhof liegt an der Kapota.

Es gibt keine Touristeninformation, aber ein Ski-Informationszentrum am Hauptplatz (nur im Winter).

National Bank of Greece (25 Martiou) Kurz vor der Plateia Kalavrytou

Post (⌚Mo–Fr 7.30–14 Uhr) Hinter der Plateia Kalavrytou

An- & Weiterreise

Die Schmalspurbahn nach/von Diakofto über Zachlorou (siehe Kasten, S. 227) fährt mit wechselndem Fahrplan.

Busse fahren nach Patras (8 €, 2 Std., 4-mal tgl., 2-mal an Wochenenden), Athen (17 €, 3 Std., mindestens 1- bis 2-mal tgl.) und Klitoria (3 €, 1- bis 2-mal tgl.).

Die meisten Attraktionen befinden sich außerhalb der Stadt, deshalb ist das eigene Auto die bessere Wahl.

Kalavrytas **Taxistand** (☎26920 22127) ist vor dem Bahnhof.

Rund um Kalavryta

Sehenswertes

Moni Agias Lavras KLOSTER

(Winter 10–13 & 15–16 Uhr, Sommer 10–13 & 16–17 Uhr) Das aus dem 10. Jahrhundert stammende Kloster, das hier stand, wurde von den Nazis niedergebrannt. Das neue Kloster beherbergt ein kleines Museum, in dem die Standarte und andere Erinnerungsstücke an das alte Kloster ausgestellt sind. Die Busse von Kalavryta in Richtung Süden nach Klitoria setzen Fahrgäste einen kurzen Fußweg vom Kloster entfernt ab. Ein Taxi von Kalavryta aus kostet 10 €.

Höhle der Seen HÖHLE

(26920 31588; www.kastriacave.gr; Erw./Kind 9/4,50 €; 9.30–16.30, im Sommer länger) Die bemerkenswerte Höhle der Seen liegt 16,5 km südlich von Kalavryta in der Nähe des Dorfes Kastria. Die Höhle spielt eine Rolle in der griechischen Mythologie und wird in den Schriften des antiken Reisenden Pausanias (S. 222) erwähnt. Dennoch blieb sie in der Neuzeit bis 1964 unentdeckt. Damals beobachteten Einheimische nach schweren Regenfällen, dass Wasser durch die Decke einer kleineren, niedrigeren Höhle sickerte, und beschlossen, dem nachzugehen. Sie fanden eine riesige Höhle voller Fledermäuse, die sich in einem 2 km langen, gewundenen Höhlengang fortsetzte, der von einem unterirdischen Fluss ausgewaschen worden war.

Heute kann die Höhle über einen künstlichen Eingang betreten werden. Von hier aus führt ein 500 m langer Steg an dem gewundenen Fluss entlang. Besuchen kann man die Höhle ausschließlich mit Führung (35 Min., nur auf Griechisch). Neben den Seen selbst stellen die Stalaktiten nur schmuckes Beiwerk dar. Die Seen bestehen aus 13 Steinbecken, die sich über Jahrtausende hinweg aus mineralischen Ablagerungen gebildet haben. Wenn die Becken im Sommer austrocknen, enthüllen sie ein eigentümliches, filigranes Muster aus bis zu 3 m hohen Wänden.

Ohne eigenes Auto ist es schwierig, zu den Höhlen zu gelangen. Ein Taxi von Kalavryta aus kostet etwa 35 € (hin & zurück). Nach den Öffnungszeiten erkundigen – sie ändern sich ständig.

Forellenfarmen & Restaurants FORELLENFARMEN

In dem winzigen Dorf Planitero, etwa 20 km südlich von Kalavryta (6 km nördlich von Klitoria), kann man in einem halben Dutzend Forellen-Restaurants und bei mehreren Forellenzüchtern am Ufer des von Bäumen gesäumten Aroanios einen angenehmen Nachmittag verbringen und Forelle essen.

Bei der Entscheidung für eines der Restaurants kann man eigentlich nichts falsch machen. Sie bieten ähnliche Speisen zu ähnlichen Preisen an (Forelle 7 bis 10 €).

Die Abzweigung nach Planitero ist etwa 4 km von Klitoria auf der linken Seite ausgeschildert.

Aktivitäten

Das **Skigebiet** (26920 24451; www.kalavrita-ski.gr, auf Griechisch; Dez.–April 9–16 Uhr) mit seinen zwölf Abfahrten und sieben Liften (zwei Sessellifte) liegt in 1700 bis 2340 m Höhe 14 km östlich von Kalavryta am Berg Helmos (2355 m). Es gibt hier zwar eine Cafeteria und ein Erste-Hilfe-Zentrum, aber keine Übernachtungsmöglichkeit. Ski- und Snowboard-Ausrüstungen können ausgeliehen werden (20 bis 25 € für Stiefel und Skier bzw. Snowboard). In Kalavryta kann man versuchen, im **Ski Time Center** (26920 22030; Agiou Alexiou) Ski zu mieten.

Es gibt von Kalavryta aus keine öffentlichen Verkehrsmittel ins Skigebiet. Ein Taxi kostet rund 30 € (hin & zurück). Die Saison dauert von Dezember bis April, wenn die Schneeverhältnisse es zulassen.

Über Rafting und Wandern am Fluss Ladonas informiert der Kasten S. 184.

Zentralgriechenland

Inhalt »

Gut essen

- » Taverna Vakhos (S. 241)
- » Bebelis (S. 246)
- » I Loutsa (S. 254)
- » Taverna Palia Istoria (S. 271)

Schön übernachten

- » Hotel Apollonia (S. 240)
- » Hotel Ganimede (S. 246)
- » Hotel Panellinion (S. 270)
- » Lost Unicorn Hotel (S. 267)

Auf nach Zentralgriechenland

Für das delphische Orakel der Antike wäre die Antwort eindeutig gewesen: Hier ist der Nabel der Welt. Heute ist Delphi mit seinen archäologischen Stätten, den antiken Wegen und den Ausblicken über den Golf von Korinth, eines der beliebtesten Ziele in Griechenland. An die Beliebtheit Delphis reicht allenfalls Meteora mit seinen faszinierenden, freistehenden Felstürmen heran, auf denen Klöster wie Vogelnester sitzen (beliebt bei Kletterern). Doch auch das übrige Zentralgriechenland hält zahlreiche Überraschungen bereit. Im Pindos-Gebirge laden alpine Wiesen und Bergtäler zu Wildwasser-Rafting und Wanderungen in angenehmer, sommerlicher Brise ein. Auch die wunderschöne Halbinsel Pilion, die Heimat von Jason und seinen Argonauten, steht den schönsten Inseln in nichts nach: sie ist durchzogen von historischen Pflasterpfaden zwischen üppig grünen Bergdörfern, Buchten und Stränden (Achtung: Geheimtipp!).

Die Einwohner der Region sind gastfreundlich, tischen Produkte einer großartigen Küche auf und sind gut für wunderbare Erfahrungen.

Der perfekte Ort, um die Seele baumeln zu lassen.

Reisezeit

Delphi

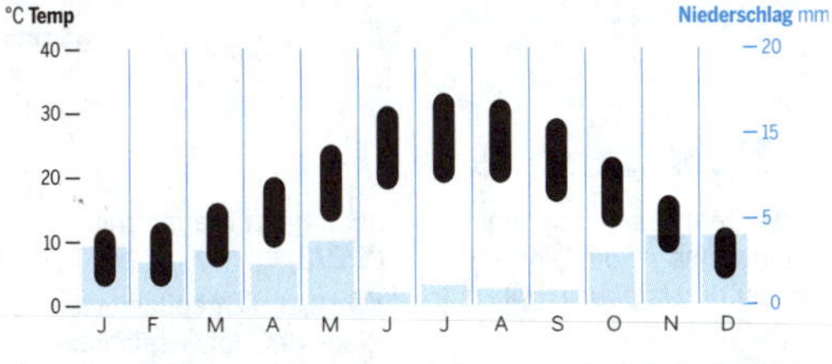

April & Mai Wildkräuter und Blumen auf den Bergwiesen

September Stabiles, sonniges Wetter und wenige Touristen

Orthodoxes Osterfest Traditionelle Trachten auf kirchlichen Umzügen und reichlich Essen

DELPHI & STEREA ELLADA

In der schroffen, malerischen Landschaft von Sterea Ellada (Στερεά Ελλάδα) scheinen sich griechische Mythologie und Geschichte zu verbinden. An den Hängen des Parnass-Gebirges, über dem Golf von Korinth, befindet sich das berühmte Delphi, das von den antiken Griechen als Mittelpunkt der Welt betrachtet wurde. Hinter Delphi erstreckt sich das Land ostwärts bis Attika, wo der legendäre König Ödipus sein Schicksal fand, und westwärts bis Mesolongi, wo der britische Dichter Lord Byron im griechischen Unabhängigkeitskrieg an einem Fieber starb. Die Region erhielt ihren heutigen Namen Sterea Ella-

Highlights

1. Gemeinsam mit den Einwohnern von Volos einen oder drei *tsipouro* trinken (S. 259)
2. Eine frische Forelle aus den Gebirgsflüssen in Karpenisi (S. 252) genießen
3. Ein wild schäumendes Gewässer hinunterraften in der Region Triapotamia (S. 272)
4. Über die gepflasterten Pfade der Halbinsel Pilion bis zum Meer wandern (S. 261)
5. Klettern an den Felstürmen der Meteora-Klöster und antiken Wegen in verborgene Höhlen folgen (S. 273)
6. Das letzte Licht des Tages im Heiligtum der Athene im antiken Delphi einfangen (S. 237)
7. Krauskopfpelikane im Gleitflug über die **Klisova-Lagune** (S. 248) fotografieren

da (Griechisches Festland) im Jahr 1827, als sie Teil des neu gegründeten griechischen Staates wurde.

Sterea Ellada grenzt an die schmalen Golfe von Korinth und Patras im Süden und an Epiros im Norden. Ein Großteil der Gebirgsregion ist als *agrafa*, „unbeschrieben", bekannt. So wurde sie während der *tourkokratia*, der türkischen Besatzung genannt, als die schwer zugänglichen Bergdörfer für die Steuereintreibung abgeschrieben wurden. Heute sind diese Bergdörfer für ihre Schönheit berühmt und werden von Wanderern und Raftern gleichermaßen erobert.

Thiva (Theben) Θήβα

22 400 EW.

Thiva, der Geburtsort von Herakles und Dionysos, war 400 v.Chr., im goldenen Zeitalter Griechenlands, ein mächtiger Stadtstaat und nahm eine strategisch wichtige Position zwischen Nordgriechenland und dem Peloponnes ein. Das tragische Schicksal seines Königshauses, um das sich der Ödipus-Mythos rankt, ist vergleichbar mit dem des antiken Mykene. Im heutigen Thiva weisen nur noch wenige Zeugnisse auf den Ruhm vergangener Tage hin.

Nach dem Trojanischen Krieg im 12. Jahrhundert v.Chr. stieg Theben zur führenden Stadt Boötiens auf. 371 v.Chr. ging die Stadt siegreich aus der Schlacht gegen das einst unbezwingbare Sparta hervor. Thebens Siegeszug endete 335 v.Chr. jedoch abrupt, als es von Alexander dem Großen geplündert wurde, weil es sich gegen Makedonien erhoben und auf die Seite der Perser geschlagen hatte. Alexander schonte zwar die Tempel, nicht jedoch die 6000 Thebaner, die in der blutigen Schlacht den Tod fanden; weitere 30 000 wurden gefangen genommen.

Sehenswertes

Archäologisches Museum MUSEUM

(☎22620 27913) Entsprechend seiner historischen Bedeutung verfügt Thiva über ein eindrucksvolles archäologisches Museum, das seit 2007 wegen Renovierung geschlossen ist – Neueröffnung ungewiss. Die Nachfrage lohnt sich aber, denn der Schmuck aus mykenischen Palästen, die Terrakottamasken und verzierten Sarkophage sind sehenswert.

Schlafen & Essen

Hotel Niovi HOTEL €

(☎22620 29888; www.hotelniovi.gr; Epaminonda 63; EZ/DZ inkl. Frühstück 43/55 €; ❄📶) Das einladende Hotel ist sowohl gemütlich als auch modern; Blumentöpfe schmücken die marmorne Innentreppe. Es gibt Satelliten-TV und kostenlosen Internetzugang. Das Hotel liegt zentral in der Fußgängerzone Epaminonda oberhalb des Carrefour-Express-Supermarkts.

Ladhokolla MEERESFRÜCHTE €

(Hauptgerichte 6,50–14 €) Dieses flotte Lokal am Platz serviert köstliche Meeresfrüchte (vor allem die Fischer-Spaghetti, 14 €) und Grillgerichte.

Restaurant Dionysos TAVERNE €

(Epaminonda 88; Hauptgerichte 6–9 €) Takis, der Wirt und Koch, besteht darauf, dass er als einziger in Thiva traditionelle Küche anbietet. Die Karte bietet deftige Küche mit viel Öl. Das Mittag- ist eher zu empfehlen als das Abendessen, denn die Gerichte bleiben tagsüber ausgestellt.

An- & Weiterreise

Von Thivas zentralem **Busbahnhof** (☎22620 27512), 500 m südlich der Plateia Agios Kalotinis, fahren Busse nach Athen (8 €, 1½ Std., stündl.). Die **Bushaltestelle** (☎22650 28226; KTEL Amfissa) für die Busse nach Livadia (4,50 €, stündl.) und Delphi (8 €, 50 Min., 6-mal tgl.) befindet sich in der Nähe der Shell-Tankstelle im Vorort Piri an der Straße Athen–Livadia, 1 km vom Zentrum entfernt.

Vom Bahnhof **Thiva** (☎22620 27531), 500 m südlich des Museums, fahren Züge nach Athen (normal/Express/Intercity [IC] 5/9/10,30 €, 75/70/60 Min., 10-mal tgl.) und Thessaloniki (normal/Express/IC 16,70/25/33 €, 4/5/5½ Std., 10 mal tgl.).

Rund um Thiva

Zwischen Athen und Thiva bewacht die gut erhaltene **Festung Eleftherae** aus dem 4. Jahrhundert den Kaza-Pass über den Berg Kithairon. Der Mythologie nach wurde Ödipus als Säugling in diesem Gebirge am Rand des antiken Attika seinem Schicksal überlassen und dann von einem Schafhirten gerettet. Geschichtsfans können auch die **Ruinen** in der Nähe von Erythres unter die Lupe nehmen, wo die Schlacht bei Plataä (479 v.Chr.) stattfand, die das Ende der Perserkriege markierte. Leider ist die Stätte völlig vernachlässigt.

Sterea Ellada

Eine Straße, die nach Porto Germeno abzweigt, führt zur **Festung Aigosthena** aus dem 4. Jahrhundert v. Chr. mit den am besten erhaltenen Festungsmauern ganz Griechenlands. Sie wacht über das idyllische Hafenstädtchen Porto Germeno (45 km südwestlich von Thiva).

Die meisten Reisenden zweigen auf dem Weg von Athen nach Delphi von der Nationalstraße nach Thiva ab. Mit einem eigenen Fahrzeug können Liebhaber der antiken Geschichte Thiva auch über eine malerische, wenn auch von LKW frequentierte Gebirgsstraße erreichen. Sie beginnt 2 km westlich von Elefsina (dem antiken Eleusis).

Delphi Δελφοί

1500 EW.

Hätten die antiken Griechen Delphi (von delphis, „Gebärmutter") nicht zum Nabel ihrer Welt erkoren und das Heiligtum des Apollon dort gebaut, wäre sicherlich jemand anderem etwas eingefallen, um dieses Adlernest von einem Dorf zu einer Touristenattraktion zu machen. Seine Lage auf einem steil abfallenden Felsen ist spektakulär. Trotz des unverhohlenen Kommerzes und des ständigen Busverkehrs durch das moderne Dorf hat es sich eine besondere Atmosphäre bewahrt. Delphi liegt 178 km nordwestlich von Athen und ist der Ausgangspunkt für den Besuch einer der bedeutendsten antiken Stätten Griechenlands.

WANDERN IN DELPHI

Die hervorragende Website www.delphi.gr ist sehr nützlich. Begeisterte Wanderer sollten sich folgenden Wanderführer im Kapitel „Wandern" herunterladen: *Walking on the Footsteps of History: Trekking the Delphi Pathways.*

Geschichte

Delphi erlebte seine Blütezeit zwischen dem 6. und 4. Jahrhundert v. Chr., als Pilger in Scharen herbeiströmten, um das Orakel um Rat zu fragen. Seine Prophezeiungen galten als unmittelbare Offenbarung Apollons (s. Kasten S. 238).

Delphi stand unter dem Schutz der Amphiktyonie, einem Zusammenschluss aus zwölf Stammesstaaten, der nach dem ersten Heiligen Krieg (595–586 v. Chr.) die Kontrolle über das Heiligtum übernahm. Delphi wurde ein autonomer Staat, der von zahlreichen Gönnern gefördert wurde, darunter die Könige von Lydien und Ägypten und der römische Kaiser Hadrian.

Das Heiligtum überstand ein Feuer (548 v. Chr.) und ein Erdbeben (373 v. Chr.). Im 3. Jahrhundert v. Chr. wurde es von den

DREHSCHEIBE LIVADIA

Livadia – 45 km nordwestlich von Thiva, an der Straße von Athen nach Delphi – liegt beiderseits einer Schlucht, die der Erkyna ins Gestein geschnitten hat. Eine fränkische Burgruine aus dem 14. Jahrhundert wacht über der Stadt, in der die schattigen *kryes* (kalten) Quellen entspringen. Livadia ist nicht nur eine wichtige Verkehrsdrehscheibe, sondern auch interessant für Liebhaber griechischer Mythologie.

Die beiden Quellen waren der Sitz des Orakels des Trophonios. Die ratsuchenden Pilger mussten zuerst aus der Lethe- (Quelle des Vergessens) und dann aus der Mnemosyne-Quelle (Quelle der Erinnerung) trinken. Beide Quellen sprudeln noch immer unter einer Brücke aus türkischer Zeit hervor; sie liegen 1 km vom Hauptplatz des Ortes entfernt und sind als „Cold Spring" ausgeschildert.

Zwischen Livadia und dem Busbahnhof in Athen (Terminal B) verkehren regelmäßige Busse (11,10 €, 2 Std., stündl.). In Livadia fahren die Busse nach Athen am **KTEL-Busbahnhof** (☎22610 28336) ab, 1,5 km nordwestlich der Plateia Kotsoni. Außerdem besteht eine tägliche Busverbindung zum Moni Osios Loukas (3,30 €, 30 Min.). Direkt gegenüber dem zentral gelegenen Hotel Levadia halten vor einem Kiosk die Busse nach Delphi (3,90 €, 50 Min., 6-mal tgl.) und Amfissa (5,80 €, 70 Min., 6-mal tgl.).

Die Züge von/nach Athen fahren täglich (normal/IC Express-Züge 4/10 €, 95/75 Min.). Ein Shuttlebus (1,20 €) verbindet den 6 km außerhalb liegenden **Bahnhof** (☎22610 28046) mit dem **OSE-Eisenbahnbüro** (☎22610 28661; Filonos 30), 400 m westlich der Plateia Kotsoni.

Antikes Delphi & Heiligtum des Apollon

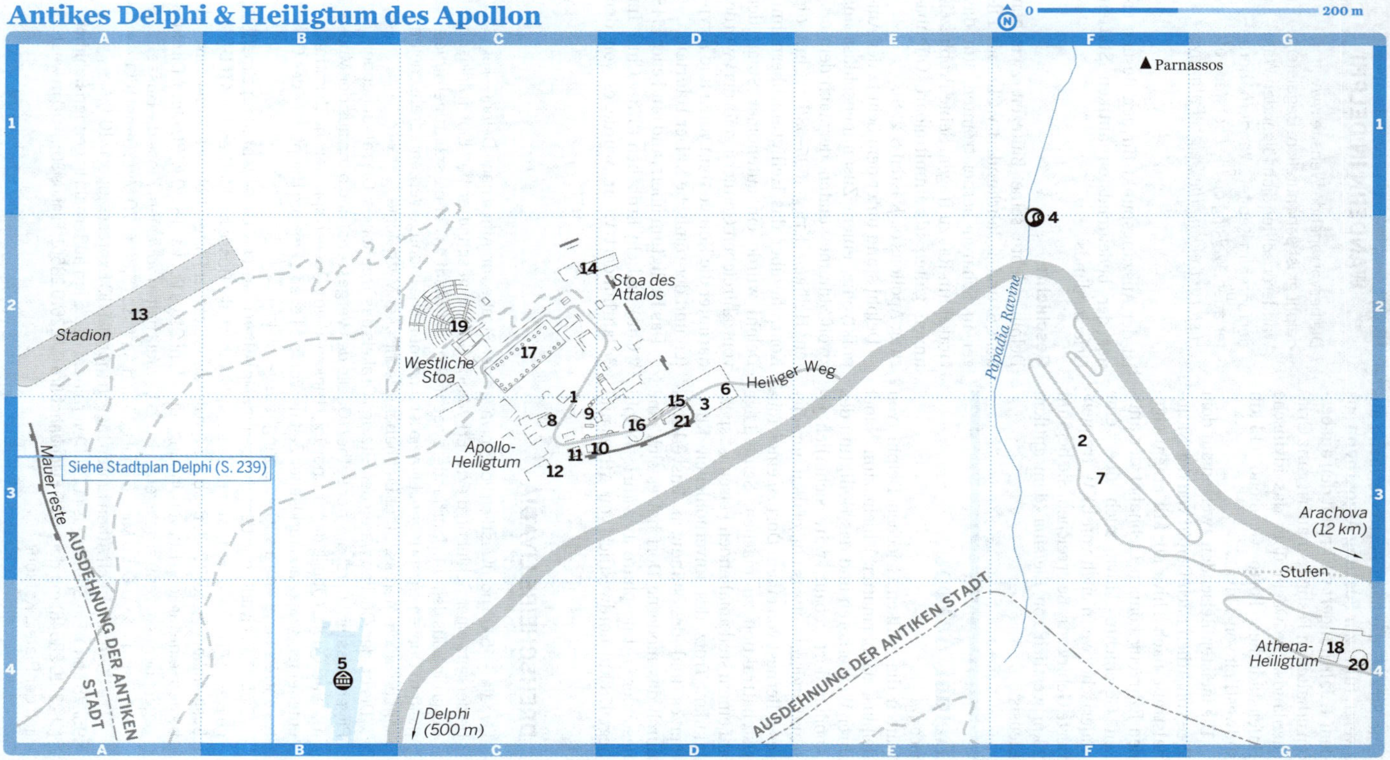

Antikes Delphi & Heiligtum des Apollon

1 Buleuterion (Rathaus)	C2	**12** Schatzhaus von Theben	C3
2 Gymnasion	F3	**13** Stadion	A2
3 Haupteingang	D3	**14** Standort der Akanthussäule mit Tänzerinnen	C2
4 Kastalische Quelle	F2	**15** Statue des Stiers von Kerkyra	D3
5 Museum	B4	**16** Statuen der Könige von Argos	D3
6 Römische Agora	D2	**17** Tempel des Apollon	C2
7 Rundes Becken	F3	**18** Tempel der Athena	G4
8 Schatzhaus von Athen	C3	**19** Theater	C2
9 Schatzhaus von Knidos	C3	**20** Tholos	G4
10 Schatzhaus von Sikyon	C3	**21** Weihegeschenke von Lakedaimon	D3
11 Schatzhaus von Siphnos	C3		

Ätoliern erobert, 191 v.Chr. von den Römern. Im Jahr 86 v.Chr. plünderte der Römer Sulla das Heiligtum. Spätere römische Herrscher waren vom Ruhm der Stätte fasziniert und hielten die Rituale bis ins 2. Jahrhundert am Leben. Danach begann der Einfluss des Orakels zu schwinden. Im späten 4. Jahrhundert n.Chr. wurde das Heiligtum vom byzantinischen Kaiser Theodosius abgeschafft. Im 7. Jahrhundert war über der Stätte das neue Dorf Kastri entstanden. Vieles von dem, was heute über Delphi bekannt ist, stammt aus den Schriften des Athener Geografen Pausanias aus dem 2. Jahrhundert.

Sehenswertes

Antikes Delphi RUINEN

(Karte S.236; www.culture.gr, www.delphi.gr; Sommer 8–20 Uhr, Winter 8–15 Uhr) Von allen archäologischen Stätten Griechenlands ist im antiken Delphi am ehesten der „Geist des Ortes" zu spüren. Das an den Hängen des Parnass erbaute Delphi blickt über dem Golf von Korinth und erstreckt sich in einem Tal mit Zypressen und Olivenbäumen. Den Reiz der Weltkulturerbestätte machen sowohl die überwältigende Kulisse als auch die eindrucksvollen Ruinen aus. Die antiken Griechen betrachteten Delphi als den Mittelpunkt der Welt; der Mythologie nach ließ Zeus an jedem der beiden gegenüberliegenden Enden der Welt einen Adler fliegen, die sich dann hier trafen. Das Antike Delphi erstreckt sich 500 m entlang der von Pinien beschatteten Straße nach Arachova.

Apollon-Heiligtum

Das Heiligtum des Apollon liegt zur Linken der Hauptstraße in Richtung Arachova. Etwa 100 m rechts des Museums (der Pflasterstraße folgen) stehen die Mauern der **Römischen Agora** (Karte S.236).

Vom Haupteingang führen rechts einige Stufen zur **Heiligen Straße,** die sich bis zu den Fundamenten des dorischen Apollon-Tempels hinaufschlängelt. Beim Betreten der Stätte kommt man an einer Reihe von Steinsockeln vorbei. Der Erste von ihnen trug einst die **Statue** (Karte S.236) eines von der Stadt Korfu (Kerkyra) gestifteten Stiers. Ein Stückchen weiter sind rechts die Überreste der **Weihegeschenke von Lakedaimon** (Karte S.236) zu erkennen, die an einen Sieg erinnern. Die nächsten beiden halbrunden Bauwerke beiderseits der Heiligen Straße wurden von den Argivern (Volk von Argos) errichtet. Rechts davon befand sich das Monument der **Könige von Argos** (Karte S.236).

In der Antike war die Heilige Straße von **Schatzhäusern** und **Statuen** (siehe Karte S.236) gesäumt, welche die Stadtstaaten – Athen, Sikyon, Siphnos, Knidos und Theben (Thiva) – Apollon in großer Dankbarkeit geweiht hatten. Nördlich des

ÖFFNUNGSZEITEN

Da sich die Öffnungszeiten oft ändern, sollte man sich rechtzeitig erkundigen. Bei der Recherche wichen die Öffnungszeiten sowohl des Museums als auch der archäologischen Stätte etwas ab. Im Sommer die Besichtigung am besten auf den frühen Morgen oder späten Nachmittag legen, um die Tageshitze und die Touristenmassen zu vermeiden. Anderseits lohnt es sich nicht, erst kurz vor dem Ende der Öffnungszeit aufzukreuzen, denn dann „sammeln" die Wärter die Touristen bereits ein, sodass keine gründliche Besichtigung mehr möglich ist.

DAS ORAKEL VON DELPHI

Das Orakel von Delphi war das mächtigste Griechenlands. Die Seherinnen saßen auf einem Dreifuß über einem Spalt, aus dem giftige Dämpfe drangen. Man sagt, die frühesten Orakel seien junge Frauen gewesen, die regelmäßig mit den Rat suchenden Pilgern durchgebrannt seien und damit den Posten zeitweise unbesetzt ließen. Daher wurde es zum Brauch, nur Seherinnen (Pythia) zuzulassen, die mindestens 50 Jahre alt waren.

Wenn göttlicher Rat gefragt war, atmete die Priesterin die Dämpfe ein und fiel in Trance. Ihre inspirierten, wenn auch etwas vagen Antworten wurden von einem Priester in Versform gebracht. Dass das Orakel den Ruf hatte, unfehlbar zu sein, hängt wohl auch mit den oft mehrdeutigen oder kryptischen Antworten zusammen. Aufgrund der Visionen des Orakels wurden Kriege geführt, Ehen besiegelt und Reisen unternommen.

Der Legende nach musste eine der Seherinnen – ob von Dämpfen benebelt oder nicht – für ihre vage Antwort büßen. Als Alexander der Große das Orakel aufsuchte in der Hoffnung, ihm würde die Eroberung der gesamten antiken Welt prophezeit, verweigerte Pythia einen direkten Kommentar und bat ihn stattdessen, später wiederzukommen. Wütend zerrte er sie an den Haaren aus ihrem Gemach, bis sie schrie: „Lass ab von mir; du bist unüberwindlich!" Er ließ sie augenblicklich los und sagte: „Jetzt habe ich meine Antwort."

Siehe auch S. 843.

rekonstruierten **Schatzhauses der Athener** (Karte S. 236) befinden sich die Fundamente des **Buleuterions** (Sitz des Rates; Karte S. 236).

Der **Apollon-Tempel** (Karte S. 236) aus dem 4. Jahrhundert v. Chr. mit der Apollon-Statue und einer Feuerstelle, auf der eine ewige Flamme brannte, dominiert das gesamte Heiligtum. Auf der Vorhalle des Tempels standen Inschriften von griechischen Philosophen wie „Erkenne dich selbst" und „Nichts im Übermaß".

Oberhalb des Tempels liegt das gut erhaltene **Theater** (Karte S.236) aus dem 4. Jahrhundert v. Chr. Es wurde von den Königen von Pergamon im 1. Jahrhundert v. Chr. restauriert und bietet vom obersten Rang eine wunderbare Aussicht. Hier fanden während der Pythischen Spiele, die – wie die Olympischen Spiele – alle vier Jahre abgehalten wurden, Aufführungen statt. Vom Theater führt der Weg weiter zum **Stadion** (Karte S.236), dem besterhaltenen in ganz Griechenland. Am östlichen Ende sind noch die steinernen Startblöcke der Läufer zu sehen; manchmal ist der Zutritt zum Stadion wegen möglichem Steinschlag eingeschränkt.

Vom Apollon-Heiligtum aus verläuft der gepflasterte Weg Richtung Arachova parallel zur Hauptstraße und führt zur Kastalischen Quelle (Karte S. 236) links. Hier reinigten sich die Pilger, bevor sie das Orakel befragten (während der Recherche wegen Aufräumarbeiten nach Steinschlag geschlossen).

Auf der anderen Straßenseite, westlich des Heiligtums der Athene sind die Überreste des antiken **Gymnasions** (Karte S. 236) zu erkennen. Zwei Laufstrecken befanden sich hier auf der oberen Terrasse; auf der unteren Terrasse übten sich Boxer und Ringer in ihrer Kunst und kühlten sich dann in dem großen, von einer Quelle gespeisten **runden Becken** (Karte S. 236) ab, das man zwischen den Ruinen noch immer sehen kann.

Heiligtum der Athene

Weiter auf dem Weg folgt das Heiligtum der Athene Pronaia. An dieser Stelle befand sich die mächtige **Tholos** (Rundbau; Karte S. 236; Eintritt frei) aus dem 4. Jahrhundert v. Chr., das faszinierendste Monument Delphis. Das elegante runde Bauwerk bestand aus 20 Säulen auf einem dreistufigen Unterbau – drei der Säulen wurden in den 1940er-Jahren wieder aufgerichtet. Der weiße Marmor der Säulen ist noch original, die dunkleren Abschnitte bestehen aus neuem Material. Von dem rechteckigen Athene-Tempel westlich davon blieben nur die Fundamente erhalten; der Tempel wurde von denselben Erdbeben und Felsrutschen zerstört, denen auch die Tholos zum Opfer fiel.

Delphi

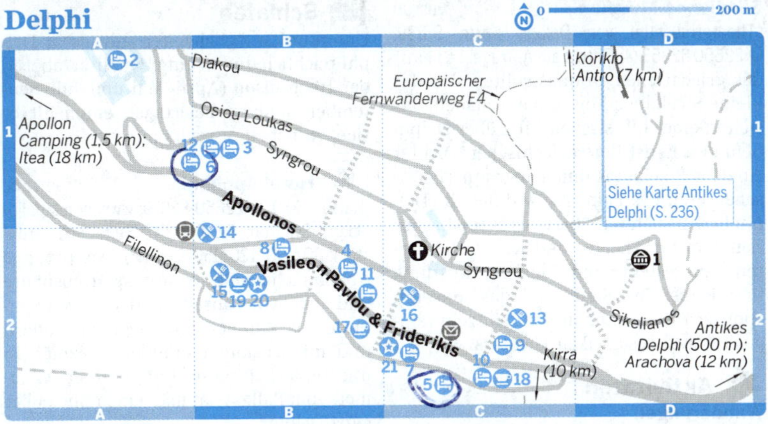

Delphi

Sehenswertes

1 Sikelianos-Museum D2

Schlafen

2 Amalia Hotel A1
3 Arion Hotel B1
4 Fedriades Hotel B2
5 Hotel Acropole C2
6 Hotel Apollonia B1
7 Hotel Hermes C2
8 Hotel Kouros B2
9 Hotel Leto C2
10 Hotel Sibylla C2
Hotel Tholos .... (siehe 16)
11 Rooms Pitho B2
12 Sunview Pension A1

Essen

13 Souvlaki Pita Gyros C2
14 Taverna Gargaduas B2
15 Taverna To Patriko Mas B2
16 Taverna Vakhos C2

Ausgehen

17 Café Agora B2
18 Café Apollon C2
19 Cafe Ihor B2

Unterhaltung

20 Club Katoi B2
21 Downtown C2

Museum von Delphi
(Karte S. 236; ☎22650 82312; www.culture.gr; Stätte oder Museum Erw. 6 €, Stätte & Museum Erw./Stud. 9/5 €, So im Winter freier Eintritt; ☎Sommer So–Di 8.30–15, Mi–Sa 8–20 Uhr, Winter 8–14.45 Uhr) Dem antiken Delphi war es seit dem 8. Jahrhundert v. Chr. gelungen, beträchtliche Schätze anzuhäufen. Vieles davon ist in dem wunderbaren Museum noch immer zu bewundern.

Beim Betreten des Museums fällt der Blick in Raum 5 zuerst auf die Sphinx der Naxier aus dem Jahr 560 v. Chr. Darüber hinaus sind hier auch gut erhaltene Teile des Frieses vom Schatzhaus der Siphnier zu sehen. Darauf ist nicht nur die Schlacht zwischen Göttern und Giganten dargestellt, sondern auch das Urteil des Paris (wenn man hereinkommt hinten links), der entscheiden sollte, welche Göttin die schönste war (er wählte Aphrodite). In Raum 3 stehen zwei schöne Kouroi (junge Männer) aus dem 6. Jahrhundert v. Chr., die „Zwillinge von Argos".

In den Räumen links befinden sich Fragmente der Metopen (Figuren in einem Fries) aus dem Schatzhaus der Athener, auf denen die Heldentaten von Herakles und Theseus sowie die Schlacht der Amazonen (Raum 7) dargestellt sind. Ein Stück weiter – nicht zu verfehlen – steht die hohe Akanthussäule mit Tänzerinnen (Raum 11), um deren Spitze drei Frauen tanzen. Daneben sieht man den Omphalos, einen kegelförmigen Stein, der einst an der Stelle stand, die als Nabel der Welt betrachtet wurde. Im letzten Raum steht der berühmte lebensgroße bronzene Wagenlenker, der an einen Sieg bei den Pythischen Spielen von 478 oder 474 v. Chr. erinnert.

Sikelianos-Museum MUSEUM
(Theatermuseum von Delphi; Karte S. 239; ☎22650 82353/4; Eintritt auf Anfrage, 1 €) Fans des griechischen Dramas sollten sich das kleine Sikelianos-Museum anschauen, das sich in einer klassischen Villa über Delphi befindet. Es ist dem griechischen Dichter Angelos Sikelianos und seiner amerikanischen Frau Eva Palmer gewidmet, die Delphi in den späten 1920ern als europäisches Zentrum für Theater und Kunst etablierten. Ausgestellt sind Masken, Kostüme und Fotos. Die Stadt und das Museum sponsern jedes Jahr im Juli ein zehntägiges Festival des antiken Theaters.

Aktivitäten

Wanderungen

In Delphi beginnen und enden zwei beliebte **Tageswanderungen,** die beide Teil des Europäischen Fernwanderwegs E4 sind. Die erste verbindet zwei antike Stätten, das Apollon-Heiligtum und den heiligen Höhlenschrein **Korikio Antro,** der Pan geweiht war. Die wunderschöne Höhle enthält ein natürliches Amphitheater mit Stalaktiten und Stalagmiten. Der Weg dringt 80 m tief in den Berg ein (Vorsicht! Es kann glatt sein). Viele Wanderer nehmen zunächst ein Taxi von Arachova bis Kalyvia (25 €), wandern zur Grotte (500 m) und kehren über die gut ausgeschilderten Wege innerhalb von vier Stunden nach Delphi zurück. Unterwegs bieten sich eindrucksvolle Aussichten auf Delphi, die Amfissa-Ebene und Galaxidi.

Die zweite, drei- bis vierstündige Tour schlängelt sich durch schattige Olivenhaine – die größte, zusammenhängende Fläche mit Olivenbäumen in Griechenland – die sich von Delphi bis zum antiken Kirrha am Golf von Korinth erstrecken. Nach einem Mittagessen oder einem Bad im Meer geht's mit dem Bus (2 €) nach Delphi zurück. Das Ende des E4 ist 100 m östlich des Hotels Acropole markiert.

Geführte Touren

Englischsprachige Touren bietet in Delphi **Georgia Hasioti** (☎69449 43511; hasioti1@otenet.gr), die auch Japanisch, Französisch und Italienisch spricht, sowie **Penny Kolomvotsos** (☎69446 44427; kpagona@hotmail.com), die auch Deutsch beherrscht, **Electra Togia** (☎69378 13215), die auch Italienisch und Spanisch, sowie **Vicki Tsonis** (☎69454 94583), die außderdem Französisch spricht.

Schlafen

Unterkunftsmöglichkeiten gibt es in Delphi reichlich und in guter Qualität, aber in der Hochsaison (April–Mai und Juli–September) und an Feiertagen empfiehlt es sich, vorher zu reservieren.

LP TIPP **Hotel Apollonia** HOTEL €€
(Karte S. 239; ☎22650 82919; www.hotelapollonia.gr; Syngrou; EZ/DZ/3BZ/Suite inkl. Frühstück 80/100/120/150 €; ❄📶) Das protzige Apollonia hat eine gemütliche Atmosphäre und liegt etwas abseits an der oberen Syngrou. Die Zimmer sind ziemlich modern und mit eleganten dunklen Holzmöbeln und Teppich ausgestattet; große Badezimmer. Vom Balkon hat man einen Blick über ganz Delphi.

Hotel Leto HOTEL €€
(Karte S. 239; ☎22650 82302; Apollonos 15; EZ/DZ/3BZ inkl. Frühstück 50/65/90 €; ❄📶) Wer vom traditionellen griechischen Einerlei die Nase voll hat, ist mit den clever ausgestatteten Zimmern in Cremeweiß und Orange mit raffinierter Beleuchtung bestens bedient – das vermutlich modernste Angebot des Ortes.

Hotel Hermes HOTEL €
(Karte S. 239; ☎22650 82318; Vasileon Pavlou & Friderikis 27; EZ/DZ/3BZ/FZ inkl. Frühstück 40/50/65/80 €; ❄@📶) Das freundliche Familienhotel Hermes liegt im Herzen Delphis. Die meisten der großen Zimmer mit Holzfensterläden haben Balkone mit Blick auf den Golf. Die Aussicht vom Frühstücksraum ist herrlich.

Fedriades Hotel HOTEL €€
(Karte S. 239; ☎22650 82370; www.fedriades.com; Vasileon Pavlou 46; EZ/DZ/3BZ inkl. Frühstück 46/59/73 €; ❄📶) Das Fedriades stellt eine ordentliche Wahl mit kleinen, gepflegten, hellen und modern ausgestatteten Zimmern im Stil eines Motels dar. Das Personal ist freundlich und die Lobby ein guter Ort, um nach den Besichtigungen zu relaxen.

Hotel Acropole HOTEL €€
(Karte S. 239; ☎22650 82675; www.delphi.com.gr; Filellinon 13; EZ/DZ/3BZ inkl Frühstück 50/65/82 €; ❄📶) Das Acropole liegt abseits des größten Trubels. Das etwas in die Jahre gekommene, aber angenehme Hotel hat den Charme einer Skilodge mit weichen Betten, Leselampen und einer Ausstattung in Holz und Schmiedeeisen. Die Zimmer

oben bieten eine großartige Aussicht auf den Golf.

Amalia Hotel LUXUSHOTEL €€€
(Karte S. 239; ☎22650 82101; www.amaliahotels.com; EZ/DZ/Suite inkl. Frühstück110/150/180 €; P ❄ ☎ ≋) Das Amalia ist in jeder Hinsicht allein auf weiter Flur – ein massiver, schicker Bau am Westrand der Stadt.

Hotel Sibylla HOTEL €
(Karte S. 239; ☎22650 82335; www.sibylla-hotel.gr; Vasileon Pavlou & Friderikis 9; EZ 25–30 €, DZ ab 35 €, 3BZ 42–48 €; ❄ ☎) Ein exzellentes, gemütliches Budgethotel mit hilfsbereitem Personal und sieben einfachen, makellosen Zimmern, alle mit Deckenventilatoren. Einige Zimmer bieten eine Aussicht auf den Golf von Korinth.

Rooms Pitho PENSION €
(Karte S. 239; ☎22650 82850; www.pithohotel.gr; Vasileon Pavlou & Friderikis 40a; EZ/DZ/3BZ inkl. Frühstück ab 40/55/75 €; ❄ ☎) Die acht modernen Zimmer bei Pitho bieten ausgezeichneten Service und liegen herrlich; etwa auf der Hälfte der Straße über einem Souvenirladen. Eine der besten Budgetunterkünfte in Delphi.

Sunview Pension PENSION €
(Karte S. 239; ☎22650 82349; dkal@otenet.gr; Apollonos 84; EZ/DZ/3BZ inkl. Frühstück ab 30/45/55 €; P ❄ ☎) Die gut geführte Pension hat eine tolle Lage im oberen Delphi. Die Zimmer sind in hellen Farben gestrichen, und die freundlichen Besitzer behandeln die Pension wie ihr eigenes Zuhause, was sie allerdings auch ist.

Arion Hotel HOTEL €
(Karte S. 239; ☎22650 82097; www.hotel-arion.gr; Syngrou 29; EZ/DZ/3BZ/4BZ inkl. Frühstück 30/50/60/75 €; ❄ ☎) Die ruhige Lage und die Gemütlichkeit sind den Preis wert.

Hotel Tholos HOTEL €
(Karte S. 239; ☎22650 82268; www.tholoshotel.com; Apollonos 31; Zi. 50 €; ❄ ☎) Zentrale Lage und schöne Ausblicke

Hotel Kouros HOTEL €
(Karte S. 239; ☎22650 82473; www.kouroshotel.com.gr; Vasileon Pavlou & Friderikis 58; EZ/DZ/3BZ inkl. Frühstück 35/45/60 €; ❄ ☎) Bequeme, wenn auch etwas ältere Zimmer, liegt günstig am Busbahnhof.

Gut von Delphi mit dem Auto zu erreichen liegen drei ausgezeichnete Campingplätze, alle mit erstklassiger Ausstattung, inklusive Restaurant, Minimarkt und Internetanschluss.

Apollon Camping CAMPINGPLATZ €
(☎22650 82762; www.apolloncamping.gr; Stellplatz pro Person/Zelt/Auto 8,50/4/4 €; P ☎ ≋) Nur 2 km westlich des modernen Delphis

Delphi Camping CAMPINGPLATZ €
(☎22650 82209; www.delphicamping.com; Stellplatz pro Person/Zelt/Auto 6,20/3,80/4,70 €; P ☎ ≋) In Richtung Itea, etwa 4,5 km außerhalb von Delphi

Chrissa Camping CAMPPINGPLATZ €
(☎22650 82020; www.chrissacamping.gr; Stellplatz pro Person/Zelt/Auto 6,50/6/3,50 €) Etwa 6 km westlich des modernen Delphi

Essen

Wer nicht aufpasst, sitzt in Delphi rasch in überfüllten Lokalen mit mäßig gutem Essen; ganz anders sind die folgenden Restaurants:

LP TIPP **Taverna Vakhos** TAVERNE €€
(Karte S. 239; ☎22650 83186; www.vakchos.com; Apollonos 31; Hauptgerichte 6–17 €) Zu dieser Familien-Taverne über einer Niederlassung der Nationalbank führt eine Treppe. Serviert wird traditionelle Küche. Man könnte hier eine ganze Mahlzeit nur mit Vorspeisen bestreiten, z. B. mit dem lokalen *formaela*-Käse (6 €), gefolgt von *kouneli stifadho* (Kanincheneintopf) oder Lamm in Zitronensoße (beides 9 €). Am besten mit einem griechischen Wein von der Weinkarte runterspülen.

Taverna Gargaduas TAVERNE €
(Karte S. 239; Hauptgerichte 6–10 €) Für Grillfleisch mit Abstand das beste Lokal der Stadt – und preiswert noch dazu. Die Sommerspezialität des Hauses ist *provatina* (langsam gegrilltes Lamm). Für bescheidene 13 € kann man auch bei Nudelgerichten, *souvlaki*, Salat und Früchten der Saison zugreifen. Neben dem Busbahnhof

Taverna To Patriko Mas TAVERNE €
(Karte S. 239; ☎22650 82150; Vasileon Pavlou & Friderikis; Hauptgerichte 7.50–13 €) Das edle Lokal in einem Steingebäude aus dem 19. Jahrhundert ist richtig fein. Auch das Essen hält, was es verspricht. Es gibt üppige *mezedhes* und Salate, großartige Grillgerichte, darunter auch ein vegetarisches *souvlaki*. Dazu eine gute Auswahl ausschließlich griechischer Weine.

Souvlaki Pita Gyros KEBAB €
(Karte S. 239; Apollonos; Hauptgerichte 2–6 €) Die Option für schmale Geldbeutel: preiswert, schnell, frisch, zum Mitnehmen. Gegenüber dem Hotel Leto

Ausgehen & Unterhaltung

An der Vasileon Pavlou und Friderikis warten jede Menge Café-Bars, und während Delphi längst schläft, legen die DJs in den beiden Clubs an der Hauptstraße Musik zum Durchtanzen bis zum Morgengrauen auf.

Café Ihor CAFÉ-BAR
(Vasileon Pavlou & Friderikis 61; WLAN) Modern eingerichtet mit WLAN und fantastischem Blick von der Terrasse – einfach funky

Café Agora CAFÉ-BAR
(www.agoracafe.gr; Vasileon Pavlou & Friderikis; Frühstück & Snacks 2–10 €; WLAN) Neben toller Pizza und Crêpes gibt es WLAN und großartige, kostenlose Ausblicke von der Terrasse.

Café Apollon KAFENEIO
(Karte S. 239; Vasileon Pavlou & Friderikis; ☎7–22 Uhr) Am untersten Ende: Hier gibt's den billigsten Kaffee, das schlechteste Englisch und kein Internet – aber es ist ein traditionelles *kafeneio* mit Charme (neben dem Hotell Sibylla).

Club Katoi CLUB
(Karte S. 239; ☎69325 26578; Eintritt 5–10 €) Gegenüber der BP-Tankstelle.

Downtown CLUB
(Karte S. 239; ☎69465 02043; Vasileon Pavlou & Friderikis; Eintritt 5–10 €) Befindet sich neben dem Club Katoi und Tür an Tür mit dem Hermes Hotel.

Praktische Informationen

Auf der Vasileon Pavlou & Friderikis gibt es fast alles, was man in Delphi braucht. Die anderen Hauptstraßen Delphis sind die Apollonos, die nördlich und parallel zur Vasileon Pavlou & Friderikis und die Filellinon, die parallel südlich dazu verläuft. Vier steile Treppen verbinden alle drei Straßen.

Der kleine **Busbahnhof** (Karte S. 239; ☎22650 82317) befindet sich an der Vasileon Pavlou & Friderikis neben der Taverna Gargaduas auf der Itea-Seite der Stadt. Die **Post** (☎7.30–14 Uhr) und drei Bankautomaten befinden sich ebenfalls in dieser Straße. Bei ernsteren Gesundheitsproblemen wird einem im **Amfissa-Krankenhaus** (☎22650 22222) geholfen.

Während der Recherche war die Zukunft der städtischen Touristeninformation noch unsicher, weil die Gemeindegrenzen vor Kurzem geändert wurden. Delphi gehört jetzt zu Amfissa, der neuen Hauptstadt der Region; unbedingt nachfragen.

An- & Weiterreise

Bus

Busse fahren am **Busbahnhof** (Karte S. 239; ☎22650 82317; Vasileon Pavlou & Friderikis) auf der Itea-Seite der Stadt ab. Achtung: Für Reisende nach Kalambaka/Meteora bestehen bessere Verbindungen über Lamia und Trikala als über Larissa, vor allem bei der Verbindung um 10 Uhr ab Delphi.

BUSSE AB DELPHI

REISEZIEL	DAUER	PREIS	HÄUFIGKEIT
Amfissa	30 Min.	2,10 €	7-mal tgl.
Arachova	20 Min.	1,60 €	6–7-mal tgl.
Athen	3 Std.	15,10 €	5–6-mal tgl.
Galaxidi	45 Min.	3,50 €	3–4-mal tgl.
Itea	30 Min.	1,90 €	3-mal tgl.
Lamia	2 Std.	9,10 €	1-mal tgl.
Larissa	3½ Std.	20 €	1-mal tgl.
Livadia	55 Min.	4,20 €	6–7-mal tgl.
Nafpaktos	2½ Std.	9,70 €	3-mal tgl.
Patras	4 Std.	14 €	1-mal tgl.
Thessaloniki	5 Std.	35 €	1 mal tgl.
Thiva	1¼ Std.	8 €	6–7-mal tgl.

Rund um Delphi

Olivenhaine und ein klarer Himmel kennzeichnen die Straße, die von Delphi über 18 km zum Golf von Korinth führt. Dort biegt sie ostwärts nach Kira (2 km) ab. Dieser Ort war das antike Kirrha, der Hafen von Delphi. Heute ist es ein beschaulicher Vorort der Marktstadt Itea mit einem langen Sand- und Kiesstrand, sehr sauberem Wasser und guten Campingmöglichkeiten am Meer.

Die Stadt Amfissa, die Hauptstadt der neuen Gemeinde Delphi, liegt in den Hügelausläufern 21 km westlich von Delphi an der Straße nach Lamia. Die Stadt, die 338 v.Chr. von Philipp von Makedonien zerstört wurde, ist heute bei den Griechen für ihre köstlichen grünen Oliven, die schöne und gut erhaltene byzantinische Kirche Agios Sotiras (Erlöserkirche) und das kleine, aber interessante **Archäologische Museum** (☎22650 23344; Erw./Kind

2/1 €; ⌚Di–Sa 8–14.30 Uhr) bekannt. Das Museum zeigt eine Sammlung von frühen, vor dem Münzgeld verwendeten Zahlungsmitteln.

Wer von Delphi aus westwärts Richtung Amfissa und Itea fährt, gelangt zum **Moni Profiti Ilia** (☎22650 35002; ⌚8–14 & 16 Uhr–Sonnenuntergang). Das imposante Kloster aus dem 19. Jahrhundert thront auf einem Hügel über dem Golf von Korinth; die Abzweigung wird mit einem kleinen Kreuz und einem Schild mit dem Vermerk „3 km" angezeigt.

Parnass-Gebirge (Parnassos) Παρνασσός Ορος

Zum 1938 gegründeten **Parnassos-Nationalpark** (www.routes.gr) nördlich von Delphi und Arachova gehören drei Gipfel über 2300 m: Liakoura ist mit 2456 m der höchste, gefolgt von Gerondovrachos (2396 m) und Tsarkos (2416 m). Der Kouvelos (1882 m) ist ein beliebtes Ziel für Bergsteiger. Darüber hinaus ist das Parnass-Gebirge Teil des weit verzweigten Europäischen Fernwanderwegs E4 (*orivatiko monopati*), der von Griechenland nach Zypern führt. Weitere Infos gibt's auf der Website der **Europäischen Wandervereinigung** (www.era-ewv-ferp.com).

Ab 800 m bis hinauf auf 1800 m sind die Hänge des Parnass-Gebirges mit Griechischen Tannen, Fichten und Wacholder bewachsen, durchsetzt mit gelb blühenden Büschen, Zwetschgenbäumen und dem seltenen purpurnen jasminähnlichen Seidenbast (*Daphne jasminea*). Über der Baumgrenze erstrecken sich Schwingelgraswiesen. Zwischen den Kalksteinfelsen blühen hier im Frühling Krokusse, Blausterne, Tulpen, Orchideen und Iris. Hier leben Griechenlands am weitesten verbreitete Säugetiere – Füchse, Hasen, Eichhörnchen und Schakale –, aber auch Geier, Sperlingsvögel und Habichte.

Aktivitäten

Wandern

Der beliebteste Aufstieg des Parnass-Gebirges führt auf den Gipfel des Liakoura. Die Route beginnt in 1990 m Höhe an der Schutzhütte des Griechischen Berg- und Wandervereins, 20 km nördlich von Arachova und 25 km südlich von Amfiklia. Weitere Informationen haben der angesehene örtliche Bergführer **Nikos Chatzis** (☎69380 08699) oder der **Griechische Alpenverein Amfissa** (☎69748 24456; eosamfissas@gmail.com).

Skifahren

Parnassos-Skizentrum SKIFAHREN

Das **Parnassos-Skizentrum** (☎22340 22694; www.parnassos-ski.gr, auf Griechisch; ⌚Nov.–Mai) bietet Ski- und Snowboard-Pisten und Loipen am beliebtesten Hang des **Kelaria** (1950 m) an. Bei der letzten Zählung standen dort 13 Lifte für mehr als 20 Abfahrten und die Höhenwanderwege zur Verfügung. Das Zentrum, das sich 24 km von Arachova und 17 km von Amfiklia entfernt befindet, ist hervorragend ausgestattet: Die Cafés und Restaurants sind hip, außerdem gibt es dort ein Sicherheitsnetzwerk und ein medizinisches Zentrum sowie Ski- und Snowboardschulen. Für Übernachtungen ist das nahe Arachova günstiger. Die meisten Lodges auf dem Plateau vor dem Skizentrum werden privat betrieben. In der Nähe des Kelaria liegen die steileren Hänge des **Fterolakkas** (sechs Skilifte), die bei Extremskifahrern beliebt sind.

Weitere Informationen unter www.snowreport.gr.

Papos & Baldoumis SKIFAHREN

(☎22670 31552, 69445 67678; www.skischool.gr) Skischule

An- & Weiterreise

Zwischen Arachova und dem Skizentrum verkehren keine öffentlichen Verkehrsmittel. Ein Taxi von Delphi kostet etwa 45 €.

Arachova Αράχωβα

3240 EW.

Arachova liegt nur 12 km von Delphi entfernt in einer Höhe von 960 m auf einem Felsvorsprung des Parnass-Gebirges. Das auf Hangstufen angelegte Bergdorf mit dem rauen Charme ist vor allem ein angesagter Wintersportort für Skifahrer, was im Winter die Preise der Hotels und Restaurants widerspiegeln.

Die Hauptstraße wird gesäumt von Läden, die Stickereien, handgewebte Taschen und *flokati* (zottige wollene Teppiche) verkaufen. Der Ort ist aber darüber hinaus bekannt für seinen leckeren Käse, Honig, *hilopites* (Pasta nach Art der Fettuccine) und Rotwein.

Feste

Agios-Georgios-Fest FESTIVAL

Um den 23. April wird hier das Agios-Georgios-Fest gefeiert; wenn dieses Datum noch in der Fastenzeit liegt, wird es auf den folgenden Osterdienstag verschoben. Die ausgelassenen Festlichkeiten zu Ehren des Stadtpatrons dauern drei Tage. Praktisch alle Dorfbewohner sind verkleidet, tanzen und singen, außerdem findet ein Tauziehen und am letzten Tag ein Lammbratenessen statt.

Schlafen

Die Zimmerpreise in Arachova schnellen an den Winterwochenenden und an Feiertagen zwischen November und April um rund 50 Prozent nach oben

Hotel Likoria HOTEL €€

(22670 31180; www.likoria.gr; Zi./3BZ inkl. Frühstück ab 95/120 €;) Das unscheinbare Hotel in einer Seitenstraße, die 250 m nordwestlich der Plateia Xenias von der Hauptstraße abzweigt, wirkt eher wie ein Landgasthof. Die Zimmer sind recht traditionell, sie haben Teppiche, große, weiche Betten und Türen mit Läden, die sich zu großen Balkonen hin öffnen. Das freundliche Personal spricht Englisch.

Pension Nostos HOTEL €

(22670 31385; DZ/3BZ inkl. Frühstück 50/65 €) Die hübsche Unterkunft im Stil einer Berghütte mit Blick auf Delphi und den Parnass bietet noble Badezimmer und ein lohnenswertes Frühstück. In der Lobby hängen Fotos von prominenten Gästen: Im Jahr 1967 stiegen die Beatles hier ab.

Xenonas Maria HOTEL €€

(22670 31803; www.mariarooms.com; DZ/3BZ 90/110 €) Viel Atmosphäre, traditionell, Zimmer auf mehreren Ebenen sowie jede Menge rote Teppiche und Felle auf den Absätzen

Pension Alexandros PENSION €€

(22670 32884; www.alexandrosgr.com; Zi. 80–90 €;) Exklusive Villa mit Antiquitäten und Wandmalereien, hinter der Plateia Lakka

Essen

Taverna Panagiota TAVERNE €€

(22670 32735; Hauptgerichte 9–20 €; Fr–So) Wer nicht mit dem Auto kommt, muss „nur" die 263 Stufen zu der gemütlichen, gehobenen Taverne hinter der Kirche Agios Georgios hinaufsteigen. Hier biegen sich die Tische unter traditionellen griechischen Ofengerichten, und im Winter flackert immer ein Feuer.

Taverna Karathanasi TAVERNE €

(Hauptgerichte 5–15 €; Mi geschlossen) Das freundliche Lokal mit geschmackvoll rustikaler Einrichtung hat viel Atmosphäre. Man sitzt im 1. Obergeschoss mit Blick auf die Straße und genießt täglich frische *mayirefta*-Spezialitäten, wie „Lammtopf" (8,50 €) oder gebratenes Hähnchen (7,50 €).

Taverna Agnandio TAVERNE €

(Hauptgerichte 6–12 €) Das hübsche griechische Lokal, etwa 30 m östlich der Plateia Lakka, serviert täglich eine Auswahl ofenfrischer Gerichte und Gegrilltes. Dazu gibt es familieneigenen, hausgemachten Rotwein aus dem Krug.

To Yefira Taverna TAVERNE €

(Yefira bedeutet „Brücke"; Hauptgerichte 4–7 €) An der Brücke; es gibt gute *pites* und Spaghetti.

Taverna To Kalderimi TAVERNE €

(Hauptgerichte 6–11 €; Mitte Juli–Mitte August geschl.) Beliebte Fleischeintöpfe, Soßen und *mezedhes*

Praktische Informationen

In der Nähe der **Post** (Plateia Xenias) gibt es mehrere Geldautomaten, und der gesamte Ort ist ein WLAN-Hotspot.

An- & Weiterreise

Die sechs Busse, die täglich die Strecke zwischen Athen und Delphi (15,10 €, 2½ Std.) bedienen, halten in Arachova an der Plateia Xenias. Stündlich fahren Regionalbusse nach Delphi (1,60 €, 20 Min.).

Von Delphi nach Livadia
Δελφοί προς Λιβαδειά

MONI OSIOS LOUKAS
ΜΟΝΗ ΟΣΙΟΥ ΛΟΥΚΑ

Das Kloster **Moni Osios Loukas** (Kloster des Hl. Lukas; 22670 22228; Eintritt 3 €; Sommer 8–18 Uhr, Winter 8–17 Uhr) befindet sich auf der Liste des Unesco Weltkulturerbes. Es liegt 23 km südöstlich von Arachova zwischen den Dörfern Distomo und Kyriaki. Seine Hauptkirche beherbergt einige der schönsten byzantinischen Fresken Griechenlands. Dezente Kleidung (kei-

DIE WEGKREUZUNG DES ÖDIPUS

Reisende können heute noch immer die Stelle sehen, an der sich „drei Straßen treffen", wie es in der antiken Tragödie von Sophokles heißt. An dieser schicksalhaften Kreuzung stieß der stolze Ödipus auf seinen Vater König Laios und tötete ihn. Damit erfüllte sich die tragische Prophezeiung des mächtigen Orakels von Delphi: Ödipus wurde unwissentlich zum Mörder seines Vaters und heiratete seine Mutter.

Um die Ödipus-Kreuzung zu finden, wenn man von Livadia in Richtung Westen nach Delphi fährt, muss man zuerst das Straßenschild nach Distomo finden, dann 1 km weiter ein Schild nach Davlia. Danach geht's weitere 1,5 km den Berg hoch zum Parkplatz (rechts). Wer von hier nach unten blickt, entdeckt rechts sichtbare Spuren einer alten Kreuzung, an der sich vielleicht die Wege des Schicksals trafen.

ne Shorts, und die Schultern sollten bedeckt sein) ist erforderlich.

Das Kloster ist einem einheimischen Eremiten geweiht, der wegen seiner Heilkräfte und prophetischen Gaben heiliggesprochen wurde. Zum Klosterkomplex gehören zwei Kirchen. Das Innere der größeren Kirche **Agios Loukas** besteht aus einer herrlichen Sinfonie aus Marmor und Mosaiken. Darüber hinaus verfügt der sakrale Bau über Ikonen von Michael Damaskinos, einem kretischen Maler aus dem 16. Jahrhundert.

Im Hauptraum der Kirche wird das Licht teilweise durch die Schmuckelemente der Marmorfenster gebrochen, wodurch ein faszinierender Kontrast zwischen Licht und Schatten entsteht. Gleich um die Ecke scheinen mehrere schöne Fresken die Krypta zu erleuchten, in welcher der hl. Lukas bestattet ist.

In der Nähe befindet sich die kleinere, im 10. Jahrhundert erbaute **Agia Panagia** (Kirche der Jungfrau Maria). Der Innenraum des Gebäudes ist farbenprächtig, aber weniger eindrucksvoll, da keine der Originalfresken erhalten sind.

Das Kloster liegt in einer idyllischen Umgebung mit atemberaubenden Ausblicken von einer Terrasse, wo die Café-Bar Yannis einheimische Süßigkeiten und Kaffee anbietet – für alle, die auf das Zischen einer Espressomaschine nicht verzichten können.

ℹ An- & Weiterreise

Von Livadia aus (siehe auch S. 235) verkehren täglich drei Busse zum Moni Osios Loukas (3,50 €, 30 Min.). Von Delphi aus kann man mit dem Bus, der die Strecke zwischen Livadia und Athen bedient, nur bis zur Abzweigung nach Distomo fahren (2,10 €, 35 Min., 5-mal tgl.) und muss dann die 2 km nach Distomo zu Fuß gehen oder per Anhalter fahren.

Taxis zum Kloster warten in Distomo (20 € hin & zurück), Livadia (30 € hin & zurück) oder Delphi (40 € hin & zurück); das Taxi wartet auf jeden Fall eine Stunde vor dem Kloster.

DISTOMO ΔΙΣΤΟΜΟ

3560 EW.

Distomo ist in ganz Griechenland wegen des schrecklichen Massakers vom 10. Juni 1944 bekannt, als Nazitruppen 228 Dorfbewohner töteten. Sie gingen dabei von Tür zu Tür, um sich für einen Hinterhalt der Partisanen im nahen Steiri zu rächen. Im Jahr 1966 ließ die Regierung der Bundesrepublik Deutschland ein eindrucksvolles Mahnmal aus weißem Marmor errichten, das Inschriften auf Griechisch und Deutsch trägt.

Galaxidi Γαλαξίδι

1680 EW.

Galaxidi ist mit Abstand der hübscheste der kleinen Ferienorte, die sich am Golf von Korinth aneinanderreihen. Das Dorf mit seinen Pflasterstraßen, hübschen Steinhäusern und den beiden kleinen Häfen bildet einen guten Ausgangspunkt für einen Ausflug nach Delphi. Um die bewaldete Landzunge gegenüber der Uferstraße führt ein 1,5 km langer Wanderweg; die Kiesstrände sind bei Schwimmern beliebt. Normalerweise ist es hier ruhig, außer im Sommer und an Ferienwochenenden, wenn der Charme des Ortes von Autokolonnen aus Athen auf die Probe gestellt wird. Seine beste Zeit hatte Galaxidi zwischen 1830 und 1910, als es ein wichtiges Zentrum für den Bau von Kaikis (kleiner Bootstyp) war.

Sehenswertes

Nautisches Museum MUSEUM

(Plateia Manousakia; Erw./Kind 5/1 €; Juni–Sep. 10.10–13.30 & 17.30–20.30 Uhr, Okt.–Mai 10.10–16.15 Uhr) Das tolle Nautische Museum dokumentiert die griechische Seefahrtsgeschichte und Galaxidis einzigartige Schiffsbautradition. Zu sehen gibt es auch einige wundervolle Galionsfiguren.

Agios Nikolaos KIRCHE

Die holzgeschnitzte Ikonostase der Kirche Agios Nikolaos gehört zu den schönsten in ganz Griechenland. Sowohl das Museum als auch die Kirche sind auf Englisch ausgeschildert.

Moni Metamorfosis KLOSTER

Das kleine Kloster Moni Metamorfosis aus dem 13. Jahrhundert steht 4 km landeinwärts von Galaxidi inmitten von Olivenhainen und Zypressen. Von diesem Aussichtspunkt bietet sich ein herrlicher Blick hinunter auf den Golf von Korinth; unter der Unterführung durchgehen und der gegenüberliegenden Straße folgen.

Schlafen

Im Sommer vermieten mehrere Cafés an der Uferstraße Zimmer, allerdings sind sie nicht besonders empfehlenswert.

LP TIPP **Hotel Ganimede** BOUTIQUEHOTEL €€

(22650 41328, 69371 54567; www.ganimede.gr; Nik Gourgouris 20; EZ/DZ/3BZ inkl. Frühstück 55/75/95 €;) Das reizende Hotel mit Innenhof ist in einem Kapitänshaus aus dem 19. Jahrhundert untergebracht. Die Zimmer sind älter, aber voller Charme: holzgetäfelte Decken, Wände in Pastelltönen und eine Einrichtung mit alten Möbeln. Die Wirtin Chrisoula Papalexi serviert Hausgemachtes zum Frühstück, z. B. Marmelade, Käse, frisch gepresste Fruchtsäfte und Brot aus der nahen Backstube der Familie. Das ehemalige Wohnzimmer des Kapitäns ist heute eine Suite auf zwei Ebenen, in der bis zu fünf Leute übernachten können (170 € inkl. Frühstück). Darüber hinaus gibt es drei moderne Apartments (ab 75 €), die jeweils mit einer Küche ausgestattet sind.

To Spitaki PENSION €€

(22650 41257, 69775 12238; DZ ab 95 €, FZ 120–160 €, inkl. Frühstück; P) Der Name bedeutet „kleines Haus". Die umgebaute, steinerne *ouzerie* (Ouzo-Bar) aus den 1850ern ist eines von drei nebeneinander liegenden Häusern, jedes mit Küche und hübschem Blumengarten. Sie stehen auf halbem Weg zwischen Hafen und Hauptplatz. Stella, die Wirtin, stattet jede Küche mit köstlichen Frühstückszutaten aus.

Arhontiko Art Hotel BOUTIQUEHOTEL €€

(22650 42292; www.archontikoarthotel.gr; EZ 55–70 €; DZ 65–90 €; P) Dieses Herrenhaus in der Nähe des alten Hafens ist zwar schon lange nicht mehr renoviert worden, aber die unkonventionellen Themenzimmer – rundes Bett im „Sonnenzimmer", Deckenspiegel im „Mondzimmer" und im „Marinezimmer" ankert ein bootsförmiges Bett – machen irgendwie Spaß.

Hotel Galaxa HOTEL €€

(22650 41620; Fax 22650 42053; EZ/DZ/FZ 50/70/80 €; P) Ziemlich 80er-Jahre, aber eine tolle Gartenterrasse und nur 100 m vom alten Hafen entfernt

Hotel Galaxidi HOTEL €

(22650 41850; www.hotelgalaxidi.gr; Zi. inkl. Frühstück 50 €) Pinienholzmöbel im Stil der 70er und niedrige Betten; schnörkellose Einrichtung.

Essen

LP TIPP **Bebelis** TAVERNE €

(Hauptgerichte 6,50–12 €; Sep.–Mai) Frische Blumen, Spitzenvorhänge und die Lage – ein paar Häuserblocks vom „neuen Hafen" entfernt – sorgen fürs richtige Taverne-Feeling. Der stolze Besitzer Bebelis (sein Spitzname) hält es mit „nur kein Stress". Die Fotos auf der Speisekarte geben die köstlichen Spezialitäten genau wieder; unbedingt das Schweinefleisch mit Pflaumen probieren (11 €).

Albatross TAVERNE €

(Konstadinou Satha 36; Hauptgerichte 4–8 €; Mittag- & Abendessen) Die Speisekarte dieser niedlichen Taverne mit sechs Tischen in der Nähe der Kirche Agios Nikolaos hätte auf der Rückseite einer Postkarte Platz, aber das reichhaltige Angebot an *mezedhes* (unbedingt die *dolmadhes* probieren, gefüllte Weinblätter) und einige Ofengerichte sind immer köstlich und preiswert; alles wird von den langjährigen Besitzern serviert.

Ouzeri Orea Ellas TAVERNE €

(Akti Oianthis 79; Hauptgerichte 5–8 €) Sehenswert ist die Modellyacht in dieser angesehenen Taverne an der Uferstraße, die wegen ihrer frischen Meeresfrüchtegerichte und der Spezialität des Ortes (*kelemia*, gefüllte Zwiebeln) beliebt ist.

Taverna Tasso MEERESFRÜCHTE €
(Akti Oianthis 69; Hauptgerichte 4–12 €) Bekannt für Meeresfrüchte und Hummer

Taverna Maritsa TAVERNE €
(Akti Oianthis 71; Hauptgerichte 8–15 €) Erstklassige Küche in exklusiver Atmosphäre

Taverna Anamnisis Apo Ta Limania MEERESFRÜCHTE €€
(Erinnerungen an den Hafen, Hauptgerichte 5–12 €, Fisch 42–50 €) Dieses bodenständige Lokal serviert den täglichen Fang.

Art Cafe Liotrivi BAR, CAFÉ €
(Alter Hafen; Hauptgerichte 4–10 €; Juli & Aug. tgl., Sep.–Juni Fr & Sa) Die Galerie-plus-Taverne in einer alten Ölmühle serviert einen Mix aus Gemälden und Shrimps-Flambé.

Praktische Informationen

Am neuen **Informationsstand** (22650 42422; Mi–So 9.30–14 & 17–19 Uhr) am kleineren der beiden Häfen – Hirolakas („alter Hafen") – bekommt man Stadtpläne und allgemeine Informationen. Die Post und eine Bank befinden sich auf der Nikolaou Mama.

Die Café-Bar **To Kafeneio** (22650 41315; Akti Oianthis 55; 24 Std.) bietet kostenlosen Internetzugang.

An- & Weiterreise

Von der **Bushaltestelle** (22650 42087) an der Plateia Manousakia fahren Busse nach Delphi (3,50 €, 45 Min., 4-mal tgl.), Athen (18,70 €, 3½ Std., 4-mal tgl.) und Patras (10,10 €, 1¾ Std., 2-mal tgl.). Nach Delphi und Athen muss man in Itea umsteigen; der Fahrpreis gilt für die gesamte Strecke.

Nafpaktos Ναύπακτος

13 300 EW.

Westlich von Galaxidi windet sich die Küstenstraße durch einige Küstenstädte und -dörfer, darunter auch das malerische **Monastiraki**, das 12 km vor der lebhaften Marktstadt Nafpaktos liegt. Gegenüber dem Dorf Spilia liegt **Trizonia**, die einzige bewohnte Insel im Golf von Korinth.

Nafpaktos breitet sich um einen hübschen, ringförmig von Mauern eingefassten Hafen aus, an dem Platanen stehen. Es gibt hippe Cafés, einen schönen **Badestrand** (Psani) sowie eine gut erhaltene Festung und venezianische Burg (*kastro*). Die Burg ist durch fünf terrassenartig angelegte Steinmauern geschützt, die von mehreren, aufeinander folgenden Eroberern (Dorern, Römern, Byzantinern, Venezianern und Türken) erbaut wurden. **Nafpaktos** hieß im Mittelalter Lepanto; hier fand am 7. Oktober 1571 die Seeschlacht von Lepanto zwischen dem Osmanischen Reich und den vereinigten Flotten des Vatikans, Spaniens und Venedigs statt. Der überwältigende Sieg über die Türken beendete vorübergehend ihre Vorherrschaft über das Mittelmeer.

Schlafen & Essen

Hotel Akti HOTEL €
(26340 28464; www.akti.gr; Grimbovo-Strand; EZ/DZ/3BZ/Suite 55/70/90/160 €;) Von außen sieht das Akti aus wie eine Palette für Pastellfarben, die mit Balkonen versehen ist. Innen hat die freundliche Unterkunft wunderschöne Webteppiche, Antiquitäten und hohe, geräumige und komfortable Zimmern zu bieten. Im oberen Stock gibt es schicke Suiten, in denen vier bis sechs Personen unterkommen. Der freundliche Besitzer spricht Englisch

Hotel Regina HOTEL, APARTMENTS €
(26340 21555; reginanafpaktos@yahoo.com; Psani-Strand; EZ/DZ/3BZ ab 50/55/65 €;) Das Regina, 100 m westlich des Hafenplatzes, ist ein Glücksgriff für Familien. Es bietet hübsche Zwei-Zimmer-Studios, einige mit Kochgelegenheit und Balkon.

Taverna O Stavros TAVERNE €
(Grimbovo-Strand; Hauptgerichte 6,50–12 €, Fisch pro Kilo 30–45 €) Unter den Lokalen an der Uferstraße lohnt sich vor allem die ausgezeichnete Taverna O Stavros wegen der *spanakopita* (Spinat im Blätterteig), der Ofengerichte, wie *youvetsi* (Fleisch in Tomatensoße), und des frischen Fischs.

Praktische Informationen

Hobby Club (26340 22288; 2 € pro Std.; 9–2 Uhr) Gegenüber dem Psani-Strand, zum E-Mail-Checken

Touristeninformation Nafpaktos (26340 38533; Tzavela; 9–13 & 17–20 Uhr) Gegenüber dem alten Hafen. Entgegen der Öffnungszeiten selten besetzt; die Website ist verlässlicher.

An- & Weiterreise

Nafpaktos verfügt über zwei Bushaltestellen. Die Haltestelle **KTEL-Nafpaktos** (26340 27224; Ecke Manassi & Botsari) befindet sich hinter der großen Kirche Agios Dimitrios. Die **KTEL-Fokida** (☎26340 27241; Ecke Kefalourisou & Asklipiou) liegt 400 m weiter östlich.

KTEL-BUSSE AB NAFPAKTOS

REISEZIEL	HALTESTELLE	DAUER	PREIS	HÄUFIGKEIT
Agrinio	KTEL-Nafpaktos	1½ Std.	9 €	Mo–Fr 3-mal tgl.
Astakos	KTEL-Nafpaktos	2½ Std.	9,10 €	Mo–Fr 1-mal tgl.
Athen über Andirio–Rio	KTEL-Nafpaktos	3 Std.	21 €	2-mal tgl.
Delphi	KTEL-Nafpaktos	3 Std.	9,70 €	Mo–Fr 4-mal tgl., Sa 1-mal tgl.
Galaxidi	KTEL-Fokida	1½ Std.	7,50 €	1–5-mal tgl.
Itea	KTEL-Fokida	2 Std.	9 €	1–5-mal tgl.
Lamia	KTEL-Nafpaktos	3½ Std.	14,50 €	1-mal tgl.
Mesolongi	KTEL-Nafpaktos	50 Min.	4,80 €	Mo–Fr 3-mal tgl., Sa 1-mal tgl.
Patras	KTEL-Nafpaktos	30 Min.	3,30 €	Mo–Sa 2–8-mal tgl.
Thessaloniki	KTEL-Nafpaktos	6 Std.	44 €	2-mal tgl.

Mesolongi Μεσολόγγι

14 200 EW.

Von Weitem wirkt die flache Landschaft um Mesolongi nur wenig reizvoll. Die Stadt liegt an der stillen **Klisova-Lagune**, dem größten natürlichen Feuchtgebiet Griechenlands. Hier legen im Winter Tausende von Zugvögeln eine Zwischenlandung ein. Außerdem ist die Lagune ein wichtiger Brutort für den vom Aussterben bedrohten Krauskopfpelikan – und natürlich eine Pilgerstätte für Fotografen und Vogelkundler. Dazu tragen sicher auch die bemerkenswerten *pelades* (Hütten auf Pfählen) bei. Das Stadtzentrum ist dagegen alles andere als ruhig – die Fußgängerzone rund um den Hauptplatz säumen lebhafte Bars und Tavernen.

Geschichte

Während des Unabhängigkeitskrieges (1821–30) reiste der britische Dichter und Philhellene (Griechenfreund) Lord Byron nach Mesolongi. Er hatte vor, Truppen aufzustellen, und die Griechen in ihrem Krieg zu unterstützen. Nach Monaten vergeblicher Bemühungen zog sich Byron ein tödliches Fieber zu und starb am 19. April 1824 unverrichteter Dinge.

Aber Byrons Tod war nicht vergeblich – er spornte die internationalen Mächte dazu an, das Ende des Unabhängigkeitskrieges zu beschleunigen. Byron wurde dadurch zu einem griechischen Nationalhelden. Zahlreiche griechische Männer tragen den Namen Byron (Vyronas auf Griechisch), und in den meisten griechischen Städten ist eine Straße nach ihm benannt.

Im Frühling 1826 nahmen die Türken unter dem ägyptischen General Ibrahim Pascha Mesolongi ein. Nach einjähriger Belagerung wagten 9000 Männer, Frauen und Kinder in der Nacht des 22. April 1826 einen Ausbruch durch ein Stadttor, das heute Tor des Exodus genannt wird. Viele fanden auf dem nahen Berg Zygos Zuflucht, wo sie jedoch von albanischen Söldnern gefangen oder getötet wurden. Eine kleinere Gruppe blieb zurück, um das Vorrücken der Türken durch die Zündung von Sprengstoff zu vereiteln. Dieser tragische Exodus wurde in Dionysios Solomos' epischem Gedicht „I Eleftheri Poliorkimeni" („Die freien Belagerten") verewigt.

Sehenswertes

Garten der Helden GARTEN

(☎8–20 Uhr) Gleich hinter dem Tor des Exodus befindet sich der Garten der Helden, auf dem Straßenschild fälschlicherweise als „Heldengräber" bezeichnet. Der Gedenkgarten wurde auf Veranlassung des ersten griechischen Staatsoberhaupts Ioannis Kapodistrias angelegt, der folgendes Dekret erließ (der griechische Text ist in die Marmortafel eingemeißelt, die gleich rechts am Eingang zum Garten steht):

„... innerhalb der Mauern der Stadt Mesolongi liegen die Gebeine der tapferen Männer, die bei der Verteidigung der Stadt fielen ... es ist unsere Pflicht, die heiligen Überreste dieser Männer mit Ehrerbietung zusammenzutragen und in einem Denkmal zur Ruhe zu betten, wo unser Land alljährlich seine Dankesschuld begleichen möge."

Eine **Statue von Lord Byron** erhebt sich gut sichtbar im Garten. Als Byron starb, waren die Griechen über den Verlust des britischen Adligen, der sein Leben für ihre Freiheit geopfert hatte, untröstlich. Am Ende einer 21-tägigen Staatstrauer wurde Byrons Leichnam einbalsamiert und nach

England geschickt; sein Herz jedoch behielten die Griechen, es wurde unter der Statue bestattet. Die britischen Behörden verweigerten Byron damals eine Bestattung in der Londoner Westminster Abbey. Heute flattern auf dem Monument zwei Flaggen – sowohl die griechische als auch die britische.

GRATIS **Museum für Geschichte & Kunst** MUSEUM
(Plateia Markou Botsari; 9–13.30 & 16–18 Uhr) Das Museum ist der griechischen Revolution gewidmet und zeigt Erinnerungsstücke an Byron sowie Gemälde von ihm.

Diexodos Museum–Gemäldegalerie GEMÄLDEGALERIE
(26310 51260; www.diexodos.com.gr; Razikotsika 23; Mi–So 10.30–13 Uhr) Ein ortsansässiger Rechtsanwalt hat das Herrenhaus des 18. Jahrhunderts liebevoll restauriert. Die herrliche Deixodos Museum-Gemäldegalerie zeigt eine private Gemäldesammlung und Wechselausstellungen; außerdem finden hier Kulturveranstaltungen statt.

Schlafen & Essen

Alle *ouzerien* und Restaurants auf und in der der Nähe der Razikotsika sind in Ordnung; unbedingt *heli* (Aal) und *avgotaraho* (Meeräsche) ausprobieren.

Hotel Avra HOTEL €
(26310 22284; www.hotelavramesolongi.gr; Harilaou Trikoupi; EZ/DZ/3BZ 35/45/55 €; ❄) Das Avra (16 Zimmer) ist ordentlich und komfortabel. Die Zimmer im hinteren Bereich sind ruhiger, weil dort der Trubel auf der nahen Plateia Markou Botsari nicht zu hören ist.

Taverna Filoxenos TAVERNE €
(Razikotsika 7; Hauptgerichte 7–13 €) Eine der besten Küchen an der fußgängerfreundlichen Razikotsika. In dem hübschen Lokal kommen gegrillte Aale *(heli)*, die in der Lagune harpuniert werden, sowie köstliche *mezedhes* auf den Tisch.

Praktische Informationen

Mesolongi ist die Hauptstadt der Präfektur Etolo-Akarnania. Der Hauptplatz, die Plateia Markou Botsari, wird an der Ostseite vom Rathaus und der Galerie dominiert. Cafés bieten kostenloses Internet an. Das **Virtual Reality Internet Café** (26310 26058; Razikotsika 4; 2 € pro Std.; 24 Std.) liegt südwestlich des Platzes.

BRÜCKE NACH PATRAS

Die faszinierende Rio-Andirio-Hängebrücke verbindet heute Andirio auf dem Festland mit Rio auf dem Peloponnes; früher gab es dort nur eine Fähre. Trotz der gesalzenen Maut (einfache Fahrt 13 €) ist die Brücke die einfachste Möglichkeit, um beispielsweise nach Patras und weiter zu gelangen.

An- & Weiterreise

Die **Haltestelle KTEL-Mesolongi** (26310 22371) liegt außerhalb der Stadtmauern in der Nähe des Tors des Exodus. Busse fahren regelmäßig nach Athen über Rio-Andirio (24 €, 3½ Std., 12-mal tgl.), nach Patras (5 €, 1 Std., 8-mal tgl.), Agrinio (4 €, 35 Min., stündl.), Nafpaktos (5 €, 50 Min., 3-mal tgl.), Amfissa (123,20 €, 3 Std., 1-mal tgl.) und Mytikas (9 €, 1½ Std., 1-mal tgl.).

Richtung Nordwesten nach Mytikas & Astakos Μύτικας & Αστακός

Von den verstreuten Dörfern am Ionischen Meer lohnen nur Astakos und Mytikas einen zweiten Blick. Im Sommer ist die Fahrt an der Küste entlang einfach herrlich, von Mesolongi aus fährt täglich ein Bus diese Strecke.

Mytikas ist ein reizvoller, verschlafener Ort an der Ionischen Küste (63 km von Mesolongi entfernt). Es verfügt über einen Kiesstrand, der von Palmen, Häusern, ein paar *domatia* (Zimmer im Privathaus) und der einen oder anderen Taverne gesäumt ist. Mit einem Kaiki hat man die Möglichkeit, zur Insel **Kalamos** (3 € hin & zurück, 15 Min., 1-mal tgl.) zu fahren, die vor Mytikas aufragt, oder zur dahinter versteckten Insel **Kastos.** In der Taverna Limani (26460 81271) in der Nähe des Docks nachfragen. Wenn der Kapitän, dem das Boot gehört, nicht gerade sein Fischernetz flickt, wird er die Überfahrt wahrscheinlich auf Wunsch unternehmen. Und wer der Außenwelt für einen Tag lang entfliehen möchte, sollte am Strand in die **Kohili Rooms** (26460 81356; Zi. 45–50 €; ❄).

Das 14 km weiter südlich gelegene **Astakos** hat zwar nicht ganz den gemütlichen Charme von Mytikas, stellt jedoch im Sommer mit den Fähren nach Ithaki (Piso Aetos, gelegentlich) und Kefallonia (Sami,

10 €, im Sommer 2-mal tgl.) ein bequemes Sprungbrett zu den Ionischen Inseln dar. Einige Cafés, *domatia* und Tavernen säumen die kurze Uferstraße, aber die beste Show liefert der Poseidon Palace (Hauptgerichte 6–12 €), in dem der Koch und Besitzer Kristo damit wirbt: „Gibt alles, einfaches *souvlaki*, toller Fisch, was ihr wollt."

Karpenisi Καρπενήσι

7353 EW.

Karpenisi, die unscheinbare Hauptstadt der gebirgigen Präfektur Evritania, liegt in den bewaldeten Ausläufern des Tymfristos oder Velouchi (2312 m), zwischen Lamia und dem Kremasta-See. Der Beiname „Griechische Schweiz" ist nicht unberechtigt: Hier gibt's alpines Flair mit Häusern im Chalet-Stil, Kirchen sowie Tavernen und außerdem zahlreiche Möglichkeiten sich mit Outdoor-Aktivitäten zu beschäftigen. Wer weniger Action möchte, kann durch den Gebirgswald zu Dörfern an steilen Hängen und Klöstern fahren.

Karpenisi ist von Trikala im Norden, von Lamia im Osten oder Agrinio im Südwesten über eine spektakuläre, aber kurvenreiche Bergstraße erreichbar. Am interessantesten dürfte aber die Strecke von Nafpaktos aus in Richtung Norden durch die Stadt Thermos sein, welche sich in den Hügeln über dem Trichonis-See befindet, Griechenlands größtem natürlichem See; danach geht's vorbei am spektakulären Dorf Prousos.

Aktivitäten

Skizentrum SKIFAHREN

(☎22370 23506; www.snowreport.gr/karpenisi) Das Skizentrum von Karpenisi auf dem Tymfristos betreibt von November bis März vier Lifte für fünf Pisten (nicht, wie behauptet, sechs Lifte und elf Pisten). Karpenisi ist außerdem ein El Dorado für Wanderer, Rafter, Mountainbiker und Bergsteiger.

Drei freundliche Konkurrenzunternehmen bieten Extremsport-Programme an, z. B. Wildwasser-Rafting, Snowboarden und Canyoning; daneben sind Felsklettern, Kanufahren und Mountainbiking im Programm. Zwischen Karpenisi und Krikello verläuft ein Abschnitt des Fernwanderweges E4. Die Preise richten sich nach der Aktivität; Ausrüstung und Transporte sind inklusive: **Trekking Hellas** (☎22370 25940; www.treking.gr), **Mountain Action** (☎22370 22940, 6972706177; www.mountainaction.gr, in Griechisch; Oikonomou 9) und **F-Zein** (☎22370 80150; Zinopoulou 61).

Saloon Park REITEN

(☎22370 24606; Reiten im Wald/im Stall 25/10 €) Wer reiten möchte – für Erwachsene und kinderfreundlich – sollte es im Saloon Park versuchen, 3 km südlich der Stadt.

Schlafen

Hotel Galini HOTEL €

(☎22370 22914; www.galini-hotel.com; Riga Fereou 3; EZ/DZ 25/40 €) Das Galini liegt in einer Seitenstraße und ist eine großartige Budget-Option mit einfachen Zimmern und freundlichen Besitzern; das heiße Wasser kann allerdings so schnell verschwinden wie es kam. Von der *plateia* 100 m die Spyridonos Georgiou Tsitsara entlang

Deluxe Hotel Anesis HOTEL €€

(☎22370 80700; www.anesis.gr; Zinopoulou 50; EZ 50–55 €, DZ 55–65 €, 3BZ 65–75 € inkl. Frühstück; ❄📶) Näher kann man ohne Schnee einem Schweizer Chalet kaum kommen. Das Hotel hat etwas Niedliches, ist angenehm und hübsch, die Lobby einladend und die Zimmer warm.

Essen & Ausgehen

Innerhalb des Ortes ist das Angebot an guten Restaurants überraschenderweise nicht besonders groß, doch wer mit einem Auto unterwegs ist, findet in den zahllosen guten Tavernen, die zwischen Karpenisi und Megalo Horio/Gavros liegen, sicher das Richtige.

Taverna Panorama TAVERNE €

(Riga Fereou 18; Hauptgerichte 7–11 €) Dank des höhlenartigen Innenraums und der belaubten Außenterrasse fühlen sich die Gäste im Panorama wie zu Hause. Auf der umfangreichen Speisekarte stehen viele gegrillte Lamm- und Schweinefleischgerichte sowie eine herzhafte Ziegenfleischsuppe (7 €).

Taverna En Elladi TAVERNE €

(Kotsidou 4; Hauptgerichte 10–12 €) Das große Plus dieser Taverne ist die Lage direkt oberhalb des Hauptplatzes. Auch das Essen muss sich nicht verstecken: herzhafte hausgemachte Suppen, dazu Ofengerichte wie Kalbfleisch mit Kartoffeln und Käse (8 €) und eine Spezialität aus den Bergen,

ABSTECHER

TOURLIDA ΤΟΥΡΛΙΔΑ

Von Mesolongi aus muss mit dem Auto, Fahrrad oder zu Fuß die surreal wirkende **Klisova-Lagune** auf einem 5 km langen Damm überquert werden, um das sandige Dörfchen **Tourlida** zu erreichen. Es lohnt sich, in der **Alikes Taverna** (☎26310 22189; Hauptgerichte 5–10 €) einen Zwischenstop einzulegen und den hervorragenden gegrillten Aal zu probieren, übernachten kann man am besten in der sauberen und luftigen **Domatia Iliovasilema** (☎26310 51408, 69779 28335; DT/3BZ/4BZ 40/50/60 €; P ❄).

babaretsa, eine leckere Vorspeise aus Käse und Maismehl (3 €).

Saloon Park BAR, CAFÉ
(Straße von Karpenisi nach Prousos) Eine beliebte Café-Bar mit wild zusammen gewürfelter Einrichtung, 3 km südlich des Ortes. Das Thema „amerikanischer Wilder Westen" wird als Jack-Daniels-trifft-Ouzo-Trinker interpretiert. Der Stall schließt gleich an.

Praktische Informationen

Am Hauptplatz befinden sich mehrere Banken mit Bankautomaten.

Krankenhaus (☎22370 80680; Ethnikis Antistasis 9)

Phoenix Internet Café (Kosma Aitolou; 2 € pro Std.; ⏰11–3 Uhr)

Polizei (☎22370 23666; Pavlou Bakogianni 2)

Post (Ecke Agiou Nikolaou & Athanasiou Karpenisiotou; ⏰7.30–14 Uhr)

Touristeninformation (☎/Fax 22370 21016; www.karpenissi.gr; Markou Botsari 5; ⏰Mo–Fr 9–14 & 17–20, Sa & So 10–14 Uhr) Hier gibt's Kartenmaterial über die Gegend und Infos zu Unterkünften und Ausflugszielen rund um Karpenisi; von der *plateia* 100 m die gepflasterte Gasse hinunter. Die Öffnungszeiten ändern sich dauernd.

An- & Weiterreise

Karpenisis **KTEL-Bushaltestelle** (☎22370 80013/4) befindet sich 1,5 km südöstlich der Stadt. Von dort fahren Busse nach Athen (25 €, 5 Std., 2–3-mal tgl.), Lamia (7,20 €, 1½ Std., 3-mal tgl.) und Agrinio (11 €, 3½ Std., 4-mal pro Woche).

Rund um Karpenisi

Von Karpenisi führt eine malerische Bergstraße ins 34 km weiter südlich gelegene Dorf Prousos und zum Kloster **Moni Panagias Proussiotissas** (☎22370 80705) aus dem 12. Jahrhundert. Zu Mariä Himmelfahrt am 23. August strömen Pilger hierher, um Wasser aus der Quelle zu trinken und das höhlenartige *katholikon* (Hauptkirche griechisch-orthodoxer Klöster) zu betreten, das sich einer Wunder wirkenden Ikone der Jungfrau Maria rühmt.

Ungefähr 14 km südlich von Karpenisi liegen die beiden Dörfer **Megalo Chorio** (Großes Dorf) und **Mikro Chorio** (Kleines Dorf) mit einigen guten Tavernen. Die beiden malerischen Dörfer bieten traditionelle Steinhäuser und das reizvolle **Volkskundemuseum** (Eintritt frei; ⏰Sep.–Juni Fr–So 10–14.30 Uhr; Juni–Sep. Fr–So 10.30–14.30 & 18–20 Uhr). Megalo Chorio ist außerdem der Ausgangspunkt für die ganztägige Wanderung zum Berg Kaliakouda (2098 m) und zurück; Informationen in der Touristeninformation von Karpenisi (☎22370 21016; www.karpenissi.gr). Wer es eher mit der Ebene hält, entscheidet sich für den Spaziergang am Ufer des Karpenisiotis entlang. Der Fußweg beginnt gegenüber der Bushaltestelle im Dorf. An der Hauptstraße zu Füßen von Megalo Chorio liegt **Gavros** am Fluss. Der Ort zieht Familien aus Karpenisi an, die in ländlicher Umgebung gut essen oder am Karpenisiotis spazieren gehen möchten.

Wer mit dem eigenen Auto unterwegs ist, hat die Möglichkeit, das liebevoll restaurierte Dorf **Koryshades** zu besuchen, das an der Abzweigung etwa 3 km südwestlich von Karpenisi ausgeschildert ist. Das idyllische **Fidakia**, 26 km südwestlich von Karpenisi, an einer Nebenstrecke der Straße Karpenisi–Agrinio, bietet atemberaubende Postkartenblicke auf den Kremasta-See. Man muss zwar sehr langsam fahren, denn die Straße führt oberhalb von steilen Felsabhängen entlang und ist extrem schmal und kurvenreich – dafür entschädigen die herrlichen Ausblicke. Das **Oihalia** (☎22370 24554), eine Kombination aus Pension, Taverne und Café, hat ausgezeichnetes Essen für ein verlängertes Mittagessen und geschmackvoll eingerichtete, romantische Zimmer zu bieten. Viel zu sehen gibt es nicht; das Dorf hat nur etwa 20 Einwohner.

Schlafen & Essen

Pension Agrambeli PENSION €€

(☎22370 41148; www.agrampeli.gr; Gavros; DZ/3BZ ab 60/70 €, Suite 75–120 €, inkl. Frühstück; @) Die einzigartig gestaltete Bergunterkunft in Gavros bietet einen Blick auf den Fluss und den Berg Talakondia. Alle sieben Zimmer unterscheiden sich in Größe und Charakter. Einige haben Eisenbetten und Webteppiche, andere eine Küche und einen Kamin. In allen stehen frische Blumen.

Taverna To Spiti tou Psara TAVERNE €

(Fischerhaus; Gavros; Hauptgerichte 4–9 €) Die Spezialität dieser hervorragenden Taverne am Fluss ist frische gegrillte Forelle (*pestrofa*, 8 €). Die hausgemachten *pites* (3 €), das gebratene Lamm (9 €) und der Hauswein des Wirtes rechtfertigen einen Tagesausflug von Karpenisi.

Dorftaverne Koryshades TAVERNE €

(Koryshades; Hauptgerichte 8–12 €) Die Taverne gehört zum geschmackvollen Hotelkomplex, der große Teile des Dorfes einnimmt. Sie liegt sehr hübsch am Hauptplatz von Koryshades und ist innen im typischen Tavernenstil gehalten; außen gibt es Sitzplätze im Schatten. Auf der Speisekarte stehen die guten alten Klassiker: *kokoretsi* (grob gehackte Innereien vom Lamm im Darm, gewürzt mit Oregano und Zitronensaft und gegrillt; 10 €) und am Spieß gegrilltes Lamm (12 €).

An- & Weiterreise

Bus

Die drei Lokalbusse fahren Dienstag, Donnerstag und Samstag nach Megalo Chorio, Mikro Chorio und Gavros (1,60 €, 25 Min.). Zwei Busse fahren nach Prousos (3,40 €, 50 Min.); wer den Bus um 5.45 Uhr nimmt, kann mit dem 15-Uhr-Bus zurückkommen. Zur Sicherheit bei KTEL nachfragen, weil sich der Fahrplan ändert.

Taxi

Von der *plateia* in Karpenisi kosten Taxis nach Gavros, Megalo Chorio oder Mikro Chorio 17 €; nach Prousos etwa 35 €.

Lamia Λαμία

50 551 EW.

Lamia in den Ausläufern des Orthrys-Gebirges ist die Hauptstadt der Präfektur Fthiotida. Es liegt am westlichen Ende des Golfs von Maliakos auf halber Strecke zwischen Delphi und Meteora. Dennoch taucht Lamia nur selten auf den Routenplänen der Reisenden auf. Aber wie viele Städte, die nicht vom Tourismus leben, ist Lamia das ganze Jahr hindurch eine pulsierende, lebendige Stadt. Das Leben der Einwohner spielt sich auf den belebten Plätzen ab; die Tavernen sind berühmt für *kokoretsi* (gegrillte Lamminnereien), *kourabiedes* (Mandelkuchen) und *xynogalo* (Sauermilch).

Sehenswertes

An jedem Samstagvormittag wird auf der Riga Fereou und ihren Seitenstraßen ein lebhafter und bunter Straßenmarkt veranstaltet.

Festung FESTUNG

Die *frourio* (Festung) lohnt den Weg allein wegen der Aussicht. Im Innern des Gebäudekomplexes ist das sehenswerte **Archäologische Museum** (Eintritt 2 €; ☎8.30–15 Uhr) untergebracht; es ist vollgestopft mit aufregenden Fundstücken von der Jungsteinzeit bis zu den Römern, darunter auch antikes griechisches und römisches Kinderspielzeug.

Eisenbahnbrücke von Gorgopotamos BRÜCKE

Die ursprüngliche Eisenbahnbrücke von Gorgopotamos, 7 km südlich von Lamia, wurde am 25. November 1942 von einer Koalition aus britischen und griechischen Guerillakräften gesprengt, um das Vorrücken der Deutschen zu verzögern. Dieses Ereignis gilt als einer der größten Sabotageakte der damaligen Zeit. Die wiederaufgebaute Brücke überspannt eine tiefe Schlucht; die neueren Behelfspfeiler stellen einen starken Kontrast zu den Originalen dar. Durch den spektakulären Anschlag erstarkte der griechische Widerstand und zwang die Deutschen schließlich dazu, Kräfte von der russischen Front abzuziehen.

Thermopylen HISTORISCHE STÄTTE

Etwa 20 km südöstlich von Lamia befindet sich der enge Pass der Thermopylen, der berühmte Schauplatz, an dem es im Jahr 480 v. Chr. dem Feldherrn Leonidas und einer Truppe von 300 tapferen Spartanern gelang, das eindringende persische Heer des Xerxes vorübergehend aufzuhalten. Eine Statue des Leonidas erinnert an die heldenhafte Schlacht, in der die Spartaner jedoch schließlich der Übermacht der Feinde erlagen.

Schlafen & Essen

Die Schwäche der Griechen für gegrilltes Fleisch wird in Lamia fast ins Überirdische verklärt. An der Südseite der *plateia* Laou stehen ausgezeichnete *psistarias* (Grillrestaurants) beinahe Tür an Tür – ganze Lämmer, Ziegen und Schweine in den Fenstern werben für die knusprige Kost.

Hotel Athina HOTEL €
(☎22310 27700; www.hotelsline.gr/athina; Rozaki Angeli 41; EZ/DZ/3BZ inkl. Frühstück 40/55/70 €; P❄📶) Der 2008 renovierte Familienbetrieb ist freundlich und gut geführt. Die modernen Zimmer sind gefliest, haben große Badezimmer, bequeme Betten und – bemerkenswerterweise – eigene Parkmöglichkeiten. Zur Plateias Laou und zur Eleftherias ist es zu Fuß nicht weit.

Ouzerie Alaloum MEZEDHES €
(Androutsou 24; *mezedhes* 3–8,50 €) In dem freundlichen Lokal kann man an seinem Essen knabbern und ein Getränk schlürfen. Es ist nur eines in einer ganzen Ansammlung einladender kleiner *ouzerien* 20 m westlich der Plateia Laou in einer Fußgängerzone.

Fitilis Restaurant TAVERNA €
(Plateia Laou 6; Hauptgerichte 6–12 €) Obwohl das Fitilis als „nobel" gilt, serviert es überwiegend klassische *mayirefta*-Gerichte zu vernünftigen Preisen, beispielsweise langsam gegartes Ziegenfleisch (27 € pro Kilo), das auf einem offenen, altmodischen Holzofen brutzelt.

Rachiotikou VEGETARISCHES ESSEN €
(Plateia Eleftherias; Hauptgerichte 7–12 €) Das Rachiotikou ist so ziemlich das einzige Restaurant, an dem Vegetarier in diesem Mekka der Grillmeister einkehren können, ohne zu verhungern. Das moderne Speiselokal geht nicht nur recht locker mit der örtlichen Tradition um, sondern bietet auch einen herrlichen Ausblick über die Plateia Eleftherias und serviert – ein Schock für die Fleischesser – Gourmetsalate und vegetarische Pastagerichte. Natürlich gibt es hier auch *souvlaki* (2 €) in protzigem Ambiente.

Praktische Informationen

An der Plateia Parkou liegen sechs Banken, alle mit Geldautomat.

Area 52 (Rozaki Angeli 40) Internetzugang (2 € pro Std.) gegenüber dem Hotel Athina

ÜBER DIE DÖRFER

Wer mit dem eigenen Wagen unterwegs ist, findet in den Dörfern Loutra Ipatis und Ipati preiswertere und ruhigere Unterkünfte als in Lamia; jedes der Dörfer eignet sich als Standort für Ausflüge in die Umgebung.

Polizei (☎22310 22431; Patroklou)

Post (Athanasiou Diakou) Gegenüber der Plateia Parkou

An- & Weiterreise

Alle Busse fahren am neuen **KTEL-Busbahnhof** (☎22310 51345-6; Taygetou), 2,5 km südwestlich des Stadtzentrums ab. Ein Taxi vom Stadtzentrum zum Busbahnhof kostet 5 €. An den Wochenenden ist der Fahrplan häufig eingeschränkt.

Zum Nationalpark Iti den Bus nach Ipati (2,20 €, 40 Min., 4-mal tgl.) oder Pavliani (4,30 €, 90 Min.) nehmen.

BUSSE AB LAMIA

REISEZIEL	DAUER	PREIS	HÄUFIGKEIT
Agios Konstantinos	50 Min.	4,30 €	stündl.
Amfissa	1½ Std.	7,10 €	1–2-mal tgl.
Athen	3 Std.	20,50 €	stündl.
Delphi*	2 Std.	9,20 €	1–2-mal tgl.
Karpenisi	1¾ Std.	7,20 €	4-mal tgl.
Larissa	1½ Std.	12,70 €	5-mal tgl.
Patras	3 Std.	18,80 €	3-mal tgl.
Thessaloniki	4 Std.	25,80 €	5-mal tgl.
Trikala (umsteigen nach Meteora & Kalambaka)	2 Std.	11,80 €	6-mal tgl.
Volos	2 Std.	12,70 €	2-mal tgl.

* Umsteigen in Amfissa

Zug

Lamias Hauptbahnhof befindet sich 6 km westlich des Zentrums in Lianokladi. Fahrkarten sind in Lamia am einfachsten im **OSE-Fahrkartenbüro** (☎22310 44883; Konstadinopoleos; Kon/Poleos) erhältlich. Von dort fährt ein OSE-Shuttlebus zum Hauptbahnhof in Lianokladi.

Intercity-Züge bedienen die Strecken nach Athen (17 €, 2½ Std., 5-mal tgl.) und Thessaloniki (22-38 €, 3 Std., 6-mal tgl.). Auf beiden Strecken verkehren langsamere, dafür aber preiswerte Züge; die Fahrt dauert hier jeweils eine Stunde länger.

Nationalpark Iti Εθνικός Δρυμός Οίτης

Iti ist einer der schönsten Nationalparks Griechenlands und dennoch kaum erschlossen, eine Region mit Tannen- und Schwarzkieferwäldern, Wiesen und durch Schneeschmelze entstandenen Teichen, die von Knabenkraut gesäumt sind. Hier leben Spechte, Adler, Hirsche und Wildschweine. Der Legende nach errichtete Herakles auf dem Iti seinen eigenen Scheiterhaufen, bevor er zu seinen unsterblichen Kollegen in den Olymp aufstieg.

Die Wege sind nicht überall gleich gut gekennzeichnet, aber eine eindeutig markierte, gute Tageswanderung beginnt in Ipati und führt zu einer Schutzhütte (Trapeza 1850 m) , die in der Nähe des Gipfels des Pyrgos (2152 m) liegt. Weitere beliebte Tagestouren führen in die Dörfer Kastania und Kapnochori. Infos über Wanderungen auf dem Iti gibt es beim **Griechischen Alpenverein** (☎21036 45904; info@eooa.gr) in Athen. Nützlich sind außerdem die Karte Nr. 43 „Iti" von Road Editions oder die Anavasi-Karte Nr. 2.3 „Zentralgriechenland: Giona, Iti, Vardousia".

Im angrenzenden Dorf **Ipati,** 22 km westlich von Lamia und 8 km südlich der Straße Karpenisi–Lamia, stehen die Überreste einer Festung. Das Dorf ist (ebenso wie Pavliani im Süden) ein guter Ausgangspunkt für Wanderungen auf den Iti. Den Mittelpunkt des Dorfes bildet die von Bäumen beschattete, zentrale Plateia Ainianon mit traditionellen *kafeneia*.

In der Nähe liegt das großartige, schattige Dorf **Loutra Ipatis,** wo im Sommer ein Schwefel-Spa betrieben wird.

Schlafen & Essen

LP TIPP **Hotel Alexakis** HOTEL €
(☎22310 59380; alexakishotel@yahoo.com; Loutra Ipatis; EZ/DZ inkl. Frühstück 40/50 €; P ❄ @) Das makellose, frisch renovierte Alexakis bietet modern eingerichtete Zimmer, eine schöne Terrasse und weite Blicke über den Iti. Die wunderbaren, freundlichen Besitzer Julia und Sofia sind der Inbegriff der *filoxenia* (Gastfreundschaft).

LP TIPP **I Loutsa** TAVERNE €
(Ladikou) In Ladikou, 3 km westlich von Loutra Ipatis in Ladikou, wartet ein echter Schatz: Dieses Schmuckstück einer Taverne serviert ganzjährig *mayirefta* und Wärme – im Winter wärmt ein riesiger, offener Kamin, im Sommer der Garten.

Agios Konstantinos Αγιος Κωνσταντίνος

2900 EW.

Das hübsche **Agios Konstantinos** an der Hauptstraße zwischen Athen und Thessaloniki ist einer der drei Festlandhäfen (neben Volos und Thessaloniki), von denen aus Schiffe zu den nördlichen Sporaden-Inseln Skiathos, Skopelos und Alonnisos fahren.

Mit der passenden Busverbindung zwischen Athen und dem Hafen muss man hier nicht übernachten, um eine Fähre oder ein Tragflächenboot zu den Sporaden zu erwischen. Wer jedoch strandet, sollte es im gut geführten Hotel **Amfitryon** (☎22350 31702; Eivoilou 10; EZ 35–45 €, DZ 45–65 € inkl. Frühstück; ❄ 📶) zwischen dem Hafen und dem Hauptplatz versuchen. Der Hauptplatz ist fast vollständig von Cafés und Tavernen umgeben.

Auf dem Platz vor dem Hafen verkaufen zwei Reisebüros (Englisch sprechendes Personal) Tickets für die Fähren: **Bilalis Travel** (☎22350 31614) und **Alkyon** (☎21038 32545; Athen).

ℹ An- & Weiterreise

Bus

Vom **KTEL-Busbahnhof** (☎22350 32223), 200 m südlich der Anlegestelle, bedienen Busse die Strecken nach Athen (16 €, 2½ Std., stdl.), Lamia (4,70 €, 1 Std., 9-mal tgl.), Thessaloniki (27,50 €, 4 Std., 2-mal tgl.) und Patras (umsteigen in Lamia).

Fähre

Die Fähren von Hellenic Seaways und NEL Lines fahren nach Skiathos (Person/Auto 29/74 €), Skopelos (Person/Auto 36/80 €) und Alonnisos (Person/Auto 36/80 €). Im Sommer legen die Fähren beider Linien einmal täglich zu wechselnden Zeiten ab. Zwischen Oktober und April verkehrt nur eine kleine Personenfähre.

METEORA & THESSALIEN

Die Region Thessalien (Θεσσαλία) zwischen dem Pindos-Gebirge und der Ägäis nimmt einen großen Teil Zentralgriechenlands ein. In der fruchtbaren, von Flüssen durchzogenen thessalischen Ebene befand sich einst eine der frühesten neolithischen Siedlungen des Kontinents. Heute findet man in der Ebene zwei der ungewöhnlichsten Naturphänomene Griechenlands: Die berühmten von Klöstern bekrönten Felstürme von Meteora und die grüne Halbinsel Pilion mit ihren restaurierten Pensionen, Kopfsteinpfaden und geschützten Buchten. Die Berge und alpinen Wiesen um Elati und Pertouli, westlich von Trikala, sind beliebte Ziele bei Wanderern, Skifahrern und Raftern. Volos, das antike Iolkos, war der Legende nach die Heimat von Jason und seinen Argonauten.

Larissa Λάρισα

131 500 EW.

Larissa am Ostufer des Pinios ist das wichtigste Transport-, Militär- und Dienstleistungszentrum der riesigen, landwirtschaftlich geprägten Ebene von Thessalien. Larissa bietet zwar nichts Außergewöhnliches, ist aber eine pulsierende Universitätsstadt mit belebten Cafés, Geschäften aller Art und zahlreichen Brunnen. Larissa ist seit fast 10 000 Jahren besiedelt und überall in der Stadt kommen die Überreste ihrer byzantinischen und osmanischen Vergangenheit ans Licht.

In den Sommermonaten wird es in Larissa regelmäßig derart heiß, dass sich die Hälfte seiner Einwohner im Alcazar-Park am Ufer des Flusses versammelt, um sich abzukühlen.

Sehenswertes

Im Stadtzentrum, 100 m nördlich der Plateia Sarka, können Geschichtsfans bei den archäologischen Ausgrabungen eines gut erhaltenen antiken Theaters aus dem 3. Jahrhundert v. Chr. zuschauen. Ganz in der Nähe, auf dem Hügel Agios Ahillios, befindet sich die Akropolis, die auf die Jungsteinzeit (6000 v. Chr.) zurückgeht.

GRATIS **Archäologisches Museum** MUSEUM

(31 Avgoustou 2; Di–So 8.30–15 Uhr) Das Archäologische Museum, das in einer hübschen, alten Moschee gegenüber der Plateia Laou untergebracht ist, zeigt Fundstücke aus der Jungsteinzeit und Grabstelen aus der Region.

Städtische Kunstgalerie Larissa KUNSTGALERIE

(Pinakothiki Katsigra; Ecke Papandreou & Kliou Patera; Eintritt 3 €; Di–So 10–14 Uhr) beherbergt eine hervorragende Privatsammlung zeitgenössischer griechischer Kunst, die nur von der Nationalgalerie in Athen übertroffen wird.

Thessalien

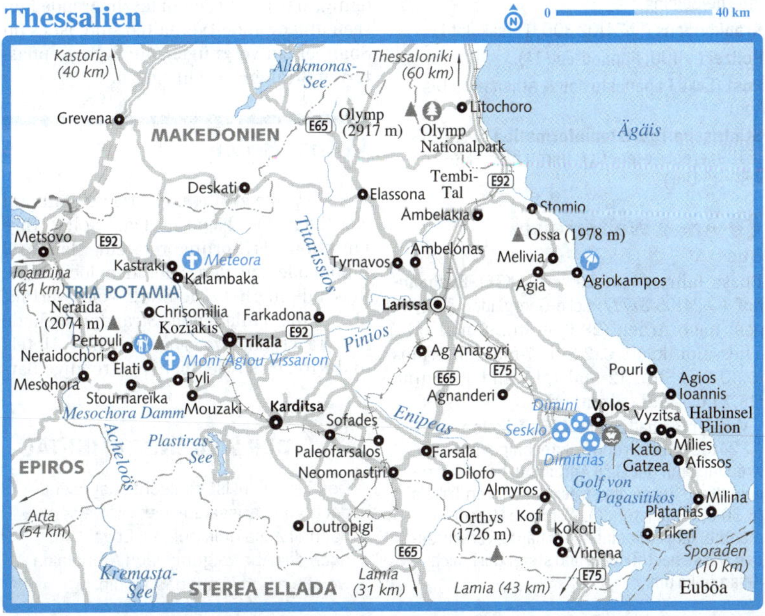

Schlafen & Essen

Hotel Metropol HOTEL €€
(☎24105 37161; www.hotelmetropol.gr; Rousvelt 14; EZ/DZ/FZ inkl. Frühstück 50/70/85 €; P❄@📶) Wer in Larissa bleiben will, findet in dieser Unterkunft große, modernisierte Zimmer, in denen vom Besitzer gemalte Bilder hängen. Der freundliche Familienbetrieb liegt sehr zentral zwischen der Plateia Kentriki (Hauptplatz) und der Ethnarhou Makariou.

An Larissas belebten Plätzen drängen sich Dutzende von guten Lokalen.

Magirio tis Yiayias TAVERNE €
(Apollonos 9; Hauptgerichte 5–10 €) In der Nähe der Plateia Sarka lohnt es sich, im Magirio tis Yiayias einzukehren. Das bezaubernde Restaurant, das übersetzt „Omas Kochhaus" heißt, sieht aus wie eine Mischung aus Lokal und Omas Antiquitätenlager. Die Speisekarte (es gibt auch eine für Kinder) reicht von gegrilltem Oktopus und frischem Tintenfisch bis hin zu Ofengerichten aus Nudeln und Kalbfleisch und Griechischem Salat für zwei.

Praktische Informationen

Geldautomaten finden sich am Bahnhof und in einigen der Banken um die Plateia Mihail Sapka.

K-Net (Rousvelt 24; 2 € pro Std.; ⏰24 Std.) Internetzugang

Krankenhaus (☎24102 30031; Tsakalof 1)

Polizei (☎100; Papandreou 14)

Post (Ecke Papanastasiou & Athanasiou Diakou)

Städtische Touristeninformation (☎24106 18189; ereot@otenet.gr; Ipirou 58; ⏰Mo–Fr 7.30–15 Uhr)

An- & Weiterreise

Bus

Busse fahren von Larissas **KTEL-Busbahnhof** (☎24105 37777; Ecke Georgiadou & Olympou) nach Athen (28 €, 4 Std., 8-mal tgl.), Thessaloniki (15 €, 2 Std., 7-mal tgl.), Volos (5,30 €, 1 Std., 12-mal tgl.) und Ioannina (18,70 €, 4 Std., 3-mal tgl.).

Von der Bushaltestelle **KTEL Trikalon** (☎24106 10124; Iroön Polytechniou) nahe der Kreuzung mit der Gazi Anthimou, bedienen regelmäßige Busse die Strecke nach/von Trikala (6,30 €, 1 Std., stündl.). Wer nach Meteora möchte, fährt mit einem der häufig verkehrenden Busse nach Trikala und steigt dort nach Kalambaka um.

Zug

Am **Bahnhof** Larissa (☎24105 90163; Ecke 28 Octovriou & Iroön Polytechniou) halten täglich Express- und normale Züge nach/von Thessaloniki (normal 6,70 €, 1¾ Std., Express 15–20 €, 90 Min.) und Athen (normal 23 €, Express 28–36 €, 3½ Std., 3-mal tgl.). Tickets verkauft das **OSE-Büro** (☎24105 90239; Papakyriazi 35–37; ⏰Di & Do 9–14, Mi & Fr 9–14 & 17–21 Uhr).

Rund um Larissa

Das **Tembi-Tal** ist eine geschichtsträchtige und dramatische Schlucht, die der Pinios 28 km nordöstlich von Larissa zwischen dem Olymp und dem Ossa gegraben hat. In der Antike galt dieses Tal als ein heiliger Ort Apollons. Durch das Tal kamen im Lauf der Geschichte Kaufleute und Eroberer, vom persischen König Xerxes 480 v. Chr. bis zu den Deutschen im Zweiten Weltkrieg. Eine kleine Brücke verbindet den Parkplatz mit der Kirche **Agia Paraskevi** aus dem 13. Jahrhundert und den Ruinen einer **mittelalterlichen Festung,** auf die man 2 km weiter stößt.

Das malerische Dorf **Ambelakia** an den Hängen des Ossa war im 18. Jahrhundert ein wohlhabendes Textilzentrum; hierher führt von Tembi eine gewundene Straße 5 km bergaufwärts. Obwohl nur noch ein paar Dutzend der ursprünglich 600 Villen (einige davon wurden in faszinierende Museen umgewandelt) erhalten sind, ist es im Sommer ein Vergnügen, durch die gepflasterten Straßen zu schlendern.

Volos Βόλος

85 000 EW.

Volos ist eine große, pulsierende Stadt am Nordufer des Pagasäischen Golfs. Ihre Funktion als Sprungbrett zur Halbinsel Pilion oder zu den Sporaden lockt viele Reisende hierher. Die Stadt Volos verfügt über eine einladende Strandpromenade mit Tavernen, *ouzerien*, kleinen Hotels und Kirchen sowie über eine trendige Bar-

> **DER WEG INS TEMBI-TAL**
>
> Das Tembi-Tal ist schlecht ausgeschildert: Von Larissa aus den Hinweisen nach Thessaloniki folgen. Etwa 2 km nach der Abzweigung nach Ambelakia weist ein Schild auf das Tal hin.

und Cafészene. Daran haben die Studenten der Universität von Thessalien sicher einen wesentlichen Anteil.

Sehenswertes

Archäologisches Museum MUSEUM

(Athanasaki 1; Eintritt 2 €; Di–So 8–20, Mo 13.30–20 Uhr) Das großartige Archäologische Museum mitten in einem hübschen Rosengarten beherbergt Funde aus der Region, aus Dimini und Sesklo sowie eine beeindruckende Sammlung von bemalten hellenistischen Grabstelen aus dem nahe gelegenen Dimitrias. Es gibt eine hervorragende Audioführung; der Pass muss als Sicherheit hinterlegt werden.

Tsalapatas-Backsteinmuseum MUSEUM

(Altstadt; Eintritt 3 €; März–15. Okt. Mi–Mo 10–18 Uhr, 16. Okt.–Feb. 10–17 Uhr) Von 1926 bis 1975 gehörte die Firma Tsalapatas Dachziegel und Backsteine zum kulturellen Bild von Volos. 2006 öffnete die restaurierte Fabrik als Tsalapatas-Backsteinmuseum ihre Tore, ein hübsches historisches Museum, das Maschinen zur Backsteinherstellung, Schleifmühlen und riesige Brennöfen zeigt.

Schlafen

Hotel Kipseli BOUTIQUEHOTEL €€

(24210 24420; www.hotelkipseli.gr; Agiou Nikolaou 1; EZ/DZ/Suite inkl. Frühstück ab 70/90/140 €;) Dieses Boutiquehotel befindet sich in großartiger Lage an der Strandpromenade in der Nähe des Kais. Es ist schick und modern, mit hübschen Badezimmern, weichen Betten und Satelliten-TV. Das fröhliche Personal ist ein Plus, und von der Bar auf dem Dach bietet sich nachts die schönste Aussicht auf den Hafen.

Volos Palace Hotel HOTEL €€

(24210 76501; www.volospalace.gr; Xenothontos; Zi. inkl. Frühstück 118–138€, Suite 148–200 €; P) Das große, weitläufige Hotel der oberen Kategorie gehört zu einer Hotelkette. Es steht an der Plateia Riga Fereou und ist von der Sorte schwere-Vorhänge-dicke-Teppiche-plus-private-Balkone. Der Service ist professionell, und außerhalb der Hauptsaison gehen die Preise merklich nach unten.

Hotel Philippos HOTEL €

(24210 37607; www.philippos.gr; Solonos 9; EZ/DZ/3BZ inkl. Frühstück 45/60/70 €) Das ansehnliche Philippos gliedert sich irgendwo zwischen den Kategorien Budget und Mittelklasse ein; das Personal ist professionell. Es gibt ein großes Foyer, die Betten haben karierte Tagesdecken, und das auffälligste Möbel in den Zimmern ist der alte Fernseher.

Hotel Roussas HOTEL €

(24210 21732; Fax 24210 22987; Iatrou Tzanou 1; EZ/DZ ab 30/40 €;) Das einzige echte Budgethotel in Volos ohne Schnickschnack. Ein Reisender mit Hang zu Konfuziuszitaten meinte „billiger Preis, kurzer Aufenthalt“, wobei er wohl auf ein paar Eine-Stunde-Freier hinweisen wollte. Wir fanden Hotel und Umgebung sicher.

TSIPOURADIKO

Volos ist in ganz Griechenland für die Qualität und Quantität (über 500) seiner *ouzerien* und *tsipouradiko* bekannt. Wer noch nicht davon gehört hat: Eine *ouzerie* (streng genommen *tsipouradiko*) ist ein kleines Restaurant, in dem von verschiedenen Tellern *mezedhes* gegessen und winzige Flaschen *tsipouro* getrunken werden, ein Tresterschnaps, der dem Ouzo ähnelt, aber ein bisschen stärker ist. Wer ihn nicht so stark mag oder länger etwas davon haben möchte, kann ihn mit Wasser verdünnen. Wer mit einer Runde *mezedhes* oder *tsipouro* fertig ist, bestellt die nächste, bis er genug hat oder nicht mehr aufstehen kann. Grundsätzlich gilt: Ohne Essen gibt es auch keinen Drink. Die traditionellen *tsipouradiko* waren nur tagsüber geöffnet (das gilt immer noch für einige). Empfehlenswert sind in oder um Volos folgende Lokale:

» **Kavouras Tsipouradiko** (Gatziagiri 8, Volos; Drink & *mezedhes*-Platte 3 €; Mo–Sa 11–18 Uhr)

» **Kerasia Tsipouradiko** (Kirschbaum; Papakiriazi 40, Volos; *mezedhes* 2–4 €; 9–18 Uhr)

» **Taverna O Petros** (S. 264)

» **Ouzerie Vangelis** (S. 266)

Volos

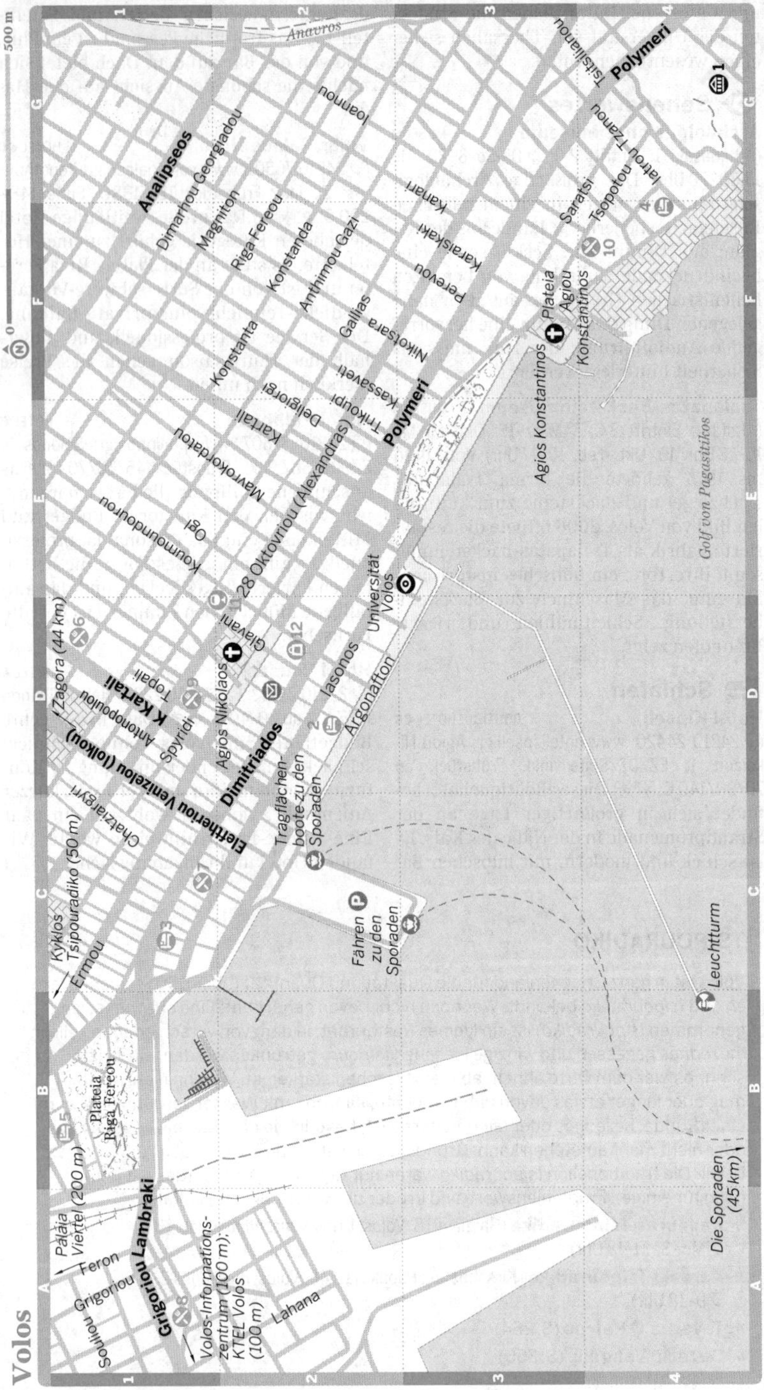

500 m
0
Anavros
Analipseos
Dimarhou Georgiadou
Magniton
Riga Fereou
Konstanda
Anthimou Gazi
Konstanta
Gallias
Nikotsara
Pereou
Karaiskaki
Kanari
Ioannou
Polymeri
Tsitsilianou
Iatrou Tzanou
Saratsi
Tsopotou
Plateia Agiou Konstantinou
Agios Konstantinos
Golf von Pagasitikos
Kassaveti
Trikoupi
Deligiorgi
Kartali
Mavrokordatou
Kountoundourou
Ogl
28 Oktovriou (Alexandras)
Zagora (44 km)
Topali
K Kartali
Antonopoulou
Spyridi
Agios Nikolaos
Glavani
Dimitriados
Iasonos
Argonafton
Universität Volos
Eleftheriou Venizelou (Iolkou)
Chatziargyri
Tragflächenboote zu den Sporaden
Fähren zu den Sporaden
Kyklos Tsipouradiko (50 m)
Ermou
Leuchtturm
Plateia Riga Fereou
Palaia Viertel (200 m)
Grigoriou Lambraki
Volos-Informationszentrum (100 m); KTEL Volos (100 m)
Feron
Grigoriou
Souliou
Lahana
Die Sporaden (45 km)
Volos

Volos

Sehenswertes
1 Archäologisches Museum G4

Schlafen
2 Hotel Kipseli D2
3 Hotel Philippos C1
4 Hotel Roussas F4
5 Volos Palace Hotel B1

Essen
6 Ekonomou O Papous D1
7 Kavouras Tsipouradiko C1
8 Kerasia Tsipouradiko A1
9 Mezedopouleio O Volos D1
10 Taverna Lefka tou Manoli F4

Ausgehen
11 Bar Balthassar D2

Shoppen
12 Papasotiriou Books D2

Die nächsten Campingplätze liegen nebeneinander bei Kato Gatzea, 17 km von Volos entfernt, an der Westküste der Halbinsel Pilion: **Camping Hellas** (24230 22267; www.campinghellas.gr; Erw./Stellplatz Zelt 7/4 €; @) und **Sikia Camping** (24230 22279; www.camping-sikia.gr; Erw./ Stellplatz Zelt 5,50/3,60 €; @).

Beide Plätze sind gut geführt und verfügen über ein Restaurant, einen Minimarkt und eine Strandbar; in den Monaten Juli und August empfiehlt sich unbedingt eine Vorbestellung.

Essen

Da Volos als Griechenlands Hauptstadt der *ouzerien* gilt (siehe Kasten „Tsipouradiko"), wäre es eine Schande, wenn man hier nicht essen und trinken würde wie die Einheimischen. Zu den typischen *mezedhes* gehören gegrillter Oktopus *(ohtapodi)* und frittierte Kalamari.

LP TIPP **Taverna Lefka tou Manoli** TAVERNE €
(Fil Ioannou 4; Hauptgerichte 7,50–8 €) Gleich östlich der Kirche Agios Konstantinos gelegen serviert dieses lange, schmale Lokal leckere *mezedhes* und außerdem erstklassigen Fisch (Preis pro Kilo) sowie gegrillte *gavros* (Sardellen 6,50 €). Auch die Vorspeisen sind lecker und der „beaten salad" (Käse mit Chilischoten) schmeckt besser als er klingt.

Kyklos Tsipouradiko BAR €
(Mikrasiaton 85; *mezedhes* 1,50–6 €) Traditionelle Stühle mit Binsengeflecht und die Marmortischchen bestimmen die Atmosphäre dieser beliebten Studentenbar. Unbedingt die Spezialität probieren: im Holzofen gebackene Kartoffeln.

Mezedopouleio O Volos TAVERNE €
(28 Octovriou 68; Hauptgerichte 6–12 €) Das neueste Lokal der Stadt, im Zentrum des Bar-Viertels überzeugt mit zeitgenössischem Dekor. Der junge Besitzer und Koch hübscht seine *mezedhes* und Fleischgerichte mit blumiger Dekoration auf.

Ausgehen & Unterhaltung

Eine Nacht mit Musik, Drinks und Tanz kann im wiederbelebten alten Industrieviertel Palaia (Achtung! Weibliche Singles sollten nicht allein losziehen.) erlebt werden. Die meisten Einwohner der Stadt scheinen ihre Abende im Stadtzentrum zu verbringen, vor allem im Umkreis der Koumoundourou und Kontaratou.

LP TIPP **Bar Balthassar** BAR
(Oikonomaki 76) Balthassar war ein italienischer Mönch und Braumeister. In dieser Tradition bietet die Bar im coolen Café-Viertel gutes belgisches Bier und Wurst; dazu Getränke aus aller Welt.

Astra Bouzoukia BAR
(24210 62182; Pagasson 68; Sep.–Mai) Die Bar im Palaia-Bezirk bietet live Bouzouki-Musik, Drinks und Tanz, aber vor Mitternacht ist hier nicht viel los. Im Sommer zieht das Astra in das luftigere Alykes (gleiche Telefonnummer) um, 5 km südwestlich.

Shoppen

Papasotiriou Books BÜCHER
(24210 76210; Dimitriados 223) Gutes Angebot an englischen Büchern, Zeitungen und Karten

ABSTECHER

EIN SÜSSER ABSTECHER

Für Naschkatzen führt kein Weg am **Ekonomou O Papous** (Anthimou Gazi 135) vorbei, ein bezaubernder Laden mit nur einem Produkt: *loukoumi*, eine traditionelle griechische Abwandlung des Türkischen Honigs.

PARKEN IN VOLOS

Parkplätze in Volos sind äußerst selten und zudem noch schwer zu finden. Am besten direkt einen offiziellen Parkplatz ansteuern; der Parkplatz am Kai liegt besonders günstig (1,50 € pro Stunde).

Praktische Informationen

An den Straßen Argonafton, Iasonos und Dimitriados gibt es mehrere Banken mit Geldautomaten.

Allgemeines Krankenhaus (☎24210 72421; Polymeri 134) In der Nähe des Archäologischen Museums.

Post (Ecke Dimitriados & Agiou Nikolaou)

Touristenpolizei (☎24210 76987; 28 Octovriou 179)

Volos-Informationszentrum & Hotelverband Magnisia (☎24210 30940; www.travel-pelion.gr, auch in Deutsch; Ecke Grigoriou Lambraki & Sekeri; ⌚8–15 Uhr; P @) Das Informationszentrum befindet sich gleich gegenüber dem KTEL-Busbahnhof. Das freundliche, mehrsprachige Personal dieser modernen Einrichtung versorgt Reisende mit nützlichen Hotelinformationen, Stadtplänen, Bus-, Zug- und Fährfahrplänen sowie hilfreichen Reisetipps für die Halbinsel Pilion. Bei der Recherche für dieses Buch waren die Öffnungszeiten am Wochenende nicht festgelegt; vorher also besser anrufen und nach den aktuellen Zeiten erkundigen.

Web (Iasonos 137; 2,20 € pro Std.; ⌚24 Std.) Internetshop. Darüber hinaus verfügen zahlreiche Café-Bars an der Uferpromenade über WLAN.

An- & Weiterreise

Bus

Vom **Busbahnhof KTEL-Volos** (☎24210 33254; www.ktelvolou.gr, auf Griechisch; Ecke Zachou & Almyrou) gegenüber der Touristeninformation fahren Busse nach Athen (28 €, 4½ Std., 12-mal tgl.), Larissa (5,30 €, 1 Std., 10–12-mal tgl.), Thessaloniki (19 €, 2½ Std., 8–9-mal tgl.), Trikala (14 €, 2½ Std., 4-mal tgl.) und Ioannina (24 €, 4½ Std., 3-mal tgl.).

Fähre

Volos stellt das Sprungbrett zu den nördlichen Sporadeninseln Skiathos, Skopelos und Alonnisos dar. Der Fähranleger befindet sich ganz hinten am Kai, Tragflächenboote landen am Kaianfang.

FÄHREN AB VOLOS

REISEZIEL	HAFEN	DAUER	PREIS	HÄUFIGKEIT
Alonnisos	Volos	5½ Std.	26 €	2-mal wöchentl.
Alonnisos*	Volos	3 Std.	44 €	2-mal tgl.
Skiathos	Volos	2 Std.	21 €	1-mal tgl.
Skiathos*	Volos	1½ Std.	34 €	3-mal tgl.
Skopelos (Skopelos-Stadt)	Volos	4 Std.	26 €	1-mal wöchentl.
Skopelos (Skopelos-Stadt)*	Volos	3 Std.	44 €	4-mal tgl.
Skopelos (Glossa)*	Volos	2 Std.	37 €	1-mal tgl.

*Schnellfähre

Zug

Der **Bahnhof** (☎24210 24056; Papadiamanti) von Volos befindet sich etwa 200 m nordwestlich der Plateia Riga Fereou. Täglich bedienen neun Züge die Strecke nach Larissa (3 €, 1 Std.). In Larissa bestehen gute Verbindungen nach Athen und Thessaloniki; allerdings ist uns während der Recherche zu Ohren gekommen, dass einige eingestellt würden – zur Sicherheit also besser vor der Reise noch mal nachfragen. Fahrplanauskünfte und Tickets verkauft auch die **OSE-Verkaufsstelle** (Dimitriados) an der Universität.

Unterwegs vor Ort

Am Hafen vermieten **Hertz** (☎24210 22544; stvolos@herz.gr) und **Avis** (☎24210 22880; avisvolos@otenet.gr; Argonafton 41) Autos.

BUSSE AB VOLOS ZUR HALBINSEL PILION

REISEZIEL	DAUER	PREIS	HÄUFIGKEIT
Agios Ioannis	2 Std.	6,60 €	1–2-mal tgl.
Kala Nera	50 Min.	1,70 €	22-mal tgl.
Makrinitsa (über Portaria)	45 Min.	1,60 €	6–9-mal tgl.
Milina (über Argalasti und Chorto)	1½ Std.	4,60 €	3–6-mal tgl.
Pinakates	1 Std.	2,40 €	2-mal wöchentl.
Platanias	2 Std.	6,40 €	2–4-mal tgl.
Pouri	1 Std. 45 Min.	7,60 €	2–4-mal tgl.
Trikeri	3 Std.	7,60 €	1–2-mal tgl.
Tsangarada	1½ Std.	5,10 €	2–3-mal tgl.
Vyzitsa (über Milies)	70 Min.	2,80 €	4–6-mal tgl.
Zagora (über Chania)	1½ Std.	4,30 €	1–3-mal tgl.

Rund um Volos

Westlich von Volos liegen zwei archäologische Stätten, die beide von der frühgriechischen Besiedelung Thessaliens zeugen. Die erste ist **Dimini** (☎24210 85960; Eintritt 2 €; ⌚Di–So 8.30–14.30 Uhr) aus der späten Jungsteinzeit (4800–4500 v. Chr.), die bis in die Bronzezeit besiedelt war. Sie weist Spuren von Straßen, Häusern und einem *tholos* (mykenisches Grab) auf. Die zweite ist **Sesklo** (☎24210 95172; Eintritt 2 €; ⌚Di–So 8.30–15 Uhr) mit Überresten der ältesten Akropolis Griechenlands (6000 v. Chr.). Die Architektur ist in beiden Stätten charakteristisch für die komplexen Agrargesellschaften, die eine größere Bevölkerung ernähren konnten, als ihre Jäger-und-Sammler-Vorfahren aus dem Paläolithikum.

Halbinsel Pilion
Πήλιον Ορος

Die Halbinsel Pilion, die sich im Osten und Süden von Volos erstreckt, ist eine spektakuläre Bergkette, mit dem Pourianos Stavros (1624 m) als höchstem Gipfel. Die weitgehend unzugängliche Ostflanke besteht aus hohen Klippen, die steil ins Meer abfallen. Die sanftere Westflanke schlängelt sich am Pagasäischen Golf entlang. Das Binnenland ist ein grünes Paradies: Zwischen wilden Olivenhainen und Wäldern aus Rosskastanie, Eiche, Walnuss, Eukalyptus und Birke drängen sich Obstbäume ans Licht, deren Zweige die Früchtelast kaum tragen können. Typisch für die Dörfer, die sich unter dem dichten Laub verstecken, sind die weiß getünchten Fachwerkhäuser mit vorspringenden Balkonen und grauen Schieferdächern sowie die alten, gewundenen Fußpfade.

Viele der Häuser, in denen man auf dem Pilion übernachten kann, sind traditionelle Steinvillen *(archontika)*, die auf geschmackvolle Art und Weise in Pensionen umgewandelt wurden. Die Preise sind vernünftig. Auf der Halbinsel hat sich eine traditionelle regionale Küche erhalten; viele Gerichte werden mit Kräutern aus dem Gebirge gewürzt. Zu den einheimischen Spezialitäten gehören *fasoladha* (Bohnensuppe), *kouneli stifadho*, *spetsofai* (gekochte Schweinswürste und Paprika) und *tyropsomo* (Käsebrot).

Geschichte

In der Mythologie war der Pilion von *kentavri* (Kentauren) bevölkert. Diese Mischwesen – halb Mensch, halb Pferd – tranken gern Wein, entjungferten Mädchen und zerstörten das Land. Aber nicht alle waren so verkommen: Cheiron, der als der Weiseste unter ihnen galt, war für seine medizinischen Fähigkeiten berühmt.

Während der türkischen Besatzung reichte der Einfluss der Türken nicht bis in die unzugänglichen zentralen und östlichen Teile des Pilion. Daher gaben die Bewohner die Küstenstädte im Westen auf und zogen in Bergdörfer. In diesen abgelegenen Siedlungen gediehen Kultur und Wirtschaft; Seide und Wolle wurden in viele Teile Europas exportiert. Die orthodoxe Kirche betrieb zu jener Zeit die *kryfa skolia* (geheime Schulen). Wie viele abgelegene Gegenden Griechenlands wurde auch der Pilion so zu einem Nährboden für Gedankengut, das später zum Unabhängigkeitskrieg führte.

Wandern

Der Pilion ist ein Eldorado für Wanderlustige. Ein jahrhundertealtes Netz aus häufig reparierten *kalderimia* (gepflasterten Maultierpfaden) verbindet die meisten Berg- und Küstendörfer. Ein auführlicher Führer auf Englisch – *Walks in the Pelion* von Lance Chilton – ist bei Marengo Publishers (www.marengowalks.com/Pilion bk.html) erhältlich. Die detailreiche Anavasi-Karte Nr. 6.21 Central Pelion 1:25.000 (7 €) gibt es in Volos in den Buchhandlungen und vielen *periptera* (Kiosks). Mulberry Travel im Old Silk Store (S. 266) bietet die wunderbare Karte *Pelion Walks* mit sieben Wanderrouten an (6 €).

ℹ An- & Weiterreise

Busse zu den Dörfern im Pilion fahren am Busbahnhof von Volos ab (siehe S. 260).

NORDWESTLICHER PILION

VON VOLOS NACH MAKRINITSA
ΒΟΛΟΣ ΠΡΟΣ ΜΑΚΡΙΝΙΤΣΑ

Auf der nordöstlichen Route von Volos nach Makrinitsa steigt die Straße 6 km zum Dorf **Anakasia** gleich hinter Ano Volos an. Hier befindet sich das faszinierende **Theophilos-Museum** (Anakasia; Eintritt frei; ⌚Mo–Fr 8–14 Uhr), ein umgewandeltes Herrenhaus, das die Werke des einheimischen Künstlers Theophilos Hatzimichael (1866–1934) zeigt. Er wanderte durch den Pilion und stellte im Tausch gegen Essen seine Kunstwerke her. Die Wandbilder im Obergeschoss zeigen lokale Szenen und persönliche Visionen.

Portaria liegt 2 km östlich von Makrinitsa und 12 km nordöstlich von Volos. Wie auf dem Pilion zu erwarten, steht auf der dortigen *plateia* eine herrliche alte Platane. In der kleinen Kapelle **Panagia Portaria** aus dem 13. Jahrhundert befinden sich hübsche Fresken.

An der *plateia* von Portaria steht das **Kritsa Restaurant & Hotel** (☎24280 99121; www.hotel-kritsa.gr; Portaria; Hauptgerichte 7,50–12 €), in dem hervorragende Spezialitäten des Pilion auf den Tisch kommen, darunter das langsam gekochte „Lamm im Krug" oder gebratenes Wildgemüse mit Ei. Die Besitzerin ist stolz auf ihre Speisekarte „aus den Bergen" mit einheimischen und überwiegend biologischen Zutaten.

Die Unterkünfte in Portaria rangieren zwischen der Mittel- und Spitzenklasse. Bemerkenswert ist das unprätentiöse, bescheiden altmodische **Arhontiko Kreitsa** (☎24280 99418; EZ/DZ 40/50 €) in der Ortsmitte. Neben drei miteinander verbundenen Zimmern im malerischen alten Haus mit knarrenden Dielen bietet es neuere Zimmer im Stil der 1980er-Jahre.

MAKRINITSA ΜΑΚΡΙΝΙΤΣΑ

650 EW.

Das hübsche Dorf Makrinitsa klebt an einer Gebirgsflanke und wird aus diesem Grund passenderweise als Balkon des Pilion bezeichnet. Von weitem betrachtet sehen die traditionellen Häuser aus, als wären sie aufeinandergestapelt. Wer jedoch näher kommt, entdeckt, dass sich durch die weiß getünchten Gebäude steile Treppen schlängeln, die von Töpfen mit Geranien, Hortensien und Rosen übersät sind. Weiter oben führt der Weg zu mehr als 50 Brunnen, die aus Stein erbaut wurden. Makrinitsa ist sicherlich eines der hübschesten und daher meistbesuchten Dörfer auf dem Pilion.

Das ganze Dorf ist eine Fußgängerzone; ab der Bushaltestelle und dem schattigen Parkplatz am Ortseingang sind keine Autos mehr erlaubt. Auf dem Dorfplatz stehen eine riesige alte Platane mit einem Hohlraum, der Kindern gefallen wird, ein Marmorbrunnen und die winzige Kapelle **Agia Panagia.**

Wer vom Platz die gewundene Treppe hinuntersteigt, gelangt zum **Volkskundemuseum** (Eintritt 2 €; ⌚Di–So 10–16.30 Uhr) in einem restaurierten Herrenhaus aus dem Jahr 1844. Die bestens präsentierte Ausstellung umfasst eine alte *tsipouro*-Brennerei, ein antikes Victrola-Grammophon „Talking Machine" und einen versteckten Brunnen, der in eine Steinmauer eingebaut ist.

Im Dorf verstreut stehen mehrere Hotels. An Winterwochenenden können die Preise um bis zu 50 Prozent ansteigen. Der schönste Ausblick bietet sich vom Dorfplatz; wer gut essen möchte, sollte sich aber woanders umschauen.

Das elegante **Sisilianou Arhontiko** (☎24280 99556; www.arhontiko-sisilianou.gr; DZ 75–90 €, 3BZ 85–95 € inkl. Frühstück; 📶) in einem 2007 umgebauten Herrenhaus ist das Prunkstück des Dorfes. Jedes Zimmer ist einzigartig und geschmackvoll mit alten Möbeln ausgestattet. Zu den modernen Pluspunkten zählen Satellitenfernsehen, weiche Betten und gut ausgestattete Bäder. Hinweis: In Zimmer 7 sind vom Bett aus die Berge zu sehen. Mit etwas Glück darf man Nico, den Vater des Besitzers, auf einem Sonntagsausflug begleiten.

Das **Kentavros Hotel** (☎24280 99075; Fax 24280 90085; EZ/DZ inkl. Frühstück ab 45/60 €) bietet große, makellos gepflegte Zimmer und Balkone mit Blick auf die *plateia* und die Hügellandschaft. Das kleinere Familienhotel **Arhontiko Repana** (☎24280 99067; EZ/DZ/3BZ inkl. Frühstück ab 40/70/90 €; P) ist mit Holz vertäfelt.

Die hervorragende **Taverna A–B** (Hauptgerichte 7–11 €; ⌚Di–So), 150 m hinter dem Hauptplatz, verarbeitet ausschließlich einheimische Produkte der Saison sowie Fleisch und macht das Beste daraus: Kaninchen in Rotweinsoße, dazu köstlich zubereitete Vorspeisen und Salate. Allein schon die Aussicht von der Veranda ist es wert, mit einem Gläschen Hauswein begossen zu werden. Dasselbe gilt für die **Taverna Leonidas** (Hauptgerichte 6–10 €; ⌚Juli–Aug. Mittag- & Abendessen tgl., im Winter nur an Wochenenden) hinter dem Platz.

Die Aussicht von der **Aeriko Café-Bar** (⌚ab 11 Uhr) außerhalb des Ortes, auf halber Strecke zwischen Portaria und Makrinitsa, ist überwältigend.

VON MAKRINITSA NACH CHANIA ΜΑΚΡΙΝΙΤΣΑ ΠΡΟΣ ΧΑΝΙΑ

Zurück auf der Strecke Volos–Zagora erreicht die Straße nach 15 km das moderne Dorf Chania. Von hier aus ist sowohl die

Halbinsel Pilion

Ägäis als auch der Pagasäische Golf zu sehen. Wer von Chania etwa 3 km den Hügel hinauffährt, erreicht das Skigebiet **Agriolefkes** (☎24280 73719). Das kleine Skizentrum (Höhe 1350 m) hat zwei Skihütten und ist bei guten Schneeverhältnissen von Ende Dezember bis Mitte März geöffnet. Neben einer 5 km langen Langlaufloipe gibt es zwei Lifte und drei Skiabfahrten.

NORDÖSTLICHER PILION

ZAGORA ZAΓΟΡΑ

3821 EW.

Von Chania führt die kurvenreiche Straße durch Kastanienhaine hinunter zur Abzweigung nach Zagora. Es ist das größte Dorf auf dem Pilion und ein wichtiges Obstanbaugebiet – die Apfelhauptstadt Griechenlands. Bis ein Pilzbefall 1850 die Seidenindustrie ruinierte, exportierte die Stadt feinste Seide auf den ganzen Kontinent. Die erfolgreiche landwirtschaftliche Genossenschaft Zagoras wurde 1916 gegründet und trug wesentlich zum Aufbau einer tragfähigen Agrarwirtschaft in der Region um das Dorf bei. Dadurch ist das Dorf weniger vom Tourismus abhängig als die benachbarten Bergdörfer.

Zwei wichtige Wahrzeichen erinnern in Zagora an den Unabhängigkeitskrieg: das **Skolio-tou-Riga-Museum** (Hellinomouseion; ☎24260 23708; ⌚9–14 & 18–20 Uhr) ist dem Kriegsheld Rigas Fereos gewidmet. Er vergaß nie seine Lektionen in Geschichte, die er von einem Priester erhielt, der während der Herrschaft der Türken heimlich Kinder unterrichtete, als dies verboten war. Darüber hinaus gibt es die faszinierende **Bibliothek von Zagora** (☎24260 22591; www.pelion.com.gr; ⌚Mo–Sa; 📶). Sie begann 1767 mit 48 Schulbüchern und beherbergt heute eine der größten Sammlungen seltener Bücher und Handschriften Griechenlands.

Bei medizinischen Notfällen hilft das **Gesundheitszentrum Zagora** (☎24260 22591); Internetzugang gibt's im **Java Internet Café** (☎24260 23452; Plateia Agia Kyriaki). Freien Internzugang hat man auch am Hauptplatz Plateia Agios Georgios.

Arhontiko Stamou (☎24260 23880; www.stamouhotel; EZ/DZ/3BZ inkl. Frühstück ab 60/70/80 €; P @) in einer Seitenstraße der Plateia Agios Georgios ist eine hübsche, geräumige Villa. Sie teilt sich den Innenhof mit dem angenehmen Café Anemella (Griechisch für Seidenraupe – eine Anspielung auf Zagoras landwirtschaftiche Wurzeln). Der örtliche Frauenverband betreibt das gemütliche **Arhontiko Dhrakopoulou** (☎24260 23566; Fax 24260 23460; Zi. inkl. Frühstück 60 €), das ebenfalls in der Nähe der Plateia Agios Georgios liegt. Zimmernummern wird man vergeblich suchen, denn jedes der fünf einfach eingerichteten Zimmer ist mit einer heimischen Blume gekennzeichnet. Auf der nahen Plateia Sotira bietet die blumengeschmückte **Taverna Niki** (auch bekannt als Meintani; Hauptgerichte 4–7,50 €) hervorragende Grillgerichte, Salate und Aufläufe an.

RUND UM ZAGORA

Das entspannte Dorf **Pouri** schmiegt sich an einen steilen Berghang bis hinunter zu einer kleinen Bucht. Dort gibt es ein paar Tavernen zu Füßen der Kirche sowie – völlig unerwartet an diesem Ort – den **Popotech Workshop** (☎6945447878; www.artandcraft.gopelion.com). Gemma und Gary, die es aus Irland und den Niederlanden hierher verschlagen hat, fertigen hier einzigartigen Schmuck, Keramik und Metallskulpturen. Wem es in diesem abgelegenen Nest ebenfalls gefällt, der sollte in den hübschen **Panorama Rooms** (☎24260 23168, 69388 10309; Zi. inkl. Frühstück 60 €; P) nachfragen. Die beiden Apfelbauern Vasiliki und Theoharis versorgen die Gemeinschaftsküche mit hausgemachtem Käse. Die **Taverna Makis** (Hauptgerichte 4–8 €) neben dem Parkplatz ist nur eine von vier Dorftavernen.

Gerade einmal 3 km den Hügel abwärts liegen die beiden schönen Strände Pouris: Elitsa mit Kies- und Analipsi mit Sandstrand. Zur Stärkung nach dem Schwimmen geht's in die ausgezeichnete **Taverna Plimari** (Hauptgerichte 4–7,50 €).

Weitere idyllische Dörfer befinden sich an der Straße zwischen Zagora und Tsangarada, die zu den landschaftlich schönsten auf dem ganzen Pilion gehört. Das Dorf **Anilio** (griech. für „ohne Sonne") ruht im Schatten eines mit Kastanien und Walnussbäumen bewachsenen Höhenzugs, eine reiche Quelle für **Anilions Landfrauengruppe** (☎24260 31329), die auf der *plateia* hausgemachte Marmelade und Gebäck verkauft.

Das blumengeschmückte Dorf **Kissos** wurde auf steilen Terrassen um die Kirche **Agia Marina** aus dem 18. Jahrhundert erbaut. Ihre Fresken gelten als die schönsten des Pilion. Eine schöne alte Platane auf dem Dorfplatz veranlasste vor kurzem eine Reisegruppe dazu, den Stamm zu umfassen, in der Hoffnung, etwas von seiner spirituellen Energie abzapfen zu können. Als eine neugierige Tavernenbesitzerin davon erfuhr, sagte sie: „Das ist Blödsinn; ich lebe seit zehn Jahren unter diesem Baum und habe keine Energie mehr!"

Mittag- oder Abendessen bieten in Kissos die **Taverna O Makis,** die für ihre *dolmadhes* bekannt ist, oder die **Taverna Klimataria** an, die mit *hortopita* (Pastete mit Wildgemüse und Käse) punktet.

CHOREFTO ΧΟΡΕΥΤΟ

Acht Kilometer bergab von Zagora liegt Chorefto, ein unauffälliger Urlaubsort mit Palmen und einem langen Sandstrand. Hier liegt die mythische Heimat von Cheiron, dem umherstreifenden Kentauren, der die Kranken heilte – in Zeiten, in denen Ärzte noch Hausbesuche machten. Der Hauptstrand ist durchweg ordentlich, doch der abgelegene Strand Agia Saranda liegt in einer wunderschönen Bucht 2 km weiter südlich. Dort gibt es auch eine einfache *domatio* und eine Taverne.

Das mit bunten Pelargonien geschmückte **Hotel Cleopatra** (☎24260 22606; EZ/DZ 30/40 €; P) ist mit geräumigen Fliesen- und-Holz-Zimmern, mit Balkonen und Deckenventilatoren sein Geld wert. Es steht an der Einfahrt nach Chorefto gegenüber dem Strand. Das bequeme **Marabou Hotel** (☎24260 23710; www.marabouhotel.gr; EZ/DZ/Suite 50/65/100 €; P @) steht 250 m vom Strand entfernt auf einem grünen Hügel; Meerblick von der Bar auf der Veranda. Die bodenständige **Taverna O Petros** (Hauptgerichte 4–7 €) am Meer verführt mit einer großen Auswahl lokaler *tsipouro* und *mezes* als Vorspeisen, als Hauptgang folgen lecker gegrillte Fisch-, Fleisch- und vegetarische Gerichte, darunter auch *hortopita,* die lokale Spezialität mit Käse.

Ebenfalls empfehlenswert: **Hotel Aeolos** (☎24260 23260; DZ/Apt. ab 80/100 €; ❄@📶🏊), elegant und in der Stadt; **Domatia To Balkoni** (☎24260 23260; EZ/DZ 50/60 €; 🅿❄) mit Palmen und Kochgelegenheit; **Taverna Ta Delphinia** (Hauptgerichte 4–8 €), bekannt für seine *mayirefta*.

AGIOS IOANNIS ΑΓΙΟΣ ΙΩΑΝΝΗΣ

660 EW.

Das einst verschlafene Hafenstädtchen Agios Ioannis ist heute der pulsierendste Urlaubsort an der Ostküste. Überfüllt ist es aber noch nicht. Kleine Hotels, Tavernen und Pizzerien säumen das Ufer; zwei Sandstrände liegen einen kurzen Spaziergang weit nördlich (Plaka) und südlich (Papa Nero) des Ortes.

Les Hirondelles Travel Agency (☎24260 31181; www.holidays-in-pelion.gr) arrangiert Übernachtungen, Mietwagen, Fahrräder und Motorräder und organisiert Wanderungen, Kajaktouren auf dem Meer und Mountainbike-Exkursionen; gelegentlich auch Hochzeiten.

Im Juli und August sind die Übernachtungspreise höher, daher fallen die hier genannten Preise zu anderen Zeiten um mindestens 30 Prozent.

Ein schmaler Pfad vom Ufer her öffnet sich zu einem gemütlichen Innenhof mit Zitronen- und Orangenbaum, der zu der einladenden **Pension Katerina** (☎24260 31159, 69457 62183; EZ/DZ/FZ ab 35/40/65 €; ❄@) gehört. Die bezaubernden Zimmer sind hell und ordentlich. Die drei Apartments mit Kochgelegenheit sind genau das Richtige für Familien. Das komfortable **Anesis Hotel** (☎24260 31123; www.hotelanesis.gr; EZ/DZ/3BZ inkl. Frühstück 50/70/80 €; ❄@📶) liegt etwas abseits der Straße und bietet geräumige Zimmer in Pastellfarben, obwohl die Badezimmer ein bisschen klein geraten sind. Frühstück gibt es auf der von Weinreben bewachsenen Terrasse mit Meerblick. Fast am Ende der Strandpromenade steht das in Toskanarot gestrichene **Hotel Kelly** (☎24260 31231; www.hotel-kelly.gr; EZ/DZ/3BZ inkl. Frühstück 50/60/80 €; 🅿❄📶) mit komfortablen Zimmern zum Strand hin und der bestbesuchten Hotelbar am Ort. Das einladende **Sofokles Hotel** (☎24260 31230; www.sofokleshotel.com; EZ/DZ inkl. Frühstück ab 65/100 €; 🅿❄@📶🏊) hat hilfsbereites Personal und hübsche, gut ausgestattete Zimmer mit einem Hauch von Holz und Marmor und kleinen, schmiedeeisernen Balkonen. Frühstück gibt es auf der von Weinreben bewachsenen Terrasse gegenüber dem Strand.

Für Camper liegt südlich der Uferpromenade der saubere, von Pinien beschattete **Campingplatz** (☎24260 31319; www.campingpapanero.com; Erw./Zelt 7/5 €) bereit. Auch das **Hotel Kentrikon** (☎24260 31232; www.bungalows-kentrikon.gr; EZ/DZ/Suite ab 65/78/130 €; 🅿❄@📶🏊), das angenehm etwas abseits vom Meer gelegen ist, ist eine vernünftige Option; hervorragender Service.

LP TIPP **Taverna Orea Ammoudia** (Hauptgerichte 4–8 €; 📶) Das gut gehende Familienlokal liegt unter einer riesigen Platane am Ende des Papa-Nero-Strandes. Hier gibt es hervorragende Variationen fertiger Ofengerichte, wie gebackenen Kabeljau

DER KLEINE ZUG

1895 wurde eine 13 km lange Eisenbahnstrecke zwischen Volos und Ano Lechonia gebaut. 1903 wurde die Schmalspurbahn bis Milies verlängert, was aus dem Ort ein blühendes Handelszentrum machte. **To Trenaki** (☎24210 24056; Erw./Kind 12,90/8,50 €), der kleine Zug mit Dampflok, wurde 1971 offiziell eingestellt, aber 1997 als Wochenend- und Urlaubsattraktion wieder in Betrieb genommen. Der beliebte Zug mit vier Wagen fährt um 10 Uhr in Ano Lechonia ab und kehrt gegen 15 Uhr (Vorsicht! Abfahrtszeiten nachfragen) wieder zurück, sodass genügend Zeit bleibt, sich Milies anzuschauen.

Als die Strecke wieder eröffnet wurde, zog zunächst eine restaurierte belgische Dampflokomotive das Bähnchen. Im Jahr 2000 wurde eine neue Diesellok in Betrieb genommen, da es die Eisenbahner leid waren, dem rauchspeienden Original mit einem Wasserwagen hinterherzulaufen, um die häufig ausbrechenden Grasbrände zu löschen, die durch herumfliegende Funken verursacht wurden. Trotz der umweltfreundlichen Verbesserung, wird To Trenaki noch immer *moudzouris* genannt, was ein liebevoller Ausdruck für „Rußschleuder" ist.

oder Huhn mit Kartoffeln, sowie gegrilltes Lamm und außergewöhnliche Salate, wie *kritama* (Tomaten mit Meerespflanzen). An einer strohgedeckten Bar werden im Sommer kalte Getränke und Eis serviert Die Besitzer der **Taverna Poseidonas** (Hauptgerichte 4–8 €) sind stolz darauf, nur den selbst gefangenen Fisch aufzutischen. Außer dem, wie üblich, pro Kilo verkauften Fisch stehen täglich wechselnde Ofengerichte wie *mousakas* (überbackene Schichten von Aubergine oder Zucchini, Hackfleisch und Kartoffeln, überzogen mit Käsesoße) und gefüllte Zucchiniblüten bereit (6 €). Die **Taverna Akrogiali Apostolis** (Hauptgerichte 5–10 €) ist eine der einladenden Tavernen am Strand. Es gibt großzügige Portionen Lamm in Zitronensoße, *vlita* (Amarant) und *spetsofai*.

DAMOUCHARI & MOURESSI ΝΤΑΜΟΥΧΑΡΗ & ΜΟΥΡΕΣΙ

Das malerische Dorf **Damouchari** liegt neben einem weitläufigen Olivenhain, der an den Kiesstrand und eine geschützte Bucht grenzt. Früher verbargen die Bäume den kleinen Ort vor vorbeisegelnden Piratenschiffen. Nach der lokalen Überlieferung entstand der Name des Dorfes aus der Redewendung *dos mou hari* (gib mir Gnade). In der kleinen Kirche **Agios Nikolaos** blieben einige hübsche Fresken erhalten (Apostolis in der Taverne daneben hat den Schlüssel). Außerdem ist Damouchari der Ausgangspunkt für einen schönen, 4 km langen **Spaziergang** zum Fakistra-Strand. 2008 erlangte Damouchari kurzzeitig internationale Berühmtheit: Das abgeschiedene Hafenstädtchen diente für ein paar Wochen als Drehort für den Film *Mamma Mia!* mit Meryl Streep.

Ein Stück von der Hauptstraße entfernt, 3 km nördlich von Tsangarada, versteckt sich das liebliche Dörfchen **Mouressi,** das für seine Kirschen, Kastanien und Maulbeeren *(mouria)* bekannt ist. Von der *plateia*, die im Schatten von Zitronenbäumen liegt, bietet sich eine großartige Aussicht auf die Ägäis.

Old Silk Store (☎24260 49086, 69371 56780; www.pelionet.gr; Mouressi; DZ ab 65 €) Dieses klassizistische Prachtstück aus dem 19. Jahrhundert steht in einem großen Garten. Das Hotel mit reichlich Persönlichkeit gehört zu den Wahrzeichen Mouressis. Es bietet traditionell eingerichtete Zimmer und auf Wunsch ein Frühstück mit hausgemachten Köstlichkeiten. Es wird von der britischstämmigen Jill Sleeman geleitet, die auch Reisen organisiert, Kochunterricht gibt und geführte Wanderungen auf den Pilion anbietet (häufig in Begleitung des hauseigenen Esels Boy George).

Vom **Domatia Victoria** (☎24260 49872; Damouchari; EZ/DZ 45/55 €; ❄@), einem der beiden sehr soliden *domatia* in Damouchari, bieten sich Ausblicke auf die Bucht, während das **Hotel Damouhari** (☎/Fax 24260 49840; Damouchari; Zi. ab 85 €; P❄) im Voraus gebucht werden sollte, um in den urigen Zimmern mit knarrenden Dielen schlafen zu können. Auf jeden Fall lohnt sich ein Blick auf die nautischen Antiquitäten in der Lobby oder ein Drink in der Kleopatra Miramar Bar.

Der hart arbeitende Koch, Kellner und redefreudige Gastgeber Vangelis in der **Taverna O Vangelis** (Mouressi; Hauptgerichte 4–7,50 €) hat eine treue Kundschaft, die seine guten Grillgerichte (Schweinekoteletts; 6 €) und üppigen *spetsofaï* (4,50 €) bestellen. In der **Taverna Karagatsi** (Damouchari; Hauptgerichte 4–9 €) serviert der stets fröhliche Koch Apostolis bestes Tavernenessen, dazu großen Griechischen Salat und köstliche *mezedhes,* wie *taramasalata* (ein dickes Püree aus Fischrogen, Kartoffel, Öl und Zitronensaft) – inklusive Blick auf die winzige Bucht unter der Taverne. Die **Taverna To Tavernaki** (Mouressi; Hauptgerichte 5,50–9 €), gegenüber der Tankstelle, ist bekannt für ihre *mayirefta* und das Grillfleisch.

TSANGARADA ΤΣΑΓΚΑΡΑΔΑ

710 EW.

Tsangarada liegt in einem Wald aus Eichen und Platanen. Das weitläufige Dorf umfasst die vier separaten Gemeinden Agio Taxiarches, Agios Stefanos, Agia Kyriaki und Agia Paraskevi. Die größte davon ist Agia Paraskevi, sie liegt etwas nördlich der Hauptstraße Volos–Milies–Tsangarada. Die Platane auf der *plateia* gilt als einer der größten und ältesten Bäume Griechenlands. Neben der Post gibt es einen Geldautomaten.

LP TIPP **Serpentin-Garden** (☎24260 49060; www.serpentin-garden.com; Eintritt gegen Spende) Eine einzelne, inspirierte Frau hat diesen Garten mit viel Herzblut gestaltet: Doris Schlepper schuf hier ein richtiges Museum aus allem, was grün ist und blüht, einschließlich seltener Bäume und Rosen, dazu nachhaltige Gemüse-, Beeren-

und Kräutergärten. Doris bietet im Rahmen von World Wide Opportunities on Organic Farms (WWOOF; www.wwoof.org) gegen Unterkunft und Verpflegung zweiwöchige Praktika an. Besucher dürfen ihren Garten nach Absprache besichtigen.

Ebenso wie weite Teile der Halbinsel Pilion ist auch Tsangarada ein erstklassiges **Wandergebiet.** Hier beginnen zwei relativ einfache Wanderungen, für die kein Führer gebraucht wird. Vom Dorfplatz in **Agia Paraskevi** geht's etwa zwei Stunden bis hinunter zur kleinen Bucht von Damouchari. Vom Dorf Xourichti, 4 km südlich von Agia Paraskevi, führt ein guter Pfad über den Bergkamm in das Dorf Milies, eine Wanderung von knapp drei Stunden. Über der Straße am Fakistra-Strand beginnt ein wunderschöner Weg durch den Wald, der zwei Stunden lang am Plaka-Strand entlangführt.

Obwohl das weitläufige Tsangarada über einige Hotels, *domatia* und Tavernen verfügt, gibt es die besten an den Seitenstraßen bei Agia Paraskevi und an der Straße nach Mylopotamos.

LP TIPP **Lost Unicorn Hotel** (☎24260 49930, 69797 95252; www.lostunicorn.com; Agia Paraskevi; EZ inkl. Frühstück 60–70 €, DZ inkl. Frühstück 90–110 €; P ❄ @ ᯤ) Perserteppiche, Ventilatoren, die sich träge drehen, und antike Möbel machen dem eleganten und gut ausgestatteten Herrenhaus aus dem 19. Jahrhundert alle Ehre. Es befindet sich auf einer herrlichen Lichtung, und die Wirte, der Grieche Christos und die Britin Claire, sorgen für eine ungezwungene Atmosphäre. Sie servieren ein Frühstück im Garten, das mit seiner Umgebung, samt den singenden Nachtigallen, locker mithalten kann. Die ordentliche **Villa Ton Rodon** (☎24260 49201; www.villatonrodon.gr; Agia Paraskevi; EZ/DZ/3BZ inkl. Frühstück 50/60/65 €; P) liegt etwa 50 m abseits der Straße, mitten im Obstgarten der Familie. Dem modernen **Aleka Hotel** (☎24260 49380; www.alekashouse.com; Tsangarada; DZ/3BZ inkl. Frühstück 50/65 €; P ❄ @) gegenüber der Post ist ein gutes Restaurant angeschlossen.

Taverna To Agnanti (Hauptgerichte 5–9 €) Das Lokal befindet sich rechts neben dem Brunnen, wenn man auf die Plateia Taxiarhes kommt, ist genau richtig für Liebhaber herzhafter Fleischeintöpfe und gegrillten Lamms mit Nudeln und Wildgemüse der Saison.

MYLOPOTAMOS ΜΥΛΟΠΟΤΑΜΟΣ

Das idyllische Mylopotamos ist durch eine Felsnase geteilt. Ein natürlicher Tunnel verbindet die beiden schönen Strände. Von Agia Paraskevi sind es 7 km bis hierher.

Diakoumis Rooms (☎24260 49203; www.diakoumis.gr; EZ/DZ/3BZ ab 50/70/80 €; P ❄ @) Nur 1 km vor dem Dorf und dem Strand haben die genialen Besitzer Stathis und Athina das Beste aus der Unterkunft an der dramatischen Klippe gemacht. Von hellen, luftigen Zimmern mit Steinböden aus genießt man einen weiten Ausblick auf die Bucht und darüber hinaus. Außerdem stehen vier Apartments für Selbstversorger zur Verfügung. Viele Bewohner des Pilion machen regelmäßig Halt in der **Taverna Angelika** (Hauptgerichte 5–9 €), um das gute Essen und den Wein zu genießen, ganz zu schweigen von der guten Aussicht. Gefüllter Tintenfisch, ein üppiger Griechischer Salat und einheimischer Wein in Hülle und Fülle kosten für zwei Personen etwa 25 €.

WESTLICHER ZENTRALER PILION

VON VOLOS NACH PINAKATES, VYZITSA & MILIES ΒΟΛΟΣ ΠΡΟΣ ΠΙΝΑΚΑΤΕΣ, ΒΥΖΙΤΣΑ & ΜΗΛΙΕΣ

Von Volos führt die Straße an der Westküste in Richtung Süden durch die touristischen Dörfer Agria und Ano Lechonia, wo eine Abzweigung ins Inland nach Agios Vlasios, Pinakates, Vyzitsa und Milies führt. Wer weiter der Hauptstraße folgt, gelangt in die benachbarten Ortschaften Kato Gatzea, Ano Gatzea und **Kala Nera.** Nach den anstrengenden und schmalen Straßen der Dörfer im östlichen Pilion ist dieser Straßenabschnitt ein wahrer Segen.

Zwei Attraktionen ganz in der Nähe lohnen sich für einen Zwischenstopp: Die altmodische **Kleine Pilionbahn** beginnt ihre Fahrt in **Ano Lehonia.** Eine ihrer urigen Zwischenstationen ist Ano Gatzea, wo sich in einem alten Steinhaus das einladende **Olivenmuseum** (☎24230 22009, 69458 54310; Eintritt frei; ⏱8–17 Uhr, oder bei Einfahrt des Zuges) befindet. Es zeigt sorgfältig zusammengestellte Leitern und Werkzeuge zur Olivenernte, Ölpressen und Speichergefäße; außerdem gibt es einen kleinen Museumsshop.

PINAKATES ΠΙΝΑΚΑΤΕΣ

100 EW.

Eine alte Platane dominiert die Plateia Agios Dimitrios. Außerdem befindet sich dort noch eine Kirche, zwei Tavernen, ein

DIE FÜNF SKURRILSTEN MUSEEN AUF DEM PILION

Der Charakter der Halbinsel Pilion wird teilweise durch ihre schroffe Geografie und ihre scheinbare Isolation bestimmt. Die Region ist für ihre einzigartige Kunst, Küche und Architektur bekannt. Viel von diesem außergewöhnlichen Geist hat sich in einer Handvoll kleiner privater Museen niedergeschlagen, die alle etwas über Land und Leute verraten. Folgende Prachtstücke auf keinen Fall verpassen:

» Olivenmuseum (S. 269)
» Serpentin-Garten (S. 266)
» Theophilos-Museum (S. 261)
» Skolio-tou-Riga-Museum (S. 263)
» Altes Radiomuseum (S. 269)

kleiner Brunnen, ein Töpferladen und eine Bäckerei mit Holzofen. Im urtümlichen Pinakates gibt es erst seit 1973 Elektrizität. So wie es aussieht, hat sich seitdem nicht sonderlich viel getan.

Das hübsch restaurierte **Hotel Ta Xelidonakia** (Die kleinen Schwalben; ☎24230 86920; www.pinakates.com; DZ/3BZ inkl. Frühstück 100/120 €; P@ᯤ) ist ein klassisches Herrenhaus, das Geschichte und Komfort auf großartige Weise vereint. Im Zentrum der Veranda steht ein 3000-Liter-Weinfass aus Kastanienholz. Gleich in der Nähe serviert die **Taverna Drosia** (Hauptgerichte 4–8,50 €; ⏰Abendessen) Spezialitäten des Pilion, wie gebackenes Ziegenfleisch und *spetsofai*, dazu trinkt man ein Gläschen Wein aus der Region.

VYZITSA ΒΥΖΙΤΣΑ

280 EW.

Zwischen den Orten Pinakates und Milies befindet sich das hübsche Vyzitsa mit seinen Kopfsteinpflasterwegen, die sich zwischen den traditionellen, schiefergedeckten Häusern hindurchschlängeln. Zum schattigen Dorfplatz und den Tavernen geht's den gepflasterten Weg beim Thetis Café hinauf.

Das gut geführte **Hotel Stoikos** (☎24230 86406; www.hotelstoikos.gr; EZ/DZ/3BZ ab 50/70/90 €; P❄ᯤ) hat ein traditionelles Aussehen, vor allem wegen der Balkendecken und dem Buntglas in den geräumigen Zimmern im oberen Stock (großartige Aussicht!). Für das teure Vyzitsa ist das Preis-Leistungsverhältnis gut. Das altmodische **Thetis Hotel** (☎24230 86111; EZ/DZ inkl. Frühstück ab 35/45 €) ist schlicht, aber komfortabel. Das Steinhaus steht links vom Parkplatz; das Frühstück wird auf der Terrasse des rustikalen Cafés gleich daneben serviert.

Die Topadresse unter den Restaurants Vyzitsas ist **Georgaras Restaurant** (Hauptgerichte 5–11 €), das Spezialitäten des Gebirges mit Salaten, Eintöpfen und sättigenden Suppen, dazu gefüllter Schweinebraten mit Orangen und *kouneli stifadho* serviert.

MILIES ΜΗΛΙΕΣ

640 EW.

Milies spielte eine wichtige Rolle bei der intellektuellen und kulturellen Aufbruchsstimmung, die zur griechischen Unabhängigkeit führte. Es ist der Geburtsort von Anthimos Gazis (1761–1828), der 1821 die revolutionären Kräfte Thessaliens bündelte und durch die Bergdörfer des Pilion zog, um zum Widerstand aufzurufen.

Auf dem Dorfplatz steht die Kirche **Agios Taxiarhes** mit wunderschönen Fresken aus dem 16. Jahrhundert Etwa 100 m hinter dem Platz steht das **Milies-Museum** (☎24230 86602; Eintritt frei; ⏰10–14.30 & 18.30–21 Uhr), das eine Ausstellung einheimischen Handwerks und lokaler Trachten beherbergt. In der nahen **Bücherei von Milies** (☎24230 86936; ⏰8–14 Uhr) gibt es handgeschriebene Bücher aus der Zeit des Unabhängigkeitskriegs, aber auch Modernes, wie etwa kostenlosen Internetzugang für Besucher.

Palios Stathmos (Alter Bahnhof; ☎24230 86425; www.paliosstathmos.com; EZ/DZ inkl. Frühstück ab 40/60 €) Diese komfortable Pension, die in einer Gruppe von Platanen versteckt liegt, erinnert an längst vergangene Zeiten – aber nur von den Balkonzimmern aus, von denen sich ein Blick auf den Bahnhof der Schmalspurbahn bietet.

Taverna Panorama (Hauptgerichte 5–7 €) Etwa 100 m oberhalb des Hauptplatzes (und fast vollständig von Kletterrosen bedeckt) serviert dieses gemütliche Grillrestaurant Spezialiäten des Pilion, wie Zucchiniauflauf, Schweinekotelett in Weinsoße, *spetsofaï* und *kouneli stifadho*. **Anna Na Ena Milo** (Snacks 2–4 €; ⌚9–22 Uhr) ist ein angenehmes Café und Creperie; der Name ist dem Kinderbuch *Anna, iss einen Apfel* entlehnt. Gastronomische Highlights von Milies bietet die **Bäckerei Korbas** (Pasteten 1,50–4 €) an der Hauptstraße an, wie fabelhaftes *tyropsomo* und *eliopsomo* (Olivenbrot).

SÜDLICHER PILION

RICHTUNG SÜDEN NACH TRIKERI

Der südliche Teil des Pilion vermittelt mit seinen spärlich bewaldeten Hügeln und zahllosen Olivenhainen ein Gefühl von Weite. Bevor sie sich hinter Kala Nera ins Landesinnere schlängelt, streift die Straße das kleine Fischerdorf Afissos an der Küste, windet sich hoch durch die reizvolle landwirtschaftliche Gemeinde Argalasti und gabelt sich dann. Die linke Abzweigung führt ins Landesinnere, während die rechte zu den Ferienorten Chorto und Milina an der Küste führt. Von Milina zweigt die Straße Richtung Südosten nach Platanias und Richtung Südwesten nach Trikeri ab.

CHORTO & MILINA ΧΟΡΤΟ & ΜΗΛΙΝΑ

Milina ist das größere der beiden Küstendörfer, zahlreiche Pauschaltouristen kommen hierher. Die beiden Dörfer sind in einer ruhigen Ecke der Halbinsel gelegen. Sie bieten sauberes Wasser und einige einladende Kiesstrände. Der einfallsreiche George Fleris bei **Milina Holidays** (☎24230 65020; www.milina-holidays.com), der am Strand anzutreffen ist, hilft nicht nur bei der Suche nach einer Unterkunft. Er organisiert auch Mietfahrräder und -boote sowie Tagesausflüge zur nahen Insel Palio Trikeri (Erw./Kind 30/20 €). Wanderer zu Bergdörfern wie Promiri oder Lefkos im Landesinneren profitieren von den Bemühungen der „Freunde der Kalderimi" (eine Organisation der Gemeinden), die sich der Erhaltung und Restaurierung der *kalderimia*, der historischen gepflasterten Pfade, widmet.

Wer der Ansicht ist, dass Nostalgie auch nicht mehr das ist, was sie einmal war, kann im **Alten Radiomuseum** (☎69703 74922; Eintritt frei; ⌚16. Mai–14. Sep. tgl., 15. Sep.–15. Mai Sa & So) wie der Sammler dieser alten Stücke tief in die prädigitale Zeit eintauchen, als „drahtlos" noch frisch und neu war. Das Museum steht im Dorf **Lefkos**, 5 km östlich von Milina.

Empfehlenswert sind die familienfreundlichen Bungalows im **Hotel Leda** (☎24230 65500; Horto; EZ/DZFZ ab 40/50/75 €; P❄📶🏊) mit Strandbar und Pool. In der **Ouzerie Vangelis** (Milina), eine von mehreren Tavernen neben Milinas Hauptanlegesteg, kommen hervorragende Meeresfrüchte-*mezedhes* und *tsipouro* auf den Tisch.

TRIKERI ΤΡΙΚΕΡΙ

1180 EW.

In diesem Teil des Pilion fühlt man sich wie am Ende der Welt. Die Straße von Milina nach Trikeri wird zunehmend einsamer. In Trikeri sind noch immer mehr Esel als Autos unterwegs, und die Einwohner rühmen sich ihrer Vergangenheit als Seefahrer, Kämpfer gegen die Türken im Unabhängigkeitskrieg und Bewahrer traditioneller Bräuche und Trachten. In der Woche nach Ostern wird durchgehend

KAMPF UM DEN FLUSS

Umweltschützer, Industrielle und Dorfbewohner führen noch immer eine erbitterte Debatte um den Bau eines 135 m hohen Staudamms in der Nähe des Dorfes Mesochora am Oberlauf des Acheloos im südlichen Pindos-Gebirge. Er ist Teil eines größeren Plans, das Wasser in Richtung Osten zu lenken, um den landwirtschaftlichen Bedarf der thessalischen Ebene zu decken. Die Regierung ließ den Damm bauen und stellte erst danach Umweltverträglichkeitsprüfungen an. Als Folge davon lehnte es die EU ab, das Projekt zu finanzieren, die griechischen Gerichte verweigerten ihre Genehmigung, und der fertige Damm ist nicht in Betrieb.

Sobald er in Betrieb genommen würde, wirkten sich die ökologischen Folgen bis in die geschützten Feuchtgebiete um Mesolongi im Süden aus. Das nahe Dorf Mesochora würde überflutet. In der griechischen Mythologie ist Acheloos der Flussgott – seine Mutter Tethys weint nun, weil „ihr Sohn für Geld und Macht zerstückelt wird", wie es ein Einheimischer ausdrückte.

gefeiert: Jeden Tag wird getanzt, und die Frauen versuchen sich gegenseitig mit prachtvollen Trachten zu übertrumpfen.

AGIA KYRIAKI ΑΓΙΑ ΚΥΡΙΑΚΗ

Dies ist die letzte Etappe auf der Halbinsel Pilion: Eine steile, 2 km lange Fahrt jenseits der Hauptstraße oder ein rascher, 1 km langer Fußweg einen Pflasterpfad hinunter. Nur wenige Touristen verlaufen sich in dieses Fischerdorf, und die leuchtend orangefarbenen Boote werden von den rund 200 hart arbeitenden Einwohnern viel genutzt. Ein Hotel gibt es hier, das **Agia Kyriaki Hotel** (☎69787 71831; EZ/DZ 35/40 €), und nebeneinander drei Tavernen mit Fischgerichten, alle mit Blick auf die gegenüberliegende Küste von Euböa.

PALIO TRIKERI ΠΑΛΙΟ ΤΡΙΚΕΡΙ

Wem das immer noch immer nicht einsam genug ist, der hat noch die Möglichkeit, auf diese kleine Insel zu fahren. Sie liegt direkt vor der Küste und hat das Jahr über eine Bevölkerung von 15 Menschen; oft wird sie einfach nur Nisos (Insel) genannt. Um das Inselchen vom Fischerdorf Alogoporos aus in einer fünfminütigen Bootsfahrt zu erreichen, ruft man Nikos in der **Taverna Diavlos** (☎69768 51056) auf Nisos an. Es gibt ein paar Zimmer in der Taverne. Wildes Campen ist auch möglich. Aber die meiste Zeit ist man auf Palio Trikeri ohnehin damit beschäftigt, den Einheimischen zu erklären, warum man hergekommen ist – und dann sich selbst, warum man wieder wegfährt.

PLATANIAS ΠΛΑΤΑΝΙΑΣ

Bis im Jahr 2001 die Verbindung mit dem Tragflächenboot eingestellt wurde, war Platanias ein beliebter Ferienort. Inzwischen ist es wieder eine ruhige, einfache Ortschaft mit einem guten Sand-und-Kies-Strand, einem Campingplatz sowie ein paar Tavernen und *domatia*.

Ungefähr ab Anfang Juni bis Ende August verkehrt täglich ein Ausflugsboot, die **Africana** (☎24230 71273) zwischen Platanias und der Insel Skiathos (Erw./Kind einfache Fahrt 20/10 €). Das Boot, in dem 100 Passagiere Platz finden, fährt morgens um 9.30 Uhr in Platanias ab und kehrt abends um 17.30 Uhr zurück.

Trikala Τρίκαλα

58 000 EW.

Das Erste, was in Trikala auffällt, sind die Fahrräder. Die halbe Stadt, ob Jung oder Alt, scheint mit dem Drahtesel unterwegs zu sein, eilig scheint es hier niemand zu haben. Jedes Jahr im September veranstaltet die Stadt zwei autofreie Tage – einfach um die Begeisterung für das Zweirad aufrecht zu erhalten. Trikala liegt ungefähr auf halber Strecke zwischen Karditsa und Kalambaka und war einst das antike Trikki, die Heimat des Asklepios, des Gottes der Heilkunst. Eine Statue zu Ehren des legendären Arztes erhebt sich auf einer kleinen Brücke beim Hauptplatz. Trikala ist ein reizvolles, pulsierendes landwirtschaftliches Zentrum und dient als Tor zu den Ferienorten im Westen des südlichen Pindos.

Sehenswertes

Es lohnt sich, zu den Gärten um die restaurierte byzantinische **Festung Trikala** hinaufzugehen. Von der nahen Café-Bar bietet sich ein toller Blick auf die Stadt. Vom zentralen Platz 400 m die Sarafi hinauf, dann dem Schild, das nach rechts zeigt, folgen. Kurz vor der Abzweigung zur Festung liegen die Überreste des **Heiligtums des Asklepios.** Spannender ist das alte türkische Viertel **Varousi** gleich östlich der Festung. Die faszinierende Gegend hat schmale Gassen und schöne alte Häuser mit vorspringenden Balkonen. An der Ecke Anagiron und Virvou befindet sich die Kirche **Agioi Anargiri** aus dem 16. Jahrhundert mit ihren schönen Wandmalereien. Wer von Varousi aus noch 200 m weiter den Hügel aufsteigt, gelangt zur Kapelle **Profitis Ilias.**

Auf der anderen Seite der Stadt steht die restaurierte **Kursum-Moschee** (Koursoun Tzami), die im 16. Jahrhundert von dem Architekten Sinan Pascha errichtet wurde, der auch die Blaue Moschee in Istanbul baute. Die Moschee wurde Mitte der 1990er-Jahre mit EU-Geldern restauriert. Nach der Plateia Riga Fereou 350 m dem Fluss nach Süden folgen, die Moschee steht dann auf der rechten Seite.

Schlafen

Hotel Panellinion HOTEL €

(☎24310 73545; www.hotelpanellinion.com; Plateia Riga Fereou; EZ/DZ inkl. Frühstück 45/60 €; ❄📶) Das restaurierte, geräumige klassizistische Gebäude aus dem Jahr 1914 steht gegenüber dem Fluss. Im Innern ist es vollgestopft mit traditionellen Erinnerungsstücken, von alten Telefonen bis zu herrlichen Teppichen.

Hotel Ntina HOTEL €
(Dina; ☎24310 74777; www.ntinashotel.gr; Ecke Asklipiou & Karanasiou; EZ/DZ/3BZ 45/60/75 €; ❄📶) Das Business-Hotel verfügt über luftige Zimmer, bequeme Betten, Satellitenfernsehen, und auf Wunsch gibt es ein Frühstück (5 €). Von den Zimmern im obersten Stockwerk überblickt man Stadt und Fluss.

Essen

Die Café-Szene in Trikala konzentriert sich auf das nördliche Ende der Asklipiou und auf das alte Manavika-Viertel auf der anderen Flussseite. Auf der Ypsilanti reihen sich Tavernen und *tsipouradhika* aneinander. Wer schnell mal eben etwas essen möchte, findet an der Plateia Kitrilaki gute *souvlakia*-Teller (Fleischwürfel am Spieß) für 2 €.

Kebab Karthoutsos KEBAB €
(Ioulietas Adam 5; Hauptgerichte 3–6 €) Das alteingesessene Lokal liegt in Reichweite der Plateia Riga Fereou. Für etwa 10 € pro Kopf gibt es tolles Schweinekebab (auf Papier serviert), *horta* (Wildgemüse), Feta und Wein aus der Region.

Taverna Palia Istoria TAVERNE €
(Alte Geschichte; Ypsilanti 3; Hauptgerichte 6,50–12 €) Dieses angesehene Lokal in einer Gasse im Manavika-Viertel geht fantasievoll mit traditioneller Küche um: *Salata Cleopatra* (Salat mit Feigen, Pinienkernen und Balsamico) oder Grillgerichte mit Sahne und Senfsoße.

Auch zwei elegante *tsipouradhika* im Manavika-Viertel lohnen einen Besuch: **Taverna Diachroniko** (Ypsilanti; *mezedhes* 3 4 €) und **Dipilo** (25 Martiou & Chatzipetrou, Hauptgerichte 3–7 €).

Ausgehen & Unterhaltung

Am Wochenende sehen die Nächte in Trikala folgendermaßen aus: zuerst an der Asklipiou reichlich Kaffee trinken und dann nach Mitternacht über die Brücke ins pulsierende Manavika-Viertel gehen und mit Mojitos, *mezedhes* und Musik weitermachen. Das drei Häuserblocks umfassende Viertel ist ein Irrgarten aus schmalen Gassen, in denen sich Tavernen, glitzernde Musikbars, kleine *ouzerien* und Cafés drängen, die die ganze Nacht offen haben.

Authentischer *rembetika* (Blues) wird in der **Aparhes Bar** (☎24310 38486; Manavika; ⏰Fr & Sa) am Flussufer gespielt.

Praktische Informationen

An den Plätzen beiderseits des Flusses stehen Banken mit Geldautomaten. Die meisten Cafés um die Plateia Riga Fereou bieten kostenlosen Internetzugang.

Internetcafé Neos Kosmos (Vyronos 18; 2 € pro Std.; ⏰8–24 Uhr) Mit WLAN und mehreren schnellen Internetcomputern

Polizei (☎24310 76100; Sidiras Merarhias)

Post (Sarafi 13; ⏰8–20 Uhr) Neben der Plateia Riga Fereou

An- & Weiterreise

Bus

Die Busse fahren am **KTEL-Busbahnhof** (☎24310 73130; Rizargio) Trikala ab, 4 km südlich der Stadt. Vom **Ticketbüro** (Ecke Othonos & Garivaldi) fährt ein Shuttlebus dorthin (0,60 €).

Zug

Vom **Bahnhof** (☎24310 27214) fahren Züge nach Kalambaka (1,50 €, 15 Min., 5-mal tgl.), Larissa (5–9 €, 1 Std., 3-mal tgl.), Athen (IC 28 €, 4 Std., 1-mal tgl.; normal 14,20 €, 5 Std., 1-mal tgl.) und Thessaloniki (12,50 €, 2½ Std., 2-mal tgl.).

BUSSE AB TRIKALA

REISEZIEL	DAUER	PREIS	HÄUFIGKEIT
Athen	4½ Std.	28 €	7-mal tgl.
Elati	1 Std.	3,40 €	1–3-mal tgl.
Ioannina	2½ Std.	15 €	2-mal tgl.
Kalambaka	30 Min.	2,30 €	stündl.
Lamia	2 Std.	12 €	7-mal tgl.
Larissa	1 Std.	6,30 €	stündl.
Neraidochori	1½ Std.	5,50 €	1–2-mal tgl.
Pertouli	1¼ Std.	5,20 €	1-mal tgl.
Thessaloniki	3 Std.	19 €	5-mal tgl.
Volos	2¼hr	14 €	4-mal tgl.

Rund um Trikala

PYLI ΠΥΛΗ

Etwa 18 km südwestlich von Trikala liegt das Dorf Pyli. Das heißt „Tor", und tatsächlich öffnet es sich zu einer spektakulären Schlucht und zu einer der wildesten Landschaften Griechenlands.

Am Eingang der Schlucht steht die Kirche **Porta Panagia** aus dem 13. Jahrhundert, die ein beeindruckendes Paar Mosaikikonen und eine Ikonostase aus Marmor beherbergt. Zur Kirche geht's über die Fußgängerbrücke am Fluss; danach links halten.

Das Kloster **Moni Agiou Vissarion** aus dem 16. Jahrhundert steht an einem Hang des Koziakas, 5 km von Pyli entfernt. Um dorthin zu gelangen, die Brücke über den Fluss überqueren und dem Schild etwa 500 m bergaufwärts folgen.

RUND UM ELATI ΕΛΑΤΗ

Wer mit dem eigenen Auto unterwegs ist, kann die früher kaum zugänglichen Gebirgsregionen westlich und nördlich von Elati erreichen, darunter das malerische Gebiet **Triapotamia** (Drei Flüsse). Eine landschaftlich schöne, halbtägige Rundtour (über die Alexiou-Brücke) führt bis nach Kalambaka. 49 km südwestlich von Elati in Richtung Arta liegt der umstrittene **Mesochora-Damm** (s. Kasten). Etwa 10 km dieser idyllischen Straße sind nicht befestigt, aber auch ohne Allradantrieb gut zu bewältigen.

Von Pyli steigt die Straße 40 km lang stetig nordwärts bis zum Dorf **Neraidochori** an. Die Strecke führt durch atemberaubend schöne Berglandschaften, vorbei an den Dörfern Elati und Pertouli. **Elati** ist so etwas wie eine Bergstation für Trikala und hat sich zu einem aufstrebenden Urlaubsort mit 1000 Betten entwickelt. Das Vorgängerdorf Tierna wurde im Zweiten Weltkrieg von den Deutschen niedergebrannt, weil die Bewohner griechischen Widerstandskämpfern Unterschlupf gewährten. Der kleinere Ort **Pertouli**, noch 10 km weiter, hat die Entwicklung Elatis nicht mitgemacht. Die Universität von Thessaloniki unterhält hier eine Forstforschungsstation.

Aktivitäten

Kajakfans kommen in das schöne Gebiet Triapotamia (Drei Flüsse), 30 km nördlich von Mesochora, um sich auf dem Acheloos auszutoben. Der populäre Sport lockt Wildwasserfreaks aus ganz Europa an. Wanderwege ziehen sich kreuz und quer durch die Region; ein beliebter Wanderpfad beginnt am Ortsende von Pertouli und steigt hoch bis zum Neraida (2074 m). Wer Kajak-, Kanu- oder Mountainbike-Touren unternehmen möchte, sollte sich in Trikala an Thanasis Samouris, den Vertreter von **Trekking Hellas** (☎24310 24310, 69774 51953; thessalia@trekking.gr) wenden; halbtägige Touren auf dem Koziakas ab 20 €, ganztägiges Rafting 50 €.

Das kleine, aber bei zahlreichen Wintersportlern beliebte **Skigebiet von Pertouli** (☎24340 91385; www.snowreport.gr/pertouli), das an den Hängen des Koziakas (1340 m) liegt, umfasst drei Lifte und vier Abfahrten, einschließlich Slalom- und Anfängerpiste; Skier und Snowboards können gemietet werden (10 bis 15 € pro Tag).

Schlafen & Essen

Die meisten Hotels und Restaurants in Elati liegen beieinander, wahrscheinlich um sich gegenseitig zu wärmen.

Hotel Koziakas HOTEL €€
(☎24340 71270; www.koziakashotel.gr; Elati; Zi. inkl. Frühstück ab 110 €) Das weitläufige Hotel mit Holzbalken verströmt Atmosphäre und hat extrem komfortable Zimmer. Das Lobby-Restaurant serviert Wildschweinkoteletts, Hirschgulasch und andere Wildgerichte.

Hotel Papanastasiou HOTEL, TAVERNE €€
(☎24340 71280; Fax 24340 71153; Elati; EZ/DZ/Studio inkl. Frühstück ab 40/60/100 €) In diesem Hotel erwarten den Gast weitere mit Holz ausgestattete Zimmer. Dazu gehört eine fleischlastige Taverne mit köstlichen, selbst gemachten Pasteten.

Taverna To Limeri Tou Vassili TAVERNE €
(Pertouli; Hauptgerichte 7–12 €) Die freundliche und einladende Taverne in Pertouli ist bekannt für Wildpilze, traditionelle Bohnensuppe und die immer wiederkehrenden Grillgerichte.

Meteora Μετέωρα

Das Unesco Weltkulturerbe Meteora ist ein außergewöhnlicher Ort und einer der meistbesuchten in ganz Griechenland. Die massiven Säulen aus glattem Fels sind uralt und könnten dennoch als Kulisse für eine futuristische Science-Fiction-Geschichte herhalten. Die Klöster auf ihren Spitzen unterstreichen diese seltsame und schöne Landschaft. Jedes Kloster ist um einen zentralen Hof herum angelegt, der von Mönchszellen, Kapellen und einem Refektorium umgeben ist. In der Mitte jedes Hofes befindet sich das *katholikon* (Hauptkirche).

Das detaillierte Büchlein *The Footpaths of Meteora* von Andonis Kalogirou (Kritiki Publishers; 17,50 €) ist in dem Souvenirladen auf der Patriachou Dimitriou 1 erhältlich. Außerdem gibt es mehrere Karten, beispielsweise die Karte 1:8000 *Meteora* von Orama (6 €).

Geschichte

Der Name Meteora leitet sich vom griechischen Adjektiv *meteoros* ab, was „in der Luft schwebend" bedeutet (das Wort „Meteor" hat dieselbe Wurzel); siehe Kasten S. 276.

In den Höhlen von Meteora lebten bereits seit dem 11. Jahrhundert Einsiedlermönche. Als im 14. Jahrhundert die Macht des Byzantinischen Reiches schwand, nahmen die türkischen Einfälle nach Griechenland zu. Aus diesem Grund suchten die Mönche einen sicheren Rückzugsort abseits der Stätten des Blutvergießens. Ihre Unzugänglichkeit machte die Felsen von Meteora zu einem idealen Zufluchtsort für die Geistlichen.

Die frühesten Klöster waren nur über entfernbare Leitern erreichbar. Später wurden Seilzüge benutzt, mit denen die Mönche in Netzen hochgezogen wurden. Man erzählt sich, dass die Standardantwort der Mönche auf die Frage neugieriger Besucher, wie oft denn die Seile ersetzt würden, lautete: „Immer wenn der Herr sie reißen lässt."

Heutzutage geht's über Stufen, die in den 1920er-Jahren in die Felsen geschlagen wurden, und über eine praktische Straße zu den Klöstern.

Sehenswertes & Aktivitäten

Klöster

Bevor es losgeht, sollte man eine Route festlegen. Wer früh losgeht, kann mehrere *mones* (Klöster), vielleicht sogar alle, an einem Tag sehen.

Die Asphaltstraße um den gesamten Meteora-Komplex aus Felsen und Klöstern ist etwa 15 km lang; mit dem eigenen Fahrzeug können leicht alle Klöster besichtigt werden.

Eine Alternative wäre der Bus (1,20 €, 20 Min.), der um 9 Uhr in Kalambaka und Kastraki abfährt und um 13 Uhr zurückkehrt. Die Zeit reicht aus, um drei der Klöster zu besichtigen: Moni Megalo Meteoro, Moni Varlaam und Moni Agias Varvaras Roussanou. Es bietet sich an, mit dem Bus nach ganz oben zu fahren, sich dann zu Fuß nach unten vorzuarbeiten und die Tour mit Moni Agios Nikolaos Anapafsas auf der Kastraki-Seite oder Moni Agia Triada auf der Kalambaka-Seite abzuschließen.

Wer gut zu Fuß ist, sollte es aber auf jeden Fall vorziehen, die Region auf den alten und einst geheimen *monopatia* (Mönchspfaden) zu erwandern.

In den Felsen herumzuwandern und zu -klettern macht durstig, aber in den Sommermonaten verkaufen mobile Kioske auf einigen Klosterparkplätzen Getränke und Snacks.

Moni Agios Nikolaos Anapafsas KLOSTER

(Kloster des Hl. Nikolaus Anapafsas; ☎24320 22375; ⊙Sa–Di 9–15.30 Uhr) Das Moni Agios Nikolaos liegt Kastraki am nächsten. Vom Dorfplatz aus sind es nur 2 km bis zu den steilen Treppen, die zum Kloster hinaufführen. Das Kloster wurde im 15 Jahrhundert erbaut; die eindrucksvollen Fresken in seinem *katholikon* wurden von dem Mönch Theophanes Strelizas aus Kreta angefertigt. Besonders schön ist das Fresko „Adam gibt den Tieren im Paradies ihren Namen" von 1527.

Moni Megalo Meteoro KLOSTER

(Großes Kloster von Meteora, Metamorphosis; ☎24320 22278; ⊙April–Okt. Mi–Mo 9–17 Uhr, Nov.–März Do–Mo 9–16 Uhr) Moni Megalo Meteoro, das bekannteste der Klöster, ist ein beeindruckender Bau auf dem höchsten Felsen des Tales, 613 m über dem Meeresspiegel. Das Kloster wurde im 14. Jahrhundert vom Hl. Athanasios gegründet. Zum reichsten und mächtigsten Kloster machte es der serbische Kaiser Symeon Uros, der dem Kloster all seine Reichtümer vermachte und selbst Mönch wurde. Das *katholikon* hat eine wunderschöne 12-seitige Zentralkuppel. Sein faszinierender Freskenzyklus mit dem Titel „Märtyrertum der Heiligen" stellt anschaulich die Verfolgung der Christen durch die Römer dar.

Moni Varlaam KLOSTER

(☎24320 22277; ⊙Sa–Do 9–16 Uhr) Etwa 700 m unterhalb des Moni Megalo liegt das Moni Varlaam. Es beherbergt ein kleines Museum, einen originalen Seilkorb (bis in die 1930er die Methode, Vorräte und Mönche nach oben zu schaffen) und herrliche spätbyzantinische Fresken von Frangos Kastellanos. Das Wandbild „Der hl. Sisois am Grab Alexanders des Großen" zeigt den großen Eroberer als vergängliches Skelett. Zu sehen über der Tür, hinter den Kerzen.

Wer eine kleine Pause mit Panoramablick machen möchte, kann zum weitläufigen **Psaropetra-Aussichtsplatz** gehen, 300 m östlich der beschilderten Gabelung nordöstlich von Moni Varlaam.

Moni Agias Varvaras Roussanou KLOSTER
(☎24320 22649; ☎April–Okt. Di–Do 9–18 Uhr, Nov.–März 9–14 Uhr) Moni Agias Varvaras Roussanou ist über eine Holzbrücke zu erreichen. Das schöne, durch Buntglasfenster erleuchtete *katholikon* ist das Highlight. Es beherbergt wunderbare Fresken, welche die Auferstehung (nach dem Eingang links) und Verklärung (rechts) Christi darstellen. Die beeindruckende steile Anlage des Roussanou ist allein schon eine erstaunliche Leistung; heute beherbergt es einen Konvent mit 15 Nonnen. Wer das Kloster kurz vor der Schließung besucht, kann den Ruf zur Abendmesse hören.

Moni Agia Triada KLOSTER
(Kloster der Heiligen Dreifaltigkeit; ☎24320 22220; ☎April–Okt. Fr–Mi 9–17 Uhr, Nov.–März Fr–Di 10–15 Uhr) Von allen Klöstern wirkt das Moni Agia Triada am abgeschiedensten, es hat allerdings auch die längste Anfahrt. Im Jahr 1981 war es Drehort des James-Bond-Filmes „In tödlicher Mission". Die Aussicht von diesem Ort aus ist einzigartig. Das kleine *katholikon* aus dem 17. Jahrhundert ist herrlich, vor allem „Das Urteil des Pilatus" und „Die Gastfreundschaft Abrahams". Ein gut beschilderter, 1 km langer *monopati* führt zurück nach Kalambaka.

Meteora, Kastraki & Kalambaka

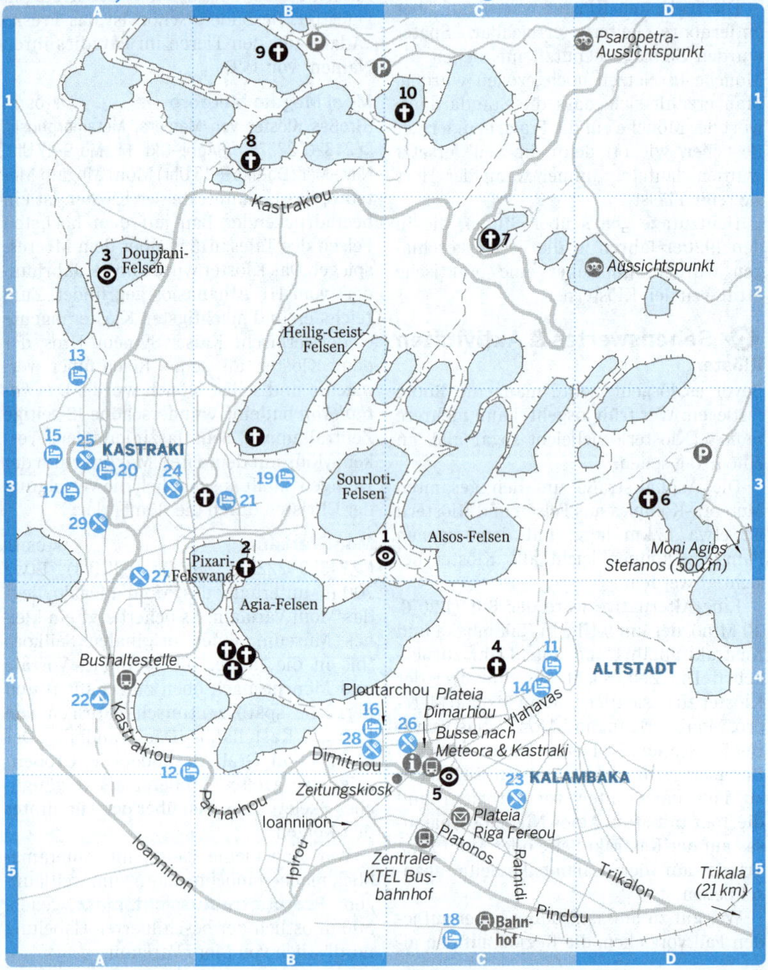

Moni Agios Stefanos KLOSTER
(☎24320 22279; ☎April–Okt. Di–So 9–13.30 & 15.30–17.30 Uhr, Nov.–März 9.30–13 & 15–17 Uhr) Nach dem strengen Moni Agias Triados gleicht das Moni Agios Stefanos geradezu einer Rückkehr in die Zivilisation. Geschäftstüchtige Ordensschwestern verkaufen hier religiöse Souvenirs und DVDs von Meteora. Zu den Ausstellungsstücken im Museum gehört ein exquisites, gesticktes Bildnis von Christus auf seiner Bahre *(epitafios)*. Das Kloster befindet sich ganz am Ende der Straße, 1,5 km hinter Agias Triados.

Klettern

Meteora ist seit einigen Jahren ein Mekka für europäische Kletterer. Je nach Schwierigkeitsgrad hat man hier die Wahl zwischen Routen zu über 100 Gipfeln und Türmen mit Namen wie Heiliger Geist, Großer Heiliger, Teufel-Talpfeiler (oder Teufelsturm), Wahnsinnsverschneidung und Bügeleisenkante.

Insgesamt gibt es etwa 700 Routen auf den 120 Sandsteintürmen von Meteora. Hier wird „clean" oder traditionell geklettert. Auf der internationalen UIAA-Skala wird das Gebiet als III oder IV eingestuft. Vom Wetter her ist die beste Zeit Mitte März bis Mitte Juni und Mitte August bis Mitte November.

Eine typische Klettertour dauert durchschnittlich drei Stunden; die Preise beginnen bei 40 € pro Person, je nach Route und Schwierigkeitsgrad. Meist werden Höhen von 90 bis 200 m erklettert. Eine Anfängerroute am **Doupiani-Felsen** dauert zwei Stunden (Ausrüstung ist in den Preisen inbegriffen, einschließlich Sicherheitsgurte, Schuhe und Helm).

In Kastraki sind zwei hervorragende Kletterführer ansässig, die befreundet sind und viel Erfahrung vorzuweisen haben. Einer davon ist der geprüfte Bergführer **Lazaros Botelis** (☎24320 79165, 69480 43655; meteora@nolimits.com.gr; Kastraki), der andere der Kletterlehrer **Kostas Liolios** (☎6972567582; ksts_liolios@yahoo.com; Kalambaka). Nähere Infos sowie Schwierigkeitsgrade der Routen auch unter www.kalampaka.com.

> **KLOSTERETIKETTE**
>
> Der Eintritt ins Kloster kostet 2 €, und es gilt eine strenge Etikette: keine nackten Schultern, Männer müssen lange Hosen tragen, und die Röcke der Frauen müssen unter dem Knie enden (üblicherweise werden am Eingang Wickelröcke ausgegeben).

Wandern

Geübte Wanderer dürften in dieser Gegend in ihrem Element sein. Die *monopatia*, die das gesamte Gebiet durchziehen, bieten Wanderspaß für mehrere Tage. Die Wanderstrecken sind auf guten Karten verzeichnet.

Als Zentrum und Herz von Meteora gilt der **Adrachti**, oder Obelisk, eine faszinierende Säule, die in Kastraki von überall zu sehen ist. Vom Hauptplatz in Kastraki führt ein 1 km langer Pfad hinauf, der in die Muskeln geht und in etwa 20 Minuten zu bewältigen ist.

Meteora, Kastraki & Kalambaka

Sehenswertes

1	Adrachti	C3
2	Agiou Andonios	B3
3	Doupiani-Felsen	A2
4	Kirche Mariä Himmelfahrt	C4
5	Markt	C5
6	Moni Agias Triados	D3
7	Moni Agias Varvaras Rousanou	C2
8	Moni Agios Nikolaos Anapafsas	B1
9	Moni Megalo Meteoro	B1
10	Moni Varlaam	C1

Schlafen

11	Alsos House	C4
12	Dellas Boutique Hotel	A4
13	Doupiani House	A2
14	Guest House Elena	C4
15	Hotel Kastraki	A3
16	Hotel Meteora	B4
17	Hotel Tsikeli	A3
18	Monastiri Guest House	C5
19	Pyrgos Adrachti	B3
20	Rooms Ziogas Vasiliki	A3
21	Thalia Guest House	B3
22	Vrachos Camping	A4

Essen

23	Supermarkt	C5
24	Taverna Gardenia	A3
25	Taverna Meteora Vavitsas	A3
26	Taverna Panellinion	C4
27	Taverna Paradisos	A3
28	Taverna To Paramithi	B4
29	Taverna Tou Zioga	A3

Ganz in der Nähe, an der Ostseite der Pixari-Felswand, näher an Kastraki, ist die Höhlenkapelle **Agiou Andonios** gelegen. Links von der Kapelle, in den Löchern und Hohlräumen des Felsens, befinden sich die **Askitiria** (Einsiedlerhöhlen) mit Strickleitern und Taubennestern. Die Askitiria waren bis ins frühe 20. Jahrhundert von einsamen Mönchen bewohnt und sind ein wesentliches Zeugnis für die eigentliche Bedeutung Meteoras.

Kalambaka Καλαμπακά

7550 EW.

Kalambaka, das Tor nach Meteora, ist fast vollständig modern, da es von den deutschen Nationalsozialisten im Zweiten Weltkrieg niedergebrannt wurde. Wer alle Klöster in Meteora besichtigen möchte, braucht mindestens einen Tag und muss deshalb entweder in Kalambaka oder im Dorf Kastraki übernachten.

Sehenswertes & Aktivitäten

Wer Kalambaka zum ersten Mal besucht, dürfte von den senkrechten Felsen fasziniert sein, die über den Nordrand der Stadt wachen. Jeden Freitag wird neben dem Brunnen (Karte S. 274) und der Bushaltestelle ein geschäftiger Markt veranstaltet.

Kirche Mariä Himmelfahrt KIRCHE
(Karte S. 274; Eintritt 1,50 €; 9–13 & 15–21 Uhr) Diese dreischiffige, byzantinische Basilika aus dem 7. Jahrhundert beeindruckt mit ihren meisterhaften Fresken aus dem 14. Jahrhundert

Schlafen

Zimmer gibt es in Kalambaka in Hülle und Fülle, nur an der Trikalon ist es sehr laut.

LP TIPP **Alsos House** PENSION, APARTMENTS €
(Karte S. 274; 24320 24097; www.alsoshouse.gr; Kanari 5; EZ/DZ inkl. Frühstück 35/50 €, FZ inkl. Frühstück 75–80 €, Apt. für 5 Personen 100 €; P ❄ @) Das gut geführte Alsos House verfügt über eine gut ausgestattete Gemeinschaftsküche, Wäscheservice und einen tollen Ausblick auf die Felsen. Es ist 500 m vom Ortszentrum entfernt; ein *monopati* liegt ganz in der Nähe. Der freundliche, Englisch sprechende Besitzer Yiannis Karakantas kennt die Gegend genauso gut wie die Mönche ihre Gebete.

Monastiri Guest House BOUTIQUEHOTEL €€
(Karte S. 274; 24320 23952; www.monastiri-guesthouse.gr; EZ/DZ/3BZ/Suite inkl. Frühstück 50/60/70/100; P ❄) Das umgewandelte, aus Stein gebaute Herrenhaus gegenüber dem Bahnhof ist farbenprächtig ausgestattet, mit langen Himmelbetten

METEORA: GEOLOGIE EINES STEINERNEN WALDES

Die steilen Felsen und Klippen von Meteora waren einst Sedimente eines Binnenmeeres. Vor etwa 10 Mio. Jahren schoben tektonische Kräfte die gesamte Region schräg aufwärts aus dem Meer. Dieselben tektonischen Bewegungen ließen die flankierenden Berge näher zusammenrücken, sodass sie extremen Druck auf die verhärteten Sedimente ausübten. Die Sedimentschichten um Meteora bekamen netzartige Risse und Spalten. Durch Verwitterung und Erosion blieben die turmartigen Felsen stehen, die heute in den Himmel ragen. Die Felsen sind Konglomerate aus mehreren Gesteinsarten: Kalkstein, Marmor, Serpentinit und Metamorphit, durchsetzt mit Sand und Schieferschichten.

Als die ersten Menschen auf der Bildfläche erschienen, waren die Felsen bereits verwittert und zu fantastischen Formen erodiert; der Regen wusch Sandstein und Schiefer aus und isolierte dadurch Felsblöcke und Klippen. Wo die Erosion weniger extrem war, hatten sich Höhlen und Überhänge in der glatten Felsfläche gebildet.

Bereits im frühen 11. Jahrhundert. dienten diese ehrfurchtgebietenden Naturhöhlen Einsiedlermönchen als Unterschlupf. Schließlich entstanden 24 Klöster auf diesen Gipfeln. Heute sind noch sechs davon aktive religiöse Stätten, in denen Mönche oder Nonnen leben, und die von Gläubigen ebenso besucht werden wie von Neugierigen.

Etwa 3 km östlich von Kalambaka liegt die **Theopetra-Höhle** (Eintritt frei; tgl. 9–13 Uhr), die seit 2009 geöffnet ist. Die Ausgrabungen in dieser 500 m^2 großen Höhle brachten Fundstücke aus der Alt- und Jungsteinzeit zu Tage, die den kulturellen Wandel vom Neandertaler bis zum modernen Menschen belegen. Der Bus Kalambaka–Trikala hält auf Anforderung an der Haltestelle Theopetra-Höhle.

ÖFFNUNGSZEITEN DER KLÖSTER

Mönche können ziemlich eigensinnig sein. Bei der Routenplanung sollte man sich unbedingt nach den jeweiligen Öffnungszeiten erkundigen – es gibt nicht zwei Klöster mit identischen Öffnungszeiten. Bei der Recherche galten folgende Zeiten:

» **Moni Agios Stefanos** montags geschlossen
» **Moni Megalo Meteoro** dienstags geschlossen (November bis März donnerstags)
» **Moni Agias Varvaras Roussanou** mittwochs geschlossen
» **Moni Agia Triada** donnerstags (November bis März mittwochs)
» **Moni Agios Nikolaos Anapafsas** freitags geschlossen
» **Moni Varlaam** freitags geschlossen

und hellen, luftigen Badezimmern. In der hübschen Lobby aus Holz und Naturstein gibt es einen offenen Kamin und eine Bar.

Guest House Elena BOUTIQUEHOTEL €
(Karte S. 274; ☎24320 77789; www.elenaguesthouse.gr; Kanari 3; EZ/DZ3BZ inkl. Frühstück ab 45/55/75 €, Suite 100 €; P ❄ @ ☎) Stilgerecht eingerichtet mit intimer Atmosphäre; der Besitzer ist mehrsprachig.

Hotel Meteora PENSION €
(Karte S. 274; ☎24320 22367; www.hotel-meteora.blogspot.com; Ploutarhou 14; EZ/DZ/3BZ inkl. Frühstück 30/40/60 €; P ❄ @) In einer ruhigen Sackgasse unterhalb der Felsen; eine solide Budgetunterkunft.

Pension Arsenis HOTEL €
(☎24320 23500; www.arsenis-meteora.gr; EZ/DZ/3BZ 30/40/50 €; P ❄) Dieses einfache, von Lesern empfohlene Hotel ist gut für Gruppen geeignet; es liegt außerhalb von Kalambaka, 4 km südöstlich.

Essen

LP TIPP **Taverna To Paramithi** TAVERNE €
(Karte S. 274; ☎24320 24441; Patriarhou Dimitriou 14; Hauptgerichte 6–9 €) Neben sehr guten Grillgerichten und frischer Pasta bringen die Besitzer und Köche Makis und Eleni täglich frische Meeresfrüchte auf den Tisch. Weitere Spezialitäten sind Lammrippchen (8,50 €) und der *roka* (Rucola-Salat) (3,50 €). Oft kommen spätabends noch ein paar einheimische Musiker vorbei, in der einen Hand die Gitarre oder *bouzouki*, in der anderen, wenn möglich, ein Glas schmackhaften Hauswein oder selbst gemachten *tsipouru*.

LP TIPP **Taverna Panellinion** TAVERNE €
(Karte S. 274; ☎24320 24735; Plateia Dimarhiou; Hauptgerichte 6,50–12 €) Gegenüber dem Brunnen und dekoriert mit antikem Krimskrams, kommen im Panellinion erstklassige *mezedhes* auf den Tisch, z. B. gebratener Feta und raffinierte Versionen traditioneller Gerichte wie *pastitsio* (Nudel-und-Hackfleischauflauf) und Huhn in Zitronensoße. Die Gerichte bestehen immer aus frischen, einheimischen Zutaten.

Wer etwas Schnelles oder *gyros* (am Spieß gegrilltes Fleisch, das normalerweise mit Pittabrot serviert wird) essen möchte, sollte sich im Häuserblock südlich der Plateia Riga Fereou umschauen

Selbstversorger finden Nützliches im **Supermarkt** (Karte S. 274; ☎Mo–Sa 8–20 Uhr). Hier gibt es ein breites Angebot an frischen Lebensmitteln und mehr.

Praktische Informationen

Sechs Banken mit Geldautomaten liegen um die Plateia Riga Fereou an der Trikalon. Neben der Post gibt es einen Geldwechselschalter.

Hollywood Café-Bar (Trikalon 67; 2 € pro Std.; ☎9–1 Uhr) Internetzugang

Krankenhaus (☎24320 22222; Pindou)

Post (Karte S. 274; Trikalon 24; ☎Mo–Fr 7.30–14 Uhr)

Touristeninformation (Karte S. 274; ☎24320 77900-3; Plateia Dimarhiou; ☎Mo–Fr 8–20 Uhr) Karten und Stadtinformation; neben dem Restaurant Panellinion.

Touristenpolizei (☎24320 78516; Ecke Ipirou & Pindou)

Zeitungskiosk (☎24320 24667; Ecke Ioannion & Patriarhou Dimitriou; ☎9–20 Uhr) Landkarten, Bücher und internationale Zeitungen

An- & Weiterreise

Bus

Kalambakas zentrale **KTEL-Bushaltestelle** (Karte S. 274; ☎24320 22432; Ikonomou) ist 50 m vom Hauptplatz und dem Brunnen entfernt. Hier fahren auch die Busse von/nach Trikala ab. Achtung: Reisende nach Delphi sollten über Trikala und Lamia (nicht über Larissa) fahren. Der Bus fährt um 9 Uhr ab; dann in Lamia umsteigen in den Bus, der um 12.45 Uhr nach Amfissa/Delphi fährt, wo er gegen 15.30 Uhr ankommt.

BUSSE AB KALAMBAKA

REISEZIEL	DAUER	PREIS	HÄUFIGKEIT
Athen	5 Std.	25 €	7-mal tgl.
Ioannina	2½ Std.	11,20 €	3-mal tgl.
Lamia	2 Std.	10,50 €	7-mal tgl.
Metsovo	1½ Std.	6,20 €	3-mal tgl.
Thessaloniki	3½ Std.	17,50 €	6-mal tgl.
Trikala	30 Min.	1,90 €	stündl.
Volos	2½ Std.	14,20 €	4-mal tgl.

Zug

Züge fahren am **Bahnhof Kalambaka** (☎24320 22451) ab. Wer nach Thessaloniki oder Volos möchte, muss in Paliofarsalos umsteigen.

ZÜGE AB KALAMBAKA

REISEZIEL	DAUER	PREIS	HÄUFIGKEIT
Athen normal	5½ Std.	14,60 €	2-mal tgl.
Athen IC	4½ Std.	24,30 €	2-mal tgl.
Thessaloniki	4 Std.	12,10 €	3-mal tgl. (normal)
Volos	1½ Std.	6 €	2-mal tgl.

Unterwegs vor Ort

BUS Täglich fahren drei Busse nach Kastraki (1,40 €) vom Brunnen an der Plateia Dimarhiou ab; an den Wochenenden fahren zwei von ihnen (samstags und sonntags 8.20 und 12.30 Uhr) weiter nach Meteora. Zwischen Mai und September fahren drei Busse täglich (1,60 €) an der KTEL-Haltestelle nach Meteora ab (sie nehmen Touristen auch am Rathaus auf). Die Touristeninformation nennt die Abfahrtszeiten.

FAHRRÄDER (10 €) und Motorräder (20 €) vermietet der **Hobby Shop** (☎/Fax 24320 25262; Patriarhou Dimitriou 28) tageweise.

Taxis (gegenüber dem Brunnen) fahren nach Kastraki (5 €) und zu allen Meteora-Klöstern (beispielsweise nach Moni Megalo Meteoro für 10 €). Einige Fahrer sprechen Deutsch, Englisch oder Französisch; pro Stunde kostet eine Taxifahrt ab etwa 20 €.

Kastraki Καστράκι

1200 EW.

Das Dorf Kastraki liegt weniger als 2 km von Kalambaka entfernt; durch seine beeindruckende Lage am Fuß der Felsen wirkt es wie aus einer anderen Welt. Kastraki ist ein guter Ausgangspunkt für die Besichtigung der Meteora-Klöster oder Klettertouren an den Felsen

Schlafen

LP TIPP **Doupiani House** BOUTIQUEHOTEL €€
(Karte S. 274; ☎24320 75326; www.doupianihouse.com; Zi. 50–70 €, 3BZ 60–80 €, inkl. Frühstück; P ❄ @ ☎) Das reizvolle Hotel befindet sich in unvergleichlich schöner Lage etwas außerhalb des Dorfes, in direkter Nähe zu den Meteora-Klöstern und mit einem beispiellos guten Ausblick. Die makellosen Zimmer mit Balkon oder mit Zugang zum Garten sind geschmackvoll eingerichtet; das Frühstück wird von den zuvorkommenden Wirten Toula und Thanasis auf der Gartenterrasse serviert – Vogelgezwitscher inklusive.

LP TIPP **Dellas Boutique Hotel** BOUTIQUEHOTEL €€
(Karte S. 274; ☎24320 78260; www.dellasboutiquehotel.com; EZ 60–75 €, DZ 70–85 € inkl. Frühstück) Diese hübsche Unterkunft, die sich zwischen Kastraki und Kalambaka befindet, kann zwar nicht mit den allerbesten Panoramablicken dienen, verdient aber eine Auszeichnung für elegante, ordentliche Zimmer und einen ausgezeichneten Service; die Preise richten sich nach der Aussicht.

Pyrgos Adrachti BOUTIQUEHOTEL €€
(Karte S. 274; ☎24320 22275; www.hotel-adrachti.gr; EZ 40 €, DZ 50–69 €, 3BZ 80 €; P ❄ ☎) Die Begriffe „edel" und „cool" beschreiben das Hotel am besten: In jedem Zimmer, der Bar und den Gemeinschaftsräumen zeigt sich die Handschrift der Designer und aus der Nähe eine Liebe zum Detail. Der kleine Garten lädt zum Entspannen ein. Das Hotel liegt am Nordende des Dorfes unter den Felsen; nach dem Weg fragen.

Thalia Guest House APARTMENTS €
(Karte S. 274; ☎6947301404 (Englisch), 69480 43655 (Französisch); www.thaliarooms.gr; EZ/DZ 40/60 €; P ❄ ☎) Das Thalia verfügt über lediglich drei Zimmer für Selbstversorger, bietet dem Gast aber dennoch eine ganze Menge: Die Zimmer sind schick und komfortabel eingerichtet und haben Balkone mit Blick auf die Felsen. Die Französisch und Englisch sprechenden Wirte sind großartig.

Rooms Ziogas Vasiliki PENSION €
(Karte S. 274; ☎24320 24037; www.ziogasrooms.com; EZ/DZ/3BZ ab 25/40/50 €; P❄📶) Diese freundliche Budgetoption ist sauber und luftig. Einige der Zimmer bieten eine großartige Aussicht auf die Felsen.

Hotel Kastraki HOTEL €
(Karte S. 274; ☎24320 75336; Fax 24320 75335; EZ/DZ/3BZ inkl. Frühstück ab 40/50/60 €) Das Hotel im Stil der 1990er ist in die Jahre gekommen, aber gut für Plan B.

Hotel Tsikeli HOTEL €
(Karte S. 274; ☎24320 22438; www.tsikelihotel.gr; EZ 35–40 €, DZ 45–50 €, 3BZ 60–70 €, inkl. Frühstück; P❄📶) Einfache Zimmer in Holz- und Marmoroptik, mit großen Balkonen und einem Rasen als Vorgarten

Vrachos Camping CAMPINGPLATZ €
(Karte S. 274; ☎24320 22293; www.campingmeteora.gr; Erw./Zelt 9 €/frei; ≋) Schattiger Campingplatz an der Straße Kalambaka–Kastraki mit hervorragender Ausstattung.

Essen

LP TIPP **Taverna Paradisos** TAVERNE €
(Karte S. 274; ☎24320 22723; Hauptgerichte 6,50–8,50 €) Jede dieser wunderbaren Spezialitäten im geräumigen Paradisos verdient denselben Kommentar: *nostimo!* („köstlich"). Die Besitzerin und Köchin Koula verarbeitet lokale Produkte von hoher Qualität und gibt eine Prise ihrer Kochmagie dazu. Sonntags sollte man Platz für den Spießbraten lassen.

Taverna Tou Zioga TAVERNE €
(Karte S. 274; ☎24320 22286; Hauptgerichte 5–9 €; ☎Abendessen) Das angenehme Restaurant ohne Außenterrasse ist edler als die meisten anderen hier, aber immer noch zu vernünftigen Preisen. Es stehen *mayirefta*- sowie Standardgerichte mit Fleisch, z. B. *souvlakia*, gegrillte Schweinekoteletts auf der Speisekarte.

Taverna Gardenia TAVERNE €
(Karte S. 274; ☎24320 22504; Hauptgerichte 6–9 €) Das unprätentiöse Gardenia serviert unter zwei Platanen leckere Tavernen-Standardgerichte; 20 m südlich des Platzes.

Taverna Meteora Vavitsas TAVERNE €
(Karte S. 274; ☎24230 22285; Hauptgerichte 6–9 €) Gegenüber dem Hotel Kastraki liegt etwas zurückgesetzt die schattige Backsteinterrasse dieser beliebten, etwas fleischlastigen Taverne.

Praktische Informationen

Internetzugang gibt's in Kastraki nur im **All Time Café** (☎24320 23930; ☎9–2 Uhr) an der Hauptstraße gegenüber der Taverna Paradisos.

Nordgriechenland

Inhalt »

Gut essen

» Paparouna (S. 295)
» Castello Restaurant (S. 361)
» Flegra Traditional Taverna (S. 304)
» Gastrodromio (S. 315)
» Clochard (S. 305)

Schön übernachten

» Daios (S. 291)
» Arhontiko Dilofo (S. 354)
» Imaret (S. 313)
» Rent Rooms Thessaloniki (S. 291)

Auf nach Nordgriechenland

Griechenlands weiter und abwechslungsreicher Norden (βόρεια Ελλάδα) ist in seiner landschaftlichen, kulturellen und sogar kulinarischen Vielfalt einzigartig. Das Gebiet, das sich vom blauen Ionischen Meer über die schroffen Berge von Epirus, die Seen und Weingärten Makedoniens bis zur thrakischen Ebene und der türkischen Grenze erstreckt, bietet für jeden etwas.

Die Region gehört zwar erst seit der Aufteilung des Balkans im Zuge der Balkankriege von 1912/13 zu Griechenland, aber eine kulturlose Landschaft ist sie keineswegs: Makedonier, Illyrer, Thraker und Römer herrschten hier in der Antike, später waren es über längere Zeiträume die Byzantiner, Slawen und Türken.

Heute liegt Nordgriechenland mehr und mehr im Trend. In Thessaloniki, Griechenlands zweitgrößter Stadt, gibt es Restaurants, Nachtleben und Kulturangebote der Spitzenklasse, und in der Universitätsstadt Ioannina nahe dem großartigen Pindos-Gebirge in Epiros geht's hoch her. Zudem hat Nordgriechenland auch tolle Strände zu bieten – für ein sommerliches Nachtleben ebenso wie für einsamere Strandfreuden.

Reisezeit

Thessaloniki

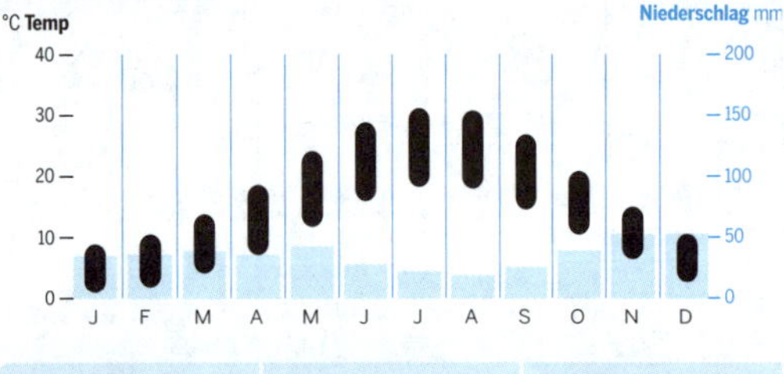

Juni–August Im Hochsommer bieten die Strände Chalkidikis und um Parga kühle Erfrischung.

September–November Konzerte, Filmfeste, Ausstellungen und Nachtleben in Thessaloniki

Dezember–März Skihüttenromantik in den Dörfern der Zagorochoria oder Weihnachten auf dem Berg Athos

Highlights

1. Ein Besuch der Museen in **Thessaloniki** (S. 289)
2. Die Nähe zu den Göttern auf dem **Olymp** (S. 315)
3. Ein Sonnenbad an den Stränden um **Parga** (S. 358)
4. Der Genuss orientalisch-traditioneller Küche und Süßigkeiten in **Xanthi** (S. 332)
5. Kreisender Geier und Falken im **Dadia-Waldreservat** (S. 338) in Thrakien
6. Das quirlige Leben in **Ioannina** (S. 345), einer geschichtsträchtigen Studenten- und Silberstadt
7. Schnorcheln in den klaren ägäischen Gewässern um unbewohnte Inselchen vor der **Halbinsel Chalkidiki** (S. 303)
8. Eine Wanderung durch eine der großartigsten Schluchten Europas, der **Vikos-Schlucht** (S. 354) in der Zagorochoria-Region in Epiros
9. Ein Blick von der gewaltigen Ruine der Basilika Agios Achillios auf die Stille des **Mikri-Prespa-Sees** (S. 322)

MAKEDONIEN

Vielen Menschen fällt zwar bei der Erwähnung von Makedonien (Μακεδονία) lediglich der Eroberer aus alten Zeiten, Alexander der Große, ein, doch Griechenlands größte Provinz hat weitaus mehr zu bieten. Klar, die Hauptstadt des antiken Makedoniens in Pella und die mit Gold beschlagenen Königsgräber von Vergina sind ein absolutes Muss, aber Reisende sollten sich auch Thessaloniki anschauen, Griechenlands kultivierte zweitgrößte (und wohl auch coolste) Stadt mit tollen Restaurants, Kneipen und Nachtleben, und auch die Strände der Chalkidiki-Halbinsel und den bewaldeten Olymp – Sitz der antiken Götter und Griechenlands höchster Berg (2918 m).

Göttliche dionysische Genüsse locken auf den bekannten Weingütern Makedoniens, die Weinproben und einige der besten Weine Griechenlands anbieten. Die gesamte weitläufige Region umfasst Ebenen, beschauliche Seen und bewaldete Berge, eine Kombination, die ein einzigartiges Mikroklima und einen fruchtbaren Boden hervorbringt, auf dem Weizen und rote Paprika gedeihen und in dem sich auch reichlich antike Artefakte verbergen.

Makedonien hat tatsächlich Vieles abseits der ausgetretenen Pfade zu bieten. Im Nordwesten zotteln Braunbären durch Berge, die zu den stillen Prespa-Seen abfallen, wo Pelikane, Kormorane und ruhige mittelalterliche Kirchen zu finden sind. Zu den ostmakedonischen Attraktionen gehören die palmengesäumte Hafenstadt Kavala mit ihrer Burg und die abgeschiedenen Klöster aus byzantinischer Zeit auf dem Berg Athos, die in friedlicher Wildnis auf dem dritten Finger der Chalkidiki-Halbinsel liegen.

Geschichte

Leben gab es in Makedonien zwar bereits vor 700 000 Jahren, aber bekannter ist die Region für ihre mächtige antike Zivilisation, die mit Alexander dem Großen (gest. 323 v. Chr.), dessen Eroberungszüge bis nach Indien führten, ihren Höhepunkt fand. Die Makedonier, von den kultivierten Athenern als Barbaren betrachtet, unterwarfen unter Alexanders Vater Philipp II. Griechenland, übernahmen aber griechische Sitten. Alexander verbreitete griechische Kultur und Sprache weithin und half, eine hellenistische Gesellschaft zu schaffen, die später von den Römern übernommen wurde. Als sich im 4. Jahrhundert n. Chr. ihr Reich in einen östlichen und westlichen Teil spaltete, entstand das griechischsprachige byzantinische Reich.

Thessaloniki entwickelte sich zur zweitwichtigsten Stadt dieses Reiches, ein kommerzielles, kulturelles und strategisches Zentrum an den Handelsrouten des Balkans. Slawische Einwanderungen brachten im 6. und 7. Jahrhundert n. Chr. neue Bewohner und Herausforderungen mit sich. Das Reich führte vom 9. bis 11. Jahrhundert häufig mit dem mittelalterlichen bulgarischen Königreich Krieg. Kaiser Basileios II. besiegte schließlich 1018 den bulgarischen Zaren Samuel, der einen großen Teil des südlichen Balkans vom makedonischen Mikri-Prespa-See aus beherrschte.

Nach der serbischen Herrschaft im 14. Jahrhundert wurden Makedonien und der Balkan von den osmanischen Türken unterworfen. Die osmanische Ideologie unterschied Untertanen nach Religion, nicht nach Rasse. Das führte Ende des 19. Jahrhunderts zu Konflikten, als sich Guerillabewegungen gegen die Türken bildeten, die Makedonien für Griechenland, Bulgarien oder gar ein unabhängiges „Makedonien für Makedonier" einforderten. Zu Beginn des 20. Jahrhunderts befürworteten eine Zeitlang Großmächte wie Großbritannien die letztere Lösung.

Osmanische Gräueltaten gegen die christliche Bevölkerung Makedoniens waren Vorboten des ersten Balkankriegs von 1912, in dem Griechenland, Bulgarien und Serbien die Türken aus Makedonien vertrieben. Die Bulgaren waren jedoch unzufrieden mit ihrem Gewinnanteil und erklärten den einstigen Verbündeten 1913 den Krieg (zweiter Balkankrieg). Bulgariens rasche Niederlage hatte jedoch den Verlust der zugewiesenen Teile Ostmakedoniens und Thrakiens zur Folge. Griechenland ging als der große Gewinner hervor und verleibte sich fast die Hälfte des geografischen Makedoniens ein, Serbien 38 Prozent. Bulgarien musste sich mit 13 Prozent begnügen. Das neu geschaffene Albanien erhielt ein winziges Stück Makedoniens um den Ohrid- und Prespa-See.

Die Regierung siedelte 1923 während des gewaltigen griechisch-türkischen Bevölkerungsaustausches zahlreiche griechische Flüchtlinge aus Anatolien nach Makedonien um und vertrieb die einheimische

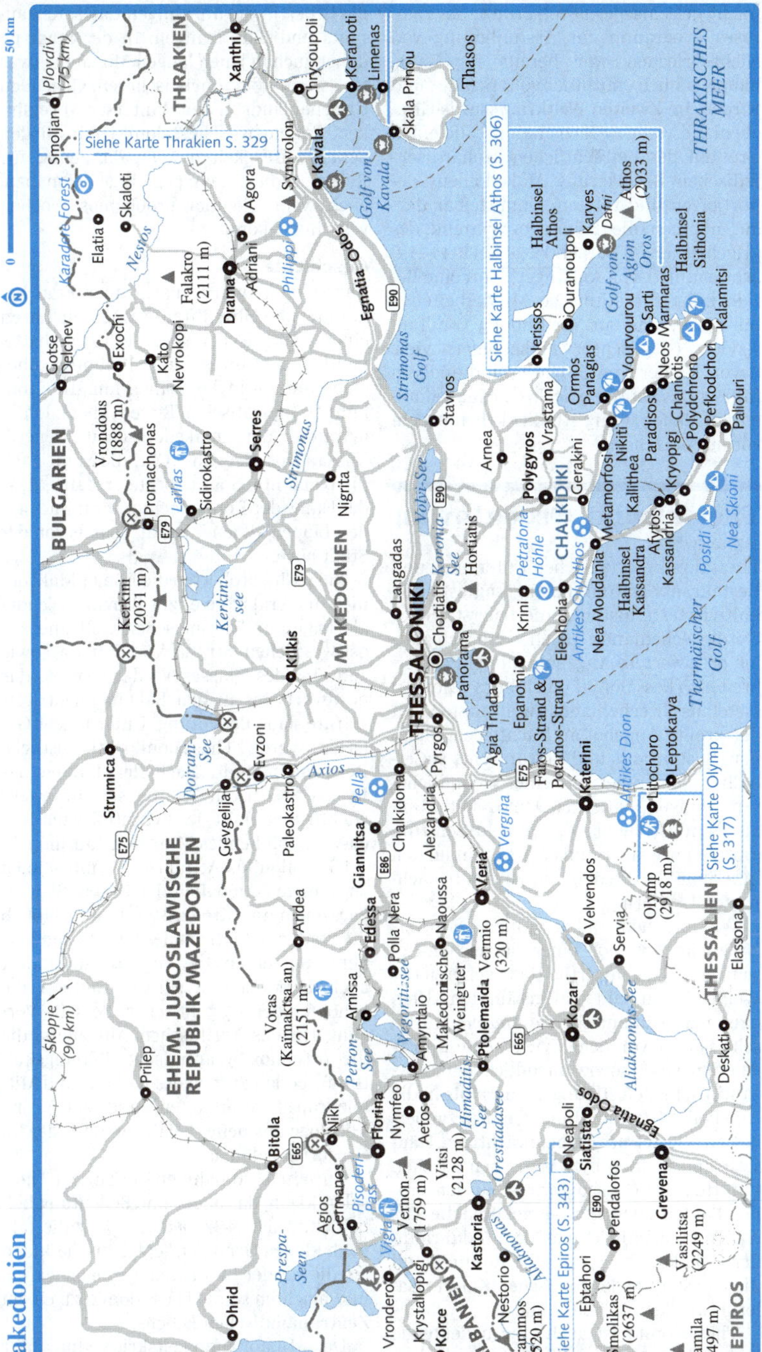
Makedonien
0
50 km
Siehe Karte Thrakien S. 329
Siehe Karte Halbinsel Athos (S. 306)
Siehe Karte Olymp (S. 317)
Siehe Karte Epiros (S. 343)
BULGARIEN
THRAKIEN
MAKEDONIEN
THESSALIEN
EPIROS
ALBANIEN
EHEM. JUGOSLAWISCHE REPUBLIK MAZEDONIEN
CHALKIDIKI
THESSALONIKI
THRAKISCHES MEER
Thermäischer Golf
Strimonas Golf
Golf von Kavala
Golf von Agion Oros
Thasos
Limenas
Skala Prinou
Keramoti
Chrysoupoli
Xanthi
Smoljan
Plovdiv (75 km)
Karadere Forest
Elatia
Skaloti
Nestos
Kavala
Symvolon
Agora
Adriani
Drama
Falakro (2111 m)
Philippi
Egnatia Odos
Gotse Delchev
Exochi
Kato Nevrokopi
Vrondous (1888 m)
Promachonas
Lailias
Sidirokastro
Serres
Strimonas
Nigrita
Stavros
Volvi-See
Koronia-See
Langadas
Hortiatis
Chortiatis
Panorama
Kerkini (2031 m)
Kerkini-see
Kilkis
Doirani-See
Evzoni
Strumica
Gevgelija
Paleokastro
Axios
Pella
Giannitsa
Chalkidona
Alexandria
Pyrgos
Agia Triada
Epanomi
Faros-Strand & Potamos-Strand
Krini
Eleohoria
Petralona Höhle
Antikes Olynthos
Nea Moudania
Polygyros
Arnea
Vrastama
Gerakini
Ierissos
Ouranoupoli
Halbinsel Athos
Karyes
Dafni
Athos (2033 m)
Ormos Panagias
Vourvourou
Sarti
Halbinsel Sithonia
Neos Marmaras
Kalamitsi
Nikiti
Metamorfosi
Paradisos
Chaniotis
Polydchrono
Pefkodchori
Paliouri
Kallithea
Afytos
Kassandria
Kryopigi
Halbinsel Kassandra
Posidi
Nea Skioni
Katerini
Antikes Dion
Litochoro
Leptokarya
Olymp (2918 m)
Elassona
Vergina
Veria
Naoussa
Edessa
Polla Nera
Aridea
Voras (Kaïmaktsa an) (2151 m)
Arnissa
Vegoritis-See
Petron-See
Amyntaio
Makedonische Weingüter
Vermio (320 m)
Ptolemaïda
Kozani
Velvendos
Servia
Aliakmonas-See
Deskati
Skopje (90 km)
Prilep
Bitola
Niki
Florina
Nymfeo
Aetos
Vitsi (2128 m)
Vernon (1759 m)
Pisoderi Pass
Agios Germanos
Vigla
Himaditis See
Orestiadasee
Kastoria
Siatista
Neapoli
Grevena
Pendalofos
Vasilitsa (2249 m)
Eptahori
Smolikas (2637 m)
Gamila (2497 m)
Nestorio
Aliakmonas
Grammos (2520 m)
Krystallopigi
Vrondero
Korce
Ohrid
Prespa-Seen
E75
E79
E86
E90
E65

(nicht-griechische) Bevölkerung. Ein rigoroses Programm zur Assimilierung von Nicht-Griechen war bereits im Gang, hauptsächlich mithilfe von Schule und Kirche. Im Zweiten Weltkrieg wurde Griechenland von den Nazis besetzt, die einen Großteil der beträchtlichen sephardisch-jüdischen Bevölkerung Makedoniens deportierten und töteten. Unmittelbar darauf nahmen die Behörden während des griechischen Bürgerkriegs (1944–49) „kommunistische Anhänger" – oft eine Bezeichnung für ethnische Minderheiten – ins Visier, was zur Vertreibung von Tausenden (slawischer) Makedonier, viele davon Kinder, von Bulgaren und anderen führte. Das heutige griechische Makedonien hat daher wenig Ähnlichkeit mit dem vor nur 60 Jahren.

Thessaloniki Θεσσαλονίκη

363 987 EW.

Thessaloniki ist in Sachen Unterkunft und Restaurants sowohl die angesagteste und kultivierteste als auch die teuerste Stadt Nordgriechenlands – auch wenn sich gottlob preiswertere Angebote allmählich verbreiten. Thessaloniki (auch kurz Saloniki) bietet als Griechenlands zweitgrößte Stadt das größte Angebot an Nachtleben, Shoppen, Restaurants und Kulturevents außerhalb Athens, aber mit einer freundlicheren, weniger hektischen Atmosphäre. Und als Nordgriechenlands Verkehrszentrum gibt es dort auch günstige Verbindungen innerhalb der Region und zu den benachbarten Ländern.

Wie in Athen sind auch hier die unvergänglichen Symbole einer glorreichen Geschichte allgegenwärtig. Dazu gehören der Weiße Turm am cafégesäumten Ufer, einstmals osmanische *hammams* (türkische Bäder), von denen viele heute Kunstgalerien sind, sowie unendlich lange byzantinische Befestigungsmauern bis in die Ano Poli (Oberstadt) hinauf, einem zauberhaften Viertel mit farbenprächtigen Häusern und kleinen byzantinischen Kirchen inmitten des Gassengewirrs. Zu den großen Bauten Thessalonikis gehören die Kirche Agios Dimitrios aus dem 5. Jahrhundert, die kolossale römische Rotunde und die Palastruine des römischen Kaisers Galerius aus dem 3. Jahrhundert.

Thessaloniki ist auch eine bedeutende Universitätsstadt mit 80 000 Studenten, die Leben in die unzähligen Cafés, Restaurants und Bars bringen. In der Stadt ist daher auch in jenen langen Monaten etwas los, wenn die touristischeren Gegenden Griechenlands in den Winterschlaf versinken. Zudem ist Thessaloniki mit all den Sehenswürdigkeiten kompakt genug für Reisende, die nur ein paar Tage Zeit haben, auch wenn sie hier problemlos Wochen verbringen könnten.

Geschichte

Thessaloniki wurde nach einer Frau benannt, die selbst ihren Namen zu Ehren eines militärischen Siegs erhalten hatte, nämlich dem ihres Vaters Philipp II. über einen Stamm in Thessalien mit Hilfe tollkühner thessalischer Reiter. Thessaloniki heiratete den makedonischen General Kassandros, der 316 v. Chr. die Stadt nach ihr benannte. Somit sorgte er dafür, dass der Name der Königstochter für immer auf den Lippen all jener ist, die jemals von der Stadt hörten.

168 v. Chr. eroberten die Römer Makedonien und erklärten es zur Provinz. Die ideale Lage am Thermaischen Golf und zur ost-westlichen Straße Via Egnatia sowie zum Tal des Flusses Vardar (Axios), das nordwärts bis in den Balkan reicht, verstärkte seine Bedeutung. Unter Kaiser Galerius wurde Thessaloniki die östliche Reichshauptstadt. Nach der Teilung des Reichs 395 n. Chr. wurde sie zur zweitwichtigsten Stadt des byzantinischen Reiches, ein blühendes Mini-Konstantinopel.

Thessalonikis Attraktivität führte auch zu häufigen Angriffen der Goten, Slawen, Sarazenen und Kreuzritter. Dennoch blieb die Stadt ein Zentrum des Lebens und Lernens. So lebten hier im 9. Jahrhundert auch die Mönche Kyrill und Method, die Schöpfer der glagolitischen Schrift, Vorgängerin des kyrillischen Alphabets, die die orthodox-byzantinische Bildungskultur unter den Slawen des Balkans und Mitteleuropas verbreiteten, und der große Theologe aus dem 14. Jahrhundert, der hl. Gregorios Palamas.

Im Jahr 1430 nahmen die Türken Thessaloniki ein, das aber seine Bedeutung beibehielt. Nach 1492 siedelten hier die taktisch klugen Osmanen sephardische Juden an, die vor der Inquisition geflohen waren, und machten somit Thessaloniki zu einem Zentrum jüdischen Lebens.

Der Unabhängigkeitskrieg im Jahr 1821 konnte die Osmanen nicht vertreiben.

Das ganze 19. Jahrhundert hindurch wurde die Stadt zum blutrünstigen Zentrum von Intrigen, Geheimgesellschaften und sich gegenseitig bekämpfender Rebellengruppen und Reformbewegungen. Neben den griechischen Befreiungsorganisationen gehörten dazu auch die probulgarische Innere Makedonische Revolutionäre Organisation (IMRO) und die Jungtürken, die westliche Reformen einführen wollten, um das Reich zu retten. Einer der Jungtürken und geborener Thessaloniker, Mustafa Kemal, sollte als Gründer der modernen Türkei und als Atatürk (Vater der Türken) in die Geschichte eingehen.

Die beiden Weltkriege veränderten Thessalonikis Schicksal auf grausige Weise. Im August 1917 brannte die Stadt fast völlig nieder, und 1923 schrumpfte mit dem Bevölkerungsaustausch mit der Türkei die ethnische Vielfalt. Im Zweiten Weltkrieg deportierten die Nazi-Besatzer Thessalonikis Juden in die Konzentrationslager. Der griechische Bürgerkrieg führte zur Vertreibung anderer Nicht-Griechen. Thessaloniki wurde im Prinzip zu einer hellenisierten Stadt mit einem Straßennetz, das 1920 von einem französischen Architekten entworfen wurde.

Thessalonikis seit Langem versprochene Metro wird derzeit gebaut. Archäologische Fundstücke werden in einem speziellen Museum in einem osmanischen Bauwerk in der Nähe ausgestellt.

Sehenswertes

GRATIS Weißer Turm — HISTORISCHES GEBÄUDE

(☎2310 267 832; Lefkos Pyrgos; ⌚Di–So 8.30–15 Uhr) Die Geschichte des berühmtesten Wahrzeichens Thessalonikis, des friedfertigen Weißen Turms, ist in Wirklichkeit ziemlich blutig. 1826 befahl der osmanische Sultan Mahmud II. ein Massaker an vermeintlich abtrünnigen Janitscharen, einer Elitesoldateneinheit aus zum Islam zwangskonvertierten christlichen jungen Männern. Nach der Rückeroberung durch die Griechen 1913 wurde der „blutige Turm" weiß gestrichen, um seine grausige Vergangenheit auszulöschen. Die Farbe ist zwar schon längst wieder verschwunden, aber der Name blieb. Das neue interaktive **Museum** im Turm präsentiert die Stadtgeschichte mittels mehrerer Stufen cooler Multimediadarstellungen (von Apple entworfen), doch leider gibt es das Café ganz oben nicht mehr.

GRATIS Palast, Bogen & Rotunde des Galerius — ALTSTADT

Drei bedeutende römische Monumente aus der Zeit des Kaisers Galerius im 4. Jahrhundert stehen an der Egnatia um die Plateia Navarinou. Die Ruine des **Galeriuspalasts** (Plateia Navarinou; ⌚Di–So 8.30–15 Uhr) liegt in Ostwestrichtung am Platz. Dort sind noch Bodenmosaiken, Säulen und einige Mauern erhalten. Der **Galeriusbogen** nördlich der Egnatia in der Kamara zeigt Reliefs von Soldaten im Kampf. Er wurde 303 n. Chr. zur Feier des Siegs über die Perser errichtet.

Gleich hinter dem Bogen steht die unverkennbare **Galeriusrotunde** (Mausoleum; ☎2310 218 720; Plateia Agiou Georgiou; ⌚Di–So 8–17 Uhr), ein klobiger Backsteinbau, den Galerius als sein zukünftiges Mausoleum bauen ließ. Er nutzte es nie, da er zurückgezogen im heutigen Serbien starb. Konstantin der Große machte die Rotunde zur ersten Kirche (Agiou Georgiou) Thessalonikis, die Osmanen weihten sie später zur Moschee um. Das Minarett, das sie anbauten, ist mittlerweile wieder instandgesetzt. Innen sind noch einige Fresken erhalten.

GRATIS Römische Agora — RUINE

(Plateia Dikastirion; ⌚Di–So 8–15 Uhr) Die Römische Agora liegt nördlich der Plateia Aristotelous jenseits der Egnatia an der Plateia Dikastirion. Sie war seit dem 3. Jahrhundert v. Chr. ein makedonischer Markt, der seine Glanzzeit unter den Römern erlebte, als er von öffentlichen Aktivitäten, Dienstleistungen und Händlern wimmelte. Eine hilfreiche englischsprachige Tafel erläutert die Stätte, in der noch die Mauern von Ladenkomplexen und Reste von Mosaikböden erhalten sind.

GRATIS Kastro (Ano Poli) & die byzantinischen Mauern — ALTSTADT

(Ano Poli; *kastro*) Die Häuser im **kastro** (Burg), auch Ano Poli (Oberstadt) genannt, hatten das Feuer, das im Jahr 1917 wütete, weitgehend überstanden: Obwohl es an dieser Stelle ausgebrochen war, blies der Wind die Flammen hinab Richtung Meer. Das einstige türkische Viertel aus osmanischer Zeit ist Thessalonikis atmosphärisch dichtester Stadtteil.

In Pastellfarben gestrichene Fachwerkhäuser mit überkragenden Obergeschossen drängen sich in kleinen verwinkelten

Thessaloniki

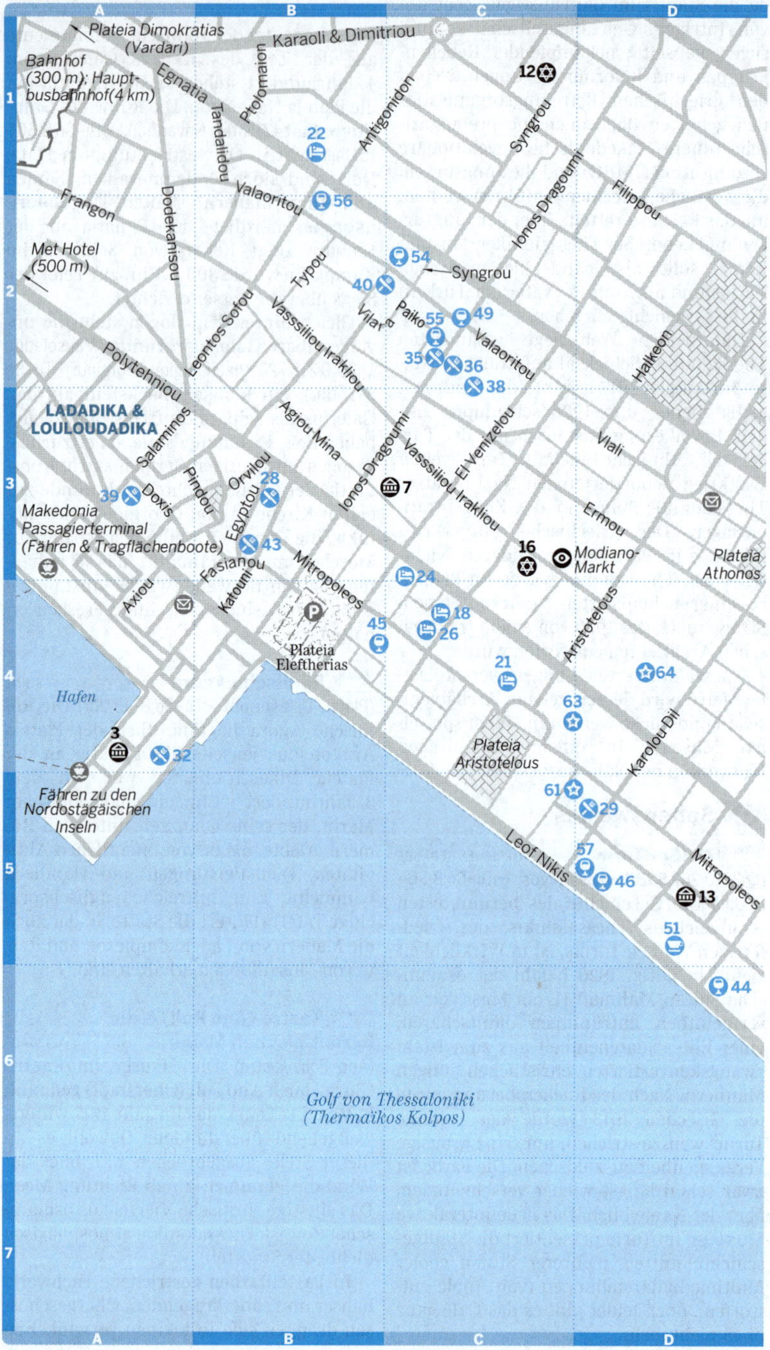

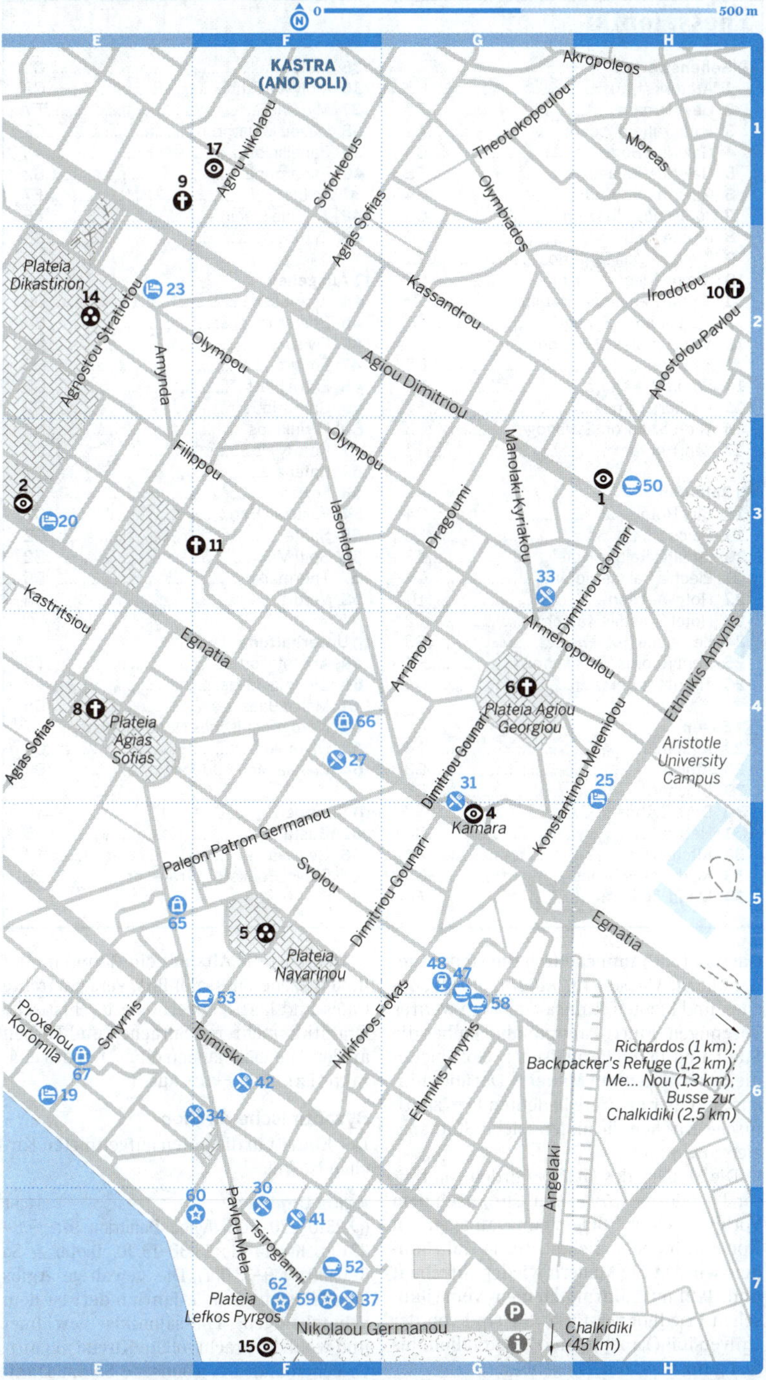
0
500 m
KASTRA
(ANO POLI)
Akropoleos
Theotokopoulou
Moreas
Agiou Nikolaou
Sofokleous
Olymbiados
Agias Sofias
Kassandrou
Irodotou
Apostolou Pavlou
Plateia Dikastirion
Agnostou Stratiotou
Amynda
Olympou
Agiou Dimitriou
Filippou
Olympou
Manolaki Kyriakou
Iasonidou
Dragoumi
Dimitriou Gounari
Kastritsiou
Egnatia
Armenopoulou
Arrianou
Ethnikis Amynis
Plateia Agiou Georgiou
Plateia Agias Sofias
Agias Sofias
Konstantinou Melenidou
Aristotle University Campus
Dimitriou Gounari
Kamara
Paleon Patron Germanou
Svolou
Dimitriou Gounari
Egnatia
Plateia Navarinou
Nikiforos Fokas
Proxenou Koromila
Smyrnis
Tsimiski
Ethnikis Amynis
Richardos (1 km);
Backpacker's Refuge (1,2 km);
Me... Nou (1,3 km);
Busse zur
Chalkidiki (2,5 km)
Angelaki
Pavlou Mela
Tsirogianni
Plateia Lefkos Pyrgos
Nikolaou Germanou
Chalkidiki
(45 km)

Thessaloniki

Sehenswertes

1	Atatürks Haus	H3
2	Bey Hamam	E3
3	Fotografiemuseum	A4
4	Galerius-Bogen	G5
5	Galerius-Palast	F5
6	Galerius-Rotunde	G4
7	Jüdisches Museum	C3
8	Kirche Agia Sofia	E4
9	Kirche Agios Dimitrios	E1
10	Kirche Nikolaos Orfanos	H2
11	Kirche Panagia Ahiropiitos	F3
12	Monastirion-Synagoge	C1
13	Museum des Makedonischen Kampfes	D5
14	Römische Agora	E2
15	Weißer Turm	F7
16	Yad-Lazikaron-Synagoge	C3
17	Yeni Hamam	F1

Schlafen

18	City Hotel	C4
19	Daios	E6
20	Egnatia Palace Hotel	E3
21	Electra Palace Hotel	C4
22	Hotel Aegeon	B1
23	Hotel Orestias Kastoria	E2
24	Le Palace Hotel	C3
25	Rent Rooms Thessaloniki	H4
26	Tourist Hotel	C4

Essen

27	Agapitos	F4
28	Athivoli	B3
29	Clochard	D5
30	Dore Zythos	F7
31	Hatzis	G4
32	Kitchen Bar	A4
33	Kokkinos Fournos	G3
34	Mandragoras	F6
35	Molyvos	C2
36	Molyvos Ethnik	C2
37	Myrsini	F7
38	Ouzou Melathron	C2
39	Panellinion	A3
40	Paparouna	B2
41	To Etsi	F7
42	Trigona Elenidis	F6
43	Zythos	B3

Ausgehen

44	Art House	D6
45	Beerstore	B4
46	Elvis	D5
47	Émigré	G5
48	Extra Blatt	G5
49	Gambrinus	C2
50	I Prinkipos	H3
51	Kafe Nikis 35	D5
52	Kafenai	F7
53	Loxias	F6
54	Partizan Bar	C2
55	Santé	C2
56	Spiti Mou	B2
57	Thermaïkos	D5
58	Verdi	G6

Unterhaltung

59	Aristotelion	F7
60	Cinema Pallas	F7
61	Malt & Jazz	C5
62	Nordgriechisches Nationaltheater	F7
63	Olympion	C4
64	Plateia Alpha Odeon	D4

Shoppen

65	Bustart	E5
66	Georgiadis	F4
67	Travel Bookstore Traveller	E6

Gassen. Ein Bummel durch die steilen, gewundenen Gassen im *kastro* mit Treppchen und kleinen Rinnsalen ist ein wahres Vergnügen. Einen Panoramablick über die Stadt und den Thermäischen Golf bieten die **byzantinischen Mauern.** Darüber hinaus sind hier mehrere bedeutende byzantinische Kirchen zu finden (siehe Stadtspaziergang S. 292).

Die Mauern des *kastro* wurden von Kaiser Theodosius (379–475 n. Chr.) nach dem Vorbild seiner Befestigungsanlagen in Konstantinopel errichtet. Im 14. Jahrhundert wurden die Mauern wieder aufgebaut und 1821 mit Marmorsteinen vom jüdischen Friedhof verstärkt. Sie sind von der Universität (Panepistimio Aristotelion) bis fast ganz nach oben begehbar.

Heute ist die Altstadt ein Refugium der linken Szene Thessalonikis. Verschnarchte Cafés und heftig lästernde anarchistische Graffiti in mehreren Sprachen und Farben an den Mauern machen einen Teil des charakteristischen Flairs aus.

Byzantinische Kirchen

Der Eintritt in die unten aufgeführten Kirchen ist frei.

Agios Dimitrios KIRCHE

(☎2310 270 008; Agiou Dimitriou 97; ⌚8–22 Uhr, Krypta Mo 13.30–19.30, Di–Do & So 8–19.30, Fr 9–23 Uhr) Die gewaltige Agios Dimitrios aus dem 5. Jahrhundert ist dem Schutzheiligen Thessalonikis gewidmet und wohl die prachtvollste Kirche in ganz Griechenland. Der römische Soldat Dimitrios wurde um 303 n. Chr. an dieser Stelle (damals befand sich hier ein römisches Bad) auf Befehl des christenfeindlichen Kaisers Galerius getötet. Die Stätte seines Märtyrertods ist heute eine unheimliche **Krypta,** die tagsüber und während des Gottesdienstes freitags abends geöffnet ist. Im Jahr 1980 wurden die Gebeine des Heiligen aus Italien zurückgebracht und ruhen nun in einem silbernen Reliquienschrein in der Kirche.

Die Osmanen machten die Agios Dimitrios zur Moschee und überputzten die Wandfresken. Nach der griechischen Rückeroberung im Jahr 1913 wurde der Putz entfernt, wodurch auch Thessalonikis schönste Kirchenmosaike zum Vorschein kamen. Das Feuer von 1917 richtete zwar großen Schaden an, aber fünf Mosaiken aus dem 8. Jahrhundert um den Altar blieben erhalten.

Agia Sofia KIRCHE
(Plateia Agias Sofias; ⌚7–13 & 17–18.30 Uhr) Die sehenswerte Kirche aus dem 8. Jahrhundert an der Plateia Agias Sofias südlich der Egnatia ist eine gar nicht so kleine Nachbildung ihrer Istanbuler Namensvetterin. Sie ist eine der wichtigsten Kirchen Thessalonikis und besitzt in der Kuppel ein bemerkenswertes Mosaik von der Himmelfahrt Christi.

Kirche der Panagia Ahiropiitos KIRCHE
(⌚7–12 & 16.30–18.30 Uhr) Die byzantinische Kirche aus dem 5. Jahrhundert in der Form einer Basilika ist unbedingt einen Besuch wert. Sie beeindruckt ihre Besucher mit interessanten und gut erhaltenen Mosaiken und Fresken. Der Name „Panagia Ahiropiitos" bedeutet „ohne Hände geschaffen" und bezieht sich auf eine wundersame Erscheinung einer Ikone der Jungfrau im 12. Jahrhundert.

Vlatadon-Kloster KLOSTER
(Ecke Eptapyrgiou & Agathangelou; ⌚7.30–17 & 17.30–20 Uhr, Museum So 10–12 Uhr) Das Vlatadon-Kloster nahe den byzantinischen Mauern der Ano Poli verbirgt sich in abgeschiedener Lage im Grünen und beherbergt ein kleines **Museum** sowie einen Andenkenladen.

Osios David KIRCHE
(⌚Mo–Sa 9–12 & 16–18 Uhr) Die Kirche aus dem 5. Jahrhundert nicht weit vom Vlatadon-Kloster wurde angeblich zu Ehren der Taufe von Theodora, der Tochter des christenfeindlichen Galerius', gebaut. Sie hatte sich hier heimlich in Abwesenheit ihres Vaters taufen lassen. Die Kirche enthält gut erhaltene Mosaiken und Fresken aus dem 12. Jahrhundert, welche die Taufe Christi darstellen.

Nikolaos Orfanos KIRCHE
(☎2310 213 627; Irodotou 20; ⌚Di–So 8.30–14.30 Uhr) Die Kirche aus dem 4. Jahrhundert mit ihren prachtvollen, wenn auch altersdunklen Fresken liegt fünf Minuten zu Fuß von der Kirche Osios David. Um die Fresken zu schonen, werden Kerzen ausschließlich während der Sonntagsmesse angezündet.

Museen

Archäologisches Museum MUSEUM
(☎2310 830 538; www.amth.gr; Manoli Andronikou 6; Erw./Stud. & Kind 6 €/frei; ⌚8.30–20 Uhr) Thessalonikis Archäologisches Museum verwahrt in seinen Räumen prähistorische, antike makedonische und hellenistische Fundstücke. Allerdings wurden die eindrucksvollsten Stücke, die fein gearbeiteten Goldobjekte, die in den Königsgräbern von Vergina entdeckt worden waren, inzwischen wieder an ihren rechtmäßigen Ort zurückgebracht. Wer sie also unbedingt sehen will, muss sich dorthin begeben. Zu den sehenswerten Ausstellungsstücken zählt jedoch der **Derveni-Krater** (330–320 v. Chr.), eine große, reich verzierte hellenistische Vase aus Bronze und Zinn. Sie wurde zum Mischen von Wasser und Wein und später als Urne genutzt und ist mit filigranen Reliefs verziert, die neben mythischen Figuren, Tieren, Wein- und Efeuranken das Leben des Dionysos darstellen.

Der **Derveni-Schatz** enthält Griechenlands ältestes erhaltenes Papyrusfragment (250–320 v. Chr.). Zur interessanten Ausstellung **Prähistorisches Thessaloniki** im Erdgeschoss gehört auch der Petralona-Schatz – Äxte und Meißel in einer Urne, die von einem Handwerker in der Petralona-Höhle nördlich von Chalkidiki (siehe S. 302) zurückgelassen wurde, sowie Dolche, Töpferwaren und Werkzeuge aus Hügelgräbern aus der Jungsteinzeit bis zum Ende der Bronzezeit.

Das Archäologische Museum ist in etwa fünf Minuten zu Fuß vom Weißen Turm aus zu erreichen, und zwar über die Leoforos Nikis und dann an der ersten Kreuzung links (Leoforos Tritis Septemvriou) abbiegen.

Museum für Byzantinische Kultur

MUSEUM

(☎2310 868 570; www.mbp.gr; Leoforos Stratou 2; Eintritt 4 €; ⌚Mo 13.30–20, Di–So 8–20 Uhr) Das schicke Museum präsentiert neben stimmungsvoller Beleuchtung ein laufendes Textband an der Wand, das die über 3000 byzantinischen Objekte erläutert, darunter Fresken, Mosaiken, Stickereien, Keramiken, Inschriften und Ikonen aus dem frühen Christentum bis zum Fall von Konstantinopel (1453).

GRATIS Museum des Makedonischen Kampfes

MUSEUM

(☎2310 229 778; www.imma.edu.gr; Proxenou Koromila 23; ⌚Di–Fr 9–14, Sa 10–14 Uhr) Das Museum erzählt die griechisch-nationalistische Version, wie die heroischen Hellenen Makedonien aus den Fängen der Türken und Bulgaren befreiten. Das Museum befindet sich im ehemaligen osmanischen Konsulat Griechenlands und zeigt seltene Karten, alte Schusswaffen, Fotos, Uniformen und dergleichen. Die Führungen sind kostenlos.

Fotografiemuseum von Thessaloniki

MUSEUM

(☎2310 566 716; www.thmphoto.gr; Lagerhaus A, Hafen Thessaloniki; Erw./Kind 2 €/frei; ⌚Di–Fr 11–19, Sa & So 11–21 Uhr) Das trendige Museum in einem ehemaligen Lagerhaus am Hafen zeigt historische und zeitgenössische griechische Fotografie sowie tolle Wechselausstellungen, und es bietet außerdem ein Café am Ufer.

Osmanische Stätten

Trotz (oder wegen) über 450 Jahren osmanischer Herrschaft in Thessaloniki ist heute das türkische Erbe nahezu verschwunden. Die wenigen erhaltenen Stätten sind jedoch atmosphärisch und sehenswert. Zudem will der ehrgeizige neue Bürgermeister, der Weinproduzent Giannis Boutaris, mehrere Stätten restaurieren lassen, um mehr türkische Touristen anzulocken. Somit werden in Zukunft wohl weitere historische Gebäude zugänglich gemacht oder renoviert, was jeweils aktuell vor Ort zu erfahren ist.

GRATIS Atatürks Haus

HISTORISCHES GEBÄUDE

(☎2310 248 452; Apostolou Pavlou 75; ⌚9–17 Uhr) Das Haus auf dem Gelände des türkischen Konsulats war 1881 die Geburtsstätte des schillernden Begründers der modernen Türkei, des verwegenen Mustafa Kemal. Nach Vorlage von Ausweis oder Pass führt das hilfsbereite Personal Besucher durch das originalgetreu restaurierte Haus. Neben mehreren originalen Einrichtungsgegenständen und Memorabilien ist auch weiterer Atatürk-Krimskrams zu sehen, wie elegante Anzüge, weiße Handschuhe und ein Gehstock. Schneidig!

GRATIS Eptapyrgion

HISTORISCHES GEBÄUDE

Das Eptapyrgion, oder Yediküle, wie es auf Türkisch heißt (in beiden Sprachen bedeutet es „Sieben Türme"), war bis 1989 ein Gefängnis aus osmanischer Zeit innerhalb der byzantinischen Mauern. Es ist ein düsteres Mahnmal des vergangenen Strafvollzugs Thessalonikis, der in *rembetika*-Liedern (griechischer Blues) besungen wird.

Yeni Hamam

BADEHAUS

(Aigli; Ecke Kassandrou & Agiou Nikolaou) Das stimmungsvolle osmanische Gebäude aus dem 17. Jahrhundert hat eine tolle Akustik – ideal für Konzerte – und zeigt gelegentlich Wechselausstellungen.

GRATIS Bey Hamam

BADEHAUS

(Paradeisos-Bäder; Ecke Egnatia & Plateia Dikastirion; ⌚Mo–Fr 9–21, Sa & So 8.30–15 Uhr) Das Bey Hamam ist Thessalonikis ältestes türkisches Bad (1444). In dem labyrinthartigen Gebäude finden heute Kunstausstellungen statt.

Jüdische Stätten

Bis zum Zweiten Weltkrieg, als die Nazi-Besatzer Thessalonikis Juden deportierten, war die Stadt eines der wichtigsten Zentren jüdischen Lebens in Südosteuropa. Heute gibt es noch etliche Anzeichen der vergangenen Kultur, auch eine kleine Gemeinde aus meist älteren Mitgliedern, die an ihren Traditionen festhalten.

Wer gerne mehr darüber erfahren will, kann sich in lokalen Buchläden oder im Jüdischen Museum selbst den schmalen, aber informativen Band *Jewish Sites in Thessaloniki: Brief History and Guide* von Rena Molho und Vilma Hastaoglou-Martinidi (Lycabettus Press) besorgen.

GRATIS Jüdisches Museum von Thessaloniki

MUSEUM

(☎2310 250 406; www.jmth.gr; Agiou Mina 13; ⌚Di, Fr & So 11–14, Mi & Do 11–14 & 17–20 Uhr) Dieses sehenswerte Museum zeichnet das Judentum Thessalonikis von 140 v. Chr.

über die sephardischen Einwanderungen nach 1492 bis zum Holocaust nach. Das Museum enthält auch die Trümmer des großen jüdischen Friedhofs der Stadt, der im Jahr 1942 von den Nazis mutwillig zerstört worden war.

Synagogen SYNAGOGEN

Die **Monastirioton-Synagoge** (☎2310 524 968; Syngrou 35) ist die einzige Synagoge Thessalonikis, welche die Nazi-Zeit überstanden hat. Der Gottesdienst findet heute jedoch in der kleinen **Yad Lazikaron** (☎2310 275 701; Vassiliou Irakliou 24) an der Mitropolios gegenüber dem Modiano-Markt im einstigen jüdischen Viertel statt.

Villen HISTORISCHE GEBÄUDE

Östlich des Weißen Turms befinden sich weitere jüdische Stätten. Zwei Villen aus dem 19. Jahrhundert zeugen noch vom Reichtum und Status, den Thessalonikis Juden einst besaßen: die **Villa Allatini** (Olgas 98) und die **Villa Mordoch** (Olgas 162). Die Olgas kreuzt übrigens die Saadi Levi, die nach dem Verleger einer der einstmals 35 jüdischen Zeitungen benannt ist.

Geführte Touren

Bustour BUSTOUREN

(3 €; ⌚Juni–Sept. stündl. 8–21 Uhr, Okt.–Mai 9–16 Uhr) Mit dem **Stadtspaziergang** (S. 292) lassen sich die Sehenswürdigkeiten der Stadt am besten besichtigen. Aber wer es gerne bequemer mag, kann an einer neuen städtischen Bustour ab dem Weißen Turm teilnehmen. Der Bus fährt kreuz und quer an verschiedenen Stätten vorbei bis zur Ano Poli (Oberstadt) hinauf. Teilnehmer können beliebig ein- und aussteigen oder zwischen den einzelnen Sehenswürdigkeiten laufen. Die Touristeninformation hat Faltblätter zur Strecke mit eingezeichneten Sehenswürdigkeiten.

Festivals & Events

Im September und Oktober finden in der **HelExpo** (www.helexpo.gr) größere Messen und Festivals statt. Auf die **Internationale Handelsmesse** folgt ein **Kulturfest** mit Filmvorführungen und Konzerten. Höhepunkt ist der **Dimitrios-Tag** (26. Oktober), Militärparaden folgen am **Ochi-Tag** (28. Oktober).

Das **Internationale Filmfestival Thessaloniki** (☎2310 378 400; www.filmfestival.gr) wird jedes Jahr im November veranstaltet. Kinos in der ganzen Stadt zeigen um die 150 hochkarätige internationale Filme, von experimentellen und unbekannten Streifen bis hin zu Werken bekannter Regisseure. Das **Dokumentarfilmfestival Thessaloniki** (www.filmfestival.gr) findet Mitte März statt.

Weitere Infos zu aktuellen Kulturveranstaltungen gibt es in der **Touristeninformation** (☎2310 221 100; tour-the@otenet.gr; Tsimiski 136; ⌚Mo–Fr 8–20, Sa 8–14 Uhr) nahe dem Weißen Turm.

Schlafen

Hotelpreise und Verfügbarkeit hängen vom Kongress- und Festkalender Thessalonikis ab. Im Herbst ist ganz besonders viel los. Auf der Website der **HelExpo** (www.helexpo.gr) sind Messetermine aufgelistet, welche Nachfrage und Preise in die Höhe treiben. Die Preise in Thessaloniki sind zwar in der Regel auf Geschäftsreisende ausgerichtet, aber seit jüngerer Zeit gibt es auch einige gepflegte Budget- und Mittelklasseunterkünfte.

LP TIPP **Rent Rooms Thessaloniki** HOSTEL €

(☎2310 204 080; www.rentrooms-thessaloniki.gr; Konstantinou Melenikou 9 nahe Kamara; B/EZ/DZ/3BZ/4BZ mit Frühstück 19/35/48/65/78 €; ❄📶) Das neue Hostel in bester Lage nahe der Kamara ist fröhlich, sauber und modern und hat hinten ein Gartencafé mit Blick auf die Rotunde. Ein volles Bücherregal, kostenloses WLAN, ein Essbereich/Café, Schließfächer und billiger Fahrradverleih sind weitere Vorzüge. Einige Schlafsäle und Zimmer haben eine Miniküche, alle ein Bad. Die netten Angestellten versorgen Reisende mit Infos. Da es sehr begehrt ist, sollte zuvor online oder telefonisch gebucht werden.

LP TIPP **Daios** BOUTIQUEHOTEL €€€

(☎2310 250 200; www.daioshotels.com; Leoforos Nikis 59; EZ/DZ/Suite mit Meerblick 170/225/260 €; ❄📶🏊) Das Boutiquehotel am Weißen Turm wird gerne von der Oberschicht Griechenlands besucht. Ein feines Gespür für Licht und Schatten bestimmt das gesamte Haus mit seinem modernen, minimalistischen Design. Die Suiten haben riesige, schallgedämpfte Fenster und Balkone über die ganze Breite, von einigen ist nur Wasser, keine Straße zu sehen. Das Ufercafé des Hotels ist ebenfalls gediegen und farbenfroh, das Personal freundlich und professionell. Der Eingang befindet sich in der Seitenstraße (2 Smyrnis).

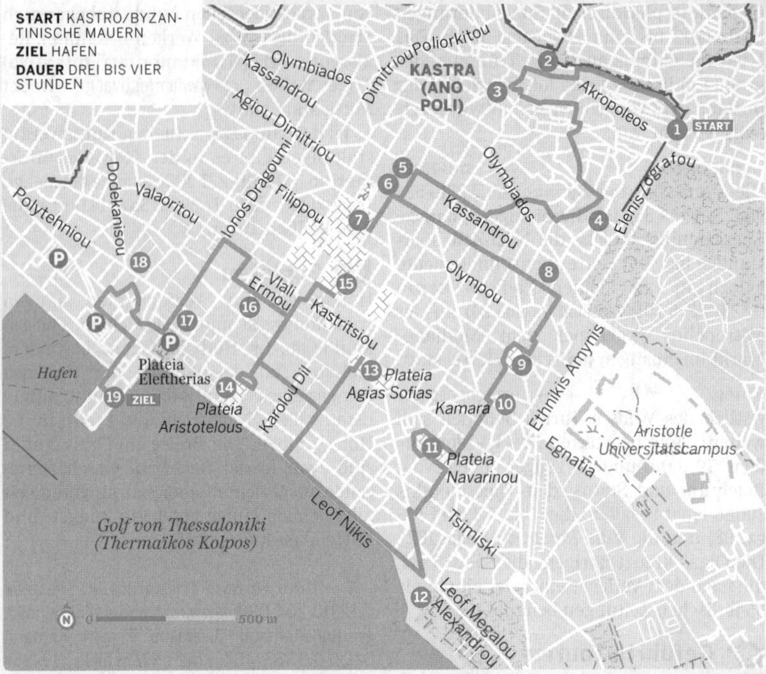

Stadtspaziergang
Thessaloniki

Ohne die Museen sind die Hauptsehenswürdigkeiten Thessalonikis an einem Tag zu Fuß machbar. Die Tour beginnt in der Höhe und führt dann stetig bergab. Es ist empfehlenswert, möglichst schon morgens (gegen 9 Uhr) zu starten, da viele Kirchen um 12 Uhr schließen. Sonntags, dienstags und samstags sind die besten Tage, montags sind die meisten Sehenswürdigkeiten geschlossen.

Zwar fährt der Bus 23 von der Plateia Eleftheriou ins *kastro* (Haltestellen Pyrgos Trigoniou oder Agia Anargyi), aber ein Taxi (2,80–5 €) spart Zeit. Die ❶ **Aussichtsplattform** im *kastro* bietet einen ersten Überblick über die Stadt, die es jetzt zu erobern gilt. Die Plattform befindet sich am östlichsten Ende der Mauer um die innere Zitadelle, das Eptapyrgio. Von dort geht's auf der Hauptstraße (ebenfalls Eptapyrgio genannt) die Mauer entlang Richtung Westen. Nach der Agathangelou ist links das baumbestandene, erholsame ❷ **Vlatadon-Kloster** zu sehen, wo sich ein Besuch der Kirche und, falls geöffnet, des Museums lohnt.

Zurück auf der Straße geht's auf der Eptapyrgio weiter westwärts, dann links auf die Sthenonos und die Treppen hinab und rechts weiter über die Dimitriou Poliorkitou. Weiter auf der linken Seite führt eine enge Treppe wieder zurück und bergab, wo es wieder nach links auf die Parodos Kassianis und zur ❸ **Kirche Osios David** aus dem 5. Jh. geht. Sie birgt seltene Fresken aus dem 12. Jh. mit der Darstellung der Taufe Christi sowie Weihwasser aus einer alten Quelle.

Von dort führt der Weg durch das labyrinthische Gassengewirr der Ano Poli Richtung Osten. Die direkteste Strecke folgt der Fotiou über die Akropolitis und geradeaus weiter auf der Krispou, dann über die Arolou, zurück in die Moreas, dann gleich rechts in die Amfitryonos, schließlich links in die Irodotou bis zur ❹ **Kirche Nikolaos Orfanos** aus dem 4. Jh. mit ihren exquisiten Fresken aus dem 14. Jh. Der freundliche, Englisch sprechende Hausmeister erklärt gerne die Geschichte und die Kunstwerke der Kirche.

Zurück auf der Moreas geht's südwärts weiter, dann nach Überquerung der Olymbiados Richtung Kassandrou. Nach mehreren Querstraßen auf dieser breiten Straße zweigt nach Süden die Agiou Nikolaou ab. Dort ist auf der rechten Seite das 5 **Yeni Hamam** zu sehen. Das restaurierte türkische Bad aus dem 17. Jh., auch Aigli genannt (wie die Bushaltestelle in der Nähe), ist ein großer stimmungsvoller Bau, in dem heute Konzerte veranstaltet werden.

Die gewaltige 6 **Kirche Agios Dimitrios** gleich unterhalb des Yeni Hamam nimmt einen großen Platz ein. Sehenswert sind die Reliquien des Heiligen, die Mosaiken aus dem 8. Jh. um den Altar und die fast übernatürlich wirkende Krypta, in welcher der hl. Dimitrios den Märtyrertod starb.

Als Nächstes geht's südwärts auf der Agnostou Stratiotou und über die Olympou hinüber weiter zur 7 **römische Agora**. Der Eingang ist beschildert, und innen gibt es eine Erklärungstafel. Der Weg führt nun zurück zur Agiou Dimitriou und von dort neun Querstraßen weiter zu 8 **Atatürks Haus** im türkischen Konsulat auf der linken Seite.

Gegenüber dem Konsulat und eine Querstraße weiter östlich auf der Agiou Dimitriou zweigt rechts die Dimitriou Gounari zur 9 **Galerius-Rotunde** ab, wo die Pracht der Innenräume und die Ruinen dahinter einen Blick lohnen. Weiter geht's bergab zum fotogenen, von Reliefs geschmückten 10 **Galerius-Bogen** in der Kamara und dann auf der anderen Seite der Egnatia weiter geradeaus bergab. Auf dem Mittelstreifen der Fußgängerzone stehen mehrere römische Ruinen, deren großartigste die des 11 **Galerius-Palastes** ist. Eine Besichtigung lohnt sich wirklich, aber es genügt auch, einfach nur von der Brüstung oben hinabzublicken.

Weiter bergab, über die Tsimiski hinweg und auf der Plateia Fanarioton im Bogen nach links bis zur Pavlou Mela kommt endlich der vielgeliebte 12 **Weiße Turm** mit seinem trendigen neuen Multimediamuseum in Sicht. Westwärts lockt ein Spaziergang am Wasser.

Landeinwärts wird dann die Leoforos Nikis an der kleinen Ampel an der Agias Sofias überquert. Hier besteht die Wahl, die 13 **Kirche Agia Sofia** weiter geradeaus auf der Plateia Agias Sofias zu besichtigen oder sich nach Westen zur Tsimiski, Thessalonikis modischster Straße, zum Schaufensterbummel zu begeben. Kurz darauf folgt die Aristotelous mit ihren Cafés und den einzigartigen Gebäuden und schließlich an der Südseite die große, belebte 14 **Plateia Aristotelous.**

Weiter auf der westlichen Seite der Aristotelous folgt nach Überquerung der Egnatia das eindrucksvolle 15 **Bey Hamam,** ein restauriertes türkisches Badehaus, in dem es Kunst- und Fotoausstellungen gibt. Zurück auf der Aristotelous geht's weiter bergab und dann rechts in die Ermou, wo der 16 **Modiano-Markt** mit Fischen auf Eishaufen, Auslagen voller Oliven und Käse, jähzornigen Metzgern und griechischen Omas, die um Gemüse streiten, zum Besuch einlädt.

Nach Überquerung der El Venizelou geht's von der Modiani nach links auf der nächsten Parallelstraße, der Ionos Dragoumi, Richtung Meer durch das Louloudadika-Viertel, wo sich einst die Blumenverkäufer tummelten und heute Kleiderläden und ein paar Bars und Restaurants drängen. In der Ionos Dragoumi kommt an der Kreuzung mit der Tsimiski die großartige 17 **National Bank of Greece** in Sicht. Danach zweigt rechts die Mitropoleos ab, dann sofort links die Katouni und wieder rechts die Aigyptou. Hier beginnt das 18 **Ladadika-Viertel,** in dem einst Lagerhäuser für Olivenöl standen und sich heute urtümliche Restaurants und Cafés befinden.

Die Tour endet hier jenseits der Kountouriotou am Hafen. Alles, was zu tun bleibt, ist das Tor zu durchschreiten und am Ostpier in ein großes, weiches Sofa in der coolen 19 **Kitchen Bar** mit einem wohlverdienten Drink zu sinken. Uff!

Met Hotel LUXUSHOTEL €€
(☎2310 017 000; www.themethotel.gr; 26 Oktovriou 48; EZ/DZ mit Frühstück ab 70/100 €; ❄📶🏊) Das schmucke neue Wellnesshotel nahe dem Handelshafen liegt nicht sehr zentral (jedoch in der Nähe von Bus- und Zugbahnhof), aber seine minimalistische Einrichtung, die schicken, modernen Bäder und das revitalisierende Wellnesszentrum machen es zu etwas Besonderem. Zu den Annehmlichkeiten gehören Designerseifen, Flachbildschirm-TVs und richtig bequeme Matratzen. Es gibt eine nette Bar im ähnlichen Stil und einen Swimmingpool auf dem Dach.

Backpacker's Refuge HOSTEL €
(☎6983 433 591; backpackers_refuge@hotmail.com; Botsari 84; B 15 €; 📶) Die behagliche, hostelartige Unterkunft besteht aus einem 2-Bett- und einem 4-Bett-Schlafsaal. Geführt wird sie von der freundlichen Nina Delihristos und ihrem Bruder Grigoris (ein Ethnomusikwissenschaftler und früherer Backpacker). Es gibt eine Gemeinschaftsküche, ein großes Bad mit Waschmaschine und einen Computer mit WLAN. Vorheriger Kontakt über Telefon, E-Mail oder SMS ist ratsam, da es häufig voll ist und Gäste abgeholt werden müssen, entweder an der Bushaltestelle Botsari (Bus 2 vom Bahnhof oder Bus 31 vom Busbahnhof) oder an der Haltestelle Laografiko Mouseio (Bus 78 vom Flughafen).

Hotel Orestias Kastoria HOTEL €
(☎2310 276 517; www.okhotel.gr; Agnostou Stratiotou 14; EZ/DZ/3BZ 38/49/59 €; ❄@) Das freundliche, kleine Hotel mit gemütlichen sauberen Zimmern nahe der Kirche Agios Dimitrios ist seit jeher beliebt. Die Preise steigen, wenn im September Konferenzen stattfinden.

Le Palace Hotel HOTEL €€
(☎2310 257 400; www.lepalace.gr; Tsimiski 23; EZ/DZ/3BZ mit Frühstück 72/88/95 €; ❄📶) Nachts gewähren die kleinen Balkone einen herrlichen Blick auf die funkelnde Tsimiski, die unten tost (es gibt Schallschutz). Das Hotel hat geräumige, moderne Zimmer mit allem Komfort. Der bewachte Parkplatz kostet 11 € pro 24 Stunden. Das Frühstücksbüfett ist sehr gut, und im Restaurant gibt es den ganzen Tag über warme Küche.

Hotel Aegeon HOTEL €
(☎2310 522 921; www.aegeon-hotel.gr; Egnatia 19; EZ/DZ mit Frühstück 45/60 €; ❄📶) Das jüngst renovierte Hotel in einem historischen Gebäude an der Egnatia ist preisgünstig und hat stets freundliches Personal. Die Zimmer sind sauber und modern, wenn auch etwas beengt und daher nichts für Leute, die Platz brauchen, oder für Familien. Das Frühstück ist nicht gerade umwerfend, aber es gibt einen guten *bougatsa*-Laden (mit Vanillegriesbrei gefülltes Gebäck) um die Ecke. Bis zum Bahnhof sind es fünf bis zehn Minuten zu Fuß.

Tourist Hotel HOTEL €€
(☎2310 270 501; www.touristhotel.gr; Mitropoleos 21;EZ/DZ/3BZ mit Frühstück 55/70/90 €; ❄@) Ein altmodischer vergitterter Aufzug führt in dem klassischen Haus (1925 erbaut) zu renovierten Zimmern mit allem modernen Komfort und eleganter Ausstattung. Der Straßenlärm wird durch schalldichte Fenster abgeschwächt.

Egnatia Palace Hotel HOTEL €€€
(☎2310 222 900; www.egnatia-hotel.gr; Egnatia 61; EZ/DZ/Suite 90/115/142 €; ❄📶) Das 4-Sterne-Hotel oberhalb der Plateia Aristotelous bietet helle, moderne Zimmer und Suiten mit individuellem Design und Ausstattung. Die Preise für die Übernachtung sind ein bisschen höher als es sein sollte, aber dafür gibt es eine Wellnessanlage mit geheiztem Pool, Fitnessraum, Hamam, Sauna und Massageraum.

Electra Palace Hotel HOTEL €€€
(☎2310 294 000; www.electrahotels.gr; Plateia Aristotelous 9; EZ/DZ/3BZ mit Frühstück 115/130/160 €; ❄📶🏊) Selbst wer diese Unterkunft allein wegen des Hafenblicks vom Dachgartencafé ausgewählt hat, wird den Reiz des charakteristischen 5-Sterne-Hotels in prachtvoller Lage an der Plateia Aristotelous sofort verspüren. Die renovierten Zimmer sind geräumig, üppig möbliert und haben allen entsprechenden Komfort, und es gibt ein mosaikgefliestes Hallenbad, einen Pool auf dem Dach und ein Hamam.

City Hotel HOTEL €€
(☎2310 269 421; www.cityhotel.gr; Komninon 11; EZ/DZ 120/135 €; P❄📶) Das noble, jüngst renovierte 4-Sterne-Businesshotel nahe der Plateia Eleftherias bietet höchst professionellen Service und dezente Eleganz in den wirklich schönen Zimmern (einige sind barrierefrei). Zu den Angeboten gehören Wäscheservice, Parkplatz, Wellnesszentrum und ein üppiges amerikanisches Frühstück.

SÜSSE VERLOCKUNGEN

Die *zacharoplasteia* (Patisserien) Thessalonikis sind unschlagbar in Sachen schnelles Frühstück oder sündhafte Süßigkeiten. Klassiker, wie *baklava* oder Schokoprofiterols, sind zwar in allen Gegenden Griechenlands erhältlich, doch Thessalonikis historische Beziehung zu den Gebräuchen und Menschen des osmanischen Ostens haben der Stadt eine besonders reiche Süßigkeitentradition hinterlassen – und auch anspruchsvolle Genießer. Leckere Läden gibt es zwar überall, aber die folgenden feinen *zacharoplasteia* sind besonders berühmt. Die Preise gelten meist pro Kilo (etwa 2 bis 4 € pro Stück).

Die klassische Bäckerei **Kokkinos Fournos** (Apostolou Pavlou 1, Rotunda) oberhalb der Rotunde macht Thessalonikis beste *koulourakia vanilias* – knusprige, leicht süße, goldene Kekse, die sich perfekt zum Eintunken in den griechischen Kaffee eignen.

Seit 1908, als Thessaloniki noch osmanisch war, verführt das legendäre **Hatzis** (☎2310 968 400; Egnatia 119) mit den Genüssen des alten Konstantinopels. Nach einem Besuch bei Hatzis wird niemand mehr nach einem schlichten *baklava* verlangen. Zur wahren Sinfonie aus Süßigkeiten gehören *vezir parmak* (Kuchen mit *politika*-Sirup und Sahnefüllung), *hanoum bourek* (hausgemachter Blätterteig mit Rosinen, Erdnüssen und Sahne) und *malempi mastiha* (Sahne und Reisbrei mit *mastiha*, einem süßen Likör aus Chios, und mit Rosensirup übergossen).

Das noble **Agapitos** (☎2310 268 368; Egnatia 134) bietet europäische Leckereien. Die Kuchen, Fruchtleckereien und Profiterols (kleine Windbeutel mit Schokoladenpudding und Creme) sind hervorragend. Erstklassig sind auch die Schokoladentorte *efrosini* oder die köstlich-klebrigen Mini-Éclairs.

Das **Trigona Elenidis** (☎2310 257 510; Ecke Dimitriou Gounari & Tsimiski), seit 1960 eine echte Institution, ist in der heutigen Zeit eine Seltenheit: Ein Laden, der sich auf ein einziges Produkt spezialisiert. Die süßen, dreieckigen Blätterteighörnchen, gefüllt mit kühler und unglaublich leckerer Creme, sind legendär. Die Einheimischen kommen hier mit Zwei-Kilo-Schachteln heraus, aber ein großes Hörnchen macht ganz gewiss schon satt.

Essen

Von schnellen und billigen *souvlaki*-Lokalen bis zu edlen Restaurants hat Thessaloniki alles zu bieten. Zusätzlich zu den hier aufgeführten Weinrestaurants in Thessaloniki informiert auch der Kasten Weingüter in Nordgriechenland S. 302, Süßwarenläden sind in Süße Verlockungen S. 295 aufgeführt. Die Website www.tavernoxoros.gr hat ein Restaurantverzeichnis mit Lokalisierung auf einem Stadtplan.

LP TIPP Paparouna — GEHOBENE KÜCHE €€

(☎2310 510 852; www.paparouna.com; Ecke Syngrou 7 & Vilara 2; Hauptgerichte 8–16 €; ⌚13–1 Uhr; 📶) Das quirlige Restaurant wurde vor einem Jahrhundert als Bank gebaut und zeichnet sich durch hohe Decken, viel Rot (der Name bedeutet „Klatschmohn“) und Schachbrettböden aus. Zur kreativen Küche gehören Huhn mit Minze und Honig, Linguini mit aromatischem Zitronengras und Kirschtomaten und sogar griechisches Biobier. Die Desserts sind auch erstklassig.

LP TIPP Myrsini — KRETISCH €€

(☎2310 228 300; www.myrsini.gr; Tsopela 2; Hauptgerichte 8–12 €) Das einzig Deprimierende am Myrsini ist, dass es in den Monaten Juli und August geschlossen hat. Serviert werden hier herzhafte Portionen authentischer und köstlicher kretischer Gerichte: Röstbrot mit Tomaten und kretischem Olivenöl, *dakos* (kretischer „Zwieback“) mit aromatischen *horta* (Grünzeug) oder Kaninchenbraten, Schweinefleisch und – ganz wichtig – *myzithropitakia* (Blätterteigtaschen mit süßem Schafskäse). Die Einrichtung ist schlicht, mit ein paar traditionellen Requisiten, abgenutzten Holzböden und griechischer Musik im Hintergrund.

To Etsi — IMBISS €

(☎2310 222 469; Nikoforos Fokas 2; Gegrilltes 2,80–4 €) Das urtümlich eingerichtete Kultlokal ganz in der Nähe des Weißen Turms ist hier eine Institution und bietet erfrischend leichte *souvlaki* und *soutzoukakia* (Fleischklopse in Tomatensauce) mit Gemüsedips in zypriotischem Pittabrot. Zu erkennen am Neonschild.

Kitchen Bar INTERNATIONAL €€
(☎2310 528 108; www.kitchenbar.com.gr; Warehouse B, Thessaloniki Port; Hauptgerichte 8–13 €) Das beliebte Lokal ist ebenso gut für einen Drink wie für die geschickt zubereiteten Gerichte. Es befindet sich in einem ehrwürdigen, renovierten Lagerhaus und hat auch Straßentische am Wasser. Die Salate und das Risotto sind so brillant wie die Flammen in der offenen Küche, wo die Köche ebenso wie die trendigen Gäste immer zu sehen sind. Wer jedoch eigentlich kein Ei in der Hühnertortilla mag, sollte das bei der Bestellung sagen.

Athivoli KRETISCH €
(☎2310 508 509; www.athivoli.gr; Katouni 15; *mezedhes* 3–5 €) Das relaxte Athivoli im beliebten Ladadika-Viertel ist ein weiteres Lokal mit deftiger kretischer Küche und traditioneller Musik. Die *mezedhes* sind lecker, die Portionen allerdings ein bisschen klein. Zu erkennen am Neonschild in der Form Kretas.

Molyvos GEHOBENE KÜCHE €€
(☎2310 555 952; Ecke Ionos Dragoumi & Kapodistriou; Hauptgerichte 8–15 €) Die kultivierte Einrichtung des Molyvos erhebt griechische Küche zu kultiviertem Speisen. Das nahe **Molyvos Ethnik** (☎2310 555 952; Ecke Ionos Dragoumi & Papadopoulou; Hauptgerichte 6–10 €) ist die lässigere Filiale, die unter hohen Decken und glänzenden Spiegeln eine kreative fast schon Fusionsküche zur lateinamerikanischen Musik serviert.

Miami MEERESFRÜCHTE €€€
(☎2310 447 996; www.miami.gr; Thetidos 18, Nea Krini; Hauptgerichte 12–18 €) Teuer ist es schon, aber Normalsterbliche (und der griechische Jetset) schätzen die Taverne am Ufer in Kalamaria wegen der besten Meeresfrüchte Thessalonikis. Mit dem Taxi sind es vom Zentrum 20 Minuten, aber Busse fahren auch dorthin.

Dore Zythos TAVERNE €
(☎2310 279 010; Tsirogianni 7; Hauptgerichte 8–12 €) Bei schönem Wetter bieten die Tische draußen beim Genuss von kreativer mediterraner Küche einen Blick auf den Weißen Turm gegenüber. Das Schwesterlokal **Zythos** (☎2310 540 284; Katouni 5; Hauptgerichte 8–12 €) in Ladadika befindet sich in einem schönen Haus und bietet ebenso gutes Essen.

Parakath PONTISCH €
(☎2310 653 705; Konstantinoupoleos 114; Hauptgerichte 8–13 €; ⌚abends) Thessalonikis einziges pontisches Restaurant bereitet deftige, traditionelle Pastagerichte mit einem Touch Schwarzes Meer. Am Wochenende wird wilde pontische Livemusik geboten (Reservierung ist ratsam). Es liegt 2 km westlich des Zentrums und ist am besten mit dem Taxi zu erreichen.

Me...Nou TAVERNE €
(☎2310 886 444; Petrou Sindika 25; Hauptgerichte 3–6 €) Der preiswerte Laden nahe dem Backpacker's Refuge (S. 294) spezialisiert sich auf sättigende *mayirefta* (Aufläufe).

Ouzou Melathron TAVERNE €
(☎2310 275 016; www.ouzoumelathron.gr; Karypi 21; *mezedhes* ab 4,50 €, Hauptgerichte 6–11 €) Die *ouzerie* (Ouzo-Bar) in einer Seitenstraße der Plateia Aristotelous ist ein wenig touristisch, wird aber noch immer von Einheimischen besucht. Mit einem Ouzo und einer *mezedhes* (Vorspeisenplatte) gewappnet lässt sich gut auf herzhafte Gerichte wie Lamm in Südweinsauce warten.

Panellinion TAVERNE €
(☎2310 567 220; Salaminos 1; Hauptgerichte 6–10 €) Die freundliche Taverne ist im traditionellen Ladadika-Stil eingerichtet: Holzböden und an den Wänden Olivenölflaschen und Lebensmitteldosen. Zum vielfältigen Angebot gehören eine ganze Palette an Ouzos und Käsesorten sowie köstliche Meeresfrüchte-*mezedhes*; hier wird nur Biogemüse verwendet.

Ausgehen

Thessalonikis Kneipenszene geht querbeet, von den traditionellen Altmänner-*kafeneia* (Kaffeehäuser) bis hin zu Kneipen und dröhnenden Bars. Viele bleiben bis „spät" geöffnet – sprich: bis niemand mehr da ist.

In jüngster Zeit entstand eine neue Barszene rund um die Straßen Syngrou und Valaoritou – traditionell war dies das Viertel der Strumpfhosenverkäufer, in dem die Geheimpolizei auch einst sichere Häuser unterhielt. Hier herrscht heute eine Szeneatmosphäre, und das bunt gemischte Publikum vergnügt sich bis auf die Straße raus.

Im Sommer schließen viele Clubs im Zentrum und öffnen in größeren Freiluftplätzen an der Flughafenstraße.

Bars

LP TIPP Gambrinus BAR
(Ecke Valaoritou & Ionos Dragoumi) Mehrere tschechische Biere, ausgelassene Studenten, ein bunter Musikmix, Wurst und kostenloses Popcorn – absolut klasse! Sonntags geschlossen.

Spiti Mou BAR
(Ecke Egnatia & Leontos Sofou 26; ⏲13 Uhr–spät; 📶) „Mein Haus" (wie der Name übersetzt lautet) ist eine neue Bar in einem hohen alten Gebäude im Syngrou-/Valaoritou-Viertel, die von ihren jungen Besitzern nach der Erkenntnis eröffnet wurde, dass ihre Partys unschlagbar waren. Musikuntermalung, abgewetzte Einrichtung und große Sofas auf einem Schachbrettboden tragen zum Charakter der Bar bei. Sonntags wird Livemusik geboten, gelegentlich Kostümpartys, und – jawohl, sogar WLAN. Der Eingang ist nicht gekennzeichnet, es ist aber die nächst gelegene Tür in der Leontos Sofou zur Egnatia hin.

Art House BAR
(☎2310 233 761; Vogatsikou 4) Die Treppe hoch und durch die Tür, und los geht die Party im Art House. Sitzplätze gibt es nicht, aber dafür dunkle Wölbungen und Vulkantöne in den Bögen, fleckige Wände und abgenutzte Holzböden. Die Musikrichtung ist Funk und Eurohouse, das Publikum Mitte 20.

Beerstore BAR
(☎2310 233 438; www.beer.gr; Kalapothaki 6; ⏲12–2 Uhr) Das Beerstore ist ein schicker Eckladen für Bierkenner samt heller Stehbar. Verkauft wird Bier aus aller Welt, von Kreta bis Kalifornien. Sorten aus Belgien und Mitteleuropa sind besonders gut vertreten. Wer sein Bier an der Bar trinkt, zahlt etwa 2 € mehr.

Partizan Bar BAR
(☎2310 543 461; Valaoritou 29; ⏲Mo–Do 8–3, Fr & Sa 8–5, So 12–3 Uhr) Der beliebte Laden mit Szeneflair ist ein weiterer Partytreff in Syngrou/Valaoritou. Spät nachts drängen sich hier die Nachtschwärmer, von Studenten bis zu älteren Leuten.

Extra Blatt BAR
(☎2310 256 900; Svolou 46; ⏲9–2 Uhr) Die fröhliche Bar gleich hinter der Plateia Navarinou unterhalb der Kamara hat zahlreiche belgische (und andere) Biere.

Santé BAR
(☎2310 510 088; Kapodistriou 3) Der lässige, schnieke Laden mit brasilianischem Flair bietet am Wochenende aufpeppende Livemusik, z. B. rhythmische Bluesbands.

Elvis BAR
(☎2310 227 905; Leoforos Nikis 21) Das Elvis ist eine DJ-Bar am Ufer mit interessanterer Musik als in den meisten Bars hier. Ins **Thermaikos** (23 Leoforos Nikis) gleich nebenan weicht die Szene aus, es wird aber erst spät nachts voll und unwiderstehlich.

Cafés

LP TIPP Loxias CAFÉ
(☎2310 233 925; Isavron 7; ⏲16–2 Uhr) Gebildete Griechen zieht es seit Jahren in das schräge *steki* (Treffpunkt), wo sie bei Ouzo und Snacks Philosophie, Politik oder Literatur diskutieren können. Das Loxias ist mit Weinfässern, überquellenden Buchregalen und Fotos griechischer Autoren, montenegrinischer Prinzessinnen und der Derwische des alten Chania ausgestattet. Romantiker können am Tisch für zwei auf dem hinteren Balkon mit Blick auf römische Ruinen dem Trubel entgehen.

LP TIPP Kafenai CAFÉ
(☎2310 220 310; Ecke Ethnikis Amynis & Tsopela; ⏲9–2 Uhr) Das neue *kafeneio* neben dem kretischen Restaurant Myrsini lässt auf beeindruckende Weise den Geist des alten Salonika wieder aufleben. Mit der Einrichtung der griechischen 1950er-Jahre, hohen, von Säulen abgestützten Decken, all das ergänzt durch dezenten Jazz, ist es kein Wunder, dass der Laden einheimische Künstler und Musiker anzieht.

Kafe Nikis 35 CAFÉ
(☎2310 230 449; Leoforos Nikis 35) Das gemütliche, freundliche Souterraincafé ist schicker als die benachbarten Lokale und ideal für einen Sonntagmorgen-Espresso. An einem Fenstertisch flirrt gesprenkeltes Sonnenlicht durch die Jalousien.

I Prinkipos CAFÉ
(Apostolou Pavlou 22) Das große studentische *kafeneio* neben dem türkischen Konsulat ist ideal für einen griechischen Kaffee und eine Runde Backgammon.

Verdi CAFÉ
(☎2310 236 803; Ecke Svolou & Angelaki) Das Verdi mit seinem schicken holzverkleideten Raum, gemütlichen Tischen und einem

Hauch französischen Flairs ist das letzte der Cafés in der Svolou.

Émigré CAFÉ
(☎2310 262 282; Svolou 54) Das Émigré gleich neben dem Verdi serviert guten Espresso mit Keksen.

☆ Unterhaltung

Griechischer Pop und House vom Band dominieren hier zwar, aber seit 2009 treten in Thessaloniki auch wieder Livebands auf (häufig in den Bars, S. 297).

Clubs & Livemusik

Lido CLUB
(☎2310 539 055; www.lidoparadise.gr; Frixou 5, Sfageia) Das Lido ist ein spitzenmäßiger Discoschuppen mit R&B, House und dergleichen. Wie die meisten Clubs hier zieht es im Sommer zur Flughafenstraße um.

Malt & Jazz LIVEMUSIK
(☎2310 278 876; Proxenou Koromila) Im Malt & Jazz, noch so einer Livemusikoase, gibt es hauptsächlich Jazz, manchmal auch Weltmusikbands. Ab 20 Uhr geöffnet.

Pyli Axiou CLUB
(☎2310 553 158; Ecke Andreou Georgiou & Ermionis) Etwas schlichtere heutige griechische Kultur bietet Thessalonikis beliebteste *bouzoukia* (Club mit Bouzouki-Musik), in der megareiche Geschäftsleute spärlich bekleidete Sängerinnen mit Blumen überschütten. Liegt westlich des Zentrums.

Vogue CLUB
(☎2310 502 081; Eintritt 5 €) Der trendige neue Club gegenüber dem Pyli Axiou legt den üblichen DJ-Pop, R&B und House auf.

Bootbars SCHWIMMENDE BARS
(⏲18–1 Uhr) Wer lieber in wässrigem Umfeld Partys feiert, kann auf etlichen Bootbars den Alkohol fließen lassen. Sie sind am Ufer südlich des Weißen Turms vor der Statue Alexander des Großen angedockt. Jedes Boot ist geringfügig unterschiedlich dekoriert, und die Musik reicht von Pop über Reggae bis hin zu R&B. Die Boote legen etwa alle 20 Minuten zu einer halbstündigen Tour auf dem Thermaikos Kolpos ab. Eintritt kostet es nicht, die Gäste können angedockt oder auf dem Wasser den ganzen Abend auf dem Boot bleiben – solange sie etwas trinken!

Theater & Kino

Das **Nationaltheater Nordgriechenlands** (☎2310 288 000; www.ntng.gr; Ethnikis Amynis 2) führt klassische griechische Dramen, modernes Theater und Opern auf.

Folgende Kinos gibt es in der Stadt:

Aristotelion (☎2310 262 051; Ethnikis Amynis 2)

Cinema Pallas (☎2310 278 515; Leoforos Nikis 73)

Olympion (☎2310 277 113; Plateia Aristotelous)

Plateia Alpha Odeon (☎2310 290 100; Ecke Tsimiski & Plateia Aristotelous)

Shoppen

In der westlichen Egnatia befinden sich die Billigläden, in der Tsimiki und in der dortigen Einkaufspassage unterhalb des US-amerikanischen Konsulats werden Edelmode und Produkte internationaler Labels angeboten.

Georgiadis KUNSTHANDWERK
(Egnatia 107; 9–14, 17–21 Uhr) Der vollgestopfte kleine Laden verkauft seit 1902 handgefertigte orthodoxe Ikonen (ab 15 €) in verschiedenen Formen und Größen. Bei frühzeitiger Mitteilung können auch Sonderwünsche bestellt werden. Der Laden befindet sich nahe dem Pilgerbüro des Bergs Athos.

Rihardos MUSIK
(www.rihardos.gr; Konstantinopoleos 27) Wer hätte je gedacht, dass es so viele verschiedene *bouzouki*-Arten gibt? Rihardos, einer der größten Händler traditioneller Musikinstrumente in Griechenland, führt ein riesiges Angebot an griechischen Instrumenten sowie westliche Markengitarren (und chinesischer Imitationen) in diesem und zwei weiteren Läden in der Nähe. Der freundliche Besitzer Rihardos und sein Englisch sprechender Sohn Joseph erklären alles über diese ungewöhnlichen Instrumente. Zu erreichen mit dem Bus 31 ab der Egnatia ostwärts bis zur Haltestelle Faliro (5–10 Min.), von dort geht's nach der Kreuzung mit der Paraskeopoulos nach links, wo es gleich zu sehen ist.

Bustart BÜCHER
(Grigoriou Palama 21) Führt Kunst-, Design-, Fotografie- und Modebücher

Travel Bookstore Traveller BÜCHER
(www.traveler.gr; Proxenou Koromila 41) Ein kleiner Laden mit zahlreichen Landkarten und, neben anderen Reisebüchern, auch Reiseführern von Lonely Planet

Praktische Informationen

Geld

Banken und Geldautomaten gibt es überall in Thessaloniki, außer in der Ano Poli. Die Egnatia, die Tsimiski, die Hafengegend und die Plateies Navarinou und Aristotelous sind damit gut bestückt. Wegen gelegentlicher Straßendemos in den letzten paar Jahren sind jedoch viele Geldautomaten in der Innenstadt nachts ärgerlicherweise abgesperrt. Provisionsgierige Wechselstuben säumen die westliche Egnatia. Geldautomaten gibt's auch im Bahnhof, im Busbahnhof und im Fährhafen. Reiseschecks sollten möglichst vermieden werden.

National Bank of Greece (Tsimiski 11) Das historische Gebäude lohnt allein schon wegen der prächtigen Architektur eine Erwähnung.

Genehmigungen

Mount Athos Pilgrims Bureau (Pilgerbüro des Bergs Athos; ☎Griechen 2310 252 575, Ausländer 2310 252 578; piligrimsbureau@c-lab.gr, christos@c-lab.gr; Egnatia 109; ⊙Mo–Fr 9–13, Sa 10–12 Uhr) Das Pilgerbüro erteilt Genehmigungen zum Besuch der Klöster auf dem Berg Athos.

Internetzugang

Die meisten Hotels und Cafés sowie zahlreiche öffentliche Plätze haben kostenloses WLAN.

e-Global (Ecke Egnatia & Iasonidou; 2,50 € pro Std.; ⊙24 Std.) Der Laden nahe Kamara liegt ebenso zentral wie das Web, ist aber weniger laut.

Web (S Gonata 4, Plateia Navarinou; 2,40 € pro Std.; ⊙24 Std.) Groß, zentral und gut ausgestattet, aber oft voll mit lärmenden Teenagern an Spielkonsolen

Notfall

Die Apotheken sind, wenn sie geschlossen haben, dazu verpflichtet, eine Liste mit geöffneten Apotheken in der Nähe im Schaufenster aushängen.

Farmakeio Gouva-Peraki (☎2310 205 544; Agias Sofias 110, Ano Poli) Günstig in Ano Poli gelegene Apotheke mit erfahrenem Personal

Farmakeio Sofia Tympanidou (☎2310 522 155; Egnatia 17) Die mitfühlende Kyria Sofia betreibt seit Langem diese gut bestückte Apotheke und kann oft auch schwer zu erhaltende Medikamente schnell besorgen.

Ippokration (☎2310 837 921; Papanastasiou 50) Größtes städtisches Krankenhaus 2 km östlich des Zentrums

Hafenpolizei (☎2310 531 504)

Notfallstation (☎2310 530 530; Navarhou Koundourioti 10)

Touristenpolizei (☎2310 554 871; 5. Stock, Dodekanisou 4; ⊙7.30–23 Uhr)

Post

Post Aristotelous (Aristotelous 26; ⊙Mo–Fr 7.30–20, Sa 7.30–14.15, So 9–13.30 Uhr); Koundouriotou (Koundouriotou 6; ⊙7.30–14 Uhr) Die Post in der Koundouriotou liegt neben dem Hafen. Im Bahnhof gibt es ebenfalls einen Postschalter.

Touristeninformation

Tourismusdirektion (☎2310 221 100; tour-the@otenet.gr; Tsimiski 136; ⊙Mo–Fr 8–20, Sa 8–14 Uhr) Die neue städtische Touristeninformation befindet sich in einem prächtigen Gebäude nahe dem Weißen Turm und ersetzt die alte Information am Hafen. Das freundliche und kenntnisreiche Personal hilft auch auf Deutsch.

An- & Weiterreise

Thessaloniki ist der Verkehrsknotenpunkt Nordgriechenlands und Tor zum Balkan. Hier landen die wichtigsten europäischen Fluglinien und Billigflieger. Flüge und Fähren gehen von hier aus auch zu einigen Inselgruppen. Reisebüros, die Tickets verkaufen, gibt es überall.

Bus

INLAND An Thessalonikis **Hauptbusbahnhof** (☎2310 595 408; www.ktel-thes.gr; Monastiriou 319), 3 km westlich des Zentrums, gibt es mehrere Schalter, die jeweils zu unterschiedlichen Zielorten Fahrkarten verkaufen. Das heißt, dass im jeweiligen Schalter nur für den eigenen Zielort Fahrkarten verkauft und Informationen gegeben werden. Es gibt keinen allgemeinen Informationsstand, was noch zum unerfreulichen Stressfaktor des Bahnhofs beiträgt.

Busse nach Chalkidiki fahren am völlig anderen **Chalkidiki-Busbahnhof** (☎2310 316 555; www.ktel-chalkidikis.gr) am östlichen Rand Thessalonikis ab. Vom Bahnhof aus oder von jeder Haltestelle an der Egnatia fahren die Busse 2 oder 31 bis zur Haltestelle Botsari, von dort fährt der Bus 36 die letzten zehn Minuten. Bei starkem Verkehr dauert die Fahrt vom Bahnhof bis zum Chalkidiki-Busbahnhof etwa eine Stunde.

INTERNATIONAL OSE (☎2310 599 100; Aristotelous 26) Die einst zahlreichen internationalen Busverbindungen der Bahngesellschaft sind derzeit ungewiss, nachdem alle internationalen

WEITER GEHT'S!

Eine herunterladbare PDF-Datei des Albanien-Kapitels aus dem Lonely Planet Reiseführer *Eastern Europe* mit Tipps, Empfehlungen und Besprechungen kann auf www.shop.lonelyplanet.com gekauft werden.

Zugverbindungen 2011 eingestellt wurden – vorher checken.

Busverbindungen nach Tirana und in andere albanische Städte, wie Korça (Korytsa; 21 €, 6 Std., 3-mal tgl.) bietet **Alvavel** (☎2310 535 990; Giannitson 31) gegenüber dem Bahnhof. Zur Zeit der Recherche boten kleine Busgesellschaften, die meisten halten gegenüber dem Gericht (Dikastirion), die einzigen Verbindungen zu Orten wie Skopje, Sofia und Bukarest. Tickets und Infos bei **Simeonidis Tours** (☎2310 540970; www.simeonidistours.gr; 26. Oktovriou 14).

BUSVERBINDUNGEN AB DEM HAUPTBUSBAHNHOF THESSALONIKI (KTEL)

ZIELORT	FAHRZEIT	PREIS	HÄUFIGKEIT
Alexandroupolis	3¾ Std.	29 €	8-mal tgl.
Athen	6¼ Std.	42 €	11-mal tgl.
Drama	2 Std.	13 €	12-mal tgl.
Didymotiho	5½ Std.	37,60 €	8-mal tgl.
Edessa	2 Std.	8,40 €	12-mal tgl.
Florina	2¾ Std.	15,60 €	6-mal tgl.
Igoumenitsa	4 Std.	40,80 €	2-mal tgl.
Ioannina	3½ Std.	30 €	6-mal tgl.
Kastoria	2½ Std.	17,60 €	7-mal tgl.
Kavala	2¼ Std.	15 €	15-mal tgl.
Komotini	2¾ Std.	25,30 €	8-mal tgl.
Litochoro	1¼ Std.	8,50 €	14-mal tgl.
Orestiada	6 Std.	39,50 €	8-mal tgl.
Pella	45 Min.	3,30 €	alle 45 Min.
Serres	1¼ Std.	8,20 €	12-mal tgl.
Veria	1 Std.	6,80 €	alle 45 Min.
Volos	4 Std.	18,40 €	9-mal tgl.
Xanthi	2½ Std.	19 €	12-mal tgl.

Flugzeug

Aegean Airlines (☎2310 280 050; www.aegeanair.com; Venizelou 2) Büro an der Plateia Eleftherias. Bietet Flüge nach Athen (60–93 €, 55 Min., 12-mal tgl.)

Aspect Travel (☎2310 240 567; mail@aspect.ondsl.gr; Vasillis Olgas 283) Ein gutes Reisebüro für alle Belange

Makedonia Airport (☎2310 473 212; www.thessalonikiairport.gr) Der Flughafen liegt 16 km südöstlich der Stadt und ist mit dem Stadtbus 78 zu erreichen. Von hier gehen Flüge zu mehreren europäischen Städten, auch ist er Zielflughafen von Billigfliegern.

Olympic Air (☎2310 368 666; www.olympicair.com; Navarhou Koundourioti 1–3) Das Büro liegt in Hafennähe. Die Fluglinie fliegt über 15 Inlandsstrecken, die meisten nach Athen (65–115 €, 55 Min., 7-mal tgl.).

Remember Travel (☎2310 246 026; remembertravel@mail.gr; Egnatia 119) Gleich hinter der Kamara. Verkauft Tickets und hat einen guten Kundendienst.

INLANDSFLÜGE AB THESSALONIKI

ZIEL	FLUGZEIT	PREIS	HÄUFIGKEIT
Athen	50 Min.	60 €	10-mal tgl.
Chios	55 Min.	135 €	4-mal wöchentl.
Korfu	50 Min.	120 €	4-mal wöchentl.
Kreta (Chania)	1¼ Std.	135 €	1-mal tgl.
Kreta (Iraklion)	1¼ Std.	120 €	2-mal tgl.
Kefallonia	1¾ Std.	150 €	3-mal wöchentl.
Kos	1¼ Std.	130 €	2-mal wöchentl.
Lesbos (Mytilini)	50 Min.	120 €	11-mal wöchentl.
Limnos	30 Min.	120 €	6-mal wöchentl.
Mykonos	1 Std.	150 €	3-mal wöchentl.
Rhodos	1¼ Std.	150 €	2-mal tgl.
Samos	1 Std.	140 €	3-mal wöchentl.
Santorin (Thira)	1¼ Std.	160 €	3-mal wöchentl.

Schiff/Fähre

Zur Zeit der Recherche bot **NEL Lines** (www.nel.gr) zweimal wöchentlich eine Überfahrt nach Limnos (20 €, 8 Std.), Lesbos (30 €, 14 Std.), Chios (32 €, 19 Std.) und Samos (40 €, 20 Std.) an. Schiffe zu den Sporaden fahren, nun ja, sporadisch, also vorher checken.

Viele Reisebüros im Hafengebiet verkaufen Tickets:

Karaharisis Travel & Shipping Agency (☎2310 524 544; Navarhou Koundourioti 8; ⏲8–20.30 Uhr)

Polaris Travel Services (Agias Sofias ☎2310 278 613; Egnatia 81; ⏲8–20.30 Uhr; Hafen ☎2310 548 655; polaris@otenet.gr; Navarhou Koundourioti 19; ⏲8–20.30 Uhr)

Zug

Griechische Züge waren früher erfreulich billig und fuhren häufig. Aber 2011 fiel die OSE der Finanzkrise des Landes zum Opfer. Internationale Zugverbindungen wurden gestrichen und Inlandsstrecken massiv eingeschränkt. Die Lage ist ungewiss, also vorher checken.

Zur Zeit der Recherche fuhren noch Züge von Thessalonikis **Bahnhof** (☎2310 599 421; www.trainose.gr; Monastiriou). Fahrkarten gibt es im Bahnhof oder bei **OSE** (☎2310 598 120; Aristotelous 18).

Es gibt reguläre und Intercityzüge (IC oder ICE). Die Letzteren sind teurer, aber nicht wesentlich schneller. Die folgenden Preise gelten für reguläre Züge. Fahrkarten sollten zuvor in Athen gekauft werden, besonders für die billigsten Züge. Überhaupt sollten Fahrkarten im Voraus gekauft werden, da lange Schlangen üblich sind.

INLAND Züge nach Athen (36 €, 6¾ Std., 10-mal tgl.) fahren über Litochoro (7 €, 1 Std.), Larisa (10 €, 2 Std.) und Volos (14 €, 4½ Std.). Intercityzüge nach Athen (48 €, 5½ Std.) sind teurer, aber nicht wesentlich schneller.

Theoretisch fahren mehrmals täglich Züge zu makedonischen Städten, wie Veria, Edessa und Florina, und thrakischen Städten, wie Xanthi, Komotini und Alexandroupolis. Aber wegen der Einschränkungen wurden manche Strecken gestrichen oder werden unregelmäßig befahren – vorher checken.

Im Bahnhof von Thessaloniki gibt es ungepflegte Toiletten (unten), eine Filiale der National Bank of Greece, eine Post, Geldautomaten, Kartentelefone, ein OTE (Telefonamt), Kioske, ein altes Restaurant und einige schicke neue Süßigkeitenläden – sowie eine orthodoxe Kapelle. Gepäckschließfächer kosten ab 3 €, die Gepäckaufbewahrung, täglich bis 22 Uhr geöffnet, 3 € pro Gepäckstück und Tag. In Letzterer muss die aktuelle Zugfahrkarte bei der Gepäckabgabe vorgelegt werden.

ℹ Unterwegs vor Ort

Zum/Vom Flughafen

Bus 78 fährt alle 30 Minuten vom Flughafen nach Westen über den Bahnhof zum Hauptbusbahnhof (0,80 €). Ein Taxi vom Zentrum zum Flughafen kostet 8 bis 12 €, nachts (Mitternacht bis 5 Uhr) wird es erheblich teurer.

Auto

Die **ELPA** (griechischer Automobilclub; ☎2310 426 319; Vasilissis Olgas 228), mit Büro in Kalamaria bietet einen Pannendienst. **Budget Rent a Car** (☎2310 229 519; Angelaki 15) und **Euro Rent** (☎2310 826 333; Georgiou Papandreou 5) sind zwei der großen Autovermieter.

Entlang der Straßen im Zentrum sind Parkplätze nur schwer zu finden. Besser ist der große Parkplatz am Passagierfährhafen (pro Std. 2 €) oder der Parkplatz XANTH (griech. Abk. für den nahen CVJM) nahe dem Weißen Turm, der Tsimiski und der Touristeninformation. Einfahrt ist in der Tsimiski und um die Ecke in der Nikolaou Germanou. Er kostet 4,50 € für die erste Stunde, 3,50 € für die zweite und 2,50 € für jede folgende.

Bus

Orangefarbene Gelenkbusse verkehren im Stadtgebiet Thessalonikis, die blau-orangefarbenen Busse auch in den Vororten. Die Stadtbusse haben elektronische Fließanzeigen mit der jeweils nächsten Haltestelle sowie einer Stimme vom Band, die die Haltestellen auf Griechisch und auf Englisch verkündet. Bus 1 verbindet alle zehn Minuten den Busbahnhof mit dem Zugbahnhof, Bus 31 fährt alle sechs Minuten zur Voulgari, und Bus 36 fährt ab dort weiter bis zum Chalkidiki-Busbahnhof. An den wichtigen Haltestellen an der Egnatia, wie Aristotelous, Agias Sofias und Kamara, halten mehrere Buslinien, darunter auch die Busse 10 und 14 vom Bahnhof.

Fahrkarten sind an *periptera* (Straßenkiosken) für 0,80 € erhältlich oder an den Fahrkartenautomaten im Bus (0,90 €). Die Fahrkarten vom Kiosk müssen im Bus entwertet werden. Wer den Bus jedoch öfter benutzt, ist mit einer unbeschränkten 24-Std.-Fahrkarte (3 €) besser bedient. Die Automaten geben übrigens kein Wechselgeld heraus und akzeptieren keine Scheine. Es ist daher schlauer, sie im Kiosk zu kaufen; wenn dies nicht möglich ist, sollte passendes Kleingeld beim Besteigen des Busses bereitgehalten und sofort eine Fahrkarte gekauft werden. Die Fahrscheinkontrolleure Thessalonikis sind ausgefuchst, effizient und reagieren auf jedes Zeichen von Unsicherheit – Ausländer sind besonders leichte Beute. Wer erwischt wird, muss auf der Stelle 30 € bezahlen; andernfalls geht's mit einem dieser Jungs ab zur Polizei.

Taxi

Die blau-weißen Taxis Thessalonikis befördern mehrere Fahrgäste und nehmen Passagiere nur mit, wenn sie in die gleiche Richtung wie die anderen wollen. Wer ein Taxi braucht, stellt sich in die gewünschte Fahrtrichtung, winkt eines herbei, schreit seinen Zielort und muss dann mit den hochgezogenen Brauen der Ablehnung des Fahrers rechnen – viel Glück! Der Mindestfahrpreis beträgt 2,80 €, der teurere „Nachttarif" gilt von Mitternacht bis 5 Uhr. Es wird zwar eine Deregulierung diskutiert, aber die gleichen fünf Taxiunternehmen dominieren noch immer das Geschäft:

Alfa-Lefkos Pyrgos (☎2310 249 100)

Makedonia (☎2310 550 500)

Megas Alexandros (☎2310 866 866)

Omega (☎2310 511 855)

Thessaloniki (☎2310 551 525)

Rund um Thessaloniki

Die meisten Touristen auf dem Weg Richtung Osten ab Thessaloniki machen sich zwar gleich zu den Stränden der Chalkidiki-Halbinsel auf, doch auf dem Weg dorthin gibt es ein paar sehenswerte Ecken. **Epanomi,** nur 35 km südlich von Thessaloniki, ist praktisch eine Vorstadt. Es gibt dort jedoch auch Strände und zwei Kirchen aus dem 19. Jahrhundert: die **Agios**

WEINGÜTER IN NORDGRIECHENLAND

Seit den vom Wein inspirierten Schriften von Homer ist der Weinanbau Griechenlands berühmt. Im Norden sind die Voraussetzungen zum Weinanbau ideal: Die trockenen, aber fruchtbaren Felder, umgeben von Seen, Bergen und dem Meer, sorgen für ein einzigartiges Mikroklima und Anbaubedingungen. In Makedonien werden, neben berühmten Sorten wie Cabernet Sauvignon und Merlot, einheimische Rebsorten angebaut. Zu den charakteristischsten Sorten gehört der *xinomavro*, ein spitzenmäßiger trockener, tanninreicher Rotwein mit einem hohen Alkoholgehalt. Er wird vielerorts angebaut, besonders in Naoussa, Amyntaio, Pella und Velvendos sowie in den Weingärten in Chalkidiki.

Die makedonischen Weingärten reichen von kleinen Familienbetrieben bis hin zu Großproduzenten. Alle bieten oft kostenlose Weinproben an (meist bei vorheriger Anmeldung) und verkaufen den Wein vor Ort billiger als in den Läden.

Das bekannte **Weingut Kir-Yianni** (☎23320 51100; www.kiryianni.gr; Yianakohori; ⏲9–17 Uhr) bei Naoussa wurde von Yiannis Boutaris gegründet, eine lebende Legende der Weinszene und heute Bürgermeister von Thessaloniki. Seit den 1960er-Jahren trägt der Winzer in vierter Generation zu den landwirtschaftlichen Innovationen und zur technologischen Entwicklung bei, die zum internationalen Ansehen griechischer Weine führten. Yiannis half auch bei der Regenerierung des Gebiets bei Naoussa, von Weingärten auf dem Berg Vermio (230 bis 320 m Höhe) und der Amyntaio-Region südlich von Florina nahe dem Vegoritis-See.

Heute führt Yiannis' Sohn Stellios die Familientradition fort. An einem restaurierten osmanischen Turm mit Blick auf die Weingärten sagt Stellios: „Wir sind sehr stolz auf den Fortschritt, den wir gemacht haben, und wir haben viele Pläne für die Zukunft" – sowohl zur Verbesserung des Weins als auch beim Angebot anspruchsvollerer **Touren.** Besucher erfahren etwas über die Weinproduktion von Kir-Yianni, besichtigen die Anlagen und probieren mehrere exzellente Weine beim Blick über die üppigen Weingärten des Guts – alles umsonst.

Die **Kellerei Chateau Pigasos** (☎23320 24740, 6937 093 658; chateaupegasuswine@hotmail.com; Polla Nera) in der Nähe ist eine kleine Kellerei mit Weingärten in Polla Nera zwischen Naoussa und Edessa, die von Dimitris Markovitis und seiner Schwester Katerina betrieben wird. Besucher des Weinguts, das Xinomavro, Chardonnay, Riesling und Cabernet Sauvignon anbaut, sollten sich zuvor anmelden. Die muntere Katerina, die

Georgios (1835) und die **Kimisis Theotokou** (1865), beide mit prächtigen Ikonen. Höchst sehenswert ist jedoch die **Weinkellerei Domaine Gerovassiliou** inmitten von Weingärten am Meer gelegen. Die Weintouren sind empfehlenswert; siehe „Weingüter in Nordgriechenland", siehe oben. Epanomi lockt auch mit ein paar guten **Fischtavernen** nahe dem Meer, wie die Taverna tou Psilou und Agnanti.

Nur 3 km von Epanomi entfernt erstrecken sich der lange Sandstrand **Faros** und der angrenzende **Potamos** mit klarem Wasser und sommerlichen organisierten Aktivitäten wie Beachvolleyball und Musik sowie einigen Cafés. Zeltplätze und Zimmer dicht am Geschehen vermietet das gepflegte **Hotel Camping Akti Retzika** (☎69374 56551; www.retzikas.gr; Potamos Beach; Camping pro Pers./Zelt 5/5 €, Zi. ab 35 €). Es verfügt über einen großen Campingplatz, moderne Zimmer, ein Restaurant und eine Snackbar.

Etwa 50 km südöstlich von Thessaloniki befindet sich an der Hauptstraße die **Petralona-Höhle** (☎23730 71671; Eintritt 7 €; ⏲9 Uhr) mit zahlreichen Stalagmiten. Sie wurde 1959 von Dorfbewohnern Petralonas entdeckt und errang bald Berühmtheit, als der Schädel eines prähistorischen Menschen entdeckt wurde (*Archanthropos* genannt; griechisch für „erster" oder „ursprünglicher Mensch"). Wissenschaftler haben sein Alter auf 160 000 bis 240 000 Jahre datiert, was den *Archanthropos* zu einem der ältesten bekannten Menschen Europas macht. Auch Fossilien hier ausgestorbener Tierarten wurden gefunden, u. a. von Löwen, Panthern, Bären, Nashörnern, Elefanten, Bisons, Hirschen, Vögeln und Fledermäusen. Die faszinierendsten Gegenstände aus der Höhle bil-

Weinproben aus dem Chateau Pigasos mit ausgesuchtem Käse anbietet, erzählt: „Wir glauben, unsere Weine sind deswegen so gut, weil wir nur unsere eigenen, sorgfältig gehegten Reben verwenden und den neuen Wein mindestens zwei Jahre lang in Fässern 7 m unter der Erde lagern, bevor er in Flaschen abgefüllt wird."

Besucher von westmakedonischen Weingütern können in Edessa (S. 320), Veria (S. 318) oder in Naoussa übernachten, wo es allein schon 22 Kellereien gibt. Das dortige **Hotel Palea Poli** (☎23320 52520; www.paleapoli.gr; Vasileou Konstantinou 32, Naoussa; EZ/DZ 80/120 €; P ❄ ☰) ist ein reizendes Boutiquehotel mit verschnörkelten traditionellen Möbeln und einem spitzenmäßigen Restaurant. Die Besitzer informieren über Weinkellereien.

Auf der Chalkidiki-Halbinsel in Ostmakedonien schließlich gibt es die bemerkenswerte **Domaine Gerovassiliou** (☎23920 44567; 69373 07740; www.gerovassiliou.gr; Epanomi). Der Weinkellerei, die nur 25 km südöstlich von Thessaloniki liegt und mit Stadtbussen erreichbar ist, gilt die ganze Leidenschaft von Vangelis Gerovassiliou. Der in Frankreich ausgebildete Önologe rettete 1976, neben seinen anderen Errungenschaften, die einheimische griechische Rebsorte *malagousia* vor dem Aussterben. Vangelis ist ein Mann, der seine Arbeit liebt und sich um jedes Detail kümmert: „Wir geben uns größte Mühe bei allem, was wir hier tun. Das werden Besucher nicht nur bei der Weinprobe, sondern auch angesichts unserer Umgebung herausfinden."

Die Domaine Gerovassiliou liegt auf einem Felsvorsprung am Meer und ist umgeben von Weinbergen und Kräutergärten. An klaren Tagen ist der Olymp am Horizont jenseits des Wassers zu sehen. Es gibt hier auch ein faszinierendes **Museum** mit weinbezogenen Ausstellungsstücken, darunter mykenische und byzantinische Amphoren, antikes Küferwerkzeug, handgefertigte Weinpressen vom 18. bis 20. Jh., Weinflaschen (16. bis 20. Jh.) und eine Sammlung von kunstvollen Korkenziehern aus dem gleichen Zeitraum.

Wer keine Zeit für einen Kellereibesuch hat, kann den Wein auch in jedem guten Restaurant oder Bar in Thessaloniki probieren. Nach Aussagen der griechischen Winzer gehören zu den besten Weinrestaurants der Stadt das **Clochard** (☎2310 239 805; www.clochard.gr; Proxenou Koromila 4; Hauptgerichte 10–18 €; ⏲Mo–Sa 12–2 Uhr) mit griechischer und französischer Küche und das **Mandragoras** (☎2310 285 372; Ecke Mitropoleos & Pavlou Mela; Hauptgerichte 8–14 €), das laut Stellios Boutaris „die beste Weinkarte in Salonica hat".

den jedoch den „Petralonas-Schatz"; er wird im Archäologischen Museum (S. 289) in Thessaloniki aufbewahrt. Zum Eintrittspreis gehören eine Höhlentour und ein Besuch des angrenzenden **Anthropologischen Museums.** Fotografieren ist nicht gestattet; die Höhle schließt eine Stunde vor Sonnenuntergang.

Chalkidiki Χαλκιδική

Die **Chalkidiki-Halbinsel** ist mit ihren drei „Fingern", die in die nördliche Ägäis ragen, auf sämtlichen Landkarten sofort erkennbar und nur allzu berühmt für die Touristenmassen im Sommer, wenn die Thessaloniker hier Urlaub machen. Den ersten Finger, **Kassandra,** hat es am schlimmsten getroffen: Er ist übersät von öden Ferienhäusern, Beton und Kinkerlitzchenläden. Der zweite Finger, **Sithonia,** ist weniger schlimm und hat ein paar wirklich traumhafte Strände. Chalkidikis dritter Finger, **Athos,** ist den Fängen moderner Erschließung weitgehend entkommen – ein Großteil gehört zur Klostergemeinde des Bergs Athos (Agion Oros), der ausschließlich männlichen Pilgern und nur mit dem Boot zugänglich ist.

In den Sommermonaten sind auf Chalkidiki Budgetunterkünfte Mangelware, und das hohe Verkehrsaufkommen kann nervtötend sein. Für Camper jedoch gibt es über 30 sehr gute und preiswerte Campingplätze. Auf Chalkidiki gibt es lange, von Pinienwäldern umgebene Sandstrände an tiefblauem Meer sowie vereinzelte Inselchen. Am schönsten ist es im September, wenn das Wasser am wärmsten ist, die Massen abgezogen und die Preise niedriger sind.

HALBINSEL KASSANDRA
ΧΕΡΣΟΝΗΣΟΣ ΚΑΣΣΑΝΔΡΑΣ

Die Halbinsel Kassandra ist absolut touristisch und wird hauptsächlich von Wochenendausflüglern aus Thessaloniki und Pauschaltouristen aus benachbarten Balkanländern besucht. Sie ist nicht gerade eine Oase der Ruhe, aber fürs Nachtleben ist einfach super.

Im zugebauten **Kallithea** gleich zu Beginn der eigentlichen Halbinsel gibt es Discos mit allem Drum und Dran, Bars und einen langen, überfüllten Strand. Bezahlbare *domatia* (Zi. 50 €) mit Klimaanlage für Selbstversorger können im Kallithea Market neben der Bushaltestelle nach Thessaloniki erfragt werden. **Manita Tours** (☎23740 24036) im Ortszentrum bietet Tagesausflüge an, auch Bootstouren (30 €) zu Stränden auf der Halbinsel Sithonia gegenüber.

Das Dorf **Polychrono** ein paar Kilometer weiter an der Ostküste ist ein ruhigerer, familienfreundlicher Badeort mit traditionelleren Holzhäusern und warmen Gewässern. Das **Hotel Odysseas** (☎23720 51923; www.odysseas.net; DZ/3BZ 56/64 €; P❄📶🏊) liegt 70 m vom Strand, hat einen netten Garten mit Pool und vermietet saubere, große Zimmer. Ebenso nahe am Strand ist das recht schicke **Boutiquehotel Akrogiali** (☎23740 51500; www.hotelakrogiali.com; DZ/3BZ 60/80 €; P❄📶), ein schönes, romantisches Haus mit Restaurant. Polychronos bestes Restaurant liegt jedoch in Strandnähe, nämlich die **Taverne Flegra** (☎69895 85960; Polychrono Strand; ⏲April–Okt. 9–24 Uhr), wo der temperamentvolle Ioannis Vamvakas griechische Gerichte, Meeresfrüchte und Kinderteller anbietet – mit dem Versprechen, dass niemand zahlen muss, wenn es nicht schmeckt. Das **Ice Therapy** (Polychrono Strand; ⏲Mai–Sept. 9–24 Uhr) nebenan ist eine nette *zaharoplasteio* (Patisserie) mit dem besten Süßkram im Ort.

Gute Campingplätze auf Kassandra gibt es u. a. in **Posidi**, wo die EOT (Griechische Tourismusorganisation) das **Camping Kalandra** (☎23740 41123; ⏲Mai–Sept.; P) betreibt. **Camping Anemi Beach** (☎23740 71276; ⏲Mai–Sept.; P) mit 115 Zeltplätzen befindet sich in **Nea Skioni** an der ruhigeren Westküste.

Wer vorhat, auf den einsamen Inselchen zwischen Kassandra und Sithonia zu zelten, sollte **Grigoris Delihristou** (☎69797 73905; backpackers_refuge@hotmail.com) vom Backpacker's Refuge (S. 294) in Thessaloniki kontaktieren. Greg bringt für 100 € pro Person kleine Gruppen zu viertägigen Campingtrips auf diese winzigen Inselchen inmitten von kristallklarem Wasser, wo sich die Besucher am Strand aalen, schwimmen oder sogar mit dem Speer fischen können. Im Preis enthalten sind Kleinbus- und Bootsfahrt sowie Essen und Trinken.

ℹ An- & Weiterreise

Vom Chalkidiki-Busbahnhof in Thessaloniki fahren Busse an die Ostküste nach Kallithea (8,80 €, 1½ Std., 13-mal tgl.), Pefkohori (11,80 €, 2 Std., 10-mal tgl.) und Polychrono (11 €, 2¼ Std., 10-mal tgl.), mit Halt in Kryopigi und Chanioti (11,50 €, 2½ Std.). Verbindungen gibt es auch nach Paliouri (12 €, 2 Std., 7-mal tgl.) an der Südspitze. Eine Rückfahrkarte (15 Tage gültig) ist meist billiger.

HALBINSEL SITHONIA
ΧΕΡΣΟΝΗΣΟΣ ΣΙΘΩΝΙΑΣ

Sithonia hat schönere Strände, spektakulärere Naturschönheiten und eine lässigere Atmosphäre als Kassandra. Die wunderschönen Strände an der Südspitze und der Ostküste sind außerhalb des Hochsommers nahezu einsam.

Die Küstenstraße um die ganze Halbinsel herum führt um weite Buchten, über pinienbewaldete Hügel und hinab in die Badeorte.

WESTKÜSTE

An der Westküste erstrecken sich zwischen **Nikiti** und **Paradisos** lange Sandstrände, die bekanntesten sind der **Kalogria** und der **Lagomandra**. Größter Ort Sithonias ist **Neos Marmaras** mit einem überfüllten Strand, aber vielen *domatia* und guten Fischtavernen.

Von Neos Marmaras steigt die Straße in die Hügel hinauf, von wo Nebenstraßen (einige unbefestigt) zu weiteren Stränden und Campingplätzen abzweigen. **Toroni** und **Porto Koufos**, zwei kleine Orte im Südwesten, bieten beschauliche Strände, einen Yachthafen in einer geschützten, langen Bucht sowie Zimmer und Tavernen. Sithonias noch relativ unerschlossene Südspitze ist felsig, zerklüftet und dramatisch. Von dort eröffnet sich ein spektakulärer Blick auf den Berg Athos, der bei der Umfahrung der Südostspitze in Sicht kommt.

Kalamitsi hat einen hinreißenden Strand, ist aber ziemlich verbaut. Immerhin gibt es dort Freizeitangebote, wie

Bootsverleih, Tauchgänge (50 €) und -kurse (ab 80 €) im **North Aegean Diving Centre** (☎23750 41338).

Gute Campingplätze sind **Porto Camping** (☎23750 41346; Camping pro Erw./Zelt 3,80/4,50 €) am Hauptstrand von Kalamitsi und der teurere **Camping Kalamitsi** (☎23750 41411; Camping pro Erw./Zelt 6,50/7,20 €; ⏲Mai–Sept.) hinter der westlichen Landzunge. Die besten Zimmer vermietet **O Giorgakis** (☎23750 41338; Studios 75 €) über dem gleichnamigen Restaurant am Strand. Die Studios bieten Platz für fünf Personen und sind voll ausgestattet. Die Apartments im ruhigeren **Souzana Rooms** (☎23750 41786; Apt. 50 €) in einem weitläufigen Garten sind recht groß.

OSTKÜSTE

Sarti, ein Stück weiter an der Küste, ist ein ruhiger Badeort mit etwas Nachtleben, Zimmern, Restaurants und einem sehr gut ausgestatteten Campingplatz. Der lange Sandstrand war einst ein Ziel für Aussteiger, wurde aber mittlerweile „entdeckt". Es gibt hier auch großartige Aussichten auf den Berg Athos, der auch bei Bootsausflügen zu bestaunen ist, die von Reiseveranstaltern in Sarti angeboten werden.

Der große und sehr begehrte Platz **Camping Armenistis** (☎23750 91487; www.armenistis.com.gr; Camping pro Pers./Zelt 7,20/6,30 €; ⏲Mai–Okt.; P) in Sarti hat eine fantastische Lage zwischen Wald und Strand, auch ist er erstaunlich gut ausgestattet: Es gibt einen Markt, Restaurant, Crêperie, Kino, Sportplatz und eine Arztpraxis. Im Sommer finden häufig Konzerte und DJ-Partys statt.

Das **Sarti Vista Bed & Breakfast Resort** (☎23750 94651; www.sartivista.com; Apt. ab 70 €; P❄📶🏊) mit tollem Blick übers Meer bis zum Berg Athos ist eigentlich eine Ansammlung moderner Ferienapartments mit Balkonen oberhalb des Orts. Der Grillplatz, der Infinity-Pool und der Garten tragen zur freundlichen und relaxten Atmosphäre bei. Die hilfsbereiten Besitzer geben Tipps für Aktivitäten.

Das **Kivotos** (☎23750 94143; Hauptgerichte 5–9 €) in der Mitte des Strandbereichs serviert tollen gegrillten Fisch auf Tischen am Strand. Der Besitzer Daniel hilft auch bei der Zimmersuche.

Zwischen Sarti und Panagia treffen die Straßen wieder aufeinander, und es wird interessanter: Hier befinden sich die besten Campingplätze und Strände Sithonias.

Mit einem gemieteten Motorroller lässt sich die Gegend am besten erkunden: 6 km nördlich von Sarti führt ein Abzweig zu den **Kavourotrypes** (Krebslöcher) – mehrere kleine Felsbuchten, die ideal zum Schwimmen sind. 13 km weiter nördlich liegt das beliebte **Vourvourou** mit Campingplätzen und Privatzimmern. Das schgeräumige **Hotel Vergos** (☎23750 91379; www.halkidiki.com/vergos; EZ/DZ/Apt. mit Frühstück 58/63/105 €; ❄🏊) wirkt zwar etwas steril, hat aber gut ausgestattete Zimmer in ruhiger Lage mit einer großen Wiese für Kinder.

Über einen kurzen Feldweg vom Zentrum geht es zum schönsten Strand von Vourvourous, dem **Karydi.** Der Strand im Schatten von Pinien ist eine ideale Mischung aus Sand, Fels und Einsamkeit. Ein weiterer Sandstrand befindet sich 1 km weiter nördlich in **Ormos Panagias**. Wer bleiben möchte, findet hier mehrere Unterkünfte, eine der Möglichkeiten sind die **Karidi Beach Apartments** (☎23750 91102; www.karidibeach.gr; Apt. ab 80 €; P❄) 500 m von Vourvourou entfernt. Der kleine Familienbetrieb vermietet einfache Apartments für drei bis vier Personen mit separater Küche. Für Kinder gibt es einen kleinen Spielplatz.

ℹ An- & Weiterreise

Busse fahren vom Chalkidiki-Busbahnhof im Osten Thessalonikis nach Neos Marmaras (13 €, 2½ Std., 7-mal tgl.), Sarti (17 €, 3½ Std., 5-mal tgl.) und Vourvourou (12,20 €, 1¾ Std., 4-mal tgl.). Die meisten Busse nach Sarti umfahren die ganze Halbinsel Sithonia mit Blick auf die Küste.

Um mit dem Bus von Kassandra nach Sithonia zu gelangen, muss man in Nea Moudania am oberen Ende von Kassandra umsteigen. Der Preis für die Rückfahrkarte (15 Tage gültig) ist meist niedriger.

HALBINSEL ATHOS (WELTLICHES ATHOS) ΧΕΡΣΟΝΗΣΟΣ ΤΟΥ ΑΘΩ

Der dritte Finger Chalkidikis wird im nördlichen Bereich von Strandurlaubern besucht und im bergigen südöstlichen Teil von religiösen Pilgern, die dort in der abgeschiedenen Klostergemeinde einkehren. Zwischen beiden Abschnitten ist kein Landzugang gestattet.

Von **Ierissos** an der nordwestlichen, weltlichen Seite von Athos fahren gelegentlich Fähren zu den Athos-Klöstern an der Ostküste.

Das weltliche Athos wird von einigen Pauschaltouristen, aber mehr noch von

Halbinsel Athos

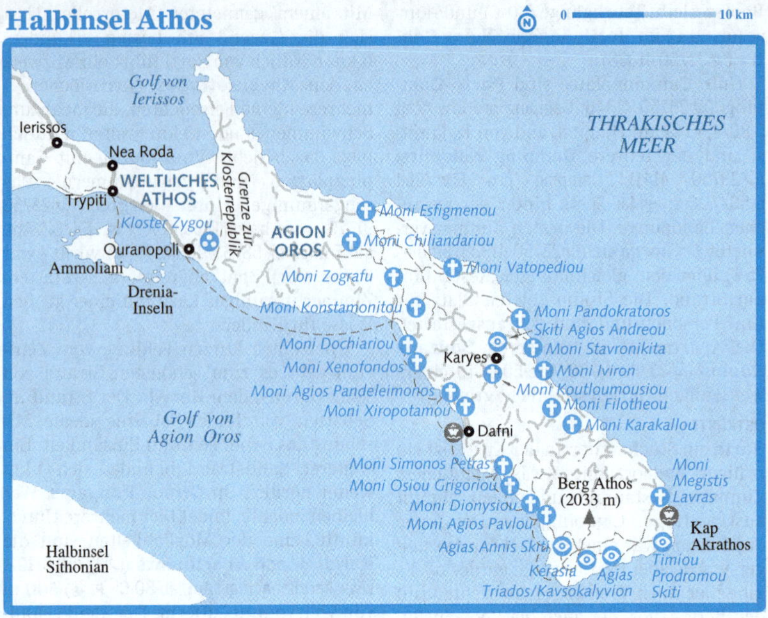

griechischen Familien besucht. Lohnenswert ist ein Besuch auf **Ammoliani,** einer winzigen Insel mit schönen Stränden, Privatzimmern, Campingplätzen und Tavernen. Von **Trypiti** an der Südküste fahren fünf bis sechs Fähren täglich hinüber.

Von **Ouranoupolis** an der Südwestküste legen die Fähren zu den Klöstern an der Westküste und ihrem Verwaltungszentrum **Karyes** ab. Ouranoupolis ist ein bescheidenes Touristendorf mit tollen Stränden in der Nähe. Außer den Pilgerfähren fahren auch täglich **Besichtigungsboote** (siehe S. 307) um die Halbinsel Athos herum, was Frauen, die ansonsten keinen Zugang zum klösterlichen Athos haben, den einen oder anderen Blick erlaubt. Mit einem Mietboot (40 €) ist auch der sandige, unbewohnte **Drenia-Archipel** 1,9 km vor der Küste zu erreichen.

Ouranoupolis besitzt trotz der geringen Größe auch einige kulturelle Sehenswürdigkeiten. Besonders sehenswert ist das **Pyrgos Prosforeiou** (☎23770 71651; Erw./Stud. & Kind 2/1 €; ⌚Di–So 9–18 Uhr), ein Museum in einem restaurierten byzantinischen Turm am Nordwestrand des Dorfs. In dem Bauwerk aus dem 14. Jahrhundert werden antike und byzantinische Fundstücke aus der Umgebung gezeigt. Erzählt wird auch die Geschichte eines australischen Paares, den Lochs, das in den 1920er-Jahren in dem Turm lebte. Zur Ausstellung gehören große Karten und detaillierte Abbildungen anderer Sehenswürdigkeiten. Die Angestellten informieren auch über Stätten an der Grenze zum klösterlichen Athos, die auch von Frauen besucht werden dürfen, wie das **Zygou-Kloster** aus dem 11. Jahrhundert.

SCHLAFEN & ESSEN

Außer im Hochsommer finden Athos-Pilger problemlos einfache und preisgünstige *domatia* in Ouranoupolis.

Xenios Zeus PENSION €
(☎23770 71274; www.ouranoupoli.com/zeus; Ouranoupolis; EZ/DZ/3BZ 40/55/65 €; ❄) Ein freundliches, familienbetriebenes Haus an der Hauptstraße mit sauberen und komfortablen Zimmern, das auch überflüssiges Gepäck von Klosterpilgern aufbewahrt. Mitglieder der britischen Organisation **Friends of Mt Athos** (www.athosfriends.org) erhalten Rabatt.

Ouranopoli Camping CAMPINGPLATZ €
(☎23770 71171; Camping pro Erw./Zelt 9/9 €; ⌚Ende Mai–Okt.) Ein guter, wenn auch teurer Campingplatz am Nordstrand von Ouranoupolis.

Lazaros Andonakis Rooms PENSION €
(☎23770 71366; EZ/DZ 45/55 €; ❄) Das nette Haus hat geräumige Zimmer mit Kiefernmöbel, einige mit Hafenblick. Es liegt 50 m vom Pilgerbüro Richtung Meer entfernt.

LP TIPP **Kritikos** MEERESFRÜCHTE €€
(☎23770 71222; www.okritikios.com; Fisch pro Kilo 45/60 €) In dem hellen Lokal in einer zentralen Seitenstraße vor dem Ufer gibt es den besten frischen Fisch vor Ort, ob nun für das letzte „Abendmahl" vor dem Besuch des frugalen Berg Athos oder einfach nur für ein schönes Essen. Landratten werden mit kreativer Pasta und Salaten zufriedengestellt, und eine umfängliche Weinkarte gibt es auch.

BERG ATHOS (AGION OROS) ΑΓΙΟΝ ΟΡΟΣ

Wer das Glück hat, den Berg Athos besuchen zu dürfen, sollte sich das nicht entgehen lassen – es ist ein unvergessliches Erlebnis. Seit über 1000 Jahren hat in den Klöstern des Agion Oros (heiliger Berg) im abgeschiedenen Südosten von Chalkidikis fünftem Finger gelebte Spiritualität Bestand. Die halbautonome Klosterrepublik folgt dem Julianischen Kalender, wie auch vielen anderen byzanthinischen Regeln und Sitten. Sie besteht aus 20 bewohnten Klöstern und *skites* (Einsiedlerklausen) sowie *kelli* (Zellen) für Asketen. Der nördliche Teil der Klostergemeinde ist dicht bewaldet, der Süden wird vom schroffen, hohen Gipfel des Bergs Athos (2033 m) dominiert. Da es dort weder Gewerbe noch Jagd gibt, ist die Ecke praktisch ein Naturreservat. Der Berg Athos, ein gewaltiges Weltkulturerbe, gehört offiziell zum griechischen Staat, doch kirchenrechtlich untersteht er dem orthodoxen Patriarchat von Konstantinopel (Istanbul).

Zweifelhaften Legenden zufolge soll die Jungfrau Maria Athos besucht und gesegnet haben. Der heilige Berg wird als Garten der Jungfrau bezeichnet und ist ausschließlich ihr gewidmet – es gibt dort keinen Platz für andere Frauen. Frustrierte Eurokraten in Brüssel haben das Verbot zwar angefochten, kamen aber gegen eine 1000-jährige Tradition und die *Chrysobullen* (Goldenen Bullen) byzantinischer Kaiser nicht an, deren Namen noch immer in Gebeten angerufen und deren Erlasse respektiert werden.

Männer müssen den Besuch des klösterlichen Athos zuvor planen (siehe „Einreiseerlaubnis"). Die Besuchszeit ist auf vier

BOOTSTOUREN UM ATHOS

Wer den Berg Athos nicht besuchen darf oder einfach nicht die Zeit dazu hat, kann eine Tagestour mit dem Boot unternehmen. Die Schiffe tuckern an der südlichen Halbinsel entlang und erlauben einen Blick auf die spektakulärsten Felsenklöster und auf wilde Natur.

Die meisten Bootstouren legen in Ouranoupolis ab – eine Anmeldung ist nicht nötig. Eine dreistündige Rundfahrt (Erw./Kind unter 6. J. 18 €/frei) bietet z. B. die 300-sitzige *Kapetan Fotis* (Abfahrt Ostern–Okt. tgl. 10.30 und 13.45 Uhr) des Unternehmens **Athos Sea Cruises** (☎23770 71071; www.athos-cruises.gr; Ouranoupolis) Sie führt an neun größeren Klöstern an der Südküste vorbei, die teilweise gefährlich dicht an den abgelegenen südlichen Klippen kleben. Das Boot nähert sich der Küste so weit wie erlaubt (500 m), die Klöster sind also für gute Fotos deutlich sichtbar.

Die Erläuterungen zu den Sehenswürdigkeiten werden außer auf Englisch und Griechisch auch auf Deutsch gegeben. An Bord gibt es zudem ein kaltes Büfett, und es werden Ikonen und Videos über Athos verkauft.

Während der Reiseleiter die Sehenswürdigkeiten erklärt, lohnt ein Blick auf das prachtvolle russische Kloster Agios Panteleimon (das erste, unten am Strand) und die Klippenklöster Dionysiou und Simonas Petras, die hinter Dafni hoch über dem Meer emporragen. Am Kloster Agiou Pavlou, hinter dem sich der zerklüftete Gipfel des Berg Athos abzeichnet, kehrt das Boot nach Ouranoupolis zurück.

Von der Chalkidiki-Halbinsel Sithonia aus wird in etwa die gleiche Tour, aber in umgekehrter Richtung angeboten, und zwar auf der großen **Spirit of Athos** (☎23750 94066; www.athoscruises.gr; Ormos Panagias). Zur Rundfahrt (30 €) gehören ein Nachmittagsimbiss und ein Besichtigungsstopp in Ouranoupolis. Das Schiff legt täglich um 9.30 Uhr in Ormos Panagias ab und kehrt um 17 Uhr zurück.

Tage beschränkt, kann jedoch verlängert werden.

Ein Aufenthalt in den Klöstern ist herrlich friedlich – und ermüdend. Die Gäste leben meist wie die Mönche, essen mit ihnen und nehmen an Gottesdiensten teil, die an Festtagen bis zu zehn Stunden dauern können. Bei einem Spaziergang auf den stillen Waldwegen und beim Anblick klösterlicher Architektur und Kunstschätze wird sehr schnell klar, dass Athos ein besonderer Ort ist. Ob man nun religiös ist oder nicht, die freundlichen Mönche und Pilger hinterlassen einen starken Eindruck.

Geschichte

In der byzantinischen Zeit zog es Asketen zum schroffen, unzugänglichen Athos. Die Goldene Bulle von Kaiser Basileios I. bestätigte im Jahr 885 n. Chr. den Sonderstatus von Athos, dessen Gebiet 943 schließlich festgelegt wurde. Im Jahr 963 wurde der heilige Berg formell geweiht, als Kaiser Nikoforos II. Fokas das Kloster Megistis Lavras gründete – das größte, wenn auch nicht das erste Kloster.

Unter der kaiserlichen Schirmherrschaft florierte Athos. Doch konservative Mönche protestierten gegen den Ausbau, da sie fürchteten, dass althergebrachte Traditionen verwässert und die Klöster zu kommerziell würden. Revidierte kaiserliche Edikte bestätigten die früheren Erlasse: Das berühmteste Edikt ist das von Konstantin IX. Monomahos von 1060, das Frauen, weiblichen Haustieren, bartlosen Männern und Eunuchen den Zugang untersagte. Die einzigen weiblichen Haustiere sind Katzen und gelegentlich Hühner. Bärte sind nicht mehr vorgeschrieben und Eunuchen ohnehin eher selten, Frauen ist der Zutritt jedoch noch immer verboten.

Nach einem glanzvollen 11. Jahrhundert kam es zu periodischen Plünderungen durch Piraten, Katalanen und Kreuzfahrer (1204). Der heilige Berg erholte sich jedoch immer wieder, da die Gründung und der Unterhalt von Klöstern den Stiftern reichlich Prestige einbrachten.

Athos unterwarf sich 1430 der osmanischen Herrschaft, behielt aber seine teilweise Unabhängigkeit. 1542 wurde das letzte Kloster auf Athos, Stavronikita, gegründet. Im griechischen Unabhängigkeitskrieg (1821–29), wurden die Klöster von den Osmanen geplündert und die Bibliotheken niedergebrannt. Hitler entschied, Athos zu schonen, als er im Zweiten Weltkrieg den Rest Griechenlands besetzte – vermutlich seine einzige weise Entscheidung.

Heute gibt es 20 führende Klöster und mehrere klösterliche Besitzungen. Athos' Verfassung von 1924 wurde in der griechischen Verfassung von 1975 verbürgt. Im Ausland geborene Mönche müssen die griechische Staatsangehörigkeit annehmen, verwaltet werden die 1600 Mönche von Athos vom Heiligen Konzil *(Iera Synaxis)*, das aus je einem Vertreter aus jedem Kloster besteht.

ℹ Einreiseerlaubnis

Im Sommer muss die Anmeldung in der Regel bis zu sechs Monaten vor der geplanten Einreise erfolgen (im Winter geht's schneller). Täglich werden nur zehn nicht-orthodoxe und 100 orthodoxe Männer zugelassen. Besucher unter 18 Jahren müssen von ihrem Vater begleitet werden oder benötigen, wenn sie mit einer Gruppe oder einem Betreuer einreisen wollen, die schriftliche Erlaubnis ihres Vaters.

Als Erstes muss eine Kopie des Reisepasses mit dem gewünschten Besuchstermin an das **Mt Athos Pilgrims Bureau** (☎23102 52578; Fax 23102 22424; pilgrimsbureau@c-lab.gr; Egnatia 109; ⏲Mo–Fr 9–14, Sa 10–12 Uhr) in Thessaloniki nahe der Kamara eingeschickt werden. Pilger können auch über E-Mail oder Fax buchen, die Bestätigung ausdrucken und damit direkt nach Ouranoupolis fahren. Geistliche brauchen eine schriftliche Erlaubnis des **Ökumenischen Patriarchats von Konstantinopel** (☎in der Türkei 90 21253 49037). In den jeweiligen Klöstern sollte am besten zuvor telefonisch eine Unterkunft für den gewünschten Zeitraum gebucht werden.

Mit der schriftlichen Reservierungsbestätigung des Pilgrims Bureau gibt es in Ouranoupolis dann die *diamonitirion* (endgültige Erlaubnis).

Einreise nach Athos

Das kleine **Pilgrims' Office** (☎23770 71422; Fax 23770 71450; ⏲8.10–14 Uhr) in Ouranopoli liegt in der Straße rechts kurz vor einer Jet-Oil-Tankstelle und ist an der schwarz-gelben byzantinischen Flagge zu erkennen.

Die Beamten prüfen den Pass und die Buchungsbestätigung und erteilen dann ein *diamonitirion* (Genehmigung) für drei Nächte (vier Tage): Studenten zahlen 10 €, orthodoxe Gläubige 25 € und alle anderen 30 €. Kostenlosen Zugang gibt es je nach Einzelfall für Arme, Kranke usw. Am Südrand von Ouranoupolis gibt es einen Parkplatz (pro Tag 7,50 €), geparkt werden kann aber auch in jeder freien Lücke an der Straße.

Die Athos-Klöster an der Ostküste waren einst von Ierissos aus erreichbar, was aber nicht mehr gewiss ist – Ouranoupolis ist sicherer. Von dort legt das erste Boot zum Athos-Hafen **Dafni,** die *Agia Anna,* von Montag bis Samstag um 8 und um 11 Uhr ab, sonntags um 8.30 Uhr (8 €). Die *Axion Esti* (6 €) fährt um 9.45 Uhr los. Das **Ticketbüro** (✆23770 71248) liegt am Ende des Hafens (*bougatsa* und Cafés gibt es in der Nähe). Das *diamonitirion* und Fährticket sollten frühzeitig besorgt werden, da Schlangen üblich sind.

Auf der zweistündigen Überfahrt legt das Boot an mehreren Klöstern an. In Dafni fährt ein Bus weiter bis zur Verwaltungshauptstadt **Karyes** (2,60 €), andernfalls fahren weitere Boote auch zu den Klöstern weiter unten an der Küste.

Übernachtung und Verpflegung in den Klöstern sind kostenlos, aber nur für jeweils eine Nacht. Das *diamonitirion* kann in Karyes für weitere zwei Tage verlängert werden, aber ein nettes Kloster lässt Gäste manchmal auch ohne den Behördenkram etwas länger bleiben.

Athos erkunden

Es gibt zwar klostereigene Fahrzeuge, auch **Taxis** (✆23370 23266) und Boote, aber die schönste Art, die Abgeklärtheit von Athos zu erleben, ist zu Fuß. Pfade führen durch stille Wälder, wo nur das Rascheln der Blätter, das Zwitschern der Vögel und hier und da ein Mönch, der rhythmisch seine Gebete aufsagt, zu hören sind.

Bootsfahrten (um 2,50 €) ermöglichen einen großartigen Blick vom Meer aus. Ab Dafni machen täglich zwei Boote die Tour zu und von Klöstern an der Küste, wie Dionysiou, Simonas Petras, Agiou Pavlou und Agias Triados/Kavsokalyvion Skiti.

Beim Aufenthalt in Karyes lohnt eine Besichtigung der **Protaton,** einer Basilika aus dem 10. Jahrhundert gegenüber der Heiligen Obrigkeit. Zu ihren Schätzen gehören Gemälde von Panselinos, dem Meister der „makedonischen Schule".

Sehenswertes

VON KARYES ZU DEN KLÖSTERN AN DER SÜDOSTKÜSTE & ZUM BERG ATHOS

Von Karyes (Καρυές) geht's zu Fuß durch die Wälder von Kapsala zum **Moni Stavronikita** (✆/Fax 23770 23255; ⏲12–14 Uhr) an der Küste oder zum **Moni Iviron** (✆23770 23643; Fax 23770 23248; ⏲12–14 Uhr) direkt darunter. Das von Georgiern gegründete Iviron besitzt eine Bibliothek mit über 2000 Manuskripten, darunter 100 seltene Pergamente in georgischer Sprache.

Von Iviron führen Küstenwege zum gastfreundlichen **Moni Philotheou** (✆23770 23256; Fax 23770 23674), das auch von Karyes über einen schattigen Pfad mit Quellen zu erreichen ist (3½ Std.). Nach dem **Moni Karakallu** (✆23770 23225; Fax 23770 23746) wird der Pfad aus byzantinischer Zeit zur Straße. Von hier dauert es noch 5½ Stunden bis zum Moni Megistis Lavras – falls kein Fahrzeug eine Mitfahrgelegenheit bietet.

Das prachtvolle **Moni Megistis Lavras** (✆23770 23754; Fax 23770 23013) ist Athos' größtes Kloster und das einzige, das nie durch Feuer beschädigt wurde. Zu den Schätzen gehören Fresken von Theophanes von Kreta und das Grab seines Gründers, des hl. Athanasios.

Ein Kaik fährt (manchmal) um 15 Uhr von Megistis Lavras zur Einsiedlerklause **Agias Annis Skiti** (✆23770 23320). Ein echtes Abenteuer ist jedoch der Pfad durch die raue Wildnis um die Südspitze der Halbinsel. Er führt am rumänischen **Timiou Prodromou Skiti** und dann am **Agias Triados/Kavsokalyvion** an der Küste abseits des Hauptpfads vorbei. Ein Besuch in dem strengen Kloster, das bekannt ist für seine Tradition der Ikonenmalerei, sollte unbedingt telefonisch angekündigt werden. Danach folgen **Kerasia** und schließlich das gastfreundliche **Agias Annis.** Kerasia oder Agias Annis sind gute Ausgangspunkte für den Aufstieg auf den **Berg Athos** (2033 m). Die Wanderung ist beschwerlich, sollte also nicht allein unternommen werden. Essen, Wasser und Zusatzkleidung (es wird oben kalt) gehören ins Gepäck. Unterhalb des Gipfels gibt es an der Kapelle **Panagia** („Allerheiligste" Jungfrau Maria) eine Quelle mit Trinkwasser. Zurück nach Dafni geht's von Agias Annis mit dem Kaik.

VON KARYES ZU DEN KLÖSTERN AN DER SÜDWESTKÜSTE

In diesem Fall geht die Tour ab Karyes Richtung Westen und führt zur Küste mit den spektakulären Felsenklöstern, wie Simonos Petras und Dionysiou. Vor diesen Klöstern liegt gleich südwestlich von Karyes das liebenswürdige **Moni Kutlumusiu** (✆23770 23226; Fax 23770 23731). Westlich des Kutlumusiu befindet sich das küstennahe **Moni Xiropotamu** (☎23770 23251; Fax 23770 23733; ⏲12.30–14.30 Uhr) mit komfortablen Gästezimmern mit Öllampen. Die Pilger essen hier nicht mit den Mönchen. Der Küstenpfad nach Süden führt nach Dafni. Alternativ fährt auch täglich um 12.30 Uhr ein Kaik zum Agias Annis, das auch am Simonos Petras, Osiou Grigoriou, Dionysiou und Agiou Pavlou anlegt. Simonos Petras ist außerdem über Waldwege ab dem Moni Kutlumusiu oder dem Moni Philotheou durch das Zentrum der Halbinsel zu erreichen.

Das spektakuläre **Moni Simonos Petras** (Simopetra; ☎23770 23254; Fax 23770 23707; ⏲13–15 Uhr) mit hölzernen Vorbauten über einem Felshang ist das meist fotografierte Kloster von Athos. Der Anblick des nächtlichen Sternenhimmels mit dem Rauschen des Meeres darunter ist von hier und den anderen Felsenklöstern allein schon fast ein religiöses Erlebnis. Von hier zweigt der Küstenpfad an einem kleinen Schrein vom Weg zum *arsanas* (Klosterhafen bzw. kleine Anlegestelle) und führt zum **Moni Osiou Grigoriou** (☎23770 23668; Fax 23770 23671), einem Kloster am Meer mit komfortablem Gästehaus.

Der Küstenpfad Richtung Süden geht über drei Anhöhen, bevor er das Felsenkloster **Moni Dionysiu** (☎23770 23687; Fax 23770 23686) erreicht, das nachts besonders überirdisch wirkt. Das *katholikon* (Hauptkirche) des Klosters birgt eine sehr bedeutende Ikone aus Wachs und Mastix der Jungfrau mit Kind. Der Legende nach soll sie der Patriarch im Jahr 626 n. Chr. angesichts einer erbitterten persischen und awarischen Belagerung Konstantinopels rund um die Stadtmauer getragen haben, worauf die Belagerung wundersamerweise aufgehoben wurde. Die Ikone gilt als die Älteste in Athos. Die Konturen sind zwar nicht mehr erkennbar, doch von der dunklen Form im reich verzierten Silberrahmen geht tatsächlich eine merkwürdige Kraft aus.

Der Küstenpfad führt hinter Dionysiu weiter zum **Moni Agios Pavlu** (☎23770 23741; Fax 23770 23355) und zum Agias Annis Skiti.

VON KARYES ZU DEN NÖRDLICHEN KLÖSTERN

Der Weg ab Karyes Richtung Norden zu den Klöstern Moni Vatopediou, Moni Xenofondos und Moni Konstamonitou führt am weitläufigen **Skiti Agiou Andreou** (☎23770 23810) vorbei. Das von Russen erbaute Kloster wurde zu Sowjetzeiten weitgehend aufgegeben, ist aber groß, fast zu groß, und wird noch immer renoviert. Die neuen Klosterbrüder sind bekannt für ihre Ikonenmalerei. Im Andenkenladen gibt es in der Tat ein paar einzigartige Werke.

Nach dem Agiou Andreou geht's weiter zum küstennahen **Moni Pandokratoros** (☎23770 23880; Fax 23770 23685) oder über einen zweistündigen Marsch auf dem Waldweg an der Nordostküste zum **Moni Vatopediou** (☎23770 41488; Fax 23770 41462; ⏲9–13 Uhr). Das Vatopediou hält sich mutig an den modernen gregorianischen (westlichen) Kalender. Die opulente Klosterkirche ist mit ihren umwerfenden Schätzen ein Muss.

Vom Vatopediou führt ein Küstenpfad zum **Moni Esfigmenou** (☎23770 23229), das derzeit mit dem übrigen Athos wegen ökumenischer Fragen zerstritten, aber immer noch befreundet ist. Ein Stück weiter liegt das **Moni Hilandariou** (☎23770 23797; Fax 23770 23108), ein sehr gastfreundliches serbisches Kloster. Neben vielen anderen Wohltaten hat die britische Organisation **Friends of Mount Athos** (www.athosfriends.org) auch für den Wiederaufbau von Teilen des Klosters, das im Jahr 2004 von einem Feuer zerstört wurde, mit Spenden beigetragen. Einen Besuch wert ist das bescheidene, hübsche **Moni Konstamonitu** (☎/Fax 23770 23228), aber berühmter ist das weiter nördlich gelegene bulgarische **Moni Zografu** (☎/Fax 23770 23247). Sein Name bedeutet „Maler", nach einer wundertätigen Ikone, die nicht von menschlicher Hand gemalt worden sein soll. Das nördlichste Kloster der Westküste, das **Moni Dohiariu** (☎/Fax 23770 23245), liegt an einem Hang am Meer und weist eine bemerkenswerte Architektur auf. Die Klöster an der Westküste sind alle mit der Fähre Ouranoupolis–Dafni zu erreichen.

Das nächste Kloster am Küstenpfad ist das ehrwürdige **Moni Xenofondos** (☎23770 23633; Fax 23770 23631), das erstmals 998 erwähnt wurde, aber vermutlich aus dem 6. Jahrhundert stammt. Seine Lage am Meer begünstigte häufige Plünderungen durch Piraten. In seinem älteren *katholikon* aus dem 10. Jahrhundert sind jedoch noch beeindruckende byzantinische Ikonostasen aus Marmor und geschnitztem Holz erhalten. Die neuere Kirche von 1838 ist die größte in Athos.

Das **Moni Agiou Pandeleimonos** (☎/Fax 23770 23252; ⌚10–12 Uhr), das nur ein Stück weiter gelegen ist, stellt ein typisch prachtvolles und freundliches russisches Kloster dar.

Schlafen & Essen

Die zwei Gästehäuser von Athos, die nicht zu Klöstern gehören, befinden sich in Karyes, ein namenloses **Gästehaus** (☎23770 23362) und das **Gästehaus Ilarion** (☎23770 23243). In Karyes gibt es auch eine Bäckerei und in Dafni einige Lebensmittelläden und ein Café.

Wer bei einem Klosteraufenthalt gemeinsam mit den Mönchen isst, sollte darauf gefasst sein, dass die Mahlzeit dann beendet wird, wenn die gleichzeitige erbauliche Lesung abgeschlossen wird – also schnell essen!

Praktische Informationen

In Dafni gibt es eine Hafenverwaltung, Polizei, Post, Läden für lokal hergestellte religiöse Gegenstände und Kartentelefone. In Karyes befinden sich eine Agrotiki Bank, Post, OTE und öffentliche Telefone. Alle griechischen Mobilfunknetze funktionieren hier.

Berg Athos (www.mountathos.gr, www.bergathos.de)

Friends of Mount Athos (www.athosfriends.org) Britische Organisation; zu den Mitgliedern gehört Prinz Charles.

Kommunale Arztpraxis (☎23770 23217) In Karyes

Polizei (☎23770 23212) In Karyes

Zivilverwaltungsbüro (☎23770 23314) In Karyes

An- & Weiterreise

Der Bus nach Ouranoupolis fährt am Chalkidiki-Busbahnhof in Thessaloniki ab (10,70 €, 3½ Std., 7-mal tgl.). Er fährt auch nach Ierissos (9,30 €, 3¼ Std.).

Der erste Bus (6.15 Uhr) von Thessaloniki ist ziemlich knapp, um noch das *diamonitirion* und ein Bootsticket vor dem Ablegen des Boots um 9.45 Uhr zu besorgen. Besser ist eine Übernachtung in Ouranoupolis. Das lässt etwas Luft, Zeit, um Lebensmittel zu kaufen und überflüssiges Gepäck unterzubringen.

Die Fähre von Athos zurück nach Ouranoupolis legt um 12 Uhr in Dafni ab. Es gibt eine schnelle Zollkontrolle, um Antiquitätendiebstahl zu verhindern. Das morgendliche Kaik von Agias Annis Skiti trifft in Dafni rechtzeitig für das Boot nach Ouranoupolis ein.

Der letzte Bus nach Thessaloniki fährt in Ouranoupolis um 18.15 Uhr ab.

Kavala Καβάλα

60 802 EW.

Die palmengesäumte Hafenstadt Kavala mit ihrer Burg oberhalb der farbenfrohen Altstadt ist eine liebenswerte und zudem Makedoniens östlichste Stadt. Da sie auch ein wichtiger Fährhafen zu den nordöstlichen Ägäischen Inseln und besonders nach Thassos ist, bleiben viele Besucher nur eine Nacht hier. Kavala verdient jedoch eine genauere Erkundung: das prachtvolle Aquädukt des osmanischen Sultans Süleyman des Prächtigen (reg. 1520–66), eine byzantinische Festung und die farbenfrohe Altstadt Panagia lohnen allesamt einen Besuch. Auch ist der Hafen gesäumt von Cafés und Tavernen.

Das moderne Kavala wurde in der Antike als Neopoli, der Hafen von Philippi, gegründet. Der berühmteste Bewohner der Neuzeit war der osmanische Pascha Mehmet Ali (1769–1849). Der spätere Begründer der letzten Königsdynastie Ägyptens hatte im griechischen Unabhängigkeitskrieg einen osmanischen Seeangriff befohlen, der ein Massaker von tausenden Menschen auf der abgelegenen Insel Psara zur Folge hatte. Noch immer findet dort jedes Jahr (siehe S. 687) eine Gedenkfeier für das Ereignis statt. Ironischerweise ist Alis früheres Haus heute eine höchst luxuriöses Boutiquehotel.

Sehenswertes & Aktivitäten

Archäologisches Museum MUSEUM
(☎25102 22335; Erythrou Stavrou 17; Erw. 2 €; ⌚Di–So 8–15 Uhr) Das Museum am westlichen Ende der Ethnikis Andistasis zeigt Skulpturen, Schmuck, Grabstelen, Terrakottafiguren und Vasen aus dem antiken Amphipoli, einer Kolonie Athens, die Goldminen am nahen Berg Pangaeum betrieb.

GRATIS **Stadtmuseum Kavala** MUSEUM
(☎25102 22706; Filippou 4; ⌚Mo–Sa 8–14 Uhr) Das Stadtmuseum von Kavala stellt zeitgenössische Kunst aus. Die Volkskunstsammlung besteht aus Kostümen, Schmuck, Kunsthandwerk, Haushaltsgegenständen und Werkzeug.

Panagia-Viertel HISTORISCHES VIERTEL
Das enge Gassengewirr des Panagia-Viertels mit seinen pastellfarbenen Häusern ist wunderbar für einen gemütlichen Abendspaziergang oder ein stimmungsvolles Abendessen. Das prächtigste der

Kavala
0
400 m
Xanthi (59 km)
Aquaedukt
Dervenakion
Anthemiou
Isidorou
PANAGIA
Konstandinou Karamanli
Amynda
Gravas
Poulidou
Plateia Karaoli Dimitriou
Plateia Doxas
Koundourioti
Idras
Spetson
Plateia Eleftherias
Doiranis
Omonias
Ermou
Ionos Dragoumi
Plateia Kapnergati Megas Alexandrou
Tragflächenboote nach Thassos
Averof
Bus-bahnhof
Drama (36 km)
Plateia 28 Oktovriou
Kyprou
Ethnikis Andistasis
Filikis Eterias
Mitropoleos
Busse nach Alexandroupolis
Leof Erythrou Stavrou
Dagkli
Leof Eleftheriou Venizelou
Filippou
Rapsani-Strand (2 km); Batis-Strand (3 km); Batis Beach Camping (3 km)

vielen historischen Gebäude ist das **Imaret**. Das Gebäude am Hafen mit seinen 18 Kuppeln (heute ein Luxushotel) wurde im Jahr 1817 von Pascha Mehmet Ali als Herberge für islamische Theologiestudenten gebaut.

Strände STRÄNDE
Der **Rapsani-Strand** 2 km westlich der Stadt ist im Sommer gut besucht und eignet sich zum Schwimmen. Der **Batis-Strand** ein Stück weiter westlich ist jedoch beliebter.

Schlafen

Die Hotels in Kavala sind überwiegend konservativ, teuer und richten sich an Geschäftsreisende. Organisierte Reisegruppen können unerklärlicherweise die ganze Stadt in Beschlag nehmen. Die Touristeninformation ruft gegen eine kleine Gebühr (1 €) gerne Hotels an. Manchmal schlagen sie dabei auch einen kleinen Rabatt raus und ersparen so den Reisenden, sinnlos in der Hitze herumlaufen zu müssen.

LP TIPP **Imaret** BOUTIQUEHOTEL €€€
(☎25106 20151; www.imaret.gr; Poulidou 6; EZ/DZ/Suite mit Frühstück 250/360/500 €; ❄📶🏊) Im Imaret, einem der nobelsten Hotels Griechenlands, liegt dem Gast die Welt zu Füßen. Es ergänzt das steinerne Bauwerk, das Anfang des 19. Jahrhunderts auf Initiative von Pascha Mehmet Ali errichtet wurde, mit modernem Luxus und eleganter Beleuchtung. Die großen Zimmer mit Gewölbedecken, Hafenblick und großem Kamin gruppieren sich um drei Innenhöfe. Ein türkisches Hamam wurde aufwendig restauriert. Auch gibt es einen kerzenbeleuchteten Innenpool und Behandlungen mit essenziellen Ölen, einen Lesesaal und sogar eine Orangerie.

Giorgos Alvanos Rooms PENSION €
(☎25102 21781; Anthemiou 35; EZ/DZ 25/35 €; @) Kavalas beste Budgetunterkunft hat einfache Zimmer mit Gemeinschaftsbad in einem 300 Jahre alten Haus in Panagia. Die Zimmer haben Kühlschränke und Meerblick. Da es dorthin steil bergauf geht, am besten vorher anrufen.

Galaxy Hotel HOTEL €
(☎25102 24812; www.airotel.gr; Eleftheriou Venizelou 27; EZ/DZ 40/50 €; ❄📶) Am Hotel gegenüber der Touristeninformation nagt der Zahn der Zeit. Die Zimmer sind durchschnittlich und altbacken, der Service mittelmäßig. Aber es liegt zentral. Einige Zimmer blicken auf den Hafen.

Oceanis Kavala Hotel HOTEL €
(☎25102 21981; Leoforos Erythrou Stavrou 32; EZ/DZ mit Frühstück 68/82 €; ❄📶) Das große Businesshotel eine Straße hinter dem Ufer ist teurer als das Galaxy, aber auch besser. Die modernen Zimmer mit Balkon sind komfortabel und gepflegt, auch wenn die Möbel eine Auffrischung vertragen könnten. Es gibt hier zudem ein großes Café und WLAN.

Batis Beach Camping CAMPINGPLATZ €
(☎25102 45918; Camping pro Erw./Zelt 6/4,90 €) Der kleine, nette Campingplatz liegt 3 km westlich der Stadt am schönsten Strand um Kavala.

Essen & Ausgehen

In den Gassen Panagias und am östlichen Ufer gibt es gute Fischtavernen, Café-Bars säumen das westliche Ufer.

Psarotaverna Nikiforos MEERESFRÜCHTE €
(☎25102 28167; Plateia Karaoli 44; Hauptgerichte 6–9 €) Die hübsch eingerichtete Fischtaverne serviert gutes *ouzerie*-Essen. Im angrenzenden Café tummeln sich gerne Studenten.

Psarotaverna Panos Zafira MEERESFRÜCHTE €€
(☎25102 27978; Ecke Plateia Karaoli Dimitriou; Fisch 9–15 €) Das Lokal am östlichen Ufer serviert seit 1965 neben den üblichen Tavernenspeisen frische Fischgerichte.

Perigyros IMBISS €
(☎25102 83440; Ecke Erythmou Stavrou & Dagkli; *souvlaki* 2,60 €) Der quirlige, gepflegte *souvlaki*-Laden neben dem Oceanis Kavala Hotel serviert sättigenden Schnellimbiss, Salate und deftigere Portionen als billige Hauptgerichte.

Limonidis Bougatsa BÄCKEREI €
(☎25108 32526; Ecke Ionos Dragoumi & Megas Alexandrou; *bougatsa* 3,20 €; ⏲6–14 Uhr) Das überdachte Straßen-*bougatsadhiko* (Lokal in dem *bougatsa* serviert wird) hinter der Touristeninformation ist ideal für Frühstück und Kaffee.

Omilos CAFÉ
(Hafen; ⏲ab 10 Uhr) Von den blau-weiß gestreiften Sofas in dem lässigen Café am Westhafen lassen sich wunderbar die einlaufenden Boote beobachten. In der geräumigen Bar im Innenraum geht es nachts hoch her.

Vryallida CAFÉ
(☎69483 51600; Gravias 17; ⏲ab 8 Uhr) Die Beleuchtung in dem winzigen Café in Richtung Panagia ist gedämpft und die griechische Musik schwermütig.

Praktische Informationen

Banken mit Geldautomaten sind überall im Zentrum zu finden.

Alkyon Travel Service (☎25102 31096; alkyon-trv@ticketcom.gr; Eleftheriou Venizelou 37; ⏲9–18 Uhr) Das freundliche Reisebüro im Zentrum bucht Fährtickets zu den nordöstlichen Ägäischen Inseln (außer nach Thassos) und Zugfahrkarten sowie Tickets für den OSE-Nachtbus nach Istanbul.

Cybernet (☎25102 30102; Erythrou Stavrou 64; pro Std. 2 €; ⏲6–4 Uhr) Internetzugang

Hafenverwaltung (☎25102 23716; Ecke Ethnikis Andistasis & Averof)

Post (Ecke Hrysostomou Kavalas & Erythrou Stavrou)

Touristeninformation (☎25102 31011; detaktic@otenet.gr; Plateia Eleftherias; ⏲Mo–Fr 8–21 Uhr) Das hilfsbereite Personal spricht Englisch und Deutsch, verteilt Karten, Verkehrs- und Veranstaltungsinformationen und hilft bei der Hotelreservierung.

Touristenpolizei (☎25102 22246; Omonias 119)

An- & Weiterreise

Bus

Vom **Busbahnhof** (☎25102 22294; Ecke Filikis Eterias & Hrysostomou Kavalas) fahren Busse nach Athen (55 €, 8¾ Std., 2-mal tgl.), Xanthi (5,40 €, 1 Std., halbstündl.), Keramoti (4,20 €, 1 Std., stündl.), Serres (9,30 €, 2 Std., 4-mal tgl.), Alexandroupolis (15 €, 2 Std., 7-mal tgl.) und Thessaloniki (15 €, 2¼ Std., 15-mal tgl.). Die Gepäckaufbewahrung (*apothiki*) ist billig.

Flugzeug

Kavala teilt sich mit Xanthi den Flughafen „Alexander der Große" bei Chrysoupoli (29 km). **Aegean Airlines** (☎25210 29000; Erythrou Stavrou 1) fliegt dreimal täglich nach Athen (88 €). Flüge zu den Inseln gehen alle über Athen oder Thessaloniki.

Schiff/Fähre

Von Kavala fahren nur nach Thassos Fähren. Tickets gibt es im **Ticketkiosk** (☎25930 24001; www.thassos-ferries.gr) am Osthafen. Die folgenden Agenturen verkaufen Fährtickets zu den nordöstlichen Ägäischen Inseln (zur Zeit der Recherche war der Fährverkehr eingeschränkt; Fahrpläne vorher checken):

Alkyon Travel Service (☎25102 31096; alkyon-trv@ticketcom.gr; Eleftheriou Venizelou 37)

Euro Kosmos Travel Agency (☎25102 21960; www.eurokosmos.gr; Erythrou Stavrou 1) Nahe dem Busbahnhof

Nikos Miliadis Shipping Agency (☎25102 26147; Karaoli-Dimitriou 36)

Die Tragflächenboote von Kavala fahren nur nach Thassos. Sie legen am Westhafen am Häuschen der Hafenpolizei an, wo auch die Fahrpläne der Boote und Fähren aushängen. Tickets sind beim Einsteigen erhältlich.

Unterwegs vor Ort

Taxis sind das einzige Verkehrsmittel vom und zum Flughafen (40 €). **Taxis** (☎25102 32001) warten in der Nähe des Busbahnhofs.

Alkyon Travel Service (☎25102 31096; alkyon-trv@ticketcom.gr; Eleftheriou Venizelou 37) Mietwagen ab 40 € pro Tag

Pella Πέλλα

Pella (☎23820 31160; Eintritt 6 €; ⏲Mo 12–19.30, Di–So 8–19.30 Uhr, Museum tgl. 8–19.30 Uhr) an der Straße zwischen Thessaloniki und Edessa ist der Geburtsort von Alexander dem Großen, und es besitzt prachtvolle Mosaike. Unter König Archelaos (reg. 413–399 v. Chr.) wurde Pella zur Hauptstadt Makedoniens, die vormalige Hauptstadt Vergina (Aigai) blieb jedoch weiterhin Begräbnisplatz der Könige.

Die schönen Mosaike aus naturfarbenen, geschickt kontrastierenden Steinen stellen mythologische Szenen dar. Sie wurden für antike Häuser und öffentliche Gebäude geschaffen, die längst zerstört sind. Einige Mosaike sind noch vor Ort, andere befinden sich im Museum. Ebenfalls auf der nördlichen Seite der Straße stehen auch sechs wieder aufgerichtete Säulen sowie ein Hof mit einem schwarz-weißen geometrischen Mosaik.

Das **Museum** liegt an der Südseite. Der Eintritt ist in der Pella-Eintrittskarte enthalten. Saal 1 zeigt eine rekonstruierte Mauer eines antiken Hauses und einen runden Tisch mit Intarsien mit verschlungenem floralen und abstraktem Muster, der möglicherweise Philipp II. gehörte. Im Saal 2 sind noch mehr Mosaike zu sehen.

An- & Weiterreise

Busse fahren von 6 bis 22 Uhr von Thessaloniki nach Pella (2,90 €, 40 Min., alle 45 Min.). Um Pella und Vergina mit dem Bus an einem Tag zu besichtigen, sollte man erst Pella besuchen. Von dort geht's dann mit dem Bus Richtung Thessaloniki bis nach Chalkidona, wo ein Bus nach Vergina abfährt.

Litochoro Λιτόχωρο

7011 EW. / 305 M Ü. D. M.

Das ruhige Litochoro ist der Basisstandort zur Besteigung oder auch nur Bewunderung des Olymps, doch mit den verwinkelten Pflasterstraßen und schönen traditionell makedonischen Häusern mit Holzbalkons ist der Ort auch für sich alleine reizvoll. Die Anfahrt ist dramatisch: Auf dem letzten Stück der Strecke öffnet sich die Schlucht des Enipeas-Flusses und gibt den Blick auf den hohen Doppelgipfel des Olymp frei. Hotelreservierung ist im Sommer empfehlenswert.

Schlafen & Essen

Die Hotels in Litochoro haben eine wunderbare Atmosphäre, und an der nahen Küste gibt es gut ausgestattete Campingplätze, allerdings sind die Strände enttäuschend und überfüllt.

LP TIPP Xenonas Papanikolaou HOTEL €

(☎23520 81236; www.xenonas-papanikolaou.gr; Nikolaou Episkopou Kitrous 1; RZ/DZ mit Frühstück 44/54 €; P ❄ ≋) Wer Einsamkeit sucht, ist hier richtig. Die romantische Pension in einem Blumengarten abseits des Trubels ist Welten von den Touristenmassen in Litochoros Hauptstraße entfernt. Die Selbstversorgerzimmer wirken größer als sie tatsächlich sind, und die geschmackvolle Einrichtung wird noch mit hübschen Aussichten auf die Terrakottadächer des Orts bereichert. Die gemütliche Lounge unten ist mit Kamin und Sofas ausgestattet, und das Management ist freundlich und hilfsbereit. Zu erreichen ist es vom Platz aus die 28 Oktovriou bergauf und dann links in die Nikolaou Episkopou Kitrous.

Villa Pantheon HOTEL €€

(☎23520 83931; www.villapantheon.gr; Agiou Dimitriou; DZ/3BZ 55/70 €; ❄) Das mit allem modernen Komfort ausgestattete Pantheon wird als das „weiße Ding", das die Aussicht auf den Olymp blockiert, beschimpft, hat aber komfortable, geräumige Zimmer.

Hotel Olympus Mediterranean HOTEL €€

(☎23520 81831; www.olympusmed.gr; Dionysou 5; DZ/3BZ mit Frühstück 70/90 €, Luxussuite 100 €; ❄ @ ≋) Das 4-Sterne-Hotel abseits der Hauptstraße belegt ein imposantes klassizistisches Gebäude mit kunstvollen Balkons. Geboten werden 20 luxuriöse Zimmer und drei Suiten, ein Innenpool, ein mit Mosaiken gefliester Whirlpool und eine Sauna. Einige Zimmer verfügen über Kamin und Whirlpool.

Olympios Zeus CAMPINGPLATZ €

(☎23520 22115; www.olympios-zeus.gr; Plaka Litohorou; Camping pro Erw./Zelt 7/3,50 €) Der Campingplatz am Strand ist ein guter Tipp, wenn auch etwas vergammelt.

Olympos Beach CAMPINGPLATZ €

(☎23520 22112; www.olympos-beach.gr; Plaka Litohorou; Camping pro Erw. 7 €, Zelt 5–7 €) Der Platz ist wie das Olympios Zeus ganz anständig, aber mit dem lauten Nachtclub Shark peppiger.

LP TIPP Gastrodromio GEHOBENE KÜCHE €€

(☎23520 21300; Plateia Eleftherias; Hauptgerichte 7–13 €) Hätte es das Gastrodromio schon zu olympischen Zeiten gegeben, wären hier wohl Zeus und Co. zu Gast gewesen. Litochoros hinreißend kreatives, großes und traditionell eingerichtetes Restaurant serviert schmackhafte Gerichte, wie Tintenfisch mit Pfefferkörnern, Kumin, Knoblauch, Peperoni und Wein oder in Wein gegartes Kaninchen mit Mandeln, Zimt und Muskat. Allein schon die Weinkarte ist 21 Seiten lang.

Damaskinia TAVERNE €
(☎23520 81247; Vasileos Konstandinou 4; Hauptgerichte 6–8 €) Die beliebte Taverne in der Oberstadt serviert leckere *moussaka* und *kokoretsi* (am Spieß gebratene und in Därme gestopfte Lamminnereien).

Praktische Informationen

An der Plateia Eleftheria gibt es zahlreiche Geldautomaten.

Ärztezentrum (☎23520 22222) Etwa 5 km vom Ort am Abzweig von der Küstenstraße nach Litochoro

EOS (Griechischer Bergverein; ☎23520 84544; ⏲Juni–Sept. Mo–Sa 9.30–12.30 & 18–20 Uhr) Der Verein unterhalb des öffentlichen Parkplatzes verteilt Broschüren mit allgemeinen und Wanderinformationen zum Olymp. Zu erreichen über die Ithakisiou vom Platz aus und nach 100 m in die linke Seitenstraße. Der EOS unterhält auch drei Berghütten.

GRNet (☎23520 82300; Ecke Atanas & Koutrouba; pro Std. 2 €; ⏲24 Std.) Internetzugang nahe der *plateia*

Polizei(☎23520 81100; Ecke Ithakisiou & Agiou Nikolaou)

Post (28 Oktovriou 11)

SEO (Griechischer Bergsteigerverband; ☎23520 84200; ⏲18–22 Uhr) Informativ, mit Berghütte am Olymp. Beim EOS gibt es mehr Englisch sprechende Mitarbeiter. Zu erreichen über die Ithakiou, dann links und wieder links

Touristeninformation (Agiou Nikolaou; ⏲9–18 Uhr) In einem weißen Gebäude mit hölzernen Dachtraufen kurz vor der Ithakiou

www.litohoro.gr Gemeindewebsite

An- & Weiterreise

Busse fahren vom **Busbahnhof** (☎23520 81271; Agiou Nikolaou) nach Katerini (2,30 €, 25 Min., 13-mal tgl.), Thessaloniki (8,50 €, 1¼ Std., 13-mal tgl.) und Athen (33 €, 5½ Std., 3-mal tgl. über Katerini). Busse von Thessaloniki nach Volos/Athen halten an der Schnellstraße, wo auch der Bus von Katerini nach Litochoro hält.

Der Bahnhof von Litochoro liegt 9 km außerhalb an der Strecke Athen–Volos–Thessaloniki.

Rund um Litochoro

OLYMP ΟΛΥΜΠΟΣ ΟΡΟΣ

Der erhabene Olymp, wolkenverhangener Sitz des antiken Pantheon, facht die Fantasie der heutigen Besucher ebenso an wie die der Menschen der Antike. Auf Griechenlands höchstem Berg gedeihen auch um die 1700 Pflanzenarten, von denen einige selten und endemisch sind. Seine Hänge sind von dichten Wäldern aus zahlreichen unterschiedlichen Laubbäumen, Koniferen und Pinien bedeckt; auch die Vogelwelt ist artenreich. Der Olymp wurde 1937 Griechenlands erster Nationalpark. Abgesehen von den Aktivitäten der antiken Götter waren die ersten bekannten Sterblichen, die den höchsten Gipfel des Olymp, den Mytikas (2918 m), im August 1913 erreichten, Christos Kakalos aus Litochoro und die Schweizer Bergsteiger Frederic Boissonas und Daniel Baud-Bovy.

Es ist zwar möglich, auf den Olymp zu fahren, aber die meisten Besucher kommen zum Bergwandern. Die Bergverbände in Litochoro haben Karten und Infos zu den aktuellen Konditionen.

ANTIKES DION ΔΙΟΝ

Das **antike Dion** (Archäologischer Park Dion; Erw./Stud. 6/2 €; ⏲8–20 Uhr) nördlich von Litochoro war für die alten Makedonier ein heiliger Ort, wo sie die olympischen Götter und vor allem Zeus verehrten. Selbst Alexander der Große brachte hier Opfer, bevor er sich zu seinen epischen Abenteuern im Osten aufmachte.

Ursprünglich wurde hier eine Fruchtbarkeitsgöttin verehrt, aber später kamen auch andere Götter hinzu, wie Asklepios, der Gott der Heilkunst. Dions **Heiligtum der Isis**, der exotischen ägyptischen Göttin, ist noch erhalten. Ihre Votivstatuen wurden praktisch intakt und mit schwachen Farbresten aufgefunden. Die Originale befinden sich heute im Museum der Stätte, sie wurden vor Ort durch Kopien ersetzt. Ein gut erhaltener **Mosaikboden** (200 n. Chr.) stellt die triumphale Offenbarung des Dionysos dar. Im wieder aufgebauten **Theater** Dions finden während des **Olymp-Festivals** im August Aufführungen statt.

Die Eintrittskarte zum archäologischen Park gilt auch für das **Museum** (☎23510 53206; ⏲Mo 10.30–17, Di–Fr 8–19, Sa & So 8.30–15 Uhr) mit seiner gut erläuterten Sammlung.

Ein Taxi von Litochoro kostet 12 €.

Veria Βέροια

43 683 EW.

Veria wirkt wie eine ziemlich eintönige griechische Stadt, in der sich jedoch bemerkenswerte byzantinische Kirchen, ein

Olymp

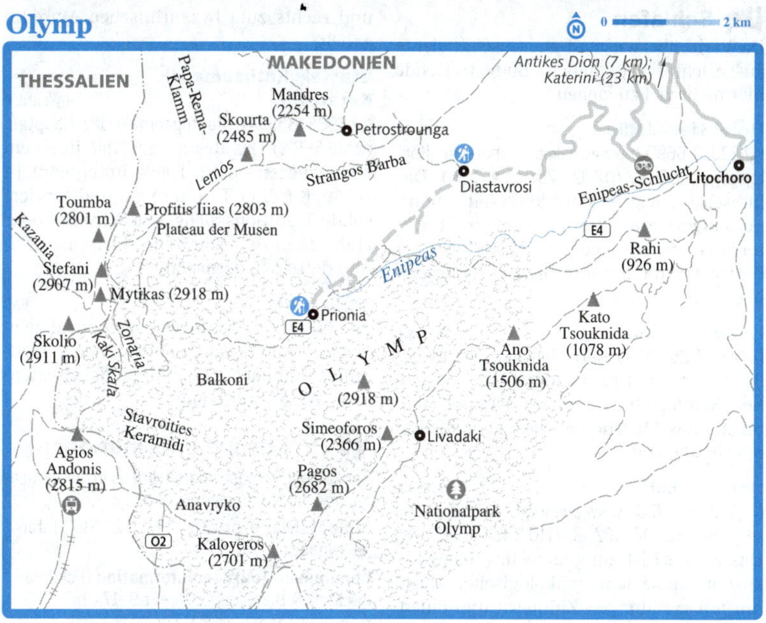

altes jüdisches Viertel, traditionelle türkische Häuser und zwei sehenswerte Museen, zudem gute Restaurants und Nachtleben verbergen. Die Stadt liegt etwa 75 km westlich von Thessaloniki an der Straße nach Vergina und wird weniger von Touristen als von griechischen Geschäftsreisenden besucht, die in Sachen landwirtschaftliche Produkte, Wein und Mineralwasser unterwegs sind.

Sehenswertes & Aktivitäten

Barbouta HISTORISCHES VIERTEL

Verias atmosphärisches altes jüdisches Viertel **Barbouta** ist von der Plateia Andoniou über die Vasileos Konstandinou, die Einkaufsstraße der Altstadt voller Läden und *kafeneia*, zu erreichen. Auf halbem Weg ist rechts eine riesige alte Platane zu sehen, an der die Türken 1430 nach der Einnahme von Veria den Erzbischof Arsenios erhängten. Gegenüber steht die verfallene **Kathedrale** aus dem 12. Jahrhundert, deren kopfloses Minarett davon zeugt, dass sie unter den Osmanen als Moschee diente.

GRATIS **Archäologisches Museum** MUSEUM

(☎23310 24972; Leoforos Anixeos 45; ⏲Di–So 8.30–15 Uhr) Das Museum am nördlichen Ende der Anixeos birgt Fundstücke aus den Vergina-Gräbern und aus dem nahen Lefkadia. Eindrucksvoll sind die Grabbeigaben, antiken Vasen, Silber, Gold und eine herrliche Statue der „Aphrodite, die ihre Sandalen auszieht".

Byzantinisches Museum MUSEUM

(☎23310 25847; Thomaidou 26; Eintritt 2 €; ⏲Di–So 8–15 Uhr) Verias coolstes Museum liegt am anderen Ende der Stadt am Hang. Es zeigt auf drei Stockwerken unschätzbare Ikonen und andere byzantinische Antiquitäten, wie Bodenmosaike aus dem 5. Jahrhundert, Marmorinschriften und kunstvolle Sarkophage, die auf Wandtafeln erläutert werden. Das hilfsbereite Personal erklärt die Alltagsobjekte des antiken und byzantinischen Veria.

Kirche der Auferstehung Christi KIRCHE

(⏲Di–So 8.30–15.30 Uhr) Nur wenige der zahlreichen **byzantinischen Kirchen** Verias sind geöffnet, ziemlich sicher jedoch diese reich mit Fresken geschmückte Kirche aus dem 14. Jahrhundert im Zentrum.

Berg Vermio SKIFAHREN

(☎23310 49226) Der Vermio, 22 km westlich der Stadt, ist im Winter ein viel besuchtes Skigebiet mit acht Abfahrten und drei Liften – prima für Anfänger.

Schlafen

Da Veria überwiegend auf Geschäftsleute ausgerichtet ist, haben Budgetreisende hier nicht viel zu lachen.

Hotel Macedonia HOTEL €€
(☎23310 66902; www.makedoniahotel.gr; Kontogiorgaki 50; EZ/DZ 69/75 €; P❄📶) Das hübsch renovierte Macedonia hat schöne, gut eingerichtete Zimmer und eine Dachterrasse. Zu erreichen von der Elias über die Paster, die dann in die Kontogiorgaki übergeht.

Hotel Villa Elia HOTEL €€
(☎23310 26800; eliaver@otenet.gr; Elias 16; EZ/DZ 55/70 €; ❄) Das Businesshotel mit großen, komfortablen Zimmern ist etwas lauter als das Macedonia, liegt aber dichter am Geschehen.

Hotel En Eari HOTEL €€
(☎23310 75788; www.eneari.gr; Leoforos Anixeos 82; EZ/DZ/3BZ 85/110/143 €; P❄📶) Das En Eari ist ein glanzvolles neues Luxushotel nahe dem archäologischen Museum mit geräumigen Zimmern und einem lichtdurchfluteten Café.

Essen & Ausgehen

Veria hat zahlreiche leckere Restaurants und einige lebhafte Bars in der *pezodromos* (Fußgängerzone). Zu den hiesigen Spezialitäten gehören überbackene *fasoladha* (weißer Bohneneintopf) und die Süßigkeit *revani*, ein sirupdurchtränkter türkischer Kuchen.

Mezedopolio Elias Gi GEHOBENE KÜCHE €€
(☎23310 23053; Anixeos 65, Ecke Koundouriotou; Hauptgerichte 8–16 €). Hier gibt es exzellente makedonische Hausmannskost in großen und kleinen Portionen, zum Beispiel Kalbsschnitzel in Quittensauce oder das *hasapiko zygouri* (abgehangenes Lamm). Ebenfalls ungewöhnlich ist die getrocknete Rindsleber mit Äpfeln. Mittags sind die Preise etwas niedriger.

Vergiotiko GEHOBENE KÜCHE €
(☎23310 74133; Thomaidou 2; Hauptgerichte 5–9 €) Das wunderbare, grottenartige, traditionelle Restaurant ist buchstäblich in die alten byzantinischen Mauern gehauen und einfach nur urgemütlich. Der Service ist freundlich, die Portionen deftig und das Essen frisch und kreativ. Empfehlenswert sind Schwein mit Auberginen oder die scharfen Pilze. Es liegt auf einer Anhöhe, wo sich die Straße links nach Vergina und rechts zum byzantinischen Museum gabelt.

Sta Kala Kathoumena Katafygio TAVERNE €
(☎6986 855941; Kontogeorgaki 18; Hauptgerichte 6–9 €) Das Restaurant, das in einem restaurierten alten Haus untergebracht ist, hieß früher To Katafygio und serviert solide Traditionsküche, wie Schwein- oder Huhn-*tigania* (gebratene Fleischwürfel) und deftige Bauernsalate.

Coin BAR
(☎23310 71727; Elias 14; 📶) Das zentral gelegene Café ist tagsüber ein fröhlicher Treffpunkt und nachts eine hippe Bar. Kostenloses WLAN gibt's auch.

Praktische Informationen

Banken mit Geldautomaten gibt es in der Venizelou und der Mitropoleos.

In-Spot (Elias 9; pro Std. 2 €; ⏲24 Std.) Internetzugang.

Kommunale Touristeninformation (Ecke Pavlou Mela & Bizaniou; ⏲Mo–Fr 9–17 Uhr)

Polizei (☎23310 22391; Mitropoleos)

Post (Dionysiou Solomou 4)

Touristeninformation (Ecke Anixeos & Plateia Elias; ⏲9–17 Uhr)

An- & Weiterreise

Bus

Vom **Busbahnhof** (☎23310 22342; Trembesinas) fahren Busse nach Thessaloniki (6,80 €, 1 Std., halbstündl.), Athen (35 €, 6½ Std., 3-mal tgl.), Edessa (4,70 €, 1 Std., 4-mal tgl.), Naoussa (2 €, 25 Min., 22-mal tgl.) und Vergina (1,60 €, 20 Min., 8-mal tgl.). Die Busse nach Kastoria (12 €, 2 Std., 6-mal tgl.) fahren an einem anderen **Bahnhof** (☎23310 75170; Pierion 155) 2 km westlich der Stadt ab.

Zug

Die Züge haben vom **Bahnhof** (☎23310 24444) nördlich der Stadt an der alten Straße nach Thessaloniki Verbindungen mit Thessaloniki und Florina.

Unterwegs vor Ort

Veria ist gut zu Fuß zu erkunden; ansonsten gibt es **Taxis** (☎23310 63394).

Vergina Βεργίνα

1246 EW.

Vergina, 11 km südöstlich von Veria, ist die legendäre Begräbnisstätte der makedonischen Könige und ihre erste Hauptstadt (antikes Aigai). 336 v.Chr. wurde hier Philipp II. auf der Hochzeit seiner Tochter Kleopatra ermordet. Wenigstens waren die Gäste schon da.

Das Weltkulturerbe wird auch schlicht als **Königsgräber** (☎23310 92347; Erw. 8 €; ⌚Sommer Mo 12–19.30, Di–So 8–19.30 Uhr, Winter 8.30–15 Uhr) bezeichnet. Ein Gang durch die Innenräume der größten *tholos* (bienenkorbähnliche Grabmäler) führt zu den vier individuellen Gräbern. **Grab I** wird wegen eines intakten Wandbilds des Raubs der Persephone durch Hades als Persephones Grab bezeichnet. **Grab II** ist vermutlich das von Philipp II. In dem bis zu seiner Entdeckung im Jahr 1977 intakten Grab fanden sich eine goldene *larnax* (Gebeinkasten) einschließlich Knochen. Der 16-zackige Stern der königlichen makedonischen Familie auf dem Larnaxdeckel sowie Beschädigungen am Schädel, die den Beschreibungen einer Verletzung Philipps entsprechen, weisen auf den wahrscheinlichen Toten hin. Philipps Larnax und die seiner mutmaßlichen Konkubine oder Ehefrau sowie einige exquisite Goldblattdiademe sind in den Ausstellungsräumen zu sehen. **Grab III** war vermutlich für Alexander IV. bestimmt, den Sohn Alexanders des Großen. Das geheimnisvolle **Grab IV** wurde bereits in der Antike geplündert.

Etwa 400 m hinter den Königsgräbern liegt die Ruine einer weitläufigen **Palastanlage,** die Sommerresidenz des Königs Antigonos Gonatas aus dem 3. Jahrhundert v.Chr. Das große dorische Peristyl (eine Art Kreuzgang) ist von Kieselmosaiken umgeben. Das schönste davon besteht aus geometrischen Blumenmustern.

Edessa Εδεσσα

16 000 EW.

Das grüne Edessa ist berühmt für die großartigen Wasserfälle, die selbst an heißen Sommertagen für feuchte und erfrischende Luft sorgen. Die reizvolle, wenn auch heruntergekommene Altstadt, die kleinen Bäche, schattigen Parks und eine byzantinische Brücke sind ebenfalls sehenswert. Das Städtchen kauert auf einem Steilhang mit Blick über eine scheinbar endlose, landwirtschaftlich genutzte Ebene. Edessas wunderbare neue Unterkünfte sprechen ebenfalls dafür, die Stadt als Standort für Erkundungen im westlichen Makedonien zu wählen, wie z. B. Besuche der nahen Weingüter (siehe Weingüter in Nordgriechenland S. 302).

Edessa wurde bis 1977, als die Königsgräber in Vergina entdeckt wurden, für die antike makedonische Stadt Aigai gehalten. Im Zug der staatlich verordneten Hellenisierung Makedoniens nach dem griechisch-türkischen Bevölkerungsaustausch von 1923 wurde der alte slawische Name Voden („Wasserstelle") durch das archaische Edessa ersetzt.

Sehenswertes

Die **Wasserfälle** sind gleich hinter dem gut ausgeschilderten Park nahe der Touristeninformation zu sehen. Der größte donnert dramatisch eine hohe Felswand hinab und erfüllt die Luft mit Sprühnebel. Auf der **Aussichtsplattform** hinter dem Wasserfall lässt sich die wassergesättigte Luft des herabstürzenden Wassers direkt einatmen. Kurz vor der Plattform befindet sich in der Felswand eine kleine **Höhle** (Eintritt 1 €).

Ein gewundener Pfad führt hinab zum zweiten, weniger beeindruckenden Wasserfall. Die Ausstellung des **Wassermuseums** (Erw. 2 €; ⌚Mi–Mo 11–16 Uhr) weiter rechts umfasst verschiedene Gerätschaften der Wasserwirtschaft und ein hübsches **Aquarium** mit verschiedenen Fischarten, Amphibien, Schnappschildkröten, Giftschlangen und einem griesgrämigen eingesperrten Krokodil.

Weiter südlich auf dem Steilhang befindet sich Edessas Altstadt **Varosi** mit ihren gepflasterten Straßen, Kapellen und traditionellen Häusern. Hier befindet sich auch das kunterbunte **Volkskundemuseum** (Erw. 2 €; ⌚Di–So 10–17 Uhr). In die andere Richtung vom Wasserfall geht's durch den Park zu der sehr hübschen **byzantinischen Brücke,** die einst Teil der alten Via Egnatia war.

Aktivitäten

Outdooraktivitäten organisieren die folgenden Anbieter:

Giannis Hatziantoniou (☎69449 91075) Wanderausflüge, Radtouren und Orientierungsmärsche mit GPS

Tasos Privartitsanis (☎69772 48581) Paragliding und Drachenfliegen

George Mousios (☎69737 43127; 1-/2-Std.-Ausritte 15/20 €) Reitausflüge in die Berge

Schlafen

LP TIPP **Varosi Four Seasons**

BOUTIQUEHOTEL €€

(☎23810 51440; www.varosi4seasons.gr; Arhiereos Meletiou; EZ/DZ mit Frühstück 70/90 €; P ❄ 📶) Das imposante Haus, Edessas erstes Boutiquehotel, liegt 50 m von der zugehörigen Pension Varosi entfernt. Von den zehn Zimmern blicken sechs auf die endlose Edessa-Ebene (ebenso wie das hübsche Terrassencafé). Die Zimmer sind makellos und luxuriös mit einem Touch Romantik eingerichtet, der Service ist freundlich und aufmerksam. Unbedingt sehenswert: Der Holz- und Glasboden über einem Stück der alten Mauer Edessas.

Varosi PENSION €

(☎23810 21865; www.varosi.gr; Arhiereos Meletiou 45–47; EZ/DZ mit Frühstück 55/70 €; P ❄ 📶) Die stimmungsvolle Pension unter Leitung der freundlichen Anastasa Salahora liegt versteckt in der gleichnamigen Altstadt. Das restaurierte traditionell makedonische Haus aus Holz und Stein ist in Familienbesitz und mit schöner Bettwäsche, bunten Stickereien und antiken Messingbetten ausgestattet (die Matratzen sind jedoch steinhart). Im Winter macht Kaminfeuer die Lounge behaglich, im Sommer können Gäste auf einem blumengeschmückten Balkon Kaffee genießen.

Hagiati PENSION €

(☎23810 51500; www.hagiati.gr; Makedonomahon 40; EZ/DZ mit Frühstück 50/60 €; P ❄ 📶) Die kleine Pension in ruhiger Lage um die Ecke vom Varosi wird vom netten Grigoris Mitsinakis geführt und besitzt einen hübschen offenen Innenhof. Das Inventar ist etwas moderner als im Varosi, aber das Haus ist dennoch recht nett und zudem das ganze Jahr geöffnet.

Essen

Raeti TAVERNE €

(☎23810 28769; 18 Oktovriou 20; *mezedhes* 3–5 €, Hauptgerichte 5,50–8 €) Empfehlenswert sind hier die gut zubereiteten makedonischen Gerichte, wie *mezedhes* und sättigende Fleischgerichte.

Katarraktes Edessas TAVERNE €

(☎23810 27810; Kapetan Gareti-Perdika 1; Hauptgerichte 5–9 €) Das kommunale Restaurant neben den Wasserfällen bietet Innen- und Terrassenplätze. Die Speisen sind Standard, aber solide.

Praktische Informationen

Banken mit Geldautomaten gibt es in der Dimokratias.

Polizei (☎23810 23333; Iroön Polytehniou)

Post (Dimokratias 26)

Touristeninformation (☎23810 23101; www.edessacity.gr; ⏲10–20 Uhr) Die hilfsbereite Information in einem Kiosk vor dem Wasserfall hat Stadtpläne von Edessa und Karten zu Attraktionen in der Umgebung.

Anreise & Unterwegs vor Ort

Vom **Busbahnhof** (☎23810 23511; Pavlou Mela 13) fahren Busse nach Thessaloniki (12 €, 2 Std., stündl.), Veria (4,70 €, 1 Std., 5-mal tgl.) und Athen (45,60 €, 8 Std., 3-mal tgl.). Die Busse nach Florina (8,10 €, 1½ Std., 3-mal tgl.) fahren von einer anderen **Station** (☎23810 29600) 30 m weiter ab.

Der **Bahnhof** (☎23810 23510; Leoforos Nikis) liegt an der Strecke Thessaloniki–Athen und hat auch Verbindungen nach Florina.

Edessa ist gut zu Fuß zu erkunden; ansonsten gibt es **Taxis** (☎23810 22904).

Florina Φλώρινα

15 555 EW.

Florina liegt in einem grünen Tal in den Bergen und ist in ganz Griechenland für die hier angebauten roten Paprika berühmt. Es ist auch eine kleine Universitätsstadt – nicht zu übersehen dank der stets vollen Cafés in der Fußgängerzone im Zentrum. Abends geht die halbe Stadt am Fluss entlang spazieren.

Florina ist außerdem das Tor zu den Prespa-Seen im Westen und liegt etwa 40 km südlich von Bitola, der ersten größeren Stadt in der „Ehemaligen jugoslawischen Republik Mazedonien"; zwischen beiden Städten bestehen gewisse Ähnlichkeiten. Zudem liegt der kleine Skiort Vigla 15 km westlich von Florina an der Straße zu den Prespa-Seen.

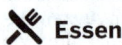

Florina hat zwar nur drei kleine Museen, ist aber von historischer Bedeutung. Es war die nördlichste Stadt, die von griechischen Truppen in den Balkankriegen von 1912–13 besetzt und dann annektiert wurde, und lag in späteren Kriegen in Frontnähe. Das Problem der (slawischen) mazedonischen Minderheit in Griechenland, das die Regierung unumwunden leugnet, war in Florina und den Dörfern der Umgebung schon immer ein heikles Thema, da dort ein bedeutender Prozentsatz der „griechischen" Bevölkerung Mazedonisch spricht. Massiver, wenn auch subtiler Druck seitens der griechischen Gesellschaft, der Medien und der Regierung haben die Sprache unterdrückt. Mit scharfem Gehör und dem Bewusstsein für die Situation ist die mazedonische Sprache in Florina und Umgebung noch zu hören, jedoch überwiegend bei älteren Leuten.

Sehenswertes

Archäologisches Museum MUSEUM
(☎23850 28206; Sidirodromikou Stathmou 3; Eintritt 2 €; ⌚Di–So 8.30–15 Uhr) Das Museum nahe dem Bahnhof birgt antike Fundstücke, darunter auch Objekte aus der hellenistischen Stadt auf dem Berg Agios Panteleimonos nahe Florina.

GRATIS **Museum für Moderne Kunst** MUSEUM
(☎23850 29444; Leoforos Eleftherias 103; ⌚Di–Sa 18–20, So 10–13 Uhr) In der **Altstadt** beiderseits des Flusses stehen reizvolle türkische Häuser und klassizistische Villen. Eine wurde von der Gesellschaft der Kunstfreunde Florinas restauriert und als Museum eingerichtet. Die ständige Sammlung zeitgenössischer griechischer Kunst wird von häufigen Wechselausstellungen ergänzt. Zu erreichen ist es über die 25 Martiou, über die Brücke und dann rechts. Nach 200 m ist das Museum erreicht.

GRATIS **Volkskundemuseum** MUSEUM
(Karavitou 2; ⌚Mo, Mi & Sa 18–20 Uhr) Das Volkskundemuseum nahe dem Gericht hat ungünstige Öffnungszeiten, zeigt aber einzigartige Fotos und Trachten.

Schlafen

LP TIPP **Pleiades** BOUTIQUEHOTEL €€
(☎23850 44070; www.pleiadesflorina.gr; Papathanasiou; EZ/DZ/3BZ 80/90/100 €; P 📶 ❄ 👪) Die außergewöhnliche Kombination aus Pension, Boutiquehotel und Ferienanlage ist Florinas neuestes und schickstes Hotel. Das Pleiades ist praktisch ein Dorf für sich und verbindet traditionelle Architektur mit modernen Einrichtungen, z. B. eine Wellnessanlage und ein Hallen- und ein Freibad (und in der Winterzeit eine Eisbahn). Vermietet werden Häuschen mit zwei Schlafzimmern sowie Suiten, alle traditionell und mit zeitgenössischer Kunst eingerichtet.

Hotel Hellinis HOTEL €
(☎23850 22671; www.hotel-hellinis.gr; Pavlou Mela 31; EZ/DZ 35/40 €; 📶) Florinas beste Budgetunterkunft vermietet saubere, moderne Zimmer und hat freundliches Personal, das nützliche Tipps zur Umgebung gibt. Kein Budgethotel in Florina verfügt über Klimaanlagen, aber das Hellinis hat Ventilatoren. Die Wände der schrägen Café-Bar sind mit Blumen bemalt, es gibt ein echtes Aquarium, und es ist mit Gemälden von Schonern und der einen oder anderen Gitarre geschmückt. Es liegt zwei Minuten westlich des Bahnhofs und drei Minuten zu Fuß vom Busbahnhof.

Hotel Lingos HOTEL €€
(☎23850 28322; www.hotel-lingos.gr; Tagmatarhou Naoum 1; EZ/DZ mit Frühstück 70/90 €; P ❄ @) Das zu Best Western gehörende Lingos gleich nördlich der Plateia Georgiou Modi bietet all die Annehmlichkeiten eines 4-Sterne-Businesshotels, darunter einen Dachgarten und gelegentlich einen griechischen Promi oder Politiker unter den Gästen.

Hotel Antigone HOTEL €
(☎23850 23180; Arrianou 1; EZ/DZ mit Frühstück 40/50 €) Das verblichene Antigone liegt ein Stückchen hinter dem Busbahnhof und hat die besten Tage schon längst hinter sich, wie an den ramponierten Zimmern und altem Inventar zu sehen ist. Wer auf das freudlose Frühstück verzichtet, kann ein paar Euro sparen.

Essen & Ausgehen

In Florina gibt es einfache Tavernen und zahlreiche Cafés in der westlichen Fußgängerzone der Pavlou Mela.

Psarotaverna O Giorgos MEERESFRÜCHTE €
(☎23850 23622; Grevenon 16; Fisch 5–9 €; ⌚Mo–Sa abends) Das freundliche Lokal auf dem Hügel 500 m westlich des Zentrums ist Florinas einziges Fischrestaurant. Auf der Karte stehen leckere Karpfen und Forellen aus den Prespa-Seen sowie Fisch aus der Ägäis. Der Besitzer Giorgos Hasos fährt dreimal pro Woche zum Fischmarkt in Thessaloniki und holt dort fangfrischen Fisch und Meeresfrüchte. Es ist nur abends geöffnet, im Winter ab 19 Uhr, im Sommer ab 21 Uhr.

Art Café CAFÉ €
(☎23850 26535; Pavlou Mela 106; ⌚9–2 Uhr) In diesem Straßencafé am westlichen Ende der Pavlou Mela gibt es verschiedene

Säfte, Eis, Kaffee und geblümte Retrosofas. Das Art Café ist eines der peppigeren der angrenzenden Cafés.

Prespes TAVERNE €
(☎23850 23973; Tyrnovou 12; Hauptgerichte 5–8 €; ⏲abends) Ein nüchternes Lokal im Zentrum mit hauptsächlich gegrillten oder gebratenen Fleischgerichten.

To Varosi TAVERNE €
(☎23850 29191; Eleftherias 84; Hauptgerichte 6–8 €; ⏲Mi–Mo) Ein weiteres Lokal mit Grillfleisch. Es liegt etwa 200 m westlich des Zentrums am Flussufer.

ℹ Praktische Informationen

Banken mit Geldautomaten gibt es rund um den Hauptplatz.

InFlorina (☎23850 44144; www.inflorina.gr; Plateia Giorgiou Modi 13) Eine private Touristeninformation mit Infos über den Ort

Netville (☎23850 29494; Pavlou Mela; pro Std. 3 €; ⏲10–24 Uhr) Dieses Internetcafé befindet sich schräg östlich gegenüber dem Hotel Hellinis.

Polizei (☎23850 22222; Sangariou 24) Etwa 500 m westlich der Plateia Giorgiou Modi

Post (Kalergi 22) Links der Stefanou Dragoumi in Richtung Busbahnhof

ℹ An- & Weiterreise

Bus

INLAND Vom **Busbahnhof** (☎23850 22430; Makedonomahon 10) fahren Busse u. a. nach Athen (49,30 €, 9 Std., 2-mal tgl.) und Thessaloniki (14 €, 2¾ Std., 6-mal tgl.).

Die Busse zu den Prespa-Seen fahren montags, mittwochs und freitags um 15 Uhr nach Agios Germanos (6 €, 1½ Std.); nach Psarades (6,40 €, 15–20 Min.) fahren sie jedoch nur mittwochs weiter. Die Busse fahren sofort wieder zurück nach Florina, also muss man an den Prespa-Seen übernachten. In den Schulferien ist der Busverkehr zwischen Florina und den Prespa-Seen unregelmäßig.

Wer nach Kastoria will, muss in Amyntaio (3,80 €, 30 Min., 8-mal tgl.) umsteigen. Allerdings fahren ab Amyntaio nur drei Busse täglich bis ins eine Stunde entfernte Kastoria, und nur der Bus um 15 Uhr reicht, um noch am gleichen Tag Anschluss zu haben.

INTERNATIONAL Während der Schulzeit bedienen täglich zwei Busse die Strecke von Florina nach Niki an der mazedonischen Grenze ansonsten nur mittwochs (1,60 €, 30 Min.). Der Bus nach Albanien hält jeden Mittwoch an der griechischen Grenzstation in Krystallopigi (8,10 €, 1 Std.).

Taxi

Ein Taxi nach Bitola (40 km) in Mazedonien kostet etwa 45 € einfach und 60 € hin & zurück. Im letzteren Fall sind zwei Stunden Einkaufen und Sightseeing enthalten. Die Fahrt kann mit den Taxifahrern selbst oder über das Hotel arrangiert werden.

Zug

Florinas **Bahnhof** (☎23850 22404) ist bekanntermaßen Endstation der Züge aus Thessaloniki.

> **WEITER GEHT'S!**
>
> Eine herunterladbare PDF-Datei des Mazedonien-Kapitels aus dem Lonely-Planet-Reiseführer *Eastern Europe* mit Tipps, Empfehlungen und Besprechungen kann auf www.shop.lonelyplanet.com gekauft werden.

Prespa-Seen
Λίμνες Πρεσπών

In Makedoniens zauberhafter bergiger Nordwestecke liegen die beiden prächtigen Seen **Megali Prespa** und **Mikri Prespa** (Große Prespa und Kleine Prespa, zusammen Prespes genannt), die durch einen schmalen Landstreifen voneinander getrennt sind und zu drei Ländern gehören. Ohne ausländische Touristenmassen konnten die Prespes mit ihren wunderbaren traditionellen Steinhausdörfern und bedeutenden byzantinischen Altertümern ihre stille Naturschönheit bewahren. Die Fahrt von Florina führt durch dichte Wälder mit herrlichen Bergpanoramen und dem gelegentlichen Warnschild vor Bären.

Der Mikri Prespa (43 km²) gehört seit den Balkankriegen von 1913 weitgehend zu Griechenland, doch der damals junge Staat Albanien erhielt später einen winzigen Zipfel im Südwesten. Der See ist zwar klein, aber friedlich und von raschelndem Schilfrohr gesäumt, in dem zahlreiche Vogelarten nisten, wie Kormorane, Krauskopfpelikane, Reiher und Ibisse – wunderbar zur Vogelbeobachtung, allerdings nicht zum Schwimmen.

Der durch Erdplattenverschiebung entstandene Megali Prespa ist mindestens eine Million Jahre alt und damit einer der ältesten Seen ganz Europas. Er speist durch unterirdische Quellen den ebenso alten (aber viel größeren) Ohrid-See im

Nordwesten. Das politische Hickhack auf dem Balkan im 20. Jahrhundert führte dazu, dass Griechenland 38 km² des südöstlichen Megali Prespa annektierte, während ein Stück im Südwesten an Albanien ging. Der Großteil (ca. 190 km²) des Megali Prespa im Norden gehört zu Mazedonien, wobei die Einheimischen rund um den ganzen See tatsächlich Mazedonisch sprechen.

Auf der griechischen Seite besteht der Großteil des Seeufers aus steil abfallenden Felsen, die dramatisch aus dem kalten blauen Wasser emporragen. Ein paar Kilometer nördlich auf der mazedonischen Seite erstreckt sich jedoch ein 2 km langer Sandstrand vor dem idyllischen Dorf Dolno Dupeni. Trotz des Geredes um eine Wiedereröffnung des seit Langem geschlossenen Grenzpostens, liegt deren Realisierung wegen der politischen Kabbeleien zwischen Athen und Skopje jedoch in weiter Ferne.

Die gesamte „Mikroregion" ist noch immer eine Wildnis. In Griechenland sind die Prespes seit über 30 Jahren ein Nationalpark, und um den Nordteil des Megali Prespa sind auch die bergigen Ufergebiete Mazedoniens Nationalparks (Galicica im Westen und Pelister im Osten). Somit ist das gesamte Gebiet eine stille Oase für Ruhe suchende Tiere und auch Menschen.

Wie schon zu byzantinischer Zeit war die gesamte Prespes-Region auch während der Balkankriege 1912/13, der beiden Weltkriege und dem griechischen Unabhängigkeitskrieg ein Kriegsschauplatz, der zu viel Leid und Elend führte. Die dadurch erzwungene Vertreibung und Emigration betraf tausende Mazedonier und Griechen gleichermaßen.

AGIOS GERMANOS ΑΓΙΟΣ ΓΕΡΜΑΝΟΣ

231 EW.

Das gepflegte Agios Germanos voller wunderbarer Steinhäuser und bedeutender byzantinischer Stätten ist der Hauptort der Prespes. Er ist zwar nicht am See gelegen, bietet aber die urigsten Unterkünfte. Gute Restaurants gibt es auch – und Bergwanderwege, um die Kalorien wieder loszuwerden.

Sehenswertes

Die beiden Dorfkirchen **Agios Athanasios** und **Agios Germanos** sind außerordentliche Beispiele byzantinischer Sakralarchitektur. Die Germanos, dem Schutzheiligen des Dorfes geweiht, ist ein anheimelndes überkuppeltes Backsteingebäude aus dem 11. Jahrhundert mit einigen lebhaften Fresken. Eine Infotafel erläutert den Hintergrund der Kirche.

Schlafen & Essen

To Petrino PENSION €

(☎23850 51344; www.prespespetrino.com; EZ/DZ/3BZ mit Frühstück 50/60/70 €; P) To Petrino ist das erste Hotel am Eingang zum Dorf, eine einladende traditionelle Pension mit rustikalen Möbeln und Holzbalken. Die gastfreundlichen Besitzer geben Tipps zur Erkundung der Region und servieren ein deftiges Frühstück aus frischen lokalen Zutaten.

Agios Germanos Hostel PENSION €

(☎23850 51357; www.prespa.com.gr; EZ/DZ mit Frühstück 40/60 €; P) In den zwei angrenzenden restaurierten Bauernhäusern gibt es Zimmer aus Holz und Stein mit einem üppigen Frühstück. Die Vermieter lieben ihre Region und geben gerne Tipps zu Aktivitäten und Sehenswürdigkeiten in der Umgebung. Die Pension ist gegenüber der Kirche Agios Germanos ausgeschildert.

To Tzaki TAVERNE €

(☎23850 51470; Hauptgerichte 5–9 €) Die Gartentaverne hinter der Kirche Agios Germanos serviert leckere Spareribs, rote Florina-Paprika in Öl, *xinotyri* (saurer Käse) und mit Brennesseln gefüllte (aber nicht die brennende Sorte!) Blätterteigtaschen namens *tsouknidopita*. Der weiße Hund und die Katze verstehen sich so gut, dass sie gemeinsam um Brocken betteln.

Praktische Informationen

In Agios Germanos gibt es eine Bushaltestelle, Taxis und die einzige Post an den Prespes. Banken gibt es keine, aber Geld wird in der Post gewechselt.

Ärztliche Gemeindepraxis (☎23850 46284)

Informationszentrum (☎/Fax 23850 51452; ⏲9.30–15 Uhr) Das Informationszentrum des Nationalparks an der Straße Richtung Dorf zeigt interessante Ausstellungen. Angeboten werden auch kostenlose geführte Vogelbeobachtungstouren.

Polizei (☎23850 51202)

Steki (☎23850 51332; ⏲Di–Sa 18–22 Uhr) Das nette Gemeindezentrum im benachbarten Lemos hat Internetzugang.

An- & Weiterreise

Von Florina fahren Busse montags, mittwochs und freitags um 15 Uhr nach Agios Germanos

(6 €, 1½ Std.) und kehren sofort wieder nach Florina zurück.

PSARADES ΨΑΡΑΔΕΣ

158 EW.

Psarades, auf einer windigen Landzunge an der Südseite des Megali Prespa gelegen, ist ein hübsches, etwas orientierungsloses Dörfchen aus alten Steinhäusern und mit einer freundlichen, meist älteren mazedonischen Bevölkerung, die das Dorf unter seinem mazedonischen Namen Nivitsi (ein kleiner einheimischer Fisch) kennt. Es ist auch das letzte griechische Dorf vor der Dreiländergrenze auf dem See, die durch eine einsame Boje markiert ist.

Am Seeufer von Psarades, an dem einzigartige endemische Minikühe im Gras tollen, sind bunte Kaik-Boote vertäut. Die oberen Dorfstraßen (rechts vom Hauptplatz) sind absolut authentisch mit ihren Steinhäusern, vorstehenden Holzbalken und trocknenden Decken. Hier ist noch weitgehend die mazedonische Sprache zu hören. In Psarades wird, wie überall an den griechischen Prespa-Seen, Karpfenfilet serviert.

Sehenswertes & Aktivitäten

Bootsausflüge BOOTSTOUREN

Ein **Bootsausflug** auf dem Megali Prespa zu den drei abgelegenen **askitiria** (Einsiedeleien) im Süden des Sees beginnt an der **Metamorfosi** aus dem 13. Jahrhundert, in der spärliche Reste der ursprünglich üppigen Bemalung und zwei Teile eines holzgeschnitzten *temblon* (Votivtafel) erhalten sind, der Rest befindet sich im Museum in Florina. Die zweite Einsiedelei, die **Mikri Analipsi** aus dem 15. Jahrhundert, und die ebenso alte Felsenkirche **Panagia Eleousa** oberhalb einer Schlucht haben wunderschöne Fresken. Von oben über die Treppe bietet sich ein großartiger Blick über den See und nach Albanien auf der anderen Seite. Gegenüber von Psarades sind weitere Felsmalereien zu sehen, darunter die der **Panagia Vlahernitisa** (1455/56) und die der **Panagia Dexiokratousa** (1373).

Die Fischer aus dem Dorf fahren einen hinaus – einfach fragen, falls sie es noch nicht von sich aus angeboten haben. Es kostet für mindestens vier Personen pro Boot etwa 20 € für einen kurzen Ausflug zu den Felsmalereien und zu einer *askitiria,* oder 25 € für die gesamte Rundfahrt. Wer allein unterwegs ist, muss mindestens 30 € zahlen.

Kimisis Theotokou KIRCHE

Die Kirche von 1893 in Psarades selbst ist mit dem doppelköpfigen Adler von Byzanz geschmückt. Eine Inschrift nennt das Dorf bei seinem ursprünglichen mazedonischen Namen: Nivitsi.

Schlafen & Essen

Im Sommer besser reservieren

To Hagiati PENSION €

(☎23850 26643; EZ/DZ 30/40 €) Das restaurierte kleine Steinhaus mit komfortablen, traditionell eingerichteten Zimmern ist an seinem Schild rechts am Eingang des Dorfs zu erkennen.

Rooms Arhondiko PENSION €

(☎23850 46260; EZ/DZ 35/50 €; P) Die nette Besitzerin Eleftheria vermietet direkt am Seeufer saubere, fröhliche Zimmer mit Balkon zum See raus.

Akrolimnia TAVERNE €

(☎23850 46260; Hauptgerichte 5–9 €) Fünf gute Tavernen säumen Psarades' erhöhtes Seeufer. Neben Seefisch wird auch die lokale Spezialität *fasoladha* serviert. Diese Taverne wird von den Besitzern der Rooms Arhondiko betrieben und hat leckere gebratene Forelle oder Karpfen und Wein vom Fass im Angebot.

Praktische Informationen

Die Straße nach Psarades endet an einem Uferparkplatz. Auf dem Platz dahinter gibt es eine Taverne, Läden, Restaurants und Unterkünfte. Die Wohnhäuser drängen sich in den Straßen oben rechts. Es gibt ein Kartentelefon, auch funktionieren alle griechischen Mobilfunknetze.

An- & Weiterreise

In Florina und Kastoria gibt es Autovermietungen. Ansonsten fahren von Florina drei Busse pro Woche nach Agios Germanos. Nur der Bus am Mittwoch fährt nach Psarades (6,40 €). An den anderen Tagen bleibt nur ein **Taxi** (☎23850 51247, 6942704496) von Lemos oder Agios Germanos. Der Fahrpreis von Psarades nach Lemos (zum Bus nach Florina) beträgt ungefähr 20 € und direkt nach Florina oder Kastoria 50 €.

AGIOS ACHILLIOS ΑΓΙΟΣ ΑΧΙΛΛΕΙΟΣ

Die Insel Agios Achillios im Mikri Prespa mag klein sein, hat aber eine große Geschichte. Im 10. Jahrhundert wurde sie zur Hauptstadt des bulgarischen Zaren Samuel, der seine Herrschaft über fast den ganzen südlichen Balkan ausgedehnt hatte (zum Ärger von Konstantinopel). Eine konkave Wand der Ruine der **Basilika von**

Agios Achillios steht samt einigen halb umgestürzten Mauern und Säulen sowie einem Steinboden am Ostufer der Insel.

Vom Hügel, der quer über die Insel verläuft, bietet sich ein atemberaubender Blick auf die Basilika mit dem See und den Bergen dahinter. Auch **Vogelbeobachtung** lohnt sich hier, allerdings sollten Vogelfreunde eher die abgelegeneren Ecken der Insel erkunden.

Der Name der Insel, Agios Achillios, leitet sich von der Kirche ab, die ihren Namen nach Samuels Invasion Thessaliens erhielt: Als er im Jahr 983 Larissa eroberte, „borgte" er sich (ziemlich ungehobelt) die Reliquien des hl. Achillios aus dem 4. Jahrhundert, eines Gegners der Häretiker, der wundersamerweise Öl aus einem Felsen sickern ließ, um seinen theologischen Standpunkt zu beweisen. Samuel weihte nun zur Feier seiner Eroberung die neue Kirche dem entführten Heiligen.

Agios Achillios ist von Agios Germanos mit dem Auto über die Landbrücke zwischen den beiden Seen und dann sofort über den linken Abzweig zu erreichen. Von Parades geht's geradeaus nach Süden, anstatt auf die Landbrücke abzuzweigen. Vom Parkplatz aus führt eine 1 km lange Pontonbrücke zur Insel. Auf der Inselseite geht's dann über einen ausgeschilderten Weg links dicht am Ostufer entlang zur Basilika Agios Achillios und zu anderen Kirchenruinen.

Eine andere Möglichkeit ist der Weg ab der Brücke nach rechts bis zum einzigen **Laden** und **Taverne** der Insel (Zi. ab 25 €). Agios Achillios war einst eine mittelalterliche Hauptstadt, ist aber heute nur dünn besiedelt. Die alten Steinhäuser sind überwiegend nur noch Ruinen. Auf einem **Sommerfest** hier und in anderen Prespes-Orten findet jeden August ein großes Konzert mit einem berühmten griechischen Sänger statt. Die Ruine der Basilika verwandelt sich dann mit ihrem Amphitheaterambiente in eine Bühne, auf die bis 5000 Zuschauer, manchmal mit Kerzen in der Hand, vom Hügel darüber blicken.

Kastoria Καστοριά

16 218 EW.

Das heitere Kastoria liegt zwischen den Bergen Grammos und Vitsi idyllisch am bewaldeten Ufer des beschaulichen Orestiada-Sees. Die Stadt verfügt über mehr als 70 byzantinische und postbyzantinische Kirchen sowie über *archontika* (Villen) aus dem 17. und 18. Jahrhundert, in denen die *archons* lebten – die tonangebenden Bürger der Stadt, meist reiche Pelzhändler.

Kastorias einstiges weithin bekanntes Pelzgewerbe fand nach Ankunft vertriebener jüdischer Pelzhändler ein Ende; die einheimischen *kastori* (Biber) waren im 19. Jahrhundert verschwunden. Der Ruf jedoch blieb, allerdings verarbeiten Kastorias Kürschner heute importierte Pelze aus Nordamerika und Skandinavien. Die Einfallsstraße ist von riesigen Pelzlagerhäusern gesäumt, auch verkaufen die meisten Geschäfte Pelzwaren.

Sehenswertes & Aktivitäten

Metropolitenkirche Taxiarhia KIRCHE

(Plateia Pavlou Mela) Kastorias byzantinische Kirchen waren in der Regel ursprünglich Privatkapellen der *archontika*. Sie sind meist geschlossen, aber wer einen Hausmeister findet, kann sie besichtigen. Einige Kirchen haben auch Fresken an den Außenwänden, wie die Metropolitenkirche **Taxiarches** südlich der Plateia Omonias, mit einem **Fresko der Madonna mit Kind** aus dem 13. Jahrhundert über dem Eingang. Sie birgt auch das geheiligte **Grab des Pavlos Melas,** des wichtigsten Militärkommandanten im „Makedonischen Kampf" von 1904 bis 1908, in dem griechische Kämpfer die osmanische Region Griechenland einverleiben wollten.

GRATIS **Byzantinisches Museum** MUSEUM

(☎24670 26781; Plateia Dexamenis; ⏲Di–So 8.30–15 Uhr) In dem Museum sind großartige Ikonen ausgestellt.

Archontika WICHTIGE GEBÄUDE

Die meisten *archontika* befinden sich in **Doltso** im Südteil Kastorias. Die bedeutendsten Villen sind die **Emmanouil, Basara, Natzi, Skoutari, Papia** und die **Papaterpou,** die nach ihren einstigen Bewohnern benannt sind.

Kastorisches Volkskundemuseum MUSEUM

(☎24670 28603; Kapetan Lazou; Erw./Kind 2 €/frei; ⏲Di–So 8.30–14 Uhr) Eine unbedingt sehenswerte *archontika* ist dieses 530 Jahre alte Haus, das einst der reichen Familie Nerantzis Aïvazis gehörte. Es ist geradezu verschwenderisch eingerichtet und stellt interessante Ornamente, Küchenutensilien und Werkzeug aus.

Kastoria

Kastoria

Sehenswertes

1 Basara-Herrenhaus C3
2 Byzantinisches Museum B1
3 Emmanouil-Herrenhaus C3
4 Kastorisches Volkskundemuseum D3
5 Metropolitenkirche Taxiarchia B3
6 Natzi-Herrenhaus C3
7 Papaterpou-Herrenhaus A3
8 Papia-Herrenhaus B4
9 Skoutari-Herrenhaus B4

Schlafen

10 Arhondiko tou Vergoula B3
11 Dhiston A2
12 Katerina Suites A3

Essen

13 Doltso C3
14 Lithos D3
15 Mantziaris Restaurant B2

Bootsrundfahrten BOOTSTOUREN

Am Psaradika-Kai an der Nordseite des Orestiada-Sees legen mittags und abends **Ausflugsboote** (5 €, 1¼ Std.) ab. Da der See nicht besonders sauber ist, besser nicht darin schwimmen oder angeln.

Festivals & Events

Ragkountsaria-Festival TANZ, KULTUR

(6.–10. Jan.) Im Winter findet in Kastoria dieses Festival statt, das wahrscheinlich auf heidnische Ursprünge zurückgeht. Es wird mit traditionellen Tänzen, kostümierten Lustbarkeiten und viel Essen und Trinken gefeiert.

Nestorio River Festival MUSIK, KUNST

(www.riverparty.gr; Juli) Das **Nestorio River Festival** findet westlich der Stadt am bewaldeten Ufer des Flusses Nestorio statt. Auf dem beliebten sechstägigen Festival treten berühmte griechische Sänger und DJs aus der Umgebung auf. Um die

10 000 junge Leute strömen dann in den Ort und campen oft am Fluss. Neben der Musik werden auch als Unterhaltung Paintball, Bogenschießen, diverse Sportarten und moderne Kunst geboten. Auf der Website sind das Programm, Campingplätze und Hotels sowie Kartenverkaufsstellen aufgelistet. In Thessaloniki gibt es Karten im **Ticket House** (☎2310 253 630; Ecke Ethnikis Amynis & Tsimiski).

Während des Festivals setzt KTEL-Kastoria Sonderbusse zum Nestorio ein. Es gibt einen organisierten Campingplatz mit allen Anlagen und auch Pensionen. Die Festivalveranstalter sind bei der Unterkunftssuche behilflich.

Internationale Pelzmesse HANDEL, KULTUR
(www.furfair.gr) Die alljährliche Pelzmesse zieht viele Besucher an. Auf der Website stehen genaue Zeiten und weitere Informationen.

Schlafen

In Kastoria übernachten überwiegend Geschäftsleute. Die Preise sind deshalb hoch, aber verhandelbar.

LP TIPP **Arhondiko tou Vergoula** DOMATIA €€
(☎24670 23415; www.vergoulas.gr; Aidistras 14; EZ/DZ/3BZ mit Frühstück 55/75/100 €; WLAN) Die restaurierte 150 Jahre alte Villa in einem ruhigen Viertel und mit wunderbarem Seeblick ist mit Objekten dekoriert, die der Besitzer von seinen Reisen durch Asien mitgebracht hat – was ihr ein exotisches Flair verleiht. Die traditionellen Zimmer sind fröhlich und gepflegt. Frühstück gibt es im behaglichen Speisesalon.

Hotel Orestion HOTEL €
(☎24670 22257; Plateia Davaki 1; EZ/DZ 50/60 €; P ❄ @) Das schön renovierte Businesshotel hat schicke moderne Zimmer und die zu erwartenden Annehmlichkeiten. Im Foyer warten weiche Sofas und eine Bar ganz hinten.

Dhiston PENSION €€
(☎24670 22250; Leoforos Megalou Alexandrou 91; EZ/DZ/3BZ 50/60/75 €) Die geräumigen Suiten über einem der ältesten Cafés Kastorias haben einen großartigen Seeblick. Der Manager spricht Französisch und Englisch und verteilt Karten und Informationsmaterial.

Katerina Suites SUITEN €€
(☎24670 24645; www.katerina-suites.gr; Leoforos Megalou Alexandrou 127; EZ/DZ 70/80 €) Die vier Suiten mit Seeblick haben jeweils Platz für bis zu fünf Personen. Die Räume sind sauber, modern und geräumig. Die Preise sind an Wochenenden und Feiertagen etwas höher.

Essen

LP TIPP **Kratergo** TAVERNE €
(☎24670 22981; Orestion 19, Psaradika; Hauptgerichte 6–9 €; ⏲20–2 Uhr) Die Taverne am Nordufer des Sees lohnt die 20-minütige Fahrt. Neben den gut zubereiteten griechischen Gerichten hat sie mit ihren imposanten Steinbögen, stimmungsvoller Beleuchtung und Seeblick eine großartige Atmosphäre. Im Hintergrund erklingt wehmütige *rembetika*-Musik.

Doltso TAVERNE €€
(☎24670 24670; Plateia Doltso; Hauptgerichte 7–10 €) Die Gerichte des Restaurants in einer recht imposanten, restaurierten *archontika* sind Standard. Die Spezialität, Fleischbällchen in *makalo*-Sauce (Zwiebeln, Knoblauch, Mehl und Tomate), ist jedoch ungewöhnlich und exzellent.

Mantziaris Restaurant TAVERNE €
(☎24670 29492; Valala 8; Hauptgerichte 6–9 €) Das schlichte Lokal Mantziaris serviert *mayirefta* und Grillfleisch nach Wunsch.

Lithos TAVERNE €
(☎24670 26760; Orestiados 51; Hauptgerichte 6–10 €) Die traditionelle Einrichtung aus Holz und Stein entspricht den hier angebotenen deftigen Tavernengerichten. Zu den wenigen Innovationen gehören „Lithos-Auberginen" (mit gebratenen Pilzen und Kräutern gefüllt).

Praktische Informationen

Credit Bank (Grammou) Hat Geldautomaten

Kommunale Touristeninformation (☎/Fax 24670 26777; www.kastoria.gr; ⏲Mo–Fr 8–15 Uhr) Broschüren, Karten und Informationen; am Seepark

Polizei (☎24670 83214; Grammou) Nahe dem Busbahnhof

Post (Leoforos Megalou Alexandrou)

An- & Weiterreise

Kastorias **Flughafen Aristotelis** (☎24670 42515) liegt 10 km südlich der Stadt und hat Verbindungen mit Athen (130 €, 4-mal wöchentl.). **Olympic Air** (☎24670 22275; www.olympicair.com; Leoforos Megalou Alexandrou 15) betreibt ein Büro im Zentrum.

Von Kastorias **Busbahnhof** (☎24670 83455; Athanasiou Diakou) fahren Busse nach Thessaloniki (17,60 €, 2½ Std., 7-mal tgl.), Ioannina (19,60 €, 3½ Std., 2-mal tgl.), Athen (48,50 €, 9 Std., 3-mal tgl.) und Veria (12 €, 2 Std., 2-mal tgl.). Wer nach Florina will (3,80 €, 30 Min., 8-mal tgl.) muss in Amyntaio umsteigen.

Taxis (☎24670 82100) stehen zur Verfügung.

THRAKIEN

Das abwechslungsreiche, staubige und noch immer etwas geheimnisvolle Thrakien (Θράκη) ist eine der bemerkenswertesten und doch am wenigsten bereisten Gebiete Griechenlands. Hier lebte einst in der Antike das mächtige, nicht-griechische Volk der Thraker, doch die Region wurde in der jüngeren Geschichte von den benachbarten Völkern, wie den Bulgaren und Türken, einschneidend geprägt. Das gesamte geografische Gebiet Thrakien erstreckt sich in der Tat bis nach Bulgarien und die Türkei.

Die Menschen Thrakiens lebten seit jeher von der Landwirtschaft, wovon die Tabakplantagen, die endlosen Weizen- und leuchtenden Sonnenblumenfelder noch immer zeugen. Der kaum vorhandene Tourismus trägt zum Erhalt des natürlichen Charakters bei. Die offenkundige türkische Minderheit mit ihren eigenen Traditionen in Sprache, Kultur und Küche stammt noch aus osmanischer Zeit. Die Landschaft ist übersät von Minaretten und kleinen Dörfern aus türkischen Häusern mit roten Dächern. Und die traditionellen Süßigkeiten hier sind die besten Griechenlands.

Weitere Attraktionen der dünn besiedelten Provinz sind die einzigartigen unberührten Landstriche. Im Norden bilden die hügeligen Rhodopen mit ihren ursprünglichen Wäldern und einer vielfältigen Tierwelt die Grenze zu Bulgarien. Im Osten Thrakiens Richtung Türkei bilden das Naturschutzgebiet Dadia und das Evros-Delta an der Ägäisküste eine wichtige Station der Zugvögel. Die größte Stadt ist Alexandroupolis, von wo auch die Fähren nach Samothraki (S.709) ablegen.

Thrakien mag zwar tiefste Provinz sein, aber als Griechenlands einziges Grenzgebiet mit der Türkei hat es strategische Bedeutung: Etwa 30 000 griechische Soldaten sind hier stationiert. Die einzigen griechischen Soldaten, die Besucher zu Gesicht bekommen, sind jedoch nur jene, die sich in den Cafés vergnügen, ebenso wie die Studenten, die es in diese abgelegenen Universitäten verschlagen hat. Da es hier wenig Tourismus gibt, freuen sich die Menschen über die Wirtschaftskraft, die beide „Armeen“ mit sich bringen.

Geschichte

Die einzigen Berichte über das antike Thrakien stammen aus griechischen Quellen. Es gibt nur wenige thrakische Aufzeichnungen in der eigenen, mittlerweile untergegangenen Sprache. Die Geschichte dieser alten Zivilisation, die als kriegerisch galt, fußt daher auf Mythen und Mutmaßungen. Ihre mysteriöse Religion, der Kult der Großen Götter, beeinflusste nach 1000 v.Chr. die griechische Religion. Makedonische, römische und ägyptische Herrscher wurden im bedeutendsten Tempel der Thraker auf Samothraki in diesen Kult eingeweiht. Auch geheime Rituale im Zusammenhang mit Orpheus, dem mythischen und tragischen Vater der Musik Thrakiens, faszinierte die Menschen.

Im 7. Jahrhundert v.Chr. eroberten mächtige griechische Stadtstaaten und bald darauf die Perser die thrakische Küste. Athen behielt die Oberhand nach dem Sieg über die Perser in der Schlacht von Platää, wurde aber im Jahr 346 v.Chr. von Philipp II. von Makedonien verdrängt. Nach der Teilung des römischen Reichs in eine westliche und eine östliche Hälfte im Jahr 395 n.Chr. wurde Thrakien, das an der Handelsroute Via Egnatia lag, strategisch bedeutsam. Das östliche Thrakien galt als die „Kornkammer Konstantinopels“, ein Hinweis auf den Weizenanbau der Region.

Thrakien war auch eine wesentliche Verteidigungszone für die byzantinische Hauptstadt. Aber die flache Landschaft machte es auch zur leichten Beute für marodierende Goten, Hunnen, Vandalen, Bulgaren, Petschenegen, Kyptschaken und sogar für unverfrorene westeuropäische Kreuzfahrer – was wohl auch der Grund sein mag, dass nur wenige historische Bauten erhalten sind. Nur die osmanischen Türken, die Mitte des 14. Jahrhunderts eindrangen, konnten über längere Zeit Ruhe und Frieden durchsetzen.

Die turbulente Vergangenheit holte Thrakien Ende des 19. Jahrhunderts wieder ein. Vom russisch-türkischen Krieg

Thrakien

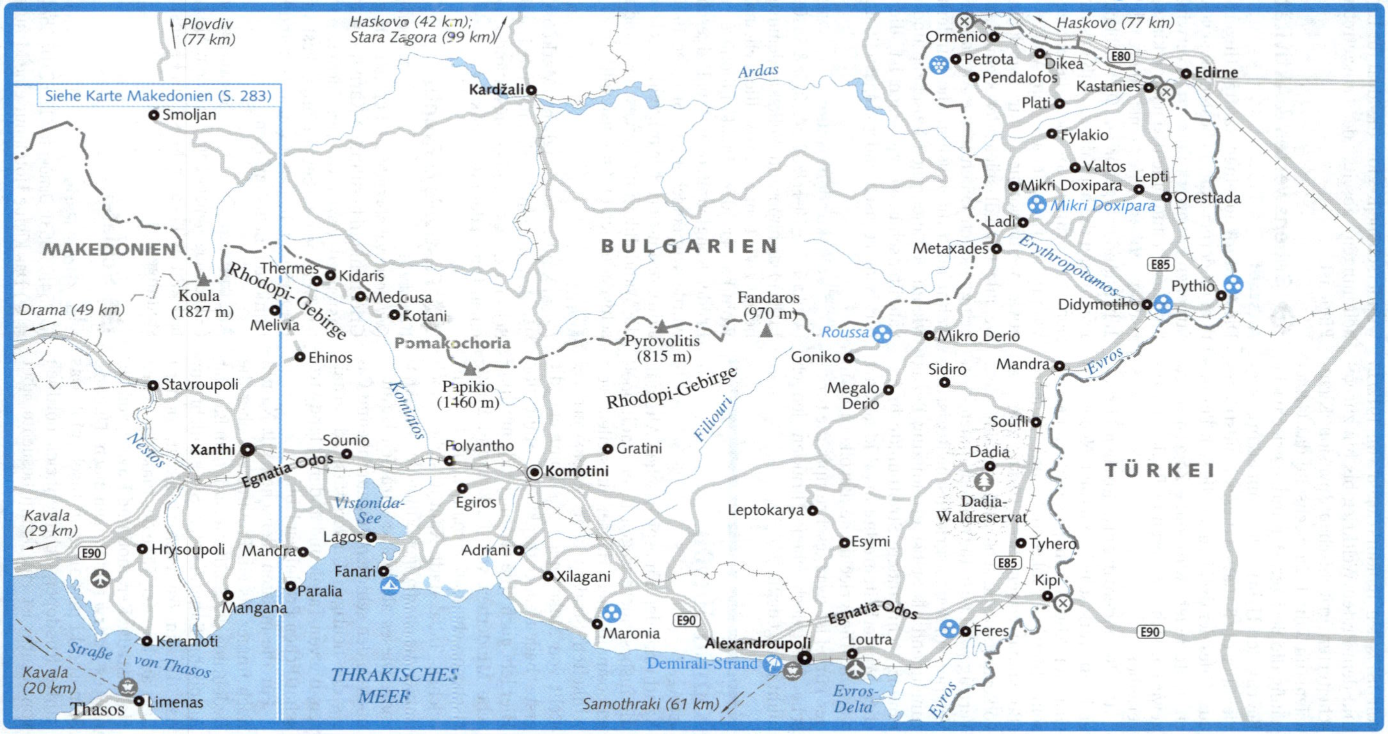
0 30 km
Plovdiv (77 km)
Haskovo (42 km); Stara Zagora (99 km)
Haskovo (77 km)
Siehe Karte Makedonien (S. 283)
Smoljan
Kardžali
Ardas
Ormenio
Petrota
Pendalofos
Dikea
E80
Edirne
Kastanies
Plati
Fylakio
Valtos
Lepti
Mikri Doxipara
Orestiada
Mikri Doxipara
Ladi
Metaxades
Erythropotamos
E85
Pythio
Didymotiho
MAKEDONIEN
BULGARIEN
Thermes
Kidaris
Rhodopi-Gebirge
Medousa
Kotani
Koula (1827 m)
Melivia
Drama (49 km)
Pomakochoria
Fandaros (970 m)
Pyrovolitis (815 m)
Roussa
Mikro Derio
Goniko
Ehinos
Papikio (1460 m)
Rhodopi-Gebirge
Sidiro
Mandra
Evros
Megalo Derio
Stavroupoli
Kompsatos
Filiouri
Soufli
Nestos
Xanthi
Sounio
Polyantho
Gratini
Dadia
TÜRKEI
Egnatia Odos
Komotini
Egiros
Vistonida-See
Leptokarya
Dadia-Waldreservat
Kavala (29 km)
Lagos
Adriani
Esymi
Tyhero
E90
Hrysoupoli
Mandra
E85
Fanari
Xilagani
Kipi
Paralia
Mangana
Maronia
E90
Egnatia Odos
Feres
E90
Keramoti
Alexandroupoli
Loutra
Straße von Thasos
Demirali-Strand
Kavala (20 km)
THRAKISCHES MEER
Evros-Delta
Evros
Thasos
Limenas
Samothraki (61 km)

von 1877, den Balkankriegen von 1912/13 und dem Ersten Weltkrieg bis hin zur gescheiterten griechischen Invasion Kleinasiens im Jahr 1922 wechselte das Gebiet häufig die Besitzer. Der antike griechische Begriff der Hybris, der Anmaßung, sagt viel über die Situation dieses Landstriches aus. Jedes der drei Länder, die sich Thrakien heute teilen, wäre ohne Zögern bereit gewesen, sich die gesamte Region einzuverleiben.

Das Besondere des griechischen Thrakien ist die türkische Minderheit. Neben den Griechen Konstantinopels und auf den Inseln Imvros (Gökceada) und Tenedos (Bozcaada) waren diese Türken vom Bevölkerungsaustausch 1922 gemäß dem Vertrag von Lausanne ausgenommen – ein Vertrag, auf den die griechische Regierung zunehmend als Selbstverteidigung Bezug nimmt, wenn andere Streitpunkte in Sachen Minderheitenrechte ins Feld geführt werden. Die griechische Bevölkerung in der Türkei ist zwar geschrumpft, die türkische im griechischen Thrakien jedoch blüht und gedeiht.

Xanthi Ξάνθη

45118 EW.

Xanthi mit der atmosphärischen Altstadt, die insbesondere wegen ihrer traditionellen osmanischen Häuser in steilen, verwinkelten Straßen sehr sehenswert ist, stellt von Makedonien aus kommend die erste bedeutende thrakische Stadt dar. Hier lebt auch eine faszinierende muslimische Minderheit von Türken und Bulgarisch sprechenden Pomaken. In der einst reichen Tabakstadt Xanthi stehen noch immer die ehemaligen Villen der Tabakbarone. Dieses alte noble Thrakien ist auch noch in den schicken Restaurants und Cafés der heutigen Universitätsstadt erhalten, die von Tabak und anderen landwirtschaftlichen Produkten lebt.

Für die meisten Menschen gilt Xanthi noch immer als ein Provinznest, aber die Bedeutung der Stadt stieg mit dem Bau der Autobahn Egnatia Odos. Sie ist nicht nur das Tor zum östlichen Thrakien, sondern liegt auch in der Nähe der makedonischen Hafenstädte Keramoti und Kavala, von denen es Fährverbindungen nach Thassos, Samothraki und anderen Inseln gibt. Das sanfte Rhodopen-Gebirge gleich nördlich von Xanthi ist eine kaum besuchte, aber wunderschöne Region, die ideal für Unternehmungen abseits der ausgetretenen Pfade ist.

Sehenswertes & Aktivitäten

Altstadt ALTSTADT

Die **Altstadt** auf einem sanften Hügel über dem modernen Xanthi besteht aus pastellfarbenen **Fachwerkhäusern** in verwinkelten Gassen und prächtigen alten klassizistischen **Villen,** die einst den reichen Tabakhändlern gehörten. Die verblichene Pracht und die bauchigen, weiß gestrichenen Vorsprünge an den bescheidenen Wohnhäusern verleihen dem Viertel ein etwas weltverlorenes Flair. Das lebhafte Gejohle Fußball spielender kleiner Jungs bringt jedoch Leben in die Altstadt. Hier wohnt auch die muslimische Minderheit, wie an den modernen Moscheen und den Satellitenschüsseln zu sehen ist, die auf türkische Fernsehsender eingestellt sind.

GRATIS **Volkskundemuseum** MUSEUM

(Antika 5–7; Mi–Fr 8.30–14.30, Sa & So 10.30–15 Uhr) Das imposante Volkskundemuseum belegt zwei benachbarte Villen, ehemalige Wohnhäuser der Tabakmillionäre und Brüder Kougioumtzoglu. Das Erdgeschoss wurde wunderschön im Stil der 1930er-Jahre restauriert. Die originale Decke und die Wandbilder im Obergeschoss sind verschwenderisch und fantasievoll.

Markt MARKT

(Sa) Xanthis samstäglicher Markt östlich der Plateia Dimokratias hat mit Kleider-, Schmuck-, Obst- und Gemüseständen noch einen Hauch des alten Balkans.

Festivals & Events

Karneval MUSIK, KULTUR

(www.carnival-of-xanthi.gr) Für den in ganz Griechenland berühmten Karneval vor der Fastenzeit werden von verschiedenen lokalen Vereinen farbenprächtige Festwagen hergerichtet, begleitet von Musik und kostümierten Belustigungen.

Altstadtfest BÜHNENKUNST, MUSIK

(Ende Aug.–Anfang Sept.) Auf dem Altstadtfest gibt es Theater, Musik und Kunstausstellungen.

Schlafen

LP TIPP **Hotel Paris** HOTEL €

(25410 20531; Dimokritou 12; EZ/DZ 35/45 €;) Das kleine Hotel, nur eine Minute zu

Fuß vom Busbahnhof, ist ideal für Budgetreisende. Es ist nach dem Besitzer benannt, nicht nach der Stadt, und bietet Zimmer mit Bad, TV und Telefon, auch gute feste Matratzen und in manchen auch einen großen Balkon. Allerdings liegt es an einer lauten Straße und ist vom Zentrum eine Ecke weg, aber immerhin ist man schnell beim Bus. Das Personal versorgt Gäste mit Infos und Karten.

Hotel Xanthippion HOTEL €
(☎25410 77061; 28 Oktovriou 212; EZ/DZ 40/50 €; ❄@) Das alte verlässliche Hotel etwa 500 m südlich der Plateia Dimokratias mit seinen freundlichen und hilfsbereiten Besitzern vermietet gepflegte, saubere Zimmer.

Hotel Dimokritos HOTEL €
(☎25410 25111; 28 Oktovriou 41; EZ/DZ 40/55 €; ❄@) Das Dimokritos ist ein weiteres akzeptables Budgethotel 100 m südlich der Plateia Dimokratias. Die Zimmer sind sauber und komfortabel, wenn auch etwas klein, und haben die üblichen Annehmlichkeiten plus Internetanschluss.

Z Palace HOTEL €€€
(☎25410 64414; www.z-palace.gr; Terma Georgiou Kondyli; EZ/DZ/Suite 80/115/310 €; P❄) Das 5-Sterne-Businesshotel hat im Freien einen Swimmingpool, innen einen Fitnessraum, ein Kinderspielzimmer, ein französisches Gourmetrestaurant und einen Friseur, alles wie in den opulenten Zeiten der Tabakbarone – allerdings nicht bei der Einrichtung, die elegant, aber kaum traditionell ist.

Essen & Ausgehen

LP TIPP **Tavorna To Perasma** TAVERNE €
(☎25410 78014; Ikoniou 16; *mezedhes* 2,50–4 €, Hauptgerichte 5–9 €) Wenn ein Restaurant weitab der Altstadt voll gut gelaunter Einheimischer steckt, ist klar, dass es gut sein muss. Das Perasma in einer Seitenstraße nicht weit vom Busbahnhof tischt riesige Portionen leckerer *mezedhes* und türkisch-thrakische Köstlichkeiten auf. Empfehlenswert sind der Rucolasalat mit Tomaten und Gurke, das *melidzanes* „spezial" (mit Käse überbackene Auberginen), *sykoti krasato* (Leber mit Wein) und *yiaourtlou kebab* (scharfe Rindskebabs mit Yoghurt auf gebratenen Pittastreifen mit Salsa); die ganze Mahlzeit kostet etwa 20 € und reicht für vier Personen.

Restaurant Palia Poli TAVERNE €
(☎25410 68685; Hasirtzoglou 7; Hauptgerichte 5–9 €) Die meisten Altstadtrestaurants sind nicht sehr originell. Das Palia Poli aus Holz und Stein, bescheiden in einer Seitengasse verborgen, ist jedoch kreativer. Im Angebot sind Wachteln, Schweinebraten mit Pflaumensauce und Ente Orange.

Nedim KONFISERIE €
(☎25410 25959; Basileos Konstantinou 35) Die Xanthi-Filiale der aus Komoti stammenden klassischen türkischen Konfiserie ist mitten im Zentrum gelegen – der Verführung sollte niemand widerstehen.

Café Antica CAFÉ €
(☎25410 62193; Vasileos Konstantinou 86; ⏲9–14 Uhr) Das riesige, zweistöckige Café im Zentrum hat mit den langen Holzbalken, weichen Sofas und den alten Werkzeugen an der Wand ein lässiges, traditionelles Flair. Wein erfrischt hier im Sommer, im Winter wärmen die vielen Sorten heißer Schokolade.

Rose Family Zaharoplasteio KONDITOREI €
(☎25410 75310; Ecke Anaxarhou & Dimokritou; Süßwaren 1–3 €; ⏲8–22 Uhr) In der freundlichen Café-Konditorei nahe dem Busbahnhof servieren die Besitzer Dimitris und Roula Triantafylidis seit 1960 feinen Kuchen und Kaffee.

Praktische Informationen

Bahnhof und Busbahnhof liegen im Süden Xanthis, der Busbahnhof 800 m südöstlich des Hauptplatzes (Plateia Dimokratias), der Bahnhof 2 km südlich davon. Die Dimokritou (wird zur Karaoli) führt vom Busbahnhof und die 28 Oktovriou vom Bahnhof zur Plateia Dimokratias.

Banken mit Geldautomaten, Restaurants und Läden sind um die Plateia Dimokratias und die nahe gelegene Plateia Antiko zu finden.

Magic Bus Internet Cafe (☎25410 26580; Anexarhou 2; pro Std. 1,40 €; ⏲8–2 Uhr) Zwischen Busbahnhof und Hotel Paris

Polizei (☎25410 23333; Ecke Nestou & Lykourgou Thrakis)

Post (A Georgiou 16)

Web (Vasileos Konstantinou 63; pro Std. 2,40 €; ⏲24 Std.) Internetzugang; nahe der Plateia Antiko

An- & Weiterreise

Bus

Vom **Busbahnhof** (☎25410 22684; Dimokritou 6) fahren Busse nach Komotini (5 €, 1 Std., 14-mal tgl.), Thessaloniki (19 €, 2½ Std., 10-mal tgl.) und Athen (40,40 €, 9 Std., 1-mal tgl.). Die Busse nach Thessaloniki fahren über Kavala (6 €, 1 Std.). Es gibt keine direkte Verbindung nach Alexandroupolis (8 €, 1 Std., alle 45 Min.); man muss in Komotini umsteigen. Busse fahren auch in die Pomakendörfer, wie Thermes (3,80 €, 1½ Std., 2-mal tgl.).

Flugzeug

Xanthi teilt sich den **Flughafen Alexander der Große** mit Kavala. Er liegt 40 km südwestlich von Xanthi bei Chrisoupoli. Das Büro von **Olympic Air** (✆25410 22944; www.olympicair.com; Michael Vogdou 4) ist nahe der Plateia Dimokratias.

Zug

Von Xanthis **Bahnhof** (✆25410 22581; Terma Kondyli) gibt es Verbindungen zwischen den thrakischen Städten Alexandroupolis und Koomtini mit Thessaloniki und Athen.

ℹ Unterwegs vor Ort

Zum Flughafen gibt es keine Busverbindungen, nur **Taxis** (35 €). Möglich ist aber der Bus nach Kavala bis nach Chrisoupoli, und von dort 12 km weiter mit dem Taxi zum Flughafen.

Rund um Xanthi

Nördlich von Xanthi liegen eingebettet in den sanften Tälern des an Bulgarien grenzenden Rhodopen-Gebirges die faszinierenden, abgelegenen **Pomakochoria** (Pomakendörfer). In den etwa 25 Dörfern leben Pomaken, Bulgarisch sprechende Muslime, die sich bis jenseits der Grenze verbreiten und deren ethnische Herkunft ist selbst ihnen unbekannt. In Griechenland sprechen sie Griechisch, Bulgarisch und Türkisch und werden ebenso wie die selbstbewussteren Türken der Region von der Regierung offiziell als „griechische Muslime" eingeordnet. Während des Kalten Kriegs war das Grenzgebiet nicht zugänglich, und auch heute noch sind Touristen eher selten.

Neben ihrer wunderbaren Lage in unberührter Natur bieten die Dörfer auch Gelegenheiten zu aktiven Unternehmungen, wie die **heißen Mineralbäder** in **Thermes,** 43 km nördlich von Xanthi. Für das Hauptbad in einem Gebäude gegenüber der Kirche muss bezahlt werden, aber ein anderes Bad im Freien ist kostenlos. Es liegt vom kleinen Laden-Restaurant 100 m rechts und unterhalb der Hauptstraße. Die Bäder sind entspannend und therapeutisch, verschiedene Erkrankungen werden im Hauptbad von Fachleuten behandelt. Beim Genuss sollte nicht vergessen werden, dass die Pomakochoria eine konservative Region ist und die Bäder nicht für Ausschweifungen, Herumschreien oder unbekümmerte Nacktheit geeignet sind.

Bergwandern ist hier eine Freude, allerdings gibt es keine markierten Wege. Ein 90-minüter Marsch auf der Straße in das abgelegene Dörfchen **Kidaris** kurz vor der bulgarischen Grenze bietet jedoch hinreißende Bergpanoramen und absolute Ruhe. Da das Dorf mittlerweile praktisch unbewohnt ist, wird einem tatsächlich wohl kaum ein Mensch unterwegs begegnen.

Deftige Landkost aus Salat und Ziegen- oder Lammfleisch vom Spieß gibt es im Laden-Restaurant in Thermes, dem **Kafe Psistaria O Kalemtzi** (Mittagessen 7 €). Der Besitzer Kemal Kalemtzi vermietet auch Zimmer im **Enikiazomena Domatia Kalemtzi Kemal** (✆25540 22474, 6977597500; DZ 25 €) in einem angrenzenden Haus. Sein Sohn Hassan spricht Englisch.

ℹ An- & Weiterreise

Die Pomakendörfer sind von Xanthi mit dem Auto und sogar mit dem Bus (etwa 90 Min.) als Tagesausflug zu erreichen. Der Bus nach Thermes (3,80 €, einfach) fährt täglich um 6.30 Uhr ab und kehrt um 15.30 Uhr nach Xanthi zurück. Es gibt noch einen späteren Bus von Xanthi nach Thermes um 14.10 Uhr, aber dann muss man in Thermes übernachten.

Komotini Κομοτηνή

46 586 EW.

Komotini, 52 km östlich von Xanthi, ist die Provinzhauptstadt der Rhodopen-Präfektur und die größte Stadt im zentralen Thrakien. Trotz der provinziellen Natur hat Komotini mehrere spannende Museen und historische Gebäude zu bieten. Auch sorgt der beträchtliche studentische Bevölkerungsanteil für ein gewisses Nachtleben. Die Studenten aus ganz Griechenland tummeln sich in den Cafés am Hauptplatz, der Plateia Irinis.

Auch überdecken sie den deutlichen Anteil an Muslimen in Komotini; etwa die Hälfte der Einwohner sind türkisch – der höchste Prozentsatz in allen größeren griechischen Städten. Griechen und Türken leben in der Stadt zwar recht friedlich miteinander, haben aber kaum Berührungspunkte.

Die Hauptattraktionen Komotinis, das im 4. Jahrhundert n. Chr. entstand, stammen auch aus dieser Zeit: byzantinische Kirchen, osmanische Moscheen und klassizistische Villen. Los geht's zu den Straßenmärkten und in die charakteristischen alten Straßen, zu den türkischen Süßigkeiten und zur griechischen *bouzouki*-Musik, also in eine authentische thrakische Stadt mit all ihrem verstaubten Glanz.

Sehenswertes

Byzantinische Festung — RUINE

Die spärlichen Reste von Komotinis **byzantinischer Festung,** die Kaiser Theodosius im 4. Jahrhundert v. Chr. erbauen ließ, befinden sich an der Plateia Irinis; nur die Ruine eines der ursprünglich 16 Türme ist noch vorhanden.

Mariä Himmelfahrt — KIRCHE

(Ekklisia Kimisis Theotokou) Die Kirche bei der byzantinischen Festung wurde 1800 an der Stelle eines älteren Gotteshauses gebaut. Sie enthält Ikonen und Holzschnitzwerk aus dem 16. Jahrhundert

GRATIS Archäologisches Museum — MUSEUM

(☎25310 22411; Simeonidi 4; ⌚8.30–17 Uhr) Thrakische archäologische Fundstücke sind in diesem stilvollen **archäologischen Museum** ausgestellt. Die Sammlung erläutert mit englischsprachigen Informationstafeln die Geschichte des antiken Thrakiens. Hinzu kommen römische Münzen, Tonfiguren, filigrane Goldkränze und byzantinische Glasurkeramiken. Das hilfsbereite Personal führt gerne durch die Sammlung und hat auch eine detaillierte Karte, auf der die wichtigsten archäologischen Stätten in Thrakien und Ostmakedonien eingezeichnet sind.

Museum für Sakralkunst — MUSEUM

(Imaret; ☎25310 34177; Xenofontos 8; Eintritt 3 €; ⌚Di–So 10.30–13.30, Mi–Fr 17–20 Uhr) Das Museum mit seinen kostbaren postbyzantinischen Ikonen ist im ungewöhnlichsten Gebäude Komotinis untergebracht, nämlich im Innenhof eines früh-osmanischen Armenhauses (gr.: *ptohokomeio*). Mauerwerk und Konstruktion des Bauwerks erinnern an eine byzantinische Kirche. Tatsächlich wurde sie um 1363 von Gazi Ervinoz Bey, dem osmanischen Eroberer des byzantinischen Komotini errichtet. Außer den Ikonen sind auch vereinzelte Überraschungen, wie 500 Jahre alte Evangelien, silberne Zeremonienkreuze, Goldstickereien und jüdische Schriftrollen aus dem 18. Jahrhundert, ausgestellt.

Türkisches Viertel — ALTSTADT

Gleich hinter der Plateia Irinis beginnt Komotinis beschauliches **türkisches Viertel** mit malerischen alten Häusern, Barbierläden und Teehäusern. Sehenswert sind hier der **Uhrenturm** *(orologio)* von 1884, die **Yeni Camii** (türkisch für „Neue Moschee") und die **Eski Camii** von 1608, die noch immer genutzt wird, obwohl schon Blumen aus ihren Dach wachsen.

Schlafen

Komotini ist auf Geschäftsreisende eingestellt und deswegen eher teuer. Mittelklassehotels sind elegant und zentral.

LP TIPP Anatolia Hotel — HOTEL €€

(☎25310 36242; Anchialou 56; www.anatoliahotel.gr; EZ/DZ 50/70 €; ❄📶) Das minimalistische Anatolia ist zweifellos die netteste Unterkunft in Komotini. Die behaglichen Zimmer mit schicker Einrichtung haben modernen Komfort, wie Safes und Schallschutzfenster. Es gibt unterschiedlich teure Pauschalangebote, die zuvor auf der Website gecheckt werden sollten, um das günstigste Angebot zu ergattern. Das Hotel liegt im nordöstlichen Viertel der Stadt hinter der großen Sporthalle.

Orpheus Hotel — HOTEL €

(☎25310 23663; www.hotelorpheus.g; Parassiou 1; EZ/DZ/3BZ 40/50/60 €; ❄) Mit seiner unübersehbaren Lage an der Einfahrt zur *plateia* und den großen Fenstern ist das Orpheus nicht zu verfehlen. Das Hotel hat hübsch restaurierte und schalldichte moderne Zimmer. Das Management ist herzlich und freundlich.

Hotel Astoria — HOTEL €€

(☎25310 22707; www.astoriakomotini.gr; Plateia Irinis 28; DZ 60 €; ❄@) Das Astoria ist eleganter als das Orpheus, aber weniger leicht zu finden, da es sich hinter den Cafés am Platz verbirgt. Die modernen Zimmer verfügen über attraktive und dezente Einrichtung und Komfort und haben kleine Balkone zum Platz raus.

Essen & Ausgehen

LP TIPP Nedim — KONDITOREI €

(☎25310 22036; Ecke Leoforosoros Orfeos & Syntagmatos Kriton; Süßwaren 2–4 €) Das große Geschäft für traditionelle Süßwaren verkauft seit 1950 das vermutlich beste *baklava* westlich von Istanbul. Besonders gut sind das *saray kataifi,* ein zarte Leckerei aus dem osmanischen Palast, und *samali,* ein süßer Mandelkuchen mit Mastix von der Insel Chios aromatisiert. Zu den 35 Sorten traditioneller Süßigkeiten gehört auch das enorme *soutzouk loukoumi* – praller türkischer Honig mit Puderzucker bestäubt und wie ein riesiger Wurstring geformt. Köstlich!

To Sokaki tis Lakokolas TAVERNE €
(☎25310 81800; Parasiou 5; Hauptgerichte 5–7 €; ⏲12–24 Uhr) In der lebhaften Taverne in einer Unterführung gegenüber der Emboriki Bank gibt es einfache, sättigende Grillgerichte, Salate und auch aufmerksamen Service. Empfehlenswert ist das *yiaourtlou kebab.*

Kouti TAVERNE €
(☎25310 25774; Orfeos 45; Hauptgerichte 5–9 €) Das etwas gehobenere Restaurant im Zentrum zeichnet sich durch guten Service und ein breites Angebot an Gerichten aus, von griechisch bis international.

Petrino OUZERIE €
(☎25310 73650; Serron 25; Hauptgerichte 7–9 €) Das Petrino ist ein weiteres gutes Restaurant mit hübscher rustikaler Einrichtung und tollen thrakischen Gerichten, die gut zum breiten Ouzo-Angebot passen.

Café Bel Air CAFÉ
(Plateia Irinis 55; ⏲10–3 Uhr) An der Plateia Irinis gibt es zahllose Cafés und Bars; in diesem hippen Café treffen sich Leute um die 30.

Rock Bar BAR
(Plateia Irinis 18; ⏲Sept.–Mai 11–3 Uhr) Die Rock Bar nicht weit vom Café Bel Air ist ein gemütliches, winziges Lokal mit Rock, Blues, Jazz und Funk.

Theatro CAFÉ
(Plateia Irinis) Studenten besuchen gerne das Theatro, eines von vielen beliebten Cafés an der Plateia Irinis.

Ihodromio CLUB
(Parasiou 4; ⏲Fr–So 21–4 Uhr) Griechisches Nachtleben in aller spärlich bekleideten Zügellosigkeit ist im **Ihodromio** zu finden, einer lauten *bouzoukia* (Nachtclub mit Bouzouki-Musik), wo Geschäftsleute und Studenten bei *mezhedes,* fröhlichem Tanz und teuren Cocktails zusammenkommen. Das **Lobby** (Parasiou 4) nebenan ist ein eher konventioneller studentischer Club. Beide schließen im Sommer und ziehen wie alle Clubs ins Freie vor der Stadt.

ℹ Praktische Informationen

Der **Bahnhof** liegt 1 km südwestlich der Stadt an der Panagi Tsaldari. Zum **Busbahnhof** sind es fünf Minuten zu Fuß Richtung Nord/Nordwest bis zur länglichen Plateia Irinis. Dort befinden sich auch die meisten Geldautomaten.

Explorer Net Store (☎25310 32535; Nikolaou Zoidi 52; pro Std. 2 €; ⏲24 Std.) Zentrales Internetcafé

Krankenhaus (☎25310 24601; Sismanoglou 45) Liegt 900 m südöstlich der Plateia Irinis

Polizei (☎25310 34444)

ℹ An- & Weiterreise

Bus

Von Komotinis **Busbahnhof** (☎25310 22912) fahren Busse nach Xanthi (5 €, 1 Std., 9-mal tgl.) und Alexandroupolis (5,70 €, 1 Std., 14.mal tgl.). Busverbindungen gibt es auch mit Thessaloniki (25,30 €, 2½ Std., 10-mal tgl.) und Athen (63 €, 8¾ Std., 1-mal tgl.).

Zug

Vom **Bahnhof** (☎25310 22650) gibt es Verbindungen von Orestiada und Alexandroupolis mit Xanthi, Thessaloniki und Athen.

ℹ Unterwegs vor Ort

Komotini ist weitläufig, aber gut zu Fuß zu erkunden. Es gibt **Taxis** (☎25310 37777), und **Evros Car Rental** (☎25310 32905; evroscar@hol.gr; Tountzas 1) vermietet Autos (ab 40 €) und Jeeps (60 €).

Alexandroupolis Αλεξανδρούπολη

49 176 EW.

Alexandroupolis ist Ostthrakiens größte und auch reizvollste Stadt. Die Hafenstadt bildet das Drehkreuz für Reisen in vier Richtungen und wimmelt von einem ständigen Strom an Besuchern, die aus der oder in die Türkei, nach Bulgarien, zu weiteren Orten Nordgriechenlands und im Sommer mit der Fähre nach Samothraki reisen. Alexandroupolis selbst hat zwei großartige Museen, einen hübschen, wenn auch etwas kitschigen Leuchtturm, einige gute Seafood-Restaurants und ein bisschen Nachtleben zu bieten.

Dank Frontex, einer EU-Agentur zum Schutz vor illegalen Einwanderern über die Türkei, herrscht in der Stadt (und in der Evros-Region) ein eigentümlich internationales Flair.

Sehenswertes & Aktivitäten

Ethnologisches Museum von Thrakien MUSEUM

(☎25510 36663; www.emthrace.com; 14 Maiou 63; Erw./Kind 3 €/frei; ⏲Di–Sa 10–14 & 18–21, So 10–14 Uhr) Das Museum in einer Villa von 1899 zeichnet gewissenhaft die Sitten und Gebräuche Thrakiens nach. Jeder Raum ist einem bestimmten Thema gewidmet, von traditionellen Kostümen und Musikinstrumenten bis zu Ölpressen, einer Färberei und Gerätschaften zur Süßigkeitenherstellung. Die Begleittexte erläutern u. a. auch, wie viele Seidenraupen zur Produktion von 25 g Seide benötigt und welche griechischen Süßigkeiten durch Werfen der Zutaten an die Wand hergestellt werden. Wer weiter durch Thrakien reisen will, erhält vom freundlichen Personal Tipps für die interessantesten Stätten. Im Hinterhof gibt es auch ein kleines Café.

Museum für Sakralkunst von Alexandroupolis MUSEUM

(☎25510 26359; Plateia Agiou Nikolaou; Erw./Kind 3 €/frei; ⏲Di–Fr 9–14, Sa 10–14 Uhr) Eine Ausstellung kostbarer Ikonen, von denen viele von Flüchtlingen aus Kleinasien und dem türkischen Thrakien mitgebracht wurden. Gezeigt werden auch frühe griechische Druckwerke.

Kathedrale Agios Nikolaos KIRCHE

(Plateia Agiou Nikolaou) Die Kathedrale neben dem Museum für Sakralkunst besitzt eine wundertätige Ikone der Panagia Trifotissa aus dem 13. Jahrhundert, die aus Aenos (Enez auf Türkisch) jenseits des Evros-Flusses stammt. Es heißt, dass Dorfbewohner, deren Augen vom Licht, das die Sonne auf den Salzmarschen um Aenos reflektiert, erblindet waren, durch Beten vor der Ikone wieder sehen konnten.

Demirali-Strand BADEN

In Alexandroupolis gibt es keine guten Bademöglichkeiten, dafür aber 4 km westlich am Demirali. An dem Sandstrand mit klarem Wasser liegt auch ein lokal berühmtes Restaurant, das Ai Giorgis (S. 335).

Schlafen

Hotel Bao Bab HOTEL €€

(☎25510 34823; an der Straße Alexandroupolis–Komotini; EZ/DZ/3BZ 50/60/70 €; P ❄ @) Das opulente Hotel am Meer, nur 1 km westlich der Stadt, hat große, komfortable Zimmer. Der flache Sandstrand eignet sich ganz gut zum Baden. Mit dem exzellenten Restaurant und der Lounge Bar ist es in der Gegend um Alexandroupolis das wohl beste Hotel für den Preis.

Hotel Marianna HOTEL €

(☎25510 81456; Fax 25510 81455; Malgaron 11; EZ/DZ 45/60 €) Das freundliche Hotel in der Innenstadt hat kleine, aber saubere und frisch duftende Zimmer und einen farbenfrohen Frühstücksraum. Die gastfreundlichen Besitzer Georgios Chrysochoidis und seine italienische Frau Patricia sprechen insgesamt sechs Sprachen: Englisch, Italienisch, Französisch, Spanisch, Deutsch und Griechisch.

Camping Alexandroupoli CAMPINGPLATZ €

(☎25510 26055; Leoforos Makris; Camping pro Erw./Zelt 5/4,50 €; P) Der große Campingplatz, 2 km westlich der Stadt, ist sauber, gut geführt und gut ausgestattet. Zu erreichen mit dem Stadtbus 7 ab der Plateia Eleftherias.

Hotel Alex HOTEL €

(☎25510 26302; Leoforos Dimokratias 294; EZ/DZ/3BZ 35/40/50 €; ❄) Das ordentliche Budgethotel an der Hauptstraße hat gute, wenn auch kleine Zimmer und den notwendigen Komfort. Die Zimmer zur Straße raus sind laut.

Essen

LP TIPP **Psarotaverna tis Kyra Dimitras** MEERESFRÜCHTE €€

(☎25510 34434; Ecke Kountourioti & Dikastiriou; Fisch 6–11 €) Die ehrwürdige alte Kyra Dimitra schmeißt noch immer den Laden in dem Fischrestaurant, das seit 1915 in Familienbesitz ist. Zur Wahl steht der Tagesfang, der vorne auf Eis präsentiert wird. *Tsipoura* (Seebrasse) ist lecker und kostet nur 20 € pro Kilo. Als appetitlicher Mittagsimbiss eignet sich ein Teller mit kleinen knusprigen Fischen. Im Sommer überrascht die liebenswürdige Kyra manchmal mit einem Teller Wassermelone gratis.

Ai Giorgis TAVERNE €

(☎25510 71777; Demirali-Strand; Fisch 7–10 €; ⏲10–1 Uhr) Die Strandtaverne mit glatten Holzböden und Kerzen auf den Tischen, liegt am Demirali-Strand, 4 km westlich des Stadtzentrums, und ist bei den Einheimischen sehr beliebt. Alles schmeckt gut,

Alexandroupolis

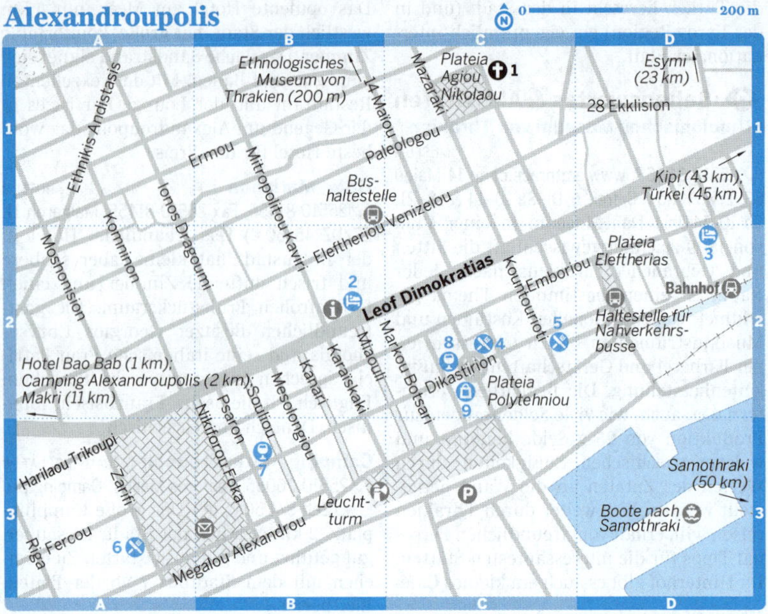

Alexandroupolis

Sehenswertes
1 Kathedrale Agios Nikolaos C1
Museum für Sakralkunst .... (siehe 1)

Schlafen
2 Hotel Alex B2
3 Hotel Marianna D2

Essen
4 Nea Klimataria C2
5 Psarotaverna tis Kyra Dimitras C2
6 To Nisiotiko A3

Ausgehen
7 Ginger Oil B3
8 La Sera C2

Shoppen
9 Myrsini C2

von den verschiedenen Salaten und den leckeren gefüllten Champignons bis zu den Fischgerichten.

Nea Klimataria TAVERNE €

(☎25510 26288; Plateia Polytehniou; Hauptgerichte 5–8 €) Das unverwüstliche, beliebte Lokal am Platz stellt zwar keinerlei Rekorde auf, aber es serviert leckere und ordentliche Gerichte, feines Brathuhn und große Salate.

To Nisiotiko MEERESFRÜCHTE €€

(☎25510 20990; Zarifi 1; Fisch 8–14 €) Die Fischtaverne befindet sich am Meer im Westen der Stadt. Das Lokal hat mit der bunten Einrichtung Atmosphäre, aber auch gepfefferte Preise.

Ausgehen

Welche Nachtbars in Alexandroupolis gerade angesagt sind, das wechselt je nach Laune der Studenten. In der Leoforos Dimokratias gibt es trendige Bars, am Meeresufer reichlich Cafés.

Ginger Oil BAR

(☎69777 83524; Ecke Dikastirion & Souliou, Alexandroupolis; ⌚12–3 Uhr) Das Ginger Oil ist eine schummrige Bar ohne Sitzplätze, wo es zu 30 verschiedenen Biersorten Rock-Oldies aus den 1960er- und 1970er-Jahren gibt.

La Sera CAFÉ

(☎25510 38765; Plateia Polytehniou; ⌚10–3 Uhr) Lichtquelle in der schnieken Bar nahe dem Meer sind kleine rote Kerzen. Zu den Gästen zählen Studenten ebenso wie ältere Semester.

Shoppen

Myrsini KUNSTHANDWERK

(www.silkyhouse.gr; Plateia Polytehniou) Der Familienbetrieb verkauft originale Seidenprodukte aus Soufli, wie seidene Tischläufer (15–100 €), aufwendige Rohseidenschals (20 €) und riesige Bettüberwürfe mit byzantinischen doppelköpfigen Adlern und Blumenmotiven (807 €).

Praktische Informationen

Banken mit Geldautomaten gibt es in der Leoforos Dimokratias.

Hafenpolizei (☎25512 26468; Ecke Megalou Alexandrou & Markou Botsari)

Internet Station Meganet (☎25510 33639; Ecke Dikastirion & Psaron; pro Std. 2,40 €; ⌚24 Std.) Internetzugang

Kassapidis Exchange (☎25510 80910; Leoforos Dimokratias 209; ⌚Mo–Sa 8–21.30, So 10–14 Uhr) Wechselt 87 Währungen, auch solche für Balkanländer, und tätigt Geldüberweiseungen mit Western Union

Kommunale Touristeninformation (☎25510 64184; Leoforos Dimokratias 306; ⌚7.30–15 Uhr) Die hilfsbereiten Angestellten stellen Karten und Stadtpläne zur Verfügung und haben Informationen zu Unterkunft und Verkehrsmitteln.

Post (Ecke Nikiforou Foka & Megalou Alexandrou)

Touristenpolizei (☎25510 37424; Karaïskaki 6)

An- & Weiterreise

Bus

INLAND Vom **Busbahnhof** (☎25510 26479; Eleftheriou Venizelou 36) in Alexandroupolis fahren häufige Busse auf der Nordostroute nach Feres (2,30 €, 30 Min.), Soufli (6 €, 1½ Std.), Didymotiho (8,60 €, 1½ Std.) und Orestiada (10,60 €, 2 Std.). Ein weiterer Bus fährt bis nach Kipi an der türkischen Grenze (3,90 €, 35 Min., 5-mal tgl.).

Busverbindungen gibt es auch nach Athen (63 €, 10 Std., 1-mal tgl.) und Thessaloniki (29 €, 3¾ Std., 9-mal tgl.). Die Busse nach Kavala (19 €, 2 Std., 14-mal tgl.) fahren über Komotini (6,30 €, 70 Min.) und Xanthi (10,60 €, 1¾ Std.).

INTERNATIONAL Ein OSE-Bus nach Istanbul fährt dienstags bis sonntags um 8.30 Uhr ab (15 €, 6 Std., 1-mal tgl.).

Flugzeug

Alexandroupolis Flughafen Dimokritos befindet sich 7 km östlich der Stadt bei Loutra. **Aegean Airlines** (☎25510 89150; www.aegeanair.com), die ein Büro im Flughafen betreiben, bedienen die Flugstrecke von/nach Athen (90 €, 55 Min., 2-mal tgl.).

> **WEITER GEHT'S!**
>
> Eine herunterladbare PDF-Datei des Bulgarien-Kapitels aus dem Lonely Planet Reiseführer *Eastern Europe* und des Kapitels Thrakien & Marmara aus dem Lonely Planet Reiseführer *Türkei* mit Tipps, Empfehlungen und Besprechungen kann auf www.shop.lonelyplanet.com gekauft werden.

Schiff/Fähre

Im Sommer fahren von Alexandroupolis Fähren nach Samothraki (14,50 €, 2 Std., 1-mal tgl.). Tickets gibt es im SAOS-Kiosk am Hafen oder von Reisebüros wie **Sever Travel** (☎25510 22555; sever1@otenet.gr; Megalou Alexandrou 24).

Zug

Der **Bahnhof** (☎25510 26395) verbindet Orestiada mit Athen über Komotini, Xanthi und Thessaloniki. Alle internationalen Züge waren zur Zeit der Recherche eingestellt. Zugverbindungen nach Bulgarien und die Türkei sollten vorher erkundet werden.

Unterwegs vor Ort

Nur für die Anfahrt zum Campingplatz oder zu den Stränden sind Bus oder Taxi nötig. Zum Flughafen geht's mit dem Bus Richtung Loutra ab der Plateia Eleftherias oder mit dem **Taxi** (☎25510 28358) für etwa 10 €.

Evros-Delta Δέλτα Εβρού

Das Evros-Delta (20 km südöstlich von Alexandroupolis) ist eines der bedeutendsten **Feuchtgebiete** Europas. Die 188 km² umfassen Küstenseen, Lagunen, Binnenflüsse, Sanddünen, Marschland und Schilfgürtel, eine Umwelt, die ideal für die Vogelwelt und somit auch für Vogelbeobachter ist. Über 330 Vogelarten sind hier zu sehen, darunter mehrere gefährdete Spezies. Zudem überwintern hier über 200 000 Wasserzugvögel.

Das **Besucherzentrum Evros-Delta** (☎/Fax 25510 61000; www.evros-delta.gr; Loutra; ⌚8–16 Uhr) organisiert Vogelbeobachtungstouren. Der westliche Abschnitt des Deltas steht immer offen, allerdings ist der motorisierte Verkehr in Küstennähe im Süden nur eingeschränkt möglich. Ein Besuch des faszinierendsten Teils des Deltas im Osten nahe der Türkei erfordert eine **Genehmigung** der griechischen Polizei und Armee.

Das Besucherzentrum kümmert sich kostenlos um die Genehmigungen: Besucher faxen oder mailen zwölf bis 14 Tage zuvor den vollen Namen (wie im Reisepass), die Passnummer und das Gültigkeitsdatum. Das Zentrum hat auch Karten und bietet geführte Touren (10 € pro Pers.) sowie Ausflüge mit Minibus und Boot um das Delta an.

Von Alexandroupolis bis Soufli Αλεξανδρούπολη προς Σουφλί

Zwei Strecken führen von Alexandroupolis nordwärts nach Didymoticho, die westliche und die Hauptstrecke im Osten entlang der türkischen Grenze. Die westliche Strecke geht durch beschauliche, abgeschiedene Dörfer, wie Esymi, Megalo Derio und Mikro Derio. Etwa 10 km westlich des letzteren Dorfs liegt **Roussa** mit den **thrakischen Megalithgräbern** aus dem 9. Jahrhundert v. Chr., die mit geheimnisvollen Felsbildern dekoriert sind.

Im Osten gibt es zwei Straßen; die „neue" führt direkt nach Norden, und die alte verläuft mit der Eisenbahnlinie und dem Evros an der türkischen Grenze entlang. Dieser Teil Thrakiens besteht aus sanftem Hügelland mit dem gelegentlichen Storchennest auf Telegrafenmasten und endlosen Weizen- und Sonnenblumenfeldern. Hier und da ist zwar ein Schild zu sehen, das Fotografieren verbietet, aber Ärger mit den Grenzsoldaten gibt es nicht.

Die folgenden Orte haben mit Alexandroupolis häufige Bus- und einige auch Zugverbindungen.

FERES ΦΕΡΕΣ

In **Feres**, an der Flussstraße 29 km nordöstlich von Alexandroupolis, steht Thrakiens eindrucksvollste byzantinische Kirche. Die **Panagia Kosmosotira** wurde 1152 vom byzantinischen Fürsten Isaac Komnenos als kleinere Version der prächtigen Agia Sofia in Konstantinopel gebaut und blieb wundersamerweise erhalten; sie ist ausgeschildert. In Feres gibt es auch eine kleine **Touristeninformation** (☎25550 24310).

TYCHERO ΤΥΧΕΡΟ

Das kleine **Tychero** hinter Feres mag zwar unscheinbar sein, hat aber die ungewöhnlichste Unterkunft der Region: das familienfreundliche **Thrassa Eco-Tourism Guesthouse** (☎25540 20080; www.thrassa.gr; EZ/DZ/Suite 45/65/95 €; P ❄ 📶 👪) an einem 800 m langen See mit großen, fröhlichen Zimmern und vielen Hängepflanzen und Ranken. Die nette Besitzerin Sofia Hajisavva (auch Tennislehrerin) organisiert Sportaktivitäten, Bootsfahrten und Ponyreiten für Kinder, die auch auf den Wiesen herumtollen und nach Enten, Fischen und Schildkröten Ausschau halten dürfen. Der einzige Nachteil sind die Moskitos, aber die Zimmer und Gebäude haben Fliegenfenster.

Wer mit einem der häufigen Nord-Süd-Busse über die Flussstraße hier ankommt, steigt an der Haltestelle Tycheros Gymnasio aus; die Pension liegt 200 m weiter gegenüber. Das Haus hat zwar ein Café, aber zum Essen ist das Dorf besser, in dem gleich drei Tavernen dicht beieinander liegen: **O Thomas** (☎25540 41259; Tcyhero Zentrum; Hauptgerichte 5–8 €) ist die bewährteste und liefert auch zum Thrassa.

WALDSCHUTZGEBIET DADIA ΔΑΣΟΣ ΤΗΣ ΔΑΔΙΑΣ

Weiter nördlich auf der Hauptstraße (30 km von Feres entfernt) führt ein Abzweig links über 7 km nach Westen zum Paradies der **Vogelbeobachter**: Das **Waldschutzgebiet Dadia** liegt an einer der zwei größten Vogelzugstrecken Europas; 36 der 38 bekannten und teilweise seltenen europäischen Raubvogelarten nisten hier. Zum Park gehören ein geschützter innerer Bereich (73 km²) und eine Pufferzone (352 km²). 1000 kg Fleisch werden wöchentlich an die Vögel verfüttert (meist Abfälle aus Schlachthöfen). Fast ebenso unterhaltsam wie die Beobachtung der Vögel (mit Fernrohren) beim Herumtollen mit ihrem Aas ist die Beobachtung der fanatischeren Vogelbeobachter, wenn sie sich streiten, welchen Vogel sie denn nun gerade sehen.

Es ist dort zwar immer etwas los, aber die beste Zeit ist im Mai, bevor der Vogelzug beginnt, oder im Juli, wenn Geierküken neugierig aus ihren Nestern hüpfen. Startpunkt vor Ort ist das **Ecotourist Centre** (☎25540 32209; www.ecoclub.com/dadia; ⏲Dez.–Jan. 10–16 Uhr, März–Mai & Sept.–Nov. 9–19 Uhr, Juni–Aug. 8.30–20.30 Uhr), in dem es zweisprachige (Griechisch und Englisch) Wandtafeln, einen Lehrfilm und einen Minibus zu einem wildwestartigen Unterstand (3 €) gibt. Er ist auch auf einem einstündigen Fußmarsch zu erreichen, und zwar über den Weg, der hin orange und zurück gelb markiert ist. Im Unterstand gibt es Ferngläser, Fernrohre und ein Stativ für Fotoenthusiasten. Wer noch mehr Infos wünscht, sollte versuchen, die umherschweifende Wissenschaftlerin der World Wildlife Foundation aufzuspüren, ihr Büro liegt neben dem Ecotourist Centre.

Übernachtungen sind im angrenzenden **Ecotourist Hostel of Dadia** (☎25540 32263; www.ecoclub.com/dadia; EZ/DZ/3BZ 30/43/50 €) möglich. Die einfachen, aber sauberen Zimmer mit Bad sind allesamt nach verschiedenem Wildvögeln benannt. Ein Café liegt nebenan. Zum Essen geht's 1 km zurück ins Dorf Dadia, wo eine traditionelle **Taverne** (☎25540 32481; Hauptgerichte 4–6 €) nahe der Kirche griechische Gerichte serviert.

SOUFLI ΣΟΥΦΛΙ

Soufli, 38 km nördlich von Alexandroupolis, ist für Seide berühmt. Dank der hier gedeihenden Maulbeerbäume, von denen sich die Seidenraupen ernähren, ist es seit der Zeit Alexanders des Großen ein Zentrum der Seidenproduktion. Die Industrie erlitt jedoch im vergangenen Jahrhundert mehrere Rückschläge. Die Gründung der modernen Türkei 1923 schnitt einige Bauern von ihrem einstigen Land ab, und in jüngerer Zeit wurden zahlreiche Maulbeerbäume der Kultivierung von Ackerland geopfert. Die Produktion geht zwar im kleineren Umfang weiter, aber es heißt, dass billige chinesische Importe als Soufli-Seide verkauft werden. Beim Kauf also unbedingt auf die Echtheit achten.

Souflis **Seidenmuseum** (☎25510 23700; Eleftheriou Venizelou 73) war zur Zeit der Recherche geschlossen, aber es wurden mehrere private Seidenmuseen/-läden eröffnet. Es gibt auch ein **Museum der Seidenkunst** (☎25540 22371; www.silkmuseum.gr; Vasilis Georgiou 199; ⏲9–20 Uhr) in einer restaurierten Villa mit Seidenproduktion und mit einem verlockenden Museumsladen. Die Ausstellung zeichnet die Geschichte der Seidenproduktion Souflis nach und wird von modernster Technologie, wie Filmen und interaktiven mehrsprachigen Audioführungen, ergänzt.

Das **Koukouli Inn** (☎25540 22400; Olorou 14; EZ/DZ inkl. Frühstück 45/55 €), dessen Gebäude im Jahr 1850 für die Aufbereitung der Seidenraupenkokons gebaut wurde, bietet atmosphärische Zimmer. Es liegt gegenüber dem Rathaus.

In Soufli stehen Geldautomaten und Serviceangebote zur Verfügung – und Griechenlands vermutlich kleinster traditioneller Busbahnhof.

Didymoticho Διδυμότειχο

8700 EW.

Im chaotischen Didymoticho, einem Militärstützpunkt gleich hinter Soufli, gibt es historisch bedeutsame Ruinen. Davon abgesehen ist es jedoch ziemlich verschlafen, aber nicht im Sinne von Übernachten, weswegen der Ort besser als Tagesausflug oder Durchgangsstation von Orestiada aus geeignet ist. Didymoticho hat Banken mit Geldautomaten, Apotheken und eine kleine, zentral gelegene **Touristeninformation** (☎25530 22222).

Der Name der Stadt leitet sich von ihrer einst großartigen Doppelmauer ab (*didymo* „doppelt", *tichos* „Mauer"), deren stolze Reste noch in der Oberstadt zu sehen sind. Didymoticho wurde Ende des 8. Jahrhunderts als Etappenfestung für Konstantinopel gebaut und entwickelte sich zu einer bedeutenden byzantinischen Stadt. Auch war sie der Geburtsort zahlreicher berühmter Personen. 1341 wurde hier der byzantinische Kaiser Johannes Kantakuzenos gekrönt. Als 1361 der türkische Sultan Murad I. die Stadt eroberte, wurde sie für kurze Zeit dessen Hauptstadt, bis sie 1365 von Adrianopel (das moderne Edirne in der Türkei) ersetzt wurde.

Unübersehbar auf Didymotichos *plateia* ist die große Moschee mit ihrem Pyramidendach, die von Murad geweiht und von seinem Sohn Bayezit 1368 vollendet wurde – daher auch der Name **Bayezits Moschee.** Sie war die erste Moschee Europas und auch die größte, die von den Osmanen in dieser Gegend je gebaut wurde. Übrig ist nur noch trostloser Verfall, das Minarett ohne Spitze, die Fenster zerschlagen und die Mauern eingestürzt.

Ein steiler Weg führt vom Platz an osmanischen Fachwerkhäusern entlang in die Oberstadt. In der Nähe der **Kirche Agios Athanasios** sind gut erhaltene Abschnitte der **byzantinischen Mauern** und merkwürdige, katakombenartige Bauten zu bestaunen.

Erfrischende Limonade ist im kultigen **Café Samantha** erhältlich, das auch einen eindrucksvollen Blick über die traditionellen Dächer Didymotichos bis hin zum Fluss bietet. Der nette alte Besitzer Leftheris zeigt gerne das Wappen des byzantinischen Adligen Tarchaniotis, das in der Mauer über dem Garten seines Cafés eingraviert ist.

An- & Weiterreise

Die Hauptstraße führt von Didymoticho bis zum 20 km entfernten Orestiada, der letzten größeren Stadt am Evros. Auf der alten Straße am Fluss entlang (oder mit dem Zug) sind es allerdings 35 km.

Busse verkehren regelmäßig zwischen Didymoticho und Orestiada (1,90 €, 20 Min., stündl.).

Orestiada Ορεστιάδα

25 000 EW.

Orestiada ist die größte Stadt jenseits von Alexandroupolis, mit ausreichend Läden, Unterhaltung und Serviceangeboten. Auch ist die Stadt eine gute Basis für Ausflüge nach Didymoticho, zu absolut untouristischen Dörfern und weiteren historischen Stätten sowie Ausgangspunkt für Reisen ins bulgarische Thrakien oder ins benachbarte Edirne in der Türkei. Nicht zu vergessen, dass Orestiada gleich südlich von dem Dorf Kastanies mit seinem populären Sommermusikfestival liegt.

Orestiada wurde 1923 während des griechisch-türkischen Bevölkerungsaustauschs erbaut. Anders als die meisten verarmten Flüchtlinge zogen es die respektablen Bewohner des neuen Orestiada jedoch vor, ihre Häuser auf der türkischen Seite gemeinsam zu verlassen und sich geordnet wieder niederzulassen. Wie in anderen Grenzstädten auch gibt es in Orestiada eine stramme Militärpräsenz. Allerdings sind uniformierte Soldaten weniger augenfällig als beschlipste Geschäftsleute, die hier mit der Armee ihr Geld verdienen.

Sehenswertes & Aktivitäten

Volkskundemuseum MUSEUM

(☎25520 28080; Agion Theodoron 103; www.musorest.gr; Eintritt 2 €; ⌚Di–So 10–13 & 19–21 Uhr) Das bescheidene Museum zeigt traditionelle thrakische Einrichtungsgegenstände und Trachten, alte Waffen und faszinierenderweise ein Fragment des originalen Vertrags von Lausanne, der den griechisch-türkischen Bevölkerungsaustausch festlegte.

Metropolitenkirche Agii Theodoros KIRCHE

(Ecke Konstantinopoleos & Orfeas) Der ungewöhnliche Backsteinbau westlich der *plateia* birgt einige hübsche Ikonen.

Cataract Water Park BADEN

(☎25520 28922) Die Anlage fast 3 km von Orestiada an der Straße nach Didymoticho bietet verschiedene Pools und Rutschen für sommerliche Erfrischung und die beliebte Disco **Mojito** – sowie eine ausgelassene neue *bouzoukia*.

Schlafen

LP TIPP **Hotel Elektra** HOTEL €

(☎25520 21110; www.hotelelectra.gr; Athanasiou Pantazidou 52; EZ/DZ 38/50 €; P ❄ 📶) Das helle Elektra ist eine freundliche und gepflegte Unterkunft der Kategorie B in einer restaurierten klassizistischen Villa. Die Ausstattung des Foyers mag zwar etwas unbeholfen erscheinen, aber angesichts der billigen Einzelzimmer unterm Dach (25 €) bietet das Hotel das beste Preis-Leistungs-Verhältnis Orestiadas. Die hilfsbereite Ismini Diamanti gibt Tipps zu Ausflügen.

Hotel Alexandros HOTEL €€

(☎25520 27000; Vasileos Konstantinou 10; EZ/DZ/3BZ 50/60/70 €; P ❄ @) Das Alexandros nahe dem Bahnhof ist schicker (und teurer) als das Elektra. Es hat geräumige Zimmer und recht große Balkone.

Essen & Ausgehen

Cafés gibt es reichlich in der Emmanouel Riga zwischen Konstantinopoleos und Athanasiou Pantazidou. Sie sind von frühmorgens bis Mitternacht oder länger geöffnet. Beliebt sind u. a. das **Café Café,** das **Bel Air** und das **Social.**

Taverna Petinos TAVERNE €

(☎25520 22071; Lohagou Diamandi 3; Hauptgerichte 4–7 €) Das Petinos bietet einfache Tavernenkost in einem freundlichen, gastlichen Ambiente.

Safran TAVERNE €

(☎25520 29088; Vasileos Konstantinou; Hauptgerichte 5–7 €) Das beliebte Safran, ein Stück weiter vom Hotel Elektra, serviert internationale Tavernengerichte.

Praktische Informationen

Banken mit Geldautomaten befinden sich rund um den Hauptplatz.

Hatzigiannis Tours (☎25520 25666; Ecke Konstantinoupoleos & Emmanouel Riga) Verkauft Flug-, Fähr- und Bahntickets.

Post (☎25520 22435; Athanasiou Pantazidou)

Web (☎25520 25012; Athanasiou Pantazidou 64; pro Std. 2 €; ⏲24 Std.) Internetzugang.

Anreise & Unterwegs vor Ort

Von Orestiadas **Busbahnhof** (☎25520 22550) fahren Busse nach Didymoticho (1,90 €, 20 Min., stündl.), von denen viele weiter nach Alexandroupolis (10,60 €, 1¼ Std.) fahren. Wer nach Komotini, Xanthi und Thessaloniki will, muss in Alexandroupolis umsteigen.

Busverbindungen gibt es auch Richtung Norden nach Dikea (5,70 €, 45 Min., 4-mal tgl.) und nach Ormenio an der bulgarischen Grenze (5,50 €, 40 Min., 2-mal tgl.). Auch nach Kastanies an der türkischen Grenze fahren Busse (1,80 €, 20 Min., 6-mal tgl.).

Der **Bahnhof** (☎25520 22328) verbindet thrakische Städte mit Thessaloniki und Athen. Internationale Zugverbindungen sollten vorher gecheckt werden, da zur Zeit der Recherche alle eingestellt waren.

Rund um Orestiada

Etwa 18 km südöstlich an der alten Straße parallel zum Evros und zur Bahnlinie steht erhaben auf einem steilen Felsen die **byzantinische Burg Pythio.** Die Burg oberhalb des **Dorfs Pythio** mit seinen ansehnlichen, traditionell thrakischen Ziegel- und Holzhäusern bietet einen eindrucksvollen Blick über die thrakische Ebene und die dunkle Uferbewaldung am Fluss. Gebaut wurde die Burg 1347 vom byzantinischen Kaiser Johannes Kantakuzenos während einer turbulenten Epoche von Bürgerkriegen und türkischen Invasionen; sie ist das am besten erhaltene Beispiel byzantinischer Festungsbauten in Thrakien. Da die Renovierungsarbeiten andauern, kann sie noch geschlossen sein. Aber selbst wenn ein Zugang nicht möglich ist, kann ihre Erhabenheit doch aus der Nähe bewundert werden.

Wer auf Fasan, Wildbret oder Wildschwein Appetit hat, kann sich ins ländliche **Pendalofos,** 35 km nordwestlich von Orestiada begeben. Das dortige Wildrestaurant **Evrothirama** (☎25560 61202; Hauptgerichte 7–10 €) ist aber nur am Wochenende geöffnet und liegt ziemlich ab vom Schuss. Telefonische Reservierung ist daher ratsam; Ismini vom Hotel Elektra in Orestiada ist gerne behilflich, auch bei Ausflügen im westlichen Evros.

Einer dieser Ausflüge führt westwärts durch Valtos nach **Mikri Doxipara,** wo neuere Ausgrabungen eines römischen Grabs aus dem 1. Jahrhundert n. Chr. fünf Bestattungswagen samt Pferden und Geschirr freigelegt haben. Von hier geht's Richtung Norden weiter nach Pendalofos zum Essen und dann nach **Petrota,** dem letzten Dorf in der Nordwestecke vor der bulgarischen Grenze, mit Weingärten und traditionellen Steinhäusern. Die Straße setzt sich nach Osten entlang der Grenze über Ormenio und Dikea fort und führt dann nach Süden zurück nach Orestiada.

Bei Kastanies, etwa 19 km nördlich von Oerestiada, findet jeden Juli das **Ardas River Festival** (☎25520 81140; www.ardas.gr) statt, zu dem mehrere tausend junge Menschen strömen. Auf dem Festival treten griechische Spitzensänger, türkische und bulgarische Gruppen und griechische und ausländische DJs auf. Außer Musik werden auch Volleyball, Minifußball, Motocrossrennen, Theateraufführungen und Ausflüge zum Wasserpark geboten.

Kastanies ist auch Griechenlands nördlichster türkischer Grenzübergang. Das atmosphärische **Edirne** (Adrianoupolis auf Griechisch) liegt nur 9 km hinter der Grenze.

Die **Apiso Ranch** (☎69778 17820; Lepti; ⏲9–21 Uhr) im Dorf **Lepti,** 4 km von Orestiada, bietet Reitausflüge über die thrakische Ebene an.

EPIROS

Epiros (Ηπειρος) hat zweifellos die spektakulärsten Sehenswürdigkeiten Nordgriechenlands – eine Region, die (buchstäblich) atemberaubend ist. Das erhabene Pindos-Gebirge, das einen Großteil von Epiros ausmacht, hat für Jahrtausende Zivilisationen beschützt und Invasionen vereitelt. Quer durch das Gebirge schneidet sich die 12 km lange überwältigende Vikos-Schlucht – eine der tiefsten der Welt (900 m). Sie ist heute ein Nationalpark mit Laubwäldern, Wasserfällen und eiskalten Bergseen, und umgeben von ursprünglichen traditionellen Stein- und Schieferdörfern, den Zagorochoria.

Die Provinzhauptstadt Ioannina südlich des Gebirgszugs ist eine fröhliche studentische Stadt mit Geschichte und Flair an einem beschaulichen See mit einer Insel. Im Westen liegt das Ionische Meer mit einigen verlockenden Sandstränden und archäologischen Stätten. Ebenso wie den Ionischen Inseln vor der Küste haben Jahrhunderte venezianischer Herrschaft der Epiros-Küste ein italienisches Flair hinterlassen, besonders im kleinen Ferienort Parga. Fähren nach Italien legen in Igumenitsa ein Stück weiter nördlich ab.

Die Anreise nach Epiros kann schon ein Erlebnis für sich sein. Die Hauptstraße, ob nun von Kozani in Makedonien oder von Kalambaka in Thessalien, führt über das Pindos-Gebirge – außer wenn sie glatt mittendurch geht, nämlich durch die gewaltigen Tunnel, die für die Autobahn Egantia-Odos gebaut wurden, eine spektakuläre Meisterleistung moderner Technik, die jeden beeindruckt.

Geschichte

Mit dem Vordringen der dorischen Kultur nach Griechenland (1100–1000 v. Chr.) bildeten sich in Epiros drei griechischsprachige Stämme heraus: die Thesproten, die Chaonen und die Molossen. Die Molossen setzten sich durch und verheirateten ihre Prinzessin Olympias mit dem mächtigen makedonischen König Philipp II. Das jedoch führte zu Konflikten mit dem aufsteigenden Rom. Der Molossenkönig Pyrrhus (319–272 v. Chr.) schlug die Römer in der berühmten Schlacht von Ausculum, zahlte dafür jedoch einen hohen Preis und prägte damit den Begriff, der noch heute geläufig ist, den Pyrrhussieg.

Als sich das römische Reich 395 n. Chr. teilte, wurde Epiros zur westlichsten Provinz des byzantinischen (östlichen) Reichs. Nach der Einnahme Konstantinopels durch westliche Kreuzfahrer 1204 wurde sie zum wichtigen Bollwerk des Hellenismus. Byzantinische Adlige flohen nach Ioannina und in die Berge und gründeten einen einflussreichen byzantinischen Nachfolgestaat.

Trotz der teilweisen Erneuerung des byzantinischen Reichs setzten unabhängige Herrscher ihre Kämpfe fort. Im 14. Jahrhundert errang für kurze Zeit der serbische Kaiser Stefan Dušan die Herrschaft, aber 1430 übernahmen die Osmanen die Macht. Als sie 22 Jahre später in Konstantinopel einfielen, wiederholte sich die Geschichte: Einflussreiche Griechen flohen in die Berge von Epiros.

Die Türken gestanden Epiros zwar erhebliche Autonomie zu, aber das reichte Ali Pascha nicht. 1778 machten die Türken den albanischen Herrscher zum Pascha von Ioannina. Der extravagante Ali hatte jedoch ehrgeizigere Ambitionen und nahm auch noch einen Großteil Albaniens und Westgriechenlands ein, wurde aber 1822 von osmanischen Soldaten getötet. Dennoch hatte Ali Pascha die Türken beständig in Atem gehalten und abgelenkt und somit 1821 ungewollt den griechischen Revolutionären geholfen.

Epiros war heftig in die Balkankriege von 1912/13 verwickelt und musste schließlich ein Stück des nördlichen Gebiets an den neu gegründeten albanischen Staat abtreten. Mussolinis Invasion in Griechenland von 1940 wurde in Epiros aufgehalten, das auch zur Hochburg des kommunistischen Widerstands gegen die brutale Nazi-Besatzung wurde. Die Kommunisten wurden jedoch danach im griechischen Bürgerkrieg (1944–49) geschlagen und mussten fliehen.

Metsovo Μέτσοβο

3195 EW. / 1156 M Ü. D. M.

Das idyllische Metsovo, südlich des großartigen Katara-Passes gelegen, klammert sich auf 1156 m Höhe an einen Berghang. In den Wintermonaten fallen hier die Skifahrer ein und im Sommer Ausflügler, die der Hitze im Tiefland entkommen wollen. Das Dorf ist besonders bekannt für seine traditionellen Bauten, seinen Käse und die gastfreundlichen Einheimischen – überwiegend Vlachi (Walachen), Abkömmlinge eines nomadisches Schafhirtenvolks, das Aromunisch spricht, das wiederum lateinische Wurzeln hat. Die Walachen, so glauben manche, stammen von römischen Soldaten ab, die zur Bewachung der Bergpässe abkommandiert waren.

Metsovos Reichtum, der an den Kirchen und restaurierten Steinvillen erkennbar ist, zeugt von der einzigartigen Geschichte des Dorfs: Unter den Osmanen erhielten die gewitzten Hirten Metsovos weitreichende Privilegien als Gegenleistung für die Bewachung des Katara-Passes (1705 m), dem einzigen Weg über das Pindos-Gebirge. Im Jahr 1795 jedoch hob Ali Pascha die Privilegien auf, und 1854 verursachten osmanische Soldaten erhebliche Schäden im Dorf.

Epiros

Gleichwohl hatten die Einheimischen mit Handel, Gewerbe und andere Tätigkeiten abseits der Schafszucht Erfolg. Die Lokalgrößen Georgios Averof (1815–99) und besonders Mihail Tositsas (1885–1950) spendeten riesige Summen zum Wiederaufbau von Metsovo in alter Pracht.

Heute konzentrieren die Einwohner ihre charakteristische Gewitztheit auf den Tourismus. Sie bauen alte Villen und Steinhäuschen in Hotels um und eröffnen putzige Touristenlädchen, wodurch das Dorf ein bisschen gekünstelt wirkt. Die frische Bergluft und die majestätische Lage sind jedoch zweifellos reizvoll, und die Outdooraktivitäten für jede Jahreszeit halten mit Sicherheit auf Trab.

Sehenswertes & Aktivitäten

Volkskundemuseum MUSEUM

(☎26560 41084; Erw./Stud. 3/2 €; ⌚Fr–Mi 9–13.30 & 16–18 Uhr) Das Volkskundemuseum von Metsovo befindet sich in der Villa Tositsas. Mit den handgefertigten Möbeln, Artefakten und Utensilien wird ein typischer Haushalt der Oberschicht Metsovos im 19. Jahrhundert nachgebildet. Die Führungen starten alle halbe Stunde.

Galerie Averof KUNSTGALERIE
(☎26560 41210; Erw./Stud. 3/2 €; ⏲Mi–Mo 10–18.30 Uhr) Die von Georgios Averofs Kindern finanzierte Galerie zeigt Werke von griechischen Malern und Bildhauern aus dem 19. und 20. Jahrhundert Am hinteren Ende der *plateia* links halten, dann ist die Galerie auf der rechten Seite.

Moni Agiou Nikolaou KLOSTER
(⏲8.30–13.30 & 16–18 Uhr) Das Kloster aus dem 14. Jahrhundert in einer Schlucht unterhalb von Metsovo birgt postbyzantinische Fresken und eine wunderschöne handgeschnitzte Ikonostase. Es ist ab der Westseite des Platzes ausgeschildert (30 Min. zu Fuß).

Skizentrum SKIFAHREN
(☎26560 41211; ⏲9.30a–15.45 Uhr) Das Skizentrum von Metsovo liegt von Kalambaka kommend rechts (nördlich) der Fernstraße kurz vor dem Abzweig nach Metsovo. Das Zentrum verfügt über einen Skilift mit 82 Sitzen, zwei Abfahrtspisten und eine 5 km lange Skilanglaufpiste sowie eine deftige Taverne. Skiverleih gibt es in Metsovo.

Schlafen

Hotel Asteri HOTEL €
(☎26560 42222; www.asterimetsovo.com; EZ/DZ 40/50 €) Das große Haus liegt unübersehbar im oberen Dorf und hat 40 fröhliche Zimmer, einige mit Kamin. Hinzu kommen ein gutes Restaurant und ein gemütliches Foyer mit traditionellen Teppichen und tiefen Sofas, auf denen die entzückenden alten Besitzer mit den Gästen Kaffee trinken.

Hotel Bitouni HOTEL €€
(☎26560 41217; www.hotelbitouni.com; DZ/Suite 60/80 €; P @) Das familienbetriebene Bitouni hat mit seiner Sauna, traditionellen Einbauten und holzgeschnitzten Couchtischen etwas von einer Skihütte. Es gibt 24 Doppelzimmer und sieben Suiten, zwei davon mit Whirlpool.

Hotel Egnatia HOTEL €€
(☎26560 41900; Tositsa 19; DZ/Studios mit Frühstück 60/80 €) Das renovierte Egnatia bietet Doppelzimmer und geräumige Studios mit schönen Badezimmern. Typisch für das Hotel sind das Holzinventar und die freundlichen, kenntnisreichen Besitzer, die Tipps zu Outdooraktivitäten geben. Der Blick auf die Berge ist super. Das Hotel liegt rechts in der Hauptstraße Richtung zentralem Platz.

Filoxenia Domatia DOMATIA €
(☎26560 41332; jsp@hol.gr; EZ/DZ 35/50 €) Das Filoxenia ist eine gute Budgetunterkunft und hat saubere, komfortable Zimmer und schöne Aussichten. Es liegt hinter dem zentralen Park nahe der Kunstgalerie.

Victoria Hotel HOTEL €€
(☎26560 41771; www.victoriahotel.gr; DZ ab 60 €; ▣) Das gastliche und freundliche Victoria hat 37 Zimmer mit allem modernen Komfort, in einigen auch Whirlpool und Kamin. Das Restaurant serviert lokale Spezialitäten, und im Sommer steht draußen ein Pool zur Verfügung. Es liegt 900 m vor dem Zentrum.

Hotel Galaxias HOTEL €
(☎26560 41202; EZ/DZ 40/50 €) Das Galaxias ist das nächstgelegene Hotel zur Bushaltestelle und vermietet große, traditionell eingerichtete Zimer (manche mit Kamin). Das gleichnamige Restaurant befindet sich ebenfalls hier.

Essen

To Koutouki tou Nikola TAVERNE €€
(☎26560 41732; Hauptgerichte 7–10 €) Das wunderbare, von einer Familie betriebene Restaurant gleich unterhalb der Post tischt deftige traditionelle Gerichte auf, von *pites* (Pasteten) bis zu traditionellem Lammbraten und *gida vrasti* (Ziegenfleischeintopf).

Tyrokomika Pigi FEINKOST €
(☎26560 42163; Varonou Mihail Tositsa 17; Käse 3–6 €) Der nette alte Dimitris Boumbas betreibt auf halbem Weg an der Hauptstraße dorfeinwärts seinen Käseladen. Zu den vielen lokalen Hartkäsespezialitäten gehört auch der *metsovona*.

Restaurant Galaxias TAVERNE €€
(☎26560 41202; Hauptgerichte 8–12 €) Das Hotel-Restaurant ist überraschend gut. Zu den Spezialitäten gehören Lauch mit Hackfleischbällchen oder scharfen Würsten, begleitet von einem lokalen Rotwein (Katoyi). Das rustikale Ambiente wird im Winter noch von einem prasselnden Kamin und im Sommer von einem efeubewachsenen Balkon betont.

Paradosiako TAVERNE €€
(Hauptgerichte 8–11 €) Das ebenfalls traditionelle Lokal gegenüber dem Hotel Bitouni serviert überwiegend Fleischgerichte. Es gibt aber auch gute *mezedhes* und vegetarische Speisen.

Praktische Informationen

Metsovo liegt 1 km unterhalb der Fernstraße Kalambaka–Ioannina. Die Hauptstraße führt zum zentralen Platz, wo auch der Bus hält. Die **Polizei** (☎26560 41233) befindet sich rechts gegenüber der Bushaltestelle. Banken mit Geldautomaten gibt es nahe der *plateia;* die Post liegt von dort rechts in der Hauptstraße.

An- & Weiterreise

Direktbusse fahren nach Ioannina (8,50 €, 1½ Std., 4-mal tgl.) und nach Trikala (13 €, 3½ Std., 2-mal tgl.). Wer nach Thessaloniki (25 €, 1½ Std.) möchte, muss an der Hauptstraße den Bus aus Ioannina heranwinken.

Ioannina Ιωάννινα

61 629 EW.

Das trendige Ioannina, Hauptstadt von Epiros und Tor zum Nationalpark Vikos-Aoös, ist ein quirliges Handels- und Kulturzentrum, in dem 20 000 Studenten dem Nachtleben Schwung verleihen. Ioannina liegt am beschaulichen (allerdings verschmutzten) Pamvotis-See mit Blick auf steile Berge. Zur idyllischen Lage gesellt sich noch eine atmosphärische Altstadt (das Kastro) mit engen Gassen und wunderbaren Bauten aus byzantinischer und osmanischer Zeit. Auch gibt es in der Stadt exzellente Restaurants, Bars und Cafés.

Geschichte

Ioannina wurde Anfang des 6. Jahrhunderts vom großen byzantinischen Kaiser Justinian gegründet und entwickelte sich zu einem bedeutenden Provinzposten für Handel und Kultur. Im Jahr 1082 wurde die Stadt jedoch von Normannen angegriffen. Die Feindseligkeiten erreichten im Jahr 1204 ihren Höhepunkt, als westeuropäische Kreuzfahrer Konstantinopel brandschatzten und das byzantinische Reich zerschlugen. Zahlreiche griechische Aristokraten flohen nach Epiros, wo sich ein bedeutender byzantinischer Nachfolgestaat unter dem Adligen Michael I. Komnenos Doukas bildete. Die Griechen behielten die Macht, bis Anfang des 14. Jahrhunderts die Serben eintrafen, kurzzeitig gefolgt von weiteren Westeuropäern und schließlich den Osmanen, die das Land 1430 eroberten.

Die Dinge standen für Ioannina unter den Osmanen jedoch nicht so schlecht, genoss die Stadt doch besondere Privilegien und wurde zum führenden Kultur- und Kunstzentrum. Bedeutende neue Schulen wurden gegründet, Handwerker schufen kunstvollen Silber- und Goldschmuck, und im 16. und 17. Jahrhundert florierte die „Epiros-Schule" der Sakralmalerei.

Als Ende des 18. Jahrhunderts die osmanische Macht zu schwinden begann, nutzten schlaue Opportunisten, wie der albanische Machthaber Ali Pascha (1741–1822), ihre Chance. 1789 machte der moralisch verkommene, aber dennoch charismatische Ali Ioannina zur Hauptstadt seines persönlichen Reiches, das schließlich einen Großteil Albaniens und Westgriechenlands umfassen sollte. Trotz seiner Neigung zur Grausamkeit, die den Philhellenen Lord Byron anekelte, setzte Ali Recht und Ordnung durch, und Ioannina gedieh. Gleichwohl wurde der über 80-jährige Ali, der im Kloster Agios Pandeleimon auf der Insel (To Nisi) im Pamvotis-See festsaß, von einigen sehr zornigen Osmanen ermordet, die seinen abgeschlagenen Kopf in Istanbul zur Schau stellten.

Die osmanische Herrschaft fasste zwar wieder Fuß, doch während der Balkankriege 1912/13 nahm die griechische Armee Ioannina ein. Im Lauf der nächsten 30 Jahre änderte sich die ethnische Zusammensetzung der Stadt dramatisch. 1923 wurden mit dem angeordneten griechisch-türkischen Bevölkerungsaustausch muslimische Türken durch griechische Flüchtlinge aus Anatolien ersetzt, und 1943 deportierten die deutschen Besatzer die seit Jahrhunderten dort ansässige jüdische Bevölkerung in Konzentrationslager.

Sehenswertes

Its Kale BURG

(Innere Zitadelle; ⌚Di–So 8–17 & 20–22 Uhr) Die grandiose Zitadelle des Kastro erhebt sich auf einem langen Felsvorsprung mit Blick auf See und Berge. Hier befindet sich auch das **Grab des Ali Pascha** und die restaurierte **Fetiye Camii** (Siegesmoschee). Sie wurde 1611 nach einem fehlgeschlagenen griechischen Aufstand, der zur Vertreibung der Christen aus der Zitadelle führte, als Zeichen osmanischer Überlegenheit erbaut.

Byzantinisches Museum MUSEUM

(☎26510 25989; Its Kale; Eintritt 3 €; ⌚Di–So 8–17 Uhr) Das Museum neben der Zitadelle ist in zwei Gebäuden untergebracht, eines davon Ali Paschas ehemaliger Palast. Es zeigt frühchristliche und byzantinische

Ioannina

0 400 m

Kunst, Keramiken, Münzen und Silberwaren, postbyzantinische Ikonen und Manuskripte. Zu den Kostbarkeiten gehören auch alte gedruckte Bücher aus Venedig und kunstvolle Schmuckkästchen mit Cloisonné-Emaille. Begleittexte geben einen faszinierenden Überblick über Ioanninas Geschichte vom 4. bis 17. Jahrhundert

Kommunales Ethnografisches Museum MUSEUM
(☎26510 26356; Erw./Stud. 3/1,50 €; ⌚8–20 Uhr) In der Aslan-Aga-Moschee (1619) im Nordteil des Kastro sind lokale Trachten und historische Fotos sowie Tapisserien und Gebetsmäntel aus der **Synagoge** (Ioustinianou 16) der einst bedeutenden jüdischen Gemeinde Ioanninas ausgestellt.

Volkskundemuseum MUSEUM
(☎26510 23566; Mihail Angelou 42–44; Erw./Stud. 2/1 €; ⌚Di, Do & Fr 9–14, Mi & Sa 9–14 & 17.30–20 Uhr) Das Volkskundemuseum zeigt ähnliche Gegenstände wie das Ethnografische Museum, einschließlich Stickereien und Küchenutensilien.

Archäologisches Museum MUSEUM
(☎26510 33357; www.amio.gr; Plateia 25 Martiou 6; Eintritt 2 €, So frei; ⌚Di–So 8.30–15 Uhr) Das spitzenmäßige Museum wurde endlich nach jahrelanger Renovierung wieder eröffnet und birgt über 3000 Fundstücke aus ganz Epiros seit der Jungsteinzeit. Die berühmtesten Teile stammen von den Stätten in Dodoni, Vitsa und Efira. Jeden Monat gibt es auch aktuelle Wechselausstellungen.

Aktivitäten

Die gemächliche einstündige **Bootstour** (☎69444 70280; Tickets 5 €; ⌚Sommer tgl. 10–24 Uhr, Winter Sa & So) geht nahe dem Kai der Inselfähren los. Da Baden nicht ratsam ist, ist dies die beste Möglichkeit, den See zu erkunden.

Ioannina

Wer richtig wandern will, sollte sich eine Karte besorgen (Anavasi Mountain Editions; *Pindus-Zagori* 1:50 000), die für 8 € in den *periptera* (Straßenkiosken) oder im **Buchladen Papasotiriou** (☎26510 64000; Mihail Angelou 6) erhältlich ist, und sich dann nach den aktuellen Wanderbedingungen im EOT oder EOS (siehe S. 349) erkundigen.

Schlafen

In Perama, 10 Minuten mit dem Bus um den See, gibt es billige Zimmer. Die meisten Hotels in Ioannina liegen nahe der *plateia*. Es gibt aber auch gute und ruhigere Unterkünfte innerhalb des Kastro.

LP TIPP Dafni Traditional Hotel BOUTIQUEHOTEL €€
(☎26510 83560; www.hotelfilyra.gr; Ioustinianou 12; EZ/DZ 45/65 €; P ❄) Die außergewöhnliche, neue traditionelle Pension ist innen in die gewaltige Mauer des Kastro hineingebaut. Die Zimmer verbinden Traditionelles mit moderner Einrichtung, auch gibt es ein großes, schön gestaltetes Familienzimmer (90 €). Die Rezeption befindet sich im Filyra.

Filyra BOUTIQUEHOTEL €
(☎26510 83567; www.hotelfilyra.gr; Andronikou Paleologou 18; EZ/DZ 45/55 €; P ❄) Dieses blumengeschmückte Boutiquehotel in einer ruhigen Seitenstraße im Kastro vermietet fünf geräumige Selbstversorgersuiten. Die Besitzer sind freundlich und hilfsbereit.

Limnopoula Camping CAMPINGPLATZ €
(☎26510 25265; www.camping.gr/limnopoula; Kanari 10; Camping pro Erw./Zelt 8/4 €; P) Der luftige Campingplatz 2 km nordwestlich der Stadt hat schönen Einrichtungen, wie Küche und Waschsalon, sowie ein Restaurant in der Nähe. Allerdings sollte man auch hier nicht baden und auf jeden Fall ein Mückenschutzmittel benutzen. Geöffnet ist er von April bis Oktober.

Hotel Kastro HOTEL €€
(☎26510 22866; Andronikou Paleologou 57; EZ/DZ 75/90 €; P) Die restaurierte Kastro-Villa mit Blick auf Its Kale hat ein tolles Flair: antike Messingbetten, Buntglasfenster und ein stiller Hof schaffen eine Atmosphäre romantischer Abgeschiedenheit. Der Service ist freundlich und prompt. Zur Zeit der Recherche war es allerdings wegen Renovierung geschlossen, also vorher anfragen.

Olympic HOTEL €€€
(☎26510 22233; www.hotelolymp.gr; Melanidhis 2; EZ/DZ 90/110 €; P ❄ @) Ioanninas nobelstes Hotel muss im Voraus reserviert werden. Die Zimmer verfügen über jeden Komfort, es gibt eine Pianobar, großartigen Seeblick und sogar einen roten Teppich. Schade nur, dass es hier in der lauten zentralen Lage so wenig Ruhe und Tradition gibt.

Politeia HOTEL €€€
(☎26510 22235; www.etip.gr; Anexartisias 109; EZ/DZ/Suite mit Frühstück 65/75/90 €; P ❄ 📶) Das zentrale Haus um einen ruhigen Innenhof mit Café vermietet Studios

mit Kochnische und allem modernen Komfort. Die Zimmer sind geschmackvoll eingerichtet und in sanften Tönen gehalten.

Essen

Die meisten der guten Restaurants in Ioannina sind nur abends geöffnet.

LP TIPP Sirios GEHOBENE KÜCHE €€
(☎26510 77070; www.seirioskouzina.gr; Patriarhou Evangelidi 1; Hauptgerichte 8–12 €; ⌚12–23 Uhr) Die griechische Küche ist zwar oft leicht eintönig, aber das Essen im Sirios übertrifft alle Erwartungen. Die kreativen und absolut köstlichen Gerichte lassen einem das Wasser im Mund zusammenlaufen. Gegrillte Champignons in einer Öl- und Zitronensauce regen den Appetit an, ebenso das *yiaourtlou konstaninoupolitiko* (Wurst in einer würzigen griechischen Yoghurtsauce auf Pitta). Mjam!

Es Aei GEHOBENE KÜCHE €€
(☎26510 34571; Koundouriotou 50; Hauptgerichte 8–12 €) Das bei einheimischen und ausländischen Feinschmeckern beliebte Lokal bietet osmanisches Flair in einem ungewöhnlichen, glasüberdachten Hof. Zu den kreativen Gerichten gehören *mezedhes* aus Bioprodukten und Ioannina-Spezialitäten, wie gegrillte Schweinswürste.

1900 Café Restaurant GEHOBENE KÜCHE €€
(☎26510 33131; Neoptolemou 9; Hauptgerichte 10–15 €; ⌚Sept.–Juni abends) Wer romantische Absichten hat oder auch nur richtig gutes italienisches Essen genießen möchte, liegt mit diesem Lokal absolut richtig. Der leutselige Besitzer Miltos Miltiadis sorgt für ein herzliches Willkommen in der restaurierten, zweistöckigen Villa, die mit den üppig purpurrot gestrichenen Wänden, lateinamerikanischer Musik, abgenutzten Holzböden und sanfter Beleuchtung Stil in Höchstform verströmt. Alles ist gut, von den Penne mit Parmesan bis zu den Portobello-Pilzen in *mavrodafni*-Sauce (Dessertweinsauce).

Mystagogia TAVERNE €
(☎26510 34571; Koundouriotou 44; Hauptgerichte 6 €; ⌚abends) Das studentische Mystagogia ist nachts ein beliebtes *tsipouradhiko* (Bar, in der *tsipouro*, ein dem Ouzo ähnlicher Schnaps, und eine Art Tapas serviert werden), hat sättigende *mezedhes* und gute *keftedhes* (Fleischbällchen) im Angebot.

Stoa Louli GEHOBENE KÜCHE €€
(☎26510 71322; Anexartisias 78; Hauptgerichte 7–12 €) Das Stoa Louli hat seit der Erbauung 1875 schon manche Metamorphose hinter sich. Zuerst war es ein Gasthaus, dann ein Handelskontor jüdischer Lederkaufleute und sogar eine osmanische Bank. Das geschmackvoll ausgeleuchtete Lokal mit seinen prächtigen Frontbögen serviert verlockende griechische Traditionsgerichte mit modernem Touch.

Ausgehen & Unterhaltung

LP TIPP London PUB, BAR
(☎69488 40509; Anexertasias 180; ⌚ab 19.30 Uhr) Die nette neue Kneipe mit einem gemütlichen Innenraum und Marmorbar liegt versteckt im alten türkischen Viertel Ioanninas – aber abgesehen davon wirkt es wie ein englisches Pub. Der Chefbarkeeper Byron zapft vier britische Biersorten, und jeden Abend werden die guten alten Fish & Chips mit scharfer Sauce serviert.

Denouar BAR
(☎69847 66894; Anexertasias 40–42; ⌚19–4 Uhr) Wer sommerliche Freuden in relaxtem Ambiente und mit nicht-griechischer Musik sucht, sollte sich ins Denouar in einer versteckten, steingefliesten Fußgängerstraße begeben. Ein weiteres Verkaufsargument sind die Getränkepreise – die niedrigsten in Ioannina.

Xythourkeio BAR
(☎26510 35550; Anexertasias 144; ⌚20.30–3 Uhr) Der Neuling im Nachtleben Ioanninas ist in jeder Hinsicht groß – von den weitläufigen, zweistöckigen Räumlichkeiten mit historischer Einrichtung und Holzdekor bis zu der riesigen Bierauswahl und den gewaltigen, leckeren Cheeseburgern – die anderen internationalen Gerichte sind auch gut. Alles in allem ideal zum Relaxen und zum Ausgehen in Ioannina.

Presveia BAR
(Botschaft; ☎26510 26309; Karamanli 17) Die alteingesessene Studentenkneipe direkt gegenüber dem Eingang zur Altstadt hat um die 100 verschiedene Biere und gutes Kneipenessen. Zur Zeit der Recherche war es wegen Renovierung geschlossen, sollte aber bald wieder geöffnet sein.

Frontzou Politeia CAFÉ
(☎26510 21011; Lofos Agias Triadas; ⌚9–3 Uhr) Das lässige Café, 2 km den westlichen Hügel hoch, bietet einen spitzenmäßigen

Blick auf die Stadt, den See und die Berge. Auf den weichen, farbenfrohen Sofas trinken Gäste an warmen Sommermorgen ein kaltes Kaffegetränk oder einen Cocktail am Abend.

Ananta BAR
(☎26510 26261; Ecke Anexartisias & Stoa Labei) Schummrige Ecken und eine Bar unter einer Bogendecke aus nacktem Stein lassen das Ananta wie ein Franziskanerkloster wirken – allerdings eins, in dem Rockmusik und Alkohol für Schwung sorgen.

Café im byzantinischen Museum CAFÉ
(☎26510 64206; Its Kale; ⏲21–24 Uhr) Das stets volle Café mit Terrassentischen oberhalb des Its Kale bietet u. a. Kaffee, Waffeln mit Eis und andere Snacks.

Shoppen

LP TIPP **Zentrum für traditionelles Kunsthandwerk** KUNSTHANDWERK, SCHMUCK
(www.kepavi.gr; Arhiepiskopou Makariou 1; ⏲9.30–14.30 & 17.30–20.30 Uhr) Seit dem 17. Jahrhundert ist Ioannina für Silberschmiedekunst berühmt. Es gibt zwar unzählige Läden, aber eine Garantie für beste Qualität und Preise ist dieses Zentrum nahe dem See. Es besteht aus Kunsthandwerksstätten und einem großen Laden mit breitem Angebot, von preiswerten Ohrringen und Ketten (15 €) bis zu aufwendigen und teuren Speiseservices (2000 €). Selbst wer keinen Silberschmuck mag, kennt vermutlich jemanden, der ihn liebt – und hier sind die besten Stücke zu finden.

Praktische Informationen

Die größeren Banken und Geldautomaten gibt es an der Plateia Pyrrou und im südlichen Teil der Averof.

EOS (Griechischer Bergverein; ☎26510 22138; Despotatou Ipirou 2; ⏲Mo–Fr 19–21 Uhr)

EOT (☎26510 41142; Fax 26510 49139; Dodonis 39; ⏲Mo–Fr 7.30–14.30 Uhr) Allgemeine Informationen und aktuelle Hinweise zu Wanderungen in den Zagorochoria und der Vikos-Schlucht

On-Line (☎26510 72512; Pyrsinella 4; pro Std. 2 €; ⏲9–6 Uhr)

Post Georgiou Papandreou (Georgiou Papandreou); Octovriou (28 Oktovriou 3)

Touristenpolizei (☎26510 65938; 28 Oktovriou 11)

Universitätsklinik (☎26510 99111) Etwa 8 km südlich des Zentrums auf dem Universitätscampus

Web (☎26510 26813; Pyrsinella 21; pro Std. 2,30 €; ⏲24 Std.)

An- & Weiterreise

Bus

INLAND Vom **Busbahnhof** (☎26510 26286; Georgiou Papandreou) in Ioannina fahren Busse nach Igoumenitsa (9,80 €, 1¼ Std., 8-mal tgl.), Athen (39 €, 6½ Std., 9-mal tgl.), Konitsa (6,20 €, 1¼ Std., 7-mal tgl.), Thessaloniki (30 €, 3½ Std., 6-mal tgl.) und Metsovo (5,80 €, 1 Std., 4-mal tgl.). Im Sommer fährt auch ein Bus nach Parga (12 €, 1½ Std., 1-mal tgl.). Verbindungen gibt es auch nach Preveza (10,40 €, 2 Std., 6-mal tgl.) und Dodoni (2 €, 20 Min.).

INTERNATIONAL Von Ioannina fahren Busse nach Albanien bis zur Grenzstation Kakavia (6 €, 1 Std., 9-mal tgl.).

Flugzeug

Olympic Air (☎26510 26518; www.olympicair.com; Kendriki Plateia) fliegt zweimal täglich nach Athen (80 €), ebenso wie **Aegean Airlines** (☎26510 6444; Persinella 11). Der Flughafen liegt 5 km nordwestlich der Stadt.

Unterwegs vor Ort

Der Flughafen von Ioannina liegt 5 km nordwestlich an der Straße nach Perama, zu erreichen mit dem Bus 7 ab dem Uhrturm (alle 20 Min.).

Budget Rent a Car (☎/Fax 26510 43901; Dodonis 109) befindet sich am Flughafen, ebenso **Auto Union Car Rental** (☎/Fax 25610 67751; Dodonis 66), die gute Angebote haben.

Taxis (☎26510 46777) warten nahe der Plateia Pyrrou und am See.

Rund um Ioannina

KLOSTERINSEL ΝΗΣΙ

Ioanninas nächstgelegenes Ausflugsziel, die Insel (To Nisi), liegt direkt vor der Stadt inmitten des Pamvotis-Sees. Im weißen Dorf der Insel, das im 17. Jahrhundert von Flüchtlingen aus dem peloponnesischen Mani gebaut wurde, leben um die 300 Menschen (darunter vier Schulkinder). Daneben gibt es hier auch mehrere bedeutende Klöster, die mit ungewöhnlichen Fresken bemalt sind sowie ein paar gute Fischtavernen. Die alten, weiß verputzten Häuser haben hübsche Blumengärten und Fensterläden. Auch Silbergeschäfte sind hier zu finden.

Berühmt ist die Insel hauptsächlich als Schauplatz des letzten Akts der langen Geschichte von Ali Pascha, dem albanischen Machthaber, der Ioannina Ende des

18. und Anfang des 19. Jahrhunderts beherrschte. Alis wechselnde Loyalitäten und unverfrorene Brüskierung der osmanischen Vorherrschaft veranlassten 1822 den Sultan, den „Löwen von Ioannina" töten zu lassen. Dem alternden Ali Pascha wurde angeblich Vergebung gewährt, und er zog sich mit seiner Wache in das Inselkloster **Moni Pandeleimon** zurück – wo er in der Falle saß und von osmanischen Soldaten umgebracht wurde.

Das Loch in der Holzdiele, durch die sich die tödliche Kugel bohrte, ist noch immer im **Ali-Pascha-Museum** (Erw. 1 €; ⏲Sommer 8–22 Uhr, Winter 9–21 Uhr) in einem Gebäude im Kloster zu sehen. Es gibt dort eine schriftliche Schilderung der dramatischen Ereignisse der letzten Tage Alis (auf Englisch) sowie diverse persönliche Besitztümer und Radierungen des beleibten Paschas in aller Behäbigkeit, wie er fett und zufrieden, mit Vollbart, Wasserpfeife und mit seiner Gefährtin dasitzt. Zu erreichen ist es über den Weg von der Anlegestelle hügelaufwärts und dann die Hauptstraße links.

Das Kloster **Moni Filantropini** im Westteil der Insel wurde im 13. Jahrhundert von den Filantropini gebaut, einer führenden Familie aus Kontantinopel, die im Jahr 1204 vor den Kreuzfahrern geflohen war. Im Kloster gibt es Fresken aus dem 16. Jahrhundert, auf denen neben christlichen Gestalten die heidnischen griechischen Philosophen Platon, Aristoteles und Plutarch abgebildet sind. Das ausdrucksvolle Pathos dieser Gemälde, welches charakteristisch für die „Epiros-Schule" ist, hat reges Interesse bei Kunsthistorikern erweckt. Das Moni Filantropini diente auch unter osmanisch-muslimischer Herrschaft als „heimliche Schule" für Christen.

Das **Restaurant Kyra Vasiliki** (☎26510 81681; Hauptgerichte 6–8 €) unter einen gigantischen Platane am Fähranleger bietet eine große Auswahl an Grill- und ein paar Fischgerichten. Das **Propodes** (☎26510 81214; Fisch 4–6 €) am Weg zum Moni Pandeleïmona wirkt wie ein chinesischer Markt mit den großen Becken voller schlängelnder Aale, hüpfender Frösche und Krebsen, die auf den Kochtopf warten. Beide Restaurants sind gut, aber das Propodes hat ein relaxtes Ambiente unter einer Markise am Wasser; die fetten Karpfen sind hier zu empfehlen – ein gebratenes Filet kostet 6 €.

ℹ An- & Weiterreise

Der Fähranleger Ioanninas befindet sich unterhalb des Kastro. Boote zur Insel (1,30 €, 10 Min.) fahren in den Sommermonaten von 7 bis 23.30 Uhr, im Winter von 7 bis 22 Uhr. Im Sommer fahren sie alle 15 Minuten, im Winter nur stündlich.

PERAMA-HÖHLE ΣΠΗΛΑΙΟ ΠΕΡΑΜΑΤΟΣ

Die **Perama-Höhle** (☎26510 81521; www.spilaio-perama.gr, in Griechisch; Erw./Stud. 6/3 €; ⏲8–20 Uhr), nur 4 km vor Ioannina, ist eine der größten und eindrucksvollsten Höhlen Griechenlands und steckt voller weißer Stalaktiten. Entdeckt wurde sie 1940 von Einheimischen, die sich vor den Nazis verbargen. Später wurde sie von den Höhlenforschern Ioannis und Anna Petrohilos erforscht. Die gewaltige 1100 m lange Höhle hat über drei Stockwerke hinweg Kammern und Gänge. Eine Führung dauert eine Stunde.

Die Busse 8 und 16 ab dem Glockenturm in Ioannina fahren alle 20 Minuten nach Perama, 250 m südlich der Höhle.

MONI TSOUKAS ΜΟΝΗ ΤΣΟΥΚΑΣ

Das **Moni Tsoukas** (Elliniko; Eintritt frei; ⏲9–18 Uhr), 17 km südöstlich von Ioannina, ist ein ungewöhnliches Kloster auf einem steilen Felsen oberhalb der Arachthos-Schlucht. Der Name des Klosters stammt vom altslawischen Wort *chouka*, „Gipfel", und der Blick über Schlucht, Fluss und Berge ist wahrhaftig überwältigend. Das beeindruckende ummauerte Bauwerk wurde 1190 vom byzantinischen Kaiser Isaakios Angelos gebaut. Seine Glanzzeit erlebte es unter dem Despotat von Epiros, einem der wichtigen byzantinischen Nachfolgestaaten nach der westlichen Einnahme Konstantinopels 1204.

Die Kirche mit ihrer üppigen Ausstattung und den beeindruckenden Kunstwerken (die größte Bedeutung hat die Ikone der Panagia, die an jedem 8. September geehrt wird) ist oft von dünnen Kerzen umgeben – an Festtagen ist oft das gesamte Gebäude von diesen Bittgaben individueller Wünsche und Gebete „eingehüllt". Zwei Mönche leben zurzeit hier.

Autofahrer nehmen ab Ioannina die Straße nach Süden durch das Dorf Elliniko und fahren dann bergauf zum Klosterparkplatz (20 bis 30 Minuten Fahrzeit). Die Kosten für ein Taxi ab Ioannina belaufen sich auf um die 30 €.

DODONA ΔΩΔΩΝΗ

Das kolossale **Theater von Dodona** (☎26510 82287; Erw. 2 €; ⌚8–17 Uhr) aus dem 3. Jahrhundert v. Chr., 21 km südwestlich von Ioannina, ist die bedeutendste antike Stätte von Epiros. Hier wurde seit etwa 2000 v. Chr. eine Erdgöttin verehrt. Ihr Orakel soll das geachtetste Griechenlands gewesen sein, bevor das Orakel von Delphi im 6. Jahrhundert v. Chr. Vorrang erhielt. Im 13. Jahrhundert v. Chr. sprach hier Zeus durch die raschelnden Blätter einer heiligen Eiche zu seinen Anhängern. Um 500 v. Chr. wurde ein Zeustempel gebaut, von dem heute allerdings nur noch die Grundmauern und ein paar Säulen erhalten sind.

Unter König Pyrrhus wurde ein Theater errichtet, das heute restauriert ist. Im Juli findet dort das **Festival des Antiken Dramas** von Ioannina statt. An seiner Nordseite liegt die **Akropolis**, deren einst massive Mauern noch in Teilen erhalten sind. Die Fundamente des **Bouleuterion** (Haus des Stadtrats) und ein kleiner **Tempel der Aphrodite** befinden sich östlich des Theaters. In der Nähe stehen die spärlichen Reste des **Zeusheiligtums**, wo sich seine heilige Eiche und sein Orakel befanden.

ℹ An- & Weiterreise

Von Ioannina fahren täglich außer donnerstags und sonntags um 6.30 und 16.30 Uhr Busse hierher, die um 7.30 und 17.30 Uhr zurückkehren. Sonntags fährt ein Bus um 18 Uhr ab und kehrt um 18.45 Uhr zurück.

Ein Taxi von Ioannina kostet um 35 € hin & zurück, plus 3 € pro Stunde Wartezeit.

Die Zagorochoria Τα Ζαγοροχώρια

Zagorochoria wird eine Gruppe von 46 glücklicherweise erhaltenen Dörfchen genannt, ein Name, der sich aus der alten slawischen Bezeichnung *za Gora* (hinter dem Berg) und dem griechischen Wort für Dörfer (*choria*) ableitet. In diesen Dörfern tief im Pindos-Gebirge verbergen sich unerschöpfliche Legenden und umwerfend schöne Häuser, ob nun schlichte schiefergedeckte Häuschen aus Stein oder stattliche und befestigte Landhäuser aus den gleichen widerstandsfähigen Materialien. Die abgelegenen Dörfer waren einst durch Pfade und alte Steinbrücken miteinander verbunden. Die Brücken über Bäche und Täler gibt es zwar immer noch, aber die Wege sind heute asphaltierte Straßen.

Aufgrund von Emigration sind zwar einige Dörfer heute nahezu unbewohnt, aber das ist kein Grund zur Traurigkeit. Der Individual- und Umwelttourismus verhalf den verbliebenen gewitzten Bewohnern zu einigem Wohlstand: Sie wandelten die *archontika* (Villen) und kleineren traditionellen Häuser der Zagorochoria in wunderbare und einzigartige *xenones* (Pensionen) um. Deren zunehmende Popularität bei Griechen und ausländischen Touristen sorgte allerdings auch dafür, dass sie ziemlich teuer wurden.

Die faszinierende Geschichte der Zagorochoria ist eng mit der Zerschlagung von Byzanz im Jahr 1204 durch die westeuropäischen Kreuzfahrer und der türkischen Eroberung Konstantinopels von 1453 verbunden. In beiden Fällen flohen zahlreiche einflussreiche griechische Familien aus der Hauptstadt in die Berge von Epiros, wo griechische Kultur und Traditionen bewahrt werden konnten.

Unter osmanischer Herrschaft genossen die Zagorochoria als Gegenleistung für die Bewachung der Bergpässe auch Privilegien und Autonomie. Hinzu kamen Gelder und Geschenke aus der weit verzweigten Diaspora der Espiroten, die zum Unterhalt der Dörfer und ihrer großartigen Kirchen beitrugen. Die üppige Ausstattung dieser Kirchen lässt noch erahnen, wie die Gotteshäuser von Byzanz in ihrer Glanzzeit ausgesehen haben mögen.

NATIONALPARK VIKOS-AOÖS ΕΘΝΙΚΟΣ ΔΡΥΜΟΣ ΒΙΚΟΥ ΑΩΟΥ

Der Nationalpark Vikos-Aoös ist das buchstäbliche und symbolische Prachtstück der Zagorochoria, eine Landschaft voller unverdorbener Flüsse und Wälder, herrlicher Blumenwiesen und glitzernder Seen, in denen sich schroffe Berge und ein endloser blauer Himmel spiegeln. Fast ein Drittel der griechischen Pflanzenarten (einige endemisch) gedeiht hier, ebenso wie nur hier beheimatete Fische, auch Füchse und Gemsen, seltene Falken, Fischotter und Braunbären. Im Tymfi-Massiv, Teil des Pindos-Gebirges, gibt es mehrere schwindelerregende Gipfel, wie den **Trapezitsa** (2022 m), den **Astraka** (2436 m) und den **Gamila** (2497 m). Die 12 km lange Vikos-Schlucht zu ihren Füßen ist eine der tiefsten der Welt.

Die meisten Begegnungen unterwegs sind zwar andere Wanderer oder deren Gastgeber, aber hin und wieder kreuzen auch halbnomadische Vlachi- und Sarakatsani-Hirten den Weg, die im Sommer ihre Schafherden auf die Weiden bergauf und im Herbst zurück ins Tal treiben.

DILOFO & NEGADES
ΔΙΛΟΦΟ & ΝΕΓΑΔΕΣ

Das erste Zagorochoria-Dorf hinter Ioannina ist das entzückende **Dilofo,** 5,7 km nordöstlich von **Asprangeli** (insgesamt 32 km von Ioannina). Anders als die größeren und häufiger besuchten Dörfer erwachte das winzige Dilofo erst jüngst aus seinem Dämmerschlaf und blieb daher unberührt und unverändert. Das Gewirr aus schiefergedeckten Häusern an einem Berghang ist unglaublich idyllisch, auch gibt es von hier einen großartigen Blick über das Tal bis nach Koukouli.

Diese Aussicht ist auch teilweise der Grund für den Bau der sehr großen, 13,5 m hohen **Loumidi-Villa,** die links am Eingang des Dorfs zu sehen ist. Es heißt, dass eine junge Frau aus Koukouli nach ihrer Hochzeit mit einem Mann aus Dilofo solches Heimweh bekam, dass sie in ihr Dorf zurückkehren wollte. Der Vater des Bräutigams befahl daraufhin den Bau eines Hauses, das hoch genug sei, dass die Frau ihr Elternhaus jenseits des Tals sehen konnte – und so geschah es.

Auf Dilofos kleiner *plateia* stehen eine gewaltige, 400 Jahre alte Platane, ein Kartentelefon und eine Taverne. Es gibt nur wenige, allerdings wunderbare Unterkünfte, und die Lage ist zweifellos ruhig.

Die **Kirche Kimisis Theotokou** (Entschlafung der Jungfrau) im oberen Teil Dilofos besitzt eine filigrane holzgeschnitzte Ikonostase und hübsche Ikonen. Sie ist sonntags zum Gottesdienst geöffnet, andernfalls hat auch der Dorfarzt Giorgos Triandafilidis einen Schlüssel.

Es wissen zwar nur wenige, aber auch von Dilofo führt ein Wanderweg durch die Vikos-Schlucht (S. 354), er ist sogar noch länger als der ab Monodendri.

Ein hübscher Ausflug führt 13 km ostwärts nach **Negades,** ein Dorf aus Steinhäusern und mit wenig Tourismus. Die 20-minütige Fahrt bietet großartige Aussichten auf zierliche Steinbrücken über dicht bewaldete Täler und imposante Klippen.

Negades' eindrucksvolle **Kirche Agios Georgios** von 1792 ist üppig mit kostbaren Ikonen und einer vergoldeten handgeschnitzten Ikonostase ausgestattet. Die Wände sind über und über mit Fresken bemalt, darunter seltene Bilder der heidnischen Philosophen Aristoteles und Plutarch. Interessant ist auch der hintere Teil der Kirche, wo Frauen den Gottesdienst hinter einem Gitter beobachten mussten. Zu den bestechenden Fresken, offenbar zur moralischen Erbauung geschaffen, gehören auch Darstellungen von Judas, der von einem Seeungeheuer gefressen wird, und eines mageren Teufels, der augenscheinlich ein Ehepaar im Bett drangsaliert und schlägt, weil sie zu faul für den Kirchgang waren.

Da die Kirche nicht immer geöffnet ist, sollte der Besuch im Voraus mit Giorgos Kontaxis im EOT in Ioannina oder in seiner Pension in Dilofo, dem Archontiko Dilofo (S. 354), abgesprochen werden.

MONODENDRI, VITSA & ANO PEDINA
ΜΟΝΟΔΕΝΔΡΙ, ΒΙΤΣΑ & ΑΝΩ ΠΕΔΙΝΑ

Monodendri liegt 38 km nördlich von Ioannina und ist das Hauptdorf der Zagorochoria nahe der Vikos-Schlucht. Es ist direkt von der Straße Ioannina–Konitsa nahe Karyes ausgeschildert. Dank Wanderern, Touristen und Paaren auf Wochenendausflug ist Monodendri eines der meist besuchten Dörfer, aber immer noch einigermaßen beschaulich.

Das **Moni Agia Paraskevi** bietet einen tollen Blick auf die Schlucht. Der Legende nach soll der lokale Herrscher Mihalis Voevodas Therianos die Kirche 1413 als Dank für die Heilung seiner Tochter von einer schweren Krankheit gestiftet haben. Die Fresken der Kirche stammen teilweise aus dem 15. Jahrhundert. Eine zweite Kirche Monodendris, die Kreuzkuppelkirche **Agios Minas** nahe dem Platz, stammt aus dem frühen 17. Jahrhundert (auch einige der Fresken im Innenraum).

Vitsa südlich von Monodendri ist weniger besucht und hübscher. In byzantinischen Zeiten war es eine bedeutende Siedlung namens Vizitsini. Auch in Vitsa gibt es eine Kreuzkuppelkirche, die **Agios Nikolaos,** die zur gleichen Zeit wie die Agios Minas in Monodendri gebaut worden ist.

Höchst faszinierend ist die **antike Mosser-Siedlung** (9. bis 4. Jahrhundert v. Chr.) zwischen Monodendri und Vitsa. Das antike Epiros wurde von den Molossern und König Pyrrhus beherrscht. Teile der alten Häuser und Gräber der Stätte sind im archäologischen Museum in Ioannina untergebracht.

Die Zagorochoria

Von Vitsa geht es über 7,2 km westnordwestlich nach **Ano Pedina.** Es ist touristischer, aber eine gute Basis zur Erkundung der zentralen Zagorochoria.

VON ARISTI ZU DEN PAPINGO-DÖRFERN ΑΡΙΣΤΗ ΠΡΟΣ ΤΑ ΧΩΡΙΑ ΤΟΥ ΠΑΠΙΓΚΟΥ

Die Fahrt über die schwindelerregende, kurvige nördliche Straße nach **Megalo Papingo** und **Mikro Papingo** bietet atemberaubende Aussichten. Bei der Anfahrt von Vitsa oder Ano Pedina trifft die Nebenstraße auf die Hauptstraße aus Ioannina. Nach einem Stück Richtung Westen und durch **Kato Pedina** hindurch geht's weiter auf der Hauptstraße Richtung Norden, bis sich die Straße nach 4,1 km teilt; der Abzweig nach rechts führt nach Papingo.

In **Aristi,** dem letzten Dorf vor Papingo, steht das hübsche **Kloster Panagia Spiliotissa** (1665), eine schmalbogige Kirche voller Fresken neben einem Felsbrocken am Fluss Voidomatis. Den guten Taten des Klosters ist zu verdanken, dass in osmanischer Zeit in den Zagorochoria Schulen gebaut werden konnten.

Hinter Aristi führt die Asphaltstraße am Fluss entlang und eröffnet spektakulärere Aussichten. Die Fahrt bergauf über 15 dicht aufeinanderfolgende Haarnadelkurven bis zu dem Felsvorsprung mit den Papingo-Dörfern unter der gewaltigen Masse des Bergs Astraka ist ziemlich nervenaufreibend. Rechts gibt es einen spitzenmäßigen Blick auf die Vikos-Schlucht.

In Megalo (groß) Papingo stehen riesige Steinformationen, die „Türme". Das Dorf ist ziemlich touristisch, Mikro (klein) Papingo hingegen ist ruhiger. Im alten Schulhaus des Letzteren gibt es ein **WWF-Informationszentrum** (World Wide Fund for Nature; ⌚10.30–17.30 Uhr) mit einer exzellenten Ausstellung zur lokalen Tier- und Pflanzenwelt.

Um die Papingo-Dörfer befinden sich auch wunderbar erfrischende **Felsenteiche,** die sich prima für ein belebendes Bad nach einem heißen Wandertag eignen. Sie sind über einen 300 m langen Feldweg ab der Kurve in der Verbindungsstraße zwischen beiden Dörfern zu erreichen.

VIKOS-SCHLUCHT
ΧΑΡΑΔΡΑ ΤΟΥ ΒΙΚΟΥ

Die Zagorochoria werden von der 12 km langen, 900 m tiefen Vikos-Schlucht durchschnitten. Laut *Guinness Buch der Rekorde* ist sie die „tiefste Schlucht der Welt", allerdings wird das von Anhängern anderer Schluchten bezweifelt. So oder so ist die Vikos eine wahrhaft umwerfende Naturschönheit.

Die Schlucht beginnt im Süden nahe Monodendri und verläuft nordwärts bis zu den Papingo-Dörfern. Loswandern ist von beiden Enden möglich, aber wer zum Ausgangspunkt zurückkehren will, sollte vorher für den Rücktransport über die lange Straße sorgen.

EOT oder EOS (S. 349) in Ioannina stellen aktuelle Wetterberichte sowie Karten und weiteres Infomaterial zur Verfügung. Für die Wanderung von etwa 6½ Stunden sind Wasser, feste Wanderschuhe und Ausdauer nötig.

Von Monodendri aus geht's zunächst zum **Moni Agia Paraskevi** aus dem 15. Jahrhundert, das einen spektakulären Blick über die Schlucht bietet. Hier führt ein steiler, markierter Pfad bergab. Von dort ist es ein vierstündiger Marsch bis zum Ende der Schlucht, wo rechts ein Weg nach Mikro Papingo (2½ Std.) abzweigt. Das größere Megalo Papingo liegt 2 km weiter westlich, der Weg teilt sich jedoch am Fuß des Aufstiegs. Die **Klima-Quelle,** etwa auf halbem Weg durch die Schlucht, ist die einzige Wasserquelle.

Die Wanderung kann auch in **Vikos** südlich der Papingo-Dörfer beendet werden, wo der Besitzer des *kafeneio* am Platz für 40 € die Rückfahrt nach Monodendri anbietet, ein Taxi würde doppelt so viel kosten. Vikos liegt 5 km nordöstlich von Aristi und hat Unterkünfte und tolle Aussichten.

Einen hinreißenden Blick auf die Schlucht bietet der **Oxya-Aussichtspunkt** 5 km hinter Monodendri an einem guten Feldweg. An der gegenüberliegenden östlichen Seite gibt es vom **Beloi-Aussichtspunkt** ebenfalls einen umwerfenden Blick in den Abgrund. Er ist mit dem Auto nach 9 km auf einer kurvigen Straße zu erreichen oder über **Vradeto** ab dem ausgeschilderten Abzweig nahe Kapesovo und von dort 1,5 km zu Fuß auf einem markierten Wanderweg am Ende des Feldwegs; es geht auch mit dem Auto, ist aber holprig. Vradeto hat eine markante Lage auf gefurchten Kalksteinklippen. Der Beloi-Aussichtspunkt ist zu Fuß über eine schwindelerregende Steintreppe zu erreichen, die **Skala Vradetou.** Sie ist außerhalb von **Tsepelovo** ausgeschildert, das selbst eine geruhsame Basis für (Berg-)Wanderungen zu den nördlichen Sehenswürdigkeiten der Zagorochoria ist, wie dem Drakolimni (Drachensee). Es gibt dort ein Postamt, ein Kartentelefon und gute Unterkünfte und Restaurants.

Aktivitäten

Der Allroundanbieter **Compass Adventures** (☎26530 71770; 69788 45232; info@compassadventures.gr; Kato Pedina) in Kato Pedina organisiert Wanderungen, Skifahren und Mountainbiketouren im Pindos-Gebirge. Im Winter bietet Compass Skiunterricht und Variantenabfahrten auf jungfräulichem Schnee.

Das **Rafting Athletic Center** (☎26530 41888; 69420 15143; info@rafting-athletic-center.gr; Aristi) in Aristi bietet Wildwasser- und Kajakfahrten, Wandern und sogar Bogenschießen und Paintball.

Schlafen

Die Preise gehen beständig in die Höhe, obwohl es immer mehr Unterkünfte gibt. Billiger ist es im Frühjahr und Herbst.

LP TIPP **Arhontiko Dilofo** DOMATIA €€
(☎26530 22455, 69784 17715; www.dilofo.com; Dilofo; DZ mit Frühstück ab 65 €; P) Das 475 Jahre alte restaurierte Landhaus im beschaulichen Dilofo ist eine der schönsten Unterkünfte in den ganzen Zagorochoria. Es ist ideal für alle, die absolute Ruhe und Einklang mit der Natur suchen. Die Zimmer haben traditionelle Teppiche, Möbel und verschnörkelte Fensterläden, die, wenn sie geschlossen sind, das Gefühl vermitteln, sich in der Geborgenheit eines Schiffsbauchs zu befinden. Das Archontiko hat einen wunderbaren ummauerten Garten und malerische Aussichten über das Gewirr der Schieferdächer des Dorfs. Der freundliche und enorm kenntnisreiche Be-

sitzer Giorgos Kontaxis erzählt gerne von den Goldflöten, heimlichen Briefen und anderen jahrhundertealten Stücken, die er bei der Renovierung des Hauses entdeckt hatte, das seit 1633 bewohnt ist. Hier wird Griechisch, Englisch, Deutsch und Italienisch gesprochen.

Papaevangelou DOMATIA €€
(Giorgos' Haus; ☎26530 41135; www.hotelpapaevangelou.gr; Megalo Papingo; EZ/DZ/3BZ/Studio 60/75/90/110 €; P) Geboten werden schöne Steinzimmer, tolle Aussichten und ein herzhaftes hausgemachtes Frühstück, das in der rustikalen traditionellen Taverne/Bar serviert wird. Das Gebäude liegt rechts an der unbefestigten Straße, die am zentralen Platz links abzweigt.

To Arhontiko tis Aristis DOMATIA €€€
(☎26530 42210, 69456 76261; www.arhontiko-aristis.gr; Aristi; EZ/DZ/3BZ 100/120/140 €; P) Die Pension in Aristi aus massiven Steinen und mit schönen Holzböden bietet überwältigende Aussichten. Die Bäder sind sehr modern, auch gibt es weitere unerwartete moderne Annehmlichkeiten, wie Billardtische.

Porfyron DOMATIA €€
(☎26530 71579; Ano Pedina; EZ/DZ 55/70 €; P) Das rot gestrichene Porfyron, eine umgebaute Villa aus dem 19. Jahrhundert, hat beträchtlichen rustikalen Charme. Die Zimmer mit ihren zartfarbenen Wänden und klassischen holzverkleideten Decken sind mit antiken Möbeln eingerichtet. In den Erdgeschosszimmern führen Wendeltreppen zu den Badezimmern hinab. Die Besitzer Rita und Yannis haben gute Tipps zur Umgebung und sorgen auch gerne für Holz in den Zimmern mit Kamin.

Hotel Agriogido DOMATIA €€
(☎26530 42055, 69453 64484; georgio@papingo.gr; Megalo Papingo; EZ/DZ/3BZ mit Frühstück 60/80/100 €; P) Eine behagliche Unterkunft in einem restaurierten alten Zagoria-Wohnhaus. Es ist links am Eingang von Megalo Papingo zu finden.

Primula DOMATIA €€
(☎26530 71133; Ano Pedina; DZ ab 70 €; P) Das romantische Primula, ein restauriertes Landhaus aus dem 19. Jahrhundert im Zentrum Ano Pedinas, hat bezaubernde verschieden eingerichtete Zimmer. In einigen sind die Wände aus Stein, andere sind in melierten Pastelltönen gestrichen. Bauschige Vorhänge tragen zum Charme bei.

Mikri Arktos DOMATIA €€
(Kleiner Bär; ☎26530 81128; kittasth@otenet.gr; Tsepelovo; DZ ab 80 €; P) Diese gemütliche Unterkunft an der *plateia* von Tsepelovo ist nach dem Lieblingssternbild des Besitzers Thomas Kittas benannt, eines von vielen, das nachts am absolut klaren Berghimmel zu sehen ist. Es ist ein freundliches Haus, in dem Gäste im Schatten einer Platane dösen, die Spezialitäten in der hauseigenen Taverne probieren oder in den Kochnischen der einzigartigen und in lebhaften Farben gestrichenen Zimmer kochen können.

Arhontiko Zarkada PENSION €€
(☎26530 71305; www.monodendri.com; Monodendri; EZ/DZ 40/60 €; P) Die sauberen, gemütlichen Zimmer in dem hübschen alten Steinhaus haben Balkone mit Blick auf die Schlucht. Einige Zimmer haben auch Whirlpools, die geschundene Wanderer wieder gesundpflegen.

Xenonas Mikro Papingo 1700 PENSION €€
(☎26530 41179; Mikro Papingo; EZ/DZ 45/60 €; P) Das 1700 bietet fünf schön ausgestattete Zimmer. Eine wunderbare Unterkunft mit echtem Charakter.

Xenos Vikos PENSION €€
(☎26530 71370; Monodendri; DZ 50–70 €; P) Die zwanglose, aber muntere *xenonas* (Pension) nur 400 m von der Vikos-Schlucht neben dem Platz im unteren Dorf hat einen schattigen Hof fürs Frühstück sowie eine Gemeinschaftsküche und Lounge. Im Januar und Februar geschlossen.

Xenonas Dias PENSION €€
(☎26530 41257; www.diaspapigo.gr; Mikro Papingo; EZ/DZ 50/70 €; P) Die rustikale Pension mit zwölf Zimmern und einem leckeren Restaurant im ruhigen Mikro Papingo wird Einsamkeitssuchern gefallen.

Essen

Restaurant H Tsoumanis TAVERNE €
(☎26530 42170; www.tsoumanisnikos.gr; Vikos; Hauptgerichte 6–9 €) In der klassischen Taverne in Vikos nahe der Schlucht schlagen sich die Gäste u. a. mit Wildschwein, Ziege und anderen Bergviechern den Bauch voll. Oben werden auch nette Zimmer vermietet.

Spiros Tsoumanis TAVERNE €
(☎26530 12108; Megalo Papingo; Hauptgerichte 8–13 €) Das zünftige Grilllokal am Ende

der Megalo Papingo ist spezialisiert auf *pites* (Pasteten) und Lammbraten, *sti gastra* (Kichererbseneintopf) und gartenfrische *horta*-Salate (wildes Blattgemüse).

Edesma TAVERNE €
(☎26530 81088; Tsepelovo; pites 3–6 €) Mitten in Tsepelovo gibt es hier *pites* oder *mayirefta*.

O Dionysos TAVERNE €
(☎26530 71366; Monodendri; pites 5–6 €) Das Lokal in der Hauptstraße im oberen Monodendri verkauft leckere *fakopita* (Linsentaschen) und andere traditionelle epirotische *pites*.

Sopotseli TAVERNE €
(☎26530 22629; Dilofo; Hauptgerichte 5–7 €) Die gemütliche Taverne an Dilofos Dorfplatz serviert deftige Portionen Grillfleisch und frische Salate.

Ta Soudena TAVERNE €
(☎26530 71209; Ano Pedina; Hauptgerichte 5–8 €) Die gut besuchte Taverne am Eingang von Ano Pedina bietet griechische Gemüse-*mezedhes, pites* und Grillfleisch.

An- & Weiterreise

Von Ioannina fahren montags, mittwochs und freitags um 5.30 und 15.15 Uhr Busse nach Dilofo (3,80 €, 40 Min.) und bis nach Tsepelovo (4,40 €, 1½ Std.). Busverbindungen gibt es auch montags, mittwochs und freitags um 5 und 15 Uhr nach Megalo Papingo und Mikro Papingo (5,10 €, 2 Std.); der Bus am Mittwoch fährt im Sommer weiter nach Vikos (4,80 €, 1¾ Std.). Busse nach Monodendri (3,60 €, 1 Std.) fahren montags, mittwochs und freitags um 5 und 15 Uhr los. Alle Busse kehren sofort nach Ioannina zurück. An Wochenenden bleibt nur ein Taxi: Der Fahrpreis zwischen Ioannina und Monodendri liegt bei etwa 30 bis 45 €, ist aber verhandelbar.

Konitsa Κόνιτσα

2871 EW.

Konitsa ist wie ein Amphitheater an einen Berghang unter endlos blauem Himmel gebaut, ein lebhaftes Marktstädtchen, in dem sich reichlich markige Gestalten herumtreiben. Kajakfahrer, Wanderer und Flussabenteurer schlagen hier nachts ihre Zelte auf, und auch griechische Jäger nutzen Konitsa als eine Art Cowboylager. Der Ort liegt nur ein paar Kilometer südwestlich des Grenzübergangs Mertziani mit Albanien.

Konitsa liegt 64 km über die Nationalstraße nördlich von Ioannina; dahinter wendet sich die alte Straße nach Nordosten, eine großartige Strecke zwischen den Bergen Grammas und Smolikas bis nach Kastoria in Westmakedonien. Seit Fertigstellung der Autobahn Egnatia Odos wird die Straße jedoch kaum noch instandgehalten und kann besonders bei Nacht gefährlich sein.

Aktivitäten

Direkt außerhalb Konitsas beginnt ein hinreißender 4,5 km langer Wanderweg durch die Aoos-Schlucht bis zum **Moni Stomiou**, das im 15. Jahrhundert gegründet, aber im Jahr 1774 von seinem ursprünglichen Standort auf dem Berg Trapezitsa hierher verlegt wurde. Start ist am südlichen Eingang von Konitsa, wo die imposante **Konitsa-Brücke** den Fluss überspannt. Die 20 m hohe, 40 m lange einbogige Steinbrücke wurde 1870 von einem Handwerksmeister von dem Geld gebaut, das von den christlichen und muslimischen Bürgern der damals osmanischen Stadt gesammelt wurde.

Jenseits der Brücke geht's an einem ausgeschilderten Weg am türkisfarbenen Fluss entlang weiter. Das erste Drittel besteht aus einem befahrbaren Feldweg, der jedoch schon bald zu einem engen Pfad zwischen Fluss und steilem Ufer wird und dann langsam durch dichte Vegetation bergauf führt. Die letzten 1,5 km sind breiter, dafür aber sehr steil. Das Kloster ist nicht immer geöffnet; aber selbst wenn es geschlossen ist, lohnt sich die Wanderung allein schon für den wahnsinnigen Blick über die Aoos-Schlucht. Unterwegs gibt es Quellwasser.

Schlafen & Essen

To Dendro Guesthouse PENSION €
(☎26550 22055; DZ/3BZ 40/55 €; P) Yiannis Mourehidis ist ein schnauzbärtiger Mann in Lederkleidung, der sich „Johnny Dendro" nennt und seine Hecken mit einem Jagdmesser stutzt. Er ist seit über 30 Jahren eine Legende und vermietet saubere und komfortable Zimmer. Der charismatische Yiannis organisiert Ausflüge nach Albanien und Kajaktouren, er betreibt auch eine flotte Taverne. Zu erkennen ist sein Haus nach dem Ortseingang an der letzten Kurve vor dem Hauptplatz an der UN-artigen Beflaggung.

Konitsa Mountain Hotel HOTEL €€
(☎26550 29390; www.konitsahotel.gr; EZ/DZ/3BZ/Suite mit Frühstück 70/90/120/150 €; P ≋) Das spitzenmäßige Hotel hoch oben über dem Ort bietet geräumige Zimmer mit glattem Marmor, wunderschön gealterten Holzböden und natürlich einen atemberaubenden Bergblick. Einige Zimmer haben große Whirlpools und Kamin. Das Hotel hat auch eine Sauna, ein türkisches Bad und einen Fitnessraum. Die freundlichen Besitzer Babis und Georgia und ihr Englisch sprechender Sohn Apostolis geben Tipps zu lokalen Aktivitäten. Zu erreichen ist das Hotel über die Straße hinter dem Zentrum 2 km bergauf oder mit dem Taxi ab der *plateia* (etwa 2 €).

Kougias Hotel HOTEL €€
(☎26550 23830; www.kougias.gr; EZ/DZ 50/60 €) Das freundliche, wenn auch distanzierte Kougias direkt am Platz ist eine gute Wahl. Die Zimmer sind nett eingerichtet, und die im Dachgeschoss haben einen großartigen Blick. Ein Schlückchen wert ist der preisgekrönte Cabernet Sauvignon des Besitzers.

Grand Hotel Dendro HOTEL €€
(☎26550 29365; www.grandhoteldentro.gr; DZ/3BZ/Suite 60/75/100 €; P ❄) Das noblere Schwesterhotel des To Dendro Guesthouse vermietet Suiten unterm Dach mit Massageduschen, geräumigen Wohnzimmern und Kamin. Sanfte Beleuchtung und Farben vermitteln den Doppelzimmern einen Hauch Romantik. Exzellente griechische Hausmannskost wird im formellen Speiseraum serviert.

To Dendro Restaurant TAVERNE €
(☎26550 22055; Hauptgerichte 5–8 €) Griechische Jäger und erfahrene Reisende wissen, dass die Taverne von Yiannis Mourehidis die beste Adresse Konitsas für Wildschwein in Wein, Lammschmorbraten oder leckere Seeforelle ist. Bei einem entspannten Bierchen erzählt Yiannis gerne Geschichten über das Leben in der Wildnis Konitsas. Den köstlichen gegrillten Feta mit Chili und Tomaten sollte sich niemand entgehen lassen.

Praktische Informationen

Von Ioannina aus liegt Konitsa rechts der Nationalstraße und breitet sich von dort etwa 2 km den Hang hinauf aus. Am zentralen Platz gibt es Apotheken, eine Post und Banken mit Geldautomaten. Der Busbahnhof liegt von hier nur ein kurzes Stück zu Fuß bergab. Es gibt auch ein kleines Notfallkrankenhaus.

Infos für Touristen gibt es bei Yiannis Mourehidis in der Pension To Dendro, der seit über 30 Jahren die erste Anlaufstelle für Individualreisende in Konitsa ist.

An- & Weiterreise

Vom **Busbahnhof** (☎26550 22214) fahren Busse nach Ioannina (6,20 €, 2 Std., 7-mal tgl.); dort gibt es Anschluss zu anderen Zielorten.

Busse fahren zur albanischen Grenze bei Mertziani (1,60 €, 30 Min., 3-mal tgl.).

Preveza Πρέβεζα

17 724 EW.

Preveza ist ein kleiner Fischer- und Handelshafen auf einer Halbinsel zwischen dem Ionischen Meer und dem Ambrakischen Golf, zu dessen Reiz die Yachten im Hafen und die bunten Häuser in den engen Seitengassen beitragen. Doch trotz der kleinen Studentengemeinde und einiger griechischer Urlauber ist Preveza eher eine Durchgangsstation zu den nahen Badeorten und Zielort von Geschäftsreisenden. Es ist trotzdem eine attraktive Stadt mit freundlichen Einwohnern und lohnt einen Besuch zu einem geruhsamen Fischessen und für einen Bummel durch die alten Straßen.

Schlafen

Camping Kalamitsi CAMPINGPLATZ €
(☎26820 22192; www.campingkalamitsi.com; Kalamitsi; Camping pro Erw./Zelt 6,50/5 €; P ≋) Prevezas bester Campingplatz, 4 km über die Straße von Preveza nach Parga, hat 116 Rasenplätze mit reichlich Schatten, einen großen Pool, ein Restaurant, gute Serviceeinrichtungen und einen Grillplatz. Die Sonnenschirme am Strand sind umsonst.

Rooms O Kaihis PENSION €
(☎26820 24866; Parthenagogiou 7; EZ/DZ 20/30 €) Die neue Unterkunft über der Taverne gleichen Namens nahe dem Meer ist die beste Budgetunterkunft der Stadt mit einfachen, aber sauberen Zimmern.

Hotel Avra HOTEL €€
(☎26820 21230; www.hotelavra.net; Eleftheriou Venizelou 19; EZ/DZ 40/50 €; P ❄) Das Avra ist stolz auf seine Lage und hat saubere, geräumige Zimmer, ist aber nicht mehr das luxuriöseste Hotel der Stadt. Die Balkonzimmer zum Hafen raus haben eine

schöne Aussicht, sind aber auch laut. Der städtische Parkplatz gegenüber kann kostenlos benutzt werden.

Preveza City Hotel HOTEL €€
(☎26820 89500; www.masthotels.gr/prevezacity; Leofors Irinis 69; EZ/DZ 60/80 €; P ❄ 📶) Das Businesshotel in der lauten Leoforos Irinis hat Standardzimmer mit allem erwartungsgemäßen Komfort sowie ein gutes hauseigenes Restaurant. Der Service ist resolut, aber freundlich, und die Leute hier haben jede Menge Infos zu Aktivitäten in der Umgebung und verhelfen auch Freizeitkapitänen zu einem privaten Yachtliegeplatz.

Essen

O Kaihis MEERESFRÜCHTE €
(☎26820 24866; Parthenagogiou 7; Fisch 5–9 €) Die nette Fischtaverne in einer Seitenstraße nahe dem Wasser bereitet exzellente Fischgerichte und eher übliches Tavernenessen zu. Der freundliche Besitzer, der auch Zimmer im Rooms O Kaihis vermietet (siehe S. 357) hat auch gute Reisetipps.

Amvrosios MEERESFRÜCHTE €€
(☎26820 27192; Grigoriou tou Pemptou 9; Fisch 7–11 €) Eine weitere gute Fischtaverne mit Straßentischen in einer blumenreichen Seitenstraße am Ufer. Sie hat eine gute Auswahl an Fischgerichten und ist zur Mittagszeit stets gut besucht.

Praktische Informationen

Vom Busbahnhof 2 km nördlich des Zentrums führt die Hauptstraße Leoforos Irinis in die Stadt. In der Ethnikis Andistasis, ungefähr parallel zur Loeoforos Irinis und zwei Straßenzüge landeinwärts vom Meeresufer, gibt es Banken und Geldautomaten.

Der Autotunnel (3 €) unter dem Wasser, der Preveza mit Aktion im Süden verbindet, beginnt etwa 2,5 km westlich des Zentrums von Preveza. Zwischen beiden Orten verkehren keine Passagierfähren.

Netcafé Ascot (☎26820 27746; Balkou 6; pro Std. 3 €; ⏲9.30–2 Uhr) Internetzugang

Touristeninformation (☎26820 21078; www.preveza.gr; Balkou) gegenüber dem Netcafé Ascot

An- & Weiterreise

Bus

Vom **Busbahnhof** (☎26820 22213) fahren Busse nach Ioannina (10,40 €, 2 Std., 8-mal tgl.), Parga (7,10 €, 2 Std., 5-mal tgl.), Igoumenitsa (9,80 €, 2½ Std., 2-mal tgl.), Thessaloniki (39,50 €, 8 Std., 1-mal tgl.) und Athen (37,30 €, 6 Std., 5-mal tgl.).

Flugzeug

Von Preveza gibt es Flugverbindungen mit Athen (105 €, 1 Std., 5-mal wöchentl.). **Olympic Air** (☎26820 28343; www.olympicair.com; Leoforos Irinis 37) hat ein Büro hier. Der **Flughafen Preveza,** 7 km südlich der Stadt, wird auch manchmal Lefkada oder Aktion genannt. Olympic Air betreibt einen Flughafenbus (1,55 €); ein Taxi zum Flughafen kostet 10 €.

Nikopoli Νικόπολη

31 v. Chr. besiegte Octavian (später Kaiser Augustus) Marcus Antonius und Kleopatra in der Schlacht von Actium (das heutige Aktion). Aus diesem Anlass ließ er die **Nikopoli** (Siegesstadt; ☎26820 41336; Erw./Kind 2 €/frei; ⏲8.30–15 Uhr) bauen, die er mit Menschen aus den umgebenden Städten und Dörfern zwangsbesiedelte. Im 5. und 6. Jahrhundert n. Chr. wurde Nikopoli von Vandalen und Goten gebrandschatzt, aber vom byzantinischen Kaiser Justinian wieder aufgebaut. Im 11. Jahrhundert wurde es von den Bulgaren erneut überfallen und nie wieder aufgebaut.

Von den ursprünglichen **römischen Mauern** ist kaum noch etwas vorhanden, die **byzantinischen Mauern** und ein **Theater** hingegen sind besser erhalten. Reste eines **Arestempels,** eines **Poseidontempels,** eines **Aquädukts,** von **römischen Bädern** und eines **römischen Odeons** sind ebenfalls vorhanden. Die riesige Stätte erstreckt sich beidseitig der Straße zwischen Preveza und Arta; die Busse Preveza–Arta halten hier.

Das **Archäologische Museum** (☎26820 41336; Erw./Kind 4 €/frei; ⏲8.30–15 Uhr) der Stätte zeigt antike Stücke, weitere Funde sind im archäologischen Museum in Ioannina ausgestellt.

Parga Πάργα

2432 EW.

Der kleine Badeort Parga ist eigentlich ein hübsches altes Dorf mit weißen Häusern in verwinkelten, blumengeschmückten Gassen in einer schützenden Bucht, die von einer venezianischen Burg überragt wird. Beiderseits des Orts erstrecken sich lange Sandstrände, und in der Hochsaison wimmeln die Bars am Meeresufer von Griechen, Italienern und anderen Touristen. In der Nebensaison kommen viele nordeuropäische Pauschaltouristen. Es ist jedoch zu jeder Jahreszeit möglich, inmitten der engen Gassen und Kirchen von Parga Momente der Abgeschiedenheit und Ursprünglichkeit zu finden.

Parga gehörte einst zu Venedig und gleicht den ebenfalls italienisch beeinflussten Ionischen Inseln vor der Küste. Tatsächlich ist der Ort eine gute Basis für Ausflüge zu den beiden Inseln Paxi und Antipaxi sowie zum geheimnisvollen Nekromanteion Ephyras. Parga eignet sich mit den guten Stränden außerhalb und sogar einem hübschen direkt im Ort auch gut für Familien mit kleinen Kindern.

Sehenswertes

Venezianische Burg BURG

(To Kastro) Die Burg hoch auf einem Felsen steht am westlichen Rand Pargas und trennt die Stadt vom Valtos-Strand. Sie ist ein Zeugnis der 400-jährigen Vorherrschaft Venedigs in Epiros und bietet von ihren Wällen einen grandiosen Blick auf die Küste und den Ort. Im ehemaligen französischen Arsenal im restaurierten zentralen Bereich befindet sich ein **Café** (☎26840 31150; ⏲ab 11 Uhr). Da die Wälle teilweise nicht abgesichert sind, sollten kleine Kinder dort nicht herumrennen.

Aktivitäten

Besichtigungen des Nekromanteion Ephyras (42 €), Bootstouren auf dem Fluss Acherondas (25 €), Tagesausflüge nach Albanien oder nach Paxi und Antipaxi (20 €) können über die International Travel Services (S. 361), das Reisebüro gegenüber der Bushaltestelle, gebucht werden. Die ITS informiert auch über Bergwanderungen im Umland und organisiert sogar eintägige Anfängertauchkurse für 35 €.

Schlafen

Eine exzellente Unterkunftsvermittlung für jedes Budget sind die International Travel Services (S. 361) nahe der Bushaltestelle. Einfache Zimmer gibt es in der Gaki Zeri, einer engen Straße am Valtos-Strand.

LP TIPP **Acropol** HOTEL €€

(☎26840 31239; www.pargatravel.com; Agion Apostolon 4; EZ/DZ 60/90 €; ❄) Das kultivierte Acropol von 1884 verbirgt sich in den kleinen Gassen Pargas auf halbem Weg bergauf. Die zehn luxuriösen Zimmer haben extra breite Doppelbetten, Massageduschen und handgefertigte italienische Möbel. Einige der kleinen Balkone blicken auf das Kastro. Das Hotel ist im ganzen Ort ausgeschildert, also selbst wenn das verborgene Schmuckstück nicht zu sehen ist, ist es nicht zu verfehlen. Im Haus befindet sich auch das anspruchsvolle Restaurant Castello.

LP TIPP **Salvator Villas & Spa Hotel** HOTEL €€€

(☎26840 31833; www.salvator.gr; Kyperi; Deluxe-Apt./Ferienhäuser mit Frühstück 200/700 €; P❄📶🏊) Wenn Geld keine Rolle spielt, ist dieses luxuriöse neue Hotel an der Straße vor Parga mit großartigem Küstenblick und tollen Anlagen schwer zu schlagen. Jedes der Ferienhäuser hat zwei Schlafzimmer, Küche und eigenen Pool und Terrasse sowie diverse moderne Annehmlichkeiten. Das Wellnesszentrum bietet zahlreiche Massagen und Schönheitsbehandlungen an. Im Preis enthalten ist der Abholservice von und nach Ioannina.

Bella Vista Studios & Apartments APARTMENTS €€

(☎26840 3145, 26840 31833; www.bellavista.com.gr; Lihnos-Strand; Studio/Apt. 80/100 €; P❄📶🏊) Die hochmodernen Studios und Apartments oberhalb des Lihnos-Strands gruppieren sich unter Zitrusbäumen um einen einladenden Pool. Die 16 Zimmer und die Küchen sind gut ausgestattet und bieten zahllose Annehmlichkeiten. Die Apartments haben Platz für fünf Personen und alle oberen Zimmer große Balkone zum Strand und zu den Hügeln mit Olivenhainen. Der Strand ist nur fünf Minuten zu Fuß entfernt. Das Management bietet auch kräftige Rabatte auf den Wochenpreis von Mietwagen.

Enjoy Lihnos Beach Camping CAMPINGPLATZ €

(☎26840 31171; www.enjoy-lichnos.net; Lihnos-Strand; Camping pro Erw./Zelt 6/4 €, DZ 55 €; P) Der schattige Platz an einem sauberen Sandstrand hat einen Supermarkt und ein Restaurant; Studios werden ebenfalls vermietet. Der fröhliche Platz bietet organisierten Beachvolleyball und kostenlose Sonnenschirme. Gute Budgetunterkunft

Valtos Camping CAMPINGPLATZ €

(☎26840 31287; www.campingvaltos.com; Valtos-Strand; Camping pro Erw./Zelt 6,50/6 €; P) Der Campingplatz liegt inmitten von

Parga

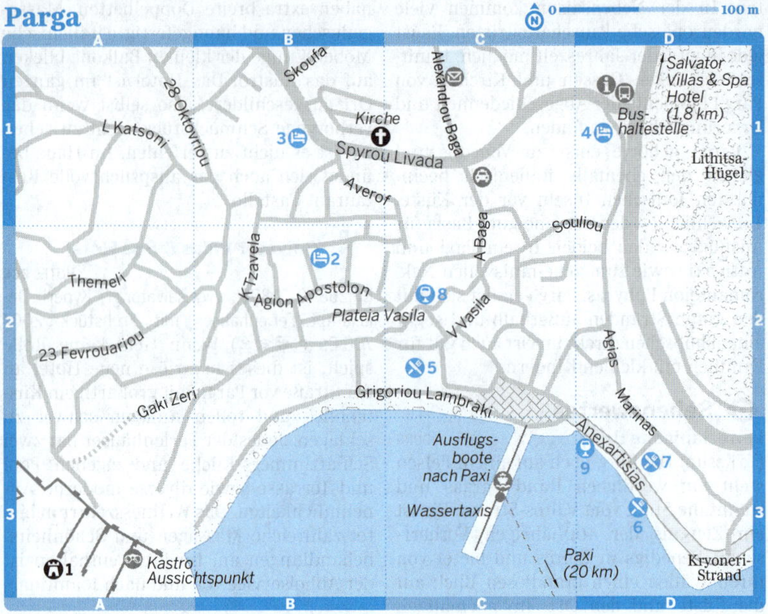

Orangenbäumen am Valtos-Strand, 2 km westlich von Parga. Er hat ein Restaurant und ein paar Bungalows mit Kochnische und Klimaanlage. Der 15-minütige Fußmarsch von Parga ist steil, der Weg kann aber auch mit dem Auto befahren werden.

Hotel Paradise HOTEL €€
(☎26840 31229; Spyrou Livada 23; EZ/DZ 60/75 €; ❄@≋) Das freundliche, zentrale Hotel hat einen hübschen Pool im Hof und unten eine Bar. Die Zimmer sind geräumig und sauber und haben allen Komfort. Europcar, ein Fahrradverleih und eine National Bank of Greece sind in der Nähe.

Utopia Studios APARTMENTS €€
(☎26840 31133; www.utopia.com.gr; Agiou Athanasiou; DZ/3BZ 70/90 €; ❄ᯤ) Die fünf großen Apartments mit Seeblick vermitteln ein beruhigendes und anheimelndes Flair. Die Holzmöbel sind elegant und die Balkone groß und entspannend. Manche Badezimmer haben große Massagewannen. Einen WLAN-Hotspot gibt es ebenfalls. Geöffnet von Mai bis Oktober.

San Nectarios Hotel HOTEL €€
(☎26840 31150; www.san-nectarios.gr; Agias Marinas 2; DZ/3BZ 70/90 €; ❄ᯤ) Das San Nectarios ist das erste Hotel am Ortseingang und bietet mit beneidenswerter Hügellage einen hinreißenden Blick auf den Ort, das Meer und die Burg. Die Zimmer sind sauber und haben allen Komfort.

Parga

Sehenswertes
1 Venetian Castle A3

Schlafen
2 Acropol B2
3 Hotel Paradise B1
4 San Nectarios Hotel D1

Essen
Castello Restaurant .... (see 2)
5 OArkoudas C2
6 Peradzada D3
7 Taverna to Souli D3

Ausgehen
8 Antico C2
9 Sugar Bar D3

Essen & Ausgehen

LP TIPP **O Arkoudas** MEERESFRÜCHTE €€
(☎26840 32553; Grigoriou Lambraki; Fisch 6–9 €) „Der Bär" – so der griechische Name – ist ein nettes Lokal am Ufer mit einer leckeren Auswahl an Fischgerichten.

LP TIPP Castello Restaurant
GEHOBENE KÜCHE €€

(☎26840 31833; www.castello-restaurant.com; Hotel Acropol, Agion Apostolon 4; Hauptgerichte 8–12 €) Im Castello wird eine kreative Fusion aus französischer, italienischer und griechischer Küche mit Stil zubereitet. Die Atmosphäre ist elegant und entspannt – wahrscheinlich der einzige Ort hier, an dem klassische Stücke von Miles Davis zum Essen gespielt werden, und bestimmt der einzige, wo der Weinkeller durch einen Glasboden hindurch zu sehen ist.

Taverna to Souli
TAVERNE €

(☎26840 31658; Anexartisias 45; *mezedhes* 4–6 €, Hauptgerichte 6–9 €) Das behagliche Lokal serviert tolle *mezedhes* mit Schwerpunkt auf lokale Leckereien wie *feta souli* (gegrillter Feta mit Tomaten und Kräutern). Lecker auch das *kleftiko* (geschmorter Lamm- oder Ziegenbraten) als sättigendes Hauptgericht.

Peradzada
TAVERNE €

(☎26840 31683; am Ufer; Hauptgerichte 5–10 €) Das neue Peradzada ist etwas authentischer als die meisten Restaurants am Meerufer. Spezialität sind deftige Portionen traditioneller griechischer Küche.

Sugar Bar
BAR

(www.sugarbar.gr; am Ufer; ⌚ab 10 Uhr) Das lässige Sugar mag sich zwar auf den ersten Blick nicht von den anderen Cafés am Ufer unterscheiden, aber es zeigt mit den 106 verschiedenen Cocktails Substanz und Stil. Die Gäste sind ebenso wie die Musik griechisch und international.

Antico
BAR

(☎26840 32713; Anexartasies 4; ⌚10–3 Uhr) Die gemütliche kleine Bar oben in einer Seitenstraße ist mit Gitarrenpostern gepflastert und rockt echt. Der nette Barkeeper steht zweifellos auf Rockklassiker aus den 70er- und 80er-Jahren mit gelegentlichen Abstechern in die 60er.

ℹ Praktische Informationen

Die Hauptstraße in Nord-Süd-Richtung von Preveza nach Igoumenitsa führt im oberen Teil durch Parga, wo der Bus im Ostteil der Stadt hält. Die Spyrou Livada führt hinunter zum Zentrum. Auch eine zweite Straße weiter westlich führt zum Zentrum und zum 2 km langen Valtos-Strand im Südwesten.

Es gibt in Parga mehrere Banken mit Geldautomaten sowie ein kleines Ärztehaus.

Dr. Spiros Radiotis (☎26840 32450; 69441 62261; Alexandrou Baga 1) steht 24 Stunden für Notfälle bereit; seine Praxis liegt neben der Emporiki Trapeza.

International Travel Services (ITS; ☎26840 31833; www.parga.net; Spyrou Livada 4) Die erfahrene und hilfsbereite Anlaufstelle am Dorfeingang nicht weit von der Bushaltestelle hilft bei der Unterkunftssuche, bucht Ausflüge ins Umland und Reisetickets, hat allgemeine Infos und verkauft sogar internationale Zeitungen und Zeitschriften. Ein Schalter der Budget Rent a Car befindet sich ebenfalls im ITS.

Parga.net (☎26840 32177; www.parga.net; Anexartisias 17; pro Std. 3 €; ⌚Mai–Okt. 8.30–13.30 & & 17.30–23.30 Uhr) Ein Internetcafé; nützliche Infos gibt es auch auf der Website des Parga.net selbst.

Polizei (☎26840 31222; Alexandrou Baga 18) Hier befindet sich auch die Touristenpolizei.

Post (Alexandrou Baga 18)

ℹ An- & Weiterreise

Auto

Mietwagen gibt es (ab 40 € pro Tag) bei **Europcar** (☎26840 32777; Spyrou Livada 19) oder bei Budget Rent a Car in der **ITS** (S. 361).

Bus

Vom **Busbahnhof** (☎26840 31218) fahren Busse nach Igoumenitsa (5,90 €, 1 Std., 5-mal tgl.), Preveza (7,10 €, 2 Std., 4-mal tgl.), Thessaloniki (45,70 €, 7 Std., 1-mal tgl.) und Athen (41,20 €, 7 Std., 3-mal tgl.).

Wassertaxi

Wassertaxis fahren zu den Stränden Voltos (4 €) von 9.30 bis 18 Uhr, Lihnos (7 €) von 11 bis 17 Uhr und Sarakiniko (8 €) von 10 bis 17 Uhr.

Nekromanteion Ephyras
Νεκρομαντείο της Αφύρας

Die alten Griechen fürchteten das **Nekromanteion Ephyras** (☎26840 41206; Erw/Kind. 2 €/frei; ⌚8.30–15 Uhr) als das Tor zum Hades, dem Reich des Gottes der Unterwelt. Für heutige Besucher ist es nur eine labyrinthische Ruine zum Abschluss einer herrlichen Bootsfahrt an der Küste entlang und den Fluss Acherondas hinauf.

In der Antike war das Nekromanteion ein Orakel: Pilger brachten hier Milch, Honig und das Blut von Opfertieren dar, um die Geister der Toten anzurufen. Die Reste des Bauwerks wurden erst 1958 entdeckt, gleichzeitig mit der Klosterruine **Agios Ioannis Prodromos** und einem **Friedhof**. In das gespenstische unterirdische Gewölbe wurden vermutlich damals Besucher mit einer Seilwinde hinabgelassen, in dem irrigen Glauben, dass sie den Hades beträten.

Reisebüros in Parga bieten Tagesausflüge zum Nekromanteion zum Preis von etwa 40 € an. Wer selbst fährt, nimmt die Straße südwärts nach Mesopotamo (19 km) bis zur Ausschilderung zum Nekromanteion. Von dort sind es noch 1 km zu den Ruinen.

Igoumenitsa Ηγουμενίτσα

9104 EW.

Igoumenitsa ist der letzte Ort im Nordwesten Griechenlands, eine geschäftige, nichtssagende Hafenstadt (von wo die Fähre nach Italien oder Korfu ablegt) 86 km von Ionannina entfernt. Die meisten Leute halten sich hier nicht länger auf. Wer es aber muss, findet im Ort ein paar nette Hotels und Restaurants. Die Unterkünfte haben sich zwar in den letzten paar Jahren verbessert, aber Igoumenitsa ist noch immer im Prinzip eine Durchgangsstadt.

Schlafen & Essen

LP TIPP Angelika Pallas Hotel HOTEL €€

(☎26650 26100; www.angelikapallas.gr; Agion Apostolon 145; EZ/DZ/3BZ mit Frühstück 55/70/90 €; ❄📶) Das schicke moderne Hotel direkt am zentralen Hafen nahe dem Fähranleger nach Korfu ist wohl das beste Haus im Ort. Es hat moderne Zimmer mit allem Komfort, auch barrierefreie. Im Haus befindet sich auch ein leckeres und farbenfrohes Restaurant.

Hotel Seleykos Palace HOTEL €€

(☎26650 27157; www.selefkos.gr; Nea Selefkia; EZ/DZ/3BZ mit Frühstück 60/70/80 €; P❄📶🏊) Wem es nichts ausmacht (oder wer es vorzieht), außerhalb der Stadt zu nächtigen, kann sich in diesem jüngst renovierten Haus im Viertel Nea Selefkia mit tollem Blick auf die Küste einquartieren. Das Hotel hat saubere, moderne Zimmer und pflegt ein gewisses Flair. Es gibt ein Restaurant, einen Dachgarten, Swimmingpool und Schönheitssalon.

Hotel Aktaion HOTEL €€

(☎/Fax 26650 22707; Agion Apostolon 17; EZ/DZ 40/50 €) Das Aktaion ist ein Hotel der Katregorie C am Wasser mit langweiligen, aber ruhigen Zimmern.

Jolly Hotel HOTEL €€

(☎26650 23971; jollyigm@otenet.gr; Ethnikis Andistasis 44; EZ/DZ mit Frühstück 55/65 €; @) Das Jolly ist ähnlich wie das Aktaion, hat aber einen besseren Service.

Alekos TAVERNE €

(☎26650 23708; Ethnikis Andistasis 84; Hauptgerichte 4,50–7 €) Die bescheidene Taverne Alekos serviert leckere *mayirefta* und Grillfleisch.

Praktische Informationen

In der Ethnikis Andistasis gibt es Geldwechsel- und Geldautomaten größerer Banken. Am neuen Hafen sind weitere Wechselstuben zu finden. Vor dem Anlegebereich des neuen Hafens befindet sich auch ein EOT-Kiosk.

Café Akadimia (☎26650 29233; Ethnikis Andistasis 80; pro Std. 2,50 €; ⏲8–2 Uhr) Internetzugang

Hafenpolizei (☎26650 22707) Neben dem Fährterminal im alten Hafen

Milano Travel (☎26650 23565; milantvl@otenet.gr; Agion Apostolon 11b)

Post (☎26650 22209; Tzavelenas 2) Etwa 800 m nördlich der Stadt

Touristenpolizei (☎26650 22222; Agion Apostolon 5) Die Touristen- und die reguläre Polizei befinden sich beide an der Hauptstraße nahe dem Hafen.

An- & Weiterreise

Bus

Der **Busbahnhof** (☎26650 22309; Arhillohou) liegt zwei Blocks hinter dem Anleger der Korfu-Fähre um die Ecke vom Angelika Pallas Hotel. Busse fahren nach Ioannina (9,80 €, 2 Std., 9-mal tgl.), Parga (5,90 €, 1 Std., 4-mal tgl.), Athen (44,5 €, 8 Std., 5-mal tgl.), Preveza (9,80 €, 2½ Std., 2-mal tgl.) und Thessaloniki (40,80 €, 8 Std., 1-mal tgl.). Außerhalb der Sommermonate fahren die Busse weniger häufig.

Schiff/Fähre

Igumenitsa ist ein wichtiger Fährhafen nach Piräus, Korfu und Italien und unerlässlich für Autofahrer zwischen Griechenland und Italien.

Die Fähren legen an drei benachbarten, aber unterschiedlichen Kais an der Ethnikis Andistasis ab. Die Fähren nach Ancona und Venedig (Italien) legen am neuen Südhafen ab, die nach Brindisi und Bari (Italien) vom alten Hafen am Schifffahrtsamt. Die Fähren nach Korfu (Kerkyra) und Paxi haben ihre Ablegestelle gleich nördlich des neuen Hafens.

INLAND Für die Fährverbindung nach Korfu gibt es eine **englischsprachige Auskunft** (☎26650 99460). Tickets verkaufen die Agenturen am

Hafen, oder man bekommt sie über die Büros oder Webseiten der Fährgesellschaften.

INTERNATIONAL Deckpassagiertickets für Fähren nach Italien sind meist vor Ort in Igumenitsa erhältlich. Autos und Kabinen sollten jedoch im Voraus gebucht werden. Passagiere sollten sich zwei Stunden vor Ablegen am Hafen einfinden und im Büro der Fähragentur die Bordkarte abholen. Auf bestimmten Strecken dürfen Passagiere in ihren Wohnmobilen „campen". Der Fahrzeugtransport nach Bari und Brindisi kostet ab 88 €, die längere Fahrt nach Ancona/Venedig um 160 €. Die Strecken werden von folgenden Fährgesellschaften befahren, die alle im Prinzip die gleichen Preise verlangen. Die Preise auf der Tabelle gelten für eine Kabine mit Dusche (Tickets fürs Deck sind billiger).

Agoudimos Lines (☎26650 21175; www.agoudimos-lines.com; Agion Apostolon 147)

ANEK Lines (☎26650 22104; www.anek.gr; Revis Travel Tourism & Shipping, Ethnikis Andistasis 34)

Endeavor Lines (☎26650 26833, 26650 26833; www.endeavor-lines.com/en/schedules; Eleni Pantazi General Tourism Agency, Ioniou Pelagous)

Minoan Lines (☎26650 22952; www.minoan.gr; Ethnikis Andistasis 58a)

Superfast Ferries (☎26650 29200; www.superfast.com; Pitoulis & Co Ltd, Agion Apostolon 147)

Ventouris Ferries (☎26650 23565; www.ventouris.gr; Milano Travel, Agion Apostolon 11b)

FÄHREN VON IGOUMENITSA NACH ITALIEN

ZIELORT	FAHRZEIT	PREIS	HÄUFIGKEIT
Ancona	14–15 Std.	190–220 €	3–4-mal tgl.
Bari	8½–10½ Std.	149–175 €	2–3-mal tgl.
Brindisi	6–9½ Std.	140–150 €	3–4-mal tgl.
Venedig	23 Std.	280–320 €	1–3-mal tgl.*

* außer mittwochs

Saronische Inseln

Inhalt »

Gut essen

- » Aspros Gatos (S. 373)
- » Akrogialia (S. 385)
- » Leonidas & Panagiota (S. 380)
- » Elia (S. 369)

Schön schlafen

- » Poseidonion Grand Hotel (S. 385)
- » Hydra Hotel (S. 377)
- » Rosy's Little Village (S. 372)
- » Hotel Miranda (S. 378)

Auf zu den Saronischen Inseln

Die Saronischen Inseln (Νησιά του Σαρωνικού) liegen vor der Küste Athens verstreut und bieten einen schnellen Einstieg in die griechische Inselwelt. Wie alle griechischen Inseln hat auch jede der Saronischen Inseln ihre eigene Kultur, antikes Erbe, Badeorte, exquisite Architektur und die Abgeschiedenheit des Insellebens.

Ägina ist der Standort eines dorischen Tempels und der Überreste eines byzantinischen Dorfes, während die nahe gelegene Angistri mit ihren Pinienwäldern außerhalb der hektischen Ferienmonate immer noch sehr geschützt und ruhig wirkt. Weiter südlich liegt Poros mit seinem bewaldeten Hinterland nur wenige hundert Meter vom Peloponnes entfernt. Das Prunkstück der Saronischen Inseln, Ydra, ist eine herrliche, autofreie Insel mit einem Ort aus sorgfältig restaurierten Steinhäusern, die sich über einem schicken, geschichtsträchtigen Hafen erheben. Die südlichste Insel ist das nach Pinien duftende Spetses, das ebenfalls auf eine lebhafte nautische Vergangenheit zurückblickt. Seine Städtchen sind hübsch anzusehen, dazu gibt es unzählige Höhlen am Wasser, und all das nur wenige Minuten vom Peloponnes entfernt.

Reisezeit

Ydra

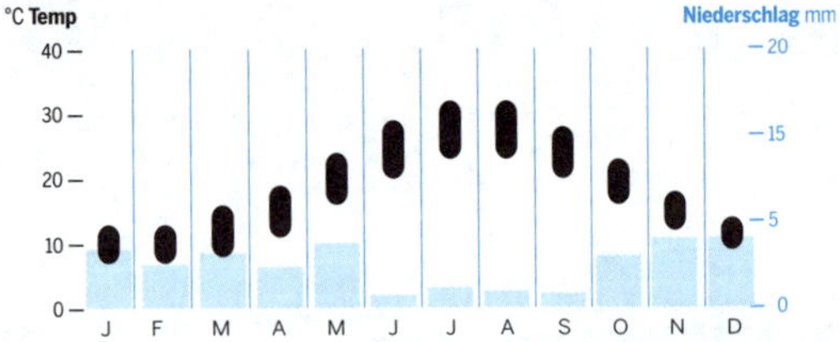

Mai Die Inseln erwachen aus dem Winterschlaf, es findet ein Osterfest voller Blumenpracht statt.

Juni Miaoulia in Ydra bei glitzerndem Wasser und warmem Wetter feiern

September Hochsaison der Inseln: klarer Himmel, erfrischendes Nass und kaum Rummel

Highlights

1. Den Kontrast zwischen dem prächtigen, angesagten Hafen von **Ydra** (S. 374) und den einsamen Wanderwegen und allgegenwärtigen Badefelsen der Insel erleben
2. Auf Ägina am **Aphaia-Tempel** und im byzantinischen **Paleochora** (S. 370) in die Antike eintauchen
3. Gourmetreise durch die Top-Restaurants von **Spetses-Stadt** (S. 385)
4. In der Nebensaison eine Auszeit auf dem verschlafenen **Angistri** (S. 371) nehmen, solange die Strände noch leer sind
5. Bei einer Rundfahrt auf Spetses seine **kleinen Buchten** (S. 383) entdecken
6. Reisen in die Vergangenheit in einigen der besten **kleinen Museen** Griechenlands auf Ydra (S. 376) und Spetses (S. 384) unternehmen
7. Das beschauliche Landesinnere von **Poros** (S. 372) erkunden

ÄGINA

14 500 EW.

Abseits ihres geschäftigen Hafens besitzt Ägina (Αίγινα) den verführerischen, unbeschwerten Charakter einer typischen griechischen Insel, jedoch mit dem Pluspunkt, dass ihr ein besonders großer Anteil an prestigeträchtigen antiken Stätten und Museen zugefallen ist. Wochenendurlauber aus Athen mischen sich unter die entspannten Einheimischen, dazu kommen Pendler, welche die Insel zu einem Athener Vorort machen. Zu den besonderen Kostbarkeiten von Ägina zählen eine besondere und sehr leckere Pistazie, der grandiose Aphaia-Tempel aus dem 5. Jahrhundert v. Chr. und die magischen byzantinischen Ruinen namens Paleochora.

Die Insel Ägina stellte im 7. Jahrhundert v. Chr. die führende Seemacht des Saronischen Golfs dar, als sie durch geschickten Handel und eine politische Vormachtstellung wohlhabend und mächtig wurde. Die Insel hat zudem einen wichtigen Beitrag zum Sieg der Griechen über die persische Flotte in der Schlacht von Salamis im Jahr 480 v. Chr. geleistet. Trotz dieser Solidarität mit dem Athener Staat fiel dieser im Jahr 459 v. Chr. aus Neid auf den Wohlstand und Status von Ägina und wegen ihrer Verbindung mit Sparta in Ägina ein. Ägina gelang es nie wieder, den Glanz früherer Tage zu erreichen, obwohl sie zu Beginn des 19. Jahrhunderts eine kühne Rolle bei der Vertreibung der Türken spielte und in den Jahren 1827 bis 1829 vorübergehend sogar die Hauptstadt des teilweise befreiten Griechenlands war.

ℹ An- & Weiterreise

Äginas Haupthafen, Ägina-Stadt, bietet Fährverbindungen, die von **Hellenic Seaways** (☎22970 22945), **Nova Ferries** (☎21041 26181) und **Agios Nektarios** betrieben werden, sowie Schnellverbindungen von **Hellenic Seaways** (☎22970 26777) und **Aegean Flying Dolphins** (☎22970 25800) nach/von Piräus und Angistri. Einige Fähren fahren weiter nach Methana (auf dem Peloponnes) und Poros. Die Fähren legen am großen äußeren Kai an, während die Tragflächenboote am kleineren inneren Kai festmachen.

Die kleineren Häfen auf Ägina, Agia Marina und Souvala, bieten nur in der Hochsaison Fährverbindungen (www.alexcruises.com) nach/von Piräus.

Es gibt keine direkten Fähren von Ägina und Angistri nach Ydra, Spetses, Ermione oder Porto Cheli. Reisende mit diesen Zielen müssen in Piräus oder Poros umsteigen.

Selbst im Winter sind die Schnellboote von Piräus am Wochenende komplett ausgebucht: daher lieber reservieren.

Eine lokale Fähre, **Angistri Express,** verkehrt in der Hochsaison mehrmals täglich zwischen Ägina und Skala, dem Haupthafen von Angistri (5 €, 20 Min.), und fährt dann weiter zum benachbarten Mylos (5,20 €, 25 Min.). Sie legt in der Mitte des Hafens von Ägina ab, und die Fahrpläne hängen dort aus.

Wassertaxis (☎22970 91387, 6972229720) nach Angistri kosten 45 € für die einfache Fahrt, egal wie viele Passagiere mitfahren.

FÄHRVERBINDUNGEN AB ÄGINA

REISEZIEL	HAFEN	DAUER	PREIS	HÄUFIGKEIT
Angistri (Skala)	Ägina-Stadt	20 Min.	2,50 €	1-mal tgl.
Angistri (Skala)*	Ägina-Stadt	10 Min.	5,50 €	6-mal tgl.
Methana	Ägina-Stadt	40 Min.	5,70 €	2–3-mal tgl.
Piräus	Ägina-Stadt	1 Std. 10 Min.	9,50 €	stündl.
Piräus*	Ägina-Stadt	40 Min.	13,50 €	stündl.
Piräus	Agia Marina	1 Std.	9,50 €	3–4-mal tgl.
Piräus	Souvala	1 Std. 35 Min.	9,50 €	3–4-mal tgl.
Poros	Ägina-Stadt	1 Std. 50 Min.	8,60 €	2–3-mal tgl.

*Schnellverbindungen

ℹ INFOS IM INTERNET

Das monatlich erscheinende *Saronic Magazine* (www.saronicmagazine.com), das auf allen Hauptinseln erhältlich ist, gibt einen ganz guten Überblick über das aktuelle Geschehen. Die Websites der einzelnen Inseln haben Links zu freien Ferienhäusern, die eher für größere Gruppen interessant sind. Hier sind einige hilfreiche regionale Internetauftritte:

» www.aeginagreece.com
» www.hydra.com.gr
» www.hydraislandgreece.com
» www.hydratimes.com
» www.hydraview.gr
» www.poros.com.gr
» www.spetses.wordpress.com/english
» www.spetsesdirect.com

Unterwegs vor Ort

AUTO, MOTORRAD & FAHRRAD Es gibt zahlreiche Auto- und Motorradvermietungen. Die Preise liegen bei etwa 20 € pro Tag für ein Auto und 15 € für eine 50-ccm-Maschine. Fahrräder kosten 8 € pro Tag.

Sklavenas Rent A Car Ägina-Stadt (☎22970 22892; Kazantzaki 5) an der Straße zum Apollon-Tempel, Agia Marina (☎22970 32871) vermietet Pkw, Jeeps, Roller, Quads und Mountainbikes.

Karagiannis Travel (☎22970 28780; Kanari 2, Ägina-Stadt)

BUS Es fahren regelmäßig Busse von Ägina-Stadt rund um die Insel. Die Fahrpläne hängen außen am Fahrkartenbüro an der Plateia Ethnegersias aus. Dort werden auch die Fahrkarten verkauft.

Agia Marina (2 €, 30 Min.) via Paleochora (1,40 €, 15 Min.) und Aphaia-Tempel (1,70 €, 25 Min.)

Perdika (1,80 €, 15 Min.)

Souvala (1,40 €, 20 Min.)

TAXI ☎22970 22010

Ägina-Stadt Αίγινα

8905 EW.

Hinter dem quicklebendigen Hafen von Ägina-Stadt liegt eine umtriebige Promenade voller Menschen, Motorräder, Cafés und Restaurants. Hier pulsiert das Nachtleben, aber sobald man in die engen Sträßchen der Stadt spaziert, in denen Kinder auf ihren Fahrrädern fahren und die Wäsche von den Balkonen hängt, überwiegt wieder der Eindruck einer typischen griechischen Kleinstadt.

Die Parallelstraßen Irioti und Rodi hinter dem Hafen sind voll von Läden aller Art. Ein paar klassizistische Gebäude aus dem 19. Jahrhundert stehen noch zwischen den weiß gekalkten Häusern. Das antike Griechenland zeigt sich in den eindrucksvollen Ruinen des Apollon-Tempels, die gleich nördlich des Hafens liegen.

Sehenswertes

Apollon-Tempel RUINEN

(☎22970 22637; Erw./Kind 3/2 €; ⌚Di–So 8.30–14.30 Uhr) Auf dem Kolona-Hügel nordwestlich des Hafens. Die zerfallenen Mauern, Zisternen und zerbrochenen Säulen aus honigfarbenem Stein werden von einer einzigen noch erhaltenen Säule überragt. Mehr ist nicht übrig von dem Tempel aus dem 5. Jahrhundert v. Chr., der einst Teil einer antiken Akropolis war. Direkt unterhalb befindet sich das **Museum des Heiligtums** mit dem Eintrittskartenverkauf und Ausstellungsstücken aus dem Tempel. Informationen gibt's in griechischer, englischer und deutscher Sprache.

GRATIS **Volkskundemuseum** MUSEUM

(☎22970 26401; S Rodi; ⌚MiFr 8.30–14.30, Sa & So 10–13, Fr & Sa auch 17.30–20.30 Uhr) Zwischen den alten Trachten, Haushalts- und Kunsthandwerksgegenständen können die Besucher den alten Zeiten auf dieser Insel nachspüren.

Festivals & Events

Ägina-Fistiki-Fest (www.aeginafistikifest.gr) Mitte September. *Fistiki* bedeutet Pistazie und das dreitägige Festival wurde im Jahr 2009 ins Leben gerufen, um die berühmte Pistazie von Ägina (*fistiki aeginis*) mit ihrer geschützten Herkunftsbezeichnung durch Live-Konzerte, Kunstausstellungen, Messen und kulinarische Wettbewerbe zu promoten.

Schlafen

Vor allem an den Wochenenden besser im Voraus reservieren. Bei längeren Aufenthalten lohnt es sich, nach Preisnachlässen zu fragen. Am Fuße des Hauptanlegers steht eine Tafel mit einem Unterkunftsverzeichnis und Telefon.

LP TIPP **Rastoni** HOTEL €€

(☎22970 27039; www.rastoni.gr; Metriti 31; EZ/DZ/3BZ inkl. Frühstück 85/80/110 €; P ❄ @ ☎) Jedes der geräumigen Zimmer in diesem adretten kleinen Hotel ist individuell eingerichtet – im asiatischen oder afrikanischen Stil. Die Balkone und der hübsche Garten bieten Aussicht auf den Apollon-Tempel. Ein üppiges Frühstück und freundliches Personal runden den guten Eindruck ab. Das Hotel liegt in einer Wohngegend nur wenige Minuten nördlich des Hafens.

Fistikies Holiday Apartments

APARTMENTS €€

(☎22970 23783; www.fistikies.gr; Logiotatidou 1; Studio 110 €, 4-Pers.-Apt. 140 €; P ❄ ☎ ≈ 👪) Diese Anlage mit sauberen, familienfreundlichen Apartments wurde im Jahr 2007 am südlichen Stadtrand gebaut und liegt landeinwärts am Fußballplatz. Die geräumigen Apartments haben einen DVD-Spieler und Terrassen mit Blick auf den Pool.

Ägina & Angistri

Marianna Studios PENSION €
(☎22970 25650, 6945110697; www.aegina-rooms.com/mariannastudios; Kiverniou 16-18; EZ/DZ 35/40 €; ❄) Diese ausgezeichnete Budgetunterkunft hat sehr einfache Zimmer und dafür freundliche Inhaber. Einige Zimmer haben einen Balkon oder den Blick auf einen ruhigen, grünen Garten am Innenhof. In einem Zimmer gibt's eine Küche (DZ/3BZ 45/50 €).

Electra Domatia DOMATIA €
(☎22970 26715, 6938726441; www.aegina-electra.gr; Leonardou Lada 25; EZ/DZ 45/50 €; ❄📶) Diese kleine weiß gekalkte Pension bietet keinen Ausblick. Die Zimmer sind jedoch tadellos und komfortabel und liegen in einer ruhigen, aber zentralen Gegend. Das Electra Domatia ist um Längen besser als die nahe gelegenen Hotels.

Aeginitiko Archontiko PENSION €€
(☎22970 24968; www.aeginitikoarchontiko.gr; Ecke Ag Nikolaou & Thomaiados; EZ/DZ/3BZ/Suite 60/70/85/120 €; ❄📶) Dieses zentral gelegene alte Herrenhaus besticht durch antike Details aus dem 19. Jahrhundert, einen bezaubernden Salon und Hof und ein wirklich großartiges Frühstück (10 €). Die Zimmer sind jedoch etwas überfachtet

und heruntergekommen, die Badezimmer sind einfach. Von der Dachterrasse blickt man auf das Meer.

Essen

Am Hafen drängen sich die Restaurants und laden dazu ein, die Seele baumeln zu lassen, während Menschen aus aller Welt vorüberziehen. Leider lässt das Preis-Leistungs-Verhältnis etwas zu wünschen übrig, außer man wählt eine der schlichten Ouzerien (ein Lokal, das Ouzo und kleine Snacks serviert). Pistazien aus Ägina sind überall zu finden (ab 6 € für 500 g, je nach Qualität).

Ippocampus MEDITERRAN €
(☎22970 26504; Akti Toti Hatzi 4; Hauptgerichte 7–12 €; ⏲Mittag- & Abendessen) Am südlichen Ende des Hafens lässt die kühle, moderne Einrichtung dieses erfinderischen Restaurants schon seine kreative Küche erahnen, die etwa Auberginen gefüllt mit Shrimps, Pistaziensuppe und frischen Fisch hervorbringt. Die freundlichen Inhaber wissen bestens über die Insel Bescheid.

Elia MEDITERRAN €
(☎22975 00205; Koumoundourou 4; Hauptgerichte 6–9 €; ⏲Mittag- & Abendessen, im Winter verkürzte Öffnungszeiten) Der Ausflug in die hinteren Gassen lohnt sich. Dieses ausgezeichnete Speiselokal ist auch bei den Einheimischen beliebt. Unter den einfallsreichen frischen Spezialitäten sind z. B. das Pistazienpesto und die Pita des Tages.

Gelladakis MEZEDHES €
(☎22970 27308; Pan Irioti 45; Gerichte 6–12 €; ⏲Mittag- & Abendessen) Dieses gut besuchte Lokal liegt hinter dem lärmenden Fischmarkt in der Mitte der Hafenpromenade. Zusammen mit seinem unmittelbaren Nachbarn ist es immer berstend voll. Hier gibt es höllisch scharfen Oktopus oder Sardinen sowie andere klassische *mezedhes* (Vorspeisen).

Skotadis MEERESFRÜCHTE €
(☎22970 24014; Hauptgerichte 7–12 €; ⏲Mittag- & Abendessen) Ebenfalls ein beliebtes Lokal mit *mezedhes* aus Meeresfrüchten in der Nähe des Fischmarktes.

Simposio MEDITERRAN €
(☎22970 23818; Pan Irioti & Neoptolemou; Hauptgerichte 6–10 €; ⏲Mittag- & Abendessen) Fleisch und *mezedhes* in elegantem Ambiente mit nobel anmutenden Tischen und inspirierenden Fotografien von Ägina.

Tsias TAVERNE €
(☎22970 23529; Dimokratias 47; Hauptgerichte 6–9 €; ⏲Mittag- & Abendessen) Griechische Kost in einer Straßenkneipe vom Feinsten. Empfehlenswert sind die Garnelen mit Tomaten und Feta oder eines der täglich wechselnden Angebote.

Ausgehen

Musikbars und Cafés säumen den Hafen und bieten für jeden Geschmack etwas! Im Sommer öffnet das **Inn on the Beach** am südlichen Hafenende seine Türen für Cocktails am Meer.

Remvi CAFÉ, BAR
(Dimokratias) Die beliebte Musikbar mit Café rockt bei Tag und Nacht.

International Corner BAR
(S Rodi) Abseits des Haupttrampelpfades. Der gesellige Inhaber nimmt Musikwünsche der Gäste entgegen, von den Top 40 bis hin zu fantastischer griechischer Musik. Der holzgetäfelte Barraum hat viel Charakter.

Avli BAR
(☎22970 26438; Pan Irioti 17) Gut besuchtes Lokal in einem überdachten Garten. Der Musikmix reicht von den Sechzigern bis zu griechischer Musik. Das **Vartan** auf der gegenüberliegenden Straßenseite ist etwas schicker.

Praktische Informationen

Ägina hat keine Touristeninformation. Bei **Karagiannis Travel** (☎22970 28780; Kanari 2) gibt's Infos zu Mietwagen, Touren und Schiffen, die zu Zielen außerhalb von Ägina fahren. Die Banken am Hafen haben Geldautomaten.

Krankenhaus (☎22970 24489)

Hafenpolizei (☎22970 22328) Am Zugang zu den Fährkais

Post (Plateia Ethnegersias; ⏲Mo–Fr 7.30–14 Uhr)

Touristenpolizei (☎22970 27777; Leonardou Lada) Gleich in der Gasse gegenüber vom Anleger der Tragflächenboote

Unterwegs auf Ägina

Ägina ist im Frühjahr saftig grün und voller Wildblumen und bietet rund ums Jahr einige der interessantesten archaischen Stätten des Saronischen Golfs. Die Hügel und Berge im Inland lassen die kleine Insel imposant erscheinen, aber die Strände sind nicht ihre besondere Stärke. Die Stadt **Agia Marina** an der Ostküste ist das Hauptreiseziel der Pauschaltouristen auf dieser Insel. Am Strand ist das Wasser seicht und ideal für Familien, aber die Hauptstraße dahinter ist ziemlich voll, und im Sommer ist der Strand oft überfüllt. An der Straße zwischen Ägina-Stadt und Perdika gibt's ein paar Sandstrände, wie den angenehmen **Marathonas**.

Aphaia-Tempel RUINEN

(☎22970 32398; Erw./Kind 4/frei €; ⏱April–Okt. 8–18.30 Uhr, Nov.–März 8.30–17.30 Uhr) Die Überreste dieses eindrucksvollen Tempels stehen erhaben auf einem von Pinien bestandenen Hügel mit weitem Blick über den Saronischen Golf. Dies ist die wichtigste antike Stätte der Saronischen Inseln. Der Tempel wurde 480 v. Chr. errichtet, schon bald nach der Schlacht von Salamis, und ehrt eine lokale Gottheit aus prähellenistischen Zeiten. Die Giebel des Tempels waren ursprünglich mit prächtigen Skulpturen zum Trojanischen Krieg geschmückt, von denen die meisten im 19. Jahrhundert geraubt wurden und nun in der Münchener Glyptothek stehen. Infotafeln an verschiedenen Stellen dieser antiken Stätte erläutern die Ruinen und sind neben Griechisch auch auf Englisch.

Aphaia liegt 10 km östlich von Ägina-Stadt. Die Busse nach Agia Marina (20 Min.) halten hier. Ein Taxi ab Ägina-Stadt kostet rund 12 € für die einfache Fahrt. Wer mit dem Bus unterwegs ist, sollte bedenken, dass die Busse nicht regelmäßig fahren. Auf dem Hügel kann es heiß werden.

LP TIPP **Paleochora** RUINEN

(Παλαιοχώρα) An diesem bezaubernden abgelegenen Berghang liegen die Überreste eines byzantinischen Dorfes – überwiegend winzige Kirchen, die wie friedliche Zufluchtsstätten wirken. Das antike Paleochora war ab dem 9. Jahrhundert und bis zum Ende des Mittelalters Äginas Hauptstadt und wurde erst in den 20er-Jahren des 19. Jahrhunderts aufgegeben. Über 30 noch erhaltene **Kirchen** und **Kapellen** akzentuieren die felsigen Anhöhen der ursprünglichen Festung, und einige davon wurden in den vergangenen Jahren sorgfältig restauriert. Viele können besichtigt werden und sind durch Spazierwege verbunden, zwischen denen sich im Frühjahr ein Teppich von Wildblumen erstreckt.

Paleochora liegt 6,5 km östlich von Ägina-Stadt in der Nähe der riesigen Kirche **Moni Agiou Nektariou.** Busse von Ägina-Stadt nach Agia Marina halten am Abzweig nach Paleochora (10 Min.). Die einfache Taxifahrt kostet 8 €.

Christos Capralos Museum MUSEUM

(☎22970 22001; Livadi; Eintritt 2 €; ⏱Juni–Okt. Di–So 10–14 & 18–20 Uhr, Nov.–Mai Fr–So 10–14 Uhr) Von 1963 bis 1993 lebte und arbeitete der gefeierter Bildhauer Christos Capralos (1909–93) in den Sommermonaten auf Ägina. Sein Wohnhaus und Atelier an der Küste bei Livadi, 1,5 km nördlich von Ägina-Stadt, wurden in ein Museum umgewandelt, in dem viele seiner ausdrucksstarken Werke ausgestellt sind. Zu den monumentalen Skulpturen gehören das wunderbare Tableau der Kreuzigung und der 40 m lange Pindus-Fries, ein beeindruckendes Denkmal für die Schlacht von Pindus, bei der die griechische Armee dem Vormarsch der Italiener im Zweiten Weltkrieg Einhalt gebot.

Hellenic Wildlife Hospital WILDTIERZENTRUM

(Elliniko Kentro Perithalpsis Agrion Zoön; ☎22970 31338, 6973318845; www.ekpaz.gr; ⏱nach Vereinbarung) Die älteste und größte Pflegestation für Wildtiere in Südeuropa behandelt zwischen 3000 und 4500 verwundete Wildtiere pro Jahr. Die Station kann besichtigt werden. Sie liegt inmitten der schroffen Hügel rund 10 km südöstlich von Ägina-Stadt und 1 km östlich von Pahia Rahi auf der Straße zum Berg Oros. Der Eintritt ist kostenlos, aber Spenden sind willkommen. Wer längerfristig ehrenamtlich mitarbeiten möchte, bekommt im Gegenzug eine Unterkunft gestellt.

Perdika Πέρδικα

Das malerische Fischerdorf Perdika liegt ungefähr 9 km südlich von Ägina-Stadt an der südlichen Spitze der Westküste und ist ideal, um sich zu erholen.

Perdikas Hafen ist sehr seicht. Zum Schwimmen fährt man lieber mit einem der regelmäßig verkehrenden Kaiks (kleines Boot, 4 €) zu der kleinen Insel **Moni,** die nur wenige Minuten entfernt liegt. Moni ist ein **Naturschutzgebiet** und hat einen zauberhaften, von Bäumen gesäumten Strand und **Strandcafés.**

Tavernen säumen die erhöhte Terrasse an der Hafenpromenade von Perdika.

Wenn die Hitze nach Sonnenuntergang nachlässt, hält im Sommer das umtriebige Nachtleben Einzug, sobald die Musikbars ihre Türen öffnen.

Schlafen & Essen

Perdika bietet zahlreiche Unterkünfte sowie eine Fülle an Restaurants und Cafés an der Küste.

Angie Studios HOTEL, APARTMENTS €
(☎22970 61445; www.antzistudios.gr; Perdika; DZ 50–60 €; P, WLAN, Pool) Eine Reihe von Zimmern und Apartments gruppiert sich rund um den Pool in der Mitte der Anlage. Die Apartments im obersten Stock des neueren Gebäudes bieten zum Teil einen Blick aufs Meer.

Villa Rodanthos STUDIOS €
(☎22970 61400; www.wix.com/villarodanthos/perdika; Perdika; Zi. 50–65 €; Klimaanlage, WLAN) Diese Unterkunft ist ein wahres Juwel, nicht zuletzt wegen ihrer reizenden Inhaber. Jedes Zimmer hat seine eigene farbenfrohe Ausstattung und verfügt über eine Küche. Man gelangt dorthin, indem man der rechts abzweigenden Straße, die gegenüber der Bushaltestelle am Stadtrand beginnt, 100 m folgt.

Miltos MEERESFRÜCHTE, TAVERNE €
(☎22970 61051; Perdika; Hauptgerichte 12–15 €; ⌚Mittag- & Abendessen) Die unter den Einheimischen beliebteste Seafood-Taverne ist bekannt für Meeresfrüchte von bester Qualität und bodenständige Hausmannskost.

O Thanasis TAVERNE €
(☎22970 31348; Portes; Hauptgerichte 7–8 €; ⌚Mittag- & Abendessen, im Winter verkürzte Öffnungszeiten) Eine reizende Familie begrüßt ihre Gäste auf einer blau-weißen, von Blumen umkränzten Terrasse am Meer. In diesem Lokal kann man köstliche griechische Hauptgerichte oder frischen Fisch genießen.

Ammos TAVERNE €
(☎22970 28160; Marathonas; Hauptgerichte 6–12 €; ⌚Mittag- & Abendessen) Ein Lokal am Strand, das ausgezeichnete einheimische Gerichte mit internationalem Flair serviert.

An- & Weiterreise

Die Busse verkehren alle paar Stunden zwischen Perdika und Ägina-Stadt (30 Min.). Die einfache Taxifahrt kostet 10 €.

ANGISTRI

700 EW.

Das winzige Angistri (Αγκίστρι) liegt ein paar Kilometer vor der Westküste von Ägina, und außerhalb der Hauptsaison bietet es sich an für einen sehr schönen Tagesausflug oder auch, um einfach ein paar Tage auszuspannen.

An- & Weiterreise

Angistri hat vor allem im Sommer eine gute Fähranbindung: Schnelle Tragflächenboote und eine Autofähre kommen von Piräus über Ägina hierher. *Agistri Express* verkehrt mehrmals täglich zwischen Ägina und Angistri, ausgenommen an Sonntagen im Winter.

Das **Wassertaxi** (☎22970 91387, 69445 35659, 69722 29720) kostet 45 € für die einfache Fahrt zwischen Ägina und Angistri, egal wie viele Passagiere mitfahren.

FÄHRVERBINDUNGEN AB ANGISTRI

REISEZIEL	DAUER	FAHRPREIS	HÄUFIGKEIT
Ägina*	10 Min.	€ 5,50	6-mal tgl.
Ägina	20 Min.	€ 2,50	2–3-mal tgl.
Piräus*	55 Min.	€ 13,50	6-mal tgl. (via Ägina)
Piräus	1½ Std.	€ 10,50	2–3-mal tgl. (via Ägina)

*Schnellverbindungen

Unterwegs vor Ort

In den Sommermonaten fahren täglich mehrere Busse zwischen 6.30 und 21 Uhr von Skala und Mylos nach Limenaria und zum Dhragonera-Stand. Es lohnt sich, einen Roller (15 €) oder ein geländegängiges Rad (6 €) zu mieten, um die Küste zu erkunden.

Takis Rent A Bike & Bicycles (☎22970 91001; Mylos)

Kostas Bike Hire (☎22970 91021; Skala)

Der Strand von Drhagonera ist von Metochi aus auch über Pfade durch den schattigen Pinienwald zu erreichen. Den Kompass nicht vergessen, denn es gibt auf der Strecke viele Weggabelungen, und man hat sich schnell verirrt.

Skala & Umgebung Σκάλα

Der Hafen **Skala** ist ein Badeort voller kleiner Hotels, Apartments, Tavernen und Cafés. Aber die Uhren gehen hier im Allgemeinen dennoch eher etwas langsamer. Rechts vom Fähranleger liegt der kleine Hafenstrand, dahinter eine Kirche auf einer flachen Landzunge. Dahinter liegt der beste Strand der Insel, der jedoch im Juli und August ganz unter den Liegestühlen und dem Grillfleisch verschwindet. Wer sich am Fähranleger von Skala links hält, gelangt im Süden zu einer Schotterpiste durch den Pinienwald, die zum Kiesstrand **Chalikadha** führt, an dem teilweise auch nackt gebadet wird.

Ungefähr 1 km westlich von Skala liegt der andere Hafen von Angistri, **Mylos** (Megalochori). Der Ort wirkt entzückend traditionell, bietet Zimmer und Tavernen, aber leider keinen Strand.

Aponissos hat türkisfarbenes Wasser, eine kleine Insel vor der Küste und eine Taverne mit zuverlässig leckerer Küche. **Limenaria** hat noch tiefer grünes Wasser. Die ganze Insel wirkt in der Nebensaison ausgesprochen verschlafen.

Schlafen & Essen

Besonders im August und an Sommerwochenenden unbedingt reservieren. Wer nicht gebucht haben sollte, kann auf einer Tafel am Kai von Skala nachsehen, ob es freie Unterkünfte gibt.

LP TIPP **Rosy's Little Village** PENSION €€
(☎22970 91610; www.rosyslittlevillage.com; EZ/DZ/3BZ 50/70/90 €; ❄📶) Eine Anlage aus kubistischen Gebäuden im typischen Stil der Kykladen, die sanft zum Meer hin abfällt, nicht weit östlich vom Fähranleger von Skala gelegen. Das Rosy's ist voller Licht und Farben. Hier gibt's fest gemauerte Couches und winzige Balkone. Der kostenlose Verleih von Liegen und Mountainbikes sowie das Kursangebot im Sommer, wöchentliche Picknicks und Live-Musik machen den Aufenthalt rundum angenehm. Das **Restaurant** (Hauptgerichte 6–10 €; ⏲Mittag- & Abendessen) verarbeitet vorwiegend Bioprodukte.

LP TIPP **Alkyoni Inn** PENSION, TAVERNE €
(☎22970 91378; www.alkyoni-agistri.com; Zi. 50–55 €, Hauptgerichte 6–10 €; ⏲Ostern–Sept. Frühstück, Mittag- & Abendessen; 👪) Das einladende und familiär geführte Alkyoni Inn befindet sich zehn Gehminuten nordöstlich vom Fähranleger von Skala entfernt. Die beliebte Taverne serviert köstlich zubereiteten Fisch und Fleisch, während das Hotel einige Zimmer zur Meerseite hin und Apartments mit grandioser, freier Aussicht zu bieten hat. In den zweigeschossigen Familienapartments gibt es vier Betten.

Weitere empfehlenswerte Tavernen sind **Gialos** (☎6977787785), gleich außerhalb von Skala an der Straße nach Mylos, und **Kafeses** (☎22970 91357), mit Blick über den Hafen von Mylos. In Skala gibt's in der **Pizzeria Avli** (☎22970 91573) anständige Pizza.

Praktische Informationen

Eine Bank mit Geldautomat befindet sich in der Hauptstraße von Skala.

POROS

5259 EW.

Poros (Πόρος) ist vom bergigen Peloponnes durch eine Meerenge getrennt. Durch seine geschützte Lage wirkt die Hauptsiedlung Poros-Stadt wie ein heiterer Badeort an einem See. Seine pastellfarbenen Häuser stapeln sich am Hügel bis hoch zum Glockenturm und sorgen für einen lebhaften ersten Eindruck.

Poros besteht eigentlich aus zwei Halbinseln, die durch eine winzigen Landenge verbunden sind: der winzigen Sferia, die fast komplett von Poros-Stadt eingenommen wird, und der viel größeren Kalavria, die stark bewaldet ist und auf der sich die Strände der Insel befinden. Am südlichen Ufer liegen die größeren Urlaubshotels verstreut. Obwohl es eine beliebte Ferieninsel ist, hat Poros sich mit seinem dünn besiedelten und waldigen Landesinneren das Flair einer einsamen Insel erhalten.

Die peloponnesische Stadt Galatas liegt am gegenüberliegenden Ufer. Poros ist dadurch ein praktischer Ausgangspunkt, um die antiken Stätten auf dem Peloponnes zu erkunden. Beispielsweise ist das sehenswerte antike Theater von **Epidauros** (S. 177) bequem mit dem Auto oder Taxi (☎29804 2888 in Galatas) zu erreichen.

An- & Weiterreise

Im Sommer verkehren täglich ständig Fähren zwischen Piräus und Poros und im Winter noch ungefähr vier pro Tag. Die schnellen Fähren fahren weiter gen Süden nach Ydra, Spetses, Ermioni und Porto Cheli. Die normalen Fähren verbinden Ägina mit Poros und Methana auf dem Festland. Informationen zu lokalen Reisebüros im Abschnitt Praktische Informationen, S. 374.

Kaiks fahren ständig zwischen Poros und Galatas (0,80 €, 5 Min.) hin und her. Sie legen vom Kai gegenüber der Plateia Iroön ab, dem dreieckigen Platz in der Nähe des Hauptfährendocks in Poros-Stadt. Die Tragflächenboote legen ungefähr 50 m weiter nördlich ab, und die Autofähren, die nach Galatas fahren (Person/Auto 0,80 /5,60 €), haben ihren Anleger noch einmal mehrere hundert Meter weiter nördlich an der Straße nach Kalavria.

FÄHRVERBINDUNGEN AB POROS

REISEZIEL	DAUER	FAHRPREIS	HÄUFIGKEIT
Ägina	1¼ Std.	8,30 €	2–3-mal tgl.
Methana	30 Min.	4,50 €	2–3-mal tgl.
Piräus	2½ Std.	12,80 €	2–3-mal tgl.
Piräus*	1 Std.	22,50 €	5–6-mal tgl.
Spetses*	1½ Std.	14,50 €	3–4-mal tgl.
Ydra*	30 Min.	12,50 €	5–6-mal tgl.

*Schnellverbindungen

Unterwegs vor Ort

BUS Von Mai bis Oktober gibt es halbstündlich eine Busverbindung (3 €) auf einer Route, die in der Nähe des Kiosks am östlichen Ende der Plateia Iroön beginnt. Der Bus fährt nach Kalavria und dann weiter entlang der Südküste in Richtung Osten bis zum Moni Zoödohou Pigis (10 Min.), wendet dort und fährt dann in Richtung Westen bis zum Neorion-Strand (15 Min.).

MOTORRAD & FAHRRAD An der Straße nach Kalavria gibt's mehrere Firmen, die Fahrräder und Roller vermieten.

Fotis (☎22980 25873) Roller/Räder pro Tag 15/4 €

Stelios (☎22980 23026) Roller pro Tag 15 bis 25 €, Räder 6 €

SCHIFF Im Sommer fahren Kaiks zu den Stränden. Die Bootsführer stehen am Hafenbecken und rufen die Zielorte aus.

TAXI ☎22980 23003

Poros-Stadt Πόρος

4102 EW.

Das flotte Poros-Stadt ist ein Mischmasch aus eiscremefarbenen Häusern, die über den schmalen Kanal nach Galatas und auf die anmutigen Berge des Peloponnes blicken. Segelboote schaukeln längs des Anlegers, während Fähren durch den Kanal gleiten und kleinere Boote hin und her flitzen. Hinter dem Hafen liegen *plateies* (Plätze) und Tavernen dem Blick verborgen. Darüber erhebt sich eine steile Felsklippe, die oben von einem Glockenturm gekrönt wird.

Schlafen

Seven Brothers Hotel HOTEL €€
(☎22980 23412; www.7brothers.gr; Plateia Iroön; EZ 50–65 €, DZ 50–80 €, 3BZ 55–85 €; ❄📶) Dieses moderne Hotel in nächster Nähe des Anlegers der Tragflächenboote bietet helle, komfortable Zimmer mit kleinen Balkonen. Einige davon haben die Aussicht über das Meer. Die erst 2010 renovierten Badezimmer sind einfach top.

Georgia Mellou Rooms PENSION €
(☎22980 22309, 6937850705; http://porosnet.gr/gmellou; Plateia Georgiou; EZ/DZ/3BZ 35/45/55 €; ❄) Diese einfachen, altmodischen Zimmer liegen versteckt im Herzen der Altstadt, gleich neben der Kathedrale und hoch über dem Hafen. Der charmante Inhaber sorgt für die Sauberkeit. Wer den fantastischen Ausblick von den westwärts gelegenen Zimmern möchte, sollte rechtzeitig reservieren.

Hotel Manessi BUSINESSHOTEL €€
(☎22980 22273/25857; www.manessi.com; Paralia; DZ 65–90 €; ❄@📶) Das günstig in der Mitte des Hafens gelegene Manessi ist teilweise etwas heruntergekommen, bietet aber Zimmer im Business-Stil.

Roloi APARTMENTS €€
(☎22980 25808; www.storoloi-poros.gr; Studio 75–110 €, Apt. 150–180 €, Haus 250 €; ❄👪) Gute Adresse für Apartments in der Stadt

Essen

Es gibt nicht viel Haute Cuisine auf Poros, aber dafür traditionelle Tavernen, in denen das Ambiente und die Küche zusammenpassen.

LP TIPP **Aspros Gatos** MEERESFRÜCHTE, TAVERNE €
(☎22980 25650; www.whitecat.gr; Labraki 49; Hauptgerichte 6–15 €; ⏲Ostern–Okt. Mittag- & Abendessen) Die beste Seafood-Taverne von Poros liegt nur einen kurzen Spaziergang von der Stadt entfernt. Hinter der Brücke auf der Straße zum Neorion-Strand 400 m in Richtung Westen laufen. Die Taverne befindet sich direkt am Wasser. Hier kann man dem einheimischen Kajakteam beim Training zuschauen, während der fröhliche Inhaber alles von Bolognese bis hin zum Fang des Tages serviert.

Taverne Karavolos TAVERNE €
(☎22980 26158; www.karavolos.com; Hauptgerichte 6,50–9 €; ⏲Abendessen) Karavolos ist das griechische Wort für „große Schnecke", und Schnecken sind eine Spezialität des Hauses in diesem malerischen Lokal in einer Nebengasse. Die freundlichen Eigentümer bieten auch klassische griechische Fleisch- und ein paar Fischgerichte

an. Von der Kathedrale geht's ungefähr 100 m nach Norden, dann links und die breite Treppe zum Hafen hinunter.

Taverne der Familie Dimitris TAVERNE €
(☎22980 23709; Hauptgerichte 6,50–11,50 €; ⏲Abendessen) Die Inhaber dieses Lokals, das für sein Fleisch bekannt ist, haben eine eigene Schlachterei. Die Schweine-, Lamm- und Hähnchenschnitzel sind vom Feinsten, aber auch Vegetarier finden eine leckere Auswahl. Von der Kathedrale aus 20 m nach Norden gehen, dann rechts und dann noch weitere 100 m nach links.

Oasis TAVERNE €
(☎22980 22955; Hauptgerichte 6–12 €; ⏲Mittag- & Abendessen) Griechische Standardgerichte und Meeresfrüchte nach Hausmannsart direkt am Hafen.

ℹ Praktische Informationen

Poros hat keine Touristeninformation. Die Reisebüros am Hafen vermitteln Unterkünfte, Mietwagen, Touren und Schiffsausflüge. Die Banken an der Plateia Iroön haben Geldautomaten.

Askeli Travel (☎22980 24900; www.poros-accomdations.gr)

Family Tours (☎22980 25900; www.familytours.gr) Verkauft Fahrkarten für die normalen Fähren

Marinos Tours (☎22980 23423; www.marinostours.gr) Gegenüber vom Anleger der Tragflächenbooten, verkauft Tickets für die Tragflächenboote

Post (☎22980 22274; Tombazi; ⏲MoFr 7.30–14 Uhr) Neben dem Hotel Seven Brothers

Touristenpolizei (☎22980 22462/22256; Dimosthenous 10) Hinter dem Gymnasium von Poros

Unterwegs auf Poros

Poros bietet ein paar gute Strände: **Kanali** auf Kalavria (1 km östlich der Brücke) ist ein Kiesstrand. Der Strand **Askeli,** ungefähr 500 m weiter östlich, verfügt über ei-

Poros

nen langen Sandstreifen. Am Askeli-Strand gibt es ein paar ganzjährig geöffnete Tavernen am Meer und das **Hotel New Aegli** (☎22980 22372; www.newaegli.com; DZ 70 €; ❄@📶🏊), ein anständiges Urlaubshotel mit entsprechendem Komfort, Blick aufs Meer und sogar griechischer Musik am Wochenende.

Das Kloster **Moni Zoödohou Pigis** aus dem 18. Jahrhundert liegt 4 km östlich von Poros-Stadt, und der Weg dorthin ist gut ausgeschildert. Das Kloster hat eine schöne vergoldete Ikonostase aus Kleinasien. Das naheliegende **Sirene Blue Resort** (☎22980 22741; www.sireneblueresort.gr; Monastiri-Strand; DZ inkl. Frühstück 140–175 €; ❄📶🏊) wurde renoviert und lädt zu einem erstklassigen Urlaub am Meer ein.

Von der Straße unterhalb des Klosters aus geht's landeinwärts zum **Poseidon-Tempel** aus dem 6. Jahrhundert v. Chr. Vom Tempel ist nur sehr wenig übrig, aber die Wanderung lohnt sich und bietet einen tollen **Ausblick** über den Saronischen Golf und den Peloponnes. Von den Ruinen aus an der Straße weiterlaufen und über die Brücke wieder nach Sferia zurückkehren. Insgesamt ist das eine Tour von 6 km.

Am **Neorion-Strand,** 3 km westlich der Brücke, gibt's **Wasserski, Bananenboote** und **Airchairs.** Der beste Strand liegt an der **Russenbucht,** 1,5 km hinter Neorion.

YDRA

2913 EW.

Ydra (Υδρα) ist immer noch der Star der Saronischen Inseln und die Einzige der griechischen Inseln, auf der es keinen motorisierten Verkehr gibt. Keine Autos. Keine Roller. Nur winzige Gassen mit Marmorkopfsteinpflaster, Esel, Felsen und das Meer. Künstler (Brice Marden, Nikos Chatzikyriakos-Ghikas, Panayiotis Tetsis), Musiker (Leonard Cohen), Prominente (Melina Mercouri, Sophia Loren) und Reisende (du) hat es im Laufe der Jahre nach Ydra gezogen. Neben der hervorragend erhaltenen Steinarchitektur der Insel, den kreuz und quer verlaufenden Bauernwegen und dem klaren, tiefen Wasser findet man auch einen guten Cappuccino am Hafen zum Beobachten der Leute.

Ydra-Stadt ist das Zentrum des Insellebens und mehr als nur ein irgendein Hafen. Ihre lebendige Vergangenheit, Herrenhäuser und die Café-Szene rücken die Insel ins Rampenlicht. Naturliebhaber sollten sich von dem Wirrwarr des Hafengeschehens nicht so weit gefangen nehmen lassen, dass sie darüber das gebirgige Landesinnere, die Küstenpfade und verborgenen Badebuchten vergessen.

Maultiere und Esel sind die wichtigsten Verkehrsmittel für Lastentransporte. Zusammen mit den übrigen rustikalen Aspekten des Insellebens prägen sie die beiden Gesichter von Ydra: den Chick und die Bodenständigkeit.

Geschichte

Ydra war in alten Zeiten dünn besiedelt und wird von Herodot nur beiläufig erwähnt. Die wichtigsten Spuren einer Siedlung gehen auf die mykenische Zeit zurück. Im 16. Jahrhundert wurde Ydra ein Zufluchtsort für Menschen, die vor den Scharmützeln zwischen den Venezianern und den Osmanen flohen. Viele stammten aus der Gegend des heutigen Albaniens. Um die Mitte des 17. Jahrhunderts begannen die Siedler, Schiffe zu bauen und sich mit viel Einsatz sowohl dem Seehandel als auch der Piraterie zu widmen. Sie reisten bis nach Ägypten und zum Schwarzen Meer und durchbrachen die französische Seeblockade während der napoleonischen Kriege (1805–15). Aufgrund der stetigen (lukrativen) Steuerflüsse erfuhr die Insel nur eine geringe Beeinträchtigung in der Zeit des Osmanischen Reiches. Bis zum 19. Jahrhundert hatte sich Ydra zu einer ausgewachsenen Seemacht entwickelt, und wohlhabende Seehändler waren die Erbauer der meisten der großartigen Herrenhäuser der Stadt. Auf ihrem Höhepunkt im Jahr 1821 erreichte die Einwohnerzahl die Marke von 28 000. Ydra stellte 130 Schiffe für eine Blockade gegen die Türken während des griechischen Unabhängigkeitskriegs. Von Ydra stammen solche Führungspersönlichkeiten wie Admiral Andreas Miaoulis, Kommandant der griechischen Flotte, und Georgios Koundouriotis, Präsident der griechischen Nationalversammlung von 1822 bis 1827; Straßen und Plätze in ganz Griechenland sind nach diesen beiden Helden benannt.

ℹ An- & Weiterreise

Es werden schnelle Fährverbindungen zwischen Ydra und Poros, Piräus und Spetses sowie Ermioni und Porto Cheli auf dem Peloponnes angeboten. In den Wintermonaten entfallen etliche Fährverbindungen. Tickets sind bei **Hydreoniki**

Travel (☎22980 54007; www.hydreoniki.gr), die Gasse rechts der Alpha Bank hinauf, erhältlich.

Der *Freedom*-**Shuttle** (☎6944242141; www.hydralines.gr) verkehrt zwischen Ydra und Metochi (nicht viel mehr als ein Parkplatz) auf dem Festland (6,50 €, 10 Min., stündlich, Fahrplan hängt am Kai aus).

FÄHRVERBINDUNGEN AB YDRA

REISEZIEL	DAUER	FAHRPREIS	HÄUFIGKEIT
Ermioni*	20–40 Min.	9,50 €	3–4-mal tgl.
Piräus*	1–2 Std.	25,50 €	7–8-mal tgl.
Poros*	30 Min.	12,50 €	5–6-mal tgl.
Porto Cheli*	1 Std.	15 €	3-mal tgl.
Spetses*	40 Min.	10,50 €	5–6-mal tgl.

*Schnellverbindungen

Unterwegs vor Ort

Die Menschen bewegen sich auf Ydra hauptsächlich zu Fuß.

In den Sommermonaten bedienen Kaiks die Seewege von Ydra-Stadt zu den Inselstränden. Die Fahrpreise des **Wassertaxis** (☎22980 53690) sind am Kai angeschlagen (Kamini kostet 10 €, Vlyhos 14 €).

Die Eselhalter am Hafen verlangen 10 bis 15 € für den Gepäcktransport zum Hotel. Kurze Eselausritte rund um den Hafen kosten 10 € pro Person.

Ydra-Stadt Υδρα

2526 EW.

Das Leben in Ydra spielt sich rund um den großartigen Hafen ab. Ob man nun mit dem Segelboot oder der Fähre ankommt, der glitzernde, mit Booten gefüllte Hafen und das gleißende Licht auf den aufgestapelten und gut erhaltenen Steinhäusern hinterlassen einen bleibenden Eindruck. In der Hochsaison ist der Hafen ein eigenständiges Ökosystem: Yachten, Kaiks, Wassertaxis und Segelboote flitzen hinein und hinaus. Der Lärmpegel am Marmorkai wird bestimmt von Eseln, Reisenden, Stammgästen der Cafés und Ausrufern der Bootstaxis. Bei Nacht wird diese Gegend zu einer Promenade: einfach einen Stuhl schnappen, einen Drink bestellen und die Welt vorüberziehen lassen.

Wer natürlich in das Gewirr der Häuser hinter dem Hafen vordringt und besonders wer die steilen Hänge hinter dem Stadtzentrum erklimmt, bekommt einen ganz anderen Eindruck vom Leben auf Ydra. Großmütter plaudern in den ruhigen Gassen darüber, was es zum Abendessen geben soll, und die Straßen gehen in Feldwege über, die hinauf in die Berge führen, die ihre Farbe je nach Jahres- und Tageszeit ändern.

Sehenwertes

Die **Ausstellungsräume von Melina Mercouri** und die **Deste-Stiftung** (www.deste.gr) veranstalten in der Hauptsaison Kunstausstellungen.

LP TIPP Historisches Herrenhaus von Lazaros Koundouriotis MUSEUM
(☎22980 52421; www.nhmuseum.gr; Erw./Kind 4/frei €; ⌚April–Okt. 10–14 & 18–21 Uhr, Nov.–März nach Vereinbarung) Ydras kulturelle Attraktion ist das *archontiko* (Herrenhaus), ein ockerfarbenes Gebäude, das hoch oben über dem Hafen thront. Es war einst das Zuhause eines der wichtigsten Verfechter der griechischen Unabhängigkeit und ist ein schönes Beispiel für die traditionelle Architektur des ausgehenden 18. Jahrhunderts. Es ist voller Originalmöbelstücke, Trachten, handwerklicher Gegenstände und einer Gemäldeausstellung. Zum Herrenhaus führt eine recht steile Treppe von der südwestlichen Ecke des Hafens aus.

LP TIPP Historisches Archiv und Museum von Ydra MUSEUM
(☎22980 52355; www.iamy.gr; Erw./Kind 5/3 €; ⌚9–16 Uhr) Am östlichen Arm des Hafens befindet sich das Museum mit einer umfangreichen Sammlung von Porträts und Erinnerungsstücken aus der Geschichte der Seefahrt. Der Schwerpunkt liegt auf der Rolle der Insel im Unabhängigkeitskrieg. In der Hauptsaison gibt es wechselnde Ausstellungen, und gelegentlich wird auch ein Konzert auf der Dachterrasse veranstaltet.

Kimisis Tis Theotokou KIRCHE, MUSEUM
Die Anlage ist ein friedlicher Klosterkomplex am Hafen, die Kathedrale datiert aus dem 17. Jahrhundert Das **Kirchenmuseum** (☎22980 54071; Erw./Kind 2 €/frei; ⌚April–Okt. Di–So 10–14 Uhr) beherbergt eine Ikonensammlung und religiöse Utensilien.

Festivals & Events

Ostern RELIGION
Eine einwöchige, fantastische Feier, einschließlich einer berühmten Parade eines blumenumkränzten Epitaphs in den Hafen von Kamini

Miaoulis-Festival KULTUR

(3. Wochenende im Juni) Feier zu Ehren von Admiral Miaoulis und zum Gedenken an den Beitrag der Insel zum Unabhängigkeitskrieg mit einer aufwendig nachgestellten Schlacht (mit Feuerwerk) im Hafen von Ydra.

Rembetika-Tage MUSIK

(www.rebetology.com; Okt.) Musiker und Musikliebhaber kommen zusammen, um sich an den traditionellen griechischen *rembetika* (Blues-Songs) zu erfreuen.

Schlafen

Die Unterkünfte in Ydra haben allgemein einen sehr hohen Standard, verlangen aber auch entsprechende Preise. Die meisten Hotelbetreiber holen die Gäste nach Vereinbarung am Hafen ab und organisieren den Gepäcktransport. Die Preise sinken zur Wochenmitte und bei längeren Aufenthalten.

LP TIPP **Hydra Hotel** APARTEMENTS €€

(22980 53420, 6972868161; www.hydra-hotel.gr; Petrou Voulgari 8; Studio inkl. Frühstück 100–130 €, Apt. 160–230 €, Maisonette 230 €;) An der Südseite des Hafens beginnt der Aufstieg zu den todschicken Top-Apartments in einem tadellos renovierten alten Herrenhaus mit kleinen Küchen und weitem Blick. Zimmer 202 hat einen winzigen Balkon mit einer unübertrefflichen Panoramaaussicht.

Nereids PENSION €€

(22980 52875; www.nereids-hydra.com; Kouloura; DZ 65–80 €;) Dieses sorgfältig renovierte Steinhaus beherbergt hübsche Zimmer mit einem exzellentem Preis-Leistungs-Verhältnis und von bester Qualität. Sie sind geräumig, ruhig, schön eingerichtet und bieten einen freien Blick auf die felsigen Anhöhen von Ydra. Die Zimmer im obersten Stockwerk bieten einen herrlichen Blick auf das Meer. Das Nereids liegt ein paar Minuten die Tombazi vom Hafen bergauf.

Piteoussa PENSION €€

(22980 52810; www.piteoussa.com; Kouloura; DZ 65–75 €;) Die fidelen Eigentümer unterhalten schöne Zimmer in zwei Gebäuden in einer ruhigen, von Pinien gesäumten Straße. Die Zimmer im restaurierten Herrenhaus an der Straßenecke stecken voller antiker Details und modernen Annehmlichkeiten, während die kleineren Zimmer im zweiten Gebäude 2010 renoviert wurden und eher schick daherkommen. Dies ist eine der besten Unterkünfte der Insel.

Ydra

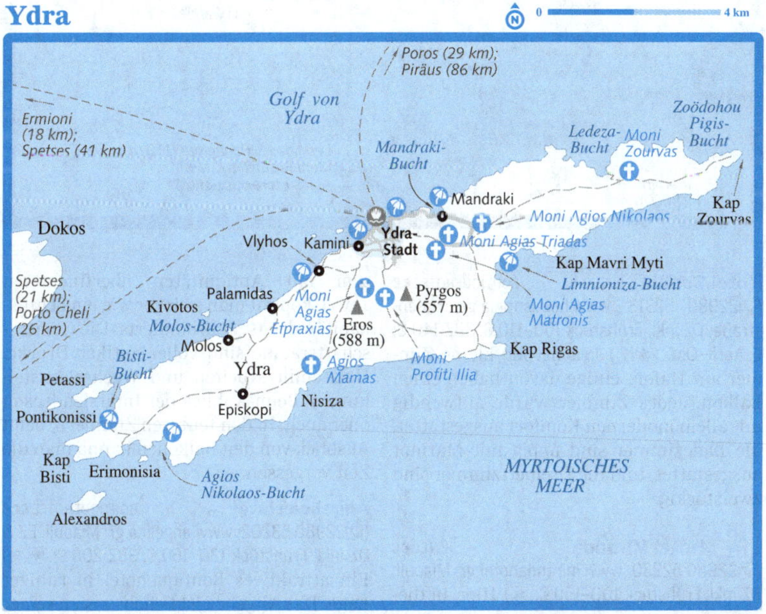

Ydra-Stadt

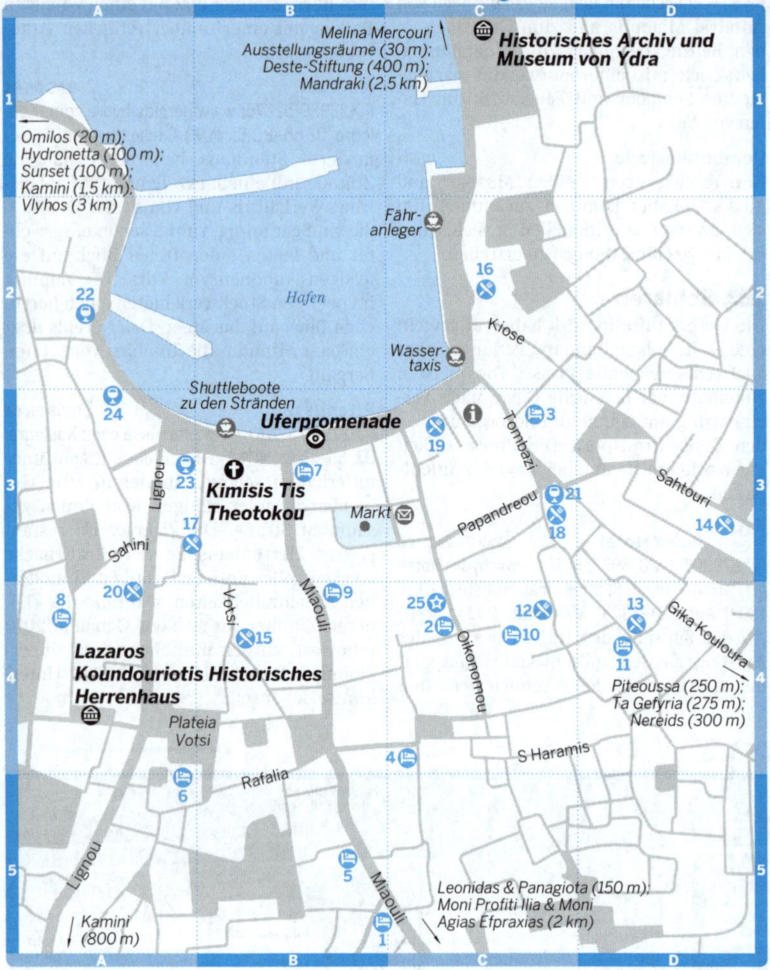

Hotel Sophia BOUTIQUEHOTEL €€
(☎22980 52313; www.hotelsophia.gr; Hafenstraße; DZ inkl. Frühstück 100–110 €, 3BZ 140 €; ⏲April–Okt.; ❄📶) Prachtvolle kleine Zimmer am Hafen, einige davon haben einen Balkon. Jedes Zimmer wurde aufwendig mit allem modernen Komfort ausgestattet, die Badezimmer sind üppig mit Marmor ausgestattet, und die Dreibettzimmer sind zweistöckig.

LP TIPP **Hotel Miranda** HOTEL €€
(☎22980 52230; www.mirandahotel.gr; Miaouli; DZ inkl. Frühstück 100–150 €; ❄) Hier, in diesem mit Antiquitäten überfrachteten Juwel, kommt man sich vor wie ein Schiffskapitän des 19. Jahrhunderts. Die Gemeinschaftsräume sind voller antiker Drucke, Holzschnitzarbeiten und Wechselausstellungen. Beim Anblick der Intarsiendecken oder auch, in den teureren Zimmern, beim Ausblick von den Balkonen kanna man die Zeit vergessen.

Angelica Hotel BOUTIQUEHOTEL €€€
(☎22980 53202; www.angelica.gr; Miaouli; EZ & DZ inkl. Frühstück 130–160 €, 3BZ 200 €; ❄📶) Ein attraktives Boutiquehotel in ruhiger Lage. Das Angelica ist beliebt wegen seiner

Ydra-Stadt

Highlights
Historisches Archiv und Museum von Ydra ... C1
Kimisis Tis Theotokou ... B3
Historisches Herrenhaus von Lazaros Koundouriotis ... A4
Uferpromenade ... B3

Schlafen
1 Angelica Hotel ... B5
2 Bahia ... C4
3 Glaros ... C3
4 Hotel Leto ... C4
5 Hotel Miranda ... B5
6 Hotel Orloff ... A5
7 Hotel Sophia ... B3
8 Hydra Hotel ... A4
9 Kirki ... B4
10 Pension Alkionides ... C4
11 Pension Erofili ... D4

Essen
12 Barba Dimas ... C4
13 Bratsera ... D4
14 Caprice ... D3
15 Flora's ... B4
16 Isalos ... C2
17 Ostria ... A3
18 Paradosiako ... C3
19 Psarapoula ... C3
20 Veranda ... A4

Ausgehen
21 Amalour ... C3
22 Nautilus ... A2
23 Pirate ... A3
24 Red ... A3

Unterhaltung
25 Cinema Club of Hydra ... C4

komfortabel und luxuriös ausgestatteten Zimmer, die mit geräumigen, tadellosen Badezimmern versehen sind. Die Zimmer der oberen Preisklasse haben einen Balkon. Whirlpool und Innenhof laden zum Entspannen ein.

Pension Alkionides PENSION €€
(☎22980 54055; www.alkionidespension.com; abseits der Oikonomou; DZ/3BZ/Studio 60/75/100 €; ❄👪) Das Alkionides liegt in einer zentralen, ruhigen Sackgasse. Die Zimmer sind gepflegt, obwohl manche recht klein sind. Tee und Kaffee können dort zubereitet werden, und die Pension hat einen hübschen Hinterhof. Das Studio hat eine eigene Terrasse, und die Inhaber sind freundlich.

Pension Erofili PENSION €€
(☎22980 54049; www.pensionerofili.gr; Tombazi; DZ/3BZ 60/65 €; ❄📶) Die Pension Erofili liegt etwas versteckt in der Innenstadt. Mit ihren angenehmen, schlichten Zimmern ist sie für Ydra eine ordentliche Budgetunterkunft. Es gibt auch ein Studio mit Küche.

Hotel Orloff PENSION €€€
(☎22980 52564; www.orloff.gr; Rafalia 9; EZ/DZ inkl. Frühstück 125/160 €; ❄📶) Dieses sehr schöne, wenn auch leicht überfrachtete alte Herrenhaus bietet die perfekte Gelegenheit, in das historische Ydra einzutauchen. Die komfortablen Zimmer bieten einen netten Ausblick auf einen hübschen Garten.

Hotel Leto BUSINESSHOTEL €€€
(☎22980 53385; www.letohydra.gr; abseits der Miaouli; DZ inkl. Frühstück 165–185 €; ❄@📶) Die moderne Einrichtung, die geräumigen Zimmer, ein Fitness-Studio und eine Bar machen dieses Hotel zum einzigen Full-Service-Hotel von Ydra. Hier gibt es das einzige vollständig barrierefreie Zimmer im Saronischen Golf.

Glaros PENSION €€
(☎22980 53679, 69407 48446; DZ 60 €; ❄) Einfache, ordentliche Zimmer in günstiger Lage gleich hinter dem Hafen.

Kirki PENSION €
(☎22980 53181; www.hydrakirki.gr; Miaouli; DZ 45 €; ❄📶) Einfache, saubere und zentrale Zimmer mit Blick über die Dächer und Bäume.

Bahia PENSION €€
(☎22980 52257, 6977462852; Oikonomou; DZ 60 €; ❄📶) Die etwas abgewohnten Zimmer haben keine Aussicht, aber zwei davon enthalten eine Küche, was in Ydra eine Rarität ist.

Essen

Die Bars Pirate und Hydronetta bieten frisch zubereitete, köstliche Mittagessen, und das Pirate macht auch ein superleckeres Frühstück. Die Konditorei Flora an der landeinwärts liegenden Plateia Votsi macht *galaktoboureko* (Cremekuchen), Reispudding und Eiscreme aus heimischer Ziegenmilch.

ABSTECHER

KAPARI

Die Privatinsel Kapari vor Ermioni auf dem Peloponnes bietet die Möglichkeit, **mit den Delfinen zu tauchen.** Die Odyssee auf der Suche nach dem kurzschnäuzigen Gemeinen Delfin *(Delphinus delphis)* kann zu einem einmaligen Taucherlebnis werden oder zu einer Nullnummer, wenn es bei der reinen Suche nach diesen Tieren in freier Wildbahn bleibt. Das **Kallianos Diving Center** (☎27540 31095, 6936805054; www.kallianosdivingcenter.gr; Exkursionen ab 80 €) organisiert diesen Ausflug (200 €), für den ein PADI-Brevet für Fortgeschrittene (AOWD) erforderlich ist. Falls die Delfine nicht auffindbar sind, werden 50 % der Teilnahmegebühr erstattet. Weiterhin werden PADI-Kurse und Exkursionen mit je zwei Tauchgängen (Riff, Höhle, Wrack etc.) samt Ausrüstung, Snacks und Tauchlehrer angeboten. Mindestens zwei Tage vorher reservieren. Das Tauchcenter organisiert den Transfer von Ermioni oder Metochi, auf dem Festland gegenüber von Ydra.

LP TIPP **Leonidas & Panagiota** TAVERNE €
(☎22980 53097; Miaouli; Hauptgerichte 5–9 €; ⏲April–Jan. Abendessen) Lust auf Hausmannskost? Diese Taverne hier kommt dem schon ziemlich nahe. Besondere Bestellungen können im Voraus telefonisch aufgegeben werden. Leonidas und Panagiota gehen dann mal schnell einkaufen und bereiten die Mahlzeiten selbst zu. Gegessen wird entweder in ihrem malerischen Esszimmer oder auf der kleinen Terrasse. Die wahrscheinlich beste Speise der Insel ist ihr leckerer *tyropita* (Käsekuchen), der mit Zimt und Zucker bestreut wird und auf dem Rezept von Leonidas' kretischer Mutter beruht. Das Lamm oder die gefüllte Aubergine sind ebenfalls nicht zu verachten.

Sunset MEDITERRAN €€
(☎22980 52067; Hauptgerichte 9–22 €; ⏲Ostern–Okt. Mittag- & Abendessen) Berühmt für seine grandiose Aussicht in der Nähe der Kanonen an der Westseite des Hafens. Daneben bietet das Sunset auch gute, frische Küche. Leckere Salate, Pasta und Fische aus der Region werden mit Esprit und einem Hauch von Eleganz zubereitet.

Paradosiako TAVERNE €
(☎22980 54155; Tombazi; Hauptgerichte 7–15 €; ⏲Ostern–Nov. Mittag- & Abendessen) Dieses kleine *mezedhopoleio* (Restaurant, das auf *mezedhes* spezialisiert ist) an der Straße verkörpert die traditionelle griechische Küche. Ein Platz auf der Eckterrasse erlaubt das Beobachten der Passanten, während klassische *mezedhes* wie Rote-Bete-Salat mit Knoblauchsauce oder Fleisch und Meeresfrüchte, z.B. frische, filetierte oder gegrillte Sardinen, genossen werden.

Ostria TAVERNE €
(Stathis & Tassoula; ☎22980 54077; Hauptgerichte 5–6 €; ⏲Mittag- & Abendessen) Diese ganzjährig geöffnete Taverne wird oftmals auch nur mit den Namen der geselligen Inhaber bezeichnet und serviert nur Frisches. Die Speisekarte ist eigentlich überflüssig, lieber nach dem Tagesessen fragen. Vielleicht gibt's Hähnchenschnitzel, Fava oder Zucchinibällchen. Stathis fängt seine eigenen Kalamari, süß und köstlich. Die Taverne liegt gleich hinter dem südwestlichen Ende des Hafens.

Psarapoula TAVERNE €
(☎22980 52630; www.psaropoula.com; Hafen; Hauptgerichte 7–12 €; ⏲Mittag- & Abendessen) Von der Lage am Hafen sollte man sich nicht täuschen lassen: Dies ist keine Touristenfalle. Touristen und Einheimische lassen sich Seite an Seite die Empfehlung des Tages und die köstlichen, typisch griechischen Gerichte in diesem historischen Lokal schmecken, das es bereits seit 1911 gibt.

Barba Dimas ITALIENISCH €€
(☎22980 52967; Tombazi; Hauptgerichte 11–20 €; ⏲Abendessen) Authentische italienische Küche wie von der neapolitanischen Großmutter. Die Speisekarte ändert sich täglich. In der Hauptsaison besser reservieren.

Caprice ITALIENISCH €€
(☎22980 52454; Sahtouri; Hauptgerichte 9–15 €; ⏲April–Okt. Abendessen) Eine hervorragende Gelegenheit für ein romantisches Candlelight-Dinner mit einem ordentlichen Repertoire an italienischen Gerichten, teilweise mit frisch zubereiteter Pasta.

Veranda MEDITERRAN €€
(☎22980 52259; Lignou; Hauptgerichte 7–15 €; ⏲April–Okt. Abendessen) Lustige Brüder führen dieses verträumte Terrassenrestaurant mit Blick auf den Hafen und die Berge. Für die leckeren Salate und das Schweinefilet mit Roquefort lohnt sich der Weg dorthin.

Ta Gefyria TAVERNE €
(☎22980 29677; Kouloura; Hauptgerichte 5–10 €; ⏲Mittag- & Abendessen) An einer ruhigen, von Bäumen gesäumten Straße im hinteren Teil der Stadt. Die freundlichen Inhaber bereiten leckere Fleischgerichte vom Grill und *mezedhes* von gleichbleibender Qualität zu.

Bratsera MEDITERRAN €€
(☎22980 52794; Tombazi; Hauptgerichte 9–20 €; ⏲April–Okt. Mittag- & Abendessen) Das Restaurant direkt am Pool des gleichnamigen **Bratsera Hotels** (☎22980 53971; www.bratserahotel.com DZ inkl. Frühstück 160–215 €, Suite 270 €; ❄@📶≋) bietet die Chance auf eine gehobene Mahlzeit einschließlich Poolbenutzung.

Isalos CAFÉ
(☎22980 53845) Direkt am Fähranleger gelegen, serviert das Isalos einen hervorragenden Kaffee und bietet eine gediegene Auswahl an leckeren Sandwiches und Pasta.

Ausgehen

Das Preisniveau ist hoch, aber dafür gibt's zum Kaffee oder Cocktail viel zu sehen. Der Hafen wird erst nach Mitternacht richtig lebendig.

Pirate CAFÉ, DISKO
(☎22980 52711; Hafen) Die freundlichen Inhaber Wendy und Takis und ihre Kinder Zara und Zeus führen dieses Café tagsüber mit erstklassigem Kaffee, Frühstück und hausgemachten Speisen zum Mittagstisch. Nachts verwandelt sich das Lokal in einen tosenden Club. Die Musik ändert sich je nach Publikum und Stimmung.

Hydronetta CAFÉ, BAR
(☎22980 54160) Diese großartige Lage am Wasser auf den Badefelsen ganz im Westen des Hafens ist einfach unschlagbar. Die Brüder Andreas und Elias servieren schicke Cocktails und erstklassige Mittagsgerichte mit einem Lächeln. Zu empfehlen ist der Hydronetta-Salat mit Mango und Hühnerbrust.

Amalour BAR, DISKO
(☎6977461357; Tombazi) Große Auswahl an Cocktails mit entspannten Sitzgelegenheiten draußen und einer Tanzfläche drinnen nach Mitternacht

Jazzmin's LIVEMUSIK
(Boudouri, Avlaki) Cocktails schlürfen am Meer in diesem renovierten Bootshaus, das in ein schniekes Livemusik-Lokal verwandelt wurde

Red DISKO
(Hafen) Ist dafür bekannt, dass hier tagelang durchgemacht wird

Nautilus DISKO
(Hafen) Ausgelassene griechische Klänge bis in den frühen Morgen

Omilos DISKO, RESTAURANT
(☎22980 53800; Westlicher Hafen) Schickes Restaurant am Wasser, das sich abends in ein Tanzlokal verwandelt

Cinema Club of Hydra KINO, THEATER
(☎22980 53105; http://cineclubhydras.blogspot.com; Oikonomou) Im Juli und August zeigt das Open-Air-Kino Blockbuster und Indie-Streifen. Der Club organisiert auch Exkursionen zu Aufführungen im antiken Theater von Epidauros (S. 178).

Praktische Informationen

Es gibt keine Touristeninformation auf Ydra. Geldautomaten haben die Banken am Hafen.

Flamingo Internetcafé (☎22980 53485; Tombazi; 3 € pro 30 Min.; ⏲ab 8.30 Uhr)

Krankenhaus (☎22980 53150; Votsi)

Post (⏲Mo–Fr 7.30–14 Uhr) liegt an einem kleinen Innenhof

Touristenpolizei (☎22980 52205) teilt sich ein Büro mit der regulären Polizei

Unterwegs auf Ydra

Ydra steiniges, trockenes Landesinnere in dem inzwischen ein paar Pinienwälder nachwachsen, stellt einen starken, aber friedlichen Kontrast zum bunten Treiben am Hafen dar. Eine nützliche Wanderkarte ist die Karte *Hydra* aus der Serie Mittlere Ägäis von Anavasi (www.mountains.gr). Lokal erhältliche Karten sind mit Vorsicht zu genießen. Sobald man die Stadt verlässt, gibt es nur noch wenige markierte Wanderwege und keine richtigen Dörfer. Daher unbedingt immer ausreichend Wasser mitführen.

Ein unvergessliches Erlebnis auf Ydra ist der lange Weg zum **Moni Profiti Ilia** hinauf, für den man fit und motiviert sein sollte. Die von Mauern umgebene **Klosteranlage** beherbergt Ikonen und strahlt heitere Gelassenheit aus. Ausgangspunkt ist die Straße **Miaouli** am Hafen. Der Weg zieht sich eine gute Stunde oder länger entlang nicht enden wollenden Zickzackpfade und vorbei an Pinien zu einem göttlichen Panoramablick von ganz oben.

Moni Agias Efpraxias liegt gleich unterhalb von Profiti Ilia. Andere Wege führen zum **Berg Eros** (588 m), dem höchsten Punkt der Insel, und entlang des Grats, an dem die Berghänge der Insel nach Osten und Westen abfallen. Dafür braucht man allerdings einen guten Orientierungssinn oder eine zuverlässige Wegbeschreibung von ortskundigen Einheimischen.

Die Küstenstraße wird nach einer Wanderung von 1,5 km in westlicher Richtung ab dem Hafen zu einem einfachen Pfad, nachdem man **Kamini** passiert hat. Kamini hat einen winzigen **Fischerhafen,** mehrere gute Tavernen, **Badefelsen** und einen kleinen Sandstrand. Tatsächlich ist Ydras Fluch – oder Segen – das Fehlen von Sandstränden, welche die Massen anlocken. Die Leute gehen in der Regel an den Felsen schwimmen. **Vlyhos,** von Kamini aus noch einmal 1,5 km Fußweg, ist der letzte kleine Weiler vor den Bergen und bietet zwei größere Kiesstrände (einer heißt einfach Vlyhos und der andere, etwas ursprünglichere **Plakes**), Tavernen und eine restaurierte Steinbrücke aus dem 19. Jahrhundert.

Die Küstenstraße führt in östlicher Richtung vom Hafen nach 2,5 km zu einem Kiesstrand bei **Mandraki,** wo im Badeort Miramare mit seinen Trampolinen und viel Musik gelegentlich auch Wasserfahrzeuge gemietet werden können.

Es fahren auch Boote vom Hafen zu all diesen Orten. Hilfreich ist aber auf jeden Fall ein Boot, um zu den Buchten **Bisti** oder **Agios Nikolaos** im Südwesten der Insel zu gelangen. Die dortigen Kiesstrände sind zwar entlegen, aber trotzdem von Sonnenschirmen übersät. Dafür aber ist das Wasser wunderschön grün.

Schlafen & Essen

Four Seasons TAVERNE, PENSION €
(☎22980 53698; www.fourseasonshydra.gr; Plakes; Hauptgerichte 6–12 €; ⏲Ostern–Okt. Mittag- & Abendessen) In dieser leckeren Taverne am Meer zeigt sich Ydra von einer ganz anderen Seite: Das Rauschen der Brise und der Wellen statt des Stimmengewirrs am Hafen. Probieren sollte man den *taramasalata* (Fischrogendip) mit Brot und alles andere, was den Gaumen kitzelt. Hier gibt es auch stattliche Suiten (220 €).

Christina TAVERNE €
(☎22980 53516; Kamini; Hauptgerichte 6–12 €; ⏲Do–Di Mittag- & Abendessen) Gleich landeinwärts vom Hafen in Kamini bringen Frau Christina und ihre Kinder einige der besten griechischen Gerichte der Insel und frischen Fisch auf den Tisch.

To Pefkaki MEERESFRÜCHTE, MEZEDHES €
(☎6974406287; Kamini; Hauptgerichte 5–10 €; ⏲Ostern–Okt. Do–Di Mittag- & Abendessen) Der kurze Spaziergang entlang der Küste nach Kamini lohnt sich für ein entspanntes Mittagessen mit *mezedhes* und frischen Meeresfrüchten (köstliche gebratene *gavros* – marinierte Anchovis).

Pirofani INTERNATIONAL €€
(☎22980 53175; www.pirofani.com; Kamini; Hauptgerichte 10–16 €; ⏲Mi–So Abendessen) Theo zaubert eine beachtliche Speisenauswahl: vom Rinderfilet mit Rosa-Pfeffer-Sauce bis hin zu einem asiatischen Curry.

Enalion TAVERNE €
(☎22980 53455; www.enalion-hydra.gr; Vlyhos; Hauptgerichte 6–12 €; ⏲Ostern–Okt. Mittag- & Abendessen) Vielleicht die beste Adresse direkt am Strand von Vlyhos

SPETSES

4393 EW.

Spetses (Σπέτσες) liegt stolz nur wenige Kilometer vom Festland des Peloponnes entfernt, aber hier ist mehr vom sorgenfreien griechischen Inselleben zu spüren als sonstwo im Saronischen Golf. Die lebendige, geschichtsträchtige Stadt ist die einzige Ortschaft auf der Insel. Der Rest, von einer Küstenstraße umringt, ist nichts als sanfte Hügel und kristallklare Höhlen unter Wasser. Das gelassene Spetses hat ein großartiges Nachtleben, einige der besten saronischen Restaurants und leicht zugängliche, großartige Badestellen.

Geschichte

In Spetses-Stadt gibt es Spuren einer frühhelladischen Siedlung in der Nähe des alten Hafens und bei Dapia. Römische und byzantinische Überreste wurden gefunden in dem Bereich hinter Moni Agios Nikolaos, das auf halber Strecke zwischen den beiden Orten liegt.

Es wird angenommen, dass Spetses ab dem 10. Jahrhundert fast 600 Jahre lang unbewohnt war, bis im 16. Jahrhundert Albaner vor den Kämpfen zwischen Türken und Venezianern hierher flüchteten.

Spetses, wie auch Ydra, gelangte durch den Schiffsbau zu Wohlstand. Die Inselkapitäne durchbrachen die Seeblockade während der napoleonischen Kriege und takelten ihre Schiffe erneut auf, um sich der griechischen Flotte während des Unabhängigkeitskrieges anzuschließen. Dabei gelangte eine Einheimische, die allerdings hydriotischer Abstammung war, zu unsterblichem Ruhm: die legendäre Laskarina Bouboulina, eine Schiffskommandantin und furchtlose Kämpferin (siehe S. 384 und S. 825).

Die Aleppopinienwälder der Insel, ein Vermächtnis des Philanthropen Sotirios Anargyros, wurden durch mehrere Brände in den vergangenen Jahren verwüstet. Die Bäume erholen sich allmählich. Anargyros wurde im Jahre 1848 auf Spetses geboren und wanderte in die USA aus, von wo er 1914 als wohlhabender Tabaktycoon zurückkehrte. Er kaufte 45 % der damals weitestgehend öden Insel und pflanzte die Pinien, die heute noch dort stehen. Anargyros finanzierte auch das Straßennetz auf Spetses und errichtete viele großartige Gebäude in Spetses-Stadt sowie ein Internat nach dem Vorbild von Eton.

ℹ An- & Weiterreise

Schnelle Fähren verbinden Spetses mit Ydra, Poros und Piräus sowie Ermioni und Porto Cheli auf dem Peloponnes. Im Sommer fahren Kaiks (2 € pro Person) und eine Autofähre (1,50 €) vom Hafen nach Kosta auf dem Festland.

Bardakos Tours (☎22980 73141, Dapia-Hafen)

Mimoza Travel (☎22980 75170) Liegt gleich links vom Fährenkai

FÄHRVERBINDUNGEN AB SPETSES

REISEZIEL	DAUER	FAHRPREIS	HÄUFIGKEIT
Ermioni*	20–30 Min.	7,50 €	2-mal tgl.
Piräus*	2 Std. 10 Min.	35 €	5–6-mal tgl.
Poros*	1½ Std.	14,50 €	3–4-mal tgl.
Porto Cheli*	15 Min.	5,50 €	3-mal tgl.
Ydra*	40 Min.	10,50 €	5–6-mal tgl.

*Schnellverbindungen

ℹ Unterwegs vor Ort

AUTO & MOTORRAD Auf Spetses dürfen nur Einheimische Auto fahren. Das Zentrum ist ohnehin für den Autoverkehr gesperrt. Das Transportmittel der Wahl ist in der Regel ein Roller oder ein Motorrad. Motorrad- und Quad-Verleihfirmen gibt's an jeder Ecke (16 bis 25 € pro Tag).

BUS Spetses hat ab Ostern zwei Busverbindungen, von Juni bis September verkehren die Busse sogar 3- oder 4-mal täglich. Der Fahrplan hängt an einer Tafel an den Bushaltestellen und an verschiedenen Stellen in der Stadt aus.

Die eine Strecke verläuft von der Plateia Agiou Mama in Spetses-Stadt nach Agia Paraskevi (6 €, 40 Min.) über Agia Marina und Agii Anargyri.

Der andere Bus startet vor dem Hotel Poseidonion und fährt nach Vrellos (4 €) über Ligoneri.

FAHRRAD **Bike Center** (☎22980 72209; ⏲10.15–15 & 17.30–22 Uhr) hinter dem Fischmarkt vermietet Räder für alle Altersklassen (6 € pro Tag), einschließlich Kindersitz.

SCHIFF Im Sommer fahren Kaiks zu den Stränden der Insel (10 € hin & zurück). Die Tarife für das **Wassertaxi** (☎22980 72072; Dapia-Hafen) sind auf einer Infotafel angeschrieben. Für die einfache Fahrt gelten pro Fahrt, nicht pro Person, folgende Preise: Alter Hafen (18 €), Agia Marina (€30), Agii Anargyri (75 €), Porto Cheli auf dem Festland (45 €) und Kosta (20 €). Ein Ausflug rund um die Insel kostet 90 €. Von Mitternacht bis 6 Uhr morgens gilt ein Aufschlag von 50 %. Alle fahren am Kai gegenüber von Bardakos Tours ab.

Spetses-Stadt Σπέτσες

3550 EW.

Das geschäftige Spetses-Stadt liegt an der Ostküste der Insel und erstreckt sich entlang einer zerklüfteten Küstenlinie, die mehrere Anleger und Strände umfasst. Der Haupthafen Dapia, in dem die Fähren anlegen, und der Bezirk rund um die angrenzende Plateia Limenarhiou und die Plateia Orologiou (Glockenturmplatz) landeinwärts sind voll von schicken Touristenläden und Cafés. Roller und Quads flitzen waghalsig durch die Gegend.

Wer durch die ruhigeren Gassen weiter landeinwärts oder links entlang der Hafenstraße Sotiriou Anargyriou geht, vorbei am Stadtstrand und an der Plateia Agiou Mama, erkennt den früheren Wohlstand von Spetses an den *archontika* (alten Herrenhäusern).

Nach der Kirche von **Moni Agios Nikolaos** führt die Tour weiter zum sehenswerten **Alten Hafen** (Palio Limani) und nach

Spetses

Baltiza, einem interessanten Yachthafen mit Werften.

Von der Nordseite des Dapia-Hafens führen eine Promenade und Straße durch den Bezirk Kounoupitsa.

Sehenswertes

Museum von Spetses MUSEUM
(☎22980 72994; Erw./Kind 3/2 €; ⏲Di–So 8.30–14.30 Uhr) Kleine, faszinierende Sammlungen beherbergt das alte Herrenhaus von Chatzigiannis Mexis (1754–1844), einem Reeder, welcher der erste Gouverneur der Insel war. Darunter sind Trachten, Folkloregegenstände und Porträts der Gründerväter der Insel. Die meisten Beschriftungen sind auf Griechisch und Englisch. Zum Museum geht's geradeaus von der oberen linken Ecke der Plateia Orologiou, an der Kreuzung links abbiegen, dann rechts und der Beschilderung folgen.

Bouboulina-Museum MUSEUM
(☎22980 72416; www.bouboulinamuseum-spetses.gr; Erw./Kind 6/2 €; ⏲März–Okt. 10.30–20.15 Uhr) Das Wohnhaus der berühmtesten Tochter von Spetses, der Seefahrerin Laskarina Bouboulina, die im 19. Jahrhundert lebte, wurde in ein Museum umgewandelt. Die Besichtigung ist im Rahmen einer 40-minütigen Führung möglich, die alle 45 Minuten startet. In der Stadt stehen einige Hinweistafeln, die über den Beginn der Führungen informieren. Das Museum erreicht man, wenn man sich am nördlichen Ende der Cafés an der Terrasse am Dapia-Hafen links hält. Das Museum veranstaltet auch Konzerte.

Eine beeindruckende **Statue** von Bouboulina steht am Hafen gegenüber vom Hotel Poseidonion. Weitere Informationen zu Bouboulina sind im Kasten Frauenpower (S. 825) zu finden.

Festival

Armata KULTUR
(⏲8. Sept.) Das Fest ist Panagia Armata gewidmet. Die Feierlichkeiten erstrecken sich über eine Woche, es gibt viele Aufführungen der darstellenden Künste. Höhepunkt ist eine enorme Nachstellung einer Schlacht auf dem Wasser, samt Feuerwerk, mit der die Insel ihrem Sieg über die Türken in einer wichtigen Seeschlacht des Jahres 1822 gedenkt.

Schlafen

Spetses bietet eine ganze Reihe an gehobenen Quartieren. Die meisten Häuser gewähren Preisnachlässe, jedoch nicht im August.

LP TIPP **Poseidonion Grand Hotel** LUXUSHOTEL €€€
(☎22980 74553; www.poseidonion.com; Dapia; DZ inkl. Frühstück 218–291 €, 4BZ 291 €, 4-Pers.-Suite 595 €; ❄📶🏊) Hier gibt es die einmalige Chance, wie eine reiche Dame (oder ein Herr) in den Goldenen Zwanzigern zu logieren. Dieses ehrbare alte Hotel ist sorgfältig komplett renoviert worden. Von den schicken Zimmern bis hin zur anmutigen Bar in der Lobby und dem luxuriösen Pool ist der Wohlstand in jedem Winkel allgegenwärtig. Hier finden sich außerdem gleich zwei der besten Restaurants der gesamten Insel.

Orloff Resort LUXUSPENSION €€€
(☎22980 75444; www.orloffresort.com; DZ inkl. Frühstück ab 210 €; ⏲März–Okt; ❄📶🏊) Am Rand der Stadt entlang der Straße nach Agia Marina und in der Nähe des alten Hafens versteckt sich das makellose Orloff hinter hohen weißen Mauern. Die stilvollen Zimmer und der kristallklare Pool sind ein Genuss.

Zoe's Club APARTMENTS €€€
(☎22980 74447; www.zoesclub.gr; Studio ab €150; ❄📶🏊) Freistehende geräumige Studios und Apartments umgeben einen dekadenten Pool und Hof. Die Unterkunft befindet sich hinter einer hohen Steinmauer in einem zentralen Stadtteil in der Nähe des Museums von Spetses.

Kastro APARTMENTS €€
(☎22980 75319; www.kastro-margarita.com; Studio & Apt. inkl. Frühstück 120–180 €; ❄📶🏊) Die Studios und Apartments befinden sich in einer privaten, ruhigen Anlage in Zentrumsnähe. Eine zurückhaltende Ausstattung und moderne Annehmlichkeiten gehen mit einladenden Terrassen einher. Wer vom Hafen aus mehrere hundert Meter in westlicher Richtung läuft, sieht das Kastro links in einer Gasse (auch ausgeschildert).

Nissia LUXUSAPARTMENTS €€€
(☎22980 75000; www.nissia.gr; Dapia; Studio inkl. Frühstück 210–280 €; ⏲April–Okt.; ❄@📶🏊) Die Studios und Maisonettes liegen rund um einen geräumigen Innenhof mit Swimmingpool und wohltuenden Grünpflanzen. Hier fühlt man sich in wie in einer exklusiven Oase am Meer. Zur Anlage geht's über die Küstenpromenade gleich nördlich des Dapia-Hafens. Ein gutes Restaurant gehört auch dazu.

Klimis Hotel HOTEL €€
(☎22980 72334; klimishotel@hol.gr; Dapia; EZ/DZ ab 40/60 €; ❄📶) Günstiger findet man auf Spetses keine Zimmer, und diese hier sind durchaus annehmbar; einige haben sogar Balkon mit Meerblick. Im Erdgeschoss befinden sich eine Café-Bar und eine Konditorei.

Villa Christina Hotel PENSION €€
(☎22980 72218; www.villachristinahotel.com; EZ/DZ/3BZ inkl. Frühstück ab 50/60/80 €; ❄📶) Liegt ungefähr 200 m die Hauptstraße vom Hafen aus bergauf. Die gepflegten Zimmer und der hübsche Garten bleiben vom schlimmsten Verkehrslärm verschont.

Hotel Kamelia PENSION €
(☎6939095513; EZ/DZ 45/50 €; ⏲Ostern–Okt.; ❄) Die luftigen Zimmer sind ihr Geld wert. Das Hotel liegt ein Stück zurückgesetzt von der geschäftigen Küstenstraße. Die Gasse rechts vom Kiosk an der Plateia Agiou Mama 100 m hochlaufen, dann vor einer kleinen Brücke rechts abbiegen. Nach weiteren etwa 100 m rechts in eine schmale Gasse einbiegen, an der das Kamelia von Bougainvillea bedeckt liegt.

Villa Marina PENSION €€
(☎22980 72646; www.villamarinaspetses.com; EZ/DZ 55/65 €; ❄) Super einfache Zimmer mit Kühlschränken. Unten gibt's eine Gemeinschaftsküche. Gleich rechts an der Plateia Agiou Mama.

Essen

Das Poseidonion Grand Hotel und Nissia unterhalten hervorragende Restaurants.

LP TIPP **Akrogialia** MEERESFRÜCHTE, TAVERNE €
(☎22980 74749; Kounoupitsa; Hauptgerichte 9–17 €, ⏲9–24 Uhr) Dieses ausgezeichnete Restaurant liegt am Hafen von Kounoupitsa. Zu einer großartigen Küche wird hier auch noch freundlicher Service und eine tolle Lage geboten. Es kommen so leckere Gerichte wie *melidzana rolos* (gebackene Aubergine mit Frischkäse und Walnüssen) auf den Tisch. Empfehlenswert ist auch das hervorragende Fischrisotto (17 €) oder auch das exzellente Steak. Dazu werden sorgfältig ausgewählte griechische Weine serviert.

Patrali MEERESFRÜCHTE €
(☎22980 75380; Hauptgerichte 7–15 €; Kounoupitsa; ⏲Jan.–Okt. Mittag- & Abendessen) Das Patrali gibt es schon seit über 70 Jahren, und es ist auf der ganzen Insel für seine

ausgezeichneten Meeresfrüchte bekannt. Es liegt direkt am Wasser im Stadtteil Kounoupitsa.

Tarsanas MEERESFRÜCHTE €€
(☎22980 74490; Alter Hafen; Hauptgerichte 17–26 €; ⏲Mittag- & Abendessen) Eine sehr beliebte *psarotaverne* (Fischtaverne). Dieser Familienbetrieb bereitet fast ausschließlich Fisch zu. Das Essen kann etwas teurer ausfallen, aber die Fischsuppe (6 €) allein ist schon ein Gedicht. Andere Vorspeisen, wie in Zitronensaft marinierte Anchovis, gibt's schon ab 5 €. Bei den Hauptgerichten sollte man die Spezialität des Tarsanas probieren: Meeresfrüchte-*saganaki* (gebratener Käse).

Hatzi's Taverne TAVERNE €
(☎22980 73723; Alter Hafen; Hauptgerichte 10–15 €; ⏲Mittag- & Abendessen) In diesem Lokal wird nur frische Ware für die besten Standardgerichte griechischer Tavernen verarbeitet. Es gibt alles von Oktopus bis zu Brathähnchen mit Ofenkartoffeln mit Zitronenaroma.

To Nero tis Agapis MEDITERRAN €€
(☎22980 74009; Kounoupitsa; Hauptgerichte 12–19 €; ⏲Mittag- & Abendessen) Das Lokal mit dem wohlklingenden Namen „Wasser der Liebe" ist das Schwesterlokal des Tarsanas, bietet jedoch sowohl Fisch- als auch Fleischgerichte. Die Langusten-Tagliatelle sind Gabel für Gabel ein Genuss, ebenso der *zarzuela* (Fischeintopf). Fleischliebhaber können ein Schweinefilet in Sahnesauce wählen, dazu gibt's eine Auswahl an kreativen Salaten.

Orloff GEHOBENE KÜCHE €€
(☎22980 75255; Alter Hafen; Hauptgerichte 13–19 €; ⏲Abendessen) Frischer Fisch und super Spezialitäten wie Meeresfrüchte-Linguini oder Schweinefilet mit Auberginenpüree sind das Markenzeichen des beliebten Orloff. Die Terrasse liegt über dem Wasser an einer Kurve gleich vor dem Alten Hafen.

La Scala ITALIENISCH €€
(☎22980 73207; Alter Hafen; Hauptgerichte 10–20 €; ⏲Abendessen) Abendessen mit italienischen Spezialitäten, wie frisch zubereitete Pasta und köstlichen, wunderschön präsentierten Meeresfrüchten und Fleisch, auf einer Terrasse im Alten Hafen.

Spetsiotiko TAVERNE €€
(Agiou Mama; Hauptgerichte 15–20 €; ⏲Mittag- & Abendessen) Griechische Standardgerichte, superfrisch und mit Blick auf das Wasser. Die Inhaber knausern nie, und das Essen ist immer lecker.

Taverne O Lazaros TAVERNE €
(☎22980 72600; Hauptgerichte 5–9 €; ⏲Abendessen) Eine kleine Bergwanderung von rund 400 m die Straße Botasi vom Hafen hinauf macht Appetit auf griechische Standards in dieser typischen Taverne, wo Ziegenbraten in Zitronensauce immer noch das beliebteste Gericht ist.

Ausgehen

Das lebendige Nachtleben von Spetses konzentriert sich auf die Bezirke Alter Hafen–Baltiza und dazu gehört u. a. die ausgezeichnete **Throubi Bar. La Luz** hat Livemusik, **Fortezza** und **Mourayo** spielen griechischen Pop und das **Tsitsiano** traditionelle griechische Musik. Zum Tanzen in den **Stavento Club** (www.clubstavento.com) und ins **Baltiza** gehen

Bar Spetsa BAR
(☎22980 74131; ⏲ab 20 Uhr) Eine der großartigsten kleinen Bars. Diese Institution auf Spetses hat nichts von ihrer Integrität und ihrem beschwingten Ambiente eingebüßt. Die Musik in diesem Lokal lässt Erinnerungen wieder wach werden. Die Bar liegt 50 m hinter der Plateia Agiou Mama an der Straße rechts vom Kiosk.

Roussos CAFÉ
(Dapia) Caféhaus wie in den alten Zeiten von Spetses mit Kuchen. Liegt am Hafen

Cine Marina KINO
(Dapia) Hier laufen Hollywood-Blockbuster und Arthouse-Streifen in der Originalfassung.

Praktische Informationen

Die Banken am Dapia-Hafen haben Geldautomaten.

1800 Net Café (in der Nähe des Hotels Poseidonion; pro Std. 3 €; ⏲9–24 Uhr; 📶)

Hafenpolizei (☎22980 72245) Gleich hinter der oberen Terrasse des Dapia-Hafens

Kommunaler Kiosk (⏲Mai–Sept. 10–21.30 Uhr) Am Kai. Die Saisonkräfte beantworten allgemeine Fragen zur Insel.

Mimoza Travel (☎22980 75170; mimoza-kent@aig.forthnet.gr) Am Hafen, vermittelt Unterkünfte und sonstige Dienstleistungen

Post (⏲Mo–Fr 7.30–14 Uhr) An der Straße hinter den Hotels am Wasser

Touristenpolizei (☎22980 73100; ⏲Mitte Mai–Sept.) Gleiche Adresse wie die Hafenpolizei

Unterwegs auf Spetses

Entlang der Küste von Spetses finden sich zahlreiche kleine Buchten mit kleinen, von Pinien beschatteten Stränden. Eine Piste verläuft um die gesamte Küste, sodass ein Roller, Quad oder Fahrrad ideal zur Erkundung geeignet sind. Eine genaue Karte ist ein Muss für alle, die das Inland erforschen möchten: Die neue, detaillierte Inselkarte kann am Kiosk gekauft werden (3,50 €).

In dem winzigen, ruhigen **Xylokeriza** an der Südwestküste gibt's einen Souvlaki-Kiosk mit leckeren und frischen Salaten und köstlichen Ofenkartoffeln.

Ein Stück weiter haben die beliebten Buchten **Agia Paraskevi** und **Agii Anargyri** einen langen Kiesstrand bzw. einen etwas sandigeren Strand. Diese Strände sind zwar malerisch, aber leider etwas überfüllt. Beide Strände bieten Tavernen und Wassersportmöglichkeiten aller Art. Im Sommer fahren Boote und Busse dorthin. Am nördlichen Ende von Anargyri gelangt man auf einem kleinen Pfad zur **Bekiris-Höhle,** die unter Wasser liegt und in die man hineinschwimmen kann.

Weitere schöne Flecken sind die Strände **Vrellos** und **Zogcheria.**

Näher an der Stadt liegt **Agia Marina,** ein kleiner Badeort mit einem Strand, der stark frequentiert wird. Der Strand bei **Ligoneri,** ungefähr 2,5 km nordwestlich von Spetses-Stadt, ist gut mit dem Bus zu erreichen.

Die kleine Insel **Spetsopoula,** vor der Südküste gelegen, ist im Eigentum der Familie Niarchos; Fremden ist der Zutritt nicht gestattet.

PEDALKRAFT

Die Küstenstraße rund um Spetses lässt sich mit einem Motorrad oder Roller erkunden, aber eigentlich ruft sie nach einem Fahrrad (S. 383) – als Gegenmittel zu all dem guten griechischen Essen. Der Rundkurs verläuft 26 km entlang der kurvigen Küste. Die Einheimischen empfehlen die Tour entgegen dem Uhrzeigersinn, um die heftigen Anstiege gleich hinter sich zu bringen, jedoch hat die Fahrt im Uhrzeigersinn den Vorteil einer langen Abfahrt am Schluss.

Das Innere der Insel ist von ruhigeren Straßen und Waldwegen durchzogen. Wer eine größere Herausforderung sucht, kann auch offroad die Berge hinauffahren. Unbedingt eine brauchbare Karte und einen Kompass mitnehmen.

Kykladen

Inhalt »

Gut essen

» Selene (S. 477)
» Deli Restaurant and Sweet Bar (S. 441)
» Levantis (S. 421)
» Eva's Garden (S. 482)
» Ariadne Restaurant (S. 432)

Schön schlafen

» Red Tractor Farm (S. 499)
» Emprostiada Traditional Guest House (S. 449)
» Sofia Pension (S. 421)
» Naxian Collection (S. 429)
» Aroma Suites (S. 460)

Auf zu den Kykladen

Die Kykladen (Κυκλάδες) sind die Region, in der der griechische Lebensstil am intensivsten erlebt werden kann, wo Inseln sich aus der glitzernden Ägäis erheben, ihre ockerfarbenen Hügel mit weißen kubistischen Siedlungen und Kalksteinausblühungen gesprenkelt sind. Tourismus findet hier in erträglichem Ausmaß statt, aber dennoch mit etwas mehr als einem Spritzer sonnengeküsstem Hedonismus. Hier gibt's ein kulturelles Menü, das auf antike und moderne Themen setzt: Bedeutende Ausgrabungsstätten, aber auch kleine großartige Museen und Galerien sind darunter. Erleben kann man hier die Liegestuhl-Strände und das Nachtleben von Mykonos und Ios, Glitzer und Glamour auf Santorin, das ruhigere Inselleben auf Paros und Naxos oder auch die echte einsame Insel, wie Anafi und Koufonisia weit draußen in der blauen See. Überall in den Kykladen gibt es Unterkunfts- und Gastronomieangebote, die mit den besten Adressen Griechenlands mithalten können. Genießen kann man hier den zeitlosen Geist dieser antiken Meilensteine der ägäischen Geschichte und die Wonne des Inselhoppings.

Reisezeit

Mykonos-Stadt

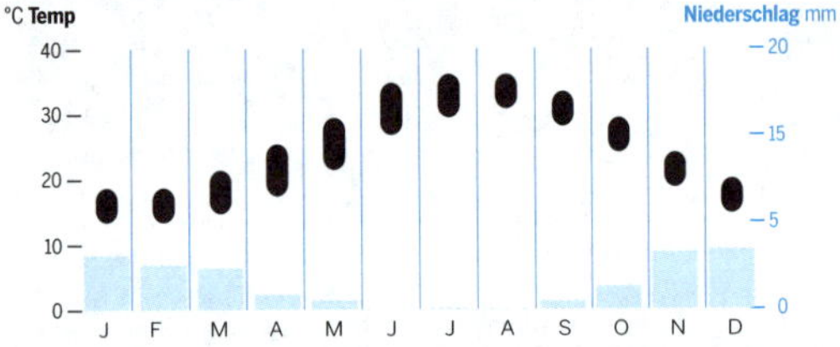

April & Mai Sonne tanken, wenn die Hitze noch nicht so groß und die Boote noch nicht überfüllt sind

Juni–Aug. Sonne, Sand und Meer, milde Nächte und lebhafte Gesellschaft

Sept. & Okt. Strände, viel Platz, duftende Kräuter und tolle Wanderungen in den Bergen der Inseln

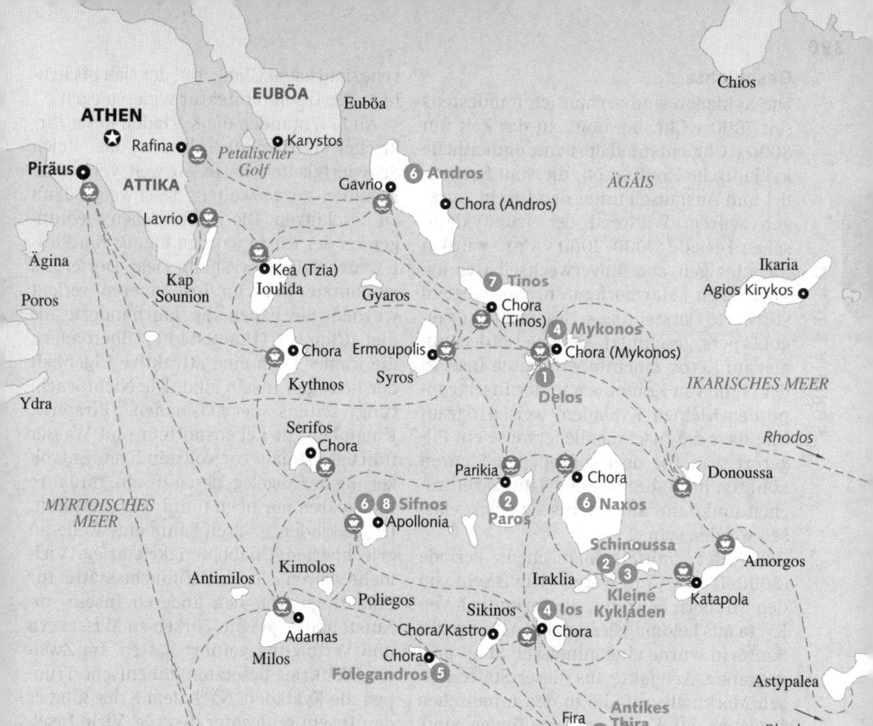

Highlights

1 Die spannenden archäologischen Stätten von **Delos** (S. 414) und dem **antiken Thira** (S. 473) entdecken

2 Die beste kykladische Küche auf **Santorin** (S. 455), **Paros** (S. 416) und **Schinoussa** (S. 441) genießen

3 Eintauchen in die Gelassenheit auf den Inseln der **Kleinen Kykladen** (S. 438)

4 Party bis zum Morgengrauen auf **Mykonos** (S. 404) und **Ios** (S. 450)

5 Die Uhren abstellen auf dem verträumten **Folegandros** (S. 479)

6 Wandern in den Bergen von **Naxos** (S. 427), **Andros** (S. 427) und **Sifnos** (S. 488)

7 Die fesselnde Marmorkunst und -industrie auf **Tinos** (S. 395) entdecken

8 Sich in der Geschichte und Kultur des traditionellen **Sifnos** (S. 488) verlieren

Geschichte

Die Kykladen sind vermutlich mindestens seit 7000 v. Chr. bewohnt. In der Zeit um 3000 v. Chr. entstand dort eine einheitliche kykladische Zivilisation, die vom Seehandel und Austausch unter den Inseln getragen wurde. Während der frühkykladischen Periode (3000–2000 v. Chr.) wurden die winzigen, aber unverwechselbaren kykladischen Marmorfiguren, vorwiegend stilisierte Darstellungen des nackten Frauenkörpers, geschnitzt. Jüngste Entdeckungen auf Keros, einer unbewohnten Insel in der Nähe von Koufonisia in der Inselgruppe der Kleinen Kykladen, weisen darauf hin, dass die Insel möglicherweise ein Pilgerort war. Die dort gefundenen Figuren könnten im Rahmen eines Rituals zerbrochen und dann auf der Insel zurückgelassen worden sein.

In der mittelkykladischen Periode (2000–1500 v. Chr.) waren viele Inseln von den Minoern bewohnt, die vermutlich von Kreta aus kolonialisierten. Bei Akrotiri auf Santorin wurde eine minoische Stadt ausgegraben. Artefakte aus dieser Stätte weisen Merkmale auf, die in den minoischen Palästen auf Kreta wiederzufinden sind. Zu Beginn der spätkykladischen Periode (1500–1100 v. Chr.) geriet der Archipel unter den Einfluss der Mykener vom Peloponnes. Diese wurden im 8. Jahrhundert v. Chr. abgelöst von den nördlichen Dorern.

Mitte des 5. Jahrhunderts v. Chr. gehörten die Kykladen zum athenischen Reich, das bis dahin seine volle Größe erreicht hatte. In der hellenistischen Ära (323–146 v. Chr.) wurden sie erst von Ägyptens ptolemäischen Dynastien und später von den Makedoniern kontrolliert. Im Jahre 146 v. Chr. wurden die Inseln zu einer römischen Provinz. Lukrative Handelsverbindungen wurden zu vielen Orten im Mittelmeerraum aufgenommen.

Die Teilung des römischen Reiches im Jahre 395 n. Chr. führte dazu, dass die Kykladen von Byzanz (Konstantinopel) regiert wurden. Nach der Eroberung von Byzanz durch die Kreuzfahrer im Jahr 1204 gerieten sie unter venezianische Verwaltung. Venedig verteilte die Inseln großzügig an opportunistische Aristokraten. Der mächtigste unter ihnen war Marco Sanudo, der selbsternannte venezianische Herzog von Naxos, der Naxos, Paros, Ios, Santorin, Anafi, Sifnos, Milos, Amorgos und Folegandros erwarb. Er brachte einen venezianischen Glanz mit, der sich bis heute in der Inselarchitektur widerspiegelt.

Ab 1537 standen die Kykladen unter türkischer Herrschaft, obwohl das Reich Schwierigkeiten hatte, so weit verstreute Kolonien zu verwalten, geschweige denn zu beschützen. Die kykladischen Siedlungen an der Küste wurden häufig von Piraten überfallen, weshalb viele Dörfer an geschützte Orte im Inselinneren verlegt wurden. Sie haben die Jahrhunderte als die „Choras“ (Hauptstädte) überdauert, die immer noch eine attraktive Eigenheit der heutigen Inseln sind. Die Nichtbeachtung seitens der Osmanen, Piraterie, Knappheit an Lebensmitteln und Wasser führten oftmals zur vollständigen Entvölkerung der abgelegeneren Inseln. Im Jahre 1563 waren nur noch fünf Inseln bewohnt. Die Kykladen spielten kaum eine Rolle im griechischen Unabhängigkeitskrieg. Vielmehr waren sie eine Zufluchtsstätte für Flüchtlinge von den anderen Inseln, wo Aufstände gegen die Türken zu Massakern und Verfolgung geführt hatten. Im Zweiten Weltkrieg besetzten italienische Truppen die Kykladen. Nach dem Krieg ging es den Inseln schlechter denn je. Viele Inselbewohner lebten in großer Armut, und noch deutlich mehr von ihnen gaben den Kampf auf und zogen auf der Suche nach Arbeit auf das Festland oder sogar weiter nach Amerika oder Australien.

Mit dem Tourismusboom, der in den 70er-Jahren des 20. Jahrhunderts begann, wendete sich das Blatt für die Kykladen wieder. Die Herausforderung besteht jedoch weiterhin darin, alternative und nachhaltige Wirtschaftszweige zu finden, die nicht die Schönheit und Attraktivität dieser bemerkenswerten Inseln verderben.

ANDROS

4107 EW.

Andros (Ανδρος) liegt friedlich und verträumt abseits des Mainstreams am nördlichen Rand der Kykladen und ist das ideale Reiseziel für alle, die eine Insel ohne Trubel suchen. Nach Naxos ist sie die zweitgrößte Insel der Kykladen. Die Landschaft ist geprägt von kahlen Bergen und tiefen Tälern. Ein Netz aus Wanderwegen, viele davon mit Stufen und Kopfsteinpflaster, durchzieht die Hügel, und die Insel hat ein faszinierendes archäologisches und kulturelles Erbe.

Andros

Andros hat mehrere Strände, viele davon sind recht abgelegen. Es gibt drei Hauptsiedlungen: den schlichten Hafen Gavrio, den Badeort Batsi und die hübsche Hauptstadt Chora, die auch Andros genannt wird.

An- & Weiterreise

Andros ist am besten vom Festlandhafen Rafina aus zu erreichen, der 66 km und nur zwei Fährstunden entfernt liegt. Es verkehren regelmäßig Fähren in Richtung Süden zu den Nachbarinseln Tinos, Syros und Mykonos. Von dort aus kann der Rest des Archipels bereist werden.

FÄHRVERBINDUNGEN AB ANDROS

REISEZIEL	HAFEN	DAUER	PREIS	HÄUFIGKEIT
Kea (Tzia)	Gavrio	6 Std. 20 Min.	10 €	2-mal wöchentl.
Kythnos	Gavrio	5 Std. 10 Min.	15 €	1-mal wöchentl.
Mykonos	Gavrio	2 Std. 20 Min.	15 €	3-mal tgl.
Rafina	Gavrio	2½ Std.	15 €	4–8-mal tgl.
Syros	Gavrio	2 Std. 50 Min.	9 €	7-mal tgl.
Tinos	Gavrio	1 Std. 35 Min.	12 €	4 mal tgl.

Unterwegs vor Ort

Es verkehren täglich neun Busse (am Wochenende weniger) zwischen Gavrio und Chora (4 €, 55 Min.) über Batsi (1,50 €, 15 Min.). Die Fahrpläne hängen an den Bushaltestellen in Gavrio und Chora aus; ansonsten gibt's eine telefonische Auskunft unter ☎22820 22316.

Ein **Taxi** (☎Gavrio 22820 71171, Batsi 22820 41081, Chora 22820 22171) von Gavrio nach Batsi kostet ungefähr 10 € und nach Chora 35 €. Ein Mietwagen kostet im August rund 35 € und in der Nebensaison 25 €. **Euro Rent A Car** (☎22820 72440; www.rentacareuro.com) befindet sich gegenüber dem Fähranleger in Gavrio.

Gavrio Γαύριο

974 EW.

Das an der Westküste gelegene Gavrio stellt den Haupthafen von Andros dar. Abgesehen von den zahlreich ankommenden Fähren handelt es sich um einen eher ruhigen Ort, der mitunter etwas trist erscheinen mag.

Schlafen & Essen

Ostria Hotel and Apartments APARTMENTS €€
(☎22820 71551; www.ostria-studios.gr; EZ/DZ/Apt. 60/70/90 €; P ❄ @) Die geräumigen und angenehmen Zimmer in dieser günstig gelegenen Unterkunft, nur 300 m weiter an der Straße nach Batsi, befinden sich in einer terrassenförmigen Anlage. Die Apartments sind mit Kochgelegenheiten ausgestattet.

Andros Camping CAMPINGPLATZ €
(☎22820 71444; www.campingandros.gr; Stellplätze pro Erw./Kind/Zelt 6,50/3/3 €; P ≋) Ein schattiger Zeltplatz nur rund 400 m hinter dem Hafen. Ein kleines Zelt kann für 6 € und ein großes für 10 € gemietet werden.

Sails MEERESFRÜCHTE €€
(Hauptgerichte 7,50–22 €) Eine ausgezeichnete *ouzerie* (Lokal, das Ouzo und kleine Gerichte serviert) und *psarotaverna* (Fischtaverne). Das Sails hat in der Regel guten Fisch aus heimischen Gewässern auf der Speisekarte. Eine einigermaßen große Seebrasse kostet rund 25 €. Es kommen außerdem aber auch leckere Huhn- und Schweinefleischgerichte auf den Tisch.

Praktische Informationen

Der Fähranleger befindet sich in der Mitte des Hafenbeckens und die Bushaltestelle gleich davor. Die Post liegt etwa 150 m weiter links vom Fährkai. Ein Geldautomat ist vor Kyklades Travel zu finden. Eine Bank mit einem Geldautomaten ist in der Mitte der Hafenstraße zu finden.

Hafenpolizei (☎22820 71213) Befindet sich direkt am Wasser

Kyklades Travel (☎22820 72363; lasia@otenet.gr) Ein nützliches Büro gegenüber dem Fähranleger, das außerdem über eine Zweigstelle ca. 50 m rechts von der Agricultural Bank of Greece verfügt. In dem Reisebüro können Fährtickets erworben werden, und es werden Unterkünfte vermittelt.

Batsi Μπατσί

1069 EW.

Batsi liegt 7 km südöstlich von Gavrio an einer hübschen Bucht. Es ist der Hauptbadeort der Insel und ein fröhlicher, einfacher Ort, der im Juli und August zu Höchstform aufläuft. Ein langer Sandstrand geht in eine geschwungene Hafenpromenade über, an der Cafés, Tavernen und Shops wie Perlen aufgereiht sind.

Greek Sun Holidays (☎22820 41198; www.andros-greece.com), an dem weiter entfernten Ende des Hafens gelegen, kann Unterkunft, Mietwagen und Fährtickets vermitteln. Roller sind für rund 18 bis 25 € pro Tag bei **Dino's Rent-a-Bike** (☎22820 42169) am Parkplatz zu haben.

In den Monaten Juli und August gibt's gut gewartete Boote für Freizeitkapitäne bei **Riva Boats** (☎22820 24412, 69744 60330) in Chora.

Die winzige Post liegt neben der Taverne gegenüber der Bushaltestelle. Der Taxistand, die National Bank und Alpha Bank (beide verfügen über Geldautomaten) sind in der Mitte der Uferpromenade zu finden.

Schlafen & Essen

In den Monaten Juli und August sowie für die Wochenenden auch im Juni und September sollte unbedingt im Voraus reserviert werden.

Likio Studios APARTMENTS €€
(☎22820 41050; www.likiostudios.gr; DZ/Apt. 80/130 €; P ❄ ᯤ) Eine herzliche Atmosphäre macht diese geräumigen und gut ausgestatteten Zimmer und Apartments zu einer guten Wahl. Vor der Tür wartet ein friedlicher Garten voller Blumen. Die Unterkunft liegt rund 150 m landeinwärts vom Strand an der Straße links vom großen Parkplatz.

Cavo D'ora Pension PENSION €
(☎22820 41766; EZ/DZ 30/45 €) Die Pension liegt über einer Snackbar und Pizzeria. Die paar hübschen Zimmer sind ihr Geld wert. Das Frühstück kostet 5 €, *mezedhes* gibt's für 6 bis 7 € und Pizza und Pasta für 7 bis 9 €. Sie ist an dem von Bäumen gesäumten Eingang zur Stadt gleich gegenüber dem Hafen zu finden.

LP TIPP **Stamatis Taverna** TAVERNE €
(☎22820 41283; Hauptgerichte 5,50–18 €) Eine gut geführte und freundliche Taverne

an der Terrasse oberhalb des Hafens, die eine großartige Auswahl an Vorspeisen bietet, z.B. *pikandiko* (Kasserolle mit Feta, Tomaten, grüner Paprika, Oregano und Gewürzen). Die Fischsuppe und Gemüsesuppe sind köstlich.

Oti Kalo TAVERNE €
(☎22820 41287; Hauptgerichte 5,50–12 €) Der Name bedeutet „Alles gut", und das ist keine leere Versprechung. Die Spezialität von Andros, *froutalia* (Omelette mit würziger Wurst und Kartoffeln), ist eine Spezialität des Hauses, ansonsten gibt's bei den Hauptgerichten auch Schweinefleisch in Weißwein-, Zitronen- und Oreganosauce.

Chora (Andros) Χώρα (Ανδρος)

1801 EW.

Chora entfaltet seinen Charme auf einer schmalen, felsigen Halbinsel zwischen zwei Buchten an der Ostküste von Andros, 35 km südöstlich von Gavrio. Die zahlreichen klassizistischen Gebäude verraten venezianische Wurzeln, daneben findet man byzantinische und osmanische Akzente. Choras kulturelles Erbe wird noch ergänzt durch sein Museum für Moderne Kunst und ein eindrucksvolles Archäologisches Museum.

Sehenswertes & Aktivitäten

Chora hat zwei hervorragende Museen. Beide wurden dem Staat von Basil und Elise Goulandris vermacht, einer wohlhabenden andriotischen Reederfamilie.

Archäologisches Museum von Andros MUSEUM
(☎22820 23664; Plateia Kaïri, Erw./Kind/erm. 3/2/frei €; ⏲Di–So 8.30–15 Uhr) Dieses Museum beherbergt Funde aus den Siedlungen Zagora und Paleopoli (9. bis 8. Jahrhundert v.Chr.) an der Westküste von Andros, außerdem Ausstellungsstücke aus der römischen, byzantinischen und frühchristlichen Zeit. Darunter befindet sich auch eine faszinierende Marmorkopie einer Bronzestatue des **Hermes von Andros** von Praxiteles aus dem 4. Jahrhundert.

Museum für Moderne Kunst MUSEUM
(☎22820 22444; www.moca-andros.gr; Erw./Stud. Juni–Sept. 6/3 €, Okt.–Mai 3/1,50 €; ⏲Juni–Sept. Mi–Sa & Mo 10–14 & 18–20 Uhr, So 10–14 Uhr, Okt.–Mai Sa–Mo 10–14 Uhr) Mit diesem Museum hat Andros sich einen Namen in der internationalen Kunstwelt gemacht. Die Hauptgalerie zeigt das Werk prominenter griechischer Künstler. Dazu veranstaltet die Galerie jedes Jahr in den Sommermonaten eine Einzelausstellung mit den Werken der großen Künstler dieser Welt. Bisher gab es Ausstellungen mit Originalwerken von Picasso, Matisse, Braque, Toulouse-Lautrec und Miro, was für eine bescheidene griechische Insel eine bemerkenswerte Leistung ist. Die Galerie erreicht man über die Treppen, die von der Plateia Kaïri zum alten Hafen führen.

Bronzestatue DENKMAL
Die riesige Bronzestatue eines Seemanns steht auf der Plateia Riva zu Ehren der Seefahrertradition von Chora. Der Größe und dem Stil nach wirkt sie eher wie ein russischer Triumphator.

Venezianische Festung RUINEN
Die Ruinen einer venezianischen Festung stehen auf einer Insel, die mit der Spitze der Landzunge durch altersschwache Überreste einer steilen Bogenbrücke verbunden ist.

Riva Boats BOOTSAUSFLÜGE
(☎22820 24412, 6974460330; Nimborio) Eine tolle Idee ist es, sich ein Boot zu mieten und einige der großartigen Strände an der West- und Nordküste zu besuchen, von denen die meisten nur schlecht auf dem Landweg erreichbar sind. Riva Boats vermietet erstklassige 4,5-m-Boote norwegischer Herkunft mit 20-PS-Außenbordmotor, Rettungsboot, Anker und sogar Mobiltelefon. Die Miete pro Boot und Tag beträgt mindestens 80 €, ein Bootsführerschein ist nicht erforderlich. Nach telefonischer Absprache kann Riva auch die Bootsübernahme ab Batsi arrangieren.

Schlafen & Essen

Karaoulanis Studios-Apartments APARTMENTS €€
(☎22820 24412, 6974460330; www.androsrooms.gr; DZ/Apt. 50/100 €) Diese schicken Studios und Apartments für Selbstversorger liegen am Rand von Chora und haben eine coole Ausstattung und Möbel. Die Familienmitglieder sprechen Englisch und Französisch. Auch mit dem Verleih von Rollern und Booten kennen die Inhaber sich aus.

Alcioni Inn APARTMENTS €€
(☎22820 23652, 69734 03934; www.alcioni.gr; Nimborio; DZ 110 €; ❄📶) Diese komfortablen

und gut ausgestatteten Zimmer für Selbstversorger liegen mitten am Hauptabschnitt des Nimborio-Strandes. Sie warten mit einer erfrischenden und ansprechenden Architektur im Marinestil mit Fenstern wie Bullaugen auf, die in einigen der Apartments das Meer einrahmen. Diese Familie hat auch noch weitere Apartments in Chora.

Hotel Egli HOTEL €€
(☎22820 22060; www.eglihotel.gr; DZ/3BZ 80/95 €; ❄@🛜) Das Egli befindet sich in einem hochherrschaftlichen alten Gebäude und wurde erst kürzlich renoviert. Einrichtung und Stil wurden in eine elegante und komfortable Mischung aus Alt und Neu überführt. Schon alleine die großartige geschwungene Treppe ist sehenswert. Das Frühstück kostet 8 €.

Karaoulanis PENSION €
(☎22820 24412, 6974460330; www.androsrooms.gr; DZ/Apt. 50/100 €) Dieses hohe, alte Haus liegt gleich unten am Hafen und hat helle und angenehme Zimmer. In der Nebensaison sind die Preise recht günstig.

Parea TAVERNE €
(Hauptgerichte 6–10 €) Eine schon lange bestehende Taverne, die bei den Einheimischen beliebt ist. Das Parea liegt im Stadtzentrum und hat eine schöne Terrasse mit Blick auf den Paraporti-Strand. Sehr gut schmecken hier der gefüllte Tintenfisch in Tomatensauce, ebenso ein paar einheimische Fleischgerichte, aber auch die vegetarischen Alternativen.

Palinorio MEERESFRÜCHTE €
(Nimborio; Hauptgerichte 7–12 €) Der Fisch wird hier in diesem alteingesessenen und zuverlässigen Restaurant am Wasser am Rande des Nimborio-Strandes pro Kilo verkauft. Hummergerichte werden besonders gekonnt zubereitet. Traditionelle griechische Gerichte und Pastagerichte sind ebenfalls erhältlich.

Nonna's MEERESFRÜCHTE €
(Plakoura; Hauptgerichte 6–10 €) Authentische *mezedhes* und Fischgerichte sind in dieser beliebten kleinen Taverne, die sich am alten Hafen befindet, an der Tagesordnung. Fragen sollte man hier nach frischen Fischgerichten, die hauptsächlich aus dem Fang des familieneigenen Bootes zubereitet werden. Vegetarier finden auch eine ganz gute Auswahl, von Salaten bis hin zu Zucchinikuchen.

ℹ Praktische Informationen

Die Bushaltestelle befindet sich an der Plateia Goulandri, von wo aus eine schmale Gasse an einem Taxistand am weiten Hauptplatz der Stadt vorbei zu einer T-Kreuzung führt. Das Postgebäude liegt links. Am oberen Ende des Platzes befindet sich der **Stand der Touristeninformation.** Er ist nur in den Sommermonaten besetzt und wird vom Rathaus finanziert. Die mit Marmor gepflasterte und eigentlich in eine Fußgängerzone umgewandelte Hauptstraße führt rechts hinab.

An der Hauptstraße gibt es mehrere Banken mit Geldautomaten. Eine Gasse mit ein paar Stufen führt links zum alten Hafenbezirk Plakoura und zum Nimborio-Strand.

Ein weiteres Stück die Hauptstraße entlang liegt die hübsche zentrale Plateia Kaïri mit schattigen Tavernen und Cafés direkt beim Archäologischen Museum von Andros.

Roller und Motorräder verleihen Riva Boats und Karaoulanis Studios-Apartments für 15 bis 18 € pro Tag.

Unterwegs auf Andros

Zwischen Gavrio und der Paleopoli-Bucht stehen mehrere nette Strände zur Auswahl, darunter **Agios Kyprianos** mit einer kleinen Kirche und einer nahe gelegenen Taverne, **Delavoia,** der zur Hälfte ein FKK-Strand ist, **Anerousa** und der **Grüne Strand.**

Paleopoli, 7 km südlich von Batsi an der Küstenstraße, ist die Stätte, an der sich das Antike Andros befand. Hier wurde der Hermes von Andros gefunden. Das kleine, aber interessante **Archäologische Museum von Paleopoli** (☎22829 41985; Eintritt frei; ⏲Di–So 8.30–15 Uhr) zeigt und erklärt Funde aus der Region.

Wer über ein eigenes Transportmittel verfügt, für den lohnt sich ein Ausflug an die Westküste der Insel. Wer bei Batsilianos in Richtung Nordosten abbiegt, gelangt durch eine reizvolle Landschaft aus Feldern und Zypressen hindurch nach **Ormos Korthiou.** Dieses Dorf liegt an einer Bucht mit einem mittelmäßigen Strand. Von hier aus geht's weiter in Richtung Norden über die wunderschöne Küstenstraße. Chora erreicht man schließlich nach weiteren 20 km.

Von Chora aus führt eine landschaftlich sehr schöne Straße in Richtung Norden durch die hohen Hügel im Landesinneren von Andros. Über Serpentinen geht's dann wieder hinab nach Batsi.

TINOS

8614 EW.

Tinos (Τήνος) ist immer noch ein Zentrum der griechischen orthodoxen Religion, besonders sein Haupthafen, Chora. Dort befindet sich die imposante Kirche Panagia Evangelistria, in welcher die heilige Ikone der Megalochari, der Heiligen Jungfrau, steht. Dennoch wird die landschaftliche Schönheit der Insel insgesamt auch die Herzen der eingefleischtesten Atheisten erobern. Die heilige Ikone ist eine der am meisten verehrten in Griechenland und wurde im Jahr 1822 auf dem Stück Land gefunden, auf dem sich heute die Kirche Panagia Evangelistria befindet. Von Beginn an wurden der Ikone Heilkräfte nachgesagt, was zu Massenpilgerfahrten nach Tinos und zum kommerziellen Aufschwung der Insel führte. In den Straßenbelag der Leoforos Megalocharis ist auf der einen Seite ein gummierter Streifen eingelassen, der seitlich beleuchtet wird. Hier sind das ganze Jahr hindurch Pilger zu sehen, die auf Händen und Knien zur Kirche kriechen und dabei lange Kerzen vor sich herschieben. Das letzte Stück führt über eine Treppe mit Läufer. Die Religion steht in Chora noch immer im Vordergrund. Dennoch tobt das Leben in der Stadt wie in jedem anderen typischen Inselhafen.

Dahinter erstreckt sich eine faszinierende Landschaft aus zerklüfteten, felsigen Hügeln, in der über 40 Dörfer verstreut liegen, die wie zutage tretender Marmor aus den gescheckten Hügeln hervorblitzen. Überall auf dem Land sind zahllose verzierte Taubenschläge zu erblicken, ein Vermächtnis der Venezianer. Es findet sich eine ausgeprägte kunsthandwerkliche Tradition auf Tinos, nicht zuletzt im Bildhauerdorf Pyrgos, das im Norden der Insel liegt, wo sich die Marmorsteinbrüche befinden.

Tinos

An- & Weiterreise

Tinos ist gut mit der Fähre zu erreichen. Es gibt regelmäßige Verbindungen zu den Festlandhäfen Rafina und Piräus sowie zu den Nachbarinseln Syros und Andros. Im Süden gibt's Anschlussverbindungen nach Mykonos und zu weiteren Orten.

In Chora gibt es zwei Kais, an denen die Fähren ablegen. Die Einheimischen nennen diese Kais „Häfen". Der äußere Hafen ist das Hauptdock für die herkömmlichen und die größeren Schnellfähren. Er liegt rund 300 m nördlich des Haupthafens. Der mittlere Hafen, in dem die kleineren Schnellfähren festmachen, liegt am Nordende des Haupthafens der Stadt. Wer ein Fährticket kauft, sollte bei der Gelegenheit gleich nachfragen, von welchem dieser beiden Häfen die Fähre abfährt. Der Fußmarsch von der Mitte von Chora bis zum äußeren Hafen dauert mindestens 20 Minuten.

FÄHRVERBINDUNGEN AB TINOS

REISEZIEL	HAFEN	DAUER	PREIS	HÄUFIGKEIT
Andros	Tinos	1 Std. 35 Min.	12 €	4-mal tgl.
Lavrio	Tinos	5½ Std.	19 €	1-mal wöchentl.
Mykonos	Tinos	30–40 Min.	7 €	4-mal tgl.
Mykonos*	Tinos	15–25 Min.	11 €	5-mal tgl.
Naxos *	Tinos	1 Std.	26,50 €	2-mal wöchentl.
Paros	Tinos	55 Min.	32,70 €	1–2-mal tgl.
Piräus	Tinos	4½ Std.	29 €	1-mal tgl.
Piräus*	Tinos	4 Std.	48-51 €	3-mal tgl.
Rafina	Tinos	3 Std. 50 Min.	23,50 €	5-mal tgl.
Rafina*	Tinos	1¾ Std.	48,50 €	5-mal tgl.
Syros	Tinos	30 Min.	5,50 €	4–5-mal tgl.
Syros*	Tinos	1 Std. 10 Min.	8 €	3-mal tgl.

*Schnellverbindungen

Unterwegs vor Ort

Von Juni bis September fahren regelmäßig Busse von Chora (Tinos) nach Porto und Kionia (1,60 €, 10 Min.) und mehrere Busse täglich nach Panormos (4,50 €, 1 Std.) über Kambos (1,60 €, 15 Min.) und Pyrgos (3,70 €, 50 Min.). Die Busse fahren an der Bushaltestelle am Hafen von Chora gegenüber dem Ticketverkauf ab, der sich gleich neben dem Hotel Poseidon befindet. Fahrkarten können aber auch direkt im Bus gekauft werden.

Motorräder (15 bis 20 € pro Tag) und Autos (mindestens 44 € an Wochentagen, 60 € am Wochenende) können bei einer Reihe von Verleihern an der Uferpromenade von Chora geliehen werden. In der Nebensaison sinken die Preise. **Vidalis Rent a Car & Bike** (☎22830 25670; Trion Ierarhon 2) ist ein zuverlässiges Unternehmen. Es verfügt über eine zweite Niederlassung direkt gegenüber dem inneren Ende des äußeren Hafens.

Chora (Tinos)
Χώρα (Τήνος)

4615 EW.

Chora, auch Tinos genannt, ist die Hauptstadt und der Hafen der Insel. Am Hafen liegen die Cafés und Hotels dicht an dicht. Die schmalen Gassen dahinter sind gesäumt von Restaurants und Tavernen. An den Straßen zur Kirche Panagia Evangelistria hinauf reihen sich Geschäfte und Verkaufsstände voller Souvenirs und Devotionalien aneinander, dazwischen findet sich immer mal wieder ein Handyladen als Vertreter der modernen Ikonografie.

Sehenswertes

Tinos hat ein beneidenswertes kulturelles Erbe, und mehrere spannende Museen zeugen davon.

Panagia Evangelistria KIRCHE

(⏲8–20 Uhr) Die klassizistische Kirche Mariä Verkündigung ist das berühmte religiöse Zentrum der Insel. Sie ist aus Marmor aus den inseleigenen Panormos-Steinbüchen erbaut. Die Anlage liegt in einem netten Hof mit schattigen Arkaden an den Außenseiten. Innerhalb der Kirchenanlage beherbergen mehrere Museen religiöse Artefakte, Ikonen und auch Säkularkunst.

Kulturstiftung von Tinos GALERIE

(☎22830 29070; www.itip.gr; Erw./Kind/Stud. 3 €/frei/frei; ⏲ Juni–Okt. Mo, Mi & Do 9–15 Uhr, Fr–So 10–14 & 19–21 Uhr, Nov.–Mai Mo–Fr 8–16 Uhr) Dieses ausgezeichnete Kulturzentrum ist der Stolz von Chora. Es befindet sich in einem schönen klassizistischen Gebäude an der südlichen Uferstraße. Im Obergeschoss zeigt eine Galerie eine sehenswerte Dauerausstellung zum Werk des berühmten tinischen Bildhauers Yannoulis Chalepas, während eine zweite Galerie Wechselausstellungen präsentiert. Musikveranstaltungen organisiert das Zentrum in den Sommermonaten, sie reichen von Klassik bis hin zu Jazz. Es gibt eine Bibliothek, einen Laden, ein Café und Internetzugang (3 € pro Stunde).

Archäologisches Museum MUSEUM

(☎22830 22670; Leoforos Megaloharis; Eintritt 2 €; ⏲Di–So 8–15 Uhr) Nach dem Verlassen der Kirche befindet sich rechts das kleine

Museum. Seine Sammlung umfasst auch eindrucksvolle Ton-*pithoi* (minoische Vorratskrüge).

Schlafen

Chora ist überlaufen am 25. März (Mariä Verkündigung), 15. August (Mariä Himmelfahrt) und 15. November (Beginn der orthodoxen Adventszeit). Wer nicht Monate im Voraus ein Hotel reserviert hat, muss dann zusammen mit den übrigen obdachlosen Gläubigen auf der Straße nächtigen.

LP TIPP Altana Hotel BOUTIQUEHOTEL €€
(☎22830 25102; www.altanahotel.gr; EZ/DZ inkl. Frühstück 85/100 €, Suite inkl. Frühstück 145–220 €; P❄@📶) Dieses reizende Hotel rund 700 m nördlich der Stadt zeigt sich im modernen kykladischen Stil. Seine schneeweißen Wände und coolen Interieurs greifen typische Motive aus Tinos auf. Das Altana ist die ideale Basis zur Erkundung der Insel. Die junge Inhaberfamilie ist höflich und freundlich.

Athos APARTMENTS €€
(☎22830 24702; www.athostudio.gr; EZ/DZ/3BZ 45/55/70 €; ❄) Das Athos liegt versteckt in einer ruhigen Ecke des äußeren Hafens. Die angenehmen Zimmer für Selbstversorger sind komfortabel und in einem guten Zustand. Die vorderen Zimmer haben Balkone mit Blick auf das Meer. Die Eigentümer heißen Gäste sehr freundlich willkommen. Hier wird hauptsächlich Griechisch gesprochen.

Nikoleta DOMATIA €
(☎22830 24719; www.nikoletarooms.gr; Kapodistriou 11; EZ/DZ/Studios ohne Klimaanlage 25/30 €, EZ/DZ/Suite mit Klimaanlage 40/50/55 €; ❄📶) Das kürzlich renovierte Nikoleta ist vom südlichen Stadtrand aus noch ein Stück weiter landeinwärts gelegen, aber die gut ausgestatteten Zimmer sind ihr Geld mehr als wert, und die Begrüßung ist herzlich. Ein sehr schöner Garten gehört zum Haus.

Hotel Poseidonio HOTEL €€
(☎22830 23123; www.poseidonio.gr; Paralia 4; EZ/DZ/3BZ inkl. Frühstück 40/75/90 €; ❄📶) Ordentliche Zimmer in der Mitte der Uferpromenade

Oceanis HOTEL €
(☎22830 22452; oceanis@mail.gr; Akti G Drosou; EZ/DZ/3BZ 35/50/70 €; ❄) Die Zimmer sind nicht übermäßig groß in diesem modernen, gut geführten Hotel mit Aufzug.

Essen

LP TIPP Symposion MEDITERRAN €€
(Evangelistria 13; Hauptgerichte 9–18 €) Eine hübsche Treppe führt zu diesem eleganten Café-Restaurant. Die ausgezeichnete Speisekarte umfasst leckere gemischte Platten, Pasta und solch köstliche Hauptgerichte wie Schollenfilet oder mit Pflaumen gefülltes Schweinefilet. Auf der Frühstückskarte (4 bis 17 €) ist ein großes Angebot zu finden, von Toast bis hin zu einem mächtigen tinesischen Special. Außerdem sind auch Crêpes und Sandwiches (3,50 bis 9,50 €) erhältlich.

Metaxy Mas GRIECHISCH €€
(Plateia Palladas; Hauptgerichte 8–19,50 €) Moderne mediterrane Küche ist die Regel in diesem schicken Restaurant, in dem leckere Vorspeisen, wie Artischocken aus Tinos, Auberginensoufflé und *louza* (einheimischer geräucherter Schinken), die Grundlage bilden für schmackhafte Hauptgerichte, wie Hühnchen in Orangensauce, oder lokale Spezialitäten, wie Tintenfisch mit Spinat.

To Koutouki tis Elenis GRIECHISCH €€
(G Gagou 5; Hauptgerichte 7–18 €) Dieses gemütliche kleine Lokal ist an einer schmalen Straße gelegen, die am unteren Ende der Evangelistria abzweigt. Sein rustikales Ambiente passt gut zu den ausgefallenen Gerichten: Schweinekotelett in Cognac flambiert oder Kanincheneintopf mit Perlzwiebeln.

Pallada Taverna TAVERNE €
(Plateia Palladas; Hauptgerichte 6–13,50 €) Eine bei den Einheimischen beliebte Taverne mit Gerichten wie Kalbfleisch-*pastitsio* (Kalbfleisch mit Makkaroni), frischer Tintenfisch gefüllt mit Fleisch und Zucchinibällchen mit Anis und Käse. Die einheimischen Weine vom Fass schmecken nach mehr, und der hauseigene Retsina ist mehr als fein.

Ausgehen & Entertainment

In den hinteren Gassen gegenüber dem mittleren Hafen gibt's zahlreiche Musik- und Tanzbars, wie **Village Club, Volto** und **Sibylla,** die in Bonbonfarben ausgeleuchtet sind und lautstarke Club-Standards und griechischen Pop als Kontrapunkt zu all dem religiösen Singsang spielen.

Koursaros TAVERNE
(⏲8–3 Uhr) Diese alteingesessene Bar spielt einen gelungenen Mix aus Rock, Funk und

Jazz. Sie liegt am äußeren Ende der Reihe der Café-Bars am Hafen.

Praktische Informationen

Es gibt zwei Kais, von denen die Fähren ablegen. Über deren Lage sollten sich Reisende unbedingt im Klaren sein (siehe S. 396).

Die steile Straße Leoforos Megalocharis, geradeaus hoch von der Mitte der Hauptuferpromenade, ist der Weg, den die Pilger zur Kirche nehmen. Die schmalere Einkaufsstraße Evangelistria, die ebenfalls zur Kirche führt, liegt rechts daneben.

Die Post liegt am südöstlichen Ende des Hafens, gleich neben der Busstation, und die National Bank of Greece (mit Geldautomat) liegt 50 m links des Hotels Poseidonio.

Hafenpolizei (☎22830 22348; Kionion) An der Straße gegenüber dem äußeren Hafen

Malliaris Travel (☎22830 24241; Fax 22830 24243; malliaris@thn.forthnet.gr; Paralia) Am Wasser neben dem Hotel Poseidonio; verkauft Fährtickets

Symposion (☎22830 24368; Evangelistria 13) Schickes Café-Restaurant mit Internetzugang (3 € für 30 Min.)

Unterwegs auf Tinos

Außerhalb von Chora mit seiner allgegenwärtigen Frömmigkeit und bodenständigen Geschäftstüchtigkeit ist die Landschaft von Tinos an sich schon eine Offenbarung. Sie ist ein prächtiger Mix aus wilden Berggipfeln, Klippen, unverdorbenen Dörfern, schönen Stränden und faszinierender Architektur, darunter auch malerische Taubenschläge.

Bei **Porto,** 6 km östlich von Chora, gibt's einen netten, nicht überlaufenen Strand mit Blick auf Mykonos. Rund einen Kilometer weiter liegt der sogar noch schönere Strand **Pahia Ammos.**

Kionia, 3 km nordwestlich von Chora, hat mehrere Strände. In der Nähe des größten liegen ein paar Überreste des **Heiligtums von Poseidon und Amphitrite** aus dem 4. Jahrhundert v. Chr. Der Tempel war einst eine enorm große Anlage, die wohl ähnlich viele Pilger anzog wie die Kirche Panagia Evangelistria heutzutage.

Rund 17 km nordwestlich von Chora liegt das hübsche Dorf **Kardiani,** das auf einer steilen Klippe thront und von Grün umrahmt wird. Schmale Gassen durchziehen das Dorf, und die Ausblicke auf Syros sind atemberaubend.

Ungefähr 12 km nördlich von Chora liegt an der Nordküste die **Kolymvythra-Bucht** mit zwei Sandstränden.

Pygros ist ein hübsches Dorf, in dem sogar der Friedhof ein Schmuckstück aus Marmor ist. Ende des 19. und Anfang des 20. Jahrhunderts war Pyrgos das Zentrum einer bemerkenswerten Bildhauertradition, die von dem Angebot an ausgezeichnetem Marmor lebte.

Gleich gegenüber dem Parkplatz an der Zufahrtstraße nach Pyrgos liegt das **ehemalige Wohnhaus von Gianulis Chalepas** (Erw./Kind 5/2,50 €; ⌚April–Mitte Okt. 10.30–14.30 & 17–20 Uhr). Das Museum ist faszinierend. Das bescheidene Zimmer und Atelier des Bildhauers mit den streifigen Gipswänden und Schieferböden können besichtigt werden. Alles ist sehr gut erhalten. Eine angrenzende Galerie zeigt sehenswerte Arbeiten einheimischer Bildhauer. Ganz hervorragend sind das *Mädchen auf einem Felsen* von Georgios Vamvakis, *Hamlet* von Loukas Doukas und eine Kopie der ausdrucksstarken Skulptur *Fischer* von Dimitrios Filippolis.

Ungefähr 6 km direkt nördlich von Chora liegt das winzige Dorf **Volax,** ein paar verstreute weiße Häuser im Herzen eines Amphitheaters aus niedrigen Hügeln, die mit hunderten dunkler Felsbrocken übersät sind. Es gibt ein **Volkskundemuseum** (einfach im nächstgelegenen Haus nach dem Schlüssel fragen), eine nette katholische Kapelle und ein Freilichttheater. Eine

WUNDERBARER MARMOR

An den Hängen oberhalb von Pyrgos liegt das ausgezeichnete **Museum des Marmorhandwerks** (☎22830 31290; www.piop.gr; Erw./Kind 3/1,50 €; ⌚ März–Mitte Okt. Mi–Mo 10–18 Uhr, Mitte Okt.–März 10–17 Uhr). Das erst kürzlich eröffnete Museum mit seiner hervorragenden Architektur zeigt die Steinbruchtradition dieser Gegend. Es ist extrem gut kuratiert und umfasst Filme und Exponate zu Steinbruchtechniken und zum geologischen Hintergrund. Dazu gibt es Beispiele der oftmals wunderschönen Artefakte und architektonischer Details, die aus Marmor aus Tinos geschaffen wurden. Die gefilmten Rekonstruktionen zur Arbeit im Steinbruch sind fesselnd.

Reihe von Tavernen, darunter das empfehlenswerte **Rokos** (Hauptgerichte 6–9 €), serviert griechische Lieblingsgerichte, auf die Verlass ist.

Die Ruinen der venezianischen Festung **Exobourgo** liegen 2 km südlich von Volax auf einem riesigen, 640 m hohen Felsvorsprung.

SYROS

20 220 EW.

Auf Syros (Σύρος) verschmelzen das traditionelle und das moderne Griechenland zu einem authentischen Ganzen. Syros ist eine der kleinsten Inseln der Kykladen (ihr Umriss ähnelt dem der britischen Hauptinsel), dennoch hat sie die höchste Bevölkerungsdichte und ist der Justiz- und Verwaltungssitz des gesamten Archipels. Außerdem ist sie der Fährknotenpunkt der nördlichen Inseln. Ermoupolis liegt hier, die größte und schönste aller kykladischen Städte. Wer auf den Kykladen auch nur den geringsten Gesetzesverstoß begeht, hat gute Chancen, auf Syros vor Gericht zu landen. Da wählt man die Reiseroute doch lieber selbst und entdeckt eine der ansprechendsten Inseln der Ägäis mit mehreren attraktiven Stränden, tollen Speiselokalen und dem Besten, was das griechische Alltagsleben zu bieten hat.

Geschichte

Ausgrabungen einer frühkykladischen befestigten Siedlung und einer Grabstätte in Kastri im Nordosten der Insel datieren aus der neolithischen Periode (datiert auf 2800–2300 v. Chr.).

Im Mittelalter war Syros überwiegend römisch-katholisch. Kapuzinermönche und Jesuiten ließen sich im 17. und 18. Jahrhundert auf der Insel nieder. Der katholische Einfluss war so groß, dass Syros während der Türkenherrschaft Frankreich um Hilfe bat. In späteren Jahren war der türkische Einfluss eher wohlwollend und außerdem nur noch gering, sodass Syros wieder der Schifffahrt und dem Handel nachgehen konnte.

Während des Unabhängigkeitskrieges flohen Tausende von Flüchtlingen von den Inseln, die von den Türken verwüstet worden waren, nach Syros. Sie brachten den griechisch-orthodoxen Glauben und frischen Unternehmergeist mit, der Syros im 19. Jahrhundert zum Handels-, Schifffahrts- und Kulturzentrum Griechenlands machte. Dieser Rang sollte im 20. Jahrhundert an Piräus abgetreten werden. Der Hauptwirtschaftszweig der Insel, der Schiffsbau, hat mittlerweile an Bedeutung verloren, aber Syros hat noch Textilindustrie, einen gut gedeihenden Gartenbausektor, einen beträchtlichen Verwaltungsapparat, einen Dienstleistungssektor und eine kleine, aber gesunde Tourismusbranche. Es gibt auch heute noch katholische Einwohner auf der Insel.

ℹ An- & Weiterreise

Da Syros eine so große administrative und soziale Bedeutung zukommt, gibt es Fährverbindungen zu den Festlandhäfen Piräus und Rafina, zu den Nachbarinseln und selbst zu so weit entfernten Zielen wie Folegandros. Alle zwei Wochen wird außerdem ein Flug von Athen (70 €, 35 Min.) angeboten.

FÄHRVERBINDUNGEN AB SYROS

REISEZIEL	HAFEN	DAUER	PREIS	HÄUFIGKEIT
Anafi	Syros	9 Std. 35 Min.	19 €	2–3-mal wöchentl.
Amorgos	Syros	6 Std. 35 Min.	16 €	4-mal wöchentl.
Andros	Syros	2 Std. 50 Min.	9 €	4-mal wöchentl.
Astypalea	Syros	6¼ Std.	22 €	3-mal wöchentl.
Donoussa	Syros	7 Std.	14 €	4-mal wöchentl.
Folegandros	Syros	5 Std. 20 Min.	13 €	3-mal wöchentl.
Ios	Syros	3½ Std.* 7 Std.	16 €	1-mal tgl.
Iraklia	Syros	4 Std. 20 Min.	12 €	3–4-mal wöchentl.
Kea (Tzia)	Syros	3 Std. 40 Min.	12 €	2-mal wöchentl.
Kimolos	Syros	3¾ Std.	15 €	4-mal wöchentl.
Kos	Syros	6 Std. 20 Min.	34 €	3-mal wöchentl.
Koufonisia	Syros	5½ Std.	13 €	4-mal wöchentl.
Kythnos	Syros	2 Std.10 Min.	10 €	4-mal wöchentl.
Lavrio	Syros	4 Std. 25 Min.	18 €	3-mal wöchentl.
Leros	Syros	4 Std. 35 Min.	29,50 €	3-mal wöchentl.
Milos	Syros	5 Std.	15 €	4-mal wöchentl.
Mykonos	Syros	1 Std. 20 Min.	8,50 €	1-mal tgl.
Mykonos*	Syros	45 Min.	17 €	4-mal tgl.
Naxos	Syros	2 Std. 10 Min.	12 €	2-mal tgl.
Paros	Syros	55 Min.	9 €	1–3-mal tgl.
Patmos	Syros	3 Std. 25 Min.	27,50 €	3-mal wöchentl.
Piräus	Syros	4 Std.	27 €	4-mal tgl.
Piräus*	Syros	2½ Std.	48–53 €	3-mal tgl.
Rhodos	Syros	9 Std. 25 Min.	40 €	3-mal wöchentl.
Samos	Syros	4½ Std.	24,50 €	6-mal wöchentl.

*Schnellverbindungen

Syros

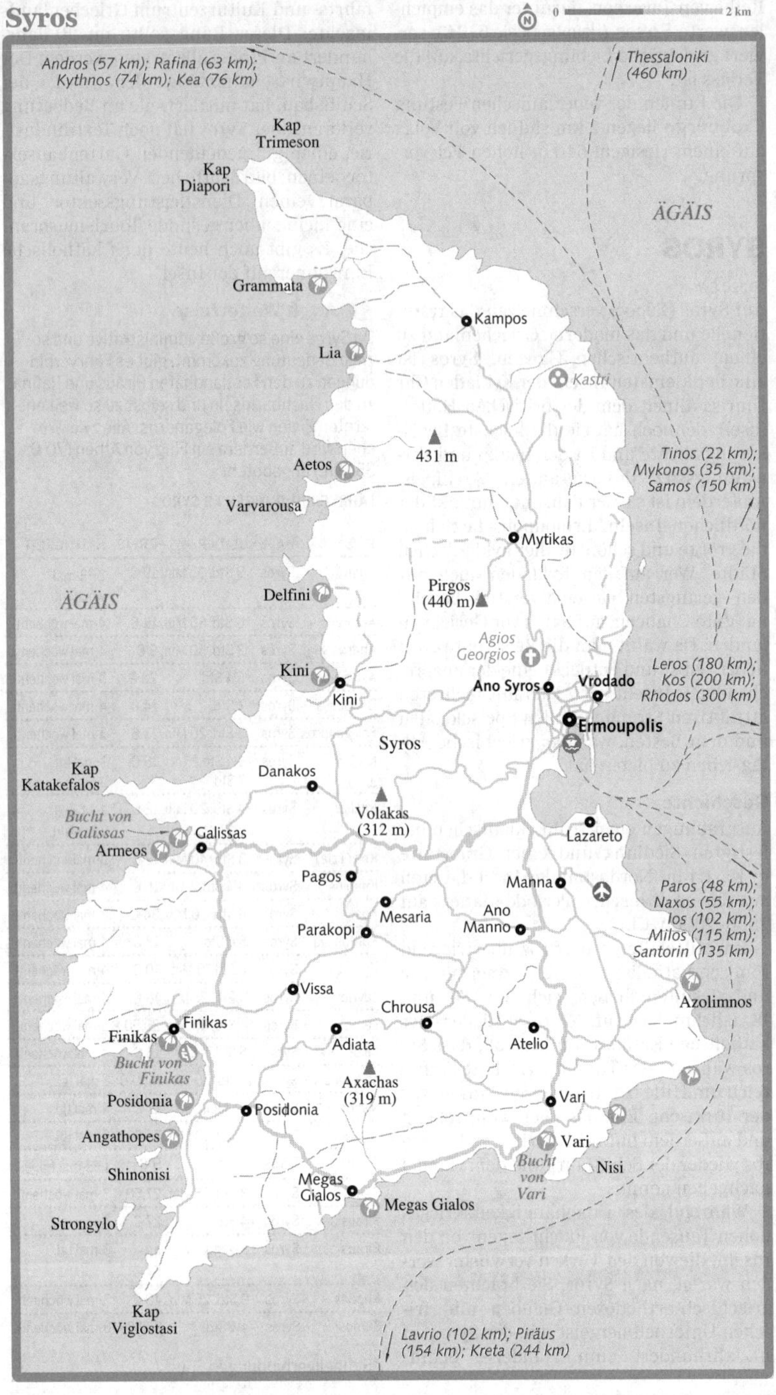
0
2 km
Andros (57 km); Rafina (63 km); Kythnos (74 km); Kea (76 km)
Thessaloniki (460 km)
Kap Trimeson
Kap Diapori
ÄGÄIS
Grammata
Kampos
Lia
Kastri
431 m
Tinos (22 km); Mykonos (35 km); Samos (150 km)
Aetos
Varvarousa
Mytikas
ÄGÄIS
Delfini
Pirgos (440 m)
Agios Georgios
Kini
Kini
Ano Syros
Vrodado
Leros (180 km); Kos (200 km); Rhodos (300 km)
Ermoupolis
Syros
Kap Katakefalos
Danakos
Volakas (312 m)
Bucht von Galissas
Galissas
Armeos
Lazareto
Pagos
Manna
Mesaria
Ano Manno
Parakopi
Paros (48 km); Naxos (55 km); Ios (102 km); Milos (115 km); Santorin (135 km)
Vissa
Azolimnos
Chrousa
Finikas
Finikas
Adiata
Atelio
Bucht von Finikas
Axachas (319 m)
Posidonia
Posidonia
Vari
Angathopes
Vari
Shinonisi
Bucht von Vari
Nisi
Megas Gialos
Megas Gialos
Strongylo
Kap Viglostasi
Lavrio (102 km); Piräus (154 km); Kreta (244 km)

Unterwegs vor Ort

Ungefähr neun Busse pro Tag bedienen die Ringstrecke von Ermoupolis nach Galissas (1,60 €, 20 Min.) und Vari (1,60 €, 30 Min.) und zurück nach Ermoupolis. In den Monaten von Juni bis September fahren sie halbstündlich in Ermoupolis los und im Rest des Jahres nur stündlich, wobei sie abwechselnd im und gegen den Uhrzeigersinn fahren. Etwa fünf Busse pro Tag fahren von Ermoupolis nach Kini (1,60 €, 35 Min.).

Von der Busstation in Ermoupolis fährt jeden Vormittag außer sonntags ein Bus um 10.30 und 12 Uhr nach Ano Syros (1,60 €, 15 Min.). Ein **Taxi** (☎22810 86222) kostet vom Hafen nach Ano Syros 3,20 €, nach Galissas 11 € und nach Vari 11 €.

Es gibt einen kostenlosen Pendelbus entlang der Hafenstraße vom Parkplatz im Norden bis zum südlichen Ende der Stadt. Der Bus fährt von ca. 7 Uhr bis spät abends halbstündlich. Samstags verkehrt er nur bis 14 Uhr und sonntags gar nicht.

Autos gibt's pro Tag ab etwa 40 € und Roller pro Tag ab 15 € bei zahlreichen Verleihfirmen am Ufer.

Ermoupolis Ερμούπολη

13 000 EW.

Ermoupolis hat sich aus der Flüchtlingsstadt entwickelt, die während des griechischen Unabhängigkeitskrieges entstanden war. Die geflohenen Orthodoxen lebten nach einigen anfänglichen Animositäten friedlich mit den Katholiken zusammen, die zuvor in der Mehrheit gewesen waren. Im Jahr 1826 wurde die Stadt nach Hermes, dem Gott des Handels, benannt. Ermoupolis ist ein lebendiger und liebenswerter Ort mit gepflasterten Treppen, restaurierten, klassizistischen Herrenhäusern und prächtigen öffentlichen Gebäuden. In der Einkaufszone ist viel los.

Die katholische Siedlung Ano Syros und die griechisch-orthodoxe Siedlung Vrodado liegen im Nordwesten und Nordosten, und beide erstrecken sich von hohen Hügeln hinab bis ans Meer. Im Hintergrund werden sie von noch höheren Hügeln eingerahmt.

Sehenswertes

Plateia Miaouli PLATZ

Die großartige Plateia Miaouli ist der schönste öffentliche Platz der Kykladen und wäre Athens würdig. Das Meer reichte einst bis hier oben, aber heutzutage liegt der Platz deutlich im Binnenland. Er ist von Palmen flankiert und an seiner Südseite von Cafés und Bars gesäumt. Die Nordseite des Platzes wird von dem ehrwürdigen klassizistischen **Rathaus** beherrscht.

Archäologisches Museum MUSEUM

(☎22810 88487; Benaki; Eintritt 3 €; ⏱Di–So 8.30–15 Uhr) Dieses kleine Museum an der Rückseite des Rathauses wurde 1834 gegründet und ist eines der ältesten Griechenlands. Es beherbergt eine winzige Sammlung an Keramik und Marmorvasen, Grabstelen und einige sehr kostbare kykladische Figuren.

Industriemuseum von Ermoupolis MUSEUM

(☎22810 84764; Papandreos; Erw./erm. 2,50/1,50 €, Mi frei; ⏱Juni–Sept. Do–So 10–14 & 18–21 Uhr, Mo & Mi 10–14 Uhr) Dieses Museum liegt ungefähr einen Kilometer vom Stadtzentrum entfernt. Es gedenkt der Industrie- und Schiffbautradition von Syros und befindet sich in alten Fabrikgebäuden. Es werden über 300 Exponate gezeigt. Im Winter gelten leicht verkürzte Öffnungszeiten.

Ano Syros HISTORISCHES VIERTEL

Das Viertel Ano Syros ist mittelalterlichen Ursprungs. Enge Gassen und weiß getünchte Häuser laden zum Bummeln ein. Diesen Ort erreicht man am besten mit dem Bus. Von der Busendhaltestelle geht's los in das herrliche Labyrinth. Hier gibt's sehr schöne katholische Kirchen, aber auch die Kathedrale **Agios Georgios** aus dem 13. Jahrhundert zu entdecken. Beeindruckend sind ihr mit Sternen übersätes Tonnengewölbe und die barocken Kapitelle. Danach von der Kathedrale aus immer der Nase nach, an fantastischen Aussichtspunkten vorbei, bis zur Hauptstraße.

Aktivitäten

Cyclades Sailing (☎22810 82501; csail@otenet.gr) kann Charteryachten organisieren, ebenso **Nomikos Sailing** (☎22810 88527); entweder direkt dort anrufen oder über Teamwork Holidays (S. 404) buchen.

Außerdem vermittelt Teamwork Holidays einen ganztägigen **Busausflug** (Erw./Kind 20/7 €) rund um die Insel jeden Dienstag, Donnerstag und Samstag.

Schlafen

Ermoupolis verfügt über ein recht breites Zimmerangebot. Die meisten Budgetunterkünfte liegen am Ufer in der Nähe des

Ermoupolis

Fähranlegers. Die meisten Häuser sind ganzjährig geöffnet.

Ethrion HOTEL €
(☎22810 89066; www.ethrion.gr; Kosma 24; EZ/DZ/3BZ 45/50/60 €; ❄@📶) Das Ethrion liegt in der Nähe des Hafens und des Stadtzentrums, aber dennoch in einer ruhigen Gegend. Die Zimmer sind komfortabel, mehrere davon haben Balkone mit Blick über die Stadt.

Hermoupolis Rooms PENSION €
(☎22810 87475; Naxou; EZ/DZ/3BZ 35/50/65 €; ❄📶) Die Begrüßung ist sehr herzlich in diesen ordentlichen Zimmern für Selbstversorger, die in der schmalen Gasse Naxou versteckt liegen, einen kurzen Anstieg von der Uferpromenade entfernt. Vor den vorderen Zimmern befinden sich winzige, mit Bougainvilleen überwucherte Balkone. Ein Anbau soll 2012 eröffnet werden.

Aegli Hotel HOTEL €€
(☎22810 79279; hotegli@otenet.gr; Klisthenous 14; EZ/DZ/3BZ inkl. Frühstück 83/105/130 €; ❄@📶) Diese attraktive Unterkunft befindet sich in einer ruhigen Seitenstraße und liegt dennoch ganz in der Nähe des Zentrums. Es liegt überall Exklusivität in der Luft, und die Zimmer sind komfortabel. Von der Dachterrasse aus hat man einen Panoramablick.

Sea Colours Apartments APARTMENTS €€
(☎22810 81181/83400; Athinas; EZ/DZ/Apt. 50/66/72 €; ❄📶) Nette Apartments mit Blick auf die Bucht Agios Nikolaos am nördlichen Stadtrand

Diogenis Hotel HOTEL €€
(☎22810 86301-5; www.diogenishotel.gr; Plateia Papagou; EZ/DZ inkl. Frühstück 60/75 €; ❄📶) Businessklasse ist der Qualitätsstandard dieses gut geführten, kinderfreundlichen Hotels am Wasser. Das Frühstück kostet

10 € extra, ist dafür aber auch reichhaltig. Im Erdgeschoss gibt's ein Café.

Essen

Standardrestaurants und Cafés drängen sich am Wasser, insbesondere in der Akti Petrou Ralli und am südlichen Rand der Plateia Miaouli. In den ruhigeren Ecken gibt's noch einige weitere gute Tavernen und Restaurants.

To Kastri TAVERNE €

(Antiparou 13; Hauptgerichte 5–6 €; ⌚9–17 Uhr) Beim Hunger kommt es vielleicht nicht auf Sentimentalitäten an, aber dieses einzigartige Speiselokal verdient Unterstützung, und das Essen ist außerdem großartig. Das Restaurant wird von einem Verein einheimischer Frauen geführt, die umwerfende traditionelle Inselgerichte kochen. Auch ein ansprechendes Kochbuch wird verkauft, von dem es eine griechische und eine englische Ausgabe gibt.

Porto MEERESFRÜCHTE €

(Akti Petrou Ralli 48; Hauptgerichte 5–8 €) Das Porto befindet sich in der Mitte der Uferpromenade und ist an den hell gestrichenen Tischen und Stühlen zu erkennen. Es ist eine klassische *ouzerie*, die verschiedene Meeresfrüchte anbietet, darunter Krebs- und Tunfischsalat. Das Aushängeschild sind die Muscheln in einer Sauce aus Tomaten und Feta. Außerdem bekommt man Gerichte mit Schweine- und Kalbfleisch und ausgezeichnete vegetarische Gerichte.

To Petrino TAVERNE €

(Stefanou 9; Hauptgerichte 5–17 €) Bougainvilleen in Hülle und Fülle umwuchern diese nette Enklave an der Stefanou, und ihr Herzstück ist das beliebte To Petrino, das beispielsweise kleine Schweinekoteletts in Senfsauce oder mit Feta gefüllten Tintenfisch serviert.

Stis Ninettas MEZEDHES €

(Emm Roidi 11; 3,50–9 €) Diese *ouzerie* hat einen etwas anderen Stil und Charakter. Der reizende Inhaber bietet einige ausgefallene lokale Gerichte, einschließlich einer köstlichen Suppe und *horta* (Wildkräuter), an.

Ausgehen

Musikbars, wie das **Boheme del Mar, Liquid Bar, Severo** und **Ponente,** drängen sich am Wasser an der Akti Petrou Ralli. In den Bars wird tagsüber vor allem Lounge-Musik gespielt, und nachts gibt's einen Mix aus House, Funk und moderner griechischer Musik.

Scritto BAR

(Hiou) Wer voll auf Retro steht, der schaut im Scritto vorbei. Eine großartige Café-Bar, in der Rockklassiker angesagt sind und Poster und Albumcover aller Rockgrößen – von Hendrix bis Morrison und Jagger – die Wände bedecken.

Praktische Informationen

Der Hotelierverband von Syros betreibt einen Informationsstand am Wasser, etwa 100 m nordöstlich des Hauptfähranlegers. Die Öffnungszeiten sind unregelmäßig.

Alpha Bank (El Venizelou) Hat einen Geldautomaten

Enjoy Your Holidays (☎22810 87070; Akti Papagou 2) Gegenüber der Bushaltestelle. Verkauft Fährtickets und kann Unterkünfte vermitteln

Eurobank (Akti Ethnikis Andistasis) Hat einen Geldautomaten

Hafenpolizei (☎22810 82690/8888; Plateia Laïkis Kyriarchias) An der Ostseite des Hafens.

InSpot (Akti Papagou 4; Internet pro Std. 2 €; ⌚24 Std.) Schnelle Verbindungen, aber auch weitere Dienstleistungen, wie Scannen und CDs brennen. Bei Spielefans beliebt

Krankenhaus (☎22810 96500; Papandreos)

Piraeus Bank (Akti Petrou Ralli) Hat einen Geldautomaten

Polizei (☎22810 82610; Plateia Vardaka) Neben dem Apollon-Theater

Post (Protopapadaki) Geldüberweisungen per Western Union

Teamwork Holidays (☎28810 83400; www.teamwork.gr; Akti Papagou 18) Gleich gegenüber vom Hauptfähranleger. Verkauft Fährtickets und kann Unterkünfte, Ausflüge und Mietwagen vermitteln

Galissas Γαλησσάς

120 EW.

Wer von Ermoupolis genug hat, der fährt mit dem Bus die kurze Strecke nach Galissas, einem kleinen Badeort mit einem der besten Strände auf Syros. Dort gibt es auch mehrere Bars und Restaurants sowie einige großartige Unterkünfte. Die Hauptbushaltestelle liegt an einer Kreuzung hinter dem Strand.

Schlafen

Oasis APARTMENTS €

(☎22810 42357, 69482 74933; www.oasis-syros.gr; EZ/DZ/Studios 30/40/50 €; ❄📶) Eine echte „Oase". Dieses nette Haus im Herzen eines Bauernhofes hat helle und luftige Zimmer, und die Begrüßung ist herzlich. Der Hof befindet sich etwa 400 m hinter dem Dorf, umgeben von Olivenbäumen und Weinbergen. Ab der Kreuzung mit der Hauptbushaltestelle im Dorf einfach den Schildern folgen.

Hotel Benois HOTEL €€

(☎22810 42833; www.benois.gr; EZ/DZ/3BZ inkl. Frühstück 75/100/120 €, Apt. 150 €; ❄@📶🏊) Das Benois ist ein gut geführtes Hotel am nördlichen Zugang zum Dorf. Die Zimmer sind blitzblank. Die Gemeinschaftsflächen sind geräumig und laden zum Entspannen ein, nicht zuletzt wegen des Swimmingpools. Geöffnet von April bis Oktober

Two Hearts Camping CAMPINGPLATZ €

(☎22810 42052; www.twohearts-camping.com; Stellplatz pro Erw./Kind/Zelt 8/4/4 €) Dieser beliebte Campingplatz versteckt sich in einem Pistaziengarten rund 400 m von Dorf und Strand entfernt und verfügt über gute Einrichtungen. Zelte können für 6 € gemietet werden. Dazu gibt's eine Auswahl an festen Unterkünften von hölzernen „Zelten" bis hin zu Bungalows, die zwischen 12 und 20 € pro Person kosten. Ein Minibus holt in der Hauptsaison Gäste an der Fähre ab.

Essen & Ausgehen

Savvas TAVERNE €

(Hauptgerichte 6–10 €) Das Savvas ist eines der besten Lokale hier. Es zeichnet sich durch lokale Zutaten und echte Syros-Küche aus. Sein Aushängeschild sind Spezialitäten, wie Schweinefleisch in Honig und Anis. Dazu gibt's eine große Auswahl an *mezedhes*.

Iliovasilema TAVERNE €

(Hauptgerichte 5–16 €) Leckere Fischgerichte, wie Streifenbasse, werden pro Kilo verkauft, aber es gibt auch Vorspeisen und Fleischgerichte zu moderaten Preisen.

Green Dollars Bar BAR

Empfohlen wird diese Bar an der Strandstraße für Snacks zwischendurch und mit Musik zu einem guten Glas Wein oder Bier. Rock und Reggae laufen von 10 bis 4 Uhr.

Unterwegs auf Syros

An allen Stränden südlich von Galissas werden *domatia* (Zimmer, meist in Privathäusern) angeboten, teilweise gibt's auch Hotels. Manche Strände sind schmale, unschöne Sandstreifen gleich an der Straße, aber dafür sind sie nicht überlaufen, so z. B. **Finikas, Posidonia** und **Angathopes.** Zurück auf der Hauptstraße und direkt an der Südküste bietet auch die Stadt **Megas Gialos** ein paar Strände an der Straße.

Die angenehme **Vari-Bucht** weiter im Osten hat einen Sandstrand mit etwas Bebauung, darunter ein paar Hotels und eine Taverne gleich am Strand.

Der Strand von **Kini,** einsam an der Westküste und im Norden von Galissas gelegen, ist ein sehr lang gestreckter Strand und entwickelt sich zu einem beliebten Ferienort mit modernen Standardhotels, Apartments, Cafés und Tavernen.

MYKONOS

7929 EW.

Mykonos (Μύκονος) ist die großartige Glamourinsel der Kykladen und stolz auf ihren Ruf, den sie durchaus stilvoll untermauert. Unter all dem Glanz und Glitzer ist dies nämlich ein reizender und zugleich sehr unterhaltsamer Ort. Die zuweilen völlig irre Mischung aus vergnügungssüchtigen Urlaubern, Kreuzfahrern, posierenden Modejunkies und eingebildeten Promis wird auf wundersame Weise vom Charme von Mykonos-Stadt gedämpft. Die Stadt wirkt beruhigend mit ihrem traditionellen kykladischen Labyrinth und den quaderförmigen Häusern. Die Einheimischen hatten inzwischen auch schon 40 Jahre Zeit, sich mit dem Tourismus zu arrangieren. Dabei haben sie ihre griechische Identität nicht aufgegeben.

Besucher sollten jedoch gefasst sein auf den öligen Liegestuhl-Lifestyle, der sich an den überfüllten Hauptstränden der Insel ausgebreitet hat, auf das Gedränge in den Straßen, auf das unaufhörliche und manchmal etwas überfordernde Partyleben. Dennoch gibt es immer noch eine Handvoll abgelegener Strände, welche die Mühe lohnen. Außerdem sind die schicken Bars, Restaurants und Shops sehr attraktiv, und in der labyrinthartigen Altstadt geht's immer noch etwas ruhiger zu. All dies – zusammen mit den großartigen archäologischen Sehenswürdigkeiten der nahen Insel Delos – gewährleistet, dass Mykonos seinem Ruf als fabelhaftes Reiseziel tatsächlich gerecht wird.

An- & Weiterreise

Mykonos ist gut mit dem Flieger von Athen (63 bis 136 €, 50 Min., 3- bis 5-mal täglich) und Thessaloniki (196 €, 1 Std., 3-mal wöchentlich) zu erreichen. Es gibt in der Hauptsaison auch Direktflüge mit Billigfliegern von zahlreichen europäischen Flughäfen.

Da Mykonos ein wichtiges Reiseziel ist, sind die Fährverbindungen zu den Festlandshäfen Piräus und Rafina sehr gut, ebenso die Verbindungen zu den Nachbarinseln. Santorin und weitere Punkte auf dieser südlichen Route sind ebenfalls gut zu erreichen.

Mykonos hat zwei Fähranleger: den Alten Hafen, 400 m nördlich der Stadt, an dem einige konventionelle Fähren und die kleineren schnellen Fähren festmachen, und den Neuen Hafen, 2 km nördlich der Stadt, der von den größeren schnellen und einigen normalen Fähren angefahren wird. Es gibt jedoch keine festen Regeln,

Mykonos

daher sollte vor der Abreise immer noch mal geprüft werden, an welchem Anleger die Fähre wirklich abfährt.

FÄHRVERBINDUNGEN AB MYKONOS

REISEZIEL	HAFEN	DAUER	PREIS	HÄUFIGKEIT
Andros	Mykonos	2 Std. 20 Min.	15 €	3–4-mal tgl.
Ios*	Mykonos	1 Std. 40 Min.	36 €	2–3-mal tgl.
Iraklia*	Mykonos	6 Std. 35 Min.	77 €	1–2-mal tgl.
Naxos	Mykonos	2 Std. 25 Min.	12 €	1-mal wöchentl.
Naxos*	Mykonos	45 Min.	26,50 €	2-mal tgl.
Paros*	Mykonos	1 Std.	19 €	3-mal tgl.
Piräus	Mykonos	4¾ Std.	32–39,50 €	1-mal tgl.
Piräus*	Mykonos	3 Std.	50-54,50 €	3-mal tgl.
Rafina	Mykonos	4½ Std.	26,50 €	2–3-mal tgl.
Rafina*	Mykonos	2 Std. 10 Min.	52,50 €	4–5-mal tgl.
Santorin (Thira)*	Mykonos	2½ Std.	50 €	2–3-mal tgl.
Syros	Mykonos	1 Std. 20 Min.	8,50 €	2–3-mal tgl.
Syros*	Mykonos	45 Min.	17 €	3-mal tgl.
Tinos	Mykonos	30 Min.	7 €	5-mal tgl.
Tinos*	Mykonos	15 Min.	11 €	5–6-mal tgl.

*Schnellverbindungen

Unterwegs vor Ort

VOM/ZUM FLUGHAFEN

Busse von der südlichen Busstation fahren zum Flughafen von Mykonos (1,60 €), der 3 km südöstlich des Stadtzentrums liegt. Der Flughafentransfer kann außerdem entweder zusammen mit der Unterkunft gebucht werden (kostet ca. 6 €), oder man nimmt ein **Taxi** (☎22890 22400, Flughafen 22890 23700).

AUTO & MOTORRAD

Autos bekommt man (je nach Modell) in der Hauptsaison ab ca. 45 € pro Tag, zuzüglich Versicherung, in der Nebensaison ab 35 €. Für Roller geht's bei 20 bis 40 € (Quads) in der Hauptsaison los; 15 bis 30 € in der Nebensaison. Zuverlässige Mietwagenverleiher sind das Mykonos Accommodation Centre (S. 412) und **OK Rent A Car** (☎22890 23761; Agio Stefanos). Rund um die südliche Busstation in Chora gibt's mehrere Auto- und Motoradverleiher.

BOOT

Kaiks (kleine Boote) fahren von Platys Gialos zu den Stränden Paradise (5 €), Super Paradise (6 €), Agrari (7 €) und Elia (7 €). Von Chora (Mykonos) fahren die Boote zu den Stränden Super Paradise, Agrari und Elia (nur von Juni bis September).

BUS

Das **Busnetz** von Mykonos (☎22890 26797; www.ktelmykonos.gr) umfasst zwei Hauptbusbahnhöfe und eine Haltestelle am Neuen Hafen. Die nördliche Busstation (Remezzo) liegt hinter dem OTE-Büro und bietet häufige Abfahrten nach Agios Stefanos über Tourlos (1,60 €) sowie Verbindungen nach Ano Mera (1,60 €), zum Elia-Strand (1,90 €) und zum Kalafatis-Strand (2,10 €). Die Fahrten dauern 20 bis 40 Minuten. Täglich fahren zwei Busse zum Strand Kalo Livadi (1,70 €). Busse mit dem Fahrtziel Neuer Hafen, Tourlos und Agios Stefanos halten am Alten Hafen. Vom südlichen Busbahnhof (Fabrika-Platz; Plateia Yialos) kommt man zu dem Strand Agios Ioannis, zu den Stränden Ornos, Platys Gialos, Paraga und zum Paradise-Strand (alle Fahrten kosten 1,60 €). Die Fahrt dauert zwischen 15 und 40 Minuten.

Bustickets werden an Automaten, Straßenkiosks, in Minimärkten sowie Touristenläden verkauft. Die Fahrkarte muss vor dem Einsteigen gekauft werden (ggf. gleich für hin & zurück besorgen). Das Ticket wird im Bus abgestempelt und muss gut aufgehoben werden. In der Zeit von 0.15 bis 6 Uhr morgens ist der Preis für alle Fahrten 2 €.

TAXI

Wer ein **Taxi** (☎22400 23700/22400) braucht, findet es am Taxistand von Chora (Plateia Manto Mavrogenous) und bei den Busstationen und Häfen. Alle Taxen müssen ein Taxameter installiert haben. Der Mindesttarif beträgt 3,30 €, pro Gepäckstück kommen noch einmal 0,38 € hinzu. Die Fahrpreise von Chora zu den Stränden betragen ungefähr: Agios Stefanos (9 €), Ornos (8,40 €), Platys Gialos (9,20 €), Paradise (9,50 €), Kalafatis (15 €) und Elia (15 €). Telefonische Bestellungen kosten 3 € extra.

Chora (Mykonos) Χώρα (Μύκονος)

6467 EW.

Chora (auch Mykonos genannt), Hafen und Hauptstadt der Insel, ist ein Labyrinth aus engen Gassen, die sich zwischen weiß getünchten Gebäuden dahinschlängeln. Im Herzen des Bezirks Klein-Venedig drängen sich blumenumrankte Kirchen neben trendigen Boutiquen, und an jeder Ecke ergießt sich eine Flut von Bougainvilleen. Zweifellos gelangt man früher oder später ein zweites Mal an dieselbe Abzweigung. Zunächst ist das noch witzig, aber bald kann es nerven, weil Massen an ebenso orientierungslosen Touristen, dahineilende Einheimische und hochmütige Mykonos-Veteranen noch zusätzlich für Stress sorgen. Damit die Navigation auf Anhieb klappt, sollte man sich mit den wichtigsten Kreuzungen und den drei Hauptstraßen Matogianni, Enoplon Dynameon und Mitropoleos vertraut machen, die hinter dem Wasser ein Hufeisen bilden. Die Straßen sind voller schicker Modeboutiquen, cooler Galerien, schriller Schmuckläden, lässiger und lauter Musikbars, bunt gestrichener Häuser und Unmengen an leuchtenden Blumen– hier geht's ums Sehen und Gesehenwerden.

Sehenswertes

Archäologisches Museum MUSEUM
(☎22890 22325; Agiou Stefanou; Erw./erm. 2/1 €; ⏲Di–So 8.30–15 Uhr) Dieses Museum zeigt Töpferware aus Delos und einige Grabstelen sowie Schmuck von der Insel Renia (Nekropole von Delos). Zu den wichtigsten Ausstellungsstücken zählt eine Herkules-Statue aus parischem Marmor.

Ägäisches Marinemuseum MUSEUM
(☎22890 22700; Tria Pigadia; Erw./erm. 4/1,50 €; ⏲April–Okt. 10.30–13 & 18.30–21 Uhr) Das Marinemuseum hat eine faszinierende Sammlung an nautischen Gegenständen, darunter auch Schiffsmodelle.

Lenas Haus MUSEUM
(☎22890 22390; Tria Pigadia; Eintritt 2 €; ⏲April–Okt. Mo–Sa 18.30–21.30 Uhr, So 19–21 Uhr) Gleich neben dem Marinemuseum steht Lenas Haus. Es ist ein reizendes Wohnhaus der mykenischen Mittelklasse (mit Originalmobiliar) vom Ende des 19. Jahrhunderts. Es wurde nach der letzten Eigentümerin, Lena Skrivanou, benannt.

GRATIS **Volkskundemuseum von Mykonos** MUSEUM
(☎6932178330; Paraportianis; ⏲April–Okt. Mo–Sa 17.30–20.30 Uhr, So 18.30–20.30 Uhr) Dieses Volkskundemuseum im Haus eines Kapitäns aus dem 18. Jahrhundert zeigt eine große Sammlung an Möbeln und anderen Artefakten, einschließlich alter Musikinstrumente.

Panagia Paraportiani KIRCHE
(Eintritt frei, Spenden willkommen; ⏲variabel, vormittags meist geöffnet) Die berühmteste Kirche von Mykonos ist die felsähnliche Panagia Paraportiani. Die Kirche ist ein schroffes kleines Gebäude, das sich jenseits des Delos-Fähranlegers auf dem Weg nach Klein-Venedig befindet. Es besteht aus vier kleinen Kapellen plus einer weiteren im Obergeschoss, die über eine Außentreppe erreichbar ist.

Geführte Touren

Mykonos Accommodation Centre GEFÜHRTE TOUREN
(MAC; ☎22890 23408; www.mykonos-accommodation.com; 1. OG, Enoplon Dynameon 10) Organisiert geführte Touren nach Delos (Erw./Kind 38/30 €) einschließlich Eintritt und autorisiertem Führer. Das MAC veranstaltet auch geführte Touren nach Tinos (Erw./Kind 58/38 €) sowie eine Busrundfahrt auf Mykonos (Erw./Kind 33/22 €), eine Bootsfahrt um die Insel (Erw./Kind 43/21,50 €) sowie eine Wein- und Kulturtour (Erw./Kind 29/21 €). Das Büro bietet auch an, private Charterboote zu vermitteln, auch für rein homosexuelles Publikum.

Schlafen

Es gibt zahlreiche Unterkünfte auf Mykonos. Wer von Juli bis September ohne vorherige Reservierung ankommt, sollte bei den örtlichen Zimmervermittlungen nachfragen. Wenn man den Fähranleger in der Stadt verlässt, sieht man sofort ein niedriges Gebäude mit nummerierten Büros. Nummer 1 ist die **Hoteliers Association of Mykonos** (☎22890 24540; www.mha.gr; Alter Hafen; ⏲April–Okt. 9.30–16 Uhr). Der Verband hat auch einen **Schalter** (☎22890 25770; ⏲9–22 Uhr) am Flughafen von Mykonos und bucht Zimmer direkt, akzeptiert jedoch keine telefonischen Vorausbuchungen vor der Ankunft. Nummer 2 ist die **Association of Rooms, Studios and Apartments** (☎22890 24860, Fax 22890 26860; ⏲April–Okt. 9–17 Uhr).

Wer in Chora wohnen möchte und es lieber ruhig mag, sollte sich gut überlegen, ob er wirklich ein Fremdenzimmer an den Hauptstraßen wählt – Partylärm bis zum Morgengrauen ist unvermeidbar.

Manche Vermieter bieten ausschließlich Doppelzimmer an, lassen sich aber gelegentlich auf Einzelbelegung ein. Ende Juli und Anfang August verlangen manche Hotels einen Mindestaufenthalt von drei Nächten.

LP TIPP **Carbonaki Hotel** BOUTIQUEHOTEL €€€
(☎22890 24124/22461; www.carbonaki.gr; 23 Panahrantou; EZ/DZ/3BZ/4BZ 140/175/220/

Chora (Mykonos)

Chora (Mykonos)

Sehenswertes

Aktivitäten, Kurse & Touren

Schlafen

Essen

Ausgehen

Shoppen

240 €; ❄📶) Dieses von einer Familie geführte Boutiquehotel gleich am Rand des Stadtzentrums von Mykonos hat ein entzückendes Ambiente. Hier wurden bewundernswerte Ökorichtlinien für das Recycling aufgestellt. Das Hotel ist gut erreichbar für Menschen mit Behinderungen und hat barrierefreie Einrichtungen im Erdgeschoss. Die Zimmer sind komfortabel und hell. Es gibt einladende Gemeinschaftsbalkone rund um die sonnigen mittigen Innenhöfe. Ein Whirlpool und eine kleine Sauna wurden erst kürzlich eingebaut. Das Frühstück kostet 10 €.

Rania Apartments APARTMENTS €€

(☎22890 28272/3; www.rania-mykonos.gr; Leondiou Boni 2; EZ/DZ/3BZ/Apt. 95/120/190/320 €; ❄📶) Die ruhige Lage hoch über dem Hafen bringt eine kleine Wanderung von der Stadt den Hügel hinauf mit sich, aber die Apartments sind auch leicht über die Agiou Ioannou, die „Ringstraße" zu erreichen. Die Anlage liegt in einem hübschen Garten, wirkt exklusiv und ist gut und ansprechend eingerichtet. Alle Apartments sind für Selbstversorger ausgelegt.

Hotel Lefteris HOTEL €€

(☎22890 27117; www.lefterishotel.gr; Apollonos 9; EZ/DZ 95/130 €, Studios 220–270 €; ❄@) Ein farbenfroher Eingang stimmt schon gleich auf diesen einladenden Treffpunkt für Menschen aus aller Welt und allen Altersklassen ein. Das Lefteris liegt etwas versteckt in der Nähe des Taxi-Platzes. Die Zimmer sind hell und komfortabel, die meisten haben einen Ventilator oder eine Klimaanlage. Es gibt eine Gemeinschaftsküche, und die Dachterrasse lädt zum Ausspannen ein. Die Studios sind gut ausgestattet, und das Hotel verfügt über weitere Zimmer in der Nähe.

Manto Hotel HOTEL €€

(☎22890 22330; www.manto-mykonos.gr; Manto Sq; EZ/DZ/3BZ inkl. Frühstück 75/115/135 €; ❄📶) Das mitten im Herzen der Stadt versteckte Manto, das direkt am Ort des Geschehens liegt, wurde vor Kurzem renoviert. Dieses Hotel ist eine ausgezeichnete Budgetoption (für Mykonos) mit ordentlichen Zimmern, einem netten Frühstücksraum und freundlichen Inhabern.

Hotel Elysium HOTEL €€€

(☎22890 23952; www.elysiumhotel.com; EZ 260–340 €, DZ 310–400 €, 3BZ 480–560 €; ⏲April–Okt.; P❄📶🏊) Dieses noble Hotel für Homosexuelle (Heteros sind ebenfalls willkommen) ist hoch über der Hauptstadt in der Gegend der Schule für Bildende Künste gelegen. Es hat eine coole Innenausstattung und komfortable, recht große

Zimmer. Es gibt viele Extras, darunter auch PCs in den Suiten und Deluxe-Zimmern, Wellness- und Massageoptionen und anspruchsvolle Unterhaltungsangebote im Haus.

Fresh Hotel HOTEL €€€
(☎22890 24670; www.hotelfreshmykonos.com; Kalogera 31; DZ inkl. Frühstück 195 €; ❄@📶) Das schwulenfreundliche Fresh liegt direkt im Herzen der Stadt und ist praktisch für alle, die den Trubel lieben. Es gibt einen angenehmen Garten in der Mitte, einen ansprechenden Frühstücksraum, eine Bar und einen Whirlpool. Die Zimmer haben Holzboden und -möbel und schaffen damit eine schicke, komfortable Verbindung aus Alt und Neu. Im Garten befindet sich das Kalita Restaurant.

Hotel Philippi HOTEL €€
(☎22890 22294; www.phillipihotel.com; Kalogera 25; EZ/DZ 90/125 €; ❄📶) Ein Garten voller Bäume, Blumen und Sträucher macht dieses Hotel im Herzen von Chora zu einer guten Wahl. Das Ambiente in den hellen, sauberen Zimmern ist sehr ansprechend. Von den Zimmern gelangt man direkt auf eine Veranda mit Ausblick auf den Garten. In den Zimmern besteht die Möglichkeit, Tee und Kaffee zuzubereiten.

Essen

Hohe Preise stehen in vielen der Speiselokale von Mykonos nicht zwangsläufig auch für wirklich gute Qualität. Es gibt jedoch durchaus Restaurants aller Art, die ihr Geld wert sind.

LP TIPP **Piccolo** SANDWICHES €
(Drakopoulou 18; Snacks 4–7,80 €) In diesem tadellosen Straßenimbiss gibt's keine Tischdecken, aber dafür erstklassiges Essen. Die Speisekarte reicht von Pasteten und pikanten Kuchen aus Mykonos bis zu einer appetitlichen Auswahl an Sandwichfüllungen, darunter roher Schinken aus Mykonos, *manouri* (Weichkäse), geräucherter Schinken aus der Region, Räucheraal und Krabben. Hier gibt's eine köstliche Hühnchensalat-Variation mit Parmesan, sonnengetrockneten Tomaten und Gurke.

Katerina's GRIECHISCH €€
(Agion Anargyron; Hauptgerichte 11–25 €) Die berühmte Bar Katerina's hat sich nun um ein eigenes kleines Restaurant vergrößert. Es gibt ein kreatives Angebot aus knackigen Salaten und Vorspeisen, wie Garnelen-*saganaki* (gebratene Garnelen) oder wilde Steinpilze. Unter den Hauptgerichten finden sich frische Seebrasse, eine gemischte Meeresfrüchteplatte für zwei Personen (50 €) oder auch leckere vegetarische Gerichte. Der Tipp zum Dessert: hausgemachtes *baklava*.

To Maereio GRIECHISCH €€
(Kalogera 16; Gerichte 14–21 €) Eine kleine, aber feine Speisekarte mit Lieblingsgerichten aus Mykonos sorgt für die ungebrochene Popularität dieses gemütlichen Lokals. Den Hauptgerichten, vorwiegend aus Fleisch und Geflügel, kann man eine Salatkomposition voranstellen, die auch aus Äpfeln und Birnen, Joghurt und Balsamico-Essig bestehen kann. Sehr lecker ist das Filet mit Feta, grüner Paprika und Zitronensaft.

Opa TAVERNE €
(Plateia Goumenou; Hauptgerichte 7,50–16,50 €) In dieser fröhlichen Taverne, die authentische einheimische Küche aus Mykonos auf den Tisch bringt, kann man nichts falsch machen. Hier herrscht ein ansteckender Enthusiasmus für gutes Essen und die Portionen sind großzügig. Zu empfehlen ist der köstliche Taboulé-Salat.

La Casa GRIECHISCH €€
(Matogianni 8; Hauptgerichte 9,90–18,90 €) Das klassische La Casa hat eindeutig griechische Wurzeln, aber mit italienischen, arabischen und libanesischen Einflüssen. Vorspeisen, wie geräucherter Käse mit Pilzen, und fantasievolle Salate – einschließlich einer mykenischen Spezialität mit *louza* (einheimischer Räucherschinken), Käse und Rucola – machen Appetit auf Hauptgerichte wie Schweinefleisch mit Senf, *pleurotus*-Pilzen und Estragon.

Kalita GRIECHISCH €€
(Kalogera 31; Hauptgerichte 12–29 €) Dieses schicke Restaurant liegt im hübschen Garten des Fresh-Hotels. Es hat eine erlesene Speisekarte, die mit knackigen und farbenfrohen Salaten beginnt und solche Markenzeichen, wie Steak mit Evritania-Schinken aus dem Pindos-Gebirge, *formaela*-Käse aus Zentralgriechenland und Marmelade aus gebratenem Lauch und Tomaten umfasst.

Appaloosa INTERNATIONAL €€
(Mavrogenous 1, Plateia Goumeniou; Hauptgerichte 9,50–25 €) Internationale Küche mit mexikanischem und indonesischem Ein-

schlag. Zum Tequila und zu den Cocktails passt die coole Musik.

Casa di Giorgio ITALIENISCH €€

(Mitropoleos; Hauptgerichte 12–22 €) Eine gute Auswahl an Pizza und Pasta sowie Meeresfrüchten und Fleischgerichten wird auf einer großen Terrasse serviert.

Ausgehen & Entertainment

Das Viertel Klein-Venedig in Chora ist zwar nicht gerade der Canale Grande, aber es legt einem dennoch das Mittelmeer zu Füßen. Dazu gibt's rosarote Sonnenuntergänge, den herrlichen Blick auf die Windmühlen, flackernde Kerzen und eine ganze Reihe farbenfroher Bars. Die Musik bewegt sich zwischen sanftem Soul und Easy-Listening, manchmal dröhnen einem jedoch auch die Ohren, wenn konkurrierende Bars richtig aufdrehen.

Eine super Wahl ist das **Galleraki,** das herrliche Cocktails mixt. Ganz in der Nähe bietet sich das **Verandah Café** für den Sonnenuntergang an, während **La Scarpa** einlädt, sich in die gemütlichen Kissen sinken zu lassen. Weiter im Norden hat **Katerina's Bar** (Agion Anargyron) einen coolen Balkon, entspannende Klänge läuten hier einen gemütlichen Abend ein.

Weiter in Richtung Stadtmitte befindet sich das gnadenlos stylishe **Aroma** (Enoplon Dynameon; ⌚ab 9 Uhr) an einer strategisch wichtigen Ecke, die abends bestens geeignet ist, um die vorbeiflanierende Menge zu beobachten. Es ist schon zum Frühstück geöffnet und ist auch wunderbar für den Kaffee zwischendurch. Gleich gegenüber liegt in einer Gasse die **Bolero Bar** (Malamatenias), ein alteingesessenes Lieblingslokal, das seinerzeit schon von Promis wie Keith Richards geschätzt wurde.

Die Enoplon Dynameon weiter runter liegt das **Astra,** in dem die Inneneinrichtung ganz im Stil des modernistischen Mykonos gehalten ist. Einige Top-DJs aus Athen unterstreichen gelegentlich das Ambiente noch durch Rock, Funk, House und Drum 'n' Bass. Gleich gegenüber vom Astra bietet das **Aigli** coole Cocktails auf einer weiteren praktischen Terrasse zum Leutegucken. In der Matogianni gibt's eine Reihe von Musikbars, darunter das **Angyra,**

HEITERE TREFFPUNKTE (NICHT NUR FÜR SCHWULE)

Mykonos ist weltweit eines der beliebtesten schwulenfreundlichen Reiseziele. Homosexualität wird hier nicht direkt offen ausgelebt, aber Chora hat viele schwulenfreundliche Clubs und Bars, in denen die Nachtschwärmer anzutreffen sind. Auch das Straßenbild ist lockerer. In dem Bereich am Wasser zwischen dem Alten Hafen und der Kirche Paraportiani sind spät nachts besonders viele Schwule anzutreffen.

Jackie O' BAR

(www.jackieomykonos.com; Alter Hafen) Jackie O' heizt jetzt am Wasser, westlich des Alten Hafens, neben dem Babylon und Pierro's ein.

Pierro's BAR

(Alter Hafen) Diese weltberühmte Bar auf Mykonos hat ihren Hauptbetrieb in den Alten Hafen verlegt und ihren beatlastigen House und die abgedrehten Schauläufer mitgenommen. Es gibt jedoch immer noch ein zweites Franchiseunternehmen von Pierro's, das sich am alten Standort an der Plateia Agias Kyriakis befindet.

Kastro BAR

(Agion Anargyron) Mit klassischen bis stylischen Klängen ist dies ein guter Ort für den Einstieg ins Nachtleben mit Cocktails beim Sonnenuntergang über Klein-Venedig.

Diva BAR

(K Georgouli) Eine großartige lockere Atmosphäre macht das Diva zu einem Lieblingslokal auf Mykonos. Das Publikum ist gemischt, aber es gibt treue lesbische Stammgäste.

Porta BAR

(Ioanni Voinovich) Das Porta wurde kürzlich renoviert, das Kreuzfahrtambiente ist jedoch erhalten geblieben. Gegen Mitternacht wird es hier eng und gemütlich.

in dem vor allem Easy-Listening und Mainstream laufen.

Wer von der Kirche Agios Nikolaos, die in der Mitte der Uferpromenade liegt, landeinwärts läuft, kommt zur Agios Vlassos mit der **Bubbles Bar**, einer außergewöhnlichen Champagnerbar mit einer feinen Auswahl an Spitzenmarken und anderen Drinks sowie einem sonderbaren Anbau voller belgischer Leonidas-Pralinen. Tapas gibt's hier auch.

In der **Scandinavian Bar** (Ioanni Voinovich 9) herrscht Mainstream-Chaos an den Bars im Erdgeschoss. Oben drüber drängen sich viele Leute auf engem Raum zu Retro-Dance-Hits.

Wer so richtig viel Action bis zum Morgengrauen sucht, ist im **Space** (Laka; www.spacemykonos.com) genau richtig. Die Nächte sind dort absolut kurzweilig bei einem Mix aus Techno, House und Progressive, und wenn am Abend auf der Bar getanzt wird, geht's erst richtig rund. Das **Remezzo** (Polikandrioti) wird vom Space-Team geführt, bietet aber Lounge und Dance zum Abhängen. Der Eintritt für beide Clubs kostet rund 20 €.

Shoppen

Überall in den Straßen von Chora ringen Lifestyle- und Kunstläden um Aufmerksamkeit, darunter auch Boutiquen mit echten Waren von Lacoste, Dolce & Gabbana, Naf Naf, Diesel und dem Body Shop. Wenn die eigenen Klamotten fadenscheinig werden, gibt's hier ein paar Läden, die man gesehen haben sollte.

Scala Shop Gallery KUNST & KUNSTHANDWERK
(www.scalagallery.gr; Matogianni 48) Scala ist eine der edleren Galerien von Mykonos. Hier werden wechselnde Kunstausstellungen veranstaltet und zeitgenössischer Schmuck und Keramik verkauft. Der Eigentümer, Dimitris Rousounelos, ist ein anerkannter Autor, der über die Traditionen von Mykonos schreibt.

Art Studio Gallery KUNST & KUNSTHANDWERK
(☎22890 22796; www.artstudiogallery.gr; Agion Saranta 22) Eine faszinierende Galerie, die Werke verschiedener bekannter griechischer Maler und Bildhauer zeigt, einschließlich der Gründerin der Galerie, Magdalini Sakellaridi.

International Press BÜCHER
(Kambani 5) Zahlreiche internationale Tageszeitungen, wenn auch jeweils schon einen Tag alt. Außerdem findet sich hier eine ausgezeichnete Auswahl an Zeitschriften und Büchern.

Praktische Informationen

Geld

Mehrere Banken am Alten Hafen haben Geldautomaten. Die Eurobank unterhält Geldautomaten am Taxi-Platz und am Fabrika-Platz.

Eurochange (Taxi-Platz) Geldwechselstube

Internetzugang

Angelo's Internetcafé (Xenias; pro Std. 3 €; ⏲10–2 Uhr; WLAN) An der Straße zwischen den Windmühlen und der südlichen Busstation. Kann CDs brennen und fotokopieren. Hier gibt's eine Büchertauschbörse.

Medizinische Versorgung

Erste-Hilfe-Station (☎22890 22274; Agiou Ioannou)

Krankenhaus (☎22890 23994) Liegt nach ca. 1 km an der Straße nach Ano Mera

Notfall

Hafenpolizei (☎22890 22218; Akti Kambani) In der Mitte der Uferpromenade

Polizei (☎22890 22716) An der Straße zum Flughafen

Touristenpolizei (☎22890 22482) Am Flughafen

Post

Post (Laka) Im südlichen Teil der Stadt

Reisebüros

Delia Travel (☎22890 22322; travel@delia.gr; Akti Kambani) Auf halber Strecke an der inneren Uferpromenade. Verkauft Fährtickets und Fahrkarten nach Delos. Ist gleichzeitig das französische Konsulat

Mykonos Accomodation Centre (☎22890 23408; www.mykonos-accommocation.com; 1. OG., Enoplon Dynameon 10) Sehr gut organisiert und nützliches Informationsangebot. Kann auch Unterkünfte der Mittel- und Spitzenklasse sowie schwulenfreundliche Unterkünfte vermitteln.

Sea & Sky (☎22890 22853; Akti Kambani) Informationen und Fährtickets

Unterwegs auf Mykonos

Strände

Mykonos hat recht viele Strände, und die meisten davon sind goldene Sandstrände in attraktiver Lage. Sie sind jedoch nicht groß genug, damit man den Menschenmassen entgehen kann. Vor allem ab Juni sind sie oft überfüllt. Abgeschiedenheit gibt's hier also keine, aber das Gefühl der Ausgeschlossenheit kann einen durchaus beschleichen, wenn verschiedene Cliquen die Liegestühle belagern. Einige andere Strände dagegen werden unübersehbar in Zonen unterteilt, in denen abwechselnd Stil und reiner Snobbismus herrschen.

Wer sich an Stränden wie Paradise und Super Paradise wohlfühlen möchte, muss ein Partymensch sein. Dort kann es extrem eng werden, aber Kontaktfreudige dürften auf ihre Kosten kommen. Die meisten Strände haben ein gemischtes Publikum und die Einstellungen zu „oben ohne" und FKK sind ebenfalls nicht einheitlich. Jedoch ist vor Ort sehr schnell ersichtlich, was an welchem Strand akzeptiert wird.

Eine ausgezeichnete Beschreibung der Inselstrände und ihres speziellen oder gemischten Publikums ist auf www.mykonos-accommodation.com zu finden.

Die am nächsten zu Chora (Mykonos) gelegenen Strände sind zugleich auch die am wenigsten glanzvollen: **Malaliamos;** der winzige und überlaufene **Tourlos,** 2 km nördlich der Stadt, und **Agios Stefanos** (4 km). Rund 3,5 km südlich von Chora liegt der überlaufene und laute Strand **Ornos,** von hier aus fahren Boote zu weiteren Stränden. Ein kleines Stück weiter westlich liegt **Agios Ioannis.** Der nicht gerade kleine Pauschaltourismusort **Platys Gialos** an der Südwestküste liegt 4 km von Chora entfernt. Alle der vorgenannten Strände sind familienfreundlich.

Platys Gialos ist der Ausgangspunkt der Kaiks, die zu den besseren Stränden im Osten fahren, darunter Paradise und Super Paradise.

Ungefähr 1 km südlich von Platys Gialos liegt der schöne Strand **Paraga,** an dem es einen kleinen Abschnitt für Homosexuelle gibt. Rund 1 km weiter östlich liegt der berühmte Strand **Paradise,** der zwar kein ausgewiesener Schwulenstrand ist, aber ein lebendiges jüngeres Publikum anzieht. **Super Paradise** (auch Plintri oder Super P genannt) hat einen echten Schwulenabschnitt. Der gemischte und schwulenfreundliche Strand **Elia** ist die letzte Haltestelle der Kaiks, nur wenige Gehminuten weiter liegt der abgeschiedene Strand **Agrari.** FKK ist an all diesen Stränden gang und gäbe.

Die Strände an der Nordostküste können dem *meltemi* (trockenem Nordwind) ausgesetzt sein, aber **Panormos** und **Agios Sostis** liegen in geschützter Lage und werden immer beliebter. Beide haben Anhänger unter den homo- und heterosexuellen Sonnenanbetern.

Wer den Strand lieber für sich hat, der sollte sich zu ruhigeren Stränden, wie **Lia** an der Südostküste oder zu den kleineren Stränden **Fokos** und **Mersini** an der Nordostküste aufmachen. Dafür braucht man allerdings robuste Räder und ein solides Fahrgestell.

Aktivitäten

Dive Adventures TAUCHEN
(☎22890 26539; www.diveadventures.gr; Paradise-Strand) Bietet eine ganze Palette an Tauchkursen bei mehrsprachigen Tauchlehrern. Zwei Schnuppertauchgänge kosten 130 €; Schnorcheln kostet 45 €. Es gibt verschiedene Tauchpakete. Das kleinste davon beinhaltet fünf Tauchgänge zu 250 €, außerdem gibt's Kurse für den PADI-Tauchschein.

Planet Windsailing WINDSURFING
(☎22890 72345; www.pezi-huber.com) In ausgezeichneter Lage am Kalafatis-Strand bietet Planet Windsailing Windsurfen für eine Stunde oder einen Tag zu 30 bzw. 70 €, außerdem gibt's einen zweistündigen Anfängerkurs für zwei Personen zu 70 €.

Kalafati Dive Center TAUCHEN
(☎22890 71677; www.mykonos-diving.com) Ebenfalls am Kalafatis-Strand gelegen. Dieses Tauchzentrum bietet das vollständige Angebot an Tauchkursen, darunter ein Paket mit 10 Tauchgängen von einem Boot mit Sauerstoffflaschen und Gewichten für 360 € und mit vollständiger Ausrüstung für 420 €. Die Kosten für einen einzelnen Tauchgang vom Boot aus mit Sauerstoffflasche und Gewichten belaufen sich auf 50 € bzw. mit der gesamten Ausrüstung auf 60 €. Einen Schnupperkurs gibt's für 68 €. Ein Schnorchelausflug mit Ausrüstung kostet 20 €. Wer bei der Buchung gleich im Voraus zahlt, erhält einen Preisnachlass von 10 %.

Schlafen

Mykonos Camping CAMPINGPLATZ €
(☎22890 24578; www.mycamp.gr; Stellplatz pro Erw./Kind/Zelt 10/5/8 €, Bungalow pro Person 17,50–30 €, Apt. 180–235 €) Diese Budgetoption befindet sich an dem angenehmen

Paraga-Strand (10 Min. zu Fuß von Platys Gialos). Absolute Ruhe und Privatsphäre sind nicht garantiert, aber die Einrichtungen sind anständig. Es gibt auch Bungalows und Apartments für zwei bis sechs Personen.

Princess of Mykonos BOUTIQUEHOTEL €€€
(☎22890 23806; www.princessofmykonos.gr; DZ inkl. Frühstück 173–219 €, 3BZ inkl. Frühstück 196–242 €; P ❄ @ ≋) Für die Zimmer mit Meerblick zahlt man in diesem attraktiven Hotel extra. Hier gibt es ein Ambiente im kykladischen kubistischen Stil mit einigen Art-Deco-Akzenten. Das Hotel liegt oberhalb des oft gut besuchten Strandes Agios Stefanos.

Essen

Christos MEERESFRÜCHTE €€
(Strand Agios Ioannis; Hauptgerichte 6–18 €) Der Fischer, Küchenchef und Bildhauer Christos betreibt dieses schlicht gehaltene Strandlokal. Es liegt direkt an dem Küstenabschnitt, an dem der Film *Auf Wiedersehen, mein lieber Mann* (engl. *Shirley Valentine*) gedreht wurde. Das Christos ist wirklich authentisches Mykonos. Fisch und Meeresfrüchte vom Feinsten, nicht zuletzt die unschlagbare *astakos* (Languste), werden hier gekonnt zubereitet.

Tasos Trattoria TAVERNE €
(Paraga-Strand; Hauptgerichte 9–19 €) Diese beliebte Taverne liegt in der Mitte des Paraga-Strandes. Hier kommen ausgezeichneter Fisch, Hühnchen, Schweine- und Kalbfleisch sowie eine großartige Auswahl an vegetarischen Gerichten auf den Tisch.

Unterhaltung

Cavo Paradiso CLUB
(www.cavoparadiso.gr) Wenn es am Horizont schon wieder hell wird, zieht das Hardcore-Partyvolk von Chora (Mykonos) zum Cavo Paradiso weiter, dem Mega-Club, der seit 1993 am Paradise-Strand für Stimmung sorgt und in dem seither etliche internationale DJs, darunter auch House-Legenden wie David Morales und Louie Vega, aufgelegt haben.

DELOS

Die Kykladen tragen ihren Namen (*kyklos* – Kreis), weil sie einen Kreis um die heilige Insel **Delos** (☎22890 22259; Museum & Stätten Erw./erm. 5/3 €; ⌚Di–So 8.30–15 Uhr) bilden, nur Mykonos drückt die Insel eifersüchtig an sein Herz. Delos (Δήλος) hat keine ständigen Bewohner und bildet einen ruhigen Gegenpol zur hektischen Betriebsamkeit des modernen Mykonos, auch wenn man es im Hochsommer nie für sich alleine hat. Die Insel ist eine der wichtigsten archäologischen Stätten Griechenlands und die wichtigste der Kykladen. Sie liegt wenige Kilometer vor der Westküste von Mykonos.

Delos hütet immer noch seine Geheimnisse, und ab und zu werden neue Entdeckungen gemacht. So wurde zum Beispiel in den vergangenen Jahren eine Goldschmiedewerkstatt an der Straße der Löwen ausgegraben.

Geschichte

Delos war früh als der mythische Geburtsort der Zwillinge Apollo und Artemis bekannt und erstmals im 3. Jahrtausend v. Chr. bewohnt. Ab dem 8. Jahrhundert v. Chr. wurde es zum Apollon-Heiligtum, und die ältesten Tempel auf der Insel datieren aus dieser Ära. Die dominanten Athener erlangten im 5. Jahrhundert v. Chr. die vollständige Kontrolle über Delos – und damit über die Ägäis.

Athen gründete 478 v. Chr. eine Allianz, den Delisch-Attischen Seebund, der seine Schätze auf Delos verwahrte. Ein zynisches Dekret legte fest, dass niemand auf Delos geboren werden oder sterben durfte, sodass Athen durch die Vertreibung der einheimischen Bevölkerung noch mehr Macht über die Insel erlangte.

Delos erreichte den Gipfel seiner Macht in der hellenistischen Periode, als es eines der drei wichtigsten religiösen Zentren in Griechenland und ein blühendes Handelszentrum war. Viele seiner Einwohner waren wohlhabende Kaufleute, Seeleute und Banker, die teilweise sogar aus dem fernen Ägypten und Syrien stammten. Sie errichteten Tempel für die Götter aus ihrer Heimat, Apollon blieb jedoch die oberste Gottheit der Insel.

Die Römer erklärten Delos 167 v. Chr. zum Freihafen. Dies brachte der Insel sogar noch mehr Wohlstand, vor allem aufgrund eines lukrativen Sklavenmarktes, auf dem an nur einem Tag bis zu 10 000 Menschen verkauft wurden. Im folgenden Jahrhundert verloren die antiken Religionen an Bedeutung, und die Handelsrouten verlagerten sich, sodass Delos ein langer, schmerzhafter Niedergang bevorstand. Im

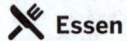

3. Jahrhundert n. Chr. gab es nur noch eine kleine christliche Siedlung auf der Insel, und in den folgenden Jahrhunderten wurden viele Antiquitäten aus den antiken Stätten geplündert. Erst in der Renaissance wurde ihr kultureller Wert erkannt.

An- & Weiterreise

Schiffe nach Delos (hin & zurück 17 €, 30 Min.) fahren ab Mykonos in der Hauptsaison ungefähr sechsmal täglich ab etwa 9 Uhr. Die letzte Hinfahrt ist gegen 12.50 Uhr. Die Abfahrts- und Rückfahrtzeiten sind am Ticketschalter am Zugang zum Alten Landungssteg am Südende des Hafens angeschlagen. Außerhalb der Monate Juli und August verkehren weniger Boote. Montags ist die Stätte geschlossen, und es fahren gar keine Boote. An den anderen Tagen fahren die Boote von Delos zwischen 11 und 15 Uhr wieder zurück. Beim Kauf der Fahrkarte sollte schon geklärt werden, mit welchem Boot man zurückfahren kann, besonders wenn eine späte Rückfahrt geplant ist. In Chora (Mykonos) verkaufen **Delia Travel** (☎22890 22322; travel@delia.gr; Akti Kambani) und das **Mykonos Accommodation Centre** (☎22890 23408; www.mykonos-accommodation.com; 1. OG, Enoplon Dynameon 10) Tickets. An einem Kiosk auf der Insel zahlt man 3 € Eintritt.

Das Mykonos Accommodation Centre organisiert in den Monaten Mai bis September geführte Touren nach Delos, die täglich (außer Montag) um 10 Uhr stattfinden (Erw./Kind 38/30 €, 3 Std.). Im Preis inbegriffen sind die Schiffspassage vom und zum Alten Landungssteg sowie der Eintritt für die Ausgrabungsstätte und das Museum. Die Führungen gibt's in englischer, französischer, deutscher und italienischer Sprache und auf Wunsch auch auf Spanisch und Russisch.

Täglich um 10.15 Uhr fährt ein Boot von Platys Gialos an der Südküste von Mykonos nach Delos (14 €, 30 Min.).

Antikes Delos Δήλος

Die Anlegestelle für die Ausflugsschiffe befindet sich südlich des ruhigen Heiligen Hafens. Viele der bedeutsamsten Funde der Insel Delos sind im Archäologischen Nationalmuseum (S. 99) in Athen zu besichtigen, aber das etwas heruntergekommene **Museum** hat immer noch eine interessante Sammlung vorort, darunter auch die Löwen von der Löwenterrasse (diejenigen auf der Terrasse selbst sind Gipsnachbildungen).

Übernachtungen auf Delos sind verboten, und die Bootsfahrpläne gestatten nur eine maximale Aufenthaltsdauer von rund sechs oder sieben Stunden. Wasser und Essen selbst mitbringen. Außerdem unbedingt einen Sonnenhut und festes Schuhwerk tragen.

Die Anlage

Im Folgenden findet sich eine Übersicht über einige der wichtigsten Ausgrabungsstätten an diesem Ort. Wer mehr wissen möchte, sollte sich am Eingang einen Führer kaufen oder an einer geführten Tour teilnehmen.

Der felsige **Berg Kythnos** (113 m) erhebt sich elegant im Südosten des Hafens. Der steile Aufstieg lohnt sich selbst in der Hitze. An klaren Tagen ist der Blick vom Gipfel über die umliegenden Inseln atemberaubend.

Zum Berg Kythnos führt der Weg durch das wunderschöne **Theaterviertel,** in dem einst die wohlhabendsten Einwohner von Delos ihre Häuser bauten. Diese Gebäude waren um Innenhöfe mit einem Säulengang angelegt, deren bunte Mosaike (ein Statussymbol) die größte Zier jedes Hauses waren.

Die luxuriösesten Wohnhäuser waren das **Haus des Dionysos,** benannt nach dem Mosaik, das den Gott des Weines auf einem Panther reitend zeigt, und das **Haus der Kleopatra,** in dem kopflose Statuen der Eigentümer gefunden wurden. Das **Haus des Dreizacks** war eines der prächtigsten. Im **Haus der Masken,** wahrscheinlich ein Wirtshaus für die Schauspieler, gibt es ein weiteres Mosaik mit Dionysos, der rittlings auf einem Panther reitet. Das **Haus der Delfine** besitzt ebenfalls ein außergewöhnliches Mosaik.

Das **Theater** datiert von 300 v. Chr. und hatte eine große **Zisterne,** deren Überreste noch zu erkennen sind. Diese versorgte einen Großteil der Stadt mit Wasser. Die Häuser der reichen Bürger hatten ihre eigenen Zisternen. Wasser war lebensnotwendig, da Delos damals fast genauso dürr und karg war wie heutzutage.

Beim Abstieg vom Berg Kythnos können die **Heiligtümer der fremden Götter** erkundet werden. Hier wurden im **Heiligtum der samothrakischen großen Götter** die Kabiren (die Zwillinge Dardanos und Aeton) verehrt. Im **Heiligtum der syrischen Götter** stehen Überreste eines Theaters, in dem Zuschauer rituelle Orgien verfolgten. Dort befindet sich auch das **Heiligtum der ägyptischen Götter,** in

Antikes Delos

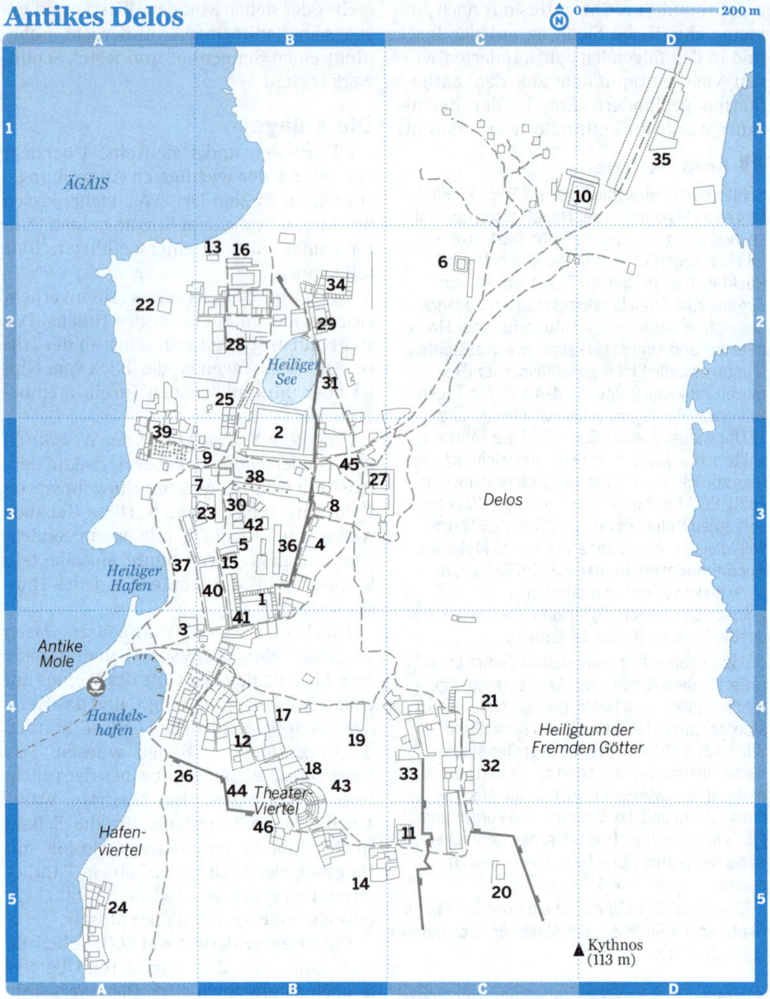

dem ägyptische Gottheiten, wie Serapis und Isis, verehrt wurden.

Im **Apollon-Heiligtum** nordöstlich des Hafens befindet sich die häufig fotografierte **Löwenterrasse.** Die stolzen Raubtiere aus Marmor waren Gaben der Bewohner von Naxos, die Delos im 7. Jahrhundert v. Chr. zur Bewachung des heiligen Bezirks geschenkt wurden. Im Nordosten befindet sich der **Heilige See** (im Jahr 1925 trockengelegt, um das Brüten von Malaria-Moskitos zu verhindern), in dem der Legende nach Leto Apollon und Artemis zur Welt brachte.

PAROS

12 853 EW.

Paros (Πάρος) bildet den Hauptknotenpunkt der Fährverbindungen der östlichen Kykladen und stellt sich dieser Aufgabe mit einem freundlichen, warmherzigen Antlitz. Die Fähren nähern sich aus westlicher Richtung über eine riesige Bucht, über der sich die welligen Hügel der Insel sanft bis zum höchsten Punkt des Berges Profitis Ilias (770 m) erheben. Kostbarer weißer Marmor machte Paros ab der frühkykladischen Periode zu einer wohlhaben-

Antikes Delos

Sehenswertes

1 Agora der Delier ... B3
2 Agora der Italiker ... B3
3 Agora der Kompetaliasten ... A4
4 Apollon-Heiligtum ... B3
5 Apollon-Tempel ... B3
6 Archegetes-Heiligtum ... C2
7 Artemis-Tempel ... B3
8 Dionysos-Heiligtum ... B3
9 Dodekatheon ... B3
10 Gymnasion ... D1
11 Haus der Delfine ... C5
12 Haus der Kleopatra ... B4
13 Haus der Komödianten ... B2
14 Haus der Masken ... B5
15 Haus der Naxier ... B3
16 Haus des Diadumenos ... B2
17 Haus des Dionysos ... B4
18 Haus des Dreizacks ... B4
19 Haus des Hermes ... B4
20 Heilige Höhle ... C5
21 Heiligtum der syrischen Götter ... C4
22 Hügelhaus ... A2
23 Keraton ... B3
24 Lagerhallen ... A5
25 Löwenterrasse (nur Nachbildungen) B2
26 Mauer des Triarus ... A4
27 Museum ... B3
28 Niederlassung der Poseidoniasten ... B2
29 Palästra ... B2
30 Poros-Tempel ... B3
31 Römische Mauer ... B2
32 Schrein der ägyptischen Götter ... C4
33 Schrein der samothrakischen Großen Götter ... C4
34 Seehaus ... B2
35 Stadion ... D1
36 Stierheiligtum ... B3
37 Stoa der Naxier ... A3
38 Stoa des Antigonas ... B3
39 Stoa des Poseidon ... A3
40 Stoa von Philip V. ... B3
41 Südstoa ... B4
42 Tempel der Athener ... B3
43 Theater ... B4
44 Theater-Viertel ... B4
45 Touristenpavillion ... B3
46 Zisterne ... B5

den Gegend – am berühmtesten dürfte die *Venus von Milo* sein, die aus parischem Marmor gearbeitet wurde, ebenso die Grabstätte von Napoleon. Das geschäftige Parikia ist die Hauptstadt und zugleich der Hafen der Insel. Die andere größere Siedlung, Naoussa, an der Nordküste ist ein zunehmend wichtiger Badeort, der sich ein stylisches, fast mykenisches Ambiente um seinen nach wie vor aktiven Fischereihafen geschaffen hat. An der Ostküste befindet sich der bezaubernde kleine Hafen und etwas ruhigere Ferienort Piso Livadi. Tief im Landesinneren von Paros befindet sich das friedliche Bergdorf Lefkes, ein heiterer Hort des traditionellen kykladischen Lebens.

Die kleinere Insel Antiparos, die 1 km südwestlich von Paros liegt, ist problemlos mit der Autofähre oder dem Ausflugsboot zu erreichen.

An- & Weiterreise

Paros ist der Hauptknotenpunkt der Fährverbindungen zur Weiterreise zu anderen Inseln in der Ägäis. Sie wird daher häufig von Fähren aus Piräus angelaufen, und es bestehen Verbindungen zu den meisten anderen Inseln der Kykladen sowie nach Thessaloniki, Kreta und zum Dodekanes-Archipel.

Es gibt täglich einen Flug von Athen nach Paros (70 €, 45 Min.).

FÄHRVERBINDUNGEN AB PAROS

REISEZIEL	HAFEN	DAUER	PREIS	HÄUFIGKEIT
Amorgos	Paros	4 Std.	16 €	1–2-mal tgl.
Anafi	Paros	6½–8¾ Std.	17 €	3–4-mal wöchentl.
Astypalea	Paros	4 Std. 50 Min.	30 €	5-mal wöchentl.
Donoussa	Paros	2½ Std.	14 €	1–3-mal tgl.
Folegandros	Paros	3½ Std.	9 €	5-mal wöchentl.
Ios	Paros	2½ Std.	11 €	2-mal tgl.
Iraklia	Paros	2 Std.	13,50 €	1–2-mal tgl.
Iraklia*	Paros	3 Std. 40 Min.	75,50 €	1-mal tgl.
Kalymnos	Paros	8 Std. 40 Min.	21 €	2-mal wöchentl.
Kea (Tzia)	Paros	7 Std. 50 Min.	18 €	2-mal wöchentl.
Kimolos	Paros	5 Std. 35 Min.	24 €	2-mal wöchentl.
Kos	Paros	10 Std. 40 Min.	24,50 €	2-mal wöchentl.
Koufonisia	Paros	3 Std.	16 €	1–2-mal tgl.
Kythnos	Paros	6 Std. 50 Min.	16 €	2-mal wöchentl.
Milos	Paros	6¾ Std.	14 €	4-mal wöchentl.
Mykonos*	Paros	1 Std.	27,50 €	3-mal tgl.
Naxos	Paros	1 Std.	8 €	5-mal tgl.
Naxos*	Paros	35 Min.	15,50 €	2-mal tgl.

Piräus	Paros	4¾ Std.	32,50 €	6-mal tgl.
Piräus*	Paros	2½ Std.	48,50 €	4-mal tgl.
Rafina*	Paros	3 Std. 10 Min.	52,80 €	1-mal tgl.
Rhodos	Paros	15 Std.	34 €	2-mal wöchentl.
Santorin (Thira)	Paros	3–4 Std.	18,50 €	5-mal tgl.
Santorin (Thira)*	Paros	2¼ Std.	45 €	2–3-mal tgl.
Schinoussa	Paros	2 Std. 20 Min.	10,50 €	1-2-mal tgl.
Serifos	Paros	3¾ Std.	10 €	2-mal wöchentl.
Sifnos	Paros	4¾ Std.	5 €	3-mal wöchentl.
Sikinos	Paros	4 Std. 25 Min.	9 €	3–4-mal wöchentl.
Syros*	Paros	45 Min.	8,50 €	3-mal tgl.
Tinos	Paros	1¼ Std.	32,70 €	1-mal tgl.

*Schnellverbindungen

Unterwegs vor Ort

AUTO, MOTORRAD & FAHRRAD

Verleihfirmen finden sich entlang der Uferpromenade in Parikia und überall auf der Insel. Eine gute Adresse ist das **Acropolis** (☎22840 21830). Im August betragen die Kosten für

Paros & Antiparos

Mietwagen mindestens 45 € pro Tag, ein Motorrad ist für 20 € zu haben.

BOOT

Wassertaxis fahren vom Fähranleger zu den Stränden rund um Parikia. Der Fahrpreis beträgt zwischen 8 und 15 €, Tickets werden direkt an Bord verkauft.

BUS

Täglich verkehren 12 Direktbusse zwischen Parikia und Naoussa (1,60 €), 7-mal täglich fahren Busse von Parikia nach Naoussa über Dryos (2,60 €), Lefkes (1,60 €) und Piso Livadi (2,20 €), 10-mal täglich nach Pounta (mit Anschluss nach Antiparos; 1,60 €) und 6-mal nach Aliki (über den Flughafen; 1,60 €).

Ein kostenloser, grüner Ökobus – mit Elektroantrieb – fährt ganzjährig von frühmorgens bis zum späten Abend regelmäßig rund um Parikia. Diese lobenswerte Energiesparmaßnahme der Kommune wird von den Einheimischen angeblich zu jeder Jahreszeit gut angenommen.

TAXI

Taxis (☎22840 21500) sammeln sich neben dem Kreisverkehr in Parikia. Es gelten feste Fahrpreise: Flughafen (17 €), Naoussa (13 €), Pounta (12 €), Lefkes (13 €) und Piso Livadi (22 €). Fahrten vom Hafen aus kosten 1 € mehr. Wer ein Taxi mehr als 20 Minuten im Voraus bestellt, zahlt 2 € extra. Wer weniger als 20 Minuten vorher reserviert, zahlt dafür 3 €. Zwei Gepäckstücke sind kostenfrei, alle weiteren kosten je 1 €.

Parikia Παροικία

5812 EW.

Parikia ist ein lebendiger, bunter Ort, geprägt vom Kommen und Gehen eines typischen Inselhafens, jedoch auch interessant wegen seiner labyrinthartigen Altstadt, der venezianischen Festung aus dem 13. Jahrhundert (*kastro*) und einer langen, weitläufigen Uferpromenade, an der sich Tavernen, Bars und Cafés drängen.

Sehenswertes

Panagia Ekatondapyliani KIRCHE

(Plateia Ekatondapyliani; ⌚ Ostern–Sept. 7.30–21.30 Uhr, Okt.–Ostern 8–13 & 16–21 Uhr) Die Kirche Panagia Ekatondapyliani aus dem Jahre 326 n. Chr. ist eine der prächtigsten Kirchen der Kykladen. Das Gebäude beherbergt mehrere kleine Kapellen, die verschiedenen Heiligen gewidmet sind. Agios Nikolaos, die größte mit herrlichen Säulen aus parischem Marmor und einer gemeißelten Ikonostase, liegt im Osten der Anlage, sehr beachtenswert ist auch die Taufkapelle. Der griechische Name bedeutet wörtlich übersetzt „Kirche der hundert Tore“, allerdings wurde hierbei wohl eine tatsächlich eindrucksvolle Anzahl von Eingängen großzügig aufgerundet. Das **Byzantinische Museum** (Eintritt 1,50 €; ⌚9.30–14 & 18–21 Uhr) in der Anlage besitzt eine Sammlung von Ikonen und anderen Artefakten.

Archäologisches Museum MUSEUM

(☎22840 21231; Eintritt 3 €; ⌚Di–So 8.30–14.45 Uhr) Neben einer Schule und hinter der Panagia Ekatondapyliani bietet das Museum einen kühlen Zufluchtsort für alle, die eine Auszeit von der Hitze und

Parikia

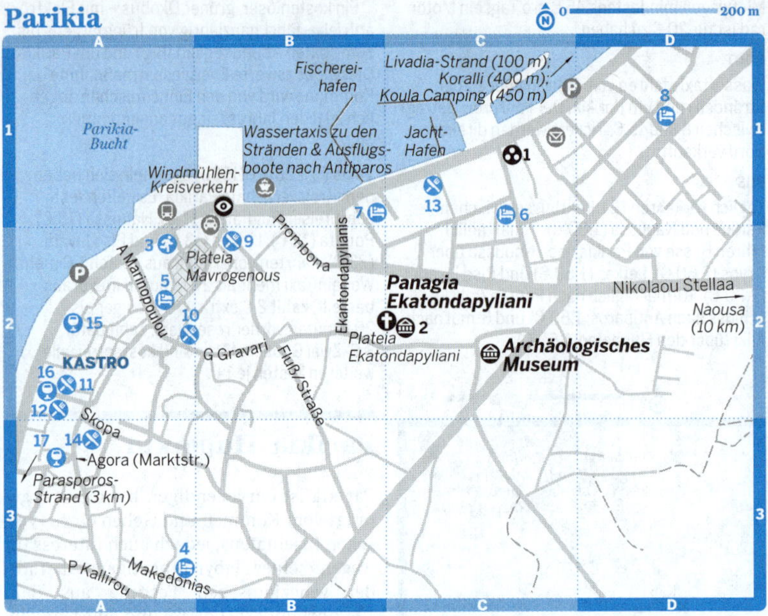

Parikia

Highlights
Archäologisches Museum C2
Panagia Ekatondapyliani C2

Sehenswertes
1 Antiker Friedhof C1
2 Byzantinisches Museum C2

Aktivitäten, Kurse & Touren
3 Santorineos Travel Services A2

Schlafen
4 Angie's Studios A3
5 Hotel Argonauta A2
6 Pension Rena C1
7 Rooms Mike B1
8 Sofia Pension D1

Essen
Bakaliko .... (siehe 5)
9 Bella Roma B2
10 Happy Green Cows A2
11 Karen A2
12 Levantis A2
13 Marina Cafe C1
14 Micro Café A3

Ausgehen
15 Evinos A2
16 Pebbles Jazz Bar A2
17 Pirate A3

Hektik der Stadt nehmen wollen. Es beherbergt einige schöne Stücke, darunter eine Nike aus dem 5. Jahrhundert v. Chr. und einen Gorgonen aus dem 6. Jahrhundert v. Chr., die beide fast überirdisch wirken. Unter den noch älteren Töpferwaren befindet sich auch die *Dicke Frau von Saliagos*. Eines der wichtigsten Ausstellungsstücke ist jedoch ein Plattenfragment der **Parischen Chronik** aus dem 3. Jahrhundert v. Chr., das die wichtigsten künstlerischen Errungenschaften des antiken Griechenlands auflistet. Es wurde im 17. Jahrhundert entdeckt und – wie so oft – landeten zwei weitere Platten davon im Ashmolean Museum im englischen Oxford.

Antiker Friedhof RUINEN

Weiter nördlich entlang des Wassers befindet sich ein sehenswerter eingezäunter antiker Friedhof aus dem 7. Jahrhundert v. Chr.; er wurde im Jahr 1983 ausgegraben. Imposante römische Gräber, Urnen und Sarkophage werden nachts hell angestrahlt.

Fränkisches Kastro RUINEN

Diese Festung wurde von Marco Sanudo, dem Herzog von Naxos, im Jahr 1260 n.Chr. auf den Überresten eines Athene-Tempels erbaut. Von dem *kastro* ist außer einer großen Mauer nicht viel übrig geblieben. Dieser Mauerrest gleicht einem Puzzle aus nicht bemalten Säulensockeln und behauenen Blöcken.

Geführte Touren

Santorineos Travel Services GEFÜHRTE TOUREN

(☎22840 24245; info@traveltoparos.gr; D Vasileou) Dieses Büro kann Bustouren auf Paros (35 €), Bootsausflüge nach Mykonos und Delos (Erw./Kind 45/23 €) sowie nach Santorin, einschließlich einer Bustour rund um die Insel (Erw./Kind €55/30), nach Naxos (Erw./Kind 10/5 €) und nach Iraklia und Koufonisia (Erw./Kind 40/20 €) vermitteln.

Schlafen

Im August informiert die **Rooms Association** (☎22840 22722, nach Büroschluss 22840 22220) direkt am Kai über Fremdenzimmer; ansonsten kommen die Eigentümer zur Fähre. Die **Hotel Association** (☎22840 51207) hat Informationen zu Hotels auf Paros und Antiparos. Alle Campingplätze betreiben Minibusse, die Gäste an der Fähre abholen.

LP TIPP **Sofia Pension** BOUTIQUEHOTEL €€

(☎22840 22085; www.sofiapension-paros.com; EZ/DZ/3BZ 65/75/90 €; P ❄ @ ᯤ) Diese entzückende Pension verbirgt sich in einem liebevoll gepflegten Garten voller Pflanzen und Blumen. Die Unterkunft befindet sich in einer Sackgasse rund 400 m östlich des Fähranlegers. Die Zimmer sind tadellos und individuell eingerichtet. Die Eigentümer sind sehr charmant. Das Frühstück kostet 8 €.

Hotel Argonauta HOTEL €€

(☎22840 21440; www.argonauta.gr; Plateia Mavrogenous; EZ/DZ/3BZ 65/85/95 €; ⏲April–Mitte Okt.; ❄ ᯤ) Das Argonauta ist ein schon seit Langem bestehendes, familiengeführtes Hotel in zentraler Lage mit Blick auf die Plateia Mavrogenous. Es hat eine heimelige Atmosphäre. Bei der modernen Einrichtung wurden attraktive traditionelle Akzente gesetzt; die Zimmer sind tipptopp, komfortabel und haben Fenster mit Doppelverglasung.

Pension Rena PENSION €

(☎22840 22220; www.cycladesnet.gr/rena; EZ/DZ/3BZ 35/45/55 €; ❄ ᯤ) Eine der besten Adressen der Stadt. Die tadellosen Zimmer sind ihr Geld absolut wert, und die Begrüßung ist herzlich. Die Zimmer liegen ruhig und günstig gleich hinter der Uferpromenade. Klimaanlage kostet 5 € extra. Die Eigentümer haben auch Apartments in Naoussa (80 bis 120 €) zu vermieten.

Rooms Mike PENSION €

(☎22840 22856; www.roomsmike.com; EZ/DZ/3BZ 35/65/75 €; ❄) Eine langjährige Lieblingsadresse in Sichtweite des Fähranlegers. Wer bei Mike absteigt, dem wird es nie an Unterhaltung und Ratschlägen mangeln. Es gibt eine Gemeinschaftsküche und eine Dachterrasse. Mike hat auch gut ausgestattete Studios (55 €), die gut in Schuss sind, an einer anderen Stelle in der Stadt. Einzelheiten bitte erfragen. Kreditkarten werden akzeptiert.

Angie's Studios APARTMENTS €€

(☎22840 23909/6977; www.angies-studios.gr; Makedonias; DZ 68 €; ⏲April–Okt.; P ❄) Ein vor Bougainvilleen leuchtender Garten umgibt diese hübschen Studios. Sie liegen in einer sehr ruhigen Gegend rund 500 m vom Fähranleger entfernt. Die Studios sind groß und in gutem Zustand, alle haben eine eigene Küche. In der Nebensaison gibt's großzügige Preisnachlässe.

Koula Camping CAMPINGPLATZ €

(☎22840 22801; www.campingkoula.gr; Stellplätze pro Erw./Kind/Zelt 8/3/4 €; ⏲April–Okt.; P ᯤ) Liegt am nördlichen Ende der Uferstraße von Parikia

Krios Camping CAMPINGPLATZ €

(☎22840 21705; www.krios-camping.gr; Stellplätze pro Erw./Kind/Zelt 8/4/4 €; ⏲Juni–Sept.; P @ ᯤ ≋) Der Campingplatz liegt am Nordufer der Parikia-Bucht rund 4 km vom Hafen entfernt, aber es gibt ein Wassertaxi über die Bucht nach Parikia.

Essen

LP TIPP **Levantis** GRIECHISCH €€

(☎22840 23613; Kastro; Gerichte 11–19 €) In diesem alteingesessenen Restaurant im Herzen des Kastro-Viertels diniert man sehr nett im Innenhof. Es gibt Vorspeisen, wie Salat mit Fenchel, Birne, Rettich und Chili-Feta, während bei den Hauptgerichten Kabeljaupastete, Anchovisdressing und Auberginenpüree angeboten werden.

Vegetarier sollten mal den *stifadho* mit Gemüse, Oliven und weißen Bohnen probieren. Desserts, wie die mediterrane Nusstorte mit Aniseis, runden das Mahl köstlich ab. Neben dem ausgezeichneten Hauswein gibt's eine gute Auswahl an griechischen Jahrgangsweinen.

Bakaliko GRIECHISCH €
(Plateia Mavrogenous; Hauptgerichte 6–8 €) Das Bakaliko steht seit ein paar Jahren unter neuer Leitung und bietet jetzt eine ausgezeichnete Speisekarte, auf der so leckere Gerichte wie Hühnchen-*tigania* (Fleischwürfel mit Paprika in einer Senfsauce) zu finden sind. Ausgesuchte griechische Weine ergänzen das Essen. Die Terrasse vor dem Haus ist tagsüber beliebt, um sich einen Kaffee zu gönnen und dabei Leute zu beobachten.

Happy Green Cows EUROPÄISCH €€
(☎22840 24691; Gerichte 12–18 €) Das Camp-Dekor passt zu dem sonderbaren, angeblich durch einen surrealen Traum inspirierten, Namen dieses kleinen Lokals, in dem Vegetarier in Verzückung geraten, aber auch Fleischliebhaber auf ihre Kosten kommen. Auf der Karte stehen das verlockende *satyros*, Filets von geräucherten Hühnchen mit Blaubeeren, und Cranberrys in *mavrodafni* (süßem Dessertwein) oder marinierte Artischocken in Olivenöl mit frischen Kräutern, bestreut mit Parmesankäse.

Micro Café CAFÉ €
(Agora; Snacks 4–5 €) Dieser großartige Treffpunkt für Einheimische und Besucher ist hell und fröhlich und liegt im Herzen des Kastro. Hier gibt's Frühstück für 4 € sowie Kaffee und Snacks, Sandwiches, frisches Obst und Gemüsesaft. Getränke und Musik gibt's bis in die frühen Morgenstunden.

Karen MEZEDHES €
(Kastro; Gerichte 3,50–7 €) Erst kürzlich von dem Vorbesitzer des Karen als parische Tapasbar eröffnet, die gemischte Platten mit griechischem Touch, griechische Weine und andere Getränke anbietet.

Bella Roma ITALIENISCH €
(Gerichte 8–14 €) Großartige Auswahl an italienischen Gerichten und authentische italienische Küche

Koralli MEERESFRÜCHTE €
(Hauptgerichte 6–9 €) Eine sichere Bank für Fischgerichte, darunter eine Fischerplatte für zwei Personen zu 18 €. Das Koralli liegt neben dem Camping Koula.

Marina Café CAFÉ €
(Snacks 2,30–8 €; @ 📶) Ein fröhliches Café am Wasser. Das Marina serviert Hamburger und andere Snacks. Kostenloses WLAN und Internet für 2 € pro Stunde

🍷 Ausgehen

Neben den folgenden Adressen gibt es weitere Bars an der südlichen Uferpromenade, darunter auch das beliebte **Evinos.**

Pebbles Jazz Bar BAR
(⌚9–1 Uhr; 📶) Wer am späten Abend durchs Kastro läuft, könnte fast den Eindruck gewinnen, der Sonnenuntergang hinter dem Pebbles sei ein großes Bühnenbild. Diese über dem Meer thronende Bar lädt mit Lounge-Musik am Tag und Jazz bei Nacht zum Chillen ein. Der klassische Höhepunkt ist der Sonnenuntergang; in den Monaten Juli und August findet gelegentlich ein Live-Konzert statt. Das Pebbles bietet Frühstück von 4,50 bis 7 € und auch Speisen in Kooperation mit dem naheliegenden Karen. Es gibt eine beeindruckende Weinkarte mit einigen beachtlichen griechischen Jahrgangsweinen.

Pirate BAR
In einer ultracoolen Ecke von Parikia ist das Pirate eine ideale Zuflucht mit Mainstream-Klängen und funkigem Rock. Es liegt abseits des anderen Endes der Marktstraße hinter dem Micro Café und neben einer kleinen Kirche.

ℹ Praktische Informationen

Gesundheitszentrum (☎22840 22500; Prombona; ⌚Mo–Fr 9–13.30 Uhr) Auch ein Zahnarzt ist hier zu finden.

Hafenpolizei (☎22840 21240) Hinter der nördlichen Uferstraße, neben der Post

Parosweb (www.parosweb.com) Umfassende und hilfreiche Informationen zu Paros und Antiparos

Polizei (☎22840 23333; Plateia Mavrogenous)

Post Liegt 400 m östlich des Fähranlegers

Santorineos Travel Services (☎22840 24245) Am Wasser, gleich südwestlich vom Windmühlen-Kreisverkehr. Verkauft Fährtickets und kann Unterkunft und Mietwagen vermitteln, hat auch eine Gepäckaufbewahrung (1 € pro Stunde). Hier kann man verschiedene Touren buchen. Außerdem Geldwechsel, FedEx (nur Versand) und MoneyGram (internationale Geldanweisungen)

Naoussa Ναούσα

3027 EW.

Naoussa hat sich von einem ruhigen Fischerdörfchen in einen beliebten, gehobenen Ferienort verwandelt, sich dabei aber seinen Charme und seine Attraktivität für alle Altersklassen bewahrt. Es liegt am Ufer der großen Plastira-Bucht an der Nordküste von Paros. Attraktive Strände sind in der Nähe, und die Stadt hat mehrere ausgezeichnete Restaurants und eine zunehmende Anzahl an sehr guten Cafés und Bars am Strand zu bieten. Hinter dem Wasser liegt ein Labyrinth aus schmalen Straßen mit weißen Häusern sowie einer Mischung aus schicken Boutiquen und Souvenirläden, und gelegentlich sind Fisch- und Blumenmotive zu sehen.

Sehenswertes & Aktivitäten

Die besten Strände in der Gegend sind **Kolimbythres** und **Monastiri**, Letzterer ist ein gutes Schnorchelrevier und bietet Clubs. Der Strand **Lageri** hat zwar weniger Infrastruktur, lohnt aber trotzdem den Besuch. **Santa Maria**, an der anderen Seite der östlichen Landzunge, ist ideal zum Windsurfen. Alle Strände sind über Straßen erreichbar, aber auch Kaiks fahren im Juli und August von Naoussa aus zu jedem dieser Strände.

Das Büro **Erkyna Travel** kann mit verschiedenen Exkursionen, einschließlich einer Busrundfahrt über die Insel und Bootsausflügen zu anderen Inseln, weiterhelfen.

Byzantinisches Museum MUSEUM
(Eintritt 1,80 €; Aug. 10–13 & 18–21 Uhr) Das byzantinische Museum von Naoussa befindet sich in der Kirche mit der blauen Kuppel. Der Weg dorthin führt ungefähr 200 m vom zentralen Platz an der Hauptstraße nach Parikia bergauf.

Volkskundemuseum MUSEUM
(22840 52284; Eintritt 1,80 €; 9–13 & 18–21 Uhr) Zu diesem kleinen Museum mit Schwerpunkt auf regionalen Trachten geht's vom Hauptplatz aus landeinwärts in Richtung einer weiteren Kirche mit einer blauen Kuppel. Hinter der Kirche rechts abbiegen.

Kokou Riding Centre REITEN
(22840 51818; www.kokou.gr) Das Kokou hat Ausritte vormittags (50 €) und abends (35 €) im Programm. Für 3 € extra wird der Transfer vom Hauptplatz in Naoussa organisiert.

Taoistisches Zentrum MEDITATION
(22840 28882; www.taos-greece.com; Ambelas) Das taoistische Zentrum ist ein Retreat und ein Meditationszentrum in einer herrlich abgeschiedenen Lage auf einem Hügel östlich von Naoussa. Das Zentrum bietet Workshops und Kurse in Meditation, Qi Gong, Yoga und Tanz sowie Massagetherapien; all dies in einer sympathischen Umgebung mit stylischen Einrichtungen. Auch Aktivitäten für die Jüngsten werden angeboten. Man ist sehr auf Umweltschutz bedacht, und es gibt ein beliebtes asiatisches Restaurant. Das Zentrum erreicht man, wenn man von der Hauptstraße nach Ambelas abbiegt und dann auffälligen Schildern entlang einer weitestgehend geteerten Piste folgt.

Schlafen

LP TIPP **Katerina's** APARTMENTS €€
(22840 51642; www.katerinamare.com; EZ/DZ/3BZ 60/85/95 €, Studios 170–180 €;) Hoch oben auf dem Hügel über der Stadt und mit Blick über die Plastira-Bucht liegt das Katerina's, das nach seiner Totalrenovierung im Jahr 2011 sogar noch besser ist als zuvor. Jetzt gibt's Einrichtungen für Selbstversorger, bei denen man nichts falsch machen kann. Alle Zimmer sind glänzend eingerichtet, und die Aussicht ist unübertrefflich. Selbst das kleinste Zimmer hat noch eine tolle Aussicht, für die man noch nicht einmal aufstehen muss.

Sunset Studios und Apartments APARTMENTS €€
(22840 51733; www.paros.biz; DZ/3BZ 85/102 €, Apt. 180–216 €; P) Für diese friedlichen Zimmer und Apartments, die auf dem Hügel oberhalb des Zentrums von Naoussa versteckt liegen und vom Hafen aus in wenigen Minuten zu Fuß erreichbar sind, sprechen auch noch der grüne Garten und das herzliche Willkommen.

Hotel Galini HOTEL €€
(22840 53382; www.hotelgaliniparos.com; EZ/DZ/3BZ inkl. Frühstück 60/70/85 €;) Dieses kleine Hotel verfügt über komfortable, erst kürzlich modernisierte Zimmer. Es liegt gegenüber der Kirche mit der blauen Kuppel (Byzantinisches Museum) an der Hauptstraße nach Parikia. Unbedingt darauf achten, dass es sich wirklich um

das empfohlene Hotel handelt, denn andernorts in der Stadt gibt es noch ein weiteres Hotel mit ganz ähnlichem Namen.

Young Inn JUGENDHERBERGE€
(☎6976415232; www.young-inn.com; B/DZ/3BZ 22/66/66 €; P❄📶) Dieses gut geführte Haus wendet sich an eine junge, internationale Gästeschar und organisiert Events und Ausflüge. Vor und nach August sinken die Preise erheblich. Frühstück gibt's ab 3 €. Die Inhaber planen, im Jahr 2012 ein ähnliches Young Inn Hostel in Parikia zu eröffnen. Nähere Informationen dazu gibt's auf der Website.

Essen & Ausgehen

Hinter dem Hafen gibt's eine Promenade mit Cafés und Musik-Bars mit coolem Lounge-Dekor, das sich getrost auch in Mykonos sehen lassen könnte. Lokale wie **Fotis** und **Briki** liegen an kleinen Stränden und spielen eine Mischung aus Klassikern bei Tag und jazzigeren, funkigeren Sounds bei Nacht.

LP TIPP **Glafkos** GRIECHISCH €
(☎22840 52100; Hauptgerichte 6–13 €) In diesem Strandlokal liegt der Schwerpunkt auf Meeresfrüchten. Hier gibt's so feine Gerichte wie Garnelen und *manouri* oder Kammmuscheln in einer Sahnesauce. Fleischliebhaber finden Gerichte wie Schweinefilet mit Oregano und Likörwein. Es stehen 50 verschiedene griechische Weine zur Auswahl.

Tao's Restaurant THAI, ASIATISCH €
(☎22840 28882; Hauptgerichte 9–12 €) Dieses gut geführte Restaurant gehört zum taoistischen Zentrum und serviert authentische thailändische und asiatische Küche, die gekonnt von den thailändischen Köchen zubereitet wird. Unter den Vorspeisen findet sich ein unschlagbarer Mangosalat, und die Hauptgerichte umfassen das Beste aus diesen Landesküchen. Es gibt ein Dreigängemenü für 12 €, das sein Geld wert ist. Anfahrt über die Straße nach Ambelas und dann den Schildern zum taoistischen Zentrum folgen.

Perivolaria GRIECHSICH-ITALIENISCH €€
(Gerichte 5–23 €) Zuverlässige griechische und internationale Küche, Pasta und Pizza aus dem Holzofen sind in diesem alteingesessenen Restaurant in einem hübschen Garten im Angebot. Unbedingt probieren: die kleinen Pasteten mit Füllungen wie *horta* (Wildkräuter), Feta und Ouzo. Zum Perivolaria geht's vom Hauptplatz aus entlang der Flussstraße.

Moshonas TAVERNE €
(Gerichte 3,50–12,50 €) Eine klassische *ouzerie* am Hafen und ein Fischrestaurant. Fisch wird pro Kilo verkauft, aber es gibt auch Hauptgerichte mit Fisch zu annehmbaren Preisen. Die Chancen stehen gut, dass familieneigene Kaiks dabei beobachtet werden können, wie sie anlegen und den frischen Tintenfisch liefern, der schon bald auf einem Teller liegen wird.

Praktische Informationen

Die Endhaltestelle des Busses aus Parikia liegt ein kleines Stück vom Hauptplatz entfernt und nicht weit von der Uferpromenade. Dort endet ein ausgetrocknetes Flussbett, das als Straße in Richtung Süden und ins Landesinnere dient. Die Hauptstraße von Naoussa liegt links vom Flussbett. Eine Warnung für Autofahrer: Von Juni bis September ist das Parken in manchen Zonen verboten. Die Schilder sind vielleicht nicht eindeutig, aber die heftigen Bußgelder dafür umso mehr. Es gibt einen Parkplatz am oberen Ende der Flussbettstraße.

Die Post liegt einen anstrengenden Marsch vom Hauptplatz bergauf. Rund um den Hauptplatz gibt es eine Reihe von Geldautomaten.

Erkyna Travel (☎22840 22654; www.erkyna travel.com) An der Flussstraße. Verkauft Fährtickets und kann Unterkunft, Mietwagen und Exkursionen vermitteln

Naoussa Information (☎22840 52158; ⏰Juli & Aug. 10–24 Uhr, Mitte Juni– Juli 11–13 & 18–22 Uhr) kann Unterkünfte vermitteln und unterhält einen Kiosk am Hauptplatz.

netCafé.gr (pro Std. 3 €; ⏰10–1 Uhr) Internetzugang; befindet sich gleich beim Zugang zum Hauptplatz

Lefkes Λεύκες

494 EW.

Das idyllische Lefkes liegt rund um einen Talkessel inmitten von Hügeln, deren Gipfel mit alten Windmühlen übersät sind. Die Siesta wird hier sehr ernst genommen, und im Dorf herrscht eine heitere Gelassenheit. Es befindet sich 9 km südöstlich von Parikia, hoch oben in den Hügeln. Im Mittelalter war es die Hauptstadt von Paros. Die Hauptattraktionen des Dorfes sind seine urtümlichen Gassen und Gebäude. Die Kathedrale **Agia Triada** ist ein eindrucksvolles Bauwerk im Schatten von Olivenbäumen.

Unterwegs auf Paros

Unten an der Südostküste liegen der attraktive Hafen und der noch nicht so überlaufene Badeort **Piso Livadi,** der einen netten Strand hat. **Perantinos Travel and Tourism** (☎22840 41135; perantin@otenet.gr) kann Unterkunft, Mietwagen und Bootsausflüge zu anderen Inseln vermitteln und auch Geld wechseln. Neben Perantinos steht ein Geldautomat.

Sehenswertes & Aktivitäten

Paros ist ein heißer Favorit bei den Windsurfern und Kiteboardern, während das klare Wasser rund um die Insel ideal zum Tauchen ist.

Unten an der Küste bei Pounda befinden sich der **Eurodivers Club** (☎22840 92071; www.eurodivers.gr) und das **Paros Kite Pro Center** (☎22840 92229; www.paroskite-procenter.com).

Am Goldenen Strand gelegen, bietet das **Aegean Diving College** (☎22840 43347, 6932289649; www.aegeandiving.gr) eine Reihe von Tauchgängen mit archäologischen und ökologischen Schwerpunkten, während **Octopus Sea Trips** (☎6932757123; www.octopuseatrips.com) Kurse zum Ökosystem Meer anbietet.

Force7 Surf Centre (☎22840 42189; www.force7paros.gr; Hrysi Akti) bietet Kurse zu Windsurfing, Tauchen, Wasserski und Wakeboarding an. Es gibt auch Wochenpakete sowie Tanz- und Yogaferien.

Strände

Entlang der Küste liegen immer wieder vereinzelt Strände, darunter auch der beste Strand von Paros, **Chrysi Akti** (Goldener Strand), an der Südostküste mit gutem Sand und mehreren Tavernen. Die Gegend ist bei Windsurfern beliebt.

An der Südküste gibt es einen ganz brauchbaren Strand bei **Aliki.**

Schlafen & Essen

Piso Livadi besitzt eine ganz eigene, zauberhafte Ausstrahlung. Hier gibt's eine Reihe moderner Zimmer und Apartments sowie ein paar anständige Tavernen.

LP TIPP **Anna's Studios** APARTMENTS €
(☎22840 41320; www.annasinn.com; Piso Livadi; EZ/DZ/3BZ/Suite/Apt. 43/57/65/65/95 €; ❄@) Annas helle und geräumige Studios, gleich hinterm Hafen, bieten ein unschlagbares Preis-Leistungs-Verhältnis. Hier stimmt alles bis hin zu den exquisiten Dekorationsgegenständen, die von Annas Mutter bestickt wurden. Die Familie unterhält auch gut geführte Zimmer direkt am Hafen, die jedoch nicht so abgeschieden liegen wie die Studios. Tee und Kaffee können hier zubereitet werden.

Chalaris Taverna TAVERNE €
(Hauptgerichte 9–12 €) Liegt in Piso Livadi direkt am Wasser. Das Chalaris ist eine der besten Tavernen von Paros. Spezialität des Hauses sind frischer Fisch vom Boot der Familie sowie traditionelle Fleisch- und Gemüsegerichte; ein Fischgericht kostet 10 €. Die Kabeljaukroketten, Garnelenquiches und Tomatenkroketten suchen ihresgleichen. Nimmt man dann noch den regionalen Wein und freundlichen Service hinzu, dann ist diese Taverne nicht mehr zu übertreffen.

Unterhaltung

Punda Beach Club CLUB
(www.pundabeach.gr; Viva Punda) Für extrem Kontaktfreudige ist dieser Ganztagesclub an der Ostküste südlich von Piso Livadi der Anlaufpunkt schlechthin. Es handelt sich um eine riesige Anlage mit Swimmingpools, Bars, Restaurants, Sporthalle, Live-Musik-Shows und einem unglaublich überfüllten Strand.

ANTIPAROS

1037 EW.

Antiparos (Αντίπαρος) liegt verträumt vor der Küste von Paros und ist zu Recht stolz auf seine Unabhängigkeit von Letzterer. Auf dieser schönen Insel gehen die Uhren deutlich langsamer. Das Hauptdorf und gleichzeitig der Hafen – ebenfalls Antiparos genannt – ist sehr ruhig. Die Uferpromenade und Hauptstraßen sind leicht touristisch angehaucht, aber das Dorf zieht sich weit ins Landesinnere hinein, vorbei an Plätzen und Gassen, die plötzlich aufs offene Feld führen. Dahinter schlummert die Insel sanft in der Sonne.

Sehenswertes & Aktivitäten

Burg von Antiparos FESTUNG
Von der höchsten Stelle der Hauptstraße bzw. Fußgängerzone immer der Nase nach zur Plateia Agios Nikolaou mit ihrer großen Platane. Von hier aus führt eine

schmale Gasse in die spannenden Überreste der venezianischen Burg von Antiparos, die durch einen Torbogen betreten wird. Die Burg datiert aus dem 13. bis 16. Jahrhundert. Die Außenmauer beherbergt Häuser mit sonderbaren Außentreppen und Balkonen an der Innenseite. Die Überreste des Bergfrieds in der Mitte sind von einem Wasserturm aus Stein gekrönt und werden von gnomenhaften Kirchen umfangen. Hier gibt's auch ein kleines **Volkskundemuseum.**

Blue Island Divers TAUCHEN
(☎22840 61767, 69831 59452; www.blueisland-divers.gr) Auf halber Höhe der Hauptstraße liegt ein Laden mit Tauch- und Strandausrüstung, in dem man Informationen über Blue Island Divers erhält, das eine Vielzahl von Tauchausflügen anbietet. Ein viertägiger Kurs für den PADI-Tauchschein für offene Gewässer kostet 380 €, und ein Schnuppertauchkurs kostet 50 €. Die Ausflüge können auf spezielle Wünsche zugeschnitten werden.

Höhle von Antiparos HÖHLE
(Eintritt 3,60 €; Sommer 10.45–15.45 Uhr) Diese Höhle liegt rund 8 km südlich des Hafens. Sie ist immer noch ziemlich beeindruckend, obwohl in der Vergangenheit so viele Stalaktiten und Stalagmiten geplündert wurden. Über 400 Stufen führen in die Höhle hinab, und sie kann feucht und unheimlich sein. Zu erreichen ist sie über die Küstenstraße in Richtung Süden; an einem ausgeschilderten Abzweig in die Hügel abbiegen. Vom Hafen aus fahren stündlich Busse zur Höhle (einfach 1,60 €).

Geführte Touren

MS Alexandros GEFÜHRTE TOUREN
(☎22840 61273, 69720 26585) veranstaltet täglich Inselrundfahrten und hält dabei an verschiedenen Stränden. Der Preis liegt bei 35 bis 45 € für Erwachsene (Kinder zahlen weniger). Darin enthalten ist ein Barbecue mit Drinks. Gebucht werden kann bei den örtlichen Reisebüros.

Schlafen

Hotel Mantalena HOTEL €€
(☎22840 61206, 69773 52363; www.hotelmantalena.gr; EZ/DZ/3BZ 72/80/96 €;) Das Mantalena hat helle, saubere Zimmer und liegt nur ein kleines Stück nördlich vom Hauptanleger etwas von der Hafenstraße zurückgesetzt. Es gibt eine große Terrasse. Das anständige Frühstück kostet 6 €. Dieselbe Familie bietet außerdem Apartments weiter unten im Dorf an, die 65 bis 75 € kosten.

Anargyros HOTEL €
(☎22840 61204; www.anargyros.parosweb.com; EZ/DZ/3BZ 40/50/60 €;) Das Preis-Leistungs-Verhältnis stimmt in diesem gut geführten, familären Hotel am Wasser, in dem die Zimmer eine ordentliche Größe haben. Die Gäste können Tee und Kaffee selbst zubereiten. Neben dem Hotel liegt ein ziemlich gutes Restaurant, das griechische Standards für 4,50 bis 9 € anbietet.

Begleri HOTEL €€
(☎22840 61378; begleri@par.forthnet.gr; DZ 65–85 €, 3BZ 100 €;) Südlich der Hauptstraße liegen mehrere Unterkünfte. Das Begleri ist ganz ordentlich, wird von einer Familie geführt und hat saubere, helle Zimmer. Das Frühstück kostet 5 €.

Camping Antiparos CAMPINGPLATZ €
(☎22840 61221; www.camping-antiparos.gr; Stellplätze pro Erw./Kind/Zelt 6/3/4 €) Dieser Campingplatz direkt am Strand hat die Parzellen mit Bambus und Zedern unterteilt und liegt 1,5 km nördlich vom Hafen. Er hat einen Minimarkt, eine Bar und ein Restaurant. Es gibt einen eigenen Bustransfer vom Hafen.

Essen & Ausgehen

An der Uferpromenade und an der Hauptstraße von Antiparos liegen Cafés und Tavernen, die griechische Standards und Fischgerichte servieren. Supermärkte und eine Bäckerei gibt's in der Hauptstraße.

Oben im Dorf finden sich ein paar schicke Café-Bars. **Tabula Rasa** und **Boogaloo** sind beide gehobene Lokale und servieren tolle Cocktails und Tapas nach griechischer Art zu einer lebhaften Playlist.

Margarita's GRIECHISCH €
(Agora; Hauptgerichte 8–20 €) Auf halber Höhe der Hauptstraße liegt dieses helle und bunte kleine Lokal, das große Salate und andere köstliche Gerichte zubereitet, darunter auch Pasta mit Meeresfrüchten. Ein großes Frühstück kostet etwa 10 €.

Maki's TAVERNE €
(Gerichte 5,50–12 €) Meeresfrüchte sind die Spezialität dieser Hafentaverne. Die Küche ist insgesamt empfehlenswert, von den Garnelen-*souvlaki* mit Kalamari bis hin zum Hummer (Preis wird pro Kilo berechnet, sofern verfügbar).

Praktische Informationen

Vom Fähranleger aus geht's rechts die Uferpromenade entlang. Die Hauptstraße Agora führt beim Anargyros Restaurant landeinwärts. Auf halber Strecke liegen an der Hauptstraße die **Emporiki Bank** und die **National Bank of Greece** nebeneinander, die beide einen Geldautomaten haben. Die **Post** ist ebenfalls hier. Zum zentralen Platz geht's am oberen Ende der Hauptstraße links. Er liegt dann rechts hinter dem Smiles Café.

Um zu dem auch von den Venezianern erbauten *kastro* zu gelangen, passiert man den Steinbogen, der in nördlicher Richtung vom zentralen Platz wegführt.

Der Rest der Insel zieht sich südlich des Hauptortes durch ruhige Landschaften hin. Es gibt mehrere passable Strände, insbesondere Glyfa und Soros an der Ostküste.

Das **Nautica Café** (☎22840 61323; Internet pro Std. 1 €) ist ein belebtes Café am Wasser mit Internetzugang mit Münzeinwurf und kostenlosem WLAN für seine Gäste.

Es gibt mehrere Reisebüros und Tourveranstalter, darunter **Cave Travel** (☎22840 61376) und **Oliaris Tours** (☎22840 61231; oliaros@par.forthnet.gr). **Blue Island Divers** (☎22840 61493; www.blueisland-divers.gr) kann außerdem auch Unterkünfte und Mietwagen vermitteln.

An- & Weiterreise

Im Sommer fahren häufig Ausflugsboote von Parikia nach Antiparos. Es verkehrt auch halbstündlich eine Autofähre von Pounda an der Westküste von Paros nach Antiparos (einfach 1 €, Roller 1,80 €, Auto 6 €, 10 Min.); die erste Fähre legt in Pounda ungefähr um 7.15 Uhr ab, und das letzte Schiff nach Pounda fährt in Antiparos ungefähr um 00.30 Uhr ab.

Unterwegs vor Ort

Der einzige Bus auf Antiparos fährt – nur im Sommer – zur Höhle im Inselinneren (siehe S. 426; 5 €). Der Bus fährt weiter nach Soros und Agios Georgios.

Autos, Roller und Fahrräder können bei **Aggelos** (☎22840 61626/61027) gemietet werden. Es ist das erste Büro gleich hinter dem Fähranleger. In der Hauptsaison fangen die Kosten für ein Auto bei 42 € pro Tag an, Roller kosten 15 € pro Tag und Fahrräder 5 €.

NAXOS

12 089 EW.

Naxos (Νάξος) ist die größte Insel der Kykladen, wozu auch seine hohen Berge passen. Sie bietet das Beste von beiden Welten: ein klassisches Inselerlebnis, dem gelegentlich das Gefühl gegenübersteht, im tiefsten Gebirge von Land umschlossen zu sein. Der Sage nach verließ der undankbare Theseus auf Naxos Ariadne, nachdem sie ihm geholfen hatte, aus dem kretischen Labyrinth zu entkommen. Wie es in den mythischen Seifenopern so ist, weinte sie ihm nicht lange nach, sondern ließ sich bald darauf mit Dionysos, dem Gott des Weines und der Ekstase, ein. Dionysos ist der beliebteste Gott der Insel. Wein aus Naxos galt vor diesem Hintergrund lange als hervorragendes Heilmittel bei gebrochenem Herzen.

Die Insel war ein kulturelles Zentrum des klassischen Griechenlands und der byzantinischen Epoche. Die Venezianer und Franken haben ebenfalls ihre Spuren hinterlassen.

Naxos ist fruchtbarer als die meisten der anderen Inseln und produziert Oliven, Trauben, Feigen, Zitrusfrüchte, Mais und Kartoffeln. Der Berg Zeus (1004 m; auch als Berg Zas oder Zefs bekannt) ist der höchste Gipfel der Kykladen und der Mittelpunkt des bergigen Landesinneren der Insel. In den Bergen liegen so bezaubernde Dörfer wie Chalki und Apiranthos. Es gibt zahlreiche gute Strände, und die Insel lässt sich prima zu Fuß erkunden, da viele alte Pfade zwischen den Dörfern, Kirchen und anderen Sehenswürdigkeiten noch erhalten sind. Die Buchläden vor Ort verkaufen Wanderführer und Karten.

An- & Weiterreise

Wie auch Paros ist Naxos ein Knotenpunkt für den Fährverkehr in den Kykladen. Etwa gleich viele konventionelle und schnelle Fähren verkehren regelmäßig auf der Strecke von und nach Piräus, und es gibt wöchentlich Verbindungen zu den Festlandhäfen Thessaloniki, Lavrio und Rafina über die nördlichen Kykladen. Außerdem gibt es täglich einen Flug von und nach Athen (71 €, 45 Min.).

FÄHRVERBINDUNGEN AB NAXOS

REISEZIEL	HAFEN	DAUER	PREIS	HÄUFIGKEIT
Amorgos	Naxos	2¾ Std.	14,50 €	2–3-mal tgl.
Amorgos*	Naxos	1 Std. 15 Min.	24,20 €	3-mal tgl.
Anafi	Naxos	5½ Std.	14 €	5-mal wöchentl.
Astypalea	Naxos	3 Std. 55 Min.	24,50 €	5-mal wöchentl.
Donoussa	Naxos	1–4 Std.	7,60 €	1–3-mal tgl.
Folegandros	Naxos	5¾ Std.	11 €	5-mal wöchentl.

Folegandros*	Naxos	4 Std.	37,40 €	6-mal wöchentl.
Ios	Naxos	2 Std. 50 Min.	10 €	1–3-mal tgl.
Ios*	Naxos	50 Min.	25,50 €	1–2-mal tgl.
Iraklia	Naxos	1 Std.	7,50 €	2–3-mal tgl.
Kalymnos	Naxos	8 Std. 40 Min.	21 €	2-mal wöchentl.
Kea (Tzia)	Naxos	8 Std. 35 Min.	19 €	1-mal wöchentl.
Kimolos	Naxos	4 Std. 40 Min.	15 €	2-mal wöchentl.
Kos	Naxos	9 Std. 50 Min.	24,50 €	2-mal wöchentl.
Koufonisia	Naxos	2 Std.	9,50 €	2-mal tgl.
Kythnos	Naxos	7¾ Std.	18 €	1-mal wöchentl.
Lavrio	Naxos	9 Std. 25 Min.	23 €	1-mal wöchentl.
Milos	Naxos	5 Std.	56,20 €	4-mal wöchentl.
Mykonos	Naxos	2 Std. 25 Min.	12 €	1-mal wöchentl.
Mykonos*	Naxos	45 Min.	26,50 €	2-mal tgl.
Paros	Naxos	1 Std.	8 €	5-mal tgl.
Paros*	Naxos	35 Min.	15,50 €	3-mal tgl.
Piräus	Naxos	4¾ Std.	31 €	4–5-mal tgl.
Piräus*	Naxos	3¾ Std.	48 €	4-mal tgl.
Rafina*	Naxos	3 Std.	52,50 €	1-mal tgl.
Santorin (Thira)	Naxos	2 Std.	16,50 €	5-mal tgl.
Santorin (Thira)*	Naxos	1 Std. 35 Min.	37 €	2–3-mal tgl.
Schinoussa	Naxos	1 Std. 20 Min.	7 €	1–2-mal tgl.
Sikinos	Naxos	2¼ Std.	8 €	3–4-mal wöchentl.
Syros	Naxos	2 Std. 10 Min.	10 €	1-mal tgl.
Tilos	Naxos	13 Std.	24,50 €	2-mal wöchentl.
Tinos	Naxos	1 Std.	26,50 €	1-mal tgl.

*Schnellverbindungen

Unterwegs vor Ort

VOM/ZUM FLUGHAFEN

Der Flughafen befindet sich 3 km südlich von Chora. Es steht zwar kein Shuttlebus zur Verfügung, aber die Busse zum Strand Agios Prokopios und nach Agia Anna fahren ganz in der Nähe vorbei. Die Kosten für ein Taxi belaufen sich auf 10 bis 15 €, je nach Anzahl der Gepäckstücke, Tageszeit und ob man vorher reserviert hat. Alle Taxis verfügen inzwischen über ein Taxameter und sollten Quittungen ausstellen.

AUTO & MOTORRAD

Im August kosten Mietwagen zwischen 45 und 65 € pro Tag, Quads sind für 25 bis 30 € zu haben. Das **Rental Center** (☎22850 23395; Plateia Evripeou) ist ein guter Tipp.

BUS

Es verkehren zahlreiche Busse zwischen Chora und Agia Anna (2 €), fünfmal täglich fahren Busse nach Filoti (2,30 €) über Chalki (2 €); viermal täglich nach Apiranthos (3,10 €) über Filoti und Chalki; und mindestens dreimal täglich nach Apiranthos (6,20 €), Pyrgaki (2,30 €) und Melanes (1,60 €). Die anderen Dörfer werden nicht so häufig angefahren.

Die Busse starten am Fähranleger in Chora; die Fahrpläne sind draußen am **Auskunftsbüro** (☎22850 22291; www.naxosdestinations.com) angeschlagen, auf der anderen Straßenseite schräg links gegenüber der Bushaltestelle. Die Fahrkarten werden in dem Büro verkauft.

Chora (Naxos) Χώρα (Νάξος)

6727 EW.

Das belebte Chora an der Westküste von Naxos ist die Hafen- und Hauptstadt der Insel. Es ist ein großes Städtchen, unterteilt in zwei historische Viertel aus der Ära der Venezianer: In Bourgos lebten die Griechen, und in *kastro* auf dem Hügel lebten die römisch-katholischen Einwohner. Die Stadt hat sich weit über den Hafen hinaus ausgebreitet.

Sehenswertes

Der Weg zum **Bourgos-Viertel** führt durch die sich windenden Gassen hinter dem nördlichen Ende der Paralia. Der interessanteste Teil Choras ist jedoch das Wohnviertel **Kastro.** Marco Sanudo machte die Stadt im Jahr 1207 zur Hauptstadt seines Herzogtums, und aus jener Zeit sind mehrere venezianische Herrenhäuser erhalten. Zum Bummeln im *kastro* empfiehlt sich die Zeit der Siesta. Dann hat man wirklich das Gefühl, dass hier die Zeit stehen geblieben ist.

GRATIS **Mitropolis-Museum** MUSEUM

(☎22850 24151; Kondyli; ⏲Di–So 8.30–15 Uhr) Unweit des nördlichen Endes der Uferpromenade sind mehrere Kirchen und Kapellen sowie das Mitropolis-Museum zu entdecken. Die Ausstellung des Museums umfasst Fragmente einer mykenischen Stadt aus dem 13. bis 11. Jahrhundert v. Chr., die aufgegeben wurde, da sie drohte, vom Meer überflutet zu werden. Es ist ein gespenstischer Ort, an dem man auf Glasböden über antiken Fundamenten und größeren ausgegrabenen Gebäuden umhergeht.

Archäologisches Museum MUSEUM
(☎22850 22725; Eintritt 3 €; ⊙Di–So 8.30–15 Uhr) Dieses Museum liegt im Kastro und ist in der ehemaligen Jesuitenschule untergebracht, die der Schriftsteller Nikos Kazantzakis als Kind kurzzeitig besuchte. Die Ausstellung umfasst hellenistische und römische Terrakotta-Figuren sowie einige frühkykladische Statuetten.

Venezianisches Museum Della Rocca-Barozzi MUSEUM
(☎22850 22387; geführte Touren Erw./Stud. 5/3 €; ⊙Mitte Mai–Okt. 10–15 & ab 18.30 Uhr) Dieses Museum befindet sich in einem prächtigen alten venezianischen Turmhaus aus dem 13. Jahrhundert innerhalb des Schutzwalls des *kastros* (beim nordwestlichen Tor). In den Gewölben werden wechselnde Kunstausstellungen gezeigt. Die Führungen sind mehrsprachig. Das Museum veranstaltet dienstags bis sonntags um 11 Uhr auch Führungen (Erw./Stud. 15/12 €) durch das *kastro*; sie dauern etwas über zwei Stunden. Auch Abendkonzerte und andere Veranstaltungen finden gelegentlich auf dem Museumsgelände statt (siehe S. 433).

Römisch-katholische Kathedrale KIRCHE
(⊙18.30–20.30 Uhr) Diese ebenfalls im Kastro gelegene Kathedrale ist sehenswert.

Aktivitäten

Flisvos Sport Club WINDSURFEN
(☎22850 24308; www.flisvos-sportclub.com; Agios Georgios) Dieser Club ist sehr gut organisiert und bietet eine Reihe von Surfkursen an. Einen 6-stündigen Anfängerkurs gibt's für 150 €, ein 4-stündiger Katamaran-Segelkurs kostet 95 €. Der Club organisiert außerdem kürzere Touren durch Naxos-Stadt für 15 € und vermietet Mountainbikes für 60 € pro Woche. Diese Preise gelten für Gäste des **Hotel Naxosbeach1** (☎22850 22935;www.naxosbeach1.com) neben dem Club. Gäste anderer Häuser zahlen 10 Prozent mehr. Es gibt auch einen Surfshop und ein Strandcafé.

Naxos Horse Riding REITEN
(☎6948809142; www.naxoshorseriding.com) Organisiert täglich Ausritte (10–13 und 17–20 Uhr) ins Inland und an den Stränden entlang (50 € pro Person). Den Ausritt kann man bis 18 Uhr am Vortag buchen, zusammen mit einem Transfer zum Stall und von dort wieder zurück. Es gibt Angebote für Anfänger, kleine Kinder und Fortgeschrittene.

Geführte Touren

Es fahren häufig Ausflugsboote nach Delos und Mykonos (Erw./Kind 45/23 €), Santorin (einschließlich Bustour; Erw./Kind 55/30 €), Paros und Naoussa (Erw./Kind 20/10 €) sowie Iraklia und Koufonisia (Erw./Kind 40/20 €). Gebucht werden kann bei den Reisebüros (s. S. 464).

Schlafen

In Chora stehen zahlreiche gute Unterkünfte zur Auswahl. Wer sich am Hafen eine Unterkunft aufschwatzen lässt, sollte sich unbedingt erkundigen, wie weit die Zimmer tatsächlich von der Stadtmitte entfernt sind. In der Hauptsaison kann es am Kai Informationsstände zum Hotel- und *domatia*-Angebot geben.

LP TIPP **Hotel Grotta** HOTEL €€
(☎22850 22215; www.hotelgrotta.gr; Grotta; EZ/DZ inkl. Frühstück 70/85 €; P ❄ @ ≋) Dieses gute Hotel liegt oberhalb des *kastro* und der Hauptstadt. Es hat komfortable und tadellose Zimmer, von den vorderen Zimmern einen tollen Blick aufs Meer, geräumige Gemeinschaftsflächen und einen Whirlpool. Die fröhliche Atmosphäre und der aufmerksame Service machen den Aufenthalt sehr angenehm.

Hotel Glaros BOUTIQUEHOTEL €€
(☎22850 23101; www.hotelglaros.com; Agios Georgios Beach; DZ 95–100 €, Suite 110–115 €; ❄ @ ≋) Dieses gut geführte und makellose Hotel wurde kürzlich modernisiert. Die Einrichtung blieb jedoch erhalten und spiegelt immer noch die Farben des Meeres und Himmels wider. Der Service ist effizient und aufmerksam, und der Strand ist nur ein paar Schritte entfernt. Zusätzlich zum Strand gibt's auch noch einen Whirlpool. Ab 2012 sollen hier gelegentlich Kunst- und Musikevents stattfinden. Das Frühstück kostet 8 €. Die Eigentümer haben auch noch attraktive Studios in der Nähe (65 bis 100 €).

Naxian Collection LUXUSHOTEL €€€
(☎22850 24300; www.naxiancollection.com; Stelida; Suite 350–420 €, Villas 640 €; P ❄ ≋ ≈) Sehr schön auf einem Hügel in

der Nähe des Strandes Agios Prokopios gelegen. Diese luxuriösen Villas und Suiten mit ihrem raffinierten und eleganten kykladischen Stil fügen sich perfekt in die Umgebung ein. Das Naxian Collection entwickelt sich immer mehr zu einem Kunsthotel, in dem Werke führender Künstler aus der Ägäis in den öffentlichen Bereichen gezeigt werden. Es gibt Villen und Suiten, die je nach Kategorie private bzw. gemeinsam genutzte Swimmingpools haben. Die zentrale Bar und der Frühstücksbereich wirken freundlich, hier trifft man die anderen Gäste.

Pension Sofi APARTMENTS €€
(☎22850 25593; www.pensionsofi.gr; EZ/DZ/3BZ 65/70/90 €; ❄) Gastfreundschaft ist die oberste Regel in diesem familiär geführten Haus. Es liegt nur ein kleines Stück landeinwärts vom Hafen und ist eingerahmt von den wohl größten Bougainvilleen, die man je gesehen hat. Die Zimmer sind sauber und gut ausgestattet, es gibt Kochmöglichkeiten. Vor und nach August sinken die Preise erheblich.

Chateau Zevgoli HOTEL €€
(☎22850 26123; www.apollonhotel-naxos.gr; Kastro; EZ/DZ/Suite 85/95/105 €; ❄📶) Dieses seit Langem bestehende Hotel liegt im Herzen des *kastro* versteckt. Es hat einen grünen Garten, der gut zu dem traditionellen Naxos-Stil der Zimmer und der Möblierung passt.

Despina's Rooms DOMATIA €
(☎22850 22356; www.despinarooms.gr; *kastro*; EZ/DZ/3BZ/4BZ 40/50/60/70 €; ❄) Diese recht brauchbaren Zimmer liegen im *kastro* verborgen, einige davon bieten Ausblick aufs Meer. Die Zimmer auf der Dachterrasse sind trotz ihrer geringen Größe beliebt. Es gibt eine Gemeinschaftsküche.

Pension Irene II PENSION €
(☎22850 23169; www.irenepension-naxos.com; EZ/DZ 60/70 €; ❄@📶🏊) Helle, saubere

Naxos

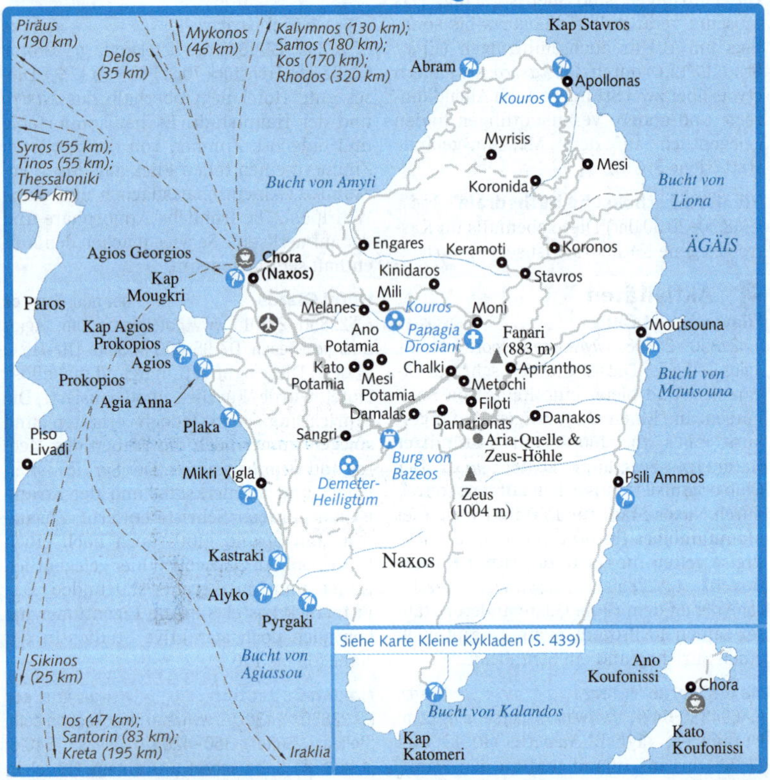

Zimmer und ein Swimmingpool haben diese gut geführte Unterkunft bei den Jüngeren sehr beliebt gemacht.

Astir of Naxos HOTEL €€€

(☎22850 29320; www.astirofnaxos.com; DZ inkl. Frühstück 150–170 €, Suite 320 €; P ❄ @ ≋) Liegt am südlichen Stadtrand und gleich landeinwärts vom Strand Agios Georgios. Dieses gut ausgestattete Hotel hat einen tollen Pool und großzügige Außenanlagen.

Barbouni Hotel HOTEL €€

(☎22850 24400; www.barbouni-hotel.com; EZ/DZ/3BZ/Studios 50/70/75/75 €; ❄) Ein angenehmes, von einer Familie geführtes Hotel mit guten Zimmern am südlichen Ende der Stadt.

Pension Irene I PENSION €€

(☎22850 23169; www.irenepension-naxos.com; EZ/DZ 50/60 €; ❄ ᯤ) Schon seit vielen Jahren unser Liebling. Die Pension liegt zwar ein Stück vom Fähranleger entfernt, aber dafür in einer ruhigen Seitenstraße. Sie hat saubere, komfortable Zimmer.

Hotel Anixis HOTEL €€

(☎22850 22932; www.hotel-anixis.gr; EZ/DZ/3BZ 55/ 65/90 €; ❄ ᯤ) Ein angenehmes Hotel mit Garten in ruhiger Bourgos-Lage. Die Zimmer sind hell und gut in Schuss.

Camping Maragas CAMPINGPLATZ €

(☎22850 24552; www.maragascamping.gr; pro Person 9 €) Beim Strand Agia Anna, südlich von Chora

Naxos Camping CAMPINGPLATZ €

(☎22850 23500; www.naxos-camping.gr; Stellplatz pro Person 9 €; ≋) Ungefähr 1 km südlich vom Strand Agios Georgios. Dieser Campingplatz liegt am nächsten zur Stadt.

Plaka Camping CAMPINGPLATZ €

(☎22850 42700; www.plakacamping.gr; Stellplatz pro Person 9 €; @) Am Plaka-Strand, 6 km südlich der Stadt

Essen

Naxos-Stadt bietet eine exzellente Auswahl an Speiselokalen.

Meltemi TAVERNE €

(Agiou Arseniou; Hauptgerichte 7,50–14 €) Die besonderen Spezialitäten dieser familiengeführten Taverne sind Lammfleisch mit frischem Zitronensaft und Oregano oder *kaloyeros,* Aubergine gefüllt mit Kalbfleischscheiben und Käse aus Naxos. Es werden auch dreigängige Menüs für 10 bis 12,50 € angeboten, die alle höflich und gut gelaunt auf einer grünen Terrasse serviert werden, die für das ansonsten langweilige Straßenbild entschädigt. Der Wein, das Olivenöl und der Ouzo aus der familieneigenen Produktion sind allesamt köstlich.

Meze 2 MEERESFRÜCHTE €

(☎22850 26401; Paralia; Hauptgerichte 6–14 €) Der Schwerpunkt in diesem sehr beliebten Lokal in der Mitte der Paralia liegt auf Fisch, selbst die einheimischen Fischer kehren hier gerne ein. Erstklassige Meeresfrüchte werden mit Flair und Engagement zubereitet und in einer Atmosphäre serviert, die immer mindestens gesellig ist. Die Fleischgerichte sind auch nicht zu verachten. Es gibt noch ein weiteres Meze am Plaka-Strand, das im Juli und August geöffnet hat.

Anna's Garden Café BISTRO €

(Paparrigopoulou; Gerichte 5–10 €) Dieses ansprechende Lokal gehört zu Anna's Organic Shop und kocht 100 % Bio. Das Frühstück kostet 3,50 bis 8,50 €. Mittags gibt's ein Tagesgericht, auch mit vegetarischer und veganer Option, aus einer Auswahl internationaler Gerichte. Erfrischungsgetränke, Bier und Wein sind auch erhältlich. Wer einen Tag im Voraus bestellt, bekommt von Anna sogar einen Picknickkorb zusammengestellt.

O Apostolis GRIECHISCH €€

(Alter Markt; Hauptgerichte 5,50–17 €) Das Apostolis, direkt im Herzen des labyrinthartigen Alten Marktes von Bourgos gelegen, serviert lohnenswerte Gerichte, wie Miesmuscheln in Knoblauchbutter und Petersilie, und *bekri mezes,* ein beliebtes griechisches Schmorfleischgericht. Das *kleftiko,* Lammfleisch in Filoteig mit kurz gebratenem Gemüse und Feta, ist besonders gut.

To Elliniko TAVERNE €

(Paparrigopoulou; Hauptgerichte 5–8,50 €) Diese für Naxos typische Taverne mitten in Chora verwendet einen Holzkohlegrill und bietet klassische Gerichte, wie Oktopus in einer Sauce aus Tomaten, Wein, Zwiebeln und Kräutern. Dazu gibt's köstliche pikante Kuchen. Manchmal werden hier auch Sessions mit traditioneller griechischer Musik veranstaltet.

Irini's TAVERNE €

(Paralia; Hauptgerichte 5,50–12,50 €) Das Beste an dieser netten Taverne ist die Auswahl an Gerichten, wie Kabeljaukroketten und

Chora (Naxos)

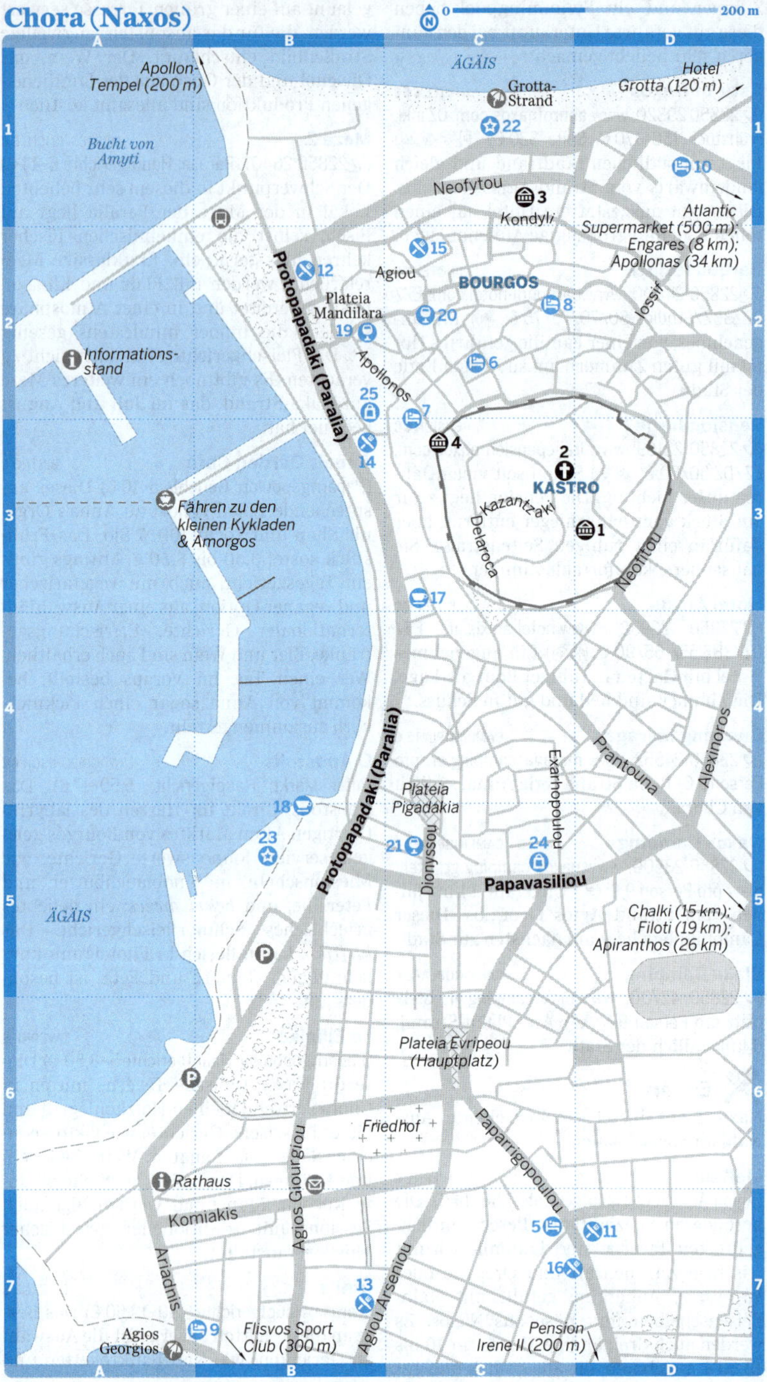

0 200 m
A
B
C
D
1
2
3
4
5
6
7
ÄGÄIS
Apollon-Tempel (200 m)
Grotta-Strand
Hotel Grotta (120 m)
22
Bucht von Amyti
10
Neofytou
3
Kondyli
Atlantic Supermarket (500 m); Engares (8 km); Apollonas (34 km)
15
12
Protopapadaki (Paralia)
Agiou
BOURGOS
8
Plateia Mandilara
20
Iossif
19
Informations-stand
Apollonos
6
25
7
4
14
2
KASTRO
Fähren zu den kleinen Kykladen & Amorgos
Kazantzaki
Delaroca
1
Neofitou
17
Alexinoros
Prantouna
Exarhopoulou
Plateia Pigadakia
18
23
21
Dionyssou
24
Papavasiliou
ÄGÄIS
Chalki (15 km); Filoti (19 km); Apiranthos (26 km)
Plateia Evripeou (Hauptplatz)
Friedhof
Paparrigopoulou
Rathaus
Komiakis
Agios Giourgiou
5
11
16
Agiou Arseniou
Ariadnis
13
9
Agios Georgios
Flisvos Sport Club (300 m)
Pension Irene II (200 m)

Chora (Naxos)

Sehenswertes

1	Archäologisches Museum	D3
2	Katholische Kathedrale	C3
3	Mitropolis-Museum	C1
2	Venezianisches Museum Della Rocca-Barozzi	C3

Schlafen

5	Barbouni Hotel	C7
6	Chateau Zevgoli	C2
7	Despina's Rooms	C2
8	Hotel Anixis	C2
9	Hotel Glaros	B7
10	Pension Sofi	D1

Essen

11	Anna's Garden Café	D7
12	Irini's	B2
13	Meltemi	B7
14	Meze 2	B3
15	O Apostolis	C2
16	To Elliniko	C7

Ausgehen

17	Aktaion	C3
18	Bossa Nova	B5
19	Jazz-Blues Café	B2
20	La Vigne	C2
21	On the Rocks	C5

Unterhaltung

	Venezianisches Museum Della Rocca-Barozzi	(siehe 4)
22	Ghetto	C1
23	Ocean	B5

Shoppen

	Anna's Organic Shop	(siehe 11)
24	Kiriakos Tziblakis	C5
25	Takis' Shop	B2

Garnelen-*saganaki*, aus denen sich eine sehr reichhaltige Mahlzeit zusammenstellen lässt.

Die billigsten Supermärkte sind Atlantic und Vidalis, beide etwas außerhalb der Stadt an der Ringstraße.

Ausgehen & Unterhaltung

Die Straße Paralia am Wasser hat eine gute Mischung aus Café-Bars, Läden und Büros und ist ideal zum Beobachten der Leute. **Aktaion** auf halber Strecke ist berühmt für seine köstlichen Kuchen.

Naxos hat auch eine Reihe von Clubs, in denen man sich austoben kann.

On the Rocks BAR

(Pigadakia; @ WLAN) Hier haben die Leute Spaß und trinken Cocktails, einschließlich Daiquiris im kubanischen Stil oder Tequila. Havanna-Zigarren oder eine *shisha* (Wasserpfeife) mit einer breiten Auswahl an Aromen von Apfel über Mango bis hin zu Pfirsich und Pistazie sind hier im Angebot. Der Sound dazu variiert zwischen Funk, House und Electro. Gelegentlich stehen auch Live-Performances und Karaoke auf dem Programm. Internetzugang und kostenloses WLAN gibt's außerdem auch.

La Vigne WEINBAR

Wer das Nachtleben von Naxos etwas ruhiger angehen lassen möchte, peilt diese fröhliche Weinbar gleich hinter der Plateia Mandilara an. Sie wird von zwei französischen Expats geführt, die sich mit erlesenen Weinen und guter Konversation bestens auskennen. Französische Weine haben hier einen Ehrenplatz, aber es gibt auch einige ausgezeichnete griechische Jahrgangsweine. *Mezedhes* (3,60 bis 6 €), wie Fischkroketten mit Joghurt und Zitronensauce, und Süßspeisen, wie *tarte tatin*, runden den Genuss ab.

Bossa Nova BAR

Das Bossa Nova liegt am Ufer des südlichen Hafenrands. Hier treffen sich die jungen Leute von Chora zu Kaffee, Getränken, Frühstück und Snacks. Es gibt eine Happy Hour für Drinks von 14 bis 21 Uhr.

Jazz-Blues Café BAR

Das Jazz-Blues Café ist eine gemütliche Café-Bar, die das spielt, was sie sich auf die Fahne geschrieben hat. Sie liegt dort, wo die enge, fast übertunnelte Gasse, sich ins *kastro* hinaufschlängelt.

Venezianisches Museum Della Rocca-Barozzi KLASSISCHE MUSIK

(☎22850 22387; Kastro; Eintritt zu den Veranstaltungen 15–20 €; ⊙April–Okt. 20 Uhr) Das Museum organisiert besondere kulturelle Abendveranstaltungen: Konzerte mit traditioneller Musik und Tanz sowie Vorführungen klassischer und zeitgenössischer Musik. Die Preise sind je nach Sitzplatz unterschiedlich.

Ghetto CLUB

(Grotta-Strand; Eintritt 12 €; ⊙ Mai–Mitte Sept. 23.30–3 Uhr, Mitte Sept.–April Fr & Sa ab

23.30 Uhr) Hat House und moderne griechische Musik im Angebot

Ocean CLUB
(Uferpromenade; Eintritt 12 €; ⌚ Mai–Mitte Sept. 23.30–3 Uhr, Mitte Sept.–April Fr & Sa ab 23.30 Uhr) In weitläufigen Räumlichkeiten werden House und etwas moderne griechische Musik gespielt. An manchen Abenden legen Gast-DJs auf.

Shoppen

Takis' Shop WEIN
(Plateia Mandilara) Unter den ausgezeichneten Weinen sind hier so große Namen vertreten wie Lazaridis aus Nordgriechenland, Tslepos vom Peloponnes und Manousakis aus Kreta – allesamt meisterhafte Jahrgangsweine. Man findet hier auch *kitron* (siehe S. 436) und Ouzo von Vallindras. Zum Takis' gehört zudem ein Juweliergeschäft, in dem feine Unikate von einigen der berühmtesten Designer Griechenlands angeboten werden, die häufig antike Designs und die Bildersprache des Meeres aufgreifen.

Kiriakos Tziblakis HAUSHALTSWAREN
(Papavasiliou) Ein faszinierender, höhlenartiger Laden voller traditioneller Produkte, von Töpfen und Bürsten bis hin zu Kräutern, Gewürzen, Wein, *raki* und Olivenöl.

Anna's Organic Shop LEBENSMITTEL
(Paparrigopoulou) Dieser Laden mit 100 Prozent echten Bioprodukten verkauft hauptsächlich Lebensmittel, aber auch andere Produkte, wie Kosmetika.

Zoom BÜCHER
(Paralia) Ein großer, gut sortierter Zeitschriften- und Buchladen. Am Tag nach dem Erscheinen gibt's hier die meisten internationalen Zeitungen.

Praktische Informationen

Auf Naxos gibt es kein offizielles Fremdenverkehrsamt; Reisebüros können bei den meisten Anliegen weiterhelfen.

Agricultural Bank of Greece (Paralia) Hat einen Geldautomaten

Alpha Bank (Ecke Paralia & Papavasiliou) Hat einen Geldautomaten

Hafenpolizei (☎22850 22300) Gleich südlich des Anlegers

Krankenhaus (☎22853 60500; Prantouna)

National Bank of Greece (Paralia) Hat einen Geldautomaten

Naxos Tours (☎22850 22095; www.naxostours.net; Paralia) Verkauft Fährtickets und organisiert Unterkunft, Touren und Mietwagen

OTE (Telekommunikationsamt; Paralia) Hat mehrere Telefonhäuschen in einer Gasse

Polizei (☎22850 22100; Paparrigopoulou) Südöstlich der Plateia Protodikiou

Post (Georgiou) Am OTE vorbei, die Papavasiliou überqueren und an der Gabelung links halten

Rental Center (☎22850 23395; Plateia Evripeou) Internetzugang

Zas Travel (☎22850 23330; zas-travel@nax.forthnet.gr; Paralia) Verkauft Fährtickets und organisiert Unterkunft, Touren und Mietwagen

Unterwegs auf Naxos

Sehr günstig gleich südlich der Uferstraße der Stadt liegt **Agios Georgios**, der Stadtstrand von Naxos. Dahinter befinden sich Hotels und Tavernen am Stadtrand. Der Strand kann schon mal ziemlich überlaufen sein, zieht sich aber ein Stück gen Süden. Da er nur flach abfällt, ist er auch für die Kleinsten geeignet.

Der nächste Strand südlich von Agios Georgios ist **Agios Prokopios** in einer geschützten Bucht südlich der Landzunge des Kap Mougkri. Dahinter schließt sich gleich **Agia Anna** an, ein Streifen aus strahlend weißem Sand. Er ist zwar recht schmal, aber lang genug, um am südlichen Ende nicht überlaufen zu sein. In Prokopios und am nördlichen Ende von Agia Anna wird einiges gebaut.

Die Sandstrände ziehen sich bis nach **Pyrgaki** hin, zu ihnen zählen **Plaka, Kastraki** und **Alyko.**

Einer der besten der südlichen Strände ist **Mikri Vigla** – dessen Name übersetzt „Kleiner Ausguck" bedeutet. Piraten nutzten diese Landzunge früher als Wachposten. Am Strand liegen goldfarbene Granitplatten und Felsbrocken, die den Strand in zwei Hälften unterteilen. Die Besiedlung ist hier eher spärlich, mancherorts ragen halbfertige Gebäude empor. An diesem Strand gibt es noch reichlich Platz und das entspannende Gefühl, dem Trubel wirklich entkommen zu sein.

Direkt am Strand bei Agios Prokopios befindet sich die **Villa Adriana** (☎22850 42804; www.adrianahotel.com; EZ/DZ/3BZ/Apt. 75/85/90/120 €; P❄📶🏊), ein gut ausgestattetes Hotel mit ausgezeichnetem Service und angenehm hellen, komfortablen Zimmern.

KUNST DER ÄGÄIS: L'OLIVIER, NAXOS *DES HANNIGAN*

Zum ersten Mal betrat ich das **L'Olivier** (☎22850 31771; www.fish-olive-creations.com; Chalki), eine Keramikgalerie und ein Laden im kleinen Dorf Chalki auf Naxos, an einem später Abend im Frühsommer. Der samtige Dunst der Tragaea, dem Becken in den Bergen von Naxos, hatte sich wie ein Schleier über den kleinen Dorfplatz von Chalki gesenkt. Junge Eulen heulten von den Marmorsimsen an den Fassaden der alten Herrenhäuser im Stil der Insel Naxos. Im L'Olivier war es, als ob das Leuchten des Sonnenuntergangs noch andauere. Selbst das künstliche Licht wurde nur sparsam eingesetzt. Wo auch immer ich hinschaute, waren Keramikgegenstände und Schmuck, die mir den Atem raubten.

Jedes einzelne Stück Kunsthandwerk reflektierte die alten mediterranen Themen des Fisches und der Olive, die im Fokus der Arbeit der aus Naxos stammenden Töpferin Katharina Bolesch und ihres Partners Alexander Reichardt, einem Künstler und Handwerker, stehen. Dreidimensionale Keramikoliven umrahmten die Ränder glänzender Teller oder hingen seitlich an eleganten Krügen und Schalen. Auch Trauben aus Keramik hingen dort. Gemalte Fischschwärme schossen über Platten und schwammen rund um Schüsseln und Teller. Silber- und Keramikschmuck mit Fischen setzte das Thema fort.

Diese beiden hervorragenden Künstler leben in einem winzigen klykladischen Dorf, aber ihr Ruhm ist international. Ihre Werke wurden schon in so großen Galerien und Museen wie der Akademie von Athen, dem Goulandris-Museum für kykladische und antike griechische Kunst, dem UN-Hauptquartier in New York und im Design-Museum von Helsinki gezeigt. Trotz eines so hohen Bekanntheitsgrades sind die Arbeiten von Bolesch und Reichardt immer noch erschwinglich.

In den vergangen Jahren haben Bolesch und Reichardt die **Fish & Olive Gallery** gleich um die Ecke ihres Ladens eröffnet. Hier veranstalten sie Ausstellungen mit Werken gefeierter Künstler in einem Gebäude, das sehr stilvoll entworfen wurde und perfekt zu den traditionellen Fassaden von Chalki und der heiteren Schönheit der Tragaea passt. Imitationen der Arbeiten von Katharina Bolesch, jedoch von schlechterer Qualität, werden an verschiedenen Stellen auf Naxos verkauft – also bitte Vorsicht!

Eine großartige Wahl für alle, die mal dem Alltag entfliehen möchten, sind die **Oasis Studios** (☎22850 75494; www.oasisnaxos.gr; DZ/3BZ/Apt. 87/100/116 €; P ❄ @ ≋) in Mikri Vigla, 20 km südlich von Chora. Diese Unterkunft liegt in der Nähe des Strandes und hat sehr schöne große Zimmer mit Küche. Die Eigentümer und das Personal sind sehr hilfsbereit, und es gibt draußen eine Terrasse mit einem Swimmingpool und einer Bar, an der man leicht mit anderen Gästen ins Gespräch kommt.

Die **Taverna Liofago** (☎22850 75214, 6937137737; Gerichte 4,50–9 €) verfügt über eine traumhafte Lage am Strand. Sie ist schon seit Jahrzehnten im Geschäft und favorisiert eine Auswahl an Gerichten, die für Naxos besonders typisch sind. Die *keftedhakia* (Fleischbällchen) sind eine Spezialität der Taverne.

In Kastraki, südlich von Mikri Vigla, befindet sich eines der besten Restaurants der Insel, das **Axiotissa** (☎22850 75107). Es ist bekannt dafür, hochwertige Bioprodukte zu verwenden und seine traditionellen Gerichte mit einem zusätzlichen anatolischen Flair zu versehen.

TRAGAEA ΤΡΑΓΑΙΑ

Die Region Tragaea ist eine riesige Ebene aus Olivenhainen und authentischen Dörfern, die vom **Berg Zeus** (1004 m; auch Berg Zas genannt) überragt werden.

Filoti, an den Hängen des Berges Zeus, ist das größte Dorf der Region. Es gibt einen Geldautomaten gleich unterhalb der Hauptbushaltestelle. Am Dorfrand (aus Chora kommend) zweigt eine Asphaltstraße rechts zu den entlegenen Weilern **Damarionas** und **Damalas** ab.

Von Filoti aus erreicht man auch die **Höhle des Zeus,** eine große Naturhöhle am Fuße einer Klippe an den Hängen des Berges Zeus. Rund 800 m südlich von Filoti liegt eine Kreuzung, an der die Aria-Quelle und die Höhle des Zeus ausgeschildert sind. Die Busfahrer halten hier auf Wunsch. Die Seitenstraße endet nach

1,2 km. Ab dem Parkplatz am Ende der Straße einen von Mauern gesäumten Pfad hinauf bis zur **Aria-Quelle,** einem Brunnen und Rastplatz, folgen; von hier geht's weiter auf einer Piste bergauf bis zur Höhle. Der Pfad führt von hier steil hinauf zum Gipfel des Zas/Zeus. Hinter dem Rastplatz folgt ein steiler Anstieg von mehreren Kilometern. Festes Schuhwerk, Wasser, Sonnenschutz und eine gewisse Bergerfahrung sind erforderlich. Ein schöner Rückweg nach Filoti von dem Gipfel des Zeus führt über den Pfad, der vom Gipfel aus nach Nordosten führt. An einer Kreuzung geht's weiter in nördlicher Richtung bis zur kleinen Kapelle Aghia Marina an der Straße nach Danakos. Dieser Weg ist ca. 4 km lang. Ab der Kapelle führt ein Mix aus Wanderwegen und Pfaden mit Stufen dann nach einigen weiteren Kilometern nach Filoti. Diese Route kann auch in umgekehrter Richtung oder als Hin- und Rückweg zum Gipfel des Zas/Zeus gelaufen werden. Ein Spaziergang ist sie jedoch in keinem Fall.

Bei Flerio in der Nähe von Mili, zwischen Melanes und Kinidaros, liegt ein Gebiet, in dem in der Antike Marmor bearbeitet wurde. Hier gibt's zwei bemerkenswerte Exemplare eines **kouros** (Jugendlichen) zu sehen – große Marmorstatuen aus dem 6. und 7. Jahrhundert v. Chr. Jeder *kouros* misst ungefähr 5,5 m und beide sind zerbrochen (die Theorie lautet, sie seien beim Transport beschädigt worden). Bei Appolonas gibt's sogar noch einen größeren *kouros* (S. 438). Die Stätte bei Flerio ist ausgeschildert und mit Erläuterungen versehen. Direkt über dem Besucherparkplatz liegt ein gut erhaltenes **Kultheiligtum,** von dem man annimmt, dass es mit dem archaischen Marmorabbau in Verbindung steht. Die antiken Bienenstöcke sollte man ebenfalls gesehen haben.

CHALKI ΧΑΛΚΕΙΟ

Eines der schönsten Erlebnisse auf Naxos ist ein Besuch im historischen Dorf Chalki, das im Herzen der Tragaea liegt, rund 20 Autominuten von Chora entfernt. Chalki spiegelt das historische Naxos sehr schön wider. Es ist voller anmutiger Fassaden alter Villen und Turmhäuser. Hier erkennt man noch den Reichtum aus vergangenen Tagen, als Chalki noch das Handelszentrum von Naxos war.

Die Hauptstraße führt um Chalki herum. Im Sommer ist es nicht gestattet, an der Hauptstraße zu parken. Es gibt Parkplätze rechts von dem ausgetrockneten Flussbett, gleich hinter der Brücke aus Richtung Chora. Dort stehen auch Toilettenhäuschen. Weitere Parkplätze stehen (nur im Sommer) im Schulhof oben im Dorf zur Verfügung. Schmale Straßen führen von der Hauptstraße zum schönen kleinen Platz in der Dorfmitte.

Pfade und Gassen ziehen sich ab Chalki strahlenförmig durch die friedlichen Olivenhaine und Wiesen voller Blumen. Die idyllische **Kirche St. Giorgios Diasorites** aus dem 11. Jahrhundert liegt ein Stück nördlich des Dorfes. Sie enthält einige großartige Fresken.

Seit Ende des 19. Jahrhunderts ist der Name von Chalki eng mit der Herstellung von **kitron,** einem einzigartigen Likör verknüpft. Die Zitronatzitrone *(Citrus medica* oder *Cedrat)* wurde ungefähr 300 v. Chr. in den Mittelmeerraum eingeführt und gedieh Jahrhunderte lang auf Naxos. Die Frucht ist roh kaum genießbar, aber ihre Schale ist sehr aromatisch, wenn sie in Sirup als *glika koutaliou* (Fruchtkonserve) eingelegt wird. *Kitroraki,* ein *raki,* kann aus Traubenschalen und Cedratblättern gebrannt werden. Ende des 19. Jahrhunderts wurden große Mengen der konservierten Frucht und eine süße Variante des *kitroraki,* die als *kitron* bezeichnet wurde, von Naxos exportiert.

Die Brennerei **Vallindras** (☎22850 31220; ⏰Juli–Aug. 10–23 Uhr, Mai–Juni & Sept.–Okt. 10–18 Uhr) an Chalkis Hauptplatz destilliert den *kitron* noch auf die traditionelle Art. Es gibt kostenlose Führungen durch die stimmungsvollen Räume der alten Brennerei, in denen immer noch die alten Krüge und Kupferkessel stehen. Zum Abschluss der Führung darf *kitron* probiert werden. Einige Produkte der Brennerei werden direkt vor Ort verkauft. Wer zwischen November und April eine Führung haben möchte, kann sich telefonisch unter ☎22850 22534 oder ☎6942551161 anmelden.

Eine weitere Institution in Chalki ist der Weltklasse-Keramikladen **L'Olivier** und seine nahe gelegene Galerie „Fish and Olive" (siehe Kasten gegenüber).

Unterkünfte gibt's in Chalki und Filoti, für Tipps am besten bei den Einheimischen nachfragen.

In der Nähe der Galerie L'Olivier befindet sich der faszinierende Laden **Era**

(☎22859 31009; eraproducts@mail.gr) mit seiner Marmelade aus Zitrus- und anderen Früchten und den typisch griechischen Fruchtkonserven aus den besten Zutaten. Am zentralen Platz von Chalki liegt **Yianni's Taverna** (☎22850 31214; Gerichte 5,50–7,50 €), die für ihre guten, lokalen Fleischgerichte und frischen Salate mit *myzithra* (Schafskäse) bekannt ist. Das italienische Restaurant **El Basilico** (☎22859 31140; Hauptgerichte 9–24 €) liegt gleich an der Zufahrt nach Chalki, wenn man aus Chora kommt. Es bietet eine ausgezeichnete, wechselnde Speisekarte und kauft seine Zutaten täglich frisch ein. Sorgfältig ausgewählte italienische Weine machen das Mahl zu einem Genuss.

Nicht verpassen sollte man **Glikia Zoi** (Süßes Leben; ☎22850 31602) direkt gegenüber der Galerie L'Olivier. In diesem traditionellen Café zaubert Christina Falierou köstliche Kuchen und Süßigkeiten, die hier zu Kaffee oder anderen Getränken genossen werden. Ebenfalls interessant ist **Penelope** (☎69792 99951), ein Laden mit großartigen handgewebten Textilien und Stickarbeiten. Für mit das beste *galaktoboureko* (Grießpudding in Filoteig) geht man ins *kafeneio* (Kaffeehaus) an der Hauptstraße von Chalki.

Chalki hat seine kulturellen Aktivitäten mit der Einführung eines alljährlichen Musik-, Kunst- und Literaturfestivals sogar noch weiter ausgebaut. Beim **Axia-Festival,** das jeden Sommer stattfindet, treten internationale Musiker, Künstler und Schriftsteller auf. Das Festival ist gemeinnützig und wird von der Fish & Olive Gallery organisiert.

Eine weitere landschaftlich sehr schöne Route von Chora nach Chalki führt über die Straße, die an **Ano Potamia** vorbeigeht. Hier steht die **Taverna Pigi** (Hauptgerichte 5–22 €), die für gute, lokale Küche bekannt ist, die man zu den heiteren Klängen der gurgelnden Quelle genießen kann, nach der die Taverne benannt ist.

PANAGIA DROSIANI ΠΑΝΑΓΙΑΔΡΟΣΙΑΝΗ

Die **Panagia Drosiani** (⏲Mai–Mitte Okt. 10–19 Uhr), gleich unterhalb von Moni, 2,5 km nördlich von Chalki, ist eine der ältesten und am meisten verehrten Kirchen Griechenlands. Sie hat ein Labyrinth aus höhlenartigen Kapellen, mehrere der Fresken gehen auf das 7. Jahrhundert zurück. Spenden sind willkommen.

SANGRI ΣΑΓΚΡΙ

Das ansehnliche turmartige Gebäude der **Burg von Bazeos** (☎22850 31402; ⏲10–17 & 18–21 Uhr) ragt aus der Landschaft ungefähr 2 km östlich des Dorfes Sangri empor. Die Burg wurde ursprünglich als Kloster von Timios Stavros (Wahres Kreuz) während des 17. Jahrhunderts errichtet. Die Anlage wurde später von der Familie Bazeos gekauft, die das Gebäude restaurierte. Die Burg dient nun als Kulturzentrum; hier werden Kunstausstellungen und im Juli und August das alljährliche **Naxos Festival** mit Konzerten, Theater und Lesungen veranstaltet.

Ungefähr 1,5 km südlich von Sangri liegt das eindrucksvolle **Demeter-Heiligtum** (Dimitras Tempel; ⏲Di–So 8.30–15 Uhr). Die Ruinen und Wiederaufbauten sind nicht groß, aber historisch faszinierend. Es gibt ein **Museum** mit einigen sehr guten Reproduktionen von Tempeldetails. Von Sangri aus ist der Weg ausgeschildert.

APIRANTHOS ΑΠΕΙΡΑΝΘΟΣ

Apiranthos scheint aus den Felsflanken des zerklüfteten Berges Fanari (883 m) herauszuwachsen. Die schmucklosen Steinhäuser des Dorfes und die marmorgepflasterten Straßen zeugen von einem robusten Individualismus, dem die Dorfbewohner in nichts nachstehen. Viele von ihnen sind Nachfahren von Flüchtlingen aus Kreta. Noch heute klingt in dem hiesigen Dialekt die „Große Insel“ durch. Die Einwohner von Apiranthos waren immer schon bekannt für ihre kühne Politik und ihre Volkstümlichkeit, und das Dorf hat eine bemerkenswerte Anzahl an Gelehrten hervorgebracht. Es gibt ein eindrucksvolles Trio an Museen.

Gleich rechts am Anfang der Hauptstraße des Dorfes liegt das **Naturkundemuseum** (Eintritt 3 €; ⏲Di–So 8.30–14 Uhr). Das **Geologische Museum** (Eintritt 3 €; ⏲Di–So 8.30–14 Uhr) und das **Archäologische Museum** (Eintritt frei; ⏲Di–So 8.30–14 Uhr) liegen ein Stück weiter die Hauptstraße entlang. Letzteres zeigt eine wunderbare Sammlung an kleinen kykladischen Artefakten. Die Museen sind im Sommer offiziell von 19–22 Uhr geöffnet, aber alle hier angegebenen Öffnungszeiten sind „flexibel“, was dem bewundernswerten Unabhängigkeitssinn dieses Dorfes zuzuschreiben ist.

Es gibt eine Reihe von Tavernen und *kafeneia* (Cafés) im Dorf. Eine klassische

Taverne ist **Stamato Giannis** (Hauptgerichte 3,50–6 €) für gute einheimische Gerichte, einschließlich *horta*. **Taverna Lefteris** (Hauptgerichte 6–16 €) kocht etwas raffinierter, z. B. Kaninchen-*stifadho*.

Parkmöglichkeiten liegen an der Zufahrt zu Apiranthos an der Hauptstraße von Chora nach Apollonas.

APOLLONAS ΑΠΟΛΛΩΝΑΣ

107 EW.

In Apollonas an der Nordküste säumen Tavernen die Uferpromenade, die sich an einen ganz brauchbaren Strand anschließt. Die Hauptattraktion ist hier jedoch ein riesiger **kouros** (männliche Statue aus der archaischen Periode) aus dem 7. Jahrhundert v. Chr., der in einem antiken Steinbruch am Hügel oberhalb des Dorfes liegt. Apollonas bietet seinen Gästen mehrere Fremdenzimmer.

Mit einem eigenen fahrbaren Untersatz ist es wirklich schön, über die westliche Küstenstraße nach Chora zurückzukehren; der Weg führt nämlich durch wildes, fast unbesiedeltes Land mit atemberaubenden Seeblicken.

KLEINE KYKLADEN

Die winzigen Inseln, die zwischen Naxos und Amorgos verstreut liegen, sind der Ort, an dem sich die Zeit anhalten lässt. Hier gibt's Inselhopping in Zeitlupe. Nur vier von dieser Kette – Donoussa, Ano Koufonisia, Iraklia und Schinoussa – sind dauerhaft bewohnt. Alle waren in der Antike dicht besiedelt, was an der großen Anzahl antiker Gräber erkennbar ist, die auf den Inseln gefunden wurden. Im Mittelalter bewohnten nur noch wilde Ziegen und noch wildere Piraten die Inseln. Nach Erlangung der Unabhängigkeit zogen wieder unerschrockene Seelen von Naxos und Amorgos hierher und rekolonialisierten die Kleinen Kykladen (Μικρές Κυκλάδες). Heutzutage begrüßen die Inseln eine stetig wachsende Zahl an Touristen, denen der Sinn nach Freiheit steht.

Donoussa ist die nördlichste Insel der Gruppe und am weitesten von Naxos entfernt. Die übrigen drängen sich um die Südostküste von Naxos. Auf jeder der Inseln gibt es ein öffentliches Telefon und eine Poststelle, jedoch empfiehlt es sich, einen angemessenen Geldbetrag in bar mitzubringen.

ℹ An- & Weiterreise

Es gibt mehrere Fährverbindungen pro Woche zwischen Piräus und den Kleinen Kykladen über Naxos sowie täglich Verbindungen von und nach Naxos. Wer dorthin reisen möchte, sollte sicher sein, dass er genügend Zeit hat. Die Inseln sind nicht geeignet für einen Last-Minute-Besuch oder für eine einzelne Übernachtung auf einer Insel-Hopping-Route.

Die Blue-Star-Fähren bedienen die Kleinen Kykladen das ganze Jahr hindurch, aber die robuste kleine Fähre **Express Scopelitis** (☎22850 71256/519; Katapola, Amorgos) ist die Hauptsäule der Verkehrsanbindung (soweit das Wetter dies im Winter zulässt). Außerdem gibt's keinen Service während der jährlichen Überholung in der Werft, was normalerweise im Januar der Fall ist. Die *Scopelitis* verkehrt ab Naxos montags bis samstags um 14 Uhr und läuft die Kleinen Kykladen und Amorgos an. Sie macht dann in Katapola, Amorgos, fest und fährt am nächsten Morgen um 7 Uhr nach Naxos zurück. Abweichungen bei den Routen sind dem Fahrplan zu entnehmen. Auf der *Scopelitis* erlebt man die Kykladen in Reinform. Die meisten Sitzplätze sind auf offenem Deck, sodass es bei Wind ganz schön schaukelt. Die Etappe zwischen Koufonisia und Donoussa kann bei *meltemi* besonders lebhaft ausfallen. Jede der kleinen Inseln hat mindestens ein kleines Ausflugsboot. Von Juni bis September hat man Chancen, eine einfache Fahrt mit diesen kleinen Booten zwischen den Inseln auszuhandeln, sofern sie nicht für Touren gechartert sind. Diese Option ist jedoch sehr viel teurer als die regulären Fähren.

FÄHRVERBINDUNGEN AB IRAKLIA

REISEZIEL	HAFEN	DAUER	PREIS	HÄUFIGKEIT
Amorgos	Iraklia	1¾ Std.	8,50 €	2–3-mal tgl.
Donoussa	Iraklia	2 Std. 20 Min.	7 €	1–2-mal tgl.
Koufonisia	Iraklia	1 Std.	5 €	2–3-mal tgl.
Naxos	Iraklia	1 Std.	7,50 €	2–3-mal tgl.
Paros	Iraklia	2¼ Std.	12,50 €	1–2-mal tgl.
Piräus	Iraklia	7 Std. 20 Min.	30 €	1–2-mal tgl.
Schinoussa	Iraklia	15 Min.	4,50 €	2–3-mal tgl.
Syros	Iraklia	3 Std. 35 Min.	22,70 €	4-mal wöchentl.

FÄHRVERBINDUNGEN AB SCHINOUSSA

REISEZIEL	HAFEN	DAUER	PREIS	HÄUFIGKEIT
Amorgos	Schinoussa	1 Std. 40 Min.	8–10,50 €	2–3-mal tgl.
Donoussa	Schinoussa	2 Std.	13,50 €	1–2-mal tgl.
Iraklia	Schinoussa	15 Min.	4,50 €	2–3-mal tgl.
Koufonisia	Schinoussa	40 Min.	4,60 €	2–3-mal tgl.

Kleine Kykladen

Naxos	Schinoussa	1 Std. 20 Min.	6,70 €	1–2-mal tgl.
Paros	Schinoussa	2 Std. 20 Min.	10 €	1-2-mal tgl.
Piräus	Schinoussa	7½ Std.	31 €	1–2-mal tgl.
Syros	Schinoussa	5½ Std.	13 €	4-mal wöchentl.

FÄHRVERBINDUNGEN AB KOUFONISIA

REISEZIEL	HAFEN	DAUER	PREIS	HÄUFIGKEIT
Amorgos	Koufonisia	1 Std. 5 Min.	7,50 €	3-mal tgl.
Donoussa	Koufonisia	1¼ Std.	5,50 €	1–2-mal tgl.
Folegandros*	Koufonisia	3 Std.	56,20 €	1-mal tgl.
Iraklia	Koufonisia	1 Std.	5 €	2–3-mal tgl.
Milos*	Koufonisia	4¼ Std.	56,20 €	1-mal tgl.
Naxos	Koufonisia	2 Std.	9,50 €	1–2-mal tgl.
Paros	Koufonisia	3 Std.	16 €	1–2-mal tgl.
Piräus	Koufonisia	8 Std.	31 €	2–3-mal wöchentl.
Piräus*	Koufonisia	7 Std. 20 Min.	57,20 €	1-mal tgl.
Schinoussa	Koufonisia	40 Min.	4,50 €	2–3-mal tgl.
Syros	Koufonisia	5½ Std.	13 €	4-mal wöchentl.

*Schnellverbindungen

FÄHRVERBINDUNGEN AB DONOUSSA

REISEZIEL	HAFEN	DAUER	PREIS	HÄUFIGKEIT
Amorgos	Donoussa	1 Std. 50 Min.	7 €	1–2-mal tgl.
Astypalea	Donoussa	2 Std. 20 Min.	17 €	5-mal wöchentl.
Iraklia	Donoussa	2 Std. 20 Min.–4 Std.	7–14,40 €	1–2-mal tgl.
Koufonisia	Donoussa	1¼ Std.	6,50 €	1–2-mal tgl.
Naxos	Donoussa	1 Std. 10 Min.–4 Std.	7,60 €	2–3-mal tgl.
Paros	Donoussa	2½ Std.–6 Std.	14 €	1–3-mal tgl.
Piräus	Donoussa	7 Std. 10 Min.	31 €	4-mal wöchentl.
Schinoussa	Donoussa	2 Std.	7 €	1–2-mal tgl.
Syros	Donoussa	7 Std.	14 €	4-mal wöchentl.

Iraklia Ηρακλεία

151 EW.

Iraklia verfügt über eine Fläche von gerade mal 19 km², ein wahrlich kleines ägäisches Juwel, das geruhsam in der griechischen Sonne döst. Hier heißt es: weg mit den Partyklamotten, Adieu Nachtleben! Hier drohen auch keine Besichtigungen und kitschigen Souvenirs. Stattdessen wartet ein heiterer und lockerer Lebensstil – die Insel wird nicht enttäuschen. Nur im Juli und August muss man sich die Idylle mit Gleichgesinnten teilen.

Vor der Insel liegt eine Besonderheit: die erste **Off-Shore-Entsalzungsanlage** in Griechenland, und die wird auch noch mit Solar- und Windenergie betrieben. Man passiert sie bei der Einfahrt in den Hafen.

Hafen und Hauptdorf von Iraklia ist Agios Georgios. Es hat einen attraktiven, höhlenartigen Hafen mit Sandstrand. Am Ende des Fähranlegers rechts halten, dann geht's links hoch zum gut sortierten **Perigiali-Supermarkt.** Weiter oben am Berg liegen ein kleinerer Laden und ein *kafeneio* (Café) mit dem Namen **Melissa's,** die zugleich auch das Büro für die Fährtickets, die Postagentur und die Klatschbörse des Dorfes sind. Es gibt Kartentelefone draußen vor dem Perigiali-Supermarkt und vor Melissa's und ein Geldautomat steht unweit des Hafens. Ein Gesundheitszentrum befindet sich neben dem Perigiali-Supermarkt. Die Website der Insel ist www.iraklia.gr.

Eine befestigte Straße führt links vom Fähranleger weg und nach rund 1 km nach **Livadi,** dem besten Strand der Insel. Steile 2,5 km weiter liegt **Chora (Panagia).** An der Gabelung am Dorfeingang geht's rechts zur Hauptstraße.

Eine Straße wurde kürzlich von Chora bis zum Strand **Tourkopigado** ausgebaut.

Die „Hauptsehenswürdigkeit" der Insel ist die **Höhle der Heiligen Ikone des Agios Giannis.** Von Panagia aus ist die Höhle in einer 4-stündigen Wanderung (hin & zurück) zu erreichen. Der Pfad beginnt hinter der Kirche an einem Wegweiser nach rechts und ist teilweise felsig und steil. Stiefel oder Wanderschuhe sind unbedingt erforderlich; auch an ausreichend Wasser denken! Am Ziel liegt links eine große offene Höhle. Rechts umgeben weiß gestrichene Felsen den Eingang zu den eigentlichen Höhlen. Eine Taschenlampe ist nützlich, und das anfängliche Krabbeln durch einen niedrigen Tunnel lohnt sich, da er zu Höhlen voller Stalaktiten und Stalagmiten führt. Am 28. August, dem Vorabend des Todestages von Johannes dem Täufer, versammeln sich Scharen von Einheimischen an der Höhle und krabbeln hinein, um einen Gottesdienst bei Kerzenlicht zu feiern.

Jenseits der Höhle führt der Pfad zum Strand von **Alimia,** zu dem im Sommer auch ein Schiff von Agios Georgios aus fährt. So lässt sich der Weg zur Höhle abkürzen.

In den Monaten Juli und August bringt ein Einheimischer Urlauber mit seinem Boot zu den Stränden der Insel und organisiert auch Tagesausflüge zum nahe gelegenen Schinoussa. Einfach im Perigiali-Supermarkt nachfragen.

Schlafen & Essen

Domatia und Tavernen konzentrieren sich in und um Agios Georgios, im Sommer sind auch am Strand von Livadi ein paar geöffnet. Die Zimmervermieter kommen zwar an den Hafen, wenn die Fähren einlaufen, aber in der Hochsaison ist eine Reservierung ratsam.

Es finden sich ein paar Tavernen in Agios Georgios. Alle servieren frische Fischgerichte und andere griechische Leibgerichte.

Anna's Place DOMATIA €€
(☎22850 71145; EZ/3BZ 40/85 €, DZ 50–70 €; ❄) Diese hübschen, luftigen Zimmer haben eine tolle Lage hoch über dem Hafen. Sie sind schick möbliert und bieten von den vorderen Balkonen einen weiten Ausblick. Es stehen eine große Gemeinschaftsküche und ein Speisebereich im Freien zur Verfügung.

Agnadema/Dimitri's APARTMENTS €
(☎/Fax 22850 71484, 6978048789; Studios/DZ 40/50 €; ❄) In dieser friedlichen Anlage im Familienbesitz am Hügel über dem Hafen von Agios Georgios hat man die Qual der Wahl: Die Agnadema-Zimmer sind groß, hell und tadellos. Agnadema bedeutet „tolle Aussicht", ein Understatement angesichts der erstklassigen Lage des Grundstücks. Dimitri bietet gleich daneben eine Reihe kleiner Studios mit einer gemeinsamen Veranda, die ebenso gut ausgestattet sind.

Maistrali TAVERNE €
(Gerichte 5,50–8,50 €; @) Das Maistrali besitzt eine angenehme Terrasse und auch Zimmer sowie einen ziemlich schwachen Internetzugang.

Perigiali TAVERNE €
(Gerichte 4,50–8 €) Dieses allseits beliebte Lokal verfügt als Markenzeichen über einen großen Marmortisch, der rund um eine alte Pinie errichtet wurde.

ABSTECHER

KÖSTLICHE DELIKATESSEN

Schinoussa ist nicht nur ein Juwel der Kykladen, sondern es ist auch die Heimat eines der besten Restaurants des Archipels, des **Deli Restaurant and Sweet Bar** (☎22850 74278; www.delirestaurant.gr; Hauptgerichte 6,50–9,50 €). Das Deli wird von dem jungen und kreativen Team Evdokia Despotidou, Dimitris Papadakis und Dimitris Grammatikakis geführt, die gemeinsam hervorragende griechische Küche mit kretischen und internationalen Einflüssen, jedoch auf einer starken einheimischen Grundlage zaubern. Auf der Speisekarte stehen Genüsse wie Fischcarpaccio mariniert in Zitrone oder Hühnchenfilet mit sonnengetrockneten Tomaten und einheimischer Ziegenweichkäse. Vegetarier können das Tagesgericht genießen und sicher sein, dass nur die frischesten Zutaten verarbeitet werden, da das Deli so viel wie möglich lokal einkauft. Sogar das Brot wird aus dem Getreide des familieneigenen Bauernhofs selbst gebacken. Unbedingt probieren: eine Scheibe Brot mit den köstlichen, lokal erzeugten Käsesorten *myzithra* und *kefalotyri*, Oliven und einem Glas *asyrtiko*. Das Deli ist das Herzstück des Dorflebens. Im Obergeschoss befindet sich das Restaurant, im Erdgeschoss eine sehr coole Café-Bar, und unten gibt's die verführerischen Süßigkeiten. Die Weinkarte ist kurz, aber ausgezeichnet; unter anderem gibt's ein paar gute griechische Jahrgangsweine.

Taverna to Steki TAVERNE €
(Gerichte 4–8 €) In Chora ist die Taverna to Steki eine klassische Dorfkneipe und bestens bekannt für ihre lokal erzeugten Zutaten und traditionelle Küche.

Schinoussa Σχοινούσα

206 EW.

Auf Schinoussa geht's – wie auf Iraklia – sehr gemächlich zu. Hier scheint die Zeit stillzustehen, obwohl es in der Hauptsaison lebhafter werden kann. Die Insel hat eine sanftere Landschaft als ihre Nachbarinsel. Die Hauptsiedlung **Chora (Panagia)** hat eine lange, schmale Hauptstraße entlang des windigen Bergkamms der Insel. Es gibt mehrere Strände, die sich über die Küste weiter unten verteilen, wobei nicht alle gleich ansprechend sind.

Die Fähren legen am Fischerhafen von **Mersini** an. Chora liegt 1 km bergauf durch die Gluthitze. Die Zimmervermieter kommen ab Mai mit dem Auto zu den Fährankünften in den Hafen und holen Gäste mit Reservierung immer ab.

Paralos Travel (☎22850 71160, Fax 22850 71957) liegt auf halber Strecke an der Hauptstraße. Es verkauft Fährtickets für alle Schiffe außer der *Scopelitis* und ist zugleich die Post und während der Reisezeit auch der Zeitschriftenladen. **Grispos Travel** (☎22850 29329), unten beim Grispos Hotel und Restaurant am Tsigouri-Strand sowie in einem Büro am anderen Ende des Dorfes, verkauft ebenfalls alle Fährtickets, auch die für die *Express Scopelitis*.

Am Hauptplatz steht eine Telefonzelle, einen Geldautomaten gibt es neben dem Restaurant Deli. Ganz brauchbar ist auch die Webseite www.schinousa.com

Auf dem Weg runter zum Strand Tsigouri befindet sich ein kleines **Volkskundemuseum,** in dem ein rekonstruierter Brotbackofen zu sehen ist. Die Öffnungszeiten richten sich nach der Uhr des Insellebens.

Unbefestigte Wege führen von Chora zu den Stränden rund um die Küste. Die nächsten sind **Tsigouri** und **Livadi,** beide sind nur im August voll. Noch ein kleines Stück weiter gibt es passable Strände bei **Almyros** und **Aligaria.** Mit Ausnahme von Tsigouri sind keine Läden oder Tavernen an den Stränden, deshalb Essen und Wasser selbst mitnehmen.

Von Mitte Juni bis September bietet das Ausflugsschiff **Aeolia** (☎69796 18233) täglich verschiedene Fahrten an, auch nach Iraklia und Koufonisia. Die Preise liegen zwischen 15 und 35 €. Auch private Ausflüge können ausgehandelt werden.

Schlafen

Es gibt ein paar Zimmer unten in Mersini und auf dem Rest der Insel, aber Chora ist ein idealer Ausgangspunkt.

Iliovasilema HOTEL €
(☎22850 71948; www.iliovasilemahotel.gr; Chora; EZ/DZ/3BZ/4BZ 45/55/60/65 €; ❄📶) Ideal gelegen am westlichen Dorfrand, mit

Blick über den Süden der Insel. Das helle, saubere Hotel verfügt über geräumige Zimmer, die meisten Balkone bieten einen schönen Ausblick.

Galini PENSION €
(☎22850 71983; DZ/3BZ 50/60 €) Die meisten Zimmer in dieser gut gelegenen Pension bieten einen tollen Ausblick. Sie liegt auf einem ruhigen Grundstück gleich jenseits von Chora. Die Zimmer sind hell, sauber und angenehm idyllisch. Es gibt keine Klimaanlage, dafür aber kräftige Deckenventilatoren.

Anna Domatia DOMATIA €
(☎22850 71161; Chora; EZ/DZ/3BZ 40/45/50 €; ❄) Ordentliche Zimmer von guter Größe, gleich hinter der Hauptstraße an der Westseite des Dorfes machen das Anna zu einer guten Wahl. Manche Zimmer haben Einrichtungen für Selbstversorger.

Grispos Villas APARTMENTS €€
(☎22850 71930; www.grisposvillas.com; DZ inkl. Frühstück 85-95 €, 3BZ inkl. Frühstück 105–113 €; ❄@) Von Chora aus führt eine raue Piste runter. Die Anlage Grispos steht in beneidenswerter Lage oberhalb des Tsigouri-Strandes. Neben den Übernachtungsmöglichkeiten gibt's auch ein Restaurant (Hauptgerichte 5,80 bis 9 €).

Essen

Akbar CAFÉ €
(Gerichte 3–6,50 €) Das Akbar ist ein buntes kleines Café an der Hauptstraße und bietet *mezedhes*, frische Salate sowie Frühstück für 7 bis 12 €. Hier gibt's Sandwiches sowie süße Crêpes und Eis.

Loza CAFÉ €
(Gerichte 4,50–9,50 €) Gleich gegenüber dem Akbar und ein Treffpunkt der Einheimischen, in dem es Frühstück (7,50 €) sowie Salate und Pizza gibt. Dazu gehört auch eine Bäckerei, die unter anderem *baklava* und Walnusskuchen herstellt.

Koufonisia Κουφονήσια

366 EW.

Koufonisia besteht aus drei Hauptinseln: der bewohnten **Ano Koufonisia,** auch Pano Koufonisia genannt, mit dem flachen Profil von **Kato Koufonisia** gleich südlich davon. Östlich von Letzterer liegt die dramatisch anmutende Insel **Keros,** eine Insel, die aus einem zerklüfteten Berg mit imposanten Klippen besteht. Ausgezeichnete Strände machen die flachere Ano Koufonisia zu einer der am meisten besuchten Inseln der Kleinen Kykladen – hier hat auch die Moderne Einzug gehalten. Neue Hotels und Studios entstehen, und ein Yachthafen mit Kapazität für 50 Yachten wurde kürzlich fertiggestellt. Die Insel hat sich jedoch ihren stillen Charme erhalten und eine beträchtliche Fischereiflotte ernährt außerhalb der flüchtigen Sommersaison eine florierende Gemeinde.

Nur ein kleines Stück per Boot entfernt liegt Kato Koufonisia mit einigen schönen Stränden und einer netten Kirche. Archäologische Ausgrabungen auf **Keros** haben über 100 frühkykladische Statuetten zu Tage gefördert, darunter die berühmten Harfen- und Flötenspieler, die heute im Archäologischen Nationalmuseum von Athen (S. 99) stehen.

In den vergangenen Jahren haben Archäologen Unmengen von augenscheinlich absichtlich zerbrochenen Figuren entdeckt, die aus der Zeit zwischen 2500 und 2000 v. Chr. stammen. Es wurde die These aufgestellt, dass sie zu rituellen Zwecken zerbrochen wurden, nicht etwa unabsichtlich oder aus Vandalismus. Möglicherweise wurden sie auf Keros abgelegt, weil die Insel ein wichtiges Zentrum eines kykladischen Rituals war.

Sehenswertes

Ein kleiner Spaziergang entlang der sandigen Küste östlich des Hafens führt nach ein paar Kilometern zu den Stränden **Finikas, Charakopou** und **Fano.** An allen dreien drängen sich in den Monaten Juli und August die Sonnenhungrigen. Je weiter man läuft, desto mehr Menschen baden hier nackt.

Hinter Fano führt ein Pfad zu mehreren felsigen Badestellen, dann geht's weiter zu der Bucht bei **Pori,** wo ein langer sandiger Halbmond sanft in die absolut traumhafte See der griechischen Inselwelt hinabgleitet. Pori ist von Chora aus auch über eine Straße durch das Landesinnere zu erreichen.

Geführte Touren

Koufonissia Tours BOOTSAUSFLÜGE
(☎22850 71671; www.koufonissiatours.gr) Das Kounfonissia befindet sich im Hotel Villa Ostria und organisiert Bootsausflüge nach Keros, Kato Koufonisia und zu anderen Inseln der Kleinen Kykladen.

Marigo BOOTSAUSFLÜGE
(☎22859 71438, 69450 42548) Dieses Boot sorgt für Überfahrten zu und von verschiedenen Stränden. Es verkehrt alle zwei Stunden ab 10 Uhr für ca. 5 €.

Schlafen

Wildes Zelten ist auf Koufonisia nicht gestattet. Es gibt eine gute Auswahl an *domatia* und Hotels, und Koufonissia Tours vermittelt Unterkünfte auf der Insel.

Anna's Rooms DOMATIA €
(☎22850 71061, 69745 27838; annaloutro@gmail.com; EZ/DZ/3BZ/4BZ 50/60/70/80 €;) Diese großen, hellen Zimmer in Loutro in ruhiger Lage an der Westseite des Hafens sind eine großartige Wahl – und die Begrüßung ist herzlich. Die Zimmer bieten einen Blick auf den alten Hafen und liegen inmitten bunter Gärten. In jedem Zimmer gibt es die Möglichkeit, Tee und Kaffee zuzubereiten.

Alkionides Studios APARTMENTS €€
(☎22850 71694; www.alkionides.gr; DZ/3BZ/4BZ inkl. Frühstück 70/75/80 €) Diese attraktiven Studios liegen in einsamer und herrlicher Lage hoch über dem kleinen Hafen von Loutro. Der Name „Alkyonides" prangt stolz auf einem alten Boot – nur eines von mehreren exzentrischen Details. Die geräumigen, hellen Zimmer haben Ventilatoren statt Klimaanlage, was manche Menschen als Vorteil ansehen. Das Frühstück ist im Preis inbegriffen (die Hühner sind ganz in der Nähe). Nicht von der felsigen Zufahrtsstraße oder dem einen oder anderen verlassenen Schrottfahrzeug abschrecken lassen. Loutro ist über einen weiteren Weg in nur wenigen Gehminuten zu erreichen.

Ermis APARTMENTS €€
(☎22850 71693; Fax 22850 74214; EZ/DZ 60/70 €;) Diese tadellosen Zimmer liegen ruhig hinter der Post. Sie haben frische, pastellfarbene Anstriche und sind von einem liebevoll gepflegten Garten umgeben. Die oberen Zimmer an der Rückseite haben große Balkone mit Meerblick.

Villa Ostria HOTEL €€
(☎22850 71671; www.koufonissiatours.gr; EZ 60–70 €, DZ 70–80 €, Studios 90–110 €;) Das Ostria liegt zusammen mit ein paar anderen Hotels hoch oben östlich des Strands. Es hat attraktive Zimmer und Studios mit einer etwas sonderbaren Einrichtung. In den kleineren Zimmern gibt's Gerätschaften für Tee, Kaffee und Toast, und die Studios haben eine voll ausgestattete Küche. Deckenventilatoren und das Nichtvorhandensein von Fernsehern sind durchaus ein Pluspunkt.

Essen

Capetan Nikolas MEERESFRÜCHTE €
(☎22850 71690; Hauptgerichte 4,50–14 €) Dieses fröhliche, familiengeführte Restaurant ist auf der Insel eines der besten Lokale für Meeresfrüchte und liegt am kleinen Hafen von Loutro. Der Hummersalat ist berühmt und die Seafood-Pasta köstlich. Den lokal gefangenen Fisch, wie Rotbarbe und Meerbrasse, gibt's zum Kilopreis. Auch leckere Fleischgerichte stehen zur Wahl.

Karnagio MEZEDHES €
(Hauptgerichte 4,50–12 €) Diese kleine *ouzerie* in Loutro, deren Tische direkt an den Hafen angrenzen, sollte man sich auf keinen Fall entgehen lassen. Das Garnelen-*saganaki* ist köstlich, ebenso die hausgemachten pikanten Kuchen, wie der mit Käse und sonnengetrockneten Tomaten. Außerdem gibt es hier einige unvergesslich gute Fischgerichte.

Kalamia Café CAFÉ €
(Snacks 2,50–7 €; @) Ein freundlicher Treffpunkt und ein Ort, um im Internet zu surfen. Für Gäste ist der Internetzugang kostenlos, und auf der Theke steht ein Bildschirm für diejenigen zur Verfügung, die keinen eigenen Laptop mitbringen. Neben den Snacks gibt's eine Reihe von Frühstücksangeboten von 3,50 bis 6 €. Nachts verwandelt sich das Kalamia in eine sehr gesellige Bar.

Atairiastou GRIECHISCH €
(Hauptgerichte 7–14 €) Oben an der Straße, die direkt vom Kai aus landeinwärts führt, liegt dieses helle und farbenfrohe Restaurant, in dem Gäste freundlich willkommen geheißen werden. Das Essen ist traditionell mit modernen Akzenten. Jeden Tag gibt's ein besonderes Gericht, wie Hummer mit Reis oder gefülltes Lamm aus der Region. Im Sommer gibt's hier gelegentlich griechische Live-Musik.

Lefteris TAVERNE €
(Gerichte 4,50–9 €) Lefteris tischt im Hochsommer zahlreichen Gästen griechische Klassiker zu angemessenen Preisen auf. Seine riesige Terrasse mit Blick auf den Stadtstrand ist auch zum Frühstück und Mittagessen geöffnet.

Ausgehen

Kalamia Café COCKTAILBAR
Abends verwandelt sich das Café in eine tolle Bar für Cocktails und sonstige Drinks, wo Ioannis Tsourakis die Cocktailkultur und den trockenen Martini zu einer Kunstform stilisiert hat. Hier gibt's außerdem WLAN.

Scholio BAR
(19–3.30 Uhr;) Die gemütliche Bar und Crêperie Scholio spielt Jazz, Blues, Rock und andere ausgewählte Sounds. Sie liegt am westlichen Ende der Hauptstraße des Dorfes über Loutro. Die Inhaber sind bekannte Fotografen und stellen hier häufig ihre Werke aus.

Praktische Informationen

Die einzige Siedlung von Koufonisia breitet sich hinter dem Fähranleger aus. An der einen Seite des Kais liegt der Yachthafen, auf der anderen Seite ist eine breite Bucht, in der Fischerboote ankern. Ein langer Strand mit flachem, hartem Sand lässt die Uferpromenade sehr weitläufig erscheinen. Im oberen Abschnitt wird er als Straße genutzt. Der ältere Teil der Stadt, die *chora*, erstreckt sich über einen niedrigen Hügel oberhalb des Hafens und besteht aus einer langen Hauptstraße. Die herabfallenden Blütenblätter der Bougainvilleen bedecken sie oft wie ein Teppich.

Es gibt eine Reihe von Supermärkten entlang der Straße, die vom Strand landeinwärts zur Hauptstraße führt, und auf halber Strecke liegt an dieser Straße das Ticketbüro **Prasinos** (22850 71438). Die Post liegt an der ersten Straße, die von der landeinwärts führenden Straße scharf links abzweigt. Außen an der Post gibt es einen Geldautomaten.

Donoussa Δονούσα

163 EW.

Donoussa ist eine völlig entlegene Insel, auf der man aufhört, über Wochentage nachzudenken. Ende Juli und im August wird die Insel zwar häufig von griechischen Urlaubern und sonnenhungrigen Nordeuropäern überrannt, aber außerhalb der Saison lohnt sich ein längerer Aufenthalt durchaus.

Agios Stavros ist die Hauptsiedlung und der Hafen von Donoussa. Es ist eine Ansammlung weiß getünchter Häuser rund um eine hübsche Kirche, die über einer kleinen Sandbucht liegt. Im Laufe der Jahre hat sich hier nur wenig verändert, obwohl das Dorf nun eine Ringstraße und gepflasterte Gehwege hat. Die Stadt hat auch einen guten **Strand**, der gelegentlich als Durchgangsstraße für Fahrzeuge oder Fußgänger zu einer Reihe von Wohnhäusern, Fremdenzimmern und einer Taverne auf der anderen Seite der Bucht dient.

Kendros, 1,25 km südöstlich von Agios Stavros und über eine befestigte Straße oder einen Wanderweg mit Treppenstufen erreichbar, ist ein sandiger und abgeschiedener Strand mit einer Taverne während der Saison. **Livadi**, noch einmal einen staubigen Kilometer weiter östlich, hat sogar noch weniger Besucher. Sowohl Kendros als auch Livadi sind bei FKK-Anhängern beliebt. Grob planierte, unbefestigte Straßen haben Donoussa stellenweise verschandelt, aber es gibt immer noch Pfade und Wege, die in die Hügel zu so zeitlosen, kleinen Weilern wie **Mersini** führen.

Schlafen & Essen

Für einen Aufenthalt im Juli, August und sogar Anfang September empfiehlt sich eine Reservierung vorab.

Der Dreh- und Angelpunkt des Dorflebens von Agios Stavros stellt das **Kafeneio To Kyma** am Kai dar, wo es in den Sommermonaten bis spät in die Nacht sehr lebendig zugeht.

Prassinos Studios APARTMENTS €
(22850 51579, 69792 99113; prassinosstudios@gmail.com; EZ/DZ 40/45 €, Studios/Apt. 80/95 €) Die Apartments liegen hoch über dem anderen Ende des Strandes. Die gesamte Anlage ist sehr friedlich, die Zimmer und Studios sind ordentlich, und die meisten davon verfügen über eine Kochgelegenheit.

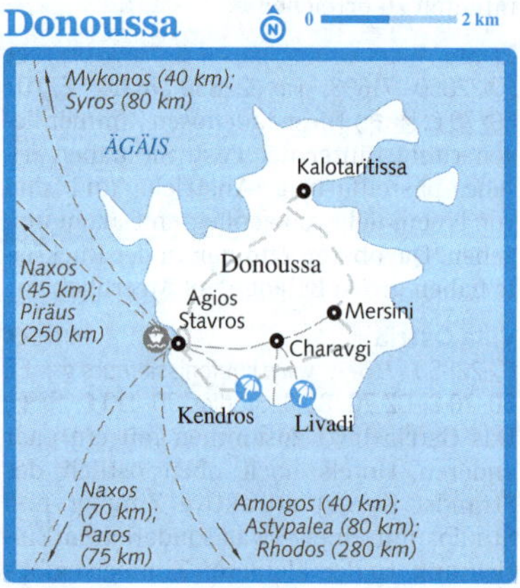

Skopelitis Studios DOMATIA €
(☎22850 52296; skopelitis@gmx.net; EZ/DZ 40/50 €) Diese heiteren Zimmer mit Veranden sind einfallsreich ausgestattet und haben freundliche Vibes. Sie haben Kochgelegenheiten und liegen gleich hinter dem Strand in einem bemerkenswert schönen Garten mit Sträuchern, Blumen und mächtigen Flaschenpalmen.

To Iliovasilema APARTMENTS €
(☎22850 51570; DZ/Studios/Apt. 50/60/70 €; @📶) Vernünftige Zimmer mit Kochgelegenheit liegen um eine Freifläche über dem Strand. Das Restaurant nebenan hat eine schöne Terrasse mit einer guten Auswahl an Speisen (Gerichte 5 bis 8 €).

Capetan Giorgis TAVERNE €
(Hauptgerichte 4,50–9 €) Traditionelle Kost, wie Ziegenbraten mit Kartoffeln und Tomaten, steht beim Käpt'n auf der Karte. Die Terrasse direkt über dem Hafen bietet einen guten Blick über die Bucht.

Praktische Informationen

Sigalis Travel (☎22850 51570, 6942269219) ist eine Ticketagentur für alle Fähren und hat ein Büro gleich landeinwärts von der Hafenstraße und ein zweites Büro in der Anlage des Restaurants To Iliovasilema. Sie ist von 17.15 bis 18.45 Uhr und jeweils 40 Minuten vor den Fährankünften geöffnet.

Einen Geldautomaten gibt's neben einem kleinen Geschenkeladen an der Hafenstraße (manchmal wird er durch einen blauen Klappladen vor dem Flugsand geschützt), in der Hauptsaison sollte man jedoch trotzdem ausreichend Bargeld mitbringen. Ein öffentliches Telefon steht an einem steilen Hügel oberhalb der Uferpromenade, es ist hinter einem Baum versteckt.

Es gibt ein **Gesundheitszentrum** (☎22850 51506) und eine Postagentur gleich unterhalb der Kirche.

AMORGOS

1859 EW.

Amorgos (Αμοργός) liegt ganz am südöstlichen Ende des Bogens der Kykladen, der in Richtung des Dodekanes weist. Ihr langer Bergrücken erhebt sich majestätisch, wenn man sich der Insel über das Meer nähert. Die hohen Gipfel sind oft in dicke violette Wolken eingehüllt.

Die Insel misst 30 km von der einen bis zur anderen Spitze und erreicht an ihrem höchsten Punkt über 800 m. Ihre Südostküste ist unglaublich steil. Sehenswert ist hier ein außergewöhnliches Kloster, das in eine riesige Klippe eingebettet ist. Die gegenüber liegende Küste ist ebenso spektakulär, jedoch etwas gemäßigter an einer Naturbucht, an der der Haupthafen und die Stadt Katapola und der zweite Hafen Aegiali liegen.

Aegiali liegt am Nordende der Insel und ist als Ferienort interessanter. Es hat einen guten Strand und ist von den höchsten Bergen der Insel umgeben. Das bezaubernde Chora (auch Amorgos genannt) liegt mitten in einer felsigen Landschaft hoch über Katapola.

Das Strandleben mag zwar locken, aber Amorgos bietet noch weitaus mehr in den Bereichen Archäologie und Natur – es gibt großartige Gelegenheiten zum Wandern, Tauchen und neuerdings auch eine florierende Kletterszene. Das Klettern ist allerdings eher den alten Hasen vorbehalten, Ungeübte sollten es nicht einfach spontan ausprobieren.

An- & Weiterreise

Zwischen Amorgos und Naxos verkehrt täglich die kleine Fähre Express Scopelitis, es gibt auch Anschlussfähren zu den Kleinen Kykladen. Die großen Fähren der Linie Blue Star fahren zwischen Piräus und Amorgos und dann weiter nach Astypalea und Rhodos, während die Routen anderer Fähren von Piräus Zwischenstopps auf Folegandros und Santorin einlegen. Weitere Informationen hierzu finden sich im Kapitel Insel-Hopping (S. 31).

FÄHRVERBINDUNGEN AB AMORGOS

REISEZIEL	HAFEN	DAUER	PREIS	HÄUFIGKEIT
Aegiali	Katapola	50 Min.	4,70 €	1–2-mal tgl.
Donoussa	Katapola	2 Std. 20 Min.	6,50 €	1–2-mal tgl.
Folegandros*	Katapola	2 Std. 25 Min.	56,20 €	1-mal tgl.
Ios	Katapola	5 Std. 20 Min.	11,50 €	1-mal wöchentl.
Iraklia	Katapola	1¾ Std.–5 Std.	12 €	2–3-mal tgl.
Kos	Katapola	5 Std.	24,50 €	2-mal wöchentl.
Koufonisia	Katapola	1 Std. 5 Min.	7,50 €	2–3-mal tgl.
Leros	Katapola	3 Std. 10 Min.	21,50 €	2-mal wöchentl.
Milos*	Katapola	3 Std. 25 Min.	56,20 €	1-mal tgl.
Naxos	Katapola	1–4 Std.	7,50 €	1–3-mal tgl.
Paros	Katapola	4 Std.	16 €	1–2-mal tgl.

Patmos	Katapola	2 Std.	19,50 €	2-mal wöchentl.
Piräus	Katapola	9 Std.	31 €	4-mal wöchentl.
Piräus*	Katapola	7 Std. 25 Min.	57 €	1-mal tgl.
Rhodos	Katapola	8 Std.	27 €	2-mal wöchentl.
Schinoussa	Katapola	1 Std. 40 Min.	8–10,50 €	2–3-mal tgl.
Santorin (Thira)*	Katapola	1¼ Std.	32 €	1-mal tgl.
Syros	Katapola	5¼ Std.	29,80 €	4-mal wöchentl.

*Schnellverbindungen

ℹ Unterwegs vor Ort

Es verkehren regelmäßig Busse zwischen Katapola und Chora (Amorgos) (1,60 €, 15 Min.), nach Moni Chozoviotissa (1,80 €, 15 Min.), zum Strand Agia Anna (1,60 €, 20 Min.) und weniger häufig nach Aegiali (2,70 €, 30 Min.). An den Wochenenden fahren weniger Busse. Es gibt auch Busse, die Besucher von Aegiali ins malerische Dorf Langada bringen. Die Fahrpläne hängen an den Windschutzscheiben der Busse.

Autos und Motorräder gibt's bei **Thomas** (☎Katapola 22850 71777, Aegiali 22850 73444; www.thomas-rental.gr). Im August dürfte ein kleines Auto rund 50 € pro Tag kosten.

Katapola Κατάπολα

485 EW.

Der Haupthafen Katapola zieht sich um die kurvige Küstenlinie einer dramatischen Bucht im grünsten Teil der Insel. Die faszinierenden und umfangreichen Überreste der antiken Stadt **Minoa** sowie ein sehr interessanter **mykenischer Friedhof** liegen über dem Hafen und sind über eine steile, befestigte Straße zu erreichen. Auf Amorgos wurden darüber hinaus zahlreiche kykladische Funde gemacht; die größte Statuette im Archäologischen Nationalmuseum (S. 99) in Athen wurde in der Nähe von Katapola gefunden.

Schlafen & Essen

Die Eigentümer der *domatia* kommen in der Regel zu den Fähren. Sie gehören zu den zurückhaltendsten und höflichsten der Kykladen.

Eleni's Rooms DOMATIA €€
(☎22850 71628/543; roomseleni@gmail.com; EZ/DZ/3BZ/Apt. 60/65/75/110 €) Das Haus liegt einsam ganz im Westen des Fähranlegers, aber diese schlichten, dennoch hellen und luftigen Zimmer sind eine hervorragende Wahl. Die Zimmer liegen auf verschiedenen Etagen und bieten unübertroffene Ausblicke. In nur wenigen Sekunden ist man morgens gleich unten beim angrenzenden Strand zum Schwimmen.

Pension Sofia APARTMENTS €€
(☎22850 71494; www.pensionsofia.gr; DZ/3BZ 55/80 €; ❄📶) Das reizende, familiengeführte Sofia steht inmitten von Gärten und kleinen Wiesen in einem ruhigen Teil der Stadt. Die Zimmer sind frisch und farbenfroh und haben Kochgelegenheiten. Dieselbe Familie vermietet auch gut ausgestattete Studios und Apartments an einer anderen Adresse (120 bis 150 €) in dieser Gegend.

Pension Galini PENSION €
(☎22850 71711; EZ/DZ/Apt. 40/55/95 €; ❄📶) Anständige Zimmer in einer ruhigen Ecke neben der Pension Sofia.

Pension Amorgos PENSION €€
(☎22850 71013; EZ/DZ/3BZ 50/70/80 €; ❄@) Ein traditionelles Hotel mit gepflegten Zimmern direkt am Wasser.

Vitsentzos GRIECHISCH €
(Gerichte 5,50–9 €) Ein gutes traditionelles Restaurant an der Nordseite der Bucht. Das Vitsentzos hat eine gemütliche Terrasse am Wasser. Hier gibt's klassische griechische Küche mit modernen Einflüssen. Seafood wird zum Kilopreis verkauft.

Mouragio MEERESFRÜCHTE €
(Gerichte 5–9 €) Das heitere und fast immer proppenvolle Mouragio ist auf Meeresfrüchte spezialisiert. Es liegt an der Hauptuferpromenade in der Nähe des Fähranlegers. Schalentiere werden pro Kilo verkauft, aber für den kleineren Geldbeutel gibt's auch eine köstliche Fischsuppe zu ungefähr 8,50 €.

Telion CAFÉ €
(Snacks 2,50–5 €; 📶) Frische, helle Farben machen dieses Café am Wasser zu einer guten Adresse für Frühstück, Kaffee und einen Drink am Abend. Das Frühstück kostet zwischen 4 und 6 €.

Minos TAVERNE €
(Hauptgerichte 4,50–8 €) Eine kleine, bodenständige Taverne in der Nähe des Westendes des Hafens. Das Minos bietet typisch griechische Küche, die immer ankommt.

Amorgos

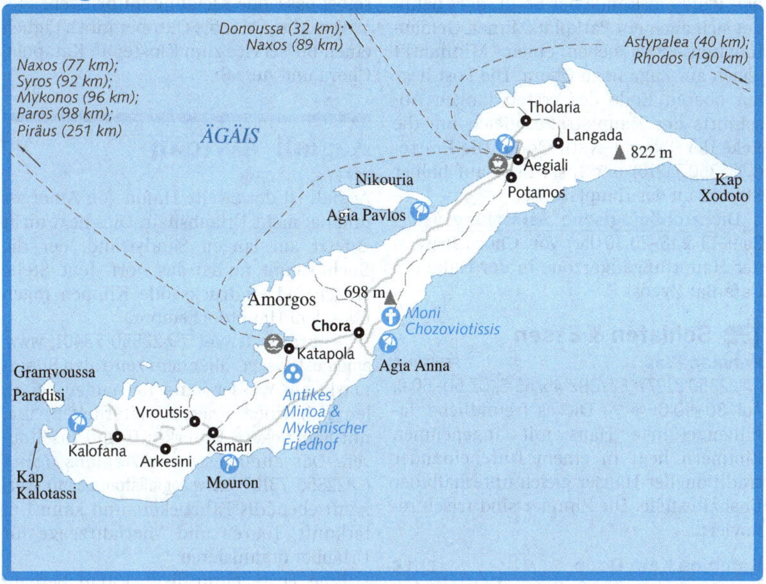

Corner Taverna TAVERNE €
(Hauptgerichte 5–11 €) Hier gibt's eine subtilere Interpretation der griechischen Küche mit leckeren Vorspeisen, bezahlbaren Meeresfrüchten und Fleischgerichten. Dieses attraktive Lokal liegt am östlichen Ende der Uferpromenade.

Ausgehen

Moon Bar BAR
An der nördlichen Uferpromenade ist dies der perfekte Ort, um über die Schönheit der Welt zu sinnieren und gleichzeitig den beruhigenden Blick auf das Meer zu genießen. Dieses Szenario wird bis in die frühen Morgenstunden von toller Musik von Klassik bis Blues, Rock und Funk begleitet. Das Frühstück in dieser Bar kostet 5 €.

Le Grand Bleu BAR
Diese beliebte Bar ist immer noch dem Geiste des legendären Films *Im Rausch der Tiefe* verbunden. Gespielt werden Rock, Reggae und moderne griechische Musik. Zu finden ist sie an der nördlichen Uferpromenade.

Praktische Informationen

Die Schiffe legen direkt an der Uferpromenade an. Die Busstation liegt links an der Hauptuferpromenade, am Ostufer der Bucht.

Eine Bank (mit Geldautomat) befindet sich in der Mitte der Uferpromenade, und es gibt einen Geldautomaten neben dem N Synodinos. Die Postagentur ist neben dem Hotel Minoa am zentralen Platz.

Hafenpolizei (☎22850 71259) Befindet sich am zentralen Platz

N Synodinos (☎22850 71201; synodinos@nax.forth net.gr) Verkauft Fährtickets und bietet Geldwechsel an

www.amorgos-island-magazine.com Eine nützliche und informative Seite

Chora (Amorgos) Χώρα (Αμοργός)

414 EW.

Die alte Hauptstadt Chora glitzert wie ein Schneefeld auf ihrem felsigen Bergkamm. Sie liegt 400 m über dem Meer und wird gekrönt von einem *kastro* aus dem 13. Jahrhundert auf einem herausragenden Berggipfel. Alte Windmühlen stehen wie Wachsoldaten auf den umliegenden Klippen. Insgesamt wirkt die gesamte Atmosphäre edel, nicht zuletzt wegen der Handvoll trendiger Bars und netter Läden. Sie machen Chora für Urlauber interessant, ohne jedoch an seiner Zeitlosigkeit zu nagen.

Die Bushaltestelle liegt an einem kleinen Platz am Rande der Stadt, dort befindet sich auch ein Parkplatz. Einen Geldautomaten gibt's neben einem Minimarkt gleich am Zugang zu Chora. Die Post liegt am oberen Ende des ersten langen Abschnitts der Hauptstraße, gleich um die Ecke der Taverne Kath Odon. Die **Polizei** (☎22850 71210) der Insel liegt auf halber Strecke an der Hauptstraße.

Die **archäologische Sammlung** (⌚Di–So 9–13 & 18–20.30 Uhr) von Chora liegt in der Hauptfußgängerzone in der Nähe der Café-Bar Zygós.

Schlafen & Essen

Pension Ilias PENSION €

(☎22850 71277; EZ/3BZ 45/65 €, DZ 50–60 €, Apt. 80–90 €; ❄📶) Dieses freundliche, familiengeführte Haus mit angenehmen Zimmern liegt in einem Durcheinander traditioneller Häuser gleich unterhalb der Bushaltestelle. Die Zimmer sind frisch renoviert.

Kafenion Kath Odon CAFÉ €

(Hauptgerichte 4–7,50 €) Ein malerisches Lokal an der hübschen kleinen *plateia* am oberen Ende der Hauptstraße. Das Frühstück kostet 5,50 bis 9 €.

Café-Bar Zygós CAFÉ €

(Snacks 3–8 €; ⌚8–3 Uhr) Das direkt im kühlen, bunten Herzen von Chora gelegene Zygós bietet Frühstück, Sandwiches, Baguettes, Salate und kalte Platten sowie Kaffee, Kuchen – all das bei Lounge-Sounds bei Tag und Dance Music mit Cocktails bei Nacht.

Moni Chozoviotissa Μονή της Χοζοβιώτισσας

Das Wahrzeichen von Amorgos ist dieses faszinierende **Kloster** (⌚8–13 & 17–19 Uhr). Das blendend weiße Bauwerk wurde in eine Ehrfurcht einflößende Klippe hoch über dem Meer gebaut. Es liegt an der Steilküste unterhalb von Chora. Das Kloster besitzt eine wundertätige Ikone, die im Meer unterhalb der Klippe gefunden wurde. Der Eintritt ist kostenlos, aber Spenden sind willkommen.

Der Anstand verlangt eine angemessene Kleidung: lange Hosen für Männer und ein langer Rock oder ein langes Kleid für Frauen, die auch ihre Schultern bedecken sollten. Es werden am Eingang keine Umhänge mehr ausgegeben; also unbedingt selbst passende Kleidung mitbringen.

Von Mitte Mai bis Oktober gibt's täglich einen Busservice zum Kloster ab Katapola, Chora und Aegiali.

Aegiali Αιγιάλη

487 EW.

Aegiali ist der zweite Hafen von Amorgos und hat mehr Urlaubsflair. Dies liegt nicht zuletzt am langen Sandstrand, der die Bucht säumt, an der das Dorf steht. Steile Hügel und eindrucksvolle Klippen ragen über dem Hauptdorf empor.

Amorgos Travel (☎22850 73401; www.amorgostravel.gr) über dem zentralen Supermarkt am Wasser kann Reisenden bei allen möglichen Fragen weiterhelfen, u.a. mit Fährtickets, Unterkunft und Inseltouren. Das alteingesessene **Aegialis Tours** (☎22850 73107; www.aegialistours.com) verkauft ebenfalls Fährtickets und kann Unterkunft, Touren und Mietfahrzeuge für Urlauber organisieren.

Eine Postagentur liegt 100 m bergauf von Aegialis Tours.

Geführte Touren & Aktivitäten

Infos zu Bootsausflügen rund um die Inseln (30 €) und zu den Kleinen Kykladen (40 €) gibt's in den Reisebüros.

Amorgos Diving Center TAUCHEN

(☎22850 73611, 69322 49538; www.amorgos-diving.gr) Enthusiastischen und freundlichen Unterricht bietet dieses Tauchzentrum. Im Büro werden Sportkleidung und -ausrüstung, einschließlich Angelausrüstung, verkauft. Tauchgänge mit vollständiger Ausrüstung kosten 50 € pro Stunde. Ein Schnupperkurs mit Lehrer kostet 60 € für drei Stunden. Ein viertägiger PADI-Kurs für offene Gewässer kostet 380 €.

Special-Interest-Holidays WANDERN

(☎6939820828; www.amorgos.dial.pipex.com) Diese Agentur mit Sitz in Langada organisiert Wanderurlaube mit sehr erfahrenen und sachkundigen Wanderführern.

Schlafen

Lakki Village APARTMENTS €€

(☎22850 73505; www.lakkivillage.com; EZ/DZ/3BZ inkl. Frühstück 85/110/130 €, Apt. inkl. Frühstück 110–145 €; ❄@≋) Diese attraktive, gut geführte Anlage zieht sich vom

SPITZENPLATZ IN AMORGOS

Am höchsten Punkt der Hauptstraße von Chora liegt das schöne **Emprostiada Traditional Guest House** (☎22850 71814, 69322 48867; www.amorgos-studios.amorgos.net; DZ/Studios/Suite 100/130/150 €; P ❄ 📶). Das Originalgebäude stand neben dem ersten Brunnen, der in Chora gebohrt wurde. Heutzutage ist der darum liegende Garten eine entzückende Ansammlung alter Fliesen, Steinmauern und schattiger Lauben. Er wird liebevoll gepflegt. Hier scheint die Zeit stillzustehen. Die Gäste wohnen in Zimmern, die jeweils einen eigenen Namen haben. Die solide verarbeitete Einrichtung verbindet den traditionellen Stil und die moderne Ausstattung mit Flair. Die Einrichtungen für Selbstversorger sind Spitzenklasse.

Strand aus durch schöne Gartenanlagen und Wasserspiele dahin. Die Zimmer liegen in Gebäuden im kykladischen Stil und sind traditionell und farbenfroh möbliert. Die teuren Apartments bieten Platz für vier Personen.

Pension Askas PENSION €€
(☎22850 73333; www.askaspension.gr; DZ 60–70 €, 3BZ 65–75 €; ❄ 📶) Diese angenehme, freundliche Pension liegt in einem Garten einige hundert Meter landeinwärts vom Strand an der Straße nach Thalaria. Die gepflegten Zimmer sind hell und ansprechend. Das Frühstück (6 €) genießen die Gäste auf einer schönen Dachterrasse.

Aegiali Camping CAMPINGPLATZ €
(☎22850 73500; www.aegialicamping.gr; Stellplatz pro Erw./Kind/Zelt 5,50/2,70/4 €) Neben der Taverne Askas. Gute Einrichtungen und eine schöne schattige Lage an der Straße hinter dem Strand machen diesen Campingplatz interessant. Ein Zelt kann für 6,30 € gemietet werden.

Essen

Wer Getränke und Kaffee sucht, geht die Stufen vom östlichen Ende der Uferpromenade hinauf. Dort liegen gleich mehrere Café-Bars. Das **Maestro** ist eine coole Adresse, die schon zum Frühstück (4,50 bis 6,50 €) öffnet und wo bis spät in die Nacht Betrieb herrscht.

LP TIPP **To Limani** TAVERNE €
(www.amorgos-panogitonia.gr; Gerichte 4,50–9 €) Traditionelle Kost, die aus eigenen Erzeugnissen zubereitet wird, macht das Limani zu einem beliebten Lokal. Zu den einheimischen Gerichten zählen Ziegenbraten und für Fischliebhaber Fischsuppe, während Vegetarier sich auf Fava-Bohnen mit gefüllter Aubergine freuen können. Zum Dessert ist der selbst gemachte Orangenkuchen ein Gedicht. Außer im August gibt es jeden Freitag den überaus beliebten Thai-Abend. Die Inhaber bieten außerdem schöne Zimmer, Studios und Apartments (von 80 bis 115 €) hoch über der Bucht im Dorf Potamos an.

Restaurant Lakki GRIECHISCH €
(Hauptgerichte 4–9 €) Die Lage am Strand und im Garten macht das Restaurant im Lakki Village zu einem erholsamen Ort. Hier werden gut zubereitete griechische Gerichte serviert.

Askas Taverna TAVERNE €
(Hauptgerichte 4,50–8 €) Neben dem Aegiali Camping und der Pension Askas. Diese freundliche Taverne serviert griechische Kost, für die viele der Zutaten lokal eingekauft werden. Die Olivenhaine der Familie stehen gleich nebenan. Der Lammbraten mit Kartoffeln und gehackten Tomaten nach Amorgos-Art ist ein traditionelles Leibgericht. Viermal pro Woche finden im Juli und August Abende mit *rembetiko* (griechischem Blues) statt.

Unterwegs auf Amorgos

An der Ostküste befindet sich südlich vom Moni Chozoviotissa der Strand **Agia Anna,** der sowohl von Katapola als auch von Chora am nächsten liegt. Aber nur nicht zu früh freuen! Der Parkplatz ist größer als jeder einzelne der kleinen Kiesstrände, die sich an dem felsigen Ufer aneinander reihen, und alle Strände füllen sich rasch. Essen und Getränke gibt's neben dem Parkplatz oben auf der Klippe bei einem kleinen Imbiss.

Die netten Dörfer **Langada** und **Tholaria** schmiegen sich in die schroffen Berghänge oberhalb von Aegiali. Der Weg dorthin lohnt sich schon alleine wegen der Aussicht. Die beiden sind durch einen ausgeschilderten Rundwanderweg verbunden, der auch bis Aegiali führt und vier Stunden in Anspruch nimmt (griechische

Zeitrechnung). Zwischen den Dörfern und Aegiali verkehren regelmäßig Busse.

In Langada befindet sich das **Pagali Hotel** (☎22850 73310; www.pagalihotel-amorgos.com; EZ/DZ 58/65 €, Suite 98–120 €; ❄📶), das im unteren Dorf versteckt liegt. Vor den geräumigen Zimmern und Studios liegt eine an die Alpen erinnernde Terrasse, und es bietet sich eine grandiose Aussicht. Das Hotel ist eine gute Anlaufstelle für Alternativferien: Yoga- und Meditationskurse, Kunstworkshops, Mithilfe auf dem Bauernhof, Wandern und Klettern in den benachbarten Felsen.

Die benachbarte **Nico's Taverna** (☎22850 73310; Hauptgerichte 6–8 €) wird von derselben Familie geführt, der auch das Pagali Hotel gehört. Das Nico's legt viel Wert auf Nachhaltigkeit und verwendet Bioerzeugnisse vom familieneigenen Bauernhof, einschließlich Olivenöl, Hauswein und Käse. Vegetarier dürften hier voll auf ihre Kosten kommen, aber die Gerichte mit dem lokalen Ziegenfleisch sind ebenfalls köstlich.

In Tholaria liegen die Zimmer von **Evis** (☎22850 73391; www.amorgosevis.gr; EZ/DZ/3BZ 65/75/85 €) sehr schön und ruhig an der Zufahrt zum Dorf. Die Zimmer sind angenehm und ordentlich.

IOS

1838 EW.

Ios (Ioς) legt langsam seinen Ruf als Partyhauptstadt der Kykladen wieder ab. Die Besucher der Insel interessieren sich zunehmend für diese noch immer traditionelle kykladische Insel wegen ihrer wunderschönen Landschaft und der Kultur. Das Leben der Griechen nimmt jenseits der Strände und der dicht an dicht liegenden Bars und Nachtclubs von Chora unbeirrt seinen Lauf. Die Eröffnung der erst jüngst ausgegrabenen Stätte Skarkos aus der Bronzezeit im Jahr 2010 macht eine Reise zu der Insel noch interessanter. Immer mehr Familien kommen nach Ios, ebenso andere Reisende mit einer etwas cooleren Ansicht vom Hedonismus, obwohl nachts in Chora und Mylopotas immer noch viel los ist.

ℹ An- & Weiterreise

Ios liegt günstig an der Fährachse Mykonos–Santorin und hat regelmäßige Verbindungen nach Piräus.

FÄHRVERBINDUNGEN AB IOS

REISEZIEL	HAFEN	DAUER	PREIS	HÄUFIGKEIT
Amorgos	Ios	50 Min.	4,50 €	1–2-mal tgl.
Anafi	Ios	3½ Std.	9 €	5-mal wöchentl.
Folegandros	Ios	1 Std. 5 Min.	7 €	1–2-mal tgl.
Kea (Tzia)	Ios	11½ Std.	23 €	2-mal wöchentl.
Kimolos	Ios	5½ Std.	11 €	5–6-mal wöchentl.
Kythnos	Ios	10½ Std.	20 €	2-mal wöchentl.
Lavrio	Ios	12 Std. 10 Min.	25 €	2-mal wöchentl.
Milos	Ios	3½ Std.	17 €	5–6-mal wöchentl.
Mykonos	Ios	1 Std. 40 Min.	36 €	2–3-mal tgl.
Naxos*	Ios	45 Min.	25,50 €	1–2-mal tgl.
Paros	Ios	3½ Std.	11 €	2-mal tgl.
Piräus	Ios	7 Std.	32,50 €	4–5-mal tgl.
Piräus*	Ios	3 Std. 20 Min.	53–56 €	3-mal tgl.
Santorin (Thira)	Ios	1 Std. 20 Min.	8 €	5-mal tgl.
Santorin (Thira)*	Ios	40 Min.	18 €	3-mal tgl.
Sikinos	Ios	25 Min.	5 €	1–4-mal tgl.
Syros	Ios	3½ Std.	16 €	4-mal wöchentl.

*Schnellverbindungen

ℹ Unterwegs vor Ort

Im Sommer fahren etwa viertelstündlich überfüllte Busse (1,40 €) zwischen Ormos, Chora und dem Mylopotas-Strand. Von Juni bis August fahren auch private Ausflugsbusse zum Manganari-Strand (einfach 3 €) und zum Strand Agia Theodoti (einfach 2,50 €); die Busse fahren um 11 Uhr hin und um 16.30 Uhr zurück.

Kaiks von Ormos nach Manganari kosten 12 € pro Person (hin & zurück; Abfahrt täglich um 11 Uhr). In Ormos und Chora können Mietwagen und Motorräder geliehen werden. Einfach bei den Reisebüros Plakiotis (S. 455) und Acteon Travel (S. 455) nachfragen.

Chora, Ormos & Mylopotas
Χώρα, Ορμος & Μυλοπότας

Ios hat drei Siedlungszentren, alle sehr dicht beisammen an der Westküste: den Hafen Ormos; die Hauptstadt Chora (auch „das Dorf" genannt), 2 km landeinwärts über die Straße vom Hafen, und Mylopo-

Ios

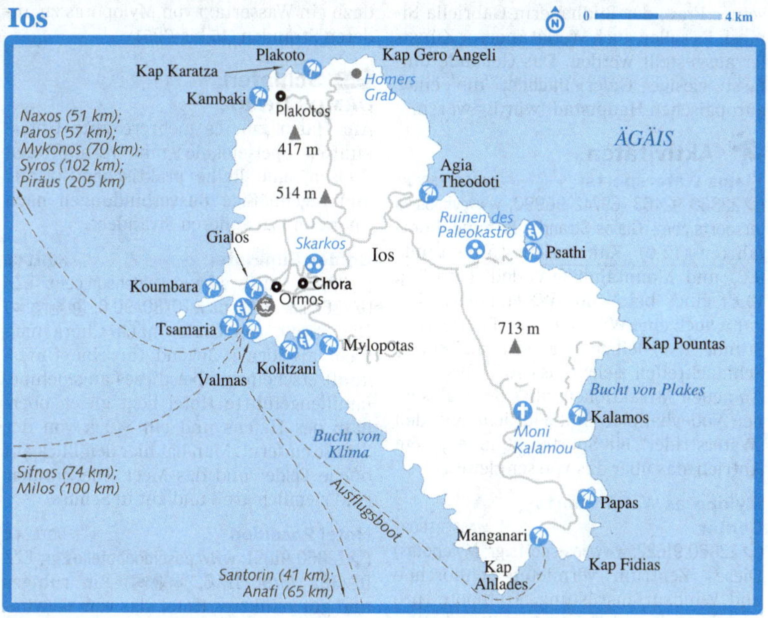

tas, den Strand 2 km bergab von Chora. Die Busendhaltestelle in Ormos liegt geradeaus vom Fähranleger an der Plateia Emirou. Wem die Hitze nichts ausmacht, der läuft vom Hafen die 1,2 km nach Chora. An der Plateia Emirou geht's links ab und dann nach etwa 100 m rechts in einen Pfad mit Treppenstufen einbiegen.

Das Wahrzeichen von Chora ist die große Kathedrale gegenüber der Bushaltestelle. Auf der anderen Seite befinden sich ein staubiger Parkplatz und ein Spielplatz. Die Plateia Valeta ist der zentrale Platz.

Öffentliche Toiletten gibt's ein Stück bergauf hinter dem Hauptplatz.

Die Straße geradeaus von der Bushaltestelle führt zum Mylopotas-Strand.

Sehenswertes

Chora ist ein hübsches kykladisches Dorf mit einem Labyrinth aus engen Gassen und würfelförmigen Häusern. Am zauberhaftesten ist es bei Tageslicht, wenn die Bars noch geschlossen sind und die den Inselstädten eigene Atmosphäre zum Vorschein kommt.

GRATIS Skarkos ANTIKE STÄTTE

(☎22860 91236; ⌚Juni–Nov. Di–So 8.30–15 Uhr) Ios kann zu Recht einen kulturellen Triumph mit seiner preisgekrönten archäologischen Ausgrabungsstätte Skarkos feiern. Diese Siedlung aus der frühen bis späten Bronzezeit thront auf einem niedrigen Hügel in der Ebene gleich nördlich von Chora.

Von Mauern umgebene Terrassen um die Siedlung wurden restauriert und die niedrigen Ruinen mehrerer Gebäude im kykladischen Stil jener Zeit freigelegt. Ein Besucherzentrum ist Teil der Anlage. Die Informationstafeln sind auf Griechisch und Englisch.

Archäologisches Museum MUSEUM

(☎22860 91246; Chora; Eintritt 1 €, EU-Stud. frei; ⌚Di–So 8.30–15 Uhr) Funde aus Skarkos werden in dem ausgezeichneten im Rathaus befindlichen Museum bei der Bushaltestelle in Chora ausgestellt. Es gibt auch Ausstellungsstücke aus anderen Ausgrabungen auf der Insel.

Gaitis-Simosi Museum KUNSTGALERIE

Eine bemerkenswerte Kunstgalerie, die schon seit mehreren Jahren „im Bau" befindlich ist, steht auf dem höchsten Hügel hinter Chora und war zum Zeitpunkt der Recherche noch nicht fertig. Sie soll die Werke des radikalen lokalen Künstlers Yiannis Gaitis beherbergen sowie Werke seiner Frau, der Bildhauerin Gabriella Simosi. Es sollen auch Werke anderer Künstler ausgestellt werden. Das Gebäude umfasst riesige Galerieflächen, die einer europäischen Hauptstadt würdig wären.

Aktivitäten

Yialos Watersports WASSERSPORT

(☎22860 92463, 69742 90990; www.yialoswatersports.com; Gialos-Strand) Bananenbootfahrten (12 €), Kanuverleih (pro Stunde 9 €) und Mountainbike-Verleih (pro Tag 10 €) gibt's bei Yialos Watersports. Man kann auch eine Windsurf-Ausrüstung (pro Stunde 17 €) leihen oder sich auf einem Schlauchreifen ziehen lassen (14 bis 17 €). An neuen Attraktionen gibt's bei Yialos einen Volleyballplatz mit Flutlicht und den „Waterstrider", ein Sportgerät mit eigenem Antrieb, das über das Wasser gleitet.

Mylopotas Water Sports Center WASSERSPORT

(☎22860 91622; www.ios-sports.gr; Mylopotas) Dieses Zentrum vermietet Schnorchel- und Windsurfausrüstung, Tretboote (pro Stunde 15 €) und Kajaks (pro Stunde Einzel/Doppel 8/12 €, pro Tag 20/25 €) . Wasserski (pro Einheit 30 €), Bananenbootfahren (12 bis 15 €), Schlauchfahrten (10 bis 25 €) und Segeln (pro Stunde/Tag 25/70 €) sind ebenfalls im Angebot. Equipment für Beachvolleyball und Fußball gibt's für 3 bis 15 €. Es können auch Speedboat-Taxis gechartert werden (10 bis 30 €).

New Dive Diving Centre TAUCHEN

(☎22860 92340; www.ios-sports.gr; Mylopotas; @) New Dive bietet einen PADI-Schnupperkurs (55 €) sowie die intensiveren PADI-Kurse zwischen 290 und 795 € an. Die Spezialkurse reichen von Tieftauchen bis hin zu Unterwasserfotografie, Fischbestimmung und Unterwasser-Navigation (250 bis 350 €). Es gibt auch täglich Tauch- und Schnorchelausflüge sowie Tauchgänge vom Ufer aus (ab 25 €). Internet gibt's für 3 € pro Stunde.

Meltemi Water Sports WASSERSPORT

(☎22860 91680; www.meltemiwatersports.com; Mylopotas) Windsurfen (pro Stunde/Tag 15/40 €) wird von Meltemi Water Sports am Strand gegenüber dem Far Out Camping angeboten. Kanus und Tretboote können ausgeliehen werden. Fahrten mit dem Schlauchreifen kosten zwischen 9 € und 30 €. Meltemi betreibt einen ähnlichen Laden am Manganari-Srand und dazu ein Wassertaxi von Mylopotas zu anderen Stränden (15 bis €25).

Schlafen

ORMOS ΟΡΜΟΣ

Am Hafen gibt es mehrere gute Unterkünfte, Speiselokale mit vernünftigen Preisen, eine Reihe praktischer Strände und regelmäßige Busverbindungen nach Chora und zu anderen Stränden.

Golden Sun Hotel HOTEL €€

(☎22860 91110; www.iosgoldensun.com; EZ/DZ/3BZ inkl. Frühstück 70/80/90 €; P❄📶🏊) Die Straße von Gialos nach Chora mag nicht als ideale Gegend für eine Unterkunft erscheinen, aber dieses angenehme, familiengeführte Hotel liegt gleich oberhalb des Hafens und ein Stück von der Straße entfernt. Man hat hier den Blick auf offene Felder und das Meer. Die Zimmer sind ziemlich groß und gut in Schuss.

Hotel Poseidon HOTEL €€

(☎22860 91091; www.poseidonhotelios.gr; EZ/DZ/3BZ 75/90/117 €; ❄@🏊) Ein ruhiges und gut geführtes Hotel, das vom Gewimmel und Lärm des Hafens abschirmt. Das Poseidon bietet von den vorderen Balkonen einen umwerfenden Ausblick. Eine Treppe führt zum Hotel, in dem die Zimmer tadellos und gut ausgestattet sind. Dazu gibt es noch einen Swimmingpool.

GIALOS-STRAND ΠΑΡΑΛΙΑ ΓΙΑΛΟΣ

Hotel Helena HOTEL €€

(☎22860 91276; www.hotelhelena.gr; EZ/DZ/3BZ/Apt. 50/70/90/120 €; ❄@📶🏊) Ein ruhiges und gut geführtes Hotel etwas zurückgesetzt hinter der Mitte des Strandes. Es hat einen kühlen Innenhof, freundliche Inhaber und helle, saubere Zimmer. Das Frühstück kostet 4,50 €.

To Corali HOTEL €€

(☎22860 91272; www.coralihotel.com; DZ/3BZ inkl. Frühstück 95/105 €, Apt. 120 €; P❄@📶🏊) Die exzellenten Zimmer befinden sich in guter Lage gegenüber dem Strand; es gehört ein Restaurant dazu. Hinten liegt ein Garten, und die Besitzer sorgen für eine Wohlfühlatmosphäre.

CHORA ΧΩΡΑ

Francesco's HOSTEL €

(☎22860 91223; www.francescos.net; B 15 €, EZ 40–45 €, DZ 50–60 €; @) Das bekannte, schon lange bestehende und sehr gut geführte Francesco's hat saubere Schlafsäle und Zimmer. Die Lage ist beneidenswert, der Ausblick über die Bucht einfach toll. Es liegt ein Stück vom Zentrum entfernt, ist aber ein lebendiger Treffpunkt für die jüngeren Gäste aus aller Welt. Es gibt eine Bar mit Terrasse und einen großen Après-Beach-Whirlpool. Zum Francesco's geht's von der Kathedrale ungefähr 30 m bergauf und dann links in die Odos Scholarhiou, dann nur noch paar hundert Meter.

Avanti Hotel HOTEL €€
(☎22860 91165; www.avanti-hotelios.com; EZ/DZ/3BZ 80/95/120 €; P) Hoch über dem östlichen Ausläufer der Stadt liegen diese gepflegten Zimmer. Die Einrichtung ist hell und frisch, und es gibt die Möglichkeit, Tee und Kaffee zuzubereiten. Das Hotel hat reizende Gemeinschaftsflächen. Den Eigentümern gehört auch **Margarita's Rooms** (☎22860 91165; EZ/DZ/3BZ 55/65/90 €;) im Herzen von Chora.

MYLOPOTAS ΜΥΛΟΠΟΤΑΣ

LP TIPP **Hotel Nissos Ios** HOTEL €€
(☎22860 91610; www.nissosios-hotel.com; EZ/DZ/3BZ 60/75/90 €; @) Dieses ausgezeichnete Haus hat helle und frische Zimmer, in denen Wandgemälde für einen bunten Touch sorgen. Tee und Kaffee können in allen Zimmern zubereitet werden. Die Begrüßung ist freundlich, und der Strand liegt gleich auf der anderen Straßenseite. Draußen gibt's einen Whirlpool. Das Hotel vermietet seinen Gästen Sonnenschirme zu Sonderpreisen.

Paradise Apartments APARTMENTS €€
(☎22860 91622; Apt. 70–140 €;) Diese Apartments liegen ein Stück von den Paradise Rooms entfernt und werden von einem Mitglied derselben Familie geführt. Sie liegen etwas abgeschieden und haben einen netten Pool und einen großen Hof. Gäste beider Paradise-Adressen erhalten beim Mylopotas Water Sports Center (S. 452) und beim New Dive Tauchzentrum (S. 452) Preisnachlässe von 30 bis 50 %.

Paradise Rooms DOMATIA €€
(☎22860 91621; www.ios-sports.gr; EZ/DZ 55/65 €; @) Eine Familienpension auf halber Strecke am Strand. Der schöne Garten wird liebevoll und gekonnt gepflegt. Das Frühstück kostet 6 €.

Far Out Camping, Village Hotel & Beach Club RESORT €
(☎22860 91468; www.faroutclub.com; Stellplätze pro Erw./Kind 12/6 €, Bungalows 15–22 €, Studio 100 €; @) Hier ist jede Menge los, und es mangelt nicht an Einrichtungen. Meltemi Water Sports ist gleich auf der anderen Straßenseite. Es gibt eine Bar, ein Restaurant und vier Swimmingpools. Die „Bungalows" reichen von kleinen Unterkünften in Zeltgröße bis hin zu schicken kleinen „Rundhäusern" mit Einzel- und Doppelbetten. Die Studios liegen etwas abgetrennt davon und haben allen modernen Komfort.

Essen

ORMOS ΟΡΜΟΣ

Peri Anemon TAVERNE €
(Hauptgerichte 7,50–13 €) Eine angenehme kleine Café-Taverne am Platz am Hafen von Ormos neben Akteon Travel; hier gibt's Snacks und griechische Standards.

GIALOS-STRAND ΓΙΑΛΟΣ

To Corali GRIECHISCH-ITALIENISCH €
(Gerichte 5–9 €) Holzofenpizza, bei der einem das Wasser im Munde zusammenläuft, steht ganz oben auf der Hitliste dieses Lokals am Strand vor dem gleichnamigen Hotel. Man kann an Tischen direkt am Strand sitzen. Serviert werden auch Pasta und Salate, aber auch für Kaffee, Drinks und Eis lohnt sich der Weg.

CHORA ΧΩΡΑ

Neben den unterhaltsamen Speiselokalen bietet Chora auch Fastfood-Läden, meist Gyros-Stände, an denen es für wenig Geld etwas zu Essen gibt.

Ali Baba's THAI €
(Gerichte 7–12 €) Ein weiteres tolles Lieblingslokal auf Ios. Dies ist die Adresse für Thai-Gerichte, einschließlich *pad thai* und grünem Thai-Curry, die von echten Thai-Köchen gekocht werden. Der Service ist sehr gehoben, und es gibt einen Hof im Garten. Es liegt an derselben Straße wie die Emporiki Bank.

Pomodoro GRIECHISCH-ITALIENISCH €
(Gerichte 8–14 €) Das Pomodoro erstreckt sich in der Nähe des Hauptplatzes über der Disco 69 über zwei Etagen. Es gibt eine fabelhafte Dachterrasse mit Panoramablick. Pizza aus dem Holzofen ist nur ein Beispiel aus seiner ausgezeichneten, modernen italienischen und mediterranen Speisekarte. Unbedingt probieren: die Pomodora-Platte für zwei Personen, eine großzügige Portion Rauchfleisch, Käse, Gemüse und Oliven (10,50 €).

Pithari GRIECHISCH €€

(Hauptgerichte 9–17 €) Das Pithari versteckt sich in einer Gasse neben der Katherale und hat eine exzellente Auswahl an Speisen der traditionellen griechischen Küche mit modernem Einschlag. Empfehlenswert ist der Kuchen aus Filoteig mit Fetakäse, Honig und Sesam. Serviert auch Mittagessen, Pasta und andere lokale Gerichte mit sorgfältig ausgewählten Zutaten.

Lord Byron GRIECHISCH-ITALIENISCH €

(Gerichte 7–14 €) Dieses alteingesessene und beliebte Lokal am Hauptplatz ist ruhig und intim, geboten wird eine großartige Mischung aus griechischer und italienischer Kost. Die Speisekarte reicht von marinierten Anchovis mit Knoblauch und Balsamico-Essig bis hin zu Lammbraten mit Honig und Rosmarin und einem Karotten- und Kartoffelpüree.

Porky's FASTFOOD €

(Snacks 2,50–6 €) Auftanken mit Toastys, Salaten, Crêpes und Hamburgern in diesem Ios-Veteranen gleich abseits des Hauptplatzes

MYLOPOTAS ΜΥΛΟΠΟΤΑΣ

Drakos Taverna MEERESFRÜCHTE €

(Gerichte 4,50–9 €) In dieser beliebten Taverne mit Blick auf das Meer am südlichen Strandende genießt man Fischgerichte zu angemessenen Preisen (obwohl manche Sorten pro Kilo verkauft werden). Empfehlungen: mit Feta gefüllter Tintenfisch und der Meeresfrüchte-Salat.

Bamboo Restaurant & Pizzeria GRIECHISCH €

(Gerichte 6,50–9,50 €) Wird von einem Mitglied derselben Familie geführt, die auch das Hotel Nissos Ios betreibt. Dieses angenehme Lokal macht das traditionelle *mousaka* (überbackene Aubergine, aufgeschichtet mit Hackfleisch und Käsesauce) und Pizza sehr gut, dazu noch etliche andere griechische Gerichte. Das Frühstück kostet 4,50 bis 7,50 €.

☆ Unterhaltung

Das Nachtleben im Herzen von Chora ist ein Riesenrummel. Auf dem winzigen Hauptplatz von Chora geht niemand freiwillig früh ins Bett. Um Mitternacht wird es dort so voll, dass auch keiner mehr umfallen kann, selbst wenn er es wollte. Hier ist man jung und sorglos – aber besser auch vorsichtig.

Im Zentrum liegen die Clubs **Blue Note**, **Flames Bar**, **Red Bull** und **Liquid**. Außerhalb des Zentrums liegen ebenso beliebte Bars, in denen es etwas cooler, weniger hektisch zugeht, und dazu gibt es einige größere Danceclubs.

Das **Scorpion's** ist eine Disko, in der spät nachts bei Dance und Progressive bis zur Trance getanzt wird, dazu gibt es eine Lasershow; währenddessen ist das **Aftershock** mit erotischen Tänzern, House, Trance und griechischen Hits auf Sensationen aus. In der Regel kostet der Eintritt hier ungefähr 7 €, enthalten ist das erste Getränk.

Slammer Bar BAR

(Hauptplatz, Chora) Hier hämmern House, Rock und Latin, dazu gibt's mehrstöckige Tequilas; das sorgt für Headbanging – erst zur Musik und dann im Kopf am Morgen danach.

Superfly BAR

(Hauptplatz, Chora) Spielt funkige House-Tunes

Disco 69 BAR

(Hauptplatz, Chora) Hard-Core-Nightlife musikalisch begleitet von Disko und aktuellen Hits

Click Cocktail Bar-Café BAR

Die große offene Terrasse hier unterstreicht den coolen Style. Sie ist schon zum Frühstück (6 bis 7 €) geöffnet, während in den Abendstunden dutzende verschiedener kreativer Cocktails zu einem schwungvollen Mix an Sounds aufwarten.

Ios Club LOUNGE

Es lohnt sich, hierherzukommen, um einen Cocktail und einen traumhaften Sonnenuntergang bei klassischer, Latin- und Jazzmusik von einer großartigen Terrasse aus mit weitem Blick zu genießen. Am Weg beim Sweet Irish Dream.

Orange Bar BAR

Eine lockere Musikbar außerhalb der Kampfzone, in der Rock, Indie und Brit-Pop gespielt wird.

ℹ Praktische Informationen

Es gibt einen Geldautomaten rechts neben den Infoständen am Fähranleger. In Chora haben sowohl die National Bank of Greece hinter der Kirche als auch die nahe gelegene Commercial Bank einen Geldautomaten.

Die Post in Chora liegt einen Block hinter der Hauptstraße an der schmalen Straße, die an der letzten Kurve nach rechts abzweigt, wenn man aus Richtung Ormos nach Chora hineinfährt.

Acteon Travel (☎22860 91343; www.acteon.gr; @) Am Platz neben dem Kai und auch in Chora und Mylopotas. Internet kostet 4 € pro Stunde.

Hafenpolizei (☎22860 91264) Am südlichen Ende der Uferpromenade von Ormos, kurz vor Ios Camping

Krankenhaus (☎22860 91227) Auf dem Weg nach Gialos, 250 m nordwestlich des Fähranlegers. In Chora es gibt mehrere Ärzte.

Plakiotis Reisebüro (☎22860 91221; plaktr2@otenet.gr) In Ormos an der Uferpromenade

Unterwegs auf Ios

Reisende zieht es wegen des Nachtlebens nach Ios, aber auch wegen seiner Strände. **Manganari,** ein langer Streifen aus feinem, weißem Sand an der Südküste, kann sich durchaus mit Mylopotas, einem der besten Strände, messen. Manganari ist mit dem Bus oder in den Sommermonaten per Fischerboot erreichbar (siehe Unterwegs vor Ort, S. 477).

Von Ormos aus sind es 10 Minuten zu Fuß an der kleinen Kirche Agia Irini vorbei zum Strand **Valmas.** Nach einer kleinen Wanderung von 1,3 km von Ormos in Richtung Nordwest erreicht man **Koumbara,** ein Strand, an dem FKK gestattet, jedoch nicht vorgeschrieben ist. **Tsamaria,** ganz in der Nähe gelegen, ist nett und windgeschützt.

Die **Strände Agia Theodoti, Psathi** und **Kalamos,** alle an der Nordostküste, liegen weiter entfernt. Psathi ist ein besonders guter Surfspot.

SANTORIN (THIRA)

12 440 EW.

Santorin (Σαντορίνη (Θήρα)) ist einfach umwerfend. Wer wäre nicht beeindruckt von der Größe der rund 16 Kilometer langen, bunten Klippen dieser Insel, die sich mehr als 300 m über einer im Meer versunkenen Caldera erheben? Dieser Krater ist durch einen der größten Vulkanausbrüche der Erdgeschichte entstanden. Kleinere Inseln drängen sich am zerrissenen westlichen Rand der Caldera. Wirklich atemberaubend ist jedoch das Festland von Thira mit seinen schneeweißen kykladischen Häusern, die den Klippenrand säumen und sich teilweise wie eisiges Kranzgesims bis auf den terrassenartigen Felsen herunterziehen.

Thira ist auf einen plakativen Tourismus ausgelegt, der von beeindruckender Archäologie, gutem Essen, erstklassigen Weingütern, Sonnenuntergängen aus der ersten Reihe und einem lebendigen Nachtleben getragen wird. Es gibt sogar bunte Strände mit Vulkansand. Fast das ganze Jahr über erlebt man die Insel gemeinsam mit Horden von anderen Urlaubern und Tagesbesuchern von den riesigen Kreuzfahrtschiffen, aber die Insel kommt irgendwie mit all dem klar.

Geschichte

Kleinere Eruptionen gab es immer wieder mal in Griechenland, aber Santorin hat für alle Zeiten neue Maßstäbe gesetzt. Die Eruptionen waren hier wahrhaft erschütternd und so heftig, dass sie die Form der Insel mehrfach veränderten.

Dorer, Venezianer und Türken besetzten Santorin, aber die einflussreichsten frühen Einwohner waren die Minoer. Sie kamen irgendwann zwischen 2000 und 1600 v. Chr. aus Kreta; die Siedlung Akrotiri (S. 474) datiert aus der Hochzeit ihrer großartigen Zivilisation.

Die Insel war zu jener Zeit kreisrund und wurde Strongili („die Runde") genannt. Ein kolossaler, zerstörerischer Vulkanausbruch führte dazu, dass das Zentrum von Strongili versank und eine Caldera mit sich hoch auftürmenden Klippen an der Ostseite entstand – eine bizarre Landschaft, die heutzutage eine der dramatischsten Sehenswürdigkeiten der Welt ist. Die neueste Theorie, die auf der Analyse von verkohlten Olivenbaumästen aus Akrotiri fußt, datiert dieses Ereignis auf 1613 v. Chr. plus/minus 10 Jahre.

Santorin wurde im 3. Jahrhundert v. Chr. wieder neu besiedelt. In den darauffolgenden 2000 Jahren führte sporadische vulkanische Aktivität jedoch immer wieder zu weiteren großen Veränderungen, bei denen sich auch die Vulkaninseln Palea Kameni und Nea Kameni im Zentrum der Caldera bildeten.

Sogar noch im Jahr 1956 verwüstete ein großes Erdbeben die Orte Oia und Fira. Dennoch wandten sich die Inselbewohner in den 70er-Jahren dem Tourismus zu, als sich auch die Touristen wieder für die Insel zu interessieren begannen. Inzwischen ist Santorin weltweit eines der spektakulärsten Reiseziele.

Santorin (Thira)

An- & Weiterreise

Es gibt täglich mehrere Flüge von und nach Athen (113 €, 45 Min.). Täglich verkehren zudem zahlreiche Fähren zwischen Santorin und Piräus sowie zwischen Santorin und den benachbarten Inseln.

Der Haupthafen von Thira, Athinios, steht auf einem engen Felsplateau am Fuße einer sphinxartigen Klippe. Hier herrscht ein wundersames Chaos, das sich immer dann von selbst aufzulösen scheint, wenn Fähren ankommen. Busse (und Taxis) kommen zu allen Fährankünften in den Hafen und befördern die Passagiere die hoch aufragenden Klippen hinauf nach Fira über eine endlose Abfolge von Serpentinen.

FÄHRVERBINDUNGEN AB SANTORIN (THIRA)

REISEZIEL	HAFEN	DAUER	PREIS	HÄUFIGKEIT
Amorgos*	Santorin (Thira)	1¼ Std.	32 €	1-mal tgl.
Anafi	Santorin (Thira)	1 Std. 10 Min.	8 €	5-mal wöchentl.
Folegandros	Santorin (Thira)	2½ Std.	9 €	1–2-mal tgl.
Folegandros*	Santorin (Thira)	30 Min.	29,50 €	1-mal tgl.
Ios	Santorin (Thira)	40 Min.	18 €	2–3-mal tgl.
Ios	Santorin (Thira)	1 Std. 35 Min.	8 €	4-mal wöchentl.
Iraklia	Santorin (Thira)	4½ Std.	51,50 €	1–2-mal tgl.
Kalymnos	Santorin (Thira)	5½ Std.	30 €	2–4-mal wöchentl.
Karpathos	Santorin (Thira)	11 Std. 55 Min.	28 €	2–3-mal wöchentl.
Kasos	Santorin (Thira)	10 Std.* 14 Std.	28 €	2–3-mal wöchentl.
Kimolos	Santorin (Thira)	5½ Std.	11 €	2-mal wöchentl.
Kos	Santorin (Thira)	5 Std.	30 €	2-mal wöchentl.
Kythnos	Santorin (Thira)	12 Std.	24 €	2-mal wöchentl.

Lavrio	Santorin (Thira)	1¾ Std.	29 €	2-mal wöchentl.
Milos	Santorin (Thira)	3½ Std.	17 €	2-mal wöchentl.
Milos*	Santorin (Thira)	2 Std.	39,60 €	1-mal tgl.
Mykonos*	Santorin (Thira)	2½ Std.	50 €	2–3-mal tgl.
Naxos	Santorin (Thira)	2 Std.	16,50 €	5-mal tgl.
Naxos*	Santorin (Thira)	1½ Std.	37 €	2–3-mal tgl.
Nisyros	Santorin (Thira)	8 Std.	30 €	2–3-mal wöchentl.
Paros	Santorin (Thira)	3–4 Std.	18,50 €	5-mal tgl.
Paros*	Santorin (Thira)	2¼ Std.	45 €	2–3-mal tgl.
Piräus	Santorin (Thira)	9 Std.	33,50 €	4–5-mal tgl.
Piräus*	Santorin (Thira)	5¼ Std.	58–61,50 €	3-mal tgl.
Rafina*	Santorin (Thira)	4¾ Std.	58–62 €	1-mal tgl.
Rhodos	Santorin (Thira)	13½ Std.	30 €	1–2-mal tgl.
Sikinos	Santorin (Thira)	2¾ Std.	14,10 €	1–4-mal tgl.
Sikinos*	Santorin (Thira)	2¼ Std.	8 €	1-mal wöchentl.
Sitia (Kreta)	Santorin (Thira)	7 Std. 25 Min.	25 €	2-mal wöchentl.
Syros	Santorin (Thira)	8¼ Std.	21 €	2-mal wöchentl.
Tilos	Santorin (Thira)	9½ Std.	30 €	2–3-mal wöchentl.

*Schnellverbindungen

Unterwegs vor Ort

VOM/ZUM FLUGHAFEN

Im Sommer fahren häufig Busse zwischen der Busstation von Fira und dem Flughafen, der sich südwestlich vom Monolithos-Strand befindet. Enthusiastisches Hotel- und *domatia*-Personal kommt zum Flughafen, wenn Flüge ankommen, und manche transportieren die Gäste auch wieder zurück zum Flughafen. Ein Taxi zum Flughafen kostet 12 €.

AUTO & MOTORRAD

In der Hauptsaison lässt sich die Insel am besten mit dem Auto erkunden. Dann sind die Busse nämlich überfüllt, und man kann von Glück sagen, wenn man überhaupt noch mitgenommen wird. Beim Fahren ist große Vorsicht und Geduld geboten – die schmalen Straßen, besonders in Fira, sind oft ein Alptraum. Außerdem ist zu beachten, dass es in Oia keine Tankstelle gibt; die nächste befindet sich am Stadtrand von Fira.

Zwei sehr gute Verleihfirmen sind **Damigos Rent a Car** (☎22860 22048, 69799 68192) und für Roller **Zerbakis** (☎22860 33329, 69445 31992).

BUS

Im Sommer fahren alle 30 Minuten Busse von Fira nach Oia (1,60 €), Monolithos (1,60 €), Kamari (1,60 €) und Perissa (2,20 €). Etwas seltener gibt es Busse nach Exo Gonia (1,60 €) und zum Perivolos-Strand (2,20 €). Im Sommer fährt der letzte planmäßige Bus von Fira nach Oia um 23 Uhr ab.

Von Fira, Kamari und Perissa bedienen Busse die Strecke zum Hafen von Athinios (2,20 €, 30 Min.) eine bis anderthalb Stunden vor den meisten Fährabfahrten. Die Busse nach Fira stehen bei allen Fährankünften bereit, auch spät in der Nacht. Es ist ratsam, sich im Voraus über die Abfahrtzeiten zu informieren.

SEILBAHN & ESEL

Eine **Seilbahn** (☎22860 22977; M Nomikou) surrt sanft (alle 20 Min., Juni bis August 6.30–23 Uhr) zwischen Fira und dem kleinen Hafen Fira Skala unterhalb der Stadt. Von hier fahren die Ausflugsboote zur Besichtigung der Vulkaninsel ab. Eine einfache Fahrt mit der Seilbahn kostet 4/2 € pro Erw./Kind, Gepäckstücke kosten 2 €. Außerhalb der Hochsaison fährt die Bahn nicht ganz so oft. Gemächlicher und stimmungsvoller ist es, den Aufstieg auf dem Rücken eines Esels zu erleben (rund 5 €).

TAXI

Der **Taxistand** (☎22860 23951/2555) von Fira befindet sich in der Dekigala, gleich um die Ecke bei der Bushaltestelle. Die Kosten für ein Taxi vom Hafen Athinios nach Fira belaufen sich auf 10 bis 14 €, und die Kosten für eine Fahrt von Fira nach Oia belaufen sich auf 12 bis 15 €. Beide kosten 1 bis 2 € mehr, wenn das Taxi im Voraus gebucht wird oder wenn man Gepäck dabei hat. Ein Taxi nach Kamari kostet rund 12 €, nach Perissa 16 € und zum antiken Thera rund 25 € für die einfache Fahrt.

Fira Φηρα

2291 EW.

Santorins Hauptstadt Fira (Thira) ist ein lebendiger, geschäftiger Ort. Am Rand der Caldera drängen sich die Hotels, Höhlenapartments, Infinity-Pools und noblen Restaurants. Dahinter liegt ein Gewirr aus engen Gassen voller Läden und mit noch mehr Bars und Restaurants. Auch eine Vielzahl von Mitbewunderern kann die Wirkung von Firas umwerfender Landschaft nicht schmälern. Die Ausblicke vom Rand der Caldera über die vielfarbigen Klippen sind atemberaubend, und nachts ist der Rand der Caldera eine erstarrte Kaskade aus Licht, neben der die Auslagen der Goldgeschäfte in den dahinter liegenden Straßen verblassen.

Sehenswertes & Aktivitäten

LP TIPP Archäologisches Museum MUSEUM
(☎22860 22217; M Nomikou; Erw./Stud. 3/2 €; ⏲Di–So 8.30–15 Uhr) Dieses interessante Museum ganz in der Nähe der Seilbahnstation zeigt Funde aus Akrotiri und dem antiken Thera, einige kykladische Statuetten sowie hellenistische und römische Skulpturen.

Museum des Prähistorischen Thera MUSEUM
(☎22860 23217; Mitropoleos; Eintritt 3 €; ⏲April–Sept. Di–So 8.30–20 Uhr, Okt.–März Di–So 8.30–15 Uhr) Neben dem Busbahnhof beherbergt dieses Museum außergewöhnliche Funde, die in Akrotiri ausgegraben wurden. Am beeindruckendsten ist die glänzende Steinbockfigur aus Gold, die rund 10 cm lang ist und aus dem 17. Jahrhundert v. Chr. stammt.

Megaro-Gyzi-Museum MUSEUM
(☎22860 23077; Agiou Ioannou; Erw./Stud. 3,50/2 €; ⏲Mai–Okt. Mo–Sa 10.30–13.30 & 17–

Fira

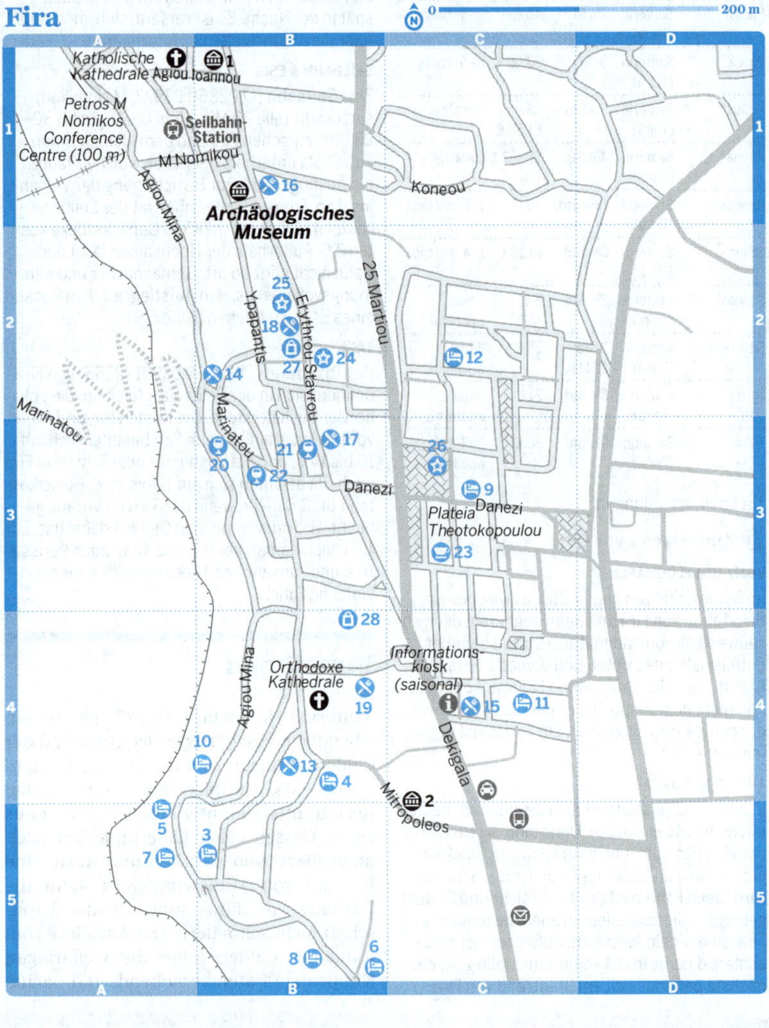

20 Uhr, So 10.30–16.30 Uhr) Das Megaro-Gyzi-Museum zeigt lokale Erinnerungsstücke, darunter faszinierende Fotografien von Fira vor und direkt nach dem Erdbeben von 1956.

Petros M Nomikos Conference Centre MUSEUM
(☎22860 23016; www.therafoundation.org; Erw./Kind 4 €/frei; ⊙Mai–Okt. 10–19 Uhr) Das Museum wird von der Thera Foundation betrieben und veranstaltet wichtige Tagungen. Zu sehen ist außerdem die faszinierende Ausstellung „Wandgemälde aus Thera", eine Sammlung von Reproduktionen der schönsten Wandgemälde aus Akrotiri in Echtgröße.

Volkskundemuseum von Santorin MUSEUM
(☎22860 22792; Erw./Kind 3 €/frei; ⊙April–Okt. 10–14 & 18–20 Uhr) Das Museum liegt nach rund 600 m an der Straße, die von Fira ostwärts nach Vourvoulos führt. Es beherbergt eine faszinierende Sammlung, welche die Traditionen und Geschichte von Santorin beleuchtet.

Geführte Touren

Touranbieter veranstalten verschiedene Ausflüge kreuz und quer durch die Caldera. Eine Tour zur Vulkaninsel Nea Kameni kostet 15 €, zum Vulkan und zu den heißen Quellen (einschließlich Schwimmen) 20 €, ganztägige Bootstouren zu den Vulkaninseln, Thirasia und Oia 28 €, Bootsausflüge bei Sonnenuntergang 35 € und eine Bustour einschließlich Weinprobe 25 €. Buchen kann man bei den Reisebüros.

Die *Thalassa,* eine genaue Nachbildung eines Schoners aus dem 18. Jahrhundert, flitzt jeden Nachmittag für eine Sonnenuntergangstour mit Büffet durch die Caldera (50 €, Mai bis Oktober) und hält zur Besichtigung bei Nea Kameni und für einen Ouzo bei Thirasia.

Bei Santorins gelobten Weinen handelt es sich um frische und trockene Weißweine, wie den *asyrtiko* und den bernsteinfarbenen, nicht gebrannten Likörwein Vin Santo. Die meisten lokalen Weingüter veranstalten Weinproben und Touren.

Es lohnt sich durchaus ein Besuch bei **Santo Wines** (☎22860 22596; www.santowines.gr; Pyrgos), wo man eine Reihe von Weinen probieren und in einem Laden voller Jahrgangsweine stöbern kann. Außerdem gibt's lokale Produkte wie *fava*-Bohnen, Tomaten, Kapern und Konserven.

Einer der unterhaltsamsten Orte ist das **Volcan Wine Museum** (☎22860 31322; www.volcanwines.gr; Eintritt 5 €; ⊙12–20 Uhr), das sich in einem traditionellen *canava* (Weingut) auf dem Weg nach Kamari befindet. Im Eintritt sind ein Audioguide und drei Weinproben inbegriffen. Im Mai bis Oktober gibt's am Freitagabend ein Festival (48 €), das eine Besichtigung des Museums, drei Weinproben, ein Büffet, Wein, Live-Musik und traditionelle Trachtentänze beinhaltet.

Fira

Highlights
Archäologisches Museum B1

Sehenswertes
1 Megaro-Gyzi-Museum B1
2 Museum des Prähistorischen Thera C4

Schlafen
3 Aroma Suites B5
4 Hotel Atlantis B4
5 Hotel Keti A5
6 Loizos Apartments B5
7 Maria's Rooms A5
8 Nonis B5
9 Pelican Hotel C3
10 Porto Fira Suites B4
11 Villa Roussa C4
12 Villa San Giorgio C2

Essen
13 Koukoumavlos B4
14 Lithos B2
15 Mama's House C4
16 Naoussa B1
17 Nikolas B3
18 NRG B2
19 Ouzeri B4

Ausgehen
20 Franco's Bar B3
21 Kira Thira B3
22 Tropical B3
23 Vythos C3

Unterhaltung
24 Enigma B2
25 Koo Club B2
26 Tithora C3

Shoppen
27 New Art B2
28 New Art B4

Weitere lohnenswerte Weingüter sind **Boutari** (☎22860 81011; www.boutari.gr; Megalochori), **Canava Roussos** (☎22860 31278; www.canavaroussos.gr; Mesa Gonia), **Hatzidakis** (☎22860 32552; www.hatzidakiswines.gr; Pyrgos) und **Sigalas** (☎22860 71644; www.sigalas-wine.com; Oia). Für eine Besichtigung dieser Weingüter besser vorab telefonisch anmelden.

Schlafen

In Fira sind die wenigsten Unterkünfte preisgünstig, und sogar Budgetadressen erhöhen in den Monaten Juli und August ihre Preise. Manche Anbieter von Fremdenzimmern am Hafen behaupten, ihre Zimmer seien in der Stadt, obwohl sie tatsächlich weit außerhalb liegen; am besten die genaue Lage auf einem Stadtplan zeigen lassen. Wer den Ausblick auf die Caldera haben möchte, zahlt viel mehr als anderswo. Viele Hotels in Fira, insbesondere am Rand der Caldera, sind nicht mit einem Fahrzeug zu erreichen. Wer schweres Gepäck hat, sollte dies bedenken, denn es kann sein, dass der Weg zur Unterkunft über mehrere Treppen führt. Die meisten Budget- und Mittelklassehäuser bieten einen kostenlosen Transfer zum Hafen oder Flughafen und transportieren auch das Gepäck in die Unterkunft und wieder zurück. Manche Hotels dagegen verlangen 10 € und mehr für einen Transfer zum Hafen oder Flughafen.

LP TIPP Aroma Suites BOUTIQUEHOTEL €€
(☎22860 24112; www.aromasuites.gr; Agiou Mina; EZ 120 €, DZ 140–160 €; ❄📶) Dieses Boutiquehotel mit Blick auf die Caldera am ruhigeren südlichen Ende von Fira ist leichter erreichbar als vergleichbare Häuser und bietet außerdem einen reizenden Service, der zum gesamten Ambiente passt. Die schicke, moderne Ausstattung unterstreicht das traditionelle Caldera-Interieur, so auch in der Honeymoon-Suite: ein klassisches, typisches Höhlenzimmer mit Whirlpool.

Loizos Apartments HOTEL €€
(☎22860 24046; www.loizos.gr; EZ/3BZ/Apt. 75/110/140 €, DZ 85–95 €; P❄@📶🏊) Eine der besten Adressen von Fira, das Loizos, liegt in einer ruhigen Sackgasse; es hat aber den Vorteil, dass es mit dem Auto erreichbar und nur wenige Minuten vom Stadtzentrum und dem Caldera-Rand entfernt ist. Bei den Zimmern reicht die Bandbreite von Standard bis Luxus, alle sind hell, sauber und komfortabel. Die Zimmer im oberen Stockwerk bieten einen Panoramablick auf Kamari und das Meer. Das Frühstück kostet 9 €. Dieselben Eigentümer haben noch eine günstigere Unterkunft (EZ/DZ 55/65 €) bei Messaria, 2,5 km südöstlich von Fira.

Apartments Gaby APARTMENTS €€
(☎22860 22057; gabyapartments@yahoo.com; Nomikou; DZ 65–95 €, 3BZ/Apt. 110/120 €; ❄) Die besten Zimmer hier liegen an einer Reihe von Dachterrassen, die einen tollen Blick auf den Sonnenuntergang garantieren. Hier ist die beruhigende Wirkung des Ortes zu spüren, die den oberflächlichen Glanz von Fira noch bei Weitem übertrifft. Das Gaby liegt gleich hinter dem Petros M Nomikos Conference Centre am Wanderweg entlang der Caldera bei Firostefani.

Hotel Atlantis HOTEL €€€
(☎22860 22232; www.atlantishotel.gr; Mitropoleos; EZ inkl. Frühstück 175 €, DZ inkl. Frühstück 205–315 €; P❄🏊) Das Atlantis ist ein ansprechendes altes Gebäude mit Blick auf den breitesten Abschnitt der Promenade am Rand der Caldera. Es gibt jede Menge kühler und entspannender Lounges und Terrassen. Die hellen und luftigen Zimmer sind ruhig und gut ausgestattet. Die Zimmer an der Vorderseite haben den Blick auf die Caldera. Die Preise richten sich danach, ob das Zimmer einen schönen Ausblick bietet und ob es einen Balkon hat.

Karterados Caveland Hostel HOSTEL €€
(☎22860 22122; www.cave-land.com; Karterados; B. inkl. Frühstück 15–21 €; DZ ohne/mit Bad inkl. Frühstück 50/70 €, Apt. inkl. Frühstück 120 €; P❄📶🏊) Diese im Jahr 2011 neu eröffnete Unterkunft liegt in einem faszinierenden alten Weingut in Karterados rund 1 km von Fira-Mitte entfernt. Hier war vormals ein Tennisclub, und die Tennisplätze stehen den Gästen jetzt zur Verfügung. Man wohnt in den alten Weinkellern, die allesamt kreativ und farbenfroh hergerichtet und ausgestattet wurden. Der Garten darum und die Gemeinschaftsflächen sind friedlich und erholsam. Yogakurse sind für 7 bis 35 € zu haben.

Maria's Rooms DOMATIA €€
(☎22860 25143, 6973254461; Agiou Mina; DZ 70–80 €; ❄) Eine Handvoll reizender Zimmer, die jeweils einen Zugang zu einer Gemeinschaftsterrasse haben. Hier ergibt sich ein atemberaubender Blick auf die

Caldera und auf den Sonnenuntergang. Die Zimmer sind klein, aber tadellos und herrlich friedlich.

Nonis APARTMENTS €€€

(22860 25269; www.nonisapartments.com; EZ/DZ/3BZ/Apt. 140/170/200/230 €;) Liegt etwas höher über dem Rand der Caldera und ganz am südlichen Ende von Fira. Diese hellen und luftigen Zimmer für Selbstversorger sind gut zu erreichen und liegen nur einen kurzen Spaziergang von der Innenstadt entfernt. Draußen gibt's einen Whirlpool und einen kleinen Swimmingpool.

Mill Houses BOUTIQUEHOTEL €€€

(22860 27117; www.millhouses.gr; Firostefani; Suite inkl. Frühstück 210–410 €; @) Diese erstklassigen Studios und Suiten bei Firostefani seitlich an der Caldera gelegen sind voller Licht und kykladischer Farben. Die kreative Raumgestaltung und schicke Möblierung passen zur erstklassigen Ausstattung und zum Service. Der Blick auf den Sonnenuntergang ist unvermeidlich.

Villa Roussa HOTEL €€

(22860 23220; www.villaroussa.gr; Dekigala; EZ/DZ/3BZ 60/80/95 €; P) Zwar hat man keinen Blick auf die Caldera, aber dafür liegt dieses Hotel direkt in der Stadtmitte. Angesichts seiner tadellosen Zimmer ist sein Preis-Leistungs-Verhältnis kaum zu schlagen. Sogar einen Swimmingpool gibt's hier.

Villa San Giorgio HOTEL €€

(22860 23516; www.sangiorgiovilla.gr; EZ/DZ/3BZ 60/70/85 €;) Keine landschaftlich schöne Lage, aber dafür sehr dicht am Zentrum von Fira und eine exzellente Budgetoption, da die Zimmer ordentlich und die Eigentümer freundlich sind. Es gibt gemeinschaftliche Einrichtungen zum Zubereiten von Tee und Kaffee.

Hotel Sofia HOTEL €€

(22860 22802; Firostefani; EZ/DZ 60/75 €;) Diese frischen, komfortablen Zimmer im Herzen von Firostefani sind eine angenehme Alternative zum hektischen Treiben in Fira. Das Zentrum von Fira liegt etwa 1,5 km südlich und ist über einen schönen Wanderweg am Rand der Caldera zu erreichen. Frühstück kostet 8 €.

Santorini Camping CAMPINGPLATZ €

(22860 22944; www.santorinicamping.gr; Stellplätze per Erw./Kind/Zelt 12,50/7 €/frei, B 20 €; P@) Dieser Campingplatz am östlichen Stadtrand hat etwas Schatten und gute Einrichtungen. Es gibt ein Selbstbedienungsrestaurant, einen Minimarkt und einen Pool. Er liegt 400 m östlich der Plateia Theotokopoulou. Es gibt auch Bungalows mit Klimaanlage; einer davon ist sogar barrierefrei ausgestattet. Die Preise variieren nach Anzahl der Gäste und liegen bei 55 bis 105 €. Mietzelte mit Bett kosten 17,50 € pro Person.

Hotel Keti HOTEL €€

(22860 22324; www.hotelketi.gr; Agiou Mina; DZ 95–120 €, 3BZ/Suite 123/140 €;) Das kürzlich renovierte Hotel ist eines der kleineren Hotels mit „Sonnenuntergang-Blick" in einer ruhigen Nische der Caldera. Seine attraktiven traditionellen Zimmer sind in die Klippen gehauen. Die Hälfte der Zimmer hat einen Whirlpool. Das Frühstück kostet 6 €.

Pelican Hotel HOTEL €€

(22860 23113; www.pelican.gr; Danezi; EZ/DZ/3BZ/4BZ inkl. Frühstück 84/94/112/130 €; @) Kein Blick auf die Caldera, aber alle Zimmer sind komfortabel und gut ausgestattet in diesem schon lange bestehenden Hotel, das nur wenige Meter vom Stadtzentrum entfernt liegt.

Porto Fira Suites HOTEL €€€

(22860 22849; www.portofira.gr; Agiou Mina; 2-/3-/4-Personen-Suite inkl. Frühstück 280/350/420 €;) Dieses Hotel in Fira mit Spitzenbewertung verbindet Tradition mit Luxus und modernem Komfort. Die Zimmer sind individuell möbliert und haben riesige Betten auf einem Steinsockel und Whirlpools. Es gibt eine Café-Bar und ein Restaurant; das Frühstück ist opulent.

Strass Residences HOTEL €€€

(22860 33765; www.thestrass.com; Firostefani; Studios inkl. Frühstück 280–420 €;) In dieser exklusiven kleinen Enklave mit drei Luxusstudios ganz in herrlichem Weiß gehalten werden sogar Palmen rund um den Infinity-Pool gehegt. Man kommt sich vor, als sei der Rest der Welt meilenweit entfernt, dabei liegt Fira gerade mal am anderen Ende der Straße.

Essen

Touristenfallen, in denen überteuertes, mittelmäßiges Essen angeboten wird, gehören im Sommer in Fira leider dazu. In manchen Lokalen werden sich Alleinreisende und sogar Familien mit kleinen Kindern nicht willkommen fühlen. Gewisse geschäftstüchtige Eigentümer sind sehr darauf bedacht, dass die Tische voll sind und die Kasse stimmt. Allerdings gibt es auch ausgezeichnete Ausnahmen.

LP TIPP Koukoumavlos GRIECHISCH €€
(☎22860 23807; Hauptgerichte 28–36 €) Etwas versteckte Lage, aber dafür hervorragende Küche. Die Terrasse dieses guten Restaurants bietet einen schönen Ausblick, während im Gastraum das Gewölbe des ursprünglichen Herrenhauses im typischen Baustil von Fira erhalten ist. Eine übersichtliche Speisekarte führt sichere Volltreffer wie Terrine aus Hummer und Meerengel oder Santorin-*fava* mit Sommertrüffeln, Feta und Majoraneis. Die Weinkarte kann in jeder Beziehung mithalten. Auf die Holzeingangstür rechts unterhalb des Hotels Atlantis achten.

Ouzeri MEZEDHES €
(Fabrika-Einkaufszentrum; Gerichte 6,50–15 €) Die Fischgerichte sind besonders gut in diesem zentralen *mezedhopoleio* (Restaurant, das auf *mezedhes* spezialisiert ist), darunter Muschel-*saganaki* in Tomaten- und Fetasauce und eine gemischte Fischplatte. Bei den Fleischgerichten finden sich *youvetsi* (Kalbfleisch in Tomatensauce mit Pasta) und Schweinefilet in einer Senfsauce. Vegetarier dürfen sich auf *dakos* (Zwieback), Salate und eine Vielzahl an fleischlosen Vorspeisen freuen.

Lithos GRIECHISCH €
(Agiou Mina; Hauptgerichte 7–19,50 €) Aus einer Horde von Speiselokalen am Rande der Caldera hebt sich das Lithos durch seine gut zubereiteten Gerichte und den aufmerksamen Service hervor. Wählen kann man z. B. appetitliche Vorspeisen wie *fava*-Bohnen mit Käse und Kirschtomaten. Die Salate sind knackig und frisch, und die Hauptgerichte umfassen Geflügel, Fleisch, Fisch und Schalentiere.

Mama's House GRIECHISCH €
(Hauptgerichte 7–18 €) Einige Stufen unterhalb des Hauptplatzes befindet sich diese „Institution", die für ihr riesiges Frühstück (6 bis 8,50 €) und ihre herzhaften griechischen Abendessen berühmt ist. Man genießt die Speisen hier in einer frischen, hellen Umgebung auf einer angenehmen Terrasse.

Naoussa GRIECHISCH €
(☎22860 24869; Hauptgerichte 7–28 €) Der fröhliche Enthusiasmus des Küchenchefs schlägt sich in diesem alteingesessenen Restaurant in Fira im Essen nieder. Fischgerichte, wie der frische Wolfsbarsch (Loup de mer), werden besonders sorgfältig eingekauft und zubereitet. Das Gleiche gilt auch für die Fleischgerichte und die vegetarischen Speisen.

Mylos Café CAFÉ €
(Firostefani; Snacks 3,50–7 €; @ WLAN) Dieses schicke und erholsame Lokal am Rande der Caldera in Firostefani befindet sich in einer umgebauten Windmühle und ist der ideale Ort für ein paar gemütliche Drinks und leichte Snacks. Es gibt hier einen einzigartigen kreisförmigen Internetbereich (pro Std. 4 €) im Obergeschoss, und das Café ist ein WLAN-Hotspot.

NRG CRÊPERIE €
(Erythrou Stavrou; Gerichte 2,50–6,60 €) Diese beliebte kleine Crêperie ist immer noch eine der besten Adressen für einen Snack zwischendurch im Herzen von Fira. Hier gibt's Crêpes, Sandwiches, Tortillas und eine sehr beliebte Auswahl an indischen Currys (6 €) sowie eine Auswahl an Eis, Kaffee und Smoothies.

Nikolas TAVERNE €
(Erythrou Stavrou; Gerichte 6–9 €) Das traditionelle Nikolas im glitzernden Zentrum von Fira hält immer noch die Flagge der Dorftaverne hoch. Sachliche Bedienungen servieren bodenständige Gerichte wie gegrillte Kalamari und Kalbfleisch-*stifadho*.

Ausgehen

Die Getränkepreise können in Fira astronomisch sein, selbst für Bier, ganz zu schweigen von den horrenden Cocktailpreisen. Oft wird die Aussicht mitbezahlt, also dafür sorgen, dass der Blick nicht zu früh vernebelt ist.

Vythos CAFÉ €
(WLAN) Eines der besten Lokale im Ort. Das Vythos liegt im Herzen des zentralen Platzes, Plateia Theotokopoulou, und ist die richtige Adresse für Kaffee und sonstige Drinks, während Fira an einem vorüberzieht.

Kira Thira BAR
(Erythrou Stavrou) Die älteste Bar in Fira und gleichzeitig eine der besten. Sanfter Jazz, ethnische Klänge und gelegentliche Live-Musik sorgen für die musikalische Untermalung unter dem Tonnendach. Es liegt zwischen zwei Straßen und hat an

beiden Seiten einen Eingang. Die Einheimischen kommen immer nur durch einen bestimmten Eingang, aber sie verraten nicht, welcher es ist.

Tropical BAR

(Marinatou) Das Tropical drängt sich ganz eng an den Rand der Caldera. Mit seiner verführerischen Mischung aus Rock, Soul und gelegentlichem Jazz plus unübertrefflicher Aussicht vom Balkon zieht es eine lebendige Crowd an.

Franco's Bar COCKTAILBAR

(Marinatou) Für diese noble Bar, die der ultimative Platz für den Sonnenuntergang ist, vorher besser noch einmal die Manschettenknöpfe prüfen. Hier wird ausschließlich klassische Musik gespielt. Getränke aller Marken, vor allem die teuren Cocktails, passen zur puren Eleganz und dem tadellosen Musikgeschmack.

Unterhaltung

Nach Mitternacht befeuert die Erythrou Stavrou den Nightlife-Kessel von Fira.

Enigma CLUB

(Erythrou Stavrou) Das Enigma ist eines der Spitzenlokale von Fira mit drei Bars und einer großen Tanzfläche. Dies ist das Lieblingslokal derjenigen, die gerne durch die Stadt flanieren, um sich hinterher in coolem Ambiente und bei lautstarken Sounds von House bis Mainstream-Hits niederzulassen.

Koo Club CLUB

(Erythrou Stavrou) Mehrere Bars mit unterschiedlichem Ambiente befinden sich in diesem Club auf den verschiedenen Etagen. Hier gibt's Soft House, Trance und griechische Hits auf die Ohren, und man ist nie allein.

Tithora CLUB

(Seitenstraße der Danezi) Firas große Rockkneipe „unter den Bögen", in der man zu großen Sounds alles um sich herum vergessen kann.

Shoppen

So viele Einkaufsmöglichkeiten und doch so wenig Zeit – dies gilt für die Flut an Kreuzfahrtpassagieren, die selig in den funkelnden Einkaufszonen von Fira herumstöbern. Hier wird alles angeboten, von Armani bis Versace, von Timberland bis Reef – aber selbstverständlich auch zu äußerst pompösen Preisen.

Es gibt unzählige Juwelier- und Goldgeschäfte in Fira. Die Ware glänzt und funkelt, aber die Preise können schon mal einen Schatten auf die strahlenden Augen werfen. Es gibt auch individualistischere Einkaufsgelegenheiten.

New Art KLEIDUNG

(Erythrou Stavrou & Fabrika Einkaufszentrum) Die bedruckten Standard-T-Shirts kann man da glatt vergessen. Wer Qualität mit nach Hause bringen möchte, der findet bei dem Designer Werner Hampel wirklich stilvolle T-Shirts mit ausgewählten Farben und Motiven.

Leoni Atelier KUNST & KUNSTHANDWERK

(Firostefani) Für Kunstliebhaber ist das Studio mit Galerie der international anerkannten Künstlerin Leoni Schmiedel einen Besuch wert. Hier gestaltet die Künstlerin ihre nuancenreichen und mehrschichtigen Collagen, die von der Geologie, den Naturelementen und intensiven Farben Santorins inspiriert sind. Zum Studio geht's an der Windmühle in Firostefani in nördlicher Richtung vorbei, dann den Schildern nach links folgen.

Books & Style BÜCHER

(Dekigala) Ein ausgezeichnetes Sortiment an fremdsprachigen Büchern. Es gibt dazu eine großartige Auswahl an Büchern über Griechenland sowie Reiseführer, Kinderbücher und Romane.

Praktische Informationen

Fira hat kein EOT (Griechisches Nationales Fremdenverkehrsamt) und keine Touristenpolizei.

Die Toiletten liegen nördlich der Plateia Theotokopoulou in der Nähe der Hafenpolizei. Möglicherweise kosten sie etwas Überwindung (es sind Hocktoiletten älteren Jahrgangs); Toilettenpapier selbst mitbringen.

Geld

Zahlreiche Geldautomaten liegen in der ganzen Stadt verstreut.

Alpha Bank (Plateia Theotokopoulou) Arbeitet mit American Express zusammen und hat einen Geldautomaten

National Bank of Greece (Dekigala) Südlich der Plateia Theotokopoulou, an der Caldera-Seite der Straße. Hat einen Geldautomaten

Internetzugang

PC World (Plateia Theotokopoulou; pro Std. 2,50 €; ⌚11–19 Uhr) Gutes Dienstleistungsangebot

Notfall

Hafenpolizei (☎22860 22239; 25 Martiou) Nördlich des Platzes

Krankenhaus (☎22860 22237) An der Straße nach Kamari. Ein neues Krankenhaus in Karterados war zum Zeitpunkt der Recherche kurz vor der Fertigstellung.

Polizei (☎22860 22649; Karterados) Rund 2 km von Fira entfernt

Post

Post (Dekigala)

Reisebüros

Aegean Pearl (☎22860 22170; www.aptravel.gr; Danezi) Ein hilfsbereites Büro, das alle Fahrkarten verkauft und bei Fragen zu Unterkunft, Mietwagen und Ausflügen weiterhelfen kann

Pelican Tours & Travel (☎22860 22220; Fax 22860 22570; Plateia Theotokopoulou) Verkauft Fährtickets und kann Unterkünfte und Ausflüge buchen

Dakoutros Travel (☎22860 22958; www.dakoutrostravel.gr; Dekigala) Hauptstraße, kurz vor der Plateia Theotokopoulou

Oia Οία

962 EW.

Fira ist das geschäftige Zentrum des Lebens auf Santorin, aber auf der Insel gibt's noch eine Reihe weiterer Siedlungen, von denen sich viele ihren traditionellen Stil erhalten haben. Ein Wanderweg am Rand der Klippen und eine Straße ziehen sich von Fira aus nördlich durch eine Reihe ineinander übergehender Ort bis hin zu dem hübschen Dorf Oia, das von den Einheimischen auch als Pano Meria bezeichnet wird und an der Nordspitze der Insel liegt. Das Dorf spiegelt die Wiedergeburt Santorins nach der Verwüstung durch das Erdbeben im Jahr 1956 wider. Restaurierungsarbeiten und ein gehobenes Tourismuskonzept haben Oia zu einem der schönsten Dörfer der Kykladen gemacht. Ein echter Massenandrang ist der Preis, den Oia im Hochsommer dafür bezahlt, besonders bei Sonnenuntergang, wenn sich riesige Menschenmengen versammeln. An einem steilen Hang der Caldera erbaut, schmiegen sich viele Wohngebäude in Nischen, die in das Vulkangestein gehauen wurden.

Sehenswertes & Aktivitäten

Schifffahrtsmuseum MUSEUM

(☎22860 71156; Erw./Stud. 3/1,50 €; ⌚Mi–Mo 10–14 & 17–20 Uhr) Dieses Museum befindet sich an einer schmalen Gasse, die rechts von der Nikolaou Nomikou abzweigt. Es ist in einem alten Herrenhaus untergebracht. Die Ausstellung umfasst eine liebenswerte Sammlung zur Schifffahrtsgeschichte von Santorin.

Ammoudi HAFEN

Dieser winzige Hafen mit guten Tavernen und bunten Fischerbooten liegt 300 Stufen unterhalb von Oia am Fuße der blutroten Klippen. Der Ort ist auch über die Straße erreichbar. Im Sommer verkehren täglich Schiffe zwischen Ammoudi und Thirasia. Über die Abfahrtszeiten informieren die Reisebüros in Fira (S. 464).

Schlafen

Chelidonia Traditional Villas APARTMENTS €€

(☎22860 71287; www.chelidonia.com; Nikolaou Nomikou; Studios & Apt. 180–210 €; ❄@) Traditionelle Wohnhäuser an der Klippe, die schon seit Generationen der Familie des Inhabers gehören, ergeben beim Chelidonia eine tolle Mischung aus alt und neu. Beim Erdbeben im Jahr 1956 wurden sie vom Schutt vergraben und danach liebevoll restauriert. Die moderne Einrichtung wird gekonnt ergänzt durch das eine oder andere traditionelle Möbelstück, und jede Einheit hat eine kleine Küche. Einige Unterkünfte sind nur über Treppen erreichbar.

Perivolas LUXUSHOTEL €€€

(☎22860 71308; www.perivolas.gr; Suite 620–1600 €; ❄@ 📶 ≋) Eine ultimative Adresse am Rand der Caldera zu Preisen, die jenseits von Gut und Böse sind. Dies ist jedoch eines der bekanntesten Hotels Griechenlands mit schönen Zimmern mit Deckengewölben, eigenen Terrassen und Küchenzeilen. Das Frühstück, von feinster Qualität, ist im Preis inbegriffen. Es gibt ein Wellness-Studio, eine Bar, ein Restaurant und einen Infinity-Pool.

Oia Youth Hostel JUGENDHERBERGE €

(☎22860 71465; www.santorinihostel.gr; B inkl. Frühstück 18 €; ⌚Mai–Mitte Okt.; @) Eines der am besten geführten Hostels, von dem man nur träumen kann. Es gibt eine kleine Bar und eine nette Dachterrasse mit toller Aussicht. Internet kostet 2 € pro Stunde. Die Jugendherberge liegt vom Busbahnhof etwa 100 m geradeaus.

Fortsetzung auf Seite 473

Die perfekte Insel finden

Sandburgen »

Mutter Natur »

Kulturerbe »

Volle Power »

Fiskardo (S. 791), Kefallonia

IMAGEBROKER ©

Sandburgen

Kleine Fluchten auf eine Insel bieten Pulversand zwischen den Zehen und kristallklares, warmes Wasser. Sie helfen, den Alltag einmal hinter sich zu lassen. Himmlische sonnenüberflutete Strände finden sich in Griechenland reichlich.

Kreta

1 Kreta versammelt viele der Top-Sandstrände des Landes. Besonders reizvoll sind etwa das tropische Elafonisi (S. 547) mit pinkfarbenem Sand, das fotogene Preveli (S. 530) mit Süßwasserpools, Falasarna (S. 550), wo man sich am Ende der Welt glaubt, oder das palmenreiche Vai (S. 559).

Kos

2 Die stattliche Kefalos-Bucht (S. 621) ist kein Geheimtipp. Jeder, der den warmen Sand dieses herrlichen 12 km langen Streifens unter den Füßen spürt, will diesen Genuss mit anderen teilen. Die Bucht unterteilt sich in mehrere Strände. An einigen herrscht Partystimmung, an anderen Ruhe.

Ikaria

3 Diese zauberhafte Insel (S. 652) bietet paradiesische Buchten mit weichem Sand und weißen Kieseln. Entlegene Strände sind leicht zu finden, und selbst an den viel besuchten Stränden geht's entspannter zu als in anderen typischen Inselorten.

Lefkada

4 An der Westküste (S. 781) finden Strandliebhaber alles: Die Strände sind herrlich abgelegen, oft bieten hier nur ein paar Einheimische Oliven, Wein und Honig feil. Die Nähe zum quirligen Festland ist kaum zu spüren.

Naxos

5 Die Insel bietet eine üppige Vegetation, den Berg Zeus als Kulisse und idyllische weiße Sandstrände. Einfach am endlosen Strand Agia Anna (S. 434) relaxen und den *kitron*-Likör schlürfen oder der uralten Tradition folgend von Mikri Vigla aus (S. 434) nach Piraten Ausschau halten.

1

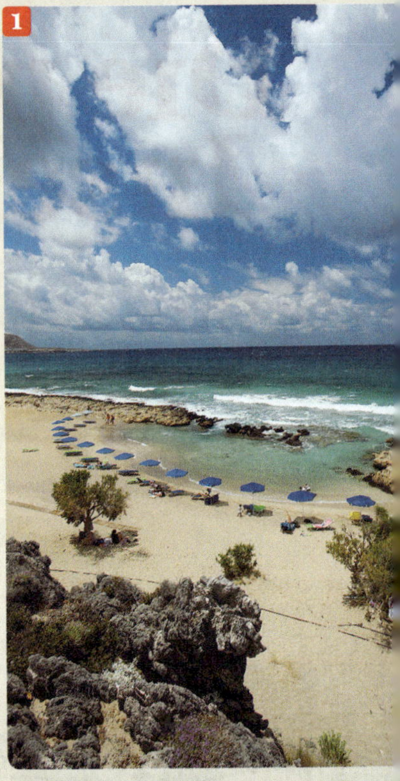

4

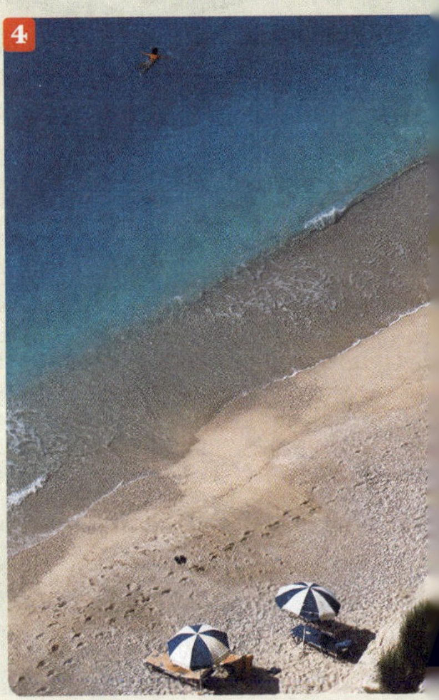

Im Uhrzeigersinn von links oben
1. Falasarna (S. 550), Kreta **2.** Kefalos-Bucht (S. 621), Kos **3.** Ikaria (S. 652) **4.** Egremni (S. 781), Lefkada

LOOK DIE BILDAGENTUR DER FOTOGRAFEN GMBH / ALAMY ©

SAKIS PAPADOPOULOS/ROBERT HARDING WORLD IMAGERY / CORBIS ©

Mutter Natur

Die griechischen Inseln sind Wunder der Natur. Hier kann man in die Tiefe der Wälder dringen, trifft auf unerwartete Fauna und vulkanische Mondlandschaften. Oder man erkundet die Küstenlandschaft, die vom Meer modelliert wurde, und betrachtet die Meereslebewesen.

Lesbos

1 Die facettenreiche Insel Lesbos (S. 689) trumpft mit hügeligen Olivenhainen und kühlen Pinienwäldern, dürren Ebenen, Salzwiesen und einem der wenigen versteinerten Wälder außerhalb der USA auf. Aus den heißen Quellen sprudelt mit das wärmste Wasser Europas. Die Insel beheimatet zudem 279 Vogelarten, vom Raubvogel bis zum Sumpfvogel.

Santorin

2 Die berühmten Sonnenaufgänge sind noch lange nicht alles auf Santorin (S. 455). Oberhalb der Caldera einen Cocktail zu schlürfen, während die Sonne im roten und orangefarbenen Meer versinkt, ist jedoch unbestreitbar das größte Glück auf dieser Insel.

Paxi

3 Paxi (S. 773) ist für sein bewaldetes und friedliches Inselinneres bekannt, an der Westküste liegen zudem herrliche Kalksteinklippen, Brandungshöhlen, Felsbögen und Felsspitzen, die sich aus dem Meer erheben.

Nisyros

4 Das Zentrum des Vulkans auf Nisyros (S. 612) fasziniert mit seinem Gebrodel und Gezische. Wer frühzeitig kommt, hat die Caldera weitgehend für sich alleine. Der Berghang hinter dem Rand der Caldera ist mit Wildblumen und Grün bedeckt.

Skyros

5 Skyros (S. 748) ist die Heimat des vom Aussterben bedrohten Skyros-Ponys. Besucher können die Ponys in freier Natur sehen und dabei die Einheimischen beim Schutz dieser seltenen Rasse unterstützen (S. 754).

Im Uhrzeigersinn von links oben
1. Polyhnitos (S. 702), Lesbos 2. Oia (S. 464), Santorin
3. Lakkos-Strand, in der Nähe von Lakka (S. 775), Paxi

2

IML IMAGE GROUP LTD / ALAMY ©

PAUL BIGLAND / LONELY PLANET IMAGES ©

Kulturerbe

Griechen leben leidenschaftlich, was sich auch in den Insellandschaften zeigt. Kreativ waren die Griechen schon immer, ob sie nun heilige Tempel erbauen, komplizierte Kunstwerke herstellen, die Töpferscheibe bedienen oder in einer Disko als DJ tätig sind.

Mykonos

1 Mykonos (S. 404) ist für seine High Society und sein brummendes Nachtleben mit ausgeprägter DJ-Tanzkultur bekannt. Das Labyrinth der Straßen und Gassen in der Altstadt ist voller Läden und angesagter Galerien. Hier entsteht zeitgenössische Kultur.

Rhodos

2 Rhodos (S. 565) ist reich an Kultur. Die Erkundung der Akropolis von Lindos (S. 479), inspirierender byzantinischer Kapellen und verfallener Märchenschlösser füllt viele Tage, abends lauscht man in stimmungsvollen Kneipen den Musikern.

Patmos

3 Seit Jahrhunderten lockt Patmos (S. 638) Reisende auf der Suche nach sakralen Kulturschätzen. Sie folgen dem byzantinischen Steinweg hinauf zum Johanneskloster (S. 641) oder erkunden Galerien mit byzantinischer und zeitgenössischer Kunst.

Delos

4 Heiliges Zentrum der Kykladen ist die winzige Insel Delos (S. 414), die im Glanz ihrer von der Sonne gebleichten Ruinen erstrahlt. Antike Häuser, Theater, Heiligtümer und Mosaiken lassen die Vergangenheit lebendig werden.

Skyros

5 Die begabtesten Töpfer Griechenlands sind auf Skyros tätig und bilden eine lebendige Gemeinschaft. Die Tradition geht auf die Zeit zurück, als Piraten Diebesgut gegen lokale Waren eintauschten. Heute laden zahllose offene Ateliers (S. 752) ein, das Handwerk zu bestaunen.

1

3

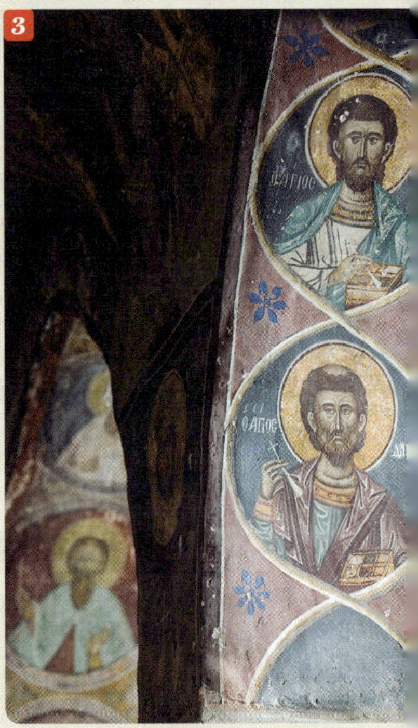

Im Uhrzeigersinn von links oben
1. Chora (S. 406), Mykonos 2. Rhodos' Altstadt (S. 568), Rhodos 3. Johanneskloster (S. 641), Patmos

ROAD TRIPPIN' / ALAMY ©

CHRISTER FREDRIKSSON / LONELY PLANET IMAGES ©

Volle Power

Auch wer einen faulen Strandurlaub geplant hat, wird sich angesichts der vielen Windsurfer aufrappeln und aktiv werden oder von den geheimnisvollen Schluchten und zerklüfteten Gipfeln angelockt.

Kefallonia

1 An der Küste entlangpaddeln, vorbei an Kalksteinklippen, abgelegenen Stränden und Zypressenwäldern. Kefallonias ruhiges und kristallklares Wasser eignet sich bestens zum Kajakfahren, und man kann sich problemlos einer Tour anschließen (S. 787).

Samothraki

2 Das gebirgige Inselinnere von Samothraki (S. 709), üppig bewaldet mit alten Platanen und Eichen, ist für Wanderer und Mountainbiker ideal. Wasserfälle bilden kühle Becken, in denen man sich erfrischen kann, natürliche heiße Quellen bieten sich für ein therapeutisches Bad an.

Karpathos

3 Die Bucht von Afiartis in der Nähe von Amopi gilt weltweit als Top-Location zum Kitesurfen, ihre Wellen ziehen internationale Stars an, sie ist aber auch für Anfänger optimal. Ein Stück die Straße hoch freuen sich Schnorchler über das vielleicht klarste Wasser in der gesamten Ägäis (S. 586), während der gebirgige Norden ein Wanderparadies ist.

Ydra

4 In diesem faszinierend blauen Meer gibt es viel zu entdecken. Tauchen vor der Küste von Ydra (S. 374) bietet die Gelegenheit, Schiffswracks zu erkunden und sogar neben Delfinen zu schwimmen.

Alonnisos

5 Bootsfahrten durch den Meerespark (S. 744) vor der Küste der Insel bieten Ruhe und eine idyllische Atmosphäre sowie die Chance, die örtliche Fauna zu erkunden, wie die scheue Mönchsrobbe, die zu den seltensten Säugetieren der Welt zählt.

Rechts

1. Melissani-Höhle (S. 790), Kefallonia 2. Fonias-Tal (S. 713), Samothraki

Fortsetzung von Seite 464

Essen

1800 EUROPÄISCH €€€

(Nikolaou Nomikou; Gerichte 13–35 €) Der Slow-Food-Gedanke und Enthusiasmus für hochwertige mediterrane Küche machen dieses ehemalige Wohnhaus eines Schiffskapitäns zu einer Spitzenadresse. Wolfsbarsch mit einer aromatischen Zauberei aus Quinoa, Artischocke und Fenchelpüree setzt den Maßstab für eine kreative Speisekarte. Im Keller lagern die besten Weine nicht nur Santorins, sondern ganz Griechenlands.

Skala GRIECHISCH €

(Nikolaou Nomikou; Gerichte 8,50–14 €) Von der erhöhten Position der schönen Terrasse des Skala aus kann das Leben auf dem Weg nach Ammoudi und zurück an einem vorbeiziehen. Feine internationale Einflüsse peppen hier die traditionellen griechischen Gerichte auf, wie Oktopus in Vin Santo und Hühnchenfilet mit Sahne und Pistazien. Die *mezedhes* sind etwas Besonderes. Unbedingt probieren: den Käsekuchen mit Zwiebeln und Pinienkernen.

Katina MEERESFRÜCHTE €€

(Ammoudi; Gerichte 4,50–14 €) Eine herausragende Fischtaverne gleich am Wasser in Ammoudi. Das Katina hat sich im Laufe der Jahre einen sehr guten Ruf aufgebaut, ohne dabei seine familiäre Atmosphäre und seinen fröhlichen Service einzubüßen. Fisch wird pro Kilo verkauft und kann somit etwas teurer ausfallen. Sein Essen wählt man sich hier aus der Auslage aus. Auch vegetarische und Fleischgerichte stehen auf der Karte.

Nectar EUROPÄISCH €€

(Hauptgerichte 13,80–28,50 €) Gehobene Küche, kreative Salate und Hauptgerichte, wie gefüllter Lammbraten, dazu ein paar wirklich gute Weine, sorgen dafür, dass man in diesem attraktiven Speiselokal ein wahrhaft lohnendes Mahl einnimmt.

Ambrosia GRIECHISCH €€

(www.ambrosia-nectar.com; Hauptgerichte 21–30 €) Das Ambrosia bietet verlockende Gerichte, angefangen bei den Vorspeisen, wie *fava*-Püree nach Santorin-Art mit gegrilltem Oktopus und karamellisierten Zwiebeln, bis hin zu gegrilltem Wolfsbarschfilet in Zitronen- und Kapernsauce. Die Weinkarte ergänzt die Speisekarte perfekt.

Shoppen

Atlantis Books BÜCHER

(☎22860 72346; www.atlantisbooks.org; Nikolaou Nomikou) Ein faszinierender und gut sortierter kleiner Buchladen, der mit Flair und Enthusiasmus von einer internationalen Gruppe junger Leute geführt wird. Hier finden häufig Kultur-Events statt.

Praktische Informationen

Vom Busbahnhof geht's links und dann bergauf zum recht kahlen zentralen Platz und zur Hauptstraße, der Nikolaou Nomikou, die am Rande der Caldera verläuft.

Geldautomaten finden sich an der Hauptstraße und am Busbahnhof.

NSTravel (☎22860 71199; www.nst-santorini travel.com) Am Platz der Busendhaltestelle verkauft Fährtickets und kann Unterkunft und Mietwagen vermitteln.

Unterwegs auf Santorin

Santorin hat mehr zu bieten als nur den Rand der Caldera. Die Insel senkt sich an der Ost- und Südseite sanft bis aufs Meeresniveau hinab. Hier gibt es auch die dunklen Strände mit Vulkansand in so beliebten Badeorten wie Kamari und Perissa. Im Landesinneren liegen traditionelle Dörfer wie **Vourvoulos** im Norden von Fira, und **Pyrgos** und **Megalochori** im Süden. Das antike Thera, oberhalb von Kamari, ist eine wichtige Ausgrabungsstätte und ein lohnenswerter Ausflug.

Sehenswertes

Antikes Thera ANTIKE STÄTTE

(Eintritt 4 €; ⌚Di–So 8–14.30 Uhr) Das zuerst von den Dorern im 9. Jahrhundert v. Chr. besiedelte Antike Thera besteht aus hellenistischen, römischen und byzantinischen Ruinen und ist eine stimmungsvolle archäologische Stätte, deren Besichtigung sich lohnt. Die Ruinen umfassen Tempel, Häuser mit Mosaiken, eine *agora* (Markt), ein Theater und ein *gymnasion*. Die Aussicht von der Anlage ist fantastisch. Das Antike Akrotiri ist gegenwärtig geschlossen, aber diese Ausgrabungsstätte entschädigt voll dafür.

Von März bis Oktober bietet **Ancient Thira Tours** (☎22860 32474; Kamari) einen Bus, der täglich außer montags von 9 bis 14 Uhr stündlich von Kamari zur Ausgrabungsstätte fährt. Wer mit dem eigenen Auto hierher kommt, fährt auf der befestigten, aber schmalen, kurvigen Straße von Kamari aus nur etwas mehr als einen Kilometer. Von Perissa auf der anderen Seite des Berges dauert die anstrengende Wanderung zur Ausgrabungsstätte über eine Stunde und führt über einen staubigen Pfad auf manchmal felsigem, schwierigem Gelände.

Antikes Akrotiri ANTIKE STÄTTE
(☎22860 81366) Die Ausgrabungen in Akrotiri, dem minoischen Vorposten, der bei einer Vulkankatastrophe um 1613 v. Chr. verschüttet wurde, begannen im Jahr 1967 und haben eine antike Stadt zutage gefördert, die unter der Vulkanasche begraben war. Es sind dabei einige dreistöckige Gebäude erhalten geblieben. Herausragende Fundstücke sind die beeindruckenden Fresken und Keramiken, von denen viele heute im Archäologischen Museum von Fira (S. 458) und im Museum des Prähistorischen Thera (S. 458) gezeigt werden.

Zum Zeitpunkt der Recherche war die Stätte wegen Restaurierungsarbeiten geschlossen. Optimisten schätzen, dass sie im Mai 2012 wieder geöffnet wird. Am besten in der Rubrik „Archaeological Sites" auf www.culture.gr nachsehen und auf Santorin selbst noch einmal erkundigen, bevor man eine Bus- oder Taxifahrt zu einer möglicherweise noch geschlossenen Ausgrabungsstätte unternimmt.

Art Space GALERIE
(☎22860 32774; Exo Gonia) Diese Galerie, die gar nicht zu übersehen ist, liegt gleich außerhalb von Kamari in **Argyros Canava,** einem der ältesten Weingüter der Insel. In den stimmungsvollen Weinkellern hängt erstklassige Kunst, während Skulpturen leeren Ecken und Nischen Leben einhauchen. Die Sammlung wird von dem Eigentümer persönlich kuratiert und zeigt einige der besten modernen Künstler Griechenlands. Die Weinkellerei liegt dem Eigentümer immer noch im Blut, und ein Teil der Anlage dient weiterhin der Erzeugung traumhafter Jahrgangsweine. Eine Verkostung des Vin Santo rundet das Erlebnis köstlich ab.

Strände

Manchmal werden die schwarzen Sandstrände von Santorin so heiß, dass es ohne einen Liegestuhl oder eine Matte nicht auszuhalten ist. Die besten Strände befinden sich an der Ost- und an der Südküste.

Einer der Hauptstrände ist ein langer Streifen bei **Perissa,** ein beliebtes Ausflugsziel im Sommer. **Perivolos** und **Agios Georgios** weiter südlich sind entspannter. Der **Rote Strand** beim Antiken Akrotiri hat hohe rote Klippen und glatte, handtellergroße Kieselsteine im klaren Wasser. **Vlichada,** ebenfalls an der Südküste, ist ein angenehmer Ort.

An der Nordküste bei Oia lohnen die Strände **Paradise** und **Pori** einen Stopp.

Schlafen

Die meisten Unterkünfte befinden sich in und um Kamari und Perissa.

LP TIPP **Aegean View Hotel** HOTEL €€
(☎22860 32790; www.aegeanview-santorini.com; Kamari; Studios/Apt./Suite inkl. Frühstück 130/150/170 €; P ❄ @ ≋) Dieses hervorragende Hotel duckt sich unter die Kalksteinfelsen hoch über Kamari. Seine geräumigen Studios und Apartments sind bestens ausgestattet und bieten erstklassigen Komfort, es gibt sogar kleine Küchenbereiche. Einige Zimmer sind mit dem Aufzug erreichbar.

Stelio's Place PENSION €€
(☎22860 81860; www.steliosplace.com; Perissa; DZ/3BZ/4BZ 70/100/120 €; P ❄ ≋) In einer tollen Lage hinter der Hauptstraße, aber kaum eine Minute vom Strand entfernt. Die Zimmer sind tadellos und gut ausgestattet. Die Preise können in der Nebensaison auf weniger als die Hälfte fallen.

Hotel Drossos HOTEL €€
(☎22860 81639; www.familydrossos.gr; Perissa; EZ/DZ/3BZ inkl. Frühstück 102/112/132 €, Apt. 165 €; P ❄ @ ≋) Hinter der einfachen Fassade dieses guten Hotels liegt eine schöne Anlage mit schick eingerichteten Zimmern und Studios. Dasselbe Management hat weitere ordentliche Hotels in dieser Gegend.

Hotel Matina HOTEL €€
(☎22860 31491; www.hotel-matina.com; Kamari; EZ/DZ/3BZ/Apt. inkl. Frühstück 108/116/144/172 €; ❄ @ ≋) Das Matina ist ein sehr gut geführtes, eigenständiges Hotel. Es hat geräumige, hell eingerichtete Zimmer und liegt recht ruhig ein Stück von der Straße entfernt.

Narkissos Hotel HOTEL €
(☎22860 34205; Kamari; EZ/DZ inkl. Frühstück 45/55 €; ❄) Eine gute Adresse mit gepflegten Zimmern, freundlichem Service

und einem guten Frühstück. Das Narkissos liegt am südlichen Ende der Stadt.

Essen

Die meisten Strände haben eine Reihe von Tavernen und Cafés.

LP TIPP **Mario No 1** GRIECHISCH €€
(☎22860 32000; Agia Paraskevi, Monolithos; Gerichte 6,50–22 €) Direkt am Strand bei Monolithos, in der Nähe des Flughafens, liegt dieses hervorragende Restaurant. Es ist eines der besten auf Santorin. Fisch wird pro Kilo verkauft, und Schalentiere können aus einer Auslage gewählt werden. Es gibt eine großartige Karte für *mezedhes*, wie Muschel-*saganaki* oder rote Paprika gefüllt mit Feta, Knoblauch, Tomaten und Petersilie. Bei den Fleischgerichten findet sich beispielsweise Lammbraten mit Rosmarin und echtes *mousaka*.

Taverna Roza TAVERNE €
(Vourvoulos; Hauptgerichte 5,50–11 €) Eine klassische Dorftaverne in Vourvoulos. Das Roza bietet ausgezeichnete traditionelle Gerichte wie Kaninchen-*stifadho* und leckere *dolmadhes* mit *fava*-Bohnen, für die nur lokale Produkte verwendet werden. Es herrscht eine fröhliche, gemütliche Atmosphäre, zu der nicht zuletzt die freundlichen Familienmitglieder beitragen. Der lokale Wein schmeckt nach mehr.

Amalthia TAVERNE €
(Kamari; Gerichte 3,50–12 €) Ein alteingesessenes Lieblingslokal. Das Amalthia liegt ein paar Blöcke landeinwärts vom südlichen Ende von Kamari und hat einen hübschen Garten und eine Terrasse mit Grill. Zur Auswahl stehen gut zubereitete griechische Gerichte (das Lamm ist besonders gut) und verschiedene Pasta-Gerichte.

Mistral MEERESFRÜCHTE €
(Kamari; Hauptgerichte 5,50–15 €) In dieser klassischen *psarotaverna* geht es vor allem um Fisch. Fischplatten für zwei Personen kosten rund 30 €. Brasse, Meerbarbe und Konsorten werden pro Kilo verkauft.

Lolos TAVERNE €
(Kamari; Hauptgerichte 7,50–15,50 €) Nach dem Lunch spielt man in diesem fröhlichen Lokal noch eine Runde Tennis oder auch nicht. Der angrenzende Tennisplatz steht den Gästen jedenfalls zur Verfügung. Vorher gibt's aber noch leckeren Kalb-*stifadho* mit Zwiebeln und Tomaten oder ein Lamm-*kleftiko* mit Gemüse und Feta.

Praktische Informationen

Lisos Tours (☎22860 33765; lisostours@san.forthnet.gr) ist besonders hilfsbereit und unterhält ein Büro an der Hauptstraße nach Kamari sowie ein weiteres landeinwärts von der Mitte des Strandes aus. Hier gibt's Fährtickets, und man kann Unterkünfte und Mietwagen buchen. Es werden alle Arten von Touren vermittelt, außerdem gibt es einen Internetzugang und ein Wechselbüro.

Thirasia & vulkanische Inseln Θηρασία & Ηφαιστειακές Νησίδες

Das unverdorbene Thirasia (268 Ew.) wurde von Santorin durch einen Vulkanausbruch im Jahre 236 v. Chr. getrennt. In der Chora Manolas oben auf dem Hügel gibt es Tavernen und Fremdenzimmer. Es ist ein attraktiver Ort, der deutlich gemächlicher und besinnlicher ist, als Fira es jemals sein könnte. Thirasia ist eine Haltestelle für einige der Hauptfährverbindungen von und nach Athinios, die Fähren legen einige Mal pro Woche an (2 €, 20 Min.).

Auf den unbewohnten Inseln **Palia Kameni** und **Nea Kameni** gibt es immer noch Vulkantätigkeit; sie können bei verschiedenen Bootsausflügen ab Fira Skala und Athinios besucht werden (siehe S. 459). Ein Tagesausflug nach Nea Kameni, zu den **heißen Quellen** bei Palia Kameni, Thirasia und Oia kostet rund 28 €.

ANAFI

273 EW.

Anafi (Ανάφη) liegt knapp 19 km östlich von Santorin. Es ist eine winzige Insel am fernen Horizont irgendwo zwischen dem Traum vom alten Griechenland und dem modernen Urlaubsvergnügen. Eine gemächliche, traditionelle Lebensart und beeindruckende kykladische Landschaften sind die Kennzeichen dieser liebenswerten Insel. Wenn nicht gerade Hochsommer ist, sind nur wenige Touristen unterwegs – allerdings steigt Anafi langsam auf der Beliebtheitsskala.

Sehenswertes

In der Nähe von Agios Nikolaos sind mehrere schöne Strände zu finden. Der von Palmen gesäumte **Klissidi** ist der nächste und gleichzeitig der beliebteste. Er befindet sich 1,5 km vom Hafen entfernt; man kann zu Fuß dorthin wandern.

Die Hauptsehenswürdigkeit von Anafi ist das Kloster **Moni Kalamiotissas.** Hierher sind es entweder 9 km über die Landstraße von Chora aus oder zu Fuß 6 km über einen deutlich schöneren Wanderweg. Es liegt ganz im Osten der Insel, neben den dürftigen Überresten des **Apollon-Tempels** und unterhalb des Gipfels des 470 m hohen **Klosterfelsens,** der höchsten Felsformation im Mittelmeer, die sogar noch Gibraltar in den Schatten stellt. Die Wanderung zum Kloster stellt eine lohnenswerte Expedition dar, ist aber zuweilen eine recht harte Tour, die insgesamt einen ganzen Tag in Anspruch nimmt. Bei **Kastelli,** östlich von Chora, gibt es außerdem Ruinen eines venezianischen *kastro* zu sehen.

Schlafen

Viele der Zimmer in Chora haben einen schönen Blick über die sanften Hügel von Anafi bis zum Meer und auf den großartigen Gipfel des Klosterfelsens.

In der Hochsaison bevorzugen die *domatia*-Vermieter Gäste, die sich länger aufhalten wollen. Wer also nur eine Nacht bleiben möchte, sollte besser gleich nehmen, was er bekommen kann, oder schon im Voraus reservieren.

Apollon Village Hotel APARTMENTS €€
(☎22860 28739; www.apollonvilla.gr; EZ/DZ/3BZ/Apt./4BZ 70/95/115/115/130 €; ⊙Mai–Sept.; ❄@) Diese hübschen Zimmer und Studios, die jeweils nach einer Gottheit des Olymps benannt sind und einen fabelhaften Ausblick bieten, liegen gestaffelt über dem Strand Klissidi und sind keinesfalls überteuert. Das Frühstück kostet 8 €. Die Blue Café-Bar ist ein cooler, schicker Anbau zum Hotel, wo es hausgemachte Süßwaren und Gebäck gibt.

Margarita's Rooms DOMATIA €
(☎22860 61237; anafi1@hotmail.com; EZ/DZ 50/60 €) Angenehme kleine Zimmer direkt am Strand neben Margarita's Café. Sie erzählen noch von dem Strandleben aus ruhigeren Zeiten.

Panorama DOMATIA €
(☎22860 61292) Saubere, einfache Zimmer mit Panoramablick vom Balkon

Paradise DOMATIA €
(☎22860 61243) Einfache, aber komfortable Zimmer mit Blick über die Insel

Villa Galini DOMATIA €
(☎22869 61279; www.villagalini-anafi.com) In einer schönen und ruhigen Lage unterhalb des Hauptdorfes

Essen

In Chora gibt es mehrere Tavernen, die allesamt an der Hauptstraße liegen.

Liotrivi TAVERNE €
(Hauptgerichte 4–9 €) Großartige Fischgerichte (pro Kilo), die fangfrisch vom Boot der Familie geliefert werden. Darüber hinaus gibt es aber auch so ziemlich alles andere, was das Herz begehrt – von Eiern bis hin zu Gemüse und Honig –, und alles stammt aus eigener Produktion.

Armenaki TAVERNE €
(Hauptgerichte 5–6,50 €) Gute traditionelle griechische Kost wird in dieser großartigen Taverne auf einer luftigen Terrasse serviert und von Live-*bouzouki* an Sommerabenden begleitet.

Margarita's TAVERNE €
(Klissidi; Hauptgerichte 6–10,50 €) Eine sonnige, kleine Terrasse mit Blick auf die Bucht von Klissidi lädt hier zum Essen ein. Schweinefleisch mit Pilzen in einer Zitronensauce ist eine besonders gute Wahl. Das Frühstück kostet 2,50 bis 5 €.

Praktische Informationen

Der kleine Hafen der Insel ist Agios Nikolaos. Von hier aus liegt das Hauptdorf **Chora** nur 10 Minuten mit dem Bus eine kurvige Straße bergauf; zu Fuß geht's 1 km einen weniger kurvigen, aber dafür steilen Wanderweg hinauf. Im Sommer verkehrt ein Bus zwischen 9 und 23 Uhr alle zwei Stunden und steht in der Regel zur Ankunft der

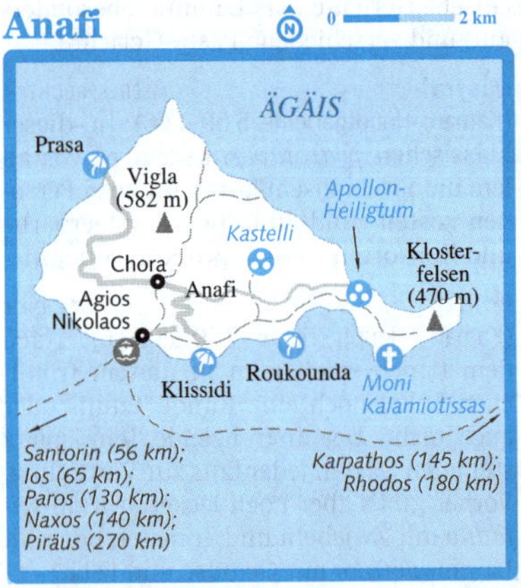

ABSTECHER

KYKLADISCHE KÜCHE IN BESTFORM

Santorins international gepriesenes Restaurant **Selene** (☎22860 22249; www.selene.gr; Gerichte 14–31 €), das sich einst in Fira befand, ist in das hübsche Bergdorf Pyrgos mitten in das Herz der Landwirtschaft und kulinarischen Kultur der Insel umgezogen. Zu den neuen beachtlichen Räumlichkeiten des Selene gehören ein Restaurant, ein Café und eine Weinbar. Es liegt oberhalb des Dorf- und Volkskundemuseums von Drosos-Chrysos, einem passenden Pendant. Der visionäre Eigentümer des Selene, Giorgos Chatziyannakis, seine Küchenchefin Konstantina Faklari und ihr Personal setzen immer noch auf die kreative Küche aus kykladischen Produkten und einzigartige lokale Zutaten, wie die kleinen Tomaten und *fava*-Bohnen aus Santorin. Gemäß dem kreativen Ethos des Selene wechselt die Speisekarte immer wieder, aber Markenzeichen, wie der grüne Salat mit Erdbeeren und *xinomyzithra*-Käse in Basilikumkruste, oder Hauptgerichte, wie Lamm mit grünen Bohne und Zitronenschaum, geben einen Einblick in die Qualität und Kreativität dieses Hauses. Die Speisekarte des Cafés und der Weinbar sind kein bisschen weniger einfallsreich – Tarte aus *fava*-Bohnen mit Eiern und Tomaten –, aber weniger kostspielig. Ein Keller voll mit den besten Weinen, vor allem Jahrgangsweine aus Santorin, rundet das Erlebnis ab. Und Giorgios Chatziyannakis bietet seine beliebten Kochkurse und sonstigen kulinarischen Events auch in Pyrgos weiterhin an.

Boote im Hafen bereit. Die Hauptfußgängerzone von Chora führt von der ersten Bushaltestelle bergauf. Hier liegen die meisten Fremdenzimmer, Restaurants und Minimärkte.

Es gibt einen Geldautomaten an einem kleinen Kiosk, gleich hinter einer öffentlichen Telefonzelle auf halber Strecke links an der Hafenstraße.

Es gibt eine Postagentur, die gelegentlich geöffnet ist; sie liegt neben dem Panorama am Eingang von Chora.

Fährtickets gibt's beim **Reisebüro** (☎22860 61408) in der Hauptstraße von Chora neben dem Roussou-Minimarkt oder in einem kleinen Büro am Hafen kurz vor der Ankunft der Fähren.

ℹ An- & Weiterreise

Anafi ist relativ weit ab vom Schuss. In der Nebensaison ist es immer noch eine Herausforderung, dorthin zu gelangen, aber im Sommer gibt es annehmbare Verbindungen von Piräus, Santorin, Sikinos, Folegandros, Naxos, Paros und sogar Syros.

FÄHRVERBINDUNGEN AB ANAFI

REISEZIEL	HAFEN	DAUER	PREIS	HÄUFIGKEIT
Folegandros	Anafi	4 Std. 20 Min.	12 €	5-mal wöchentl.
Ios	Anafi	3 Std. 25 Min.	9 €	5-mal wöchentl.
Karpathos	Anafi	6¼ Std.	18 €	5-mal wöchentl.
Kea (Tzia)	Anafi	14 Std. 10 Min.	28 €	2-mal wöchentl.
Kythnos	Anafi	13 Std. 10 Min.	25 €	2-mal wöchentl.
Naxos	Anafi	5½ Std.	14,30 €	5-mal wöchentl.
Paros	Anafi	6 Std. 35 Min.–9 Std.	17 €	3–4-mal wöchentl.
Piräus	Anafi	11 Std. 20 Min.	31 €	3-mal wöchentl.
Rhodos	Anafi	12 Std.	25 €	5-mal wöchentl.
Santorin (Thira)	Anafi	1½ Std.	8 €	5-mal wöchentl.
Sikinos	Anafi	4 Std.	10 €	4-mal wöchentl.
Syros	Anafi	9 Std. 35 Min.	19 €	4-mal wöchentl.

ℹ Unterwegs vor Ort

Ein kleiner Bus holt die Passagiere nach der Ankunft am Hafen ab und bringt sie hoch nach Chora. Kaiks fahren zu verschiedenen Stränden und nahe gelegenen Inseln.

SIKINOS

238 EW.

Das einsame Sikinos (Σίκινος) ist eine attraktive Zufluchtstätte, um dem Lärm und dem Getümmel auf Ios und Santorin zu entgehen. Dabei ist diese wunderbare Insel nicht viel kleiner als Santorin. Ihre Landschaft aus terrassenartigen Hügeln, die sich sanft bis zum Meer hinziehen, ist weitestgehend unbebaut. Die wichtigsten

Orte sind der Hafen von Alopronia und die miteinander verbundenen Dörfer Chora und Kastro im Landesinneren, zu denen eine 3,4 km lange kurvige Straße vom Hafen herauf führt. Es gibt ein Postamt am Eingang nach Kastro und einen Geldautomaten der National Bank of Greece am zentralen Platz in Kastro. Das Gesundheitszentrum liegt gleich neben dem Geldautomaten. Fährtickets können im Voraus bei **Koundouris Travel** (☎22860 51168, 69366 21946) gekauft werden. Es gibt eine Tankstelle außerhalb von Alopronia auf der Straße nach Kastro. Roller werden hier für rund 15 bis 20 € vermietet.

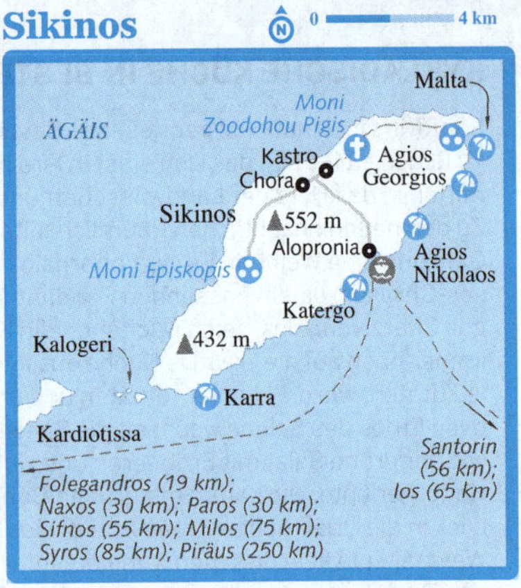

Sehenswertes

Kastro, benannt nach einer venezianischen Festung aus dem 13. Jahrhundert, die einst hier stand und von der nur wenig übrig ist, ist ein reizender Ort. Hier schlängeln sich enge Gassen zwischen strahlend weißen Häusern hindurch. Im Zentrum liegt der Hauptplatz mit einem Kriegsdenkmal. Drumherum stehen alte Gebäude, eines davon hat eine schön verzierte Fenstereinfassung aus Stein, die immer wieder gekalkt wurde. An einer Seite liegt die Kirche **Pantanassa.**

An der Nordseite von Kastro fällt das Land steil ins Meer ab, und die Gerippe alter Windmühlen stehen hier und da am Klippenrand. Eine getünchte Treppe führt zu der einst wehrhaften Kirche **Moni Zoodochos Pigis** über der Stadt.

Im Westen von Kastro liegt über steilen Feldern und über eine ebenso steile Treppe erreichbar das entlegene **Chora,** in dem zahlreiche heruntergekommene Häuser wieder renoviert wurden.

Von dem Grat zwischen Kastro und Chora aus führt eine befestigte Straße in südwestlicher Richtung zum **Moni Episkopis** (Eintritt frei; ⏲18.30–20.30 Uhr). Die Ruinen sollen von einem römischen Mausoleum aus dem 3. Jahrhundert stammen, das im 7. Jahrhundert in eine Kirche umgebaut wurde, die wiederum zehn Jahrhunderte später zum Kloster wurde. Von hier aus kann man zu einer kleinen **Kirche** und zu **antiken Ruinen** aufsteigen, die auf einem Vorsprung in südlicher Richtung thronen. Der Ausblick ist spektakulär.

Kaiks (etwa 6 €) fahren zu den guten Stränden **Agios Georgios, Malta,** über denen sich auf einem Hügel antike Ruinen erheben, und **Karra.** Eine befestigte Straße führt nach Agios Georgios und zu den umliegenden Stränden. Busse fahren im Sommer von Alopronia aus zu diesen Stränden. **Katergo,** eine Badestelle mit interessanten Felsen, und der Strand **Agios Nikolaos** lassen sich beide bequem von Alopronia aus zu Fuß erreichen.

Schlafen & Essen

Es gibt am Hafen Unterkünfte, aber Chora ist als Quartier interessanter. Einen Minimarkt gibt's neben dem Lucas in Alopronia und einen weiteren in Kastro.

Porto Sikinos HOTEL €€
(☎22860 51220; www.portosikinos.gr; Alopronia; EZ/DZ/3BZ inkl. Frühstück 107/135/177 €; ❄) Dieses Hotel ist dasjenige Hotel auf Sikinos, das noch am ehesten wie ein traditionelles Haus aussieht. Gleichzeitig ist es auch das teuerste Hotel. Es liegt gleich oberhalb des Hafens. Die angenehmen, gut ausgestatteten Zimmer erheben sich über mehrere Terrassen und haben vom Balkon aus eine weite Aussicht. Es gibt auch eine Bar und ein Restaurant.

Lucas Rooms DOMATIA €
(☎22860 51076; www.sikinoslucas.gr; Alopronia; DZ/Studios 55/85 €; ❄) Zwei gute Häuser mit passablen und sauberen Zimmern. Sie liegen an einem Hang, 500 m bergauf vom Hafen. Die Studios sind an der anderen Seite der Bucht gegenüber vom Fähranleger zu finden und bieten einen verträumten Ausblick über den Strand.

Kastro Studios STUDIOS €€
(☎22860 51026/283; Kastro; Zi. 80 €; ❄) Hoch über Kastro sind diese gut ausgestatteten

Zimmer für Selbstversorger mit tollem Ausblick. Sie sind eine gute Adresse.

Persephone's Rooms DOMATIA €€
(☎22860 51229; *kastro*; EZ/DZ/3BZ 40/60/70 €) Persephone's bietet wirklich anständige Zimmer, die eher als Studios zu bezeichnen sind.

Rock TAVERNE €
(Alopronia; Gerichte 3–8,50 €) Hoch oben über dem Fähranleger liegt dieses Saison-Café und Pizzalokal, in dem man auch bis in die frühen Morgenstunden abhängen kann (manchmal bei Live-Musik). Es gibt auch Zimmer, die Doppelzimmer kosten zwischen 45 und 60 €.

Lucas Taverne TAVERNE €
(Alopronia; Gerichte 6–13 €) Wer in Alopronia gut essen gehen möchte, sollte die Taverne Lucas gleich oberhalb des Hafens ausprobieren. Dort gibt es typische griechische Kost ohne Schnickschnack und Fisch zum Kilopreis.

To Steki tou Garbi TAVERNE €
(*kastro*; Gerichte 4–8 €) Ein gutes, traditionelles Grillrestaurant gleich um die Ecke von Koundouris Travel in Kastro.

To Iliovasilema TAVERNE €
(Kastro; Hauptgerichte 4,50–8 €) Großartige Aussicht von einer großen Terrasse

Kastro Bar CAFÉ €
(☎22860 51026) Die Kastro Bar mit ihrem coolen Ambiente befindet sich auf dem Weg zum Moni Zoodochos Pigis. Kaffee, Drinks und Eiscreme sind die Säulen der Speisekarte, und griechische Musik ist Standard.

An- & Weiterreise

Der öffentliche Bus steht bei allen Fährankünften bereit und verkehrt im August halbstündlich zwischen Alopronia und Chora/*kastro* (1,40 €, 20 Min.), zu anderen Jahreszeiten weniger häufig. Manchmal hängt ein Fahrplan in der Nähe des Minimarktes aus. Es empfiehlt sich sehr, rechtzeitig an der Abfahrtstelle zu sein.

FÄHRVERBINDUNGEN AB SIKINOS

REISEZIEL	HAFEN	DAUER	PREIS	HÄUFIGKEIT
Anafi	Sikinos	4 Std.	10 €	4-mal wöchentl.
Folegandros	Sikinos	40 Min.	5 €	1–3-mal tgl.
Ios	Sikinos	20 Min.	5 €	1–4-mal tgl.
Kea (Tzia)	Sikinos	11 Std.	24 €	2-mal wöchentl.
Kythnos	Sikinos	10¼ Std.	18 €	2-mal wöchentl.
Naxos	Sikinos	2¼ Std.	8 €	4-mal wöchentl.
Paros*	Sikinos	3 Std. 10 Min.	15,10 €	1–2-mal tgl.
Piräus	Sikinos	8 Std. 25 Min.	31 €	4-mal wöchentl.
Santorin (Thira)	Sikinos	1¾ Std.	8 €	4-mal wöchentl.
Syros	Sikinos	7 Std.	13 €	1–3-mal tgl.

*Schnellverbindungen

FOLEGANDROS

667 EW.

Folegandros (Φολέγανδρος) liegt am südlichen Rand der Kykladen, dahinter beginnt das weite Kretische Meer. Die Insel ist von einer geradezu himmlischen Schönheit. Neben der allgemeinen Naturschönheit hat sie auch noch ihre hübsche Hauptsiedlung Chora zu bieten, die sich oben auf den Klippen befindet. Sie ist eines der ansprechendsten Dörfer der gesamten Kykladen. Folegandros ist knapp 12 km lang und an seiner breitesten Stelle knapp 4 km breit. Agios Eleftherios (414 m) ist der höchste Punkt der Insel. Die grausame Geschichte liegt jedoch auf Folegandros nur dicht unter der Oberfläche. Wegen seiner Abgelegenheit und Wildheit diente die Insel Folegandros seit den Zeiten der Römer bis ins 20. Jahrhundert in die Zeit der Militärdiktatur von 1967 bis 1974 hinein immer wieder als Gefängnis für politisch Unliebsame. Heute jedoch überstrahlt der verführerische Charme von Folegandros seine etwas düstere Vergangenheit.

Boote machen in dem kleinen Hafen Karavostasis an der Ostküste fest. Die einzige andere Siedlung ist Ano Meria, 4 km nordwestlich von Chora gelegen. Es gibt mehrere gute Strände, einige davon sind allerdings nur durch eine beschwerliche Wanderung zu erreichen.

An- & Weiterreise

Nachdem die Fährverbindungen einst sehr schlecht waren, hat Folegandros inzwischen wenigstens in den Sommermonaten eine gute Anbindung an Piräus über die Route der westlichen Kykladen. Es gibt im Sommer sogar Verbindungen nach Santorin und zum fernen Amorgos.

Folegandros

FÄHRVERBINDUNGEN AB FOLEGANDROS

REISEZIEL	HAFEN	DAUER	PREIS	HÄUFIGKEIT
Amorgos*	Folegandros	3 Std. 20 Min.	59,60 €	1-mal tgl.
Anafi	Folegandros	4¾ Std.	13 €	5-mal wöchentl.
Ios	Folegandros	1 Std. 5 Min.	8 €	1–2-mal tgl.
Kea (Tzia)	Folegandros	10 Std. 10 Min.	22 €	2-mal wöchentl.
Kimolos	Folegandros	1 Std. 20 Min.	7 €	5-mal wöchentl.
Koufonisia*	Folegandros	3½ Std.	56,20 €	1-mal tgl.
Kythnos	Folegandros	7¼ Std.	19 €	2-mal wöchentl.
Milos	Folegandros	2½ Std.	9 €	5-mal wöchentl.
Milos*	Folegandros	1¼ Std.	29,60 €	4-mal wöchentl.
Naxos	Folegandros	5 Std. 35 Min.	39,70 €	4-mal wöchentl.
Piräus	Folegandros	13 Std.	32 €	4-mal wöchentl.
Piräus*	Folegandros	4 Std.	54–59,60 €	1–3-mal tgl.
Paros	Folegandros	4–6 Std.	10 €	5-mal wöchentl.
Santorin (Thira)	Folegandros	2½ Std.	9 €	1–3-mal tgl.
Santorin (Thira)*	Folegandros	30 Min.	29,50 €	1-mal tgl.
Serifos	Folegandros	7 Std. 40 Min.	19 €	5-mal wöchentl.
Sifnos	Folegandros	4½ Std.	17 €	1–3-mal tgl.
Sifnos*	Folegandros	1 Std.	20 €	4-mal wöchentl.
Sikinos	Folegandros	40 Min.	6 €	1–3-mal tgl.
Syros	Folegandros	5 Std. 10 Min.	15 €	4-mal wöchentl.

*Schnellverbindungen

ℹ Unterwegs vor Ort

Der öffentliche Bus nach Chora steht bei den Fährankünften bereit (1,50 €). Ab Chora fahren Busse eine Stunde vor allen Fährabfahrten zum Hafen. Im Sommer fahren Busse von Chora stündlich nach Ano Meria (1,80 €) mit Zwischenstop am Angali-Strand (2 €). Die Bushaltestelle für Ano Meria liegt am Westrand von Chora.

Es gibt einen **Taxiservice** (☎22860 41048, 69446 93957) auf Folegandros. Fahrten zum Hafen kosten 6 bis 9 €, nach Ano Meria 10 € und zum Angali-Strand 9 bis 13 €.

Autos können an verschiedenen Stellen für rund 60 € pro Tag und Motorräder für rund 25 € pro Tag gemietet werden. Außerhalb der Hauptsaison können die Preise sich halbieren.

Im Sommer verkehren regelmäßig kleine Boote zwischen den Stränden.

Karavostasis
Καραβοστάσις

55 EW.

Der Hafen von Folegandros ist ein sonniger Ort mit einem angenehmen Kiesstrand. Nur einen Kilometer sowohl in nördlicher als auch in südlicher Richtung von Karavostasis entfernt sind eine Reihe weiterer Strände zu finden, die alle einladend und leicht zu Fuß erreichbar sind. In der Hochsaison bedienen auch Boote die Strecken von Karavostasis zu etwas entfernteren Stränden.

Schlafen & Essen

Am Hafen stehen einige Tavernen, die eher Standardgerichte auftischen, und am Strand gibt's ein paar gute Bars. Wer es lange am Strand aushält, findet **Evangelos** direkt am Strand. Dies ist der richtige Ort für entspannte Drinks, kleine Snacks und gute Gespräche.

Aeolos Beach Hotel HOTEL **€€**
(☎22860 41205; www.aeolos-folegandros.gr; DZ/3BZ 85/100 €) Dieses angenehme Hotel gleich gegenüber vom Strand hat gut ausgestattete Zimmer von passabler Größe. Es liegt in einem friedlichen Garten. Das Frühstück kostet 8 €.

Anemi LUXUSHOTEL **€€€**
(☎22860 41610; www.anemihotels.com; DZ inkl. Frühstück 320–370 €, Suite inkl. Frühstück 450–720 €; P❄@≋) Diese attraktive Anlage mit Luxusvillen ist in den letzten Jahren hinter dem Hafen entstanden. Sie stellt die kykladische Architektur gekonnt in einen modernen Kontext. Die Wahl der Einrichtung und der Möbel zeigt ebenfalls den Schwerpunkt auf einem modernen Look, und jede Villa ist individuell gestylt. Es stehen geräumige Gemeinschaftsflächen zur Verfügung, einige der Villen sind mit privaten Pools ausgestattet, es steht ein großer Pool für alle zur Verfügung, und es gibt einen Barbereich.

Kalia Kardi TAVERNE **€**
(Hauptgerichte 5–10 €) Eine ausgezeichnete traditionelle Taverne auf der oberen Terrasse der Hafenstraße. Der Name heißt übersetzt vielversprechend „Gutes Herz". Auf der appetitlichen Speisekarte werden Gerichte wie Spinatkuchen als Vorspeise und beispielsweise Fischsuppe als Hauptgericht angeboten. Das Frühstück kostet hier 2,50 bis 6 €.

Chora (Folegandros)
Χώρα (Φολέγανδρος)

374 EW.

Nicht zu übersehen sind in Chora sein mittelalterliches *kastro* und seine attraktive Hauptstraße, die von den traditionellen Häusern gesäumt ist. Aber auch der Rest des Dorfes ist entzückend. Die Hauptstraße windet sich munter von einem begrünten Platz zum anderen. Das Dorf an sich beginnt an der Plateia Pounta, von wo aus die Fußgängerzone zur Plateia Dounavi führt und dann zur Plateia Kontarini, zur Plateia Piatsa und schließlich zur Plateia Maraki. An seiner Nordseite steht Chora am Rand einer gewaltigen Klippe.

Sehenswertes

Chora zu durchstreifen macht einfach Spaß. Das mittelalterliche **kastro,** ein Gewirr aus engen Straßen, die von niedrigen Bogengängen überspannt werden, datiert aus der Zeit, als Marco Sanudo im 13. Jahrhundert über die Insel herrschte. Die Holzbalkone der Häuser leuchten vor Bougainvilleen und Hibiskus.

Das lang gezogene Dorf außerhalb des *kastro* ist ebenso attraktiv und sehenswert. Von der Plateia Pounta und der Bushaltestelle führt ein steiler Pfad zur großen Marienkirche **Panagia** (⏲18–20 Uhr), die auf einer dramatischen Klippe hoch oben über der Stadt thront.

Geführte Touren

Bootsausflüge rund um die Insel (pro Erw./Kind einschließlich Mittagessen 28/10 €) und zum nahen Sikinos (pro Erw./Kind 22/11 €) können bei Diaplous Travel und beim Sottovento Tourism Office gebucht werden.

Schlafen

Im Juli und August werden die meisten *domatia* und Hotels voll sein, daher unbedingt weit im Voraus buchen.

Anemomylos Apartments HOTEL **€€€**
(☎22860 41309; www.anemomilosapartments.com; DZ 180–230 €; ❄@☎≋) Eine Spitzenlage oben auf einer Klippe sorgt für einen Ehrfurcht einflößenden Blick von den Terrassen und den Zimmern aus, die zum Meer hinaus liegen. Die Anlage ist sehr schick, und die Zimmer sind elegant; kostbare Antiquitäten heben das Ambiente. Das Anemomylos liegt nur ein kleines

Stück von der Bushaltestelle entfernt. Eine Wohneinheit ist barrierefrei gestaltet.

Aegeo HOTEL €€
(☎22860 41468; www.aegeohotel.com; EZ/DZ/3BZ 80/95/120 €; ❄@📶) Das am Stadtrand gelegene Aegeo fängt den klassischen kykladischen Stil mit seinem Innenhof, mit dem vielen Weiß und Blau und den leuchtend roten Bougainvilleen ein. Die Zimmer sind tadellos und hell.

Pounta Traditional Houses HAUS €€
(☎22860 41063; Häuser ab 100 €) Liegt außerhalb des Dorfes. Eher ausgewachsene Häuser im Stil von Folegandros als Studios oder Apartments. Sie haben Charakter und liegen landschaftlich schön.

Evgenia HOTEL €€
(☎22860 41006; aegohotel.com/evgenia; EZ/DZ/Suite 60/75/110 €; ❄📶) Diese sauberen und gut geführten Zimmer und Studios liegen gleich am Eingang von Chora.

Essen

LP TIPP **Pounta** TAVERNE €
(Plateia Pounta; Gerichte 6–11 €) Im Garten des Pounta kann man sich dem Flair des Griechenlands vergangener Tage kaum entziehen, und der höfliche Service unterstreicht dies noch. Das traditionelle Essen ist ausgezeichnet, vom Frühstück ab 5 € bis hin zu Abendmahlzeiten wie Kaninchen-*stifadho* oder einer köstlichen Kasserolle aus Artischockenherzen, Zwiebeln, Dill, Karotten und Kartoffeln in einer Ei- und Zitronensauce. Serviert wird alles auf einem schönen Geschirr, das von einer der Inhaberinnen, Lisbet Giouri, selbst getöpfert wird. Ihre Erzeugnisse kann man hier auch kaufen.

Eva's Garden GRIECHISCH €€
(Hauptgerichte 9–25 €) Evas Garten verleiht der Küche von Folegandros einen internationalen Touch. Bei den Vorspeisen gibt es Püree aus *fava*-Bohnen mit Zwiebeln und Petersilie, während bei den Hauptgerichten Edelkrebs und Safranrisotto und Schweinefilet in Räucherkäsesauce mit Kartoffelpüree auf der Karte stehen. Die Weinkarte passt sehr gut dazu und umfasst auch Jahrgangsweine von Argiros aus Santorin. Hinter der Plateia Kontarini immer rechts halten.

Melissa TAVERNE €
(Plateia Kontarini; Hauptgerichte 5–9 €) Gutes Essen und reizende Inhaber. Die Inselspezialität *matsata* (handgemachte Pasta) mit Fleisch nach eigener Wahl ist immer einen Versuch wert, ebenso die Fischsuppe. Vegetarier werden sich über den gefüllten Kohl freuen.

Zefiros MEZEDHES €
(Gerichte 6,50–12 €) Eine großartige *ouzerie* und ein tolles *mezedhopoleio* mit einer anspruchsvollen Auswahl an Ouzo-Arten. Es gibt *mezedhes*-Teller für zwei Personen zu 20 € sowie kleine gemischte Platten, dazu Gerichte wie Lamm in Weinblättern und Garnelen-*saganaki*. Hinter der Plateia Kontarini links halten.

Ausgehen & Unterhaltung

Folegandros hat ein paar schicke Café-Bars, wie das **Caffé de Viaggiatori** (☎22860 41444) neben dem Sottovento Tourism Office, das italienische Weine und Fingerfood anbietet. Weiter drinnen in Chora liegt das **To Mikro** (☎22860 41550), eine gute Adresse für Kaffee, Crêpes und Kuchen am Tag und Cocktails bei Nacht.

Am „West End" von Chora liegt eine Ansammlung bunter Musik-Bars: vorneweg die **Greco Café-Bar** (☎22860 41456) mit ihrer großartigen Soundmischung aus einem Bestand von über 1000 CDs; die Wände zieren lebhafte Wandgemälde. Nebenan sind der **Avli Club** mit Lounge am frühen Abend, wo zu vorgerückter Stunde Rock, Disco, Latin und griechische Musik gespielt wird, sowie **A Liar Man** für Reggae, Weltmusik und Soul und einem Hängemattengarten mit tollem Ausblick.

Ein für Folegandros typisches Getränk ist *rakomelo* – warmer *raki* mit Honig und Nelken. Eine der besten Bars dafür und für einen hochprozentigen Start in das Nachtleben ist das **Astarti**, neben der Taverne Melissa an der Plateia Kontarini.

Praktische Informationen

Auf Folegandros gibt es kein offizielles Fremdenverkehrsamt. Eine gute Informationsquelle ist das Sottovento Tourism Office mit seiner Website.

Es gibt einen Geldautomaten an der anderen Seite der Plateia Dounavi, gleich neben der Gemeindeverwaltung. Die Post liegt an der Hafenstraße, 200 m bergab von der Bushaltestelle.

Reisebüros lösen Reiseschecks ein.

Diaplous Travel (☎22860 41158; www.diaplous travel.gr; Plateia Pounta) Ein hilfsbereites und nützliches Büro – verkauft Fährtickets, wechselt Geld und wickelt Geldüberweisungen ab. Kann auch Bootsausflüge vermitteln. Der Internetzugang kostet 1 € pro 15 Minuten. Es gibt noch eine Zweigstelle in der Karavostasis.

Maraki Travel (☎22860 41273; Fax 22860 41149; Plateia Dounavi; ⌚10.30–12 & 17–21 Uhr) Verkauft Fährtickets und wechselt Geld. Es gibt noch eine Zweigstelle in der Karavostasis.

Medizinische Versorgung (☎22860 41222; Plateia Pounta)

Polizei (☎22860 41249) Geradeaus weiter von der Plateia Maraki

Sottovento Tourism Office (☎22860 41444; www.folegandrosisland.com) An der Plateia Pounta; ist zugleich das italienische Konsulat und gegenüber Touristen sehr hilfsbereit, vermittelt auch Unterkünfte, internationale und Inlandsflüge sowie Bootsausflüge

Ano Meria Ανω Μεριά

293 EW.

Das Dorf Ano Meria ist eine weitläufige Gemeinde aus kleinen Bauernhöfen und Wohnstätten, die sich über mehrere Kilometer erstreckt. Dies ist das traditionelle Inselleben, dem der Tourismus nichts anhaben kann. Das Leben geht hier einfach seinen gewohnten Gang.

Das **Volkskundemuseum** (Eintritt 1,50 €; ⌚17–20 Uhr) liegt am östlichen Dorfrand. Am besten den Busfahrer darum bitten, in der Nähe abgesetzt zu werden.

Es gibt mehrere farbenfrohe traditionelle Tavernen in Ano Meria, darunter das **I Synantisi** (Gerichte 4–8 €), das auch als Maria bezeichnet wird, und das **Mimi** (Gerichte 4 €). Die Spezialität ist *pastitsio* (Lamm mit Makkaroni und Tomaten).

Unterwegs auf Folegandros

Für den **Livadi-Strand,** 1,2 km südwestlich von Karavostasis, die „Umgehungsstraße“ gleich hinter dem Hotel Anemi nehmen und ihr um die Küste folgen. Der **Katergo-Strand** liegt an der südöstlichen Spitze der Insel. Er ist am besten von Karavostasis per Boot zu erreichen.

Der Sand- und Kiesstrand **Angali,** an der Küste gegenüber von Chora, ist ein beliebter Fleck, zu dem inzwischen eine befestigte Straße führt; eine Bushaltestelle gibt es auch. Es gibt hier ein paar Zimmer und anständige Tavernen.

Rund 750 m westlich von Angali führt ein Fußweg über einen Hügel zum Strand **Agios Nikolaos,** an dem auch FKK möglich ist. Eine Reihe von Stränden ist ab dem Ende der Straße hinter Ano Meria erreichbar. Der **Livadaki-Strand** liegt noch einmal 1,5 km von der Bushaltestelle an der Kirche Agios Andreas in Ano Meria entfernt. In der Hochsaison werden diese Strände der Westküste auch von Booten angefahren. **Agios Georgios** liegt nördlich von Ano Meria und ist nur durch eine anstrengende Wanderung zu erreichen; ohne festes Schuhwerk und Sonnenschutz geht's nicht. Da es an den meisten Stränden keine Shops oder Tavernen gibt, sollte man außerdem etwas zu essen und zu trinken mitbringen.

Im Juli und August fahren bei gutem Wetter Ausflugsboote von Karavostasis nach Katergo (8 €), Angali und Agios Nikolaos (4 €) sowie von Angali zum Livadaki-Strand (8 €). Die Boote fahren halbstündlich zwischen 11 und 19 Uhr.

MILOS

4771 EW.

Milos (Μηλος) hat eine dramatische Küstenlandschaft mit bunten und surrealen Felsformationen, die auf den vulkanischen Ursprung der Insel schließen lassen. Hier gibt es heiße Quellen, mehr Strände als auf jeder anderen kykladischen Insel und ein paar unwiderstehliche antike Stätten.

Der Abbau von Bodenschätzen hat auf der Insel eine faszinierende Geschichte. Der Bergbau reicht bis in die neolithische Periode zurück, als Obsidian ein wichtiges Material war und sogar bis in das minoische Reich auf Kreta exportiert wurde. Heutzutage ist Milos die größte Produktions- und Verarbeitungsstätte der EU für Bentonit und Perlit.

Filakopi, eine antike minoische Stadt im Nordosten der Insel, war eine der frühesten Siedlungen der Kykladen.

Der berühmteste Export der Insel, die schöne *Venus von Milo* (eine Statue der Aphrodite aus dem 4. Jahrhundert v. Chr., die 1820 in einem Olivenhain gefunden wurde), steht weit entfernt im Louvre (und hat angeblich auf dem Weg nach Paris im 19. Jahrhundert die Arme verloren).

An- & Weiterreise

Pro Woche gibt es zwei Flüge zwischen Milos und Athen. (41 €, 40 Min.). Diese sind oft schon weit im Voraus ausgebucht. Milos liegt an derselben westkykladischen Fährroute wie ihre nördliche Nachbarin Serifos.

FÄHRVERBINDUNGEN AB MILOS

REISEZIEL	HAFEN	DAUER	PREIS	HÄUFIGKEIT
Amorgos	Milos	5¼ Std.	56,20 €	1-mal tgl.
Folegandros	Milos	2½ Std.	9 €	5-mal wöchentl.
Folegandros*	Milos	1¼ Std.	29,80 €	4-mal wöchentl.
Ios	Milos	3 Std. 35 Min.–6¾ Std.	16 €	5–6-mal wöchentl.
Iraklia	Milos	9 Std. 25 Min.	24 €	3-mal wöchentl.
Kimolos	Milos	1 Std.	5 €	8-mal wöchentl.
Kythnos	Milos	3¾ Std.	18 €	1-2-mal tgl.
Naxos	Milos	2¼ Std.	56,20 €	4-mal wöchentl.
Paros	Milos	4¼ Std.	14 €	4-mal wöchentl.
Piräus	Milos	8 Std.	33 €	1–2-mal tgl.
Piräus*	Milos	2 Std. 50 Min.	54 €	2–3-mal tgl.
Santorin (Thira)	Milos	4 Std.	18 €	2-mal wöchentl.
Santorin (Thira)*	Milos	2 Std.	39,60 €	1-mal tgl.
Sifnos	Milos	3 Std. 40 Min.	8 €	1–2-mal tgl.
Sifnos*	Milos	1 Std.	15 €	1–2-mal tgl.
Serifos	Milos	3 Std.	8 €	1–2-mal tgl.
Serifos*	Milos	1½ Std.	16 €	1–3-mal tgl.
Syros	Milos	5 Std.	15 €	5-mal wöchentl.

*Schnellverbindungen

Unterwegs vor Ort

Es gibt keine Busverbindung zum Flughafen (südlich von Papikinou), sodass man ein **Taxi** (☎22870 22219) für rund 10 € (plus 0,30 € pro Gepäckstück) nehmen muss. Ein Taxi von Adamas nach Plaka kostet 8 € und von Adamas nach Pollonia ab rund 13 €; abends gilt ein Aufschlag von 1 €. **Taxi Andriotis** (☎6942590951) ist ein sehr freundlicher Betrieb.

Etwa stündlich fahren Busse von Adamas nach Plaka und Tripiti. Es bestehen außerdem Busverbindungen nach Pollonia (4-mal tgl.), Paleochori (3-mal tgl.), Provatas (3-mal tgl.) und zum Campingplatz Achivadolimni (Milos), östlich von Adamas (3-mal tgl.). Alle Fahrten kosten 1,60 €.

Autos, Motorräder und Mopeds können ebenfalls an der Uferpromenade gemietet werden. Ein hilfsbereiter Verleih ist **Giourgas Rent a Car** (☎22870 22352, 69377 57066; giourgas@otenet.gr). Dorthin geht's am Fähranleger in östlicher Richtung und dann an der Stelle landeinwärts, an der die Uferstraße ein ausgetrocknetes Flussbett überquert; dann nach mehreren hundert Metern rechts abbiegen.

Adamas Αδάμας

1391 EW.

Plaka ist der Hauptort von Milos und die ansprechendste aller Siedlungen, aber der lebendige Hafenort Adamas hat die meisten Unterkünfte, Geschäfte und Infrastruktur, dazu eine Uferpromenade.

Sehenswertes & Aktivitäten

Bergbaumuseum von Milos MUSEUM

(☎22870 22481; www.milosminingmuseum.gr; Erw./erm. 3/1,50 €; ⌚ Juli–Mitte Sept. 9–14 & 17–21 Uhr.) Dieses Museum ist auf jeden Fall ein Muss für Bergbaufans, aber eigentlich auch interessant für alle anderen. Außerhalb der Hauptsaison gelten verkürzte Öffnungszeiten. Es liegt ungefähr 600 m östlich des Fähranlegers.

GRATIS **Kirchenmuseum von Milos** MUSEUM

(☎22870-22252; www.ecclesiasticalmuseum.org; ⌚Mo–Sa, 9.15–13.15 & 18.15–22.15 Uhr) Hinter der Kreuzung, an der sich die Uferstraße landeinwärts wendet, liegt das kleine, aber faszinierende religiöse Museum in der Dreifaltigkeitskirche versteckt. Es ist stolz auf einige schöne Ikonen und andere Artefakte. Spenden sind willkommen.

Milos Diving Center TAUCHEN

(☎22870 41296; www.milosdiving.gr) Tauchkurse werden von diesem Tauchzentrum in Pollonia angeboten. Das Center ist Mitglied im Internationalen Verband für Taucher mit Behinderung (International Association for Handicapped Divers).

Kayak Milos KAJAKFAHREN

(☎22870 23597; www.seakayakgreece.com) organisiert Tagesausflüge für 65 € pro Person, inklusive Picknick. Es gibt auch längere Exkursionen und Wochentrips.

Geführte Touren

Around Milos Cruise GEFÜHRTE TOUREN

(☎6944375799; Touren 30 €; ⌚Mai–Sept.) Der Ausflug mit dem Holzschiff Captain Yiangos startet täglich um 9 Uhr. Es gibt

Milos & Kimolos

Stopps an verschiedenen Stränden rund um die Insel und bei Kimolos eine Mittagspause. Das Schiff kommt gegen 18 Uhr in den Hafen zurück. Tickets werden an der Uferpromenade verkauft.

Schlafen

Im Sommer sind Listen der freien *domatia* beim Touristenbüro am Kai erhältlich.

Terry's Rooms APARTMENTS €
(☎22870 22640; teristur@otenet.gr; DZ 50 €, Apt. 100–120 €; ❄) Eine tolle Adresse mit gemütlichen Zimmern und hübschen Apartments in ruhiger Lage über dem Hafen. Eine angenehme Mischung aus Tradition und Moderne bestimmt hier das Bild. Die Wegbeschreibung ist dieselbe wie die für Terry's Travel Service (siehe S. 486).

Hotel Delfini HOTEL €€
(☎22870 22001; www.delfinimilos.gr; EZ/DZ/3BZ 60/ 80/95 €; ⌚April–Okt.; ❄@) Ein angenehmes, komfortables Hotel mit vielen Annehmlichkeiten. Benachbarte Hotels haben die Aussicht verbaut, aber es gibt eine schöne Terrasse und ein warmherziges Ambiente. Es liegt westlich des Fähranlegers hinter dem Lagada Beach Hotel versteckt. Das Frühstück kostet 5 €.

Studios Helios APARTMENTS €€
(☎22870 22258; heaton.theologitis@utanet.at; Apt. 90–100 €; ⌚Mai–Mitte Okt.; ❄) Diese stylischen, schön möblierten Apartments liegen in unschlagbarer Lage hoch über dem Hafen und bieten Platz für zwei oder vier Personen. Gute Ausstattung für Selbstversorger ist vorhanden.

Achivadolimni (Milos) Camping CAMPINGPLATZ €
(☎22870 31410; www.miloscamping.gr; Achivadolimni; Stellplätze pro Erw./Kind/Zelt 7/4/4 €, Bungalows 68–131 €; ❄🏊) Dieser Campingplatz hat ausgezeichnete Einrichtungen,

darunter auch ein Restaurant, eine Bar und einen Fahrradverleih. Er liegt 4,5 km östlich von Adamas und ist vom zentralen Platz entlang der Hafenpromenade ausgeschildert; auch der Bus fährt dorthin (s. Unterwegs vor Ort, S. 484).

Essen

Navigo Taverna MEERESFRÜCHTE €
(Hauptgerichte 5,50–18 €) Das alteingesessene und bei den Einheimischen beliebte Navigo hat einen unvermindert guten Ruf für Meeresfrüchte. Der Muschel- und der Seeigelsalat lohnen den Weg allemal. Einige Fische werden pro Kilo verkauft. Die Taverne liegt in östlicher Richtung am Wasser hinter dem Portiani Hotel.

Taverna Barko TAVERNE €
(Gerichte 5,60–12,50 €) Ein klassisches *mezedhopoleio*. Das Barko liegt an der Straße nach Plaka, nicht weit vom Stadtrand, und serviert einheimische Gerichte, wie *briam* (überbackenes Gemüse), *gigantes* (ein Bohnengericht), den Milos-Käsekuchen und Oktopus in Wein.

Il Greco ITALIENISCH €
(Hauptgerichte 7–14,60 €) Ein nettes kleines Speiselokal, das sich gleich dort befindet, wo sich die Hauptstraße landeinwärts wendet. Es bietet eine wechselnde Karte mit Pasta und Pizza und solche „Aushängeschilder", wie frische Meeresfrüchte-Ravioli und Nudeln mit Hühnchen, Sahne, Paprika und geräuchertem *scamorza* (eine Käsesorte).

Flisvos TAVERNE €
(Gerichte 6,50–18 €) Fisch wird in dieser lebhaften Taverne östlich vom Fähranleger am Wasser pro Kilo verkauft. Serviert werden auch griechische Spezialitäten, wie Lamm in Zitronensauce. Die Salate sind knackig und frisch, und bei dem pikanten Käse- und Pilzkuchen läuft einem das Wasser im Munde zusammen.

Unterhaltung

Auf halbem Wege die erste Treppe vom Fähranleger nach oben finden sich ein paar beliebte Musikbars, darunter das **Ilori** und das **Vipera Lebetina,** die im Juli und August Disco, Pop und griechische Musik spielen.

Ein Stück weiter bergauf, gegenüber der Villa Helios, befindet sich das schicke **Akri** in einer wunderschönen Lage mit einer netten Terrasse mit Blick auf den Hafen. Bei der Musik wird Ethno, Funk und Easy Listening bevorzugt.

Praktische Informationen

Die Geldautomaten befinden sich an der Hafenpromenade und auf dem Hauptplatz. Die Post liegt an der Hauptstraße, 50 m vom Hauptplatz entfernt auf der rechten Straßenseite.

Hafenpolizei (☎22870 22100) An der Uferstraße

Internet Info (☎22870 23218; pro 30 Min. 1,50 €; ⏲10–24 Uhr) Liegt an der Hauptstraße, gleich landeinwärts und auf der rechten Seite.

Polizei (☎22870 21378) Am Hauptplatz, in der Nähe der Bushaltestelle

Riva Travel (☎22870 24024) An der Uferstraße. Verkauft Fährtickets und vermittelt Mietwagen

Städtisches Fremdenverkehrsamt (☎22870 22445; ⏲Mitte Juni bis Mitte Sept. 9–24 Uhr) Gegenüber dem Fähranleger. Gepäck kann hier auf eigenes Risiko untergestellt werden. Außerhalb der Hauptsaison ist das Büro zu den Bootsankünften geöffnet.

Terry's Travel Services (☎22870 22640; www.terrysmilostravel.com) Sachkundiger und hilfsbereiter Service geht hier Hand in Hand mit einer großen Liebe zur Insel. Vermittelt Unterkünfte, Mietwagen, Kajaks und Segeltrips, Tauchen und mehr. Am Fähranleger links halten und gleich hinter der Kurve eine schmale Straße hochlaufen

Plaka & Tripiti
Πλάκα & Τρυπητή

Plaka (877 Ew.), 5 km bergauf von Adamas, ist eine typische kykladische Stadt mit weißen Häusern entlang eines Steilabhangs und mit einem Gassenlabyrinth. Vom westlichen Ende von Plaka hat man einen tollen Blick auf den Sonnenuntergang. Das Dorf ist mit der Siedlung Tripiti (489 Ew.) im Süden zusammengewachsen und erhebt sich über einer immer dichter besiedelten Umgebung. Dennoch hat es seinen eigenen einnehmenden Charme.

Plaka steht an der Stelle, an der das antike Milos stand, das von den Athenern zerstört und von den Römern wieder aufgebaut wurde.

Sehenswertes & Aktivitäten

Archäologisches Museum MUSEUM
(☎22870 21629; Erw./Kind 3/2 €; ⏲ Juni–Sept Di–So 8.30–15 Uhr) Dieses Museum befindet sich in Plaka gleich unterhalb des Buswen-

deplatzes. Es ist ein stattliches altes Gebäude und enthält einige fesselnde Ausstellungsstücke, darunter auch einen Gipsabdruck der Venus von Milo, der von Fachleuten im Louvre angefertigt wurde – vielleicht als eine Art Venus de Mea Culpa, angesichts der Tatsache, dass die Franzosen sich das Original „aneigneten". Am interessantesten ist eine muntere kleine Herde winziger Stierfiguren aus der spätkykladischen Periode. In den Monaten Oktober bis Mai ist das Museum nur nach Vereinbarung geöffnet.

Volkskunde- & Kunstmuseum von Milos MUSEUM
(☎22870 21292; Erw./Kind 3/1,50 €; ⏲ Juni–Sept. Di–So 10–13 & 19–22 Uhr, Juli–Aug. auch Mo 19–22 Uhr) Dieses volkskundliche Museum zeigt faszinierende Ausstellungsstücke, einschließlich Trachten, Webwaren, Stickerei und Haushaltsgegenständen, die in einer Reihe traditionell möblierter Zimmer verwahrt werden. Es ist ab dem Buswendeplatz in Plaka ausgeschildert. Außerhalb der Sommersaison ist das Museum nur abends geöffnet.

Fränkisches Kastro ANTIKE STÄTTE
Ab der Buswendeplatte den Schildern zu dem Pfad folgen, der zum fränkischen *kastro* hinaufführt. Errichtet wurde es auf einer antiken Akropolis. Von hier aus hat man einen Panoramablick fast über die gesamte Insel. Die Kirche **Thalassitras** aus dem 13. Jahrhundert befindet sich innerhalb der Mauern.

Römische Ruinen ANTIKE STÄTTE
In der Nähe von Tripiti liegen ein paar römische Ruinen, darunter die einzigen **christlichen Katakomben** Griechenlands (☎22870 21625; Eintritt 2 €; ⏲Di–So 8.30–15 Uhr). Die Stätte war eine Zeit lang geschlossen, wurde aber fachmännisch renoviert. Um dorthin zu kommen, in den Bus Richtung Tripiti steigen und an der Gabelung aussteigen, ab der große Hinweisschilder den Weg weisen. Nun geht's etwa 500 m die Straße entlang bis ein (ausgeschilderter) Pfad nach rechts abzweigt. Dieser führt zu dem recht einsamen, aber irgendwie spannenden Fleck, an dem ein Bauer im Jahr 1820 die *Venus von Milo* fand. Das große Schild ist gar nicht zu übersehen. Ein kleines Stück den Pfad weiter hinunter liegt das gut erhaltene **antike Theater,** in dem jedes Jahr im Juli das **Milos-Festival** stattfindet. Zurück auf der befestigten Straße geht's noch ein Stück bergab zu den Katakomben aus dem 1. Jahrhundert.

Schlafen & Essen

Alle folgenden Adressen befinden sich in Plaka.

Archondoula Karamitsou Studios APARTMENTS €€
(☎22870 23820; www.archondoula-studios.gr; Suite 65–85 €) Zimmer für Selbstversorger mit tollem Ausblick, die voll von einheimischem Kunsthandwerk und Inselantiquitäten sind

Windmühle von Karamitsos APARTMENT €€€
(☎6945568086; kaliopekavalierou@yahoo.gr; Zi. 170 €) Eine faszinierende und einzigartige Übernachtung bietet diese umgebaute Windmühle, die einen Anbau zum Kochen und Essen hat. Sie liegt in einer friedlichen Lage oben auf einem Hügel und hat eine tolle Aussicht.

Betty's Rooms DOMATIA €€
(☎22870 21538; DZ/3BZ 80/95 €) Von diesem Privathaus aus, das in Plaka am Rande der Klippe liegt, ist der Sonnenuntergang nicht weniger beeindruckend als in Santorin. Die Familie ist sehr herzlich.

LP TIPP **Archondoula** TAVERNE €
(Gerichte 7–15 €; 📶) Die gesamte Familie arbeitet in diesem tollen *mezedhopoleio* mit. Serviert werden verschiedene Standardgerichte der klassischen griechischen Küche, von frischen Salaten bis hin zu Rindfleisch in Honigsauce. Vegetarier werden das gegrillte Gemüse mit *manouri*-Käse lieben. Von der Buskehre in Plaka aus die Hauptstraße weiterlaufen. Hier gibt's auch kostenloses WLAN.

Unterwegs auf Milos

Das Dorf **Klima,** unterhalb von Tripiti und den Katakomben war einst der Hafen des antiken Milos. Es ist ein malerisches Fischerdorf mit einem netten kleinen Hafen. Getünchte Gebäude mit bunten Türen und Balkonen haben Bootshäuser im Erdgeschoss und den Wohnbereich in den oberen Stockwerken.

Plathiena ist ein feiner Sandstrand unterhalb von Plaka in Richtung Norden. Auf dem Weg nach Plathiena lohnt sich allemal ein Abstecher zu den Fischerdörfern **Areti** und **Fourkovouni.**

In **Sarakiniko** gibt es schneeweiße Felsformationen und natürliche Terrassen. **Pollonia** an der Nordküste ist eine Kombination aus Fischerdorf und Ferienort mit einem Strand und *domatia;* das Boot nach Kimolos fährt hier ab.

Die Strände von **Provatas** und **Paleochori** an der Südküste sind lang und sandig, und in Paleochori gibt es **heiße Quellen** zu entdecken.

KIMOLOS

769 EW.

Ein Besuch auf Kimolos (Κίμωλος; Karte S. 485) ist wie eine Reise in die Vergangenheit. An der nordöstlichen Spitze von Milos thronend, empfängt es einen ständigen Strom von Besuchern, insbesondere Tagesausflügler aus Pollonia. Das Boot legt am Hafen von **Psathi** an; von hier sind es noch 1,5 km zu der hübschen Hauptstadt **Chora.** Das mittelalterliche **kastro** im Herzen von Chora ist ein labyrinthartiges Vergnügen. Auch wenn der größte Teil in Ruinen liegt, gibt es dennoch noch Originalmauern, und es laufen Restaurierungsarbeiten.

Das faszinierende **Volkskunde- und Schifffahrtsmuseum von Kimolos** (☎22870 51118) befindet sich in einem hübschen alten Haus im *kastro*.

Zu den **Stränden** fahren Kaiks ab Psathi. In der Mitte der Insel erhebt sich ein 364 m hoher Felsen, auf dem die Festung **Paleokastro** steht.

In Chora und Psathi gibt es ausreichend Fremdenzimmer, Tavernen, Cafés und Bars. Die Eigentümer der *domatia* kommen an den Hafen, wenn Fähren eintreffen. Die Einzel-/Doppelzimmer kosten ungefähr 40/60 €.

Die Taverne **To Kyma** (Gerichte 5–14 €) am Strand von Psathi ist eine ausgezeichnete Adresse für Meeresfrüchte, bietet aber auch Fleischgerichte sowie vegetarische Gerichte aus lokalen Zutaten wie *kolokithenia* (Zucchinikuchen).

Die einzige Tankstelle auf Kimolos ist ungefähr 200 Meter nördlich von Psathi zu finden.

ℹ An- & Weiterreise

Kimolo hat ungefähr denselben Fährfahrplan wie Milos (siehe S. 484). Eine Autofähre fährt täglich von und nach Pollonia auf Milos; sie startet in Kimolo um 8, 10, 13.15, 17.30 und 22 Uhr (2 €, 20 Min.).

SIFNOS

2442 EW.

Sifnos (Σίφνος) nimmt den Besucher mit seinem Charme gefangen. Wenn man sich über das Meer nähert, erscheint die Insel wie ein öder Ort aus Hügeln, bis der Hafen Kamares wie durch ein Wunder auftaucht. Jenseits des Hafens und zwischen den flankierenden Hängen der schroffen Berge liegt eine üppige Landschaft aus terrassierten Olivenhainen und Mandelbäumen, Oleander, Zypressen und aromatischen Kräutern, die die sanfteren Hügel bedecken. Die Hauptsiedlung Apollonia und das malerische *kastro* besitzen eine große Anziehungskraft, und viele gut erhaltene Pfade verbinden die Dörfer der Insel. Wandern ist ein ganz besonderes Vergnügen auf Sifnos; die Kartenserie Topo 25/10.25 Aegean Cyclades/Sifnos von Anavasi ist besonders gut für Wanderer geeignet.

Während der archaischen Periode (etwa ab dem 8. Jahrhundert v. Chr.) war die Insel wegen ihrer Gold- und Silbervorkommen reich, aber bis zum 5. Jahrhundert v. Chr. waren die Minen ausgebeutet und das Schicksal wendete sich. Auf der Insel haben die Töpferei, das Korbflechten und die Kochkunst Tradition.

ℹ An- & Weiterreise

Sifnos liegt an der Fährroute Piräus–westliche Kykladen und hat im Sommer gute Verbindungen nach Serifos, Milos und Folegandros mit Anschluss nach Santorin und Amorgos.

FÄHRVERBINDUNGEN AB SIFNOS

REISEZIEL	HAFEN	DAUER	PREIS	HÄUFIGKEIT
Folegandros	Sifnos	4½ Std.	7 €	1–3-mal tgl.
Folegandros*	Sifnos	1 Std.	20 €	4-mal wöchentl.
Kimolos	Sifnos	½ Std.	12 €	5-mal wöchentl.
Milos	Sifnos	3 Std. 40 Min.	8 €	1–2-mal tgl.
Milos*	Sifnos	1 Std.	15 €	1–3-mal tgl.
Paros	Sifnos	3½ Std.	9 €	3-mal wöchentl.
Piräus	Sifnos	5¼ Std.	31 €	2-mal tgl.
Piräus*	Sifnos	2 Std. 40 Min.	48 €	3-mal tgl.
Santorin (Thira)	Sifnos	7 Std. 20 Min.	13,50 €	2-mal wöchentl.
Serifos	Sifnos	25 Min.	7 €	1–2-mal tgl.
Serifos*	Sifnos	25 Min.	14 €	1–2-mal tgl.
Syros	Sifnos	5 Std. 20 Min.	13 €	5-mal wöchentl.

*Schnellverbindungen

Unterwegs vor Ort

Es bestehen gute Busverbindungen zwischen der Hauptstadt Apollonia (1,50 €), einige Busse fahren auch weiter nach Artemonas (1,50 €), Kastro (1,50 €), Vathi (2,10 €), Faros (1,50 €) und Platys Gialos (2,10 €).

Taxis (☎22840 31347) warten am Hafen und am Hauptplatz von Apollonia auf Kundschaft. Die Fahrpreise von Kamares belaufen sich auf 7 € nach Apollonia, 16 € nach Platys Gialos und 18 € nach Vathi. Reservierungen kosten einen Aufschlag von 2 €. Mietwagen haben das **Stavros Hotel** (☎22840 31641) in Kamares und **Apollo Rent a Car** (☎22840 32237) in Apollonia im Angebot, ab 40 € pro Tag.

Kamares Καμάρες

186 EW.

Der Hafen Kamares scheint jederzeit in Ferienstimmung zu sein, nicht zuletzt wegen seines weitläufigen Strandes und seiner schmalen, belebten Uferstraße mit zahlreichen Cafés und Tavernen am Wasser sowie einer bunten Mischung verschiedener Läden. Die Bushaltestelle befindet sich bei den Tamarisken-Bäumen gleich hinter dem Fähranleger.

Schlafen & Essen

Domatia-Vermieter kommen hier nur selten zu Schiffsankünften in den Hafen, und in der Hochsaison ist es besser, im Voraus zu reservieren.

Camping Makis CAMPINGPLATZ, APARTMENTS €€
(☎22840 32366, 69459 46339; www.makiscamping.gr; Stellplätze pro Erw./Kind 7/4 €, Apt. 70–210 €; ⏲April–Nov.; P❄📶) Dieser angenehme Campingplatz liegt gleich hinter dem Strand. Die gut ausgestatteten Apartments wurden kürzlich auf einem sehr hohen Standard renoviert. Zur Anlage gehören ein Freiluft-Café, ein Grillplatz, eine Gemeinschaftsküche, ein Minimarkt und ein Waschsalon.

Simeon APARTMENTS €€
(☎22840 31652; www.simeon-sifnos.gr; EZ/DZ/3BZ 50/70/80 €, Apt. 110–150 €; ⏲April–Okt.; ❄📶) Die vorderen Balkone in diesem Haus hoch über dem Hafen bieten einen umwerfenden Blick über die Bucht und zu den hoch aufragenden Bergen dahinter. In den Zimmern hat man die Möglichkeit, sich Kaffee und Tee zuzubereiten, und die gut ausgestatteten Apartments bieten alles für Selbstversorger.

Stavros Hotel HOTEL €€
(☎22840 31641/3383; www.sifnostravel.com; EZ/DZ/3BZ 55/70/75 €; ❄📶) Das an der Hauptstraße gelegene Stavros hat helle und komfortable Zimmer von guter Größe. Dieselbe Familie führt auch das **Hotel Kamari** (☎22840 33383) am Rand von Kamares an der Straße nach Apollonia – die Zimmer dort kosten 40/50/55 € pro EZ/DZ/3BZ.

Hotel Afroditi DOMATIA €€
(☎22840 31704; www.hotel-afroditi.gr; EZ/DZ/3BZ inkl. Frühstück 70/91/114 €; P❄📶) Das herzliche Afroditi ist ein Familienbetrieb, der gleich auf der anderen Straßenseite gegenüber dem Strand liegt. Die Zimmer sind recht groß. Das Frühstück auf der Veranda ist definitiv ein Pluspunkt. Vorne hat man den Blick auf das Meer, während die hinteren Zimmer den Blick auf die Berge bieten.

Café Stavros CAFÉ €
(Snacks 2,50–5,50 €) Dieses geruhsame Café auf halber Höhe der Hauptstraße mit Blick auf das Wasser ist ideal, um bei einem leckeren Espresso Leute zu beobachten. Ein reichhaltiges Frühstück gibt's für rund 4,50 bis 10 €.

O Symos TAVERNE €
(Gerichte 4,50–9 €) Die Auswahl an Tavernen am Wasser ist zwar groß, aber dieses allseits beliebte Lokal verwendet qualitativ hochwertige einheimische Zutaten und serviert seinen Gästen solche Köstlichkeiten wie *revythia*-(Kichererbsen)-Suppe.

Posidonia CAFÉ €
(Gerichte 5–9 €) Ein weiteres gutes Speiselokal ist das familiengeführte Posidonia. Ein leckeres Frühstück wird hier für ungefähr 6 € angeboten.

Praktische Informationen

Toiletten befinden sich in der Nähe des Fremdenverkehrsamtes, dort gibt es auch einen Geldautomaten.

Städtisches Fremdenverkehrsamt (☎22840 31977/975; www.sifnos.gr) Gegenüber der Bushaltestelle befindet sich dieses sehr nützliche und gut organisierte Büro. Die Öffnungszeiten variieren je nach Schiffsankünften. Hier werden Fährtickets verkauft und Unterkünfte überall auf der Insel reserviert. Es gibt eine Gepäckaufbewahrung (pro Stück 1 €), und man kann nützliche Broschüren über die Insel sowie einen Bus- und Schiffsfahrplan kaufen.

Sifnos

Apollonia Απολλωνία

1593 EW.

Die „Hauptstadt" von Sifnos liegt am Rande einer Hochebene, 5 km bergauf vom Hafen. Ständiger Verkehr scheint auf dem zentralen Platz von Apollonia die Norm zu sein. Aber man kann von der Hauptstraße auch in die Fußgängerzone Odos Prokou (auch als Steno bezeichnet, weil sie so schmal ist) hinter dem Volkskundemuseum ausweichen. Apollonia bekommt ein ganz anderes Gesicht durch die zahlreichen Cafés, Bars, Clubs, Läden und Speiselokale in der Steno.

Ein kostenloser Parkplatz befindet sich am Eingang des Dorfes. Es gibt einen Geldautomaten an der Bushaltestelle. Die Piraeus Bank und die National Bank of Greece (beide mit Geldautomat) befinden sich gleich um die Ecke der Haltestelle der Busse aus Kamares an der Straße nach Artemonas. Die Polizeiwache liegt noch einmal 50 m die Straße weiter runter.

Das sonderbare **Volkskundemuseum** (☎22840 31341; Eintritt 1 €; ⌚Di–So 8.30–15 Uhr) am zentralen Platz zeigt ein wunderbares Durcheinander aus alten Trachten, Gefäßen, Textilien und Fotografien, die man sich stundenlang ansehen könnte.

Schlafen & Essen

Mrs Dina Rooms DOMATIA €€
(☎22840 31125, 69455 13318; EZ/DZ/3BZ/4BZ 50/60/ 70/80 €; ❄) Heiterkeit und Blumen charakterisieren diese angenehme kleine Anlage, die nur wenige hundert Meter weiter südlich an der Straße nach Vathi und Platys Gialos liegt. Die Zimmer liegen deutlich über der Straße und bieten einen Blick auf das *kastro*.

Hotel Artemon HOTEL €€
(☎22840 31303; www.hotel-artemon.com; Artemonas; EZ/DZ/3BZ 65/75/90 €; P❄📶) In Artemonas, 2 km bergauf vom Apollonia, liegt dieses Hotel im alten Stil, aber mit sehr vernünftigen Preisen, das über so viele Zimmer verfügt, dass im August selbst der noch Glück haben kann, der nicht im Voraus gebucht hat. Die vorderen Zimmer haben die Fenster zur Hauptstraße.

Lempesis GRIECHISCH €
(Artemonas; Hauptgerichte 5,50–9 €) Dieses Restaurant gehört zum Hotel Artemon und ist beliebt bei den Einheimischen, nicht zuletzt wegen seiner tollen Braten und Gerichte, wie *revythia*-Suppe, *exochiko* (Lamm im Teigmantel mit Käse) und Hühnchen in Zitronensauce. Der Hauswein ist wirklich sehr gut.

Apostoli to Koutouki GRIECHISCH €
(Gerichte 8,50–14 €) Vorzeigegerichte, wie Rindfleisch im Tontopf, gebacken mit Tomaten, Auberginen, Käse und Wein, ergänzen die leckeren Fischgerichte, die in diesem alteingesessenen Lokal in der Fußgängerzone von Apollonia zum Kilopreis serviert werden.

Unterwegs auf Sifnos

Nicht entgehen lassen sollte man sich das von einer Mauer umgebene Dorf **Kastro,** 3 km von Apollonia entfernt. Die ehemalige Hauptstadt ist ein magischer Ort aus Gassen unter Stützpfeilern und mit getünchten Häusern. Der Ort hat ein kleines **Archäologisches Museum** (☎22840 31022; Eintritt frei; ⌚Di–So 8.30–15 Uhr).

Von Apollonia fahren Busse nach Kastro, aber zu Fuß ist es über alte gepflasterte Wege nicht weit. Der Wanderweg beginnt 20 m rechts (Straße nach Vathi) hinter der Straßengabelung in Apollonia. Es geht ein paar Treppenstufen hinunter und dann durch einen Tunnel unter der Straße hindurch. Ein netter Weg führt um Kastro

DIE KYKLADEN IN FRÜHEREN ZEITEN

Lange bevor die Hippies und Tagträumer in den 1960ern ihre Traumwelt auf den griechischen Inseln entdeckten, hatte schon ein Respekt einflößendes reisendes Ehepaar die Kykladen Ende des 19. Jahrhunderts „abgehakt": James Theodore Bent und seine Frau Mabel bereisten die Ägäis ausgiebig und „erforschten" das kulturelle Leben der Inseln sowie ihre Archäologie. Das Buch von James Th. Bent aus dem Jahre 1885, *The Cyclades: Or Life Among the Insular Greeks,* ist ein sonderbares Meisterwerk und Pflichtlektüre für alle, welche die Realität der griechischen Inseln zum Ende des 19. Jahrhunderts – und die oftmals exzentrischen Betrachtungen der Bents – kennenlernen möchten. Eine vollständige Ausgabe wurde von **Archaeopress** (www.archaeopress.com) herausgegeben. Eine verkürzte Ausgabe erschien bei **Anagnosis** (www.anagnosis.gr). Manchmal findet man die Bücher in den Buchläden der größeren Inseln wie Santorin (oder natürlich im Internet).

herum; an der Nordseite ist die Landschaft besonders malerisch. Auf halber Strecke liegt an der Nordseite die Galerie und Werkstatt des begnadeten Athener Künstlers und Goldschmieds „Maximos" Panagiotis Fanariotis, der sich auf handgemachten Gold- und Silberschmuck mit Originalmotiven spezialisiert hat. Die Preise für diese schönen Schmuckstücke sind sehr gemäßigt. Die Galerie stellt auch handgemachte Keramik, Gemälde und Grußkarten des Künstlers aus.

Rund 4 km südlich von Kastro liegt das hübsche Kloster Chrysopigis in schöner Lage mit angrenzenden Stränden.

Im Herzen der Insel, rund 2 km südlich von Apollonia, liegt die erst vor Kurzem ausgegrabene **Akropolis von Agios Andreas** (☎22840 31488; Eintritt frei; ⌚8.30–15 Uhr) auf einem Hügel. Die Akropolis datiert aus der mykenischen Periode um das 13. Jahrhundert v. Chr. Dies ist ein herrlicher Ort, dessen Verteidigungsmauern weitestgehend noch intakt sind. Es gibt auch ein kleines Museum. Die benachbarte Kirche Agios Andreas datiert ungefähr von 1700. Zu dieser Stätte geht's auf einer Straße, die neuerdings auf der gesamten Länge befestigt ist.

Platys Gialos, 6 km südlich von Apollonia gelegen, hat einen großen, weitläufigen Strand, an dessen oberem Ende sich Tavernen, Fremdenzimmer und Läden aufreihen. Die Busstrecke endet am südwestlichen Ende des Strandes. **Faros** ist ein gemütliches kleines Fischerdörfchen mit ein paar nahe gelegenen Stränden, einschließlich dem kleinen Strand **Fasolou,** der über Treppen erreichbar ist; von der Bushaltestelle aus nur noch die Landzunge überqueren.

Vathi an der Westküste ist ein hübsches, ruhiges Dorf zwischen den Seitenflügeln einer fast kreisrunden Bucht.

Schlafen & Essen

KASTRO ΚΑΣΤΡΟ

Rafeletou Apartments APARTMENTS €€
(☎22840 31161, 69468 74360; www.arismaria-traditional.com; DZ 45–80 €, 3BZ 70–95 €, Apt. 120–140 €) Wer einmal das echte Kastro erleben möchte, der ist in diesen familiär geführten Apartments in der Dorfmitte genau richtig. Die Unterkunft befindet sich in traditionellen Häusern, die für Sifnos typisch sind. Einige der Zimmer und alle Apartments haben Meerblick, während sich die billigeren Zimmer im Herzen von Kastro befinden.

Maximos DOMATIA €
(☎22840 33692; Zi. 50 €) Zu diesem eigenwilligen kleinen Zimmer über dem Atelier von Maximos gehört eine winzige Terrasse mit unschlagbarem Meerblick. Liegt an der Nordseite von Kastro.

Leonidas TAVERNE €
(Hauptgerichte 5,50–15 €) Diese beliebte Taverne mit Blick auf den Norden und Süden bietet leckere einheimische Gerichte von Kichererbsenkroketten bis hin zu *mastelo* (gegrilltem Käse).

PLATYS GIALOS ΠΛΑΤΥΣ ΓΙΑΛΟΣ

Hotel Efrosini HOTEL €€
(☎22840 71353; www.hotel-efrosini.gr; EZ/DZ/3BZ inkl. Frühstück 65/95/117 €; ❄📶) Dieses helle und gut geführte Hotel liegt direkt am Strand und ist eine der besten Adressen am Strip von Platys Gialos. Die kleinen Balkone gehen auf einen grünen Hof hinaus.

Ariadne Restaurant GRIECHISCH €

(Hauptgerichte 6–16 €) Als eines der besten Restaurants auf Sifnos lässt das Ariadne viel Sorgfalt bei der Auswahl seiner Zutaten und bei ihrer Zubereitung walten. Der einfache, aber köstliche Salat aus wilden Kapern ist ein feines Vorspiel für das köstliche Lamm in Rotweinsauce mit Kräutern oder das in einem Tontopf gebackene Kalbfleisch. Fisch wird nach Gewicht berechnet, aber es gibt auch ein günstigeres sehr leckeres Meeresfrüchterisotto oder Fischsuppe zu 15 €.

VATHI ΒΑΘΥ

In Vathi gibt's eine ganz gute Auswahl an Strandtavernen, wie das **Oceanida** und das **Manolis,** die zuverlässige griechische Gerichte auftischen.

Areti Studios APARTMENTS €€

(☎22840 71191; DZ/Apt. 60/100 €; P ❄) Die Zimmer befinden sich lediglich ein kleines Stück vom Strand entfernt romantisch inmitten von Olivenhainen in einem hübschen Garten. Sie sind hell, sauber und mit Kochgelegenheiten ausgestattet. Wer mit dem Auto anreist, sollte sich darauf einstellen, dass die Anfahrt über eine holperige und teilweise sehr enge Piste führt, die kurz vor dem Ende der Hauptstraße links abzweigt.

SERIFOS

1414 EW.

Serifos (Σέριφος) verfügt über eine wilde und schroffe Schönheit, die von den grünen Falten seiner felsigen Hügel abgemildert wird. Das traditionelle *chora* setzt sich aus einem spannenden Gewirr weißer Häuser zusammen, die einen hohen und felsigen Gipfel 2 km nördlich vom Hafen von Livadi krönen. Die Siedlung fällt sofort ins Auge, sobald der Hafen in Sicht kommt.

In der griechischen Mythologie ist Serifos der Ort, an dem Perseus aufwuchs und wo angeblich die Zyklopen lebten. In der Realität wurden dagegen im 19. und 20. Jahrhundert brutal die Eisenerz-Vorräte der Insel ausgebeutet. Ein paar Überreste dieses Industriezweigs sind heute noch vorhanden.

Serifos stellt eine verlockende Wandergegend dar; sehr nützlich ist die Kartenserie *Topo 25/10.26 Aegean Cyclades/Serifos* von Anavasi.

ℹ An- & Weiterreise

Wie Sifnos liegt auch Serifos an der Route zwischen Piräus und den westlichen Kykladen und hat im Sommer gute Verbindungen in südlicher Richtung nach Sifnos, Milos und Folegandros und sogar nach Santorin und Amorgos.

FÄHRVERBINDUNGEN AB SERIFOS

REISEZIEL	HAFEN	DAUER	PREIS	HÄUFIGKEIT
Andros	Serifos	4 Std. 50 Min.	12 €	2-mal wöchentl.
Folegandros	Serifos	7 Std. 40 Min.	19 €	5-mal wöchentl.
Folegandros*	Serifos	2 Std. 5 Min.	24 €	4-mal wöchentl.
Kimolos*	Serifos	1 Std. 10 Min.	19 €	5-mal wöchentl.
Kythnos	Serifos	1 Std. 20 Min.	13 €	1–2-mal tgl.
Milos	Serifos	4 Std. 40 Min.	16 €	1–2-mal tgl.
Milos*	Serifos	1½ Std.	16 €	1–3-mal tgl.
Paros	Serifos	2½ Std.	10,10 €	2-mal wöchentl.
Piräus	Serifos	5 Std.	24 €	2-mal tgl.
Piräus*	Serifos	2¼ Std.	43 €	3-mal tgl.
Santorin (Thira)	Serifos	9 Std.	19 €	2-mal wöchentl.
Sifnos	Serifos	50 Min.	11 €	1–2-mal tgl.
Sifnos*	Serifos	25 Min.	14 €	1–2-mal tgl.
Syros	Serifos	4 Std. 20 Min.	9 €	2-mal wöchentl.
Tinos	Serifos	2 Std. 55 Min.	14 €	2-mal wöchentl.

*Schnellverbindungen

ℹ Unterwegs vor Ort

Es verkehren häufig Busse zwischen Livadi und Chora (1,60 €, 15 Min.); ein Fahrplan hängt bei der Bushaltestelle am Yachtkai. Ein Taxi nach Chora kostet 6 €. Fahrzeuge vermietet Krinas Travel in Livadi.

Livadi Λιβάδι

537 EW.

Serofos' Hafenstadt ist ein ruhiger Ort, an dem man trotz zunehmender Popularität immer noch das beruhigende Gefühl hat, die moderne Welt habe noch nicht vollständig Einzug gehalten. Gleich auf der anderen Seite der Landzunge, die sich hinter dem Fähranleger erhebt, liegt der schöne, von Tamarisken gesäumte **Livadakia-Strand.** Einen kleinen Spaziergang weiter in Richtung Süden über die nächste Landzunge liegt der **Karavi-Strand,** an dem inoffiziell textilfrei gebadet wird.

Schlafen & Essen

Die besten Unterkünfte liegen am und hinter dem Livadakia-Strand, ein paar Minuten vom Kai entfernt. Die meisten Eigentümer holen Gäste nach Absprache am Hafen ab.

LP TIPP **Coralli Camping & Bungalows** CAMPINGPLATZ, BUNGALOW €
(☎22810 51500; www.coralli.gr; Stellplätze pro Erw./Kind/Zelt 8/4/6 €, Bungalows 65–110 €; P) Dieser mit allerlei Nützlichem ausgestattete und wirklich gut geführte Campingplatz verfügt über eine exklusive Lage gleich hinter dem Livadakia-Strand im Schatten großer Eukalyptusbäume. Die Bungalows wurden erst kürzlich mit hohem Standard renoviert und haben Blick auf das Meer oder die Berge. Es gibt auch ein **Restaurant** (Hauptgerichte 5–10 €) und einen Minimarkt, eine Gemeinschaftsküche und eine Grillstelle für die Camper. Der Pool und der Barbereich sind sehr cool. Ein Minibus holt die Gäste an der Fähre ab. Die nahe gelegenen **Coralli Apartments** (☎22810 51500; Apt. 80–120 €; P) für Selbstversorger haben einen ebenso hohen Standard.

Medousa HOTEL €€
(☎22810 51128; www.medousaserifos.com; EZ/DZ/3BZ 50/70/75 €; P) Der großartige Ausblick auf die nahe gelegene Lividakia-Bucht und das ferne Sifnos ist nur einer der vielen Vorteile dieses freundlichen Hauses. Die Zimmer sind komfortabel, und jedes verfügt über eine kleine Kochplatte sowie alles, um einen Tee oder Kaffee zuzubereiten.

Alexandros-Vassilia APARTMENTS €€
(☎22810 51119, www.alexandros vassilia.gr; DZ/3BZ/Apt. 85/105/130 €;) Ein verführerisch nach Rosen duftender Garten gleich am Strand macht dieses Haus zu einer guten Wahl. Die Zimmer sind recht groß, sauber und gut ausgestattet (in den Apartments gibt es Kochgelegenheiten). In der Gartentaverne wird kräftige griechische Hausmannskost für 6,50 bis 10,50 € serviert.

Metalleio GRIECHISCH €€
(☎22810 51755; Hauptgerichte 10–15 €) Das Metalleio liegt etwas versteckt an der Straße hinter der Uferstraße und legt Wert auf gehobene Küche. Es sind kreative Gerichte von verschiedenen Kykladeninseln in die Speisekarte aufgenommen worden, so bei-

spielsweise *matsata* (Pasta aus Folegandros mit geräucherten Schweinefleisch, Tomaten und *graviera*, einem Käse aus Naxos). Die Salate und Vorspeisen sind ebenso einfallsreich und lecker.

Takis TAVERNE €
(Hauptgerichte 5,50–12,50 €) Dieses Restaurand bereitet zuverlässige landestypische Gerichte zu.

Passaggio TAVERNE €
(Hauptgerichte 7–14 €) Hier gibt's traditionelle griechische Küche mit internationalen Einflüssen.

Ausgehen & Entertainment

Metalleio BAR
(ab 20.30 Uhr) Das Metalleio ist die Topadresse für eine breite Auswahl an Sounds aus aller Welt, einschließlich Jazz, Funk, Afro, asiatischem Groove und Latin. Außerdem stehen hier des öfteren Liveauftritte auf dem Programm.

Yachtclub Serifos BAR
(7–3 Uhr) Die Café-Bar im Yachtclub Serifos, die sich direkt am Wasser befindet, ist voller fröhlicher Menschen. Tagsüber läuft hier chillige Loungemusik, gefolgt von Mainstream, Rock, Disco und Funk bis spät in die Nacht.

Anemos Café CAFÉ

Das Anemos am inneren Ende des Fähranlegers bietet einen großartigen Ausblick auf das ferne Chora von seinem sonnigen Balkon aus.

Im mittleren Uferbereich befinden sich mehrere Musikbars, wie das **Shark** und das **Edem**, die hauptsächlich griechische Musik spielen.

Praktische Informationen

Eine hilfreiche Website ist www.e-serifos.com.

Es gibt eine Alpha Bank (mit Geldautomat) am Wasser und einen Geldautomaten unter dem Bäckereischild gegenüber vom Yachtanleger.

Die Post liegt auf halber Strecke entlang der Straße, die gegenüber der Bushaltestelle landeinwärts führt.

Hafenpolizei (☎22810 51470) Gleich neben Krinas Travel eine Treppe hinauf

Krinas Travel (☎22810 51488; www.serifos-travel.gr) Liegt gleich dort, wo der Fähranleger auf die Uferpromenade trifft. Diese nützliche Agentur verkauft Fährtickets und organisiert Mietwagen (pro Tag 50 €), Roller (pro Tag 22 €) und Quads (pro Tag 28 €). Es gibt auch einen Internetzugang für 2 € pro halbe Stunde und eine Bücherbörse.

Chora (Serifos) Χωρα (Σέριφος)

Serifos' *chora* erhebt sich auf einem felsigen Hügel über Livadi und ist eine der eindrucksvollsten Hauptstädte der Kykladen. Antike Treppen führen von Livadi hinauf, werden allerdings von der sich bergauf schlängelnden Straße unterbrochen, die die beiden Orte verbindet. Man kann zwar dorthin laufen, aber in der Sommerhitze ist es klüger, mit dem Bus hinaufzufahren und später dann den Rückweg zu Fuß zu bewältigen. Eine Post liegt gleich oberhalb der Buswendeplatte.

Nicht weit von der letzten Bushaltestelle in Chora führt der Weg über Treppen hinauf in das Labyrinth des eigentlichen *chora* und zu dem entzückenden Hauptplatz, der von einem imposanten klassizistischen Rathaus überragt wird. Von dem Platz führen enge Gassen und noch mehr Treppen weiter aufwärts zu den Überresten eines zerstörten **venezianischen Kastro** aus dem 15. Jahrhundert. Niedrige Mauern umschließen den höchsten Teil des *kastro*. Von dort bietet sich ein spektakulärer Ausblick.

Chora hat ein kleines **Archäologisches Museum** (☎22810 51138; Eintritt frei; ⌚Di–So 8.30–15 Uhr), das Fragmente hauptsächlich hellenistischer und römischer Skulpturen zeigt, die im *kastro* ausgegraben wurden. Es gibt nur wenige Ausstellungsstücke und das Museum ist winzig, aber der Besuch lohnt sich auf jeden Fall. Hinweistafeln auf Griechisch und Englisch erläutern faszinierende Details, wie die Legende von Perseus.

Es gibt einen sehr angenehmen **Spazierweg** auf einem schönen Pfad mit Kopfsteinpflaster, der gleich oberhalb des Archäologischen Museums beginnt und den Berg hinauf zu der kleinen Kirche **Agios Georgios** führt. Die Aussicht von hier aus ist grandios.

Schlafen & Essen

I Apanemia DOMATIA €

(☎22810 51517, 6971891106; EZ/DZ 40/45 €; ❄) Diese gutmütige Pension in Familienhand ist ihr Geld wirklich wert. Die ordentlichen, gut ausgestatteten Zimmer (Tee und Kaffee kann man sich selbst zubereiten) haben von den vorderen Balkonen den Blick hinunter auf das ferne Meer und seitlich den Blick auf Chora.

LP TIPP **Stou Stratou** MEZEDHES €

(Platten 4–24 €) Die Tradition des *mezedhopoleio* ist lebendig in diesem charmanten Lokal, das sich direkt am hübschen Hauptplatz befindet. Es gibt leckere *mezedhes*, wie Fenchelkuchen, eine vegetarische Platte oder auch eine gemischte Vorspeisenplatte mit kretischem Rauchfleisch, Schinken, Käse, Salami, gefüllten Weinblättern, Feta, Kartoffeln, Tomaten und Ei, von der zwei Personen mehr als satt werden. Das Frühstück kostet 3 bis 7,50 €, und es werden Eiscreme, hausgemachter Kuchen und Cocktails angeboten. Die Speisekarte ist fast schon ein kleines Buch und beinhaltet Werke berühmter Künstler und Schriftsteller, wie El Greco und Picasso, Cafavy und Apollinaire.

Unterwegs auf Serifos

Ungefähr 1,5 km nördlich von Livadi liegt, über eine befestigte Straße zu erreichen, der Strand **Psili Ammos**. Ein Wanderweg von Chora führt in nördlicher Richtung nach rund 4 km zu dem hübschen Dorf **Kendarchos** (auch Kallitsos genannt). Von hier geht's über eine sehr kurvige Straße nach weiteren 3 km zum befestigten **Moni Taxiarchon** aus dem 17. Jahrhundert, das eindrucksvolle Fresken aus dem 18. Jahrhundert beherbergt. Die Wanderung von der Stadt bis zum Kloster nimmt etwa zwei Stunden in Anspruch. Lebensmittel und Wasser unbedingt selbst mitbringen, da es in Kendarchos keine Einkaufsmöglichkeiten gibt.

KYTHNOS

1608 EW.

Kythnos (Κύθνος) steht nicht sehr weit oben auf der Must-See-Liste ausländischer Urlauber, ist dafür aber umso beliebter bei den Festlandgriechen und so etwas wie ein Wochenendziel für Ausflugsdampfer, auf denen der Alkohol nur so in Strömen fließt. Dennoch hat diese griechische Insel ihren ganz eigenen Charakter und einen sehr lockeren Lebensstil, auch wenn der Hafen etwas trist wirkt. Die Hauptstadt Chora ist ein liebenswerter Ort, und das äußerst traditionelle Dorf Dryopida ist unbedingt einen Besuch wert.

An- & Weiterreise

Kythnos verfügt über eine ganz gute Anbindung an Piräus – die Strecke dorthin bedienen täglich verkehrende Schiffe –, außerdem fahren mehrere Fähren pro Woche nach Lavrio. Im Sommer gibt es auch einigermaßen regelmäßige Verbindungen zu den Inseln weiter südlich.

FÄHRVERBINDUNGEN AB KYTHNOS

REISEZIEL	HAFEN	DAUER	PREIS	HÄUFIGKEIT
Andros	Kythnos	5 Std. 40 Min.	10 €	2-mal wöchentl.
Folegandros	Kythnos	11 Std. 25 Min.	16 €	1-mal wöchentl.
Ios	Kythnos	8 Std. 10 Min.	23 €	5–6-mal wöchentl.
Kimolos	Kythnos	11 Std. 10 Min.	18 €	2-mal wöchentl.
Milos	Kythnos	3¼ Std.– 4 Std.	18 €	1–2-mal tgl.
Paros	Kythnos	7 Std. 40 Min.	18,50 €	2-mal wöchentl.
Piräus	Kythnos	3 Std. 10 Min.	20 €	1–2-mal tgl.
Serifos	Kythnos	1 Std. 20 Min.	15 €	1–2-mal tgl.
Sifnos	Kythnos	2½ Std.	15 €	1–2-mal tgl.
Syros	Kythnos	2 Std.	10 €	4-mal wöchentl.

Unterwegs vor Ort

Im Hochsommer verkehren regelmäßig Busse zwischen Merichas und Dryopida (1,60 €), die weiterfahren nach Kanala (2,80 €) oder Chora (1,60 €). Eine weniger häufige Verbindung besteht nach Loutra (2,80 €). Die Busse sollten normalerweise bei den Fährankünften bereitstehen, aber meistens fahren sie in Merichas am Abzweig nach Chora ab. Außerhalb der Schulferien sind fast ausschließlich Schulbusse unterwegs.

Taxis (☎22810 32883, 69442 71609) sind unter den Transportmitteln die bessere Wahl, allerdings nicht während der Siesta. Fahrten nach Chora kosten 9 € und solche nach Dryopida 7 €.

Ein **Taxiboot** (☎6944906568) verkehrt in den Sommermonaten zwischen einigen Stränden und kostet und 10 € für die Hin- und Rückfahrt.

Merihas Μέριχας

289 EW.

Merihas hat nicht allzu viel zu bieten, außer etwas Betrieb an der Uferpromenade und einen leicht schmuddeligen Strand. Interessantere und schönere Strände sind zu Fuß erreichbar; sie liegen bei **Episkopi** und **Apokrousi**.

Schlafen & Essen

Die *domatia*-Eigentümer kommen zur Fähranklunft in den Hafen. Entlang der Uferpromenade stehen etliche Hinweisschilder zu Pensionen. Viele Vermieter wollen in der Hochsaison nur Gäste, die länger bleiben und sind über einzelne Übernachtungen nicht erfreut. In den Monaten Juli und August ist es besser, vorab zu reservieren.

Studios Maria Gonidi APARTMENTS €€
(☎22810 32324; EZ/DZ/3BZ 50/60/70 €; ❄) Am anderen Ende der Bucht befinden sich diese Studios mit einem erhabenen Ausblick. Eine echte Spitzenadresse. Geräumige, blitzblanke Zimmer haben alle Einrichtungen für Selbstversorger. Allerdings gibt's hier im Juli und August kaum eine Chance, ein Zimmer für einen Kurzaufenthalt zu bekommen. Man spricht außerdem nur Griechisch.

Kamares Anna Gouma Rooms DOMATIA €€
(☎22810 32105, 6949777884; EZ/DZ 55/65 €; ❄) Diese Unterkunft bietet recht große Zimmer, vom Fähranleger aus gesehen befindet sie sich am anderen Ende der Bucht.

Ostria MEERESFRÜCHTE €
(Hauptgerichte 6–15 €) Nicht weit weg vom Fähranleger ist das Ostria das richtige Lokal für Fisch, eine Fischsuppe oder eine Portion Anchovis.

Taverna to Kandouni TAVERNE €
(Hauptgerichte 6–14 €) An der Südkurve der Uferpromenade hat sich das Kandouni auf sehr leckere Fleischgerichte vom Grill spezialisiert.

Ausgehen

Café Vegera CAFÉ
Dieses Café mit schöner Lage am Wasser hat eine schöne Veranda, auf der man bei einem guten Kaffee herrlich die Leute beobachten kann.

Rock Castle BAR
Hoch über dem Hafen liegt das bemerkenswerte Rock Castle, das nur über eine steile Treppe zu erklimmen ist. Es gibt eine tolle Auswahl an Drinks und Cocktails und über 30 verschiedene Biersorten, darunter Guinness und die Athener Marke Craft. Die Musik reicht von Jazz, Ethno und Latin bis hin zu Reggae und Rock. Die Terrasse bietet einen unübertrefflichen Ausblick.

Praktische Informationen

Eine Emboriki Bank (mit Geldautomat) liegt an der Straße über der Uferpromenade von Merichas. Ein weiterer Geldautomat befindet sich gleich hinter der Treppe, wenn man vom Fähranleger kommt.

Hafenpolizei (☎22810 32290)Befindet sich am Wasser

Larentzakis Travel Agency (☎22810 32104, 6944906568) Verkauft Fährtickets und vermittelt Unterkünfte und Mietwagen ab 30 € pro Tag im August; Roller beginnen bei 15 €. Einfach die Treppe in der Nähe der Taverne Ostria hochlaufen, die zur Hauptstraße führt

Unterwegs auf Kythnos

Die Hauptstadt Chora (auch als Kythnos oder Messaria bekannt) gewinnt zunehmend durch einen ganz eigenen Charme. Dabei ist aber ihr typisch griechischer Charakter immer noch vorhanden. Es kommen ständig kleine, bunte Cafés und Läden hinzu. Die sich lang dahinziehende Hauptstraße, deren Belag mit bemalten Motiven dekoriert ist, ist wie geschaffen für einen Bummel. Die Post und die **Polizei** (☎22810 31201) der Insel liegen am Ortseingang, wenn man aus Richtung Merichas kommt.

Es gibt eine ausgezeichnete Unterkunft in **Filoxenia** (☎22810 31644; www.filoxenia-kythnos.gr; DZ/3BZ/4BZ 65/75/90 €; P ❄), und Tavernen, wie **Koursaros, To Steki** und **Mezzeria,** servieren gute Inselküche.

Der Ferienort **Loutra** liegt 3 km nördlich von Chora an einer windigen Bucht, und klammert sich mit Hilfe seiner noch existierenden **Thermalbäder** an seinen Status.

Von Chora aus ist es eine sehr angenehme 5-km-Wanderung in den Süden nach **Dryopida,** einer malerischen Stadt, deren Stadtbild von roten Ziegeldächern und kurvigen Straßen geprägt ist, die sich tief in beide Seiten einer Schlucht schmiegen.

Es finden sich einige gute Strände bei **Flambouria** ungefähr 2,5 km südlich von Merichas gelegen und bei **Kanala** an der Südostküste.

KEA (TZIA)

2417 EW.

Kea ist die nördlichste Insel der Kykladen und zieht, da sie auch die Insel ist, die am nächsten bei Attika liegt, mehr Bewohner des Festlandes als ausländische Touristen an. Es ist eine Insel mit einem ruhigen Charme. Zwischen den öden Hügeln liegen grüne Täler voller Obstgärten, Olivenhainen, Mandelbäumen und Eichen. Die Hauptsiedlungen auf der Insel sind der Hafen Korissia und die attraktive Hauptstadt Chora (Ioulis) rund 5 km landeinwärts. Es gibt mehrere gute Strände und einige ausgezeichnete ausgeschilderte Fußwege. Die Einheimischen nennen ihre Insel Tzia.

An- & Weiterreise

Die wichtigste Verbindung der Insel mit dem Festland ist der Hafen Lavrio im Süden von Attika; es gibt keine Fähren von Piräus nach Kea und nur wenige Anschlussfähren zu anderen Kykladeninseln. Die Schiffe sind freitags meistens sehr voll. Die Fähre am Sonntagabend nach Lavrio nach Möglichkeit meiden, sofern man nicht auf Krawall steht. Wer am Sonntag abreisen möchte, sollte sein Ticket am besten schon vor Freitag kaufen – und sich schon mal auf das Chaos gefasst machen.

FÄHRVERBINDUNGEN AB KEA (TZIA)

REISEZIEL	HAFEN	DAUER	PREIS	HÄUFIGKEIT
Andros	Kea	5 Std. 50 Min.	10 €	1-mal wöchentl.
Folegandros	Kea	9 Std. 50 Min.	22 €	5-mal wöchentl.
Ios	Kea	11 Std. 10 Min.	23 €	2-mal wöchentl.
Kimolos	Kea	11 Std. 10 Min.	18 €	2-mal wöchentl.
Kythnos	Kea	1 Std.	7 €	7-mal wöchentl.
Lavrio	Kea	50 Min.	10,40 €	3–5-mal tgl.
Milos	Kea	12 Std. 20 Min.	15 €	2-mal wöchentl.
Paros	Kea	5 Std. 20 Min.	18 €	2-mal wöchentl.
Naxos	Kea	8¾ Std.	19 €	2-mal wöchentl.
Sikinos	Kea	8 Std. 50 Min.	24 €	2-mal wöchentl.
Syros	Kea	2 Std. 50 Min.	12 €	4-mal wöchentl.
Tinos	Kea	4 Std.	13 €	4-mal wöchentl.

Unterwegs vor Ort

Im Juli und August fahren theoretisch regelmäßig Busse von Korissia zu den Dörfern Vourkari, Otzias, Chora und Piosses, aber es kann Abweichungen vom Fahrplan geben. Ein **Taxi** (☎22880 21021/228) kann insbesondere bei Fahrten nach Chora (7 €) die bessere Wahl sein. Der Preis für eine Taxifahrt nach Otzias beträgt 6 € und nach Piosses 22 €.

Motorräder und Roller kosten pro Tag rund 17 bis 20 € für einen Roller. Mietwagen gibt es ab 45 €. Am besten nachfragen bei **Lion Cars** (☎22880 21898, 69371 85053) in der Hafenmitte

Korissia Κορησσία

881 EW.

Der Hafen Korissia ist ein ziemlich fader Ort, aber es gibt genügend Tavernen und Cafés zu entdecken, um sich auf angenehme Weise die Zeit zu vertreiben. Der Strand, der nach Norden zeigt, bekommt ziemlich viel Wind ab.

Schlafen & Essen

Die *domatia*-Eigentümer kommen nicht zur Fährankunft in den Hafen. Es empfiehlt sich, in der Hauptsaison und am Wochenende zu reservieren.

United Europe APARTMENTS €
(☎22880 21362; www.uekeastudios.gr; EZ/DZ/3BZ 40/60/70 €; ❄) Große, luftige Zimmer für Selbstversorger machen dieses ruhige Haus zu einer ausgezeichneten Wahl. Alle Zimmer sind in Ordnung und wurden in den vergangenen Jahren renoviert. Es liegt ungefähr 200 m die Flussstraße vom Strand hinauf.

Magazes GRIECHISCH €
(Hauptgerichte 7,50–13 €) Das Magazes liegt am Wasser und befindet sich in einem ehemaligen Lagerhaus für Wein, Öl, Mandeln und andere Exporterzeugnisse. Das Gebäude wurde vorsichtig in ein ausgesprochen schönes *estiatorio* (Restaurant) umgebaut. Die ursprüngliche Architektur wurde dabei weitestgehend

erhalten. Empfohlen wird es wegen seiner Meeresfrüchte, darunter Muschelrisotto mit frischem Fenchel und Paprika.

Lagoudera GRIECHISCH €
(Hauptgerichte 5–12 €) Dieses gut geführte Restaurant an der Hauptuferpromenade bereitet sehr leckere griechische Gerichte wie Pilzkuchen und Schweinefleisch mit Sellerie, zu.

Steki tou Strogili GREEK €
(Hauptgerichte 7–13 €) Das Strogili verfügt über eine schöne Lage über dem Fähranleger und neben der Kirche. Vernünftige Speisekarte mit traditionellen griechischen Leibspeisen

Ausgehen

Es finden sich ein paar traditionelle Bars und Cafés entlang der Uferpromenade, aber wer etwas Schickeres sucht, geht für Rockmusik ins **Tzamaica** oder nebenan in den größeren **Echo Club** für original griechische Sounds.

Praktische Informationen

Es gibt Geldautomaten an der Uferpromenade, auch die Piräus Bank gegenüber dem Strand hat einen Geldautomaten. Neben der Autovermietung an der Uferpromenade liegt ein kleines Fährticketbüro.

Kea (Tzia)

Internetcafé (☎22880 22635; pro Std. 4 €; ⏰Mo–Fr 10–14.30 & 17.30–24 Uhr, Sa & So 10–24 Uhr) Liegt gleich eine Gasse rauf in der Mitte der Uferpromenade

Stegadi (☎22880 84002; www.keapaths.gr) Ein hilfreiches Reisebüro, das Fährtickets verkauft und Informationen zu Inseltouren hat

Touristeninformation (☎22880 22651) Das offizielle Fremdenverkehrsamt gegenüber dem Fähranleger hat Listen von Fremdenzimmern auf Griechisch, aber das war es dann eigentlich auch schon.

Chora (Ioulis) Ιουλίδα

1536 EW.

Ioulis ist das Juwel von Kea, und an Wochenenden herrscht hier eine sehr kosmopolitische Atmosphäre. Der Ort besteht aus einem malerischen Gewirr enger Gassen und ansteigender schmaler Straßen, das am Rand eines natürlichen Amphitheaters in der Nähe der Berge liegt. Hier war einst eine wichtige Siedlung des antiken Griechenland. Allerdings ist nur noch wenig erhalten, und selbst das **venezianische Kastro** wurde in Privathäuser integriert. Die Häuser hier haben rote Ziegeldächer wie in Dryopida auf Kythnos.

Der Wendeplatz der Busse befindet sich an einem Platz gleich am Stadtrand. Hier dürfen ausschließlich Taxis und Lieferanten parken. Autos sollten auf dem Parkplatz abgestellt werden, der sich unterhalb des Platzes befindet. Vom Parkplatz geht's die Treppe bis zu einer Gabelung hinauf und dann rechts in Richtung Buskehre, von dort führt der Weg unter einem Torbogen in den Ort. Jenseits des Torbogens rechts halten und die Hauptstraße bergauf laufen, bis man in das interessante Zentrum von Chora gelangt. Die Post liegt nach einem Teil des Weges auf der rechten Seite.

Man kommt dabei unter anderem an der sonderbaren „Piazza Dellapizza“ mit ihrem riesigen Schachspiel vorbei. Dies ist das Stammrevier der mit vielen Farben arbeitenden naiven Maler und des kreativen Künstlers „Del“, der gleichzeitig auch der effiziente und kreative Vertreter der Stadt für die Straßen- und Wegeinstandhaltung ist.

Am Buswendeplatz gibt's eine Bank, aber ohne Geldautomat. Einen Geldautomaten gibt's am Platz beim Rathaus: die Hauptstraße zur Hälfte hinauf laufen.

RED TRACTOR FARM

Die **Red Tractor Farm** (☎22880 21346; www.redtractorfarm.com; DZ 90 €, Studios 130–180 €; P ❄ @) in Kea liegt wie eine Insel in einer eigenen heiteren Welt, dennoch ist es nur ein kurzer Spaziergang vom Strand und Hafen von Korissia hierher. Hier haben Kostis Maroulis und Marcie Maier einen nachhaltigen und kreativen Standort des Agrotourismus geschaffen. Die Anlage aus schönen kykladischen Gebäuden verbindet Tradition mit Komfort und modernem Styling. Das Ganze liegt in Bioweinbergen und Olivenhainen, in denen man höchstwahrscheinlich die eine oder andere handgearbeitete Sitzgelegenheit zum Ausruhen oder ein unaufdringliches, aber bemerkenswertes Kunstwerk finden wird. Recycling und ein nachhaltiger Lebensstil sind die besonderen Kennzeichen dieses Bauernhofes, der ein Mitglied des Verbandes WWOOF (World Wide Opportunities on Organic Farms) und ganzjährig geöffnet ist. Kostis und Marcie produzieren auch Olivenöl, Wein, Marmelade und Chutney. Gegenwärtig setzen sie sich für die Wiederbelebung der Eichelernte auf Kea und für die Herstellung von Eichelprodukten ein.

Sehenswertes

Archäologisches Museum MUSEUM

(☎22880 22079; Erw./Kind 3/2 €; ⏲Di–So 8.30–15 Uhr) Das archäologische Museum von Ioulis liegt direkt vor der Post an der Hauptdurchgangsstraße. Es beherbergt einige faszinierende Artefakte, darunter ein paar herrliche Terrakotta-Figurinen, hauptsächlich aus Agia Irin.

Löwe von Kea DENKMAL

Der berühmte Löwe von Kea, der im 6. Jahrhundert v. Chr. aus Schiefer gemeißelt wurde, steht auf dem Hügel hinter dem letzten Haus. Vom Museum aus geht's bergauf und dann immer weiter, bis man sich auf der gleichen Höhe mit dem Löwen von Kea befindet, der auf der anderen Seite eines flachen Tals steht. Der Weg macht dann einen Bogen um einen Friedhof herum und durch einen Torbogen hindurch und ein paar Stufen hinab, dann steht einem der Löwe mit seinem Mona-Lisa-Lächeln gegenüber. Hinter dem Löwen führt der Weg nach ein paar Minuten zu einem großen, lustigen Brunnen hinter einer riesigen Platane. Gleich dahinter zweigt ein schöner Weg links ab und führt zur Straße oberhalb von Otzias, das nach etwas mehr als 3 km erreicht wird. Dann sind es noch weitere 3 km, leider über die Straße, bis nach Korissia.

Schlafen & Essen

Es gibt nur wenige *domatia* in Ioulis, dafür mehrere brauchbare Tavernen. In den Tavernen kann man nach Zimmern fragen.

Die empfehlenswerten Lokale bieten gute griechische Gerichte ab etwa 4,50 bis 9 € (Lamm und frischer Fisch sind etwas teurer).

Rolando's MEZEDHES €

Hinter dem Torbogen für diese großartige kleine *ouzerie* rechts abbiegen.

Estiatorio I Piatsa TAVERNE €

(☎22880 22195) Gleich in dem Torbogen. Beliebt wegen seinen Grillgerichten und typisch griechischen Speisen.

Unterwegs auf Kea

Die Strandstraße von Korissia geht ab dem **Gialiskari-Strand** noch 2,5 km weiter. Dann kommt man zum Anleger im winzigen **Vourkari,** der von Yachten und Cafés gesäumt ist.

Gleich gegenüber der Bucht von Vourkari liegen die unscheinbaren Überreste der minoischen Stätte **Agia Irini,** die hinter dem rostenden Drahtzaun recht verloren aussehen. Ausgrabungen im 20. Jahrhundert ergaben, dass an dieser Stelle seit 3200 v. Chr. eine Siedlung stand, die über 2000 Jahre bewohnt war.

Die Straße führt noch einmal 3 km weiter zu einem feinen Sandstrand bei **Otzias.** Eine befestigte Straße mit Blick auf die schroffe Küste führt hier noch 5 km weiter zum **Moni Panagias Kastrianis** (☎22880 24348) aus dem 18. Jahrhundert.

Piosses ist der beste Strand der Insel und liegt 8 km südwestlich von Ioulis. Im Sommer gibt es täglich einen Bus zwischen Korissia und Piosses, die Fahrzeiten sind allerdings etwas seltsam. Piosses hat einen langen und sandigen

Strand, hinter dem ein grünes Tal aus Obstgärten und Olivenhainen liegt. Dahinter wiederum erheben sich die schroffen Hügel. Hier gibt es einen sehr gut geführten Campingplatz:

Piosses Camping (☎22880 31302; campingkea@yahoo.gr; Stellplatz pro Erw./Kind/Zelt 6/3/6 €; Bungalows 60–80 €; ⊙Mai–Sept.) mit Laden und Café auf dem Platz. Die Taverne **Christoforos** (Hauptgerichte 4,50–12 €) serviert tolle Fischgerichte.

Rund 1,5 km hinter Piosses kann man links abbiegen und einer befestigten Straße durch Kato Meria und Ellinika und zurück nach Chora folgen. Die Strecke beträgt rund 18 km.

Kreta

Inhalt »

Gut essen

» Avli Lounge Apartments (S. 542)
» Balcony (S. 558)
» Elia & Diosmos (S. 516)
» Oceanis (S. 556)
» Thalassino Ageri (S. 538)

Schön schlafen

» Hotel Doma (S. 537)
» Lato Hotel (S. 510)
» Stavroula Palace (S. 549)
» Terra Minoika (S. 560)
» Hotel Veneto (S. 523)

Auf nach Kreta

Kreta (Κρήτη) ist in vielerlei Hinsicht die Quintessenz Griechenlands: Die Natur ist so verschwenderisch wie Picasso in seinen besten Zeiten – dramatische Berge, überwältigende Strände und sanfte Hügel mit Olivenhainen, Weinbergen und Wildblumen. Es gibt tief eingeschnittene Schluchten, darunter die längste Europas, glasklare Lagunen und Strände, die mit ihren Palmen auch in der Karibik liegen könnten.

Die reiche, vieltausendjährige Geschichte steht den Naturschönheiten Kretas in nichts nach. Der Palast von Knossos ist nur eine von vielen Ruinenstätten, die von der geheimnisvollen Kultur der Minoer zeugen. Venezianische Festungen, türkische Moscheen und byzantinische Kirchen setzen überall auf der Insel sichtbare Zeichen, wenn auch nirgendwo so charismatisch wie in Chania oder Rethymnon.

Tatsächlich sind es aber die Menschen – nicht die Steine –, an die man sich besonders gerne erinnert. Die gastfreundlichen und temperamentvollen Inselbewohner pflegen ihre einzigartige Kultur und Bräuche und ihre Traditionen, die wesentlich zur Seele der Insel beitragen.

Reisezeit

Kreta (Iraklion)

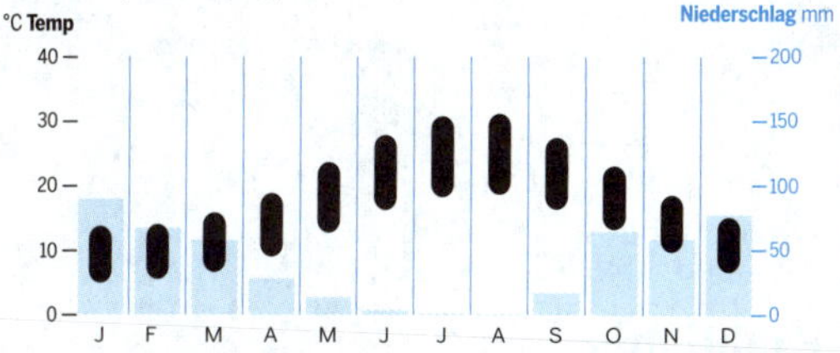

April Während der Vorbereitungen für Ostern sind die Wiesen mit bunten Wildblumen überzogen.

Juni Beste Zeit für den Strand, ehe es zu voll wird; jetzt ist das Angebot lokaler Produkte besonders groß.

Oktober Warmes Wasser, blauer Himmel und Traubenernte; die Touristenmassen nehmen ab.

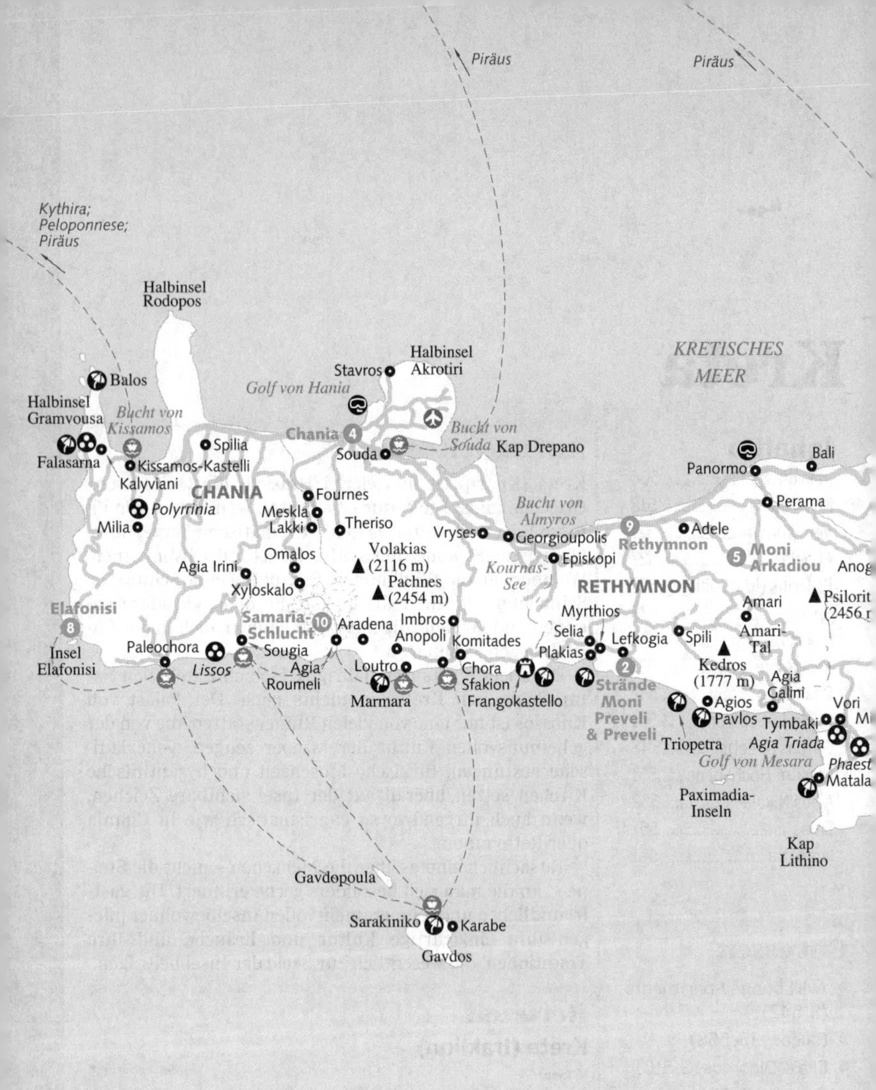

Highlights

1 Im Palast von Knossos (S. 518) von einer Audienz bei König Minos träumen

2 Eine Pilgerfahrt zum **Moni Preveli** (S. 530) mit einem Aufenthalt am palmengesäumten Strand von **Preveli** (S. 530) abschließen

3 Im Weinbaugebiet von Iraklion (S. 516) minoische Ruinen bestaunen und die örtlichen Weine probieren

4 Ziellos durch die Nebenstraßen der Altstadt von Chania (S. 532) schlendern

5 Herausfinden, warum **Moni Arkadiou** (S. 526) so wichtig für die kretische Seele ist

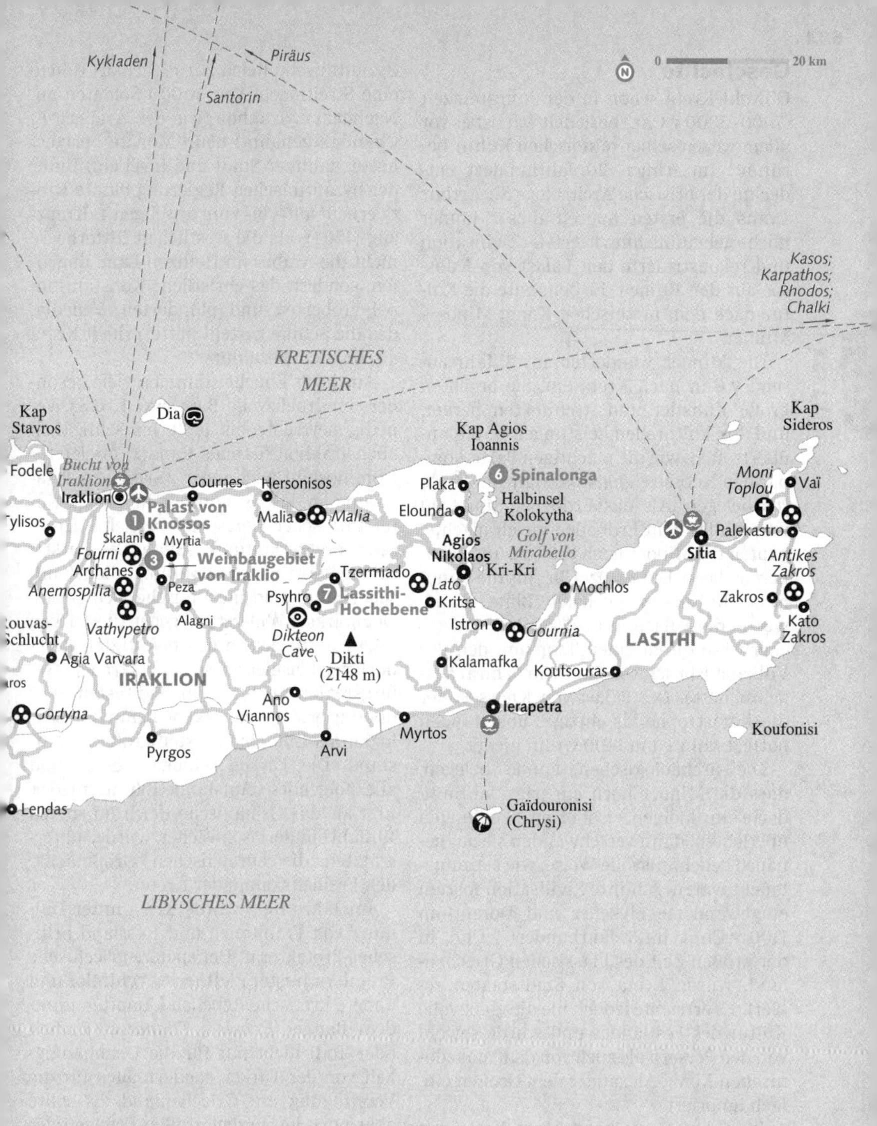

6 Die ergreifende Geschichte der ehemaligen Leprakolonie auf der Insel **Spinalonga** (S. 556) hautnah spüren

7 Radeln zwischen den Windmühlen auf der **Lassithi-Hochebene** (S. 551)

8 Die Einsamkeit von **Elafonisi** (S. 547) genießen, Kretas zauberhaftestem Strand

9 Verloren gehen im Häuserdschungel der Altstadt von **Rethymnon** (S. 521)

10 Durch die Samaria-Schlucht wandern, Europas längste Schlucht (S. 541)

Geschichte

Obwohl Kreta schon in der Jungsteinzeit (7000–3000 v. Chr.) besiedelt war, ist es vor allem wegen seiner minoischen Kultur berühmt. Im frühen 20. Jahrhundert entdeckte der britische Archäologe Sir Arthur Evans die ersten Spuren dieser immer noch geheimnisumwitterten Zivilisation und rekonstruierte den Palast von Knossos aus den Ruinen. Er benannte die Kultur nach dem mythischen König Minos – Minoer.

Die Minoer wanderten im 3. Jahrtausend v. Chr. nach Kreta ein. Sie brachten große Künstler und Architekten hervor, und ihre kulturellen Leistungen waren unübertroffen, wie die mächtigen Palastkomplexe in Knossos, Phaistos, Malia und Zakros belegen. Als das Erdbeben von 1700 v. Chr. alles dem Erdboden gleich machte, bauten die Minoer noch größere und schönere Paläste. Um 1450 v. Chr., als die Minoische Kultur in höchster Blüte stand, wurde die Paläste erneut zerstört; möglicherweise durch einen Tsunami, den der Vulkanausbruch von Santorin (Thira) ausgelöst hatte. Der Palast von Knossos, der die Katastrophe als einziger überstanden hatte, brannte um 1400 v. Chr. nieder.

Die archäologischen Funde belegen, dass die Minoer noch ein paar Jahrhunderte in kleinen, isolierten Siedlungen überlebten, dann verschwanden sie auf genauso geheimnisvolle Weise, wie sie aufgetaucht waren. Auf ihre Zivilisation folgten eingewanderte Mykener und Dorer (um 1100 v. Chr.). Im 5. Jahrhundert v. Chr., in der großen Zeit des klassischen Griechenland, wurde Kreta von Stadtstaaten regiert. Es erreichte jedoch nie die glanzvolle Kultur des Festlandes und wurde sowohl von den Persern als auch von dem makedonischen König Alexander dem Großen einfach ignoriert.

Im Jahre 67 v. Chr. gehörte Kreta mit der Hauptstadt Gortyn zur römischen Provinz Cyrenaica. Als das Römische Reich 395 n. Chr. geteilt wurde, fiel Kreta, zusammen mit großen Teilen der Balkanhalbinsel, an das Byzantinische Reich, die griechisch sprechenden Herrscher von Konstantinopel. Bis 824 konnte sich die Insel weitgehend friedlich entwickeln, dann wurde sie von den Arabern erobert.

Im Jahr 961 eroberte der byzantinische General und glücklose Kaiser Nikiforas Fokas (912–969 n. Chr.) die Insel für das Byzantinische Reich zurück. Fokas führte eine Streitmacht von 50 000 Soldaten an. Nachdem er Iraklion (von den Arabern El Chandak genannt) neun Monate belagert hatte, nahm er Stadt und Insel ein. Unter der byzantinischen Regierung blühte Kreta erneut auf – bis zum unseligen 4. Kreuzzug (1204), als die westlichen Ritterheere nicht die Araber im Heiligen Land angriffen, sondern das christliche Konstantinopel eroberten und plünderten. Venedig, das die Schiffe gestellt hatte, erhielt Kreta als Teil der „Bezahlung".

Aus jener Epoche stammen viele besonders eindrucksvolle Bauwerke Kretas. Venedig herrschte bis 1669, bis schließlich auch Iraklion (damals Candia) als letzter Dominostein nach einer 21-jährigen Belagerung an das Osmanische Reich fiel. Unter türkischer Herrschaft erreichte Kreta seine größte kulturelle Blüte. Die Türken führten eine neue Verwaltung, die islamische Kultur und muslimische Siedler ein. Der stärkste Widerstand gegen die Türken organisierte sich in den befestigten Bergdörfern, beispielsweise in der rauen Gebirgsregion von Sfakia im Südwesten. Hier organisierte der verwegene Ioannis Daskalogiannis 1770 einen ersten größeren Aufstand. Die Türken schlugen seinen und alle folgenden Aufstände blutig nieder. Erst als das Osmanische Reich im späten 19. Jahrhundert schwächer wurde, unterstützten die europäischen Großmächte den Freiheitskampf der Kreter.

Im Jahre 1898 wurde Kreta unter Duldung von Frankreich und Russland britisches Protektorat. Der spätere griechische Premierminister Eleftherios Venizelos und andere kretische Rebellen kämpften unter dem Banner *Enosis i Thanatos* (Einheit oder Tod) nicht nur für die Unabhängigkeit von der Türkei, sondern auch für die Vereinigung mit Griechenland. Es sollte aber noch bis zu den großen Erfolgen der griechischen Armee im Balkankrieg (1912–13) dauern, bis Kreta auch de facto Griechenland zugeschlagen wurde – besiegelt im Vertrag von Bukarest (1913).

Im Zweiten Weltkrieg hatte Kreta schwer zu leiden. Hitler wollte die strategisch günstig gelegene Insel als Luftwaffenbasis erobern und griff am 20. Mai 1941 mit Fallschirmjägern an. Der kretische Widerstand wurde rasch niedergeschlagen. In der zehntägigen „Schlacht um Kreta" kämpften deutsche Soldaten gegen alliierte Truppen aus Großbritannien, Australien, Neuseeland und Griechenland. Zwei Tage lang tobte die Schlacht unentschieden, bis deutsche Soldaten den Flughafen Maleme bei Chania eroberten. In dem Rückzugsgefecht hielten die Alliierten die deutschen Truppen auf, bis 18000 der 32000 Soldaten von der Insel evakuiert waren. Kreta blieb während des ganzen Krieges unter deutscher Besatzung. Viele Bergdörfer wurden bombardiert oder niedergebrannt und zahlreiche Kreter exekutiert. Dennoch gründeten die Kreter (mit alliierter Unterstützung) einen wirkungsvollen Widerstand, der die deutsche Besatzungsarmee beschäftigte und ablenkte.

An- & Weiterreise

Flugzeug

Die meisten Touristen erreichen Kreta mit dem Flugzeug, in der Regel nach Zwischenlandung in Athen. **Nikos Kazantzakis** (www.heraklion-airport.info) in Iraklion ist der wichtigste Flughafen der Insel, obwohl **Chania** (www.chania-airport.com) für Reisen nach Westkreta günstiger ist. Sitia soll erweitert werden, bedient zurzeit aber nur Ziele im Inland.

Zwischen Mai und Oktober fliegen europäische Billigflieger wie easyJet, Germanwings, AirBerlin, Fly Thomas Cook und Jet2 Kreta von deutschen und britischen Flughäfen direkt an. Aegean Airlines fliegt ganzjährig von Kreta nach London, Mailand, Paris und Rom; Flüge zu anderen Zielen landen gewöhnlich in Athen zwischen. Olympic Air fliegt von Athen und Thessaloniki nach Kreta. Reisende aus Nordamerika müssen in Paris, Amsterdam oder Frankfurt umsteigen, manchmal nochmals in Athen.

Verbindungen von anderen griechischen Inseln nach Kreta gehen stets über Athen; eine Ausnahme bildet die kretische Fluglinie **Sky Express** (www.skyexpress.gr); Verbindungen siehe Tabelle unten.

INLANDSFLÜGE VON KRETA

ZIEL	FLUGHAFEN	DAUER	PREIS (EINFACH)
Alexandroupolis	Sitia	1½ Std.	90 €
Athen	Iraklion	50 Min.	85 €
Ikaria	Iraklion	1½ Std.	110 €
Kalamata	Iraklion	1 Std.	120 €
Korfu	Iraklion	1¾ Std.	140 €
Kos	Iraklion	1 Std.	120 €
Lesbos (Mytilini)	Iraklion	1¼ Std.	130 €
Mykonos	Iraklion	1½ Std.	95 €
Preveza	Sitia	1¾ Std.	90 €
Rhodos	Iraklion	1 Std.	80 €
Samos (Vathi)	Iraklion	1 Std.	130 €
Santorin (Thira)	Iraklion	30 Min.	70 €
Volos	Iraklion	1¼ Std.	115 €

Schiff/Fähre

Kreta ist mit Fähren (mindestens einmal tgl.; im Sommer 3–4-mal tgl.) von Piräus (bei Athen) nach Iraklion und Chania gut erreichbar. Langsamere Fähren verkehren ein- bis zweimal wöchentlich nach Sitia im Osten und Kissamos-Kastelli im Westen. Zwischen November und April ist der Fährverkehr stark reduziert. Die Fahrpläne ändern sich regelmäßig, hinzu kommen kurzfristige Veränderungen durch Verspätungen und Ausfälle wegen schlechtem Wetter, Streiks oder technischen Problemen.

Fährlinien von Kreta sind **Anek Lines** (www.anek.gr), **Hellenic Seaways** (www.hellenicseaways.gr), **Lane Lines** (www.lane.gr), **Minoan Lines** (www.minoan.gr) und **Sea Jets** (www.seajets.gr).

Wegen der unvorhersehbaren Änderungen von Fahrplänen und Preisen ist die folgende Tabelle der Fährverbindungen nur bedingt verlässlich. Die Preise gelten für einen Deckplatz. Die aktuellen Routen und Fahrpläne stehen auf den Websites der Fährlinien oder unter www.gtp.gr, www.openseas.gr, www.ferries.gr oder www.greekferries.gr. Bei den beiden letzten können Tickets gebucht werden.

FÄHREN AB KRETA

ROUTE	FÄHRLINIE	DAUER	PREIS	HÄUFIGKEIT
Iraklion–Karpathos	Aigaion Pelagos	7½ Std.	18 €	2-mal wöchentl.
Iraklion–Kasos	Aigaion Pelagos	5¾ Std.	18 €	2-mal wöchentl.
Iraklion–Milos	Aigaion Pelagos	7½ Std.	20 €	2-mal wöchentl.
Iraklion–Mykonos	Hellenic Seaways	4¾ Std.	77 €	1-mal tgl.
Iraklion–Paros	Hellenic Seaways	4 Std.	75,50 €	1-mal tgl.
Iraklion–Piräus	Minoan, Anek	6½–9½ Std.	28–36 €	1–2 mal tgl.
Iraklion–Rhodos	Anek	12½ Std.	29 €	1-mal wöchentl.
Iraklion–Santorin (Thira)	Anek	4¼ Std.	15 €	2-mal wöchentl.
Iraklion–Santorin (Thira)	Sea Jets, Hellenic Seaways	2 Std.	48,50–51,50 €	jede Linie 1-mal tgl.
Chania–Piräus	Anek	8½ Std.	35 €	1-2-mal tgl.

ROUTE	FÄHRLINIE	DAUER	PREIS	HÄUFIGKEIT
Kissamos-Kastelli-Antikythira	Lane	2 Std.	9 €	2-mal wöchentl.
Kissamos-Kastelli–Gythio	Lane	6½ Std.	20 €	2-mal wöchentl.
Kissamos-Kastelli–Kythira	Lane	3½ Std.	14 €	bis zu 2-mal tgl.
Kissamos-Kastelli–Piräus	Lane	10½ Std.	24 €	2-mal wöchentl.
Sitia–Karpathos	Anek	4½ Std.	19 €	2-mal wöchentl.
Sitia–Kassos	Anek	2½ Std.	11 €	2-mal wöchentl.
Sitia–Milos	Anek	11 Std.	25 €	2-mal wöchentl.

Unterwegs vor Ort

Busse sind das einzige öffentliche Verkehrsmittel auf Kreta. Das gut ausgebaute Netz macht das Reisen relativ einfach. Fahrpläne und Preise stehen auf www.bus-service-crete-ktel.com.

Auf der Hauptstraße entlang der Nordküste fahren die Busse im Stundentakt; die Busse zu den Dörfern im Landesinneren und den Orten an der Südküste verkehren seltener. Die wichtigsten touristischen Attraktionen – Knossos, Phaistos, Moni Arkadiou, Moni Preveli, Omalos (Samaria-Schlucht) und Chora Sfakion – werden von Bussen angefahren; Details siehe unter den jeweiligen Orten.

Taxis warten fast überall, außer in sehr abgelegenen Orten. An den Taxiständen in größeren Städten hängen Preislisten aus, sonst wird der Preis auf dem Taxameter bezahlt. In Taxis ohne Taxameter vor der Fahrt einen Preis aushandeln.

ZENTRALKRETA

Zentralkreta besteht aus der Präfektur Iraklion – der boomenden Inselhauptstadt – und der Präfektur Rethymnon, benannt nach der reizvollen venezianischen Hafenstadt. Neben einem dynamischen städtischen Leben und zahlreichen historischen Bauten aus venezianischer Zeit kann Iraklion mit dem nahe gelegenen Knossos und anderen großen und kleinen minoischen Palästen punkten. Während die Nordküste im Osten von Iraklion, vor allem um Chersonisos und Malia, vom ausufernden Pauschaltourismus verschandelt wird, warten bereits in kurzem Abstand zur Küste herrliche Dörfer, in denen die Zeit stehen geblieben zu sein scheint. Dort, im Weinland von Iraklion, wandelt man auf den Spuren von El Greco und Nikos Kazantzakis, genießt die herrlichen Weine und erfreut sich am rustikalen Charme der Bergdörfer des Zaros.

Die Präfektur Rethymnon ist ein faszinierendes Gemisch aus quirligen Feriensiedlungen, jahrhundertealten Dörfern und lebhaften Städten. Etwas abseits der Nordküste taucht man in die endlose Ruhe der schönen Natur ein. In Dörfern wie Anogia leben die Einwohner wie vor Urzeiten. Die Südküste ist wieder völlig anders: Wilde Schönheit mit steilen Schluchten und zauberhaften, abgelegenen Stränden. Hier liegen der entspannte Ferienort Plakias und das alte Hippie-Paradies Matala.

Iraklion Ηράκλειο

137 390 EW.

Iraklion ist die fünftgrößte Stadt Griechenlands und das Zentrum der kretischen Verwaltung und Wirtschaft. Der Puls der Stadt schlägt ziemlich hektisch: An jeder Ampel stehen geräuschvoll knatternde Motorräder, während im Sommer ein Flugzeug nach dem anderen über den Himmel zieht. An der langen Küstenfront stehen die Überreste venezianischer Arsenale, Festungen und Schreine.

Iraklion ist keine vordergründige Schönheit, kann jedoch begeistern, wenn man sich die Zeit nimmt, sie auf Nebenstraßen und mit dem Blick auf Details zu durchstreifen. Die Küstenstraße lädt zum Flanieren ein und die zur Fußgängerzone umgestaltete Altstadt lockt mit belebten Plätzen und Gebäuden aus der Zeit, als Kolumbus Segel setzte.

Iraklion hat ein reiches städtischen Leben mit Cafés und Restaurants, die besten Geschäfte der Insel und ein lebendiges Nachtleben. Auf keinen Fall die Highlights verpassen: das ausgezeichnete Archäologische Museum und den Palast von Knossos, die beide faszinierende Einblicke in die minoische Kultur ermöglichen.

Geschichte

Iraklion ist seit der Jungsteinzeit besiedelt. Die Araber eroberten die Stadt 824 n. Chr. und bauten sie zum Zentrum des Sklavenhandels im östlichen Mittelmeer aus. Als byzantinische Truppen Kreta im Jahr 961 zurückeroberten, hellenisierten sie den Namen zu „Chandakos". Die Venezianer, die 1204 die Insel kauften, nannten sie Candia.

Venedig nutzte Kreta und seine stark befestigte Hauptstadt als Stützpunkt, um sein maritimes Handelsimperium auszuweiten. Immerhin waren die Festungsanlagen stark genug, um die osmanischen Türken 21 Jahre lang abzuwehren – nachdem das übrige Kreta längst in türkischer Hand war. Erst im Jahre 1669 gaben die Venezianer endgültig auf.

Als die Türken 1898 die Herrschaft über Kreta verloren, wurde Chania Hauptstadt der Insel und aus Candia wieder Iraklion. Dank seiner verkehrsgünstigen Lage stieg Iraklion unaufhaltsam auf und eroberte sich 1971 seine alte Stellung als Verwaltungshauptstadt der Insel zurück.

Sehenswertes

Die wichtigsten Sehenswürdigkeiten Iraklions liegen in der Altstadt, eingeklemmt zwischen dem Ufer und den alten Stadtmauern. Viele der schönsten Bauten stehen entlang der 25 Avgoustou, der wichtigsten Durchgangsstraße. Sie berührt den hübschen Hauptplatz Plateia Venizelou (auch Löwenplatz nach dem berühmten Löwenbrunnen von Morosini). Nach Osten zweigt die Korai ab, das Zentrum der Kaffeehauskultur, die auf die weite Plateia Eleftherias zuläuft; ganz in der Nähe steht das Archäologische Museum.

LP TIPP Archäologisches Museum Iraklion

MUSEUM

(☎2810 279000; http://odysseus.culture.gr; Xanthoudidou 2; Erw./erm. 4/2 €, inkl. Knossos 10/5 €; ⌚Nov.–März 8.30–15 Uhr, April–Okt länger geöffnet, Details nachfragen) Dieses außergewöhnliche Museum gehört zu den größten und wichtigsten des Landes. Es zeigt Objekte aus 5500 Jahren Geschichte, von der Jungsteinzeit bis zu den Römern, vor allem die minoische Sammlung ist berühmt. Ein Besuch vermittelt einen tiefen Einblick in Kretas Geschichte und Kultur – auf keinen Fall versäumen!

Das Hauptgebäude ist seit 2006 wegen Restaurierung geschlossen; eine Öffnung ist nicht absehbar. Glücklicherweise sind die wichtigsten Stücke in einem Anbau zu sehen, der von der Hatzidakis betreten wird. Diese temporäre Ausstellung – 400 der 15 000 normalerweise ausgestellten Exponate – wird nach internationalem Museumsstandard präsentiert und zeigt die wichtigsten Meisterwerke. Das Museum stellt eine echte Schatzkammer dar: Keramik, Schmuck, Figuren und Sarkophage, dazu einige berühmte Fresken. Die schönsten der minoischen Exponate stammen aus Knossos, Phaistos, Malia, Zakros und Agia.

Die Fresken aus dem Palast von Knossos sind einzigartig: das **Prozessionsfresko**, das **Greifenfresko** (aus dem Thronsaal), das **Delfinfresko** (aus dem Gemach der Königin) und das verblüffende **Stierspringerfresko**. Es zeigt einen akrobatischen, extrem gelenkigen Springer, der einen Salto über den Rücken eines angreifenden Stieres macht.

Daneben gibt es weitere Fresken, wie den restaurierten **Lilienprinz**, dazu zwei Darstellungen aus der Zeit des Neuen Palastes: eine Priesterin, die Archäologen die **„Pariserin“** getauft haben, und den **Krokuspflücker**.

Ebenfalls aus Knossos stammen die Tontafeln mit **Linear-A- und -B-Schrift** (nach der Übersetzung stellte sich letztere Tafel als eine Art Haushaltsbuch oder Buchhaltung heraus), eine Elfenbeinstatue eines **Stierspringers** und mehrere erlesene **Goldsiegel**.

Der prachtvolle, 20 cm große **Stierkopf** entstand in der mittleren minoischen Zeit; er ist aus schwarzem Stein gemeißelt und wurde für Trankopfer genutzt. Der Künstler hat dem lockigen Kopf goldene Hörner und als Augen lebensecht bemalte Kristalle eingesetzt. Die temporäre Ausstellung zeigt unter anderem auch kunstvolle Figuren einer barbusigen **Schlangengöttin** aus einem Schrein in Knossos.

Ein herausragendes Beispiel minoischer Goldschmiedekunst ist der wunderschöne, goldene **Bienenanhänger** aus Malia. Er stellt zwei Bienen dar, die Honig in eine Wabe träufeln.

Das berühmteste Stück aus Phaistos ist der faszinierende **Diskus von Phaistos**, eine runde Tonscheibe von 16 cm Durchmesser. Seine Bildschrift wurde noch nicht entziffert.

Die kunstvolle **Kamares-Keramik** trägt ihren Namen nach der heiligen Höhle von Kamares, in der die Stücke ausgegraben wurden. Bemerkenswert ist auch eine prachtvoll mit weißer Blumendekoration verzierte Vase aus Phaistos.

Bei den Grabungen in Zakros fand sich ein wunderschöner **Kristallrhyton**, der in

Iraklion

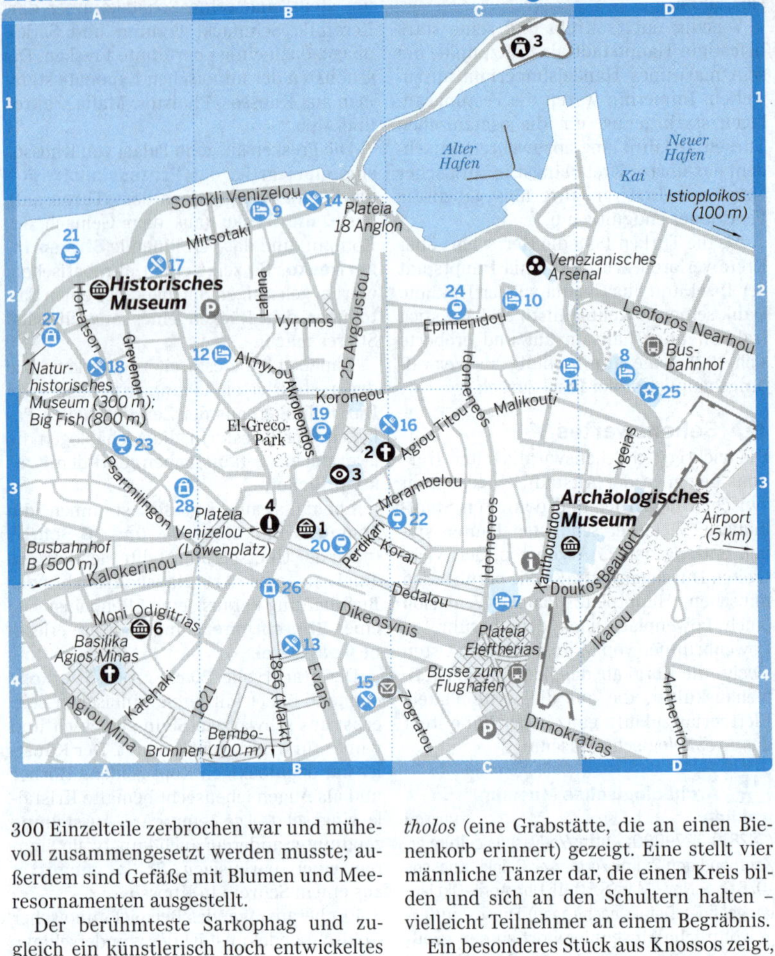

300 Einzelteile zerbrochen war und mühevoll zusammengesetzt werden musste; außerdem sind Gefäße mit Blumen und Meeresornamenten ausgestellt.

Der berühmteste Sarkophag und zugleich ein künstlerisch hoch entwickeltes Beispiel minoischer Kunst ist der **Sarkophag aus Agia Triada,** der mit Blumen- und abstrakten Motiven sowie rituellen Handlungen bemalt wurde. Ebenfalls aus Agia Triada stammt die **Schnittervase.** Der erhaltene obere Teil zeigt junge Bauern, die vom Olivenpflücken nach Hause kommen. Die **Boxervase** stellt zwei minoische Lieblingsfreizeitbeschäftigungen dar: Ringen und Stierkampf. Die Darstellung auf dem **Prinzenpokal** ist schwieriger zu entschlüsseln: Eine hochgestellte Persönlichkeit hält einen Stab, während drei Männer Tierfelle tragen.

Aus minoischen Friedhöfen werden zwei kleine Tonfigurengruppen aus einer *tholos* (eine Grabstätte, die an einen Bienenkorb erinnert) gezeigt. Eine stellt vier männliche Tänzer dar, die einen Kreis bilden und sich an den Schultern halten – vielleicht Teilnehmer an einem Begräbnis.

Ein besonderes Stück aus Knossos zeigt, wie sich die geheimnisvollen Minoer die Zeit vertrieben – ein kostbares, mit Elfenbein, Kristall, Glas, Gold und Silber verziertes **Spielbrett** aus der Epoche der neuen Paläste.

Historisches Museum MUSEUM

(☎2810 283219; www.historical-museum.gr; Sofokli Venizelou; Erw./erm. 5/3 €; ⏲Mo–Sa 9–17 Uhr) Das fesselnde Museum schafft den Spagat von Byzantinern und Venezianern bis zu den Türken und dem 2. Weltkrieg. Die Exponate sind auf Englisch beschriftet, es gibt Multimediapräsentationen und zahlreiche Audiostationen.

Zu den Highlights im Erdgeschoss zählen die einzigen beiden **Gemälde El Gre-**

Iraklion

cos auf Kreta, Fresken des 13. und 14. Jahrhunderts, kunstvoll gearbeiteter venezianischer Goldschmuck und gestickte Roben. In einem historischen Abriss wird Kretas Weg von der Türkenzeit bis zur Unabhängigkeit im frühen 20. Jahrhundert nachgezeichnet. Die interessantesten Räume im 1. Obergeschoss sind unter anderem dem Autor **Nikos Kazantzakis** (Alexis Sorbas) und der **Schlacht um Kreta** gewidmet, darunter die Rolle des kretischen Widerstandes und des alliierten Geheimdienstes. Im obersten Stockwerk wird Volkskunst gezeigt.

Naturhistorisches Museum MUSEUM

(☎2810 282740; www.nhmc.uoc.gr; Sofokli Venizelou; Erw./erm. 6/4 €; ⏲Juni–Sep. Mo–Fr 9–16, Sa & So 10–16 Uhr; Okt.–Mai kürzer geöffnet, bitte nachfragen) Das sehr interessante Museum ist in einem clever umgebauten Kraftwerk untergebracht. Es stellt nicht nur, wie erwartet, die Flora und Fauna der Insel vor, sondern verdient Respekt für die kreative Umsetzung der Fakten sowie einen Zoo und einen Erdbebensimulator. Der absolute Star ist jedoch die lebensgroße Rekonstruktion des 5 m hohen, elefantenartigen *Deinotherium gigantum*, des drittgrößten Landsäugetiers aller Zeiten. Das Museum steht westlich der 25 Avgoustou am Ufer und ist in 10 Minuten zu Fuß erreichbar.

Venezianische Festung Koules FESTUNG

(Hafen; Erw./erm. 2/1 €; ⏲Mai–Okt. Di–So 8.30–19 Uhr, Nov.–April bis 15 Uhr) Die massige, gedrungene Festung aus dem 16. Jahrhundert beherrscht das Ende des Piers im Alten Hafen. Unter den Venezianern hieß sie Rocca al Mare und widerstand den türkischen Angriffen immerhin 21 Jahre lang. Die osmanischen Türken machten sie zu einem Gefängnis für kretische Aufständische. In den 26 restaurierten Räumen finden Kunstausstellungen und Performances statt. Der Ausblick von oben lohnt sich auch wegen der gewölbten Arkaden des venezianischen **Arsenals** gegenüber, in dem die Venezianer ihre Schiffe reparierten.

Morosini-Brunnen BRUNNEN

(Plateia Venizelou) Der Morosini- oder Löwenbrunnen ist das beliebteste Zeugnis aus der Zeit der Venezianer. Vier Löwen speien aus ihrem Maul Wasser in acht reich verzierte Marmorbecken. Das Zentrum bildete einst eine Marmorstatue von Poseidon mit Dreizack; sie wurde während der türkischen Herrschaft zerstört.

GRATIS **Städtische Kunstgalerie** KUNSTGALERIE

(☎2810 399228; 25 Avgoustou; ⏲Mo–Fr 9–13.30 & 18–21; Sa 9–13 Uhr) Die schöne dreischiffige Basilika Agios Markos aus dem 13. Jahrhundert wurde mehrfach umgebaut und von den Türken in eine Moschee umgewandelt. Heute ist sie ein würdiges Museum für Werke von Maria Fiorakis, Lefteris Kanakakis, Thomas Fanorakis und anderen Künstlern Kretas.

Bembo-Brunnen BRUNNEN

(Plateia Kornarou) Der hübsche Brunnen – der erste der Stadt – wurde in den 1550er-Jahren aus allerlei antiken Überbleibseln zusammengebaut; darunter auch aus einer römische Statue als dem nahen Ierapetra. Das von den Türken erbaute, sechseckige Brunnenhaus daneben dient heute als Café.

Loggia HISTORISCHES GEBÄUDE

(25 Avgoustou) Die Venezianische Loggia aus dem 17. Jahrhundert dient heute als Rathaus. Wo sich einst die Herren des venezianischen Adels zu Drinks und anregenden Gesprächen einfanden, residiert heute der Bürgermeister.

Agios Titos KIRCHE

(Plateia Agiou Titou) Die majestätische Kirche Agios Titos (Agiou Titou) ist ein byzantinischer Bau von 961. Die Venezianer wandelten sie in eine katholische Kirche, die Türken in eine Moschee um. Seit 1925 dient sie als orthodoxe Kirche. Im Jahr 1966 kehrte der verehrte Schädel des hl. Titus aus dem venezianischen Exil zurück, wo er während der Türkenzeit sicher verwahrt wurde.

Museum der Kirchenkunst MUSEUM

(☎2810 288825; Moni Odigitrias) Die ehemalige Kirche Agia Ekaterini beherbergt eine kostbare Sammlung kretischer Ikonen, darunter sechs Werke von El Grecos Mentor Michail Damaskinos. Das Museum wird zurzeit renoviert, soll aber 2012 wieder eröffnet werden.

Festivals & Events

Sommer-Festival Iraklion KUNST

Von Juli bis Mitte September veranstaltet Iraklion ein Sommer-Festival mit Top-Acts aus der Tanz-, Musik-, Theater- und Kinoszene; die meisten Vorstellungen finden in den Nikos-Kazantzakis- und Manos-Hatzidakis-Freilufttheatern statt.

Schlafen

LP TIPP **Lato Hotel** BOUTIQUEHOTEL €€

(☎2810 228103; www.lato.gr; Epimenidou 15; DZ inkl. Frühstück 90–120 €; P ❄ @ Wi-Fi) Mit diesem modernen Boutiquehotel am Alten Hafen drängt Iraklion nach Hollywood – selbstbewusst, aber ohne Attitüde. Die Besitzer haben sich nicht auf ihren Lorbeeren ausgeruht, sondern 2011 auf der anderen Straßenseite hinter einer poppigen Fassade einen stylischen Erweiterungsbau eröffnet. Die Zimmer sind in warmem Rot gehalten und reichlich mit Holz, angenehmen Möbeln, erstklassigen Matratzen sowie einem Wasserkocher ausgestattet, um Tee oder Kaffee zu kochen. Von den hinteren Zimmern blickt man auf eine moderne Metallskulptur.

Kronos Hotel HOTEL €

(☎2810 282240; www.kronoshotel.gr; Sofokli Venizelou 2; EZ/DZ 44/50 €; ❄ @ Wi-Fi) Nach einer gründlichen Renovierung positioniert sich das Hotel an der Uferstraße in der Spitzengruppe der Budgetunterkünfte. Die Zimmer haben doppelt verglaste Fenster und Balkone, Telefon, einen winzigen Fernseher und Kühlschrank. Die Doppelzimmer mit Meerblick kosten 58 €, das Frühstück 6 €.

Capsis Astoria HOTEL €€

(☎2810 343080; www.capsishotel.gr; Plateia Eleftherias; EZ/DZ inkl. Frühstück 108/140 €; P ❄ @ Wi-Fi Pool) Das wuchtige Äußere ist wenig eindrucksvoll, aber hinter der Eingangstür überzeugt das Capsis bis zum Pool auf dem Dach als Klassehotel. Die gelifteten Zimmer sind in neutralen Farben gehalten, haben extrem bequeme Matratzen und historische Schwarzweißfotos an den Wänden; fantastisches Frühstücksbüffet.

Marin Dream Hotel HOTEL €€

(☎2810 300018; www.marinhotel.gr; Epimenidou 46; Zi. inkl. Frühstück 95–120 €; ❄ @ Wi-Fi) Obwohl das Marin Dream ein typisches Businesshotel ist, lohnt es sich auch für Touristen: Der Ausblick auf Hafen und Festung (nach einem Vorderzimmer mit Balkon fragen) ist großartig. Die Zimmer in Schokoladenbraun und Kirschrot wirken gediegen.

GDM Megaron HOTEL €€€

(☎2810 305300; www.gdmmegaron.gr; Doukos Beaufort 9; EZ/DZ inkl. Frühstück ab 140/168 €; ❄ @ Wi-Fi Pool) Das hohe, wuchtige Hotel am Hafen ist ein typisches Designerhotel. Die Zimmer sind mit bequemen Betten, TVs mit Plasmabildschirmen und Faxgeräten ausgestattet, die VIP-Suiten außerdem mit Whirlpool. Relaxen am Pool mit Glaswän-

NICHT VERSÄUMEN

MARKT VON IRAKLION

Der Straßenmarkt an der engen Odos 1866 ist eine Institution. Er gehört zu den besten auf Kreta und bietet alles, was man für ein köstliches Picknick braucht. Hier gibt es die frischsten Früchte und Gemüse, cremigen Käse, Honig aus der Umgebung, saftige Oliven, frisches Brot und alles andere, was das Schlemmerherz begehrt. Andere Stände verkaufen duftende Kräuter, Lederwaren, Hüte, Schmuck und Souvenirs. Zum Abschluss zum Lunch bei Giakoumis oder in eine andere Taverne in der Nähe (nur nicht in eine Taverne auf dem Markt).

den und die Aussicht vom Restaurant und der Bar auf der Dachterrasse machen den Aufenthalt noch angenehmer.

Mirabello Hotel HOTEL €
(☎2810 285052; www.mirabello-hotel.gr; Theotokopoulou 20; DZ mit/ohne Bad 60/48 €; ⌚April–Nov.; ❄@📶) Das freundliche und entspannte Hotel an einer ruhigen Straße ist zwar nicht auf dem neuesten Stand, bietet aber einen vernünftigen Gegenwert für den Preis. Die Zimmer sind makellos, vielleicht etwas beengt; sie haben TV, Telefon und Balkone; einige mit Kühlschrank.

Essen

Viele Restaurants haben sonntags geschlossen.

LP TIPP **Brillant/Herb's Garden** KRETISCH €€
(☎2810 228103; www.brillantrestaurant.gr; Epimenidou 15; Hauptgerichte 10–23 €; 📶) Die avantgardistische Ausstattung im Brillant, dem kulinarischen Außenposten des Lato Hotels, könnte fast von der kreativen, einfallsreich gewürzten kretischen Küche ablenken. In Orangen mariniertes Hähnchen an einer Sauce aus Weinblättern, Walnüssen und Tomaten ist nur ein typischer Gaumenschmaus. Zwischen Mai und Oktober nennt sich das Restaurant in Herb's Garden um und zieht auf das Dach des Hotels, wo man mit Blick auf den Hafen speist.

Prassein Aloga MEDITERRAN €€
(☎2810 283429; Ecke Handakos & Kydonias 21; Hauptgerichte 7–23 €) Die Küche in diesem rustikalen Restaurant bietet innovative mediterrane Gerichte, also riesige Salate, Pasta mit jeder Menge Shrimps und Muscheln sowie klassische griechische Rezepte. Zur Zeit der Recherche war geplant, 2012 in größere Räume umzuziehen.

Kouzina tis Popis INTERNATIONAL €€
(Smyrnis 19; Hauptgerichte 7–11 €) Das Lokal wirkt mit den Holztischen, offenem Kamin und Fotos so einladend wie die Küche eines guten Freundes. Die Speisekarte nimmt Anregungen der griechischen, arabischen und mediterranen Küche auf; beispielsweise geräuchertes Makrelenfilet, Hähnchen in Senfsauce oder Zucchini in Teigtaschen.

Parasies GRIECHISCH €€
(☎2810 225009; Plateia Istorikou Mouseiou; Hauptgerichte 6–24 €) Eine der vier Tavernen an einem kleinen Platz am Historischen Museum; im freundlichen, urigen Parasies drängen sich meist die Einheimischen, die auf frisches Fleisch und Meeresfrüchte warten, die auf dem Holzkohlegrill in der offenen Küche brutzeln.

Istioploikos FISCH €
(am Hafen; Hauptgerichte 6–14 €) An milden Abenden wartet man mit Blick auf die schaukelnden Boote gerne auf den Fang des Tages, der auf offenem Holzfeuer zubereitet wird. Das Hafenrestaurant ist dem örtlichen Yachtclub angeschlossen. Die vegetarische *lachanodomadhes* (Kohlroulade) ist sehr empfehlenswert.

Ippokambos MEERESFRÜCHTE €
(Sofokli Venizelou; Gerichte 4,50–11 €) Einheimische empfehlen diese unverfälschte *ouzerie* (Lokal, in dem Ouzo und Snacks serviert werden) enthusiastisch; sie müssen es auch wissen. Hier wird der tagesfrische Fang zu einfachen, aber großartig zubereiteten Gerichten verarbeitet und zu fairen Preisen angeboten. In den Sommermonaten sitzt man auf der überdachten Terrasse am Meer.

Pagopoieion INTERNATIONAL €€
(www.pagopoieion.gr; Plateia Agiou Titou; Hauptgerichte 7–18 €; ⌚ab 10 Uhr) Das beliebte Café-Restaurant war früher eine Eisfabrik. Dauergäste schwören auf die kreative Küche, man kann aber auch nur einen Kaffee und kleine Häppchen bekommen. Nachts dreht die zugehörige Bar groß auf, und auf der Bühne im Obergeschoss finden

WEINREGION IRAKLION

Etwa 70 Prozent der kretischen Weine stammen aus der Umgebung von Iraklion. Die Weinregion beginnt südlich von Knossos, ihr Zentrum ist Peza. In der harmonischen Landschaft mit sanften Hügeln, sonnendurchfluteten Hängen und üppigen Tälern versteckten sich fast zwei Dutzend Weingüter. Die Winzer bauen verschiedene kretische Rebsorten an, beispielsweise Kotsifali, Mandilari und Malvasia; viele bieten Führungen und Weinproben an oder haben Weinmuseen eingerichtet. In der kostenlosen Karte *Wine Roads of Heraklion*, die es in der Touristeninformation in Iraklion oder auf den Weingütern gibt, sind die Güter eingetragen; beispielsweise:

Winzergenossenschaft Archanes (2810 753208; Mo–Fr 9–17 Uhr) Schon die Minoer haben in Archanes Wein angebaut.

Boutari (2810 731617; www.boutari.gr; ganzjährig Mo–Fr 9–17, Sommer Sa & So 10–18 Uhr) Das hochmoderne Weingut in Skalani ist 8 km von Iraklion entfernt.

Lyrarakis (2810 284614; www.lyrarakis.gr; 10–13 Uhr; telefonische Anmeldung empfohlen) Das Weingut in Alagni, 6 km südlich Peza, hat internationale Preise gewonnen und zwei fast ausgestorbene weiße Rebsorten neu entdeckt.

Minos-Miliarikis (2810 741213; www.minoswines.gr; Mo–Fr 9–16, Sa 10–15 Uhr) An der Hauptstraße von Peza; Minos hat 1952 als erstes Weingut Kretas Flaschenweine abgefüllt.

Unter den zahlreichen guten Restaurants der Weinregion genießt das **Elia & Diosmos** (2810 731283; www.olive-mint.com; Hauptgerichte 8–17 €) in Skalani einen besonderen Ruf bei Gourmets. Der Besitzer und Koch Argiro Barda pflegt eine kreative kretische Küche mit den Produkten der Jahreszeit. Zu den traditionellen Gerichten zählen Lammkoteletts mit Honig, lockere Fenchelpastete und herzhaftes Schweinefleisch mit Feigen, Pflaumen und Pistazien – ideal für ein Mittagessen, wenn man Knossos besucht.

Konzerte, Kunstausstellungen und Lesungen statt.

Giakoumis GRIECHISCH €

(Theodosaki 5-8; Hauptgerichte 6–13 €) Die älteste Taverne, neben vielen anderen in einem ruhigen Durchgang, der von der 1866 abzweigt. Das Giakoumis serviert Unmengen von *mayirefta* und gegrilltes Fleisch, das man begutachten darf, bevor es auf dem Grill landet. Ideal für eine Ruhepause nach dem Shoppen.

Ausgehen

Wer sehen und gesehen werden will, lässt sich in die gemütlichen Sofas entlang der Korai, Perdikari und Milátou (auch als Korai-Viertel bekannt) und rund um den El-Greco-Park plumpsen. Als alternativ gelten die Lokale der Handakos, Agiostefaniton and Psaromiligkon westlich davon. Die meisten öffnen am Vormittag oder mittags und bleiben lange geöffnet – mit fortschreitender Tageszeit wechseln die Besucher.

Fix CAFÉ, BAR

(Perdikari 4) Wem die trendigen Cafés in der Fußgängerzone nicht zusagen, ist in diesem traditionellen Café genau richtig; hier treffen sich reifere Besucher beim Kaffee zu einem Schwätzchen.

Mayo Lounge & Harem Oriental Club CAFÉ, LOUNGE-BAR

(Milátou) Dieser heiße Hotspot mit seiner dramatischen Ausstattung ist ein guter Platz, um den neuesten Klatsch aufzuschnappen. Man versinkt in gemütlichen Korbsofas auf gestuften Terrassen, beschattet von einem Holzdach, das von riesigen, trichterförmigen Lampen getragen wird. Im Obergeschoss ertönt der Ruf der Kasbah: Kissen satt in sinnlichen, von Zeltplanen überdachten Nischen.

Veneto CAFÉ, BAR

(Epimenidou 9) Von der edlen Bar mit Holzbalken und ledernen Clubsesseln bietet sich ein Panoramablick auf den venezianischen Hafen; gut für Kaffee, Cocktails oder leichtes Essen.

Utopia CAFÉ

(Handakos 51) Dieses gediegene Café serviert die beste heiße Schokolade der Stadt an (es gibt sogar einen dekadenten Schokoladenbrunnen), obwohl seine Preise in der Tat utopisch sind.

Mare CAFÉ, BAR
(www.mare-cafe.gr; Sofokli Venizelou) In beneidenswerter Lage an der wunderschönen Uferpromenade gegenüber dem Historischen Museum; das moderne Mare ist perfekt für den kleinen Schwarzen nach viel Kultur und für Drinks bei Sonnenuntergang; das Essen ist weniger gut.

Central Park CAFÉ, LOUNGE-BAR
(Akroleondos) Ein Tisch im Freien, ein kalter Drink und die Welt, die an dem lebhaften Café vorbeizieht – was will man mehr?

☆ Unterhaltung

Big Fish CLUB
(Ecke Sofokli Venizelou & Makariou 17; ⌚ab 22 Uhr) Dieser Partyschuppen ist in einem alten Steinhaus am Ufer untergebracht. Hier legen heimische und internationale DJs für junge und sexy TänzerInnen Dancefloormusic vom Feinsten auf.

Privilege CLUB
(Doukos Beaufort 7; ⌚ab 22 Uhr) Der kolossale Mainstream-Club lockt mit einem Mix aus Tanzmusik, Rock, Techno und griechischen Tönen bis zu 1000 Tänzer an.

Shoppen

Englische Bücher, Reiseführer, internationale Zeitschriften und Karten bieten an:

Planet International Bookshop (☎2810 289605; Handakos 73)

Road Editions (☎2810 344610; Handakos 29)

ℹ Praktische Informationen

Die beiden Krankenhäuser Iraklions liegen weit außerhalb des Zentrums und haben täglich wechselnden Dienst – erst anrufen, welches Krankenhaus gerade geöffnet hat, dann hinfahren. Die meisten Banken und Geldautomaten reihen sich an der 25 Avgoustou auf; Geldautomaten gibt es überall im Stadtzentrum; Online-Information unter www.heraklion-city.gr.

Netc@fe (Odos 1878 4; pro Std. 1,50 €; ⌚10–2 Uhr) Umfassendes Angebot.

Post (Plateia Daskalogianni; ⌚Mo–Fr 7.30–20, Sa 7.30–14 Uhr)

Touristeninformation (☎2810 246299; Xanthoulidou 1; ⌚April–Okt. 8.30–20.30 Uhr, Nov.–März 8.30–15 Uhr) Wird von Universitätsangestellten geführt, deren Wissen und Enthusiasmus stark schwanken; nur wenige Broschüren und Karten.

Touristenpolizei (☎2810 397111; Halikarnassos; ⌚7–22 Uhr) Im Vorort Halikarnassos beim Flughafen.

Universitätskrankenhaus (☎2810 392111) In Voutes, 5 km südlich von Iraklion; das bestausgestattete Krankenhaus der Stadt.

Venizeliohospital (☎2810 368000) An der Straße nach Knossos, 4 km südlich von Iraklion.

ℹ An- & Weiterreise

Bus

Iraklion hat zwei Busbahnhöfe. **Busbahnhof A** liegt nahe am Ufer, östlich der Festung Koules und bedient Ziele in Ost- und Westkreta (auch Knossos). Hier halten auch die städtischen Busse. Die Gepäckaufbewahrung ist von 6.30 bis 20 Uhr geöffnet (2 € pro Gepäckstück und Tag). Die meisten Busse fahren über die Küstenstraße, doch mindestens einer oder zwei täglich nehmen die Route über die landschaftlich schönere, aber langsamere alte Straße (vor dem Einsteigen erkundigen).

Busbahnhof B hinter dem Chania-Tor im Westen der Stadt bedient Anogia, Phaistos, Agia Galini und Matala. An den Wochenenden fahren deutlich weniger Busse; Details unter www.bus-service-crete-ktel.com.

Die folgende Tabelle kann nur eine ungefähre Übersicht bieten, denn die Fahrpläne ändern sich mit der Saison; die aktuellen Fahrpläne hat http://bus-service-crete-ktel.com.

BUSSE VON IRAKLION

BUSSE VON BUSBAHNHOF A

REISEZIEL	DAUER	PREIS	HÄUFIGKEIT
Agios Nikolaos	1½ Std.	7,10 €	stündl.
Archanes	30 Min.	1,70 €	stündl.
Chania	3 Std.	10,50 €	bis zu 17-mal tgl.
Chersonisos	40 Min.	3 €	mindestens halbstündl.
Ierapetra	2½ Std.	11 €	bis zu 6-mal tgl.
Knossos	20 Min.	1,50 €	3-mal stündl.
Lassithi-Hochebene	2 Std.	6,50 €	1-mal tgl.
Malia	1 Std.	3,80 €	mindestens halbstündl.
Rethymnon	1½ Std.	7,60 €	bis zu 17-mal tgl.
Sitia	3¼ Std.	14,70 €	4-mal tgl.

BUSSE VON BUSBAHNHOF B

REISEZIEL	DAUER	PREIS	HÄUFIGKEIT
Agia Galini	2 Std.	8 €	bis zu 6-mal tgl.
Anogia	1 Std.	3,80 €	bis zu 3-mal tgl.
Matala	2 Std.	7,80 €	bis zu 5-mal tgl.
Phaistos	1½ Std.	6,30 €	bis zu 8-mal tgl.

Flugzeug

Der **Flughafen Nikos Kazantzakis** von Iraklion (☎2810 228401; www.heraklion-airport.info) ist der größte Kretas; er liegt 5 km östlich des Stadtzentrums und verfügt über eine Bank, Geldautomat, einen Duty-free-Shop und eine Café-Bar.

Schiff/Fähre

Der Fährhafen befindet sich 500 m östlich des Alten Hafens. In der Hauptsaison legen mehrmals täglich Fähren nach Piräus ab; es gibt wöchentliche Verbindungen nach Karpathos, Kasos, Milos, Rhodos und Santorin (Thira). Nach Mykonos, Paros und Santorin gehen tägliche Fähren.

Unterwegs vor Ort

Vom/zum Flughafen

Der Flughafen liegt direkt neben der Autobahn E75. Bus 1 fährt zwischen 6.15 und 22.45 Uhr alle 10 Min. zum Stadtzentrum (1,10 €). Die Bushaltestelle liegt am hinteren Ende des Parkplatzes vor dem Terminal. In der Stadt halten die Busse an der Plateia Eleftherias. Das Taxi in die Stadt kostet um die 10 €.

Auto & Motorrad

Die Straßen in Iraklion sind eng und der Verkehr chaotisch – es ist sicherer, sein Auto auf einem der Parkplätze rund um das Stadtzentrum abzustellen. Die Preise liegen zwischen 3 und 5 € pro Tag.

Alle internationalen Autovermietungen haben Niederlassungen am Flughafen. Örtliche Firmen konzentrieren sich am Nordende der 25 Avgoustou, unter anderem:

Motor Club (☎2810 222408; www.motorclub.gr; Plateia Anglon 18)

Sun Rise (☎2810 221609; www.sunrise-cars-bikes.gr; 25 Avgoustou 46)

Taxi

Überall in der Stadt warten Taxis auf ihre Fahrgäste; die wichtigsten Taxistationen sind der Busbahnhof A und die Plateia Eleftherias. Telefonische Taxibestellungen unter ☎2810 210102/146/168.

Cretaquarium

Das riesige **Cretaquarium** (☎2810 337788; www.cretaquarium.gr; Erw./Kind & Sen. 8/6 €; ⏲Mai–Sep. 9.30–21 Uhr, Okt.–April bis 17 Uhr; ♿) in Gournes, 15 km östlich von Iraklion, ist ein großes, überdachtes Meeresaquarium auf dem Gelände eines ehemaligen amerikanischen Luftwaffenstützpunktes. In den Becken leben etwa 2500 mediterrane und tropische Wasserbewohner. Das Angebot bringt selbst fanatische Playstation-Joungster zum Staunen. Die interaktiven Multimediaeinrichtungen erklären die Geheimnisse der Unterwasserwelt.

Vom Busbahnhof A in Iraklion fahren halbstündlich Busse (1,70 €, 30 Min.) ab; von der Haltestelle an der Hauptstraße sind es noch 10 Minuten zu Fuß.

Knossos Κνωσσός

Der minoische **Palast von Knossos** (☎2810 231940; Erw./erm. 6/3 €; ⏲April–Okt. 8–19.30 Uhr, Nov.–März 8–15 Uhr) ist das absolute Muss jedes Kretabesuches. Das Zentrum des minoischen Kretas liegt nur 5 km südlich von Iraklion. Um den Massen und der Hitze zu entgehen, ist es besser, vor 10 Uhr zu kommen und mindestens zwei Stunden einzuplanen. Geführte Touren (auf Englisch, 10 €) dauern 90 Minuten; sie starten am Kiosk hinter dem Ticketverkauf.

Geschichte

Der erste Palast von Knossos (1900 v. Chr.) wurde um 1700 v. Chr. durch ein Erdbeben zerstört. Die Minoer bauten ihn großartiger und prächtiger wieder auf (diesen Palast hat Evans rekonstruiert). Zwischen 1500 und 1450 v. Chr. wurde auch der neue Palast teilweise zerstört; die Minoer wohnten weitere 50 Jahre darin, bis er schließlich völlig abbrannte. Der Komplex besteht aus dem Königspalast, öffentlichen Empfangsräumen, Schreinen, Werkstätten, Schatzkammern und Vorratslager, die sich alle um einen zentralen Hof anordnen.

Der britische Archäologe Sir Arthur Evans (1851–1941) grub die Ruinen von Knossos Anfang des 20. Jahrhunderts aus. Evans war von seiner Entdeckung so begeistert, dass er 35 Jahre seines Lebens und 250 000 £ seines Privatvermögens für die Ausgrabung und Rekonstruktion opferte. Allerdings werden seine Methoden immer noch kontrovers diskutiert, und viele Archäologen sehen in seiner Rekonstruktion des Palastes mehr Fantasie als Fakten. Verständlicherweise sehen das die meisten Besucher anders: sie fühlen sich in dem rekonstruierten Palast in das Leben am minoischen Königshof zurückversetzt.

Die Anlage

Evans hat die wichtigsten Teile des Palastes rekonstruiert und damit für jeden Besucher sinnlich erfahrbar gemacht. Die erdbraun angestrichenen Säulen mit schwarzen, vergoldeten Kapitellen verjüngen sich elegant nach unten hin. Auch die leuchtenden Fresken geben dem Palast ein faszinierend lebendiges Aussehen. Viele technische Details und ein durchdachter Grundriss zeugen von der hoch entwickelten Kultur und dem Lebensstandard der Minoer. Die Zimmer waren im Sommer kühl und im Winter warm.

Der Rundgang durch den Palastkomplex beginnt im **Westlichen Hof,** vielleicht ein Markt oder öffentlicher Platz. Die drei runden Gruben auf der Linken **(kouloures)** dienten als Kornspeicher. Dort geht's nach links und an der Westmauer des Palastes vorbei bis zum **Theater;** und hier betritt man den Palastkomplex durch den **Nordeingang.** Am fantastischen **Stierfresko** vorbei geht's ins Herz des Palastes, den mächtigen, früher von hohen Mauern umgebenen **Mittelhof.** Wie üblich in minoischen Palästen, dienten die Räume an der Westseite des Hofes offiziellen und religiösen Aufgaben, die Wohnquartiere lagen gegenüber.

Um den Mittelhof liegen die wichtigsten Räume des Palastes: Durch ein Sicherheitsglas blickt man rechts in den **Thronsaal** auf einen einfachen Alabasterthron mit wunderbaren Proportionen; die Greifen auf den Wandfresken galten den Minoern als heilig. Die Treppe hinter dem Thronsaal führt ins **Piano Nobile** (so nannte Evans diese Zimmerflucht), wo Staatsempfänge stattfanden oder Wohnräume lagen. Im restaurierten Raum am Nordende des Piano Nobile sind Kopien der berühmtesten Fresken von Knossos zu sehen: unter anderem der **Stierspringer,** die **blauen Frauen** und der **blaue Vogel.** Die Originale zeigt das Archäologische Museum in Iraklion. Am Südende des Piano Nobile führt eine Treppe vorbei an den **Westlichen Magazinen** (Lagerräume) hinab zu den **Südlichen Propyläen** mit dem Fresko der Krugträger.

Von dort führt der Weg zurück in den Mittelhof mit Blick auf die eindrucksvolle **Große Treppe,** die zu den königlichen Wohnräumen führte. Sie sind nicht zugänglich, doch von oben lässt sich der Grundriss erschließen und von unten sind einige Einblicke möglich. Hier lagen die königlichen Gemächer (Megaron) oder **Halle der Doppeläxte,** ein geräumiges Doppelzimmer, in dem der Herrscher schlief und seine Hofpflichten erfüllte. Der Name des Raumes geht auf die Spuren von Doppeläxten (*labrys*) im Lichtschacht zurück. Doppeläxte waren ein heiliges

Palast von Knossos

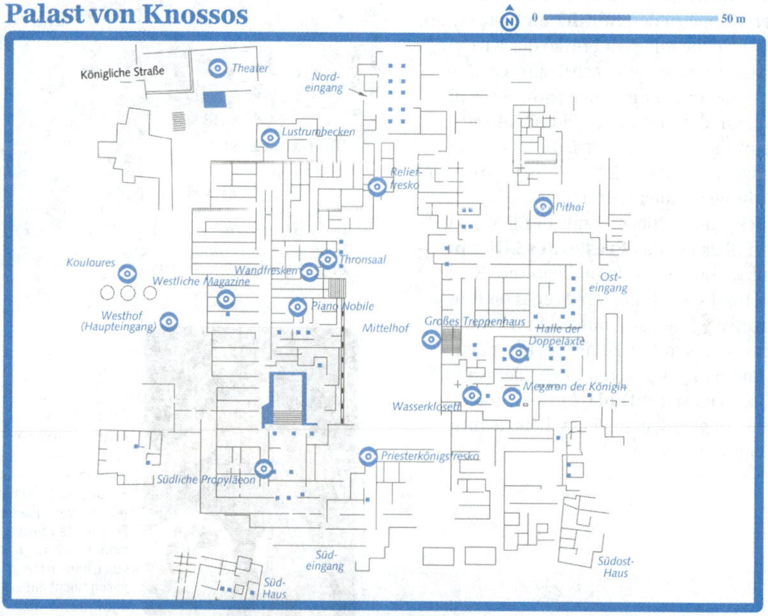

Der Palast von Knossos

DIE HIGHLIGHTS IN ZWEI STUNDEN

Der Palast von Knossos ist Kretas meistbesuchte Sehenswürdigkeit – und das aus gutem Grund. Ein Rundgang durch die teilweise rekonstruierte Stätte bietet einen beeindruckenden Einblick in die bemerkenswert entwickelte Kultur der Minoer, die vor etwa 4000 Jahren das südliche Europa dominierte.

Wer sein Eintrittsticket gekauft hat, folgt dem markierten Weg zum **Nordeingang** 1; hier bietet das Stierfresko einen ersten Eindruck von der Kunst der Minoer. Weiter geht's zum Mittelhof, und dann sollte man sich in der Schlange anstellen um einen Blick in den mystischen **Thronsaal** 2 zu werfen, der möglicherweise religiösen Ritualen diente. Nach dem Verlassen des Raumes geht's rechts und dann die Treppe hinauf zum so genannten Piano Nobile, in dem im **Freskenraum** 3 Nachbildungen der bekanntesten Kunstwerke des Palastes zu sehen sind. Anschließend den Piano Nobile durchqueren, einen Blick auf die Tonkrüge in den Westlichen Magazinen werfen, und einer Treppe zu den **Südlichen Propyläen** 4 folgen, die mit dem Fresko der Krugträger verziert sind. Jetzt geht's zurück zum Mittelhof und dann in den östlichen Palastflügel um die Architektur der **Großen Treppe** 5 zu bewundern, die zu den königlichen Privatgemächern führte. Wer einige Räume genauer betrachten möchte, geht zurück zum südlichen Ende des Hofs, wirft einen Blick auf das **Fresko des Lilienprinzen** 6, und betritt dann die untere Etage. Ein Highlight ist hier der **Megaron der Königin** 7 (Schlafzimmer), kunstvoll verziert mit einem Fresko mit springenden Delfinen. In der unteren Etage bleiben und zu den **Großen Pithoi** 8 gehen, gigantischen Tongefäßen, in denen Lebensmittel aufbewahrt wurden.

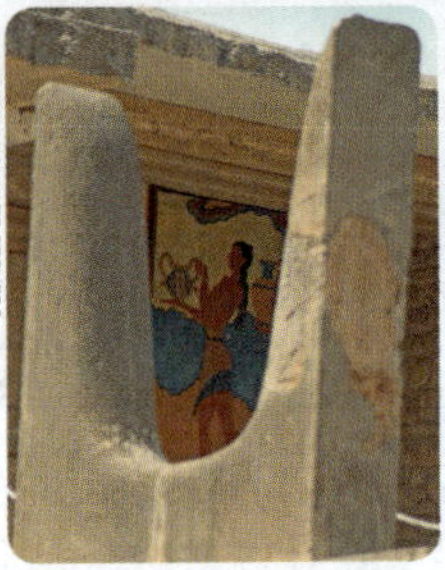

Südlicher Propyläen
Tolle Fresken – am bekanntesten die Krugträger – schmücken diesen Palasteingang. Von hier führt eine grandiose Treppe zum Piano Nobile. Die nachgebildeten Weihehörner schmückten einst die Südfassade.

Freskenraum
Von der oberen Etage des Westflügels, dem Piano Nobile, bieten sich großartige Ausblicke auf den Grundriss des Palastes. Anschließend die Nachbildungen der berühmtesten Kunstwerke des Palastes im Freskenraum studieren.

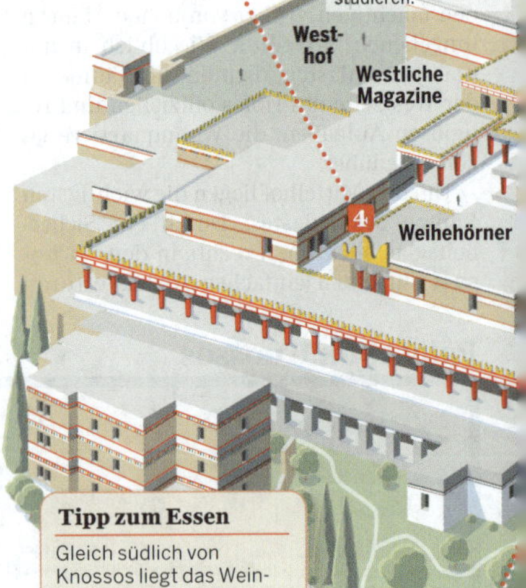

Tipp zum Essen

Gleich südlich von Knossos liegt das Weinland von Iraklion. Hier kann man inmitten von sonnigen Hügeln und üppigen Tälern genussvoll speisen.

Fresko des Lilienprinzen
Eines der beliebtesten Fresken von Knossos wurde (nicht unumstritten) aus verschiedenen Fragmenten zusammengepuzzelt. Es zeigt einen jungen Mann, geschmückt mit Lilien und Pfauenfedern.

Planung

Um den großen Massen und der Hitze zu entgehen, empfiehlt es sich, vor 10 Uhr anzukommen. Wer die Stätte genau betrachten möchte, sollte mehrere Stunden einplanen.

Thronsaal

Evans stellte sich vor, dass der mythische König Minos persönlich auf dem Alabasterthron in diesem wohlproportionierten Raum Hof gehalten hatte. Wie auch immer, das Weihebecken und die Greiffresken legen einen religiösen Gebrauch nahe – möglicherweise mit einer Priesterin.

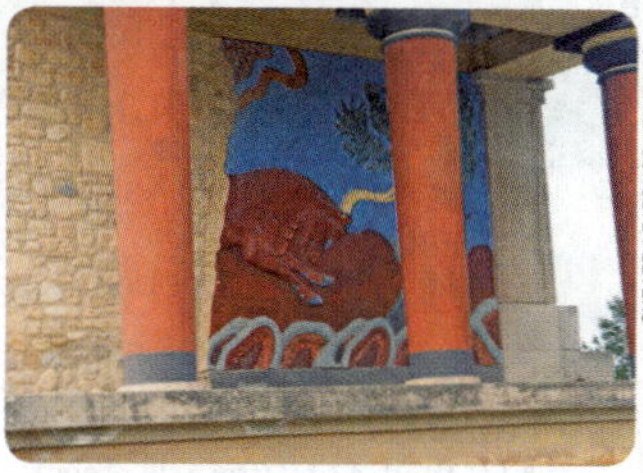

Nordeingang

Stiere hatten in der Minoischen Gesellschaft eine herausragende Stellung. Dies wird auch an dem berühmten Stierfresko deutlich, das den mit Säulen geschmückten Westflügel des Nordpalastes verziert. Hier befanden sich Werkstätten und Lagerräume.

Große Treppe

Die königlichen Gemächer im Ostflügel werden über diese monumentale Treppe erreicht, die vier Treppenfluchten mit Hilfe von Säulen verband. Die beiden unteren Gipstreppen sind noch original – allerdings für Besucher gesperrt.

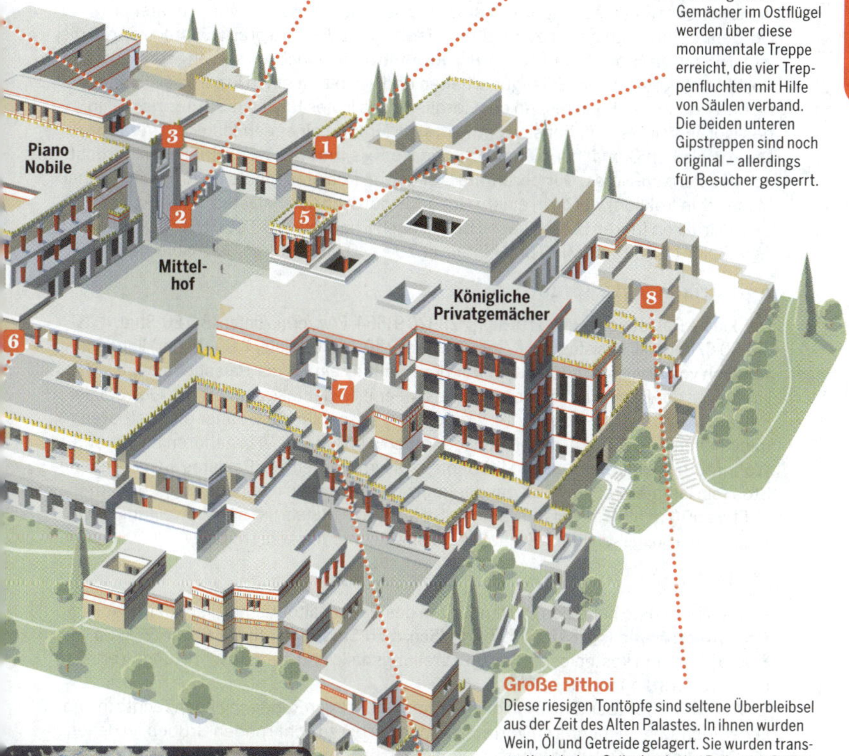

Große Pithoi

Diese riesigen Tontöpfe sind seltene Überbleibsel aus der Zeit des Alten Palastes. In ihnen wurden Wein, Öl und Getreide gelagert. Sie wurden transportiert, indem Seile durch eine Reihe von Griffen gefädelt wurde.

Megaron der Königin

Das Schlafzimmer der Königin ist dank des verspielten Delfinfreskos einer der hübschesten Räume im Ostflügel. Das angrenzende Badezimmer (mit Tonwanne) und die Toilette zeugen von einem durchdachten Abwassersystem.

WEITERE MINOISCHE STÄTTEN

In Kreta gibt es neben Knossos drei wichtige und mehrere kleinere minoische Stätten. Sie sind nicht so stark restauriert wie Knossos und erlauben einen Einblick in das Leben der Minoer – ohne den Glanz der architektonischen Fantasie von Sir Arthur Evans.

Phaistos Φαιστός

Etwa 63 km südwestlich von Iraklion liegt **Phaistos** (☎28920 42315; Erw./erm./unter 18 & EU-Stud. 4/2 €/frei, inkl. Agia Triada 6/3 €/frei; ⏲Juni–Okt. 8–19.30 Uhr, Nov.–Apr. bis 17 Uhr), der zweitwichtigste minoische Palast nach Knossos. Außerdem bieten sich von Phaistos aus atemberaubende Blicke über die Ebene von Mesara und das Ida-Gebirge. Der Grundriss des Palastes ähnelt dem in Knossos: alle Räume sind um einen Mittelhof angeordnet. Der größte Teil des heute sichtbaren Palastkomplexes wurde auf einem zerstörten älteren Palast erbaut – wie in Knossos. Phaistos hat ein ganz eigenes, geheimnisvolles Flair, das von den zerfallenen Mauern ausgeht. Im Unterschied zu Knossos waren die Wände mit Gips verputzt und nicht mit Fresken verziert.

Hinter dem Ticketschalter führt eine Treppe in den **Westhof;** vom Theater am Nordende sind noch die Sitze erhalten. Hier beginnt die 15 m breite **Prunktreppe,** die zum **Propylon** (Portal) und dem **Mittelhof** führt, der einst von säulengeschmückten Portiken eingefasst war. Er ist gut erhalten und vermittelt einen Eindruck von der Größe und Pracht des Palastes. An der Nordseite des Hofes führt ein **Säulenportal** in den Nordhof; links befindet sich der **Peristyl-Hof** mit einer gepflasterten Veranda. Die königlichen Gemächer **(Megaron des Königs und der Königin)** liegen nordöstlich des Peristyl-Hofes. Der berühmte Diskus von Phaistos (heute im Archäologischen Museum in Iraklion) wurde in einem Gebäude nördlich des Palastes entdeckt.

Von Iraklion fahren täglich sechs Busse nach Phaistos (6,30 €, 1½ Std.). Auch von Agia Galini (3,30 €, 45 Min.) und Matala (1,70 €, 30 Min.) fahren Busse hierher.

Agia Triada Αγία Τριάδα

Der kleine Palast von **Agia Triada** (☎28920 91564; Erw./erm./unter 18 & EU-Stud. 3/1,50 €/frei, inkl. Phaistos 6/3 €/frei; ⏲Sommer 10–16.30, Winter 8.30–15 Uhr) liegt 3 km westlich von Phaistos. Vermutlich war der Komplex ein kleiner Palast oder eine königliche Villa; der Blick auf die Berge und das Meer ist jedenfalls zauberhaft. Obwohl der Palast um 1400 v. Chr. abbrannte, wurde er nie ausgeplündert, daher die kostbaren minoischen Kunstwerke, die hier ausgegraben wurden. Zur Villa gehören Lager- und Wohnräume beiderseits eines Mittelhofes. Die im Norden des Palastes ausgegrabene Stoa (ein langgestreckter Bau mit Säulenfront) gehörte zu einer ehemaligen Stadt.

Etwa 500 m hinter Phaistos, auf der Straße nach Matala, ist die Abzweigung nach Agia Triada ausgeschildert. Es gibt keine öffentlichen Verkehrsmittel.

Malia Μάλια

An der Nordküste nahe den Bettenburgen des Pauschaltourismus liegt der minoische **Palast von Malia** (☎28970 31597; Erw./Sen. & EU-Stud./unter 18 4/2 €/frei; ⏲Di–So 8.30–15 Uhr). Ein kostenloser Plan, Ausstellungshalle und gute Beschriftungen erleichtern das Verständnis enorm.

Vom **Westhof** (der Eintritt in den Komplex) führt der Rundgang nach rechts in südlicher Richtung an mehreren Vorratsräumen vorbei zu acht runden Gruben, in denen die Bewohner ihr Getreide lagerten. Von dort betritt man von Süden den **Mittelhof** des Palastes. Links ist der **Kernos** in den Boden eingelassen, ein scheibenförmiger Stein mit 34 Löchern am Rand; vielleicht hatte er religiöse Bedeutung. Gleich dahinter erstrecken sich die wichtigsten Räume des Palastes, wie die **Pfeilerkrypta** hinter einem Vorraum mit Steinboden, die **Prunktreppe** und eine erhöhte **Loggia,** die kultischen Zwecken diente. Darauf folgen die **Königlichen Gemächer;** die Bauten nördlich des Mittelhofes waren **Werkstätten und Vorratsräume.**

Die Busse zwischen Iraklion und Malia fahren alle halbe Stunde (3,80 €, 1 Std.); sie halten am Palast.

ABSTECHER

DAS LITERATURDORF

Nikos Kazantzakis, der Autor von Alexis Sorbas, stammt aus dem Dorf Myrtia, das 15 km südöstlich von Iraklion liegt. Hier steht das ausgezeichnete **Nikos-Kazantzakis-Museum** (☎28107 41689; www.kazantzakis-museum.gr; Erw./Kind 3/1 €; ⊙März–Okt. 9–17 Uhr, Nov.–Feb. 10–15 Uhr). Der moderne Museumsbau, mit Blick auf die *kafeneios* am Hauptplatz, präsentiert ästhetisch ansprechend das Leben, Weltbild und Werk von Kretas berühmtestem Autor. Nach dem kurzen Dokumentarfilm macht das Stöbern in den persönlichen Andenken, Filmplakaten, Briefen, Fotos und anderen Ausstellungsstücken noch mehr Spaß. Die Räume im Obergeschoss sind dem bekanntesten Werk von Kazantzakis gewidmet – Alexis Sorbas.

Symbol der Minoer; daraus entstand das Wort „Labyrinth".

An der nächsten Tür führt ein Korridor zum **Megaron der Königin.** Durch das Glas ist ein Blick auf eine Kopie des **Delfinfreskos** sichtbar, eines der kostbarsten Kunstwerke der Minoer. Im Badezimmer gleich daneben stehen noch eine Badewanne aus Terrakotta und eine **Toilette.** Sie gilt als ältestes Beispiel für eine Toilette mit Wasserspülung, wenn auch mit Handbetrieb.

An- & Weiterreise

Zu den Stoßzeiten im Sommer wird der Parkraum knapp; Bus 2 vom Busbahnhof A in Iraklion fährt nach Knossos (1,50 €, alle 20 Min.). Wer dennoch unbedingt sein Auto benutzen will, kann sich dank zahlloser Hinweisschilder kaum verfahren.

Archanes Αρχάνες

3824 EW.

Archanes, 14 km südlich von Iraklion gelegen, wird vom Jouchtas überragt. Das restaurierte Dorf hat eine lange Geschichte, wichtige archäologische Stätten und ausgezeichneten Tavernen sowie nette Cafés zu bieten. Der heutige Ort wurde auf den Überresten eines minoischen Palastes erbaut, von dem lediglich ein winziger Teil freigelegt ist. Für Fans minoischer Ruinen gibt es aber in der näheren Umgebung noch viel mehr zu sehen: Im Tempel **Anemospilia** wurden Hinweise auf Menschenopfer entdeckt; **Fourni** ist eine riesige Nekropole und **Vathypetro** die Villa eines Adligen mit einer minoischen Weinpresse. Interessante Fundstücke aus der Umgebung, wie Särge und einen Zeremonialdolch, zeigt das **Archäologische Museum von Archanes** (Eintritt frei; ⊙Mi–Mo 8.30–14.30 Uhr).

Übernachtungen sind den Apartments von **Eliathos** (☎2810 751818, 69518 04929; www.eliathos.gr; Studio 91 €, Haus 130–182 €; ❄☒) möglich, dessen Besitzer Kochkurse in kretischer Küche und Workshops für die Herstellung von Olivenöl, Raki (kretisches Feuerwasser) und Wein anbietet.

Am Hauptplatz gibt es zwar mehrere gute Tavernen, doch das nahe **Kritamon** (☎2810 753092; www.kritamon.gr; Hauptgerichte 9–14 €; ⊙Abendessen tgl., Mittagessen Sa & So) ist einen Abstecher wert. Es serviert raffinierte Salate, rustikale Hauptgerichte und super-köstliche Desserts nach alten Rezepten; die Zutaten für diese Leckereien stammen aus dem Familiengarten oder örtlichen Produzenten.

An Wochentagen fahren die Busse von Iraklion stündlich (1,70 €, 30 Min.) nach Archanes, an den Wochenenden deutlich weniger; weitere Informationen unter www.archanes.gr.

Zaros Ζαρός

3370 EW.

Etwa 46 km südwestlich von Iraklion liegt das ländliche Dorf Zaros zu Füßen des Ida-Gebirges. Es ist berühmt für sein Quellwasser, das aus Flaschen gefüllt und in ganz Kreta verkauft wird. Die Ausgrabungsstätte in der Nähe beweist, dass sich schon die Minoer und später die Römer von dem Quellwasser locken ließen. Zu den bekanntesten Highlights gehören die byzantinischen Klöster **Moni Vrondisi** mit einem venezianischen Brunnen aus dem 15. und Fresken aus dem 14. Jahrhundert sowie das ebenfalls mit Fresken versehene **Moni Agios Nikolaos** an der Einmündung der eindrucksvollen **Rouvas-Schlucht.**

Ein Wanderweg durch die Schlucht führt in den Wald von Rouvas, wo die ältesten Eichen Kretas wachsen.

Am smaragdgrünen **Votomos-See** nordöstlich von Zaros gibt es einen Kinderspielplatz und das hervorragende Tavernen-Café **I Limni** (Forelle pro Kilo 22 €; ⊙ ab 9 Uhr). Vom See führt ein Weg zum Moni Agios Nikolaos (1 km) und in die Rouvas-Schlucht (2,5 km).

Für Übernachtungen steht das attraktive **Eleonas** (☑28940 31238, 6976670002; www.eleonas.gr; Zi. inkl. Frühstück 60–120 €; ✳@🛜🏊) zur Verfügung, das in einen terrassierten Hang eingebaut wurde. Das **Vengera** (Hauptgerichte 4–6 €) in der Stadt serviert traditionelle kretische Hausmannskost.

Die Busse aus Iraklion halten zweimal täglich in Zaros (einer an Sonntagen) auf ihrer Strecke nach Kamares (4,70 €; 1 Std.).

Matala Μάταλα

101 EW.

Matala liegt an der Südküste, 11 km südwestlich von Phaistos. Zu Beginn der 1970er-Jahre war der Ort eine beliebte Hippie-Kolonie und unheimlich „groovy". Scharen von Hippies schliefen am Strand in den Sandsteinhöhlen der gewaltigen, überhängenden Steilwand, die schon in der Jungsteinzeit bewohnt waren. Die Römer nutzten die Höhlen im 1. Jahrhundert n. Chr. dann als Grabstätten. In ihrem Song „Carey" machte Joni Mitchell die Zeit des „Love and Peace" unsterblich. Im Sommer, wenn die Tagesgäste die Tavernen am Meer bevölkern und in den zahllosen Andenkenständen nach Souvenirs stöbern, ist kaum noch etwas von diesem Geist zu spüren.

Nur in der Nebensaison zeigt Matala seinen alten Zauber. Die Lage an der halbmondförmigen Bucht zwischen den Landzungen ist einfach spektakulär. Das klare Wasser und der Blick auf die Paximadia-Inseln bei Sonnenuntergang sind unglaublich schön. Matala ist eine gute Ausgangsbasis für Phaistos und Agia Triada.

🛏 Schlafen & Essen

An der Straße, die rechtwinklig von der Hauptstraße abgeht, reihen sich viele Budget- und Mittelklasseunterkünfte.

Matala Valley Village FERIENANLAGE €
(☑28920 45776; www.valleyvillage.gr; DZ/Bungalow 48/76 €; ⊙ Mai–Okt.; ✳🛜🏊) Die familienfreundliche Feriensiedlung auf einem Gartengrundstück besteht aus niedrigen Gebäuden mit einfachen Zimmern und 23 schickeren, weißgetünchten Bungalows mit Whirlpool und separater Dusche. Dazu gehören ein Rasen, ein kleiner Spielplatz und ein großer Pool.

Hotel Nikos HOTEL €
(☑28920 45375; www.matala-nikos.com; Zi. inkl. Frühstück 40–45 €; ✳🛜) Die Nummer eins unter den Hotels; das Nikos, hat 17 Zim-

NICHT VERSÄUMEN

GORTYN

Beim Besuch von Phaistos und Agia Triada unbedingt einen Zwischenstopp im nahen **Gortyn** (Γόρτυνα; ☑28920 31144; Erw./erm./unter 18 & EU-Stud. 4/2 €/frei; ⊙ Juli–Aug. 8.30–20 Uhr, Sep.–Juni verkürzte Eintrittszeiten) einlegen. Der Ort, der dem mächtigen Phaistos untertan war, stieg in römischer Zeit zur Hauptstadt Kretas auf. In Gortyns Glanzzeit lebten hier bis zu 100 000 Menschen.

Gortyn besteht aus zwei Abschnitten: Der eingezäunte Bereich auf der Nordseite der Straße ist besser erhalten. Dort steht auch die byzantinische Kirche **Agios Titos** aus dem 6. Jahrhundert, die schönste frühchristliche Kirche der Insel. Der bedeutendste Fund sind die mächtigen Steintafeln mit den eingemeißelten **Gesetzen von Gortyn** (6. Jh. v. Chr.), den ältesten Gesetzen der griechischen Welt. Die meisten römischen Ruinen liegen weit verstreut südlich der Straße und sind daher schwieriger aufzuspüren. Ein Hinweisschild an der Straße weist auf den **Apollon-Tempel** hin, das wichtigste Heiligtum des vorrömischen Gortyn. Östlich davon stehen das **Prätorium** aus dem 2. Jh. n. Chr., in dem der römische Provinzgouverneur residierte, ein **Nymphaeum** (öffentliches Bad) und ein Amphitheater.

Gortyn liegt 46 km südwestlich von Iraklion und 15 km von Phaistos entfernt. Die Busse von Iraklion nach Phaistos halten auch in Gortyn.

ABSTECHER

MUSEUM DER KRETISCHEN VOLKSKUNDE

Dieses außergewöhnliche **Museum** (☎28920 91112/0; Eintritt 3 €; ⌚April–Okt. 10–18 Uhr, im Winter nach Voranmeldung) im Dorf Vori, im Norden von Agia Triada und Phaistos lässt die kretische Kultur lebendig werden. Die auf Englisch beschriftete Ausstellung beleuchtet Themen wie Leben auf dem Land, Landwirtschaft, Krieg, Trachten, Bräuche, Baukunst und Musik. Obwohl die meisten der Stücke aus dem Alltagsleben stammen – Hacken, Olivenpressen, Körbe, Kleidung, Instrumente und anderes mehr –, werden sie durch die geschickte Beleuchtung in dunklen Räumen optimal in Szene gesetzt. Dieses Museum ist das beste seiner Art auf ganz Kreta und einen Umweg wert. An der Straße Mires–Tymbaki ist es sehr gut ausgeschildert.

mer auf zwei Etagen um einen mit Blumen geschmückten Hof. Die in Matala geborenen Besitzer Nikos und Panagiota geben ihren Gästen gerne Insidertipps zur Region.

Gianni's GRIECHISCH €

(Hauptgerichte 7–13,50 €) Eine erfrischende Ausnahme von dem Allerweltsangebot der Tavernen am Meer. Das Gianni's ist schon ewig in Familienbesitz und bietet einfache griechische Küche, beispielsweise einen gemischten Grillteller mit Salat und Kartoffeln.

Scala Fischtaverne MEERESFRÜCHTE, GRIECHISCH €€

(Hauptgerichte 7–14 €, Fisch pro Kilo 35 €; ⌚ab 8 Uhr) Das moderne Lokal hinter den zahlreichen Bars ist die Topadresse für frischen Fisch, erstklassigen Service und romantische Blicke auf die Höhlen bei Sonnenuntergang.

Lions GRIECHISCH €

(Hauptgerichte 6–9 €) Das alteingesessene Restaurant mit Blick auf den Strand bietet Gerichte über dem Tavernenstandard an. Am Abend, wenn die Gäste auf einen Drink vorbeikommen, wird es richtig lebhaft.

An- & Weiterreise

Vier Busse täglich (nur einer sonntags) fahren von/nach Iraklion (7,80 €, 2 Std.) und Phaistos (1,70 €, 30 Min.). Freies Parken ist entlang der Straße möglich; der Parkplatz am Strand kostet 2 €.

Rethymnon Ρέθυμνο

28 850 EW.

Rethymnon, das sich zwischen der Festung aus dem 15. Jahrhundert und dem azurblauen, schimmernden Wasser des Mittelmeeres ausbreitet, ist eine der schönsten Städte Kretas. Die venezianisch-türkische Altstadt ist ein märchenhaftes Gassenlabyrinth mit üppigem Blumenschmuck, zierlichen Häusern mit Holzbalkonen und reich verzierten Denkmälern; die Minarette sorgen für exotische Farbtupfer. Obwohl die Architektur an Chania erinnert, hat Rethymnon einen eigenen Charakter – nicht zuletzt wegen der zahlreichen Studenten. Die drittgrößte Stadt Kretas hat ein lebendiges Nachtleben, ein paar ausgezeichnete Restaurants und einen hübschen Strand mitten in der Stadt zu bieten. Die belebteren Strände der Feriensiedlungen ziehen sich fast ohne Unterbrechung 22 km weit nach Osten bis nach Panormo.

Geschichte

Das heutige Rethymnon ist seit minoischen Zeiten besiedelt. Im 4. Jahrhundert v.Chr. war es ein eigenständiger Staat und prägte eigene Münzen. In römischer und byzantinischer Zeit schwand seine Bedeutung, nahm unter den Venezianern aber wieder zu. Die meisten bedeutenden Bauten Rethymnons stammen aus jener Epoche. Die Herrschaft der osmanischen Türken endete im Jahr 1897, als Russland nach Besetzung der Insel durch die europäischen Großmächte die Verwaltung der Stadt übernahm. Ab 1923 – damals strömten nach dem Griechisch-Türkischen Krieg zahlreiche Flüchtlinge aus Konstantinopel in die Stadt – stieg die Bedeutung Rethymnons als künstlerisches und intellektuelles Zentrum.

Sehenswertes

Rethymnon ist überschaubar, fast alle wichtigen Sehenswürdigkeiten, Unterkünfte und Tavernen liegen in der Altstadt (fast durchweg Fußgängerzone) am venezianischen Hafen. Östlich des Hafens beginnt der Strand, der von zahlreichen Bars und Cafés an der Eleftheriou Venizelou gesäumt wird. Parallel dazu, einen Häuserblock zurück, verläuft die Arkadiou, die wichtigste Einkaufsstraße der Stadt, in der es sich herrlich bummeln lässt.

Venezianische Festung FESTUNG
(Palaeokastro-Hügel; Erw./Sen./Fam. 4/3/10 €; ⏲Juni–Okt. 8–20 Uhr, Nov.–Mai 10–17 Uhr) Rethymnons Festung aus dem 16. Jahrhundert wacht über die Altstadt. Sie wurde gebaut, um den Ort gegen zunehmende Piratenangriffe und die wachsende Bedrohung durch die Türken zu schützen. Von den zahlreichen Gebäuden im Schutz der Mauern blieben lediglich eine Kirche und eine Moschee erhalten. Allerdings finden sich dort noch eine Menge Ruinen, die es zu erkunden lohnt, und der Ausblick von den Festungsmauern ist großartig; Eintritt durch das Osttor.

Archäologisches Museum MUSEUM
(Erw./erm. 3/2 €; ⏲Di–So 8.30–15 Uhr) Das kleine Museum am Eingang zur Festung war einst das türkische Gefängnis. Es zeigt ausgegrabene Objekte von der Jungsteinzeit bis zu den Römern, darunter Bronzewerkzeuge, minoische Keramik, mykenische Figuren, römische Öllampen und ein Relief der Aphrodite aus dem 1. Jahrhundert n. Chr.

Altstadt STADTVIERTEL
Der **Rimondi-Brunnen** (Ecke Paleologou & Petihaki Pl.) mit korinthischen Kapitellen und aus Löwenköpfen sprudelndem Wasser nimmt neben der **Loggia** einen Ehrenplatz unter den vielen venezianischen Bauten ein. Wo sich einst der Adel der Stadt traf, werden heute Souvenirs verkauft. Von der venezianischen Stadtmauer blieb nur die **Porta Guora** (Großes Tor; Ecke Ethnikis Antistaseos & Dimakopoulou) übrig.

Die **Neratzes-Moschee** (Vernardou) gehört zu den wenigen Bauten aus türkischer

Rethymnon

Zeit. Die ehemalige Franziskanerkirche mit den drei Kuppeln wurde 1657 umfunktioniert; heute dient sie als Konservatorium und für Musikaufführungen.

Auf derselben Straße befindet sich das **Historische & Volkskundliche Museum** (Vernardou 26-28; Erw./Stud. 4/2 €; ⌚Mo–Sa 9.30–14.30 Uhr) in einem hübschen venezianischen Herrenhaus untergebracht. Es zeigt das traditionelle Leben auf dem Land, Kleidung, Körbe, gewebte Stoffe und bäuerliches Werkzeug.

Aktivitäten

Dolphin Cruises BOOTSTOUREN

(☎28310 57666; Venezianischer Hafen; www.dolphin-cruises.com; Touren 15–35 €) Dolphin bietet Fahrten zu Piratenhöhlen, Tagestouren zu dem Ort Bali und Angeltrips an.

Happy Walker WANDERN

(☎28310 52920; www.happywalker.com; Tombazi 56; Wanderungen ab 30 €; ⌚tgl. 17–20.30 Uhr, im Juli & Aug. Sa & So geschlossen) Die geführten Wanderungen führen durch Schluchten oder folgen alten Schafspfaden zu den traditionellen Dörfern im grünen Hinterland.

Festivals & Events

Karneval KARNEVAL

(http://carnival-in-rethymnon-greece.com) Rethymnon ist berühmt für seine Feste vor der Fastenzeit: vier Wochen lang tanzen und verkleiden sich die Menschen, es gibt Spiele und Schnitzeljagden; im Februar oder März findet ein großer Straßenumzug statt.

Renaissance-Festival MUSIK

(www.rfr.gr) Das Festival, das an einer oder zwei Wochen im Juli stattfindet, erinnert an die venezianische Zeit der Stadt. Die wichtigsten Konzerte finden im Erofili-Theater in der Festung und in der Neratzes-Moschee statt.

Schlafen

LP TIPP **Hotel Veneto** BOUTIQUEHOTEL €€

(☎28310 56634; www.veneto.gr; Epimenidou 4; Studio/Suite 125/145 €; ❄📶) Dieses faszinierende Hotel verkörpert alles, was Rethymnon zu bieten hat: Geschichte, Schönheit, Kunst und eine hervorragende Küche. Die zehn Zimmer kombinieren polierte Holzfußböden und -decken mit Satelliten-TV und Kochgelegenheit. Das Kieselsteinmosaik im Foyer ist großartig; ein Frühstück kostet 8 € extra.

Vetera Suites BOUTIQUEHOTEL €€

(☎28310 23844, 6972051691; www.vetera.gr; Kastrinogiannaki 39; Zi. 130–150 €; ❄📶) Dieses großartige Vier-Sterne-Juwel ist mit Charakter und viel Liebe zum Detail eingerichtet, von Spitzenvorhängen bis zur

Rethymnon

Highlights
- Archäologisches Museum ... B1
- Venezianische Festung ... A1

Sehenswertes
- 1 Eingang zur Festung ... A1
- 2 Historisches & Volkskundliches Museum ... B3
- 3 Loggia ... C2
- 4 Neratzes-Moschee ... B3
- 5 Porta Guora ... B4
- 6 Rimondi-Brunnen ... B2

Aktivitäten, Kurse & Touren
- 7 Dolphin Cruises ... C2
- 8 Happy Walker ... C4

Schlafen
- 9 Atelier ... B1
- Avli Lounge Apartments ... (siehe 17)
- 10 Byzantine Hotel ... B4
- 11 Casa dei Delfini ... A3
- 12 Casa Vitae ... A3
- 13 Hotel Veneto ... B2
- 14 Palazzo Rimondi ... B2
- 15 Rethymnon Youth Hostel ... B4
- 16 Vetera Suites ... C4

Essen
- 17 Avli ... B2
- 18 En Plo ... B1
- 19 Lemonokipos ... B3
- 20 Samaria ... D4
- 21 Taverna Knossos ... C2
- 22 Thalassografia ... B1
- Veneto ... (siehe 13)

Ausgehen
- 23 Ali Vafi's Garden ... B4
- 24 Fusion Enoteca ... B2
- 25 Living Room ... D4

Shoppen
- 26 Ilias Spondidakis ... C3
- 27 Mediterraneo ... B2
- 28 Xenos Typos ... B4

ABSTECHER

BAUERNHOF ZUM ANFASSEN

Die **Agreco Farm** (☎28310 72129, 6947275814; www.agreco.gr; Führung mit Mittag- oder Abendessen 30 €; ⌚Mai–Okt. Di–Sa 11–22 Uhr) liegt in den sanften Hügeln des Dorfes Adele, 13 km östlich von Rethymnon. Der Bauernhof ist die Replik eines Anwesens aus dem 17. Jahrhundert und hat sich dem jahrhundertealten ökologischen, umweltfreundlichen Anbau verschrieben. Die Idee stammt von der Familie Daskalantonakis, denen die Grecotel-Kette gehört. Die Arbeiten werden mit traditionellen Geräten ausgeführt, wie eine von Eseln gedrehte Ölpresse, Wassermühle, Weinpresse und ein riesiger Bottich zum Stampfen der Trauben.

Der Bauernhof ist von Mai bis Oktober geöffnet, kann aber wegen privater Veranstaltungen, wie Hochzeiten oder Taufen, für die Öffentlichkeit geschlossen sein. Es gibt mehrere Möglichkeiten, den traumhaften Hof zu erleben. Die **Farmführungen** beginnen um 18 Uhr und enden mit einem 30-gängigen kretischen Festmahl in der Taverne. Sie wurde 2009 von der Zeitschrift Vanity Fair als bestes Bio-Restaurant ausgezeichnet. Die meisten Gerichte werden mit Gemüse, Milchprodukten und Fleisch aus eigener Produktion zubereitet. Wer es eher praktisch mag, sollte an Sonntagen gegen 11 Uhr aufkreuzen. Dann dürfen die Besucher bei den **traditionellen bäuerlichen Arbeiten** mithelfen. Je nach Jahreszeit werden Schafe geschoren, Ziegen gemolken, Käse gemacht oder Trauben gestampft (genauere Termine auf der Website). Im Herbst findet ein großes Büffet zum **Erntedank** statt. Die Teilnahme an den Führungen und den Sonntagsarbeiten ist nur nach Reservierung möglich.

Wer zufällig während des Tages aufkreuzt, kann im **Kafeneio** (Kaffeehaus) Snacks und Drinks genießen oder seine Vorräte im Hofladen ergänzen. Auch dann empfiehlt sich allerdings ein Anruf, ob Laden und Kafeneio geöffnet sind.

Auswahl antiker Möbel und den geschickt versteckten Kochgelegenheiten. Selbstverständlich stehen auch DVD-Player und WLAN zur Verfügung; das Frühstück kostet 10 € extra.

Avli Lounge Apartments BOUTIQUEHOTEL €€€
(☎28310 58250; www.avli.gr; Xanthoudidou 22, Ecke Radamanthyos; Zi. inkl. Frühstück 189–263 €; ❄📶) In diesem privaten Zufluchtsort wird Luxus groß geschrieben: liebevoll eingerichtete Studios mit nackten Steinmauern, Deckenbalken und Whirlpool. Nach einem erstklassigen Abendessen im romantischen Gartenrestaurant sind die weichen Betten genau richtig.

Atelier PENSION €
(☎28310 24440; http://frosso-bora.com; Himaras 25; DZ 45–55 €; ❄📶) Das Atelier in der Nähe der Festung hat vier Zimmer und gehört zur Werkstatt des Keramikkünstlers Frosso Bora. Nackte Steinmauern und venezianische Architektur machen das Haus zur ersten Wahl unter den Budgetunterkünften.

Palazzo Rimondi BOUTIQUEHOTEL €€€
(☎28310 51289; www.palazzorimondi.com; Xanthoudidou 21; Suite inkl. Frühstück 145–290 €; ❄📶🏊) In vielen der 20 Studios (mit Kochgelegenheit) in diesem fabelhaften venezianischen Herrenhaus blieben originale Kuppeln und Steinbögen erhalten. Im Hof, wo man den Tag mit einem reichlichen Frühstück beginnt, gibt es ein kleines Planschbecken.

Casa dei Delfini PENSION €€
(☎28310 55120, 6937254857; www.rethymnoholidays.gr; Nikiforou Foka 66-68; Studio 60–65 €, Maisonette 95–110 €; ❄📶) Die vier Zimmer dieses eleganten Gästehauses umgeben einen kleinen Hof mit einem Delfinmosaik. Jedes Zimmer ist einzigartig, beispielsweise mit einem *hammam* (türkisches Bad) im Bad oder dem Bett in einem Alkoven mit Steingewölbe; alle mit Kochgelegenheit. Wer viel Platz braucht, bucht die zweistöckige Maisonnette mit großer Terrasse.

Casa Vitae BOUTIQUEHOTEL €€
(☎28310 35058; www.casa-vitae.gr; Neophytou Patealarou; Zi. 80–135 €; ❄📶) Das charismatische Hotel in einem Haus aus venezianischer Zeit hat acht dezent-elegante Zimmer, ausgestattet mit Stein und Holz. Sie umgeben einen Hof, in dem das Frühstück unter dem Weinlaub einer Pergola serviert wird. Die größeren Suiten bieten Roman-

tik pur: eiserne Himmelbetten, Whirlpool und eine private Terrasse.

Rethymnon Youth Hostel JUGENDHERBERGE €
(☎28310 22848; www.yhrethymno.com; Tombazi 41; B mit Gemeinschaftsbad 11 €; 📶) Der Hof in der freundlichen, gut geführten Herberge eignet sich bestens, um Freundschaften zu knüpfen. Die Rezeption ist von 8–12 und von 17–21 Uhr besetzt. Wer nach 21 Uhr eintrifft, sucht sich ein freies Bett und bezahlt am anderen Morgen.

Byzantine Hotel HOTEL €€
(☎28310 55609; www.byzantinehotel.gr; Vosporou 26; DZ inkl. Frühstück 60 €; ❄) Das kleine Hotel mit traditionellem Flair in einem historischen Gebäude an der Porta Gora hat neun Zimmer. Sie sind etwas düster und einfach mit geschnitzten Holzmöbeln ausgestattet, einige haben große Bäder mit Badewanne. Aus den hinteren Zimmern blickt man auf die alte Moschee und ein Minarett.

Essen

Das Flair des venezianischen Hafens ist zauberhaft, doch seine auf Touristen ausgerichteten Tavernen sind bis auf wenige Ausnahmen bestenfalls mittelmäßig. Die besseren Restaurants liegen in der Altstadt.

LP TIPP **Avli** KRETISCH €€
(☎28310 58250; www.avli.com; Xanthoudidou 22, Ecke Radamanthyos; Hauptgerichte 13,50–30 €). In dieser reizenden venezianischen Villa mit Garten wird köstliche moderne kretische Küche mit einem Schuss Romantik serviert. Die Speisekarte wird von frischen, lokalen Produkten dominiert, wie Lamm mit Wildgemüse an Zitronensauce oder Ziege mit Honig und Thymian – alles wird perfekt zubereitet und wunderbar präsentiert.

En Plo GRIECHISCH €€
(Kefalogiannidon 28; *mezedhes* 5,50–9 €) Dieses Lokal ist der Spitzenreiter unter den Tavernen am Meer. Das En Plo gibt griechischen und kretischen Klassikern einen zusätzlichen Kick: Wildgemüse mit Tamarindendressing, einfacher *bacalao* (Salzdorsch) wird mit würziger Knoblauchsauce und der *feta saganaki* (gebackener Käse) mit karamellisierten Feigen veredelt. Der Innenraum wirkt ziemlich gekünstelt, die Platzwahl sollte daher besser auf einen Tisch am Meer fallen.

Veneto KRETISCH €€
(☎28310 56634; www.restaurantveneto.gr; Epimenidou 4; Hauptgerichte 9–18 €; ⏲Mai–Okt.) In dem Restaurant des gleichnamigen Hotels atmet jede Nische historisches Flair. Der Besitzer ist Weinkenner, seine Küche macht mit kreativen Aromen nicht an den Grenzen traditioneller kretischer und griechischer Gerichte Halt, gewöhnlich mit köstlichen Ergebnissen.

Lemonokipos KRETISCH €€
(www.lemontreegarden.com; Ethnikis Antistaseos 100; Hauptgerichte 6–21 €) Kerzen, Wein und ein Tisch für zwei unter Zitronenbäumen in einem zauberhaften Innenhof – mehr Romantik geht nicht. Und sollte das Date nicht so wie erwartet verlaufen, garantieren die einfallsreich variierten kretischen Klassiker dennoch einen unvergesslichen Abend.

Taverna Knossos GRIECHISCH €
(www.knosos-rethymno.com; Alter Venezianischer Hafen; Hauptgerichte 6–12 €; Menü für zwei 30 €) Während die meisten Tavernen im venezianischen Hafen mehr Wert auf das Ambiente als auf die Qualität des Essens legen, bildet das Knossos der Familie Stavroulaki eine angenehme Ausnahme. Sie betreiben das Lokal seit über 50 Jahren und bieten außergewöhnlich guten Fisch sowie schnellen und freundlichen Service.

Thalassografia GRIECHISCH €
(☎28310 52569; Kefalogiannidon 33; Hauptgerichte 6,50–13,50 €) Von dem lässigen Café im Freien bietet sich ein atemberaubender Blick über die Festung und das Meer. Die gegrillten Sardinen sind genauso exzellent wie die Pilze in Sahnesauce. Dazu gibt es Bio-Bier aus einer lokalen Brauerei (Brink's).

Samaria GRIECHISCH €
(Eleftheriou Venizelou 39-40; Gerichte 4–8,50 €; ⏲24 Std.) Das Samaria ist eines der wenigen Lokale an der belebten Uferpromenade, in dem sich auch die Einheimischen sehen lassen. Es gibt traditionelle griechische Wohlfühlkost mit hervorragenden Suppen und gegrilltem Fleisch.

Ausgehen

Das Nachtleben von Rethymnon findet in den Cafés und Bars der Eleftheriou Venizelou statt, gleichermaßen beliebt bei Touristen und Studenten. Einen quirligen Treffpunkt bildet auch das Viertel um den Rimondi-Brunnen, die Nebenstraßen in der Altstadt sind deutlich ruhiger. Die meisten Lokale sind ab 9 oder 10 Uhr geöffnet, am Tag als Café, nachts als Bars.

LP TIPP **Ali Vafi's Garden** CAFÉ, BAR
(Tzane Bouniali 65a) Der Keramikkünstler und Besitzer hat die Steingewölbe mit seinen Werken dekoriert; im Sommer gibt es aber kaum einen zauberhafteren Ort als den Garten hinter der Töpferwerkstatt.

Living Room LOUNGE-BAR
(www.living.com.gr; Eleftheriou Venizelou 5) Die edelste und schickste Bar an der Uferpromenade mit eklektischem Dekor (große Spiegel, mit Samt bespannte Stühle, stylische Lampen) ist bei den Jungen und Wilden Rethymnons beliebt.

Fusion Enoteca WEINBAR
(Xanthoudidou 22, Ecke Radamanthyos) Die Besitzer, die auch das Restaurant Avli betreiben, bieten über 450 Weine an. Wer Lust auf Hochprozentiges hat, geht über die Straße in die angeschlossene **Raki Baraki Bar**, in der häufig Musiker live spielen.

Shoppen

Englische Bücher, Reiseführer, internationale Zeitschriften und Karten verkaufen:

Ilias Spondidakis (Souliou 43)

Mediterraneo (Mavrokordatou 2)

Xenos Typos (Ethnikis Antistaseos 21)

Praktische Informationen

Im Rathaus, auf der Plateia Iroon, am venezianischen Hafen und im städtischen Garten – alle in der Altstadt – gibt es kostenlose WLAN-Hotspots.

Cybernet (Kallergi 44–46; pro Std. 2,50 €; 9.30–3 Uhr)

Internet Café (Eleftheriou Venizelou 40; pro Std. 2 €, freies WLAN; 24 Std.)

Krankenhaus (28210 27491; Triandalydou 17; 24 Std.)

National Bank of Greece (Ecke Dimokratias & Gerakari) Neben dem Rathaus.

Post (Moatsou 21; Mo–Fr 7–19 Uhr)

Regionale Touristeninformation (28310 25571; www.rethymnon.gr; Dimokratias 1; Mo–Fr 8–14.30 Uhr)

Touristenpolizei (28310 28156/54340)

An- & Weiterreise

Bus

Die Busse fahren am Terminal auf der Igoumenou Gavriil ab, etwa 600 m westlich der Porta Guora. An den Wochenenden und in der Nebensaison fahren weniger Busse. Genauere Fahrplanauskunft unter www.bus-service-crete-ktel.com.

BUSSE VON RETHYMNON

REISEZIEL	DAUER	PREIS	HÄUFIGKEIT
Agia Galini	1½ Std.	6,50 €	bis 5-mal tgl.
Anogia	1¼ Std.	5,50 €	Mo–Fr 2-mal tgl.
Chania	1 Std.	6,20 €	stündl.
Chora Sfakion	2 Std.	7,30 €	1-mal tgl.
Iraklion	1½ Std.	7,60 €	stündl.
Moni Arkadiou	40 Min.	2,80 €	bis 3-mal tgl.
Omalos (Samaria-Schlucht)	1¾ Std.	15 €	3-mal tgl.
Plakias	1 Std.	4,50 €	bis 5-mal tgl.
Preveli	1¼ Std.	4,50 €	2-mal tgl.

Unterwegs vor Ort

Auto Motor Sports (28310 24858; www.automotosport.com.gr; Sofoklis Venizelou 48) vermietet Autos und Motorräder.

Moni Arkadiou
Μονή Αρκαδίου

Das Kloster **Moni Arkadiou** (Arkadi; 28310 83136; www.arkadimonastery.gr; Eintritt 2,50 €; Juni–Sep. 9–20 Uhr; Okt.–Mai verkürzte Besuchszeit) aus dem 16. Jahrhundert liegt im Hügelland 23 km südöstlich von Rethymnon. Es hat eine große Bedeutung für die Einwohner Kretas, gilt aber auch als Symbol menschlichen Widerstandes, als Initialzündung für den Freiheitskampf gegen die Türken.

Im November 1866 traf ein großes Aufgebot türkischer Truppen ein, um die Aufstände auf der Insel niederzuschlagen. Hunderte kretischer Männer, Frauen und Kinder flohen aus ihren Dörfern und suchten Schutz im Kloster Arkadiou. Die Klostermauern erwiesen sich aber nicht als Schutz, sondern als Falle, als 2000 türkische Soldaten das Kloster belagerten. Statt sich zu ergeben, setzen die Eingeschlossenen das Pulvermagazin in Brand. Alle starben – Kreter und Türken –, bis auf ein kleines Mädchen. Sie lebte bis ins hohe Alter in einem nahen Dorf. Büsten von ihr und dem Abt, der das Pulver entzündete, stehen vor den Klostermauern in der Nähe der alten Windmühle. Sie dient jetzt als makabres **Beinhaus**, in dem die Schädel und Knochen der Opfer von 1866 unter Glas ausgestellt sind.

Das eindrucksvollste Bauwerk Arkadious ist die venezianische **Kirche** (1587) mit einer großartigen Renaissancefassade, geprägt von acht schlanken korinthischen Säulen, die von einem verzierten Glockenturm mit drei Glocken überragt wird. Links davon steht ein kleines Museum und am Ende des linken Flügels der alte Weinkeller, in dem das Pulver gelagert war.

Von Rethymnon fahren drei Busse täglich (zwei am Wochenende) zum Kloster (2,80 €, 40 Min.).

Anogia Ανώγεια

2125 EW.

Das bemerkenswerte Anogia und einige andere Bergdörfer bilden das sogenannte „Teufelsdreieck". Hier leben die Kreter noch so wie in alten Zeiten – Machismo pur. Immer wieder kommt es zu bewaffneten Zusammenstößen mit der Polizei (meist im Zusammenhang mit Hanfanbau, manchmal auch, weil sich jemand in seiner Ehre verletzt fühlt). Anogia liegt auf einem Hang des Psiloritis, 37 km südwestlich von Iraklion. Die Dorfbewohner sind berühmt für ihren rebellischen Geist, vor allem aber für ihre Bereitschaft, ihn auch auszuleben. Die Hochzeitsfeiern für 2000 Gäste sind ebenso berühmt wie die mitreißende Musik der Region und die Musiker, die zu den bekanntesten Kretas gehören.

Im Zweiten Weltkrieg war Anogia ein Zentrum des Widerstandes und hatte entsprechend schwer darunter zu leiden. Die deutschen Truppen verbrannten das Dorf und metzelten alle Männer nieder, weil sie alliierte Soldaten versteckt und Hilfestellung bei der Entführung eines Generals geleistet hatten.

Obwohl die meisten der heutigen Häuser aus jüngerer Zeit stammen, klammert sich Anogia verzweifelt an die alten Traditionen. In den *kafeneia* (Kaffeehäuser) sitzen schnurrbärtige Männer, die ihre Hosen in schwarze Stiefel gesteckt haben, und ältere Frauen schlagen mit Teppichklopfern auf gewebte Decken und gestickte Kleidung ein, die in den Läden angeboten werden.

Anogia zieht sich den Berghang hinauf. Die meisten Textilläden liegen im unteren Teil des Dorfes, die Unterkünfte und übrigen Geschäfte weiter oben.

Schlafen & Essen

Hotel Aristea HOTEL €

(☎28340 31459; DZ inkl. Frühstück 40 €, Apt. 50–90 €) Von diesem Hotel bieten sich hübsche Ausblicke. Die Zimmer sind einfach, aber gut ausgestattet, mit TV, Badezimmer und Balkon. Gleich nebenan gibt es mehrere bequemere und geräumigere Apartments; einige bieten Platz für bis zu sechs Personen.

Ta Skalomata KRETISCH €

(☎28340 31316; Hauptgerichte 4–9 €) Das Skalomata im Oberdorf versorgt Einheimische und Gäste seit 40 Jahren mit gegrilltem Fleisch (das gegrillte Lamm ist ausnehmend gut), eigenem Wein und Brot; dazu gibt es köstliche fleischlose Alternativen, wie Zucchini mit Käse und Auberginen.

An- & Weiterreise

Von Iraklion (3,80 €, 1 Std.) fahren täglich drei Busse und von Rethymnon (5,50 €, 1¼ Std.) Montag bis Freitag täglich zwei Busse.

Psiloritis Ορος Ψηλορείτης

Der beeindruckende, 2456 m hohe Psiloritis ist Kretas höchster Berg und Teil des Ida-Gebirges. An seiner westlichen Basis erstreckt sich die 1400 m hohe, weite **Nida-Hochebene**. Das fruchtbare Plateau ist von Anogia aus über eine 21 km lange, gepflasterte Straße zugänglich, die an mehreren *mitata* (runde Steinhütten der Schafhirten) vorbeiführt. Die Straße endet an einem riesigen Parkplatz, wo eine einfache Taverne kleine Erfrischungen und spartanische Zimmer (25 €) anbietet. Selbst im Sommer kann es hier oben empfindlich kalt werden; Pullover oder Jacke nicht vergessen!

Etwa 1 km vor dem Ende der Straße biegt links ein asphaltierter Weg ab, der nach 3 km die **Sternwarte Skinakas** (www.skinakas.org.gr) erreicht. Die wichtigste Sternwarte Griechenlands ist von Mai bis September einmal im Monat bei Vollmond zwischen 17 und 23 Uhr für Publikum geöffnet (Führungen auf Englisch nur im Juli und August); Details auf der Website.

Das absolute Highlight des Berges ist allerdings die **Ideon-Höhle**, in der nach der Legende der Gott Zeus aufgewachsen ist (diese Ehre beansprucht allerdings auch die Dikteon-Höhle in Lassithi). Wie ausgegrabener Goldschmuck und ein Bronzeschild belegen, wurde Zeus hier seit dem 4. Jahrtausend v. Chr. angebetet. Die eigentliche Höhle (etwa 1 km Fußweg vom Parkplatz aus) ist nur ein riesiger, langweiliger Hohlraum im Berg.

Auf der Hochebene zeichnet sich die riesige Landschaftsskulptur **Andartis – Monument für den Frieden** gegen die Hügel ab. Sie wurde 1991 von der deutschen Künstlerin Karina Raeck geschaffen, die damit an den kretischen Widerstand im Zweiten Weltkrieg erinnern wollte. Das Monument besteht aus aufgetürmten Felsbrocken, die, von oben betrachtet, an einen Engel erinnern. Das hilfsbereite Personal der Taverne kennt den besten Beobachtungspunkt; der Fußweg dorthin ist etwa 1 km lang.

Spili Σπίλι

698 EW.

Spili liegt etwa auf halbem Weg zwischen Rethymnon und Agia Galini. Es ist ein guter Ort, um die Fahrt von Küste zu Küste für ein Mittagessen zu unterbrechen. Das hübsche Bergdorf mit Kopfsteingassen, blumengeschmückten Balkonen, mit Weinlaub umrankten Häusern und Platanen wird täglich von Touristenbussen überrollt – erst am Abend gehört es wieder den Einheimischen. In den Bergen der Umgebung kann man herrlich wandern. Das Wasser, das der großartige **venezianische Brunnen** im Dorf aus 19 Löwenköpfen speit, gehört zum besten Kretas.

Schlafen & Essen

Heracles PENSION €

(☎28320 22111, 69736 67495; heraclespapadakis@hotmail.com; EZ/DZ 30/40 €; ❄📶) Die fünf Zimmer mit Balkon sind ruhig, makellos gepflegt und ansprechend möbliert, doch erst Heracles, der Besitzer, macht die Pension zu etwas Besonderem: Er ist Geologe, kennt die Region wie seine Westentasche und gibt gerne Tipps zu den besten Wanderwegen, versteckten Stränden oder Plätzen, um Vögel zu beobachten. Frühstück gibt es ab 3,85 €.

LP TIPP **Panorama** KRETISCH €€

(Hauptgerichte 6–12 €; ⏱Mittagessen tgl., Abendessen So) Von der Terrasse dieser hervorragenden, traditionellen Taverne am Ortsrand von Spili bieten sich herrliche Ausblicke. Das hausgemachte Brot, die *mezedhes* oder verlockende Hauptgerichte wie saftiges Zicklein mit *horta* (Wildkräuter) sind köstlich.

Yianni's GRIECHISCH €

(Hauptgerichte 4–10 €) Die freundliche Taverne hinter dem Brunnen hat eine große Terrasse zur Straße, anständige traditionelle Küche und einen ordentlichen Hausrotwein. Empfehlenswert sind das köstliche Kaninchen in Wein oder die Bergschnecken.

Praktische Informationen

Auf der Hauptstraße stehen die Post und zwei Geldautomaten; einige Cafés am Brunnen haben WLAN.

An- & Weiterreise

Spili liegt auf der Busroute Rethymnon–Agia Galini und wird fünfmal täglich angefahren.

Plakias Πλακιάς

186 EW.

Manche Dinge in Kreta ändern sich nie, das gilt auch für Plakias. Der Ort liegt an einem langen Strand an der Südküste zwischen zwei riesigen Windkanälen, der Selia- und der Kourtaliotis-Schlucht. Im Sommer treffen hier neugierige Pauschaltouristen aus vielen Ländern Mitteleuropas auf Legionen von Rucksacktouristen – Letztere wohnen in der außerordentlichen Jugendherberge.

In Plakias gibt es gute Restaurants, jede Menge Unterkünfte und viele Spazierwege durch schattige Olivenhaine oder entlang der Steilküste über dem Meer (einige Wege führen zu einsamen Stränden). Es ist außerdem ein wundervoller Ausgangspunkt für Ausflüge ins Hinterland. Der peitschende Wind verhindert, dass Plakia völlig überlaufen ist.

Aktivitäten

Baradakis Lefteris (☎6936 806635; smernabar@gmail.com), der Besitzer der Smerna Bar, bietet im Sommer Bootstouren zum Preveli-Strand und zu den Inseln Loutro und Gavdos an.

Das Meer ist beliebt bei Tauchern; zwei Betriebe bieten Küstentauchen und Bootsexkursionen an. Das **Dive 2gether** (☎28320 32313, 6974031441; www.dive2gether.

NICHT VERSÄUMEN

MYRTHIOS

Das Postkartendorf Myrthios (Μύρθιος) breitet sich malerisch auf dem Hang oberhalb von Plakias aus und ist ruhiger und ländlicher als der Strand. Ein weiteres Plus sind zwei ausgezeichnete Tavernen, beide mit Terrasse mit Meerblick. Das ziemlich protzige **Plateia** (☎28320 31560; Hauptgerichte 6–9 €) serviert griechische Standardkost, die allerdings durch den kreativen Touch des Kochs zu etwas Besonderem wird. Die rustikalere **Taverna Panorama** (Hauptgerichte 4–11 €; ⏲ab 9 Uhr; 📶) ist freitags gedrängt voll, wenn eine griechische Band traditionelle Musik spielt. Myrthios ist nur 2 km von Plakias entfernt.

com; ⏲April–Okt. 8.30–20 Uhr) in der Stadt ist in holländischer Hand.

Herrliche **Wanderwege** führen zu den landschaftlich sehr schönen Dörfern Selia und Lefkogia oder durch die hinreißende Kourtaliotiko-Schlucht zum Moni Preveli. Direkt vor der Jugendherberge beginnt ein leichter 30-minütiger Fußweg nach Myrthios.

Schlafen

Je weiter die Unterkunft vom Wasser entfernt ist, desto günstiger ist der Preis. Es stehen zwar mehrere Hotels mit Resort-Charakter zur Auswahl, aber bei den meisten Unterkünften in Plakias handelt es sich um Pensionen.

LP TIPP **Plakias Suites** APARTMENTS €€
(☎28320 31680, 6975811559; www.plakiassuites.com; Studios 100 €; ⏲April–Okt.; ❄📶) Dieser stylische Außenposten ist nur einen Wimpernschlag vom besten Strand des Ortes entfernt. Die Suiten sind modernistisch, aber mit viel Geschmack eingerichtet; große Flachbildschirm-TVs, Mini-Hifi-Anlagen, Regenwaldduschen und schicke Küchen repräsentieren den neuesten Stand der Technik.

Plakias Youth Hostel JUGENDHERBERGE €
(☎28320 32118; www.yhplakias.com; B 10 €; ⏲April–Okt.; @📶) Die Jugendherberge liegt etwa 500 m vom Strand entfernt auf der grünen Wiese zwischen Olivenhainen. Sie kultiviert eine bewusst lässige Atmosphäre mit guter Laune und besten Kontakten zwischen den Gästen aus aller Welt. In den Schlafräumen mit Deckenventilatoren befinden sich jeweils acht Betten; das Gemeinschaftsbad ist in einem öffentlichen Badehaus untergebracht. Es werden ein preiswertes Frühstück, Wasser, Wein, Bier und Softdrinks angeboten; Vorbestellung ist zu empfehlen.

Gio-Ma APARTMENTS €
(☎28320 32003; www.gioma.gr; Apt. 45 €; ❄📶) Die Studios und Apartments in diesem Familienbetrieb bieten einfachen Komfort und Ausstattung, doch die zentrale Lage und der fantastische Meerblick, vor allem aus den oberen Etagen, geben den Ausschlag.

Morpheas APARTMENTS €
(☎28320 31583, 6974654958; www.morpheas-apartments-plakias-crete-greece.com; Zi. 45–60 €, Apt. 67–82 €; ❄📶) Die modernen Zimmer mit Blick auf das Meer oder Gebirge sind großzügig geschnitten und voll ausgestattet (sogar mit Waschmaschine). Das Morpheas liegt über einem Supermarkt gegenüber dem Strand.

Essen

Taverna Christos KRETISCH €
(Spezialitäten 5–13 €) Die von Tamarisken beschattete Terrasse des alteingesessenen Lokals befindet sich direkt am Meer. Der Wirt serviert interessante Spezialitäten, die nicht überall angeboten werden: selbst geräucherten Seebarsch, schwarze Spaghetti mit Tintenfisch oder Lamm *avgolemono* (Lamm, das in einem Eier-Zitronenfond gekocht wird) mit frischen Nudeln.

Tasomanolis MEERESFRÜCHTE €
(Hauptgerichte 7–14 €; 📶) Diese traditionelle Fisch-Taverne am westlichen Ende des Strandes gehört einem Fischer. Er serviert seinen Tagesfang lecker gegrillt, zusammen mit Wildgemüse und Wein auf einer Terrasse am Meer, die er „seemännisch" dekoriert hat.

Lisseos GRIECHISCH €
(Gerichte 6–14,50 €; ⏲Abendessen) Das einfache Lokal an der Brücke bietet ausgezeichnete Hausmannskost und großartigen Schokoladenkuchen.

Nikos Souvlaki GRIECHISCH €
(Hauptgerichte 5–8 €; ⏲Abendessen) Das betont einfache Lokal ist bei den Gästen der Jugendherberge beliebt, die hier preiswertes *souvlakia* und gegrilltes Hähnchen bestellen.

Ausgehen & Unterhaltung

Ostraco Bar CAFÉ, LOUNGE-BAR
(⏲ab 9 Uhr; 📶) In der kleinen, seit Langem beliebten Bar im Obergeschoss treffen sich die Gäste zum Tanzen und Trinken. In der Lounge zum Meer lässt es sich tagsüber herrlich chillen.

Joe's Bar BAR
(⏲ab 9 Uhr) Früher oder später landet jeder im Joe's oder Nufaro, so der richtige Name. Die Bar in der Strandmitte erinnert zwar an einen dunklen Lagerschuppen, doch die Musikmischung aus Rock und Pop ist gut und die Bedienung freundlich.

Praktische Informationen

In der Mitte der Uferstraße stehen zwei Geldautomaten, die Post ist in der ersten Seitenstraße (von Osten kommend). Das angesagte Café **Frame** (pro Std. 3 €; ⏲ab 10 Uhr) über dem Forum-Einkaufszentrum hat Internet. Mehrere Bars am Meer bieten WLAN gegen Gebühr an. Die gut bestückte **Leihbücherei** Plakias (Bücher in vielen Sprachen; ⏲So, Mo & Mi 9.30–12.30, Di, Do & Sa 17–19.30 Uhr) liegt 250 m hinter der Jugendherberge.

An- & Weiterreise

Im Sommer fahren bis zu fünf Busse täglich nach Rethymnon (4,50 €, 1 Std.) und einer nach Preveli (2,30 €, 30 Min.).

Unterwegs vor Ort

Cars Alianthos (☎28320 31851; www.alianthos.com) Zuverlässige Autovermietung.

Easy Ride (☎28320 20052; www.easyride.gr) Bei der Post; vermietet Mountainbikes, Motorroller und -räder.

Rund um Plakias

Plakias ist eine gute Ausgangsbasis für Wanderungen in die Umgebung, Abenteuer am Strand oder zur Erkundung des traditionellen Dorflebens.

Etwa 2,5 km westlich von Plakias liegt der **Souda-Strand.** Der Sandstrand versteckt sich in einer hübschen natürlichen Bucht und ist meist nicht so windig wie der Hauptstrand von Plakias. Ebenso hübsch, aber belebter ist der **Damnoni-Strand** hinter der östlichen Landzunge der Bucht von Plakias. Noch ein Stück weiter folgt in einer sandigen Bucht der idyllische **One-Rock-Strand,** an dem die (Bade-)Kleiderordnung weniger streng ist als in Plakias. Vom **Rundwanderweg** die Küste entlang bieten sich fantastische Ausblicke auf das Meer.

MONI PREVELI ΜΟΝΗ ΠΡΕΒΕΛΗ
Das historische Kloster **Moni Preveli** (☎28320 31246; www.preveli.org; Eintritt 2,50 €; ⏲März–Mai 8–19 Uhr, Juni–Okt. 9–13.30 & 15.30–19.30 Uhr) liegt völlig isoliert hoch über dem Mittelmeer. Wie die meisten kretischen Klöster war es ein Zentrum des Widerstandes gegen die osmanischen Besatzer, bis es 1866 bei einem Türkenangriff zerstört wurde.

Nach der Schlacht um Kreta (im Jahr 1941) wiederholte sich die Geschichte: zahlreiche alliierte Soldaten suchten vor ihrer Ausreise nach Ägypten hinter den Klostermauern Schutz. Ein Denkmal mit Bronzeskulpturen eines bewaffneten Priesters und eines britischen Soldaten erinnert an die Rolle des Klosters im Krieg. In dem kleinen **Museum** ist neben wertvollem kirchlichem Gerät auch ein Kerzenleuchter ausgestellt, den ein dankbarer britischer Soldat nach dem Krieg stiftete. Einige der wertvollen Ikonen entstanden im 17. Jahrhundert

Im Sommer kommen zwei Busse täglich aus Rethymnon (4,50 €, 1¼ Std.) und einer aus Plakias (2,30 €, 30 Min.).

Strände zwischen Plakias & Agia Galini

PREVELI-STRAND ΠΑΡΑΛΙΑ ΠΡΕΒΕΛΗ
Der Preveli-Strand direkt unterhalb des Klosters (auch Palmenstrand genannt) gehört zu den bekanntesten Ständen der Insel. Im August 2010 breitete sich ein riesiges Feuer von der Schlucht bis auf den Strand aus und verbrannte die Palmen bis auf schwarze Stümpfe. Zum Glück für die Tourismusindustrie zeigten sich aber schon im folgenden Sommer an den meisten Stämmen neue Palmwedel – die Natur hatte gesiegt.

Der ungewöhnlich fotogene Strand befindet sich an der Mündung der Kourtaliotis-Schlucht. Hier schneidet sich der Fluss

Megalopotamos durch den Strand, bevor er ins Mittelmeer fließt. Die Süßwasserpools am palmengesäumten Flussufer laden zum Eintauchen ein. Hinter dem Sand steigen steile Felsklippen auf.

Von einem großen Parkplatz etwa 1 km vor Moni Preveli führt ein steiler Weg abwärts zum Strand (etwa 10 Min. Fußweg). Autofahrer können auch hinter Moni Preveli von der Hauptstraße (Hinweisschild) an einer Steinbrücke und der ausgezeichneten **Taverna Gefyra** auf eine 5 km lange Schotterpiste abbiegen. Die Piste endet am **Amoudi-Strand;** von dort sind es über die Landzunge noch 1 km zu Fuß bis zum Palmenstrand.

TRIOPETRA ΤΡΙΟΠΕΤΡΑ

Der große Strand von Triopetra ist nach drei riesigen Felsentürmen benannt, die dort aus dem Meer ragen. Eine Landzunge gliedert den Strand in „Klein-" und „Groß-Triopetra". Am „kleinen" hat sich die **Taverna Pavlos** (Hauptgerichte 5–12 €; ⌚April–Okt.) auf frischen Fisch spezialisiert, den der Besitzer selbst fängt. Die köstlichen Salate und das Gemüse stammen aus eigenem biologischen Anbau. Die wenigen einfachen, aber bequemen Zimmer (DZ/3BZ/4BZ 36/40/45 €) sind häufig an die Teilnehmer der monatlich stattfindenden Yoga-Workshops vermietet.

Neben einigen (kostenlosen) Liegestühlen, Sonnenschirmen und einem kleinen Hafen mit Bootsvermietung hat der Strand nicht gerade viel zu bieten. Wegen der Sandbänke eignet sich Klein-Triopetra nicht besonders gut zum Schwimmen; der größere Nachbar ist besser geeignet. Dort stehen zwei Tavernen, die ebenfalls Zimmer vermieten.

Triopetra ist von Agios Pavlos (die Piste ist auf 300 m befahrbar) oder über eine 12 km lange, kurvenreiche Asphaltstraße von Akoumia an der Straße Rethymnon–Agia Galini aus zu erreichen.

AGIOS PAVLOS ΑΓΙΟΣ ΠΑΥΛΟΣ

Agios Pavlos ist kaum mehr als ein paar kleine Hotels und Tavernen an einem Sandstrand zwischen rauen Felsenklippen wie aus dem Bilderbuch. In der Entfernung taucht der markante Umriss der Insel Paximadia aus dem Meer auf. Angeblich stiegen an der Stelle des heutigen Dorfes die Sagengestalten Ikarus und Dädalus zu ihrem Flug auf (das nahe Agia Galini beansprucht dieselbe Ehre).

Trotz der isolierten Lage kann es im Juli und August voll am Strand werden. Um die Massen zu meiden, sollte man die Strände im Westen, hinter der Landzunge ansteuern – dazu ist eine Kletterpartie über eine steile Sanddüne nötig. Der letzte Strand ist am wenigsten bevölkert und daher bei Nudisten beliebt. Die Schönheit und Ruhe von Agios Pavlos ziehen viele Yoga-Anhänger an; Kurse organisiert die britische **Yoga Plus** (www.yogaplus.co.uk).

Agios Pavlos Hotel (☎28320 71104; www.agiospavloshotel.gr; DZ 28–40 €, Apt. 45–60 €; ⌚April–Okt.; ❄) am Meer vermietet über der Taverne Zimmer und auf dem Hügel extrem hübsche moderne Apartments.

Um nach Agios Pavlos zu gelangen, an der Straße Rethymnon–Agia Galini beim Hinweisschild für Kato Saktouria abbiegen und der kurvenreichen Asphaltstraße bis zum Meer folgen.

Agia Galini Αγια Γαλήνη

855 EW.

An der Hauptstraße östlich von Agios Pavlos befindet sich der ehemalige Fischerhafen Agia Galini. Seit hier Pauschaltouristen einfallen, wurde viel gebaut, und er hat viel von seinem pittoresken Charme verloren. In der Hochsaison erzeugt der zwischen Felsen eingeklemmte Ort mit kleinen Stränden, lebhaftem Hafen sowie Hotels und Apartmenthäusern an einem steilen Hang beinahe klaustrophobische Gefühle – mehr Charme hat er außerhalb der Saison.

Im Vergleich mit den großen Feriensiedlungen an der Nordküste ist Agia Galini aber ein ruhiger Ort geblieben, der vor allem Familien, Auswanderer und Touristen mittleren Alters anzieht. Er eignet sich auch als Basis, um Phaistos, Agia Triada und die einsamen Strände westlich des Ortes zu besuchen.

Schlafen

Palazzo Greco BOUTIQUEHOTEL €€
(☎28320 91187; www.palazzogreco.com; DZ mit/ohne Meerblick 80/60 €; P❄📶≋) Hier kann man die Wandfarbe nach seiner Stimmung aussuchen (Grün, Blau oder Rot); die schönen Zimmer haben Flatscreen-TV, Kühlschrank und runde Marmorwaschbecken im Bad. In den beiden Schlafzimmern der Suite im Obergeschoss (160 €) haben sieben Gäste Platz.

Adonis HOTEL €€

(☎28320 91333; www.agia-galini.com; Zi. 60 €, Studio 60 €, Apt. 80–120 €; ❄📶🏊) Es zeugt von einem gesunden Ego, wenn man sich an der Rezeption mit überdimensionalem Poster mit nackter, behaarter Brust im Glanz der 1970er-Jahre vorstellt; der Besitzer ist eben ein Typ mit Charakter. Adonis herrscht über einen weit verstreuten Komplex aus 75 Zimmern; die schönsten Zimmer befinden sich im Neubau direkt neben dem Pool.

Camping No Problem CAMPINGPLATZ €

(☎28320 91386; pro Pers./Zelt/Auto/Wohnwagen 6/3/3/4 €; ⌚ganzjährig; P📶🏊) Der gut gepflegte Campingplatz ist 100 m vom Strand und 10 Minuten zu Fuß vom Ort entfernt. Es finden sich dort zahlreiche Schattenplätze für das Zelt, außerdem gibt's einen riesigen Pool, eine ausgezeichnete Taverne (Hauptgerichte 4–13 €) und einen kleinen Supermarkt.

Essen

Faros MEERESFRÜCHTE €

(Shopping St.; Hauptgerichte 7–15 €) Diese einfache Fisch-Taverne in Familienhand ist aus gutem Grund in aller Regel voll bis an die Kiemen: Der Besitzer wirft seine Netze ins Mittelmeer, und was am Morgen noch im Wasser schwamm, wird abends zu köstlichen Gerichten verarbeitet. Spezialitäten des Hauses sind Tintenfisch in der eigenen Tinte gekocht, Spaghetti mit Hummer und Fischsuppe.

Taverna Stohos GRIECHISCH €

(www.stohos.gr; Hauptstrand; Hauptgerichte 7–10 €; ⌚Ende April–Okt.) Die Einheimischen schwören auf diese Taverne am Meer, die auch Apartments vermietet (Doppelzimmer mit Frühstück 40–45 €). Die Küche, die von dem freundlichen Fanourios geleitet wird, bereitet hervorragendes *kleftiko* (langsam gebratenes Lamm oder Ziege) und andere Gerichte aus dem Tontopf zu.

Onar GRIECHISCH €

(Food St; Hauptgerichte 6–12 €) Obwohl es eine Menge Tavernen mit romantischem Blick auf den Hafen gibt, hat das Onar auch nach vielen Jahren im Geschäft seine Anziehungskraft nicht verloren. Hier wird richtig gutes Essen serviert: Die köstlichen *mezedhes* und das gegrillte Fleisch, nach dem man sich die Finger ableckt, sind einzigartig.

Praktische Informationen

Im **Café Zanzibar** auf der Hauptstraße in der Nähe des Hafens gibt es Internet-Terminals und WLAN. Post und Geldautomaten sind ganz in der Nähe; Informationen im Internet unter www.agia-galini.com.

An- & Weiterreise

Die Busse halten vor dem Café Zanzibar. In der Hauptsaison fahren bis zu sechs Busse nach Iraklion (8 €, 2 Std.), bis zu fünf nach Rethymnon (6,20 €, 1½ Std.) und Phaistos (2,10 €, 30 Min.) und zwei nach Matala (3,30 €, 45 Min.).

WESTLICHES KRETA

Das westliche Kreta ist in vielerlei Hinsicht einzigartig: ein Land der hohen Berge, großartigen Legenden und Denkmale großer Schlachten. Die Hauptstadt des Westens ist die herausgeputzte und doch melancholische Hafenstadt Chania. Heute ist das einstige Juwel Standort moderner Boutiquehotels, Galerien und faszinierender Restaurants. Aber die Region hat viel mehr zu bieten: Die großartigste Schlucht in Europa, den südlichsten Punkt Europas (die ruhige, abgelegene Insel Gavros ist Afrika näher als Griechenland) und entlegene Dörfer, in denen die Zeit stehen geblieben zu sein scheint. Die steilen Berge im Westen, die im Süden steil ins Meer abfallen, haben dafür gesorgt, dass der Massentourismus noch keine Spuren hinterlassen hat.

Chania Χανιά

53 838 EW.

Chania lässt niemanden kalt; das gilt vor allem für ihre hübsche venezianische Altstadt mit einem Netz schmaler, kreuz und quer verlaufender Gassen, die letztlich alle zum prachtvollen Hafen führen. Überall finden sich Reste von venezianischen und türkischen Bauwerken. Viele der alten Stadthäuser wurden inzwischen restauriert und zu stimmungsvollen Restaurants und Boutiquehotels umgebaut.

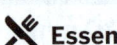

Die herrliche Altstadt ist selbst im Sommer, wenn sich zahllose Touristen durch die Gassen drängen, ein faszinierender Ort, den es zu entdecken gilt. Die hervorragenden Kunsthandwerker der Region garantieren spannendes Shoppen. An der Zambeliou, Theotokopoulou und Angelou wurden dachlose venezianische Häuser in Restaurants im Freien umgewandelt, und der venezianische Hafen mit Galerien und Museen ist wie geschaffen zum Flanieren.

Geschichte

Der Hügel, der sich östlich des heutigen Hafens befindet, wurde in minoischer Zeit von einem Palast und der mächtigen Stadt Kydonia beherrscht. Davon zeugen die hier gefundenen Tontafeln mit Linear-B-Schrift. Kydonia wurde, wie die meisten anderen minoischen Siedlungen, um 1450 v. Chr. zerstört, blühte jedoch in griechischer, römischer und byzantinischer Zeit wieder auf.

Die neuen venezianischen Herrscher benannten die Stadt im frühen 13. Jahrhundert in La Canea um und befestigten sie mit eindrucksvollen Mauern. Diese hielten die Türken allerdings nicht davon ab, die Stadt 1645 nach einer zweimonatigen Belagerung zu stürmen. Nach dem Ende der osmanischen Herrschaft (1898) machten die Großmächte Chania zur Hauptstadt der Insel; Iraklion löste sie im Jahr 1971 als Hauptstadt ab.

Sehenswertes

Von der Plateia 1866 ist es nur ein kurzer Spaziergang nach Norden über die Chalidon bis zum venezianischen Hafen. Die Zambeliou, früher die wichtigste Durchgangsstraße Chanias, ist heute bekannt für Kunsthandwerk, kleine Hotels und Tavernen. Nördlich der Plateia 1821 zwischen den Straßen Daskalogianni und Chalidon dehnt sich Splantzia aus, das Viertel der (Lebens-)Künstler. Hier findet man Restaurants im Freien, Cafés, Boutiquehotels und viele Geschäfte. Die Landzunge am Leuchtturm trennt den Hafen vom überlaufenen städtischen Strand im modernen Viertel Nea Hora.

Archäologisches Museum MUSEUM

(Chalidon 30; Eintritt 2 €, inkl. Byzantinische Sammlung 3 €; ⌚Di–So 8.30–15 Uhr) Das Museum ist in der eindrucksvollen venezianischen Kirche San Francisco (16. Jahrhundert) untergebracht. Es ist leicht an dem türkischen Brunnen zu erkennen, der auf die frühere Nutzung als Moschee hinweist. Die Ausstellungsstücke stammen aus dem westlichen Kreta und decken die Epochen von der Jungsteinzeit bis zu den Römern ab: Statuen, Vasen, Schmuck, Bodenmosaike und einige eindrucksvolle, bemalte Sarkophage aus einem spätminoischen Gräberfeld.

Marinemuseum MUSEUM

(Akti Koundourioti; Eintritt 3 €; ⌚Mo–Fr 9–19 Uhr, Sa & So kürzere Öffnungszeiten) Wo einst die Türken ihre Gefangenen einsperrten, sind neben Schiffsmodellen aus der Bronzezeit nautische Instrumente, Gemälde, Fotos und Erinnerungen an die Schlacht um Kreta zu sehen.

Venezianische Befestigungsanlagen FESTUNG

Die umfangreichen und noch immer eindrucksvollen Befestigungsanlagen Chanias wurden 1538 von Michele Sanmichele begonnen, der auch die Wehranlagen in Iraklion konstruierte. Am besten sind die westlichen Mauerabschnitte von der **Festung Firkas** bis zur **Bastion Siavo** erhalten. Das Tor neben dem Marinemuseum führt auf die Mauern hinauf; von der Bastion bieten sich tolle Blicke über die Altstadt.

Agios Nikolaos KIRCHE

(Plateia 1821; ⌚7–12 & 16–19 Uhr) Eines der wenigen Minarette Chanias hat als Turm dieser Kirche überlebt; gegenüber ragt der Glockenturm empor. Die griechischen und byzantinischen Flaggen, die an dem Seil zwischen den beiden Türmen hängen, leuchten fröhlich in Blau und Gelb. Den Grundstein zur Kirche legten die Venezianer 1205, und etwa 125 Jahre später bauten die Franziskaner das Gewölbe und die bunten Glasfenster ein, die den Kirchenraum am Spätnachmittag in ein Meer bunter Farben tauchen. Nachdem die Osmanen die Kirche 1645 in eine Moschee umwandelten, erhielt sie 1918 als orthodoxe Kirche wieder einen christlichen Hintergrund.

Seefahrtsmuseum von Kreta MUSEUM

(Akti Defkaliona; Eintritt 2 €; ⌚10–14 & 17–21 Uhr) Im östlichen Abschnitt der gewölbten venezianischen Schiffswerft stellt dieses Museum den antiken und traditionellen Schiffsbau in Form von Bildern und Modellen vor; zu sehen ist auch die authentische Kopie eines minoischen Schiffes.

GRATIS **Neorio tou Moro** KUNSTGALERIE

(Akti Defkaliona; ⌚11–14 & 19–22 Uhr) Auch diese moderne, hippe Kunstgalerie hinter dem Seefahrtsmuseum ist in einer venezianischen Werft untergebracht. Während

Chania

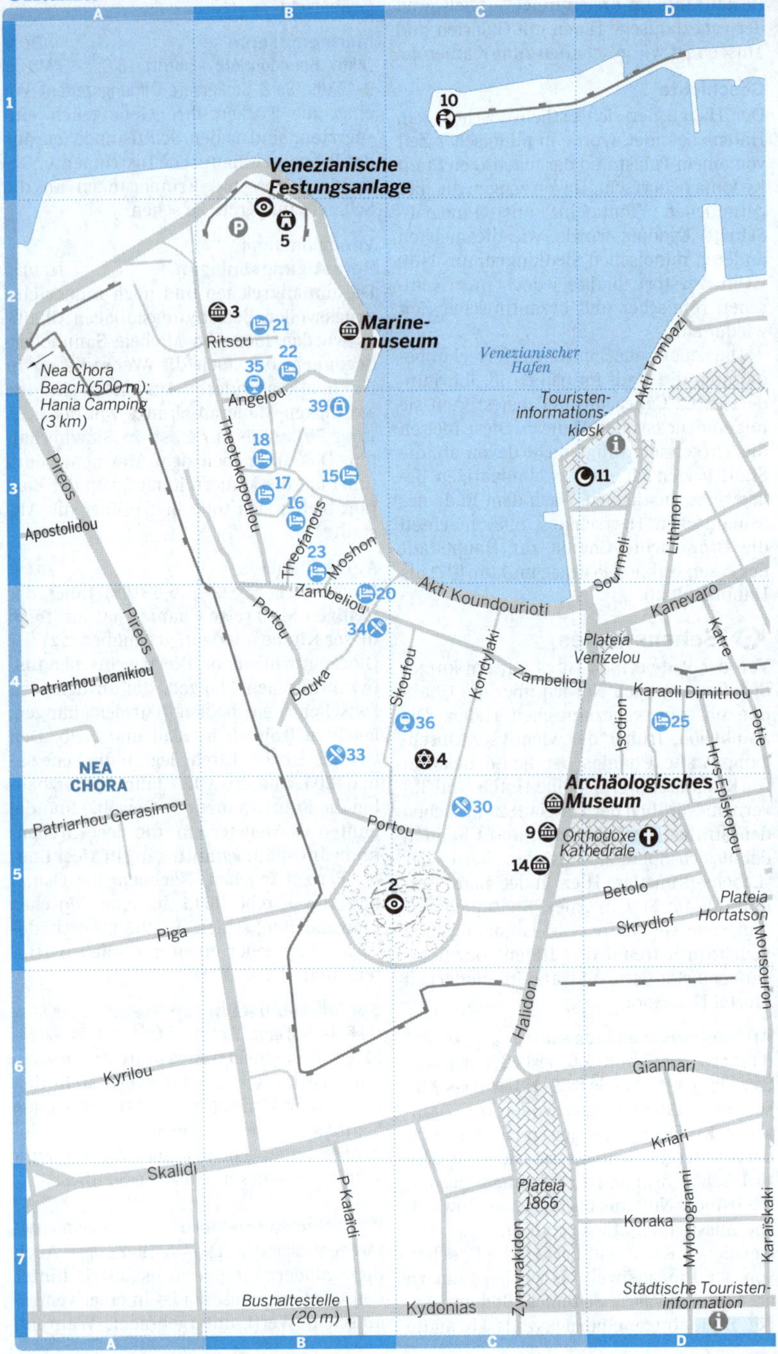

KRETA WESTLICHES KRETA

0
200 m
Kretisches Meer
12
8
28
Ikarou
27
6
Plateia Katehaki
Arholeon
Venetian Shipyards (Neoria)
37
Epimenidou
Kalergon
29
Agiou Markou
Arholeon
Kalistou
Sifaka
40
Akti Miaouli
Vourdouba
Plateia 1821
7
Sifaka
Gavaladon
Minos
Kyprou
Melidoniou
Daskalogianni
Kalistou
19
31
Sarpaki
24
SPLANTZIA
Episkopou
38
Nikiforou
Mihali Dalani
Nikiforou Foka
Tsouderon
Plateia Markopoulou
Agora
1
26
El Venizelou
Hotel Doma (500 m); Eleftherios Venizelos Residence & Museum (1 1 km);
Tzanakaki
Stadium
Trikoupi
32
Andrea Papandreou
Plastira
Apokoronou
Voloudakidon
Boniali
Sfakion
Thalassino Ageri (250 m)
Öffentlicher Garten
13

Chania

Highlights

- Archäologisches Museum ... C5
- Marinemuseum ... B2
- Venezianische Festungsanlagen ... B2

Sehenswertes

1 Agora ... E6
2 Bastion Siavo ... C5
3 Byzantinische & postbyzantinische Sammlung von Chania ... B2
4 Etz-Hayyim-Synagoge ... C4
5 Festung Firkas ... B2
6 Großes Arsenal ... E2
7 Kirche Agios Nikolaos ... F4
8 Kretisches Seefahrtsmuseum ... H1
9 Kretisches Volkskundemuseum ... C5
10 Leuchtturm ... C1
Minarett ... (siehe 7)
11 Moschee von Kioutsouk Hasan ... D3
12 Neorio tou Moro ... G1
13 Stadtgarten ... H7
14 Städtische Kunstgalerie ... C5
Zentrum für Mediterrane Architektur ... (siehe 6)

Schlafen

15 Amphora Hotel ... B3
16 Casa Delfino ... B3
17 Casa Leone ... B3
18 Madonna Studios & Apartments ... B3
19 Margot's House ... F4
20 Nostos Hotel ... B4
21 Pension Lena ... B2
22 Pension Theresa ... B2
23 Porto de Colombo ... B3
24 Splanzia Hotel ... F5
25 Vranas Studios ... D4

Essen

26 Agora ... E6
27 Apostolis I Taverna ... G2
28 Apostolis II Taverna ... G2
29 Doloma ... F3
30 Ela ... C5
31 Kouzina E.P.E. ... F4
32 Oasis ... F7
33 Portes ... B4
34 Tamam ... B4

Ausgehen

35 Fagotto ... B2
36 Synagogi ... C4
37 Ta Duo Lux ... G2

Shoppen

Exantas Art Space ... (siehe 23)
38 Giorgos Paterakis ... F5
39 Mediterraneo ... B3
40 Miden Agan ... F4

der Recherche waren Konzertveranstaltungen noch im Planungsstadium.

Byzantinische & Postbyzantinische Sammlung von Chania MUSEUM
(Theotokopoulou; Eintritt 2 €, inkl. Archäologisches Museum 3 €; Di–So 8.30–15 Uhr) Das Museum in der restaurierten Festungskirche San Salvatore enthält eine faszinierende Sammlung von Fundstücken, Ikonen, Schmuck und Münzen, darunter auch ein kostbares Bodenmosaik und eine wertvolle Ikone des Hl. Georg in seinem Kampf gegen den Drachen.

Kretisches Volkskundemuseum MUSEUM
(Chalidon 46; Eintritt 2 €; 9.30–15 & 18–21 Uhr) Dieses interessante Museum stellt traditionelle Handwerkskunst und Werkzeuge vor, dazu einige gewebte Stoffe mit traditionellen Mustern.

Eleftherios Venizelos Wohnhaus & Museum MUSEUM
(28210 56008; Plateia Helena Venizelou; Eintritt 2 €; tgl. 10.30–13.30 & Mo–Fr 18–20 Uhr) Das Haus im 1,5 km entfernten Stadtviertel Chalepa bewahrt dic Erinnerung an den großen Staatsmann. Die bestens erhaltenen Zimmer sind original möbliert; es werden Karten und Erinnerungsstücke gezeigt, und die Angestellten bieten geführte Besichtigungen an. Im Winter sind die Öffnungszeiten eingeschränkt

Agora MARKT
Für diese prachtvolle städtische Markthalle wurde der mittlere Abschnitt der Stadtmauer eingerissen; der Besuch lohnt sich selbst dann, wenn man nichts kaufen möchte. Die Stände bieten Gewürze, Honig, Olivenöl und Wein an.

Noch mehr Sehenswertes

Bis zum restaurierten venezianischen **Leuchtturm** an der Hafeneinfahrt sind es 1,5 km zu Fuß über die Mole. An der Ostseite des inneren Hafens steht die auffällige **Moschee von Kioutsouk Hassan** (auch Janitscharen-Moschee genannt), in der regelmäßig Kunstausstellungen gezeigt werden. Im gut restaurierten **Großen Arsenal** aus venezianischer Zeit ist das **Zentrum für Mediterrane Architektur** untergebracht, in dem regelmäßig Veranstaltungen und Ausstellungen stattfinden. In der **Städtischen Kunstgalerie** (www.pinakothiki-chania.gr; Chalidon 98; Eintritt 2 €, Mi frei; ⌚Mo–Fr 10–14 & 19–22, Sa 10–14 Uhr) wird moderne griechische Kunst präsentiert.

Die sorgfältig restaurierte **Etz-Hayyim-Synagoge** (Parodos Kondylaki; www.etz-hayyim-hania.org; ⌚Di–Fr 10–20, So 17–20, Mo 10–15 & 17–20 Uhr) erinnert an die Juden von Chania, die von den Nazis vollständig ausgelöscht wurden.

Aktivitäten

Kostenlose Informationen über alle möglichen Outdoor-Aktivitäten, vom ernsthaften Bergsteigen im Lefka Ori und Berghütten bis hin zu Wanderungen über den E4 bietet der **Griechische Bergsteigerverband** (EOS; ☎28210 44647; www.eoshanion.gr; Tzanakaki 90; ⌚8.30–22 Uhr). Der EOS veranstaltet auch regelmäßige Wochenendexkursionen.

Schlafen

In Chania gibt es zahlreiche verlockende Unterkünfte, von denen allerdings viele in der Nebensaison schließen.

LP TIPP **Hotel Doma** BOUTIQUEHOTEL €€
(☎28210 51772; www.hotel-doma.gr; Venizelos 124; EZ/DZ3BZ/Suite inkl. Frühstücksbüffet 65/90/120/150 €; ⌚April–Okt.; ❄📶) Man würde sich nicht wundern, wenn Hercule Poirot die Treppe des Doma herabstiege. Der ruhige, jahrhundertealte Klassiker, ein ehemaliges Konsulat im Chalepa-Viertel mit Blick auf das Meer, war schon immer der Aufenthaltsort für Paare, Autoren und Menschen, die sich zurückziehen wollten. Die Zimmer sind erstklassig und der Blumengarten hinter dem Haus entspannend. Der Tag beginnt mit einem leckeren Frühstück aus Biozutaten.

Splanzia Hotel BOUTIQUEHOTEL €€
(☎28210 45313; www.splanzia.com; Daskalogianni 20; DZ inkl. Frühstück 100 €; ❄@) Das elegante Designerhotel in einem osmanischen Haus im Splantzia-Viertel hat acht stylische Zimmer, einige davon mit hölzernem Himmelbett. Von den hinteren Zimmern blickt man auf einen hübschen Hof mit Bougainvilleas und einen der wenigen türkischen Brunnen in Chania.

Casa Delfino BOUTIQUEHOTEL €€€
(☎28210 87400; www.casadelfino.com; Theofanous 7; Suite & Apt. inkl. Frühstücksbüffet 180–340 €; ❄📶) Das elegante Herrenhaus des 17. Jahrhunderts ist das luxuriöseste Hotel im venezianischen Viertel. Die 24 individuell gestalteten Zimmer haben Bäder aus italienischem Marmor; die „Standardzimmer" sind ohne Balkon. Entspannung pur garantiert eine Massage im türkisch inspirierten Spa. Das Frühstück wird in einem prachtvollen Hof mit Kieselsteinmosaik serviert, während der Abend mit Blick auf den Sonnenuntergang von der Dachterrasse ausklingt.

Porto de Colombo BOUTIQUEHOTEL €€
(☎28210 70945; www.portodelcolombo.gr; Theofanous & Moshon; DZ/Suite inkl. Frühstück 85/110 €; ❄) In diesem 600 Jahre alten venezianischen Herrenhaus waren die französische Botschaft und das Büro von Venizelos untergebracht, ehe daraus ein reizvolles Boutiquehotel mit zehn gut ausgestatteten Zimmern wurde. Von den Suiten im Obergeschoss bietet sich ein ausgezeichneter Blick auf den Hafen. Obwohl auch die Standardzimmer für drei reichen (es wird etwas eng), garantiert ein Apartment für Selbstversorger mehr Ellenbogenfreiheit.

Amphora Hotel BOUTIQUEHOTEL €€
(☎28210 93224; www.amphora.gr; Parodos Theotokopoulou 20; EZ/Suite 95/150 €, DZ mit Ausblick 130 €; ❄) Das mustergültig restaurierte venezianische Herrenhaus bietet elegant ausgestattete Zimmer, die sich um einen Hof gruppieren; in einem Anbau gibt es zudem zusätzliche Zimmer. Von den oberen Zimmern überblickt man den Hafen, doch in den Sommermonaten können die vorderen Zimmer laut sein. Das Frühstück kostet 10 € extra.

CHANIA FÜR KINDER

Wenn Ihr Fünfjähriges beim x-ten venezianischen Haus den Aufstand probt, wird es Zeit für den **Stadtgarten** zwischen Tzanakaki und Dimokratias mit einem Spielplatz für Kinder und einem schattigen Café. Im gigantischen Wasserpark **Limnoupolis** (☎28210 33246; Varypetro; Tageskarte Erw./Kind 6–12 Jahre 17/12 €, Nachmittagskarte 12/9 €; ⌚10–19 Uhr) 8 km südlich der Stadt können sich Kinder auf Rutschen und Spielgeräten austoben. Vom Busbahnhof fahren regelmäßig Busse ab (2,10 €).

Chania Camping CAMPINGPLATZ €
(☎28210 31138; www.camping-chania.gr; Agii Apostoli; Stellplatz für Wohnwagen/Zelt 7/4 €; ⏲April–Okt.; 🏊) 3 km westlich der Stadt am Strand bietet der schattige Platz Restaurant, Bar, Minimarkt und einen Pool. Ein Mietzelt kostet 10 €, es gibt Waschmöglichkeiten und Benzin. Die nach Westen fahrenden Busse ab der Südostecke der Plateia 1866 (alle 15 Min.) halten hier.

Pension Lena PENSION €
(☎28210 86860; www.lenachania.gr; Ritsou 5; EZ/DZ 35/55 €; ❄) Die freundliche Lena betreibt diese Pension in der Nähe des Strandes Nea Hora. Die Zimmer sind hübsch eingerichtet, dazu tragen einige Antiquitäten bei. Die vorderen Zimmer sind die besten. Im angeschlossenen **Margot's House** im relaxten Viertel Splantzia können bis zu sechs Gäste übernachten.

Casa Leone BOUTIQUEHOTEL €€
(☎28210 76762; www.casa-leone.com; Parodos Theotokopoulou 18; Suite inkl. Frühstück 120-150 €; ❄📶) Die ehemalige venezianische Residenz wurde in ein exklusives, romantisches Boutiquehotel umgewandelt, das als Familienbetrieb geführt wird. Die geräumigen Zimmer sind gut eingerichtet; Balkone mit Blick auf den Hafen. Die Gäste in den Hochzeitssuiten schlafen im Himmelbett mit üppigen Vorhängen.

Pension Theresa PENSION €
(☎28210 92798; www.pensiontheresa.gr; Angelou 2; Zi. 40–50 €; ❄) Das knarrende, alte Haus ist Teil der venezianischen Festungsanlage. Eine steile (und schmale!) Wendeltreppe und antike Möbel sorgen für reichlich Atmosphäre. Einige Zimmer haben hübsche Aussicht, doch die besten Ausblicke bieten sich von der Dachterrasse (hier ist auch die Gemeinschaftsküche). Die Zimmer sind sauber und etwas beengt, aber ihr Geld wert.

Vranas Studios APARTMENTS €
(☎28210 58618; www.vranas.gr; Agion Deka 10; Studio 40–70 €; ❄) Die geräumigen, makellosen Studios mit Kochgelegenheit liegen an einer belebten Fußgängerzone in der Altstadt. Sie sind mit polierten Holzfußböden, Balkonen, TV und Telefon ausgestattet; nebenan gibt es ein Internetcafé.

Madonna Studios & Apartments APARTMENTS €€
(☎28210 94747; madonnastudios@yahoo.co.uk; Gamba 33; Studio 70–110 €; ❄📶) Die reizende Pension um einen mit Blumen bewachsenen Innenhof bietet fünf traditionell möblierte Zimmer an. Das oberste Zimmer nach vorn hat einen tollen Balkon, in einem der Hofzimmer steht ein originales Waschbecken aus Stein. Nachts kann es, wie in allen Hotels der Altstadt, von der Straße her laut werden.

Nostos Hotel BOUTIQUEHOTEL €€
(☎28210 94743; www.nostos-hotel.com; Zambeliou 42-46; EZ/DZ/3BZ inkl. Frühstück 65/103/133 €; ❄) In diesem 600 Jahre alten Hotel gehen venezianischer Stil und Moderne eine gelungene Verbindung ein. Es liegt am Hafen und der Festung Firkas und bietet ein Dutzend erstklassige Zimmer auf mehreren Ebenen mit Küche, Kühlschrank, Telefon und TV an. Wer ein Zimmer mit Balkon erwischt, genießt beste Blicke auf den Hafen; hübscher Dachgarten.

Essen

In Chania stehen einige der besten Restaurants Kretas zur Auswahl, teilweise in dachlosen venezianischen Häusern. Die Tavernen direkt am Meer sind meist mittelmäßig, überteuert und von nervenden fliegenden Händlern umlagert; in den ruhigen Gassen der Altstadt ist die Auswahl besser.

LP TIPP **Portes** KRETISCH €
(Portou 48; Hauptgerichte 6–9 €) Viele Einheimische sind sich einig: Das Portes ist das beste Lokal für kreative kretische Küche mit einem Schuss internationaler Würze. Unter den Gerichten ragen *gavros* (marinierte Sardinen), wilde Schnecken und gefüllter, in Folie gebackener Fisch zwar heraus, doch die übrigen Spezialitäten sind ebenso gut.

Thalassino Ageri MEERESFRÜCHTE €€€
(Vivilaki 35; Fisch pro Kilo 55 €; ⏲Abendessen) Diese Fisch-Taverne ist nicht leicht zu finden, gehört aber zu den ersten Adressen Kretas. Sie liegt in einem winzigen Hafen in den Ruinen von Chanias Gerbereien. Das Ambiente ist außergewöhnlich, der Fisch frisch, und bei den *mezedhes* läuft wirklich jedem das Wasser im Mund zusammen. Unbedingt empfehlenswert sind der zarte Oktopus in Weinessig, Tintenfisch und Fischersalat. Der Venizelou bis zum Ufer folgen und links in die Vivilaki einbiegen, sobald die Straße wieder vom Ufer abdreht.

NICHT VERSÄUMEN

ÖKO-ABENTEUER IN MILIA

Mitten im Gebirge liegt die einsame **Siedlung Milia** (☎28220 46774; www.milia.gr; DZ inkl. Frühstück 75–85 €), Kretas coolste Öko-Siedlung und Trendsetter der Zurück-zur-Natur-Philosophie. In dem Geisterdorf wurden 16 verlassene Steinhäuser zu Öko-Lodges umgebaut: Elektrische Energie liefern Solaranlagen (nicht genug für Laptops und Föne), es gibt alte Betten und rustikale Möbel. Milia ist ein friedlicher Rückzugsort mit außergewöhnlicher Atmosphäre. Auch für Tagesgäste lohnt sich der Besuch, denn die hervorragende Taverne kocht wechselnde Menüs der Jahreszeit mit Produkten aus eigenem ökologischen Anbau: Olivenöl, Wein, Milch, Käse sowie Fleisch von frei laufenden Hühnern, Ziegen und Schafen. Empfehlenswert sind *boureki* (Blätterteigpastete), gefülltes Kaninchen mit *myzithra* (Schafskäse) oder Joghurt sowie über Nacht gegartes Schweinefleisch mit Zitronenblättern. Es gibt Wein der Region und *raki*, aber weder Cola noch andere Fabrikgetränke.

Von Chania aus der Straße nach Elafonisi bis zum Dorf Topolia folgen, dort rechts Richtung Tsourouniana abbiegen, dann nach 500 m wieder links fahren. Nach 8 km die Abzweigung nach Milia nehmen und einer 2 km langen, unbefestigten Fahrstraße bis zu den Lodges folgen.

Kouzina EPE GRIECHISCH €
(Daskalogianni 25; *mayirefta* 3–7 €; ⏲12–20 Uhr) Das fröhliche, helle Lokal in Splantzia ist beliebt bei den Einheimischen, die mittags nahrhaftes *mayirefta* und gegrilltes Fleisch bestellen. Obwohl der Name etwa so viel wie „Restaurant mit beschränkter Haftung“ bedeutet, besteht keinerlei Gefahr, denn das Essen ist großartig, von den Sardinen mit *pastitsio* bis hin zum Kalbs*stifadho*.

Tamam GRIECHISCH €€
(Zambeliou 49; Hauptgerichte 6–10 €) Das Tamam in einem alten *hammam* (türkisches Bad) kocht griechisch mit türkischer Würze. Es gibt hervorragende vegetarische Spezialitäten (Kartoffeln mit Avocado-Dip) und türkische Gerichte wie *tas kebab* (Kalbfleisch mit Gewürzen und Joghurt) oder *beyendi*-Hähnchen mit einem sahnigen Auberginenpüree.

Apostolis I & II MEERESFRÜCHTE €€
(Akti Enoseos; Fisch pro Kilo ab 40 €) Die für ihre Fischgerichte und kretische Spezialitäten bekannten Lokale in zwei Häusern liegen im ruhigen Osthafen. Im Apostolis II kocht der Chef; es ist etwas beliebter, doch in der Dependance gilt dieselbe Speisekarte zu geringfügig günstigeren Preisen. Eine Meeresfrüchteplatte für zwei kostet mit Salat 30 €.

Megeireion Peina Leon GRIECHISCH €
(Venizelou 86; *mezedhes* 3–7 €; ⏲10–1 Uhr) Das freundliche Lokal in Chalepa hat ein tolles Ambiente: große Glastüren und ein originaler Steinplattenfußboden. Die solide Hausmannskost schmeckt noch besser mit einem Bio-Bier aus Kreta.

Ela KRETISCH €
(Kondylaki 47; Hauptgerichte 8–16 €; ⏲12–1 Uhr) Das Haus aus dem 14. Jahrhundert hat einiges erlebt. Es war Seifenfabrik, Schule, Schnapsbrennerei und Käsefabrik, jetzt werden kretische Spezialitäten serviert wie Zicklein mit Artischocken; Musiker sorgen für die richtige Stimmung. Das Schild draußen gibt damit an, das Ela stünde in jedem Reiseführer – tatsächlich nicht unverdient.

Oasis FASTFOOD €
(Vouloudakidon 2; *souvlaki* 2 €; ⏲Mo–Sa während der Geschäftszeit) Hier gibt's super *souvlakia*.

Agora MARKT €
(⏲Mo, Mi & Sa 8.30–14, Di, Do & Fr 8.30–13.30 & 18–21 Uhr) In der berühmten Markthalle Chanias gibt es alles für ein perfektes Picknick.

Doloma GRIECHISCH €
(Kalergon 8; *mayirefta* 4,50–7 €; ⏲Mo–Sa) Das einfache Lokal hinter dem Hafen serviert frisch zubereitete *mayirefta*.

Ausgehen & Unterhaltung

Synagogi BAR
(Skoufou 15) Die Steinbögen des dachlosen venezianischen Hauses (ehemalige Synagoge) sind ein beliebter Treffpunkt, um sich zu entspannen.

Fagotto LIVEMUSIK
(Angelou 16; ⌚Juli–Mai 19–2 Uhr) Diese Bar ist eine Institution in Chania: Smoothjazz, Softrock und Blues unter Sammlerstücken aus der Jazzszene, sogar ein Saxophon wurde als Zapfhahn wiederbelebt; vor 22 Uhr ist aber nicht viel los.

Ta Duo Lux BAR
(Sarpidona 8; ⌚ab 10 Uhr) Ein Stück weiter im Hafen ist diese Café-Bar ein absoluter Favorit bei den faltenfreien Alternativen und ist sowohl am Tag wie nachts beliebt. Beliebte Treffpunkte sind auch die nahen **Bororo** und **Hippopotamos.**

Shoppen

Exantas Art Space SOUVENIRS
(Zambeliou & Moschon; ⌚10–14 & 18–23 Uhr) Der noble Laden hat großartige, alte Fotos, Lithographien und Drucke, handgearbeitete Geschenke, kretische Musik und eine gute Auswahl an Reise- und Kunstbüchern, aber auch an Bildbänden im Angebot.

Giorgos Paterakis SCHUHE
(Episkopou Nikiforou 13) Der winzige Betrieb im Splantzia stellt als letzter in Chania die originalen kretischen Lederstiefel her. Die Männer tragen solche kniehohen Stiefel zu Hochzeiten, traditionellen Tänzen und anderen Festen, auch Schafhirten schätzen das stabile, wasserdichte Schuhwerk.

Miden Agan ESSEN & TRINKEN
(www.midenaganshop.gr; Daskalogianni 70) Neben einzigartigem „Hauswein" und Schnäpsen verkauft dieses Schlaraffenland 800 griechische Weinsorten und lokale Köstlichkeiten wie Olivenöl, Honig oder Marmeladen (unbedingt den weißen Kürbis probieren).

Mediterraneo BÜCHER
(Akti Koundourioti 57) Dieser Buchladen an der Uferstraße führt neben internationalen Zeitschriften auch ein breites Sortiment englischer Romane und Bücher über Kreta.

Praktische Informationen

An vielen öffentlichen Plätzen und in den meisten Hotels, Restaurants, Cafés und Bars ist kostenloses WLAN eingerichtet. Die meisten Banken liegen in der Neustadt um die Plateia Markopoulou; auf der Chalidon in der Altstadt stehen ebenfalls einige Geldautomaten. Wer sich vorab informieren möchte, kann dies unter www.chania.gr oder www.chania-guide.gr tun.

Krankenhaus (☎28210 22000; Mournies) Etwa 5 km südlich der Stadt.

Post (Peridou 10; ⌚Mo–Fr 7.30–20, Sa 7.30–14 Uhr)

Städtische Touristeninformation (☎28210 36155; tourism@chania.gr; Kydonias 29; ⌚8–14.30 Uhr) Am Rathaus; ein weiterer Infoschalter hinter der Moschee im venezianischen Hafen ist üblicherweise zwischen 12 und 14 Uhr besetzt.

Touristenpolizei (☎28210 73333; Kydonias 29; ⌚8–14.30 Uhr) Am Rathaus.

Triple W Internet (Ecke Valadinon & Chalidon; pro Std. 2 €; ⌚24 Std.)

An- & Weiterreise

Bus

Der Busbahnhof ist auf der Kydonias, zwei Häuserblocks südwestlich der Plateia 1866. Vom venezianischen Hafen aus ist es ein kurzer Fußweg die Chalidon in nördlicher Richtung entlang. Am Busbahnhof ist Gepäckaufbewahrung möglich (pro Tag und Gepäckstück 1,50 €). Die Fahrplantabelle gilt für die Hauptsaison; genaue Details unter www.bus-service-crete-ktel.com.

BUSSE VON CHANIA

REISEZIEL	DAUER	PREIS	HÄUFIGKEIT
Chora Sfakion	1 Std. 40 Min.	7,60 €	3-mal tgl.
Elafonisi	2½ Std.	11 €	1-mal tgl.
Falasarna	1½ Std.	7,60 €	3-mal tgl.
Iraklion	2¾ Std.	13,80 €	halbstündl.
Kissamos-Kastelli	1 Std.	4,70 €	13-mal tgl.
Omalos (zur Samaria-Schlucht)	1 Std.	6,90 €	3-mal tgl.
Paleochora	1 Std. 50 Min.	7,60 €	4-mal tgl.
Rethymnon	1 Std.	6,20 €	halbstündl.
Sougia	1 Std. 50 Min.	7,10 €	2-mal tgl.
Stavros	30 Min.	2,10 €	3-mal tgl.

Flugzeug

Chanias Flughafen liegt 14 km östlich auf der Halbinsel Akrotiri.

Schiff/Fähre

Chanias Haupthafen ist Souda, 7 km südöstlich der Stadt; dort ist auch eine Nato-Basis. Zur Zeit der Recherche verkehrte nur eine Fähre nach Piräus. Nach Chania fahren Busse (1,65 €) und Taxis (9 €).

Unterwegs vor Ort

Vom/zum Flughafen

Vom Busbahnhof Chania fahren mindestens drei Busse täglich zum Flughafen (2,30 €, 20 Min.); Fahrplan vor Ort checken. Die Kosten für eine

Taxifahrt zum Flughafen belaufen sich auf 20 € (plus 2 € pro Gepäckstück).

Auto

Große Teile der Altstadt sind Fußgängerzone. Die beste Parkmöglichkeit ist der kostenlose Parkplatz an der Festung Firkas (beim Hinweisschild zum Supermarktparkplatz auf der Pireos von der Skalidi abbiegen und der Straße bis zum Meer folgen).

Autos vermieten unter anderem:

Europrent (☎28210 27810; Chalidon 87)

Tellus Travel (☎28210 91500; www.tellustravel.gr; Chalidon 108)

Bus

Die Busse zu den Stränden im Westen fahren auf der Plateia 1866 ab. Andere Buslinien, beispielsweise nach Chalepa, halten auf der Plateia Markopoulou. Die Tickets (1,10 €) bekommt man im Münzautomaten an der Haltestelle.

Rund um Chania

HALBINSEL AKROTIRI ΧΕΡΣΟΝΗΣΟΣ ΑΚΡΩΤΗΡΙ

Die Halbinsel Akrotiri im Nordosten von Chania ist eine felsige, dürre, von Sträuchern bedeckte Hügellandschaft. Es gibt ein paar Feriensiedlungen an der Küste und einen riesigen Nato-Stützpunkt in der Souda-Bucht. Akrotiri wird von Bussen angefahren, ist aber schwieriges Terrain für Autofahrer, denn es gibt kaum Hinweisschilder. An der Nordspitze von Akrotiri liegt der **Sandstrand von Stavros,** der Schauplatz der berühmten Tanzszene im Film Alexis Sorbas – natürlich kann man hier auch ins Wasser hüpfen. Montag bis Freitag fahren täglich fünf und sonntags drei Busse zum Strand von Stavros (2,10 €, 30 Min.).

NACH SÜDEN ZUR SAMARIA-SCHLUCHT

Etwa 14 km südlich von Chania führt eine landschaftlich schöne Straße über Perivolia nach **Theriso,** das eng mit Eleftherios Venizelos und dem revolutionären Aufstand Ende des 19. Jahrhunderts verknüpft ist. Die spektakuläre Strecke folgt einem Fluss durch eine grüne Oase und führt dann durch die 6 km lange Theriso-Schlucht. Das Dorf zu Füßen des Lefka-Ori-Gebirges war der Schauplatz historischer Aufstände gegen die Türken. Heute ist Theriso eher bekannt für seine schönen Tavernen, die sich an Sonntagen mit Marathon-Mittagessen überbieten. Zwei davon gehören aufs Siegertreppchen: **O Leventis** mit einem wundervollen Innenhof im Schatten mächtiger Platanen bereitet einen köstlichen *kreatotourta* (Fleischpastete) zu, während das **O Antartis** außerdem ganz hervorragende *mezedhes* und kretische Hauptgerichte anbietet.

Von Theriso aus geht's weiter durch Orangenhaine nach Fournes; dort links Richtung Meskla abbiegen. Die Hauptstraße führt nach **Lakki,** ein unverfälschtes Bergdorf mit überwältigenden Ausblicken. Lakki war eines der Widerstandszentren sowohl gegen die Türken als auch später gegen die Deutschen. Von Lakki geht's weiter nach **Omalos** und **Xyloskalo,** zum Anfang der Samaria-Schlucht.

Viele Wanderer übernachten in Omalos, um am nächsten Morgen früh aufbrechen zu können. **Hotel Exari** (☎28210 67180; www.exari.gr; EZ/DZ 25/35 €) hat 24 gut ausgestattete Zimmer mit TV, Badewanne und Balkon. Yiorgos, der Besitzer, fährt seine Gäste zum Anfang des Wanderweges. **Hotel Neos Omalos** (☎28210 67590; www.neos-omalos.gr; EZ/DZ 20/30 €; P ᯤ) hat 26 moderne, hübsch eingerichtete Zimmer; Balkone mit Blick auf die Berge. Die Besitzer kennen die Wanderwege der Gegend und andere Outdoor-Aktivitäten; auch sie fahren zum Beginn der Samaria-Schlucht.

Die EOS betreibt die **Kallergi-Hütte** (☎28210 33199; B und Gemeinschaftsbad Mitglieder/Nicht-Mitglieder 10/15 €), für Übernachtung ohne Komfort zwischen Omalos und der Samaria-Schlucht.

Samaria-Schlucht Φαράγγι της Σαμαριάς

Trotz der zahlreichen Mitwanderer (an Sommertagen haben etwa 1000 Wanderer dieselbe Idee) ist der Weg durch die **Samaria-Schlucht** (☎28210 67179; Eintritt 5 €; ⌚Mai–Mitte Okt. 6–15 Uhr) eine einzigartige Erfahrung. Vor der Wanderung sollte man den Wetterbericht hören, um Enttäuschungen zu vermeiden: Die Parkverwaltung schließt die Schlucht an besonders heißen Tagen.

Samaria ist mit 16 km angeblich die längste Schlucht in Europa. Sie beginnt unterhalb der Omalos-Hochebene und wurde von dem Fluss ins Gestein geschnitten, der zwischen den Gipfeln des Avlimanakou (1858 m) und Volakias (2115 m) fließt. Die Samaria-Schlucht ist an den Engstellen nur 3 m breit und weitet sich bis auf 150 m, einige Klippen ragen vertikal bis 500 m hoch auf. Zwischen April und Mai blühen zahllose Wildblumen.

Die Samaria-Schlucht ist einer der Rückzugsorte für die gefährdete Wildziege Kretas, die *kri-kri.* Um sie vor dem Aussterben zu schützen, wurde die Schlucht 1962 zum Nationalpark erklärt.

Schluchtwanderung

Der sicherste Weg, den Massen zu entgehen, ist ein früher Aufbruch (vor 8 Uhr), obwohl im Juli und August schon der erste Bus von Chania voll besetzt sein kann. Sicherer ist die Übernachtung in Omalos und eine (Mit-)Fahrgelegenheit, um so früh wie möglich in den Startlöchern zu stehen. Da in der Schlucht Campen nicht erlaubt ist, muss der Weg durch die Schlucht (4½ bis 6 Std.) spätestens um 15 Uhr geschafft sein. Gute Wanderschuhe sind ein Muss; man sollte sich mit Sonnencreme und Sonnenbrille vor der Sonne schützen und genügend Wasser mitnehmen (auf der Strecke gibt es mehrere Quellen mit gutem Wasser, um die Wasserflasche zu füllen; aus dem Bach zu trinken, ist dagegen nicht ratsam). Steinschlag ist fast überall möglich; es gab Verletzungen und 2006 starben bei einem Unglück sogar zwei Wanderer.

Die Strecke beginnt mit dem **Xyloskalo,** einem steilen Steinpfad als Eingang zur Schlucht, und endet bei Agia Roumeli an der Südküste. Wer zügig wandert, schafft die Strecke in etwa vier, langsame Geher in sechs Stunden. Im Frühling ist der Weg gelegentlich von einem Bach überspült, im Sommer verwandeln sich die Felsen im trockenen Bachlauf in Trittsteine.

Auf den ersten 6 km bis zum Geisterdorf **Samaria** ist die Schlucht noch recht breit; die Bewohner mussten ihr Dorf verlassen, als die Schlucht zum Nationalpark erklärt wurde. Südlich des Dorfes steht die Kirche **Hl. Maria von Ägypten,** nach der die Schlucht benannt ist. Am 1. Mai jedes Jahres feiern die Einheimischen den *panigyri* (Namenstag) Mariens.

Danach wird die Schlucht immer schmaler, bis sie sich nach 11 km auf gerade einmal 3,50 m verengt – das berühmte **Eiserne Tor** (Sidiroportes). Ein 20 m langer, wackeliger hölzerner Steg führt am Wasser entlang auf die andere Seite.

Nach 12,5 km endet die Schlucht im Norden des fast ausgestorbenen Dorfes Alt Agia Roumeli. Die letzten 2 km von hier bis nach **Agia Roumeli** sind nicht mehr so spannend, obwohl sich die meisten Wanderer darauf freuen, in dem verschlafenen Dorf Füße und Körper im Meer abzukühlen.

In Agia Roumeli gibt es Unterkünfte und Restaurants. Die **Artemis Studios** (☎28250 91225; www.agiaroumeli.com; EZ/DZ/3BZ 45/55/70 €; ❄) bieten ein Dutzend Studios für Selbstversorger an; es liegt angenehm entfernt vom Eingang zur Schlucht, etwa 50 m vom Strand entfernt.

ℹ An- & Weiterreise

Die Ausflüge zur Samaria-Schlucht stehen bei unzähligen Reiseveranstaltern und Hotelanlagen überall in Kreta im Programm. Es ist allerdings völlig problemlos möglich, mit dem Bus von Chania über Omalos zum Schluchteingang zu fahren, bis Agia Roumeli zu wandern und mit einem Boot bis Sougia zu fahren; von dort geht's zurück nach Chania. Fähren fahren auch andere Küstenorte im Süden an, wie Chora Sfakion, Loutro und Paleochora, für alle, die einen oder zwei Tage bleiben möchte.

Chora Sfakion
Χώρα Σφακίων

302 EW.

Je zahlreicher die Kugeleinschläge in den Ortsschildern, desto näher ist Chora Sfakion. Der Ort spielte eine wichtige Rolle in der Geschichte Kretas, da seine rebellischen Bewohner immer wieder gegen fremde Besatzer kämpften. Heute ist dieser exzentrische, verschlafene Fischerhafen Zwischenstation für Wanderer, die über Agia Roumeli durch die Samaria-Schlucht kommen und zurück nach Chania wollen – und lebt gut davon. Während die meisten nur auf den nächsten Bus warten, bleiben andere ein paar Tage. Mit Boot oder Auto ist es nicht weit zu Stränden, wie dem einsamen **Süßwasser-** und **Ilingas-Strand** im Westen. Außerdem ist Chora Sfakion ein praktisches Sprungbrett zu den Ferienorten im Westen und als Fährhafen zur Insel Gavdos.

Unter der Herrschaft der Venezianer und Türken war Chora Sfakion ein wichtiger Hafen, aber auch ein Zentrum des kretischen Kampfes um Unabhängigkeit. Im 19. Jahrhundert reagierten die Türken mit massiven Vergeltungsmaßnahmen auf die

Aufstände, was die Stadt ins ökonomische Abseits beförderte. Erst der Tourismus beendete diesen Dornröschenschlaf. Im Zweiten Weltkrieg schifften Tausende alliierter Soldaten nach der Schlacht um Kreta in Chora Sfakion ein und verließen die Insel. Ein Denkmal auf dem Felsen östlich des Ortes erinnert an die evakuierten britischen, australischen und neuseeländischen Soldaten.

Schlafen & Essen

In der langen Reihe der Tavernen am Meer hat das **Delfini** den besten frischen Fisch (40–55 € pro Kilo) auf der Karte, während **Lefka Ori** am Westende des Hafens ausgezeichnetes Ziegen-*stifadho* mit Wildgemüse auf den Tisch bringt. Auf jeden Fall probieren: *sfakiani pita* (Sfakia-Pita) probieren – ein dünnes, kreisrundes Fladenbrot mit süßem *myzithra*-Käse, beträufelt mit Honig.

LP TIPP **Xenia Hotel** HOTEL €

(☎28250 91490; www.sfakia-xenia-hotel.gr; DZ 33–38 €; ❄📶) Diese renovierte Unterkunft im Westen der Uferstraße ist ihr Geld allemal wert, warum also lange suchen? Sie verfügt über 21 Zimmer mit Satelliten-TV und Kühlschrank. Über eine Treppe gelangen Sonnenhungrige zu einer Terrasse (Kieselsteine). Wer schwimmen möchte, klettert auf einer Leiter über die Felsen bis zum Meer.

Rooms Stavris PENSION €

(☎28250 91220; www.hotel-stavris-chora-sfakion.com; EZ/DZ/3BZ 29/34/39 €; ❄) Über eine Treppe im Westen des Hafens ist die Pension der Familie Perrakis mit sauberen, einfachen Zimmern (einige mit Kochgelegenheit) zu erreichen.

Praktische Informationen

In Chora Sfakion gibt es einen Geldautomaten. Die Post befindet sich auf dem Platz, gegenüber der Polizeiwache.

An- & Weiterreise

Bus

Die Busse fahren am Platz auf dem Hügel am nordöstlichen Ortsrand ab. Vier Busse täglich fahren nach Chania (7,60 €, 2 Std.); die Nachmittagsbusse um 17.30 und 19 Uhr warten auf die Fähren von Agia Roumeli. Im Sommer verkehren drei Busse täglich über Vryses nach Rethymnon (7 €, 1 Std.) und zwei Busse täglich nach Frangokastello (2 €, 25 Min.).

Schiff/Fähre

Die Fähre legt am Kai am Westende des Hafens ab. Chora Sfakion ist der Endhafen für die Fähren von und nach Paleochora an der Südküste; hier legen auch Boote zur Insel Gavdos ab. Die Fährtickets werden in den Kiosken am Parkplatz verkauft. Von Juni bis August fährt eine Fähre täglich von Chora Sfakion über Loutro, Agia Roumeli und Sougia nach Paleochora (16 €, 3 Std.). Sie legt in Chora Sfakion um 13 Uhr ab und hält zwei Stunden in Agia Roumeli, um die Schluchtwanderer einzusammeln, die in westliche Richtung wollen. Zusätzlich fahren vier Extraboote von Chora Sfakion über Loutro (5 €, 15 Min.) nach Agia Roumeli (12 €, 1 Std.). Ab Juni verkehren Freitag, Samstag und Sonntag Boote zur Insel Gavdos (15 €, 1½ Std.).

Rund um Chora Sfakion

Zwischen Agia Roumeli und Chora Sfakion liegt das kleine Fischerdorf **Loutro,** das nur zu Fuß oder mit dem Boot erreichbar ist. Die weißen und blauen Häuser, die sich an einem schmalen Strand zusammendrängen, leuchten in der Sonne. Loutro ist der einzige Naturhafen an der Südküste Kretas, was den Ort in längst vergangenen Jahrhunderten strategisch wichtig machte. Das Dorf ohne Autos oder Motorräder strahlt Ruhe und Frieden aus.

Übernachtungen sind im **Blue House** (☎28250 91035; www.bluehouse.loutro.gr; DZ 40–50 €; ❄) mit geräumigen, gut ausgestatteten Zimmern mit Veranden zum Meer möglich. Die Taverne im Untergeschoss serviert ausgezeichnete *mayirefta* (5–7 €), darunter auch Spinat mit Knoblauch und ein leckeres *boureki*.

Frangokastello Φραγγοκαστέλλο

154 EW.

Direkt unterhalb einer majestätischen Festung aus dem 14. Jahrhundert liegt der mindestens genauso eindrucksvolle Strand von **Frangokastello,** einer der schönsten der Insel. Die Venezianer erbauten die 15 km östlich von Chora Sfakion gelegene Festung als Schutz gegen Piraten und die rebellischen Sfakioten, die sich nie mit den Besatzern abfanden. Auf jene Zeit geht eine gruselige Geschichte zurück: Während des Unabhängigkeitskrieges töteten die Türken am 17. Mai 1828 zahlreiche Widerstandskämpfer. Nach der Legende kehren ihre Geister – die *drosoulites*

– zu jedem Jahrestag der Schlacht zurück und marschieren über den Strand.

Der breite, weiße Sandstrand unterhalb der Festung senkt sich sanft in das flache, warme Wasser ab und ist daher bestens für Kinder geeignet. Der Ort wurde nur wenig „entwickelt" – die meisten Unterkünfte liegen etwas zurückgesetzt –, sodass die natürliche Schönheit des Strandes fast unberührt blieb. Im Sommer finden gelegentlich Konzerte und Volkstanzvorführungen statt.

An der Hauptstraße reihen sich ein paar Pensionen auf. Ein wahrer Leckerbissen ist das **Mylos** (☎28250 92162; www.milos-sfakia.com; Studio & Apt. 40–60 €; ❄) in einer jahrhundertealten Windmühle mit einer hübschen Lage am Strand, die in ein Apartmenthaus umgewandelt wurde. Dazu gehören auch vier Steinhäuschen unter den Tamariskenbäumen und einige moderne, gut ausgestattete Studios ganz in der Nähe. Die angeschlossene Taverne serviert leckere lokale Gerichte, doch die erste Wahl für das Abendessen ist das **Oasis,** das gut gemachte kretische Gerichte (6–8 €) anbietet; der Besitzer vermietet auch ein paar Zimmer.

Von Chora Sfakion halten zwei Busse täglich auf der Fahrt nach Chora Sfakion in Frangokastello. Ein Bus täglich fährt nach Chania (8,40 €, 2½ Std.).

Anopoli & das innere Sfakia Ανόπολη & Μέσα Σφακιά

Von Chora Sfakion zieht sich eine gewundene Asphaltstraße in nördlicher Richtung bis zum 14 km entfernten historischen Anopoli. Das winzige, kaum besiedelte Anopoli im kargen felsigen Sfakia steht heute im Schatten seiner historischen Bedeutung: In der einst reichen, mächtigen Stadt wurde der revolutionäre Widerstandskämpfer Ioannis Daskalogiannis geboren. Der verwegene Charakter war bekannt für seine Tapferkeit und sozusagen auf Du und Du mit den russischen Zaren. Er organisierte im Jahr 1770 den ersten kretischen Widerstand gegen die Türken. Leider hielten die Russen ihr Versprechen nicht, die Verstärkung blieb aus, und Daskalogiannis stellte sich, um seine Mitstreiter zu schützen. Dafür zogen ihm die Türken in Iraklion bei lebendigem Leib die Haut ab.

Eine unübersehbare weiße Statue auf dem Platz von Anopoli erinnert an diesen Helden des Ortes. Hier steht auch das rundum empfehlenswerte **Platanos** (Hauptgerichte 4–9 €), das herzhafte Kost anbietet, wie das allseits gerühmte gebratene Lamm. Die Besitzerin Eva Kopasis spricht Englisch; sie vermietet ganzjährig einfache Zimmer (EZ/DZ 25/30 €; ❄); außerdem kennt sie gute Wanderwege und die besten Strände.

Das so gut wie verlassene Steindorf **Aradena,** etwa 2 km westlich von Anopoli gelegen, ist für die **Vardinogiannis-Brücke** über die Aradena-Schlucht berühmt. Der Blick in die Tiefe, während die Reifen das abgesplitterte Holz und die rostigen Streben der Brücke zum Schwingen bringen, ist allerdings nur etwas für Schwindelfreie. An den Wochenenden wird genau das zum Kick für junge Leute: mit 138 m erlaubt die Brücke den höchsten **Bungee-Sprung** (☎69376 15191; www.bungy.gr) in Griechenland.

Das Personal in der Snackbar neben der Brücke kennt den Weg zur abgelegenen Kirche **Agios Ioannis.** Die weiß gekalkte, frühbyzantinische Kirche steht etwa 1 km weit entfernt; leider ist sie nur selten geöffnet. Von der Kirche aus führt ein Wanderweg zum Meer, dessen westliche Gabelung bis Agia Roumeli (vorbei an der byzantinischen Kirche Agios Pavlos, überwältigende Ausblicke), die östlich zum herrlichen **Marmara-Strand** führt.

Eine andere Wanderung zum Meer führt durch die **Aradena-Schlucht.** Ein Wegweiser an der Straße vor der Brücke nach Aradena (von Anopoli kommend), weist auf den Wanderweg hin. Man kann aber auch in Anopoli starten und die 3 km bis zum Beginn der Strecke laufen. Die 3,5 km lange, mittelschwere Tour endet am Marmara-Strand. Von hier geht's entweder zurück nach Anopoli oder den kurzen Weg bis zum nahen Hafen **Loutro;** von dort die Fähre Chora Sfakion–Paleochora nehmen.

Einmal täglich kommt der Bus von Chania, der Chora Sfakion mit Anopoli (3,30 €, 30 Min.) verbindet. Die Kosten für ein Taxi belaufen sich auf 20 € für die einfache Fahrt.

Für Ausflüge ins Innere von Sfakia bietet sich die Hauptstraße an, die von Chora Sfakion in nördlicher Richtung nach Vryses führt. Die atemberaubende Tour passiert das östliche Lefka-Ori-Gebirge, wo die faszinierende 8 km lange **Imbros-Schlucht** (Eintritt 2 €; ⌚ganzjährig) parallel westlich der Straße verläuft. Der Zugang zu dieser selten besuchten Schlucht ist vom Dorf **Imbros** möglich; die Wanderung endet im Dorf **Komitades.** Von hier sind es 5 km Fußweg zurück nach Chora Sfakion, ein Taxi kostet 20 €.

Alle Busse zwischen Chania und Chora Sfakion halten in Imbros.

Sougia Σούγια

97 EW.

Sougia liegt 67 km südlich von Chania an der Fährroute zwischen Chora Sfakion und Paleochora. Das winzige, entspannte Dorf hat einen geschwungenen Sand-Kieselstein-Strand und ist erfreulich unverdorben geblieben. Immerhin gibt es einige Zimmervermieter, Tavernen, coole Strandbars und zwei Open-air-Strandclubs. Camper und Nudisten treffen sich am Ostrand des Strandes. Die Nähe zur Samaria- und Agia-Irini-Schlucht macht es zur guten Basis für Wanderungen.

Schlafen

Captain George PENSION €

(☎28230 51133; g-gentek@otenet.gr; EZ/DZ/Studio 37/41/48 €; ❄) Captain George, der Eigentümer dieser Unterkunft, hat ein Taxiboot und bringt damit in seiner freien Zeit Gäste zu nahen Stränden. Die attraktiven Zimmer sind ihren Preis wert, die Studios mit einem angenehmen Garten haben Kühlschränke. In der Hochsaison muss für mindestens sechs Nächte gebucht werden.

Santa Irene Hotel HOTEL €

(☎28230 51342; www.santa-irene.gr; DZ/Apt. 55/70 €; ❄@) Das schicke Strandhotel hat luftige Zimmer mit Marmorfußböden, TV und Kochgelegenheiten; zwei größere Familienzimmer.

Aretousa PENSION €

(☎28230 51178; EZ/DZ/Studio 35/40/42 €; ❄👪) Die hübsche Pension an der Straße nach Chania und 200 m vom Meer entfernt bietet bequeme, gut ausgestattete Zimmer und Studios; die meisten verfügen über eine Kochgelegenheit. Es gibt außerdem auf dem Gelände einen angenehmen Garten und nach hinten heraus einen Spielplatz für Kinder.

Essen

Polyfimos GRIECHISCH €

(Hauptgerichte 5–8 €; ⌚Abendessen) Das Lokal liegt hinter der Polizeiwache etwas versteckt an der Straße nach Chania. Der Ex-Hippie Yianni produziert sein eigenes Öl, Wein und *raki*. Sogar die *dolmadhes* (mit Reis, selten mit Fleisch gefüllte Weinblätter) rollt er aus den eigenen Weinblättern, die über dem schattigen Hof wachsen; außerdem viele leckere fleischlose Gerichte.

Taverna Rembetiko KRETISCH €

(*mezedhes* 2–5 €) Die beliebte Taverne bringt ausgezeichnete kretische *mezedhes* auf den Tisch, so die fabelhaften *boureki*, gefüllte Zucchiniblüten; regelmäßig griechische Musik.

Praktische Informationen

Neben der Taverna Galini steht ein Geldautomat. Für die Vorausplanung lohnt sich www.sougia.info. Im **Internet Lotos** (pro Std. 3 €; ⌚ab 7 Uhr) kann man online gehen.

An- & Weiterreise

Die Busse halten vor dem Santa Irene Hotel. Zwischen Chania und Sougia (7,10 €, 2 Std.) verkehren zwei Busse täglich. Am Morgen fahren Boote nach Agia Roumeli (6,30 €, 45 Min.), Loutro (12 €, 1½ Std.) und Chora Sfakion (13 €, 1¾ Std.) ab. Am Nachmittag fährt in Boot in westlicher Richtung nach Paleochora (8,50 €, 50 Min.).

Paleochora Παλαιόχωρα

2205 EW.

Obwohl die große Zeit der Hippies in Paleochora längst Vergangenheit ist, weht noch immer der Geist von 1972 durch die Gassen. Trotz einiger mittelgroßer Hotels für Pauschaltouristen ist Paleochora voller Farben, sehr entspannt und reizvoll. Der unregelmäßig geformte Ort liegt auf einer schmalen Halbinsel mit einem langen, gebogenen, aber windigen Sandstrand (Pahia Ammos), auf dem Tamarisken für Schatten sorgen. Der Kiesstrand auf der Gegenseite der Halbinsel (Chalikia) liegt windgeschützt. Das flache Wasser und die Ruhe machen Paleochora ideal für Familien mit kleinen Kindern. Die schmalen Altstadtgassen um die Burg sind besonders pittoresk.

Wenn die Hauptstraßen und zum Kiesstrand im Sommer abends gesperrt werden, kommt mehr Leben in den Ort. Die Tavernen breiten sich auf die Straße aus,

AN DER KÜSTE ENTLANG – VON PALEOCHORA NACH SOUGIA

Vom Ortszentrum von Paleochora den Hinweisschildern zum Campingplatz im Nordosten folgen. Wo dieser Weg die Straße nach Anydri kreuzt, nach rechts wenden; schon bald ist der Küstenweg erreicht, der als „E4 European Footpath" bezeichnet ist. Nach einigen Kilometern steigt der Weg steil an und eröffnet herrliche Blicke zurück auf Paleochora. Er passiert den **Anydri-Strand** und andere einladende Buchten, wo man sich hüllenlos bräunen kann. Nach einem erfrischenden Sprung ins Meer wendet sich der Weg ins Inland über das **Kap Flomes** und eine mit Sträuchern bestandene Hochebene zurück zur Küste, wo sich tolle Blicke auf das Mittelmeer ergeben. Hinter der minoischen Stätte von **Lissos** führt der Weg durch einen Kiefernwald, bis er im Hafen von Sougia endet. Die 14,5 km lange Strecke (etwa sechs Stunden) ist fast schattenlos; also mehrere Liter Wasser und einen guten Sonnenschutz mitnehmen. Von Juni bis August besser schon bei Sonnenaufgang losgehen, um die heißeste Tageszeit zu vermeiden.

und gelegentlich finden Kulturveranstaltungen oder Konzerte mit kretischen und ausländischen Musikern statt. Im Frühling und Herbst gehört Paleochora vor allem den Wanderern.

Sehenswertes

GRATIS **Venezianische Burg** BURG

Von den Ruinen der venezianischen Burg aus dem 13. Jahrhundert bietet sich ein atemberaubender Blick über Meer und Gebirge. Die Burg auf dem Hügel sollte die Südwestküste überwachen. Da die Venezianer, Türken, der Pirat Barbarossa (16. Jahrhundert) und die Deutschen im Zweiten Weltkrieg die Burg belagert und zerstört haben, blieben nicht viele Mauern erhalten.

Schlafen

Die meisten Unterkünfte schließen während der Nebensaison.

Homestay Anonymous PENSION €

(☎28230 42098; www.anonymoushomestay.com; EZ/DZ/3BZ 23/28/32 €) Die einfache Pension hat saubere, geschmackvoll möblierte, wenn auch etwas beengte Zimmer mit Bad und einer Gemeinschaftsküche im Innenhofgarten. Der freundliche Besitzer Manolis sorgt für entspannte Atmosphäre und weiß alles, was es über die Gegend zu wissen gibt – eine rundum gute Budgetunterkunft.

Villa Anna PENSION €€

(☎2810 346428; anna@her.forthnet.gr; Apt. 42–80 €; ❄👪) Die Pension befindet sich in einem hübschen, schattigen Garten, umgeben von hohen Pappeln. In den gut ausgestatteten und sehr familienfreundlichen Apartments finden bis zu fünf Personen Platz. Es gibt Liegen, Schaukeln und einen Sandkasten im Garten; das Grundstück ist gesichert.

Oriental Bay Rooms PENSION €

(☎28230 41076; www.orientalbay.gr; EZ/DZ/3BZ 30/35/40 €; ❄📶) Die makellosen Zimmer in dem großen, modernen Gebäude am Ende des Kiesstrandes sind bestens gepflegt und sind mit Kühlschränken und Wasserkessel ausgestattet. Die Balkone bieten Blick aufs Meer oder das Gebirge.

Aris Hotel HOTEL €

(☎28230 41502; www.aris-hotel.gr; EZ/DZ inkl. Frühstück 40/50 €) Das freundliche Hotel am Ende der Straße rund um die Landzunge ist sein Geld wert; schöne Blicke auf den Garten und das Meer.

Essen

LP TIPP **Kyma** MEERESFRÜCHTE €€

(Fisch pro Kilo 40–55 €) In dem traditionellen Lokal wird das Essen auf einer Terrasse mit Blick auf den Kiesstrand serviert. Das Kyma wird von einem Fischer betrieben und bietet daher stets frischen Fisch an. Obwohl sich das Menü nach dem Fang richtet, stehen die ausgezeichneten Rotbarbe, Roter Schnapper und Skorpionsfisch fast immer auf der Karte. Wer keine Gräten mag, nimmt eben gegrilltes Fleisch (hervorragend sind die *soutsoukakia* – Fleischbällchen in roter Soße).

Inochoos KRETISCH €

(Hauptgerichte 6–10 €) Diese beliebte Taverne an der Hauptstraße mit Tischen im Freien wird von den gastfreundlichen Brüdern Tsatsaronaki betrieben. Sie bieten eine wunderbare Auswahl kretischer Spezialitäten an. Ein Versuch lohnen die *dakos* (Zwieback mit Tomaten und Käse) mit einer Auswahl kleiner Fische, die der Gast für 10 bis 14 € pro Portion selbst zusammenstellen darf.

Samaria KRETISCH €
(Hauptgerichte 8–10 €) Das traditionelle, einladende Restaurant ist in einem dachlosen, alten Steinhaus untergebracht, die Tische sind sehr stimmungsvoll im Hinterhof arrangiert. Das liebenswürdige Personal serviert Spezialitäten wie *tsigariasto* vom Lamm (gedünstet) und *kokkinisto* (Hähnchen in Weinsauce) aber auch typisch kretisches *myzithropitakia* (Käsetaschen).

Third Eye VEGETARISCH €
(Hauptgerichte 5–8 €) Das Third Eye ist schon als lokale Institution zu bezeichnen; es serviert fleischlose Currygerichte in allen erdenklichen Variationen, außerdem leckere Salate und Pasta neben griechischen und asiatischen Gerichten. Im Sommer spielt einmal pro Woche Livemusik; landeinwärts hinter dem Sandstrand Pahia Ammos.

Karakatsanis Zaharoplasteion DESSERTS €
Über dem Restaurant Inochoos können Naschkatzen in zuckersüßen Kuchen, Schokoladen-Profiterolen und frischen Waffeln mit einem Klacks Eis schwelgen.

Ausgehen & Unterhaltung

Skala Bar BAR
(www.skalabar.gr; 7–5 Uhr; WLAN) Am Tag sind der Klassiker am Hafen und seine Terrasse genau richtig für Kaffee, Waffeln und freies WLAN, in der Nacht drängen sich dort die Party-People dicht an dicht.

La Jettee BAR
(9–2 Uhr) Eine der Lieblingsbars zahlreicher Touristen und bekannt für gute Cocktails. Die Bar ist zwar auch tagsüber geöffnet, richtig los geht's aber erst nachts. La Jettee liegt hinter dem Villa Marise Hotel direkt am Strand und hat einen hübschen Garten.

Nostos NACHTCLUB
(zwischen der Eleftheriou Venizelou & altem Hafen) Der Club hat eine Terrassenbar im Freien und eine kleine Tanzfläche innen, die mit griechischer und westlicher Musik beschallt wird.

Praktische Informationen

Auf der Eleftheriou Venizelou stehen drei Geldautomaten; die Post ist am Nordende des Pahia-Ammos-Strandes.

Notos Internet (Eleftheriou Venizelou 53; pro Std. 2 €; 8–22 Uhr)

Städtische Touristeninformation (28230 41507; Mai–Okt. Mi–Mo 10–13 & 18–21 Uhr) Das Büro befindet sich an der Uferstraße in der Nähe des Hafens.

An- & Weiterreise

Bus

Im Sommer fahren vier bis sechs Busse täglich nach Chania (7,60 €, 2 Std.). Ein früher Bus um 6.15 Uhr fährt nach Omalos (5,50 €, 2 Std.) zur Samaria-Schlucht; er hält auch an der Agia-Irini-Schlucht (4,50 €).

Schiff/Fähre

Die Fähren legen im alten Hafen am Südende des Strandes ab. Im Sommer fährt täglich eine Morgenfähre über Sougia (8,50 €, 50 Min.), Agia Roumeli (12,50 €, 1½ Std.) und Loutro (14 €, 2½ Std.) nach Chora Sfakion (16 €, 3 Std.). Dreimal wöchentlich fährt dieselbe Fähre weiter zur Insel Gavdos (15,50 €, 2½ Std.).

Ab Mitte April besteht auch eine Fährverbindung nach Elafonisi (8 €, 1 Std.) an der Westküste. Die Häufigkeit nimmt von dreimal wöchentlich bis täglich zu (zwischen Mitte Mai und September). Die Fähre legt um 10 Uhr ab und kommt um 16 Uhr zurück.

Unterwegs vor Ort

Notos Rentals (28230 42110; www.notoscar.com; Eleftheriou Venizelou) Vermietet Autos, Motorräder und Fahrräder.

Elafonisi Ελαφονήσι

Die Begeisterung der Menschen für Elafonisi ist leicht zu verstehen. Der lange, breite Strand an der südlichsten Spitze von Kretas Westküste wird durch eine 50 m breite Zone knietiefen Wassers vom Inselchen Elafonisi getrennt. Das klare, flache, türkisgrüne Meer und der feine, weiße Sand erinnern an tropische Paradiese. Am Strand finden sich ein paar Snackbars sowie Schirm- und Liegenvermieter. Auf dem Inselchen warten niedrige Dünen und eine Reihe fast abgeschlossener Buchten, die von Nudisten sehr geschätzt werden. In den Sommermonaten wird diese Idylle allerdings durch Busladungen von Tagestouristen gestört, die auch ein Stück vom Paradies suchen.

Schlafen & Essen

Rooms Elafonisi PENSION €
(☎28250 61274, EZ/DZ 30/40 €; ❄) Die 21 geräumigen Zimmer sind mit Kühlschrank ausgestattet; nach hinten heraus gibt es ein paar hübsch möblierte, größere Zimmer und Apartments mit Küche unter Olivenhainen. Von der Terrasse bieten sich Ausblicke; ein Restaurant ist angeschlossen.

Rooms Panorama PENSION €
(☎28220 61548; EZ/ Studio 25/30 €) Die Pension gehört zu einer Taverne in herrlicher Lage auf einer Klippe mit Blick aufs Meer. Die Zimmer sind mit Kochgelegenheit und Kühlschrank ausgestattet, viele sind allerdings monatelang an Wanderarbeiter vermietet.

Innahorion KRETISCH €
(Hauptgerichte 3–6 €) Das beste Restaurant der Region, das gute kretische Küche auf einer Terrasse serviert, liegt 2,5 km vor der Küste in Elafonisi.

An- & Weiterreise

Von Paleochora fährt zwischen Mitte Mai und September ein Boot täglich nach Elafonisi (8 €, 1 Std.). Von Chania (11 €, 2½ Std.) und Kissamos-Kastelli (7 €, 1¼ Std.) kommt täglich ein Bus, der am Nachmittag zurückfährt. Weder Boot noch Bus lassen genügend Zeit für einen entspannten Aufenthalt am Strand – ein Auto wäre ideal.

Gavdos Νησί της Γαύδου

55 EW.

Die Mittelmeerinsel Gavdos, 45 km südlich von Chora Sfakion, ist der südlichste Punkt Europas. Die Insel ist überraschend grün, denn fast 65 Prozent der Oberfläche sind mit Krüppelkiefern, Zedern und anderen Pflanzen bedeckt. Auf der Insel gibt es nur drei winzige „Dörfer", verlassen und voller Ruinen, sowie eine Siedlung am Strand, die sich nur im Juli und August mit Leben füllt. Die friedliche Insel mit vereinzelten Fremdenzimmern und Tavernen ist tatsächlich ein glücklicher Ort mit unverfälschten Stränden – einige sind nur mit dem Boot erreichbar. Auf der Insel treffen sich Camper, Nudisten und Freigeister, die unter dem Sternenhimmel an angenehmen Stränden ihren Frieden finden möchten.

Während die Wasserversorgung inzwischen geregelt ist, kann es zu Stromausfällen kommen, denn die Insel ist nur teilweise ans Netz angeschlossen; ansonsten helfen Stromgeneratoren, die nachts manchmal ausgeschaltet werden; Taschenlampe nicht vergessen. Wenn die Fähren bei starken Winden die Fahrt über das offene Meer scheuen, sitzt man auf Gavdos fest.

Sehenswertes & Aktivitäten

Der Hafen Karabe liegt im Osten der Insel und der Hauptort Kastri im Zentrum. Sarakinikos im Nordosten mit einem weiten Sandstrand und mehreren Tavernen sowie einem Amphitheater, in dem gelegentlich Veranstaltungen stattfinden, ist die größte Strandsiedlung. Am überwältigenden Agios-Ioannis-Strand an der Nordspitze halten sich in den Sommermonaten einige Nudisten und Camper auf; ihre Zahl nimmt mit dem Lauf des Sommers zu. Neben Potamos und Pyrgos liegen an der Nordküste mehrere wunderbare Strände, die zu Fuß (etwa 1 Std.) von Kastri aus in nördlicher Richtung über einen Pfad nach Ambelos und darüber hinaus erreichbar sind. Das bekannteste Naturschauspiel der Insel sind die drei mächtigen Felsentore an der Landzunge von Tripiti – die Südspitze Europas. Der Strand ist nur zu Fuß (2,5 km von Vatsiana) oder mit dem Boot erreichbar.

Schlafen & Essen

Sarakiniko Studios STUDIOS €
(☎28230 42182; www.gavdostudios.gr; DZ/3B-Studio inkl. Frühstück 50/70 €) Neben bequemen Studios über dem Strand von Sarakiniko gibt es Häuser für bis zu fünf Personen (80–100 €). Gäste können sich vom Hafen Karabe abholen lassen (anrufen) oder die 20 Minuten zu Fuß gehen.

Taverna Sarakiniko MEERESFRÜCHTE €€
Der Fischer Manolis fängt die Fische, und seine Frau Gerti bereitet sie täglich ganz frisch zu. Empfehlenswert sind vor allem der würzige, gegrillte Oktopus oder der in Zitronensaft und Olivenöl geschmorte Red Snapper.

An- & Weiterreise

Die Fährverbindungen nach Gavdos ändern sich mit der Jahreszeit; die Überfahrt dauert je nach Boot 2½ bis 5 Stunden. Die kürzeste Verbindung ist die Fähre von Chora Sfakion (Freitag, Samstag und Sonntag; 15 €, 2½ Std.). Von Paleochora fahren wöchentlich zwei, im Hochsommer drei

Boote, die aber die Häfen der Südküste und in Chora Sfakion anlaufen (5 Std.).

Nicht alle Fähren nehmen Autos mit; vorher unbedingt nachfragen. Im Hafen von Gavdos oder in Sarakiniko können Fahrräder und Autos gemietet werden.

Kissamos-Kastelli Κίσσαμος-Καστέλλι

3969 EW.

Das ruhige Kissamos-Kastelli ist hauptsächlich als Fährhafen nach Kythira und zum Peloponnes bekannt. Es ist der griechischste unter den Orten an der Nordküste. Vielleicht hat es die Entfernung von Chania davor bewahrt, unter den Extremen des Pauschaltourismus zu leiden. Wer Strandurlaub sucht, ist hier genau richtig: Es gibt einen schönen Sandstrand in der Stadt, dazu die nahen Strände von Falasarna und in der Umgebung von Gramvousa (nur mit dem Boot erreichbar). Mit dem Auto liegt selbst Elafonisi in Reichweite. In der Tat ist ein Auto sehr hilfreich, um die Gegend zu erkunden.

In der Antike war Kissamos die Hauptstadt der gleichnamigen Provinz und der Hafen des mächtigen Stadtstaates Polirinia, 7 km weiter im Landesinneren. Obwohl Teile römischer Siedlungen ausgegraben wurden, liegt der größte Teil der Ruinen unzugänglich unter der heutigen Stadt. Später wurde es nach einer venezianischen Festung in Kastelli umbenannt. Wegen der Verwechslungsgefahr mit dem anderen Kastelli (bei Iraklion) griff die Verwaltung 1966 ein und gab dem Ort seinen alten Namen zurück. Dennoch wird es noch immer Kastelli oder Kissamos-Kastelli genannt. Ein paar Mauern der alten Festung stehen noch.

Sehenswertes

GRATIS Archäologisches Museum von Kissamos MUSEUM

(☎28220 83308; Plateia Tzanakaki; ⌚8.30–13 Uhr) Das Museum ist in einem venezianisch-türkischen Haus am Hauptplatz untergebracht. Die Ausstellung umfasst am Ort ausgegrabene Stücke, wie Statuen, Schmuck, Münzen und einen großen Mosaikfußboden aus einer Villa in Kissamos. Obwohl die meisten Gegenstände aus griechischer und römischer Zeit stammen, sind auch ein paar minoische Stücke ausgestellt.

Schlafen

LP TIPP Stavroula Palace HOTEL €€

(☎28220 23260; www.varouchakis.gr/stavroulapalace; EZ/DZ/3BZ inkl. Frühstück 50/65/80 €; ❄📶) Das angenehme Hotel am Meer mit modernen Zimmern mit Balkon (einige mit Meerblick) ist seinen Preis wert. In wenigen Minuten sind die Stadtmitte, der schönste Strand und die besten Lokale und Bars an der Uferstraße zu Fuß erreichbar. Selbst mit Kleinkindern im Schlepptau kann man am Pool liegen und ein Auge auf sie haben, während sie im Freizeitbereich hinter dem Hotel herumtoben.

Bikakis PENSION €

(☎28220 22105; www.familybikakis.gr; Iroön Polemiston 1941; EZ/DZ/Studio 20/25/30 €; ❄@) Das Spitzenangebot unter den Budgetunterkünften: etwa 250 m landeinwärts vom mitten im Ort, mit sauberen Zimmern und Studios. Die meisten haben Garten, Meerblick und Kochgelegenheit. Giannis, der Besitzer, begrüßt seine Gäste mit ausgesuchter Freundlichkeit.

Essen & Ausgehen

Papadakis MEERESFRÜCHTE €€

(Fisch pro Kilo 4–55 €) Die traditionelle Taverne in der Mitte der Uferstraße bekommt Topnoten für die Fische, die der Besitzer selbst fängt; das Gleiche gilt für die zahlreichen leckeren *mayirefta* und das Grillfleisch. Eins mit Stern für die gebratenen Auberginen und *keftedakia* (Fleischbällchen).

Taverna Petra GRIECHISCH €

(Souvlakia 2,30 €) Die bescheidene Taverne an einer Ecke des Hauptplatzes serviert das beste *souvlaki pitta* der Stadt (dazu viele andere Sorten Grillfleisch) mit dem kräftigen Olivenöl der Region – nahrhafter und billiger als die Restaurants am Meer.

Cafe Bar Babel CAFÉ, BAR €

(⌚9–2 Uhr) Die Café-Bar an der Uferstraße ist nicht nur eine gute Wahl für ein schnelles Frühstück oder einen Snack, sondern füllt sich nachts mit jungen Griechen, die sich durch eine Auswahl an Bier- und Cocktailsorten trinken, mit der kaum eine andere Bar der Stadt mithalten kann.

Praktische Informationen

An der Skalidi, der östlich der Plateia Tzanakaki verlaufenden Haupteinkaufsstraße, stehen mehrere Geldautomaten. Die Post steht an der Hauptstraße in der Nähe der Plateia Venizelou. Die meisten Tavernen und Bars säumen die Uferpromenade.

Online-Informationen finden sich unter www.kissamos.net.

An- & Weiterreise

Bus

Vom Busbahnhof auf der Plateia Tzanakaki fahren täglich 13 Busse nach Chania (4,70 €, 1 Std.). Im Sommer fahren zwei Busse täglich nach Falasarna (3,50 €, 20 Min.), einer nach Elafonisi (7 €, 1¼ Std.) und einer nach Paleochora (7,20 €, 1¼ Std.).

Schiff/Fähre

Der Hafen liegt 3 km westlich der Stadt. **Lane** (www.lane.gr) betreibt die Fähren nach Piräus über Antikythira, Kythira und Gythio (siehe Tabelle S. 506). Im Sommer wartet ein Bus an der Fähre; ein Taxi in die Stadt kostet etwa 5 €.

Unterwegs vor Ort

Moto Fun (☎ 28220 23440; www.motofun.info; Plateia Tzanakaki) vermietet Autos, Fahrräder und Mountainbikes.

Rund um Kissamos-Kastelli

FALASARNA ΦΑΛΑΣΑΡΝΑ

Das 16 km westlich von Kissamos-Kastelli gelegene Falasarna war im 4. Jahrhundert v. Chr. ein kretischer Stadtstaat, von dem aber kaum Überreste erhalten blieben. Der lange Sandstrand von Falasarna gehört zu den besten, die Kreta zu bieten hat. Ein paar Felsvorsprünge gliedern ihn in abgeschlossene Buchten. Das sehr klare Wasser vor Falasarna rollt mit langen, herrlichen Wellen vom offenen Mittelmeer heran – wunderbar zum Plantschen. Wenn die Sonne über dem Meer untergeht und sich ihr Licht im feinen Korallensand rosa widerspiegelt, scheint Falasarna der Welt völlig entrückt zu sein.

Falasarna ist nicht bewohnt, es gibt nur einige Pensionen und Tavernen am Strand. Zwei Busse täglich binden ihn an Kissamos-Kastelli (3,50 €, 20 Min.) an; an Wochentagen kommen auch drei Busse täglich von Chania (7,60 €, 1½ Std.).

HALBINSEL GRAMVOUSA ΧΕΡΣΟΝΗΣΟΣ ΓΡΑΜΒΟΥΣΑ

Die wilde, abgelegene Halbinsel Gramvousa, nördlich von Falasarna, schützt den prachtvollen Sandstrand von **Balos** an der westlichen Spitze. Vor dem idyllischen Strand ragen zwei Inselchen aus dem türkisgrünen Wasser: **Agria** (die Wilde) und **Imeri** (die Zahme). Die sommerlichen Massen (Hauptansturm zwischen 11 und 16 Uhr) kann nur vermeiden, wer sehr früh aufsteht oder bis zum späten Nachmittag bleibt. Der Strand ist aber selbst mit Menschenmassen ein Erlebnis; das glasklare Wasser ist mit winzigen Krustentieren sowie hin- und herflitzenden Fischen belebt. Der Strand ist völlig schattenlos; für 5 € kann man Liegen mit Sonnenschirmen mieten.

Der einfachste Weg zur Halbinsel ist das **Boot:** dreimal täglich legen Boote unterschiedlicher Größe zu einem 55-Minuten-Trip (www.gramvousa.com; Erw./erm. 22/12 €) ab. Sie halten vorher an anderen Stränden, damit es nicht zu voll wird, entweder in Balos oder an der Insel Imeri Gramvousa.

Autofahrer (möglichst Wagen mit Allradantrieb) nehmen die unbefestigte Piste nach Balos, die im Dorf Kalyviani beginnt und an einem Parkplatz mit Snackbar endet. Von dort sind es noch 1,2 km zu Fuß bis zum Sandstrand.

Die Busse aus Kissamos-Kastelli in westlicher Richtung halten an der Abzweigung nach Kalyviani; von hier sind es noch 2 km zu Fuß die Hauptstraße von Kalyviani entlang zum Anfang des Fußweges. Auf dem 3 km langen Fußweg bis Balos brennt die Sonne; Sonnenschutz und Wasser mitnehmen.

ÖSTLICHES KRETA

Wer auf der Küstenstraße von Iraklion in östliche Richtung fährt und die lärmenden Ferienanlagen von Chersonisos und Malia hinter sich lässt, kommt nach Lassithi, in die östlichste Präfektur der Insel. Hier ist Kreta viel entspannter und doch voller Überraschungen: Soll es ein reizvoller Ferienort mit cooler Atmosphäre nach Sonnenuntergang sein? Es gibt nichts Besseres als Agios Nikolaos, das die meisten Touristen Lassithis anzieht. Oder lieber antike Stätten und Kultur? In Lassithi gibt es zahllose Fundstätten aus minoischer und mykenischer Zeit, deren ausgegrabene Schätze ganze Museen füllen. Die fruchtbare Lassithi-Hochebene, die sich zwischen die Gipfel des Dikti-Gebirges schmiegt, ist ein Paradies für Radfahrer.

Durch friedliche Dörfer führen (fast) alle Wege zur Dikteon-Höhle, in der Zeus das Licht der Welt erblickte. Nervenkitzel für Outdoorfans bieten Touren durch die zugänglichen Schluchten, wie das dramatische Tal der Toten bei Kato Zakros.

Aber das ist längst nicht alles, denn das historische Kloster Toplou und der fantastische Palmenstrand von Vai sind ebenso interessant wie die kleineren Orte und Dörfer, in denen sich die Geschichte und der Geist Kretas zeigen. Und wer nach dieser Vielfalt müde und hungrig wird, findet eine große Auswahl an Unterkünften und einige der besten Tavernen und Restaurants Kretas.

Lassithi-Hochebene
Οροπέδιο Λασιθίου

Die friedliche Lassithi-Hochebene liegt 900 m über dem Meeresspiegel und ist ein weites Meer aus grünen Feldern mit Inseln aus Mandelbäumchen und Obstgärten. Die Lassithi-Hochebene dehnt sich in einer riesigen Senke zwischen den Felsenbergen des Dikti-Gebirges aus. Im 17. Jahrhundert muss die Ebene faszinierend ausgesehen haben, als sich die Segeltuchflügel von rund 20 000 Windmühlen drehten, um die Ebene zu bewässern. Obwohl von den venezianischen Mühlen nur etwa 5000 erhalten blieben – einige drehen sich sogar noch – prägen sie das Bild der Landschaft.

Die fruchtbaren Böden der Lassithi-Hochebene werden seit minoischen Zeiten landwirtschaftlich genutzt. Nach einem Aufstand gegen die venezianische Herrschaft im 13. Jahrhundert, vertrieben die Venezianer die Bewohner der Hochebene und zerstörten die Obstgärten. Fast 200 Jahre lang lag Lassithi völlig verlassen, bis die Versorgung der venezianischen Siedlungen schwierig wurde. Erst jetzt erinnerten sich die Venezianer an den fruchtbaren Boden, kultivierten die Ebene wieder und legten die heute noch funktionsfähigen Bewässerungsanlagen an.

TZERMIADO ΤΖΕΡΜΙΑΔΟ

Tzermiado ist das größte der 20 Dörfer auf der Hochebene. In dem bukolischen Ort stehen zwei Geldautomaten und eine Post. Obwohl viele Touristen auf dem Weg zur Dikteon-Höhle durchfahren, blieb Tzermiado gelassen und ruhig. In der **Taverna Kourites** (www.kourites.eu; Hauptgerichte 6–12 €) stehen hervorragendes Lamm und Spanferkel auf der Karte, die in einem Holzbackofen gebraten werden; auch für Vegetarier ist etwas im Angebot. Die Zimmer über der Taverne sind einfach und sauber, und ganz in der Nähe steht ein kleines **Hotel** (Einzel-/Doppelzimmer 35/40 €, Frühstück 5 €).

Im **Argoulias** (☎28440 22754; www.argoulias.gr; Doppelzimmer inkl. Frühstück 70–80 €; ❄) am Hang oberhalb des Ortes geht's etwas edler zu. Die ansprechenden Apartments sind traditionell ausgestattet und möbliert. Die Taverne auf der anderen Straßenseite gehört den Besitzern. Das Argoulias ist am östlichen Ortseingang von Tzermiado ausgeschildert; beide Hotels vermieten Fahrräder.

AGIOS GEORGIOS ΑΓΙΟΣ ΓΕΩΡΓΙΟΣ

Agios Georgios ist ein winziges Dorf im Süden der Lassithi-Hochebene und ein sehr angenehmer Aufenthaltsort. Das **Volkskundemuseum** (☎28440 31462; Eintritt 3 €; ⌚April–Okt. 10–16 Uhr) zeigt einige persönliche Fotos des Autors Nikos Kazantzakis.

Die Zimmer im **Hotel Maria** (☎28440 31774; DZ/3BZ/4BZ inkl. Frühstück 59/78/98 €) sind auf angenehme Weise skurril: Die schmalen, traditionellen Betten des Gebirges stehen auf Steinfüßen, und die ländlichen Möbel und gewebten Wandteppiche sorgen für fröhliche Stimmung. Den Hunger stillt die **Taverna Rea** (Hauptgerichte 5–7€), ein hübsches, kleines Lokal mit viel Lokalkolorit. In dieser Taverne an der Hauptstraße kommen gut gekochte kretische Klassiker (auch vegetarische) auf den Tisch, dazu gibt es hier ein Frühstück. Die Zimmer über der Taverne kosten 30 €.

PSYCHRO & DIKTEON-HÖHLE ΨΥΧΡΟ & ΔΙΚΤΑΙΟΝ ΑΝΤΡΟΝ

Das Dorf **Psychro** in direkter Nähe der **Dikteon-Höhle** (Erw./Kind 4/2€; ⌚Juni–Okt. 8–18 Uhr, Nov.–Mai 8–14.30 Uhr) ist trotz Tavernen und Souvenirläden hübscher als Tzermiado. Nach der griechischen Mythologie versteckte Rhea in dieser Höhle ihr Kind Zeus vor Kronos (Kronos verschlang seine Kinder). Die 2200 m² große Tropfsteinhöhle mit Stalagmiten und Stalaktiten ist in eine obere und untere Höhle gegliedert. Über eine Leiter steigen Besucher aus der oberen in die interessantere untere Höhle ab. In der kleinen Kammer hinten links hat Zeus angeblich das Licht der Welt erblickt. Er trank aus den kleinen, mit Wasser gefüllten Steinbecken; der spektakuläre Stalagmit ist als „Mantel des Zeus" bekannt. Die ganze Höhle ist zwar beleuchtet, aber nicht besonders hell – es herrscht also Stolpergefahr! Die zahlreichen hier ausgegrabenen Votivgaben belegen die kultische Verehrung; einige der Stücke sind im Archäologischen Museum in Iraklion ausgestellt.

Der steile Fußweg (800 m) erreicht nach etwa 15 Minuten den Eingang zur Grotte. Rechts verläuft ein ziemlich holpriger Weg im Schatten, auf dem sich tolle Ausblicke über die Hochebene ergeben. Der bequemere (schattenlose) gepflasterte Weg fängt links neben dem Parkplatz an. Für 10 bis 15 € (hin & zurück) kann man den Aufstieg auch auf Eselsrücken machen.

An- & Weiterreise

Die beste Verbindung von Iraklion führt über die Küstenstraße nach Osten; kurz vor Hersonisos biegt man nach Süden ab. Von Agios Nikolaos fährt man über Neapoli. Aus Iraklion fahren täglich Busse nach Agios Georgios (6,90 €, 2 Std.), Psychro (6,50€, 3¼ Std.) und Tzermiado (6,50 €, 2 Std.). Die Dörfer werden auch von Bussen aus Agios Nikolaos angefahren.

Agios Nikolaos
Αγιος Νικόλαος

11 286 EW.

Das hübsche Agios Nikolaos, die Hauptstadt Lassithis, schmiegt sich in die wunderschöne Mirabello-Bucht ein. Mit dem Flair eines Urlaubsresorts und der weitgehend modernen Architektur wirkt es völlig anders als die üblichen Städte Kretas. Dennoch hat Agios Nikolaos einen ganz eigenständigen, sehr angenehmen und freundlichen Charakter. Der Hafen ist über einen schmalen Kanal mit dem kreisrunden Voulismeni-See verbunden. Eine Brücke über den Kanal verbindet die viel befahrene Uferstraße im Hafen mit den zahllosen Cafés und Restaurants der Fußgängerzone am Seeufer. Während sich das Leben am Tag im quirligen Hafen abspielt, verlagert es sich nachts in die Cafés und Bars, wenn die stylischen jungen Griechen in das schicke Ambiente der Lokale eintauchen oder zusammen mit den Urlaubern der nahen Resorts die Uferstraße in einen Catwalk verwandeln.

Agios Nikolaos

Sehenswertes
1 Archäologisches Museum A1
2 Volkskundemuseum B3

Schlafen
3 Du Lac Hotel B3
4 Hotel Creta D3

Essen
5 Chrysofillis D4
6 Itanos B4
7 Mare & Monte B2
8 Migomis B3
9 Pelagos B3

Ausgehen
10 Alexandros Roof Garden B3
11 Peripou Café B3

Sehenswertes

Archäologisches Museum MUSEUM
(☎28410 24943; Paleologou Konstantinou 74; Eintritt 4 €; ⌚Di–So 8.30–15 Uhr; 📶) Nach dem Archäologischen Museum in Iraklion enthält es die zweitwichtigste Sammlung minoischer Funde, neben Särgen aus Ton, Musikinstrumenten aus Keramik und Gold aus Mochlos viele andere Schätze der Antike. Während der Recherche wurde das Museum gerade modernisiert; vor dem Besuch anrufen und den neuesten Stand erfragen.

Volkskundemuseum MUSEUM
(☎28410 25093; Paleologou Konstantinou 4; Eintritt 3 €; ⌚Di–So 10–14 Uhr) Das interessante Museum neben der Touristeninformation zeigt traditionelle Handwerkskunst und Trachten.

Aktivitäten

Die kleinen Strände in der Stadt – **Ammos** und **Kytroplatia** – sind leider regelmäßig überfüllt, aber sie bieten sich dennoch für ein schnelles erfrischendes Bad im Meer an. Der **Strand Almyros** (1 km südlich) ist zwar genauso voll, aber deutlich länger und mit besserem Sand. Die Kosten für eine Taxifahrt dorthin belaufen sich auf 6 €. Die erste Straße nach links hinter dem städtischen Stadion endet am Meer – hier beginnt ein Fußweg an der Küste zum Strand.

Weiter im Süden, in Richtung Sitia, befinden sich der **Goldene Strand** (Voulisma-Strand) und die Bucht von **Istron** mit langen Sandstränden.

Agios Nikolaos

Festivals & Events

Meereswoche WASSERSPORT

In geradzahligen Jahren finden immer in der letzten Juniwoche Wettbewerbe im Schwimmen und Windsurfen und Bootsregatten statt.

Lato Festival KULTUR

Im Zuge des Festivals kommen in den Monaten Juli und August internationale und lokale Musiker zusammen, es finden darüber hinaus Volkstänze, *mantinadhes*-(Reimpaare-)Wettbewerbe, Theater- und Kunstausstellungen statt.

Schlafen

LP TIPP **Villa Olga** APARTMENTS €€

(☎28410 25913; www.villa-olga.gr; Apt. 80–95 €; ❄📶🏊) Die hübschen Apartments für zwei bis sechs Personen etwa auf der Hälfte zwischen Agios Nikolaos und Elounda sind ideal für Selbstversorger. Von den ansteigenden Terrassen inmitten von schönen Gärten bieten sich überwältigende Ausblicke über die Bucht von Mirabello. Die Apartments sind gut ausgestattet, traditionell möbliert und mit Fundstücken dekoriert. Es steht ein außerdem ein

SPINALONGA IM ROMAN UND FILM *DES HANNIGAN*

Schon vor Erscheinen des romantischen Romans *To Nisi* (Die Insel), der Spinalonga weithin bekannt machte, war das winzige Inselchen direkt vor Plaka ein faszinierender Ort. Die Venezianer bauten hier 1579 eine mächtige Festung zum Schutz der Buchten von Elounda und Mirabello. Dennoch musste sich Spinalonga 1715 schließlich den türkischen Truppen ergeben. Nach der Türkenherrschaft war die Insel zwischen 1903 und 1955 eine Leprakolonie, in der die Kranken in Quarantäne lebten. Angeblich lebten die Bewohner der Kolonie in der ersten Zeit unter völlig verwahrlosten, elenden Bedingungen. Als 1953 der leprakranke, charismatische Jurastudent Epaminondas Remoundakis aus Athen auf die Insel verbannt wurde, setzte er menschenwürdige Lebensbedingungen durch und kämpfte für die Rechte der Bewohner, bis die Kolonie 1973 endgültig geschlossen wurde. Victoria Hislop benutzte diesen dramatischen Kampf für ihren bewegenden Roman.

Mirella Papaeconomou adaptierte den Romanstoff für eine gleichnamige griechische Fernsehserie, die auch international hoch gelobt wurde. Obwohl manche Kritiker sowohl den Roman als auch die Fernsehfassung für viel zu romantisch halten, behandelte To Nisi ein reales Problem, das eine erschütternde Episode der griechischen Geschichte beleuchtet. In der Fernsehserie spielten Victoria Hislop und viele Inselbewohner als Statisten mit. Auch Werner Herzog behandelt in dem Kurzfilm *Letzte Worte* (1968) das Geschick der Insel.

kleiner Swimmingpool zur Verfügung, und Olga ist hilfsbereit und charmant.

Minos Beach Art Hotel BOUTIQUEHOTEL €€€
(☎28410 22345; www.bluegr.com; Zi. inkl Frühstück ab 200; P ❄ 📶 ≋) Dieses erstklassige Hotel in prachtvoller Lage kurz vor der Stadt ginge durchaus auch als Kunstgalerie durch, denn auf dem Grundstück am Meer stehen Skulpturen führender griechischer und ausländischer Künstler. Das zurückhaltende Design und der coole Stil machen das Minos zu einem der führenden Hotels Kretas.

Lato Hotel HOTEL €€
(☎28410 24581; www.lato-hotel.com.gr; Amoudi; EZ/DZ inkl. Frühstück 51/68 €; P ❄ @ ≋) Für Autofahrer ist das Lato, das 1 km nordöstlich der Stadt Richtung Elounda liegt, eine gute Wahl. Es ist nur 300 m vom Strand entfernt, doch ganz Eilige können auch im kleinen Pool untertauchen. Die bezaubernden **Karavostassi Apartments** (☎28410 24581; www.karavostassi.gr; Apt. 88–116 €) in einem alten Lagerhaus für Johannisbrotbaumschoten wird vom selben Management geleitet. Es hat eine tolle Lage an einer einsamen Bucht, etwa 8 km östlich vom Lato.

Du Lac Hotel HOTEL €€
(☎28410 22711; www.dulachotel.gr; 28 Oktovriou 17; EZ/DZ/Studio 40/60/80 €; ❄) Von der zentral gelegenen Unterkunft bieten sich schöne Blicke über den Voulismeni-See. Die Zimmer sind ordentlich, die Studios geräumig und voll ausgestattet; beide mit modernen Möbeln und hübschen Badezimmern.

Hotel Creta APARTMENTS €
(☎28410 28893; www.agiosnikalaos-hotels.gr; Sarolidi 22; EZ/DZ 45/50 €; ❄ 📶) Die gut gepflegten und bequemen Apartments für Selbstversorger sind ihren Preis wert. Von den Balkonen oben bieten sich großartige Ausblicke. Der Parkraum in der Nähe ist begrenzt, doch das Hotel liegt zentral und ruhig; es hat einen Aufzug.

Essen

Die meisten Restaurants am See und auf der Kitroplateia sind langweilig und viel zu teuer. In den Nebenstraßen überall in der Stadt gibt es aber eine Menge verlockender Alternativen.

Migomis INTERNATIONALE KÜCHE €€€
(☎28410 24353; Nikolaou Plastira 20; Hauptgerichte 25–35 €) Die kreative Küche des Migomis hat die Latte für Spitzenqualität ziemlich hoch gehängt. Seit Jahren liefert sie Gerichte mit internationalen Einflüssen und Zutaten: Perlhuhn mit einem Confit von Trauben und Erdbeere mit einem Hauch von Ingwer ist ein typische Kreation. Die Lage hoch über dem Voulismeni-See erlaubt weite Blicke. Im Sommer speist man bei Live-Klaviermusik; reservieren.

Chrysofillis MEZEDHES €
(☎28410 22705; Akti Pagalou; *mezedhes* 4–8 €) Die vernünftigen Preise machen dieses *mezedhopoleio* (Restaurant, das vorwiegend *mezedhes* serviert) zu einem Klassiker der kleinen Köstlichkeiten. Mehrere Sorten Ouzo und griechische Weine heben die Stimmung. Typische Spezialitäten sind frische Muscheln, Käsepasteten und Hähnchen in Safran; reservieren.

Pelagos MEERESFRÜCHTE €€€
(☎28410 25737; Stratigou Koraka 11; Hauptgerichte 9–28 €) Das Pelagos in einem restaurierten klassizistischen Haus mit Gartenterrasse bekommt regelmäßig Spitzennoten für Fisch und Meeresfrüchte. Selbstverständlich stehen auch Fleischgerichte und Pasta mit kretischem Flair auf der Karte; reservieren.

Itanos KRETISCH €
(Kyprou 1; Hauptgerichte 5–10 €) Hunger auf kretische Hausmannskost oder eine täglich frische Auswahl von *mayirefta*? Dann ist das Itanos mit seinem freundlichen Besitzer Yiannis genau das Richtige. Er macht auch den Teig für seine köstlichen Porreeaufläufe selbst und bietet viele Gerichte für Vegetarier an.

Mare & Monte MEDITERRAN €€
(☎28410 83373; Akti Koundourou; www.maremonte-restaurant.com; Hauptgerichte 9–22 €) In diesem stylischen Restaurant am Meer wird kretisch mit italienischem Einfluss gekocht. Auf verschiedene griechische, italienische und Fischvorspeisen folgen die Hauptgerichte: gegrilltes Hähnchen mit Feta, Oliven und Fenchel oder Wolfsbarsch an Zitronen-Thymian-Sauce.

Ausgehen

Die plüschigen Café-Bars am Meer entlang der Akti Koundourou über dem Hafen verwandeln sich gegen Abend in viel besuchte Bars.

Alexandros Roof Garden COCKTAIL-BAR
(Ecke Kondylaki & Paleologou Konstantinou; ⏲ab 12 Uhr) Musikalische Klassiker zwischen Hängepflanzen, Sträuchern und trendigem Dekor.

Peripou Café CAFÉ
(28 Otkovriou 13; @ 📶) Liebenswertes Café, das auch eine Buchhandlung und -tauschbörse beherbergt. Die Tische auf dem schmalen Balkon mit Blick auf den See sind besonders begehrt.

Praktische Informationen

Die meisten Banken, Geldautomaten, Reisebüros und Läden sind auf der Koundourou und der parallel verlaufenden 28 Oktovriou.

E-Net (Kapetan Kozyri 10; pro Std. 2 €; ⏲9–6 Uhr)

Krankenhaus (☎28410 66000; Knosou 3) Am Westrand der Stadt, am oberen Ende der steilen Paleologou Konstantinou.

Post (28 Oktovriou 9; ⏲Mo–Fr 7.30–14 Uhr)

Städtische Touristeninformation (☎28410 22357; www.agiosnikolaos.gr; ⏲April–Okt. 8–21.30 Uhr) Gegenüber dem Nordende der Brücke; Geldwechsel und Hilfe bei der Suche nach einer Unterkunft.

Touristenpolizei (☎28410 91408; Erythrou Stavrou 47; ⏲Mo–Fr 7.30–14.30 Uhr)

An- & Weiterreise

Bus

Knapp 1 km nordwestlich des Voulismeni-Sees befindet sich der Busbahnhof auf der Plateia Venizelou. Fahrpläne und Streckeninformationen unter http://bus-service-crete-ktel.com. Der Bus nach Elounda hält – sehr angenehm – auch direkt vor der Touristeninformation.

BUSSE VON AGIOS NIKOLAOS

REISEZIEL	DAUER	PREIS	HÄUFIGKEIT
Elounda	20 Min.	1,70 €	16-mal tgl.
Ierapetra	1 Std.	3,80 €	7-mal tgl.
Iraklion	1½ Std.	7,10 €	halbstündl.
Kritsa	15 Min.	1,60 €	10-mal tgl.
Lassithi-Hochebene (Dikteon-Höhle)	3 Std.	5,80 €	2-mal tgl.
Sitia	1½ Std.	7,60 €	7-mal tgl.

Unterwegs vor Ort

Manolis Bikes (☎28410 24940; 25 Martiou 12) hat eine große Auswahl Motorroller, Motorräder und Quads im Angebot; die Mietpreise beginnen bei 20 € für einen Motorroller und 12 € für ein Mountainbike.

Rund um Agios Nikolaos

ELOUNDA ΕΛΟΥΝΤΑ

2085 EW.

An einer fantastischen Straße mit Blick über Küste und Gebirge liegt 11 km nördlich von Agios Nikolaos der Ort Elounda, eigentlich nur eine Ansammlung von Luxushotels. Einige der Buchten sind für Nicht-Hotelgäste kaum zugänglich. Nachdem Mitte der 1960er-Jahre das erste

Spitzenklassehotel fertig war, avancierte Elounda schnell zur Spielweise der griechischen oberen Zehntausend. Inzwischen zieht es auch die internationalen Reichen und Schönen hierher – Leonardo di Caprio, U2 und Lady Gaga waren da.

Elounda hat einen hübschen Hafen, in dem tatsächlich noch Fischerboote ein- und auslaufen. Trotz der auf Touristen abgestimmten Umgebung hat das Dorf die Bodenhaftung noch nicht völlig verloren. Die Einheimischen kümmern sich um die Besucher – ob Promi oder nicht. Der angenehme, wenn auch durchschnittliche Strand im Ort (nördlich des Hafens) kann sehr voll werden. Ein Damm am Südrand von Elounda führt zur Halbinsel Kolokytha. Die Fähre nach Spinalonga legt alle halbe Stunde ab und ist sogar preiswerter als von Agios.

Schlafen & Essen

Delfinia Studios & Apartments APARTMENTS €

(☎28410 41641; www.pediaditis.gr; EZ/DZ/Apt. 35/40/55 €;) Neben den angenehmen Zimmern (einige mit Balkon mit Meerblick) stehen für größere Gruppen und Familien auch geräumige Apartments zur Verfügung. Die Milos Apartments (dieselbe Leitung und Preise) ganz in der Nähe haben einen Pool.

Corali Studios APARTMENTS €€

(☎28410 41712; www.coralistudios.com; Studio 75 €;) Die Studios für Selbstversorger, etwa 800 m vom Uhrturm am Nordrand von Elounda entfernt, sind um einen üppigen Rasen angeordnet und haben schattige Terrassen. Die Familie betreibt auch die benachbarten **Portobello Apartments** (65–75 €).

LP TIPP **Oceanis** KRETISCH €

(☎28410 42246; Hauptgerichte 6,50–16 €) Das Restaurant liegt etwas versteckt an der Straße nach Plaka hinter einer Ecke des Hauptplatzes in Elounda und zwischen den beiden Badestränden der Stadt. Adonis Bebelakis, der enthusiastische Besitzer, kocht mit viel Lust und sucht die Zutaten bei den lokalen Bauern aus. Er hat sich auf langsam gegarte kretische Klassiker spezialisiert, wie Lamm mit Knoblauch oder köstliche Familiengerichte, wie *melitzanes tis mamas* (überbackene Auberginenscheiben mit Tomaten, Hartkäse und Pfefferminze).

Praktische Informationen

Die Post und Geldautomaten befinden sich auf dem Hauptplatz von Elounda, der gleichzeitig Parkplatz ist; schöner Blick auf den geschäftigen Fischerhafen.

Babel Internet Café (Akti Vritomartidos, pro Std. 2 €)

Städtische Touristeninformation (☎28410 42464; Juni–Okt. 8–20 Uhr) Direkt auf dem Platz; allgemeine Informationen und Geldwechseln.

An- & Weiterreise

Die Busse halten auf dem Hauptplatz. Von Agios Nikolaos fahren täglich 13 Busse nach Elounda (1,70 €, 20 Min.). Die Fähren nach Spinalonga legen halbstündlich ab (Erw./Kind 12/6 €).

Elounda Travel (☎28410 41800; www.elounda travel.gr) am Hauptplatz vermietet Autos, Motorräder und Motorroller.

SPINALONGA ΝΗΣΟΣ ΣΠΙΝΑΛΟΓΚΑ

Die schön gelegene Insel Spinalonga ragt im Norden der Halbinsel Kolokytha aus dem Mittelmeer. Die mächtige **Inselfestung** (Eintritt 3 €; 10–18 Uhr) wurde im Jahr 1579 erbaut, um die Einfahrt in die Bucht von Elounda und die Bucht von Mirabello zu schützen. Durch die griechische Fernsehserie *To Nisi,* basierend auf dem englischen Bestseller *The Island* von Victoria Hislop, nahm das Interesse an Spinalonga schlagartig zu – an Einsamkeit ist nicht zu denken. In der Tat wurde sogar eine historische Straße rekonstruiert, die im Roman vorkommt.

Fähren nach Spinalonga legen alle halbe Stunde in Elounda (10 €) und Plaka (5 €) ab. Damit bleibt für die Sehenswürdigkeiten der Insel etwa eine Stunde Zeit (natürlich kann man auch länger bleiben und eine andere Fähre zurück nehmen). Mehrere Unternehmen veranstalten von Agios Nikolaos aus geführte Touren und Tagesausflüge (ab 20 €).

KRITSA & UMGEBUNG ΚΡΙΤΣΑ

2705 EW.

Die Stick- und Webarbeiten des alten Bergdorfes Kritsa, die von oft penetranten Händlern angepriesen werden, haben längst nicht alle die Qualität der in langer Arbeit entstandenen authentischen, traditionellen Stücke. Tatsächlich sind viele Stoffe sogar importiert. Das Oberdorf unterhalb der zerklüfteten Felsen duftet förmlich nach romantischem Verfall und den Geistern der Vergangenheit. Die Tourbusse spucken ihre Touristenladungen vorwiegend vom späten Vormittag bis zum Spätnachmittag aus. Das Dorf liegt 11 km von Agios Nikolaos entfernt.

Die Busse von Agios Nikolaos (1,60 €, 15 Min.) fahren stündlich ab.

Die dreischiffige Kirche **Panagia Kera** (Eintritt 3 €; ⏲Mo–Fr 8.30–15, Sa bis 14 Uhr) 1 km vor Kritsa enthält einige der besten byzantinischen Fresken Kretas.

Etwa 4 km nördlich von Kritsa befindet sich eine der wenigen nicht-minoischen Ruinenstätten Kretas: die antike dorische Stadt **Lato** (Eintritt 2 €; ⏲Di–So 8.30–15 Uhr) aus dem 7. Jahrhundert v. Chr. Dass Lato in seiner Glanzzeit eine mächtige Stadt war, beweisen die Ruinen der beiden Akropolen, die sich mitten in der einsamen Gebirgslandschaft weit über die Berghänge ziehen – der Ausblick auf die Bucht von Mirabello ist prachtvoll. Die Einwohner der Antike verehrten Artemis und Apollon, die Kinder von Zeus und der Göttin Leto – sie war es, die der Stadt ihren Namen gab.

Die Reste der Stufen eines antiken **Theaters** sind dem Golf zugewandt. In dem *prytaneion* darüber trafen sich die Herrscher der Stadt zu Beratungen. Der Steinkreis hinter dem Hauptbrunnen – er ist mit einem Zaun abgesperrt – war ein Dreschplatz; daneben sind noch die Säulen der Stoa zu erkennen – sie stand auf der Agora (Markt). Ganz in der Nähe findet man die Reste eines Mosaiks, und der Weg auf der rechten Seite führt zum **Apollon-Tempel.**

Nach Lato verkehren keine Busse. Der Weg ist an der Straße Richtung Kritsa rechts vor dem Ort ausgeschildert. Zu Fuß ist es ein 30-minütiger Marsch auf der Straße durch hübsche, baumbestandene Landschaft.

Die wichtige minoische Fundstätte **Gournia** (Eintritt 3 €; ⏲Di–Sa 8.30–15 Uhr) liegt 19 km südöstlich von Agios Nikolaos. Die Ruinen eines kleinen Palastes und einer Siedlung entstanden zwischen 1550 und 1450 v. Chr. Man erkennt noch Straßen, Treppen und Häuser, umgeben von 2 m hohen Mauern. Die reichen Funde aus Handel, Haushalten und der Landwirtschaft belegen, dass Gournia eine blühende Stadt war.

Die Busse von Agios Nikolaos nach Sitia und Ierapetra halten direkt an der Ruinenstätte.

Mochlos Μόχλος

87 EW.

Das friedliche Mochlos ist ein Fischerdorf am Ende einer 5 km langen Straße, die von der Schnellstraße Sitia–Agios Nikolaos abzweigt. In der Antike war es mit der kleinen Insel verbunden, die heute 200 m vor der Küste liegt. Archäologen graben bis heute im Dorf und auf der Insel nach Überresten der einst blühenden minoischen Siedlung (um 3000 bis 2000 v. Chr.).

Mochlos hat einen kleinen Strand mit Kies und grauem Sand, einfache Unterkünfte und Tavernen, die für frische Fische und Meeresfrüchte bekannt sind. Nicht umsonst drängen sich viele Dorfbewohner an den Wochenenden an den Tischen.

In Mochlos gibt es ein paar Unterkünfte, beispielsweise das **Hotel Sofia** (☎28430 94554; sofia-mochlos@hotmail.com; Zi. 35–45 €; ❄) über der gleichnamigen Taverne. Möbel und Betten in den kleinen Zimmern sind neu und mit Kühlschrank ausgestattet; die vorderen haben Balkone mit Meerblick. **Mochlos Mare** (☎28430 94005; www.mochlos-mare.com; Apt. 50–80 €; ❄) am Ortsausgang hat geräumige Apartments für Selbstversorger; von den Balkonen im Obergeschoss bieten sich hübsche Blicke auf das Meer. Draußen steht eine Gemeinschaftsküche mit offenem Grill, der große Garten wird von Weinranken und Gemüse beherrscht und von schönen Rosen begrenzt.

Die Dorfbewohner zieht es zum Essen in das **Ta Kochilia** (Hauptgerichte 4,50–16 €) am Meer mit ausgezeichnetem Fisch und Meeresfrüchten; der sommerliche Seeigelsalat ist berühmt. Für Fleischesser steht Lamm mit Artischocken an Zitronensauce und für Vegetarier stehen ein paar ordentliche Gemüsegerichte auf der Karte.

Sitia Σητεία

9257 EW.

Sitia ist ein attraktives, angenehmes Städtchen am Meer mit großem, offenem Hafen und einer breiten Uferpromenade mit Tavernen und Cafés. Hier sind Landwirtschaft und Handel wichtiger als der Tourismus. In einer Bucht im Osten der Stadt dehnt sich ein breiter Sandstrand aus. Sitia zieht vorwiegend französische und griechische Touristen an, behält aber selbst in der Hauptsaison seine entspannte Atmosphäre.

Der Ort ist eine gute Zwischenstation für die Fähren in den Dodekanes.

Sehenswertes

Der Hauptplatz, die Plateia Iroon Polytehniou, zeichnet sich durch Palmen und die Statue eines sterbenden Soldaten aus.

Archäologisches Museum MUSEUM
(☎28430 23917; Piskokefalou; Eintritt 2 €; ⏲Di–So 8.30–15 Uhr) Das ausgezeichnete Archäologische Museum zeigt Fundstücke von der Jungsteinzeit bis zu den Römern, legt den Schwerpunkt aber auf die minoische Kultur. Ein Juwel aus dieser Epoche ist der *Kouros von Palekastro*. Die Statue musste in mühsamer Puzzlearbeit aus Bruchstücken wieder zusammengesetzt werden; sie wurde aus dem Elfenbein von Nilpferdzähnen geschnitzt und anschließend mit Gold verziert. Aus dem Palast von Zakros stammen unter anderem eine Weinpresse, eine Bronzesäge und mehrere Kultobjekte, die allerdings bei dem Großbrand, der den Palast zerstörte, stark gelitten haben. Zu den wichtigsten Funden gehören die Tafeln mit Linear-A-Schrift, auf denen Verwaltungsangelegenheiten dokumentiert wurden.

GRATIS **Venezianische Festung** FESTUNG
(⏲8.30–15 Uhr) Die über dem Städtchen aufragende Festung – die Einheimischen nennen sie *kazarma* (verballhornt von „casa di arma") – beherbergte in venezianischer Zeit eine Garnison. Diese verbliebenen Reste der Stadtbefestigung bilden heute den Rahmen für Openair-Veranstaltungen.

Schlafen

Hotel Arhontiko PENSION €
(☎28430 28172; Kondylaki 16; EZ/DZ Studio 27/32/34 €; ❄) Die ruhige Lage oberhalb des Hafeneingangs trägt wesentlich zum Charme dieses Gästehauses bei. Die Einrichtung ist an den klassizistischen Stil des Gebäudes angepasst, das von der Eingangshalle bis zu den Badezimmern makellos gepflegt ist.

Sitia Bay Hotel APARTMENTS €€
(☎28430 24800 www.sitiabay.com; Paraliaki Leoforos 8; Apt. & Suite ab 115 €; P❄📶≋) Der persönliche und freundliche Service verdienen höchstes Lob. Von den meisten der bequemen und geschmackvoll eingerichteten Ein- bis Zwei-Personen-Apartments ist das Meer zu sehen; es gibt einen Pool, einen Whirlpool, einen kleinen Fitnessraum und eine Sauna; Frühstück 6 €.

Apostolis PENSION €
(☎28430 22993/28172; Kazantzaki 27; EZ/DZ/3BZ 30/ 35/40 €) Die Pension an einer ruhigen Straße wird von liebenswerten Besitzern geführt. Die angenehmen Zimmer sind mit Deckenventilatoren und Badezimmern ausgestattet. Der Balkon und eine kleine Tee- und Kaffeeküche mit Kühlschrank stehen allen Gästen zur Verfügung.

Essen

LP TIPP **Balcony** FUSION €€
(☎28430 25084; www.balcony-restaurant.com; Foundalidou 19; Hauptgerichte 12–19 €) Das erste Haus am Platz bewirtet seine Gäste im Obergeschoss eines geschmackvoll eingerichteten klassizistischen Gebäudes. Tonya Karandinou, die Besitzerin und Köchin veredelt die kretische Küche mit Einflüssen aus Mexiko und Asien (typisch: gegrillter Tintenfisch an einer Pistazien-Basilikum-Sauce). Dazu trinkt man gute griechische Weine.

Sergiani GRIECHISCH €€
(Karamanli 38; Hauptgerichte 6,50–8,50 €) Das traditionelle Lokal am ruhigeren Südende der Uferstraße verwendet sorgfältig ausgewählte Zutaten aus der Region und bereitet sie auf dem Holzfeuer zu; der Fisch ist sehr gut.

Oinodeion GRIECHISCH €
(El Venizelou 157; Hauptgerichte 5–8 €) Das bodenständige Lokal mit etwas angestaubtem Dekor liegt mitten zwischen den glitzernden Cafés an der Uferstraße. Auf der Karte stehen, neben einem guten Angebot an *mezedhes* wie Schnecken in Essigsauce auch die traditionellen Fisch- und Fleischgerichte.

Praktische Informationen

Im Stadtzentrum gibt es Geldautomaten.

Java Internet Café (Kornarou 113; pro Std. 2 €; ⏲ab 9 Uhr)

Post (Dimokritou; ⏲7.30–15 Uhr) Auf der Venizelou in Richtung Stadt die erste Nebenstraße nach links.

Touristeninformation (☎28430 28300; Karamanli; ⏲Mo–Fr 9.30–14.30 & 17–20.30, Sa 9.30–14.30 Uhr) An der Uferstraße.

Touristenpolizei (☎28430 24200; Therisou 31) In der Hauptpolizeiwache.

An- & Weiterreise

Bus

Der Busbahnhof befindet sich hinter der Bucht, am Ostende der Karamanli. Die Busse nach Vai und Kato Zakros verkehren nur von Mai bis Oktober. Der detaillierte Fahrplan ist auf http://busservice-crete-ktel.com zu finden.

BUSSE VON AGIOS SITIA

REISEZIEL	DAUER	PREIS	HÄUFIGKEIT
Agios Nikolaos	1½ Std.	7,60 €	7-mal tgl.
Ierapetra	1½ Std.	6,30 €	6-mal tgl.
Iraklion	3 Std.	14,70 €	7-mal tgl.
Kato Zakros	1 Std.	4,80 €	2-mal tgl.
Palekastro	45 Min.	2,80 €	2-mal tgl.
Vai	30 Min.	3,60 €	4-mal tgl.
Zakros	1 Std.	5,20 €	2-mal tgl.

Flugzeug

Obwohl der Flughafen von Sitia um eine Landebahn für internationale Flüge erweitert wurde, bestanden während der Recherche noch keine internationalen Verbindungen. Informationen zu Inlandsflügen siehe Tabelle S. 505.

Schiff/Fähre

Die Fähren legen am Dock 500 m nördlich der Plateia Agnostou an; sie fahren nach Karpathos, Kassos, Milos und Piräus. Details stehen auf S. 505.

Rund um Sitia

MONI TOPLOU ΜΟΝΗ ΤΟΠΛΟΥ

Die eindrucksvollen Wehrmauern des festungsartigen Klosters **Moni Toplou** (☎28430 61226; Eintritt 3 €; ⊙April–Okt. 10–17 Uhr, Nov.–März nur Fr), 18 km östlich von Sitia, haben schon viele Angreifer gesehen – von den Kreuzrittern bis zu den Türken. Das Highlight des Klosters ist die Ikone *Groß bist Du, oh Herr* von Ioannis Kornaros (18. Jahrhundert), deren 61 reich verzierte Miniaturszenen von einem orthodoxen Gebet inspiriert wurden. Das **Klostermuseum** zeigt außerdem unbezahlbare Ikonen, Stiche, Bücher sowie Waffen und Ausrüstungen aus der Zeit des Widerstandes. Der Museumsshop bietet kirchliche Andenken, Bücher über Kreta, das köstliche – mit einer Auszeichnung geadelte – Olivenöl sowie den Wein des Klosters an.

Das Kloster ist über einen 3 km langen Fußweg von der Straße Sitia–Palekastro erreichbar; die Busse halten an der Abzweigung.

VAI BAI

Vai, 24 km östlich von Sitia, ist berühmt für seinen großen Palmenhain (*Phoenix theophrastii*), der gleich an den Strand anschließt. Vai bedeutet „Palmwedel" im lokalen Dialekt. Angeblich haben ägyptische Soldaten, römische Legionäre oder Piraten hier die Kerne von Datteln ausgespuckt.

Im Juli und August sollte man früh auftauchen, um die Palmen und den Strand zu genießen, denn der Strand füllt sich rasch mit Touristen, Liegen und Sonnenschirmen (6 €).

Am Südende des Strandes führen einige Steinstufen zu einer Laube mit schöner Aussicht. Dort beginnt ein felsiger Pfad, der zu einem 1 km entfernten, weniger überlaufenen Strand führt. Jenseits der Hügel im Norden des Strandes Vai folgen ein paar Buchten, in denen die Kleidervorschriften lockerer sind.

Die **Restaurant-Cafeteria Vai** (Hauptgerichte 5–7,50 €) ist ordentlich, wenn auch verständlicherweise viel besucht.

Zwischen Mai und Oktober fahren fünf Busse täglich von Sitia nach Vai (3,70 €, 1 Std.). Es gibt einen Parkplatz an der Bushaltestelle, ein weiterer liegt ein paar hundert Meter weiter in Richtung Strand (3 €).

PALEKASTRO ΠΑΛΑΙΚΑΣΤΡΟ

1380 EW.

Palekastro liegt an der Straße zwischen Vai und den Ruinen von Zakros. Das bescheidene Bauerndorf verfügt, wegen der viel versprechenden archäologischen Fundstätte 1 km außerhalb des Dorfes, über eine bescheidene touristische Infrastruktur. Wahrscheinlich stand hier ein größerer minoischer Palast, der immer noch ausgegraben wird. Hier wurde bereits der kostbare *Kouros von Palekastro* gefunden, das Highlight im Archäologischen Museum von Sitia. Am fast leeren **Kouremenos-Strand** finden Windsurfer perfekte Bedingungen vor; am **Hiona-Strand** stehen gute Fisch-Tavernen. Die **Freak Surf Station** (☎28430 61116; www.freak-surf.com) am Strand von Kouremenos vermietet Boards.

Einfache Zimmer mit Kühlschrank und guten Badezimmern bietet das **Hotel Hellas** (☎28430 61240; hellas_h@otenet.gr; DZ

45 €; ❄); die **Taverne** (Hauptgerichte 4–8 €) im Untergeschoss serviert herzhafte Hausmannskost. Auch die **Taverna Mythos** (Hauptgerichte 5,50–8 €) mit einer großen Auswahl an köstlichen vegetarischen *mezedhes*, die aber auch traditionelle *mayirefta* und gegrillten Fisch und Fleisch serviert, ist beliebt.

Die **Touristeninformation** (☎28430 61546; ⏲Mai–Okt. Mo–Fr 9–17 Uhr) informiert über Unterkünfte und Verkehrsverbindungen; gleich daneben befindet sich ein Geldautomat.

Die Busse (fünf täglich) von Sitia nach Vai halten in Palekastro. Zwei weitere Busse täglich von Sitia nach Palekastro (2,80 €, 45 Min.) fahren weiter nach Kato Zakros (5,20 €, 1 Std.).

Kato Zakros & Antikes Zakros Ζάκρος & Κάτω Ζάκρος

912 EW.

Das Dorf Zakros ist etwa 45 km südöstlich von Sitia gelegen. Hier beginnt die Wanderung durch die Zakros-Schlucht, die wegen der antiken Höhlengräber in den Felswänden besser als **Tal der Toten** bekannt ist. Das Dorf ist aber nur das Vorspiel für Kato Zakros, das am Ende einer 7 km langen, kurvenreichen Straße durch zerklüftetes Gelände an der Küste liegt. Etwa auf halber Strecke öffnet sich der Blick auf die Berge und den roten Einschnitt der **Zakros-Schlucht** im Fels. In der Küstenebene hinter dem Kiesstrand mit ein paar Tavernen liegen die bemerkenswerten Ruinen des minoischen **Palastes von Zakros** (☎28430 26897; Kato Zakros; Eintritt 3 €; ⏲Juli–Okt. 8–19.30 Uhr, Nov.–Juni 8.30–15 Uhr). Der kleinste der vier Palastkomplexe auf Kreta war ein wichtiger minoischer Hafen, dessen Handelsschiffe nach Ägypten, Syrien, Anatolien und Zypern segelten. Die königlichen Gemächer, Speicher und Werkstätten des Palastes lagen um einen zentralen Hof.

Die schmale Küstenebene, auf der sich das antike Zakros ausbreitete, wurde durch den steigenden Wasserspiegel teilweise überflutet; die Kreter sagen, er stehe „unter der Herrschaft der Meeresschildkröten" (*helonokratia*). Obwohl nur wenige Ruinen zugänglich sind, macht die wilde, abgelegene Landschaft den Besuch zu einem tollen Erlebnis.

Schlafen & Essen

LP TIPP **Stella's Traditional Apartments** APARTMENTS €€
(☎28430 23739; www.stelapts.com; Studios 60–80 €; ❄) Die bezaubernden Studios für Selbstversorger, unter Bäumen am Eingang der Zakros-Schlucht, sind mit handgefertigten Holzmöbeln und Objekten ausgestattet, die der Miteigentümer Elias Pagiannides herstellt. Zwischen den Bäumen sind Hängematten aufgespannt; es stehen Grillplätze und eine Außenküche (Vorräte auf Vertrauensbasis) zur Verfügung. Elias kennt alle möglichen Wanderwege und Outdoor-Aktivitäten der Gegend – einfach nachfragen.

Terra Minoika FERIENHÄUSER €€
(☎28430 23739; www.stelapts.com; Haus 120 €; 📶) Die Eigentümer des Stella verwalten auch diese kleine Gruppe Ferienhäuser aus Naturstein, die sich nahtlos in die Felsenlandschaft oberhalb von Kato Zakros einfügen. Die Einrichtung verbindet Luxus mit modernem Komfort – alles mit viel Gespür für den Geist des Ortes. Zum Charakter der Siedlung gehören außerdem die geschützten Höfe und Balkone; es steht ein voll ausgestatteter Fitnessraum zur Verfügung.

Kato Zakros Palace APARTMENTS €€
(☎28430 29550; www.katozakros-apts.gr; EZ/DZ 50/60 €; ❄) Die Zimmer und Studios hoch oben am Hang über dem Strand von Kato Zakros Beach sind mit Kochgelegenheit und einem Wäschezimmer für Gäste ausgestattet; der Ausblick von hier aus ist einfach traumhaft.

Taverna Akrogiali MEERESFRÜCHTE, KRETISCH €
(Hauptgerichte 5,50–10 €) Die Fischgerichte und andere kretische Klassiker, dazu ein ordentlicher Hauswein, werden direkt am Meer serviert.

Kato Zakros Bay GRIECHISCH €€
(Hauptgerichte 4,50–9 €) Die Küche in diesem beliebten Lokal vertraut auf griechische Kost wie Kaninchen-*stifadho* mit Tomaten und Rotwein. Auch die Fischgerichte und vegetarische Kost sind einen Versuch wert.

An- & Weiterreise

Zakros ist über Busse aus Sitia über Palekastro (4,50 €, 1 Std., 2-mal tgl.) erreichbar. Im Sommer fahren die Busse weiter bis Kato Zakros (5,20 €, 1 Std. 20 Min.).

Ierapetra Ιεράπετρα

15 323 EW.

Die bodenständige, freundliche Küstenstadt Ierapetra ist das wirtschaftliche Zentrum des landwirtschaftlich geprägten Südostkretas – die vielen Gewächshäuser sprechen eine deutliche Sprache. Dennoch hat es viel zu bieten und kann stolz auf seine Geschichte sein: Ierapetra war als römischer Hafen Sprungbrett für die Eroberung Ägyptens, und die sichtbare Hafenbefestigung stammt aus venezianischer Zeit. Im türkischen Viertel Ierapetras erinnern einige historische Bauwerke an die osmanische Vergangenheit.

Tatsächlich bietet dieser heiße, staubige Ort mehr authentisches Kreta als alle Feriensiedlungen der Nordostküste zusammen. An der Uferstraße reihen sich Tavernen und Cafés, und in den Sommernächten spielt sich ein munteres Nachtleben ab. Die städtischen Strände sind in Ordnung. Dem Ort gegenüber liegt die sandige, beinahe subtropische Insel Gaidouronisi (auch Chrisi genannt).

Sehenswertes & Aktivitäten

Ierapetras wichtigster städtischer **Strand** liegt nahe dem Hafen, ein zweiter Strand zieht sich von der Patriarhou Metaxaki in östliche Richtung. Beide haben groben, grauen Sand, der Strand am Hafen ist allerdings schattiger.

Archäologisches Museum MUSEUM
(☎28420 28721; Adrianou 2; Eintritt 2 €; Di–So 8.30–15 Uhr) Ierapetras kleines, aber sehenswertes archäologisches Museum ist in einer ehemaligen Schule aus türkischer Zeit untergebracht. Das Highlight in der Sammlung kopfloser antiker Statuen ist eine intakte Göttin Persephone aus dem 2. Jahrhundert n. Chr. Wirklich sehenswert ist auch der große *larnax* (Tonsarg; um 1300 v. Chr.). Er ist mit zwölf bemalten Bildfenstern verziert, die Jagdszenen, einen Oktopus und einen Festzug mit Streitwagen zeigen.

GRATIS **Mittelalterliche Festung** FESTUNG
(Eintritt frei; Di–So 8.30–15 Uhr) Die Festung im Süden der Uferstraße entstand in den ersten Jahren der venezianischen Zeit, wurde aber im Jahr 1626 von Francesco Morosini stark ausgebaut. Von dort ergeben sich herrliche Ausblicke auf das Gebirge im Osten.

Schlafen

LP TIPP **El Greco** BOUTIQUEHOTEL €€
(☎28420 28471; Markopoulou 8; www.elgreco-ierapetra.gr; EZ 65–80 €, DZ 85–100 €, inkl. Frühstück; ❄📶) Eine komplette Renovierung verwandelte das Gebäude am Meer in ein Boutiquehotel mit stylischen, bequemen Zimmern. Im Erdgeschoss befinden sich eine Café-Bar und Restaurant (Hauptgerichte 5–12 €).

Cretan Villa Hotel HOTEL €
(☎28420 28522; www.cretan-villa.com; Lakerda 16; EZ 40 €, DZ 44–50 €; ❄📶) Das gut gepflegte Hotel in einem Gebäude des 18. Jahrhunderts überzeugt mitten in der Stadt durch sein charmantes, beinahe ländliches Flair. Die traditionell eingerichteten Zimmer ordnen sich um einen stillen Innenhof an. Der Busbahnhof ist nur ein paar Minuten Fußweg entfernt.

Ersi Hotel HOTEL €
(☎28420 23208; Plateia Eleftherias 19; EZ/DZ 30/40 €; ❄) Die Zimmer im Ersi mitten in der Stadt sind ihren Preis wert; einige sind allerdings recht eng.

Coral Hotel HOTEL €
(☎28420 27755; Katzonovatsi 12; EZ/DZ 30/40 €) Auch dieses Hotel in einer ruhigen Ecke der Stadt ist eine gute Budgetoption.

Essen

I Kalitexnes NAHÖSTLICH €
(Kyprou 26; Hauptgerichte 4–7 €; So geschlossen) Die Küche in diesem ungewöhnlichen Lokal bereitet die griechischen und nahöstlichen Gerichte (würziges Falafel oder Kebab) ausschließlich mit Bioprodukten zu; der Besitzer ist Ägypter.

Napoleon KRETISCH €€
(Stratigou Samouil 26; Hauptgerichte 4,50–8 €) Das Napoleon ist eines der ältesten und beliebtesten Lokale der Stadt. Die Fischplatte wäre eine ebenso gute Wahl wie der Tintenfisch in Wein.

Ierapetra ist bekannt für seine *rakadika,* in denen zusammen mit einem halben Dutzend oder mehr *mezedhes* eine Karaffe *raki* oder Wein serviert werden – entspannter Genuss am Abend zu günstigen Preisen. Eine gute Wahl wären das **To Kafeneio** gegenüber dem Rathaus, das beliebte **Ntoukiani** in der Ethnikis Antistaseos oder das **Pavlis,** eine moderne Reinkarnation am Hafen, wo man für 3 €

neben der Karaffe sechs oder sieben *mezedhes*-Platten serviert bekommt.

Praktische Informationen

Am Hauptplatz gibt's mehrere Geldautomaten.

Ierapetra Express (☎28420 28673; express@ier.forthnet.gr; Kothri 2) Die zentrale Touristeninformation mit freundlichem Personal und guten Informationen.

Post (Giannakou 1; ⏲7.30–14 Uhr)

An- & Weiterreise

Vom Busbahnhof gleich hinter dem Strand fahren täglich neun Busse über Agios Nikolaos (3,80 €, 1 Std.) und Gournia (1,90 €, 40 Min.) nach Iraklion (11 €, 2½ Std.); sieben Busse fahren nach Sitia (6,30 €, 1½ Std.) und Myrtos (2,20 €, 30 Min.).

Rund um Ierapetra

GAIDOURONISI (CHRISI) ΓΑΙΔΑΡΟΥΝΗΣΙ (ΧΡΥΣΗ)

Die friedliche Insel Gaidouronisi (Eselsinsel) wird als Chrisi (die Goldene Insel) vermarktet. Sie hat hübsche Sandstände, eine Taverne und – einzigartig in Europa – einen Hain aus Libanonzedern zu bieten. Auch wenn es nach Ankunft der Boote etwas voll werden kann, findet jeder ein ruhiges Plätzchen.

Im Sommer legen jeden Morgen die **Ausflugsboote** in Gaidouronisi am Kai ab und kommen am Nachmittag zurück. Die meisten Reisebüros am Kai verkaufen Tickets (etwa 20 €).

MYRTOS ΜΥΡΤΟΣ

622 EW.

Myrtos liegt 14 km westlich von Ierapetra. Die meisten Gäste kommen immer wieder und schwören auf den entspannten, kreativen Charme des Ortes. Der ordentliche Strand wird von keinem größeren Hotelbau verschandelt.

Für Übernachtungen steht das **Big Blue** (☎28420 51094; www.big-blue.gr; DZ/Apt. 40/85 €, Studio 45–75 €; ❄) mit großen, luftigen Studios mit Meerblick und billigeren Zimmern im Erdgeschoss zur Verfügung (allesamt mit Kochgelegenheit); Frühstück gibt's hier ab 5 €.

Die **Taverna Myrtos** (Gerichte 4–7 €) gehört zum gleichnamigen Hotel; sie ist vor allem bekannt für ihre *mezedhes*. Im mehr auf Touristen ausgerichteten **Platanos** (Hauptgerichte 4,50–8 €) unter einer riesigen Platane spielt sich das gesellschaftliche Dorfleben ab. An vielen Abenden im Sommer wird Livemusik gespielt; auf der Karte stehen kretische Klassiker.

Von Ierapetra fahren täglich sieben Busse nach Myrtos (2,20 €, 20 Min.).

Dodekanes

Inhalt »

Gut essen

- » Elia (S. 616)
- » Bald Dimitris (S. 635)
- » Marco Polo Mansion (S. 575)
- » To Helenikon (S. 589)

Schön übernachten

- » Marco Polo Mansion (S. 573)
- » Melenos (S. 580)
- » To Archontiko Angelou (S. 637)
- » Villa Melina (S. 628)

Auf zu den Inseln des Dodekanes

Sehnsucht nach dem alten Griechenland, über dem immer noch der Zauber der Antike schwebt? Dann nichts wie auf zur entlegenen Inselgruppe des Dodekanes (Δωδεκάνησα) in der östlichen Ägäis. Diese verstreuten Inseln befinden sich in der sonnigsten Ecke Griechenlands und bieten einige der einsamsten Strände, die man sich vorstellen kann, mit fantastischem klaren Wasser, das den Eindruck vermittelt, die Fischerboote schwebten auf dünner Luft.

Wanderer, Naturliebhaber und Botaniker strömen scharenweise nach Tilos, während Kletterer von den Kalkklippen in Kalymnos angelockt werden, die es zu erklimmen gilt; Taucher finden hier beste Möglichkeiten, faszinierende Unterwasserhöhlen und antike Schiffswracks zu erforschen, während Kitesurfer das südliche Karpathos wegen seiner legendären Winde aufsuchen. Auch Archäologen und Geschichtsfans kommen in dieser Gegend voll auf ihre Kosten, da sie jede Menge antiker Stätten vorfinden, die ihre Fantasie beflügeln. Sonnenanbeter wiederum finden unzählige Traumstrände, an denen sie genüsslich Helios huldigen können.

Reisezeit

Rhodos

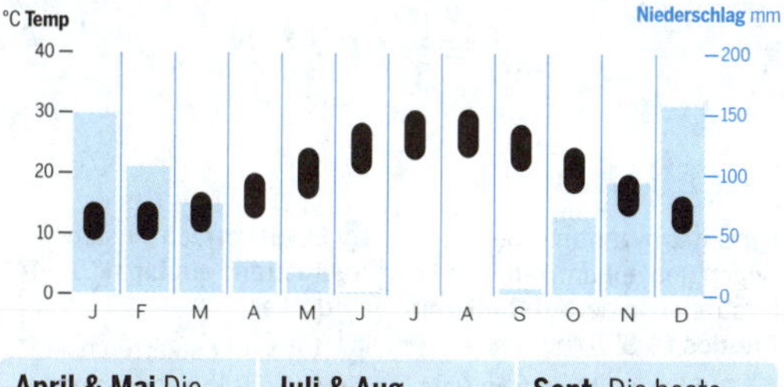

April & Mai Die Preise sind niedrig, es gibt wenig Touristen, und das Meer wärmt sich auf.

Juli & Aug. Hauptsaison für Unterkunft und Touristen – im Voraus buchen

Sept. Die beste Reisezeit: Niedrige Preise, leere Strände und warmes Meer

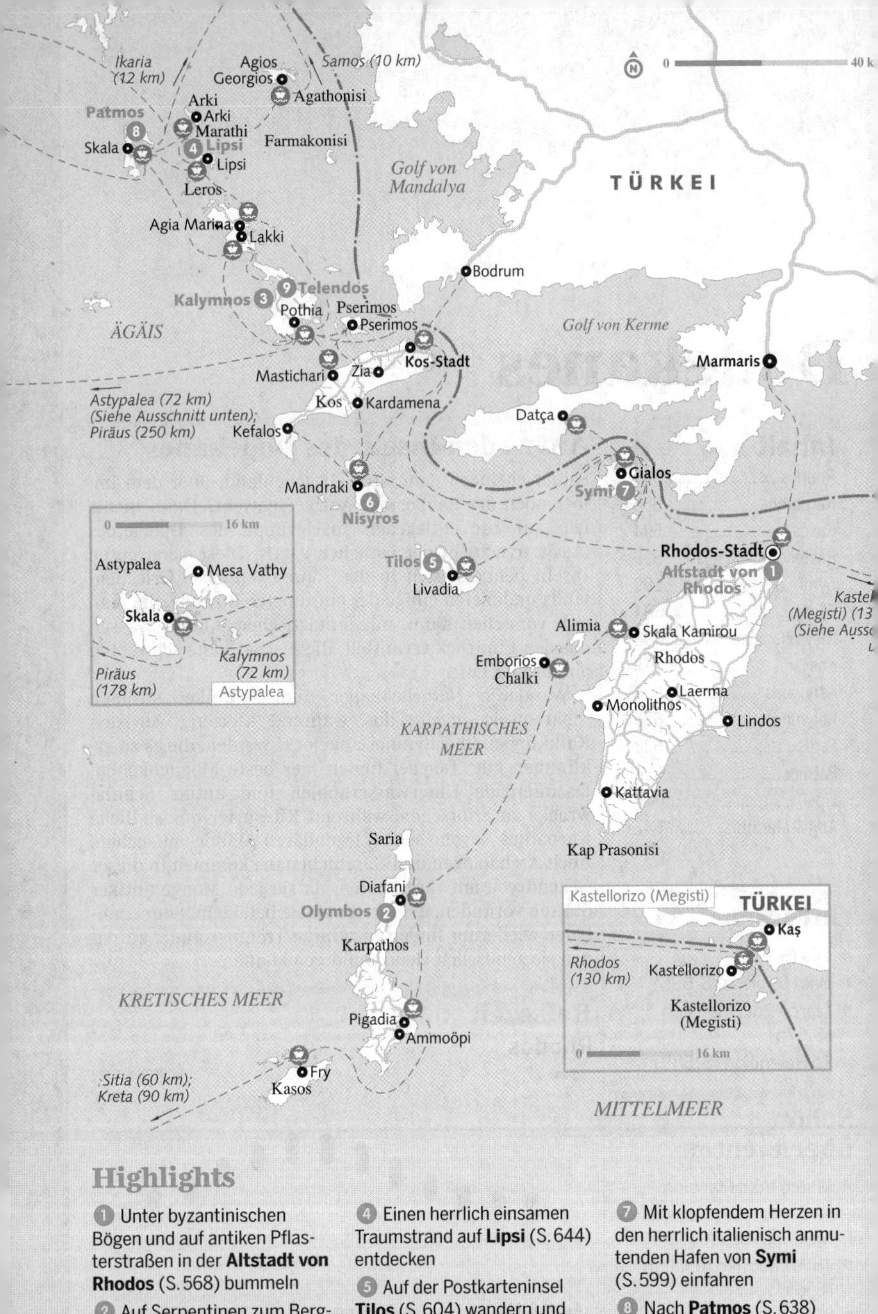

Highlights

1 Unter byzantinischen Bögen und auf antiken Pflasterstraßen in der **Altstadt von Rhodos** (S. 568) bummeln

2 Auf Serpentinen zum Bergdorf **Olymbos** (S. 593) fahren

3 Beim Tauchen nach Wracks oder Klettern an Kalksteinklippen auf **Kalymnos** (S. 626) seine Kräfte erproben

4 Einen herrlich einsamen Traumstrand auf **Lipsi** (S. 644) entdecken

5 Auf der Postkarteninsel **Tilos** (S. 604) wandern und Vögel beobachten

6 In den sagenumwobenen Vulkan von **Nisyros** steigen (S. 608), wo ein Titan gefangen gehalten wird

7 Mit klopfendem Herzen in den herrlich italienisch anmutenden Hafen von **Symi** (S. 599) einfahren

8 Nach **Patmos** (S. 638) pilgern, wo der Hl. Johannes seine Offenbarung niederschrieb

9 Eine Weile auf dem Eiland **Telendos** (S. 631) bleiben

Geschichte

Die Inseln des Dodekanes sind schon seit der vorminoischen Epoche besiedelt. Nach dem Tod Alexanders des Großen übernahm Ptolemäus I. von Ägypten die Herrschaft über den Dodekanes.

Die Inselbewohner des Dodekanes waren die ersten Griechen, die zum Christentum übertraten. Dies war den unermüdlichen Bemühungen des Apostels Paulus und des Propheten Johannes zu verdanken: Paulus bereiste im 1. Jahrhundert den Archipel zweimal, Johannes wurde nach Patmos verbannt und erfuhr hier seine Offenbarung, die in der Bibel ein Kapitel einnimmt.

In der frühen Byzantinischen Zeit genossen die Inseln großen Wohlstand, doch um das 7. Jahrhundert mussten sie eine ganze Reihe plündernder Eindringlinge erdulden. Im frühen 14. Jahrhundert kamen dann die Kreuzritter – genauer gesagt, die Johanniter bzw. der Malteserorden –, die schließlich beinahe den gesamten Dodekanes regierten und mächtige Festungsanlagen errichteten, die zwar die Zeit überdauerten, aber 1522 die einfallenden Türken nicht abwehren konnten.

Die Türken wurden 1912 im Rahmen der Auseinandersetzungen um das Besitzrecht an Libyen von den Italienern vertrieben. Die Italiener, inspiriert von Mussolinis Vision eines Großreiches am Mittelmeer, erhoben Italienisch zur offiziellen Landessprache und verboten die Ausübung der Orthodoxie. Sie erbauten pompöse öffentliche Gebäude im faschistischen Stil – das genaue Gegenteil der archetypischen griechischen Architektur. Sie gruben allerdings auch viele archäologische Monumente aus und restaurierten sie.

Nach der Kapitulation der Italiener im Jahre 1943 wurden die Inseln (insbesondere Leros) zum Schlachtfeld der britischen und deutschen Streitkräfte, worunter die einheimische Bevölkerung stark zu leiden hatte. Im Jahr 1947 wurde der Dodekanes offiziell an Griechenland zurückgegeben.

RHODOS

Rhodos (Ρόδος), die größte Insel des Dodekanes, bietet zahlreiche Strände, fruchtbare, bewaldete Täler, eine lebendige Kultur und eine antike Geschichte. Ob man nun den Reiz eines prickelnden Nacht- und Strandlebens sucht, in kristallklarem Wasser schwimmen oder als Liebhaber der Antike durch vergangene Kulturen reisen möchte, hier findet man alles. Die Altstadt von Rhodos ist ein Labyrinth von Pflasterstraßen, die Besucher in die Zeit des Byzantinischen Reichs oder noch weiter zurückversetzen. Weiter südlich liegt die bilderbuchartige Stadt Lindos, deren weiß gekalkte Häuser sich bis zu einer türkisfarbenen Bucht hinabziehen. Rhodos ist familienfreundlich und außerdem ein idealer Ausgangsort für Tagesausflüge zu benachbarten Inseln.

Geschichte

Die Minoer und Mykener gehörten zu den Ersten, die Außenposten auf den Inseln errichteten. Doch erst mit Ankunft der Dorer um 1100 v. Chr., die sich in den Städten Kameiros, Ialysos und Lindos niederließen, gewann Rhodos an Macht und Einfluss.

Rhodos, das häufig seine Bündnisse wechselte, verbündete sich zunächst mit Athen in der Schlacht bei Marathon (490 v. Chr.), in der die Perser besiegt wurden, schlug sich dann aber auf die Seite der Perser, als es zur Schlacht von Salamis (480 v. Chr.) kam. Nach dem unerwarteten Sieg Athens bei Salamis schloss sich Rhodos wieder Athen an und trat im Jahr 477 v. Chr. dem Attischen Seebund bei. Nach der Sizilienexpedition (416–412 v. Chr.) wandte sich Rhodos gegen Athen und verbündete sich mit Sparta, dem es im Peloponnesischen Krieg zur Seite stand.

DER KOLOSS VON RHODOS

Eines der Sieben Weltwunder der antiken Welt, die monumentale Bronzestatue des Sonnengottes Helios, soll so groß gewesen sein, dass *triremen* (Kriegsschiffe) mit ihren hohen Masten zwischen ihren Beinen hindurch in den Hafen einfahren konnten. Der Bau wurde 292 v. Chr. begonnen und dauerte 12 Jahre. Die Statue ragte 33 m in die Höhe und stürzte schon 226 v. Chr. infolge eines Erdbebens um. Fast ein Jahrtausend lang blieb sie liegen, bis die Trümmer gesammelt und 654 n. Chr. von arabischen Eroberern an einen syrischen Juden verkauft wurden, der sie auf 900 Kamelen abtransportierte.

Rhodos

408 v. Chr. schlossen sich die Städte Kameiros, Ialysos und Lindos zusammen und gründeten gemeinsam die Stadt Rhodos. Rhodos verbündete sich erneut mit Athen, was in der Schlacht von Knidos (394 v. Chr.) zur Niederlage Spartas führte. Anschließend tat sich Rhodos im Kampf gegen Alexander den Großen mit Persien zusammen, doch als sich Alexander als unbesiegbar erwies, schlug sich Rhodos rasch auf dessen Seite.

305 v. Chr. schickte Antigonus, einer der Rivalen des Ptolemäus, seinen Sohn, den furchterregenden Demetrius Poliorketes (den „Städtebelagerer") zur Eroberung von Rhodos aus. Nach langer Belagerung gelang es der Stadt, Demetrius zurückzuschlagen. Zur Feier des Sieges wurde eine 33 m hohe Bronzestatue des Helios Apollo (Koloss von Rhodos) errichtet – eines der Sieben Weltwunder der Antike.

Nach dem Sieg über Demetrius gab es für Rhodos kein Halten mehr. Es baute die größte Flotte der Ägäis, und sein Hafen wurde zu einem der wichtigsten Handelszentren im Mittelmeerraum. Auch die Künste blühten auf. Als Griechenland zum Schlachtfeld wurde, auf dem römische Generäle um die Führung im Reich kämpften, verbündete sich Rhodos mit Julius Cäsar. Nach dessen Ermordung 44 v. Chr. belagerte Cassius Rhodos, zerstörte die Flotte der Stadt, plünderte sämtliche Kunstwerke und ließ sie nach Rom bringen. Damit begann der Niedergang von Rhodos, das 70 n. Chr. in das Römische Reich eingegliedert wurde.

Als das Römische Reich zerfiel, wurde Rhodos Teil der byzantinischen Provinz Dodekanes. Mit der Eroberung Konstantinopels durch die Kreuzritter erhielt Rhodos seine Unabhängigkeit. Später übernahmen die Genueser die Herrschaft. 1309 landeten die Johanniter auf Rhodos und herrschten dort 213 Jahre lang, bis sie von den Osmanen vertrieben wurden, die wiederum vier Jahrhunderte später den Italienern weichen mussten. 1947, nach 35 Jahren italienischer Besatzung, wurde Rhodos gemeinsam mit anderen Inseln des Dodekanes zu einem Teil Griechenlands.

An- & Weiterreise

Flugzeug

Olympic Air (22410 24571; Ierou Lohou 9) bietet Flüge innerhalb Griechenlands und auf den Dodekanes, während **Aegean Airlines** (22410 98345; Flughafen Diagoras) Flüge nach Athen, fast ganz Europa und in die USA anbietet.

Schiff/Fähre

Rhodos, der Haupthafen des Dodekanes, bietet einen umfassenden Fahrplan nach Piräus, Sitia, Thessaloniki sowie viele Stopps unterwegs. **Dodekanisos Seaways** (Karte S. 572; 22410 70590; Afstralias 3) lässt täglich Katamarane im ganzen Dodekanes verkehren. Fahrkarten sind am Kiosk am Anleger erhältlich. In Rhodos-Stadt befindet sich auch der Sea-Star-Fahrkartenschalter für Fähren nach Tilos und der ANES-Fahrkartenschalter für Langstrecken-Fähren nach Athen.

Aktuelle Fahrpläne gibt es im Büro der EOT (Greek National Tourist Organisation) in Rhodos-Stadt. Fahrkarten sind bei der Skevos' Travel Agency erhältlich.

Es gibt täglich einen Kaik als Autofähre zwischen Skala Kamirou an der Westküste von Rhodos und Chalki (10 €, 1¼ Std.). Von Skala Kamirou fährt er um 14.30 Uhr und von Chalki um 6 Uhr früh ab. Im Sommer gibt es auch täglich Ausflugsboote nach Symi (20 € hin & zurück), die den Hafen von Mandraki um 9 Uhr verlassen und um 18 Uhr zurückkommen. Fahrkarten werden in den meisten Reisebüros verkauft, aber es ist besser, sie im Hafen zu kaufen, wo man die Boote selbst auswählen kann.

Zwei lokale Fähren, die *Nissos Halki* und die *Nikos Express*, verkehren fünfmal wöchentlich zwischen Chalki und Skala Kamirou auf Rhodos (10 €, ca. 30 Min.), einschließlich eines täglichen Kaiks als Autofähre.

INTERNATIONAL Von Juni bis September fährt täglich um 8 Uhr und um 16.30 Uhr ein Katamaran vom Handelshafen Rhodos nach Marmaris, Türkei (50 Minuten). Im Winter legt er zweimal wöchentlich um 14 Uhr ab. Tickets kosten 30 € für die einfache Fahrt plus 11 € türkische Hafengebühr. Hin- und Rückfahrten am gleichen Tag kosten nur 9 € mehr. Auf der gleichen Strecke gibt es auch eine Autofähre (einfach/hin & zurück 80/148 € ohne Gebühren, 1¼ Std.), die im Sommer vier- bis fünfmal wöchentlich und weniger häufig im Winter verkehrt. Buchungen online unter rhodes.marmarisinfo.com oder bei Triton Holidays.

FÄHRVERBINDUNGEN VON RHODOS

REISEZIEL	HAFEN	DAUER	PREIS	HÄUFIGKEIT
Agathonisi*	Handelshafen	5 Std.	46 €	wöchentl.
Astypalea	Handelshafen	10 Std.	32 €	wöchentl.
Chalki	Handelshafen	2 Std.	10 €	2-mal wöchentl.
Chalki*	Handelshafen	1¼ Std.	21 €	2-mal wöchentl.
Kalymnos	Handelshafen	4½ Std.	20 €	3-mal wöchentl.
Kalymnos*	Handelshafen	3 Std.	38 €	1-mal tgl.
Karpathos	Handelshafen	5 Std.	23 €	3-mal wöchentl.
Kasos	Handelshafen	8 Std.	27 €	3-mal wöchentl.
Kastellorizo	Handelshafen	4 Std. 40 Min.	20 €	1-mal wöchentl.
Kastellorizo*	Handelshafen	2 Std.	35 €	1-mal wöchentl.
Kos	Handelshafen	3 Std.	20 €	1-mal tgl.
Kos*	Handelshafen	2½ Std.	30 €	1-mal tgl.
Leros	Handelshafen	5h Std.	28 €	3-mal wöchentl.
Leros*	Handelshafen	3½ Std.	41 €	1-mal tgl.
Lipsi	Handelshafen	8 Std.	40 €	2-mal wöchentl.
Lipsi*	Handelshafen	5½ Std.	45 €	5-mal wöchentl.
Nisyros	Handelshafen	4½ Std.	13 €	3-mal wöchentl.
Nisyros*	Handelshafen	2¾ Std.	28 €	2-mal wöchentl.
Patmos	Handelshafen	6 Std.	32 €	3-mal wöchentl.
Patmos*	Handelshafen	5 Std.	46 €	5-mal wöchentl.
Piräus	Handelshafen	13 Std.	59 €	1-mal tgl.
Sitia	Handelshafen	10 Std.	30 €	2-mal wöchentl.
Symi	Mandraki	2 Std.	9 €	1-mal tgl.
Symi*	Handelshafen	50 Min.	16 €	1-mal tgl.
Thessaloniki	Handelshafen	21 Std.	65 €	wöchentl.
Tilos	Handelshafen	2½ Std.	13 €	2-mal wöchentl.
Tilos*	Handelshafen	2 Std.	25 €	4-mal wöchentl.

*Schnellverbindungen

Unterwegs vor Ort

Vom/zum Flughafen

Der Diagoras Airport liegt 16 km südwestlich von Rhodos-Stadt in der Nähe von Paradisi. Linienbusse verkehren zwischen dem Flughafen und dem Ost-Busbahnhof von Rhodos-Stadt

(Karte S. 570) von 6.30 bis 23.15 Uhr (2,20 €, 25 Min.). Sonntags fährt der letzte Bus gegen 11.45 Uhr ab.

Auto & Motorrad

Es gibt zahlreiche Auto- und Motorradvermietungen in Rhodos-Stadt. Preisvergleiche lohnen sich, denn der Wettbewerb ist hart. Agenturen bringen meist das Auto. Man kann auch über Triton Holidays buchen.

Rent A Moto Thomas (☎22410 30806) Bietet die besten Preise für Roller

Die folgenden Agenturen bringen die Autos:

Drive Rent A Car (☎22410 68243/81011; www.driverentacar.gr; airport)

Etos Car Rental (☎22410 22511; www.etos.gr)

Orion Rent A Car (☎22410 22137)

Bus

In Rhodos-Stadt gibt es zwei Busbahnhöfe, die nur einen Häuserblock voneinander entfernt sind. Sie versorgen jeweils eine Hälfte der Insel. Busse verkehren fahrplanmäßig die ganze Woche über auf der Insel. Am Samstag fahren allerdings nicht so viele Busse und sonntags noch weniger. Fahrpläne können an den Bahnhofskiosken oder im EOT-Büro geholt werden. Wer länger bleibt, sollte sich Ein-/Zwei- oder Drei-Tages-Tickets (10/15/25 €) für unbeschränkt viele Fahrten besorgen.

Vom Ost-Busbahnhof (Karte S. 570) fahren täglich Busse zum Flughafen (2,20 €), nach Kalithea Thermi (2,20 €), nach Salakos (3,90 €), zur antiken Stadt Kameiros (4,60 €) und nach Monolithos (6€). Vom West-Busbahnhof (Karte S. 570) verkehren Busse nach Faliraki (2,20 €), zum Tsambika-Strand (3 €), zum Stegna-Strand (4 €) und nach Lindos (5 €).

Fahrrad

Drahtesel aller Art können im **Bicycle Centre** (Karte S. 570; ☎22410 28315; Griva 39; 5 € pro Tag) ausgeliehen werden.

Schiff/Fähre

Im Sommer gibt es täglich Ausflugsboote nach Lindos und Symi (25 € hin & zurück), die im Hafen von Mandraki um 9 Uhr ablegen und um 18 Uhr zurückkommen. Ein älteres Boot fährt nach Diafani auf Karpathos (23 € hin & zurück); es legt um 8.30 Uhr im Hafen von Mandraki ab und kehrt um 18 Uhr zurück. Von Diafani fährt ein Bus weiter nach Olymbos. Fahrkarten sind an Bord erhältlich.

Taxi

Der Haupttaxistand von Rhodos-Stadt (Karte S. 570) befindet sich östlich der Plateia Rimini. Die Insel ist in zwei Gebührenzonen unterteilt: Zone 1 umfasst die gesamte Rhodos-Stadt und Zone 2 (etwas teurer) umfasst des Rest. Zwischen Mitternacht und 5 Uhr früh verlangen die Taxifahrer das Doppelte.

Taxifahrer bevorzugen Festpreise, die bereits am Taxistand vereinbart werden. Preisbeispiele: Flughafen 22 €, Falaraki 17 €, Kalithia 9 € und Lindos 55 €. Telefonisch ruft man ein Taxi unter den Nummern ☎22410 6800, 22410 27666 oder 22410 64712 in Rhodos-Stadt und unter ☎22410 69600 von außerhalb der Stadt. Für behindertengerechte Taxis wählt man ☎22410 77079.

Rhodos-Stadt Ρόδος

56130 EW.

In den mittelalterlichen Gassen der befestigten Altstadt pulsiert das Leben, und der Bummel durch das Labyrinth von Sträßchen und halbverfallenen Häusern wird zu einem unvergesslichen Erlebnis. Hier kann man seiner Sammelwut freien Lauf lassen und in den Schmuckgeschäften und Lederboutiquen einkaufen und zwischendurch seiner Nase folgen, um in verborgenen Restaurants zu landen. Wie das bunte Gemisch von Seglern, Touristen und Passagieren von Kreuzfahrtschiffen ist auch die Architektur kosmopolitisch, mit römischen Ruinen neben byzantinischen Moscheen und mittelalterlichen Burgen.

Die Neustadt, im Norden gelegen, wimmelt von vornehmen Läden und eleganen Bars, in denen sich die Menschen drängen, während in den Nebenstraßen versteckte Bistros und In-Bars liegen, deren Besuch sich lohnt. Hier befindet sich auch der beste Strand der Stadt.

Der Handelshafen (Kolona) liegt östlich der Altstadt. Ausflugsboote, kleine Fähren, Tragflächenboote und Privatyachten nutzen den weiter nördlich gelegenen Mandraki-Hafen.

Sehenswertes

ALTSTADT

Die Altstadt, ein Gemisch aus byzantinischer, türkischer und römischer Architektur, unterteilt sich in das Kolachium (die Ritterstadt, wo im Mittelalter die Ritter des Johanniterordens lebten), die *chora* und das jüdische Viertel. Im Ritterviertel liegen die meisten mittelalterlichen historischen Sehenswürdigkeiten, während die *chora,* oft auch türkisches Viertel genannt, mit Läden und Restaurants in erster Linie das Geschäftsviertel von Rhodos-Stadt ist.

In die Altstadt geht's durch neun *pyles* (Haupttore) sowie zwei Wehrgangportale. Die 12 m dicken Stadtmauern sind für die Öffentlichkeit nicht zugänglich, aber man kann um die beeindruckenden Mauern der Altstadt auf einem breiten Fußweg am Stadtgraben einen schönen Spaziergang machen.

Ritterviertel STADTVIERTEL

(Karte S. 572) Die Erkundung des Ritterviertels am besten am **Freiheitstor (Eleftherias-Tor)** beginnen, das man über eine kleine, in die Altstadt führende Brücke erreicht. In einem mittelalterlichen Gebäude befand sich ursprünglich das **Museum für Moderne Griechische Kunst** (www.mgamuseum.gr; 2 Plateia Symis; 3 Museen 3 €; ⏲ Di–Sa 8–14 Uhr) Es zeigt Gravuren und Landkarten. Die Hauptausstellung befindet sich heute in der **Neuen Kunstgalerie** (Plateia G Charitou) mit einer beeindruckenden Sammlung von Gemälden, Gravuren und Skulpturen einiger der bekanntesten griechischen Künstler des 20. Jahrhunderts, darunter Gaitis Giannis, Vasiliou Spiros und Katraki Vaso. Für die periodischen Ausstellungen des Museums geht's ins **Zentrum für Moderne Kunst** (179 Sokratous St). Alle drei Galerien haben die gleichen Öffnungszeiten, und eine Eintrittskarte berechtigt zum Eintritt in alle drei.

Auf der anderen Seite der kopfsteingepflasterten Straße vor dem Museum für Moderne Griechische Kunst stehen die Überreste eines **Aphrodite-Tempels** aus dem 3. Jahrhundert v. Chr., eine der wenigen antiken Ruinen in der Altstadt.

Weiter geht's auf der Platonos zum **Museum für dekorative Kunst** (Plateia Argyrokastrou; Eintritt 2 €; ⏲ Di–So 8.30–14.40 Uhr) mit einer Sammlung von Artefakten aus dem ganzen Dodekanes. Es ist vollgestopft mit Instrumenten, Keramik, Schnitzereien, Trachten und Spinnrädern und vermittelt einen farbenfrohen Einblick in die Vergangenheit. Beschriftungen gibt's kaum; Info-Texte kann man sich am Eingang geben lassen.

Im noch gut erhaltenen Ordenshospital aus dem 15. Jahrhundert am Ende der Straße befindet sich das **Archäologische Museum** (Plateia Mousiou; Eintritt 3 €; ⏲ Di–So 8–16 Uhr). Das berühmteste Ausstellungsstück ist die sehr schöne *Kauernde Aphrodite,* eine Marmorfigur aus dem 1. Jahrhundert v. Chr., die vom Meeresboden geborgen wurde. Der Rest des Museums ist angefüllt mit antiken Statuen und Keramik, die auf Rhodos gefunden wurden.

Weiter geht's die **Ritterstraße** (Ippoton) hinauf, in der einst die Ritter des Johanniterorders lebten. Sie waren je nach Herkunft – England, Frankreich, Deutschland, Italien, Aragon, Auvergne und Provence – in sieben „Zungen" oder Sprachen unterteilt, und jeder oblag der Schutz und die Verteidigung eines Abschnitts der Bastion. Der Großmeister, der gerade das Amt innehatte, lebte in einem Palast, und jede „Zunge" war durch einen Prior vertreten. Noch heute herrscht in der Straße eine vornehme und düstere Atmosphäre. Die erhabenen Gebäude bilden zusammen eine 600 m lange schnurgerade Wand aus honigfarbenen Steinblöcken, die nur von großen Tordurchgängen und Fensterbögen durchbrochen ist.

Wenn man den Rundgang am östlichen Ende der Ritterstraße beginnt, liegt gleich rechts die 1519 erbaute **Herberge von Italien.** Gleich daneben erhebt sich der **Palast von Villiers de l'Isle Adam.** Nachdem Sultan Süleyman 1522 die Stadt eingenommen hatte, oblag Villiers de l'Isle die erniedrigende Aufgabe, einen ehrenvollen Abzug der Ritter von der Insel auszuhandeln. Als Nächstes folgt die **Herberge von Frankreich,** die prunkvollste und charakteristischste aller Herbergen.

Als nächstes sieht man die **Französische Kapelle** (Kapelle der Zunge von Frankreich), verschönt mit einer Statue der Jungfrau mit Kind. Daneben befindet sich die Residenz des Kaplans der Zunge von Frankreich. Auf der anderen Seite der Gasse steht die **Herberge der Provence** mit ihren vier Wappen in Form eines Kreuzes und gleich gegenüber die **Herberge von Kastilien.**

Fast am Ende der Straße steht die Kirche **St.-Johannes-von-Kolachium.** Ursprünglich war sie eine Ordenskirche, die durch einen unterirdischen Gang mit dem Palast auf der anderen Straßenseite verbunden war. Die Osmanen machten aus ihr später eine Moschee, die 1856 zerstört wurde, als das im Glockenturm gelagerte Schießpulver explodierte. Bald danach wurde auf dem Grundstück ein klassizistisches Gebäude errichtet, das heute noch steht. Wer zur Aussichtsplattform aufsteigt, kann auf die Ruinen des einstigen Querschiffs und des unterirdischen Ganges blicken.

Rechter Hand liegt der außerordentlich prachtvolle **Großmeisterpalast** (Ippoton; Eintritt 6 €; ⌚Di–So 8.30–15 Uhr) aus dem 14. Jahrhundert, der bei der türkischen Belagerung schwer beschädigt und dann bei einer Explosion Mitte des 19. Jahrhunderts völlig zerstört wurde. Die Italiener bauten die Außenfassade des Palastes nach den alten Plänen wieder auf, richteten ihn innen aber äußerst luxuriös ein. Er war einst als Feriendomizil für Mussolini und für König Emmanuel III. gedacht, wird heute aber als Museum genutzt. Nur 24 der 158 Räume können besichtigt werden; die recht interessante Ausstellung umfasst antike Möbel, Skulpturen, Fresken und Mosaikfußböden.

Vom Palast aus führt der Weg weiter durch das **Amboise-Tor,** das stimmungsvollste Tor, das über den Stadtgraben führt. Wenn der Palast geöffnet ist, hat man von hier aus auch Zugang zum Mauergang, von dem aus sich eine unglaublich schöne Aussicht auf die Altstadt und auf das Meer bietet. Man kann aber auch auf dem **Stadtgrabenweg** entlanggehen, der in der Nähe des **St.-Antonius-Tores** beginnt. Er ist eine grüne Oase mit sattgrünem Rasen zwischen Bäumen und den alten Mauern.

Rhodos-Stadt

Chora STADTVIERTEL

(Karte S. 572) In der **Chora** finden sich noch heute zahlreiche Zeugnisse der osmanischen Vergangenheit. Während ihrer Herrschaft bauten die Türken Kirchen zu Moscheen um und errichteten viele weitere Gotteshäuser, die heute jedoch größtenteils verfallen sind. Das bedeutendste ist die **Süleyman-Moschee** mit ihrer rosafarbenen Kuppel am oberen Ende der Sokratous. Die 1522 zum Gedenken an den Sieg der Osmanen über die Kreuzritter erbaute Moschee wurde 1808 restauriert. Aus der Vogelperspektive ist sie zu sehen, wenn man dem Fußweg vorbei am benachbarten (und heute nicht mehr benutzten) Uhrenturm folgt.

Ihr gegenüber befindet sich die **Muslimische Bibliothek** (Sokratous; Eintritt frei; Mo–Sa 9.30–16 Uhr). Sie wurde im Jahr 1794 von dem türkischen Rhodier Ahmed Hasuf gegründet und beherbert eine kleine Anzahl persischer und arabischer Handschriften sowie eine sehenswerte Sammlung von auf Pergament handgeschriebenen Koranen.

Weiter geht's durch die gewundenen Fußgängerstraßen zum städtischen **Hammam** (Plateia Arionis; Eintritt 5 €; Mo–Fr 10–17, Sa 8–17 Uhr). Die Badeanstalt ist öffentlich, mit für Männer und Frauen getrennten Bädern. Dort laden Marmorsteine zum Aufwärmen ein, und es werden herrliche Massagen angeboten. Schließfächer sind vorhanden.

Jüdisches Viertel STADTVIERTEL

(Karte S. 572) Das **Jüdische Viertel** ist ein fast vergessener Teil der Altstadt von Rhodos. Hier gehen die Einwohner dem Alltag ohne Hast nach und scheinen auch den Trubel der nur wenige Häuserblocks entfernten *chora* kaum wahrzunehmen. In diesem Viertel mit seinen ruhigen, verwinkelten Gassen und teils baufälligen Häusern lebte einst eine wohlhabende jüdische Gemeinde.

Die 1577 erbaute **Kahal-Shalom-Synagoge** (Polydorou 5) ist Griechenlands älteste Synagoge und die einzige, die es heute noch auf Rhodos gibt. Das Jüdische Viertel hatte einst sechs Synagogen und in den 1920er-Jahren rund 4000 Bewohner. Einen Blick werfen sollte man in das **Museum der Jüdischen Synagoge** (22410 22364; www.rhodesjewishmuseum.org; Dosiadou; So–Fr 10–15 Uhr, im Winter geschl.) in den um die Ecke liegenden ehemaligen Gebetsräumen für Frauen. Zu den Ausstellungsstücken gehören Unmengen von Fotos aus dem 20. Jahrhundert, reich verzierte Dokumente und Gedenktafeln für die 1673 Juden, die im Jahr 1944 von Rhodos nach Auschwitz deportiert wurden. Nur 151 überlebten.

Nicht weit entfernt befindet sich die **Plateia Evreon Martyron** (Platz der jüdischen Märtyrer).

NEUSTADT

Die **Akropolis von Rhodos** (außerhalb der Karte S. 570) südwestlich der Altstadt auf dem Monte Smith war einst der Ort, wo die alte hellenistische Stadt Rhodos lag. In dem rekonstruierten, baumumsäumten **Stadion** fanden einst Wettkämpfe zur Vorbereitung auf die Olympischen Spiele statt. Das angrenzende **Theater** ist ein Nachbau eines Theaters, in dem Vorlesungen der Rhetorikschule von Rhodos gehalten wurden. Von hier aus führt eine Treppe zum **Tempel des Apollon Pythios.** Eine kleine interessante Ausstellung zwischen dem Stadion und der Straße führt in die wechselhafte Geschichte des Ortes und des Wiederaufbaus ein. Die frei zugängliche Stätte ist mit dem Stadtbus der Linie 5 zu erreichen.

Nördlich vom Hafen Mandraki, am östlichen Ende der G Papanikolaou, steht die

Rhodos-Stadt

Sehenswertes
1 Aquarium ... B1
2 Moschee von Murad Reis ... C3

Aktivitäten, Kurse & Touren
3 Tauchfahrten ... C5

Schlafen
4 Hotel Anastasia ... A4
5 Lydia Hotel ... B4
6 New Village Inn ... B3

Essen
7 Indigo ... C5
8 Koykos ... A4
9 Niohori ... B3
10 To Meltemi ... C3
11 Yachting Club Café ... D5

Ausgehen
12 Casa La Femme ... C4
13 Christo's Garden ... A4
14 Methexi Café ... A4

anmutige **Murad-Reis-Moschee** (Karte S. 570). Auf dem Gelände befindet sich ein türkischer Friedhof und außerdem die Villa Cleobolus, in der Lawrence Durrell in den 40er-Jahren des 20. Jahrhunderts lebte und seinen Roman *Leuchtende Orangen* verfasste.

Das bescheidene **Aquarium** (Karte S. 570; www.hcmr.gr; Kos 1; Eintritt Erw./Kind 5/2,50 €; ⏲April–Okt. 9–20.30 Uhr, Nov–März 9–16.30 Uhr) von Rhodos ist in einem Art-deco-Gebäude untergebracht, das in den 1930er-Jahren von den Italienern erbaut wurde; es beherbergt Zackenbarsche, Papageienfische, Krebse und Stachelrochen. Sehenswert sind die ausgestopften Tiger- und Drescherhaie.

Der städtische **Badestrand** beginnt nördlich vom Hafen Mandraki und verläuft um die Nordspitze der Insel herum bis zur Westseite der Neustadt. Die besten Plätze sind an der Ostseite zu ergattern, wo die Wasseroberfläche gewöhnlich ruhiger ist und mehr Sand und Strandanlagen vorhanden sind.

Aktivitäten

Eine Reihe von Tauchschulen arbeiten von Mandraki aus und haben verschiedene Kurse in ihrem Angebot, darunter auch einen eintägigen Schnuppertauchkurs für 52,50 € und dreitägige Tauchkurse im Meer mit PADI-Zertifikat für 390 €. Infos gibt's an den Booten im Hafen von Mandraki (Karte S. 570).

Scuba Diving Trident School
(☎/Fax 22410 29160)

Waterhoppers Diving Centre
(☎/Fax 22410 38146, 6972500971; www.waterhoppers.com)

Schlafen

Auch in der Sommersaison ist es durchaus möglich, ein erschwingliches Bett in der Altstadt zu finden, wenn man im Voraus

Altstadt von Rhodos

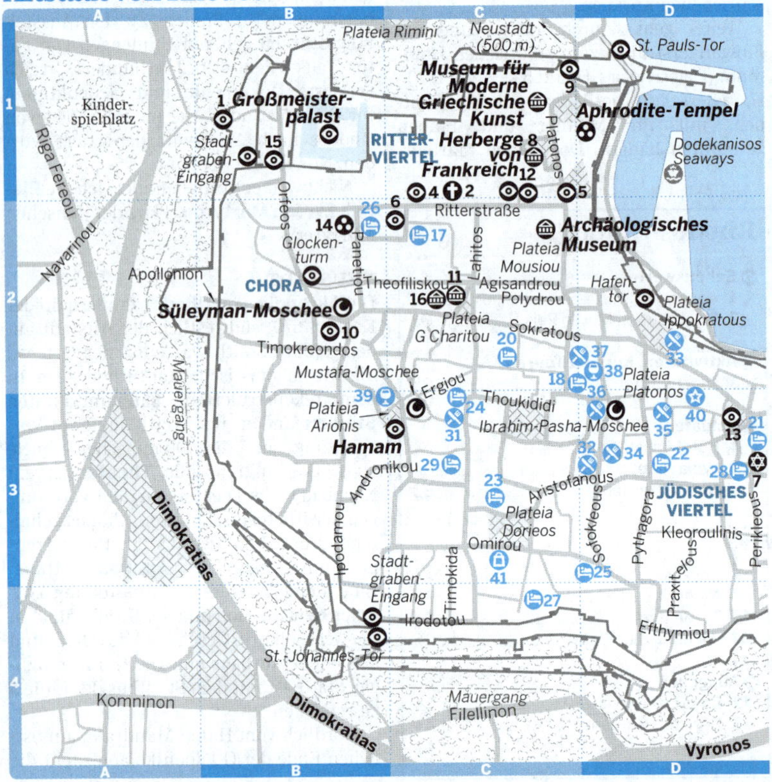

bucht. Im Winter sind die meisten Budgetunterkünfte geschlossen. Wegen der Atmosphäre ist es am schönsten, in der Altstadt zu übernachten.

LP TIPP **Marco Polo Mansion**

BOUTIQUEHOTEL €€

(Karte S. 572; ☎22410 25562; www.marcopolomansion.gr; Agiou Fanouriou 40–42; DZ inkl. Frühstück 90–180 €) Mit seiner Mischung aus italienischen, mittelalterlichen, türkischen und griechischen Einflüssen ist das Marco Polo einfach bezaubernd. Man geht durch das pfefferminzgrüne Restaurantgewölbe in luxuriös eingerichtete, mit Buntglasscheiben ausgestattete Zimmer, die den Gast in das 15. Jahrhundert versetzen, als das Haus einem osmanischen Beamten gehörte. Die großzügigen Besitzer haben die Atmosphäre jener Zeit mit einer Fülle von antiken Möbeln, schweren Vorhängen, Pfostenbetten und ockergelben Teppichen nachempfunden. Absolut perfekt.

Nikos & Takis Hotel

BOUTIQUEHOTEL €€€

(Karte S. 572; ☎22410 70773; www.nikostakishotel.com; Panetiou 29; DZ ab 150 €; P ❄ @ ᯤ) Das auf einer Anhöhe gelegene charmante Boutique-Haus hat eine herrliche Sonnenterrasse, umgeben von Bananenpflanzen. Innen empfangen den Besucher maurische Bögen, glatte Steinwände und individuell gestaltete Zimmer. Buchen könnte man beispielsweise das marokkanisch dekorierte Marokino mit seiner Marmorbadewanne, dem buntgefliesten Fußboden und den echten Pantoffeln.

Avalon Boutique Hotel

BOUTIQUEHOTEL €€€

(Karte S. 572; ☎22410 31438; www.hotelavalon.gr; Charitos 9; DZ 300 €; ❄ @ ᯤ) Das im ehemaligen Haus eines osmanischen Beamten untergebrachte Avalon glänzt mit stilvoll eingerichteten Suiten, die mit riesigen Betten, Whirlpool, Flachbild-TV, eleganten Möbeln und beruhigend wirkenden, pfirsichfarbenen Wänden glänzt. Es gibt auch einen Innenhof im Riad-Stil, wohin man sich gemütlich zum Lesen und Ausruhen zurückziehen kann.

Pension Andreas

PENSION €

(Karte S. 572; ☎22410 34156; www.hotelandreas.com; Omirou 28d; EZ/DZ/3BZ 45/63/85 €; ⏱ganzjährig; ❄ @ ᯤ) Dieses von einem früheren Philosophielehrer und Doppelgänger von Peter Lorre geführte Krähennest von einer Pension ist ein Labyrinth von elf Zimmern. Unser liebstes lag ganz oben mit einem erhöhten Kapitänsbett und Soundsystem. Die gemeinschaftlich zu nutzende Dachterrasse mit Bar und Ausblick aufs Meer und Bougainvillea-bewachsener Decke ist zauberhaft. Es gibt auch einen Gemeinschaftskühlschrank.

Hotel Via Via

BOUTIQUEHOTEL €€

(Karte S. 572; ☎22410 77027; www.hotel-via-via.com; Lisipou 2; DZ 70–80 €, 3BZ 90 €; ⏱ganzjährig; ❄ @) „Charme-Hotel“ könnte den wunderschön kirschrot und pilzfarben gestalteten Gästezimmern mit hohen Decken, edlen Bettbezügen und geschmackvollen Möbeln gerecht werden. Die Dachterrasse ist maurisch, mit Tonkrügen, bequemen Stühlen und einem atemberaubenden Blick aufs Meer.

Hotel Cava d'Oro

PENSION €€

(Karte S. 572; ☎22410 36980; www.cavadoro.com; Kisthiniou 15; EZ/DZ/3BZ inkl. Frühstück 65/85/120 €; P ❄ ᯤ) Dieses ehemalige Lagerhaus der Johanniter hat eine 800-jährige Geschichte und eine Menge Flair mit

Altstadt von Rhodos

Highlights
- Aphrodite-Tempel ... D1
- Archäologisches Museum ... C2
- Großmeisterpalast ... B1
- Hammam ... C3
- Herberge von Frankreich ... C1
- Museum für Moderne Griechische Kunst ... C1
- Süleyman-Moschee ... B2

Sehenswertes
- 1 Amboise-Tor ... B1
- 2 Französische Kapelle ... C1
- 3 Freiheitstor ... C1
- 4 Herberge der Provence ... C1
- 5 Herberge von Italien ... C1
- 6 Herberge von Spanien ... C2
- 7 Kahal-Shalom-Synagoge ... D3
- 8 Museum der dekorativen Kunst ... C1
- 9 Museum der Jüdischen Synagoge ... E3
- 10 Muslimische Bibliothek ... B2
- 11 Neue Kunstgalerie ... C2
- 12 Palast von Villiers de l'sle Adam ... C1
- 13 Plateia Evreon Martyron ... D3
- 14 St. Johannes von Kolachium ... B2
- 15 St.-Antonius-Tor ... B1
- 16 Zentrum für Moderne Kunst ... C2

Schlafen
- 17 Avalon Boutique Hotel ... C2
- 18 Domus Rodos Hotel ... C2
- 19 Hotel Cava d'Oro ... E3
- 20 Hotel Isole ... C2
- 21 Hotel Spot ... D3
- 22 Hotel Via Via ... D3
- 23 Mango Rooms ... C3
- 24 Marco Polo Mansion ... C3
- 25 Minos Pension ... D3
- 26 Nikos & Takis Hotel ... B2
- 27 Pension Andreas ... C4
- 28 Pension Eleni ... D3
- 29 Pension Olympos ... C3

Essen
- 30 Hatzikelis ... E3
- 31 Marco Polo Restaurant ... C3
- 32 Nireas ... D3
- 33 Prince Bakery Cafe ... D2
- 34 Romios Restaurant ... D3
- 35 Taverna Mystagoyia ... D3
- 36 To Megiston ... D3
- 37 Yanni's Restaurant ... D2

Ausgehen
- 38 Apenadi ... D2
- 39 Rogmitou Chronou ... B3

Unterhaltung
- 40 Cafe Chantant ... D3

Shoppen
- 41 Antique Gallery ... C3
- 42 Byzantine Iconography ... E3

einem coolen Café, einer sonnigen Terrasse und sehr attraktiven Zimmern mit Steinwänden und hohen Decken. Es findet sich dort auch ein Privatabschnitt der alten Stadtmauer, auf der man spazierengehen kann, wenn man hier wohnt.

Domus Rodos Hotel PENSION €

(Karte S. 572; ☎22410 25965; info@domusrodoshotel.gr; Platonos; DZ 40–65 €; ⏲ganzjährig; ❄@📶) Wer hier ein paar Tage verbringt, fühlt sich schon bald wie zu Hause: Die Zimmer sind gemütlich mit modernem Mobiliar und makellos sauberen Bädern; alle haben TV und Kühlschrank. Es gibt eine dezente Ecke mit Internet und WLAN sowie einen sehr geschmackvollen Frühstücksraum. Die Preise sind absolut angemessen.

Hotel Spot PENSION €€

(Karte S. 572; ☎22410 34737; www.spothotelrhodes.gr; Perikleous 21; EZ/DZ/3BZ inkl. Frühstück 50/90/110 €; ❄@📶) Atmosphärische, gehobene Pension mit Sichtsteinmauerwerk, sehr schönen Möbeln und einem freundlichen Management. Ein schattiger Innenhof lädt zum entspannten Lesen ein, und es steht ein Secondhand-Buchladen sowie ein sehr gemütlicher Frühstücksbereich zur Verfügung.

Lydia Hotel PENSION €€

(Karte S. 570; ☎22410 22871; www.lydiahotel.com; 25 Martiou; EZ/DZ 105/120 €; ❄@📶) Im Herzen der Neustadt und in Strandnähe liegt das Lydia, das ein klasse internationales Flair hat, auch wenn sich in der Lobby Katzen breitmachen. Die Zimmer sind so gut, wie man es von einem Drei-Sterne-Hotel erwarten kann. Die Preise gehen in der Nachsaison runter.

New Village Inn PENSION €

(Karte S. 570; ☎22410 34937, 6976475917; www.newvillageinn.gr; Konstantopedos 10; EZ/DZ 30/45 €; ❄) Ein angenehmer, liebevoll begrünter Innenhof, geschmückt mit Ikonen, und weißgetünchte, spartanisch einfache Zimmer erwarten den Gast in dieser Pension in der Innenstadt. Sie liegt an einer ruhigen Straße.

Hotel Isoles PENSION €
(Karte S. 572; ☎22410 20682, 6937580814; www.hotelisoles.com; Evdoxou 35; EZ/DZ/Suite inkl. Frühstück 40/50/85 €; ❄@) Die in einem 700 Jahre alten ehemaligen Harem in einer engen Gasse gelegene Pension Isoles hat sieben sehr schöne Zimmer, die sich zu einem mit Meerjungfrauen und Kuriosiäten vollgehängten Frühstücksbereich hin öffnen. Der griechisch-italienische Besitzer ist charmant, doch außerhalb der Saison sind diese Zimmer überteuert.

Hotel Anastasia PENSION €
(Karte S. 570; ☎22410 28007; www.anastasia-hotel.com; 28 Oktovriou 46; EZ/DZ /3BZ 46/54/74 €; ❄📶) Diese gemütliche italienische Herberge hat große Zimmer mit kühlen Fliesenböden, zitronenfarbenen Wänden, traditioneller Einrichtung und sieht bis in die Ecken penibel sauber aus. Einige Zimmer haben Balkons. Es gibt auch eine einladende Bar in einem üppig grünen Garten.

Pension Olympos PENSION €
(Karte S. 572; ☎22410 33567; www.pension-olympos.com; Agiou Fanouriou 56; EZ/DZ /3BZ 40/55/60 €; ❄📶) In dieser Unterkunft sind die Zimmer lebhaft farbig gestaltet und mit TV, WLAN und Kühlschrank ausgestattet. Es gibt außerdem einen netten Garten nach hinter raus, der zum Lesen einlädt. In den Fluren stehen mehr Statuen als auf der Akropolis!

Minos Pension PENSION €€
(Karte S. 572; ☎22410 36980; www.minospension.com; Ecke Omirou & Sofokleous; Zi 50–80 €; ❄📶) Minos bietet die beste Aussicht aller Pensionen in der Altstadt dank seines lebhaft bevölkerten Dach-Cafés. Die Pension wurde erst kürzlich renoviert und hat schön hergerichtete Zimmer mit Kochnische, ein freundliches Management und eine schöne Lage gegenüber einer alten Windmühle.

Pension Eleni PENSION €
(Karte S. 572; ☎22410 73282; www.elenirooms.gr; Dimosthenous 25; EZ/DZ 25/35 €) Eleni hat angenehm einfache Zimmer mit weißen Wänden und Mobiliar aus Kiefernholz, allerdings sind die Bäder winzig. In einem höhlenartigen Bereich kann man lesen und frühstücken – wer den Hals reckt, sieht das Meer. Die ältere Dame, die die Pension führt, strahlt griechische Herzenswärme aus.

Mango Rooms PENSION €
(Karte S. 572; ☎22410 738282; www.mango.gr; Plateia Dorieos 3; EZ/DZ/3BZ 46/54/63 €; 🕐ganzjährig; ❄@) Ruhige, preiswerte Zimmer mit einem schönen Restaurant im Erdgeschoss, das Smoothies, Snacks und Eis serviert (Hauptgerichte 3,50 €). Oben befindet sich eine kleine Sonnenterrasse, und dazwischen liegen erst kürzlich renovierte, einladende Zimmer mit Safe und Kühlschrank.

Essen

ALTSTADT

Die schmackhaftesten Speisen und attraktivsten Tavernen finden sich in den Nebenstraßen, wo die Preise niedriger sind und die Restaurantbesitzer weniger gierig auf die Euros der Vorübergehenden schielen.

LP TIPP **Nireas** TAVERNE €
(Karte S. 572; Sofokleous 45–47; Hauptgerichte 8–16 €) Das typisch griechische, Bougainvillea-umrankte Nireas lockt mit zitronengelben, von Kerzenlicht erleuchteten Steinalkoven und einer im gedämpften Sonnenschein liegenden Außenterrasse. Auf der Speisekarte stehen viele Fischgerichte, darunter Kalamari im Teigmantel, die auf der Zunge zergehen. Unbedingt probieren: die Hummer-Nudeln und mit Knoblauch und Weißwein gedämpften Miesmuscheln. Kultivierte Küche.

LP TIPP **Marco Polo Mansion** MEDITERRAN €€
(Karte S. 572; www.marcopolomansion.gr; Agiou Fanouriou 40–42; Hauptgerichte 15 €; 🕐19–24 Uhr) Dieses Lokal ist ein wahres Paradies für Schlemmer. In einem belaubten Innenhof bietet es flackerndes Kerzenlicht an Mauern in warmem toskanischem Orangeton mit erleuchteten Brunnen und einer langen Liste von Stammgästen, darunter viele berühmte Schriftsteller. Die Speisekarte selbst würde Zeus zum Lächeln bringen mit Gerichten wie Tintenfisch-Salat mit Rucola und Balsamico-Essig, Lamm-*souvlaki*, Schwertfisch und delikat zubereitetem Schweinefilet. Die Wirtsleute sind die personifizierte Herzlichkeit, und abends herrscht hier eine aufgelockerte Stimmung.

To Megiston TAVERNE €
(Karte S. 570; Sopokelous; Hauptgerichte 10–15 €; 🕐ganzjährig) In dieser bezaubernd einfachen Taverne wird gegenüber einem beeindruckenden Minarett im Freien diniert.

Der Schwerpunkt liegt bei Fischgerichten und Meeresfrüchten – beim Tintenfisch läuft einem das Wasser im Munde zusammen –, aber es werden außerdem auch leckere Steaks, Nudeln und Pizza köstlich zubereitet.

Hatzikelis RESTAURANT €€
(Karte S. 572; Alhadef 9; Hauptgerichte 20 €) Dieses Lokal mit einem schönen Ausblick auf die Ruinen einer katholischen Kirche aus dem 14. Jahrhundert und auf einen dicht mit Zypressen bestandenen Park gehört zu den exklusivsten in Rhodos. Im Innenraum erklingt traditionelle Musik inmitten schwerer Samtvorhänge, Kandelaber und weiß gestrichener Wände. Die Speisekarte ist typisch griechisch mit leckeren Gerichten, wie Schwertfisch, Hummer und Tintenfisch, frisch aus dem nahen Meer geholt.

Taverna Mystagoyia TAVERNE €
(Karte S. 572; Themistokleus St; Hauptgerichte 7 €; ⌚8–24 Uhr) Diese einladende, kürzlich renovierte Taverne in einer ruhigen, sonnendurchfluteten Straße bietet Kost aus hiesigem biologisch-dynamischem Anbau, die vor den Augen der Gäste zubereitet wird. Auf der Speisekarte stehen frisch gefangener Fisch, frische Salate und selbst gemachte Nudelgerichte mit einer anständigen Weinliste.

Yanni's Restaurant TAVERNE €
(Karte S. 572; ☎22410 36535; Platonos; Hauptgerichte 6 €) Das neben dem Domus Rodos Hotel gelegene Yanni's ist absolut griechisch mit seinen gewaltigen, knackfrischen Salaten und himmlischen Tintenfischgerichten sowie der Matriarchin in traditioneller karpathischer Tracht, die unter der atlantischen Mauer strickt und dabei mit weisem Lächeln sesambestreute Kekse verteilt. Schwer zu finden, aber die Suche lohnt sich.

Prince Bakery Cafe KONDITOREI €
(Karte S. 572; Plateia Ippokratous; Snacks 4 €; ⌚10–23 Uhr; WLAN) Dieses angenehme, in der Ecke eines lärmenden Platzes versteckte Café hat bequeme Sofas, MTV-Videos und eine Speisekarte voller griechischer Gerichte sowie Steaks und englisches Frühstück. Am Feinkosttresen gibt's jeden Morgen frisches Brot und Croissants. Wer will, kann sich von der ein Stockwerk höher gelegenen Sonnenterrasse aus über die emsig bemühten Restaurantschlepper unten amüsieren.

Romios Restaurant TAVERNE €€
(Karte S. 572; ☎22410 25549; Sofokleous; Hauptgerichte 14 €) Das im Schatten eines riesigen Feigenbaums in einem Garten voller knorriger Holzskulpturen gelegene Romios ist ein romantisches Plätzchen. Die Speisekarte ist klassisch rhodisch mit gebratenen Zucchiniröllchen, gefülltem und gegrilltem Kalmar und Tintenfisch mit Orange. Der Kalbsbraten des Küchenchefs ist besonders lecker.

NEUSTADT

To Meltemi TAVERNE €
(Karte S. 570; Ecke Plateia Koundourioti & Rodou; Hauptgerichte 10–15 €) Der Breitwandblick über das Meer, der sich vom nördlich das Mandraki-Hafens gelegenen Meltemi aus genießen lässt, allein lohnt schon den Weg dorthin. Die gut besuchte Taverne, deren Wände mit nautischem Krimskrams dekoriert sind, ist eine echte Entdeckung wegen der heimischen Küche, die alles von hausgemachtem *moussaka* bis hin zu gegrilltem Kalbsteak und Garnelen-*saganaki* (gefüllt mit Tomaten und Feta-Käse) und Tintenfisch bietet. Die Kalamari-Portionen könnten etwas größer sein.

Koykos GRIECHISCH €
(Karte S. 570; Mandilana 20–26; Hauptgerichte 3–8 €) Dieses bei Einheimischen beliebte Lokal, wo Bouzouki-Musik erklingt, eignet sich bestens für einen Retsina-Drink zu einer der berühmten hausgemachten Pasteten. Es gibt auch eine gute Auswahl an Sandwiches, leckeren Salaten und Fischgerichten plus eine Bäckerei, die himmlische Süßigkeiten zum Mitnehmen macht.

Niohori TAVERNE €
(Karte S. 570; I Kazouli 29; Hauptgerichte 7 €) Ohne Touristen in Sicht bietet diese waschechte Taverne hauptsächlich Fleischgerichte – der Besitzer ist auch Schlachter und sucht für seine Gäste die besten Stück aus. Hier lässt man sich die Kalbsleber mit Öl und Oregano schmecken und lauscht dazu der Orgelmusik aus der nahen Kirche.

Yachting Club Cafe BRASSERIE €
(Karte S. 570; Plateia Alexandrias; Snacks 5–7 €) Dieses Lokal wird von Seglern und Modefans frequentiert, die es sich hier in der Nachmittagssonne beim Ibiza-Soundtrack gemütlich machen. Bei einem Omelett, Crêpe oder Sandwich sitzt man hier bequem auf der Sonnenterrasse und lässt

den Blick dorthin schweifen, wo einst der Koloss von Rhodos stand.

Indigo TAVERNE €

(Karte S. 570; Neuer Markt 105/106; Hauptgerichte 9 €; ⌚Abendessen) Das Indigo, ein verborgenes Juwel unter unzähligen Grillbars, ist ein elegantes Speiselokal mit einer abwechslungsreichen Speisekarte, auf der superfrische *mezedhes* (kleine Vorspeisen) und knackfrische Salate stehen. Besonders lecker ist das *souvlaki*, das mit einem Glas Ouzo hinuntergespült wird.

Ausgehen

Man hat die Wahl zwischen städtisch schicken Bars und dämmrigen Seemannskneipen, die aussehen, als ob sie noch aus Zeiten der Piraten stammten. Die Altstadt bietet jedem etwas.

ALTSTADT

Das Nachtleben spielt sich vor allem am Platonos- und am Ippokratous-Platz ab.

LP TIPP Cafe Chantant LIVEMUSIK

(Karte S. 572; Dimokratou 3; ⌚ab 24 Uhr) Einheimische sitzen hier an langen Holztischen, trinken Ouzo und Bier und lauschen traditioneller Livemusik. Es ist dunkel hier drinnen, und es gibt weder Snacks noch Knabberzeug, aber es herrscht eine unglaublich gute Stimmung, und die Band spielt mitreißend – ein Erlebnis, das man so schnell nicht vergisst.

Rogmitou Chronou BAR

(Karte S. 572; www.rogmitouxronou.gr; Plateia Arionos; ⌚22–5 Uhr; 📶) Das auch als Musikbar bekannte Lokal mit viel Holz und Sichtsteinmauern hat sehr viel Atmosphäre. An Freitagen spielen Pop- und Rock-Bands im oberen Stockwerk live, während montags unten DJs auflegen.

Apenadi BAR

(Karte S. 572; Evripidou 13–15) Hier lässt man sich wie in einer arabischen Nacht auf bunte Kissen sinken, die überall unter exquisiten Kronleuchtern auf dem Boden liegen. Nicht zu vergessen die funky Musik, *mezedhes*, Cocktails und der freundliche Service. Jeden Dienstag und Mittwoch ist zwischen 22 Uhr und 2 Uhr nachts Bouzouki-Musik live zu hören.

NEUSTADT

Die Einheimischen vergnügen sich an der von zahlreichen Bars gesäumten I Dragoum, während die Touristenlokale an der Akti Miaouli, der Orfanidou und der Griva zu finden sind.

LP TIPP Methexi Cafe BAR

(Karte S. 570; 28 Oktovriou, Ecke Griva) Das von Jazzmusik erfüllte Retro-Café steckt voller Traumfänger, Antiquitäten und Oldtimer-Schreibmaschinen – sieht fast aus wie ein Wohnzimmer bis auf das Licht, das durch die reiche Auswahl der Whiskysorten auf dem Bartresen fällt. Es steht eine Sonnenterrasse zur Verfügung, auf der immer etwas los ist und die auch etwas Schatten bietet. Hier ist der Treffpunkt junger, fröhlicher Menschen.

Christo's Garden BAR

(Karte S. 570; Griva; ⌚ab 22 Uhr) Tritt man in die schattige Kühle dieser grottenartigen Bar und dann hinaus in den weißgetünchten, mit Kieselmosaik ausgelegten und mit Blumen vollgestellten Innenhof, kehrt Ruhe und Frieden ein. Wird es dunkel, beginnen die Sterne zu funkeln. Ideal für einen romantischen Drink.

Casa La Femme BAR €

(Karte S. 570; 25 Martiou, Ecke Amerikis; ⌚8–1 Uhr) Diese superschicke Loungebar zieht modebewusste Rhodier wie ein Magnet an – die Mauern sind grellweiß gestrichen, es gibt eine Außenterrasse, Holzfußböden und gelegentliche Liveauftritte von berühmten Jazzmusikern. Feine Klamotten sind angesagt – möglichst weiß.

Shoppen

Die Neustadt ist der beste Tipp für qualitativ gute Markenartikel, während die Altstadt eher eine Fundgrube für Sammlerstücke und ähnliches ist; in dieser Gegend finden sich Ikonen, klassische Büsten, Ledersandalen und Gold- und Silberschmuck. Die meisten Läden liegen an der Sokratous, aber auch in den Nebenstraßen wird man fündig.

Byzantinische Ikonographie KUNST & KUNSTHANDWERK

(Karte S. 572; ☎22410 74127; Kisthiniou 42) Die Warteliste von einem ganzen Jahr macht klar, warum die exquisiten Ikonen weltweit so begehrt sind. Ein Besuch beim Künstler Basilios Per Sirimis in seinem vollgestellten Atelier, wo die Wände golden schimmern und die Luft nach Farbe riecht, lohnt sich. Die Ikonen kosten von 210 bis 2000 €.

Antique Gallery KUNST & KUNSTHANDWERK
(Karte S. 572; Omirou 45) Das winzige Lädchen in einer engen Straße ist eine wahre Fundgrube für byzantinische Mosaikglas-Laternen. Nachts ist die beste Zeit für einen Besuch, weil dann das ganze Geschäft traumhaft bunt erleuchtet ist.

Praktische Informationen

Geld

Es gibt zahlreiche Geldautomaten in Rhodos-Stadt und bei den folgenden Banken. Einen Handy-Geldautomaten findet man am internationalen Fähranleger. Achtung: Für Abhebungen wird eine Gebühr erhoben.

Alpha Credit Bank (Plateia Kyprou)

Commercial Bank of Greece (Plateia Symis)

National Bank of Greece Neustadt (Plateia Kyprou); Altstadt (Plateia Mousiou)

Infos im Internet

www.rhodos-info.de Ein ausführlicher Ratgeber auf Deutsch zu allem, was zu Rhodos wissenswert ist

www.rodos.gr Bevorstehende Events, Links und Hintergrundinformationen zu Rhodos

Internet-Zugang

Mango Cafe Bar (www.mango.gr; Plateia Dorieos 3; pro Std. 5 €; ⌚9.30–24 Uhr) Liegt in der Altstadt und bietet für alle, die ein Getränk bestellen, freie Internetnutzung in der ersten halben Stunde. WLAN ist kostenlos.

Walk Inn (Plateia Dorieos 1; pro Std. 2 €; ⌚10–23 Uhr) In der Altstadt

Medizinische Versorgung

Erste Hilfe & Ambulanz (☎166)

General Hospital (☎22410 80000; Andreas Papandreou) Neues Krankenhaus mit neuestem Stand der Technik

Krito Private Clinic (☎22410 30020; Ioannou Metaxa 3; ⌚24 Std.)

Polizei

Hafenpolizei (☎22410 22220; Mandrakiou)

Touristenpolizei (☎22410 27423; ⌚24 Std.) Neben dem EOT

Post

Hauptpost (Karte S. 570) Am Mandraki-Hafen

Reisebüros

Charalampis Travel (☎22410 35934; ch_trav@otenet.gr; 1 Akti Saktouri) Bucht Schiffs- und Flugtickets

Rodos Sun Service (☎22410 26400; 14 New Market) Bucht Schiffs- und Flugtickets. Mit Manuela sprechen

Skevos: Travel Agency (☎22410 22461; skeos@rho.forthnet.gr; 111 Amerikis) Bucht Schiffs- und Flugtickets für ganz Griechenland.

Triton Holidays (☎22410 21690; www.tritondmc.gr; Plastira 9, Mandraki) Die hilfsbereiten Mitarbeiter buchen Flug- und Schiffsreisen, mieten Autos, buchen Unterkünfte und planen Touren durch den Dodekanes und verkaufen Fahrkarten in die Türkei.

Touristeninformation

EOT (Greek National Tourist Organisation; Karte S. 570; ☎22410 35226; www.ando.gr; Ecke Makariou & Papagou; ⌚Mo–Fr 8–14.45 Uhr) Hier gibt's Broschüren, Stadtpläne und die *Rodos News*, eine kostenlose englischsprachige Zeitung.

Unterwegs vor Ort

Nahverkehrsbusse fahren vom **städtischen Busbahnhof** (Karte S. 570; Mandraki) am Mandraki-Hafen ab und kosten pauschal 1 €. Bus 11 fährt in einem Bogen an der Küste entlang, am Aquarium vorbei und weiter zur Akropolis. Wer mit diesem Bus eine Runde fährt, kann sich gut orientieren. Bus 2 fährt nach Analipsi, Bus 3 nach Rodini, Bus 4 nach Agios Dimitrios und Bus 5 zur Akropolis. Tickets werden im Bus verkauft.

Östliches Rhodos

Die meisten der Sandstrände von Rhodos liegen an seiner Ostküste, wo auch die meisten Unterkünfte für Pauschalurlaubsreisende und endlose Reihen von Touristenbars zu finden sind. Wer dort untergebracht ist, kann sich ein Auto mieten oder in einen Bus steigen und an weiter entfernte Strände, ins Landesinnere und an die Süd- oder Westküste fahren.

Von Rhodos-Stadt bedienen regelmäßig Busse die Strecke nach Lindos, aber für einige der einsameren Strände muss man von der Straße aus einen kleinen Fußmarsch in Kauf nehmen.

Die restaurierte, in altem Glanz erstrahlende **Kalithea Thermi** (☎22410 65691; www.kallitheasprings.gr; Kallithea; Eintritt 2,50 €; ⌚April–Okt. 8–20 Uhr, Nov.–März 8–17 Uhr) war ursprünglich eine von Italienern erbaute, lediglich 9 km von Rhodos-Stadt entfernte Bäderanlage. Mit ihren großartigen Gebäuden, Kolonnaden und zahlreichen, herrlichen Ausblicken bietenden Bogengängen ist sie eine Wanderung wert. Ausstellungen in den Innenräumen zeigen die vielen Filme, die hier gedreht wurden, darunter Szenen aus *Alexis Sorbas* und

Flucht nach Athena mit Roger Moore. Auf den Besucher warten darüber hinaus ein Café und ein kleiner, zum Baden einladender Sandstrand. An den noch nicht fertiggestellten, großen Flächen von *chochlakia* (Mosaike aus schwarzen und weißen Kieselsteinen) wird bereits seit 14 Jahren gearbeitet.

Der **Ladiko-Strand,** der hier nur „Anthony-Quinn-Strand" genannt wird, besteht aus zwei nebeneinander liegenden Buchten mit Kiesstrand im Norden und vulkanischen Felsen im Süden. Letztere ist gut zum Baden, aber das Wasser ist hier merklich kälter.

Etwas weiter südlich zweigt bei Kolymbia rechts eine Straße zu den 4 km entfernten **Epta Piges** (Sieben Quellen) ab. Die Quellen sprudeln in einen Fluss, der in einen im Schatten liegenden See fließt. Zum See geht's über einen Fußweg oder durch einen engen, dunklen Tunnel, in dem man durch knöchelhohes, schnell fließendes Wasser watet. Wer Klaustrophobie hat oder sehr groß ist, sollte sich für den Fußweg entscheiden. Der See hat eine tiefgrüne Farbe und ist die Heimat von Schildkröten. In der Nähe der Quellen gibt's ein Café und einen Kinderspielplatz. Es fahren keine Busse nach Epta Piges; mit dem Bus Richtung Lindos fahren und an der Abzweigung aussteigen.

Wieder zurück an der Küste, kommt man zu den Sandstränden von **Kolymbia** und **Tsambika,** die im Sommer sehr voll sind. Ein Stückchen die Straße hinauf liegt die Abzweigung, die zum sandigen, idyllischen **Stegna-Strand** führt. Nach weiteren 4 km kommt die Abzweigung nach Charaki, von wo aus ein Pfad zu den Ruinen der **Festung Faraklos** aus dem 15. Jahrhundert führt. Die Festung, einst ein Gefängnis für aufsässige Ritter, war die Letzte der ganzen Insel, die von den Türken erobert wurde. Sie bietet einen großartigen Ausblick. In der Nähe liegt die Sandbucht **Agathi.**

LINDOS ΛΙΝΔΟΣ

1090 EW.

Das antike Lindos mit seinen würfelförmigen Häusern, die sich bis zum türkisfarbenen Meer hinziehen, ist eine Offenbarung. Von den Dorern um 1100 v. Chr. – dank seines hervorragenden Naturhafens und seiner strategisch günstigen Lage – gegründet, ist sein Erscheinungsbild heute von vielen byzantinischen, fränkischen und türkischen Überresten geprägt. Über den engen, verwinkelten Gassen, die gesäumt sind von Schmuckläden, Modeshops und Skulpturenläden, ragt die prächtige, von silbrigen Kiefern umstandene Akropolis empor. Natürlich ist Lindos von Touristen überlaufen, aber hinter den großen Stränden gibt's einsame, felsige Buchten, die zum Baden einladen; und wer sich auch nur ein paar Schritte von den belebten Fußgängerzonen entfernt, findet weißgetünchte Ruhe und Beschaulichkeit.

Sehenswert sind auch die Häuser von Kapitänen aus dem 17. Jahrhundert und ihre mit geschnitzten Reliefs geschmückten Fassaden, kunstvoll bemalten Holzdecken und Hochbetten.

Sehenswertes & Aktivitäten

Akropolis von Lindos ARCHÄOLOGISCHE RUINEN

(Eintritt 6 €; ⏲Sept.–Mai Di–Do 8.30–14.40 Uhr, Juni–Aug. Di–So bis 18 Uhr) Eine sehr schöne Mischung aus byzantinischer Architektur außen und einer inseltypischen dorischen Architektur aus dem 2. Jahrhundert v. Chr. innen macht den etwas mühseligen Aufstieg zu der schön erhaltenen Akropolis lohnend, die in 116 m Höhe auf einer Bergkuppe thront. Die Akropolis beeindruckt vor allem durch ihre teilweise Rekonstruktion, die eine Vorstellung von ihrer einstigen Größe vermittelt. Sehenswert sind die 20-säulige **hellenistische Stoa** (200 v. Chr.) und die byzantinische Kirche **Agios Ioannis** mit ihren alten Fresken rechter Hand. Die breite Freitreppe hinter der Stoa führt zu einem Propyläum aus dem 5. Jahrhundert v. Chr., hinter dem man zum **Tempel der Athene** aus dem 4. Jahrhundert v. Chr. kommt, die wichtigste antike Ruine der Stätte. Athene wurde bereits im 10. Jahrhundert v. Chr. in Lindos verehrt; dieser Tempel steht an der Stelle früherer Tempelbauten.

Eselsritte kosten 5 € hin & zurück, aber wer es aus eigener Kraft schaffen will, marschiert vom Hauptplatz direkt in den Ort, wendet sich bei der Kirche nach links und folgt den Hinweisschildern. Das letzte Stück des Weges ist ein anstrengender 10-minütiger Anstieg. Oben gibt's keinen Schatten, also eine Kopfbedeckung und Wasser mitnehmen.

Strände STRAND

Der **Hauptstrand** liegt östlich der Akropolis, ist sandig und hat flaches Wasser, sodass er für Kinder ideal ist. Auf einem nach Norden an die Westspitze der Bucht führenden Weg geht's zum kleineren, von Tavernen gesäumten **Pallas-Strand,** hinter dem es ein paar Felsen gibt, wo man ins Wasser gehen kann, falls es am Strand zu voll wird. In der Nähe des Anlegers auf keinen Fall baden, da dort die nesselnde Schwarze Anemone vorkommt. Zehn Minuten zu Fuß von der Stadt entfernt liegt an der Westseite der Akropolis die geschützte **St.-Paulus-Bucht.** Sie ist ruhig, und ihr türkisfarbenes Wasser wärmt einem das Herz.

Schlafen

Unterkünfte sind in Lindos teuer und meist ausgebucht. Also im Voraus buchen!

LP TIPP Melenos BOUTIQUEHOTEL €€€
(☎22440 32222; www.melenoslindos.com; Suite inkl. Frühstück 310–400 €; ❄@📶) Dieses hinreißende Boutiquehotel, das aus den Seiten vom *Hip Hotels* zu stammen scheint, erinnert an einen arabischen Traum, mit seinen maurisch geprägten Innenräumen, unzähligen heimeligen Glaslampen und von Laternen erleuchteten Restaurant. Hoch über der Bucht gelegen und mit einem unverbauten Blick auf die Akropolis darüber, ist es bei Nacht einfach bezaubernd. Nach einem Essen mit frischen Gartensalaten und Tenderloin-Steaks erwartet den Gast eine Suite mit einem traditionellen Hochbett und osmanisch beeinflusster Inneneinrichtung. Die Fertigstellung dieses Kleinods dauerte ganze 15 Jahre; wer Melenos' Schätze kennengelernt hat, versteht warum.

Anastasia Studio APARTMENTS €€
(☎22440 31751; www.lindos-studios.gr; DZ/3BZ 55/60 €; P❄) Am Ostrand von Lindos gelegen, sind diese sechs Split-Level-Apartments um einen Innenhof voller Geranien herum und mit eigener Veranda sowie viel Raum im Studio selbst für Familien bestens geeignet. Jedes hat eine gut ausgestattete Küche und einen abgetrennten Schlafraum. Auf der anderen Straßenseite befindet sich ein Minimarkt.

Electra PENSION €
(☎22440 31266; www.electra-studios.gr; EZ/DZ 40/50 €; ❄) Hübsche weiß getünchte Zimmer, lackierte Holzbetten, Kühlschränke, frische Decken und das übliche Kunstgewerbe an den Wänden. Einige Zimmer verfügen über einen Balkon, und Gäste können von einer Dachterrasse aus den Blick auf einen Zitronenhain und die Bucht genießen. Außerhalb der Saison kosten die Zimmer nur 25 €.

Filoxenia Guest House PENSION €€
(☎22440 31266; www.lindos-filoxenia.com; DZ/Suite inkl. Frühstück 90/140 €; ❄@) Der mit Kieselsteinen gepflasterten, weiß gekalkte Hof, in dem bepflanzte Keramikkübel und schicke Tische und Stühle stehen, ist ein friedlicher Ort zum Entspannen und Ausruhen. Die Zimmer sind geräumig und schlicht eingerichtet, mit den typischen, erhöht angelegten Betten und gefliesten Fußböden. Alle Zimmer haben einen Kühlschrank und eine Kochecke, und auch Familienzimmer sind vorhanden. Es liegt in der Nähe der Polizeistation.

Essen & Ausgehen

LP TIPP Captain's House CAFÉ, BAR €
(Snacks 3–6 €) Wenn man auf dem Rückweg von der Akropolis nach links abbiegt, bringen einen die müden Füße in dieses Kapitänshaus aus dem 16. Jahrhundert mit seiner schönen Steinrelieffassade. Im Hof und in den mit Holz und Stein gestalteten Innenräumen erklingt sanfte Musik. Hier gibt es Snacks, Saft, Kaffee, Eiscreme und Smoothies.

Eklekton CAFÉ €
(Hauptgerichte 3–6 €) Gleich östlich der Hauptstraße liegt dieses coole, gemütliche Lokal mit einer schönen Dachterrasse und mit Bougainvillea bewachsenen Mauern. Auf der Speisekarte stehen Omeletts, Frühstücke, Salate und Wraps. Außerdem gibt's kostenlosen Internet- und WLAN-Zugang.

Kalypso TAVERNE €
(Hauptgerichte 10–12 €) Mit Blick auf die Fassade des Kapitänshauses schwelgt man hier in Seebrasse, Schwertfisch und Kalamari, die selbst Poseidon ein Lächeln abgewinnen würden. Reiche Auswahl an Kindertellern und vegetarischen Gerichten. In die zweite Straße rechts von der Hauptstraße einbiegen.

Village Café KONDITOREI €
(Hauptgerichte 6–8 €) Diese von weißen Mauern umgebene Bäckerei oder auch Café liegt im Freien und hat einen sehr schönen Mosaikfußboden aus Kieselsteinen. Angeboten werden superfrische Salate, Wraps, Sandwiches und Waffeln sowie Eis und Säfte. Das köstliche *bougatsa* (mit

Vanillecreme gefülltes Blätterteigebäck) mal probieren!

Poseidon Crêperie CRÊPERIE €
(Crêpes 4,50 €; ⌚9–22 Uhr) Die auf dem Weg zur Akropolis gelegene Crêperie Poseidon ist die Älteste in Lindos, was man allerdings beim Anblick der hellen Räume nicht annehmen sollte. Anfangen mit ein paar der leckeren, mit Obst oder Süßem belegten dünnen Eierkuchen und zum Abschluss einen Milchshake ...

Mare Mare CAFÉ, BAR €
(Hauptgerichte 9 €) Das einzige schicke Lokal an der Pallas-Bucht, weiß und cool eingerichtet. Am besten nachmittags bei einem kühlen Mythos und einem Teller Kalamari zu genießen. Auf den Tisch kommen fast nur Fisch und Meeresfrüchte.

Praktische Informationen

Der ganze Ort ist Fußgängerzone. Kein Fahrzeug kommt weiter als bis zur zentralen Plateia Eleftherias, wo die Hauptstraße Akropolis beginnt. Die Endstation für Esel-Taxis hinauf zur Akropolis liegt ein Stückchen weiter. An der Eselstation wendet man sich nach rechts und kommt nach 50 m zur Post.

Nahe an der Eselstation liegt die Commercial Bank of Greece mit einem Geldautomaten. Die National Bank of Greece gegenüber der Kirche Agia Panagia hat ebenfalls einen Geldautomaten.

24hr Self Service (Internet pro Std. 3 €) An diesem täglich geöffneten Geldautomaten werden auch Süßigkeiten und Getränke verkauft. In der Nähe des Hauptplatzes

Doctor Fish (Akropolis; 10 € pro 15 Min.) Hunderte winziger Doktorfische knabbern abgestorbene Haut von den Füßen, wenn diese in ein Gefäß mit Wasser getaucht werden. Östlich der Hauptstraße

Island Of The Sun Travel (☎22440 31264; Akropolis) Organisiert lokale Ausflüge und mietet Autos sowie Unterkünfte an

Krankenhaus (☎22440 31401; ⌚Mo–Fr) Hinter dem Amphitheater-Club einen halben Kilometer außerhalb der Ortschaft in Richtung Rhodos gelegen. Nach Dr. Nikos fragen

Lindos Library & Laundrette (Akropolis; 7,50 € pro Wäscheladung) Gebrauchte englische Bücher liegen aus; vermietet auch Ventilatoren.

Lindos Sun Tours (☎22440 31333; www.lindosuntours.gr; Akropolis) Bietet Zimmervermittlung sowie Auto- und Motorradverleih und kann bei Flughafenfahrten, Babysitting usw. helfen

Städtische Touristeninformation (☎22440 31900; Plateia Eleftherias; ⌚7.30–21 Uhr) Schien geschlossen, als wir dort waren, kann aber wieder geöffnet sein, wenn das Buch vorliegt

Waterhoppers (☎6981270341; Plateia Eleftherias) In der Nähe des Parkplatzes hinter dem Hauptstrand. Tauchfahrten zu Höhlen und Schiffswracks zu 79 € pro Tag

www.lindos-holiday.com Eine praktische private Webseite mit zahlreichen Unterkunftsangeboten in Privathäusern

Westliches Rhodos & das Hinterland

Das westliche Rhodos ist erfüllt vom Duft seiner Kiefern, an seinen fruchtbaren Hängen schimmern silbergrüne Wälder und Täler. Ungeschützter als die Ostseite ist es auch windiger – ein Paradies für Kite- und Windsurfer – die See ist meist rau, und die Strände sind meist steinig. Wer mit dem Rad fährt oder mit einem Motorrad oder Auto unterwegs ist, sollte sich die Straßen, die von Osten nach Westen durchs Binnenland führen, nicht entgehen lassen.

ANTIKES IALYSOS ΑΡΧΑΙΑ ΙΑΛΥΣΟΣ

Die dorische Stadt **Ialysos** (Erw. 3€; ⌚Di–So 8.30–15 Uhr) wurde auf dem Berg Filerimos erbaut und zog im Lauf der Jahrhunderte immer wieder Eroberer an. Mit der Zeit entstand hier ein buntes Gemisch aus dorischen, byzantinischen und mittelalterlichen Überresten. Am Eingang führen Stufen zu den antiken Ruinen eines Tempels aus dem 3. Jahrhundert und zur restaurierten Kapelle **Agios Georgios** sowie zum **Kloster unserer lieben Frau.** Alles, was vom Tempel übrig geblieben ist, sind die Grundmauern, aber die Kapelle ist ein friedliches Refugium.

Der Weg links vom Eingang führt zu einer mit Fresken geschmückten **Kapelle** aus dem 12. Jahrhundert, die wie ein Bunker aussieht.

Vor dem Eingang befinden sich ein kleiner Kiosk, jede Menge Pfauen und ein von Pappeln gesäumter Weg mit den **Kreuzwegstationen.** Auch gibt's hier Reste einer **byzantinischen Kirche** unterhalb des Parkplatzes. Ialysos ist 10 km von Rhodos entfernt; Busse fahren alle halbe Stunde.

VON IALYSOS NACH PETALOUDES ΙΑΛΥΣΟΣ ΠΡΟΣ ΠΕΤΑΛΟΥΔΕΣ

Wer von Ialysos Richtung Süden fährt, kommt zum **Bienenmuseum** (www.mel.gr; Eintritt Erw./Kind 3/1 €; ⌚8.30–15 Uhr), wo man vieles über das Honigmachen und die Geschichte der Bienenzucht auf Rhodos erfährt. Man kann Bienen bei ihrer Arbeit beobachten, bei der Herstellung von Honig zusehen und sich im Souvenirladen mit Honigrum, Honigseife und Honigbonbons versorgen. Das Museum ist über die schnurgerade Tsairi-Flughafen-Autobahn nach Kalithies zu erreichen; es liegt gleich hinter Pastida auf der rechten Seite.

Von hier aus ist es nur ein Katzensprung nach **Maritsa,** von wo aus eine landschaftliche schöne Straße über mit Kiefern bewachsene Berge nach **Psinthos** führt, wo an einem belebten Platz viele kleine Lokale zu einer Pause einladen. Im **To Stolidi Tis Psinthoy** (Hauptgerichte 7–9 €) herrscht mit Holzbalken, karierten Tischtüchern und Familienfotos an den Wänden eine ländliche Atmosphäre. Gut gewürztes Schweinefleich, *dolmadhes* und frisch gebackenes Landbrot sind sehr zu empfehlen.

PETALOUDES ΠΕΤΑΛΟΥΔΕΣ

Das nordwestlich von Psinthos gelegene **Petaloudes** (Erw. 6 €; ⌚8.30–16.30 Uhr) ist besser bekannt als Schmetterlingstal. Wer im Juni, Juli oder August, wenn die bunten Schmetterlinge geschlechtsreif werden, herkommt, sieht gleich, warum. Die Schmetterlinge *(Callimorpha quadripunctarea)* werden vom Duft des harzreichen Orientalischen Amberbaums in das Tal gelockt, wo sie sich fortpflanzen. Im Sommer kommen Busladungen mit Touristen, aber außerhalb der Saison hat man den herrlichen Waldpfad, die Flüsse und Teiche ganz für sich allein – allerdings auch ohne Schmetterlinge.

ANTIKES KAMEIROS
ΑΡΧΑΙΑ ΚΑΜΕΙΡΟ

Die weitläufigen **Ruinen** der dorischen Stadt Kameiros befinden sich auf einem Hügel an der Westküste, 34 km südlich von Rhodos-Stadt gelegen. Die antike Stadt, berühmt für ihre Feigen, ihr Öl und ihren Wein, erlebte ihre Blütezeit im 7. Jahrhundert v.Chr. Mit Beginn des 4. Jahrhunderts v.Chr. hatte ihr Rhodos den Rang abgelaufen. Ein Großteil der Stadt wurde in den Jahren 226 und 142 v.Chr. von Erdbeben zerstört, nur ihre Grundmauern sind noch zu erkennen. Zu den Ruinen gehören ein **dorischer Tempel,** von dem noch eine Säule steht, **hellenistische Häuser,** ein **Athene-Tempel** und eine **große Stoa** aus dem 3. Jahrhundert v.Chr. Am besten besucht man Kameiros am Nachmittag, wenn nur wenige Touristen den Zauber der Stätte stören.

VOM ANTIKEN KAMEIROS NACH MONOLITHOS
ΑΡΧΑΙΑ ΚΑΜΕΙΡΟΣ ΠΡΟΣ ΜΟΝΟΛΙΘΟ

Skala Kamirou liegt 13, 5 km südlich vom antiken Kameiros und dient als Ausgangshafen für Reisende, deren Ziel die Insel Chalki ist. Der kleine Hafen selbst liegt nördlich der Stadt und ist sehr malerisch. Selbst wenn man nicht auf eine Fähre wartet, lohnt es sich, bei **O Loukas** (Hauptgerichte 7–12 €) zum Mittagessen einzukehren. Das Lokal mit herrlichem Seeblick, passender nautischer Dekoration und einer gemütlichen Atmosphäre hat frischen Fisch, Meeresfrüchte und hausgemachte Burger auf der Speisekarte.

Südlich des Hafens, vor der Ortschaft Skala, zweigt eine Straße nach Kritinia ab. Sie führt zu der verfallenen **Burg Kritinia** aus dem 16. Jahrhundert, die einen atemberaubend schönen Ausblick auf die Küste und bis nach Chalki bietet. Es ist eine geradezu märchenhafte Szenerie, wo man jederzeit mit dem Erscheinen von Romeo oder Rapunzel rechnet.

Die Straße, die von hier aus südwärts nach Monolithos führt, ist landschaftlich streckenweise besonders schön. Von Skala Kamirou windet sie sich bergauf; nach ca. 5 km kommt eine Abzweigung zum Weinanbaugebiet Embonas. Auf der Hauptstraße erreicht man nach etwa 9 km **Siana,** ein pittoreskes Dorf am Fuß des Berges Akramytis (825 m), das für seinen Honig und seinen *souma* – ein scharfer Tresterschnaups – berühmt ist.

Das Dorf Monolithos, 5 km hinter Siana, wird von der spektakulär auf einem 240 m hohen, kahlen Felsen thronenden **Festung von Monolithos** überragt, die nur über einen unbefestigten Weg zu erreichen ist. Hinein geht's durch ein Loch in der Mauer. Wer dem Pfad weiter folgt, kann rechts nach **Moni Agiou Georgiou** oder links zum sehr schönen, grobkiesigen **Fourni-Strand** weiterwandern.

WEINLAND

Von Salakos aus kommt man landeinwärts nach **Embonas** an den Hängen des Attavyros (1215 m), dem höchsten Berg im Landesinneren. Embonas ist die Weinhauptstadt von Rhodos und produziert einige der besten Tropfen der Insel. Der rote Cava Emery oder Zacosta und der weiße Villare sind eine gute Wahl. Verkosten und kaufen kann man sie im **Weingut Emery** (www.emery.gr; Embonas; Eintritt frei; ⌚ April–Okt. 9.30–16.30 Uhr), das Besichtungsfahrten zu seinen dörflichen Winzereien anbietet. Es liegt am Ostrand der Stadt.

Embonas selbst reißt einen nicht vom Hocker, auch wenn es von der Tourismusbehörde als „traditionelles Dorf" angepriesen wird. Dagegen lohnt sich die Fahrt um den Berg Attavyros herum nach **Agios Isidoros,** 14 km südlich von Embonas, einem hübscheren und immer noch unverdorbenen Wein produzierenden Dorf auf dem Weg nach Siana.

Südliches Rhodos

Südlich von Lindos entlang der Ostküste ist die Insel windgespeitscht und weniger touristisch; in den Dörfern scheint es hier geruhsamer zuzugehen. Der nur 2 km südlich von Lindos gelegene, sandige **Pefki-Strand** ist zu Recht beliebt. Sollte er überlaufen sein, liegt ein Stückchen weiter an der Küstenstraße der sandige **Glystra-Strand,** der ebenfalls ideal zum Baden ist.

Das florierende Dorf **Laerma** befindet sich 12 km nordwestlich von Lardos. Von hier aus sind es 5 km durch hügelige, grüne Landschaft zum schön gelegenen **Moni Tharri** (Eintritt gegen Spende) aus dem 9. Jahrhundert. Es ist das älteste Kloster der Insel, war längere Zeit verlassen und wird heute wieder von Mönchen bewohnt. Die Fahrt dorthin ist etwas mühsam, lohnt sich aber sehr für diejenigen, die sich für Fresken interessieren. Jeder Quadratzentimeter des Innenraums der Kapelle ist mit Malereien aus dem 13. Jahrhundert ausgeschmückt, die sehr gut erhalten sind. Das Kloster ist normalerweise tagsüber nicht abgeschlossen.

GENNADI ΓΕΝΝΑΔΙ

655 EW.

Dieses verschlafene Dorf mit nur einer Straße und inmitten von Zitronenhainen hat ein paar *kafeneia* (Kaffeehäuser), freundliche Einheimische und weiß getünchte, ein paar hundert Meter vom Kiesstrand entfernte Häuser zu bieten. Es gibt einen Obstmarkt, eine Bäckerei, einen Supermarkt, ein Internet-Café, eine Autovermietung und ein paar Tavernen.

Zwischen einem 800 Jahre alten Maulbeerbaum und einem Zitronenhain gelegen, bieten die sechs Studio-Apartments in **Effie's Dreams Apartments** (☎22440 43410; www.effiesdreams.com; 3BZ 60 €; ❄@📶) eine schöne Aussicht aufs Meer und Balkone, von wo aus man diese genießen kann. Es gibt auch eine einladende Piazza, wo man lesen kann, und ein flottes Café mit WLAN, Snacks und Cocktails. Die Zimmer sind hell, geräumig und nur 10 Minuten zu Fuß vom Strand entfernt.

In der mit mythologischen Wandmalereien dekorierten **Mama's Kitchen** (Hauptgerichte 7–10 €) kommt vor allem Pizza auf den Tisch, aber es gibt auch Gegrilltes wie leckere Lammkoteletts und *souvlaki*.

VON GENNADI NACH PRASONISI ΓΕΝΝΑΔΙ ΠΡΟΣ ΠΡΑΣΟΝΗΣΙ

Von Gennadi aus zieht sich ein fast ununterbrochener Strand mit Kies und Sanddünen bis hinunter zum 11 km südlich gelegenen **Plimmyri.**

Eine ausgeschilderte Abzweigung führt nach **Lahania,** 2 km abseits der Hauptstraße. Die obere Straße von Lahania ist nichts Besonderes, aber wer hinunter in die Altstadt (von der Küste kommend die erste Straße links) geht, findet sich in einem Dorf mit verwinkelten Gassen und traditionellen Gebäuden wieder, in das sich nur wenige Touristen verirren.

Wer Lust auf einen ländlichem Urlaub hat, es aber dennoch komfortabel wünscht, kann sein müdes Haupt in den **Four Elements** (☎69394 50014; www.thefourelements.be; Studio/Apt. pro Woche 540/770 €; ❄@📶🏊) mit seinen extrem behaglichen und geräumigen Apartments betten. Einige haben Meerblick, und eines hat sogar einen traditionellen offenen Kamin. Alle sind mit kompletten Küchen ausgestattet, und es gibt einen himmlisch schönen Pool, ein Kinderbecken, einen Grill im Freien und einen Garten. Eines der Apartments ist für Rollstuhlfahrer geeignet.

In Lahania lädt die **Taverna Platanos** (Hauptgerichte 5–7 €) hinter der Kirche am Dorfplatz zur Mittagspause ein. In dem landestypisch eingerichteten Lokal mit einem Innenhof voller Blumenpracht lässt es sich wunderbar verweilen.

Die Hauptküstenstraße führt nach Süden vorbei an zahllosen Kapellen nach **Kattavia,** dem südlichsten Dorf auf Rhodos. Es ist ein netter Ort, an dem der Touristenstrom vorbeifließt. Einkehren lässt es sich hier besonders gut bei **Penelope's** (Hauptgerichte 7–12 €) am Hauptplatz, wo man sich frischen Fisch und handgemachte Chips schmecken lassen kann.

Von Kattavia schlängelt sich eine windige Straße über 10 km Richtung Süden zum abgelegenen **Kap Prasonisi,** der südlichsten Spitze der Insel. In den Sommermonaten ist es mit Rhodos durch einen schmalen, sandigen Isthmus verbunden, der im Winter auch mal überflutet sein kann. Da hier das Karpatische Meer auf das Mittelmeer trifft, finden Kite- und Windsurfer aufgrund der oft guten Windverhältnisse ideale Bedingungen und einige komplett ausgestattete Surfstationen, darunter das **Pro Center Kristof Kirschner** (☎22400 91045; www.prasonisi.com). Für alle, die ein Mittagessen oder ein Bett suchen, gibt's hier ein Resort, das Windsurfer mit allem versorgt, was sie brauchen, und Restaurants und Jugendherbergen hat. Außerhalb der Saison ist alles geschlossen.

VON KATTAVIA NACH MONOLITHOS
ΚΑΤΤΑΒΙΑ ΠΡΟΣ ΜΟΝΟΛΙΘΟΣ

Zur einsamen, windumtosten Südwestküste von Rhodos kommen nur wenige Touristen. Und wer das unverfälschte Inselleben sucht, findet es hier. Wenn man Zeit hat, ist dies ein schöner Landstrich, wo man sich wie am Ende der Welt fühlen kann. Ungefähr 10 km nördlich von Kattavia führt eine Abzweigung rechts zu dem ruhigen **Moni Skiadi,** einem Kloster aus dem 18. Jahrhundert, von dem aus sich eine einmalige Aussicht auf die Küste bietet. Monolithos selbst ist ein weiß gekalktes Amphitheater von Häusern, die sich unterhalb des auf einem Plateau liegenden, von Kiefern beschatteten *kastro* (Burg) ducken.

CHALKI

310 EW.

Wenn man aus dem geschäftigen Rhodos nach Chalki (Χάλκη) kommt, wirkt hier alles fast wie ausgestorben. Dann, im klassizistischen Hafen, regt sich etwas – ein alter Fischer breitet Garnelen unter einem Feigenbaum aus, der Schatten eines orthodoxen Priesters eilt die enge Straße hinab ... Alles, was sich auf dieser früheren Schwammtaucherinsel tut, dreht sich um den Hafen mit seinen schlichten, urgemütlichen Tavernen hinter Bergen von gelben Netzen und vor einem türkisblauen Meer. Viele kommen hierher, um Häuser von Schiffskapitänen zu mieten, vereinzelt sind es auch Segler, die von Chalkis schönem Hafen angezogen werden. Die Insel ist größtenteils felsig, aber es gibt ein paar verlockend ruhige Strände. Doch beim Sonnen und Baden unbedingt die Augen offen halten – es gibt hier 14 Schmetterlingsarten, über 40 Vogelarten, Oregano- und Majoranfelder, unzählige Bienenstöcke und rund 6000 Ziegen! Wer im Frühjahr hierher kommt, erlebt die Insel unter einem Teppich von Wildblumen.

ℹ An- & Weiterreis

Es gibt täglich eine Fähre (10 €) von Skala Kamirou auf Rhodos und täglich außer sonntags und samstags einen Anschlussbus nach Rhodos. Die Bushaltestelle liegt 150 m vom Fähranleger in Skala Kamirou entfernt in der Hauptstraße. **Stelios Kazantzidis** (☎69444 34429) unterhält ebenfalls eine unabhängige Fährverbindung nach Skala Kamirou.

Es gibt außerdem Fährverbindungen zwischen Chalki und Karpathos, Kolona, Piräus, Santorin, Sitia auf Kreta und Tylos. Tickets sind bei Chalki Tours und Zifos Travel in Emborios erhältlich. Zwei örtliche Fähren, die *Nissos Halki* und die *Nikos Express* verkehren täglich zwischen Chalki und Skala Kamirou auf Rhodos (10 €, 30 Min.).

FÄHRVERBINDUNGEN VON CHALKI

REISEZIEL	HAFEN	DAUER	PREIS	HÄUFIGKEIT
Karpathos	Emborios	3 Std.	12 €	2-mal wöchentl.
Piräus	Emborios	19 Std.	43 €	2-mal wöchentl.
Rhodos	Emborios	2 Std.	10 €	5-mal wöchentl.
Rhodos*	Emborios	1¼ Std.	21 €	2-mal wöchentl.
Santorin (Thira)	Emborios	15 Std.	32 €	2-mal wöchentl.

*Schnellverbindungen

ℹ Unterwegs vor Ort

Die meisten Touristen umrunden die Insel zu Fuß. Im Sommer verkehrt stündlich ein Minibus zwischen Emborios und dem Moni Agiou Ioanni (5 €). Die Insel besitzt auch ein einsames Taxi, das gewöhnlich vor dem Postamt steht. Preise und Telefonnummern sind an Kiosken ausgehängt. Es gibt auch ein Wassertaxi, das zu den Hauptstränden fährt, und Ausflugsboote zu der unbewohnten Insel Alimia (30 €), auf der sich Wildkräuterfelder erstrecken; bei **Kiristanis Cruises** (☎6988155630) anrufen. Auf Chalki kann man weder Autos noch Motorräder mieten.

Emborios Εμπορειός

50 EW.

Chalkis einzige Ortschaft Emborios liegt an einer hufeisenförmigen Bucht mit kristallklarem Wasser und lockt mit schönen, im italienischen Stil erbauten Häusern, die einst Kapitänen gehörten. Venezianische Fensterläden schmücken ocker- und cremefarbene Fassaden, darunter gähnen Katzen, und Alte spielen mit ihrer *komboloi,* der typischen griechischen Perlenkette. Am lebhaftesten geht's zu, wenn früh morgens der Bäcker öffnet. Den Legenden der Einheimischen zufolge geistern nachts *diola* (Kobolde) durch die dunklen Straßen und verfallenen Häuser. Autos sind außerhalb der Ankunfts- und Abfahrtszeiten der Fähren aus dem Hafengebiet verbannt, sodass es an der Uferpromenade ruhig und autofrei zugeht.

Sehenswertes

Die alten **Villen,** die den Hafen schmücken, sind eine Augenweide. Viele wurden bzw. werden derzeit wieder in ihren alten Glanz zurückversetzt, während andere völlig verfallen sind. Zusammen verleihen sie Chalki ein malerisches Aussehen und machen den Bummel am Hafen zu einem beliebten Zeitvertreib.

Der imposante, steinerne **Uhrturm** am Südende des Hafens ist ein Geschenk der Chalki-Gemeinde in Florida. Der Turm sieht sehr eindrucksvoll aus, aber was die Anzeige der Uhrzeit angeht, ist er nicht allzu verlässlich.

Die Kirche **Agios Nikolaos** verfügt über den höchsten Glockenturm im gesamten Dodekanes und außerdem über einen besonders schönen Kieselmosaikhof auf der Ostseite. Im Obergeschoss befindet sich ein kleines **Museum** (Erw. 2 €; ⏲Mo–Fr 18–19, So 11–12 Uhr) mit alten Bibeln, Ikonen und anderen sakralen Exponaten. Das **Traditionelle Haus** (Erw. 2 €; ⏲Mo–Fr 11–15 & 18–20 Uhr) zeigt, wie man früher in einer Inselhütte lebte; hierher geht's die Straße hinauf an der Bäckerei vorbei.

Schlafen

Für Besucher, die sich spontan für eine Reise in diese Gegend entscheiden, stehen nur sehr wenige Unterkünfte zur Auswahl, also in den Saisonmonaten im Voraus buchen. Zifos Travel, gegenüber der Bäckerei, kann bei der Zimmersuche helfen.

Chalki

Captain's House PENSION €
(☎22460 45201; capt50@otenet.gr; DZ 40 €) Die einzige Pension, in der man unangemeldet auftauchen kann, ist dieses Haus eines früheren Widerstandskämpfers, in dem zwei sehr schöne Zimmer vermietet werden. Es wird von der charmanten Christina geführt, ist makellos sauber und mit antiken Uhren und Bildern von alten Schonern an den Wänden eingerichtet. Die Zimmer haben die für das 19. Jahrhundert typischen hohen Decken und Holzfußböden, und es gibt eine herrliche Sonnenterrasse mit großartigem Ausblick auf den Hafen sowie einen Innenhof, in dem es sich gemütlich chillen lässt.

Hiona Art Hotel HOTEL €€
(☎22460 45208; www.hionaart.gr; DZ 120 €) Die dem Rathaus gehörende frühere Schwammfabrik ist erst in neuerer Zeit zu einem attraktiven Hotel mit 20 eleganten Zimmern umgebaut geworden. Jedes ist mit schickem Mobiliar ausgestattet, hat einen Balkon; eine palastartige Marmorlobby sowie ein modernes Restaurant gehören dazu. Am Ende des alten Ladepiers führt eine Badeleiter ins Meer.

Essen

Maria's Taverna TAVERNE €
(Hauptgerichte 6 €) Maria bietet in ihrem Lokal leckere typisch griechische Küche im Schatten reifer Feigenbäume mit köstlichen Salaten, Tintenfisch, Kalmar, Chalki-Lamm und *souvlaki,* alles begleitet von fröhlichem Vogelgezwitscher. Die Taverne ist direkt neben Zifos Travel zu finden.

Black Sea TAVERNE €
(Hauptgerichte 7 €) Auf der linken Seite des Hafens liegt dieses helle Speiselokal mit blauen Tischtüchern und wie Girlanden aufgehängten Kalmaren, die in der Sonne trocknen. Auf der Karte stehen *souvlaki,* Garnelen, Hummer und Lammeintopf.

Remezzo TAVERNE €
(Hauptgerichte 7–12 €) Dieses Steinhaus mit grünen Fensterrahmen blickt auf den Hafen, und aus seiner typisch griechischen Küche strömen verlockende Düfte. Hier kann man in Rinderfilet, Schweinekotelett, Tintenfischragout und gegrilltem Schwertfisch schwelgen.

Dimitri's Bakery BÄCKEREI €
(Hauptgerichte 2 €) Für seine Spinat- und Apfelpasteten, Croissants, Käseflams und, am Abend, Pizza berühmt. Am späten Nachmittag schmecken die frisch gebackenen Pasteten besonders gut.

Praktische Informationen

Schiffe legen im Zentrum des Hafens von Emborios an, und die meisten Geschäfte und Unterkünfte sind zu Fuß leicht zu erreichen. Die kostenlose, vierteljährlich erscheinende *Halki Visitor* ist eine gute Quelle für lokale Infos.

Es gibt einen DodecNet-Geldautomaten beim Informationspavillon am Hafen, aber keine Bank auf der ganzen Insel.

Chalki Tours (☎22460 45281; Fax 22460 45219) Hilft bei der Zimmersuche, Reisen, Ausflügen und Geldwechsel

Infopavillon (Anleger) Lokalinfos im Aushang

Krankenhaus (☎22460 45206; ⏲Mo–Fr 9–12 & 18–20 Uhr) Telefonnummern für den Notdienst am Wochenende sind hier ausgehängt.

Polizei und Hafenpolizei (☎22460 45220) Am Hafen

Post (⏲Mo–Fr 9–13.30 Uhr) Am Hafen

Twelve Islands Bank ATM In der Nähe von Zifos Travel und gegenüber vom Fähranleger

www.halki-travel-guide.com Zahlreiche Vorschläge, was man unternehmen und wo man essen kann

Zifos Travel (☎22460 45082; zifostravel.gr) Hilft bei der Zimmersuche, Reisen, Ausflügen und Geldwechsel

Unterwegs auf Chalki

In der nach Süden hin nächsten Bucht liegt der sandige **Podamos-Strand,** ein traumhafter Küstenstreifen, an den türkisfarbene Wellen schlagen und an dessen grünen Hängen Ziegen weiden. Ein Stückchen weiter oben bietet **Podamos Beach Taverna** (Hauptgerichte 8 €; ⏲Mittag- & Abendessen) einen unglaublich schönen Seeblick und dazu Gerichte mit Fisch und Meeresfrüchten. Nur 1 km von Emborios in Richtung von Chorio kommt flaches Wasser, das ideal für Kinder ist. Hier gibt's eine einfache Taverne und Liegen und Sonnenschirme zum Mieten. Der steinige **Ftenagia-Strand,** hinter der Landspitze und 500 m südlich von Emborios, ist bestens geeignet zum Schwimmen zwischen Felsen und zum Schnorcheln. Die **Ftenagia Beach Taverna** (Hauptgerichte 7 €; ⏲Mittag- & Abendessen) ist ein gemütliches Lokal direkt am Wasser.

Chorio, das von Emborios in ca. 30 Gehminuten (3 km) auf dem Tarpon Springs Boulevard zu erreichen ist, war einst eine blühende Gemeinde mit 3000 Einwohnern, ist heute aber fast völlig verlassen. Die **Kirche** enthält schöne Fresken, ist aber nur an Feiertagen geöffnet. Am 14. August kommt die ganze Insel hierher, um einem Gottesdienst für die Jungfrau Maria, der Ikone der Kirche, beizuwohnen. Ein kaum erkennbarer Pfad führt vom Chorios Kirchhof zur **Johanniterfestung** hoch. Es geht 15 Minuten steil bergauf; unterwegs bieten sich herrliche Ausblicke.

Das **Moni Agiou Ioanni** ist von Chorio aus in einer zweistündigen, schattenlosen, 8 km langen Wanderung auf einer breiten Asphaltstraße zu erreichen. Die Kirche mit ihrem Kirchhof, die im Schatten einer riesigen Zypresse liegt, ist ein ruhiger, friedlicher Ort, der alljährlich am 28. und 29. August zum Leben erwacht, wenn das fröhliche Fest des Schutzpatrons der Kirche, des Hl. Johannes, gefeiert wird. Es gibt gelegentlich die Möglichkeit, gegen eine Spende für die Kirche in einfachen Zimmern zu übernachten.

KARPATHOS

6080 EW.

Die Insel Karpathos (Κάρπαθος), berühmt für ihre wilden Gebirge und blauen Grotten, liegt langgestreckt im Meer und wird vom Wind umtost. Angesichts ihrer enormen Größe und geringen Bevölkerungsdichte kann, wer an den Stränden wandert und die Bergdörfer besucht, leicht das Gefühl haben, er habe die Insel für sich allein. Der Süden der Insel ist beliebt bei

Adrenalinjunkies und steht jeden Sommer im Scheinwerferlicht, wenn hier ein internationaler Kitesurfer-Wettbewerb ausgetragen wird. Derweil weht der starke Wind, der die Gischt von den türkisgrünen Wellen fegt, bis in den gebirgigen Norden, rüttelt an Kiefern und pfeift heulend um die geduckten Häuser. Traditionsbewusst tragen karpathische Frauen an diesem Ende der Insel noch heute Trachten, vor allem in Olymbos, dem Adlerhorst von einem Dorf, das sich auf einem Bergrücken ausdehnt. Es liegt abseits ausgetretener Pfade und beginnt gerade erst, Touristen auf der Suche nach dem echten Griechenland anzuziehen.

An- & Weiterreise

Karpathos hat einen großen Flughafen mit täglichen Verbindungen nach Athen (89 €), wöchentlich sechs Flügen nach Kasos (34 €) und nach Sitia (58 €) sowie einen täglichen Flug nach Rhodos (38 €). Tickets verkauft **Possi Travel** (22450 22235; possitvl@hotmail.com; Apodimon Karpathion) in Pigadia.

Regelmäßige Fährverbindungen bestehen nach Agios Nikolaos, Kasos, Milos, Piräus, Rhodos, Santorin und Sitia. Tickets sind bei Possi Travel erhältlich. Ein kleines Kaik verkehrt dreimal pro Woche zwischen Finiki (Karpathos) und Fry (Kasos).

FÄHRVERBINDUNGEN VON KARPATHOS

REISEZIEL	HAFEN	DAUER	PREIS	HÄUFIGKEIT
Chalki	Diafani	2 Std.	12 €	4-mal wöchentl.
Kasos	Pigadia	1½ Std.	9 €	2-mal wöchentl.
Milos	Pigadia	16 Std.	38 €	2-mal wöchentl.
Piräus	Pigadia	17 Std.	41 €	2-mal wöchentl.
Rhodos	Pigadia	5 Std.	23 €	3-mal wöchentl.
Santorin (Thira)	Pigadia	11 Std.	30 €	2-mal wöchentl.
Sitia	Pigadia	4 Std.	19 €	2-mal wöchentl.

Unterwegs vor Ort

Vom/zum Flughafen

Leider gibt's keinen Bus zum Flughafen. Man steigt in ein Taxi nach Pigadia (20 €) und weiter.

Auto, Motorrad & Fahrrad

Am östlichen Ortsrand von Pigadia vermietet **Rent A Car Circle** (22450 22690/911; 28 Oktovriou) Autos und Motorräder ab 30 €.

Die abschüssige und streckenweise recht holprige 19,5 km lange Straße von Spoa nach Olymbos erinnert an eine Szene aus einem Horrorfilm, bei der Leute aus dem Flachland ihren Kopf schütteln und sagen, dass die Strecke nicht zu schaffen ist. Die Wahrheit ist, dass die meisten von ihnen sie seit Jahren nicht gefahren sind. Es ist extrem windig da oben, darum sollte man nicht mit dem Roller dort hochfahren. Ein paar Kilometer sind immer noch nicht asphaltiert und holprig, aber im Allgemeinen ist die Straße heute in einem viel besseren Zustand und vielleicht schon ganz fertiggestellt, wenn dieses Buch vorliegt. Vor der Abfahrt volltanken

Wer ein Motorrad mieten will, braucht einen Motorrad-Führerschien zusätzlich zum normalen Führerschein.

Bus

Pigadia ist der Verkehrsknotenpunkt der Insel; ein Fahrplan hängt am **Busbahnhof** (22450 22338; M Mattheou) und am Informationspavillon für Touristen aus. Busse (2 €, nur Juli und August, täglich außer sonntags) fahren zu den meisten Ortschaften auf der südlichen Inselhälfte, einschließlich der Westküstenstrände. Zwischen Pigadia und Olymbos oder Diafani fährt kein Bus.

Schiff/Fähre

Von Mai bis September gibt's täglich Ausflugsboote von Pigadia nach Diafani mit einem Transferbus nach Olymbos (23 €). Die Boote legen in Pigadia um 8.30 Uhr ab. Es gibt auch regelmäßig Boote an die Strände Kyra Panagia und Apella (20 €). Tickets können am Anleger gekauft werden.

Von Diafani schippern Ausflugsboote zu den nahe gelegenen Stränden und gelegentlich zum unbewohnten Eiland Saria, wo ein paar byzantinische Ruinen zu sehen sind.

Taxi

Pigadias **Taxistand** (22450 22705; Dimokratias) befindet sich in der Nähe des Ortskerns, wo auch die gültigen Tarife aushängen. Ein Taxi nach Ammoöpi kostet 10 €, zum Flughafen 20 €, nach Arkasa und Pyles 20 €, nach Kyra Panagia 25 € und nach Spoa 30 €.

Pigadia Πηγάδια

1690 EW.

Pigadia ist nicht so fotogen und hat nicht so akkurat stehende, weiß getünchte Häuser wie die anderen Inseln. Wenn man sich aber etwas Zeit nimmt und am Hafen entlang, zwischen den Uferbars, Tavernen und Bäckereien, in Seitenstraßen wandert, gewinnt der Ort. Typisch griechisch, blickt kaum jemand vom nachmittäglichen Ret-

Karpathos

sina auf, wenn Fremde kommen. Aber ist es nicht gerade das, wonach sich Besucher manchmal sehnen?

Sehenswertes

Das von einer kleinen Meeresklippe auf den Ort blickende **Archäologische Museum von Karpathos** (Eintritt frei; Di, Do & Sa 9–13 & 18–20.30, Mi, Fr & So 8.30–15 Uhr) ist mit Artefakten aus der Gegend, wie Münzen, einem frühen Taufstein und Keramik, bestückt.

Wer vom Stadtzentrum aus an der Küste entlang nach Südwesten fährt, kommt an einen sandigen Strandabschnitt und nach weiteren 2 km zu den Ruinen der frühchristlichen Basilika **Agia Fotini,** die am Ufer steht. Wendet man sich an der Küste nach Osten und am Fähranleger vorbei, kommt man zu einer hoch auf dem Berg gelegenen **Kapelle,** von der aus sich ein atemberaubend schöner Blick zurück auf die Stadt und über das Meer bietet.

Schlafen

In Pigadia gibt es jede Menge preiswerte Unterkünfte.

Hotel Karpathos HOTEL €
(22450 22347; www.karpathoshotel.gr; Zi 30 €;) Diese schlichten Zimmer mit Kühlschrank, TV, Balkon mit Meerblick und sauberem Bad sind ihr allemal Geld wert. Pluspunkte sind hier der Preis – niedriger in der Nachsaison – und die charmante Dame, die es führt und ihren Gästen manchmal ein Tütchen mit Oregano schenkt.

Rose's Studios APARTMENT €
(22450 22284, 6974725427; www.rosesstudios.com; Zi 30 €;) Drei superneue Zimmer mit gefliestem Fußboden, blitzblanken Bädern und TV plus Kochnische und Balkon. Der Weg dorthin mag etwas anstrengend steil sein, lohnt sich aber wegen der Aussicht aufs Meer. Eine Klimaanlage kostet 5 € extra. Die freundlichen Besitzer sind ein weiteres Plus.

Elias Rooms APARTMENT €
(22450 22446, 6978587924; www.eliasrooms.com; EZ/DZ 30/35 €, Apt EZ/DZ 35/50 €;) Die drei Zimmer sind klein und einfach, während die Apartments stilvoller sind, geflieste Fußböden und in einem einen landestypisch erhöhten Schlafbereich haben. Die freundlichen Wirtsleute wissen viel über die Gegend zu erzählen.

MYTHOLGIE IM DODEKANES

Hinweise auf die Inseln des Dodekanes kommen überall in der griechischen Mythologie vor.

» **Rhodos:** Rhodos gehörte Helios, dem Sonnengott. Der Koloss von Rhodos, eines der Sieben Weltwunder der Antike, war ihm nachgebildet.

» **Leros:** Leros lag einst auf dem Grund des Meeres. Artemis (die Göttin der Jagd) und Selene (die Göttin des Mondes) überredeten Apollo (den Gott des Lichts), ihnen zu helfen, Leros ans Tageslicht zu heben.

» **Karpathos:** Diese Insel war einst die Heimat der mächtigen Riesen, der Titanen, die Zeus erst besiegen musste, bevor er sein Reich auf dem Olymp errichten konnte.

» **Nisyros:** Der heutige Vulkan auf Nisyros soll der Titan Polyvotis sein, den Poseidon mit einem Felsbrocken, den er von Kos abriss, erschlug und darunter begrub.

» **Lipsi:** Homers Held Odysseus erlag auf der Rückfahrt vom Trojanischen Krieg sieben Jahre lang dem Zauber der Nymphe Kalypso. Dies ist ihre Insel, die in der Odyssee Ogygia heißt.

» **Symi:** Glaukos, ein Sohn des Poseidon und selbst auch ein Meeresgott, hinterließ seinen Inselnachfahren seine Fähigkeiten eines Meeresbewohners, nämlich Tieftauchen und langes Luftanhalten – was für eine Schwammtaucher-Insel von großem Vorteil war.

» **Kalymnos:** Vermutlich nach dem mächtigen Titan Kalydnos – Sohn von Gaia (der Erde) und Uranus (dem Himmel) – benannt, der hier lebte

» **Kos:** Der Legende nach ist diese Insel dem Asklepios, dem Gott der Heilkunst, geweiht. Kein Wunder, denn Hippokrates, der Vater der modernen Medizin, lebte hier und gründete hier das erste Krankenhaus der Welt.

Hotel Titania HOTEL €
(☎22450 22144; www.titaniakarpathos.gr; EZ/DZ 30/ 45 €; ❄📶) Von der Lobby im Stil der 70er-Jahre bis zu den sauberen und praktischen Zimmern sieht hier alles nach Retro-Kitsch aus – sogar die orangefarbenen Tagesdecken. Mit TV, Klimaanlage und einem kleinen Balkon, auf dem man lesen kann, ist es ein nettes Hotel. Besser um ein Zimmer nach hinten bitten, um nicht vom Lärm der vorbeifahrenden Mopeds am Schlafen gehindert zu werden.

Oceanis Hotel HOTEL €€
(☎22450 22081; DZ 55 €; ❄📶) In diesem angeblich bei Präsidenten beliebten Hotel aus den Achtzigern schreit alles vor Kitsch, sobald man in die Spiegellobby und die goldverzierte Bar kommt. Die Zimmer im oberen Stock sind etwas normaler und haben nette Möbel, TV, Balkon und Seeblick.

Essen

Die meisten Bäckereien, Bars und Tavernen finden sich unten am Wasser oder gleich dahinter. Ausschau halten nach der lokalen Spezialität: *makarounes* (hausgemachte Nudeln mit Käse und Zwiebeln).

LP TIPP **To Helenikon** TAVERNE €
(Apodimon Karpathion; Hauptgerichte 7 €; ⏲ganzjährig) In dieser schönen, traditionellen Taverne – ihr Name bedeutet „Der Grieche" – sind die Wände mit Darstellungen griechischer Götter und Philosophen dekoriert. Serviert werden typisch karpathische Gerichte wie *makarounes* sowie eine reiche Auswahl an köstlich zubereitetem Fleisch, Fisch und Meeresfrüchten vom Grill. Der umtriebige Besitzer führt auch ein bekanntes Restaurant in Montreal. Am besten bucht man im Voraus, da das Lokal stets voll ist – selbst außerhalb der Saison. Auf jeden Fall die Tafel mit den Tagesgerichten ansehen.

Pastry Shop BÄCKEREI €
(Dimokratias; Süßigkeiten 1–4 €) Diese traditionelle Patisserie lockt mit Bergen von Keksen, karpathischem *baklava*, Eclairs, Spinatpasteten, Brownies sowie Eis und Drinks.

Posidon Taverna TAVERNA €
(Im Hafen; Hauptgerichte 5–9 €) In dieser belebten Hafentaverne wird Tintenfisch so frisch aufgetischt, dass er sich gelegentlich

Pigadia

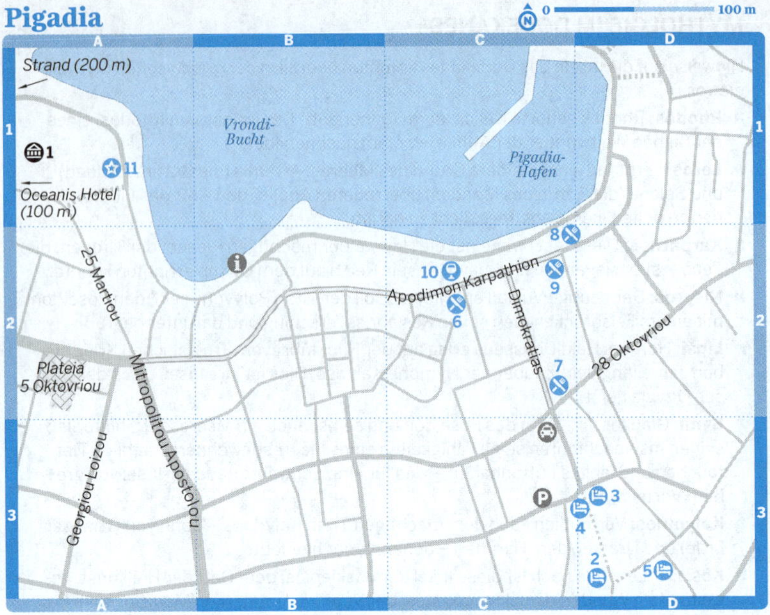

Pigadia

Sehenswertes
1 Archäologisches Museum von Karpathos A1

Schlafen
2 Elias Rooms D3
3 Hotel Karpathos D3
4 Hotel Titania D3
5 Rose's Studios D3

Essen
6 Akropolis C2
7 Pastry Shop C2
8 Posidon Taverna C2
9 To Helenikon C2

Ausgehen
10 En Plo C2

Unterhaltung
11 Theater A1

noch bewegt; außerdem gibt's anständige Portionen *souvlaki*, karpathische Sardinen und natürlich Kalamari. Unbedingt probieren: die bei den Fischern beliebten *dolmadhes* (mit Reis und Rosinen gefüllte Weinblätter), die mit einem Nachmittags-Ouzo heruntergespült werden.

Akropolis BRASSERIE €
(Apodimon Karpathion; Hauptgerichte 7–10 €) Das schicke, avocadogrüne Akropolis ist ein modernes Hafen-Café, auf dessen Speisekarte jede Art von Steak steht: Entrecôte, T-Bone, Filet, Sirloin und Ribeye, um nur einige zu nennen. Die Musik ist cool, und es gibt WLAN, mit dem man sich beschäftigen kann, oder man genießt einfach nur den Blick aufs Meer. Gegen Abend ist dies womöglich der beste Ort, um eine Bloody Mary zu killen.

Ausgehen

Unterhalb des Museums steht ein neues **Freilufttheater**, in dem im Sommer häufig Konzerte und Kulturveranstaltungen stattfinden. Für einen abendlichen Drink geht's zum Ufer, das von Bars und Cafés gesäumt ist, vor allem westlich des Informationskiosks. Im **En Plo** (Cocktails 6 €; ab 8 Uhr) gibt's eine große Auswahl an Cocktails und Kaffees in einem dämmrigen Interieur, erfüllt von Ibiza-Sounds. Wer lieber etwas zum Abtanzen sucht, wird vom **Heaven Club** und **Fever** (jede Nacht bis 1 Uhr, im Winter nur Fr & Sa), beide außerhalb der Stadt, mit einem kostenlosen Bus abgeholt, der ab 13 Uhr durch die Straßen fährt und in den man einsteigen kann.

Praktische Informationen

Der Fähranleger befindet sich am Nordende des großen Hafens. Von dort ist es ein kurzer Fußweg zum Zentrum von Pigadia, durch das die Hauptstraße, Apodimon Karpathion, führt. Diese wiederum führt nach Westen zum Hauptplatz Plateia 5 Oktovriou. Zum Sandstrand geht's 300 m weiter in Richtung Pigadia-Bucht.

Cyber Games (Am Ufer; Internet pro Std. 2 €; ⌚9–1 Uhr)

National Bank of Greece (Apodimon Karpathion) Hier gibt's einen Geldautomaten.

Polizei (☎22450 22224) In der Nähe des Krankenhauses am Westrand der Stadt

Possi Travel (☎22450 22235; possitvl@hotmail.com; Apodimon Karpathion; ⌚8–13 & 17.30–20.30 Uhr) Das wichtigste Reisebüro für Fähr- und Flugtickets, Ausflüge und Unterkünfte. Das Personal ist hier sehr hilfsbereit und spricht hervorragend Englisch.

Post (Ethnikis Andistasis) In der Nähe des Krankenhauses

Pot Pourri (Apodimon Karpathion; Internet pro Std. 2 €; ⌚7–1 Uhr)

Touristeninformation (☎22450 23835; ⌚Juli–Aug.) In einem Kiosk in der Mitte der Uferpromenade

www.inkarpathos.com Lokal geführte Seite mit Artikeln, Nachrichten und Informationen

Südliches Karpathos

Der Süden der Insel bietet ein paar Sandstrände und ruhige Ortschaften zum Erholen und Ausruhen. Landschaftlich schöne Wanderpfade verlaufen kreuz und quer durchs Land; in Pigadia eine Landkarte kaufen.

MENETES ΜΕΝΕΤΕΣ

450 EW.

Das kleine Dorf Menetes liegt hoch oben in den Bergen und wird von Gebirgsstürmen geschüttelt. Von seiner Kirche aus blickt man über eine endlose Hügellandschaft und das ferne Meer. Dann wandert man durch die schmalen, weiß getünchten Gässchen, und versucht, dem Wind zu entgehen wie einst Theseus dem Minotaurus. Das Dorf hat ein kleines, aber gut eingerichtetes **Museum** (Eintritt frei; ⌚auf Anfrage) rechter Hand, von Pigadia kommend. Den Wirt der Taverna Manolis bitten, es zu öffnen.

Es ist einfacht, in Menetes ein, zwei Stunden zu verbringen. Wer länger bleiben will, kann bei **Mike Rigas Domatia** (☎22450 81269; DZ/3BZ 20/25 €), einem typisch karpathischen Haus mit einem üppig begrünten Garten, nach einem Zimmer fragen. Einblick in das Bergleben mit alten Knaben, die redselig Karten spielen und es sich bei exzellentem *moussaka, stifadho* und Kalamari gut gehen lassen, bekommt man in der **Taverna Manolis** (Hauptgerichte 5–7 €), von der aus man herrliche Ausblicke genießen kann. Eine Alternative ist **Dionysos Fiesta** (☎22450 81269; Hauptgerichte 5–7 €), die regionale Speisen, wie Artischocken-Omelett und karpathische Würstchen, serviert. An der Durchfahrtsstraße nach unten liegt die **Taverna Perdiga** (Hauptgerichte 6 €), die sich über jedes Rauchverbot hinwegsetzt und voll besetzt mit rebellischen 80-Jährigen ist. Bei Schach und politischen Debatten lässt man sich hier Tintenfisch, Gyros, Sardinen und Lammkoteletts schmecken und trinkt dazu harzigen Retsina.

ARKASA ΑΡΚΑΣΑ

Einst ein inseltypisches, karpathisches Dorf ist Arkasa heute ein kleiner Ferienort, der im Winter völlig ausgestorben ist. Das Dorf selbst liegt über dem Wasser, 9 km von Menetes entfernt, während die Ferienanlagen sich in Strandnähe befinden. Internetzugang gibt es im Partheon Café im Ort, wo es auch einen Supermarkt und eine Reihe unspektakulärer Cafés mit schönem Blick aufs Meer gibt.

Eine Abzweigung unten im Dorf führt nach 500 m zu den Überresten der aus dem 5. Jahrhundert stammenden Basilika **Agia Sophia,** wo zwei Kapellen inmitten Mosaikfragmenten und Säulen stehen. Unterhalb der Basilika geht's an der Küste entlang zu einer antiken **Akropolis.** Von hier aus einmal quer über die Landzunge nach Süden und schon ist man am **Agios-Nikolaos-Strand.** Er ist etwa 600 m von der Hauptstraße entfernt, klein und sandig und bietet im Sommer ein Volleyballnetz und klares Wasser. Übernachten kann man in Strandnähe in den **Glaros Studios** (☎22450 61015; glaros@greekhotel.com; Agios Nikolaos; Studios 65 €), wo die Zimmer typisch karpathisch eingerichtet sind. Nebenan gibt's ein nettes Restaurant.

An der Straße nach Finiki liegen die **Eleni Studios** (☎22450 61248; www.elenikarpathos.gr; Arkasa; Zi 50 €; ≋) mit weißblau eingerichteten, geräumigen Apartments, die zum nahen Meer blicken.

Es gibt auch ein einladendes Café, stilvoll in Grau und mit Kandelabern eingerichtet. Weit vornehmer geht's im **Arkasa**

Bay Hotel (☎22450 61410; www.arkasabay.com; Apt. 100 €; ❄📶🏊) zu, von wo aus man auf Strand und Brandung blickt. Die Zimmer sind palastartig und hervorragend ausgestattet mit Kochnischen, modernen Möbeln, Fliesenboden und Flachbild-TV. Der Familienpool ist ein weiteres Plus, falls Kinder mitreisen.

FINIKI ΦΟΙΝΙΚΙ

Das sehr malerische, aber einwohnerarme Dorf Finiki liegt 2 km nördlich von Arkasa. Es ist typisch ägäisch mit seinen weißblauen Häusern an einem kleinen Kiesstrand und seinem verschlafenen Hafen, hat mehrere Tavernen und auch ein paar Unterkünfte, wo man sein müdes Haupt betten kann. Die beste Badegelegenheit ist der **Agios-Georgios-Strand** zwischen Arkasa und Finiki. Der vor Agios Georgios ausgeschilderte **Kamarakia-Strand** ist eine schmale Bucht mit starken Meeresströmungen.

Direkt oberhalb des Dorfes liegt das **Finiki View Hotel** (☎22450 61400; www.finikiview.gr; Zi 60 €, Apt. 80 €; ❄📶🏊), das einen traumhaften Blick nach unten auf Strand und Hafen bietet. Es ist hell und gemütlich und hat ein mehr als freundliches Management. Alle Studios und Apartments haben Kochnische, kieferngrüne Möbel, weiße Wände und Aussicht aufs Meer mit Sonnenuntergang. Manche haben sogar die traditionellen Hochbetten.

Über die schöne, türkisgrüne Bucht blickt die **Marina Taverna** (Hauptgerichte 4–7 €; ⊙ganzjährig). Auf den Tisch kommt eine reiche Auswahl an *mezedhes*, gegrilltem Fleisch und frischem Fisch, wie Hummer, Garnelen und Flussbarsch. Innen ist es gemütlich mit Sichtsteinwänden und sanfter Beleuchtung gestaltet, aber auch draußen sitzt es sich unter einem Baldachin ganz wunderbar.

Versteckt in einem wuchernden Garten ungefähr 9 km von Finiki entfernt liegen die ruhigen **Pine Tree Studios** (☎6977369948; www.pinetree-karpathos.gr; Adia; DZ 35€, Apt. 50–70 €; ❄). Die Zimmer und Apartments in dieser ländlichen Idylle sind komfortabel und geräumig mit Kochnischen und Blick auf Kassos. Im Restaurant werden Obst und Gemüse aus dem Garten in gemütlicher Atmosphäre serviert. Wanderer können in die **Flaskia-Schlucht** hochlaufen oder, wenn es weniger anstrengend sein soll, zum nahe gelegenen **Iliondas-Strand** marschieren.

LEFKOS ΛΕΥΚΟΣ

120 EW.

Nach Lefkos kommt man, wenn man von der Hauptküstenstraße 2 km in Richtung Meer fährt. Im Sommer ist Lefkos ein lebendiger Ferienort mit mehreren Sandstränden, im Winter hingegen verirrt sich kaum eine Menschenseele hierher.

Archäologiefans haben hier Gelegenheit, die unterirdischen Überreste einer **römischen Zisterne** zu besichtigen. Einfach die Zufahrtsstraße hochfahren und auf der linken Seite auf ein Hinweisschild „Katakomben" achten; ganz bis zum Ende der unbefestigten Straße fahren und dann auf dem Pfad K16 weitermarschieren.

Wer in dieser Ecke des Landes bleiben will, kann im **Le Grand Bleu** (☎22450 71400; www.legrandbleu-lefkos.gr; Studio/Apt. 50/90 €; @) ein gemütliches, gut ausgestattetes Apartment mieten, von dem aus man auf den großen Strandbogen Gialou Horafi in Lefkos blickt. Auf dem Gelände gibt's auch eine exzellente, schattige **Taverne** (Hauptgerichte 7–12€) mit *mezedhes*, wie Pilzen in Knoblauch und *imam baïldi* (Aubergine in Öl mit Kräutern); unbedingt probieren: die gemischte karpathische Platte mit Würsten, Käse, Kapern und Sardinen.

Täglich fahren Busse nach Lefkos; ein Taxi von Pigadia kostet 24 €. **Lefkos Rent A Car** (☎22450 71057; www.lefkosrentacar.com) ist ein verlässlicher Laden und liefert Fahrzeuge kostenlos überall hin im südlichen Karpathos.

Nördliches Karpathos

Die felsige, manchmal tückische Straße, die sich nach Norden durchs Gebirge windet, führt so hoch hinauf, als wolle sie direkt auf den Olymp, den Sitz der Götter. In dieser Höhe ist es feucht; hier gedeihen Bäume und Wildpflanzen in Hülle und Fülle. Nach schweren Regenfällen kommt es manchmal zu Steinschlag auf der Straße, daher sollte man sie nicht bei schlechtem Wetter befahren. Abgesehen davon ist sie größtenteils befestigt und befahrbar, und das Bergdorf Olymbos muss nicht gemieden werden. Viele fahren mit der Fähre nach Diafani und nehmen dort einen Transferbus, der sie nach Olymbos bringt. Auch gibt es im Norden hervorragende Trekkingmöglichkeiten, und die Kiesstrände haben besonders klares Wasser.

DIAFANI ΔΙΑΦΑΝΙ

250 EW.

Das am Ende einer windigen Straße abseits gelegene Dorf Diafani besteht aus einer Ansammlung weißer Häuser vor kobaltblauem Wasser und mit einer Gebirgskulisse im Hintergrund. Ohne das Plätschern der Wellen und die gelegentliche Ankunft eines Ausflugsbootes bewegt sich hier kaum etwas. Alte Männer spielen Backgammon, während Fischer in den Ufertavernen ein Schwätzchen halten. Fahrplanmäßige Fähren legen an, und aus Pigadia kommt täglich ein Ausflugsboot mit Touristen, die in Bussen nach Olymbos gefahren werden. Ansonsten fahren das ganze Jahr hindurch täglich um 8, 14.30 und 17 Uhr Busse nach Olymbos. Dreimal wöchentlich legt ein Boot nach Pigadia um 8 Uhr ab und kommt um 15 Uhr zurück.

Die meisten lassen Diafani links liegen, aber wer bleibt, hat mit aller Wahrscheinlichkeit Strände und Wanderwege für sich allein. Geld kann man bei der **Orfanos Travel Agency** (☎6974990394; ⏲8–13 & 17.30–20.30 Uhr) umtauschen und dort auch Fähr- oder Flugtickets besorgen. Es gibt hier weder eine Bank noch ein Postamt oder einen Geldautomaten, also Bargeld mitbringen. Infos über den Ort bekommt man auf www.diafani.com.

Aktivitäten

Die *Captain Manolis* fährt Besucher zu den sonst nicht erreichbaren Stränden auf Karpathos und zur Nachbarinsel **Saria.** Die Ausflugsboote legen am Anleger in der Ortsmitte gegen 10 Uhr ab und kommen um 17 Uhr zurück. Für Essen und Getränke müssen die Fahrgäste selbst sorgen. Die Fahrt kostet um 20 €.

Wanderer sollten sich die *1:60 000-Karpathos-Kasos*-Karte (erhältlich in Pigadia) von Road Editions besorgen oder sich im Umweltamt an der Uferpromenade von Diafani erkundigen. Wanderwege sind mit roten oder blauen Zeichen oder Steinhaufen markiert. In einer halben Stunde zu Fuß auf einem Küstenpfad erreicht man nach 4 km Richtung Norden durch Kiefern hindurch den **Vananda-Strand.** Eine anstrengendere, zweistündige Wanderung bringt Wanderer nach 11 km Richtung Nordwesten zu der hellenistischen Fundstätte **Vroukounda.** Unterwegs kommt man durch das Landwirtschaftsdorf **Avlona.** Essen und Getränke mitnehmen, da es hier oben keine Einkaufsmöglichkeiten gibt.

Schlafen & Essen

In Diafani gibt es ein paar kleine Hotels. Empfehlenswert ist das **Balaskas Hotel** (☎22450 51320; www.balaskashotel.com; EZ/DZ 30/40 €; ❄📶), wo Gästen 14 frisch restaurierte Zimmer mit Fliesenböden, bunten Bettdecken, Satelliten-TV und WLAN sowie ein Hotelboot zur Verfügung steht, das sie für nur 10 € pro Person zu benachbarten Inseln fährt. Zum Strand sind es zwei Minuten zu Fuß.

Am Nordende der Bucht liegen die **Dolphin Studios** (☎22450 51301; Apt. 35 €; ❄) mit gemütlichen Studios mit Kochgelegenheit, schöner Aussicht, strahlend weißen Wänden und einer attraktiven Sonnenterrasse. Bei der La Gorgona Taverna nach links gehen.

Am Wasser reiht sich Restaurant an Restaurant. In das **Rahati** (Hauptgerichte 7 €) kommen auch Einheimische und essen *souvlaki,* Moussaka, Gyros und Kalamari. Es liegt an der Uferpromenade.

In der Nähe des Brunnens liegt **La Gorgona** (Hauptgerichte 7 €), wo man keineswegs zu Stein erstarrt, denn bei entspannender Musik wird der Gast mit Pasta, Pizza, *mezedhes,* frischem Fisch und einem weiten Blick aufs Meer verwöhnt.

OLYMBOS ΟΛΥΜΠΟΣ

330 EW.

Olymbos: Würfelförmige Häuser klammern sich eng an den schwindelerregend steilen Gipfel des Profitis Ilias (716 m). Wer durch die windigen Straßen vorbei an alten Damen in lebhaft bunten Jacken, geblümten Kleidern, Kopftüchern und Ziegenlederstiefeln bummelt, kann leicht das Gefühl haben, in einem Filmset gelandet zu sein. Hier ist vieles sehr traditiosreich, denn die Einheimischen sprechen noch heute einen Dialekt, der Spuren des dorischen Griechisch der Antike aufweist. Im Dorf selbst und in seiner Umgebung stehen die Überreste von 75 Windmühlen; vier sind noch in Betrieb und mahlen Mehl für das traditionelle Brot, das im Freien in holzbefeuerten Backöfen gebacken wird.

Wer am späten Nachmittag oder frühen Vormittag – wenn die Tagesausflügler weg sind – hierherkommt, erlebt den Zauber von Olymbos; es gibt ein paar Läden, in denen Seifen, Teppiche und traditionelle Kopftücher verkauft werden, und ein paar gemütliche Tavernen, wo man den fantastischen Ausblick genießen kann. Wer zufällig am 15. August hier ist, sieht zur festlichen Messe in St. Panagia das ganze Dorf gekleidet in traditionellen Trachten und kann bei den zweitägigen Festlichkeiten dabei sein.

Schlafen & Essen

Das links von der Kirche gelegene **Hotel Aphrodite** (☎22450 51307; filippasfilipakkis@yahoo.gr; DZ 35 €) hat elegante, weiß getünchte Zimmer und den besten Meerblick im Dorf, da Hunderte von Metern unter dem Balkon kein Boden zu sehen ist. Das **Mike's** (☎22450 51304; 25–30 €) am südlichen Ortsrand hat jetzt renovierte Zimmer mit Bad und Kochnische. Das farbenprächtige *kafeneio* darunter ist mit seinem Holzinterieur und den zwitschernden Vögeln einladend gemütlich und serviert einfache Snacks, wie Sandwiches und Eier und Chips (Hauptgerichte 5 €). Das traditionsreiche **Hotel Olymbos** (☎22450 51009; 35 €) bietet eine herrliche Aussicht aus Zimmern mit Hochbetten, dicken Bettdecken und einem tollen Restaurant im ersten Stock mit einer offenen Küche, in der Fleischbällchen, geschmorte Ziege, *moussaka* und *makarounes* zubereitet werden. Nach dem Zigeunerwagen-Laden fragen, in dem Puppen und bemalte Töpferwaren angeboten werden.

Das **Parthenon Restaurant** (Hauptgerichte 4–8 €) gegenüber der Kirche am Dorfplatz ist gut besucht von Einheimischen. Die Wände sind mit Instrumenten und alten Fotos behängt, und auf den Tisch kommen *soutzoukakia* (Fleischbällchen in Wein und Tomatensauce).

Wer mit weniger Kalorien speisen möchte, braucht nur bis zum **Eden Garden** (Hauptgerichte 4–8 €) südlich der Kirche zu gehen und bekommt dort Pizza, Salate, Desserts und köstlichen Kaffee.

KASOS

980 EW.

Das von heftigen Winden umtoste und von riesigen, türkisfarbigen Wellen umbrandete, abgeschiedene Kasos (Κάσος) sieht wie das Griechenland aus, das von der Zeit vergessen wurde. Die meisten seiner Besucher sind seltene Seevögel; 90 % der menschlichen Heimkehrer sind Kasioten, die vor Jahren in Scharen fortgegangen sind, um Arbeit zu suchen, und nur kurz auf Besuch sind. Nur wenige Fremde kommen hierher und die meisten zwangsweise (Segler, die hier bei schlechtem Wetter ankern müssen). Doch wer herzukommen wagt, wird dem umwerfenden Charme der südlichsten Insel des Dodekanes erliegen. Unverdorben vom Tourismus, bietet sie freundliche Einheimische und eine wilde Landschaft mit nebelverhangenen Gipfeln, die erkundet werden wollen.

Um 1820 hatte die von Türken regierte Insel 11 000 Einwohner und besaß eine große Handelsflotte. Unglückseligerweise betrachtete Mohammad Ali, der türkische Gouverneur Ägyptens, diese Flotte als ein Hindernis für seinen Plan, auf Kreta einen Stützpunkt zu errichten. Am 7. Juni 1824 landeten seine Männer auf Kasos und töteten rund 7000 Inselbewohner. Jedes Jahr erinnert man sich in einer Gedenkfeier an dieses Massaker, und Kasioten kommen aus aller Welt hierher zurück, um daran teilzunehmen.

An- & Weiterreise

Es gibt regelmäßige Flüge nach Karpathos (21 €, 10 Min.), Sitia (38 €, 40 Min.) und Rhodos (34 €, 1 Std.) mit **Olympic Air** (☎22450 41555; Kritis Airport).

FÄHRVERBINDUNGEN VON KASOS

REISEZIEL	HAFEN	DAUER	PREIS	HÄUFIGKEIT
Iraklion	Fry	5½ Std.	18 €	3-mal wöchentl.
Karpathos	Fry	1½ Std.	10 €	3-mal wöchentl.
Piräus	Fry	19 Std.	37 €	3-mal wöchentl.
Rhodos	Fry	7 Std.	25 €	3-mal wöchentl.
Santorin	Fry	10 Std.	56 €	3-mal wöchentl.
Sitia	Fry	2½ Std.	11 €	3-mal wöchentl.

Unterwegs vor Ort

Der örtliche Bus befand sich in der Werkstatt, als wir dort waren, aber normalerweise fährt er täglich mit rund einem Dutzend Touren zu allen Inseldörfern; die Fahrkarten kosten 1 €. Es gibt zwei **Taxis** (☎69779 44371, 69732 44371) auf der Insel. Roller oder Autos vermietet **Oasis – Rent-a-Car & Bikes** (☎22450 41746) in Fry.

Fry Φρυ

270 EW.

Hübsche weiße Häuser mit typischen marineblauen Haustüren und Fensterrahmen säumen den lang gezogenen Hafen von Fry, Haupt- und Hafenort der Insel. Ein paar Cafés warten auf Kunden, während gegerbte Fischer ihre orangefarbenen Netze an der unglaublich fotogenen Bouka-Mole flicken. Gelegentlich landet eine Zweipropeller-Maschine auf dem ein Stückchen vom Ort entfernten lokalen Flughafen, doch meist herrscht hier nur wenig Betrieb. Noch im Juni ist Fry eine Geisterstadt mit blätternden Fassaden und Straßen, durch die der Wind pfeift.

Sehenswertes & Aktivitäten

Frys **Archäologisches Museum** (Eintritt frei; ⌚9–15 Uhr, nur im Sommer) zeigt Objekte, die aus antiken Schiffswracks geborgen wurden, eine Sammlung mit antiken Öllampen und Funde aus Poli, wie hellenistische Steintafeln mit Inschriften.

Das **Ausflugsschiff Athina** (☎22450 41047, 69779 11209; hin & zurück 15 €) fährt im Sommer täglich zum unbewohnten Eiland Armathia, Abfahrt im Hafen von Fry um 15 Uhr und Rückkehr um 19 Uhr. Das Inselchen hat tolle Sandstrände, aber man muss alles, was man braucht, mitnehmen.

Schlafen

Hotel Anagennissis HOTEL €

(☎22450 41323; Zi mit/ohne Klimaanlage 59/40 €; ❄) Das in Strandnähe im Dorfzentrum gelegene Mittelklassehotel bietet gute Zimmer mit komfortablen Betten, Kühlschrank, TV und schöner Ausstattung. Wenn niemand am Empfang ist, bei der Kasos Maritime Tourist Agency nebenan (dieselben Besitzer) melden.

Fantasis PENSION €

(☎6977905156; www.fantasishotel.gr; DZ 40 €; ❄) Der Fußmarsch über einen halben Kilometer auf der Straße, die aus dem Ort nach Panagia führt, zur Pension lohnt sich – wegen der Ruhe, dem Blick aufs Meer und den gut ausgestatteten Zimmern mit TV, Kochnische, warmen Decken und sauberen Bädern. Alle sechs Zimmer haben Balkon, aber es könnte sein, dass man hier mit albanischen Fischern um einen Platz rangeln muss.

Evita Village PENSION €

(☎22450 41695, 69727 03950; evitavillage@mail.gr; EZ/DZ inkl. Frühstück 30/35 €; ❄) Die sorgfältig ausgestatteten Studios sind geräumig und geschmackvoll eingerichtet. Sie enthalten jedes nur erdenkliche Küchengerät, sind mit TV und DVD-Playern ausgestattet und bieten bis zu drei Personen Platz. Die Pension ist 300 m von der Ortsmitte entfernt.

Essen & Ausgehen

Retro Café CAFÉ €

(Plateia Iroön Kasou; Hauptgerichte 3 €) Das Retro hat tomatenrote Wände und einen schönen Bereich im Freien voller dicker Kissen, in die man sinken und einen Sandwich (aus dem verlockenden Feinkostladen) verzehren kann. Tolles Frühstück, Waffeln, Pasteten und Säfte, die von der Wirtin Polly mit einem Lächeln serviert werden.

O Mylos TAVERNA €

(Plateia Iroön Kasou; Hauptgerichte 7 €) Diese gemütliche Taverne am Hafen bietet einen unverbauten Blick auf das Meer und ein gutes Menu mit *souvlaki,* Garnelen, *moussaka,* im Topf geschmortem Kaninchenragout und verschiedenen Meeresfrüchten.

Apangio CAFÉ €

(Bouka; *mezedhes* 4 €; ⌚ab 9 Uhr) Dieses weiße, würfelförmige Haus am Bouka-Hafen hat ein schickes, nautisches Flair mit einer wolkenbemalten Decke, Steinmauern und einem freundlichen Service. Vor allem werden hier Kaffee und *mezedhes* serviert, aber auch Frühstück und Säfte.

Cafe Zantana BAR

(Bouka) Kasioten kommen in dieses schattige Lokal mit Steinmauern am Bouka-Hafen wegen der Pizza, Salate, Sandwiches, Cappucinos und der Cocktails.

Praktische Informationen

Die große Hafenanlage grenzt gleich neben dem Hauptplatz, der Plateia Iroön Kasou, an den Ort. Frys Hauptstraße ist die Kritis. Der örtliche Flughafen liegt 1 km westlich und ist über die Küstenstraße zu erreichen. Nach Emborio geht's vom Hafen nach links.

Ein einsamer Geldautomat der Commercial Bank steht neben der Hafeneinfahrt, und an der Plateia Iroön Kasou gibt's eine Filiale der Cooperative Bank of the Dodecanese mit einem Geldautomaten.

Apotheke (☎22450 41164) Medikamente aller Art

Gesundheitszentrum (☎22450 41333) Oft nicht besetzt; besser vorher anrufen

Hafenpolizei (☎22450 41288) Hinter der Kirche Agios Spyridon

Kasos Maritime & Travel Agency (☎22450 41495; www.kassos-island.gr; Plateia Iroön Kasou) Für Fahrkarten aller Art

Polizei (☎22450 41222) In einer schmalen, gepflasterten Straße, die von der Kritis nach Süden verläuft

Post (⏲Mo–Fr 7.30–14 Uhr) Schräg gegenüber der Polizei

Retro Café (⏲ab 8 Uhr) Mit kostenlosem WLAN

www.kasos.gr Eine informative Website in griechischer und englischer Sprache

Rund um Kasos

Das kleine **Emborio** ist ein Nebenhafen von Fry und wird von Ausflugs- und Fischerbooten genutzt. Mit einem Sandstrand und klarem Wasser ist es der Fry am nächsten gelegene Ort, wo man schnell mal ins Wasser springen kann.

Der beste Strand der Insel ist die abgeschiedene Kiesbucht **Helatros,** in der Nähe des Klosters **Moni Agiou Georgiou Hadion,** 11 km südwestlich von Fry auf einer gepflasterten Straße. Allerdings gibt's hier weder sanitäre noch sonstige Anlagen, und man kommt auch nur auf eigene Faust dorthin. Dann wäre da noch der Strand von **Avlaki,** der ganz nett, aber klein ist; ein Pfad führt vom Kloster aus dorthin. Keiner der Strände auf Kassos bietet Schatten.

Agia Marina, 1 km südwestlich von Fry, ist ein hübsches Dörfchen mit einer strahlend blauweißen Kirche. Hier findet am 17. Juli das **Agia-Marina-Fest** statt. Agia Marina ist auch der Ausgangspunkt für eine 3 km lange Wanderung zur **Ellinokamara-Höhle,** deren Eingang eigenartigerweise mit Steinen zugemauert ist. Wanderer können dem Schild „Hrysoulas" am Südende von Agia Marina folgen, bis zum Ende der Straße und dann etwa 10 Minuten auf einem Weg zwischen Steinmauern gehen. Ausschau halten nach einem Pfad, der leicht bergauf führt, und dann nach links zur Höhle abbiegen.

Von Agia Marina führt die Straße weiter zum saftgrünen **Arvanitochori** mit zahlreichen Feigen- und Granatäpfelbäumen. **Poli,** 3 km südöstlich von Fry, ist die alte Inselhauptstadt, erbaut auf der antiken Akropolis. **Panagia,** zwischen Fry und Poli, hat heute weniger als 50 Einwohner; seine einst gepflegten Kapitäns- und Reederhäuser stehen entweder leer oder werden repariert.

KASTELLORIZO (MEGISTI)

430 EW.

Kastellorizo (Καστελλόριζο [Μεγίστη]), wo an 320 Tagen im Jahr die Sonne scheint, ist Griechenlands entlegenste In-

Kasos

sel und gilt als eine der schönsten. Nur 2 km von Kaş in der Türkei entfernt, strahlen ihre wie mit Kreide gezeichneten Häuser mit roten Ziegeldächern, schmiedeeisernen Balkonen, ihre gepflasterten Straßen und Steinbogeneingänge einen unwiderstehlichen Zauber aus. Die Qualität des Lichts hier – der kahle Fels, die hellen Schatten der Häuser vor dem Hintergrund der aquamarinblauen See – ist unglaublich fotogen. Es nimmt nicht Wunder, dass dieser Zauber in dem italienischen Film *Mediterraneo* (1991) genutzt wurde – in einem Maße, dass die Insel sich als einer der Hauptdarsteller sieht. Kastellorizo wurde von den Johannitern zu einer mächtigen Festung ausgebaut, deren Steine rötlich waren und der Insel vermutlich ihren Namen gaben. Die Ruinen der Ritterburg blicken auf den reizenden Hafen mit seinem kristallklaren Wasser. In den letzten Jahrzehnten sind Nachkommen ehemaliger Auswanderer nach Australien – als „Kassies" bekannt – auf der Suche nach den Wurzeln ihrer Eltern oder Großeltern zurückgekehrt. Viele haben deren Häuser zurückgefordert und restauriert und Geschäft und Betriebe gegründet, was der Wirtschaft der Insel einen dringend benötigten Boom verschaffte und dem Ort selbst einen kosmopolitischen Anstrich.

Da es nur wenige Fähren und Flüge pro Woche gibt, ist Kastellorizo nicht leicht zu erreichen. Wer dieses entlegene Reiseziel aber doch ansteuert, wird mit Ruhe, schlichten Unterkünften und ein paar netten Restaurants belohnt. Es gibt keine richtigen Strände, aber zum Schwimmen ist das Wasser wunderbar klar.

Geschichte

Dank seines Naturhafens – angeblich der beste zwischen Beirut und Piräus – war Kastellorizo einst ein blühender Handelsort für Dorer, Römer, Kreuzfahrer, Ägypter, Türken und Venezianer. Die Insel kam im Jahr 1552 unter osmanische Herrschaft und besaß bald die größte Handelsflotte des Dodekanes. Leider verlor Kastellorizo nach dem Bevölkerungsaustausch zwischen Griechenland und der Türkei im Jahr 1923 seine strategische und wirtschaftliche Bedeutung und wurde 1928 an die Italiener abgetreten, welche die Inselbewohner unterdrückten und ausbeuteten. Viele wanderten nach Australien aus, wo noch heute rund 30 000 Nachkommen von ihnen leben.

Im Zweiten Weltkrieg wurde Kastellorizo bombardiert. Britische Befehlshaber nötigten die wenigen verbliebenen Inselbewohner zum Verlassen der Insel. Die meisten flohen nach Zypern, Palästina und Ägypten. Als sie zurückkehrten, fanden sie ihre Häuser zerstört vor und wanderten erneut aus. Die Insel hat sich von diesem Bevölkerungsverlust zwar nie ganz erholt, aber in den letzten Jahren haben Rückwanderer eine Periode des Aufbaus und der Neubesiedlung eingeleitet.

ℹ An- & Weiterreise

Es gibt Flüge nach Rhodos oder Fähren bzw. Katamarane, aber die Fährverbindungen von und zur Insel sind oft dürftig und immer selten.

Flugzeug

Olympic fliegt dreimal pro Woche nach Rhodos (35 €, 20 Min.), von wo man Anschluss nach Athen hat. Flug- und Fährtickets verkauft **Papoutsis Travel** (☎22460 70630, 69372 12530; www.kastelorizo.gr) im Ort Kastellorizo.

FÄHRVERBINDUNGEN VON KASTELLORIZO (MEGISTI)

REISEZIEL	HAFEN	DAUER	PREIS	HÄUFIGKEIT
Piräus	Kastellorizo	23 Std.	56 €	1-mal wöchentl.
Rhodos	Kastellorizo	4¾ Std.	20 €	1-mal wöchentl.
Rhodos*	Kastellorizo	2½ Std.	35 €	1-mal wöchentl.

*Schnellverbindungen

ℹ Unterwegs vor Ort

Zum Flughafen fährt das einzige **Taxi** (☎69387 39178) der Insel vom Hafen (5 €) oder der Nahverkehrsbus (1,50 €). Der Bus fährt 1½ Stunden vor Abflug vom Platz am Hafen ab.

Schiff/Fähre

Ausflugsboote fahren zur spektakulären **Blauen Grotte** (Parasta), die für den Glanz ihres spiegelglatten Wassers, der durch reflektiertes Sonnenlicht erzeugt wird, berühmt ist. Besucher müssen von einem größeren Kaik auf ein kleineres Motorschlauchboot umsteigen, das durch den niedrigen Höhleneingang passt – das ist nichts für Leute mit Klaustrophobie. Im Innern ist die Höhle 35 m hoch. In ihr leben Tauben, und gelegentlich bekommt man auch Robben zu Gesicht. Besucher dürfen, wenn sie wollen, kurz untertauchen. Der Ausflug kostet rund 15 €; zuständig ist **Georgos Karagiannis** (☎6977855756), dessen Boote *Varvara* und *Agios Georgios* täglich aus dem Hafen auslaufen. Sie starten um 9 Uhr und kehren gegen 13 Uhr zurück.

Möglich sind auch Tagesausfüge zu den kleinen Inseln **Ro** und **Strongyli,** wo man schwimmen und picknicken kann. Die Ausflüge kosten ungefähr 20 €, und die Boote legen gegen 9 Uhr im Hafen ab.

Es ist möglich, sich den Inselbewohnern bei einer ihrer häufigen Einkaufstouren nach **Kaş** in der Türkei anzuschließen. Ein Tagestrip kostet rund 20 €; die Boote fahren von der mittleren Uferpromenade ab. Die Pässe müssen 24 Stunden vor Abfahrt bei der Polizei abgegeben werden.

Kastellorizo (Ort) Καστελλόριζο

275 EW.

Neben Mandraki, dem kleinen Nachbarn auf der anderen Seite des Berges und im Osten, ist die Ortschaft Kastellorizo die Hauptsiedlung der Insel. Sie liegt an einer U-förmigen Bucht, die von imposanten, gepflegten, dreistöckigen Häusern mit Holzbalkonen und roten Ziegeldächern gesäumt ist. Die Häuser in den labyrinthartigen Seitengassen werden nach und nach restauriert. Im Ort leben viele Australier, die in die ansonsten recht lahme Gemeinde optimistischen Schwung bringen.

Sehenswertes

Über eine wacklige Metalltreppe erreicht man die **Johanniterburg,** die einen herrlichen Blich auf die Türkei gewährt. Unterhalb der Burg steht das **Museum** (Eintritt frei; Di–So 7–14 Uhr) mit einer Sammlung von archäologischen Funden, Trachten und Fotos. Hinter dem Museum führt eine Treppe zu einem Küstenpfad hinab, von wo aus weitere Stufen die Klippen hinauf zu einem aus dem 4. Jahrhundert v. Chr. datierenden **lykischen Grab** mit einer eindrucksvollen dorischen Fassade führen. An der anatolische Küste in der Türkei gibt es viele solcher Gräber, aber in Griechenland sind sie selten.

Moni Agiou Stefanou liegt an der Nordküste und ist Schauplatz eines der wichtigsten Feste der Insel: Das Fest des Hl. Stefanos am 1. August. Der Pfad zu dem kleinen weißen Kloster beginnt hinter der Post. Vom Kloster führt ein Pfad zur Bucht, in der man baden kann.

Paleokastro war einst die Hauptstadt der Insel. Innerhalb der hellenistischen Mauern der antiken Stadt stehen ein alter Turm, eine Wasserzisterne und drei Kirchen. Der Weg dorthin (1 km) beginnt an Betontreppen gleich hinter einem Wachhäuschen an der Straße zum Flughafen.

Schlafen

Viele der Hotels sind das ganze Jahr über geöffnet.

LP TIPP Mediterraneo PENSION €€
(☎22460 49007; www.mediterraneo-kastelorizo.com; Zi 75–85 €;) Das von einem Architekten entworfene und geführte Hotel mit stilvoll eingerichteten Zimmern zum Meer hin hat einen ländlichen Charme mit Bögen, Steinmauern und besonderem Mobiliar. Alle Zimmer blicken zum Garten oder zum Meer, und das Frühstück ist inklusive. Das Hotel liegt ganz am westlichen Ende des Hafens und damit günstig, um schnell mal im Hafen zu baden.

Damien & Monika's PENSION €
(☎22460 49028; www.kastellorizo.de; Zi 40 €;) Diese hellen, gemütlichen Zimmer im Zentrum des Orts wirken anheimelnd. Jedes ist mit traditionellen Möbeln, einem Kühlschrank und vielen Fenstern auf seine Art etwas Besonderes. Hier gibt's auch eine Buchtauschecke und jede Menge Lokalinfos.

Poseidon APARTMENTS €
(☎22460 49257, 6945710603; www.kastelorizo-poseidon.gr; EZ/DZ 50/60 €) Die beiden restaurierten Häuser des Hotels Poseidon bieten große Zimmer mit Farbe und Flair. Die

Kastellorizo (Megisti)

ebenerdigen Zimmer haben eine Veranda, die Zimmer im Obergeschoss einen kleinen Balkon mit herrlicher Aussicht aufs Meer. Das Poseidon liegt an der Westseite des Hafens, einen Häuerblock vom Ufer entfernt.

Essen

Die Tische stehen bis ganz dicht ans Wasser, und nachts herrscht eine ganz besonders schöne Stimmung. Aber aufpassen: Nur eine falsche Bewegung und man geht baden.

Radio Café CAFÉ €
(Früstück & Snacks 6 €; @) Außer Internet-Zugang bietet das Café leckeren Kaffee und reichhaltiges Frühstück, leichte Snacks und Pizza. Den Sonnenuntergang gibt's gratis dazu.

Kaz Bar BISTRO €
(*mezedhes* 7 €; @) Wer Lust auf alternative *mezedhes* hat, ist in der Bistro-Bar am Hafen genau richtig. Leckere Pizza, Hähnchenflügel und Frühlingsrollen sowie originelle Salate werden mit griechischen Weinen serviert.

To Mikro Parisi TAVERNE €
(Hauptgerichte 7 €) To Mikro Parisi ist schon seit 1974 im Geschäft und serviert immer noch große Portionen Fisch und Fleisch vom Grill. Die leckere Fischsuppe ist die Spezialität des Hauses, aber der gehaltvolle *stifadho* (süßer Eintopf, mit Tomaten und Zwiebeln gekocht) kann da ohne Weiteres mithalten.

Praktische Informationen

Der Kai befindet sich am Südende der Bucht. Ungefähr in der Mitte der Bucht liegt der Hauptplatz, die Plateia Ethelondon Kastellorizou, neben dem Anleger für Yachten. Die Siedlungen Chorafia und Mandraki sind über breite Treppen an der Ostseite der Bucht zu erreichen.

Erste Hilfe (☎22460 45206) Für Notfälle und einfache Gesundheitsfragen

Hafenpolizei (☎22460 49333) An der Ostspitze der Bucht

National Bank of Greece (☎22460 49054) Geldautomat vorhanden

Papoutsis Travel (☎22460 70630, 22460 49356; papoutsistravel@galileo.gr) Flugtickets und Schifffahrkarten

Polizeistation (☎22460 49333) An der Westseite der Bucht

Post Neben der Polizeistation

Radio Cafe (Internet pro Std. 3 €)

SYMI

2610 EW.

Symi (Σύμη) vereint mehr Superlative auf sich als die meisten Inseln und rühmt sich eines Wassers, das an manchen Stellen so klar ist, dass die Boote aussehen, als schwebten sie in der Luft; an anderen Stellen ist es so türkis, als sei Farbstoff darin. Gialos, der Hauptort und Hafen, hat sicherlich einen der schönsten Häfen im ganzen Dodekanes, dank der Kolonisierung durch die Italiener – mit seinen klassizistischen Fassaden, verlockenden Cafés und Tavernen an der Uferpromenade. Darüber erstreckt sich steil den Hang hinauf die Oberstadt Chorio. Dorthin führt die Kali Strata, eine steile Kopfsteintreppe, die sich zwischen Kapitänshäusern und zerfallenen Bauten hindurchwindet. Wer die Insel erkundet, findet ein überraschend grünes Binnenland mit großartigen Möglichkeiten zum Trekking, viele verstreute Strände und ein gewaltiges Kloster, das eine der wenigen religiösen Stätten ist, die eine eigene Fährverbindung unterhält.

Geschichte

Symi blickt auf eine lange Tradition des Schwammtauchens und des Schiffbaus zurück. Während der osmanischen Herrschaft erhielt die Insel das Recht, in türkischen Gewässern nach Schwämmen zu tauchen. Als Gegenleistung stellte Symi dem Sultan hervorragende Schiffbauer zur Verfügung und versorgte ihn mit erstklassigen Schwämmen direkt vom Meeresgrund. Dieser Tauschhandel brachte der Insel Wohlstand. Prachtvolle Wohnhäuser wurden gebaut, und Kultur und Bildung erlebten eine Blüte. Anfang des 20. Jahrhunderts lebten 22 500 Menschen auf der Insel, und jedes Jahr liefen 500 Schiffe vom Stapel. Doch die italienische Besatzung, das Aufkommen der Dampfschifffahrt und der Aufstieg von Kalymnos zum wichtigsten Schwammproduzenten der Ägäis setzten Symis Wohlstand ein Ende.

An- & Weiterreise

Katamarane, Ausflugsboote und **ANES** (☎22460 71444; www.anek.gr) verkehren regelmäßig zwischen Symi und Rhodos sowie den weiter nördlich gelegenen Inseln und nach Kastellorizo. Ein Anbieter legt in Panormitis im Süden der Insel an. Symi Tours (S. 603) veranstaltet samstags Ausflüge von Gialos nach Datça in der Türkei (40 € inkl. türkische Hafengebühren).

Schiff/Fähre

Im Sommer verkehren täglich Boote zwischen Symi und Rhodos. Die in Symi stationierten *Symi I* und *Symi II* fahren gewöhnlich über Panormitis.

FÄHRVERBINDUNGEN VON SYMI

REISEZIEL	HAFEN	DAUER	PREIS	HÄUFIGKEIT
Kalymnos*	Gialos	2 Std.	31 €	1-mal tägl.
Kos*	Gialos	1½ Std.	22 €	1-mal tägl.
Leros*	Gialos	3 Std.	40 €	1-mal tägl.
Patmos*	Gialos	4 Std.	44 €	1-mal tägl.
Piräus	Gialos	15 Std.	48 €	2-mal wöchentl.
Rhodos	Gialos	2 Std.	8 €	1-mal tägl.
Rhodos*	Gialos	50 Min.	21 €	1-mal tägl.
Rhodos*	Gialos	1 Std.	16 €	1-mal tägl.
Tilos	Gialos	2 Std.	8 €	2-mal wöchentl.

*Schnellverbindungen

Unterwegs vor Ort

Auto

Glaros (☎22460 71926, 69483 62079; www.glarosrentacar.gr; Gialos) in der Nähe des Uhr-

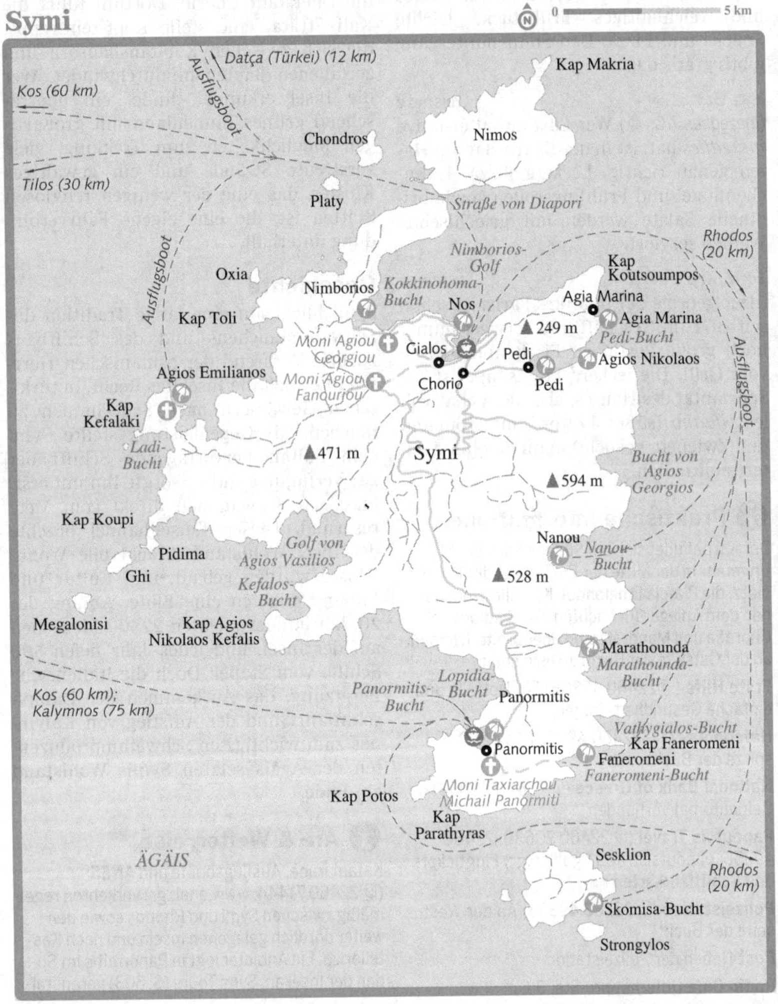

turms von Gialos vermietet Autos für rund 30 € und sehr neu aussehende Motorroller für 15 €.

Bus & Taxi

Die Bushaltestelle und der Taxistand befinden sich an der Südseite des Hafens in Gialos. Der **Graue Minibus** (☎6945316284) fährt stündlich zwischen Gialos und dem Strand von Pedi (über Chorio; pauschal 1 €) hin und her. Der **blaue Minibus** (☎22460 71311) fährt täglich um 10 und 15 Uhr von Gialos nach Panormitis (7 € hin & zurück). Taxis stehen an einem 100 m westlich von der Bushaltestelle gelegenen Stand und kosten 25 € nach Panormitis.

Schiff/Fähre

Mehrere Ausflugsboote fahren vom Hafen Gialos zum Moni Taxiarhou Mihail Panormiti (25 €) und dem Inselchen Sesklion (25 €), auf dem es einen schattigen Strand gibt. Auf den Werbetafeln können die Preise der einzelnen Boote verglichen werden. Es gibt auch Boote zum Strand Agios Emilianos, der ganz im Westen von Symi liegt.

Die kleinen **Wassertaxis** (☎22460 71423) *Konstantinos* und *Irini* fahren viele Strände der Insel an (8 bis 10 €). Sie legen um 10.15 bzw. 11.15 Uhr ab.

Gialos Γιαλός

2200 EW.

Das hübsche kleine Dorf mit seinem bunten klassizistischen Hafen, beherrscht von der Basilika und dem Uhrturm, wird gern von Tagesgästen und sogar den ganz großen Hollywood-Stars besucht. Im türkisgrünen Wasser wimmelt es von silbrig glänzenden Fischen, und der Charme des Dorfes scheint greifbar, seien es die traditionellen Kapitänshäuser, von denen einige als Pensionen wieder zum Leben erweckt wurden, oder die kleinen, gemütlichen Restaurants. In Anbetracht seiner früheren Geschichte als Schwammtaucherinsel überrascht es nicht, dass Gialos voller Läden ist, die Schwämme, Seifen und Bimssteine verkaufen. Bei einem Bummel durch die Seitengassen mit duftenden Bäckereien und netten Fischlokalen nimmt einen der Zauber des Ortes sofort gefangen.

Chorio wurde einst als Schutz gegen plündernde Piraten gegründet. Es erstreckt sich am Berghang mit einem Labyrinth von zerfallenen oder schön restaurierten Villen. Oben erwarten den Gast einladende Tavernen, wo er sich vom herkulischen Aufstieg über 500 Stufen ausruhen kann.

Sehenswertes

Chorio ist ein Gewirr von engen Sträßchen, die sich im Zickzack durch eine Palette von Sienna, Ocker und Zuckerweiß winden. In dem noch heute noch gut bevölkerten Ort mit mehreren Kirchen, einer Schule und vielen Wohnhäusern, kann man gemütlich bummeln und sich von der hektischen Betriebsamkeit der Hauptstraße Kali Strata absetzen.

Hoch über Chorio thront das **Johanniter-Kastro.** Das *kastro* wurde einst aus Steinblöcken der antiken Akropolis errichtet, und innerhalb seiner Mauern befindet sich die Kirche **Megali Panagia.** Die Burg ist erreichtbar durch das Gewirr von Chorios gepflasterten Fußgängerwegen oder alternativ auf einer Straße, die südöstlich von Gialos verläuft.

Auf dem Weg zum *kastro* ist an der Haltestelle Kali Strata das interessante **Archäologische & Völkerkundliche Museum** (Eintritt 2 €; ⌚Di–So 10–14 Uhr) ausgeschildert. Die Ausstellung umfasst hellenistische, byzantinische und römische Exponate sowie einige volkskundliche Gegenstände. Das nahe gelegene **Chatziagapitos-Haus** ist ein restauriertes Wohnhaus aus dem 18. Jahrhundert, das man sich zu den Öffnungszeiten des Museums ansehen kann.

Oben an der Kali Strata führt der Weg weiter nach links zu den Ruinen des **Pontiko Kastro,** eines Steinkreises, von dem angenommen wird, dass er aus der Jungsteinzeit stammt. Die Fundstätte ist erst zum Teil freigelegt und war zur Zeit unserer Recherche geschlossen, sie bietet aber eine herrliche Aussicht.

Hinter dem **Kinderspielplatz** im Hafen von Gialos gibt das **Seefahrtsmuseum** (Eintritt 2 €; ⌚Di–So 11–16 Uhr) einen Überblick über Symis Schiffbaugeschichte und zeigt Holzmodelle von Schiffen und andere nautische Memorabilien.

Aktivitäten

Symi Tours (☎22460 71307) bietet mehrsprachige geführte Touren über die Insel (jeden Dienstag um 8 Uhr) an, die oft mit einer Bootsfahrt zurück nach Galios abschließen. Das Buch *Walks in Symi* von Lance Chiltern beschreibt zwanzig Wanderungen über die Insel für Neulinge und Profis. Wer ein Exemplar dieses Buches erstehen möchte, kann bei **Symi Visitor Office** (☎322460 71785) anrufen und es dort bestellen. **Symi Dream** (☎69364

21715; Chorio) bietet Foto-Touren im Pedi-Tal an. In der Symi Dream Gallery an der Kali Strata finden sich nähere Informationen dazu.

Schlafen

LP TIPP **Hotel Aliki** BOUTIQUEHOTEL €€
(☎22460 71655; www.hotelaliki.gr; Gialos; DZ/Suite inkl. Frühstück 60/130 €; ❄) Symis ältestes Hotel ist voller Charme, von der traditionellen Lounge mit Holzfußboden – und mit alten Ledersesseln – bis zu den verspielten, wohlriechenden Zimmern, deren Betten mit weißem Leinen bezogen und so alt sind, wie das Hotel selbst. Fraglos die erstrebenswerteste Bleibe auf der Insel.

Hotel Fiona HOTEL €€
(☎22460 72088; www.symivisitor.com/Fiona.htm; Chorio; Zi inkl. Frühstück 60 €; ❄) Hell, blau und makellos sauber, bietet Fiona einen berauschend schönen Blick auf das Meer weit unten. Die Zimmer sind mit handbemaltem Mobiliar, Fliesenboden und einen kleinen Kühlschrank ausgestattet. Oben an der Treppe geht's nach links und 50 m weiter.

Pension Catherinettes PENSION €
(☎22460 71671; marina-epe@rho.forthnet.gr; Gialos; DZ 55 €; ❄@) Selbst die Luft scheint in dieser Pension, die in einer von der rechten Seite des Hafens aus sichtbaren Seitenstraße liegt, vom Duft der Vergangenheit getränkt. Ein Aufenthalt in der Catherinettes aus dem 19. Jahrhundert – mit ihren klassizistischen, handbemalten Decken, den Original-Holzfußböden und großen, komfortablen Zimmern – bleibt sicher unvergesslich. Kleine Balkone blicken auf den Hafen.

Hotel Garden PENSION €€
(☎22460 72429; Gialos; DZ 60–80 €; ❄) Die pastellfarbenen Zimmer in diesem alten Kapitänshaus sind gut ausgestattet mit Kochnische, Kühlschrank, TV und in einigen die landestypischen Hochbetten. Zum tadellos sauberen Hotel gehört ein schöner Garten, in dem man gemütlich chillen kann. Der Manager ist eine unerschöpfliche Quelle für Informationen. Bestens für Familien geeignet.

Essen

In Gialos hat sich am Hafen ein Speiselokal neben dem anderen angesiedelt; in Chorio sind sie eher am oberen Ende der Kali Strata zu finden.

GIALOS ΓΙΑΛΟΣ

Stani BÄCKEREI €
(Süßigkeiten 1–4 €) Diese göttliche Bäckerei liegt versteckt in einer Fußgängerstraße einen Häuserblock vom mittleren Hafen entfernt. Hier gibt's regionale Süßigkeiten, Trüffel, Kuchen und Crème brulée. Ideal für ein paar Leckereien fürs Picknick.

Nikolas Patisserie BÄCKEREI €
(Süßigkeiten 1–4 €) Diese Schatztruhe voller Kuchen, Pasteten, Keksen und sonstiger kulinarischer Köstlichkeiten, die alle schlecht für die Taille sind, ist auch ein super Anlaufpunkt für *baklava*. Unbedingt probieren: hausgemachte Profiteroles und Bio-Eis.

La Vaporetta MEERESFRÜCHTE €
(⌚12–17 & 19–24 Uhr) Mit seinem orange gestrichenen Fußboden, riesigen, sich an der Decke bauschenden Fischernetzen und Wänden, die mit schönen Schwarz-weiß-Fotos geschmückt sind, ist dies ein Lokal für ein romantisches Dinner. Auf der Speisekarte stehen Steaks, viele Nudelgerichte, Fisch und Meeresfrüchte. Eine Gaumenfreude sind die Adriatischen Garnelen mit Rosmarin.

Bella Napoli ITALIENISCH €
(Hauptgerichte 12 €) Wer es satt hat, immer nur Kalamari und all die anderen typisch griechischen Speisen vorgesetzt zu bekommen, sollte Kurs auf diesen freundlichen Italiener mit auf Holzfeuer gebackener Pizza und einer reichen Auswahl an Pasta-Klassikern nehmen. Zu empfehlen: *fettucine alla pescatora* (Pasta mit Meeresfrüchten).

Meraklis MEERESFRÜCHTE €
(Hauptgerichte 8–10 €) Das einen Häuserblock vom Wasser entfernt liegende Restaurant mit seinen ägäisch-blauen Wänden voller alter Seemannsfotos und mit nautischem Kleinkram behängt ist sehr empfehlenswert, wenn man Appetit auf gegrillte Meerbrasse, Schwertfisch, Garnelen und viele andere von Poseidons Köstlichkeiten hat.

LP TIPP **Manos Fish Restaurant** MEERESFRÜCHTE €
(Hauptgerichte 8–10 €) In diesem gemütlichen, angeblich besten Fischrestaurant im Dodekanes stehen Becken voller Hummer, und von den Deckenbalken hängen Anker und Fischernetze. Hier genießt man Feinschmeckergerichte von Stachelrochen bis

zu Hummer und von Königskrabben bis zu Seeigelsalat. Der in der Glitzerwelt der Prominenten bekannte Besitzer, Manos, ist umtriebig, laut und voll griechischem Charme.

CHORIO ΧΩΡΙΟ

Olive Tree CAFÉ €

(Chorio; leichte Gerichte 2–5 €; ganzjährig 8–20 Uhr) Dieses urgemütliche Lokal links auf der Kali Strata an ihrem oberen Ende und hat eine Fülle gesunder Salate, Frühstück, Sandwiches, Smoothies und eine hausgemachte Quiche auf der Speisekarte. Es gibt auch viele vegetarische Gerichte, zum Beispiel Toast mit Käse, rotem Pfeffer und Chutney, und Kinder können sich mit Buntstiften und Büchern beschäftigen. Gegenüber vom Hotel Fiona.

Giorgos TAVERNE €

(Hauptgerichte 9 €) Aus dieser klassisch griechischen, urigen, musikerfüllten Taverne am oberen Ende der Kali Strata strömt der Duft von gegrilltem Fleisch, aber auch verschiedene *souvlaki*, leckeres Symi-Lamm, Ziegenrippchen und Thunfischfilet sowie weitere Gerichte reizen den Gaumen.

Ausgehen

Eva BAR

(Gialos-Hafen) Die beliebte Bar am Wasser mit Sichtsteinmauern, Samtsofas und cooler Atmosphäre wird von jungen Leuten um die Dreißig frequentiert, die hier einen Kaffee trinken oder nachts ausgelassen feiern. Ideal für einen Cocktail bei Sonnenuntergang.

Harani Bar BAR

(Gialos-Hafen; ab 20 Uhr) Einheimische kommen in die Harani Bar wegen der nüchternen Einrichtung und der Lage an der linken Ecke des Hafens. Die Happy Hour ist gewöhnlich von 18.30 bis 20 Uhr angesagt.

Praktische Informationen

Fähren, Tragflächenboote und Katamarane legen neben dem Uhrturm am Kai an; Ausflugsboote starten etwas weiter weg. Fähren können an beiden Seiten des Hafens ablegen, darum beim Kauf der Tickets nachfragen. Im Hafen und auf der Promenade, die vom Zentrum Richtung Südwesten verläuft, pulsiert das Leben. Die Kali Strata, eine breite Treppe, führt von hier aus zur Oberstadt Chorio.

Es gibt hier kein offizielles Tourismusbüro.

Cafe Platia (Internet pro Std. 1,60 €; 8–23 Uhr) An der rechten Seite des Hafens, hat WLAN und Internetzugang

Hafenpolizei (22460 71205) Am Fähranleger

Kalodoukas Holidays (22460 71077; www.kalodoukas.gr) An Anfang der Kali Strata; vermietet Häuser und organisiert Touren

National Bank of Greece (22460 72294) An der Westseite des Hafens mit einem Geldautomaten. Ein zweiter Geldautomat befindet sich bei der Cooperative Bank auf der gegenüberliegenden Seite des Hafens.

Polizei (22460 71111) Am Fähranleger

Post (22460 71315) Am Fähranleger

Symi Tours (22460 71307; www.symitours.com) Einen halben Häuserblock von der Ostseite des Hafens entfernt. Organisiert Ausflüge, u.a. nach Datça in der Türkei, bietet Segeltouren und ist auch Agent für Blue Star und Dodekanisos Seaways

www.symivisitor.com Eine nützliche Quelle für Inselinfos mit einem Buchungsdienst für Unterkünfte

Unterwegs auf Symi

Pedi ist ein kleines Fischerdorf und ein belebter Mini-Urlaubsort in einem fruchtbaren Tal 2 km hinter Chorio. Der schmale Strand ist stellenweise sandig; es werden Privatzimmer und Studios vermietet, und es gibt Hotels und Tavernen. Das **Pedi Beach Hotel** (22460 71981; www.blueseahotel.gr; Pedi; DZ 100 €;) hat einfache, mit weißem und dunklem Holz gestaltete Zimmer, die zum Strand hin liegen. Fußwege beiderseits der Pedi-Bucht führen zum Strand **Agia Marina** an der Nordseite und zum Strand **Agios Nikolaos** an der Südseite. Beides sind sanft abfallende Sandstrände, die gut für Kinder geeignet sind.

Nos ist der Strand, der Gialos am nächsten liegt. Es sind nur 500 m zu Fuß, die nördlich des Uhrturms in der Panormitis-Bucht beginnen. Hier gibt es eine Taverne, eine Bar und Liegestühle. **Nimborios** ist ein langer Kiesstrand 3 km westlich von Gialos, der etwas natürlichen Schatten zu bieten hat, aber auch Liegestühle und Sonnenschirme. Von Gialos führt ein sehr schöner Weg hierher – einfach der Straße folgen, die vom zentralen Platz nach Osten abzweigt, und dann immer geradeaus; der Weg ist eigentlich nicht zu verfehlen, wenn man sich nach der Kirche links hält und dann auf dem Steinpfad bleibt. Oberhalb dieses Weges kann man in den **Niriides Apartments** (☎22460 71784; www.niriides hotel.com; Apt. 70–80 €) übernachten. Die Zimmer entsprechen gerade so dem Standard, aber die Aussicht von hier ist hervorragend, und bis zum Strand sind es nur ein paar Schritte.

MONI TAXIARHOU MIHAIL PANORMITI ΜΟΝΗ ΤΑΞΙΑΡΧΟΥ ΜΙΧΑΗΛ ΠΑΝΟΡΜΙΤΗ

Eine kurvenreiche, befestigte Straße führt durch duftende Pinienwälder in den Süden der Insel, bevor sie sich in spektakulären Serpentinen zur großen, geschützten Panormitis-Bucht hinterschlängelt. Hier liegt Symis Hauptsehenswürdigkeit – das große **Moni Taxiarhou Mihail Panormiti** (Kloster des Erzengels Michael von Panormitis; Eintritt frei; ⌚Sonnenauf- bis Sonnenuntergang). Der gewaltige Klosterkomplex nimmt fast den gesamten Strand der Bucht ein.

Ein Kloster wurde hier erstmals im 5. oder 6. Jahrhundert erbaut, der heutige Bau stammt jedoch aus dem 18. Jahrhundert. In der großen Kirche sind eine kunstvoll aus Holz geschnitzte Ikonostase, Fresken und eine Ikone des heiligen Michael zu bestaunen, der angeblich auf wundersame Weise an der Stelle erschienen sein soll, an der sich heute das Kloster befindet. Der Hl. Michael ist der Schutzpatron von Symi und der Schutzheilige der Seeleute. Wenn Pilger oder Gläubige den Heiligen um etwas bitten wollen, ist es Tradition, Opfergaben zurückzulassen; man sieht sie übereinandergestapelt, dazu Gebete in Flaschen, die von Schiffen ins Wasser geworfen wurden und ihren Weg in den Hafen fanden.

Zum großen Klosterkomplex gehören ein **byzantinisches Museum** und ein **völkerkundliches Museum**, eine Bäckerei mit ausgezeichnetem Brot und köstlichem Apfelkuchen sowie ein einfaches Restaurant-Café an der Nordseite. Unterkunft bietet die recht einfache **Pension** (☎22460 72414; EZ/DZ 20/32 €), die für Juli und August im Voraus gebucht werden muss. Das Kloster ist ein Magnet für Tagesausflügler, die meist gegen 10.30 Uhr auf Ausflugsbooten eintreffen; besser ist es, das Kloster zu besuchen, bevor sie ankommen oder nachdem sie alle weg sind. Einige Fähren fahren das Kloster direkt an, und von Gialos gibt's einen Minibus. Ein Taxi von Gialos kostet 45 €. Im Kloster sollte man angemessen dezent gekleidet sein.

TILOS

530 EW.

Wer in dem kleinen Hafen Livadia auf Tilos (Τήλος) ankommt oder abfährt, empfindet vor allem Ruhe und Gelassenheit. Jeder, der ein grünes Abenteuer auf einer einsamen Insel sucht, kommt auf dieser Insel voll auf seine Kosten. Benannt nach dem mythischen Helden Tilos, der auf Suche nach Heilkräutern für seine leidende Mutter auf die Insel kam, mit seinen Bergen, die sich bei Sonnenuntergang rotgolden färben und Fischerbooten, die im hübschen Hafen dümpeln, ist dieses Reiseziel ein unentdecktes Juwel. Anders als auf manchen seiner kahlen Nachbarn blüht auf diesem Eiland eine Fülle von bunten Wildblumen. Die Insel ist von einer großen Biodiversität geprägt, die Vogelkundler und Naturfans aus der ganzen Welt anzieht. Dank seltener Vögel wie dem Eleonorenfalken (zehn Prozent der Weltpopulation leben hier), der Mittelmeer-Krähenscharbe und dem Habichtsadler wurde die Insel von der EU zum Besonderen Schutzgebiet (BSG) erklärt. Naturliebhaber finden hier kilometerlange Wanderpfade durch Wiesen, Berge und grüne Täler, auf denen sie sich verausgaben können, bevor sie sich auf einem der zahlreichen einsamen Strände der Ruhe hingeben. Das tiefblaue Wasser ist die Heimat von Mönchsrobben und Meeresschildkröten, und die Insel entwickelt sich immer mehr zu einem wichtigen Zentrum für den Ökotourismus.

Geschichte

Knochen von Zwergelefanten, die um 4600 v.Chr. ausstarben, wurden 1974 in einer Höhle auf der Insel gefunden. Man glaubt, dass die Insel vor über 6 Mio. Jahren mit Kleinasien verbunden war, und die Elefanten nach der Abtrennung der Insel, ohne natürliche Feinde, aber auch mit weniger Futter bzw. Weidegebiet, kleiner wurden. Die **Charkadio-Höhle** (auf unbestimmte Zeit geschlossen) ist an der Straße von Livadia nach Megalo Chorio ausgeschildert und nachts hell erleuchtet. In neuerer Zeit kämpfen Einheimische für ein Verbot der Jagd, derentwegen bisher in jedem Herbst über 200 Jäger auf die Insel kamen. Das Verbot wurde im Jahr 1987 eingeführt, 2001 erneuert und soll in Zukunft als ständige Anweisung verhängt werden.

An- & Weiterreise

Der Tilos gehörende Katamaran **Sea Star** (☎22460 44000) verbindet die Insel mit Rhodos. Festlandsfähren schaffen eine unregelmäßige Verbindung von Tilos nach Piräus, Rhodos und zu den benachbarten Inseln im Dodekanes. Tickets werden bei Stefanakis Travel in Livadia verkauft.

FÄHRVERBINDUNGEN VON TILOS

REISEZIEL	HAFEN	DAUER	PREIS	HÄUFIGKEIT
Kos	Livadia	3 Std.	9 €	2-mal wöchentl.
Kos*	Livadia	1½ Std.	22 €	2-mal wöchentl.
Nisyros	Livadia	1 Std.	7 €	6-mal wöchentl.
Nisyros*	Livadia	40 Min.	13 €	2-mal wöchentl.
Piräus	Livadia	19½ Std.	48 €	2-mal wöchentl.
Rhodos	Livadia	2½ Std.	13 €	4-mal wöchentl.
Rhodos*	Livadia	1½ Std.	25 €	6-mal wöchentl.
Symi	Livadia	2 Std.	8 €	2-mal wöchentl.

*Schnellverbindungen

Unterwegs vor Ort

Ein Bus fährt die Hauptstraße der Insel sieben Mal täglich auf und ab; die erste Abfahrt in Livadia ist um 8 Uhr und die letzte Rückfahrt von Megalo Chorio um 22.15 Uhr angesetzt. Der Fahrplan hängt an der Bushaltestelle am Dorfplatz in Livadia aus. Der Bus hält in Megalo Chorio (2 €), am Eristos-Strand (2 €) und in Agios Andonis (2 €). An den Sonntagen verkehrt ein Ausflugsbus zum Moni Agiou Panteleimona (hin & zurück 4 €), der in Livadia um 11 Uhr abfährt und eine Stunde vor dem Kloster wartet. Taxis sind unter der Telefonnummer ☎6944981727 oder ☎6945200436 erreichbar.

In den Sommermonaten werden mehrere Ausflüge von Livadia an einsame Strände angeboten; in Livadia hängen Plakate, die darüber informieren.

Livadia Λιβαδειά

470 EW.

Der bei Tourenseglern beliebte Hafen von Livadia wird von Einheimischen und ein paar Künstlern bewohnt, für die der Hauptplatz ein beliebter Treffpunkt ist. Die Häuser, umrahmt von Blumen, Feigenbäumen und Palmen, sind typisch für die Ägäis. Vom Hauptplatz aus ergibt sich die perfekte Gelegenheit, mit einem gemieteten Motorroller die Insel zu erkunden und abends in einer der sehr verlockenden Tavernen einzukehren, wo der Wirt mit frischem Kuchen und Keksen zu einem Glas Ouzo aufwartet.

Sehenswertes & Aktivitäten

Mikro Chorio ARCHÄOLOGISCHE RUINEN

Nicht weit von Livadia entfernt wurde die ursprüngliche Siedlung Tilos zum Schutz vor Piraten im Binnenland angelegt. Die letzten Bewohner gingen in den 1960er-Jahren weg, vor allem wegen der Wasserknappheit. Ein Bummel zwischen den Häusern in verschiedenen Stadien des Verfalls ist faszinierend – und wenn man im Dämmerlicht des Abends herkommt, auch etwas unheimlich.

Wanderungen WANDERN

Tilos ist geprägt von terrassierten Landschaften und Pfaden, auf denen die Bauern früher zu ihren fernen Feldern liefen; heute werden diese Pfade von passionierten Wanderern genutzt.

Eine 3 km lange Wanderung führt zum nördlich von Livadia gelegenen **Lethra-Strand,** eine unerschlossene Sand- und Kiesbucht mit wenig Schatten. Der Pfad beginnt am Nordende des Hafens; weiter geht's auf der Teerstraße hinter dem Ilidi Rock Hotel bis zum Anfang des Fußweges. Der Weg ist in einem guten Zustand, ziemlich einfach zu gehen und landschaftlich sehr schön – selbst wenn man nicht ganz bis zum Strand gehen will, lohnt es sich allemal. Der Rückweg führt durch die sehr malerische **Potami-Schlucht,** durch die man zur Hauptstraße der Insel gelangt.

Eine zweite Wanderung besteht aus einem längeren Marsch zu der kleinen, verlassenen Ortschaft **Yera** und dem dazugehörigen Strand **Despoti Nero.** Von Livadia der Straße Richtung Süden um die Agios-Stefanos-Bucht herum folgen, an der Kirche Agios Ioannis an der Ostseite der Bucht vorbei und immer weiter. Für diese 6 km lange Wanderung sollte man sich ungefähr einen halben Tag Zeit nehmen.

Tilos Trails (☎22460 44128, 6946054593; www.tilostrails.com; pro Person 25 €) besitzt eine Lizenz als Wanderführer und bietet eine Reihe von Wanderungen mit unterschiedlichen Schwierigkeitsgraden über die ganze Insel an. Im Omonoia Café erkundigen.

Schlafen

LP TIPP **Livadia Beach Apartments** APARTMENTS €€

(☎22460 44397; www.tilosisland.com; Studio 75 €, Apt. 85–120 €; ❄@) Diese Unterkunft liegt romantisch am Strand in einem sonnigen und mit Geranien bepflanzten Hof.

Die Studios sind groß und geschmackvoll eingerichtet, mit gekachelten Bädern, schönen Bildern an den Wänden, Kochnischen, TV und bequemen Sofas. Es gibt auch ein nettes Café mit Meerblick durch Tamariskenbäume hindurch.

Apollo Studios APARTMENTS €
(☎22460 44379; www.apollostudios.gr; Apt. 40 €) Diese schöne, ein paar Straßen vom Hafen entfernte Unterkunft ist erst kürzlich renoviert worden und hat nun einen hohen Standard mit komfortablen Zimmern, die Terrassen mit Ausblick, Moskitonetze, schicke Bäder und Kühlschrank bieten.

Olympus Apartments APARTMENTS €
(☎22460 44324; www.tilosisland.com; DZ/3BZ 50/ 60 €; ❄) Von den Apollo Studios ein Stückchen die Straße hoch liegen diese schlichten, aber geschmackvoll eingerichteten Halbgeschosszimmer mit separatem Schlafzimmer, traditionellem Mobiliar, Küchennische und einem Baldachin, der für Kühle sorgt. Etwas in die Jahre gekommen, aber sauber und gemütlich.

Anna's Studios APARTMENTS €€
(☎22460 44334; www.annas-studios.com; DZ/ Apt. 55/80 €) Die oberhalb des Fähranlegers an der Nordseite der Bucht gelegenen Zimmer sind schlicht, voller Licht und sehr sauber. Gut ausgestattet mit Kochnische und Veranda mit schönem Meerblick. Familienzimmer haben ein zweites Schlafzimmer.

Hotel Irini & Ilidi Rock HOTEL €€
(☎22460 44293; www.tilosholidays.gr; Studio/ Apt./Suite inkl. Frühstück 50/70/100 €; ❄ 🏊) Diese beiden Hotels liegen nebeneinander und werden vom selben Management geführt. Beide sind in Weiß gehalten, und einige der Zimmer liegen dicht am Strand, während andere, höher gelegene, eine herrliche Aussicht bieten. Ilidis Zimmer sind neuer, groß, etwas vornehmer gestaltet und haben eine Kochnische. Es gibt ein tolles Schwimmbecken und eine komfortable Lounge.

Essen

Für Picknicks und zur Selbstversorgung gibt's in Livadia drei Lebensmittelgeschäfte mit jeder Menge frischer Produkte aus der Region.

LP TIPP **Omonoia Café** TAVERNE €
(☎22460 44287; Hauptgerichte 4–7 €) Wenn die etwas älteren Besitzer noch freundlicher wären, würde man sie glatt in den Koffer stecken und mit nach Hause

Tilos

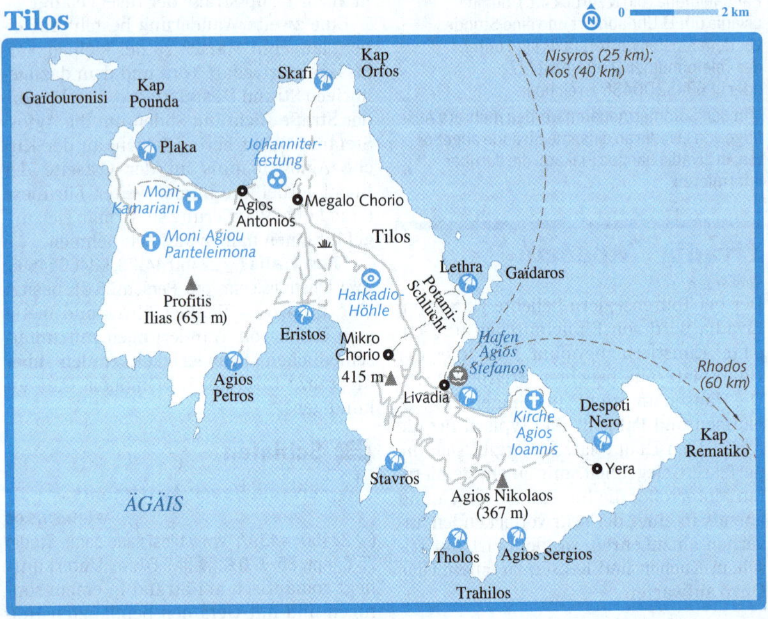

schmuggeln. Oberhalb der im italienischen Stil erbauten Polizeistation stehen die Tische des Omonoia im Schatten von Feigenbäumen. Hier kann man frühstücken, ein leichtes Mittagessen zu sich nehmen oder abends komplett mit gegrillten Fleisch oder Fisch, Meeresfrüchten und Salaten speisen. Der Biskuitkuchen schmeckt gefährlich gut.

To Mikro Kafé CAFÉ €

(Snacks 2–5 €, Hauptgerichte 5–12 €; Mo–Fr ab 18.30, Sa & So ab 16 Uhr;) Dieses liebevoll restaurierte alte Haus auf dem Weg zum Strand hat viel Charme mit babyblauen Tischen auf seiner Terrasse im Freien. Drinnen befindet sich eine Bar, nach Piratenart mit Bullaugenfenstern, Deckenbalken und Steinwänden gestylt. Dazu gibt es eine Speisekarte, auf der solche Happen wie Fleischbällchen, *tzatziki*, Salate und leckere Sandwiches stehen.

Taverna Trata TAVERNE €

(22460 44364; Hauptgerichte 12 €) Das von Laternen erleuchtete Trata macht das wohl delikateste *kleftiko* (Lammgericht) auf der gesamten Insel, das auf der im Schatten von Bäumen gelegenen Terrasse mit Blick auf die Berge eingenommen wird. Auch der Tintenfisch, die Muschen, Garnelen und das auf dem Holzfeuer gegrillte Lamm sehen verlockend aus. Vom Ufer etwa 100 m am Platz vorbei immer der Nase nach.

Ausgehen

Café Bar Georges BAR

Dieses Steinhaus am Dorfplatz ist wie eine Kneipe für Arbeiter – die Art von Lokal, in dem man sich stundenlang aufhalten kann. Es dauert vielleicht ein Weilchen, bis man die Ansammlung von Orchideen, chinesischem Neujahrsschmuck und nautischem Gerät vollständig bewundert hat. Man sitzt an Holztischen und lauscht dem dörflichen Palaver.

Spitico CAFÉ €

(Snacks 2–3 €) Dieses gemütliche Café am Hauptplatz mit seiner großen Veranda serviert großartigen Kaffee, Käsekuchen und regionale Süßigkeiten. Der Name steht auf Griechisch auf dem Schild, aber jeder hier kennt das Café.

Praktische Informationen

Sämtliche Schiffe kommen in Livadia an. Der kleine Hafen befindet sich 300 m südöstlich vom Dorfzentrum. In Tilos steht kein offizielles Touristenbüro zur Verfügung. Die Cooperative Bank of the Dodecanese unterhält eine Filiale und einen Geldautomaten in Livadia. Die Post befindet sich am Dorfplatz.

Drive Rent A Car (22460 44173) Ein Stückchen hinter der Tilos Park Association zu finden. Motorroller (pro Tag 20 €) und Autos (pro Tag 40 €)

Hafenpolizei (22460 44350) Am Hafen

Krankenhaus (22460 44171; 12–17 Uhr) Hinter der Kirche

Polizei(22460 44222) Im weißen, pseudoitalienischen Gebäude am Anleger

Remetzo (Internet pro Std. 1 €) Neben dem Fähranleger. Billard spielen oder Süßes knabbern und warten, bis einer der zwei Computer frei ist

Sea Star (22460 44000; sea-star@otenet.gr) Verkauft Fahrkarten für den Sea-Star-Katamaran

Stefanakis Travel (22460 44310; www.tilos-travel.com) Zwischen dem Hafen und dem Dorf Livadia; verkauft Fahrkarten für Fähren und vermietet Autos

Tilos Park Association (22460 70883; www.tilos-park.org.gr) Das Informationszentrum für den Naturschutz auf Tilos hat Broschüren über die regionale Flora und Fauna und über Wanderwege. Im Sommer in einem Kiosk an der Uferpromenade untergebracht

Tilos Travel (22460 44294; www.tilostravel.co.uk) Am Hafen; hat hilfsbereites Personal, ist aber nur im Sommer geöffnet. Geldabheben per Kreditkarte und Geldwechsel sind möglich, ebenso wie Büchertausch und Auto- und Mountainbikeverleih.

PARADIES FÜR VOGELKUNDLER

Das abgeschiedene Tilos ist dank seiner fruchtbaren Täler und geringen Bevölkerungsdichte die Heimat einiger seltener Vogelarten. Hier leben der Habichtsadler, der Adlerbussard, die Samtkopf-Grasmücke, die Halsbandeule, der Wanderfalke und die Mittelmeer-Krähenscharbe. In einer kürzlich erstellten Studie wurden 155 Vogelarten – 46 davon sind bedroht – identifiziert. Einige davon bleiben dort ganzjährig, andere sind Zugvögel. Die **Tilos Park Association** (22460 70883; www.tilos-park.org.gr) kann bei der Suche und Bestimmung helfen.

Megalo Chorio
Μεγάλο Χωριό

50 EW.

Megalo Chorio, die kleine Hauptstadt der Insel, ist so urgriechisch wie nur möglich. Sie erstreckt sich am Berghang mit engen Seitengässchen voller zerzauster Katzen und sonnengewärmter kastenförmiger Häuser. Nach einem ausgedehnten Bummel wartet im Kastro Café Abkühlung. Das kleine **Museum** (Eintritt frei; ⌚8.30–14.30 Uhr, nur im Sommer) an der Hauptstraße beherbergt Zwergelefantenknochen, und die alte Dame, die es leitet, gibt gern über alles Auskunft. Von Megalo Chorio aus ist auch ein Besuch der **Johanniterfestung** möglich, ein anstrengender 40-minütiger Anstieg von Nordende des Dorfes aus. Unterwegs kommt man an der **antiken Siedlung** von Tilos vorbei, die hoch über Megalo Chorio auf Felsvorsprügen aufragt.

Die in bequemer Nähe des Supermarkts gelegenen **Miliou Studios** (☎22460 44204; DZ 38–45 €) haben gut ausgestattete Zimmer mit Selbstversorgungsmöglichkeiten, netten Möbeln und Balkons mit tollem Blick übers Meer. Der Innenhof liegt im Schatten eines Araukarie und ist über und über mit Blumen vollgestellt. Das Abendessen schmeckt im **Kastro Café** (Hauptgerichte 5–6,50 €) am Südrand des Dorfes mit einer schönen Aussicht auf die Bucht, die man bei einem kühlen Mythos genießen kann. Auf den Tisch kommen Bio-Ziege, regional gezüchtetes Schwein und frische Kalamari und Weißling.

An der Straße nach Livadia oder ein kleines Stück zu Fuß von Megalo Chorio liegt die ausgezeichnete **Joanna's Resto-Bar** (Hauptgerichte 8–12 €; ⌚Mai–Sept. ab 19 Uhr). Das in einem üppig grünen, friedlichen Garten gelegene Joanna's serviert echt italienische Antipasti, Pizza aus dem Steinofen und hausgemachte Kuchen und Puddings.

Megalo Chorios Bushaltestelle befindet sich am Ortsende.

Rund um Megalo Chorio

Kurz vor Megalo Chorio zweigt die Straße links zum 2,5 km entfernten, kiesigen **Eristos-Strand** ab, der von Tamarisken gesäumt ist, die ihre Schatten auf das saphirblaue Wasser werfen. Bis auf die Leinenfischerei der Einheimischen ist hier nichts los, und außerhalb der Saison hat man ihn meist für sich allein. Hier gibt es ein Münztelefon, und in der Saison ist ein Kiosk geöffnet. In den Wintermonaten liegt am Strand allerlei Unrat herum, der aber bis zum Sommer weggeräumt ist. Busse halten hier sonntags und außerhalb der Saison nur, wenn man den Fahrer darum bittet.

Gleich hinter dem Strand befindet sich das **Eristos Beach Hotel** (☎22460 44025; www.eristosbeachhotel.gr; DZ/Suite 50/80 €; ❄🏊), umgeben von schönen Gärten mit Hibisken, Orchideen und Zitronenbäumen. Hübsche, helle Zimmer mit gefliestem Boden und Balkon gewähren einen Ausblick bis zum Meer. Die Studios haben eine Kochnische und vier Schlafplätze. Auf dem Gelände gibt es auch ein Restaurant, eine Bar und einen schönen Pool für Erwachsene und Kinder.

En Plo (Hauptgerichte 7 €) ist eine traditionelle Taverne, die ein paar hundert Meter hinter dem Eristos-Strand liegt. In ihrem Garten oder der strohgedeckten Laube laden Tische zum Essen ein. Die Speisekarte reicht von delikatem Tintenfisch-*saganaki* (gefüllt mit gebratetem Käse) bis zu Nudelgerichten und Salaten. Die Ziege in Tomatensoße ist ein Gedicht und wird mit einem Glas Retsina genossen. Die **Tropicana Taverna** (Hauptgerichte 3,60–5,50 €) an der Straße, die vom Strand hochführt, bringt typisch griechisches Essen mit frischem Gemüse von ihrem eigenen Bauernhof auf den Tisch. Eine ausgeschilderte Abzweigung führt zur ruhigen Siedlung **Agios Antonios.** Weitere 3 km westlich kommt der naturbelassene, schöne **Plaka-Strand.** Er liegt in einer Bucht, in der das Wasser etwas wärmer ist und in der es am Nachmittag natürlichen Schatten gibt. Wer etwas weiter hinauswatet, kann an den Felsplatten gut schnorcheln.

NISYROS

950 EW.

Da die meisten sich von der Anziehungskraft des nahen Kos verlocken lassen – schlecht für die Bewohner der Insel Nisyros (Νίσυρος), aber schön für deren Besucher – fühlt man sich, als sei man an diesem zauberhaften Ort ganz allein. Und was für ein Zauber – weiß getünchte Häuser, Plätze mit Kieselmosaik und Wildblumen, die einen Großteil der Insel bedecken. Nicht zu vergessen die überirdisch schöne „Stefanos"-*caldera* (Vulkankrater), der die Fruchtbarkeit der Insel zu verdanken ist und zu der Botaniker und Gartenliebhaber aus aller Welt reisen, um ihre einzigartige Flora zu sehen. Der Legende nach soll Poseidon beim Kampf zwischen den Göttern und den Titanen ein Stück von Kos abgerissen haben und es auf den Riesen Polivotis geworfen haben, um ihn darunter in der Erde zu begraben. Der heutige Vulkan soll seine erboste Stimme sein. Die Strände sind hier mit wenigen Ausnahmen schwarz und vulkanisch, sodass man nicht hierher kommt, um sich in die Sonne zu legen, sondern eher eine Insel besucht, auf der man schöne Bergdörfer erkundet, etwas wandert und die lokalen Produkte genießt. Ausschau halten nach *koukouzina*, einem aus Trauben und Feigen hergestellten Getränk.

An- & Weiterreise

Schiff/Fähre

Nisyros ist durch fahrplanmäßige Fähren mit Rhodos, Kos und Piräus verbunden. Der Katamaran *Dodekanisos Pride* läuft die Insel an und verbindet sie mit den benachbarten Inseln des Dodekanes. Die kleine, inseleigene Fähre *Agios Konstantinos* verbindet Mandraki mit Kardamena auf Kos (8 €, 2 Std., tgl.), während die größere *Panagia Spyliani* Nisyros mit Kos-Stadt verbindet (11 €, tgl.). Beim Hafenamt oder bei Enetikon Travel nach dem gültigen Fahrplan erkundigen

FÄHRVERBINDUNGEN VON NISYROS

Reiseziel	Hafen	Dauer	Preis	HÄufigkeit
Kalymnos	Mandraki	2½ Std.	8 €	2-mal wöchentl.
Kos	Mandraki	1¼ Std.	8 €	2-mal wöchentl.
Kos*	Mandraki	45 Min.	15 €	2-mal wöchentl.
Piräus	Mandraki	18 Std.	47 €	2-mal wöchentl.
Rhodos	Mandraki	4½ Std.	12 €	2-mal wöchentl.
Rhodos*	Mandraki	2¾ Std.	28 €	2-mal wöchentl.

*Schnellverbindungen

Unterwegs vor Ort

Auto, Motorrad & Taxi

Manos Rentals (☎22420 31029) am Anleger ist der am leichtesten zu erreichende Motorradverleih (pro Tag 10 bis 15 €) – allerdings sollte man das Geld abgezählt mitbringen. Autos vermietet **Diakomihalis** (☎22420 31459, 6977735229) in der Stadt. Für ein Taxi ruft man Irini unter ☎22420 31474 an. Ein Taxi von Mandraki zum Vulkan kostet hin & zurück 20 €, nach Nikea 11 € und nach Pali 10 €.

Bus

Im Sommer fahren bis zu zehn Ausflugsbusse täglich zwischen 9.30 und 15 Uhr (hin & zurück 8 €) zum Vulkan, wo man etwa 40 Minuten bleiben kann. Außerdem fahren täglich drei Busse nach Nikea (kostenlos) über Pali. Die Bushaltestelle liegt in Mandraki am Hafen.

Schiff/Fähre

Im Juli und August fahren Ausflugsboote zu der kleinen Bimssteininsel Giali (hin & zurück 10 €), auf der es einen ruhigen Sandstrand gibt.

Mandraki Μανδράκι

660 EW.

Von plätschernden Wellen umspült, erstreckt sich dieses hübsche, weiß getünchte Hafenstädtchen elegant über den Berghang bis zu den Ruinen des eindrucksvollen *kastro*. Seine winkligen Gässchen, in denen schwarz gekleidete Pensionäre Perlenschnüre durch ihre Finger gleiten lassen, die bunten Obstauslagen vor den Ladenfronten und zahlreiche Fischrestaurants und Tavernen schlagen den Besucher unwiderstehlich in den Bann. Bei Dunkelheit nimmt der Zauber noch zu, wenn in der Kirche unterhalb der Burg eine Kerze feierlich leuchtet.

Sehenswertes

Mandraki wird von dem auf einem Felsen erbauten **Moni Panagias Spilianis** (Kloster der Mutter Gottes; Eintritt gegen Spende; ⏲10.30–15 Uhr) aus dem 14. Jahrhundert überragt. Die herrliche Aussicht lohnt den Aufstieg. Am Ende der Hauptstraße nach rechts abbiegen und bis zu den ausgeschilderten Stufen zum Kloster weitergehen. Auf dem Weg nach oben kommt man zum **Kulturmuseum** (Eintritt 0,50 €; ⏲Mai Sept. 10–15 Uhr), in dem traditionelle Objekte, wie ein Bett, Mahlgeräte und Kleidungsstücke, zu sehen sind.

In der Nähe des Wassers und unterhalb der ursprünglichen Klosterhöhle liegt das **Kirchenmuseum** (Eintritt 0,50 €; ⏲Mai–Sept. 10–15 Uhr) mit goldglänzenden Objekten aus Kirchen der ganzen Insel. Altare, Gefäße, Taufbecken und weitere Exponate, die bis zum 1. Jahrhundert zurückdatieren, stehen hier dicht an dicht.

In der Stadt zeigt das brandneue **Archäologische Museum** (Eintritt 0,50 €; ⏲Mai–Sept. 10–15 Uhr) eine interessante Sammlung hellenistischer und römischer Keramik und Skupturen.

Nisyros

Oberhalb von Mandraki liegt die eindrucksvolle Akropolis, deren Ursprünge in mykenischer Zeit liegen: das **Paleokastro** (Altes Kastro). Die aus Blöcken vulkanischen Gesteins erbauten Mauern aus dem 4. vorchristlichen Jahrhundert kann man erklettern, um die atemberaubende Aussicht zu genießen; überall gibt's gute und aufschlussreiche Beschriftungen auf Englisch. Dem Schild *„kastro"* von den Klostertreppen aus nach Südwesten folgen. Nach einer Weile geht's über ein paar Treppen zu einem Pfad durch eine schöne, grüne Landschaft. An der Straße nach rechts wenden, dann liegt das *kastro* auf der linken Seite. Es ist auch mit dem Auto zu erreichen.

Chochlaki ist ein Strand mit schwarzen Steinen und meist gut zum Baden geeignet, es sei denn, der Wind bläst kräftig und die See wird rau. Er liegt westlich des Moni Panagias Spilianis und ist über einen gepflasterten Fußweg um die Landspitze herum zu erreichen. Bei schlechtem Wetter sollte man hier nicht gehen, denn man kann regelrecht ins Wasser gespült werden. Der kleine **Mandraki-Strand,** auf halbem Weg zwischen dem Hafen und der Dorfmitte gelegen, ist beliebt und okay zum Baden, allerdings manchmal voller Tang.

Schlafen

In Nisyros darf man möglichst nicht zwei Tage vor und nach dem Fest der Jungfrau Maria am 15. August ankommen, denn dann sind die Unterkünfte von Verwandten, die zu Besuch kommen, schon ein Jahr im Voraus gebucht, und es ist unmöglich, eine Bleibe zu finden

Hotel Porfyris HOTEL €

(☎22420 31376; diethnes@otenet.gr; Zi inkl. Frühstück 40–60 €; ❄☒) Das in der Nähe der Plateia Ilikiomenis gelegene und fünf Minuten zu Fuß vom Hafen entfernte majestätische Porfyris bietet die beste Unterkunft in der Stadt. Marmorfußböden und komfortable Zimmer, die nach hinten auf einen Zitronenhain und nach vorn aufs Meer blicken, sind seine Qualitätsmerkmale. Das Frühstück wird auf der Veranda serviert, und der erfrischende Pool lädt zum Schwimmen ein.

Three Brothers Hotel APARTMENTS €

(☎22420 31344; iiibrothers@kos.forthnet.gr; DZ/Studio 50/75 €; ❄☒) Dieses coole, zum Hafen gelegene Hotel hat Studios und Zimmer mit Marmorfußböden, Kochnischen, TV, Kühlschränken und geschmackvollen burgunderroten Vorhängen und Bettdecken. Der Meerblick von der Veranda aus ist berauschend. Es gibt auch ein anständiges Café. Beträchtliche Ermäßigungen in der Nachsaison.

Hotel Xenon HOTEL €
(☎22420 31011; DZ inkl. Frühstück 50 €; ❄≋) Diese sauberen Standardzimmer sind nichts Besonderes, liegen aber direkt am Wasser. Das Hotel hat einen Pool zum Meer hin.

Hotel Romantzo PENSION €
(☎22420 31340; Zi 35–50 €; ❄) Das Hotel liegt unmittelbar am Hafen (hinter dem Three Brothers Hotel). Die Kitsch-Zimmer sind heimelig, und die Gemeinschaftsterrasse auf dem Dach ist am späten Nachmittag ein Genuss. Kühlschrank, Flachbild-TV, WLAN und Frühstück machen Nisyros' ältestes Hotel zu einer guten Wahl.

Essen

Die Seitenstraßen und die Uferpromenade sind voller Cafés und Tavernen. Besonders zu empfehlen ist es, sich ein paar *pitties* (Kichererbsen- und Zwiebelküchlein) schmecken zu lassen und dabei eine erfrischende *soumada,* ein alkoholfreies Getränk aus Mandelextrakt, zu trinken.

LP TIPP **Cleanthis Taverna** MEERESFRÜCHTE €
(Hauptgerichte 8–12 €) Diese mit Fischernetzen dekorierte Taverne ist ein absolutes Muss für Fischesser. Diese Taverne ist eine ganz besondere Location, in der man Schwertfisch, Hummer, Kalamari oder Garnelen genießt – nur wenige Meter von einer saphirblauen See entfernt, die salzige Luft auf den Wangen. In der Sonne trocknen Tintenfische an Leinen.

Rendezvous Café Bar CAFÉ €
(☎22420 31589; Plateia Ilikiomenis; Hauptgerichte 6 €) Dieses tolle Café an der Plateia Ilikiomenis hat *souvlaki,* Salate, Omeletts, Pizza und Sandwiches auf der Karte, die einem das Wasser im Mund zusammenlaufen lassen. Wer einmal anders als griechisch essen will, sollte hier eine Carbonara probieren.

Restaurant Irini CAFÉ €
(Plateia Ilikiomenis; Hauptgerichte 7 €) Eines von mehreren vergleichbar belebten Cafés an der Plateia Ilikiomenis. Unter dem angenehmen Schatten eines Feigenbaums kann man unter Irinis Pasta, gegrillten Fleischgerichten, Fisch und Käse wählen. Die Salate sind reichlich und frisch, aber es war das *souvlaki,* das uns begeisterte.

Taverna Panorama TAVERNE €
(Grillgerichte 7 €) Ganz in der Nähe der Plateia Ilikiomenis, Richtung Hotel Porfyris, tischt dieses kleine, familiengeführte Lokal *moussaka,* gefüllte Tomaten, Kalamari und *seftelies* (Würstchen mit frischen Kräutern nach zypriotischer Art) auf.

Pali-Bäckerei BÄCKEREI €
(Snacks 1–3 €) Diese einen Häuserblock vom Ufer entfernte Bäckerei zaubert aus Teig unvergessliche Pizza, Donuts, Spinatpasteten, süßes Brot und frische Baguettes, Brötchen und Kekse. In ihrem *kafeneio* unten sitzt man ganz dicht am Wasser.

Yadez CAFÉ €
(Hauptgerichte 4 €) Für billige Imbisse, wie Sandwiches, Frühstück und guten Kaffee, geht's in das kleine Lokal in Frida-Kahlo-Farben am Wasser. Draußen gibt es Plätze im Schatten.

Ausgehen

Die Plateia Ilikiomenis ist wie die Uferpromenade von Cafés und Bars gesäumt. Das Three Brothers Hotel hat eine gemütliche, hippe Café-Bar mit großen Fenstern zum Meer. Auf der Plateia Ilikiomenis geht's ins Beggou, wo eine Lounge zum Abhängen hinter einem unauffälligen Äußeren verborgen ist, mit weißen Ledersofas und große orangegelben Kissen.

Praktische Informationen

Der Hafen liegt 500 m nordöstlich des Zentrums von Mandraki. Folgt man der Straße vom Hafen aus, kommt man zum Ortskern. Ein paar Häuserblocks weiter geht's zu einer Gabelung. Nach links geht's zur Plateia Ilikiomenis mit ihren Schatten spendenden Bäumen; hier spielt sich in Mandraki das Leben ab. Nach rechts geht's auf die Hauptstraße, wo der Weg zum Kloster und zur Burg ausgeschildert ist.

Die Cooperative Bank of the Dodecanese hat einen Geldautomaten am Hafen und eine Filiale in Mandraki. Es gibt auch einen Geldautomaten an der Post an der Straße, die zum Porfyris Hotel hinaufführt.

Diakomihalis (☎22420 31015; diakomihalis@kos.forthnet.gr; Mandraki) Verkauft Fahrkarten für die Fähren und vermietet Autos

Enetikon Travel (☎22420 31180; agiosnis@otenet.gr) Das von der ausgezeichneten Michelle geführte Enetikon berät kostenlos, verkauft Fahrkarten und besitzt das kleine Touristenboot, das jeden Morgen nach Kos fährt (12 €). Organisiert auch Busfahrten zum Krater (8 €, Abfahrt um 10.30 Uhr). Hundert Meter vom Anleger in Richtung Mandraki

Hafenpolizei (☎22420 31222) Gegenüber dem Anleger

Polizei (☎22420 31201) Gegenüber vom Anleger

Post Gegenüber dem Anleger

Proveza Internet Cafe (pro 30 Min. 1,40 €) E-Mails bei einem eisgekühlten Frapée in diesem gemütlichen Café am Wasser checken. Serviert tolle Snacks und Kaffee und hat Internet sowie WLAN

www.nisyros.co.uk Exzellente Seite mit Infos zu Stränden, Aktivitäten, Unterkünften und Lokalen in Nisyros

www.nisyros.gr Infos über Sehenswürdigkeiten, Geschichte und Umgebung

Unterwegs auf Nisyros

DER VULKAN ΤΟ ΗΦΑΙΣΤΕΙΟ

Nisyros liegt über einem Vulkangürtel. Ursprünglich gipfelte die Insel in einem 850 m hohen Berg, dessen Mitte jedoch vor 30 000 bis 40 000 Jahren nach drei heftigen Ausbrüchen einstürzte. Ihr Vermächtnis sind die weißen und orangefarbenen Bimssteinfelder, die noch heute an den nördlichen, östlichen und südlichen Flanken der Insel zu sehen sind, sowie der breite Lavastrom, der den ganzen Südwesten um das Dorf Nikea herum bedeckt.

Zu einer weiteren heftigen Eruption kam es 1422 an der Westseite der Calderasenke (Lakki genannt); wie bei allen bisher stattgefundenen jüngeren Ausbrüchen traten Dampf, Gase und Schlamm, aber keine Lava aus. Die Inselbewohner nennen den Vulkan Polyvotis, nach dem Titan dieses Namens, der unter dem Felsen von Nisyros begraben wurde. Seither ächzt und stöhnt der unglückselige Polyvotis bei dem Versuch, sich von der Last zu befreien.

Der Abstieg in die **Caldera** (Eintritt 2,50 €; ⌚9–20 Uhr) ist ein Erlebnis wie aus einer anderen Welt. Kühe weiden zwischen Science-Fiction-Felsen. Ein Pfad führt in den größten der fünf Krater hinab: **Stefanos.** Hier kann man die vielfarbigen Fumarolen betrachten, ihrem Zischen lauschen und ihre Schwefeldämpfe riechen. Die Oberfläche des Bodens ist weich und heiß, festes Schuhwerk ist daher unentbehrlich. Nicht zu weit vom Pfad abweichen, da der Boden nachgibt und man einbrechen kann. Vorsicht – nicht in eine Fumarole treten, da die Gase 100 °C heiß sind und schwere Verbrennungen hervorrufen können. Ein anderer unausgeschilderter, aber leichter zu findender Weg führt zum kleineren und wilder aussehenden **Polyvotis,** dessen Caldera allerdings nicht betreten werden darf. Die Fumarolen liegen hier am Kraterrand, also vorsichtig sein.

Der Vulkan ist mit dem Bus, dem Auto oder auf einem 3 km langen Wanderpfad von Nikea aus zu erreichen. Wer vor 11 Uhr morgens da ist, hat die Gegend vielleicht ganz für sich allein.

EMBORIOS & NIKEA ΕΜΠΟΡΕΙΟΣ & ΝΙΚΑΙΑ

Das geometrisch gewürfelte Nikea liegt dicht am Rand der Caldera mit einem weiten Blick auf die Senke darunter. Das nur wenige Kilometer entfernte Emborios ist genauso schön, mit weiß gestrichenen Häusern, umrankt von lila Bougainvilleen und herumstreunenden, gähnenden Katzen. Auch Emborio liegt am Kraterrand.

Ampia Taverna (☎22420 31377; Emborios; Hauptgerichte 3–12 €), hinter der Kirche, hat geschmackvolle burgunder- und senffarbene Wände. Auf der Speisekarte stehen *souvlaki*, Tintenfisch, Fleischbällchen und gefüllte Paprikaschoten. Dies ist der einzige Gourmettempel von Emborios, und aus seiner Küche dringen appetitanregende Düfte; man isst im ersten Stock – und hat dort einen Blick, der selbst Götter locken würde.

Im Gegensatz zu Emborios ist das malerische Nikia mit seinen nur 35 Einwohnern voller Leben. Die blendend weißen Häuser haben blühende Gärten, und der Dorfplatz ist mit schönen Mosaiken gepflastert. Der Bus hält an der Plateia Nikolaou Hartofyli, von wo aus Nikeas Hauptstraße die beiden Plätze verbindet. Am Ortsrand liegt das **Vulkan-Museum** (⌚Mai–Sept. 11–15 Uhr) mit anschaulichem Material zur Geschichte des Vulkans und zu seinen Auswirkungen auf die Insel. Am Hauptplatz des Dorfes stellt das mit seinem Kieselmosaik göttlich schöne **Café Porta Pangiotis** Tische und Stühle nach draußen, damit man bei einem kühlen Getränk den Blick auf die Berge genießen kann.

Der steile Pfad hinunter in den Vulkan beginnt an der Plateia Nikolaou Hartofyli. Für eine Strecke braucht man ungefähr 40 Minuten. Gleich am Anfang des Weges bietet sich ein Abstecher zum ausgeschilderten **Moni Agiou Ioanni Theologou** an, wo jedes Jahr am 25. und 26. September ein Fest gefeiert wird.

PALI ΠΑΛΟΙ

Dieses kleine, windumwehte Dorf liegt am Meer und hat weniger als 200 Einwohner sowie ein paar von der grellen Sonne beschienene Gebäude am Hafenrand. Man kann in einer der wenigen, verschlafenen Tavernen essen, einen Motorroller mieten und den Strand von **Lies,** den etwa 5,5 km entfernten, brauchbarsten Strand von Nisyros, erkunden. Der erste schmale Abschnitt von Lies ist der sandigste, mit schwarzem, vulkanischem Sand. Einen Kilometer vom Ende der Straße weiter auf einem gelegentlich recht riskanten Küstenweg geht's zum **Pahia Ammos,** einem breiten Strand mit groben Vulkansand. Für Schatten muss man selbst sorgen.

Wer in der Gegend von Pali bleiben möchte, kann in einem der komfortablen Studios bei **Mammis' Apartments** (☎22420 31453; www.mammis.com; DZ 70 €; ⊙ganzjährig; ❄) an der Straße nach Mandraki übernachten. Die hellen und fantasievoll dekorierten Zimmer liegen etwas vom Meer entfernt inmitten grüner Gärten, wo die Luft vom Duft der Blüten erfüllt ist, und haben eine Kochnische sowie einen eigenen Balkon mit Meerblick. Das **Captain's House** (Hauptgerichte 7 €) in Pali wird seinem Namen gerecht mit gelben Fischernetzen, die vom Bambusbaldachin herunterhängen, und einer Speisekarte voller Fischgerichte, darunter Baby-Hai und Tintenfisch. Es gibt auch Beefsteaks, Salate, Nudelgerichte sowie eine reiche Auswahl an *mezedhes*. Findet man sich erst später am Tag hier ein, kommt der frische Fang auf den Tisch.

KOS

17 890 EW.

Mit einer Landschaft, die von kahlen Felsen bis zu versteckten, grünen Tälern und alpinen, mit Aleppo-Kiefern bestandenen Berghängen reicht, ist Kos (Κως), die zweitgrößte Insel des Dodekanes, voller Überraschungen. Neben seinen vielen Stränden und einsamen Buchten, von einer pfauenblauen See umspült, gibt's viel zu sehen für Geschichtsliebhaber, darunter auch das beeindruckend gut erhaltene Sanatorium des Hippokrates sowie das byzantinische Wunder von einer Festung mitten in Kos-Stadt. Die Touristenmassen sind zum Glück in Kardamena verstaut, und bis auf ein paar von Besuchern aus anderen Ländern überlaufene Ecken wirkt die Insel immer noch besonders griechisch.

Geschichte

So viele Menschen lebten in der mykenischen Epoche auf der fruchtbaren Insel Kos, dass sie reich genug war, um 30 Schiffe in den Trojanischen Krieg schicken zu können. Nach einem Erdbeben und der Unterwerfung durch die Perser schloss sie sich 477 v. Chr. dem Attischen Seebund an und gelangte erneut zu Wohlstand.

Hippokrates (460–377 v. Chr.), der berühmte Arzt des Altertums und Begründer der Schulmedizin, wurde auf der Insel geboren und lebte hier auch. Nach seinem Tod wurden das Asklepios-Heiligtum und eine Schule für Medizin errichtet, die seine Lehre weiterführten und Kos in der ganzen griechischen Welt berühmt machten.

Ptolemäus II. von Ägypten wurde auf Kos geboren, womit der Insel der Schutz Ägyptens sicher war, unter dessen Herrschaft sie ein blühendes Wirtschaftszentrum wurde. In Jahr 130 v. Chr. wurde Kos von den Römern erobert, und im 1. Jahrhundert n. Chr. kam es unter die Verwaltung von Rhodos, mit dem es seither die Höhen und Tiefen des Schicksals teilt, so auch die einflussreiche Tourismusbranche unserer Zeit.

ℹ An- & Weiterreise

Flugzeug

Olympic Air hat zwei tägliche Flüge nach Athen (85 €, 55 Min.) und drei wöchentlich nach Rhodos (59 €, 20 Min.), Leros (60 €; 15 Min.) und Astypalea (65 €, 1 Std.). Tickets gibt's bei **Kos Travel** (☎22420 22359; kostravel@otenet.gr; Akti Koundourioti, Kos-Stadt) am Hafen.

Schiff/Fähre

INLAND Kos hat gute Verbindungen nach Piräus und zu allen Inseln des Dodekanes, den Kykladen, nach Samos und nach Thessaloniki. Sie werden von drei Fährunternehmen angeboten: **Blue Star Ferries** (☎22420 28914), **Anek Lines** (☎22420 28545) und **ANE Kalymnou** (☎22420 29900). Katamarane werden von **Dodekanisos Seaways** am Fähranleger für den Inselverkehr betrieben. Inseleigene Personen- und Autofähren fahren von Mastichari nch Pothia auf Kalymnos. Tickets gibt's bei **Fanos Travel & Shipping** (☎22420 20035; www.kostravel.gr; 11 Akti Kountourioti, Kos-Stadt Town) am Hafen. Die Firma betreibt auch ein Tragflächenboot nach Bodrum (hin & zurück 20 €), Nisyros (hin & zurück 30 €), Patmos (hin

& zurück 35 €), Rhodos (hin & zurück 45 €) und Symi (hin & zurück 45 €).

INTERNATIONAL Im Sommer fahren täglich um 8.30 Uhr Ausflugsboote von Kos-Stadt nach Bodrum in der Türkei (hin & zurück 20 €, 1 Std.); sie kommen um 16 Uhr zurück.

FÄHRVERBINDUNGEN VON KOS

REISEZIEL	HAFEN	DAUER	PREIS	HÄUFIGKEIT
Leros	Kos-Stadt	3 Std.	12 €	1-mal tgl.
Leros*	Kos-Stadt	1 Std. 40 Min.	21 €	1-mal tgl.
Kalymnos	Mastihari	1 Std.	7 €	3-mal tgl.
Kalymnos*	Kos-Stadt	30 Min.	15 €	1-mal tgl.
Nisyros	Kos-Stadt	1 Std. 20 Min.	8 €	2-mal wöchentl.
Nisyros*	Kos-Stadt	45 Min.	16 €	2-mal wöchentl.
Patmos	Kos-Stadt	4 Std.	17 €	3-mal wöchentl.
Patmos*	Kos-Stadt	2½ Std.	29 €	6-mal wöchentl.
Piräus	Kos-Stadt	10 Std.	53 €	1-mal tgl.
Rhodos	Kos-Stadt	3 Std.	19 €	1-mal tgl.
Rhodos*	Kos-Stadt	2½ Std.	30 €	1-mal tgl.
Samos	Kos-Stadt	5½ Std.	35 €	1-mal tgl.
Symi*	Kos-Stadt	1½ Std.	22 €	5-mal wöchentl.

*Schnellverbindungen

Unterwegs vor Ort

Vom/zum Flughafen

Der **Flughafen** (☎22420 51229) liegt 24 km südwestlich von Kos-Stadt. Ein Bus (4 €) der Aegian Airlines befördert Passagiere von Kos-Stadt zum Flughafen und fährt zwei Stunden vor Abflug der Maschinen nach Athen vor dem Büro der Fluggesellschaft in Kos-Stadt ab. Busse nach Kefalos halten ebenfalls am großen Kreisverkehr in der Nähe des Flughafeneingangs. Ein Taxi vom Flughafen nach Kos-Stadt kostet rund 30 €.

Auto, Motorrad & Fahrrad

Es gibt zahlreiche Auto-, Motorrad- und Mopedverleihe; immer im Hotel fragen, weil viele Spezialtarife mit den Verleihfirmen vereinbart haben. Radfahren ist auf Kos sehr beliebt, und man stolpert geradezu über Fahrradverleihe; die Preise reichen von 5 € pro Tag für eine Klapperkiste bis zu 10 € für ein halbwegs anständiges Mountainbike. In Kos-Stadt gibt es bei **George's Bikes** (☎22420 24157; Spetson 48; Rad/Motorroller pro Tag 4/15 €) ordentliche Fahrräder zu vernünftigen Preisen.

Bus

Bushaltestelle (☎22420 22292; Kleopatras 7, Kos-Stadt) Es gibt regelmäßige Busverbindungen zu allen Teilen der Insel sowie zu den wichtigsten Stränden an der Südseite von Kos. Die Busfahrt zu den Stränden kostet rund 2 bis 4,50 €.

Schiff/Fähre

Von Kos-Stadt aus fahren ein halbes Dutzend Ausflugsboote, die am südlichen Arm der Akti Koundourioti liegen, um die Insel herum oder zu anderen Inseln. Die Hin- und Rückfahrt nach Kalymnos, Pserimos und Platy kostet jeweils 30 €, inkl. Mittagessen. Die Boote sind unterschiedlich alt und attraktiv, aber das netteste in der ganzen Bucht ist **Eva** (☎694369300; Akti Koundourioti, Kos-Stadt), ein 110 Jahre altes Kaik mit schön gearbeitetem Krähennest und Dollbord. Es gibt auch ein tägliches Ausflugsboot von Mastichari nach Kalymnos (7 €).

Kos-Stadt Κως

14 750 EW.

Mit ihren verstreut liegenden Ruinen aus der hellenistischen, römischen und byzantinischen Periode ist die hübsche Stadt eine Mischung aus traditioneller Altstadt – zumindest was davon nach dem Erdbeben von 1933 übrig geblieben ist – mit trendigen Shops und dicht stehenden Tavernen sowie modernen Straßen und Parks voller Palmen und Bougainvillea. Sie bewahrt sich ihre Würde mit einem gelassenen Tempo und freundlichen Einheimischen. Der Hafen ist besonders schön mit der malerisch im Zentrum aufragenden Johanniterfestung. Und beinahe wie in Amsterdam fährt hier jeder Rad.

Was von der alten Stadt Kos noch steht, liegt um die Fußgängerzone Apellou Ifestou herum.

Sehenswertes & Aktivitäten

Archäologisches Museum MUSEUM

(Plateia Eleftherias; Eintritt 3 €; ⌚Di–So 8–14.30 Uhr) Das kühle und ruhige Archäologische Museum ist ein angenehmer Ort, um sich aus der Region stammende Skulpturen aus der hellenistischen bis zur spätrömischen Zeit anzusehen. Die berühmteste Statue ist die von Hippokrates; im Vorraum befindet sich auch ein Mosaik aus dem 3. Jahrhundert v. Chr., das sehenswert ist.

Johanniterburg BURG

(Leoforos Finikon; Eintritt 4 €; ⌚Di–So 8–14.30 Uhr) Heute kann man die einst uneinnehmbare Johanniterburg erreichen, indem man von der Plateia Platanou eine Brücke über die verkehrsreiche Straße Finikon überquert. Die Burg, die mächtige Außenmauern und im Innern einen Bergfried besaß, wurde im 14. Jahrhundert erbaut und war von der Stadt durch einen Burggraben (heute die Finikon) getrennt. Sie wurde 1495 durch ein Erdbeben zerstört, im 16. Jahrhundert wieder aufgebaut und war das mächtigste Verteidigungswerk der Ritter gegen die Angriffe der Osmanen.

Archäologische Stätten

ARCHÄOLOGISCHE RUINEN

Die **antike Agora** (Eintritt frei; ⌚8–14 Uhr) ist ein frei zugängliches Gelände südlich der Burg. Eine große Stoa aus dem 3. Jahrhundert v. Chr. mit ein paar wieder aufgerichteten Säulen steht an der Westseite. An der Nordseite befinden sich die Ruinen eines **Aphrodite-Tempels,** eines **Herkules-Tempels** und einer **christlichen Basilika** aus dem 5. Jahrhundert.

Nördlich der Agora liegt die hübsche, gepflasterte Plateia Platanou (Platanenplatz), an der man in einem Café sitzen und die einst prachtvolle **Platane des Hippokrates,** unter der Hippokrates seine Schüler unterrichtet haben soll, bewundern kann. Darunter befindet sich ein alter Sarkophag, der von den Türken zu einem Brunnen umfunktioniert wurde. Gegenüber vom Baum steht die mit Brettern vernagelte **Gazi-Hassan-Pascha-Moschee** aus dem 18. Jahrhundert

An der anderen Seite der Stadt befindet sich die **westliche Ausgrabungstätte.** Zwei Holzhütten im hinteren Bereich des Geländes schützen die **Mosaike des Hauses der Europa.** Das am besten erhaltene Mosaik zeigt Europas Entführung durch Zeus in Gestalt eines Stiers. Davor befindet sich ein freigelegter Teil des **Decumanus Maximus** (die Hauptdurchfahrtsstraße der römischen Stadt), die parallel zur heutigen Straße verläuft und dann rechts zum **Nymphäum,** in dem sich früher luxuriöse Latrinen befanden, und zum **Xysto,** einem großen hellenistischen Gymnasion mit

Kos & Pserimos

restaurierten Säulen, abzweigt. Ein kurzes Stück weiter nach Osten lädt der von Oleander überwucherte **Dionysos-Tempel** mit ein paar eindrucksvollen Ruinen zur Besichtigung ein.

Auf der anderen Seite der Grigoriou steht ein beeindruckendes **Odeion** aus dem 2. Jahrhundert Es war ursprünglich ein Ort für Senatssitzungen und Musikwettbewerbe und wurde während der italienischen Besatzung, als man es entdeckte, restauriert und mit Skulpturen angefüllt, von denen heute viele im Archäologischen Museum stehen.

Strände STRAND

Am Ostrand der Stadt liegt der **Strand von Kos-Stadt** mit einem dünnen Sandstreifen und tiefem Wasser zum Baden. Er wird weitgehend von den hier liegenden Restaurants und Hotels in Anspruch genommen. Im Westen der Stadt stehen am langen, sandigen **Kritika-Strand** im Sommer die Sonnenschirme dicht an dicht. Er ist ziemlich überlaufen, aber vom Stadtzentrum aus zu Fuß zu erreichen.

Schlafen

LP TIPP Hotel Afendoulis PENSION €

(☎22420 25321; www.afendoulishotel.com; Evripilou 1; EZ/DZ 30/50 €; ⌚März–Nov.; ❄@📶) In dieser beliebten Pension voller Blumen fühlt man sich gleich zu Hause. Die einfachen, weiß getünchten Zimmer mit Balkon und schöner Ausstattung sind nett, aber es liegt vor allem an der Gastfreundschaft alter Schule, mit der die Familie die Gäste verwöhnt. Zum Frühstück im Café des Hauses gibt's hausgemachte Marmelade und der Besitzer, Alexis, setzt sich oft dazu und beschreibt die besten Sehenswürdigkeiten. Das erklärt auch, warum die meisten Besucher wiederkommen.

Hotel Sonia PENSION €

(☎22420 28798; www.hotelsonia.gr; Irodotou 9; EZ/DZ/3BZ 35/50/85 €; ❄📶) An einer ruhigen Straße gegenüber den römischen Bädern und in Sichtweite des Hafens gelegen, bietet diese renovierte Pension blitzblanke Zimmer mit Parkettfußboden, Flachbild-TV, Kühlschrank, schickem Bad und einem Zusatzbett, wenn gewünscht. Es gibt eine ruhige Veranda mit schmiedeeisernen Sesseln zum Ausruhen, geräumige private Balkone und eine kleine Bibliothek mit Thrillern. Das Zimmer Nr. 4 ist groß und hat den besten Meerblick.

Kosta Palace HOTEL €€

(☎22420 22855; www.kosta-palace.com; Ecke Akti Kountourioti & Averof; DZ 60–80 €; ⌚ganzjährig; ❄@🏊) Der imposante Riesenbau, an der Nordseite des Hafens leicht zu finden, hat 160 Zimmer, elegant eingerichtet mit Bad, Kabel-TV und Privatbalkon. Die Hauptattraktion ist der Swimmingpool mit Kinderbecken auf dem Dach. Sauber und praktisch, doch ohne besondere Prägung.

Kos Aktis Hotel HOTEL €€€

(☎22420 47200; www.kosaktis.gr; Vasileos Georgiou 7; EZ/DZ ab 148/188 €; ❄@📶🏊) Mit seiner Außenbar ist das gepflegte Hotel toll für Dämmerschoppen. Es bietet einen Fitnessraum und einen schönen Swimmingpool. Die Zimmer sind modern mit Flachbild-TV, Glasbalkons, Badewannen, dunklen Holzmöbeln und perfekter Sicht über das Wasser bis in die nahe Türkei.

Essen

LP TIPP Elia MEDITERRAN €

(Appelou Ifestou 27; Hauptgerichte 6,50 €) Ein Besuch im Elia dient der Bildung, und sei es, dass nur die Kinder sie bekommen, wenn sie die an die Decke gemalten mythologischen Götter und Helden studieren. In einer ländlichen Atmosphäre mit Steinwänden und Holzfußboden werden so aparte Gerichte wie betrunkenes Schwein (in Wein), gefüllte Fleischbällchen und unser Favorit Lamm-*kapamas* – Lamm und Tomaten mit Zimt – serviert. Der Nachgeschmack ist so herrlich, dass man bald wiederkommen möchte. Traumhaft!

LP TIPP Kapilio Restaurant TAVERNE €

(Plateia Diagora; Hauptgerichte 8–14 €) Ein Besuch in dieser gemütlichen Taverne in einem ruhigen Teil der Altstadt erweitert den kulinarischen Horizont. Die hervorragende „griechische Platte" bietet von allem etwas: *moussaka, dolmadhes,* Lamm am Spieß und zakynthisches Kaninchen in Weinsoße. Wer satt ist – und das ist man, weil die Portion groß sind –, tut etwas für den Stoffwechsel und trinkt *tsipouro* (Verdauungsschnaps). Andere Spezialitäten sind *moury* (Lammbraten, gefüllt mit Reis, Leber und Nieren).

Nick the Fisherman MEERESFRÜCHTE €

(Averof 21; Hauptgerichte 8–12€) Hier gibt es den besten frischen Fisch in der Stadt. Die in einer Seitenstraße gelegene Taverne ist mit Netzen und gefährlich aussehenden Fischen an den Wänden dekoriert. Zu empfehlen sind Schätze des Meeres, wie Sardinen, roter Schnapper, Streifenbarbe und Zackenbarsch. Lebende Muscheln werden in einem Aquarium gehalten, und auf Wunsch zeigt man den frischen Fang in Kühlauslagen.

Petrino Meze Restaurant MEZEDHES €
(Plateia Theologou; Hauptgerichte 10–20 €; ⏲Mittag- & Abendessen) Elegantes Lokal, wo man im Freien auf einer von Bougainvillea beschatteten Terrasse mit Blick auf die antike *agora* (Marktplatz) speist. Die Speisekarte umfasst Salate und Käse, eine gute Auswahl an Fisch und Fleisch und Edelgerichte, wie Hummer und Filet Mignon.

H2O CAFÉ €
(Vasileos Georgiou 7; Hauptgerichte 15–20 €, Snacks 9–17 €) Dieses superschicke, zum Meer hin gelegene Bar-Restaurant, in 10 Minuten vom Hafen zu Fuß zu erreichen, hat viel Glas, Holzfußböden und ein cooles, modernes Interieur. Beim Genuss von Steaks und Salaten blickt man am späten Nachmittag bis in die nahe Türkei und sieht zu, wie die Lichter nach und nach angehen. Romantik pur, wenn man zu zweit einen Mojito oder einen Hemingway-Cocktail trinkt (7 €).

Selbstversorger können im gut ausgestatteten **Co-op** (Verroiopoulou) ihre Vorräte aufstocken. Wer lieber biologisch-dynamisch einkauft und frisches Brot sowie frische Produkte sucht, wird bei **Papazoylou** (Ecke Megalou Alexandrou & 31 Martiou) fündig. Die **Bäckerei Pikoilas** (Ecke Salaminos & Kanari) hat eine tolle Auswahl an Donuts, Pasteten, Zimtbrötchen, *baklava* und Schokoladenkuchen.

Ausgehen & Unterhaltung

An den Wochenenden treffen sich die Einheimischen an der Plateia Eleftherias, trinken Kaffee und plaudern. Das auf vergnügungslustige Touristen ausgerichtete Nachtleben von Kos findet hauptsächlich einen Häuserblock südlich vom Hafen an der Diakou statt. Es gibt auch eine Unmenge ähnlicher Bars an der Wasserseite des Kritika-Strandes. Wer Clubs sucht, folgt einfach den Massen.

Aenaos CAFÉ
(Plateia Eleftherias; Süßigkeiten 3,50 €) Dieses nette Café liegt gleich neben der Moschee. Man sitzt auf schmiedeeisernen Stühlen und im Schatten gemütlich bei einem Eiscafé oder Espresso (und vielleicht einen Brownie oder einem Stück Käsekuchen), bevor es weiter ins nahe gelegene Archäologische Museum geht. Die Bedienung ist hier besonders nett.

Bittersweet CRÊPERIE
(Apellou Ifestou) In dieser grottenähnlichen Oase kann man sich von den unzähligen Schmuckläden auf der Apellou Ifestou bei einem Crêpe, einem Eis oder einem Cocktail erholen. Drinnen gibt's schummrige Nischen, Laternen hängen von der Decke, und die Lounge-Musik ist so zuckersüß wie das Dessert.

Global Cafe BAR
(Ioannidi) Mit seinem neuen Interieur mit cremefarbenen Wänden, Rattanstühlen und einem Boutique-Ambiente ist dies ein feines Lokal, in dem man ein kühles Glas Wein trinken kann. Draußen sitzt man an Tischen auf der ruhigen Straße und schaut den Vorübergehenden zu.

Kantouni Music Café BAR
(Apellou Ifestou 1a2) In dieser schummrigen, mit Morrison- und Guevara-Bilder vollgehängten Bar lässt sich gut ein Cocktail, holländisches Bier oder ein kleiner Imbiss genießen. Kantouni ist vor allem spät abends voll, wenn der Soundtrack die Einheimischen wie ein Magnet an die Tische auf der Straße zieht.

Orfeas KINO
(www.cine-orfeas.gr; Plateia Eleftherias; Tickets Erw./Kind 7/5 €) Für den Fall, dass man unter Kinoentzug leidet, gibt's hier englische Filme mit griechischen Untertiteln sowie ein paar lokale Streifen.

Shoppen

Großstädtische Läden liegen am Ostende der Ioannidi und in den Fußgängerzonen südlich der Ippokratous. Weitere Boutiquen gibt's am westlichen Ende der Ioannidi, nördlich der Altstadt. Der **Dimoiki Dorag** (Plateia Eleftherias) ist ein Markt, wo es alles von Kräutern, frischen Kirschen, Olivenöl und heimischen Honig bis hin zu mythologischen Kuriositäten und kalymnischen Schwämmen gibt.

Praktische Informationen

Buchläden

Zeitungskiosk (Riga Fereou 2) Fremdsprachige Zeitungen und Zeitschriften sowie Kos-Führer

Geld

Alpha Bank (El Venizelou) Hat einen 24 Std. geöffneten Geldautomaten

National Bank of Greece (Riga Fereou) Hat einen Geldautomaten

Infos im Internet

www.travel-to-kos.com Ausführliche Informationen zu den meisten Attraktionen von Kos

Internetzugang

Del Mare (Megalou Alexandrou 4; pro Std. 2,50 €; ⏲9–13 Uhr) Orangefarbene Wände, eine angenehme Stimmung sowie Kaffee und Snacks machen das Del Mare zu einem coolen Ort, um über Terminals oder kostenlosen WLAN online zu gehen.

e-global (Ecke Artemisias & Korai; pro Std. 2 €; ⏲24 Std.)

inSpot (Ioanou Tehologou, Altstadt; pro Std. 2 €; ⏲24 Std.) Niedrige Preise nach Mitternacht

Medizinische Versorgung

Krankenhaus (☎22420 22300; Ippokratous 32)

Notfall

Hafenpolizei (Ecke Akti Koundourioti & Megalou Alexandrou)

Kos-Stadt

Polizei (☎22420 22222; Eparhio Building, Akti Koundourioti) Teilt sich das Gebäude der Stadtverwaltung mit der Touristenpolizei

Touristenpolizei (☎22420 22444)

Post

Postamt (Vasileos Pavlou)

Reisebüros

Fanos Travel & Shipping (☎22420 20035; www.kostravel.gr; 11 Akti Koundourioti, Kos-Stadt) Betreibt Tragflächenboote zum türkischen Bodrum, verkauft Tickets für Schiffe und Fähren, vermietet Autos und bietet einen Yacht-Service an

Touristeninformation

Städtische Touristeninformation (☎22420 24460; www.kosinfo.gr; Akti Koundourioti; ⌚Mai–Okt. Mo–Fr 8–14.30 & 15–22, Sa 9–14 Uhr)

Unterwegs vor Ort

Bus

Stadtbusse fahren an der Akti Miaouli ab und haben zwei Fahrkartenpreise: Zone A (1,20 €) und Zone B (1,60 €). Tickets aus Fahrkartenautomaten sind etwas billiger als die an Bord gekauften. Einer steht vor dem Büro der Blue Star Ferries am Hafen. Die Abfahrtzeiten erfährt man im örtlichen Busbüro.

Taxi

Taxis stehen an einem Stand an der Südseite des Hafens.

Touristenzug

Im Sommer kann man sich einen ersten Eindruck von der Stadt bei einer Stadtrundfahrt mit dem Touristenzug (4 €, 20 Min.) verschaffen. Er fährt von 10 bis 14 Uhr sowie von 18 bis 22 Uhr und startet an der Bushaltstelle an der Akti Kountouriotou. Ein anderer Zug fährt dienstags bis sonntags stündlich von 10 bis 17 Uhr von der Bushaltestelle an der Akti Miaouli zum Asklepieion und zurück (4 €).

Rund um Kos

Der Kos-Stadt am nächsten gelegene, einigermaßen brauchbare Strand ist der überfüllte **Lambi-Strand,** 4 km in Richtung Nordwesten und eine Verlängerung des Kritika-Strandes. Etwas weiter an der Küste entlang geht's zu einem langen, hellen Sandstreifen, der sich in den 10 km von Kos-Stadt entfernten **Tingaki-Strand** und den 14 km westlich gelegenen und etwas weniger überfüllten **Marmari-Strand** teilt. Windsurfen ist an allen drei Stränden beliebt. In den Sommermonaten bedienen Boote die Streckevon Marmari zur Insel Pserimos.

Vasileos Georgiou in Kos-Stadt führt zu den drei belebten Stränden **Psalidi,** 3 km von Kos-Stadt entfernt, **Agios Fokas** (8 km) und **Therma Loutra** (12 km). Am Letztgenannten gibt's heiße Thermalquellen, die das Meerwasser erwärmen.

ASKLEPIEION ΑΣΚΛΗΠΙΕΙΟΝ

Die mit Abstand bedeutendste antike Stätte der Insel ist das **Asklepieion** (Platani; Erw./Stud. 4/3 €; ⌚Di–So 8–19.30 Uhr). Es liegt auf einem mit Pinien bewachsenen

Kos-Stadt

Sehenswertes

1	Antike Agora	D3
	Aphrodite-Tempel	(siehe 1)
2	Archäologisches Museum	C3
	Christliche Basilika	(siehe 1)
3	Decumanus Maximus	B5
4	Dionysos-Tempel	C5
5	Gazi-Hassan-Pascha-Moschee	D3
	Herkules-Tempel	(siehe 1)
6	Johanniterburg	C2
7	Mosaike im Haus der Europa	B5
8	Nymphäum	A4
9	Odeion	A5
10	Platane des Hippokrates	D3
11	Xysto	A5

Schlafen

12	Hotel Afendoulis	F4
13	Kos Aktis Hotel	E3
14	Kosta Palace	B1
15	Hotel Sonia	A3

Essen

16	Co-op	A3
17	Elia	B4
	H2O	(siehe 13)
18	Kapilio Restaurant	B4
19	Nick the Fisherman	B1
20	Papazoylou	B3
21	Petrino Meze Restaurant	A4
22	Pikoilas Bakery	B2

Ausgehen

23	Aenaos	C3
24	Bittersweet	B4
25	Global Cafe	C4
26	Kantouni Music Café	B4

Unterhaltung

27	Orfeas	C4

Shoppen

28	Dimoiki Dorag	C4

Hügel 3 km südwestlich von Kos-Stadt und bietet eine herrliche Aussicht auf die Stadt und die türkische Küste. Das Asklepieion bestand aus einem Heiligtum, das Asklepios (dem Gott der Heilkunst) geweiht war, einem Sanatorium und einer Medizinschule, in der nach der Lehre des Hippokrates unterrichtet wurde. Bis zum Jahr 554, als ein Erdbeben das Asklepieion zerstörte, kamen Menschen von nah und fern zur Behandlung hierher.

Die Ruinen liegen in drei Ebenen. Das **Propylaion** (Zugang zum Haupttor), die **Bäderanlage** aus römischer Zeit und die Überreste von Patientenzimmern befinden sich auf der ersten Ebene. Auf der zweiten Ebene steht ein **Altar des Apollon Kyparissios** aus dem 4. Jahrhundert v. Chr. Westlich davon steht der im 4. Jahrhundert erbaute **erste Asklepios-Tempel.** Östlich davon sieht man den **Apollon-Tempel** aus dem 1. Jahrhundert v. Chr. Auf der dritten Ebene liegen die Ruinen des einst prächtigen **Asklepios-Tempels** aus dem 2. Jahrhundert v. Chr.

Der stündlich verkehrende Bus 3 und der Touristenzug fahren hierher. Es ist auch schön, mit dem Rad oder zu Fuß hierher zu kommen.

MASTICHARI ΜΑΣΤΙΧΑΡΙ

Die ruhige Stadt ist vielleicht von der Architektur her nicht so fotogen, doch ihr feiner Sandstrand, hier und da mit Tamariskenbäumen gesprenkelt, an dem es am Ufer Studio-Unterkünfte und stilvolle Speiselokale gibt, machen sie zu einem Ort, wo man gern seinen Urlaub verbringt oder auch nur zu Mittag isst. Hier ist von Touristenrummel wenig zu spüren, eine „griechische" Gemeinde mit Einheimischen, zugewanderten Ausländern und Einzelreisenden schafft eine angenehm entspannte Atmosphäre. In den Sommermonaten fahren Ausflugsboote nach Pserimos. Mastichari ist auch der Ankunfts- und Abfahrsort für Fähren nach Pothia auf Kalymnos.

Einen Häuserblock vom Ufer entfernt bietet **Athina Studios** (☎22420 59030; www.athinas-studios.gr; DZ/3BZ 30/60 €) blau-weiß gestaltete Zimmer mit Metallbetten, Marmorfußböden, Kochnische, TV, Kühlschrank und einem Kinder-Zusatzbett, falls gewünscht. Eines der Zimmer hat Etagenbetten, ein Doppelbett und einen großen Balkon. An der gleichen Straße liegt das **To Kyma** (☎22420 59045; www.kyma.kosweb.com; EZ/DZ 30/35 €), ein familiengeführtes Hotel mit recht kleinen, schlichten Zimmern direkt am Strand.

Das Ufer ist von Restaurants und Cafés gesäumt, viele bieten Kinderteller an. Das direkt am Hafen liegende **Kali Kardia Restaurant** (Fisch 8–12 €) ist bemerkenswert gemütlich mit viel Holz eingerichtet, griechische Musik und eine Speisekarte mit Garnelen, Hummer, Tintenfisch und fangfrischem Fisch tun ihr Übriges.

Die strandseitige Taverne **El Greco** (Hauptgerichte 7 €) serviert ein herrliches Lamm-*kleftiko,* frische Muscheln, Salate, *mezedhes,* Pasta und den ganzen Tag über Frühstück. Auf die immer wieder neuen Spezialitäten achten.

BERGDÖRFER

Die an den bewaldeten Nordhängen des Dikeos-Gebirges verstreut liegenden Dörfer sind lohnenswerte Ziele für Entdeckungstouren. Von **Zipari,** das 10 km von der Hauptstadt entfernt ist, führt eine Straße südöstlich nach **Asfendiou.** Unterwegs lohnt sich 3 km hinter Zipari eine Pause in der **Taverna Panorama** (Hauptgerichte 6–10 €; ⏲Mittag- & Abendessen) wegen der Aussicht auf die Küste, der traditionellen Küche und der guten *mezedhes.*

Von Asfendiou geht's rechts ab zum hübschen Bergdorf **Zia,** im Wesentlichen eine Straße mit zig Souvenirläden und verführerischen Tavernen. Der Sonnenuntergang ist hier ein beglückendes Erlebnis. Quer über den Markt und dann rechts den Hang hoch liegt **The Watermill** (Hauptgerichte 6 €). Das im Haus einer alten Mühle untergebrachte, blendend weiße Lokal hat eine schöne weinumrankte Laube und einen ruhigen Innenhof. Auf den Tisch kommen köstliche Crêpes, Obstsalate, Omeletts und Nudelgerichte. Auf Durstige wartet die hausgemachte Limonade.

Wem Zia zu überlaufen ist, geht weiter zur **Village Tavern** (Hauptgerichte 2–6 €), wo fröhliche Bouzouki-Musik durch den blauweißen Gastraum plärrt und Salate, Tzatziki, Zucchinibällchen, gemischte *mezedhes* und Würstchen serviert werden. Lohnend ist auch ein Besuch in der **Taverna Oromedon** (☎22420 69983; Hauptgerichte 8 €), beliebt wegen der weinumrankten Sonnenterrasse, dem unverbauten Meeresblick und der traditionell griechischen Küche.

Auf dem Rückweg von Zia weisen Schilder den Weg nach **Pyli.** Kurz vor dem Dorf führt eine Abzweigung nach links zu den ausgedehnten Ruinen des mittelalterlichen Dorfes **Alt-Pyli,** wo ein gut markierter Pfad zur Burg hochführt. Dieser magische Ort mit hoch aufragenden Felsen, von Kiefern bedeckt und von von einer Burgruine gekrönt, ist so wild, dass man meint, jeden Moment müsse Pan auftauchen. Ebenso zauberhaft ist die am schönsten gelegene Taverne der Insel, die **Oria Taverna** (Hauptgerichte 7 €) an der gegenüberliegenden Hangseite. Außer zu Salaten, zarten Steaks und täglich wechselnden Spezialitäten lädt eine grasbewachsene Terrasse dazu ein, beim Essen den Blick auf die Burg zu genießen. Wer hier hoch will, braucht einen Jeep, da die Straße im Winter weggespült wird. Wer sich auf seine Füße verlassen will, braucht unbedingt gutes Schuhwerk und Durchhaltevermögen.

KAMARI & KEFALOS-BUCHT
ΚΑΜΑΡΙ & ΚΕΦΑΛΟΣ

Südwestlich von Mastichari ist die große Kefalos-Bucht zu finden, die von einem 12 km langen, unglaublich herrlichen Sandstrand gesäumt ist. Keinesfalls von der scheußlichen Ansammlung von Touristenläden, Restaurants und Hotels dahinter an der Hauptstaße abschrecken lassen. Die göttlichen Strände sind idyllisch, mit grünen Hügeln im Hintergrund und von warmem Wasser umspült. Jeder ist von der Hauptstraße aus deutlich ausgeschildert. Am beliebtesten ist der **Paradise-Strand,** am ursprünglichsten ist der **Exotic-Strand.** Der **Banana-Strand** (auch als Langada-Strand bekannt) ist ein guter Kompromiss.

Der **Agios-Stefanos-Strand** am westlichen Ende ist über eine kurze Abzweigung von der Hauptstraße aus zu erreichen und lohnt sich, weil man von hier aus die Insel **Agios Stefanos** sehen kann. Diese kleine Insel, die sogar in Schwimmreichweite liegt, hat die Ruinen von zwei Basiliken aus dem 5. Jahrhundert sowie einen weiteren, schönen Sandstrand zu bieten.

Weiter auf der Straße geht's zum **Kamari-Strand,** einem langen Streifen voller Restaurants, Unterkünfte und Läden, die sich bis zur Hauptstraße mit englischem Frühstück und Yorkshire-Puddings hochziehen. Ein kleines Tourismusbüro befindet sich gleich neben der Bushaltestelle am Strand sowie ein Geldautomat am oberen Ende der Straße. Ausflugsboote fahren von hier aus zwei oder dreimal pro Woche nach Nisyros (16 €). Auch gibt's im Sommer täglich Boote zum Paradise-Strand, die um 10.30 Uhr ablegen und um 17.30 Uhr zurückkehren.

Ungefähr 150 m nördlich der Bushaltestelle Kamari-Strand bieten die **Anthoula Studios** (☎22420 71904; Studios 40 €) eine angenehme Unterkunft. Es handelt sich um saubere, geräumige Studios, umgeben von einem Gemüsegarten.

Im kleinen, verschlafenen **Kefalos** blickt kaum jemand von seinem Nachmittagsretsina auf, wenn man vorbeikommt. Die Einheimischen sind freundlich, und das Tempo in diesem traditionellen Bergdorf ist eigentlich mehr ein Stillstand. Das **Kafenion Agiatrida** (Snacks 3 €) hinter der Kirche ist ein gemütliches, türkis und weiß gestrichenes Café mit Holzbalkendecke, in dem betagte Knaben mit ihren Perlenschnüren spielen und das ideal für einen nachmittäglichen Frappé ist. Am Dorfplatz, wo der Bus aus Kos-Stadt hält, gibt es ein Postamt und eine Bank mit einem Geldautomaten.

Die südliche Halbinsel hat die am meisten zerklüftete Landschaft der Insel. Welten von den Touristenstränden entfernt erstreckt sich hier der **Agios-Theologos-Strand,** von grünen, mit Olivenhainen bestandenen Felsvorsprüngen begrenzt. Hier ist das Wasser ungewöhnlich klar und der Wellengang belebend kräftig. Irgendwo findet jeder eine kleine Nische, in der er sich aalen kann. Über dem Strand liegt das in der Saison geöffnete **Restaurant Agios Theologos** (Hauptgerichte 7–15 €), wo man die besten Sonnenuntergänge von ganz Kos erleben kann. Auf der Speisekarte stehen hausgemachter Feta, Oliven, Brot und Ziegenfleisch. Der Vorspeisenteller ist fantastisch, der *taramasalata* und die Zucchinibällchen sind köstlich gewürzt.

ASTYPALEA

1240 EW.

Weit ab vom Radarschirm der Touristen ist die westlichste Insel des Dodekanes, Astypalea (Αστυπαλαία), eine verschlafene Idylle, die für Wanderer, Camper und Geschichtsfreaks geradezu ideal ist. Die Hauptsiedlung ist die Bergstadt Chora, die sich wie ein Amphitheater bis hinunter zum Fischerhafen Skala erstreckt – mit schneeweißen Häusern, Bergen von Fischernetzen und einer von türkisfarbenem Wasser sanft umspülten Bucht, überragt von einem hochgelegenen *kastro*. All dies im Blick, kann man sich gut vorstellen, warum zufällige Besucher gern ein bisschen länger bleiben. Auf der windumwehten und entlegenen Insel ist die touristische Infrastruktur kaum entwickelt und das traditionelle Griechenland sehr präsent. Davon sollte man sich nicht abschrecken lassen, denn: Es gibt mindestens 25 einsam-wilde Strände, und dank des kaum vorhandenen Fremdenverkehrs wäre es nicht überraschend, wenn man sie alle für sich allein hat. 90 Prozent der Besucher sind Griechen; die Übrigen sind Franzosen und Italiener. Im Juli und August fallen Athener in Scharen ein – also lieber im Voraus buchen.

An- & Weiterreise

Flugzeug

Olympic Air hat drei Flüge pro Woche nach Leros (52 €, 20 Min.) und fünf Flüge pro Woche nach Kos (59 €, 1 Std.), Rhodos (59 €, 1½ Std.) und Athen (66 €, 1 Std.). Astypalea Tours in Skala ist der Agent für Olympic Air.

Schiff/Fähre

Von Astypalea fahren Fähren nach Piräus und Rhodos mit mehreren Aufenthalten unterwegs. Die Fähren legen in dem 6,5 km nördlich von Skala gelegenen, kleinen Hafen Agios Andreas ab. Ein Bus soll fahrplanmäßig auf alle ankommenden Fähren warten, aber darauf kann man sich nicht verlassen. Die in Kalymnos stationierte Fähre F/B *Nissos Kalymnos* verbindet die Insel mit Kalymnos und den weiter nördlich liegenden Inseln des Dodekanes und läuft auch Skala an. Tickets gibt's bei **Paradise Travel Agency** (☎22430 61224; paradisostravel@yahoo.gr) oder bei Astypalea Tours, beide in Skala.

FÄHRVERBINDUNGEN VON ASTYPALEA

REISEZIEL	HAFEN	DAUER	PREIS	HÄUFIGKEIT
Kalymnos	Agios Andreas	2½ Std.	12 €	4-mal wöchentl.
Kalymnos	Skala	2¾ Std.	12 €	3-mal wöchentl.
Kos	Agios Andreas	3½ Std.	17 €	1-mal wöchentl.
Naxos	Agios Andreas	3½ Std.	26 €	4-mal wöchentl.
Paros	Agios Andreas	5 Std.	32 €	4-mal wöchentl.
Piräus	Agios Andreas	10 Std.	34 €	5-mal wöchentl.
Rhodos	Agios Andreas	9 Std.	32 €	1-mal wöchentl.

Unterwegs vor Ort

Der Flughafen liegt 8 km nordöstlich von Skala. Zu den Flügen von Athen und Rhodos kommt meist der örtliche Bus, aber verlässlicher ist ein Taxi (10 €). Von Juni bis Ende September fährt ein Bus vor den Flügen von Chora zum Flughafen. Im Sommer verkehren Busse alle halbe Stunde von Skala nach Chora und Livadi (1 €) und stündlich von Chora und Skala nach Analipsi (Maltezana, 1,50 €) über den Marmari-Strand.

Für den Rest des Jahres sind die Verbindungen eingeschränkt. Es gibt nur drei Taxis auf der Insel und ebenso viele Auto- und Motorroller-Vermietungen. **Vergoulis** (☎22430 61351) in Skala ist ein zuverlässiger Anbieter mit flotten Rollern.

Von Juli bis August bietet die **Thalassopouli** (☎6974436338) Bootsausflüge zu den entfernteren westlichen Stränden Agios Ioannis, Kaminakia und Vatses oder zu den Inselchen Koutsomytis (mit herrlichem smaragdgrünem Wasser) oder Kounoupa. Bei gutem Wetter gibt es auch längere Rundfahrten um die Insel. Tickets (25 bis 30 €) können an Bord gekauft werden.

Skala & Chora
Σκάλα & Χώρα

Heute mögen sich Besucher am Anblick von Choras Kaskade weißer Häuser, überragt von einem beeindruckenden *kastro*, erfreuen, aber für die ursprünglichen Bewohner des tiefer gelegenen Skala war der Zug nach oben wegen der ständigen Bedrohung durch plündernde Piraten im 14. und 15. Jahrhundert eine bittere Notwendigkeit. Inzwischen flaniert man ungehindert durch die stillen Gassen und besichtigt die Festung. Die Ortschaft ist schön, mit herrlichen Ausblicken und fotogenen Einheimischen, die ihre Zeit in einer der vielen, gemütlichen *kafeneia* und Tavernen nahe der heute stillgelegten kykladischen Windmühlen verbringen.

Skala ist inzwischen das Dorf am Meer, wo Fischernetze am Straßenrand liegen, aromatische Düfte aus der Bäckerei strömen und ein kleiner Kies-und-Sandstrand von den Einheimischen zum Baden genutzt wird. Es gibt ein paar Tavernen, in denen ein paar alte Seebären sitzen, mehrere feine Boutiquen und einige anständige Übernachtungsmöglichkeiten.

Sehenswertes

GRATIS Kastro BURG

(⏲Sonnenauf- bis Sonnenuntergang) Im 14. Jahrhundert herrschte in Astypalea die venezianische Adelsfamilie Quirini. Sie erbaute die imposante Festung, erweiterte und restaurierte sie während ihrer 300-jährigen Herrschaft. Im Mittelalter lebte die Bevölkerung innerhalb der Burgmauern, um sich vor Piratenangriffen in Sicherheit zu bringen. Die letzten Bewohner zogen im Jahr 1953 fort, nachdem ein verheerendes Erdbeben die aus Stein gebauten Häuser zum Einsturz brachte. Über dem tunnelartigen Eingang liegt die Kirche **„Maria Himmelspförtnerin“** und innerhalb der Burgmauern die Kirche **Agios Georgios.**

Archäologisches Museum MUSEUM

(Eintritt frei; ⏲Di–So 11–13 Uhr) In Skala befindet sich ein kleines Archäologisches Museum, in dem Schätze von der gesamten Insel ausgestellt sind. Sie reichen von der prähistorischen mykenischen Zeit bis ins Mittelalter hinein. Zu den Highlights gehören Grabbeigaben aus zwei mykenischen Kammergräbern und eine kleine römische Bronzestatue der Aphrodite. Das Museum liegt am Anfang der Straße von Skala nach Chora.

Schlafen

Im Juli und August sind Reservierungen im Voraus erforderlich.

Hotel Paradissos HOTEL €

(☎22430 61224; www.astypalea-paradissos.com; Skala; DZ/3BZ 45/55 €; ❄) Das über dem Hafen liegende, stilvolle Paradissos hat minzgrüne Zimmer mit Sofa, Schmucklampen, Balkon und einem Zusatzbett, falls gewünscht. Im Parterre gibt's ein schönes Café mit herrlichem Meerblick und einem angeschlossenen Reisebüro.

Avra Studios APARTMENTS €

(☎22430 61363, 6972134971; Skala; DZ 50 €; ❄) Diese etwas älteren, heimeligen Zimmer liegen gleich am Strand und haben Kitchenette und Balkon. Hier fällt man vom Bett direkt in den Sand.

Akti Rooms APARTMENTS €€

(☎22430 61114; www.aktirooms.gr; Skala; DZ/Studio inkl. Frühstück 80/85 €; ❄) Das friedliche Akti liegt an der Nordostseite des Hafens auf felsigem Grund und blickt auf die türkisfarbene Bucht. Die Zimmer sind gemütlich mit Bildern an der Wand, Muschellampen und schönem Seeblick. Die Studios haben Kochnischen. Baden kann man von der hoteleigenen Plattform aus, oder man chilled in dem schicken Café.

LP TIPP Studio Kilindra BOUTIQUEHOTEL €€€

(☎22430 61131; www.astipalea.com.gr; Chora; DZ/Apt. 150/190 €; ❄@📶🏊) Diese Boutique-Bleibe gleich unterhalb der Burg in Chora blickt direkt hinunter auf die Bucht und verfügt über traditionell-luxuriös gestaltete Maisonettezimmer mit dunklem

Astypalea

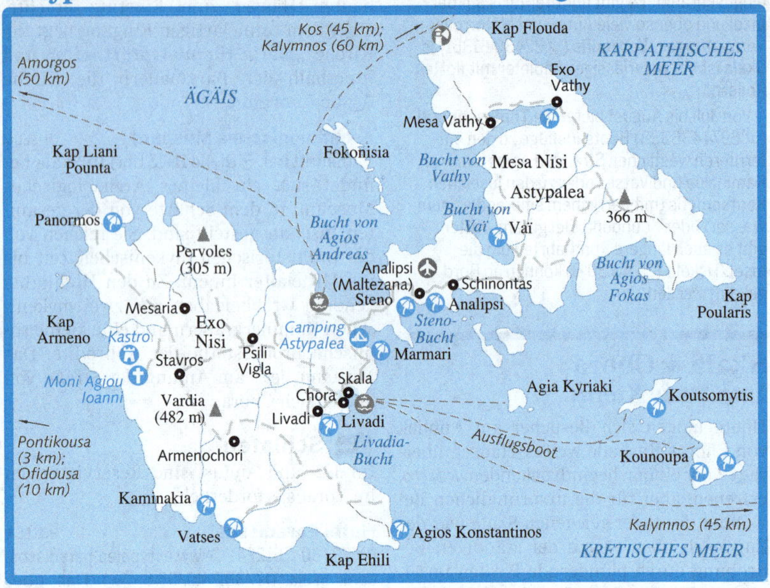

Holzmobiliar, Lehmboden, Kochnischen und nautischen Drucken an den Wänden. Lounge und Lobby sind mit Persern ausgelegt und mit alten Grammophonen eingerichtet. Frühstück wird auch am Pool serviert.

Kaith Rooms PENSION €

(☎22430 61131; Chora; EZ/DZ 40/50 €; ❄) Etwas abseits der Straße, die nach Chora führt, liegt die Pension Kaith mit Zimmern, die makellos sauber und bunt eingerichtet sind. Vom gemeinschaftlich zu nutzenden Balkon bietet sich ein fabelhafter Meerblick. Jedes Zimmer ist mit TV, Kühlschrank, Kochnische und geschmackvollen Möbeln eingerichtet. Dazu kommt als Attraktion die freundliche Wirtin – und ihre selbst gebackenen Kekse.

Thalassa Hotel BOUTIQUEHOTEL €€€

(☎22430 59840; www.stampalia.gr; Chora; Zi. inkl. Frühstück 118 €; ❄@📶) Das oberhalb vom Akti gelegene Thalassa bietet 12 Zimmer mit unglaublich tollem Blick auf den Hafen und die Bucht von ihren geräumigen Dachterrassen. Die Zimmer haben Marmorfußböden und Himmelbetten, die Farbgebung ist karibikblau, und die Bettdecken haben florale Muster. Abgesehen davon, scheinen die Preise etwas zu hoch zu sein.

✕ Essen

Es gibt ein paar verlockende Restaurans in Chora und in Skala und eine Reihe von Schickimicki-Lokalen in Livadi.

LP TIPP **Barbarossa** TAVERNE €

(Chora; Hauptgerichte 7–10 €) Dieses Lokal ist mit seinen grünen Tischen auf weißem Fliesenboden nicht zu verfehlen. Es liegt zur Rechten, wenn man zur Burg hochgeht. Drinnen hängen an Sichtsteinwänden Plakate mit griechischen Frauen der Antike, und vom Hinterfenster hat man einen tollen Ausblick. Auf der Speisekarte stehen saftige Salate, *saganaki,* mit Käse gefüllte Pfefferschoten, *souvlaki,* Kalbssteak und Hühnerfilet in Orangensoße.

Agonigrmi TAVERNE €

(Chora; Hauptgerichte 4 €) Dieses kleine Lokal, ein Stückchen unterhalb der acht Windmühlen gelegen, ist ideal für ein Frühstück an seinem langen Holztresen oder draußen auf der Terrasse mit den alten Knaben. Es gibt Omelettes, hausgemachte Marmeladen (aus Rosen), *baklava* und abwechslungsreiche *mezedhes.* Der Besitzer ist der personifizierte Charme.

Maistrali TAVERNE €

(Skala; Hauptgerichte 8–10 €) Dieses stilvolle Restaurant, eine Straße vom Hafen entfernt, wird von einem Bambusdach beschattet. Mit orangefarbenen Kissen und weißen Tischen wirkt es hell und frisch. Alles von Zucchinibällchen, Lammkoteletts und Auberginensalat bis zu gegrillten Scampis und Kaninchen in Tomatensoße.

Restaurant Aitherio TAVERNE €
(Hauptgerichte 8,50–10 €) Nur einen Steinwurf vom Hafen entfernt, sitzt man unter Aitherios' Markise, genießt den Blick auf die Bucht und tut sich gütlich an Fleischbällchen, Tintenfisch, Schwertfisch und Nudelgerichten. Probieren: Garnelen in warmer Honigsoße.

Shoppen

Skalas Geschäfte reichen von einfachen Läden mit Souvenirs und Meerjungfrauen im Angebot bis zu etwas nobleren Optionen, die mit trendigen T-Shirts und Bekleidung handeln. Ein Stückchen die Straße hoch hinter dem Hotel Paradissos stößt man auf **Koursaros** (Skala), einen Laden mit Schmuck, Hüten, Pashminas und Boho-Blusen. Zu erkennen am Piratenschild.

Praktische Informationen

Astypalea Tours (☎22430 61571; Skala; ⊙18–21 Uhr) Für Flugtickets

Commercial Bank (☎22430 61402; Skala) Hat einen Geldautomaten an der Uferpromenade

Hafenpolizei (☎22430 61208; Skala) Im selben Gebäude wie die Polizei

Polizei (☎22430 61207; Skala) In einem pseudo-italienischen Gebäude an der Uferpromenade

Post (Chora) Am oberen Ende der Straße von Skala nach Chora

Städtische Touristeninformation (☎22430 61412; ⊙10–12 & 18–21 Uhr; Chora) In einer restaurierten Windmühle

Taxi (☎697256461/697570635) Es gibt zwei Taxis auf der Insel.

www.astypalaia.com Für Geschichte, Bilder, öffentliche Einrichtungen und Sehenswürdigkeiten

Livadi Λειβάδι

Auf den ersten Blick sieht Livadi, 2 km von Chora entfernt, von hohen Mauern umgeben, abweisend und geisterhaft aus. Wer aber zum Strand geht, findet ein paar verborgene Schätze: eine Kette trendiger Restaurants und Bars, in denen sich die Städter aus Athen amüsieren. Verglichen mit dem Rest der Insel steppt hier der Bär. Am Ufer bietet das **Hotel Manganas** (☎22430 61468, 697657853; astyroom@otenet.gr; Studios 50–60 €; ❄) sonnendurchflutete Studios mit rustikaler Einrichtung, Kochnische, TV und schattigem Balkon sowie je einer kleinen Waschmaschine. Wer etwas wirklich Besonderes sucht, findet dies im Boutique-Traum **Fildisi Hotel** (☎22430 62060; www.fildisi.net; Studios ab 140–260 €; ❄📶🏊). In Terrassen angelegt und in der Mitte ein Infinity Pool, daneben eine Saftbar und ein fabelhafter Blick aufs Meer. Der Frühstücks-/Ruheraum hat einen Steinfußboden und einen plüschigen Schick, während die hypercoolen Zimmer mit Balkon, Kochnische, Flachbildschirm-TV und Seeblick aufwarten (im Badezimmer ist sogar der nackte Fels integriert). Sehr geschmackvoll.

In der **Trapezakia Exo** (Hauptgerichte 5–9 €) am westlichen Strandende werden frische Sandwichs aus dem Feinkostladen serviert. Zum Mitnehmen oder zum Essen auf der schönen Strandterrasse im Schatten einer Markise. Steak, armenische Wurst, Miesmuscheln und Fleischbällchen sowie Garnelen sind ein paar Leckerbissen. Das nahe **Astropelos** (Hauptgerichte 7–10 €) hat einen schicken, weißen Innenraum, eine gute Auswahl an Weinen, französische Loungemusik und so leckere Gerichte wie Garnelen-*saganaki*, gefüllt mit Tomaten, die im Schatten von Tamariskenbäumen genossen werden.

Westlich von Skala

Westlich von Skala beginnt das Hinterland von Astypalea – rau, kahl und hügelig, perfekt für einen Zyklopen, mit kaum einer erwähnenswerten befestigten Straße – gerade noch befahrbar; aber nur mit einem robusten Vierradantrieb. Die Straße führt schließlich zu den Ruinen des **Kastro** und zum **Moni Agiou Ioanni**, die nebeneinander oberhalb der Küste liegen. Wer wirklich gut in Form ist, kann von hier aus zu Fuß zum **Agios-Ioannis-Strand** hinunterwandern. Eine ebenso holprige Straße führt zum **Panormos-Strand**, den man vermutlich für sich allein hat.

An der Südküste windet sich ein unwegsamer Pfad durch grüne Bergwiesen und fällt dann ab zum **Kaminakia-Strand**, Astypaleas bestem Altar für Sonnenanbeter. Er ist von Granitblöcken und einem

Berg begrenzt und hat ein so klares Wasser, dass die Kiesel auf dem Meeresboden zu sehen sind. Es gibt ein gutes, nur in der Saison geöffnetes Restaurant, das **Sti Linda** (Hauptgerichte 4–7 €; ⏲Juli–Sept.), in dem herzhafte Fischsuppen, im Ofen geschmortes Ziegenfleisch und selbst gebackenes Brot serviert werden. Wer noch Lust hat, kann einen Umweg zum hübschen, von Bäumen beschatteten **Agios-Konstantinos-Strand** an der Südseite der Livadi-Bucht wagen.

Östlich von Skala

Marmari, 2 km nordöstlich von Skala, hat drei Buchten mit Kies- und Sandstränden. Hier befindet sich der **Camping Astypalea** (Zeltplätze pro Erw./Zelt 8/2 €; ⏲Juni–Sept.). Dieser von Tamarisken beschattete und bambusgesäumte Campingplatz liegt gleich hinter dem Strand (der leider gleich an der Straße liegt) und hat rund um die Uhr heißes Wasser, eine Küche, ein Café und einen Minimarkt. Der **Steno-Strand,** 2 km weiter, ist einer der besseren, aber weniger besuchten Strände auf der Insel. Er ist sandig, ausreichend flach für Kinder, schattig und gut geschützt. Die Insel ist an dieser Stelle nur 2 km breit.

Analipsi (auch als Maltezana bekannt) liegt 7 km weiter auf der Straße in einem fruchtbaren Tal auf der Landenge. Das ehemalige Versteck für Malteser Piraten ist eine verstreute, angenehm ruhige Siedlung. In der Umgebung befinden sich die Überreste der **römischen Tallaras-Thermen** mit Mosaiken. Der **Analipsi-Strand** liegt im Südosten des Ortes und ist lang, mit Sand, Steinen, Schatten und sauberem, flachem Wasser. Übernachten kann man in Analipsi in der **Villa Barbara** (☎22430 61448; EZ & DZ 45–55 €; ❄). Sie hat ein ansprechendes Äußeres mit Gärten voller Blumen und weiß getünchte Fassade. Die Zimmer sind hell und mit Kochnische, Fliesenboden, TV und Balkon zum Strand (100 m entfernt) ausgestattet. Das **Hotel Maltezana Beach** (☎22430 61558; www.maltezanabeach.gr; EZ/DZ inkl. Frühstück 80/115 €; P❄≋) nebenan hat schöne Zimmer in einer Anlage, zu der ein Wellnessbereich, eine Poolbar, eine Spielplatz und Familienräume gehören. Es gibt in Maltezana nicht viele Restaurants. Die üblichen Tavernen mit Blick aufs Wasser servieren inseltypische Gerichte.

Weiter nach Osten geht's zum abgelegenen Dorf **Mesa Vathy** mit einem kleinen Yachthafen in einer geschützten Bucht und von nur einem halben Dutzend Familien bewohnt. Zum Baden ist die Bucht nur mäßig geeignet, dafür kann man sich sein Mittagessen angeln oder sich im ruhigen **Galini Cafe** (Hauptgerichte 3–5 €; ⏲Juni–Okt.) an gegrilltem Fleisch und Fisch sowie im Ofen gebackenen Spezialitäten laben.

KALYMNOS

16 440 EW.

Diese gebirgige Insel mit steil abfallenden Klippen – die versierte Sportkletterer anzieht und jedes Jahr im Mai ein Kletterfestival veranstaltet – ist vor allem wegen ihrer einstigen Schwammfischerei bekannt. Noch heute stehen überall in der Hauptstadt Pothia alte Schwammlagerhäuser, die bis oben hin mit diesen seltsamen Meeresschätzen vollgepackt sind. Anders als manche seiner felsigen Nachbarn ist Kalymnos (Κάλυμνος) vergleichsweise grün. Seine Straßen sind von rosa und rotem Oleander gesäumt, der sich so kontrastreich vom lebhaft türkisfarbenen Wasser abhebt, dass man unwillkürlich an eine Postkarte denkt. Kalymnos ist die drittgrößte Insel des Dodekanes, und fairerweise muss gesagt werden, dass, wer alles sehen will, drei Tage Zeit und einen eigenen fahrbaren Untersatz braucht.

ℹ An- & Weiterreise

Flugzeug

Kalymnos ist durch Olympic Air mit täglichen Flügen mit Athen (81 €, 20 Min.) verbunden. Flugtickets können bei **Kapellas Travel** (☎22430 29265; kapellastravel@gallileo.gr; Patriarhou Maximou 12, Pothia) gekauft werden. Der Flughafen liegt 3,5 km nordwestlich von Pothia und der Terminal für Wasserflugzeuge 1,5 km östlich davon.

Schiff/Fähre

Kalymnos ist mit Rhodos, Piräus und den dazwischen liegenden Inseln durch Autofähren, Tragflächenboote und Katamarane verbunden. Es fahren lokale Boote sowie Fähren der Reedereien **Blue Star Ferries** (☎22430 26000), **Anek Lines** (☎22430 23700), **Dodecanese Seaways** (☎22430 28777; Pothia-Anleger) und **ANE Kalymnou** (☎22430 29612). Die Tickets können bei Magos Travel gekauft werden. Kleine lokale Personen- und Autofähren fahren sechsmal täglich von Pothia nach Mastichari

(6 €) auf Kos. Die schnelle, in Lipsi stationierte *Anna Express* verbindet dreimal wöchentlich Pothia mit Leros und Lipsi. Täglich fährt eine Fähre um 9.30 Uhr von Pothia nach Pserimos (4 € eine Strecke) und kehrt um 17 Uhr zurück. Es gibt auch ein tägliches Kaik von Myrties nach Xirokambos (8 €) auf Leros und Emborios (8 €) im Norden von Kalymnos. Ein Kaik verkehrt den ganzen Tag über zwischen Myrties und dem Inselchen Telendos (2 €).

FÄHRVERBINDUNGEN VON KALYMNOS

REISEZIEL	HAFEN	DAUER	PREIS	HÄUFIGKEIT
Astypalea	Pothia	3½ Std.	12 €	3-mal wöchentl.
Kos	Pothia	50 Min.	6 €	3-mal tgl.
Kos*	Pothia	35 Min.	15 €	1-mal tgl.
Leros	Pothia	1½ Std.	9 €	4-mal wöchentl.
Leros*	Pothia	50 Min.	20 €	1-mal tgl.
Lipsi*	Pothia	1 Std. 20 Min.	20 €	1-mal tgl.
Patmos	Pothia	4 Std.	12 €	6-mal wöchentl.
Patmos*	Pothia	1Std. 40 Min.	26€	4-mal wöchentl.
Piräus	Pothia	13 Std.	48 €	3-mal wöchentl.
Rhodos*	Pothia	3 Std.	38 €	1-mal tgl.

*Schnellverbindungen

Unterwegs vor Ort

Auto & Motorrad

Es gibt viele Autoverleihe auf der Insel, hauptsächlich in Pothia. Versuchen kann man's bei **Rent-a-Bike** (☎69379 80591) oder bei **Automarket Rental** (☎22430 51780, 69278 34628). Ein Motorroller kostet für einen Tage 15 € und ein Auto 40 €.

Bus

Busse fahren täglich von Pothia nach Emporio (2 €), der Erste startet um 9 Uhr und der letzte kommt um 15.30 Uhr zurück. Nach Vathys (2 €) fahren alle zwei Stunden Busse, der Erste verlässt den Ort um 6.30 Uhr und der Letzte kommt um 17.30 Uhr zurück. Fahrkarten verkauft das Fahrkartenbüro des Gemeindeamts von Kalymnos neben der Bushaltestelle in in Pothia.

Schiff/Fähre

Im Sommer fährt täglich ein Ausflugsboot von Myrties nach Emborios (8 €), das um 10 Uhr ablegt und um 16 Uhr zurückkommt. Tagesausflüge zur **Kefalas-Höhle** (20 €), die mit ihrem 103 m langen Gang voller Stalaktiten und Stalagmiten beeindruckt, werden von Pothia und von Myrties aus organisiert. Es gibt auch fahrplanmäßige Fähren von Pothia nach Pserimos, wo es einen großen Sandstrand und Tavernen gibt. Das große Segelboot **Katerina** (☎6938325612) bietet regelmäßige Rundfahrten um Kalymnos.

Taxi

Sammeltaxis kosten etwas mehr als Busse und fahren in Pothia vom **Taxistand** (☎22430 50300; Plateia Kyprou) ab nach Masouri. Man kann die Taxis auch an der Straße anhalten. Eine reguläre Taxifahrt kostet 9 € nach Myrties, 15 € nach Vathys und 10 € zum Flughafen.

Pothia Πόθια

10 500 EW.

Von dem Moment an, wenn die Fähre an der Statue der winkenden Meerjungfrau an der Einfahrt vorbeifährt, scheint Pothia, der Hafen und die Hauptstadt von Kalymnos, Besucher willkommen zu heißen in seinem schönen Hafen mit Bars und Freiluftrestaurants. Und während die weiß getünchten Straßen kaum anders als die in anderen Städten aussehen, macht seine Vergangenheit als Griechenlands Zentrum der Schwammfischerei Pothia zu etwas Besonderem. Was an seine Geschichte erinnert, ist noch vielerorts zu sehen, vor allem die Ex-Taucher mit ihren von Wind und Sonne gegerbten Gesichtern – alle längst im Herbst ihres Lebens –, die unverrückbar wie Muscheln in den Uferkafeneia hocken. Während Fischer ihre Netze im bernsteinfarbenen Licht des Nachmittags flicken, knattern Jugendliche auf ihren Rollern mit halsbrecherischer Geschwindigkeit durch die Gegend – vielleicht sind's die tollkühnen Gene der Ansässigen.

Sehenswertes

Das **Archäologische Museum** (Erw./Stud. 5/3 €; ⏲Di–So 8.30–14.30 Uhr) ist vollgestellt mit Artefakten, die bis 2500 v. Chr. zurückdatieren und erst 2001 gefunden wurden. Zu den imposantesten Stücken gehört die Bronzestatue einer Frau in einem fein ausgearbeiteten Chiton aus dem 2. Jahrhundert v. Chr., die vor der Küste von Kalymnos geborgen wurde. Hinter dem Hauptgebäude befindet sich die **Villa von Nickolas Vouvalis,** einem reichen Schwammhändler, der im 19. Jahrhundert lebte und ein Wohltäter der Insel war. Innen sehen die Räume noch so aus, wie sie es zu seinen Lebzeiten taten.

Im Zentrum der Uferfront befindet sich das wirklich sehenswerte **Nautische & Völkerkundemuseum** (Eintritt 3 €; ⏲Mai–Sept. Mo–Fr 8–13.30, Sa & So 10–14.30 Uhr) mit Ausstellungen über traditionelle Trachten aus der Region und über die Geschichte des Schwammtauchens. Wer noch mehr über Schwämme erfahren will, geht in die Exportfabrik **NS Papachatzis,** die von Schwämmen jeder nur denkbaren Form und Größe geradezu überquillt.

Aktivitäten

Felsklettern

In den letzten Jahren sind Kalymnos und das Schwester-Eiland Telendos Griechenlands Kletterdorado geworden, mit 50 verschiedenen Kletterstellen und über 1500 Routen der Schwierigkeitsgrade F4 bis F9. Jeden zweiten Mai zieht das **Internationale Kletterfestival** mehr als 300 Kletterer aus 20 verschiedenen Ländern an. Beste Anlaufstelle ist das **Climber's Nest** (☎6938173383; www.climbers-nest.com; Armeos). Dort gibt's Ausrüstung, Karten, Kletterbücher, Führer und ein „schwarzes Brett". Eine Routenübersicht für alle, die auf eigene Faust losziehen, gibt es unter www.climbkalymnos.com.

Tauchen

Das alljährlich veranstaltete **Tauchfestival,** das immer Mitte August stattfindet, bietet seinen Teilnehmern die Gelegenheit, bei Wettbewerben im Unterwasser-Zielschießen sowie beim Klifftauchen, Gerätetauchen durch Wracks und sogar bei der Schatzsuche mitzumachen. Weitere Informationen sind auf der Gemeinde-Website (www.kalymnos-isl.gr) zu finden. Der **Kalymnos Scuba Diving Club** (☎22430 47253; www.kalymnosdiving.com; Tauchen pro Tag 50 €), der von Dimitris, einem früheren griechischen Marinetaucher, geleitet wird, hat Ein-Tages-Tauchtouren – inklusive der kompletten Ausrüstung – zu Wracks und zu unter Wasser liegenden Vulkanen, Riffen und Höhlen im Angebot. Dimitri, dessen Großvater ein Schwammtaucher war, organisiert darüber hinaus sehr schöne eintägige Bootstouren, auf denen er die Geschichte dieses gefährlichen Berufes erzählt.

Kalymnos

Wandern

Es gibt 10 feste Wanderrouten, die über die ganze Insel führen und exakt verzeichnet sind auf der hervorragenden, im Maßstab 1:25 000 erstellten Wanderkarte *Kalymnos Hiking Map*, die von **Anavasi** (www.mountains.gr; Stoa Arsakiou 6a, Athen) herausgegeben wird. Eine beliebte Wanderroute ist die 4,25 km lange Route Vathys–Pothia B1, die sogenannte Italienische Straße, ein von den Italienern zu Beginn des 20. Jahrhunderts gebauter Steinweg.

Schlafen

LP TIPP **Villa Melina** BOUTIQUEHOTEL €€

(☎22430 22682; antoniosantonoglu@yahoo.de; EZ/DZ/ Apt. inkl. Frühstück 50/65/80 €; ❄) Die in den 1930er-Jahren von einem italienischen Architekten erbaute, rosa gestrichene Villa, die von friedlichen Gärten umgeben ist, erinnert mit ihren Parkettfußböden, persischen Teppichen und klassischen Sonnenterrassen um ein geschütztes Schwimmbecken herum an das Interieur in einem alten Film. Die Zimmer – jedes anders – sind richtig schön, mit Stuckdecken, lila Wänden, Mahagonischränken und riesigen Betten. Der Wirt scheint ein Doppelgänger Poseidons zu sein und ist ausnehmend charmant.

Greek House PENSION €

(☎22430 23752, 69727 47494; EZ/DZ/Studios/ Apt. 25/35/40/55 €) Diese vom Hafen aus etwas landeinwärts gelegene, sympathische Budget-Pension hat vier gemütliche, holzgetäfelte Zimmer mit Kochgelegenheiten. Es sind auch teurere und besser ausgestattete Studios zu haben sowie ein einzelnes, großes Apartment in der Stadt.

Arhodeko Hotel PENSION €

(☎22430 24051; EZ/DZ 30/40 €; ⏲ganzjährig; ❄) Die Atmosphäre dieses klassizistischen Schmuckstücks am Hafen nimmt einen sofort gefangen, wenn man auf die elegante Fassade zu und unter den Originalsteinbögen hindurchgeht. Die von einer älteren Dame geführte Pension könnte etwas mehr Glanz haben, aber die Zimmer sind angemessen mit Kühlschrank, TV und Hafenblick von ihren Balkons.

Hotel Panorama HOTEL €

(☎22430 23138; smiksis2003@yahoo.gr; EZ/DZ inkl. Frühstück 30/40 €; ⏲ganzjährig; ❄) Das Hotel ist vom Hafen aus in fünf Minuten durch verwinkelte Sträßchen zu erreichen und bezieht seinen Namen von dem atemberaubenden Ausblick, den man auf dem Hügel von der Dachterrasse aus genießen kann. Die Zimmer sind freundlich mit TV, privatem Balkon, modernem Mobiliar und einer gemeinschaftlich zu nutzenden Sonnenterrasse. Dieses Schmuckstück von einer Bleibe im Voraus buchen.

Evanik Hotel HOTEL €€

(☎22430 23125; EZ/DZ/3BZ inkl. Frühstück 40/60/70 €; ❄📶) Das Hotel befindet sich ein paar Häuserblocks landeinwärts. Seine hochklassigen, lavendelfarbigen Zimmer haben Nachttische mit Marmorplatten und luxuriöse Extras wie WLAN im Zimmer. Sie sind zwar hübsch und hell, haben jedoch den Nachteil, etwas klein zu sein und nahe der lauten Straße zu liegen. Im Parterre ist ein schöner Frühstücksraum. Nach einem ruhigeren Zimmer nach hinten raus fragen.

Essen

Mania's MEERESFRÜCHTE €

(Hauptgerichte 9 €) Diese Taverne mit einem weiten Blick über den Hafen hat vor allem die Früchte des Meeres auf der Speisekarte: köstliche Garnelen, Tintenfisch, Dorsch, Weißfisch, Seeigelsalat und Kalamari. An den Wänden hängen traditionelle Musikinstrumente, die auch manchmal gespielt werden.

Koytok Katinas MEERESFRÜCHTE €

(Hauptgerichte 7 €) Aus dieser gegenüber von Automarket gelegenen, kleinen Taverne ziehen die Küchendüfte durch die ganze Straße. Die meisten der einheimischen Wirte sehen wie Statisten aus *Alexis Sorbas* aus, dieser auch. Man lässt sich einfache Gerichte, wie Tintenfisch, Kalmar und den Tagesfang, schmecken.

Gregory's FASTFOOD €

(Snacks 2,50–4 €) Das nahe der belebten Plateia Kyprou gelegene Gregory's ist bequem, wenn man mit dem Bus oder Taxi wegfahren und etwas Essbares mitnehmen will. Es gibt superfrische mit Käse, Schinken, Salat, Truthahn und Salami belegte Brote sowie frische Säfte und Kaffee.

Selbstversorger finden alles, was sie brauchen, im **Vidhalis Market**, einem gut bestückten Supermarkt (prima für frisches Obst) am Ufer oder **Anash's Bäckerei** weiter hinten im Ort, wo es Backwaren, wie Olivenbrot, Kekse, Pasteten, Croissants und Biskuitkuchen, gibt.

Ausgehen

Wer am Nachmittag etwas erleben will, geht ins **Library Kafenion.** Diese ehemalige Bibliothek mit hohen Decken ist noch heute von Büchern und plakatgroßen Bildern eingerahmt; draußen, unter den ionischen Säulen, sitzen zerknitterte frühere Schwammtaucher, die an Lucky Strikes kauen, Frappés schlürfen und schweigend aufs Meer starren.

Die Bars, die das Ufer und besonders die Plateia Eleftherias säumen, sind gemütliche Hang-outs, deren Tische bis auf den Platz hinaus stehen. Westlich davon gibt's weitere Kneipen dieser Art, wo man sich unter die Einheimischen mischen und ihrem Seemannsgarn lauschen kann.

Praktische Informationen

Pothias Fähranleger liegt an der Südseite des Hafens. Das meiste Leben herrscht allerdings auf dem Platz am Wasser, der Plateia Eleftherias. Die Hauptgeschäftsstraße ist die Venizelou. Beim Bummel durch Pothia ist Vorsicht geboten; der Verkehr rauscht in den fußweglosen Straßen direkt an einem vorbei.

Die Commercial, die National und die Ionian Bank, alle drei mit Geldautomaten, liegen dicht am Wasser.

Hafenpolizei (☎22430 24444; 25 Martiou)

Hauptpost Von der Plateia Eleftherias aus 10 Minuten zu Fuß Richtung Nordwesten. Eine günstiger gelegene Filiale befindet sich südlich der Plateia Ethinikis Andistasis.

Kapellas Travel (☎22430 29265/28903; Patriarhou Maximou 12) Für Flugtickets

Magos Travel (☎22430 28777; www.magostours.gr) Tickets für Tragflächenboote und Katamarane, einschließlich eines Tagesausflugs nach Bodrum (25 €) sowie Flüge und Busausflüge. Es gibt einen durchgehend funktionierenden Fahrkartenautomaten im Freien.

Neon Internet C@fe (Internet pro Std. 3 €; ⌚9.30am–24 Uhr) Beliebter Hang-out für Teenies mit Internet, Spielautomaten und Bowling!

Polizei (☎22430 22100; Venizelou)

Touristeninformation (☎22430 59056; 25 Martiou)

www.kalymnos-isl.gr Informative Webseite, von der Stadtverwaltung von Kalymnos betreut.

Rund um Pothia

Südlich von Pothia geht's auf der Fahrt zum Moni Agiou Savra am **Kalymnischen Hausmuseum** (Eintritt 2 €; ⌚Mai–Sept. 9–14 & 16–20 Uhr) vorbei, einem kleinen, traditionellen Haus, in dem man bei Führungen in englischer Sprache etwas über die Sitten und Gebräuche auf der Insel erfährt. Vom Hafen nordwärts verläuft ein dicht besiedeltes Tal mit mehreren Ortschaften. Die zerstörte **Johanniterfestung** (Kastro Chrysoherias) mit einer kleinen **Kirche** innerhalb der Festungsmauern taucht an der Straße Pothia–Chorio auf.

Das an der Ostseite des Tals gelegene **Pera Kastro** war ein bis zum 18. Jahrhundert bewohntes, piratensicheres Dorf. Innerhalb der bröckelnden Mauern liegen die Ruinen von Steinhäusern und sechs winzigen Kirchen aus dem 15. Jahrhundert. Sehenswert sind auch die wenigen noch erhaltenen Fresken in der Kirche der Verklärung Christi. Vom Ende der Hauptstraße in **Chorio** führt ein Stufenweg nach Pera Kastro hinauf; der schattenlose Aufstieg ist anstrengend, lohnt sich aber wegen der fabelhaften Aussicht.

Eine baumbestandene Straße führt von Chorio weiter nach **Panormos,** einem hübschen Dorf in 5 km Entfernung von Pothia. Sein ursprünglicher Name Elies (Olivenbäume) wurde nach der Zerstörung der Bäume im Zweiten Weltkrieg geändert. Ein Nachkriegsbürgermeister ließ unzählige Bäume und Blumen pflanzen und schuf damit ein wunderschönes „Panorama", das dem Dorf seinen heutigen Namen gab. Die Strände **Kandouni** und **Linaria** liegen nur einen Steinwurf voneinander entfernt und sind von Panormos aus zu Fuß zu erreichen. Kandouni ist eine besonders schöne, von Bergen eingeschlossene Bucht mit Cafés, Bars und Hotels am Wasser und einem kleinen Sandstrand. Von hier aus kann man auch Sportklettern und jedes Jahr findet hier ein Klippenspring-Wettbewerb statt.

Zum Essen und Übernachten ist Linaria etwas ruhiger. **Giorgio's Family Restaurant** (Hauptgerichte 6–12 €) am Nordende des Linaria-Strands hat kreativ angerichtete Salate, frischen Fisch und Meeresfrüchte auf der Karte. Gut schmecken der Chili-Feta, *saganaki*-Garnelen oder „Gottesfisch" mit Knoblauchsoße und einem Glas Landwein dazu. Sein müdes Haupt kann man im **Sevasti Studio** (☎22430 48779; DZ/Apt. 40/50 €; ❄) betten. Es liegt einen Häuserblock die Straße hinauf abseits der Partyszene und hat freundliche, geräumige Zimmer sowie eine Veranda mit hinreißendem Seeblick. Die

Apartments sind mit Kochnischen ausgestattet.

Weiter oben an der Straße liegt **Platys Gialos**, ein Strand, der von Panormos aus ein bisschen schwieriger zu erreichen ist. Er ist weniger erschlossen und steinig.

Myrties, Masouri & Armeos Μυρτιές, Μασούρι & Αρμεός

Von Panormos aus führt die Straße weiter zur Westküste und bietet eine tolle Aussicht auf die kleine Insel Telendos. **Myrties, Masouri** und **Armeos** sind einfache Urlaubsorte und im Wesentlichen eine einzige lange Straße mit Restaurants, Bars, Souvenirläden und Minimärkten. Ein erloschener Vulkanpfropf teilt den Strand in zwei Abschnitte: in den Strand von Myrties mit dem Hafen Melitsachas und in die geringfügig besseren Strände Masouri und Armeos im Norden. Die Strände haben dunklen Sand und sind nicht allzu großartig.

In allen drei Zentren gibt's Wechselstuben, Geldautomaten der Dodecanet und Auto- und Motorradvermietungen, wie den bewährten **Avis Rental** (☎22430 47145; Myrties). Online geht's in **Babis Bar** (Myrties; pro Std. 2 €).

Von den drei Ortschaften ist Myrties die ruhigste. Vom Sonnenlicht durchflutet wie ein Monet liegen die Apartments **Acroyali** (☎22430 47521; www.acroyali.gr; DZ/3BZ 40/55 €; ❄) inmitten einer üppigen Vegetation nur ein paar Meter vom türkisgrünen Meer entfernt. Die im Inselstil eingerichteten Studios haben farbliche Akzente und schöne Balkons. Eine andere Möglichkeit ist das hübsche **Hotel Atlantis** (☎22430 47497; AtlantisStudios@hotmail.com; DZ 35–45 €; ❄), über dem Meer gelegen, mit herrlichem Seeblick und einer mit mythologischen Reliefs gestalteten Lobby. Die Zimmer punkten mit großen Balkonen und angenehmem Mobiliar.

An der ersten Abzweigung geht's nach links zum **To Psirri** (Hauptgerichte 7–12€). Auf der Speisekarte dieses mit Sturmlampen und Meeresmuscheln dekorierten Lokals stehen Schwertfisch, Seeigelsalat, Austern, Miesmuscheln und Garnelen sowie anständige Steaks.

Wen es senkrecht in die Höhe zieht, für den ist **Climber's Nest** (☎69381 73383; ⌚9–12 & 16–20 Uhr) am Ortsrand die richtige Adresse. Das 2002 gegründete Sportgeschäft bietet Kletterausrüstung sowie Infos über Kletterrouten. Ein Stückchen weiter auf derselben Straße kommt man zum **Official Climbing Info Desk** (☎22430 59445; ⌚8.30–13.30 Uhr), wo es Infos zum Klettern sowie Details zu Trekking- und Höhlenroute gibt.

Von Myrties fahren regelmäßig kleine Boote zum Inselchen Telendos (2 €).

Telendos Νήσος Τέλενδος

Die in nur zehn Minuten mit dem Kaik (kleinen Boot) vom Anleger in Myrties aus erreichbare kleine Insel Telendos wirkt einsam und fern, fast künstlich und voller Zauber der Ägäis. Das Bild von Telendos wird durch den hochaufragenden Berg in seiner Mitte geprägt. Die meisten Aktivitäten konzentrieren sich auf seinen hübschen Hafen mit Tavernen und weiß getünchten Herbergen. Dank ihrer verkehrsfreien Straßen gilt die Insel als erholsamer Außenposten der Hauptinsel Kalymnos, zu der sie einst gehörte und von der sie 554 n. Chr. durch ein Erdbeben abgetrennt wurde.

Nach rechts geht's zu den Ruinen der frühchristlichen Basilika **Agios Vasilios.** Von hier aus führt ein Fußweg zur Basilika **Palaiopanayia.** Weiter an der Küste entlang reihen sich mehrere kleine Kies- und Sandstrände aneinander, darunter der **Paradise-Strand,** an dem sich manchmal Nudisten tummeln. Vom Anleger aus nach links und dann rechts kurz vor Zorba's geht's zum windumwehten, feinkieseligen **Chohlakas Strand.**

Telendos gilt als Geheimtipp unter Klettertouristen, jede Menge Infos kann man sich im Café Naytikos holen. Das kleine Boot **Katerina** (☎69449 19073) schippert mit Kletterern von Myrties zu Kletterwänden auf Telendos (20 €), Abfahrt um 7 Uhr und Rückkehr um 14 Uhr.

Hotels, Privatzimmer und Restaurants liegen alle am Anleger und an der Ostseite der Insel. Direkt vom Anleger aus kann man im **On the Rocks Rooms** (☎22430 48260; www.otr.telendos.com; EZ/DZ/3BZ 45/50/70 €; @) sein Domizil nehmen. Die Studios mit gefliestem Boden, Kochnische und Privatbalkon sind einladend, und eine sehr nette Café-Bar gehört dazu. Es gibt auch Familienzimmer, und für den Transfer zum Flughafen wird gesorgt.

Ein Stückchen weiter liegt das **Hotel Porto Potha** (☎22430 47321; portopotha@klm.forthnet.gr; DZ inkl. Frühstück 45 €, Apt. 45 €; ❄📶🏊) auf einer Anhöhe. Es hat komfortable Zimmer, eine herrliche Aussicht, einen einladenden Swimmingpool und einen sehr freundlichen Besitzer, der wie ein sonnengebräunter Norman Mailer aussieht.

Links vom Pier liegt das sehr traditionsreiche Restaurant **Zorba's** (☎22430 48660; Hauptgerichte 3–8 €) mit herrlichem Meerblick. Der Besitzer geht selbst auf Fischfang und bringt Tintenfisch, Krake, Tunfisch und Schwertfisch mit. Es gibt auch drei kleine, aber hübsche Zimmer mit rosa Wänden und Kiefernmöbeln (DZ 30 €).

Im Schatten eines Tamariskenbaums liegt das **Cafe Naytikos** (🕒ganzjährig), das bei früh aufbrechenden Kletterern beliebt ist, denen nach heißem Kaffee, Frühstück und Snacks zumute ist. Der Besitzer Sevasti ist selbst Kletterer und kann nützliche Auskünfte geben. Auf dem Schild am Ende des Landungsstegs stehen Angaben zu Entfernungen und Richtungen zu beliebten Kletterwänden. Dann liegt nebenan das **Cafe Rita** (Hauptgerichte 8 €), wo hervorragendes *souvlaki,* Lamm-*stifadho* und gebratenes Lamm in Zitronenknoblauch und Rosmarin serviert werden. Angeschlossen sind ein Laden mit Kunsthandwerk und ein Buchladen mit gebrauchten Büchern.

Kaiks nach Telendos fahren regelmäßig zwischen 8 und 13 Uhr vom Kai in Myrties (einfache Fahrt 2 €) ab.

Emborios Εμπορειός

Die Westküstenstraße, von Oleander gesäumt, windet sich über weitere 11,5 km von Masouri zum verschlafenen Emborios; eine Ansammlung grellweißer Häuser um einen kleinen Kiesstrand mit kristallklarem Wasser. Das schicke **Artistico Cafe** (☎22430 40115; Hauptgerichte 7 €) direkt am Strand steht im Schatten vom Tamarisken und hat leckere Salate, *souvlaki,* Steaks und Meeresfrüchte auf der Karte. Probieren: das Riesengarnelen-*saganaki* oder Rindfleisch-*stifadho.* An manchen Abenden wird hier mit der Gitarre improvisiert.

Wenn nur jede Unterkunft so einladend wäre wie **Harry's Paradise** (www.harrys-paradise.gr; DZ/3BZ 47/50 €; ❄@). Inmitten einer explodierenden Blütenpracht von Geranien, Oleander und Prunkwinden liegen sechs Zimmer, die so wunderbar sind, dass man nicht mehr nach Hause reisen will, mit weißen Wänden, aparten Möbeln, feinem Bettzeug, Kochnische, Rattanstühlen und großen Balkons mit Seeblick. Es gibt auch ein preisverdächtiges Restaurant (Hauptgerichte 8 €), in denen Fleischbällchen in Minze und Tomaten, Blätterteigpasteten, *bougatsa,* mit Spinat gefüllte Pilze und frischer Tagesfang auf den Tisch kommen. Im Voraus buchen!

Vathys & Rina Βαθύς & Ρίνα

Vathys, in einem fruchtbaren Tal an der Ostküste von Kalymnos gelegen, gehört zu den schönsten Ecken der Insel. Enge Straßen schlängeln sich zwischen Zitrusgärten dahin, eingerahmt von hohen Steinmauern, den *koumoula.*

Rina, Vathys' kleiner Hafen, sieht aus, als läge es an einem Fjord, weil sich das smaragdgrüne Meer um eine Felsbiegung windet, bevor es zum offenen Meer wird. Bis auf die Geräusche der Alten, die Backgammon spielen, und das Blöken der Ziegen ist hier kaum etwas zu hören. Es gibt auch keinen Strand, aber wer auf die Fischerboote achtet, kann auch vom Anleger an der Südseite des Hafens ins Wasser springen. **Wassertaxis** (☎22430 31316, 69470 82912) bringen Touristen zu ruhigen Buchten, wie den nahen Stränden **Almyres** und **Drasonda.** Es gibt mehrere Kirchen, zu denen man von Pina aus wandern kann, darunter **Chosti** mit Fresken aus dem 11. Jahrhundert, die am Westhang des Hafens zu finden ist. Auch ein **jährlicher Klippenspringen-Wettbewerb** findet in Vathys im Rahmen des Internationalen Tauchfestivals statt.

Rund um den farbenfrohen Hafen reihen sich die Restaurants aneinander. Zum Mittagessen geht's gern in die **Galini Taverna** (Hauptgerichte 9 €). Mit den karierten Tischtüchern, dem freundlichen Wirt, dem Bougainvillea-Baldachin und dem schönen Blick auf den Hafen ist dies ein Lokal, in dem man in aller Ruhe herzhafte Salate (insbesondere Tintenfisch), Meeresfrüchte und gegrilltes Fleisch genießen kann. Die *dolmadhes* (mit Reis gefüllte Weinblätter) sind lecker gewürzt.

Vathys liegt 13 km nordöstlich von Pothia. Von hier windet sich eine dem Wind ausgesetzte neue Straße von Emborios durch die Berge und ist eine schnellere Verbindung zum Norden als der Weg über die Westküste.

LEROS

8210 EW.

Auf der abgelegenen Insel Leros (Λέρος) geht es ruhig zu und zugleich ist sie voller Leben. Mit einer schönen Hafenstadt, coolen Cafés, ein paar tollen Speiselokalen und herrlichen Landschaften ist sie bei griechischen Reisenden beliebt, scheint aber nicht allzu viele ausländische Gäste anzulocken. Die Insel wird von einer mächtigen mittelalterlichen Burg überragt, eine von mehreren lohnenden Sehenswürdigkeiten, und ihre kleinen, sandigen Buchen laden zum Baden ein. Wer auf der Suche nach stressfreier Entspannung ist, trifft mit Leros eine gute Wahl.

An- & Weiterreise

Flugzeug

Es gibt tägliche Flüge nach Athen (67 €) und dreimal wöchentlich nach Rhodos (57 €), Kos (55 €) und Astypalea (55 €). **Olympic Air** (☎22470 22777) am Flughafen verkauft Tickets.

Schiff/Fähre

Leros liegt auf der Haupt-Nord-Süd-Route für Fähren zwischen Rhodos und Piräus, mit täglichen Abfahren von Lakki. Fährtickets gibt's bei **Blue Star Ferries** (☎222470 26000; Lakki) oder **Leros Travel** (☎in Lakki 22470 24000, in Agia Marina 22470 22154). Im Sommer legen täglich Tragflächenboote und Katamarane von Agia Marina ab; die Tickets sind am Anleger erhältlich. Achtung: Wenn das Wetter rau ist, starten die Katamarane im Hafen von Lakki. Die bequeme **Anna Express** (☎22479 41215) legt in Agia Marina ab und verbindet Leros dreimal wöchentlich mit Kalymnos (12 €), Lipsi (14 €) und Arki (15 €) sowie viermal wöchentlich mit Agathonisi (12€). Der Kaik **Katerina** verlässt jeden Morgen Xirokambos mit Kurs Myrties auf Kalymnos (10 €). Tagesausflugsboote nach Bodrum (65 €), über Kos, verlassen Lakki täglich um 5 Uhr und kommen um 21.30 Uhr zurück.

FÄHRVERBINDUNGEN VON LEROS

REISEZIEL	HAFEN	DAUER	PREIS	HÄUFIGKEIT
Kalymnos	Lakki	1Std. 40 Min.	9 €	4-mal wöchentl.
Kalymnos*	Agia Marina	50 Min.	20 €	1-mal tgl.
Kos	Lakki	3¼ Std.	12 €	4-mal wöchentl.
Kos*	Agia Marina	1 Std.	22 €	1-mal tgl.
Lipsi*	Agia Marina	20 Min.	14 €	1-mal tgl.
Patmos*	Agia Marina	45 Min.	16 €	1-mal tgl.
Piräus	Lakki	8 Std.	39 €	3-mal wöchentl.
Rhodos	Lakki	3½ Std.	28 €	3-mal wöchentl
Rhodos*	Agia Marina	4 Std.	40 €	3-mal wöchentl.

*Schnellverbindungen

Unterwegs vor Ort

Der **Flughafen** (☎22470 22777) liegt in der Nähe von Partheni im Norden. Es gibt keinen Flughafenbus, und der örtliche Bus richtet sich nicht nach den Ankunfts- und Abflugszeiten. Die Taxifahrt vom Flughafen nach Alinda kostet 8 €.

Alle Busse auf Leros starten in Platanos. Täglich fahren drei Busse nach Partheni über Alinda und vier Busse nach Xirokambos über Lakki (Pauschalpreis 1 €). Wenn man diesen grün und beige gestreiften Bussen winkt, halten sie gewöhnlich.

Die meisten Auto-, Motorrad- und Fahrradverleihe befinden sich an der Touristenmeile von Alinda. **Motoland** (☎22470 24584; Motorroller 10 € pro Tag) bietet Fahrräder und Roller an. Ein Taxi ist unter den Telefonnummern ☎22470 23340, 22470 23070 oder 22470 22550 zu rufen.

Platanos & Agia Marina
Πλάτανος & Αγια Μαρίνα

3500 EW.

Das weiß getünchte Platanos, die Hauptstadt von Leros, ist ein friedliches Örtchen mit ein paar Lokalen, in denen man etwas essen und trinken kann. Auf dem Hügel erhebt sich das eindrucksvolle *kastro* (Burg). Im Norden geht das Städtchen in den betriebsamen und fotogenen Hafen von Agia Marina über. Mit seinen Bäckereien, schicken Ufercafés und Schmuckläden sowie einigen attraktiven, im italienischen Stil erbauten Gebäuden in Ocker und Weinrot ist dies ein Ort, der für ein paar Stunden zum Verweilen einlädt. Die nächsten Übernachtungsmöglichkeiten gibt es in Pandeli, Krithoni und Alinda.

Sehenswertes

Die auf dem Berg, der den Hafen überragt, gelegene **Festung Pandeli** (☎22470 23211; Eintritt Festung 2 €, Festung & Museum 3 €; ⌚8–12.30 & 16–20 Uhr) mit Blick auf die ganze Bucht lohnt den Besuch schon allein wegen der atemberaubenden Rundumsicht vom Wehrgang herab. Die Burgmauern sind weitgehend unzerstört und die hinter ihnen gelegene, reich verzierte Kirche hat eindrucksvolle farbige Fresken und Ikonen zu bieten. Südlich der Burg verläuft eine malerische Kette kürzlich restaurierter **Windmühlen.** Zur Festung geht's entweder mit dem Auto von Platanos, oder man folgt zu Fuß östlich vom Hauptplatz den Pfeilen zum langen, landschaftlich schönen Stufenweg.

Das **Archäologische Museum** (Eintritt frei; ⌚Mai–Sept. Di–So 8–14.30 Uhr) ist in einem restaurierten Gebäude aus dem 19. Jahrhundert untergebracht und zeigt Artefakte, die aus Leros selbst oder aus seiner Umgebung stammen. Es liegt am Ortsrand von Agia Marina auf dem Weg nach Platanos.

Essen

Geräucherte Makrele und Thymian-Honig sind die Spezialitäten auf Leros.

LP TIPP **To Paradosiakon** BÄCKEREI €
(Agia Marina; Hauptgerichte 2 €) Diese himmlische, senfgelbe Bäckerei ist voller *baklava* (Blätterteig mit Walnussfüllung), Kuchen, Croissants, Spinatpasteten und vor Ort hergestelltem Bio-Eis. Unbedingt probieren: den köstlichen einheimischen Thymian-Honig.

Taverna Mylos MEERESFRÜCHTE €
(Agia Marina; Hauptgerichte 9 €; ⌚ganzjährig) Ein besonders schönes und ruhiges Restaurant, das sich am Ende eines Kiesstrands neben einer von türkisfarbenem Wasser umspülten Windmühle befindet. Die Tische im Freien sind niemals leer, vielleicht wegen der Speisekarte mit Köstlichkeiten aus dem Meer, wie Haifischsteak, gegrillten Tintenfisch und Garnelen sowie in Knoblauch marinierten Sardinen und Ähnlichem.

Selbstversorger sind mit einem kleinen Supermarkt in Agia Marina sowie einen Markt mit frischem Fisch am Hafen auch gut versorgt. Frisches Obst und Gemüse wird außerdem auf dem Hauptplatz von Platanos verkauft.

Ausgehen

In den Cafés am Hafenkai kann man gemütlich sitzen, um auf die Fähre zu warten oder einfach nur abzuhängen. Das **Café Enallaktiko** ist toll für einen Drink und eine Runde Billard, während die **Meltemi-Bar** (Agios Marina; ⌚ab 18 Uhr) – vollgehängt mit Trossen, Sturmlampen und vom Meeresboden geborgenen Krügen – sehr viel Atmosphäre hat und alten Seebären glasige Augen macht, seit Poseidon seinen Bart wachsen ließ.

Praktische Informationen

Mittelpunkt von Platanos ist die Plateia N Roussou. Von diesem Platz aus führt die Harami hinunter nach Agia Marina. Die Bushaltestelle und der Taxistand von Platanos liegen etwa 50 m in entgegengesetzter Richtung an der Straße von Platanos nach Lakki. In Agia Marina stehen die Taxis am Hafenkai.

Die National Bank of Greece befindet sich am Hauptplatz von Platanos. Es gibt zwei Geldautomaten in Agia Marina, einer davon direkt am Hafen.

Enallaktiko Café (Internet pro Std. 2 €; ⌚10–24 Uhr) Gegenüber vom Anleger; eine schicke Lounge-Bar mit kostenlosem WLAN, Computer-Terminals und Cocktails

Laskarina Tours (☎22470 24550; Fax 22470 24551) In Platanos; Fährtickets und Inseltouren

Martemis Travel (☎22470 225818; martemistravel.leros@gmail.com) In Agia Marina; wegen der Organisation von Flügen, Fährtickets, Unterkünften und Inselrundfahrten an Maria wenden

Polizei (☎22470 22222) In Agia Marina

Post Westlich vom Anleger in Agia Marina

www.leros.org.uk Infos über die Geschichte der Insel und über Einrichtungen

Pandeli Παντελή

Das südlich von Platanos gelegene Pandeli ist ein Postkartendorf mit einem Sand- und Schieferstrand, mit Windmühlen an den Enden und bis an die Bucht heranreichenden weißen Häusern.

An der Ostseite der Bucht befinden sich die **Rooms to Rent Kavos** (☎22470 25020/23247; DZ 50 €; 📶), super frisch und nur wenige Schritte vom Strand entfernt. Die komfortablen Zimmer haben Balkon, Steinfußboden, Kühlschrank, Schreibtisch und Kochnische.

In der **Pension Happiness** (☎22470 23498; www.studios-happiness-leros.com; DZ/Studio/Apt. 45/55/70€; ❄) sind die blumengeschmückten, zwei Minuten vom Strand entfernten Studio-Apartments behaglich und sauber. Das Frühstück wird unter einem von Bougainvillea beschatteten Baldachin eingenommen. Zum Mittagessen empfiehlt es sich, in der **Taverna Psaropoula** (☎22470 25200; Hauptgerichte 9 €) einzukehren. In diesem Lokal sitzt man mit herrlichem Blick aufs Meer so dicht am Wasser, dass eine Meerjungfrau kommen könnte, um am Teller mit geschmortem Lamm, Kaninchen-Eintopf, Kalamari, Tintenfisch oder *mezes* zu naschen. Besonders zu empfehlen: das Garnelen-*souvlaki*.

Vromolithos Βρωμόλιθος

Einige Orte üben eine unglaubliche Anziehungskraft aus, und wer auf einer der Klippen steht und auf den darunter liegenden Strand von Vromolithos – einer der schönsten Blicke in der griechischen Inselwelt – hinabschaut, kann sich gut in die Mythen versetzen, die hier ihren Schauplatz hatten. Das Wasser der Ägäis ist hier blau mit türkisfarbenen Flecken.

Auf dem Hügel befindet sich die **Pension Rodon** (☎22470 22075; EZ/DZ 40/45 €; ⏲ganzjährig) mit sauberen und behaglichen Zimmern, die einen fantastischen Blick übers Meer bis in die ferne Türkei bieten. Sie sind mit Balkon, Kochnische und TV ausgestattet. Die Wirtsfamilie ist äußerst charmant. Nebenan bietet **Bald Dimitris** (☎22470 25626; *mezedhes* 3–7 €) innovative Gerichte mit einem herrlichen Blick auf die darunter liegende Bucht. Serviert wird traditionelle Inselküche, modern zubereitet – unbedingt probieren: den süßsauren Tintenfisch und Seeigel-Spaghetti sowie den Schweinenacken mit Apfel-Pflaumen-Soße. Dank Dimitris' guter Verbindung zu Fischern gibt's hier auch außerhalb der Saison frische Kalamari – bei den Göttern, sie sind köstlich!

Was einen geradezu umwirft, wenn man die elegante, hoch gelegene Lounge-Bar **Cafe Del Mar** (☎22470 24766; www.leroscafedelmar.com; Snacks 3–8 €) betritt, ist die paradiesisch schöne Aussicht auf die Bucht durch die Bäume. Hier gibt es einige Verlockungen: coole Musik, regelmäßige Gast-DJs, die spät abends die Tanzfläche zum Brodeln bringen, komfortable Deckchairs und im Schatten von Kiefern Plätze zum Ausruhen sowie leckere Sandwiches, Salate und Nudelgerichte ... Dieses Lokal ist absolut perfekt für Mojitos bei Sonnenuntergang – wenn Circe eine Bar war, dann diese.

Lakki Λακκί

2370 EW.

Trotz der attraktiven italienischen Architektur und der palmengesäumten Boulevards hinterlässt Lakki doch den Eindruck einer Geisterstadt. Ein paar Cafés an der Uferpromenade werden von Seglern besucht, die in der nahen Marina festmachen, doch für alle anderen ist es besser, zu den belebteren Orten der Insel weiterzufahren. Der Hafen hat Internetzugang und WLAN im **Diva Club** (☎22470 2259; pro Std. 3 €), wo es auch einen ordentlichen Kaffee, Snacks und Säfte gibt. Geldautomaten stehen an mehreren Stellen in der Stadt. Das größte Lebensmittelgeschäft liegt an der Straße nach Platanos.

Selbst wenn man kein Geschichtsfreak ist, lohnt sich der Umweg zu dem fesselnden **Kriegsmuseum** (☎22470 25520; Eintritt 3 €; ⏲9.30–13.30 Uhr), eine kurze Fahrt westwärts nach Merikia. Wer weiß schon, dass auf diesem winzigen Eiland eine so entscheidende Schlacht des Zweiten Weltkriegs tobte? Als die Deutschen Leros von den Italiener und Briten im Jahr 1943 zurückeroberten, versteckten sich die Einheimischen in den Bunkern, in denen heute zahllose Objekte aus der Kriegszeit verwahrt werden.

Wer frühmorgens die Fähre von Lakki nehmen will, kann im **Hotel Miramare** (☎22470 22052; georvirv@otenet.gr; DZ 45 €; ❄) übernachten. Die großen Zimmer sind etwas altmodisch, haben Balkon, Kochnische und alte Radios am Bett. Es liegt einen Häuserblock hinter dem Diva Club.

Viele Restaurants säumen den Hafen, aber wer etwas Frisches und Bezahlbares sucht, geht zum Essen ins **To Polntimo** (☎22470 23323; Sandwiches 2–4 €) und isst dort Sandwiches aus dem gut geführten Feinkostladen.

Xirokambos Ξηρόκαμπος

Die südliche Bucht von Xirokambos ist insofern ein Ferienort, als es eine Handvoll Hotels und ein Restaurant neben ein paar Dorfhäusern bietet. Der Strand besteht aus Sand und Kies, ist aber stellenweise gut zum Schnorcheln geeignet. Auf dem Weg nach Xirokambos ist ein Pfad ausgeschildert, der zu den Ruinen der Festung **Paleokastro** führt und eine schöne Aussicht garantiert.

Leros

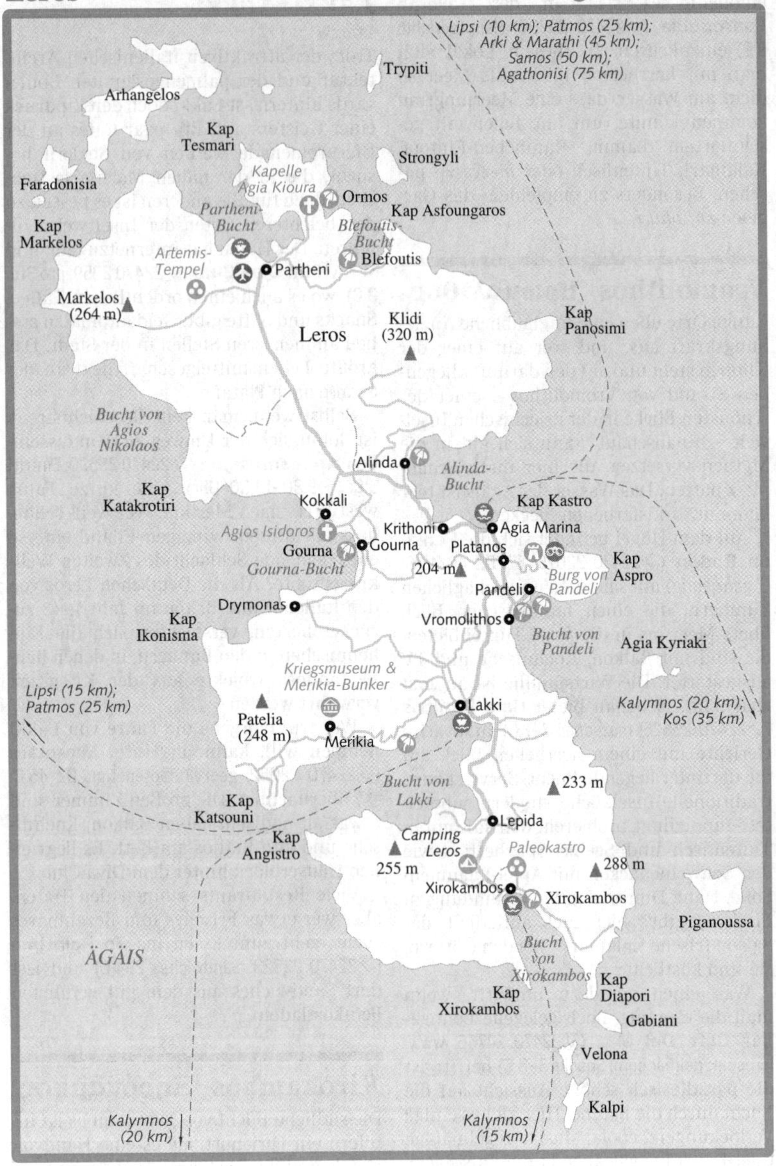

DODEKANES LEROS

Xirokambos' **Camping Leros** (☎22470 23372, 944238490; Zeltplätze pro Erw./Zelt 6,50/4 €; ⌚Juni–Sept.) ist in einem 400 Jahre alten Olivenhain angelegt, sodass es hier reichlich Schatten und Raum für Privatsphäre gibt. Auch hat es ein nettes Café, in dem abends Gegrilltes serviert wird. Der Zeltplatz ist 500 m vom Strand und 3 km von Lakki entfernt. Hier ist auch der **Panos Diving Club** (☎22470 23372; divingleros@hotmail.com; Ein-Tages-Tauchfahrt, mindestens zwei Pers. 60 €; @) zu finden, der verschiedene Tauchgänge zu Wracks und Höhlen anbietet.

Zehn Minuten zu Fuß vom Strand entfernt liegt die **Villa Alexandros** (☎22470 22202, 69729 14552; DZ 55 €; ❄), die zweckmäßige Selbstversorger-Studios mit Kochnische zum Garten hin bietet. Das direkt am Strand gelegene **To Aloni** (☎22470 26048; Hauptgerichte 6–9 €) ist von Tamarisken eingerahmt und produziert sein eigenes Gemüse und Olivenöl. Probieren: das leckere *bourekia* (Weichkäse und Schinken in Blätterteig) zwischen Häppchen von Zucchini, Hummer und Schwertfisch.

Krithoni & Alinda Κριθώνι & Αλιντα

Krithoni und Alinda liegen dicht nebeneinander an der Alinda-Bucht und ziehen im Sommer den Löwenanteil der Besucher an. Ansonsten sind sie klein und ruhig, bestenfalls eine parallel zum Strand verlaufende Straße. Ein paar *kafeneia* und Restaurants beleben das Bild. Am meisten los ist in Alinda; ein Stückchen weiter bietet Krithoni einen ruhigeren Aufenthalt.

Leros' bester Strand ist in Alinda – er ist zwar schmal, aber lang, schattig und sandig mit sauberem, flachem Wasser. **Alinta Seasport** (☎22470 24584) vermietet Ruderboote, Kanus und Motorboote. An der Bucht ist in einer stattlichen ehemaligen Villa das **Historische & Völkerkundliche Museum** (Eintritt 3 €; ⏲Di–So 9–12.30 & 18.30–21 Uhr) untergebracht.

An der Uferstraße von Krithoni liegt ein **Soldatenfriedhof.** Nach der Kapitulation der Italiener im Zweiten Weltkrieg tobten auf Leros Kämpfe zwischen deutschen und britischen Truppen; auf dem Friedhof ruhen 179 britische, zwei kanadische und zwei südafrikanische Soldaten.

Schlafen

Hotel Alinda HOTEL €
(☎22470 23266; Alinda; EZ/DZ 35/50 €; ❄) Dieses elegante, zum Meer liegende Hotel hat eine sehr schöne Sonnenterrasse und geräumige Zimmer mit geschmackvoller Einrichtung, makellos sauberem, gefliestem Bad und TV. Unten befindet sich eine hervorragende Taverne.

Boulafendis Bungalows APARTMENTS €€
(☎22470 23290; www.boulafendis.gr; Alinda; Studio/Apt. 68/100 €; ❄@≋) Mit der Rezeption in einer klassizistischen Villa an der Straße bietet das Boulafendis blau-weiße Standardzimmer um einen prächtigen, von Palmen umstandenen Pool und Garten.

Nefeli Hotel APARTMENTS €€
(☎22470 24611; www.nefelihotels.com; Studio 85 €, Apt. 100–150 €; P❄wifi) Diese luxuriösen, würfelförmigen Studios mit grünen und roten Fensterläden sind um einen Hof mit duftenden Kräutern gruppiert. Die Zimmer selbst haben Steinplattenböden, riesige Betten, Flachbild-TV, gemütliche Sitzecken und Kochnischen. Von den Zimmern im Obergeschoss blickt man weit übers Meer.

To Archontiko Angelou HOTEL €€
(☎22470 22749; www.hotel-angelou-leros.com; Alinda; EZ/DZ/Suite inkl. Frühstück 90/100/150 €; ❄) Vor einem kleinen Weinberg liegt diese elegante, tiefrot gestrichene Villa inmitten eines herrlichen Blütenmeers. Die lange Kiesauffahrt scheint in die Vergangenheit zu führen: antike Leuchter, Wiener Fresken, schmiedeeiserne Betten, nautische Gemälde und ein Flair vergangener Zeiten. Die charmante Wirtin wuchs an diesem Ort auf und verwöhnt ihre Gäste mit warmherziger Gastfreundschaft.

Essen & Ausgehen

Alinda hat viele stilvolle Cafés und Restaurants zu bieten.

O Lampros Restaurant TRADITIONELL €
(☎22470 24154; Alinda; Hauptgerichte 7–10 €) Dieses Lokal ist vom Klicken der *komboloi* (Perlenketten) und von Bouzouki-Musik erfüllt und bietet typisch griechische Gerichte wie *tzatziki*, griechische Salate und Tintenfisch. Unbedingt die Garnelen-*saganaki* probieren.

Fanari GRIECHISCH €
(☎69841 35216; Hauptgerichte 8–10 €) Ein paar Türen weiter wirkt das Fanari etwas zeitgemäßer mit plüschig-schicken Tischen und Stühlen und der Wahl zwischen Innenhof oder am Wasser. Die Karte reicht von *moussaka* und Lamm-*stifadho* bis hin zu Nudelgerichten.

In Richtung Krithoni befindet sich das **Nemesis** (☎22470 22070). Bei kubanischer Jazzmusik und Licht, das durch hängende Glasflaschen scheint, sitzt man hier gemütlich bei einem Ouzo und sieht dem Sonnenuntergang zu.

Nördliches Leros

Im Norden der Insel liegen viele Fischerdörfer verstreut, man sieht Bienenkörbe und eine windzerzauste Landschaft. Westlich vom Flughafen liegt der **Artemis-Tempel** (Artemis war die Schutzgöttin der Insel), der aus dem 4. Jahrhundert v. Chr. stammt. Er muss noch freigelegt werden.

Östlich von hier liegt der **Blefoutis-Strand,** ein schmaler Streifen aus Sand und Kies in einer fast geschlossenen Bucht. Die Lage ist schön, und mit nur einer einzigen, nur in der Saison geöffneten Taverne ist es hier sehr ruhig.

PATMOS

3040 EW.

Es ist schwer zu beschreiben, aber Patmos (Πάτμος) hat eine greifbar spirituelle Präsenz. Es zog den verbannten Hl. Johannes hierher, und hier erlebte er die apokalyptischen Visionen, die zur Niederschrift der biblischen Offenbarung führten. Heutige Besucher sind besser dran, dank der überreichen Zahl von naturbelassenen Stränden, einsamen Tavernen und der trendigen Attraktion von Skala, seiner hübschen Hafenstadt. Das eigentliche Ass aber ist vielleicht das zauberhafte Bergdorf Chora, das Scharen von orthodoxen und westlichen Christen anzieht, die eine Pilgerreise zur Höhle des Hl. Johannes machen. Von Juli bis September wimmelt es in Skala von einer kosmopolitischen Mixtur aus Italienern, Athenern und anderen Europäern. Patmos ist grüner als alle ihre Nachbarinseln, mit blauen Grotten und sanft gewellten Hügeln – der Abschied von der Insel fällt immer schwer.

Geschichte

Im Jahr 95 n. Chr. wurde der Hl. Johannes vom heidnischen römischen Kaiser Domitian nach Patmos verbannt. Während Johannes in einer Höhle auf der Insel hauste, schrieb er seine Offenbarung. 1088 erhielt der seelige Christodoulos, ein Abt, der von Kleinasien nach Patmos kam, vom byzantinischen Kaiser Alexis I. Komninos die Erlaubnis, zum Gedenken an den Hl. Johannes ein Kloster zu errichten. Piratenüberfälle machten starke Befestigungen erforderlich, weswegen das Kloster wie eine mächtige Burg aussieht.

Unter dem Herzog von Naxos wurde Patmos ein halbautonomer Klosterstaat und erlangte einen solchen Wohlstand und Einfluss, dass es sich der türkischen Unterdrückung widersetzen konnte.

An- & Weiterreise

Schiff/Fähre

Patmos ist mit Piräus, Rhodos und mehreren Inseln dazwischen durch Festland-Fährlinien der Unternehmen Blue Star Ferries und Anek Lines verbunden. Die F/B *Nissos Kalymnos* und *Anna Express* stellen zusätzlich dreimal pro Wochen die Verbindung zu Lipsi und Leros her. Die örtliche **Patmos Star** (☎69776 01633) fährt nach Lipsi und Leros (8 €), während die **Delfini** (☎22470 31995) und die *Lambi II* nach Marathi und Arki fahren. Tragflächenboote und Katamarane verbinden Patmos auch mit Samos und dem Rest des Dodekanes. Tickets für die Fähren verkauft Apollon Travel in Skala.

FÄHRVERBINDUNGEN VON PATMOS

REISEZIEL	HAFEN	DAUER	PREIS	HÄUFIGKEIT
Agathonisi	Skala	55 Min.	8 €	4-mal wöchentl.
Kalymnos*	Skala	1 Std. 40 Min.	26 €	6-mal wöchentl.
Kos*	Skala	3 Std.	29 €	6-mal wöchentl.
Leros	Skala	2 Std.	8 €	1-mal wöchentl
Leros*	Skala	40 Min.	16 €	6-mal wöchentl.
Lipsi*	Skala	25 Min.	12 €	1-mal wöchentl.
Piräus	Skala	7 Std.	37 €	4-mal wöchentl.
Rhodos	Skala	6 Std.	32 €	3-mal wöchentl.
Rhodos*	Skala	5 Std.	46 €	6-mal wöchentl.
Samos	Skala	5 Std.	8 €	4-mal wöchentl.
Symi*	Skala	4 Std.	44 €	5-mal wöchentl

*Schnellverbindungen

Unterwegs vor Ort

Ausflugsboot

Ausflugsboote fahren von Skala zum Strand Psili Ammos; sie legen gegen 10 Uhr ab und kommen gegen 16 Uhr zurück. Die elegante **Megalochari** (☎69815 85114) mit dem Skipper Niko segelt nach Athonisi (45 €), wenn mindestens 10 Personen an Bord sind.

Auto & Motorrad

Es gibt mehrere Auto- und Motorradverleihe in Skala. Der Wettbewerb ist hart, darum lohnt sich ein Preisvergleich. Einige haben ihren Hauptstandort in der Fußgängerstraße hinter Skalas Haupthafen, so auch:

Avis (☎22470 33025)

Moto Rent Faros (☎22470 29330)

Theo & Girogio (☎22470 32066)

Bus

Von Skala fahren täglich acht Busse nach Chora und vier nach Grikos und Kambos und zurück. Der Preis für alle Fahrten beläuft sich auf 1 €.

Taxi

Ein Taxi (☐ 22470 31225) kann man an Skalas Taxistand gegenüber der Polizeistation nehmen.

Skala Σκάλα

Wer einige Zeit auf einer entlegenen Insel verbracht hat, empfindet die Ankunft in diesem betriebsamen kleinen Hafen als willkommene Abwechslung. Von der Kapelle auf der baumbestandenen Bergkuppe bis zum weiten Häuserteppich, der sich bis zur Bucht hinunterzieht, ist alles zauberhaft. Die weiß gekalkte Stadt ist voller Schmuckläden, schöner Cafés und eleganter Bars, die überall im Straßenlabyrinth zu finden sind. Außerdem gibt's jede Menge Mittelklasse-Unterkünfte.

◉ Sehenswertes & Aktivitäten

In Skala gibt's einige religiöse Stätten, darunter den Ort gleich nördlich vom Strand, an dem der Hl. Johannes 96 n.Chr. die ersten Einheimischen taufte. Wer sich weiter informieren und sakrale Gegenstände von der ganzen Insel sehen möchte, findet alles im **Orthodoxen Kultur- & Informationszentrum** (◷ Do–Di 8–13 & Mo, Di, Do & Fr 18–21 Uhr) in der Kirche am Hafen.

Wer Bewegungsbedarf hat, kann zu den Überrestem einer antiken **Akropolis** am Berghang westlich der Stadt hochklettern. Der Weg ist nicht gut ausgeschildert: die gut sichtbare Kapelle ansteuern, dann dem unbefestigten Weg quer durch Felder voller Wildblumen und Eidechsen folgen. Die Aussicht von oben ist fantastisch.

🛏 Schlafen

Hotel- und Studiobesitzer holen ihre Gäste meistens am Hafen ab – besser ist es aber, dies vorher telefonisch zu klären.

Pension Maria Pascalidis PENSION €
(☐ 22470 32152; EZ/DZ 20/30 €) Die freundliche Wirtin hat gemütliche Zimmer in einem duftenden Zitrusgarten. Die Küche und das Badezimmer sind gemeinschaftlich zu nutzen. Helle Kiefernmöbel, weiße Wände und eine sehr friedliche Umgebung machen diese Pension zu einer Lieblingsunterkunft für Reisende. Sie liegt an der nach Chora führenden Straße.

Casteli Hotel HOTEL €€
(☐ 22470 31361; EZ/DZ inkl. Frühstück 50/70 €; P ❄ ☎) Dieses Hotel aus der guten alten Zeit liegt unterhalb der Treppe zum *kastro* und hat makellos saubere Zimmer mit Balkon, einen tollen Meerblick, Fliesenboden, TV und Kühlschrank. Im unteren Stockwerk gibt's einen ruhigen Leseraum.

Hotel Chris HOTEL €€
(☐ 22470 31001; www.patmoschrishotel.gr; DZ nach hinten/Meerblick 50/80 €; ❄ 🛜) Es gibt 42 anständige Zimmer in diesem modernen, zum Meer blickenden Bau. Sie haben schmiedeeisene Betten, Schreibtische und sind geschmackvoll möbliert. Auch Balkon und TV gehören dazu. Wegen des Straßenlärms ein Zimmer nach hinten raus nehmen.

Captain's House HOTEL €€
(☐ 22470 31793; www.captains-house.gr; EZ/DZ inkl. Frühstück 60/90 €; ❄ ☎) Die Zimmer in diesem in der Nähe des Anlegers gelegenen Hotels sind geschmackvoll eingerichtet und haben Balkone zum nahen Meer, dunkle Holzmöbel, Flachbild-TV und einen herrlichen Pool nach hinten raus.

Delfini Hotel HOTEL €€
(☐ 22470 32060; www.delfini-patmos.gr; EZ/DZ 65/70 €; ❄) Das am Hafen gelegene Delfini hat eine Menge Charme und ein tolles Café, das auf hausgemachte Kuchen spezialisiert ist – der Zitronenkuchen schmeckt einzigartig. Die Zimmer sind schlicht mit Fliesenboden, mandarinenfarbenen Bettdecken und Hafenblick. Nach hinten raus gibt's einen gemütlichen Lesebereich mit Sofas. In der Nachsaison beachtliche Ermäßigungen.

Kalderimi Apartments BOUTIQUEHOTEL €€
(☐ 22470 33008; www.kalderimi.com; Apt. inkl. Frühstück ab 110€; ❄) Am unteren Ende des Pfads, der zum Kloster hinaufführt, und hinter Bäumen verborgen liegen diese tollen Apartments, die nach der örtlichen Tradition mit Holzbalken und Steinwänden und dazu einer Menge schicker Extras gestaltet sind. Mit einer voll ausgestatteten Küche, einem schattigen Balkon und sehr viel Privatsphäre sind sie ideal für längere Aufenthalte.

Blue Bay Hotel HOTEL €€
(☐ 22470 31165; www.bluebaypatmos.gr; EZ/DZ/3BZ inkl. Frühstück 70/90/125 €; ❄ @ 🛜) In dieser gleich südlich vom Hafen gelegenen Luxusoption sind die ansehnlichen

Patmos

Zimmer mit Perserteppichen, farbenfroher Kunst, modernem Mobiliar und Flachbild-TV ausgestattet und haben einen Balkon mit Seeblick.

Essen

Meltemi CAFÉ €
(englisches Frühstück 5 €; ab 9 Uhr; @) Hier beginnt man den Morgen mit einem Frühstück am nahen Strand. Später am Tag kommen die Gäste wegen der Milchshakes, der Quiche und des Kaffees hierher und lassen sich die Zehen von den Wellen umspülen.

Tzivaeri MEERESFRÜCHTE €
(Hauptgerichte 7 €; Abendessen) Mit seinen weißen Wänden, dekoriert mit Muscheln, Schwämmen und Schwarz-weiß-Fotos, und den bezaubernden Bouzoukiklängen ist dies ein denkwürdiger Ort, wo man einkehrt und Kalamari, Garnelen, Tintenfisch genießt und was es sonst noch an Meeresfrüchten gibt.

Loukas Grill House TAVERNE €
(Hauptgerichte 7 €; Abendessen) Diese mit Flaggen geschmückte Taverne voller Atmosphäre ist das alte Griechenland mit einer fleischbetonten Speisekarte, auf der Lamm am Spieß, Steaks, Koteletts und jede Menge Fisch stehen. Gleich hinter dem Hafen.

Ostria TAVERNE €
(Hauptgerichte 7–12 €) In diesem luftigen Fischrestaurant, leicht zu erkennen an dem Boot auf seinem Dach, isst man drinnen oder draußen. Die Farben sind Weiß und Blau, und die Karte ist frisch und salzig mit saftigen Salaten, Käse, Miesmuscheln, Kalamari, gesalzenen Makrelen und gegrilltem Fleisch.

Für den Lebensmitteleinkauf gibt's den **AB Food Market**, ein gut ausgestattetes

Geschäft, etwa 100 m an der Chora-Straße in Skala gelegen.

Ausgehen

LP TIPP **Koukoumavia** BAR

Dieses erst kürzlich erweiterte, funky Café – einen Häuserblock nördlich der Abzweigung nach Chora – hat regenbogenfarbene Wände, extravagante Kunst im Angebot und eine regelrechte Künstler-Atmosphäre. Hier chillt man an der Bar, nutzt WLAN oder genießt den einen oder anderen Drink aus dem kreativen Cocktail-Angebot.

Mostra Café CAFÉ

(7.30–24 Uhr) Dieser in einer Seitenstraße verborgene und im italienischen Stil eingerichtete Coffee-Shop in der Nähe der Telefonzentrale hat schickes grau-weißes Mobiliar, coole Musik und tolle Kuchen, Kaffees und Säfte zu bieten.

Arion BAR

Das über einhundert Jahre alte, schattige Arion eignet sich bestens für eine stimmungsvolle Frühstücks- oder Kaffeepause, und ist bei Einheimischen und Reisenden gleichermaßen beliebt. WLAN bringt einen ins 21. Jahrhundert zurück. Am Hafen.

Shoppen

Koukoumavla hat schicke, handgemachte T-Shirts, Taschen, Frida-Kahlo-Kunst, Lampen und Schilder. Am Hafen stellt der Laden **Selene** geschmackvoll Schmuck, Skulpturen, Keramik, Holzschnitzereien und Ölgemälde mit Szenen aus dem traditionellen Leben Griechenlands aus.

Etwas praktischer geht's im **Blue Fin** (New Marina) zu, wo man sich mit allem, was man zum Schnorcheln, Tauchen und Angeln braucht, ausrüsten kann, einschließlich Nachfüll-Sauerstoff und Lebendköder. Im Straßengewirr hinter dem Hauptplatz verkauft **Apyos News Agent** internationale Zeitungen, Romane und Landkarten.

Praktische Informationen

Alle Verkehrsmittel kommen in der Mitte des langen Kais mitten in Skala an. Rechts führt die Straße zu einem schmalen Sandstrand, dem Yachthafen und dann weiter zum Inselnorden. Links führt die Straße zur Südseite der Insel. Von einem Kreisverkehr in der Nähe des Fährterminals führt eine Straße ins Inselinnere und nach Chora. Der Busbahnhof und der Taxistand liegen am Anleger und alle wichtigen Dienstleister sind in einem Umkreis von 100 m zu finden.

Es gibt drei Banken mit Geldautomaten in Skala: die National Bank of Greece, die Emporiki Bank und die Commercial Bank.

Apollon Travel (22470 31324; apollontravel@stratas.gr) Kartenverkauf für Flüge und Fähren sowie Beratung bei der Suche nach einer Unterkunft

Dodoni Gelateria (Internet pro Std. 4 €; 9–21 Uhr;) Online gehen und dabei Eis schlecken

Hafenpolizei (22470 31231) Hinter dem Passagierabfertigungsgebäude am Anleger

Krankenhaus (22470 31211) Nach 2 km an der Straße nach Chora

Meltemi (Internet pro Std. 4 €; ab 9 Uhr) Schnelle Computer in Strandnähe

Polizei (22470 31303) An der Hafenfront

Touristeninformation (22470 31666; Sommer) Im gleichen Gebäude wie die Post und die Polizei

www.patmos-island.com Eine Menge Einträge und Infos von örtlichem Interesse

www.patmosweb.gr Geschichte, Einträge und Fotos

Chora (Patmos) Χώρα (Πάτμος)

Wer am frühen Morgen nach Chora und zu seinem eigentlichen Mittelpunkt, dem Johanneskloster, hochmarschiert, kann sich eines Gefühls der Ergriffenheit nicht erwehren. Die Offenbarung, dieses seltsam beängstigende Buch, wurde in einer nahen Höhle geschrieben, und einige ihrer Gestalten scheinen unsichtbar zugegen zu sein, wenn man durch das Straßengewirr aus dem 17. Jahrhundert wandert.

Das gewaltige **Kloster des Heiligen Johannes des Theologen** (Eintritt Frei; tgl. 8–13.30, Di, Do & So 15–18 Uhr) krönt die Insel Patmos. Ein Gottesdienst mit Weihrauchluft, religiösen Gesängen und hingebungsvollen Gläubigen ist unvergesslich. Um dorthin zu gelangen, gehen viele den byzantinischen Pfad hinauf, der an einer ausgeschilderten Stelle an der Straße von Skala nach Chora beginnt.

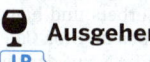

Nach etwa 200 m auf diesem Pfad führt ein Feldweg links durch Pinienwälder zum **Kloster der Apokalypse** (Eintritt frei, Sakristei 6 €; tgl. 8–13.30, Di, Do & So 16–18 Uhr), das um die Höhle herum gebaut wurde, in der der hl. Johannes seine göttliche Offenbarung empfing. Es ist merkwürdig, sich vorzustellen, dass diese Grotte, heute vollgehängt mit goldenen Kandelabern, Ikonen und Votivkerzen, der Ort so verstörender Visionen gewesen sein soll. Es ist der Fels zu sehen, den der Heilige als Kopfkissen benutzte, sowie die drei Risse in der Höhlendecke, durch welche die Stimme Gottes ertönte. In eine Kirchenbank setzen und daran denken.

Fünf Minuten zu Fuß westlich vom Johanneskloster liegt das **Kloster Zoodochos Pigi** (Eintritt frei; ⌚So & Fr 8–12 & 17–19 Uhr), ein Frauenkonvent mit unglaublich schönen Fresken. Am Karfreitag findet hier eine wunderschöne Zeremonie bei Kerzenlicht statt.

Etwas östlich vom Johanneskloster lebt und arbeitet Andreas Kalatzis, ein byzantinischer Ikonenkünstler, in einem traditionellen Haus. Drinnen sind Keramik, Schmuck und Gemälde von lokalen Künstlern ausgestellt. Sehenswert ist auch die **Patmos Gallery** (geführt von Kalatzis) wegen ihrer Auswahl an abstrakten und figurativen Gemälden, Schmuck und bemalten Skulpturen.

Archontariki (☎22470 29368; www.archontariki-patmos.gr; Suite inkl. Frühstück 220–400 €) ist ein 400 Jahre altes Gebäude mit vier grandiosen Suiten, ausgestattet mit allen Bequemlichkeiten, traditionellem Mobiliar und feudalen Extras. Wer entspannt unter den Obstbäumen im ruhigen, kühlen Garten liegt, fragt sich, warum das Hotel nicht Paradies heißt. Öffnet ab Juni.

Hoch oben im Sitz der Götter, mit Blick auf die weißen Häuserwürfel von Skala, lockt das **Loza** (Hauptgerichte 10–20 €) mit einer schicken Terrasse im Freien und einer Speisekarte mit Pasteten, Salaten, Nudelgerichten und Steaks. Köstlich ist das Filetsteak mit süßem Weißwein und Champignons. Das über die Treppen links von hier erreichbare helle **Pantheon** (Hauptgerichte 6–12 €) bringt gegrillten Tintenfisch, Fleischbällchen, gebratenen Käse, Säfte und selbst gemachten Joghurt auf den Tisch. Ein guter Boxenstopp vor dem Endaufstieg!

In der **Vangelis Taverna** (Hauptgerichte 6–10 €) speist man in einem privaten Garten und genießt unter dem Schatten eines Johannisbrotbaums die spektakuläre Aussicht. Auf der Karte stehen frischer Ziegenbraten, in Öl gekochte Makrele, *dolmadhes* und viele weitere Inselgerichte. Den anschließenden Drink, Sorbets und hausgemachte Süßigkeiten gibt's im Stoa Café, einer hippen Oase mit WLAN auf der anderen Seite des Platzes.

Nördlich von Skala

Der schmale, baumbeschattete **Meloï-Strand** liegt nur 2 km nordöstlich von Skala. Wer ein Zelt mitgebracht hat, fährt zum im Schatten von Kiefern liegenden **Stefanos Camping** (☎22470 31821; Zeltplatz pro Pers./Zelt 7/2 €; ⌚Mai–Okt.). Der Campingplatz ist sauber und gut ausgestattet: Er hat von Bambus umzäunte und von Bäumen beschattete Plätze, einen Minimarkt, eine Cafébar und einen Motorradverleih. Am Strand gibt's eine Taverne.

Etwas nördlich von Skala liegt an der Straße nach Kambos das noble **Porto Scoutari Hotel** (☎22470 33123; www.portoscoutari.com; DZ inkl. Frühstück 80–180 €; P❄@≋), dessen Lobby mit Uhren und Antiquitäten vollgestellt ist. Dieses elegante Hotel mit luxuriösem Pool und Fitness-Center in der Nähe bietet atemberaubende Ausblicke aufs Meer und palastartige Zimmer mit riesigen Himmelbetten, cremefarbenen Sofas und eigener Terrasse.

Etwas weiter landeinwärts liegt das Dorf Kambos, von wo aus die Straße zu dem relativ breiten und sandigen **Kambos Beach** führt, dem vielleicht beliebtesten und am einfachsten zu erreichenden Strand der Insel. Er liegt an einer weitgehend geschlossenen Bucht und ist daher ideal zum Schwimmen. Kajaks und Sonnenliegen können gemietet werden.

Das superschicke **George's Place** (Snacks 7 €) liegt an der pfauenblauen Bucht mit einer schattigen Terrasse, auf der man Wein trinken, knackigen Salat essen oder im nahen Wassersportzentrum aktiv werden kann. Nach einer Vollmond-Party erkundigen, bei der Thai-Speisen serviert werden.

Die Hauptstraße gabelt sich bald und führt links nach **Lambi,** das 9 km von Skala entfernt ist. Von hier aus geht's zu einem schönen Strand mit vielfarbigen Steinen hinunter. Hoch über dem Strand an der Zufahrtsstraße könnte das gastfreundliche **Leonidas** (Hauptgerichte 7 €) mit Garnelen, Makrele, Steaks, Kalbleber und frischem Fisch auf der Speisekarte selbst den namengebenden spartanischen König zum Lächeln gebracht haben. Der Blick streift über die grünen Hügel bis zum Meer. Am Strand selbst ist die **Lambi Fish Tavern** (Hauptgerichte 10–14 €) ein ruhiges Lokal, wo man genüsslich Fleischbällchen, gesalzene Makrele, gefüllte Weinblätter, *souvlaki* und in Wein gekochten Tintenfisch verspeisen und dabei mit sehr freundlichen Einheimischen plaudern kann.

An der windgeschützten Seite des nördlichen Arms der Insel liegen noch mehrere Strände, darunter der **Vagia-Strand.** An erhöhter Stelle liegt dort das **Cafe Vagia** (Hauptgerichte 3–5 €; ⏲9–19 Uhr) mit seinem Garten voller Rosen und Prunkwinden; ideal für ein Frühstück oder einen mittäglichen Wein. Es gibt sensationelle Gemüsepasteten, herzhafte Omeletts und regionale Desserts.

Weiter westlich geht's zum schattigen **Livadi-tou-Geranou-Strand,** dem eine kleine, von einer Kirche überragte Insel gegenüberliegt. Die Straße ist hier schmal und etwas tückisch, aber hinreißend schön. In der abgelegenen **Livadi Geranou Taverna** (Hauptgerichte 7–9 €) mit himmlischem Meerblick und heidebewachsenen Bergen im Hintergrund stehen *souvlaki,* Weißfisch und Tintenfisch sowie Suppen und Salate auf der Speisekarte.

Südlich von Skala

Kleine Täler voller Bäume und malerische Strände prägen den Süden der Insel. Skala am nächsten liegt das kleine Dorf **Sapsila.** Die **Mathios Studios** (☎22470 32583; www.mathiosapartments.gr; DZ 40–65 €; ❄@) liegen in einem wunderschönen Zitronenhain. Sie bieten Entspannung und Komfort, sind wohnlich und nur 200 m vom Strand entfernt. Zum Abendessen kehrt man bei **Benetos** (Sapsila; Hauptgerichte 7–14 €; ⏲Abendessen Di–So) ein, ein Stückchen die Straße hinauf. Der Bauernhof mit Hofladen ist auf mediterranes Fusion-Food mit gelegentlichem japanischem Einschlag spezialisiert. Wie wär's mit Zucchiniblüten, gefüllt mit Pilzen und Käse oder mit in der Pfanne geschmortem Thunfisch in Kräuterkruste? Geöffnet ab Juli.

Grikos, 1 km weiter auf der anderen Bergseite, ist ein ruhiges, unauffälliges Feriendorf mit einem langen, sandigen Strand und warmem, flachem Wasser. Die Bucht ist von Tavernen gesäumt und bei Seglern beliebt; der südliche Teil des Strandes dient auch als Straße. In Grikos liegt die Kapelle **Agios Ioannis Theologos,** die auf antiken öffentlichen Bädern erbaut wurde, in denen nach Meinung vieler der Hl. Johannes die Inselbewohner taufte. Am Südende der Bucht liegt das **Restaurant Flivos** (Hauptgerichte 7,50 €) mit schöner traditioneller Inneneinrichtung und einer tollen Meeresfrüchte-Karte, auf der u. a. Schwertfisch und Garnelen mit Knoblauchsoße zu finden sind. Die Kalamari sind super lecker.

Südlich davon liegt der ruhige **Petra-Strand** mit Sand, Kies und viel Schatten. Auf einer Landzunge kommt man zum beeindruckenden **Kalikatsos Rock.** Eine holprige Küstenpiste führt von hier nach **Diakofti,** der letzten Siedlung im Süden. Man kann auch auf einer längeren, aber asphaltierten Straße von Chora aus hierher kommen. Von hier geht's auf einem halbstündigen Fußmarsch zum langen, sandigen, im Schatten von Bäumen liegenden **Psili-Ammos-Strand,** an dem in der Saison eine Taverne geöffnet hat. Hierher fahren auch Ausflugsboote.

DER HEILIGE JOHANNES UND DIE APOKALYPSE

In Chora auf Patmos befindet sich die Höhle der Apokalypse, des Hl. Johannes, in der der Heilige von Gott besucht und angewiesen wurde, die Offenbarung (auch bekannt als Apokalypse) niederzuschreiben. Oft wird angenommen, es handle sich um den Apostel Johannes oder den Evangelisten Johannes, doch viele bezweifeln dies wegen seiner Verbannung durch den römischen Kaiser Domitian im Jahre 95 n. Chr. Die Offenbarung beschreibt den Untergang der Welt – mit Satans letztem Aufstand bei Armageddon, Gottes endgültigem Sieg über Satan und der Wiederherstellung des Friedens auf Erden. Wegen der obskuren und schwer zu deutenden Symbolik halten einige Kritiker sie für das Werk eines Geistesgestörten. Was immer man davon hält, es lohnt sich, die Höhle zu besichtigen, in der alles stattgefunden haben soll. Wer weiß – vielleicht erfährt man ja selbst ein kleines bisschen Offenbarung.

LIPSI

700 EW.

Lipsi (Λειψοί) ist bei Italienern beliebt, hat überdurchschnittlich große Bewohner und, was für noch mehr Ruhm sorgt, war die Heimat der verführerischen Nymphe Kalypso in Homers *Odyssee*. Wer erst einmal die Herzlichkeit der Einheimischen und den Charme der ruhigen, weiß gekalkten Straßen kennengelernt hat, der bleibt vielleicht, wie der mythische Reisende, länger als geplant. Die Nymphen mögen der Vergangenheit angehören, aber die Stille der einsamen Strände, die ziegengefleckten Berghänge und die dunkelblauen Grotten sind noch heute da. Ein paar Künstler leben hier, angezogen vom Frieden und der Ruhe. Außer schwimmen, wandern und in ein paar Tavernen rumhängen kann man hier kaum etwas anderes tun als relaxen.

An- & Weiterreise

Die Verbindungen mit Lipsi über das Meer sind dürftig, obwohl es mit Piräus durch Langstreckenfähren und mit Nachbarinseln über Katamaran, eine in Kalymnos stationierte Fähre und die größere **Patmos Star** verbunden ist. Die lokale **Anna Express** (☎22479 41215) verkehrt nach Agathonisi, Arki, Kalymnos und Leros.

FÄHRVERBINDUNGEN VON LIPSI

REISEZIEL	HAFEN	DAUER	PREIS	HÄUFIGKEIT
Agathonisi	Lipsi	3 Std.	10 €	2-mal wöchentl.
Agathonisi*	Lipsi	40 Min.	12,50 €	1-mal wöchentl.
Kalymnos	Lipsi	1½ Std.	8 €	2-mal wöchentl.
Kalymnos*	Lipsi	20 Min.	20 €	6-mal wöchentl.
Kos*	Lipsi	5 Std. 50 Min.	29 €	6-mal wöchentl.
Leros	Lipsi	1 Std.	12 €	3-mal wöchentl.
Leros*	Lipsi	20 Min.	14 €	1-mal tgl.
Patmos	Lipsi	25 Min.	7 €	3-mal wöchentl.
Patmos*	Lipsi	10 Min.	12,50 €	1-mal wöchentl.
Rhodos*	Lipsi	5½ Std.	45 €	6-mal wöchentl.

*Schnellverbindungen

Unterwegs vor Ort

Lipsi ist klein, und zwar richtig klein – von einem Ende zum anderen sind es gerade mal 8 km. Die meisten Orte können leicht zu Fuß erreicht werden. Im Sommer fährt zwischen 10.30 und 18 Uhr stündlich ein Minibus von Lipsi zu den Stränden Platys Gialos, Katsadia und Chohlakoura (je 1 €). Zwei **Taxis** (☎6942409677, 6942409679) verkehren auf der Insel; meist halten sie sich im Ort Lipsi auf. Motorroller sind ebenfalls im Ort Lipsi bei **Marcos Maria Rent A Bike** (☎22479 41130) im Verleih.

Lipsi (Ort) Λειψοί

600 EW.

Um den tief eingeschnittenen Hafen herum erstreckt sich der Ort Lipsi, eine nette Gemeinde mit einer kleinen, stimmungsvollen Altstadt und Häusern mit blauen Fensterläden. Um den Hafen dreht sich alles Leben; hier ist alles zu finden, was man braucht, vom Geldautomaten und einer tollen Bäckerei bis zu exzellenten Fischrestaurants.

Aktivitäten

Der **Liendou-Strand** liegt am Ortsrand und ist somit natürlich der populärste Strand. Mit einem schmalen Sand- und Kiesstreifen sowie flachem, warmem Wasser ist er ein guter Badestrand. Er liegt nördlich des Fährhafens hinter einer kleinen Landspitze.

Rena und Margarita haben **Bootsausflüge** (pro Person 20 €) zu den vor der Küste von Lipsi liegenden Inseln im Angebote, auf denen man picknicken oder baden kann. Beide Ausflugsboote liegen an der kleineren Mole von Lipsi und legen täglich gegen 10 Uhr ab. Eine Fünf-Insel-Tour mit örtlichen Idyllen können von den exzellenten Lipsi Bookings organisiert werden und kosten nur 15 €.

Feste & Events

Panagia tou Charou RELIGIÖS

Das jährliche Kirchenfest findet gegen Ende August statt, wenn sich die Insel mit Besuchern füllt. Nach einer Prozession wird auf dem unteren Dorfplatz die ganze Nacht hindurch gefeiert.

Weinfest ESSEN

Dieses dionysische Fest im August mit Tanz und kostenlosem Wein dauert drei Tage. Vor Ort nach den genauen Daten erkundigen.

Schlafen

LP TIPP **Nefeli Hotel** APARTMENTS €€

(☎22470 41120; www.nefelihotels.com; inkl. Frühstück Zi. 100 €, Apt. 150–170 €; ❄📶) Das etwas abseits gelegene Nefeli ist eine schicke neue Apartmentanlage, die an einer von der Stadt in fünf Minuten zu Fuß erreichbaren Bucht liegt. Die Zimmer sind geräumig und geschmackvoll eingerichtet mit Steincouches, riesigen Betten und separaten Kochnischen. Zum Zubehör gehören Flachbild-TV, ein privater Balkon und eine sehr schöne Lounge.

Rizos Studios APARTMENTS €€
(☎6976244125; www.annaexpress-lipsi.services.officelive.com/rizos.aspx; DZ 70 €) Diese heimelig schönen Apartments mit knallblauen Möbeln vor weißen Wänden, mit vielen Kochutensilien und einem Steinplattenboden sind etwas ganz Besonderes. Von den geräumigen Balkonen blickt man bis zum Meer. Die Rizos Studios liegen vom Anleger aus etwa 10 Minuten zu Fuß einen Hügel hinauf. Wer vorher anruft, wird vom Hafen abgeholt.

Apartments Poseidon APARTMENTS €€
(☎22470 41130; www.lipsi-poseidon.gr; DZ inkl. Frühstück 70 €; ❄) Poseidon hat ansehnliche Apartments mit zartlila gestrichenen Wänden, viel Platz und einer durch eine Steinmauer abgetrennten Küche. Hübsche Bettdecken, toller Meerblick und Balkon machen die Apartments zu einer guten Wahl; sie bieten Platz für bis zu vier Personen; zwischen den beiden Anlegern.

Aphroditi Hotel HOTEL €€
(☎22470 41000; www.hotel-aphroditi.com; ES/DZ/Apt. inkl. Frühstück 60/70/110 €; ❄) Dieses ansehnliche Hotel liegt gleich hinter dem Liendou-Strand, hat ein nettes Café sowie 28 Zimmer und Studios mit zusätzlichen Sofabetten, Steinfußboden, Schreibtisch, TV, Kochnische, Balkon und einem recht modernen Flair.

Panorama Studios APARTMENTS €
(☎22470 41235; Studios/Apt. ab 35/70 €; ❄) Die Anlage wird ihrem Namen gerecht, denn die großen Sonnenterrassen bieten einen herrlichen Blick auf den Hafen. So nahe am Wasser, dass man die Fische springen hören kann. Die Zimmer sind groß und kühl mit modernem Mobiliar, Kühlschrank und separater Küche.

Essen

LP TIPP **Manolis Tastes** TAVERNE €
(Hauptgerichte 8–10 €) Das im Labyrinth der Altstadt versteckte Manolis ist berühmt für seine *moussaka,* das Hühnchen mit Aprikosensoße und Kreationen, die in keinem anderen Restaurant in Lipsi zu finden sind. Probieren: maurische Pannacotta (ein italienisches Dessert mit Süßrahm). Im Juli ist es proppenvoll. An einem Fenster wird Essen für's Picknick verkauft.

Cafe de Moulin TAVERNE €
(Hauptgerichte 6,50 €) Diese farbenfreudige Taverne in den ruhigen, weiß getünchten Straßen der Altstadt ist bestens geeignet für ein gutes Frühstück sowie für griechische Kost wie Lamm-*souvlaki,* Kalamari und Garnelen.

Pefko TAVERNE €
(Hauptgerichte 7–8 €) Köstliche Fleischbällchen in Tomatensoße, *ambelourgou* (Lamm in Joghurt, in Weinblätter gewickelt) und Ziegenschmortopf sind nur einige der kreativen Schätze, die in dieser traditionellen Taverne den Blick aufs Meer begleiten.

Bäckerei BÄCKEREI €
(Süßigkeiten 1–3 €; 📶) Dieses exzellente Bäckerei-plus-Eisladen-plus-Café hat WLAN und eine Fülle von Pasteten, Baguette-Sandwichs, Kuchen, *baklava,* Keksen und Alkohol, die alle auf der Terrasse oder drinnen genossen werden können.

Tholari TRADITIONAL €
(Hauptgerichte 8–16 €) In diesem Lokal mit Bullaugen und großem Fenster nach vorn fühlt man sich wie auf See. Es gibt Hausmannskost, wie Lammschmortopf, Rindfleisch in roter Soße und sehr knackige griechische Salate; aber warum nicht bei gebratenem Haisteak in Knoblauch oder gegrilltem Schwertfisch landen?

Praktische Informationen

Alle Schiffe kommen im Hafen von Lipsi an, wo es zwei Anlegemolen gibt. Fähren, Tragflächenboote und Katamarane machen am größeren, äußeren Anleger fest, während Ausflugsboote am kleineren Landungssteg anlegen, näher am Zentrum des Ortes Lipsi. Die Anna Express legt in der Nähe der Hauptkirche am inneren Hafen an.

Das Postamt liegt gegenüber der Kirche am oberen, zentralen Platz in der Altstadt. Am unteren Platz am Hafen gibt es eine **Touristeninformation** (⏲im Sommer), die bei der Ankunft der meisten Fähren geöffnet hat, sowie einen schattigen Kinderspielplatz. In der Cooperative Bank of the Dodecanese am Hafen kann Geld gewechselt werden; hier gibt's auch einen Geldautomaten.

Cafe Kabos (pro Std. 2 €) Dieses Café beim Fähranleger hat eine ganze Computern-Batterie sowie Pooltische.

Hafenpolizei (☎22470 41133) Am Hafen

Lipsi

Lipsi Bookings (☎22470 41382; www.lipsibookings.com) Das von der hervorragenden Sarah geleitete Büro gibt Fahrkarten für die Anna Express aus und organisiert Ausflüge, Unterkunft und Foto-Wandertouren.

Polizei (☎22470 41222) Am Hafen

Ticketbüro (☎22470 41250; ⊙30 Minuten vor den Abfahrten) Ein kleines Büro am äußeren Anleger, dass Fahrkarten für die Boote verkauft

www.lipsi-island.gr Nützliche Informationen über die Insel

Unterwegs auf Lipsi

Zu Lipsis Ortschaften führen schöne Spaziergänge durch eine von Olivenhainen, Zypressen und herrlichen Ausblicken geprägte Landschaft. Ein Minibus bedient die Hauptstrände.

Nur 1 km hinter dem Dorf Lipsi beginnt der **Kambos-Strand.** Er bietet etwas Schatten und ist schmaler, aber sandiger als sein Nachbarstrand Liendou. Das Wasser ist hier auch tiefer, und der Boden ist unter Wasser steiniger.

Von hier aus führt der Weg nach weiteren 2,5 km (40 Minuten zu Fuß) zu dem flachen und kinderfreundlichen **Platys Gialos,** dem besten Strand der Insel, was türkisfarbenes Wasser angeht, das so klar ist, dass eine Meerjungfrau den Blicken nicht entgehen würde. Über dem Strand liegt das **Restaurant Kostas** (☎69449 63303; Grillgerichte 4,50–6,50 €; ⊙Juli–Aug. 8–18 Uhr), in dem Fisch und Gegrilltes serviert werden. Mittwochs und samstags ist es länger geöffnet.

Nur 2 km südlich vom Ort Lipsi entfernt liegt der sandige **Katsadia-Strand,** an dem die See vor allem bei Wind ziemlich rau ist. Tamariskenbäume werfen etwas Schatten. Am Strand befindet sich das **Dilaila Cafe Restaurant** (☎22470 41041; Hauptgerichte 5–8 €; ⊙Juni–Sept.) mit einer Strandbar-Atmosphäre. Die Gerichte mit Meeresfrüchten sind ausgezeichnet.

Die Strände an der Ostküste sind schwieriger zu erreichen. Wegen der holprigen Straßen kommen weder Taxis noch Busse hierher. Manch ein Einheimischer behauptet, dies seien die schönsten Strände der Insel, doch sind einige von ihnen felsig und schattenlos.

ARKI & MARATHI

Passionierte Sonnenanbeter chillen auf den beiden Satelliteninseln Arki (Αρκοί) und Marathi (Μαράθι), nördlich von Patmos und Lipsi gelegen, wo sich Segler,

Künstler und gelegentlich auch Backpacker einfinden. Es gibt hier weder lärmende Autos noch Motorräder – nur absolute Ruhe. Badezeug, Bücher und den MP3-Player einpacken und den Rest der Welt einfach mal vergessen.

An- & Weiterreise

Die F/B *Nissos Kalymnos* läuft Lipsi bis zu viermal in der Woche auf ihren Standard-Fahrten zwischen Patmos und Samos an. Die in Lipsi stationierte, schnelle *Anna Express* verbindet zweimal wöchentlich Arki mit Lipsi (15 Min.). Im Sommer machen die in Lipsi stationierten Boote und die in Patmos stationierten Kaiks häufig Tagestouren nach Arki und Marathi (hin & zurück 20 €). Ein lokales Kaik verkehrt zwischen Marathi und Arki (1¼ Std.).

FÄHRVERBINDUNGEN VON ARKI & MARATHI

REISEZIEL	HAFEN	DAUER	HÄUFIGKEIT
Patmos	Arki/Marathi	–	4-mal wöchentl.
Samos	Arki/Marathi	–	4-mal wöchentl.
Lipsi	Arki	15 Min.	2-mal wöchentl.
Arki	Marathi	1¼ Std.	1-mal tgl.

Arki Αρκοί

50 EW.

Nur 5 km nördlich von Lipsi liegt das winzige Arki mit sanft gewellten Hügeln und einsamen Sandstränden. Die einzige Siedlung ist hier der kleine Westküstenhafen, der auch Arki heißt. Außerhalb des Dorfes wirkt die Insel mit ihrem Frieden und ihrer Stille geradezu mystisch. Die Inselbewohner leben vom Fischfang und vom Fremdenverkehr.

Es gibt weder eine Post noch eine Polizei auf der Insel, aber immerhin ein Kartentelefon. Die Kirche **Metamorfosis** erhebt sich auf einem Hügel hinter dem Dorf mit herrlicher Sicht zum Meer. Zwecks Besichtigung einen Einheimischen um den Schlüssel bitten und dann der geteerten Straße zwischen der Taverna Trypas und der Taverna Nikolaos zum Fußweg folgen. Mehrere **Sandbuchten** sind über einen Weg erreichbar, der an der Nordseite der Bucht entlangführt.

Die **Tiganakia-Bucht** an der Südostküste verfügt über einen schönen Sandstrand. Hierher geht's ab Arki über die Straße Richtung Süden und dann über die Ziegenpfade hinab zum Wasser. Die Bucht ist an dem idyllischen Anblick des unglaublich leuchtenden türkisfarbenen Wassers und den kleinen Inselchen vor der Küste zu erkennen.

In Arki finden sich ein paar Tavernen, die auch komfortable, zweckmäßige Zimmer vermieten; in den Monaten Juli und August muss vorab reserviert werden. Das rechts vom Anleger liegende **O Trypas Taverna & Rooms** (☎22470 32230; tripas@12net.gr; DZ 35 €, Hauptgerichte 5–7 €) hat schlichte Zimmer und tischt exzellente *fasolia mavromatika* (schwarze Bohnen) und *pastos tou Trypa* (gesalzenen Fisch) auf. Ganz in der Nähe werden in der **Taverna Nikolaos Rooms** (☎22470 32477; DZ 35 €, Hauptgerichte 5–8 €) Kartoffelgratin, mit Käse gefüllte Paprikaschoten oder der hiesige Ziegenkäse *sfina,* eine Art milder Feta, aufgetischt. Die Zimmer blicken auf den Sonnenuntergang.

Marathi Μαράθι

Marathi ist die größte der Nachbarinseln von Arki und bietet einen traumhaften Sandstrand. Vor dem Zweiten Weltkrieg lebte hier rund ein Dutzend Insulaner, heute sind lediglich zwei Familien übrig geblieben. Die alte Siedlung mit einer strahlend weißen, kleinen Kirche erhebt sich auf einem Hügel über dem Hafen. Es gibt zwei Tavernen auf der Insel, die beide auch Zimmer vermieten. Die **Taverna Mihalis** (☎22470 31580; DZ 30€, Hauptgerichte 4–6 €) ist die etwas einfachere und auch preisgünstigere von beiden, die **Taverna Pandelis** (☎22470 32609; DZ 40 €, Hauptgerichte 4–6 €) am oberen Ende des Strandes ist etwas gehobener.

AGATHONISI

160 EW.

Die Ankunft im Hafen von Agathonisi – fjordähnlich und mit nur einer Handvoll Gebäuden – ist reinster Zauber. Agathonisi (Αγαθονήσι) liegt so weit abseits aller Touristenströme, dass die Nachbarinseln sie kaum zur Kenntnis nehmen, und es ist dort so ruhig, dass man einen fernen Zyklopen atmen hören könnte. Hier gibt es kaum etwas anderes zu tun, als zu lesen, zu baden, zu Fuß die Insel zu erkunden und dann das Programm wieder von vorn zu beginnen. Übernachtungsmöglichkeiten gibt's vor allem in dem kleinen Hafenort Agios Georgios.

An- & Weiterreise

Agathonisi hat fahrplanmäßige Fährverbindungen mit Samos und Patmos. Auch ein Tragflächenboot verbindet die Insel mit Samos und mit weiter südlich liegenden Zielen. Die Mitarbeiter im Fährbüro **Savvas Kamitsis** (☎22470 29003) sind unglaublich mürrisch, stellen aber dennoch im Hafen und im Kiosk in der Pension Mary's Rooms vor der Abfahrt die Tickets aus.

FÄHRVERBINDUNGEN VON AGATHONISI

REISEZIEL	HAFEN	DAUER	PREIS	HÄUFIGKEIT
Arki	Agios Georgios	45 Min.	8 €	2-mal wöchentl.
Kalymnos*	Agios Georgios	2 Std.	26 €	1-mal wöchentl.
Lipsi	Agios Georgios	1 Std.	8 €	2-mal wöchentl.
Patmos	Agios Georgios	2 Std.	8 €	4-mal wöchentl.
Rhodos*	Agios Georgios	5 Std.	46 €	1-mal wöchentl.
Samos	Agios Georgios	1 Std.	7,50 €	4-mal wöchentl.

*Schnellverbindungen

Unterwegs vor Ort

Es gibt kein öffentliches Verkehrsmittel. Zu Fuß ist es von Agios Georgios eine steile und schweißtreibende Wanderung 1,5 km bergauf zum Hauptdorf Megalo Chorio; etwas weniger nach Mikro Chorio. Von Megalo Chorio sind die östlichen Strände in einer 3 km langen Wanderung zu erreichen.

Agios Georgios
Αγιος Γεώργιος

Das Dorf Agios Georgios ist die Hauptsiedlung der Insel und hat ein paar Tavernen sowie schlichte würfelförmige Pensionen zu bieten. Der Höhepunkt des Tages ist es, am Hafenstrand mit dem türkisfarbenen Wasser zu sitzen und den Fischern beim Einholen ihrer Netze zuzusehen. Der 900 m südwestlich hinter einer Landspitze liegende **Spilia-Strand** ist ruhig und gut zum Baden geeignet; er ist auf einem Pfad um die Außenseite der Bucht zu erreichen. Nach einem weiteren Kilometer kommt man nach **Gaidouravlakos**, einer kleinen Bucht mit Strand, wo Wasser aus einer der wenigen Quellen der Insel ins Meer fließt.

Schlafen & Essen

In der Mitte der Uferstraße liegt die Pension **Mary's Rooms** (☎22470 29004/69325 75121; EZ/DZ 30/40 €), eine penibel ordentliche Bleibe mit Kochnische, Balkon zur See, Schreibtisch und Kühlschrank. In der Nähe an der linken Seite des Hafens bieten die **Studios Theologia** (☎22470 29005; DZ/3BZ 40/50 €; ❄@) einfache Zimmer zum Meer hin an, die mit hippen Retro-Mobiliar, TV, Kühlschrank und Balkon ausgestattet sind.

Der Nase nach geht's zum **Restaurant Glaros** (Hauptgerichte 7–10 €) – *souvlaki*, Tintenfisch und Lammkoteletts duften himmlisch. Das Speisenangebot ist einfach, aber die überwiegend biologisch erzeugten Produkte werden mit Liebe zubereitet. Wenn es voll ist, in **George's Taverna** (Hauptgerichte 7 €) beim Bootsanleger leckere Zucchinibällchen, Rindfleisch-*stifadho*, Kanincheneintopf und *mezedhes* bestellen.

Praktische Informationen

Boote legen in Agios Georgios an; von hier aus gehen Straßen rechts nach Megalo Chorio und links nach Mikro Chorio ab. Es gibt kein Touristenbüro, aber einen Geldautomaten im Postamt im Megala Chorio. Die Polizei ist in einem nicht zu übersehenden, weißen Gebäude am Anfang der Straße nach Megalo Chorio untergebracht.

Unterwegs auf Agathonisi

Eine harte Wanderung vom Hafen aus bergauf führt zum Dörfchen **Megalo Chorio.** Es lohnt sich wegen des Blicks vom Kliff. Bis Juni regt sich nichts. Doch zu den jährlichen Kirchenfesten **Agiou Panteleimonos** (26. Juli), **Sotiros** (6. August) und **Panagias** (22. August) erwacht das Dorf zum Leben und feiert mit reichlich

DODEKANES AGATHONISI

Essen, Musik und Tanz. Östlich von Megalo Chorio gibt's eine Reihe gut zugänglicher Strände: der **Tsangari-Strand,** der **Tholos-Strand,** der **Poros-Strand** und der **Tholos-(Agios-Nikolaos)-Strand** in der Nähe der gleichnamigen Kirche. Alle sind problemlos zu Fuß zu erreichen, doch Poros ist der einzige Sandstrand. Wer sich einen ruhigen Urlaub wünscht, wohnt in den **Studios Ageliki** (☎22470 29085; EZ/DZ 30/40 €) in Megalo Chorio. Es sind vier schlichte, aber zweckmäßige Studios mit Kochnische und tollem Blick auf einen kleinen Weinberg und bis zum Hafen hinunter. Essen gehen kann man in dem Dorf nur im **Restaurant I Irini** (Hauptgerichte 5–6 €) am zentralen Platz, wo ein großartiger Lammtopf und *stifadho* aus der Küche kommen, oder in **Nico's Taverna** (Hauptgerichte 5–7 €), in der *mezedhes* mit *raki,* Ouzo und harzigem Retsina heruntergespült werden.

Nordöstliche Ägäis-Inseln

Inhalt »

Gut essen

- » Restaurant Koralli (S. 656)
- » O Kipos (S. 667)
- » O Ermis (S. 693)
- » Betty's (S. 697)
- » O Lefkos Pyrgos (S. 711)

Schön übernachten

- » Rooms Dionysos (S. 685)
- » Archipelagos Hotel (S. 662)
- » Kouitou Hotel (S. 700)
- » Alkaios Rooms (S. 693)

Auf zu den nordöstlichen Ägäis-Inseln

Die wild-bunte Mischung der nordöstlichen Ägäis-Inseln (Τα Νησιά του Βορειοανατολικού Αιγαίου) lädt dazu ein, den Menschenmassen zu entfliehen und dabei die Inselküche und -kultur sowie traditionelle Feste zu erleben.

Ikaria zeichnet sich durch seine dramatischen Landschaften, unberührten Strände und seine entspannte Bevölkerung aus. Das nahe Chios ist ein Ökotourismus-Paradies und bereitet den Gummi produzierenden Mastixsträuchern einen fruchtbaren Boden. Die Inseln reichen von Lesbos, Griechenlands drittgrößter Insel und Produzent von rund der Hälfte des Welt-Ouzo-Bedarfs, über mittelgroße Inseln, wie Samos und Limnos, bis hin zu kleinen Tupfen im Meer, wie Inousses und Psara. Samothraki beheimatet das antike Thraker-Heiligtum der Götter.

Diese Inselgruppe ist weniger kompakt als andere griechische Inselketten. Thassos und Samothraki sind über die Häfen im Norden zu erreichen, Ikaria ist von Mykonos nur einen Katzensprung entfernt. Die südlichsten Inseln liegen neben den Dodekanes, und die türkischen Küstenorte sind von Lesbos, Chios und Samos aus zu erreichen.

Reisezeit

Vathy Samos

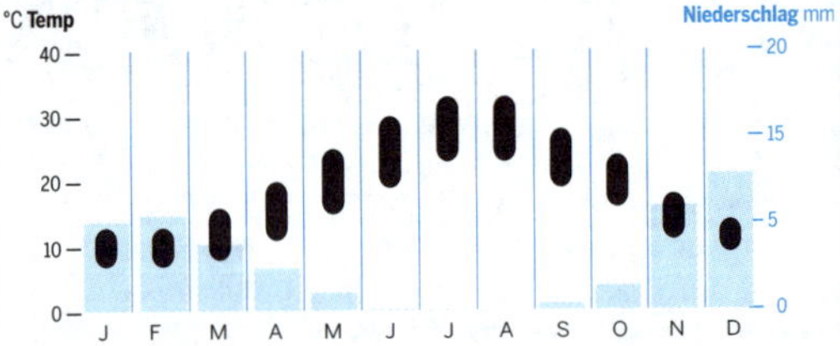

April & Mai Wildmohn schmückt die Nebenstraßen, und beim Osterfest erwachen die Dörfer zum Leben.

Juli & Aug. Jetzt haben saftige Aprikosen Saison – perfekt für ein Picknick am Strand.

Okt. & Nov. Die Menschenmassen verschwinden, und herzhafte Suppen kehren in die Tavernen zurück.

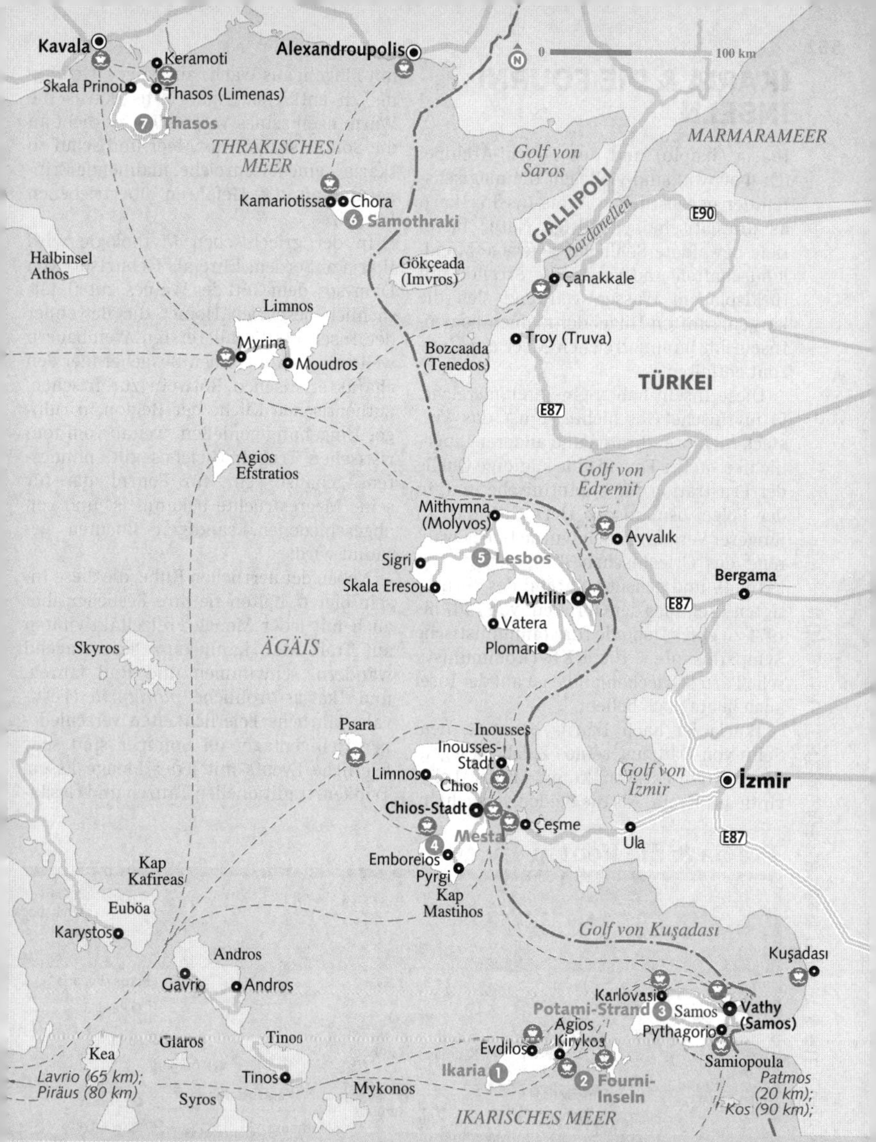

Highlights

1 Bei Ikarias **internationalem Schach-Turnier** (S. 654) die Gehirnzellen testen

2 Hummer in einer Taverne am Wasser genießen, während die Sonne über den **Fourni-Inseln** (S. 662) untergeht

3 Im Nordwesten von Samos durch den Fluss zu einem Wasserfall im Wald waten und anschließend am entspannten **Potami-Strand** (S. 675) baden und sich ein Gläschen gönnen

4 Im südlichen Chios durch die kurvenreichen Gassen von **Mesta** (S. 683) schlendern

5 Vom byzantinischen Kloster **Moni Ypsilou** (S. 699), das unschätzbare mittelalterliche Manuskripte und eine Vielzahl weiterer Schätze beherbergt, über Lesbos blicken

6 Auf Samothraki über die Geheimnisse des **Heiligtums der Großen Götter** (S. 712) aus dem 10. Jh. v. Chr. grübeln

7 Beim **internationalen Mountainbike-Rennen** (S. 719) auf Thassos durch grüne, uralte Wälder radeln

IKARIA & DIE FOURNI-INSELN

Ikaria (Ικαρία) und das Fourni-Archipel (Οι Φούρνοι) sind vielleicht die magischsten der nordöstlichen Ägäis-Inseln. Ikarias dramatische, vielfältige Natur bietet tiefe bewaldete Schluchten, felsige Mondlandschaften und versteckte Strände mit türkisblauem Wasser, während sich die kargen, sanften Hügel der kleinen Fourni-Inseln im hummerreichen Meer am Horizont entfalten.

Diese Inseln haben eine ereignisreiche, ja mythische Geschichte. Einst das Versteck ruchloser Piraten und anderer Taugenichtse, stellte Fourni eine ständige Quelle der Frustration für byzantinische und, in der Folge, osmanische Herrscher dar. In jüngerer Vergangenheit wurde Ikaria während des Griechischen Bürgerkriegs von 1946–49 und erneut während des berüchtigten „Regimes der Obristen" von 1967 bis 1974 zu einer Deponie für kommunistische Sympathisanten; die KKE (Kommunistische Partei Griechenlands) ist auf der Insel auch heute noch beliebt.

Ikaria ist nach Ikarus benannt, dem Sohn von Dädalus, seines Zeichens legendärer Architekt von König Minos' Labyrinth auf Kreta. Als die beiden versuchten, mit Flügeln aus Wachs aus Minos' Gefängnis zu entfliehen, ignorierte Ikarus die Warnungen seines Vaters, flog zu dicht an die Sonne, stürzte ins Meer und schuf so Ikaria – eine felsenreiche, mahnende Erinnerung an die Gefahren übertriebenen Ehrgeizes.

In der griechischen Mythologie wird Ikaria außerdem Ehre als Geburtsort von Dionysos, dem Gott des Weines, zuteil; tatsächlich beschrieb Homer die Bewohner der Insel als die allerersten Weinbauern weltweit. Heute können Besucher hier den charakteristischen Rotwein zur frischen, authentischen Küche der Region in ruhiger Umgebung genießen, weitab vom touristischen Trubel; Gleiches gilt, mindestens genauso sehr, für Fourni, das für seine Meeresfrüchte bekannt ist und von abgeschiedenen, sandigen Buchten gesäumt wird.

Neben der herrlichen Ruhe, die diese Inseln bieten, halten sie ihre Besucher aber auch mit jeder Menge Freizeitaktivitäten auf Trab. Man kann ganz hervorragend wandern, schwimmen und Rad fahren, und Ikarias fröhliche *panigyria* (Festivals; jährliche Feierlichkeiten verschiedener Heiligentage) im Sommer sind sehr feierliche Events mit jeder Menge Essen, Trinken, traditionellen Tänzen und Gesän-

Ikaria & die Fourni-Inseln

gen – eine sehr heitere Mischung aus orthodoxem Christentum und Ikarias tieferen dionysischen Wurzeln.

ℹ An- & Weiterreise

Flugzeug

Ikaria wird von **Olympic Air** (☎22750 22214; www.olympicair.com) und **Sky Express** (skyexpress.gr) angeflogen. Tickets gibt's bei Reisebüros in Agios Kirikos, z. B. bei **Ikariada Holidays** (☎22750 23322; depy@ikariada.gr). Ein Taxi von Agios Kirikos kostet 10 €, von Evdilos 50 €.

INLANDSFLÜGE VON IKARIA

ZIEL	FLUGHAFEN	DAUER	PREIS	HÄUFIGKEIT
Athen	Ikaria	45 Min.	76 €	1-mal tgl.
Kreta (Iraklion)	Ikaria	55 Min.	111 €	3-mal wöchentl.
Limnos	Ikaria	25 Min.	50 €	6-mal wöchentl.
Thessaloniki	Ikaria	60 Min.	111 €	6-mal wöchentl.

Schiff/Fähre

Tickets gibt's in Agios Kirikos bei **Ikariada Holidays** (☎22750 23322; depy@ikariada.gr) oder **Dolihi Tours Travel Agency** (☎22750 23230). In Evdilos kann man sich an die Hellenic-Seaways-Agentur **Roustas Travel** (☎22750 32931) im Hafen wenden. Von Agios Kirikos und Evdilos (25 €) fahren wöchentlich Ausflugsboote nach Fourni, von Agios Kirikos aus auch ins 20 km weiter südlich gelegene Patmos (50 €).

FÄHRVERBINDUNGEN VON IKARIA

ZIEL	HAFEN	DAUER	PREIS	HÄUFIGKEIT
Chios	Agios Kirikos	5 Std.	14 €	1-mal wöchentl.
Fourni	Agios Kirikos	1 Std.	6–7 €	1–2-mal tgl.
Kavala**	Agios Kirikos	21 Std.	37 €	1-mal wöchentl.
Lesbos (Mytilini-Stadt)	Agios Kirikos	9 Std.	21 €	1-mal wöchentl.
Mykonos	Agios Kirikos	3 Std.	18 €	6-mal wöchentl.
Piräus	Agios Kirikos	7 ½ Std.	37 €	3-mal wöchentl.
Piräus	Evdilos	7 ½ Std.	37 €	3-mal wöchentl.
Samos (Karlovassi)	Agios Kirikos	2 Std.	13,50 €	1-mal tgl.*
Samos (Vathy)	Agios Kirikos	2 ½ Std.	12,50 €	1-mal tgl.*

*außer Freitag

**Expressverbindungen

ℹ Unterwegs vor Ort

Auto & Motorrad

Es ist keine schlechte Idee, sich ein Auto oder einen Motorroller auszuleihen, wenn man auch die Gegend außerhalb der größeren Städte erkunden möchte (Trampen ist aber durchaus üblich und laut den Einwohnern auch sicher). **Dolihi Tours Travel Agency** (☎22750 23230; dolichi@otenet.gr) und **Ikariada Travel** (☎22750 23322; depy@ikariada.gr) in Agios Kirikos, **Mav Cars** (☎22750 31036; mav-cars@hol.gr) in Evdilos und **Aventura Car & Bike Rental** (☎22750 31140; aventura@otenet.gr) in Evdilos (S. 658) und Armenistis (S. 661) sind gute Anlaufstellen. Bei den meisten Leihwagenfirmen kann der Wagen auch am Flughafen abgeholt oder zurückgegeben werden, und **Pamfilis Bikes** (☎6979757539) neben der Alpha Bank verleiht gute Motorräder.

Boot

Wassertaxis sind im Sommer eine prima Transportmöglichkeit. Es fahren täglich Wassertaxis von Agios Kirikos nach Therma (5 € hin & zurück). In die andere Richtung verkehren im Sommer an den meisten Tagen (je nach Wetter) Kaiks (kleine Boote) zwischen Agios Kirikos und Karkinagri bzw. Manganitis, zwei Fischerdörfern an der Küste im Südwesten. Die Boote halten zuerst in Manganitis und am idyllischen Seychellen-Strand und fahren dann nach Karkinagri weiter. Wichtig: Dieses Wassertaxi wartet nicht auf Passagiere, die noch auf Erkundungstour oder beim Schwimmen sind. Wer also länger in einem der Dörfer bleiben möchte, muss sich um den Rücktransport selber kümmern.

Bus & Taxi

Zwei Mal täglich nimmt ein Bus die kurvige Strecke von Agios Kirikos über Evdilos (6 €) und Armenistis (8 €) nach Chrisos Raches (7 €) auf sich. Örtliche Busse fahren außerdem jede halbe Stunde in zehn Minuten nach Therma (1 €). Ein Taxi zwischen Agios Kirikos (oder dem Flughafen) und Evdilos kostet etwa 50 €.

Agios Kirikos Αγιος Κήρυκος

1880 EW.

Ikarias Hauptstadt ist ein entspannter, zuverlässiger griechischer Hafen mit schmalen alten Straßen, guten Restaurants, Hotels und *domatia* sowie einer lebendigen Cafészene am Wasser. Der Xylosyrtis-Strand (4 km südwestlich) ist der beste Kiesstrand der Umgebung, und die berühmten therapeutischen heißen Quellen ziehen schmerzende Glieder aus der ganzen Region an.

Aktivitäten

Heilquellen — HEISSE QUELLEN

(Asklepios-Badehaus; ☎22750 50400; Eintritt 5 €; ⏲Juni–Okt. 7–14.30 & 17–21 Uhr) In und um Agios Kirikos gibt es ein paar schwefel- und radiumhaltige Salzwasserquellen. Im Asklepios-Badehaus in der Stadt, das nach dem griechischen Gott der Heilkunst benannt ist, kann ihre heilende Wirkung getestet werden. Über eine Rohrleitung kommt das heiße Wasser direkt aus einer Quelle im Meer in die simple Badeeinrichtung. Die Behandlungen werden für gewöhnlich bis zu 20 Tage verschrieben, aber auch Laufkundschaft ist jederzeit willkommen. Ein durchschnittliches Bad dauert 30 Minuten, und hinterher dürfte man so entspannt sein, dass man beinahe zerfließt. Ikarias therapeutische heiße Quellen sind für ihre lindernde Wirkung auf zahlreiche Leiden berühmt, etwa Arthrose, Rheuma und Unfruchtbarkeit. Das Badehaus befindet sich gegenüber der Polizeiwache am Kopfende der Treppe an der Pension Akti.

In der Nähe von Agios Kirikos finden sich aber noch mehr therapeutische Quellen, z. B. in Therma (S. 654) oder an der natürlichen Freiluft-Meeresquelle auf Lefkada (S. 655).

Festivals & Events

Ende Juli und im August finden auf Ikaria diverse inselweite Festivals statt.

Internationales Schach-Turnier Ikaria — SCHACH

(☎69478 29772, 69777 30286; http://ikaria chess.blogspot.com; ⏲Juli) Dieses kleine, alljährliche Ereignis zieht Schachspieler aller Couleur aus ganz Europa und dem Rest der Welt an. Das Event findet seit über 30 Jahren in typischer, lokaler Atmosphäre statt. Es wird von den örtlichen Schachfans Dimitris Kapagiannidis und Antzela Shiaka organisiert. Wer Lust hat: Das Turnier wird jedes Jahr im Juli ausgetragen, und den besten Spielern winkt sogar ein Preisgeld.

Ikarus-Festival für den Dialog zwischen den Kulturen — MULTIKULTURELL

(☎22940 76745, 69797 83201; www.icarusfesti val.gr; pro Event 10 €; ⏲Darbietungen Juli & Aug. ab 21.30 Uhr) Diese inselweite Veranstaltungsreihe mit Konzerten, neuen Filmen, Theatervorführungen und Musikworkshops findet seit 2006 sehr erfolgreich im Sommer statt. Bei diesem Festival treten meist Einzelpersonen und Gruppen auf, die für multikulturelle Werte stehen, darunter auch ziemlich namhafte griechische und internationale Künstler. Die Darbietungen sind über die ganze Insel verstreut. Für die Festivalbesucher werden Shuttlebusse eingesetzt.

Musikfestival Frikaria — MUSIK

(⏲Ende Juli) Das hippe Musikfestival Frikaria lockt Freaks und Freigeister gleichermaßen in das Bergnest Stavlos, 7 km westlich von Evdilos. Das dreitägige Event findet Ende Juli statt und präsentiert griechische Rockbands und DJs. Programme sind in Cafés und Hotels in Evdilos und Agios Kirikos erhältlich.

Theaterfestival Dionysos — THEATER

(www.aegean-exodus.gr) Bei diesem Festival werden klassische griechische Dramen mit Masken und allem Drum und Dran in Freiluft-Theatern überall auf der Insel aufgeführt.

Schlafen

Hotel Akti — HOTEL €

(☎22750 23905; www.pensionakti.gr; EZ/DZ 35/60 €; ❄📶) Eine prima Budget-Option in perfekter Lage. Das Akti bietet gemütliche, attraktive, moderne Zimmer mit

Kühlschrank, Fernseher, Deckenventilator und Moskitonetzen sowie freundliche, Englisch sprechende Besitzer. Eine Café-Bar blickt auf Meer und Hafen hinunter. Einfach den Stufen rechts neben der Alpha Bank folgen.

Pension Maria-Elena HOTEL €
(☎22750 22835; www.island-ikaria.com/hotels/mariaelena.asp; EZ/DZ 35/50 €; ❄📶) Diese kleine Pension liegt 500 m vom Hafen entfernt in der Nähe des Krankenhauses. Sie bietet eine hübsche Gartenlage und 16 einfache, aber saubere Zimmer mit Balkonen mit Meeresblick sowie ein paar Suiten. Ganzjährig geöffnet.

Hotel Kastro HOTEL €
(☎22750 23480; DZ 50 €; ❄📶🏊) Dieses gut ausgestattete Hotel verfügt über schöne Zimmer mit Balkonen und allen modernen Annehmlichkeiten. Es gibt eine Bar und sogar einen Dach-Pool. Vom Ende der Treppe neben der Alpha Bank sind es noch 30 m nach links.

Essen & Ausgehen

Filoti TAVERNE €
(Hauptgerichte 4–6,50 €) Dieses köstliche Restaurant liegt 30 m vom Platz entfernt und bietet die preiswertesten Gerichte (u.a. leckere Pizza) in ganz Agios Kirikos.

Taverna Klimataria TAVERNE €
(Hauptgerichte 6–10 €) Eine einladende Taverne in einer Nebenstraße hinter der Nationalbank mit hübschem, schattigem Innenhof. Grillfleisch und *pastitsio* (geschichtete butterige Makkaroni und würziges Lammhackfleisch) sind extrem lecker.

Restaurant Tsouris TAVERNE €
(Hauptgerichte 7–10 €) Dieses geschäftige Lokal neben dem Platz und der Agios-Nikolaos-Kirche serviert köstliche *mayirefta* (fertig zubereitete Gerichte) und herrlich frischen Fisch (Preis je nach Gewicht).

Legouvisi Souvlakia FEINKOST €
(Snacks; 2,50–4 €) Dieser Feinkostladen neben dem Postamt serviert ausgezeichnete Snacks und Schnelles vom Grill.

Praktische Informationen

Banken mit Geldautomaten befinden sich auf der *plateia*, die Post ist links davon.

Dolihi Tours Travel Agency (☎22750 23230) Hilfreiches Reisebüro neben der Alpha Bank.

Hafenpolizei (☎22750 22207)

Ikariada Travel (☎22750 23322; depy@ikariada.gr) Reisebüro am Hafen, das Fähr- und Flugtickets verkauft und Unterkünfte bucht.

Island Ikaria (www.island-ikaria.com) Online-Reiseführer für Ikaria.

Krankenhaus (☎22753 50200)

Polizei (☎22750 22222) Oberhalb der Alpha Bank.

Reiseführer Ikaria (www.ikaria.gr) Online-Reiseführer für Ikaria.

Rund um Agios Kirikos

Die **heißen Quellen von Lefkada,** 2 km nördlich von Agios Kirikos, sind kostenlos, wohltuend und sehr entspannend. Hier befindet sich zwar eine ausgewiesene radioaktive Salzwasserquelle, aber in Wahrheit ist das „Bad" eigentlich nur ein wunderschönes Fleckchen Strand, das an dem etwas ungleichmäßigen Steinkreis leicht zu erkennen ist. Man weiß, dass man den richtigen Ort gefunden hat, sobald man das Jetzt-ist-es-heiß-jetzt-wieder-kalte Quell- und Meerwasser spürt. Wer die Quellen besuchen möchte, fährt 2 km Richtung Norden und hält dann nach dem kleinen blauweißen Schild (mit der Aufschrift „Heiße Quellen") neben dem Pfad

AM BESTEN MIT DEM BUS

Wer nach Ikaria kommt, möchte meist in der östlich gelegenen Hauptstadt Agio Kirykos ein Auto mieten; besser ist es jedoch in die westliche Hafenstadt Evdilos zu fahren und sich dort nach einem Auto umzuschauen. Und wie kommt man dort hin? Natürlich mit dem Bus! Er ist sicher, billig, und mit zwei Bussen, die am Tag die kurvenreiche Strecke entlang der reizvollen Nordküste fahren, auch praktisch genug. Dazu kommt: der Bus ist so etwas wie ein fahrendes Dorf. Die Passagiere nennen den Fahrer beim Vornamen und plaudern mit Freunden und Nachbarn, die ein- und aussteigen. Wer eineinhalb Stunden später in Evdilos ankommt, um sein Auto in Empfang zu nehmen, hat schon eine freundliche Einführung in Ikaria genossen. Und – normalerweise kann das Auto ohne Mehrkosten am Flughafen wieder abgegeben werden.

Ausschau, der zu dem felsigen Strand hinunterführt.

An Ikarias Ostspitze locken der 2 km lange **Faros-(Fanari-)Strand,** 10 km nördlich entlang der Küstenstraße, sowie die **Festung Drakano** (Eintritt frei; ⏲Di–Sa 8.30–15 Uhr) aus dem 4. Jahrhundert v. Chr., in der religiöse Riten zu Ehren von Eileithia, einer Fruchtbarkeitsgöttin, abgehalten wurden. Dic Schenswürdigkeit, die auch über interessante Infotafeln und zwei Englisch sprechende, ehrenamtliche Führer verfügt, wird von einem 13 m hohen Aussichtsturm gekrönt. Von einer kleinen Kapelle führt ein Pfad zum winzigen **Agios-Georgios-Strand.**

Weniger als 100 m vom Faros-Strand entfernt vermietet der freundliche griechisch-australische Evon Plakidas im **Evon's Rooms** (☎22750 32580, 69771 39208; www.evonsrooms.com; Suite ab 40–110 €; P❄@) erstklassige Suiten, einige mit Wendeltreppe und alle mit Küchenzeile. In die Wohnstudios passen bis zu sechs Personen. Im angeschlossenen Café werden Frühstück, köstliche Crêpes und frische Säfte und Salate serviert.

Im Dörfchen **Therma,** gleich östlich von Agios Kirikos, scheint die Zeit stillzustehen. Hier gibt's überdachte **heiße Quellen** (☎22750 22665) und eine äußerst charmante Unterkunft, die **Agriolykos Pension** (☎22750 22433; www.island-ikaria.com/hotels/agriolykos.asp), von der Stufen zu einer kleinen Bucht hinunterführen. 5 km südwestlich von Agios Kirikos eignet sich die **Taverna Arodou** (☎22750 22700), ein ausgezeichnetes traditionelles Lokal mit Blick aufs Meer, ganz hervorragend für einen Boxenstopp.

Evdilos Εύδηλος

460 EW.

Evdilos, Ikarias zweiter Hafen, liegt 41 km nordwestlich von Agios Kirikos; beide Orte sind durch die beiden Hauptstraßen Ikarias miteinander verbunden. Wer kein Auto hat, kann sich ein Taxi teilen (50 €). Auf der eindrücklichen Fahrt erlebt man hohe Bergkämme, atemberaubende Ausblicke aufs Meer und hübsche Schieferdach-Dörfer. Evdilos selbst ist recht verschlafen, aber seine schmalen Straßen sind trotzdem oft verstopft. Eine neu gebaute Straße zu den Docks soll das Verkehrsproblem lösen, auch wenn davon noch nicht alle gänzlich überzeugt sind. Die kurvenreiche Straße ist von stattlichen alten Häusern gesäumt (einfach der Pflasterstraße folgen, die vom Platz am Hafen bergauf führt).

Schlafen

Hotel Atheras HOTEL €
(☎22750 31434; www.atheras-kerame.gr; EZ/DZ 50/60 €; ❄) Das ebenso freundliche wie moderne Atheras versprüht dank seiner strahlend weißen Einrichtung, die in starkem Kontrast zur blauen Ägäis dahinter steht, ein beinahe kykladisches Flair. Das Hotel liegt in einer Nebenstraße 200 m vom Hafen entfernt und bietet einen Pool mit Freiluft-Bar.

Kerame Studios APARTMENTS €
(☎22750 31434; www.atheras-kerame.gr; Wohnstudio/Apt. ab 70/90 €; ❄) Diese vielfältigen, gut geführten Wohnstudios und Apartments (1 km vor Evdilos) sind mit dem Hotel Atheras verschwestert. Die Preise variieren ebenso stark wie die Unterkünfte, die Küchen und großzügige Terrassen mit herrlicher Aussicht bieten, und das Restaurant befindet sich in einer umgebauten Windmühle.

Rooms for Rent DOMATIA €
(☎22750 31518; EZ/DZ 40/50 €) Diese einfachen, makellosen Zimmer mit Deckenventilatoren oberhalb der Alpha Bank blicken über den Hafen und werden manchmal auch nur liebevoll „bei Anna" genannt.

Essen & Ausgehen

Restaurant Koralli TAVERNE €
(Plateia Evdilou; Hauptgerichte 4–9 €) Das Koralli ist die beste der drei Tavernen am Hafen und zählt frische Fish & Chips, ausgezeichnetes Grillfleisch, vegetarische Salate und *mayirefta*-Gerichte zu seinen Spezialitäten.

Café-Bar Rififi CAFÉ €
(Plateia Evdilou; Snacks 2–5 €) Diese schwungvolle Hafen-Bar serviert großartige Pita-Snacks, Bier vom Fass und guten Kaffee und verdankt ihren Namen der Bank nebenan, mit der sie sich eine Innenwand teilt. Bankräuber werden auf Griechisch scherzhaft auch „Rififi" genannt, und die Bedienungen weisen nur zu gerne darauf hin, wo die wirklich dicke Kohle lagert.

Tsakonitis OUZERIE €
(Plateia Evdilou; *mezedhes* 4–7€) Diese *ouzerie* (Lokal, in dem Ouzo und kleine Speisen

AUFGEDECKT: DIE GEHEIMNISSE DES LANGEN LEBENS DER IKARIANER

2009 gaben griechische und internationale Medien bekannt, die Einwohner Ikarias erfreuten sich der durchschnittlich längsten Lebensdauer in ganz Europa. Doch worauf ist diese Tatsache zurückzuführen?

Der altbewährte, entspannte Lebensstil auf der abgeschiedenen Insel Ikaria, der vom Massentourismus oder vom Stress des modernen Lebens unberührt geblieben ist, ist ein entscheidender Faktor. Aber um die wahre Geschichte hinter den Geheimnissen der Langlebigkeit der Ikarianer zu hören, begibt man sich, wie der Reporter sagt, am besten direkt an die Quelle.

Zum Beispiel zu Ioannis Tzantas: geboren am 9. Februar 1910 im Dörfchen Akamanatra, erzählt dieser höchst zufriedene Zeitgenosse, während er vor dem örtlichen *kafeneio* (Café) sitzt, liebend gerne von seinem Leben auf der Insel und all den Dingen, die dazu geführt haben, dass es bereits viel länger dauert als das von uns Durchschnittsbürgern.

Im zarten Alter von 14 Jahren, so erinnert sich der Brille tragende über Hundertjährige, war es bereits seine Aufgabe, sich um den gesamten Haushalt zu kümmern, da sein Vater gesundheitlich stark angeschlagen war. „Ich habe Ziegen verkauft und jeden Tag für meine Familie gearbeitet", berichtet Ioannis. „Damals sind wir überall zu Fuß hingegangen, den ganzen Tag, immer den Schafen nach – zu Fuß gehen ist wirklich gesund, wissen Sie?"

Ioannis heiratete im Alter von 26 und erinnert sich noch gut an das bunte Leben seines Dorfes, das inzwischen aufgrund der Abwanderung ziemlich verschlafen ist. „Hier wurden zahlreiche Festivals veranstaltet, mit jeder Menge Gesang und Tanz", erzählt er, „und ich habe auch gerne Wein getrunken, aber betrunken war ich nie, nicht ein einziges Mal!"

Tatsächlich ist Ioannis Lastern immer aus dem Weg gegangen. Obwohl er 18 Jahre lang Pfeife geraucht hat, hat er nie eine Zigarette angerührt. „Das Leben ist etwas sehr Schönes, auch wenn es natürlich Probleme gibt, die man nicht vermeiden kann", sagt er. „Aber einige potenzielle Probleme lassen sich sehr wohl vermeiden – z. B. Trunkenheit und Drogen. Es macht mich sehr traurig, wenn ich Menschen mit diesen Problemen sehe."

Ioannis verschreibt uns zwei Gläser Wein pro Tag, „aber natürlich soll man sich nicht betrinken. Und nicht rauchen!" Mit einem Zwinkern fügt er hinzu: „Und man sollte möglichst viel Sex haben." (Hier brechen Ioannis' siebzigjährige Söhne in der Ecke in schallendes Gelächter aus.)

Selbstverständlich solle man sich sehr diszipliniert an eine strenge Diät halten, wenn man sich diese Lebenskraft erhalten möchte. Ioannis rät, jede Menge Eier, Käse und Milch zu essen. „Einmal habe ich sogar 32 Eier an einem Tag gegessen!" (Noch mehr Gelächter.)

Für einen Mann in seinem Alter verfügt Ioannis über ein ausgezeichnetes Gedächtnis. Während sich seine Lektionen über das Leben langsam dem Ende nähern, erinnert er sich noch einmal an seine manchmal sehr harte Kindheit im wilden Ikaria und an einen Teil seines Lebens, aus dem sich vielleicht seine kommunistischen Tendenzen erklären: „In jenen Tagen haben die Piraten unsere Insel oft überfallen. Deshalb wollte auch niemand viel Besitz – die Piraten hätten ja sowieso alles geklaut!" Er erinnert sich auch noch an den Zweiten Weltkrieg, als er in der Nähe von Albanien stationiert war. Obwohl 225 seiner Kameraden getötet wurden, „bin ich, Gott sei Dank, jedes Mal mit dem Leben davongekommen!"

Tatsächlich hat Ioannis schon fünf Kriege miterlebt und kennt sich mit Konfliktmanagement aus. Persönliche Streitereien sind jedoch die größte Gefahr für ein langes Leben, glaubt er. Der Dorfälteste spart sich diese, seine vielleicht wichtigste Lektion, für den Schluss auf: „Es ist sehr schlecht für die Gesundheit, eifersüchtig auf das Glück anderer Menschen zu sein. Wenn andere Erfolg haben, sollten wir uns mitfreuen … *afta* [Das war's]."

serviert werden) am Hafen ist ein Favorit der Einheimischen und für ihren hausgemachten griechischen Joghurt bekannt.

Praktische Informationen

Am Hafen gibt's zwei Geldautomaten und das Ticketbüro von **Hellenic Seaways** (☎22750 32931).

Aventura (☎22750 31140) Auto- und Motorradverleih.

Mav Cars (☎22750 31036) Auto- und Motorradverleih.

Medizinisches Zentrum (☎22750 33030; 22750 32922) 2 km östlich von Evdilos; die Ärzte sprechen Englisch.

Polizei (☎22750 31222)

Westlich von Evdilos

KAMBOS — ΚΑΜΠΟΣ

250 EW.

Kambos, 3 km westlich von Evdilos, war einst das mächtige Oinoe (vom griechischem Wort für Wein), Ikarias Hauptstadt. Einige Spuren dieses antiken Ruhmes sind in den Ruinen eines byzantinischen Palastes, in Ikarias ältester Kirche und in einem kleinen interessanten Museum bis heute erhalten geblieben. Kambos' andere Hauptattraktionen sind seine Sand- und Kiesstrände und die idyllischen Wanderwege durch die Berge.

Sehenswertes

Wer von Evdilos aus nach Kambos kommt, erblickt zur Rechten die bescheidenen Ruinen eines **byzantinischen Palastes.** Weitere Sehenswürdigkeiten in Kambos sind das kleine archäologische Museum und Ikarias älteste, noch erhaltene byzantinische Kirche.

Agia-Irini-Kirche KIRCHE

Diese Kirche aus dem 12. Jahrhundert wurde an der Stelle einer Basilika aus dem 4. Jahrhundert erbaut und hat einige Säulen des ursprünglichen Gebäudes beibehalten. Leider sind viele Fresken der Agia Irini unter schützender Kalkfarbe versteckt, da das nötige Kleingeld für eine Restaurierung fehlt.

Archäologisches Museum MUSEUM

(☎22750 31300; Eintritt frei) Kambos' kleines Museum zeigt jungsteinzeitliche Werkzeuge, geometrische Vasen, Fragmente klassischer Skulpturen, Figurinen und Elfenbein-Schmuck. Wenn es geschlossen ist, kann Vasilis Kambouris (vom Rooms Dionysos) aufschließen.

Schlafen & Essen

LP TIPP **Rooms Dionysos** PENSION €

(☎22750 31300; 6944153437; www.ikaria-dionysosrooms.com; DZ/3BZ 45/55 €; P 📶) Die zahllosen Gäste, die jedes Jahr wiederkommen, attestieren dieser Pension, die vom charismatischen Vasilis „Dionysos" Kambouris, seiner australischen Frau Demetra und seinem Italienisch sprechenden Bruder Yoannis geführt wird, eine magische Atmosphäre. Die Zimmer sind schlicht, aber ordentlich und mit eigenem Bad ausgestattet, und die Betten auf der Dachterrasse für 10 € sind der Hit. Im hübschen, schattigen Hof mit Blick auf den Kambos-Strand servieren Vasilis und Demetra ihr berühmtes Frühstück; hier können die Gäste die entspannte Gastfreundschaft auch abends bei einem Gläschen Wein genießen. Das Haus hat sogar eine eigene Bücherbörse. Einfach im Dorf nach dem Weg fragen oder am Café Sourta-Ferta der kleinen Straße für 300 m folgen.

Balcony PENSION €

(☎22750 31604; DZ/3BZ 40/60 €) Von den sechs Apartments des familiengeführten Balcony bietet sich ein fantastischer Ausblick, aber man erreicht sie erst nach einer kleinen Wanderung. Die Wohnstudios zeichnen sich durch schmiedeeiserne Möbel aus und bieten eine Küche und einen Loft-Schlafbereich mit Doppelmatratzen.

Partheni TAVERNE €

(Hauptgerichte 6–8 €) Das Partheni am Kambos-Strand serviert einfache, aber köstliche griechische Gerichte und großartige Kalamari (gebratenen Tintenfisch). Außerdem bietet es nahrhafte *mayirefta* und eignet sich nach dem Schwimmen prima zum Entspannen und einen Happen essen.

Pashalia TAVERNE €

(Hauptgerichte 6–10 €) Das Pashalia ist eine familiengeführte Taverne mit Tradition. Es serviert köstliche hausgemachte *mezedhes* (Vorspeisen), etwa Wildpilze, frischen wilden Spargel und Ziegenkäse, und ist auch bei den Einheimischen beliebt.

Praktische Informationen

Kambos erklärt sich eigentlich von selbst, aber wer ein paar Insiderinfos möchte, kann den langjährigen örtlichen Tourismusanbieter Vasilis

Kambouris aufsuchen. Normalerweise kümmert Vasilis sich um die Gäste in seinem Rooms Dionysos (unten) und hilft gerne bei der Organisation von Taxis, Leihwagen und Fährtickets.

VON KAMBOS AN DIE SÜDWESTKÜSTE

Von Kambos verlaufen zwei Straßen Richtung Westen: die Hauptstraße schmiegt sich bis zum Armenistis-Ressort an die Nordküste, wo sie zu einer kleineren Straße wird und an der Nordwestküste entlangführt. Die zweite ist eine Nebenstraße, größtenteils unbefestigt, aber mit einem guten Auto absolut machbar; sie schlängelt sich etwas weiter südwestlich durch die atemberaubende Mondlandschaft von Zentralikaria bis zum abgeschiedenen Karkinagri an der Südküste. Letzteres ist ideal für alle, die ein Abenteuer abseits der ausgetretenen Pfade suchen, während Ersteres die offensichtliche Wahl für alle Strandliebhaber ist.

Die südliche Küstenstraße durch Zentralikaria führt auch zum **Moni Theoktistis** und zur winzigen **Kapelle von Theoskepasti,** gleich nordwestlich von Pigi. Von Pigi geht's weiter Richtung Süden nach Maratho, dann nach Westen zum eindrucksvollen **Moni Mounte,** das auch als Moni Evangelistrias bekannt ist. 500 m weiter liegt ein winziger Stausee mit Goldfischen und quakenden Fröschen.

Dahinter gabelt sich die Straße Richtung Nord- bzw. Südwesten: einfach den Schildern folgen – beide Wege führen letztlich nach **Christos Raches,** ein buntes Bergdorf und gutes Basislager für Wanderer, das für seine nächtlichen Einkaufsmöglichkeiten und Cafés bekannt ist. Neben zahlreichen traditionellen Produkten gibt's hier eine nützliche Wanderkarte, *The Round of Rahes on Foot* (4 €), die in den meisten Läden erhältlich ist; der Erlös kommt der Erhaltung der Wege zugute. Nähere Informationen gibt's unter www.hikingikaria.blogspot.com.

Hinter Christos Raches kann man der Straße nach Süden durch die rustikalen **Profitis Ilias** folgen. An der Gabelung nach Süden fahren, dann nach 1 km links Richtung **Pezi** abbiegen. Hier wird die Landschaft noch rauer und extremer: windgepeitschte, dicke grüne Bäume klammern sich an karge Felsen, und unzählige alte Steinwege der Bauern schlängeln sich durchs Gelände. Die holprige, staubige Fahrt bietet atemberaubende Ausblicke auf das karge Hinterland und später, wenn man in Kalamos links abgebogen ist, auch aufs Meer. Die Straße endet schließlich im winzigen **Karkinagri,** in dem es ein paar Tavernen, Unterkünfte und ganz in der Nähe auch einen Strand gibt.

Im Sommer fahren von diesem Fischerdorf außerdem dreimal pro Woche Boote nach Agios Kirikos (s. S. 654). Diese äußerst empfehlenswerte Reise folgt Ikarias zerklüfteter, teils unzugänglicher Südküste. Das Boot macht einen Zwischenstopp im Dörfchen **Manganitis;** ganz in der Nähe befindet sich ein traumhafter Küstenstreifen mit weißem Kies und kristallklarem Wasser: der trefflich benannte

RELIGIÖSE ORGIEN AUF DER INSEL DES WEINS

Der heidnische Gott Dionysos regiert vielleicht nicht länger über Ikarias Weinberge, aber sein Erbe lebt in christianisierter Form in den sommerlichen *panigyria* (Festivals; Feierlichkeiten, die die ganze Nacht dauern und an Heiligentagen auf der ganzen Insel abgehalten werden) weiter. Es gibt keine bessere Möglichkeit, kopfüber in die griechische Inselkultur einzutauchen als mit Wein, Tanz und Feierlichkeiten zu Ehren des Schutzheiligen eines Dorfes. Unbedingt den Geldbeutel mitbringen: *panigyria* sind wichtige Wohltätigkeitsveranstaltungen für die örtlichen Gemeinden. Diese Tatsache eignet sich prima als Ausrede, um ausschweifendes Feierverhalten als gut gemeinte Philanthropie zu tarnen.

In West-Ikaria finden die *panigyria* an den folgenden Terminen statt:

Kambos 5. Mai

Agios Isidoros 14. Mai

Armenistis 40 Tage nach dem orthodoxen Osterfest

Pezi 14. Mai

Unabhängigkeitstag Agios Kirikos & Ikaria 17. Juli

Hristos Rahes & Dafne 6. August

Langada 15. August

Evdilos 14.–17. August

Agios Sofia 17. September

Seychellen-Strand liegt in einer geschützten Bucht und wird von einer Höhle flankiert.

Alternativ kann man auch mit dem Auto zum Seychellen-Strand fahren; man erreicht ihn über die Küstenstraße, die Manganitis mit Evdilos und Agios Kirikos verbindet; 200 m rechts hinter dem Tunnel liegt ein nicht ausgeschilderter Parkplatz. Hier kann man parken und den von Felsbrocken übersäten Pfad zum Strand hinunterklettern (15 Gehminuten).

Schlafen & Essen

Hotel Raches HOTEL €
(☎22750 91222; Christos Raches; EZ/DZ 25/40 €; ❄) Diese schlichten, aber sauberen und günstigen *domatia* bieten Balkone mit Aussicht, einen Gemeinschaftsbereich und freundliche Besitzer – in der Hochsaison vorab buchen.

Kaza Papas HOTEL €
(☎22750 91222; Karkinagri; DZ/Apt. 45/55 €; ❄) Diese *domatia* und Apartments in Karkinagri locken mit einer grandiosen Aussicht aufs Meer. Mit Blick aufs Wasser hinter den Tavernen rechts abbiegen und 100 m am Ufer entlanggehen, dann ist man schon da.

O Karakas TAVERNE €
(Karkinagri; Hauptgerichte 6–9 €) Diese ausgezeichnete familiengeführte Taverne serviert direkt am Meer guten frischen Fisch und Salate auf einer Terrasse mit Bambusdach. Unbedingt die ikarische Spezialität *soufiko* probieren, einen köstlichen vegetarischen Eintopf.

VON ARMENISTIS NACH NAS
ΑΡΜΕΝΙΣΤΗΣ ΠΡΟΣ ΝΑ

Armenistis, 15 km westlich von Evdilos, ist Ikarias bescheidene Version eines Ressorts. Es bietet zwei lange Sandstrände, die durch eine schmale Landzunge voneinander getrennt sind, einen Fischereihafen und ein Netz aus hügeligen Straßen, die man prima zu Fuß erkunden kann. Cafés und Tavernen säumen den Strand, und im Sommer lebt Armenistis' bescheidenes Nachtleben mit einer Mischung aus Einheimischen sowie griechischen und ausländischen Touristen ein wenig auf.

Sehenswertes & Aktivitäten

Livadi-Strand STRAND
Nur 500 m östlich von Armenistis liegt der Livadi-Strand, an dem die Strömungen so stark sind, dass Rettungsschwimmer Dienst tun müssen, und manchmal sind die Wellen sogar hoch genug zum Surfen. Hinter dem Livadi liegen noch zwei weitere beliebte Strände, **Mesahti** und **Gialiskari.**

Nas-Strand STRAND
3,5 km westlich von Armenistis befindet sich, relativ weit unterhalb der Straße und einiger Tavernen, der Kiesstrand von Nas. Dieser nudistenfreundliche Strand bietet eine beeindruckende Lage an der Mündung eines bewaldeten Flusses, direkt hinter den Ruinen des antiken **Artemis-Tempels,** der von der Taverna O Nas aus wunderbar zu sehen ist.

Schlafen

Armenistis wartet mit einigen Pauschal-Pensionen und touristischen Restaurants auf, aber wer nach ein wenig mehr Entspannung sucht, ist in diesen Ausnahmen von der Regel besser aufgehoben:

Pension Astaxi PENSION €
(☎22750 71318; www.island-ikaria.com/hotels/pensionastaxi.asp; Armenistis; DZ/3BZ ab 35/50 €; P @ 📶) Diese ausgezeichnete Budgetoption versteckt sich 30 m abseits der Hauptstraße, gleich oberhalb des Cafés Carte Postal. Die freundliche Besitzerin Maria hat hier eine wunderbar gemütliche, attraktive Unterkunft mit zwölf hell eingerichteten Zimmern inklusive Deckenventilator und Meerblick vom Balkon geschaffen.

Hotel Daidalos HOTEL €
(☎22750 71390; www.daidaloshotel.gr; Armenistis; EZ/DZ inkl. Frühstück ab 40/50 €; ⊙Mai–Okt.; P ❄ 📶 🏊) Mit seinen traditionellen, blau-weißen Inselfarben ist dieses attraktive, gut geführte Hotel mittlerer Größe (25 Zimmer) nicht zu übersehen. Die Zimmer sind groß und freundlich, die meisten sogar mit Blick aufs Meer. Es liegt 200 m westlich der kleinen Brücke.

Villa Dimitri APARTMENTS €
(☎22750 71310; www.villa-dimitri.de; Armenistis; Wohnstudios & Apt. für 2 Personen mit Privatterrasse 50–70 €; ⊙März–Okt.; ❄ @) Diese sechs abgeschiedenen Apartments sind ganz in Blau und Weiß mit einigen Holz- und Steinakzenten gehalten und versprühen ein kykladisches Flair. Sie liegen auf einer Klippe inmitten bunter Blumenpracht und werden vom freundlichen, deutsch-griechischen Pärchen Helga und

Dimitri geführt. Die Villa Dimitri befindet sich 800 m westlich von Armenistis, Mindestaufenthalt ist eine Woche.

Atsachas Rooms HOTEL €
(☎22750 71226; www.atsachas.gr; Livadi Beach; DZ ab 60 €) Das Atsachas liegt direkt am Livadi-Strand und bietet saubere, schön eingerichtete Zimmer, einige mit gut ausgestatteter Küche und die meisten mit luftigen Balkonen mit Meerblick. Das Café liegt über den hübschen Garten verteilt, von wo aus eine Treppe zum Strand hinunterführt.

Essen & Ausgehen

Pashalia Taverna TAVERNE €
(☎22750 71302, 69755 62415; Armenistis; Hauptgerichte ab 5 €; ⏲Juni–Nov.) Fleischgerichte wie *katsikaki* (junge Ziege) oder Kalb im Römertopf sind die Spezialitäten dieser ersten Taverne in der Hafenstraße von Armenistis. Das Besitzerteam aus Vater und Sohn, Haris und Vasilis, vermietet über der Taverne auch drei Apartments.

Carte Postal TAVERNE €
(Armenistis; Hauptgerichte 3–7 €) Diese künstlerische Café-Bar 100 m westlich der Kirche liegt hoch über der Bucht. Das Snackangebot reicht von kleiner Pizza und Salaten bis zu Burgern, Frühstücksomeletts und Risotto am Abend. Der bunte, interessante Musikmix von Dub bis Greek Fusion unterstreicht das hippe Ambiente. Auf dem Weg hierher nach den rot-grünen Wandgemälden Ausschau halten.

Kelari TAVERNE €
(Gialiskari; Hauptgerichte 6–12 €) Das Kelari holt sich seinen Fisch direkt vom Boot und serviert die besten Meeresfrüchte an diesem entspannten Strand, 2 km östlich von Armenistis.

Taverna O Nas TAVERNE €
(Nas; Hauptgerichte 6–10 €) Diese einfache Taverne auf dem Felsenufer hoch über dem Strand von Nas bietet bei Sonnenuntergang einen grandiosen Blick auf das westliche Meer. Sie ist zwar auch bei Touristen beliebt, aber die Küche richtet sich mit ihren deftigen griechischen Lieblingsgerichten hauptsächlich an Einheimische. Eine Bar mit allem Drum und Dran, inklusive Blick auf die Bucht, gibt's auch noch.

Praktische Informationen

Aventura (☎22750 71117; Armenistis) Dieses Reisebüro befindet sich neben der Patisserie, direkt vor der Brücke. Es bietet Leihwagen, Jeep-Touren durch den Osten Ikarias und Fähr- und Flugtickets.

Dolihi Tours (☎22750 71122; Armenistis) Reisebüro am Meer; organisiert Wanderungen und Jeep-Safaris.

Rund um Evdilos

KARAVOSTAMO ΚΑΡΑΒΟΣΤΑΜΟ

550 EW.

Karavostamo, 6 km östlich von Evdilos, ist eines der größten und schönsten Küstendörfer Ikarias. Von der Hauptstraße ergießt sich das Dorf mit kurvenreichen Pfaden, unzähligen blühenden Gärten, Dorfkirchen, Gemüsebeeten, Hühnern und Ziegen bergab, bis es schließlich eine gemütliche *plateia* (Platz) und einen kleinen Fischereihafen erreicht. Außer einer Bäckerei, einem kleinen Gemischtwarenladen, ein paar *domatia,* Tavernen und *kafeneia* (Cafés), in denen die Dorfbewohner sich am Abend zum Plaudern, Diskutieren, Essen, Backgammonspielen, Trinken und Geschichtenerzählen

BERGWANDERUNGEN & MÖNCHSSCHÄDEL

Dank seiner Einsamkeit und wilden Natur eignet sich Ikaria perfekt für Bergwanderungen. Eine erquickliche, aber nicht allzu anspruchsvolle Wanderung ist die Tagesrundtour auf unbefestigten Straßen von **Kambos** nach Süden, die über **Dafni,** die Überreste der **byzantinischen Burg in Koskinas** aus dem 10. Jahrhundert und die malerischen Dörfer **Frandato** und **Maratho** führt.

Wer **Pigi** erreicht, sollte nach dem Schild Richtung Frandato Ausschau halten; daran vorbei bis zur ungewöhnlichen kleinen **Kapelle von Theoskepasti** weitergehen, die sich an den überhängenden Granit schmiegt. Man muss ein Stück hinaufklettern, um sie zu erreichen, und sich ducken, wenn man hineingehen möchte. Sofern man sich nicht vor der Reihe alter Mönchsschädel gruselt, ist die Kapelle ein wunderbar friedlicher Ort ganz in der Nähe des **Moni Theoktistis,** das Fresken aus dem Jahr 1686 enthält. Im nahen *kafeneio* (Café) kann man in aller Ruhe einen Kaffee oder Saft mit Maria, der freundlichen Besitzerin, genießen.

treffen,findet man hier nichts. Von der Hauptstraße der beschilderten Straße zur *plateia* folgen.

Arethousa liegt 3 km oberhalb von Karavostamo und ist das dörfliche Zuhause des **Ikarian Centre** (www.greekingreece.gr), einer griechischen Sprachschule, die einwöchige Intensivkurse inklusive Unterkunft anbietet.

Die Fourni-Inseln
Οι Φούρνοι

1470 EW.

Das Fourni-Archipel ist eines der großen unbekannten Insel-Juwelen Griechenlands. Seine tief liegende Vegetation klammert sich an elegante, runde Hügel, die ineinander übergehen und verborgene Buchten mit Sandstränden und kleinen Hafen schaffen. Dieses ehemalige Piratenversteck könnte man auch als „Äußere Hebriden des Mittelmeers" bezeichnen. In der Abenddämmerung, wenn die untergehende Sonne die facettenreiche Uferlandschaft in Schattierungen aus Rosa, Violett und Schwarz taucht, ist es besonders schön, und von einem höheren Aussichtspunkt ist die Wirkung sogar noch dramatischer.

In den vergangenen Jahrhunderten zogen Fournis Abgeschiedenheit und Ruhe noch Piraten an, die auf der Suche nach einem Unterschlupf waren. Heute finden hier die unvermeidlichen Touristen auf ihrer Suche nach ein bisschen Ruhe und Frieden in unserer lauten Welt Zuflucht – und einige der besten Meeresfrüchte des Mittelmeerraums.

Ein Hinweis auf die abenteuerliche Vergangenheit Fournis steckt im Namen der Hauptstadt des Archipels: Fourni Korseon. Die Korsaren waren französische Freibeuter mit verwegenem Ruf, und irgendwann wurde ihr Name gleichbedeutend mit allen Piraten und Taugenichtsen, die damals die östliche Ägäis unsicher machten.

Heute sind die meisten Unterkünfte und Einrichtungen in Fourni Korseon zu finden, das auch über mehrere Strände verfügt. Weitere Siedlungen sind die viel kleineren Orte Chrysomilia und Kamari im Norden sowie ein Fischerdörfchen gegenüber, auf der Insel Thymena. Ganz im Süden der Hauptinsel steht das Kloster Agios Ioannis Prodromos erhaben über einer Reihe bezaubernder Strände.

Sehenswertes & Aktivitäten

Auch wenn sich Fourni sich ganz hervorragend zum Entspannen eignet, können aktivere Urlauber die sanft geschwungenen Hügel der Insel erwandern und an den ursprünglichen Stränden schwimmen gehen.

Der **Psili-Ammos-Strand** liegt der Stadt am nächsten und ist nur fünf Gehminuten entfernt, etwa 600 m in nördlicher Richtung entlang der Küstenstraße. Er bietet Sonnenschirme und im Sommer eine Strandbar, die auch nachts geöffnet ist.

Weiter außerhalb der Stadt reihen sich einige beliebte Strände an der Küstenstraße Richtung Süden aneinander. Der **Kampi-Strand**, den man nach 3 km erreicht, ist ausgezeichnet. Noch weiter bietet der **Elidaki-Strand** zwei Sandstreifen und einen Kiesstrand, und dahinter liegt der **Kiesstrand Petrokopeio.**

An Fournis südlichster Spitze, in der Nähe des Klosters **Agios Ioannis Prodromos**, liegt der sandige **Vlyhada-Strand** vor dem abgeschiedeneren **Kasidi-Strand.**

Fournis andere größere Ortschaften, **Chrysomilia** und **Kamari**, liegen 17 km bzw. 10 km von Fourni Korseon entfernt (etwa 30 Minuten Fahrt auf kurvigen, aber frisch geteerten Hügelstraßen). Beide sind sehr hübsche Fischerdörfchen mit begrenzten Einrichtungen, aber sie bieten eine herrlich ruhige Umgebung und schöne Strände. Die Fahrt von Fourni Korseon zu diesen beiden Dörfern ist spektakulär und bietet einen phänomenalen Ausblick auf Fournis sanft geschwungene Hügel und versteckte Buchten.

Schlafen

Der Großteil der Unterkünfte Fournis befindet sich in Fourni Korseon, aber es ist auch möglich, in den kleineren Dörfern zu übernachten oder kostenlos am Strand zu zelten.

LP TIPP **Archipelagos Hotel** HOTEL €€
(☎22750 51250; www.archipelagoshotel.gr; Fourni Korseon; EZ/DZ/3BZ ab 40/50/60 €; P ❄ ᯤ) Dieses elegante neue Hotel am Nordostrand des Hafens ist Fournis stilvollste Unterkunft. Vom Terrassen-Restaurant unter von Blumen umrankten Steinbögen bis zu den gut ausgestatteten Zimmern – das Archipelagos verbindet traditionelle, aber einfallsreiche griechische Architektur mit modernem Luxus.

LEKTIONEN FÜRS LEBEN: BROT

Im Dörfchen Karavostomo an Ikarias Nordküste kann man höchstwahrscheinlich alles, was man über die Werte der Insel wissen muss, in der Dorfbäckerei To Yefiri („Die Brücke") finden, in der Petros Pavlos lange Brote, knusprige *paximadia* und süße *koulouria* in seinem Holzofen backt.

Sobald sie fertig gebacken sind, werden die Brote in Körbe auf die Verkaufstheke gelegt, und das Tagwerk ist getan. Der Bäcker geht nach Hause, aber die Tür zur Bäckerei lässt er offen.

Stammkunden aus dem Dorf oder Kinder, die für ihre Eltern Besorgungen erledigen, kommen den Tag über vorbei, suchen sich ein oder zwei Brote aus und legen das Geld in die offene Kasse. Das System funktioniert seit Jahren – möglicherweise ein weiterer Grund dafür, dass die Ikarier sich über globale Ölpreisschwankungen nicht sonderlich aufregen.

To Akrogiali APARTMENTS €
(☎22750 51168, 6947403019; Dorf Kamari; Apt. ab 50 €) Maria Markakis Selbstversorger-Apartments im Dörfchen Kamari bieten einen schönen Blick aufs Meer. Beide Wohnstudios sind komplett ausgestattet, Doppelbett inklusive. In der Hochsaison vorab buchen.

Studios Nektaria APARTMENTS €
(☎22750 51148; studiosnektaria@yahoo.gr; Fourni Korseon; DZ/3BZ 35/45 €; ❄📶) Am anderen Ende des Hafens lockt dieses Haus mit sauberen, schlichten Zimmern, von denen drei direkt über einem kleinen Strand liegen.

Nikos Kondilas Rooms & Studios APARTMENTS €
(☎22750 51364; 69797 32579; Fourni Korseon; DZ/3BZ 35/45 €; ❄📶) Der hilfreiche Besitzer Nikos ist die perfekte Quelle für alle möglichen nützlichen Informationen, und er kennt jede Menge gute Unterkünfte auf der ganzen Insel.

Essen & Ausgehen

Fourni ist für Meeresfrüchte berühmt – besonders für *astakomakaronadha* (Hummer mit Pasta).

Psarotaverna O Miltos MEERESFRÜCHTE €
(Fourni Korseon; Hauptgerichte 7–10 €) Ausgezeichneter Hummer und frischer Fisch werden in dieser legendären Hafen-Taverne meisterlich zubereitet.

Psarotaverna Nikos MEERESFRÜCHTE €
(Fourni Korseon; Hauptgerichte 7–10 €) Neben dem O Miltos wartet dieses ebenfalls großartige Meeresfrüchte-Restaurant.

Taverna Kali Kardia TAVERNE €
(Fourni Korseon; Hauptgerichte 5–8 €) Das herzhafte Kali Karida auf der *plateia* serviert ausgezeichnetes Fleisch vom Grill und ist dank der gut gelaunten alten Einheimischen sehr lebendig.

Icarus Café-Bar CAFÉ €
(Fourni Korseon; Snacks 2–4 €; 📶) Gegenüber vom Hafen, an der Ecke zur Hauptstraße, belebt dieses flotte WLAN-Café am Wochenende das ganze Ufer mit Livemusik.

Taverna Almyra TAVERNE €
(Dorf Kamari; Fisch 5–9 €) Oben in Kamari gelegen, versprüht diese entspannte Fisch-Taverne im Hafen subtilen Charme und bietet, laut den Einheimischen, den besten frischen Fisch und das beste *astakomakaronadha* der Insel.

Praktische Informationen

Die Hauptstraße von Fourni Korseon verläuft vom Hafen aus geradewegs ins Landesinnere zur *plateia*; auf dieser namenlosen Hauptschlagader befinden sich die National Bank of Greece mit Geldautomat, Reisebüros, ein Postamt und die örtliche **Apotheke** (☎22750 51188).

Fourni Fishermen & Friends (www.fourni.com) Online-Reiseführer für Fourni.

Gesundheitszentrum (☎22750 51202)

Hafenpolizei (☎22750 51207)

Internetcafé (pro Std. 2 €; ⌚10–23 Uhr) Neben der Apotheke. Im Hafen gibt's außerdem mehrere Cafés mit kostenloser WLAN-Verbindung.

Polizei (☎22750 51222)

An- & Weiterreise

Fourni ist durch Fähren und Tragflächenboote mit Ikaria (Agios Kirikos) und Samos verbunden.
Fourni Island Tours (☎22750 51540; www.fourniisland.ssn.gr; Fourni Korseon;) hält Informationen bereit und verkauft Tickets.

FÄHRVERBINDUNGEN VON FOURNI

ZIEL	HAFEN	DAUER	PREIS	HÄUFIGKEIT
Ikaria (Agios Kirikos)	Fourni	35 Min.–1 Std.	6–7 €	1–2-mal tgl.

Piräus	Fourni	10 Std.	30 €	3-mal wöchentl.
Samos (Karlovasi)	Fourni	2 Std.	8 €	1-mal tgl. *
Samos (Vathy)	Fourni	2 ½ Std.	10 €	1-mal tgl. *

*außer Freitag

Unterwegs vor Ort

Glänzende neue Asphaltstraßen verbinden Fourni Korseon mit Chrysomilia und Kamari; wenn man diese Fourni-Autobahnen erleben möchte, muss man sich allerdings mit einem Einheimischen anfreunden, ein Motorrad leihen, trampen oder das einzige **Taxi** (☎22750 51223, 69773 70471) der Insel chartern, das vom überschwänglichen Manolis Papaioannou gesteuert wird.

Solange es Mietwagen noch nicht nach Fourni schaffen, können bei **Escape Rent a Motorbike** (☎22750 51514; gbikes@hotmail.com) am Hafen Motorroller ausgeliehen werden.

Alternativ kann man aber auch mit dem **Boot** fahren. Zweimal die Woche verkehren Kaiks nach Chrysomilia, weitere drei fahren das ganze Jahr über jede Woche nach Thymena.

SAMOS

32 820 EW.

Sehr verlockend direkt vor der türkischen Küste gelegen, ist das halbtropische Samos (Σάμος) eines der bekanntesten Ziele unter den nordöstlichen Ägäis-Inseln. Neben den entspannten Urlaubsresorts und der lebhaften Hauptstadt Vathy finden sich abseits der ausgetretenen Pfade aber noch zahlreiche weitere Strände und herrlich ruhige Ecken in den kühlen, bewaldeten Bergen im Landesinneren, wo das traditionelle Leben mehr oder weniger unverändert vonstatten geht.

Für seinen süßen lokalen Wein berühmt, ist Samos auch von historischer Bedeutung. Dies ist der legendäre Geburtsort von Hera, und die weitläufigen Ruinen ihres antiken Heiligtums Ireon – wo noch immer archäologische Ausgrabungen stattfinden – sind sehr beeindruckend. Sowohl der große Mathematiker Pythagoras als auch der hedonistische Vater der Atomtheorie, der Philosoph Epikuros aus dem 4. Jahrhundert v. Chr., wurden auf Samos geboren. Samos' wissenschaftliches Genie spiegelt sich außerdem im unglaublichen Evpalinos-Tunnel (524 v. Chr.) wider, einem spektakulären Bravourstück antiker Ingenieurskunst, das sich über die beeindruckende Länge von 1034 m durch die Erde gräbt.

Dank Samos' Nähe zur Türkei und seiner etwas größeren Fläche ist es auch im Winter relativ lebendig, obwohl dann nur ein paar Hotels in Vathy geöffnet sind.

An- & Weiterreise

Flugzeug

Der Flughafen von Samos liegt 4 km westlich von Pythagorio. Auf Samos gibt's keine Airline-Büros, deshalb muss man sich an örtliche Reisebüros oder direkt an die folgenden Fluglinien wenden, die allesamt Samos anfliegen:

Aegean Airlines (www.aegeanair.com)
Olympic Air (www.olympicair.com)
Sky Express (www.skyexpress.gr)

INLANDSFLÜGE VON SAMOS

ZIEL	FLUGHAFEN	DAUER	PREIS	HÄUFIGKEIT
Athen	Samos	45 Min.	83 €	1–2-mal tgl.
Chios	Samos	30 Min.	38 €	2-mal wöchentl.
Ikaria	Samos	15 Min.	33 €	2-mal wöchentl.
Iraklion (Kreta)	Samos	1 Std.	110 €	2-mal wöchentl.
Limnos	Samos	2 ½ Std.	47 €	2-mal wöchentl.
Lesbos	Samos	1 ½ Std.	47 €	2-mal wöchentl.
Rhodos	Samos	1 Std.	50 €	2-mal wöchentl.
Thessaloniki	Samos	50 Min.	54 €	1–2-mal tgl.

Schiff/Fähre

Für Näheres zu Trips in die Türkei, siehe Kasten S. 672.

ITSA Travel (☎22730 23605; www.itsatravel samos.gr; Themistokleous Sofouli), gleich gegenüber vom Fährterminal in Vathy (Samos), hält ausführliche Infos bereit, bietet eine kostenlose Gepäckaufbewahrung und verkauft Tickets, auch in die Türkei.

In Pythagorio können die Fahrpläne für Fähren und Tragflächenboote in der **Touristeninformation** (☎22730 61389) oder bei der **Hafenpolizei** (☎22730 61225) erfragt werden.

FÄHRVERBINDUNGEN VON SAMOS

ZIEL	HAFEN	DAUER	PREIS	HÄUFIGKEIT
Chios	Karlovasi	3 Std.	11 €	1-mal wöchentl.
Fourni	Vathy	2 Std.	10 €	3-mal wöchentl.
Ikaria (Agios Kirikos)***	Vathy	3 Std.	12,50 €	3-mal wöchentl.

Ikaria (Evdilos)***	Vathy	2 Std.	12 €	3-mal wöchentl.
Kalymnos	Pythagorio	6 Std.	18 €	4-mal wöchentl.
Kavala	V/K**	21 Std.	40€	2-mal wöchentl.
Lesbos (Mytilini)	V/K**	7 Std.	18 €	3-mal wöchentl.
Limnos	V/K**	11 Std.	25 €	3-mal wöchentl.
Mykonos	Vathy	5 Std.	41 €	6-mal wöchentl. *
Piräus	Vathy	10 Std.	48 €	6-mal wöchentl. *
Syros	Vathy	6 ½ Std.	40 €	6-mal wöchentl. *

*außer Montag
**Vathy oder Karlovasi
***über Fourni

Unterwegs vor Ort

Vom/zum Flughafen

Neun Mal täglich fährt ein KTEL-Flughafenbus vom und zum Flughafen (2 €); Taxis vom Flughafen kosten unverschämte 20 € bis 25 € nach Vathy (Samos) oder 6 € nach Pythagorio, von wo Nahverkehrsbusse nach Vathy und in andere Teile der Insel fahren.

Auto & Motorrad

Pegasus Rent a Car (✆22730 24470, 69720 17092; pegasussamos@hotmail.com; Themistokli Sofouli 5) gegenüber der Hafeneinfahrt in Vathy bietet die besten Raten für Leihwagen, -jeeps und -motorräder an. Alternativ wendet man sich an **Auto Union** (✆22730 29744; Themistokli Sofouli 79), die nicht nur Autos und Motorräder vermieten, sondern auch schicke Elektrofahrräder (12 € pro Tag).

In Pythagorio schaut man bei **John's Rentals** (✆22730 61405; www.johns-rent-a-car.gr; Lykourgou Logotheti) vorbei.

Boot

Im Sommer fahren vier Mal wöchentlich Ausflugsboote von Pythagorio nach Patmos (5 € hin & zurück); Abfahrt ist um 8 Uhr. Außerdem verkehren täglich Ausflugsboote von Pythagorio zur kleinen Insel Samiopoula (inklusive Mittagessen 25 €).

Bus

Vom **Busbahnhof** (✆22730 27262; www.samospublicbusses.gr; Themistokli Sofouli) in Vathy (Samos) fahren täglich sieben Busse nach Kokkari (1,50 €, 20 Min.), elf nach Pythagorio (1,70 €, 25 Min.) und sechs nach Agios Konstantinos (2,20 €, 40 Min.) und Karlovasi (3,90 €, 1 Std.). Außerdem verkehren fünf Busse zum Ireon (2,20 €, 25 Min.) und nach Mytilini (1,60 €, 20 Min.).

Darüber hinaus fahren von Pythagorio täglich fünf Busse zum Ireon (1,60 €, 15 Min.) und vier nach Mytilini (1,90 €, 20 Min.). Tickets gibt's im Bus, aber am Wochenende sind die Verbindungen seltener.

Taxi

Der **Taxistand** (✆22730 28404) in Vathy (Samos) ist neben der National Bank of Greece, der **Taxistand** (✆22730 61450) in Pythagorio am Hafen in der Lykourgou Logotheti.

Vathy (Samos) Βαθύ (Σάμος)

2025 EW.

Vathy (auch Samos genannt) ist die Hauptstadt der Insel und erfreut sich einer atemberaubenden Lage in einer tiefen Buchtenfalte. Wie in den meisten griechischen Hafenstädten ist das gebogene Ufer von Bars, Cafés und Restaurants gesäumt. Das historische, hügelige Viertel Ano Vathy mit seinen steilen, schmalen Straßen und seinen roten Ziegelsteinhäusern aus dem 19. Jahrhundert platzt vor lauter Atmosphäre beinahe aus allen Nähten. Das Stadtzentrum bietet zwei ansprechende Museen und eine großartige, hundert Jahre alte Kirche.

Vathy (Samos) kann außerdem zwei Kiesstrände bieten; der Gagos-Strand ist am besten. Auf dem Weg dorthin geht's an einer Reihe cooler Bars vorbei, die sich an die Klippen am Nordostrand der Stadt klammern und viel stilvoller und ästhetisch ansprechender sind als die lauten, überfüllten Cafés am Hafen.

Sehenswertes

Zu Vathys Attraktionen gehören neben dem Altstadtviertel Ano Vathy auch die entspannenden städtischen Gärten, die Strände Roditzes und Gagos sowie einige interessante Museen und eine grandiose Kirche. Östlich von Vathy sind mit die besten, menschenleersten Strände der ganzen Insel, darunter auch den Strand von Livadaki und das winzige Fischerdörfchen Agia Paraskevi.

Archäologisches Museum MUSEUM
(Erw./Stud. 3/2 €, So frei; ⌚Di–So 8.00–15 Uhr, letzter Einlass 14.45 Uhr) Dieses Museum ist eines der sehenswertesten der ganzen Insel und zeigt Funde, die bis in die Zeit der Herrschaft von Polykrates (6. Jahrhundert

v. Chr.) zurückreichen. Der berühmteste ist der gigantische *kouros* (männliche Statue aus der Archaik), der aus dem Ireon (Heiligtum der Hera; S. 673) nahe Pythagorio stammt. Mit einer Höhe von 5,50 m ist er der größte bekannte stehende *kouros*. Zahlreiche weitere Statuen, die ebenfalls meist aus dem Ireon stammen, sowie diverse Bronzeskulpturen, *stelae* (Säulen) und Keramiken sind ebenfalls Teil der Ausstellung.

Kirchenmuseum (Byzantinisches Museum) MUSEUM

(28 Oktovriou; Erw./Stud. 3/2 €, So frei; ⏲Di–So 8.30–15 Uhr, letzter Einlass 14.45 Uhr) Dieses interessante Museum beherbergt seltene Manuskripte, liturgische Objekte aus Silber und Gold sowie außergewöhnliche bemalte Ikonen, die aus dem 13. bis 19. Jahrhundert stammen. Einen Teil dieser heiligen Beute verdankt Samos seiner Rolle als Diözese (die auch für Ikaria und Fourni zuständig ist).

Agios Spyridonas KIRCHE

(Plateia Dimarheiou; ⏲7.30–11 & 18.30–19.30 Uhr) In dieser im Jahr 1909 erbauten, reich verzierten Kirche in der Nähe der Plateia Dimarheiou sind Ikonen, eindrucksvolle Säulen aus Izmir-Marmor und ein ungewöhnlicher silberner Kandelaber aus Indien zu sehen. Die dekorativen Säulen der Ikonenwand wurden von antiken griechischen und byzantinischen Themen inspiriert.

Livadaki-Strand STRAND

Am besten ist es, der Nordküstenstraße über 10 km aus der Stadt zu folgen und links nach einer ausgeschilderten Schotterstraße Ausschau zu halten, die zum Livadaki-Strand führt. Hier brandet tropisches, azurblaues Wasser in einer langen, geschützten Bucht vor einer Reihe kleiner Inselchen gegen den weichen Sand. Das Wasser ist angenehm warm und über weite Strecken sehr flach, und die hedonistischen, aber entspannten sommerlichen Strandpartys in Livadaki ergießen sich gerne mal bis ins Meer. Einen kostenlosen Kajakverleih und Palmwedel-Sonnenschirme gibt's auch.

Agia Paraskevi STRAND

Dieser schattige Kiesstrand befindet sich 15 km nordöstlich von Vathy im Fischerdörfchen Agia Paraskevi, vor dem bunte Boote vor Anker liegen. Der Strand ist bei griechischen Familien sehr beliebt und bietet eine Taverne, in der Fleisch und Meeresfrüchte serviert werden, das **Restaurant Aquarius** (Agia Paraskevi; Hauptgerichte 4,50–7,50 €).

Samos

Schlafen

LP TIPP Pythagoras Hotel HOTEL €
(☎22730 28422, 69445 18690; www.pythagorashotel.com; Kallistratou 12; EZ/DZ/3BZ 20/35/45 €; ⊙Febr.–Nov.; @☎) Das Pythagoras liegt direkt über dem Hafen und eignet sich perfekt für alle, die auf eigene Faust unterwegs sind, auch wenn es eine überraschend gemischte Gästeschar anzieht. Die Gastfreundschaft von Stelios Mihalakis' hart arbeitender Familie macht dieses Budget-Hotel zu etwas ganz Besonderem. Viele Zimmer haben einen luftigen Balkon mit Meerblick, und alle große Ventilatoren. Unter der schattigen Frühstücksterrasse lockt ein Kiesstrand. Wer vorher anruft, wird kostenlos von der Fähre oder vom Busbahnhof abgeholt.

Hotel Aeolis HOTEL €
(☎22730 28904; www.aeolis.gr; Themistokleous Sofouli 33; EZ/DZ inkl. Frühstück 50/70 €; ❄☎≋) Dieses grandiose, sehr zentrale Hafenhotel zieht ein schickes griechisches Publikum und einige Ausländer an, die von den beiden Pools, dem Whirlpool, der Taverne und der Bar angelockt werden. Die Zimmer sind geräumig und modern, aber wer einen leichten Schlaf hat, sollte den nächtlichen Straßenlärm durch die vielen Cafés bedenken.

Ino Village Hotel HOTEL €€
(☎22730 23241; www.inovillage.gr; Kalami; EZ/DZ/3BZ inkl. Frühstück ab 65/80/100 €; P❄@≋) Das Ino Village ist eine Zitadelle subtiler Eleganz hoch über den Dächern von Vathy. Auch wenn dieses Mini-Ressort hin und wieder von Tourgruppen gebucht wird, sind dem Ino auch spontan entschlossene Gäste willkommen, und ein praktisches Restaurant bietet das Hotel obendrein.

Essen

LP TIPP O Kipos (Garden) TAVERNE €
(Manolis Kalomiris; Hauptgerichte 6–9 €) Man weiß schon, dass man hier gut speisen wird, wenn man nur vom aufmerksamen Personal in dieser von Wein umrankten Oase im Herzen von Vathy begrüßt wird. Denken Sie ruhig kurz über die klassischen *mayirefta* und Grillgerichte nach, solange Sie sich für das „Garden Chicken" in cremiger Pilz-Cognac-Soße entscheiden. Die Weinkarte ist ausgezeichnet, aber der leichte, aromatische samische Weißwein vom Fass ist grandios.

Zen MEERESFRÜCHTE €
(☎22730 80983; Themistokleous Sofouli; Hauptgerichte 6–9 €) Bei der Vielzahl von Hafen-Restaurants ist es gar nicht so leicht, das Beste oder Preisgünstigste zu finden. Das Zen unterscheidet sich von den anderen zwar auch nur durch die original griechische Hintergrundmusik, aber man sollte es durchaus mit auf die Liste setzen – trotz der traditionell ungemütlichen Korbstühle. Auf der Karte stehen u. a. spezielle Schnitzelvarianten, und der Wein vom Fass ist auch gut.

Taverna Artemis TAVERNE €
(Kefalopoulou 4; Hauptgerichte 5–9 €) Das Artemis ist unter den Griechen in Vathy schon fast eine Institution und daher, wenig überraschend, eine gute Wahl. Es serviert frischen Fisch, Grillgerichte und *mayirefta* und hat das ganze Jahr über geöffnet.

Elea Restaurant TAVERNE €
(Kalami; Hauptgerichte 8–12 €) Das Terrassen-Restaurant des Ino Village Hotel bietet einen umfassenden Ausblick auf Vathy und den Hafen sowie herzhafte griechische Küche, internationale Gerichte und feine Variationen diverser Klassiker, z. B. Schwertfisch-Souvlaki. Auch samische Weine sind gut vertreten.

Vathy (Samos)

Ausgehen

Vathys Nachtleben ist definitiv hellenischer als das in Pythagorio, wo die Bars eher von Nordeuropäern frequentiert werden. Während sich die meisten Cafés und Bars rund um den Hafen angesiedelt haben, bieten die lässigeren Läden, die entlang der Kefalopoulou zu finden sind, einen schönen Blick aufs Wasser, wie die **Escape Music Bar** oder das **Ble** und das **Mezza Volta.** Alle spielen modernen griechischen und westlichen Pop sowie stimmungsvollere Musik, die wunderbar zur Außenbeleuchtung passt.

Praktische Informationen

Banken mit Geldautomaten säumen die gesamte Plateia Pythagora und den Hafen. Auf der Plateia Pythagora befindet sich außerdem eine öffentliche WLAN-Zone, aber auch einige Cafés und Bars bieten ihren Gästen kostenlos WLAN an.

Allgemeines Krankenhaus Samos (☎22730 27407) Gut ausgestattetes, effizientes Krankenhaus gegenüber vom Pythagoras Hotel.

Hafenpolizei (☎22730 27890)

Polizei (☎22730 27404; Presveos Dim Nikolareïzi 2) Am Ostende der Themistokleous Sofouli.

Vathy (Samos)

Sehenswertes
1 Archäologisches Museum D4
2 Kirche Agios Spyridonas D5
3 Kirchen-(Byzantinisches-) Museum . A2

Schlafen
4 Hotel Aeolis C3
5 Ino Village Hotel A1

Essen
Elea Restaurant .... (siehe 5)
6 O Kipos (Garden) C3
7 Taverna Artemis A2
8 Zen B3

Ausgehen
9 Ble A2
10 Mezza Volta A2

Post (Themistokleous Sofouli) Eine praktische Zweigstelle (hauptsächlich Pakete) auf der Plateia Nikolaou.

Pythagorio Πυθαγόρειο

1330 EW.

Das hübsche Pythagorio befindet sich an der Südostküste gegenüber der Türkei und lockt mit einem von Yachten gesäumten Hafen und den wichtigsten archäologischen Funden auf ganz Samos. Dank seiner Nähe zu Vathy (Samos) bietet es sich von dort wunderbar für einen Tagesausflug zu den schönen nahen Stränden und archäologischen Stätten an (natürlich gibt's aber auch eine Fülle von Unterkünften). Alle Boote, die von Samos nach Süden fahren, steuern Pythagorio an, von wo auch schöne Tagestouren zur kleinen Insel Samiopoula möglich sind.

Sehenswertes & Aktivitäten

Evpalinos-Tunnel ARCHÄOLOGISCHE STÄTTE
(Erw./Stud. 4/2 €; Di–So 8–20 Uhr) Im Jahr 524 v. Chr., als Pythagorio (damals Samos) die Hauptstadt der Insel und eine lebhafte Metropole mit 80 000 Einwohnern war, wurde die Sicherstellung der Wasserversorgung ein wichtiges Thema. Um das Problem zu lösen, machte sich der Herrscher Polykrates seinen diktatorischen Verstand zunutze und befahl seinen Arbeitern, anhand der exakten Planungen seines genialen Ingenieurs Evpalinos in den Berg zu graben; viele Arbeiter mussten bei diesem gefährlichen Unterfangen ihr Leben lassen. Das Ergebnis ist der 1034 m lange Evpalinos-Tunnel, der heute teilweise besichtigt werden kann. Im Mittelalter nutzten ihn die Einheimischen, um sich vor Piraten zu verstecken.

Der Evpalinos-Tunnel besteht im Grunde genommen aus zwei Tunnels: einem Versorgungstunnel und einer tiefer gelegenen Wasserleitung, die vom Fußweg aus zu sehen ist. Auch wenn der Tunnel selbst über eine ausreichende Breite verfügt, ist er nicht für alle zugänglich, da das Treppenhaus sehr niedrig ist und die Durchgänge sehr eng sind.

Im Tunnel ist es ziemlich kalt: Da es nicht gesund ist, sich an einem heißen Tag abrupt sehr niedrigen Temperaturen auszusetzen, besser warten, bis der Schweiß getrocknet ist, ehe man eintritt, und für drinnen vielleicht sogar ein Hemd zum Drüberziehen einpacken.

Wer den Tunnel zu Fuß besuchen möchte, folgt vom Hafen aus der Lykourgou Logotheti für etwa 800 m. Alle mit fahrbarem Untersatz halten nach dem Schild Ausschau, das von Vathy aus gleich hinter dem Ortseingang Pythagorio zum Südeingang des Tunnels weist.

Burg von Lykourgos Logothetis BURG
(Di–So 9–19 Uhr) Samos' Einwohner übernahmen während des Unabhängigkeitskrieges von 1821 die Führung in dieser Gegend. Das wichtigste Relikt aus dieser turbulenten Zeit ist diese Burg, die 1824 vom Führer der Widerstandsbewegung, Logothetis, auf einem Hügel an der Südseite der Metamorfosis Sotiros erbaut wurde; der Parkplatz befindet sich ganz in der Nähe. Die **Stadtmauer** reichte einst von hier bis zum Evpalinos-Tunnel, den man in etwa 20 bis 30 Minuten zu Fuß über einen schlecht erkennbaren Pfad oder über die nahe Straße, an der das Museum ausgeschildert ist, erreicht.

Archäologisches Museum Pythagorio MUSEUM
(22730 62811; Polykratous; Eintritt 4 €; Mo 13.30–20, Di–So 8–20 Uhr) Dieses glänzende, kürzlich renovierte Museum zeigt gute Ausstellungen mit Funden aus dem Ireon (s. S. 673) aus dem 6. Jahrhundert v. Chr. Die Infotafeln erklären alles auf Griechisch, Englisch und Deutsch.

Moni Panagias Spilianis KLOSTER
(Kloster der Jungfrau in der Grotte; 9–20 Uhr) 1,5 km nordwestlich von Pythagorio

Pythagorio

zweigt die Straße nach rechts ab und passiert die Überreste eines antiken Theaters, bevor sie diese charmante Klostergrotte erreicht. Die Wanderung schlängelt sich bergauf durch alte Olivenhaine und bietet neben einer willkommenen Zuflucht vor der Hitze des Sommers auch eine herrlich klare Aussicht auf die nahe türkische Küste. Hin und zurück braucht man etwa eine Stunde.

Stadtstrand Pythagorio STRAND

Von Pythagorio führt ein kurzer, leichter Spaziergang Richtung Westen (1 km) zu einem beinahe unberührten, sauberen Strand mit Sonnenschirmen und Toiletten. Hier kann man wunderbar schwimmen, aber Essen und Getränke müssen selber mitgebracht werden.

Scubatauchen TAUCHEN

Wer genug vom Schwimmen oder Sonnenbaden hat, kann sich mit **Aegean Scuba** (☎22730 61194; www.aegeanscuba.gr; Hafen Pythagorio) auch im Scubatauchen versuchen. Professionelle Lehrer leiten Tauchgruppen auf der Suche nach Muränen, Seesternen, Tintenfischen, Hummern und anderen Kreaturen an, die sich in den von Schwämmen bedeckten Spalten rund um Pythagorio im Meer tummeln. Schnorcheln (20 €) kann man auch.

Ein Tauchgang mit kompletter Ausrüstung kostet 45 €, zwei Tauchgänge an einem Tag 80 €. Wer mehrere Tage taucht und vorab bezahlt, erhält einen Rabatt. Aegean Scuba bietet außerdem verschiedene Anfängerkurse mit unterschiedlichem Schwierigkeitsgrad sowie einen Scuba-Auffrischungskurs für eingerostete Taucher, einen Erste-Hilfe-Kurs und Tauchrettungskurse an. Für alle, die eine professionelle PADI-Zertifizierung möchten, steht auch ein spezieller Divemaster-Kurs auf dem Programm.

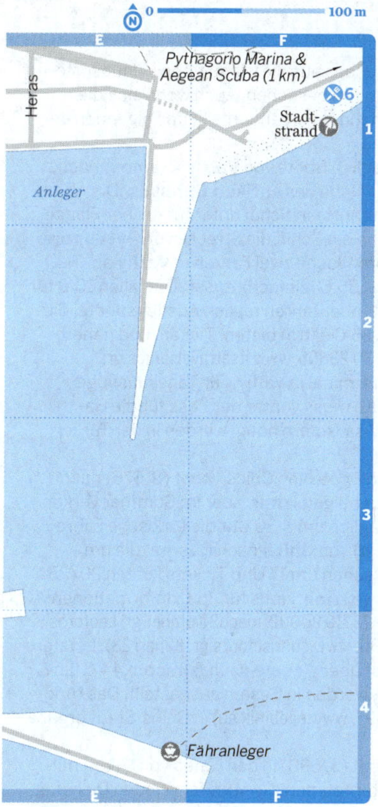

Pythagorio

Sehenswertes
1 Archäologisches Museum A1
2 Burg von Lykourgos Logothetis A3

Schlafen
3 Hotel Alexandra B3
4 Hotel Evripili C3
5 Pension Despina D1

Essen
6 Faros F1
7 I Souda (Odysseas) C2
8 Kafeneio To Mouragio D3

Schlafen

Pension Despina PENSION €

(☎22730 61677; pansiondespina@yahoo.gr; A Nikolaou; EZ/DZ 35/45 €) Das Despina ist eine saubere, ruhige Pension an der Plateia Irinis. Sie bietet schlichte Wohnstudios und Zimmer mit Balkon (einige auch mit Küchenzeile) und hinten einen entspannten Garten.

Hotel Evripili HOTEL €

(☎22730 61096; Konstantinou Kanari; EZ/DZ 45/65 €) Diese freundliche, moderne Unterkunft bietet gut ausgestattete, gemütliche Zimmer in Hafennähe, einige verfügen über einen Balkon.

Hotel Alexandra HOTEL €

(☎22730 61429; Metamorfosis Sotiros 22; DZ 35 €) Es hat vielleicht gerade mal acht Zimmer, aber die sind sehr hübsch und mit Blick aufs Meer. Einen schönen Garten gibt's außerdem.

Essen & Ausgehen

Kafeneio To Mouragio CAFÉ €

(*mezedhes* 3–6 €; das ganze Jahr ganztägig geöffnet) Das warme Ambiente und die vorwiegend griechischen Gäste geben bereits einen Hinweis darauf, dass man hier goldrichtig ist. Hier gibt's zwar nur Snacks wie Kichererbsen-Kroketten und Fleischbällchen, aber – und jetzt wird's interessant – auch geeisten Ouzo, Wein und Bier. Außerdem können Gäste ihr Gepäck hier kostenlos zwischenlagern.

I Souda (Odysseas) TAVERNE €

(Hauptgerichte 4–7 €) In Pythagorio gibt's ein paar ganz ähnliche Läden wie das I Souda („Der Graben"), eine stimmungsvolle kleine Kneipe, die viele auch nur unter dem Namen des Besitzers kennen: Odysseas. Eine Karte gibt's nicht, es ist ein bisschen schwer zu finden, und eigentlich wird jeden Tag auch nur ein richtiges Gericht serviert. Nun, da das gesagt ist: die verschiedenen *mezedhes* – besonders die vegetarische Platte für zwei Personen (10 €) – sind absolute Volltreffer, genau wie der Hauswein. Wenn gerade *stifadho* (Kanincheneintopf), Zitronen-Lamm aus dem Ofen oder vegetarische gefüllte Paprika und Tomaten angeboten werden, unbedingt bestellen.

Faros TAVERNE €

(*mezedhes* 4–6 €, Hauptgerichte 6,50–9 €; das ganze Jahr ganztägig geöffnet) Im Ostteil des Hafens gibt's viele Restaurants, aber dieses hier enttäuscht nicht. Ein bisschen teuer, aber sein Geld allemal wert, serviert das Faros, ein minimalistisch-zeitgenössisches mediterranes Bistro, seine Gerichte auf einer überdachten Holzterrasse mit Blick auf die Bucht. Wir empfehlen den

TÜRKEI-VERBINDUNGEN

Es ist kein Problem, von Samos, Chios und Lesbos aus die wichtigsten Urlaubsorte und historischen Stätten der Türkischen Ägäis zu besuchen. Auch wenn sich die Bootsfahrpläne, Preise und sogar die Unternehmen oft ändern, ist im Folgenden erklärt, wie die Dinge in der Regel laufen.

Auf **Samos** (S. 664) verkehren zweimal täglich Boote von **Vathy (Samos)** nach **Kuşadası**, ein entspannter Urlaubsort in der Nähe des **antiken Ephesos**. Die **Samos Star** legt um 8.30 Uhr ab, um 17 Uhr fährt ein Schiff unter türkischer Flagge. Zusätzlich bedient ein- bis zweimal pro Woche ein Schiff die Strecke von **Pythagorio** nach **Kuşadası**. In der Nebensaison legen pro Woche zwei Fähren in **Vathy** ab. Tickets kosten um 45 € (offene Rückfahrt) bzw. 35 € (einfach); zusätzlich fallen 10 € für die türkische Hafensteuer an. Von Mai bis Oktober fahren täglich Ausflugsboote, die auch die Option eines Besuchs in **Ephesos** (25 € extra) bieten. Tickets und nähere Informationen gibt's bei **ITSA Travel** (☎22730 23605; www.itsatravelsamos.gr; Themistokleous Sofouli) gegenüber vom Fährterminal in Vathy. Für Tagesausflüge ist kein Visum erforderlich, aber im Ticketbüro muss vorher der Pass für die Hafenkontrolle abgegeben werden. Türkische Visa, sofern nötig, werden in der Türkei ausgestellt.

Auf **Chios** fahren das ganze Jahr hindurch Boote von Chios-Stadt (S. 678) nach **Çeşme**, eine Hafenstadt in der Nähe des lebendigen **Izmir**, aber im Sommer verkehren sie häufiger. Von Mai bis Oktober fährt täglich um 8.30 Uhr die türkische Fähre **Erturk** (www.erturk.com.tr; www.kanaristours.gr) von **Chios** nach **Çeşme**, die um 18.30 Uhr zurückkehrt, sonntags allerdings schon um 17 Uhr. Tickets kosten 20/25 € einfach/hin & zurück; eine Tagestour inklusive **Izmir** gibt's für 35 €. Informationen und Tickets gibt's bei **Hatzelenis Tours** (☎22710 20002; mano2@otenet.gr; Leoforos Aigaiou 2) oder **Sunrise Tours** (☎22710 41390; www.sunrisetours.gr; Kanari 28); Letztere bieten auch eine Tagestour mit Bus und Boot über **Çeşme** nach **Izmir** an (44 € hin & zurück). Türkische Visa, sofern erforderlich, werden in Çeşme ausgestellt. Das türkische Unternehmen **Ege Birlik** (☎22710 82895; www.egebirlik.eu) in Chios-Stadt organisiert Tagestouren nach **Izmir** (30 €).

Auf **Lesbos** fahren Boote von Mytilini-Stadt (S. 690) in den Hafen von **Dikeli** mit Anschluss nach **Ayvalik**. Ein türkisches Unternehmen, **Costar**, fährt jeden Dienstag, Donnerstag und Samstag um 9 Uhr (20 € hin & zurück) von **Mytilini-Stadt** nach **Dikeli**; Rückfahrt ist um 18 Uhr. Bei der Donnerstagsfahrt hat man auch Anschluss zum Bus nach **Ayvalik** (6 €), während man dienstags und samstags kostenlos mit dem Bus ins **antike Pergamon** fahren kann. Ein weiteres türkisches Unternehmen, **Turyol**, fährt jeden Mittwoch um 8.30 Uhr in den Hafen von **Fokias** in der Nähe von **Izmir**; Rückfahrt ist um 18 Uhr (35 €). Die meisten Reisebüros in Mytilini-Stadt bieten Touren in die Türkei an; **Olive Groove Travel** (☎22510 37533; www.olive-groove.gr; 11 P Kountourioti; ⏲7.30–22 Uhr) ist eine gute Anlaufstelle.

Auf **Limnos** bieten zweimal wöchentlich, am Donnerstag und am Freitag, Fähren die Überfahrt nach **Çanakkale** (50/80 € einfach/hin & zurück) an. Nähere Informationen gibt's bei **Petrides Travel Agency** (☎22540 22039; www.petridestravel.gr) am Hafen.

mesklo-Käse oder *dolmadhes* als *meze* und das *exohiko* zum Hauptgang.

ℹ Praktische Informationen

Entlang der Hauptstraße gibt's mehrere Banken und Geldautomaten. Ein paar Cafés und Restaurants bieten ihren Gästen kostenlos WLAN oder Internetterminals an.

Hafenpolizei (☎22730 61225)

Post (Lykourgou Logotheti)

Touristeninformation (☎22730 61389; deap5@otenet.gr; Lykourgou Logotheti; ⏲8–21.30 Uhr) Das gut informierte Personal gibt Tipps zu historischen Stätten und Unterkünften und hält Karten, Busfahrpläne und Infos zu Fähren bereit.

Touristenpolizei (☎22730 61100; Lykourgou Logotheti) Links neben der Touristeninformation.

Rund um Pythagorio

DAS IREON ΤΟ ΗΡΑΙΟΝ

Dem Ireon, einem antiken Heratempel, verdankt das Feriendorf, das sich hinter der archäologischen Stätte befindet, seinen Namen. Es stellt eine gute Alternative für diejenigen dar, die nicht in Pythagorio absteigen wollen. Der Ort ist kleiner und entspannter, verfügt jedoch gleichzeitig über ein recht buntes Nachtleben und diverse Bademöglichkeiten. Außerdem ist er ein beliebter Ort, um den Mondaufgang zu bestaunen, der besonders bei Vollmond spektakulär ist. Im Ort gibt's verschiedene Unterkünfte und Restaurants, aber der Hauptgrund für einen Besuch hier sind die beeindruckenden Ruinen des Ireons.

Sehenswertes

Ireon RUINEN

(Erw./Stud. 4/2 €; Di–So 8–20 Uhr) Bei der Betrachtung der verstreuten Ruinen des Ireons fällt es schwer, sich die einstige Pracht dieses antiken Heiligtums der Hera vorzustellen, das 8 km westlich von Pythagorio liegt. Der „Heilige Weg", einst von Tausenden von Marmorstatuen gesäumt, führte von der Stadt zu dieser Weltkulturerbestätte, die am legendären Geburtsort der Göttin errichtet wurde. Es ist jedoch immerhin so viel davon erhalten geblieben, dass ein kleiner Einblick in den Alltag dieses göttlichen Heiligtums entsteht, das viermal größer war als der Parthenon.

Im 6. Jahrhundert v. Chr. auf Marschland an der Stelle erbaut, an welcher der Imbrasos ins Meer mündet, wurde das Ireon über einem früheren mykenischen Tempel errichtet. Seit der Antike fiel das Gebäude immer wieder Plünderungen und Erdbeben zum Opfer, und heute ist davon nur noch eine einzige Säule übriggeblieben, aber das Fundament ist größtenteils erhalten geblieben. Die kopflosen Statuen einer Familie, die Geneleos-Gruppe, haben etwas zutiefst Beunruhigendes an sich; zu ihnen gehörte auch die gigantische *kouros*-Statue, die ins Museum nach Vathy (Samos) umgesiedelt wurde (siehe S. 665). Zu den weiteren Überresten der Stätte zählen eine Stoa (langes Gebäude mit Säulengang), mehrere Tempel und eine sehenswerte christliche Basilika aus dem 5. Jahrhundert Auf der gesamten Anlage verweisen tiefe Gräben darauf, dass Archäologen noch immer nach vergrabenen Schätzen suchen.

Schlafen & Essen

Hotel Restaurant Cohyli TAVERNE €

(☎22730 95282; www.hotel-cohyli.com; Ireon; EZ/DZ 35/40 € 📶) In diesem gemütlichen Hotel mit hauseigener Taverne schläft und isst man ganz hervorragend. Die Zimmer sind sauber und bieten einen Kühlschrank und einen Ventilator. Wer Hunger hat, kann einfach in den schattigen Innenhof nebenan umsiedeln und das *saganaki*-Spezialgericht bestellen.

Restaurant Glaros MEERESFRÜCHTE €

(☎22730 95457; Ireon; Hauptgerichte 4–7 €; das ganze Jahr ganztägig) Die Fischpreise hier sind vernünftig, und der Fisch wird frisch gefangen und verspeist – nicht tiefgefroren und verschlungen. Das selbstgemachte *tzatziki* und die handgewickelten *dolmadhes* sind ebenfalls zu empfehlen. Alles genießt man auf der rustikalen, von Wein umrankten Terrasse direkt neben dem topasblauen Meer.

PSILI AMMOS ΨΙΛΗ ΑΜΜΟΣ

Der **Sandstrand von Psili Ammos,** 11 km östlich von Pythagorio, ist eine wunderschöne Bucht, die auf die Türkei blickt. Sie wird von schattigen Bäumen begrenzt, und ihr flaches Wasser eignet sich wunderbar für Kinder. 2 km vor Psili Ammos kann man auch den schattenfreien **Mykali-Strand** wählen, an dem man ausgezeichnet im offenen Meer schwimmen kann – dabei aber immer schön auf die Oströmungen aufpassen. Näher an Pythagorio liegt der **Glykoriza-Strand,** ein sauberer Kies- und Sandstrand mit einigen Unterkünften.

In der **I Psili Ammos Taverna** (Psili Ammos) regieren Grillgerichte und Fisch die reichhaltige Mittags- und Abendkarte. In

EINS KAUFEN, ZWEI BEKOMMEN

Neben dem ausgezeichneten Archäologischen Museum von Pythagorio lohnen sich auch ein Besuch des interessanten Evpalinos-Tunnels gleich nördlich von Pythagorio sowie des Ireons, des Freiluft-Tempels zu Ehren von Hera, Zeus' besserer Hälfte, der westlich des Flughafens liegt. Wer sich ein Kombiticket (6 €) für beide kauft, kann ein paar Euro sparen.

den großzügigen, gemütlichen Zimmern des eleganten **Apartments Elena** (☎22730 23645; www.elenaapartments.gr; Psili Ammos; EZ/DZ 45/60 €; ❄📶) nebenan lockt nach einem Tag voller Meer und Sardinen eine friedliche Nacht.

Von Vathy (Samos) bedienen Busse die Strecke nach Psili Ammos, von Pythagorio Ausflugsboote (15 €). Wer mit dem Auto unterwegs ist, folgt der Straße zwischen Pythagorio und Vathy nach Norden und biegt am Wegweiser nach Psili Ammos Richtung Osten ab.

Der Südwesten von Samos

VON PYTHAGORIO NACH DRAKEI ΠΥΘΑΓΟΡΙΟ ΠΡΟΣ ΔΡΑΚΑΙΟΥΣ

Die Fahrt von Pythagorio nach Westen führt durch eine spektakuläre Gebirgslandschaft mit atemberaubenden Ausblicken auf die Südküste. Entlang der Strecke sind außerdem zahlreiche kleine Hütten ausgeschildert, in denen Imker den sensationellen, spottbilligen Samos-Honig verkaufen – wer hier einmal probiert, fährt sicher nicht ohne ein eigenes Glas erstanden zu haben nach Hause.

Samos' Südwestküste ist weniger touristisch als der Norden, aber die besten Strände ziehen allmählich die unvermeidlichen Ressorts an. Der Tourismus ist jedoch nach wie vor sehr entspannt, und es finden sich noch immer genügend abgeschiedene Ecken.

Die Route von Pythagorio zum Kiesstrand von **Ormos Marathokambou** führt über die Berge und in die unentdeckten Dörfer **Koumaradei** und **Pyrgos.**

Vom Strand sind es 6 km Fahrt landeinwärts nach **Marathokambos,** wo sich ein Panorama-Blick über die riesige **Ormos Marathokambou** (Bucht von Marathokambos) bietet.

Weitere 4 m westlich von Ormos Marathokambou liegt **Votsalakia** (oft auch Kambos genannt) mit seinem langen Sandstrand. 2 km weiter liegt der noch schönere Strand von **Chrysi Ammos.** Im Sommer kann man hier in *domatia* übernachten und den frischen Fisch in den örtlichen Tavernen genießen.

Hinter Psili Ammos führt die zerklüftete Weststrecke rund um den **Berg Kerkis.** In dieser Gegend ist die Küste bis zu den Dörfern **Kallithea** und **Drakei,** wo die Straße abrupt endet, unbebaut und herrlich ruhig. Ein schöner Wanderweg ist die einzige Verbindung zwischen hier und Potami an der Nordküste.

Nord-Samos

VON VATHY NACH KARLOVASI ΒΑΘΥ ΠΡΟΣ ΚΑΡΛΟΒΑΣΙ

Von Vathy (Samos) aus führt die Küstenstraße in Richtung Westen an zahlreichen Stränden und Urlaubsorten vorbei. Der erste, **Kokkari** (10 km von Vathy), war einst ein Fischerdorf, hat sich mittlerweile aber in ein geschäftiges Pauschalresort verwandelt. Im Sommer kann bei gutem Wind an seinem langen Kiesstrand wunderbar gesurft werden. Zimmer und Tavernen gibt's zuhauf, aber sie richten sich vorwiegend an den Pauschaltourismus. Die nahe gelegenen, beliebten Strände von **Lemonaki, Tsamadou** und **Tsambou** sind für alle, die in Kokkari absteigen, aber keinen fahrbaren Untersatz haben, am besten zu erreichen.

Weiter westlich wird die Szenerie waldiger und bergiger. Nach 5 km links abbiegen, erreicht man das hübsche Bergdorf **Vourliotes,** dessen bunte Häuser mit hübschen Fensterläden sich rund um die *plateia* scharen. Wahlweise kann man auch von Kokkari aus über einen Fußweg hierherwandern.

Wieder auf der Küstenstraße, geht's Richtung Westen bis zur ausgeschilderten Abfahrt zu einem weiteren zauberhaften Dörfchen, dem herrlich duftenden **Manolates,** das sich 5 km entfernt an den unteren Hängen des Berges Ampelos (1153 m) befindet. Inmitten dichter Pinien- und Laubwälder gelegen, sind hier einige wirklich wunderschöne traditionelle Häuser zu sehen. Manolates ist beinahe rundum von Bergen umgeben und stellt eine kühle Alternative zur glühend heißen Küste dar.

Die Läden in Vourliotes und Manolates verkaufen wirklich schöne handgemachte Keramik und Ikonen und, natürlich, den Becher des Pythagoras. Gute Tavernen gibt's auch jede Menge, und trotz des recht touristischen Anstrichs sind beide Dörfer einen Besuch wert, wenn man mal in das alte Samos hineinschnuppern möchte.

Wieder an der Küste, führt die Straße Richtung Westen weiter durch **Agios Konstantinos,** ein hübsches, mit Blumen überfülltes Dorf vor **Karlovasi,** Samos' drittem Hafen. Dieser alltägliche Ort ist nur wegen

EINE FRAGE DES RICHTIGEN MASSES

Auch wenn die Besessenheit, das „perfekte Pint" einzuschenken, ein Phänomen unserer modernen Zeit zu sein scheint, waren auch die alten Griechen bereits sehr darauf fixiert, ihren Alkohol korrekt abzumessen. Pythagoras, Samos' großer Mathematiker (und, angeblich, Trinker), erdachte eine geniale Erfindung, dank der es den äußerst angeheiterten Gästen auf Partys und in Kneipen nicht mehr möglich war, ihren Gastgeber bzw. ihren Wirt zu betrügen. Seine Erfindung erhielt den Namen *dikiakoupa tou Pythagora* (Gerechter Becher des Pythagoras). Dieses mysteriöse Trinkgefäß mit mehreren Löchern ist absolut dicht, es sei denn, es wird bis über die eingeritzte Linie gefüllt – dann entleert sich der Becher durch den Boden komplett und bestraft so den hinterhältigen Trinker für seine Maßlosigkeit.

Heute werden in den Souvenirläden auf Samos genaue Nachbildungen des *dikiakoupa* tou Pythagora aus bunt glasiertem Ton verkauft – greifbare Erinnerungen an die apollonische Weisheit (Apollos Maxime aus der griechischen Antike): „Alles in Maßen."

seiner Fährverbindungen interessant, für alle, die im Westen von Samos wohnen.

Nur 2 km entfernt liegt der **Sand- und Kiesstrand von Potami,** an dem man wunderbar schwimmen und sich einen Drink an der Reggae-Strandbar gönnen kann. Die nahen **Wasserfälle im Wald** runden das Bild ab; 50 m vom Strand aus nach Westen gehen, dann sind sie links ausgeschildert. Zunächst trifft man auf eine kleine, mehrere hundert Jahre alte **Kapelle,** in der Gläubige Kerzen entzünden. Weiter auf dem Waldweg am Fluss entlang erreicht man nach etwa zehn bis 15 Minuten einen tiefen Flusskanal in einer bewaldeten Schlucht, der, je nach Wasserstand, durchwatet oder durchschwommen werden muss, bevor unter dem 2 m hohen Wasserfall ein erfrischendes Bad genossen wird.

Mit der Samos-Karte von **Terrain Maps** (www.terrainmaps.gr) ist am besten beraten, wer die Gegend erkunden möchte. Die Karte ist im **Buchladen Lexis** (☎22730 92271) in Kokkari erhältlich, der auch ausländische Bücher, Zeitschriften und Zeitungen verkauft.

Schlafen

Hotel Tsamadou HOTEL €
(☎22730 92314, www.tsamadou.com; Weststrand, Kokkari; EZ/DZ 36/54 €;) Dieses Hotel am Strand unter britischer Führung richtet sich an Individualreisende. Es gibt elf Zimmer, vier davon mit Meerblick. Die Besitzer Ian und Tina servieren in einem angenehm luftigen Wintergarten Frühstück sowie asiatisch angehauchte Gerichte und griechische Salate.

Studio Angela APARTMENTS €
(☎22730 94478, 21050 59708; Manolates; DZ 30 €;) Diese fünf Wohnstudios in Manolates stehen auf einem Hang mit Blick aufs Meer und bieten moderne Zimmer mit Küchenzeile.

Kokkari Beach Hotel HOTEL €
(☎22730 92238; www.kokkaribeach.com; Kokkari; DZ inkl. Frühstück 85 €;) Dieses wirklich beachtliche, teure Etablissement ist 1 km westlich der Bushaltestelle abseits der Straße in einem grün-violetten Gebäude untergebracht. Die luftig-kühlen Zimmer sind nicht minder farbenfroh, und das Personal ist sehr hilfsbereit.

Essen & Ausgehen

Café Bar Cavos CAFÉ €
(Kokkari; Hauptgerichte 6–12 €; 9–23 Uhr;) In dieser coolen Hafenbar hält man es locker ein paar Stunden aus, egal, ob man auf der Suche nach einem guten Frühstück, einem Nachtmittagssnack oder einem abendlichen Cocktail ist. Die Preise sind vernünftig, und für Gäste sind WLAN und PC-Terminals kostenlos. Unbedingt nach Ulis Kuchen des Tages fragen.

Pizzeria Tarsanas PIZZA €
(Kokkari; Hauptgerichte 6–12 €; 19–24 Uhr;) Dieses versteckte Lokal ist eigentlich eine ganz authentische, altmodische griechische Taverne, die zufällig auch köstliche Pizza serviert. Außerdem gibt's hier die beste *mousaka* (Auflauf mit Auberginen oder Zucchini, Hackfleisch, Kartoffeln und Käsesoße) von ganz Samos, köstlich gerollte *dolmadhes* und leckeren hauseigenen Wein.

Galazio Pigadi TAVERNE€
(Proödou, Vourliotes; Hauptgerichte 5–7 €; ⌚9–23 Uhr) Gleich hinter der *plateia* bietet dieses stimmungsvolle Restaurant eine Auswahl traditioneller *mezedhes* an, u.a. *revythokeftedhes* (Kichererbsen-Bratlinge) und *bourekakia* (knusprige Filoteig-Taschen mit Käsefüllung).

Pera Vrysi TAVERNE €
(Vourliotes; Hauptgerichte 6–9 €; ⌚10–24 Uhr, Mo geschlossen) Diese Taverne im traditionellen Samos-Stil liegt neben der Quelle am Ortseingang Vourliotes und bietet gute Dorfküche in üppigen Portionen sowie hauseigenen Wein vom Fass an.

AaA TAVERNE €
(Manolates; Hauptgerichte 4,50–7,50 €) Diese kleine, stilvolle Taverne serviert gute Hausmannskost wie Kaninchen in Weißweinsoße oder gegrillte Sardinen. Die Hintergrundmusik fällt in die Kategorie „griechischer Avantgarde-Jazz und -Folk".

Kallisti Taverna TAVERNE €
(Manolates; Hauptgerichte 5–7 €) Diese Taverne am Platz bietet ausgezeichnete Gerichte, wie *kleftiko* (Lamm mit Gemüse) sowie ungewöhnliche Desserts, etwa den köstlichen Orangenkuchen.

Despina Taverna TAVERNE €
(Manolates; Hauptgerichte 5–9 €) Diese kleine Taverne liegt im Schatten einer Holzpergola neben einer Quelle auf halber Höhe im Dörfchen Manolates und serviert Grillgerichte und leckere *mayirefta*.

Hippys Restaurant Café TAVERNE €
(www.hippys.gr; Potami-Strand; ⌚ab 9 Uhr) In dieser hippen Café-Bar am Potami-Strand verschmelzen griechisch-südländisches Dekor und brasilianischer Jazz mit leckeren Snacks wie Omelettes und Pasta.

Praktische Informationen

EOT (Städtische Touristeninformation; ☎22730 92217; Kokkari; ⌚Mo–Sa 8.30–13.30, Mo, Mi & Sa 19–21 Uhr) 100 m östlich der Kirche an der Bushaltestelle. Hat eine Liste mit Unterkünften.

CHIOS

53 820 EW. / 859 KM²

Das sympathische Chios (Χίος) ist eine der größeren griechischen Inseln und ebenso wie seine winzige Nachbarinsel Inousses für die Nationalgeschichte als einstiges Zuhause der Schifffahrts-Dynastien von entscheidender Bedeutung. Da zahlreiche Seeleute Chios verließen, um ihr Glück im Ausland zu suchen, ist das Diaspora-Dasein der Insel auch im Sommer offenkundiger als auf den meisten anderen griechischen Inseln. Trotzdem ist Chios auch für Besucher ohne familiäre Bindungen zu dieser Insel ein wahrhaft faszinierender Ort. Seine vielfältige Landschaft reicht von den einsamen Bergschluchten im Norden über die Zitrushaine von Kampos, nahe der zentralen Hafenhauptstadt der Insel, bis zum fruchtbaren Mastichochoria im Süden – dem einzigen Ort der Welt, an dem Mastix (eine Art Gummi) aus Mastixbäumen gewonnen wird. Darüber hinaus sind die Küsten der Insel von unberührten Stränden gesäumt.

Die Einwohner von Chios sind meist ausgesprochen freundlich und begegnen den Besuchern mit großer Gastfreundschaft. Da Chios weniger Touristen sieht als die bekannteren griechischen Inselparadiese, ist die Freundlichkeit der Einwohner, die sehr stolz auf ihre Geschichte, ihre Traditionen und ihre Lebensweise sind, meist aufrichtiger. Für den Besucher drückt sich dies in ausgezeichneten Gelegenheiten aus, die Kultur von Chios aus nächster Nähe kennenzulernen, etwa durch Kunst und Geschichte oder durch Wanderungen und andere Aktivitäten in der freien Natur.

Von Chios gibt es regelmäßig gute Bootsanbindungen an alle Ägäis-Inseln im Nordosten, und einen Flughafen hat es auch. Zwischen dem Hafen von Chios-Stadt im Osten und Mesta im Südwesten verkehren regelmäßig Fähren, die auch die wunderschönen, wenig besuchten Satelliteninseln Psara und Inousses ansteuern, die Chios' Erbe als großes Seefahrtszentrum teilen. Auch die türkischen Ressorts auf der anderen Seite des Wassers werden regelmäßig angefahren.

Chios' Größe, seiner günstigen Nähe zur Türkei und seiner Bedeutung für die Schifffahrt ist es zu verdanken, dass in der Hauptstadt Chios-Stadt auch in den Wintermonaten noch ein wenig Leben herrscht. Außerhalb der Hochsaison sind seine Kolonien Psara und Inousses jedoch beinahe menschenleer.

Geschichte

Genau wie Samos und Lesbos bescherte die geografische Nähe zur Türkei auch Chios großen Erfolg, aber auch großes Unheil. Unter den Osmanen brachte die Monopolstellung bei der Produktion von Mastix – dem Lieblingsgummi des Sultans – Chios' Einwohnern großen Reichtum und besondere Privilegien ein. Während des Unabhängigkeitskrieges von 1821–29 wurden jedoch Tausende von Chios' Einwohnern von osmanischen Truppen abgeschlachtet.

Nach der Unabhängigkeit Griechenlands im Jahr 1832 gewann die „Megali Idea" (Große Idee) – das Vorhaben, Land mit vorwiegend griechischer Bevölkerung in Kleinasien zurückzuerobern – immer

Chios

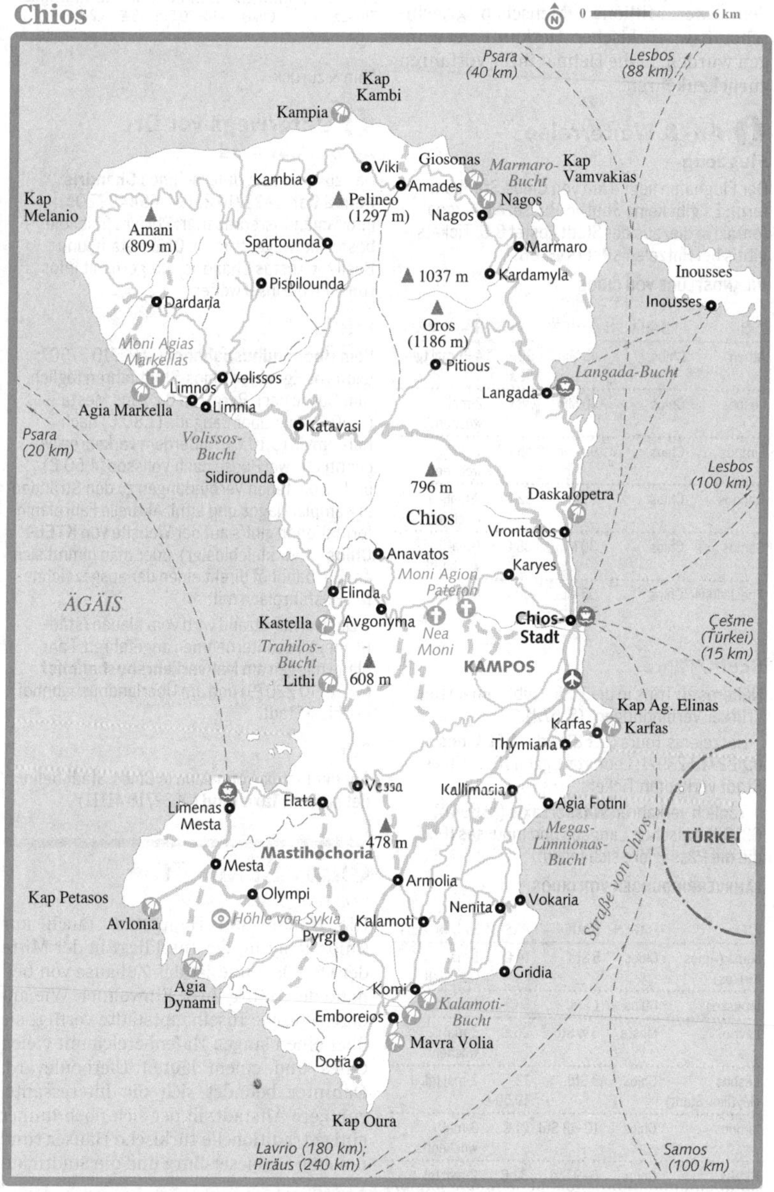

mehr an Fahrt. Ein Feldzug endete 1922 jedoch desaströs: die Griechen starteten einen Angriff von Chios aus, wurden jedoch ins Meer zurückgetrieben, als eine Welle von Flüchtlingen aus Kleinasien (Anatolien) Chios und seine Nachbarinseln überflutete. Im folgenden Jahr kam es zu einem „Bevölkerungsaustausch", bei dem zwei Millionen Menschen griechischer bzw. türkischer Herkunft gezwungen wurden, in die Heimat ihrer Vorfahren zurückzukehren.

An- & Weiterreise

Flugzeug

Der Flughafen liegt 4 km von Chios-Stadt entfernt. Es gibt keine Shuttle-Busse; ein Flughafentaxi in die/aus der Stadt kostet 8 €. Tickets gibt's bei Hatzelenis Tours (S. 681).

INLANDSFLÜGE VON CHIOS

ZIEL	FLUGHAFEN	DAUER	PREIS	HÄUFIGKEIT
Athen	Chios	45 Min.	90–95 €	4–5-mal tgl.
Lesbos	Chios	30 Min.	38 €	2-mal wöchentl.
Limnos	Chios	90 Min.	48 €	2-mal wöchentl.
Rhodos	Chios	1 Std.	52 €	2-mal wöchentl.
Samos	Chios	30 Min.	38 €	1-mal wöchentl.
Thessaloniki	Chios	55 Min.	60 €	4–5-mal wöchentl.

Schiff/Fähre

Näheres zu Trips in die Türkei gibt's im Kasten „Türkei-Verbindungen" (S. 672).

Hatzelenis Tours (S. 681) oder **NEL Lines** (☎22710 23971; Leoforos Egeou 16) in Chios-Stadt verkaufen Tickets.

Täglich verkehren **Wassertaxis** (☎69441 68104) zwischen Langada und Inousses (65 €, die die Passagiere sich teilen).

FÄHRVERBINDUNGEN VON CHIOS

ZIEL	HAFEN	DAUER	PREIS	HÄUFIGKEIT
Ikaria (Agios Kirikos)	Chios	5 Std.	14 €	1-mal wöchentl.
Inousses	Chios	1 Std.	5 €	1-mal tgl.
Lavrio	Mesta	6 ½ Std.	26 €	3-mal wöchentl.
Lesbos (Mytilini-Stadt)	Chios	3 Std.	12–19,50 €	2-mal tgl.
Limnos	Chios	10–12 Std.	21 €	3-mal wöchentl.
Piräus	Chios	6–9 Std.	32 €	2-mal tgl.
Psara	Chios	2 Std.	12 €*	1-mal wöchentl.
Psara	Mesta	1 ¼ Std.	7–12 €*	3-mal wöchentl.
Samos (Karlovasi)	Chios	3 ½ Std.	10 €	1-mal wöchentl.
Samos (Vathy)	Chios	4 Std.	12 €	2-mal wöchentl.
Thessaloniki	Chios	18–20 Std.	36 €	2-mal wöchentl.

*hin & zurück

Unterwegs vor Ort

Auto & Motorrad

Das zuverlässige Unternehmen **Chandris Rent a Car** (☎22710 27194, 69449 72051; info@chandrisrentacar.gr; Porfyra 5) ist die beste Mietwagenfirma in Chios-Stadt, und Besitzer Kostas Chandris hilft gern mit Infos rund um die Insel weiter.

Bus

Vom **Überlandbusbahnhof** (☎22710 27507; Leoforos Egeou) in Chios-Stadt fahren täglich fünf Busse nach Pyrgi (2,70 €) und Mesta (3,90 €), vier über Langada (1,80 €) nach Kardamyla (3,10 €). Außerdem verkehren wöchentlich zwei Busse nach Volissos (4,50 €), und es bestehen Verbindungen zu den Stränden in Kampia, Nagos und Lithi. Aktuelle Fahrplaninformationen gibt's auf der Website von **KTEL-Chios** (www.ktelchios.gr), oder man nimmt sich am Busbahnhof direkt einen der ausgezeichneten Busfahrpläne mit.

Der Karfas-Strand wird vom blauen (städtischen) Busunternehmen angefahren. Fahrpläne hängen am **Nahverkehrsbusbahnhof** (☎22710 22079) und am Überlandbusbahnhof in Chios-Stadt.

Taxi

Auf der Plateia Vounakiou in Chios-Stadt befindet sich ein **Taxistand** (☎22710 41111).

Chios-Stadt Χίος

23 780 EW.

Die Hafen- und Hauptstadt (auch nur Chios genannt) der Insel liegt in der Mitte der Ostküste und ist das Zuhause von beinahe der Hälfte ihrer Einwohner. Wie andere typische Inselhauptstädte verfügt sie über einen langen Hafenbereich mit vielen Cafés und einem lauten Uferboulevard. Dahinter befindet sich die interessante, ruhigere Altstadt, in der sich noch immer einige traditionelle türkische Häuser rund um eine Genueser-Burg und die Stadtmauer tummeln. Außerdem gibt's einen lebendigen Marktplatz und die weitläufigen Öffentlichen Gärten, in denen an Sommerabenden ein Open-Air-Kino stattfindet. Der nächste ordentliche Strand liegt in Karfas, 6 km südlich.

Sehenswertes

Filippos-Argentis-Museum MUSEUM
(Korai; Eintritt 1,50 €; Mo–Fr 8–14, Fr 17–19.30, Sa 8–12.30 Uhr) Dieses Museum neben der eindrucksvollen **Korais-Bibiliothek** zeigt Stickereien, traditionelle Kostüme und Porträts der wohlhabenden Familie Argentis. 1891 in Marseille geboren, widmete Argentis sein Leben der Erforschung der Geschichte Chios'.

Archäologisches Museum MUSEUM
(Mihalon 10; Eintritt 3 €; Di–So 8.30–14.45 Uhr) Neben prähistorischen und archaischen Funden von den Ausgrabungen der Britischen Schule in Emporio sind eindrucksvolle neusteinzeitliche und klassische Stücke (Münzen, Skulpturen, Keramik) aus Agio Galas und Fana zu sehen.

Byzantinisches Museum MUSEUM
(Plateia Vounakiou) Dieses Museum ist in der Medjitie Djami untergebracht, einer osmanischen Moschee aus dem 19. Jahrhundert, und zeigt Relikte aus der byzantinischen, postbyzantinischen, genuesischen und islamischen Zeit, darunter auch alte heilige Schriften, beeindruckende Ikonen und jüdische und muslimische Grabsteine.

Giustiniani-Palast-Museum MUSEUM
(22710 22819; Eintritt 2 €; Di–So 9–15 Uhr) Das Museum in der Nähe des Haupteingangs des Kastros ist auch als Palataki bekannt und sieht noch immer aus wie die Festung aus dem 15. Jahrhundert, die es einst war. Besonders interessant sind die zwölf byzantinischen Fresken der Propheten aus dem 13. Jahrhundert sowie die vollständig erhaltene Ikone des Erzengels Michael aus dem 18. Jahrhundert.

Schlafen

LP TIPP **Chios Rooms** PENSION €
(22710 20198, 6972833841; www.chiosrooms.com; Leoforos Egeou 110; EZ/DZ/3BZ 30/35/45 €) Ein eklektisches, hostelartiges, neoklassizistisches Haus am Hafen: das Chios Rooms ist eine stete Inspiration für seinen Besitzer, den in Neuseeland geborenen Don. Mit seinen gebrauchten Möbeln, traditionellen Teppichen und luftigen Decken hat dieser Ort wirklich Charakter. Über die Hälfte der Zimmer hat ein eigenes Bad, die anderen sind mit Gemeinschaftsbad.

Rooms Alex PENSION €
(22710 26054; roomsalex@hotmail.com; Livanou 29; EZ/DZ 30/45 €) „Erlebe im Alex Dein eigenes Märchen", lockt das Willkommensschild dieses gemütlichen Zuhauses fern von zu Hause, das dem pensionierten Kapitän Alex Stoupas gehört, der 21 Jahre lang über die Weltmeere gefahren ist. Er hat jedes der einfachen, aber sauberen Zimmer liebevoll mit selbstgebauten Schiffsmodellen dekoriert. Der *kapetanios* holt seine Gäste kostenlos von der Fähre ab und spricht Englisch, Französisch und Spanisch. Im Sommer vorab buchen.

Hotel Kyma HOTEL €
(22710 44500; kyma@chi.forthnet.gr; Evgenias Handri 1; EZ/DZ/3BZ inkl. Frühstück 70/90/110 €) Dieses hundert Jahre alte umgebaute Herrenhaus beeindruckt schon, wenn man das erste Mal auf die zentrale Marmortreppe blickt. Was das Kyma neben seinem stattlichen Dekor, seinen wallenden Vorhängen und den Balkonen mit Meerblick aber erst zu einem wirklich außergewöhnlichen historischen Hotel macht, ist sein Service: Besitzer Theodoros Spordilis möchte, dass sich seine Gäste in Chios verlieben, und löst Probleme in englischer, italienischer und deutscher Sprache.

Essen

Belamis OUZERIE €
(Agiou Georgiou 20; Hauptgerichte 4,50–7,20 €) Diese kleine *ouzerie* in den dachfreien Mauern eines alten Hauses serviert eine kreative Auswahl an *mezedhes* und Hauptgerichten sowie 17 Ouzosorten. Das *bekri mezes* (in Tomaten und Rotwein gekochte Fleischstücke) passt ganz hervorragend zu Ouzo oder Wein vom Fass, aber das *ameletita*, eine seltene Spezialität, von der jedes männliche Lamm nur zwei zu bieten hat, ist mit Vorsicht zu genießen.

Ouzeri Tzivaeri TAVERNE €
(Neoreion 13; *mezedhes* 3–8 €) Dieses freundliche Lokal am Hafen serviert die Art von deftigem Essen, das locker den einen oder anderen Ouzo aufsaugt, z. B. in Öl getränkte sonnengetrocknete Tomaten, Kabeljaustreifen vom Grill und traditionelle Chios-Würste.

Chios-Stadt

Bel Air TAVERNE €
(Egeou; Hauptgerichte 4,50–7,50 €) Eine ausgezeichnete Wahl für ein spätabendliches Mahl abseits der touristischen Lokale am Hafen: Diese Taverne schließt nie. Wir empfehlen die *mousakas* oder die gefüllten Tomaten als Mitternachtssnack.

To Tavernaki tou Tassou TAVERNE €
(Livanou 8; Hauptgerichte 6–8 €) Dieses familienfreundliche Restaurant in Meeresnähe bietet leckere standardmäßige Tavernengerichte, Chios' ganz eigene Kambos-Limonade und einen angeschlossenen Kinderspielbereich.

Einkaufen

Mastichashop ACCESSOIRES
(☎22710 81600; Leoforos Aigaiou 36) Hier gibt's viele Produkte auf Mastixbasis wie Lotionen, Zahncreme, Seife und Gewürze.

Mastic Spa ACCESSOIRES
(☎22710 28643; Leoforos Aigaiou 12) Hier wird Kosmetik auf Mastixbasis angeboten.

Kava Potopoleio ESSEN & TRINKEN
(☎22710 23190; Inopionos 4) In diesem kleinen Laden in der Nähe der Öffentlichen Gärten gibt's edle Weine und (u.a.) deutsches und belgisches Bier.

Chios-Stadt

Sehenswertes

1 Archäologisches Museum ... C5
2 Byzantinisches Museum ... A2
3 Filippos-Argentis-Museum ... A4
4 Giustiniani-Palast-Museum ... A1

Schlafen

5 Chios Rooms ... C4
6 Hotel Kyma ... D4
7 Rooms Alex ... C4

Essen

8 Bel Air ... D4
9 Belamis ... A1
10 Ouzeri Tzivaeri ... B1
11 To Tavernaki tou Tassou ... D5

Shoppen

12 Mastic Spa ... B1
13 Mastihashop ... B2
14 Sarandis ... B2

Sarandis Tourist Shop SOUVENIRS, BÜCHER (☎22710 24224; www.saranti.gr; Ecke Leoforos Aigaiou & Roïdi) Hier bekommt man die Terrain-Editions-Karten (7 €, www.terrain-maps.gr) von Chios und Psara. Neben guten Karten (Terrain; Anavasi) verkauft Sarandis aber auch Mastixprodukte wie Lotionen, Seifen und Gewürze.

Praktische Informationen

Banken mit Geldautomaten befinden sich am Hafen und auf der *plateia*.

Allgemeines Krankenhaus Chios (☎22710 44302; El Venizelou 7) Nur 2 km außerhalb des Zentrums.

Hafenbehörde (☎22710 44432; Neorion)

Hatzelenis Tours (☎22710 20002; mano2@otenet.gr; Leoforos Aigaiou 2) Dieses zuverlässige Reisebüro mit Rundumservice direkt gegenüber vom Hafen kümmert sich um Fähr- und Flugtickets, Ausflüge, Unterkünfte und Leihwagen.

InSpot Internetcafé (☎22710 83438; Leoforos Egeou 86; pro Std. 2,50 €; ⌚24 Std.) Auch die meisten Bars und Cafés bieten kostenlos WLAN an.

Polizei (☎22710 44427; Ecke Polemidi 1 & Koundouriotou)

Post (☎22710 44350; Kondoleondos 2; ⌚7.30–19 Uhr) Die Hauptpost befindet sich direkt neben der Plateia Vounakiou.

Städtische Touristeninformation (☎22710 44389; infochio@otenet.gr; Kanari 18; ⌚April–Okt. 7–15 & 18.30–22 Uhr, Nov.-März 7–15 Uhr) Diese freundliche, kompetente Touristeninformation hilft bei der Organisation von Unterkünften, Leihwagen und Bus- und Bootsfahrplänen weiter und hält eine nützliche, kostenlose Broschüre zu den *Wanderwegen auf Chios* bereit.

Touristenpolizei (☎22710 44427; Neorion)

Zentralchios

Rund um Chios warten einige interessante Orte nur darauf, erkundet zu werden. Nördlich von Chios-Stadt befindet sich in **Vrontados** Homers legendärer Felsen, der **Daskalopetra** (griechisch für „Lehrerfelsen"), eine Felsspitze direkt am Meer und offensichtlich ein guter Ort, um Unterricht abzuhalten. Das eigentliche Fischerdörfchen Daskalopetra liegt 2 km nördlich von Vrontados.

Gleich südlich von Chios-Stadt liegt **Kampos,** eine herrlich grüne Gegend mit Zitrusbäumen, in der wohlhabende genuesische und griechische Kaufleute mit ihren Familien ab dem 14. Jahrhundert den Sommer verbrachten. Man kann ihre ummauerten Herrenhäuser – einige renoviert, andere verfallen – und aufwendigen Gärten, die in ihrer vollen Blütenpracht im Frühling besonders schön sind, noch heute sehen.

Im nahen Strandort **Karfas** (6 km südlich von Chios-Stadt) gibt's Unterkünfte, aber im Sommer kann es dort ziemlich hektisch zugehen.

Im Herzen der Insel befindet sich **Nea Moni** (Eintritt frei; ⌚8–13 & 16–20 Uhr), ein byzantinisches Kloster aus dem 11. Jahrhundert und eine Weltkulturerbestätte. Nea Moni wurde erbaut, um daran zu erinnern, dass drei Schäfern hier einst auf wundersame Weise die Jungfrau Maria erschien. Früher eines der reichsten Klöster Griechenlands, zog es herausragende byzantinische Künstler an, die die Mosaike im *katholikon* (Hauptkirche der Klosteranlage) schufen.

Das Kloster erlebte ein Desaster, als die Türken es während des Griechischen Unabhängigkeitskrieges in Brand steckten und die Mönche massakrierten. Im Beinhaus der kleinen Kapelle sind, ziemlich makaber, Mönchsschädel aufgereiht. Eine weitere Katastrophe ereignete sich in Form eines Erdbebens im Jahr 1881, das die Kuppel des *katholikon* zerstörte und die Mosaiken beschädigte. Trotzdem gehören sie noch immer zu den großartigsten

Beispielen byzantinischer Kunst in Griechenland. Nea Moni ist heute ein Nonnenkloster.

10 km weiter nordwestlich befindet sich am Ende einer ruhigen Straße ein weiterer geschichtsträchtiger Ort: **Anavatos** ist voller verlassener Häuser aus grauem Stein, die auf einer hervorstehenden Klippe erbaut wurden, von der sich die Dorfbewohner 1822 stürzten, weil sie fürchteten, während eines Vergeltungsschlages der Türken in deren Hände zu fallen. Vorsicht: Die schmalen Stufen, die zwischen den Häusern zum Gipfel führen, können ziemlich gefährlich sein.

Etwas fröhlicher ist das benachbarte Dörfchen **Avgonyma,** das sich durch seine mittelalterliche Stein-Architektur auszeichnet. Es erlebt derzeit eine Art Auferstehung und bietet verschiedene Unterkünfte.

Der beliebteste der ruhigeren Strände entlang der Westküste ist der **Lithi.**

Schlafen

Perleas Mansion HOTEL €

(☎22710 32217; www.perleas.gr; Vitiadou, Kampos; EZ/DZ/3BZ inkl. Frühstück 90/120/150 €; P ❄ 📶) Das Perleas ist eine der am besten renovierten Herrenhaus-Pensionen in Kampos und bietet sieben gut ausgestattete Apartments. Das entspannte Anwesen wurde im Jahr 1640 erbaut und ist ein Paradebeispiel grandioser Genueser Architektur. Im Restaurant werden traditionelle griechische Gerichte serviert, die aus Bio-Produkten aus eigenem Anbau zubereitet werden.

Spitakia APARTMENTS €

(☎22710 81200; missetzi@spitakia.gr; Dorf Avgonyma; Zi. ab 85 €; P ❄ 📶) Diese hübschen, traditionellen Wohnstudios und Hütten sind über ein wunderschönes Dörfchen mit mittelalterlichen Steinhäusern verstreut. Die Unterkünfte sind von Oliven- und Pinienwäldern umgeben und mit modernen Küchenzeilen ausgestattet, und ein paar bieten einen grandiosen Ausblick aufs Meer.

Nord-Chios

Die einsame Landschaft im Norden von Chios, einst die Heimat der großen Schifffahrts-Dynastien, bietet schroffe Gipfel (die Berge Pelineo, Oros und Amani), verlassene Dörfer und karge Hügel. Die Fahrt von Chios-Stadt Richtung Norden entlang der Ostküste ist eine erstaunliche Reise durch bizarre, mit Felsbrocken übersäte Berge, die aussehen wie von einem anderen Planeten.

Hinter den kleinen Küstenorten **Vrontados** und **Langada** befinden sich die Hauptdörfer **Kardamyla** und **Marmaro,** die ursprüngliche Heimat zahlreicher wohlhabender Schiffseigner-Familien, worauf man angesichts der bescheidenen Architektur und schmalen Straßen nie kommen würde. Marmaro verfügt über einen erdigen Sandstrand, aber im 5 km entfernten Fischerdorf **Nagos** und in **Giosonas,** noch 1 km weiter, finden sich ein paar hübschere Kiesstrände. An den Stränden ist das Wasser sehr klar, und es haben sich dort ein paar Tavernen angesiedelt, aber es gibt nur wenig Schatten.

Hinter Nagos führt die Küstenstraße Richtung Nordwesten bergauf in abgeschiedenem Terrain rund um den schroffen Berg Pelineo (1297 m). Vor **Kambia** befinden sich, hoch oben auf einem Berggrat mit Blick auf die kargen Hügel und das Meer, die winzigen Dörfer **Amades** und **Viki.** Von hier sollte man lieber auf der zentralen Straße Richtung Süden durch die Berge fahren, da die Küstenstraße hier ziemlich abschüssig und holprig wird.

Die zentrale Straße führt über Diefha nach **Volissos,** Homers legendärem Geburtsort mit seiner beeindruckenden Genueser-Festung. **Limnia,** der Hafen von Volissos, ist nichts Besonderes, hat aber immerhin ein Taverne. 5 km weiter westlich geht's zum **Agia-Markella-Strand** und dem oberhalb gelegenen **Kloster,** das ebenfalls nach Agia Markella benannt ist, der Schutzheiligen der Insel. Von Volissos führt die Küstenstraße weiter nach Süden bis Elinda und biegt dann wieder Richtung Chios-Stadt im Osten ab.

Die beste Unterkunft befindet sich in Marmaro. Das **Hotel Kardamyla** (☎22720 23353; kyma@chi.forthnet.gr; Marmaro; EZ/DZ/3BZ 91/114/140 €; P ❄ 📶) ist ein ruhiges Strandhotel mit einfachen, aber sauberen und gut geführten Zimmern. Stammgäste kommen dank der warmen Gastfreundschaft der griechisch-türkischen Besitzerfamilie Spordylis immer wieder gerne hierher. Dies ist das Schwesterhotel des Hotel Kyma in Chios-Stadt (S. 678), und man kann seinen Aufenthalt dort direkt von hier aus arrangieren.

Süd-Chios

Der einzigartige Süden von Chios ist vielleicht das beste Ziel auf der ganzen Insel. Hier, und nirgendwo sonst, wachsen überall auf dem fruchtbaren, rötlichen Land, das als Mastichochoria (Mastix-Dörfer) bekannt ist, die Gummi produzierenden Mastixbäume. Diese Region aus sanft geschwungenen Hügeln, deren Oliven- und Mastixhaine kreuz und quer mit kunstvollen Steinmauern durchzogen sind, ist unglaublich stimmungsvoll.

Die Mastix-Vorliebe der osmanischen Herrscher machte Mastichochoria jahrhundertelang zu einer wohlhabenden Gegend. In den Dörfern Pyrgi und Mesta sind noch heute einige architektonische Wunder erhalten. Ersteres lockt außerdem mit hübschen bunten Häusern, während Letzteres eine autofreie, ummauerte Festung ist, die im 14. Jahrhundert von den Genuesern erbaut wurde.

Zu den weiteren einzigartigen Attraktionen in Süd-Chios zählen byzantinische Kirchen, die atemberaubende Höhle von Sykia mit ihren Stalaktiten und Stalagmiten sowie zahlreiche Strände. Der Hafen Limenas Meston bietet Meeresfrüchte-Tavernen und ist auch ein praktischer Ausgangspunkt für die Fähren nach Psara und Lavario auf dem Festland.

PYRGI ΠΥΡΓΙ

1040 EW.

24 km südwestlich von Chios-Stadt stellt Pyrgi, das größte Mastichochoria-Dorf, traditionelle Architektur einer moderneren gegenüber. Seine gewölbten, schmalen Straßen ziehen an Gebäuden vorbei, deren Fassaden mit interessanten grauweißen Ornamenten verziert sind, die von geometrischen Mustern bis zu Blumen, Blättern und Tieren reichen. Für diese *xysta* genannte Technik benötigt man nicht nur Zement, vulkanischen Sand bzw. Kalkstein und gebogene Gabeln, sondern ebenso viel Liebe zum Detail.

Pyrgis zentraler Platz ist von Tavernen, Läden und der kleinen Kirche **Agios Apostolos** (🕐Di–Do & Sa 10–13 Uhr) aus dem 12. Jahrhundert umgeben. Die Fresken in der Kirche stammen aus dem 17. Jahrhundert und sind gut erhalten. Auf der anderen Seite des Platzes zeigt die Fassade der größeren Kirche das eindrucksvollste xysta-Design in ganz Pyrgi.

Auf der Hauptstraße, östlich des Platzes, sollte man sich das Haus anschauen, an dem eine Tafel an der Wand an einen ehemaligen Bewohner erinnert – einen gewissen Christoph Kolumbus.

Auch wenn es auf jeden Fall einen Besuch wert ist, kommt man am besten nur für einen Tagesausflug nach Pyrgi, statt zu übernachten. Es gibt aber ein paar ausgeschilderte *domatia*, und **Giannaki Rooms** (☎22710 25888, 69459 59889; DZ/4BZ 40/65 €; ❄📶) bietet Standardzimmer und ein Haus für bis zu acht Personen (95 €).

EMBOREIOS ΕΜΠΟΡΕΙΟΣ

6 km südöstlich von Pyrgi, war Emboreios damals, als die Mastixproduzenten noch richtige „Global Player" waren, Mastichochorias Hafen. Heute geht's hier viel ruhiger zu, aber es bietet immerhin den **Mavra-Volia-Strand,** der nach seinen schwarzen Vulkankieseln benannt ist.

Man kann in einem der *domatia* übernachten und in der schattigen, stimmungsvollen **Taverna Porto Emborios** (Kastrou 1; Hauptgerichte 5–9 €) essen, die mit schillernden Kunstwerken und von der Decke hängenden Chilis und Knoblauch dekoriert ist. Die Tagesgerichte schmecken mit einer Karaffe des örtlichen Ouzo Kazanisto Stoupaki gleich noch mal so gut.

MESTA ΜΕΣΤΑ

Mesta ist ein unvergessliches Dorf und eines der ungewöhnlichsten in ganz Griechenland. In diesem Ort sind die hübschen Steingassen mit Blumen und wunderschönen Balkonen geschmückt und rundum von einer dicken Verteidigungsmauer umgeben – das Werk von Chios' ehemaligem Genueser Herrscher, der diese Stadtfestung im 14. Jahrhundert erbaute, um Piraten und Möchtegern-Eroberer abzuhalten.

Mesta ist ein geniales Beispiel mittelalterlicher Verteidigungsarchitektur und verfügt über eine doppelte Stadtmauer, vier Tore und einen fünfeckigen Grundriss. Da die Dächer miteinander verbunden sind, kann man auf ihnen – mit dem richtigen Führer – die gesamte Stadt durchqueren. Im Mittelalter war Mastix heiße Ware, die für ihre heilsame Wirkung geschätzt wurde. Mesta musste daher besonders gut befestigt werden. Inzwischen ist es ein autofreies Dorf und daher ein sehr entspannter und sehr romantischer Ort, in dem Kinder gefahrlos herumtoben können. Mesta ist auch ein gutes Basislager für Wanderungen in den Hügeln oder zur Erkundung der Strände und Höhlen im Süden, und außerdem werden einige kulturelle und Ökotourismus-Aktivitäten angeboten.

Der größte Teil des Dorflebens spielt sich rund um den zentralen Platz mit seinen kleinen Cafés und Restaurants in der Nähe der riesigen Taxiarchis-Kirche ab. Die Fremdenzimmer in den friedlichen, abgeschiedenen Gässchen sind von den angeschlossenen Wohnhäusern kaum zu unterscheiden.

Sehenswertes

Taxiarchis-Kirchen
KIRCHE

Es sind zwei Kirchen der Taxiarchis (Erzengel) zu besichtigen. Die ältere und kleinere stammt aus byzantinischen Zeiten und verfügt über eine wunderschöne Ikonenwand aus dem 17. Jahrhundert Die größere Kirche, direkt am Platz, stammt aus dem 19. Jahrhundert und wurde allein durch die Spenden und die Arbeitskraft der Einwohner möglich. Sie bietet einen schön verzierten Außenhof, riesige, glänzende Kerzenleuchter und sehr schöne Fresken.

Aktivitäten

Masticulture Ecotourism Activities
ÖKOTOUREN

(☎22710 76084, 6976113007; www.masticulture.com; Plateia Taxiarchon) Wer an traditionellen kulturellen Aktivitäten teilnehmen und etwa seine Kochkünste verbessern oder die Landwirtschaft auf Chios kennenlernen möchte, sollte Vasilis und Roula im Restaurant Meseonas auf dem Dorfplatz aufsuchen. Dieses äußerst freundliche und hilfsbereite Paar hat ein einzigartiges Öko-Tourismusprogramm, das die Besucher in die örtliche Gemeinde, ihre Geschichte und ihre Kultur einführt. Zu den Aktivitäten (18 bis 20 €) zählen auch Mastixplantagen-Touren, Sternegucken sowie Koch- und Töpferkurse. Das Unternehmen hilft außerdem bei der Suche nach Unterkünften in Mesta, Pyrgi, Olympi und anderen Orten, verkauft Boots- und Flugtickets und kümmert sich um nähere Einzelheiten für alle, die einen Ausflug nach Psara machen möchten.

Schlafen & Essen

Masticulture Ecotourism Activities bucht Zimmer, aber auch nebenan im Restaurant Meseonas gibt es Infos zu den hier aufgeführten Unterkünften.

Despina Karabela Traditional Apartments
APARTMENTS €

(☎22710 76065; karabela@chi.forthnet.gr; EZ/DZ 40/50 €; ❄📶) Wer vom Dorfplatz aus einen kurzen Spaziergang auf sich nimmt, wird mit diesen hübschen Selbstversorger-Unterkünften belohnt. Das Innere zieren freigelegte Steinwände, und das obere „Schlafzimmer" ist eigentlich eine erhöhte Plattform.

Anna Floradis Rooms
PENSION €

(☎22710 76455; www.floradi.gr; EZ/DZ 40/50 €; ❄📶) Die freundliche Anna Floradis spricht Französisch und etwas Englisch und bietet Zimmer, Wohnstudios und Suiten mit Küchenzeile in ganz Mesta an, alle mit Fernseher und Klimaanlage.

Dhimitris Pipidhis Rooms
PENSION €

(☎22710 76029; Haus 60 €; ❄) Das freundliche Pärchen Dhimitris und Koula Pipidhis vermietet zwei traditionelle Häuser in Mesta. Jedes verfügt über zwei Schlafzimmer, einen *pounti* (den traditionellen kleinen Innenhof der Mesta-Häuser), eine Küche und eine Waschmaschine. Die Besitzer sprechen Englisch. Im Sommer besser vorab buchen.

LP TIPP Meseonas
TAVERNE €

(Plateia Taxiarchon; Hauptgerichte 5–10 €) Die Tische dieses alt-ehrwürdigen Lieblingslokals reichen bis auf die Plateia Taxiarchon; auf der Speisekarte stehen *mayirefta*, Rinder-*keftedhes* (Frikadellen) und Grillgerichte, die in üppigen Portionen auf den Tisch kommen. Alles stammt direkt aus der Umgebung, auch das *souma* (Feuerwasser mit Mastixgeschmack).

Limani Meston
MEERESFRÜCHTE €

(Limenas Mesta; Fisch 6–12 €; 📶) Wer Lust auf ausgezeichnete Meeresfrüchte hat, ist in dieser Fischtaverne am Hafen goldrichtig. Die Spezialität *atherinopita* (kleine gebratene Fische mit Zwiebeln) ist äußerst empfehlenswert, aber man kann sich auch *astakomakaronadha* vorbestellen und später ausgiebig genießen. Auch bestens geeignet, wenn man noch einen Happen essen möchte, während man auf die Fähre nach Psara wartet.

Unterwegs vor Ort

Mesta ist eine reine Fußgänger-Stadt; ausgenommen Chios-Stadt, wohin regelmäßig Busse fahren, kann der Besuch anderer Sehenswürdigkeiten von hier aus schwierig werden. Glücklicherweise bietet der freundliche, Englisch sprechende **Dimitris Kokkinos** (☎6972543543) einen Taxiservice an. Preise zu einigen Zielen ab Mesta: Limenas Mesta 7 €; Pyrgi 20 €; Chios-Stadt 50 €.

RUND UM MESTA

Mestas Westküstenhafen **Limenas Meston** (auch nur Limenas genannt), war einst ein hübscher Hafen voller bunter Fischerboote und Tavernen, wird momentan jedoch einer umfassenden Erweiterung unterzogen und zu Chios' zweitwichtigstem Hafen ausgebaut und sieht dementsprechend funktionell aus. Trotzdem geht's von hier aus immer noch am schnellsten zum griechischen Festland über Psara und Lavrio, und ein paar anständige Tavernen, die Gäste und Durchreisende füttern, gibt's auch noch.

Wer baden möchte, sollte besser zum südwestlich gelegenen Kiesstrand **Avlonia** (5,5 km westlich von Mesta) fahren, der in einer kleinen Bucht ruht – oder noch besser zum **Agia-Dynami-Strand** (7 km, südlich von Olympi), eine gebogene, sandige Bucht mit atemberaubend türkisfarbenem Wasser, die, abgesehen von zwei großen, Schatten spendenden Tamarisken völlig leer ist.

3 km südöstlich von Mesta liegt **Olympi** – wie Mesta und Pyrgi ein Mastix produzierendes Dorf, das sich durch seine Verteidigungsarchitektur auszeichnet, an die auch ein Restaurant am schattigen Hauptplatz erinnert, das den treffenden Namen Pyrgos (Turm) trägt.

Ein beliebter Abstecher führt zur 5 km weiter südlich gelegenen **Höhle von Sykia** (Eintritt 5 €; ⏲Di–So 11–18 Uhr), die in Olympi als „Olympi-Höhle" ausgeschildert ist, eine 150 Mio. Jahre alte Höhle, die 1985 zufällig entdeckt wurde. Die Höhle ist zwar nicht sonderlich groß, aber immerhin 57 m tief und voll mit bunten Stalaktiten und anderen Felsformationen mit lustigen Namen, als da wären die Orgel, Höhlenmenschen, Kakteen und die Riesenqualle. Die Höhle wird von Flutlichtscheinwerfern erhellt und kann über eine Reihe von Plattformen und Treppen mit Geländern erkundet werden; aber auf jeden Fall darauf einstellen, dass man klettern muss. Es ist alles sicher, aber ziemlich feucht. Einlass gibt's nur im Rahmen einer geführten Tour, die alle 30 Minuten beginnen.

INOUSSES

1050 EW. / 14 KM²

Gleich nordwestlich von Chios war das gelassene Inousses ursprünglich das Zuhause von rund einem Drittel der griechischen Schifffahrts-Dynastien (den sogenannten *archontes*), deren wohlhabende Nachkommen jeden Sommer aus London, Paris oder New York anreisen, um ihre Ferien hier zu verbringen.

Inousses (Οινούσσες) wurde 1750 von Schiffseigner-Familien aus Kardamyla im Nordosten von Chios besiedelt, und einige häuften während des 19. und frühen 20. Jahrhunderts ein riesiges Vermögen an; Spuren dieser Geschichte sind auf Inousses heute noch in den prächtigen Herrenhäusern und aufwendigen Familien-Mausoleen zu erkennen, die hoch über dem Meer thronen. Mit Inousses ist die größte der insgesamt 14 Inseln gemeint, die zu dieser Gruppe gehören.

Auch wenn sich nur selten ausländische Besucher nach Inousses verirren, erwacht es in der Hochsaison durchaus ein bisschen zum Leben und bietet ein Open-Air-Kino, Cafés und nächtliche Strandpartys. Trotzdem hat es sich seine Gelassenheit erhalten und ist nach wie vor ein Aussteiger-Ziel mit nur einem Hotel, einer Handvoll Zimmern und ein paar Ferienvillen.

Der Hafen ist auch die einzige Stadt der Insel: er heißt ebenfalls Inousses und zeugt von ihrer langen Seefahrtsgeschichte. Wer mit der Fähre ankommt, sieht eine kleine grüne Meerjungfrau-Skulptur, die über den Hafen wacht – dies ist die Mitera Inoussiotissa (Mutter von Inoussa), die Beschützerin der Seeleute. Inousses kann sich außerdem einer äußerst disziplinierten Handelsmarine-Akademie und eines eklektischen Museums mit Modellschiffen rühmen, die von einem ehemaligen Schiffs-Magnaten gespendet wurden.

Sehenswertes & Aktivitäten

Inousses bietet mehrere Wanderwege in den Hügeln rundum sowie unberührte Strände. Es gibt keine Touristeninformation, aber man kann sich im *dimarhio* (Rathaus) erkundigen.

Seefahrtsmuseum MUSEUM

(☎22710 44139; Stefanou Tsouri 20; Eintritt 2 €; ⏲Mo–Fr 10–13 Uhr) Dieses vielschichtige Museum feiert Inousses' Seefahrer-Vergangenheit. Es verdankt seine Existenz dem örtlichen Schiffs-Magnaten Antonis Lemos, der seine unbezahlbare Modellschiffssammlung spendete, darunter Handelsschiffe aus dem frühen 20. Jahrhundert, Walfangschiffe aus Elfenbein und Walknochen sowie Elfenbeinmodelle französischer Kriegsgefangenenschiffe aus den Napoleonischen Kriegen. Außerdem bietet es eine verwegene Sammlung mit Musketen und Säbeln aus dem 18. Jahrhundert, einen Tauchhelm der US Navy aus dem Zweiten Weltkrieg, einen handgemachten Leuchtturm aus dem Jahr 1864, antiquarische Karten von Griechenland, ein steinernes Skarabäus-Siegel aus dem 6. Jahrhundert v. Chr. sowie verschiedene Antiquitäten aus der Bronzezeit.

Mausoleum von Inousses MAUSOLEUM

Im grünen Innenhof der Kirche von Agia Paraskevi steht das Nekrotafion Inousson (Mausoleum von Inousses), in dem die Schiffseigner-Dynastien der Insel die Gräber ihrer Ahnen mit riesigen Kammern, Marmorskulpturen und Miniaturkirchen ausgestattet haben. Dies ist ein melancholischer, bewegender Ort, der Bände über die weltlichen Errungenschaften und die Selbstwahrnehmung der außergewöhnlichen Einwohner dieser winzigen Inseln spricht.

Schlafen

Am besten im *dimarhio* nach Privatunterkünften fragen.

Hotel Thalassoporos HOTEL €

(☎22720 51475; EZ/DZ inkl. Frühstück 40/50 €; ❄@) Dieses alte, aber aufgehübschte Hotel befindet sich nur fünf Gehminuten vom Hafen entfernt und bietet saubere, einfache Zimmer mit Fernseher, Kühlschrank und kleinem Balkon sowie eine tolle Aussicht auf die Dächer und den Hafen von Inousses-Stadt. Mitbesitzerin Eleni hält allgemeine Informationen bereit und hilft bei der Unterkunftssuche in anderen Teilen der Insel.

Essen & Ausgehen

Inomageireio To Pateroniso TAVERNE €

(Hauptgerichte 5–8 €) Diese zuverlässige Taverne nahe der *plateia* hat solide griechische Grillgerichte, knackige Salate und leckere Meeresfrüchte auf der Speisekarte, darunter auch die Inousses-/Chios-Spezialität *atherinopita*, ein köstliches Pfannengericht, das mit Zwiebeln und frischen Anchovis zubereitet wird.

Naftikos Omilos Inousson BAR €

(⌚9–3 Uhr) Am Ende des Hafens gelegen, sind die lange Bar und die Terrasse des Yachtclubs von Inousses hauptsächlich mit jungen Griechen und ihrer Diaspora-Verwandtschaft auf Urlaub gefüllt.

Unterhaltung

Im Sommer bringt ein **Open-Air-Kino** (Tickets 3 €) in der Nähe der Hafenmitte allabendlich um 21.30 Uhr Hollywood-Hits nach Inousses.

Praktische Informationen

Die Bank (ohne Geldautomat) und das Postamt befinden sich direkt um die Ecke vom Seefahrtsmuseum.

Arzt (☎22710 55300)

Dimarhio (Rathaus; ☎22710 55326) Hilft bei der Suche nach freien *domatia*

Polizei (☎22710 55222)

An- & Weiterreise

Die kleine *Oinoussai III* (5 € einfach, 1 Std., tgl.) verlässt Inousses normalerweise am Nachmittag und kehrt (von Chios) am Morgen wieder zurück, man muss also übernachten. Tickets gibt's an Bord oder bei den meisten Reisebüros in Chios-Stadt. Im Sommer werden zweimal pro Woche Ausflüge angeboten (18 €).

Täglich verkehren **Wassertaxis** (☎6944168104) nach/von Langada, 15 km nördlich von Chios-Stadt. Eine einfache Fahrt kostet üppige 65 €, die sich die Passagiere jedoch teilen.

Unterwegs vor Ort

Auf Inousses gibt's weder Busse noch einen Autoverleih; einfach nach dem einzigen Taxi durchfragen.

PSARA

420 EW. / 45 KM²

Das gefeierte Psara (Ψαρά) ist eine von Griechenlands wahrhaftigen maritimen Skurrilitäten. Die Insel liegt zwei Stunden nordwestlich von Chios und ist nur ein winziger Fleck im Meer. Sie bietet Buschvegetation, wandernde Ziegen, seltsame rote Felsformationen, nur eine einzige Ortschaft (die auch Psara heißt), ein abgeschiedenes Kloster und unberührte Strände. Allerdings wird sie hauptsächlich von in der Diaspora lebenden Griechen und, neuerdings, neugierigen Festlandbewohnern besucht. So ist und bleibt Psara eine relativ unbekannte Größe für die meisten ausländischen Reisenden. Trotzdem ist sie von Chios und mittlerweile auch von Attika auf dem Festland aus gut zu erreichen und bietet ein paar anständige Unterkünfte und Restaurants.

Für eine Insel dieser Größe nimmt Psara einen ungewöhnlich großen Platz in der modernen Geschichte ein. Die Clans auf Psara kamen durch die Schifffahrt zu Reichtum, und ihre Beteiligung am Unabhängigkeitskrieg von 1821–29 ist ein unauslöschlicher Teil der modernen griechischen Geschichte, allen voran die wagemutigen Großtaten von Konstantin Kanaris (1793–1877), dessen Heldenstatus ihm ganze sechs Mal den Posten des Premierministers einbrachte.

Zu einer der berühmtesten Taten Kanaris' kam es in der Nacht vom 6. Juni 1822. Als Rache für die Massaker, die die Türken auf Chios angerichtet hatten, zerstörten die Truppen aus Psara das Flaggschiff des türkischen Admirals Nasuhzade Ali Pascha, während der nichtsahnende Feind damit beschäftigt war, besagtes Massaker zu feiern. Kanaris' Männer sprengten das Pulverfass des osmanischen Schiffs und jagten damit 2000 Seeleute und den Admiral in die Luft. Wie auf Chios zog ihre Einmischung jedoch eine brutale Sühneaktion der Osmanen nach sich, die Hilfe von ägyptischen und französischen Söldnern erhielten und die Bevölkerung der Insel 1824 dramatisch dezimierten. Es sollten Jahre vergehen, bevor Psara sich wieder erholte.

Im späten 19. und frühen 20. Jahrhundert führten ihre Segel- und Fischereifähigkeiten zahlreiche Bewohner Psaras weit aufs Meer hinaus, und einige siedelten sich schließlich sogar in Amerika und anderen Ländern an. Ihre Nachkommen kehren noch heute jeden Sommer zurück, also sollte man auch nicht überrascht sein, wenn die erste Person, die man hier trifft, Englisch mit dem Akzent der Griechen in Brooklyn spricht.

Sehenswertes & Aktivitäten

Das hübsche Dorf Psara hat eine versteckte Lage in einer langen Bucht im Südwesten der Insel. Beim Verlassen der Fähre liegt direkt geradeaus der zerklüftete Hügel, von dem sich Psaras Frauen und Kinder während der osmanischen Angriffe im Jahr 1824 angeblich in die Tiefe stürzten.

Kimisis Theotokou KLOSTER
(Kloster der Entschlafung der Jungfrau) Dieses Kloster liegt 12 km nördlich der Stadt und ist Psaras größte kulturelle Attraktion. Eigentlich ist es eher eine kleine, von Schutzmauern umgebene Kapelle, die Flachrelief-Skulpturen und seltene heilige hieratische Schriften vom Berg Athos beherbergt. Normalerweise ist es nur sonntags geöffnet und am besten mit dem Auto zu erreichen. Die Straße schlängelt sich durch die sanft geschwungenen Hügel, das Buschland und die seltsamen roten Felsen, die die Topografie der Insel bestimmen. Die Aussicht vom letzten Teil der Strecke ist atemberaubend, und an einem klaren Tag kann man bis nach Skyros oder sogar bis zum Berg Athos sehen.

Metamorfosis tou Sotiros KIRCHE
(Kirche der Verwandlung des Erlösers) Angeblich gibt's auf Psara über 60 Kirchen, meist Kapellen, um deren Erhalt sich Familien kümmern. Dieser imposante blau-weiße Bau entstand um 1770 und ist aufwendig mit Ikonen dekoriert. Die Kirche liegt vom Hafen aus fünf Gehminuten im Landesinneren.

Agios Nikolaos KIRCHE
Diese große, beeindruckende Kirche auf dem Felsen hinter dem Dorf wurde 1793 aus Marmor erbaut, der aus Marseille, Malta und von diversen griechischen Inseln importiert wurde.

Denkmal für Konstantinos Kanaris DENKMAL
Im Herzen des Dorfes Psara befindet sich ein kleiner Park mit einem Denkmal, an dem die Griechen diesem Nationalhelden Ehre erweisen. Tatsächlich ist Kostantinos Kanaris in Athen begraben, während sein Herz im Seefahrtsmuseum in Piräus ruht.

Wer am letzten Sonntag im Juni in Psara ist, kann der **religiösen Gedenkfeier** für das osmanische Massaker von 1824 beiwohnen. Sie findet am Schwarzen Felsen statt, und anschließend gibt's überall in der Stadt Volkstänze und andere kulturelle Aktivitäten.

Flagge FLAGGE
Überall sieht man Psaras unverkennbare rot-weiße Flagge stolz im Wind wehen. Mit dem Revolutionsschlagwort *Eleftheria i Thanatos* (Freiheit oder Tod) beschriftet, ziert sie in der Mitte ein Kreuz, neben dem auf der einen Seite ein Speer nach oben ragt, während auf der anderen ein Anker

zu sehen ist, um den sich eine grüne Schlange wickelt; als ob die Anspielung auf die islamische Herrschaft der Türken nicht schon offensichtlich genug wäre, befinden sich als Dreingabe noch ein umgedrehter Halbmond und ein Stern unter den Motiven. Die gelbe Taube der Freiheit fliegt seitlich aus dem Bild.

Wandern — WANDERN

Besucher sollten zur Einstimmung unbedingt die großartige Wanderung machen, die vom **Schwarzen Felsen** zur kleinen Kapelle von **Agios Ioannis** und weiter zum **Denkmal am Aussichtspunkt** führt. Der Ausblick von oben ist wirklich eindrucksvoll, besonders bei Sonnenuntergang.

Außerdem stehen drei weitere, relativ kurze und gut ausgeschilderte Wanderwege zur Auswahl. Der erste führt zur **Kanonenstellung** an der Nordwestspitze von Psara (je 2 km hin & zurück); über den zweiten erreicht man den abgeschiedenen **Limnonaria-Strand** (je 900 m hin & zurück) an der Südküste, und der dritte ist ein Rundweg (3 km) über die **Adami-** bzw. **Kanalos-Bucht.** Alle drei Routen sind sehr detailliert auf der ausgezeichneten Psara-Karte von **Terrain Maps** (www.terrainmaps.gr) beschrieben. Unterwegs gibt's weder Schatten noch Wasser, also unbedingt einen Hut, Getränke und Sonnencreme mitbringen.

Strände — STRAND

An Psaras zerklüfteten Rändern wartet eine Reihe von sauberen Sand- und Kiesstränden. Am nächsten liegen die Dorfstrände von **Kato Gialos** und **Katsouni.** Ersterer ist ein Kiesstrand auf der Westseite der Landzunge, während Letzterer einen kurzen Spaziergang entfernt nördlich des Hafens liegt und schönen Sand und flaches Wasser bietet – ideal für Kinder. Beide warten mit einer Taverne auf.

Etwas weiter entfernt, etwa 1 km nordöstlich, befinden sich die Zwillingsstrände von **Lazareta** und **Megali Ammos** mit ihren feinen Kieseln. Der **Lakka-Strand,** 2,5 km weiter an der Westküste, ist die nächste Option, dicht gefolgt vom 3,5 km außerhalb von Psara gelegenen **Agios Dimitrios.**

Schlafen

Die Unterkünfte im Dorf Psara beschränken sich vorwiegend auf Zimmer und Wohnstudios. In der Hochsaison oder an Feiertagen unbedingt vorab buchen, ansonsten muss man nehmen, was es gibt. Alternativ die Unterkunft auch über Masticulture Ecotourism Activities (S. 684) in Mesta auf Chios gebucht werden.

Studios Psara — HOTEL €

(☎22740 61180; Wohnstudios ab 50 €) Diese relativ geräumigen Zimmer mit Küchenzeile liegen am Nordwestrand des Dorfes rund um einen Palmengarten und sind ganz in Ordnung, aber es gibt keine Ventilatoren, und in heißen Sommernächten können Moskitos ein Problem sein.

Kato Gialos Apartments — APARTMENTS €

(☎22740 61178, 69457 55321; EZ/DZ/Apt. 40/50/70 €; ❄) Gleich oberhalb vom Restaurant Ilionas Ilema vermietet Spiros Giannakis saubere, helle Zimmer und Apartments mit Küchenzeile und Blick auf den Kato-Gialos-Strand.

Essen & Ausgehen

LP TIPP Petrino — TAVERNE €

(Hafen; ⏰ab 19 Uhr) Diese schön renovierte Bar aus Holz und Stein am Ende des Hafens hat sich zur beliebtesten Adresse von Psaras Jugend entwickelt. Die Hafenterrasse des Petrino bietet sich für eine nette Tasse Kaffee am Abend an, und in Sommernächten ist sie gerammelt voll.

Spitalia — TAVERNE €

(Katsounis-Strand; Hauptgerichte 5–8 €; ⏰11–1 Uhr) Dieses ausgezeichnete Lokal war einst eine osmanische Quarantänestation und eignet sich ganz hervorragend für ein faules Mittag- oder Abendessen am Strand. Spezialität des Hauses ist die gefüllte Ziege. Von der Terrasse des Restaurants führen Stufen direkt ins Meer.

Ta Delfinia — MEERESFRÜCHTE €

(Fisch 7–12 €; ⏰7–1 Uhr) Der auf der Insel geborene Manolis Thirianos serviert in dieser *psarotaverna* (Fischtaverne) in der Hafenmitte vielleicht die besten Meeresfrüchte auf ganz Psara.

Kafe-Bar Baha Marianna — TAVERNE €

(Hafen; ⏰7–1 Uhr) Dieses skurrile *kafeneio* mit Tischen direkt über den schaukelnden Kaiks von Psara ist ein entspannter Ort für einen griechischen Kaffee oder einen Espresso.

Praktische Informationen

Die National Bank of Greece befindet sich am Hafenplatz und hat einen **Geldautomaten.** In

Notfällen kann man sich an den Insel-**Arzt** (☎22740 61277) und die **Polizei** (☎22740 61222) wenden. Die Straße Richtung **Moni Kimisis Theotokou** (12 km) ist am Nordende des Hafens ausgeschildert. Auf dem Platz vor der National Bank gibt's kostenlosen **öffentlichen WLAN**-Zugang.

Im Sommer gibt's eine Touristeninformation in Form eines **Infohäuschens** (⌚9–23 Uhr) aus Holz, aber auch **Psara Travel** (☎22740 61351) in der Mitte des Kais ist sehr hilfsbereit. Einfach nach Diana Katakouzinou (☎69325 28489) fragen, der Büroleiterin. Psara Travel verkauft außerdem die ausgezeichnete **Psara-Karte** (7 €) von Terrain Maps.

ℹ An- & Weiterreise

Mehrere Reisebüros in Chios-Stadt verkaufen Tickets nach Psara, in Mesta kann man sich an Masticulture Ecotourism Activities (S. 684) wenden. Fähren steuern Psara von Chios-Stadt (12 € hin & zurück, 2½ Std., 1-mal wöchentl.) und Mesta (6 bis 7 €, 1¼ Std., 3-mal wöchentl.) aus an.

ℹ Unterwegs vor Ort

Auf Psara gibt's weder einen Auto- noch einen Motorradverleih, deshalb eventuell darüber nachdenken, ein eigenes Auto mitzubringen oder von Chios aus einen Leihwagen oder ein Motorrad auf die Fähre mitzunehmen (15 bis 20 €).

Trampen gilt als sicher, aber auf Psaras Nebenstraßen herrscht kaum Verkehr. Auch wenn wandern natürlich eine gesunde Alternative ist, bieten die meisten Straßen und Wege keinen Schatten. Die gute Nachricht: Alle Strände, Unterkünfte und Restaurants sind höchstens 1 km entfernt, deshalb muss man vielleicht gar nicht weiter in die Ferne schweifen. Ein Leihfahrrad oder -motorrad, das man von Chios aus mit auf die Fähre nimmt, könnte ein vernünftiger Kompromiss sein.

LESBOS (MYTILINI)

93 430 EW. / 1637 KM²

Als Griechenlands drittgrößte Insel, nach Kreta und Euböa, ist Lesbos (Λέσβος [Μυτιλήνη]) auch eine seiner atemberaubendsten und zeichnet sich durch stets wechselnde Landschaften aus. Die weiten, zerklüfteten, wüstenartigen Ebenen im Westen gehen in Sandstrände und Salzmarschen im Zentrum der Insel über, während sich weiter östlich üppig bewaldete Berge und dichte Olivenhaine (auf der Insel wachsen etwa 11 Mio. Olivenbäume) erstrecken.

Hafen und Hauptstadt der Insel ist Mytilini-Stadt, ein fröhlicher Ort voller typischer *ouzerien* und mit dynamischem Nachtleben und guten Unterkünften. Die Stadt Mythimna (auch Molyvos genannt) an der Nordküste ist mit ihren alten Steinhäusern und den kurvigen Gassen mit Blick aufs Meer ein wahres Schmuckstück. Die Attraktionen, die man auf Lesbos unbedingt sehen muss, reichen von Museen für moderne Kunst bis zu byzantinischen Klöstern.

Trotz seiner unbestreitbaren touristischen Anziehungskraft, verdankt das hart arbeitende Lesbos seine Lebendigkeit v. a. der Landwirtschaft. Olivenöl zählt hier zu den meistgeschätzten Produkten, ebenso wie Ouzo; tatsächlich produzieren die Landwirte der Insel etwa die Hälfte des weltweiten Bedarfs dieses nationalen Feuerwassers mit Anisgeschmack, aber auch die hiesigen Weine sind sehr bekannt.

Naturliebhaber werden hier mit endlosen Wander- und Radfahrmöglichkeiten reich belohnt, aber auch Vogelbeobachter kommen voll auf ihre Kosten (über 279 Spezies, von Raub- bis zu Watvögeln, gibt es hier zu sehen). Lesbos bietet außerdem therapeutische heiße Quellen, aus denen mit das wärmste Mineralwasser in ganz Europa sprudelt.

Lesbos' großes kulturelles Erbe erstreckt sich vom Komponisten Terpander und dem Dichter Arion aus dem 7. Jahrhundert v. Chr. bis zu Persönlichkeiten des 20. Jahrhunderts, etwa dem mit dem Nobelpreis gekrönten Schriftsteller Odysseus Elytis und dem primitiven Maler Theofilos. Die großen Philosophen der Antike, Aristoteles und Epikurus, leiteten hier außerdem eine außergewöhnliche philosophische Akademie. Am berühmtesten ist jedoch Sappho, eine der größten Dichterinnen der griechischen Antike. Ihre sinnliche, leidenschaftliche Poesie, die sie angeblich allein für ihre Anhängerinnen schuf, hat zur Entstehung eines modernen Kultes geführt, der Lesben aus aller Welt nach Skala Eressos zieht, dem Stranddorf im Westen von Lesbos, in dem sie geboren wurde (etwa 630 v. Chr.).

Als größte der nordöstlichen Ägäis-Inseln spielt sich auf Lesbos auch das ganze Jahr über das meiste Leben ab, was neben seiner Größe hauptsächlich an seiner jungen Universitätsbevölkerung und seiner wirtschaftlichen Bedeutung liegt.

An- & Weiterreise

Flugzeug

Der Flughafen liegt 8 km südlich von Mytilini-Stadt; ein Taxi kostet 9 €, ein Bus in die Stadt 1,50 €.

Olympic Air (☎22510 61590; www.olympicair.com), **Aegean Airlines** (☎22510 61120; www.aegeanair.com) und **Sky Express** (☎28102 23500; www.skyexpress.gr) haben Büros am Flughafen, aber in den Reisebüros in Mytilini-Stadt gibt's auch Tickets.

INLANDSFLÜGE VON LESBOS (MYTILINI)

ZIEL	FLUGHAFEN	DAUER	PREIS	HÄUFIGKEIT
Athen	Mytilini-Stadt	55 Min.	63 €	3–5-mal tgl.
Chios	Mytilini-Stadt	30 Min.	38 €	2-mal wöchentl.
Kreta (Iraklion)	Mytilini-Stadt	50 Min.	131 €	3-mal wöchentl.
Limnos	Mytilini-Stadt	30 Min.	47 €	5-mal wöchentl.
Rhodos	Mytilini-Stadt	70 Min.	67 €	5-mal wöchentl.
Samos	Mytilini-Stadt	40 Min.	47 €	2-mal wöchentl.
Thessaloniki	Mytilini-Stadt	50 Min.	62 €	2–3-mal tgl.

Schiff/Fähre

Näheres zu Trips in die Türkei gibt's im Kasten „Türkei-Verbindungen" (S. 672). In Mytilini-Stadt gibt's Fährtickets bei Zoumboulis Tours (S. 695) und Olive Groove Travel (S. 695).

FÄHRVERBINDUNGEN NACH LESBOS (MYTILINI)

ZIEL	HAFEN	DAUER	PREIS	HÄUFIGKEIT
Chios	Mytilini-Stadt	3 Std.	12–20 €	2-mal tgl.
Kavala	Mytilini-Stadt	11 Std.	26 €	2-mal wöchentl.
Limnos	Mytilini-Stadt	6 Std.	18 €	3-mal wöchentl.
Piräus	Mytilini-Stadt	8 ½–13 Std.	27–37 €	2-mal tgl.
Samos (Karlovasi)	Mytilini-Stadt	7 ½ Std.	21 €	1-mal wöchentl.
Samos (Vathy)	Mytilini-Stadt	8 Std.	21 €	2-mal wöchentl.
Thessaloniki	Mytilini-Stadt	15 Std.	36 €	1-mal wöchentl.

Unterwegs vor Ort

Auto & Motorrad

Zwei örtliche Unternehmen, **Discover Rent-a-Car** (☎69360 57676; Venezi 3; ⏲7.30–22 Uhr) und **Billy's Rentals** (☎6944759716; Hafen; ⏲7.30–22 Uhr), bieten gute Autos und einen flexiblen Service. Wer einen Roller oder ein Motorrad möchte, wird entlang der Pavlou Kountourioti fündig.

Bus

Vom **Überland-Busbahnhof** (☎22510 28873; El Venizelou) in der Nähe des Agias-Irinis-Parks in Mytilini fahren täglich drei Busse über Eresos nach Skala Eressos (10,30 €, 2 ½ Std.), vier über Petra (6,40 €, 1 ½ Std.) nach Molyvos (Mithymna; 6,90 €, 1 ¾ Std.) und zwei nach Sigri (10,40 €, 2 ½ Std.). Fünf Busse verkehren täglich nach Plomari (4,50 €, 1 ¼ Std.), fünf nach Agiasos (2,90 €, 45 Min.) und vier nach Vatera (6,70 €, 1 ½ Std.), Letzterer fährt über Polichnitos. Wer in diese kleineren Orte reist, muss meist in Kalloni umsteigen, wo täglich vier Busse aus Mytilini (4,50 €, 1 Std.) ankommen. Außerdem gibt's von Mytilini-Stadt täglich fünf Verbindungen zum Moni Taxiarchon (4 €, 1 Std.). Ebenfalls fünf Busse fahren von Mytilini-Stadt zu Mytilinis **Nahverkehrsbusbahnhof** (Pavlou Kountourioti) in der Nähe der Plateia Sapphou, von wo Anschluss in die nahen Orte Loutra, Skala Loutron und Tachiarchis besteht. Alle anderen Busse fahren am **Überlandbusbahnhof** (☎22510 28873; El Venizelou) in der Nähe des Agias-Irinis-Parks ab.

Mytilini-Stadt Μυτιλήνη

27 250 EW.

Lesbos' Hafen und größter Ort, Mytilini, ist eine sympathische Studentenstadt mit ein paar großartigen Restaurants und Kneipen sowie eklektischen Kirchen, grandiosen Herrenhäusern aus dem 19. Jahrhundert und einigen Museen; tatsächlich kann sich das bemerkenswerte Teriade-Museum direkt vor den Toren der Stadt diverser Gemälde von Picasso, Chagall und Matisse rühmen. Mytilinis entspannte Lebenseinstellung spiegelt sich in seinen langjährigen linken Tendenzen wider, aber sie rührt auch von der Liebe der Einheimischen zum Essen und Trinken und zur Kunst her, und so ist diese Insel für ihre Dichter und Maler ebenso bekannt wie für ihr Olivenöl und ihren Wein. Obwohl sich das meiste Leben hier, wie in anderen griechischen Hafenstädten, rund ums Ufer abspielt, bietet Mytilini noch viel mehr als die durchschnittliche griechische Inselhauptstadt. Auch wenn der Tourismus für die lokale Wirtschaft eine wichtige Rolle spielt, steht und fällt die Stadt nicht damit, und die Einheimischen sind meist sehr freundlich und bodenständig. Auf der und um die Haupteinkaufsstraße Ermou werden handgemachte Keramik,

Lesbos (Mytilini)

Schmuck und traditionelle Produkte verkauft, und es gibt zahlreiche tolle *ouzerien* und mit Studenten gefüllte Bars für einen lustigen Abend.

◉ Sehenswertes & Aktivitäten

Festung FESTUNG
(Erw./Stud. 2/1 €; ⊙Di–So 8–14.30 Uhr) Mytilinis imposante byzantinische Festung wurde im 14. Jahrhundert vom Genueser Lehnsherrn Francisco Gatelouzo renoviert. Die Türken vergrößerten sie ein weiteres Mal. Sie eignet sich bestens für einen Spaziergang und ist von Pinienwäldern umgeben.

Archäologisches Museum MUSEUM
(Altes Archäologisches Museum; Erw./Kind 3/2 €; ⊙Di–So 8.30–15 Uhr) Dieses Museum liegt einen Block nördlich des Kais und zeigt beeindruckende Funde aus der Jungsteinzeit und der Römerzeit wie Purzelbaum schlagende weibliche Figuren und Goldschmuck. Das Ticket berechtigt auch zum Eintritt ins Neue Archäologische Museum.

Neues Archäologisches Museum MUSEUM
(☎22510 402238 Noemvriou; ⊙Di–So 8.30–15 Uhr) Dieses neue Museum liegt 400 m vom ursprünglichen Museum entfernt und zeichnet das Inselleben vom 2. Jahrhundert v. Chr. bis zum 3. Jahrhundert n. Chr. nach, u. a. mit beeindruckenden Bodenmosaiken unter Glas. Die Eintrittskarte fürs Archäologische Museum gilt auch für dieses Haus.

Agios Therapon KIRCHE
(Arionos; ⊙Mo–Sa 9–13 Uhr) Die zwiebelförmige Kuppel dieser Kirche krönt Mytilinis Skyline. Ihr reich verziertes Inneres enthält einen riesigen Kronleuchter, eine aufwendig geschnitzte Ikonenwand, einen Priesterthron und eine Freskenkuppel. Im Innenhof der Kirche befindet sich das

Mytilini-Stadt

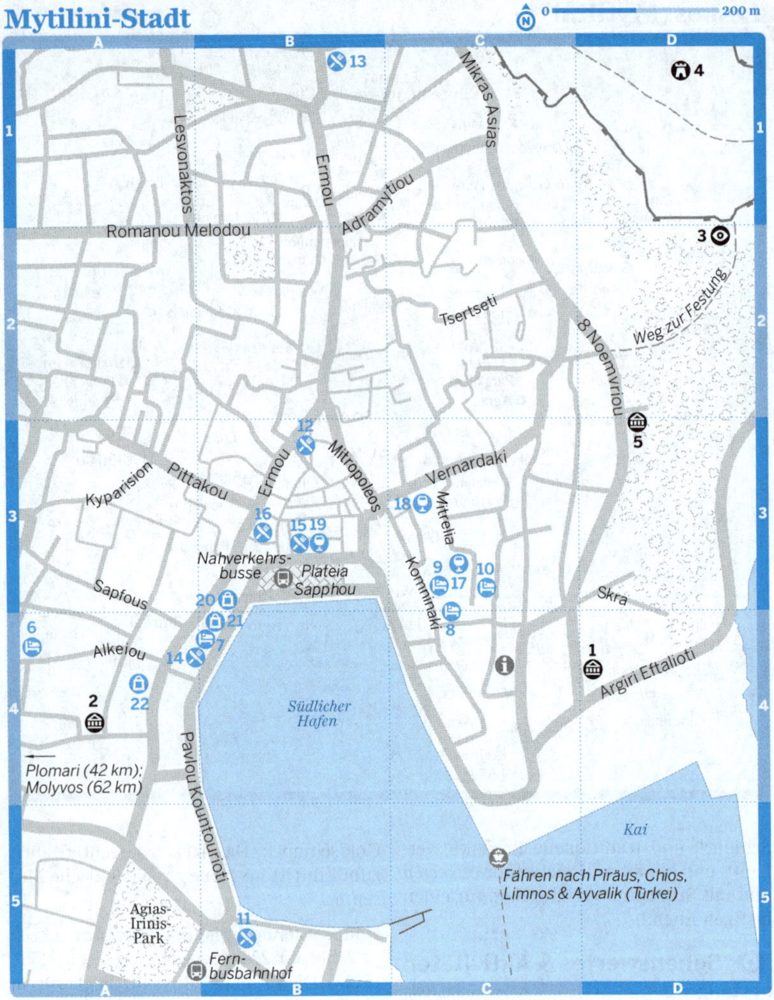

ikonenreiche **Byzantinische Museum** (www.immyt.net/museum, auf Griechisch; Erw./Stud. 2/1 €).

Teriade-Museum MUSEUM

(Varia; Erw./Stud. 2/1 €; ⏲Di–So 9–14, 17–20 Uhr) Vom Nordrand der Pavlou Kountourioti fährt ein Nahverkehrsbus 4 km Richtung Süden nach Varia, dem unwahrscheinlichen Zuhause des Teriade-Museums mit seiner eindrucksvollen Gemäldesammlung weltberühmter Künstler wie Picasso, Chagall, Miro, Le Corbusier und Matisse. Das Museum ehrt den auf Lesbos geborenen Künstler und Kritiker Stratis Eleftheriadis, der seinen Namen in Paris „einfranzösischte" und in Teriade umänderte. Besondere Bedeutung erlangte Teriade auch, indem er den Werken des primitiven Malers Theophilos, der ebenfalls auf Lesbos geboren wurde, zu internationalem Ansehen verhalf.

Theophilos-Museum MUSEUM

(☎22510 41644; Varia; Eintritt 2 €; ⏲Di–So 10–18 Uhr) Dieses interessante Museum neben dem Teriade beherbergt von Teriade in Auftrag gegebene Werke. Verschiedene prestigeträchtige Museen und Galerien in ganz Griechenland stellen weitere, be-

Mytilini-Stadt

rühmtere Gemälde von Theophilos aus, dessen Geschichte dem alten Muster zahlreicher anderer großer Künstler folgte: Er lebte in Armut, bemalte Caféwände, um Geld zu verdienen, und starb schließlich in der Gosse.

Schlafen

LP TIPP Alkaios Rooms PENSION €
(☎22510 47737, 6945507089; www.alkaiosrooms.gr; Alkaiou 16 & 30; EZ/DZ/3BZ inkl. Frühstück 35/45/55 €; ❄📶) Diese Ansammlung von 30 sauberen, ordentlichen Zimmern versteckt sich diskret in verschiedenen renovierten, traditionellen Gebäuden und ist Mytilinis attraktivste Budgetunterkunft. Sie liegt nur zwei Gehminuten vom Paradosiaka Bougatsa Mytilinis (S. 694) entfernt am Hafen.

Hotel Lesvion HOTEL €
(☎22510 28177; www.lesvion.gr; Hafen; EZ/DZ/3BZ ab 45/60/70 €; ❄📶) Das Lesvion in guter Lage ist die jüngste Bereicherung des Hafens. Die gut geführte Unterkunft bietet attraktive, moderne Zimmer und freundlichen Service.

Iren Rooms PENSION €
(☎22510 22787; Ecke Komninaki & Imvrou; EZ/DZ/3BZ 35/45/55 €; ❄📶) Das freundliche Iren wartet mit Zimmern zu vernünftigen Preisen auf; von der kleinen, einladenden Lobby führt eine Treppe hinauf zu den Unterkünften. Die hübsche Pension ist das Schwesterhaus des Alkaios Rooms, aber der Fußweg von der Fähre aus ist kürzer, und es befindet sich direkt neben einem Internetcafé.

Theofilos Paradise Boutique Hotel BOUTIQUEHOTEL €€
(☎22510 43300; www.theofilosparadise.gr; Skra 4; EZ/DZ/3BZ/Suite inkl. Frühstück ab 70/100/125/145 €; P❄@📶≋) Dieses schick renovierte, 100 Jahre alte Herrenhaus wurde im Jahr 2010 eröffnet. Es ist elegant, komfortabel und verhältnismäßig preiswert; es platzt vor überschwänglicher Freundlichkeit und modernen Annehmlichkeiten beinahe aus allen Nähten, und ein traditionelles *hammam* (türkisches Bad) gibt's auch noch. Die 22 Zimmer sind auf drei zusammenhängende Gebäude rund um einen Innenhof verteilt.

Porto Lesvos Hotel HOTEL €
(☎22510 41771; www.portolesvos.gr; Komninaki 21; EZ/DZ/3BZ inkl. Frühstück 50/60/70 €; ❄@📶) Diese Unterkunft strebt einen hohen Standard an (was sich auch in den Kosmetikartikeln, Bademänteln und Pantoffeln zeigt). Die Zimmer sind ein bisschen eng, aber trotzdem gemütlich und attraktiv.

Essen

LP TIPP O Ermis TAVERNE €
(Ecke Kornarou & Ermou; *mezedhes* 5–8 €) Dieses ausgezeichnete, familiengeführte Restaurant mit Tischen im Freien serviert köstliche Salate und *mezedhes* in perfekten Portionen. Es erblickte im Jahr 1800 als türkisches Café das Licht der Welt, und das interessante traditionelle Dekor im Inneren enthüllt noch immer Details seiner langen Geschichte. Auf der Karte stehen auch gute Weine aus Mazedonien und

Limnos, und das Brot ist herrlich warm und frisch.

Ouranos OUZERIE €

(Navmahias Ellis; *mezedhes* 3–6 €) Gleich gegenüber vom O Ermis schaut diese beliebte *ouzerie* von ihrer luftigen Terrasse im alten Nordhafen direkt auf die Türkei. Zu den verführerischen *mezedhes* gehören auch *kolokythoanthi* (gebratene, mit Reis gefüllte Kürbisblüten), *ladotyri mytilinis* (in Öl getränkte lokale Käsespezialität) und üppige Portionen Kalamari.

Taverna Kalderimi TAVERNE €

(Ecke Ermou & Thason; Hauptgerichte 5–10 €; ⌚Mo–Sa) Dieses angenehme Café befindet sich in einer kleinen Gasse zwischen der Ermou und dem Hafen und serviert einfach alles, von *gavros* und gegrillten Schweinekoteletts bis zu *mayirefta* und Salaten der Saison. Eine *mezedhes*-Platte für vier Personen kostet sehr anständige 15 €.

Paradosiaka Bougatsa Mytilinis CAFÉ €

(Kountouriotou 19; Bougatsa 2 €; ⌚24 Std.) Egal, ob man gerade aus der Morgenfähre stolpert oder einen Frühstücksspaziergang macht – dieses geschäftige Lokal am Ufer serviert Mytilinis beste süße *bougatsa* (cremiger Grießpudding im Teigmantel aus dem Ofen), locker-luftigen *tyropita* (Schafskäsepastete), verschiedene Kaffeespezialitäten und frische Säfte.

Stou Mihali TAVERNE €

(Ikarias 7, Plateia Sapphou; Hauptgerichte 3,50–5,50 €; ⌚9–21 Uhr) Neben leckeren vegetarischen und Fleisch-*mayirefta*-Gerichten kann man hier für mehr Vielfalt auch halbe Portionen bestellen und kombinieren. Wir empfehlen *soutzou-kakia* (Rinderfrikadellen mit reichlich Tomaten), *imam baildi* (gebratene Aubergine mit Kräutern) und den griechischen Salat.

Lemoni kai Prasino Piperi GEHOBENE KÜCHE €€

(☎22510 42678; Ecke Pavlou Kountourioti & Hristougennon 1944; Hauptgerichte 9–21 €; ⌚19–1 Uhr) Dieses schicke Restaurant mit offener Küche liegt im oberen Stock und bietet eine tolle Aussicht auf den Hafen und noch besseres Essen. Dies gilt besonders für die italienischen Gerichte, etwa den schlichten, aber ausgezeichneten Tomaten-Mozzarella-Salat, das Meeresfrüchte-Risotto oder die *tagliatelle amatriciana* (scharfe Tomaten-Schinken-Soße). Hervorragende griechische Weine und hausgemachte Desserts runden das Angebot ab. Am Wochenende vorher anrufen.

Ausgehen

In Mytilinis lauten Hafencafés geht's immer lebendig zu, aber die besten Kneipen liegen in den Nebenstraßen.

LP TIPP **Mousiko Kafenio** CAFÉ

(Ecke Mitropoleos & Vernardaki; ⌚7.30–3 Uhr) Dieser hippe Lieblingsladen der Studenten ist mit den unterschiedlichsten Gemälden, alten Spiegeln und heruntergekommenem Holzinventar eingerichtet, die ihm ein entspannt-künstlerisches Flair verleihen. All das und die tolle Musik machen das Café zu einem der spaßigsten Orte der Stadt. Tolle Getränke, frische Säfte und Kaffeespezialitäten und an heißen Sommertagen sogar Eistee.

To Navagio BAR

(Arhipelagous 23) Eine beliebte Café-Bar auf der Plateia Sapphou mit gemütlichen Sofas; perfekt für eine entspannte Partie Backgammon und einen Kaffee.

Heavy Bar BAR

(Ecke Mitrelia & Ladadika; ⌚21–3 Uhr) Rock on! Mytilinis langhaarige Hard-Rock-Bar ist vermutlich der einzige Ort auf Lesbos, in dem man jemanden trifft, der im Sommer eine Jeansjacke trägt. Dank des erhöhten Bildschirms kann man Axl Rose, Angus Young & Co. nicht nur hören, sondern auch sehen.

Einkaufen

Lesvos Shop KUNSTHANDWERK

(☎22510 26088; Pavlou Kountourioti 33) Dieser Laden am Hafen in der Nähe des Hotel Sappho verkauft lokale Naturprodukte, von Ouzo, Olivenöl und Seife bis zu Marmelade, handgemachter Keramik, Wein und Käse. Der Erlös kommt der Gemeinde zugute.

North Aegean Shop ESSEN & TRINKEN

(☎22510 26918; Pavlou Kountourioti 21) In diesem Laden neben dem Paradosiaka Bougatsa Mytilinis gibt es traditionelle Produkte wie griechische Süßigkeiten, darunter auch ungewöhnliche Variationen mit Wassermelone, Oliven und Nüssen.

Buchladen Sfetoudi BÜCHER

(☎22510 22287; Ermou 51) Der gut sortierte Laden hat gute Karten der griechischen

Marktführer Terrain und Anavasi sowie Bücher über Lesbos im Angebot.

Praktische Informationen

Der Überlandbusbahnhof befindet sich neben dem Irinis Park, zwei Blocks südlich der großen Kirche mit der Kuppel, der Nahverkehrsbusbahnhof in der Pavlou Kountourioti neben der Plateia Sapphou. Der Flughafen liegt 8 km südlich an der Küstenstraße. Banken mit Geldautomaten säumen den südlichen Hafenbereich.

Allgemeines Krankenhaus Bostaneio (☎22510 57700; E Vostani 48)

EOT (☎22510 42512; Aristarhou 6; ⌚Mo–Fr 9–13 Uhr)

Hafenbehörde (☎22510 40827)

Hafenpolizei (☎22510 28827)

InSpot (☎22510 45760; Hristougennon 1944 12; pro Std. 2,40 €) Internetzugang.

Lesvos – More than just another Greek island (www.lesvos.com) Online-Reiseführer für Lesbos.

Olive Groove Travel (☎22510 37533; www.olive-groove.gr; 11 Pavlou Kountourioti; 7.30–22 Uhr) Freundliches Reisebüro mit Rundumservice in der Hafenmitte; verkauft Tickets für Fähren und Bootstrips in die Türkei.

Post (Vournasson)

Sponda Internet Café (☎22510 41007; 29-33 Komninaki; ⌚24 Std.)

Zoumboulis Tours (☎22510 37755; Pavlou Kountourioti 69) Verkauft Fähr- und Flugtickets, veranstaltet Bootstrips in die Türkei und vermietet Zimmer.

Anreise & Unterwegs vor Ort

Der Großteil von Mytilini-Stadt ist rund um den beinahe kreisrunden Südhafen erbaut. Fähren legen am Nordostende der gebogenen Hauptstraße am Hafen, der Pavlou Kountourioti, an. Für Näheres zum Transport innerhalb der Stadt siehe S. 690.

Südlich von Mytilini

Die kleine, von Olivenhainen bedeckte Halbinsel südlich von Mytilini bietet gleich mehrere einzigartige Attraktionen. Wer der Küstenstraße gegenüber vom Flughafen über 7 km folgt, erreicht den langen **Neapoli-Kiesstrand,** an dem sich ein paar entspannte Strandbars niedergelassen haben, die bei Studenten in Badekleidung beliebt sind und normalerweise zu den Klängen von Reggae- und Technomusik vibrieren.

Etwas erbaulicher ist **Skala Loutron,** ein Fischerdorf 8 km südwestlich von Mytilini am Golf von Gera. Hier veranstaltet das **Hellenic Culture Centre** (☎22510 91660, in Athen 210 523 8149; www.hcc.edu.gr; 2-wöchige Kurse 670 €) im Sommer Griechisch-Intensivkurse in einer hundert Jahre alten Olivenöl-Fabrik in der Nähe des Hafens, die renoviert wurde und heute das **Hotel Zaira** (☎22510 91188; www.hotel-zaira.com; Skala Loutron; EZ/DZ ab 40/55 €) beherbergt. Das Gebäude zeichnet sich durch luftige Holzbalken, nette Steinarbeiten und hausgemachtes griechisches Essen aus. Nicht-Kursteilnehmer können auch hier absteigen.

Ebenfalls in Skala Loutron erinnert das **Museum zum Andenken an die Flüchtlinge von 1922** (☎22510 91086; Eintritt frei; ⌚17–20 Uhr und auf Anfrage) an Anatoliens vergessene griechische Kultur, die durch den griechisch-türkischen Bevölkerungsaustausch 1923 nach 2000 Jahren abrupt endete. Das Museum zeigt Fotografien, Dokumente, handgemachte Kleider und Silberarbeiten der Flüchtlinge sowie große Wandkarten, die über 2000 Dörfer zeigen, die früher von Griechen bewohnt bzw. jene Orte in Griechenland, in die sie umgesiedelt wurden.

9 km weiter südlich umschließt die Halbinsel die beliebten Sand- und Kiesstrände von **Agios Ermogenis** und **Haramida.** Der östliche Streifen des Letzteren, der **Niseli-Strand,** ist unter einem Felsvorsprung versteckt und durch eine Landzunge vom Hauptstrand getrennt. Direkt unter den Pinien auf den Klippen über dem Strand gibt's einen kostenlosen Gemeinde-Campingplatz mit Toiletten und Duschen. Er liegt in der Nähe des liebenswert exzentrischen **Karpouzi Kantina** (☎69779 46809), eines Imbisswagens, der nach seinem Maskottchen benannt wurde und eigentlich eine alte Jolle ist, die wie eine gigantische Wassermelone aussieht. Der begeisterte Besitzer Fanis hat auch die Aufsicht über den Campingplatz.

Nord-Lesbos

Mit sanft geschwungenen, von Pinien und Olivenbäumen bedeckten Hügeln, friedlichen Stränden und der wunderschön harmonischen Stadt Mithymna (auch Molyvos genannt) bietet Nord-Lesbos einige einsame Fleckchen und ein paar entspannte

Freizeitaktivitäten. Heiße Quellen am Meer, unentdeckte traditionelle Dörfer und beeindruckende byzantinische Klöster runden das Angebot der Region ab.

MANTAMADOS ΜΑΝΤΑΜΑΔΟΣ

36 km nördlich von Mytilini-Stadt, in der Nähe des Dorfes Mantamados, steht eine der wichtigsten Pilgerstätten von Lesbos: Im großartigen Kloster **Moni Taxiarchon** (Taxiarchon-Kloster; Dorf Mantamados; Eintritt frei; ⌚8–20 Uhr) aus dem 17. Jahrhundert, das den Erzengeln gewidmet ist, treffen Orthodoxie, Mythos und Militarismus aufeinander, und zwar ziemlich direkt: Man schaue sich nur mal das Kampfflugzeug an, das draußen parkt. Alles ergibt jedoch Sinn, wenn man weiß, dass der Erzengel Michael der Schutzheilige der Hellenischen Luftwaffe ist. Tatsächlich gibt es hier die eine oder andere fromme Seele, die felsenfest daran glaubt, dass, auch wenn täglich unzählige Türken böswillig mit ihren F16 in den griechischen Luftraum eindringen, sie einzig die unsichtbare Gegenwart des Heiligen davon abhält, über das Kloster selbst zu fliegen.

Es wird von zahlreichen Wundern berichtet, die Gläubige aus ganz Griechenland anziehen, aber auch wer selbst nicht gläubig ist, kann über die wunderschöne Architektur des Klosters staunen. Erstmals 1661 als aktives Kloster erwähnt, wurde die heutige Kirche 1879 als dreigängige Basilika erbaut. Das Kloster ist von einer grünen Anlage umgeben (die in praktischer Nähe auch einen Imbissladen und Toiletten bietet).

Der voluminöse Innenraum ist von mächtigen Säulen geprägt und mit Ikonen geschmückt, wobei die Abbildung des Erzengels in Erdtönen am meisten verehrt wird. Laut einer Legende entstand sie im 10. Jahrhundert, nachdem das Kloster von sarazenischen Piraten zerstört worden war. Während die Piraten die Mönche massakrierten, kletterte der einzige Überlebende auf das Dach; dort erschien ihm auf wundersame Weise der Erzengel und verjagte die Sarazenen mit gezogenem Schwert. Um seine Dankbarkeit zu zeigen, malte der Mönch die Ikone, angeblich, indem er Schlamm mit dem Blut seiner toten Brüder vermischte. Seit 1766 wird die Ikone in einem speziellen Kasten aufbewahrt, und das glänzende Silber, das davor baumelt, symbolisiert die bereits erhörten Gebete der Gläubigen. Außerdem werden mit Ornamenten verzierte Schuhe als heilige Opfergaben zurückgelassen (angeblich ist auf dem Boden neben der Ikonenwand der Fußabdruck des Erzengels zu sehen).

Wer im Kloster ist, sollte auch den **Laden der landwirtschaftlichen Kooperative von Mandamados** (✆22530 61096) besuchen, der Naturprodukte örtlicher Bauern verkauft, etwa den einzigartigen Hartkäse *ladotyri* aus Schafsmilch.

MOLYVOS (MITHYMNA) ΜΟΛΥΒΟΣ (ΜΗΘΥΜΝΑ)

1500 EW.

Molyvos, auch als Mithymna bekannt, ist eine gut erhaltene Stadt aus der Osmanenzeit mit schmalen, gepflasterten Gassen und Steinhäusern mit Holzbalkonen, die auf den glitzernden Kiesstrand hinunterblicken. Die großartige Byzantiner-Burg aus dem 14. Jahrhundert, die nahe gelegenen Strände und seine Lage im mittleren Norden der Insel machen Molyvos zu einem guten Ausgangspunkt für Erkundungstouren auf Lesbos.

Die von Norden nach Süden verlaufende Hauptstraße schmiegt sich an die Küste und teilt die Stadt. Unterhalb dieser Straße befinden sich Hafen und Strand sowie mehrere Hotels, Restaurants und Cafés. Oberhalb verleihen schmale, kurvenreiche Straßen der Stadt ein intimes Flair; hier locken gemütliche Unterkünfte und einladende Restaurants. Die Agora (Markt) ist voller touristischer Läden. Sie befindet sich etwas weiter oben, und über allem thront die Burg.

Sehenswertes & Aktivitäten

Molyvos eignet sich prima zum Bummeln; die kleinen Sträßchen im oberen Teil der Stadt sind von traditionellen, von Blumen umrankten Steinhäusern mit bunten Fensterläden gesäumt.

Byzantinisch-genuesische Burg BURG
(Eintritt 2 €; ⌚Di–So 8.30–19 Uhr) Diese Burg aus dem 14. Jahrhundert wacht über Molyvos; der steile Aufstieg wird mit einem Rundum-Panorama über die Stadt und das Meer belohnt, und am Horizont schimmert sogar die Türkei. Im 15. Jahrhundert, bevor Lesbos den Türken in die Hände fiel, wehrte die resolute Onetta d'Oria, die Ehefrau des genuesischen Gouverneurs, einen türkischen Angriff ab, indem sie die Rüstung ihres Mannes anlegte und die Truppen von hier aus anführte. In den Sommermonaten finden auf der Burg diverse

Festivals statt (Näheres weiß die Touristeninformation).

Ausflugsboot BOOTSTOUREN
Strandliebhaber können um 10.30 Uhr mit einem Ausflugsboot nach Petra, Skala Sykaminias und Eftalou (ab 18 €) fahren; Bootsfahrten bei Sonnenuntergang werden ebenfalls angeboten. Näheres erfährt man bei **Faonas Travel** (☎22530 71630; tekes@otenet.gr) im Sea Horse Hotel am Hafen.

Schlafen

In Molyvos stehen über 50 angemeldete, gute *domatia* zur Auswahl. An der städtischen Touristeninformation in der Nähe der National Bank gibt's Näheres.

LP TIPP **Nassos Guest House** PENSION €
(☎22530 71432, 6942046279; www.nassos-guesthouse.com; Arionos; EZ/DZ 20/35 €; 📶) Im einzigen blauen Haus der Altstadt wartet Lesbos' beste Unterkunft. In diesem umgebauten türkischen Herrenhaus mit kleinem, abgeschiedenem Garten fühlt man sich wie zu Hause. Eines der Zimmer hat ein eigenes Bad, und eine komplett ausgestattete Küche gibt's auch. Der freundliche niederländische Besitzer Tom hält jede Menge Infos zur umliegenden Gegend bereit. Vorher nachfragen, ob Zimmer frei sind.

Marina's House PENSION €
(☎/Fax 22530 71470; Hafen; EZ/DZ ab 35/40 €; ❄📶) Wenn man nach den überbordenden Geranien auf den Stufen Ausschau hält, ist diese gut geführte Pension, die 50 m vom Hafen entfernt in der Hauptstraße liegt, nicht zu verfehlen. Marinas Ehemann, Kostas, malt Ikonen.

Amfitriti Hotel HOTEL €
(☎22530 71741; EZ/DZ/3BZ inkl. Frühstück 65/90/100 €; ❄📶🏊) Nur 50 m vom Strand entfernt lockt dieses gut geführte Hotel in einem traditionellen Steinhaus mit modernen, gefliesten Zimmern und einem großen Gartenpool. Das Personal ist freundlich und hilfsbereit, und die ruhige Lage ist ein weiteres Plus.

Molyvos Hotel HOTEL €
(☎22530 71496; www.molyvos-hotels.com; Hafen; DZ inkl. Frühstück ab 65 €; ❄📶) Dieses hübsche Hotel am Hafen ist ein weiterer Favorit der Pauschaltouristen, aber auch für unabhängige Reisende eine gute Wahl. Es bietet ordentliche Zimmer gegenüber einem schmalen Strandstreifen mit Schatten spendenden Bäumen, freundlichen Service und ein gutes Frühstücksangebot. Normalerweise kann man draußen in der schmalen Gasse parken.

Sea Horse Hotel HOTEL €
(☎22530 71630; www.seahorse-hotel.com; Hafen; EZ/DZ/3BZ inkl. Frühstück 55/65/75 €; ❄📶) Dieses Hotel befindet sich im Herzen des Hafenbereichs am Wasser und bietet großzügige, moderne Zimmer (alle mit Blick auf den Hafen) sowie ein familieneigenes Restaurant und ein Reisebüro.

Städtischer Campingplatz Mithymna CAMPINGPLATZ €
(☎22530 71169; Zeltplatz pro Erw./Zelt 6/3 €; ⏲Juni–Sept) Dieser öffentliche Campingplatz bietet eine wunderbare Schattenlage, ist 1,5 km von der Stadt entfernt und ab der städtischen Touristeninformation ausgeschildert.

Captain's View HOTEL €
(☎22530 71241; meltheo@otenet.gr; Haus mit 2 Zimmern 90–150 €; ❄) Dieses renovierte alte Haus hat eine gut ausgestattete Küche, einen großen Balkon und eine Lounge. Es warten zwei Schlafzimmer und ein Loft, in dem bis zu sechs Personen Platz finden. Es gibt keine Mindestaufenthaltsdauer, aber im Sommer muss vorab gebucht werden.

Essen & Ausgehen

LP TIPP **Betty's** TAVERNE €
(☎22530 71421; 17 Noemvriou; Hauptgerichte 3–10 €) Diese renovierte Residenz eines türkischen Paschas versteckt sich unter einem roten Balkon, der aus der Straße darüber hervorragt, und bietet eine köstliche Auswahl an *mayirefta*, wie gebackene Auberginen mit Käse, Lamm-*souvlaki* und *kotyropitakia* (kleine Käsepasteten). Am besten sind aber die ungewöhnlichen Meeresfrüchte-Spezialitäten, etwa die Spaghetti mit Shrimps. Betty vermietet außerdem ganz in der Nähe des Restaurants zwei hübsche Apartments zu vernünftigen Preisen.

Alonia TAVERNE €
(Hauptgerichte 4,50–6 €) Einheimische schwören auf dieses unprätentiöse Lokal gleich außerhalb der Stadt an der Straße zum Eftalou-Strand. Auch wenn die Einrichtung nichts Besonderes ist, ist das Alonia Molyvos' beste Wahl für frischen Fisch zu guten Preisen.

O Gatos TAVERNE €
(www.gatos-restaurant.gr; Hauptgerichte 6,50–9 €) In der Nähe des Bogens am Eingang der Burg liegt dieses etwas touristische Restaurant, das einen atemberaubenden Blick aufs Wasser bietet – prima für ein Essen in der Abenddämmerung.

Molly's Bar BAR
(⌚ab 18 Uhr) Mit dick gestrichenen Wänden und blauen Sternen, Perlenvorhängen und Guinness aus der Flasche ist diese skurrile, von einem Briten geführte Bar am Ostrand des Hafens immer tipptopp in Schuss. Das Molly's richtet sich an ein älteres, internationales Publikum. Es wird von ein paar weiteren Kneipen flankiert, in denen es im Sommer ziemlich hoch hergeht.

Sunset CAFÉ
(Hafen; ⌚8–1 Uhr) Am Hafen, ganz in der Nähe des Molyvos Hotel, bietet dieses freundliche Ganztagscafé eine tolle Auswahl an Kaffeespezialitäten und aufmerksamen Service.

Praktische Informationen

Banken mit Geldautomat hat es in der Stadtmitte.

Central Internet Café (pro Std. 3 €) In der Hafenstraße. Überall am Hafen ist WLAN verfügbar, und in der städtischen Bibliothek gibt's kostenlose Internet-Terminals.

Com.travel (☎22530 71900; www.comtravel.gr) Effizientes Reisebüro mit Rundumservice in der Hauptstraße.

Medizinisches Zentrum (☎22530 71333)

Post (Kastrou)

Städtische Touristeninformation (☎22530 71347) Diese geschäftige Filiale neben der National Bank ist ein reicher Quell an Informationen und hilft bei der Buchung von Unterkünften und Ausflügen in der Gegend.

PETRA ΠΕΤΡΑ

Dieses bekannte Ausflugsziel 5 km südlich von Mithymna (Molyvos) ist nicht viel mehr als ein überbewertetes Stranddorf. Der Strand selbst besteht aus rauem Sand und Kies, und im Wasser stehen merkwürdige, speerartige Holzpfähle. Petras einzige Kulturstätte liegt über dem gigantischen überhängenden Felsen, nach dem das Dorf benannt wurde: Die **Panagia Glykofilousa** (Kirche der süß küssenden Jungfrau) aus dem 18. Jahrhundert ist zu Fuß über 114 steinige Stufen erreichbar.

Auch wenn es in Petra Übernachtungsmöglichkeiten gibt, besteht das Dorf selbst aus nicht viel mehr als einer Straße mit Souvenirläden und ein paar Restaurants. Es ist viel netter, in Molyvos oder ein Stück weiter am Eftalou-Strand abzusteigen.

EFTALOU-STRAND ΠΑΡΑΛΙΑ ΕΦΤΑΛΟΥ

Der Eftalou-Strand (auch Agii-Anargyri-Strand genannt) liegt ein paar Kilometer nordöstlich von Petra und ist der ideale Ort für alle, die nach Einsamkeit suchen. Man kann entweder dort parken, wo der Pfad zum Strand hinunterführt, oder noch ein Stück weiterfahren, bis man das Hrysi Akti Hotel-Restaurant erreicht: dahinter warten noch mehr Strände.

Der schmale Eftalou-Kiesstrand liegt vor einer Klippe und bietet ursprüngliche Wasser und vollkommene Einsamkeit. Außerdem befinden sich hier die **Mineralbäder von Eftalou** (altes Gemeinschafts-/neues Privatbadehaus 4/5 €; ⌚altes Badehaus 6–21 Uhr) mit ihrem klaren, kathartischen, 46,5 °C warmen Wasser. Das alte Badehaus hat einen Kiesboden, das neue bietet private Badewannen. Diese Quellen sollen bei der Behandlung von Rheuma, Arthritis, Neuralgien, Bluthochdruck, Gallensteinen sowie gynäkologischen und Hautproblemen helfen. Aber vielleicht ist man auch am besten beraten, wenn man sich einfach nach der Stelle ganz in der Nähe durchfragt, an der das heiße Mineralwasser ins kühle Meer fließt.

Ein Stück hinter den Bädern bietet das **Hrysi Akti** (☎22530 71879; Eftalou-Strand; EZ/DZ 35/45 €) am Strand einfache Zimmer mit Bad in einer idyllischen Kiesbucht, und das kleine **Restaurant** (☎22530 71947; Hauptgerichte ab 4,50 €) des freundlichen Besitzers blickt direkt aufs Meer.

West-Lesbos

Der spektakuläre, einsame Westen von Lesbos ist das Ergebnis massiver vorzeitlicher Vulkanausbrüche, durch die die Bäume und alle anderen Lebewesen fossilisierten und die Gegend so zu einem der interessantesten Orte für Jäger prähistorischer Schätze machten. Die atemberaubende, karge Landschaft wird nur von zerklüfteten Felsen und vereinzelten Olivenbäumen durchbrochen und unterscheidet sich auf dramatische Weise vom Rest der Insel. Schon die byzantinischen Spiritisten wurden in ihren hohen klösterlichen Zufluchtsorten von den kargen, verbrannten Mondlandschaften des Westens inspiriert.

Weiter südwestlich taucht jedoch eine weite Graslandschaft auf, die zum Küstendorf Skala Eressos führt, dem Geburtsort Sapphos, einer der berühmtesten Dichterinnen Griechenlands. Platon gab dieser großen lyrischen Poetin aus dem 7. Jahrhundert v. Chr. den Beinamen „Zehnte Muse". Die Kraft ihrer literarischen Verführung war so groß, dass selbst der ansonsten sehr besonnene antike Herrscher Solon verzweifelt darum bat, man möge ihm Sapphos Lied beibringen, da er es „lernen und dann sterben" wolle.

Das sinnliche, erotische Wesen von Sapphos überlieferten Gedichten – und die Tatsache, dass sie einen engen Kreis weiblicher Vertrauter unterrichtete und inspirierte – sollten sie später zu einer lesbischen Ikone machen. Skala Eressos bietet herrliche Strände, Meeresfrüchte-Tavernen und Cocktailbars im Sonnenuntergang.

VON KALLONI NACH SIGRI ΚΑΛΛΟΝΗ ΠΡΟΣ ΣΙΓΡΙ

Von Kalloni aus erreicht man nach 34 km Fahrt Richtung Westen **Andissa,** ein joviales, rustikales Dorf mit schmalen Straßen, das dank zweier gigantischer Platanen, die über der *plateia* stehen, schön kühl ist; hier kann man eine Kaffee- oder Mittagspause machen. Während die Bauern Wassermelonen und Orangen von den Ladeflächen ihrer Laster hieven, lauscht man den Grillen und dem Geplapper der Alten bei einem griechischen Kaffee oder einem Frappé.

Wer nach Abgeschiedenheit sucht, wird den nur wenig besuchten **Gavathas-Strand** an der Nordküste genießen, der ein paar Kilometer vor Andissa ausgeschildert ist. Nach der Abzweigung der Straße über 10 km Richtung Norden folgen, bis man dieses winzige Fischerdörfchen mit seinem langen Sandstrand erreicht, dessenwarmes, flaches Wasser für Kinder absolut perfekt ist. Links hinter dem Strand befindet sich die **Taverna O Tsolias** (☎22530 56537). Die nette Familie, die dieses einfache, aber ansprechende Lokal führt, vermietet auch ein paar Zimmer, falls man gerne noch ein bisschen länger bleiben möchte.

9 km westlich von Andissa steht das byzantinische Kloster **Moni Ypsilou** (Eintritt frei; ⌚8–20 Uhr) auf einem einsamen, von Vulkanebenen umgebenen Gipfel. Im 8. Jahrhundert gegründet, verfügt diese mehrstöckige Anlage über einen gebogenen Innenhof voller Blumen, eine reich verzierte Kirche und ein kleines, aber spektakuläres Museum mit antiken liturgischen Gewändern, jahrhundertealten Ikonen und byzantinischen Manuskripten, die bis ins 10. Jahrhundert zurückreichen. Von den Mauern des Klosters blickt man auf die kargen, ockerfarbenen Ebenen, die sich bis zum Meer erstrecken.

4 km hinter dem Kloster biegt eine ausgeschilderte Straße nach links ab und führt nach 4,9 km zu Lesbos' viel gerühmtem **versteinerten Wald** (www.petrifiedforest.gr; Eintritt 2 €; ⌚9–20 Uhr). Eigentlich ist dies aber eher eine versteinerte Wüste: Die 20 Mio. Jahre alten Stümpfe, die in diesem glühend heißen, schattenlosen Tal verstreut liegen, kann man beinahe an einer Hand abzählen.

Die besten Exemplare befinden sich im **Naturkundemuseum des versteinerten Waldes von Lesbos** (☎22530 54434; Sigri; Eintritt 5 €; ⌚Juli–Sept. 9–20 Uhr, Okt.–Juni 9–17 Uhr) in Sigri, einem 7 km westlich gelegenen Küstendorf. Dieses fesselnde moderne Museum schafft es, mithilfe interaktiver Ausstellungen und einer wahren Schatztruhe voller glitzernder Amethyste, Quarze und anderer Halbedelsteine, alte Kiesel und verstaubte Fossilien interessant zu machen.

Das verschlafene **Sigri** ist ein Fischereiinklusive Fährhafen, der aber nur gelegentlich in Betrieb ist. Das Dorf bietet einen wunderschönen Blick aufs Meer, besonders bei Sonnenuntergang, und im Südwesten warten idyllische, wenig besuchte Strände. Eine gute, unbefestigte Straße führt entlang der Küste Richtung Süden an diesen Stränden vorbei; bis Skala Eressos, dem beliebtesten Ziel im Westen von Lesbos, sind es etwa 45 Minuten Fahrt.

SKALA ERESSOS ΣΚΑΛΑ ΕΡΕΣΟΥ

1560 EW.

Alle historischen Orte müssen die Last ihrer Vergangenheit tragen, aber das einst so ruhige Fischerdorf Skala Eressos hat gelernt, Profit aus seiner Geschichte zu schlagen. Diese unkonventionelle Strandstadt, in der die sinnliche Lieddichterin Sappho 630 v. Chr. geboren wurde, ist angeblich das Epizentrum der lesbischen

Weltgemeinschaft – aber dieser Ruf ist längst überholt. Tatsächlich sieht sie dank Shiatsu, Smoothies, heilenden Künsten und Laptop-Cafés eigentlich genau wie eine College-Stadt in Neuengland aus, wenn auch mit entschieden angenehmerem Klima. Alles in allem ist Eressos wirklich sehr nett.

Die meiste Anziehungskraft geht in Skala Eressos von seinem 2 km langen Strand, den guten Meeresfrüchten und dem entspannten Nachtleben aus, während das **International Eressos Women's Festival** (www.womensfestival.eu) alljährlich im September den Höhepunkt der lesbischen Urlaubssaison bildet.

Sehenswertes

Eressos' kleines **Archäologisches Museum** (Eintritt frei; Di–So 8–14.30 Uhr) zeigt griechische und römische Antiquitäten, darunter auch seltene Münzen, Keramik-Öllampen und ein beeindruckendes Bodenmosaik aus dem 5. Jahrhundert, das zwei Pfauen darstellt. Das Museum liegt vom Hafen aus 200 m im Landesinneren, gegenüber der Kirche Agios Andreas.

In der nahen frühchristlichen **Basilika Agios Andreas** sind teils noch intakte Mosaiken aus dem 5. Jahrhundert zu sehen.

Schlafen

Skala Eressos bietet anständige *domatia* sowie (ziemlich teure) Hotels. Die meisten Häuser, die früher nur für Frauen waren, sind inzwischen Unisex-Unterkünfte. Die hier genannten Preise fallen außerhalb der Hauptsaison von Mitte Juli bis Mitte August rapide ab.

LP TIPP **Kouitou Hotel** HOTEL €

(22530 53311; koutiou.hotel@gmail.com; EZ/DZ 25/45 €; P @) Das Kouitou wird vom dynamischen Duo Vasso und Alejandro gemanagt. Die sauberen, skurrilen Zimmer dieser hübschen, weitläufigen Unterkunft verfügen alle über handgemaltes Dekor und einen Ventilator. Das Hotel befindet sich fünf Gehminuten vom Wasser entfernt, das man auch von der Bar auf dem Dach sehen kann. Vassos Familie tischt jeden Tag eine hausgemachte Mahlzeit auf, die stets aus natürlichen, lokalen Zutaten zubereitet wird.

Villa La Passione HOTEL €

(6944602080; www.lesvos-villa.gr; EZ/DZ/3BZ 40/50/60 €, Apt. 80–100 €;) Selbstversorgern werden diese modernen, gut ausgestatteten Wohnstudios ganz in der Nähe des zentralen Parkplatzes von Eressos sicher gut gefallen. In drei der Apartments finden jeweils mindestens vier Personen Platz.

Heliotopos APARTMENTS €

(6977146229; www.heliotoposeressos.com; Apt. 45–70 €; P) Dieses hübsche Haus in Gartenlage befindet sich zehn bis 15 Gehminuten vom Dorf entfernt. Zur Auswahl stehen fünf Wohnstudios für ein bis zwei Personen sowie drei Zwei-Zimmer-Apartments, alle mit eigener Küche. Die Besitzer Debby und Patrick sind aus Großbritannien übergesiedelt und haben es sich zur Gewohnheit gemacht, stets frisches Obst und Gemüse im Haus zu haben, und außerdem führen sie auch noch Vogelbeobachtungstouren durch die umliegende Gegend. Wer mal ein bisschen radeln möchte, kann sich kostenlos ein Fahrrad schnappen.

Mascot Hotel HOTEL €

(22530 52140; www.sapphotravel.com; EZ/DZ 40/60 €;) Vor gar nicht allzu langer Zeit galt das Mascot noch als reine Frauenunterkunft, aber in letzter Zeit scheint es sich doch an ein breiteres Publikum zu richten. Dieses unkonventionelle Haus mit zehn gemütlichen, modernen Zimmern mit Balkon liegt nur ein paar Blocks von Strand entfernt.

Essen

Skala Eressos' Restaurants und Bars säumen zusammen mit zahlreichen *amariki* (Salzbäumen) den Strand. Frischer Fisch gehört zu den Spezialitäten in dieser Gegend; einfach mal nach den hängenden Tintenfischen und Oktopussen Ausschau halten. An klaren Tagen taucht Chios am Horizont auf.

Aigaio TAVERNE €

(Hauptgerichte 3,50–8,50 €) Der Besitzer dieses Lokals, Theodoris, verbringt den Großteil des Morgens damit, Fisch zu fangen, den er abends frisch serviert. Dazu werden sehr gute *mayirefta* aufgetischt, und es gibt traditionelle griechische Hintergrundmusik.

Soulatso TAVERNE €

(Fisch 6–13 €) Diese geschäftige Strand-*ouzerie* mit einer schönen Außenterrasse ist auf frischen Fisch spezialisiert und ist vor allem für die besten *mezedhes* am Hafen bekannt.

Taverna Karavogiannos TAVERNE €
(Hauptgerichte 5–9 €) Noch eine tolle Meeresfrüchte-Taverne mit frischem Fisch, vegetarischen Gerichten und Salaten.

Sam's Café-Restaurant TAVERNE €
(Eressos; Hauptgerichte 4–8 €) Diese ausgezeichnete libanesisch-griechische Ergänzung der kulinarischen Landschaft ist die 5 km lange Fahrt bergauf nach Eressos allemal wert, wenn man mal was anderes essen und Sams und Nikis Hausmannskost genießen möchte.

Ausgehen

Skala Eressos' begrenztes Nachtleben besteht aus einer Reihe von Café-Bars, die sich am Ostrand des Hafens aneinanderreihen, und einige sind wirklich ganz hübsch.

Parasol BAR
(☎22530 52050) Das Parasol, das an seinen orangefarbenen Laternen zu erkennen ist, liegt weiter unten am Hafen und serviert Cocktails, die zu seinem Südsee-Dekor passen.

Tenth Muse BAR
(☎22530 53287) Diese Bar ist nach Platons Spitznamen für die Dichterin Sappho benannt. Es ist gleich der erste Laden an der *plateia* und setzt voll auf Fruchtsäfte, Häagen-Dazs und Lebensfreude.

Belleville CAFÉ
(☎22530 53021) Noch so ein Strandcafé mit gutem Frühstück und süßen Sachen: Das Belleville gehört zu den entspannteren Läden am Strand.

Zorba the Buddha BAR
(☎22530 53777) Diese Bar liegt am östlichen Hafenrand, ist seit jeher sehr beliebt und bis spät abends gut besucht.

Praktische Informationen

Die zentrale Plateia Anthis blickt auf den Hafen, wo die meisten Cafés kostenlosen WLAN-Anschluss bieten. Hinter der *plateia* befindet sich die Kirche Agios Andreas, weiter westlich entlang der Gyrinnis sind die wichtigsten Einrichtungen und Geldautomaten. Einen **Arzt** (☎22530 53947; ⌚24 Std.) und eine **Apotheke** (☎22530 53844) gibt's auch.

Sappho Travel (☎22530 52140; www.sapphotravel.com) ist ein Reisebüro mit Rundumservice und bietet neben umfassenden Infos auch einen Autoverleih, verkauft Tickets, arrangiert Unterkünfte und wechselt Geld. Die Agentur organisiert außerdem Bootsfahrten bei Sonnenuntergang nur für Frauen sowie das zweiwöchige International Eressos Women's Festival, das jeden September stattfindet. Das Event zieht mit Workshops, Musik, Kunst, Therapien und geselligem Beisammensein Lesben von nah und fern an.

Süd-Lesbos

Verstreute Oliven- und Pinienhaine durchziehen Süd-Lesbos von den Hängen des Olymps (968 m), des höchsten Gipfels der Gegend, bis zum Meer, wo herrliche Strände locken. Dies ist eine heiße, landwirtschaftlich dominierte Region, in der die wichtigen Olivenöl-, Wein- und Ouzoindustriezweige den Tourismus überschatten. So sind die Dörfer in Süd-Lesbos nach wie vor authentisch und die Strände herrlich einsam.

Gleich südlich der Straße von Mytilini nach Polyhtinos ist **Agiasos** der erste Ort von Interesse. Auf der Nordseite des Olymps gelegen, ist dies ein skurriles, hübsches, traditionelles Fleckchen, in dem die Dorfältesten in den *kafeneia* griechischen Kaffee schlürfen und sich nicht groß um die Zeit kümmern, während lokale Kunsthandwerker ihre Waren an Tagesausflügler aus Mytilini-Stadt verkaufen. Trotzdem ist es ein entspannter, herrlich grüner Ort, der obendrein die außergewöhnliche Kirche **Panagia Vrefokratousa** und schöne Unterkünfte bietet.

Alternativ geht's auf der Straße nach Süden, die sich an die Westseite des Golfs von Gera schmiegt, nach **Plomari.** Das Zentrum von Lesbos' Ouzo-Industrie ist ein attraktives, wenn auch sehr geschäftiges Dorf am Meer, das mit einer großen, von Palmen gesäumten *plateia* und Hafen-Tavernen aufwartet.

Hier kann das **Varvagianni-Ouzo-Museum** (☎22520 32741; ⌚Mo–Fr 9–16 Uhr, Sa & So nach Absprache) besucht werden. Die beliebte Strandsiedlung **Agios Isidoros** 3 km weiter östlich nimmt die meisten von Plomaris Sommergästen auf, aber **Tarti** etwas weiter östlich ist noch schöner und weniger überfüllt. Westlich von Plomari liegt **Melinda,** ein ruhiges Fischerdorf mit Strand, Tavernen und *domatia*.

VON MELINDA NACH VATERA
ΜΕΛΙΝΤΑ ΠΡΟΣ ΒΑΤΕΡΑ

Sehenswertes & Aktivitäten

Von Melinda aus schlängelt sich eine weniger befahrene Straße zwischen steilen Schluchten durch friedliche Bergdörfer und dicht bewaldete Hügel zum Strandort Vatera hinauf, und von oben bietet sich ein atemberaubender Blick aufs Meer.

Weiter Richtung Norden trifft man als Erstes auf das Dörfchen **Paleochori**, das ein grandioses Panorama und einen Blick auf noch winzigere Dörfer bietet, die sich in den bewaldeten Bergen gegenüber verstecken. Anschließend schlängelt sich die Straße weiter nach Norden, bevor sie nach Westen abbiegt und Akrassio erreicht. Von Akrassio fährt man auf einer ordentlichen, aber nicht sonderlich aufregenden Route direkt weiter Richtung Vatera im Westen. Interessanter ist es jedoch, sich von Akrassio aus weiter in Richtung Norden zu halten, zum Dörfchen **Ambeliko**. Ein paar Kilometer vor Ambeliko schlängelt sich eine ausgeschilderte, unbefestigte Straße (6,5 km), die auch für Leihwagen geeignet ist, bergab nach **Kato Stavros**. Von hier führt die Straße durch friedliche Oliven- und Pinienwälder mit grandioser Aussicht auf die Küste weiter bergab. Insgesamt dauert die Fahrt von Melinda nach Vatera etwas mehr als eine Stunde.

In Süd-Lesbos können Wanderer die „Olivenwege" genießen, die sich aus Pfaden und kleinen lokalen Straßen zwischen Plomari und Melinda zusammensetzen. Der **Melinda-Paleochori-Pfad** (1,2 km, 30 Min.) folgt dem Fluss Selandas für 200 m, bevor er nach Paleochori hinaufklettert und an einer Quelle mit Trinkwasser vorbeikommt. Der Weg endet an einer der beiden Olivenpressen des Dorfes.

Von dort geht's weiter nach Südwesten zur **Panagia Kryfti**, einer Höhlenkirche in der Nähe einer heißen Quelle, und zum nahe gelegenen **Drota-Strand** oder über den **Paleochori-Rahidi-Pfad** (1 km, 30 Min.), der mit weißen Steinen gepflastert ist und an mehreren Quellen und Weinbergen vorbeiführt. Rahidi, das erst seit 2001 ans Stromnetz angeschlossen ist, bietet verschiedene charmante alte Häuser und ein *kafeneio*.

Ein weiterer Weg führt von Melinda nach Nordwesten ins schattige **Kournela** (1,8 km, 40 Min.) und von dort nach **Milos** (800 m, 20 Min.), in dem eine alte Getreidemühle steht. Alternativ geht's von Melinda über den Weg entlang des Flusses auch direkt nach Milos (2 km, 1 Std.); die Strecke passiert eine zerstörte Olivenmühle, eine Quelle und zwei Brücken sowie Orangen- und Mandarinenbäume. Von Milos dem Fluss weiter Richtung Nordosten bis nach **Amaxo** (1,75 km, 1 Std.) folgen und sich mit Bergquellwasser inmitten von Platanen-, Pappel- und Pinienwäldern erfrischen.

ℹ Praktische Informationen

Weitere, kompliziertere Wanderwege führen direkt von Melinda nach Vatera; Näheres gibt's im **EOT** (☎22510 42511; Aristarhou 6; ⌚Mo–Fr 9–13 Uhr) oder in der **Touristeninformation** (☎22530 71347), beide in Mytilini-Stadt.

VATERA & POLICHNITOS
ΒΑΤΕΡΑ & ΠΟΛΥΧΝΙΤΟΣ

Trotz seines 9 km langen Sandstrandes ist das ruhige Vatera nach wie vor ein entspanntes Urlaubsziel mit nur ein paar kleinen Hotels und *domatia* und noch weniger Bars. Es ist daher der perfekte Ort für Familien, Paare und alle, die einfach mal den Trubel hinter sich lassen möchten.

Am Westrand, dem Kap Agios Fokas, stehen die spärlichen Ruinen eines antiken **Dionysos-Tempels** auf einer Landzunge über dem Meer. Funde aus der Bucht zwischen dem Strand und dem Kap deuten auf die Existenz eines antiken Militärlagers hin; tatsächlich glauben einige Historiker, dies sei der Ort, auf den sich Homer in seiner Ilias bezieht, wenn er von den griechischen Truppen erzählt, die Troja besetzen. Die Legende besagt außerdem, das nahe Dorf Vrissa sei nach einer trojanischen Frau, Vrysseida, benannt worden, die starb, nachdem sich zwei der siegreichen griechischen Kämpfer heftig um sie gestritten hatten. Noch heute trifft man hier alte Frauen und das eine oder andere kleine Mädchen mit dem Namen Vrysseida, der nirgendwo sonst gebräuchlich ist.

Vateras früheste Geschichte hat internationale Aufmerksamkeit erregt. In dieser Gegend wurden Fossilien gefunden, die 5,5 Mio. Jahre alt sind, darunter die Überreste einer Schildkröte, die so groß ist wie ein VW-Käfer, sowie Fossilien eines gigantischen Pferdes und einer Gazelle. Ein kleines sehr interessantes **Naturkundemuseum** (Eintritt 1 €; ⌚Mai–Sept 9–15 & 16–20, Okt–Apr Di–So 9–15 Uhr), das in Vrissas altem Schulhaus untergebracht ist, stellt diese und einige andere bedeutende Funde aus. Da die Ausgrabungen noch immer andauern, könnte bald noch mehr Aufregendes zu Tage treten.

Das landwirtschaftliche **Polichnitos**, 10 km nördlich von Vatera auf der Straße zurück nach Mytilini-Stadt gelegen, ist für die beiden **heißen Quellen** ganz in der Nähe berühmt; eine befindet sich gleich südwestlich, die andere 5 km nördlich vor dem Dorf Lisvorio. Erstere ist als **Polichnitos Spa** (☎22520 41229; Eintritt 3 €; ⊙7–12 & 15–20 Uhr) bekannt, in einem hübschen byzantinischen Gebäude untergebracht und bietet mit 69 °C mit die heißesten Thermalbäder in ganz Europa. Hier werden Rheuma, Arthritis, Hauterkrankungen und gynäkologische Beschwerden behandelt.

Das **Lisvorio Spa** (☎22530 71245; Eintritt 3 €; ⊙8–13 & 15–20 Uhr) besteht aus zwei kleinen Bädern, die an einem bewaldeten Fluss liegen. Sie sind nicht ausgeschildert, man muss sich also durchfragen; dass die Gebäude ziemlich heruntergekommen sind, tut dem Badevergnügen aber keinen Abbruch. Temperatur und Wasserqualität sind ganz ähnlich wie in Polichnitos.

5 km nordwestlich von Polichnitos liegt der Fischereihafen **Skala Polichnitos** im Golf von Kalloni. Dies ist ein ebenso entspannter wie unspektakulärer Ort, in dem Kaiks gegen die Docks schaukeln, während Fischer ihre Netze entwirren, und zum Abendessen genießt man mit den Einheimischen in aller Ruhe frische Meeresfrüchte.

Schlafen & Essen

LP TIPP Hotel Vatera Beach HOTEL €
(☎22520 61212; www.vaterabeach.com; Vatera; EZ/DZ 60/90 €; P❄@) Dieses friedliche Strandhotel betrachtet seine Gäste, von denen viele jedes Jahr wiederkommen, als liebe alte Freunde. Der wunderbare George Ballis und sein Sohn Takis bieten den Urlaubern alles Nötige wie kostenlose Zeitungen in verschiedenen Sprachen und Computer mit Internetzugang. Der Service ist freundlich und höflich, und das ausgezeichnete Restaurant des Hotels bezieht die meisten Zutaten vom Bio-Bauernhof des Besitzers.

Agiasos Hotel HOTEL €
(☎22520 22242; Agiasos; EZ/DZ/3BZ 20/25/30 €) Neben der Panagia-Kirche in Agiasos liegt dieses freundliche Haus mit einfachen, sauberen Zimmern im Herzen des Geschehens.

Stratis Kazatzis Rooms HOTEL €
(☎22520 22539; Agiasos; EZ/DZ/3BZ 20/25/30 €) Gleich am Ortseingang von Agiasos befinden sich diese ebenso hübschen wie preiswerten Zimmer. Wie auch das Agiasos Hotel ist dies ein ziemlich kleines Haus, also vorab buchen.

LP TIPP Psarotaverna O Stratos MEERESFRÜCHTE €
(Skala Polichnitos; Fisch 6–9 €; ⊙10–1 Uhr) Die beste mehrerer Fisch-Tavernen im Hafen von Skala Polichnitos, bietet das O Stratos ausgezeichnete, günstige frische Meeresfrüchte und Salate wie *vlita* (Wildkraut) sowie köstliche *mezedhes*. Die kleinen Fischerboote, die direkt vor den Tischen festgemacht sind, tragen zum Ambiente bei.

LIMNOS

15.225 EW. / 482 KM²

Das abgeschiedene Limnos (Λήμνος) liegt ganz allein im Nordosten der Ägäis, einzig das benachbarte Agios Efstratios leistet ihm Gesellschaft. Dennoch ist es für Besucher, die nach griechischem Inselleben suchen, das vom modernen Tourismus noch relativ unberührt ist, sehr attraktiv. Seine Hauptstadt Myrina hat sich ihr klassisches Flair als griechischer Fischereihafen bewahrt, und eine grandiose Genueser-Burg, die von zwei Stränden flankiert wird, schafft einen dramatischen Hintergrund. Während der Hochsaison füllen sich die schicken Cafés und Läden der Stadt mit (meist griechischen) Touristen, aber ansonsten ist es auf der Insel herrlich ruhig, besonders in den friedlichen Dörfern im Inselinneren.

Die Landschaft von Limnos ist ebenso vielfältig wie im Rest der Ägäis. Die Seen im Osten werden von spektakulären Flamingoschwärmen besucht, und die karge Zentralebene ist im Frühling und Sommer voller Wildblumen. Nahe der Hauptstadt, aber auch in abgeschiedeneren Ecken der Insel warten sensationelle Sandstrände. Wer noch mehr Einsamkeit sucht, kann Limnos' kleine Inselkolonie Agios Efstratios (siehe S. 708) im Süden besuchen, die ebenfalls mit ruhigen Stränden und Fisch-Tavernen lockt.

Limnos ist für seine heftigen Sommerwinde berüchtigt, dank derer man auf der Insel großartig surfen kann; im Spätsommer leidet sie jedoch unter dem Fluch aller nördlichen Ägäis-Inseln: Quallen. Unter den Griechen ist sie aber vielleicht am besten als zentraler Kommandoposten der

Hellenischen Luftwaffe bekannt – eine strategische Entscheidung, da Limnos der ideale Standpunkt zur Beobachtung der Dardanellen ist, die nach Istanbul führen. Aus eben diesem Grund wurde die Insel im Ersten Weltkrieg als Operationsbasis für den misslungenen Gallipoli-Feldzug genutzt; nahe Moudros, wo die alliierten Schiffe stationiert waren, befindet sich ein bewegender Militärfriedhof für die gefallenen Soldaten des Commonwealth.

Limnos und besonders seine spärlich besiedelte Kolonie Agios Efstratios werden außerhalb der Hochsaison von Touristen kaum besucht, aber dank der steten Militärpräsenz ist Myrina das ganze Jahr über deutlich aktiver als andere kleine Inselhauptstädte.

An- & Weiterreise

Flugzeug

Der Flughafen liegt 22 km östlich von Myrina; Taxis kosten etwa 25 €. Sowohl **Olympic Air** (www.olympicair.com) als auch **Sky Express** (www.skyexpress.gr) sind am Flughafen vertreten.

INLANDSFLÜGE VON LIMNOS

ZIEL	FLUGHAFEN	DAUER	PREIS	HÄUFIGKEIT
Athen	Limnos	55 Min.	105 €	1–2-mal tgl.
Chios	Limnos	30 Min.	47 €	2-mal wöchentl.
Ikaria	Limnos	40 Min.	50 €	6-mal wöchentl.
Lesbos	Limnos	30 Min.	47 €	6-mal wöchentl.
Rhodos	Limnos	3 Std.	73 €	5-mal wöchentl.
Samos	Limnos	30–45 Min.	47 €	2-mal wöchentl.
Thessaloniki	Limnos	35 Min.	73 €	1–2-mal tgl.

Schiff/Fähre

Bei Petrides Travel Agency, Aegean Travel oder Atzamis Travel (S. 707) kann man Fährtickets kaufen.

FÄHRVERBINDUNGEN VON LIMNOS

ZIEL	HAFEN	DAUER	PREIS	HÄUFIGKEIT
Agios Efstratios	Limnos	1½ Std.	7 €	3-mal wöchentl.
Chios	Limnos	10½ Std.	22 €	3-mal wöchentl.
Ikaria (Agios Kirikos)	Limnos	15½ Std.	30 €	1-mal wöchentl.
Kavala	Limnos	4½ Std.	15 €	6-mal wöchentl.
Lavrio	Limnos	9 Std.	29 €	4-mal wöchentl.
Lesbos (Mytilini)	Limnos	6 Std.	19 €	3-mal wöchentl.
Piräus	Limnos	20 Std.	41 €	1-mal wöchentl.
Psara	Limnos	4¼ Std.	48,50 €	1-mal wöchentl.
Samos (Karlovasi)	Limnos	14½ Std.	30 €	1-mal wöchentl.
Samos (Vathy)	Limnos	14 Std.	28 €	1-mal wöchentl.
Thessaloniki	Limnos	8½ Std.	23 €	1-mal wöchentl.

Unterwegs vor Ort

Auto & Motorrad

Petrides Travel Agency (S. 707) und **Holiday Car Rental** (☎22540 23280), beide am Hafen, bieten Mietwagen ab 30 € pro Tag. Motorradverleihfirmen sind entlang der Kyda-Karatza zu finden.

Bus

Das Busnetz von Limnos hat nur einen einzigen teuflischen Zweck: die Dorfbewohner für ihre morgendliche Einkaufstour in die Stadt und zum Mittagessen wieder nach Hause zu bringen. Am selben Tag mit dem Bus hin- und zurückzufahren ist nur in vier Ziele möglich, und das sind noch nicht einmal die interessanteren. Es verkehren beispielsweise Busse nach Plaka, Skandali, Katalako und Kontias, die aber erst am nächsten Tag zurückfahren.

Von Myrina fahren allerdings täglich fünf Busse über den Flughafen (3 €, 30 Min.) nach Moudros; der letzte Bus zurück fährt um 12.15 Uhr ab. Der Busfahrplan richtet sich aber nicht nach den Abflugszeiten.

Am **Busbahnhof** (☎22540 22464; Plateia Eleftheriou Venizelou) in Myrina hängen Fahrpläne aus.

Taxi

An Myrinas zentralem Platz am Busbahnhof ist ein **Taxistand** (☎22540 23820).

Myrina Μύρινα

5110 EW.

Vor einem Hintergrund aus vulkanischen Felsen und einer schroffen Genueser-Burg ist Limnos' Hauptstadt ein atemberaubender Ort. Trotz einiger Touristen hat es sich seine Gelassenheit bewahrt und sich noch fester an seine Wurzeln als Fischereihafen geklammert. Hier trinken alte Fischer griechischen Kaffee, während sie ihre Netze ausbreiten, und den Hafen schmücken bunte Kaiks. Hinter der Burg liegt ein herrlicher Sandstrand, noch weiter hinten ein weiterer, weniger windiger.

Im Sommer erwacht Myrina zum Leben. Dann verkaufen die Läden traditionelles Essen und Kunsthandwerk, und die fidele *agora* (Marktplatz) ist einfach herrlich. Die weiß getünchten Steinhäuser, altmodischen Friseurläden und *kafeneia* und die verfallenden neoklassizistischen Herrenhäuser und Holzbalkone schaffen eine entspannte Atmosphäre.

Die Stadt (und Limnos im Allgemeinen) wird hauptsächlich von griechischen Touristen besucht, und so trägt auch das Nachtleben eine deutlich hellenische Note. Trotz des Trubels wird der überwachsene Hügel der Burg jedoch von schüchternem, leichtfüßigem Wild bewohnt, das nachts umherspringt; im Winter, so sagen die Einheimischen, spazieren die Tiere sogar über die *agora* – wahrscheinlich machen sie einen Schaufensterbummel.

Sehenswertes & Aktivitäten

Burg von Myrina BURG

Myrinas *kastro* aus dem 13. Jahrhundert steht einsam auf einem Hügel auf einer Landzunge, die die Stadt von ihrem beliebten Strand trennt. Abgesehen von den Rehen, die hier frei umherspazieren, sind die Ruinen der von den Venezianern erbauten, wirklich imposanten Festung völlig verlassen. Der 20- bis 25-minütige Anstieg lohnt sich allein schon für das Panorama über das Meer, das bis zum Berg Athos reicht. Wenn man nachts vor der Kirche auf der Nordostseite der Burg sitzt, bietet sich eine tolle Aussicht über die Lichter der Cafés, und wenn man Glück hat, erhascht man zur Linken sogar hier und da einen Blick auf die Rehe, die durch die Nacht springen.

Strände STRAND

Zu den Stränden der Stadt gehören der weite, sandige **Rea Maditos** und der noch schönere **Romeïkos Gialos** hinter dem Hafen; man erreicht ihn, indem man auf der Kyda-Karatza landeinwärts geht und dann irgendwann links abbiegt. Weiter entfernt liegt der **Richa Nera** („flaches Wasser"), der nach seinem sanft abfallenden, kinderfreundlichen Meeresboden benannt ist. Ein bisschen Nachtleben gibt's am Hafen auch, und die Cafés und Restaurants haben im Sommer bis spät geöffnet.

Fünf Minuten südlich befindet sich auf der Straße zum Thanos-Strand der **Platy-Strand,** ein flacher Sandstrand, der bei den Einheimischen ganz besonders beliebt ist und ein paar Strandbars und Restaurants bietet.

Archäologisches Museum MUSEUM

(Eintritt 2 €; Di–So 9–15 Uhr) Myrinas größtes Museum ist in einem neoklassizistischen Herrenhaus mit Blick auf den Romeïkos-Gialos-Strand untergebracht und zeigt Funde aus dem 7. und 8. Jahrhundert v. Chr., die von den drei Ausgrabungsstätten auf Limnos stammen: Poliochni, dem Heiligtum der Kabiren und Hephaistia. Die Tonstatuetten der Sirenen sowie eine Kopie der Stele von Kaminia mit einer Inschrift in thyrrenischer (lateinischer) Schrift und einem Flachrelief eines Kriegers sind auf jeden Fall sehenswert. Außerdem ist der griechisch-türkische Bevölkerungsaustausch von 1923 gut dokumentiert.

Bootstouren BOOTSTOUR

Von Juni bis September organisiert Petrides Travel Agency (S. 707) Bootstouren rund um die Insel (20 €), die auch einen Zwischenstopp zum Baden und Mittagessen einschließen.

Schlafen

Apollo Pavillon HOTEL €

(22540 23712; www.apollopavilion.gr; Wohnstudios inkl. Frühstück ab 60 €; P) Das Apollo Pavillon ist hinter dem Hafen in einem neoklassizistischen Gebäude untergebracht und verfügt über altmodischen Charme sowie große Zimmer mit Küchenzeile und Balkon. Von der Kyda-Karatza aus entlang der Nikolaou Garoufallidou gehen, dann sieht man nach 150 m rechts das Schild.

Hotel Lemnos HOTEL €

(22540 22153; EZ/DZ 40/50 €;) Das Lemnos am Hafen ist eine schicke Budgetoption mit freundlichem Personal und modernen, wenn auch etwas kleinen Zimmern sowie Balkonen mit Blick auf den Hafen oder die Burg.

To Arhontiko HOTEL €€

(22540 29800; Ecke Sahtouri & Filellinon; EZ/DZ/3BZ ab 45/65/75 €; P) Dieses renovierte Herrenhaus stammt aus dem Jahr 1814 und verfügt über sehr hübsche Boutique-Zimmer mit einfachem Charme sowie hilfsbereites, freundliches Personal. Es

Limnos

befindet sich in einer ruhigen Gasse in der Nähe der Haupteinkaufsstraße und der *plateia*.

Lemnos Village Hotel HOTEL €€
(☎22540 23500; www.lemnosvillagehotel.com; Platy-Strand; EZ/DZ/3BZ 50/60/70 €; P❄📶🏊) Dieses schicke, ressortartige Hotel befindet sich gleich außerhalb der Stadt am Platy-Strand und bietet exklusive Annehmlichkeiten und Dienstleistungen zu vernünftigen Preisen, aber genau das ist auch der Grund, warum diese Unterkunft gerade bei ausländischen Reisegruppen so beliebt ist.

Hotel Filoktitis HOTEL €
(☎/Fax 22540 23344; Ethnikis Andistasis 14; EZ/DZ 40/50 €; ❄📶) Dieses einladende Hotel bietet luftige, gut ausgestattete Zimmer gleich hinter dem Riha-Nera-Strand. Einfach der Maroulas (der Fortsetzung der Kyda-Karatza) und dann der Ethnikis Andistasis folgen; das Hotel befindet sich über dem ziemlich edlen Restaurant desselben Namens.

Nefeli Guest Rooms HOTEL €
(☎22540 22825; DZ/3BZ/4BZ 100/120/150 €; P❄@) Dieses intime Haus bietet schöne Zimmer aus Stein mit grandiosem Meerblick hoch über der Stadt. Einfach von der Burg bergauf gehen; es liegt neben dem gleichnamigen Café.

Essen

LP TIPP **Ouzeri To 11** MEERESFRÜCHTE €
(Plateia KTEL; Meeresfrüchte-*mezedhes* 4,50–7 €) Diese bescheidene kleine *ouzerie* am Busbahnhof ist der lokale Favorit für Meeresfrüchte. Von *kydonia* (Muscheln mit Knoblauch und Venusmuscheln) bis zu Schnecken, Seeigeln und Krebsen serviert das „Tu En-deka" (wie es ausgesprochen wird) alle möglichen seltsamen Dinge – und dazu jede Menge Ouzo, damit man vergisst, was man isst.

Taverna Yarakaros TAVERNE €
(Hafen; Hauptgerichte 5–10 €) Die erste mehrerer Fisch-Tavernen am Ende des Hafens. Das Yarakaros ist auf gut zubereiteten frischen Fisch zu vernünftigen Preisen sowie große Salate und guten Service spezialisiert.

O Platanos Restaurant TAVERNE €
(Hauptgerichte 5–8 €) Hausgemachte Pasta und ausgezeichnete *mayirefta*, vorwiegend mit Fleisch, werden in diesem legendären Lokal unter einer gigantischen Platane serviert. Es befindet sich etwa in der Mitte der Kyda-Karatza.

O Sozos TAVERNE €
(Dorf Platy; Hauptgerichte 5–8 €) Im Bergdorf Platy, gleich östlich von Myrina, ist das O Sozos aufgrund seiner traditionellen Speisen beliebt. Zu den Spezialitäten gehört auch *kokkaras flomaria* (Hähnchen mit Pasta).

Souvlaki Bar TAVERNE €
(Hauptstraße; Hauptgerichte 2–7 €) Dieses Fastfood-Lokal am Anfang der Hauptstraße, die zur *plateia* führt, ist in der *agora* die beste Option für einen schnellen Happen zwischendurch.

Taverna O Glaros TAVERNE €
(Hafen; Hauptgerichte 5–9 €) Am äußersten Ende des Hafenbereichs bietet das O Glaros den besten Blick auf den kleinen Hafen und serviert dazu guten Fisch und leckere *mayirefta*.

Ausgehen

Myrinas sommerliches Nachtleben spielt sich rund um die Bars am Romeikos-Gialos-Strand ab.

Kinky Bar BAR
(Mi, Fr & Sa 0–5 Uhr) Der einzige echte Club der Insel ist ein stilvoller Laden, der von Bäumen umgeben und bei Griechen sehr beliebt ist. Er hat drei Tage die Woche geöffnet, aber nur von Juni bis August. Er befindet sich in Avlonas, 3 km nördlich der Stadt.

Karagiozis BAR
(Romeïkos-Gialos-Strand, Myrina; 9–5 Uhr) In dieser beliebten Bar mit wunderbar grüner Terrasse unterhalb der Burg ist bis Sonnenaufgang was los.

Praktische Informationen

Die Plateia Eleftheriou Venizelou, Myrinas zentraler Platz, liegt in der Mitte der *agora*, die die Hauptschlagader Kyda-Karatza ausfüllt. Banken mit Geldautomaten befinden sich auf dem zentralen Platz, und am Kai gibt's einen zusätzlichen Automaten. Die meisten Cafés am Hafen bieten kostenlosen WLAN-Zugang.

Aegean Travel (22540 24835; www.aegeantravel.eu; Hafen) Für Fährtickets.

Atzamis Travel (22540 25690; atzamisk@lim.otenet.gr; Hafen) Für Fährtickets.

Hafenpolizei (22540 22225)

Petrides Travel Agency (22540 22039; www.petridestravel.gr; Kyda-Karatza 116) Bietet Sightseeing-Touren auf der Insel und Mietwagen an und bucht Transport und Unterkünfte.

Polizei (22540 22201; Nikolaou Garoufallidou)

Post (Nikolaou Garoufallidou)

Pravlis Travel (22540 24617; pravlis@lim.forthnet.gr; Parasidi 15) Für Schiffs- und Flugtickets.

West-Limnos

Nördlich von Myrina führt die Straße hinter dem Ortseingang von **Kaspakas** nach links zum recht ruhigen **Agios-Ioannis-Strand** mit ein paar Tavernen und Strandhäusern. Der Strand endet am **Rock Café,** das malerisch unter einer riesigen überhängenden Vulkanfelsplatte sitzt.

Hinter Kaspakas geht's erst weiter nach Osten und in **Kornos** dann links, wo die Straße Richtung Norden zum abgeschiedenen **Gomati-Strand** an der Nordküste führt; von **Katalako** gibt es eine gute, aber unbefestigte Straße dorthin.

Alternativ kann man von Kapaskas aus nach Osten und an Kornos vorbeifahren und dann in **Livadochori** Richtung Süden abbiegen. Diese Strecke führt durch karge, gelbbraune Hügel und bescheidenes Farmland. Noch weiter südlich erreicht man entlang der Küste **Kontias,** ein ziemlich prosaisches, zugepflastertes altes Dorf, das heute bei nordeuropäischen Immobilienjägern unerklärlich beliebt ist. Unter Kontias schwingt sich die Straße zurück nach Myrina im Südwesten und führt unterwegs am sandigen **Nevgatis-** bzw. **Thanos-Strand** vorbei. Auch wenn sie sehr beliebt und daher oft überfüllt sind, sind diese Strände wahrhaft idyllisch und nur zehn Minuten Fahrt von Myrina entfernt.

Zentral-Limnos

Die flachen Ebenen in Zentral-Limnos sind mit Weizenfeldern, kleinen Weingütern und Schafen durchzogen – und auch die Kommandozentrale der griechischen Luftwaffe ist hier (viele Bereiche sind daher für Touristen nicht zugänglich). Limnos' zweitgrößte Stadt, **Moudros,** erstreckt sich auf der Ostseite der trüben Moudros-Bucht, die für ihre Rolle als Hauptbasis des unglückseligen Gallipoli-Feldzuges im Februar 1915 und als Churchills geheimes Hauptquartier während des Krieges berühmt ist.

Der **Militärfriedhof Ost-Moudros** mit den Gräbern der Commonwealth-Soldaten aus dem Gallipoli-Feldzug liegt 1 km östlich von Moudros an der Straße nach Roussopouli. Hier kann man eine kurze Nacherzählung des Gallipoli-Feldzuges lesen. Ein zweiter Commonwealth-Friedhof, der **Soldatenfriedhof Portianos** (6 km südlich von Livadochori auf der Straße Richtung Thanos-Strand und Myrina), ist die zweite traurige Attraktion der Gegend.

Ost-Limnos

Historische Überreste und abgeschiedene Strände ziehen Besucher nach Ost-Limnos; die drei **archäologischen Stätten** (Eintritt frei; ⌚8–19 Uhr) sind Poliochni, das Heiligtum der Kabiren und Hephaistia.

In **Poliochni** an der Südostküste stehen die Überreste von vier antiken Siedlungen – die bedeutendste ist eine prä-mykenische Stadt, die noch aus der Zeit vor Troja VI (1800–1275 v. Chr.) stammt. Die Stätte ist gut erhalten, aber allzu viel ist nicht mehr übrig.

Das **Heiligtum der Kabiren** (Ta Kaviria) liegt in der abgeschiedenen Tigani-Bucht. Die Verehrung der Kabiren-Götter reicht hier sogar noch weiter zurück als auf Samothraki (S. 711). Die Hauptattraktion hier ist ein **hellenistisches Heiligtum** mit elf Säulen. Ganz in der Nähe wurde in der legendären **Philoktetes-Höhle** angeblich der trojanische Kriegsheld mit einem gangränösen Bein zurückgelassen, das nach einem Schlangenbiss heilen musste. Von der Stätte führt ein Pfad zur Meereshöhle; links, hinter dem Haupteingang, gibt's außerdem einen schmalen, unbeschilderten Eingang. Um das Heiligtum zu erreichen, geht's hinter **Kontopouli** links, dann 5 km geradeaus; von Kontopouli selbst führt eine unbefestigte Straße zur dritten Stätte: **Hephaistia.**

Hephaistia (Ta Ifestia) war einst Limnos' Hauptstadt. Hier wurde Hephaistos, Gott des Feuers und der Metallurgie, von Zeus vom Olymp geworfen. Außer ein paar niedrigen Mauern und einem teilweise ausgegrabenen Theater ist jedoch nur wenig erhalten geblieben.

Limnos' Nordostspitze bietet einige rustikale, wenig besuchte Dörfer und den abgelegenen **Keros-Strand,** der bei Windsurfern beliebt ist. Auf dem flachen **Alyki-See** landen ab und an Flamingoschwärme. Vom Kap Plaka, an der Nordostspitze von Limnos, sind Samothraki und Imvros (Gökçeada auf Türkisch) zu sehen. Einst bildeten diese drei Inseln ein strategisches Dreieck zur Verteidigung der Dardanellen und somit Istanbuls (Konstantinopel); daher hielt die Türkei auch 1923 noch an Imvros fest, obwohl Griechenland bereits ein Jahrzehnt zuvor die meisten seiner anderen Inseln zurückgewonnen hatte.

AGIOS EFSTRATIOS

370 EW.

Das wenig besuchte Agios Efstratios (Αγιος Ευστράτιος) liegt südlich von Limnos (S. 703) einsam in der Ägäis. Von den Einheimischen kurz „Aï-Stratis" genannt, lockt es nur ein paar neugierige Besucher an, die sich von den feinen, entlegenen Stränden und dem allgemeinen Aussteiger-Flair der Insel angezogen fühlen. Wegen der Architektur kommen sie jedenfalls ganz sicher nicht: im Jahr 1968 zerstörte ein Erdbeben Agios Efstratios' klassische Gebäude. Trotzdem bietet diese spärlich besiedelte Insel ein paar *domatia*, gute Meeresfrüchte-Tavernen, entspannte Hügelwanderwege und schöne Strände (einige sind nur per Boot zu erreichen).

Während der „Zeit der Obristen", wie die Griechen die Militärdiktatur von 1967–74 nennen, wurden viele Dissidenten und potenzielle Kommunisten auf diese Insel ins Exil geschickt, darunter auch der berühmte Komponist Mikis Theodorakis und die Dichter Kostas Varnalis und Giannis Ritsos.

Zu den Sehenswürdigkeiten gehört auch der **Dorfstrand** mit seinem dunklen Vulkansand und warmen Wasser. Ein 90-minütiger Spaziergang Richtung Nordosten führt zum **Alonitsi-Strand,** ein langer, idyllischer Strand, vor dem sich interessante kleine Inseln erstrecken. Vom Nordostrand des Dorfes führt ein Weg hierher, der an einer kleinen Brücke beginnt; wenn er sich teilt, rechts halten. Der Weg zum **Lidario-Strand** auf der Westseite ist viel unwegsamer, deshalb dorthin und zu anderen schwer zugänglichen Stränden lieber vor Ort ein Boot nehmen.

Die meisten Gäste buchen die Unterkunft in Agios Efstratios gleich mit dem Kauf des Fährtickets. In Limnos wendet man sich an **Myrina Travel** (☎22540 22460), an Aegean Travel (S. 707) oder an Petrides Travel Agency (S. 707) oder sucht sich wahlweise nach der Ankunft ein *do-*

matio; im Hochsommer ist die Insel aber oft ausgebucht – ausgebucht bedeutet im Fall von „Aï-Stratis", dass alle 25 Zimmer belegt sind. Die drei Tavernen der Insel servieren günstiges Essen und frische Meeresfrüchte.

Zwischen Limnos und dem kleinen Agios Efstratios verkehrt dreimal pro Woche eine Fähre (1½ Std., 7 €). Tickets gibt's bei Myrina Travel oder Atzamis Travel, beide in Myrina auf Limnos. Schlechtes Wetter kann zu unvorhersehbaren Ausfällen und Verspätungen führen. Tagestouren sind nicht möglich, aber es gibt täglich Verbindungen auf die Insel (6/12 € einfach/hin & zurück), auch wenn man normalerweise dort übernachten muss.

SAMOTHRAKI

2720 EW. / 176 KM²

Das herrlich grüne Samothraki (Σαμοθράκη) sitzt zufrieden ganz allein in der nordöstlichen Ägäis, auf halber Strecke zwischen dem Festlandhafen Alexandroupolis und Limnos im Süden. Diese dicht bewaldete Insel ist relativ klein, mit nur wenigen Siedlungen, und außerhalb der Hochsaison wird sie nur selten besucht, auch wenn sie eine der wichtigsten archäologischen Stätten Griechenlands zu bieten hat: das antike Thraker-Heiligtum der Großen Götter. Hier befindet sich außerdem der luftigste Gipfel der Ägäis, der Berg Fengari (1611 m), von dem aus, so erzählt es Homer, Poseidon, der Gott des Meeres, beobachtete, wie sich der Trojanische Krieg entwickelte.

Das bergige Landesinnere Samothrakis platzt vor knorrigen Eichen und Platanen beinahe aus allen Nähten und ist der perfekte Ort zum Wandern und Mountainbike-fahren. Die Wald-Wasserfälle der Insel, die tief in glasklare Teiche stürzen, bieten herrlich willkommene Erfrischung an einem heißen Sommertag. Samothrakis abgeschiedene Strände im Südosten sind ebenso idyllisch wie unberührt, während der Westen mit den therapeutischen heißen Bädern in Loutra (Therma) lockt. Der wichtigste Hafen, das verschlafene Kamariotissa, ist ein schrulliges Fischerdörfchen, und das hügelige Chora, die ehemalige Hauptstadt, quillt vor lauter Blumen und schönen traditionellen Häusern, die alle einen tollen Blick auf das ferne Meer bieten, beinahe über.

Aufgrund der Abgeschiedenheit der Insel und ihrer schlechten Verkehrsanbindung wird sie von ausländischen Inselurlaubern oft vergessen, aber Fans antiker Archäologie und alle, die nach schönen Wander- und Canyoning-Routen suchen, werden ganz sicher sagen, dass sich die Mühe, die es kostet, hierherzukommen, absolut lohnt. (Wanderer sollten sich die Samothraki-Karte, Nr. 324, von Terrain Map zulegen.)

ℹ An- & Weiterreise

Nur ein bis zwei Fähren (2 Std., 13 €) verbinden Samothraki täglich mit Alexandroupolis auf dem Festland. Tickets gibt's bei Niki Tours (S. 711) in Kamariotissa.

ℹ Unterwegs vor Ort

AUTO & MOTORRAD

X Rentals (☎25510 42272) am Hafen gegenüber der Bushaltestelle, und **Kyrkos Rent a Car** (☎25510 41620, 6972839231) vermieten Autos und kleine Jeeps. Gegenüber vom Kai bietet **Rent A Motor Bike** (☎25510 41057) Motorräder und Motorroller an.

BOOT

In den Sommermonaten umrundet das Tourboot **Samothraki** (☎25510 42266) die Insel (20 €); es fährt um 11 Uhr in Loutra (Therma) ab und kehrt um 18.30 Uhr zurück. Das Boot tuckert an verschiedenen Sehenswürdigkeiten vorbei, etwa der byzantinischen Burg Fonias, den Felsformationen von Panias und dem Kremasto-Wasserfall, bevor es um 13 Uhr für vier Stunden einen Zwischenstopp zum Schwimmen und Sonnenbaden am Vatos-Strand macht. An Bord befindet sich eine Snack-Bar. Nähere Infos erhält man in der Taverne Petrinos Kipos in Kamariotissa oder telefonisch beim Bootsunternehmen.

BUS

Im Sommer fahren täglich fünf bis sechs Busse vom **Busbahnhof** (☎25513 41533) in Kamariotissa nach Chora (1 €), drei bis vier über Paleopolis (1 €) nach Loutra (Therma; 2 €). Außerdem verkehren täglich drei Busse über Alonia und Lakoma nach Profitis Ilias (2 €).

TAXI

Taxis von Kamariotissa fahren zu den meisten Zielen, u. a. nach Chora (6 €), Profitis Ilias (11 €), zum Heiligtum der Großen Götter (7 €), nach Loutra (Therma; 14 €), zum Fluss Fonias (12 €) und zum Kipos-Strand (17 €).

Wer ein Taxi bestellen möchte, kann den Englisch und Deutsch sprechenden **Petros Glinias** (☎69728 83501) anrufen oder sich an eines der anderen **Taxiunternehmen** (☎25510 41733, 25510 41341, 25510 41077) wenden.

Kamariotissa
Καμαριώτισσα

960 EW.

In Kamariotissa, das zugleich Samothrakis Hafen, die größte Stadt und das Transportzentrum darstellt, befinden sich die wichtigsten Einrichtungen und ein nahe gelegener Kiesstrand, an dem es einige Bars und gute Bademöglichkeiten gibt. Auch wenn die meisten Besucher nicht lange bleiben, ist dies eine ganz nette Hafenstadt mit jeder Menge Blumen und einer Menge guter Fisch-Tavernen, die sich von Samothrakis sämtlichen berühmten Attraktionen ungefähr gleich weit entfernt angesiedelt haben.

Aktivitäten

Haris Hatzigiannakoudis von Niki Tours bietet alljährlich Ende Juni ein **Capoeira-Camp** (eine brasilianische Mischung aus Martial Arts und Tanz) mit dem brasilianischen Meister Lua Rasta an und kann **Wander-Safaris** zum Berg Fengari organisieren. Da viele der grünen Binnenwanderwege bestenfalls mangelhaft ausgeschildert sind, wendet man sich am besten an Haris, wenn man ernsthaft wandern möchte.

Festivals

Aus irgendeinem Grund hat sich die Insel zu einem Treffpunkt für griechische Biker entwickelt – eine Art „Hell's Angels meet Hippies"-Aufeinandertreffen, das zu zahlreichen interessanten Ergebnissen führt. Aktuelles zu Festivals gibt's online oder bei Niki Tours.

Schlafen

Am Kiosk der Touristeninformation oder bei Niki Tours kann man *domatia* buchen, aber die Unterkünfte sind meistens auch ausgeschildert.

Niki Beach Hotel HOTEL €

(☎25510 41545; EZ/DZ 40/65 €;) Dieses attraktive, gut geführte Hotel mit großen, modernen Zimmern befindet sich direkt gegenüber dem Stadtstrand. Die Balkone zeigen aufs Meer, und es gibt einen hübschen Garten mit Blumen und Pappeln.

Hotel Aeolos HOTEL €

(☎25510 41595; EZ/DZ inkl. Frühstück 60/80 €;) Hinter dem Niki Beach Hotel steht das Aeolos auf einem Hügel mit einem schönen Ausblick aufs Meer. Die Unterkunft bietet gemütliche Zimmer. Die vorderen zeigen auf den großen Pool und den Garten, die hinteren blicken auf den Berg Fengari.

Essen

I Synantisi OUZERIE €

(Fisch 6–10 €) Da der Besitzer auch Speertaucher ist, kann man sich darauf verlassen, dass es in dieser hart arbeitenden *ouzerie* in der Mitte des Hafens immer frischen Fisch gibt.

Klimitaria Restaurant TAVERNE €

(Hauptgerichte ab 6 €) Dieses gut geführte Restaurant am Hafen serviert die üblichen Tavernengerichte sowie eine ungewöhnliche Spezialität namens *gianiotiko*, ein Ofengericht mit Schweinefleischwürfeln, Kartoffeln, Eiern und anderen Zutaten,

Samothraki

NORDÖSTLICHE ÄGÄIS-INSELN SAMOTHRAKI

und außerdem köstliche *mousakas* und andere *mayirefta*-Leckereien.

Praktische Informationen

Wer von der Fähre kommend gleich links abbiegt und der Straße folgt, die am Hafen entlangführt, erreicht nach 50 m einen Kiosk der Touristeninformation. Er befindet sich auf der Hafenseite. Busse warten hinter diesem Kiosk weiter östlich im Hafen. Auf der anderen Straßenseite sind die Tavernen, Reisebüros und ein Auto- und Motorradverleih sowie Geldautomaten. Weitere 100 m östlich, entlang des Wassers, erreicht man den Strand von Kamariotissa.

Café Action (☎25510 41056; Internet pro Std. 4 €) Am Westende des Hafens.

Hafenpolizei (☎25510 41305) In östlicher Richtung am Hafen.

Kiosk der Touristeninformation (☎25510 89242) Am Hafen.

Niki Tours (☎25510 41465; niki_tours@hotmail.com) Hilfsbereites Reisebüro mit einem Rundumservice. Es befindet sich gegenüber den Bussen.

Samothraki (www.samothraki.com) Allgemeine Informationen zu Samothraki, auch zu den Schiffsfahrplänen.

Samothrace – The Island of Great Gods (www.samothrace.gr) Online-Quelle mit wichtigen Telefonnummern.

Chora (Samothraki) Χώρα (Σαμοθράκη)

In einer natürlichen Festung zwischen zwei steilen Klippen mit imposantem Blick aufs Meer gelegen, war Chora (auch Samothraki genannt) die offensichtliche Wahl für die Hauptstadt der Insel. Im 10. Jahrhundert bauten die Byzantiner eine Burg auf dem nordwestlichen Gipfel, aber die heutigen Überreste stammen im Wesentlichen aus der Zeit der Regentschaft des Genueser Lehnsherrn Palamidi Gattilusi aus dem 15. Jahrhundert, der in die letzte byzantinische Kaiserdynastie, die Palaiologen, einheiratete.

Von kurvigen Pflasterstraßen, Blumen und bunten, verfallenden traditionellen Häusern mit Terrakottadächern geprägt, eignet sich Chora perfekt für einen ruhigen Spaziergang, ein entspanntes Mittagessen oder eine schöne Tasse Kaffee. Dank der grandiosen Aussicht und des ununterbrochenen Wechselspiels von Winkeln, Schatten und Farben macht auch Fotografieren viel Spaß, und im Sommer genießt man in den kleinen Gassen und Dach-Bars das unaufgeregte Nachtleben.

Schlafen

In Chora finden sich gleich mehrere *domatia*, aber mit Abstand am preiswertesten sind die **Eroessa Apartments & Rooms** (☎6986296506; EZ/DZ/3BZ ab 30/40/50 €; ❄📶), Choras neueste Unterkunft und das Werk der deutschen Auswanderin Sibylle, die zwei Häuser des Dorfes in sechs gemütliche Wohneinheiten verwandelt hat, jede ist mit einer Küchenzeile ausgestattet und bietet einen Blick auf das Dorf.

Essen & Ausgehen

Cafés und Tavernen sind am oberen Ende der Straße zu finden, wo frisches Bergquellwasser aus einem kleinen Brunnen sprudelt.

LP TIPP **O Lefkos Pyrgos** KONDITOREI €
(Desserts 4–6 €; ⏲Juli–Aug 9–3 Uhr) Das nur im Sommer geöffnete Lefkos Pyrgos ist ein ausgezeichneter, einfallsreicher Süßwarenladen, der vom Erfinder meisterlicher Desserts, Georgios Stergiou, und seiner Frau Dafni geführt wird. Es gibt aber nicht nur Süßes. Die Limonade mit Honig und Zimt oder den griechischen Joghurt mit Bittermandelgeschmack unbedingt probieren. Außerdem gibt's exotische Tees, Kaffees und einige Mixgetränke, und für alles werden nur natürliche Zutaten verwendet.

Café-Ouzeri 1900 TAVERNE €
(Hauptgerichte 5–9 €) Diese vor Blumen überquellende Taverne mit Meerblick bietet freundlichen Service und großartige *mezedhes*. Man kann den Tag mit einem Joghurt mit Honig beginnen oder die Spezialität des Hauses genießen: *tzigerosarmades* (Ziege mit Zwiebeln, Dill und Minze). Die große, farbenfrohe Karte, die aussieht wie eine Zeitung, ist ein schönes Souvenir für zu Hause.

Meltemi TAVERNE €
(⏲ab 8 Uhr) Gegenüber vom Brunnen führt im oberen Teil von Chora links eine Seitenstraße zu dieser lässigen Bar mit grandiosem Ausblick und Dachgarten, die besonders nachts beliebt ist.

Praktische Informationen

Busse und Taxis halten am Platz unterhalb des Dorfes. Wer der Hauptstraße aufwärts folgt, erreicht das OTE, die Agricultural Bank, das Postamt und die **Polizei** (☎25510 41203).

Heiligtum der Großen Götter
Το Ιερό των Μεγάλων Θεών

6 km nordöstlich von Kamariotissa liegt das **Heiligtum der Großen Götter** (Eintritt 3 €, Nov.–März So & offizielle Feiertage frei; ⏲Di–So 8.30–16 Uhr), eine der wichtigsten – und mysteriösesten – archäologischen Stätten Griechenlands. Die Thraker erbauten den Tempel um 1000 v. Chr. für ihre Großen Götter. Bis zum 5. Jahrhundert v. Chr. hatten die geheimen Riten, die mit dem Kult assoziiert wurden, bereits zahlreiche berühmte Persönlichkeiten der Antike angezogen, die sich weihen ließen, darunter auch die ägyptische Königin Arsinoe und Philipp II. von Makedonien. Bemerkenswerterweise blieb das Heiligtum aktiv, bis das Heidentum im 4. Jahrhundert n. Chr. verboten wurde.

Die Hauptgöttin Kybele (Große Mutter), war eine Fruchtbarkeitsgöttin; als die ursprüngliche Religion der Thraker in die Staatsreligion integriert wurde, verschmolz sie mit den olympischen Göttinnen Demeter, Aphrodite und Hekate. Letztere war eine mysteriöse Göttin, die mit der Dunkelheit, der Unterwelt und der Hexenkraft assoziiert wurde. Außerdem wurde hier dem Gemahl der Großen Mutter, dem virilen jungen Kadmilos (Gott des Phallus), der später mit dem olympischen Gott Hermes verschmolz, und den teuflischen Kabiren-Zwillingen Dardanos und Aeton gehuldigt, die sich später mit Castor und Pollux (den Dioskuren) vereinten, den Zwillingssöhnen von Zeus und Leda. Diese Zwillinge wurden von Seeleuten angerufen, die um Schutz auf hoher See baten. Samothrakis Große Götter wurden für ihre immense Kraft verehrt; im Vergleich zu ihnen galten die zankhaften olympischen Götter als frivol und flatterhaft.

Darüber, was sich hier wirklich zutrug, ist nur wenig überliefert – keine Überraschung, da Eingeweihte, die über die Riten sprachen, mit dem Tode bestraft wurden. Die archäologischen Funde deuten jedoch auf zwei Initiationsriten hin, einen niederen und einen höheren. Bei der ersten Initiation wurden die Großen Götter angerufen, um dem Initiierten eine spirituelle Wiedergeburt zu gewähren; bei der zweiten wurden dem Kandidaten seine Sünden erlassen. Jeder, der den Wunsch hatte, konnte an der Initiation teilnehmen.

Das meistgefeierte Relikt, die Nike von Samothrake (heute im Pariser Louvre), wurde 1863 von Champoiseau, einem französischen Konsul in Adrianopel (dem heutigen Edirne, Türkei), entdeckt. Im Folgenden fanden nur noch sporadische Ausgrabungen statt, bis Karl Lehmann und Phyllis Williams Lehmann vom Institute of Fine Arts der New York University kurz vor dem Zweiten Weltkrieg eine organisierte Ausgrabung leiteten.

👁 Sehenswertes

Die Stätte ist weitläufig, aber gut ausgeschildert.

Hinter dem Eingang geht's über den linken Pfad zum rechteckigen **Anaktoron.** An seinem Südende befand sich die **Sakristei,** die Vorkammer, in der sich die weiß gewandeten Kandidaten versammelten, bevor sie für ihre erste (niedere) Initiation in die Haupthalle des *anaktoron* gingen. Ein Kandidat nach dem anderen trat in den kleinen inneren Tempel am Nordende des Gebäudes, wo ein Priester die Symbole der Zeremonie erklärte. Hinterher erhielten die Teilnehmer eine Art Initiationszertifikat in der Sakristei.

Opfergaben wurden im **Arsinoëion-Rundbau** (arsinoion) südwestlich des *anaktoron* dargeboten. Einst ein großes zylindrisches Bauwerk, wurde er 289 v. Chr. von der ägyptischen Königin Arsinoë als Geschenk für die Großen Götter errichtet. Südöstlich liegt der **heilige Fels,** an dem der ursprüngliche Altar der Stätte stand.

Nach den Initiationen wurden Feierlichkeiten abgehalten, vermutlich südlich des *arsinoion* im **Temenos** – einem Geschenk von Philipp II. Nebenan steht das auffällige dorische **Hieron,** die meistfotografierte Ruine des Heiligtums mit fünf wiederaufgestellten Säulen. Hier wurde die zweite (höhere) Initiation der Kandidaten durchgeführt.

Gegenüber dem Hieron stehen die Überreste eines **Theaters.** Ganz in der Nähe führt ein Pfad hinauf zum **Nike-Brunnen,** an dessen Stelle einst die wunderschöne Nike von Samothrake stand, die den Kabiren von Demetrius Poliorketes (dem „Belagerer der Städte") zum Geschenk gemacht wurde, weil sie ihm geholfen hatten, Ptolemaios II. in der Schlacht zu schlagen. Die

Ruinen einer mächtigen **Stoa,** einer Säulenhalle mit zwei Gängen, in der Pilger, die zum Heiligtum kamen, Unterschlupf fanden, liegen im Nordwesten. Auf ihren Wänden wurden die Namen der Initiierten festgehalten. Die Ruinen einer **mittelalterlichen Festung,** die allerdings nichts mit dem Heiligtum zu tun hat, befinden sich gleich nördlich.

Am Pfad östlich des Nike-Denkmals ist eine Übersichtskarte zu sehen; der Pfad führt weiter zur südlichen **Nekropolis,** Samothrakis wichtigstem antiken Friedhof, der von der Bronze- bis zum Beginn der Römerzeit genutzt wurde. Nördlich des Friedhofs stand einst das **Propylon,** der aufwendige ionische Eingang zum Heiligtum, ein Geschenk von Ptolemaios II.

Der Kauf der Eintrittskarte zur Stätte berechtigt auch zum Besuch des **Museums** (☎25510 41474; ⌚Di–So 8.30–15 Uhr), zu dessen Ausstellungsstücken Terrakotta-Figuren, Schmuck und ein Gipsabdruck der Nike von Samothrake gehören.

Rund um Samothraki

LOUTRA (THERMA) ΛΟΥΤΡΑ (ΘΕΡΜΑ)

Loutra (auch Therma genannt) liegt 14 km östlich von Kamariotissa nahe der Küste und ist Samothrakis beliebtester Übernachtungsort. Dieses ruhige Dorf voller Platanen und Kastanienbäume, dichtem Grün und gurgelnden Bächen erwacht abends zum Leben, wenn sich Menschen aller Altersgruppen in seinen entspannten Freiluft-Cafés treffen.

Sehenswertes

Thermalbad
(Eintritt 3 €; ⌚Juni–Sept. 7–10.45 & 16–19.45 Uhr) Das Synonym der Stadt, Therma, geht auf ihre therapeutischen, mineralreichen Quellen zurück, die von Hautproblemen bis hin zu Leberkrankheiten und Unfruchtbarkeit angeblich alles heilen. Das offizielle Bad ist in dem auffälligen weißen Gebäude an der Bushaltestelle untergebracht, aber 75 m weiter bergauf kann man auch umsonst in zwei kleinen Freibädern baden.

Schlafen & Essen

Studios Ktima Holovan HOTEL €€
(☎25510 98335, 69766 95591; DZ/3BZ 70/80 €) Dieses entspannte Haus liegt 16 km östlich von Kamariotissa inmitten einer Wiese und bietet sehr moderne Selbstversorger-Wohnstudios mit zwei Zimmern, nur 50 m vom Strand entfernt, sowie einen kleinen Kinderspielplatz. Im Preis ist außerdem ein Leihauto enthalten.

Hotel Orfeas HOTEL €
(☎25510 98233; Therma; EZ/DZ inkl. Frühstück ab 40/50 €; ❄📶) Vom kleinen Bach aus gleich auf der anderen Seite der Gasse liegt das neue Orfeas. Es ist einfach, komfortabel und freundlich. Die besten Zimmer haben einen Balkon mit Blick auf den Bach.

Hotel Samothraki Village HOTEL €
(☎25510 42300; samvilla@otenet.gr; Paleopolis; EZ/DZ ab 50/60 €; ❄📶🏊) Diese helle, einladende Unterkunft liegt nur 4 km von Chora bzw. Kamariotissa entfernt am Meer und bietet preiswerte, gemütliche, makellose Zimmer, und rundum wachsen Olivenbäume.

Mariva Bungalows VILLEN €€
(☎25510 98230; DZ inkl. Frühstück 80 €; ❄) Diese abgeschiedenen Bungalows mit luftigen, modernen Zimmern befinden sich auf einem grünen Hügel in der Nähe eines Wasserfalls. Von der Küstenstraße ins Landesinnere Richtung Loutra abfahren, dann die Erste links abbiegen und den Schildern zu den Bungalows folgen (600 m weiter).

Kafeneio Ta Therma CAFÉ €
(☎25510 98325) Dieses große offene Café in der Nähe der Bäder ist immer voll, egal, ob man morgens einen Kaffee, abends ein Bier oder irgendwann am Tag hausgemachte Süßigkeiten genießen möchte.

In Loutra gibt's diverse gute Gyros- und Souvlaki-Läden, aber im **Paradisos Restaurant** (Hauptgerichte 5–8 €) und im **Fengari Restaurant** (Hauptgerichte 5,50–9 €) kann man sich auch gemütlich hinsetzen und etwas essen; in Letzterem unbedingt die gefüllte Ziege oder das *imam tourlou* (gebratene Aubergine, mit Kartoffeln und Kürbis gefüllt) versuchen.

FLUSS FONIAS ΠΟΤΑΜΙ ΦΟΝΙΑΣ

Hinter Loutra fließt der Fonias an der Nordostküste entlang, hier befinden sich auch die berühmten **Felsenbecken von Vathres** (Eintritt 1 €). Der Weg beginnt an der Brücke, 4,7 km östlich von Loutra, an den (nur im Sommer geöffneten) Ticket-häuschen. Die ersten 40 Minuten sind einfach und führen über einen gut markierten Pfad zu einem großen Felsenbecken, das von einem dramatischen, 12 m hohen Wasserfall gespeist wird. Der Fluss trägt den Beinamen „Der Mörder“ und kann sich bei starken Regenfällen im Winter in einen wild rauschenden Strom verwandeln. Die eigentliche Gefahr besteht jedoch darin, sich zu verirren: auch wenn es hier sechs Wasserfälle gibt, sind nur die Wege zu den beiden ersten ausgeschildert. Wer hier oder am Berg Fengari wandern möchte, kann sich an Niki Tours (S. 711) in Kamariotissa wenden.

STRÄNDE

Der 800 m lange **Pahia-Ammos-Strand** ist ein toller Sandstrand an der 8 km langen, kurvigen Straße, die von Lakoma an der Südküste entlangführt. Im Sommer kommen Kaiks aus Kamariotissa zu Besuch. Das Tourboot aus Loutra (Therma) hält an der Landzunge am nicht minder herrlichen, nudistenfreundlichen **Vatos-Strand.**

Die einst von Griechen bewohnte Insel Imvros (Gökçeada) wurde mit dem Vertrag von Lausanne 1923 an die Türkei übertragen; manchmal kann man sie vom Pahia-Strand aus sehen.

Der **Kipos-Kiesstrand** an der Südküste ist über die Nordküstenstraße erreichbar; er ist sehr hübsch, bietet aber keinen Schatten. Wie alle anderen kann man ihn im Sommer auch mit einem Kaik oder Ausflugsboot erreichen.

WEITERE DÖRFER

Die kleinen Dörfer **Profitis Ilias, Lakkoma** und **Xiropotamos** im Südwesten sowie **Alonia** in der Nähe von Chora sind alle wunderbar ruhig und nur wenig besucht, obwohl sie leicht zu erreichen sind. Profitis Ilias liegt auf einem Hügel und hat ein paar Tavernen zu bieten: **Vrahos** (☎25510 95264) und **Paradisos** (☎25510 95264) sind für ihre gegrillte Ziege bekannt, die nahe **Taverna Akrogiali** (☎25510 95123; Lakkoma-Strand) für frischen Fisch.

THASSOS

13 530 EW.

Thassos (Θάσος) ist eine der grünsten und sanftesten Inseln Griechenlands und liegt 10 km von Kavala auf dem Festland entfernt. Da die Insel über ein ähnliches Klima und ähnliche Vegetation verfügt, wirkt sie manchmal wie eine Verlängerung Nordgriechenlands. Sie bietet beneidenswerte Sandstrände, und das Inselinnere ist eine wunderschöne, bewaldete Berggegend. Im Vergleich zu anderen griechischen Inseln ist sie außerdem recht günstig und daher eines der beliebtesten Familienziele, aber auch junge Besucher aus der weiteren „Nachbarschaft“ am Balkan, aus Bulgarien und den ehemaligen Jugoslawien-Republiken kommen gerne hierher. Vom Festland aus fahren regelmäßig Fähren hierher, sodass Individualreisende Nordgriechenland schnell hinter sich lassen können, wenn sie die Insel besuchen möchten, und dank des ausgezeichnetes Busnetzes ist man auch vor Ort mobil.

Im Laufe seiner langen Geschichte hat Thassos oft von seinem natürlichen Reichtum profitiert. Die Parier, die die antike Stadt Thassos (Limenas) 700 v. Chr. gründeten, stießen am Berg Pangaion auf Gold und riefen einen Exporthandel ins Leben, der so lukrativ war, dass sie sogar eine Seeflotte subventionieren konnten. Auch wenn das Gold längst weg ist, wird Thassos’ weißer Marmor noch immer abgebaut, wodurch das Gebirge leider von unzähligen Steinbrüchen verschandelt wird.

Für Besucher liegt der größte Reichtum der Insel heute jedoch in ihrer natürlichen Schönheit und einigen bemerkenswerten historischen Sehenswürdigkeiten. Das ausgezeichnete Archäologiemuseum in der Hauptstadt Thassos (Limenas) wird durch das byzantinische Kloster von Archangelos, das in atemberaubender Lage auf den Klippen sitzt, und den antiken griechischen Tempel am ruhigen Südstrand von Alyki wunderbar ergänzt.

Auch wenn einige Strände auf Thassos von Mitte Juli bis Mitte August von Pauschaltouristen überfüllt sind, gibt’s auf der „Smaragdinsel“, wie sie auch genannt wird, nach wie vor unberührte Fleckchen, besonders außerhalb der kurzen Hochsaison. Da Thassos nun einmal hauptsächlich vom Tourismus lebt, wirken die *domatia* und Hotels mit ihren hübschen Fensterläden außerhalb der Saison recht einsam. Nur in der Hauptstadt Limenas haben ein paar Hotels auch im Winter geöffnet.

ℹ An- & Weiterreise

Thassos ist nur von den Festlandhäfen Keramoti und Kavala aus zu erreichen. Zwischen Keramoti und Limenas (3 €, 45 Min.) verkehren stündlich

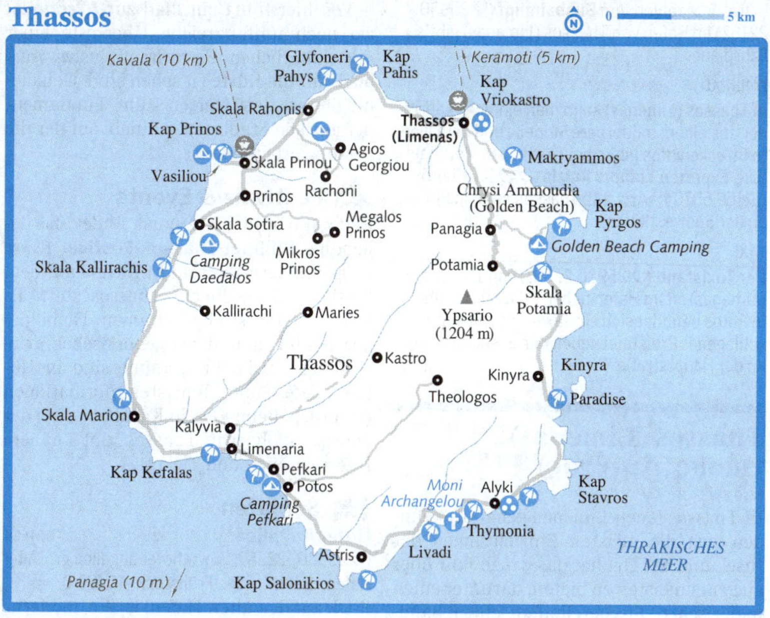

Fähren, zwischen Kavala und Skala Prinos (4,70 €, 1¼ Std.) zwei bis drei pro Tag.

Fahrpläne für die Fähren gibt's am **Fährticket-häuschen** (☎25930 22318) in Thassos (Limenas) und bei der **Hafenpolizei** (☎25930 22106) in Skala Prinos.

Unterwegs vor Ort

AUTO & MOTORRAD

Avis Rent a Car Thassos (Limenas; ☎25930 22535); Potamia (☎25930 61735); Skala Prinos (☎25930 72075) ist weit verbreitet.

Potos Car Rentals (☎25930 52071; Limenas) ist zuverlässig und bietet vernünftige Preise.

Mike's Bikes (☎25930 71820), 1 km vom alten Hafen in Thassos (Limenas) entfernt und **2 Wheels** (☎25930 23267) an der Straße nach Prinos bieten einen Fahrrad- und Motorradverleih.

BOOT

Das **Ausflugsboot Victoria** (☎6977336114; Tagestour 27 €) bricht viermal pro Woche zu Tagestouren rund um Thassos auf, immer mit Zwischenstopp zum Schwimmen und Mittagessen. Das Boot legt um 10 Uhr im Alten Hafen ab. Wassertaxis fahren vom Alten Hafen aus regelmäßig zum Chrysi Ammoudia (Golden Beach) und Makryammos-Strand. Ausflugsboote unterschiedlicher Größe und Nationalität und mit schwankendem Alkoholpegel segeln regelmäßig aus verschiedenen Küstenresorts hierher.

BUS

Regelmäßige Busse umrunden die Küste in beiden Richtungen und fahren auch Dörfer im Landesinneren an. Die Busse richten sich in Skala Prinos und Thassos (Limenas), dem wichtigsten Verkehrsknotenpunkt der Insel, nach den Ankunftszeiten der Fähren. Die beiden Hafenstädte sind täglich durch acht Busse (1,70 €) miteinander verbunden.

Täglich fahren acht bis zehn Busse von Thassos (Limenas) durch Dörfer an der Westküste wie Skala Marion (3,60 €), nach Limenaria (4,20 €), fünf bis sieben fahren nach Potos (4,20 €) weiter. Drei bis vier Busse verbinden Thassos (Limenas) mit Theologos (5,90 €). Von Potos geht's zu denselben Orten auch über die Ostküstenroute, und es gibt Verbindungen zum Paradise Beach (3, 10 €), nach Skala Potamia und zum nahen Chrysi Ammoudia (Golden Beach; 4,30 €).

Im Sommer fahren täglich acht bis zehn Busse von Thassos (Limenas) in die andere Richtung zu diesen Ostküstendörfern und bieten Verbindungen über Panagia (1,50 €) und Potamia (1,80 €) nach Skala Potamia (1,70 €). Außerdem verkehren von Thassos (Limenas) täglich drei Busse weiter nach Alyki und zum nahen Moni Arhangelou (4,10 €) im Süden. Sechs mal pro Tag steht darüber hinaus eine komplette Rundtour (etwa 100 km) auf dem Plan, dreimal im und dreimal gegen den Uhrzeigersinn. Dieses Rund-um-die-Insel-Ticket ist den ganzen Tag über gültig, man kann also jederzeit ein- und aussteigen, ohne extra zu bezahlen. Am **Busbahnhof** (☎25930 22162) im Hafen von Thassos (Limenas) gibt's Fahrpläne.

FAHRRAD

In Thassos (Limenas) kann man einfache Fahrräder ausleihen, modernere Modelle und detaillierte Streckeninfos gibt's beim örtlichen Mountainbike-Experten **Yiannis Raizis** (☎25930 52459, 69469 55704; www.mtb-thassos.com) in Potos an der Südwestküste.

TAXI

Der **Taxistand** (☎25930 22391) von Thassos (Limenas) ist im Hafen neben dem Busbahnhof. In Potos befindet sich ein Taxistand mit angeschlagener Preistafel neben der Bushaltestelle an der Hauptstraße.

Thassos (Limenas) Θάσος (Λιμένας)

2610 EW. / 375 KM²

In Thassos (auch Limenas genannt) befinden sich die meisten Einrichtungen der Insel, und der Ort hat das ganze Jahr über auch am meisten zu bieten, darunter einen malerischen Fischereihafen, einen Sandstrand, Einkaufsmöglichkeiten, ein paar antike Ruinen und ein Archäologiemuseum. Trotzdem: Wenn man sich die relativ teuren Unterkünfte und langweiligen Restaurants hier so anschaut und sie mit den viel schöneren Stränden, Bergwäldern und dem Nachtleben in anderen Teilen der Insel vergleicht, gibt's eigentlich keinen Grund, länger zu bleiben.

Sehenswertes

Archäologisches Museum MUSEUM

(Eintritt 2 €; ⏲Di–So 8.30–15 Uhr) Thassos' interessantes Archäologisches Museum zeigt jungsteinzeitliche Beigaben aus einem geheimnisvollen Grab in der Mitte von Thassos sowie antike griechische Kunst wie einen 5 m hohen *kouros* aus dem 6. Jahrhundert v. Chr., der einen Schafbock trägt.

Antike Agora RUINEN

Neben dem Archäologischen Museum stehen die Ruinen der antiken *agora*, des Handelszentrums zur Zeit der Griechen und Römer. Die Grundmauern einiger Stoas, Läden und Wohnhäuser sind erhalten geblieben. 100 m östlich der *agora* werden im **antiken Theater** während des Philippi-Thassos-Festivals antike Dramen und Komödien aufgeführt. Das Theater ist am kleinen Hafen ausgeschildert.

Von hier führt ein Pfad zur **Akropolis**, wo noch umfangreiche Überreste einer mittelalterlichen Festung inklusive Ausblick auf die Küste zu sehen sind. Gehauene Steinstufen steigen zum Fundament der antiken Stadtmauer hinab, auf der die Festung erbaut wurde.

Festivals & Events

Ende Juli und im August findet das lebendige **Philippi-Thassos-Festival** (www.philippifestival.gr) sowohl in Kavala auf dem Festland als auch auf Thassos statt. Es lockt mit klassischen Dramen, Gemäldeausstellungen und zeitgenössischer griechischer Musik. Programme sind in Hotels, Cafés und Touristeninformationen erhältlich. Beim EOT in Kavala und bei der Touristenpolizei in Thassos gibt's nähere Informationen und Tickets.

Schlafen

Hotel Angelica HOTEL €

(☎25930 22387; www.hotel-angelica.gr; Alter Hafen; EZ/DZ inkl. Frühstück 40/60 €; ❄📶) Blick auf den alten Hafen, große, moderne Zimmer und freundlicher Service, kurzum: eine der besten Budgetoptionen in Thassos.

Hotel Timoleon HOTEL €

(☎25930 22177; www.hotel-timoleon.gr; Alter Hafen; EZ/DZ 60/80 €; ❄📶) Das Drei-Sterne-Haus Timoleon liegt neben dem Hotel Possidon und verfügt über 30 Zimmer (15 mit Meerblick), alle gut ausgestattet, makellos und geräumig. Die Managerin Chrysoula ist ebenso hilfsbereit wie freundlich.

Hotel Possidon HOTEL €

(☎25930 22739; www.thassos-possidon.com; Alter Hafen; EZ/DZ 40/50 €; ❄📶) Die kürzlich renovierte Lobby-Bar dieses freundlichen Hafenhotels ergießt sich über den Hafen und die Haupteinkaufsstraße 18 Oktovriou. Die Zimmer sind modern und gut ausgestattet, und viele verfügen über einen gemütlichen Balkon mit Blick aufs Wasser.

Hotel Galini HOTEL €

(☎25930 22195; Theageneou; EZ/DZ 44/50 €; ❄) Diese kleine, leicht heruntergekommene Unterkunft befindet sich vom Hafen aus einen Block im Landesinneren und bietet 16 einfache, aber saubere Zimmer und im hinteren Bereich einen blumenreichen Garten.

Essen & Ausgehen

Taverna To Karanti TAVERNE €

(Miaouli) Eine *ouzerie* unter freiem Himmel im Alten Hafen, die von Einheimischen und Touristen gleichermaßen geschätzt wird: Die Taverna To Karanti bietet in malerischer Lage einen schönen Blick auf die Fischerboote sowie traditionelle Musik und köstliche *mezedhes*.

Simi TAVERNE €

(Alter Hafen; Hauptgerichte 7–10 €) Auf den ersten Blick sieht das Simi mit seinen aufdringlichen Kellnern wie jede andere Taverne im Alten Hafen aus; die Einheimischen sind sich jedoch darüber einig, dass es den besten Fisch in ganz Limenas serviert. Andere Tavernengerichte gibt's aber auch.

Island Beach Bar BAR €

(Miaouli) Diese schicke Freiluft-Bar neben dem Karanti bietet Tag und Nacht kostenlosen WLAN-Zugang, gutes Frühstück, anständige Drinks und hippe Musik.

Taverna Tarsanas TAVERNE €

(*mezedhes* 4 €, Hauptgerichte 10–15 €) Das Tarsanas liegt 1 km westlich von Thassos und serviert großartigen Fisch und einzigartige Meeresfrüchte-*mezedhes*.

Karnagio BAR €

(☎25930 23170) Das Karnagio liegt einen netten Spaziergang durch den Alten Hafen entfernt und ist ein hübsches Plätzchen für ein entspanntes Gläschen bei Sonnenuntergang. Die Tische im Freien stehen zu beiden Seiten eines Felsvorsprungs, gegen den sanfte Wellen schlagen. Über die Felsen kann man auch zur kleinen, von Kerzenlicht erhellten Kapelle hinaufklettern.

Praktische Informationen

Banken mit Geldautomaten befinden sich in der Nähe des zentralen Platzes.

Billias Travel Service (☎25930 24003; www.billias-travel-service.gr; Gallikis Arheologikis Scholis 2) Reisebüro mit Rundumservice.

EOT (☎25102 22425) In Kavala. Hält u. a. Informationen und Tickets zum Philippi-Thassos-Festival bereit.

Hafenpolizei (☎25930 22106)

Mood Café (☎25930 23417; Ecke 18 Oktovriou & K Dimitriadi; pro Std. 3 €; ⏲9.30–2 Uhr) Internetcafé.

Thassos Island Nature (www.gothassos.com) Nützliche Online-Quelle.

Touristenpolizei (☎25930 23111)

Westküste

Thassos' Westküste wird seit Jahren von Pauschaltouristen heimgesucht, aber es gibt noch immer ein paar idyllische Fleckchen und ruhige Sandstrände. Besonders erfreulich ist, dass sich die Bergdörfer im Inselinneren ihr traditionelles Lebenstempo bewahrt haben und einige kleine architektonische Schätze bieten.

Sehenswertes

Wer von Thassos (Limenas) der Küste Richtung Westen folgt, erreicht zwei standardmäßige Sandstrände: **Glyfoneri** und **Pahys** dahinter.

Noch weiter westlich liegt der Hafen **Skala Prinos;** von hier fahren Fähren nach Kavala, aber sonst ist nicht viel los. 1 km südlich liegt jedoch der hübsche **Vasilios-Strand** vor dem Hintergrund einiger Bäume, und die hügeligen Dörfer **Mikros Prinos** und **Megalos Prinos** (zusammen als Kasaviti bekannt) bieten eine erfrischend grüne Abwechslung von der touristischen Küste sowie ein paar Unterkünfte und Lokale und jede Menge Charakter. Weiter südwestlich warten in **Skala Sotira** und **Skala Kallirachis** zwei kleine Strände. Von Letzterem liegt das traditionelle **Kallirachi** nur 2 km landeinwärts und bietet steile, schmale Straßen und hübsche Steinhäuser.

Die erste richtige Attraktion befindet sich jedoch noch weiter südlich: der herrliche Fischereihafen **Skala Marion.** Das Dorf ist vom Tourismus nahezu unberührt geblieben – etwas überraschend, wenn man sich seinen langen Strand zu beiden Seiten so anschaut. Unter den Markisen einer Handvoll Tavernen mit Meerblick sitzen die treuen Dorfältesten bei einer Partie Backgammon, während kleine Kinder um sie herumtollen. Als eine gute Wahl für Familien und Paare bietet Skala Marion ein paar *domatia*, eine Bäckerei und sogar ein Internetcafé am Nordanleger. Am dorfeigenen Feiertag (24. Juni) gibt's nach dem Gottesdienst Volkstänze und Süßes für alle.

Landeinwärts von Skala Marion befindet sich das bewaldete **Maries,** das sich wunderbar für einen Tagesausflug eignet. Ein 4 km langer, solider Feldweg, der in der Mitte von Maries beginnt, folgt einer tiefen, bewaldeten Schlucht und führt schließlich zu einem von Menschenhand

Thassos (Limenas)

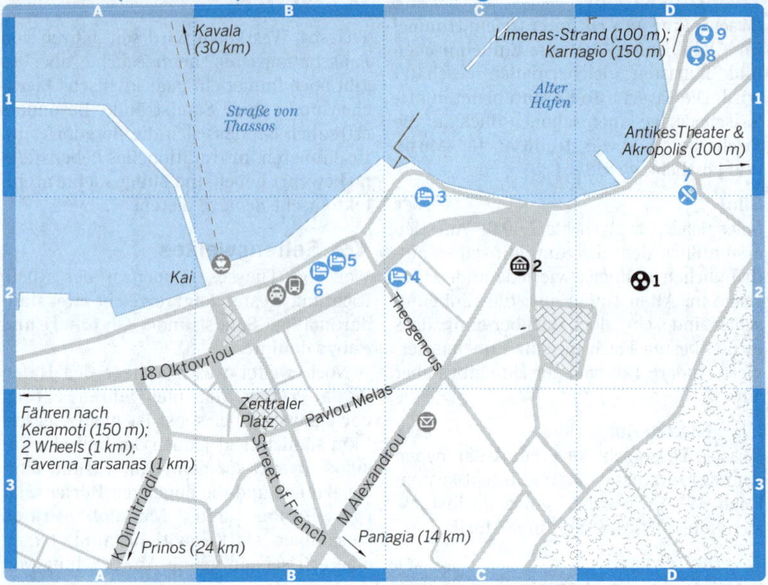

Thassos

Sehenswertes
1 Antike Argora D2
2 Archäologisches Museum C2

Schlafen
3 Hotel Angelica C2
4 Hotel Galini C2
5 Hotel Possidon B2
6 Hotel Timoleon B2

Essen
7 Simi D1

Ausgehen
8 Island Beach Bar D1
9 Taverna To Karanti D1

geschaffenen, aber trotzdem fotogenen **Waldsee.** Man kann mit dem Auto fahren oder die kühle Bergluft auf einer Wanderung genießen – die Route führt geradeaus und ist nicht allzu beschwerlich.

Die Küstenstraße Richtung Süden führt an weiteren Stränden und an **Limenaria** vorbei, der zweitgrößten Stadt auf Thassos. Auch wenn es von der Straße aus eher unansehnlich wirkt, bietet Limenaria einen netten, wenn auch kleinen Sandstrand. Der Ort wurde vor über einem Jahrhundert für das deutsche Metallunternehmen Speidel gegründet; noch heute ragen die heruntergekommenen Gebäude dieser früheren Investoren, darunter ein Rundturm, über dem Hafen auf.

Ein paar Kilometer weiter südlich befinden sich die ehemaligen Fischerdörfchen **Potos** und **Pefkari,** die sich in wahre Resorts verwandelt haben und lange Sandstrände bieten, wobei der in Potos mit mehreren Cafés und Tavernen besonders überlaufen ist.

Obwohl sie streng genommen nicht einmal in der Nähe der Westküste liegt, ist **Theologos** Thassos' mittelalterliche Osmanen-Hauptstadt und nur von der Hauptstraße in Potos aus erreichbar. Die Abzweigung ist ausgeschildert; die Straße führt über 10 km ins Inselinnere, bevor sie Theologos erreicht, das vor einem zerklüfteten weißen Gipfel liegt und von Wald umgeben ist. Dieses friedliche Örtchen mit nur 400 Seelen zeichnet sich durch seine weiß getünchten, dicht stehenden traditionellen Häuser aus; viele haben ein Schieferdach. Hier kann man die Kirche **Agios Dimitrios** (1803) besuchen, die über einen auffälligen weiß verputzten Glockenturm mit grandiosem Schieferdach verfügt.

Auch wenn Busse nach Theologos fahren, gibt's hier nur wenige Unterkünfte, es eignet sich also besser für einen Tagesausflug.

Von der Ecke Theologos–Potos auf der Hauptstraße kann man Richtung Südosten an der Küste entlangwandern und den Ausblick auf ein paar atemberaubende Buchten genießen, von denen einige vollkommen unberührte Sandstrände bieten. Die letzte Siedlung im Südwesten, **Astris**, lockt mit einem guten Strand mit Tavernen und *domatia*.

Aktivitäten

Trotz ihres touristischen Flairs eignet sich Thassos' Westküste ganz prima für diverse Outdoor-Aktivitäten, etwa zum Scubatauchen, Mountainbikefahren, Vögelbeobachten und, und, und.

Bootstouren zur Vogelbeobachtung VOGELBEOBACHTUNG, BOOTSTOUREN

Die felsige, unbewohnte kleine Insel **Panagia** südwestlich von Potos ist das Zuhause von Griechenlands größter Meereskormoran-Kolonie; der örtliche Umweltschützer Yiannis Markianos von der Aldebaran Pension (S.719) arrangiert Bootstouren mit Vogelbeobachtung.

Internationales Mountainbike-Rennen RADFAHREN

(Potos; ⏲letzter So im April) Dieses beliebte Amateur-Event zieht über 200 Teilnehmer an, die von Potos aus Richtung Osten über einen Rundkurs durch das bewaldete Innere der Insel fahren. Die Route klettert auf den Berg Ypsario (1204 m) und führt durch das malerische Dörfchen Kastro wieder zurück. Unglaublich: In der Startgebühr (nur 20 €) sind darüber hinaus drei Hotelübernachtungen enthalten. **Yiannis Raizis** (☎25930 52459, 69469 55704; www.mtb-thassos.com), der in seinem *domatio* in Potos das ganze Jahr über hochwertige Mountainbikes verleiht, organisiert dieses Event und veranstaltet außerdem geführte Rad- und Wandertouren und bietet Gruppenunterkünfte zu vernünftigen Preisen an.

Pine Tree Paddock REITEN

(☎6945118961; Rachoni; ⏲10–14 & 17 Uhr–Sonnenuntergang) Weiter nördlich kann man in Rachoni, im Inneren der Insel gelegen, auf dem Pine Tree Paddock Pony- und Pferdereiten (20 € pro Stunde); außerdem werden geführte Ausritte angeboten (25 € pro Stunde). Vorab reservieren.

Diving Club Vasiliadis TAUCHEN

(☎6944542974; www.scuba-vas.gr; Potos) Vasilis Vasiliadis vom Diving Club Vasiliadis in Potos bietet Scubatauch-Kurse für Anfänger und Tauchausflüge für erfahrene Taucher an, darunter Tauchgänge zum antiken Unterwasser-Marmorsteinbruch in Alyki.

Schlafen

LP TIPP **Aldebran Pension** PENSION €

(☎25930 52494, 6973209576; www.thasos.eu; Potos; DZ ab 40 € ❄📶) Diese freundliche, familiengeführte Pension liegt eine Straße hinter dem Potos-Strand in einem grünen Innenhof und bietet Zimmer mit allen modernen Annehmlichkeiten und großzügigen Balkonen. Zwei der Wohnstudios sind mit kompletten Küchen ausgestattet. Die freundlichen Besitzer Elke und Yiannis Markianos verleihen auch Boote und helfen bei der Buchung von Vogelbeobachtungstouren.

Domatia Filaktaki PENSION €

(☎25930 52634, 6977413789; Skala Marion; Zi. ab 35 €; ❄📶) Diese einfachen Zimmer mit Klimaanlage befinden sich über dem Zuhause der freundlichen, hilfsbereiten Maria Filaktaki und ihrer Familie in Skala Marion. Es ist das erste Haus, das man erreicht, wenn man von der Bushaltestelle zum Hafen runtergeht; es liegt oberhalb vom Armeno, dem Restaurant der Familie.

Camping Pefkari CAMPINGPLATZ €

(☎25930 51190; Zeltplatz pro Erw./Zelt 5/4 €; ⏲Juni–Sept) Dieser ansprechende Campingplatz in einem Wäldchen über dem Pefkari Strand ist bei Familien beliebt und bietet saubere Waschräume; Mindestaufenthalt drei Nächte.

Camping Daedalos CAMPINGPLATZ €

(☎/Fax 25930 58251; Zeltplatz pro Erw./Zelt 6/4 €) Dieser Strand-Campingplatz nördlich von Skala Sotira bietet einen Minimarkt und ein Restaurant. Segel-, Surf- und Wasserskiunterricht werden ebenfalls angeboten.

Essen

LP TIPP **Armeno** TAVERNE €

(Skala Marion; Hauptgerichte 5–9 €) Diese entspannte Hafentaverne im ruhigen Skala Marion bietet köstlichen Fisch und sämtliche Tavernen-Klassiker. Gemüse und Olivenöl sind absolut bio und stammen aus den Gärten der freundlichen Familie Filaktaki, die auch Zimmer vermietet und mit Informationen rund um die Gegend sowie zu Leihwagen weiterhelfen kann.

Taverna Giatrou TAVERNE €
(Theologos; Hauptgerichte 5–8 €) 800 m hinter dem Ortseingang Theologos auf der rechten Seite gelegen, bietet diese große Taverne vom Balkon aus einen tollen Blick auf die Dächer des Dorfes und das Grün darunter. Sie wird von Kostas („dem Doktor") Giatrou und seiner Familie geführt, die verschiedene Spezialitäten servieren, u. a. gebratenes Lamm aus der Gegend.

Piatsa Michalis TAVERNE €
(Potos; Hauptgerichte 6–10 €) Potos' 50 Jahre alte Strandtaverne gab's schon lange bevor der Massentourismus in die Stadt kam, und noch heute hält sie sich an ihr bewährtes Rezept mit einer Mischung aus Spezialitäten, z. B. geschmortes Kaninchen und Tintenfisch in Rotweinsoße, und sämtlichen Tavernen-Klassikern.

Psarotaverna To Limani MEERESFRÜCHTE €
(Limenaria; Hauptgerichte 8–13 €) Limenarias beste Meeresfrüchte werden in diesem Restaurant gegenüber der National Bank of Greece serviert, aber die Preise können ganz schön saftig sein.

O Georgios TAVERNE €
(Potos; Hauptgerichte 4,50–7 €) Dieses traditionelle griechische Grill-Restaurant liegt in einem Rosengarten mit Kiesboden und ist ein Favorit der Einheimischen, weit weg von Potos' touristischer Hauptstraße. Der Service ist freundlich, die Portionen sind reichlich.

Kafeneio Tsiknas CAFÉ €
(Theologos) Am Ortseingang Theologos, direkt vor der Kirche, bietet dieses charmante Café Tische auf dem Balkon, Kaffee und Snacks.

Praktische Informationen

In den größeren Dörfern Skala Prinos, Limenaria und Potos gibt's Geldautomaten und zahlreiche weitere Einrichtungen.

Ostküste

Thassos' sandige Ostküstenstrände sind im Sommer völlig überfüllt, da die Touristendichte hier höher ist als auf der Westseite – teilweise liegt das daran, dass hier zahlreiche dichte Wälder stehen, die von den Bergen bis zum Meer reichen. Hier gibt's weniger organisierte Aktivitäten, wodurch ein entspannteres Flair entsteht, und das warme, flache Wasser ist ideal für Familien mit kleinen Kindern.

Sehenswertes

Panagia & Potamia KIRCHE, MUSEUM
Diese Inlanddörfer gleich südlich von Thassos (Limenas) sind unglaublich fotogen. In Panagia gehören die Stein- und Schieferdächer zur charakteristischen Architektur, und die elegante Kirche **Kimisis tou Theotokou** (Kirche der Entschlafung der Jungfrau) mit ihrer blauweißen Kuppel enthält eine wertvolle Ikonensammlung. Um diese friedliche Ecke zu erreichen, muss man nur dem Geräusch des rauschenden Quellwassers landeinwärts bergauf über einen Steinpfad folgen.

Das weniger malerische Potamia bietet das **Polygnotos-Vagis-Museum** (Eintritt 3 €; ⏲Di–Sa 8.30–12 & 18–20, So & Feiertage bis 12 Uhr), das dem griechisch-amerikanischen Künstler Polygnotos Vagis (der 1894 hier geboren wurde) gewidmet ist. Es befindet sich neben der Hauptkirche. Das Städtische Museum von Kavala (S. 311) zeigt ebenfalls einige von Vagis' Werken.

Berg Ypsario WANDERN
Potamia ist auch ein guter Ausgangspunkt für den Aufstieg zu Thassos' höchstem Gipfel, dem Berg Ypsario (1204 m), oder für andere Wandertouren. Westlich von Potamia führt ein Feldweg zum Ende des Tals, wo Pfeile und Steinhaufen den steilen Weg bergauf weisen. Die Ypsario-Wanderung ist als „mäßig schwierig" eingestuft und dauert etwa drei Stunden. Man kann in der Ypsario-Berghütte übernachten; bei Leftheris vom **Bergsteigerclub Thassos** (✆6972198032) buchen und den Schlüssel organisieren. In der Hütte gibt's Kaminfeuer und Quellwasser, aber keinen Strom.

Strände STRAND
Panagia und Potamia liegen jeweils 4 km westlich der beliebtesten Ostküstenstrände: Der Sandstrand **Chrysi Ammoudia (Golden Beach)** liegt versteckt in einer langen, gebogenen Bucht, an deren Südende sich der Strand von **Skala Potamia** befindet. Letzterer bietet sehr warmes, sanftes, flaches Wasser und ist daher ideal für kleine Kinder. Zwischen beiden verkehrt alle paar Stunden ein Bus (1,30 €). An beiden Stränden finden sich außerdem Unterkünfte, Restaurants und ein bescheidenes

Nachtleben. An der Commercial Bank in Skala Potamia, die seltsamerweise ganz allein an der Hauptstraße liegt, 150 m westlich der Abzweigung zum Dorf, gibt's einen Geldautomaten.

Südlich von Skala Potamia liegt der zu Recht beliebte **Paradise Beach** an einem schmalen, kurvigen Feldweg, 2 km hinter dem winzigen Dorf **Kinyra.**

Alyki — RUINEN

Dieses Dorf ist in ganz Thassos der beste Ort für einen erholsamen Tag am Strand – und für ein bisschen Kultur. Dieses Aussteiger-Ziel bietet zwei feine sandige Buchten mit kleinen Imbissläden; in der westlichen gibt's außerdem eine Taverne. Die Strände sind durch einen kleinen Olivenhain voneinander getrennt, in dem sich die antiken Ruinen der **archäologischen Stätte von Alyki** befinden. Dieser rätselhafte Ort gilt, nach Limenas, als zweitwichtigste Stätte auf Thassos und liegt verführerisch über dem (ruhigeren) Strand im Südwesten. Eine hilfreiche Anschlagtafel mit Karte in englischer Sprache informiert über die Stätte, die über den Steinpfad zu erreichen ist, der die beiden Strände miteinander verbindet.

Die Hauptattraktion, ein ehemaliger **antiker Tempel,** in dem einst die Götter angerufen wurden, die die Seeleute beschützen sollten, liegt direkt über dem Meer und ist mit Säulenfüßen übersät. Der nahe gelegene **Marmorsteinbruch** ist mittlerweile überflutet und war vom 6. Jahrhundert v. Chr. bis zum 6. Jahrhundert n. Chr. in Betrieb. Von der Tempelruine kann man über den Felsenpfad Richtung Süden um die Halbinsel wandern; hier ist auch eine **frühchristliche Höhle** zu sehen, in der einst Eremiten hausten.

Westlich von Alyki — STRAND, KLOSTER

Von Aliki aus in Richtung Westen führt der Weg zunächst am **Thymonia-Strand** vorbei, bevor er das **Moni Archangelou** (Eintritt frei; ⌚9–17 Uhr) auf den Klippen erreicht, ein aktives Nonnenkloster der Athoniten, das eine interessante, 400 Jahre alte Kirche und einen sensationellen Blick übers Meer bietet. Wer nicht angemessen gekleidet ist, erhält am Eingang einen Schal. Wie bei vielen anderen orthodoxen Klöstern, können Pilger kostenlos über Nacht bleiben, wenn sie an den Gottesdiensten teilnehmen.

Von hier aus steigt die Straße im Westen steil an. Jetzt links nach der kleinen, unbefestigten Straße in der nördlichsten Kurve Ausschau halten, die zu einem ruhigen Badeort, dem **Livadi-Strand,** führt. Dies ist einer der schönsten Strände auf ganz Thassos: Seine türkisfarbenen Wasser sind von Klippen und Wäldern umgeben, und im Sand stehen nur ein paar vereinzelte Sonnenschirme.

Schlafen & Essen

Entlang der Küste warten hauptsächlich unscheinbare *domatia* und kleine Hotels. In Kinira und Alyki gibt es weniger Unterkünfte als am Chrysi Ammoudia (Golden Beach) oder in Skala Potamia, und am Paradiesstrand kann man gar nicht übernachten. Egal, wo man unterkommen möchte, man muss einfach nur vorbeischauen und sich ein Zimmer schnappen; außerhalb der Monate Juli und August sinken die Preise oft um 20 Prozent.

LP TIPP Domatia Vasso — PENSION €

(☎25930 31534, 69465 24706; Alyki; Zi. 50 €; P ❄) Östlich der Bushaltestelle an Alykis Hauptstraße nach dem Blumenmeer und dem Schild Ausschau halten, das zur Auffahrt zu diesen acht entspannten Selbstversorger-*domatia* weist, die vom freundlichen Vasso Gemetzi und seiner Tochter Aleka geführt werden. Es gibt eine herrlich ruhige Terrasse mit Tischen und Platz zum Kochen. Kinder übernachten gratis. Mindestaufenthalt zwei Nächte.

Thassos Inn — HOTEL €

(☎25930 61612; www.thassosinn.gr; Panagia; EZ/DZ 50/70 €) Panagias beste Unterkunft liegt in idealer Lage nahe der Kirche und bietet einen weiten Blick auf die Schieferdächer des Dorfes. Es verfügt über sämtliche modernen Annehmlichkeiten und große Zimmer, auch wenn die schlichten Böden nicht sehr reizvoll sind. Das Inn wird vom freundlichen Tasos Manolopoulos geführt, der stolz sein Gemüsebeet und das Becken mit den gigantischen Goldfischen zeigt.

Hotel Kamelia — HOTEL €

(☎25930 61463; www.hotel-kamelia.gr; Skala Potamia; EZ/DZ inkl. Frühstück 40/60 €; P ❄ 📶) Dieses Strandhotel bietet ein subtil künstlerisches Flair mit blumigen Mustern, minimalistischen Wandskulpturen und coolem Jazz in der Gartenbar. Die geräumigen, frisch duftenden Zimmer haben große Balkone und alle modernen Annehmlichkeiten. Das Kamelia befindet sich neben seinem Schwesterhaus, den Semili Studios, mit dem es sich auch den Telefonanschluss teilt.

Golden Beach Camping CAMPINGPLATZ €
(☎25930 61472; Chrysi Ammoudia; Zeltplatz pro Erw./Zelt 5/4 €; Ⓟ) Am Golden Beach Camping herrscht in aller Regel Partystimmung; er ist mit einem Minimarkt, einer Bar, Beachvolleyball und jeder Menge junger Menschen aus Griechenland, Serbien, Bulgarien und von noch weiter her ausgestattet. Ein spaßiger Ort in der schönsten Ecke des Strandes.

Taverna Elena TAVERNE €
(Panagia; Hauptgerichte 6–9 €) Gleich neben dem Laden mit den traditionellen Produkten abseits von Panagias zentralem Platz bietet diese klassische Taverne *mezedhes* wie *bougloundi* (gebackener Feta mit Tomaten und Chili) und ausgezeichnetes gebratenes Lamm- und Ziegenfleisch.

Taverna En Plo TAVERNE €
(Skala Potamia; Hauptgerichte 5–8 €) Diese Kombination aus Taverne und *domatia* ist der richtige Ort für einen eiskalten Frappé unter den roten Sonnenschirmen im Garten, und WLAN gibt's auch. Außerdem vermietet das Haus ein paar kleine, aber hübsche Zimmer, alle mit Küchenzeile und Balkon.

Restaurant Koralli TAVERNE €
(Skala Potamia; Hauptgerichte 7–11 €) Diese große Taverne in Skala Potamia serviert überdurchschnittlich leckere Pilze mit Krabbenfüllung, mit Mozzarella und Parmesan überbackene Auberginen, Rinderlendensteaks, Carpaccio und Zucchini mit Krebsfüllung.

Euböa & die Sporaden

Inhalt »

Gut essen

- » Dina's Amfilirion Restaurant (S. 728)
- » Maria's Pizza (S. 733)
- » To Perivoli Restaurant (S. 739)
- » Hayati (S. 747)
- » Taverna Agios Petros (S. 754)

Schön übernachten

- » Villa Helidonia (S. 732)
- » Atrium Hotel (S. 736)
- » Sotos Pension (S. 738)
- » Liadromia Hotel (S. 746)
- » Perigiali Hotel & Studios (S. 753)

Auf nach Euböa und zu den Sporaden

Euböa (Εύβοια) und die vier Sporaden-Inseln (Οι Σποράδες) liegen weitgehend abseits der ausgetretenen Inselpfade, obwohl eine Zugbrücke in Chalkida Euböa mit dem Festland verbindet. Abseits der wirtschaftlichen Zentren Chalkida und Eretria, die in der Nähe liegen, geht alles etwas langsamer zu: Hier wird die Landschaft weiter und wird von Hügelklöstern, kleinen Farmen, Weingütern und nicht wenigen neugierigen Ziegen geprägt.

Die Sporaden („Die Verstreuten") wirken wie eine Verlängerung der bewaldeten Pilion-Halbinsel, und tatsächlich waren sie in prähistorischer Zeit mit ihr verbunden. Skiathos ist die am stärksten bebaute Insel der Gruppe, hat aber auch die sandigsten Strände in der Ägäis. Skopelos lehnt sich mit seiner Postkartenidylle aus hübschem Hafen und Waldwiesen entspannt zurück, während Alonnisos über den Meeresnationalpark wacht, der die Mittelmeer-Mönchsrobbe schützt. Skyros schließlich, die südlichste Insel der Kette, ist für seine Küche, Holzarbeiten und Keramik bekannt, alles Traditionen, die noch aus byzantinischer Zeit stammen, als diese Inseln das Zuhause von Piraten und anderen Schurken waren.

Reisezeit

Skiathos-Stadt

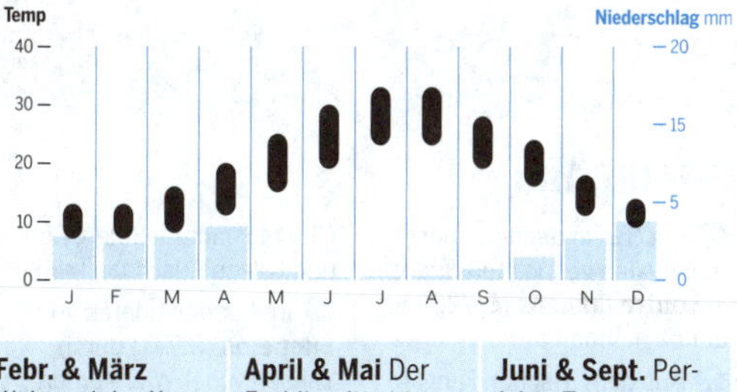

Febr. & März Während der Karnevalszeit ist einiges los und es wird ordentlich gefeiert.

April & Mai Der Frühling liegt in der Luft, und die Osterfeierlichkeiten dauern bis spät in die Nacht.

Juni & Sept. Perfekte Temperaturen und klarer Himmel – ideale Wanderbedingungen

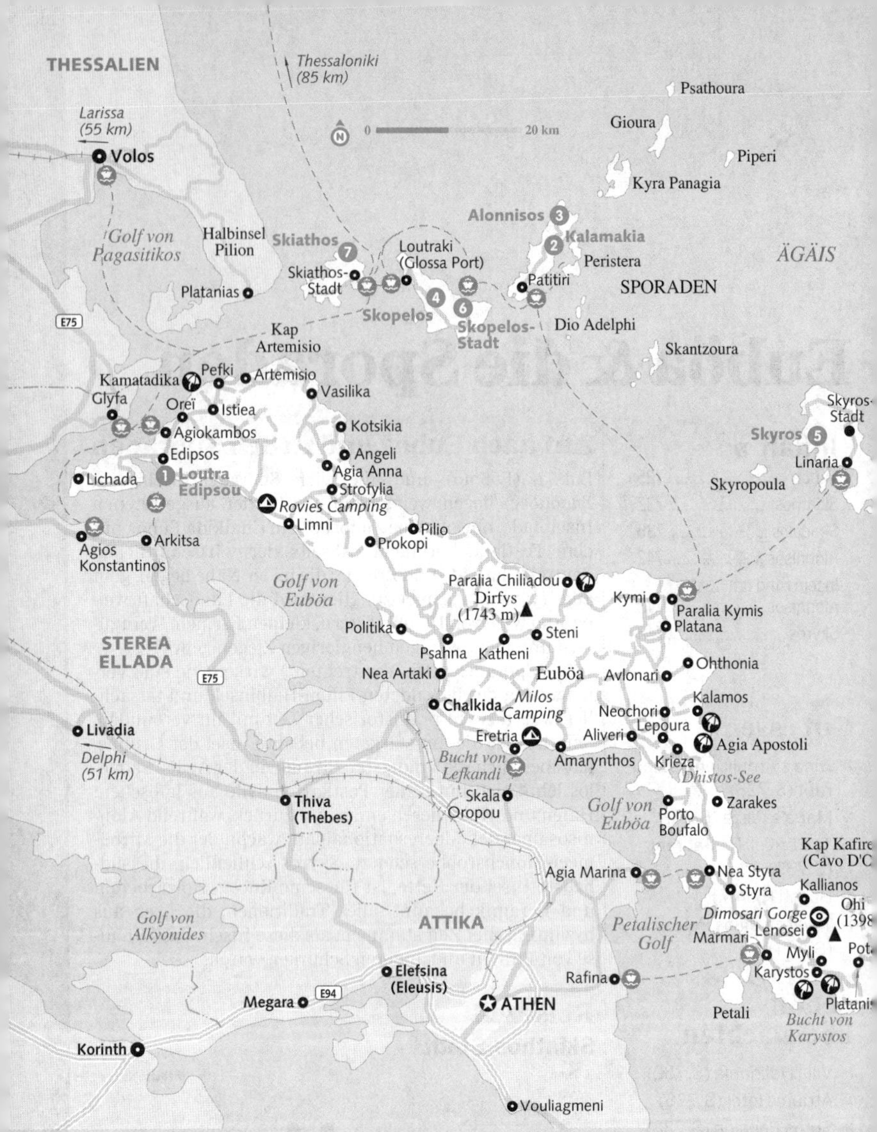

Highlights

1 Ein Bad in der von Thermalquellen gespeisten Bucht in **Loutra Edipsos** (S. 728) auf Euböa nehmen

2 Aus dem frischen Fang in **Kalamakia** (S. 748) auf Alonnisos die Lieblingsbeute wählen

3 Auf einer Bootstour durch Griechenlands einzigen Meeresnationalpark in **Alonnisos** (S. 744) nach Delfinen, Robben und Falken Ausschau halten

4 Im Landesinneren von **Skopelos** (S. 741) durch Wiesen voller Wildblumen wandern

5 Dem sanften, seltenen Skyros-Pony auf **Skyros** (S. 754) ganz nahe kommen

6 Einem *bouzouki*-Spieler lauschen, während man vom *kastro* (Burg) über **Skopelos-Stadt** (S. 735) blickt

7 Das ruhige **Moni Panagias Kounistras** (S. 736) auf Skiathos entdecken, ein Kloster aus dem 17. Jh., das einige der schönsten Fresken in der gesamten Ägäis besitzt

EUBÖA

Euböa (Εύβοια), Griechenlands zweitgrößte Insel nach Kreta, ist eines der beliebtesten Urlaubsziele der Griechen und bietet wunderschöne Bergstraßen, anspruchsvolle Wanderwege, bedeutende archäologische Funde und meist nicht allzu überlaufene Strände. Eine Gebirgskette erstreckt sich von Norden nach Süden und trennt die Klippen im Osten der Insel von der sanfteren, freundlicheren Westküste. Neben der kurzen Zugbrücke über den schmalen Evripos-Kanal, die in die Hauptstadt Chalkida führt, verbinden Fähren die Insel mit dem Festland. Die Strömung in diesem schmalen Kanal ändert ihre Richtung bis zu siebenmal täglich, ein Phänomen, das Beobachter und Forscher seit Aristoteles' Zeiten vergeblich zu erklären versuchen.

An- & Weiterreise

Es verkehren regelmäßig Busse zwischen Chalkida und Athen (6,20 €, 1¼ Std., halbstündl.), Ioannina (40 €, 7 Std., 4–6-mal tgl.) und Thessaloniki (36 €, 6¼ Std., 8–10-mal tgl.). Außerdem besteht eine regelmäßige Zugverbindung zwischen Chalkida und Athen (normal, 6,50 €, 1½ Std., 12-mal tgl.); zwischen Chalkida und Thessaloniki fährt hingegen nur ein Schnellzug (IC/Express 43 €, 6 Std., 10-mal tgl.; umsteigen in Inoi). Tickets gibt's am Dockhäuschen in Paralia Kymis (der Hafen von Kymi auf Euböa).

SCHIFFSVERBINDUNGEN VON EUBÖA

ZIEL	HAFEN	DAUER	PREIS	HÄUFIGKEIT
Agia Marina	Euböa (Nea Styra)	45 Min.	3,35 €	8–10-mal tgl.
Arkitsa	Euböa (Loutra Edipsos)	40 Min.	3,40 €	8–10-mal tgl.
Glyfa	Euböa (Agiokambos)	20 Min.	2,30 €	5–7-mal tgl.
Rafina	Euböa (Marmari)	1 Std.	7 €	4–6-mal tgl.
Skala Oropou	Euböa (Eretria)	25 Min.	2 €	halbstündl.
Skyros	Euböa (Paralia Kymis)	1¾ Std.	8,80 €	1–2-mal tgl.

Zentral-Euböa

Nachdem man die Brücke nach Chalkida überquert hat, richtet sich die Straße nach Süden und folgt der Küste bis Eretria, einem lebendigen Urlaubsort, der eine wichtige archäologische Stätte beherbergt. Dahinter reihen sich bis zur Kreuzung in Lepoura mehrere kleinere Orte und Fischerdörfer aneinander; hier gabelt sich die Straße nach Kymi im Norden. Ein paar der Abzweigungen zum Meer sind eine kleine Erkundungstour wert, und der Sandstrand in Kalamos ist wirklich außergewöhnlich schön. Eine gute, wenn auch unbefestigte Straße führt entlang der Nordküste von Kymi Richtung Westen nach Paralia Chiliadou.

Dank eines gemeinsamen Wiederaufforstungsprojekts der Regierung und einer privaten Organisation, das nach den tragischen Waldbränden vom August 2007 ins Leben gerufen wurde, feiern junge Tannen, Pinien und Olivenbäume entlang der Küstenstraße südlich von Eretria ein Comeback.

CHALKIDA ΧΑΛΚΙΔΑ

54 560 EW.

Chalkida (auch Chalkis), das bereits in der *Ilias* erwähnt wird, war im 8. und 7. Jh. v. Chr. ein mächtiger Stadtstaat mit mehreren Kolonien im gesamten Mittelmeerraum. Der Name geht auf die Bronze zurück, die hier in der Antike hergestellt wurde (*halkos* ist griechisch für „Bronze"). Inzwischen ist die Stadt das Tor nach Euböa und ein lebendiges Schifffahrts- und Landwirtschaftszentrum. Wenn der Abend hereinbricht, erwacht die Uferpromenade an der Alten Brücke zum Leben.

Wer Chalkidas interessante religiöse Geschichte kennenlernen möchte, kann entlang der Kotsou zum *kastro* (Burg) gehen und findet neben der Plateia Tzami (Tzami-Platz) eine grandiose **Moschee** aus dem 15. Jahrhundert und eine **Synagoge** aus dem 19. Jahrhundert vor. 150 m weiter südlich steht die byzantinische Kirche **Agia Paraskevi.** Im **Archäologischen Museum** (Leoforos Venizelou 13; Eintritt 2 €; Di–So 8.30–15 Uhr) ist ein großartiger Torso von Apollon zu sehen, der in Eretria entdeckt wurde.

Aktivitäten

Sport Apollon Scuba-Tauchzentrum

TAUCHEN

(22210 86369, 6945219619; www.sportapollon.gr; 9–13.30 & 17–21 Uhr) Dieses Zentrum in Chalkida organisiert Tauchgänge vor der nahen Alykes-Küste, die vom Tauchteam Nikos und Stavroula geleitet werden. Ein Tages-Tauchausflug kostet etwa 40 €.

Schlafen & Essen

Best Western Lucy Hotel HOTEL €€
(☎22210 23831; www.lucy-hotel.gr; Voudouri 10; EZ/DZ/3BZ/Suite inkl. Frühstück 70/90/125/145 €; P ❄ @ 📶) Die Zimmer im gut geführten Lucy sind modern, mit stilvollen Möbeln, langen Schreibtischen und großen Bädern. Das freundliche mehrsprachige Personal kann einen auch in die Straßencafé-Szene nebenan einführen.

Ouzerie O Loukas OUZERIE €
(Makariou 1; *mezedhes* 3–6 €, Hauptgerichte 5–9 €) Auf der Festlandseite der Alten Brücke bietet diese hübsche *ouzerie* erstklassige Hauptgerichte und Vorspeisen, von gegrilltem Tintenfisch und *horta* (Wildgemüse) bis hin zu *tzatziki* und Muscheln mit Reis.

Mostar Cafe-Bar COCKTAILBAR €
(Alte Brücke; Getränke, Snacks 3–7 €; ❄ 📶) Man kann unmöglich noch näher am Kanal oder an der Zugbrücke sitzen als in dieser ultramodernen Bar.

Praktische Informationen

Nahe der Ecke Venizelou und Voudouri stehen mehrere Geldautomaten.

Apotheke (☎22210 25424; Isaiou 6)

Krankenhaus (☎22210 21902; Ecke Gazepi & Hatzopoulou)

Post (Ecke Karamourtzouni & Kriezotou; ⌚Mo–Fr 8–18 Uhr)

Surf-on-Net Cafe (Angeli Goviou 7a; Internet pro Std. 1,50 €; ⌚24 Std.)

Touristenpolizei (☎22210 77777)

An- & Weiterreise

Zwischen Chalkida und Athen, Ioannina und Thessaloniki bestehen regelmäßige Busverbindungen. Außerdem verkehren regelmäßig Züge zwischen Chalkida und Athen, und es gibt eine Expressverbindung mit Thessaloniki.

Für alle, die andere Teile von Euböa besuchen möchten, bestehen vom **KTEL-Busbahnhof in Chalkida** (☎22210 20400, Ecke Styron & Arethousis), 3 km östlich der Alten Brücke, Verbindungen zu folgenden Zielen:

Eretria 2 €, 25 Min., stündl.

Karystos 11,70 €, 3 Std., 3-mal tgl.

Kymi-Stadt 8,50 €, 2 Std., stündl.

Limni 7,90 €, 2 Std., 3-mal tgl.

Loutra Edipsos 11,70 €, 2 ½ Std., 1-mal tgl.

Steni 3 €, 1 Std., 2-mal tgl.

Einer der Busse nach Kymi-Stadt fährt weiter nach Paralia Kymis und bietet Anschluss zur Fähre nach Skyros.

ERETRIA ΕΡΕΤΡΙΑ

3160 EW.

Eretria ist, von Chalkida aus, der erste größere Ort Richtung Südosten; er bietet einen kleinen Hafen und eine lebhafte Uferpromenade voller Familien vom Festland, die an Ferienwochenenden die Fisch-Tavernen füllen. Rund um Eretria, das sich im 4. Jahrhundert v. Chr zu einer wichtigen Schifffahrtsmacht und dem Zuhause einer bedeutenden Philosophenschule entwickelte, wurden zahlreiche Funde aus der Jungsteinzeit zutage gebracht. Die moderne Stadt wurde während des Unabhängigkeitskrieges von Bewohnern der Insel Psara gegründet, die auf der Flucht vor den Türken waren.

Sehenswertes

Vom höchsten Punkt der **antiken Akropolis** bietet sich ein wunderbarer Blick aufs Festland. Westlich der Akropolis stehen die Ruinen eines Palastes, eines Tempels und eines Theaters mit einem unterirdischen Gang, über den die Schauspieler die Bühne betraten. Ganz in der Nähe sind im ausgezeichneten **Archäologischen Museum von Eretria** (Eintritt 2 €; ⌚Di–So 8.30–15 Uhr) gut präsentierte Funde aus dem antiken Eretria zu sehen. Ein Spaziergang von 200 m führt zum faszinierenden **Mosaik-Haus** aus dem 4. Jahrhundert v. Chr. Von hier erreicht man nach weiteren 50 m das **Heiligtum des Apollon** aus dem 8. Jahrhundert v. Chr.

Schlafen & Essen

Villa Belmar Apartments APARTMENTS €€
(☎6971588424; www.villabelmar.gr; EZ/DZ inkl. Frühstück ab 50–80 €; P ❄ @ 📶) Lediglich 100 m südwestlich des Hafens befindet sich die neueste und die wahrscheinlich schickste Unterkunft in Eretria, die vom freundlichen Schwesternduo Lina und Renia geführt wird.

Eviana Beach Hotel HOTEL €€
(☎22290 62135; www.evianabeach.gr; EZ/DZ/3BZ inkl. Frühstück 65/85/115 €; P ❄ @ 📶) 500 m östlich des Hafens liegt dieses hübsche Strandhotel in einer etwas versteckten Lage. Die Zimmer verfügen über Balkone mit Blick aufs Meer, und es gibt eine einladende Strandbar unter schattigen Bäumen.

Milos Camping CAMPINGPLATZ €
(☎22290 60420; www.camping-in-evia.gr; Zeltplatz pro Erw./Zelt 6,20/4 €) Dieser saubere, schattige Campingplatz liegt an der Küste,

1 km nordwestlich von Eretria, und bietet ein kleines Restaurant, eine Bar und einen schmalen Kiesstrand.

Taverna Astra TAVERNE €
(Arheou Theatrou 48; Hauptgerichte 5–12 €) Diese weitläufige Taverne am Hafen liegt direkt hinter dem Supermarkt und ist für ihren frischen Fisch zu vernünftigen Preisen und ihre ausgezeichneten Vorspeisen bekannt.

Praktische Informationen

Im Notfall kann man die **Touristenpolizei** (☎22210 77777) in Chalkida anrufen. Internetzugang wird in der **Christos Internet Cafe-Bar** (pro Std. 2 €; ⌚9–1 Uhr) am Hafen angeboten.

An- & Weiterreise

Es verkehren täglich Fähren zwischen Eretria und Skala Oropou. Nähere Informationen gibt's in der Tabelle S. 725.

Tickets sind am Dockhäuschen im Hafen von Eretria erhältlich.

STENI ΣΤΕΝΗ

1080 EW.

Von Chalkida sind es 31 km bis ins hübsche Bergdorf Steni mit seinen gurgelnden Quellen und schattigen Platanen.

Steni ist Ausgangspunkt für die äußerst anspruchsvolle Wanderung auf den **Berg Dirfys** (1743 m), Euböas höchsten Gipfel. Die **Dirfys-Hütte** (☎22280 25655) befindet sich in 1120 m Höhe und ist über eine 9 km lange, unbefestigte Straße erreichbar. Von dort sind es weitere sieben steile Kilometer bis zum Gipfel. Erfahrene Wanderer sollten etwa sechs Stunden von Steni bis ganz nach oben einplanen. Für Hütten-Reservierungen kann man sich an **Stamatiou** (☎22210 85760, 6972026862; ⌚Mo–Fr; pro Person 12 €) und den dem EOS angeschlossenen **Bergsteigerclub Chalkida** (☎22210 25230; www.eoschalkidas.gr; Angeli Gouviou 22, Chalkida; ⌚Di & Do 18–21 Uhr) wenden. Anavasi gibt eine ausgezeichnete topografische Karte zum Berg Dirfys (Nr. 5.11) heraus.

Von Steni schlängelt sich die Straße weiter nach **Paralia Chiliadou** an der Nordküste, wo ein Wäldchen aus Ahorn- und Kastanienbäumen an einen feinen Sand- und Kiesstrand grenzt und ein paar *domatia* und Tavernen zur Auswahl stehen. Camper können an beiden Enden des Strandes bei den großen Felsen ihr Zelt aufschlagen.

Schlafen & Essen

Hotel Dirfys HOTEL €
(☎22280 51370; EZ/DZ inkl. Frühstück 30/40 €) Das bessere der beiden Hotels in Steni ist in Sachen knorriges Kiefernholz, das die Einrichtung von den Wänden in der Lobby bis zu einem Großteil der Möbel dominiert, ganz weit vorn. Die gemütlichen Zimmer bieten Teppichboden und eine perfekte Aussicht auf Wald und Fluss.

Taverna Kissos TAVERNE €
(Ivy Taverna; Hauptgerichte 7–12 €) Nur eines in einer ganzen Reihe von Lokalen in Bachnähe, bietet diese traditionelle Taverne herzhaftes Grillfleisch, *mayirefta* (fertig zubereitete Gerichte) und Salate mit Gemüse aus lokalem Anbau.

KYMI & PARALIA KYMIS ΚΥΜΗ & ΠΑΡΑΛΙΑ ΚΥΜΗΣ

3040 EW.

Die wenig touristische Stadt Kymi wurde auf einer 250 m hohen Klippe über dem Meer erbaut. Abends, wenn der zentrale Platz zum Leben erwacht, geht's hier recht heiter zu. Der Hafen Paralia Kymis, 4 km bergab gelegen, ist der einzige natürliche Hafen an der schroffen Ostküste; er ist der Abfahrtsort für Fähren nach Skyros, Alonnisos und Skopelos.

Das ausgezeichnete **Volkskundemuseum** (⌚Mai–Sept. 10.30–13 & 18–20.30, Okt.–April Mi & So 10–13, Sa 10–13 & 16–18.30 Uhr) liegt 30 m bergab vom Hauptplatz und zeigt eine beeindruckende Sammlung lokaler Trachten und historischer Fotografien, u. a. eine Ausstellung, die den in Kymi geborenen Dr. George Papanikolaou ehrt, den Erfinder des PAP-Abstrich-Tests.

Kymi ist außerdem das Zuhause der landwirtschaftlichen Kooperative **„Feigen von Kymi"** (⌚Mo–Fr 9–15 Uhr), die örtliche Bauern und nachhaltige Produktionsweisen unterstützt. Der Einblick in ihre Arbeit ist faszinierend, und im Laden können Trockenfeigen ohne Konservierungsstoffe gekauft werden.

Schlafen & Essen

In Paralia Kymis liegt das zuverlässige **Hotel Beis** (☎22220 22604; www.hotel-beis.gr; EZ/DZ/3BZ inkl. Frühstück 40/60/70 €; P ❄), ein mächtiger weißer Klotz mit großen, makellosen Zimmern gegenüber dem Skyros-Fährdock. Einige nette Tavernen und *ouzerien* haben sich am Hafen niedergelassen.

Nur 3 km südlich lohnt im winzigen Platana, das auf den Uferdamm blickt, die ausgezeichnete Fisch-Taverne **O Psaras** (Hauptgerichte 3–12 €) einen Besuch. Sie ist dank ihres gegrillten Fischs und der feinen Salate äußerst beliebt.

Nord-Euböa

Von Chalkida führt eine Straße Richtung Norden nach **Psachna,** dem Tor zum äußerst malerischen Inneren Nord-Euböas. Eine gut befestigte Straße klettert und schlängelt sich durch Pinienwälder zum waldigen Dorf **Prokopi** empor, dem Standort der **Pilgerkirche von St. Johannes dem Russen.** In Strofylia, 14 km hinter Prokopi, führt eine Straße in Richtung Südwesten zum pittoresken Limni, dann weiter nach Norden ins skurrile Loutra Edipsos, dem Fährhafen von **Agiokambos,** und schließlich nach **Pefki,** einem kleinen Ferienort am Meer.

LOUTRA EDIPSOS ΛΟΥΤΡΑ ΑΙΔΗΨΟΥ

3600 EW.

Das therapeutische Schwefelwasser des klassischen Spa-Ressorts Loutra Edipsos ist seit der Antike hoch geschätzt. Hier haben schon Berühmtheiten, wie Aristoteles, Plutarch und Sulla im Adamskostüm gebadet. Die allmähliche Ausdehnung der Stadt im Laufe der Jahre steht mit der verbesserten Technologie in Zusammenhang, mit deren Hilfe das Wasser immer weiter von der Quelle wegtransportiert werden konnte. Heute ist die Stadt Griechenlands modernstes Hydro- und Physiotherapiezentrum. Der Stadtstrand (Paralia Loutron) ist dank des Thermalwassers, das hier ins Meer fließt, das ganze Jahr über angenehm warm.

Aktivitäten

Die meisten Hotels bieten unterschiedliche **Spa-Anwendungen** an, von einfachen heißen Bädern (6 €) bis zu vierhändigen Massagen (160 €).

Das entspanntere (und erschwinglichere) der beiden großen Spas des Ortes ist das **EOT-Hydro- und Physiotherapie-Zentrum** (☎22260 23501; 25 Martiou 37; ⏲Juni–Okt 7–13 & 17–19 Uhr), das jede Menge Palmen, ein großes Freibad, in dem Mineral- und Meerwasser gemischt werden, und eine Terrasse mit Meerblick bietet. Hydro-Massage-Bäder gibt's schon ab ganz bescheidenen 8 €.

Das ultraschicke **Thermae Sylla Hotel & Spa** (☎22260 60100; www.thermaesylla.gr; Posidonos 2) mit vage spätrömischem Ambiente, das gut zum Namen passt, bietet eine Reihe von Kur- und Schönheitsbehandlungen an, wie Thermal-Schlammbäder oder Ganzkörper-Algenwickel, die bei ca. 60 € beginnen.

Schlafen & Essen

Hotel Istiaia HOTEL €
(☎22260 22309; 28 Octovriou 2; www.istiaiahotel.com; EZ/DZ/3BZ inkl. Frühstück ab 35/45/65 €; ❄@📶) Das Istiaia ist ein hübsches altes Hotel mit hohen Decken und Alte-Welt-Flair – außer in den kleinen Bädern. Richtung Uferdamm ist eine Café- und Weinbar.

Hotel Kentrikon HOTEL €
(☎22260 22302; www.kentrikonhotel.com; 25 Martiou 14; EZ/DZ/3BZ 45/55/65 €; ❄@📶≋) Dieses freundliche Spa-Hotel, das von einem griechisch-irischen Pärchen geführt wird, ist ebenso kitschig wie charmant. Es warten ein einladendes Thermalbad und die Massagetherapeutin Vicky Kavartziki (☎69451 46374).

Thermae Sylla Hotel & Spa LUXUSHOTEL €€€
(☎22260 60100; www.thermaesylla.gr; Posidonos 2; EZ/DZ/Suite ab 210/250/500 €; P❄@📶≋) Dieses schicke Spa packt einen auf Wunsch nicht nur komplett in Schlamm ein, es bietet auch Luxuszimmer und eine endlose Reihe von Schönheitsbehandlungen. Tagesbesucher können für 27 € im Freibad planschen.

LP TIPP **Dina's Amfilirion Restaurant** RESTAURANT €
(28 Octovriou 26; Hauptgerichte 5–10 €) Die wunderbaren Leckereien ändern sich hier jeden Tag. Ein großzügiger Teller mit gegrilltem Kabeljau und Ofenkartoffeln mit saftigem Tomaten-Gurken-Salat und einem guten Hauswein kostet um die 12 €. Nach dem kleinen Holzschild mit den grünen griechischen Buchstaben Ausschau halten, 20 m nördlich des Fährdocks.

Captain Cook Self-Service Restaurant FEINKOST €
(Hauptgerichte 3–7 €) Hier gibt's von allem ein bisschen – lecker und günstig.

Taverna Sbanios TAVERNE €
(Hauptgerichte 4–8 €) Die Taverna Sbanios serviert erstklassige Grillgerichte und Frühstücksomeletts.

Praktische Informationen

Im **Lan Arena** (pro Std. 2,50 €; ⏲10–1 Uhr) gegenüber vom Fährhafen gibt's Internetzugang. Für medizinische Versorgung wendet man sich an den Englisch sprechenden **Dr. Symeonides** (☎22260 23220; Omirou 17).

An- & Weiterreise

BUS

Vom **KTEL-Busbahnhof** (☎22260 22250; Thermopotamou), 200 m vom Hafen entfernt, fahren Busse nach Chalkida (13 €, 4 Std., 1-mal tgl., 5.30 Uhr), Athen (12,30 €, 3 ½ Std., 3-mal tgl. über Arkitsa) und Thessaloniki (22 €, 5 Std., 1-mal tgl. 10 Uhr über Glyfa).

SCHIFF/FÄHRE

Zwischen Loutra Edipsos und Arkitsa auf dem Festland verkehren regelmäßig Fähren, ebenso ins nahe Agiokambos und nach Glyfa auf dem Festland. Näheres gibt's in der Tabelle auf S. 725. Tickets sind am Dockhäuschen im Hafen von Loutra Edipsos erhältlich.

LIMNI ΛΙΜΝΗ

2070 EW.

Das kleine Limni ist einer der malerischsten Häfen auf Euböa und blickt direkt aufs Meer, während sein Labyrinth aus weiß getünchten Häusern und schmalen Gassen auf den geschäftigen Hafen voller Cafés und Tavernen zuläuft. Das **Museum** (Eintritt 2 €; ⏲Mo–Sa 9–13, So 10.30–13 Uhr) der Stadt liegt nur 50 m vom Hafen entfernt und bietet archäologische Funde aus der Gegend sowie antike Webstühle, Trachten und alte Münzen.

Wer über einen fahrbaren Untersatz verfügt, kann das herrliche **Kloster von Galataki** (⏲9–12 & 17–20 Uhr) aus dem 16. Jahrhundert besuchen, das 9 km südöstlich von Limni auf einem Hügel über der Küstenstraße thront und das Zuhause einer eingeschworenen Gemeinschaft von sechs Nonnen ist. Die feinen Mosaiken und Fresken im *katholikon* (Hauptkirche) sind einen ausführlichen Blick wert, besonders zu erwähnen sei hier der Einzug der Gerechten ins Paradies.

Schlafen & Essen

Home Graegos APARTMENTS €€
(☎22270 31117; www.graegos.com; Apt. ab 60 €; Ⓟ❄📶) Gegenüber dem Südende des Hafens liegt das von einem griechisch-deutschen Pärchen geführte Graegos, das eine jugendliche, äußerst willkommene Ergänzung in Limni darstellt. Die modernen Apartments bieten komplette Küchen und Blick aufs Meer.

Zaniakos Domatia DOMATIA €
(☎2270 32445, 69736 67200; Zi. 40 €; ❄Ⓟ) Englischkenntnisse mögen in diesem ausgezeichneten, 250 m oberhalb des Hafens gelegenen Haus vielleicht Mangelware sein, aber die freundlichen Besitzer reißen sich ein Bein aus, damit die Gäste sich wohlfühlen.

Rovies Camping CAMPINGPLATZ €
(☎22270 71120; www.campingevia.com; Zeltplatz pro Erw./Zelt 6,50/4,50 €) Der attraktive, schattige Rovies liegt direkt über einem Kiesstrand, 12 km nordwestlich von Limni.

Ouzerie Fiki OUZERIE €
(*mezedhes* 2–5 €) In dieser Hafen-Taverne neben dem Home Graegos einfach einen der Tische im Freien schnappen und die vorbeiziehende Parade der Dorfbewohner und Touristen betrachten, während man gut zubereitete *mezedhes* genießt, z. B. gegrillten Oktopus und *gavros* (Anchovies).

Süd-Euböa

In Lepoura, östlich von Eretria, gabelt sich die Straße: Die linke Abzweigung führt Richtung Norden nach Kymi, die rechte nach Karystos im Süden. In Krieza, 3 km hinter der Kreuzung, geht's über eine weitere Abzweigung zum Distos-See, einer flachen Wasserfläche, die von Reihern und anderen Sumpfvögeln besucht wird. Auf der weiteren Fahrt Richtung Süden geht's außerdem an hochmodernen Windrädern vorbei, und es bieten sich wunderbare Ausblicke auf beide Küsten. Hier wird die Insel immer schmaler, bis sie in der Karystos-Bucht, in der Nähe des Bergs Ochi (1398 m), aufs Meer trifft.

KARYSTOS ΚΑΡΥΣΤΟΣ

4960 EW.

In der weiten Karystos-Bucht am Fuß des Bergs Ochi gelegen und von zwei Sandstränden gesäumt, ist dieser abgeschiedene, aber charmante Küstenort der Ausgangspunkt für Wanderungen zum Berg Ochi und zur Dimosari-Schlucht. Von der lebhaften Plateia Amalias bietet sich ein schöner Blick auf die Bucht und den Bootshafen.

Sehenswertes

Karystos, das bereits in Homers *Ilias* erwähnt wird, war während des Peloponnesischen Krieges ein mächtiger Stadtstaat.

Das interessante **Karystos-Museum** (Eintritt 2 €; ⏲Di–So 8.30–15 Uhr) dokumentiert das archäologische Erbe der Stadt, u.a. mit winzigen Tonlampen aus der Jungsteinzeit, einer beschrifteten Steinplatte im Chalkida-Alphabet, Grabstelen aus dem 5. Jahrhundert v. Chr., die Zeus und Athene zeigen, und einer Ausstellung zu den *drakospita* (Drachenhäusern) vom Berg Ochi und aus Styra, die wohl aus dem 6. Jahrhundert stammen. Das Museum steht gegenüber einer venezianischen Burg aus dem 14. Jahrhundert, dem **Bourtzi** (Eintritt frei; ⏲ganzjährig).

Geführte Touren

South Euböa Tours (☎22240 25700; www.eviatravel.gr; Plateia Amalias) bietet verschiedene Buchungsdienste an, u.a. für die Festland-Fähre, für Ausflüge zum Fuß des Bergs Ochi oder zum drakospita nahe Styra, das aus dem 6. Jahrhundert v. Chr. stammt; es wird auch eine Bootstour um die Petali-Inseln angeboten (35 € mit Mittagessen). Der einfallsreiche Besitzer, Nikos, organisiert außerdem Taxifahrten für alle, die zum Gipfel des Ochi wandern und sich hinterher wieder abholen lassen möchten, und kümmert sich um geführte Wandertouren durch die Dimosari-Schlucht (25 €).

Festivals & Events

Karystos veranstaltet jeden Sommer das **Wein- & Kulturfestival,** das Anfang Juli beginnt und bis zum letzten Augustwochenende dauert. An den Wochenenden finden u.a. Theater- und traditionelle Tanzaufführungen zu Klängen lokaler Musiker statt, und außerdem gibt's Ausstellungen lokaler Künstler. Das fröhliche Sommer-Event endet mit dem Weinfest, bei dem jeder erdenkliche Wein aus der Gegend kostenlos probiert werden darf. Festivalprogramme sind im Karystos-Museum erhältlich.

Schlafen & Essen

Hotel Karystion HOTEL €

(☎22240 22391; www.karystion.gr; Kriezotou 3; EZ/DZ inkl. Frühstück ab 40/50 €; P❄📶) Das Karystion ist die beste Unterkunft der Stadt, mit modernen, gut ausgestatteten Zimmern, Balkonen mit Meerblick und hilfsbereitem, mehrsprachigem Personal. Neben dem Hof führt eine kleine Treppe hinunter zum Sandstrand, wo man wunderbar schwimmen kann.

Hotel Galaxy HOTEL €

(☎22270 71120; www.galaxyhotelkaristos.com; EZ/DZ inkl. Frühstück 40/50 €; ❄@📶) Das Galaxy am Hafen wurde kürzlich renoviert und ist mit seiner von Holz dominierten Einrichtung und seiner einladenden Atmosphäre eine gute Alternative in Karystos. Von den oberen Zimmern bietet sich ein schöner Blick aufs Meer.

LP TIPP **Cavo d'Oro** TAVERNE €

(Hauptgerichte 4–7,50 €) In diesem gut gelaunten Restaurant in einer Nebengasse abseits des großen Platzes mischt man sich unter die einheimische Gästeschar und genießt Makrele mit Reis, *mousakas* und Salate aus lokalen Erzeugnissen und Olivenöl. Der herzliche Besitzer, Kyriakos, tritt beim Weinfest im Sommer regelmäßig mit seiner *bouzouki* auf.

Taverna Geusiplous TAVERNE €€

(Hauptgerichte 5–15 €) Das neueste Hafenlokal in Karystos ist auf jeden Fall einen Besuch wert und lockt mit einer Mischung aus traditionellen Vorspeisen und Fusion-Küche, wie Schweinegeschnetzeltem mit Zitronengras.

Ausgehen

Bar Alea BAR

(☎22240 26242; @📶) Diese Bar auf der *plateia* serviert anständige Drinks und eine bunte Musikmischung.

Club Kohili BAR

(☎22240 24350; 📶) Der stilvolle Club Kohili liegt direkt am Strand neben dem Apollon Suite Hotel.

Praktische Informationen

Am Hauptplatz gibt es einen **Geldautomaten** der Alpha Bank, und **Village Net** ☎6936701795; Kriezotou 82; pro Std. 2 €; ⏲9–1 Uhr) liegt zwei Blocks westlich des Hotel Galaxy.

An- & Weiterreise

BUS

Vom **KTEL-Busbahnhof in Karystos** (☎22240 26303) gegenüber der Kirche Agios Nikolaos fahren Busse nach Chalkida (10,50 €, 3 Std., Sonntag bis Freitag), Athen (8,30 €, 3 Std., 4-mal tgl.) und Marmari (1,70 €, 20 Min., Montag bis Samstag). Ein Taxi nach Marmari kostet ca. 12 €.

SCHIFF/FÄHRE

Es verkehren regelmäßig Fähren zwischen Marmari (10 km westlich von Karystos) und Rafina sowie von Nea Styra (35 km nördlich von Karystos) nach Agia Marina. Näheres gibt's in der Tabelle auf S. 725.

Tickets werden entweder am Dockhäuschen im Hafen von Mamari oder vorab bei **South Evia Tours** (☎22240 25700; Fax 22240 29091; www.eviatravel.gr) in Karystos verkauft.

RUND UM KARYSTOS

Die Ruinen des **Castello Rosso** (Rote Burg), einer fränkischen Festung aus dem 13. Jahrhundert, sind nur einen kurzen Spaziergang von **Myli** entfernt, einem hübschen, gut bewässerten und herrlich grünen Dorf, das 4 km landeinwärts von Karystos liegt. Ein Stück hinter Myli befindet sich ein **antiker Steinbruch,** der mit grünen und schwarzen Bruchstücken des einst sehr wertvollen *cippolino*-Marmors aus Karystos übersät ist.

Wer ein eigenes Auto hat oder sich ein Taxi nimmt, kann zum Fuß des **Bergs Ochi** fahren, von wo die 1 ½-stündige Gipfelwanderung zum antiken *drakospita* (Drachenhaus) führt, dem schönsten Beispiel einer Gruppe Stonehenge-artiger Wohnhäuser und Tempel, die aus dem 7. Jahrhundert v. Chr. stammen. Sie wurden aus mehrere Tonnen schweren Felsen gehauen und ohne Mörtel zusammengefügt. Die kleineren Exemplare in der Nähe von **Styra** (30 km nördlich von Karystos) sind genauso faszinierend.

Wanderer können sich Richtung Norden zur **Dimosari-Schlucht** begeben; die Wanderung auf dem wunderschönen, gut präparierten Weg ist 10 km lang und dauert etwa vier bis fünf Stunden (einschließlich Zwischenstopp zum Schwimmen).

Mit einer örtlichen Karte von South Evia Tours in Karystos können die Dörfer und die Kastanienwälder, die sich an die Hügel zwischen dem Ochi und der Küste schmiegen, problemlos auf eigene Faust erkundet werden.

SKIATHOS

6160 EW.

Mit einigen der schönsten Strände der Ägäis gesegnet, überrascht es nicht, dass Skiathos (Σκιάθος) im Juli und August voller sonnenhungriger Europäer ist, wodurch die Preise entsprechend ansteigen und die Zimmer knapp werden. Die Ankunftstafel am kleinen Flughafen der Insel listet hauptsächlich ankommende Charterflüge aus Nordeuropa auf. Trotz seiner Beliebtheit ist und bleibt Skiathos eines der besten Urlaubsziele Griechenlands.

Skiathos-Stadt, der größte Ort und Hafen der Insel, liegt an der Südostküste. Die Südküste ist von ummauerten Ferienvillen und von Pinien gesäumten Sandstränden durchzogen. Die Nordküste ist ziemlich steil und schlechter zugänglich; im 14. Jahrhundert diente die Kastro-Halbinsel als natürliche Festung gegen Invasoren. Außer Sonne im Überfluss und einem fröhlichen Nachtleben finden Neugierige hier aber auch atemberaubende Klöster, Hügel-Tavernen und sogar abgeschiedene Strände.

An- & Weiterreise

Flugzeug

Während des Sommers werden neben zahlreichen Charterflügen aus Nordeuropa täglich auch ein Flug nach/von Athen (84 €) bzw. Thessaloniki (79 €) angeboten. **Olympic Air** (☎24270 22200; www.olympicair.com) hat ein Büro am Flughafen.

Schiff

Skiathos' wichtigster Hafen ist Skiathos-Stadt; von hier fahren Fähren nach Volos und Agios Konstantinos (auf dem Festland) sowie nach Skopelos und Alonnisos.

Tickets gibt's bei **Hellenic Seaways** (☎24270 22209; Fax 24270 22750), am unteren Ende der Papadiamantis, oder bei **NEL Lines** (☎24270 22018) am Hafen.

SCHIFFSVERBINDUNGEN VON SKIATHOS

ZIEL	HAFEN	DAUER	PREIS	HÄUFIGKEIT
Agios Konstantinos	Skiathos	2 ½ Std.	29 €	1-mal tgl.
Agios Konstantinos*	Skiathos	2 Std.	36 €	1–2-mal tgl.
Alonnisos	Skiathos	2 ½ Std.	10 €	1–2-mal tgl.
Alonnisos*	Skiathos	1 ½ Std.	17 €	2–3-mal tgl.
Skopelos (Glossa)	Skiathos	45 Min.	6 €	4-mal wöchentl.
Skopelos (Glossa)*	Skiathos	20 Min.	10 €	2–3-mal tgl.
Skopelos (Skopelos-Stadt)	Skiathos	1 ¼ Std.	9,50 €	1-mal tgl.
Skopelos (Skopelos-Stadt)*	Skiathos	45 Min.	16 €	3–4-mal tgl.
Thessaloniki*	Skiathos	4 ¼ Std.	47 €	1–2-mal wöchentl.
Volos	Skiathos	2 Std.	21 €	1–2-mal tgl.
Volos*	Skiathos	1 ½ Std.	34 €	2–3-mal tgl.

*Tragflächenboote

Unterwegs vor Ort

Auto & Motorrad

Zu den zuverlässigen Auto- und Motorradverleihen in Skiathos-Stadt gehören **Europcar/Creator Tours** (☎24270 22385), das auch Fahrräder verleiht, und **Heliotropio Tourism & Travel** (☎24270 22430), beide am Hafen.

Boot

Wassertaxis fahren vom alten Hafen zu den Stränden in Tzaneria und Kanapitsa (3 €, 20 Min., stündl.) und in die Achladies-Bucht (2,50 €, 15 Min., stündl.); ein weiteres Boot fährt von der Achladies-Bucht zum Koukounaries-Strand (5 €, 15 Min., stündl.).

Bus

Überfüllte Busse fahren von Skiathos-Stadt zum Koukounaries-Strand (1,60 bis 2 €, 30 Min., zwischen 7.30 und 23 Uhr halbstündl.). Die Busse halten an 26 durchnummerierten Strandzugängen entlang der Südküste.

Taxi

Der **Taxistand** (☎24270 21460) ist gegenüber vom Fährdock. Ein Taxi vom/zum Flughafen kostet 6 €.

Skiathos-Stadt Σκιάθος

Skiathos-Stadt, mit roten Dächern auf weiß getünchten Häusern, wurde auf zwei flachen Hügeln erbaut. Gegenüber vom Ufer liegt die winzige, einladende **Bourtzi-Insel** zwischen zwei kleinen Häfen; sie ist über einen kurzen Damm erreichbar. Die Stadt ist ein wichtiges Tourismuszentrum, dessen Hafen und schmale Hauptstraße, die Papadiamanti, von Hotels, Souvenirläden, Galerien, Reisebüros, Tavernen und Bars dominiert werden.

Sehenswertes

Skiathos ist der Geburtsort des berühmten griechischen Roman- und Kurzgeschichtenautors Alexandros Papadiamanti aus dem 19. Jahrhundert, dessen Werke vom harten Leben der Inselbewohner handeln, mit denen er aufwuchs. Papadiamantis bescheidenes Haus aus dem Jahr 1860 ist heute ein charmantes **Museum** (Plateia Papadiamanti; Eintritt 1 €; ⏲Di–So 9.30–13.30 & 17–20.30 Uhr) mit Büchern, Gemälden und alten Fotografien, die sein Leben auf Skiathos dokumentieren.

Geführte Touren

Ausflugsboote bieten Halb- und Ganztagestouren rund um die Insel an (15 bis 25 €, 4 bis 6 Std.), die normalerweise auch zum Kap Kastro, zum Lalaria-Strand und zu den drei *spilies* (Höhlen) in Chalkini, Skotini und Galazia führen, die nur übers Wasser erreichbar sind. Ein paar Boote besuchen auch die nahen Inseln Tsougria und Tsougriaki zum Schwimmen und Schnorcheln; man kann für 10 € mit einem Boot hinfahren und ein anderes zurücknehmen. Im alten Hafen informieren Anschlagstafeln vor den Booten über Touren und Fahrpläne.

Wer Lust auf eine wunderbare **Segeltour** durch die Inselgewässer um Skiathos und Alonnisos hat, kann an Bord der Yacht Argo III (☎6932325167; www.argosailing.com; 65 €) gehen, die vom Ehepaar George und Dina gemanagt wird.

Schlafen

Im Sommer muss frühzeitig gebucht werden. Die hier aufgeführten Preise gelten für Juli und August; außerhalb der Hochsaison fallen sie um 30 % oder mehr. Am Kai gibt's außerdem einen Kiosk mit Preisen und Fotos von den Zimmern. Wer eine Last-Minute-Unterkunft sucht, kann sich an die findige **Georgia Asvesti** (☎6944137377; pansionpandora@yahoo.gr) wenden.

LP TIPP **Villa Helidonia** APARTMENTS €€
(Schwalben-Villa; ☎24270 21370, 69456 86542; Apt. 75–95 €; P @) Diese außergewöhnlich gemütliche, abgelegene Unterkunft sitzt über der Punta (Landspitze) und ist nur wenige Autominuten, aber trotzdem gefühlte Welten von der Stadt entfernt. Es gibt nur zwei Apartments (Mindestaufenthalt vier Nächte), jedes mit kompletter Küche, Satellitenfernsehen und Deckenventilatoren, und ein Feigenbaum steht direkt in Pflückweite. Ganz in der Nähe wartet eine versteckte Schnorchel-Bucht.

Lena's Rooms PENSION €
(☎24270 22009; Bouboulinas; Zi. 55 €; ❄@) Diese sechs Doppelzimmer über dem Blumenladen der Besitzerin sind luftig und makellos und haben alle einen Kühlschrank und einen Balkon. Außerdem gibt's eine gut ausgestattete Gemeinschaftsküche und eine schattige Veranda voller Blumen.

Hotel Bourtzi BOUTIQUEHOTEL €€
(☎24270 21304; Moraitou 8; www.hotelbourtzi.gr; EZ/DZ/3BZ inkl. Frühstück ab 80/115/140 €; P❄@) Am oberen Ende der Papadia-

manti entflieht das Bourtzi dem Großteil des städtischen Lärms und bietet seriösmoderne Zimmer, einen einladenden Garten und einen Pool.

Hotel Meltemi HOTEL €
(☎24270 22493; meltemi@skiathos.gr; EZ/DZ/FZ 55/65/95 €; ❄@📶) Das Meltemi könnte leicht zu verfehlen sein: Das Hotel liegt versteckt in einem schattigen Innenhof am neuen Hafen, aber zum Glück sind dafür sein altmodischer Charme und seine freundliche Atmosphäre ganz und gar offensichtlich.

Hotel Mouria HOTEL €
(☎24270 21193; mouria@hotmail.com; DZ/3BZ/4BZ inkl. Frühstück ab 50/60/80 €; ❄@📶) Das attraktive Mouria liegt gleich abseits der geschäftigen Papadiamanti hinter der Nationalbank in einem blumenreichen Innenhof. Das Hotel stellt seinen Gästen sogar eine Gemeinschaftsküche zur Verfügung.

Hotel Akti HOTEL €€
(☎24270 21304; www.heliotropio.gr; EZ/DZ/3BZ ab 55/65/80 €; ❄📶) Das moderne Akti bietet beste Hafenlage mit toller Aussicht und eine Lobby, die auch als Reisebüro fungiert.

✕ Essen

In Skiathos gibt's mehr als genug überteuerte, touristische Lokale, in denen das Essen eher *etsi-ketsi* (so lala) ist. Bei einem Bummel durch die schmalen Gassen westlich der Papadiamanti trifft man auf Ausnahmen wie diese:

LP TIPP **Maria's Pizza** PIZZA €
(Hauptgerichte 8–15 €) Die Pizza ist erst der Anfang in diesem mit Blumen überfüllten Juwel über dem alten Hafen. Wer nicht nach drinnen geht, um Maria und ihr Team in Aktion zu sehen, verpasst das Beste. Zu den Highlights gehören gefülltes Knoblauchbrot, Tagliatelle mit Schinken

Skiathos

und Spargel und jede Menge Salate, die an sich schon eine komplette Mahlzeit sind.

Taverna-Ouzeri Kabourelia TAVERNE €
(Hauptgerichte 4–9 €) Im einzigen ganzjährigen Restaurant im alten Hafen darf man auch einfach mal die Nase in die Küche stecken und einen Blick auf den Fang des Tages wagen. Hier gibt's großartigen Fisch vom Grill und Meeresfrüchte-*mezedhes* zu moderaten Preisen zu.

Restaurant En Plo TAVERNE €
(Club St; Hauptgerichte 4–10 €) Das En Plo gibt sich alle Mühe, lokale Erzeugnisse zu nutzen. Frischen Fisch, Olivenöl aus Skiathos und gute griechische Weine gibt's immer, und auf der kreativen Karte stehen Sensationen, wie Risotto mit Kabeljau.

Medousa Pizza PIZZA €
(Club St; Hauptgerichte 6–8 €) Das Medousa liegt nur einen Stolperer von den Trinken-bis-zum-Umfallen-Clubs im Hafen entfernt und serviert Holzofenpizza und große Salate, und auf Wunsch wird auch geliefert.

Taverna Anemos MEERESFRÜCHTE €
(Hauptgerichte 6–14 €) Einheimischen ist diese feine Fisch-Taverne an der Treppe des alten Hafens dank ihrer großzügigen Portionen aus frischem Kabeljau, Hummer oder Muscheln bekannt. Vassili, der Koch, ist den Vormittag über wahrscheinlich seinem anderen Job nachgegangen – er fischt und taucht nach dem Abendessen für seine Gäste.

Igloo FASTFOOD €
(Papadiamanti; Getränke–Snacks 1,50–3 €; ⌚6–23 Uhr) Das Igloo serviert kalte Getränke, Eiscreme und Frühstücksleckereien.

No Name Fast Food FASTFOOD €
(Simionos; Hauptgerichte 2 €) Eigentlich ist es gar nicht so schnell, und sein Name ist Aris. Das beste *gyros* der Stadt.

Final Step GEHOBENE KÜCHE €€
(Hauptgerichte 8–21 €) Dieses neue Restaurant liegt am oberen Ende der Treppe am St.-Nikolaus-Platz und bietet eine tolle Aussicht und nicht minder grandioses Essen.

Ausgehen

LP TIPP **Kentavros Bar** BAR
(☎24270 22980) Das attraktive Kentavros abseits der Plateia Papadiamanti verspricht Rock, Soul, Jazz und Blues und bekommt von Einheimischen und Besuchern für sein angenehmes Ambiente, die Kunst und die guten Getränke zwei Daumen hoch.

Old Port House BAR
(☎24270 23711; Nikotsara St) Eine lokale Bar in einer schmalen Gasse hinter dem alten Hafen, mit Bier vom Fass (griechisch und Guinness), Wein und Cocktails.

Rock & Roll Bar BAR
(☎24270 22944) Riesige Sitzsäcke haben die vielen Kissen vor dieser angesagten Bar im alten Hafen schon lange ersetzt – da rutschen die Gäste zu fortgeschrittener Stunde nicht mehr so leicht runter. Das Paradies für alle Erdbeer-Daiquiri-Fans.

Nach Mitternacht heizt sich die Tanz- und Ausgehszene in den Clubs entlang des neuen Hafens allmählich auf. Die besten DJs legen im **BBC** (☎24270 21190), in der **Kahlua Bar** (☎24270 23205) und im **Club Pure** (☎6979773854) auf; alle sind bis zur Morgendämmerung geöffnet.

Unterhaltung

Cinema Attikon KINO
(Papadiamanti; Eintritt 7 €) In diesem Open-Air-Kino laufen ständig Filme in englischer Sprache, und dazu kann man ein Bier genießen und gleichzeitig testen, wie schnell man die griechischen Untertitel mitlesen kann.

Shoppen

Überall auf der Papadiamanti locken glitzernde Freiluft-Läden, aber wer in eine der versteckten Nebenstraßen abbiegt, entdeckt eine ganz neue Seite von Skiathos.

Galerie Varsakis ANTIQUITÄTEN
(Plateia Trion Ierarhon; ⌚10–14 & 18–23 Uhr) Hier kann man nach ungewöhnlichen Antiquitäten stöbern, z. B. Spindeln, die Bräutigame im 19. Jahrhundert für ihre zukünftigen Frauen anfertigten, sowie nach besonderen griechischen und afrikanischen Textilien. Die Sammlung macht den besten griechischen Volkskundemuseen Konkurrenz.

Loupos & His Dolphins ANTIQUITÄTEN
(Plateia Papadiamanti; ⌚10–13.30 & 18–23.30 Uhr) In diesem teuren Galerie-Laden neben dem Papadiamanti-Museum werden handbemalte Ikonen, feine griechische Keramik sowie Gold- und Silberschmuck verkauft.

Useful Things

Artshop KUNST & KUNSTHANDWERK
(Nikotsara St) Handgemachter Schmuck, Keramik und Vintage-Stücke sind die Highlights dieses intimen Ladens hinter dem alten Hafen.

Praktische Informationen

Der Busbahnhof befindet sich am Nordende des neuen Hafens. Überall im Hafen und in den meisten Cafés entlang der Papadiamanti gibt's kostenlos WLAN.

Geld

Entlang der Papadiamanti und am Hafen befinden sich zahlreiche Geldautomaten.

Internetzugang

Creator Tours (Hafen; pro 30 Min. 1 €; ⌚9–21 Uhr) Im Europcar-Büro

Internet Zone Cafe (Evangelistrias 28; pro Std. 2 €; ⌚10–3 Uhr)

Medizinische Versorgung

Apotheke Papantoniou (☎24270 24515; Papadiamanti 18)

Krankenhaus des Gesundheitszentrums (☎24270 22222) Oberhalb des alten Hafens

Notfall

Hafenpolizei (☎24270 22017; Kai)

Touristenpolizei (☎24270 23172; ⌚8–21 Uhr; Ringstraße)

Post

Postamt (obere Papadiamanti; ⌚7.30–14 Uhr)

Reisebüros

Wer zuverlässige Informationen zu Skiathos und zur Weiterreise sucht, kann sich an die folgenden Reisebüros wenden:

Creator Tours (☎24270 21384; www.creatortours.com) Im Hafen.

Heliotropio Tourism & Travel (☎24270 22430; www.heliotropio.gr) Im Hafen

Unterwegs auf Skiathos

Sehenswertes & Aktivitäten

Strände STRAND
Mit den ca. 65 Stränden, die hier zur Auswahl stehen, kann Strand-Hopping auf Skiathos zu einer richtigen Vollzeitbeschäftigung werden. An der Südküste pendeln Busse hin und her, die an 26 durchnummerierten Strand-Zugängen halten. Der **Megali Amos** liegt nur 2 km außerhalb der Stadt und ist immer schnell voll. Der erste lange Sandstreifen, der das Aussteigen aus dem Bus lohnt, ist der von Pinien gesäumte **Vromolimnos-Strand.** Etwas weiter warten der **Kolios-** und der **Troulos-Strand,** die ebenfalls sehr gut und, leider, sehr beliebt sind. Der Bus fährt weiter zum **Koukounaries-Strand,** der vor einem Hintergrund aus Pinien liegt und als der beste Strand in ganz Griechenland gepriesen wird. Heutzutage beobachtet man das Sommervolk hier besser aus sicherer Entfernung, dann glitzert der 1200 m lange Strandstreifen aus goldenem Sand tatsächlich wunderschön.

Der **Big Banana Beach,** der für seine gebogene Form und seinen weichen weißen Sand bekannt ist, liegt auf der anderen Seite einer kleinen Landzunge. FKK-Freunde ziehen sich meist lieber an den **Little Banana Beach** zurück, der hinter einer felsigen Ecke liegt (und auch bei schwulen und lesbischen Sonnenanbetern beliebt ist).

Westlich von Koukounaries ist der **Agia-Eleni-Strand** ein Favorit der Windsurfer. Der sandige **Mandraki-Strand** liegt einen 1,5 km langen Spaziergang auf einem von Pinien beschatteten Pfad entfernt und gerade so weit außerhalb, dass er von den Massen verschont bleibt. Die Strände an der Nordwestküste sind weniger überfüllt, im Sommer aber starken *meltemi* (Nordostwinden) ausgesetzt. Hier zweigt eine Straße nach rechts ab und führt über 2 km zum **Mikros-Aselinos-Strand,** nach weiteren 5 km zum abgeschiedenen **Kehria-Strand.**

Der **Lalaria-Strand** ist ein ruhiger Streifen an der Nordküste mit hellgrauen, eierförmigen Kieseln. In den Tourismusbroschüren ist er gut repräsentiert, aber von Skiathos aus nur mit dem Ausflugsboot zu erreichen.

Kastro AUSSICHTSPUNKT
Kastro befindet sich in dramatischer Lage hoch oben auf einer felsigen Landzunge über der Nordküste und war von 1540 bis 1829 die piratensichere Hauptstadt der Insel. Am Nordrand stehen noch heute eine alte Kanone und vier restaurierte alte Kirchen. Ausflugsboote fahren den Strand unterhalb von Kastro an; von dort ist es nur ein leichter Anstieg zu den Ruinen.

Moni Evangelistrias KLOSTER
(Kloster der Verkündigung; ⌚9.30–13.30 & 17–19 Uhr) Das berühmteste Kloster der Insel thront, idyllisch von Pinien und Zypressen

umgeben, 450 m über dem Meeresspiegel. Während des Unabhängigkeitskrieges diente es als ein Zufluchtsort für Freiheitskämpfer, und die griechische Flagge wurde hier erstmals im Jahr 1807 gehisst. Heute erfüllen noch zwei Mönche die Arbeiten im Kloster, zu denen mitunter auch die Weinproduktion zählt. Das köstliche Ergebnis ihrer Mühen kann im Laden des **Museums** (Eintritt 1 €) probiert werden. In einem Schuppen nebenan befinden sich alte Oliven- und Weinpressen, die zusammen mit den gebrauchten Fässern an vergangene Zeiten erinnern, lange bevor die Satellitenschüssel über dem Hof angebracht wurde.

Moni Panagias Kounistras KLOSTER

(Kloster der Heiligen Jungfrau; ⌚morgens–Abenddämmerung) Von Troulos (Bushaltestelle 20) führt eine Straße zum friedlichen Moni Panagias Kounistras, das im 17. Jahrhundert erbaut wurde und das schon allein aufgrund seiner schönen Fresken, die das *katholikon* zieren, einen Besuch wert ist.

Tauchen TAUCHEN

Die hübschen kleinen Inseln vor der Südküste von Skiathos eignen sich ganz wunderbar zum Tauchen. Ein Halbtags-Tauchausflug kostet 40 bis 50 €, Ausrüstung eingeschlossen.

Das Tauchlehrer-Team Theofanis und Eva vom **Octopus Diving Centre** (☎24270 24549, 6944168958; www.odc-skiathos.com; Neuer Hafen) leitet Tauchgänge für Anfänger und Fortgeschrittene rund um die Inselchen Tsougria und Tsougriaki. Bei Interesse einfach anrufen oder an ihrem Boot nachfragen.

Das **Skiathos Diving Centre** (☎69770 81444; www.skiathosdivingcenter.gr; Papadiamanti) und **Dolphin Diving** (☎24270 21599, 69449 99181; www.ddiving.gr; Nostos-Strand) sind bei Tauchanfängern ebenfalls beliebt; sie bieten Tauchgänge in bis zu 30 m Tiefe vor der Insel Tsougriaki an.

Wandern WANDERN

Eine 6 km lange Wanderstrecke beginnt am Moni Evangelistrias und erreicht das **Kap Kastro,** bevor sie durch Agios Apostolis zurückführt. Kastro ist im Frühling ein Mekka für **Vogelbeobachter,** die hier mit etwas Glück Langhals-Krähenscharben auf den nahen Felsen oder Mittelmeer-Sturmtaucher sehen, welche die Wellen im Flug streifen.

Schlafen & Essen

LP TIPP **Atrium Hotel** LUXUSHOTEL €€€

(☎24270 49345; www.atriumhotel.gr; Paraskevi-Strand; EZ/DZ/Suite inkl. Frühstück ab 120/150/170 €; P ❄ @ 📶 ≋) Die traditionelle Architektur mit modernem Touch macht diese auf einem Hügel gelegene Unterkunft zur besten ihrer Klasse. Die Zimmer sind von unaufdringlicher Eleganz und mit Waschbecken und großen Balkonen ausgestattet. Zu den Annehmlichkeiten gehören eine Sauna, ein Kinderbecken, Billardtische, Tischtennisplatten und ein üppiges Frühstücksbüffet für den perfekten Start in den Tag.

Achladies Apartments APARTMENTS €

(☎24270 22486; http://achladies.apartments.googlepages.com; Achladies-Bucht; DZ/3BZ/FZ inkl. Frühstück 45/60/75 €; P) Wer dieses freundliche Juwel, 5 km von Skiathos-Stadt entfernt, besuchen möchte, muss nach dem handbemalten gelben Schild Ausschau halten. Neben Selbstversorger-Zimmern (Mindestaufenthalt zwei Nächte) und Deckenventilatoren bietet es ein umweltfreundliches Schildkröten-Schutzgebiet und einen Sukkulenten-Garten, der sich zu einer Taverne und einem Sandstrand hinunterschlängelt.

Koukounaries Camping CAMPINGPLATZ €

(☎/Fax 24270 49250; Zeltplatz pro Erw./Zelt 10/4 €; P) Von Schatten spendenden Feigen- und Maulbeerbäumen umgeben, bietet dieser familiengeführte Platz am Ostende des Koukounaries-Strands makellose Waschräume und Küchen, einen Minimarkt und eine Taverne.

Panorama Pizza PIZZA €

(Pizza 7–10 €; ⌚12–16 & ab 19 Uhr) Wer sich in dieses abseits der Ringstraße gelegene Lokal auf den Hügel aufmacht, wird mit Steinofenpizza und einem grandiosen Panorama belohnt.

SKOPELOS

5500 EW.

Skopelos (Σκόπελος) ist eine wunderschöne Insel mit Pinienwäldern, Weinbergen, Olivenhainen und Pflaumen- und Mandelplantagen, die wichtige Lieferanten für zahlreiche lokale Gerichte sind.

Wie auf Skiathos sind die hohen Klippen an der Nordwestküste auch hier dem Wetter stark ausgesetzt, während die geschützte Südostküste mit zahlreichen Sand- und Kiesstränden lockt. Es gibt zwei große Siedlungen: die Hauptstadt bzw. den Haupthafen Skopelos-Stadt an der Ostküste und das unberührte Westküstendorf Glossa, 2,5 km nördlich von Loutraki, der zweite Hafen der Insel, der auf den Fahrplänen der Fähren aber meist als „Glossa" angegeben wird.

In der Antike war die Insel ein wichtiger minoischer Außenposten, der von Stafylos (der Name bedeutet „Traube") regiert wurde, in der griechischen Mythologie der Sohn von Ariadne und Dionysos. 2008 kam die Insel als Drehort des Films *Mamma Mia!* zu Ruhm und Ehre.

An- & Weiterreise

Schiff

Skopelos hat zwei Häfen, Skopelos-Stadt und Glossa (auch Loutraki, der Name des Dorfes am Meer, in dem die Boote tatsächlich anlegen); beide bieten Verbindungen nach Volos und Agios Konstantinos auf dem Festland sowie zu den anderen Sporaden Skiathos, Alonnisos und Skyros.

Bei **Hellenic Seaways** (☎24240 22767; Fax 24240 23608) gegenüber vom neuen Kai in Skopelos-Stadt sind Tickets in alle Häfen außer Skyros erhältlich; **Lemonis Agency** (☎24240 22363) kümmert sich um Tickets nach Skyros. **Madro Travel** (☎24240 22300) verkauft ebenfalls Tickets nach Volos, Agios Konstantinos und Thessaloniki. In Glossa ist das Büro von **Hellenic Seaways** (☎24240 33435, 6932913748) im Hafen von Loutraki.

SCHIFFSVERBINDUNGEN VON SKOPELOS

ZIEL	HAFEN	DAUER	PREIS	HÄUFIGKEIT
Agios Konstantinos*	Skopelos (Glossa)	3½ Std.	37 €	1-mal tgl.
Agios Konstantinos**	Skopelos (Skopelos-Stadt)	2½ Std.	44 €	1–2-mal tgl.
Alonnisos	Skopelos (Skopelos-Stadt)	40 Min.	5 €	1-mal tgl.
Alonnisos**	Skopelos (Glossa)	1 Std.	13 €	2-mal tgl.
Alonnisos**	Skopelos (Skopelos-Stadt)	20 Min.	9 €	4–5-mal tgl.
Skiathos	Skopelos (Skopelos-Stadt)	1¼ Std.	9 €	1–2-mal tgl.
Skiathos*	Skopelos (Skopelos-Stadt)	50 Min.	12 €	2–3-mal tgl.
Skiathos**	Skopelos (Glossa)	30 Min.	10 €	3–4-mal tgl.
Skyros	Skopelos (Skopelos-Stadt)	6½ Std.	24 €	3-mal wöchentl.
Volos	Skopelos (Skopelos-Stadt)	4 Std.	26 €	1-mal wöchentl.
Volos*	Skopelos (Glossa)	2 Std.	37 €	1-mal tgl.
Volos*	Skopelos (Skopelos-Stadt)	3 Std.	44 €	3–4-mal tgl.

*Expressfähre

**Tragflächenboot

Unterwegs vor Ort

Auto & Motorrad

Mehrere Auto- und Motorradverleihfirmen säumen den Hafen in Skopelos-Stadt; die meisten liegen am Ostende, darunter die ebenso freundlichen wie effizienten **Motor Tours** (☎24240 22986; Fax 24240 22602) und **Magic Cars** (☎24240 23250, 6973790936).

Boot

Regelmäßig fährt ein Wassertaxi von Skopelos-Stadt am späten Vormittag zum Glysteri-Strand (einfach 5 €) und tritt gegen 17 Uhr wieder die Rückfahrt an.

Bus

Im Sommer fahren täglich sechs Busse von Skopelos-Stadt nach Glossa/Loutraki (4,80 €, 1 Std.) und Elios (3,40 €, 45 Min.). Je drei Busse bringen ihre Passagiere nach Panormos (2,50 €, 25 Min.) und Milia (3,40 €, 35 Min.), drei weitere fahren nur bis Agnontas (1,60 €, 15 Min.) und Stafylos (1,60 €, 15 Min.).

Taxi

Taxis warten an der Bushaltestelle. Ein Taxi nach Stafylos kostet 7,50 €, nach Limnonari 13 € und nach Glossa 30 €.

Skopelos-Stadt Σκόπελος

Skopelos-Stadt ist einer der bezauberndsten Häfen der Sporaden. Der Ort umschließt eine halbrunde Bucht und steigt stufenweise einen Hang hinauf, bevor er in einer Festung und einer Ansammlung von vier Kirchen gipfelt. Zwischen bezaubernden weißen Häusern mit grellbunten Fensterläden und von Blumen überquellenden Balkons liegen dutzende weiterer Kirchen verstreut.

Der Hafen wird von zwei Kais flankiert. Der alte Kai ist am Westende des Hafens,

Skopelos

der neue am Ostende, den sämtliche Fähren und Tragflächenboote anfahren.

Sehenswertes & Aktivitäten

Durch die Stadt zu spazieren und in den Hafencafés zu sitzen ist allein schon herrlich, es gibt aber auch noch zwei Volkskundemuseen. Das **Volkskunst-Museum** (Hatzistamati; Eintritt 3 €; Mo–Fr 10–14, 19–22 Uhr) zeigt ein Hochzeitszimmer aus Skopelos mit traditionellen Kostümen und Hochzeitsbett. Das **Bakratsa-Museum** (Eintritt 3 €; 11–13 & 18–22 Uhr) ist in einer Villa aus dem 18. Jahrhundert untergebracht, die einer bekannten Arztfamilie gehörte. Hier sind Ikonen, medizinische Instrumente und Kleidung für verheiratete und unverheiratete Männer und Frauen zu sehen.

Hochwertige **Trekking- und Mountainbikes** sind bei Skopelos Cycling (24240 22398, 6947023145; skepeloscycling@yahoo.gr) neben dem Postamt erhältlich.

Geführte Touren

Tourboote stechen um 10 Uhr am neuen Kai (25 bis 50 €) zu ihren Tagesausflügen in See; normalerweise besuchen sie den Meerespark von Alonnisos (S. 651) und machen eine Pause zum Mittagessen oder Schwimmen. Die Chancen, einen Delfin zu sehen, stehen ziemlich gut. Für Reservierungen kann man sich an Thalpos Holidays oder Madro Travel im Hafen wenden.

Schlafen

Die hier angegebenen Hotelpreise gelten für Juli und August; außerhalb der Hochsaison sinken sie um 30 bis 50 %. Ein Kiosk neben dem Fährdock hilft bei der Suche nach einer Unterkunft weiter.

LP TIPP **Sotos Pension** PENSION €
(24240 22549; www.skopelos.net/sotos; EZ/DZ 35/50 €;) Die Zimmer mit Pinienholzböden in dieser charmanten Hafen-

Pension sehen alle ein bisschen anders aus: In einem dient ein alter Ziegelofen als praktisches Regal. Es gibt einen Innenhof, eine weiß getünchte Terrasse und eine Gemeinschaftsküche, und alles wird ganz wunderbar von der herzlichen Alexandra (kurz: Alex) geführt.

Hotel Agnanti HOTEL €€
(☎24240 22722, 69787 13252; www.skopelos.net/agnanti; EZ/DZ/3BZ ab 50/65/90 €; P ❄ @) Theo und Eleni führen diese Oase mit zwölf einladenden Zimmern am Ende der Bucht; hier gibt's Deckenventilatoren, antike Möbel, Keramikdekorationen und in der rustikalen Lobby eine Bibliothek, in der man Taschenbücher ausleihen kann.

Ionia Hotel HOTEL €€
(☎24240 22568; www.ioniahotel.gr; EZ/DZ/3BZ/FZ inkl. Frühstück 60/75/90/110 €; P ❄ @ 📶 🏊) Das stilvolle, ruhige Ionia liegt versteckt in Skopelos-Stadt, nur fünf Fußminuten vom Wasser entfernt. Der Service ist ausgezeichnet, und die Zimmer umringen einen großzügigen Innenhof mit Pool.

Hotel Dionyssos HOTEL €€
(☎24240 23210; www.dionyssoshotel.com; EZ/DZ/3BZ inkl. Frühstück 100/115/125 €; P ❄ 📶 🏊) Das entspannte Dionysos liegt in einer ruhigen Straße zwischen der Ringstraße und dem Hafen und bietet eine geräumige Lobby mit viel Holz. Die oberen Zimmer haben Balkone mit Hafenblick, und die Pool-Bar ist auch bei Einheimischen beliebt.

Rooms Traditional House PENSION €
(☎6945041512; www.skopelosweb.gr/traditionalhouse; EZ/DZ/3BZ ab 35/40/45 €; ❄ @) Diese Pension in großartiger Lage ist freundlich, sauber und ruhig.

Essen

Nur 100 m vom Dock entfernt, eignet sich der Souvlaki-Platz perfekt für ein schnelles *gyros* oder *souvlaki*. Skopelos ist für seine vielfältigen Rezepte auf Pflaumenbasis bekannt, und in den meisten Tavernen stehen ein oder zwei auf der Karte.

LP TIPP **To Perivoli Restaurant** GEHOBENE KÜCHE €€
(☎24240 23758; Hauptgerichte 7–12 €) Gleich hinter dem Souvlaki-Platz verspricht das To Perivoli exzellente griechische Küche in elegantem Hof-Ambiente. Zu den Spezialitäten gehören das gegrillte Lamm mit Joghurt und Koriander, die Schweinsrouladen mit *koromila* (lokale Pflaumen) in Weinsoße und ausgezeichnete griechische Weine. Im Sommer sind Reservierungen empfehlenswert.

Taverna Klimataria TAVERNE €
(Hauptgerichte 5,50–10 €) Eine von mehreren feinen Tavernen nahe dem Ende des Kais. Abends ist das Klimataria der perfekte Ort für *mayirefta* – einfach draufzeigen und genießen – und gute Grillgerichte.

Anna's Restaurant GEHOBENE KÜCHE €€
(☎24240 24734; Gifthorema; Hauptgerichte 7–19 €) Um dieses schöne, in einer Gasse versteckte Bistro zu finden, in dem authentische Skopelos-Spezialitäten serviert werden, z. B. sautiertes Kalb mit Pflaumen oder schwarzes Risotto mit Tintenfisch, muss man nur nach der Palme Ausschau halten. In der Sommersaison besser vorher reservieren.

Taverna Englezos TAVERNE €
(Hauptgerichte 7–11 €) Als wir in diesem Hafen-Juwel nach der Karte fragten, lachte der Besitzer, der auch selbst kellnert, und sagte: „Ich bin die Karte!" Tolle Grillgerichte zu guten Preisen – ein halbes Hähnchen am Spieß kostet 7 €. Im Sommer gibt's nach dem Essen oft noch frisches Obst auf Kosten des Hauses.

Nastas Ouzerie OUZERIE €
(*mezedhes* 2,50–5 €, Hauptgerichte 6–10 €) Gegenüber vom Hotel Eleni in der Nähe der Ringstraße serviert das Nastas ausgezeichnete *mezedhes* und erfreut sich einer treuen Fangemeinde unter den Einheimischen.

Ausgehen

Platanos Jazz Bar BAR
(☎24240 23661) Am Ende des alten Kais ist dieses grüne Innenhof-Café morgens für ein Käffchen und spät abends für ein Gläschen geöffnet.

Oionos Blue Bar BAR
(☎6942406136) Gemütlich und lässig: Das kleine Oionos serviert Blues und Soul zu über 20 verschiedenen Biersorten und Single Malt Whiskys.

Bardon BAR
(☎24240 24494; www.bardonskipelos.com) Dieser beliebte Treffpunkt ist in einer renovierten Olivenfabrik inklusive Innenhof untergebracht und lockt an den meisten Sommerwochenenden mit Livemusik.

Mercurios Music Cafe-Bar BAR
(☎24240 24593; 📶) Diese flotte Veranda-Bar über dem Hafen mixt Musik, Mojitos und Margaritas.

☆ Unterhaltung

Ouzerie Anatoli OUZERIE
(⏲20–2 Uhr, nur im Sommer) Wer Lust auf *mezedhes* und traditionelle Musik hat, sollte sich in diese luftige Freiluft-*ouzerie* aufmachen, die hoch über dem *kastro* liegt. Ab 23 Uhr hört man hier traditionelle *rembetika*-Musik, die von Skopelos' höchsteigenem Vertreter des griechischen Blues und Meister der *bouzouki*, Georgos Xindaris, gesungen wird.

Shoppen

Gray Gallery KUNSTGALERIE
Werke von auswärtigen und Insel-Künstlern werden in dieser kleinen, aber feinen Kunstgalerie gleich hinter dem Volkskundemuseum ausgestellt.

Für Einkäufe in letzter Minute kann man es bei den Hafenlieblingen **Ploumisti Shop** und **Archipelagos Shop** probieren, die hochwertige Keramik, kleine Gemälde, Ikonen und handgemachten Schmuck verkaufen.

ℹ Praktische Informationen

Geld

Entlang des Hafens gibt's drei Geldautomaten.

Internetzugang

Die meisten Hafencafés bieten kostenlosen Internetzugang.

Anemos Espresso Bar (☎24240 23564)

Blue Sea Internet Cafe (pro Std. 3 €; ⏲8–2 Uhr) Unter der *kastro*-Treppe

Notfall

Gesundheitszentrum (☎24240 22222) An der Ringstraße neben der Feuerwehr

Hafenpolizei (☎24240 22180)

Polizei (☎24240 22235) Oberhalb der National Bank

Post

Postamt (⏲7.30–14 Uhr) Unterhalb des Dionyssos Hotel

Reisebüros

Madro Travel (☎24240 22300; www.madrotravel.com) Am Ende des neuen Hafens gelegen, hilft dieses Büro bei der Buchung von Unterkünften und Tickets und arrangiert Wanderungen, schöne Inselausflüge, Kochkurse und sogar Hochzeiten (Partner kosten allerdings extra).

Thalpos Holidays (☎24240 29036; www.holidayislands.com) Das hilfsbereite Personal dieser Agentur am Hafen bietet eine Reihe von Standarddiensten an, wie die Suche nach Apartments und Villen, beim Bootsverleih, bei Ausflügen und bei Hochzeiten.

Glossa & Loutraki
Γλώσσα & Λουτράκι

Glossa, Skopelos' andere Siedlung, ist ein weiß getünchtes Vergnügen, und der obere Platz ist ein guter Ort, um ein Gefühl für das Dorf zu bekommen.

Von der Bushaltestelle an der kleinen Kirche führt eine kleine Gasse ganz in der Nähe ins kommerzielle Herz des Ortes; hier finden sich eine Apotheke, eine Bäckerei und ein paar Restaurants. Eine Straße schlängelt sich über 2,5 km in den entspannten Fährhafen Loutraki (in den Fahrplänen der Fähren auch oft als „Glossa" bezeichnet) hinunter, in dem eine Reihe von Tavernen und *domatia* und ein **Hellenic-Seaways-Büro** (☎24240 33435) warten. Darüber hinaus verbindet ein entschieden kürzerer *kalderimi* (gepflasterter Pfad) die beiden Dörfer miteinander. Fans des Films *Mamma Mia!* können ihre Pilgerreise in Glossa beginnen, wenn sie die kleine Kirche aus dem Film besuchen möchten: **Agios Ioannis sto Kastri** (St. Johannes von der Burg).

Loutraki bedeutet „kleines Bad", und so kann man hier die Überreste eines antiken **römischen Bades** finden; Einzelheiten gibt's – auf Englisch – am „archäologischen Kiosk" am Hafen.

Schlafen & Essen

Hotel Selenunda HOTEL €
(☎24240 34073; www.skopelosweb.gr/selenunda; Loutraki; DZ/3BZ/FZ ab 45/60/75 €; P❄@📶) Hoch über dem Hafen befinden sich diese großen, luftigen und gemütlichen Selbstversorger-Zimmer. Im Familien-Apartment haben bis zu vier Personen Platz, und die freundlichen Besitzer, die Brüder Babbis und Spiros, halten zahlreiche nützliche Tipps zur Erkundung der Insel parat.

Flisvos Taverna TAVERNE €
(Loutraki; Hauptgerichte 3–7 €) Über dem Meeresdamm, 50 m nördlich des Parkplatzes, bietet diese fröhliche Familien-Taver-

ne frischen Fisch zu günstigen Preisen, frische Pommes Frites, hausgemachte *mousakas* und perfekte Vorspeisen wie *tzatziki* und *taramasalata* (dickes Püree aus Fischrogen, Kartoffeln, Öl und Zitronensaft).

Taverna To Steki Mastora TAVERNE €
(Glossa; Hauptgerichte 4–7 €) Vor dieser beliebten *psistaria* (Restaurant für Grillgerichte), die sich zwischen der Kirche und der Bäckerei befindet, brutzelt ein kleines Tier auf einem riesigen Spieß – nicht zu übersehen.

Agnanti Taverna & Bar GEHOBENE KÜCHE €€
(☎24240 33076; Glossa; Hauptgerichte 8–12 €) Auf der Dachterrasse des schicken Agnanti kann man, neben dem Ausblick auf Euböa, auch großartige griechische Fusion-Küche genießen, etwa gegrillte Sardinen auf Fladenbrot mit Meerfenchel und sonnengetrockneten Tomaten. Im Sommer sind Reservierungen empfehlenswert.

Unterwegs auf Skopelos

Sehenswertes & Aktivitäten

Klöster KLOSTER
Skopelos bietet mehrere Klöster, die im Rahmen einer schönen Ausfahrt oder auf einer Tageswanderung von Skopelos-Stadt aus besucht werden können. Los geht's auf der Klosterstraße, welche die Bucht umschließt und dann ins Landesinnere klettert. Hinter dem ausgeschilderten Hotel Aegeon erreicht man eine Gabelung. Über die linke Abzweigung geht's zum **Moni Evangelistrias** aus dem 18. Jahrhundert, das heute ein Konvent ist. Das Kloster belohnt den Abstecher – neben der tollen Aussicht – mit einer vergoldeten Ikonenwand, die u.a. eine Ikone der Jungfrau Maria aus dem 11. Jahrhundert zeigt.

Die rechte Abzweigung führt zum **Moni Metamorfosis Sotiros** aus dem 16. Jahrhundert, dem ältesten Kloster der Insel. Hier beginnt die gute, unbefestigte Straße zum **Moni Varvaras** aus dem 17. Jahrhundert, mit toller Aussicht aufs Meer, und weiter zum **Moni Prodromou** (heute ein Konvent), das aus dem 18. Jahrhundert stammt und 8 km von Skopelos-Stadt entfernt liegt.

Strände STRAND
Die meisten der tollen Strände von Skopelos liegen an der Südwest- bzw. Westküste. Der erste Strand, den man erreicht, ist der Sand- und Kiesstrand in **Stafylos,** 4 km südöstlich von Skopelos-Stadt. Vom Ostende des Strandes führt ein Pfad über eine kleine Landzunge zum ruhigeren **Velanio-Strand,** dem offiziellen Nudistenstrand der Insel, der auch großartig zum Schnorcheln ist. **Agnontas,** 3 km westlich von Stafylos, verfügt über einen kleinen Kies- und Sandstrand. Von hier fahren auch Kaiks zum viel schöneren, sandigen **Limnonari-Strand,** der in einer geschützten Bucht liegt und von Felsvorsprüngen flankiert wird. Limnonari ist eine 1,5 km lange Wanderung oder Autofahrt von Agnontas entfernt.

Von Agnontas schneidet die Straße durch Pinienwälder, bevor sie am hübschen **Panormos-Strand** wieder auftaucht, der einige Tavernen und *domatia* bietet. 1 km weiter liegt der kleine, sandige, weniger überlaufene **Andrines-Strand.** Die nächsten beiden Strandbuchten, **Milia** und **Kastani,** eignen sich ausgezeichnet zum Schwimmen. Der wunderschöne, kaum besuchte **Perivoliou-Strand** an der Nordostküste der Insel liegt 25 Minuten Fahrt von Glossa entfernt.

Geführte Touren

Wer einen Erdbeerfalter nicht von einer Leoparden-Orchidee unterscheiden kann, sollte sich einer der **geführten Wanderungen** (☎6945249328; www.skopelos-walks.com; Touren 15–20 €) der Inselbewohnerin Heather Parson anschließen. Sie kämpft für den Erhalt von Skopelos' natürlicher Schönheit, und ihre vierstündigen Panormos-Wanderungen folgen einem alten Pfad über die Insel und enden schließlich an einer Strand-Taverne, wobei sich unterwegs immer wieder ein wunderschöner Blick auf Alonnisos und Euböa bieten. Ihr Buch *Skopelos Trails* (11 €) ist in den Läden am Hafen erhältlich und enthält Beschreibungen der Wege inklusive Schwierigkeitsgrad. Seit Kurzem verfügt Heather auch über Räder und bietet *Mamma Mia*-Jeeptouren zu verschiedenen Drehorten des Films aus dem Jahr 2008 an (50 € pro Tag für bis zu drei Leute).

Schlafen & Essen

In Stafylos, Agnontas, Limnonari, Panormos, Andrines und Milia stehen kleine Hotels, *domatia*, Tavernen und Strandkantinen zur Auswahl.

LP TIPP **Mando Rooms** APARTMENTS €€
(☎24240 23917; www.skopelosweb.gr/mando; Stafylos; DZ/3BZ/FZ ab 80/100/125 €; P❄📶) Die eigene Bucht am Ufer von Stafylos ist ein guter Anfang für diese gut geführte, familienorientierte, einladende Pension. Zu den weiteren Annehmlichkeiten gehören kostenloser Kaffee und Snacks, eine Gemeinschaftsküche und Satellitenfernsehen. Ein herrliches Extra ist eine Plattform über den Felsen, über die man ins Meer steigen kann.

Limnonari Rooms & Taverna APARTMENTS €€
(☎24240 23046; www.skopelos.net/limnonarirooms; Limnonari-Strand; DZ/3BZ/Suite ab 55/70/110 €; P❄📶) Wunderbar abgeschieden in einer schönen, sandigen Bucht gelegen, bietet dieses ordentliche *domatio* eine gut ausgestattete Gemeinschaftsküche und eine Terrasse, lediglich 30 m vom Wasser entfernt. In der Garten-Taverne serviert Besitzer Kostas hervorragende vegetarische *mousakas* zu hausgemachten Oliven und Feta.

ALONNISOS

2700 EW.

Alonnisos (Αλόννησος) erhebt sich als grüner Gipfel mit dichten Pinien- und Eichenwäldern, Mastixsträuchern, Erdbeer- und Obstbäumen aus dem Meer. Die Westküste besteht hauptsächlich aus schroffen Klippen, aber die Ostküste lockt mit unzähligen kleinen Buchten und Kiesstränden sowie den Überresten eines Schiffswracks aus dem 5. Jahrhundert v. Chr. Das Meer rund um Alonnisos wurden zum Meeresnationalpark erklärt und ist einer der saubersten Teile der ganzen Ägäis.

Doch so hübsch es auch sein mag, Alonnisos war schon öfter vom Pech verfolgt: Im Jahr 1952 wurde die aufblühende Weinindustrie abrupt ausgebremst, als sich aus Kalifornien importierte Reben Rebläuse einfingen. Ihrer Lebensgrundlage beraubt, verließen viele Inselbewohner die Insel. 1965 zerstörte ein Erdbeben dann die Hügelhauptstadt Alonnisos-Stadt (heute als Alt-Alonnisos oder Chora bekannt). Die Einwohner wurden in der Folge in provisorischen Behausungen in Patitiri untergebracht, das sich inzwischen zu einem malerischen Inselhafen entwickelt hat.

An- & Weiterreise

Alonnisos' Haupthafen ist Patitiri, der Verbindungen nach Volos und Agios Konstantinos auf dem Festland sowie zu den anderen Sporaden Skiathos, Skopelos und Skyros und in den Hafen Paralia Kymis auf Euböa bietet.

Tickets gibt's bei **Alkyon Travel** (☎24240 65220), **Alonnisos Travel** (☎24240 65188) oder **Albedo Travel** (☎24240 65804) in Patitiri.

SCHIFFSVERBINDUNGEN VON ALONNISOS

ZIEL	HAFEN	DAUER	PREIS	HÄUFIGKEIT
Agios Konstantinos*	Alonnisos	3½ Std.	36 €	1-mal tgl.
Agios Konstantinos**	Alonnisos	4 Std.	44 €	1-mal tgl.
Euböa (Paralia Kymis)	Alonnisos	8 Std.	32 €	3-mal wöchentl.
Skopelos (Glossa)*	Alonnisos	45 Min.	13 €	3–4-mal tgl.
Skiathos	Alonnisos	2 Std.	10 €	4-mal wöchentl.
Skiathos*	Alonnisos	1½ Std.	16 €	4–5-mal tgl.
Skopelos	Alonnisos	40 Min.	5 €	4-mal wöchentl.
Skopelos*	Alonnisos	20 Min.	9 €	4–5-mal tgl.
Skyros	Alonnisos	6 Std.	23,60 €	3-mal wöchentl.
Volos	Alonnisos	5 Std.	26 €	1-mal tgl.
Volos*	Alonnisos	3 Std.	44 €	3-mal tgl.

*Tragflächenboote
**Expressfähren

Unterwegs vor Ort

AUTO & MOTORRAD

In der Pelasgon bzw. der Ikion Dolopon, den beiden Hauptstraßen von Patitiri, gibt's mehrere Motorradverleihfirmen, darunter auch die zuverlässigen **I'm Bike** (☎24240 65010). Wer ein Auto möchte, kann sein Glück bei **Albedo Travel** (☎24240 65804) oder **Nefeli Bakery & Rent-A-Car** (☎24240 66497) versuchen, beide befinden sich in Patitiri.

BUS

Im Sommer pendelt ein Bus zwischen Patitiri (gegenüber vom Kai) und Alt-Alonnisos (1,30 €, stündl., 9 bis ca. 15 Uhr). Außerdem gibt's von Alt-Alonnisos Verbindungen nach Steni Vala (1,70 €).

TAXI

Die vier Taxis der Insel (gefahren von Georgos, Periklis, Theodoros und Spyros) stehen meist gegenüber vom Kai. Eine Fahrt kostet ca. 6 € nach Alt-Alonnisos (Chora), 8 € nach Megalos Mourtias, 10 € nach Leftos Gialos und 13 € nach Steni Vala.

Alonnisos

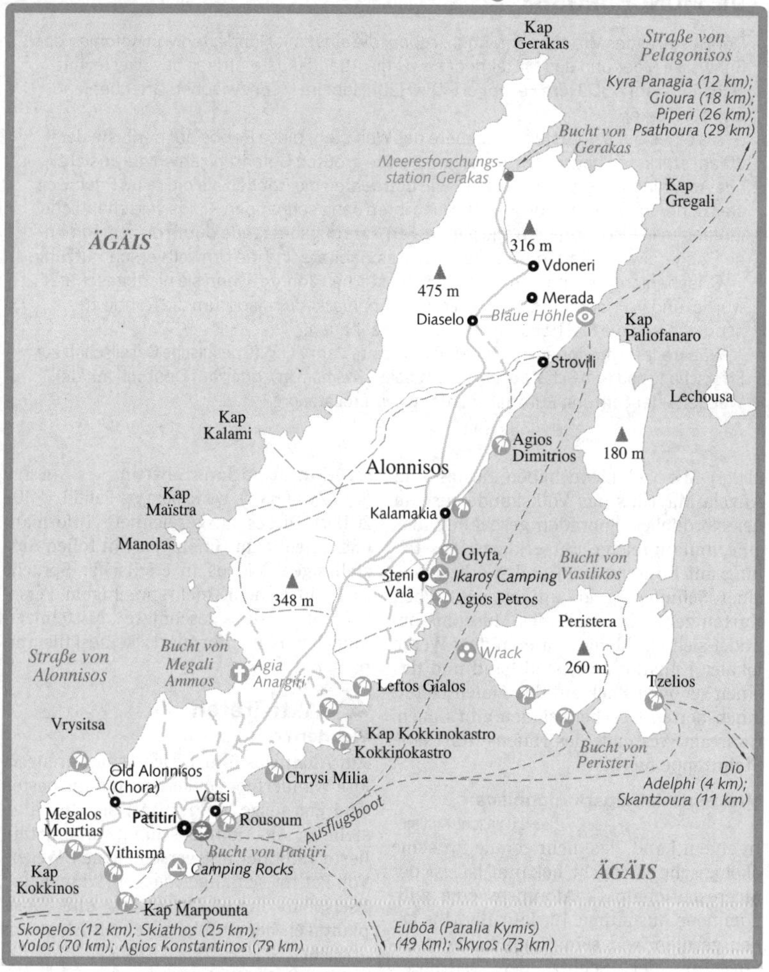

Patitiri Πατητήρι

Patitiri (griechisch für „Weinpresse“) befindet sich zwischen zwei Sandsteinklippen am Südende der Ostküste. Trotz seiner überstürzten Entstehung nach dem verheerenden Erdbeben im Jahr 1965, das die alte Hauptstadt (Palia Alonnisos oder Chora) auf dem Hügel dem Erdboden gleichmachte, verbreitet Patitiri noch immer eine gemütliche Atmosphäre und hat sich zu einem entspannten, praktischen Basislager für die Erkundung von Alonnisos entwickelt.

Der Kai liegt in der Hafenmitte; ins Landesinnere führen zwei Straßen. Mit dem Rücken zum Meer stehend, entweder links auf die Pelasgon oder rechts auf die Ikion Dolopon abbiegen. Ehrlich gesagt gibt's aber gar keine Straßenschilder, und die meisten Leute nennen sie einfach die linke und die rechte (oder Haupt-)Straße.

Sehenswertes

Volkskundemuseum der Nördlichen Sporaden MUSEUM
(www.alonissosmuseum.com; Eintritt Erw./Kind 4 €/frei; Mai & Sept. 11–19, Juni–Aug. bis

DIE MÖNCHSROBBE

Der Bestand der Mittelmeer-Mönchsrobbe, die einst mit Hunderten von Kolonien das Schwarze Meer und das Mittelmeer sowie die Atlantikküste Afrikas bevölkerte, hat sich heute auf 400 Tiere verringert. Die Hälfte lebt im Meer zwischen Griechenland und der Türkei.

Als eines der seltensten Säugetiere der Welt steht diese Robbe auf der Liste der 20 am stärksten bedrohten Tierarten. Zu den größten Gefahren zählen die absichtliche Abschlachtung durch Fischer – sie betrachten die Robben als die reine Pest, weil sie Löcher in ihre Netze beißen und sich ihren Fang schnappen –, das versehentliche Einfangen in Fischernetzen, die geringeren Nahrungsbestände durch die zunehmende Fischereiwirtschaft, die Zerstörung ihres Habitats und die Umweltverschmutzung.

Griechenland erkannte, dass die Art aussterben könnte, wenn sie nicht geschützt würde, und gründete 1992 den Meeresnationalpark Alonnisos, um die Robbe zu schützen und die Fischbestände wieder aufzubauen.

Nähere Informationen gibt's auf der Website von **MOM** (Griechische Gesellschaft zur Erforschung und zum Schutz der Mönchsrobbe; www.mom.gr) .oder auf Deutsch auf der Webseite der Stiftung Euronatur unter www.euronatur.org.

21 Uhr) Mit viel Liebe haben Kostas und Angela Mavrikis das Volkskundemuseum der Nördlichen Sporaden geschaffen, das eine umfangreiche, gut erklärte Ausstellung mit Piratenwaffen und -werkzeugen, einer Schmiede und antiken nautischen Karten zeigt. Oberhalb des Museums befindet sich ein kleines Café, in dem Werke lokaler Künstler ausgestellt sind und das einen schönen Blick auf den Hafen bietet; einen netten Geschenkeladen gibt's auch. Ganz am Westende des Hafens führt eine Steintreppe hierher.

Meeresnationalpark Alonnisos NATURSCHUTZGEBIET

In einem Land, das nicht gerade für seine ökologische Weitsicht bekannt ist, ist der Meeresnationalpark Alonnisos eine willkommene Ausnahme. Im Jahr 1992 ins Leben gerufen, war sein Hauptziel von Anfang an der Schutz der bedrohten Mittelmeer-Mönchsrobbe *(Monachus monachus)*.

Der Park ist in zwei Zonen unterteilt: Die streng begrenzte Zone A besteht aus einer Reihe kleiner Inseln im Nordosten, u.a. Kyra Panagia; zur Zone B gehören Alonnisos und Peristera.

Im Sommer fahren lizenzierte Ausflugsboote von Alonnisos und Skopelos durch den Park. Auch wenn es sehr unwahrscheinlich ist, dass man eine der schüchternen Mönchsrobben trifft, stehen die Chancen, Delfine (Streifen- und Flaschennasendelfine sowie Großer Tümmler) zu sehen, recht gut.

MOM-Informationszentrum MUSEUM

(☎24240 66350; www.mom.gr; Patitiri; ⏰10–20 Uhr) Dieses ausgezeichnete Informationszentrum am Hafen, das mit tollen Ausstellungen, Videos in englischer Sprache und hilfreichem, mehrsprachigem Personal über die geschützte Mittelmeer-Mönchsrobbe informiert, keinesfalls verpassen.

Aktivitäten

Wandern

Auf Alonnisos finden sich schier grenzenlose Wandermöglichkeiten, und die besten sind gut ausgeschildert. An der Bushaltestelle in Alt-Alonnisos hängt eine detaillierte Infotafel mit verschiedenen Wegen. Von Patitiri schlängelt sich ein 2 km langer Eselspfad durch Buschwerk und Obstplantagen bergauf, bevor er Alt-Alonnisos erreicht.

Ernsthaft überlegenswert ist eine **geführte Wanderung** (☎69791 62443; www.alonnisoswalks.co.uk; Wanderungen 15–30 €) mit Inselbewohner Chris Browne. Sein Buch *Alonnisos through the souls of your feet* (15 €) enthält Wegbeschreibungen und Tipps zu Schnorchelplätzen. In den Läden am Hafen ist außerdem das informative Werk *Alonnisos on Foot: A Walking & Swimming Guide* (14 €) von Bente Keller und Elias Tsoukanas erhältlich.

Bootstouren

Albedo Travel (☎24240 65804; pro halber Tag 30 €) arrangiert Kajaktouren auf dem Meer rund um Alonissos.

Sowohl **Alonnisos Travel** (☎24240 65188) als auch Albedo Travel vermieten Motorboote mit 18 bzw. 25 Pferdestärken, auf denen bis zu vier Personen Platz finden (48 bis 60 € pro Tag).

Tauchen

Auf dem Grund des flachen Meers rund um Alonnisos wurden mehrere antike Segelschiffe entdeckt, was die Gegend für Taucher ganz besonders interessant macht. Im Meerespark sind einige Gegenden zum Tauchen geöffnet, aber man muss einen Führer dabeihaben. Angelos vom **Poseidon Diving Centre** (☎6946065728; diveposeidonas@yahoo.com) in Patitiri oder Hariklea von **Ikion Diving** (☎24240 65158; info@ikiondiving.gr) in Steni Vala geben nähere Informationen weiter.

Kurse

Kali Thea YOGA
(☎24240 65513; www.kalithea.org; ⏲Mai–Okt.) Bietet Yogakurse am Stadtrand von Alt-Alonnisos an.

Christopher Hughes KUNST
(☎69786 45776; www.paintingalonissos.com; ⏲Mai–Okt.) Veranstaltet beliebte, fünftägige Malkurse (Wasserfarben und Öl).

International Academy of Classical Homeopathy GESUNDHEIT
(☎24240 65142; www.vithoulkas.com) Bietet das ganze Jahr über Kurzlehrgänge für Heilpraktiker in englischer, griechischer, deutscher und spanischer Sprache an.

Geführte Touren

Zwei Reisebüros mit Rundumservice am Hafen halten Karten bereit und organisieren die äußerst beliebten Ausflüge in den Meerespark. **Albedo Travel** (☎24240 65804; www.albedotravel.com) bietet regelmäßig Schnorchel- und Schwimmausflüge nach Skantzoura und zu den nahe gelegenen Inseln an und arrangiert sogar Inselhochzeiten. Bei **Alonnisos Travel** (☎24240 65188; www.alonnisostravel.gr) kann man eine Tour an Bord der Planitis (45 €) durch den Meerespark buchen.

DIE ORIGINAL KÄSETASCHE

Tiropita (Käsetaschen) genießen an ihrem Geburtsort, den nördlichen Sporaden, beinahe göttlichen Status. Sie bestehen aus Ziegenkäse, der in zarten Filoteig eingerollt, anschließend frittiert und noch heiß serviert wird – eine Methode, die in den Holzofen-Küchen von Alonnisos weiterentwickelt wurde.

Über die Herkunft der Teigtasche lässt sich jedoch streiten. Die Einwohner von Alonnisos behaupten, Skopelos habe ihre Delikatesse in den 1950ern einfach übernommen. Nach dem Zusammenbruch der Landwein-Industrie kämpften die Bauern von Alonnisos um ihre Existenz und fanden Arbeit bei der Pflaumenernte auf dem benachbarten Skopelos. Ihre salzigen Käsetaschen sättigten sie auf den Feldern den ganzen Tag. Es überrascht nicht, dass sie auch bald den Weg in die ländlichen Küchen von Skopelos fanden, wo die Einheimischen wiederum behaupten, die Leckerei sei eine Erfindung ihrer Mütter. Diese Version der Geschichte besagt, dass einfallsreiche Mütter nervende Kinder ruhigstellten, indem sie ein Stück Filoteig abrissen, eine Handvoll Käse draufschmierten und das Ganze als schnellen Snack frittierten, während im Ofen noch langsam *spanakopita* (Spinattaschen) backten.

In den 1990ern pries ein beliebter Fernsehmoderator die Teigtasche an und schrieb ihren Ursprung Skopelos zu. Wie zu erwarten, tauchten schon bald „Skopelos-Käsetaschen" in den Tiefkühlregalen der Festland-Supermärkte auf. Heute kann man sie sogar vor dem Abflug am Athener Flughafen kaufen, aber laut Pakis, einem langjährigen Einwohner von Alonnisos, sind sie nur „der schlechte Abklatsch einer Imitation". Man darf also nicht glauben, dass eine Tiefkühlteigtasche der entschieden überlegenen Originalversion auch nur im Geringsten nahekommt.

Sowohl auf Alonnisos als auch auf Skopelos gibt's mittlerweile Frühstücksversionen mit Zucker und Zimt sowie Variationen mit Wildgemüse oder Lamm, die besonders im Winter zu einem Glas Rotwein beliebt sind. Aber die entgeisterten Einwohner von Alonnisos kommen noch immer nicht darüber hinweg, was mit ihrem einfachen, köstlichen Rezept passiert ist. Wie uns Mahi, eine Geschäftsfrau aus Skopelos, anvertraute: „Ehrlich gesagt, haben wir es geklaut!"

Rund-um-die-Insel-Touren (38 bis 48 €) an Bord der Gorgona, dem griechischen Boot des auf der Insel geborenen Kapitäns Pakis Athanasiou (☎69783 86588), führen in die **Blaue Höhle** an der Nordostküste und zu den Inseln **Kyra Panagia** und **Peristera** im Meerespark; unterwegs gibt's Pausen zum Baden und Mittagessen.

Schlafen

Die hier aufgeführten Preise gelten für die Hochsaison im Juli und August; zu anderen Zeiten sind sie oft 25 Prozent niedriger. Im Juli und August öffnet außerdem ein hilfreicher Kiosk am Kai.

LP TIPP Liadromia Hotel HOTEL €€
(☎24240 65521; www.liadromia.gr; DZ/3BZ/Suite inkl. Frühstück ab 50/70/95 €; P ❄ @ ᯤ) Dieses großartig geführte Hotel am Hafen war das Erste in Patitiri. Alle Zimmer haben jede Menge Charakter, der in den handbestickten Vorhängen und antiken Lampen ebenso zum Vorschein kommt wie in den Steinböden und antiken Holzmöbeln. Die freundliche Besitzerin Maria hat ganz offensichtlich selbst viel Freude daran, hier alles so perfekt zu gestalten.

Paradise Hotel HOTEL €€
(☎24240 65213; www.paradise-hotel.gr; EZ/DZ/inkl. Frühstück 65/80 €; P ❄ ᯤ ≋) Holzdecken und Bodenfliesen aus Stein verleihen den Zimmern mit Balkon und Blick auf die Bucht und den Hafen ein rustikales Flair. Hinter der Pool-Bar führt eine kleine Treppe zur Bucht hinunter, in der man wunderbar schwimmen kann.

Pension Pleiades PENSION €
(☎24240 65235; www.pleiadeshotel.gr; EZ/DZ/3BZ ab 25/35/50 €; ❄ @ ᯤ) Über die Treppe hinter dem Zeitungsstand geht's zu der hellen Budgetunterkunft mit Blick über die Bucht von Patitiri. In der Café-Bar ist bei Sonnenuntergang Happy Hour.

Camping Rocks CAMPINGPLATZ €
(☎24240 65410, 69732 30977; Zeltplatz pro Erw./Zelt 7,50/3 €) Einfach den Schildern in der Stadt zu diesem einfachen, sauberen, schattigen Platz an der Küste folgen. Er liegt 1 km südlich von Patitiri und bietet auch ein Café.

Essen & Ausgehen

Ouzerie Archipelagos OUZERIE €
(Hauptgerichte 4–8 €) Wer dieses griechische Lokal ganz authentisch erleben möchte, sollte sich einen Tisch im hinteren Bereich schnappen, in dem die Einheimischen sich treffen und Runde um Runde köstliche *mezedhes*, gegrillten Fisch und Ouzo (oder das örtliche Lieblingsgetränk *tsipouro*, auch ein Schnaps) bestellen, während die Nacht voranschreitet.

To Kamaki Ouzerie TAVERNE €€
(Hauptgerichte 5–15 €) Dieses Lokal neben der Nationalbank ist schon seit Langem ein Favorit der Einheimischen und serviert frischen Fisch und ausgezeichnete *mayirefta* zu anständigen Preisen, darunter auch verschiedene vegetarische Platten. Am Wochenende tritt abends oft ein Bouzouki-Spieler aus der Familie auf.

Ostria Restaurant GRIECHISCH €
(Hauptgerichte 5–12 €; ⏲Frühstück, Mittag- & Abendessen) Das Ostria liegt gegenüber vom Dock der Tragflächenboote und bietet eine umfangreiche Karte mit *souvlaki*, Pasta, herzhaften griechischen Salaten und dem Favoriten des Hauses, *kleftiko* (langsam im Ofen gegartes Lamm).

Sunset Cafe CAFÉ €
(⏲10–2 Uhr) Dieses Café trägt den passenden Namen und ist die fünfminütige Fahrt bergauf Richtung Chora allemal wert: Sie wird mit einer wunderschönen Aussicht auf den Sonnenuntergang über dem Meer und den Hügeln belohnt. An Sommerwochenenden wird hier Livemusik im Innenhof dargeboten.

Praktische Informationen

Geldautomat der National Bank of Greece (Ikion Dolopon) An der Hauptstraße.

Hafenpolizei (☎24240 65595; Kai)

Play Café (Internet pro Std. 3 €; ⏲9–14 & 18–21 Uhr; Hauptstraße)

Polizei (☎24240 65205; Hauptstraße)

Post (Hauptstraße; ⏲7.30–14 Uhr)

Techno Plus (Internet pro Std. 3 €; ⏲9–14 & 17–21 Uhr; Hauptstraße)

Alt-Alonnisos
Παλιά Αλόννησος

Alt-Alonnisos (auch als Palia Alonnisos, Chora und Palio Chorio bekannt) ist ein friedlicher, malerischer Ort mit grandiosem Panorama und hübschen gewundenen Stufengassen. Von der Hauptstraße führt gleich vor dem Dorf ein alter Eselspfad hinunter zum Kiesstrand Megalos Mourtias;

weitere Wege führen Richtung Süden zu den schönen Stränden Vithisma und Marpounta.

Schlafen

LP TIPP Konstantina Studios APARTMENTS €€
(☎24240 66165, 69322 71540; www.konstantinastudios.gr; EZ/DZ inkl. Frühstück 60/80 €; P❄📶) Diese drei adretten Selbstversorger-Wohnstudios im traditionellen Stil sind mit die schönsten Unterkünfte in Alonnisos und bieten Balkone mit Blick auf die Südwestküste. Die Besitzerin Konstantina holt ihre Gäste gerne vom Dock ab und hält jede Menge Tipps zur Erkundung der Insel bereit.

Pension Hiliadromia PENSION €
(☎24240 66384; Plateia Hristou; DZ/Wohnstudio ab 35/55 €; ❄📶) Diese Pension liegt versteckt im Herzen von Chora. Einige der Zimmer mit Steinboden bieten eine schöne Aussicht vom Balkon, und die Wohnstudios verfügen über gut ausgestattete Küchen.

Essen & Ausgehen

LP TIPP Hayati KONDITOREI €
(Snacks 2–4 €; ⏲9–2 Uhr) Das Hayati ist tagsüber ein *glykopoleiou* (Süßwarenladen) und abends eine Pianobar – der atemberaubende Ausblick über die Insel ist aber zu jeder Tageszeit ein Traum. Morgens gibt's nach Wunsch zubereitete Alonnisos-*tiropita*. Später genießt man die hausgemachte Pasta und saftiges *souvlaki*, hausgemachte Desserts, Puddings und Kuchen und die herzliche Gastfreundschaft der Besitzer und Köche Meni und Angela. Nur fünf Fußminuten vom Dorfplatz entfernt.

Astrofengia RESTAURANT €€
(Hauptgerichte 5–13 €) Die Einwohner von Patitiri finden nichts dabei, auch mal bis nach Chora raufzufahren, um zu sehen, was gerade auf der wechselnden Karte mit gut zubereiteten griechischen Klassikern steht, darunter auch vegetarische *mousakas*. Zum Nachtisch sollte man *galaktoboureko* (hausgemachter Puddingkuchen) versuchen.

Aerides Cafe-Bar BAR €
(⏲9–17 & 19–2 Uhr) Maria mixt die Getränke, sucht die Musik aus und serviert im Sommer die Eiscreme in dieser hippen kleinen Bar am Platz.

Taverna Megalos Mourtias TAVERNE €
(Hauptgerichte 4–8 €; ⏲Frühstück, Mittag- & Abendessen) Einen Steinwurf von der Brandung entfernt, serviert diese entspannte Taverne mit Strandbar, 2 km bergab von Chora, leckere Salate, gavros, Fischsuppe und verschiedene vegetarische Gerichte.

Unterwegs auf Alonnisos

Alonnisos' Hauptstraße erstreckt sich bis Gerakas (19 km) an der Nordspitze der Insel, dem Zuhause der EU-subventionierten Meeresforschungsstation. 6 km nördlich von Patitiri zweigt eine weitere Asphaltstraße zum kleinen Fischerei- und Yachthafen Steni Vala ab und folgt dem Ufer vorbei an Kalamakia über 5 km. Eine dritte Straße verbindet Patitiri mit Megalos Mourtias.

Maria's Votsi Pension (☎24240 65510; www.pension-votsi.gr; Votsi; DZ/3BZ ab 30/55 €; P❄@📶) liegt in einer wunderschönen Ecke von Votsi, nur 100 m von der Bucht entfernt. Die Zimmer sind makellos und gemütlich, und die Gastfreundschaft der Besitzerin Maria zeigt sich überall.

Entlang der Ostküste der Insel gibt es viele kleine Buchten und Strände. Der erste interessante ist der winzige Strand von **Rousoum,** der sich zwischen Patitiri und Votsi versteckt und bei einheimischen Familien sehr beliebt ist. Als Nächstes folgt der sandige, sanft gebogene **Chrysi-Milia-Strand,** ebenfalls sehr kinderfreundlich. 2 km weiter liegt das **Kap Kokkinokastro,** der Standort der antiken Stadt Ikos, deren Stadtmauern teilweise noch unter Wasser erhalten sind. Weiter nördlich führt eine Abzweigung nach 4 km nach **Leftos Gialos** mit hübschem Kiesstrand und der ausgezeichneten **Taverna Eleonas** (Hauptgerichte 5–10 €), in der außergewöhnliche Variationen traditioneller *pites* (Teigtaschen) und vegetarischer *dolmadhes* sowie die sensationellen Weine des Besitzers Nikos serviert werden.

Steni Vala, ein Tiefwasser-Yachthafen und ein kleines Fischerdorf, in dem nur 30 ständige Einwohner leben, bietet zwei kleine, aber anständige Strände: Der Kiesstrand **Glyfa** liegt direkt oberhalb des Dorfes, der Sandstrand **Agios Petros** direkt unterhalb. Ungefähr 50 Zimmer sind auf verschiedene *domatia* und ein paar Villen verteilt, und außerdem gibt's noch den bescheidenen **Ikaros Camping** (☎24240

65772; Zeltplatz pro Erw./Zelt 5/5 €), der ausreichend Schatten unter Olivenbäumen bietet. Zuverlässige Informationen zu Unterkünften und mehr gibt's im **Ikaros Cafe & Market** (☎24240 65390). Der Besitzer Kostas betreibt außerdem das hervorragende Museum in Patitiri. Vier Tavernen überblicken den kleinen Bootshafen, wobei die **Taverna Fanari** (Hauptgerichte 4–8 €) die beste Hafenaussicht bietet.

Kalamakia, 2 km nördlich, ist das letzte interessante Dorf und bietet ein paar *domatia* und Tavernen. Die Fischerboote machen in der Regel direkt vor **Margarita's Taverna** (Hauptgerichte 6–15 €) fest, wo die morgendliche Ausbeute an Fischen und Hummern scheinbar direkt vom Boot auf den Teller hüpft. Einfache, makellose Zimmer gibt's in der **Pension Niki** (☎24240 65989; EZ/DZ 30/50 €; P ❄).

Hinter Kalamakia führt die asphaltierte Straße für weitere 3 km durch ein Sumpfgebiet zum **Agios-Dimitrios-Strand,** der mit einer Kantine und *domatia* gegenüber dem wunderschönen Kiesstreifen liegt. Dahinter verengt sich die Straße zu einem Fußweg ins Landesinnere.

Die Inseln rund um Alonnisos

Alonnisos ist von acht unbewohnten kleinen Inseln umgeben, die alle mit einer reichen Flora und Fauna gesegnet sind. **Piperi** liegt von Alonnisos aus am weitesten nordöstlich, ist ein Zufluchtsort für Mönchsrobben und daher für Besucher gesperrt. **Gioura,** ebenfalls nicht zugänglich, ist das Zuhause einer ungewöhnlichen Wildziegenart, die für die kreuzförmige Zeichnung auf ihrer Wirbelsäule bekannt ist. Ausflugsboote bringen Besucher zum alten Kloster und zur Olivenpresse auf **Kyra Panagia.** Die abgeschiedenste Insel der Gruppe, **Psathoura,** kann sich der unter Wasser gelegenen Überreste einer antiken Stadt und des hellsten Leuchtturms der Ägäis rühmen.

Peristera, direkt vor Alonnisos' Ostküste, bietet mehrere Sandstrände und die Ruinen einer Burg. Das nahe **Lehousa** ist für seine stalaktitenreichen Meereshöhlen bekannt. **Skantzoura,** südöstlich von Alonnisos, ist der Lebensraum des Eleonorenfalkens und der seltenen Korallenmöwe. Die achte Insel der Gruppe liegt zwischen Peristera und Skantzoura und ist als **Dio Adelphi** (Zwei Brüder) bekannt. Jeder „Bruder" ist eigentlich eine eigene kleine Insel, und laut der örtlichen Fischer, die sich weigern, die Inseln zu betreten, leben auf beiden zahlreiche Vipern.

SKYROS

2600 EW.

Skyros (Σκύρος) ist die größte Sporaden-Insel, auch wenn sie manchmal wie zwei Inseln wirkt: Im Norden gibt's kleine Buchten, sanft geschwungenes Weideland und Pinienwälder, während der Süden sich durch trockenes Hügelland und eine zerklüftete Küste auszeichnet.

In byzantinischen Zeiten war die Insel ein Exil für Gauner und Kriminelle vom Festland, die hier ein für beide Seiten äußerst lukratives Bündnis mit einfallenden Piraten schlossen. Die Exilbürger entwickelten sich zur Elite der Gesellschaft von Skyros, die ihre Häuser mit der Piratenbeute aus diversen Handelsschiffen einrichteten: handgeschnitzte Möbel, Keramikteller und Kupferdekorationen aus Europa, Nahost und Ostasien. Noch heute zieren ähnliche Stücke beinahe jedes Haus auf Skyros.

In der griechischen Mythologie war Skyros das Versteck des jungen Achilles. Der Karneval auf Skyros (S. 751) erinnert noch heute an Achilles' Heldentaten.

Skyros war außerdem die letzte Station des englischen Dichters Rupert Brooke (1887–1915), der auf seinem Weg nach Gallipoli auf einem französischen Lazarettschiff vor der Küste von Skyros an Sepsis verstarb.

ℹ An- & Weiterreise

Flugzeug

Der Flughafen von Skyros bietet Flüge nach/von Athen (52 €) und Thessaloniki (81 €), gelegentlich landen auch Chartermaschinen aus nordeuropäischen Städten.

Tickets gibt's bei **Sky Express** (☎28102 23500; www.skyexpress.gr) oder **Skyros Travel Agency** (☎22220 91600; www.skyrostravel.com; Agoras).

INLANDSFLÜGE VON SKYROS

ZIEL	FLUGHAFEN	DAUER	PREIS	HÄUFIGKEIT
Athen	Skyros	25 Min.	52 €	3-mal wöchentl.
Thessaloniki	Skyros	35 Min.	82 €	3-mal wöchentl.

Schiff/Fähre

Skyros' wichtigster Hafen, Linaria, bietet im Sommer Fährverbindungen nach Euböa (Paralia Kymis), Alonnisos und Skopelos. Freitags und sonntags macht die Fähre nach Euböa (normalerweise) zwei Überfahrten, an allen anderen Tagen nur eine.

Tickets gibt's bei **Skyros Travel** (☎22220 91600; Fax 22220 92123; Agoras; ⏲9–15 & 19–21.30 Uhr) auf der Agoras in Skyros-Stadt. Am Dock in Linaria steht außerdem ein Kiosk für Fährtickets, ebenso wie am Dock in Paralia Kymis (Euböa).

SCHIFFSVERBINDUNGEN VON SKYROS

ZIEL	HAFEN	DAUER	PREIS	HÄUFIGKEIT
Euböa (Paralia Kymis)	Skyros	1¾ Std.	8,80 €	1–2-mal tgl.
Alonnisos	Skyros	6 Std.	23,60 €	3-mal wöchentl.
Skopelos	Skyros	6½ Std.	23,60 €	3-mal wöchentl.

Unterwegs vor Ort

Auto & Motorrad

Autos, Motorräder und Mountainbikes verleiht **Martina's Rentals** (☎22220 92022, 6974752380) ganz in der Nähe der Polizeistation in Skyros-Stadt. Der sehr vernünftige Verleih **Vayos Motorbikes** (☎22220 92957) liegt in der Nähe der Bushaltestelle, **Angelis Cars** (☎22220 91888) in der Tankstelle 200 m davor.

Bus & Taxi

Während der Hochsaison fahren täglich Busse von Skyros-Stadt nach Linaria (1,60 €) und Molos (über Magazia). Busse nach Skyros-Stadt und Molos bieten außerdem Anschluss an die Fähre in Linaria. Außerhalb der Hochsaison fahren jedoch nur ein oder zwei Busse nach Linaria, die sich nach den Ankunftszeiten der Fähre richten, und gar keiner nach Molos. Ein Taxi von Skyros-Stadt nach Linaria kostet 15 €, zum Flughafen 25 €. Es gibt keinen Flughafenbus.

Skyros

Skyros-Stadt Σκύρος

Skyros' Hauptstadt ist eine atemberaubende, blendend weiße Stadt mit Flachdachhäusern im Kykladen-Stil, die sich über eine hohe Felsenklippe ergießen. Sie wird von einer Festung aus dem 13. Jahrhundert und dem Kloster Agios Georgios gekrönt und von einem Labyrinth aus hübschen Pflastersteinstraßen durchzogen, die zu einem Spaziergang einladen.

Die Hauptstraße (Agoras) ist eine lebendige Ansammlung von Leuten, Tavernen, Bars und Lebensmittelläden, die von schmalen, verwinkelten Gassen flankiert wird. Am Südrand der Stadt liegt die größte *plateia;* etwa 100 m weiter gabelt sich die geschäftige Hauptstraße. Der rechte Zweig führt zur Festung und zum Moni Agiou Georgiou mit schönen Fresken und herrlichem Rundumpanorama. Die linke Abzweigung schlägt einen Zickzack-Kurs zu zwei kleinen Museen neben der Plateia Rupert Brooke ein, von wo Pflasterstufen über 1 km zum Magazia-Strand hinunterführen.

Sehenswertes & Aktivitäten

Volkskundemuseum Manos Faltaïts MUSEUM

(www.faltaits.gr; Plateia Rupert Brooke; Eintritt 2 €; 10–14 & 18–21 Uhr) Dieses einzigartige Privatmuseum keinesfalls verpassen. Es beherbergt die grandiose Sammlung des aus Skyros stammenden Ethnologen Manos Faltaïts und zeichnet die Mythologie und Folklore der Insel detailliert nach. Das Herrenhaus aus dem 19. Jahrhundert ist ein Labyrinth aus Skyros-Trachten und -Stickereien, antiken Möbeln und Keramik, Dolchen und Kochtöpfen, alten Fotografien und einem kleinen Geschenkeladen. Mitte Juli ist das Museum eine Woche lang Gastgeber des **Rembetika-Musikfestivals,** das den griechischen Blues feiert, dessen Ursprünge in den Kneipen und Spelunken der griechischen Untergrundbewegung der 1920er liegen.

Archäologisches Museum MUSEUM

(Plateia Rupert Brooke; Eintritt 2 €; Di–So 8.30–15 Uhr) Das Archäologische Museum zeigt Beispiele mykenischer Töpferarbeiten, die in der Nähe von Magazia gefunden wurden, und – am allerbesten – das Innere eines traditionellen Skyros-Hauses, das vom Zuhause des Spenders komplett hierher gebracht wurde.

Halbmarathon SPORT

(22220 92789) Dieses Rennen findet jedes Jahr Mitte September in Skyros statt. Es beginnt in Atsitsa und endet auf dem zentralen Platz von Skyros-Stadt. Außerdem gibt's einen Mini-Marathon für Kinder und hinterher Musik und Tanz – eigentlich geht's auch eher um den Spaßfaktor.

Kurse

Reiki-Meisterin **Janet Smith** (22220 93510; Skyros-Stadt), die seit Langem auf der Insel lebt, bietet Reiki-Kurse an.

Auf Skyros gibt's außerdem das britische ganzheitliche Ferienzentrum **Skyros Centre** (22220 92842; www.skyros.com) mit Filialen in der Stadt und in Atsitsa. Die Themen der ein- und zweiwöchigen Kurse mit Unterbringung reichen von Yoga bis zur Kunst des Flirtens.

Geführte Touren

Der Chrysanthi Zygogianni ist der Initiator von **feel ingreece** (22220 93100; www.feelingreece.com; Agoras), das sich der Erhaltung des Besten widmet, was die Kultur von Skyros zu bieten hat. Das Büro organisiert Wanderausflüge, auf denen man einen Blick auf die Skyros-Ponys erhaschen kann. Außerdem stehen Bootstouren, Töpfer-, Holzschnitz- und Kochkurse sowie griechischer Tanz auf dem Programm. Preise beginnen bei ca. 20 €.

Für nähere Informationen zu seinen Stegreif-Touren über die Insel und durch das bemerkenswerte Faltaïts-Museum kann man sich an den kompetenten, findigen **Nikos Sekkes** (22220 92707; nikonisi@hotmail.com) wenden.

Schlafen

LP TIPP **Atherinis Rooms** PENSION €

(22220 93510, 6979292976; www.simplelifeskyros.com; DZ/Apt. ab 45/60 €; P) Die herzlichen Besitzer Dimitris Atherinis und Janet Smith widmen sich in diesen Selbstversorger-Apartments (300 m unterhalb der Bushaltestelle) sämtlichen Details. Die Doppelzimmer bieten handgeflieste Bäder und einen Ausblick auf den gut gepflegten Garten. Zum Frühstück gibt's frischen Saft und selbst gebackenes Brot.

Hotel Nefeli & Dimitrios Studios BOUTIQUEHOTEL €€

(22220 91964; www.skyros-nefeli.gr; DZ/Wohnstudios/Suite inklusive Frühstück 125/170/240 €; P@) Diese schicke Unter-

SKYROS-KARNEVAL

Bei diesem wilden Fest vor der Fastenzeit, das an den letzten vier Wochenenden vor dem „Reinen Montag" (der letzte Montag vor der Fastenzeit, 40 Tage vor Ostern, auch als Kathara Deftera oder Rosenmontag bekannt) stattfindet, stellen junge Männer die Lebenskraft der Altvorderen dar, indem sie Ziegenmasken und haarige Jacken tragen und sich Dutzende von Ziegenglocken umhängen, die zusammen oft bis zu 30 kg wiegen. Dann ziehen sie lärmend und tanzend mit komplizierten Schritten durch die Straßen, jeder mit einem männlichen Partner *(korela)*, der als Braut aus Skyros verkleidet ist, aber ebenfalls eine Ziegenmaske trägt. Zu den Feierlichkeiten gehören Gesang und Tanz, Theateraufführungen, Rezitationen satirischer Gedichte und jede Menge Alkohol und Schlemmereien. Auch Frauen und Kinder machen mit und verkleiden sich. Diese seltsamen Feierlichkeiten sind durch und durch heidnisch, mit Elementen dionysischer Feste, wie etwa der Ziegenanbetung. In der Antike war Skyros, wie auch heute noch, für sein Ziegenfleisch und seine Ziegenmilch bekannt.

Das Transvestitentum, das bei diesem Karneval ganz offen zur Schau getragen wird, scheint sich aus dem Kult des Achilles entwickelt zu haben, der in der griechischen Mythologie mit Skyros in Verbindung gebracht wird. Die Legende besagt, dass die Insel das Versteck des Achilles in seinen Kindheitstagen war, dessen Mutter Thetis sich vor einer Prophezeiung fürchtete, dass die Fähigkeiten ihres Sohnes im Trojanischen Krieg benötigt werden würden. Der Junge wurde in die Obhut von König Lykomedes von Skyros gegeben, der ihn als eine weitere Tochter verkleidete und als solche aufzog. Der junge Achilles wurde jedoch von Odysseus ausgetrickst, als dieser mit Juwelen und anderen Geschenken für die Mädchen anreiste – aber auch ein Schwert und ein Schild im Gepäck hatte. Als Achilles nur Interesse an den Waffen zeigte, deckte Odysseus sein Geheimnis auf und überredete ihn, mit ihm nach Troja zu ziehen, wo er sich als Krieger in der Schlacht auszeichnete. Dieses alljährliche Festival ist auch Thema des Buches *The Goat Dance of Skyros* von Joy Koulentianou.

kunft am Stadtrand versprüht ein entspanntes, minimalistisches Skyros-Flair, mit alten Fotografien dekoriert und mit schönen Möbeln und edlen Bädern ausgestattet. Die angeschlossenen Familien-Wohnstudios gehören zum umgebauten Skyros-Haus. Beide teilen sich einen Salzwasser-Pool und eine Freiluft-Bar.

Pension Nikolas PENSION €
(☎22220 91778; EZ/DZ/3BZ 50/60/70 €; P ❄) Abseits in einer kleinen, ruhigen Straße gelegen, ist diese gemütliche, freundliche Pension lediglich fünf Gehminuten von der geschäftigen Agoras entfernt. Die oberen Zimmer sind mit Klimaanlage und Balkon ausgestattet, die unteren haben Ventilatoren und blicken auf einen schattigen Garten.

Essen

Skyros ist ein beliebtes Urlaubsziel der Athener – was den schönen Nebeneffekt mit sich bringt, dass sich die Köche der Insel nicht allzu sehr nach den touristischen Gaumen richten.

LP TIPP **Maryetis Restaurant** GRIECHISCH €
(Agoras; Hauptgerichte 6–9 €) Mit Abstand der Favorit der Einheimischen für gegrillten Fisch, Oktopus-*stifadho* (mit Zwiebeln in Tomatenpüree gekocht), die besten Schweinegerichte und perfekte *mezedhes* wie Schwarzaugenbohnen und *fava*(Dicke Bohnen)-Dip.

Taverna Lambros TAVERNE €
(Hauptgerichte 5–9 €) Das familiengeführte Lambros befindet sich lediglich 3 km südlich von Skyros-Stadt im winzigen Aspous. Die leckeren großzügigen Gerichte reichen von Grillfleisch über frischen Fisch und Hummer bis zum traditionellen Skyros-Käsebrot.

O Pappous kai Ego TAVERNE €
(Kalamitsa; Hauptgerichte 6–9 €) Der Name dieser kleinen Taverne bedeutet „mein Großvater und ich", und man erkennt sofort, dass hier eine Generation von Familienrezepten der nächsten folgt. Die *mezedhes* sind ausgezeichnet, besonders die Skyros-*dolmadhes* mit einem Hauch Ziegenmilch.

NICHT VERSÄUMEN

KÜNSTLER & PIRATEN

Skyros hat eine Menge aktiver Künstler zu bieten, von Töpfern und Malern bis zu Bildhauern und Webern. Die Kunsttradition der Insel reicht bis in die Zeit zurück, als Piraten auf der Durchreise mit abtrünnigen Einheimischen zusammenarbeiteten, deren Häuser sich in wahre Galerien voller Beutestücke verwandelten. Um das Erbe dieser einzigartigen Tradition der Insel zu sehen, kann man bei unseren folgenden Favoriten vorbeischauen:

» **George Lambrou** (S. 753) – Bildhauer und Maler

» **Stamatis Ftoulis** (S. 753) – Keramik

» **Olga Zacharaiki** (S. 753) – Stickereien

» **Ioanna Asimenou Ceramics** (siehe unten) – Keramik

» **Andreou Woodcarving** (siehe unten) – Holzschnitzereien

Taverna Georgious TAVERNE €

(Hauptgerichte 5,50–8 €) Diese Taverne befindet sich neben der Bushaltestelle und serviert den ganzen Tag über *mayirefta*-Klassiker.

Ausgehen

Das Nachtleben in Skyros-Stadt spielt sich hauptsächlich rund um die Bars auf der Agoras ab; je weiter man sich von der *plateia* nach Norden bewegt, desto entspannter wird die Musik.

Kalypso BAR

(Agoras; @) Das stilvolle Kalypso spielt eine Menge Jazz und Blues, und Besitzer/Barkeeper Christos mixt eine mörderisch gute Margarita und serviert hausgemachte Sangria.

Artistiko BAR

(Agoras) Diese enge kleine Kneipe brummt bis zum Sonnenaufgang mit guten Drinks, die von ausgezeichneter griechischer Musik begleitet werden.

Agora Cafe-Bar CAFÉ

(Plateia; @ WLAN) Neben dem Postamt bietet diese gemütliche Bar kostenlos WLAN und eine großartige Aussicht.

Shoppen

Andreou Woodcarving KUNSTHANDWERK

(Agoras) In diesem schönen Laden auf der oberen Agoras kann man die aufwendigen Designs, welche die traditionellen Skyros-Möbel auszeichnen, aus nächster Nähe bewundern.

Yiannis Trachanas KUNSTHANDWERK

Ein ebenso interessanter Kunsthandwerksladen, der sich ganz in der Nähe der Bushaltestelle befindet.

Ioanna Asimenou Ceramics KUNSTHANDWERK

(Agoras) Dieser Laden ist eine wahre Oase feinster Arbeiten in der Nähe des Hauptplatzes.

Praktische Informationen

National Bank of Greece ATM (Agoras)

Polizei (☎22220 91274; Agoras)

Post (Agoras; ⏱7.30–14 Uhr)

Sanyocom (Agoras; Internet pro Std. 3 €; ⏱10–14 & 18.30–1 Uhr)

Skyros Travel Agency (☎22220 91600, 69448 84588; www.skyrostravel.com; Agoras; ⏱9–14.30 & 18.30–22.30 Uhr) Diese Agentur mit Rundumservice übernimmt die Buchung von Zimmern, Transfers, Reisereservierungen, kümmert sich um Auto- und Motorradverleih und arrangiert Jeep- und Bootsausflüge rund um Skyros.

Magazia & Molos
Μαγαζιά & Μώλος

Das Feriendorf Magazia ist ein kompakter, attraktiver Ort mit verwinkelten Gassen am Südende eines wunderschönen, langen Sandstrands, ein Stück nördlich von Skyros-Stadt. FKK-Freunde können am **Papa Houma,** am Südrand von Magazia, alle Hüllen fallen lassen.

Ganz in der Nähe des Nordendes des Strands lockt das einst verschlafene Molos heute mit eigenen Tavernen und Fremdenzimmern. Seine berühmte Windmühle und die in den Felsen gehauene Kirche **Agios Nikolaos** sind nicht zu übersehen. Die Straße endet am nahen **Girismata-Strand.**

Aktivitäten

Skyros erfreut sich einer florierenden, vielfältigen Kunstszene, die von traditionellen Skyros-Töpferarbeiten, -Holzschnitzereien und -Stickereien bis zu moderner Malerei und Bildhauerei reicht. Einige Werke des außergewöhnlichen Malers und Bildhauers **George Lambrou** (☎22220 93100) sind auch im Benaki-Museum in Athen zu sehen, aber sein bescheidenes Atelier, dass neben dem Hotel Perigiali in Magazia liegt, kann den ganzen Sommer über besucht werden. Auch verschiedene Töpfer drehen in Magazia ihre Scheiben und freuen sich immer über Besucher. Ein Stück unterhalb der Taverna Stefanos liegt das Atelier des Keramikkünstlers **Stamatis Ftoulis** (☎22220 91559).

Wer Stickereien mag, sollte die Ausstellungsräume von **Olga Zacharaiki** (☎6974666433) in Girismata und **Amerissa Panagiotou** (☎6947306440) in Kalamitsa, südlich von Linaria, aufsuchen.

Schlafen

LP TIPP **Perigiali Hotel & Studios** HOTEL €€

(☎22220 92075; www.perigiali.com; Magazia; DZ/3BZ/Apt. inkl. Frühstück ab 75/90/180 €; ❄@📶🏊) Das Perigiali ist nur 50 m vom Strand entfernt, aber trotzdem fühlt man sich hier ganz weit weg von allem. Ein Teil der Anlage bietet Zimmer im Skyros-Stil mit Blick auf einen Garten mit Birnen-, Apfel- und Aprikosenbäumen, während einer neuer, teurerer Flügel mit einem Pool und Apartments mit grandioser Aussicht lockt. Die Besitzerin Amalia spricht Englisch und ist voller Ideen für ihre Gäste.

Ariadne Apartments HOTEL €€

(☎22220 91113; www.ariadnestudios.gr; Magazia; DZ/Apt. ab 65/95 €; ❄@📶) Lediglich 50 m vom Strand entfernt, umschließen diese einladenden Wohnstudios und Zwei-Zimmer-Apartments einen kleinen Innenhof und ein Frühstückscafé, das köstliches Gebäck serviert. Die großzügigen Zimmer sind mit voll ausgestattete Küchen versehen und stilvoll mit originalen Kunstwerken dekoriert.

Ammos Hotel HOTEL €€

(☎22220 91234; www.ammoshotel.gr; Magazia; DZ/FZ inkl. Frühstück ab 85/110 €; ❄📶🏊) Diese neue Unterkunft bietet grandioses Design, ist aber trotzdem entspannt und einladend. Die Bäder sind modern, die Räume sind mit Deckenventilatoren ausgestattet, und der Tag beginnt mit einem echten Skyros-Frühstück.

Deidamia Hotel HOTEL €

(☎22220 92008; www.deidamia.com; DZ/3BZ/FZ ab 45/50/70 €; P❄@📶) Das geräumige, ordentliche Deimadia liegt auf der Einfahrtsstraße nach Magazia, gegenüber einem kleinen Markt. Nach dem Bougainvillea-Garten und den Solarzellen auf dem Dach Ausschau halten.

Essen & Ausgehen

Stefanos Taverna TAVERNE €

(Hauptgerichte 4,50–8 €) Auf der Terrasse dieses traditionellen Restaurants über dem Magazia-Strand zeigt man nur auf eines der Gerichte – Wildgemüse, gefüllte Tomaten oder frischer Fisch – und schon steht es auf dem Tisch. Frühstücksomeletts gibt's ab 3,50 €.

Oi Istories Tou Barba TAVERNE €

(Die Geschichten meines Onkels; Molos; Hauptgerichte 4–10 €) Nach dem hellblauen Geländer über dem Strand von Molos Ausschau halten, um dieses ausgezeichnete Café und *tsipouradhiko* (Lokal, in dem winzige Flaschen des hochprozentigen *tsipouro* serviert werden) zu finden, das auch leckere *mezedhes* zubereitet.

Juicy Beach Bar BAR €

(Magazia; Snacks 2–5 €) Im geschäftigen Juicy entflieht man der Mittagssonne oder entspannt unter den Sternen; Frühstück wird den ganzen Tag über serviert.

Thalassa Beach Bar BAR €

(Snacks 3–7 €; Molos) Diese durch und durch moderne Strandbar verschmilzt absolut perfekt mit dem entspannten Molos. Vielleicht liegt's an den Mojitos und den Vollmond-Partys.

Unterwegs auf Skyros

LINARIA ΛΙΝΑΡΙΑ

Linaria, der Hafen von Skyros, schmiegt sich an eine kleine Bucht voller schaukelnder Fischerboote und einer Handvoll entspannter Tavernen und *ouzerien*. Wann immer die Achileas-Fähre einläuft, wird's ein bisschen turbulenter; ihre Ankunft wird surrealerweise durch die donnernden Klänge von Richard Strauß' *Also Sprach Zarathustra* angekündigt, das aus den Lautsprechern einer Bar auf dem Hügel über dem Hafen ertönt.

BEDROHT: EINE SELTENE ART

Fernab des Scheinwerferlichts arbeitet ein griechisch-englisches Paar unbeirrt dafür, das bedrohte, seltene Skyros-Pony zu retten.

Diese uralte Art stammt aus Skyros und wird für ihre Schönheit und Sanftheit geschätzt. Die Anzahl der Pferde nimmt jedoch stetig ab, und heute sind sie vom Aussterben bedroht.

Seit 2006, als sie mit nur drei Pferden begannen, haben Amanda Simpson und Stathis Katsarelias jahrein, jahraus hart dafür gearbeitet – meist auf eigene Kosten – diese Rasse zu erhalten und die Öffentlichkeit auf sie aufmerksam zu machen. Ihre bescheidene Einrichtung hat sich seither stetig vergrößert und bietet inzwischen etwa 40 Tieren Platz. Ihr langfristiges Ziel es, wieder eine Herde wilder, reinrassiger Skyros-Ponys auf der Insel anzusiedeln.

Besucher sind jederzeit willkommen, und viele kommen Jahr für Jahr wieder. **Besuche** (☎69860 51678; amasimpson@hotmail.com) sind allerdings nur mit Voranmeldung möglich. Die beiden sind auch auf ihrer Facebook-Seite „Friends of the Skyrian Horse—Katsarelias-Simpson Project" zu besuchen.

Gleich gegenüber vom Fährdock kann man im **King Lykomides Rooms to Let** (☎22220 93249, 69726 94434; soula@skyrosnet.gr; Zi. inkl. Frühstück 45–60 €; P ❄ @) absteigen, einem effizienten *domatio*, das von der freundlichen Soula Pappas geführt wird und makellose Zimmer und Balkone bietet.

In der einladenden **Taverna O Platanos** (Hauptgerichte 5–7 €) am besten unter die Hafen-Stammgäste mischen und griechische Tavernen-Klassiker und großzügige Salate genießen.

Die **Kavos Bar** (Getränke & Snacks 2–5 €) sitzt auf dem Hügel über dem Hafen und zieht Einheimische aus allen Ecken der Insel an, die hier einen Drink bei Sonnenuntergang genießen.

ATSITSA ΑΤΣΙΤΣΑ

Das malerische Hafendorf Atsitsa liegt an der Westküste von Schatten spendenden Pinien umgeben, die bis ans Ufer reichen. Die **Taverna Antonis** (Hauptgerichte 4–8 €) befindet sich gegenüber von einem kleinen Pier, an dem auch das Fischerboot der Familie vertäut ist.

Das hippe, biologisch-dynamische **Sunset Café** (Atsitsa; Getränke & Snacks 1,50–4 €) blickt auf die Bucht und serviert griechischen Kaffee und Wein, frische Säfte, Eiscreme, *karidhopita* (Walnusskuchen) und köstliche Salate, alles von Mariana und ihrer Familie zubereitet.

STRÄNDE

Die Strände an der Nordwestküste unterliegen im Winter starken Strömungen, im Sommer heftigen *meltemi*-Winden. Trotzdem lohnt sich der Agios-Petros-Strand allein schon dank der hervorragenden **Taverna Agios Petros** (☎69728 42116; Hauptgerichte 5–8 €), die in einem Pinienhain steht und eigene Erzeugnisse, Fleisch und Käse serviert. Außerhalb der Sommersaison vorher anrufen, um die Öffnungszeiten zu erfragen.

In der Nähe von Atsitsa stehen zwei gute Badestrände zur Auswahl. Der Erste ist **Kyra Panagia** (1 km nördlich von Atsitsa), der nach dem Hügelkloster am Südende des Strands benannt ist. Weiter südlich lockt **Atsitsa** mit einem kleinen Kiesstrand unter schattigen Pinien, der auch prima zum freien Campen geeignet ist; zum Schwimmen ist er zu felsig. Weitere 1,5 km südlich von Atsitsa kann man die ruhige Bucht am **Kap Petritsa** besuchen, die dort, wo die Küstenstraße ins Landesinnere abbiegt, nach Norden blickt.

Die **Pefkos-Bucht** ist von einem wunderschönen, hufeisenförmigen Strand gesäumt; sie befindet sich 10 km südöstlich von Atsitsa. Ganz in der Nähe lockt der Strand von **Acherounes** mit einem herrlich weichen Sandboden, der für Kinder einfach ideal ist, und zwei Tavernen und *domatia* gibt's auch.

Im Norden, in der Nähe des Flughafens, bietet **Palamari** einen herrlichen Sandstrand, der eigentlich nie überfüllt ist. In Palamari wartet außerdem die gut ausgeschilderte **archäologische Ausgrabungsstätte** (www.skyros.gr) einer ummauerten Stadt aus der Bronzezeit etwa 2500 v. Chr. An der Flughafenkreuzung lädt die beliebte **Taverna To Perasma** (Hauptgerichte 4,50–7 €) am Straßenrand zu ausgezeichneten mayirefta ein.

RUPERT BROOKES GRAB ΤΑΦΟΣ ΤΟΥ ΡΟΥΠΕΡΤ ΜΠΡΟΥΚ

Rupert Brookes gepflegtes Marmorgrab liegt in einem Olivenhain ein Stück landeinwärts von der Tris-Boukes-Bucht im Süden der Insel; es ist an der Straße durch eine Holztafel in griechischer Sprache ausgeschildert. Der Grabstein trägt als Inschrift diesen Teil eines berühmten Werks des Dichters:

If I should die think only this of me:
That there's some corner of a foreign field
That is forever England.

Von Kalamitsa an der Küste, gleich östlich von Linaria gelegen, führt eine Straße Richtung Süden durch das Dorf Nyfi und zu Brookes schlichtem Grab. Die Gegend wird nicht von Bussen angefahren, und der Zutritt für Besucher ist in dieser südlichsten Ecke der Insel, die vom griechischen Marinestützpunkt in der Tris-Boukes-Bucht dominiert wird, ziemlich eingeschränkt.

Ionische Inseln

Inhalt »

Gut essen

» Vasilis (S. 775)
» Casa Grec (S. 787)
» Klimataria (S. 770)
» Tassia (S. 792)
» Paradise Beach (S. 790)

Schön übernachten

» Emelisse Hotel (S. 791)
» Niforos (S. 789)
» Siorra Vittoria (S. 765)
» Boschetto Hotel (S. 779)

Auf zu den Ionischen Inseln

Die Ionischen Inseln (Τα Ιόνια Νησιά) sind anders als das „normale" Griechenland – mit ihrem angenehm kühleren Klima, den üppigen Olivenhainen, Zypressen und wunderschön bewaldeten Bergen gewissermaßen eine grünere, leichtere Version Griechenlands. Venezianer, Franzosen und Briten prägten Architektur, Kultur und die hervorragende Küche, und Dichter von Homer bis Durrell besangen seit jeher das einzigartige Lebensgefühl auf den Ionischen Inseln.

Obwohl die Inseln wie eine Kette vor der Westküste des griechischen Festlandes liegen (nur Kythira ist eher an der Südspitze des Peloponnes), sind sie landschaftlich und kulturhistorisch sehr verschieden. Korfu-Stadt verbindet Arkaden im Pariser Stil mit venezianischen Gässchen und italienisch inspirierten Köstlichkeiten. Kefallonia, Paxi und Ithaki bewahren unberührtes Land und eine entspannte Stimmung. Lefkada kann mit einigen der besten Strände Griechenlands oder sogar der Welt aufwarten. Auf den Ionischen Inseln kommen Abenteurer, Genießer und auch Strandfans voll auf ihre Kosten.

Reisezeit

Korfu-Stadt

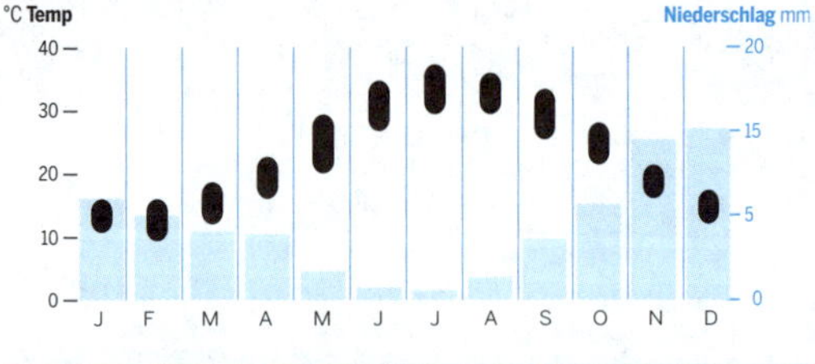

Mai Es geht noch ruhig zu, und überall blühen die Wildblumen.

Juli Auf den kühlsten Inseln der Hitze Griechenlands entkommen.

Sept. Stimmungsvolle Laubfarben und *robola*-Traubenernte in Kefallonia.

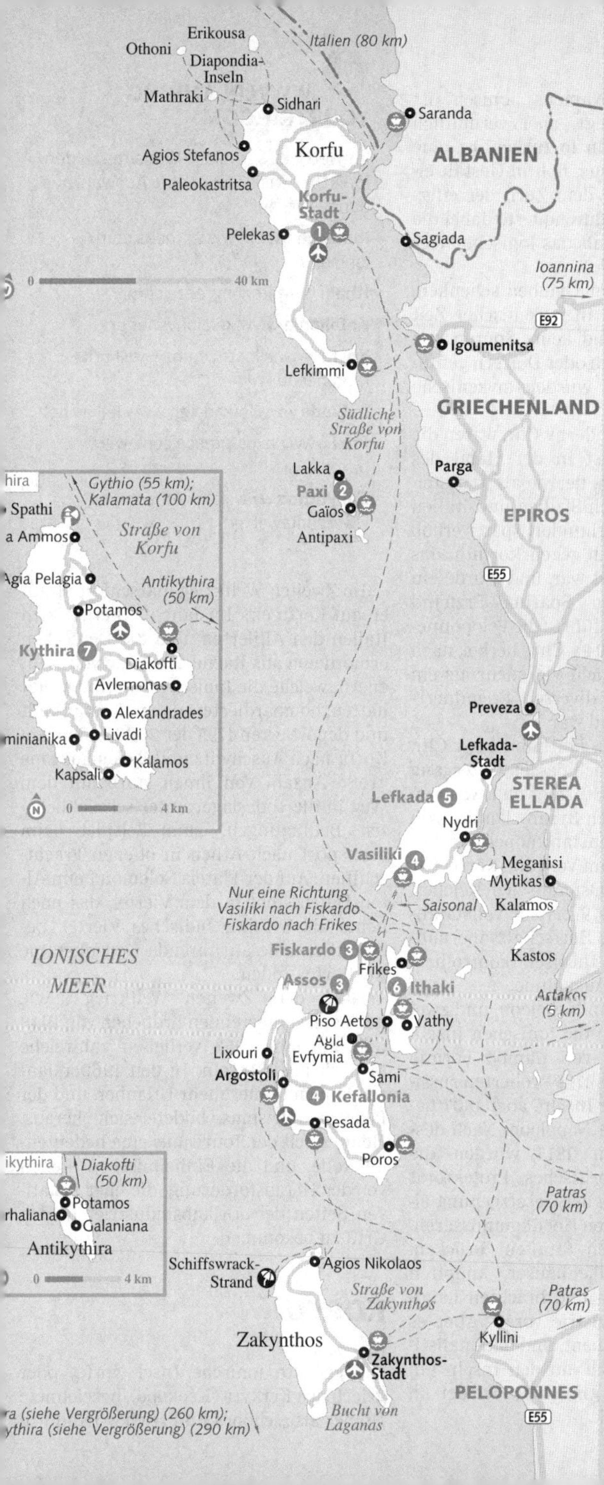

Highlights

1 Weltklasse-Museen, Festungen, Restaurants sowie venezianische, französische und britische Architektur in **Korfu-Stadt** entdecken (S. 761)

2 Bezaubernd – Hafenhopping auf der ländlichen Insel **Paxi** (S. 773)

3 Verwöhnprogramm in den Toprestaurants der eindrucksvollen Orte **Fiskardo** (S. 791) und **Assos** auf Kefallonia (S. 791)

4 Windsurfen bei **Vasiliki** (S. 780) oder Kajakfahren und Höhlenbesichtigungen auf **Kefallonia** (S. 787)

5 Ranking der Lieblingsstrände von quirlig auf Korfu oder Zakynthos bis zu beschaulich auf Paxi oder an **Lefkadas Westküste** (S. 781)

6 Homerische Spurensuche auf **Ithaki** (S. 794)

7 **Kythiras** (S. 802) winzige Dörfer, Wasserfälle und entlegene Haine entdecken

Geschichte

Der Ursprung des Namens „ionisch" ist nicht eindeutig belegt, aber vermutlich geht er auf die Göttin Io zurück. Io, eine der Geliebten des Zeus, floh in Gestalt einer jungen Kuh vor dem Zorn der eifersüchtigen Hera und durchquerte dabei die Gewässer, die heute als das Ionische Meer bezeichnet werden.

Wollten wir Homer Glauben schenken, so waren die Inseln in mykenischer Zeit bedeutsam. Zwar sind keine Spuren von mykenischen Palästen oder Dörfern gefunden worden, jedoch wurden mykenische Gräber freigelegt.

Um das 8. Jahrhundert v. Chr. waren die Ionischen Inseln fest in der Hand des Stadtstaates Korinth, der sie als Trittsteine auf dem Weg nach Sizilien und Italien betrachtete. Ein Jahrhundert später erhob sich Korfu erfolgreich gegen Korinth, das mit Sparta verbündet war, und wurde ein Bündnispartner von Spartas Erzfeind Athen. Diese Allianz führte die Peloponnesischen Kriege (431–04 v. Chr.) herbei, nach deren Ende Korfu nicht viel mehr als ein Stützpunkt für die diversen Fremdherrscher in Griechenland war.

Gegen Ende des 3. Jahrhunderts v. Chr. regierte Rom, und nach dessen Untergang hatten die Inseln Anstürme von Invasoren zu erleiden. Das Reich Byzanz konnte sich bis zum Fall von Konstantinopel behaupten, danach übernahm Venedig. Korfu war nie ganz ein Teil des Osmanischen Reiches. Lefkada, das von 1479 bis zur vollständigen venezianischen Herrschaftsübernahme 1684 meistens türkisch kontrolliert wurde, bildete eine Ausnahme.

Venedig fiel 1797 an Napoleon, und zwei Jahre später wurden die Ionischen Inseln durch den Vertrag von Campo Formio Frankreich zugeteilt. 1799 eroberten russische Streitkräfte die Inseln, aber 1807 fielen sie wiederum an Napoleon. Nach dessen Sturz im Jahr 1815 wurden die Ionischen Inseln britisches Protektorat und unterstanden in der Gesetzgebung einer Reihe von adeligen Hochkommissaren.

Die Briten bauten Straßen, Brücken, Schulen und Krankenhäuser, knüpften Handelsbeziehungen und brachten Landwirtschaft und Industrie voran. Aber es war ein hartes Regiment, und nationalistischer Eifer griff auch auf den Inseln um sich. Im Jahr 1864 gingen sie wieder an Griechenland zurück.

WWW.PLANNINGYOURTRIP.COM

Im Web gibt's zahllose Websites zu den Ionischen Inseln. Hier eine Auswahl aus den besseren:

Ionische Inseln www.greeka.com/ionian

Ithaki www.ithacagreece.com

Kefallonia www.kefalonia.net.gr

Korfu www.allcorfu.com, www.korfu-ratgeber.de

Lefkada www.lefkada.gr, www.lefkas.net

Paxi www.paxos-greece.com, www.paxos.tk

Zakynthos www.zakynthos-net.gr, www.zanteweb.gr

Im Zweiten Weltkrieg marschierte Italien auf Korfu ein. Im Jahr 1943 ergab sich Italien den Alliierten, und die Deutschen ermordeten aus Rache Tausende von Italienern, welche die Ionischen Inseln besetzt hatten, bombardierten zudem Korfu-Stadt und deportierten 1795 der 2000 Juden von Korfu nach Auschwitz und Birkenau. Eine große Anzahl von ihnen starb auf dem Weg in die Todeslager unter schrecklichsten Bedingungen, zum Beispiel beim Transport nach Athen in offenen Frachtschiffen. Auf der Plateia Solomou beim Alten Hafen steht in dem Viertel, das noch heute als Evraiki, Jüdisches Viertel, bekannt ist, eine anrührende Gedenkstatue für Korfus Juden.

Nach dem Zweiten Weltkrieg sowie nach den verheerenden Erdbeben von 1948 und im Jahr 1953 verließen zahlreiche Menschen die Inseln. In den 1960er-Jahren kamen immer mehr Urlauber, und der Pauschaltourismus bildete sich heraus. Heute spielt der Tourismus eine bedeutende Rolle, und die Einheimischen stehen vor der Herausforderung, die eher negativen Seiten der „Urlaubsindustrie" in den Griff zu bekommen.

KORFU

122 670 EW.

Die grünste Ionische Insel Korfu, oder griechisch Kerkyra (Κέρκυρα), bezeichnete Homer als „schönes und reiches Land". In der Nordhälfte dominieren Gebirge, die Küstenlinien im Osten und Westen sind hingegen mitunter spektakulär und steil abfallend. Das Inselinnere ist ein weites, friedvolles und ländliches Idyll. Hohe Zypressen, aus denen die Venezianer früher Schiffsmasten fertigten, ragen stolz empor aus schimmernden Olivenhainen (auch eine venezianische Idee). Südlich von Korfu-Stadt wird die Insel deutlich schmaler und flach.

Korfu war in den Anfangszeiten des modernen Griechenlands ein Zentrum europäischer Bildung. Während im übrigen Land schlicht ums Überleben gekämpft wurde, gründeten die Korfioten kulturelle Institutionen, wie Bibliotheken und Bildungszentren. Bis zum heutigen Tag sind die intellektuellen und künstlerischen Wurzeln Korfus Stolz. In vielen Dingen, von den ausgezeichneten und sehr sehenswerten Museen bis zur exquisiten, italienisch beeinflussten Küche, ist dieses Erbe überall wahrzunehmen.

Schöne Strände und quirlige Ferienorte sind über die gesamte Küstenlinie verstreut, besonders viele finden sich nördlich von Korfu-Stadt und entlang der Nordküste, im Westen und im Süden gibt es jedoch deutlich weniger.

Korfu

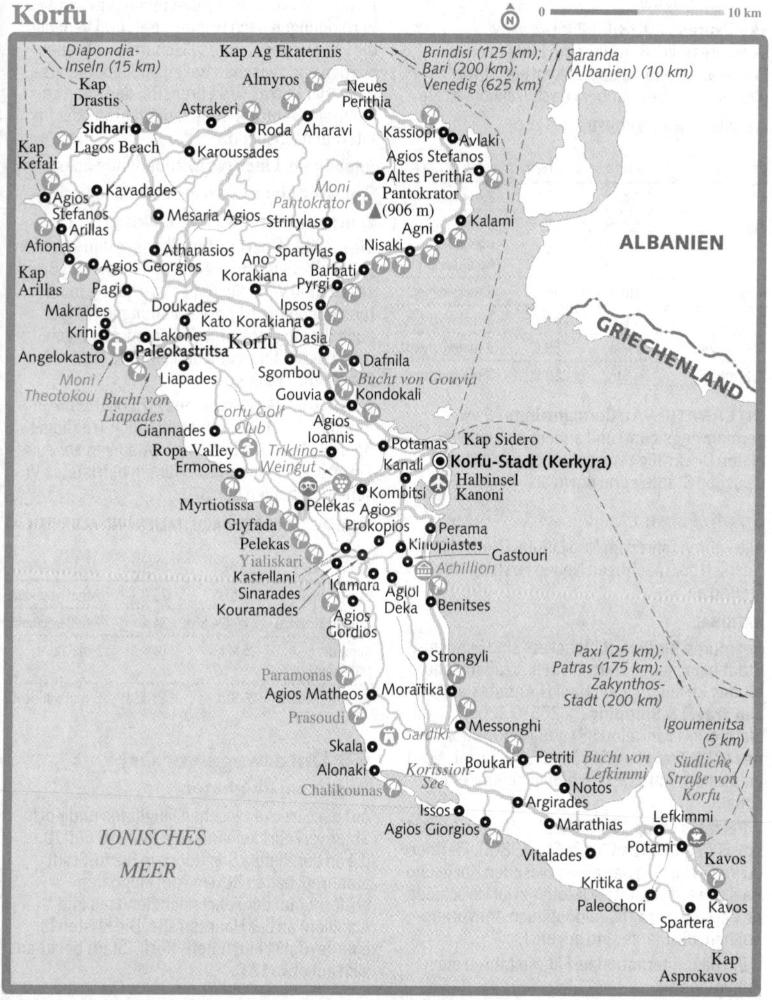

An- & Weiterreise

Bus

KTEL (☎26610 28898) Fahrten nach Athen (43 €, 8½ Std., 3-mal tgl., montags, mittwochs und freitags über Lefkimmi) und Thessaloniki (38 €, 8 Std., tgl.). Jeweils sind noch 7,50 € für die Fähre zum Festland einzuplanen. Tickets sind am Fernbusbahnhof in Korfu-Stadt erhältlich.

Flugzeug

Korfus Flughafen liegt 2 km südwestlich vom Stadtzentrum.

NATIONAL **Aegean Air** (www.aegeanair.com) Direktflüge nach Thessaloniki.

Olympic Air (☎801 801 0101; www.olympicair.com) Am Flughafen.

Sky Express (☎28102 23500; www.skyexpress.gr) Betreibt eine Linie nach Preveza, Kefallonia und Zakynthos sowie (von Juni bis September) nach Iraklion, Kreta.

INLANDSFLÜGE AB KORFU

REISEZIEL	DAUER	PREIS	HÄUFIGKEIT
Athen	1 Std.	75 €	2–4-mal tgl.
Iraklion	1¾ Std.	139 €	3-mal wöchentl., Hauptsaison
Kefallonia	1 Std. 5 Min.	46 €	3-mal wöchentl.
Preveza	30 Min.	46 €	3-mal wöchentl.
Thessaloniki	55 Min.	69 €	3-mal wöchentl.
Zakynthos	1¾ Std.	59 €	3-mal wöchentl.

INTERNATIONAL **Germanwings** (www.germanwings.com) und andere Fluglinien bieten Direktflüge von zahlreichen nordeuropäischen Städten und Korfu an.

Schiff/Fähre

Alle Fähren fahren im Neo Limani (Neuer Hafen) westlich der mächtigen Neuen Festung Neo Frourio ab.

NATIONAL

Agenturen für die Schiffstickets sind in Korfu-Stadt beim neuen Hafen in den Straßen Xenofondos Stratigou und Ethnikis Antistasis. **Mancan Travel & Shipping** (☎26610 32664; Eleftheriou Venizelou 38) und **Agoudimos Lines/GLD Travel** (☎26610 80030; tickets@gld.gr; Ethnikis Antistasis 1) haben hilfsbereites Personal.

Petrakis Lines (☎26610 31649; Ethnikis Antistasis 4) und **Bouas** (☎26610 49800; Eleftheriou Venizelou 32) betreiben zwischen Korfu und Paxi von Mai bis Mitte Oktober zwei verschiedene Personen-Tragflügelbootlinien. Im Voraus buchen, die Plätze sind begehrt.

Ein paar internationale Fähren fahren auch Zakynthos an.

FÄHREN VON KORFU

REISEZIEL	HAFEN	DAUER	PREIS	HÄUFIGKEIT
Igoumenitsa	Korfu	1¼ Std.	7 €	stündl.
Igoumenitsa	Lefkimmi	1 Std. 10 Min.	6 €	6-mal tgl.
Patras	Korfu	6½ Std.	31 €	2-mal wöchentl.
Paxi*	Korfu	55 Min.	17 €	1–3-mal tgl.
Paxi	Korfu	3½ Std.	9 €	3-mal wöchentl.
Zakynthos	Korfu	8¾ Std.	32 €	1-mal wöchentl.

*Schnellboote

INTERNATIONAL

ITALIEN Von Korfu aus bestehen regelmäßige Verbindungen nach Brindisi, Bari und Venedig, die von einigen Fährgesellschaften betrieben werden und zwischen Italien und Igoumenitsa und/oder Patras verkehren. Bei den oben genannten Agenturen für Inlandsfähren oder im Internet nachsehen.

Agoudimos Lines (www.agoudimos-lines.com)

Endeavor Lines (www.endeavor-lines.com)

Ventouris Lines (www.ventouris.gr)

Die meisten Überfahrten gibt es in den Monaten Juli und August, aber zwischen Korfu und Brindisi, Bari und Venedig gibt es ganzjährig mindestens wöchentlich Fährverbindungen (es gibt auch die Möglichkeit, von Ancona nach Igoumenitsa zu fahren und dann in eine regionale Fähre umzusteigen).

ALBANIEN **Petrakis Lines** (☎26610 31649; Ethnikis Antistasis 4) bietet täglich Tragflügelbootfahrten nach Saranda in Albanien an. Zum Ticketpreis kommen 10 € für ein befristetes Visum für Albanien hinzu.

FÄHREN VON KORFU NACH ITALIEN UND ALBANIEN

REISEZIEL	DAUER	PREIS	HÄUFIGKEIT
Bari (Italien)	8 Std.	25 €	7-mal wöchentl.
Brindisi (Italien)	5½–6¼ Std.	34 €	7-mal wöchentl.
Saranda (Albanien)	25 Min.	19 €	1-mal tgl.
Venedig (Italien)	25 Std.	ab 53 €	6-mal wöchentl.

Unterwegs vor Ort

Vom/zum Flughafen

Auf der Strecke zwischen Flughafen und Korfu-Stadt verkehrt kein Bus. Die Linien 6 und 10, die an der Plateia San Rocco in Korfu-Stadt abfahren, halten 800 m vom Flughafen entfernt (auf der Fahrt nach Benitses und Achillion) an der Hauptstraße. Die Kosten für eine Taxifahrt Flughafen–Korfu-Stadt belaufen sich auf etwa 12 €.

Auto & Motorrad

Auto- und Motorradvermietungen gibt's in Korfu-Stadt und den Ferienorten einige. Die Preise beginnen bei 40 € pro Tag (günstiger bei längerer Mietdauer). Die meisten internationalen Autovermietungen sind in Korfu-Stadt oder am Flughafen vertreten. Die meisten einheimischen Firmen gibt's an der nördlichen Uferstraße.

Budget (☎26610 22062; Ioannou Theotoki 132)

Easy Rider (☎26610 43026) Gegenüber vom neuen Hafen, verleiht Roller und Motorräder.

International Rent-a-Car (☎26610 33411/37710; 20a Kapodistriou)

Sunrise (☎26610 26511/44325; www.corfusunrise.com; Ethnikis Antistasis 6)

Top Cars (☎26610 35237; www.carrentalcorfu.com; Donzelot 25)

Bus

FERNBUSSE von KTEL (grüne Busse) fahren vom **Fernbusbahnhof** (☎26610 28927/30627; Ioannou Theotoki) in Korfu-Stadt, zwischen der Plateia San Rocco und neuem Hafen.

Die Ticketpreise liegen zwischen 1,60 und 4,40 €. Gedruckte Fahrpläne gibt's am Ticketkiosk. Sonn- und feiertags sind die Dienste stark eingeschränkt oder entfallen ganz.

FERNBUSSE VON KORFU

REISEZIEL	DAUER	HÄUFIGKEIT
Agios Gordios	45 Min.	7-mal tgl.
Agios Stefanos	1½ Std.	5-mal tgl.
Aharavi (über Roda)	1¼ Std.	6-mal tgl.
Arillas (über Afionas)	1¼ Std.	2-mal tgl.
Barbati	45 Min.	7-mal tgl.
Ermones	30 Min.	3-mal tgl.
Glyfada	30 Min.	7-mal tgl.
Kassiopi	45 Min.	6-mal tgl.
Kavos	1½ Std.	10-mal tgl.
Messonghi	45 Min.	5-mal tgl.
Paleokastritsa	45 Min.	6-mal tgl.
Pyrgi	30 Min.	7-mal tgl.
Sidhari	1¼ Std.	8-mal tgl.
Spartera	45 Min.	3-mal tgl.

NAHVERKEHRSBUSSE Die blauen Nahverkehrsbusse fahren am **Regionalbusbahnhof** (☎26610 31595; Plateia San Rocco) in Korfus Altstadt ab.

Die Tickets kosten je nach Dauer der Fahrt 1,10 oder 1,50 € und sind am Schalter auf der Plateia San Rocco erhältlich (Tickets zum Achillion, nach Benitses und Kouramades werden aber im Bus verkauft). Alle Fahrten dauern weniger als 30 Minuten.

NAHVERKEHRSBUSSE VON KORFU

REISEZIEL	ÜBER	BUS	HÄUFIGKEIT
Agios Ioannis	Afra	8	12-mal tgl.
Achillion		10	7-mal tgl.
Benitses		6	12-mal tgl.
Evropouli	Potamas	4	11-mal tgl.
Kanoni		2	halbstündl.
Kombitsi	Kanali	14	4-mal tgl.
Kondokali & Dasia	Gouvia	7	halbstündl.
Kouramades	Kinopiastes	5	14-mal tgl.
Pelekas		11	8-mal tgl.

Korfu-Stadt Κέρκυρα

28 692 EW.

Charmant und weltoffen – Korfu-Stadt (auch Kerkyra) ist bezaubernd und lässt einen nie wieder los. Bei der Ankunft übers Meer beeindruckt die majestätische, berühmte Palaio Frourio (Alte Festung), die unter den Byzantinern gegründet und von den Venezianern in großem Umfang erweitert wurde. Fußgänger schlendern zwischen pastellfarbenen Villen aus venezianischer Zeit umher.

Museen, kulturelle Angebote und einige der besten Restaurants der Region sind in der Altstadt verstreut. Die große Uferpromenade namens Spianada ist von hübschen Gebäuden und einer Arkaden-Promenade, dem Liston, gesäumt. Sie wurde von den Franzosen als Vorgänger der Pariser Rue de Rivoli gebaut. Heute ist der Liston mit vielen gut besuchten Cafés das gesellschaftliche Zentrum der Stadt. Am Nordende der Spianada erhebt sich der wuchtige klassizistische Palast der Heiligen Michael und Georg. Landeinwärts führen marmorgepflasterte und von Geschäften gesäumte Straßen von all dieser historischen Pracht zur quirligen modernen Stadt um die geschäftige Plateia San Rocco.

Sehenswertes & Aktivitäten

LP TIPP **Palast der Heiligen Michael und Georg** PALAST, KUNSTMUSEUM

(☎26610 30443; Erw./Kind inkl. Audioguide 4/2 €; Juni–Okt. Di–So 8.30–20 Uhr, Nov.–Mai Di–So 8.30–14.30 Uhr) Ursprünglich residierten in diesem Palast einige britische Hohe Kommissare in Folge. Inzwischen beherbergt er ein Museum der Weltklasse, das **Museum für Asiatische Kunst,**

Altstadt von Korfu

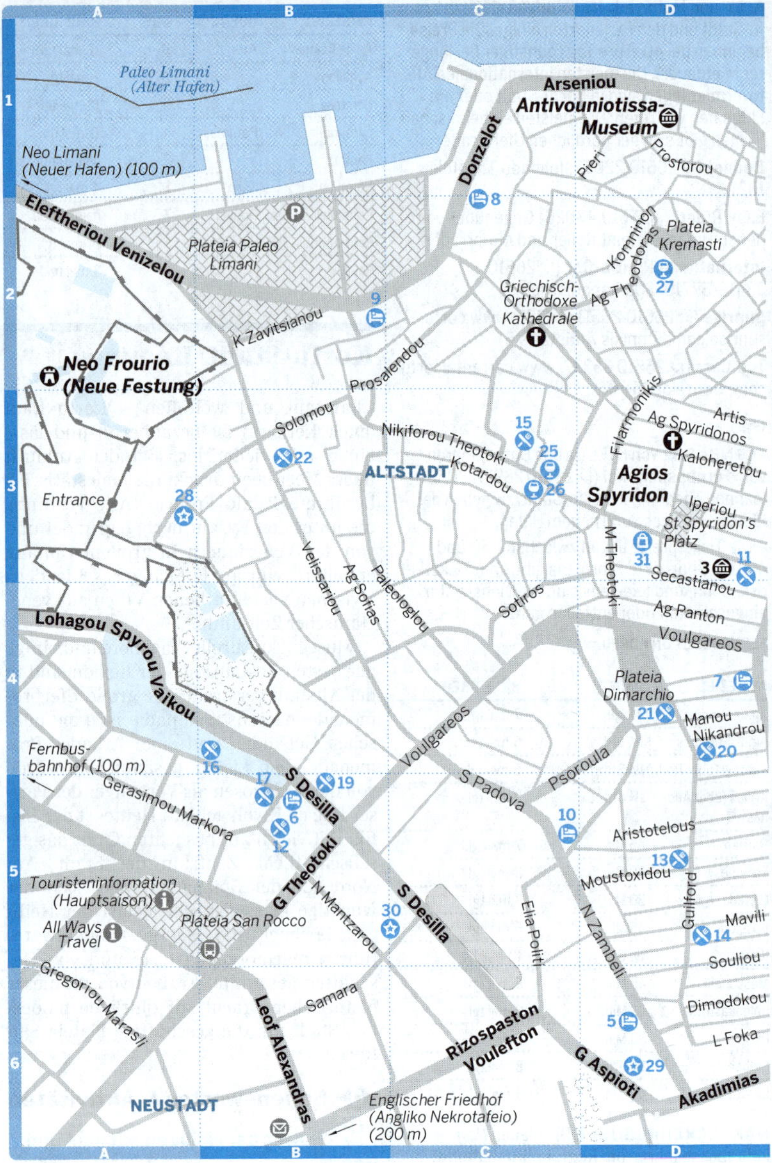

gegründet 1929. Ausführliche, informative Tafeln in englischer Sprache vermitteln Fachwissen über die rund 10 000 Artefakte der Sammlung aus China, Japan, Indien, Tibet, Nepal, Korea und Thailand. Unschätzbar Wertvolles ist darunter: Prähistorische Bronzen, Keramiken, Jadefiguren, Münzen und Kunstwerke aus Onyx, Elfenbein sowie Lackarbeiten. Außerdem beeindrucken der Thronsaal des Palastes und die Rotunde mit historischen Möbeln und Kunstwerken. Hinter der Ostseite des Pa-

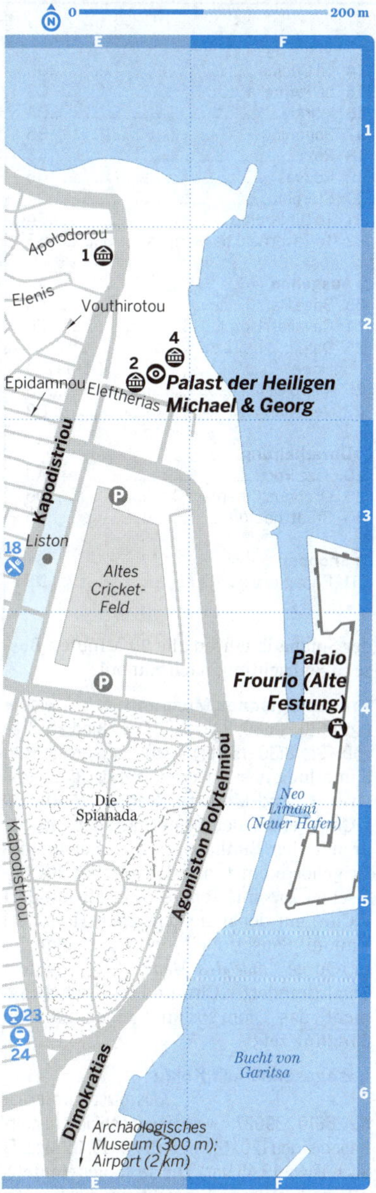

lastes befindet sich die **Städtische Kunstgalerie** (Eintritt 2 €; ⌚Di–So 9–17 Uhr) mit einer schönen Sammlung zum Werk der bedeutendsten korfiotischen Maler. Ein Highlight ist *Die Ermordung des Kapodistrias* von Charalambos Pachis. Außerdem ist eine Sammlung prächtiger Ikonen zu sehen. Ein Nebengebäude mit wechselnden Ausstellungen nimmt den vorderen Ostflügel des Palastes ein.

LP TIPP Palaio Frourio FESTUNG

(Alte Festung; ☎26610 48310; Erw./Kind 4 €/frei; ⌚Mai–Okt. 8–20 Uhr, Nov.–März 8.30–15 Uhr) Im 15. Jahrhundert errichteten die Venezianer die Festung auf den Ruinen eines byzantinischen Schlosses. Später wurde sie von den Briten erweitert. Diese Trutzburg bietet – trotz der Menschenmassen – einen herrlichen Blick auf die Gegend. Auf dem Gipfel des innenliegenden Felsens ist ein Leuchtturm, und von dort aus hat man eine 360°-Panoramasicht. Im Torhaus befindet sich ein byzantinisches Museum.

Neo Frourio FESTUNG

(Neue Festung; Eintritt 3 €; ⌚Mai–Okt. 9–21 Uhr) Ein steiler Aufstieg führt zu diesem düsteren Beispiel venezianischer Militärarchitektur, das von den Briten massiv erweitert wurde. Im Innern besteht die Festung aus zahlreichen Tunneln, Räumen und Treppen. Im Außenbereich gute Aussichtspunkte.

LP TIPP Antivouniotissa-Museum BYZANTINISCHES MUSEUM

(☎26610 38313; Erw./Kind 2 €/frei; ⌚Di–So 8–14.30 Uhr) Die wundervolle einschiffige Kirche Unserer Lieben Frau von Antivouniotissa stammt aus dem 15. Jahrhundert Unter ihrem Holzdach birgt sie eine bedeutende Sammlung byzantinischer und postbyzantinischer Ikonen und Artefakte, dic in dic Zcit vom 13. bis zum 17. Jahrhundert datieren.

LP TIPP Agios Spyridon KIRCHE

(Agiou Spyridonos) In der Basilika aus dem 16. Jahrhundert liegt die heilige Reliquie von Korfus verehrtem Schutzheiligen St. Spyridon in einem kunstvoll gestalteten Silbersarg.

Anwesen Mon Repos PARK, RUINEN

(Eintritt frei; ⌚Mai–Okt. 8–19 Uhr, Nov.–April bis 17 Uhr) Am südlichen Stadtrand von Korfu erstreckt sich auf der Halbinsel Kanoni ein Anwesen mit einem weiten, üppig bewaldeten Park, der ein elegantes neoklassizistisches Schloss umgibt. Mon Repos wurde in den 1830er-Jahren vom zweiten britischen Kommissar der Ionischen Inseln, Sir

Altstadt von Korfu

Highlights

- Antivouniotissa-Museum ... D1
- Kirche Agios Spyridon ... D3
- Neo Frourio (Neue Festung) ... A2
- Palaio Frourio (Alte Festung) ... F4
- Palast der Heiligen Michael & Georg ... E2

Sehenswertes

1 Lesegesellschaft ... E2
2 Museum für Asiatische Kunst ... E2
3 Philharmonische Gesellschaft ... D3
4 Städtische Kunstgalerie ... E2

Schlafen

5 Bella Venezia ... D6
6 Hermes Hotel ... B5
7 Hotel Arcadion ... D4
8 Hotel Astron ... C2
9 Hotel Konstantinoupolis ... B2
10 Siorra Vittoria ... C5

Essen

11 Chrisomalis ... D3
12 Dimitra Supermarket ... B5
13 La Cucina ... D5
14 La Cucina ... D5
15 La Famiglia ... C3
16 Markt ... B4
17 Pogoniou ... B5
18 Rex ... E3
19 Rouvas ... B5
20 Starenio ... D4
21 To Dimarchio ... D4
22 To Tavernaki tis Marinas ... B3

Ausgehen

23 Base Bar ... E6
24 Cavalieri Hotel ... E6
25 Dali ... C3
Hook ... (siehe 23)
26 Mikro Café ... C3
27 Venetian Well ... D2

Unterhaltung

28 Jazz Rock ... A3
29 Orpheus Cinema ... D6
30 Stadttheater ... C5

Shoppen

31 Papagiorgis ... D3

Frederick Adam, als Huldigung an seine von Korfu stammende Frau geschaffen. 1864 übergaben die Briten Mon Repos an König Georg I. von Griechenland. Im Jahr 1921 wurde hier der Enkel von König Georg I. geboren – Philip, der derzeitige Duke von Edinburgh und Ehemann der Queen. Achtzehn Monate später flohen die Eltern des Duke mit dem Baby auf einem britischen Kriegsschiff von der Insel, denn die neue griechische Republik stürzte den damaligen König Konstantin, Philips Onkel. Lange Jahre stritten die griechische Regierung und Konstantin über das Eigentumsrecht an Mon Repos, bis die Stadt Korfu das Anwesen übernahm und eine prachtvolle öffentliche Anlage daraus machte. Wege und Pfade führen durch das bewaldete Gelände zu den Ruinen zweier dorischer Tempel. Der erste ist fast gänzlich zerstört, aber der südliche, der **Artemis-Tempel**, ist ziemlich beeindruckend.

Im Schloss befindet sich das ausgezeichnete **Museum Palaeopolis** (☎26610 41369; Erw./erm. 3/2 €; ⌚Mai–Okt. Di–So 8–19 Uhr) mit unterhaltsamen archäologischen Schautafeln und Ausstellungen zur Geschichte von Korfu-Stadt. Die Räume im Erdgeschoss sind im Regency-Stil des frühen 19. Jahrhunderts eingerichtet. Von der Spianada fahren alle 20 Minuten Busse in Südrichtung nach Kanoni.

Archäologisches Museum — MUSEUM

(☎26610 30680; P Vraïla 5; Erw./Kind 3 €/frei; ⌚Di–So 8.30–15 Uhr) Zur ausgesuchten Sammlung des Museums gehört der massive **Gorgo-Medusa-Giebel** (590–580 v. Chr.), eines der besterhaltenen Stücke archaischer Bildhauerei in Griechenland. Er gehörte einst zum Westgiebel des dorischen Artemis-Tempels (6. Jahrhundert v. Chr.) auf der nahe gelegenen Halbinsel Kanoni. Sensationell sind außerdem der prächtige *Löwe des Menekrates* aus dem 7. Jahrhundert v. Chr. und ein Giebelfragment, das Dionysos und einen nackten Jüngling zeigt.

Lesegesellschaft Korfu — HISTORISCHES GEBÄUDE

(☎26610 39027; www.anagnostikicorfu.com; Kapodistriou 120; ⌚Mo–Sa 9.30–13.45, Mo & Fr auch 17.45–19.45 Uhr) Die 1836 gegründete, älteste kulturelle Einrichtung des modernen Griechenlands verfügt über 30 000 Bücher, darunter 8000 Werke von den ionischen Inseln. Die Villa ist mit Kunstwerken gestaltet und im Kartenzimmer (oben) befindet sich die erste Karte von Korfu aus dem 15. Jahrhundert Hier finden auch Konzerte und Lesungen statt.

GRATIS **Philharmonische Gesellschaft Korfu** MUSEUM
(☎26610 39289; www.fek.gr; N Theotoki 10; ⏲Mo–Sa 9.30–13.30 Uhr) 1840 vom zukunftsorientierten Komponisten der griechischen Nationalhymne Nikolaos Mantzaros gegründet. Die Gesellschaft fördert freie Musikprogramme und beherbergt ein nach Mantzaros benanntes Museum zur Musikgeschichte der Insel. Nach der kolonialen Besetzung wurde auf Korfu eine Blechblaskapellen-Tradition fortgesetzt, und so sind Noten und Musikinstrumente im Wandel der Zeiten ausgestellt (z. B. wunderschön erhaltene Pikkoloflöten, Oboen und eine Helikontuba).

Englischer Friedhof FRIEDHOF
(Angliko Nekrotafeio; Kolokotroni) Der friedliche, parkartige Englische Friedhof bei der Straße Mitropoliti am südwestlichen Stadtrand ist ein berührendes Überbleibsel der britischen Herrschaft. Hier befinden sich die Gräber von Soldaten und Zivilisten des 19. und 20. Jahrhunderts, vom Friedhofspfleger viele Jahre lang mit viel Herz umsorgt.

Geführte Touren

Tagestouren SIGHTSEEING
Petrakis Lines (☎26610 31649; www.ioniancruises.com; Ethnikis Antistasis 4) und **Sarris Cruises** (☎26610 25317; Eleftheriou Venizelou 13) organisieren Tagestouren von Korfu-Stadt aus, auch einen Ausflug zur antiken albanischen UNESCO-Weltkulturerbestätte **Butrint** (59 €, Reisepässe erforderlich) sowie eine Bootstour nach Paxi, zu den Blauen Grotten und Antipaxi (35 €). Transfers sind inbegriffen.

Insel Vidos BOOTSTOUR
Kalypso Star (☎26610 46525; Erw./Kind 13/7 €) oder öffentliche Boote fahren im Alten Hafen ab zur der Küste vorgelagerten Insel Vidos (5 €). Hier geht's an den Strand, oder man spaziert zu Festungen und einem Mausoleum für serbische Soldaten des Ersten Weltkriegs.

Schlafen

Die Hotels in Korfu-Stadt sind eher teuer. In der Hauptsaison unbedingt im Voraus buchen.

LP TIPP **Siorra Vittoria** BOUTIQUEHOTEL €€€
(☎26610 36300; www.siorravittoria.com; Stefanou Padova 36; Zi. inkl. Frühstück 135–150 €, Suite 165–190 €; P ❄ 📶) In dieser Villa aus dem 19. Jahrhundert, in der traditionelle, akribisch restaurierte Architektur auf moderne Annehmlichkeiten trifft, erwartet die Gäste purer Luxus: Marmorbäder, gestärkte Bettwäsche und vornehmer Service sorgen für eine entspannte Zeit. Gefrühstückt wird in einem beschaulichen Garten unter einem alten Magnolienbaum. Die Vittoria-Suite (190 €) umfasst das Atelier und bietet Meeresblick.

Bella Venezia BOUTIQUEHOTEL €€
(☎26610 46500; www.bellaveneziahotel.com; N Zambeli 4; EZ/DZ inkl. Frühstück 102/123 €; ❄ 📶) Das neoklassizistische Gebäude beherbergte früher eine Mädchenschule. Das Hotel hat gemütliche Zimmer und ein elegantes Ambiente. Man wird von aufmerksamem Personal empfangen, und der Frühstückspavillon im Garten ist einfach entzückend.

City Marina Hotel HOTEL €€
(☎26610 39505; www.citymarina.gr; Donzelot 15; EZ/DZ/3BZ inkl. Frühstück 75/80/95 €; ❄ 📶) Das City Marina (früher bekannt unter dem Namen Astron) verfügt über eine zentrale Lage und schaut über Plateia Palaio Limani (Platz des Alten Hafens), neue Festung und Küste. Die luftigen, gemütlichen Zimmer wurden nach und nach modernisiert, es gibt einen Fitnessraum. Einige Zimmer mit Balkon. Keine Kreditkarten.

Hotel Arcadion HOTEL €€
(☎26610 37670; www.arcadionhotel.com; Vlasopoulou 2; EZ/DZ/3BZ 75/95/110 €; ❄ 📶) Verlockend ist hier die Lage, nicht die überschaubaren, sauberen Zimmer: Direkt an der belebtesten Ecke des Liston. Balkone bieten Blick auf den Trubel und die alte Festung.

Hermes Hotel HOTEL €€
(☎26610 39268; www.hermes-hotel.gr; Markora 12; EZ/DZ/3BZ 50/60/70 €; ❄ 📶) Das Hermes in einem quirligen Teil der Neustadt ist in den letzten Jahren komplett renoviert worden und hat einfache, ordentliche Zimmer mit Isolierverglasung.

Hotel Bretagne HOTEL €€
(☎26610 30724; www.corfuhotelbretagne.com; K Georgaki 27; EZ/DZ/3BZ inkl. Frühstück 50/70/90 €; P ❄ 📶) In Flughafennähe und 1,5 km vom Zentrum entfernt. Eine gute Wahl der Mittelklasse mit gepflegten, gut in Schuss gehaltenen Zimmern.

Die rückwärtigen Zimmer liegen zum kleinen Garten hin.

Hotel Konstantinoupolis PENSION €€
(☎26610 48716; www.konstantinoupolis.com.gr; K Zavitsianou 11; EZ/DZ/3BZ 68/78/98 €; ❄📶) Einige der eher ungepflegten Zimmer dieses alten korfiotischen Hotels bieten einen Blick über die Plateia Palaio Limani und das Meer.

Essen

Die korfiotische Küche ist von vielen Kulturen auf köstliche Art und Weise beeinflusst worden, insbesondere von der Italienischen. Zum Reinknien! In der Guilford-Straße sind viele gute Optionen nahe beieinander (zum Beispiel Del Sole und Giardino Città).

LP TIPP **La Cucina** ITALIENISCH €€
(Hauptgerichte 10–25 €) Guilford (☎26610 45029; Guilford 17; ⏰Abendessen); Moustoxidou (☎26610 45799; Ecke Guilford & Moustoxidou; ⏰Mittag- & Abendessen) Das La Cucina ist alteingesessen und wegen der angenehmen Atmosphäre und seiner kreativen Küche, allem voran der hausgemachten Pasta, ein Dauerrenner. Cajun-Garnele mit Kirschtomaten, Frühlingszwiebeln und Mascarponesauce schmeckt wunderbar, auch die Vorspeisen – innovative *mezedhes* – sowie Salate und Pizzen, alles von Spitzenweinen begleitet. Das erste Restaurant in der Guilford hat warme Farben und Wandgestaltungen, das zweite (mit identischer Speisekarte) namens Moustoxidou ist schick in Glas und Grau.

La Famiglia ITALIENISCH €
(☎26610 30270; Maniarizi-Arlioti 26; Hauptgerichte 8–12 €; ⏰Mittag- & Abendessen) Dieses anheimelnde, in einer Nebenstraße versteckte Plätzchen hat kreative Salate und perfekt zubereitete Pasta zu bieten. Kühle Farben und gedämpfte Unterhaltung bestimmen die Atmosphäre. Geschmacklich ist alles zugleich leicht und vollmundig – wie schaffen sie das?

Rex MEDITERRAN €€
(☎26610 39649; Kapodistriou 66; Hauptgerichte 8–21 €; ⏰Mittag- & Abendessen) In dem eleganten, etwas vom Liston zurückgesetzten Restaurant wird griechische Hausmannskost zur feinen Küche erhoben und die ganze Palette an Meeresfrüchten und europäischen Gerichten angeboten. Aufmerksames Personal informiert über die jeweiligen Spezialitäten des Tages. Ideal dazu passt ein guter Wein oder einheimisches Bier.

Rouvas TAVERNE €
(☎26610 31182; S Desilla 13; Hauptgerichte 5–8 €; ⏰9–17 Uhr) Dank seiner hervorragenden traditionellen Küche essen viele Einheimische hier zu Mittag oder nehmen Essen mit. Der berühmte britische Koch Rick Stein hat das Rouvas ins Fernsehen gebracht.

Chrisomalis TAVERNE €
(☎26610 30342; N Theotoki 6; Hauptgerichte 8–13 €; ⏰Mittag- & Abendessen) Mitten im Herzen der Altstadt kann man hier die Klassiker futtern wie bei Muttern. Umschauen und aus den frischen Sachen auswählen.

To Tavernaki tis Marinas TAVERNE €
(☎6981656001; 4th Parados, Agias Sofias 1; Hauptgerichte 6–16 €; ⏰Mittag- & Abendessen) Mit restaurierten Steinmauern, glatten Hartholzböden und freundlichem Personal hebt sich das Ambiente dieser Taverne (traditionelles Restaurant) deutlich von den übrigen ab. Auf die Spezialitäten des Tages achten oder irgendetwas von *mousakas* (Schichten aus angebratenen Auberginen- oder Zucchinischeiben, Hackfleisch und Kartoffeln mit Käsesauce) bis Bolognese oder Steak auswählen.

To Dimarchio ITALIENISCH, GRIECHISCH €€
(☎26610 39031; Plateia Dimarchio; Hauptgerichte 8,80–22 €) Zurücklehnen in einem üppigen Rosengarten auf einem zauberhaften Platz. Aufmerksames Personal serviert elegante, ideenreiche und mit frischesten Zutaten zubereitete Speisen.

Starenio BÄCKEREI €
(Guilford 59; Snacks unter 3 €) Enorme Auswahl an exquisiten Torten, Broten und den *besten* Kuchen.

Markt MARKT €
(⏰Mo–Sa) Nördlich der Plateia San Rocco; geöffnet vom Morgen bis zum frühen Nachmittag. Frisches Obst, Gemüse und Fisch.

Pogoniou TRADITIONELLER LEBENSMITTELLADEN €
(☎26610 31320; G Markora 17) Gegenüber vom Supermarkt und vollgestopft mit Käse, Wurstsorten, Gewürzen, Olivenöl und vielem mehr.

Der Dimitra Supermarkt ist bei G Markora 16.

AKTIV AUF KORFU

Korfu bietet an Outdoor-Aktivitäten alles, was das Herz begehrt. Wer Schlauchbootfahren, **Segeln** und **Windsurfen** will, ist bei **Greek Sailing Holidays** (☎26630 81877; www.corfu-sailing-events.com) in Avlaki richtig. Charterboote hingegen findet man in der **Corfu Sea School** (www.corfuseaschool.com) oder bei **Sailing Holidays Ltd** (www.sailingholidays.com), beide in der Marina von Gouvia.

Tauchen in glasklaren Gewässern ist über Anbieter in Kassiopi, Agios Gordios, Agios Georgios, Ipsos, Gouvia und Paleokastritsa möglich.

Korfu ist ein **Wanderparadies.** Der **Corfu Trail** (www.corfutrail.org) führt von Norden nach Süden über die Insel und dauert insgesamt acht bis zwölf Tage. Mit den Unterkünften unterwegs hilft **Aperghi Travel** (☎26610 48713; www.travelling.gr/aperghi) weiter. Das Buch *In the Footsteps of Lawrence Durrell and Gerald Durrell in Corfu* (Hilary Whitton Paipeti, 1999) ist unbedingt zu empfehlen.

Mountainbiker, vor allem Offroad-Fahrer, können im **Corfu Mountainbike Shop** (☎26610 93344; www.mountainbikecorfu.gr) in Dasia Räder ausleihen; auch organisierte Tagestouren und Radurlaube werden angeboten.

Ausritte durch Olivenhaine und auf lauschigen Wegen bietet **Trailriders** (☎26630 23090; www.trailriderscorfu.com) in Ano Korakiana an.

Der **Corfu Golf Club** (☎26610 94220; www.corfugolfclub.com) liegt bei Ermones an der Westküste von Korfu.

Ausgehen

Flanieren und Leutegucken in den zahlreichen Café-Bars des Liston ist auf Korfu ein bleibendes Erlebnis, auch wenn man 3,50 bis 5 € für einen Kaffee oder einen frischen Saft hinlegen muss. **Corfu Beer** (www.corfubeer.com), die örtliche Mikrobrauerei, stellt eine Auswahl wohlschmeckender Biere her.

Mikro Café — CAFÉ, BAR

(☎26610 31009; Ecke N Theotoki 42 & Kotardhou) In dieser kleinen Café-Bar im Herzen der Altstadt, in der gelegentlich Live-Veranstaltungen stattfinden, treffen sich die lässigen Einheimischen. Das Mikro hat eine schöne belaubte, erhöhte Terrasse, und die Sitzplätze ziehen sich eine schmale Gasse hinauf.

Venetian Well — LOUNGE

(☎26610 44761; Plateia Kremasti) Im Prinzip ist das Venetian Well ein Restaurant, aber es ist ratsam, auf das Essen zu verzichten und den Aperitif in diesem winzigen, stimmungsvollen Platz um einen herrlichen venezianischen Brunnen herum einzunehmen.

Cavalieri Hotel — BAR

(Kapodistriou 4) Die Dachgarten-Bar dieses langweiligen Hotels ist seit eh und je wegen der tollen Aussicht beliebt. In der Nähe dichtgedrängt Musikbars wie das **Hook** und die **Base Bar.**

Dali — BAR

(N Theotoki 55) Hier sitzt man gemütlich, die Musik ist Mainstream.

Unterhaltung

Aktuelle Veranstaltungsprogramme siehe unter www.corfuland.gr (auf Griechisch).

Jazz Rock — CLUB

(Solomou 29) Hier trifft sich die Möchtegern-Künstlerszene. DJs und Live-Musik verschiedener Richtungen unweit vom Stadtzentrum.

Lucciola — BISTRO, BAR

(☎26610 91022; www.lucciola.eu; Sgombou; ⌚Di–So ab 19 Uhr) Dieses Bio-Bistro weiter außerhalb, 12 km nordwestlich von Korfu-Stadt in Sgombou, bietet *rembetika* (Blues Songs), Jazz und Rock-Shows.

Orpheus Cinema — KINO

(☎26610 39768; G Aspioti) Filme in englischer Sprache mit Untertiteln schauen; auf der anderen Straßenseite ist ein Open-Air-Sommertheater.

Stadttheater — DARSTELLENDE KÜNSTE

(☎26610 33598; Mantzarou) Korfus kulturelles Kraftwerk bringt in diesem Haus und im Theater neben dem Mon Repos klassische Musik, Opern, Tanz und Schauspiel auf die Bühne.

Nach 23 Uhr tanzen, bis die Schwarte kracht: Korfus Diskomeile liegt 2 km nordwestlich vom Neuen Hafen in der Straße

Ethnikis Antistasis (lieber ein Taxi nehmen, die Straße ist unbeleuchtet und hat keine Gehwege). Zu empfehlen sind das angesagte **Privilege** (Mainstream); die **Au Bar** (Griechisch: Ω) für heftigeren House, R & B und griechische Musik und das **Cristal,** das größte von allen mit mehreren Bars. Im Eintrittspreis von 10 € ist normalerweise ein Getränk enthalten.

Shoppen

Die Straßen der touristischen Altstadt sind voller Süßigkeiten- und Andenkenläden. Modegeschäfte befinden sich in der Neustadt, insbesondere in der Straße G Theotoki.

Papagiorgis ESSEN & TRINKEN
(N Theotoki 32) Köstliche hiesige Süßigkeiten und Eiscreme.

Praktische Informationen

Internetzugang

Internet kostet etwa 3 € pro Stunde.

Bits & Bytes (☎26610 36812; Ecke Mantzarou & Rizospaston Voulefton; ⏲24 Std.)

Netoikos (☎26610 47479; Kaloheretou 14; ⏲10 Uhr–Mitternacht) In der Nähe der Kirche Agios Spyridon, mit Bar.

Medizinische Versorgung

Corfu General Hospital (☎26613 60400; Kondokali) Rund 7 km nördlich von Korfu-Stadt.

Notfall

Touristenpolizei (☎26610 30265; 2. OG, Samartzi 4) Bei der Plateia San Rocco.

Post

Hauptpost (26 Leoforos Alexandras)

Touristeninformation

Die englischsprachige Monatszeitung *Corfiot* (2 €) mit Veranstaltungskalender ist an Kiosken erhältlich.

All Ways Travel (☎26610 33955; www.corfuallwaystravel.com; Plateia San Rocco) Hilfsbereites, Englisch sprechendes Personal.

Städtischer Touristeninformationskiosk (Plateia San Rocco; ⏲Juni–Sept. Mo–Sa 9–16 Uhr) In der Hauptsaison kann ein ähnlicher Kiosk am Ankunfts-Fähranleger sein.

Nördlich & nordwestlich von Korfu-Stadt

Wer alle Inselregionen außerhalb von Korfu-Stadt richtig erkunden will, tut das am besten mit einem eigenen Fahrzeug. Die Küste nördlich von Korfu-Stadt ist weitgehend mit Strand-Ferienorten wie **Gouvia, Dasia** und den angeschlossenen Orten **Ipsos** und **Pyrgi** übersät. Viele Menschen auf wenig Raum, schmale Strände, aber für einen Familienurlaub ist alles da.

Hinter Pyrgi ziehen sich die gelbbraunen Hänge von Korfus höchstem Berg **Pantokrator** (906 m) zum Meer hinunter und nehmen bei landschaftlich reizvollen Abschnitten an einer gewundenen Straße die Küste ein. Gleich hinter Pyrgi bietet sich ein Abstecher auf den Pantokrator an. Anfangs windet sich die Straße in 25 Kehren hinauf und führt dann durch die malerischen Dörfer **Spartylas** und **Strinylas.** Nun steigt sie durch Ödland, das im Frühling durch die Wildblumen wie verwandelt ist, zum Gipfel und zum Kloster **Moni Pantokrator** an, das jetzt von einem mächtigen Fernmeldeturm beherrscht wird. Die großartige Rundumsicht reicht bis zu den Bergen Albaniens und zum griechischen Festland. Auf dem Gipfel wartet je nach Saison ein Café, aber es gibt sehr wenig Parkmöglichkeiten. Wenn viel los ist, lieber gleich vor dem kurvigen letzten Abschnitt parken.

Der erste hübsche Ort an der Küste nördlich von Pyrgi ist **Barbati** mit einem Kiesstrand und Wassersportzentrum. Seitlich in der Bucht liegt das Dorf **Kalami.** Berühmt ist hier das Weißes Haus genannte ehemalige Wohnhaus von Lawrence und Nancy Durrell, das heute als Ferienhaus gemietet werden kann (www.corfu-kalami.gr). Die Familie Durrell ist stark mit Korfu verbunden und verbrachte vor dem Zweiten Weltkrieg viele Jahre hier. Lawrence Durrells Reisebuch *Schwarze Oliven – Korfu – Insel der Phäaken* ist eine lyrische Hommage an Korfu; das gleichermaßen gelungene Buch *Meine Familie und anderes Getier* seines Bruders Gerald basierte auf dem exzentrischen und idyllischen Leben der Familie Durrell in den 1930er-Jahren. In Kalami gibt es Tavernen und Unterkünfte.

Noch weiter nördlich schmiegt sich das reizvolle Fischer- und Feriendorf **Agios Stefanos** in eine geschützte Bucht mit Kiesstrand.

Das traumhafte Örtchen **Avlaki** liegt hinter einer bewaldeten Landzunge nördlich von Agios Stefanos und besitzt einen recht großen Strand mit wenig Betrieb, an dem sich nur wenige Tavernen niedergelassen haben und der vor allem bei Windsurfern beliebt ist.

Kassiopi ist heute voller Läden, Tavernen und Bars. Die strategisch gut gelegene Landzunge jedoch war ein Vorposten Korinths, und Römer und Venezianer ließen sich hier nieder. Es heißt, Nero habe in diesem Ort ausschweifend geurlaubt. Heutzutage besuchen britische Politiker das nahe gelegene Rothschild-Anwesen. Kassiopi ist bekannt für die feinen **Stickereien,** die in einigen Geschäften angeboten werden. In der Hauptstraße gegenüber der Kirche der Seligen Jungfrau führen Treppen zu den Ruinen der **Venezianischen Festung** hinauf. Spaziergänge über die Landzunge führen zu den nahen Stränden **Battaria** und **Kanoni.**

Hinter Kassiopi wendet sich die Hauptstraße nach Westen, an Korfus Nordküste entlang und an den außerordentlich beliebten Ferienorten **Aharavi, Roda** und **Sidhari** und ihren überfüllten Stränden vorbei. Der **St George's Bay Country Club** (26630 63203; www.stgeorgesbay.com) in Acharavi bietet luxuriöse Pool- oder Wellness-Ausflüge an. Er besitzt ein Restaurant am Meer sowie Studios und Suiten (ab 143 €). Auf der kurvenreichen Straße geht's landeinwärts in das zauberhafte **Alte Perithia,** ein sorgfältig restauriertes venezianisches Dorf.

Im anderen **Agios Stefanos** der Insel Korfu an der Nordwestküste gibt's einen weiten Sandstrand. Regelmäßig fahren Ausflugsboote vom nahen Fischerhafen zu den **Diapondia-Inseln,** einer eher unbekannten Gruppe kleiner Inseln. Kontakt: **San Stefano Travel** (26630 51910; www.san-stefano.gr).

Schlafen

Wer ein Haus in einem restaurierten Bergdörfchen mit Pool und Wellnesseinrichtungen mieten möchte, wende sich an **Rou Estates** (www.rouestate.co.uk).

Manessis Apartments APARTMENTS €€
(26610 34990; http://manessiskassiopi.com; Kassiopi; Apt. für 4 Pers. 100 €;) Was ist netter – die freundliche griechisch-irische Besitzerin oder ihr Blumengarten und die mit Bougainvilleas berankten 2-Bett-Apartments? Wegen des Standorts am Ende von Kassiopis malerischem Hafen ist dies ein gutes „Basislager“. Die Apartments im Obergeschoss haben Klimaanlage, die anderen Ventilatoren und einige einen Balkon zum Meer hin.

Casa Lucia STUDIOS, FERIENHÄUSER €€
(26610 91419; www.casa-lucia-corfu.com; Sgombou; Studios & Ferienhäuser 70–120 €; ganzjährig;) Die Parkanlage mit zauberhaften Studios und Ferienhäusern ist sehr auf Gemeinschaftsleben ausgerichtet und verströmt eine Atmosphäre der Herzlichkeit. Es gibt Yoga-, Tai-Chi- und Pilates-Stunden und kulturelle Veranstaltungen. Im Winter sehr vernünftige Preise. Casa Lucia liegt an der Straße nach Paleokastritsa und ist ein idealer Ausgangspunkt für Nordkorfu.

Dionysus Camping Village CAMPINGPLATZ €
(26610 91417; www.dionysuscamping.gr; Stellplatz pro Erw./Auto/Zelt 6,50/4/4,50 €;) Von Korfu-Stadt aus der nächstgelegene Campingplatz (in einem Olivenhain), ausgeschildert zwischen Tzavros und Dasia. Buslinie 7 bietet gute Verbindungen. Die sanitären Einrichtungen sind gut. Mieten kann man Zelte (9,50 € pro Person) und einfache Holzhütten mit Strohdach (12 € pro Person).

Essen

In den nördlichen Vororten von Korfu-Stadt gibt's ein paar gute Adressen, zum Beispiel das **Roula** (26610 91832; Kondokali) für Fisch und das **Etrusco** (26610 93342; www.etrusco.gr; Kato Korakiana; Hauptgerichte 26–30 €) der gehobenen Klasse. In den drei miteinander konkurrierenden Tavernen in Agni, **Taverna Toula** (26630 91350), **Taverna Nikolas** (26630 91243) und **Taverna Agni** (26630 91142), isst man überall hervorragend.

Piedra del Mar MEDITERRAN €€
(26630 91566; www.piedradelmar.gr; Barbati; Hauptgerichte 7–22 €) Den feinen Zwirn hervorholen für etwas Dolce Vita ... Strandeleganz und beste mediterrane Küche perfekt vereint.

Cavo Barbaro MEERESFRÜCHTE €
(26630 81905; Avlaki; Hauptgerichte 10–14 €) Kleines Lokal direkt am Wasser für eine Auszeit bei leckeren Meeresfrüchten.

Imerolia MEERESFRÜCHTE €€
(26630 81127; Kassiopi; Fisch pro Kilo 45–65 €) Den Tag mit einem Essen am Wasser beschließen – die freundliche Familie heißt die Gäste zum ausgiebigen Essen in griechischem Stil willkommen.

Little Italy ITALIENISCH €€
(☎26630 81749; Kassiopi; Hauptgerichte 4,50–18 €) Seit Langem ein Renner in Kassiopi: frische Pasta und andere Gaumenfreuden wie Entenbrust mit karamellisierten Orangen.

Taverna Galini MEERESFRÜCHTE €
(☎26630 81492; Agios Stefanos; Hauptgerichte 5–12 €) Frischer Fisch aus der Region, leckere Pasta mit Meeresfrüchten, kreative Salate und deftige Steaks auf der Nordostseite der Insel.

Südlich von Korfu-Stadt

Auf der Küstenstraße von Korfu-Stadt nach Süden geht's an einer Abfahrt zum gut ausgeschilderten **Achillion-Palast** (☎26610 56245; Erw./Kind 7/2 €, Audioguide 3 €; ⊙April–Okt. 8–17 Uhr, Nov.–März 8.45–15.30 Uhr) bei der Ortschaft Gastouri. Die österreichische Kaiserin Elisabeth – Sisi – ließ den Achillion-Palast in den 1890er-Jahren als Ort des Rückzugs von der Welt und als Hommage an ihren Helden Achilles erbauen (später wurde die bedauernswerte Sisi am Ufer des Genfer Sees von einem verwirrten Anarchisten ermordet). Kaiser Wilhelm II. kaufte den Palast im Jahr 1907 und steuerte eine imposante Skulptur vom Triumph des Achilles bei. Danach verließ er Korfu, um 1918 etwas zu erleben, was nicht gerade ein Triumph war. Früh hier sein, wenn es noch nicht so voll ist, und herumspazieren zwischen Neoklassizismus, sagenhaftem Mobiliar und kühnen Skulpturen, immer auf dem schmalen Grat zwischen Stil und Kitsch (zum Beispiel die Engel).

Südlich vom Achillion-Palast liegt der Ferienort **Benitses,** durch den alten Ortskern besonders hübsch. Von hier aus führen Wege und Pfade zu den steilen, bewaldeten Hängen hinauf.

LP TIPP **Klimataria** (☎26610 71201; Hauptgerichte 8–14 €; ⊙Abendessen) Die Taverne ist für sich schon den Besuch Benitses wert. Oft heißt sie auch einfach nur Bellos nach ihrem bescheidenen Besitzer Kostas. Alles, was in dieser kleinen, schlichten Taverne angeboten wird, ist einfach köstlich. Vom Olivenöl und aus einer speziellen Quelle bezogenen Fetakäse bis zum zarten Tintenfisch oder dem *mezedhes*-Angebot serviert Bellos nur frische Speisen. Im Sommer vorher anrufen und reservieren. Wenn im Bellos kein Platz mehr ist, ins **O Paxinos** (☎26610 72339; Hauptgerichte 9–16 €; ⊙Mittag- & Abendessen) ganz in der Nähe gehen. Es ist bekannt für *mezedhes* und Fischgerichte.

Noch weiter südlich kommen die beliebten Strandorte **Moraïtika** und **Messonghi.** Von hier aus führt die gewundene Küstenstraße nach Süden in den stillen Ort **Boukari** mit einem kleinen Hafen. In der hervorragenden *psarotaverna* (Fischlokal) **Spiros Karidis** (☎26620 51205; Fisch 35–50 €/kg; ⊙Mittag- & Abendessen) wählt man hinten in der Küche aus dem Fang des Tages aus. Das ansprechende **Golden Sunset Hotel** (☎26620 51853; www.korfusunset.de; DZ/3BZ 50/70 €, inkl. Frühstück) hat im Obergeschoss Zimmer mit fantastischer Aussicht.

Lefkimmi, gut 10 km von Boukari im Südteil der Insel entfernt, gehört zu den bodenständigsten Städten auf Korfu. Hier ist noch so etwas wie ein normales Alltagsleben vorzufinden. Im alten Teil der Stadt, der von einem zwar malerischen, aber manchmal übel riechenden Kanal durchzogen ist, liegen faszinierende Kirchen verstreut.

Westküste

Einige der hübschesten Landschaften, Dörfer und Strände Korfus liegen an der Westküste. Der angesagte, sehr beliebte Ferienort **Paleokastritsa** ist 26 km von Korfu-Stadt entfernt und zieht sich knapp 3 km durch ein Tal bis hin zu kleinen, malerischen Buchten, die versteckt zwischen hohen Klippen liegen. Schroffe Berge mit Zypressen und Olivenbäumen ragen hoch auf. Kühne Seeleute fahren mit kleinen **Ausflugsbooten** (pro Person 8,50 €, 30 Minuten) zu den nahen Grotten oder einem der zahlreichen Strände; Wassertaxis bringen Gäste zum einem Strand nach Wunsch. Auch Wassersport wird angeboten.

Auf dem Felsvorsprung am Ende von Paleokastritsa thront das Kloster **Moni Theotokou** (⊙9–13, 15–20 Uhr) mit einem reichen Ikonenschatz. Es wurde im 13. Jahrhundert gegründet (das aktuelle Gebäude datiert allerdings aus dem 18. Jahrhundert). Gleich neben dem charmanten Klostergarten befinden sich ein kleines **Museum** (⊙April–Okt.) und eine Ölmühlenausstellung mit einem Laden für Öle und Kräuter.

Von Paleokastritsa steigt ein Pfad landeinwärts an und führt nach 5 km zu dem unberührten Ort **Lakones.** Hier hat man einen herrlichen Ausblick auf die Küste. Ein Muss sind das **Kafeneio Olympia** (Café) und das wachsende **Fotoarchiv** (☎26630 41771; ⏲nach Vereinbarung) des Dorfes. Hier hat Vassilis Michalas eine beachtliche Sammlung zusammengetragen, die das Inselleben auf lebendige Art dokumentiert.

Das malerische Örtchen **Doukades** hat einen historischen Platz und ansprechende Tavernen. Die 6 km lange Straße nördlich von Paleokastritsa nach **Krini** und **Makrades** steigt steil an und bietet sensationelle Ausblicke. Viele Restaurantbesitzer haben daraus Kapital geschlagen. Eine Linkskurve Richtung Küste führt über Krinis winzigen Dorfplatz und hinunter nach **Angelokastro,** den Ruinen eines byzantinischen Schlosses und der westlichsten Bastion auf Korfu.

Weiter in Nordrichtung kommt man durch das Dorf **Pagi** zu den hübschen Strand-Ferienorten **Agios Georgios** und **Arillas** zu beiden Seiten des schroffen **Kaps Arillas.** Den Bergkamm entlang zieht sich der kleine Ort **Afionas.**

Der Kiesstrand von **Ermones** südlich von Paleokastritsa wird von massiver Bebauung beherrscht. Man besteht darauf, dies sei der Strand, an den Odysseus gespült wurde, als König Alkinoos' Tochter Nausikaa gerade ein Sonnenbad nahm.

Nur 4 km weiter südlich liegt **Pelekas** auf einem Berg. Der Ort prangt über bewaldeten Klippen und einem einstigen „Hippie-Strand". Zum **Kaiserthron** auf dem Gipfel kam Kaiser Wilhelm geritten, um einen 360-Grad-Blick über die Insel zu haben. Das sympathische Dorf zieht noch immer Individualtouristen an.

Das entzückende Weingut **Triklino Vineyard** (☎6932158888; ⏲Di–Do 13–21, Fr–So 18–24 Uhr) liegt 6 km von Korfu-Stadt entfernt an der Pelekas-Straße bei Karoubatika. Hier werden aus heimischen Rebsorten wie Kakotrygis verlockende Weine erzeugt. Die Führung durch Oliven-Ölmühle und Weingut mit Weinverkostung und korfiotischen *mezedhes* (10 bis 20 €) ist ein guter Tipp.

Unweit von Pelekas liegen die beiden Sandstrände **Glyfada** und **Kontogialos** (auf manchen Karten als **Pelekas** bezeichnet), auch ein eigenständiger Ferienort mit Wassersport und jeder Menge Liegestühlen. Im Hintergrund dieser stark erschlossenen Strände stehen große Hotels und andere Unterkünfte dicht gedrängt. Ein kostenloser Shuttle verkehrt zwischen ihnen und dem Ort Pelekas.

Weiter nördlich befindet sich der atemberaubende, aber (erosionsbedingt) kleiner werdende Strand **Myrtiotissa.** Der ehemalige inoffizielle FKK-Bereich ist bis auf ein paar riesige trennende Felsbrocken mehr oder weniger mit dem Abschnitt für Familien verschmolzen. Es geht einen langen steinigen Weg hinab über eine steile, teilweise asphaltierte Straße (Autofahrer nutzen den Parkplatz auf dem Berg). Auf dem Weg hinunter lädt die Taverne und Bar **Elia** zu einer Pause ein.

Agios Gordios ist ein beliebter Ferienort südlich von Glyfada. Der lange Sandstrand bietet genug Platz für die Menschenmassen.

Direkt an der Abzweigung von der Hauptstraße zum Strand **Chalikounas** befindet sich die byzantinische Festung **Gardiki.** Der Aufweg ist malerisch, innen ist sie jedoch eine Ruine. Gleich südlich von der Festung liegt der große **Korission-See.** Eine schmale Nehrung trennt ihn vom Meer. Davor befindet sich ein langer Sandstrand, an dem man den Menschenmassen normalerweise entfliehen kann.

Schlafen

In Paleokastritsa und Pelekas gibt es Unterkünfte in Hülle und Fülle.

LP TIPP **Kallisto Resort** FERIENHÄUSER, APARTMENTS €€€
(☎6977443555; www.corfuresorts.gr; Pelekas Beach; Apt./Ferienhaus ab 160/220 €; P ❄ 🏊) Schmucke Apartments und Ferienhäuser für zwei bis zwölf Personen stehen am Berghang mit Blick auf das Nordende des Pelekas-Strandes. Die Ferienhäuser haben eigene Swimmingpools, die Gärten sind sehr gepflegt. In den unaufgeregt luxuriösen, mit allem modernen Komfort ausgestatteten Getaways lebt es sich nicht schlecht.

Hotel Zefiros HOTEL €€
(☎26630 41244; www.hotel-zefiros.gr; Paleokastritsa; DZ/3BZ/4BZ inkl. Frühstück 75/95/115 €; ❄ 📶) Am Wasser und ganz bezaubernd, die stylischen Zimmer sind tipptopp, manche haben eine geräumige Terrasse. Das Café ist geradezu eine heitere Oase.

Pelecas Country Club GÄSTEHAUS €€€
(☎26610 52239; www.country-club.gr; Pelekas; Studio/Suite inkl. Brunch 190/300 €; P ❄ ≋) Das Herz des Velianitis-Anwesens, eine Villa aus dem 18. Jahrhundert mitten in einem 25 ha großen Olivenhain, trieft nur so vor Individualität. Die Gebäude sind mit Antiquitäten der Familie und Memorabilia rund ums Pferd dekoriert. Das Ganze ist nicht ausgeschildert und liegt an einem Seitenweg der Straße von Pelekas nach Korfu-Stadt.

Rolling Stone PENSION €
(☎26610 94942; www.pelekasbeach.com; Pelekas Beach; Zi./Apt. 35/98 €; @ ≋) Schlichte, farbenfrohe Apartments und Doppelzimmer sind in dieser relaxten Unterkunft um eine große, funkig ausgeschmückte Sonnenterrasse herum gelegen. Gemeinschaftsküche.

Levant Hotel HOTEL €€
(☎26610 94230; www.levanthotel.com; Pelekas; DZ inkl. Frühstück 80 €; P ❄ ≋ ≋) Hier lohnt das Kommen wegen der Aussicht. Die einfachen Zimmer dieses ehemaligen Grandhotels stehen neben dem Kaiserthron parat. Die Zimmer zum Meer bieten Aussicht auf fantastische Sonnenuntergänge.

Jimmy's Restaurant & Rooms PENSION €
(☎26610 94284; www.jimmyspelekas.com; Pelekas; DZ/3BZ 40/50 €; ⏲April–Okt.; ❄) Die ordentlichen Zimmer mit guter Aussicht vom Dach befinden sich über einem beliebten Restaurant (Hauptgerichte 6 bis 12 €), vom Ortskern aus geht's auf der Straße zum Kaiserthron ein kleines Stück bergauf.

Yialiskari Beach Studios STUDIOS €€
(☎26610 54901; Yialiskari Beach; Studio 60 €; ❄) Die Studios mit einer super Aussicht sind ideal für alle, die sich vor dem nahen Pelekas-Strand in Sicherheit bringen wollen. Im Sommer muss mindestens für eine Woche gemietet werden.

Pink Palace HOSTEL, HOTEL €
(☎26610 53103; www.thepinkpalace.com; Agios Gordios Beach; B & Zi. pro Person inkl. Frühstück & Abendessen 18–30 €; ❄ @) Das rosarote Pink Palace ist gut sichtbar im ganzen Ort. Hier geht die Luzi ab, und ansonsten gibt es Räume für verschiedene Zwecke sowie Quads und alle Arten von Aktivitäten ... und jede Menge Backpacker.

Sunrock HOSTEL €
(☎26610 94637; www.sunrockcorfu.com; Pelekas Beach; Zi. pro Person inkl. Frühstück & Abendessen 18–24 €; @ ≋) Funkig, locker und ein bisschen heruntergekommen. Bei Sonnenuntergang auf der Terrasse versacken oder eine Strandparty feiern.

Paleokastritsa Camping CAMPINGPLATZ €
(☎26630 41204; www.campingpaleokastritsa.com; Paleokastritsa; Stellplätze pro Erw./Auto/Zelt 5/3,10/3,50 €) Rechts an der Hauptstraße zur Stadt gelegen. Der schattige und gut geführte Campingplatz auf alten Oliventerrassen bietet Zugang zum Schwimmbad.

Essen & Trinken

Spiros & Vasilis FRANZÖSISCH €€
(☎26610 52552; www.spirosvasilis.com; Agios Ioannis; Hauptgerichte 14–21 €; ⏲Mittag- & Abendessen) Es mag einem komisch vorkommen, in Griechenland in ein französisches Lokal zu gehen, aber dieses absichtlich einfach gehaltene, gehobene Restaurant macht vermutlich die besten Steaks der Insel. Zum Verwöhnen. Die Patios bieten Ausblicke in die sanften Täler, und die Bedienung ist aufmerksam. Gegenüber vom Aqualand an der Straße von Korfu-Stadt nach Paleokastritsa ist es ausgeschildert.

Alonaki Bay Taverna TAVERNE €
(☎26610 75872; Alonaki; Hauptgerichte 8–10 €; ⏲Mittag- & Abendessen) Wer die unbefestigten Straßen zur Nordspitze des Korission-Sees übersteht, gelangt zu dieser einfachen Taverne, einem Familienbetrieb, der eine kleine Karte mit hausgemachten Fleischgerichten und *mayirefta* (fertige, wieder erwärmte Gerichte) anbietet. Saubere Zimmer und Apartments (DZ 35 bis 40 €, Apartments 50 bis 55 €) mit Blick auf den üppigen Garten und spektakuläre Klippen.

To Stavrodromi TAVERNE €
(☎26610 94274; Pelekas; Hauptgerichte 7–9,50 €; ⏲Abendessen) Dieses Lokal ist praktisch gelegen am Kreuzpunkt der Straßen nach Pelekas und Korfu-Stadt. In diesem anheimelnden Lokal gibt's leckere einheimische Spezialitäten. Berühmt ist es für das beste *kontosouvli* (Schwein am Spieß) der Insel.

Nereids TAVERNE €
(☎26630 41013; Paleokastritsa; Hauptgerichte 6–11 €; ⏲Mittag- & Abendessen) Auf halber – kurvenreicher – Strecke zum Strand von Paleokastritsa hinunter liegt dieses nette Lokal mit großem, belaubtem Hof. Zu den

Spezialitäten gehört Schweinefleisch in Senfsauce mit Oregano und Zitrone.

Limani TAVERNE €
(☎26630 42080; Hafen von Paleokastritsa; Hauptgerichte 5–11 €; ⏲Mittag- & Abendessen) Versiert zubereitete einheimische Kost und eine mit Rosen bewachsene Terrasse.

La Grotta CAFÉ €
(☎26630 41006; Paleokastritsa) Coole Sonnenanbeter chillen in dieser Café-Bar in einer faszinierenden Felsgrotte mit Sonnenstühlen und Sprungbrett. Gegenüber der Zufahrt zum Hotel Paleokastritsa geht's eine Treppe hinunter.

PAXI

2440 EW.

Paxi (Πάξοι) wird dem Ruf, eine der idyllischsten und malerischsten ionischen Inseln zu sein, absolut gerecht. Mit nur 10 mal 4 km ist sie die kleinste der wichtigsten Urlaubsinseln, und hier kann man der schnelleren Gangart von Korfus Vergnügungen gut entkommen. Die drei farbenfrohen Hafenstädte Gaios, Loggos und Lakka haben bezaubernde Kais mit rosa- und cremefarbenen Gebäuden vor üppig grünen Bergen. Mit dem Motorboot, zu Fuß oder mit dem Auto sind reizvolle Buchten zu erreichen. Die Dörfer im Inselinnern liegen verstreut in jahrhundertealten Olivenhainen. Gewundene Steinmauern, alte Windmühlen und Olivenpressen betonen den verwunschenen Charakter. An der weniger gut zugänglichen Westküste fallen kahle Kalksteinklippen voller Höhlen und Grotten Hunderte von Metern tief ins azurblaue Meer hinunter. Alte Maultierpfade sind eine Wonne für Wanderfreunde. In Reisebüros ist die Karte *Bleasdale Walking Map of Paxos* (12 €) erhältlich.

ℹ An- & Weiterreise

Bus

In der Hauptsaison besteht zwei Mal pro Woche zwischen Athen und Paxi eine direkte Busverbindung (55 € plus 7,50 € für die Fähre zwischen Paxi und Igoumenitsa, 7 Std.). Auf Paxi sind die Tickets bei Bouas Tours erhältlich.

Schiff/Fähre

Die Fähren kommen am neuen Hafen von Gaios an, 1 km östlich vom zentralen Platz. Ausflugsboote legen an mehreren Stellen im Hafen an.

Zwei gut ausgelastete Personen-Tragflächenboote verbinden von Mai bis Mitte Oktober Korfu und Paxi (und zeitweise Igoumenitsa). **Arvanitakis Travel** (☎26620 32007; Gaios) und Petrakis Lines in Korfu bedienen die *Ionian Cruises* und **Bouas Tours** (☎26620 32401; www.bouastours.gr; Gaios), das auch ein Büro in Korfu unterhält, sowie **Zefi** (☎26620 32114; Gaios) bedienen *Ilida*.

Zwei Autofähren verkehren täglich zwischen Paxi, Igoumenitsa und Korfu. In Igoumenitsa gibt's auch ein **Fähren-Infobüro** (☎26650 26280).

Bei den schnellen Wassertaxis gilt der Preis pro Boot. Die Überfahrt von Korfu nach Paxi kostet 300 €. Bei **Nikos** (☎26620 32444, 6932232072; www.paxosseataxi.com; Gaios) versuchen.

Tagestouren von Parga auf dem Festland siehe S. 358.

FÄHREN VON PAXI

REISEZIEL	DAUER	PREIS	HÄUFIGKEIT
Igoumenitsa	2 Std.	7,50 €	2-mal tgl.
Korfu*	55 Min.	17 €	1–3-mal tgl.
Korfu	3½ Std.	9 €	3-mal wöchentl.

*Schnellboote

ℹ Unterwegs vor Ort

Bis zu vier Mal täglich gibt's eine Busverbindung zwischen Gaios und Lakka über Loggos (2,50 €). Taxis von Gaios nach Lakka oder Loggos kosten etwa 12 €. Der Taxistand in Gaios befindet sich beim landeinwärts gelegenen Parkplatz und der Bushaltestelle. Viele Reisebüros verleihen kleine Boote (zwischen 40 und 90 €, je nach Motorstärke) – prima, um zu den Höhlen zu gelangen.

Tagesmietpreise für Autos beginnen in der Hauptsaison bei 42 €.

Alfa Hire (☎26620 32505)

Arvanitakis Travel (☎26620 32007)

Rent a Scooter Vassilis (☎26620 32598) Gegenüber der Bushaltestelle in Gaios, für Motorroller (20 bis 25 €).

Gaios Γαϊος

560 EW.

Der Hauptort der Insel, Gaios, muss sich für die Beschreibung „malerisch" kaum anstrengen: Rosa- und cremefarbene sowie weiß gekalkte Gebäude fassen eine smaragdgrüne Bucht zu beiden Seiten des venezianischen Platzes ein. Der Ort wird von der bewaldeten Insel Agios Nikolaos geschützt, benannt nach ihrem gleichnamigen Kloster. Gaios hat das quirligste

Nachtleben der Insel – Cafés und Tavernen säumen den Hafen.

Das entzückende **Folkloremuseum** (Eintritt 2 €; ⊙Juni–Sept. 11–13 & 19.30–22.30 Uhr), das in einer ehemaligen Schule im Südhafen untergebracht ist, birgt eine vielseitige Sammlung von Fossilien, Artefakten aus Landwirtschaft und Haushalt, Töpferwaren, Waffen, Münzen und Kleidung. Ein Raum ist den Gemälden des von Paxi stammenden Priesters Christodoulos Aronis gewidmet.

Schlafen

LP TIPP **San Giorgio Apartments** PENSION €
(☎26620 32223; EZ/DZ 40/55 €; ❄) Rosa, blau und weiß sind die Farben dieser friedvollen, luftigen und sauberen Studios mit einfacher Kochgelegenheit (kein Herd). Die Zimmer 1 und 2 sind mit fantastischen Balkonen über dem Kanal ausgestattet, andere haben eine gemeinsame Terrasse, ein Dreier-Apartment (90 €) eine komplette Küche. Vom Hafen aus auf der unteren Hafenstraße (Fußgänger) in Richtung Stadt gehen und über die Treppen der Beschilderung folgen.

Thekli Studios PENSION €€
(Clara Studios; ☎26620 32313; DZ 70 €; ❄) Die einheimische Fischerin und Taucherin Thekli vermietet diese makellosen und gut ausgestatteten Studios. Wer vorher anruft, wird am Hafen von ihr abgeholt, ansonsten geht's durch die Gasse links vom Museum, dann nach links, 50 m weiter dann nach rechts und schließlich nochmals 50 m die Treppe hinauf.

Paxos Beach Hotel HOTEL €€€
(☎26620 32211; www.paxosbeachhotel.gr; DZ inkl. Frühstück 120–170 €, Suite 170–230 €; ❄≋) Die Unterkunft liegt in einer winzigen Bucht und ist mit einem Privatstrand, mit Steg, einem Swimmingpool, einem Tennisplatz und einem Restaurant ausgestattet. Es liegt 1,5 km südlich von Gaios; die Zimmer im Bungalow-Stil sind stufenartig zum Meer hin angelegt. Transfer vom Hafen möglich.

Essen

Taka Taka TAVERNE €€
(☎26620 32329; Hauptgerichte 12–20 €; ⊙Mittag- & Abendessen) Beliebt wegen der hochwertigen Meeresfrüchte (40 bis 75 € pro kg), Miesmuscheln und dem köstlichen Fleisch, daher füllt sich der liebliche Hof

Paxi & Antipaxi

dieser Taverne schnell. Von der linken inneren Ecke des Venezianischen Platzes aus nach links gehen, 30 m weiter dann nach rechts.

Taverna Vasilis TAVERNE €
(☎26620 32404; Hauptgerichte 8,50–15 €; ⊙Mittag- & Abendessen) Der Besitzer war früher Metzger und kennt die besten Fleischstücke für köstliche Grillspieße und anderes.

Karkaletzos TAVERNE €
(☎26620 32129; Hauptgerichte 7–10 €) Zum Appetitanregen zu Fuß zu diesem Grillhouse gehen. Das bei Einheimischen beliebte Lokal liegt 1 km hinter der Stadt; ausgewogenes Verhältnis von Fleisch- und kreativen Fischgerichten.

Praktische Informationen

Die Hauptstraße (Panagioti Kanga) führt vom Hauptplatz landeinwärts zur Rückseite der Stadt, wo sich Bushaltestelle, Taxistand und Parkplatz befinden. Banken und Geldautomaten sind beim Platz, Internetzugang gibt's am Hafen in der **Bar Pío Pío** (☎26620 32662; pro Std. 5 €). Ein Touristenbüro gibt es nicht, aber die vielen Reisebüros organisieren Ausflüge, buchen Tickets und besorgen Unterkünfte.

Paxos Magic Holidays (☎26620 32269; www.paxosmagic.com)

Loggos Λόγγος

Der exquisite Ort Loggos liegt 5 km nordwestlich von Gaios und ist ein richtiges Juwel: Ein anmutiger Hafen schmiegt sich in eine kleine Bucht. Bars und Restaurants bieten Blick aufs Meer und bewaldete Berghänge ragen steil empor. Buchten und Kiesstrände in der Nähe laden zu Erkundigungen ein.

Schlafen

Arthur House APARTMENTS €€
(☎26620 31330; thanospaxos@yahoo.com; Studio/Apt. 65/75 €) Bescheidene, makellose Studios über der Wohnung des Besitzers, 50 m zu Fuß vom Hafen landeinwärts.

Studio STUDIO €
(☎26620 31030/30099; DZ 55 €) Angenehm unkonventionelles Studio im Herzen der Stadt über dem Andenkenladen Marbou, gleich beim Hafen. Im Voraus buchen.

Essen & Trinken

LP TIPP **Vasilis** MEDITERRAN €€
(☎26620 31587; Hauptgerichte 9–16 €; ⏲Mittag- & Abendessen) Hier gibt es das womöglich beste Essen der gesamten Ionischen Inseln. Das Ambiente ist auffällig unauffällig, aber das Essen hervorragend. Luftig-zarte Zucchinibällchen zum Dahinschmelzen, perfekt ausgewogene Salate und alles ist frisch, frischer, am frischesten. Zu den Spezialitäten gehören Tintenfisch in Rotweinsauce, Lammeintopf, Pasta und Risotto. Im Sommer reservieren.

Aste Due TAVERNE €€
(☎26620 31888; Hauptgerichte 9–16 €; ⏲Mittag- & Abendessen) Tische zum Hafen hin, gedeckt in fröhlichem Orange, laden zur gesamten Palette griechischer Spezialitäten ein.

O Gios TAVERNE €
(☎26620 31735; Hauptgerichte 8–12 €; ⏲Abendessen, Juli & Aug. auch Mittagessen) Hausgemachte, preiswerte Meeresfrüchte- und Grillgerichte.
Cocktails und Musik gibt's am Hafen im To Taxidi und in der Roxy Bar.

Praktische Informationen

Café Bar Four Seasons (☎26620 31829; pro Std. 6 €) Internetzugang. Bei Julia's Boat & Bike im Arthur House kann man Boote (60 bis 70 €) und Roller (25 €) mieten.

Magazia Μαγαζιά

Auf der Westseite der Insel, ein paar Kilometer südwestlich von Loggos, liegt Magazia – nicht viel mehr als eine Kreuzung, aber dank der beiden Café-Bars ein hervorragender Zwischenstopp.

LP TIPP **Erimitis Bar** BAR, MEDITERRAN €
(☎6977753499; www.erimitis.com; Hauptgerichte 9–14 €; ⏲Mai–Okt. 12–22 Uhr) Auf holprigen Wegen und vorbei an Olivenbäumen geht's zu diesem atemberaubenden Fleckchen mit Blick auf majestätische Klippen, die jäh in allertiefste Meeresbläue hinabfallen. Lohnt sich sowohl für den Sonnenuntergang als auch für den Nachmittagsdrink. Eigenes Transportmittel erforderlich.

Kafeneio Burnaos CAFÉ €
Aufpassen, dieses wunderbare, 60 Jahre alte *kafeneio* (Café) keinesfalls verpassen. Es gibt keine festen Öffnungszeiten, aber die Einheimischen treffen sich hier und spielen Karten oder Backgammon (ein Spiel ist aus dem Jahr 1957).

Lakka Λάκκα

Der pittoreske, stille Hafen von Lakka liegt am Ende einer schützenden Bucht an der Nordküste. Yachten liegen auf dem eisblauen Wasser, und für das Wohl der Besucher sind Versorgungseinrichtungen, Bars und Cafés vorhanden. Kleine Strände wie der **Charami-Strand** liegen am Kap der Bucht, und schöne Spazierwege durchziehen das Gebiet.

Schlafen & Essen

Yorgos Studios STUDIOS €
(☎26620 31807; www.routsis-holidays.com; DZ 55 €; ❄) Tipptopp und gemütlich. Betrieben von und direkt neben Routsis Holidays.

Torri E Merli BOUTIQUEHOTEL €€€
(☎26212 34123, 6932201116; www.torriemerli.com; Suite 290 €; ⏲Mai–Okt.; P❄📶🏊) Die erste Adresse der Insel: ein kleines, feines Boutiquehotel in einem renovierten Steinhaus. Es liegt 800 m südlich von Lakka in den Bergen versteckt.

Diogenis TAVERNE €
(☎26620 31442; Hauptgerichte 4–10 €; ⏲Juni–Sept. Mittag- & Abendessen) Beliebtes Lokal

im Ortszentrum. Hier wird neben anderen lecker zubereiteten Klassikern Tintenfisch mit Spinat und Lammfleisch in Zitronensauce angeboten.

La Bocca ITALIENISCH €€
(Hauptgerichte 8–18 €; ⌚Juni–Sept. Mittag- & Abendessen) Küstenlage, auf der rechten Seite der Bucht. Im farbenfroh dekorierten und italienisch beeinflussten La Bocca gibt's eine richtige *Caprese* (Tomate-Mozzarella-Basilikum-Salat) oder Spaghetti mit frischem Thunfisch.

Praktische Informationen

Die hilfsbereiten Agenturen **Routsis Holidays** (☎26620 31807; www.routsis-holidays.com) und **Planos Holidays** (☎26620 31744; www.planos-holidays.gr) reservieren gut ausgestattete Apartments und Ferienhäuser aller Preisklassen. Außerdem organisieren sie Transfers und Ausflüge.

Paxos Blue Waves (☎26620 31162) vermietet Boote (35 bis 65 €) und Roller (20 €). **Cafe To Maistrali** (3 € pro 30 Min.) bietet Internetzugang.

ANTIPAXI

25 EW.

Etwa 2 km südlich von Paxi befindet sich die bezaubernde winzige Insel Antipaxi (Αντιπάξοι), bedeckt von Weinbergen, Olivenhainen und wenigen verstreuten Siedlungen. Kaiks (hölzerne Fischerboote) und Touristenboote kommen in der Hauptsaison täglich von Gaios und Lakka herüber zu den Strandbuchten, dem idyllischen kleinen Sandstrand **Vrika** und dem Kiesstrand **Voutoumi.** In diesem schillernd klaren Wasser zu schwimmen ist einfach überwältigend.

Ein Landweg verbindet die beiden Strände (30 Minuten zu Fuß). Wer es sportlicher will, geht zum Ort **Vigla** hinauf oder bis zum Leuchtturm an der Südspitze der Insel. Viel Wasser mitnehmen und pro Strecke mindestens 1,5 Stunden einplanen.

An den Stränden Voutoumi und Vrika gibt es jeweils zwei Lokale (Hauptgerichte 7 bis 15 €). Unterkünfte sind über einige Tavernen zu bekommen.

An- & Weiterreise

Schiffe nach Antipaxi (hin & zurück 6 €, nur Hauptsaison) fahren um 10 Uhr in Gaios ab und kehren um 16.30 Uhr zurück. Im Juli und im August fahren sie häufiger.

LEFKADA

22 178 EW.

Lefkada (oder Lefkas; Λευκάδα) ist, was Übernachtungsmöglichkeiten angeht, der Hit unter den Ionischen Inseln. Das Inselzentrum ist gebirgig, abgelegen und bietet fantastische Ausblicke und schattige Wälder. An der Westküste befinden sich einige der besten Strände Griechenlands. Ferienorte halten sich eher an die Ostküste, vor der zehn Nebeninseln verstreut im Meer liegen. Lefkada ist weniger inselartig als die meisten Inseln. Einst bestand eine Verbindung zum nahen Festland in Form einer schmalen Landzunge. Die korinthischen Besatzer durchbrachen sie und legten im 8. Jahrhundert v. Chr. einen Kanal an. Heute überspannt ein Damm die 25 m breite Meerenge. Trotzdem beharrt Lefkada in bester Manier auf dem Inselcharakter. In einigen der entlegenen Dörfer tragen ältere Frauen noch die traditionelle Tracht, und der Hauptort besitzt den erfrischenden Charme der 1950er-Jahre.

An- & Weiterreise

Bus

Der **KTEL-Busbahnhof** (☎26450 22364; Ant Tzeveleki) in Lefkada-Stadt liegt 1 km vom Zentrum entfernt, gegenüber der neuen Marina. Einfach die Straße Golemi zur stark befahrenen Kreuzung hinuntergehen und dann 750 m nach links weiter. Busse fahren nach Athen (30,50 €, 5½ Std., 4-mal tgl.), Patras (14,50 €, 3 Std., 2-mal wöchentl.), Thessaloniki (39,10 €, 8 Std., 1-mal wöchentl., Hauptsaison öfter), Preveza (2,70 €, 30 Min., 6-mal tgl.) und Igoumenitsa (11 €, 2 Std., Hauptsaison tgl.).

Flugzeug

Der nächste Flughafen befindet sich 20 km nördlich bei Preveza (Aktion; PVK) auf dem Festland. Zum Zeitpunkt der Recherche bediente einzig die nationale Fluggesellschaft **Sky Express** (☎28102 23500; www.skyexpress.gr) Preveza, und zwar mit Flügen nach Korfu (46 €, 25 Min.), Kefallonia (40 €, 20 Min.), Sitia (Kreta, 90 €, 2 Std., nur Juni bis September) und Zakynthos (46 €, 1 Std.).

Von Mai bis September gehen Charterflüge aus Nordeuropa nach Preveza.

Schiff/Fähre

West Ferry (www.westferry.gr) betreibt einen täglichen Fährdienst ab Vasiliki mit häufig wechselndem Fahrplan. In manchen Monaten fährt die Fähre *Ionian Pelagos* (☎26450 31520)

AUTOVERMIETUNG AUF LEFKADA

Beim Fahrzeugmieten ist es ratsam, eine Übergabe an Prevezas Flughafen Aktion zu bestellen. Das Auto kann am Flughafen in Empfang genommen und in Vasiliki zurückgegeben werden, wenn man eine Fähre nach Süden nimmt.

von Vasiliki über Piso Aetos nach Sami in Kefallonia.

Samba Tours (☎26450 31520; www.sambatours.gr; Vasiliki) Informationen und Reservierung.

FÄHREN VON LEFKADA

REISEZIEL	DAUER	PREIS	HÄUFIGKEIT
Fiskardo (Kefallonia)	1 Std.	8,50 €	1-mal tgl.
Frikes (Ithaki)	2 Std.	8,50 €	1-mal tgl.
Piso Aetos (Ithaki)	1 Std.	8,50 €	2-mal wöchentl.
Sami (Kefallonia)	1¾ Std.	8 €	2-mal wöchentl., saisonal

Unterwegs vor Ort

Es gibt keine verlässliche Busverbindung zwischen Lefkada und dem Flughafen Aktion in Preveza. Die Kosten für ein Taxi nach Lefkada-Stadt belaufen sich auf etwa 35 €, nach Nydri kostet es 50 €. Es ist billiger, mit dem Taxi nach Preveza und dann mit dem Bus nach Lefkada zu fahren.

Auto

Die Mietpreise beginnen bei 40 € pro Tag. In Nydri gibt es unzählige und in Vasiliki einige Auto- und Fahrradvermietungen.

Europcar (☎26450 23581; Panagou 16, Lefkada-Stadt)

Budget (☎26450 25274; Panagou 16; Lefkada-Stadt)

Santas (☎26450 25250; Lefkada-Stadt) Für Fahrräder oder Roller, ab 15 € pro Tag. Neben dem Hotel Ionian Star.

Bus

In der Hauptsaison verkehren zahlreiche Busse von Lefkada-Stadt zur Ostküste. An den Sonntagen und in der Nebensaison ist der Dienst erheblich eingeschränkt. Busse fahren nach Agios Nikitas (1,60 €, 30 Min., 3-mal tgl.), Karya (1,60 €, 30 Min., 4-mal tgl.), Nydri (1,60 €, 30 Min., 20-mal tgl.), Vasiliki (€3, 1 Std., 4-mal tgl.) und Vliho (1,60 €, 40 Min., 20-mal tgl.).

Lefkada-Stadt Λευκάδα

6946 EW.

Der geschäftige Hauptort der Insel verströmt ein entspanntes, heiteres Flair. Er ist auf einem Vorsprung an der Südostecke einer salzigen Lagune errichtet worden. Erdbeben sind hier eine ständige Bedrohung. Auf diese Weise wurde die Stadt auch im Jahr 1948 verwüstet (1953 blieb sie hingegen verschont) und in einem charakteristischen erdbebensicheren und attraktiven Stil wiederaufgebaut. Einige Gebäude haben im Obergeschoss farbig angestrichene Wellblechverkleidungen. Einfach eintauchen in den Trubel des belebten Fußgänger-Boulevards Dorpfeld und der quirligen Plateia Agiou Spyridonos oder auf Besichtigungstour in die schönen Kirchen.

Sehenswürdigkeiten

Archäologisches Museum — MUSEUM

(☎26450 21635; Erw./Kind 2 €/frei; ⏲Di–So 8.30–15 Uhr) Das Museum ist im modernen Kulturzentrum am Westende der Straße Agelou Sikelianou untergebracht. Hier sind Artefakte der Insel vom Paläolithikum bis zu den spätrömischen Zeiten zu sehen. Kostbarstes Exponat ist ein Terrakotta-Flötenspieler mit Nymphen aus dem 6. Jahrhundert v. Chr.

GRATIS Sammlung postbyzantinischer Ikonen — MUSEUM

(☎26450 22502; Rontogianni; ⏲Di–Sa 8.30–13.30, Di & Do auch 18–20.15 Uhr) Arbeiten von Ikonenmalern der Ionischen Schule und Russlands bis zur Zeit um 1500 werden in einem beeindruckenden klassizistischen Gebäude unweit der Ioannou Mela ausgestellt. Hier befindet sich auch die öffentliche Bücherei.

Festung Agia Mavra — FESTUNG

(⏲9–13 Uhr) Eine venezianische Festung aus dem 14. Jahrhundert gleich auf der anderen Seite des Dammes. Sie wurde von den Kreuzrittern gegründet, aber die Überreste datieren hauptsächlich aus den Zeiten venezianischer und türkischer Okkupation.

Moni Faneromenis — KLOSTER

Das im Jahr 1634 gegründete Kloster, das sich auf einem Berg 3 km westlich der Stadt befindet, wurde im Jahr 1886 durch einen verheerenden Brand zerstört und

Lefkada & seine Satelliteninseln

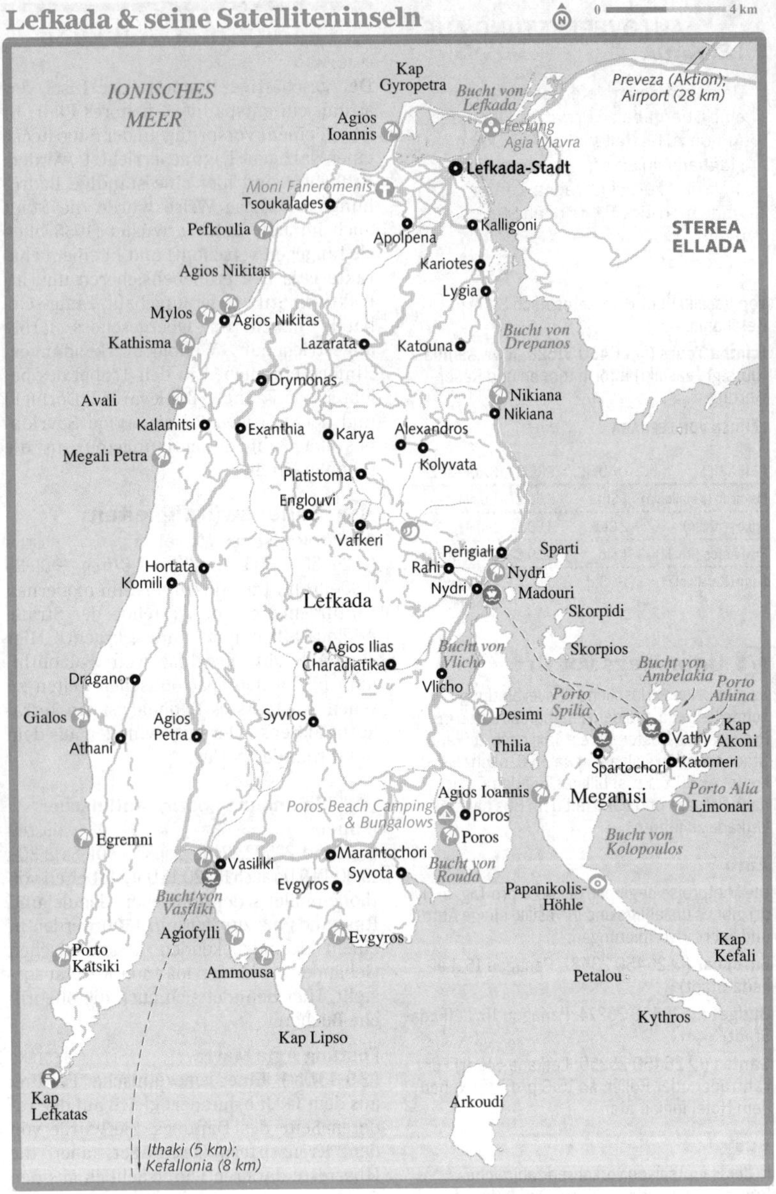

später wiederaufgebaut. Sowohl die fantastische Aussicht auf die Lagune als auch das sehr interessante klösterliche **Museum** (⏲Mo–Sa 9–13 & 18–20 Uhr) mit sakraler Kunst von der ganzen Insel sind den Aufstieg wert.

Schlafen

In der Hauptsaison ist es empfehlenswert, nach rückwärtig gelegenen Zimmern zu fragen, falls es ruhig sein soll. Wer den Blick aufs Getümmel vorzieht, nach Zimmern zur Straße fragen.

LP TIPP **Boschetto Hotel** BOUTIQUEHOTEL €€
(☎26450 24967; www.boschettohotel.com; Zi. inkl. Frühstück ab 100 €; ❄@📶) Nigelnagelneu und von einem Dreamteam-Ehepaar wundervoll restauriert. Das exquisite Gebäude aus der Jahrhundertwende verfügt über vier auf die Bedürfnisse der Gäste zugeschnittene Zimmer und eine Suite mit schickster Ausstattung. Fernseher mit Flachbildschirm, Marmorbäder und Zimmer nach vorn mit Balkons über dem strahlend blauen Meer und dem Trubel der Café-Szene. Direkt am Fuße der Straße Dorpfeld mit unschlagbarem Komfort und Charakter.

Hotel Santa Maura HOTEL €€
(☎26450 21308; Dorpfeld; EZ/DZ/3BZ inkl. Frühstück 50/65/78 €; ❄📶) Ein Hauch von Bahamas in pastellfarbenen Zimmern mit langem Balkon und Blick über die betriebsame abendliche Dorpfeld-Szenerie.

Pension Pirofani HOTEL €€
(☎26450 25844; Dorpfeld; Zi. 60–70 €; ❄📶) Das Pirofani ist ein kleines Hotel mit stylischen Zimmern in kraftvollen Farben. Strahlende Badezimmer verstärken das Gefühl von Luxus.

Hotel Lefkas HOTEL €€
(☎26450 23916; www.hotellefkas.gr; Panagou 2; EZ/DZ/3BZ inkl. Frühstück 65/75/90 €; ❄📶) Die Zimmer nach vorn bieten eine schöne Aussicht auf Meer und Berge. Gestärkte Bettwäsche, gemütliche Sessel und moderne Badezimmer stehen in allen Zimmern zur Verfügung.

Essen & Trinken

Ey Zhn INTERNATIONAL €
(☎6974641160; Filarmonikis 8; Hauptgerichte 7–12 €; ⏲Jan.–Okt. Abendessen) Vorstellung: Raststätte trifft auf Künstlerloft. Restaurant mit Ambiente und hervorragendem, vielseitigem Essen. Blanke Holzfußböden, weiches Licht und improvisierte Musik runden die Gerichte von Pilzrisotto bis zu zartem Tandoori-Huhn ab.

Faei Kairos MEDITERRAN €
(☎26450 24045; Golemi; Hauptgerichte 6–12 €; ⏲Mittag- & Abendessen) Sehnsucht nach der goldenen Zeit des Kinos kennzeichnet dieses beliebte Speiselokal an der Ostküste. *Spetsofaï* (ortstypische Wurst in Tomatensauce), *rigamato* (Schweinefleisch in Sahne-Oregano-Sauce) oder Fischgerichte probieren.

Auf der Golemi sind außerdem das **Frini Sto Molo** (☎26450 24879) und das **Burano** (☎26450 26025) zu empfehlen, die beide gut zubereitete griechische Klassiker anbieten (Hauptgerichte 8 bis 16 €).

Stylische Bars und Cafés säumen die Hafenwestseite. Fürs Sehen und Gesehenwerden ist das Karma am besten. Die Plateia Agiou Spyridonos ist voller Cafés und Menschenmassen.

Ciao EISCREME €
(Mitropoleos 8) Frische Eiscreme, gleich bei der Straße Dorpfeld. Anderswo ist die Auswahl größer, aber hier ist von *masticha* (süßer Likör von Chios) bis Schokolade alles hausgemacht.

Praktische Informationen

Die Dorpfeld wird zur Ioannou Mela. Hier gibt es Geldautomaten und die Post.

EOT (Griechischer Fremdenverkehrsverein; ☎26450 25292) Büro an der neuen Marina.

Internetcafé (Plateia Ag Spyridonos; pro Std. 1,50 €; ⏲8–1 Uhr)

Ostküste

Die Ostküste von Lefkada ist im Laufe der Jahre touristisch stark erschlossen worden. Der Fokus liegt auf Nydri, das früher ein traumhaft gelegenes Fischerdorf war, heute aber eine überlaufene Touri-Läden-Meile mit wenig Strand darstellt. Landeinwärts ist eine ganz andere und sehr viel schönere Welt zu finden – verstreute Weiler, kleine Tavernen und liebliche Wanderwege. Von Nydri selbst kann man auch über das Meer auf die Inselchen **Madouri, Sparti, Skorpidi** und **Skorpios** sowie **Meganisi** fliehen. Ausflüge führen nach Meganisi mit Badestopp bei Skorpios (15 bis 25 €) und manche auch nach Ithaki und Kefallonia (20 €). **Borsalino Travel** (☎26450 92528; borsalin@otenet.gr; Internet 1 € pro 20 Min.) auf der Hauptstraße kann so ziemlich alles organisieren.

Spaziergänger werden an dem schönen Weg zu den **Wasserfällen** 3 km von Nydri entfernt (und nochmals 400 m hinter der Taverne) ihre Freude haben. Der Weg verläuft auf einem Pfad durch eine Schlucht – Achtung, rutschige Felsen!

Fischerboote schaukeln neben Yachten in **Syvotas** Hafen 15 km südlich von Nydri. Mit eigenem Fahrzeug sieht man am meisten.

Schlafen

Galini Sivota Apartments PENSION €

(☎26450 31347; Syvota; Studio 40–45 €, Apt. für 4 Pers. 80 €; ❄) Superordentliche, gemütliche Apartments, leicht vom Wasser zurückgesetzt. Supermarkt ist in der Nähe. Balkone mit tollem Hafenblick.

Ionian Paradise HOTEL €€

(☎26450 92268; www.ionianparadise.gr; Nydri; Apt. 65–70 €; ❄) Ruhige Lage abseits vom Hauptgeschehen, von einem Park umschlossen. Das Hotel empfängt im alten Stil und hat angenehme, funktionale Studios. Es liegt am Ende einer Seitenstraße schräg gegenüber der Autovermietung Avis.

Poros Beach Camping & Bungalows
CAMPINGPLATZ €

(☎26450 95452; www.porosbeach.com.gr; Poros Beach; Stellplatz pro Erw./Auto/Zelt 9/5/5 €, Studio 60 €; P❄@≋) 12 km südlich von Nydri bei Syvota. Die einfache Anlage bietet einen Blick auf den hübschen Poros-Strand. Zu den Einrichtungen gehören Studios, ein schattiger Campingbereich, Restaurant, Minimarkt, Bar und Pool.

Essen

LP TIPP **Minas Taverna** TAVERNE €

(☎26450 71480; Nikiana; Hauptgerichte 6–14 €; ⏲Mitte Mai–Sept. Mittag- & Abendessen, Okt.–Mitte Mai nur Fr & Sa, Dez. geschlossen) Spitzentaverne 5 km nördlich von Nydri, direkt südlich von Nikiani und inselweit dafür bekannt, dass alles sehr gut ist, von Pasta bis zu gegrilltem Fleisch und Meeresfrüchten. Gäste sitzen im restaurierten Steinhaus oder auf der Terrasse auf der landeinwärts gelegenen Straßenseite mit Meeresblick.

Stavros TAVERNE €

(☎26450 31181; Syvota; Hauptgerichte 7,50–13 €; ⏲Frühstück, Mittag- & Abendessen, Ostern–Okt.) In dieser Taverne am Hafen gibt es die beste Fischsuppe der Insel, aber auch viele traditionelle, hausgemachte griechische Gerichte.

The Barrel INTERNATIONAL €

(☎26450 92075; Nydri; Hauptgerichte 8–12 €; ⏲Frühstück, Mittag- & Abendessen) Besitzer und Mitarbeiter sind sehr gesellig und bieten eine ganze Palette leckerer internationaler Speisen an. Das Lokal befindet sich am ruhigen Nordende der Uferpromenade in Nydri.

Vasiliki Βασιλική

Vasiliki hat einen steinigen Strand, steht bei den Sonnenanbetern aber trotzdem hoch im Kurs, hauptsächlich, weil es zu den besten Windsurfgebieten im Mittelmeer gehört. In der riesigen Bucht geht morgens eine sanfte Brise, ideal für den Anfängerunterricht. Nachmittags peitschen Winde die Berghänge hinunter und die Könner zeigen, wie es wirklich geht. Schnelles Surfen ist jedoch nicht alles. Die kurvige Uferstraße mit Eukalyptus und Lokalen unter Baldachinen ist ein herrlicher Ort zum Relaxen.

Aktivitäten

Kaiks bringen Besucher zu den besseren Stränden und Buchten der Insel, z. B. zum **Agiofylli** südlich von Vasiliki. Die hilfsbereite Agentur **Samba Tours** (☎26450 31520; www.sambatours.gr) organisiert Mietwagen und -räder, verkauft Bootstickets und beantwortet Fragen. Eine weitere Autovermietung ist **Christos Alex's** (☎26450 31580) bei der Bushaltestelle.

Für ihre Kunden haben Wassersportveranstalter Strandabschnitte mit Hotels, Fähnchen und Equipment versehen.

Club VassilikiWindsurfing WINDSURFEN

(☎26450 31588; www.clubvass.com) Surfbrett-Vermietung (pro Std./Tag 30/60 €), Privatstunden (50 €) und einwöchiges Programm (200 €).

Nautilus Diving Club TAUCHEN, KAJAKFAHREN

(☎6936181775; www.underwater.gr) Bietet z. B. eine Schnorcheltour nach Ithaki und Kefallonia (45 €), Schnupper-Tauchkurs (50 €), Freiwasser-Kurs (380 €) und halbtägige Seekajakfahrten (45 €) zuzüglich Miete (pro Std. Einer/Zweier 10/15 €).

Pauschaltouren ALL-INCLUSIVE-URLAUB

Wildwind (www.wildwind.co.uk) betreibt ein- und zweiwöchige Aktivurlaube (von 615 bis 1938 € je nach Saison). **Healthy Options** (www.healthy-option.co.uk) bietet Aktivitäten wie Yoga, Pilates, Tanzen und Fitness sowie Wassersport und Öko-Wandertouren an. Für kurzfristige Angebote Veranstalter kontaktieren.

Schlafen

LP TIPP **Pension Holidays** PENSION €

(☎26450 31426; www.holiday.gnomotech.com; EZ/DZ 45/50 €; ❄📶) Der freundliche Spiros und seine Familie bieten griechische Gastfreundschaft, Frühstück (5 €) auf dem Balkon und eine tolle Aussicht auf Bucht und Hafen. Einfache, mit Küche ausgestattete Zimmer oberhalb des Fähranlegers. Die Preise variieren je nach Aufenthaltsdauer.

Vasiliki Bay Hotel HOTEL **€€**
(☎26450 31077; www.hotelvassilikibay.gr; EZ/DZ inkl. Frühstück 55/70 €; ❄📶) Ein paar Blocks landeinwärts gelegen. Die Zimmer in diesem gut ausgestatteten Hotel hinter dem Restaurant Alexander haben Marmorfußböden, Plüschpolster und manche ein Eckchen Meeresblick. Ferienhäuser außerhalb der Stadt.

Vassiliki Beach Camping CAMPINGPLATZ **€**
(☎26450 31308; campkingk@otenet.gr; Stellplatz pro Person/Zelt/Auto 8,50/7/5,50 €) Gut geführt und kompakt, einfacher Zugang zum Strand.

Essen & Trinken

Delfini TAVERNE **€**
(☎26450 31430; Hauptgerichte 7,50–12 €) Bestes Lokal am Hafen, die traditionellen Speisen werden frisch zubereitet.

155 BAR
(🕐Mai–Okt.) Die besten Cocktails (8 €) der Stadt, gegenüber dem Melina's Little Shop, vom Ufer aus landeinwärts.

Zeus BAR
Zentral gelegener Club in Vasilikis Spaßviertel. Ein echter Hotspot der jungen Wassersportler.

Westküste

Echte Strandfanatiker sollten ohne Umwege Lefkadas Westküste aufsuchen, denn hier erfüllt das Meer sämtliche Klischees: Es ist unglaublich türkis, und die Vielfalt der Strände reicht von bogenförmigen Klippen und weißem Gestein bis zu weiten, ausgedehnten Sandparadiesen. Die langen Abschnitte von **Pefkoulia** und **Kathisma** im Norden sind zauberhaft (Kathisma wird zunehmend erschlossen, und es gibt ein paar Studios zum Mieten), **Megali Petra** und **Avali** südlich von Kalamitsi ebenfalls. Auch der entlegene **Egremni-Strand** und der atemberaubende **Porto Katsiki** im Süden sind lohnenswert. Entdecken macht Spaß! Man kommt an Ständen der Einheimischen mit Olivenöl, Honig und Wein vorbei.

Das malerische **Agios Nikitas** ist mittlerweile ziemlich bekannt. Die Besucher kommen scharenweise und genießen die schöne Atmosphäre des Dorfes und den attraktiven **Mylos-Strand** gleich auf der anderen Seite des Kaps. Zu Fuß sind es etwa 15 Minuten, den Pfad bei der Taverne Poseidon hinauf und über die Halbinsel. Alternativ gibt es auch die Möglichkeit, vom winzigen Strand von Agios Nikitas aus ein Wassertaxi zu nehmen (3 €).

Schlafen

Agios Nikitas bietet viele Unterkünfte.

Mira Resort APARTMENTS **€€**
(☎6977075881; www.miraresort.com; Tsoukalades; Apt. für 2/4 Pers. 130/210 €; P❄📶🏊) Gut geführt und super sauber. Maisonetten in Einzellage liegen terrassenartig am Hang mit Blick auf einen großen Pool und das offene Meer. Die freundlichen Besitzer richten das Resort auf längere Aufenthalte aus, sodass die Gäste es sich gemütlich machen und entspannen können. 6 km südwestlich von Lefkada-Stadt.

Aloni Studios APARTMENTS **€**
(☎26450 33604; www.alonistudios-lefkada.com; Athani; Zi. 40 €; P❄) Zählt zu den besseren Zimmern in Athani. Alonis Studios sind piccobello und haben Terrassen mit Meeresblick.

Hotel Agios Nikitas HOTEL **€€**
(☎26450 97460; www.agiosnikitas.gr; Agios Nikitas; DZ 80 €; ❄) Renoviert im Jahr 2011 und an der Rückseite des Ortes gelegen. Einige Zimmer haben Meeresblick.

Olive Tree Hotel HOTEL **€€**
(☎26450 97453; www.olivetreehotel.gr; Agios Nikitas; EZ 40–50 €, DZ 60–70 €; 🕐Mai–Sept.; ❄📶) Unter griechisch-kanadischer Führung; recht einfache Zimmer.

Camping Kathisma CAMPINGPLATZ **€**
(☎26450 97015; www.camping-kathisma.gr; Stellplatz pro Pers./Zelt/Auto 6/5/4 €) Etwa 1,5 km südlich von Agios Nikitas.

Essen & Trinken

T'Agnantio TAVERNE **€**
(Agios Nikitas; Hauptgerichte 6–10 €; 🕐Ostern–Okt. Mittag- & Abendessen) Die beste Taverne von Agios Nikitas befindet sich an der Südseite des Strandes. Meeresfrüchte und griechische Standardgerichte; nette Atmosphäre mit Meeresblick und weinberankter Pergola.

Akrotiri TAVERNE €
(☎26450 33149; Athani; Hauptgerichte 7–12 €; ⌚Mai–Sept. Mittag- & Abendessen) Frischer Fisch, gegrilltes Fleisch und *mayirefta* sind eine Pause wert. Die Tische sind dem offenen Meer zugewandt.

Kambos Taverna TAVERNE €
(☎26450 97278; Tsoukalades; Hauptgerichte 5–7 €; ⌚Mitte Mai–Sept. Mittag- & Abendessen) Der Gasse gleich südlich der Kirche Tsoukalades von der Hauptstraße weg folgen. Die kleine Taverne (Familienbetrieb) ist in Weinbergen und Olivenhainen verborgen.

Sapfo MEERESFRÜCHTE €€
(☎26450 97497; Agios Nikitas; Fisch pro kg 40–60 €) Alteingesessene Fischtaverne in Agios Nikitas, Strandlage.

Rahi CAFÉ, MEZEDHES €
(☎26450 99439; www.rachi.gr; Exanthia; Gerichte 6–8 €; ⌚Mai–Sept. 10–1 Uhr) Kleine Pause an der Küste auf der Terrasse unter freiem Himmel mit Blick auf die Berge und das weite blaue Meer.

Zentral-Lefkada

Den spektakulären zentralen Gebirgsgrat von Lefkada mit traditionellen Bauerndörfern, üppigen grünen Gipfeln, duftenden Pinien, Olivenhainen und Weinbergen (und flüchtigen Blicken auf die kleinen Inseln) sollten alle erkunden, die genug Zeit und ein Transportmittel haben.

Das Dörfchen **Karya** ist zwar sehr touristisch, hat aber einen hübschen Dorfplatz mit Platanen und Tavernen. Karya ist für seine **Stickereien** berühmt. Im 19. Jahrhundert begründete eine bemerkenswerte einhändige Frau aus dem Ort namens Maria Koutsochero diese Technik. Im **Museum Maria Koutsochero** (☎26450 41590; Erw./Kind 2,50 €/frei; ⌚Mai–Sept. 9–18 Uhr) werden auf anrührende Art historische Stickereien und Utensilien in einem traditionellen Haus ausgestellt.

Zimmer sind über die Britin Brenda Sherry im **Café Pierros** (☎69386 05898) zu finden. In der **Taverne Karaboulias** (☎26450 41301; Hauptgerichte 5–11 €) gibt's gute traditionelle Gerichte.

Englouvi, einige Kilometer südlich von Karya, ist der höchstgelegene Ort der Insel und berühmt für die Honig- und Linsenproduktion.

Wer das verwunschene **Alexandros** findet, kann an einer **geführten Kräuterwanderung** (☎6934287446; www.lefkas.cc; 30 €) teilnehmen (auch auf Deutsch; vorher anmelden).

LP TIPP **Taverne Kolyvata** (☎26450 41228, 69840 56686; Hauptgerichte 5–8 €; ⌚April–Okt.) Die Taverne erfüllt Unerschrockenen den Traum von ländlicher Kost. Die gesellige Kiria Maria öffnet Gästen die Vorderterrasse ihres Hauses (vorher anmelden, damit sie auch da ist) und bereitet aus dem, was der Garten gerade liefert, frische, perfekte Gaumenfreuden. Der *Koutsoupia*-(Judas-)Baum blüht im Frühling in pink und die Aussicht auf die nahen Berge ist idyllisch. Bei der Straße von Alexandros und Nikiana ist der winzige steinerne Weiler **Kolyvata** ausgeschildert.

MEGANISI

1090 EW.

Meganisi (Μεγανήσι) ist dank der grünen Landschaft und der tiefen, türkisfarbenen und von Kiesstränden eingefassten Buchten die einfachste Abhilfe bei einem Nydri-Overkill und eignet sich sowohl für einen Tagesausflug als auch für einen längeren, entspannteren Aufenthalt. Auf Meganisi gibt es drei Dörfchen. Die engen Gassen und die mit Bougainvilleas bedeckten Häuser von **Spartochori** kauern auf einem Plateau oberhalb des Porto Spilia (hier legt die Fähre an. Der steilen Straße oder den Treppen dahinter folgen). Der hübsche Ort **Vathy** ist der zweite Hafen der Insel, und 800 m weiter folgt **Katomeri.** Wer genug Zeit hat, kann einsame Strände wie den **Limonari** besuchen.

Im **Asteria Holidays** (☎26450 51107) in Porto Spilia sind die Leute hilfsbereit und wissen alles, was die Insel betrifft.

Schlafen & Essen

Hotel Meganisi HOTEL €€
(☎26450 51240; Katomeri; DZ inkl. Frühstück 65 €; ❄📶🏊) Helle Zimmer, von den Balkonen Blick auf Meer oder Land und als Sahnehäubchen ein großer Pool mit Terrasse.

Taverna Porto Vathy MEERESFRÜCHTE €
(☎26450 51125; Vathy; Hauptgerichte 6–14 €) Unbestritten die beste Fischtaverne, auf einem kleinen Kai in Vathy.

Tropicana PIZZA €
(☎26450 51486; Spartochori) Serviert hervorragende Pizza.

Laki's TAVERNE €
(☎26450 51228; Spartochori; Hauptgerichte 5–10 €) Klassische Taverne.

Anreise & Unterwegs vor Ort

Die Fähre verkehrt zwischen Nydri und Meganisi (pro Pers./Auto 2/13 €, 25 bis 40 Min., 6-mal tgl.) und fährt zuerst Porto Spilia an, dann Vathy (die erste Fähre des Tages hält in Vathy, danach in Porto Spilia).

Ein Inselbus verkehrt fünf bis sieben Mal täglich zwischen Spartochori und Vathy (über Katomeri), aber es lohnt sich, das eigene Fahrzeug auf der Fähre mitzunehmen.

KEFALLONIA

37 296 EW.

Kefallonia (Κεφαλλονιά) ist die größte Ionische Insel, stolz und warmherzig-einladend zugleich. Der besondere Reiz ergibt sich aus den freundlichen Menschen, verträumten Dörfern, zerklüfteten Bergen, üppigen Weinbergen, aufragenden Küstenklippen und goldenen Stränden. Das Erdbeben von 1953 zerstörte viele Inselorte, daher ist ein Großteil der Architektur recht modern. Dörfchen wie Assos und Fiskardo, die das Beben überstanden, und die überschäumende Lebensqualität im wiederaufgebauten Hauptort Argostoli werten alles auf. Wenig erschlossene Gebiete wie die Halbinsel Paliki, die köstliche Küche und großartige Weine sind das Tüpfelchen auf dem I von Kefallonia.

An- & Weiterreise

Bus

Drei Busse täglich verbinden Argostoli mit Athen (45 €, 7 Std.), und zwar mit Fährnutzung über Patras (25 €, 4 Std.). Auch von Sami (2-mal täglich), Poros (1-mal täglich) und Lixouri (1-mal täglich) fahren Busse nach Athen.

KTEL-Busbahnhof (☎26710 22276/81; kefaloniakteltours@yahoo.gr; Antoni Tritsi 5) Südlicher Hafen von Argostoli. Sehr guter gedruckter Fahrplan.

Flugzeug

Von Mai bis September kommen viele Charterflüge aus Nordeuropa.

Olympic Air (☎801 801 0101; Flughafen) Verbindung nach Athen.

Sky Express (☎28102 23500; www.skyexpress.gr) Verbindung nach Korfu, Preveza und Zakynthos.

INLANDSFLÜGE AB KEFALLONIA

REISEZIEL	DAUER	PREIS	HÄUFIGKEIT
Athen	55 Min.	130 €	2-mal tgl.
Korfu	1 Std.	46 €	3-mal wöchentl.
Preveza	20 Min.	40 €	3-mal wöchentl.
Zakynthos	20 Min.	38 €	3-mal wöchentl.

Schiff/Fähre

Hafenbehörde (☎26710 22224)

NATIONAL **Ionian Ferries** (www.ionianferries.gr) bietet häufige Verbindungen zwischen Poros und Argostoli sowie Kyllini auf dem Peloponnes. Die Fähre *Ionian Pelagos* (☎26740 23405) verbindet Sami mit Astakos auf dem Peloponnes (manchmal über Piso Aetos auf Ithaki). In manchen Monaten fahren **Fähren** (☎26450 31520) von Sami direkt nach Vasiliki (Lefkada).

Strintzis Lines (www.strintzisferries.gr) betreibt zwei Fähren, die täglich Sami mit Patras auf dem Peloponnes und Vathy oder Piso Aetos auf Ithaki verbinden.

West Ferry (www.westferry.gr) schlägt einen Bogen von Fiskardo – und manchmal Sami – nach Frikes (Ithaki) und nach Vasiliki. Als der Text entstand, wurde gerade überlegt, den Halt auf Ithaki im Juli und im August zu streichen. Info und Tickets bei **Nautilus Travel** (☎26740 41440; Fiskardo).

Von Mai bis September verbinden zwei **Fähren** (☎26710 91280) täglich den entlegenen Hafen von Pesada im Süden mit Agios Nikolaos an der Nordspitze von Zakynthos (alternativ von Argostoli nach Kyllini auf dem Peloponnes fahren und von dort nach Zakynthos-Stadt). Ohne eigenes Fahrzeug sind Pesada und Agios Nikolaos mitunter schwer zu erreichen bzw. zu verlassen (und mit dem Taxi wird's teuer). Von Argostoli aus geht's mit dem Bus (Montag bis Sonntag 2-mal täglich, nur Hauptsaison) zur Fähre nach Pesada. Auf Zakynthos verbinden zwei Busse pro Woche Agios Nikolaos mit Zakynthos-Stadt (über die Dörfer).

FÄHREN VON KEFALLONIA

REISEZIEL	HAFEN	DAUER	PREIS	HÄUFIGKEIT
Agios Nikolaos (Zakynthos)	Pesada	1½ Std.	8,50 €	2-mal tgl., Mai–Sept.
Astakos (Festland)	Sami	3 Std.	10 €	1-mal tgl.
Frikes (Ithaki)	Fiskardo	55 Min.	3,80 €	2-mal wöchentl.
Igoumenitsa (Festland)	Sami	4¼ Std.	13 €	1-mal wöchentl.
Kyllini (Peloponnes)	Argostoli	3 Std.	14 €	5-mal tgl.
Kyllini	Poros	1½ Std.	10 €	5-mal tgl.

Kefallonia & Ithaki

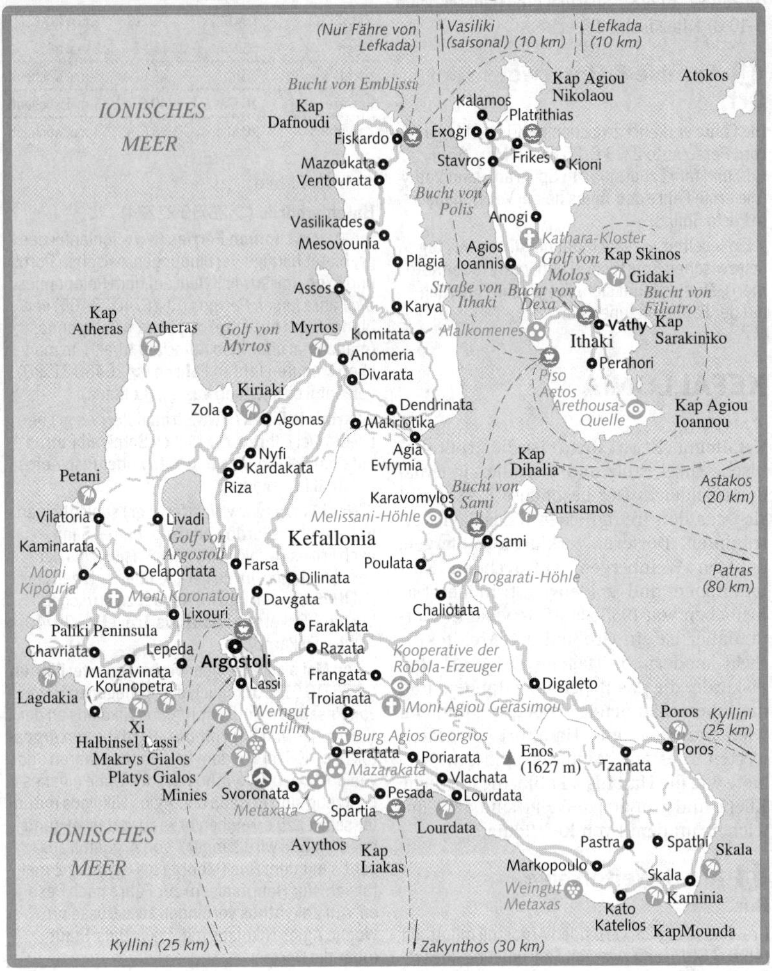

Patras (Peloponnes)	Sami	2¾ Std.	19 €	2-mal tgl.
Piso Aetos (Ithaki)	Sami	30 Min.	3 €	2-mal tgl.
Vasiliki (Lefkada)	Fiskardo	1 Std.	8,50 €	1-mal tgl.
Vasiliki	Sami	1¾ Std.	8 €	2-mal wöchentl., saisonal
Vathy (Ithaki)	Sami	45 Min.	7 €	1-mal tgl.

INTERNATIONAL In der Hauptsaison verkehren regelmäßig Fähren zwischen Sami und Bari (45 €, 12 Std.) in Italien. Zu anderen italienischen Häfen: Erst mit der Fähre von Sami nach Patras fahren.

Agoudimos Lines (www.agoudimos-lines.com)

Blue Sea Travel (☎26740 23007; Sami) Am Hafen in Sami.

Endeavor Lines (www.endeavor-lines.com)

Vassilatos Shipping (☎26710 22618; Antoni Tritsi 54, Argostoli) In Argostoli gegenüber der Hafenbehörde.

Unterwegs vor Ort

Vom/zum Flughafen

Der Flughafen befindet sich 9 km südlich von Argostoli. Ein Flughafenbus steht nicht zur Verfügung. Die Kosten für ein Taxi belaufen sich auf etwa 17 €.

Auto & Motorrad

In den größeren Ferienorten gibt es viele Auto- und Motorradvermietungen.

Europcar (☎26710 42020) Am Flughafen.

Greekstones Rent a Car (☎26710 42201; www.greekstones-rentacar.com) Liefert Fahrzeuge zum Flughafen und in 15 km Umkreis von der Station in Svoronata (7 km von Argostoli entfernt, in Flughafennähe).

Hertz (☎26710 42142) Am Flughafen.

Karavomilos (☎26740 22779) In Sami, liefert Fahrzeuge.

Bus

Der **KTEL-Busbahnhof** (☎26710 22276/81; kefaloniakteltours@yahoo.gr; Antoni Tritsi 5) in Argostoli befindet sich im Südhafen. Sonntags fahren keine Busse. Angefahren werden die Halbinsel Lassi (1,60 €, 7-mal täglich), Sami (4,50 €, 4-mal täglich), Poros (5 €, 2-mal täglich), Skala (5 €, 2-mal täglich) und Fiskardo (6 €, 1-mal täglich). Eine Fahrt pro Tag an der Ostküste verbindet Katelios mit Skala, Poros, Sami, Agia Evfymia und Fiskardo.

Schiff/Fähre

Autofähren verbinden Argostoli und Lixouri auf der Halbinsel Paliki im Inselwesten (pro Pers./Auto 3,50/4,50 €, 30 Min., stündlich ab 7.30 – 22.30 Uhr, Juli und Aug. zusätzlich halbstündlich und bis Mitternacht).

Argostoli Αργοστόλι

8932 EW.

In den hellen, pastellfarbenen Straßen des quirligen und reizvollen Städtchens Argostoli brodelt das Leben. Das Beben 1953 hatte Argostoli dem Erdboden gleichgemacht, heute aber sind hier breite Boulevards und Fußgängerzonen, z.B. Lithostroto. Mittelpunkt ist der geschäftige, landeinwärts gelegene Platz Plateia Valianou. Im Sommer ziehen *kantadoroi* durch die Straßen und schmettern *kantades,* traditionelle Lieder mit Gitarren- und Mandolinenbegleitung.

Sehenswertes & Aktivitäten

Veranstaltungen siehe Veranstaltungsheftchen vom Fremdenverkehrsamt EOT.

LP TIPP Korgialenio-Museum für Geschichte und Folklore MUSEUM

(☎26710 28835; www.corgialenios.gr; Ilia Zervou 12; Eintritt 4 €; ⌚Mo–Sa 9–14 Uhr) Widmet sich dem Erhalt von Kunst und Kultur Kefallonias. Das ausgezeichnete Museum beherbergt Ikonen und Möbel aus der Zeit vor dem Beben, Kleidung und Kunstwerke aus den Häusern von vornehmen Leuten und Landarbeitern.

LP TIPP Focas-Kosmetatos Stiftung MUSEUM, PARK

(☎26710 26595; Valianou; Eintritt 3 €; ⌚Mo–Sa 9.30–13 & 19–22 Uhr) Auch im Ort Valianou ist Kefallonias kulturelle und politische Geschichte in einem Gebäude von vor dem Beben dargestellt. Im Ticket enthalten ist der Eintritt zum **Cephalonia Botanica** (☎26710 26595; ⌚Di–Sa 8.30–14.30 Uhr), einem schönen botanischen Garten mit einer Fülle heimischer Pflanzen und Sträucher. Etwa 2 km vom Stadtzentrum entfernt. Im Museum gibt's Erläuterungen.

Archäologisches Museum MUSEUM

(☎26710 28300; Rokou Vergoti; Eintritt 3 €; ⌚Di–So 8.30–15 Uhr) Eine Sammlung mit Relikten der Insel, darunter mykenische Fundstücke.

Strände STRÄNDE

Die Sandstrände **Makrys Gialos** und **Platys Gialos** 5 km südlich auf der Halbinsel Lassi liegen der Stadt am nächsten und sind folglich überlaufen. Das 16 km entfernte **Lourdata** an der Straße Argostoli–Poros hat auch einen attraktiven, ausgedehnten Strand vor einer Kulisse aus grünen Bergen.

Geführte Touren

KTEL Tours BUSTOUR

(☎26710 23364; www.kefaloniakteltours.gr) Diese Kefallonia-Touren mit sehr gutem Preis-Leistungsverhältnis (18 €, 2-mal wöchentl.) führen inselweit durch die Ortschaften. Einmal wöchentlich gehen Touren nach Ithaki (38 €). Im KTEL-Busbahnhof buchen.

Schlafen

KTEL Tours organisiert Apartments und Hotels per E-Mail.

Vivian Villa PENSION €€

(☎26710 23396; www.kefalonia-vivianvilla.gr; Dela-detsima 11; DZ/3BZ/Apt. 60/65/100 €; ❄📶👪) Die freundlichen Besitzer vermieten große, helle, ordentliche Zimmer, manche mit Küche. Das 2-Bett-Apartment im Obergeschoss ist wunderbar. Lift vorhanden. Gelegen in einem zentrumsnahen Wohnviertel. Bei längeren Aufenthalten Preisnachlass.

Argostoli

Argostoli

Highlights
Focas-Kosmetatos-Stiftung B3
Korgialenio-Museum für Geschichte & Folklore B4

Sehenswertes
1 Archäologisches Museum B3

Schlafen
2 Hotel Ionian Plaza B2
3 Kyknos Studios B2
4 Mirabel Hotel B3
5 Vivian Villa A1

Essen
6 Arhontiko B2
7 Captain's Table B2
8 Captain's Table C2
9 Casa Grec C3
10 La Gondola B2
11 Ladokolla B1
12 Markt D4
13 Patsuras C3
14 Spathis C4

Ausgehen
15 Bass Club C3
16 Le Sapin Noir C2
Platanos .... (siehe 10)
17 Sin City C3

Hotel Ionian Plaza HOTEL €€
(☎26710 25581; www.ionianplaza.gr; Plateia Valianou; EZ/DZ/3BZ/4BZ inkl. Frühstück ab 65/79/99/140 €; P ❄ @ 〜 👪) Argostolis schickstes Hotel hat eine stylische, mit Marmor verzierte Lobby und gut ausgestattete Zimmer mit Balkon. Die Zimmer im Obergeschoss haben die beste Aussicht.

NICHT VERSÄUMEN

OUTDOORSPASS AUF KEFALLONIA

Der Fremdenverkehrsverein EOT führt gelegentlich hervorragende Hefte mit Wanderrouten über die Insel. Trotzdem lohnt es, einen erfahrenen einheimischen Wanderführer anzuheuern und sich abseits der ausgetretenen Wege führen zu lassen.

Sea Kayaking Kefalonia KAJAKFAHREN (☎6934010400; www.seakayakingkefalonia-greece.com) Die ganze Palette an Tages-Kajaktouren mit Mittagessen und Schnorchelausrüstung (60 €), mehrtägigen Exkursionen und zertifizierten Kursen.

Elements OUTDOORAKTIVITÄTEN (☎6979987611; www.kefalonia-elements.com) Giorgio Potamianos führt alles durch, was es gibt, von Wanderungen (ab 50 €) über Höhlenbesichtigungen (ab 60 €) und Canyoning (Schluchtklettern, 60 €) bis zu Jeep-Safaris.

Panbike RADFAHREN (☎26710 27118; www.panbike.gr; Lithostroto 72, Argostoli) Fahrräder kosten 10 € pro Tag, und der Radchampion Pandelis organisiert Touren.

Mirabel Hotel HOTEL €€
(☎26710 25381; www.mirabelhotel.com; DZ inkl. Frühstück 71 €; ❄@📶) Geschäftiges Business-Hotel am Hauptplatz. Zimmer sind schlicht aber völlig in Ordnung.

Kyknos Studios APARTMENTS €
(☎26710 23398; p-krousos@otenet.gr; M Geroulanou 4; DZ/3BZ 35/45 €; ⊙Mai–Okt.; ❄) Vor diesen ein wenig verblichenen Studios mit überdachten Balkonen zur Straße in einem ruhigen Teil der Stadt befindet sich ein alter Brunnen in einem originellen kleinen Garten.

Marina Studios APARTMENTS €
(☎26710 26455; maristel@hol.gr; Agnis Metaxa 1; Studio 45 €; ❄📶) Wenn im Zentrum die Zimmer ausgebucht sind, hier am Nordende des Hafens unweit der Marineschule bescheidene Studios mit Küche mieten.

Camping Argostoli CAMPINGPLATZ €
(☎26710 23487; www.campingargostoli.gr; Stellplatz pro Erw./Auto/Zelt 8/3,50/5 €; ⊙Juni–Okt.) Angenehmes, ruhiges Fleckchen in der Nähe des Leuchtturms am nördlichsten Punkt der Halbinsel.

Essen

Neben den Lebensmittelmärkten am Hafen gibt es Supermärkte und Bäckereien, zum Beispiel die tolle hiesige Energiequelle Spathis.

LP TIPP **Casa Grec** MEDITERRAN €€
(☎26710 24091; Metaxa 12; Hauptgerichte 12–22 €; ⊙Abendessen tgl., Nov.–April So & Mo geschlossen) Man darf sich auf ein kulinarisches Highlight der Ionischen Inseln freuen. Elegant, magische Beleuchtung, Textilien und Wandgemälde sowie ein mit Kerzen erleuchteter Hof bilden das Setting für raffinierte Speisen, alle komplett vom Koch und Besitzer Costas selbst zubereitet. Nuancenreiche Pastasaucen, saftige Steaks, traumhafte Desserts. Costas' griechisch-kanadische Frau serviert mit Charme und Humor, die Weinkarte ist ausgezeichnet.

LP TIPP **Arhontiko** LOKAL €€
(☎26710 27213; 5 Risospaston; Hauptgerichte 7–17 €; ⊙Frühstück, Mittag- & Abendessen) Hier wird lokale Spitzenküche serviert. Vorspeisen wie z. B. Spinatsoufflé, hervorragende Hauptgerichte wie hammermäßige Fleischpastete oder *exohiko* (Schweinefleischeintopf mit Tomaten, Zwiebeln, Paprika und Fetakäse). Gute Hausweine, entspannter und hilfsbereiter Service und die gemütliche Atmosphäre runden das Erlebnis ab.

Ladokolla SOUVLAKI €
(☎26710 25522; Xarokopou 13; Gerichte 2–8 €; ⊙13–1 Uhr) Heißeste Huhn-, Schweine- oder Lammfleischkebaps und *pitas* werden ohne Teller auf Einweg-Tischsets serviert. Für Saucenhaltiges bringen die Kellner Teller, aber es ist ein handfestes Gemampfe. Bei den Einheimischen beliebt; der Service ist auf Zack.

Patsuras TAVERNE €
(☎26710 20061; Ecke Lavraga & Metaxa; Hauptgerichte 6,50–8,50 €; ⊙Mittag- & Abendessen) Dieses Lokal ist ein echter Favorit der Einheimischen wegen der großen Bandbreite echt griechischer Gerichte und der großzügigen Portionen.

Captain's Table TAVERNE €€
Hafen (☎26710 27170; I Metaxa; Hauptgerichte 7–15 €; ⏲Mitte Mai–Sept., Mittag- & Abendessen); Plateia (☎26710 23896; 3 Risospaston) Das beliebte Lokal mit traditionellen Speisen hat einen noblen Ableger mit identischer Speisekarte beim zentralen Platz.

La Gondola PIZZERIA €
(☎26710 23658; Pizza 9–12 €) Pizza mit dünnem Boden und ohne Schischi, am Platz.

Ausgehen & Unterhaltung

Cafés liegen rund um Plateia Valianou und Lithostroto. In den fröhlichen Musik-Bars an der Plateia Valianou wie **Le Sapin Noir** und **Platanos** geht's rund bis zum späten Abend. Der **Bass Club** ist eher etwas für Jüngere, für das **Sin City** (Lavraga 8) muss man volljährig sein. Das beliebte Club-Restaurant **Katavothres** (☎26710 22221; Hafen) bietet ungewöhnliche geologische Formationen, bekannte DJs und viel gemischtes Publikum. Im **Stavento** in Makrys Gialos ist in den Sommermonaten beliebt.

Praktische Informationen

Der Hauptfähranleger ist am Hafen-Nordende, die Bushaltestelle am Südende. Banken mit Geldautomaten befinden sich im Nordhafen und in der Lithostroto.

Fremdenverkehrsbüro EOT (☎26710 22248; ⏲Mo–Fr 8–14.30 Uhr) Im nördlichen Hafenbereich neben der Hafenpolizei.

Post (Lithostroto)

Web-Cafe (Plateia Valianou; pro Std. 3 €)

Rund um Argostoli

Man kann einen herrlichen Bogen schlagen über Agios Georgios Kastro, Moni Agiou Gerasimou, *robola*-Weinberge und die Meeresküste oder am Berg Ainos spazierengehen.

Sehenswürdigkeiten

GRATIS **Agios Georgios Kastro** RUINE
(Festung des Hl. Georg; ⏲Di–So 8.30–15 Uhr) Dieses venezianische *kastro* (Festung) aus der Zeit um 1500 thront südöstlich von Argostoli auf einem Berg und war rund 200 Jahre lang Kefallonias Hauptstadt. Lohnt wegen der abgeschliffenen Steine und der brillanten Aussicht einen Besuch. Zudem umgibt ein kleines Dorf die Festung: Byzantinische Kirchen sowie Restaurants mit ebenfalls toller Aussicht, unter anderem das **Palatino** (☎26710 68490; Hauptgerichte 7–10 €; ⏲Mai–Okt. Mittag- & Abendessen) mit hausgemachten kefallonianischen Spezialitäten oder das **Astraios** (☎26710 69152), eine Bar mit griechischer Live-Musik. Besitzer ist der verehrte Musiker Dionysos Frangopoulos.

Moni Agiou Gerasimou KLOSTER
(⏲9–13 & 15.30–20 Uhr) Das Kloster, 16 km westlich von Argostoli gelegen, ist Kefallonias Schutzheiligem geweiht und wird von Nonnen versorgt. In der Kapelle befindet sich die berühmte Höhle, in die Gerasimos vor der Härte des Klosterlebens in eine noch größere Selbstentsagung floh. Man steigt mit größter Vorsicht über eine steile Metallleiter in eine kleine Kammer 6 m weiter unten hinab. Von diesem Raum aus führt ein schmaler Durchlass in ein weiteres winziges Zimmer. Lampen sind vorhanden, aber für Klaustrophobiker ist dieser Ausflug eher ungeeignet. Vor dem Betreten wenigstens nackte Arme und Schultern mit den vor der Kapelle bereitliegenden Tüchern bedecken.

Naturgeschichtliches Museum MUSEUM
(☎26710 84400; Eintritt 2,50 €; ⏲9–15 Uhr) Elf Kilometer nördlich von Argostoli gelegen, in Davgata. Hier gibt's spannende Exponate zu geologischen und Naturphänomenen der Insel zu sehen.

Halbinsel Paliki Χερσόνησος Παλική

Die hektische, zum Golf hin gelegene Stadt **Lixouri** ist die Verbindung zur Halbinsel Paliki, einer wenig erschlossenen Region mit vielschichtigen weißen, cremefarbenen und roten Lehmklippen, grünem Ackerland, Weinbergen und Dörfern auf den Bergen. Der **Petani-Strand** im Norden mit weißem Sand und der rotsandige **Xi-Strand** im Süden machen sie noch attraktiver, allerdings ist Xi in den Sommermonaten überfüllt. Das Kloster **Moni Kipouria**, von einem Einsiedlermönch erbaut, blickt über kahle Klippen, azurblau-

INSELWANDERUNGEN

Das EOT in Argostoli führt bisweilen Hefte mit Wanderungen über die Insel.

ABSTECHER

DER WEIN IST DER CLOU

Ohne den Wein wären die Ionischen Inseln nicht, was sie sind, und speziell Kefallonia bringt herausragende Jahrgänge hervor, insbesondere von der einzigartigen Traube *robola* (VQRPD). Andere Sorten wie Mavrodaphne (AOC) und Muskat (AOC) bereichern den Weinbau.

Hoch in den Bergen südöstlich von Argostoli und im Herzen des grünen Omala-Tales befindet sich das faszinierende Weingut der **Kooperative der Robola-Erzeuger von Kefallonia** (☎26710 86301; www.robola.gr; Omala; Eintritt frei; ⌚Mai–Okt. 9–20.30 Uhr, Nov.–April Mo–Fr bis 15 Uhr). Hier wird aus den Trauben von über 300 selbstständigen Winzern der gelbgrüne *robola* gewonnen, ein trockner Weißwein mit feinen und dennoch intensiven Aromen. *robola* sei von den Venezianern eingeführt worden, heißt es, und war ein Lieblingswein der Dogen. Er gedeiht prächtig in hohen Lagen und auf leichten Böden, die nassen Winter und trockenen Sommer von Kefallonia sind für den Anbau ideal. Eine Verkostung hilft, die exzellenten Eigenschaften dieser Traube zu verstehen.

Zwei kleinere und sehr feine Weingüter an der Küste sind das **Gentilini** (☎26710 41618; Minies; ⌚Juni–Sept. Mo–Sa 10.30–14.30 & 17.30–20.30 Uhr oder nach Vereinbarung) 2 km südlich von Argostoli an der Straße zum Flughafen in bezaubernder Landschaft. Hier werden mehrere Spitzenweine erzeugt, auch der funkelnde Classico. Das **Metaxas** (☎26710 81292; www.metaxaswineestate.com; Mavrata; ⌚Mai–Okt. Mo–Fr 10.30–14.30 Uhr) liegt 27 km Richtung Süden von Argostoli entfernt, fast bei Skala.

es Meer und widerstandsfähige Weinberge. Es lohnt den Ausflug bis ganz in den Westen der Halbinsel.

Auf Lixouris zentralem Platz am Wasser drängt sich das Leben. Am einfachsten geht's von Argostoli aus mit der Autofähre auf die Halbinsel (pro Person/Auto 3,50/4,50 €, 30 Min., September bis Juni stündlich, Juli und August halbstündlich), und auch ohne eigenes Fahrzeug kann es ein gelungener Halbtagesausflug werden. **Perdikis Travel** (☎26710 91097; tvrperdi@hol.gr) an Lixouris Südküste hilft bei der Suche nach einer Unterkunft und bieten Unternehmungen an.

Schlafen

LP TIPP **Niforos** STUDIOS €€
(☎26710 97471; www.touristorama.com; Petani; Studios 75 €; ⌚Mai–Okt.; P ❄ ≋) Geräumige, blitzsaubere Studios oberhalb des Petani-Strandes mit Balkonen zum offenen Meer. Freundliche Besitzer, großer Pool und ein Restaurant im Hause – wenn das nicht nett ist.

Petani Bay Hotel HOTEL €€€
(☎26710 97701; www.petanibayhotel.gr; Petani; DZ inkl. Frühstück 188–210 €; P ❄ ☰ ≋) Ruhige Zimmer der gehobenen Klasse auf dem Berg über Petani. Extravagantes Frühstücksbuffet.

Xi Village STUDIOS €€
(☎26710 93830; www.xi-village.gr; Xi; DZ/3BZ/4BZ 60/70/90 €; P ❄ ☰ ≋) Wer im Süden bleiben will, findet im Xi Village eine saubere und angenehme Unterkunft mit einer schönen Aussicht auf den Xi-Strand und den Pool.

Essen

Oi Nisoi Vardianoi TAVERNE €€
(☎6986948528; Xi; Hauptgerichte 8–15 €; ⌚ab 13.30 Uhr) Hier wird oberhalb des Xi-Strandes sehr gut im Freien gespeist. Im Sommer reservieren.

Erasmia TAVERNE €
(☎26710 97372; Petani; Hauptgerichte 6–8 €; ⌚Mai–Sept. Mittag- & Abendessen) Diese Hütte am Strand mag zwar etwas dürftig sein, trotzdem ist es im August besser, zu reservieren, wenn man einen Tisch und leckere Hausmannskost genießen will. Tolle Sonnenuntergänge.

Apolafsi MEERESFRÜCHTE €
(☎26710 91691; www.apolafsi.gr; Lepeda; Hauptgerichte 8–10 €; ⌚Mittag- & Abendessen; P ❄ @ ≋) Empfehlenswert sowohl als Restaurant – frische Meeresfrüchte und gegrilltes Fleisch – als auch als günstiges Hotel. Die Zimmer (DZ 65 €) haben Küche und super Badezimmer. 2 km südlich von Lixouri.

Mavroeidis BÄCKEREI €

Ideal für eine kleine Pause auf dem großen Platz in Lixouri, denn hier gibt's den besten *amygdalopita* (süßer Mandelkuchen) der Insel.

Sami & Umgebung Σάμη

1238 EW.

Sami liegt 25 km nordöstlich von Argostoli und ist der Haupthafen von Kefallonia. Beim Erdbeben 1953 wurde Sami gänzlich zerstört. Der Uferbereich ist übersät mit Touristencafés, dahinter jedoch ist es ein attraktiver Ort. Er schmiegt sich in eine Bucht und wird von steilen Bergen flankiert. Einige Klöster, antike Festungsruinen, Höhlen, Wanderwege und nahe Strände erzählen von der reichen Geschichte der Region. **Agia Evfymia** auf der Nordseite der Bucht ist eine beschaulichere Alternative.

Sehenswertes & Aktivitäten

Antisamos-Strand STRAND

Der lange, steinige Strand Antisamos 4 km nordöstlich von Sami liegt in einer schön grünen Landschaft mit Bergen im Rücken. Auch die Anfahrt mit sensationellen Ausblicken über die Klippenränder ist ein Highlight.

Melissani-Höhle HÖHLE

(Eintritt inkl. Bootsfahrt Erw./Kind 7/4 €; ⌚Mai–Okt. 8–20 Uhr) Bei dieser recht überbewerteten Höhle 2,5 km westlich von Sami handelt es sich um einen unterirdischen Meerwassersee, der im Sonnenlicht in märchenhaftem Blau schimmert. Eine Besichtigung lohnt sich nur, wenn die Sonne hoch steht, also zwischen 12 und 14 Uhr.

Drogarati-Höhle HÖHLE

(☎26740 22950; Erw./Kind 5/3 €; ⌚Juli–Aug. 8–20 Uhr) Die Drogarati-Höhle ist eine riesige Kammer mit Stalaktiten. Das fragile System nimmt jedoch offenbar aufgrund der hohen Belastung durch die Menschen Schaden (Erosion).

Schlafen

Hotel Athina STUDIOS €€

(☎26740 22779; Karavomylos; DZ 60 €; ⌚Mai–Okt.; ❄@) Die einfache Ferienanlage besteht aus vielen Studios mit Blick auf die Bucht und wurde unlängst in coolen Grautönen gestrichen. Die Gäste nutzen den Pool im brandneuen **Ionian Emerald Resort** (☎26740 22708; www.ionianemerald.gr; DZ ab 90 €) nebenan, das demselben Besitzer gehört.

> **SPAZIERGÄNGE UM SAMI**
>
> Das Touristenbüro bietet Broschüren an, in denen Spazierwege dieser Gegend beschrieben sind, und zwar eine über Sami und Antisamos und eine zweite über den Weg von Agia Evfymia nach Myrtos.

Gerasimos Dendrinos STUDIOS €

(☎26740 61455; Agia Evfymia; EZ/DZ 40/45 €; ❄) Dieses stille Plätzchen befindet sich an der Nordseite von Agia Evfymia. Ein herzliches Paar kümmert sich um die Rosengärten und diese sauberen Studios mit unverstelltem Blick auf die Bucht. Und nebenan ist auch noch die sensationelle Taverne Paradise Beach.

Hotel Melissani HOTEL €

(☎26740 22464; Sami; DZ/3BZ 40/45 €; ⌚Mai–Okt.; ❄) Unverhohlener Retrostil empfängt die Besucher in diesem schmalen Gebäude, zwei Blocks landeinwärts gelegen. Die eher kleinen Zimmer haben einen Balkon mit Blick auf die Berge oder das Meer.

Karavomilos Beach Camping CAMPINGPLATZ €

(☎26740 22480; www.camping-karavomilos.gr; Straße Sami–Karavomilos; Stellplatz pro Erw./Auto/Zelt 8,50/3,50/6 €; ⌚Mai–Sept.; @) Ein großer, preisgekrönter Campingplatz in großartiger Strandlage. Erstklassige sanitäre Anlagen und zahlreiche Einrichtungen.

Essen

LP TIPP **Paradise Beach** TAVERNE €

(Dendrinos; ☎26740 61392; Agia Evfymia; Hauptgerichte 6–13 €, Fisch pro kg 48–52 €; ⌚Mitte Mai–Mitte Okt. Mittag- & Abendessen) Rechts halten, an der Hafenfront in Agia Evfymia vorbei und weiter bis zum Ende der Straße: Hier ist das berühmte Paradise, mit Blick in die offene Bucht von Sami. Familie Dendrinos ist irgendwie immer gut drauf, und das Essen schmeckt hervorragend, von *dolmadhes* (Weinblätter gefüllt mit Reis und manchmal Fleisch) und kefallonianischer Fleischpastete bis hin zu Meeresfrüchten und geschmortem Kaninchen. Einfach aus den frischen Speisen auswählen, aber Platz fürs Schokoladensoufflé mit reichhaltiger Zitruscreme lassen! Es heißt, Penelope Cruz und Nicholas Cage hätten beim Dreh von *Corellis Mandoline* regelmäßig hier gegessen.

Dolphins TAVERNE €
(☎26740 22008; Sami; Hauptgerichte 5–20 €; ⏱Mittag- & Abendessen) Das beste Lokal der Uferstraße in Sami bietet Abende mit griechischer Live-Musik. Traditionelles kefallonianisches Essen mit Favoriten wie Kaninchenbraten. Fischfans schwelgen in großen Platten mit Meeresfrüchten.

Praktische Informationen

Alle Einrichtungen, auch Post und Banken, sind in Sami. Busse nach Argostoli sind normalerweise auf die Fähren abgestimmt. Automieten über **Karavomilos** (☎26740 22779).

Hafenbehörde (☎26740 22031)

Touristenbüro (⏱Mai–Sept. 9–19 Uhr) Am Nordende von Sami.

Assos Ασος

Der winzige, hinreißende Ort Assos ist ein Juwel. Viele der weiß gekalkten und pastellfarbenen Häuser sind aus der Zeit von vor dem Erdbeben. Kleine italienische Zypressen überziehen den steilen Berg. Der Ort liegt auf beiden Seiten der Landenge einer Halbinsel, auf der eine venezianische Festung thront – ein ideales Wanderziel, als ginge man in eine andere Zeit. Die Aussicht ist super, das Schwimmen in der kleinen grünen Bucht auch.

Schlafen & Essen

Apartment Linardos STUDIOS €€
(☎26740 51563; www.linardosapartments.gr; DZ 70–75 €; ❄) Blitzsaubere Studios mit Küche. Blick auf den Ort, den Strand und die Festung.

Cosi's Inn STUDIOS €€
(☎26740 51420; www.cosisinn.gr; Studio für 2/3 Pers. 65/80 €; ⏱Mai–Sept.; ❄@) Trägt die Handschrift des jungen, hippen Innenarchitekten, dem es gehört: Eisenbetten und -sofas, mattes Licht und in Weiß gehalten.

LP TIPP **Platanos** TAVERNE €
(☎6944671804; Hauptgerichte 6–15 €; ⏱Ostern–Okt. Frühstück, Mittag- & Abendessen) Inselweit wegen der vor Ort beschafften, frischen Zutaten und der erstklassigen Zubereitung hoch geschätzt. Es nimmt einen Teil eines schönen, schattigen Platzes nah am Wasser ein. Fleischgerichte sind die Stärke des Platano, es gibt aber auch Fisch und Vegetarisches wie Gemüse-*mousakas*.

Rund um Assos

Einer der atemberaubendsten griechischen Bilderbuchstrände ist **Myrtos**, 8 km südlich von Assos an einem spektakulären Abschnitt der Westküstenstraße. An einem Aussichtsbereich bei der Straße kann man den weißen Sand und das glitzernde blaue Wasser tief unten zwischen hohen Kalksteinklippen bewundern. In Anomeria geht's auf Meereshöhe zum Strand. Aufpassen: Er fällt schnell und steil ab. Ist man jedoch erst einmal im Wasser, ist es himmlisch – dem Klischee entsprechend türkisfarbenes, aquamarinblaues Wasser. Und im Sommer Menschenmassen.

Fiskardo Φισκάρδο

230 EW.

Der kleine, feine Ort Fiskardo 50 km nördlich von Argostoli war auf Kefallonia als einziges Dorf nach dem Beben von 1953 noch intakt. Die schönen venezianischen Gebäude, eingerahmt von Bergen voller Zypressen, haben den malerischen Reiz des Authentischen, und Fiskardo ist bei betuchten Yachtfreunden beliebt. Die exzellenten Restaurants und die lässige Atmosphäre überzeugen womöglich, länger zu bleiben.

Schlafen

In der Nebensaison werden beträchtliche Nachlässe gewährt.

LP TIPP **Emelisse Hotel** FERIENANLAGE €€€
(☎26740 41200; www.arthotel.gr/emelisse; Emblissi Bay; DZ 480–630 €, Suite 510–710 €, Apt. für 4 Pers. 950–1800 €, inkl. Frühstück; ⏱Mitte April–Mitte Okt.; P❄@令≋) Spitzenlage 1 km westlich von Fiskardo mit Blick über die unverdorbene Emblissi-Bucht. Das stylische, luxuriöse Hotel ist mit allem ausgestattet, was es für einen Verwöhnurlaub braucht. Wunderschöne Zimmer (sehr eleganter Komfort) in tipptopp gepflegten Terrassen. Unten wartet die Krönung: ein großzügiger Pool und ein Restaurant mit Blick nach Lefkada, Ithaki und weiter ins

offene Meer. Fitness, Wellness, Tennis, Fahrräder, behindertengerechter Zugang – alles ist möglich. Pool und Restaurant sind tagsüber geöffnet.

Archontiko BOUTIQUEHOTEL €€
(☎26740 41342; www.archontiko-fiskardo.gr; Zi. 70–80 €; ❄) Die luxuriösen Zimmer im restaurierten Steingebäude bieten einen schönen Überblick über den Hafen. Ideal zum Leutegucken.

Stella Apartments STUDIOS €€
(☎26740 41211; www.stella-apartments.gr; Studio 72–85 €; ❄@📶) Diese Apartments am ruhigen südlichen Ortsrand bestehen aus sehr sauberen, geräumigen Studios mit kompletter Küche und fantastischem Meerblick.

Villa Romantza PENSION €
(☎26740 41322; www.villa-romantza.gr; Zi./Studio/Apt. 40/50/70 €; ❄) Ausgezeichnete Budget-Option mit einfachen, großen und sauberen Zimmern und Studios. Neben dem großen Parkplatz am Südende des Dorfes.

Regina's Rooms PENSION €
(☎26740 41125, 69389 84647; DZ/3BZ 40/50 €; ❄👪) Die freundliche Regina betreibt eine beliebte Pension. Die farbenfrohen Zimmer sind mit Plastikblumen dekoriert. Manche Zimmer sind mit einer Küchenzeile ausgestattet (3BZ 60 €) und/oder haben einen Balkon mit Hafenblick. Neben der Villa Romantza.

Essen & Trinken

Fiskardo besitzt ein paar richtige Spitzenrestaurants. Zahlreiche Bars und Cafés zum Leutebeobachten drängen sich am Hafenufer, das etwas von einer Puppenstube hat.

LP TIPP **Tassia** MEDITERRAN €€
(☎26740 41205; Hauptgerichte 7–25 €; ⏲Mittag- & Abendessen) Die gefeierte Köchin und Autorin zur griechischen Küche Tassia Dendrinou betreibt diese Institution in Fiskardo am Hafen. In diesem Lokal ist alles ausgesprochen köstlich, aber zu den Spezialitäten gehören kleine Markkroketten und eine Pasta nach Fischerart mit einer magischen Komposition aus fein gehacktem Kalmar, Oktopus, Muscheln, Scampi und sogar einem Schlückchen Cognac. Die Fleischgerichte stehen dem nicht nach, und Tassias Desserts sind zu Recht berühmt.

LP TIPP **Café Tselenti** ITALIENISCH €€
(☎26740 41344; Hauptgerichte 10–23 €; ⏲Mittag- & Abendessen) Dieses namhafte Restaurant in einem charmanten Haus aus dem 19. Jahrhundert – seit 1893 im Besitz der Familie Tselenti – hat eine romantische Freiterrasse im Herzen des Dorfes. Die hervorragende Küche bietet unter anderem Käse- und Pilzpastetchen als Vorspeisen an und Hauptgerichte wie köstlichste Linguine mit Scampi, Muscheln und Langusten oder Schweinefilet mit sonnengetrockneten Aprikosen und frischer Ananas.

Vasso's MEERESFRÜCHTE €€
(☎26740 41276; Hauptgerichte 10–40 €; ⏲Mittag- & Abendessen) Ob frisch gegrillter Fisch oder Pasta mit Languste, das Vasso's ist die Adresse für besondere Meeresfrüchte.

Praktische Informationen

Nautilus Travel (☎26740 41440) und **Pama Travel** (☎26740 41033; www.pamatravel.com) kriegen alles hin. Beide haben Internetzugang (2 € pro 30 Min.). Am Südende des Ortes oberhalb des Hafens ist ein Parkplatz.

ITHAKI

1522 EW.

Ithaki (Ιθάκη) liegt gut geschützt und verträumt zwischen Kefallonia und dem griechischen Festland. Die Insel wird als mythische Heimat von Homers Odysseus gepriesen, wo seine ihm treu ergebene Frau Penelope geduldig und von aufdringlichen Freiern belagert auf seine beträchtlich verspätete Rückkehr wartete. Die beschauliche Insel setzt sich aus zwei großen Landflächen zusammen, die durch einen schmalen Grat verbunden sind. Nackte Klippen, schroffe, trockene Berge und vereinzelte Olivenhaine geben dieser ionischen Perle den letzten Schliff. Niedliche Dörfer (nach dem Beben von 1953 wurde vieles wiederaufgebaut) und versteckte Kiesstrandbuchten erhöhen den Charme der Insel, Klöster und Kirchen bieten byzantinische Sehenswürdigkeiten und wundervolle Ausblicke.

An- & Weiterreise

Bus

Man kann ein Busticket nach Athen kaufen (20 €, plus 19,70 € für die Fähre, 1-mal täglich). Dafür muss man in Vathy die Fähre nach Patras nehmen und sobald Sami erreicht ist, den auf die Fähre verladenen Bus finden. Details siehe Delas Tours, S. 794.

Schiff/Fähre

Strintzis Lines (www.strintzisferries.gr) hat zwei Fährverbindungen täglich zwischen Vathy oder Piso Aetos und Patras auf dem Peloponnes, über Sami auf Kefallonia.

Die Fähre **Ionian Pelagos** (☎26740 32104) verkehrt täglich (manchmal 2-mal täglich) in der Hauptsaison zwischen Piso Aetos, Sami und Astakos auf dem Festland.

West Ferry (www.westferry.gr) fährt nach einem ständig wechselnden Fahrplan von Frikes nach Vasiliki auf Lefkada. Manchmal fährt sie nach Fiskardo, aber zum Zeitpunkt der Recherche wurde überlegt, den Halt in Frikes zu streichen.

Informationen und Tickets gibt's bei den beiden Agenturen in Vathy (S. 794). Sie bedienen unterschiedliche Fährgesellschaften.

Hafenbehörde (☎26740 32909)

FÄHREN VON ITHAKI

REISEZIEL	HAFEN	DAUER	PREIS	HÄUFIGKEIT
Astakos (Festland)	Piso Aetos	2 Std. 20 Min.	9,20 €	1-mal tgl.
Patras (Peloponnes)	Vathy	3¾ Std.	19,80 €	2-mal tgl.
Patras	Piso Aetos	3¼ Std.	19,80 €	2-mal tgl.
Sami (Kefallonia)	Piso Aetos	30 Min.	3 €	2-mal tgl.
Sami	Vathy	45 Min.	6 €	2-mal tgl.
Vasiliki (Lefkada)	Frikes	1 Std.	8,50 €	2–7-mal wöchentl.
Vasiliki	Piso Aetos	1¼ Std.	8 €	2-mal wöchentl., saisonal

Unterwegs vor Ort

Piso Aetos an Ithakis Westküste hat keinen eigentlichen Ort. Taxis passen oft die Fähren ab, der Bus der Gemeinde ebenfalls (nur in der Hauptsaison).

Der einzige Inselbus verkehrt zwei Mal täglich (nur werktags, in der Hauptsaison öfter) zwischen Kioni und Vathy über Stavros und Frikes (3,90 €). Der begrenzte Fahrplan ist unpraktisch für Tagesausflügler.

Am besten zum Erkunden der Insel ein Moped oder ein Auto (Hauptsaison ab 40 €) oder ein Motorboot mieten. Lieferung gegen Gebühr (10 bis 15 €).

AGS (☎26740 32702; Vathy) Westliche Hafenfront.

Alpha Bike & Car Hire (☎26740 33243; Vathy) Hinter der Alpha Bank.

Rent a Scooter (☎26740 32840; Vathy) Die Gasse gegenüber der Hafenbehörde hinunter.

Taxis (☎6945700214, 6944686504) sind relativ teuer (um 30 € für die Fahrt zwischen Vathy und Frikes).

Vathy Βαθύ

1820 EW.

Ithakis entspannter Hauptort zieht sich am langen Uferbereich entlang. Die zentrale Plateia Efstathiou Drakouli summt von der Betriebsamkeit von Hafen und Cafés, schmale Gassen winden sich vom Kai landeinwärts. Vathy ist leicht ungepflegt – trotz der herrlichen Gewässer und Berge in der Umgebung – und der einzige Ort auf der Insel mit Nightclubs, Banken, Reiseagenturen und Ähnlichem.

Sehenswertes & Aktivitäten

GRATIS **Archäologisches Museum** MUSEUM
(☎26740 32200; ⏲Di–So 8.30–15 Uhr) Antike Münzen mit Odysseus-Darstellungen.

Museum für Seefahrt & Folklore MUSEUM
(Eintritt 1,50 €; ⏲Di–Sa 10–14 & 17–21 Uhr) Unterhaltsam und informativ. In einem alten Kraftwerk einen Block hinter dem Platz.

Tagestouren BOOTSTOUREN
Albatross (☎69769 01643) und **Mana Korina** (☎69766 54351) umrunden in der Hauptsaison Ithaki ausgehend von Vathy und fahren nach Fiskardo (30 €), Lefkada (35 €) und zu „unbekannten Inseln" wie Atokos und Kalamos (35 €). Auch ein Wassertaxi zum **Gidaki-Strand** ist vorhanden. Zu Fuß ist Gidaki nur zugänglich über den Weg vom **Skinari-Strand**.

Schlafen

LP TIPP **Hotel Perantzada** BOUTIQUEHOTEL €€€
(☎26740 33496; www.arthotel.gr/perantzada; Odissea Androutsou; EZ 139–283 €, DZ 174–354 €, Suite 300–504 €; ⏲ganzjährig; ❄@🛜🏊) Die drei renovierten Komplexe erschaffen unterschiedliche Stimmungen von klassisch-altmodisch bis schick-modern. Qual der Wahl! Jede Abteilung ist darauf ausgelegt, Kunst, Architektur und Charakter des Raumes zu betonen. Und – ach ja! – die Aussicht auf Bucht und Berge. Die Gestaltung der Modernisten Philippe Starck und Ingo Maurer genießen oder am dekadenten, überdimensionalen Pool faulenzen – hier gibt's eine Verwöhngarantie. Beim inbegriffenen Frühstück auch.

Odyssey Apartments APARTMENTS €€
(☎26740 33400; www.ithaki-odyssey.com; DZ 60–80 €, Studio 100 €, Apt. mit 1/2 Schlafzimmer(n) 130/160 €; P❄≋) Berglage 500 m außerhalb des Ortes, lohnt sich aber wegen des fidelen Besitzers, der sehr sauberen Studios und Apartments (manche für fünf Personen) und der Balkone mit zauberhafter Aussicht auf den Yachthafen und in die Bucht. Am Ostende des Hafens ausgeschildert.

Hotel Familia BOUTIQUEHOTEL €€
(☎26740 33366; www.hotel-familia.com; Odysseos 60; DZ inkl. Frühstück 100–115 €; ❄) Großartig renoviert! Die altertümliche Olivenpresse wurde in ein mondänes Boutiquehotel verwandelt. Edler Schiefer kontrastiert mit weichen Teppichen und sanfter Beleuchtung – wow! Freundlicher Familienbetrieb, aber nur ein Zimmer hat einen Hof, und Meerblick gibt es nicht.

Grivas Gerasimos Rooms STUDIOS €€
(☎26740 33328; DZ/3BZ 55/65 €) Die nette Besitzerin unterhält geräumige Studios mit kleinem Balkon und Meerblick. Am Century Club am Wasser nach rechts gehen, dann die erste Straße parallel zum Meer nach links und noch 50 m weiter.

Hotel Mentor HOTEL €€
(☎26740 32433; EZ/DZ/3BZ/4BZ inkl. Frühstück 75/89/130/166 €; ❄) Saubere Zimmer am Hafen ohne Firlefanz, manche mit Aussicht.

Essen & Trinken

Die Essenssituation auf Ithaki und in Vathy ist so lala, also besser beim Leutegucken sattsehen. Ein Erlebnis der süßen Art ist die hiesige Spezialität *rovani* mit Reis, Honig und Gewürznelken in einer der Patisserien auf oder bei dem großen Platz.

Trehantiri TAVERNE €
(Hauptgerichte 5–8 €; ⌚Mittag- & Abendessen) Gutes Essen der alten Schule wird in dieser kleinen Taverne in einer Hintergasse gegenüber dem Blumenladen serviert. Hinter dem Tresen schauen, was frisch ist, und mit den Einheimischen quatschen.

Drosia TAVERNE €€
(☎26740 32959; Hauptgerichte 6–15 €; ⌚Mitte Juli–Mitte Sept. Mittag- & Abendessen) Hier wird in typisch griechischen oder beliebten Gerichten vom Holzkohlegrill geschwelgt. Kann sein, dass spontan zum Spiel von Bouzoukis getanzt wird. Von der inneren Hafenecke ist es 1 km auf der schmalen Straße nach Filiatro entfernt.

Gregory's Taverna/Paliocaravo MEERESFRÜCHTE €
(☎26740 32573; Hauptgerichte 6–19 €; ⌚Juni–Sept. Mittag- & Abendessen) Alteingesessener Familienbetrieb. Hier gibt's Fisch und leckere Spezialitäten wie *savoro* (in Essig und Rosinen marinierter Fisch). 1 km nördlich von Vathys Hafen mit Blick über die Marina.

Dracoulis BAR
Auf der Veranda einer alten Villa am Meer mit einem kleinen Becken, in dem Boote vor Anker gehen, zurücklehnen.

Praktische Informationen

Ithaki hat kein Touristenbüro. **Delas Tours** (☎26740 32104; www.ithaca.com.gr) und **Polyctor Tours** (☎26740 33120; www.ithakiholidays.com), beide auf dem Hauptplatz, sind mit Touristeninformationen behilflich. Am Hauptplatz sind die einzigen Banken der Insel (mit Geldautomaten), die Post und – das Internet: **Net** (pro Std. 4 €).

Unterwegs auf Ithaki

Auf Ithaki holt man aus bis in die mythische Vergangenheit und verkündet stolz, dass einige Stätten mit Homers *Odyssee* in Verbindung stehen. Die Suche danach kann wegen der spärlichen Beschilderung allerdings selbst eine Odyssee werden. Es heißt, an der **Arethousa-Quelle** im Süden der Insel habe Odysseus' Schweinehirt Eumaeus seine Schweine getränkt. Die schattenlose, einsame Wanderung durch unberührte Landschaft mit wundervollen Ausblicken auf das Meer dauert ab der Kreuzung 1,5 bis zwei Stunden (hin & zurück, ohne den bergigen 5-km-Marsch die Straße hinauf bis zum Schild). Sonnenhut und Wasser mitnehmen.

Sehr umstritten ist der Standort von Odysseus' Palast. Hinreichende Nachweise haben die Archäologen nicht finden können. Manche Archäologen unserer Zeit vermuten ihn auf dem **Berg Pelikata** bei Stavros, der deutsche Archäologe Heinrich Schliemann glaubte jedoch, er sei in **Alalkomenes** bei Piso Aetos.

Homers Mythen sind aber noch längst nicht alles. Von Vathy aus geht's nach Norden über eine sagenhafte Bergstraße in den verschlafenen früheren Hauptort

HOMERS HEISSE SPUREN

Dank der kompakten „Bauweise" von Ithaki erlebt man beim Wandern kontrastreiche Wechsel der Landschaft, mitunter mit einer Rundumsicht über Meer und umliegende Inseln. Es gibt ein paar markierte Wege. Geführte Wanderungen, z. B. der beliebte Homer's Walk, erkunden wenig besuchte Teile der Insel und werden über **Island Walks** (☎69449 90458; www.islandwalks.com; 15–25 €) organisiert. Die Routen sind zwischen 5 und 13 km lang.

Anogi. Die restaurierte Kirche **Agia Panagia** (angeblich aus dem 12. Jahrhundert) besitzt unglaubliche byzantinische Fresken und einen venezianischen Glockenturm (Schlüssel nebenan im *kafeneio* holen). 200 m bergauf liegen die wenigen, aber wirkungsstarken Ruinen des **alten Anogi** in felsiger Landschaft.

Noch weiter nördlich liegt im Landesinnern das Dorf **Stavros** oberhalb der Polis-Bucht. Es ist auch über die Westküstenstraße zu erreichen und verfügt über den einzigen Geldautomaten außerhalb von Vathy. Das kleine, interessante **Archäologische Museum** (☎26740 31305; Eintritt frei; ⌚Di–So 8.30–15 Uhr) mit hiesigen Artefakten aus der Zeit von 3000 v. Chr. bis in die römische Epoche lohnt einen Besuch.

Weiter nach Norden folgt oben das Dorf **Exogi,** das Panorama-Ausblicke bietet. Unterwegs kommt man an der Ausgrabungsstätte **Haus des Homer** vorbei, auf der rechten Seite eine unbefestigte Straße hinunter (beschildert).

Von Stavros geht's in nordöstlicher Richtung in das kleine, unscheinbare Dorf Frikes, wo die Fähre nach Lefkada abfährt. Frikes ist umschlossen von windumtosten Klippen. An der Hafenfront befinden sich Restaurants und gut besuchte Bars.

Von Frikes führt eine kurvenreiche Straße über die wunderschöne Küste und endet in dem lieblichen Ort **Kioni,** vielleicht dem malerischsten Küstendorf der Insel. Es läuft über einen grünen Berg zu einem winzigen Hafen hinunter, in dem Yachten über Nacht anlegen und die Seefahrer die wenigen Tavernen und Cafés füllen.

Schlafen

Captain's Apartments STUDIOS €€
(☎26740 31481; www.captains-apartments.gr; Kioni; DZ 65 €, Apt. für 4 Pers. 90 €; ⌚ganzjährig; P ❄ 👪) Gut geführt und definitiv blitzsaubere, gepflegte Studios und Apartments mit Waldblick. Auf der kurvigen Straße zum Hafen in Kioni auf halber Strecke ausgeschildert.

Kioni Apartments STUDIOS €€
(☎26740 31144; www.ithacagreece.eu; Kioni; Apt. 80–90 €; ⌚Mai–Okt.; ❄ 👪) Bietet einfache, zentral gelegene Studios gleich hinter Kionis Hafenfront. Bisweilen wird auf mindestens einer Woche Mietdauer bestanden.

Ourania APARTMENTS €
(☎26740 31027; www.ithacagreece.com/ourania/ourania.htm; Stavros; Apt. für 3/5 Pers. 45/65 €; P ❄ 👪) Diese heimeligen, von der freundlichen, Englisch sprechenden Besitzerin Frau Vasilopoulos vermieteten Studios erreicht man vom Hauptplatz in Stavros aus über die Gasse ganz links auf der linken Seite des Café To Kentro. Vom herrlichen Garten schweift der Blick über Olivenhaine zum Meer hinab.

Essen & Trinken

Yefuri TAVERNE €
(☎6979955246; http://yefuri.com; Hauptgerichte 7–16 €; ⌚Abendessen tgl., So Brunch, in der Nebensaison reduziert) Das beste Restaurant außerhalb von Vathy könnte das Yefuri sein. Frische Lebensmittel, wechselnde Speisekarte, und erst der üppige Sonntagsbrunch! Auf der Straße von Stavros nach Platrithias.

Mythos TAVERNE €
(Hauptgerichte 6–10 €) Im Mythos in Kioni gibt's exzellente *pastitsio* (Schichten aus gebutterten Makkaroni und gewürztem Lamm-Hackfleisch) und griechische Grundnahrungsmittel. Das gemütliche **Cafe Spavento,** ebenfalls in Kioni, bietet Internetzugang (pro Std. 2 €).

Rementzo TAVERNE €
(☎26740 31719; Hauptgerichte 6–12 €) In Frikes. Griechische Standards, gutes Preis-Leistungsverhältnis.

In Stavros haben sich ein paar einfache Gaststätten angesiedelt, unter anderem das gut geführte **Ithaki Restaurant** (☎26740 31080; Hauptgerichte 8,50–14 €) mit hausgemachtem Tavernen-Essen und das

Gartenrestaurant **Polyphemus** (☎26740 31794; Hauptgerichte 10–16 €) sowie Cafés wie das **Sunset** mit toller Aussicht und das **To Kentro** mit plaudernden Einheimischen.

ZAKYNTHOS

41030 EW.

Zakynthos (Ζάκυνθο), auch unter dem italienischen Namen Zante bekannt, kämpft gegen massiven Pauschaltourismus an Ost- und Westküsten. Unter dem ganzen Tamtam ist die Insel im Grunde wunderschön. Die bewaldeten Berge der Regionen im Westen und im Zentrum fallen zu Gewässern in unwirklichem Türkisblau hinab. Nord- und Südkap bleiben grün und abgeschieden. Zante-Stadt verleiht dem überlaufenen Osten etwas Glanz. Im Osten hat die Population der Meeresschildkröten angesichts dieser Entwicklung stark zu kämpfen (siehe Kasten S. 800).

ℹ An- & Weiterreise

Bus

KTEL-Busbahnhof (☎26950 22255; www.ktel-zakynthos.gr) An der Umgehungsstraße westlich von Zakynthos-Stadt. Ein Bus fährt von der Kirche St. Dionysios am Hafen zum Bahnhof. Es gibt Busse nach Athen (26 €, 6 Std., 4-mal tgl.; hält mitunter am KTEL Korinth), Patras (8,40 €, 3½ Std., 4-mal tgl.) und Thessaloniki (50 €, 10 Std., 3-mal wöchentl.). Zusätzlich 8,60 € für die Fähre nach Kyllini einplanen.

Flugzeug

NATIONAL Olympic Air (☎801 801 0101, 26950 42617; Zakynthos Airport; ⌚Mo–Fr 8–22 Uhr) Flüge nach Athen.

Sky Express (☎28102 23500; www.skyexpress.gr) Flüge nach Korfu über Kefallonia und Preveza.

INLANDSFLÜGE AB ZAKYNTHOS

REISEZIEL	DAUER	PREIS	HÄUFIGKEIT
Athen	55 Min.	99 €	2-mal tgl.

Zakynthos

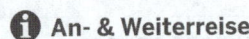

Korfu	1¾ Std.	59 €	3-mal wöchentl.
Kefallonia	20 Min.	38 €	3-mal wöchentl.
Preveza	1 Std.	46 €	3-mal wöchentl.

INTERNATIONAL Air Berlin (www.airberlin.com) Flüge in deutsche Städte.

Von Mai bis September gibt es zahlreiche Charterflüge aus Nordeuropa.

Schiff/Fähre

NATIONAL Ionian Ferries (☎26950 22083/49500; www.ionianferries.gr; Lomvardou 40 & 72; Zakynthos) betreiben je nach Saison vier bis acht Fähren täglich zwischen Zakynthos-Stadt und Kyllini auf dem Peloponnes.

Vom nördlichen Hafen Agios Nikolaos aus verkehrt von Mai bis Oktober zwei Mal täglich eine Fähre nach Pesada in Südkefallonia. Tickets bei **Chionis Tours** (☎26950 23894; Lomvardou 8, Zakynthos-Stadt). In der Hauptsaison fahren lediglich zwei Busse wöchentlich von Zakynthos-Stadt nach Agios Nikolaos und zwei Busse täglich von Pesada (Kefallonia) nach Argostoli (Kefallonia), ohne eigenes Fahrzeug ist die Überfahrt also schwierig. Alternativ geht's erst mit dem Schiff nach Kyllini und dann mit einer weiteren Fähre nach Kefallonia.

Hafenbehörde (☎26950 42556)

FÄHREN VON ZAKYNTHOS

REISEZIEL	HAFEN	DAUER	PREIS	HÄUFIGKEIT
Korfu	Zakynthos-Stadt	8¾ Std.	32 €	2-mal wöchentl.
Kyllini (Peloponnes)	Zakynthos-Stadt	1 Std.	8,50 €	7-mal tgl.
Pesada (Kefallonia)	Agios Nikolaos	1½ Std.	8 €	2-mal tgl., saisonbedingt

INTERNATIONAL Ionian Ferries (☎26950 22083/49500; www.ionianferries.gr; Lomvardou 40 & 72, Zakynthos-Stadt) verkauft Tickets für Fahrten in der Hauptsaison nach Brindisi in Italien über Igoumenitsa und Korfu mit *Minoan Lines*, *Superfast* und *Blue Star Ferries*. **Hellenic Mediterranean Lines** (www.hmlferry.com) und **Agoudimos Lines** (www.agoudimos-lines.com) fahren im Juli und im August ein oder zwei Mal pro Woche nach Brindisi (80 €, 15½ Std.).

Unterwegs vor Ort

Von Zakynthos-Stadt zum Flughafen 6 km südwestlich gibt's keine Busverbindung. Das Taxi kostet etwa 10 €.

Vom **KTEL-Busbahnhof** (☎26950 22255; www.ktel-zakynthos.gr) in Zakynthos-Stadt fahren häufig Busse zu den Urlaubsorten Alikes (1,50 €), Tsilivi, Argasi, Laganas und Kalamaki (alle 1,40 €). Einige nützliche Lokalbusse nehmen die oberen oder unteren Hauptstraßen nach Katastari und Volimes. Busverbindungen in andere Dörfer sind selten.

In größeren Ferienorten gibt es zahlreiche Auto- und Motorradvermietungen.

Europcar (☎26950 41541; Plateia Agiou Louka) Liefert zum Flughafen.

Hertz Zakynthos-Stadt (☎26950 45706); Flughafen (☎26950 24287)

Motor Club Rentals (☎26950 53095)

Zakynthos-Stadt Ζάκυνθος

10 963 EW.

Zakynthos-Stadt ist die dynamische Hauptstadt und der Hafen der Insel und erstreckt sich um eine große blaue Bucht herum. Das Erdbeben von 1953 zerstörte die Stadt erheblich, aber sie wurde mit Arkaden, imposanten Plätzen und anmutigen neoklassizistischen Gebäuden wieder aufgebaut. Eine venezianische Festung schaut von einem Berg auf den Trubel der Stadt hinunter.

Sehenswertes & Aktivitäten

Die zentral gelegene Plateia Agiou Markou ist der Ort schlechthin, um Leute zu beobachten.

LP TIPP Byzantinisches Museum MUSEUM
(☎26950 42714; Plateia Solomou; Eintritt 3 €; ⏲Di–So 8.30–15 Uhr) Auf zwei Etagen sagenhafte Sakralkunst, die nach dem Beben aus zerstörten Kirchen gerettet wurde. Schöne Kulisse mit Blick über den Hauptplatz. Innen wurde das Kloster St. Andreas (16. Jahrhundert) für die aus ihm stammenden restaurierten Fresken kunstvoll „nachgebildet".

LP TIPP Solomos-Museum MUSEUM
(☎26950 28982; Plateia Agiou Markou; Erw./Kind 4/2 €; ⏲9–14 Uhr) Das Museum beherbergt die Erinnerungsstücke und das Archiv von Dionysios Solomos (1798–1857), der auf Zakynthos geboren wurde und als der Vater der modernen griechischen Lyrik angesehen wird. Sein Werk *Hymne an die Freiheit* wurde zur griechischen Nationalhymne.

LP TIPP Anwesen der Romas MUSEUM
(☎26950 28343; 19 Louka Karrer; Erw./Kind inkl. Führung 5 €/frei; ⏲April–Okt. Mo–Sa 10–14, Juni–Okt. auch Mo–Fr 19–21 Uhr) Das im 17. Jahrhundert von einem englischen

Kaufmann errichtete Anwesen war in britischem Besitz (der britische Staatsmann Gladstone sprach vom Balkon zu den Einheimischen), bis die Familie Romas es in den 1880er-Jahren erwarb. Historisches Mobiliar und Dekor sind faszinierend und in vorzüglichem Zustand. Die Bibliothek umfasst stolze 10 000 Bände.

Dionysios-Kirche KIRCHE, MUSEUM

Die Kirche des Schutzheiligen der Insel befindet sich im Süden von Zakynthos-Stadt und birgt erstaunliche Goldarbeiten und Fresken. Das sehenswerte **Kirchenmuseum** (Eintritt 2 €; ⌚9–13 & 17–21 Uhr) zeigt eindrucksvolle Ikonen aus dem Kloster Strofades (wo Dionysios einige Jahre lebte), Schriftrollen aus dem 13. und 14. Jahrhundert und ein altgriechisches Buch aus dem 12. Jahrhundert.

Kastro RUINE, FESTUNG

(☎26950 48099; Eintritt 3 €; ⌚Di–So 8.30–14.30 Uhr) Das Kastro ist eine friedliche, schattige und idyllisch mit Pinien bewachsene venezianische Festungsruine hoch über Zakynthos-Stadt in 2,5 km Entfernung gelegen. Parkmöglichkeiten gibt es in Bochali, von dort sind es dann noch 300 m zu Fuß.

Zakynthos-Stadt

Schlafen

Reisegruppen neigen dazu, Hotels in Beschlag zu nehmen. Im Folgenden sind sichere und ganzjährig geöffnete Optionen für Individualreisende aufgeführt.

Hotel Strada Marina HOTEL €€
(26950 42761; www.stradamarina.gr; Lomvardou 14; EZ/DZ/3BZ inkl. Frühstück 60/65/110 €;) Diese Unterkunft liegt direkt an der Hauptstraße am Hafen mit Dachterrasse und Pool. Business-Hotel mit gut ausgestatteten Zimmern. Die oberen Balkone bieten einen super Blick auf die Bucht und das Leben.

Hotel Diana HOTEL €
(26950 28547; www.dianahotels.gr; Plateia Agiou Markou; EZ/DZ/3BZ inkl. Frühstück 45/50/70 €;) Gemütliches und gut ausgestattetes Hotel in guter, zentraler Lage. Es verfügt über eine 2-Zimmer-Familiensuite (100 €).

Hotel Palatino HOTEL €€
(26950 27780; www.palatinohotel.gr; Kolokotroni 10; DZ 70–80 €;) Blitzsauber und zentrumsnah in einem ruhigen Wohnviertel gelegen. Die Räume sind dezent gestaltet, das Personal ist fähig, und es gibt ein paar Balkone mit Meerblick.

Hotel Alba PENSION €
(26950 26641; www.albahotel.gr; L Ziva 38; DZ inkl. Frühstück 50 €;) Polierter cremefarbener Marmor und eine fröhliche helle Atmosphäre werten die einfachen Zimmer und noch einfacheren Bäder in diesem Hotel in Zentrumslage auf.

Zakynthos-Stadt

Highlights
- Anwesen der Romas C1
- Byzantinisches Museum B3
- Solomos-Museum B2

Schlafen
1. Hotel Alba B2
2. Hotel Diana B2
3. Hotel Palatino B1
4. Hotel Strada Marina B4

Essen
5. Mesathes B2
6. Stou Zisi B2
7. Supermarkt B5

Ausgehen
8. Base B2

Essen & Trinken

Es gibt viele Restaurants, aber wie fast auf der gesamten Insel sind sie tendenziell zu teuer und reißen nicht zu Begeisterungsstürmen hin.

LP TIPP **Malanos** TAVERNE €
(26950 45936; www.malanos.gr; Agiou Athanasiou, Gebiet Kiri; Hauptgerichte 5–10 €; Mittag–16 Uhr & ab 20 Uhr) Inselweit für Spezialitäten von Zakynthos beliebt. Familienbetrieb mit schlicht gedeckten Tischen und überdachter Veranda, es gibt Hits wie Hähnchen, Kaninchen und Wildschwein. Am südlichen Stadtrand, ländlich. Einheimische nach dem Weg fragen.

Mesathes MEDITERRAN €
(26950 49315; Ethnikis Antistaseos; Hauptgerichte 9–11 €; Mittag- & Abendessen) Elegant und nüchtern, in der Fußgängerstraße hinter dem Byzantinischen Museum versteckt. Griechische Gerichte und Meeresfrüchte.

Stou Zisi TAVERNE €
(26950 49315; Dimokratias; Hauptgerichte 9–11 €; Mittag- & Abendessen) Das Stou Zisi liegt mitten im Geschehen und ist ambitioniert in Sachen Kundenakquise. Die Gerichte werden frisch zubereitet – einfach über die Theke schauen.

Peppermint MEDITERRAN €
(26950 22675; www.pepper-rest.com; Argasi; Hauptgerichte 6–11 €; Mai–Okt. Abendessen tägl, Nov.–April Do–Sa) Wer mobil ist, kann zum südlichen Ortsteil Argasi flitzen und bei bestem Preis-Leistungsverhältnis im Hof essen, unter anderem gegrilltes Hühnchen und Pasta Primavera. Täglich wechselnde Gerichte, große Portionen.

Base BAR
(Plateia Agiou Markou) Das Base kontrolliert den Menschenfluss auf der Plateia Agiou Markou, denn es verabreicht der Menge der Leute guckenden Einheimischen Kaffee, Drinks und Musik.

Praktische Informationen

Banken (mit Geldautomaten) sind auf der Lomvardou und gleich westlich der Plateia Solomou.

EOT (26950 25428; Agiou Dionysou; Mo–Fr 9–14.30 Uhr)

Hafenpolizei (Agiou Dionysou) Über dem EOT-Fremdenverkehrsbüro.

Home Internet (12 L Ziva; pro Std. 3 €; 10–1 Uhr)

BEI DEN MEERESSCHILDKRÖTEN

Auf den Ionischen Inseln ist die Mittelmeer-Meeresschildkröte *(Caretta caretta,* Unechte Karettschildkröte) beheimatet. Sie gehört zu Europas´ meistgefährdeten Meerestierarten. Die Schildkröten vergraben ihre Eier in weiten, flachen und sauberen Sandstränden – leider auch Lieblingshabitat sonnenhungriger Touristen.

Auf Zakynthos gibt es die größte Dichte an Schildkrötennestern im Mittelmeerraum, ihre Zahl wird auf 1100 Stück an den fünf Strandkilometern der Laganas-Bucht geschätzt. Während der Eiablagezeit (Juli bis Oktober) schlüpfen die überlebenden kleinen Schildkröten nach 60 Tagen Brut im Sand. Naturschutzstellen platzieren Holzschilder und Schutzkäfige mit Warnhinweisen bei vergrabenen Nestern, oft neben den Sonnenstühlen der Touristen. Dennoch werden zahlreiche Nester durch Sonnenschirme und Fahrräder zerstört. Viele Schildkrötenjunge schaffen es nicht bis zum Wasser, denn durch Sonnenstühle, Lärm und Licht verlieren sie die Orientierung. Auch Boote töten oder verstören die Schildkröten.

Naturschützer sind mit den örtlichen Behörden, Touristikbetreibern und der Regierung aneinandergeraten. 1999 hat die griechische Regierung die Laganas-Bucht auf Druck der EU zum **Meeresnationalpark Zakynthos** (NMPZ; www.nmp-zak.org, auf Griechisch) erklärt. Im Hinblick auf Bau, Schifffahrt, Ankern, Fischen und Wassersport traten in bestimmten Zonen strenge Vorschriften in Kraft.

Alle als Nistgebiete ausgewiesenen Strände sind während der Brutzeit (Mai bis Oktober) zwischen Sonnenunter- und -aufgang absolutes Sperrgebiet. Trotzdem sind Dutzende von Bars und Tavernen geöffnet, Sonnenstühle und -schirme werden vermietet, und Bootstouren versprechen „garantiertes" Beobachten von Schildkröten. Wenn sie den Tieren zu nahe kommen, kann dies in einem entscheidenden Moment des Brutzyklusses Stress verursachen.

Freiwillige von **Archelon** (www.archelon.gr) und vom Meeresnationalpark betätigen sich als inoffizielle Strandwächter, informieren und führen Freiwilligenprogramme durch, die jüngsten finanziellen Kürzungen haben ihre Möglichkeiten jedoch erheblich beschnitten.

Weitere Infos sowie Möglichkeiten für Freiwilligendienste oder Spenden gibt's online unter www.archelon.gr oder im Naturinformationszentrum am Gerakas-Strand (www.earthseasky.org).

Zudem ist auf Folgendes zu achten:

» In trockenem Sand keine Schirme aufstellen (zum nassen Strandbereich gehen).

» Niststrände zwischen Sonnenunter- und -aufgang nicht betreten und den Daphni-Strand ganz auslassen (hier werden die Schutzgesetze nach wie vor missachtet).

» Keine Bootsfahrten in der Laganas-Bucht machen.

Post (☎26950 44875; Tertseti 27; ⏲7–14 Uhr) Einen Block westlich der Alexandrou Roma.

Zante Voyage (☎26950 25360; 12 Agiou Dionysou) Beantwortet Fragen, bucht Tickets und verleiht Autos.

Unterwegs auf Zakynthos

Um den Charme von Zakynthos zu entdecken, ist ein eigenes Fahrzeug unerlässlich.

Ein Hauptmerkmal der Insel sind die Meeresschildkröten, die in der großen Laganas-Bucht, einem Meeresnationalpark an der Südküste, an Land kommen, um an den goldgelben Sandstränden ihre Eier abzulegen (siehe Kasten oben).

Sehenswürdigkeiten

Inmitten der südlichen Ausdehnung des Stadtgebiets befindet sich die **Halbinsel Vasilikos,** stark bewaldet und irgendwie gelassen. Sie umfasst die Laganas-Bucht. Trotzdem begann man, sie zu erschließen. Am Strand **Banana Beach** beispielsweise, einem langen, schmalen Streifen mit goldenem Sand auf der Nordseite der Halbinsel, gibt es Getümmel, Wassersport und Sonnenschirme. **Kaminia** ist ganz anständig. Der beste Strand von Zakynthos ist der lange Sandstrand **Gerakas** auf der anderen Seite der Halbinsel zur Laganas-Bucht hin. Bitte aber beachten: Dies ist einer der Hauptniststrände für die

Schildkröten, und von Mai bis Oktober ist das Betreten von Sonnenunter- bis -aufgang verboten. Am Stand beim Weg zum Strand sind die Naturschutzempfehlungen erhältlich (Einhalten!!).

Mit einem Fahrzeug ist das raue Gebiet im äußersten Südwesten der Insel erreichbar. Hinter dem traditionellen Dorf **Keri** führt eine winzige Straße (vorbei an einer Taverne, die behauptet, die größte griechische Flagge des Landes zu besitzen) zum **Kap Keri** mit Leuchtturm über steilen Klippen. Aufpassen auf den Wegen an der Klippenkante!

Landschaftlich reizvolle und manchmal aufreizend verwirrende Straßen führen von hier nach Norden durch schöne, bewaldete Berglandschaft. Einheimische verkaufen Honig und andere Produkte, je nach Jahreszeit. Hier geht's zu den wenigen über Land erreichbaren Buchten an der Westküste wie **Limnionas** oder **Kambi** und zu Preziosen im Landesinneren wie **Kiliomeno,** dessen **St.-Nikolaos-Kirche** einen ungewöhnlichen Campanile ohne Dach besitzt. Der Glockenturm der Kirche in **Agios Leon** war früher eine Windmühle. Der liebliche Ort **Louka** liegt von Wäldern und Weiden umgeben wie hingegossen in einem Tal. In **Exo Chora** stehen einige trockene Brunnen und der angeblich älteste Olivenbaum der Insel. **Volimes** ist ungeniert Verkaufszentrum für traditionelle Produkte.

Die Ostküste nördlich von Zakynthos-Stadt ist übersät mit Ferienorten, aber je weiter es in den Norden geht, umso abgeschiedener und schöner wird die Insel. In **Agios Nikolaos,** dem Fähranleger, endet die Straße. Hier ist wenig Tourismus. Noch etwas weiter gelangt man an das windige Weidegebiet **Kap Skinari.**

Von Agios Nikolaos und dem Kap Skinari fahren Boote in die **Blauen Grotten,** Aushöhlungen auf Meeresspiegelhöhe in den Kalksteinklippen an der Küste. Die Boote fahren in die Grotten hinein. Von 9 bis 14 Uhr, wenn die Sonne hineinscheint, schimmert das Wasser in ihnen in glasklarem Blau.

Die Boote fahren auch zum berühmten **Schiffswrack-Strand,** dessen herrliche Fotos sämtliche Touribroschüren über Zakynthos oder sogar Griechenland zieren. Er befindet sich in der **Navagio-Bucht** 3 km westlich von Volimes an der Nordwestspitze der Insel. In der Nebensaison ist es hier tatsächlich herrlich, aber in der Hauptsaison zieht manch einer den Vergleich zur Landung der Alliierten in der Normandie, weil es so überfüllt ist. Vom Land aus bietet eine nicht ungefährlich wirkende **Aussichtsplattform** (zwischen Anafonitria und Volimes ausgeschildert) eine tolle Aussicht. **Potamitis Trips** (☎26950 31132; www.potamitisbros.gr; Kap Skinari) und **Karidis** (☎6974492193; Agios Nikolaos) betreiben Bootsfahrten (Blaue Grotten 7,50 €, Schiffswrack-Strand & Blaue Grotten 15 €).

Schlafen

Kleine und große Ferienhäuser auf der Halbinsel Vasilikos vermittelt **Ionian Eco Villagers** (☎UK 0871 711 5065; www.relaxing-holidays.com); last-minute kann man sein Glück an deren Naturschutz-Infokiosk in Geratas versuchen.

LP TIPP **Villa Christina** STUDIOS €
(☎26950 49208; viganelichristina@hotmail.com; Studio 50–55 €, Apt. 60–80 €, Maisonette 150 €; Limni Keriou; ⌚Mai–Okt.; P ❄ @ ≋ 👪) Die super-freundlichen Besitzer sprechen Englisch und Italienisch. Sie versorgen einen riesigen Garten und vermieten saubere Studios in einem alten Olivenhain. Bibliothek/TV-Zimmer, Grillbereiche und ein schillernder Pool bereichern die vielen Unterkunftsoptionen, alle mit Kochgelegenheit. Zwischen Limni Keriou und der Straße nach Laganas.

Windmill PENSION €€
(☎26950 31132; www.potamitisbros.gr; Cape Skinari; DZ 60 €; ❄) Eine umgebaute Windmühle und ein altes Steinhaus fantastisch oben auf den Klippen des Kap Skinari gelegen. Die malerischen Zimmer haben alle eine unglaubliche Aussicht. Eine Treppe führt zum schönen Badebereich hinunter. Kochgelegenheit und Café-Bar.

Panorama Studios STUDIOS €
(☎26950 31013; panorama-apts@ath.forthnet.gr; Agios Nikolaos; DZ 40 €; P ❄ ᯤ) Englisch sprechende Vermieter bieten ausgezeichnete Studios mit Meerblick an. Lage an der Hauptstraße, aber zurückgesetzt und in einem bezaubernden Garten. 600 m bergauf ab Agios Nikolaos.

Revera Villas HOTEL €€
(☎26950 27524, 69748 75171; www.revera-zante.com; Studio 70 €, Ferienhaus ab 145 €; P ❄ ≋) Die Stein-Ferienhäuser haben

schon bessere Tage gesehen. 500 m südwestlich von Keri, gleich bei der Straße zum Leuchtturm. Freigelegtes Mauerwerk und uriger Standort machen schäbige Textilien und Stockflecken im Bad wett. Kostenlose Mountainbikenutzung.

Ilyessa Cottages FERIENHÄUSER €€
(☎26950 27707; www.ilyessa.gr; Meso Gerakari; Ferienhaus 60 €; P ❄ 👪) Freundliche Besitzer vermieten in einem Zitronenhain nördlich von Zakynthos-Stadt kleine und große Ferienhäuser.

Aresti Club FERIENHÄUSER €€€
(☎26950 26151; www.aresti.com.gr; Ferienhäuser ab 200 €) Erstklassige steinerne Ferienhäuser mit Pools bei Agios Dimitrios im Osten oder im entlegenen Ferien-Bergdorf Aresti bei Agios Leon, im Westen.

Tartaruga Camping CAMPINGPLATZ €
(☎26950 51967; www.tartaruga-camping.com; Stellplätze pro Erw./Auto/Zelt 5/3/3,60 €, Zi. pro Pers. 15 €; ⏱April–Okt.; P ❄ 📶) Terrassen mit Olivenhainen ziehen sich hinab zum Meer. Sehr einfache Sanitäranlage, kleiner Laden, eine Taverne und spartanische Zimmer. Auf der Straße von Laganas nach Keri gut ausgeschildert.

Essen

Die Restaurants auf Zakynthos sind eher unspektakulär. In Keri, Limnionas und Kambi gibt es gute einfache Tavernen (nur in der Hauptsaison). In Lithakia sind die **Taverne Dennis** (Hauptgerichte 8–15 €; ⏱Mittag- & Abendessen) – für ihre Steaks bekannt – und das **To Litrouvio** (☎26950 55081; Hauptgerichte 6–16 €; ⏱Mittag- & Abendessen), mit einer steinernen Olivenölpresse fürs Ambiente.

Alitzerinoi TAVERNE €
(☎26950 48552; www.alitzerini.gr; Kiliomeno; Hauptgerichte 7–12 €; ⏱dAbendessen tgl., im Winter nur Fr–So) Wegen der köstlichen inseltypischen Küche nehmen die Einheimischen die beschwerliche Reise in den Weiler Kiliomeno auf sich. Es werden hiesige Erzeugnisse und Käsesorten verwendet, man sitzt in einem alten, terrassenartigen Hof am Berghang. Die Eigentümerfamilie macht die roten und weißen *mastelado*-Weine selbst und würzt das Ganze mit griechischer Live-Musik.

Louha's Coffee Shop CAFÉ €
(☎26950 48426; Louka; Hauptgerichte 4–7 €; ⏱Mai–Okt.) Auf einer schattigen, weilweinberankten Terrasse gegenüber der Kirche von St. Johannes dem Theologen essen oder trinken. Guter hiesiger Wein zu einer Spezialität des Tages, Salate und der beruhigende Blick auf Zypressen bewachsene Berge.

Haris Snack Bar CAFÉ €
(Louka) Noch ein lauschiges Plätzchen in Louka. Drinks auf Holzterrassen und toller Blick aufs Dorf.

KYTHIRA

3334 EW.

Die Insel Kythira (Κύθηρα) liegt 12 km vor der Spitze der Halbinsel Lakonien, die zum Peloponnes gehört, zwischen dem Ägäischen und dem Ionischen Meer. Trotz der Nähe zum Peloponnes wird sie den Ionischen Inseln zugerechnet. Kythira ist tatsächlich unberührt. Die weitgehend karge Landschaft wird von einem Felsplateau beherrscht, das den größten Teil der Insel einnimmt. Die Bevölkerung ist auf über 40 kleine Dörfer verteilt und lebt mehr schlecht als recht von dem landwirtschaftlich nutzbaren Teil des Landes. Die Dörfer im weiß-kubischen Baustil erinnern an die Kykladen. Über schmale, kurvenreiche Straßen, häufig flankiert von alten Trockensteinmauern, sind sie miteinander verbunden.

In der Mythologie heißt es, Aphrodite sei auf Kythira geboren. Dort, wohin Kronos die Geschlechtsteile des von ihm kastrierten Uranos geworfen hatte, sei sie dem Meerschaum entstiegen. Dann tauchte die Göttin der Liebe bei Pafos auf Zypern wieder auf, sodass die beiden Inseln um den Ort ihrer Geburt wetteifern.

Der Tourismus ist nicht stark ausgeprägt, abgesehen von den Monaten Juli und August – in dieser Zeit steht die ganze Insel kopf. Unter den zahlreichen Touristen sind auch die insbesondere nach Australien ausgewanderten Kythirer auf Heimatbesuch. Den Rest des Jahres über sind Kythira und ihre Strände jedoch herrlich friedlich.

An- & Weiterreise

Olympic Air (☎801 801 0101; zentraler Platz, Potamos) bietet Flüge nach Athen (73 €, 50 Min., 5-mal wöchentlich). Der Flughafen befindet sich 10 km östlich von Potamos. Kann auch bei Kythira Travel gebucht werden.

Kythira & Antikythira

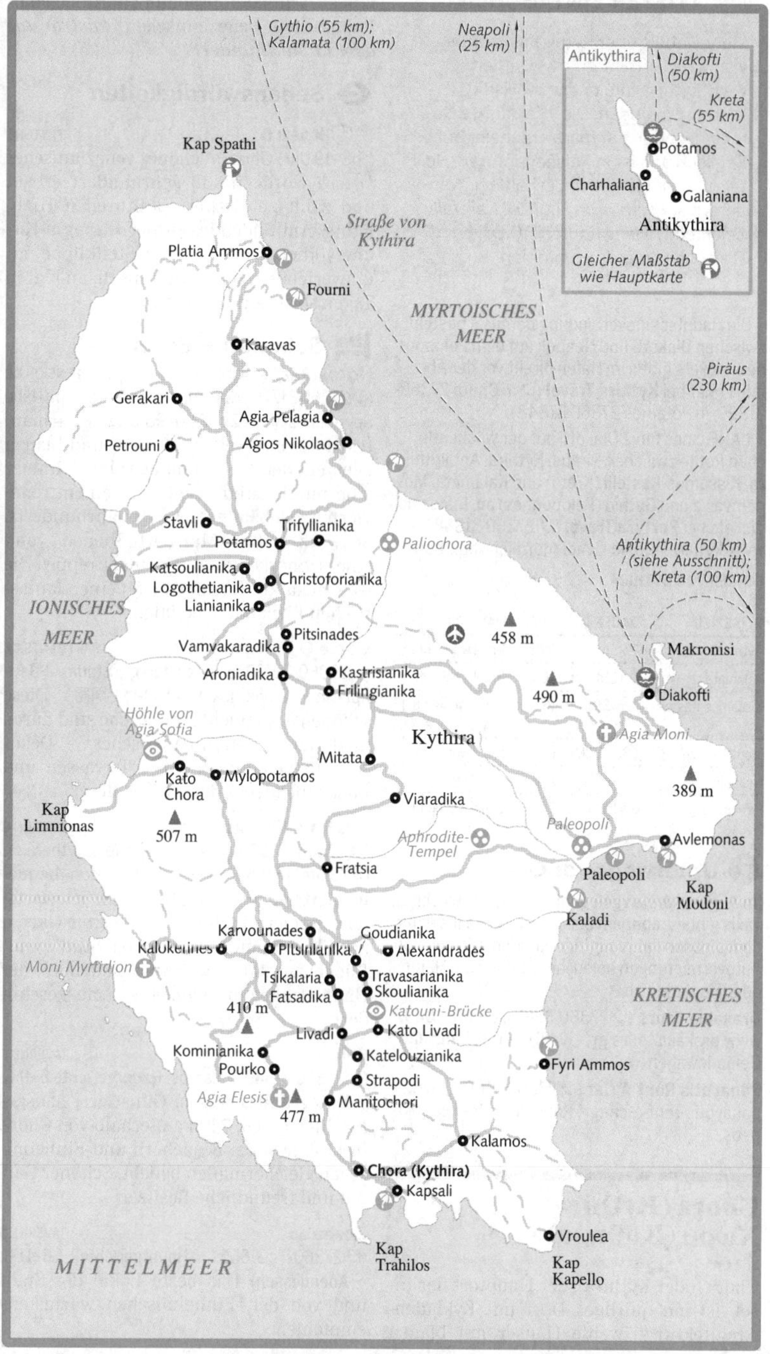
0
4 km
Gythio (55 km);
Kalamata (100 km)
Neapoli
(25 km)
Antikythira
Diakofti
(50 km)
Kreta
(55 km)
Potamos
Charhaliana
Galaniana
Antikythira
Gleicher Maßstab
wie Hauptkarte
Kap Spathi
Straße von
Kythira
Platia Ammos
Fourni
MYRTOISCHES
MEER
Karavas
Piräus
(230 km)
Gerakari
Agia Pelagia
Petrouni
Agios Nikolaos
Stavli
Trifyllianika
Potamos
Paliochora
Katsoulianika
Antikythira (50 km)
(siehe Ausschnitt);
Kreta (100 km)
Logothetianika
Christoforianika
IONISCHES
MEER
Lianianika
Pitsinades
458 m
Vamvakaradika
Makronisi
Aroniadika
Kastrisianika
490 m
Frilingianika
Diakofti
Höhle von
Agia Sofia
Kythira
Agia Moni
Mitata
Kato
Chora
Mylopotamos
389 m
Kap
Limnionas
Viaradika
507 m
Paleopoli
Aphrodite-
Tempel
Avlemonas
Fratsia
Paleopoli
Kap
Modoni
Kaladi
Karvounades
Goudianika
Kalokerines
Pitsinianika
Alexandrades
Moni Myrtidion
Tsikalaria
Travasarianika
Fatsadika
Skoulianika
KRETISCHES
MEER
410 m
Katouni-Brücke
Livadi
Kato Livadi
Kominianika
Katelouzianika
Pourko
Fyri Ammos
Strapodi
Agia Elesis
Manitochori
477 m
Kalamos
Chora (Kythira)
Kapsali
Vroulea
Kap
Trahilos
Kap
Kapello
MITTELMEER

TIEFER EINTAUCHEN

Mehr Details über Kythira sind unter visit www.kythira.gr, www.kithera.gr, www.kythira.info und www.visitkythera.gr zu finden. Die informative Gemeindezeitung *Kythera* erscheint auf Englisch und ist in Reiseagenturen, Hotels und einigen Läden erhältlich. Wanderern sei *Kythira on Foot: 32 Carefully Selected Walking Routes* (10 €) von Frank van Weerde empfohlen.

Die Hauptschiffsverbindung der Insel besteht zwischen Diakofti und Neapoli auf dem Peloponnes. Tickets gibt's im Hafen direkt vor der Abfahrt oder bei **Kythira Travel** (☎in Chora 27360 31390, in Potamos 27360 31848).

LANE Lines fährt Diakofti auf der wöchentlichen Route zwischen Piräus, Kythira, Antikythira, Kissamos-Kastelli (Kreta) und Kalamata, Monemvasia und Gythio (Peloponnes) an. Infos und Tickets bei **Porfyra Travel** (☎27360 31888; www.kythira.info) in Livadi (nördlich von Chora).

FÄHREN VON KYTHIRA

REISEZIEL	DAUER	PREIS	HÄUFIGKEIT
Gythio	2½ Std.	9 €	1-mal wöchentl.
Kalamata	4½ Std.	20 €	1-mal wöchentl.
Kissamos-Kastelli	2½4 Std.	16 €	4-mal wöchentl. (2 ü. Antikythira, 7 €)
Monemvasia	1 Std. 10 Min.	9 €	1-mal wöchentl.
Neapoli	1¼ Std.	11 €	2-mal tgl.
Piraeus	6½ Std.	24 €	2-mal wöchentl.

Unterwegs vor Ort

Im August können gelegentlich Busse verkehren. Taxis gibt es, aber am besten ist es, die Insel mit dem eigenen Fahrzeug zu erkunden. Die meisten Autovermietungen holen ihre Kunden am Hafen oder Flughafen ab.

Drakakis Tours (☎27360 31160, 6944840497; www.drakakistours.gr; Livadi) Autos, Vans und Geländewagen.

Panayotis Rent A Car (☎27360 31600; www.panayotis-rent-a-car.gr; Kapsali) Autos und Mopeds.

Chora (Kythira) Χώρα (Κύθηρα)

267 EW.

Chora (oder Kythira), der Hauptort der Insel, ist ein quirliges Dorf mit Kykladen-Architektur – weiße Häuser mit blauen Jalousien und Läden. Chora liegt auf einer langen, schmalen Erhöhung nördlich eines imposanten venezianischen *kastro aus dem 13. Jahrhundert*

Sehenswürdigkeiten

GRATIS **Kastro** FESTUNG

(⏲8–19 Uhr) Choras schönes venezianisches *kastro* wurde im 13. Jahrhundert erbaut und zählt zu Kythiras kulturellen Highlights. Am Südende, an der **Panagia-Kirche** vorbei, geht's zu einer Steilklippe mit umwerfendem Blick auf Kapsali, an klaren Tagen sogar auf Antikythira.

Schlafen & Essen

Hotel Margarita PENSION €€

(☎27360 31711; www.hotel-margarita.com; Nähe Spyridonos Staï; EZ/DZ 60/90 €; ❄) Charmantes Hotel mit weißen Mauern und blauen Fensterläden. Stimmungsvolle Zimmer (alle mit TV und Telefon) in einem renovierten Gebäude des 19. Jahrhunderts. Schwarz-weiße Marmorfußböden und eine schnörkelige alte Wendeltreppe. Die weiß gekalkte Terrasse bietet einen fantastischen Blick auf den Hafen.

Corte O Suites APARTMENTS €€

(☎27360 39139; www.corteo.gr; Studio/2-Bett-Apt. inkl. Frühstück 90/180 €; ❄@) Diese schönen Apartments mit Küche sind durch modernes, minimalistisches Dekor schlicht gehalten. Private Terrassen und Blick aufs Meer oder ins Tal. Beim *kastro*.

Castello Rooms PENSION €

(☎27360 31069; www.castelloapts-kythera.gr; DZ/Suite 45/55 €; ❄📶) Die sieben bequemen, von der Hauptstraße zurückgesetzten Zimmer umgibt ein gepflegter Garten mit Blumen und Obstbäumen. Studios mit Küchenausstattung. Am Südende der Hauptstraße Spyridonos Staï ausgeschildert.

Filio TAVERNE €

(☎27360 31549; Kalamos; Hauptgerichte 6–9 €; ⏲Mittag- & Abendessen) Günstiges, hausgemachtes Essen, 7 km außerhalb von Chora in Kalamos. Bei Besuchern und Einheimischen gleichermaßen beliebt. Schöner Garten und freundliche Besitzer.

Zorba's TAVERNE €

(☎27360 31655; Hauptgerichte 6–11 €; ⏲Abendessen) Das beste Lokal der Stadt und von den Einheimischen wärmstens empfohlen.

Praktische Informationen

Banken mit Geldautomaten sind am Platz im Zentrum.

Fos Fanari (☎27360 31644; ⌚ab 8 Uhr; 📶)

Internetservice (Kodak-Laden; Spyridonos Staï; pro Std. 5 €; ⌚Mo–Sa 9–14 & 18–21 Uhr)

Polizeistation (☎27360 31206) Beim *kastro*.

Post (⌚Mo–Fr 7.30–14 Uhr) Am zentralen Platz.

Kapsali Καψάλι

34 EW.

Das malerische Dörfchen Kapsali 2 km südlich von Chora diente Chora in venezianischer Zeit als Hafen. Kapsali hat zwei Sandbuchten und eine kurvenreiche Küstenlinie, die vom *kastro* aus betrachtet beeindruckend aussieht. Restaurants und Cafés säumen den Strand. Kapsalis Markenzeichen ist das Schwimmen in den schützenden Buchten.

Vor der Küste prangt eine nackte Felseninsel, die **Avgo** (Ei) oder **Itra** (Kochtopf) genannt wird. Die Einheimischen sagen, dass sich die Wolken über dem Felsen sammeln und er wie ein dampfender Kochtopf aussieht.

Panayotis bei **Moto Rent** (☎27360 31600) am Hafen vermietet Kanus, Tretboote, Autos, Mopeds und Fahrräder. **Kaptain Spiros** (☎6974022079) unternimmt täglich Fahrten mit seinem Glasboden-Boot (ab 12 € pro Person). Es geht auch nach Itra, und dort kann man schwimmen.

Schlafen

Spitia Vassili PENSION €€

(☎27360 31125; www.kythirabungalowsvasili.gr; DZ/3BZ/4BZ inkl. Frühstück 60/70/100 €; ❄📶) Attraktive, grün-weiße Anlage mit perfekter Kulisse: Von den Horden entfernt und mit Blick auf Kapsalis Strand. Geräumige Zimmer mit rustikal wirkenden, angemalten Holzfußböden und gutem Blick auf die Bucht. Von Chora nach Kapsali kommend liegt es rechts.

Aphrodite Apartments STUDIOS €€

(☎27360 31328; afrodite@aias.gr; DZ/3BZ/4BZ 60/70/80 €; ❄📶) An der Straße, dem Meer zugewandt. Schnörkellose, aber absolut angenehme Apartments mit Küche, vermietet von einem freundlichen, Englisch sprechenden Einheimischen. Tolles Preis-Leistungsverhältnis.

El Sol Hotel HOTEL €€€

(☎27360 31766; www.elsolhotels.gr; DZ/3BZ/Studio inkl. Frühstück 140/160/190 €; Ⓟ❄📶🏊) Bei der Straße von Chora nach Kapsali ausgeschildert. Luxuriöse Option im Resort-Stil und Kykladen-Look mit Blick auf Kapsali und Choras *kastro*.

Essen & Trinken

Hydragogio TAVERNE €

(☎27360 31065; Hauptgerichte 5–12 €; ⌚Mittag- & Abendessen) Gute Futterstelle: Die Taverne liegt toll mit Strandblick, ganz außen bei den Felsen. Sie ist spezialisiert auf frischen Fisch und traditionelle griechische Kost (gute Auswahl an Vegetarischem).

Fox Anglais BAR

Im Freien; Wohlfühlmusik lockt hinein, wenn es spät wird.

Mylopotamos Μυλοπόταμος

70 EW.

Der verwunschene Ort Mylopotamos kuschelt sich in ein kleines Tal 13 km nördlich von Chora. Der zentrale Platz wird von einer bezaubernden Kirche und dem echt traditionellen **Kafeneio O Platanos** (☎27360 33397) flankiert. Im Sommer wird es zum Freiluftrestaurant. Das Personal kann bei der Unterkunftssuche helfen.

Ein Spaziergang führt zum Neraïda-(Wassernymphen-)**Wasserfall** mit üppigem Grün und alten, schattenspendenden Bäumen. Den Schildern nach der Kirche folgen.

Zum verlassenen **Kastro** von Mylopotamos geht's über die linke Weggabelung nach dem *kafeneio,* dann dem alten, verblichenen Schild nach Kato Chora folgen und schließlich den neuen Schildern zur Höhle Agia Sofia. Die Straße führt zum Zentrum von Kato Chora, und von hier führt ein Portal in das gespenstische *kastro* mit verfallenen Häusern und gut erhaltenen (verschlossenen) kleinen Kirchen.

Andere wunderschöne Wanderungen beginnen in Mylopotamos, siehe *Kythira on Foot: 32 Carefully Selected Walking Routes*. Die malerischste Wanderung, die auch am meisten abverlangt, führt an einer Schlucht mit Ruinen ehemaliger Getreidemühlen entlang. Unterwegs begegnen dem Wanderer Wasserfälle und kleine Badeseen.

Potamos Ποταμός

680 EW.

Potamos, 10 km südwestlich von Agia Pelagia, ist das kommerzielle Zentrum der Insel. Zum **Flohmarkt** am Sonntagmorgen gehen einfach alle.

Die bei den Einheimischen beliebte **Taverne Panaretos** (☎27360 34290; Hauptgerichte 7–14 €; ⊙Mittag- & Abendessen) ist ein Unikum: Vom Öl bis Gemüse und Käse ist hier alles hausgemacht. Wildziege mit Olivenöl und Oregano probieren!

Das angesagte **Kafe Astikon** (☎27360 33141; ⊙7 Uhr–spät; 📶) bietet einen Mix aus Retro-Design, toller Musik und allerbesten Drinks.

Praktische Informationen

Die Bank (mit Geldautomat) befindet sich auf dem zentralen Platz und die **Post** (⊙Mo–Fr 7.30–14 Uhr) von dort aus gleich nördlich.

Agia Pelagia Αγία Πελαγία

280 EW.

Kythiras nördlicher Hafen Agia Pelagia ist ein einfaches Dorf am Wasser, es wird jedoch traurigerweise durch übermäßige Bautätigkeit ruiniert, genau wie die Sand- und Kiesstrände. Am **Roten Strand** südlich des Kaps kann man sehr schön schwimmen.

Schlafen & Essen

Hotel Pelagia Aphrodite HOTEL €€
(☎27360 33926; www.pelagia-aphrodite.com; EZ/DZ/3BZ 55/70/90 €; ⊙Ostern–Okt.; P ❄ 📶) Modernes, sehr sauberes Hotel mit griechisch-australischer Leitung. Die Zimmer sind groß und luftig und haben meistens Balkon mit Meerblick. Es liegt auf einer kleinen Landzunge am Südrand des Ortes.

Kythea Resort RESORT €€
(☎27360 39150; www.kythea.gr; DZ inkl. Frühstück 130 €; P ❄ 📶 🏊) Stylisch und modern mit Meerblick.

Kaleris MODERN-GRIECHISCH €€
(☎27360 33461; Hauptgerichte 6–12 €; ⊙ Ostern–Okt. Mittag- & Abendessen) Der Besitzer und Koch Yiannis sprengt kulinarische Grenzen und gibt der griechischen Küche eine erfrischende Wendung. Zum Glück hat er dabei seine Wurzeln nicht aus dem Blick verloren und verwendet beste einheimische Erzeugnisse: Köstliche Fetakäse-Stücke, beträufelt mit Honig-Thymian sowie *vrechtoladea* (traditioneller Zwieback) und hausgemachte Fleischtortellini sind ganz besonders zu empfehlen.

Unterwegs auf Kythira

Wer über ein Fahrzeug verfügt, sollte eine Rundreise über die Insel machen. Die Klöster **Agia Moni** und besonders **Agia Elesis** sind Rückzugsorte in den Bergen mit wundervoller Aussicht. Das schöne **Moni Myrtidion** ist umgeben von Bäumen.

Nördlich von Chora, in **Kato Livadi,** darf man die kleine, aber höchst feine Kunstsammlung im **Museum für byzantinische und postbyzantinische Kunst auf Kythira** (☎27360 31731; Erw./Kind 2 €/frei; ⊙Di–So 8.30–14.30 Uhr) nicht verpassen. Gleich nördlich von Kato Livadi bietet sich ein Abstecher zur größten Steinbrücke Griechenlands namens **Katouni-Brücke** an. Sie wurde im 19. Jahrhundert, als Kythira Teil des Britischen Protektorats war, von den Briten erbaut.

Weiter führt der Weg nach Nordosten in den hübschen Ort **Avlemonas,** über den weiten Kiesstrand **Paleopoli.** Archäologen suchten jahrelang nach einem Anhaltspunkt für einen Tempel an Aphrodites Geburtsort in Avlemonas. Aufpassen, ob man die **Kofinidia** (zwei kleine Felsvorsprünge) entdecken kann, die Geschlechtsteile des Uranos, die Kronos in den Meerschaum geworfen hat. Strandgutsammler sollten den nahen **Kaladi-Strand** aufsuchen. Auch der Strand **Fyri Ammos** ist sehr schön. Er liegt näher bei Chora, ist aber schwieriger zugänglich.

Im Nordosten der Insel warten die Ruinen der byzantinischen Hauptstadt **Paliochora** auf Entdecker.

Weiter nördlich folgt das grüne, reizvolle Dorf **Karavas** unweit von Agia Pelagia und dem hübschen Strand in **Platia Ammos.**

Schlafen

Villa Lemonia STUDIOS €€
(☎27360 33552; www.villalemonia.gr; Studio/Apt. 90/110 €; ⊙Juni–Sept.; ❄) Eine nette Familie hat in Vamvakaradika und Pitsinades traditionelle Steinhäuser zu komfortablen, modernen Studios umgebaut und dabei ihren einzigartigen Charakter bewahrt.

Maryianni STUDIOS €€
(☎27360 33316; http://maryianni.kythera.gr; Avlemonas; Studio/Apt. 100/120 €; P ❄) Weißblaue Studios im Kykladen-Stil wie gestapelt oberhalb der Avlemonas-Küste. Sie sind mit Küchen ausgestattet, und die Terrassen haben Meerblick.

Kythira Golden Resort RESORT €€
(☎27360 33407; www.kythiragoldenresort.gr; Diakofti; DZ inkl. Frühstück 120 €; P ❄ ☰ ≋) Full-Service-Luxus, von den stylischen Zimmern bis zum sprudelnden Whirlpool.

Essen

LP TIPP **Maria's** MEERESFRÜCHTE, TAVERNE €
(☎27360 33211; Logothetianika; Hauptgerichte 5–9 €; ⌚Mittag- & Abendessen) Beste kythirische Küche im alten Stil im winzigen Ort Logothetianika. Hier versinkt man in leckeren frischen Fischgerichten und hausgemachten Klassikern aus hiesigen Erzeugnissen. Marias Mutter schnipselt in der Küche Gemüse, und der Hauch der alten Zeit umweht das Ganze.

Psarotaverna Tou Manoli MEERESFRÜCHTE, TAVERNE €
(☎27360 33748; Diakofti; Fisch & Hummer pro kg 45–70 €; ⌚Mittag- & Abendessen) Ein Highlight in der langweiligen Hafenszene von Diakofti. Die Einheimischen kommen wegen der ausgezeichneten Fischgerichte her und schauen zu, wie sich das Schiff aus Piräus im Mondlicht in die Bucht schiebt.

Varkoula TAVERNE €
(☎27360 34224; Platia Ammos; Hauptgerichte 6–12 €; ⌚Mittag- & Abendessen, Mai–Okt. tgl., Nov.–März Fr & Sa) Toller, frisch zubereiteter Fisch, dazu gibt's vom Besitzer Buzuki-Klänge. Vorher anrufen und die unregelmäßigen Öffnungszeiten abklären.

Estiatorion Pierros TAVERNE €
(☎27360 31014; Livadi; Hauptgerichte 10–12 €; ⌚Mittag- & Abendessen) Seit 1933 serviert dieser beliebte Familienbetrieb handfeste griechische Kost. In der Küche nachsehen, was es gibt.

WEITER GEHT'S!

Tipps, Empfehlungen und Besprechungen sind unter shop.lonelyplanet.com als PDF-Download Albanien (Reiseführer *Eastern Europe*) erhältlich. Auf Deutsch ist der Lonely-Planet-Reiseführer Italien im Buchhandel erhältlich.

Skandia TAVERNE €
(☎27360 33700; Paleopoli; Hauptgerichte 6–11 €; ⌚Mittag- & Abendessen April–Okt. tgl., Nov.–März Fr–So) In diesem Lokal lässt es sich abseits des Trubels unter ausladenden Ulmen entspannen.

Sotiris MEERESFRÜCHTE, TAVERNE €
(☎27360 33722; Avlemonas; Fisch pro kg 30–75 €; ⌚Mittag- & Abendessen April–Okt. tgl., Nov–März Fr–So) Beliebter Ort, bietet Hummer und Fischsuppe an.

ANTIKYTHIRA

20 EW.

Nur wenige wagen sich auf die kleine Insel Antikythira (Αντικύθηρα), 38 km südöstlich von Kythira, die entlegenste der Ionischen Inseln. Sie ist ein etwas vergessener Vorposten geworden, obwohl ein paar Fähren auf dem Weg nach oder von Kreta hier anlegen.

Auf Antikythira gibt es nur die eine Siedlung: **Potamos** – ein Arzt, ein Polizist, ein Telefon, ein *kafeneia* mit Taverne und ein Kloster. Post oder Bank sucht man vergebens. Die einzige Unterkunft besteht aus 10 einfachen Zimmern und ist nur im Sommer geöffnet.

An- & Weiterreise

LANE Lines hält auf der Route Kythira–Kissamos–Kastelli auf Kreta in Antikythira (10 €, 2 Std., 1-mal wöchentlich). Manche Schiffe halten in Monemvasia auf dem Peloponnes (16 €). Infos bei **Porfyra Travel** (☎27360 31888; www.kythira.info) in Livadi (Kythira).

Griechenland verstehen

Griechenland aktuell

Rebellischer Geist

Persönliche Freiheit und demokratische Rechte sind für die Griechen unantastbar, ein Restmisstrauen gegenüber der Autorität sowie eine gewisse Nichtachtung des Staates sind feste Bestandteile der nationalen Psyche. Dies wurde kürzlich deutlich, als viele Griechen sich den Wirtschaftsreformen ihres Ministerpräsidenten Giorgos Papandreou widersetzten, welche die Staatsschulden eindämmen sollten.

Im Juni 2011, als die Welt beobachtete, ob Papandreou eine Mehrheit im Parlament für seine strengen Maßnahmen und die nächste Rettungsaktion von EU und IWF erhalten würde, gab es auf den Straßen Athens gewaltige Ausschreitungen. Die Mehrheit wurde erzielt und das Hilfspaket für die Wirtschaft geschnürt. Das Drama ist bei Weitem nicht ausgestanden, denn die derzeitige Führung navigiert zwischen einer schrittweisen Erholung und einer weiteren Rezession.

Bevölkerung: 10,7 Millionen

Prozentsatz Frauen: 50 %

Lebenserwartung: 80 Jahre

Einwohner pro km²: 82

Touristen: 15 Millionen

Der Wind des Wandels

Die Griechen werden sich in zunehmendem Maße der Probleme ihrer örtlichen Umweltverschmutzung bewusst – Stichworte Recycling und Deckelung der immer weiter ausufernden Touristenströme.

Ein weiteres heikles Thema ist die Zuwanderung aus Afghanistan, dem Irak, Afrika und Albanien, obgleich Griechenland die niedrigste Aufnahmequote für Asylbewerber aller EU-Staaten hat. Neuankömmlinge verschwinden als „Illegale" in den Randzonen der Gesellschaft.

Die Kirche

Nach einer Reihe Skandalgeschichten – von sexuellen Übergriffen bis zu Drogen – bröckelt in letzter Zeit das makellose Image der griechisch-orthodoxen Kirche. Die Kirche ist jedoch auch weiterhin ein

Dos & Dont's

» Beim Besuch einer Kirche Arme und Beine bedecken

» Sicherstellen, dass die Urlaubsversicherung auch Moped-Unfälle abdeckt

» Bei archäologischen Ausgrabungsstätten keinesfalls lose Steine mitnehmen

Der beste Lesestoff

» **Odyssee** (8. Jahrhundert v. Chr.; Homer) Von Poseidon geplagt, kämpft Odysseus um seine Heimkehr nach Ithaka.

» **Alexis Sorbas** (1946; Nikos Kazantzakis) Für viele eine spirituelle Bibel: die unstillbare Lebenslust eines Mannes

» **Der Magus** (1966; John Fowles) Psychospiele auf der erfundenen Insel Phraxos

» **Falling For Icarus: A Journey among the Cretans** (auf Englisch, 2004; Rory MacLean) Ein Schriftsteller baut im Lande Ikarus' selbst ein Fluggerät.

Religionszugehörigkeit

(% der Bevölkerung)

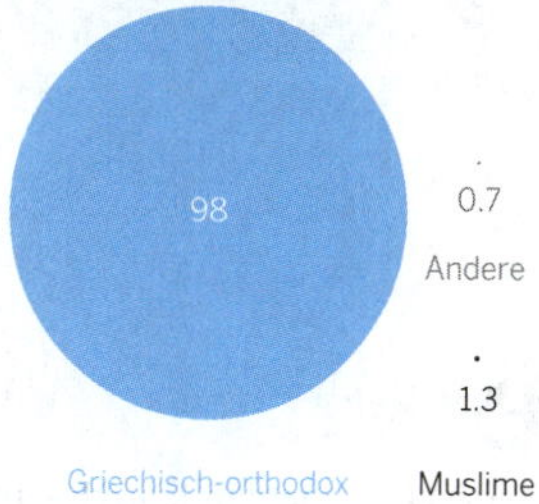

Wenn in Griechenland 100 Menschen leben würden …

Schlüsselelement des griechischen Lebens, wenngleich die jüngere Generation die örtlichen Gotteshäuser deutlich seltener aufsucht.

Nationale Psyche

Die Griechen sind leidenschaftlich, loyal und feurig. Probleme werden im örtlichen *kafeneio* diskutiert, und die Griechen arbeiten eher um zu leben als umgekehrt. Der Schwerpunkt liegt auf Spaß und Geselligkeit und weniger darauf, alle Stunden im Büro durchzuschuften.

2011 musste der Durchschnittsathener deutliche Einschnitte beim Arbeitsentgelt hinnehmen, angeblich bis zu 15 Prozent, während die Lebenshaltungskosten stiegen. Hinzu kommt eine steigende Arbeitslosenquote von rund 16 Prozent, zudem soll jeder vierte Arbeitsplatz der öffentlichen Hand gestrichen werden, um das Defizit einzudämmen. Kein Wunder also, dass sich der Zustand der griechischen Psyche von entspannt Richtung ängstlich-besorgt gewandelt hat, „ein Zustand", wie uns ein Athener sagte, „an den wir einfach nicht gewöhnt sind".

Die Griechen sind stolz auf ihr *filotimo* (Würde und Ehrgefühl) und ihre *filoxenia* (Gastfreundschaft). Trotz der derzeitigen Steuerprobleme wird man vom Durchschnittsgriechen auch weiterhin mit kostenlosen Getränken, selbst gebackenem Kuchen und der Herzenswärme verwöhnt, für die er berühmt ist. Von Natur aus neugierig, wird bei der Unterhaltung kein Thema ausgespart. So kann es durchaus vorkommen, dass man ausgefragt wird, warum man keine Kinder hat, warum man nicht verheiratet ist oder wie viel man verdient.

In der griechischen Gesellschaft ist noch immer „die Familie" vorherrschend. Viele Männer wirken zwar wie reine Machos, das matriarchalische Familienmodell ist aber noch immer sehr verbreitet, wobei die Frauen im Hintergrund als geschickte Drahtzieher fungieren.

BIP: 230 Milliarden €

Jährliches Pro-Kopf-Einkommen: 22.210 €

Inflation: 1,57 %

Arbeitslosenquote: 16,2 %

Auslandsschulden: 389 Milliarden €

Top-Filme

» **300** (2007) Von Testosteron nur so strotzende Verfilmung des spartanischen Widerstands (Die Schlacht bei den Thermopylen, 480 v. Chr.) gegen die Persische Armee

» **Mamma Mia** (2008) Die Insel Skopelos als glanzvolle Kulisse für den Soundtrack von Abba

» **Die Kanonen von Navarone** (1961) Fesselnder Männer-Thriller: Alliierte Soldaten dringen in das von den Nazis besetzte Griechenland ein.

» **Shirley Valentine** (1989) Klassische griechische Inselromanze auf Mykonos

» **Corellis Mandoline** (2001) Aufwendige Verfilmung des Romans von Louis de Bernières, eine Romanze im besetzten Griechenland

Geschichte

In alten wie in modernen Zeiten war und ist Griechenland durch seine geografische Lage – an der Schwelle zwischen Kleinasien und Europa – verdammt oder gesegnet und häufig an das Auf und Ab des Schicksals seiner Nachbarn gebunden. Im 5. Jahrhundert v. Chr. wurde Griechenland im Zuge der Ausdehnung des Persischen Reichs beinahe verschlungen, die nur durch Alexander gestoppt werden konnte. Später bestürmte das Römische Reich das alte Hellas, aber auch da konnte sich das Land unter der byzantinischen Herrschaft wieder erholen.

Die Möglichkeit der Griechen, übers Meer rasch in entfernte Länder zu reisen, trug zur signifikanten Expansion des geistigen wie geopolitischen Horizonts des Landes bei. Dabei lernten die Griechen sehr viel von den Phöniziern, Ägyptern, Syrern und Hebräern. Die alten Griechen hatten die besondere Gabe, Elemente der Architektur und des Handwerks fremder Kulturen zu adaptieren und zu neuen Höhen zu führen, ob dies nun das Alphabet von den Phöniziern oder die einmalige Schönheit ihrer naturgetreuen Skulpturen war, mit der sie die ägyptischen Statuen noch überflügelten (siehe auch S. 842). Selbst die Römer bewunderten die Kultur der Griechen, ihre körperliche Tapferkeit und geistige Beweglichkeit. Aber wie fing alles an?

Griechisch ist die älteste Schriftsprache Europas und nach Chinesisch die zweitälteste der Welt. Sie lässt sich zurückführen auf die Linear-B-Schrift der Minoer und Mykener. Nähere Informationen zur Linear-B-Schrift sind zu finden unter www.ancientscripts.com/linearb.html.

FRÜHZEIT

Die Entdeckung eines steinzeitlichen Schädels in einer Höhle auf der makedonischen Halbinsel Chalkidiki bestätigte, dass es in Griechenland bereits vor 700 000 Jahren Menschen gab. Im Pindos-Gebirge fand man Knochen und Werkzeuge aus der Altsteinzeit (um 6500 v. Chr.). Erste ländliche Gemeinden gab es in der Jungsteinzeit (7000–3000 v. Chr.), vor allem in der fruchtbaren Gegend des heutigen Thessalien. Dieses landwirtschaftlich gut organisierte Volk baute Feld-

Eine super Internetseite für alles über die griechische Antike ist www.ancient-greece.com.

ZEITLEISTE

7000–3000 v. Chr.

4000 Jahre lang führen die ersten Bewohner der griechischen Halbinsel ein einfaches bäuerliches Leben. Sie bearbeiten das Feld und hüten Vieh. Erste Gemeinden mit Häusern und Straßen tauchen um 3000 v. Chr. auf.

3000 v. Chr.

Die Entdeckung einer starken Legierung aus Kupfer und Zinn markiert den Beginn der Bronzezeit. Der Handel floriert, und der zunehmende Wohlstand führt zur kykladischen, minoischen und mykenischen Kultur.

3000–1100 v. Chr.

Die kykladische und die minoische Zivilisation beherrschen die Gegend gleichzeitig. Ihre Formen des Handwerks, der Gesellschaft und des Handels sind fortschrittlich.

früchte an, züchtete Schafe und Ziegen und stellte aus Ton Töpfe, Vasen und stilisierte Idole her, um sie anzubeten.

Um 3000 v.Chr. besaßen die Siedlungen Straßen, Plätze und Häuser aus Lehmziegeln. In dieser Zeit führten indoeuropäische Migranten die Bronzeverarbeitung in Griechenland ein. Dies war der Beginn dreier bemerkenswerter Kulturen: der kykladischen, der minoischen und der mykenischen Kultur.

KÜNSTLERISCHES & KULTURELLES VERMÄCHTNIS

Antike Kulturen

Kykladische Kultur

Die kykladische Kultur umfasste eine Gruppe kleiner Inselgemeinden, die sich hauptsächlich mit Fischfang und Landwirtschaft befassten, aber auch eine besondere künstlerische Veranlagung entwickelten. Das eindrucksvollste Vermächtnis dieser Kultur sind Statuetten aus parischem Marmor – die berühmten kykladischen Figurinen. Kykladische Bildhauer sind auch für ihre eindrucksvollen, lebensgroßen *kouroi* (Marmorstatuen) aus der archaischen Periode bekannt.

Wissenschaftler unterteilen die Kykladenkultur in drei Perioden: die frühe (3000–2000 v.Chr.), die mittlere (2000–1500 v.Chr.) und die späte (1500–1100 v.Chr.) Kykladenkultur.

Minoische Kultur

Die Minoer, benannt nach König Minos, dem mythologischen König von Kreta (und Stiefvater des Minotaurus), entwickelten die erste Hochkultur Europas. Um 1900 v.Chr. entstand die großartige Palastanlage von Knossos (angeblich durch Dädalus, den Vater von Ikarus). Ihre Fresken, Belüftungsschächte, Kanalisationssysteme und das ehrgeizige Design markierten einen deutlichen Bruch mit dem jungsteinzeitlichen Leben. Die Nutzung der Bronze befähigte die Minoer zum Bau großer Schiffe, sodass sie sich einen hervorragenden Ruf als Segler und Händler erwarben, deren Einflussbereich über Kleinasien und Nordafrika hinausreichte.

Wissenschaftler diskutieren noch immer, was zum Niedergang dieser großartigen Kultur geführt haben mag. Waren es der Tsunami und der Ascheregen, ausgelöst durch den Vulkanausbruch in Thira auf Santorin um 1500 v.Chr.? Oder waren die eindringenden Mykener dafür verantwortlich?

Mykenische Kultur

Der Niedergang der minoischen Kultur fiel zeitlich mit dem Aufstieg der ersten Hochkultur auf dem griechischen Festland zusammen: Die

2000 v. Chr.
Die minoische Kultur erreicht auf Kreta ihren Höhepunkt: Architektonische Fortschritte lassen Paläste in Knossos, Phaestos, Malia und Zakros entstehen. Die Keramikherstellung wird verbessert und die erste Schrift entwickelt.

1700–1550 v. Chr.
Der katastrophale Vulkanausbruch von Santorin löst im gesamten Mittelmeerraum einen Tsunami aus, den Wissenschaftler mitverantwortlich für den Untergang der minoischen Kultur machen.

1500–1200 v. Chr.
Die autoritäre mykenische Kultur auf dem Peloponnesischen Festland übernimmt viele Elemente der kretischen und kykladischen Kulturen. Vorherrschendes Element in der mykenischen Kultur ist die Goldschmiedekunst.

1400 v. Chr.
Die Mykener besiedeln Kreta, sie bauen Städte wie Kydonia (Chania) und Polyrrinia. Die Waffenfertigung blüht, die schönen Künste erleben einen Niedergang. Anstelle der Muttergöttin werden nun die griechischen Götter verehrt.

DAS OLYMPISCHE ORIGINAL

Die Olympische Tradition nahm um das 11. Jahrhundert v. Chr. ihren Anfang. Sie war ein Tribut an Zeus in Form von Wettkämpfen. Anfangs nahmen daran angesehene Männer – und Frauen – teil, die sich vor den Priestern des Heiligtums versammelten und einen feierlichen Eid ablegten. Im 8. Jahrhundert kamen die nun zahlreicheren Teilnehmer aus einem umfangreichen Bund von Stadtstaaten, und die Festspiele hatten sich zu einem großen Ereignis nur für Männer gewandelt, die fünf Tage lang in Olympia ausgetragen wurden. Der erste Preis war nur ein einfacher Lorbeerkranz, was wirklich zählte, war die Hochachtung der Zuschauer, denn die griechischen Olympioniken wurden ebenso verehrt wie die römischen Gladiatoren. Für die Dauer der Spiele war Waffenruhe vorgeschrieben. Große Zuschauermengen säumten die Bahnen, wo die Teilnehmer um einen ehrenhaften (und manchmal auch unehrenhaften) Sieg wetteiferten. Die Disziplinen waren Leichtathletik, Wagenrennen, Ringen und Boxen (damals trug man dabei keine Handschuhe, sondern einfache Lederriemen). Drei Jahrtausende später haben sich Umfang und Rahmen der Spiele zwar beträchtlich erweitert und werden nicht mehr ausschließlich in Olympia ausgetragen, das Grundformat ist im Wesentlichen jedoch unverändert geblieben. Ein Besuch der Originalstätte, wo noch die Bahnen und umgestürzte Säulen zu sehen sind, ist erstaunlich eindrucksvoll.

mykenische Kultur (1600–1100 v. Chr.) erlebte ihre Glanzzeit zwischen 1500 und 1200 v. Chr. Die mykenische Gesellschaft war durch unabhängige Stadtstaaten wie Korinth, Tiryns (dort musste Herakles zu seinen berühmten Heldentaten antreten) und Mykene gekennzeichnet. Kriegerkönige, die ihren Reichtum in Waffen bemaßen, regierten nun in imposanten, stark befestigten Palästen auf Bergspitzen. Das Innere der Paläste wurde mit eindrucksvollen Fresken verziert, ihre Handelsgeschäfte dokumentierten die Mykener auf Tafeln in Linear-B-Schrift (einer griechischen Schriftform, die 500 Jahre älter war als das von Homer verwendete ionische Griechisch). Ihr eindrucksvollstes Vermächtnis sind jedoch ihre herrlichen Goldmasken, der kunstvolle Schmuck und die Metallornamente. Die schönsten Objekte werden im Archäologischen Nationalmuseum in Athen gezeigt.

Geometrisches & Archaisches Zeitalter

Die Dorer waren ein Volksstamm aus Nordwestgriechenland, der wahrscheinlich unterstützt von sozialen Umwälzungen innerhalb der mykenischen Kultur etwa ab dem 11. vorchristlichen Jahrhundert immer mehr Einfluss auf dem griechischen Festland gewann. Ungefähr ab dem 8. Jahrhundert v. Chr. ist eine dorische Vorherrschaft in großen Teilen Griechenlands – und Kleinasiens – nachweisbar. Die Perio-

1200–800 v. Chr.

Die Dorer leiten bezüglich des Welthandels eine 400-jährige finstere Periode ein. Sie zeichnen sich zugleich durch Eisenwaffen, Kunstschmiedearbeiten und Architektur sowie durch geometrische Muster auf ihren Töpferwaren aus.

1100 v. Chr.

Die Dorer übernehmen die mykenischen Städte auf Kreta. Sie ordnen das politische System neu und teilen die Gesellschaft in zwei Klassen ein. Die monarchische Regierung wird durch eine noch unentwickelte Demokratie abgelöst.

» Holzschnitt: Homer

de der folgenden 400 Jahre wird häufig als Griechenlands „dunkles Zeitalter" bezeichnet. Zu Gunsten der Dorer muss gesagt werden, dass sie das Eisen mitbrachten und einen neuen raffinierten Stil bei den Töpferwaren entwickelten, die mit erstaunlichen geometrischen Mustern verziert wurden. Maßgeblich waren sie zudem durch die Einführung des Polytheismus (die Anbetung mehrerer Götter), womit sie die Grundlage für Zeus und seinen Pantheon von zwölf Hauptgottheiten legten.

Während der folgenden archaischen Zeit um 1000–800 v. Chr., entwickelte sich die griechische Kultur rasch; in dieser Zeit begannen viele Fortschritte in Literatur, Bildhauerei, Theater, Architektur und intellektuellen Disziplinen. Dieser Aufschwung mündete in die klassischen Zeit. Zu den Fortschritten gehörten das griechische Alphabet, Homers Verse (die Odyssee dürfte das älteste epische Werk der Welt sein), die Olympischen Spiele (S. 814) wurden ins Leben gerufen und zentrale Heiligtümer wie Delphi gegründet. Diese verbindenden Elemente vermittelten den Griechen ein Gefühl nationaler Identität und intellektuellen Elans.

Um 800 v. Chr. war Griechenland in eine Reihe unabhängiger Stadtstaaten aufgeteilt worden. Die mächtigsten waren Argos, Athen, Korinth, Elis, Sparta und Thiva (Theben). Die meisten schafften die Monarchie und die Macht des Adels ab. Stattdessen setzten sie eine Reihe von Gesetzen in Kraft, die den Reichtum umverteilten und der Stadtbevölkerung wieder die Kontrolle über ihr Land gaben.

Homers Klassiker, die Ilias, die im 8. Jahrhundert. v. Chr. geschrieben wurde, erzählt in poetischen Worten eine mythische Episode aus dem Trojanischen Krieg. Ihr Nachfolger, die Odyssee, erzählt von den unglaublichen Abenteuern, die Odysseus und seine Gefährten auf ihrer Heimreise nach dem Trojanischen Krieg erlebt haben sollen.

Demokratie

Der Seefahrer-Stadtstaat Athen war hingegen noch fest in der Hand des Adels, als Athens größter Reformer, Solon, 594 v. Chr. ins Amt des obersten Magistraten berufen wurde. Er sollte die zunehmenden Spannungen zwischen Besitzenden und Besitzlosen entschärfen. Mit einer höchst riskanten Strategie verfügte er den Erlass sämtlicher Schulden und die Freilassung aller, die wegen Schulden in Sklaverei geraten waren. Zudem erklärte Solon alle freien Athener als gleichberechtigt, schaffte Erbprivilegien ab und ordnete die politische Macht neu. Die Bürger wurden nach ihrem Besitz in vier Klassen eingeteilt. Nur die ersten beiden Klassen waren wählbar, jedoch konnten alle vier Klassen Magistraten wählen und über Gesetze abstimmen. Solons Reformen gelten als Vorläufer des ideologischen Demokratiemodells, das heute den meisten westlichen Gesellschaften zugrunde liegt.

Die klassische Zeit

Griechenlands goldenes Zeitalter, die Zeit zwischen dem 6. und 4. Jahrhundert v. Chr., präsentierte sich als wahres Feuerwerk, das

800–700 v. Chr.
In dieser Zeit schreibt Homer die Ilias und die Odyssee. Die beiden Versepen sind Griechenlands erste literarische Werke und werden noch immer für ihre dichterische Genialität gelobt.

800–650 v. Chr.
In der archaischen Zeit entstehen mit dem Aufstieg der Dorer unabhängige Stadtstaaten. Diese Ministaaten werden von Adligen regiert, gelegentlich übernehmen Tyrannen gewaltsam die Macht.

800–400 v. Chr.
Das griechische Alphabet entwickelt sich aus der phönizischen Schrift. Erste Schriftzeugnisse finden sich auf der Dipylon-Kanne von Athen und einem Totenschein aus Thera.

700–500 v. Chr.
Die Spartaner, die seit etwa 1000 v. Chr. auf dem Peloponnes nachweisbar sind, beginnen eine wichtige Rolle in der Geschichte Griechenlands zu spielen. Rund 200 Jahre lang sind sie politisch und militärisch bestimmend.

DIE SPARTANER

Manche werden den blutrünstigen, aber beeindruckenden Film *300* gesehen haben. Mit viel Fantasie befasst er sich mit der Schlacht bei den Thermopylen 480 v. Chr., einer der berühmtesten Schlachten der Geschichte. 300 Elitesoldaten aus Sparta bildete die Kerntruppe eines eher kleinen griechischen Kontingents, das ein gesamtes Perserheer (von mehreren tausend Kriegern) am Engpass der Thermopylen (in der Nähe des heutigen Lamia) in Schach hielt. Drei Tage lang fiel eine Reihe persischer Soldaten nach der anderen. Welche Art Soldaten konnte eine derartige Tapferkeit an den Tag legen? Natürlich solche, die unter dem disziplinierten und auf Ehrbegriffen aufgebauten System Spartas groß geworden waren.

Die Spartaner wurden von ihren griechischen Gefährten mit größter Ehrfurcht betrachtet wegen ihrer grimmigen und aufopfernden kriegerischen Überlegenheit. Diszipliniert marschierten sie in geschlossener Schlachtreihe im Gleichschritt in den Kampf und lebten (oder starben) nach dem Motto „kehre mit oder auf deinem Schild zurück". Sie waren das Produkt einer strengen Ideologie: Jeder Spartiate war definitionsgemäß Soldat (Hoplit), dessen Ausbildung praktisch mit der Geburt begann. Schwache „Säuglinge" wurden frühzeitig ausgesondert – ein Bürgerkomitee entschied darüber, welches neugeborene Baby den Anforderungen nicht genügte (es wurde dann zum Sterben im Taygetos-Gebirge ausgesetzt). Die überlebenden Kinder mussten ab dem Alter von sieben Jahren 13 Jahre lang hart trainieren, um höchste körperliche Fitness zu erreichen. Zudem mussten sie zur Abhärtung an institutionalisierten Prügel-„Wettkämpfen" teilnehmen. Da Sparta niemanden zu fürchten brauchte, besaß die Stadt weder eine Stadtmauer noch Befestigungsanlagen. In dieser nicht auf Gewinnsucht ausgerichteten Gesellschaft wurden, um jegliche materielle Gier zu unterbinden, Gold- und Silbermünzen mit Blei verdorben, um sie für Geschäfte mit durchziehenden Kaufleuten unbrauchbar zu machen. Ähnliches galt für Kontakte zu Außenstehenden: So waren Ehen mit Mitgliedern anderer Stämme verboten, insbesondere mit Athenern, die in Sparta als moralisch verdorben und zu verschwenderisch galten. Auf der anderen Seite genossen die Frauen in Sparta mehr Gleichberechtigung und Respekt als andernorts in Griechenland zu dieser Zeit. Letztlich führten die Selbstbezogenheit und die Fremdenfeindlichkeit der Spartaner – zusammen mit den aufreibenden Peloponnesischen Kriegen – zum Niedergang dieses faszinierenden Volkes. Die Schlacht bei Leuktra im Jahr 371 v. Chr. war die erste größere Niederlage der Spartaner in einer offenen Schlacht und markierte den beginnenden Zusammenbruch ihrer Macht.

Land erlebte eine Erneuerung seiner kulturellen Kreativität. Literatur und Theater erlebten eine Blütezeit, da viele Stadtstaaten sich größerer Wirtschaftsreformen, politischer Erfolge und vermehrter kultureller Aktivität erfreuten. Heute noch bekannt sind die Werke von Ais-

594 v. Chr.

Solon, ein herrschender Aristokrat in Athen, führt die Regeln des Fair Play ein. Seine radikalen Reformen – er begründete sozusagen die Menschenrechte und politische Rechte – gelten als erster Schritt zu einer echten Demokratie.

490 v. Chr.

Athen erregt den Zorn der Perser, indem es Aufstände auf persischem Gebiet unterstützt. Zur Vergeltung, entsendet der Perserkönig Dareios ein Heer, das den Griechen eine Lektion erteilen soll, bei Marathon jedoch besiegt wird.

480 v. Chr.

Dareios Thronfolger Xerxes will Rache für die Niederlage von Marathon. Das Heer, das Griechenland vernichten soll, besiegt Leonidas bei den Thermopylen und plündert Athen, wird aber vor Salamis auf See in die Flucht geschlagen.

479 v. Chr.

Die Griechen zahlen Xerxes ihre Niederlage an Land zurück, indem sie das persische Heer von Mardonius in der Schlacht von Plataä unter dem spartanischen Heerführer Pausanias besiegen. Damit sind die Perserkriege beendet.

chylos, Euripides und Sophokles, die Tragödien für das Theater verfassten, und Aristophanes, der mit seinen Komödien zu politischer Satire anregte. Noch heute ist der Einfluss dieser fruchtbaren Periode spürbar – über viele Gedanken, die heute diskutiert werden, debattierten bereits diese großen Geister. Nicht vergessen darf man auch die Werke der beiden Historiker Herodot – er gilt als der Vater der Geschichtsschreibung – und Thukydides.

Athen erreichte seine Blütezeit nach der gewaltigen Niederlage der Perser in der Schlacht von Marathon im Jahr 490 v. Chr. (siehe Die Perserkriege). Der Attische Seebund wurde gebildet, um die noch immer von Persien besetzten Stadtstaaten zu befreien. Viele Stadtstaaten im ägäischen und ionischen Meer traten diesem Bund bei und leisteten einen jährlichen Beitrag zur Finanzierung der Flotte. Damit trugen sie zum fantastischen Wohlstand des Bundes bei, der für den armen Nachbarn Sparta unerreichbar war und aus dem Bund eine Art Imperium machte.

Als Perikles 461 v. Chr. die Führung Athens übernahm, verlegte er die Seebundkasse von Delos auf die Akropolis. Damit wurden Mittel verfügbar, dort größere Tempel zu bauen, wie den majestätischen Parthenon, aber auch den Zeustempel in Olympia. In der klassischen Zeit entwickelten die Bildhauer einen naturgetreueren, ästhetischen Stil bei ihren Marmorwerken und Bronzegüssen. Perikles gab bei dem Athener Bildhauer Phidias die Marmorfriese am Parthenon in Auftrag, welche die Jahrhunderte überdauern sollten, sowie das Standbild von Athena, der Schutzgöttin der Stadt.

Als Athen das ägäische Meer fest unter Kontrolle hatte, fasste es eine weitere Expansion nach Westen ins Auge und geriet in Konflikt mit dem Peloponnesischen Bund unter der Führung Spartas. In der Folge führte eine Reihe von Streitigkeiten und Provokationen zu den Peloponnesischen Kriegen.

KRIEG & EROBERUNG

Die Perserkriege

Athens rasches Wachstum zu einem großen Stadtstaat bedeutete mitunter, dass die Stadt auf Lebensmittelimporte vom Schwarzen Meer angewiesen war. Die Expansion des persischen Reichs Richtung Westen bedrohte die strategisch wichtigen Handelsrouten durch Kleinasien. Athens Unterstützung für einen Aufstand in den persischen Kolonien Kleinasiens verstärkte den Drang Persiens, die Stadt zu vernichten. Der Perserkönig Dareios brauchte fünf Jahre, um den Aufstand niederzuschlagen, und war zum Sieg über Athen entschlossen.

Beste historische Stätte

In der Schlacht bei den Thermopylen, in der Nähe des heutigen Lamia, zeigten die Spartaner Mut und Todesverachtung, als sie, obgleich zahlenmäßig unterlegen, die persischen Streitkräfte von König Xerxes eine Weile aufhalten konnten.

Die Historien, im 5. Jahrhundert v. Chr. von Herodot verfasst, berichten über die Konflikte zwischen den antiken griechischen Stadtstaaten und Persien. Das Werk gilt als die erste schriftliche Schilderung geschichtlicher Ereignisse überhaupt.

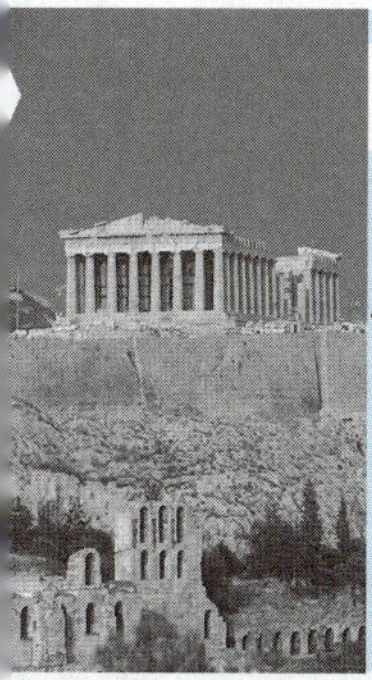

ANDERS BLOMQVIST / LONELY PLANET IMAGES ©

» Die Akropolis in Athen

477 v. Chr.

Zur Sicherung ihres entstehenden Reiches bilden die Athener eine politische und militärische Allianz, den Attischen Seebund. Viele Stadtstaaten und Inseln treten dem neuen Bund bei.

461–432 v. Chr.

Der neue Führer Athens, Perikles, verlegt das Machtzentrum von Delos nach Athen und finanziert gewaltige Bauwerke mit Mitteln aus dem Attischen Seebund. Dazu gehört als dauerhaftes Vermächtnis auch der Parthenon.

431–421 v. Chr.

Die Macht Spartas kollidiert mit den Einflüssen Athens in einer Allianz mit Kerkyra (Korfu). Der Streit mündet in einen Krieg. Dabei verbarrikadiert sich Athen. Über den Peloponnes wird eine Blockade verhängt.

Im Jahr 490 v. Chr. erreichte ein etwa 25 000 Mann starkes persisches Heer Attika, wurde jedoch durch geschickte Manöver einer deutlich kleineren Athener Streitmacht in der Schlacht von Marathon besiegt.

Als Dareios im Jahr 485 v. Chr. starb, führte sein Sohn Xerxes den Versuch fort, Griechenland zu erobern. Im Jahr 480 v. Chr. sammelte Xerxes Männer jeder Nation seines Reiches und startete eine massive, gut koordinierte Invasion zu Land und zur See. Vertreter von etwa 30 Stadtstaaten kamen in Korinth zusammen, um eine Verteidigungsstrategie zu entwickeln (andere Stadtstaaten, wie Delphi schlugen sich auf die Seite der Perser). Dieser Hellenische Bund einigte sich auf eine kombinierte Streitmacht aus Heer und Flotte unter dem Oberbefehl Spartas, die Strategie sollte der hervorragende Athener Führer Themistokles liefern. Leonidas, der König von Sparta, führte das Heer zu den Thermopylen. Dieser Pass in der Nähe des heutigen Lamia war der Hauptzugangsweg aus dem Norden nach Mittelgriechenland. Trotz der zahlenmäßig deutlichen Unterlegenheit der Griechen war dieser Engpass leicht zu verteidigen – bis ein Verräter den Persern einen anderen Weg über das Gebirge zeigte, von wo aus sie die Griechen angriffen. Diese mussten den Rückzug antreten, aber Leonidas kämpfte zusammen mit 300 Mann seiner spartanischen Elitetruppe in einem heldenhaften letzten Gefecht bis in den Tod (s. auch Die Spartaner, S. 816).

Der Prozess gegen Sokratess von I. F. Stone prüft im Licht heutiger Ermittlungen Platons Version der Ereignisse um Leben und Tod des Philosophen Sokrates.

Die Spartaner und ihre peloponnesischen Verbündeten zogen sich auf ihre zweite Verteidigungslinie zurück, einen Erdwall über den Isthmus von Korinth, während die Perser gegen Athen vorrückten. Themistokles befahl der Bevölkerung, aus der Stadt zu fliehen, Frauen und Kinder sollten in Salamis (heute Salamina) Zuflucht suchen, die Männer zur See auf Athens Flotte, während die Perser Athen bis auf die Grundmauern zerstörten. Die Seeschlacht war hingegen eine persische Niederlage. Durch geschicktes Manövrieren lockten die griechischen Kriegsschiffe die größeren persischen Schiffe in die engen Gewässer vor Salamis, wo die kleineren, wendigeren Schiffe der Griechen im Vorteil waren. Xerxes kehrte entrüstet nach Persien zurück und überließ es seinem General Mardonius, Griechenland zu unterwerfen. Es kam allerdings anders: Ein Jahr später schlugen die Griechen unter dem spartanischen Feldherrn Pausanias das persische Heer in der Schlacht von Platää vernichtend.

Persisches Feuer von Tom Holland ist eine fesselnde Erzählung über die sich bekriegenden Stadtstaaten Athen und Sparta, die sich angesichts der persischen Bedrohung letztlich doch zusammentun mussten.

Die Peloponnesischen Kriege

Der Peloponnesische Bund war im Wesentlichen ein militärischer Zusammenschluss unter der eisernen Führung Spartas. Athens wachsender Imperialismus bedrohte Spartas Hegemonie. Der sich daraus ergebende Kampf dauerte beinahe 30 Jahre.

431–386 v. Chr.

Auch Kreta erlebt interne Streitigkeiten: Knossos gegen Lyktos, Phaistos gegen Gortyna, Kydonia gegen Apollonia und Itanos gegen Ierapitna. Ein Erdbeben richtet 386 v. Chr. Chaos und Verwüstung an.

» Statue von Sokrates

413–404 v. Chr.

Der Krieg zwischen Sparta und Athen beendet den achtjährigen Waffenstillstand. Auslöser ist die Kolonie Sizilien. Die Spartaner beenden die Belagerung durch die Athener, und Sparta hat nun die Vorherrschaft.

Erster Peloponnesischer Krieg

Einer der wichtigsten Auslöser des Ersten Peloponnesischen Krieges (431–421 v. Chr.) war ein Vorfall, bei dem Athen Kerkyra (heute Korfu) in einem Streit mit seiner Mutterstadt Korinth unterstützte. Die Korinther riefen Sparta zur Hilfe, und die Spartaner, deren Macht auch von Korinths Wohlstand und Loyalität abhing, eilten pflichtschuldig herbei.

Athen war sich der Tatsache bewusst, dass es keine Chance hatte, Sparta an Land zu besiegen, daher gaben die Athener Attika auf und zogen sich hinter ihre mächtigen Mauern zurück. Sie setzten auf ihre Kriegsflotte, um durch eine Blockade des Peloponnes Druck auf Sparta auszuüben. Athen litt schwer unter der Belagerung; in der völlig überfüllten Stadt brach eine Seuche aus, die ein Drittel der Bevölkerung – einschließlich Perikles – dahinraffte, aber die Verteidigung hielt stand. Die Blockade des Peloponnes zeigte schließlich Wirkung, und beide Städte handelten ohne echte Überzeugung einen Waffenstillstand aus.

Zweiter Peloponnesischer Krieg

Die Waffenruhe hielt bis zum Jahr 413 v. Chr. an, als die Spartaner der sizilianischen Stadt Syrakus zur Hilfe kamen, die seit drei Jahren von den Athenern belagert wurde. Die Spartaner beendeten schließlich die Belagerung und schlugen bei dieser Gelegenheit Flotte und Heer der Athener.

Trotzdem kämpften die Athener weitere neun Jahre, bis sie sich im Jahr 404 v. Chr. schließlich Sparta ergaben. Korinth drängte dazu, Athen vollständig zu zerstören, die Spartaner fühlten sich jedoch moralisch verpflichtet, die Stadt zu verschonen, die Griechenland vor den Persern gerettet hatte. Stattdessen legten sie die Stadt lahm, indem sie ihre Flotte konfiszierten, den Attischen Seebund auflösten und die Mauern zwischen der Stadt und Piräus schleiften.

Hellenistische Zeit

In dem Jahrhundert, das auf die Peloponnesischen Kriege zwischen Athen und Sparta (431–404 v. Chr.) folgte, gerieten die kampfmüden Stadtstaaten unter die Herrschaft des makedonischen Kriegerkönigs Philipp II. Aber erst sein junger Sohn und Nachfolger Alexander der Große sollte die hellenistische Idee auf ein gewaltiges Reich ausdehnen. Alexander war von dem ehrgeizigen Gedanken besessen, das hellenistische Ideal soweit auszudehnen, wie sein Genie und sein Pferd Bukephalos ihn tragen würden. Im Schatten von Alexanders Glanz und Gloria stellten Athen und weitere Stadtstaaten jedoch fest, dass sie nicht von einem König regiert werden wollten. Sie fühlten sich

In *Der Peloponnesische Krieg* liefert Thukydides einen historischen Bericht über die Auseinandersetzungen und Kriege zwischen Athen und Sparta.

399 v. Chr.
Sokrates steht vor Gericht, man wirft ihm vor, die Jugend mit seinen Reden zu verderben. Die Geschworenen verurteilen ihn zum Tode. Anstatt sich durch freiwilliges Exil zu entziehen, greift Sokrates lieber zum Schierlingsbecher.

371 v. Chr.
Der kleine Stadtstaat Theben wird immer mächtiger. Unter der Führung von Epaminondas bringen die Thebaner den Spartanern bei Leuktra ihre erste Niederlage in einer offenen Feldschlacht bei.

362 v. Chr.
Eine Allianz zwischen Sparta und Athen beendet die neunjährige Dominanz Thebens: zwar gewinnt Theben die Schlacht bei Mantinea, der Führer Epaminondas aber fällt – Thebens Niedergang ist besiegelt.

359 v. Chr.
Im Norden wächst mit Makedonien eine neue Macht heran, als König Philipp II. in dem entstandenen Machtvakuum aktiv wird. Er strebt eine Allianz mit Sparta und Athen an und verspricht ihnen, einen Krieg gegen die Perser zu führen.

durch den Autonomieverlust unter dem Monarchen entmachtet. Die Stadtstaaten nahmen sich nun als Teil eines größeren Reiches wahr, diese Idee kennzeichnete die hellenistische Gesellschaft. Zeitgenössische Kunst, Theater, Bildhauerei und Philosophie spiegelten dieses wachsende Bewusstsein einer völlig neu definierten griechischen Identität wider.

Selbst unter der Römerherrschaft blühte der Hellenismus weiter. Als römische Provinz Achaea erlebte Griechenland eine beispiellose Friedensperiode von beinahe 300 Jahren, bekannt als Pax Romana. Die Römer hatten die griechische Kunst, Literatur und Philosophie schon immer bewundert, adlige Römer schickten ihre Sprösslinge gerne auf die zahlreichen Schulen Athens. Die Römer übernahmen tatsächlich die meisten Aspekte der hellenistischen Kultur, angefangen bei der Kleidung bis hin zu den Göttern und verbreiteten deren Tradition im gesamten Reich.

Philipp II. stellte den Philosophen Aristoteles als Hauslehrer für den jugendlichen Alexander an, den Homers Ilias stark beeindruckte. Zeit seines Lebens hatte Alexander großes Interesse an Kunst und Kultur.

Die Römer bezeichneten die Hellenen nun erstmals als Griechen, abgeleitet von *graikos*, dem Namen eines prähistorischen Volksstamms.

Der Aufstieg Makedoniens & Alexander der Große

Ende des 4. Jahrhunderts v. Chr. fädelten die Griechen ihren eigenen Untergang ein: Sparta begann einen zum Scheitern verurteilten Feldzug, um die Städte Kleinasiens von den Persern zurückzuerobern. Damit kamen die Perser Griechenland wieder ins Spiel und fanden willige Verbündete in Athen und dem zunehmend mächtiger werdenden Theben (Thiva). Die Rivalität zwischen Sparta und Theben gipfelte in der entscheidenden Schlacht bei Leuktra 371 v. Chr., in der Theben unter der Führung von Epaminondas Sparta die erste Niederlage in einer offenen Feldschlacht beibrachte. Spartas Einfluss brach zusammen, und Theben füllte dieses Vakuum. In einer überraschenden Kehrtwende verbündete Athen sich nun mit Sparta und mit vereinten Kräften trafen sie 362 v. Chr. bei Mantinea auf dem Peloponnes auf das Heer Thebens. Theben gewann zwar die Schlacht, Epaminondas kam dabei jedoch ums Leben, und ohne ihn zerfiel Thebens Macht rasch.

Der politische Einfluss der größten Stadtstaaten war nun jedoch signifikant ausgehöhlt. Aufgrund ihrer schwindenden Stärke waren sie nicht in der Lage, die neue Macht im Norden zu bekämpfen: Makedonien – geografisch die moderne Präfektur (*nomós*) Makedonien – die unter ihrem angriffslustigen Monarchen Philipp II. an Stärke gewann.

Im Jahr 338 v. Chr. marschierte Philipp II. in Griechenland ein und schlug das vereinte Heer aus Athenern und Thebanern in der Schlacht von Chaironeia. In einer Aktion, die den Anfang vom Ende der auto-

336 v. Chr.

Philipps Sohn Alexander übernimmt die Führung in Makedonien, nachdem sein Vater ermordet wurde. Nach wenigen Jahren stellt sich der König der Herausforderung eines Feldzugs gegen Persien, den sein Vater geplant hatte.

JOHN ELK III / LONELY PLANET IMAGES ©

» Der Turm der Winde in Athen

334–323 BC

Alexander der Große macht sich auf, die bekannte Welt zu erobern. Erstes Opfer wird Theben, gefolgt von den Persern, den Ägyptern und schließlich den Völkern des heutigen Zentralasien. Er stirbt 323 v. Chr.

86 v. Chr.–224 n. Chr.

Die römische Expansion erstreckt sich auch auf griechisches Territorium. Im Jahr 168 v. Chr. werden die Makedonen bei Pydna besiegt, die Römer erobern das Festland und führen die Pax Romana ein. Der Friede hält 300 Jahre.

nomen Stadtstaaten bedeutete, rief Philipp in Korinth alle Stadtstaaten zusammen (mit Ausnahme von Sparta, das sich widersetzte) und überzeugte sie davon, Makedonien die Treue zu schwören, indem er ihnen einen Feldzug nach Persien versprach. Bevor der Monarch diesen ehrgeizigen Plan jedoch in die Tat umsetzen konnte, wurde er im Jah 336 v.Chr. von einem makedonischen Adligen ermordet. Sein 20-jähriger Sohn Alexander – ein höchst begabter Krieger und Gelehrter – wurde nun König.

Der Tod Philipps II. war das Signal für Aufstände überall im entstehenden Reich, Alexander verlor jedoch keine Zeit, sie allesamt niederzuschlagen, sondern statuierte an Theben ein Exempel, indem er es dem Erdboden gleichmachte. Alexander war immer der Erste an der Spitze seiner Männer, sein Heldenmut, seine List und sein Wagemut waren berühmt. Nachdem er in Theben für Ruhe und Ordnung gesorgt hatte, nahm er sich das Perserreich vor. Mit einer bewährten Armee aus 40 000 Mann marschierte er im Jahr 334 v.Chr. in Kleinasien ein.

Nach einigen blutigen Schlachten gegen die Perser, insbesondere bei Issus (333 v.Chr.), gelang es Alexander, Syrien, Palästina und Ägypten zu erobern – wo er zum Pharao ausgerufen wurde und die Stadt Alexandria gründete. Eine Taktik Alexanders, um künftigen Widerstand seitens neuer Untertanen gering zu halten, bestand darin, für Liebesverbindungen zwischen seinen Soldaten und neuen Untertanen zu sorgen, wodurch ehemalige Feinde zu Verbündeten wurden. Nach der Gründung Alexandrias verfolgte er wie besessen den Perserkönig Dareios III. und schlug dessen Armee 331 v.Chr. Alexander dehnte sein Reich noch weiter nach Osten aus auf das heutige Usbekistan, Balkh in Afghanistan und Nordindien. Er hatte nun den Ehrgeiz, die ganze Welt zu erobern, die seiner Meinung nach am Meer hinter Indien endete. Seine Soldaten waren jedoch kriegsmüde und zwangen ihn im Jahr 324 v.Chr., nach Mesopotamien zurückzukehren, wo er sich in Babylon niederließ. Im folgenden Jahr wurde er im Alter von 33 Jahren plötzlich krank und starb. Nie hat es einen vergleichbaren Feldherren gegeben, der in so kurzer Zeit so viel erreichte. Nach seinem Tod stürzten sich seine Feldherren jedoch wie die Geier auf sein Reich, und als sich die Wogen geglättet hatten, war Alexanders Großreich schließlich in unabhängige Königreiche zerstückelt.

Makedonien verlor letztendlich die Kontrolle über die griechischen Stadtstaaten im Süden. Diese schlossen sich zum Aitolischen Bund mit dem Zentrum Delphi bzw. zum Achäischen Bund auf dem Peloponnes zusammen. Die Stadtstaaten Athen und Sparta traten keinem dieser Bündnisse bei.

ALEXANDER

Alexander der Große gilt als einer der besten Heerführer aller Zeiten. Er wurde in keiner Schlacht geschlagen und regierte im Alter von 30 Jahren über eines der größten antiken Reiche, das sich von Griechenland bis zum Himalaja erstreckte.

67 v. Chr.
Die Römer erobern Kreta, nachdem sie zwei Jahre zuvor in Kydonia einmarschiert waren. Gortyna wird die mächtigste Stadt und Hauptstadt. Die „Pax Romana" beendet interne kriegerische Auseinandersetzungen.

27 v. Chr.
Kreta wird mit dem östlichen Libyen zur römischen Provinz Kreta und Kyrene vereinigt. Damit verbunden ist eine Neuorganisation der Bevölkerungszentren, was eine neue Blütezeit einleitet.

63 n. Chr.
Das Christentum fasst auf Kreta Fuß, nachdem der Apostel Paulus die Insel besucht und seinen Begleiter Titus zurückgelassen hat, um die Inselbevölkerung zu bekehren. Titus wird der erste Bischof auf Kreta.

250 n. Chr.
Die ersten christlichen Märtyrer, die Agii Deka (Zehn Heiligen), werden in dem gleichnamigen kretischen Dorf getötet, als römische Beamte eine umfangreiche Christenverfolgung einleiten.

FREMDE HERRSCHAFT

Römische Zeit

Während Alexander der Große an der Ausdehnung seines riesigen Reichs nach Osten arbeitete, dehnten die Römer ihres nach Westen aus und machten Anstalten, nach Griechenland vorzudringen. Nach mehreren ergebnislosen Kampfhandlungen besiegten sie Makedonien 168 v. Chr. in der Schlacht von Pydna.

Der Achäische Bund wurde 146 v. Chr. besiegt, der römische Konsul Mummius statuierte ein Exempel an den rebellischen Korinthern, indem er ihre Stadt zerstörte. 86 v. Chr. beteiligte sich Athen an einem aussichtslosen Aufstand gegen die Römer in Kleinasien unter Führung des Königs der Schwarzmeerregion Mithridates VI. Als Vergeltung fiel der römische Staatsmann Sulla in Athen ein und nahm die wertvollsten Skulpturen mit. Griechenland wurde nun zur römischen Provinz Achaea. Einige griechische Großstädte, die offiziell unter der Schutzherrschaft Roms standen, erhielten die Freiheit, sich bis zu einem gewissen Grad selbst zu verwalten. Da die Römer die griechische Kultur verehrten, behielt Athen seinen Status als Zentrum des Wissens bei. Unter mehreren römischen Kaisern, wie Augustus, Nero und Hadrian, erlebte Griechenland eine relative friedliche Periode, die Pax Romana, die bis Mitte des 3. Jahrhundert n. Chr. anhielt.

Byzantinisches Reich & Kreuzzüge

250 n. Chr. begann die Pax Romana zu bröckeln, als die Goten in Griechenland einfielen. Sie waren die Ersten einer ganzen Reihe von Invasoren im Zuge der „großen Völkerwanderung" der Westgoten und der Ostgoten aus dem Zentralbalkan.

In dem Bemühen, den Konflikt in der Region zu lösen, verlegte der römische Kaiser Konstantin I., der zum Christentum konvertiert war, 324 v. Chr. die Hauptstadt des Reiches von Rom nach Byzanz, einer Stadt am Westufer des Bosporus und benannte sie in Konstantinopel um (heute Istanbul). Während damit der Niedergang Roms besiegelt war, gewann Konstantinopel im Osten zunehmend an Reichtum und Bedeutung als christliche Hauptstadt. In den folgenden Jahrhunderten sah sich das byzantinische Griechenland ständigem Druck seitens der Perser und Araber ausgesetzt, konnte seine Machtposition in der Region jedoch halten.

Ironie der Geschichte: Der Niedergang des Byzantinischen Reichs wurde ausgerechnet durch christliche Glaubensbrüder aus dem Westen beschleunigt – die fränkischen Kreuzfahrer. Die erklärte Mission der Kreuzzüge lautete, das Heilige Land von den Muslimen zu befreien, tatsächlich jedoch wurden die Kreuzfahrer ebenso von Habgier

324

Mit der Invasion der Goten in Griechenland 250 n. Chr. geht die Pax Romana ihrem Ende entgegen. 324 wird die Hauptstadt des Römischen Reiches nach Byzanz (Konstantinopel) verlegt. Das Christentum gewinnt an Boden.

380–1453

Griechisch wird die alleinige Amtssprache des byzantinischen Reiches, einem griechisch dominierten Großreich im östlichen Mittelmeerraum, dessen Zentrum Konstantinopel bleibt.

394

Das Christentum wird offizielle Staatsreligion. Die Anbetung heidnischer griechischer und römischer Götter wird verboten. Die christliche Theologie löst die klassische Philosophie ab.

395

Das Römische Reich wird aufgeteilt; Kreta wird eine von Byzanz regierte selbstverwaltete Provinz. Administratives und religiöses Zentrum ist Gortyna. Die Piraterei geht zurück, der Handel blüht, viele Kirchen werden gebaut.

wie von religiösem Eifer getrieben. Die ersten drei Kreuzzüge verliefen ohne Auswirkungen auf die Region. Der Führer des vierten Kreuzzugs (im frühen 13. Jahrhundert) befand jedoch, dass Konstantinopel reichere Beute versprach als Jerusalem, und schloss einen Handel mit Venedig, das die Kreuzzüge finanziell unterstützte.

Im Jahr 1204 wurde Konstantinopel geplündert und ein Großteil des Byzantinischen Reichs in Lehen aufgeteilt, die von selbsternannten „lateinischen" (überwiegend fränkischen oder westgermanischen) Fürsten regiert wurden. Die Venezianer hatten unterdessen ebenfalls einen Fuß in der Tür zu Griechenland. In den folgenden Jahrhunderten eroberten sie alle wichtigen griechischen Häfen wie Methoni, Koroni und Monemvasia auf dem Peloponnes (damals als Morea bezeichnet) sowie die Insel Kreta und entwickelten sich zu den wohlhabendsten und mächtigsten Händlern im Mittelmeerraum.

Trotz dieser bedauerlichen Umstände war Byzanz noch nicht am Ende. Im Jahr 1259 eroberte der byzantinische Kaiser Michael VIII. Paläologos den Peloponnes zurück und wählte die Stadt Mistra zu seinem Hauptsitz. Die Stadt zog viele bedeutende Künstler, Baumeister, Denker und Philosophen an. Zum letzten Mal erblühte die byzantinische Kreativität. 1261 konnte Michael VIII. Konstantinopel von den lateinischen Herrschern zurückerobern, zu diesem Zeitpunkt war Byzanz jedoch nur noch ein Schatten seiner selbst.

Osmanische Herrschaft

Schon bald drohte Konstantinopel aus dem Osten eine weit größere Gefahr. Die Seldschuken, ein Volksstamm aus Zentralasien, waren Mitte des 11. Jahrhunderts erstmals in den östlichen Randgebieten des Reichs aufgetaucht. Die Osmanen (Anhänger Osmans, der von 1289 bis 1326 regierte) lösten die Seldschuken als vorherrschenden türkischen Volksstamm ab. Die muslimischen Osmanen dehnten die von ihnen kontrollierten Gebiete rasch aus und bedrängten das Byzantinische Reich Mitte des 15. Jahrhunderts von allen Seiten.

In Griechenland steht die älteste Moschee Europas. Die Bayezits-Moschee in Didymoticho wurde im späten 14. Jahrhundert von dem osmanischen Sultan Bayezit I. erbaut.

Am 29. Mai 1453 fiel Konstantinopel unter die Herrschaft der türkischen Osmanen (von den Griechen als *turkokratia bezeichnet*). Griechenland wurde einmal mehr zum Schlachtfeld, dieses Mal kämpften Türken und Venezianer um die Vorherrschaft. Mit Ausnahme der Ionischen Inseln (wo die Venezianer die Kontrolle behielten), wurde Griechenland dem Osmanischen Reich einverleibt.

Die osmanische Macht stand unter Sultan Süleiman dem Prächtigen im Zenit, der in den Jahren zwischen 1520 und 1566 regierte. Sein Nachfolger Selim der Säufer konnte dem Reich im Jahr 1570 noch Zypern hinzufügen, sein Tod im Jahr 1574 markierte jedoch das Ende einer nennenswerten territorialen Expansion. Zwar wurde im Jahr

529
Athens kultureller Einfluss erfährt einen tödlichen Schlag, als Kaiser Justinian die Lehre der klassischen Philosophie zugunsten der christlichen Theologie verbietet, die nun als höchste Form intellektuellen Strebens gilt.

960
Der byzantinische Feldherr Nikiforos Fokas startet die „Expedition nach Kreta" und befreit die Insel. Die Wehranlangen werden verstärkt, Hauptstadt wird Chandax. Es bildet sich eine mächtige Klasse von Grundbesitzern heraus.

1204
Plündernde fränkische Kreuzfahrer brandschatzen Konstantinopel. Die Kreuzfahrer nutzen den religiösen Eifer für ihre eigenen Interessen und versetzen Konstantinopel einen Schlag, der seinen allmählichen Niedergang einläutet.

1209
Gottfried von Villehardouin teilt den Peloponnes in Lehen auf. Er bereitet den Weg für seinen Neffen, ebenfalls einen Gottfried, der sich selbst zum Fürsten von Morea ernennt (wie der Peloponnes im Mittelalter hieß).

1699 nach 25-jährigem Kampf noch Kreta erobert, die unfähigen Sultane Ende des 16. und 17. Jahrhunderts sorgten jedoch für einen beständigen Niedergang des Reichs.

Venedig vertrieb die Türken in einem drei Jahre dauernden Feldzug (1685–1687) vom Peloponnes; dabei rückten die venezianischen Truppen bis Athen vor. Bei diesem Feldzug explodierte Schießpulver, das in den Ruinen der Akropolis gelagert war, und fügte damit dem Parthenon schwere Schäden zu.

Im Jahr 1715 übernahmen die Osmanen erneut die Herrschaft, erreichten jedoch nie mehr ihre frühere Macht. Ende des 18. Jahrhunderts gab es überall in Griechenland Gebiete, in denen türkische Beamte und Adlige autonom regierten und die dem Sultan von Konstantinopel lediglich unverbindliche Loyalität signalisierten. Unter der lockeren Führung des Sultans hatten auch einige Griechen an Einfluss gewonnen und genossen Privilegien. Es waren einflussreiche Geistliche, wohlhabende Kaufleute, Landbesitzer oder Gouverneure, die über griechische Bauern in der Provinz regierten. Es gab jedoch auch eine stetig wachsende Gruppe von Griechen, die nach Befreiung strebten. Zu ihnen gehörten viele intellektuelle Auslandsgriechen.

Der Dichter Lord Byron gehörte zu der großen Gruppe philhellenischer Freiwilliger, die aktiv für die Unabhängigkeit Griechenlands kämpften. Byrons Kriegseinsatz endete 1824 mit seinem Tod.

Russland setzte sich für die Befreiung der christlichen Brüder im Süden ein und entsandte russische Agenten, die 1770 auf dem Peloponnes und 1786 in Epiros Aufstände schüren sollten. Beide Aufstände wurden schonungslos niedergeschlagen – der Aufstand in Epiros von Ali Pascha (1741–1822), dem osmanischen Gouverneur von Ioannina, der die Gelegenheit zugleich nutzte, um seine eigene Macht gegenüber dem Sultan auszubauen.

UNABHÄNGIGKEIT

1814 gründeten die Kaufleute Athanasios Tsakalof, Emmanuel Xanthos und Nikolaos Skoufas die erste Unabhängigkeitspartei Griechenlands, die Filiki Eteria (Freundesgesellschaft). Die Botschaft dieser Untergrundorganisation verbreitete sich rasch. Die Anhänger der Bewegung hielten Waffengewalt für das einzig wirksame Mittel zur Befreiung und unterstützten Griechenlands Freiheitskämpfer mit großzügigen finanziellen Zuwendungen.

Die 1820 von Ali Pascha angezettelte persönliche Rebellion gegen den Sultan gab den Griechen den benötigten Anstoß. Am 25. März 1821 begannen die Griechen den Unabhängigkeitskrieg. Aufstände brachen fast gleichzeitig in den meisten Teilen Griechenlands und auf den besetzten Inseln aus. Die Kämpfe waren grausam, auf beiden Seiten kam es zu Gräueltaten. Auf dem Peloponnes wurden nach der Ein-

1453

Griechenland wird Herrschaftsbereich der osmanischen Türken, nachdem diese Konstantinopel (heute Istanbul) unter ihre Kontrolle gebracht haben und damit die Totenglocke für das Byzantinische Reich läuten.

1460

1460 fällt Morea (der Peloponnes) an die Türken. Es folgen Jahrhunderte von Machtkämpfen zwischen Türken und Venezianern.

1541

Dominikos Theotokopoulos, „El Greco", wird in Candia (Iraklion) geboren. Seine später in Italien und Spanien entstandenen Werke zeigen den Einfluss der kretischen Schule und seinen kühnen, ganz persönlichen innovativen Stil.

1684–1687

Die Venezianer vertreiben die Türken in einem Feldzug vom Peloponnes. Dabei kommen venezianische Truppen bis Athen.

FRAUENPOWER

Schon immer haben griechische Frauen eine wichtige Rolle in Griechenlands Unabhängigkeitsbewegungen gespielt. Laskarina Bouboulina (1771–1825), eine berühmte Seefahrerin, war eine dieser Frauen. Sie wurde Mitglied der Filiki Eteria (Freundesgesellschaft), einer bedeutenden Organisation, die nach Unabhängigkeit von der osmanischen Herrschaft strebte. Bouboulina stammte von der Insel Hydra (Ydra) und ließ sich später auf Spetses nieder. Dort gab sie den Bau mehrerer Kriegsschiffe in Auftrag, die sie als Lady Admiral in bedeutenden Seeblockaden befehligte, das berühmteste dieser Schiffe war die *Agamemmnon*. Sie unterhielt die Crews ihrer Schiffe sowie ein kleines Heer von Soldaten und versorgte die Revolutionäre mit Essen, Waffen und Munition. Hierzu nutzte sie ihre Schiffe als Transportmittel. Ihre Mitwirkung bei Operationen zur See war für die Freiheitsbewegung eine bedeutende Hilfe. Politische Interessengruppen innerhalb der Regierung sorgten nach dem Krieg jedoch für ihre Inhaftierung und nachfolgende Verbannung nach Spetses, wo sie starb.

Heute wird sie als Nationalheldin verehrt, überall in Griechenland tragen Straßen ihren Namen und die frühere Ein-Drachme-Münze trug ihr Bild. Ihre Ururenkelin Lela Karagiannis nahm in Zweiten Weltkrieg ebenfalls am Widerstandkampf teil. In Spetses-Stadt stehen zu Ehren beider Frauen Standbilder, Bouboulinas Haus ist heute ein Privatmuseum.

nahme der Stadt Tripolitsa (heute Tripolis) 12 000 türkische Einwohner ermordet, während sich die Türken mit Massakern in Kleinasien rächten, vor allem auf der Insel Chios.

Die Kämpfe eskalierten. Innerhalb eines Jahres eroberten die Griechen die Festungen Monemvasia, Navarino (heute Pylos) und Nauplia (heute Nafplio) auf dem Peloponnes sowie Mesolongi, Athen und Theben. Am 13. Januar 1822 riefen sie in Epidauros die Unabhängigkeit Griechenlands aus.

Regionale Meinungsverschiedenheiten über die Nationalregierung eskalierten zweimal und mündeten in Bürgerkriege (1824 und 1825). Aus diesen Umständen zogen die Osmanen ihren Vorteil, und im Jahr 1827 hatten die Türken (mit Unterstützung Ägyptens) einen Großteil des Peloponnes sowie Mesolongi und Athen zurückerobert. Nun intervenierten die Westmächte, und im Oktober 1827 versenkte eine Flotte mit russischer, französischer und britischer Beteiligung die türkisch-ägyptische Flotte in der Schlacht von Navarino. Gegen alle Erwartungen rief Sultan Mahmud II. einen heiligen Krieg aus, was Russland dazu veranlasste, Truppen auf den Balkan zu entsenden, um die osmanische Armee in ein Gefecht zu verwickeln. Die Kämpfe setzten sich bis ins Jahr 1829 fort. Als russische Truppen Konstantinopel

Eugène Delacroix' Ölbild *Das Massaker von Chios* (1824) wurde von den Ereignissen in Kleinasien während Griechenlands Unabhängigkeitskampf 1821 inspiriert. Das Gemälde hängt im Louvre in Paris.

1770er- & 1780er-Jahre

Katharina die Große von Russland vertreibt die Türken von der Schwarzmeerküste und gibt mehreren Städten alte griechische Namen. Sie bietet den Griechen finanzielle Anreize und freies Land, um die Region zu besiedeln.

1814

Die geheime hellenische Unabhängigkeitsorganisation Filiki Eteria (Freundesgesellschaft) wird in Odessa an der Schwarzmeerküste gegründet. Ihr Einfluss erfasst ganz Griechenland.

1821

Am 25. März gibt Bischof Germanos von Patras (ein Mitglied der Filiki Eteria) das Zeichen zum Beginn des Unabhängigkeitskrieges auf dem Festland. In Griechenland wird dieser Tag seither als Nationalfeiertag gefeiert.

1822–1829

Am 13. Januar 1822 wird in Epidauros die Unabhängigkeit ausgerufen, der Kampf geht jedoch noch sieben Jahre weiter. Schließlich kapitulieren die Osmanen und nehmen den Frieden von Adrianopel an.

bedrohten, gestand der Sultan im Frieden von Adrianopel Griechenland die Unabhängigkeit zu, die im Jahr 1830 schließlich auch offiziell anerkannt wurde.

DIE MODERNE GRIECHISCHE NATION

Die Griechen bauten unterdessen eifrig den unabhängigen Staat auf, den sie mehrere Jahre zuvor ausgerufen hatten. Im April des Jahres 1827 wählten sie Ioannis Kapodistrias zum ersten Präsidenten der Republik. Er stammte aus Korfu und war unter dem russischen Zar Alexander I. Diplomat gewesen. Hauptstadt wurde Nafplio auf dem Peloponnes.

In den griechischen Reihen bestand jedoch in hohem Maße Uneinigkeit. Kapodistrias wurde im Jahr 1831 ermordet, nachdem er die Inhaftierung eines Fürsten von Mani befohlen hatte. Damit hatte er der wachsenden Unzufriedenheit und Rebellion unter den zahlreichen Parteien (einschließlich der Führer einiger Unabhängigkeitsbewegungen) entgegenwirken wollen, die im neuen Staat an Macht verloren hatten.

In der nachfolgenden Anarchie erklärten Großbritannien, Frankreich und Russland Griechenland zur Monarchie. Auf den Thron setzten sie einen Nicht-Griechen, den 17-jährigen Prinzen Otto von Bayern, der im Januar 1833 in Nafplio eintraf. Das neue Königreich (gegründet durch das Londoner Abkommen von 1832) umfasste den Peloponnes, Zentralgriechenland (Sterea Ellada), die Kykladen und die Sporaden.

Nachdem König Otto im Jahr 1834 die Hauptstadt nach Athen verlegt hatte, erwies er sich als aggressiver Herrscher, der die Veteranen des Unabhängigkeitskriegs verprellte, indem er die angesehendsten Ämter unter den Angehörigen des bayerischen Hofs verteilte. Bis Ende der 1850er-Jahre verdrängte letztendlich eine neue Generation von Akademikern – die Universität von Athen war im Jahr 1817 gegründet worden – die meisten Veteranen des Unabhängigkeitskrieges.

Die Große Idee

Griechenlands Außenpolitik (als „Große Idee" tituliert) wollte die Souveränität über die zerstreute griechische Bevölkerung durchsetzen. Vor dem Hintergrund des Krimkrieges wurden Briten und Franzosen bei der Aussicht auf ein Bündnis Griechenlands und Russlands gegen die Osmanen nervös, insbesondere nachdem Otto im Jahr 1862 in einem unblutigen Putsch abgesetzt worden war.

1827

Britische, französische und russische Streitkräfte versenken die vereinigte türkisch-ägyptische Flotte in der Schlacht von Navarino (bei Pylos auf dem Peloponnes) – ein entscheidendes Gefecht im Unabhängigkeitskrieg.

1827–1831

Ioannis Kapodistrias wird Ministerpräsident einer unabhängigen Regierung mit der Hauptstadt Nafplio auf dem Peloponnes. Wachsende Unzufriedenheit führt später zu seiner Ermordung.

1833

Das Staatenbündnis aus Großbritannien, Frankreich und Russland beschließt die Einführung einer Monarchie in Griechenland. Prinz Otto von Bayern wird als erster Monarch des modernen Staates nach Griechenland entsandt.

1843

Die Monarchie erlebt einen tiefen Fall, als König Otto eine parlamentarische Regierung einsetzt, die hauptsächlich aus Freiheitskämpfern des Unabhängigkeitskrieges besteht.

Im Jahr 1815 hatten die Briten im politischen Streit zwischen Venezianern, Russen und Franzosen die Oberherrschaft über die Ionischen Inseln erhalten. Die Briten sorgten für eine verbesserte Infrastruktur auf den Inseln und viele Einheimische übernahmen britische Bräuche, wie den Nachmittagstee und das Cricket-Spiel. Durch die Unabhängigkeit Griechenlands gerieten die Briten jedoch unter Druck, der griechischen Nation ihre Eigenständigkeit zu geben, sodass sie 1864 die Inseln verließen. Gleichzeitig verhalfen die Briten dem jungen Prinzen Wilhelm von Dänemark auf den griechischen Thron. 1863 wurde er zum König gekrönt und regierte als König Georg I. Seine 50-jährige Regentschaft brachte dem Land endlich eine gewisse Stabilität. Sie begann 1864 mit einer neuen Verfassung, die demokratisch gewählte Vertreter an die Macht brachte.

Im Jahr 1881 erhielt Griechenland nach einem Krieg zwischen Russland und der Türkei Thessalien und einen Teil von Epiros. 1897 scheiterte Griechenland jedoch kläglich bei dem Versuch, die Türkei im Norden anzugreifen, um eine *enosis* (Vereinigung) mit Kreta zu erreichen, das sich hartnäckig für eine Befreiung von den Osmanen eingesetzt hatte. Der Versuch verbrauchte viel von den Ressourcen des Landes und nur die rechtzeitige diplomatische Intervention der Großmächte verhinderte, dass die türkische Armee Athen einnahm.

Man stellte Kreta unter internationale Verwaltung, schrittweise wurde die Regierung der Insel jedoch den Griechen übertragen und 1905 verkündete der Präsident der kretischen Nationalversammlung, Eleftherios Venizelos, Kretas Vereinigung mit Griechenland. Völkerrechtlich anerkannt wurde sie jedoch erst 1913. Venizelos wurde 1910 Premierminister Griechenlands und war der führende Politiker des Landes, bis er 1933 auf Grund seiner republikanischen Tendenzen zurücktreten musste.

Die Balkankriege

Obgleich das Osmanische Reich Anfang des 20. Jahrhunderts in den letzten Zügen lag, hatte es Makedonien noch halten können. Die neu gegründeten Balkanstaaten Serbien und Bulgarien sowie Griechenland waren jedoch ebenfalls sehr an Makedonien interessiert, was zum Ausbruch der Balkankriege führte (1912 und 1913). Das Ergebnis war der Friede von Bukarest (August 1913), der Griechenland erhebliche Gebietsgewinne (und damit fruchtbares Ackerland) eintrug. Seine Grenzen umfassten nun den südlichen Teil Makedoniens (einschließlich Thessaloniki, dem Kulturzentrum in strategisch günstiger Lage auf den balkanischen Handelsrouten, Teile Thrakiens, ein weiteres Stück von Epiros und die nordostägäischen Inseln, zudem wurde die Vereinigung mit Kreta anerkannt.

1862–1863
Die Monarchie wird gestürzt und König Otto in einem Putsch abgesetzt. Die Ionischen Inseln, die seit 1815 britisches Protektorat waren, gehen an Griechenland zurück – ein Versuch, Griechenlands Expansionsdrang einzudämmen.

1863–1864
Den Briten gelingt es, Prinz Wilhelm von Dänemark auf den griechischen Thron zu setzen, der später als König Georg I. gekrönt wird. Seine 50-jährige Regierungszeit beginnt 1864 mit einer neuen Verfassung.

1881
Griechenland breitet sich nach Norden aus, als es sich – als Folge eines Konfliktes zwischen Russland und der Türkei – Thessalien und Epiros aneignen kann.

1883
Griechenland vollendet den Bau des Kanals von Korinth durch die Landenge von Korinth. Diese technische Meisterleistung eröffnet eine Verbindung zwischen dem Ägäischen und dem Ionischen Meer.

Der Erste Weltkrieg & Smyrna

Im März 1913 wurde König Georg ermordet, und sein Sohn Konstantin bestieg den Thron. König Konstantin, der mit der Schwester des deutschen Kaisers verheiratet war, bestand bei Ausbruch des Ersten Weltkriegs im August 1914 auf der Neutralität Griechenlands. Je länger sich der Krieg hinzog, desto mehr Druck übten die Alliierten (Großbritannien, Frankreich und Russland) auf Griechenland aus, das sich mit ihnen gegen die Türkei und Deutschland verbünden sollte. Als Gegenleistung versprachen sie Zugeständnisse in Kleinasien. Ministerpräsident Venizelos favorisierte den Wunsch der Alliierten und stand damit im Gegensatz zum König. Der König verließ Griechenland im Juni 1917. Nachfolger wurde sein zweitgeborener Sohn Alexander, der den Wünschen der Alliierten zugänglicher gegenüberstand.

Prinz Philip, Herzog von Edinburgh, gehört zur ehemaligen griechischen Königsfamilie – geboren wurde er 1921 als Prinz Philippos von Griechenland und Dänemark auf Korfu. Der ehemalige König Konstantin von Griechenland ist der Pate von Prinz William und ein Cousin dritten Grades von Prinz Charles.

Die griechischen Truppen kämpften hervorragend aufseiten der Alliierten. Als der Krieg 1918 endete, blieb das versprochene Land in Kleinasien jedoch aus. Daraufhin wurde Venizelos diplomatisch tätig, um die Sache voranzubringen. Mit Duldung der Alliierten landeten im Mai 1919 Truppen in Smyrna (heute Izmir in der Türkei) unter dem Vorwand, die halbe Million Griechen zu schützen, die in der Stadt lebten. Die Besetzung von Smyrna löste jedoch interne Verstimmungen aus und entfachte eine Reihe blutiger Repressalien gegen die einheimische muslimische Bevölkerung. Nachdem Venizelos nun in Kleinasien über einen scheinbar brauchbaren Stützpunkt verfügte, gab er seinen Truppen den Befehl zum Vorrücken. Im September 1921 hatten sie Ankara erreicht. An diesem Punkt ließ die Unterstützung aus dem Ausland nach, und türkische Streitkräfte unter Mustafa Kemal (dem späteren Atatürk) stoppten die Offensive. Die griechische Armee zog sich zurück, Smyrna fiel 1922 und zehntausende der griechischen Einwohner starben.

Der Krieg endete im Juli 1923 mit dem Frieden von Lausanne. Die Türkei erhielt Ostthrakien und die Inseln Imros und Tenedos, Italien behielt den Dodekanes (den es 1912 vorübergehend übernommen hatte und bis 1947 behalten sollte).

Der Friedensvertrag verlangte außerdem einen Bevölkerungsaustausch zwischen Griechenland und der Türkei, um zukünftigen Auseinandersetzungen vorzubeugen. Etwa 1,5 Mio. Griechen verließen die Türkei und etwa 400 000 Türken verließen Griechenland. Der Austausch belastete die griechische Wirtschaft gewaltig und löste bei den Betroffenen, die große Not litten, Bitterkeit aus. Viele Griechen mussten ein privilegiertes Leben in Kleinasien gegen ein Leben in extremer Armut in den entstehenden Elendsvierteln von Athen und Thessaloniki eintauschen.

1883

Griechenlands berühmtester Schriftsteller, Nikos Kazantzakis, wird in Iraklion geboren. Bekannt wird er Mitte des 20. Jahrhunderts für Werke wie *Alexis Zorbas* und *Die letzte Versuchung*.

1896

Die ersten Olympischen Spiele der Neuzeit in Athen. Die Sieger erhalten eine Silbermedaille und einen Olivenkranz, die Zweit- und Drittplatzierten eine Bronzemedaille bzw. einen Lorbeerzweig.

1900

Sir Arthur Evans beginnt in Knossos mit Ausgrabungsarbeiten, bei denen schon sehr bald der Palast zu Tage gefördert wird. Die Entdeckung der weit fortgeschrittenen minoischen Kultur versetzt die archäologische Welt in Staunen.

1912–1913

In den Balkankriegen kämpfen Griechen und Serben anfangs an der Seite Bulgariens gegen die Türken um Gebiete in Makedonien. Später kämpfen Griechenland und Serbien gegen Bulgarien, um ihr Territorium zu vergrößern.

Die Republik Griechenland 1924–1935

Die Ankunft der griechischen Flüchtlinge aus der Türkei fiel mit einer selbst für griechische Verhältnisse beispiellosen politischen Instabilität zusammen. Im Oktober 1920 starb König Konstantin an den Folgen eines Affenbisses, und sein Vater Konstantin bestieg erneut den Thron. Die politische Krise verschärfte sich jedoch, und Konstantin dankte nach dem Fall von Smyrna (erneut) ab. Abgelöst wurde er von seinem ältesten Sohn, Georg II. Dieser war der Gruppe von Offizieren nicht gewachsen, die nach dem Krieg nach Macht strebten. Im März 1924 wurde mitten in einer Reihe von Putschen und Gegenputschen die Republik ausgerufen.

Mit Venizelos Rückkehr an die Macht 1928 wurde ein gewisses Maß an Stabilität erreicht. Er verfolgte eine Politik der Wirtschafts- und Bildungsreformen, die Große Depression verhinderte jedoch echte Fortschritte. Seine antiroyalistische Liberale Partei sah sich einer zunehmenden Herausforderung durch die monarchistische Volkspartei gegenüber, die im März 1933 dann auch bei den Wahlen siegte. Die neue Regierung bereitete die Wiedereinführung der Monarchie vor, als Venizelos und seine Anhänger im März 1935 einen erfolglosen Putschversuch unternahmen. Venizelos ging nach Paris ins Exil, wo er ein Jahr später starb. Im November 1935 bestieg König Georg II. nach einer (wahrscheinlich manipulierten) Volksabstimmung erneut den Thron. Er ernannte General Ioannis Metaxas vom rechten Flügel zum Ministerpräsidenten. Unter dem Vorwand, einen kommunistisch-republikanischen Staatsstreich zu verhindern, ließ Metaxas sich neun Monate später mit dem Einverständnis des Königs diktatorische Befugnisse einräumen.

Der Zweite Weltkrieg

Metaxas verfolgte die grandiose Vision, eine utopische dritte griechische Hochkultur zu erschaffen. Sie sollte auf der glorreichen antiken und byzantinischen Vergangenheit des Landes basieren. Was dabei herauskam, glich jedoch mehr einer griechischen Version des Dritten Reiches. Seine Gegner schickte er ins Exil oder steckte sie ins Gefängnis, er verbot die Gewerkschaften und die kürzlich gegründete Kommunistische Partei Griechenlands (Kommounistiko Komma Elladas, KKE), verhängte Pressezensur und baute eine Geheimpolizei und eine Jugendbewegung nach faschistischem Muster auf. Am bekanntesten jedoch wurde Metaxas durch sein *ohi* (Nein) zu Mussolinis Aufforderung, den Italienern Anfang des Zweiten Weltkriegs den Durchzug durch Griechenland zu erlauben. Damit behielt er Griechenlands strikte Neutralitätspolitik bei. Die Italiener marschierten in Grie-

WIDERSTAND

Inside Hitler's Greece: The Experience of Occupation, 1941–44, von Mark Mazower ist ein persönlicher und ausführlicher Bericht über Griechenland unter der Besatzung durch die Nazis und das Entstehen der Widerstandsbewegung (in Englisch).

1914

Bei Ausbruch des Ersten Weltkriegs ist Griechenland zunächst neutral. Schließlich verbündet es sich jedoch mit den Alliierten gegen Deutschland und die Türkei, da ihm als Gegenleistung Land in der Kleinasien versprochen wird.

1919–1923

Griechenland verfolgt die „Große Idee", um hellenische Regionen zu vereinen. Die Idee scheitert und führt 1923 zu einem Bevölkerungsaustausch zwischen Griechenland und der Türkei – die „kleinasiatische Katastrophe".

1924–1934

In Griechenland wird die Republik ausgerufen, und König Georg II. verlässt das Land. Die Große Depression vereitelt eine Rückkehr zur Stabilität. Monarchisten und Republikaner unter Venizelos ringen um die Macht im Land.

1935

Die Monarchie wird wieder eingeführt, König Georg II. kehrt auf den Thron zurück. Der rechte General Ioannis Metaxas erhält den Posten des Ministerpräsidenten und führt diktatorische Regierungsformen ein.

chenland ein, wurden von den Griechen jedoch nach Albanien zurückgedrängt.

Eine Voraussetzung für Hitlers Plan, in die Sowjetunion einzumarschieren, war eine sichere Südflanke auf dem Balkan. Als den Briten dies klar wurde, baten sie Metaxas um die Erlaubnis, Truppen in Griechenland zu stationieren. Er gab ihnen die gleiche Antwort wie den Italienern. Nachdem er im Januar 1941 plötzlich gestorben war, ersetzte der König ihn durch den zaghafteren Alexandros Koryzis, der die Landung der Briten in Griechenland erlaubte. Als deutsche Truppen am 6. April 1941 in Griechenland einmarschierten, beging Koryzis Selbstmord. Die Nazis waren den griechischen, britischen, australischen und neuseeländischen Verteidigungstruppen zahlenmäßig weit überlegen und hatten innerhalb weniger Wochen das gesamte Land besetzt. Die Zivilbevölkerung litt entsetzlich unter der Besatzung, viele verhungerten. Die Nazis trieben mehr als die Hälfte der jüdischen Bevölkerung zusammen und transportierten sie in Vernichtungslager.

Am 25. November 1942 sprengte ein Zusammenschluss griechischer Widerstandsgruppen mit Unterstützung der Briten die Gorgopotamos-Eisenbahnbrücke in der Nähe von Lamia in Mittelgriechenland (Sterea Ellada) und sabotierte damit für Wochen die deutschen Versorgungsrouten.

Es bildeten sich zahlreiche Widerstandsbewegungen. Die drei größten waren ELAS (Ellinikos Laikos Apeleftherotikos Stratos), EAM (Ethnikon Apeleftherotikon Metopon) und EDES (Ethnikos Dimokratikos Ellinikos Syndesmos). ELAS wurde zwar von Kommunisten gegründet, aber nicht alle Mitglieder waren linksgerichtet. EAM bestand aus stalinistischen Mitgliedern der Kommunistischen Partei Griechenlands (KKE), die in den 1930er-Jahren in Moskau gelebt hatten und das Ziel verfolgten, nach dem Krieg ein kommunistisches Griechenland aufzubauen. EDES sammelte die rechten und monarchistischen Widerstandskämpfer. Diese Gruppen kämpften untereinander ebenso hasserfüllt wie gegen die Deutschen. Für die griechische Zivilbevölkerung hatte dies oft verheerende Folgen.

Im Oktober 1944 begannen die Deutschen ihren Rückzug aus Griechenland, was die kommunistischen und monarchistischen Widerstandsgruppen nicht daran hinderte, sich gegenseitig weiter zu bekämpfen.

Bürgerkrieg

Ende 1944 kam es zwischen den polarisierenden Royalisten, Republikanern und Kommunisten zu starken innerparteilichen Spannungen und einem heftigen Machtkampf. Die von Großbritannien unterstützte provisorische Regierung war in einer unhaltbaren Lage: Die Linke drohte mit einem Putsch, und Großbritannien drängte darauf, die Kommunisten daran zu hindern, ihren Einfluss auf die Verwaltung, den sie während der deutschen Besatzung gewonnen hatten, weiter

1940
Am 28. Oktober lässt Metaxas die Italiener mit ihrer Anfrage abblitzen, zu Beginn des Zweiten Weltkriegs durch Griechenland ziehen zu dürfen. Die Italiener marschieren dennoch ein, werden jedoch nach Albanien zurückgedrängt.

1941–1944
Deutsche Truppen besetzen Griechenland. Monarchisten, Republikaner und Kommunisten bilden Widerstandsgruppen, die trotz interner Machtkämpfe die Deutschen nach drei Jahren aus dem Land drängen.

1944–1949
Nach dem Ende des Zweiten Weltkriegs bricht in Griechenland der Bürgerkrieg zwischen Monarchisten und Kommunisten aus. Die Monarchisten gewinnen 1946. Viele Griechen emigrieren auf der Suche nach einem besseren Leben.

1952
Griechenland wird in das Militärbündnis der NATO aufgenommen und so strategisch im Westen verankert. Durch den Marshallplan und den zunehmenden Tourismus erholt sich die Wirtschaft in den 50er-Jahren langsam.

auszubauen. Die Briten wollten damit ihre Hoffnungen auf eine Wiedereinführung der griechischen Monarchie stärken.

Am 3. Dezember 1944 schoss die Polizei auf dem Syntagmaplatz in Athen auf die Teilnehmer einer kommunistischen Demonstration, wobei mehrere Demonstranten getötet wurden. Die folgenden sechs Wochen, in denen sich Linke und Rechte bekämpften, wurden als *dekemvriana* (Dezember-Ereignisse) bekannt und markierten die erste Runde des griechischen Bürgerkriegs. Britische Truppen verhinderten durch ihr Eingreifen einen Sieg der verbündeten ELAS-EAM.

Im Februar des Jahres 1945 scheiterten offizielle Verhandlungen zwischen der Regierung und den Kommunisten, und die Spannungen hielten weiter an. Politisch Engagierte jeder Richtung litten unter heftigen Repressalien seitens linksgerichteter Gruppen, der Armee oder skrupelloser rechtsgerichteter Ordnungshüter, die politische Gegner einschüchterten und mit Gewalt bedrohten. Die Royalisten gewannen die Wahlen vom März 1946 (die Kommunisten hatten sie erfolglos boykottiert), und ein Volksentscheid, der höchstwahrscheinlich manipuliert wurde, brachte im September Georg II. zurück auf den Thron.

Im Oktober wurde die linke Demokratische Armee Griechenlands (DSE) gegründet, um den Kampf gegen die Monarchie und ihre britischen Unterstützer wieder aufzunehmen. Unter der Führung von Markos Vafiadis besetzte die DSE rasch breite Landstreifen entlang der griechischen Nordgrenze zu Albanien und Jugoslawien.

Im Jahr 1947 griffen die USA ein, und der Bürgerkrieg entwickelte sich zu einem Schauplatz des Kalten Krieges. Der Kommunismus wurde verboten, und die Regierung führte ihr berüchtigtes Zertifikat für politische Zuverlässigkeit ein, das erst 1962 abgeschafft wurde. Das Zertifikat bestätigte, dass der Inhaber kein Sympathisant der Linken war. Ohne dieses Zertifikat konnte ein Grieche nicht wählen, und es war praktisch unmöglich für ihn, Arbeit zu bekommen. Die Hilfe der USA verbesserte die Lage vor Ort kaum. Die DSE wurde weiterhin von Norden her versorgt, von Jugoslawien, Bulgarien und über die Balkanstaaten, indirekt auch von der Sowjetunion. Ende 1947 hatte die DSE große Gebiete des Festlands sowie Teile der Inseln Kreta, Chios und Lesbos unter Kontrolle.

Im Jahr 1949 begann sich das Blatt zu wenden, als die Streitkräfte der Zentralregierung die DSE vom Peloponnes vertrieben. In den Bergen bei Epiros gingen die Kämpfe noch bis Oktober 1949 weiter, bis Jugoslawien sich mit der Sowjetunion entzweite und der DSE den Nachschub abschnitt.

Griechenland ging aus dem Bürgerkrieg als ein zerschlagenes und wirtschaftlich gebrochenes Land hervor. In den drei Jahren des erbitterten Bürgerkriegs waren mehr Griechen ums Leben gekommen als

Der Bestseller *Eleni* von Nicholas Gage ist ein fesselnder persönlicher Bericht über das Leben seiner Familie in dem Dorf Lia und die Ereignisse, die im griechischen Bürgerkrieg zur Hinrichtung seiner Mutter durch kommunistische Guerillas führten.

1959

Zypern wird unabhängige Republik. Der Wunsch nach einer Vereinigung mit Griechenland wird gleichermaßen von den Griechen wie auch den griechischen Zyprioten geäußert. Die Türkei erhebt eigene Ansprüche auf die Insel.

1967–1974

Rechte und linke Gruppen im Land streiten weiterhin und provozieren im April 1967 einen rechten Militärputsch durch Obristen, die eine Militärjunta einführen. Sie verhängen das Kriegsrecht und schaffen viele Grundrechte ab.

1973

Am 17. November walzen Panzer die Tore des Polytechnikums in Athen nieder und Truppen stürmen das Universitätsgebäude, um einen Studentenprotest gegen die Junta niederzuschlagen. Mehr als 20 Studenten sterben.

1974

Der Plan, Zypern und Griechenland zu vereinen, veranlasst türkische Truppen zum Einmarsch auf Zypern und führt zum Sturz der Militärjunta.

im Zweiten Weltkrieg und eine Viertelmillion Menschen war obdachlos geworden.

Die Verzweiflung löste einen Massenexodus aus. Annähernd eine Million Griechen verließen das Land auf der Suche nach einem besseren Leben. Die meisten gingen nach Australien, Kanada und in die USA.

Wiederaufbau & Zypernfrage

Nach einer Reihe nicht funktionsfähiger Koalitionen wurde 1952 das Wahlsystem in ein Mehrheitswahlsystem geändert. Kommunisten waren damit von künftigen Regierungen ausgeschlossen. Die Wahl vom November 1952 war ein Sieg für die rechte Sammlungspartei Ellinikos Synagermos unter Führung von General Alexander Papagos, einem ehemaligen Feldmarschall des Bürgerkrieges. General Papagos blieb bis zu seinem Tod 1955 an der Macht und wurde von Konstantinos Karamanlis abgelöst.

Griechenland trat im Jahr 1952 der NATO bei. Im Jahr 1953 erlaubte es den USA, Militärstützpunkte in Griechenland zu errichten. Die USA, die entschlossen waren, die antikommunistische Regierung weiter zu unterstützen, gewährten großzügige wirtschaftliche und militärische Hilfen.

Zypern rückte ins Zentrum der griechischen Außenpolitik. Seit den 1930er-Jahren hatten griechische Zyprioten, die vier Fünftel der Inselbevölkerung ausmachten, eine Vereinigung mit Griechenland gefordert, die Türkei erhob jedoch ebenfalls Anspruch auf die Insel, seit sie 1878 britisches Protektorat geworden war und ab 1925 britische Kronkolonie. Die öffentliche Meinung in Griechenland befürwortete mit überwältigender Mehrheit eine Vereinigung, Großbritannien und die USA lehnten sie aus strategischen Gründen ab.

Im Jahr 1956 startete die rechte griechisch-zyprische militärische Widerstandsorganisation (EOKA) einen bewaffneten Kampf gegen die Briten. Nach eingehenden Verhandlungen einigten Großbritannien, Griechenland und die Türkei sich 1959 schließlich auf eine Kompromisslösung: Zypern sollte im folgenden August eine unabhängige Republik werden, mit dem griechisch-zypriotischen Erzbischof Makarios als Präsident und dem Türken Faisal Kükük als Vizepräsident. Diese Änderungen trugen nur wenig dazu bei, beide Seiten zu beruhigen. Die EOKA beschloss, weiterzukämpfen, und die türkischen Zyprioten forderten sogar eine Teilung der Insel.

In Griechenland gründete Georgios Papandreou, ein ehemaliger Anhänger Venizelos', 1958 die Massenpartei EK (Zentrumsunion). Bei den Wahlen 1961 kam jedoch zum dritten Mal in Folge die ERE, wie Karamanlis die griechische Sammlungspartei neu getauft hatte, an

1974

Die parlamentarische Demokratie wird in Griechenland wieder eingeführt. Zu den Wahlen im November wird auch die Kommunistische Partei zugelassen.

1974

In einem Referendum im Dezember des Jahres 1974 fordern 70 Prozent der Wähler die Abschaffung der konstitutionellen Monarchie in Griechenland, was schließlich eine neue Verfassung zur Folge hat.

1981

Griechenland wird Mitglied der Europäischen Union. Dadurch werden Handelsbarrieren abgebaut, und erstmals öffnet sich die griechische Wirtschaft dem Welthandel. Dadurch wächst die Wirtschaft rasch.

1981–1990

Griechenland erhält seine erste sozialistische Regierung (PASOK) unter der Führung von Andreas Papandreou. Nach neun Jahren kommen die Konservativen wieder an die Macht.

die Macht. Papandreou warf der ERE Wahlfälschung vor, die darauf folgenden politischen Unruhen gipfelten im Mai 1963 in der Ermordung von Grigoris Lambrakis, dem Abgeordneten der kommunistischen EDA (Vereinigte Demokratische Linke). Karamanlis war alldem nicht gewachsen, er trat zurück und ging nach Paris.

Im Februar 1964 kam die EK schließlich an die Macht, und Papandreou leitete unverzüglich eine Reihe radikaler Veränderungen ein. Er ließ politische Gefangene frei, erlaubte Exilanten die Rückkehr nach Griechenland, senkte die Einkommenssteuer und den Verteidigungsetat und erhöhte die Ausgaben für Soziales und Bildung.

Der politische Mord 1963 an Grigoris Lambrakis wird in Vassilis Vassilikos' Roman „Z" beschrieben. Das Buch wurde später preisgekrönt verfilmt.

Obristen, Monarchen & Demokratie

Papandreous Toleranz gegenüber den Linken war den griechischen Rechten ein Dorn im Auge, daher putschte eine Gruppe von Offizieren unter Führung von Georgios Papadopoulos und Stylianos Patakos am 21. April 1967. Sie richteten eine Militärjunta ein, Papadopoulos wurde Ministerpräsident. König Konstantin versuchte im Dezember einen erfolglosen Gegenputsch und floh anschließend, erst nach Rom, später nach London.

Die Obristen verhängten das Kriegsrecht, verboten sämtliche politischen Parteien und Gewerkschaften, führten die Zensur ein und inhaftierten, folterten und verbannten tausende Dissidenten. Im Juni 1972 erklärte Papadopoulos Griechenland zur Republik und ernannte sich selbst zum Präsidenten.

Am 17. November 1973 stürmten Panzer ein Gebäude des Polytechnikums in Athen, um eine Besetzung durch Studenten zu beenden, die zu einem Aufstand gegen die von den USA unterstützte Militärjunta aufriefen. Die Zahl der Todesopfer ist noch immer umstritten, die Rede war von 20 getöteten und hunderten verletzter Studenten, der Vorfall läutete jedoch das Ende der Junta ein.

Kurze Zeit später setzte der Leiter der militärischen Sicherheitspolizei, Dimitrios Ioannidis, Papadopoulos ab. Im Juli 1974 unternahm Ioannidis den Versuch, Griechenland mit Zypern zu vereinen und wollte hierzu die Regierung von Makarios in Zypern stürzen. Makarios bekam jedoch Wind von dem Plan, ihn zu ermorden, und entkam. Die Junta ernannte an seiner Stelle den Extremisten Nikos Sampson (einen ehemaligen EOKA-Führer) zum Präsidenten. Daraufhin entsandte die Türkei Truppen, die schließlich den Norden Zyperns besetzten, die Insel teilten und etwa 200 000 griechische Zyprioten vertrieben, die sich im Süden der Insel in Sicherheit brachten, über 1500 Zyprioten gelten seither als vermisst.

Die Militärjunta brach zusammen. Karamanlis wurde aus Paris zurückbeordert, und seine Partei Neue Demokratie (ND) ging aus den

1990–1993

Mit nur einer Stimme Mehrheit wird der Kandidat der konservativen Nea Dimokratia, Konstantinos Mitsotakis, zum Ministerpräsidenten gewählt. 1993 gewinnt Papandreous PASOK jedoch wieder die parlamentarische Mehrheit zurück.

1992

Mit der ehemaligen Jugoslawischen Republik Mazedonien kommt es zum Streit, da Griechenland den Namen Mazedonien bzw. Makedonien für eine griechische Region beansprucht.

1996

Konstantinos Simitis tritt als Ministerpräsident die Nachfolge des verstorbenen Papandreou an. Er bleibt bis 2004 im Amt und schlägt während seiner Regierungszeit einen marktwirtschaftlich orientierten Kurs ein.

1999

In der Türkei und in Griechenland ereignen sich starke Erdbeben mit Hunderten von Toten. Durch die gegenseitige Hilfe und Unterstützung wird eine Verbesserung der diplomatischen Beziehungen eingeleitet.

Die Grüne Linie, die Griechenland und die Türkei heute auf Zypern trennt, macht die einstige gesamtzypriotische Hauptstadt Nikosia zu einer Geisterstadt, in der die Uhren 1974 stehen geblieben sind. Noch immer spähen Griechen durch die Abtrennung aus Stacheldraht auf den Ort, wo sie geboren und von dem sie vertrieben wurden, werden aber wohl nicht mehr dorthin zurückkehren.

Wahlen im November des Jahres 1974 als überlegener Sieger gegen die neu gegründete Panhellenische Sozialistische Union (PASOK) unter Führung von Andreas Papandreou (dem Sohn von Georgios) hervor. Bei einer Volksabstimmung sprachen sich 69 Prozent gegen die Wiedereinführung der Monarchie aus und das Verbot der kommunistischen Partei wurde aufgehoben. Die verbannte ehemalige Königsfamilie lebt weiterhin in London und verwendet ihre königlichen Titel. Ein Streit zwischen dem ehemaligen König Konstantin und der Regierung über das Vermögen der Familie wurde 2002 beigelegt. Inzwischen halten sich Mitglieder der Königsfamilie häufig als Privatbürger in Griechenland auf.

Die 1980er- & 1990er-Jahre

Als Griechenland 1981 das zehnte Mitglied der EU wurde, war es das kleinste und ärmste Mitgliedsland. Im Oktober 1981 gewann Andreas Papandreous PASOK die Wahlen und stellte Griechenlands erste sozialistische Regierung. Die PASOK regierte annähernd zwei Jahrzehnte (mit Ausnahme von 1990–93). Sie hatte ehrgeizige Sozialreformen versprochen, wollte die US-Luftwaffenstützpunkte schließen und sich aus der NATO zurückziehen. Die US-Militärpräsenz wurde reduziert, jedoch blieb die Arbeitslosigkeit hoch, und es gab nur sehr begrenzte Reformen im Bildungs- und Sozialwesen. In Frauenfragen sah es besser aus: Die Aussteuerpflicht wurde abgeschafft, Abtreibungen wurden legalisiert und standesamtliche Eheschließungen und Scheidungen eingeführt.

Ein Wirtschaftsskandal, eine Reihe von Generalstreiks und politische Grundsatzdebatten über das Bildungswesen des Landes fügten der PASOK Schaden zu. 1990 führte Konstandinos Mitsotakis die ND wieder zurück an die Macht. Um die Wirtschaftsprobleme des Landes – hohe Inflation und hohe Staatsausgaben – in den Griff zu bekommen, beschloss die Regierung Sparmaßnahmen; dazu gehörten eine Nullrunde für den öffentlichen Dienst und eine drastische Erhöhung der Abgaben und Gebühren für öffentliche Versorgungsleistungen und Basisdienstleistungen.

Ende des Jahres 1992 wurden Korruptionsvorwürfe gegen die Regierung laut. Mitte 1993 hatten viele Anhänger von Mitsotakis die ND verlassen und sich der neuen Partei Politischer Frühling angeschlossen. Die ND verlor ihre Mehrheit im Parlament, und vorgezogene Wahlen im Oktober brachten Andreas Papandreous Partei PASOK zurück an die Macht.

Anfang 1996 trat Papandreou aus Gesundheitsgründen zurück und starb am 26. Juni. Nach seinem Rückzug kam es zu einer drastischen Richtungsänderung in der PASOK. Die Partei gab Papandreous

2004

Griechenland richtet die 28. Olympischen Sommerspiele aus und widerlegt die Gerüchte im Vorfeld, mit den Vorbereitungen nicht rechtzeitig fertig zu werden.

ANDERS BLOMQVIST / LONELY PLANET IMAGES ©

» Stadion des Friedens und der Freundschaft in Athen

2004

Die griechische Fußballmannschaft siegt im Finale der Europameisterschaft in Portugal gegen den Gastgeber. Ihr Trainer, Otto Rehagel „Rehakles", wird groß gefeiert!

linksgerichtete Politik auf und wählte den erfahrenen Wirtschaftswissenschaftler und Juristen Konstantinos Simitis zum neuen Ministerpräsidenten. Bei den Wahlen im Oktober 1996 erreichte er eine komfortable Mehrheit.

Das 21. Jahrhundert

Im neuen Jahrtausend trat Griechenland 2001 der Eurozone bei, obgleich bestehende Mitglieder kritisierten, Griechenland sei wirtschaftlich dazu noch nicht bereit – die öffentliche Verschuldung sei ebenso zu hoch wie die Inflationsrate. 1999 war die Mitgliedschaft bereits abgelehnt worden, aber viele Griechen waren scharf darauf, die Drachme abzuservieren und es sich unter dem stabilen Euroschirm gemütlich zu machen. Rückblickend beklagen viele das Missverhältnis der Drachme zum Euro und behaupten, Griechenlands Währung sei unterbewertet worden und die Lebenshaltungskosten seien über Nacht unverhältnismäßig hoch geworden. Gleichwohl flossen Milliarden Euro in große Infrastrukturprojekte in ganz Griechenland. Dazu gehörte auch die Sanierung Athens – angespornt vor allem durch die Gastgeberrolle für die Olympischen Spiel 2004. Steigende Arbeitslosigkeit, eine explodierende öffentliche Verschuldung, der Versuch, die Inflation zu bremsen, und erschwerte Verbraucherdarlehen forderten jedoch ihren Tribut. Die öffentliche Meinung richtete sich 2007 zunehmend gegen Kostas Karamanlis' (Neffe von Konstandinos Karamanlis) konservative Regierung, die 2004 an die Macht gekommen war und scharf für ihr Katastrophenmanagement bei den schweren Waldbränden kritisiert wurde, die für großflächige Zerstörungen in ganz Griechenland sorgten. Nach vorgezogenen Neuwahlen im September 2007 stellten die Konservativen trotzdem wieder die Regierung, wenn auch nur mit einer knapperen Mehrheit.

Eine Reihe massiver Generalstreiks und Blockaden in den letzten Jahren zeigte die wachsende Unzufriedenheit der Wähler. Hunderttausende haben gegen die radikalen Arbeits- und Rentenreformen und die Privatisierungspläne protestiert, die nach Ansicht von Analytikern die öffentliche Verschuldung eindämmen könnten. Die Opposition gegen die Regierung erreichte im Dezember 2008 ihren Höhepunkt, als Randalierer durch das ganze Land zogen. Angeführt wurden sie von Jugendlichen, die empört waren über die Erschießung eines 15-Jährigen durch die Polizei in Athen nach einer angeblichen Auseinandersetzung zwischen der Polizei und einer Gruppe von Teenagern. Die Jugendlichen warfen mit Steinen und Brandsätzen auf die Bereitschaftspolizei, die mit Tränengas antwortete. Mit wachsender Besorgnis wird das politische Gerangel in einer laufenden Untersuchung über angebliche Korruptionsfälle bei Politikern beider politi-

2005
Die griechische Sängerin Elena Paparizou gewinnt mit ihrem Song „My Number One" den Eurovision Song Contest in Kiew. Es ist der erste Sieg für Griechenland in der Geschichte des Grand Prix.

2007
Waldbrände verwüsten Gebiete im Westen des Peloponnes sowie Teile von Euböa und Epiros. Es ist die schlimmste ökologische Katastrophe der letzten Jahrzehnte. Tausende werden obdachlos, 66 Menschen sterben.

2007
Im September finden Parlamentswahlen statt, und die konservative Regierung von Kostas Karamanlis wird zu einer zweiten Amtszeit wiedergewählt.

2008
Die Polizei erschießt in Athen einen 15-Jährigen bei Auseinandersetzungen zwischen der Polizei und Jugendlichen. Dieser Vorfall löst landesweit Krawalle aus.

FRISS ODER STIRB!

Im Jahr 2009 drohte ein tödlicher Cocktail aus hohen öffentlichen Ausgaben und weitverbreiteter Steuerhinterziehung in Kombination mit der Kreditklemme aufgrund der weltweiten Rezession, Griechenlands Wirtschaft zu lähmen. 2010 stimmten die anderen Länder der Eurozone einem 110 Mrd. Euro schweren Hilfspaket zu (die Hälfte des griechischen BIP), um dem Land wieder auf die Beine zu helfen. Allerdings gelten strenge Konditionen – die regierende Partei PASOK, weiterhin unter der Führung von Georgios Papandreou, musste strenge Reformen einleiten, um diese Almosen zu bekommen und Griechenlands gewaltiges Defizit zu reduzieren. Es folgten enorme Einschnitte, dazu gehörten Gehaltskürzungen im öffentlichen Dienst von 10 Prozent. Die Reformen waren jedoch nicht weitreichend genug und kamen zu spät. Ausländische Kreditgeber forderten immer höhere Zinssätze für ihre Kredite. Griechenland befand sich im wahrsten Sinn des Wortes zwischen Skylla und Charybdis – um einen weiteren Rettungsschirm zu erhalten, der absolut notwendig war, um die Kreditwürdigkeit des Euro nicht länger zu bedrohen, musste das Land Reformen in Angriff nehmen, die den Durchschnittsgriechen noch stärker belasten (was bisher unpolitische Bürger zu Revolutionären werden ließ). Einige sehnten eine Wiedereinführung der Drachme (der vorherigen Währung) herbei, viele glauben jedoch, dass Griechenland in diesem Fall unter einer massiven Schuldenlast und einem Währungssystem erdrückt würde, dem keinerlei Vertrauen entgegengebracht würde.

2011 wollte Georgios Papandreou eine Volksabstimmung über den EU-Kredit durchführen, scheiterte bei der Bildung einer Koalitionsregierung und trat zurück. Im November des Jahres 2011 übernahm Lucas Papademos – ehemaliger Vizepräsident der Europäischen Zentralbank – die überaus heikle Aufgabe, Griechenlands Wirtschaft zu steuern und die Pflichten des Premierministers zu erfüllen.

Die Wahlen am 6. Mai 2012 führten zu einer Stärkung der Parteien am extremen linken und rechten Rand. Letztlich gelang jedoch keiner Partei das Erringen einer klaren Mehrheit, selbst eine mögliche große Koalition der stärksten und bislang regierenden Parteien Nea Demokratia und Pasok hätte keine Mehrheit ergeben. Nach langwierigen Koalitionsverhandlungen in alle Richtungen gelten Neuwahlen als die wahrscheinlichste Lösung.

schen Seiten in Zusammenhang mit der Siemens-Hellas-Gruppe beobachtet. Bereits zuvor gab es eine andere umstrittene Angelegenheit. Dabei ging es um einen Gebietsaustausch zwischen einem Kloster und der Regierung, wobei einige Kommentatoren davon ausgingen, dass das Kloster dabei zulasten der Steuerzahler deutlich besser wegkam. Bei den Parlamentswahlen im Oktober 2009, nach der Halbzeit von Karamanlis' Amtszeit, gewann die PASOK (unter Georgios Pa-

2009

Kostas Karamanlis verlangt vorgezogene Parlamentswahlen. Die sozialistische Partei PASOK unter Georgios Papandreou gewinnt sie haushoch gegen die Konservativen. Damit erbt sie die großen Probleme der Staatsverschuldung.

2009

Am 20. Juni wird das viel bejubelte neue Akropolis-Museum offiziell eingeweiht. Eine PR-Kampagne kämpft weiterhin für die Rückgabe der Marmorskulpturen des Parthenon aus dem Britischen Museum in London.

2009

Kostas Karamanlis verlangt vorgezogene Parlamentswahlen. Die sozialistische Partei PASOK unter Giorgios Papandreou gewinnt die Oktoberwahlen haushoch gegen die Konservativen.

2009

Griechenland leidet sehr unter der internationalen Finanzkrise. Die Kreditwürdigkeit des hochverschuldeten Staates wird zunehmend in Frage gestellt.

pandreou) haushoch gegen die Konservativen und konnte die Macht wieder übernehmen.

NACHBARSCHAFTLICHE BEZIEHUNGEN

Griechenland sieht sich weiterhin der Herausforderung gegenüber, das recht angespannte Verhältnis zu seinem Nachbarn auf dem Balkan, der ehemaligen jugoslawischen Republik Mazedonien (FYROM) zu verbessern. Es bestehen Meinungsverschiedenheiten über die Verwendung der Bezeichnung Mazedonien, ein Thema, über das beide Länder unter UN-Vermittlung verhandeln. Trotz der Tatsache, dass Alexanders Heimat in Pella in der Provinz Mazedonien in Nordgriechenland ist, besteht die FYROM darauf, Griechenlands Lieblingssohn stamme aus ihrem Land. Die Beziehungen zur Türkei sind inzwischen freundschaftlicher. Griechenland unterstützt die Bemühungen der Türkei um einen EU-Beitritt und drängt zu gemeinsamem Handeln beider Länder beim Umgang mit illegalen Einwanderern über Griechenlands Grenzen. Allerdings äußerte die Türkei ernste Bedenken über Griechenlands Absichten, in zypriotischen Gewässern nach Öl und Gas zu bohren. Dieses Ansinnen hat zu diplomatischen Spannungen geführt.

2010
Die EU-Staaten sichern dem Land ein finanzielles Rettungspaket von 110 Milliarden € zu. Gegen die von der griechischen Regierung beschlossenen massiven Sparmaßnahmen wird teilweise heftig protestiert.

2011
Die Wirtschaft schrumpft weiter. Die Arbeitslosenzahlen steigen, in Athen kommt es zu Krawallen. Ein zweiter Kredit von EU und IWF soll die Wirtschaft stützen und die Furcht vor einer zweiten Rezession zerstreuen.

2011
Das griechische Parlament bestätigt in einer Vertrauensabstimmung mit einer Mehrheit von 255 zu 45 Stimmen eine Übergangsregierung unter Ministerpräsident Lucas Papademus.

2012
Bewaffnete Räuber erbeuten Austellungsstücke von unschätzbarem Wert aus dem Antiken-Museum in Olympia. Nach Stellenstreichungen fehlt es landesweit an Sicherheitspersonal.

Die Kultur der alten Griechen

Als das Römische Reich sich Griechenland einverleibte, tat es dies mit großem Respekt und Idealismus. Auf vielfältige Weise stützten sich die Römer auf die alten Griechen, sie übernahmen deren Gottheiten (und tauften sie um), deren Literatur, Mythen, Philosophie, bildende Kunst und Architektur. Was aber machte die Besonderheit der alten Griechen aus?

MYTHOLOGIE

Götter, Helden, Philosophen: Geschichte und Kultur der alten Griechen (2003) der beiden Archäologen John Camp und Elizabeth Fisher liefert breit gefächerte und gründliche Informationen über den anhaltenden Einfluss der alten Griechen auf Politik, Philosophie, Theater, Kunst, Medizin und Architektur.

Das Leben im alten Griechenland drehte sich um die Verehrung von zwölf Hauptgöttern und -göttinnen, die in der Mythologie eine wichtige Rolle spielten. Jeder Stadtstaat besaß seinen eigenen Schutzgott oder seine eigene Schutzgöttin, die besänftigt und umschmeichelt werden wollte. Persönlich gesehen musste ein Bauer der Göttin Demeter opfern, damit sie seine Ernte segnete, während ein Fischer sich an Poseidon wandte und ihn um einen guten Fang und eine sichere Fahrt über das Wasser bat.

Griechenland ist an Mythen ebenso reich wie an klassischen Geschichten. Vielen Menschen erinnern sich noch an die fantastischen Geschichten von Herakles und Odysseus, die sie als Kind gehört haben. Steht man in den Ruinen einer antiken Akropolis und späht weit übers Wasser, kann man sich gut vorstellen, wie Poseidons Lieblingskrake aus der Ägäis auftaucht oder dass das Fischerboot, das in den Sonnenuntergang hineinzufahren scheint, Jasons Argo auf dem Weg nach Kolchis zum Goldenen Vlies ist. Die Durchschnittsgriechen sind äußerst stolz auf ihre Mythen und unterhalten Gäste gerne mit einer ganzen Liste von Göttern. Besonders begeistert sind sie jedoch, wenn diese Gäste sogar einige dieser Götter kennen. Nachfolgend ein Kurzführer zu den Göttern und Mythen (weitere Informationen finden sich im Kapitel Mythologie im Dodekanes, S. 589).

Der antike Pantheon

» **Zeus (Jupiter)** Der Champion auf dem Olymp, der Herr des Himmels und ein Meister der Verkleidung, wenn es darum ging, bei den Sterblichen hübsche Mädchen zu verführen. Zu seinem Kostümfundus gehörten Goldregen, Stier, Adler und Schwan.

» **Poseidon (Neptun)** Gott der Meere, Herr der Nebel und jüngerer Bruder von Zeus. Er residierte in einem glitzernden Palast unter Wasser.

» **Hera (Juno)** Schutzgöttin der Frauen und der Familie, war die Himmelskönigin und auch die zänkische Ehefrau von Zeus. Sie war der Prototyp der eifersüchtigen, herrischen Frau.

» Hades (Pluto) Als Gott des Todes herrschte er in der Unterwelt. Dorthin ließ er die Verstorbenen durch seinen Fährmann Charon bringen. Schlimme Missetäter mussten im Tartarus Qualen leiden, während Helden im Elysium die ewige Ruhe genießen durften.

» Athene (Minerva) Göttin der Weisheit, des Krieges, der Wissenschaft und Schutzgöttin Athens. Athene war der Gegenpol zu Ares. Sie war bedächtig und zog die Diplomatie der Kriegskunst vor. Herakles, Jason (aus der berühmten Argonautensage) und Perseus standen unter ihrem Schutz.

Poseidon

» Aphrodite (Venus) Göttin der Liebe und der Schönheit. Die gut gebaute Lady in der Muschel soll aus dem Schaum der Wellen geboren worden sein. Wenn sie nicht gerade ihrem unglücklichen Gatten Hephaistos Hörner aufsetzte, entflammete sie mit ihrem engelsgleichen Sohn Eros (Cupido) die Herzen der Menschen und sorgte damit für Ärger (Stichwort: der Trojanische Krieg).

» Apollon Gott der Musik, der Künste, der Weissagung und des Lichts – zudem ein meisterlicher Bogenschütze. Apollons ruhige Hand lenkte den Pfeil von Paris auf Achilles' einzigen schwachen Punkt – seine Ferse – und tötete ihn.

» Artemis (Diana) Göttin der Jagd und Zwillingsschwester von Apollon. Ironischerweise war sie auch die Schutzgöttin der Wildtiere. Sie gab sich abwechselnd boshaft und edelmütig und war eng mit der finsteren Hekate verbunden, der Schutzgöttin der Hexen.

» Ares (Mars) Kriegsgott. Zeus mochte diesen Sohn am wenigsten. Kein Wunder, dass Ares von den kriegslustigen Spartanern angebetet wurde. Heute würde er sich vermutlich zwischen Hooligans wohl fühlen.

Hera

» Hermes (Merkur) Götterbote und Schutzheiliger der Reisenden. Er ist der Gutaussehende mit Flügeln am Hut und an den Sandalen. Er war immer zur Stelle, wenn es darum ging, wegen der Affären seines Vaters Zeus mal wieder die Wogen zu glätten.

» Hephaistos (Vulkan) Gott der Handwerker, der Schmiede und des Feuers. Dieser missgebildete und häufig verspottete Sohn von Zeus schuf aus Lehm die erste Frau auf der Erde. Es war Pandora, die eine Strafe für die Menschen werden sollte. In einer Büchse brachte sie die Leiden und Laster der Menschheit mit.

» Hestia (Vesta) Göttin des Herdes. Sie wachte über die öffentlichen Feuerstellen in den Städten. Dort konnten die griechischen Bürger ihre Fackeln entzünden. Sie blieb unverheiratet und jungfräulich.

Oh diese Mythen!

Die griechische Mythologie hält einige der großartigsten Storys bereits – manche sagen sogar, sie seien die Quelle aller Geschichten. Selbst heute noch werden sie von Schriftstellern zu Büchern und Filmen verarbeitet. Nachfolgend zur Gedächtnisauffrischung einige der berühmtesten Helden und ihre Storys. Sie sind jedoch nur ein kleiner Teil der reichen und fantastischen Kulisse, die von den Nebeln des Olymps bis in die Tiefen des Hades reicht.

HERAKLES (HERKULES)

Der berühmteste und netteste Held des antiken Griechenlands. Der bärtige Recke hatte versehentlich seine Familie umgebracht (weil Hera ihn mit Wahnsinn geschlagen hatte) und musste nun zur Strafe zwölf Aufgaben erfüllen. Er musste den nemeischen Löwen erlegen und die Hydra von Lerna töten, die kerynitische Hirschkuh und den erymanthischen Eber einfangen, die Rinderställe des Augias in einem Tag ausmisten, die stymphalischen Vögel ausrotten, den kretischen Stier einfangen, die Menschen fressenden Rosse des Diomedes zähmen und stehlen, den Gürtel der Hippolyte holen, die Äpfel der Hesperiden stehlen und den Höllenhund Zerberus einfangen (siehe S. 841).

Athene

Aphrodite

THESEUS

Der athenische Held meldete sich freiwillig als eines der Opfer für den Minotaurus (S. 841). Diesem Sohn von König Minos von Kreta, einem Ungeheuer mit dem Kopf eines Stieres und dem Körper eines Menschen, mussten jedes Jahr sieben Männer und Jungfrauen geopfert werden. Nachdem Theseus in dem Furcht einflößenden Labyrinth (aus dem noch nie jemand zurückgekehrt war) das Ungeheuer getötet hatte, folgte er dem Faden zurück, den er in einem Knäuel auf dem Hinweg abgespult hatte. Den rettenden Faden hatte er von Prinzessin Ariadne erhalten, die dank eines Pfeils von Aphrodite in ihn verliebt war). Dädalus soll der legendäre Baumeister des kretischen Labyrinths von König Minos im Palast von Knossos gewesen sein (siehe Farbteil, S. 514).

IKARUS

Gemeinsam mit seinem Vater Dädalus, einem hervorragenden Erfinder, hob Ikarus von Kretas Klippen ab, denn beide wurden von König Minos und seinen Truppen verfolgt. Sein Vater hatte ihm eingeschärft, mit den Flügeln aus Federn und Wachs nicht zu nah an die Mittagssonne zu fliegen. Aber wie Jungen nun mal sind, hielt Ikarus sich anscheinend für die Möwe Jonathan ... das Wachs schmolz, die Federn lösten sich, und der Vogel-Junge ertrank. Und was ist wohl die Moral von der Geschichte? Vielleicht ist es ja besser, doch auf den Vater zu hören.

Apollon

PERSEUS

Perseus sollte die scheinbar unmögliche Aufgabe erfüllen, die Gorgone Medusa zu töten (S. 841). Ihr Kopf mit den Schlangenhaaren verwandelte einen Menschen, der ihr ins Gesicht schaute, zu Stein. Ausgerüstet mit einer Tarnkappe und geflügelten Sandalen von Hermes, nutzte Perseus seinen spiegelnden Schild, um Medusa nicht direkt ins Antlitz blicken zu müssen. Nachdem er sie getötet und ihren Kopf abgeschnitten hatte, verbarg er ihn in einem Beutel. Um Prinzessin Andromeda im letzten Moment zu retten, die an einen Fels gebunden war, um einem Seeungeheuer geopfert zu werden, brauchte er Medusas Kopf nur kurz aus dem Beutel zu ziehen und dem Monster entgegenzuhalten. Das Seeungeheuer wurde zu Stein, und Perseus bekam das Mädchen.

ÖDIPUS

Niemand entkommt seinem Schicksal ... Ödipus, der nach seiner Geburt ausgesetzt worden war und den der König von Korinth an Kindes statt angenommen hatte, erfuhr vom Orakel in Delphi, dass er eines Tages seinen Vater erschlagen und seine Mutter heiraten würde. Um diesem Schicksal zu entkommen, beschloss er, nie mehr nach Korinth zurückzukehren und machte sich auf den Weg nach Theben, der Stadt, in der er geboren war. Unterwegs kommt es zu einem Zwischenfall mit einem unverschämten Fremden, den er schließlich tötet. In Theben angekommen, muss er feststellen, dass die Stadt von einer mörderischen Sphinx (einem geflügelten Löwen mit Frauenkopf) heimgesucht wurde. Dieses Wesen stellte nichts ahnenden Reisenden und Stadtbewohnern ein Rätsel. Konnten sie es nicht lösen, wurden sie auf dem Fels zerschmettert. Ödipus gelang es, das Rätsel zu lösen, er erledigte dadurch die Sphinx und erhielt zur Belohnung die Königin von Theben zur Frau. Als Ödipus Jahre später entdeckte, dass der Fremde, den er getötet hatte, sein Vater und seine Frau tatsächlich auch seine Mutter war, stach er sich die Augen aus und ging in die Verbannung.

Hermes

DAS GOLDENE ZEITALTER DES THEATERS

Im 5. Jahrhundert v. Chr. erlebte Athen eine unvergleichliche kulturelle Blüte – heutige Altertumswissenschaftler bezeichnen sie wegen der vielfältigen Werke und Leistungen sogar als Wunder. Dieses Zeitalter begann damit, dass eine zahlenmäßig deutlich unterlegene griechische Armee das Perser-Heer in den Schlachten von Marathon und Salamis besiegte und endete mit dem Beginn des unvermeidlichen Krieges zwischen Athen und Sparta. Häufig hört man, Athens Goldenes Zeitalter sei die Grundlage der westlichen Kultur und hätten damals die Perser gesiegt, sähe es in Europa heute völlig anders aus. Einige Historiker bezeichnen diese Zeit auch als das „Perikleische Zeitalter" nach dem Staatsmann und Mäzen der Künste Perikles, der rund 40 Jahre führend wirkte. Nachdrücklich setzte er sich für die Rede- und Gedankenfreiheit ein. Wie Paris in den 1930er-Jahren war Athen damals ein Schmelztiegel der Talente. Jeder Künstler oder Schriftsteller, der etwas taugte, verließ damals seine Heimatstadt und reiste in die Großstadt des Wissens, um deren Gedankengut in sich aufzunehmen und den klugen Köpfen zu lauschen. Bedeutende Theaterdichter wie Aischylos (die Orestie), Aristophanes, Euripides und Sophokles (König Ödipus) hatten für die Wandlung des Theaters vom religiösen Ritual in eine faszinierende Form der Unterhaltung gesorgt. Ihre Werke wurden im Dionysostheater am Fuß der Akropolis aufgeführt (siehe auch den Farbteil der Akropolis, S. 78), ihre Komödien und Tragödien sagen viel über die Psyche der alten Griechen aus.

Überall im Land entstanden große Freilufttheater an Hügelflanken. Die Kulissen und Requisiten, Chöre und Themen wurden immer raffinierter, um die Akustik zu optimieren, sodass selbst noch die Zuschauer in der letzten Reihe die Schauspieler vorne auf der Bühne verstehen konnten. Vorherrschend waren Tragödie und Komödie. Der erste bekannte Schauspieler war Thespis. Ihm verdanken wir den Begriff „thespisch" im Sinne von „theatralisch".

PHILOSOPHIE

Während sich die Dramatiker bei ihrer thespischen Arbeit nach der Decke strecken mussten, führten Ende des 5. und Anfang des 4. Jahrhunderts v. Chr. die Philosophen Aristoteles, Platon und Sokrates neue

DIE TOP FIVE DER MYTHOLOGISCHEN GESCHÖPFE

Medusa Mit dem Kopf geht man nicht zum Friseur. Aus Eifersucht hatten die Götter sie mit diesem Aussehen bestraft. Sogar der Anblick ihres abgeschlagenen Kopfes war noch tödlich.

Zyklopen Einäugige Riesen. Odysseus war mit seinen Gefährten in der Höhle eines solchen Zyklopen, Polyphemus, vorübergehend gefangen.

Zerberus Der dreiköpfige Höllenhund. Er bewachte den Eingang zur Unterwelt – an seinem wachsamen Blick kam niemand vorbei.

Minotaurus Dieses Geschöpf – halb Mensch, halb Stier – lebte in einem unterirdischen Labyrinth und wurde durch gelegentliche Häppchen Menschenfleisch besänftigt.

Hydra Schlug man einen ihrer neun Köpfe ab, wuchsen zwei neue nach. Herakles löste das Problem, indem er die Hälse mit einer Fackel abbrannte.

DIESE THEATER SIND EIN MUSS

» **Argos** (S. 166) Das Theater der klassischen Antike bot 20 000 Menschen Platz.
» **Das antike Delphi** (S. 237) Gut erhaltenes Theater aus dem 4. Jahrhundert v. Chr.
» **Odeon des Herodes Atticus** (S. 88) 161 n. Chr. von dem Römer Herodes Atticus erbaut.
» **Dionysos-Theater** (S. 85) Es bot einst in 64 Reihen 17 000 Zuschauern Platz
» **Theater von Dodona** (S. 351) Eine gewaltige antike Stätte aus dem 3. Jh. v. Chr.
» **Theater von Epidauros** (S. 178) Eines der am besten erhaltenen Bauwerke des antiken Griechenlands.

Gedankengänge ein, die nicht mehr im Mystizismus der Mythen, sondern stärker in der Rationalität verankert waren, denn das neue griechische Denken war auf Logik und Vernunft ausgerichtet. Sokrates (469–399 v. Chr.), der bedeutendste und edelste Bürger Athens, musste zum Schierlingsbecher greifen, weil er nicht mehr an die alten Götter glaubte. Bevor er starb, hinterließ er jedoch eine Schule des hypothetischen Reduktionismus, die noch heute aktuell ist. Sein bester Schüler, Platon (427–347 v. Chr.), sorgte für die Dokumentation der Gedanken seines Lehrers. Ohne sein Werk, das er in Büchern wie „Symposium" verewigte, wären sie für uns verloren gewesen. Er galt als Idealist und schrieb „Die Republik" als Warnung an den Stadtstaat Athen. Würde die Bevölkerung Gesetz und Führung nicht achten und die Jugend nicht ausreichend erziehen und bilden, würde dieser Stadtstaat dem Untergang geweiht sein. Gegen Ende des Goldenen Zeitalters war sein Schüler Aristoteles (384–322 v. Chr.) der Leibarzt von König Philipp II. von Makedonien und Hauslehrer von Alexander dem Großen. Er konzentrierte seine Begabungen auf Astronomie, Physik, Zoologie, Ethik und Politik. Das größte Geschenk der Athener Philosophen für unser heutiges Denken ist ihr Sinn für rationale Forschung. Ohne sie wäre unser Bewusstsein vielleicht immer noch schemenhaft.

BILDHAUEREI

Im 6. Jahrhundert v. Chr. ging die klassische Bildhauerei in Griechenland mit der Darstellung nackter Menschen in Marmor auf Erfolgskurs. Die meisten Statuen entstanden zur Verehrung eines speziellen Gottes oder einer Göttin, viele wurden mit großartigen Gewändern geschmückt. Die Statuen der vorausgehenden archaischen Zeit, die unter der Bezeichnung kouroi bekannt waren, hatten sich auf Symmetrie und Form konzentriert. Im frühen 5. Jahrhundert v. Chr. wollten die Künstler jedoch ausdrucksstarke und bewegte Werke schaffen. Die Tempel verlangten nach kunstvollen Schnitzarbeiten, daher waren die Bildhauer aufgerufen, große Reliefs dafür anzufertigen. Im Verlauf des 5. Jahrhunderts v. Chr. wurde das Kunsthandwerk immer raffinierter, denn die Bildhauer lernten es, ein Gesicht gelungen abzubilden und den Marmorbüsten Ähnlichkeit mit dem Modell zu verleihen, was der Eitelkeit von Politikern und Reichen schmeichelte. Noch später übernahmen die Römer diese perfektionierte Bildhauerkunst und führten die Tradition weiter. Der wohl berühmteste griechische Bildhauer war Phidias. Die Reliefs, die er für den Parthenon schuf und auf denen die griechischen und persischen Kriege dargestellt sind – heute als Parthenon-Marmor bekannt – werden als die besten des Goldenen Zeitalters gerühmt.

DAS ORAKEL VON DELPHI

Nicht weit vom heutigen Dorf Delphi befindet sich die Stätte des Orakels von Delphi. Es war das einflussreichste Orakel des antiken Griechenlands. Seine Ursprünge sind mythisch umnebelt. Einer Erzählung zufolge soll Apollon auf der Suche nach einem irdischen Wohnsitz hier ein Heim gefunden haben, allerdings erst, nachdem er gegen die Python gekämpft hatte, die den Eingang zum Zentrum der Erde bewachte. Nachdem er sie erschlagen und in den Abgrund geworfen hatte, verweste sie und setzte dabei widerliche Dämpfe frei, die aus einer Spalte aufstiegen. Die Sibylle (oder Pythia; ein altes Weib mit hellseherischen Fähigkeiten) setzte sich auf ihrem Dreifuß darüber, fiel in Trance und wurde von Apollon besessen. In diesem Zustand war die Sibylle wie rasend und ihr Gemurmel wurde von anwesenden Priestern ausgedeutet. Bürger, Politiker und Könige konsultierten die Sibylle – gegen Zahlung einer Gebühr – zu persönlichen oder Staatsangelegenheiten: ob ein Krieg begonnen oder ein neues Land besiedelt werden sollte, aber auch prosaische Themen wurden abgefragt. Stadtstaaten wie Sparta und Athen versorgten das Orakel ebenso mit großzügigen Zuwendungen wie Länder, zum Beispiel Persien. Einige richteten dort sogar Schatzkammern ein. Über sechs Jahrhunderte lang, bis zu seiner Zerstörung durch einen christlichen Kaiser, formte Delphi die Weltgeschichte mit häufig schaurig vorausahnenden Prophezeiungen mit.

Heute ist ein Besuch dort ein märchenhaftes Erlebnis, nicht zuletzt, weil das benachbarte moderne Dorf hoch oben in den Bergen so hübsch ist (siehe S. 235). Am besten frühmorgens noch vor Ankunft der Tagesausflügler oder spätnachmittags hinter dem Apollontempel hinaufklettern und weiter, vorbei an der Stelle, an der einst Pythia Apollons Botschaften empfing. Zwischen den noch erhaltenen Schatzkammern hindurch geht's zur Stätte der Pythischen Spiele weiter oben am Berg. Delphi, das eigenartig gut erhalten ist, umgibt noch immer etwas Rätselhaftes, wie aus einer anderen Welt.

Die griechische Mentalität

Die griechische Mentalität geriet 2011 im Kielwasser der Schuldenkrise Griechenlands beispiellos ins internationale Scheinwerferlicht. Bei Griechenlands Versuch, einen Weg aus dieser Krise zu finden, welche die EU zu erschüttern drohte, kam es zu persönlichen (und gelegentlich gemeinen) Schuldzuweisungen, wobei die Griechen als faul, leichtsinnig, ausgabefreudig und korrupt dargestellt wurden.

Die aktuelle griechische Realität stellt sich weitaus komplizierter dar. Für jedes Körnchen heftiger und unbequemer Wahrheit über Griechenlands chronische Dysfunktionalität fanden sich ebenso zahlreiche populistische kulturelle Stereotype und unfaire Angriffe auf den Nationalcharakter. Jedem Steuern hinterziehenden Anwalt oder arbeitsscheuen Beamten im öffentlichen Dienst stehen hart arbeitende Familien gegenüber, die sich abstrampeln, um über die Runden zu kommen.

Griechenland hat sich zu einer weitgehend städtischen Gesellschaft entwickelt. Über zwei Drittel der 10,7 Millionen Einwohner leben in Städten und weniger als 15 Prozent auf den Inseln. Ein Drittel lebt in der Metropolregion Athen.

Es lässt sich jedoch nicht leugnen, dass die Krise, von der Griechenland ergriffen ist, nicht nur eine politische und wirtschaftliche, sondern auch eine gesellschaftliche und sogar kulturelle Krise ist. Nach seiner Wahl zum Ministerpräsidenten räumte Giorgos Papandreou ein, sein angeschlagenes Land stecke in einem Sumpf aus Korruption, Vetternwirtschaft und Klientelpolitik und mahnte, Griechenlands Probleme seien nur durch eine Umstrukturierung des Landes und nicht alleine durch einen Schuldenabbau zu lösen.

Wachsende soziale Unruhen, Massendemonstrationen und gewalttätige Zusammenstöße mit der Polizei in Athen (s. S. 835), haben die tief gespaltene griechische Gesellschaft erschüttert.

Der Lebensstandard des Durchschnittsgriechen hat sich in den 30 Jahren seit dem EU-Beitritt Griechenlands (s. S. 834) deutlich gebessert. Die Tatsache, dass der Lebensstil immer anspruchsvoller wurde, erweckte lediglich den Eindruck, das Durchschnittseinkommen sei mit den steigenden Lebenshaltungskosten unvereinbar, und dieser Lebensstil war letztlich auch durch leicht erhältliche Kredite und Ratenzahlungen *(dosis)* nicht aufrechtzuerhalten. Genau wie die Regierung lebten auch viele Griechen über ihre Verhältnisse.

Die meisten Griechen sind von den von der Europäischen Union sanktionierten Sparmaßnahmen betroffen, das reicht von Renten- und Gehaltskürzungen bis zu indirekten Steuererhöhungen. Viele Geschäfte schließen, und viele müssen ihre Ausgaben für ihren Lifestyle kürzen. Da Griechenland einen massiven Privatisierungskurs fährt, im öffentlichen Sektor drastische Einschnitte sowie fundamentale Steuer- und Strukturreformen anstehen, sehen sich die Griechen einer ungewissen Zukunft gegenüber. Wieder einmal steht ihre Belastbarkeit auf dem Prüfstand.

DIE 700-€-GENERATION

Griechenlands desillusionierte Jugend wird aller Voraussicht nach die Hauptlast der verschwenderischen Jahre und der Misswirtschaft früherer Generationen tragen müssen.

In der 700-€-Generation – so benannt nach dem durchschnittlichen Monatseinkommen von Hochschulabsolventen – fühlen sich viele Griechen zwischen 20 und Anfang 30 um ihre Zukunft betrogen und werfen den Politikern einen Ausverkauf ihrer Zukunftsträume vor.

Trotz des Geredes von den Chancen durch die Krise hat die finanzielle Notlage des Landes den Optimismus und das Gefühl der unbegrenzten Möglichkeiten zunichte gemacht, die im Zusammenhang mit dem überwältigenden Erfolg der Olympischen Spiele 2004 in Athen und Griechenlands Euphorie nach dem Sieg bei der Fußball-Europameisterschaft im selben Jahr entstanden waren.

Die Jugend des Mittelstands ist häufig überqualifiziert und arbeitslos, sie sieht sich mit weniger Arbeitsplätzen, einer geringeren Bezahlung und sinkendem Lebensstandard konfrontiert.

Während einige kritisieren, die Jugend sei „verwöhnt" und die griechische Gesellschaft fördere ein Anspruchsdenken, in dem Hochschulabsolventen niedere Jobs ablehnen und es ihnen an Initiative mangele, täuschen die mit einer scheinbar sorglosen Jugend gut gefüllten Kneipen über grundlegende Versäumnisse des Systems hinweg.

Die Krise hat Griechenlands chronisches Problem der Jugendarbeitslosigkeit verschärft. Im April 2011 erreichte sie in der Altersgruppe der 16- bis 24-Jährigen fast 40 Prozent und in der Altersgruppe der 25- bis 34-Jährigen 22,3 Prozent.

Den Universitäten wurde lange vorgeworfen, sie bildeten an den Bedürfnissen des Arbeitsmarktes vorbei in Berufen aus, von denen der Markt bereits gesättigt ist (wie bei den Ärzten und Rechtsanwälten). Griechenland stellt in der EU die höchste Zahl von Auslandsstudenten – und die höchste Arbeitslosenquote von Hochschulabsolventen in der EU. Die Abwanderungsrate Hochqualifizierter steigt, denn immer mehr Hochschulabsolventen verlassen Griechenland.

Junge Leute sind stark von der Familie abhängig – etwa die Hälfte der jungen Griechinnen unter 27 Jahren und die Hälfte der Männer unter 30 Jahren leben noch bei den Eltern.

Eine 2008 vorgenommene Untersuchung (für den Allgemeinen Griechischen Gewerkschaftsbund) kam zu dem Ergebnis, dass rund ein Viertel der arbeitenden Bevölkerung zur 700-€-Generation gehört – davon annähernd 70 Prozent aus der Altersgruppe zwischen 18 und 34 Jahren. Viele junge Menschen arbeiten sogar für weniger Geld in Teilzeitjobs und ohne Sozialversicherung.

Viele junge Menschen sind zunehmend radikal geworden und haben an Demonstrationen teilgenommen, die zu gewaltsamen Ausschreitungen führten (s. S. 835). Das Phänomen hat sogar den Anstoß zu einer Fernsehkomödie gegeben. Allerdings wurde sie bei Produktionsbeginn in 592-€-Generation umbenannt, da im Rahmen von Sparmaßnahmen das Mindesteinkommen junger Menschen weiter reduziert wurde, um die Beschäftigung Jugendlicher anzukurbeln.

GESELLSCHAFT & FAMILIE

Die griechische Gesellschaft wird noch immer stark durch die Familie geprägt. Die Griechen sind gesellig und haben Freude an einem reichen Gemeinschaftsleben. Sie gehen regelmäßig zum Essen und füllen die unzähligen Kneipen und Bars des Landes. Rudelweise reisen sie und gehen unter Leute, entweder mit der Familie oder mit Freunden *(parea)*.

Am frühen Abend sieht man vor allem im Sommer Menschen jeden Alters bei ihrem Abendspaziergang *(volta)* auf der Uferpromenade oder durch die Stadt. Sie haben sich fein gemacht und sind nach ihrer

Umfragen von Eurobarometer widerlegen das Märchen vom faulen Griechen. Demnach arbeiten die Griechen tatsächlich mehr Stunden als ihre europäischen Kollegen. Die griechischen Löhne und Gehälter sind mit die niedrigsten in Europa, die Lebenshaltungskosten hingegen gehören zu den höchsten.

Nachmittagssiesta (eine heute aussterbende Gewohnheit) erholt. Viele Besucher sind verblüfft von Griechenlands quirligem Straßenleben und der entspannten Atmosphäre in Restaurants. Menschen jeden Alters bevölkern die Nachtclubs, und auch Kinder sind noch spätabends mit ihren Eltern unterwegs oder spielen in deren Nähe.

Die überwiegende Mehrheit griechischer Geschäfte ist klein, häufig sind es Familienunternehmen. Eltern bemühen sich, ihren Kindern zur Hochzeit ein Haus zu schenken. Viele Familien bauen für jedes Kind eine Wohnung über ihre eigene (daher sieht man so viele unfertige Häuser).

Die Großfamilie spielt im Alltag eine wichtige Rolle. Häufig versorgen Großeltern die Enkel, während die Eltern arbeiten oder ausgehen. Im Gegenzug kümmern die Kinder sich später um ihre alten Eltern, anstatt sie in ein Pflegeheim zu geben. In Dörfern werden zur Versorgung der alten Eltern vielfach Frauen aus dem Ausland geholt.

Obwohl die Mehrheit der Griechen ihre Heimatdörfer verlassen hat und in Städten oder im Ausland lebt, bleibt eine starke Bindung an die Heimat erhalten. Selbst in den entlegensten Dörfern herrscht munteres Treiben in den Ferien, bei Wahlen oder wann immer sich ein Vorwand bietet, um nach Hause zu fahren. Eine der ersten Fragen, die Griechen einem fremden Griechen stellen, ist die Frage, aus welcher Region des Landes er stammt.

Die Griechen legen großen Wert auf Bildung. Gerne schicken sie ihre Kinder nach der Schule noch in private Unterrichtsanstalten *(frontistiria)*, damit sie Fremdsprachen erlernen und für die Aufnahme an der Universität vorbereitet werden. So ergänzen sie das als unzureichend empfundene staatliche Bildungssystem.

Junge Griechen ziehen in der Regel erst zu Hause aus, wenn sie heiraten, es sei denn, sie besuchen eine Universität oder arbeiten in einer anderen Stadt. Bei qualifizierten Berufstätigen und da heute generell später geheiratet wird, ändert sich dies allmählich, Arbeiter der Niedriglohngruppen bleiben ihren Familien hingegen weiterhin lange erhalten.

Die Beziehung zwischen Mann und Frau führt zu einigen interessanten Paradoxa. Obgleich in Griechenland vielfach Machismo zu beobachten ist, ist die Gesellschaft stark matriarchalisch geprägt. Männer erwecken gerne den Eindruck, die Hosen anzuhaben, tatsächlich sind es jedoch häufig die Frauen, die zu Hause und in Familienbetrieben den Laden schmeißen.

Die Sommerferien sind das Highlight des Jahres. Mitte August macht Athen weitgehend dicht, viele Familienbetriebe schließen, und die Menschen reisen auf eine der Inseln, an einen Strand oder in ihr Heimatdorf.

Griechische Frauen, zumindest der älteren Generation, sind bekanntermaßen sehr häuslich und stolz auf ihre Kochkünste. Es kommt noch relativ selten vor, dass Männer sich an der Hausarbeit beteiligen oder kochen, die Jungen werden von vorne bis hinten bedient. Mädchen hingegen müssen schon in jungen Jahren im Haushalt helfen. Die neue Generation Athener Frauen trifft man allerdings eher im Fitness-Studio oder Schönheitssalon als in der Küche an.

Angesichts der raschen gesellschaftlichen Veränderungen sind die Griechen noch damit beschäftigt, kulturelle und religiöse Gepflogenheiten aufeinander abzustimmen. Die sozialen Probleme nehmen zu, Arbeitslosigkeit, Obdachlosigkeit und die früher seltene Gewaltkriminalität steigen in der einst sichersten europäischen Hauptstadt.

DER CHARAKTER DER GRIECHEN

Die Griechen sind für ihre Eigenständigkeit bekannt. Bei ihnen heißt es, arbeiten, um zu leben, und sie verfügen über eine beneidenswerte Fähigkeit, das Leben zu genießen. Sie sind großzügige Gastgeber und

GUTE WÜNSCHE

Gute Wünsche gehören zu den liebenswerten Besonderheiten des griechischen Alltags. Griechen scheinen für jede Gelegenheit den passenden Wunsch parat zu haben, das mag ein Zeichen von Aberglaube oder von einem Übermaß an Wohlwollen sein. So wünschen sie nicht nur *kali orexi (guten Appetit)*, sondern auch *kali honepsi* (gute Verdauung) und *kali xekourasi* (gute Erholungspause) oder *kali diaskedasi* (gute Unterhaltung). Am ersten Tag der Woche heißt es *kali evdomada* (eine gute Woche), Monat für Monat *kalo mina* (einen guten Monat), während man zu Sommerbeginn *kalo kalokeri* (einen guten Sommer) und am Ende des Sommerurlaubs *kalo himona* (einen guten Winter) wünscht. Beim Einkaufen heißt es *kaloriziko* (viel Glück), bei einem neuen Geschäft *kales doulies* (gutes Gelingen) und bei Herausforderungen *kali dynami* (viel Kraft). Zum Abschied sagt man gerne *me to kalo* (Gott sei mit dir).

stolz auf *filotimo* (Würde und Ehrgefühl) und *filoxenia* (Gastfreundschaft), die auch im ärmsten Haushalt gepflegt werden.

Direkt und konfliktfreudig äußern die meisten Griechen offen ihre Meinung und sprechen eher über Persönliches als sich auf höflichen Smalltalk einzulassen. Von Fragen zum Privatleben, wie der Frage, warum jemand keine Kinder hat, bis zu der Frage nach dem Einkommen oder was man für Haus oder Schuhe bezahlt hat, gibt es nur wenige Tabuthemen. Anders als in vielen anderen westlichen Kulturen, in denen die Menschen den Augenkontakt mit Fremden eher meiden, finden Griechen nichts dabei, die Menschen anzustarren und unverhohlen zu beobachten (und gerne auch zu kommentieren).

Bei Neuigkeiten, Klatsch und politischen Diskussionen blühen sie geradezu auf, doch während sie gnadenlos über ihre Regierung und Gesellschaft herziehen, reagieren sie allergisch auf Kritik von außen und können einen leidenschaftlichen, patriotischen und ethnozentrischen Nationalstolz an den Tag legen. Während ihre Abstammung ihnen ein selbstzufriedenes Gefühl kultureller Überlegenheit verschafft, sorgt ihre Unterlegenheit im neuen Europa für Unsicherheit und Skepsis gegenüber ausländischen Kräften.

Mit Begeisterung haben sich die Griechen dem Konsum verschrieben und stellen ihren neuen Wohlstand gerne zur Schau mit Designer-Klamotten, dem aktuellsten Handy und neuen Autos. Sie sind anfällig für Ausschweifungen, geben vor allem viel für Essen und Unterhaltung aus und leben von einem Tag auf den anderen. Der vergnügungssüchtige Lebensstil der Athener Oberschicht, die am Wochenende gerne mal einen Ausflug nach Mykonos unternimmt, hat allerdings keine Ähnlichkeit mit dem täglichen Kampf, dem Rentner oder Arbeiter in ländlichen Regionen ausgesetzt sind.

In Griechenland bestehen krasse wirtschaftliche und soziale Unterschiede. Ein tiefer Graben trennt Reiche und Arme.

Die Griechen sind lieber spontan, als vorausschauend zu planen und kommen regelmäßig zu spät, kommt jemand pünktlich, gilt dieses Verhalten als „englisch".

Die bekannte griechische Gastfreundschaft und Großzügigkeit scheint auf dem Dienstleistungssektor unterzugehen. Dort legen mürrische öffentliche Angestellte einen deutlichen Mangel an Interesse für den Dienst am Kunden an den Tag. Dies gehört zu den vielen Paradoxa der griechischen Mentalität. Den Stolz, den Griechen für ihr Heim empfinden, dehnen sie nur selten auf den öffentlichen Raum aus. Das übergeordnete Wohl spielt hinter persönlichen Interessen häufig nur die zweite Geige, und das Gefühl für eine Kollektivverantwortung ist sehr gering ausgeprägt – genau darauf wollte ein Politiker während der Protestwelle gegen die Maßnahmen zur Eindämmung der griechischen Verschuldung hinweisen, als er äußerte: „Wir sitzen

DER MEDIENZIRKUS

Da die Griechen die Demokratie sozusagen erfunden haben, überrascht es nicht, dass sie politische Wesen sind, die Nachrichten und Aktuelles geradezu verschlingen. Häufig sieht man Menschen vor einem *periptera* (Straßenkiosk) stehen und die Schlagzeilen der ausgestellten Zeitungen lesen. In Griechenland gibt es gemessen an der Einwohnerzahl außergewöhnlich viele Zeitungen und TV-Sender – 30 nationale Tageszeitungen (darunter zehn Sportzeitungen) und sieben nationale TV-Sender. Wie die meisten Griechen sind auch die Zeitungen freimütig parteiisch und repräsentieren das ganze Spektrum politischer Ansichten von konservativ bis kommunistisch. Dabei ist die Grenze zwischen Nachricht und Stellungnahme häufig fließend, und Kommentaren und Hetzreden wird mehr Platz eingeräumt als der reinen Berichterstattung. Außer von den relativ objektiv berichtenden öffentlichen Sendern werden TV-Nachrichten ausgesprochen sensationslüstern und engstirnig aufgemacht. Die meiste Sendezeit wird mit Skandalen und Skandälchen gefüllt. Reißerische Musik und mehrere Bildschirme, auf denen (in der Regel gleichzeitig) TV-Sprecher in Aktion sind, gehören typischerweise dazu.

Der gesamte Medienbereich ist im Besitz einer Handvoll führender Unternehmer und immer wieder ist die Rede von Verflechtungen *(diaplekomena)* zwischen Medieninhabern, Journalisten, Großkonzernen und der Regierung.

alle im selben Boot." Viele sehen die Krise aber auch als Gelegenheit für einen notwendigen kulturellen Wandel und unterstützen Bewegungen, die etablierte Vetternwirtschaft abzuschaffen und Griechenland wettbewerbsfähiger, transparenter und effizienter zu machen.

Entspannende *komboloï* (Sorgenperlen) haben nicht nur eine lange Tradition, sondern sind auch ein modisches Statement und eine Geschicklichkeitsübung. Einige *komboloï* sind über 10 000 € wert, und es gibt auch seltene Sammlerstücke.

Die bürgerliche Gesellschaft

Lange blieb den Griechen ein Restmisstrauen gegenüber der Autorität und den Politikern und wenig Respekt für den Staat und seine Institutionen erhalten, sicher ein Ergebnis der vielen Jahre Fremdherrschaft, des Bürgerkriegs und der politischen Instabilität, die erst in den 1970er-Jahren endete, als die letzte Diktatur zusammenbrach und die Monarchie abgeschafft wurde. Mittlerweile hatte sich eine schwache bürgerliche Gesellschaft auf der Basis von Steuerflucht und dem Vertrauen in persönliche Netzwerke etabliert, Protektion und Vetternwirtschaft wurden akzeptiert. Der Schwarzmarkt wird von verschiedenen Studien auf bis zu 30 Prozent des BIP geschätzt.

Um bei Griechenlands aufgeblähter Bürokratie weiterzukommen, ist häufig noch immer *meson* (die Hilfe eines Freundes oder Familienmitglieds im System) nötig. Leistung ist auf den zweiten Platz gerutscht hinter politischen Beziehungen bei begehrten Jobs im öffentlichen Dienst oder bei der Verteilung von EU-Mitteln. Der berühmt-berüchtigte *fakelaki* (ein kleiner Briefumschlag mit Bargeld) ist und bleibt das übliche Mittel, bürokratische Wege abzukürzen, sei es, um auf dem OP-Plan einen Platz weiter nach vorne zu kommen, Unstimmigkeiten mit dem Finanzamt zu klären oder eine Baugenehmigung zu erhalten. Laut der Antikorruptionsorganisation Transparency International haben 13 Prozent der Griechen im Jahr 2008 Bestechungsgelder gezahlt, um das System zu schmieren.

Persönliche Freiheit und demokratische Rechte sind beinahe unantastbar, gegen die als überreglementiert empfundene Vorgehensweise westlicher Nationen haben die Griechen eine Aversion. Eine Form des zivilen Ungehorsams ist die großzügige Missachtung der Verkehrsregeln. Trotz saftiger Bußgelder wird die Gurtpflicht nur als unverbindliche Unannehmlichkeit behandelt, erfinderisches und rücksichtsloses Parken ist die Norm, gefährliche Überholmanöver sind weit verbreitet, und man sieht häufig Motorradfahrer, die den Helm über den Arm gehängt tragen und mit dem Handy telefonieren.

Mehrere Versuche waren nötig, bis das Rauchverbot in öffentlichen Räumen irgendeine Wirkung zeigte. Zu den äußerst kreativen Maßnahmen, um die endemische Steuerhinterziehung zu bekämpfen, gehörte die Nutzung von Satellitenbildern der nördlichen Stadtteile Athens, um nicht angemeldete Swimmingpools zu orten – bei einer Razzia 2011 wurden über 16 000 ermittelt, von denen nur 324 steuerlich angegeben worden waren.

Das Aufbegehren ist in der nationalen Psyche tief verwurzelt. Gewerkschaftsaktionismus, Massendemonstrationen und Streiks sind im Alltag Routine. Die Polizei hat die Hauptlast dieses Nonkonformismus zu tragen, der in den letzten Jahren zu gewaltsamen Ausschreitungen eskalierte, angeheizt durch anarchistische Randgruppen, die weltweit für Schlagzeilen sorgten (siehe S. 835).

Alle Männer zwischen 19 und 50 Jahren müssen einen zwölfmonatigen Militärdienst leisten. Frauen sind in der griechischen Armee zugelassen, aber nicht verpflichtet und nehmen die Möglichkeit eher selten in Anspruch.

DIE NEUEN GRIECHEN

In den 1990er-Jahren wandelte Griechenland sich von einem Emigrations- in ein Immigrationsland. Die zuvor weitgehend homogene Gesellschaft wurde somit ganz unbeabsichtigt zu einer multikulturellen Gesellschaft. In Griechenland leben über eine Million Migranten legal, illegal und mit ungeklärtem Status, die meisten sind Wirtschaftsmigranten aus Albanien, vom Balkan und aus Osteuropa. Beinahe die Hälfte von ihnen hat sich in Athen niedergelassen. In entlegenen Dörfern kümmern sich bulgarische Frauen um Senioren, auf den Inseln arbeiten polnische Küchenhilfen, bei den Schwerarbeitern sind Albaner in der Überzahl, überall in Griechenland schießen chinesische Firmen aus dem Boden, afrikanische Straßenhändler verkaufen gefälschte Designertaschen und CDs, und am Wochenende treffen sich Pakistani zu einem Kricketmatch auf Athener Parkplätzen.

Griechenland ist auch das wichtigste illegale Einfallstor nach Europa geworden. Die Menschen strömen über die türkische Grenze ins Land oder landen in klapprigen Booten (wobei viele ertrinken) auf

SPORT-LEIDENSCHAFT

Wenn es auf den Straßen ruhig wird, man kein Taxi bekommt oder überall in Griechenland aus den Kneipen ein kräftiges Grölen zu hören ist, kann man davon ausgehen, dass gerade ein Fußballspiel ausgetragen wird. Fußball ist der beliebteste Zuschauersport in Griechenland (gefolgt von Basketball). Er erweckt lokale Leidenschaften und lässt die Fans häufig zu wenig erbaulichen Hooligans entarten.

Die erste Fußball-Liga wird von den Glamour-Vereinen Olympiakos Piräus und dessen Erzrivalen Panathinaikos Athen beherrscht, daneben spielen AEK Athen und PAOK Thessaloniki gelegentlich eine bedeutsame Rolle. Normalerweise ist Griechenland mit zwei Teams in der europäischen Champions League vertreten. Olympiakos, AEK, Aris – ebenfalls aus Thessaloniki – und PAOK haben alle bereits einen europäischen Titel gewonnen.

Seit Griechenlands Sieg bei der Fußball-Europameisterschaft 2004 steht das Team wieder im Schatten von Europas Fußball-Schwergewichten. Nachdem der griechische Fußball durch einen Skandal (Spielmanipulation) erschüttert wurde, bei dem es zur Anklage prominenter Funktionäre und einer zweiwöchigen Aussetzung aller Fußballspiele im Juni 2011 kam, wurde mit einer größeren Umstrukturierung gerechnet.

Griechenlands Basketball ist da besser in Form. Panathinaikos zählt eindeutig zu den Kraftpaketen im Europäischen Basketball, 2011 gewann der Verein zum sechsten Mal die Euroleague.

entlegenen griechischen Inseln. Griechenlands mangelhafte Organisation der Einwanderung und die äußerst schleppenden Asylverfahren lösen internationale Kritik aus.

Wirtschaftsmigranten leben am Rande der Gesellschaft, da sie jedoch die griechische Staatsbürgerschaft anstreben und versuchen, sich in die Gesellschaft zu integrieren, werden gesellschaftliche Toleranz, Vorurteile, Fremdenfeindlichkeit und griechische Identität und Nationalgefühl auf die Probe gestellt. Die Staatsbürgerschaft ist kein Geburtsrecht, was Probleme für die in Griechenland geborenen Kinder von Migranten mit sich bringt.

Über fünf Millionen gebürtige Griechen leben in 140 Ländern der Erde, darunter rund drei Millionen in den USA und Kanada. Melbourne in Australien beansprucht für sich, den drittgrößten Griechisch sprechenden Bevölkerungsanteil (300 000) hinter Athen und Thessaloniki zu haben.

Noch ist es ein langer Weg, bis die Migranten in die Gesellschaft integriert sein werden, den Griechen ist aber klar, dass ohne sie die Wirtschaft zusammenbrechen würde. Gemischte Hochzeiten werden insbesondere auf dem Land häufiger, wo osteuropäische Frauen die Lücke füllen, die griechische Frauen hinterlassen, die es in die Städte zieht. Das Problem illegaler Einwanderung nach Griechenland hat einwanderfeindliche Bündnisse und Feindseligkeiten extrem rechter Randgruppen entstehen lassen.

Die einzige anerkannte ethnische Minderheit in Griechenland waren bis vor Kurzem die 300 000 Muslime in Westthrakien, meist ethnische Türken, die 1923 vom Bevölkerungsaustausch verschont blieben, die es aber auch immer noch schwer haben.

Einige Vlachen und Sarakatsanen führen in Epiros noch ein halbnomadisches Leben als Wanderschäfer. Überall in Griechenland trifft man auf Roma, insbesondere in Makedonien, Thrakien und Thessalien. Über 150 000 Menschen griechischer Abstammung kamen nach dem Fall des Kommunismus aus der früheren Sowjetunion und den Balkanstaaten nach Griechenland. Viele Griechen, die nach dem Krieg ausgewandert waren, sind ins Land zurückgekehrt oder kommen als Rentner zurück. Es gibt zudem einen ständigen kleinen Zustrom junger Griechen der zweiten und dritten Generation aus Amerika, Kanada, Australien und der restlichen griechischen Diaspora.

RELIGION & IDENTITÄT

Der orthodoxe Glaube ist die offizielle Religion in Griechenland und ein Schlüssel zur Identität, zum Selbstverständnis und der Kultur der Griechen. Nach vorherrschender Meinung ist jeder Grieche orthodoxen Glaubens. Obwohl die jüngere Generation in der Regel nicht gläubig ist und nicht regelmäßig in die Kirche geht, halten die meisten die Rituale ein und betrachten den Glauben als Teil ihrer Identität. 94 bis 97 Prozent der Griechen gehören zumindest auf dem Papier der griechisch-orthodoxen Kirche an, wobei sich die Zahlen durch die Migranten zu ändern beginnen.

Im Mittelpunkt des griechischen Kalenders stehen die kirchlichen Feiertage und Feste. Der Namenstag wird in Griechenland mehr gefeiert als der Geburtstag. Die meisten Griechen werden nach Heiligen benannt, dies gilt aber auch für Boote, Vorstädte und Bahnhöfe.

Während der aufeinanderfolgenden Fremdherrschaften stellte die Religion das Hauptkriterium dar, das einen Griechen definierte. Unter der osmanischen Herrschaft sorgte vor allem die Kirche für den Erhalt der griechischen Kultur, Sprache und Traditionen und trug dazu bei, das Zusammengehörigkeitsgefühl zu erhalten. Auch heute noch hat die Kirche in Griechenland einen bedeutenden sozialen, politischen und wirtschaftlichen Einfluss. In Griechenland herrscht nicht dieselbe Trennung zwischen Kirche und Staat wie in anderen westlichen Ländern, die Priester werden vom Staat bezahlt, und noch bis vor relativ Kurzem wurde die Religionszugehörigkeit im Personalausweis angegeben. Nicht-orthodoxe Griechen haben es beim Zivil- oder Militärdienst teilweise noch immer schwer. Standesamtliche Hochzeiten sind erst seit Anfang der 1980er-Jahre aner-

GRIECHENLAND AUF DER LEINWAND

Im Jahr 2011 erhielt das griechische Kino einen dringend benötigten Auftrieb, als der skurrile Film *Hundezahn (Kynodonta)* des Autors und Regisseurs Yorgos Lanthimos als bester ausländischer Film für den Oscar nominiert wurde. Es war das erste Mal wieder seit Michael Cacoyannis' *Iphigenia* 1977 – und das fünfte Mal überhaupt, dass Griechenland nominiert war. Für seinen dritten Film, *Alps*, erhielt Lanthimos beim Filmfestival in Venedig 2011 zudem die Auszeichnung für das beste Drehbuch. Lanthimos ist ein vielversprechender Filmemacher der neuen Generation in Griechenland. Ins internationale Rampenlicht trat er, als er in Cannes für *Hundezahn* den Nachwuchspreis erhielt.

Seit den 1990er-Jahren erzielt der griechische Kinofilm im Inland bescheidene kommerzielle Erfolge mit Komödien wie *Safe Sex* (2000) und *Sirenen der Ägäis* (2005) sowie mit dem High-Budget-Film *El Greco* (2007). Tasos Boulmetis' *Zimt und Koriander* (*Politiki Kouzina;* 2003) und Pantelis Voulgaris' Kinohit von 2004 *Bräute (Nyfes)* waren seit vielen Jahren wieder die ersten Filme, die im Ausland größeren Erfolg hatten. Yorgos Noussias' erster griechischer Splatterfilm *(Evil)* wurde zu einem derartigen Kultfilm, dass Billy Zane sich eine Rolle in der Fortsetzung wünschte.

Griechenlands Film, der am meisten internationalen Beifall erhielt, ist und bleibt jedoch der Klassiker von 1964 *Alexis Sorbas*, der für sieben Oscars nominiert war, darunter als Bester Film, bester Regisseur (Cacoyannis) und bester Hauptdarsteller (Anthony Quinn), dann drei Oscars gewann, und zwar für das beste Szenenbild, die beste Kamera und die beste Nebendarstellerin (Lila Kedrova). Die einzigen weiteren Nominierungen Griechenlands für den Oscar stammten aus der Glanzzeit des griechischen Kinos in den 1960er-Jahren mit Cacoyannis' *Elektra* (1962), Vasilis Georgiadis' *Die roten Laternen* (1963) und *Blutendes Land* (1965). Die verstorbene Melina Mercouri, die mehrere Jahre lang griechische Kulturministerin war, war die einzige griechische Schauspielerin, die je für einen Oscar nominiert wurde, und zwar für ihre denkwürdige Rolle als Prostituierte in dem Film aus dem Jahr 1960 Sonntags nie. Für diesen Film wurde sie in Cannes auch als beste Schauspielerin ausgezeichnet, Manos Hatzidakis erhielt den Oscar für die beste Musik.

Griechenlands bekanntester Kunstfilmemacher ist Theo Angelopoulos. 1998 gewann er die Goldene Palme in Cannes für *Die Ewigkeit und ein Tag*. Er gilt als einer der wenigen Autorenfilmer und ist bekannt für lange Einstellungen und langsame Kameraschwenks.

Das wichtigste Filmereignis in Griechenland ist das jährlich stattfindende Internationale Filmfestival in Thessaloniki.

kannt, und die Einäscherung wurde erst vor Kurzem nach heftigen Diskussionen legalisiert.

Religiöse Rituale gehören in Griechenland zum Alltag. Es fällt auf, dass sich Taxifahrer, Motorradfahrer und Fahrgäste öffentlicher Verkehrsmittel bekreuzigen, wenn sie an einer Kirche vorbeifahren. Bewundert man ein Baby oder lobt einen Erwachsenen, folgt darauf ein angedeutetes Spucken, und man sagt dreimal „ftou ftou ftou“, um den Teufel abzuwehren. Viele Griechen gehen in die Kirche und zünden eine Kerze für den zuständigen Heiligen an oder legen eine Votivgabe ab, wenn sie ein Problem haben. Über das Land verteilt stehen hunderte kleiner Kapellen, die überwiegend von Familien erbaut und einem besonderen Heiligen geweiht wurden. Die winzigen Ikonostasen (Kapellen), die man immer wieder am Straßenrand sieht, sind entweder Bildstöcke für Unfallopfer oder wurden zu Ehren eines Heiligen aufgestellt. Wer eine Kirche oder ein Kloster besichtigen möchte, sollte immer auf angemessene Kleidung achten. Die Arme sollten bedeckt sein, Frauen sollten zudem nicht kniefrei gekleidet sein und Männer lange Hosen tragen.

Die sexuelle Befreiung der griechischen Gesellschaft (aber auch AIDS) haben den berühmt-berüchtigten griechischen Lover praktisch aussterben lassen, bekannt als *kamaki* (eigentlich ein Dreizack zum Fischen), der in den 1970er- und 1980er-Jahren versuchte, sich auf den Inseln eine ausländische Frau zu „angeln".

Die griechische Verfassung garantiert die Religionsfreiheit, die einzigen anderen Religionen, die in Griechenland offiziell anerkannt wurden, sind jedoch Judentum und Islam, Nicht-Orthodoxe haben immer wieder mit rechtlichen Hindernissen zu kämpfen.

Die muslimische Bevölkerung Griechenlands wird auf annähernd 500 000 geschätzt. In Athen gibt es viele provisorische Moscheen, nachdem die Stadt nach der Unabhängigkeit alle Moscheen geschlossen hatte. Der Bau einer offiziellen Moschee wurde zwar genehmigt, bleibt jedoch umstritten und verzögert sich immer wieder.

Etwa 5000 Juden sind in Griechenland ansässig. Es finden sich bereits seit der Römerzeit kleine jüdische Gemeinden in Ioannina, Larissa, Chalkida und Rhodos, in Thessaloniki, Kavala und Didymoticho sind es zumeist Nachkommen der im 15. Jahrhundert aus Spanien und Portugal vertriebenen Juden.

Über 50 000 Katholiken, zumeist genuesischen und fränkischen Ursprungs leben auf den Kykladen, vor allem auf Syros, wo sie 40 Prozent der Bevölkerung ausmachen.

Architektur

Wer sich einmal genau in den meisten westlichen Städten umschaut, findet überall Reminiszenzen oder Neuinterpretationen der klassischen griechischen Baukunst. Sowohl die italienische Renaissance und der englische Klassizismus als auch andere Strömungen des Historismus orientierten sich an dem antiken Baustil. Für alle Reisenden, die Freude daran finden, ihren Blick in die Vergangenheit zu richten, ist Griechenland ein wahres Dorado angesichts der unendlich großen Anzahl an gut erhaltenen Tempeln. Wer inmitten der Ruinen des außergewöhnlichen Parthenon steht, kann sich mit ein bisschen Fantasie ins 5. vorchristliche Jahrhundert, die Blütezeit der griechischen Antike, zurückversetzen.

Doch auch für das moderne Griechenland sind aufregende Zeiten angebrochen. Besucher können die Entwicklung einer hässlichen Stadtlandschaft mit Hochhäusern hin zu einem aufregenden Hightech-Baustil verfolgen; Verteidiger des kulturellen Erbes sind wiederum gerade dabei, mit schicken Retrobauten den neoklassischen Glanz wiederauferstehen zu lassen. Vieles in Griechenland strebt nach vorne – auch seine Vergangenheit!

MINOISCHE PRACHT

Unser Wissen über die griechische Architektur beginnt etwa um 2000 v.Chr. mit den Minoern, die sich auf Kreta niedergelassen hatten. Ihr Einfluss breitete sich auf die gesamte Ägäis aus, einschließlich der Kykladen. Minoische Architekten sind berühmt für ihren technologisch fortgeschrittenen Baustil und die labyrinthartigen Palastanlagen; die Anlage von Knossos gehört zu den größten ihrer Art. Bei diesen „Palästen" handelte es sich eigentlich um multifunktionale Siedlungen, die Königsfamilien und Priestern als Residenz dienten, aber auch Wohnungen fürs Volk boten. Große minoische Dörfer, wie Gournia und Palekastro auf Kreta, umfassten auch Infrastrukturen mit gepflasterten Straßen als Verbindung zu den Palastsiedlungen. Minoische Palastkultur gab es auch in Phaestos, Malia und Alt-Zakros auf Kreta und auf dem minoischen Außenposten von Alt-Akrotiri im Süden Santorins.

Die an Architektur und Geschichte reiche Region wurde jedoch Mitte des 15. vorchristlichen Jahrhunderts von mehreren verheerenden Vulkanausbrüchen heimgesucht, die durch geologische Welleneffekte riesige Gebäudetrakte von Palastanlagen zum Einsturz brachten. Die Minoer machten sich daran, ihre Paläste in noch größerem Stil wieder aufzubauen – diese wurden aber immer wieder von Naturgewalten zerstört. Das letzte große Erdbeben verursachte einen Einschnitt in der Architekturgeschichte und verhalf den mykenischen Rivalen auf dem griechischen Festland zum Aufstieg.

DIE PRACHT VON KNOSSOS

Dem Mythos nach war der Mann, der mit der Konzeption des Labyrinths beauftragt wurde, um den gefürchteten Minotaurus darin gefangen zu halten, der berühmte Athener Erfinder Dädalus, Vater des Ikarus. Der Entwurf des Palastes von Knossos für König Minos stammt ebenfalls aus seiner Hand.

Im Jahr 1878 wurden die Ruinen erstmals von dem Kreter Milos Kalokirinos entdeckt, doch erst um 1900 begannen die intensiven Ausgrabungsarbeiten durch Sir Arthur Evans. Die Palastanlage von Knossos (S. 518) bestand aus einer Siedlung mit Funktionsbauten, die sich wie ein Gürtel um den Hauptpalast legten. Dieser umfasste verschiedene Gebäude, die um einen großen zentralen Innenhof (1250 m^2) angelegt waren.

Im Laufe der Zeit wurde die Siedlung neu aufgebaut und erweitert. Lange und erhabene Chausseen bildeten die Hauptkorridore; zu beiden Seiten der Palastmauern befanden sich enge, labyrinthartige Kammern – der Grundriss mit den rätselhaft verschlungenen Geheimgängen in Verbindung mit dem symbolträchtigen Stierritual ließ den Mythos von Minotaurus im Labyrinth entstehen.

Der gesamte Gebäudekomplex war mit sorgfältig durchdachten Lichtquellen, einem ausgeklügelten Lüftungssystem sowie mit Aquädukten und Bewässerungsanlagen mit Trinkwasserqualität ausgestattet. Weiterhin gab es Bäder, die mit einem umfassenden Pump- und Abwassersystem versehen waren. Die unteren Stockwerke beherbergten meist Werkstätten, zylindrische Getreidesilos und Vorratskammern.

MYKENISCHE BAUKUNST

Die Mykener galten als Baumeister spektakulärer Gebäude mit trutzigen Verteidigungsmauern. Sie zogen durch das südliche Festland und suchten die besten Stützpunkte für ihre Paläste, die von Furcht einflößenden Bollwerken eingefasst waren. Nach einem durchdachten Plan erbaut, waren die zyklopischen Festungswälle mit ihren drei bis sieben Meter dicken Mauern uneinnehmbar Das königliche Schatzhaus des Atreus (auch Grab des Agamemnon) in Mykene, ein sogenanntes Bienenkorbgrab, wurde aus sich verjüngenden Kalksteinblöcken erbaut, die bis zu 120 Tonnen wogen.

Der Palast in Tiryns besteht aus giebelartig gewölbten Stollen, die ein Labyrinth aus Geheimgängen bilden; und der gut erhaltene Nestorpalast nahe dem modernen Pylos spricht ebenfalls für das Know-how der Mykener.

KLASSISCHE KOMPOSITIONEN

Im Zeitalter der Klassik vom 5. bis zum 4. Jahrhundert v. Chr. entstanden die bekanntesten Baustile. Die Tempel bekamen mit dorischen, ionischen und korinthischen Säulen ihre charakteristische Säulenordnung.

In der Zwischenzeit schufen die griechischen Kolonien an der Küste Kleinasiens ihre eigene ionische Säulenordnung. Hier steht die Säule auf einem Sockel aus mehreren Stufen, in den Schaft wurde eine größere Anzahl Rillen gemeißelt. Durch Schmuck in den Kapitellen erhielten die Säulen mehr Grazie; Iktinos nutzte einige dieser Elemente für den Parthenon. Besonders typische Beispiele für diesen Baustil sind der Athena-Nike-Tempel und das Erechtheion auf der Akropolis, wo die berühmten Karyatiden in königlicher Haltung den Tempel stützen.

Als die klassische Periode bereits ihrem Ende entgegensah, kam die korinthische Säule in Mode. Hier bestehen die Kapitelle aus einer oder zwei Reihen mit Blattornamenten (meist Akanthus); die Ordnung wurde später von den Römern übernommen, in Athen schmückte sie ausschließlich die korinthischen Tempel. Der Tempel des Olympischen Zeus, der unter Kaiser Hadrian vollendet wurde, ist ein beeindruckender Bau. Eine andere Tempelform, der elegante, runde *tholos* mit einer Kuppel kommt beim großen Athene-Heiligtum in Delphi zum Einsatz.

Auch die griechischen Theater sind Bauwerke der klassischen Periode, ein Beispiel hierfür ist das Theater von Epidauros aus dem 4. Jahrhundert v. Chr. Die Zuschauer saßen um eine runde Bühne. Das Halbrund aus steinernen Bänken, die steil abfielen, bot Tausenden von Zuschauern Platz; die Akustik war so perfekt, dass der Zuschauer jede Silbe unten auf der Bühne hören konnte. Die meisten alten Theater werden immer noch für Festivals, Musikkonzerte und Theateraufführungen benutzt.

Die Mutter aller dorischer Bauten ist der Parthenon aus dem 5. Jahrhundert v. Chr., ein Prachtbau der Superlative, gleich einer monumentalen Krone aus glänzendem, massivem Marmor. Bis zum heutigen Tag ist dieser faszinierende Tempel wohl das meistfotografiert Juwel in ganz Griechenland.

Die auffällige blau-weiße Baukunst der Kykladen, die ja meist mit griechischen Inseln assoziiert wird, war pragmatisch und funktional. Die würfelartigen Flachdachhäuser, die sich in einem Gassenlabyrinth aneinanderschmiegen, sollten jedem Angriff von außen standhalten, sowohl den Stürmen des Meeres als auch dem der Piraten.

DORISCH ODER KORINTHISCH ?

Dorisch Dieser Säulentyp ist der einfachste unter allen drei Stilen. Der Säulenschaft (Hauptteil) ist schlicht und hat 20 Kanneluren, während das Kapitell ganz einfach kreisrund ist. Einen besonderen Sockel hat die Säule nicht. Der Parthenon ist hierfür ein Paradebeispiel.

Ionisch Das Charakteristische an diesem Säulentyp sind die scharfkantigen Kanneluren, die sich über die ganze Länge von oben nach unten ziehen. Auffällig am Kapitell sind die seitlichen Voluten, die zu gefurchten Schnecken eingerollt sind, während der Sockel aus mehrstufigen Ringen besteht.

Korinthisch Unter allen drei Säulentypen sind die korinthischen aufgrund der reichen Verzierungen auch die beliebtesten. Die Säule ist kanneliert, hingegen besteht das Kapitell aus nach oben wachsenden Blüten und Blättern. Der Sockel gleicht dem einer ionischen Säule.

HELLENISTISCHE BÜRGER

Als das klassische Zeitalter zu Ende ging (etwa ab dem ausgehenden 4. Jahrhundert vor Chr.), dachten viele kosmopolitisch gesinnte Bürger weniger an die Tempel, sondern daran, wie sie ein angenehmes Leben führen könnten. Sie verlangten von den Architekten dekadente Wohnsitze. Die hellenistischen Baumeister reagierten mit neuen Entwürfen für Paläste und Privatresidenzen. Wohlhabende Bürger, Würdenträger und Politiker (darunter auch Kleopatra) betrieben hohen Aufwand bei der Umgestaltung ihrer Wohnhäuser; dazu gehörten bemaltes Mauerwerk und Innenhöfe mit Säulengängen aus Marmor, als Statussymbole dienten aufwendige (sprich „protzigere") Mosaike. Paradebeispiele für hellenistische Residenzen sind die Herrenhäuser auf Delos.

BYZANTINISCHER EHRGEIZ

Während der byzantinischen Ära (ab ca. 700 n.Chr.) waren Kirchenbauten sehr ausdrucksstark. Das ideale griechisch-byzantinische Kirchenschiff hat eine Kreuzform. Eine zentrale Kuppel wird von vier Bögen auf Pfeilern gestützt, flankiert von Kreuzgewölben, mit kleineren Kuppeln an den vier Ecken und drei Apsiden an der Ostseite. Theologische Architekten entschieden sich für Mosaike und Fresken anstatt für Schnitzereien, um einen bildlichen Mikrokosmos des Glaubens herzustellen. Die Athener Kirche Agios Eleftherios aus dem 12. Jahrhundert birgt Teile eines Frieses aus Pentelischem Marmor. Die Kapnikarea-Kirche aus dem 11. Jahrhundert wirkt in Athens Geschäftsviertel wie gestrandet – der Kirchenboden besteht aus farbigem Marmor, die Außenwände aus Ziegelstein mit anderen Steinen, sodass verschiedene Muster entstehen. Die Agia Sofia (Sophienkirche) in Thessaloniki aus dem 8. Jahrhundert ist mit ihrer 30 Meter hohen Kuppel eine bescheidene Version ihres Pendants in Istanbul. In Mystra gibt es zahlreiche byzantinische Kapellen, von denen viele einst Privatleuten gehörten. Sie waren Nebengebäude von *archontika*, Herrenhäuser, die einst *archons*, wohlhabenden Kaufleuten, gehörten) aus dem 17. und 18. Jahrhundert

Einige byzantinische Klosteranlagen zählen zu den Unesco-Weltkulturerbestätten, wie die *katholikon* (Hauptkirche) von Agios Loukas, die vom spätbyzantinischen Baustil mit vielen Kuppeln geprägt ist, und von Moni Dafniou aus dem 11. Jahrhundert, die nordwestlich von Athen über einem Apollon-Heiligtum steht.

FRÄNKISCHE BESITZTÜMER & VENEZIANISCHE FESTUNGEN

Nach der Plünderung von Konstantinopel durch die Kreuzfahrer 1204 wurden viele Festungen zu Burgen westlicher Aristokraten. Die Adelsfamilie Villehardouin ließ unzählige fränkische Burgen auf der Halbinsel Peloponnes erbauen, so z. B. in Kalamata und in Mystra. Dort entstand auch ein Palast, der über zwei Jahrhunderte der byzantinischen Kaiserfamilie als Residenz diente. Als die Venezianer einfielen, um einige Küstenenklaven zu vereinnahmen, erbauten sie die venezianische Festung Koules in Iraklion, die trutzige Zitadelle in Methoni und die Festung Palamidi aus dem 18. Jahrhundert in Nafplio. Die Festungswälle in Akrokorinth sind unterbrochen von beeindruckenden Toreingängen. Von der Burg in Monemvasia, einem byzantinischen Dorf, das wie ein Vogelnest auf Felsen klebt, haben Besucher einen spektakulären Blick aufs Meer.

OSMANISCHES ERBE

Aus den vier Jahrhunderten türkisch-osmanischer Herrschaft (16. bis 19. Jahrhundert) sind interessanterweise nur wenige Monumente erhalten; die meisten Moscheen mitsamt ihren Minaretten sind traurigerweise eingestürzt oder befinden sich in einem jämmerlichen Zustand. Einige Paradebeispiele des osmanischen Baustils haben jedoch überlebt. Dazu gehört in Rhodos die Süleyman-Moschee mit der rosaroten Kuppel. Hier finden sich auch viele andere Erbstücke aus osmanischer Vergangenheit, ebenso wie auch in dem von einer Stadtmauer umgebenen türkischen Viertel von Ioannina mit seiner wieder aufgebauten Fetiye Cami (Siegesmoschee). In Athen stehen die Fethiye-Moschee und die Türkischen Bäder. Der Architekt der Koursoun-Moschee aus dem 16. Jahrhundert in Trikala hat auch die Blaue Moschee in Istanbul entworfen. Im türkischen Viertel Varousi in Trikala und entlang der Straßen von Thessaloniki und Didymoticho nahe der türkischen Grenze stehen türkische Häuser mit Buntglasfenstern und hölzernen Vorbauten auf Stützstreben, die mit Stuck und bemalten Holzschnitzereien verziert sind.

Die Griechen besinnen sich darauf, die 400 Jahre zurückreichende osmanische Geschichte zu erhalten. Wunderschön saniert ist das Imaret in Kavala mit seinen 18 Kuppeln. Der Gebäudekomplex umfasst eine Moschee, eine Schule und einem *hammam* (türkisches Bad).

KLASSIZISTISCHER GLANZ

Die Akademie der Wissenschaften in Athen aus dem Jahr 1889 gilt bei Experten als das schönste klassizistische Gebäude weltweit. Der Baustil des Gebäudes der Akademie spiegelt die Sehnsucht Griechenlands nach prächtigen, geometrischen Formen, kombiniert mit hellenistischen Details wider, die in der Zeit nach seiner Unabhängigkeit

BEST OF: FUTURISTISCHES ATHEN

Die neuen Räumlichkeiten des **Akropolis-Museums** zeigen archäologische Funde aus ganz Griechenland. Das Gebäude mit einem gläsernen Innenraum, der sogenannten „Cella", entstand nach einem Entwurf von Bernard Tschumi und ist dem Parthenon nachempfunden. Die Anzahl der Säulen (mit Stahl ummantelt) ist identisch. Durch einen Glasboden können die ausgegrabenen Ruinen in situ besichtigt werden.

Stavros Niarchos Foundations Cultural Park (SNFCP) Der mit dem Pritzker-Preis prämierte Architekt Renzo Piano hat einen Entwurf für den SNFCP vorgelegt. Die Pläne sehen neue Veranstaltungsräume für die Griechische Nationalbibliothek, die Staatsoper und die Nationale Ballettschule vor, alles eingebettet in eine natürliche Parklandschaft mit einer *agora* (antiker Marktplatz) und einem Kanal, der den Park an der alten Pferderennbahn in Faliro mit dem Meer verbindet. Der Park soll bis 2015 vollendet sein.

Planetarium Hier handelt es sich um die größte digitale Satellitenkuppel der Hemisphäre, die virtuelle 3D-Rundreisen durch die Galaxie erlaubt.

Olympisches Sportzentrum (OAKA) Bemerkenswert aufgrund des auffälligen, ultramodernen Glas- und Stahldaches nach einem Entwurf des spanischen Architekten Santiago Calavrata. Die Dachkonstruktion hängt an Kabeln, die an großen Bögen befestigt sind.

TOP FIVE: URSPRÜNGLICHE DÖRFER

Pyrgi Das mittelalterliche, labyrinthartige Inseldorf auf Chios mit seinen einzigartigen genuesischen Fassaden aus geometrischen Mustern in Grau-Weiß bestaunen

Zagorochoria Die festungsartigen Herrenhäuser der Zagorochoria mit ihren Schieferdächern, Steinwällen und Innenhöfen näher betrachten

Vathia Das reizvolle, aber halb verfallene Dorf Vathia auf der Mani bestaunen, mit seinem bemerkenswerten, malerischen Steinturmhäusern, versehen mit runden Türmchen als Wachposten

Oia Das von vulkanischem Gestein geprägte Dorf Oia auf Santorin erspähen – mit weiß getünchten (also wirklich weißen!) Häusern in wunderschöner Insellandschaft

Lefkada-Stadt Die attraktiven Holzhäuser von Lefkada-Stadt auf der Insel Lefkada bewundern; die unteren Stockwerke sind mit Holz vertäfelt; die oberen mit bemaltem Metall oder gewelltem Eisen.

aufkam. Der renommierte dänische Architekt Theophil Hansen ließ sich bei der Gestaltung der ionischen Säulen vom Baustil des Erechtheion leiten. Der Eingang ist bewacht von den Statuen des Apollon und der Athene, die herrliche, längliche Halle ist geprägt von Fundamenten aus Marmor. Der österreichische Maler Christian Griepenkerl wurde mit der Verzierung der Decke und den Wandmalereien beauftragt. Ähnliche Inspirationen beeinflussten Theophil Hansen beim Bau der Nationalbibliothek aus Marmor. Der Baustil orientiert sich an dem Vorbild der dorischen Säulen des Tempels von Hephaistos. Die Universität Athen von Christian Hansen (Theophils Bruder) wirkt zwar auch attraktiv, aber mit ihren klaren Linien etwas gesetzter.

Sorgfältig sanierte klassizistische Herrenhäuser beherbergen heute Museen, wie das viel gerühmte Benaki-Museum und das von Ernst Ziller erbaute Numismatische Museum, das herrliche Fresken und Mosaikböden zeigt.

In vielen Provinzstädten stehen Beispiele für den griechischen Klassizismus. Auf Symi reihen sich im Hafen von Gialos farbenfrohe klassizistische Fassaden aneinander – immer noch bemerkenswert, wenn auch ein wenig baufällig; auch Nafplio ist geprägt von klassizistischen Gebäuden, die den Ort verschönern.

MODERNE IDEEN

Heute macht sich Athen mit seiner baulichen Ästhetik ein besonderes Image zu eigen, das eine Brücke zwischen den Zeiten schlägt. Da wird einerseits der urbane Charakter durch schöne Fußgängerzonen verbessert, zugleich aber kommt die umfangreiche Sammlung an Relikten und das architektonische Erbe in revolutionären Gebäuden (s. Kasten „Futuristisches Athen" S. 857) noch besser zur Geltung. Beispiele hierfür sind die Sanierung der Fassaden im historischen Zentrum einschließlich der spektakulären Nachtbeleuchtung der Alten Promenade nach einem Entwurf von Pierre Bideau sowie die hochmodernen neuen Räumlichkeiten in den einst farblosen, heruntergekommenen Gewerbezonen, wie der Kunstkomlex Technopolis, entstanden auf dem Gelände der ehemaligen Gaswerke (Gazi-Fabrik) mitten im Industrieviertel Gazi.

Griechische Küche

Griechisches Essen ist einfach, nahrhaft und aromatisch – deshalb erweist es sich bei der Reise durchs Land als eines der angenehmen Erlebnisse. Im 5. Jahrhundert v. Chr. schrieb Archestratus mit *Gastronomia* eines der ersten griechischen Kochbücher; daraus ging dann auch der Begriff „Gastronomie" hervor. Allerdings dauerte es noch geraume Zeit, bist sich die griechische Küche als eine der gesündesten und schmackhaftesten profilierte. Auch hat sie weit mehr zu bieten als das wohlbekannte souvlaki und Grillspezialitäten.

Das kulinarische Erbe Griechenlands besteht aus einer Verschmelzung von Rezepten aus verschiedenen Regionen und geht zurück auf das Essen in Bergdörfern, die charakteristische Inselküche, die exotischen Geschmacksnoten aus Kleinasien und die Einflüsse der verschiedenen Invasoren und Handelspartner im Verlauf der Geschichte.

Die ursprüngliche griechische Küche spiegelt den Überfluss des Landes wie auch die Vielfalt seiner Topografie wider. Die Zutaten sind immer frisch, saisonabhängig und sonnengetränkt, weil sie aus heimischen Regionen stammen. Da die Griechen immer wieder Zeiten durchlebten, in denen die Versorgung knapp war, sind sie sehr geschickt darin geworden, aus allem Essbaren eine köstliche Mahlzeit zuzubereiten. Ob Meeresfrüchte oder wild wachsende Pflanzen und Kräuter – sie wussten aus allem das Beste zu machen.

Die kulinarischen Traditionen Griechenlands sind Hauskreationen und wurden nicht in Restaurantküchen geformt. All jene, die schon mal das Glück hatten, bei Griechen privat zum Essen eingeladen zu sein, werden sich darüber beklagen, dass die Restaurants dem häuslichen Niveau nicht gerecht werden, ganz zu schweigen von den typischen Touristentavernen. Zwar wurden vor Kurzem Anstrengungen unternommen, eine Art „nouvelle cuisine" in Griechenland einzuführen in Anlehnung an internationale Trends, wie z. B. raffinierte Schaumkreationen – jedoch blieb es meist bei einem netten Versuch.

Allerdings hat inzwischen ein kulinarisches Aufwachen stattgefunden, das Anklang findet – nämlich eine neue Wertschätzung der traditionellen Küche, regionaler Spezialitäten und Erzeugnissen aus kontrollierter Herkunft. Auch der Lebensstil vieler hat sich geändert, und die Griechen kochen heute weniger zu Hause, schüren damit aber ihre Sehnsucht nach vertrauten Geschmacksnoten wie aus *yiayias* (Omas) Kochtopf. Heute stehen in den trendigsten Lokalen klassische Gerichte, die wie hausgemacht schmecken, oder Neuinterpretationen griechischer Gerichte auf der Speisekarte. Im Zuge dessen ist eine neue Generation an kreativen Köchen aus dem In- und Ausland dabei, das kulinarische Erbe noch etwas aufzuwerten, ihm eine moderne Note zu verpassen und damit den Stellenwert des griechischen Essens bewusst neu zu definieren.

Griechischer Kaffee wird in einem *briki* (Kupferkessel mit schmalem Verschluss) gekocht – traditionsgemäß in einem türkischen *hovoli* – und in einer kleinen Tasse serviert. Der Kaffee sollte langsam geschlürft werden, bis man zum schlammartigen Kaffeesatz gelangt (nicht ganz austrinken!). Am besten schmeckt der Kaffee *metrios* (Medium, mit einem Zuckerwürfel).

TYPISCH GRIECHISCH

Im Wesentlichen besteht die traditionelle griechische Küche aus frischen, saisonalen Erzeugnissen aus heimischen Landen. Die Zubreitung basiert in der Regel auf einfachen, unkomplizierten Rezepten, bei denen der ganze Reichtum mediterraner Aromen voll zur Geltung kommt.

Vefa's Kitchen ist mit seinen 750 Seiten die Bibel der griechischen Küche. Die TV-Köchin Vefa Alexiadou hat für dieses außerordentliche Kochbuch 650 Rezepte zusammengestellt, darunter einige von international geschätzten griechischen Köchen.

Griechische Gerichte sind einfach gewürzt, und zwar meist mit Zitronensaft, Knoblauch, kräftigem griechischen Oregano und einem kaltgepressten Olivenöl, zusammen mit Tomaten, Petersilie, Dill und Gewürzen, wie Zimt, Nelkenpfeffer und Gewürznelken.

Olivenöl ist Griechenlands Lebenselixier schlechthin. Es wird großzügig zum Kochen und für Salate verwendet, denn dadurch entfalten Gemüse und Hülsenfrüchte erst ihr volles Aroma und erweisen sich als Schlüsselelemente der gesunden mediterranen Kost. Natives Olivenöl wird in familiengeführten Plantagen quer durchs Land für den Handel hergestellt, die meisten Tavernen verwenden ihr eigenes Öl.

Der Verzehr von Fleisch war früher einmal besonderen Gelegenheiten vorbehalten, ist aber inzwischen ein wesentlicher Bestandteil moderner Esskultur. Oft ist Höhepunkt eines Essens im Restaurant im Rahmen von Feierlichkeiten Fleisch vom Drehspieß oder ein gegrilltes Tier im Ganzen. Dabei überwiegen Lamm- und Schweinefleisch, manchmal auch Zicklein, jeweils aus der Region; Rindfleisch hingegen wird meist importiert.

Traditionelle Tavernen bieten normalerweise eine Auswahl an Appetithäppchen, Portionen auf Wunsch – griechisch *tis oras* – wie etwa gegrilltes Fleisch oder Meeresfrüchte und Gerichte namens *mayirefta* (Aufläufe oder Eintöpfe), die dem entsprechen, wie zu Hause bei Griechen gekocht wird.

Suppen wie *fasolada* (Bohnensuppe), *fakes* (Linsensuppe) oder Hühnchensuppe mit Reis und *avgolemono* (Ei und Zitrone) sind herzhafte Gerichte, die man eher selten im Restaurant bekommt.

Brot gehört zu jeder Mahlzeit einfach dazu. Deshalb werden auch jeden Tag frische, knusprige Brotlaibe gekauft, meist das weiße

MEZEDHES & VORSPEISEN

Zu einem geselligen Essen unter Griechen gehört eine vielseitige Platte mit *mezedhes* (Appetithäppchen). Neben den klassischen Dips, wie *tzatziki* (Joghurt, Gurke und Knoblauch), *melitzanosalata* (Aubergine), rosarotem oder weißem *taramasalata* (Fischrogen), sollte man auch *fava*, ein sahniges Erbsenpüree aus Santorin probieren. Es wird mit Zitronensaft und fein geschnittenen roten Zwiebeln serviert. Seinen Namen verdankt es der Pfanne, in der es zubereitet wird; *saganaki* ist gebratener Hartkäse im Stück, allerdings begegnet man auch Muschel- und Garnelen-Saganaki in Tomatensaue mit Käse.

Zu den beliebten *mezedhes* mit Fleisch oder Wurstwaren zählen *bekri mezes* (scharfe Fleischstückchen, in Tomaten und Rotwein gekocht), *keftedhes* (Fleischbällchen), *loukaniko* (Schweinewürstchen), Dorfwürstchen und *spetsofai*, ein Paprikaeintopf mit scharfem Würstchen. Zu den Vorspeisen mit Meeresfrüchten zählen knusprig gebratene oder gegrillte Kalamari, Heringe (im ganzen Stück frittiert), marinierte oder gegrillte *gavros* (weiße Sardellen), Oktopus und *lakerda* (gepökelter Fisch). Zu den vegetarischen Leckerbissen, die man probieren sollte, gehören *dolmadhes* (Weinblätter, gefüllt mit Reis), *yigantes* (große Limabohnen in Tomaten- und Kräutersauce), *kolokythokeftedhes* (frittierte Zucchinischnipsel) und kykladische Spezialitäten wie *revythokeftedhes* (frittierte Kichererbsen) und *domatokeftedhes* (frittierte Tomaten).

Krustenbrot, das es in jedem Dorfladen gibt. Geschnittenes Brot bzw. abgepackte Brotscheiben sind nur im Supermarkt erhältlich und werden zum Toasten verwendet.

Mayirefta

Mayirefta ist ein Sammelbegriff für eine ganze Vielfalt an deftiger Hausmannskost, wie Eintöpfe, Aufläufe oder Gerichte aus der Schmorpfanne. Einige *mayirefta,* meist Gerichte mit gegrilltem Gemüse, heißen auch *ladhera* (aus dem Backofen oder als Eintopf), oder „ölige" Gerichte, da sehr freizügig mit Olivenöl umgegangen wird. *Mayirefta* werden gewöhnlich früh zubereitet und kaltgestellt, damit das Aroma durchzieht (lauwarm schmecken sie am besten). Die am häufigsten angebotenen *mayirefta* sind die *mousaka* (Auberginen oder Zucchini-Schichten mit Hackfleisch und Kartoffeln, alles mit Käsesauce überbacken) und Sommerhits wie *yemista* (Tomaten und Saisongemüse mit Reis und Kräutern gefüllt).

Nudeln sind in vielen Gerichten ein wichtiger Bestandteil, angefangen bei *pastitsio* (deftiger Spaghetti-Fleisch-Auflauf) bis zum herzhaften *youvetsi,* geschmortes Lamm- oder Rindfleisch in Tomatensauce mit *kritharaki* (Orzo oder reisförmige Pasta).

Zu den gängigen Fleischgerichten gehören schmackhafte Eintöpfe mit Tomaten (*kokkinista*), gebratenes Lamm oder *lemonato* (Hühnchen mit Zitrone und Oregano) mit Ofenkartoffeln, *stifadho* (Kaninchen- oder Rindfleischentopf mit Tomate und Zwiebeln), *soutzoukakia* (würzige Fleischbällchen in Tomatensauce) und *fricassee,* ein Schweins- oder Lammgeschmortes mit Sellerie, Kopfsalat und *avgolemono* (Ei und Zitrone).

FETA

Feta, der griechische Nationalkäse, wird schon seit rund 6000 Jahren aus Schafs- oder Ziegenmilch produziert. Nur in Griechenland hergestellter Feta darf sich auch so nennen. Diese EU-Richtlinie gilt, ähnlich wie bei echtem Parma-Schinken und Champagner.

Vom Holzkohlegrill

Griechen sind Meister im Grillen von Fleisch, sei es am Holzkohlegrill oder am Drehspieß. Das Fleischaroma durchwabert die Luft in jeder *psistaria* (Taverne mit Drehspieß oder Holzofengrill) im Herzen eines Stadtviertels bzw. an allen Restaurantzeilen.

Souvlaki – zweifelsohne das Nationalgericht – wird in verschiedenen Formen zubereitet – in kleinen Würfeln am Fleischspieß bis hin zum Pita-Brot, gefüllt mit *gyros* aus Schweine- oder Hühnchenfleisch (ähnlich wie ein türkischer Kebab am Drehspieß gegrillt).

In Tavernen werden leckere *aidakia* (Lammkoteletts) und *brizoles* (Schweinefleischkoteletts) gewöhnlich per Kilo bestellt.

Anderswo findet man vielleicht auch die Delikatesse *kokoretsi,* würzige Fleisch vom Drehspieß (mit Innereien von Lamm oder Ziege), in Gedärme eingewickelt.

Fisch & Meeresfrüchte

Bei so vielen Küstenkilometern und Menschen, die auf Inseln leben, überrascht es nicht, dass Fisch und Meeresfrüchte ein wesentlicher Bestandteil griechischer Kochkunst sind. Da Fische aus dem Mittelmeer und aus der Ägäis bereits recht viel Eigengeschmack mitbringen, können sie mit einem minimalen Aufwand zubereitet werden – am besten schmecken sie im Ganzen gegrillt und beträufelt mit *ladholemono* (Zitronenöldressing). Kleinere Fische wie etwa *barbounia* (Rotbarbe) und *maridha* (Heringe) werden nur leicht angebraten.

Leider gibt es heute nicht mehr gerade viel frischen Fisch direkt aus dem Meer und wenn ja, dann nicht günstig, denn das Mittelmeer ist überfischt, und im Sommer ist die Nachfrage groß. Kleinere Fische, wie Sardinen, Heringe oder Sardellen, sind nach wie vor preiswert. Die beste Möglichkeit, auf den Inseln importierten Fisch zu umgehen, ist die Einkehr in familiengeführte Tavernen.

INSELAROMEN

Jede griechische Inselgruppe – und manchmal auch jede Insel – hat ihre eigenen Spezialitäten.

Auf dem fruchtbaren Boden der Insel Kreta gedeiht der größte Reichtum an Zutaten, folglich hebt sich die Regionalküche deutlich von dem ab, was andere Inseln zu bieten haben. Hier findet man dornige wilde Artischocken und Gerichte mit vielen Kräutern wie *soupies* (Sepia) mit wildem Fenchel, Grünzeug mit Kaninchenfleisch oder *anthoi* (gefüllte Zucchiniblüten). Eine Delikatesse auf Kreta ist *hohlii bourbouristoi* (Schnecken mit Essig und Rosmarin). Lamm oder Ziege werden *tsigariasto* (gedünstet) oder *ofto* (am Holzkohlengrill) oder mit *stamnagathi* (wilden Bergkräutern) oder Artischocken geschmort. *Boureki* (Kartoffelauflauf mit Käse und Zucchini) ist eine Spezialität aus Chania, während *kalitsounia* die köstliche Regionalvariante von *pita* ist (gefüllt mit *myzithra*, Schafsmilchkäse oder wildem Grünzeug). Zu Feierlichkeiten gehört unweigerlich der Drehspieß und gegartes Lammfleisch; die Bouillon wird für die Zubereitung von *pilafi* verwendet, bekannt als *gamopilafo* (Hochzeitsreis).

Der venezianische Einfluss spiegelt sich im Essen der Ionischen Inseln wider, wie z. B. im würzig geschmorten Rindfleisch oder dem Gockel namens *pastitsada*, serviert mit Nudeln und in roter Sauce, und im *sofrito* (geschmortem Kalbfleisch mit Knoblauch und Weinsauce). Gegrillte *pancetta* (Spareribs vom Schwein) ist auf Zakynthos beliebt.

Die Inselbewohner der trockenen Kykladen verließen sich schon immer auf Bohnen und Hülsenfrüchte als Versorgungsgrundlage für den Winter. Santorin ist bekannt für sein *fava* (Erbsenpüree, teils mit Zitronensaft, teils mit fein geschnittenen roten Zwiebeln) sowie Frittiertem aus einzigartigen wasserlosen Tomaten und wilden Kapern. Sifnos' Vorzeigegericht ist *revythadha* (Kichererbseneintopf). Er wird über Nacht in einem speziellen Tontopf bei schwacher Hitze gegart. Spaghetti mit Hummer ist eine andere Spezialität der Kykladen, während auf Mykonos eine Wurst nach einfachem Rezept hergestellt wird sowie *kopanisti* (würzig-sahniger Käse).

Zum Trocknen aufgehängter Oktopus vor den Tavernen ist eines der typischen Bilder, die Griechenland charakterisieren. Gegrillt oder mariniert ist er ein tolles *mezes* (Appetitmacher) – oder auch in Wein gegart mit Makkaroni.

Weitere beliebte Gerichte mit Meeresfrüchten sind *soupies* (Sepia), Kalamari oder Tintenfisch gefüllt mit Käse und Kräutern oder Reis, und, speziell im Winter, gesalzene Kabeljaufilets aus der Bratpfanne mit *skoderdalia* (ein unwiderstehlicher Knoblauch- und Kartoffeldip). Inseltavernen bieten oft *psarosoupa* (Fischsuppe) mit Gemüse oder einem köstlichen *kakavia* (ähnlich einer Bouillabaisse mit jeder Menge Fischstücken und Meeresfrüchten, je nach Bestellung) an. Eine weitere heimische Delikatesse ist *avgotaraho*, ein ausgezeichneter Fischrogen (normalerweise sind es die Laicheier der Graubarbe) aus der Stadt Messolongi an der Westküste, der in Bienenwachs haltbar gemacht wird.

Griechischer Salat

Der allgegenwärtige griechische Salat (*horiatiki* oder „Dorfsalat") ist *der* Sommersalat par excellence. Er besteht aus frischen Tomaten, Gurken, Zwiebeln, Feta und Oliven (manchmal wird er zusätzlich noch mit Portulak, Paprika oder Kapern garniert). Kopfsalat und Weißkohl werden zu den anderen Jahreszeiten serviert, Rote-Bete-Salat ist ebenfalls beliebt und wird gelegentlich mit Feta und Walnüssen verziert. *Horta* (wildes oder angebautes Grünzeug) schmecken, mit Olivenöl und Zitrone beträufelt, besonders gut zu Fisch, ob warm oder kalt.

GRIECHISCHER WEIN

Während der Weingott Dionysos schon vor dem Bronzezeitalter in den Weinbergen Griechenlands gewandelt sein soll, ist die griechische Weinindustrie noch relativ jung. Doch dank einer neuen Generation international ausgebildeter Winzer erleben jahrhundertealte endemische Reben ihre Renaissance, da diese von einzigartigen Aromen geprägt sind. Zu den Weißweinen gehören *moschofilero, assyrtiko, athiri, roditis, robola* und *savatiano*. Zu den Rotweinen zählen *xynomavro, agiorgitiko* und *kotsifali*. Ein Rosé namens *agiorgitiko* ist der perfekte Sommerwein.

Griechische Weine werden in relativ kleinen Mengen hergestellt, d.h. für das Luxussegment mit entsprechend hohen Preisen. Die Qualität der Tafelweine kann immens schwanken (mit Weißwein ist man oft auf der sicheren Seite); sie werden literweise oder pro Karaffe bestellt. In wenigen Restaurants gibt es offene Weine.

Zu den Dessertweinen gehören ausgezeichnete Muskatweine von den ägäischen Inseln Samos, Lemnos und Rhodos, Santorinis Süßwein Vinsanto, Wein aus Mavrodafne (oft zum Kochen verwendet) und der liebliche Malmsey aus Monemvasia.

Inzwischen ist Retsina für Ausländer wie ein Stück Folklore. Der Wein passt hervorragend zu stark gewürztem Essen (insbesondere Fisch und Meeresfrüchten), und es gibt auch immer noch den feinen, hausgemachten Retsina. Auf den Weingütern werden heute auch leichtere Harzweine bzw. sogenannte New-Age-Harzweine gekeltert.

REGIONALE SPEZIALITÄTEN

Die jeweilige lokale Küche steht auf jeden Fall unter dem Einfluss regionaler Erzeugnisse, angefangen beim ölhaltigen Essen auf dem Peloponnes bis hin zur roten Paprika in Florina, den Riesenbohnen von Prespa im Norden und dem gesammelten wilden Gemüse sowie den Kräutern, die auf den kargen Kykladen wachsen.

In einigen Gegenden stößt man auf Gerichte, von denen in anderen Gegenden noch nie jemand etwas gehört hat wie etwa *kavourma*, der geräucherte Wasserbüffel, der rund um Serres verarbeitet wird, oder Pita-Brote mit Nesseln im Norden des Landes.

Die Küche im nördlichen Griechenland steht unter dem Einfluss orientalischer Aromen, die von Flüchtlingen aus Kleinasien mitgebracht wurden; sie verwendet weniger Olivenöl, aber mehr Paprika und Gewürze. Thessaloniki mit seiner *mezes*-Kultur (Vorspeisen) hatte lange Zeit die Oberhand in Athens Gastronomie, während die Küstenstädte im Norden, wie Volos, bekannt sind für ihre *mezedhes* aus Meeresfrüchten. Dazu gehörten z.B. frittierte Miesmuscheln oder Miesmuschelpilau. Zu den Spezialitäten aus Ioannina gehören Langusten, Froschschenkel und *kokoderetsi* (scharfe, am Spieß gebratene Lammfleischreste, eingewickelt in Gedärme, mit Oregano und Zitronensaft).

Die Halbinsel Peloponnes ist für einfachere Eintöpfe bekannt, die reich an Kräutern sind. Da der Peloponnes und Kreta das meiste Olivenöl produzieren, überrascht es nicht, dass dort auch die größte Vielfalt an *ladhera* (Gemüseaufläufe oder -eintöpfe mit jeder Menge Olivenöl) auf den Tisch kommt.

Überlebenswichtig war schon immer das Haltbarmachen von Lebensmitteln im Winter, besonders auf den isolierten Inseln, wo sonnengetrockneter und gepökelter Fisch eine Spezialität ist.

Zu den ausgezeichneten gepökelten Fleischspezialitäten gehören das essigsaure *apaki* auf Kreta (Schweinefleisch), in Olivenöl eingelegtes *pasto* (die Mani) und Spezialitäten wie geräuchteres *louza* vom Schwein (auf Tinos und Mykonos) und *siglino* (Kreta und Halbinsel Peloponnes).

Knuspriges *paximadhia*, ein Art Zwieback aus Hafer, Roggen oder Weizen, ist mehrere Jahre haltbar. Zum Verzehr wird er in Wasser geweicht. Als Belag schmeckt Tomate und Olivenöl (bzw. auch Fetakäse oder *myzithra*-Käse, wie es ihn in den *dakos* auf Kreta gibt).

Überall in Griechenland werden je nach Region ganz unterschiedliche Käsesorten hergestellt, meist unter Verwendung von Ziegen- und Schafsmilch. Dabei gibt es unendlich viele Geschmacksrichtungen. Zu den regionalen Käsesorten gehören neben dem Feta auch noch *graviera,* ein nussiger, milder Gruyère-ähnlicher Schafsmilchkäse (der beste wird auf Kreta, Naxos und Tinos hergestellt), *kaseri,* der so ähnlich schmeckt wie Provolone, die Ricotta-ähnliche Käsemolke *myzithra* (auch für Nudeln getrocknet und gehärtet) und der sahnige *manouri* aus dem Norden. *Saganaki* wird aus harten, pikanten Käsesorten, wie *kefalotyri* oder *kefalograviera,* hergestellt.

Jede Region hat auch ihre eigenen *pita*-Varianten (Brotfladen); Teig und Füllungen können ganz unterschiedlich sein; allerdings sind Füllungen aus Käse oder Spinat die häufigsten Versionen.

SÜSSSPEISEN

Ideal für ein gesundes Frühstück ist Griechenlands außergewöhnlicher, dickflüssiger Joghurt mit beißend scharfem Geschmack. Gewöhnlich wird er aus Schafsmilch hergestellt. Er ist vitaminreich und aromatisch; dazu schmecken duftender Thymianhonig, Walnüsse und Obst.

Griechen servieren nach einer Mahlzeit traditionsgemäß eher Obst statt Süßigkeiten, allerdings mangelt es nicht an köstlichen Süßspeisen und Kuchen – davon zeugen auch die allerorts verbreiteten *zaharoplasteia* (eine Kreuzung zwischen Patisserie und Café).

Zum traditionellen Süßgebäck zählen *baklava*, *loukoumadhes* (Krapfenbällchen mit Honig und Zimt), *kataïfi* (gehackte Nüsse in zartem Blätterteigmantel), *rizogalo* (Reispudding) und *galaktoboureko* (Gebäck, gefüllt mit Vanillecreme). In Sirup eingelegten Früchte *ghlika kutalyu* (Obst zum Löffeln), serviert auf winzigen Tellern als Willkommensgruß; das Mus schmeckt aber auch zu Joghurt oder Eis.

Unbedingt probieren sollte man aber auch regionale Süßigkeiten wie *amygdhalota* (Süßigkeiten mit Mandeln) auf Andros und Mykonos oder das berühmte „Griechische Wonne" (auch „Türkische Wonne" genannt) *mastiha* – mit Wilder Pistazie aromatisiertes *ypovryhio* oder das „Unterwasser"-Konfekt von Chias, serviert auf einem Löffel, der in ein Glas Wasser getaucht ist; auch den eisgekühlten Likör nicht versäumen. Den beliebten *bougatsa* (cremiger Grieß-Vanillepudding im Teigmantel, gebacken und mit Zuckerguss überzogen) aus Thessaloniki gibt es überall in Griechenland.

FESTESSEN

In Griechenland bringen religiöse Rituale und Kulturfestivals unweigerlich opulente Feierlichkeiten mit sich – und oft auch ihre eigenen Spezialitäten.

Die 40-tägige Fastenzeit hat eine Unmenge an *nistisima* hervorgebracht – besondere Gerichte ohne Fleisch oder Milchprodukte (und streng genommen auch ohne Öl, genauso wie es in der Bibel steht). Die während des Fastens erlaubten Süßigkeiten sind *halva,* teils nach makedonischem Rezept aus *tahini* (in Feinkostläden erhältlich), teils als Grießbreigugelhupf – ein Dessert, das oft nach einer Mahlzeit in Tavernen serviert wird.

Rot gefärbte, hart gekochte Ostereier dienen zum Verzieren von *tsoureki* (ein Brioche-ähnliches Brot mit Zuckerguss) mit mahlepi (Steinweichsel) und Wilder Pistazie. Nach der Wiederauferstehungsmesse am Samstagabend wird ein Abendessen mit *mayiritsa* (Suppe aus Fleischresten) serviert, während am Ostersonntag überall im ganzen Land ganze Lämmer am Spieß gebraten werden.

Am Silvesterabend wird zu Mitternacht ein Kuchen mit goldener Glasur namens vasilopita (mit einer Münze drin) angeschnitten. Wer die Glücksmünze erwischt, den erwartet ein erfolgreiches neues Jahr.

VEGETARIERFREUNDLICH

Vegetarier sind in Griechenland eher ein Kuriosum, jedoch ist für sie gut gesorgt, denn die griechische Küche ist stark geprägt von Gemüse – eine Erbe wohl aus mageren Zeiten und Ausdruck orthodoxer Fastenrituale mit langer Tradition.

Unbedingt probieren sollte man Gemüsegerichte wie *fasolakia yiahni* (grüner Bohneneintopf), *bamies* (gefüllte Okraschoten), *briam* (überbackener Gemüseauflauf) und *dolmadhes* (Weinblätter). Das süßeste aller Urgetreide ist *vlita* (Amaranth), aber auch andere häufige vorkommende Pflanzenarten, wie wilder Rettich, Löwenzahn, Brennnesseln und Sauerampfer, werden zubereitet.

Die größte Sammlung an griechischen Rezepten findet man auf www.greek-recipe.com oder www.gourmed.com, außerdem lohnt sich ein Klick auf Diane Kochilas Kochsendungen, von denen TV-Ausschnitte auf YouTube abrufbar sind.

FÜR KLEINE ESSER

Die Griechen sind sehr kinderfreundlich, und deswegen sind die Tavernen auch sehr familienorientiert. Dort scheint es niemanden zu stören, wenn Kinder zwischen den Tischen herumtollen. In touristischen Gegenden gibt es auch eine Kinderspeisekarte, doch essen die Kinder meist das Gleiche wie ihre Eltern. Die meisten Tavernen variieren die Speisekarte kindgerecht. Weitere Informationen zu Reisen mit Kindern siehe S. 60.

Musik & Tanz

Die meisten Menschen denken bei griechischer Musik und griechischem Tanz an temperamentvolles Beineschwingen auf einer Tanzfläche zum Klang einer *bouzouki* (Musikinstrument aus der Familie der Lauteninstrumente), wie man es bei Hochzeiten, in Touristenhotels und griechischen Tavernen in aller Welt zu sehen bekommt.

Seit den 1960er-Jahren ist der Klang der *bouzouki* gleichbedeutend mit Griechenland. Damals wurde das Instrument einem internationalen Publikum durch Manos Hadzidakis' Filmmusik zu *Sonntags nie* bekannt, unsterblich wurde es mit Mikis Theodorakis' Soundtrack zu *Alexis Sorbas*.

Auf antiken griechischen Vasen wurden häufig Kreistänzer dargestellt, die einen ähnlichen Tanz wie den syrtos tanzten, der auch heute noch aktuell ist.

Griechenlands bedeutende und beständige Musiktradition reicht in die Antike zurück und umfasst verschiedene musikalische Einflüsse und Stilrichtungen. Die Musik ist ein fester Bestandteil der griechischen Kultur, Identität und Ausdrucksform, die sich ständig weiterentwickelt.

Auch heute noch sind die verschiedenen griechischen Musikrichtungen zu hören. Die meisten führenden Interpreten haben sich irgendwann in ihrer Karriere mit der *laiko*-Musik (städtische Volksmusik) und mit *rembetika* (Blues oder regionale Musikrichtung) befasst. Griechenlands Musikszene spuckt aber auch ihren Anteil an seichter Popmusik, Clubmusik und sogar Jazz, Rock und Rap aus, allerdings alles im griechischen Stil.

Traditionelle Volksmusik

Der unvergessliche Track aus dem Jahr 1994 zum Vorspann des Films *Pulp Fiction* basiert auf einer Version von „Misirlou" aus den 1960er-Jahren durch den legendären König der Surfgitarre Dck Dale. Das Stück war ursprünglich um 1930 von einer griechischen *rembetika*-Band aufgenommen worden.

Jede griechische Region hat ihren eigenen Musikstil, der in örtlichen Traditionen und der Geschichte verwurzelt ist. Die regionale Volksmusik wird in der Regel unterteilt in *nisiotika* (die leichtere und fröhlichere Musik auf den Inseln) und die eher bodenständige *dimotika* (regionale Volksmusik) auf dem Festland. Hierbei spielt das *klarino* (die Klarinette) eine wichtige Rolle. Die Texte erzählen von schweren Zeiten, vom Krieg und vom Landleben. Die Musik Kretas – in der Szene der Weltmusik eine eigenständige Gattung – ist eine besonders dynamische Form der traditionellen Musik, die vor Ort gepflegt wird mit regelmäßigen Konzerten und neuen Aufnahmen.

Als die Unabhängigkeit erreicht war, hatte das griechische Bürgertum für die traditionelle Volksmusik nicht mehr viel übrig. Man schaute eher auf Europa mit seiner klassischen Musik und den Opern, als die östlichen oder „bäuerlichen" Wurzeln zu pflegen. Während die städtische Volksmusik überall in Griechenland zu hören ist, ist die traditionelle Volksmusik überwiegend noch in ländlichen Gegenden, vor allem bei Festlichkeiten beliebt.

Rembetika

Rembetika wird häufig als der griechische Blues bezeichnet. Er ist eine der beständigsten griechischen Musikformen, die internationale

GRIECHISCHE MUSIK

Griechenlands Musiktradition reicht mindestens bis in die Zeit um 2000 v. Chr. zurück. Aus dieser Zeit fand man kykladische Statuetten, die Musikinstrumente halten, die Harfen und Flöten ähneln. In der Antike war die Musik ein fester Bestandteil des Alltags und des Theaters. Das Marmorrelief aus Mantineia aus dem 4. Jahrhundert v. Chr. (zu sehen im Archäologischen Nationalmuseum in Athen) zeigt eine Muse, die auf einem Fels sitzend ein dreisaitiges *(trichordo)* Instrument spielt. Dieses der *bouzouki* ähnelnde *pandouris* war das erste bekannte mit Bünden versehene Instrument und Vorläufer vieler Streichinstrumente.

Weitere antike Musikinstrumente waren Lyra, *piktis* (Pfeifen), *kroupeza* (Schlaginstrument), *kithara* (gitarrenähnliches Saiteninstrument), *aulos* (Blasinstrument), *barbitos* (ähnlich dem Cello) und *magadio* (ähnlich einer Harfe).

Die (paarweise gestimmte) sechs- oder achtsaitige *bouzouki*, das Langhals-Lauteninstrument, das aus der zeitgenössischen griechischen Musik heute nicht mehr wegzudenken ist, ist ein relativer Newcomer in der Szene. Im 20. Jahrhundert wurde es von Immigranten aus Kleinasien wieder nach Griechenland gebracht und entwickelte sich zum zentralen Instrument des *rembetika* (Blues, später auch in der städtischen Volksmusik *laiko*), zusammen mit seiner Miniaturausgabe *baglama* und der Mittelgröße zwischen beiden, der *tzoura*.

In der zeitgenössischen und traditionellen Musik Griechenlands hört man auch die gezupften Saiten des bauchigen *outi* (Oud), den scharfen Klang der kretischen *Lyra*, die kurzen Schläge der *toumberleki* (Trommel) sowie *mandolino* (Mandoline) und *gaida* (Sackpfeife). Sie haben gemeinsame Merkmale mit den Instrumenten, die im gesamten Mittleren Osten verbreitet sind, wie den beiden flachen, dem Hackbrett ähnelnden Instrumenten *santouri* und *kanonaki*.

Anerkennung findet. Seine Underground-Wurzeln bestimmen die Texte, die von Herzschmerz, Elend, Drogen, Verbrechen und den düsteren Seiten des Stadtlebens handeln.

Markos Vamvakaris, der als bester *rembetis* (*Rembetika*-Musiker) gilt, wurde Anfang der 1930er-Jahre mit der ersten *bouzouki*-Gruppe bekannt, die den Sound der griechischen Volksmusik revolutionierte.

Unter der Militärjunta machten die antiautoritären Themen des *rembetika* die Musik unter politisch Verbannten und linken Aktivisten populär.

Ende der 1970er- und Anfang der 1980er-Jahre lebte das Interesse für den echten *rembetika* wieder auf – vor allem unter Studenten und Intellektuellen. Die Musik ist auch heute noch populär.

Rembetika-Ensembles spielen in einer Reihe sitzend und ohne Verstärker. Typisches Merkmal sind improvisierte Einleitungen, so genannte *taxims*.

Die kleine *baglama*, eine Art Mini-*bouzouki*, war das Instrument der Wahl für verfolgte *rembetes* und Häftlinge, da man es leicht tragen oder unter der Kleidung vorborgen konnte. Zudem ließ es sich aus Material zusammenbauen, das man in die Gefängniszelle geschmuggelt hatte. In der Regel begleitet es die *bouzouki* und klingt eine Oktave höher.

Laiko & Entechno

Laiko (populäre oder städtische Volksmusik) ist die beliebteste Musikgattung in Griechenland. *Laiko* tauchte Ende der 1950er-, Anfang der 1960er-Jahre als populärer Ableger des *rembetiko* auf, als die Clubs in Athen größer und glamouröser wurden und die Musik kommerzieller. Die inzwischen elektrische *bouzouki* war bei dieser Musik vorherrschend, die sentimentalen Melodien über Liebe, Verlust, Schmerz und Emigration verkörperten Kultur und Geisteshaltung der Nation. Der verstorbene Stelios Kazantzidis und Grigoris Bithikotsis waren die großen Sänger dieser Zeit.

Damals tauchte eine weitere Stilrichtung der Unterhaltungsmusik auf, bekannt als *entechno mousika* oder „künstlerische“ Musik. Begründet wurde sie von den hervorragenden, klassisch ausgebildeten

Komponisten Mikis Theodorakis und Manos Hatzidakis, die sich der *rembetika* und Instrumenten wie der *bouzouki* bedienten, aber in eher symphonischen Arrangements. Indem sie Texte von Seferis, Elytis, Ritsos und Kavadias zu populären Hits vertonten, brachten sie der breiten Masse die Poesie näher.

Rembetika: Musik einer griechischen Subkultur: Lieder von Liebe, Leid und Haschisch von Gail Holst-Warhaft, liefert eine sehr gute Darstellung dieser Musikform. Dies gilt auch für Elias Petropoulos' Buch *Rebetiko: Die Musik der griechischen Subkultur.*

Der Komponist Yiannis Markopoulos setzte diese neue Richtung fort, indem er ländliche Volksmusik und traditionelle Instrumente wie Lyra, *santouri,* Violine und *kanonaki* in die Popmusik einbaute und Volksmusiksänger wie den legendären Nikos Xylouris aus Kreta groß herausbrachte.

Während der Militärjunta wurde die Musik von Theodorakis und Markopoulos eine politische Ausdrucksform (die Musik von Theodorakis wurde verboten, er selbst kam ins Gefängnis).

Moderne & Popmusik

Die moderne griechische Popmusik verbindet Elemente des traditionellen *laiko* mit westlichen Einflüssen. Die moderne Musik, die heute aus Griechenland kommt, enthält auch lokale Elemente im Folk Rock, Heavy Metal, Rap und der elektronischen Dancefloor-Musik.

Vergleichsweise wenige griechische Interpreten sind internationale Stars geworden, es gibt jedoch eine bedeutende lokale Musikindustrie – am bekanntesten sind noch immer die Ikone der 1970er-Jahre Nana Mouskouri und der Kaftan tragende Demis Roussos.

Zu den großen Namen gehört der Veteran George Dalaras, der das gesamte Spektrum griechischer Musik abgedeckt hat und mit Künstlern aus Lateinamerika und vom Balkan ebenso zusammengearbeitet hat wie mit Sting. Der Musiker Dionysis Savopoulos ist hingegen als der griechische Bob Dylan bekannt. Zu den herausragenden Interpretinnen gehören Haris Alexiou, Glykeria, Dimitra Galani und Eleftheria Arvanitaki.

Herausragende Interpreten der neuen Generation sind der auf Zypern geborene, moderne Troubadour Alkinoos Ioannides (sein Markenzeichen sind Rock-Songs und Balladen, die von der Volksmusik beeinflusst wurden) und die Sänger und Songwriter Thanasis Papakonstantinou, Dimitris Zervoudakis und Miltiadis Pashalidis.

In der Weltmusik-Szene haben sich die gefeierte Sängerin Savina Yannatou zusammen mit Kristi Stasinopoulou und Mode Plagal im Ethno-Jazzrock einen Namen gemacht. Weitere bemerkenswerte Musiker haben sich in der von Kreta inspirierten Band Hainides zusammengefunden.

Griechenlands Antwort auf Madonna heißt Anna Vissi. Die Jugend entschied sich für das Pop-Idol Michalis Hatziygannis und die griechisch-schwedische Sängerin Elena Paparizou, die im Jahr 2005 erstmals für einen Sieg Griechenlands im Eurovision Song Contest sorgte. Zu den herausragenden modernen *laiko*-Interpreten gehören Yiannis Ploutarhos, Antonis Remos und Thanos Petrelis.

Griechischer Tanz

Seit Beginn des Hellenismus gehört der Tanz zum gesellschaftlichen Leben Griechenlands. Einige Volkstänze gehen noch auf rituelle Tempeltänze des antiken Griechenlands zurück. Der *syrtos* ist auf antiken griechischen Vasen abgebildet, und auch Homer erwähnt in seinen Werken einige Tänze. Viele griechische Tänze sind Kreistänze. In der Antike bildeten die Tänzer einen Kreis, um schlechte Einflüsse abzuhalten, oder sie tanzten um einen Altar, einen Baum, eine Figur oder einen Gegenstand. Tanzen gehörte sogar zur Ausbildung der Krieger. In Zeiten der Fremdherrschaft war der Tanz ein Ausdruck des Widerstands und eine Möglichkeit, fit zu bleiben.

Häufig spiegelt der Tanzstil das Klima der jeweiligen Region oder die Stimmung der Tänzer wider, Tanzen ist ein Mittel, Leid und Freude auszudrücken.

Der würdevolle *tsamikos* in Epiros wird langsam und gemessen getanzt, damit drückt er die Kälte und das häufig abgeschiedene Leben in den Bergen aus. Im Gegensatz dazu sind die Tänze der Pontos-Griechen kraftvolle, kriegerische Tänze wie der *kotsari,* indem sich die jahrelangen Auseinandersetzungen mit den türkischen Nachbarn widerspiegeln. Auf Kreta gibt es den anmutigen langsamen *syrtos,* den schnellen triumphalen *maleviziotiko* und den dynamischen *pentozali* mit hohen Tritten in die Luft und Sprüngen, bei denen die Tänzer ihre Beweglichkeit testen können.

Auf den heiter-beschwingten Inseln entstanden leichte Sprungtänze wie der *ballos* und der *syrtos,* während der anmutige und sehr bekannte *kalamatianos* (ursprünglich aus Kalamata) die stolze Tradition des Peloponnes zeigt. Der sogenannte „Sorbas-Tanz" (unsterblich geworden durch Alexis Sorbas) oder *syrtaki* ist ein Kunsttanz für zwei

DER GRIECHISCHE BLUES

Zwei Stilrichtungen charakterisieren die heute allgemein als *rembetika* bekannte Musik. Die erste tauchte Mitte bis Ende des 19. Jahrhunderts in den blühenden Hafenstädten Smyrna und Konstantinopel mit ihrem hohen griechischen Bevölkerungsanteil und in Thessaloniki, Volos, Syros und Athen auf. Sie war als *smyrneika* oder Café-Aman-Musik bekannt. Die Singstimme hatte hierbei einen wichtigen Part mit eindringlichen *amanedhes* (Gesangsimprovisationen); gelegentlich wurden türkische Texte verwendet, der Gesamteindruck war eher orientalisch. Vorherrschende Instrumente waren Violine, *outi* (Oud), Gitarre, Mandoline, *kanonaki* und *santouri* (beides dem Hackbrett ähnelnde Instrumente).

Der zweite Stil entwickelte sich in Piräus, dort war *rembetika* die Musik der Unterschichten, man spielte vor allem auf *bouzouki* (Musikinstrument aus der Lautenfamilie) und *baglama* (eine Mini-Version der *bouzouki*). Als der Flüchtlingsstrom aus Kleinasien nach dem Bevölkerungsaustausch 1922 in Piräus hängen blieb (viele wanderten auch nach Amerika aus, wo in den 1920er-Jahren *rembetika*-Aufnahmen entstanden), überlagerten sich die Stilrichtungen, und *rembetika* wurde die Musik der Gettos. Die Menschen waren erfüllt von Trotz, Heimweh und Lamento, und ihre Texte handelten von den trostlosen Seiten des Lebens. Hauptfiguren der *rembetika*-Songs waren häufig die *manges,* elegant gekleidete (häufig Haschisch rauchende und ein Messer bei sich tragende) gerissene Nichtsnutze, die in den *tekedhes* (den Haschisch-Höhlen, die viele Songs inspirierten) sangen und tanzten.

Haschischrauchen war zwar verboten, das Verbot wurde jedoch selten durchgesetzt. Erst Metaxas gelang dies Mitte der 1930er-Jahre. Er versuchte, die Subkultur durch Zensur, Polizeischikane und Razzien in den *tekedhes* zu vernichten. Wer mit einer *bouzouki* erwischt wurde (oder seine spitzen Schuhe gestutzt hatte), wurde festgenommen. Bald traten viele Künstler nicht mehr auf und machten keine Plattenaufnahmen mehr, die Musik lebte im Untergrund jedoch weiter.

Nach dem Zweiten Weltkrieg tauchte eine neue Generation von *rembetika*-Interpreten und -Komponisten auf, wie Vasilis Tsitsanis, einer der erfolgreichsten und beliebtesten Komponisten, Apostolos Kaldaras, Yiannis Papaioannou, Georgos Mitsakis, Apostolos Hatzihristou, Sotiria Bellou, eine der ganz großen *rembetika*-Sängerinnen, und Marika Ninou, deren Leben den Anstoß zu Costas Ferris' Film Rembetiko aus dem Jahr 1983 gab.

Die Musik verwandelte sich später in den unbeschwerteren *laiko* (städtische Volksmusik), dessen Texte sich stärker mit sozialen Themen und Gefühlen befassten. Diese Musikrichtung wurde in größeren Clubs mit elektronischem Orchester gespielt und verlor viel von ihrer Originalität.

GRIECHISCHER KONZERTFÜHRER

Im Sommer kann man Griechenlands Top-Interpreten überall im Land bei Open-Air-Konzerten erleben, im Winter treten sie in Athen und Thessaloniki, aber auch in anderen größeren Städten in verschiedenen Clubs auf.

Authentische Volksmusik ist schwer zu finden. Am ehesten noch bei den regionalen *panigyria* (Open-Air-Festivals), die im Sommer überall in Griechenland stattfinden. Leichterer Zugang findet sich zu Kretas dynamischer Musikszene – am besten auf die Plakate achten, die in den Tavernen und an Telefon- und Strommasten hängen oder herumfragen.

Athens Livemusik-Szene umfasst viele intime *rembetika*-Clubs und glamouröse, teure Nightclubs im Varieté-Stil, die *bouzoukia.* Zweitklassige *bouzoukia*-Clubs werden als *skyladhika* oder Hundehütten bezeichnet – offenbar weil der Gesang dort eher an Hundegejaule erinnert. An diesen Orten erlebt man die pure Ausgelassenheit und *kefi* (gute Geister oder Glücksbringer). *Opa!*

oder drei Männer oder Frauen, die ihren Nebentänzern die Arme auf die Schultern legen. In der modernen Variante wird er im Kreis in zunehmend schnellem Tempo getanzt.

Byzantinische Musik hört man heute hauptsächlich noch in griechischen Kirchen. Allerdings stehen byzantinische Kirchenlieder, von denen die Volksmusik beeinflusst wurde, auch bei Chorkonzerten in Griechenland und im Ausland auf dem Programm.

Traditionell tanzten Frauen und Männer getrennt oder nutzten Tücher, um Hautkontakt zu vermeiden. Sie hatten jeweils ihre ganz eigenen Tänze, lediglich Werbungstänze wie der *sousta* wurden gemeinsam getanzt.

Der häufig spektakuläre Solotanz eines Mannes, der *zeïmbekiko,* mit wirbelnden und meditativen Improvisationen hat seine Wurzeln im *rembetika.* Er wurde häufig in betrunkenem Zustand oder unter dem Einfluss von Haschisch getanzt. Frauen tanzen den sinnlichen *tsifteteli,* der mit seinen anmutigen, schlängelnden, sehr weiblichen Bewegungen auf den Bauchtanz aus dem Mittleren Osten zurückgeht.

Eine moderne Version des *tsifteteli* ist der Tanz, der heute zumeist auf Tischen oder Dancefloors getanzt wird. Die besten Vorführungen traditioneller Tänze sieht man überall in Griechenland bei Festivals und im Dora-Stratou-Tanztheater in Athen. Der moderne Tanz gewinnt in Griechenland an Boden. Die besten einheimischen Tanztruppen sind unter den internationalen Teilnehmern beim renommierten Internationalen Tanzfestival Kalamata und beim Internationalen Tanzfestival in Athen vertreten.

Kunst & Literatur

MODERNE GRIECHISCHE KUNST

Werke führender zeitgenössischer Künstler Griechenlands nehmen Ehrenplätze in den Athener Metrostationen ein, wobei die „moderne" Kunst in Griechenland noch relativ jung. Bis zum Beginn des 19. Jahrhunderts war die byzantinische religiöse Malerei die vorrangige Kunstform. Unter der osmanischen Herrschaft, während der Griechenland von der Renaissance weitgehend abgeschirmt wurde, gab es nur eine recht eingeschränkte künstlerische Produktion.

Byzantinische Kirchen wurden in der Regel mit Fresken und Ikonen ausgemalt, auf denen Szenen aus dem Leben Christi und Heiligenfiguren abgebildet wurden. In späteren Jahrhunderten sah man genauere Schilderungen mit Szenen der Wunder Christi. Die „Kretische Schule" der Ikonenmalerei wurde durch die italienische Renaissance und durch Künstler beeinflusst, die nach dem Fall von Konstantinopel nach Kreta flohen. In diesem Malstil verbinden sich technische Brillanz und Dramatik.

Die moderne Kunst per se nahm ihren Anfang mit der Unabhängigkeit Griechenlands, als die Malerei sich weltlicheren Themen öffnete. Die Künstler spezialisierten sich auf Porträts, Themen aus der Seefahrt und Darstellungen aus dem Unabhängigkeitskrieg. Zu den bedeutenden Malern des 19. Jahrhunderts gehörten Dionysios Tsokos, Theodoros Vryzakis, Nikiforos Lytras und Nicholas Gyzis, ein führender Vertreter der Münchner Schule (der damals viele griechische Künstler angehörten).

Ab den ersten Jahrzehnten des 20. Jahrhunderts traten Künstler wie Konstantinos Parthenis, Fotis Kontoglou, Konstantinos Kaleas und, später, der Expressionist George Bouzianis das Erbe an und banden verschiedene Entwicklungen der modernen Kunst in ihre Werke ein.

Bedeutende Vertreter der 1930er-Generation waren der Kubist Nikos Hatzikyriakos-Ghikas, der surrealistische Künstler und Poet Nikos Engonopoulos, Yiannis Tsarouhis und Panayiotis Tetsis.

Zu weiteren führenden Künstlern des 20. Jahrhunderts zählen Yannis Moralis, Dimitris Mytaras, Yannis Tsoklis und die abstrakten Künstler Yannis Gaitis und Alekos Fassianos, dessen Werke Rekordpreise für einen lebenden griechischen Künstler erzielen. Ein Pionier der Arte-Povera-Bewegung ist Yiannis Kounellis, Giorgos Zongolopoulos ist vor allem für seine Schirm-Installationen bekannt.

Auf Tinos hat die Marmor-Bildhauerei noch Bestand, die Insel brachte zwei der maßgeblichsten modernen Bildhauer Griechenlands hervor, Dimitrios Filippotis und Yannoulis Halepas.

Die zeitgenössische Kunst Griechenlands stößt zunehmend auf internationales Interesse. Werke griechischer Künstler des 19. und 20. Jahrhunderts erzielen in Londons führendem Auktionshaus neue

BYZANTINISCH

Byzantinische Kirchen wurden in der Regel mit Fresken auf dunkelblauem Hintergrund bemalt. In der Kuppel befand sich zumeist ein Brustbild von Christus, auf den vier Hängezwickeln (Pendentifs) waren die vier Evangelisten dargestellt und in der Apsis Maria mit dem Kind.

DIE GRIECHISCHE KUNSTSZENE

Athens Szene für Gegenwartskunst boomt. Regelmäßig stellen einheimische und internationale Künstler in einer Reihe von Galerien aus, die sich hauptsächlich auf die Viertel Psyrri, Kolonaki und Metaxourghio konzentrieren. Die umfangreichsten Sammlungen mit griechischer Kunst des 20. Jahrhunderts sind in Athen in der Nationalen Gemäldegalerie, dem Nationalmuseum für Gegenwartskunst und der Nationalen Skulpturengalerie zu sehen. Die Städtische Kunstgalerie von Rhodos besitzt außerhalb Athens eine der umfangreichsten Sammlungen griechischer Kunst des 20. Jahrhunderts.

Rekordpreise. Regelmäßig wird auch im Ausland die Gegenwartskunst Griechenlands in Ausstellungen gezeigt.

MODERNE GRIECHISCHE LITERATUR

Zu den wichtigsten Werken der frühen griechischen Literatur gehört „Erotokritos" des kretischen Schriftstellers Vitsentzos Kornaros aus dem 17. Jahrhundert Dabei handelt es sich um einen gereimten Roman aus etwa 10000 Versen. Viele dieser 15-silbigen Verse werden in Kretas berühmten *mantinadhes* (Reimpaare) zitiert und wurden von Generationen von Musikern vertont.

Einen Einblick in die Verbrechens- und Korruptionsszene Athens erhält man durch den schrulligen Inspektor Charitos in Petros Markaris' beliebten Kriminalromanen. Ins Deutsche übersetzt wurden aus der Reihe *Ein Fall für Kostas Charitos* zuletzt die Bände *Faule Kredite* (2011) und *Die Kinderfrau* (2010).

Der am meisten gefeierte (und übersetzte) Autor des frühen 20. Jahrhunderts war der umstrittene Nikos Kazantzakis. In seinen Werken schildert er tragische Schicksale und fast übermenschliche Charaktere wie den Titelhelden in *Alexis Zorbas* und die Qualen von Kapitän Michalis in *Freiheit oder Tod*.

Ein weiterer bedeutender Prosaschriftsteller war Stratis Myrivilis. Zu seinen Werken zählen die Klassiker *Das Leben im Grabe*, *Vassilis Arvanitis* und *Die Madonna mit dem Fischleib*.

Die ersten modernen griechischen Dichter waren Andreas Kalvos und Dionysios Solomos, dessen *Hymne an die Freiheit* die griechische Nationalhymne wurde. Zu Griechenlands herausragenden Dichtern zählen die beiden Nobelpreisträger George Seferis und Odysseus Elytis, die 1963 bzw. 1979 ausgezeichnet wurden.

Die herausragende literarische Figur nach dem Krieg war Iakovos Kambanellis. Sein Roman *Mauthausen* über seine Erlebnisse als Überlebender eines Konzentrationslagers wurde von Mikis Theodorakis vertont. Kambanellis schrieb über 20 Theaterstücke und zwölf Filmdrehbücher, darunter *Stella*. Alexandros Papadiamantis, Kostis

EL GRECO

Der Renaissance-Maler El Greco (auf Spanisch „Der Grieche"), wurde als Dominikos Theotokopoulos auf Kreta geboren. Er erhielt eine Ausbildung in spätbyzantinischer Freskenmalerei zu einer Zeit, als Kreta ein wichtiges Kunstzentrum war. Viele Maler waren auf der Flucht aus Konstantinopel, das unter osmanischer Herrschaft stand, nach Kreta gekommen.

Mit Anfang 20 ging El Greco nach Venedig, fand jedoch erst 1577 in Spanien seinen eigenen Stil. Seine höchst emotionalen Werke kamen bei den Spaniern gut an. Bis zu seinem Tod 1614 lebte er in Toledeo. Sein Kampf für Kunst und Freiheit war Thema einer sieben €-Millionen teuren Filmbiografie *El Greco* (2007).

El Grecos Bilder *Das Engelkonzert, Grablegung Christi und Der heilige Petrus* hängen in der Nationalgalerie in Athen, im Historischen Museum Kretas in Iraklion sind seine Bilder *Berg Sinai, Das Katharinen-Kloster* und *Taufe Christi zu sehen.*

Palamas und der Dichter und Bühnenautor Angelos Sikelianos zählen zu Griechenlands literarischen Größen. Hervorragende Dramatiker, wie Yiorgos Skourtis und Pavlos Matessis, wurden in viele Sprachen übersetzt und auch im Ausland aufgeführt.

Zeitgenössische Autoren

Griechenland besitzt eine florierende Verlagsszene, zu der auch viele kleine unabhängige Verlage gehören. Leider werden nur wenige zeitgenössische Romane ins Deutsche übersetzt. Einigen griechischen Schriftstellern gelingt es jedoch, auf ausländischen Märkten Fuß zu fassen wie Apostolos Doxiadis mit seinem internationalen Bestseller *Onkel Petros und die Goldbachsche Vermutung* und dem preisgekrönten Kinderbuchautor und Kriminologen Eugene Trivizas mit seinen über 100 Werken, darunter der Bestseller *Die drei kleinen Wölfe und das große böse Schwein.*

Zu den führenden zeitgenössischen Schriftstellern, deren Werke ins Deutsche übersetzt wurden, zählen Ersi Sotiropoulou mit dem hoch gelobten Roman von 1999 *Bittere Orangen,* Thanassis Valtinos, Rhea Galanaki, Ziranna Ziteli und Ioanna Karystiani, von ihr stammen auch die Drehbücher zu *Bräute* und *Mit Herz und Seele.*

Zu den zeitgenössischen griechischen Werken, die ins Deutsche übersetzt wurden, zählen Dido Sotirious *Grüß mir die Erde, die uns beide geboren hat,* Maro Doukas *Die schwimmende Stadt* und Kostas Mourselas Bestseller *Rot gefärbtes Haar,* der als Vorlage für eine beliebte Fernsehserie diente.

Die heutige kosmopolitische Autorengeneration geht ihre Arbeit global an. Nach seinem hoch gelobten Roman *Der Irrgarten,* umging Panos Karnezis ein Übersetzungsproblem und schrieb *The Birthday Party* gleich auf Englisch. Auch Bestsellerautorin Soti Triandafyllou schrieb ein Werk direkt auf Englisch: *Poor Margo.*

Alexis Stamatis vertritt mit *Bar Flaubert* und *American Fugue* (beide nur in englischer Übersetzung) eine neue Autorengeneration, die ihre Geschichten außerhalb Griechenlands ansiedeln. Weitere zeitgenössische Stimmen sind Autorin und Zeitungskolumnistin Amanda Mihalakopoulou und Vangelis Hatziyiannidis, Autor der preisgekrönten Werke *Four Walls* und *Stolen Time* (beide nur auf Englisch erhältlich).

Besprechungen griechischer Bücher und Autorenprofile sind im Ithaca Online journal (www.ekebi.gr) zu finden, eine umfassende Zusammenstellung griechischer Bücher unter www.biblionet.gr (beide Seiten nur in Englisch verfügbar).

Natur & Wildnis

Während Griechenland ein perfekter Ort ist, um sich an antiken Statuen die Schulterblätter zu rubbeln, ist es auch genauso ideal, um mit der Natur auf Tuchfühlung zu gehen, z. B. auf Wanderungen über Bergwiesen mit Wildblumen, beim Beobachten von unechten Karettschildkröten oder einfach nur beim Relaxen am Strand. Griechenland ist ein Wunderland für alle Outdoor-Begeisterten und Naturfreunde.

Griechenland ist das Land mit der höchsten seismischen Aktivität in Europa, mehr als die Hälfte der vulkanischen Aktivität des Kontinents findet hier statt.

AUF ERKUNDUNGSTOUR QUER DURCHS LAND

Das Land

Egal, wo man in Griechenland hinreist, es ist unmöglich, weiter als 100 km vom Meer entfernt zu sein. Zerklüftete Berge, tiefblaues Wasser, und schier unzählige Inseln prägen die griechische Landschaft, die sich aus Meeresfluten, vulkanischen Eruptionen und mineralstoffreichem Gestein geformt hat. Das Festland umfasst 131 944 km², umrandet von einer ausgefransten Küste, die sich über insgesamt mehr als 15 000 km erstreckt. Die Berge sind über 2000 m hoch und fallen ab zu Tiefebenen, insbesondere in Thessalien und Thrakien, während die Ägäis und das Ionische Meer durch die weit verstreut liegenden 1400 Inseln Griechenlands verbunden werden, von denen nur 169 bewohnt sind. Zwischen den Inseln erstreckt sich ein 400 000 km² großes Territorialgewässergebiet.

Wer sich für Geografie und Geologie interessiert, kommt in Griechenland voll auf seine Kosten. Während der Trias, der Jura- sowie der Kreidezeit und auch noch in späteren erdgeschichtlichen Zeiträumen war das heutige Griechenland von einem flachen, sauerstoffreichen Meer bedeckt, in dem es zu großflächigen Kalkablagerungen kam. Als sich die Landmasse später über den Meeresspiegel erhob, formten diese das felsige Rückgrat des heutigen Festlands, auf dem schroff erodierte kristalline Gesteine den Norden und den Süden miteinander verbinden. Charakteristische Merkmale dieser Karstlandschaft sind Kalksteinhöhlen, die durch die Auswaschung von löslichem Gestein gebildet wurden.

Die griechisch-orthodoxe Kirche ist zweitgrößter Grundbesitzer in Griechenland.

Einst wurde Griechenland von der Gewalt vulkanischer Aktivität erschüttert – eine der stärksten Eruptionen weltweit ereignete sich um 1650 v. Chr. auf Santorin. Noch heute wird Griechenland von kleineren Erdbeben durcheinandergerüttelt, dafür aber in fast vorhersehbarer Häufigkeit. Im Jahr 1999 erreichte ein Erdbeben in der Nähe von Athen eine Stärke von 5,9 auf der Richter-Skala. Die Naturkatastrophe hatte fast 150 Todesopfer und Tausende von Obdachlosen zur Folge. Im Jahr 2008 bebte die Erde dreimal hintereinander mit einer Magnitude von 6,5 auf dem Peloponnes, verursachte jedoch wenig

Schäden. Wer vorhat, sich mit Griechenlands explosiver Vergangenheit zu befassen, sollte auf keinen Fall die Krater auf Santorin, Nisyros und Polybotes auslassen.

In Griechenland gibt es nur wenige Flüsse, keiner davon ist schiffbar; allerdings erfreuen sie sich inzwischen für Aktivitäten wie Wildwasserrafting großer Beliebtheit. Die größten Flüsse sind Acheloos, Aliakmonas, Aoos und Arachthos, die alle in den Pindos-Bergen in Epirus entspringen.

Die lang gezogenen Flusstäler und die Küstenebenen bilden Griechenlands einzige Tiefebenen. Das gebirgige Terrain, das trockene Klima und nährstoffarmer Boden stellen die Bauern vor echte Probleme, denn weniger als ein Viertel des Landes ist überhaupt für die Landwirtschaft geeignet. Allerdings ist Griechenland reich an Mineralstoffen mit großen Vorkommen an Erdöl, Mangan, Bauxit und Braunkohle.

Herbs in Cooking ist ein anschauliches englischsprachiges Kräuterbuch von Maria und Nikos Psilakis, das als Leitfaden zur Bestimmung von Kräutern, aber auch als Kochbuch verwendet werden kann. Darin stehen Rezepte für griechische Gerichte, die mit den entsprechenden, heimischen Kräutern gewürzt sind.

Wildblumen

Griechenland erfreut sich einer reichen Vielfalt an Pflanzenarten: Seine Flora sucht seinesgleichen in ganz Europa. Spektakulär sind vor allem die Wildblumen mit über 6000 Arten, von denen einige

NATIONALPARKS

Im Jahr 1938 wurde als einer der ersten Nationalparks in Griechenland der Nationalpark am Olymp angelegt und kurz danach der Nationalpark Parnassos. Heute gibt es insgesamt zehn Nationalparks und zwei Meeresnationalparks, bei denen man sich zum Ziel gesetzt hat, die einzigartige Flora und Fauna Griechenlands zu schützen.

Die Besuchereinrichtungen sind sehr schlicht. Zwar gibt es jede Menge Wanderpfade, die jedoch meist schlecht gepflegt sind; die wenigen vorhandenen Schutzhütten sind sehr einfach. Allerdings stehen die Chancen gut, dass das kaum bemerkt wird, denn die Umgebung ist einfach atemberaubend schön.

Die meisten Parks sind von einer Pufferzone umgeben, die den Kernbereich der Wildnis schützt. In den peripheren Zonen sind Aktivitäten wie Weiden, Bäumefällen, Campen und Fischzucht erlaubt, in der Schutzzone allerdings darf nur gewandert werden. Auf jeden Fall lohnt es sich, sofern sich die Gelegenheit dazu bietet, die wilde Seite Griechenlands in einer dieser Naturkulissen zu erkunden.

Nationalpark Olymp (S. 316) – Standort des höchsten Berges Griechenlands und Heimat einer reichen Flora sowie der griechischen Götter

Nationalpark Parnitha (S. 151) – ein sehr beliebtes, bewaldetes Naturschutzgebiet mit Rotwild nördlich von Athen

Meeresnationalpark Alonnisos (S. 744) – er umfasst sechs Inseln und 22 Inselchen rund um die Sporaden. Dort leben Mönchsrobben, Delfine und seltene Vögel.

Nationalpark Parnassos (S. 243) – hoch aufragende Kalksteinsäulen und malerische Ausblicke auf Delphi

Prespa-Seen (S. 322) – eine der ältesten Seenplatten in Europa mit jeder Menge wild lebender Tiere und unendlicher Ruhe

Samaria-Schlucht (S. 541) – die spektakuläre Schlucht auf Kreta ist ein Refugium für die *kri-kri* (Ziege auf Kreta).

Kap Sunion (S. 151) – das Kap mit dem Poseidon-Tempel bietet wunderbare Panoramablicke.

Nationalpark Vikos-Aoös (S. 351) – hier gibt's ausgezeichnete Wandermöglichkeiten mit Höhlen, Schluchten und dichtem Wald.

Laganas-Bucht (siehe „Unechte Karettschildkröten", S. 800) – ionisches Naturschutzgebiet für Karettschildkröten

Nationalpark Iti (S. 254) – ruhige Wälder, Wiesen und Teiche. Dort finden Adler, Rotwild und Wildschweine ihren Lebensraum.

nirgendwo sonst vorkommen, sowie über 100 Orchideenarten. Da sich der Boden größtenteils nicht für die Landwirtschaft eignet, ist er von den schädlichen Auswirkungen chemischer Dünger verschont geblieben, und so gedeihen die Blumen prächtig.

Die Regionen mit den meisten Wildblumen sind das Lefka-Ori-Gebirge auf Kreta und die Mani auf der Halbinsel Peloponnes. In den wärmeren Gebieten beginnen die Bäume schon Ende Februar zu blühen, und die Wildblumen erscheinen allmählich im März. Im Frühling sind die Berghänge mit Blumenteppichen bedeckt, die sogar aus den Felsen herauszuwachsen scheinen. Im Sommer ist dann alles verblüht bis auf die Pflanzen in den nördlichen Bergregionen. Im Herbst fängt dann eine neue Blüteperiode an.

Fast überall in Griechenland wachsen Kräuter, die von den Einheimischen manchmal als frische Zutaten für ihre Küche gepflückt werden. Einheimische Kräuter werden auch immer mehr auf Märkten als Souvenir verkauft, meistens in Bioqualität.

Wälder

Scheinbar steht in jedem Festlanddorf in der Mitte des zentralen Platzes eine Schatten spendende Platane; allerdings sind die üppigen Wälder, die einst das antike Griechenland bedeckten, immer seltener geworden. Seit Tausenden von Jahren werden sie abgeholzt, um neues Weideland zu schaffen bzw. Schiffe und Häuser zu bauen. In jüngster Vergangenheit sind die Bestände von schweren Waldbränden dezimiert worden (s. Kasten „Umweltfragen S. 878"). Das nördliche Griechenland ist die einzige Region, wo noch nennenswerte zusammenhängende Flächen an ursprünglichem Wald vorhanden sind. Dort sind die Bergflanken mit einem Dickicht aus Hopfenbuchen *(Ostrya carpinifolia)* bedeckt, deren Blütenmeer das Auge fesselt. Eine andere häufige Art ist die Zypern-Platane *(Platanus orientalis insularis)*, die auf wasserreichem Boden am besten gedeiht.

WILDE TIERE BEOBACHTEN

Naturschutz

- » Pelikane und Zwergkormorane (www.spp.gr)
- » Vogelwelt (www.ornithologiki.gr)
- » Wildblumen (www.greekmountainflora.info)
- » Meeresschildkröten (www.archelon.gr)
- » Umweltbewusster leben (www.cleanupgreece.org.gr)

In Wald und Flur

In Gegenden, die dicht besiedelt sind, ist es eher unwahrscheinlich, wilde Tiere zu entdecken, abgesehen von Füchsen, Wieseln, Hasen oder Kaninchen, die einem aus dem Weg huschen oder hüpfen. In den entlegeneren Bergen im nördlichen Griechenland tummelt sich eine breite Palette an wilden Tieren, darunter wilde Hunde und Hirtenhunde, die oft auf den Almwiesen herumstreunen. Wer ihnen begegnet, sollte einen großen Bogen um sie machen.

Die Braunbären, Europas größte Landsäugetiere, schaffen es immer noch, in sehr kleiner Anzahl in den Pindos-Bergen über den Prespa-Seen am Fuße des Peristeri-Massivs bzw. in den Bergen entlang der bulgarischen Grenze zu überleben. Wer heutzutage einen Bären in Griechenland sehen will, macht am besten einen Abstecher zum Bärenreservat Arcturos (www.arcturos.gr) im Dorf Nymfeo in Makedonien, denn es kommt äußerst selten vor, dass man einen Bären in freier Wildbahn entdeckt.

Der Bestand der Grauwölfe, die unter dem Schutz der Berner Konvention stehen, wird offiziell als stabil eingestuft, allerdings waren es bei der letzten Zählung nur noch schätzungsweise 200 bis 300 Wölfe, die in freier Wildnis überlebt haben, und man glaubt, dass bis zu 100 Tiere jährlich von Bauern aus blinder Rache für ihre gelegentlichen Raubzüge mit illegalen Giftfallen getötet werden. Die griechische Re-

BLOSS KEIN WILDSCHWEIN SEIN!

Die Beziehung der Griechen zu ihrer Tierwelt stand nicht immer unter einem guten Stern. Die Jagd nach wilden Tieren ist bei den Griechen sehr beliebt, dient sie doch der Beschaffung von Nahrung. Das gilt vor allen Dingen für Bergregionen, wo es schon immer die Kameradschaft unter Jägern gegeben hat. Trotz aller Anzeichen, dass bald ein Jagdverbot verhängt wird, erlauben sich die griechischen Jäger häufig, einfach ohne Genehmigung auf Wild zu schießen, das ihre Wege kreuzt. Dazu gehören mitunter auch seltene und gefährdete Arten, vor allem sind es aber Wildschweine, die schon in der Antike in den Wäldern umherstreifen. Die Wildschweine gelten als sehr schlaue und angriffslustige Tiere. In den letzten Jahrzehnten ist ihre Zahl wieder angestiegen, wahrscheinlich da die Zahl der Raubtiere zurückging. Viele behaupten, dass die Jagd ein wichtiges Instrument ist, um die Wildschweinpopulation unter Kontrolle zu halten. Inzwischen gibt es auch mehr Zuchtbetriebe für Wildschweine und auf vielen Speisekarten tauchen Wildschweingerichte auf.

gierung und die Versicherungsgesellschaften zahlen zwar einen Ausgleich für den Viehverlust, aber das scheint das Töten von Wölfen nicht einzudämmen. Die überlebenden Wölfe leben in kleineren Rudeln in den Wäldern der Pindos-Berge in Epirus sowie im Waldreservat Dadia. Wer einen Wolf sehen will, fährt am besten ins Naturreservat bei Aetos in Makedonien.

Der Goldschakal ist der Spitzenkandidat unter den am meisten missverstandenen Säugetieren Griechenlands. Zwar ernährt er sich zu 50 Prozent von Pflanzen (die anderen 50 Prozent seiner Nahrung bestehen aus Aasfleisch, Reptilien und kleinen Säugetieren), aber trotzdem lastet man ihm aus Gewohnheit oft Angriffe auf Herdentiere an, und er wird deshalb von Landwirten prophylaktisch gejagt. Kurz vor ihrem Aussterben wurden die Schakale 1990 zur geschützten Art erklärt, doch heute leben sie nur noch in Fokida (Zentralgriechenland) und auf der Insel Samos.

In Griechenland gibt es auch zahlreiche Schlangenarten. Gerade im Frühling oder im Sommer trifft man auf den Straßen und auf den Wanderpfaden querfeldein unvermeidlich auf diese flinken Reptilien. Zum Glück sind die meisten harmlos, obwohl manche Vipern und Korallenschlangen einen tödlichen Biss haben. Eidechsen gibt es in Hülle und Fülle; es gibt kaum eine Steinmauer, wo diese bizarren Kreaturen nicht herumklettern.

Das Hellenic Wildlife Hospital (www.ekpazp.gr) ist das älteste und größte Rehazentrum für wild lebende Tiere in Griechenland und im südlichen Europa.

In den Lüften

Griechenland lädt Vogelbeobachter zur Feldforschung ein, da sich das Land auf vielen Nord-Süd-Flugrouten befindet. Insbesondere die Insel Lesbos (Mytilini) zieht regelmäßig eine ganze Schar von Vogelfreunden aus ganz Europa an, die hier einige der über 279 registrierten Arten beobachten, die jährlich auf der Insel einen Zwischenstopp einlegen. Störche sind leicht zu erspähen. Sie kehren Jahr für Jahr zum Frühlingsanfang aus Afrika zurück, um in den gleichen Nestern zu brüten. Sie bauen ihre oft bis zu 50 kg schweren Storchennester auf Strommasten, Kaminen oder Kirchtürmen; vor allen Dingen sieht man sie im nördlichen Griechenland, insbesondere in Thrakien (Makedonien). Im Seengebiet in dieser Region ist die reichste Kolonie von Fisch fressenden Vögeln in Europa beheimatet; dazu gehören Reiher, Fischreiher, Kormorane und Ibisse sowie die sehr seltenen

Dalmatischen Pelikane – heute sind die Türkei und Griechenland die einzigen Länder in Europa, wo diese großen Vögel vorkommen. Die Feuchtgebiete an der Flussmündung des Evros nahe der Grenze zur Türkei bieten zwei besonders markanten Stelzvögeln Lebensraum – dem Säbelschnäbler mit einem langen, gebogenen Schnabel und dem Schwarzen Stelzenläufer mit extrem langen, rosaroten Beinen.

Flussaufwärts am Oberlauf des Evros in Thrakien beherbergen die dichten Wälder und felsigen Aufschlüsse des 72 km^2 großen Waldreservats Dadia die größte Vielfalt an Raubvögeln in Europa. 36 der 38 europäischen Arten können hier gesichtet werden, und 23 Arten brüten auch hier. Zu den ständig hier liebenden Raubvögeln gehören der riesige Mönchsgeier mit einer Flügelspannweite von bis zu drei Metern, der Gänsegeier und der Steinadler. Die letzten 15 überlebenden Königsadlerpaare Europas haben ihre Brutplätze im Flussdelta.

UMWELTFRAGEN

Allmählich wächst auch das Umweltbewusstsein und sickert langsam durch alle Gesellschaftsschichten. Zwar vollzieht sich der Wandel langsam, aber es geht in die richtige Richtung. In den Schulen steht das Thema Umweltschutz inzwischen fest im Lehrplan, in mehr und mehr Städten wird Müllrecyling organisiert, und sogar in den kleinsten Gemeinden gibt es Bio-Restaurants und umweltbewusste Läden, die sich der Nachhaltigkeit verpflichtet fühlen. Die seit Langem existierenden Probleme, wie etwa Abholzung und Bodenerosion, haben hingegen eine jahrtausendelange Geschichte. Ihre Hauptursache sind die Landwirtschaft und die Umwandlung der Landschaft in Weideland für die Ziegen, wobei auch das Sammeln von Brennholz und der industrielle Holzbedarf für den Bau von Schiffen und Häusern ihren Tribut forderten.

Waldbrände, bei denen jedes Jahr viele tausend Hektar Land verwüstet werden, sind ein großes Problem, denn meist sind die malerischsten Gegenden Griechenlands betroffen. Die in jüngster Vergangenheit zunehmenden Waldbrände sind oft auf die Umgebungstemperaturen und auf starke Winde zurückzuführen. Verheerende Brände auf dem Parnitha und der Halbinsel Peloponnes im Sommer 2007 haben ganze Landstriche samt Vegetation und ganze Dörfer zerstört und damit das Landschaftsbild gänzlich verändert. Die Regierung, so behaupten viele Einheimische, sei nach wie vor schlecht auf den Umgang mit den jährlichen Waldbränden vorbereitet, und die Einsatzkräfte seien viel zu langsam, um in angemessener Weise zu reagieren.

Die illegale Erschließung, meist in Küstengebieten oder Baugebieten in bewaldeten oder geschützten Gegenden, hat seit den 1970er-Jahren an Dynamik gewonnen. Trotz einiger Versuche, entsprechende Gesetze zu erlassen, um den Landraub zu stoppen, und entgegen allen Protesten seitens der Einheimischen und der Umweltschützer gegen Korruption und Infrastrukturdefizite bei der Durchsetzung der Gesetzesvorschriften, hat sich bisher wenig getan, um dem Problem wirklich beizukommen. Komplizierter wird es auch noch durch den Bevölkerungszuwachs und die zunehmende Ausdehnung der Städte ins Umland. Diese Entwicklungen bedeuten eine echte Umweltbelastung sowohl in puncto Wasserversorgung wie auch in Form einer Gefährdung der wild lebenden Tiere. Zwar sind einige profitgierige Bauvorhaben spektakulären Ausmaßes in den letzten Jahren erfolgreich vereitelt worden, doch sind in weit mehr Fällen Baugenehmigungen erteilt worden, die nicht rechtens waren; oft wird dies mit Blick auf den gesellschaftlichen Bedarf als notwendig erachtet. Ein nachträglicher Abriss würde heißen, dass den Einwohnern keine erschwinglichen Wohnalternativen zur Verfügung stünden.

Die Erderwärmung wirbelt auch in Griechenland das Thermometer durcheinander und man glaubt, dass durch den Klimawandel am Ende des Jahrhunderts die Durchschnittstemperatur in Athen um 8 °C angestiegen sein wird, während etwa 560 km^2 Küstengebiet überflutet sein werden. Zu den am meisten betroffenen Gebieten und Inseln zählen das Evros-Delta, Korfu, Kreta und Rhodos.

Auf der Insel Piperi auf dem Sporadenarchipel und auf Tilos nisten etwa 350 Paare (60 Prozent der Population weltweit) der seltenen Eleonorenfalken; auf Tilos leben auch der sehr seltene Habichtsadler und die scheue, kormoranartige Krähenscharbe.

Unter Wasser

Das nachweislich am stärksten gefährdete Meeressäugetier Europas ist die Mönchsrobbe *(Monachus monachus)*, die sich in Griechenland mit Mühe und Not am Leben erhält. Ungefähr 200 bis 250 Mönchsrobben, ca. 90 Prozent der europäischen Gesamtpopulation, leben im Ionischen Meer und in der Ägäis. Auf der Insel Alonnisos leben kleinere Kolonien, und auch auf Tilos sollen schon welche gesichtet worden sein. Allmählich schrumpfen weite Teile ihres Lebensraums, und das ist die Hauptursache, weswegen sich ihre Anzahl verringert.

Frisch geschlüpfte Karettschildkröten erproben auf ihrem Weg vom Nest zum Meer ihre Überlebensstärke.

In den Gewässern rund um Zakynthos ist die letzte große Meeresschildkrötenkolonie in Europa beheimatet; es handelt sich um die gefährdeten Unechten Karettschildkröten *(Caretta caretta)*. Die Karettschildkröten nisten auch in geringer Anzahl auf der Halbinsel Peloponnes und auf Kreta. Griechenlands Schildkröten müssen vielen Risiken ausweichen – Fischernetzen, Bootsschrauben, Müll, Sonnenliegen und Strandsonnenschirmen. Dass die Badesaison im europäischen Sommer ausgerechnet mit der Brutzeit zusammenfällt, ist den Vorkommen nicht gerade zuträglich.

Die Überfischung hat sich sehr nachteilig auf Griechenlands Delfinpopulationen ausgewirkt. Früher einmal konnten Delfine noch bei den meisten Fährüberfahrten beobachtet werden, heute gelten jedoch einige Arten als gefährdet, während die Anzahl der Gewöhnlichen Delfine *(Delphinus delphis)* in den letzten zehn Jahren von etwa 150 auf circa 15 zurückgegangen ist. Hauptsächlich sind die Delfine von Futterverknappung bedroht und laufen zudem Gefahr, sich in Fischerreusen zu verfangen.

Praktische Informationen

Allgemeine Informationen

Arbeiten in Griechenland

Staatsangehörige aus EU-Ländern brauchen keine Arbeitserlaubnis, dafür aber eine Aufenthaltsgenehmigung und eine griechische Steuernummer, wenn sie länger als drei Monate im Land bleiben möchten. Staatsangehörige anderer Länder benötigen eine Arbeitserlaubnis.

Arbeiten in Bars & Hostels

Ohne ausländische Mitarbeiter könnten die Bars auf den griechischen Inseln wohl nicht überleben, und es gibt dort alljährlich tausende Sommerjobs im Angebot. Die Bezahlung ist nicht gerade toll, aber man kann seinen Sommer auf den Inseln verbringen. Im April und Mai sollte man sich auf die Suche machen. Auch Hostels und einfachere Hotels beschäftigen regelmäßig Ausländer.

Deutsch unterrichten

Wer einen Job sucht, für den ist Deutschunterricht eine gute Option. Seit 1992 an den staatlichen weiterführenden Schulen die Einführung einer zweiten Fremdsprache beschlossen wurde, wächst das Interesse an Deutschunterricht – auch an Privatschulen. Ein Hochschulabschluss ist (zumindest an Privatschulen) nicht nötig. Schon zu Hause kann man sich in den Stellenmärkten der Tageszeitungen nach Jobs umsehen.

Wer will, kann sich auch nach einem Job als Deutschlehrer umschauen, wenn er schon in Griechenland ist. Sprachschulen gibt's überall. Streng genommen benötigt man eine Lizenz, um dort zu unterrichten, aber viele Schulen verzichten darauf. Am einfachsten ist ein solcher Job im Spätsommer zu bekommen.

Freiwilligenarbeit

Earth Sea & Sky (www.earthseasky.org) Umweltschutz und Forschung auf den Ionischen Inseln.

Griechische Gesellschaft zur Erforschung und zum Schutz der Mönchsrobbe (☎210 522 2888; Fax 210 522 2450; Solomou 53, Exarhia, Athen) Freiwillige können bei der Überwachung der Programme auf den Ionischen Inseln helfen.

Griechisches Auswilderungszentrum (Elliniko Kentro Perithalpsis Agrion Zoön; ☎22970 28367; www.ekpaz.gr; ⏲10–19 Uhr) Freut sich immer über freiwillige Helfer in Ägina, vor allem im Winter. Weitere Informationen auf S. 370.

Griechische Gesellschaft zum Schutz der Meeresschildkröten (☎/Fax 210 523 1342; www.archelon.gr; Solomou 57, Exarhia, Athen) Überwacht Schildkröten auf dem Peloponnes.

WWOOF (World Wide Opportunities on Organic Farms; www.wwoof.org/independents.asp) Freiwilligenarbeit auf einem von rund 35 Bauernhöfen in Griechenland.

Botschaften & Konsulate

Diplomatische Vertretungen Griechenlands im Ausland:

Deutschland (☎30/206 260; www.griechische-botschaft.de, Jägerstraße 54/55, 10117 Berlin)

Österreich (☎1-506150; www.griechische-botschaft.at, Argentinierstraße 14, 1040 Wien)

Schweiz (☎31-356 1414; Laubeggstrasse, Bern 3006)

Alle Botschaften in Griechenland sind in oder um Athen angesiedelt.

Deutschland (☎21072 85111; www.athen.diplo.de; Dimitriou 3, Ecke Karaoli, Kolonaki, Athen GR-10675)

Österreich (☎21072 57270; Leoforos Alexandras 26, GR Athen)

Schweiz (☎21072 30364; Iassiou 2, GR Athen)

Ermäßigungen

Camping Card International (CCI; www.campingcardinternational.com) bietet bis zu 25 Prozent Rabatt auf Campinggebühren und eine entsprechende Versicherung.

Euro26 (www.euro.26) Diese Karte erhalten alle, die das 30. Lebensjahr noch nicht

Elektrizität

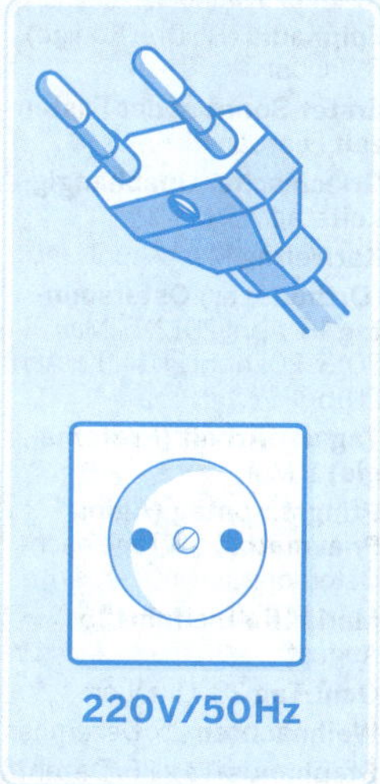

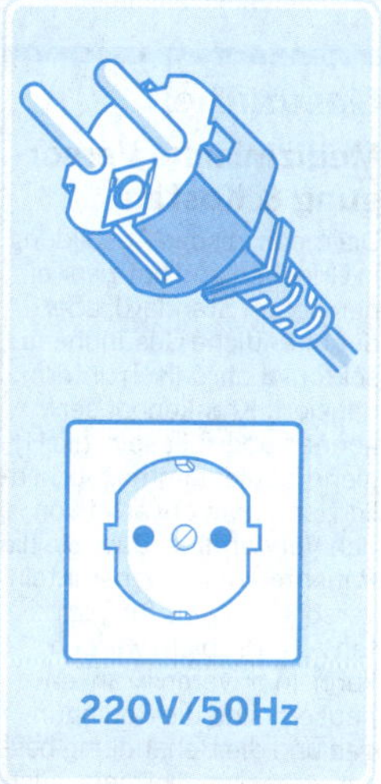

vollendet haben; mit ihr bekommt man bis zu 20 Prozent Ermäßigung bei Sehenswürdigkeiten, in Shops und in manchen öffentlichen Verkehrsmitteln. Sie wird auch in Reisebüros in Athen verkauft, wo man einen Altersnachweis, ein Foto und 14 € mitbringen muss. Auf www.isic.org und www.euro26.org stehen weitere Einzelheiten.

Internationaler Studentenausweis (ISIC; www.isic.org) Mit dieser Karte kostet der Eintritt in Museen und antiken Stätten nur die Hälfte; in einigen Budget-Hotels und Hostels gibt's auch Ermäßigungen. Erhältlich bei Reisebüros in Athen. Um sich einen zu besorgen, einen Nachweis des Studentenstatus, ein Passfoto und 10 € mitbringen.

Seniorenkarten Rentner aus der EU mit entsprechendem Nachweis erhalten diverse Vergünstigungen, wie ermäßigten Eintritt zu den antiken Stätten und Museen sowie Ermäßigungen bei Bus und Bahn.

Fotos & Video

» Digitale Speicherkarten gibt es in allen Kamerageschäften.

» Filme sind auch noch im Handel, sie können allerdings in kleineren Städten teuer sein.

Einschränkungen & Etikette

» Militärische Einrichtungen und alles andere, was mit einem Verbotsschild bezüglich Fotografie versehen ist, darf nicht fotografiert werden.

» In Kirchen sind keine Aufnahmen mit Blitzlicht erlaubt, und es ist verpönt, den Hauptaltar zu fotografieren.

» Die Griechen lassen sich normalerweise sehr gerne ablichten, aber besser vorher fragen.

» An archäologischen Stätten darf kein Stativ aufgestellt werden, da man damit als „Profi" gilt.

Frauen unterwegs

Viele Frauen reisen alleine durch Griechenland. Die Kriminalitätsrate ist relativ gering, und das Alleinereisen ist hier womöglich sicherer als in den meisten anderen europäischen Ländern. Das soll nicht heißen, dass frau nicht aufpassen sollte; Taschendiebstähle und Vergewaltigungen gibt es auch hier, besonders in Partyresorts und auf den Inseln.

Das größte Ärgernis für ausländische Frauen, die alleine unterwegs sind, sind die Kerle, die von den Griechen *kamaki* genannt werden. Das Wort bedeutet „Dreizack" und spielt auf die Lieblingsbeschäftigung der *kamaki* an: ausländische Frauen „angeln". Frau findet sie überall dort, wo es viele Touristen gibt: (größtenteils) junge, schön redende Kerle, die kein bisschen schüchtern dabei sind, Frauen auf der Straße anzusprechen. Sie können sehr ausdauernd sein, aber normalerweise sind sie eher nervig als bedrohlich. Die meisten griechischen Männer behandeln ausländische Frauen respektvoll.

Geld

Geldautomaten

Geldautomaten gibt es in jeder Stadt, die groß genug für eine Bank ist, außerdem in fast allen Touristenregionen. Mit einer MasterCard oder Visa hat man so viele Möglichkeiten zum Geldabheben, Cirrus- und Maestro-Karten werden in allen großen Städten und Touristenregionen akzeptiert. Auf den Inseln verlieren die Geldautomaten manchmal für einen oder zwei Tage die Verbindung, wodurch das Abheben für alle (auch Einheimische) unmöglich wird. Deshalb besser nicht erst in letzter Minute zum Automaten zu gehen.

Geldwechselautomaten gibt's in allen größeren Touristenregionen; sie akzeptieren alle wichtigen europäischen Währungen und sind in Notfällen sinnvoll, wenn auch teuer.

Bargeld

Bargeld ist am praktischsten – und auch am riskantesten. Wenn man sein Bargeld verliert, ist es weg, und kaum eine Reiseversicherung hilft

GELD ABHEBEN

Viele Bankautomaten blockieren die Karten automatisch im Rahmen der Betrugsbekämpfung, nachdem man zum ersten Mal im Ausland Geld abgehoben hat. Damit dies nicht geschieht, sollte man seine Bank im Voraus über die Reisepläne informieren.

einem dann noch weiter. Wenn doch, dann ist der Betrag normalerweise begrenzt (auf etwa 300 €). Am besten also nur so viel Bargeld mit sich herumtragen, wie man für die nächsten paar Tage braucht. Als Notgroschen ist es sinnvoll, einen kleineren Betrag parat zu haben, vielleicht 100 €.

In kleineren griechischen Geschäften scheint Wechselgeld Mangelware zu sein. Beim Einkauf von kleineren Produkten den Betrag daher am besten in Münzen bereithalten.

Kreditkarten

Kreditkarten werden heutzutage fast in allen Geschäften in Griechenland akzeptiert, wenn auch nicht unbedingt auf den kleineren Inseln und in Dörfern. In größeren Orten können Kreditkarten in Spitzenhotels, Restaurants und Geschäften eingesetzt werden. Einige C-Klasse-Hotels akzeptieren Kreditkarten, Hotels der Klassen D und E tun dies jedoch selten.

Die wichtigsten Kreditkarten, die fast überall in Griechenland angenommen werden, sind MasterCard und Visa. Mit ihnen kann man auch – wie zu Hause – an den Geldautomaten von angeschlossenen griechischen Banken Geld abheben. Die täglichen Auszahlungslimits sind von der jeweiligen Bank geregelt, und die Auszahlungen sind nur in Euro möglich. American Express und Diners Club sind in Touristenregionen verbreitet, ansonsten aber recht unbekannt.

Trinkgeld

In Restaurants ist der Service normalerweise in den Gesamtbetrag mit einberechnet, und Trinkgeld wird zwar nicht erwartet, ist aber natürlich immer gerne gesehen und sollte gegeben werden, wenn man zufrieden war. Im Taxi den Betrag in der Regel aufrunden. Hotelpagen oder Stewards auf den Fähren erwarten als Zeichen der Dankbarkeit zwischen 1 und 3 €.

Reiseschecks

Der Hauptgrund für die Mitnahme von Reiseschecks ist, dass sie im Gegensatz zu Bargeld größere Sicherheit bei Diebstahl bieten. Sie werden jedoch immer seltener verwendet, da viele Reisende ihr Geld lieber zu Hause in der Bank deponieren und unterwegs von Geldautomaten abheben.

Reiseschecks von American Express, Visa und Thomas Cook werden weitestgehend akzeptiert und, wenn notwendig, auch schnell ersetzt. Man sollte sich unbedingt die Schecknummern sowie Ort und Datum der Einlösung an separater Stelle notieren, um im Schadensfall Ersatz fordern zu können.

Gesetzliche Feiertage

» Alle Banken und Geschäfte sowie die meisten Museen und antiken Stätten sind an gesetzlichen Feiertagen geschlossen.

» Viele Touristenattraktionen (einschließlich der antiken Stätten in Athen) sind am ersten Sonntag im Monat kostenlos zugänglich – mit Ausnahme von Juli und August. An anderen lokalen Feiertagen ist der Eintritt mitunter auch frei, auch wenn dies innerhalb des Landes unterschiedlich gehandhabt wird.

Nationale gesetzliche Feiertage:

Neujahr 1. Januar

Epiphania (Hl. Drei Könige) 6. Januar

Erster Sonntag der Fastenzeit Februar

Griechischer Unabhängigkeitstag 25. März

Karfreitag März/April

(Orthodoxer) Ostersonntag 15. April 2012, 5. Mai 2013, 20. April 2014, 12. April 2015

Tag der Arbeit (Protomagia) 1. Mai

Pfingstmontag (Agiou Pnevmatos) 50 Tage nach Ostersonntag

Mariä Himmelfahrt 15. August

Ochi-Tag 28. Oktober

Weihnachten 25. Dezember

Stephanus-Tag 26. Dezember

Gesundheit

Medizinische Versorgung & Kosten

Die medizinische Ausbildung in Griechenland hat zwar einen hohen Standard, aber der öffentliche Gesundheitssektor ist chronisch unterfinanziert. Krankenhäuser können überfüllt sein, die Hygiene ist nicht immer vorbildlich, und man erwartet von den Verwandten, dass sie die Patienten mit Lebensmitteln versorgen – was für Touristen zum Problem werden kann. In privaten Krankenhäusern sind die Bedingungen und die Behandlung besser – sie sind allerdings auch teuer. All dies bedeutet, dass eine gute Krankenversicherung ein Muss ist.

» Der Notarzt hat in Griechenland die Nummer ☎166.

» Auf jeder Insel gibt's mindestens einen Arzt, und die größeren Inseln haben auch Krankenhäuser.

» Apotheken verkaufen Medikamente, die in den meisten anderen europäischen Ländern nur auf Rezept erhältlich sind.

» Bei kleineren Beschwerden kann einem der Apotheker weiterhelfen.

Umweltgefahren

» Zu den gefährlichen Schlangen zählen einige Natter- und Viperarten. Um das Risiko eines Schlangenbisses zu minimieren, am besten immer Stiefel, Socken und lange Hosen tragen, wenn man durchs Unterholz läuft, in dem möglicherweise Schlangen leben.

» Stechmücken können nerven, es besteht aber glücklicherweise keine Gefahr, sich mit Malaria zu infizieren. Ein in die Steckdose eingesteckter Insektenschutz hilft in der Regel, die Insekten nachts auf Abstand zu halten. Am besten Unterkünfte mit Fliegengittern vor den Fenstern aussuchen. Einige Stechmücken in Nordgriechenland können heftige Reaktionen hervorrufen. Die Asiatische Tigermücke *(Aedes albopictus)* lebt in bergigen Regionen; sie greift tagsüber an und kann verschiedene Viren übertragen, darunter die Östliche Pferdeenzephalomyelitis, die das zentrale Nervensystem angreifen und starke Komplikationen und gar den Tod zur Folge haben kann. Tagsüber helfen Insektenabwehrspray oder -creme.

Versicherung

Als EU-Bürger deckt eine Europäische Krankenversicherungskarte (EHIC; ehemals E111) den Großteil der medizinischen Versorgung ab, aber keinen Kranken-Rücktransport oder Situationen, die keine Notfälle sind. In Deutschland und der Schweiz stellen die örtlichen Krankenkassen die Karte aus. In Österreich ist sie in der e-card beinhaltet. Wer eine Krankenversicherung benötigt, sollte darauf achten, dass er im schlimmstmöglichen Fall gut abgesichert ist, beispielsweise nach einem Unfall, der einen Notfallrückflug erfordert. Am besten vor Reiseantritt informieren, ob die Versicherung den Leistungserbringer direkt bezahlt oder ob sie die Kosten für medizinische Pflege im Ausland später rückerstattet.

Eine weltweite Reiseversicherung bekommt man unter www.lonelyplanet.com/travel_services. Diese kann man online kaufen, verlängern und bei Ansprüchen kontaktieren – selbst wenn man bereits unterwegs ist.

Wasser

Leitungswasser ist in Griechenland meistens trinkbar, aber nicht immer in kleinen Dörfern und auf manchen der Inseln. Am besten immer vor Ort nachfragen, ob das Wasser trinkbar ist, und im Zweifel abgekochtes oder gekauftes Wasser trinken. Selbst wenn das Wasser als sicher gilt, können die enthaltenen Substanzen und Bakterien für unseren Körper ungewohnt sein und Erbrechen oder Durchfall auslösen. Abgefülltes Wasser ist überall erhältlich.

Internetzugang

Das Internet ist mittlerweile auch in Griechenland weit verbreitet. Die Zahl der Hotels und Unternehmen, die das Internet nutzen, ist stark angestiegen, und es gibt überall Internetcafés. Viele Hotels bieten auch einen WLAN-Zugang, auch wenn sich die Hotspots häufig in der Lobby und nicht auf den Zimmern befinden. Viele Cafés bieten ebenfalls WLAN an.

Karten

Wer nicht vorhat zu wandern oder Auto zu fahren, für dem dürften die kostenlosen Karten von den Touristenbüros der EOT genügen, auch wenn sie nicht immer 100 Prozent korrekt sind. Die besten Karten gibt der griechische Verlag **Road Editions** (☎210 345 5575; www.road.gr; Kozanis 21, Ecke Amfipoleos, Votanikos, Athen) heraus, die in Zusammenarbeit mit dem geografischen Dienst der griechischen Arme erstellt werden. Für Auto- oder Motorradfahrer ist die 1:250.000-Serie besonders interessant, die Thrakien, Makedonien, Thessalien und Epiros, Zentralgriechenland, die Peloponnes und Kreta abdeckt. Der Verlag gibt auch eine Serie zu den griechischen Inseln und eine zu den griechischen Bergen heraus, die für ernsthafte Wanderer unerlässlich ist.

Wanderer sollten sich auch die von **Anavasi** (☎210 321 8104; www.mountains.gr; Stoa Arsakiou 6a, Athen) herausgegebene *Topo*-Serie ansehen, die mit belastbarem laminierten Papier und detaillierten Wanderwegen für viele der Ägäisinseln versehen ist. **Emvelia** (☎210 771 7616; www.emvelia.gr; Navarinou 12, Athen) veröffentlicht detaillierte Karten, beispielsweise einige ausgezeichnete Stadtpläne der Hauptstädte der Region, die alle mit einem praktischen Indexbüchlein ausgestattet sind. Alle Karten können online oder vor Ort in den größeren Buchläden erworben werden.

Öffnungszeiten

Die Öffnungszeiten können zwar je nach Saison, Wochentag oder Laune des Besitzers unterschiedlich sein, aber es ist dennoch möglich, einige generelle Aussagen zu treffen. Zwar hat die Regierung einheitliche Öffnungszeiten für die wichtigsten Sehenswürdigkeiten eingerichtet, aber zum Zeitpunkt der Recherche für diese Ausgabe waren sie aufgrund ungeklärter Personal- und Lohnfragen recht unterschiedlich. Vor einem Besuch sollte man sich immer doppelt vergewissern, ob man die richtigen Zeiten kennt.

GENERELLE ÖFFNUNGSZEITEN

Die Einträge in diesem Buch enthalten keine Öffnungszeiten, außer wenn sie von den hier genannten abweichen.

ORT	ÖFFNUNGSZEITEN
Banken	Mo–Do 8–14.30, Fr 8–14 Uhr
Bars	ab 20 Uhr
Cafés	10–24 Uhr
Clubs	22–4 Uhr
Postämter	(auf dem Land) Mo–Fr 7.30–14 Uhr; (in der Stadt) Mo–Fr 7.30–20, Sa 7.30–14 Uhr
Restaurants	11–15 & 19–1 Uhr
Geschäfte	Mo, Mi & Sa 8–15, Di, Do & Fr 8–14.30 & 17–20.30 Uhr (auf Kreta: Mo–Sa 9–14 Uhr, Di, Do & Fr machen die Geschäfte nachmittags gegen 17.30 Uhr noch einmal auf und bleiben bis 20.30 oder 21 Uhr geöffnet; im Sommer haben Geschäfte in Resorts ganztägig geöffnet)

Rauchen

Im Juli 2009 traten in Griechenland Nichtraucherschutzgesetze in Kraft, die denen der meisten anderen EU-Länder ähneln. Seitdem darf in öffentlichen Gebäuden nicht mehr geraucht werden; die Strafgebühren müssen deren Inhaber zahlen. Die Griechen zählen mit zu den stärksten Rauchern in Europa; es ist also eine Herausforderung, diese Gesetze durchzusetzen, und in entlegeneren Gegenden gelten sie oft nur auf dem Papier.

Rechtsfragen

Verhaftungen

Es ist sinnvoll, seinen Ausweis bei sich zu haben, falls man von der Polizei angehalten und befragt wird. Griechische Staatsbürger müssen sich jederzeit ausweisen können, und bei Touristen erwartet die Polizei das Gleiche. Wer verhaftet wird, sollte auf Hinzuziehung eines Dolmetschers (*the*- lo dhi-er-mi-*nea*) und/oder eines Rechtsanwalts (*the* -lo dhi-ki-*go*-ro) bestehen.

Drogen

Die griechischen Drogengesetze sind die strengsten in ganz Europa. Griechische Gerichte unterscheiden nicht zwischen Besitz und Handel. Der Besitz selbst einer kleinen Menge Marihuana führt ziemlich wahrscheinlich ins Gefängnis.

Reisen mit Behinderung

Dank der Olympischen Spiele ist das Reisen mit Behinderung in den letzten Jahren einfacher geworden. Die Verbesserungen machen sich hauptsächlich in der Landeshauptstadt Athen bemerkbar, wo die Sehenswürdigkeiten, Hotels und Restaurants nun besser zugänglich sind. Der Rest von Griechenland ist weiterhin kaum rollstuhlgerecht, und die zahlreichen Steine, der Marmor, das rutschige Kopfsteinpflaster und die mit Stufen versehenen Gassen stellen eine weitere Herausforderung dar. Seh- und hörbehinderte Menschen werden ebenfalls kaum bedacht.

Wer vor der Reise sorgfältig plant, kann jedoch gut zurechtkommen. Die britische **Royal Association for Disability & Rehabilitation** (Radar; ☎020 7250 3222; www.radar.org.uk; 12 City Forum, 250 City Rd, London EC1V 8AF) veröffentlicht einen nützlichen Führer namens *Holidays & Travel Abroad: A Guide for Disabled People*, der einen guten Überblick über die verfügbaren Hilfen für Reisende mit Behinderung in Europa bietet. Hilfe gibt es u.a. auch auf der Website von **Mobility International Schweiz** (www.mis-infothek.ch). Reiseberatung bietet die Webseite **www.handicap-network.de** unter der Rubrik Reisen an. Es gibt auch Reiseveranstalter wie **runa reisen** (☎05204/888 316; www.runa-reisen.de), die auf Reisende mit Behinderung spezialisiert sind und die Reiseziele in Griechenland im Angebot haben. Die Website **www.greecetrave.com/handicapped** listet lokale Artikel, Ferienorte und Reisegruppen für körperlich behinderte Reisende. Einige Optionen:

Sailing Holidays (www.charterayachtingreece.com/DRYachting/index.html). Zweitägige bis zweiwöchige Segeltörns um die griechischen Inseln auf barrierefreien Yachten.

Sirens Resort (www.hotelsofgreece.com/central/loutraki/sirens-wheelchair-accessable-resort/index.html; Loutraki, Skaloma, Zentralgriechenland) ist ein familienfreundliches Resort mit barrierefreien Apartments, Touren und Rampen ins Meer.

Schwule & Lesben

In einem Land, in dem die Kirche noch immer großen Einfluss auf die Ansichten der Gesellschaft zu Themen wie Sexualität hat, ist es wohl wenig überraschend, dass Homosexualität von vielen Einheimischen kritisch betrachtet wird – insbesondere außerhalb der großen Städte. Es gibt zwar keine Gesetze gegen Homosexualität, aber man sollte sich diskret verhalten.

Einige Gegenden in Griechenland sind jedoch extrem beliebte Reiseziele für Schwule und Lesben. Die Schwulenszene in Athen ist lebendig, aber die meisten Schwulen und Lesben zieht es auf die Inseln: Mykonos ist seit Langem berühmt für seine Bars, Strände und den allgemeinen Hedonismus, und auch auf Skiathos gibt's einige Schwulentreffs. Die Insel Lesbos (Mytilini) ist als Geburtsort der Dichterin Sappho zu einer Art Pilgerstätte für viele Lesben geworden.

Der von Bruno Gmünder (Berlin) herausgegebene *Spartacus International Gay Guide* gilt als führende Instanz der schwulen Reiseführer. Das Kapitel Griechenland bietet eine Fülle an Informationen zu schwulen Treffpunkten von Alexandropolis bis Xanthi. Auch im Internet findet man viele Infos, z. B. auf **Gayscape** (www.gayscape.com/gre.html).

Sicheres Reisen

Gepantschte & mit Drogen versetzte Drinks

In einigen Bars und Clubs von Athen sowie in Resorts, die für ihre Partys bekannt sind, bekommt man gepantschte Drinks (*bombes*) serviert. Diese werden mit billigen illegalen Importen verdünnt, und am nächsten Tag fühlt man sich einfach nur schlecht.

In einer ganzen Reihe von Partyresorts, die auf große und konsumfreudige Pauschalreisegruppen ausgelegt sind, hört man immer wieder von gepantschten Drinks; unbedingt immer die Hand über das Glas halten! Die Täter sind in den meisten Fällen ausländische Touristen und nicht die Einheimischen.

Touristenpolizei

Die Touristenpolizei arbeitet mit der normalen griechischen Polizei zusammen. In jeder Niederlassung der Touristenpolizei gibt es mindestens einen Englisch sprechenden Mitarbeiter. Hotels, Restaurants, Reisebüros, Touristenshops, Reiseführer, Kellner, Taxifahrer und Busfahrer fallen in den Kompetenzbereich der Touristenpolizei. Wer sich darüber beschweren möchte, kann dies bei der Touristenpolizei melden, die dann Nachforschungen anstellen wird. Wer einen Diebstahl oder einen verlorenen Ausweis melden muss, sollte zuerst zur Touristenpolizei gehen, die später bei der normalen Polizei als Dolmetscher behilflich ist.

Telefon

Der griechische Telefondienst wird vom Telekommunikationsunternehmen OTE (Aussprache: o-*teh*; Organismos Tilepikoinonion Ellados) zur Verfügung gestellt. Öffentliche Telefone gibt es so ziemlich überall, beispielsweise auch an unglaublich entlegenen Stellen. Die Telefone sind einfach zu bedienen, und man kann damit Orts-, Fern- und internationale Gespräche tätigen. Wenn man das „i" oben links auf der Zahlentastatur drückt, erscheint die Bedienungsanleitung in englischer Sprache. Hinweis: Bei allen Gesprächen innerhalb Griechenlands muss die Vorwahl mit eingegeben werden (alle griechischen Telefonnummern sind zehnstellig).

Handys

Zu den größeren griechischen Mobilfunkanbietern gehören Panafon, CosmOTE und Wind. Von den dreien scheint CosmOTE die beste Abdeckung in entlegeneren Gebieten zu haben. Alle drei Unternehmen bieten 2G-Konnektivität und „Pay-as-you-talk"-Tarife an, bei denen man eine wiederaufladbare SIM-Karte kauft und eine eigene griechische Handynummer bekommt. Handy-Telefonieren während des Autofahrens ist in Griechenland verboten, außer man benutzt eine Freisprechanlage oder ein Headset. Einzelheiten zur Nutzung eines eigenen Handys in Griechenland siehe S. 16.

Telefonkarten

Die öffentlichen Fernsprecher funktionieren alle mit OTE-Telefonkarten *telekarta*, nicht mit Münzen. Diese Karten gibt's in *periptera* (Straßenkiosken), kleinen Läden und Touristenshops. Ein Ortsgespräch kostet für drei Minuten etwa 0,30 €.

Es gibt auch immer mehr Billiganbieter in diesem Bereich: Hierfür wählt man einen Zugangscode und gibt anschließend die Kartennummer ein. Die OTE-Version dieser Karte heißt „Chronokarta". Die Karten sind mit griechischer und englischer Anleitung versehen, und die Gesprächszeit ist im Vergleich zu den üblichen Telefonkartengebühren enorm.

Toiletten

» In Griechenland gibt es fast überall normale Toiletten, besonders in Hotels und Restaurants, in denen auch Touristen verkehren. Gelegentlich befinden sich in älteren Gebäuden, *kafeneia* und auf öffentlichen Toiletten Bodenlöcher (Plumpsklos) im asiatischen Stil, auf denen man sein Geschäft im Kauern verrichtet.

» Öffentliche Toiletten sind selten, außer an Flughäfen, Bahn- und Busbahnhöfen. Cafés sind die beste Lösung, wenn es einmal dringend wird, aber es wird erwartet, dass man dann auch etwas kauft oder verzehrt.

» Eine Besonderheit des griechischen Abwassersystems ist, dass die Rohre anscheinend so eng sind, dass sie kein Toilettenpapier verkraften. Alles, was größer ist als eine Briefmarke, scheint Probleme zu verursachen. Toilettenpapier etc. entsorgt also am besten in dem kleinen Eimer, der neben jeder Toilette aufgestellt ist.

Touristeninformation

Die Touristeninformation heißt im Ausland GNOT (Greek National Tourist Organisation) und vor Ort EOT (Ellinikos Organismos Tourismou). Die Qualität des Service variiert drastisch von Büro zu Büro: In manchen gibt es Unmengen an Informationen, in anderen muss man froh sein, jemanden hinter dem Schreibtisch zu finden. EOT-Niederlassungen gibt es in allen größeren Touristenorten, auch wenn diese zunehmend ergänzt oder gar von den Touristenbüros der örtlichen Gemeinde ersetzt werden (wie auf der Peloponnes geschehen).

Die Touristenpolizei (S. 887) übernimmt teilweise auch die Funktionen der EOT- und städtischen Touristenbüros, indem sie Karten und Broschüren verteilt und Informationen zum öffentlichen Transportsystem gibt. Sie kann auch oft bei der Suche nach einer Unterkunft helfen.

Unterkunft

Griechenland bietet Unterkünfte für jeden Geschmack und Geldbeutel. Alle Übernachtungsmöglichkeiten unterliegen strengen Preisregulierungen durch die Touristenpolizei. Das Gesetz schreibt einen Hinweis in jedem Zimmer vor, der die Zimmerkategorie und den berechneten Preis für die Saison angibt. Die Preise für Unterkünfte in Griechenland lassen sich nur schwer verallgemeinern, da sie komplett von der Saison und dem Standort abhängen. Auf einer der Inseln zahlt man sicher nicht den gleichen Preis für ein Doppelzimmer wie in Zentralgriechenland oder Athen.

Außerdem wissenswert in Sachen Hotelpreise:

» Preise beinhalten 4,5 Prozent Kommunalsteuer und 8 Prozent Umsatzsteuer.

» Bei Aufenthalten von weniger als drei Tagen wird manchmal ein Aufpreis von 10 Prozent berechnet.

» Eine obligatorische Gebühr von 20 Prozent wird für ein zusätzliches Bett erhoben (ist das Bett für ein Kind, wird diese Gebühr häufig erlassen).

» Im Juli und August kosten Unterkünfte den Maximalpreis.

» Im Frühjahr und im Herbst können die Preise um 20 Prozent sinken, und in der Winterzeit werden sie sogar noch günstiger.

» Es kommt selten zu Abzocken, aber wer vermutet, übers Ohr gehauen worden zu sein, sollte es der Touristenpolizei oder der normalen Polizei melden, die sich schnell darum kümmert.

Camping

Camping ist besonders im Sommer eine gute Option. Es gibt in fast allen Regionen und auf fast allen Inseln (mit Ausnahme der Inseln im Saronischen Golf) an die 350 Campingplätze. Zur Standardausstattung gehören warme Duschen, Küchen, Restaurants, Minimärkte – oft auch ein Swimmingpool.

Die meisten Campingplätze sind nur zwischen April und Oktober geöffnet. Die **Panhellenic Camping Association** (☎/Fax 210 362 1560; www.panhellenic-camping-union.gr; Solonos 102, Exarhia, Athen) bringt jedes Jahr ein Büchlein heraus, das alle zugehörigen Campingplätze, deren Ausstattung und die Öffnungsmonate auflistet.

Wer im Hochsommer zelten möchte, sollte ein silbernes Überdach mitbringen, um die Hitze fernzuhalten (die dunklen Zelte, die in kälteren Ländern angesagt sind, werden zu wahren Saunahütten). Zwischen Mai und Mitte September ist es warm genug, um unter den Sternen zu schlafen. Auf vielen Campingplätzen gibt's überdachte Bereiche, wo man im Sommer ohne Zelt schlafen kann; ein dünner Schlafsack genügt schon. Gut sind eine Isomatte zum Drauflegen und eine wasserdichte Abdeckung für den Schlafsack.

Einige weitere Punkte:

» Zwischen Mitte Juni und Ende August sind die Campinggebühren am höchsten.

» Campingplätze berechnen 5 bis 7 € pro Erwachsenem und 3 bis 4 € für Kinder zwischen vier und zwölf Jahren.

» Jüngere Kinder wohnen kostenlos.

» Zeltplätze kosten ab 4 € pro Nacht für kleine Zelte und ab 5 € pro Nacht für große.

» Wohnwagenplätze fangen bei etwa 6 € an; Autos kosten normalerweise 4 bis 5 €.

Domatia

Domatia (wörtlich „Zimmer") sind das griechische Gegenstück zur deutschen Frühstückspension, nur ohne das Frühstück. Früher waren *domatia* praktisch kaum mehr als Extrazimmer in Familienhäusern, die im Sommer an Reisende vermietet wurden; heute sind sie oft extra angefertigte Anbauten. Einige sind mit voll ausgestatteten Küchen versehen. Die Sauberkeitsstandards sind generell hoch.

Domatia zählen zu den beliebtesten Optionen für Budgetreisende. Einzelzimmer kosten zwischen 25 und 50 €, Doppelzimmer 35 bis 65 €, je nachdem, ob ein eigenes Badezimmer vorhanden ist und abhängig von der Reisezeit und der Aufenthaltsdauer. *Domatia* gibt es auf dem gesamten Festland (mit Ausnahme der großen Städte) und auf fast jeder Insel mit sesshafter Bevölkerung. Viele *domatia* sind nur zwischen April und Oktober geöffnet.

Zwischen Juni und September strömen die *domatia*-Inhaber aus und jagen nach Kundschaft. Sie warten an Bussen und Booten, rufen „Room, room!" und haben oft Fotos ihrer Zimmer dabei. In der Hauptsaison kann es sich als Fehler herausstellen, ein Angebot abzulehnen – aber unbedingt vorsichtig werden, wenn die Inhaber keine genauen Angaben über den Ort ihrer Unterkunft machen wollen.

Jugendherbergen

Die meisten Jugendherbergen in Griechenland werden von der **Greek Youth Hostel Organisation** (☎210 751 9530; www.athens-yhostel.com; Damareos 75, Pangrati, Athen) betrieben. Auf dem Festland gibt's zugehörige Hostels in Athen, Olympia, Patras und Thessaloniki, und auf den Inseln auf Kreta und Santorin.

Die Preise liegen zwischen 10 und 20 € für ein Bett im Schlafsaal, und es ist keine Voraussetzung, Mitglied zu sein, um hier übernachten zu dürfen. Manche haben eine Sperrstunde.

Hotels

Hotels in Griechenland sind in sechs Kategorien eingeteilt: Deluxe, A, B, C, D und E. Hotels werden nach Zimmergröße kategorisiert und danach, ob sie eine Bar haben und wie das Verhältnis von Badezimmern zu Betten ist. Eigenschaften, die den Gästen wohl wichtiger sein dürften – Sauberkeitsstandards, Bequemlichkeit der Betten und Freundlichkeit des Personals – spielen dabei keine Rolle.

» A- und B-Klasse-Hotels weisen zahlreiche Annehmlichkeiten wie eigene Badezimmer und durchgehend heißes Wasser auf. Die Preise liegen zwischen 50 und 85 € für Einzelzimmer und beginnen bei 90 € für Doppelzimmer.

PREISE

Die Unterkünfte sind im gesamten Buch nach Preisen sortiert; Grundlage ist der Preis für ein Doppelzimmer in der Hauptsaison (Mai bis August). Die Zimmer haben normalerweise eigene Bäder, außer wenn dies explizit angegeben ist.

» € unter 60 € (unter 80 € in Athen)

» €€ 60 – 150 €

» €€€ über 150 €

» C-Klasse-Hotels verfügen über eine Snackbar und Zimmer mit eigenen Badezimmern, aber das Warmwasser ist teilweise nur zu gewissen Tageszeiten verfügbar; die Preise reichen von 35 bis 60 € für Einzelzimmer in der Hauptsaison und von 45 bis 80 € für ein Doppelzimmer.

» In Hotels der Klasse D haben die wenigsten Zimmer ein eigenes Bad, und manche der Hotels heizen ihr Wasser mit Solarenergie auf, was bedeutet, dass es keine Garantie für Warmwasser gibt. Die Preise sind vergleichbar mit *domatia*.

» In E-Klasse-Hotels nutzt man Gemeinschaftsbadezimmer, und Warmwasser kostet extra. Die Preise sind vergleichbar mit günstigen *domatia*.

Berghütten

Auf dem Festland, auf Kreta und Euböa stehen insgesamt 55 Berghütten für Übernachtungsgäste zur Verfügung. Von kleinen Hütten mit Freilufttoilette und ohne Kochgelegenheit bis hin zu sehr komfortablen und modernen Häuschen ist alles dabei. Betrieben werden sie von den diversen Bergwander- und Skivereinen des Landes. Preislich geht's – je nach Einrichtung – bei 7 € pro Person los. Die Veröffentlichung der EOT namens *Greece: Mountain Refuges & Ski Centres* listet Einzelheiten zu jeder Hütte; die Broschüre liegt in allen EOT-Filialen aus (siehe S. 888).

Pensionen

Pensionen sind nicht von Hotels zu unterscheiden. Sie sind in die Klassen A, B und C eingeteilt. Eine Pension der Klasse A entspricht von Einrichtung und Preis einem B-Klasse-Hotel, eine B-Klasse-Pension entspricht einem C-Klasse-Hotel, und eine Pension der C-Klasse entspricht einem Hotel der Klasse D oder E.

Ferienwohnung

Eine sehr praktische Methode, um Geld zu sparen und komfortabel zu wohnen, ist das Anmieten einer möblierten Wohnung oder Villa. Viele wurden extra für Touristen erbaut, andere – insbesondere Villen – sind oft die Eigenheime ihrer Besitzer, die diese jedoch nicht nutzen. Der Hauptvorteil ist, dass man mehrere Leute

UNTERKÜNFTE ONLINE BUCHEN

Mehr Bewertungen und Empfehlungen zu Unterkünften von den Lonely Planet Autoren gibt's unter hotels.lonelyplanet.com/Greece. Hier gibt's unabhängige Berichte und Empfehlungen zu den besten Unterkünften. Und das Beste daran: Die Buchung kann gleich online erledigt werden.

unter einem Dach unterbringen kann; dank Selbstversorgung lässt sich auch Geld sparen. Diese Option eignet sich am besten für Aufenthalte ab drei Tagen. Einige der Inhaber bestehen gar auf einem Mindestaufenthalt von einer Woche. Eine gute Website für Villen ist www.greekislands.com.

Wer auf der Suche nach einer langfristigen Bleibe ist, sollte die Anzeigen der *Athens News* (www.athensnews.gr/ classifieds) – durchstöbern – die meisten Mietangebote, die dort zu finden sind, beziehen sich allerdings auf Athen. Wohnungen in ländlichen Gegenden und auf den Inseln sind am besten auf lokalen Webseiten zu finden.

Visa

Alle Staatsbürger von EU-Staaten sowie der Schweiz können bis zu drei Monate ohne Visum in Griechenland bleiben. Aktuelle Infos gibt's bei den griechischen Botschaften. Für die Staatsbürger vieler anderer Länder gilt eine Visumpflicht. Für einen längeren Aufenthalt beziehungsweise eine Visumverlängerung gelten besondere Bestimmungen, die man aber durch eine kurze Ausreise in ein Nachbarland und eine erneute Einreise umgehen kann.

Visaverlängerungen

Wer länger als drei Monate in Griechenland bleiben möchte, sollte sich an ein Konsulat wenden oder mindestens 20 Tage im Voraus an das **Ausländeramt** (Karte S. 126–127; ☎210 770 5711; Leoforos Alexandras 173, Ambelokipi, Athen; ⏲Mo–Fr 8–13 Uhr) in der Athener Hauptpolizeiwache. Man braucht dort seinen Ausweis und vier Passbilder. Möglicherweise muss man dort nachweisen, dass man sich finanziell selbst tragen kann, daher sollte man seine Kontoauszüge aufheben. Andernorts in Griechenland wendet man sich an die lokale Polizeiwache. Man erhält eine Aufenthaltsgenehmigung für die Dauer von bis zu sechs Monaten.

Wer sein Visum überzieht, dem wird beim Verlassen eine gehörige Strafgebühr aufgebrummt.

Zeit

Ganz Griechenland folgt einer einzigen Zeitzone. Sie ist der Mitteleuropäischen Zeit ganzjährig eine Stunde voraus.

Zoll

Innerhalb der EU gelten keine Beschränkungen mehr auf Waren für den eigenen, privaten Verbrauch. Gelegentlich werden stichprobenartig Durchsuchungen auf Drogen durchgeführt. Die Importbestimmungen für Medikamente sind streng, und man sollte sich eine Bestätigung von seinem Hausarzt ausstellen lassen, bevor man nach Griechenland aufbricht. Es ist beispielsweise illegal, Codein nach Griechenland einzuführen, wenn man keine entsprechende Bescheinigung von seinem Arzt vorlegen kann.

Antiquitäten, die über 100 Jahre alt sind, dürfen ohne entsprechende Genehmigung grundsätzlich nicht exportiert werden. Nur Drogenschmuggel wird härter bestraft. Selbst das Entwenden eines sehr kleinen Gegenstands von einer Ausgrabungsstätte gilt als Gesetzesverstoß. Exporterlaubnisse erteilt die Abteilung für Antiquitätenhändler und Privatsammlungen beim **Archäologischen Dienst Athen** (Polygnotou 13, Plaka, Athen).

Fahrzeuge

Autos dürfen bis zu einer Dauer von sechs Monaten ohne Carnet nach Griechenland eingeführt werden; es ist lediglich eine Internationale Grüne Versicherungskarte nötig. Bei der Einreise von Italien gilt das Fährticket als einziger Beweis für die Einreise, es sollte daher gut aufbewahrt werden. Aus anderen Ländern muss man sich einen Stempel im Pass geben lassen. Siehe auch S. 897.

PRAKTISCH & KONKRET

» Für Gewichte und Maßangaben gilt selbstverständlich auch in Griechenland das metrische System.

» Post ins Ausland muss in die dafür vorgesehenen gelben Briefkästen mit der Aufschrift *exoteriko* eingeworfen werden.

» Aktuelles aus Griechenland erfährt man in der täglich (als Beilage der *International Herald Tribune*) erscheinenden englischen Ausgabe der *Kathimerini*. Deutschsprachige Zeitungen gibt's in vielen Geschäften in den Touristengebieten.

» DVDs werden in Griechenland mit Regionalcode 2 verkauft, dem gleichen wie in Deutschland, der Schweiz oder Österreich.

Verkehrsmittel & -wege

AN- & WEITERREISE

Flüge, Pauschalreisen und Zugtickets können online über www.lonelyplanet.com/travel_services gebucht werden.

Einreise

Besucher mit EU-Ausweisen oder aus der Schweiz reisen normalerweise problemlos nach Griechenland ein. Wer aus einem anderen EU-Land einreist, dessen Ausweis wird selten geprüft, aber Zoll und Polizei sind eventuell am mitgebrachten Gepäck interessiert. EU-Bürger können auch mit dem Personalausweis nach Griechenland einreisen.

Besucher von außerhalb der EU benötigen möglicherweise ein Visum. Am besten kontaktiert man vor Abreise das griechische Konsulat im jeweiligen Land. Visaanforderungen stehen auf S. 890.

Auf dem Landweg

Wer auf dem Landweg reist, kann neben der schönen Landschaft auch die vielen Erlebnisse genießen, die man im Bus oder Zug machen kann. Besonders internationale Zugreisen sind in den letzten Jahren dank schnellerer Züge und besserer Anschlussmöglichkeiten viel angenehmer geworden. Von Norddeutschland kommt man mittlerweile in unter zwei Tagen per Zug und

ÜBER LAND VON WESTEUROPA

Um nach Griechenland zu gelangen, muss man nicht unbedingt ein Flugzeug besteigen. Wer nach Griechenland reisen will, ohne in die Luft zu gehen, und dabei noch die Unabhängigkeit eines Roadtrips erleben möchte, der kann über Land an einen italienischen Hafen fahren und dort auf eine Fähre hüpfen. Die Schnellfähre von Venedig nach Patras bewältigt die Strecke in etwa 26 Stunden. Von Patras bis Athen dauert die Fahrt dann noch dreieinhalb Stunden.

Wer gerne bequemer und schneller unterwegs ist als mit Bus und Auto, dem steht eine weitere Option offen. Über Land kann man Griechenland auf einer wirklich faszinierenden Strecke quer durch die Balkanhalbinsel erreichen, bei der Kroation, Serbien und die ehemalige jugoslawische Republik Mazedonien durchquert werden. Man muss es lediglich an die italienische Westküste schaffen (Reisemöglichkeiten hierhin ergeben sich von fast ganz Europa aus) und dann auf eine Fähre nach Griechenland umsteigen. Auf diese Weise leistet man nicht nur seinen Beitrag für die Umwelt, man bekommt auch vor dem eigenen Fenster wunderschöne Anblicke präsentiert.

Von München aus kann man beispielsweise den direkten Nacht-ICE nach Bologna nehmen. Von dort fährt ein Zug an der Küste entlang nach Bari, wo es per Nachtschiff nach Patras auf dem Peloponnes weitergeht. Von Patras nach Athen braucht der Zug viereinhalb Stunden. Innerhalb von zwei Tagen ab Abfahrt in München ist man in Athen angekommen. Auf www.raileurope.com stehen Informationen zu Strecken und Fahrkarten.

Griechenland ist Teil des InterRail-Systems (www.interrailnet.com), das all jenen zur Verfügung steht, die seit mindestens sechs Monaten in Europa leben. Auf den Websites stehen Einzelheiten zu Pässen und Preisen.

Fähre nach Athen. Wer über Land reist und nicht fliegt, tut auch etwas zur Verminderung des O_2-Ausstoßes. So hat auch die Umwelt etwas davon.

Grenzübergänge

ALBANIEN

Am wichtigsten Grenzübergang bei Kakavia können die Abfertigungen extrem langsam sein.

Kakavia 60 km nordwestlich von Ioannina (siehe S. 341)

Krystallopigi 14 km westlich von Kotas an der Straße zwischen Florina und Kastoria

Mertziani 17 km westlich von Konitsa

Sagiada 28 km nördlich von Igoumenitsa

BULGARIEN

Da Bulgarien ein Mitgliedsstaat der EU ist, gehen die Grenzabfertigungen in aller Regel ziemlich zügig und völlig problemlos über die Bühne.

Exochi ein neuer, 448 m langer Tunnelübergang 50 km nördlich von Drama

Ormenio 41 km von Serres, im Nordosten von Thrakien

Promachonas 109 km nordöstlich von Thessaloniki

EHEMALIGE JUGOSLAWISCHE REPUBLIK MAZEDONIEN

Doirani 31 km nördlich von Kilkis

Evzoni 68 km nördlich von Thessaloniki

Niki (S. 322), 16 km nördlich von Florina

TÜRKEI

Kipi eignet sich besser, wenn man auf dem Weg nach Istanbul ist, aber über Kastanies kommt man an den faszinierenden Ortschaften Soufli und Didymoticho in Griechenland sowie Edirne (das antike Adrianopolis) in der Türkei vorbei.

Kastanies (S. 341) 139 km nordöstlich von Alexandroupolis

Kipi 43 km östlich von Alexandroupolis

Bus

Die Griechische Eisenbahngesellschaft **OSE** (Organismos Sidirodromon Ellados; www.ose.gr) betreibt die meisten internationalen Busse in Griechenland. Die einst zahlreichen internationalen Busse der Eisenbahngesellschaft befanden sich infolge der Einstellung aller internationalen Züge im Jahr 2011 in einem Übergangszustand; zur Reiseplanung unbedingt den aktuellen Stand prüfen. Im Abschnitt An- & Weiterreise der jeweiligen Stadt gibt's Informationen zu Abfahrts- und Ankunftsorten sowie zu den Verkaufsstellen für die Fahrkarten. Siehe auch den Kasten „Internationale Busverbindungen", S. 892.

In den Abschnitten zu Florina (S. 322) und Ioannina (S. 349) sind weitere Reisemöglichkeiten nach Albanien aufgeführt.

Flugzeug

Die meisten Besucher kommen mit dem Flugzeug nach Griechenland, da dies häufig die schnellste und günstigste Option ist, wenn auch nicht die umweltfreundlichste.

Flughäfen & Fluggesellschaften

In Griechenland gibt's vier große internationale Flughäfen für Charter- und Linienflüge:

Athen (Eleftherios Venizelos International Airport; Code ATH; ☎210 353 0000; www.aia.gr)

Iraklion (Nikos Kazantzakis International Airport, Kreta; Code HER; ☎2810 228401; www.heraklion-airport.info)

Rhodos (Diagoras Airport, Dodekanes; Code RHO; ☎22410 83222)

Thessaloniki (Makedonia Airport, Nordgriechenland; Code SKG; ☎2310 473 700, 2310 473 212; www.thessalonikiairport.gr)

Zahlreiche Flughäfen, einschließlich die von Korfu, Kreta und Mykonos, haben tägliche Linienflüge mit easyJet und Air Berlin in

INTERNATIONALE BUSVERBINDUNGEN

REISEZIEL	ABFAHRTSORT	ANKUNFTSORT	DAUER	HÄUFIGKEIT
Albanien	Athen	Tirana	über Nacht	1-mal tgl.
Albanien	Thessaloniki	Korça (Korytsa)	6 Std.	3-mal tgl.
Bulgarien	Athen	Sofia	15 Std.	6-mal wöchentl.
Bulgarien	Thessaloniki	Sofia	7½ Std.	4-mal tgl.
Bulgarien	Alexandroupolis	Plowdiw	6 Std.	2-mal wöchentl.
Bulgarien	Alexandroupolis	Sofia	7 Std.	2-mal wöchentl.
Türkei	Athen	Istanbul	22 Std.	6-mal wöchentl.
Türkei	Thessaloniki	Istanbul	7 Std.	6-mal wöchentl.
Türkei	Alexandroupolis	Istanbul	13 Std.	6-mal wöchentl.

KLIMAWANDEL & REISEN

Jede Form der Fortbewegung, die kohlenstoffbasierte Kraftstoffe nutzt, generiert CO_2, die Hauptursache für den durch Menschen verursachten Klimawandel. Modernes Reisen ist von Flugzeugen abhängig, die zwar pro Kilometer und Person weniger Kraftstoff verbrauchen als die meisten Autos, die aber auch viel größere Distanzen zurücklegen. Die Höhe, in der Flugzeuge Gase (darunter CO_2) und Partikel ausstoßen, ist ein wichtiger Faktor für ihren Einfluss auf den Klimawandel. Viele Websites bieten einen „Kohlenstoffrechner", um die auf der eigenen Reise generierten Kohlenstoffemissionen zu berechnen; wer möchte, kann anschließend die Auswirkungen der emittierten Treibhausgase mit Spenden an weltweite klimafreundliche Initiativen ausgleichen. Lonely Planet gleicht den Kohlenstoff-Fußabdruck aller Mitarbeiter- und Autorenreisen aus.

ihre Pläne aufgenommen. Direkte Flüge aus Deutschland bedienen auch die Strecke nach Kos und Araxos (bei Patras). Andere internationale Flughäfen sind Santorin, Karpathos, Samos, Skiathos, Chrysoupoli, Aktion, Kefalonia und Zakynthos. Diese Flughäfen werden in erster Linie für Charterflüge aus Nordeuropa genutzt.

FLUGGESELLSCHAFTEN NACH/VON GRIECHENLAND

Olympic Air (OA; ☎801 801 0101; www.olympicair.com) ist die nationale Fluggesellschaft des Landes, welche die meisten Flüge nach und von Athen anbietet. Olympic fliegt direkt zwischen Athen und Zielflughäfen in ganz Europa sowie Kairo, Istanbul, Tel Aviv, New York und Toronto. **Aegean Airlines** (A3; ☎801 112 0000; www.aegeanair.com) bietet Flüge zu und von Zielen in Spanien, Deutschland und Italien sowie nach Paris, London, Kairo und Istanbul. Der Sicherheitsstandard beider Fluglinien ist beispielhaft. Die Kontaktinformationen für örtliche Büros von Olympic und Aegean sind im gesamten Buch aufgeführt.

Andere Fluglinien mit Büros in Athen sind:

Aeroflot (SU; ☎210 322 0986; www.aeroflot.ru/cms/en)

Air Berlin (AB; ☎210 353 5264; www.airberlin.com)

Air Canada (AC; ☎210 617 5321; www.aircanada.ca)

Air France (AF; ☎210 353 0380; www.airfrance.com)

Alitalia (AZ; ☎210 353 4284; www.alitalia.it)

American Airlines (AA; ☎210 331 1045; www.aa.com)

British Airways (BA; ☎210 890 6666; www.britishairways.com)

Cyprus Airways (CY; ☎210 372 2722; www.cyprusair.com.cy)

Delta Airlines (DL; ☎210 331 1660; www.delta.com)

easyJet (U2; ☎210 967 0000; www.easyjet.com)

EgyptAir (MS; ☎210 353 1272; www.egyptair.com.eg)

El Al (LY; ☎210 353 1003; www.elal.co.il)

Emirates Airlines (EK; ☎210 933 3400; www.emirates.com)

Gulf Air (GF; ☎210 322 0851; www.gulfair.com)

Iberia (IB; ☎210 323 4523; www.iberia.com)

Japan Airlines (JL; ☎210 324 8211; www.jal.co.jp)

KLM (KL; ☎210 353 1295; www.klm.com)

Lufthansa (LH; ☎210 617 5200; www.lufthansa.com)

Qatar Airways (QR; ☎210 950 8700; www.qatarairways.com)

SAS (SK; ☎210 361 3910; www.sas.se)

Singapore Airlines (SQ; ☎210 372 8000, 210 353 1259; www.singaporeair.com)

Thai Airways (TG; ☎210 353 1237; www.thaiairways.com)

Turkish Airlines (TK; ☎210 322 1035; www.turkishairlines.com)

Virgin Express (TV; ☎210 949 0777; www.virginxpress.com)

Tickets

EasyJet und andere bieten einige der günstigsten Flüge zwischen Griechenland und dem Rest Europas. Wer von außerhalb Europas kommt, kann einen günstigen Flug zu einem europäischen Knotenpunkt wie London wählen und dann mit easyJet günstig weiterfliegen. Einige Fluggesellschaften bieten auch Studentenrabatte. Zwischen Juni und September auf jeden Fall im Voraus buchen.

Übers Meer

Im Sommer können Fähren sehr voll sein. Wer ein Fahrzeug mitnehmen möchte, sollte im Voraus reservieren. Die genannten Fähren fahren in der Hauptsaison (Juli und August). Die Tickets für sämtliche Fähren in die Türkei müssen einen Tag im Voraus gekauft werden. Meistens wird man gebeten, seinen Ausweis am Abend vor der Fahrt abzugeben; aber keine Sorge, man bekommt ihn am nächsten Tag vor Betreten der Fähre zurück. Die Hafensteuer für Fahrten in die Türkei liegt bei 15 €.

INTERNATIONALE FÄHRVERBINDUNGEN

Reiseziel	Abfahrtsort	Ankunftsort	Dauer	Häufigkeit
Albanien	Korfu	Saranda	25 Min.	1-mal tgl.
Italien	Patras	Ancona	20 Std.	3-mal tgl.
Italien	Patras	Bari	14½ Std.	1-mal tgl.
Italien	Korfu	Bari	8 Std.	1-mal tgl.
Italien	Kefalonia	Bari	14 Std.	1-mal tgl.
Italien	Korfu	Bari	10 Std.	1-mal tgl.
Italien	Igoumenitsa	Bari	11½ Std.	1-mal tgl.
Italien	Patras	Brindisi	15 Std.	1-mal tgl.
Italien	Korfu	Brindisi	6 Std.	1-mal tgl.
Italien	Kefalonia	Brindisi	12 Std.	1-mal tgl.
Italien	Zakynthos	Brindisi	15 Std.	1-mal tgl.
Italien	Patras	Venedig	30 Std.	12-mal wöchentl.
Italien	Korfu	Venedig	25 Std.	12-mal wöchentl.
Türkei	Chios	Çeşme	1½ Std.	1-mal tgl.
Türkei	Kos	Bodrum	1 Std.	1-mal tgl.
Türkei	Lesbos	Dikeli	1 Std.	1-mal tgl.
Türkei	Rhodos	Marmaris	50 Min.	2-mal tgl.
Türkei	Samos	Kuşadası	1½ Std.	2-mal tgl.

Eine weitere Möglichkeit, Griechenland zu besuchen, besteht darin, mit einer der zahlreichen Kreuzfahrtschiffe durch die Ägäis zu reisen. Siehe hierzu S. 41. Zusätzliche Informationen zu den in diesem Kapitel aufgeführten Preisen und Verbindungen sind im Abschnitt „An- & Weiterreise" des jeweiligen Abfahrthafens zu finden. Siehe hierzu auch den Kasten „Internationale Fährverbindungen" (S. 894).

Zug

Die Griechische Eisenbahngesellschaft **OSE** (Organismos Sidirodromon Ellados; www.ose.gr) wurde durch die Finanzprobleme des Landes ernsthaft beeinträchtigt: Im Jahr 2011 wurden internationale Züge gestrichen und Inlandsverbindungen stark eingeschränkt. Die Situation befindet sich im Wandel; also unbedingt vor der Reise aktuelle Informationen einholen.

Wenn die Züge im Betrieb sind, sind die im Kasten „Internationale Zugverbindungen" (S. 894) aufgeführten Orte erreichbar.

UNTERWEGS VOR ORT

Dank des umfangreichen öffentlichen Transportsystems ist das Reisen in Griechenland einfach. Über Land gibt's hauptsächlich Busse, die sogar in die kleinsten Dörfer fahren. Züge sind –

INTERNATIONALE ZUGVERBINDUNGEN

Reiseziel	Abfahrtsort	Ankunftsort	Dauer	Häufigkeit
Bulgarien	Athen	Sofia	18 Std.	1-mal tgl.
Bulgarien	Thessaloniki	Sofia	9 Std.	1-mal tgl.
Mazedonien	Thessaloniki	Skopje	5 Std.	2-mal tgl.
Russland	Thessaloniki	Moskau	70 Std.	1-mal wöchentl. (nur im Sommer)
Türkei	Thessaloniki	Istanbul	11½ Std.	2-mal tgl.

wenn verfügbar – eine gute Alternative. Wer es eilig hat, kann einen der vielen Inlandsflüge nehmen. Für die meisten Besucher jedoch bedeutet das Reisen in Griechenland, mit einer der zahlreichen Fähren die verschiedenen Inseln zwischen Adria und Ägäis zu besuchen.

Auto & Motorrad

Wer einmal auf Griechenlands Straßen unterwegs gewesen ist, den wird es nicht wundern, dass das Land die höchste Todesrate durch Verkehrsunfälle in ganz Europa hat. Jedes Jahr sterben über 2000 Menschen auf den Straßen; die häufigste Unfallursache ist das Überholen. Selbst immer strengere Gesetze konnten nichts an dieser hohen Zahl ändern; griechische Straßen sind nach wie vor ein guter Ort, um das vorausschauende und vorsichtige Fahren zu üben.

Abgesehen von einigen Momenten, in denen einem das Herz stehen zu bleiben scheint, ist das eigene Auto dennoch eine tolle Sache, wenn man entlegenere Gegenden erforschen möchte. Das Straßennetzwerk ist in den letzten Jahren bedeutend besser geworden. Viele Straßen, die in älteren Karten als Feldwege eingezeichnet sind, wurden mittlerweile asphaltiert; dies gilt insbesondere für entlegenere Gegenden in Epiros und auf dem Peloponnes. Eine gute Straßenkarte ist eine sinnvolle Investition (mehr dazu auf S. 885).

Auf fast alle Inseln fahren regelmäßig Autofähren; diese können jedoch teuer sein. Weitere Informationen stehen auf S. 31.

Praktisch & konkret

Automobilclub Der griechische Automobilclub heißt **ELPA** (Elliniki Leschi Aftokinitou kai Periigiseon; ☎210 606 8800; www.elpa.gr in Griechisch; Leoforos Mesogion 395, Agia Paraskevi, Athen).

Einreise Fahrzeuge, die in der EU zugelassen sind, können problemlos nach Griechenland eingeführt werden, nach sechs Monaten werden jedoch Steuern fällig. Eine grüne Versicherungskarte ist erforderlich ebenso wie ein Nachweis für das Einreisedatum (das Fährticket oder der Stempel im Reisepass). Fahrzeuge, die nicht in der EU zugelassen sind, werden möglicherweise im Ausweis vermerkt.

Führerschein Die nationalen Führerscheine der EU sind in Griechenland auch gültig. Wenn der Führerschein nicht in der EU ausgestellt worden ist, verlangt Griechenland einen internationalen Führerschein, den man im Heimatland erwerben sollte.

Kraftstoff Tankstellen gibt's im ganzen Land, aber Werkstätten sind meist an Wochenenden und Feiertagen geschlossen. Auf den Inseln gibt es mitunter nur eine Tankstelle; vor der Abfahrt am besten nachfragen, wo diese ist. Zapfsäulen mit Selbstbedienung und solche mit Kreditkarten sind nicht üblich, daher sollte man immer ein wenig Sprit im Tank haben und nicht erst in letzter Minute tanken. Der Kraftstoff ist in Griechenland billiger als in den meisten anderen europäischen Ländern.

Kraftstoffarten:

- » *super* verbleites Benzin
- » *amolyvdi* bleifreies Benzin
- » *petreleo kinisis* Diesel

Mieten

AUTO

Mietwagen gibt es so ziemlich überall, aber am besten mietet man sie in größeren Städten, in denen die Konkurrenz stärker ist und sich dadurch bessere Verhandlungsmöglichkeiten bieten. Alle großen internationalen Gesellschaften sind in Athen vertreten, und die meisten haben auch Niederlassungen in anderen großen Städten und Touristenorten. Auf den meisten Inseln gibt's mindestens eine Niederlassung. Das griechische Gesetz schreibt vor, dass Mietwagen alle sechs Jahre ausgetauscht werden müssen, daher sind die meisten Mietfahrzeuge relativ neu. Man muss in Griechenland mindestens 18 Jahre alt sein, um ein Auto fahren zu dürfen, aber bei vielen Verleihfirmen kann man erst ab 21, größere Fahrzeuge oft erst ab 23 mieten. In den Abschnitten Unterwegs vor Ort der jeweiligen Städte und Inseln sind weitere Einzelheiten zu den Anschriften von Verleihen aufgeführt.

Preise

Die kleinsten Modelle wie der Fiat Seicento kosten pro Woche in der Hauptsaison ohne Kilometerbeschränkung mindestens 280 €, im Winter gehen die Preise runter auf etwa 200 € pro Woche. Diese Preise sind zuzüglich Steuern. Zusätzlich kann man für 12 € am Tag eine Teilkaskoversicherung (eher für größere Modelle sinnvoll) abschließen; wer keine hat, muss bei der Reparatur die ersten 295 € (bei größeren Autos mehr) selbst bezahlen. Darüber hinaus sind eine Diebstahlversicherung für mindestens 6 € am Tag und eine Insassenunfallversicherung möglich. Die großen Gesellschaften bieten deutlich günstigere Tarife bei Vorabreservierung und -bezahlung.

Regionale Anbieter bieten häufig günstigere Tarife an. Bei Werbeaktionen sind sie bis zu 50 Prozent preiswerter, und oft kann man auch noch verhandeln, besonders wenn nicht so viel los ist. Auf den Inseln kosten Mietwagen etwa 30 bis 50 € am Tag, inklusive aller Versicherungen und Steuern.

Die aktuellen Preise einiger größerer Autovermietungen in Griechenland sind auf den folgenden Websites zu finden:

Entfernungen (KM)

	Alexandroupoli	Athen	Korinth	Edessa	Florina	Igoumenitsa	Ioannina	Kalamata	Kastoria	Kavala	Lamia	Larisa	Monemvasia	Nafplio	Patra	Pyrgos	Sparta	Thessaloniki	Trikala	Tripoli
Athen	854																			
Korinth	884	84																		
Edessa	427	569	596																	
Florina	497	592	251	353																
Igoumenitsa	816	473	393	380	353															
Ioannina	702	447	364	298	320	96														
Kalamata	1055	284	175	767	763	501	467													
Kastoria	535	489	519	108	67	286	204	690												
Kavala	177	682	655	250	320	615	525	878	358											
Lamia	643	214	244	355	360	353	263	415	274	466										
Larisa	493	361	389	218	231	309	209	561	239	323	151									
Monemvasia	1156	350	266	869	855	613	579	156	756	976	505	655								
Nafplio	947	165	63	659	664	482	427	163	582	770	307	455	215							
Patra	828	220	138	567	513	281	247	220	483	664	193	341	332	201						
Pyrgos	924	320	234	636	643	367	347	119	542	747	284	432	275	208	96					
Sparta	1025	225	145	737	759	517	483	60	660	848	385	533	96	119	236	180				
Thessaloniki	349	513	544	89	159	452	362	715	220	169	303	154	807	610	488	584	711			
Trikala	554	330	356	227	233	247	148	520	159	377	115	62	597	419	310	400	501	216		
Tripoli	964	194	110	713	681	457	430	90	639	820	324	472	157	81	176	155	61	624	466	
Volos	556	326	355	278	293	371	271	518	301	383	115	62	620	417	308	408	524	214	124	435

Avis (☎210 322 4951; www.avis.gr)

Budget (☎210 349 8800; www.budget.gr)

Europcar (☎210 960 2382; www.europcar.gr)

Hertz (☎210 626 4000; www.hertz.gr)

Versicherung

Man sollte immer nachprüfen, was die Versicherung abdeckt. Oft sind die Straßen so schlecht oder gefährlich, dass ein Wagen mit Allradantrieb hilfreich ist. Wer einen Mietwagen mit in ein anderes Land oder auf eine Fähre nehmen möchte, muss sich dies im Voraus schriftlich vom Verleih genehmigen lassen, da sonst die Versicherung ungültig werden kann. Wer nicht per Kreditkarte zahlt, muss oft ein Pfand von mindestens 120 € pro Miettag hinterlegen.

MOTORRAD

Mopeds, Motorräder und Motorroller können überall dort geliehen werden, wo es Touristen gibt. Die meisten Gefährte sind neuwertig und in gutem Zustand. Dennoch vor der Abfahrt unbedingt die Bremsen testen.

Um ein Moped, ein Motorrad oder einen Motorroller ausleihen zu können, muss man ab 50 Kubik einen Führerschein der entsprechenden Klasse vorlegen.

Preise & Versicherung

Mit einem Motorrad oder -roller kann man günstig durch die Gegend reisen. Preislich geht's bei 15 € pro Tag für ein Moped mit 50 ccm los, bei 30 € am Tag für ein Motorrad mit 250 ccm. In der Nebensaison sind die Preise viel günstiger, und dann hilft auch Verhandlungsgeschick. Die meisten Verträge beinhalten eine Versicherung, aber dies unbedingt genau nachprüfen. Diese Versicherung übernimmt keine Behandlungskosten nach Unfällen. Helme sind vorgeschrieben, und die Verleiher müssen einen Helm bereithalten.

Straßenverhältnisse

» Viele der griechischen Autobahnen sind in den letzten Jahren immer besser geworden, wobei es immer noch gewisse Qualitätsmängel gibt.

» Manche Hauptstraßen sind noch immer zweispurig mit Seitenstreifen, was verwirrend und sogar richtig gefährlich sein kann.

» Die Straßenbauarbeiten gehen in Griechenland sehr langsam voran, besonders auf den Inseln, wo die öffentlichen Gelder nur langsam

WARNUNG

Griechenland ist nicht der beste Ort, um mit dem Motorradfahren anzufangen. Besonders auf den Inseln gibt's noch viele Schotterstraßen. Anfänger sollten besonders vorsichtig sein; jedes Jahr sind dutzende Touristen in Unfälle verwickelt. Besonders Motorroller rutschen in geschotterten Kurven weg. Beim Mieten darauf achten, dass auf den Reifen genügend Profil ist. Wer ein Motorrad oder Moped fahren möchte, sollte nachgeprüft werden, ob die Reiseversicherung medizinische Behandlungen infolge von Motorradunfällen abdeckt. Viele Versicherungen schließen dies aus, also unbedingt das Kleingedruckte lesen!

fließen. Andernorts sind ausgezeichnete neue Asphaltstraßen gebaut worden, die auf den örtlichen Straßenkarten noch nicht eingezeichnet sind.

Gefahren im Straßenverkehr

» Langsame Fahrer – von denen eine ganze Menge unsichere und zögerliche Touristen sind – können ernsthafte Probleme auf den Straßen verursachen.

» Die Fahrbahnoberfläche kann sich drastisch verändern, wenn Straßenabschnitte absacken oder dem Wetter ausgesetzt sind. Schnee und Eis können im Winter zu einer Herausforderung werden, und man sollte Schneeketten mitführen. In ländlichen Gegenden laufen auch mal Tiere über die Straße; dort sollte man besonders aufmerksam fahren.

» Straßen in bergigen Gegenden liegen oft voller Geröll, das die Fahrzeugunterseite beschädigen und Motorradfahrer zum Sturz bringen kann.

Verkehrsregeln

» In Griechenland gilt das Rechtsfahrgebot.

» Außerhalb geschlossener Ortschaften hat der Verkehr auf der Hauptstraße immer Vorfahrt. Innerorts gilt „rechts vor links". Dies gilt auch für Verkehrskreisel: Wer im Kreisel fährt, muss von rechts kommenden Fahrzeugen Vorfahrt gewähren.

» Auf Vordersitzen muss immer der Gurt angelegt werden, auf Rücksitzen ist nicht immer einer vorhanden.

» Kinder unter 12 Jahren müssen hinten sitzen.

» Es müssen ein Verbandskasten, ein Feuerlöscher und ein Warndreieck im Auto sein, volle Ersatzkanister sind hingegen verboten.

» Auf Motorrädern über 50 ccm ist das Tragen eins Helms vorgeschrieben. Wer ohne Helm erwischt wird, riskiert einen Strafzettel.

» Außerhalb geschlossener Ortschaften gilt eine Geschwindigkeitsbegrenzung von 120 km/h auf Autobahnen und 90 km/h auf anderen Straßen; innerorts gilt 50 km/h. Die Geschwindigkeitsbegrenzung für Motorräder bis 100 ccm liegt bei 70 km/h, für größere Motorräder bei 90 km/h. Wer diese Begrenzungen um 20 Prozent überschreitet, zahlt eine Strafe von 60 €; bei 40 Prozent mehr sind es 150 €.

» Wer mehr als 0,5 Promille im Blut hat, zahlt 150 € Strafe, über 0,8 Promille zählen als Strafdelikt.

» Bei einem Unfall ohne Personenschaden, gibt es keine Verpflichtung, dass die Polizei einen schriftlichen Bericht verfasst, es ist aber dennoch besser, zur nächsten Polizeistation zu gehen und den Sachverhalt darzulegen. Möglicherweise benötigt man für die Versicherung einen Polizeibericht. Bei Unfällen mit Verletzten muss man auf jeden Fall anhalten und die Polizei informieren, sonst droht eine Gefängnisstrafe.

Bus

Das Busnetzwerk ist umfangreich. Alle Langstreckenbusse auf dem Festland und den Inseln werden von Regionalgesellschaften der **KTEL** (Koino Tamio Eispraxeon Leoforion; www.ktel.org) betrieben. Einzelheiten zu den Busverbindungen zwischen einzelnen Städten in ganz Griechenland gibt es telefonisch unter ☎14505. Die Fahrpreise sind von der Regierung vorgeschrieben und bei Bussen recht günstig. Eine Busfahrt kostet circa 5 € pro 100 km.

Strecken

In jeder Präfektur auf dem Festland gibt es eine KTEL für den lokalen Busverkehr innerhalb der Präfektur und zu den Hauptstädten anderer Präfekturen. Mit Ausnahme der Städte in Thrakien, die von Thessaloniki aus angefahren werden, gibt es von allen größeren Städten auf dem Festland regelmäßige Busverbindungen nach Athen. Die Inseln Korfu, Kefalonia und Zakynthos kann man ebenfalls direkt von Athen aus mit dem Bus erreichen – der Fahrpreis beinhaltet auch das Ticket für die Fähre.

In den meisten Dörfern verkehrt täglich ein Bus, aber in entlegeneren Gegenden gibt's teilweise nur einen oder zwei Busse pro Woche. Sie sind eher für Leute gedacht, die zum Einkaufen in die nächstgrößere Stadt fahren müssen, nicht für Touristen; dementsprechend fahren sie sehr früh am Morgen im Dorf ab und kehren am frühen Nachmittag zurück.

Praktisch & konkret

» Die ganz großen Städte, wie Athen, Iraklion, Patras und Thessaloniki, haben teilweise mehr als einen Busbahnhof für unterschiedliche Zielgebiete. Daher vor der Abfahrt immer herausfinden, ab welchem Busbahnhof der Bus zum gewünschten Reiseziel abfährt. In Kleinstädten und Dörfern besteht der „Busbahnhof" oft nur aus einer Haltestelle vor einem *kafeneio* (Café) oder einer Taverne, in der man auch gleich die Fahrkarten kaufen kann.

» In entlegeneren Gebieten gibt's Fahrpläne teilweise nur in griechischer Schrift, aber die meisten Verkaufsbüros bieten Fahrpläne in griechischer und lateinischer Schrift an. Darauf stehen sowohl die Abfahrt- als auch die Ankunftszeiten (im 24-Stunden-System).

» Am besten kommt man mindestens 20 Minuten vor Abfahrt an, damit man auch sicher einen Sitzplatz bekommt. Oft fahren die Busse auch einige Minuten vor der geplanten Abfahrtszeit los.

» Beim Fahrkartenkauf werden manchmal Platznummern zugeteilt, die auf dem Ticket vermerkt ist. Diese Platznummer steht *hinten* auf jedem Sitz, nicht auf der Rückseite des Vordersitzes; dies führt oft zu Verwirrung unter den Griechen ebenso wie unter den Touristen.

» Es ist auch möglich, ohne Fahrkarte einzusteigen und erst im Bus zu bezahlen, aber auf beliebten Strecken ist dann in der Hauptsaison eventuell nur noch ein Stehplatz übrig.

» Die KTEL-Busse sind sicher und modern, und heutzutage sind die meisten – zumindest auf den wichtigsten Strecken – mit Klimaanlagen ausgestattet. In entlegeneren Gegenden sind sie oft älter und weniger komfortabel. Auf seltener befahrenen Strecken gibt's normalerweise keine Toilette und keine Erfrischungen an Bord; auf Langstrecken halten die Busse etwa alle drei Stunden.

» Das Rauchen ist in allen griechischen Bussen verboten.

Fahrrad

Das Radfahren ist unter den Griechen nicht besonders beliebt; bei ausländischen Touristen dafür umso mehr. Für Touren in den Bergen ist eine starke Beinmuskulatur nötig; man kann sich aber auch an die flacheren Küstenstrecken halten. Fahrradwege gibt's nicht, und Helme sind nicht vorgeschrieben. Die Insel Kos dürfte die fahrradfreundlichste Gegend in Griechenland sein, da sie besonders flach ist, ebenso die Ebenen von Thessalien oder Thrakien. Auf S. 57 stehen weitere Infos zum Radfahren in Griechenland.

» In den meisten Touristenorten können Fahrräder ausgeliehen werden, sie werden jedoch nicht so häufig angeboten wie Autos oder Motorräder. Die Preise variieren je nach Art und Alter des Fahrrads zwischen 5 und 12 € pro Tag.

» Fahrräder können auf Fähren kostenlos mitgenommen werden. Anständige Mountain- oder Touring-Räder gibt's in allen größeren Städten zu kaufen; allerdings kann es schwierig werden, am Ende der Reise wieder einen Käufer für das Rad zu finden. Die Preise sind in etwa so wie im Rest von Europa und liegen irgendwo zwischen 300 und 2000 €.

Flugzeug

Die meisten Inlandsflüge vom Festland betreiben die nationale Fluggesellschaft **Olympic Air** (☎801 801 0101; www.olympicair.com) und deren größte Konkurrentin **Aegean Airlines** (☎801 112 0000; www.aegeanair.com). Beide bieten günstige Tarife. Olympic Air hat überall dort Niederlassungen, wo es Flüge gibt, außerdem in den meisten großen Städten.

Die in diesem Buch gelisteten Preise gelten für normale Economy-Tickets inklusive Inlandssteuern und Gebühren. Zwischen Montag und Donnerstag gibt's meist Rabatte auf Rückflugtickets, und wenn zwischen Hin- und Rückflug eine Samstagnacht liegt, werden die Tickets noch mal billiger. Komplette Einzelheiten und Informationen zu den Flugplänen stehen auf der Website der Fluggesellschaft.

Auf Inlandsflügen sind 15 kg Gepäck erlaubt; wenn der Inlandsflug Bestandteil eines internationalen Flugs ist, dann 20 kg. Olympic Air bietet Schülern und Studenten bei Inlandsflügen einen Rabatt von 25 Prozent, aber nur, wenn dieser Teil einer internationalen Reise ist.

Einzelheiten zu bestimmten Inlandsflügen stehen im gesamten Reiseführer bei den jeweiligen Orten. Weitere Informationen zu Inlandsflügen beim Insel-Hopping stehen auf S. 35.

Geführte Touren

Geführte Touren eignen sich für alle, die wenig Zeit haben oder die Organisation gerne jemand anderem überlassen. In Athen gibt's zahlreiche Tagestouren (S. 110), und manche Reiseunternehmen bieten Zwei- oder Dreitagesausflüge zu Sehenswürdigkeiten in der Nähe an. Im größeren Umfang betreibt dies **Intrepid Travel** (www.intrepidtravel.com). Intrepid hat Niederlassungen in fast allen Länder, darunter auch Deutschland und der Schweiz, und bietet eine 15-tägige Tour zu den griechischen Inseln (ab 1615 €) und eine achttägige Tour von Athen nach Santorin (ab 1035 €), die alles beinhalten außer Mahlzeiten und Flüge. **Encounter Greece** (www.encounter-greece.com) hat ein regelrechtes Arsenal an Touren im Angebot: Eine zehntägige Tour durchs Land kostet 1285 €, drei Tage auf dem Festland 375 €. Flüge nach Griechenland sind nicht inbegriffen.

Abenteuerlicher geht's zu bei Touren mit geführten Aktivitäten, wie Wandern, Klettern, Wildwasser-Rafting, Kajak- und Kanufahren oder Canyoning. Weitere Informationen zu aktiven Touren stehen auf S. 55.

Einige Optionen:

Alpin Club (www.alpinclub.gr) in Athen; ist in Karitena auf dem Peloponnes tätig.

Robinson Expeditions (www.robinson.gr) bietet Touren in Zentral- und Nordgriechenland an.

Trekking Hellas (www.trekking.gr) Ein anderer Anbieter für Touren in Zentral- und Nordgriechenland

Nahverkehr

Bus

Die meisten griechischen Städte sind so klein, dass sie gut zu Fuß erkundet werden können. Alle größeren Städte haben Stadtbusse, aber wahrscheinlich braucht man diese nur in Athen, Patras, Kalamata und Thessaloniki. Im Abschnitt Unterwegs vor Ort der jeweiligen Stadt steht beschrieben, wie und wo Fahrkarten verkauft werden.

Taxi

Taxis gibt's fast überall in Griechenland, außer auf sehr kleinen oder entlegenen Inseln. Im Vergleich zu anderen europäischen Ländern sind sie günstig, besonders wenn man sich den Fahrpreis zu dritt oder viert teilt. Viele junge Taxifahrer haben mittlerweile Navigationsgeräte an Bord; solange man also die genaue Anschrift hat, ist es ein Kinderspiel, am gewünschten Zielort anzukommen.

Gelbe Stadttaxis haben ein Taxameter; zwischen Mitternacht und 5 Uhr morgens verdoppelt sich die Gebühr. Zusätzliche Gebühren fallen bei Fahrten von einem Flug- oder Schiffshafen sowie von einem Bus- oder Zugbahnhof an; außerdem wird jedes Gepäckstück von über 10 kg extra berechnet. Graue Taxis auf dem Land haben keine Taxameter, daher unbedingt vor Abfahrt den Preis aushandeln.

Die Athener Taxifahrer sind berüchtigt für ihr Talent, unvorsichtigen Fahrgästen mehr Geld abzuknöpfen als ihnen zusteht. Wer sich über einen Taxifahrer beschweren möchte, sollte die Nummer des Taxis notieren und den Vorfall bei der Touristenpolizei melden. Weitere Informationen auf S. 138. In anderen griechischen Städten sind die Taxifahrer meist freundlich, hilfsbereit und ehrlich.

U-Bahn

Athen ist die einzige griechische Stadt, die groß genug ist, dass sich ein U-Bahn-System bezahlt macht. Weitere Informationen dazu sind auf S. 144 aufgeführt. Für eine reduzierte U-Bahn-Fahrkarte werden nur griechische Schüler- und Studentenausweise anerkannt.

Schiff/Fähre

Das Netz der griechischen Fährschiffe, die alle bewohnten Inseln verbinden, ist sehr umfangreich und vielfältig. Oft verzögern sich die Abfahrtszeiten aufgrund von schlechter Witterung oder Streiks, und auch die Preise schwanken häufig. Im Sommer fahren die Fähren regelmäßig zu allen, außer den abgelegensten, Zielen; die Verbindungen werden jedoch seltener im Winter, und manche werden gar vollständig eingestellt. Im Abschnitt Insel-Hopping (S. 31) stehen Informationen zum Reisen per Schiff und Fähre. Einzelheiten zu Preisen und Fahrplänen stehen im gesamten Reiseführer bei den jeweiligen Zielorten.

Nationale Fährgesellschaften

Die Fährgesellschaften haben oft lokale Niederlassungen auf den Inseln; in den entsprechenden Abschnitten der Zielorte stehen Einzelheiten dazu sowie zu kleinen lokalen Fähren und Kaiks.

Aegean Flying Dolphins (☎210 422 1766) Tragflügelboote verbinden Samos und Kos sowie die Inseln dazwischen.

Aegean Speed Lines (☎210 969 0950; www.aegeanspeedlines.gr) Schnellboote zwischen Athen und den Kykladen

Agoudimos Lines (☎210 414 1300; www.agoudimos-lines.com) Fähren zwischen den Kykladen und dem Festland. Auch Verbindungen nach Italien über Korfu

Aigaion Pelagos (www.anek.gr) Eine Tochtergesellschaft von ANEK Lines

Alpha Ferries (☎210 428 4001/02; www.alphaferries.gr) Traditionelle Fähren von Athen zu den Kykladen

ANE Kalymnou (☎22430 29384) mit Heimathafen Kalymnos; betreibt Tragflügelboote und traditionelle Fähren, Verbindungen zu einigen der Inseln des Dodekanes und zu den Kykladen.

ANEK Lines (☎210 419 7420; www.anek.gr) Kretische Gesellschaft; Langstreckenfähren

ANES (☎210 422 5625; www.anes.gr) Heimathafen Symi; traditionelle Fähren zu den Inseln des Dodekanes

Anna Express (☎22470 41215; www.annaexpress-lipsi.services.officelive.com) Kleine, schnelle Fähren zu den Nordinseln des Dodekanes

Blue Star Ferries (☎210 891 9800; www.bluestarferries.com) Schnelle Langstreckenfähren und Seajet-Katamarane zwischen dem Festland und den Kykladen

Cyclades Fast Ferries (☎210 418 2005; www.

fastferries.com.gr) Bequeme Fähren zu den wichtigsten Kykladeninseln

Dodekanisos Seaways (☎22410 70590; www.12ne.gr) Luxuriöse Katamarane zu den Inseln des Dodekanes

Euroseas (☎210 413 2188; www.ferries.gr/euroseas) verbindet die saronischen Inseln; Fähren zum Festland.

Evoikos Lines (☎210 413 4483; www.ferriesglyfa.gr) Bequeme Kurzstreckenfähren zwischen Glyfa auf dem Festland und Agiokambos im Norden Euböas

GA Ferries (☎210 419 9100; www.gaferries.gr) Traditionelle Langstreckenfähren zu sehr vielen Inseln

Hellenic Seaways (☎210 419 9000; www.hellenicseaways.gr) Konventionelle Langstreckenfähren und Katamarane vom Festland zu den Kykladen und zwischen den Sporaden und den Saronischen Inseln

Ionian Ferries (☎210 324 9997; www.ionianferries.gr) Große Fähren zu den Ionischen Inseln

LANE Lines (☎210 427 4011; www.ferries.gr/lane) Langstreckenfähren.

Minoan Lines (☎210 414 5700; www.minoan.gr) Schnelle luxuriöse Fähren zwischen Piräus und Iraklion, Patras, Igoumenitsa und Korfu

NEL Lines (☎22510 26299; www.nel.gr) Schnelle Langstreckenfähren zwischen Nordgriechenland und Limnos, Lesbos, Chios, Samos und den Sporaden

SAOS Lines (☎210 625 0000; www.saos.gr) Große, langsame Schiffe, die an vielen Inseln anlegen

Sea Jets (☎210 412 1001; www.seajets.gr) Katamarane nach Athen, Kreta, Santorin (Thira), Paros und zu vielen Inseln dazwischen

Sea Star (☎22460 44000; www.net-club.gr/tilosseastar.htm) betreibt schnelle Katamarane, die Tilos mit Rhodos, Chalki und Nisyros verbinden.

Skyros Shipping Company (☎22220 92164; www.sne.gr) Langsame Schiffe zwischen Skyros und Kymi auf Euböa

Strintzis Ferries (☎26102 40000; www.strintzisferries.gr) Große, ältere Fähren auf den Sporaden

Superfast Ferries (www.superfast.com) Wie der Name schon sagt, sehr schnelle Fähren vom Festland nach Kreta, Korfu und Patras

Ventouris Sea Lines (☎210 41 14911; www.ventourissealines.gr) Große Schiffe vom Festland zu den Kykladen

Zante Ferries (☎26950 49500; www.zanteferries.gr) Ältere Fähren, die das Festland mit den westlichen Kykladen-Inseln verbinden

Trampen

Das Reisen per Anhalter ist in keinem Land der Welt hundertprozentig sicher, daher ist es auch nicht zu empfehlen. Wer es dennoch tut, muss sich der möglichen Gefahren bewusst sein. Wer per Anhalter reist, sollte dies am besten zu zweit tun und jemanden über die Reisepläne informieren. Besonders Frauen sollten nicht alleine trampen, sondern sich einen männlichen Begleiter suchen.

Einige Teile Griechenlands eignen sich besser zum Trampen als andere. Aus größeren Städten herauszukommen, insbesondere aus Athen, ist schwer. In entlegeneren Gegenden mit schlechter Anbindung an den öffentlichen Verkehr ist das Trampen viel einfacher. Auf Landstraßen kann es durchaus passieren, dass jemand anhält und fragt, ob man mitfahren möchte – selbst wenn man seinen Daumen gar nicht ausgestreckt hatte.

Zug

Züge werden von der Griechischen Eisenbahngesellschaft **OSE** (Organismos Sidirodromon Ellados; www.ose.gr) betrieben. Infolge der finanziellen Instabilität waren die Zugverbindungen in ganz Griechenland zum Zeitpunkt der Recherche für diese Ausgabe in einem sehr labilen Zustand, und die Preise und Fahrpläne befanden sich im Umbruch. Einzelheiten zu Fahrplänen und Preisen in diesem Reiseführer waren zum Zeitpunkt der Recherche korrekt, sollten aber auf der OSE-Website nachgeprüft werden. Abfahrtszeiten ab Athen oder Thessaloniki erhält man auch telefonisch unter ☎1440.

Das griechische Schienennetzwerk ist im Grunde auf zwei Hauptstrecken beschränkt: die Normalspurlinie von Athen über Thessaloniki nach Alexandroupolis (S. 142) und das Netzwerk auf dem Peloponnes (S. 162). Vor der aktuellen Finanzkrise war der bestehende Zugverkehr von guter Qualität, er wurde beständig verbessert, und er stellte eine ausgezeichnete Methode dar, um das Festland zu sehen. Hoffen wir mal, dass das bald wieder der Fall sein wird.

Klassen

Es gibt zwei Arten von Zügen: Reguläre (langsame) Züge halten an jedem Bahnhof, schnellere und modernere Intercity-Züge (IC) verbinden die meisten großen Städte miteinander. Die langsamen Züge sind die günstigste Möglichkeit, mit öffentlichen Verkehrsmitteln zu reisen. Fahrkarten für die zweite Klasse sind absurd billig. Selbst die erste Klasse ist günstiger als der Bus.

In den IC-Zügen reist man sehr angenehm zu den großen Städten. Die Verbindungen sind nicht unbedingt besonders schnell – Griechenland ist dafür viel zu bergig – aber die Züge sind modern und komfortabel. Es gibt eine erste und eine zweite Klasse sowie ein Bordcafé. Auf manchen Strecken wird das Essen sogar am Platz serviert. In der Nachtverbindung zwischen Athen und Thessaloniki hat man die Wahl zwischen Liegewagen, Zweibett-Abteilen und Einbett-Abteilen.

Bahnpässe

» InterRail-Pässe haben zwar auch in Griechenland ihre Gültigkeit, aber in aller Regel lohnt es sich nicht, sie sich ausschließlich für den Griechenlandaufenthalt anzuschaffen. Auf S. 891 finden sich zusätzliche Informationen dazu. Für IC-Züge und Schlafabteile muss extra bezahlt werden, was teuer werden kann.

» Bei Vorlage eines Ausweises erhalten Passagiere über 60 einen Rabatt von 25 Prozent auf alle Strecken, außer im Juli, August und in der Osterwoche.

» Egal, welchen Ausweis man hat: Um in den Zug einsteigen zu dürfen, braucht man eine Reservierung.

Sprache

MEHR ZUR SPRACHE

Ausführlichere Informationen über die Sprache und nützliche Sätze gibt es im *Lonely Planet Greek Phrasebook*. Zu bestellen unter shop.lonelyplanet.com oder als Lonely Planet iPhone phrasebook im Apple App Store.

Die griechische Sprache gilt als eine der ältesten europäischen Sprachen, sie wird seit 4000 Jahren gesprochen und seit fast 3000 Jahren geschrieben. Aufgrund eines jahrhundertelangen Einflusses ist das Griechische der Ursprung vieler Wörter der indoeuropäischen Sprachen sowie vieler Begriffe in der Wissenschaft.

Griechisch ist die Amtssprache in Griechenland und die zweite Amtssprache auf Zypern (neben Türkisch), darüber hinaus wird Griechisch auch von vielen griechischen Einwanderergruppen auf der ganzen Welt gesprochen.

Das griechische Alphabet wird auf der nächsten Seite erklärt, aber wer nur die blauen Aussprachehilfen neben jedem Satz in diesem Kapitel nach den deutschen Ausspracheregeln liest, wird auch verstanden. Wichtig zu wissen: dh wird wie das englische „th" in „there" ausgesprochen; gh ist eine weichere, leicht gutturale Variante von „g", und „kh" ist ein kehliger Laut wie in „Loch". Alle griechischen Wörter mit zwei oder mehr Silben haben einen Akut (´) als Betonungsakzent. Bei den Aussprachehilfen in diesem Buch ist die betonte Silbe kursiv geschrieben.

Im Griechischen sind alle Substantive, Artikel und Adjektive maskulin, feminin oder neutrum – in diesem Kapitel werden diese Angaben, wo notwendig, gemacht, mit einem Schrägstrich abgetrennt und mit "m/f/n" gekennzeichnet.

GRUNDWORTSCHATZ

Hallo	Γειά σας. Γειά σου.	*ya*·sas (höflich) *ya*·su (leger)
Guten Morgen	Καλή μέρα.	ka·*li* me·ra
Guten Abend	Καλή σπέρα.	ka·*li* spe·ra
Auf Wiedersehen	Αντίο.	an·*di*·o
Ja / Nein	Ναι./Όχι.	ne/*o*·chi
Bitte	Παρακαλώ.	pa·ra·ka·*lo*
Danke	Ευχαριστώ.	ef·cha·ri·*sto*
Gerne geschehen/ Keine Ursache	Παρακαλώ.	pa·ra·ka·*lo*
Entschuldigung	Συγγνώμη.	sigh·*no*·mi

Wie heißen Sie?
Πώς σας λένε; — pos sas *le*·ne

Ich heiße ...
Με λένε ... — me *le*·ne ...

Sprechen Sie deutsch?
Μιλάτε Γερμανικά? — mi·*la*·te jär·ma·ni·*ka*

Ich verstehe (nicht).
(Δεν) καταλαβαίνω. — (dhen) ka·ta·la·*ve*·no

UNTERKUNFT

Campingplatz	χώρος για κάμπινγκ	*cho*·ros yia *kam*·ping
Hotel	ξενοδοχείο	kse·no·dho·*chi*·o
Jugendherberge	γιουθ χόστελ	yuth *cho*·stel
ein ... Zimmer	ένα ... δωμάτιο	e·na ... dho·*ma*·ti·o
Einzel-	μονόκλινο	mo·*no*·kli·no
Doppel-	δίκλινο	*dhi*·kli·no
Was kostet ... pro Nacht	Πόσο κάνει ...; τη βραδυά	po·so *ka*·ni ... ...? ti vra·*dhya*

DAS GRIECHISCHE ALPHABET

Das griechische Alphabet hat 24 Buchstaben, die unten in Groß- und Kleinschreibung aufgelistet sind. Achtung: einige Buchstaben sehen aus wie die lateinischen Buchstaben, werden jedoch anders ausgesprochen, so zum Beispiel das B, das wie ein „v", und das P, das wie ein „r" ausgesprochen wird. Die Aussprache der Buchstaben wird darüber hinaus auch beeinflusst von den Nachbarbuchstaben, so wird zum Beispiel ου als „u" wie in „Mut" und οι als „ie" wie in „Wiese" ausgesprochen.

Α α	a	wie in „Vater"	**Ξ ξ**	x	wie in „Box"
Β β	v	wie in „wer"	**Ο ο**	o	wie in „Trott"
Γ γ	gh	ein weiches, gutturales „g"	**Π π**	p	wie in „Post"
	y	wie in „jeder"	**Ρ ρ**	r	wie in „Roman" leicht rollend
Δ δ	dh	wie in englisch „there"	**Σ σ, ς**	s	wie in „Eis"
Ε ε	ä	wie in „Ente"	**Τ τ**	t	wie in „Tisch"
Ζ ζ	s	wie in „sollen"	**Υ υ**	i	wie in „Wiese"
Η η	i	wie in „Wiese"	**Φ φ**	f	wie in „finden"
Θ θ	th	wie in englisch „throw"	**Χ χ**	ch	wie in „Bach" oder wie in „Licht" wie ein hartes „h"
Ι ι	i	wie in „Wiese"	**Ψ ψ**	ps	wie in „Psyche"
Κ κ	k	wie in „Kino"	**Ω ω**	o	wie in „Trott"
Λ λ	l	wie in „liegen"			
Μ μ	m	wie in „Mann"			
Ν ν	n	wie in „Netz"			

Achtung, für den Großbuchstaben Σ gibt es zwei Kleinbuchstaben – σ und ς. Der Zweite steht am Wortende. Das griechische Fragezeichen ist als Semikolon (;) dargestellt.

pro Person	το άτομο	to *a*·to·mo
Bad	μπάνιο	*ba*·nio
Fenster	παράθυρο	pa·*ra*·thi·ro
Fernseher	τηλεόραση	ti·le·o·ra·si
Klimaanlage	έρκοντίσιον	er·kon·*di*·si·on
Ventilator	ανεμιστήρας	a·ne·mi·*sti*·ras

ORTSANGABEN

Wo ist ...?
Πού είναι ...; — pu *i*·ne ...

Wie ist die Adresse?
Ποια είναι η διεύθυνση; — pia *i*·ne i dhi·*ef*·thin·si

Können Sie mir das zeigen (auf der Karte)?
Μπορείς να μου δείξεις (στο χάρτη); — bo·*ris* na mu *dhik*·sis (sto *khar*·ti)

links abbiegen
Στρίψτε αριστερά. — *strips*·te a·ri·ste·*ra*

rechts abbiegen
Στρίψτε δεξιά. — *strips*·te dhe·*ksia*

an der Ampel
στα φώτα — sta *fo*·ta

an der nächsten Ecke
στην επόμενη γωνία — stin e·*po*·me·ni gho·*ni*·a

gegenüber	απέναντι	a·*pe*·nan·di
geradeaus	ολο ευθεία.	o·lo ef·*thi*·a
hinter	πίσω	*pi*·so
in der Nähe (von)	κοντά	kon·*da*
neben	δίπλα	*dhi*·pla
vor	μπροστά	bro·*sta*
weit	μακριά	ma·kri·*a*

ESSEN & TRINKEN

ein Tisch für ...	Ενα τραπέζι για ...	e·na tra·*pe*·zi ya ...
(zwei) Personen	(δύο) άτομα	(*dhi*·o) *a*·to·ma
(acht) Uhr	τις (οχτώ)	stis (okh·*to*)

Ich esse kein(e)(n)...	Δεν τρώγω ...	dhen *tro*·gho ...
Fisch	ψάρι	*psa*·ri
(rohes) Fleisch	(κόκκινο) κρέας	(*ko*·ki·no) *kre*·as
Erdnüsse	φυστίκια	fi·*sti*·kia
Geflügel	πουλερικά	pu·le·ri·*ka*

Was würden Sie empfehlen?
Τι θα συνιστούσες; — ti tha si·ni·*stu*·ses

Woraus besteht das Gericht?
Τι περιέχει αυτό το φαγητό — ti pe·ri·e·chi af·*to* to fa·ghi·*to*

Das war hervorragend.
Ήταν νοστιμότατο! *i*·tan no·sti·*mo*·ta·to

Prost!
Εις υγείαν! is i·*yi*·an

Die Rechnung bitte.
Το λογαριασμό, παρακαλώ. to lo·ghar·ya·*zmo* pa·ra·ka·*lo*

Wichtige Wörter

Abendessen	δείπνο	*dhip*·no
Bar	μπαρ	bar
Brot	ψωμί	pso·*mi*
Café	καφετέρια	ka·fe·*te*·ri·a
Delikatessen	ντελικατέσεν	de·li·ka·*te*·sen
Ei	αβγό	av·*gho*
Essig	ξύδι	*ksi*·dhi
Fisch	ψάρι	*psa*·ri
Flasche	μπουκάλι	bu·*ka*·li
Frühstück	πρόγευμα	*pro*·yev·ma
Gabel	πιρούνι	pi·*ru*·ni
Gemüse	λαχανικά	la·kha·ni·*ka*
Glas	ποτήρι	po·*ti*·ri
Hähnchen	κοτόπουλο	ko·*to*·pu·lo
Hauptspeisen	κύρια φαγητά	*ki*·ri·a fa·yi·*ta*
heiß	ζεστός	ze·*stos*
Hochstuhl	καρέκλα για μωρά	ka·*re*·kla yia mo·*ro*
kalt	κρυωμένος	kri·o·*me*·nos
Käse	τυρί	ti·*ri*
Kräuter	βότανο	*vo*·ta·no
Lamm	αρνί	ar·*ni*
Lebensmittel	φαγητό	fa·yi·*to*
Lebensmittelgeschäft	οπωροπωλείο	o·po·ro·po·*li*·o
Löffel	κουτάλι	ku·*ta*·li
Markt	αγορά	a·gho·*ra*
Messer	μαχαίρι	ma·*che*·ri
mit/ohne	με/χωρίς	me/kho·*ris*
Mittagessen	μεσημεριανό φαγητό	me·si·me·ria·*no* fa·yi·*to*
Nachspeise	επιδόρπια	e·pi·*dhor*·pi·a
Nuss	καρύδι	ka·*ri*·dhi
Obst	φρούτα	*fru*·ta
Öl	λάδι	*la*·dhi
Pfeffer	πιπέρι	pi·*pe*·ri
Restaurant	εστιατόριο	e·sti·a·*to*·ri·o
Rindfleisch	βοδινό	vo·dhi·*no*
Sahne	κρέμα	*kre*·ma
Salz	αλάτι	a·*la*·ti
Schale	μπωλ	bol
Schweinefleisch	χοιρινό	chi·ri·*no*
Speisekarte	μενού	me·*nu*
Teller	πιάτο	*pia*·to
Vegetarier	χορτοφάγος	khor·to·*fa*·ghos
Vorspeisen	ορεκτικά	o·rek·ti·*ka*
Zucker	ζάχαρη	*za*·kha·ri

WICHTIGE WENDUNGEN

Um sich auf Griechisch zu verständigen, können diese Wendungen hilfreich sein:

Wann fährt (der nächste Bus)?
Πότε είναι (το επόμενο λεωφορείο); *po*·te *i*·ne (to e·*po*·me·no le·o·fo·*ri*·o)

Wo ist (der Bahnhof)?
Πού είναι (ο σταθμός); pu *i*·ne (o stath·*mos*)

Ich suche (Ampfilochos).
Ψάχνω για (το Αμφίλοχος). *psakh*·no yia (to am·*fi*·lo·khos)

Haben Sie (eine Karte von hier)?
Έχετε οδικό (τοπικό χάρτη); e·che·te o·dhi·*ko* (to·pi·*ko* *khar*·ti)

Gibt es hier einen (Aufzug)?
Υπάρχει (ασανσέρ); i·*par*·chi (a·san·*ser*)

Kann ich (das anprobieren)?
Μπορώ να (το προβάρω); bo·*ro* na (to pro·*va*·ro)

Ich habe (eine Reservierung).
Έχω (κλείσει δωμάτιο). e·kho (*kli*·si dho·*ma*·ti·o)

Ich möchte (ein Auto mieten).
Θα ήθελα (να ενοικιάσω ένα αυτοκίνητο). tha *i*·the·la (na e·ni·ki·*a*·so e·na af·to·*ki*·ni·to)

Getränke

Bier	μπύρα	*bi*·ra
Kaffee	καφές	ka·*fes*
Milch	γάλα	*gha*·la
Saft	χυμός	chi·*mos*
Softdrink	αναψυκτικό	a·nap·sik·ti·*ko*
Tee	τσάι	*tsa*·i
Wasser	νερό	ne·*ro*
(Rot)Wein	(κόκκινο) κρασί	(*ko*·ki·no) kra·*si*
(Weiß)Wein	(άσπρο) κρασί	(*a*·spro) kra·*si*

NOTFÄLLE

Hilfe!	Βοήθεια!	vo·*i*·thya
Hau ab!	Φύγε!	*fi*·ye

Fragewörter

Wann?	Πότε;	po·te
Warum?	Γιατί;	yi·a·ti
Was?	Τι;	ti
Wer?	Ποιος; Ποια; Ποιο;	pi·os (m) pi·a (f) pi·o (n)
Wie?	Πώς;	pos
Wo?	Πού;	pu

Ich habe mich verlaufen.	Έχω χαθεί.	e·kho kha·thi
Es gab einen Unfall.	Εγινε ατύχημα.	ey·i·ne a·ti·chi·ma
Holen Sie ...!	Φωνάξτε ...!	fo·nak·ste ...
einen Arzt	ένα γιατρό	e·na yi·a·tro
die Polizei	την αστυνομίαα·	tin sti·no·mi·a

Ich bin krank.
Είμαι άρρωστος. i·me a·ro·stos

Hier tut es weh.
Πονάει εδώ. po·na·i e·dho

Ich bin allergisch gegen (Antibiotika).
Είμαι αλλεργικός/αλλεργική (στα αντιβιωτικά) i·me a·ler·yi·kos/a·ler·yi·ki (sta an·di·vi·o·ti·ka) (m/f)

ZAHLEN

1	ένας/μία ένα	e·nas/ mi·a (m/f) e·na (n)
2	δύο	dhi·o
3	τρεις τρία	tris (m/f) tri·a (n)
4	τέσσερεις τέσσερα	te·se·ris (m/f) te·se·ra (n)
5	πέντε	pen·de
6	έξη	e·xi
7	επτά	ep·ta
8	οχτώ	och·to
9	εννέα	e·ne·a
10	δέκα	dhe·ka
20	είκοσι	ik·o·si
30	τριάντα	tri·an·da
40	σαράντα	sa·ran·da
50	πενήντα	pe·nin·da
60	εξήντα	ek·sin·da
70	εβδομήντα	ev·dho·min·da
80	ογδόντα	ogh·dhon·da
90	ενενήντα	e·ne·nin·da
100	εκατό	e·ka·to
1000	χίλιοι/χίλιες χίλια	chi·li·i/chi·li·ez (m/f) chi·li·a (n)

SHOPPEN & SERVICE

Ich möchte gerne ... kaufen
Θέλω ν' αγοράσω ... the·lo na·gho·ra·so ...

Ich schaue nur.
Απλώς κοιτάζω. ap·los ki·ta·zo

Kann ich es anschauen?
Μπορώ να το δω; bo·ro na to dho

Das gefällt mir nicht.
Δεν μου αρέσει. dhen mu a·re·si

Wie viel kostet es?
Πόσο κάνει; po·so ka·ni

Das ist zu teuer.
Είναι πολύ ακριβό. i·ne po·li a·kri·vo

Kann ich es billiger haben?
Μπορείς να κατεβάσεις την τιμή; bo·ris na ka·te·va·sis τ tin ti·mi

Bank	τράπεζα	tra·pe·za
Geldautomat	αυτόματη μηχανή χρημάτων	af·to·ma·ti mi·kha·ni khri·ma·ton
Handy	κινητό	ki·ni·to
Internetcafé	καφενείο ιαδικτύου	ka·fe·ni·o dhi·a·dhik·ti·u
Kreditkarte	πιστωτική κάρτα	pi·sto·ti·ki kar·ta
Postamt	ταχυδρομείο	ta·chi·dhro·mi·o
Toilette	τουαλέτα	tu·a·le·ta
Touristen-information	τουριστικό γραφείο	tu·ri·sti·ko ghra·fi·o

UHRZEIT & DATUM

Wie spät ist es?	Τι ώρα είναι;	ti o·ra i·ne
Es ist (zwei Uhr).	είναι (δύο η ώρα).	i·ne (dhi·o i o·ra)
Es ist halb (11) Uhr.	(Δέκα) και μισή.	(dhe·ka) ke mi·si

heute	σήμερα	si·me·ra
morgen	αύριο	av·ri·o
gestern	χθες	chthes
Vormittag	πρωί	pro·i
(heute) Nachmittag	(αυτό το) απόγευμα	(af·to to) a·po·yev·ma
Abend	βράδυ	vra·dhi

Montag	Δευτέρα	dhef·te·ra
Dienstag	Τρίτη	tri·ti
Mittwoch	Τετάρτη	te·tar·ti

Donnerstag	Πέμπτη	pemp·ti
Freitag	Παρασκευή	pa·ras·ke·vi
Samstag	Σάββατο	sa·va·to
Sonntag	Κυριακή	ky·ri·a·ki

Januar	Ιανουάριος	ia·nu·ar·i·os
Februar	Φεβρουάριος	fev·ru·ar·i·os
März	Μάρτιος	mar·ti·os
April	Απρίλιοςq	a·pri·li·os
Mai	Μάιος	mai·os
Juni	Ιούνιος	i·u·ni·os
Juli	Ιούλιος	i·u·li·os
August	Αύγουστος	av·ghus·tos
September	Σεπτέμβριος	sep·tem·vri·os
Oktober	Οκτώβριος	ok·to·vri·os
November	Νοέμβριος	no·em·vri·os
Dezember	Δεκέμβριος	dhe·kem·vri·os

VERKEHRSMITTEL

Öffentliche Verkehrsmittel

(Fern)Bus	λεωφορείο	le·o·fo·ri·o
(Stadt)Bus	αστικό	a·sti·ko
Flugzeug	αεροπλάνο	ae·ro·pla·no
Schiff	πλοίο	pli·o
Zug	τραίνο	tre·no

Wo kann ich ein Ticket kaufen?
Πού αγοράζω εισιτήριο; pu a·gho·ra·zo i·si·ti·ri·o

Ich möchte nach ... fahren
Θέλω να πάω στο/στη ... the·lo na pao sto/sti ...

Um wie viel Uhr fährt ... ab?
Τι ώρα φεύγει; ti o·ra fev·yi

Hält er in (Iraklion)?
Σταματάει στο (Ηράκλειο); sta·ma·ta·i sto (i·ra·kli·o)

Ich möchte (in Iraklion) aussteigen.
Θα ήθελα να κατεβώ (στο Ηράκλειο). tha i·the·la na ka·te·vo (sto i·ra·kli·o)

Ich hätte gerne (eine) ...	Θα ήθελα (ένα) ...	tha i·the·la (e·na) ...
einfache Fahrkarte	απλό εισιτήριο	a·plo i·si·ti·ri·o
Rückfahrkarte	εισιτήριο με επιστροφή	i·si·ti·ri·o me e·pi·stro·fi
1. Klasse	πρώτη θέση	pro·ti the·si
2. Klasse	δεύτερη θέση	def·te·ri the·si
Bahnhof	σταθμός τρένου	stath·mos tre·nu
Bahnsteig	πλατφόρμα	plat·for·ma

Schilder

ΕΞΟΔΟΣ	Ausgang
ΕΙΣΟΔΟΣ	Eingang
ΚΛΕΙΣΤΟ	geschlossen
ΠΛΗΡΟΦΟΡΙΕΣ	Information
ΑΝΟΙΧΤΟ	offen
ΑΣΤΥΝΟΜΙΑ	Polizei
ΑΣΤΥΝΟΜΙΚΟΣ ΣΤΑΘΜΟΣ	Polizeiwache
ΓΥΝΑΙΚΩΝ	Toiletten (Damen)
ΑΝΔΡΩΝ	Toiletten (Herren)
ΑΠΑΓΟΡΕΥΕΤΑΙ	verboten

Fahrkartenschalter	εκδοτήριο εισιτηρίων	ek·dho·ti·ri·o i·si·ti·ri·on
Fahrplan	δρομολόγιο	dhro·mo·lo·gio
gestrichen	ακυρώθηκε	a·ki·ro·thi·ke
verspätet	καθυστέρησε	ka·thi·ste·ri·se

Auto & Fahrrad fahren

Ich möchte gerne ... mieten
Θα ήθελα να νοικιάσω ... tha i·the·la na a ... ni·ki·a·so ...

Allradwagen	ένα τέσσερα επί τέσσερα	e·na tes·se·ra e·pi tes·se·ra
Auto	ένα αυτοκίνητο	e·na af·ti·ki·ni·to
Fahrrad	ένα ποδήλατο	e·na po·dhi·la·to
Jeep	ένα τζιπ	e·na tzip
Motorrad	μια μοτοσυκλέττα	mya mo·to·si·klet·ta

Brauche ich einen Helm?
Χρειάζομαι κράνος; khri·a·zo·me kra·nos

Ist das die Straße nach ...?
Αυτός είναι ο δρόμος για ... af·tos i·ne o dhro·mos ya ...

Darf ich hier parken?
Μπορώ να παρκάρω εδώ; bo·ro na par·ka·ro e·dho

Das Auto/Motorrad ist liegen geblieben (in ...).
Το αυτοκίνητο/η μοτοσυκλέττα χάλασε (στο ...). to af·to·ki·ni·to/i mo·to·si·klet·ta kha·la·se (sto ...)

Ich habe einen Platten.
Επαθα λάστιχο. e·pa·tha la·sti·cho

Mein Tank ist leer.
Εμεινα από βενζίνη. e·mi·na a·po ven·zi·ni

Begriffe zum Thema Essen und Trinken siehe Essen wie die Einheimischen (S. 49) und Griechische Küche (S. 859).

achäische Kultur – siehe *mykenische Kultur*

agia (f), agios (m), agii (pl) – Heilige(r)

agora – Marktplatz einer antiken Stadt; Geschäftsviertel im modernen Griechenland

Akropolis – Zitadelle, höchster Punkt einer antiken Stadt

Amphore – großer Krug mit zwei Henkeln, in dem Wein oder Öl aufbewahrt wird

archaisches Zeitalter – auch das *mittlere Zeitalter* genannt (800–480 v. Chr.); nach der Phase des *dunklen Zeitalters* entstanden die Stadtstaaten, die durch Handel zu Reichtum und Macht gelangten. Gemeinsam war den Stadtstaaten das griechische Alphabet und eine Kultur als Grundlage für eine nationale Identität

archon – führender Bürger einer Stadt, meist ein reicher Händler; Vorsteher des Magistrats

archontika – Wohnhaus eines *archon* im 17. und 18. Jahrhundert v. Chr.

askitiria – kleine Kapelle oder Klause, in der man in Abgeschiedenheit beten kann

asklepion – antikes medizinisches Zentrum

baglamas – kleines Saiteninstrument wie eine kleine *bouzouki*

Basilika – frühchristliche Kirche

bouzouki – Saiteninstrument mit langem Hals, ähnlich einer Laute, auf der *rembetika*-Musik gespielt wird

bouzoukia – alle Bars, in denen *bouzouki*-Musik gespielt und dazu gesungen wird

byzantisches Reich – entstand nach dem Verschmelzen der hellenistischen und christlichen Kultur; benannt ist es nach Byzanz, der Stadt am Bosporus, die 324 n. Chr. Hauptstadt des oströmischen Reiches wurde. Als das römische Reich 395 n. Chr. offiziell geteilt wurde, zerfiel Rom, und die Hauptstadt im Osten, die nach Kaiser Konstantin in Konstantinopel umbenannt wurde, blühte auf. Das byzantinische Reich (324–1453 n. Chr.) wurde aufgelöst, nachdem Konstantinopel 1453 von den Türken erobert wurde

chora – Hauptort (meist einer Insel)

chorio – Dorf

dunkles Zeitalter – 1200–800 v. Chr., Phase, in der Griechenland von den *Dorern* beherrscht wurde

domatio (s), domatia (pl) – Zimmer, meist in einem Privathaus; günstige Unterkunft

Dorer – hellenistische Krieger, die 1200 v. Chr. nach Griechenland eindrangen, bestehende Siedlungen und die *mykenische Kultur* zerstörten; sie stehen am Beginn von Griechenlands *dunklem Zeitalter*, als die große Kunst und Kultur der *Mykener und Minorer* zum Erliegen kam; die Dorer entwickelten sich später zu einem Landadel und ermöglichten so das Wiederaufleben der unabhängigen Stadtstaaten unter der Führung reicher Adliger

dorisch – Ordnung in der griechischen Architektur, typisch dafür Säulen ohne Basis und mit einem bauchigen Schaft mit Kanneluren sowie einem relativ schlichten Kapitell im Vergleich zu den floralen Elementen der Kapitelle der *ionischen* und *korinthischen* Säulen

Ellada oder Ellas – siehe *Hellas*

ELPA – Elliniki Leschi Aftokinitou kai Periigiseon; griechischer Automobil- und Touringclub

ELTA – Ellinika Tahydromia; griechische Post

EOS – Ellinikos Orivatikos Syllogos; Verband der griechischen Bergsteigervereinigungen

EOT – Ellinikos Organismos Tourismou; Touristeninformation (mit Büros in fast allen großen Städten), im Ausland auch bekannt unter *GNTO* (Greek National Tourist Organisation) oder GZF (Griechische Zentrale für Fremdenverkehr)

estiatorio – Restaurant, in dem es vorbereitete Speisen und Essen à la carte gibt

Filiki Eteria – Freundesgesellschaft; eine Gruppe Exilgriechen, die während der osmanischen Herrschaft zur Organisation des Widerstands gegen die Türken entstand

filoxenia – Gastfreundlichkeit

frourio – Befestigung, manchmal auch *kastro*

geometrisches Zeitalter – von 1200–800 v. Chr., in dem die Tongefäße mit geometrischen Mustern verziert wurden, manchmal auch Griechenlands *dunkles Zeitalter* genannt

Giebelfeld – auch Tympanon, dreieckiger Bereich über den Säulen an den Schmalseiten eines klassischen griechischen Tempels, häufig mit ornamentalem oder figürlichem Dekor

GNTO – Greek National Tourist Organisation; siehe auch *EOT*

Hellas – griechischer Name

für Griechenland, auch Ellada oder Ellas

hellenistisches Zeitalter – Phase des Reichtums und großen Einflusses der Griechen von 323–146 v. Chr. in der Folge der Eroberungen von Alexander dem Großen, dauerte bis zur Eroberung von Korinth durch die Römer

ionisch – Ordnung in der griechischen Architektur, typisch sind Säulen mit einem Schaft mit Kanneluren und Kapitellen mit gerollten Enden, vgl. auch *dorisch* und *korinthisch*

Kaik – kleines, robustes Fischerboot, das auch oft Passagiere aufnimmt

Kapitell – oberer Abschluss einer Säule

kastro – befestigte Stadt, auch Burg oder Festung

katholikon – Hauptkirche einer Klosteranlage

klassisches Zeitalter – Zeitalter (480–323 v. Chr.), in dem die griechischen Stadtstaaten nach dem Sieg über die Perser im 5. Jahrhundert v. Chr. auf dem Höhepunkt ihres Reichtums und ihrer Macht waren; das klassische Zeitalter endete mit dem Niedergang der Stadtstaaten aufgrund der Peloponnesischen Kriege und des Expansionsdrangs von Philip II, König von Makedonien (regierte 359–336 v. Chr.), und seines Sohnes, Alexander des Großen (regierte 336–323 v. Chr.)

kore – Statue einer Frau aus dem *archaischen Zeitalter*, s. auch *kouros*

korinthisch – Ordnung in der griechischen Architektur, typisch sind Säulen mit glockenförmigen *Kapitellen* mit reicher Verzierung oft in Form von Akanthusblättern; vgl. auch *dorisch* und *ionisch*

kouros (s), kouroi (pl) – Statue eines Mannes aus dem *archaischen Zeitalter*, meist mit steifer Körperhaltung und rätselhaftem Lächeln, s. auch *kore*

kri-kri – einheimisches kretisches Tier mit langen Hörnern, ähnlich einer wilden Ziege, auch bekannt als *agrimi*

KTEL – Koino Tamio Eispraxeon Leoforion; nationale Buskooperative, welche die Überlandbusse betreibt

kykladische Kultur – von 3000–1100 v. Chr., entstand durch die Besiedlung der Kykladen durch die Phönizier

laïka – wörtlich „beliebte (Lieder)"; bekannte Lieder, die entweder seit Jahren häufig gespielt werden oder im Moment aktuell sind; auch als „urban folk music" bezeichnet

leoforos – Hauptstraße, kurz auch „leof" genannt

libation – im antiken Griechenland Wein oder Speisen, die den Göttern geopfert wurden

limenarhio – Hafenpolizei

Linear A – *minoische* Schrift, bislang noch nicht entziffert

Linear B – *mykenische* Schrift, wurde entziffert

lyra – kleines, einer Geige ähnelndes Instrument, das auf dem Knie aufliegend gespielt wird; verbreitet in der Musik der Kreter und der Pontos-Griechen

megaron – zentraler Raum oder Bereich eines *mykenischen* Palastes

meltemi – trockener Nordwind, weht fast den gesamten Sommer über große Teile Griechenlands

mezedhopoleio – Restaurant, in dem hauptsächlich *mezedhes* serviert werden

mittleres Zeitalter – siehe *archaisches Zeitalter*

minoische Kultur – Bronzezeit (3000–1200 v. Chr.), Kultur auf Kreta nach dem mythischen König Minos benannt und bekannt für ihre großartigen und handwerklich hervorragenden Arbeiten aus Ton und Metall; es gibt drei Phasen: Altpalastzeit (3400–2100 v. Chr.), Neupalastzeit (2100–1580 v. Chr.) und Nachpalastzeit (1580–1200 v. Chr.)

moni – Kloster oder Konvent

mykenische Kultur – die erste große Zivilisation (1600–1100 v. Chr.) auf dem griechischen Festland mit mächtigen unabhängigen Burgen, in denen jeweils ein König herrschte; auch bekannt als die achaische Kultur

Nea Dimokratia – Neue Demokratie; konservative Partei

necropolis – wörtlich „Stadt der Toten"; antiker Friedhof

nisi – Insel

nymphaeum – im antiken Griechenland Gebäude mit einem Brunnen, war häufig Nymphen gewidmet

odeion – antikes griechisches Theatergebäude

odos – Straße

OSE – Organismos Sidirodromon Ellados; griechische Eisenbahngesellschaft

ouzerie – hier gibt es Ouzo und kleine Snacks

OTE – Organismos Tilepikoinonion Ellados; Griechenlands große Telekommunikationsgesellschaft

Panagia – Gottesmutter bzw. die Jungfrau Maria, viele Kirchen sind nach ihr benannt

paralia – Küste, Strand

panigyri (s), panigyria (p) – Fest(e), meist zu Ehren von Heiligen

periptero (s), periptera (pl) – Kiosk

Peristyl – die einen Hof umgebende Säulenhalle, meist bei einem Tempel oder einem Wohnhaus

plateia – Platz

pithos (s), pithoi (pl) – großes *minoisches* Gefäß zur Lagerhaltung oder Urne

propylon (s), propylaia (pl) – Propyläen, schön gestaltetes Eingangsbauwerk zu einer antiken Stadt oder einem Heiligtum; im propylon gab es ein Tor, in propylaia mehr als eines

prytaneion – Verwaltungszentrum des Stadtstaates

rembetika – häufig verglichen mit der Blues-Musik, entstand in den Subkulturen der 1920er-Jahre

rhyton – anderes Wort für ein Gefäß für *libation*

rizitika – traditionelle, patriotische Lieder aus Westkreta

Sarakatsani – griechisch sprechende Nomaden und Hirten aus Nordgriechenland

stele (s), stelae (pl) – freistehende Steinsäule meist mit Inschriften oder figürlichen Darstellungen

stoa – lange Säulenhalle, meist auf einer *agora*, überdachter Ort der Zusammenkunft im antiken Griechenland

taverna – häufigste Form eines traditionellen Restaurants, in dem Speisen und Wein serviert werden

tholos – mykenisches Grabmal in Form eines Bienenkorbs

Vlachi – romanischsprachige Minderheiten in Nordgriechenland, Volksgruppen der Aromuren und Mazedorumänen

Zyklop(en) – mythische(r), einäugige(r) Riese(n)

Hinter den Kulissen

WIR FREUEN UNS ÜBER IHR FEEDBACK

Wir freuen uns über Post von Ihnen – ihre Kommentare spornen uns an und verbessern die Bücher. Unser reiseerfahrenes Team liest jeden positiven und kritischen Kommentar über dieses Buch. Wir können zwar nicht jeden Beitrag beantworten, garantieren aber, dass ihr Feedback bei einer Neuauflage an den entsprechenden Autor weitergeleitet wird. Allen, die uns Informationen senden, danken wir in der nächsten Ausgabe – und sehr hilfreiche Anregungen belohnen wir mit einem kostenlosen Belegexemplar.

Besuchen Sie uns auf **www.lonelyplanet.de/kontakt,** und schreiben Sie uns neueste Informationen und Ihre Anregungen, gerne helfen wir Ihnen auch bei Fragen weiter. Auf unserer preisgekrönten Website finden Sie inspirierende Reisegeschichten, aktuelle Nachrichten und Diskussionen.

Hinweis: Da wir möglicherweise Ihre Kommentare in Produkten von Lonely Planet, wie den Reiseführern, Websites und digitalen Medien, in unterschiedlicher Form veröffentlichen, bitten wir um Mitteilung, falls ein Kommentar von Ihnen oder Ihr Name nicht veröffentlicht werden soll. Näheres über den Datenschutz bei Lonely Planet finden Sie unter www.lonelyplanet.com/privacy.

UNSEREN LESERN

Vielen Dank an die, die reisen und die letzte Ausgabe verwendet haben und uns hilfreiche Hinweise und nützliche Ratschläge gaben und tolle Geschichten erzählten:
Badong Abesamis, Alex Archer, Tina Audrey, Julia Bargarum, Ian Brown, Jan Bruusgaard, Nikki Buran, Peter Castello, Eva Dimitriou, Spiros Divaris, Ray Edmondson, Per Engström, Eric Feigenbaum, Lindsay Grant, Martin Haemmerle, Paula Hagiefremidis, Yair Hashachar, Geoff Hughes, Juliana Hughes, Roberta Iamiceli, Sharon Johnson, Nikki Kane, Tzortzis Kontonikolaou, Georgia Manos, Anton Moehrke, Marina Mogli, Anette Munthe, Allene Nicholson, Nikolaos Ntantis, Galatea Paradissi, William Parnell, Leo Paton, NCW Pratten, Tee Selvaratnam, Manolis Spinthakis, Dan Stacey, Ralf Teepe, Ronne van Zuida, Elizabeth Waddell, Aonghus Weber, Richard Woolf, Teun Zijlmans

DANK DER AUTOREN

Korina Miller

Vielen Dank den zahllosen Menschen, die so großzügig ihre Zeit und ihr Wissen geteilt haben. Insbesondere meinen Mitautoren, die ihr großes Expertenwissen und ihre gute Laune eingebracht haben. Herzlichen Dank auch an Anna Tyler und Sally Schafer für ihre Geduld und ihre Unterstützung und dafür, dass sie mir diese Chance gegeben haben, sowie an Tasmin Waby McNaughtan, Kirsten Rawlings und Mandy Sierp. Und der abschließende liebende Dank geht an meine Töchter Simone und Monique, die immer wussten, wie sie mich zum Lachen bringen und mich zu einem Tänzchen im Wohnzimmer auffordern konnten.

Kate Armstrong

Auf dem Peleponnes danke ich wieder einmal ganz herzlich Petros Zotos und seiner Familie für ihre Unterstützung und für das unglaubliche Osterfest; in Mittelgriechenland geht mein Dank an Alexandra Groth, Julia und Sofia sowie Yiannis für ihre unschätzbare Hilfe. Apostolos in Delphi – das wäre ohne dich nicht zu schaffen gewesen. Ein ganz herzliches *efcharisto* an Michael Clark für die Rettungsaktion und an Anna Tyler, Mandy Sierp, Korina Miller und alle Mitautoren für die wunderbare Teamarbeit. Schließlich geht der Dank an „Squivlopolous" (alias Olivia) für ihre Freundschaft und die Begeisterung dafür, die besten *mousakas* des Landes zu finden.

Alexis Averbuck
Herzlichen Dank Alexandra Stamopoulou für ihre tollen Empfehlungen. Marina Flenga war eine großartige märchenhafte Großmutter, die mir den Kontakt zu Eingeweihten ermöglichte. Marilee Anargyrou Kyriazakou und Cali Doxiadis (Kerkyra), Eleni Doxiadi (Lefkada), Manita Scocimara-Ponghis (Kefallonia), Ioanna Katsigeras (Kythira), Theodoris Drossos (Ägina) sowie Petros Haritatos und Dimitris Anargyros (Spetses) ließen mich an ihrer Liebe zu ihren Inseln und ihrem Wissen darüber teilhaben. In Athen lernte ich von Lena Lambrinou viel über die Akropolis und von Elina Lychoudi ebenso viel über das Nachtleben. Margarita Kontzia, Anthy und Costas ließen mich wie zu Hause fühlen.

Michael Stamatios Clark
Ευχαριστώ (vielen Dank) allen, die mir auf der Reise einladende Orte bereiteten – ganz besonders Heather Parsons, George und Mahi (Skopelos), Chrysanthi Zygogianni (Skyros) sowie Vasillis und Demetra (Ikaria). MJ Keown half von Anfang an zusammen mit Kostas und Nana Vatsis. Ein ganz besonderer Dank geht an meinen Mitautor Chris Deliso, der mir den Weg in die Nordostägäis öffnete, sowie an Korina Miller für ihre tolle Koordination und an Janet, die immer cool blieb, während es in Tunesien heiß herging.

Chris Deliso
Griechen und Nichtgriechen gaben viele gute Tipps und waren oft auch eine angenehme Begleitung bei den Arbeiten für dieses Buch. Zu ihnen gehören Apostolis und Costi in Komotini, Ioannis Vamvakas in Chalkidiki, Giorgos Kontaxis in Ioannina (und die Verwaltung der Orthodoxen Kirche dort), Leftheris in Parga und Nikos in Florina sowie der großartige Paul Hellander (in allem). Und natürlich wäre keine Dankesrede vollständig ohne das Lonely-Planet-Team zu erwähnen, darunter die verantwortliche Redakteurin Anna Tyler, die Hauptautorin Korina Miller sowie die Produktion und die Teams für die Karten.

Des Hannigan
Vielen Dank an meine vielen Freunde, an diejenigen, die im Tourismusbereich arbeiten sowie an die vielen Fremden von nah und fern, die geholfen haben und mir über viele Jahre mit Ratschlägen bei meiner Arbeit in Griechenland zur Seite standen. Es sind zu viele, um sie alle aufzuzählen, aber ich hoffe, ihr wisst alle, wie sehr ich euch danke und euch lieb gewonnen habe. Möge das Leben euch immer nur Gutes bereithalten.

Victoria Kyriakopoulos
Ein ganz herzlicher Dank geht an die Hauptautorin Korina Miller und an Sally Schafer und Anna Tyler bei Lonely Planet London für die Chance, aus der Ferne zu dieser Ausgabe meinen Beitrag zu leisten. Ein besonderer Dank meinem Partner Chris Anastassiades für seine Unterstützung und für seine Ermutigungen sowie Nik und Sam und meinem wunderbaren Sohn Kostas Leonidas, der so viel Freude in mein Leben bringt.

Andrea Schulte-Peevers
Mein erstes großes Dankeschön geht an Anna Tyler, die mich zur Mitarbeit an diesem Buch anregte. Ganz herzlich danke ich auch meinem Mann David, der auf meinen Touren auf der Insel ein toller Begleiter war, und Miriam Bers für ihre sehr nützlichen Tipps. Ein ganz großes Lob verdienen auch all die lieben Leute, die ihr Fachwissen und ihren Kenntnisreichtum über ihre Orte an mich weitergaben, darunter die Familie Papadospiridaki, Vaggelis Alegakis, Nikos Miliarakis, Ioannis Giannoutsos, Marianna Founti-Vassi und Moin Sadiq.

Richard Waters
Mein ganz besonderer Dank geht an Valentina auf Tilos, Manos auf Symi und Michelle auf Nisyros. An den so überaus großzügigen Alexis auf Kos und an Maria für ihre ganz spezielle Gesellschaft auf Patmos. Mein Dank geht auch an Anna Tyler, Korina Miller und eine sehr geduldige Gina Tsarouhas. Der abschließende Dank geht an das griechische Volk, das trotz der schwierigen Zeiten immer bereit ist, uns mit offenen Armen zu empfangen.

QUELLENNACHWEISE

Karte mit den Klimadaten in einer Bearbeitung übernommen von Peel MC, Finlayson BL & McMahon TA (2007) „Updated World Map of the Köppen-Geiger Climate Classification“, Hydrology and Earth System Sciences, 11, 163344.

Abbildungen S. 72–73, S. 454–455 von Javier Martinez Zarracina.

Titelbild: Moni Agias Varvaras Rousanou (Vordergrund) und Moni Agiou Nikolaou, Meteora, Thessaly, Andrew Bain/LPI; Architects for the Peace & Friendship Stadium, Athens, Thymios Papagiannis & Associates. Viele der Bilder in diesem Reiseführer können erworben werden bei Lonely Planet Images: www.lonelyplanetimages.com.

Über dieses Buch

Diese 4. deutsche Auflage von Lonely Planet Griechenland basiert auf der mittlerweile 10. englischen Auflage von Korina Miller, Kate Armstrong, Alexis Averbuck, Michael Stamatios Clark, Chris Deliso, Des Hannigan, Victoria Kyriakopoulos, Andrea Schulte-Peevers und Richard Waters erarbeitet und geschrieben. Neben diesen Autoren haben auch Janet White, Gina Tsarouhas, Will Gourlay, Paul Hellander, Miriam Raphael und Andrew Stone an den vorausgegangenen Ausgaben mitgearbeitet.

Dieser Reiseführer wurde vom Lonely Planet Büro in London herausgegeben, beteiligt an der Produktion waren:

Verantwortliche Redakteurin Anna Tyler
Leitende Redakteurin Gina Tsarouhas
Leitender Kartograf Andrew Smith
Leitende Layoutdesignerin Jacqui Saunders
Redaktion Annelies Mertens, Tasmin Waby McNaughtan
Kartografie Alison Lyall, Mandy Sierp
Layoutdesign Jane Hart
Redaktionsassistenz Alice Barker, Janice Bird, Beth Hall, Jocelyn Harewood, Briohny Hooper, Anne Mulvaney, Catherine Naghten, Kristin Odijk, Monique Perrin, Christopher Pitts, Charles Rawlings-Way, Saralinda Turner, Kate Whitfield
Kartografieassistenz Sonya Brooke, Mick Garrett, James Leversha
Layout-Assistenz Adrian Blackburn, Nicholas Colicchia, Carol Jackson, Kerrianne Southway, Yvonne Bischofberger
Titelgestaltung Naomi Parker
Interne Bildersuche Aude Vauconsant
Illustrationen Javier Martinez Zarracina
Redaktion Sprachführer Laura Crawford

Dank an Imogen Bannister, Jo Cooke, Brendan Dempsey, Ryan Evans, Susan Paterson, Trent Paton, Averil Robertson, Wibowo Rusli, Riina Stewart, John Taufa, Gerard Walker, Juan Winata, Emily K Wolman

Register

000 Kartenseiten
000 Abbildungen

B

000 Kartenseiten
000 Abbildungen

C

D

E

000 Kartenseiten
000 Abbildungen

REGISTER E–F

000 Kartenseiten
000 Abbildungen

REGISTER K

000 Kartenseiten
000 Abbildungen

N

000 Kartenseiten
000 Abbildungen

T

000 Kartenseiten
000 Abbildungen

REGISTER S–T

U

V

W

X

Y

Z

000 Kartenseiten
000 Abbildungen

Auf einen Blick

Mit diesen Symbolen sind wichtige Kategorien leicht zu finden:

- Sehenswertes
- Aktivitäten
- Kurse
- Touren
- Festivals & Events
- Schlafen
- Essen
- Ausgehen
- Unterhaltung
- Shoppen
- Praktische Informationen/ Transport

Diese Symbole bieten wertvolle Zusatzinformationen:

- Telefonnummer
- Öffnungszeiten
- Parken
- Nichtraucher
- Klimaanlage
- Internetzugang
- WLAN
- Swimmingpool
- Vegetarische Gerichte
- Englischsprachige Speisekarte
- Familienfreundlich
- Tierfreundlich
- Bus
- Fähre
- Metro
- U-Bahn
- London Tube
- Straßenbahn
- Zug

Die Reihenfolge spiegelt die Bewertung durch die Autoren wider.

Empfehlungen von Lonely Planet

- LP TIPP: Das empfiehlt unser Autor
- GRATIS: Hier bezahlt man nichts
- Nachhaltig und umweltverträglich

Unsere Autoren haben diese Einrichtungen gewählt, weil man dort großenWert auf Nachhaltigkeit legt, etwa durch die Förderung einheimischer Gemeinschaften oder Hersteller, durch umweltverträgliche Bewirtschaftung oder durch Engagement im Naturschutz.

Legende

Sehenswertes
- buddhistisch
- christlich
- hinduistisch
- islamisch
- jüdisch
- Denkmal
- Museum/Galerie
- Ruine
- Schloss
- Strand
- Weinkeller/Kelter
- Zoo
- andere Sehenswürdigkeiten

Aktivitäten, Kurse & Touren
- Kanu-/Kajak fahren
- Ski fahren
- Surfen
- Swimmingpool
- tauchen/schnorcheln
- wandern
- windsurfen
- andere Aktivitäten/ Kurse/Touren

Schlafen
- Unterkunft
- Camping

Essen
- Lokal

Ausgehen
- Bar/Kneipe
- Café

Unterhaltung
- Unterhaltung

Shoppen
- Shoppen

Praktisches
- Bank
- Botschaft/ Konsulat
- Krankenhaus/Arzt
- Internet
- Polizei
- Post
- Telefon
- Toilette
- Touristeninformation
- andere Einrichtung

Transport
- Bus
- Fahrrad
- Fähre
- Flughafen
- Grenzübergang
- Metro
- Magnetschwebebahn
- Parkplatz
- Zug/Eisenbahn
- Seilbahn
- Tankstelle
- Taxi
- Straßenbahn
- andere Transportmittel

Verkehrswege
- Mautstraße
- Autobahn
- Hauptstraße
- Landstraße
- sonstige Straße
- Straße
- unbefestigte Straße
- Plaza/Mall
- Stufen
- Tunnel
- Fußgängerüberweg
- Stadtspaziergang
- Abstecher vom Stadtspaziergang
- Pfad

Landschaft
- Aussichtspunkt
- Berg/Vulkan
- Hütte/Unterstand
- Leuchtturm
- Oase
- Park
- Pass
- Picknickplatz
- Wasserfall

Städte
- Hauptstadt (Staat)
- Hauptstadt (Provinz)
- Großstadt
- Kleinstadt/Dorf

Grenzen
- Internationale Grenze
- Bundesstaat, Provinz
- umstrittene Grenze
- Region/Vorort
- Meeresschutzgebiet
- Klippen
- Befestigungsanlage

Gewässer
- Fluss, Bach
- Periodischer Fluss
- Sumpfgebiet
- Riff
- Kanal
- Wasser
- Trocken-/Salz-/ periodischer See
- Gletscher

Gebietsform
- Friedhof (christl.)
- Friedhof
- Highlight (Gebäude)
- Park/Wald
- Sehenswürdigkeit (Gebäude)
- Sportplatz
- Strand/Wüste

UNSERE GESCHICHTE

Ein uraltes Auto, ein paar Dollar in der Tasche und Abenteuerlust. 1972 brauchten Tony und Maureen Wheeler nur das für die Reise ihres Lebens – quer durch Europa und Asien bis nach Australien. Die Reise dauerte mehrere Monate, und am Ende saßen sie – abgebrannt, aber voller Ideen – an ihrem Küchentisch und schrieben ihren ersten Reiseführer *Across Asia on the Cheap* (Mit wenig Geld durch Asien). Innerhalb einer Woche verkauften sie 1500 Bücher. Lonely Planet war geboren.

Heute unterhält Lonely Planet Büros in Melbourne, London und Oakland mit über 600 Mitarbeitern und Autoren. Wie Tony meinen auch wir, dass ein guter Reiseführer drei Dinge tun muss: informieren, bilden und unterhalten. An diesem Grundsatz änderte sich auch nichts, als 2011 BBC Worldwide alleiniger Inhaber von Lonely Planet wurde.

UNSERE AUTOREN

Korina Miller

Hauptautorin, Planung (ohne Essen wie die Einheimischen), Die perfekte Insel finden, Griechenland verstehen, Natur & Tierwelt, Survival Guide Korina unternahm ihre erste Reise nach Griechenland als Jugendliche ausgerüstet mit Rucksack, sie schlief an Deck der Fähren und wanderte durch die Berge. Seither zieht es sie immer wieder zurück, um die helle Sonne Griechenlands aufzusaugen, an den Stränden zu liegen und gewaltige Mengen griechischen Salat zu essen und starken griechischen Kaffee zu trinken. Korina wuchs auf Vancouver Island auf, erkundet die Welt seit ihrem 16. Lebensjahr und arbeitete, studierte und reiste dabei in 36 Ländern. Korina hat bereits fast 20 Titel für Lonely Planet geschrieben.

Kate Armstrong

Peloponnes, Zentralgriechenland (ohne die Halbinsel Pilion) Kate Armstrong studierte Geschichte und Bildende Kunst und wollte vor langer Zeit einmal einen echten *kouros* (Statue eines Mannes) in Griechenland sehen und verliebte sich in das Land. Für diese Ausgabe machte sie sich auf zum „Nabel" der Welt in Delphi und zu den inspirierenden Felsen von Meteora. Dabei aß sie wohl mehrere Schafe (unvermeidbar in der Osterzeit), fuhr über 6000 km und genoss eine Gastfreundschaft, die Aphrodite angemessen gewesen wäre. Kate ist freie Autorin und ihre Abenteuergeschichten erscheinen unter www.katearmstrong.com.au.

Mehr Infos zu Kate unter:
lonelyplanet.com/members/kate_armstrong

Alexis Averbuck

Athen & Umgebung, Saronische Inseln, Ionische Inseln Alexis lebt auf Ydra in Griechenland; wenn sie etwas Spannendes erleben will, fährt sie nach Athen, dann wiederum ist ihr jede Entschuldigung recht, um auf den einsamsten Straßen ihrer Wahlheimat zu reisen. Sie sieht es als ihre große Aufgabe an, gegen die stereotype Vorstellung zu arbeiten, dass Griechenland nur eine Aneinanderreihung von Sandstränden ist. Sie ist seit 20 Jahren Reisejournalistin und lebte ein Jahr lang in der Antarktis, überquerte den Pazifik in einem Segelboot und schrieb Bücher über ihre Reisen durch Asien sowie Nord- und Südamerika. Darüber hinaus malt sie – besuchen Sie sie auf www.alexisaverbuck.com.

Mehr Infos zu Alexis unter:
lonelyplanet.com/members/alexisaverbuck

Michael Stamatios Clark

Zentralgriechenland (Halbinsel Pilion), Nordostägäische Inseln, Euböa & die Sporaden Michaels griechische Wurzeln reichen zurück in das Dorf Karavostamo (Ikaria), woher seine Großeltern mütterlicherseits stammen und das er für die Arbeit an diesem Reiseführer besuchte. Seine erste Reise auf die Inseln war als Hilfsarbeiter auf einem griechischen Frachter, auf dem er für Englischunterricht von Griechen Backgammon beigebracht bekam. Für diese Ausgabe durchwanderte er Skopelos, testete das Thermalheilquellen von Ikaria und probierte überall Retsina und *tsipouro*.

Chris Deliso

Nordgriechenland Chris zeichnete bereits mit fünf Jahren Karten von der Ägäis und kam schließlich 20 Jahre später im Rahmen seines Studiums der byzantinischen Kunst in Oxford nach Griechenland. Seit er 1998 begonnen hat, in Thessaloniki das moderne Griechisch zu lernen, reist er häufig nach Griechenland und verbrachte auch ein Jahr auf Kreta und eine längere Zeit auf dem Berg Athos, wo er für diesen Reiseführer beim Schneiden eines Zitronenbaums half, um sich ein dringend notwendiges Extra-Mittagessen während der Fastenzeit zu verdienen. Ebenso gerne erkundet er das Nachtleben von Thessaloniki und die Berge von Epirus.

Mehr Infos zu Chris unter:
lonelyplanet.com/members/chrisdeliso

Des Hannigan
Kykladen Des durchwandert Griechenland seit vielen Jahren. In einem früheren Leben arbeitete er auf See und kommt daher perfekt mit dem System der griechischen Fährschiffe klar, obwohl er Insel-Hopping am liebsten mit einer schnellen Yacht oder aber in einem alten Kaik macht. Des bearbeitete für Lonely Planet die Kykladen, die Ionischen und Saronischen Inseln sowie Ostkreta. Er lebt in äußersten Westen im englischen Cornwall, wo es an sehr sonnigen Tagen fast wie in Griechenland ist, nur das kühle Wasser des Atlantiks belehrt eines Besseren.

Victoria Kyriakopoulos
Essen wie die Einheimischen, Die griechische Mentalität, Griechische Küche, Musik & Tanz, Kunst & Literatur Victoria ist (Reise-)Journalistin, lebt in Melbourne und schreibt seit über 15 Jahren über Griechenland. Für Lonely Planet schrieb sie *Kreta* und ist Mitautorin von *Griechenland*; außerdem schreibt sie für internationale Zeitungen und Zeitschriften. Victoria war Herausgeberin der Zeitschrift *Odyssey*, berichtete über die Olympischen Spiele in Athen 2004 und arbeitet bei mehreren Fernsehsendungen über Griechenland mit.

Andrea Schulte-Peevers
Kreta Andrea kennt fast die ganze Welt und reiste durch ungefähr 70 Länder, aber die Erinnerung an ihren ersten Besuch auf Kreta vor fast 15 Jahren ist noch ganz lebendig: sie war sofort eingenommen von den Menschen, die Allgegenwart der Traditionen und ihrer langen und stolzen Geschichte. Sie hat etwa 60 Lonely-Planet-Reiseführer (mit-) geschrieben, darunter auch den Kreta-Führer. Sie lebt zurzeit in Berlin.

Richard Waters
Dodekanes, Griechenland heute, Geschichte, Antikes Griechenland, Kultur, Architektur Seit Richard in den 1970er-Jahren einen Breitling auf Korfu genossen hat, ist er über 15-mal nach Griechenland zurückgekehrt. Er liebt die Menschen, die vielen unterschiedlichen Landschaften und vielleicht am meisten die Mythen, und darüber schreibt er in verschiedenen Zeitungen, darunter auch die *Sunday Times*. Er lebt mit seiner Familie in den Cotswolds, arbeitet als freier Journalist und Fotograf, und wenn er nicht reist, gibt er vor, immer noch ein Surfer zu sein. Manche seiner Arbeiten sind auf www.richardwaters.co.uk zu lesen.

Lonely Planet Publications,

Locked Bag 1, Footscray,
Melbourne, Victoria 3011,
Australia

Verlag der deutschen Ausgabe:
MAIRDUMONT, Marco-Polo-Str. 1, 73760 Ostfildern,
www.mairdumont.com, lonelyplanet@mairdumont.com

Chefredakteurin deutsche Ausgabe: Birgit Borowski

Producing: SAW Communications, Redaktionsbüro
Dr. Sabine A. Werner, Mainz

Übersetzung: SAW Communications – Birgit Bruder, Petra Dubilski, Martina Fischer, Karen Gerwig, Dr. Wolfgang Hensel, Norma Keßler, Stefanie Sendelbach, Sabine Tessloff, Christa Trautner-Suder, Karin Weidlich

Redaktion: SAW Communications – Frauke Feuchter, Anna Ueltgesforth, Dr. Sabine A. Werner

Technischer Support: SAW Communications – Katrin Pfeil

Griechenland

4. deutsche Auflage September 2012, übersetzt von
Greece 10th edition, March 2012 Lonely Planet Publications Pty

Printed in China